Compact Oxford Spanish Dictionary
Diccionario Oxford Compact

Diccionario Oxford Compact

Español → Inglés
Inglés → Español

Dirección editorial
Nicholas Rollin
Carol Styles Carvajal
Jane Horwood

Compact Oxford Spanish Dictionary

Spanish → English
English → Spanish

Chief Editors
Nicholas Rollin
Carol Styles Carvajal
Jane Horwood

OXFORD
UNIVERSITY PRESS
Great Clarendon Street, Oxford, OX2 6DP,
United Kingdom

Oxford University Press is a department of the University of Oxford.
It furthers the University's objective of excellence in research, scholarship,
and education by publishing worldwide. Oxford is a registered trade mark of
Oxford University Press in the UK and in certain other countries

First Edition published in 2013

Impression: 1

British Library Cataloguing in Publication Data
Data available

ISBN 978–0–19–966330–9

Printed in Great Britain by Clays Ltd, St Ives plc

9772333695554508

Preface

The *Compact Oxford Spanish Dictionary* is designed to meet the needs of both the general and school user. New words and phrases reflect scientific and technological innovations, as well as changes in politics, culture, and society.

Combining the authority of the *Oxford Spanish Dictionary* with the convenience of a smaller format and quick-access layout, this easy-to-use compact dictionary is the ideal reference tool for everyone requiring quick and reliable answers to their translation questions. It provides clear guidance on selecting the most appropriate translation, numerous examples to help with problems of usage and construction, and precise information on grammar, style, and pronunciation.

Included as special features are an A–Z guide to the culture of Spanish-speaking countries; a calendar of traditions, festivals, and holidays; and a guide to letter writing, emails, and text messaging. An Internet glossary as well as an explanation of the grammatical terms used in the dictionary are also included.

Geared to the needs of a wide range of users, from the student at intermediate level and above to the enthusiastic tourist or business professional, the *Compact Oxford Spanish Dictionary* is an invaluable practical resource for learners of Spanish.

Prólogo

El *Diccionario Oxford Compact* está concebido para satisfacer las necesidades tanto del usuario en general como del estudiante. Nuevas palabras y frases reflejan las novedades producidas en el campo científico y técnico además de los cambios que se han experimentado en el plano político, cultural y social.

Al combinarse la autoridad del *Gran Diccionario Oxford* con la comodidad del formato más pequeño y un diseño de acceso rápido, este diccionario es un instrumento ideal de referencia para todos aquellos que necesiten una respuesta rápida y fiable para las preguntas que surjan al traducir. Proporciona una guía clara para seleccionar la traducción más apropiada, incluye numerosos ejemplos que ayudan con los problemas de uso y construcción, y también información precisa sobre gramática, estilo y pronunciación.

Como características relevantes, se incluyen una guía de la A a la Z sobre la cultura de los países angloparlantes; un calendario de las festividades, días festivos y tradiciones; más una guía para escribir cartas, emails y mensajes de texto. Asimismo se incluye un glosario de Internet, y un glosario donde se explican los términos gramaticales que se usan en el diccionario.

El *Diccionario Oxford Compact* ha sido preparado teniendo en cuenta las necesidades de una gran variedad de usuarios, y es una herramienta de trabajo práctica y valiosísima para los que aprenden el inglés.

Contents / Índice

Proprietary names / Marcas registradas

This dictionary includes some words which have, or are asserted to have, proprietary status as trademarks or otherwise. Their inclusion does not imply that they have acquired for legal purposes a non-proprietary or general significance, nor is any other judgment implied concerning their legal status. In cases where the editorial staff have some evidence that a word has proprietary status, this is indicated in the entry for that word by the symbol ®, but no judgment concerning the legal status of such words is made or implied thereby.

Este diccionario incluye palabras que constituyen, o se afirma que constituyen, marcas registradas o nombres comerciales. Su inclusión no significa que a efectos legales hayan dejado de tener ese carácter, ni supone un pronunciamiento respecto de su situación legal.

Cuando al editor le consta que una palabra es una marca registrada o un nombre comercial, esto se indica por medio del símbolo ®, lo que tampoco supone un pronunciamiento acerca de la situación legal de esa palabra.

Structure of a Spanish–English entry

Headword
Vocablo cabeza de artículo

acertijo *m* riddle, puzzle

achichincle, **achichinque** *mf* (Méx fam & pey) hanger-on (infml & derog)

Variant form of headword
Variante del vocablo cabeza de artículo

Key word – one of the 2,000 most frequent words in Spanish
Palabra clave – una de las 2.000 palabras más frecuentes en español

⚷ **aceptar** [A1] *vt* ‹*excusas/invitación/cargo*› to accept; ‹*términos/condiciones*› to agree to; **aceptan cheques** they take checks; **aceptó venir** she agreed to come; **no acepto que me digas eso** I won't have you saying that to me

acomodar [A1] *vt* **1** (adaptar, amoldar) to adapt **2** ‹*huésped*› to put ... up **3** **(a)** (AmL) (arreglar) to arrange; (poner) to put **(b)** (fam) ‹*persona*› (en puesto): **su tío lo acomodó en su sección** his uncle fixed him up with a job in his department

Sense divisions
Divisiones correspondientes a las distintas acepciones

acomplejado -da *adj*: **es muy ~** he's full of complexes; **está ~ por su gordura** he has a complex about being fat
■ *m,f* : **es un ~** he's a mass of complexes

acomplejar [A1] *vt* to give ... a complex
■ **acomplejarse** *v pron* to get a complex

A change of part of speech within an entry is marked by a box ■
Todo cambio de categoría gramatical dentro de una entrada se indica con el símbolo ■

acondicionar [A1] *vt* **(a)** ‹*vivienda/local*› to equip, fit out **(b)** (Col) ‹*carro*› to soup up

Part of speech
Función gramatical

aconsejable *adj* advisable

Irregular plural form
Plurales irregulares

acusetas *mf (pl ~)*, **acusete -ta** *m,f* (fam) tattletale (AmE infml), telltale (BrE infml)

⚷ **adecuar** [A1 *or* A18] *vt* **~ algo A algo** to adapt sth TO sth

Every verb has a reference to the verb tables on p. 919
Cada verbo se remite a la tabla de conjugaciones en la página 919

The use of ser or estar with adjectives is marked when necessary
El uso de ser o estar con adjetivos se indica donde es necesario

agarrado[1] **-da** *adj* **(a)** [SER] (fam) (tacaño) tightfisted (infml) **(b)** [ESTAR] (CS fam) (enamorado) in love
■ *m,f* (fam) (tacaño) skinflint (infml), tightwad (AmE infml)

águila *f*‡ **(a)** (ave) eagle; ***ser un ~*** to be very sharp **(b)** (Méx) (de moneda) ≈ heads (*pl*); **¿~ o sol?** heads or tails?

The part of speech *f*‡ indicates a feminine noun that takes the masculine article in the singular
La función gramatical *f*‡ indica un sustantivo femenino usado con el artículo masculino en el singular

Pronominal verb Verbo pronominal — ■ **apretujarse** *v pron* to squash *o* squeeze together

aprobación *f* (de proyecto de ley, moción) passing; (de préstamo, acuerdo, plan) approval, endorsement; (de actuación, conducta) approval — **Sense indicators** Indicadores semánticos

Field labels Indicadores de campo semántico — **arco** *m* **1** (Arquit) arch; (Anat) arch; (Mat) arc; **~ de triunfo** triumphal arch; **~ iris** rainbow **2** (AmL) (en fútbol) goal **3** **(a)** (Arm, Dep) bow **(b)** (de violín) bow

arete *m* (Col, Méx) earring — **Regional labels** Indicadores de uso regional

armario *m* **(a)** (para ropa — mueble) wardrobe; (— empotrado) closet (AmE), wardrobe (BrE) **(b)** (de cocina) cupboard; (de cuarto de baño) cabinet

Stylistic labels Indicadores de estilo — **armatoste** *m* (fam) huge great thing (infml)

ascendencia *f* **(a)** (linaje) descent, ancestry; **es de ~ francesa** he is of French descent **(b)** (origen) origin(s); **su ~ humilde** her humble origins — **Examples** Ejemplos

Idioms and proverbs appear in bold italics Los modismos y los proverbios aparecen en negritas cursivas — **ascua** *f*‡ ember; ***estar en/tener a algn en ~s*** (fam) to be on/to keep sb on tenterhooks

aspereza *f* **1** **(a)** (de superficie, piel) roughness **(b)** (de sabor) sharpness; (de voz, clima) harshness **2** (parte áspera): **usar papel de lija para quitar las ~s** use sandpaper to remove any roughness; ***limar ~s*** to smooth things over

aviso *m* **1** **(a)** (notificación) notice; Ⓢ **aviso al público** notice to the public; **dio ~ a la policía** he notified *o* informed the police ...

Ⓢ indicates the use of the headword in signs, notices, warnings, etc El símbolo Ⓢ indica el uso del vocablo cabeza de artículo en letreros, anuncios, advertencias, etc.

Universally valid translation(s) followed by regional alternative(s)
Traducción universalmente válida seguida de alternativas regionales

balancín *m* (de niños) seesaw, teeter-totter (AmE)
balompié *m* soccer, football (BrE)

defensa *f* **1** **(a)** (protección) defense*; **salir en ~ de algn** to come to sb's defense; **actuó en ~ propia** he acted in self-defense; **~ DE algo/algn** defense* OF sth/sb; **~ personal** self-defense* **(b)** (Dep) defense* **2** **(a) Defensa** *f* the Defense Department (AmE), the Ministry of Defence (BrE) **(b) defensas** *fpl* (Biol, Med) defenses* (*pl*) **(c) defensa** *mf* (jugador) defender

Si una traducción va seguida de un asterisco (*), la grafía que se ofrece es la norteamericana. La versión británica se encuentra como variante del vocablo en la parte Inglés-Español
An asterisk (*) following a translation shows an American English spelling. The British spelling is given in the English-Spanish section as a variant of the word concerned

Words often used with the headword, shown to help select the correct translation for each context
Palabras que suelen acompañar al vocablo cabeza de artículo y que ayudan a elegir la traducción que corresponde a cada contexto

bancario -ria *adj* ‹*interés/préstamo*› bank (*before n*); ‹*sector*› banking (*before n*)
bañar [A1] *vt* **1** ‹*niño/enfermo*› to bath, give ... a bath **2** ‹*pulsera/cubierto*› to plate
bifurcarse [A2] *v pron* «*camino*» to fork, diverge (fml); «*vía férrea*» to diverge

bancario -ria *adj* ‹*interés/préstamo*› bank (*before n*); ‹*sector*› banking (*before n*)

Nouns modified by an adjective
Sustantivos calificados por un adjetivo

bañar [A1] *vt* **1** ‹*niño/enfermo*› to bath, give ... a bath **2** ‹*pulsera/cubierto*› to plate

Objects of a verb
Complementos de un verbo

bifurcarse [A2] *v pron* «*camino*» to fork, diverge (fml); «*vía férrea*» to diverge

Subjects of a verb
Sujetos de un verbo

The sign ≈ is used to indicate approximate equivalence
El símbolo ≈ indica un equivalente aproximado en la lengua de destino

canciller *m* **(a)** (jefe de estado) chancellor **(b)** (AmS) (ministro) ≈ Secretary of State (*in US*), ≈ Foreign Secretary (*in UK*)

Grammatical constructions in which the headword commonly occurs are indicated by small capitals
Las construcciones gramaticales en las que suele aparecer el vocablo cabeza de artículo se destacan mediante versalitas

■ **cansarse** *v pron* **(a)** (fatigarse) to tire oneself out; **se le cansa la vista** her eyes get tired **(b)** (aburrirse) to get bored; **~se DE algo/algn** to get tired OF sth/sb, get bored WITH sth/sb; **~se DE hacer algo** to get tired OF doing sth

carnet /kar'ne/ *m* (*pl* **-nets**) ▶ **carné**
ceder [E1] *vt* **1** **(a)** ‹*derecho*› to transfer, assign; ‹*territorio*› to cede; ‹*puesto/título*› (voluntariamente) to hand over; (a la fuerza) to give up; **~ el poder** to hand over power; **me cedió el asiento** he let me have his seat; ▶ **paso 1 b** **(b)** ‹*balón/pelota*› to pass **2** (prestar) ‹*jugador*› to loan

An arrow directs the user to another entry with the same meaning or to where a compound, idiomatic expression, or other useful expression is to be found
Se utiliza una flecha para remitir al usuario a una variante sinónima o a otro artículo donde aparece un compuesto, un modismo u otro uso de interés

'ver tb' directs the user to a headword where additional information is to be found
'ver tb' remite al usuario a otro artículo donde hallará información complementaria

chiva *f* **1** (AmL) (barba) goatee **2** (Col) (bus) rural *o* country bus **3** (Col period) (primicia) scoop, exclusive **4** (Chi fam) (mentira) cock-and-bull story (infml); *ver tb* **chivo** **5** **chivas** *fpl* (Méx fam) (cachivaches) junk (infml)

Estructura del artículo Inglés–Español

Vocablo cabeza de artículo
Headword

alligator /'æləgeɪtər, BrE 'ælɪgeɪtə(r)/ *n* aligátor *m*

all: **~-important** /'ɔːlɪm'pɔːrtn̩t, BrE ˌɔːlɪm'pɔːtn̩t/ *adj* de suma importancia; **~-night** /'ɔːl'naɪt/ *adj* ‹*party/show*› que dura toda la noche; ‹*cafe/store*› que está abierto toda la noche

Compuestos
Compounds

allocate /'æləkeɪt/ *vt* ‹*seat, plot*› asignar; (distribute) repartir; **$3 million has been ~d for research** se han destinado tres millones de dólares a la investigación

La transcripción fonética aparece inmediatamente después del vocablo cabeza de artículo [ver página xxi]
Pronunciation is shown immediately after the headword [see p. xxi]

Palabra clave – una de las 2.000 palabras más frecuentes en inglés
Key word – one of the 2,000 most frequent words in English

⚷ **allow** /ə'laʊ/ *vt* **1** **(a)** (permit) permitir; ⓢ **no dogs allowed** no se admiten perros **(b)** (give, grant) dar*; **they are ~ed an hour for lunch** les dan una hora para comer; **within the time ~ed** dentro del plazo concedido **2** (plan for): **~ a good two hours to reach the coast** calculen que les va a llevar por lo menos dos horas llegar a la costa; **I normally ~ about £50 for spending money** normalmente calculo unas 50 libras para gastos **3** (Sport) «*referee*» ‹*goal*› dar* por bueno

Variante del vocablo cabeza de artículo
Variant form of a headword

amoeba, (AmE also) **ameba** /ə'mi:bə/ *n* ameba *f*, amiba *f*

answer¹ /'ænsər, BrE 'ɑ:nsə(r)/ *n* **1** **(a)** (reply) respuesta *f*, contestación *f*; **in ~ to your question** para contestar tu pregunta **(b)** (response): **her ~ to his rudeness was to ignore it** respondió a su grosería ignorándola; **Britain's ~ to Elvis Presley** el Elvis Presley británico **2** **(a)** (in exam, test, quiz) respuesta *f* **(b)** (solution) solución *f*; **~ TO sth** solución DE algo

Divisiones correspondientes a las distintas acepciones
Sense divisions

Los verbos con partícula aparecen al final del artículo correspondiente
Phrasal verbs appear at the end of the root word entry

answer² *vt* **1** **(a)** (reply to) ‹*person/letter*› contestar ...
• **answer back** **1** [*v* + *adv*] (rudely) contestar **2** [*v* + *o* + *adv*] **to ~ sb back** contestarle mal *or* de mala manera a algn
• **answer for** [*v* + *prep* + *o*] (accept responsibility for) ‹*conduct/consequences*› responder de; **his parents have a lot to ~ for** sus padres tienen mucha culpa

appreciate /ə'pri:ʃieɪt/ *vt* **(a)** (value) ‹*food/novel*› apreciar **(b)** (be grateful for) agradecer* **(c)** (understand) ‹*danger/difficulties*› darse* cuenta de; **I ~ that, but ...** lo comprendo, pero ...
■ *vi* «*shares/property*» (re)valorizarse*

Todo cambio de categoría gramatical de un verbo se indica con el símbolo ■
A change of part of speech of a verb is marked by a box ■

Función gramatical
Part of speech

approximate /ə'prɑ:ksəmət, BrE ə'prɒksɪmət/ *adj* aproximado

approximately /ə'prɑ:ksəmətli, BrE ə'prɒksɪmətli/ *adv* aproximadamente

artery /'ɑ:rtəri, BrE 'ɑ:təri/ *n* (*pl* **-ries**) arteria *f*

auditorium /'ɔ:də'tɔ:riəm, BrE ˌɔ:dɪ'tɔ:riəm/ *n* (*pl* **-riums** *or* **-ria** /-riə/) auditorio *m*

Inflexiones irregulares
Irregular inflections

El comparativo y el superlativo del adjetivo
Comparative and superlative forms of an adjective

baggy /'bægi/ *adj* **-gier**, **-giest** ancho, guango (Méx)

bang[2] *vt* **(a)** (strike) golpear **(b)** (slam): **he ~ed the door** dio un portazo (fam)
■ *vi* **(a)** (strike) **to ~** ON **sth** golpear algo; **to ~** INTO **sth** darse* CONTRA algo **(b)** (slam) «*door*» cerrarse* de un golpe

Las construcciones gramaticales en las que suele aparecer el vocablo cabeza de artículo se destacan mediante versalitas
Grammatical constructions in which the headword commonly occurs are indicated by small capitals

Fórmulas que demuestran el comportamiento sintáctico de cada verbo con partícula. Señalan las posibles combinaciones de verbo [v], adverbio [adv], preposición [prep] y complemento [o]
Syntactical pattern of phrasal verbs, showing the possible combinations of verb [v], adverb [adv], preposition [prep], and object [o]

● **bear out** [*v* + *o* + *adv*, *v* + *adv* + *o*] ‹*theory*› confirmar
● **bear up**: [*v* + *adv*]: **she bore up well under the strain** sobrellevó muy bien la situación

beg /beg/ **-gg-** *vt* **1** ‹*money/food*› pedir*, mendigar* **2** (fml) **(a)** (entreat) ‹*person*› suplicarle* a, rogarle* a **(b)** (ask for) ‹*forgiveness*› suplicar*, rogar*
■ *vi* «*beggar*» pedir*, mendigar*; **to ~ for mercy** pedir* *or* suplicar* clemencia

Un asterisco señala los verbos de conjugación irregular en la traducción al español
An asterisk indicates an irregular verb in the translation

Indicadores semánticos
Sense indicators

belief /bəˈliːf, BrE bɪˈliːf/ *n* **(a)** (conviction, opinion) creencia *f* **(b)** (confidence) ~ IN **sb/sth** confianza *f or* fe *f* EN algn/algo **(c)** (Relig) fe *f*

belt[1] /belt/ *n* **1** (Clothing) cinturón *m* **2** (Mech Eng) correa *f*

Indicadores de campo semántico
Field labels

Indicadores de uso regional
Regional labels

Biro®, biro /ˈbaɪrəʊ, BrE ˈbaɪərəʊ/ *n* (*pl* **Biros**) (BrE) bolígrafo *m*, birome *f* (RPl), esfero *m* (Col), lápiz *m* de pasta (Chi), boli *m* (Esp fam)

bitch /bɪtʃ/ *n* **1** (female dog) perra *f* **2** (spiteful woman) (sl) bruja *f* (fam), arpía *f* (fam)

Indicadores de estilo
Stylistic labels

Ejemplos
Examples

bounce² *n* **(a)** (action) rebote *m*, pique *m* (AmL) **(b)** (springiness, vitality): **this shampoo puts the ~ back into your hair** este champú les da nueva vida a sus cabellos; **she's full of ~** es una persona llena de vida

breath /breθ/ *n* aliento *m*; **to have bad ~** tener* mal aliento; **to take a ~** aspirar, inspirar; **take a deep ~** respire hondo; **out of ~** sin aliento; ***to hold one's ~*** contener* la respiración; ***to take sb's ~ away*** dejar a algn sin habla

Los modismos y los proverbios aparecen en negritas cursivas
Idioms and proverbs appear in bold italics

El símbolo Ⓢ indica el uso del vocablo cabeza de artículo en letreros, anuncios, advertencias, etc.
Ⓢ indicates the use of the headword in signs, notices, warnings, etc

customer /ˈkʌstəmər, BrE ˈkʌstəmə(r)/ *n* cliente, -ta *m,f*; (*before n*) Ⓢ **customer services** información y reclamaciones

dump¹ /dʌmp/ *n* **1** (place for waste) vertedero *m* (de basura), basural *m* (AmL), tiradero *m* (Méx) ...

Traducción universalmente válida seguida de alternativas regionales
Universal Spanish translation followed by regional alternatives

Palabras que suelen acompañar al vocablo cabeza de artículo y que ayudan a elegir la traducción que corresponde a cada contexto
Words often used with the headword, shown to help select the correct translation for each context

ease² *vt* **1** **(a)** (relieve) ‹*pain*› calmar, aliviar; ‹*tension*› hacer* disminuir, aliviar; ‹*burden*› aligerar; **to ~ sb's mind** tranquilizar* a algn **(b)** (make easier) ‹*situation*› paliar; ‹*transition*› facilitar; **to ~ the way for sth** preparar el terreno para algo ...

• **ease off** [*v* + *adv*] «*rain*» amainar; «*pain*» aliviarse, calmarse; «*pressure/traffic*» disminuir*

efficient /ɪˈfɪʃənt/ *adj* ‹*person/system*› eficiente; ‹*machine/engine*› de buen rendimiento

ease² *vt* **1** **(a)** (relieve) ‹*pain*› calmar, aliviar; ‹*tension*› hacer* disminuir, aliviar; ‹*burden*› aligerar; **to ~ sb's mind** tranquilizar* a algn **(b)** (make easier) ‹*situation*› paliar; ‹*transition*› facilitar; **to ~ the way for sth** preparar el terreno para algo ...

Complementos de un verbo
Objects of a verb

• **ease off** [*v* + *adv*] «*rain*» amainar; «*pain*» aliviarse, calmarse; «*pressure/traffic*» disminuir*

Sujetos de un verbo
Subjects of a verb

efficient /ɪˈfɪʃənt/ *adj* ‹*person/system*› eficiente; ‹*machine/engine*› de buen rendimiento

Sustantivos calificados por un adjetivo
Nouns modified by an adjective

Internal Revenue Service *n* (in US): **the ~** ≈ Hacienda, ≈ la Dirección General Impositiva (*en RPl*), ≈ Impuestos Internos (*en Chi*)

El símbolo ≈ indica un equivalente aproximado en la lengua de destino
The sign ≈ is used to indicate approximate equivalence

Se utiliza una flecha para remitir al usuario a una variante sinónima o a otro artículo donde aparece un compuesto, un modismo u otro uso de interés
An arrow directs the user to another entry with the same meaning or to where a compound, idiomatic expression, or other useful expression is to be found

inmost /ˈɪnməʊst/ *adj* ▶ **innermost**

jersey /ˈdʒɜrzi, BrE ˈdʒɜːzi/ *n* (*pl* **-seys**) **1** **(a)** (sports shirt) camiseta *f* **(b)** (Tex) jersey *m* **(c)** (BrE) ▶ **sweater** **2** **Jersey** (la isla de) Jersey

jetsam /ˈdʒetsəm/ *n* echazón *f*; *see also* **flotsam**

'see also' remite al usuario a otro artículo donde hallará información complementaria
'see also' directs the user to a headword where additional information is to be found

The pronunciation of Spanish

Symbols used in this dictionary

The pronunciation of Spanish words is directly represented by their written form and therefore phonetic transcriptions have only been supplied for loan words which retain their original spelling.

Consonants and semi-vowels

Symbol	Example	Approximation
/b/	**boca** /'boka/ **vaso** /'baso/	English *b* in bin but without the aspiration that follows it.
/β/	**cabo** /'kaβo/ **ave** /'aβe/	Very soft *b*, produced with the lips hardly meeting.
/d/	**dolor** /do'lor/	English *d* in *den*.
/ð/	**cada** /'kaða/	English *th* in *rather*.
/f/	**fino** /'fino/	English *f* in *feat*.
/g/	**gota** /'gota/	English *g* in *goat*.
/ɣ/	**pago** /'paɣo/ **largo** /'larɣo/	Very soft continuous sound, not punctuated like /g/.
/j/	**mayo** /'majo/ **llave** /'jaβe/	English *y* in *yet*. For regional variants see points 7 and 14 of **General Rules of Spanish Pronunciation** on pages xviii and xix.
/j/	**tiene** /'tjene/	English *y* in *yet*.
/k/	**cama** /'kama/ **cuna** /'kuna/ **quiso** /'kiso/ **kilo** /'kilo/	English *c* in *cap* but without the aspiration that follows it.
/l/	**lago** /'laɣo/	English *l* in *lid*.
/m/	**mono** /'mono/	English *m* in *most*.
/n/	**no** /no/	English *n* in *nib*.
/ŋ/	banco /'baŋko/	English *ng* in *song*.
/ɲ/	**año** /'aɲo/	Like *gn* in French *soigné*, similar to the *ni* in *onion*.
/p/	**peso** /'peso/	English *p* in *spin*.
/r/	**aro** /'aro/ **árbol** /'arβol/	A single flap with a curved tongue against the palate.
/rr/	**rato** /'rrato/ **parra** /'parra/	A rolled '*r*' as found in some Scottish accents.
/s/	**asa** /'asa/ **celo** /'selo/ **cinco** /'siŋko/ **azote** /a'sote/ (celo, cinco, azote: Latin-American Spanish)	English *s* in stop.
/θ/	**celo** /'θelo/ **cinco** /'θiŋko/ **azote** /a'θote/ (European Spanish)	English *th* in *thin*.
/t/	**todo** /'toðo/	English *t* in *step*.
/tʃ/	**chapa** /'tʃapa/	English *ch* in *church*.
/w/	**cuatro** /'kwatro/	English *w*.
/x/	**jota** /'xota/ **general** /xene'ral/ **gigante** /xi'ɣante/	*ch* in *Scottish loch*.
/z/	**desde** /'dezðe/	English *s* in *is*.

Vowels

None of the five Spanish vowels corresponds exactly to an English vowel.

Symbol	Example	Approximation
/a/	**casa** /'kasa/	Shorter than *a* in *father*.
/e/	**seco** /'seko/	English *e* in *pen*.
/i/	**fin** /fin/	Between English *ee* in *seen* and *i* in *sin*.
/o/	**oro** /'oro/	Shorter than English *o* in *rose*.
/u/	**uña** /'uɲa/	Between English *oo* in *boot* and *oo* in *foot*.

The stress mark

When phonetic transcriptions of Spanish headwords are given in the dictionary, the symbol ' precedes the syllable that carries the stress:
footing /'futin/

For information about where other words should be stressed, see the section **Stress** on the next page.

General rules of Spanish pronunciation

Consonants

1 The letters *b* and *v* are pronounced in exactly the same way: /b/ when at the beginning of an utterance or after *m* or *n* (**barco** /'barko/, **vaca** /'baka/, **ambos** /'ambos/), and /β/ in all other contexts (**rabo** /'rraβo/, **ave** /'aβe/, **árbol** /'arβol/).

2 *C* is pronounced /k/ when followed by a consonant other than *h* or by *a*, *o* or *u* (**acto** /'akto/, **casa** /'kasa/, **coma** /'koma/). When it is followed by *e* or i, it is pronounced /s/ in Latin America and parts of southern Spain and /θ/ in the rest of Spain (**cero** /'sero/, /'θero/; **cinco** /'siŋko/, /'θiŋko/).

3 *D* is pronounced /d/ when it occurs at the beginning of an utterance or after *n* or *l* (**digo** /'diɣo/, **anda** /'anda/) and /ð/ in all other contexts (**hada** /'aða/, **arde** /'arðe/). It is often not pronounced at all at the end of a word (**libertad** /liβer'ta(ð)/, **Madrid** /ma'ðri(ð)/).

4 *G* is pronounced /x/ when followed by *e* or *i* (**gitano** /xi'tano/, **auge** /'awxe/). When followed by *a*, *o*, *u*, *ue* or *ui* it is pronounced /g/ if at the beginning of an utterance or after *n* (**gato** /'gato/, **gula** /'gula/, **tango** /'taŋgo/, **guiso** /'giso/) and /ɣ/ in all other contexts (**hago** /'aɣo/, **trague** /'traɣe/). Note that the *u* is not pronounced in the combinations *gue* and *gui*, unless it is written with a diaeresis (**paragüero** /para'ɣwero/, **agüita** /a'ɣwita/).

5 *H* is mute in Spanish, (**huevo** /'weβo/, **almohada** /almo'aða/) except in the combination *ch*, which is pronounced /tʃ/ (**chico** /'tʃiko/, **leche** /'letʃe/).

6 *J* is always pronounced /x/ (**jamón** /xa'mon/, **jefe** /'xefe/).

7 The pronunciation of *ll* varies greatly throughout the Spanish-speaking world.

a It is pronounced rather like the *y* in English *yes* by the majority of speakers, who do not distinguish between the pronunciation of *ll* and that of *y* (e.g. between *haya* and *halla*). The sound is pronounced slightly more emphatically when at the beginning of an utterance.

b In some areas, particularly Bolivia, parts of Chile, Peru and Castile in Spain, the distinction between *ll* and *y* has been preserved. In these areas *ll* is pronounced similarly to *lli* in *million*.

c In the River Plate area *ll* is pronounced /ʒ/ (as in English *measure*), sometimes tending toward /ʃ/ (as in *shop*).

8 *Ñ* is always pronounced /ɲ/.

9 *Q* is pronounced /k/, and the *u* that always follows it is silent (**quema** /'kema/, **quiso** /'kiso/).

10 *R* is pronounced /*r*/ when it occurs between vowels or in syllable-final position (**aro** /'aro/, **barco** /'barko/, **cantar** /kan'tar/). It is pronounced /*rr*/ when in initial position (**rama** /'rrama/). The double consonant *rr* is always pronounced /*rr*/.

11 *S* is pronounced /s/ but it is aspirated by speakers in many regions when it occurs in syllable-final position (**hasta** /'ahta/, **los cuatro** /loh'kwatro/). In other regions it is voiced when followed by a voiced consonant (**mismo** /'mɪzmo/, **los dos** /loz'ðos/).

12 *V* see 1 above.

13 *X* is pronounced /ks/, although there is a marked tendency to render it as /s/ before consonants (**extra** /'ekstra/, /'estra/).

In some words derived from Nahuatl and other Indian languages it is pronounced /x/ (**México** /'mexiko/) and in others it is pronounced /s/ (**Xochimilco** /sotʃi'milko/).

14 When followed by a vowel within the same syllable *y* is pronounced rather like the *y* in English *yes* (slightly more emphatically when at the beginning of an utterance). In the River Plate area it is pronounced /ʒ/ (as in English *measure*), sometimes tending toward /ʃ/ (as in *shop*).

As the conjunction *y* and in syllable-final position, *y* is pronounced /*i*/.

15 *Z* is pronounced /s/ in Latin America and parts of southern Spain and /θ/ in the rest of Spain.

Stress

When no phonetic transcription is given for a Spanish headword, the following rules determine where it should be stressed:

1 If there is no written accent:

a a word is stressed on the penultimate syllable if it ends in a vowel, or in *n* or *s*:
arma /'arma/
ponen /'ponen/
mariposas /mari'posas/

b words which end in a consonant other than *n* or *s* are stressed on the last syllable:
cantar /kan'tar/
delantal /delan'tal/
maguey /ma'ɣei/

2 If a word is not stressed in accordance with the above rules, the written accent indicates the syllable where the emphasis is to be placed:
balcón /bal'kon/
salí /sa'li/
carácter /ka'rakter/

It should be noted that unstressed vowels have the same quality as stressed vowels and are not noticeably weakened as they are in English. For example, there is no perceptible difference between any of the e's in *entenderé* or between the a's in *Panamá*.

Combinations of vowels

A combination of a strong vowel (*a, e* or *o*) and a weak vowel (*i* or *u*) or of two weak vowels forms a diphthong and is therefore pronounced as one syllable. The stress falls on the strong vowel if there is one. In a combination of two weak vowels, it falls on the second element:

cuando /'kwando/ *stressed on the /a/*
aula /'awla/ *stressed on the /a/*
viudo /'bjuðo/ *stressed on the /u/*

A combination of two strong vowels does not form a diphthong and the vowels retain their separate values. They count as two separate syllables for the purposes of applying the above rules on stress:

faena /fa'ena/ *stressed on the /e/*
polea /po'lea/ *stressed on the /e/*

La pronunciación del inglés

La transcripción fonética que sigue a cada palabra cabeza de artículo corresponde a la pronunciación norteamericana de uso más extendido en los Estados Unidos. Se ha incluido la pronunciación británica (precedida por el símbolo ||) únicamente en aquellos casos en que esta difiere sustancialmente de la pronunciación norteamericana.
Ejemplo:
address[1] /'ædres || ə'dres/
induce /ɪn'du:s || ɪn'dju:s/

Se reconoce la validez de muchas variantes regionales, tanto norteamericanas como británicas, pero estas no se han incluido por razones de espacio.
Los símbolos empleados en las transcripciones son los del Alfabeto Fonético Internacional (AFI). Estos se enumeran a continuación, seguidos de un ejemplo y una breve aproximación o descripción del sonido que representan. Estas descripciones no siguen criterios fonéticos estrictos.

Consonantes y semivocales

Símbolo	Ejemplo	Aproximación
/b/	**bat** /bæt/	Sonido más explosivo que el de una *b* inicial española.
/d/	**dig** /dɪg/	Sonido más explosivo que el de una *d* inicial española.
/dʒ/	**jam** /dʒæm/	Similar a una *ch* pero más cercano al sonido inicial de *Giuseppe* en italiano.
/f/	**fit** /fɪt/	Como la *f* española.
/g/	**good** /gʊd/	Sonido más explosivo que el de una *g* inicial española.

Símbolo	Ejemplo	Aproximación
/h/	**hat** /hæt/	Sonido de aspiración más suave que la *j* española, articulado como si se estuviera intentando empañar un espejo con el aliento.
/hw/	**wheel** /hwi:l/	Una /w/ con la aspiración de la /h/ (muchos hablantes no distinguen entre /hw/ y /w/ y pronuncian *whale* de la misma manera que *wail*).
/j/	**yes** /jes/	Como la *y* española en *yema* y *yo* (excepto en el español rioplatense).

Símbolo	Ejemplo	Aproximación
/k/	**cat** /kæt/	Sonido más explosivo que el de una *c* española en *cama* o *acto*.
/l/	**lid** /lɪd/ **little** /ˈlɪtl/	Como la *l* española.
/m/	**mat** /mæt/	Como la *m* española.
/n/	**nib** /nɪb/	Como la *n* española.
/n̩/	**threaten** /ˈθretn̩/	*n* alargada y resonante.
/ŋ/	**sing** /sɪŋ/	Como la *n* española en *banco o anca.*
/p/	**pet** /pet/	Sonido más explosivo que el de una *p* española.
/r/	**rat** /ræt/	Entre la *r* y la *rr* españolas, pronunciado con la punta de la lengua curvada hacia atrás y sin llegar a tocar el paladar.
/s/	**sip** /sɪp/	Como la *s* española.
/ʃ/	**ship** /ʃɪp/	Sonido similar al de la interjección *¡sh!*, utilizada para pedir silencio (ver también /tʃ/).
/t/	**tip** /tɪp/	Sonido más explosivo que el de una *t* española.
/tʃ/	**chin** /tʃɪn/	Como la *ch* española.
/θ/	**thin** /θɪn/	Como la *c* o la z del español europeo en *cinco* o *zapato*.
/ð/	**the** /ðə/	Sonido similar a una *d* intervocálica española como la de *cada* o *modo*.
/v/	**van** /væn/	Sonido sonoro que se produce con los incisivos superiores sobre el labio inferior.
/w/	**win** /wɪn/	Similar al sonido inicial de *huevo*.
/x/	**loch** /lɑːx/	Como la *j* española.
/z/	**zip** /zɪp/	*s* sonora (con zumbido).
/ʒ/	**vision** /ˈvɪʒən/	Sonido similar al de la *y* o la *ll* del español rioplatense en *yo* o *llave*, o al de la *j francesa* en *je* (ver también /dʒ/).

Vocales y diptongos

El símbolo : *indica que la vocal precedente es larga*

Símbolo	Ejemplo	Aproximación
/ɑː/	**father** /ˈfɑːðər/	Sonido más largo que el de una *a* española.
/æ/	**fat** /fæt/	Sonido que se obtiene al pronunciar una *a* española con los labios en la posición de pronunciar una *e*.
/ʌ/	**cup** /kʌp/	Sonido más breve que la *a* española y que se pronuncia en la parte posterior de la boca.

Símbolo	Ejemplo	Aproximación
/e/	**met** /met/	Sonido parecido a la *e* española en *mesa*.
/ə/	**abet** /ə'bet/	Sonido similar al de la *e* francesa en *je* (ver también /əʊ/).
/ɜː/	**fur** /fɜːr/	Sonido que se obtiene al pronunciar una *e* española con los labios en la posición de pronunciar una *o*.
/ɪ/	**bit** /bɪt/	Sonido más breve que el de la *i* española.
/iː/	**beat** /biːt/	Sonido más largo que el de la *i* española.
/i/	**very** /'veri/	Sonido similar al de la *i* española en *papi*.
/ɔː/	**paw** /pɔː/	Sonido más largo que el de la *o* española.
/uː/	**boot** /buːt/	Sonido más largo que el de una *u* española.
/ʊ/	**book** /bʊk/	Sonido más breve que el de la *u* española.
/aɪ/	**fine** /faɪn/	Como *ai* en las palabras españolas *aire*, *baile*.
/aʊ/	**now** /naʊ/	Como *au* en las palabras españolas *pausa*, *flauta*.
/eɪ/	**fate** /feɪt/	Como *ei* en las palabras españolas *peine*, *aceite*.
/əʊ/	**goat** /gəʊt/	Como una *o* pronunciada sin redondear demasiado los labios.
/ɔɪ/	**boil** /bɔɪl/	Como *oy* en *voy*, *coypu*.
/uə/	**sexual** /'sekʃuəl/	Como una *u* pronunciada sin redondear demasiado los labios y seguida de una /ə/.

Símbolos adicionales utilizados en la transcripción de sonidos vocálicos británicos

Símbolo	Ejemplo	Aproximación
/ɒ/	**dog** /dɒg/	Similar a una *o* española.
/eə/	**fair** /feə(r)/	Como una *e* española seguida de /ə/.
/ɪə/	**near** /nɪə(r)/	Como una *i* española seguida de /ə/.
/ʊə/	**tour** /tʊə(r)/	Como una *u* española pronunciada sin redondear demasiado los labios y seguida de /ə/.

Acentuación

El símbolo ' precede a la sílaba sobre la cual recae el acento tónico primario:
ago /ə'gəʊ/
dinosaur /'daɪnəsɔːr/

El símbolo ˌ precede a la sílaba sobre la cual recae el acento tónico secundario:
blackmailer /'blækˌmeɪlər/

Abbreviations and labels / Abreviaturas e indicadores

adjetivo	**adj**	adjective
adjetivo invariable	**adj inv**	invariable adjective
Administración	**Adm**	Administration
adverbio	**adv**	adverb
Espacio	**Aerosp**	Aerospace
Agricultura	**Agr**	Agriculture
América Central	**AmC**	Central America
inglés norteamericano	**AmE**	American English
América Latina	**AmL**	Latin America
América del Sur	**AmS**	South America
Anatomía	**Anat**	Anatomy
Andes	**Andes**	Andes
anticuado	**ant**	dated
Antropología	**Anthrop**	Anthropology
arcaico	**arc, arch**	archaic
Arqueología	**Archeol**	Archeology
Arquitectura	**Archit**	Architecture
argot	**arg**	slang
Argentina	**Arg**	Argentina
Armas	**Arm**	Arms
Arqueología	**Arqueol**	Archeology
Arquitectura	**Arquit**	Architecture
artículo	**art**	article
Arte	**Arte, Art**	Art
Astrología	**Astrol**	Astrology
Astronomía	**Astron**	Astronomy
Audio	**Audio**	Audio
Automovilismo	**Auto**	Cars
Aviación	**Aviac, Aviat**	Aviation
Biblia	**Bib**	Bible
Biología	**Biol**	Biology
Bolivia	**Bol**	Bolivia
Botánica	**Bot**	Botany
inglés británico	**BrE**	British English
causativo	**caus**	causative
Química	**Chem**	Chemistry
Chile	**Chi**	Chile
Cine	**Cin**	Cinema
Ingeniería civil	**Civil Eng**	Civil Engineering
Indumentaria	**Clothing**	Clothing
Cocina	**Coc**	Cookery
Colombia	**Col**	Colombia
Comercio	**Com**	Business
Informática	**Comput**	Computing
conjunción	**conj**	conjunction
Construcción	**Const**	Building

Correspondencia	**Corresp**	Correspondence
numerable	**count**	countable
Costa Rica	**CR**	Costa Rica
uso criticado	**crit**	criticized usage
Cono Sur	**CS**	Southern Cone
Cuba	**Cu**	Cuba
Cocina	**Culin**	Cookery
anticuado	**dated**	dated
artículo definido	**def art**	definite article
Odontología	**Dent**	Dentistry
peyorativo	**derog**	derogatory
Deporte	**Dep**	Sport
Derecho	**Der**	Law
dialecto	**dial**	dialect
Ecuador	**Ec**	Ecuador
Comunidad Europea	**EC**	European Community
Ecología	**Ecol**	Ecology
Economía	**Econ**	Economics
Educación	**Educ**	Education
Electricidad	**Elec**	Electricity
Electrónica	**Electrón, Electron**	Electronics
enfático	**enf**	emphatic
Ingeniería	**Eng**	Engineering
Equitación	**Equ**	Equestrianism
especialmente	**esp**	especially
España	**Esp**	Spain
Espacio	**Espac**	Aerospace
Espectáculos	**Espec**	Entertainment
eufemismo	**euf, euph**	euphemism
excepto	**exc**	excluding
femenino	**f**	feminine
véase página ix	**f‡**	*see page ix*
familiar	**fam**	informal
Farmacología	**Farm**	Pharmacology
Ferrocarriles	**Ferr**	Railways
Filosofía	**Fil**	Philosophy
Finanzas	**Fin**	Finance
Física	**Fís**	Physics
Fisco	**Fisco**	Tax
Fisiología	**Fisiol**	Physiology
Fotografía	**Fot**	Photography
femenino plural	**fpl**	feminine plural
frase hecha	**fr hecha**	set phrase
formal	**fml**	formal
Juegos	**Games**	Games
generalmente	**gen**	generally
Geografía	**Geog**	Geography

Geología	**Geol**	Geology
gerundio	**ger**	gerund
Gobierno	**Gob, Govt**	Government
Historia	**Hist**	History
Horticultura	**Hort**	Horticulture
humorístico	**hum**	humorous
Imprenta e Industria editorial	**Impr**	Printing and Publishing
artículo indefinido	**indef art**	indefinite article
Indumentaria	**Indum**	Clothing
Informática	**Inf**	Computing
familiar	**infml**	informal
Ingeniería	**Ing**	Engineering
interjección	**interj**	exclamation
irónico	**iró, iro**	ironical
lenguaje periodístico	**journ**	journalese
Periodismo	**Journ**	Journalism
Juegos	**Jueg**	Games
Relaciones Laborales	**Lab Rel**	Labor Relations
Derecho	**Law**	Law
Ocio	**Leisure**	Leisure
lenguaje infantil	**leng infantil**	used to or by children
Lingüística	**Ling**	Linguistics
Literatura	**Lit**	Literature
literario	**liter**	literary
locución	**loc**	phrase
locución adjetiva	**loc adj**	adjectival phrase
locución adverbial	**loc adv**	adverbial phrase
locución prepositional	**loc prep**	prepositional phrase
masculino	**m**	masculine
Márketing	**Marketing**	Marketing
Matemáticas	**Mat, Math**	Mathematics
Mecánica	**Mec, Mech Eng**	Mechanical Engineering
Medicina	**Med**	Medicine
Metalurgia	**Metal, Metall**	Metallurgy
Meteorología	**Meteo**	Meteorology
México	**Méx**	Mexico
masculino y femenino	**mf**	masculine and feminine
masculino, femenino	**m, f**	masculine, feminine
Militar	**Mil**	Military
Minería	**Min**	Mining
Mitología	**Mit**	Mythology
masculino plural	**mpl**	masculine plural
Música	**Mús, Mus**	Music
Mitología	**Myth**	Mythology
nombre, sustantivo	**n**	noun
Náutica	**Náut, Naut**	Nautical
negativo	**neg**	negative
Ocultismo	**Occult**	Occult
Ocio	**Ocio**	Leisure
Odontología	**Odont**	Dentistry
Óptica	**Ópt, Opt**	Optics
Panamá	**Pan**	Panama
Paraguay	**Par**	Paraguay
participio pasado	**past p**	past participle
Perú	**Per**	Peru
lenguaje periodístico	**period**	journalese
Periodismo	**Period**	Journalism
peyorativo	**pey**	derogatory
Farmacología	**Pharm**	Pharmacology
Filosofía	**Phil**	Philosophy
Fotografía	**Phot**	Photography
Física	**Phys**	Physics
Fisiología	**Physiol**	Physiology
plural	**pl**	plural
sustantivo plural	**pl n**	plural noun
poético	**poet**	poetic
Política	**Pol**	Politics
Correo	**Post**	Post
participio pasado	**pp**	past participle
prefijo	**pref**	prefix
preposición	**prep**	preposition
participio presente	**pres p**	present participle
Imprenta	**Print**	Printing
pronombre	**pron**	pronoun
pronombre demostrativo	**pron dem**	demonstrative pronoun
pronombre personal	**pron pers**	personal pronoun
pronombre relativo	**pron rel**	relative pronoun
Psicología	**Psic, Psych**	Psychology
Industria editorial	**Publ**	Publishing
Química	**Quím**	Chemistry
marca registrada	**®**	registered trademark
Radio	**Rad**	Radio
Ferrocarriles	**Rail**	Railways
recíproco	**recípr**	reciprocal
reflexivo	**refl**	reflexive
Religión	**Relig**	Religion
Relaciones Laborales	**Rels Labs**	Labor Relations
Río de la Plata	**RPl**	River Plate area
inglés de Escocia	**Scot**	Scottish English
Servicios Sociales	**Servs Socs**	Social Administration
singular	**sing**	singular
argot	**sl**	slang
Servicios Sociales	**Soc Adm**	Social Administration
Sociología	**Sociol**	Sociology
Deporte	**Sport**	Sport

sufijo	**suf, suff**	suffix
Tauromaquia	**Taur**	Bullfighting
Fisco	**Tax**	Tax
también	**tb**	also
Teatro	**Teatr**	Theater
Tecnología	**Tec, Tech**	Technology
lenguaje técnico	**téc, tech**	technical language
Telecomunicaciones	**Telec**	Telecommunications
Textiles	**Tex**	Textiles
Teatro	**Theat**	Theater
Turismo	**Tourism**	Tourism
Transporte	**Transp**	Transport
Televisión	**TV**	Television
no numerable	**uncount**	uncountable
Uruguay	**Ur**	Uruguay
verbo	**v**	verb
verbo auxiliar	**v aux**	auxiliary verb
verbo	**vb**	verb
Venezuela	**Ven**	Venezuela
Veterinaria	**Vet, Vet Sci**	Veterinary Science
verbo intransitivo	**vi**	intransitive verb
Video	**Video**	Video
verbo impersonal	**v impers**	impersonal verb
Vinicultura	**Vin**	Wine
verbo modal	**v mod**	modal verb
verbo pronominal	**v pron**	pronominal verb
verbo transitivo	**vt**	transitive verb
vulgar	**vulg**	vulgar
Zoología	**Zool**	Zoology

Español-Inglés
Spanish-English

Aa

A, a *f* (*pl* **aes**) (*read as* /a/) the letter A, a

a *prep*

> ■ **Nota** La preposición *a* suele emplearse precedida de ciertos verbos como *empezar, ir, oler, sonar* etc, en cuyo caso ver bajo el respectivo verbo.
>
> No se traduce cuando introduce el complemento directo de persona (ser humano, pronombres personales que lo representan, como *quien, alguien, algún* etc) o un nombre con un objeto o animal personalizado: *amo a mi patria* I love my country *paseo a mi perro* I walk my dog.
>
> En los casos en que precede al artículo definido *el* para formar la contracción *al*, ver bajo la siguiente entrada, donde también se encontrarán otros ejemplos y usos de *a*.

1 **(a)** (indicando dirección) to; **voy a México/la tienda** I'm going to Mexico/to the shop; **voy a casa** I'm going home; **se cayó al río** she fell into the river **(b)** (indicando posición): **estaban sentados a la mesa** they were sitting at the table; **a orillas del Ebro** on the banks of the Ebro; **se sentó al sol** he sat in the sun; **se sentó a mi derecha** he sat down on my right **(c)** (indicando distancia): **a diez kilómetros de aquí** ten kilometers from here **2** **(a)** (señalando hora, momento) at; **a las ocho** at eight o'clock; **a la hora de comer** at lunch time; **¿a qué hora vengo?** what time shall I come?; **a mediados de abril** in mid-April; **al día siguiente** the next *o* following day **(b)** (señalando fecha): **hoy estamos a lunes/a 20** today is Monday/it's the 20th today **(c) al** + INF: **se cayó al bajar del tren** she fell as she was getting off the train; **al enterarse de la noticia** when he learnt *o* on learning the news **(d)** (indicando distancia en el tiempo): **a escasos minutos de su llegada** (después) a few minutes after she arrived; (antes) a few minutes before she arrived; **de lunes a viernes** (from) Monday to Friday **3** (en relaciones de proporción, equivalencia): **tres veces al día** three times a day; **sale a 100 euros cada uno** it works out at 100 euros each; **a 100 kilómetros por hora** (at) 100 kilometers per hour; **nos ganaron cinco a tres** they beat us five three *o* (AmE) five to three **4** (indicando modo, medio, estilo): **a pie/a caballo** on foot/on horseback; **a crédito** on credit; **funciona a pilas** it runs on batteries; **a mano** by hand; **a rayas** striped; **vestirse a lo punk** to wear punk clothes **5** **(a)** (introduciendo el complemento directo de persona): **¿viste a José?** did you see José?; **no he leído a Freud** I haven't read (any) Freud **(b)** (introduciendo el complemento indirecto) to; **le escribió una carta a su padre** he wrote a letter to his father, he wrote his father a letter; **dáselo a ella** give it to her; **les enseña inglés a mis hijos** she teaches my children English; **le echó (la) llave a la puerta** she locked the door **(c)** (indicando procedencia): **se lo compré a una gitana** I bought it from *o* (infml) off a gipsy

abadía *f* (monasterio) abbey; (dignidad) abbacy

abajo *adv* **1** **(a)** (lugar, parte): **aquí ~** down here; **en el estante de ~** (el siguiente) on the shelf below; (el último) on the bottom shelf; **más ~** further down; **por ~** underneath; **la parte de ~** the bottom (part) **(b)** (en un edificio) downstairs; **los vecinos de ~** the people downstairs **(c)** (en una escala, jerarquía): **del jefe para ~** from the boss down *o* downward(s); **de 20 años para ~** 20 or under **2** (expresando dirección, movimiento) down; **calle/escaleras ~** down the street/stairs; **tire hacia ~** pull down *o* downward(s); **desde ~** from below **3** **abajo de** (AmL) under; **~ de la cama** under the bed **4** (en interjecciones) down with; **¡~ la dictadura!** down with the dictatorship!

abalanzarse [A4] *v pron*: **se abalanzaron hacia las salidas** they rushed toward(s) the exits; **~ SOBRE algn/algo** to leap ON sb/sth

abandonado -da *adj* **1** [ESTAR] (deshabitado) deserted **2** [ESTAR] ‹*niño/perro/coche*› abandoned **3** [ESTAR] (desatendido, descuidado) ‹*jardín/parque*› neglected

abandonar [A1] *vt* **1** **(a)** (fml) ‹*lugar*› to leave **(b)** ‹*familia/bebé*› to leave, abandon; ‹*marido/amante*› to leave; ‹*coche/barco*› to abandon; **los abandonó a su suerte** he abandoned them to their fate **2** «*fuerzas*» to desert **3** **(a)** ‹*actividad/propósito/esperanza*› to give up; **~ los estudios** to drop out of school/college **(b)** (Dep) ‹*carrera/partido*› to retire from, pull out of

■ **~** *vi* (Dep) **(a)** (en carrera, competición) to pull out **(b)** (en ajedrez) to resign; (en boxeo, lucha) to concede defeat

■ **abandonarse** *v pron* **1** (entregarse) **~se A algo** (a vicios/placeres) to abandon oneself TO sth **2** (en el aspecto personal) to let oneself go

abandono *m* **1** (de una persona) abandonment; **~ del hogar** desertion **2** (Dep) (antes de la carrera, competición) withdrawal; (iniciada la carrera, competición) retirement; (en ajedrez) resignation **3** (descuido, desatención) neglect

abanicar [A2] *vt/vi* to fan

■ **abanicarse** *v pron* to fan oneself

abanico *m* (utensilio) fan

abaratar [A1] *vt* ‹*precios/costos*› to reduce; ‹*producto*› to make ... cheaper, reduce the price of

■ **abaratarse** *v pron* «*costos*» to drop, come down; «*producto*» to become cheaper, come down in price

abarcar [A2] *vt* **(a)** ‹*temas/materias*› to cover; ‹*superficie/territorio*› span, cover; ‹*siglos/generaciones*› to span; **la conversación abarcó**

varios temas the conversation ranged over many topics **(b)** (dar abasto con) ‹*trabajos/actividades*› to cope with; ***quien mucho abarca poco aprieta*** you shouldn't bite off more than you can chew **(c)** (con los brazos, la mano) to encircle

abarrotado -da *adj* crammed, packed; ~ DE algo ‹*de gente*› packed *o* crammed WITH sth

abarrotar [A1] *vt* ‹*sala/teatro*› to pack

abarrotería *f* (Méx) grocery store (AmE), grocer's (shop) (BrE)

abarrotero -ra *m,f* (Chi, Méx) (tendero) storekeeper (AmE), shopkeeper (BrE)

abarrotes *mpl* (AmL exc RPl) (comestibles) groceries (*pl*); (tienda) grocery store (AmE), grocer's (shop) (BrE)

abastecedor -dora *m,f* supplier

abastecer [E3] *vt* to supply; **~ a algn** DE **algo** to supply sb WITH sth

■ **abastecerse** *v pron* **~se** DE **algo** (obtener) to obtain sth; (almacenar) to stock up WITH sth

abastecimiento *m* supply

abasto *m* **(a)** (aprovisionamiento) supply; ***no dar ~***: **no dan ~ con el trabajo** they can't cope with all the work **(b)** (provisiones) *tb* **~s** *mpl* basic provisions (*pl*) (*esp foodstuffs*)

abatible *adj* ‹*respaldo*› reclining (*before n*); (hacia adelante) folding (*before n*)

abatido -da *adj* [ESTAR] (deprimido, triste) depressed; (desanimado) downhearted, dispirited

abatir [I1] *vt* **1** (derribar) ‹*pájaro/avión*› to bring down; ‹*muro/edificio*› to knock down; ‹*árbol*› to fell; **fue abatido a tiros** he was gunned down **2** (deprimir, entristecer): **la enfermedad lo abatió mucho** his illness made him feel very low; **no te dejes ~ por las preocupaciones** don't let your worries get you down **3** ‹*asiento*› to recline

■ **abatirse** *v pron* **1** (deprimirse) to get depressed **2** (fml) **~se** SOBRE **algo/algn** «*pájaro/avión*» to swoop down ON sth/sb; «*desgracia*» to befall sth/sb (fml); **el caos se abatió sobre el país** the country was plunged into chaos

abdicación *f* abdication

abdicar [A2] *vi* «*soberano*» to abdicate; **~** EN **algn** to abdicate IN FAVOR OF sb

■ **~** *vt* ‹*trono/corona*› to give up, abdicate

abdomen *m* abdomen

abdominal *adj* abdominal

■ *m* sit-up

abecedario *m* alphabet

abedul *m* birch

abeja *f* bee; **~ obrera/reina** worker/queen bee

abejorro *m* bumblebee

aberración *f* (disparate, extravío) outrage; **robarle a un ciego es una ~** stealing from sb who's blind is outrageous

abertura *f* (en general) opening; (agujero) hole; (rendija) gap; (corte, tajo) slit

abeto *m* fir (tree)

abierto[1] -ta *adj* **1** **(a)** ‹*ventana/boca*› open; **está ~** it's open; **con los ojos muy ~s** with eyes wide open; **un sobre ~** an unsealed envelope; **los espacios ~s de la ciudad** the city's open spaces **(b)** [ESTAR] ‹*válvula*› open; **dejaste la llave ~** you left the faucet (AmE) *o* (BrE) tap running **(c)** (desabrochado) undone **(d)** ‹*herida*› open; ‹*madera/costura*› split **2** [ESTAR] ‹*comercio/museo*› open **3** (Ling) ‹*vocal*› open **4** **(a)** [SER] (espontáneo) open **(b)** (receptivo) open-minded; **~** A **algo** open TO sth **5** (manifiesto, directo) open

abierto[2] *m* (Dep) open (tournament)

abismante *adj* (Andes) ‹*valentía*› extraordinary; ‹*belleza*› breathtaking; ‹*cifra/cantidad*› staggering

abismo *m* abyss; **hay un profundo ~ entre ellos** there's a deep rift between them

ablandar [A1] *vt* **(a)** ‹*cera/cuero*› to soften; ‹*carne*› to tenderize **(b)** ‹*persona*› to soften; ‹*corazón*› to melt

■ **ablandarse** *v pron* **(a)** «*cera/cuero*» to soften **(b)** «*persona*» to soften up; «*mirada*» to soften

abnegación *f* self-denial, abnegation (fml)

abnegado -da *adj* self-sacrificing, selfless

abofetear [A1] *vt* to slap

abogacía *f* law; **ejercer la ~** to practice law

abogado -da *m,f* (en general) lawyer, solicitor (*in UK*); (ante un tribunal superior) attorney (*in US*), barrister (*in UK*); **~ defensor** defense lawyer (AmE), defence counsel (BrE); **~ del diablo** devil's advocate

abolición *f* abolition

abolir [I32] *vt* to abolish

abolladura *f* dent

abollar [A1] *vt* ‹*coche/cacerola*› to dent

■ **abollarse** *v pron* to get dented

abombado -da *adj* **1** ‹*superficie*› convex; ‹*techo*› domed **2** (AmL fam) (atontado) dopey (infml), dozy (infml) **3** (AmS) (en mal estado) ‹*alimento*› **esta carne está abombada** this meat has gone bad *o* (BrE) is off

abombarse [A1] *v pron* (AmS) to go bad, go off

abominable *adj* abominable

abominar [A1] *vt* to detest, abominate (fml)

abonado -da *m,f* (del teléfono, a revista) subscriber; (del gas) consumer, customer; (a espectáculo, transporte) season-ticket holder

abonar [A1] *vt* **1** ‹*tierra/campo*› to fertilize **2** **(a)** (fml) (pagar) ‹*cantidad/honorarios*› to pay; **el cheque se lo ~án en caja** you can cash the check at the cash desk **(b)** (depositar) to credit; **hemos abonado la cantidad en su cuenta** we have credited your account with the amount **(c)** (Andes, Méx) (dar a cuenta) to give ... on account

■ **abonarse** *v pron* **~se** A **algo** (a espectáculo) to buy a season ticket FOR sth; ‹*a revista*› to subscribe TO sth

abono *m* **1** (Agr) fertilizer **2** (para espectáculos, transporte) season ticket **3** (fml) **(a)** (pago) payment **(b)** (en una cuenta) credit **(c)** (Andes, Méx) (cuota) installment*

abordar [A1] *vt* **1** **(a)** (encarar) ‹*problema*› to tackle, deal with **(b)** (plantear) ‹*tema/asunto*› to raise **2** ‹*persona*› to approach; (agresivamente) to accost **3** (Méx) «*pasajero*» ‹*barco/avión*› to board; ‹*automóvil*› to get into

■ **~** *vi* (Méx) (subir a bordo) to board

aborigen *adj* aboriginal, indigenous

■ *mf* aborigine, aboriginal

aborrecer [E3] *vt* **(a)** ‹*persona/actividad*› to detest, loathe **(b)** ‹*crías*› to reject

---

key word

aborrecible *adj* loathsome, detestable
abortar [A1] *vi* (Med) (de forma espontánea) to have a miscarriage, miscarry; (de forma provocada) to have an abortion, abort
■ ~ *vt* ‹*maniobra/aterrizaje*› to abort
aborto *m* (Med) (espontáneo) miscarriage; (provocado) abortion
abotagado -da *adj* ‹*cara*› swollen; ‹*cuerpo*› bloated
abotonar [A1] *vt* to button up, do up
■ **abotonarse** *v pron* ‹*chaqueta/camisa*› to button up, do up
abrasador -dora *adj* burning (*before n*)
abrasar [A1] *vt* **(a)** (quemar) to burn; **murieron abrasados** they were burned to death **(b)** «*bebida*» to scald, burn; «*comida*» to burn
■ ~ *vi* «*sol*» to burn, scorch
■ **abrasarse** *v pron* «*bosque*» to be burned (down); «*planta*» to get scorched; **nos abrasábamos bajo el sol** we were sweltering under the sun
abrasivo -va *adj/m* abrasive
abrazar [A4] *vt* ‹*persona*› to hug; (con más sentimiento) to embrace; **abrázame fuerte** hold me tight
■ **abrazarse** *v pron* (*recípr*) to hug each other; (con más sentimiento) to embrace each other; **~se A algn/algo** to hold on *o* cling TO sb/sth
abrazo *m* hug; (con más sentimiento) embrace; **me dio un ~** he gave me a hug, he hugged/embraced me; **dale un ~ de mi parte** give my love to her; **un ~, Miguel** (en cartas) best wishes, Miguel; regards, Miguel; (más íntimo) love, Miguel
abrebotellas *m* (*pl* ~) bottle opener
abrecartas *m* (*pl* ~) letter opener
abrelatas *m* (*pl* ~) can opener, tin opener (BrE)
abreviar [A1] *vt* ‹*permanencia/visita*› to cut short; ‹*plazo*› to shorten; ‹*texto/artículo*› to abridge; ‹*palabra*› to abbreviate
■ ~ *vi*: **abreviando ...** in short ...
abreviatura *f* abbreviation
abridor *m* (de botellas) bottle opener; (de latas) can opener, tin opener (BrE)
abrigado -da *adj* **(a)** [ESTAR] ‹*lugar*› sheltered **(b)** [ESTAR] ‹*persona*› **¿estás bien ~ con esas mantas?** are you warm enough with those blankets?; **está demasiado ~** he has too many clothes on; **iba bien ~** he was wrapped up warm **(c)** [SER] (RPl, Ven) ‹*ropa*› warm
abrigador -dora *adj* [SER] (Andes, Méx) ‹*ropa*› warm
abrigar [A3] *vt* **1** (con ropa) to wrap ... up warm; **el pañuelo me abriga el cuello** the scarf keeps my neck warm **2** ‹*idea/esperanza*› to cherish; ‹*sospecha/duda*› to harbor*, entertain
■ ~ *vi* «*ropa*» to be warm
■ **abrigarse** *v pron* (*refl*) to wrap up warm
abrigo *m* **1** **(a)** (prenda) coat **(b)** (calor que brinda la ropa): **necesita más ~** she needs to be wrapped up more warmly; **con una manta no tengo suficiente ~** I'm not warm enough with one blanket; **ropa de ~** warm clothes **2** (refugio, protección) shelter; **al ~ de la lluvia/los árboles** sheltered from the rain/under the trees; **al ~ de la lumbre** by the fireside

abril *m* April; *para ejemplos ver* **enero**
abrillantar [A1] *vt* to polish
abrir [I33] *vt* **1** (en general) to open; ‹*paraguas*› to open, put up; ‹*mapa*› to open out, unfold; ‹*cortinas*› to open, draw back; ‹*persianas*› to raise, pull up; ‹*cremallera*› to undo **2** ‹*llave/gas*› to turn on; ‹*válvula*› to open; ‹*cerradura*› to unlock **3** **(a)** ‹*zanja/túnel*› to dig; ‹*agujero*› to make **(b)** (fam) ‹*paciente*› to open ... up (infml) **4** **(a)** ‹*comercio/museo*› (para el quehacer diario) to open; (inaugurar) to open (up); **¿a qué hora abren la taquilla?** what time does the box office open? **(b)** ‹*carretera/aeropuerto*› to open; ‹*frontera*› to open (up) **5** **(a)** (iniciar) ‹*cuenta bancaria*› to open; ‹*negocio*› to start, set up; ‹*suscripción*› to take out; ‹*investigación*› to begin, set up; **no han abierto la matrícula aún** registration hasn't begun yet; **~ fuego** to open fire **(b)** ‹*acto/debate/baile*› to open **(c)** ‹*desfile/cortejo*› to head, lead **(d)** ‹*paréntesis/comillas*› to open **6** ‹*apetito*› to whet
■ **abrirse** *v pron* **1** **(a)** «*puerta/ventana*» to open; **~se A algo** (a jardín/corredor) to open ONTO sth **(b)** «*flor/almeja*» to open; «*paracaídas*» to open **2** (*refl*) ‹*chaqueta/cremallera*› to undo **3** **(a)** «*porvenir*» to lie ahead; «*perspectivas*» to open up; **con este descubrimiento se abren nuevos horizontes** this discovery opens up new horizons **(b)** «*período/era*» to begin
abrochar [A1] *vt* ‹*chaqueta/botón*› to fasten, do up; ‹*collar/cinturón de seguridad*› to fasten
■ **abrocharse** *v pron* ‹*chaqueta/botón*› to fasten, do up; ‹*collar/cinturón de seguridad*› to fasten
abroncar [A1] *vt* (fam) **(a)** (reprender) to tell off **(b)** ‹*torero/jugador*› to boo
abrumador -dora *adj* **(a)** ‹*victoria/mayoría*› overwhelming **(b)** ‹*trabajo/tarea*› exhausting
abrumar [A1] *vt* to overwhelm; **~ a algn CON algo** (con problemas/quejas) to wear sb out WITH sth; **la ~on con sus atenciones** she was overwhelmed by their kindness
abrupto -ta *adj* **(a)** ‹*camino/pendiente*› steep; ‹*terreno*› rough **(b)** ‹*tono*› abrupt **(c)** ‹*cambio/descenso*› abrupt, sudden
absentismo *m* (Esp) absenteeism; **~ escolar** (Esp) truancy, absenteeism
absolución *f* **(a)** (Relig) absolution **(b)** (Der) acquittal
absolutamente *adv* totally, absolutely; **no se ve ~ nada** you can't see a thing; **~ nadie** not a soul; **¿estás segura? — ~** are you sure? — absolutely *o* I'm positive
absoluto -ta *adj* **1** ‹*monarca/poder*› absolute **2** **(a)** (total) total, absolute, complete; **tengo la absoluta certeza** I am absolutely convinced **(b) en absoluto** (*loc adv*) **¿te gustó? — en ~** did you like it? — no, not at all; **no lo consentiré en ~** there is absolutely no way I will agree to it
absolver [E11] *vt* **(a)** (Relig) to absolve **(b)** (Der) ‹*acusado*› to acquit, find ... not guilty
absorbente *adj* **1** ‹*esponja/papel*› absorbent **2** ‹*persona*› demanding; ‹*hobby/tarea*› time-consuming; ‹*profesión*› demanding
absorber [E1] *vt* **(a)** ‹*líquido/ruido/calor*› to absorb **(b)** ‹*tiempo*› to occupy, take up;

‹recursos/energía› to absorb

absorción *f* (de líquido, calor, ruido) absorption

absorto -ta *adj* engrossed, absorbed

abstemio -mia *adj* teetotal
■ *m,f* teetotaler*

abstención *f* abstention

abstencionismo *m* abstentionism

abstenerse [E27] *v pron* **(a)** (en votación) to abstain **(b)** (fml) (no hacer) ~ DE **hacer algo** to refrain FROM doing sth **(c)** (privarse de): ~ **del alcohol** to avoid alcohol

abstinencia *f* abstinence

abstracto -ta *adj* abstract

abstraerse [E23] *v pron* ~**se** DE **algo** (de pensamiento/preocupación) to block out FROM sth

abstraído -da *adj*: **estar ~ en algo** to be absorbed in sth; **lo noté como ~** he seemed rather preoccupied

absuelto -ta *pp* ▶ **absolver**

absurdo -da *adj* absurd, ridiculous

abuchear [A1] *vt* to boo

abucheo *m* booing

abuelito -ta *m,f* (*m*) grandpa (infml), granddad (infml); (*f*) grandma (infml), granny (infml)

abuelo -la *m,f* **1** (pariente) (*m*) grandfather; (*f*) grandmother; **mis ~s** my grandparents; ***¡cuéntaselo a tu abuela!*** (fam) pull the other one! (infml) **2** (fam) (persona mayor) (*m*) old man, old guy (infml); (*f*) old woman, old lady; **¡oiga ~!** hey, granddad! (infml)

abultado -da *adj* **(a)** *‹ojos/vientre›* bulging; *‹labios›* thick; *‹cartera›* bulging **(b)** (abundante) *‹deuda/suma›* enormous, huge **(c)** (exagerado) *‹cifra/cantidad›* inflated

abultar [A1] *vi* **(a)** (formar un bulto) to make a bulge **(b)** (ocupar lugar) to be bulky
■ ~ *vt* *‹cifras/resultados›* to inflate

abundancia *f* **1** (gran cantidad) abundance; **la ~ de peces** the abundance of fish; **hay comida en ~** there's an abundance of food; **darse en ~** to be plentiful **2** (riqueza): **tiempos de ~** times of plenty; **viven en la ~** they're well-off; ***nadar en la ~*** to be rolling in money (infml)

abundante *adj* *‹reservas/cosecha›* plentiful, abundant; **la pesca es ~** the fishing is good; **aguas ~s en especies marinas** waters which abound in marine life

abundar [A1] *vi* **(a)** (existir en gran número o cantidad) *«especie/mineral»* to be abundant **(b)** (tener mucho) ~ EN **algo** to abound *o* be rich IN sth

aburrido -da *adj* **1** [ESTAR] *‹persona›* **(a)** (sin entretenimiento) bored; **estoy muy ~** I'm bored stiff **(b)** (harto) fed up; ~ DE **algo** tired OF sth, fed up WITH sth; ~ DE **hacer algo** tired OF doing sth **2** [SER] *‹película/persona›* boring; *‹trabajo›* boring, tedious
■ *m,f* bore

aburridor -dora *adj* (AmL) ▶ **aburrido 2**

aburrimiento *m* **(a)** (estado) boredom **(b)** (cosa aburrida): **¡qué ~!** what a bore!

aburrir [I1] *vt* to bore
■ **aburrirse** *v pron* **(a)** (por falta de entretenimiento) to get bored **(b)** (hartarse) ~**se** DE **algo/algn** to get tired OF *o* fed up WITH sth/sb; ~**se** DE **hacer algo** to get tired OF doing sth

abusador -dora *adj* (aprovechado) *‹comerciante›* opportunist; **¡qué ~ eres!** you really take advantage of the situation!
■ *m,f*: **estos comerciantes son unos ~es** these shopkeepers really take advantage; **es un ~ con sus padres** he takes advantage of his parents

abusar [A1] *vi* **1** **(a)** (aprovecharse): **es muy hospitalaria pero no abuses** she's very hospitable but don't take advantage of her; ~ DE **algo** (de autoridad/posición/generosidad) to abuse sth; **no quisiera ~ de su amabilidad** I don't want to impose (on you); ~ DE **algn** (de padres/amigo) to take advantage OF sb **(b)** (sexualmente) ~ DE **algn** to sexually abuse sb **2** (usar en exceso): **abusa de los tranquilizantes** he takes too many tranquilizers; **no se debe ~ del alcohol** alcohol should be drunk in moderation

abusivo -va *adj* *‹precio/interés›* outrageous

abuso *m* **(a)** (uso excesivo) abuse; **~ de autoridad** abuse of authority; **el ~ en la bebida** excessive drinking; **~s deshonestos** indecent assault; **~ sexual infantil** child abuse **(b)** (de hospitalidad, generosidad): **espero no lo considere un ~** I hope you don't think it an imposition; **¡qué ~ de confianza!** (fam) what a nerve! (infml) **(c)** (injusticia) outrage; **¡esto es un ~!** this is outrageous!; **prestarse a ~s** to lay itself open to abuse

abusón -sona *adj/m,f* (Esp, Méx fam) ▶ **abusador**

acá *adv* **1** (en el espacio) here; **¡ven ~!** come here!; **ya viene para ~** he's on his way over; **nos pasamos el día de ~ para allá** we spent the whole day going to and fro; **un poquito más ~** a little closer *o* nearer (to me) **2** (en el tiempo): **del verano (para) ~** since the summer

acabado[1] -da *adj* [ESTAR] **(a)** *‹trabajo›* finished; **son todos productos muy bien ~s** they are all well-finished products **(b)** *‹persona›* finished

acabado[2] *m* finish

acabar [A1] *vi* **1** **(a)** *«reunión/película»* to finish, end; *«persona»* to finish; *«novios»* to split up; **ya casi acabo** I've nearly finished **(b)** (en un estado, situación) to end up; **acabó en la cárcel** he ended up in jail; (+ *compl*) **acabamos cansadísimos** by the end we were exhausted; **ese chico va a ~ mal** that boy will come to no good; **la película acabó bien** the movie had a happy ending; **~án aceptándolo** or **por aceptarlo** they'll end up accepting it; ~ DE **algo** to end up AS sth; **acabó de camarero** he ended up (working) as a waiter **(c)** (rematar) ~ EN **algo** to end IN sth **2** **acabar con** **(a)** ~ CON **algo** (terminar) (con libro/tarea) to finish WITH sth; (con bombones/bebidas) to finish off sth; (con salud/carrera) to ruin sth; (con sueldo/herencia) to fritter AWAY sth; (con abuso/problema) to put an end TO sth **(b)** (fam) ~ CON **algn** (pelearse) to finish WITH sb; (matar) to do away WITH sb (infml); **este niño va a ~ conmigo** this child will be the death of me **3** **acabar de** **(a)** (terminar) ~ DE **hacer algo** to finish doing sth; **cuando acabes de leerlo** when you've finished reading it **(b)** (para referirse a acción reciente): **acaba de salir** she's just gone out; **acababa de meterme en la cama cuando ...** I had just got into bed when ... **(c)** (llegar a): **no acabo de entenderlo** I just don't understand; **no acababa de gustarle** she wasn't totally happy about it
■ ~ *vt* *‹trabajo/libro›* to finish; *‹curso/carrera›*

key word

to finish, complete

■ **acabarse** *v pron* **1** (terminarse) «*provisiones/comida*» to run out; «*problema*» to be over; «*reunión/fiesta/curso*» to end; «*proyecto*» to finish, come to an end; «*año*» to come to an end; **se nos acabó el café** we ran out of coffee; **se le ∼on las fuerzas** he ran out of energy; **un trabajo que no se acaba nunca** a never-ending *o* an endless task; **¡esto se acabó!** that's it! **2** (*enf*) (comer) to finish (up)

acabose *m* (fam): **¡esto es el ∼!** this is the end *o* limit! (infml)

academia *f* **(a)** (sociedad) academy **(b)** (Educ) school **∼ de conductores** or (AmL) **choferes** driving school; **∼ de idiomas** language school

académico -ca *adj* ‹*estudios/año*› academic (*before n*); ‹*estilo/lenguaje*› academic

■ *m,f* academician

acalorado -da *adj* **1** [SER] ‹*discusión/riña*› heated **2** [ESTAR] ‹*persona*› (enfadado) worked up; (con calor) hot

acalorarse [A1] *v pron* (enfadarse) to get worked up; (sofocarse) to get hot

acampada *f* camp; **ir de ∼** to go camping

acampanado -da *adj* ‹*falda/pantalones*› flared

acampante *mf* camper

acampar [A1] *vi* to camp

acantilado *m* cliff

acaparador -dora *adj* (egoísta) selfish, greedy; (posesivo) possessive

■ *m,f* **(a)** (de productos) hoarder **(b)** (persona egoísta) selfish person

acaparar [A1] *vt* **(a)** ‹*productos/existencias*› to hoard, stockpile **(b)** ‹*interés/atención*› to capture; **el trabajo acapara todo su tiempo** work takes up all his time

acaramelado -da *adj* **(a)** ‹*pareja*› **estaban ∼s** they were hugging and kissing **(b)** ‹*voz*› sugary **(c)** (Coc) toffee-coated; ‹*molde*› coated with caramel

acariciar [A1] *vt* ‹*persona*› to caress; ‹*mejilla/pelo*› to stroke, caress; ‹*perro/gato*› to stroke

acarrear [A1] *vt* **(a)** ‹*problema*› to give rise to, lead to; **esto le acarreó problemas** this caused her problems **(b)** ‹*materiales/paquetes*› to carry

acaso *adv* **1** (en preguntas): **¿∼ no te lo dije?** I told you, didn't I?; **¿∼ tengo yo la culpa?** is it *my* fault? **2** (*en locs*) **por si acaso** just in case; **si acaso** (quizás) maybe, perhaps; (en caso de que) if

acatar [A1] *vt* ‹*leyes/orden*› to obey, comply with

acatarrado -da *adj*: **estar ∼** to have a cold

acatarrarse [A1] *v pron* (resfriarse) to catch a cold

acceder [E1] *vi* **1** (consentir) to agree; **∼ A algo** to agree TO sth **2** (entrar) **∼ A algo** gain access TO sth; (Inf) to access sth.

accesible *adj* **(a)** ‹*lugar*› accessible; ‹*persona*› approachable; ‹*precio*› affordable **(b)** ‹*novela/lenguaje*› accessible

acceso *m* **1** **(a)** (a un lugar) access; **rutas de ∼** approach roads **(b)** (a persona, información) access **(c)** (Inf) access **2** (a curso) entrance; **pruebas de ∼** entrance examinations; **curso de ∼** preparatory course

accesorio *m* accessory; (Cin, Teatr) prop; **∼s del vestir** accessories; **∼s de baño** bathroom fittings

accidentado -da *adj* **1** **(a)** ‹*viaje*› eventful; ‹*historia*› turbulent; ‹*carrera/pasado*› checkered* (*before n*); ‹*vida*› troubled **(b)** ‹*terreno*› rough, rugged; ‹*costa*› broken **2** ‹*persona*› hurt, injured

■ *m,f*: **llevaron a los ∼s al hospital** those injured *o* hurt in the accident were taken to hospital

accidental *adj* ‹*encuentro*› chance (*before n*), accidental; ‹*circunstancias*› coincidental

accidente *m* **1** (percance) accident; **tener** or **sufrir un ∼** to have an accident; **∼ aéreo** plane crash; **∼ de circulación/tráfico** traffic *o* road accident; **∼ laboral** industrial accident **2** (hecho fortuito) coincidence; **por ∼** by chance **3** (del terreno) unevenness; **∼ geográfico** geographical feature

acción *f* **1** (acto, hecho) act; **acciones dignas de elogio** praiseworthy acts *o* actions; **hacer una buena ∼** to do a good deed; **∼ de gracias** thanksgiving **2** **(a)** (actividad) action; **poner algo en ∼** to put sth into action; **novela de ∼** adventure story; **una película llena de ∼** an action-packed movie *o* (BrE) film **(b)** (Mil) action **(c)** (Cin, Lit) (trama) action, plot **3** **(a)** (Der) action, lawsuit **(b)** (Fin) share; **acciones** shares, stock **4** (Per) (de una rifa) ticket

accionar [A1] *vt* ‹*palanca*› to pull; ‹*mecanismo/dispositivo*› activate, trigger

accionista *mf* stockholder, shareholder

acebo *m* holly; (árbol) holly tree

acechar [A1] *vt* ‹*enemigo/presa*› to lie in wait for; **el peligro que nos acecha** the danger that lies ahead of us

acecho *m*: **al ∼** lying in wait

aceite *m* oil; **∼ lubricante** lubricating oil; **∼ de oliva/girasol** olive/sunflower oil; **∼ de ricino** castor oil

aceitera *f* (Tec) oilcan; (Coc) cruet

aceitoso -sa *adj* oily

aceituna *f* olive; **∼s rellenas/sin hueso** stuffed/pitted olives

aceitunado -da *adj* olive (*before n*)

aceleración *f* acceleration

acelerado -da *adj* ‹*curso*› intensive, crash (*before n*); **a paso ∼** at a brisk pace

acelerador *m* (Auto) accelerator

acelerar [A1] *vt* **(a)** ‹*coche/motor*› **aceleró el coche** (en marcha) he accelerated; (sin desplazarse) he revved the engine *o* car (up) **(b)** ‹*proceso/cambio*› to speed up; ‹*paso*› to quicken

■ **∼** *vi* **(a)** (Auto) to accelerate **(b)** (fam) (darse prisa) to hurry (up)

acelga *f* Swiss chard

acento *m* **(a)** (Ling) (tilde) accent; (de intensidad) stress, accent **(b)** (énfasis) emphasis **(c)** (dejo, pronunciación) accent; **tiene ∼ francés** he has a French accent

acentuado -da *adj* **(a)** ‹*palabra/sílaba*› accented **(b)** ‹*diferencia/cambio*› marked, distinct

acentuar [A18] *vt* **(a)** (Ling) (al hablar) to stress, accent; (al escribir) to accent **(b)** (intensificar, hacer resaltar) to accentuate, emphasize

■ **acentuarse** *v pron* ‹*diferencias/problemas*› to become accentuated

acepción *f* sense, meaning

aceptable *adj* acceptable, passable

a

a

aceptación *f* **(a)** (éxito) success; **de gran ~ entre los jóvenes** very popular *o* successful with young people **(b)** (acción) acceptance

✓ **aceptar** [A1] *vt* ‹*excusas/invitación/cargo*› to accept; ‹*términos/condiciones*› to agree to; **aceptan cheques** they take checks; **aceptó venir** she agreed to come; **no acepto que me digas eso** I won't have you saying that to me

acequia *f* irrigation ditch *o* channel

acera *f* sidewalk (AmE), pavement (BrE)

acerca de *loc prep* about

acercamiento *m* (entre posturas, países) rapprochement; (entre personas): **ese incidente produjo un ~ entre ellos** that incident brought them closer together

✓ **acercar** [A2] *vt* **1** **(a)** (aproximar) to bring ... closer *o* nearer; **~on la mesa a la puerta** they moved the table closer *o* nearer to the door; **acercó las manos al fuego** he held his hands closer to the fire; **¿puedes ~me ese libro?** can you pass *o* give me that book? **(b)** (unir) ‹*posturas/países*› to bring ... closer **2** (llevar): **me acercó a la parada** she gave me a ride (AmE) *o* (BrE) lift to the bus stop

■ **acercarse** *v pron* **(a)** (aproximarse) to approach, to get closer *o* nearer; **acércate más** (acercándose al hablante) come *o* get closer *o* nearer; (alejándose del hablante) go *o* get closer *o* nearer; **se le ~on dos policías** two policemen came up to *o* approached him **(b)** «*amigos/países*» to draw *o* come closer together **(c)** «*hora/momento*» to draw near, approach; **ahora que se acerca la Navidad** now that Christmas is coming

acero *m* (Metal) steel; **~ inoxidable** stainless steel

acérrimo -ma *adj* ‹*partidario/defensor*› staunch; ‹*enemigo*› bitter

acertado -da *adj* ‹*comentario*› pertinent; ‹*solución/elección*› good

acertante *adj* winning (*before n*)

■ *m,f* winner

acertar [A5] *vt* ‹*respuesta/resultado*› to get ... right; **a ver si aciertas quién es** see if you can guess who it is

■ **~** *vi* **1** **(a)** (dar, pegar) **~le A algo** to hit sth; **tiró pero no le acertó** he shot at it but (he) missed **(b)** (atinar) to be right; **acertaste con el regalo** your present was perfect **2** (lograr) **~ A hacer algo** to manage to do sth

acertijo *m* riddle, puzzle

acervo *m*: **el ~ cultural de su país** the cultural heritage of their country; **el ~ familiar** the family fortune

acetona *f* (Quím) acetone; (quitaesmaltes) nail-polish remover

achacar [A2] *vt*: **~le la culpa a algn** to lay *o* put the blame on sb

achaques *mpl* ailments (*pl*); **mis acostumbrados ~** my usual aches and pains

achatar [A1] *vt* to flatten

achicar [A2] *vt* **1** **(a)** ‹*chaqueta/vestido*› to take in **(b)** ‹*persona*› to intimidate, daunt **2** ‹*agua*› to bail out

✓ key word

■ **achicarse** *v pron* **(a)** (de tamaño) to shrink **(b)** (amilanarse) to be intimidated, be daunted

achicharrante *adj* (fam) ‹*sol*› scorching; **hizo un calor ~** it was scorching

achicharrar [A1] *vt* (fam) **(a)** ‹*carne/comida*› to burn ... to a cinder (infml) **(b)** «*sol*» ‹*planta*› to scorch; **hace un sol que te achicharra** the sun is scorching hot

■ **achicharrarse** *v pron* (fam) **(a)** «*persona*» to fry (infml); «*planta*» to get scorched **(b)** «*carne/comida*» to be burned to a crisp (infml)

achichincle, **achichinque** *mf* (Méx fam & pey) hanger-on (infml & derog)

achicopalar [A1] *vt* (Col, Méx fam) to intimidate

■ **achicopalarse** *v pron* (Col, Méx fam) to feel intimidated

achicoria *f* chicory

achinado -da *adj* ‹*ojos*› slanting

achiote *m* (AmL) annatto

achispado -da *adj* (fam) tipsy (infml)

achuras *fpl* (RPl) offal

acicalarse [A1] *v pron* to dress up, get dressed up

acicate *m* **(a)** (estímulo) incentive **(b)** (espuela) spur

acidez *f* (Quím) acidity; (Med) (en el estómago) acidity; (en el esófago) heartburn

ácido[1] -da *adj* **(a)** ‹*sabor*› acid; ‹*fruta*› acid, tart, sharp; ‹*vino*› sharp **(b)** ‹*carácter/tono*› acid, caustic

ácido[2] *m* **(a)** (Quím) acid **(b)** (arg) (droga) acid (sl)

acierta, **aciertas**, *etc* ▶ **acertar**

acierto *m* **(a)** (decisión correcta) good decision, good *o* wise move **(b)** (respuesta correcta) correct answer

acitronar [A1] *vt* (Méx) to fry ... until golden brown

aclamación *f* acclaim

aclamar [A1] *vt* to acclaim, applaud

aclaración *f* explanation; **quisiera hacer una ~** I'd like to make one thing clear

aclarado *m* (Esp) rinse

✓ **aclarar** [A1] *v impers* **(a)** (amanecer): **aclara temprano** it gets light early; **cuando nos levantamos estaba aclarando** dawn *o* day was breaking when we got up **(b)** (escampar) to clear up

■ **~** *vi* **(a)** «*día*» (empezar) to break, dawn **(b)** «*tiempo/día*» (escampar) to clear up

■ **~** *vt* **1** (quitar color a) to lighten **2** ‹*ideas*› to get ... straight; ‹*duda*› to clear up, clarify; **quiero ~ que ...** I want to make it clear that ... **3** (Esp) ‹*ropa/vajilla*› to rinse

■ **aclararse** *v pron* **1** **~se la voz** to clear one's throat **2** (Esp fam) (entender) to understand; ***a ver si nos aclaramos*** let's see if we can sort things out *o* get things straight

aclimatarse [A1] *v pron* to acclimatize, get *o* become acclimatized

acné *m or f* acne

acobardar [A1] *vt* ‹*persona*› to unnerve, intimidate

■ **acobardarse** *v pron* to lose one's nerve; **~se ante el peligro** to lose one's nerve in the face of danger

acogedor -dora *adj* ‹*casa/habitación*› cozy*, welcoming; ‹*ambiente*› warm, friendly

acoger [E6] *vt* **(a)** ‹*huérfano/anciano*› to take in; ‹*refugiado*› to accept, admit **(b)** ‹*propuesta/persona*› to receive; **acogieron la noticia con satisfacción** the news was well received

■ **acogerse** *v pron* **~se** A **algo** (a la ley) to have recourse TO sth; (a un régimen) to opt FOR sth

acogida *f* **(a)** (de persona) welcome; (de noticia, propuesta) reception **(b)** (de huérfano) taking in; (de refugiado) acceptance

acolchar, **acolchonar** [A1] *vt* ‹*bata/tela*› to quilt; ‹*pared/puerta*› to pad

acomedido -da *adj* (Chi, Méx, Per) obliging, helpful

acomedirse [I14] *v pron* (Méx) to offer to help

acometer [E1] *vi* to attack; **~** CONTRA **algo/algn** to attack sth/sb

acomodado -da *adj* **1** ‹*familia/gente*› well-off, well-to-do; **de posición acomodada** well-off, well-to-do **2** (CS, Méx fam) (que tiene palanca): **estar ~** to have contacts *o* connections

acomodador -dora *m,f* (*m*) usher; (*f*) usherette

acomodar [A1] *vt* **1** (adaptar, amoldar) to adapt **2** ‹*huésped*› to put ... up **3** **(a)** (AmL) (arreglar) to arrange; (poner) to put **(b)** (fam) ‹*persona*› (en puesto): **su tío lo acomodó en su sección** his uncle fixed him up with a job in his department

■ **acomodarse** *v pron* **(a)** (ponerse cómodo) to make oneself comfortable **(b)** (adaptarse, amoldarse) **~se** A **algo** to adapt TO sth **(c)** (AmL) (arreglarse) ‹*ropa/anteojos*› to adjust

acompañado -da *adj* accompanied; **bien/mal ~** in good/bad company; **vino ~ de un amigo** he came with a friend

acompañamiento *m* **(a)** (Mús) accompaniment **(b)** (Coc) accompaniment; **¿con qué ~ lo quiere?** what would you like it served with?

acompañar [A1] *vt* **1** **(a)** (a un lugar) to go with, accompany (fml); **acompáñalo hasta la puerta** see him to the door, see him out; **la acompañé a su casa** I walked her home; **¿me acompañas?** will you come with me? **(b)** (hacer compañía) to keep ... company **(c)** (Mús) to accompany **2** (fml) (adjuntar) to enclose; **acompañado de un certificado médico** accompanied by a medical certificate

acomplejado -da *adj*: **es muy ~** he's full of complexes; **está ~ por su gordura** he has a complex about being fat

■ *m,f*: **es un ~** he's a mass of complexes

acomplejar [A1] *vt* to give ... a complex

■ **acomplejarse** *v pron* to get a complex

acondicionador *m* **(a)** *tb* **~ de pelo** (hair) conditioner **(b)** **~ de aire** air conditioner

acondicionamiento *m* fitting-out

acondicionar [A1] *vt* **(a)** ‹*vivienda/local*› to equip, fit out **(b)** (Col) ‹*carro*› to soup up

aconsejable *adj* advisable

aconsejar [A1] *vt* to advise; **~le a algn hacer algo/que haga algo** to advise sb to do sth; **has sido mal aconsejado** you've been given bad advice; **necesito que alguien me aconseje** I need some advice

acontecer [E3] *vi* (*en 3ª pers*) (fml) to take place, occur (fml); **los sucesos acontecidos ayer** the events which took place *o* occurred yesterday

■ *m*: **el diario ~** everyday events *o* occurrences

acontecimiento *m* event; **adelantarse a los ~s** to jump the gun

acoplar [A1] *vt* **(a)** ‹*piezas*› to fit *o* put together **(b)** (Elec) to connect **(c)** (Ferr) to couple

acorazado *m* battleship

acordar [A10] *vt* ‹*términos*› to agree; ‹*precio/fecha*› to agree (on)

■ **~** *vi* (Andes) (recordar) **~le a algn** DE **hacer algo/que haga algo** to remind sb to do sth

■ **acordarse** *v pron* to remember; **si mal no me acuerdo** if I remember right; **~se** DE **algn/algo** to remember sb/sth; **no quiero ni ~me** I don't even want to think about it; **~se** DE **hacer algo** (de una acción que hay/había que realizar) to remember to do sth; (de una acción que ya se realizó) to remember *o* recall doing sth; **se acordó de haberlo visto allí** she remembered *o* recalled seeing him there; **~se (**DE**)** QUE ... to remember THAT ...

acorde *adj* (en armonía) ‹*sonidos*› harmonious; **colores ~s** colors that go *o* blend well together; **con un salario ~** with a salary to match; **~** CON *or* A **algo** appropriate TO sth, in keeping WITH sth

■ *m* (Mús) chord

acordeón *m* **1** (Mús) accordion **2** (Méx fam) (para un examen) crib

acordeonista *mf* accordionist

acordonar [A1] *vt* **(a)** ‹*lugar*› to cordon off **(b)** ‹*zapatos*› to lace (up)

acorralar [A1] *vt* **(a)** ‹*animal/fugitivo*› to corner **(b)** ‹*ganado*› to round up

acortar [A1] *vt* ‹*falda/vestido*› to shorten; ‹*texto/artículo*› to cut, shorten; ‹*vacaciones/permanencia*› to cut short; ‹*película/carrera*› to reduce the length of; ‹*distancia*› to reduce; **~ camino** to take a short cut

■ **acortarse** *v pron* to get shorter

acosar [A1] *vt* **(a)** ‹*persona*› to hound; (sexualmente) to harass; **me ~on con preguntas** they plagued *o* bombarded me with questions **(b)** ‹*presa*› to hound, pursue relentlessly

acosijar [A1] *vt* (Méx) to badger, pester

acoso *m* **(a)** (de persona) hounding, harassment; **~ sexual** sexual harassment **(b)** (en el colegio, trabajo) bullying **(c)** (de presa) hounding, relentless pursuit

acostar [A10] *vt* ‹*persona*› to put ... to bed

■ **acostarse** *v pron* **(a)** (irse a dormir) to go to bed **(b)** (tenderse, tumbarse) to lie down; **~se boca abajo** to lie face down **(c)** (tener relaciones sexuales) to go to bed together, sleep together; **~se** CON **algn** to go to bed WITH sb, sleep WITH sb

acostumbrado -da *adj* **(a)** (habituado): **está mal ~** he's got into bad habits; **~** A **algo/hacer algo** used TO sth/doing sth; **estamos ~s a cenar temprano** we're used to having dinner early; **está ~ a que le sirvan** he's used to being served **(b)** (habitual) customary, usual

acostumbrar [A1] *vt* **~ a algn** A **algo/hacer algo** to get sb used TO sth/doing sth

■ **~** *vi* **~** A **hacer algo** to be accustomed TO doing sth, be in the habit OF doing sth

■ **acostumbrarse** *v pron* **~se** A **algo/algn** to get used TO sth/sb; **~se** A **hacer algo** to get used TO doing sth

acotación *f* (en texto) marginal note, annotation

acotamiento *m* (Méx) shoulder (AmE), hard shoulder (BrE)

acrecentar [A5] *vt* to increase

■ **acrecentarse** *v pron* to increase, grow

acreditado -da *adj* **(a)** ‹*establecimiento/marca*› reputable, well-known **(b)** ‹*diplomático/periodista*› accredited; ‹*agente/representante*› authorized, official

🔑 **acreditar** [A1] *vt* **1** ‹*diplomático/periodista*› to accredit; ‹*representante*› to authorize **2** (fml) **(a)** (probar, avalar) ‹*pago*› to prove; **este libro lo acredita como un gran pensador** this book confirms him as a great thinker **(b)** (dar renombre): **con la calidad que lo acredita** with the quality for which it's renowned **3** (Fin) to credit

acreedor -dora *m,f* creditor

acribillar [A1] *vt* **(a)** (llenar de agujeros): **lo ~on a balazos** they riddled him with bullets **(b)** (asediar): **me ~on a preguntas** they fired a barrage of questions at me

acrílico *m* acrylic

acristalar [A1] *vt* to glaze

acrobacia *f* (arte) acrobatics; **hacer ~s** to perform acrobatics; **~ aérea** aerobatics

acróbata *mf* acrobat

🔑 **acta** *f*‡ (de reunión) minutes (*pl*); **levantar (el) ~** to take (the) minutes; **~ de defunción** (Col, Méx, Ven) entry in the register of deaths; **~ de matrimonio/nacimiento** (Méx) marriage/birth certificate; **~ notarial** notarial deed

🔑 **actitud** *f* (disposición) attitude; **adoptar una ~ firme (con algn)** to be firm (with sb)

activar [A1] *vt* **(a)** (agilizar) ‹*proceso/crecimiento*› to speed up; ‹*economía/producción*› to stimulate; ‹*circulación*› to stimulate; ‹*negociaciones*› to give fresh impetus to **(b)** (poner en funcionamiento) ‹*alarma*› to activate, trigger; ‹*dispositivo*› to activate; ‹*máquina*› to set ... in motion

■ **activarse** *v pron* «*alarma*» to go off; «*dispositivo*» to start working

🔑 **actividad** *f* activity; **un volcán en ~** an active volcano

activista *mf* activist

🔑 **activo[1] -va** *adj* active

activo[2] *m* assets (*pl*)

🔑 **acto** *m* **1** **(a)** (acción) act; **morir en ~ de servicio** «*soldado*» to die on active service; «*policía/bombero*» to die in the course of one's duty; **~ sexual** sexual act (fml) **(b)** (*en locs*) **acto seguido** immediately after; **en el acto** (morir) instantly; (acudir) immediately; **lo despidieron en el ~** he was fired on the spot **2** **(a)** (ceremonia) ceremony **(b)** (Teatr) act

🔑 **actor** *m* actor

actriz *f* actress

🔑 **actuación** *f* **(a)** (acción) action **(b)** (Cin, Dep, Teatr) performance; **la ~ es pésima** the acting is appalling **(c)** (conducta) conduct **(d)** (recital, sesión) performance, concert

🔑 **actual** *adj* ‹*ley/situación/dirección*› present, current; **en el Chile ~** in present-day Chile; **en el mundo ~** in the modern world, in today's world

🔑 **actualidad** *f* **(a)** (tiempo presente): **en la ~** currently, at present; **la ~ cubana** the current situation in Cuba **(b)** (de tema, noticia) topicality; **las noticias de ~** today's (*o* this week's *etc*) news; **un tema de ~** (period) a topical subject; **sucesos de ~** current affairs

🔑 **actualizar** [A4] *vt* ‹*salarios/pensiones/legislación*› to bring ... up to date; ‹*información/manual*› to update; (Inf) ‹*software*› to upgrade

🔑 **actualmente** *adv* (hoy en día) nowadays; (en este momento) at present; **se encuentra ~ en Suecia** she is currently in Sweden, she is in Sweden at present

🔑 **actuar** [A18] *vi* **(a)** «*persona*» (obrar) to act; **forma de ~** behavior* **(b)** «*medicamento*» to work, act **(c)** «*actor*» to act; «*torero*» to perform; **¿quién actúa en esa película?** who's in the movie?

acuarela *f* watercolor*

acuario *m* aquarium

Acuario *m* (signo) Aquarius; **es (de) ~** he's an Aquarius *o* Aquarian

■ *mf* (persona) *tb* **acuario** Aquarian, Aquarius

acuático -ca *adj* aquatic

acuatizaje *m*: *landing on water*

acuatizar [A4] *vi* to land on water

acuchillar [A1] *vt* ‹*persona*› to stab

🔑 **acudir** [I1] *vi* **1** (fml) (ir) to go; (venir) to come; **nadie acudió en su ayuda** nobody went/came to his aid; **~** A **algo** ‹*a cita*› to arrive FOR sth; ‹*a reunión*› to attend sth; **la policía acudió al lugar de los hechos** the police arrived at the scene (of the incident) **2** (recurrir) **~** A **algn** to turn TO sb; **no tenía a quien ~** he had nobody to turn to

acueducto *m* aqueduct

🔑 **acuerdo** *m* **(a)** (arreglo, pacto) agreement; **llegar a un ~** to reach an agreement; **~ de paz** peace agreement *o* (fml) accord **(b)** **estar de ~** to agree; **ponerse de ~** to come to *o* reach an agreement; **estar de ~** EN **algo** to agree ON something; **estar de ~** CON **algn/algo** to agree WITH sb/sth; **¿mañana a las ocho? — de ~** (*indep*) tomorrow at eight? — OK *o* all right **(c)** **de ~ con** or **a** in accordance with

acuesta, **acuestas**, *etc* ▶ **acostar**

acumulación *f* accumulation

🔑 **acumular** [A1] *vt* ‹*riquezas/poder*› to accumulate; ‹*experiencia*› to gain

■ **acumularse** *v pron* «*trabajo*» to pile up, mount up; «*intereses*» to accumulate; «*deudas*» to mount up; «*polvo*» to accumulate

acunar [A1] *vt* to rock

acuñar [A1] *vt* ‹*moneda*› to mint; ‹*frase/palabra*› to coin

acuoso -sa *adj* watery

acupuntura *f* acupuncture

acupunturista *mf* acupuncturist

acurrucarse [A2] *v pron* to curl up

acusación *f* **(a)** (imputación) accusation **(b)** (Der) charge

---

🔑 key word

acusado -da *m,f*: **el/la ~** the accused, the defendant

acusador -dora *adj* accusing, accusatory (fml); **una mirada ~a** an accusing look
■ *m,f* prosecuting attorney (AmE), prosecuting counsel (BrE)

acusar [A1] *vt* **1** **(a)** (culpar) to accuse; **~ a algn** DE **algo** to accuse sb OF sth; **me acusan de haber mentido** they accuse me of lying **(b)** (Der) **~ a algn** DE **algo** to charge sb WITH sth **(c)** (fam) (delatar) to tell on (infml) **2** (reconocer): **~ recibo de algo** (Corresp) to acknowledge receipt of sth

acusetas *mf* (*pl* **~**), **acusete -ta** *m,f* (fam) tattletale (AmE infml), telltale (BrE infml)

acústica *f* (ciencia) acoustics; (de local) acoustics (*pl*)

acústico -ca *adj* acoustic

adaptable *adj* adaptable

adaptación *f* **(a)** (proceso) adaptation, adjustment **(b)** (cosa adaptada) adaptation; **la ~ cinematográfica** the screen version

adaptador *m* adaptor

adaptar [A1] *vt* ‹*cortinas/vestido*› to alter; ‹*habitación*› to convert; ‹*pieza/motor*› to adapt; ‹*obra/novela*› to adapt; (Inf) to convert
■ **adaptarse** *v pron* to adapt; **~se** A **algo/hacer algo** to adapt TO sth/doing sth; **un coche que se adapta a cualquier terreno** a car which is well suited to any terrain

a. de C. (= **antes de Cristo**) BC, before Christ

adecentar [A1] *vt* ‹*habitación*› to tidy up

adecuado -da *adj* **(a)** (apropiado) ‹*vestido/regalo*› suitable; ‹*momento*› right; ‹*medios*› adequate; **la persona adecuada para el cargo** the right person for the job **(b)** (aceptable) adequate

adecuar [A1 *or* A18] *vt* **~ algo** A **algo** to adapt sth TO sth

adefesio *m* (cosa) eyesore; (persona): **es un ~** he's so ugly; **ir hecho un ~** to look a sight *o* fright (infml)

adelantado -da *adj* **1** **(a)** (desarrollado) ‹*país*› advanced **(b)** (aventajado): **va muy ~ en sus estudios** he is doing very well in his studies; **va ~ para su edad** he's advanced for his age **2** [ESTAR] ‹*reloj*› fast **3** (Com, Fin): **pago ~** payment in advance; **por ~** in advance **4** (avanzado): **las obras están muy adelantadas** construction is already well underway; **vamos bastante ~s** we're quite far ahead with it **5** (Dep) ‹*pase*› forward

adelantamiento *m* passing maneuver (AmE), overtaking manoeuvre (BrE)

adelantar [A1] *vt* **1** **(a)** ‹*fecha/viaje*› to bring forward **(b)** ‹*pieza/ficha*› to move ... forward **2** (sobrepasar) to overtake, pass **3** **(a)** ‹*reloj*› to put ... forward **(b)** ‹*balón*› to pass ... forward **(c)** ‹*trabajo*› to get on with **4** (conseguir) to gain; **con llorar no adelantas nada** crying won't get you anywhere
■ **~** *vi* **1** **(a)** (avanzar) to make progress **(b)** «*reloj*» to gain **2** (Auto) to pass, overtake (BrE)
■ **adelantarse** *v pron* **1** **(a)** (avanzar) to move forward **(b)** (ir delante) to go ahead; **se adelantó para comprar las entradas** she went (on) ahead to buy the tickets **2** **(a)** «*cosecha*» to be early; «*verano/frío*» to arrive early **(b)** «*reloj*» to gain **3** (anticiparse): **se adelantó a su época** he was ahead of his time; **~se a los acontecimientos** to jump the gun; **yo iba a pagar, pero él se me adelantó** I was going to pay, but he beat me to it

adelante *adv* **1** (en el espacio) **(a)** (expresando dirección, movimiento) forward; **para/hacia ~** forward; **seguir ~** to go on; **¡~!** (*como interj*) (autorizando la entrada) come in!; (ordenando marchar) forward! **(b)** (lugar, posición): **se sentó ~** (en coche) she sat in front; (en clase, cine) she sat at the front; **más ~ la calle se bifurca** further on, the road forks; **la parte de ~** the front **2** (en el tiempo): **más ~** later; **(de ahora) en ~** from now on; **de hoy en ~** as of *o* from today **3** **adelante de** (*loc prep*) (AmL) in front of

adelanto *m* **1** (avance) step forward; **los ~s de la ciencia** the advances of science **2** (del sueldo) advance; (depósito) deposit **3** (en el tiempo): **llegó con un poco de ~** he/she/it arrived slightly early

adelgazamiento *m* slimming

adelgazante *adj* weight-reducing (*before n*), slimming (*before n*) (BrE)

adelgazar [A4] *vt* ‹*caderas/cintura*› to slim down; ‹*kilos*› to lose
■ **~** *vi* to lose weight

ademán *m* (expresión) expression; (movimiento, gesto) gesture; **hizo ~ de levantarse** he made as if to get up

además *adv* **1** **(a)** (también) as well, too; **~ habla ruso** she speaks Russian as well *o* too **(b)** (lo que es más) what's more **(c)** (por otra parte) anyway, besides; **~ ¿a mí qué me importa?** anyway, what do I care? **2** **además de** besides, apart from; **~ de hacerte mal, engorda** besides *o* apart from being bad for you, it's also fattening; **~ de hacerlos, los diseña** he designs them as well as making them

adentro *adv* **1** **(a)** (expresando dirección, movimiento): **vamos para ~** let's go in *o* inside; **ven aquí ~** come in here **(b)** (lugar, parte) inside [*European Spanish prefers* ▶ **dentro** *in many of these examples*] **¡qué calor hace aquí ~!** it's so hot in here!; **¿comemos ~?** shall we eat indoors *o* inside?; **la parte de ~** the inside **2** **adentro de** (AmL) in, inside

adentros *mpl*: **dije para mis ~** I said to myself; **se rio para sus ~s** he chuckled to himself

adepto -ta *adj* **ser ~** A **algo** ‹*a secta*› to be a follower OF sth; ‹*a partido*› to be a supporter OF sth
■ *m,f* (de secta) follower; (de partido) supporter

aderezar [A4] *vt* ‹*guiso*› to season; ‹*ensalada*› to dress

aderezo *m* (de guiso) seasoning; (de ensalada) dressing

adherencia *f* **(a)** (acción) adherence **(b)** (Auto) grip, roadholding **(c)** (Med) adhesion

adherente *adj* adhesive

adherir [I11] *vt* to stick
■ **adherirse** *v pron* **(a)** (pegarse) to stick **(b)** (unirse) **~se** A **algo** (a propuesta/causa) to give one's support TO sth; (a movimiento/partido) to join sth

adhesión *f* **(a)** (a una superficie) adhesion **(b)** (apoyo) support **(c)** (a una organización) joining

adhesivo[1] **-va** *adj* adhesive, sticky

a

adhesivo² *m* (sustancia) adhesive; (lámina, estampa) sticker
adicción *f* addiction; ~ **a la heroína** heroin addiction
adición *f* **(a)** (Mat) addition **(b)** (RPl) (cuenta) check (AmE), bill (BrE)
✓ **adicional** *adj* additional; **una cantidad ~** a supplement
adicto -ta *adj* addicted; ~ A **algo** addicted TO sth
■ *m,f* addict; **los ~s a la cocaína** cocaine addicts
adiestrar [A1] *vt* to train
adinerado -da *adj* wealthy, moneyed
adiós *m/interj* (al despedirse) goodbye, bye (infml); (al pasar) hello; ▶ **decir² 3 b**
aditivo *m* additive
adivinanza *f* riddle; **jugar a las ~s** to play at guessing riddles
adivinar [A1] *vt* **(a)** (por conjeturas, al azar) to guess **(b)** (por magia) to foretell, predict
■ ~ *vi* to guess
adivino -na *m,f* fortune-teller
adjetivo¹ -va *adj* adjectival
adjetivo² *m* adjective
adjudicación *f* **(a)** (de premio, contrato) awarding; (de viviendas) allocation **(b)** (en subasta) sale
adjudicar [A2] *vt* **(a)** ‹*premio/contrato*› to award; ‹*vivienda*› to allot, allocate **(b)** (en subasta): **le ~on la alfombra al anticuario** the carpet was sold to *o* went to the antique dealer; **¡adjudicado!** sold!
adjuntar [A1] *vt* to enclose
adjunto -ta *adj* **(a)** ‹*director*› deputy (*before n*); **profesor ~** associate professor (AmE), senior lecturer (BrE) **(b)** ‹*lista/copia*› enclosed, attached
ADM *fpl* (= **armas de destrucción masiva**) WMD
✓ **administración** *f* **1** **(a)** (de empresa, bienes) management **(b)** (Pol) administration; ~ **pública** civil service **2** **(a)** (conjunto de personas) management **(b)** (oficina, departamento) administration
administrador -dora *m,f* (de empresa) manager, administrator; (de bienes) administrator
✓ **administrar** [A1] *vt* **(a)** ‹*empresa/bienes*› to manage, administer (fml) **(b)** (fml) (dar) ‹*sacramentos/medicamento*› to give
■ **administrarse** *v pron*: **~se bien/mal** to manage one's money well/badly
✓ **administrativo -va** *adj* administrative
■ *m,f* administrative assistant (*o* officer *etc*); (con funciones más rutinarias) clerk
admirable *adj* admirable
admiración *f* **(a)** (respeto) admiration **(b)** (sorpresa) amazement
admirador -dora *m,f* **(a)** (de persona) admirer, fan **(b)** (hum) (pretendiente) admirer (hum)
admirar [A1] *vt* **(a)** (respetar) ‹*persona/cualidad*› to admire **(b)** (contemplar) to admire **(c)** (sorprender) to amaze
■ **admirarse** *v pron* **~se** DE **algo** to be amazed AT *o* ABOUT sth

✓ key word

admisible *adj* ‹*comportamiento*› admissible, acceptable; ‹*excusa*› acceptable
admisión *f* admission; **examen** or **prueba de ~** entrance examination *o* test
✓ **admitir** [I1] *vt* **1** **(a)** (aceptar) to accept; Ⓢ **se admiten tarjetas de crédito** we take *o* accept credit cards **(b)** (permitir) to allow **(c)** (reconocer) to admit **2** (dar cabida a) «*local*» to hold
ADN *m* (= **ácido desoxirribonucleico**) DNA
adobar [A1] *vt* ‹*carne/pescado*› (condimentar) to marinade; (para conservar) to pickle; (para curar) to cure
adobe *m* adobe
adobo *m* (condimento) marinade; (para conservar) pickle
adoctrinar [A1] *vt* to indoctrinate
adolecer [E3] *vi* ~ DE **algo** (de enfermedad/defecto) to suffer FROM sth
adolescencia *f* adolescence; **durante su ~** (when he was) in his teens, in adolescence (fml)
✓ **adolescente** *adj* adolescent; **tiene dos hijos ~s** she has two teenage *o* adolescent children
■ *mf* (en contextos no técnicos) teenager; (Med, Psic) adolescent
adolorido -da *adj* (esp AmL) ▶ **dolorido a**
adonde *adv* where; **el lugar ~ se dirigían** the place where *o* to which they were going
adónde *adv* where
adondequiera *adv*: ~ **que vayas** wherever you go
adopción *f* adoption
✓ **adoptar** [A1] *vt* **(a)** ‹*actitud/costumbre*› to adopt; ‹*decisión/medida/posición*› to take **(b)** ‹*niño/nacionalidad*› to adopt
adoptivo -va *adj* **(a)** ‹*hijo*› adopted; ‹*padres*› adoptive **(b)** ‹*patria/país*› adopted
adoquín *m* **(a)** (de piedra) paving stone; (ovalado) cobblestone **(b)** (Per) (helado) Popsicle® (AmE), ice lolly (BrE)
adorable *adj* adorable
adoración *f* **(a)** (de persona) adoration **(b)** (de deidad) adoration, worship
adorar [A1] *vt* **(a)** ‹*persona/cosa*› to adore **(b)** ‹*deidad*› to worship, adore
adormecer [E3] *vt* **(a)** ‹*persona*› to make ... sleepy *o* drowsy; ‹*sentidos*› to numb, dull **(b)** ‹*pierna/mano*› to numb
■ **adormecerse** *v pron* to fall asleep, doze off
adormecimiento *m* **(a)** (somnolencia) sleepiness, drowsiness **(b)** (de un miembro) numbness
adormilarse [A1] *v pron* to doze
adornar [A1] *vt* **(a)** ‹*habitación/sombrero/comida*› to decorate **(b)** ‹*relato/discurso*› to embellish **(c)** «*flores/banderas*» to adorn
■ **adornarse** *v pron* (*refl*) ‹*cabeza/pelo*› to adorn
adorno *m* **(a)** (objeto) ornament; **los ~s de Navidad** the Christmas decorations **(b)** (decoración) adornment; **de ~** for decoration
adosado -da *adj* ~ A **algo** fixed TO sth; ▶ **casa 1**
adosar [A1] *vt* **(a)** ‹*armario/escritorio*› ~ **algo** A **algo** to fix sth TO sth **(b)** (Méx) ‹*documento*› to enclose, attach
adquiera, **adquirió**, *etc* ▶ **adquirir**
✓ **adquirir** [I13] *vt* ‹*casa/coche*› to acquire, obtain;

(comprar) to purchase, buy; ‹*conocimientos/colección/fortuna*› to acquire; ‹*fama*› to attain, achieve; ‹*experiencia*› to gain; **~ malas costumbres** to get into bad habits

adquisición *f* acquisition; (compra) purchase

adquisitivo -va *adj* purchasing

adrede *adv* on purpose, deliberately

adrenalina *f* adrenaline

aduana *f* customs; **libre de derechos de ~** duty free

aduanero -ra *adj* customs (*before n*)
■ *m,f* customs officer

adulación *f* flattery

adulador -dora *adj* flattering
■ *m,f* flatterer

adular [A1] *vt* to flatter

adulterar [A1] *vt* ‹*alimento/vino*› to adulterate; ‹*información*› to falsify

adulterio *m* adultery

adulto -ta *adj* **(a)** ‹*persona/animal*› adult (*before n*) **(b)** ‹*reacción/opinión*› adult
■ *m,f* adult

adusto -ta *adj* ‹*persona/expresión*› austere, severe; ‹*paisaje*› bleak, harsh

advenedizo -za *adj* upstart (*before n*)
■ *m,f* social climber

adverbio *m* adverb

adversario -ria *adj* opposing (*before n*)
■ *m,f* opponent, adversary

adversidad *f* adversity; **en la ~** in adversity

adverso -sa *adj* ‹*circunstancias/resultado*› adverse

advertencia *f* warning; **que les sirva de ~** let it be a warning to them

advertir [I11] *vt* **(a)** (avisar) to warn; **¡te lo advierto!** I'm warning you!; **~le** A **algn** DE **algo** to warn sb ABOUT sth; **le advertí que tuviera cuidado** I warned him to be careful; **te advierto que no me sorprendió nada** I must say I wasn't at all surprised **(b)** (notar) to notice

adviento *m* Advent

advierta, advirtió, *etc* ▶ **advertir**

adyacente *adj* adjacent

AEE *f* (= **Área Económica Europea**) EEA

aéreo -rea *adj* ‹*vista*› aerial; ‹*tráfico*› air (*before n*)

aerobic /e'roβik/ *m*, (Méx) **aerobics** *mpl* aerobics

aerodeslizador *m* (Náut) hovercraft

aerodinámica *f* aerodynamics

aerodinámico -ca *adj* aerodynamic

aeródromo *m* aerodrome, airfield

aeroespacial *adj* aerospace (*before n*)

aerogenerador *m* wind turbine

aerograma *m* aerogram, air (mail) letter

aerolínea *f* airline

aeromodelismo *m* model airplane making

aeromozo -za *m,f* (AmL) flight attendant

aeronáutica *f* **(a)** (ciencia) aeronautics **(b)** (RPl) (aviación militar) air force

aeronáutico -ca *adj* aeronautic, aeronautical

aeronave *f* **(a)** (globo dirigible) airship **(b)** (fml) (avión) airliner, aircraft

aeroplano *m* (ant) airplane, aeroplane (BrE)

aeropuerto *m* airport

aerosol *m* aerosol, spray can

afable *adj* affable

afán *m* **1** **(a)** (anhelo) eagerness; **su ~ de aventuras** his thirst for adventure; **~** DE **hacer algo** eagerness TO do sth; **su ~ de agradar** their eagerness to please; **tiene ~ de aprender** she's eager to learn **(b)** (empeño) effort **2** (Col fam) (prisa) hurry

afanado -da *adj* **1** [ESTAR] ‹*persona*› busy **2** [ESTAR] (Col, Per fam) (con prisa) in a hurry

afanarse [A1] *v pron* (esforzarse) to work, toil; **~se** EN *or* POR **hacer algo** to strive TO do sth

afear [A1] *vt* **(a)** ‹*persona*› to make ... look ugly; ‹*paisaje*› to spoil **(b)** ‹*conducta*› to criticize
■ **afearse** *v pron* to lose one's looks

afectación *f* affectation

afectado -da *adj* **(a)** ‹*gestos/acento*› affected **(b)** ‹*área/órgano*› affected; **está afectado de una grave enfermedad** (fml) he is suffering from a serious disease

afectar [A1] *vt* **1** **(a)** (tener efecto en) to affect; **esto nos afecta a todos** this affects us all **(b)** (afligir) to affect (fml); **la noticia lo afectó mucho** the news upset him terribly **2** (fingir) ‹*admiración/indiferencia*› to affect, feign

afectísimo -ma *adj* (Corresp) (fml): **suyo ~** yours truly

afectivo -va *adj* emotional

afecto *m* (cariño) affection; **tenerle ~ a algn** to be fond of sb; **tomarle ~ a algn** to grow fond of sb

afectuoso -sa *adj* ‹*persona*› affectionate; **recibe un ~ saludo** (Corresp) with warm *o* kind regards

afeitadora *f* shaver, electric razor

afeitar [A1] *vt* ‹*persona/cabeza*› to shave; ‹*barba*› to shave off
■ **afeitarse** *v pron* (*refl*) to shave; **se afeitó la barba** he shaved off his beard

afeminado -da *adj* effeminate

aferrarse [A1] *v pron* **~se** A **algo/algn** to cling (ON) TO sth/sb

affmo. affma. (Corresp) (fml) = **afectísimo, -ma**

Afganistán *m* Afghanistan

afgano -na *adj/m,f* Afghan

afianzar [A4] *vt* ‹*posición/postura*› to consolidate
■ **afianzarse** *v pron* «*prestigio/sistema*» to become consolidated

afiche *m* (esp AmL) poster

afición *f* **(a)** (inclinación, gusto) love, liking; **~ a la lectura/música** love of reading/music **(b)** (pasatiempo) hobby **(c)** (Dep, Taur): **la ~** the fans (*pl*)

aficionado -da *adj* [SER] **(a)** (entusiasta) **~** A **algo** fond OF *o* keen ON sth **(b)** (no profesional) amateur
■ *m,f* **(a)** (entusiasta) enthusiast; **para los ~s al bricolaje** for do-it-yourself enthusiasts; **un ~ a la música** a music lover; **los ~s al tenis/fútbol** tennis/football fans **(b)** (no profesional) amateur

aficionarse [A1] *v pron* **~se** A **algo** to become interested IN sth

afilado -da *adj* **1** **(a)** ‹*borde/cuchillo*› sharp **(b)** ‹*nariz*› pointed; ‹*rasgos*› sharp; ‹*dedos*› long **2** (mordaz) ‹*lengua*› sharp; ‹*pluma*› biting

afilar [A1] *vt* ‹*navaja/cuchillo*› to sharpen, hone

afiliación *f* affiliation

afiliado -da *m,f* member

afiliarse [A1] *v pron* **~se** A **algo** ‹*a partido/ sindicato*› to become a member OF sth, to join sth; ‹*a sistema*› to join sth

afín *adj* ‹*temas/lenguas*› related; ‹*culturas/ ideologías*› similar; ‹*intereses*› common; **ideas afines a las nuestras** ideas which have a lot in common with our own

afinación *f* tuning

afinar [A1] *vt* **1** **(a)** ‹*instrumento*› to tune **(b)** ‹*coche*› to tune up; ‹*motor*› to tune **2** ‹*punta*› to sharpen

afinidad *f* (entre personas, caracteres) affinity; **no tengo ninguna ~ con él** I have nothing in common with him

afirmación *f* (declaración) statement, assertion; (respuesta positiva) affirmation

afirmar [A1] *vt* **1** (aseverar) to state, declare, assert (fml); **no lo afirmó ni lo negó** she neither confirmed nor denied it **2** ‹*escalera*› to steady
■ **~** *vi*: **afirmó con la cabeza** he nodded
■ **afirmarse** *v pron* (físicamente) to steady oneself; **~se** EN **algo/algn** to hold ON to sth/sb

afirmativo -va *adj* ‹*respuesta/frase*› affirmative

afligido -da *adj* distressed

afligir [I7] *vt* **(a)** (afectar) to afflict **(b)** (apenar) to upset
■ **afligirse** *v pron* to get upset

aflojar [A1] *vt* **1** ‹*cinturón/tornillo*› to loosen; ‹*cuerda/riendas*› to slacken; ‹*presión/tensión*› to ease; ‹*marcha/paso*› to slow **2** (fam) ‹*dinero*› to hand over **3** (AmL) ‹*motor*› to run in
■ **~** *vi* «*tormenta*» to ease off; «*fiebre/viento*» to drop; «*calor*» to let up; «*tensión/presión*» to ease off
■ **aflojarse** *v pron* **(a)** (*refl*) ‹*cinturón*› to loosen **(b)** «*tornillo/tuerca*» to come *o* work loose

afónico -ca *adj*: **estar ~** to have lost one's voice; **quedarse ~** to lose one's voice

afortunadamente *adv* fortunately, luckily

afortunado *adj* ‹*persona*› lucky, fortunate; ‹*encuentro/coincidencia*› happy, fortunate; **una elección poco afortunada** a rather unfortunate choice

África *f‡ tb* **el ~** Africa

África del Sur *f‡* South Africa

africano -na *adj/m,f* African

afrikaans *m* Afrikaans

afrikaner *adj/mf* (*pl* **-ners**) Afrikaner

afrodisíaco¹ -ca *adj* aphrodisiac

afrodisíaco² *m* aphrodisiac

afrontar [A1] *vt* ‹*problema/responsabilidad*› to face up to; ‹*desafío/peligro*› to face

afuera *adv* **1** **(a)** (expresando dirección, movimiento) outside; **ven aquí ~** come out here; **¡~!** get out of here! **(b)** (lugar, parte) outside [*European Spanish prefers* ▶ **fuera** *in many of these examples*] **aquí ~ se está muy bien** it's really nice out here; **comimos ~** (en el jardín) we ate outside *o* outdoors; (en un restaurante) we ate out; **por ~ es rojo** it's red on the outside **2** **afuera de** (AmL): **¿qué haces ~ de la cama?** what are you doing out of bed?; **~ del edificio** outside the building

afueras *fpl*: **las ~** the outskirts

agachar [A1] *vt* ‹*cabeza*› to lower
■ **agacharse** *v pron* **(a)** (ponerse en cuclillas) to crouch down; (inclinarse) to bend down **(b)** (AmL fam) (rebajarse) to eat humble pie *o* (AmE) crow (infml)

agallas *fpl* (fam) (valor) guts (*pl*) (infml); **con ~s** gutsy (infml); **hay que tener ~s** it takes guts (infml)

agarrado¹ -da *adj* **(a)** [SER] (fam) (tacaño) tightfisted (infml) **(b)** [ESTAR] (CS fam) (enamorado) in love
■ *m,f* (fam) (tacaño) skinflint (infml), tightwad (AmE infml)

agarrado² *adv*: **bailar ~** to dance closely

agarrar [A1] *vt* **1** (sujetar) to grab, get hold of; **me agarró del brazo** (para apoyar) she took hold of my arm; (con violencia, rapidez) she grabbed me by the arm **2** (esp AmL) ‹*objeto*› (tomar) to take; (atajar) to catch; **agarra un papel y toma nota** get a piece of paper and take this down **3** (AmL) (pescar, atrapar) to catch; **si lo agarro, lo mato** if I get *o* lay my hands on him, I'll kill him **4** (esp AmL) (adquirir) ‹*resfriado/pulmonía*› to catch; ‹*costumbre/vicio*› to pick up; ‹*ritmo*› to get into; ‹*velocidad*› to gather, pick up; **~le cariño a algn** to grow fond of sb; **le agarró asco** he got sick of it; **le he agarrado odio** I've come to hate him **5** (AmL) (entender) ‹*indirecta/chiste*› to get
■ **~** *vi* **1** (asir, sujetar): **toma, agarra** here, hold this; **agarra por ahí** take hold of that part **2** «*planta/injerto*» to take; «*tornillo*» to grip, catch; «*ruedas*» to grip; «*tinte*» to take
■ **agarrarse** *v pron* **1** (asirse) to hold on; **agárrate bien** or **fuerte** hold on tight; **~se** A *or* DE **algo** to hold on TO sth; **iban agarrados del brazo** they were walking along arm in arm **2** ‹*dedo/manga*› to catch; **me agarré el dedo en el cajón** I caught my finger in the drawer **3** (esp AmL) ‹*resfriado/ pulmonía*› to catch; **~se una borrachera** to get drunk; **~se un disgusto/una rabieta** to get upset/ into a temper **4** (AmL fam) (pelearse) to get into a fight; **se ~on a patadas** they started kicking each other; **~se** CON **algn** to have a set-to WITH sb (infml)

agarre *m* (de neumático) grip; (de coche) roadholding

agarrotar [A1] *vt* ‹*piernas/músculos*› to make ... stiff
■ **agarrotarse** *v pron* **(a)** «*manos/músculos*» to stiffen up; **tengo las manos agarrotadas** my hands are stiff **(b)** «*motor/máquina*» to seize up

agazaparse [A1] *v pron* «*animal*» to crouch; «*persona*» to crouch (down)

agencia *f* (oficina) office; (sucursal) branch; **~ de colocaciones** employment agency *o* bureau (*generally for domestic staff*); **~ de prensa** or **de noticias** press *o* news agency; **~ de viajes** travel agent's, travel agency; **~ matrimonial** marriage bureau

agenciar [A1] *vt* (fam) (conseguir) to wangle

key word

(infml), to get

■ **agenciarse** *v pron* **(a)** (fam) (robar) ‹*radio/lápiz*› to swipe (infml), to pinch (BrE infml) **(b)** (fam) (conseguir) to get hold of, get one's hands on; ***agenciárselas*** (fam) to manage; **se las agenció para que le dieran un trabajo** he managed to wangle himself a job (infml); **ya me las ~ré** I'll manage

agenda *f* (libreta) appointment book (AmE), diary (BrE); (programa) agenda; **~ de bolsillo** pocket diary; **~ de trabajo** engagement book

agente *mf* **1** (Com, Fin) agent; **~ de bolsa** stockbroker; **~ de publicidad** advertising agent; **~ de seguros** insurance broker; **~ de viajes** travel agent **2** (fml) (funcionario) employee; **~ de policía** police officer; **~ de tráfico** or (Arg, Méx) **de tránsito** ≈ traffic policeman (*in US*), ≈ traffic warden (*in UK*); **~ secreto** secret agent

ágil *adj* ‹*persona/movimiento*› agile; ‹*estilo/programa*› lively

agilidad *f* (de persona) agility; (de estilo) liveliness

agilizar [A4] *vt* ‹*gestiones/proceso*› to speed up; ‹*pensamiento*› to sharpen; ‹*ritmo/presentación*› to make ... livelier *o* more dynamic

agitación *f* **(a)** (nerviosismo) agitation **(b)** (de calle, ciudad) bustle

agitado -da *adj* **(a)** ‹*mar*› rough, choppy **(b)** ‹*día/vida*› hectic, busy **(c)** ‹*persona*› worked up, agitated

agitador -dora *m,f* (persona) agitator

agitar [A1] *vt* **(a)** ‹*líquido/botella*› to shake **(b)** ‹*brazo/pañuelo*› to wave; ‹*alas*› to flap

■ **agitarse** *v pron* **(a)** «*mar*» to get rough; «*barca*» to toss; «*toldo*» to flap **(b)** (inquietarse) to get worked up

aglomeración *f* **(a)** (de gente): **se produjo una ~ a la entrada** people crowded at the entrance; **para evitar las aglomeraciones** to avoid crowding; **las aglomeraciones urbanas** the built-up urban areas **(b)** (de tráfico) buildup

aglomerarse [A1] *v pron* to crowd (together)

agnóstico -ca *adj/m,f* agnostic

agobiado -da *adj* [ESTAR] **~** DE **algo** ‹*de trabajo*› snowed under WITH sth; ‹*de deudas*› overwhelmed WITH sth; **estaba agobiada con tantos problemas** she was weighed down by all those problems

agobiante, **agobiador -dora** *adj* ‹*trabajo/día*› exhausting; ‹*calor*› stifling; **es una carga ~ para él** it's/he's/she's a terrible burden on him

agobiar [A1] *vt* «*problemas/responsabilidad*» to weigh *o* get ... down; «*calor*» to oppress, get ... down; **te agobia con tanta amabilidad** she smothers you with kindness; **este niño me agobia** this child is too much for me

agobio *m*: **una sensación de ~** a sense of oppression

agonía *f* **(a)** (de moribundo) death throes (*pl*) **(b)** (sufrimiento) suffering

agonizar [A4] *vi* «*persona*» to be dying, be in the throes of death; «*imperio/régimen*» to be in its death throes

agosto *m* August; *para ejemplos ver* **enero**; ***hacer su ~*** to make a fortune, to make a killing (infml)

agotado -da *adj* **(a)** [ESTAR] ‹*recursos*› exhausted; ‹*edición*› sold out; ‹*pila*› dead, flat; Ⓢ **agotadas todas las localidades** sold out **(b)** [ESTAR] ‹*persona*› exhausted

agotador -dora *adj* exhausting

agotamiento *m* exhaustion

agotar [A1] *vt* **(a)** ‹*recursos*› to exhaust, use up; ‹*pila*› to wear out, run down; ‹*mina/tierra*› to exhaust **(b)** (cansar) ‹*persona*› to tire ... out, wear ... out

■ **agotarse** *v pron* **(a)** «*existencias/reservas*» to run out, be used up; «*pila*» to run down; «*mina/tierra*» to become exhausted; «*edición*» to sell out; **se me está agotando la paciencia** my patience is running out **(b)** «*persona*» to wear *o* tire oneself out

agraciado -da *adj* ‹*persona/figura*› attractive; **es muy poco ~** he's not very attractive

agradable *adj* ‹*persona*› pleasant, nice; ‹*carácter*› pleasant; ‹*día/velada*› enjoyable, nice; ‹*sensación/efecto*› pleasant, pleasing; ‹*sabor/olor*› pleasant, nice; **~ a la vista** pleasing to the eye

agradar [A1] *vi* (fml): **¿le agrada este, señora?** is this one to your liking, madam? (fml); **la idea no me agrada** the idea doesn't appeal to me; **le agrada verlo contento** it gives her pleasure to see him happy; **me ~ía mucho verlos allí** I would be very pleased to see you there

■ **~** *vt* to please

agradecer [E3] *vt* **(a)** (sentir gratitud por) ‹*ayuda/amabilidad*› to appreciate, to be grateful for; **~le algo** A **algn** to be grateful TO sb for sth; **le ~ía (que) me llamara** (fml) I would appreciate it if you would call me (fml) **(b)** (dar las gracias por) to thank; **~le algo** A **algn** to thank sb for sth; **¡y así es como me lo agradece!** and this is all the thanks I get!

agradecido -da *adj* ‹*persona*› grateful; **estar ~** to be grateful; **¡qué poco ~ eres!** you're so ungrateful!

agradecimiento *m* gratitude; **demostrar ~** to show gratitude; **en ~ por todo lo que ha hecho** in appreciation of all you have done

agradezca, **agradezcas**, *etc* ▸ **agradecer**

agrado *m* (fml): **espero que sea de su ~** I hope this is to your liking; **con sumo ~** gladly; **tuve el ~ de verla** I had the pleasure of seeing her

agrandar [A1] *vt* **(a)** ‹*casa*› to extend; ‹*agujero/pozo*› to make ... larger *o* bigger; ‹*fotocopia*› to enlarge, blow up; ‹*vestido*› to let out **(b)** (exagerar) to exaggerate

■ **agrandarse** *v pron* «*agujero/bulto*» to grow larger, get bigger

agrario -ria *adj* ‹*sector/política*› agricultural (*before n*); ‹*sociedad*› agrarian

agravante *adj* aggravating

■ *f or m* (Der) aggravating factor *o* circumstance; **con la ~ de que estaba borracho** what makes it even worse is that he was drunk

agravar [A1] *vt* to make ... worse, aggravate

■ **agravarse** *v pron* «*problema/situación*» to become worse, worsen; «*enfermo*» to deteriorate, get worse

agredir [I32] *vt* (fml) to attack, assault

agregar [A3] *vt* (añadir) to add; **~ algo** A **algo** to add sth TO sth

agresión *f* aggression; **una ~ brutal** a brutal attack

agresividad *f* aggressiveness

agresivo -va *adj* aggressive

agresor -sora *adj* ‹*ejército*› attacking (*before n*); ‹*país*› aggressor (*before n*)
■ *m,f* (país, ejército) aggressor; (persona) attacker, assailant (fml)

agreste *adj* ‹*terreno/camino*› rough; ‹*paisaje*› rugged; ‹*vegetación/animal*› wild

agriarse [A1 *or* A17] *v pron* «*leche/vino*» to turn *o* go sour; «*persona*» to become bitter *o* embittered

⚷ **agrícola** *adj* ‹*técnicas*› agricultural, farming (*before n*)

agricultor -tora *m,f* farmer

⚷ **agricultura** *f* agriculture

agridulce *adj* bittersweet; (Coc) sweet-and-sour

agrietarse [A1] *v pron* «*tierra/pared*» to crack; «*piel*» to chap, become chapped

agringado -da *adj* (AmL fam & pey) ‹*persona*› Americanized; ‹*acento/costumbres*› (norteamericanizado) Americanized; (extranjero) foreign

agrio agria *adj* **(a)** ‹*manzana*› sour, tart; ‹*naranja/limón*› sour, sharp **(b)** ‹*tono/persona*› sour, sharp; ‹*disputa*› bitter

agriparse [A1] *v pron* (Andes) to get the flu (AmE), to get flu (BrE); **está agripado** he has (the) flu

agrograma *m* crop circle

agronomía *f* agronomy

agrónomo -ma *m,f* agronomist

⚷ **agrupación** *f* **1** (grupo) group; (asociación) association; ~ **coral** choral group, choir **2** (acción) grouping (together)

agrupar [A1] *vt* **(a)** (formar grupos) to put ... into groups, to group **(b)** (reunir) ‹*organizaciones/partidos*› to bring together
■ **agruparse** *v pron* **(a)** (formar un grupo) «*niños/policías*» to gather; «*partidos*» to come together **(b)** (dividirse en grupos) to get into groups

⚷ **agua** *f‡* **1** water; ~ **de lluvia/mar** rainwater/seawater; ~ **corriente/destilada** running/distilled water; ~ **de colonia** eau de cologne; ~ **dulce** fresh water; ~ **mineral** mineral water; ~ **mineral con gas/sin gas** sparkling/still mineral water; ~ **oxigenada** peroxide, hydrogen peroxide (tech); ~ **potable/salada** drinking/salt water; ***como ~ para chocolate*** (Méx fam) furious; ***estar con el ~ al cuello*** to be up to one's neck; ***estar más claro que el ~*** to be (patently) obvious; ***hacérsele ~ la boca a algn***; (AmL): **se me hizo ~ la boca** it made my mouth water; ***ser ~ pasada*** to be a thing of the past; ***~ que no has de beber déjala correr*** if you're not interested, don't spoil things for me/for other people; ***nunca digas de esta ~ no beberé*** you never know when the same thing might happen to you **2** (lluvia) rain **3** (AmC, Andes) (infusión) herb tea (AmE), herbal tea (BrE); ~ **de menta** mint tea **4** **aguas** *fpl* **(a)** (de mar, río) waters (*pl*) **(b)** (de balneario, manantial) waters (*pl*); **tomar las ~s** to take the waters **~s termales** thermal waters (*pl*)

aguacate *m* (árbol) avocado; (fruto) avocado (pear)

aguacero *m* downpour

aguado -da *adj* **1** ‹*leche/vino*› watered-down; ‹*sopa*› watery, thin; ‹*café*› weak; ‹*salsa*› thin **2** (AmC, Méx fam) (aburrido) [ESTAR] ‹*fiesta/película*› boring, dull; [SER] ‹*persona*› boring, dull

aguafiestas *mf* (*pl* ~) (fam) wet blanket (infml), party pooper (AmE infml)

aguafuerte *m* (grabado) etching

aguaitar [A1] *vt* (AmS fam) (espiar) to spy on; (vigilar) to keep an eye on
■ ~ *vi* (AmS fam) (espiar) to snoop (infml); (mirar) to have a look

aguanieve *f* sleet

aguantador -dora *adj* (AmL) **1** (fam) (resistente) ‹*tela/ropa/zapatos*› hard-wearing; ‹*coche*› sturdy **2** (fam) **(a)** (paciente, tolerante): **es muy ~** he puts up with a lot (infml) **(b)** (del dolor, sufrimiento) tough (infml)

aguantar [A1] *vt* **1** ‹*dolor/sufrimiento*› to bear, endure; **aguanto bien el calor** I can take the heat; **no tengo por qué ~ esto** I don't have to put up with this; **este calor no hay quien lo aguante** this heat is unbearable; **no sabes ~ una broma** you can't take a joke; **no los aguanto** I can't stand them; **no puedo ~ este dolor de muelas** this toothache's unbearable **2** **(a)** ‹*peso/carga*› to support, bear; ‹*presión*› to withstand **(b)** (durar): **estas botas ~án otro invierno** these boots will last (me/you/him) another winter **3** (sostener) to hold **4** (contener, reprimir) ‹*risa/lágrimas*› to hold back; ~ **la respiración** to hold one's breath
■ ~ *vi*: **¡ya no aguanto más!** I can't take any more!; **no creo que este clavo aguante** I don't think this nail will hold
■ **aguantarse** *v pron* **1** (conformarse, resignarse): **me tendré que ~** I'll just have to put up with it; **si no le gusta, que se aguante** if he doesn't like it, he can lump it (infml) **2** (euf) (reprimirse, contenerse): **no me pude ~ y me puse a llorar** I couldn't contain myself and burst into tears; **aguántate un poquito que ya llegamos** just hold *o* hang on a minute, we'll soon be there **3** (AmL fam) (esperarse) to hang on (infml)

aguar [A16] *vt* **(a)** ‹*leche/vino*› to water down **(b)** (fam) (estropear) to put a damper on (infml)
■ **aguarse** *v pron* (fam) to be spoiled

aguardar [A1] *vt* ‹*persona*› to wait for; ‹*acontecimiento*› to await
■ ~ *vi* «*noticia/destino*» to await; **les aguardaba una sorpresa** there was a surprise in store for them

aguardiente *m* eau-de-vie (*clear brandy distilled from fermented fruit juice*)

aguarrás *m* turpentine, turps (infml)

aguayo *m* (Bol) *multicolored cloth*

agudeza *f* **1** **(a)** (de voz, sonido) high pitch **(b)** (de dolor — duradero) intensity; (— momentáneo) sharpness **2** (perspicacia) sharpness; (de sentido, instinto) keenness, sharpness **3** (comentario ingenioso) witty comment

agudizar [A4] *vt* ‹*sensación*› to heighten; ‹*crisis/conflicto*› to make worse; ‹*instinto*› to heighten; ‹*sentido*› to sharpen
■ **agudizarse** *v pron* «*sensación*» to heighten; «*dolor*» to get worse; «*crisis*» to worsen;

⚷ key word

«*instinto*» to become heightened; «*sentido*» to become sharper

agudo -da *adj* **1** **(a)** ‹*filo/punta*› sharp **(b)** ‹*ángulo*› acute **2** **(a)** ‹*voz/sonido*› high-pitched; ‹*nota*› high **(b)** ‹*dolor*› (duradero) intense, acute; (momentáneo) sharp **(c)** ‹*crisis*› severe **(d)** ‹*aumento/descenso*› sharp **3** **(a)** (perspicaz) ‹*persona*› quick-witted, sharp; ‹*comentario*› shrewd **(b)** (gracioso) ‹*comentario/persona*› witty **(c)** ‹*sentido/instinto*› sharp

agüero *m*: **ser de mal/buen ~** (presagio) to be a bad/good omen; (causa) to bring bad/good luck

agüevado -da *adj* (AmC fam) [ESTAR] upset

aguijón *m* **(a)** (vara) goad **(b)** (Zool) sting

águila *f‡* **(a)** (ave) eagle; ***ser un ~*** to be very sharp **(b)** (Méx) (de moneda) ≈ heads (*pl*); **¿~ o sol?** heads or tails?

aguileño -ña *adj* ‹*nariz*› aquiline

aguinaldo *m* **1** **(a)** (propina) Christmas bonus (AmE), Christmas box (BrE) **(b)** (paga extra) *extra month's salary paid at Christmas*, Christmas bonus (AmE) **2** (Col, Ven) (canción) ≈ Christmas carol

aguja *f* **(a)** (de coser, tejer) needle; (para inyecciones) needle; (de tocadiscos) stylus, needle; (de instrumento) needle; (de balanza) pointer, needle; (de reloj) hand; ***buscar una ~ en un pajar*** to look for a needle in a haystack **(b)** (Inf) pin

agujereado -da *adj*: **está ~** it has holes in it

agujerear [A1] *vt* (hacer agujeros en) to make holes in; (atravesar) to pierce

agujero *m* hole; **hacerse ~s en las orejas** to have one's ears pierced

agujeta *f* **1** (Méx) (de zapato) (shoe) lace **2** **agujetas** *fpl* (Esp) stiffness; **tengo ~s en las piernas** my legs are stiff

aguzar [A4] *vt* to sharpen; **aguzó el oído** he pricked up his ears

ah *interj* (expresando sorpresa, lástima, asentimiento) oh!

ahí *adv* **1** **(a)** (en el espacio) there; **~ está/viene** there he is/here he comes; **~ arriba/abajo** up/down there; **~ mismo** or (AmL) **nomás** or (Méx) **mero** right *o* just there **(b)** **por ahí** somewhere; **debe estar por ~** it must be around somewhere; **fue a dar una vuelta por ~** she went off for a walk; **se fue por ~** she went that way; **yo he estado por ~** I've been around there; **tendrá unos 35 años o por ~** he must be 35 or thereabouts **2** **(a)** (refiriéndose a un lugar figurado): **~ está el truco/problema** that's the secret/problem; **de ~ a la drogadicción solo hay un paso** from there it's just a short step to becoming a drug addict; ***hasta ~ llego yo*** that's as far as I'm prepared to go **(b)** **de ahí** hence; **de ~ mi sorpresa** hence my surprise; **de ~ que hayan fracasado** that is why they failed; **de ~ a que venga es otra cosa** whether or not he actually comes is another matter **3** (en el tiempo) then; **de ~ en adelante** from then on; **~ mismo** there and then

ahijado -da *m,f* (por bautizo) (*m*) godson; (*f*) goddaughter; **mis ~s** my godchildren

ahogado -da *adj* **1** (en agua): **dos niños resultaron ~s** two children were drowned; **morir ~** (en agua) to drown; (asfixiarse) to suffocate; (atragantarse) to choke to death **2** ‹*llanto/grito*› stifled **3** (Méx fam) (borracho) blind *o* rolling drunk (infml)

ahogador *m* (Chi, Méx) (Auto) choke

ahogar [A3] *vt* **1** **(a)** ‹*persona/animal*› (en agua) to drown; (asfixiar) to suffocate **(b)** ‹*motor*› to flood **2** **(a)** ‹*palabras/voz*› to drown (out); ‹*llanto/grito*› to stifle **(b)** ‹*penas*› to drown

■ **ahogarse** *v pron* **(a)** «*persona/animal*» (en agua) to drown; (asfixiarse) to suffocate; (atragantarse) to choke **(b)** «*motor*» to flood

ahogo *m* breathlessness; **tiene ~s** he gets out of breath

ahora *adv* **1** **(a)** (en el momento presente) now; **~ que lo pienso** now I come to think of it; **la juventud de ~** young people today; **hasta ~** so far, up to now; **de ~ en adelante** from now on; **por ~** for the time being; **por ~ va todo bien** everything's going all right so far **(b)** (inmediatamente, pronto): **~ mismo** right now *o* away; **~ te lo muestro** I'll show it to you in a minute *o* second *o* moment; **¡~ voy!** I'm coming!; **¡hasta ~!** (esp Esp) see you soon! **(c)** (hace un momento) a moment ago **2** **ahora bien** (*indep*) however

ahorcar [A2] *vt* to hang

■ **ahorcarse** *v pron* (*refl*) to hang oneself

ahorita *adv* (esp AmL fam) **(a)** (en este momento) just *o* right now **(b)** (inmediatamente, pronto): **~ te lo doy** I'll give it to you in a second *o* moment **(c)** (hace un momento) a moment ago

ahorrador -dora *adj* thrifty; **no soy muy ~a** I'm not very good at saving (money)

■ *m,f* saver, investor

ahorrante *mf* (Chi) saver, investor

ahorrar [A1] *vt* **1** ‹*dinero/energía/agua*› to save; ‹*tiempo*› to save **2** (evitar) ‹*molestia/viaje*› (+ *me/te/le etc*) to save, spare

■ ~ *vi* to save

■ **ahorrarse** *v pron* (*enf*) **(a)** ‹*dinero*› to save (oneself) **(b)** (evitarse) ‹*molestia/viaje*› to save oneself

ahorrista *mf* (RPl, Ven) saver, investor

ahorro *m* **(a)** (acción) saving **(b)** **ahorros** *mpl* (cantidad) savings (*pl*)

ahuecar [A2] *vt* **(a)** ‹*tronco/calabaza*› to hollow out; ‹*mano*› to cup **(b)** ‹*almohadón*› to plump up; ‹*pelo*› to give volume to

ahumado *adj* **(a)** (Coc) smoked **(b)** ‹*cristal*› smoked; ‹*gafas*› tinted

ahumar [A23] *vt* **(a)** ‹*jamón/pescado*› to smoke **(b)** ‹*paredes/techo*› to blacken

ahuyentar [A1] *vt* **(a)** (hacer huir) ‹*ladrón/animal*› to frighten off *o* away **(b)** (mantener a distancia) ‹*fiera/mosquitos*› to keep ... away

aimará *adj* Aymara

■ *mf* Aymara Indian

airbag /'erbag/ *f* airbag

aire *m* **1** air; **sintió que le faltaba el ~** she felt as if she was going to suffocate; **salir a tomar el ~** to go outside for a breath of fresh air; **al ~ libre** outdoors, in the open air; **~ acondicionado** air-conditioning; **con ~ acondicionado** air-conditioned; ***a mi/tu/su ~***: **ellos salen en grupo, yo prefiero ir a mi ~** they go out in a group, I prefer doing my own thing (infml); ***quedar en el ~***: **todo quedó en el ~** everything was left up in the air; ***saltar*** or ***volar por los ~s*** to explode, blow up **2** (viento) wind; (corriente) draft (AmE), draught (BrE) **3** (Rad, TV): **salir al**

∼ to go on the air **4** **(a)** (aspecto) air; **tiene un ∼ aristocrático** she has an aristocratic air; **la protesta tomó ∼s de revuelta** the protest began to look like a revolt; ***darse ∼s (de grandeza)*** to put on *o* give oneself airs **(b)** (parecido) resemblance; **tienen un ∼** they look a bit alike **∼ de familia** family resemblance

airear [A1] *vt* **(a)** (ventilar) to air **(b)** (hacer público) ‹*asunto*› to air **(c)** ‹*masa/tierra*› to aerate

■ **airearse** *v pron* **(a)** «*persona*» to get some (fresh) air **(b)** «*manta/abrigo*» to air; **para que se airee el cuarto** to let some air into the room

aislado -da *adj* **(a)** (alejado) remote, isolated **(b)** (sin comunicación) cut off; **quedar ∼** to be cut off; **vive ∼ del mundo** he's cut himself off from the world **(c)** ‹*caso*› isolated **(d)** (Elec) insulated

aislamiento *m* **(a)** (en general) isolation **(b)** (Elec) insulation

aislante *adj* insulating, insulation (*before n*) ■ *m* insulator

aislar [A19] *vt* **(a)** (apartar, separar) ‹*enfermo*› to isolate, keep in isolation; ‹*preso*› to place ... in solitary confinement; ‹*virus*› to isolate **(b)** (dejar sin communicación) ‹*lugar*› to cut off **(c)** (Elec) to insulate

■ **aislarse** *v pron* (*refl*) to cut oneself off

ajado -da *adj* ‹*ropa*› worn; ‹*manos*› wrinkly; ‹*piel*› wrinkled

ajedrecista *mf* chess player

ajedrez *m* (juego) chess; (tablero y fichas) chess set

🔑 **ajeno -na** *adj* [SER] **(a)** (que no corresponde, pertenece): **mis ideales le son totalmente ∼s** my ideals are completely alien to him; **aquel ambiente me era ∼** that environment was alien *o* foreign to me; **por razones ajenas a nuestra voluntad** for reasons beyond our control **(b)** (que pertenece, corresponde a otro): **conduce un coche ∼** he drives someone else's car; **por el bien ∼** for the good of others; **las desgracias ajenas** other people's misfortunes

ajetreado -da *adj* hectic, busy

ajetreo *m* hustle and bustle; **un día de mucho ∼** a hectic day

ají *m* **(a)** (chile) chili* **(b)** (Andes) (salsa) chili* sauce **(c)** (RPl) (pimiento) pepper

ajo *m* (Coc) garlic; **un diente de ∼** a clove of garlic

ajonjolí *m* sesame

ajuar *m* (de novia) trousseau; (de bebé) layette

ajustado -da *adj* **(a)** (ceñido) tight; **me queda muy ∼** it's too tight (for me) **(b)** ‹*presupuesto*› tight

🔑 **ajustar** [A1] *vt* **1** **(a)** (apretar) to tighten (up) **(b)** ‹*volumen/temperatura*› to adjust; **∼ la entrada de agua** to regulate the flow of water **(c)** ‹*retrovisor/asiento/cinturón de seguridad*› to adjust **(d)** (encajar) ‹*piezas*› to fit **2** (en costura) to take in **3** **(a)** ‹*gastos/horarios*› **∼ algo** A **algo** to adapt sth TO sth **(b)** ‹*sueldos/precios*› to adjust **4** (concertar) to fix, set **5** ‹*cuentas*› (sacar el resultado de) to balance; (saldar) to settle

■ **∼** *vi* to fit

■ **ajustarse** *v pron* **1** (*refl*) ‹*cinturón de seguridad*› to adjust **2** «*piezas*» to fit

🔑 **al** *contraction of* **a** *and* **el**

ala *f*‡ **1** (de ave, de avión) wing; **∼ delta** (deporte) hang gliding; (aparato) hang glider; ***cortarle las ∼s a algn*** to clip sb's wings; ***darle ∼s a algn*****: si le das ∼s, luego no podrás controlarlo** if you let him have his own way, you won't be able to control him later **2** (de sombrero) brim **3** **(a)** (de edificio) wing **(b)** (facción) wing **(c)** (flanco) flank, wing **(d)** (Dep) (posición) wing

■ *mf*‡ (jugador) wing, winger

alabanza *f* praise; **digno de ∼** praiseworthy

alabar [A1] *vt* to praise

alacena *f* larder

alacrán *m* scorpion

alambrada *f* (valla) wire fence; (material) wire fencing

alambrado *m* (AmL) **(a)** (acción) fencing in/off **(b)** (valla) wire fence

alambrar [A1] *vt* to fence in/off

alambre *m* (hilo metálico) wire; **∼ de púas** barbed wire, barbwire (AmE)

alameda *f* (avenida) tree-lined avenue; (terreno con álamos) poplar grove

álamo *m* poplar

alarde *m* show, display; **hacer ∼ de fuerza** to show off strength

alardear [A1] *vi* **∼** DE **algo** to boast ABOUT *o* OF sth; **alardea de tener dinero** she boasts about being well-off

alargado -da *adj* ‹*forma*› elongated; ‹*hoja*› elongate

alargador *m* extension cord (AmE), extension lead (BrE)

alargar [A3] *vt* **1** **(a)** ‹*vestido/pantalón*› to let down, lengthen; ‹*manguera/cable*› to lengthen, extend; ‹*riendas/soga*› to let out; ‹*paso*› to lengthen **(b)** ‹*cuento/discurso*› to drag out; ‹*vacaciones/plazo*› to extend; **puede ∼le la vida** it could prolong her life **2** **(a)** (extender) ‹*mano/brazo*› to hold out **(b)** (alcanzar) **∼le algo** A **algn** to hand *o* give *o* pass sth TO sb

■ **alargarse** *v pron* «*cara/sombra*» to get longer; «*días*» to grow longer; «*reunión/fiesta*» to go on

alarido *m* (de miedo) shriek; (de dolor) scream

alarma *f* **1** (ante peligro) alarm; **dar la voz de ∼** to sound *o* raise the alarm **2** (dispositivo) alarm; **∼ contra robos/incendios** burglar/fire alarm

alarmante *adj* alarming

alarmar [A1] *vt* to alarm

■ **alarmarse** *v pron* to be alarmed

alba *f*‡ (del día) dawn, daybreak; **al rayar el ∼** (liter) at the break of day (liter); **al** or **con el ∼** at the crack of dawn

albacora *f* (atún) albacore; (pez espada) (Chi) swordfish

albahaca *f* basil

albanés[1] -nesa *adj/m,f* Albanian

albanés[2] *m* (idioma) Albanian

Albania *f* Albania

albañil *m* (constructor) builder; (que coloca ladrillos) bricklayer

albaricoque *m* (Esp) apricot

albaricoquero *m* (Esp) apricot tree

🔑 key word

albedrío *m* (free) will; **lo hizo a su ~** he did it of his own free will; **lo dejo a tu libre ~** I leave it entirely up to you

alberca *f* **(a)** (embalse) reservoir **(b)** (Méx) (piscina) swimming pool **(c)** (Col) (lavadero) sink (*for washing clothes*) **(d)** (Bol, Per) (comedero) trough

albergar [A3] *vt* ‹*personas*› to house, accommodate; ‹*biblioteca/exposición*› to house
■ **albergarse** *v pron* **(a)** (hospedarse) to lodge **(b)** (refugiarse) to shelter, take refuge

albergue *m* **(a)** (alojamiento) lodging, accommodations (*pl*) (AmE); **darle ~ a algn** to take sb in **(b)** (hostal) hostel; **~ juvenil** youth hostel **(c)** (en la montaña) refuge, shelter; (para vagabundos, mendigos) shelter

albino -na *adj/m,f* albino

albóndiga *f* meatball

albornoz *m* bathrobe

alborotado -da *adj* **1** **(a)** (nervioso) agitated; (animado, excitado) excited **(b)** (ruidoso) noisy, rowdy; (amotinado) riotous **2** ‹*mar*› rough; ‹*pelo*› untidy, disheveled*

alborotador -dora *adj* rowdy, noisy
■ *m,f* troublemaker

alborotar [A1] *vi* to make a racket
■ ~ *vt* **(a)** (agitar) to agitate, get ... agitated; (excitar) to get ... excited **(b)** ‹*muchedumbre*› to stir up
■ **alborotarse** *v pron* **(a)** (agitarse) to get agitated *o* upset; (excitarse) to get excited **(b)** (amotinarse) to riot

alboroto *m* **(a)** (agitación, nerviosismo) agitation; (excitación) excitement **(b)** (ruido) racket **(c)** (disturbio, jaleo) disturbance, commotion; (motín) riot

álbum *m* **(a)** (de fotos, sellos) album; (libro de historietas) comic book **(b)** (disco) album

alcachofa *f* **(a)** (Bot, Coc) artichoke **(b)** (de ducha) shower head; (de regadera) sprinkler (AmE), rose (BrE)

alcahuete -ta *m,f* **(a)** (ant) (mediador) procurer (arch) **(b)** (CS fam) (chismoso) gossip (infml); (soplón) tattletale (AmE infml), telltale (BrE infml)

alcahuetear [A1] *vi* **(a)** (hacer de mediador) to act as a go-between, to procure **(b)** (Andes fam) (tapar): **les alcahuetea las travesuras** he lets them get away with all kinds of things; **le alcahuetea las mentiras** she covers up for him when he lies **(c)** (CS fam) (chismear) to gossip (infml)
■ ~ *vt* (fam) (delatar) to tell *o* snitch on (infml)

alcalde -desa *m,f* **1** (Gob) mayor **2** **alcaldesa** *f* (mujer del alcalde) mayoress

alcance *m* **(a)** (de persona) reach; **fuera del ~ de los niños** out of reach of children; **está fuera de mi ~** it is beyond my means **(b)** (de arma, emisora) range; **misiles de largo ~** long-range missiles **(c)** (de ley, proyecto) scope; (de declaración, noticia) implications (*pl*) **(d)** (*en locs*) **al alcance de** within reach of; **precios al ~ de su bolsillo** prices to suit your pocket; **un lujo que no está a mi ~** a luxury I can't afford

alcancía *f* (AmL) (de niño) piggy bank; (para colectas) collection box

alcanfor *m* camphor

alcantarilla *f* (cloaca) sewer; (sumidero) drain

alcantarillado *m* sewer system, drains (*pl*)

alcanzar [A4] *vt* **1** **(a)** ‹*persona*› (llegar a la altura de) to catch up with, to catch ... up (BrE); (pillar, agarrar) to catch; **lo alcancé en la curva** I caught up with him on the bend; **¡a que no me alcanzas!** I bet you can't catch me! (infml) **(b)** (en tarea, estatura) to catch up with **2** (llegar a) ‹*lugar*› to reach, get to; ‹*temperatura/nivel/edad*› to reach; **casi no alcanzo el tren** I almost missed the train; **estos árboles alcanzan una gran altura** these trees can reach *o* grow to a great height; **~ la mayoría de edad** to come of age **3** (conseguir, obtener) ‹*objetivo/éxito*› to achieve; ‹*acuerdo*› to reach **4** (acercar, pasar) **~le algo** A **algn** to pass sb sth, to pass sth TO sb
■ ~ *vi* **1** (llegar con la mano) to reach; **hasta donde alcanzaba la vista** as far as the eye could see; **~** A **hacer algo** to manage to do sth **2** (ser suficiente) «*comida/provisones*» to be enough; **el sueldo no le alcanza** he can't manage on his salary

alcaparra *f* caper

alcaucil *m* (RPl) artichoke

alcázar *m* (fortaleza) fortress; (palacio) palace

alcista *adj* ‹*tendencia*› upward; ‹*mercado*› bull (*before n*)

alcoba *f* bedroom, bedchamber (liter)

alcohol *m* **1** (Quím) alcohol; (Farm) *tb* **~ de 90 (grados)** rubbing alcohol (AmE), surgical spirit (BrE) **2** (bebida) alcohol, drink

alcoholemia *f*: **hacerle la prueba de la ~ a algn** to breathalyze sb

alcohólico -ca *adj* alcoholic; **bebida no alcohólica** nonalcoholic drink
■ *m,f* alcoholic

alcoholímetro *m* Breathalyzer®

alcoholismo *m* alcoholism

alcornoque *m* **(a)** (árbol) cork oak **(b)** (fam) (persona) idiot

aldaba *f* (llamador) door knocker; (cerrojo) latch

aldea *f* small village, hamlet

aldeano -na *adj* village (*before n*)
■ *m,f* villager

alebrestarse [A1] *v pron* **(a)** (Col, Méx) (alterarse, agitarse) to get worked up, agitated **(b)** (Ven fam) (animarse) to get excited; (excesivamente) to get overexcited

alegación *f* declaration, statement

alegar [A3] *vt* ‹*motivos/causas*› to cite; ‹*razones*› to put forward; ‹*ignorancia/defensa propia*› to plead; ‹*inmunidad diplomática*› to claim; **alegó que no lo sabía** she claimed not to know
■ ~ *vi* (AmL) **(a)** (discutir) to argue; **~** DE **algo** to argue ABOUT sth **(b)** (protestar) to complain; **~** POR **algo** to complain ABOUT sth

alegata *f* (Méx) argument

alegato *m* **(a)** (exposición) statement, declaration **(b)** (Der) (escrito) submission **(c)** (Andes) (discusión) argument

alegrar [A1] *vt* **(a)** (hacer feliz) ‹*persona*› to make ... happy; **me alegra saberlo** I'm glad *o* pleased to hear it **(b)** (animar) ‹*persona*› to cheer up; ‹*fiesta*› to liven up; ‹*habitación*› to brighten up; **¡alegra esa cara!** cheer up!
■ **alegrarse** *v pron* **(a)** (ponerse feliz, contento): **me alegro mucho por ti** I'm really happy for you; **se alegró muchísimo cuando lo vio** she was really happy when she saw him; **¡cuánto me**

alegro! I'm so happy *o* pleased!; **está mucho mejor — me alegro** she's much better — I'm glad (to hear that); **~se** CON **algo** to be glad *o* pleased ABOUT sth; **me alegro de verte** it's good *o* nice to see you; **me alegro de que todo haya salido bien** I'm glad *o* pleased that everything went well **(b)** (animarse) to cheer up **(c)** (por el alcohol) to get tipsy (infml)

alegre *adj* **(a)** ‹*persona/carácter*› happy, cheerful; ‹*color*› bright; ‹*fiesta/música*› lively; **su habitación es muy ~** her room is nice and bright; **es muy ~** she's very cheerful, she's a very happy person **(b)** [ESTAR] (por el alcohol) tipsy (infml)

🔑 **alegría** *f* (dicha, felicidad) happiness, joy; **¡qué ~ verte!** it's great to see you!; **saltar de ~** to jump for joy

alejado -da *adj* **(a)** ‹*lugar*› remote **(b)** (distanciado) ‹*persona*› **hace tiempo que está ~ de la política** he's been away from *o* out of politics for some time; **está ~ de su familia** he's estranged from his family

🔑 **alejar** [A1] *vt* **(a)** (poner lejos, más lejos) to move ... (further) away; **~ algo/a algn** DE **algo/algn** to move sth/sb away FROM sth/sb **(b)** (distanciar) **~ a algn** DE **algn** to distance sb FROM sb **(c)** ‹*dudas/temores*› to dispel

■ **alejarse** *v pron* to move away; (caminando) to walk away; **no se alejen demasiado** don't go too far; **se alejó de su familia** he drifted apart from his family; **necesito ~me de todo** I need to get away from everything

aleluya *interj* hallelujah!

alemán¹ -mana *adj/m,f* German

🔑 **alemán²** *m* (idioma) German

Alemania *f* Germany

alentador -dora *adj* encouraging

alentar [A5] *vt* **(a)** ‹*persona*› to encourage; ‹*jugador/equipo*› to cheer ... on **(b)** ‹*esperanza/ilusión*› to cherish

alergia *f* allergy; **le produce ~** she's allergic to it; **~** A **algo** allergy TO sth; **tiene ~ a la penicilina** he's allergic to penicillin

alérgico -ca *adj* **(a)** [SER] ‹*persona*› allergic; **~** A **algo** allergic TO sth **(b)** ‹*afección/reacción*› allergic

alerta *adj* alert; **estar ~** (tener cuidado) to be alert; (estar en guardia) to be on the alert; **mantener el oído ~** to keep one's ears open

■ *f*: **dar la (voz de) ~** to raise the alarm; **en estado de ~** on alert

🔑 **alertar** [A1] *vt* **~ a algn** DE **algo** to alert sb TO sth

aleta *f* **(a)** (de pez) fin; (de foca) flipper **(b)** (para natación) flipper **(c)** (de la nariz) wing

aletargado -da *adj* lethargic, drowsy

aletargar [A3] *vt* ‹*persona*› to make ... feel lethargic *o* drowsy

aletear [A1] *vi* «*pájaro/gallina*» to flap its wings; «*mariposa*» to flutter its wings

alfabético -ca *adj* alphabetical

alfabetización *f* teaching of basic literacy; **campaña de ~** literacy campaign

alfabetizar [A4] *vt* **(a)** (Educ) to teach ... to read and write **(b)** ‹*sistema/fichero*› to put ... in alphabetical order, to alphabetize (fml)

alfabeto *m* alphabet

alfajor *m*: *type of candy or cake varying from region to region*

alfalfa *f* alfalfa, lucerne (BrE)

alfarería *f* pottery

alfarero -ra *m,f* potter

alféizar *m* sill; **el ~ de la ventana** the windowsill

alférez *m* second lieutenant

alfil *m* bishop

alfiler *m* (en costura) pin; (broche) brooch, pin; **~ de corbata** tiepin; **~ de gancho** (CS, Ven) or (Col) **de nodriza** safety pin

alfombra *f* **(a)** (suelta) rug; (más grande) carpet **(b)** (AmL) (de pared a pared) carpet

alfombrado -da *adj* carpeted

alfombrar [A1] *vt* to carpet

alfombrilla *f* **1** (de coche) mat; (de baño) bath mat; **~ para ratón** (Inf) mouse mat **2** (Med) *type of measles*

alforja *f* (para caballerías) saddlebag; (sobre el hombro) knapsack

alga *f*‡ (en el mar) seaweed; (en agua dulce) weed, waterweed; (nombre genérico) alga

algarroba *f* carob (bean)

algarrobo *m* carob (tree)

álgebra *f*‡ algebra

álgido -da *adj* ‹*punto/momento*› culminating (*before n*), decisive

🔑 **algo¹** *pron* **(a)** something; (en frases interrogativas, condicionales, etc) anything; (esperando respuesta afirmativa) something; **quiero decirte ~** I want to tell you something; **si llegara a pasarle ~** if anything happened to her; **¿quieres ~ de beber?** do you want something *o* anything to drink?; **por ~ será** there must be some *o* a reason; **le va a dar ~** he'll have a fit; **o ~ así** or something like that; **eso ya es ~** at least that's something; **sé ~ de francés** I know some French; **¿queda ~ de pan?** is there any bread left? **(b)** (en aproximaciones): **serán las once y ~** it must be some time after eleven; **pesa tres kilos y ~** it weighs three kilos and a bit

🔑 **algo²** *adv* a little, slightly; **está ~ nublado** it's a bit cloudy; **es ~ grande para ti** it's a bit too big for you

algodón *m* **1** (Bot, Tex) cotton **2** (Farm) **(a)** (material) *tb* **~ hidrófilo** cotton (AmE), cotton wool (BrE) **(b)** (trozo) piece of cotton (AmE), piece of cotton wool (BrE) **~ de azúcar** cotton candy (AmE), candy floss (BrE)

algodonal, **algodonar** *m* cotton field

algodonero -ra *adj* cotton (*before n*)

■ *m,f* (agricultor) cotton planter *o* farmer; (vendedor) cotton dealer

alguacil -cila *m,f* **(a)** (agente de autoridad) sheriff **(b)** (de tribunal de justicia) bailiff (AmE), constable (BrE)

🔑 **alguien** *pron* somebody, someone; (en frases interrogativas, condicionales, etc) anybody, anyone; (esperando respuesta afirmativa) somebody, someone; **~ con experiencia** somebody *o* someone with experience; **¿ha llamado ~?** has anybody *o* anyone called?; **si ~ preguntara** if anybody *o* anyone should ask

algún *adj*: *apocopated form of* ▶ **alguno¹** *used before masculine singular nouns*

🔑 key word

alguno[1] **-na** *adj* **1** (*delante del n*) **(a)** (indicando uno indeterminado) some; **algún día** some *o* one day; **en algún lugar** somewhere **(b)** (en frases interrogativas, condicionales, etc) any; **¿tocas algún instrumento?** do you play any instruments?; **si tienes algún problema** if there's any problem, if you have any problems **(c)** (indicando cantidad indeterminada): **esto tiene alguna importancia** this is of some importance; **hace ~s años** some years ago, a few years ago; **me quedan tres tazas y algún plato** I have three cups and one or two plates; **escribió algún que otro artículo** he wrote one or two articles **2** (*detrás del n*) (con valor negativo): **esto no lo afectará en modo ~** this won't affect it in the slightest *o* at all

alguno[2] **-na** *pron* **(a)** (cosa, persona indeterminada) one; **~ de nosotros** one of us; **siempre hay ~ que no está conforme** there's always someone who doesn't agree **(b)** (en frases interrogativas, condicionales, etc): **buscaba una guía ¿tiene alguna?** I was looking for a guide, do you have one *o* any?; **si tuviera ~** if I had one **(c)** (una cantidad indeterminada — de personas) some (people); (— de cosas) some; **~s creen que fue así** some (people) believe that was the case; **he visto algunas** I've seen some; **he tenido ~ que otro** I've had one or two

alhaja *f* **(a)** (joya) piece of jewelry* **(b)** (persona) gem, treasure

alhajero *m*, **alhajera** *f* (AmL) jewel case

alharaca *f* fuss; **hacer ~s** to make a fuss

alhelí *m* wallflower

aliado -da *adj* allied

■ *m,f* (Hist, Pol) ally; **los A~s** the Allies

alianza *f* **(a)** (pacto, unión) alliance; **la A~ Atlántica** the Atlantic Alliance **(b)** (anillo) wedding ring

aliarse [A17] *v pron* to join forces; **~se** CON **algn** to form an alliance WITH sb, ally oneself WITH sb

alias *adv* alias

■ *m* (*pl* ~) alias

alicaído -da *adj* low, down in the dumps (infml)

alicate *m*, **alicates** *mpl* (Tec) pliers (*pl*); (para uñas) nail clippers (*pl*); (para cutícula) cuticle clippers (*pl*)

aliciente *m* incentive

aliento *m* **1** **(a)** (respiración, aire) breath; **sin ~** out of breath, breathless **(b)** (aire espirado) breath; **mal ~** bad breath **2** (ánimo, valor): **dar ~ a algn** to encourage sb

aligerar [A1] *vt* **(a)** ‹*carga*› to lighten; **~ a algn** DE **algo** to relieve sb OF sth **(b)** (acelerar): **~ el paso** to quicken one's pace

alijo *m* consignment

alimaña *f* pest; **~s** vermin

alimentación *f* **(a)** (nutrición, comida) diet; **la ~ integral va ganando adeptos** health food *o* (BrE) wholefood is growing in popularity **(b)** (de máquina, motor) fuel supply

alimentar [A1] *vt* **1** ‹*persona/animal*› to feed **2** **(a)** ‹*ilusión/esperanza*› to nurture, cherish; ‹*ego*› to boost **(b)** ‹*odio/pasión*› to fuel **3** ‹*máquina/motor*› to feed; ‹*caldera*› to stoke

■ ~ *vi* to be nourishing

■ **alimentarse** *v pron* «*persona/animal*» to feed oneself; **~se** CON *or* DE **algo** to live ON sth

alimenticio -cia, **alimentario -ria** *adj* **(a)** ‹*industria*› food (*before n*); **productos ~s** foodstuffs; **hábitos ~s** eating habits **(b)** ‹*valor*› nutritional; ‹*comida/plato*› nutritious, nourishing

alimento *m* **1** (fml) (comida) food, nourishment; **la leche es un ~ completo** milk is a complete food; **~s naturales** health food **2** (valor nutritivo): **no tiene ~ ninguno** it has no nutritional value; **de mucho ~** very nutritious

alineación *f* **1** **(a)** (Dep) (de equipo) lineup; (de jugador) selection **(b)** (puesta en fila) lining up **2** (Pol, Tec) alignment

alinear [A1] *vt* **1** ‹*equipo/jugador*› to select, pick **2** **(a)** (poner en fila, línea) to line up **(b)** (Tec) to align, line up

■ **alinearse** *v pron* «*tropa*» to fall in; «*niños/presos*» to line up

aliñar [A1] *vt* ‹*ensalada*› to dress; ‹*carne/pescado*› to season

aliño *m* (para ensalada) dressing; (para otros alimentos) seasoning

alioli *m* (mayonesa) garlic mayonnaise; (salsa) garlic and olive oil vinaigrette

alisar [A1] *vt* ‹*colcha/papel*› to smooth out; ‹*pared/superficie*› to smooth down

■ **alisarse** *v pron* (*refl*) **(a)** ‹*vestido/falda*› to smooth out **(b)** ‹*pelo*› (con la mano) to smooth down; (quitar los rizos) to straighten

alistamiento *m* (acción) enlistment, recruitment; (soldados alistados) call-up, draft (AmE)

alistarse [A1] *v pron* **(a)** (Mil) to enlist, join up; **~ en el ejército** to join the army **(b)** (AmL) (prepararse) to get ready

alivianar *vt* [A1] (AmL) to lighten

aliviar [A1] *vt* ‹*dolor*› to relieve, soothe; ‹*síntomas*› to relieve; ‹*tristeza/pena*› to alleviate; ‹*persona*› to make ... feel better

■ **aliviarse** *v pron* **(a)** «*dolor*» to let up **(b)** «*persona*» to get better

alivio *m* relief; **¡qué ~!** what a relief!

aljibe *m* **(a)** (pozo) well; (depósito de agua) cistern, tank **(b)** (Per) (cárcel) dungeon

allá *adv* **1** **(a)** (en el espacio): **ya vamos para ~** we're on our way (over); **~ en América** over in America; **lo pusiste muy ~** you've put it too far away; **¡~ voy!** here I come/go! **(b)** (*en locs*) **más allá** further away; **más allá de** (más lejos que) beyond; (aparte de) over and above; ***~ tú/él*** that's your/his lookout *o* problem (infml) **2** (en el tiempo): **~ por los años 40** back in the forties; **~ para enero** sometime in January

allanamiento *m* **(a)** (AmL) (con autorización judicial) raid; **orden de ~** search warrant **(b)** (Esp, Méx) (sin autorización judicial) breaking and entering

allanar [A1] *vt* **1** **(a)** (AmL) «*autoridad/policía*» to raid **(b)** (Esp, Méx) «*delincuente*» to break into **2** ‹*problemas*› to solve, resolve; ‹*obstáculo*› to remove, overcome; ‹*terreno*› to level out; ***~(le) el terreno a algn*** to smooth the way *o* path for sb

allegado -da *adj* close; **mis amigos y parientes más ~s** my close family and friends

■ *m,f* (amigo, pariente): **los ~s del difunto** those closest to the deceased; **un ~ de la familia** a close friend of the family

⚷ **allí** *adv* there; **~ arriba/dentro** up/in there; **~ donde estés/vayas** wherever you are/go

⚷ **alma** *f*‡ **1** (espíritu) soul; **tener ~ de niño** to be a child at heart; **~ mía** or **mi ~** (*como apelativo*) my love; ***con toda el*** or ***mi/tu/su ~*** with all my/your/his/ heart; ***del ~***: **su amigo del ~** his bosom friend; ***en el ~***: **lo siento en el ~** I'm really *o* terribly sorry; **te lo agradezco en el ~** I can't tell you how grateful I am; ***llegarle a algn al ~***: **aquellas palabras me llegaron al ~** (me conmovieron) I was deeply touched by those words; (me dolieron) I was deeply hurt by those words; ***me/le parte el ~*** it breaks my/his heart **2** (persona) soul; ***ni un ~ viviente*** not a living soul; ***ser ~s gemelas*** to be soul mates; ***ser un ~ bendita*** or ***de Dios*** to be a kind soul

almacén *m* **(a)** (depósito) warehouse **(b)** (CS) (de comestibles) grocery store (AmE), grocer's (shop) (BrE) **(c)** (AmC, Col, Ven) (de ropa, etc) store (AmE), shop (BrE) **(d)** (de mayorista) wholesaler's **(e) almacenes** *mpl* department store

almacenamiento *m* storage; **~ de datos** data storage

almacenar [A1] *vt* ‹*mercancías/datos*› to store

almanaque *m* (calendario — de escritorio) almanac, desk calendar; (— de pared) calendar

almeja *f* clam

almendra *f* **(a)** (fruta) almond **(b)** (centro) kernel

almendro *m* almond tree

almíbar *m* syrup

almibarar [A1] *vt* ‹*fruta*› to preserve ... in syrup; ‹*pastel*› to soak ... in syrup

almidón *m* starch

almidonar [A1] *vt* to starch

almirante *m* admiral

almohada *f* pillow; ***consultarlo con la ~*** to sleep on it

almohadilla *f* **1** (para alfileres) pincushion; (para entintar) ink pad; (para sellos) damper **2** (para sentarse) cushion; (en béisbol) bag

almohadón *m* (cuadrado, redondo) cushion; (cilíndrico) bolster; (en la iglesia) kneeler

almorranas *fpl* (fam) piles (*pl*)

almorzar [A11] *vi* **(a)** (a mediodía) to have lunch **(b)** (en algunas regiones) (a media mañana) to have a mid-morning snack

■ **~** *vt* **(a)** (a mediodía) to have ... for lunch **(b)** (en algunas regiones) (a media mañana) to have ... mid-morning

almuerza, **almuerzas**, *etc* ▶ **almorzar**

almuerzo *m* **(a)** (a mediodía) lunch **(b)** (en algunas regiones) (a media mañana) mid-morning snack

aló *interj* (AmS excl RPl) (al contestar el teléfono) hello?

alocado -da *adj* (irresponsable, imprudente) crazy, wild; (irreflexivo, impetuoso) rash, impetuous; (despistado) scatterbrained

■ *m,f* (imprudente) crazy *o* reckless fool; (irreflexivo) rash fool; (despistado) scatterbrain

alojado -da *m,f* (Chi) guest; **pieza de ~s** guestroom

alojamiento *m* accommodations (*pl*) (AmE), accommodation (BrE); **nos dio ~** he put us up

alojar [A1] *vt* **1** **(a)** (en hotel): **los hemos alojado en el hotel Plaza** we've booked them into the Plaza Hotel; **el hotel en el que estaban alojados** the hotel where they were staying **(b)** (en casa particular) to put ... up **2** (albergar) ‹*evacuados/refugiados*› to house

■ **alojarse** *v pron* **(a)** (hospedarse) to stay **(b)** «*proyectil/bala*» to lodge

alondra *f* lark

alpaca *f* **1** (Zool, Tex) alpaca; **lana de ~** alpaca (wool) **2** (Metal) nickel silver, German silver

alpargata *f* espadrille

Alpes *mpl*: **los ~** the Alps

alpinismo *m* mountaineering, (mountain) climbing

alpinista *mf* mountaineer, (mountain) climber

alpino -na *adj* Alpine

alpiste *m* (semillas) birdseed

alquilar [A1] *vt* **1** (dar en alquiler) ‹*casa/local*› to rent (out), let (BrE); ‹*televisor*› to rent; ‹*coche/bicicleta*› to rent (out) (AmE), to hire out (BrE) **2** (tomar en alquiler) ‹*casa/local/televisor*› to rent; ‹*coche/bicicleta/disfraz*› to rent (AmE), to hire (BrE)

alquiler *m* **(a)** (renta — de apartamento) rent; (— de televisor, bicicleta) rental **(b)** (acción de alquilar — una casa) renting, letting (BrE); (— un televisor) rental; (— un coche, disfraz) rental (AmE), hire (BrE); **se dedica al ~ de coches** he's in the car-rental (AmE) *o* (BrE) car-hire business; **contrato de ~** tenancy agreement; **coches de ~** rental (AmE) *o* (BrE) hire cars

alquitrán *m* tar

⚷ **alrededor** *adv* **(a)** (en torno) around; **a mi ~** around me **(b) alrededor de** (*loc prep*) (en torno a) around; (aproximadamente) around, about

alrededores *mpl* **(a)** (barrios periféricos, extrarradio de ciudad) outskirts (*pl*); (otras localidades) surroundings (*pl*) **(b)** (de edificio, calle) surrounding area; **en los ~ de la iglesia** in the area around the church

alta *f*‡ **1** (Med) discharge; **dar el ~ a** or **dar de ~ a un enfermo** to discharge a patient **2** (Fisco, Servs Socs): **los dieron de ~ en la Seguridad Social** they registered them with Social Security

altanero -ra *adj* arrogant, haughty

altar *m* altar

altavoz *m* (Audio) loudspeaker; (megáfono) megaphone

alteración *f* **(a)** (de plan, texto) change, alteration **(b)** (de hechos, verdad) distortion **(c)** (del orden, de la paz) disturbance; (agitación) agitation **~ del orden público** breach of the peace

alterado -da *adj* [ESTAR] ‹*persona*› upset

alterar [A1] *vt* **1** **(a)** ‹*plan/texto*› to change, alter **(b)** ‹*hechos/verdad*› to distort **(c)** ‹*alimento*› to make ... go off, turn ... bad **2** (perturbar) **(a)** ‹*paz*› to disturb; **~ el orden público** to cause a breach of the peace **(b)** ‹*persona*› to upset

■ **alterarse** *v pron* **1** «*alimentos*» to go off, go bad **2** «*pulso/respiración*» to become irregular; «*color*» to change **3** «*persona*» to get upset

altercado *m* argument

alternar [A1] *vt* **~ algo** CON **algo** to alternate sth WITH sth; **alternamos la gimnasia con el tenis** we alternate gymnastics with tennis

■ **~** *vi* «*persona*» to socialize; **~** CON **algn** to mix WITH sb

⚷ key word

■ **alternarse** *v pron* to take turns

alternativa *f* (opción) alternative; **la ~ es clara** the choice is clear

alternativo -va *adj* ‹*medicina/prensa/música*› alternative

Alteza *mf* (tratamiento) Highness; **sí, (su) ~** yes, your Highness

altibajos *mpl* **(a)** (cambios bruscos) ups and downs (*pl*) **(b)** (del terreno) undulations (*pl*)

altillo *m* (desván) attic; (en habitación) (sleeping) loft

altiplanicie *f*, **altiplano** *m* high plateau, high plain; **el altiplano boliviano** the Bolivian altiplano

altiro *adv* (Chi fam) right away, immediately

altitud *f* altitude

altivo -va *adj* (arrogante) arrogant, haughty; (noble, orgulloso) proud

alto[1] -ta *adj* **1** **(a)** [SER] ‹*persona/edificio/árbol*› tall; ‹*pared/montaña*› high; **una blusa de cuello ~** a high-necked blouse **(b)** [ESTAR] **¡qué ~ estás!** haven't you grown!; **está tan alta como yo** she's as tall as me now **2** (indicando posición, nivel) **(a)** [SER] high; **los techos eran muy ~s** the rooms had very high ceilings **(b)** [ESTAR] **el río está muy ~** the river is very high; **la marea está alta** it's high tide; **los pisos más ~s** the top floors; **salgan con los brazos en ~** come out with your hands in the air; **con la moral bastante alta** in pretty high spirits; **en lo ~ de la montaña** high up on the mountainside; **en lo ~ del árbol** high up in the tree; ***por todo lo ~*** in style **3** (en cantidad, calidad) high; **el alto nivel de contaminación** the high level of pollution; **productos de alta calidad** high-quality products; ***tirando por lo ~*** at the most **4** **(a)** [ESTAR] (en intensidad) ‹*volumen/televisión*› loud; **pon la radio más alta** turn the radio up **(b) en alto** or **en voz alta** aloud, out loud **5** (*delante del n*) (en importancia, trascendencia) ‹*ejecutivo/funcionario*› high-ranking, top; **conversaciones de ~ nivel** high-level talks **6** ‹*ideales/opinión*› high; **un ~ sentido del deber** a strong sense of duty **7** (en nombres compuestos): **alta burguesía** *f* upper-middle classes (*pl*); **alta costura** *f* haute couture; **alta fidelidad** *f* high fidelity, hi-fi; **alta mar** *f*: **en alta mar** on the high seas; **flota/pesca de alta mar** deep-sea fleet/fishing; **alta sociedad** *f* high society; **alta tensión** *f* high tension *o* voltage; **~ cargo** *m* (puesto) high-ranking position; (persona) high-ranking official; **~ mando** *m* high-ranking officer

alto[2] *adv* **1** ‹*volar/subir*› high **2** ‹*hablar*› loud, loudly; **habla más ~** speak up a little

alto[3] *interj* halt!; **¡~ el fuego!** cease fire!

alto[4] *m* **1** **(a)** (altura): **de alto** high; **tiene tres metros de ~** it's three meters high **(b)** (en el terreno) high ground; **construido en un ~** built on high ground **2** **(a)** (parada, interrupción): **hacer un ~** to stop; **~ el fuego** (Esp) (Mil) cease-fire **(b)** (Méx) (Auto): **pasarse el ~** (un semáforo) to run the red light (AmE), to jump the lights (BrE); (un stop) to go through the stop sign

altoparlante *m* (AmL) ▶ **altavoz**

altruismo *m* altruism

altruista *adj* altruistic
■ *mf* altruist

altura *f* **1** (de persona, edificio, techo) height; **el muro tiene un metro de ~** the wall is one meter high **2** (indicando posición) height; **ponlos a la misma ~** put them at the same height; **a la ~ de los ojos** at eye level; ***estar/ponerse a la ~ de algo/algn***: **para ponernos a la ~ de la competencia** to put ourselves on a par with our competitors; **estar a la ~ de las circunstancias** to rise to the occasion; **no está a la ~ de su predecesor** he doesn't match up to his predecessor **3** **(a)** (Aviac, Geog) (altitud) altitude; **a 2.240 metros de ~** at an altitude of 2,240 meters **(b) de altura** ‹*pesquero/flota*› deep-sea (*before n*); ‹*remolcador*› oceangoing (*before n*) **4** (en sentido horizontal): **¿a qué ~ de Serrano vive?** how far up Serrano do you live?; **cuando llegamos a la ~ de la plaza** when we reached the square **5** (en sentido temporal): **a estas ~s ya debe haber llegado** he should have arrived by now; **¡a estas ~s me vienes con eso!** you wait till now to bring this to me!; **a estas ~s del año** this late on in the year; **a esas ~s ya no me importaba** by that stage I didn't mind **6** (Mús) pitch

alturado -da *adj* (Per) calm

alubia *f* (haricot) bean

alucinación *f* hallucination

alucinado -da *adj* (fam): **los dejó a todos ~s** she left everybody stunned

alucinante *adj* **(a)** (Med) hallucinatory **(b)** (Esp, Méx fam) (increíble) amazing (infml), mind-boggling (infml)

alucinar [A1] *vi* to hallucinate

alud *m* (de nieve) avalanche; (de tierra) landslide, landslip

aludir [I1] *vi* **(a)** (sin nombrar) **~ A algn/algo** to refer TO sb/sth, allude TO sb/sth; **se sintió aludido** he thought we were referring to him; **no se dio por aludido** he didn't take the hint **(b)** (mencionar) **~ A algn/algo** to refer TO sb/sth, mention sb/sth

alumbrado *m* lighting

alumbramiento *m* (fml) birth

alumbrar [A1] *vt* (iluminar) to light, illuminate; **está muy mal alumbrado** it's very poorly lit; **alumbra este rincón** shine the light in this corner
■ **~** *vi* «*sol*» to be bright; «*lámpara/bombilla*» to give off light

aluminio *m* aluminum (AmE), aluminium (BrE)

alumnado *m* (de colegio) students (*pl*) (AmE), pupils (*pl*) (BrE); (de universidad) students (*pl*)

alumno -na *m,f* (de colegio) pupil; (de universidad) student; **~ interno** boarder

alunizar [A4] *vi* to land on the moon

alusión *f* **~ (A algo/algn)** allusion *o* reference, (TO sth/sb); **hacer ~ a algo/a algn** to make reference *o* an allusion to sth/sb

alverjilla *f* (AmL) sweet pea

alza *f*‡ rise; **el ~ de los precios** the rise in prices; **en ~** ‹*intereses/precios*› rising (*before n*); **una escritora en ~** an up-and-coming writer; **estar en ~** to be on the rise

alzado -da *adj* **(a)** (Andes, Ven fam) (levantisco): **la servidumbre anda medio alzada** the servants have been rather uppity lately (infml); **un chiquillo ~** a cocky little brat (infml) **(b)** (Méx, Ven fam) (altivo) stuck-up (infml)

a

alzamiento *m* uprising

alzar [A4] *vt* **1** (levantar) **(a)** ‹*brazo/cabeza/voz*› to raise; **alzó al niño para que viera el desfile** she lifted the little boy up so he could see the parade; **alzó la mirada** she looked up **(b)** (AmL) ‹*bebé*› to pick up **2** ‹*edificio/monumento*› to erect **3** (Méx) (poner en orden) ‹*juguetes*› to pick up; ‹*cuarto/casa*› to clean (up)

■ **alzarse** *v pron* (sublevarse) to rise up; **~se en armas** to take up arms

ama *f*‡ **(a)** (de bebé) *tb* **~ de leche** or **de cría** wet nurse **(b)** (de niño mayor) nanny **(c) ~ de casa/de llaves** housewife/housekeeper; *ver tb* **amo**

amabilidad *f* **(a)** (cualidad) kindness **(b)** (gesto): **tuvo la ~ de invitarnos** she was kind enough to invite us; **¿tendría la ~ de cerrar la puerta?** would you be so kind as to close the door?; **tenga la ~ de esperar aquí** would you mind waiting here?

amable *adj* **(a)** ‹*persona/gesto*› kind; **es muy ~ de su parte** that's very kind of you; **¿sería tan ~ de ...?** would you be so kind as to ...? **(b)** (AmS) ‹*rato/velada*› pleasant

amablemente *adv* kindly

amado -da *adj* dear, beloved

■ *m,f* love, sweetheart

amadrinar [A1] *vt* ‹*niño*› to be godmother to; ‹*boda*› to act as ▶ **madrina** at; ‹*barco*› to launch, christen

amaestrar [A1] *vt* ‹*animales*› to train

amago *m*: **tuvo un ~ de infarto** he had a mild heart attack; **un ~ de revuelta** a threat of revolt; **hacer un ~** (Dep) to make a feint

amainar [A1] *vi* «*lluvia*» to ease up *o* off, abate; «*temporal/viento*» to die down, abate

amamantar [A1] *vt/vi* «*mujer*» to breastfeed; «*animal*» to suckle

amanecer[1] [E3] *v impers*: **¿a qué hora amanece?** what time does it get light?; **amanecía cuando partieron** dawn was breaking when they left

■ **~** *vi* (+ *compl*) **(a)** «*persona*» **amaneció con fiebre** he woke up with a temperature; **amanecieron bailando** they were still dancing at dawn **(b)** (aparecer por la mañana): **amaneció nublado** it was cloudy first thing in the morning; **todo amaneció cubierto de nieve** in the morning everything was covered in snow

■ **amanecerse** *v pron* (Chi, Méx) to stay up all night

amanecer[2] *m* dawn, daybreak; **al ~** at dawn *o* at daybreak

amanerado -da *adj* (afectado) affected, mannered; (afeminado) (fam) mannered, camp (infml)

amansar [A1] *vt* ‹*caballo*› to break in; ‹*fiera*› to tame

■ **amansarse** *v pron* «*fiera*» to become tame; «*caballo*» to quiet (AmE) *o* (BrE) quieten down

amante *mf* lover

amañar [A1] *vt* (fam) ‹*elecciones*› to rig; ‹*partido/pelea*› to fix; ‹*carnet/documento*› to tamper with; ‹*informe*› to alter, doctor (derog); ‹*excusa/historia*› to dream *o* cook up, concoct

■ **amañarse** *v pron* **1** *tb* **amañárselas** (ingeniarse) to manage **2** (Col, Ven) (acostumbrarse) to settle in

amapola *f* poppy

🔑 **amar** [A1] *vt* to love

■ **amarse** *v pron* (*recípr*) to love each other

amarga *f* (Col) beer

amargado -da *adj* bitter, embittered

■ *m,f* bitter *o* embittered person

amargar [A3] *vt* ‹*ocasión/día*› to spoil; ‹*persona*› to make ... bitter

■ **amargarse** *v pron* to become bitter; **no te amargues la existencia** (fam) don't get all uptight about it

amargo -ga *adj* **1 (a)** ‹*fruta/sabor*› bitter **(b)** (sin azúcar) unsweetened, without sugar **2** ‹*experiencia/recuerdo*› bitter, painful

amargor *m* bitterness

amargura *f* bitterness; **con ~** bitterly

amarillento -ta *adj* yellowish

amarillista *adj* (Period) (pey): **prensa ~** sensationalist *o* yellow press

🔑 **amarillo**[1] **-lla** *adj* **1** ‹*color/blusa*› yellow; **el semáforo estaba (en) ~** the light was yellow (AmE), the lights were (on) amber (BrE) **2 (a)** ‹*piel*› (de raza oriental) yellow **(b)** ‹*piel/cara*› (por enfermedad) yellow, jaundiced

amarillo[2] *m* yellow

amarra *f* mooring rope; **~s** moorings (*pl*); **echar (las) ~s** to moor

amarradero *m* **(a)** (poste) bollard; (argolla) mooring ring **(b)** (lugar) berth, slip (AmE)

amarrado -da *adj* (Col, Méx, Ven fam) stingy (infml), tightfisted (infml)

amarrar [A1] *vt* **(a)** ‹*embarcación*› to moor; ‹*animal/persona*› to tie up; **le ~on las manos** they tied his hands together; **~ algo/a algn** A **algo** to tie sth/sb TO sth **(b)** (AmL exc RPl) ‹*zapatos/cordones*› to tie; ‹*paquete*› to tie ... up

■ **amarrarse** *v pron* (AmL exc RPl) ‹*zapatos/cordones*› to tie up, do up; ‹*pelo*› to tie up

amarrete -ta *adj* (AmS fam) stingy (infml), tightfisted (infml)

■ *m,f* (AmS fam) Scrooge (infml), skinflint (infml)

amasar [A1] *vt* **1** ‹*pan*› to knead; ‹*yeso/argamasa*› to mix **2** ‹*fortuna/riquezas*› to amass

amateur /ama'ter/ *adj/mf* (*pl* **-teurs**) amateur

amazona *f* (Mit) Amazon; (Equ) horsewoman

Amazonas *m*: **el ~** the Amazon

amazónico -ca *adj* Amazonian, Amazon (*before n*)

ámbar *m* **(a)** (piedra) amber **(b)** (color) amber

ambición *f* ambition

ambicionar [A1] *vt* to aspire to

ambicioso -sa *adj* ambitious; (codicioso) overambitious

ambidextro -tra *adj* ambidextrous

■ *m,f* ambidextrous person

ambientación *f* **(a)** (de obra, película) atmosphere **(b)** (de persona) adjustment

ambientador *m* air freshener

🔑 **ambiental** *adj* environmental

ambientar [A1] *vt* **(a)** ‹*obra/película*› to set **(b)** ‹*fiesta/local*› to give ... some atmosphere

■ **ambientarse** *v pron* to adjust, adapt

🔑 key word

ambiente *m* **(a)** (entorno físico, social, cultural) environment; **crecí en un ~ rural** I grew up in a rural environment; **se encuentra realmente en su ~** he's really in his element; **había una cierta tensión en el ~** there was a feeling of tension in the air **(b)** (creado por la decoración, arquitectura, gente) atmosphere; **un ~ de camaradería/de fiesta** a friendly/festive atmosphere **(c)** (animación) life

ambigüedad *f* ambiguity

ambiguo -gua *adj* ambiguous

ámbito *m* **(a)** (campo, círculo) sphere, field **(b)** (alcance) scope, range; **el ~ (de aplicación) de la ley** the scope of the law

ambo *m* (CS) (two-piece) suit

ambos -bas *adj pl* both; **a ~ lados** on both sides
■ *pron pl* both; **~ aceptaron la propuesta** they both accepted the proposal; **~ me gustan** I like both of them

ambulancia *f* ambulance

ambulanciero -ra *m,f* (*m*) ambulance man; (*f*) ambulance woman; **los ~s** the ambulance crew

ambulante *adj* traveling* (*before n*); **biblioteca ~** bookmobile (AmE), mobile library (BrE)

ambulatorio[1] **-ria** *adj* outpatient (*before n*)

ambulatorio[2] *m* (Esp) outpatients' department

ameba *f* amoeba

amén *m* amen; **~ de ...** as well as ...

amenaza *f* threat; **no me vengas con ~s** don't threaten me; **~ de bomba/muerte** bomb/death threat

amenazador -dora, **amenazante** *adj* threatening, menacing

amenazar [A4] *vt* **(a)** «*persona*» to threaten; **nos amenazó con llamar a la policía** he threatened to call the police **(b)** (dar indicios de): **esas nubes amenazan lluvia** those clouds look threatening
■ **~** *vi* **~** CON **hacer algo** to threaten to do sth
■ **~** *v impers* (Meteo): **amenaza tormenta** there's a storm brewing; **amenaza lluvia** it's threatening to rain

amenizar [A4] *vt* ‹*conversación/discurso*› to make ... more enjoyable; **la fiesta fue amenizada por un payaso** a clown provided the entertainment for the party

ameno -na *adj* pleasant, enjoyable

América *f* **1** (continente) America; ***hacerse la ~*** to make a fortune, get rich; **~ Central** Central America; **~ del Norte** or **Septentrional** North America; **~ del Sur** or **Meridional** South America; **~ Latina** Latin America **2** (Esp) (Estados Unidos) America, the States (*pl*)

americana *f* jacket

americanismo *m* Americanism

americano -na *adj/m,f* American

amerindio -dia *adj/m,f* American Indian, Amerindian

ameritado -da *adj* (AmL) meritorious (fml)

ameritar [A1] *vt* (AmL) to deserve

ametralladora *f* machine gun

ametrallar [A1] *vt* to machine-gun

amianto *m* asbestos

amiba *f* amoeba

amigable *adj* ‹*persona*› friendly; ‹*trato*› friendly, amicable; **un tono poco ~** a rather unfriendly manner

amígdalas *fpl* tonsils (*pl*)

amigdalitis *f* tonsillitis

amigo -ga *adj*: **son/se hicieron muy ~s** they are/they became good friends; **hacerse ~ de algn** to become friends with sb; **es muy ~ mío** he's a close friend of mine; **un país ~** a friendly country; **es muy ~ de contradecir** he's a great one for contradicting people (infml); **no es amiga de las fiestas** she's not keen on parties
■ *m,f* friend; **un ~ mío** a friend of mine; **somos íntimos ~s** we're very close friends; **¡un momento, ~!** now, just a minute, pal *o* buddy (AmE) *o* (BrE) mate! (infml)

amigote *m* (fam) crony (infml & derog), buddy (AmE infml), mate (BrE infml)

amilanar [A1] *vt* to daunt
■ **amilanarse** *v pron* to be daunted

amistad *f* **(a)** (entre personas, países) friendship; **entabló** or **hizo ~ con ella** he struck up a friendship with her **(b) amistades** *fpl* (amigos) friends (*pl*)

amistoso -sa *adj* ‹*consejo/palmadita/charla*› friendly; ‹*partido*› friendly (*before n*)

amnesia *f* amnesia

amnistía *f* amnesty

amnistiado -da *m,f*: *person pardoned under an amnesty*

amnistiar [A17] *vt* ‹*persona*› to grant an amnesty to; ‹*delito*› to amnesty

amo, **ama** *m,f* (de animal, criado) (*m*) master; (*f*) mistress; **son los ~s del pueblo** they own the whole village; *ver tb* **ama**

amoblar [A10] *vt* (CS) ▶ **amueblar**

amoldable *adj* adaptable

amoldar [A1] *vt* to adjust
■ **amoldarse** *v pron* to adapt; **~se** A **algo** (a un trabajo/una situación) to adjust TO sth; **estos zapatos todavía no se me han amoldado al pie** I haven't broken these shoes in yet

amonestación *f* (reprimenda) warning; (en fútbol) caution, booking

amonestar [A1] *vt* (reprender) to reprimand, admonish (fml); (en fútbol) to caution, book

amoníaco *m* ammonia

amontonar [A1] *vt* **(a)** (apilar) to pile ... up **(b)** (juntar) to accumulate
■ **amontonarse** *v pron* «*personas*» to gather *o* crowd together; «*objetos/trabajo*» to pile up

amor *m* **1** **(a)** (sentimiento) love; **~ no correspondido** unrequited love; **~ a primera vista** love at first sight; **~ al prójimo/a la patria** love for one's neighbor/one's country; **~ propio** pride, self-esteem; **un gran ~ a la vida/a los animales** a great love of life/animals; ***por ~ al arte*** (fam) just for the fun of it; ***por (el) ~ de Dios*** (mendigando) for the love of God; (expresando irritación) for God's sake! **(b)** (el acto sexual): **hacer el ~ a/con algn** to make love to/with sb **(c)** (persona, cosa amada) love; **~ mío** or **mi ~** my darling, my love **(d)** (esmero, dedicación): **hacer algo con ~** to do sth lovingly **2** (fam) (persona encantadora) darling (infml), dear (infml)

amoral *adj* amoral

amoratado -da *adj* (de frío) blue; (por un golpe) ‹*piernas/brazos*› bruised; **ojo ~** black eye
amordazar [A4] *vt* ‹*persona*› to gag; ‹*perro*› to muzzle
amorío *m* love affair
amoroso -sa *adj* **(a)** (AmL) ‹*persona/casa*› lovely **(b)** ‹*vida*› love (*before n*); **sus relaciones amorosas** his relationships
amortajar [A1] *vt* to shroud
amortiguador *m* shock absorber
amortiguar [A16] *vt* ‹*golpe*› to cushion, absorb; ‹*sonido*› to muffle
amortizable *adj* redeemable
amortización *f* (de inversión) recovery; (de préstamo) repayment; (de bonos, hipoteca) redemption
amortizar [A4] *vt* **(a)** ‹*compra*› to recoup the cost of **(b)** (recuperar) ‹*inversión*› to recoup, recover **(c)** (pagar) ‹*deuda*› to repay, amortize (fml); ‹*valores/hipoteca*› to redeem
amotinado -da *adj* ‹*soldado/ejército*› rebel (*before n*), insurgent (*before n*); ‹*pueblo/ciudadanos*› rebellious, insurgent (*before n*)
■ *m,f* insurgent
amotinar [A1] *vt* ‹*tropa*› to incite ... to mutiny *o* rebellion; ‹*población/pueblo*› to incite ... to rebellion
■ **amotinarse** *v pron* «*soldados/oficiales*» to mutiny, rebel; «*población civil*» to rise up
amparar [A1] *vt* **(a)** (proteger) to protect; **¡que Dios nos ampare!** may the Lord help us! **(b)** (ofrecer refugio) to shelter, give shelter to
■ **ampararse** *v pron* **(a) ~se** EN **algo** (en la ley) to seek protection IN sth; **se amparó en su inmunidad diplomática** he used his diplomatic immunity to protect himself **(b)** (resguardarse) **~se** DE *or* CONTRA **algo** to shelter FROM sth
amparo *m* **(a)** (protección) protection **(b)** (refugio) refuge; **dar ~** A **algn** to give sb refuge
amperio *m* amp, ampere (fml)
ampliación *f* **(a)** (de local, carretera) extension; (de negocio) expansion **(b)** (Com, Fin): **una ~ de capital/de personal** an increase in capital/in the number of staff **(c)** (de conocimientos, vocabulario) widening **(d)** (de plazo, período) extension **(e)** (Fot) enlargement
ampliar [A17] *vt* **(a)** ‹*local/carretera*› to extend; ‹*negocio*› to expand **(b)** ‹*capital/personal*› to increase **(c)** ‹*conocimientos/vocabulario*› to increase; ‹*explicación*› to expand (on); ‹*campo de acción*› to widen, broaden; **para ~ sus estudios** to further her studies **(d)** ‹*plazo/período*› to extend **(e)** ‹*fotografía*› to enlarge, blow up
amplificador *m* amplifier
amplificar [A2] *vt* to amplify
amplio -plia *adj* **(a)** ‹*calle/valle/margen*› wide; ‹*casa*› spacious; ‹*vestido/abrigo*› loose-fitting; ‹*sonrisa*› broad **(b)** ‹*criterio/sentido*› broad; **por amplia mayoría** by a large majority; **una amplia gama de colores** a wide range of colors **(c)** ‹*garantías/programa*› comprehensive
amplitud *f* **(a)** (de calle, margen) width; (de casa) spaciousness; (de vestido) looseness **(b)** (de miras, criterios) range; (de facultades, garantías) extent; **la ~ de sus conocimientos** the breadth *o* depth of his knowledge **(c)** (Fís) amplitude
ampolla *f* **1** (por quemadura, rozamiento) blister **2** (con medicamento) ampoule (fml), vial (AmE), phial (BrE)
ampolleta *f* (Chi) light bulb
amputar [A1] *vt* ‹*brazo/pierna*› to amputate
amueblar [A1] *vt* to furnish; **casa amueblada/sin ~** furnished/unfurnished house
amuleto *m* charm, amulet
anacardo *m* cashew (nut)
anaconda *f* anaconda
anacrónico -ca *adj* anachronistic
anacronismo *m* anachronism
ánade *mf* duck
anafe, anafre *m* (Chi, Méx) portable stove
anagrama *m* anagram
anal *adj* anal
anales *mpl* annals (*pl*)
analfabetismo *m* illiteracy
analfabeto -ta *adj* illiterate
■ *m,f* **(a)** (que no sabe leer) illiterate (person) **(b)** (fam & pey) (ignorante) ignoramus (infml & derog)
analgésico *m* analgesic, painkiller
análisis *m* (*pl* **~**) analysis; **hacerse un ~ de sangre** to have a blood test
analista *mf* analyst
analítico -ca *adj* analytic
analizar [A4] *vt* **(a)** (examinar) to analyze*, examine **(b)** (Med, Quím) to analyze* **(c)** (Ling) to parse
■ **analizarse** *v pron* to undergo *o* have analysis
analogía *f* analogy
ananá *m* (*pl* **-nás**) (RPl) pineapple
anaquel *m* shelf
anaranjado -da *adj* orangish (AmE), orangey (BrE)
anarquía *f* anarchy
anárquico -ca *adj* anarchic
anarquismo *m* anarchism
anarquista *adj* anarchist (*before n*)
■ *mf* anarchist
anarquizar [A4] *vt* to cause chaos *o* anarchy in
anatomía *f* anatomy
anatómico -ca *adj* **(a)** (Anat) anatomical **(b)** ‹*asiento/respaldo*› anatomically designed
anca *f*‡ (de animal) haunch; **~s de rana** frogs' legs; **llevar a algn en ~s** (AmL) to take sb on the crupper
ancestral *adj* ‹*costumbre*› ancient; ‹*temor*› primitive, ancient
ancestro *m* ancestor
ancho[1] -cha *adj* **1** **(a)** ‹*camino/río/mueble*› wide; **a todo lo ~ de la carretera** right across the road; **a lo ~** breadthways *o* (BrE) widthways **(b)** ‹*manos/cara/espalda*› broad; **es ~ de espaldas** he's broad-shouldered **(c)** ‹*ropa*› loose-fitting, loose; **me queda ~ de cintura** it's too big around the waist for me **2** (cómodo, tranquilo): **allí estaremos más ~s** (Esp) we'll have more room there; ***estar/sentirse/ponerse a sus anchas*** to be/feel/make oneself at home

key word

ancho² *m* width; **¿cuánto mide de ~?** how wide is it?; **tiene 6 metros de ~** it's 6 meters wide

anchoa *f* anchovy

anchura *f* **(a)** (de camino, río, mueble) width **(b)** (medida): **~ de caderas** hip measurement

ancianato *m* (Col, Ven) old people's home

anciano -na *adj* elderly
■ *m,f* (*m*) elderly man; (*f*) elderly woman

ancla *f*‡ anchor; **echar el ~** to drop anchor; **levar ~s** to weigh anchor

anclar [A1] *vt/vi* to anchor

andadera *f* (Méx, Ven) ▶ **andador 1**

andador *m* **1** **(a)** (con ruedas) baby walker **(b)** **andadores** *mpl* (arnés) baby harness, reins (*pl*) **2** (para ancianos) Zimmer® frame

Andalucía *f* Andalusia

andaluz -luza *adj/m,f* Andalusian

andamio *m tb* **~s** scaffolding

andanzas *fpl* adventures (*pl*)

andar¹ [A24] *vi* **1** **(a)** (esp Esp) (caminar) to walk; **¿has venido andando?** did you come on foot?, did you walk? **(b)** (AmL): **~ a caballo/en bicicleta** to ride (a horse/a bicycle) **(c)** (*en imperativo*) (AmS) (ir) to go; **anda a comprar el periódico** go and buy the newspaper **2** (marchar, funcionar) to work; **el coche anda de maravilla** the car's running *o* (BrE) going like a dream **3** (+ *compl*) **(a)** (estar) to be; **¿cómo andas?** how are you?, how's it going? (infml); **¿quién anda por ahí?** who's there?; **anda en Londres** he's in London; **anda buscando pelea** he's out for *o* he's looking for a fight; **me anda molestando** (AmL fam) he keeps bothering me **(b)** **~** CON **algn** (juntarse) to mix WITH sb; (salir con) to go out WITH sb; ***dime con quién andas y te diré quién eres*** a man is known by the company he keeps **(c)** **~** DETRÁS DE *or* TRAS **algn/algo** (buscar, perseguir) to be AFTER sb/sth **4** (rondar): **~á por los 60 (años)** he must be around *o* about 60 **5** **~** CON **algo** (esp AmL fam) (con revólver/dinero) to carry sth; (con traje/sombrero) to wear sth **6** (en exclamaciones) **(a)** (expresando sorpresa, incredulidad): **¡anda! ¡qué casualidad!** good heavens! what a coincidence!; **¡anda! ¡mira quién está aquí!** well, well! look who's here! **(b)** (expresando irritación, rechazo): **¡anda! ¡déjame en paz!** oh, leave me alone!; **¡anda! ¡se me ha vuelto a olvidar!** damn! I've forgotten it again! (infml) **(c)** (instando a hacer algo): **préstamelo, anda** go on, lend it to me!; **¡ándale** (Méx) or (Col) **ándele que llegames tarde!** come on, we'll be late! (infml)
■ **~** *vt* **1** (caminar) to walk **2** (AmC) (llevar): **no ando dinero** I don't have any money on me; **siempre ando shorts** I always wear shorts
■ **andarse** *v pron* **1** **~se** CON **algo**: **ese no se anda con bromas** he's not one to joke; **ándate con cuidado** take care, be careful **2** (*en imperativo*) (AmL) (irse): **ándate de aquí** get out of here; **ándate luego** get going, get a move on (infml)

andar² *m*, **andares** *mpl* gait, walk

andarivel *m* **(a)** (AmL) (cable) ferry cable **(b)** (AmS) (en una piscina — carril) lane; (— soga) lane divider

andas *fpl* portable platform (*used in religious processions*); **llevar a algn en ~** (CS) to carry sb on one's shoulders

ándele, **ándale** *interj* ▶ **andar¹ 6 c**

andén *m* **(a)** (en estación) platform **(b)** (AmC, Col) (acera) sidewalk (AmE), pavement (BrE)

Andes *mpl*: **los ~** the Andes

andinismo *m* (AmL) mountaineering, mountain climbing, climbing

andinista *mf* (AmL) mountaineer, mountain climber, climber

andino -na *adj* Andean

andrajo *m* rag

andrajoso -sa *adj* ragged

anduve, **anduviste**, *etc* ▶ **andar¹**

anécdota *f* anecdote

anecdótico -ca *adj* **(a)** ‹*relato*› anecdotal **(b)** ‹*interés/valor*› incidental

anegar [A3] *vt* to flood
■ **anegarse** *v pron* «*campo/terreno*» to be flooded

anemia *f* anemia*

anémico -ca *adj* anemic*
■ *m,f* anemic person

anestesia *f* (proceso) anesthesia*; (droga) anesthetic*; **bajo los efectos de la ~** under (the) anesthetic; **lo operaron con ~** he was operated on under (an) anesthetic; **sin ~** without an anesthetic

anestesiar [A1] *vt* ‹*encía/dedo*› to anesthetize*; **me ~on** they gave me an anesthetic

anestesista *mf* anesthetist*

anexo¹ -xa *adj* **(a)** ‹*edificio/local*› joined, annexed **(b)** ‹*cláusula*› added, appended (fml); ‹*documento*› (en informe) attached; (en carta) enclosed

anexo² *m* **(a)** (edificio) annex* **(b)** (documento — en informe) appendix; (— en carta) enclosure **(c)** (Chi, Per) (del teléfono) extension

anfetamina *f* amphetamine

anfibio¹ -bia *adj* amphibious; **avión ~** seaplane

anfibio² *m* amphibian

anfiteatro *m* (Arquit) amphitheater*; (Geol) natural amphitheater*; (en la universidad) lecture hall

anfitrión -triona *m,f* (*m*) host; (*f*) hostess

ánfora *f*‡ (cántaro) amphora

angas (Andes, Méx fam): **por ~ o por mangas, nunca estás trabajando** for one reason or another, you're never working; **por ~ o por mangas tengo que salir** I have to go out whether I like it or not

ángel *m* **(a)** (Relig) angel; **~ guardián** or **de la guarda** guardian angel; **que sueñes con los angelitos** sweet dreams; **pobre angelito** poor little darling **(b)** (encanto) charm; **tener ~** to be charming

angelical *adj* angelic

angelito *m* (AmL) dead child; *ver tb* **ángel**

angina *f* **1** (Arg, Col, Ven) (de la garganta) *inflammation of the palate, tonsils and/or pharynx* **2** *tb* **~ de pecho** angina (pectoris)

anginas *fpl* **(a)** (Esp, Méx) (inflamación) throat infection **(b)** (Méx, Ven) (amígdalas) tonsils (*pl*)

anglicano -na *adj/m,f* Episcopalian (*in US and Scotland*), Anglican (*in UK*)

anglicismo *m* Anglicism

a

angloparlante *adj* English-speaking
Angola *f* Angola
angoleño -leña *adj/m,f* Angolan
angora *f* angora
angosto -ta *adj* ‹*calle/cama*› narrow; ‹*falda*› tight
anguila *f* eel
angular *adj* angular
ángulo *m* (Mat) angle; (rincón, esquina) corner; (punto de vista) angle; **~ recto** right angle
anguloso -sa *adj* angular
angustia *f* **(a)** (congoja) anguish, distress; **gritos de ~** anguished cries **(b)** (desasosiego) anxiety; **vive con la ~ de que...** she's constantly worried that... **(c)** (Psic) anxiety
angustiado -da *adj* **(a)** (acongojado) distressed **(b)** (preocupado) worried, anxious; **vive angustiada** she lives in a constant state of anxiety
angustiar [A1] *vt* **(a)** (acongojar) to distress **(b)** (preocupar) to worry, make ... anxious
■ **angustiarse** *v pron* (acongojarse) to get distressed, get upset; (preocuparse) to get worried, become anxious
angustioso -sa *adj* ‹*situación*› distressing; ‹*mirada/grito*› anguished
anhelante *adj* (liter) ‹*mirada*› longing (*before n*); **esperaba ~ su regreso** she longed *o* she yearned for his return; **con voz ~** in a voice full of longing
anhelar [A1] *vt* (liter) ‹*fama/poder*› to yearn for, to long for; **~ hacer algo** to long to do sth, yearn to do sth; **anhelaba que su hijo fuera feliz** his greatest wish was for his son to be happy
anhelo *m* (liter) wish, desire; **mi mayor ~** my greatest wish
anhídrido *m* anhydride; **~ carbónico** carbon dioxide
anidar [A1] *vi* «*aves*» to nest
aniego *m* (Per) flood
anilla *f* **(a)** (de cortina, llavero) ring; (de puro) band; (de lata) ringpull; (de ave) ring **(b) anillas** *fpl* (Dep) rings (*pl*)
anillo *m* **1** (sortija) ring; **~ de boda/compromiso** wedding/engagement ring; ***como ~ al dedo*** (fam) ‹*sentar/quedar*› to suit down to the ground; ‹*venir*› to come in very handy (infml) **2** (aro, arandela) ring; (de columna) annulet; (en árbol) ring
ánima *f*‡ (liter) (alma) soul
animación *f* **1** (bullicio, actividad) activity; **un bar con mucha ~** a very lively bar **2** (de una velada) entertainment **3** (Cin) animation
animado -da *adj* **1 (a)** ‹*fiesta/ambiente*› lively; ‹*conversación/discusión*› lively, animated **(b)** (optimista, con ánimo) cheerful, in good spirits **2** (impulsado) **~** DE *or* POR **algo** inspired *o* motivated BY sth
animador -dora *m,f* **(a)** (de programa) (*m*) presenter, host; (*f*) presenter, hostess **(b) animadora** *f* (de equipo) cheerleader
animal *adj* **1** ‹*instinto*› animal (*before n*) **2** (fam) **(a)** (estúpido) stupid **(b)** (grosero) rude, uncouth
■ *m* **(a)** (Zool) animal; **~ doméstico** (de granja) domestic animal; (mascota) pet **(b)** (fam) (persona — violenta) brute, animal; (— grosera) lout
animar [A1] *vt* **1 (a)** (alentar) to encourage; (levantar el espíritu) to cheer ... up; **tu visita lo animó mucho** your visit cheered him up a lot; **~ a algn** A **hacer algo** or A **que haga algo** to encourage sb to do sth **(b)** ‹*fiesta/reunión*› to liven up; **el vino empezaba a ~los** the wine was beginning to liven them up **(c)** (con luces, colores) to brighten up **2** ‹*programa*› to present, host **3** (impulsar) to inspire
■ **animarse** *v pron* **(a)** (alegrarse, cobrar vida) «*fiesta/reunión*» to liven up, warm up; «*persona*» to liven up **(b)** (cobrar ánimos) to cheer up; **si me animo a salir te llamo** if I feel like going out, I'll call you **(c)** (atreverse): **¿quién se anima a decírselo?** who's going to be brave enough to tell him?; **no me animo a saltar** I can't bring myself to jump; **al final me animé a confesárselo** I finally plucked up the courage to tell her
anímicamente *adv* emotionally
anímico -ca *adj*: **su estado ~** her state of mind
ánimo *m* **1 (a)** (espíritu): **no estoy con el ~ para bromas** I'm not in the mood for jokes; **tu visita le levantó el ~** your visit cheered her up; **con el ~ por el suelo** in very low spirits, feeling very down-hearted; **apaciguar los ~s** to calm everyone down; ***hacerse el ~ de hacer algo*** to bring oneself to do sth **(b)** (aliento, coraje) encouragement; **darle ~(s) a algn** (animar) to encourage sb; (con aplausos, gritos) to cheer sb on; **¡~, que ya falta poco para llegar!** come on! it's not far now!; **no tengo ~(s) de** or **para nada** I don't feel up to anything **2 (a)** (intención, propósito) intention; **lo dije sin ~ de ofender** I meant no offense, no offense intended (infml) **(b)** (mente, pensamiento) mind
animosidad *f* animosity, hostility; **~** CONTRA **algn** animosity *o* hostility TOWARD(S) sb
aniquilar [A1] *vt* ‹*enemigo/población*› to annihilate, wipe out; ‹*defensas/instalaciones*› to destroy
anís *m* **(a)** (Bot) (planta) anise; (semilla) aniseed **(b)** (licor) anisette
aniversario *m* anniversary
ano *m* anus
anoche *adv* last night
anochecer[1] [E3] *v impers* to get dark
■ **anochecerse** *v pron* (Chi, Méx) to stay up till really late
anochecer[2] *m* nightfall; **al ~** at nightfall
anomalía *f* anomaly
anonadado -da *adj* dumbfounded, speechless
anonimato *m* anonymity; **salir del ~** to rise from obscurity
anónimo -ma *adj* anonymous
anorak /ano'rak/ *m* parka (AmE), anorak (BrE)
anorexia *f* anorexia
anoréxico -ca *adj/m,f* anorexic
anormal *adj* abnormal
■ *mf* (fam) idiot
anormalidad *f* abnormality
anotación *f* **(a)** (nota) note **(b)** (AmL) (en fútbol) goal; (en fútbol americano) touchdown; (en básquetbol) point

key word

anotador -dora *m,f* (AmL) (en fútbol) scorer, goalscorer; (en fútbol americano, básquetbol) scorer

anotar [A1] *vt* **1** **(a)** (tomar nota de) ‹*dirección/nombre*› to make a note of **(b)** ‹*texto*› to annotate **(c)** (RPl) ▶ **apuntar** *vt* **1b** **2** (AmL) ‹*gol/tanto*› to score

■ **anotarse** *v pron* **1** (AmL) ‹*gol/tanto*› to score **2** (RPl) (inscribirse) ▶ **apuntarse**

anquilosado -da *adj* **(a)** ‹*articulación*› (atrofiado) ankylosed; (entumecido) stiff **(b)** ‹*ideas/economía*› stagnant

anquilosarse [A1] *v pron* **(a)** «*miembro/articulación*» (atrofiarse) to ankylose; (entumecerse) to get stiff **(b)** «*ideas/economía*» to stagnate

ansia *f*‡ **(a)** (avidez, deseo): **con ~** ‹*comer/beber*› eagerly; **~** DE **algo** (de paz/libertad) longing FOR sth, yearning FOR sth; (de poder) thirst FOR sth, craving FOR sth; **sentir ~ de hacer algo** to long *o* yearn to do sth; **sus ~s de aprender** her eagerness to learn **(b)** (Psic) anxiety **(c) ansias** *fpl* (Col, Ven fam) (náuseas) nausea

ansiar [A17] *vt* (liter) ‹*libertad/poder*› to long for, yearn for; **~ hacer algo** to long to do sth

ansiedad *f* **(a)** (preocupación) anxiety; **con ~** anxiously **(b)** (Med, Psic) anxiety

ansioso -sa *adj* **(a)** (deseoso) eager; **está ~ por saberlo** he's eager *o* (infml) dying to know; **estoy ~ de verlos** I can't wait to see them **(b)** [SER] (fam) (voraz) greedy

antagónico -ca *adj* conflicting

antagonismo *m* antagonism

antagonista *adj* antagonistic

■ *mf* antagonist

antártico -ca *adj* Antarctic

Antártida *f*: **la ~** Antarctica, the Antarctic

ante *prep* **1** **(a)** (fml) (delante de) before; **ante el juez** before the judge **(b)** (frente a): **~ la gravedad de la situación** in view of the seriousness of the situation; **iguales ~ la ley** equal in the eyes of the law; **nos hallamos ~ un problema** we are faced with a problem **2** **ante todo** (primero) first and foremost; (sobre todo) above all

■ *m* (cuero) suede

anteanoche *adv* the night before last

anteayer *adv* the day before yesterday

antebrazo *m* forearm

antecedente *m* **1** **(a)** (precedente) precedent; **no hay ningún ~ de la enfermedad en mi familia** there's no history of the illness in my family **(b)** (causa) cause; ***estar/poner a algn en ~s*** to be/put sb in the picture **2** (Fil, Ling) antecedent **3** **antecedentes** *mpl* (historial) background, record; **~s penales** (criminal) record

anteceder [E1] *vt* to precede, come before; **~** A **algo** to come BEFORE sth, precede sth

antecesor -sora *m,f* (predecesor) predecessor; (antepasado) ancestor

antecomedor *m* (Méx) breakfast room

antelación *f*: **con ~** ‹*reservar/pagar*› in advance; ‹*avisar/salir*› in plenty of time; **saqué la entrada con un mes de ~** I got the ticket one month in advance; **llegó con dos días de ~** she arrived two days early; **con ~ a su boda** prior to her wedding

antemano: **de ~** (*loc adv*) in advance

antena *f* **1** (de radio, televisión, coche) antenna (AmE), aerial (BrE); **en ~** on the air; **~ colectiva** communal antenna *o* aerial; **~ de radar** radar dish; **~ parabólica** satellite dish; **~ repetidora** relay mast **2** (Zool) antenna

antenoche *adv* (AmL) the night before last

anteojo *m* **(a)** (telescopio) telescope **(b) anteojos** *mpl* (esp AmL) ▶ **gafas**

antepasado -da *adj* ‹*año/semana*› before last

■ *m,f* ancestor

antepenúltimo -ma *adj* (*delante del n*) third from last, antepenultimate (fml)

■ *m,f*: **fue el ~ en la carrera** he came third from last on the race; **es el ~ en la lista** he's third from bottom on the list

anteponer [E22] *vt* **~ algo** A **algo** (poner delante) to put sth BEFORE *o* IN FRONT OF sth; (dar preferencia) to put sth BEFORE sth

anteproyecto *m* draft; **~ de ley** bill

anterior *adj* **(a)** (en el tiempo) previous; **el día ~** the previous day, the day before; **en épocas ~es** in earlier times; **~** A **algo** prior TO sth **(b)** (en un orden) previous, preceding; **el capítulo ~ a este** the previous chapter **(c)** (en el espacio) front (*before n*); **la parte ~** the front (part); **las patas ~es** the forelegs *o* front legs

anterioridad *f* (fml) anteriority (fml); **con ~** (antes) before, previously; (con antelación) beforehand, in advance; **con ~ a algo** before sth, prior to sth

anteriormente *adv* (fml) before, previously

antes *adv* **1** **(a)** (con anterioridad) before; **lo compré el día ~** I bought it the day before; **lo ~ posible** as soon as possible **(b)** (más temprano) earlier; **no pude llegar ~** I couldn't arrive earlier **(c)** (*en locs*) **antes de** before; **~ de Jesucristo** before Christ, BC; **no van a llegar ~ de dos horas** they won't be here for two hours; **le daré la respuesta ~ de una semana** I will give you my reply within a week; **~ de lo esperado** earlier than expected; **~** DE **hacer algo** before doing sth; **~ (de) que me olvide** before I forget; **no se lo des ~ (de) que yo lo vea** don't give it to him until I've seen it **(d)** (en el espacio) before **2** (en tiempos pasados) before, in the past; **ya no es el mismo de ~** he's not the same person any more **3** **(a)** (indicando orden, prioridad) first; **~ que nada** first of all; **yo estaba ~** I was here first **(b)** (indicando preferencia): **¡~ me muero!** I'd rather *o* sooner die!; **cualquier cosa ~ que eso** anything but that

antiabortista *mf* antiabortionist

antiaborto *adj inv* antiabortion (*before n*)

antiaéreo -rea *adj* antiaircraft (*before n*)

antialérgico -ca *adj* antiallergenic

antibalas *adj inv* bulletproof

antibiótico *m* antibiotic

anticíclico -ca *adj* (Fin) ‹*fondo/efecto*› countercyclical

anticiclón *m* anticyclone

anticipación *f* (antelación): **con (mucha) ~** (well) in advance; **con un mes de ~** a month in advance

anticipado -da *adj* ‹*pago*› advance (*before n*); ‹*elecciones*› early; **por ~** in advance

anticipar [A1] *vt* **(a)** ‹*viaje/elecciones*› to move

a

up (AmE), to bring forward (BrE) **(b)** ‹*dinero/sueldo*› to advance; **¿nos podría ~ de qué se trata?** could you give us an idea of what it is about?

■ **anticiparse** *v pron* **(a)** «*verano/lluvias*» to be *o* come early **(b)** (adelantarse): **se anticipó a su tiempo** he was ahead of his time; **no nos anticipemos a los acontecimientos** let's not jump the gun

anticipo *m* **(a)** (del sueldo, dinero) advance **(b)** (pago inicial) down payment

anticoncepción *f* contraception, birth control

anticonceptivo¹ -va *adj* contraceptive (*before n*); **métodos ~s** methods of contraception

anticonceptivo² *m* contraceptive

anticongelante *adj/m* antifreeze

anticuado -da *adj* old-fashioned

■ *m,f*: **eres un ~** you're so old-fashioned

anticuario -ria *m,f* **(a)** (persona) antique dealer **(b) anticuario** *m* (tienda) antique shop

anticucho *m* (Bol, Chi, Per) kebab

anticuerpo *m* antibody

antidemocrático -ca *adj* (poco democrático) undemocratic; (opuesto a la democracia) antidemocratic

antideportivo -va *adj* unsportsmanlike

antideslizante *adj* ‹*superficie/suela*› nonslip; ‹*neumático/freno*› antiskid (*before n*)

antidisturbios *adj inv* riot (*before n*)

antídoto *m* antidote

antiestético -ca *adj* unsightly

antifaz *m* mask

antigripal *adj* ‹*vacuna*› flu (*before n*)

■ *m* flu remedy

antiguamente *adv* in the past, in the old days

antigüedad *f* **(a)** (de monumento, objeto) age; **esas ruinas tienen varios siglos de ~** those ruins are several centuries old **(b)** (en el trabajo) seniority **(c)** (objeto) antique; **tienda de ~es** antique shop **(d)** (época): **en la ~** in ancient times

✓ **antiguo -gua** *adj* **1** **(a)** (viejo) ‹*ciudad/libro*› old; ‹*ruinas/civilización*› ancient; ‹*mueble/lámpara*› antique, old; ‹*coche*› vintage, old; ‹*costumbre/tradición*› old; **el A~ Testamento** the Old Testament **(b)** (veterano) old, long-standing **(c)** (*en locs*) **a la antigua** in an old-fashioned way; ***chapado a la antigua*** old-fashioned; **de** or **desde antiguo** from time immemorial **2** (*delante del n*) (de antes) old (*before n*), former (*before n*); **la antigua capital del Brasil** the former capital of Brazil **3** (anticuado) old-fashioned

antiguos *mpl*: **los ~** the ancients

antihéroe *m* antihero

antihigiénico -ca *adj* unhygienic

antiincendios *adj inv* firefighting (*before n*)

antiinflamatorio *m* anti-inflammatory

antillano -na *adj/m,f* West Indian

Antillas *fpl*: **las ~** the West Indies

antílope *m* antelope

antimanchas *adj inv* stain-resistant

antimisil *adj* antiballistic (*before n*)

■ *m* antiballistic missile

antimonárquico -ca *adj* antimonarchical, antimonarchist (*before n*)

■ *m,f* antimonarchist

antinatural *adj* unnatural

antioxidante *adj* (Quím) antioxidant (*before n*); ‹*pintura*› antirust (*before n*)

antipatía *f* dislike, antipathy; **tomarle ~ a algo/algn** to take a dislike to sth/sb

antipático -ca *adj* **(a)** ‹*persona*› unpleasant; **¡qué tipo más ~!** what a horrible man! **(b)** (fam) ‹*tarea*› **esto de planchar es de lo más ~** ironing is such a drag (infml)

■ *m,f*: **es un ~** he's really unpleasant

antipatriótico -ca *adj* unpatriotic

antipedagógico -ca *adj* pedagogically unsound

antiperspirante *m* antiperspirant

antípodas *fpl*: **las ~** the antipodes

antirreglamentario -ria *adj* (Dep): **una jugada antirreglamentaria** a foul; **estaba en posición antirreglamentaria** (period) he was offside

antirrobo *m* antitheft device

antisemita *adj* anti-Semitic

■ *mf* anti-Semite

antiséptico *m* antiseptic

antisocial *adj* antisocial

■ *mf* (Andes period) delinquent

antitaurino -ra *adj* ‹*colectivo/sentimiento*› anti-bullfighting (*before n*)

■ *m,f* anti-bullfighting protestor

antiterrorista *adj* antiterrorist (*before n*)

antítesis *f* (*pl* ~) antithesis

antivirus *m* antivirus software

antojarse [A1] *v pron* (+ *me/te/le etc*): **se me antojó una cerveza** I felt like (having) a beer; **de embarazada se me antojaban las uvas** when I was pregnant, I had a craving for grapes; **hace lo que se le antoja** he does as he pleases; **porque no se me antoja** because I don't feel like it

antojitos *mpl* (Méx) *typical Mexican snacks, usually bought at street stands*

antojo *m* **(a)** (capricho) whim; **tiene que hacerlo todo a su ~** she has to do everything her own way; **maneja al marido a su ~** she has her husband twisted around her little finger **(b)** (de embarazada) craving **(c)** (en la piel) birthmark

antología *f* anthology; ***de* ~** (muy bueno) excellent, fantastic (infml); (muy malo) terrible

antorcha *f* torch

antro *m* (local sórdido) dive (infml); **~ de perdición** den of iniquity

antropología *f* anthropology

antropólogo -ga *m,f* anthropologist

✓ **anual** *adj* **(a)** ‹*cuota/asamblea*› annual, yearly; ‹*interés/dividendo*› annual; **cinco mil euros ~es** five thousand euros a year **(b)** ‹*planta*› annual

anualidad *f* (inversión) annuity; (cuota anual) annual payment (*o* subscription *etc*)

anuario *m* yearbook

anudar [A1] *vt* ‹*cordón/corbata*› to tie

■ **anudarse** *v pron* (*refl*) ‹*corbata/pañuelo*› to tie

✓ key word

anulación *f* (de contrato, viaje) cancellation; (de matrimonio) annulment; (de sentencia) quashing, overturning; **protestó la ~ del gol** he protested when the goal was disallowed

anular *vt* **(a)** ‹*contrato/viaje*› to cancel; ‹*matrimonio*› to annul; ‹*fallo/sentencia*› to quash, overturn; ‹*resultado*› to declare ... null and void; ‹*tanto/gol*› to disallow **(b)** ‹*cheque*› (destruir) to cancel; (dar orden de no pagar) to stop
■ *m* finger ring

anunciador -dora *m,f*, **anunciante** *mf* advertiser

anunciar [A1] *vt* **(a)** ‹*noticia/decisión*› to announce, make ... public; ‹*lluvias/tormentas*› to forecast **(b)** (fml) ‹*persona*› to announce **(c)** ‹*producto*› to advertise, promote

anuncio *m* **(a)** (de noticia) announcement; (presagio) sign, omen **(b)** (en periódico) advertisement, ad (infml); (en televisión) commercial; **~s clasificados** or **por palabras** classified advertisements (*pl*)

anverso *m* obverse

anzuelo *m* hook; ***morder*** or ***tragarse el ~*** to swallow *o* take the bait

añadir [I1] *vt* to add

añejo -ja *adj* ‹*vino/queso*› mature; ‹*costumbre*› old, ancient

añicos *mpl*: **hacerse ~** to shatter; **tiró el florero y lo hizo ~** he knocked the vase over and smashed it to smithereens

año *m* **1** (período) year; **los ~s 50** the 50s; **el ~ pasado** last year; **una vez al ~** once a year; **hace ~s que no lo veo** I haven't seen him for *o* in years; ***el ~ de la pera*** or ***de Maricastaña***; (fam): **ese peinado es del ~ de la pera** that hairstyle went out with the ark (infml), that hairstyle is really old-fashioned; **un disco del ~ de la pera** a record that's really ancient; **~ bisiesto** leap year; **~ fiscal** fiscal year (AmE), tax year (BrE); **~ luz** light year; **Año Nuevo** New Year **2** (indicando edad): **soltero, de 30 ~s de edad** single, 30 years old *o* (fml) 30 years of age; **¿cuántos ~s tienes?** how old are you?; **tengo 14 ~s** I'm 14 (years old); **hoy cumple 29 ~s** she's 29 today; **ya debe de tener sus añitos** he must be getting on (a bit); ***quitarse ~s***: **se quita ~s** she's older than she admits *o* says **3** (curso) year; **~ académico/escolar** academic/school year

añoranza *f* yearning; **siente ~ de** or **por su país** he yearns for his country

añorar [A1] *vt* ‹*patria/tranquilidad*› to yearn for; ‹*persona*› to miss

aorta *f* aorta

apabullante *adj* ‹*victoria/éxito*› resounding (*before n*), overwhelming; ‹*rapidez/habilidad*› incredible, extraordinary; ‹*personalidad*› overpowering

apabullar [A1] *vt* (vencer) to overwhelm, crush; (dejar confuso) to overwhelm

apache *adj* Apache (*before n*)
■ *mf* Apache

apachurrar [A1] *vt* (AmL fam) to squash

apacible *adj* ‹*carácter/persona*› calm, placid; ‹*vida*› quiet, peaceful; ‹*clima*› mild; ‹*mar*› calm; ‹*viento*› gentle

apaciguar [A16] *vt* ‹*ánimos*› to pacify; ‹*persona*› to calm ... down, to pacify
■ **apaciguarse** *v pron* «*persona*» to calm down; «*mar*» to become calm; «*temporal/viento*» to abate, die down

apadrinar [A1] *vt* ‹*niño*› to be godfather/godparent to; ‹*boda*› to act as ▶ **padrino** at; ‹*artista/novillero*› to sponsor, be patron to; ‹*político/idea/candidatura*› to support, back; ‹*barco*› to launch, christen

apagado -da *adj* **1** ‹*persona*› [SER] spiritless, lifeless; [ESTAR] subdued **2** **(a)** ‹*sonido*› muffled **(b)** ‹*color*› muted, dull **3** **(a)** (no encendido): **la televisión/luz está apagada** the TV/light is off; **el horno está ~** the oven is switched off; **con el motor ~** with the engine off **(b)** ‹*volcán*› extinct

apagar [A3] *vt* ‹*luz/televisión/motor*› to turn off, switch off; ‹*cigarrillo/fuego*› to put out; ‹*vela/cerilla*› to put out; (soplando) to blow out
■ **apagarse** *v pron* «*luz/fuego/vela*» to go out

apagón *m* power cut, blackout

apalabrar [A1] *vt*: **lo había apalabrado pero no llegué a firmar nada** it was all arranged *o* fixed but I never actually signed anything; **ya tengo apalabrado a un albañil** (fam) I've already fixed up with a builder

apalancar [A2] *vt* **(a)** (para levantar) to jack up (AmE), to lever up (BrE) **(b)** (para abrir) to force open

apalear [A1] *vt* **(a)** ‹*persona/alfombra*› to beat; ‹*árbol*› to beat the branches of **(b)** ‹*arena/carbón*› to shovel

apanar [A1] *vt* (Andes) ▶ **empanar**

apantallar [A1] *vt* **1** (Méx) (impresionar) to impress **2** (RPl) (abanicar) to fan

apañar [A1] *vt* **1** (fam) ‹*elecciones*› to fix (infml), to rig **2** (AmS fam) (encubrir) to cover up for
■ **apañarse** *v pron* (Esp fam) ▶ **arreglarse 4**

apapachar [A1] *vt* (Cu, Méx fam) (abrazar) to cuddle; (acariciar) to stroke, caress

apapacho *m* (Cu, Méx fam) (abrazo) cuddle; (caricia) caress

aparador *m* **(a)** (mueble) sideboard **(b)** (AmL exc CS) (vitrina) store window (AmE), shop window (BrE)

aparato *m* **1** **(a)** (máquina): **uno de esos ~s para hacer pasta** one of those pasta machines; **~s eléctricos** electrical appliances **(b)** (de televisión) set; (de radio) receiver **(c)** (dispositivo) device; **~ ortopédico** surgical appliance; **~ auditivo** hearing aid **(d)** (Odont) *tb* **~s** braces (*pl*) **(e)** (teléfono) telephone; **ponerse al ~** to come to the phone **2** (para gimnasia) piece of apparatus; **los ~s** the apparatus, the equipment **3** (fml) (avión) aircraft **4** (estructura, sistema) machine; **el ~ del partido** the party machine; **~ circulatorio/digestivo/respiratorio** circulatory/digestive/respiratory system

aparatoso -sa *adj* ‹*gesto*› flamboyant; ‹*sombrero*› showy, flamboyant; ‹*caída/accidente*› spectacular, dramatic

aparcamiento *m* (Esp) **(a)** (acción) parking **(b)** (lugar — en ciudad) parking lot (AmE), car park (BrE); (— en carretera) rest area *o* stop (AmE), lay-by (BrE); **~ disuasorio** (Esp) overflow parking lot (AmE) *o* car park (BrE)

aparcar [A2] *vt/vi* (Esp) to park; **~ en doble fila** to double-park

aparear [A1] *vt* ‹*animales*› to mate; ‹*objetos*› to match, pair up

■ **aparearse** *v pron* to mate

aparecer [E3] *vi* **1** **(a)** «*síntoma/mancha*» to appear **(b)** «*objeto perdido*» to turn up; **hizo ~ un ramo de flores** he produced a bouquet of flowers **(c)** (en documento) to appear; **mi nombre aparece en la lista** my name appears on the list **(d)** «*revista/libro*» to come out **2** «*persona*» **(a)** (fam) (llegar) to appear, turn up **(b)** (fam) (dejarse ver) to appear, show up (infml) **(c)** (en película, televisión) to appear

■ **aparecerse** *v pron* **(a)** «*fantasma/aparición*» **~se A algn** to appear TO sb **(b)** (AmL fam) «*persona*» to turn up; **¡no te vuelvas a ~ por aquí!** don't you dare show your face round here again!

aparejar [A1] *vt* ‹*caballos*› (para montar) to saddle; (a carro) to harness

aparejo *m* (de caballo) tack; (de pesca) tackle; (polea) block and tackle

aparentar [A1] *vt* **(a)** (fingir) ‹*indiferencia/interés*› to feign; **quiere ~ que no le importa** he's trying to make out he's not bothered about it **(b)** (parecer): **no aparentas la edad que tienes** you don't look your age

■ **~** *vi* **(a)** «*persona*» to show off; **solo por ~** just for show **(b)** «*regalo/joya*» to look impressive

aparente *adj* **1** (que parece real) ‹*timidez/interés*› apparent (*before n*); **la ~ victoria se tornó en derrota** what had seemed like victory turned into defeat **2** (obvio, palpable) apparent, obvious

apariencia *f* appearance; **un hombre de ~ fuerte** a strong-looking man; **a juzgar por las ~s** judging by appearances; **guardar las ~s** to keep up appearances; **las ~s engañan** appearances can be deceptive

apartado¹ -da *adj* **(a)** ‹*zona/lugar*› isolated **(b)** ‹*persona*› **se mantuvo ~ de la vida pública** he stayed out of public life; **vive ~ de la familia** he has little to do with his family

apartado² *m* **1** (Corresp) *tb* **~ de correos** or **~ postal** post office box, P.O. Box **2** (de artículo, capítulo) section

apartamento *m* apartment

apartar [A1] *vt* **1** **(a)** (alejar) to move ... away; **sus amigos lo ~on del buen camino** his friends led him astray; **apartó los ojos** he averted his eyes **(b)** ‹*obstáculo*› to move, move ... out of the way **(c)** (fml) (de un cargo) to remove **(d)** (separar) to separate **2** (guardar, reservar) to set aside; **aparta un poco de comida para él** put a bit of food aside for him

■ **apartarse** *v pron* (*refl*) **(a)** (despejar el camino) to stand aside **(b)** (alejarse, separarse): **apártate de ahí** get/come away from there; **no se aparta de su lado** he never leaves her side; **¡apártate de mi vista!** get out of my sight!; **se apartó de su familia** she drifted away from her family; **nos estamos apartando del tema** we're getting off the subject

aparte *adv* **1** (a un lado, por separado): **pon las verduras ~** put the vegetables to *o* on one side; **¿me lo podría envolver ~?** could you wrap it separately?; **lo llamó ~ y lo reprendió** she called him aside and reprimanded him; **bromas ~** joking aside; **~ de** (excepto) apart from; (además de) as well as; **~ de eso me encuentro bien** apart from that I'm all right; **~ de hacerlos, los diseña** she designs them as well as making them **2** (además) as well; (por otra parte) anyway, besides

■ *adj inv*: **esto merece un capítulo ~** this deserves a separate chapter; **es un caso ~** he's a special case

apasionado -da *adj* ‹*amor/persona*› passionate; ‹*discurso*› impassioned

■ *m,f* enthusiast

apasionante *adj* ‹*obra*› exciting, enthralling; ‹*tema*› fascinating

apasionar [A1] *vi*: **le apasiona la música** she has a passion for music; **no es un tema que me apasione** the subject doesn't exactly fascinate me

apatía *f* apathy

apático -ca *adj* apathetic

apátrida *mf* **(a)** (sin patria) stateless person **(b)** (RPl) (que no ama a su país) unpatriotic person

apearse [A1] *v pron* (fml) (bajarse) to get off, alight (fml); **~ DE algo** (de un tren/caballo/una bicicleta) to get OFF sth

apechugar [A3] *vi* (fam) to grin and bear it (infml), to put up with it (infml); **~ con las consecuencias** to put up with *o* suffer the consequences

apedrear [A1] *vt* **(a)** (tirar piedras a) to throw stones at **(b)** (matar a pedradas) to stone (to death)

apego *m* **~ A algo/algn** attachment TO sth/sb; **tenerle ~ a algn/algo** to be attached to sb/sth; **les tiene poco ~ a las cosas materiales** he attaches little importance to material things

apelación *f* appeal

apelar [A1] *vi* **(a)** (Der) to appeal; **~ ante el Tribunal Supremo** to appeal to the Supreme Court **(b)** (invocar, recurrir a) **~ A algo/algn** to appeal TO sb/sth

apelativo *m* **(a)** (sobrenombre) name **(b)** (Ling) form of address; **un ~ cariñoso** a term of endearment

apellido *m* surname, last name (AmE); **~ de soltera/de casada** maiden/married name

apelmazarse [A4] *v pron* **(a)** «*arroz/pasta*» to stick together **(b)** «*colchón/cojín*» to go lumpy; «*lana*» to get *o* become matted

apenar [A1] *vt* to sadden

■ **apenarse** *v pron* **1** (entristecerse): **se sintió apenado por su muerte** he was saddened by her death; **se apenó mucho cuando lo supo** he was very upset *o* sad when he learned of it **2** (AmL exc CS) (sentir vergüenza) to be embarrassed

apenas *adv* **(a)** (a duras penas) hardly; **~ podíamos oírlo** we could hardly hear him; **hace ~ dos horas** only two hours ago **(b)** (no bien): **~ había llegado cuando ...** no sooner had he arrived than ... **(c)** (Méx, Ven fam) (recién): **~ el lunes la podré ir a ver** I won't be able to go and see her until Monday; **~ va por la página 10** he's only on page 10

■ *conj* (esp AmL) (en cuanto) as soon as

apendejarse [A1] *v pron* (AmL exc CS fam) (volverse estúpido) to go soft in the head (infml)

apéndice *m* **(a)** (del intestino) appendix; (de otro miembro) appendage; **lo operaron del ~** his

key word

appendix was removed **(b)** (de texto, documento) appendix

apendicitis *f* appendicitis

apergaminado -da *adj* ‹*papel*› parchment-like; ‹*piel*› leathery; ‹*cara*› wizened

aperitivo *m* **(a)** (bebida) aperitif; **nos invitaron a tomar el ~** they invited us for drinks before lunch (*o* dinner *etc*) **(b)** (comida) snack, appetizer

apersonarse [A1] *v pron* **(a)** (comparecer) to appear **(b)** (Col) (encargarse) ~ DE **algo** to take charge OF sth, take sth in hand **(c)** (CS, Ven fam) (presentarse) to appear in person

apertura *f* **1** **(a)** (de caja, sobre, cuenta) opening **(b)** (inauguración) opening; **la sesión de ~** the opening session **(c)** (de curso, año académico) beginning, start **(d)** (Fot) aperture **2** (actitud abierta) openness; (proceso) opening-up

apestado -da *adj* **(a)** (con la peste): **gente apestada** plague victims **(b)** ‹*lugar*› ~ **de turistas** crawling *o* infested with tourists

apestar [A1] *vi* (fam) to stink (infml); ~ A **algo** to stink *o* reek OF sth (infml)
■ ~ *vt* (fam) to stink out (infml)

apetecer [E3] *vi* (esp Esp): **me apetece un helado/pasear** I feel like an ice-cream/going for a walk; **haz lo que te apetezca** do whatever you like

apetecible *adj* ‹*manjar*› appetizing, mouthwatering; ‹*puesto*› desirable

apetito *m* appetite; **no tengo ~** I don't feel hungry, I'm not hungry; **tiene buen ~** he has a good appetite; **esta caminata me ha abierto el ~** this walk has given me an appetite

apetitoso -sa *adj* ‹*plato/manjar*› appetizing, mouthwatering

apiadarse [A1] *v pron* ~ DE **algn** to take pity ON sb

apiario *m* (AmL) apiary

apicultura *f* beekeeping, apiculture (tech)

apilar [A1] *vt* to pile up, put ... into a pile

apiñarse [A1] *v pron* «*gente*» to crowd together

apio *m* celery

apiolarse [A1] *v pron* (RPl fam) to wise up (infml)

apisonadora *f* road roller, steamroller

apisonar [A1] *vt* (con apisonadora) to roll, steamroll; (con pisón) to tamp

aplacar [A2] *vt* **(a)** ‹*ira*› to soothe; **supo ~ los ánimos** she was able to calm people down **(b)** ‹*sed*› to quench; ‹*hambre*› to satisfy; ‹*dolor*› to soothe

aplanadora *f* (AmL) road roller, steamroller

aplanar [A1] *vt* (con niveladora) to level; (con apisonadora) to roll

aplastante *adj* ‹*mayoría*› overwhelming; ‹*victoria/derrota*› overwhelming, crushing; ‹*lógica*› devastating

aplastar [A1] *vt* **1** **(a)** (algo blando) to squash; (algo duro) to crush **(b)** (hacer puré) ‹*plátanos/papas*› to mash **2** **(a)** ‹*rebelión*› to crush, quash **(b)** ‹*rival*› to crush, overwhelm; (moralmente) to devastate

aplaudir [I1] *vt* to applaud
■ ~ *vi* to applaud, clap

aplauso *m* **(a)** (ovación) applause; **un ~ para ...** a round of applause for ...; **fuertes ~s** loud applause **(b)** (elogio) praise; **ser digno de ~** to be commendable *o* praiseworthy

aplazamiento *m* **(a)** (de reunión — antes de iniciarse) postponement; (— una vez iniciada) adjournment **(b)** (de pago) deferment

aplazar [A4] *vt* **1** **(a)** ‹*viaje*› to postpone, put off **(b)** ‹*juicio/reunión*› (antes de iniciarse) to postpone; (una vez iniciado) to adjourn **(c)** ‹*pago*› to defer **2** (RPl, Ven) ‹*estudiante*› to fail

aplazo *m* (RPl) fail

aplicable *adj* applicable

aplicación *f* **1** **(a)** (fml) (de crema) application (fml); (de pintura, barniz) coat, application (fml) **(b)** (de sanción) imposition; (de técnica, método) application; (de plan, medida) implementation **2** (uso práctico) application, use **3** (Col, Ven) (solicitud) application **4** (Inf) application

aplicado -da *adj* ‹*ciencias/tecnología*› applied (*before n*); ‹*estudiante*› diligent, hard-working

aplicar [A2] *vt* **1** (fml) ‹*pomada/maquillaje/barniz*› to apply (fml) **2** ‹*sanción*› to impose; ‹*descuento*› to allow; **el acuerdo se aplica solo a los afiliados** the agreement only applies to members **3** ‹*método/sistema*› to put into practice
■ ~ *vi* (Col, Ven) to apply; ~ **a un puesto/una beca** to apply for a job/a scholarship
■ **aplicarse** *v pron* to apply oneself

aplique, **apliqué** *m* **(a)** (lámpara) wall light **(b)** (adorno — en mueble) overlay; (— en prenda) appliqué

aplomo *m* composure

apocado -da *adj* **(a)** [SER] (de poco carácter) timid **(b)** [ESTAR] (deprimido) depressed, down (infml)

apocalipsis *m* apocalypse

apocarse [A2] *v pron*: **se apocó** she lost all her self-confidence; **no se apoca ante** or **por nada** nothing intimidates *o* daunts him

apócope *f or m* apocope; (vocablo) apocopated form

apodar [A1] *vt* to nickname, call

apoderado -da *m,f* **(a)** (Der) proxy, representative; **nombrar a algn ~** to give sb power of attorney **(b)** (de deportista) agent, manager

apoderarse [A1] *v pron* ~ DE **algo** (de ciudad/fortaleza) to seize sth, take sth; **se apoderó del control de la empresa** he took control of the company

apodo *m* nickname

apogeo *m* height

apolillado -da *adj* ‹*ropa*› moth-eaten; ‹*madera*› worm-eaten; ‹*ideas*› antiquated, fusty

apolillarse [A1] *v pron* «*ropa*» to get moth-eaten; «*madera*» to get infested with woodworm

apolítico -ca *adj* apolitical

apología *f* apologia (fml); **hizo ~ del terrorismo** he made a statement (*o* speech *etc*) justifying terrorism

apoltronarse [A1] *v pron* (en asiento) to settle oneself

aporrear [A1] *vt* ‹*puerta/mesa*› to bang *o* hammer on; ‹*persona*› (fam) to beat

aportación *f* **(a)** (contribución) contribution **(b)** (de socio) investment

aportar [A1] *vt* **(a)** (contribuir) ‹*dinero/tiempo/*

a

idea› to contribute **(b)** «*socio*» to invest
■ ~ *vi* (RPl) (a la seguridad social) to pay contributions

aporte *m* **(a)** (esp AmL) ▶ **aportación (b)** (RPl) (a la seguridad social) social security contribution, ≈ National Insurance contribution (*in UK*)

aposento *m* (arc *o* hum) (habitación) chamber (dated)

apostar [A10] *vt* to bet; **te apuesto una cerveza** I bet you a beer; ~ **algo** POR **algo/algn** to bet sth ON sth/sb
■ ~ *vi* to bet; ~ **a las carreras** to bet on the horses; **te apuesto (a) que gana** I bet (you) he wins
■ **apostarse** *v pron* **(a)** (*recípr*) **se ~on una comida** they bet a meal on it **(b)** (*enf*) to bet

apóstol *m* (Relig) apostle

apostolado *m* (Relig) ministry, preaching

apostólico -ca *adj* apostolic

apóstrofo *m* apostrophe

apoteósico -ca *adj* tremendous

apoteosis *f* **(a)** (exaltación) apotheosis; **cuando salió en escena aquello fue la ~** (fam) the audience went wild when she came on stage (infml) **(b)** (Teatr) finale

apoyabrazos *m* (*pl* ~) armrest

apoyacabezas *m* (*pl* ~) headrest

apoyar [A1] *vt* **1** (hacer descansar) ~ **(algo** EN **algo)** to rest (sth ON sth); **apóyalo contra la pared** lean it against the wall **2** **(a)** (respaldar) ‹*propuesta/persona*› to back, support **(b)** ‹*teoría*› to support, bear out
■ **apoyarse** *v pron* **1** (para sostenerse, descansar) **~se** EN **algo** to lean ON sth **2** (basarse, fundarse) **~se** EN **algo** to be based ON sth

apoyo *m* support; ~ A **algo** support FOR sth

apreciable *adj* ‹*cambio/mejoría*› appreciable, substantial; ‹*suma/cantidad*› considerable, substantial

apreciación *f* **1** **(a)** (percepción, enfoque) interpretation **(b)** (juicio) appraisal, assessment **2** (aprecio, valoración) appreciation; ~ **musical** musical appreciation

apreciado -da *adj* ‹*amigo*› valued; **su piel es muy apreciada** its fur is highly prized

apreciar [A1] *vt* **1** ‹*persona*› to be fond of **2** ‹*interés/ayuda/arte*› to appreciate **3** (percibir, observar) to see; **para ~ la magnitud de los daños** in order to appreciate the extent of the damage

aprecio *m* (estima) esteem; **siente gran ~ por él** she holds him in great esteem; **goza del ~ de sus compañeros** she is highly regarded by her colleagues

apremiante *adj* ‹*necesidad*› pressing, urgent

apremiar [A1] *vt* (presionar): **me están apremiando para que lo termine** they are putting pressure on me to get it finished; **estamos apremiados de tiempo** we are pushed for *o* short of time
■ ~ *vi* to be urgent; **el tiempo apremia** time is getting on *o* is pressing

aprender [E1] *vi/vt* to learn; ~ A **hacer algo** to learn to do sth
■ **aprenderse** *v pron* (*enf*) ‹*lección/parte*› to learn; **me la aprendí de memoria** I learnt it by heart

aprendiz -diza *m,f* apprentice, trainee; **es ~ de mecánico** he's an apprentice mechanic

aprendizaje *m* **(a)** (proceso) learning **(b)** (período como aprendiz) apprenticeship, training period

aprensión *f* **(a)** (preocupación, miedo) apprehension **(b)** (asco) squeamishness; **me da ~ ver sangre** I get squeamish at the sight of blood

aprensivo -va *adj*: **es muy ~** he's such a worrier

apresar [A1] *vt* **(a)** ‹*nave*› to seize, arrest; ‹*delincuente*› to capture, catch **(b)** «*animal*» ‹*presa*› to capture, catch

aprestarse [A1] *v pron* (*refl*) **~se** PARA **algo**/A **hacer algo** to prepare *o* get ready FOR sth/ to do sth

apresurado -da *adj* **(a)** ‹*despedida*› quick, hurried; ‹*visita*› rushed, hurried **(b)** ‹*decisión*› rushed, hasty; ‹*respuesta/comentario*› hasty

apresurar [A1] *vt* **(a)** (meter prisa a) to hurry **(b)** (acelerar) ‹*proceso/cambio*› to speed up; ‹*paso*› to quicken
■ **apresurarse** *v pron*: **¡apresúrate!** hurry up!; **no nos apresuremos demasiado** let's not be hasty; **se apresuró a defenderla** he hastened *o* rushed to her defense

apretado -da *adj* **1** **(a)** (ajustado) tight; **me queda muy ~** it is too tight for me **(b)** (sin dinero): **andamos** or **estamos algo ~s** we're a little short of money (infml) **(c)** (apretujado) cramped **2** ‹*calendario/programa*› tight; ‹*victoria*› narrow **3** (fam) (tacaño) tight (infml), tightfisted (infml)

apretar [A5] *vt* **1** **(a)** ‹*botón*› to press, push; ‹*acelerador*› to put one's foot on, press; ‹*gatillo*› to pull, squeeze **(b)** ‹*nudo/tapa/ tornillo*› to tighten; ‹*puño/mandíbulas*› to clench; **apreté los dientes** I gritted my teeth **2** **(a)** (apretujar): **apretó al niño contra su pecho** he clasped *o* clutched the child to his breast; **me apretó el brazo con fuerza** he squeezed *o* gripped my arm firmly **(b)** (presionar) to put pressure on
■ ~ *vi* **1** «*ropa/zapatos*» (+ *me/te/le etc*) to be too tight; **el vestido le aprieta** the dress is too tight for her **2** (hacer presión) to press down (*o* in *etc*)
■ **apretarse** *v pron* to squeeze *o* squash together

apretón *m* (abrazo) hug; **se dieron un ~ de manos** they shook hands

apretujado -da *adj* cramped; **tuvimos que comer todos ~s** we had to eat all squashed together round the table

apretujar [A1] *vt* (fam): **no me apretujes, que me haces daño** don't squeeze me so hard, you're hurting me; **me ~on mucho en el tren** I got squashed on the train
■ **apretujarse** *v pron* to squash *o* squeeze together

aprieta, **aprietas**, *etc* ▶ **apretar**

aprieto *m* ▶ **apuro 2**

aprisa *adv* ▶ **deprisa**

aprisionar [A1] *vt* to trap

aprobación *f* (de proyecto de ley, moción) passing; (de préstamo, acuerdo, plan) approval,

---

key word

a

endorsement; (de actuación, conducta) approval

aprobado *m* (Educ) pass

aprobar [A10] *vt* **1** ‹*proyecto de ley/moción*› to pass; ‹*préstamo/acuerdo/plan*› to approve, sanction; ‹*actuación/conducta*› to approve of **2** (Educ) to pass
■ ~ *vi* «*estudiante*» to pass

aprontarse [A1] *v pron* (CS) (*refl*) to get ready

apropiado -da *adj* suitable; **el discurso fue muy ~ a la ocasión** the speech was very fitting for the occasion; **no era el momento ~** it wasn't the right moment

apropiarse [A1] *v pron* **~** (DE) **algo** to take *o* (fml) appropriate sth

aprovechable *adj* usable

aprovechado -da *adj* **1** (oportunista) opportunistic; **no seas ~** don't take advantage (of the situation) **2** ‹*estudiante*› hardworking
■ *m,f* opportunist

aprovechar [A1] *vt* **(a)** ‹*tiempo/espacio/talento*› to make the most of; **dinero/tiempo bien aprovechado** money/time well spent; **es espacio mal aprovechado** it's a waste of space **(b)** ‹*oportunidad*› to take advantage of; **aprovecho la ocasión para decirles que ...** I would like to take this opportunity to tell you that ... **(c)** (usar) to use; **no tira nada, todo lo aprovecha** she doesn't throw anything away, she makes use of everything
■ ~ *vi*: **aproveché para venir a verte** I thought I'd take the opportunity to come and see you; **¡que aproveche!** enjoy your meal, bon appétit; **aprovechen ahora, que son jóvenes** make the most of it now, while you're young
■ **aprovecharse** *v pron* **(a)** (abusar) **~se** DE **algo/algn** to take advantage OF sth/sb, to exploit sth/sb **(b)** (abusar sexualmente) **~se** DE **algn** (de una mujer) to take advantage OF sb; (de un niño) to abuse sb

aprovisionar [A1] *vt* ‹*buque/tropas*› to provision, to supply ... with provisions
■ **aprovisionarse** *v pron* **~se** DE **algo** to stock up WITH sth

aproximadamente *adv* approximately

aproximado -da *adj* ‹*cálculo/traducción/idea*› rough (*before n*); ‹*costo/velocidad*› estimated (*before n*)

aproximar [A1] *vt* **(a)** (acercar): **aproximó la mesa a la ventana** she moved (*o* brought *etc*) the table over to the window **(b)** ‹*países*› to bring ... closer together
■ **aproximarse** *v pron* **(a)** (acercarse) «*fecha/persona/vehículo*» to approach; **se aproximó a mí** she came up to me **(b)** **~se** A **algo** (a la realidad/una cifra) to come close TO sth

aprueba, **apruebas**, *etc* ▶ **aprobar**

aptitud *f* flair; **tener ~ para los idiomas** to have a flair for languages; **carece de ~es para el ballet** she shows no talent for ballet

apto -ta *adj* [SER] **~** PARA **algo** suitable FOR sth; **no es ~ para el cargo** he's not suitable *o* right for the job; **~ para el servicio militar** fit for military service; **no ~ para el consumo** not fit for consumption

apuesta[1] *f* bet; **le hice una ~** I had a bet with him

apuesta[2], **apuestas**, *etc* ▶ **apostar**

apuesto -ta *adj* (liter) ‹*hombre/figura*› handsome

apunamiento *m* (AmS) altitude *o* mountain sickness

apunarse [A1] *v pron* (AmS) to get altitude *o* mountain sickness

apuntalar [A1] *vt* ‹*edificio/túnel*› to shore up, brace; ‹*cimientos*› to underpin

apuntar [A1] *vt* **1** **(a)** (tomar nota de) to make a note of, note down **(b)** (para excursión, actividad) to put ... down **2** (señalar, indicar) to point at; **no la apuntes con el dedo** don't point (your finger) at her
■ ~ *vi* **(a)** (con arma) to aim; **preparen ... apunten ... ¡fuego!** ready ... take aim ... fire!; **le apuntó con una pistola** she pointed/aimed a gun at him **(b)** (indicar, señalar) to point
■ **apuntarse** *v pron* **(a)** (inscribirse) **~se** A *or* EN **algo** (a curso) to enroll* ON sth; (a clase) to sign up FOR sth; **me apunté para ir a la excursión** I put my name down for the outing; **~se al paro** (Esp) to register as unemployed, to sign on (BrE infml) **(b)** (obtener) ‹*tanto*› to score; ‹*victoria*› to chalk up, achieve

apunte *m* **1** **(a)** (nota) note **(b)** **apuntes** *mpl* (Educ) notes (*pl*); (texto preparado) handout; **tomar** or (CS) **sacar ~s** to take notes **2** **(a)** (Art) sketch; (Lit) outline **(b)** (AmL) (Teatr, TV) sketch **3** (Com) entry

apuñalar [A1] *vt* to stab

apurado -da *adj* **1** (avergonzado) embarrassed **2** (AmL) (con prisa) in a hurry; **andaba ~** he was in a hurry; ***a las apuradas*** (RPl fam) in a rush **3** (en apuros): **se vio muy ~ para contestar las preguntas** he was hard put to answer the questions; **si te encuentras ~, dímelo** if you run into any difficulties, let me know **4** **(a)** (agobiado): **~ de trabajo** overwhelmed with work **(b)** (escaso) **~** DE **algo** ‹*de dinero/tiempo*› short OF sth

apurar [A1] *vt* **1** ‹*copa/botella*› **apuró la cerveza y se fue** he finished (off) his beer and left **2** (meter prisa): **nos están apurando para que lo terminemos** they're pushing us to finish it; **no me apures** (AmL) don't hurry *o* rush me
■ ~ *vi* (Chi) (+ *me/te/le etc*) (urgir): **no me apura** I'm not in a hurry for it
■ **apurarse** *v pron* **1** (preocuparse) to worry **2** (AmL) (darse prisa) to hurry; **¡apúrate!** hurry up!

apuro *m* **1** (vergüenza): **¡qué ~!** how embarrassing!; **me daba ~ pedirle dinero** I was too embarrassed to ask him for money **2** (aprieto, dificultad) predicament; **estar/verse en ~s** to be/find oneself in a predicament *o* tight spot; **me sacó del ~** he got me out of trouble; **me puso en un ~** she put me in a real predicament; **pasaron muchos ~s** they had an uphill struggle *o* they went through a lot **3** (AmL) (prisa) rush; **esto tiene ~** this is urgent

aquel[1], **aquella** *adj dem* (*pl* **aquellos, aquellas**) that; (*pl*) those

aquel[2], **aquella** *pron dem* (*pl* **aquellos, aquellas**) **(a)** (refiriéndose a cosa) that one; (*pl*) those; **ese no, ~** not that one, the *o* that other one **(b)** (refiriéndose a persona): **todo ~ que lo necesite** (fml) anyone *o* (fml) any person needing it; **el cuento de ~ que ...** the story

a

about the man who ...

aquél, **aquélla** *pron dem* (*pl* **aquéllos**, **aquéllas**) [*The Real Academia Española recommends the unaccented form in all cases*] ▶ **aquel²**

aquello *pron dem* (*neutro*): **¿qué es ~ que se ve allá?** what's that over there?; **~ que te dije el otro día** what I told you the other day

✎ **aquí** *adv* **1** (en el espacio) here; **está ~ dentro** it's in here; **~ mismo** right here; **no soy de ~** I'm not from these parts *o* from around here; **pase por ~** come this way; **viven por ~** they live around here; **el agua me llegaba hasta ~** the water came up to here; **dando vueltas de ~ para allá** going to and fro *o* from one place to another **2** (en el tiempo): **de ~ al 2015** from now until 2015; **de ~ en adelante** from now on; **de ~ a un año** a year from now

ara *f*‡ (altar) altar; (piedra consagrada) altar stone

árabe *adj* **(a)** ‹*país/plato*› Arab; ‹*escritura/manuscritos*› Arabic **(b)** (Hist) (de Arabia) Arabian; (de los moros) Moorish
■ *mf* **(a)** (de país árabe) Arab **(b)** (Hist) (de Arabia) Arabian; (moro) Moor
■ *m* (idioma) Arabic

Arabia Saudí, **Arabia Saudita** *f* Saudi Arabia

arado *m* plow* (AmE), plough (BrE)

arancel *m* (tarifa) tariff; (impuesto) duty

arancelario -ria *adj* ‹*derecho/tarifa/barrera*› customs (*before n*)

arándano *m* blueberry

arandela *f* washer

araña *f* (Zool) spider

arañar [A1] *vt/vi* to scratch

arañazo *m* scratch

arar [A1] *vt/vi* to plow (AmE), to plough (BrE)

araucano -na *adj/m,f* Araucanian

arbitraje *m* **(a)** (en fútbol, boxeo) refereeing; (en tenis, béisbol) umpiring **(b)** (Der, Rels Labs) (acción) arbitration; (resolución) decision, judgment

arbitrar [A1] *vt/vi* **(a)** (en fútbol, boxeo) to referee; (en tenis, béisbol) to umpire **(b)** (en conflicto, disputa) to arbitrate

arbitrario -ria *adj* arbitrary

árbitro -tra *m,f* **(a)** (en fútbol, boxeo) referee; (en tenis, béisbol) umpire; **los ~s de la moda** the arbiters of fashion **(b)** (en conflicto) arbitrator

✎ **árbol** *m* (Bot) tree; **~ de Navidad** or (Andes) **de Pascua** Christmas tree; **~ genealógico** family tree; ***los ~es no dejan ver el bosque*** you can't see the forest (AmE) *o* (BrE) wood for the trees

arbolado -da *adj* ‹*terreno*› wooded; ‹*calle*› tree-lined (*before n*)

arboleda *f* grove

arbusto *m* shrub, bush

arca *f*‡ **1** (cofre) chest; **el A~ de Noé** Noah's Ark **2** **arcas** *fpl* (de institución) coffers (*pl*)

arcada *f* **1** (Med): **tener ~s** to retch; **me provocó ~s** it made me retch **2** (Arquit) arcade; (de puente) arch

arcaico -ca *adj* archaic

arcángel *m* archangel

arce *m* maple

arcén *m* shoulder (AmE), hard shoulder (BrE)

archidiócesis *f* (*pl* **~**) archdiocese

archiduque -quesa *m,f* (*m*) archduke; (*f*) archduchess

archipiélago *m* archipelago

archivador *m* (mueble) filing cabinet; (carpeta) ring binder, file

archivar [A1] *vt* ‹*documentos*› to file; ‹*investigación/asunto*› (por un tiempo) to shelve; (para siempre) to close the file on

✎ **archivo** *m* **(a)** (local) archive; (conjunto de documentos) *tb* **~s** archives (*pl*), archive; **los ~s de la policía** the police files *o* records **(b)** (Inf) file; **~ MP3** or **emepetres** MP3 file

arcilla *f* clay

✎ **arco** *m* **1** (Arquit) arch; (Anat) arch; (Mat) arc; **~ de triunfo** triumphal arch; **~ iris** rainbow **2** (AmL) (en fútbol) goal **3** **(a)** (Arm, Dep) bow **(b)** (de violín) bow

arcón *m* large chest

arder [E1] *vi* **1** (quemarse) to burn **2** (estar muy caliente) to be boiling (hot); ***estar que arde*** «*persona*» to be fuming; **la cosa está que arde** things have reached boiling point **3** (escocer) «*herida/ojos*» to sting, smart

ardid *m* trick, ruse

ardiente *adj* ‹*defensor*› ardent; ‹*deseo*› ardent, burning; ‹*amante*› passionate

ardilla *f* squirrel

ardor *m* (dolor) burning; (escozor) smarting; **~ de estómago** heartburn

ardoroso -sa *adj* ardent

arduo -dua *adj* arduous

✎ **área** *f*‡ area; **~ chica** or **pequeña** goal area; **~ de castigo** penalty area; **~ de servicio** service area, services (*pl*)

arena *f* **1** (Const, Geol) sand; **~ movediza** quicksand **2** (palestra) arena; **en la ~ política** in the political arena

arenoso -sa *adj* ‹*playa/terreno*› sandy

arenque *m* herring; **~ ahumado** kipper

arepa *f*: *cornmeal roll*

arete *m* (Col, Méx) earring

argamasa *f* mortar

Argel *m* Algiers

Argelia *f* Algeria

argelino -na *adj/m,f* Algerian

✎ **Argentina** *f* *tb* **la ~** Argentina

✎ **argentino -na** *adj* ‹*gobierno/presidente*› Argentine (*before n*); ‹*escritor/música*› Argentinian
■ *m,f* Argentinian

argolla *f* ring; **~ de compromiso/de matrimonio** (AmL) engagement/wedding ring; ***tener ~*** (AmC fam) to have contacts (infml)

argot *m* (*pl* **-gots**) slang

argüendero -ra *m,f* (Méx fam) gossip

argumentación *f* line of argument (fml)

argumentar [A1] *vt* to argue

✎ **argumento** *m* **(a)** (razón) argument **(b)** (Cin, Lit) plot, story line

aria *f*‡ aria

aridez *f* aridity, dryness

✎ key word

árido -da *adj* arid, dry

Aries *m* (signo, constelación) Aries; **es (de) ~** she's an Aries *o* an Arian

■ *mf* (*pl* ~) (persona) *tb* **aries** Aries, person born under (the sign of) Aries

arisco -ca *adj* **(a)** [SER] (huraño) ‹*persona*› unfriendly, unsociable; ‹*animal*› unfriendly **(b)** [ESTAR] (Méx fam) (enojado) upset, angry

arista *f* (Mat) edge; (de viga) arris; (de bóveda) groin; (en montañismo) arête, ridge

aristocracia *f* aristocracy

aristócrata *mf* aristocrat

aristocrático -ca *adj* aristocratic

aritmética *f* arithmetic

aritmético -ca *adj* arithmetic

arma *f*‡ **(a)** (Arm, Mil) weapon; **~ nuclear** nuclear weapon; **~ blanca** *any sharp instrument used as a weapon*; **~ de fuego** firearm; **~s de destrucción masiva** weapons of mass destruction; **deponer las ~s** to lay down one's arms; **tomar (las) ~s** to take up arms; **no llevaba ~s** he wasn't carrying a weapon; ***de ~s tomar*** formidable; ***ser un ~ de doble filo*** to be a double-edged sword **(b)** (instrumento, medio) weapon

armada *f* navy

armadillo *m* armadillo

armado -da *adj* ‹*lucha/persona*› armed; **~** DE *or* CON **algo** armed WITH sth

armador -dora *m,f* shipowner

armadura *f* **1** (Hist, Mil) armor* **2** (Const) framework

armamentista *adj* arms (*before n*)

armamento *m* armaments (*pl*)

armar [A1] *vt* **1** **(a)** (Mil) ‹*ciudadanos/país*› to arm, supply ... with arms **(b)** (equipar) ‹*embarcación*› to fit out, equip **2** **(a)** ‹*estantería/reloj*› to assemble; ‹*tienda/carpa*› to pitch, put up **(b)** (AmL) ‹*rompecabezas*› to do, piece together **(c)** (Col, RPl) ‹*cigarro*› to roll **3** (fam) ‹*alboroto/ruido/lío*› to make; **~ jaleo** to kick up *o* make a racket (infml); **~ un escándalo** to kick up a fuss; **~*la***; (fam): **¡buena la has armado!** you've really done it now! (infml); **la que me armó porque llegué tarde** you should have seen the way he went on because I was late

■ **armarse** *v pron* **1** **(a)** (Mil) to arm oneself **(b)** **~se** DE **algo** (de armas/herramientas) to arm oneself WITH sth; **~se de paciencia** to be patient; **~se de valor** to pluck up courage **2** **(a)** (fam) «*pelea/discusión*» to break out; **¡qué jaleo se armó!** there was a real commotion **(b)** (fam) «*persona*» **me armé un lío/una confusión** I got into a mess (infml)

armario *m* **(a)** (para ropa — mueble) wardrobe; (— empotrado) closet (AmE), wardrobe (BrE) **(b)** (de cocina) cupboard; (de cuarto de baño) cabinet

armatoste *m* (fam) huge great thing (infml)

armazón *m or f* **1** (Const) skeleton; (de avión) airframe; (de barco, mueble) frame; (de gafas) frames (*pl*) **2** (de obra literaria) framework, outline

Armenia *f* Armenia

armenio[1] -nia *adj/m,f* Armenian

armenio[2] *m* (idioma) Armenian

armisticio *m* armistice

armonía *f* harmony

armónica *f* harmonica, mouth organ

armónico -ca *adj* **(a)** (Mús) harmonic **(b)** (armonioso) harmonious

armonioso -sa *adj* harmonious

armonizar [A4] *vt* **(a)** (Mús) to harmonize **(b)** ‹*tendencias/opiniones*› to reconcile, harmonize; ‹*diferencias*› to reconcile

■ **~** *vi* «*estilos/colores*» to blend in, harmonize; **~** CON **algo** «*color/estilo*» to blend (in) WITH sth

arnés *m* (para niño) baby reins (*pl*); (Dep) harness; (arreos) harness

aro *m* **(a)** (Jueg) hoop **(b)** (Arg, Chi) (para el lóbulo) earring; (en forma de aro) hooped earring **(c)** (de servilleta) napkin ring

aroma *m* (de flores) scent, perfume; (del café, de hierbas) aroma; (del vino) bouquet

aromaterapia *f* aromatherapy

aromático -ca *adj* aromatic

arpa *f*‡ harp

arpegio *m* arpeggio

arpillera *f* sacking, hessian, burlap (AmE)

arpista *mf* harpist

arpón *m* harpoon; **~ submarino** speargun

arquear [A1] *vt* ‹*espalda*› to arch; ‹*cejas*› to raise, arch; ‹*estante*› to bow, bend

■ **arquearse** *v pron* «*estante*» to sag, bend; «*persona*» to arch one's back

arqueología *f* archaeology

arqueológico -ca *adj* archaeological

arqueólogo -ga *m,f* archaeologist

arquero *m* **1** (Hist, Mil) archer **2** (AmL) (en fútbol) goalkeeper

arquetipo *m* archetype

arquitecto -ta *m,f* architect

arquitectónico -ca *adj* architectural

arquitectura *f* architecture

arrabal *m* poor quarter *o* area

arraigado -da *adj* ‹*costumbre*› deeply rooted, deep-rooted; ‹*vicio*› deeply entrenched

arraigar [A3] *vi* «*costumbre*» to become rooted, take root; «*vicio*» to become entrenched; «*planta*» to take root

■ **arraigarse** *v pron* «*costumbres/ideas*» to take root; «*persona*» to settle

arrancar [A2] *vt* **1** ‹*hoja de papel*› to tear out; ‹*etiqueta*› to tear off; ‹*botón/venda*› to pull off; ‹*planta*› to pull up; ‹*flor*› to pick; ‹*diente/pelo*› to pull out; **le arrancó el bolso** he snatched her bag **2** ‹*confesión/declaración*› to extract **3** ‹*motor/coche*› to start

■ **~** *vi* «*motor/vehículo*» to start; (Inf) to boot up

■ **arrancarse** *v pron* **1** (*refl*) ‹*pelo/diente*› to pull out; ‹*piel/botón*› to pull off **2** (Chi fam) (huir) to run away

arranque *m* **(a)** (Auto, Mec) starting mechanism; **tengo problemas con el ~** I have problems starting the car **(b)** (arrebato) **~** DE **algo** fit OF sth

arrasar [A1] *vi* **~** CON **algn** (con contrincante) to demolish sb.; (con enemigo) to destroy sb.; **nuestro equipo volvió a ~** our team swept to victory again; **~ en las urnas** to win (an election) by a landslide; **~** CON **algo**: **la inundación arrasó con las cosechas** the flood

devastated the crops; **~on con toda la comida** they polished off all the food (infml)
■ **~** *vt* ‹*zona*› to devastate; ‹*edificio*› to destroy

arrastrar [A1] *vt* **1** **(a)** (por el suelo) to drag **(b)** ‹*remolque/caravana*› to tow **(c)** (llevar consigo): **arrastró todo a su paso** it swept away everything in its path; **la corriente lo arrastraba mar adentro** the current was carrying him out to sea **2** **(a)** ‹*problema/enfermedad*› **arrastra esa tos desde el invierno** that cough of hers has been dragging on since the winter; **vienen arrastrando el problema desde hace años** they've been dragging out the problem for years **(b)** (atraer) to draw; **se dejan ~ por la moda** they are slaves to fashion
■ **~** *vi* «*mantel/cortina*» to trail along the ground
■ **arrastrarse** *v pron* **(a)** (por el suelo) «*persona*» to crawl; «*culebra*» to slither **(b)** (humillarse) to grovel, crawl

arrastre *m* **(a)** (acción) dragging; ***estar para el ~*** (fam) to be done in (infml) **(b)** (CS fam) (atractivo) appeal

arre *interj* (a un caballo) gee up!, giddy up!

arrear [A1] *vt* **(a)** ‹*ganado*› to drive, herd; ‹*caballerías*› to spur, urge on **(b)** (AmL fam) ‹*gente*› to chivy* (infml), to hurry ... along **(c)** (AmL fam) (llevar) **~** CON **algo/algn** to cart sth/sb off (infml)

arrebatador -dora *adj* ‹*belleza*› breathtaking; ‹*sonrisa*› dazzling; ‹*mirada*› captivating

arrebatar [A1] *vt* (quitar) to snatch

arrebato *m* **(a)** (arranque) **~** DE **algo** fit OF sth; **le dio un ~** he flew into a rage **(b)** (éxtasis) ecstasy, rapture

arrechar [A1] *vt* **(a)** (AmL vulg) (excitar sexualmente) to turn ... on (infml) **(b)** (AmL fam) (enojar) to bug (infml)
■ **arrecharse** *v pron* **(a)** (AmL vulg) (sexualmente) «*persona*» to get horny (sl); «*animal*» to come in (AmE) *o* (BrE) on heat **(b)** (AmL fam) (enfurecerse) to get furious

arrecho -cha *adj* **1** **(a)** (AmL vulg) (sexualmente excitado) ‹*persona*› horny (sl), turned-on (infml); ‹*animal*› in heat (AmE), on heat (BrE) **(b)** (Col, Ven fam) (valiente) gutsy (infml) **2** (AmL fam) (enojado) furious, mad (AmE infml) **3** (AmC, Ven fam) (difícil) tough

arrecife *m* reef

arreglado -da *adj* **1** **(a)** (limpio, ordenado) tidy **(b)** (ataviado) smartly turned out, smart **2** (AmL fam) ‹*partido/elecciones*› fixed (infml)

arreglar [A1] *vt* **1** ‹*aparato/reloj*› to mend, fix; ‹*zapatos*› to mend, repair; ‹*falda/vestido*› to alter; ‹*calle*› to repair; **el dentista me está arreglando la boca** (fam) the dentist is fixing my teeth (infml); **esto te ~á el estómago** (fam) this'll sort your stomach out (infml) **2** **(a)** ‹*casa/habitación*› (ordenar) to straighten up, to tidy (up) (BrE); (hacer arreglos en) to do up (infml) **(b)** (preparar, organizar): **ve arreglando a los niños ¿quieres?** can you start getting the children ready?; **tengo todo arreglado para el viaje** I've got everything ready for the trip; **un amigo me está arreglando los papeles** a friend is sorting out the papers for me; **~ una entrevista** to arrange an interview **(c)** (disponer) ‹*flores/muebles*› to arrange **3** (solucionar) ‹*situación*› to sort out; ‹*asunto*› to settle, sort out; **lo quiso ~ diciendo que ...** she tried to put things right by saying that ...
■ **arreglarse** *v pron* **1** (*refl*) (ataviarse): **tarda horas en ~se** she takes hours to get ready; **no te arregles tanto** you don't need to get so dressed up; **sabe ~se** she knows how to make herself look good **2** ‹*pelo/manos*› **(a)** (*refl*) to do **(b)** (*caus*) **tengo que ir a ~me el pelo** I must go and have my hair done **3** (solucionarse) «*situación/asunto*» to get sorted out **4** (fam) (amañarse): **ya me ~é para volver a casa** I'll make my own way home; **la casa es pequeña pero nos arreglamos** it's a small house, but we manage; ***arreglárselas*** (fam) to manage; **no sé cómo se las arreglan** I don't know how they manage; **arréglatelas como puedas** sort *o* work it out as best you can; **ya me las ~é** I'll manage, I'll be OK **5** «*día/tiempo*» to get better, clear up

arreglo *m* **1** **(a)** (reparación) repair; **hacerle ~s a algo** to carry out repairs on sth; **la casa necesita algunos ~s** the house needs some work done on it; ***no tiene ~*** «*reloj/máquina*» it's beyond repair; «*persona*» he/she is a hopeless case **(b)** (de ropa) alteration **(c)** (Mús) *tb* **~ musical** musical arrangement **2** (acuerdo) arrangement, agreement

arrellanarse [A1] *v pron*: **se arrellenó en el sofá** he settled himself into the sofa

arremangarse [A3] *v pron* ▸ **remangarse**

arremeter [E1] *vi* (embestir) to charge; (atacar) to attack; **~** CONTRA **algo/algn** (acometer) to charge AT sth/sb; (atacar, criticar) to attack sth/sb

arremolinarse [A1] *v pron* «*agua/hojas*» to swirl; «*personas/animales*» to mill around

arrendador -dora *m,f* (*m*) landlord, lessor (fml); (*f*) landlady, lessor (fml)

arrendamiento *m* **(a)** (de casa) renting, letting (BrE); (de tierras, local) renting, leasing; **contrato de ~** tenancy agreement **(b)** (de otra cosa — por el propietario) renting (out); (— por el que la recibe) renting **(c)** (precio — de casa, local) rent; (— de otra cosa) rental

arrendar [A5] *vt* **1** (Der) **(a)** (dar en arriendo) ‹*casa*› to rent (out), let (BrE); ‹*local/tierras*› to rent (out), lease **(b)** (tomar en arriendo) ‹*casa*› to rent; ‹*local/tierras*› to rent, lease **(c)** (contratar) ‹*servicios*› to hire **2** (Andes) ‹*coche/bicicleta*› (dar en arriendo) to rent (out) (AmE), to hire out (BrE); (tomar en arriendo) to rent (AmE), to hire (BrE); Ⓢ **se arriendan coches** cars for rent (AmE), car hire (BrE)

arrendatario -ria *m,f* (de propiedad) lessee, tenant; (de contrata) contractor

arrepentido -da *adj* ‹*pecador*› repentant; **estaba ~ de lo que había hecho** he was sorry for *o* feeling remorse for what he had done; **estoy ~ de haberlo dicho** I regret having said it

arrepentimiento *m* remorse, repentance

arrepentirse [I11] *v pron* **(a)** (lamentar) to be sorry; **~** DE **algo** to regret sth; **~** DE **hacer algo** to regret doing sth **(b)** (cambiar de idea) to change one's mind

arrepienta, arrepintió, *etc* ▸ **arrepentirse**

♂ key word

arrestar [A1] *vt* to arrest

arresto *m* (Der, Mil) **(a)** (detención) arrest; **bajo ~** under arrest **(b)** (prisión) detention

arriar [A17] *vt* ‹*bandera/vela*› to lower

arriba *adv* **1** **(a)** (lugar, parte): **ahí/aquí ~** up there/here; **en el estante de ~** (el siguiente) on the shelf above; (el último) on the top shelf; **ponlo un poco más ~** put it a little higher up; **la parte de ~** the top (part); **~ del ropero** (AmL) on top of the wardrobe; **~ de la cocina está el baño** (AmL) the bathroom is above the kitchen; ***de ~ abajo***: **me miró de ~ abajo** he looked me up and down; **limpiar la casa de ~ abajo** to clean the house from top to bottom **(b)** (en edificio) upstairs; **los vecinos de ~** the people upstairs **(c)** (en escala, jerarquía) above; **órdenes de ~** orders from above; **las puntuaciones de 80 para ~** scores of 80 or over **2** (expresando dirección, movimiento): **corrió escaleras ~** he ran upstairs; **calle ~** up the street; **miró hacia ~** he looked up **3** (en interjecciones) **(a)** (expresando aprobación): **¡~ la democracia!** long live democracy! **(b)** (expresando estímulo) come on!; (llamando a levantarse) get up!

arribista *adj* socially ambitious
■ *mf* arriviste, social climber

arriendo *m* (esp Andes) ▶ **arrendamiento**

arriesgado -da *adj* ‹*acción/empresa*› risky, hazardous; ‹*persona*› brave, daring

arriesgar [A3] *vt* **(a)** ‹*vida/dinero*› to risk **(b)** ‹*opinión*› to venture
■ **arriesgarse** *v pron*: **¿nos arriesgamos?** shall we risk it *o* take a chance?; **~se A hacer algo** to risk doing sth

arrimar [A1] *vt* (acercar) to move/bring ... closer; **arrimó la cama a** or **contra la pared** he pushed *o* moved the bed up against the wall
■ **arrimarse** *v pron* **1** (*refl*) (acercarse): **se arrimó mucho a la orilla** he went too close to the edge; **arrímate al fuego** come (up) closer to the fire; **se arrimó a** or **contra la pared** he moved up against the wall; **~se A algn** to move closer TO sb; (buscando calor, abrigo) to snuggle up TO sb **2** (Méx, Ven fam) (en casa de algn): **se ~on en mi casa** they came to live *o* stay with me, they dumped themselves on me (pey)

arrinconado -da *adj* **(a)** (bloqueado) blocked in, boxed in **(b)** (acorralado, acosado) cornered **(c)** (arrumbado) lying around

arrinconar [A1] *vt* **(a)** (poner en rincón) to put ... in a corner **(b)** (acosar, acorralar) to corner **(c)** (marginar) to exclude **(d)** (arrumbar) to leave, dump (infml)

arroba *f* **1** (en dirección electrónica) at, at sign **2** (Hist) **(a)** (medida de peso) *unit of weight of about 14 kg* **(b)** (medida de capacidad) *unit of liquid measure of about 15 l*

arrocero -ra *adj* ‹*cultivo/producción*› rice (*before n*); ‹*región*› rice-growing (*before n*)
■ *m,f* rice grower

arrodillarse [A1] *v pron* to kneel (down)

arrogancia *f* arrogance; **con ~** arrogantly

arrogante *adj* arrogant, haughty

arrojar [A1] *vt* **1** **(a)** (tirar) to throw; (Aviac) ‹*bomba*› to drop **(b)** ‹*lava*› to spew (out); ‹*humo*› to belch out; ‹*luz*› to shed **2** (vomitar) to bring up, throw up
■ **arrojarse** *v pron* (*refl*) to throw oneself; **~se** SOBRE **algo/algn** «*persona*» to throw oneself ONTO sth/sb; «*perro/tigre*» to pounce ON sth/sb

arrollador -dora *adj* **(a)** ‹*éxito/mayoría/victoria*› overwhelming **(b)** ‹*fuerza/ataque*› devastating **(c)** ‹*personalidad/elocuencia*› overpowering

arrollar [A1] *vt* **(a)** «*vehículo*» to run over; «*muchedumbre/agua/viento*» to sweep *o* carry away **(b)** (derrotar, vencer) to crush, overwhelm

arropar [A1] *vt* ‹*niño/enfermo*› (abrigar) to wrap ... up; (en la cama) to tuck ... in
■ **arroparse** *v pron* (abrigarse) to wrap up warm; (en la cama) to pull the covers up

arroyo *m* **(a)** (riachuelo) stream **(b)** (cuneta) gutter **(c)** (AmC) (torrentera) gully **(d)** (Méx) (Auto) slow lane

arroz *m* rice; **~ a la cubana** *rice with fried egg, plantain and tomato sauce*; **~ con leche** rice pudding; **~ integral** brown rice

arrozal *m* ricefield, paddy

arruga *f* (en piel) wrinkle, line; (en tela, papel) crease

arrugado -da *adj* ‹*persona/manos/piel*› wrinkled; ‹*ropa*› wrinkled (AmE), creased (BrE); ‹*papel*› crumpled

arrugar [A3] *vt* ‹*piel*› to wrinkle; ‹*tela*› to wrinkle (AmE), to crease (BrE); ‹*papel*› to crumple; ‹*ceño*› to knit; ‹*nariz*› to wrinkle; ‹*cara*› to screw up; **arrugó el entrecejo** he frowned
■ **arrugarse** *v pron* **(a)** «*persona/piel*» to become wrinkled **(b)** (por acción del agua) «*piel/manos*» to shrivel up, go wrinkled **(c)** «*tela*» to wrinkle *o* get wrinkled (AmE), to crease *o* get creased (BrE); «*papel*» to crumple

arruinar [A1] *vt* to ruin
■ **arruinarse** *v pron* to be ruined

arrullo *m* (de palomas) cooing; (para adormecer) lullaby

arrumbar [A1] *vt* ▶ **arrinconar**

arsenal *m* **(a)** (Mil) arsenal; **un ~ de datos** a mine of information **(b)** (Esp) (Náut) navy yard (AmE), naval dockyard (BrE)

arsénico *m* arsenic

arte (*gen m en el singular y f en el plural*) **1** (Art) art; **el ~ por el ~** art for art's sake; **no trabajo por amor al ~** (hum) I'm not working for the good of my health (hum); **~s gráficas** graphic arts; ***(como) por ~ de magia*** as if by magic **2** (habilidad, destreza) art; **el ~ de la conversación** the art of conversation; **tiene ~ para arreglar flores** she has a flair *o* gift for flower arranging

artefacto *m* (instrumento) artifact; (dispositivo) device; **~s de baño** (CS) bathroom fixtures (*pl*), sanitary ware (fml); **un raro ~** a contraption

arteria *f* artery

arterial *adj* arterial

artesa *f* trough

artesanal *adj*: **de fabricación ~** ‹*muebles*› handcrafted; ‹*queso*› farmhouse; **productos ~es** handicrafts, craftwork

artesanía *f* **(a)** (actividad) handicraft; **una ~** a piece of craftwork; **objetos de ~** craftwork, handicrafts **(b)** **artesanías** *fpl* (AmL)

a

(productos) crafts (*pl*), craftwork; **mercado de ~s** craft market

artesano -na *m,f* (*m*) craftsman, artisan; (*f*) craftswoman, artisan

ártico -ca *adj* Arctic

Ártico *m*: **el ~** (región) the Arctic; (océano) the Arctic Ocean

articulación *f* **1** **(a)** (Anat, Mec) joint **(b)** (organización) organization, coordination **2** (Ling) articulation

articulado -da *adj* articulated

✓ **articular** [A1] *vt* (Tec, Ling) to articulate

articulista *mf* feature writer, columnist

✓ **artículo** *m* **1** (Com): **~s del hogar/de consumo** household/consumer goods; **~ de primera necesidad** essential item, essential; **~s de escritorio** stationery; **~s de tocador** toiletries; **~s de punto** knitwear **2** **(a)** (en periódico, revista) article; **~ de fondo** editorial, leader (BrE) **(b)** (de ley) article **3** (Ling) article

artífice *mf* **(a)** (responsable, autor): **fue el ~ del secuestro** he planned the kidnapping; **el ~ de esta victoria** the architect of this victory **(b)** (artista) (*m*) craftsman, artisan; (*f*) craftswoman, artisan

artificial *adj* ‹*flor/satélite/sonrisa*› artificial; ‹*fibra*› man-made, artificial

artificio *m* **(a)** (artimaña) trick, artful device **(b)** (afectación) affectation **(c)** (artilugio) device

artillería *f* artillery

artilugio *m* **(a)** (aparato) device, contraption **(b) artilugios** *mpl* (de oficio) equipment

artimaña *f* trick

✓ **artista** *mf* **(a)** (Arte) artist **(b)** (actor) actor; (actriz) actress; (cantante, músico) artist; **una ~ de cine** a movie star (AmE) *o* (BrE) film star

✓ **artístico -ca** *adj* artistic

artritis *f* arthritis

arveja *f* (AmL) pea

arvejilla, **arverjilla** *f* (RPl) sweet pea

arzobispado *m* archbishopric

arzobispal *adj* ‹*sede/comisión*› archiepiscopal (fml)

arzobispo *m* archbishop

✓ **as** *m* ace

asa *f*‡ (asidero) handle

asadera *f* (RPl) roasting pan *o* dish *o* tin

asadero *m* (Coc) griddle

asado¹ -da *adj* **1** **(a)** ‹*carne/pollo*› (en horno) roast (*before n*); (con espetón) spit-roast (*before n*); (a la parrilla) barbecued, grilled **(b)** ‹*castaña/papa*› roast (*before n*); ‹*papa con piel*› baked **2** (fam) [ESTAR] (acalorado) roasting (infml)

asado² *m* **(a)** (al horno) roast; **~ de cordero** roast lamb **(b)** (AmL) (a la parrilla) barbecued meat **(c)** (AmL) (reunión) barbecue

asador¹ *m* (espetón) spit; (aparato — de espetones) rotisserie; (— de parrilla) barbecue

asador² -dora *m,f* (RPl) cook (*person who cooks the meat at a barbecue*)

asalariado -da *adj* wage-earning (*before n*)
■ *m,f* wage *o* salary earner

✓ key word

asaltante *mf* **(a)** (ladrón) robber **(b)** (atacante) attacker; **los ~s de la embajada** those who stormed the embassy

asaltar [A1] *vt* **(a)** (atracar) ‹*banco/tienda*› to hold up, rob; ‹*persona*› to rob, mug **(b)** (tomar por asalto) ‹*ciudad/embajada*› to storm **(c)** (atacar) to attack, assault **(d)** «*idea*» to strike; **me asaltó una duda** I was struck *o* seized by a sudden doubt

asalto *m* **1** **(a)** (atraco — a banco, tienda) holdup, robbery; (— a persona) mugging; **un ~ a mano armada** an armed robbery *o* raid **(b)** (ataque) attack, assault; **tomar algo por ~** to take sth by storm **2** (en boxeo) round; (en esgrima) bout

✓ **asamblea** *f* **(a)** (reunión) meeting **(b)** (cuerpo) assembly

asar [A1] *vt* **(a)** ‹*carne/pollo*› (en horno) to roast; (a la parrilla) to grill; (con espetón) to spit-roast **(b)** ‹*castaña/papa*› to roast; ‹*papa con piel*› to bake
■ **asarse** *v pron* **(a)** (en horno) to roast **(b)** (fam) (de calor) to roast (infml)

asbesto *m* asbestos

ascendencia *f* **(a)** (linaje) descent, ancestry; **es de ~ francesa** he is of French descent **(b)** (origen) origin(s); **su ~ humilde** her humble origins

ascendente *adj* ‹*movimiento/tendencia*› upward; ‹*astro/marea*› rising

ascender [E8] *vi* **1** (fml) «*temperatura/precios*» to rise; «*globo*» to rise, ascend (fml); «*escalador/alpinista*» to climb, to ascend (fml) **2** (fml) «*gastos/pérdidas*» **~ A algo** to amount TO sth **3** «*empleado/oficial*» to be promoted; **ascendió rápidamente en su carrera** he advanced rapidly in his career; **~ al trono** to ascend the throne
■ **~** *vt* ‹*empleado/oficial*› to promote

ascendiente *mf* (antepasado) ancestor

Ascensión *f*: **la ~** the Ascension

ascenso *m* **(a)** (de temperatura, precios) rise **(b)** (a montaña) ascent; **una industria en ~** a growing industry **(c)** (de empleado, equipo, oficial) promotion

ascensor *m* elevator (AmE), lift (BrE)

ascensorista *mf* elevator operator (AmE), lift attendant (BrE)

asco *m* **(a)** (repugnancia): **¡qué ~!** how revolting!, how disgusting!; **me dio ~** it made me feel sick; **poner cara de ~** to make *o* (BrE) pull a face; **tanta corrupción da ~** all this corruption is sickening **(b)** (fam) (cosa repugnante, molesta): **tienen la casa que es un ~** their house is like a pigsty; **el parque está hecho un ~** the park is in a real state (infml); **¡qué ~ de tiempo!** what foul *o* lousy weather!

ascua *f*‡ ember; ***estar en/tener a algn en ~s*** (fam) to be on/to keep sb on tenterhooks

aseado -da *adj* (limpio) clean; (arreglado) neat, tidy

asear [A1] *vt* (limpiar) to clean; (arreglar) to straighten (up), to tidy up (BrE)
■ **asearse** *v pron* (*refl*) (lavarse) to wash; (arreglarse) to straighten *o* (BrE) tidy oneself up

asediar [A1] *vt* **(a)** (Mil) ‹*ciudad*› to lay siege to, besiege; ‹*ejército*› to surround, besiege **(b)** (acosar) ‹*persona*› to besiege

asegurado -da *adj* insured; **tengo el coche ~ a todo riesgo** I have fully comprehensive insurance for the car
■ *m,f* (persona que contrata el seguro) policy-holder; (persona asegurada): **el ~/la asegurada** the insured

asegurador -dora *adj* ‹*compañía*› insurance (*before n*)
■ *mf* **(a)** (persona) insurer **(b) aseguradora** *f* (compañía) insurance company

asegurar [A1] *vt* **1** **(a)** (prometer) to assure; **te lo aseguro** I assure you; **asegura no haberlo visto** she maintains that she did not see **(b)** (garantizar) ‹*funcionamiento/servicio*› to guarantee **2** (Com, Fin) ‹*persona/casa*› to insure; **aseguró el coche a todo riesgo** she took out fully comprehensive insurance for *o* on the car **3** **(a)** (sujetar, fijar) ‹*puerta/estante*› to secure **(b)** ‹*edificio/entrada*› to secure, make ... secure
■ **asegurarse** *v pron* **1** **(a)** (cerciorarse) to make sure **(b)** (garantizarse, procurarse): **con ese gol se ~on el triunfo** by scoring that goal they guaranteed themselves victory **2** (Com, Fin) to insure oneself

asemejar [A1] *vt* **(a)** (hacer parecido) to make ... (look) like **(b)** (comparar) to compare, liken
■ **asemejarse** *v pron* «*personas*» to be *o* look alike; «*objetos*» to be similar; **~se A algo/algn** to resemble sth/sb, look like sth/sb

asentado -da *adj* **(a)** [ESTAR] (situado): **el pueblo está ~ a orillas de un río** the village lies *o* is situated on the banks of a river **(b)** [ESTAR] (establecido) ‹*creencia/tradición*› deep-rooted, deeply rooted; ‹*persona*› settled (in) **(c)** [SER] (esp AmL) (maduro, juicioso) mature

asentamiento *m* settlement

asentar [A5] *vt* **1** ‹*campamento*› to set up; ‹*damnificados/refugiados*› to place **2** **(a)** ‹*objeto*› to place carefully (*o* firmly *etc*) **(b)** ‹*conocimientos/postura*› to consolidate **3** (Com, Fin) to enter
■ **asentarse** *v pron* **1** «*café/polvo/terreno*» to settle **2** (estar situado) «*ciudad/edificio*» to be situated, be built **3** **(a)** (establecerse) to settle **(b)** (esp AmL) (adquirir madurez) to settle down

asentir [I11] *vi* to agree, consent; **asintió con la cabeza** she nodded

aseo *m* (limpieza) cleanliness; **~ personal** personal hygiene; Ⓢ **aseos** rest room (AmE), toilets (BrE)

asequible *adj* ‹*precio*› affordable, reasonable; ‹*meta*› attainable, achievable; ‹*proyecto*› feasible; ‹*persona*› approachable; ‹*obra/estilo*› accessible

aserradero *m* sawmill

aserrar [A5] *vt* to saw

aserrín *m* (esp AmL) sawdust

aserrío *m* (Col, Ec) sawmill

aserruchar [A1] *vt* (Chi) to saw

asesinar [A1] *vt* to murder; (por razones políticas) to assassinate

asesinato *m* murder; (por razones políticas) assassination

asesino -na *adj* ‹*instinto/odio*› murderous, homicidal; ‹*animal*› killer (*before n*)
■ *m,f* murderer; (por razones políticas) assassin; **~ a sueldo** hired killer; **~ en serie** serial killer

asesor -sora *adj* ‹*consejo*› advisory; ‹*arquitecto/ingeniero*› consultant (*before n*)
■ *m,f* advisor*, consultant

asesoramiento *m* advice

asesorar [A1] *vt* to advise
■ **asesorarse** *v pron* **~se CON algn** to consult sb

asesoría *f* consultancy; **~ fiscal/jurídica** tax/legal consultancy

asestar [A1] *vt*: **me asestó una puñalada/un puñetazo** he stabbed/punched me

asexuado -da *adj* asexual

asfaltado -da *adj* asphalt (*before n*), asphalted

asfaltar [A1] *vt* to asphalt

asfalto *m* asphalt

asfixia *f* **(a)** (Med) asphyxia, suffocation **(b)** (fam) (agobio) suffocation

asfixiante *adj* **(a)** ‹*gas/humo*› asphyxiating (*before n*) **(b)** (fam) ‹*calor*› suffocating, stifling; ‹*ambiente/relación*› oppressive, stifling

asfixiar [A1] *vt* **(a)** (ahogar) to asphyxiate, suffocate; **murió asfixiado** he died of asphyxiation *o* suffocation **(b)** (agobiar) to suffocate, stifle
■ **asfixiarse** *v pron* **(a)** (ahogarse) to be asphyxiated, to suffocate; (por obstrucción de la tráquea) to choke to death; **me asfixiaba de calor** (fam) I was suffocating in the heat **(b)** (fam) (agobiarse) to suffocate, feel stifled

así[1] *adj inv* like that; **no seas ~** don't be like that; **con gente ~ yo no me meto** I don't mix with people like that; **yo soy ~** that's the way I am; **~ es la vida** (fr hecha) that's life; **es un tanto ~ de hojas** it's about *that* many pages; **esperamos horas ¿no es ~?** we waited for hours, didn't we?; **tanto es ~ que ...** so much so that ...

así[2] *adv* **1** (de este modo) like this; (de ese modo) like that; **¿por qué me tratas ~?** why are you treating me like this?; **no le hables ~** don't talk to him like that; **¡~ cualquiera!** that's cheating! (infml & hum); **~ es como pasó** this is how it happens; **no te pongas ~** don't get so worked up; **~ me podré comprar lo que quiera** that way I'll be able to buy whatever I want; **~ es** that's right; **¿está bien ~ o quieres más?** is that enough, or do you want some more?; **y ~ sucesivamente** and so on **2** **¡~ de fácil!** it's as easy as that; **~ de alto/grueso** *this* high/thick **3** (*en locs*) **así así** (fam) so-so; **así como así** just like that; **¡así me gusta!** (fr hecha) that's what I like to see!; **así nomás** (AmL) just like that; **así pues** so; **así que** (por lo tanto) so; **así y todo** even so; **por así decirlo** so to speak

Asia *f*‡ Asia

asiático -ca *adj/m,f* Asian

asidero *m* **(a)** (asa) handle **(b)** (punto de sujeción) hand (hold); **sin ~s en la realidad** with no grip on reality

asiduo -dua *adj* **(a)** (persistente) ‹*estudiante/lector*› assiduous; ‹*admirador*› devoted **(b)** (frecuente) ‹*cliente*› regular, frequent
■ *m,f* regular

asiento *m* **1** **(a)** (para sentarse) seat; **~ anatómico** anatomically designed seat; **por favor, tome ~** (fml) please take a seat (fml) **(b)** (de bicicleta) saddle **(c)** (de silla) seat **(d)** (base, estabilidad) base **2** (en contabilidad) entry

asignación *f* **1** **(a)** (de tarea, función) assignment **(b)** (de fondos, renta) allocation,

a

assignment **2** (sueldo) wages (*pl*); (paga) allowance **3** (AmC) (Educ) homework

asignar [A1] *vt* **(a)** (dar, adjudicar) ‹*renta/función/tarea*› to assign; ‹*valor*› to ascribe; ‹*fondos/parcela*› to allocate; **me ~on la vacante** I was appointed to the post; **le ~on una beca** he was awarded a grant **(b)** (destinar) ‹*persona*› to assign; **~ a algn** A **algo** to assign sb TO sth

asignatura *f* subject; **~ pendiente** (Educ) subject which one has to retake; (asunto sin resolver) unresolved matter

asilado -da *m,f* inmate; **~ político** political refugee (*who has been granted asylum*)

asilar [A1] *vt* **(a)** (acoger) ‹*anciano/huérfano*› to take ... into care; ‹*refugiado*› to grant ... asylum **(b)** (internar) to put ... in a home

■ **asilarse** *v pron* «*anciano/huérfano*» to take refuge; «*refugiado*» to seek asylum

asilo *m* **1** (Servs Socs) home, institution; (para vagabundos, mujeres maltratadas) shelter; **~ de ancianos** or **de la tercera edad** old people's home **2** (Pol) asylum; **pedir ~ político** to seek political asylum

asimétrico -ca *adj* asymmetric

asimilación *f* assimilation

asimilar [A1] *vt* **1** ‹*alimentos/ideas/cultura*› to assimilate **2** (en boxeo) ‹*golpes*› to take, soak up (infml)

asimismo *adv* **(a)** (también) also **(b)** (igualmente) likewise

asir [I10] *vt* (liter) to seize, grasp; **~ a algn** DE *or* POR **algo**: **la asió de un brazo** he seized *o* grasped her arm

■ **asirse** *v pron* (liter) **~se** DE *or* A **algo**: **se asió a la cuerda** she grabbed (hold of) *o* seized the rope; **caminaban asidos de la mano** they walked hand in hand

asistencia *f* **1** (presencia) attendance; **~** A **algo** attendance AT sth **2** (fml) (ayuda) assistance; **prestarle ~ a algn** to give sb assistance; **~ en carretera** breakdown service; **~ médica** (servicio) medical care; (atención médica) medical attention; **~ pública** (en CS) municipal health service (*esp for emergencies*); **~ técnica** after-sales service **3** (Dep) assist

asistencial *adj* welfare (*before n*)

asistenta *f* (Esp) cleaning lady *o* woman

asistente *mf* **1** (ayudante) assistant; **~ social** social worker **2** (fml): **los ~s** (a una reunión) those present; (a un espectáculo) the audience

asistido -da *adj* assisted

asistir [I1] *vi* (estar presente) **~** A **algo** (a reunión/acto/clases) to attend sth; **asistió a una sola clase** he only came/went to one class; **~ a misa** to go to *o* attend Mass

■ **~** *vt* (fml) (ayudar): **en el consulado lo ~án** you will receive assistance at the consulate (fml); **~ a los pobres** to care for the poor

asma *f*‡ asthma

asmático -ca *adj/m,f* asthmatic

asno *m* (Zool) donkey; (tonto) (fam) dimwit (infml)

asociación *f* association; **~ de ideas** association of ideas

asociado -da *adj* associate (*before n*)

■ *m,f* (Com) associate; (de club, asociación) member

asociar [A1] *vt* ‹*ideas/palabras*› to associate; **~ algo/a algn** CON **algo/algn** to associate sth/sb WITH sth/sb; **no logro ~la con nada** I can't place her

■ **asociarse** *v pron* **(a)** «*empresas/comerciantes*» to collaborate; **~se** CON **algn** to go into partnership WITH sb **(b)** «*hechos/factores*» to combine **(c)** (a grupo, club) **~se** A **algo** to become a member OF sth

asolar [A1 A10 *or*] *vt* «*guerra/huracán/sequía*» to devastate

asoleada *f* (Andes) (de una persona): **pegarse una ~** (fam) to sunbathe

asoleado -da *adj* sunny

asolear [A1] *vt* (exponer al sol) ‹*ropa*› to hang ... out in the sun; ‹*uvas*› to dry ... in the sun

■ **asolearse** *v pron* (AmL) to sunbathe

asomar [A1] *vi* to show; **empiezan a ~ los primeros brotes** the first shoots begin to show *o* appear

■ **~** *vt* ‹*cabeza*› **asomó la cabeza por la ventanilla** she stuck her head out of the window; **abrió la puerta y asomó la cabeza** she opened the door and stuck her head out/in

■ **asomarse** *v pron* **~se** POR **algo** to lean out OF sth; **se asomó a la ventana** she looked out of the window; **se ~on al balcón** they came out onto the balcony

asombrar [A1] *vt* to amaze, astonish; **me asombró su reacción** I was astonished *o* taken aback by his reaction

■ **asombrarse** *v pron* to be astonished *o* amazed; **se asombró con los resultados** she was amazed *o* astonished at the results; **yo ya no me asombro por nada** nothing surprises me any more

asombro *m* astonishment; **no salía de su ~** he couldn't get over his surprise

asombroso -sa *adj* amazing, astonishing

asonante *adj* assonant

asorocharse [A1] *v pron* **(a)** (Chi, Per) (por la altura) to get mountain *o* altitude sickness **(b)** (Chi) (por calor, vergüenza) to flush

aspa *f*‡ (de molino) sail; (de ventilador) blade; (cruz) cross

aspaviento *m*: **deja de hacer ~s** stop getting in such a flap

aspecto *m* **1** **(a)** (de persona, lugar) look, appearance; **un hombre de ~ distinguido** a distinguished-looking man; **¿qué ~ tiene?** what does he look like?; **a juzgar por su ~** judging by the look of her; **tiene mal ~** «*persona*» she doesn't look well; «*cosa*» it doesn't look nice **(b)** (de problema, asunto): **no me gusta el ~ que van tomando las cosas** I don't like the way things are going *o* looking **2** (rasgo, faceta) aspect; **en ese ~ tienes razón** in that respect you're right

aspereza *f* **1** **(a)** (de superficie, piel) roughness **(b)** (de sabor) sharpness; (de voz, clima) harshness **2** (parte áspera): **usar papel de lija para quitar las ~s** use sandpaper to remove any roughness; ***limar ~s*** to smooth things over

áspero -ra *adj* **1** ‹*superficie/piel*› rough; ‹*tela*› coarse **2** **(a)** ‹*sabor*› sharp **(b)** ‹*voz/sonido/clima*› harsh **3** **(a)** (en el trato) abrupt, surly

key word

(b) ‹*discusión*› acrimonious

aspersor *m* sprinkler

aspiración *f* **1** (deseo, ambición) aspiration **2** (Fisiol) inhalation; (Ling) aspiration; (Mús) breath

aspiradora *f*, **aspirador** *m* (electrodoméstico) vacuum cleaner; **pasé la ~ por la habitación** I vacuumed *o* (BrE) hoovered the bedroom

aspirante *mf*: **las ~s al título** the contenders for the title; **ocho ~s al puesto de redactor** eight candidates *o* applicants for the post of editor

aspirar [A1] *vi* **1** (desear, pretender) **~** A **algo/hacer algo** to aspire TO sth/do sth **2** **(a)** «*aparato*» to suck; «*aspiradora*» to pick up **(b)** (Fisiol) to breathe in **(c)** (AmL) (pasar la aspiradora) to vacuum, hoover (BrE)

■ **~** *vt* **(a)** «*aparato*» to suck up *o* in; «*aspiradora*» to pick up **(b)** (Fisiol) to inhale **(c)** (Ling) to aspirate

aspirina *f* aspirin

asqueante *adj* sickening, nauseating

asquear [A1] *vt* (dar asco a) to sicken; (aburrir, hartar): **está asqueado de todo** he's fed up with everything (infml)

asqueroso -sa *adj* **1** **(a)** ‹*libro/película*› disgusting, filthy **(b)** ‹*olor/comida/costumbre*› disgusting, revolting **(c)** (sucio) filthy **2** (lascivo): **¡viejo ~!** you dirty old man!

asquiento -ta *adj* (AmL) ▶ **asqueroso 1**

asta *f*‡ **(a)** (de bandera) flagpole; **con la bandera a media ~** with the flag at half-mast **(b)** (cuerno) horn **(c)** (de lanza, flecha) shaft

astabandera *f* (Méx) flagpole

asterisco *m* asterisk

asteroide *m* asteroid

astigmatismo *m* astigmatism

astilla *f* **(a)** (fragmento) chip; (de madera, hueso) splinter; **se me metió una ~ en el dedo** I have a splinter in my finger **(b)** **astillas** *fpl* (para el fuego) kindling

astillarse [A1] *v pron* «*madera/hueso*» to splinter; «*piedra*» to chip

astillero *m* shipyard

astracán *m* astrakhan

astringente *adj* ‹*loción*› astringent; ‹*alimento/medicamento*› binding (*before n*)

■ *m* astringent

astro *m* (Astrol, Astron) heavenly body; (Espec) star

astrología *f* astrology

astrólogo -ga *m,f* astrologist

astronauta *mf* astronaut

astronomía *f* astronomy

astronómico -ca *adj* astronomical

astrónomo -ma *m,f* astronomer

astucia *f* **(a)** (cualidad — de sagaz) astuteness, shrewdness; (— de ladino) (pey) craftiness, cunning; **la ~ del zorro** the slyness of a fox **(b)** (ardid) trick, ploy

astuto -ta *adj* (sagaz) shrewd, astute; (ladino) (pey) crafty, sly, cunning

asueto *m* time off; **tomarse un día de ~** to take a day off

✓ **asumir** [I1] *vt* **1** **(a)** ‹*cargo/tarea/responsabilidad*› to take on, assume (fml); ‹*riesgo*› to take **(b)** (adoptar) ‹*actitud*› to assume (fml) **(c)** (aceptar) to come to terms with **2** (AmL) (suponer) to assume

asunceno -na, **asunceño -ña** *adj* of/from Asunción

■ *m,f* person from Asunción

Asunción *f* (Geog) Asunción

✓ **asunto** *m* **(a)** (cuestión, problema) matter; **~s de negocios** business matters; **~s exteriores** (Esp) foreign affairs; **un ~ muy delicado** a very delicate matter *o* issue; **está implicado en un ~ de drogas** he's mixed up in something to do with drugs; **no es ~ mío/tuyo** it's none of my/your business **(b)** (pey) (relación amorosa) affair

asustado -da *adj* (atemorizado) frightened; (preocupado) worried

asustar [A1] *vt* to frighten; **me asustó cuando se puso tan serio** he gave me a fright when he went all serious

■ **asustarse** *v pron* to get frightened; **me asusté cuando vi que no estaba allí** I got a fright *o* I got worried when I saw he wasn't there; **no se asuste, no es nada grave** there's no need to worry, it's nothing serious

atacante *mf* attacker, assailant (fml)

✓ **atacar** [A2] *vt* to attack

atado *m* **(a)** (de ropa) bundle **(b)** (CS) (de espinacas, zanahorias) bunch; ***ser un ~ de nervios*** (CS) to be a bundle of nerves **(c)** (RPl) (de cigarrillos) pack (AmE), packet (BrE)

ataduras *fpl* ties (*pl*)

atajada *f* (CS) save

atajador -dora *m,f* (Méx) (*m*) ballboy; (*f*) ballgirl

atajar [A1] *vt* **1** **(a)** (AmL) (agarrar) ‹*pelota*› to catch **(b)** (Esp) (interceptar) ‹*pase/pelota*› to intercept **2** **(a)** ‹*golpe/puñetazo*› to parry, block **(b)** ‹*persona*› (agarrar) to stop, catch; (interrumpir, detener) to stop **3** ‹*enfermedad/problema*› to keep ... in check; ‹*incendio*› to contain; ‹*rumor*› to quell

atajo *m* short cut; **~ de teclado** shortcut key

atañer [E7] *vi* (*en 3ª pers*) to concern; **por lo que a mi atañe** as far as I'm concerned

✓ **ataque** *m* **1** **(a)** (Dep, Mil) attack; **~ aéreo** air strike; **~ suicida** suicide attack **(b)** (verbal) attack **2** (Med) attack; **~ de asma** asthma attack; **~ al corazón** heart attack; **~ epiléptico** epileptic fit; **me dio un ~ de nervios** I got into a panic; **un ~ de risa** a fit of hysterics

atar [A1] *vt* **1** **(a)** ‹*caja/paquete*› to tie; **le até el pelo con una cinta** I tied her hair back with a ribbon **(b)** ‹*persona/caballo*› to tie ... up; ‹*cabra*› to tether; **lo ~on de pies y manos** they bound him hand and foot; **ató al perro a un poste** she tied the dog to a lamppost **2** «*trabajo/hijos*» to tie ... down

■ **atarse** *v pron* (*refl*) ‹*zapatos/cordones*› to tie up, do up; ‹*pelo*› to tie up

atarantado -da *adj* **(a)** (Col, Méx, Per fam) (por golpe) dazed, stunned **(b)** (Méx, Per fam) (confundido) in a spin, dazed **(c)** (Chi fam) (precipitado) harum-scarum (infml)

atarantar [A1] *vt* (Col, Méx, Per fam): **con tantas preguntas me ~on** they made my head spin with all their questions; **el golpe lo atarantó** the blow left him dazed

a

■ **atarantarse** *v pron* **(a)** (Col, Méx, Per fam) (aturdirse, confundirse) to get flustered, get in a dither **(b)** (Chi fam) (precipitarse): **no te atarantes** don't rush into it (infml)

atardecer[1] [E3] *v impers* to get dark

atardecer[2] *m* dusk; **al ~** at dusk

atareado -da *adj* busy

atascar [A2] *vt* **(a)** ‹*cañería*› to block **(b)** (Méx) ‹*motor*› to stall

■ **atascarse** *v pron* **1** **(a)** «*cañería/fregadero*» to block, get blocked **(b)** «*tráfico*» to get snarled up **2** **(a)** «*mecanismo*» to jam, seize up **(b)** (Méx) «*motor*» to stall

atasco *m* **(a)** (de tráfico) traffic jam; (en proceso) holdup, delay **(b)** (en tubería) blockage

ataúd *m* coffin

ateísmo *m* atheism

atemorizar [A4] *vt* (liter) ‹*persona*› to frighten, intimidate; ‹*barrio/población*› to terrorize

Atenas *f* Athens

⚷ **atención[1]** *f* **1** **(a)** (concentración) attention; **pon/presta ~ a esto** pay attention to this; **con ~** attentively **(b)** **llamar la: ~ se viste así para llamar la ~** he dresses like that to attract attention (to himself); **una chica que llama la ~** a very striking girl; **me llamó la ~ que estuviera sola** I was surprised she was alone; **llamarle la ~ a algn** (reprenderlo) to reprimand sb (fml), to give sb a talking to **2** **(a)** (en hotel, tienda) service; **S** **horario de atención al público** (en banco) hours of business; (en oficina pública) opening hours **(b)** (cortesía): **nos colmaron de atenciones** we were showered with attention *o* (BrE) attentions; **no tuvo ninguna ~ con ella a pesar de su hospitalidad** he didn't show the slightest appreciation despite her hospitality

atención[2] *interj* **(a)** (para que se atienda) attention; **¡~, por favor!** (your) attention, please! **(b)** (para avisar de peligro) look out!, watch out!

⚷ **atender** [E8] *vi* **(a)** (prestar atención) to pay attention; **~** A **algo/algn** to pay attention TO sth/sb **(b)** (cumplir con) **~** A **algo** (a compromisos/gastos/obligaciones) to meet sth **(c)** (prestar un servicio): **el doctor no atiende los martes** the doctor does not see anyone on Tuesdays; **en esa tienda atienden muy mal** the service is very bad in that store

■ **~** *vt* **1** **(a)** ‹*paciente*› **¿qué médico la atiende?** which doctor usually sees you?; **los atendieron enseguida en el hospital** they were seen immediately at the hospital; **no tiene quien lo atienda** he has no one to look after him **(b)** ‹*cliente*› to attend to, see to; (en tienda) to serve; **¿la están atendiendo?** are you being served? **(c)** ‹*asunto*› to deal with; ‹*llamada*› to answer; ‹*demanda*› to meet **2** ‹*consejo/advertencia*› to listen to

■ **atenderse** *v pron* (AmL): **¿con qué médico se atiende?** which doctor usually sees you?

atenerse [E27] *v pron* **(a)** (ajustarse, someterse) **~** A **algo** (a las reglas) to abide BY *o* comply WITH sth; (a las órdenes) to obey sth; (a las consecuencias) to live WITH *o* abide BY sth; **no sé a qué atenerme** I don't know where I stand **(b)** (limitarse): **si nos atenemos a lo que dijeron ellos ...** if we go by what they said ...; **aténgase a los hechos** confine yourself to the facts

atentado *m* **(a)** (ataque): **un ~ suicida** a suicide attack; **un ~ terrorista** a terrorist attack; **un ~ contra el presidente** an assassination attempt on the president **(b)** (afrenta) **~** CONTRA *or* A **algo**; (a honor/dignidad) affront TO sth; **un ~ contra la moral** an offense against decency

atentamente *adv* **(a)** ‹*escuchar/mirar*› attentively, carefully **(b)** (amablemente) thoughtfully, kindly; **lo saluda ~** (Corresp) sincerely (AmE), yours faithfully/sincerely (BrE)

atentar [A1] *vi*: **~on contra su vida** they made an attempt on her life; **~ contra la seguridad del Estado** to threaten national security

atento -ta *adj* **1** **(a)** (que presta atención) ‹*alumno/público*› attentive; **estar ~** (A **algo**) to pay attention (TO sth) **(b)** (alerta): **estáte ~ y avísame si viene alguien** stay alert and let me know if anyone comes; **estar ~** A **algo** to be on the alert FOR sth **2** **(a)** (amable) ‹*esposo/anfitrión/camarero*› attentive; **ser ~** CON **algn** to be kind TO sb **(b)** (cortés) courteous

atenuante *adj* extenuating

■ *m or f* mitigating factor, extenuating circumstance

atenuar [A18] *vt* **(a)** (disminuir, moderar) ‹*luz*› to dim; ‹*color*› to tone down; **deberías ~ el tono de tus críticas** you should tone down your criticism **(b)** (Der) ‹*responsabilidad*› to reduce, lessen

ateo, **atea** *adj* atheistic

■ *m,f* atheist

aterrador -dora *adj* terrifying

aterrar [A1] *vt* ‹*persona*› to terrify; **le aterra la idea** she's terrified at the thought

aterrizaje *m* landing; **un ~ forzoso** an emergency landing

aterrizar [A4] *vi* to land, touch down

aterrorizado -da *adj* terrified

aterrorizar [A4] *vt* to terrorize

atesorar [A1] *vt* ‹*dinero*› to amass

atestado -da *adj* packed, crammed; **~** DE **algo** packed *o* crammed full OF sth; **el salón estaba ~ (de gente)** the hall was packed *o* crammed (with people)

atestiguar [A16] *vt* **(a)** (Der) to testify **(b)** (probar) to bear witness to

atiborrar [A1] *vt* **~ algo/a algn** DE **algo** to stuff sth/sb WITH sth; **atiborrado de gente** packed *o* jam-packed with people

■ **atiborrarse** *v pron* **~se** DE **algo** to stuff oneself WITH sth

ático *m* **(a)** (apartamento) top-floor apartment *o* (BrE) flat; (de lujo) penthouse; (de techo bajo) garret (AmE), attic flat (BrE) **(b)** (desván) attic, loft (BrE)

atienda, **atiendas**, *etc* ▸ **atender**

atinado -da *adj* ‹*respuesta/comentario*› pertinent, spot-on (infml); ‹*decisión/medida*› sensible, wise; ‹*solución*› sensible

atinar [A1] *vi*: **~ en el blanco** to hit the target; **¡atinaste!** you're dead right!; **no atiné a decir nada** I couldn't say a word; **~** CON **algo** ‹*con solución/respuesta*› to hit ON *o* UPON sth, come up WITH sth; **atinaste con el regalo** the gift you got him/her was perfect; **no atinaba con la calle**

⚷ key word

I couldn't find the street

atizador *m* poker

atizar [A4] *vt* ‹*fuego*› to poke

Atlántico *m*: **el (océano) ~** the Atlantic (Ocean)

Atlántida *f*: **la ~** Atlantis

atlas *m* (*pl* ~) atlas

atleta *mf* athlete

atlético -ca *adj* **(a)** ‹*club/competición*› athletics (*before n*) **(b)** ‹*figura*› athletic

atletismo *m* athletics

atmósfera *f* atmosphere

atmosférico -ca *adj* atmospheric

atole *m* (Méx) hot corn *o* maize drink

atolladero *m* **(a)** (lugar cenagoso) mire **(b)** (aprieto, apuro) predicament, awkward situation

atolondrado -da *adj* **(a)** [SER] (impetuoso) rash, impetuous; (despistado) scatterbrained **(b)** [ESTAR] (por golpe) dazed, stunned
■ *m,f* scatterbrain

atolondrar [A1] *vt* **(a)** (confundir) to fluster **(b)** «*golpe*» to daze, stun
■ **atolondrarse** *v pron* **(a)** (confundirse) to get flustered **(b)** (precipitarse): **no te atolondres, piénsalo bien** don't rush into it, think it over carefully

atómico -ca *adj* atomic

atomizador *m* spray, atomizer

átomo *m* atom

atónito -ta *adj* astonished, amazed; **se quedó mirándola ~** he stared at her in amazement

atontado -da *adj* (por golpe, asombro) stunned, dazed; (distraído): **contesta, que estás medio ~** answer me, you're in a daze; *ver tb* **atontar**

atontar [A1] *vt* «*golpe*» to stun, daze; **estas pastillas me atontan** these pills make me groggy; **la televisión los atonta** television turns them into vegetables *o* zombies

atorar [A1] *vt* **1** (esp AmL) ‹*cañería*› to block (up) **2** (Méx) (sujetar): **atoramos la puerta con una silla** we jammed the door shut/open with a chair; **atóralo con este alambre** secure it with this bit of wire
■ **atorarse** *v pron* (esp AmL) **(a)** (atragantarse) to choke **(b)** «*cañería*» to get blocked; «*puerta/cajón*» to jam; (+ *me/te/le etc*) **se me atoró el cierre** my zipper got stuck; **se le atoró el chicle en la garganta** the chewing gum got stuck in her throat

atormentar [A1] *vt* «*persona*» (físicamente) to torture; (mentalmente) to torment
■ **atormentarse** *v pron* (*refl*) to torment oneself

atornillar [A1] *vt* to screw on (*o* down *etc*)

atorrante *adj* **(a)** (Andes, CS fam) (holgazán) lazy; (desaseado) scruffy **(b)** (Bol, RPl fam) (sinvergüenza) crooked **(c)** (Col, Per fam) (pesado, cargante): **no seas ~** don't be such a pain in the neck (infml)
■ *mf* **(a)** (Andes, CS fam) (vagabundo) tramp; (holgazán) good-for-nothing, layabout; (desaseado) slob (infml) **(b)** (Bol, RPl fam) (sinvergüenza): **es un ~** he's a bit of a crook (infml) **(c)** (Col, Per fam) (pesado, cargante) pain in the neck (infml)

atosigar [A3] *vt* (importunar) to pester, hassle (infml); (presionar) to pressure (AmE), to pressurize (BrE)

atrabancado -da *adj* (Méx fam) (precipitado) rash, reckless

atracador -dora *m,f* (de banco) bank robber, raider (journ); (de persona) mugger

atracar [A2] *vi* «*barco*» to dock, berth
■ **~** *vt* (asaltar) ‹*banco*› to hold up; ‹*persona*› to mug

atracción *f* attraction; **la ~ más concurrida** the most popular attraction; **una ~ turística** a tourist attraction; **las atracciones están en la playa** the funfair is on the beach; **siente una gran ~ por ella** he feels strongly attracted to her

atraco *m* (a banco) robbery, raid (journ); (a persona) mugging; **~ a mano armada** armed robbery *o* (journ) raid

atracón *m* (fam): **se dio un ~ de paella** he stuffed himself with paella (infml)

atractivo[1] -va *adj* attractive

atractivo[2] *m* **(a)** (encanto) charm, attractiveness; **tiene mucho ~** she's very charming; **el mayor ~ de la ciudad** the city's main attraction *o* appeal **(b)** (interés) appeal; **para mí viajar no tiene ningún ~** travel holds no appeal to me

atraer [E23] *vt* **(a)** (Fís) to attract **(b)** (traer, hacer venir) to attract; **un truco para ~ al público** a gimmick to attract the public **(c)** (cautivar, gustar): **se siente atraído por ella** he feels attracted to her; **no me atrae la idea** the idea doesn't attract me *o* appeal to me **(d)** ‹*atención/miradas*› to attract
■ **atraerse** *v pron* **(a)** (ganarse) ‹*amistad*› to gain; ‹*interés*› to attract **(b)** (*recípr*) to attract (each other)

atragantarse [A1] *v pron* (al tragar) to choke; **se le atragantó una espina** he choked on a fish bone

atraiga, atrajo, *etc* ▸ **atraer**

atrancar [A2] *vt* ‹*cañería*› to block (up); ‹*puerta/ventana*› to bar
■ **atrancarse** *v pron* **(a)** «*cañería*» to get blocked **(b)** (fam) «*persona*» (en tarea) to get stuck

atrapar [A1] *vt* to catch

atrás *adv* **1** (en el espacio) **(a)** (expresando dirección) back; **muévelo para** or **hacia ~** move it back; **da un paso ~** take one step back **(b)** **¡~!** (*como interj*) get back! **(c)** (lugar, parte): **está allí ~** it's back there; **me senté ~** (en coche) I sat in the back; (en clase, cine) I sat at the back; **la parte de ~** the back; **me estaba quedando ~** I was getting left behind; **dejamos ~ la ciudad** we left the city behind us; ***estar hasta* ~** (Méx fam) to be as high as a kite (infml) **2** (en el tiempo): **sucedió tres años ~** it happened three years ago; **había sucedido tres años ~** it had happened three years earlier *o* before **3** **atrás de** (*loc prep*) (AmL) behind

atrasado -da *adj* **1** **(a)** [ESTAR] ‹*reloj*› slow **(b)** (con respecto a lo esperado): **está muy ~ en los estudios** he's really behind in his studies; **el proyecto está ~** the project is behind schedule; **el tren llegó/salió ~** (AmL) the train arrived/left late; **apúrate que voy ~** (AmL) hurry up, I'm late **2** (acumulado, pasado): **tengo mucho sueño ~** I have a lot of sleep to catch up on; **tengo trabajo ~** I'm behind with my work; **todas las cuotas atrasadas** all

a

outstanding payments; **un ejemplar ~** a back number *o* issue **3** **(a)** (anticuado, desfasado) ‹*ideas/persona*› old-fashioned **(b)** ‹*país/pueblo*› backward

atrasar [A1] *vt* **(a)** ‹*reloj*› to put back **(b)** ‹*reunión/viaje*› to postpone, put back
■ **~** *vi* «*reloj*» to lose time
■ **atrasarse** *v pron* **1** **(a)** «*reloj*» to lose time; **se me ha atrasado 15 minutos** it's 15 minutes slow **(b)** (esp AmL) (llegar tarde) «*avión/tren*» to be late, be delayed; «*persona*» to be late **2** **(a)** (en estudios, trabajo, pagos) to fall behind, get behind **(b)** «*país/industria*» to fall behind

atraso *m* **(a)** (de país, ideas) backwardness **(b)** (esp AmL) (retraso) delay; **perdona el ~** I'm sorry about the delay; **salió con unos minutos de ~** it left a few minutes late; **viene con una hora de ~** it's (running) an hour late

atravesado -da *adj* (cruzado): **el piano estaba ~ en el pasillo** the piano was stuck (*o* placed *etc*) across the corridor; **un árbol/camión ~ en la carretera** a tree lying across/a truck blocking the road

⚷ **atravesar** [A5] *vt* **1** **(a)** ‹*río/frontera*› to cross; **atravesó el río a nado** she swam across the river **(b)** «*bala/espada*» to go through; **le atravesó la pierna** it went through his leg **(c)** ‹*crisis/período*› to go through **2** (colocar) to put ... across
■ **atravesarse** *v pron*: **se nos atravesó un camión** a truck crossed right in front of us; **se me atravesó una espina en la garganta** I got a fish bone stuck in my throat

atraviesa, **atraviesas**, *etc* ▸ **atravesar**

atrayente *adj* appealing

atreverse [E1] *v pron* to dare; **¡anda, atrévete!** go on then, I dare you (to); **no me atrevo a decírselo** I daren't tell him; **¿cómo te atreves a pegarle?** how dare you hit him?; **¿a que conmigo no te atreves?** I bet you wouldn't dare take me on

atrevido -da *adj* **(a)** (insolente) sassy (AmE infml), cheeky (BrE infml) **(b)** (osado) ‹*escote/persona*› daring; ‹*chiste*› risqué; ‹*diseño*› bold **(c)** (valiente) brave

atrevimiento *m* nerve

atribuir [I20] *vt* **(a)** **~ algo A algn/algo** to attribute sth TO sb/sth; **le atribuyen algo que no dijo** they attribute words to him which he did not say; **le atribuyen propiedades curativas** it is held *o* believed to have healing powers **(b)** ‹*funciones/poder*› to confer
■ **atribuirse** *v pron* (*refl*) **(a)** ‹*éxito/autoría*› to claim **(b)** ‹*poderes/responsabilidad*› to assume

atributo *m* (cualidad) attribute, quality; (símbolo) insignia

atril *m* (para partituras) music stand; (para libros) lectern

atrincherar [A1] *vt* to entrench
■ **atrincherarse** *v pron* to entrench oneself

atrocidad *f* (cualidad) barbarity; (acto) atrocity; **¡qué ~!** how atrocious! *o* how awful!

atrofiarse [A1] *v pron* to atrophy

atropellado -da *adj*: **¡qué ~ eres!** you always do things in such a rush!

atropellar [A1] *vt* **(a)** «*coche/camión*» to knock ... down; (pasando por encima) to run ... over **(b)** ‹*libertades/derechos*› to violate, ride roughshod over
■ **atropellarse** *v pron* **(a)** (al hablar, actuar) to rush **(b)** (*recípr*) (empujarse): **salieron corriendo, atropellándose unos a otros** they came running out, pushing and shoving as they went

atropello *m* (abuso) outrage; **~ DE** *or* **A algo** violation OF sth

atroz *adj* atrocious

atte. (Corresp) (= **atentamente**): **lo saluda ~** sincerely yours (AmE), yours sincerely/faithfully (BrE)

atuendo *m* (fml) outfit

atún *m* tuna (fish)

aturdimiento *m* (perplejidad) bewilderment; (por golpe, noticia) daze

aturdir [I1] *vt* **(a)** «*música/ruido*» **la música te aturdía** the music was deafening; **este ruido me aturde** I can't think straight with this noise **(b)** (dejar perplejo) to bewilder, confuse **(c)** «*golpe/noticia/suceso*» to stun, daze
■ **aturdirse** *v pron* (confundirse) to get confused *o* flustered; (por golpe, noticia) to be stunned *o* dazed

audacia *f* (valor) courage, daring; (osadía) boldness, audacity

audaz *adj* (valiente) brave, courageous; (osado) daring, bold

audición *f* **1** (facultad de oír) hearing **2** (prueba) audition **3** (RPl) (Rad) program*

⚷ **audiencia** *f* **1** (cita) audience; **pedir ~** to seek an audience **2** (Der) **(a)** (tribunal) court **(b)** (sesión) hearing **3** (espectadores, oyentes) audience; **un programa de mucha ~** a program with a large audience; **horas de máxima/mayor ~** peak viewing/prime time

audífono *m* **(a)** (para sordos) hearing aid **(b)** (de radio) earphone **(c)** **audífonos** *mpl* (AmL) headphones (*pl*)

audioguía *f* audioguide

audiolibro *m* audiobook

audiomensajería *f* voice mail

audiovisual *adj* audiovisual
■ *m* audiovisual presentation

auditar [A1] *vt* to audit

auditivo -va *adj* **(a)** ‹*nervio/conducto*› auditory **(b)** ‹*problemas*› hearing (*before n*)

auditor -tora *m,f* **(a)** (persona) auditor **(b)** **auditora** *f* (empresa) auditors (*pl*), firm of auditors

auditoría *f* audit

auditorio *m* (público) audience; (sala) auditorium

auge *m* **(a)** (punto culminante) peak; **en el ~ de su carrera** at the peak *o* height of his career **(b)** (aumento): **la comida vegetariana está en ~** vegetarian food is on the increase; **un período de ~ económico** a period of economic growth

augurar [A1] *vt* ‹*futuro*› to predict, foretell

augurio *m* (presagio): **sus ~s no se cumplieron** his predictions did not come true; **es un ~ de mala suerte** it's (a sign of) bad luck *o* a bad omen

⚷ **aula** *f*‡ **(a)** (en escuela) classroom **(b)** (en universidad) lecture (*o* seminar *etc*) room; **~**

⚷ key word

magna main lecture theater* *o* hall

aullar [A23] *vi «lobo/viento»* to howl

aullido *m* howl; **los ~s del perro** the howling of the dog

aumentar [A1] *vt* **(a)** (en general) to increase; *‹precio/sueldo›* to increase, raise **(b)** (Opt) to magnify

■ ~ *vi «temperatura/presión»* to rise; *«velocidad»* to increase; *«precio/producción/valor»* to increase, rise; **~á el frío** it will become colder; ~ DE **algo** (de volumen/tamaño) to increase IN sth; **aumentó de peso** he put on *o* gained weight

aumento *m* **(a)** (incremento) rise, increase; **~ de peso** increase in weight; **~ de temperatura** rise in temperature; **~ de precio** price rise *o* increase; **~ de sueldo** salary increase, pay raise (AmE), pay rise (BrE) **(b)** (Ópt) magnification; **lentes de mucho ~** glasses with very strong lenses

aun *adv* even; **ni ~ trabajando 12 horas al día** (not) even if we worked 12 hours a day; **~ así, creo que ...** even so, I think ...; **ni ~ así me quedaría** even then I wouldn't stay

aún *adv* **1** (todavía) **(a)** (en frases afirmativas o interrogativas) still; **~ falta un mes** there's still a month to go; **¿~ estás aquí?** are you still here? **(b)** (en frases negativas) yet; **~ no ha llamado** she hasn't called yet **2** (en comparaciones) even

aunar [A23] *vt ‹ideas›* to combine

■ **aunarse** *v pron* to unite, come together

aunque *conj* **1** (a pesar de que) **(a)** (refiriéndose a hechos) although; **~ no estaba bien fue a trabajar** although he wasn't well he went to work **(b)** (respondiendo a una objeción) (+ *subjuntivo*) **es millonario, ~ no lo parezca** he's a millionaire though he may not look it; **~ no lo creas ...** believe it or not ... **2** (refiriéndose a posibilidades, hipótesis) (+ *subjuntivo*) even if; **iré ~ llueva** I'll go even if it rains

au pair /o'per/ *mf* (*pl* **-pairs**) au pair

aura *f*‡ (halo) aura

aureola *f* **(a)** (Relig) halo, aureole (liter) **(b)** (de gloria, fama) aura **(c)** (Astron) aureole, corona **(d)** (CS) (de mancha) ring

auricular *m* **(a)** (del teléfono) receiver **(b) auriculares** *mpl* (Audio) headphones (*pl*), earphones (*pl*)

aurora *f* dawn

auscultar [A1] *vt* to auscultate (tech); **el médico me auscultó** the doctor listened to my chest (with a stethoscope)

ausencia *f* **(a)** (de persona) absence; ***brillar por su ~*** to be conspicuous by one's absence; **el orden brilla por su ~** there's a distinct lack of order **(b)** (no existencia) lack, absence **(c)** (fml) (inasistencia) absence

ausentarse [A1] *v pron* (fml) to go away; **pidió permiso para ~ un momento** he asked to leave the room (*o* class *etc*)

ausente *adj* [ESTAR] **(a)** (no presente) absent; **todos los alumnos ~s** all those pupils who are absent **(b)** (distraído) *‹persona›* distracted; *‹mirada/expresión›* absent (*before n*)

ausentismo *m* absenteeism; **~ escolar** absenteeism, truancy

auspiciar [A1] *vt* **(a)** (patrocinar) *‹exposición/función›* to back, sponsor **(b)** (propiciar, facilitar) to foster, promote

austeridad *f* austerity

austero -ra *adj ‹vida/costumbres/estilo›* austere; **es ~ en el comer** he is frugal in his eating habits

austral *adj* southern

Australia *f* Australia

australiano -na *adj/m,f* Australian

Austria *f*‡ Austria

austriaco -ca, austríaco -ca *adj/m,f* Austrian

autenticar [A2] *vt* **(a)** *‹firma/documento›* to authenticate **(b)** (RPl) *‹fotocopia›* to attest

autenticidad *f* authenticity

auténtico -ca *adj* **(a)** *‹cuadro›* genuine, authentic; *‹perla/piel›* real; *‹documento›* authentic **(b)** *‹interés/cariño/persona›* genuine **(c)** *‹pesadilla/catástrofe›* (*delante del n*) real (*before n*)

autista *adj* autistic

auto *m* **1** (esp CS) (Auto) car, automobile (AmE); **~ de carrera** (CS) racing car; **autitos chocadores** (RPl) bumper cars **2** (Lit, Teatr) play

autoabastecerse [E3] *v pron* to be self-sufficient; **~** DE *or* EN **algo** to be self-sufficient IN sth

autoadhesivo -va *adj* self-adhesive

autobiografía *f* autobiography

autobomba *m* (RPl) fire truck (AmE), fire engine (BrE)

autobús *m* bus; **~ de dos pisos** double-decker bus; **~ de línea** (inter-city) bus

autocar *m* (Esp) bus, coach (BrE)

autocine *m* drive-in

autocross *m* autocross

autóctono -na *adj ‹flora/fauna›* indigenous, native; **el elefante es ~ de la India** the elephant is indigenous *o* native to India

autodefensa *f* self-defence

autodeterminación *f* self-determination

autodidacta *mf* self-taught person, autodidact (fml)

autodisciplina *f* self-discipline

auto-escuela, autoescuela *f* driving school

autoestop *m* ▸ **autostop**

autoestopista *mf* hitchhiker

autogol *m* own goal

autografiar [A17] *vt* to autograph

autógrafo *m* autograph

autómata *m* automaton

automático¹ -ca *adj* automatic; **es ~, se sienta a ver la tele y se queda dormido** (fam) it happens every time, he sits down in front of the TV and falls asleep

automático² *m* **(a)** (Fot) self-timer; (Elec) circuit breaker, trip switch **(b)** (cierre) snap fastener (AmE), press stud (BrE)

automatizado -da *adj* automated

automatizar [A4] *vt* to automate

automedicación *f* self-medication

automercado *m* (AmC) supermarket

automotor¹ -triz *or* **-tora** *adj* (fml) *‹vehículo/industria›* motor (*before n*)

automotor² *m* (Ferr) railcar (*diesel or electric motor unit*)

🔑 **automóvil** *m* car, automobile (AmE)

automovilismo *m* motoring; ~ **deportivo** motor racing

automovilista *mf* motorist

automovilístico -ca *adj* ‹*carrera*› motor (*before n*); ‹*accidente*› car (*before n*)

🔑 **autonomía** *f* **1** **(a)** (independencia) autonomy; (Pol) autonomy, self-government; **obran con ~** they act autonomously **(b)** (en Esp, comunidad autónoma) autonomous *o* self-governing region **2** (Aviac, Náut) range

autonómico -ca *adj* **(a)** (independiente) autonomous **(b)** ‹*presidente/elecciones*› (en Esp) regional

autónomo -ma *adj* **(a)** ‹*departamento/entidad*› autonomous **(b)** (Pol) (en Esp) ‹*región*› autonomous **(c)** ‹*trabajador*› self-employed; ‹*fotógrafo/periodista*› freelance

■ *m,f* (trabajador) self-employed worker *o* person; (fotógrafo, periodista) freelancer

autopista *f* expressway (AmE), motorway (BrE); ~ **de peaje** or (Méx) **de cuota** turnpike (road) (AmE), toll motorway (BrE); **la ~ de la información** (Inf) the information superhighway

autopsia *f* autopsy, post mortem; **hacerle la ~ a algn** to perform an autopsy *o* a post mortem on sb

🔑 **autor -tora** *m,f* **(a)** (de libro, poema) author, writer; (de canción) writer; (de obra teatral) playwright **(b)** (de delito) perpetrator (fml); **el ~ del gol** the goalscorer

🔑 **autoridad** *f* **1** **(a)** (poder, competencia) authority **(b)** (persona, institución): **la máxima ~ en el ministerio** the top official in the ministry; **se entregó a las ~es** she gave herself up to the authorities **2** (experto) authority; **una ~ en la materia** an authority on the subject

autoritario -ria *adj* authoritarian

🔑 **autorización** *f* authorization (fml); **los menores necesitan la ~ paterna** minors need their parents' consent; **no tiene ~ de sus padres** he doesn't have his parents' permission

autorizado -da *adj* ‹*fuente/portavoz*› official; ‹*distribuidor*› authorized, official; ‹*opinión*› expert (*before n*)

🔑 **autorizar** [A4] *vt* **(a)** ‹*manifestación/documento/firma*› to authorize; ‹*aumento/pago/obra*› to authorize, approve **(b)** ‹*persona*› **¿quién te autorizó?** who gave you permission?; **lo autoricé para recibir el pago** I authorized him to receive the payment; **me autorizó para salir** he gave me permission to go out; **eso no te autoriza a** or **para hablarme así** that doesn't give you the right to talk to me like that

autorretrato *m* self-portrait

autoservicio *m* (tienda) supermarket; (restaurante) self-service restaurant, cafeteria

autostop, **auto-stop** /auto'(e)stop/ *m* hitchhiking; **hacer ~** to hitchhike

autosuficiencia *f* self-sufficiency

autosuficiente *adj* **(a)** (Econ) self-sufficient **(b)** (presumido) smug, self-satisfied

autovagón *m* (Per) railcar

🔑 key word

autovía *f* divided highway (AmE), dual carriageway (BrE)

auxiliar[1] *adj* **(a)** ‹*profesor*› assistant (*before n*); ‹*personal/elementos*› auxiliary (*before n*) **(b)** ‹*servicios*› auxiliary **(c)** (Tec) auxiliary **(d)** (Inf) peripheral

■ *mf* **(a)** (persona) assistant; ~ **de vuelo** flight attendant **(b) auxiliar** *f* (RPl) (Auto) spare tire

auxiliar[2] [A1] *vt* to help

auxilio *m* **(a)** (ayuda) help; **pedir ~** to ask for help; ~ **en carretera** breakdown *o* recovery service; **acudieron en ~ de las víctimas** they went to the aid of the victims **(b)** (RPl) (grúa) recovery *o* breakdown truck

Av. *f* (= **Avenida**) Ave.

aval *m* (Com, Fin) guarantee; (respaldo) backing, support; (recomendación) reference

avalancha *f* avalanche

avalar [A1] *vt* (Com, Fin) ‹*documento*› to guarantee; ‹*persona/préstamo*› to guarantee, act as guarantor for

avaluar [A18] *vt* (AmL) to value

avalúo *m* (AmL) valuation

🔑 **avance** *m* **(a)** (adelanto) advance; **un ~ en este campo** an advance *o* a step forward in this field **(b)** (movimiento) advance; (Mil) advance; (Dep) move forward

avanzado -da *adj* advanced; **de avanzada edad** of advanced years, advanced in years; **a horas tan avanzadas** at such a late hour

🔑 **avanzar** [A4] *vi* **(a)** «*persona/tráfico*» to advance, move forward **(b)** «*ciencia/medicina*» to advance **(c)** «*cinta/rollo*» to wind on **(d)** «*persona*» (en los estudios, el trabajo) to make progress; «*negociaciones/proyecto*» to progress **(e)** «*tiempo*» to draw on

■ ~ *vt* **(a)** (adelantarse) to move forward, advance **(b)** (mover) to move ... forward, advance

avaricia *f* avarice; ***la ~ rompe el saco*** if you're too greedy you end up with nothing

avaricioso -sa, **avariento -ta** *adj* greedy, avaricious

■ *m,f* greedy *o* avaricious person

avaro -ra *adj* miserly

■ *m,f* miser

avasallador -dora, **avasallante** *adj* **(a)** ‹*persona/actitud*› domineering, overbearing **(b)** ‹*triunfo*› resounding (*before n*)

Avda. *f* (= **Avenida**) Ave.

ave *f*‡ bird; ~ **de corral** fowl; ~ **de mal agüero** bird of ill omen; ~ **rapaz** or **de rapiña** (Zool) bird of prey; (persona) shark

AVE *m* (= **Alta Velocidad Española**) high-speed train

avecinarse [A1] *v pron* to approach

avejentado -da *adj*: **está muy ~** he's aged a lot; **un rostro ~** an old face

avejentar [A1] *vt* to age, make ... look older

avellana *f* hazelnut

avellano *m* hazel

Avemaría *f*‡ (Relig) Hail Mary; (Mús) Ave Maria

avena *f* oats (*pl*)

🔑 **avenida** *f* **(a)** (calle) avenue, boulevard

(b) (de río) freshet, flood

avenido -da *adj*: **bien ~** well-matched; **es una pareja mal avenida** they don't get on well as a couple

avenirse [I31] *v pron* **(a)** (ponerse de acuerdo) **~se** EN **algo** to agree ON sth **(b)** (llevarse bien) **~se** CON **algn** to get on WITH sb

aventajado -da *adj* outstanding, excellent

aventajar [A1] *vt* (estar por delante de) to be ahead of; (adelantarse) to overtake, get ahead of

aventar [A5] *vt* **(a)** (Col, Méx, Per) ‹*pelota/piedra*› to throw; **le aventé un sopapo** (fam) I smacked *o* (BrE) thumped him (infml) **(b)** (Méx) (empujar) to push

■ **aventarse** *v pron* **(a)** (Méx fam) (atreverse) to dare; **~se** A **hacer algo** to dare to do sth **(b)** (*refl*) (Col, Méx) (arrojarse, tirarse) to throw oneself; **se aventó al agua** he dived into the water

aventón *m* (Méx fam) lift; **darle ~ a algn** to give sb a lift *o* ride; **pedir ~** to hitch *o* thumb a lift; **ir de ~** to go hitching

aventura *f* **(a)** (suceso extraordinario) adventure **(b)** (empresa arriesgada) venture **(c)** (relación amorosa — pasajera) fling; (— ilícita) affair

aventurado -da *adj* risky, hazardous

aventurar [A1] *vt* ‹*opinión*› to venture, put forward; ‹*conjetura*› to hazard

■ **aventurarse** *v pron* to venture; **me ~ía a decir que ...** I would go so far as to say that ...

aventurero -ra *adj* adventurous

■ *m,f* adventurer

avergonzado -da *adj* **(a)** (por algo reprensible) ashamed; **~** POR *or* DE **algo** ashamed OF sth **(b)** (en situación embarazosa) embarrassed

avergonzar [A13] *vt* **(a)** (por algo reprensible): **¿no te avergüenza salir así a la calle?** aren't you ashamed to go out looking like that? **(b)** (en situación embarazosa) to embarrass; **me avergüenza decírselo** I'm embarrassed to tell him

■ **avergonzarse** *v pron* to be ashamed (of oneself); **~se** DE **algo** to be ashamed OF sth; **se avergonzó de haberle mentido** she was ashamed of herself for having lied to him

avergüenza, **avergüenzas**, *etc* ▶ **avergonzar**

avería *f* (Auto, Mec) breakdown

averiado -da *adj* [ESTAR] ‹*coche/máquina*› broken down; ‹*ascensor/teléfono*› out of order

averiarse [A17] *v pron* to break down

averiguación *f* inquiry

averiguar [A16] *vt* to find out

■ **~** *vi* (Méx) to quarrel, argue; ***averiguárselas*** (Méx) to manage

aversión *f* aversion

avestruz *m* ostrich

aviación *f* (civil) aviation; (Mil) air force

aviador -dora *m,f* (Aviac, Mil) pilot

avícola *adj* poultry (*before n*)

avicultura *f* poultry farming

avidez *f* eagerness, avidity; **lee con ~** he reads avidly

ávido -da *adj* **~** DE **algo** (de noticias/aventuras) eager FOR sth; (de poder) hungry FOR sth

avinagrar [A1] *vt* ‹*vino*› to make ... taste vinegary; ‹*carácter*› to make ... sour *o* bitter

■ **avinagrarse** *v pron* «*vino*» to turn *o* go vinegary; «*persona*» to become bitter *o* sour

⚷ **avión** *m* (Aviac) plane, aircraft (fml), airplane (AmE), aeroplane (BrE); **viajar en ~** to fly; Ⓢ **por avión** (Corresp) air mail; **~ a chorro** or **a reacción** jet (plane); **~ de combate/de pasajeros** fighter/passenger plane

avionazo *m* (Méx) plane crash

avioneta *f* light aircraft

avisar [A1] *vt* **(a)** (notificar): **¿por qué no me avisaste que venías?** why didn't you let me know you were coming?; **nos han avisado que...** they've notified us that... **(b)** (Esp, Méx) (llamar) to call; **~ al médico** to call the doctor **(c)** (advertir) to warn; **quedas** or **estás avisado** you've been warned

■ **~** *vi*: **llegó sin ~** she showed up without any prior warning *o* unexpectedly; **avísame cuando acabes** let me know when you've finished; **~ a algn** DE **algo** to let sb know ABOUT sth

aviso *m* **1** **(a)** (notificación) notice; Ⓢ **aviso al público** notice to the public; **dio ~ a la policía** he notified *o* informed the police; **sin previo ~** without prior warning; **último ~ para los pasajeros ...** last call for passengers ... **(b)** (advertencia) warning; ***poner sobre ~ a algn*** to warn sb **(c)** (Cin, Teatr) bell **(d)** (Taur) warning **2** (AmL) (anuncio, cartel) advertisement, ad

avispa *f* wasp

avispado -da *adj* (fam) sharp, bright

avispero *m* (nido) wasps' nest

avivar [A1] *vt* ‹*fuego*› to get ... going; ‹*color*› to make ... brighter; ‹*pasión/deseo*› to arouse; ‹*dolor*› to intensify

■ **avivarse** *v pron* **(a)** «*fuego*» to revive, flare up; «*debate*» to come alive, liven up **(b)** (AmL fam) (despabilarse) to wise up (infml)

axila *f* (Anat) armpit, axilla (tech)

axilar *adj* underarm (*before n*)

ay *interj* **(a)** (expresando — dolor) ow!, ouch!; (— susto, sobresalto) oh! **(b)** (expresando aflicción) oh dear! **(c)** (expresando amenaza): **¡~ del que se atreva!** woe betide anyone who tries it!

⚷ **ayer** *adv* (refiriéndose al día anterior) yesterday; **~ hizo un mes** a month ago yesterday; **~ por** or (esp AmL) **en la mañana** yesterday morning; **antes de ~** the day before yesterday; **el periódico de ~** yesterday's paper

⚷ **ayuda** *f* (asistencia) help; **nadie acudió en su ~** nobody went to his aid; **~s para la inversión** incentives for investment; **ha sido de gran ~** it has been a great help

ayudante *mf* assistant; **~ de cátedra** assistant professor (AmE), (junior) lecturer (BrE); **~ de cocina** kitchen assistant

⚷ **ayudar** [A1] *vt* to help; **~ al prójimo** to help one's neighbor; **¿te ayudo?** do you need any help?; **vino a ~me** she came to help me out; **ayúdame a poner la mesa** help me (to) set the table

■ **~** *vi* to help; **¿puedo ~ en algo?** can I do anything to help?

ayunar [A1] *vi* to fast

ayunas: **en ~** (*loc adv*): **estoy en ~** I haven't eaten anything; **debe tomarse en ~** it should be taken on an empty stomach

ayuno *m* fast, fasting

🔑 **ayuntamiento** *m* (corporación) town/city council; (edificio) town/city hall
azabache *m* jet; **negro como el ~** jet black
azada *f* hoe
azadón *m* mattock
azafata *f* **1** **(a)** (en avión) flight attendant, air hostess; **~ de tierra** ground stewardess **(b)** (en programa, concurso) hostess; **~ de congresos** conference hostess **2** (Per) (bandeja) tray
azafate *m* (AmS) tray
azafrán *m* saffron
azahar *m* (del naranjo) orange blossom; (del limonero) lemon blossom
azar *m* **(a)** (casualidad) chance; **dejar algo al ~** to trust sth to chance; **al ~** at random **(b) azares** *mpl* (vicisitudes) ups and downs (*pl*), vicissitudes (*pl*)
azaroso -sa *adj* ‹*viaje*› hazardous; ‹*proyecto*› risky; ‹*vida*› eventful
Azerbaiyán, **Azerbaiján** *m* Azerbaijan
azerbaiyaní *adj/mf* Azerbaijani, Azeri
■ *m* (idioma) Azerbaijani
azorado -da *adj* **(a)** (turbado) embarrassed **(b)** (Col, Méx, RPl) (asombrado) amazed, astonished
azorar [A1] *vt* (turbar) to embarrass
■ **azorarse** *v pron* to get embarrassed
azotador *m* (Méx) caterpillar
azotaina *f* (fam) spanking
azotar [A1] *vt* **1** (con látigo) to whip, flog **2** (Méx) ‹*puerta*› to slam
azote *m* **1** **(a)** (látigo) whip, lash; (latigazo) lash **(b)** (fam) (a un niño): **te voy a dar unos ~s** I'm going to spank you **2** (calamidad) scourge
azotea *f* terrace roof, flat roof
azteca *adj/mf* Aztec
azúcar *m or f* sugar; **el nivel de ~ en la sangre** the blood-sugar level; **chicle sin ~** sugar-free gum; **~ blanca** white sugar; **~ en terrones** or (RPl) **pancitos** sugar lumps *o* cubes (*pl*); **~ glasé** or (Méx) **glas** confectioners sugar (AmE), icing sugar (BrE); **~ lustre/morena** castor*/ brown sugar
azucarar [A1] *vt* ‹*café/leche*› to add sugar to; ‹*fruta*› to sprinkle ... with sugar
azucarera *f* **(a)** (AmL) (recipiente) sugar bowl **(b)** (fábrica) sugar refinery
azucarero[1] -ra *adj* ‹*industria*› sugar (*before n*); ‹*zona*› sugar-producing (*before n*)
azucarero[2] *m* sugar bowl
azucena *f* Madonna lily, Annunciation lily
azufre *m* sulfur*
🔑 **azul** *adj/m* blue; **de un ~ intenso** deep blue; **~ verdoso** *m* greenish blue; *adj inv* greenish-blue (*before n*) **~ cielo** or **celeste** *m* sky blue; *adj inv* sky-blue (*before n*); **~ marino** *m* navy blue; *adj inv* navy-blue (*before n*)
azulado -da *adj* bluish
azulejo *m* (glazed ceramic) tile
azuzar [A4] *vt* **(a)** ‹*perros*› to sic; **~le los perros a algn** to set the dogs on sb **(b)** ‹*persona*› to egg ... on

Bb

B, **b** *f* (*read as* /be ('larɣa)/) the letter B, b
baba *f* **(a)** (de niño) dribble, drool (AmE) **(b)** (de adulto) saliva; ***caérsele a algn la ~ por*** or ***con algn*** to drool over sb **(c)** (de perro, caballo) slobber; (de caracol) slime
babear [A1] *vi* **(a)** «*persona*» to dribble, drool (AmE) **(b)** «*animal*» to slaver, slobber
babero *m* bib
babor *m* port; **a ~** to port
babosa *f* slug
babosada *f* (AmL fam) drivel; **decir ~s** to talk drivel
baboso -sa *adj* **1** (con babas) slimy **2** (AmL fam) (estúpido) ‹*persona*› dim (infml); ‹*libro/ espectáculo*› ridiculous
■ *m,f* (AmL fam) (tonto) dimwit (infml)
babucha *f* (zapatilla) slipper
baca *f* roof rack, luggage rack
bacalao *m* cod, codfish (AmE); **~ seco** salt cod
bacenilla *f* (Col, Ven) chamber pot
bache *m* **(a)** (Auto) pothole **(b)** (Aviac) air pocket **(c)** (mal momento) bad time *o* (BrE) patch
bachillerato *m* **(a)** (educación secundaria) (*secondary education and the qualification obtained*), ≈ high school diploma (*in US*) **(b)** (Per) (licenciatura) bachelor's degree
bacinica *f* (AmL exc RPl fam) chamber pot, potty (infml)
bacteria *f* bacterium; **~s** bacteria (*pl*)
badén *m* **(a)** (vado) ford **(b)** (montículo) road hump **(c)** (depresión) dip
bádminton /'baðminton/ *m* badminton
baffle /'bafle/, **bafle** *m* (altavoz) speaker, loudspeaker
bagaje *m*: **~ cultural** (de persona) cultural knowledge; (de un pueblo) cultural heritage
bagatela *f* (alhaja) trinket; (adorno) knickknack
bah *interj* (expresando — desprecio) huh!, bah!; (— conformidad) oh well!
bahía *f* bay

🔑 key word

bailaor -laora *m,f* flamenco dancer

bailar [A1] *vi* **1** (Mús) to dance; **salir a ~** to go out dancing; **la sacó a ~** he asked her to dance **2** «*trompo/peonza*» to spin **3** (fam) (quedar grande) (+ *me/te/le etc*) **estos zapatos me bailan** these shoes are too big for me (infml)
■ ~ *vt* to dance; **~ un tango** to (dance a) tango

bailarín -rina *m,f* dancer; **primer ~** leading dancer; **primera bailarina** prima ballerina

baile *m* **(a)** (acción) dancing; **abrir el ~** to start the dancing **(b)** (arte, composición, fiesta) dance; **~ de disfraces/máscaras** fancy-dress/masked ball

baja *f* **1** (descenso) fall, drop; **una ~ en los precios** a fall *o* drop in prices; **la ~ de las tasas de interés** the cut in interest rates; **tendencia a la ~** downward trend **2 (a)** (Esp) (Rels Labs) (permiso) sick leave; (certificado) medical certificate; **está (dado) de ~** he's off sick *o* on sick leave; **~ por maternidad** (Esp) maternity leave **(b)** (Dep): **el equipo tiene varias ~s** the team is missing several regulars **(c)** (Mil) (muerte) loss, casualty **3** (en entidad): **darse de ~** (en club) to cancel one's membership, leave; (en partido) to resign, leave; (de sitio web) to unsubscribe; (Mil): **dar de ~** to discharge

bajada *f* **1** (acción) descent; **durante la ~** on the way down; **tuvo una ~ de tensión** his blood pressure dropped; **~ de bandera** (en taxi) minimum fare **2 (a)** (pendiente) slope; **una ~ muy empinada** a very steep slope **(b)** (camino): **la ~ a la playa es muy empinada** the path (*o* road *etc*) down to the beach is very steep

bajamar *f* low tide

bajar [A1] *vi* **1 (a)** «*ascensor/persona*» (alejándose) to go down; (acercándose) to come down; **~ por las escaleras** to go/come down the stairs; **ya bajo** I'll be right down **(b)** (apearse) **~ DE algo** (de tren/avión) to get off sth; (de coche) to get out OF sth; (de caballo/bicicleta) to get off sth **(c)** (Dep) «*equipo*» to go down **2 (a)** «*marea*» to go out **(b)** «*fiebre/tensión*» to go down, drop; «*hinchazón*» to go down; «*temperatura*» to fall, drop **(c)** «*precio/valor*» to fall, drop; «*calidad*» to deteriorate; «*popularidad*» to diminish; **~ de precio** to go down in price
■ ~ *vt* **1** ‹*escalera/cuesta*› to go down **2** ‹*brazo/mano*› to put down, lower **3 (a) ~ algo (DE algo)** (de armario/estante) to get sth down (FROM sth); (del piso de arriba) (traer) to bring sth down (FROM sth); (llevar) to take sth down (TO sth) **(b) ~ a algn DE algo** (de mesa/caballo) to get sb off sth **4 (a)** ‹*persiana/telón*› to lower; ‹*ventanilla*› to open **(b)** ‹*cremallera*› to undo **5** ‹*precio*› to lower; ‹*fiebre*› to bring down; ‹*volumen*› to turn down; ‹*voz*› to lower
■ **bajarse** *v pron* **1** (apearse) **~se DE algo** (de tren/autobús) to get off sth; (de coche) to get out OF sth; (de caballo/bicicleta) to get off sth; (de pared/árbol) to get down off sth **2** ‹*pantalones*› to take down; ‹*falda*› to pull down

bajativo *m* (CS) liqueur, digestif

bajío *m* **(a)** (zona poco profunda) shallows (*pl*); (banco de arena) sandbank **(b)** (AmL) (terreno bajo) low-lying area

bajista *mf* bass player, bassist

bajo[1] -ja *adj* **1** [SER] ‹*persona*› short **2 (a)** [SER] ‹*techo*› low; ‹*tierras*› low-lying **(b)** [ESTAR] ‹*lámpara/cuadro/nivel*› low; **la marea está baja** the tide is out; **están ~s de moral** their morale is low; **está ~ de defensas** his defenses are low **3 (a)** ‹*calificación/precio/temperatura*› low; **~ en nicotina y alquitrán** low in nicotine and tar; **~ en calorías** low-calorie; **de baja calidad** poor-quality **(b)** ‹*volumen/luz*› low; **en voz baja** quietly, in a low voice **4** (grave) ‹*tono/voz*› deep, low **5** (vil) ‹*acción/instinto*› low, base; **los ~s fondos** the underworld

bajo[2] *adv* **(a)** ‹*volar/pasar*› low **(b)** ‹*hablar/cantar*› softly, quietly; **¡habla más ~!** keep your voice down!
■ *m* **1 (a)** (planta baja) first (AmE) *o* (BrE) ground floor **(b) los bajos** (CS) the first (AmE) *o* (BrE) ground floor **2** (contrabajo) (double) bass
■ *prep* under; **~ techo** under cover, indoors; **tres grados ~ cero** three degrees below zero; **~ juramento** under oath

bajón *m* (fam) **(a)** (descenso fuerte) sharp drop *o* fall **(b)** (de ánimo) depression

bajorrelieve *m* bas-relief

bala *f* **1** (Arm) (de pistola, rifle) bullet; (de cañón) cannon ball; **~ de fogueo** blank (round *o* cartridge); **~ de goma/plástico** rubber/plastic bullet; **a prueba de ~s** bulletproof; **una ~ perdida** a stray bullet; ***como (una) ~*** ‹*salir/entrar*› like a shot (infml) **2** (AmL) (Dep) shot; **lanzamiento de ~** shot put

balaca *f* (Col) **(a)** (Indum) hair-band **(b)** (Dep) sweatband, headband

balacera *f* (AmL) shooting

balada *f* ballad

balance *m* **1 (a)** (resumen, valoración) assessment, evaluation; **hacer ~ DE algo** to take stock OF sth, to evaluate sth **(b)** (resultado) result, outcome **2** (Com, Fin) (cálculo, cómputo) balance; (documento) balance sheet; (de cuenta) balance

balancear [A1] *vt* **1** ‹*paquetes/carga*› to balance **2** ‹*pierna/brazo*› to swing; ‹*barco*› to rock
■ **balancearse** *v pron* **(a)** «*árbol/ramas*» to sway; «*objeto colgante*» to swing **(b)** «*barco*» to rock

balanceo *m* (de hamaca) swinging; (de árboles) swaying; (de barco) rocking

balancín *m* (de niños) seesaw, teeter-totter (AmE)

balanza *f* scales (*pl*); (de dos platillos) scales (*pl*), balance; **~ comercial/de pagos** balance of trade/of payments; ***poner en la ~*** to weigh (AmE), to weigh up (BrE)

balar [A1] *vi* to bleat, baa

balazo *m* (Arm) (tiro) shot; (herida) bullet wound; **recibió un ~** he was shot

balboa *m* balboa (*Panamanian unit of currency*)

balbucear [A1] *vt* to stammer
■ ~ *vi* «*adulto*» to mutter, mumble; «*bebé*» to babble

balbuceo *m* (de adulto) mumbling, muttering; (de bebé) babble

balcón *m* balcony

balde *m* **1** (cubo) bucket, pail; ***caer como un ~ de agua fría*** to come as a complete shock **2** (*en locs*) **de balde** ‹*trabajar/viajar*› for nothing, for free; **en balde** in vain

baldío[1] -día *adj* **(a)** (sin cultivar): **terreno ~** waste land **(b)** ‹*esfuerzo*› vain, useless

baldío² *m* **(a)** (terreno sin cultivar) area of waste land **(b)** (Bol, Méx, RPl) (solar) piece *o* plot of land, vacant lot (AmE)

b

baldosa *f* floor tile; **suelo de ~s** tiled floor

baldosín *m* tile

balear [A1] *vt* (AmL) to shoot; **murió baleado** he was shot dead

baleo *m* (AmL) shooting

balero *m* (Méx, RPl) (juguete) *cup-and-ball toy*

balido *m* bleat, baa

balín *m* (perdigón) pellet; (bala pequeña) shot

balística *f* ballistics

baliza *f* **(a)** (boya) buoy; (señal fija) marker **(b)** (Aviac) beacon

ballena *f* (Zool) whale

ballenato *m* whale calf

ballenero -ra *m,f* **(a)** (persona) whaler **(b) ballenero** *m* (barco) whaleboat, whaler

ballet /ba'le/ *m* (*pl* **-llets**) ballet

balneario *m* **1** (de baños medicinales) spa **2** (AmL) (núcleo residencial) seaside resort, (holiday) resort

balompié *m* soccer, football (BrE)

balón *m* **(a)** (Dep) ball **(b)** (recipiente) cylinder; **~ de oxígeno** oxygen cylinder

baloncesto *m* basketball

balonmano *m* handball

balonvolea *m* volleyball

balsa *f* (embarcación) raft; **~ inflable/salvavidas** inflatable/life raft

bálsamo *m* **(a)** (Farm, Med) balsam, balm **(b)** (Chi) (para el pelo) conditioner

baluarte *m* bastion

bambalina *f* (Teatr) drop (curtain); ***entre ~s*** behind the scenes

bambolearse *v pron* «*persona/árbol/torre*» to sway; «*objeto colgante*» to swing; «*barco/tren*» to rock; «*avión/ascensor*» to lurch

bambú *m* (*pl* **-búes** *or* **-bús**) bamboo

banal *adj* banal

banana *f* (Per, RPl) banana

bananal, **bananar** *m* (AmL) banana plantation

bananero¹ -ra *adj* (AmL) banana (*before n*)

bananero² *m* (AmL) banana tree

banano *m* (árbol) banana tree; (fruta) (AmC, Col) banana

banca *f* **1** **la ~** (sector) banking; (bancos) the banks **2** (AmL) **(a)** (asiento) bench; (pupitre) desk **(b)** (Dep) (asiento) bench; (jugadores) substitutes (*pl*)

bancario -ria *adj* ‹*interés/préstamo*› bank (*before n*); ‹*sector*› banking (*before n*)

bancarrota *f* bankruptcy; **en ~** bankrupt; **ir a la ~** to go bankrupt

banco *m* **1** **(a)** (de parque) bench; (de iglesia) pew; (de barca) thwart; (pupitre) (Chi) desk **(b)** (de carpintero) workbench **2** (Com, Fin) bank; (de órganos, sangre) bank; (de información) bank; **~ de datos** data base *o* bank; **~ de esperma** or **semen** sperm bank; **~ de genes** gene bank **3** (de peces) shoal; (bajío) bar, bank; **~ de arena** sandbank

banda *f* **1** (en la cintura, cruzando el pecho) sash; (franja, lista) band; (para pelo) (Méx) hair-band; (en brazo) armband; **~ de frecuencias** frequency band; **~ sonora** (Cin) sound track; **~ ancha** broadband; **~ transportadora** (Méx) conveyor belt **2** (de barco) side; (en billar) cushion; (en fútbol, rugby) touchline; **saque de ~** (en fútbol) throw-in; (en rugby) put-in **3** **(a)** (de delincuentes) gang **(b)** (Mús) band

bandada *f* (de pájaros) flock; (de peces) shoal

bandazo *m*: ***dar ~s*** «*equipaje*» to move about; «*coche*» to swerve about

bandeja *f* tray; ***servirle algo a algn en ~*** to hand sb sth on a platter (AmE) *o* (BrE) plate

bandera *f* **(a)** (de nación, club) flag; (de regimiento) colors* (*pl*); **izar la ~** to run up *o* raise the flag; **arriar la ~** to lower *o* strike the flag **(b)** (para señales) flag, pennant; **~ ajedrezada** or **a cuadros** checkered* flag **(c)** (de taxi): **bajar la ~** to start the meter **(d)** (Inf) flag

banderilla *f* (Taur) banderilla (*barbed dart stuck into the bull's neck*)

banderillero *m* banderillero (*person who sticks the banderillas into the bull's neck*)

banderín *m* (banderita triangular) pennant; (Dep) flag

banderola *f* (enseña) banderole

bandido -da *m,f* (delincuente) bandit; (granuja) crook; (pícaro) rascal

bando *m* **1** (edicto) edict **2** (facción) side, camp; **están en ~s contrarios** they're on opposing sides

bandolera *f* (cinturón) Sam Browne (belt); (para cartuchos) bandolier; **en ~** slung across one's shoulder

bandolero -ra *m,f* bandit

bandoneón *m*: *type of accordion*

banjo /'bandʒo/ *m* banjo

banquero -ra *m,f* banker

banqueta *f* **(a)** (taburete) stool; (para los pies) footstool **(b)** (Méx) (acera) sidewalk (AmE), pavement (BrE)

banquete *m* banquet; **~ de bodas/de gala** wedding/gala reception

banquillo *m* **(a)** (Der): **el ~ (de los acusados)** the dock **(b)** (Dep) bench

banquina *f* (RPl) (en autopista) shoulder (AmE), hard shoulder (BrE); (cuneta) ditch

bañado -da *adj* (Bol, RPl) **~ EN algo** (en sangre/sudor) covered WITH sth; ‹*en lágrimas*› bathed IN sth; **~ en oro/plata** gold-plated/silver-plated

bañador *m* (Esp) (de mujer) bathing suit (esp AmE), swimming costume (BrE); (de hombre) swimming trunks

bañar [A1] *vt* **1** ‹*niño/enfermo*› to bath, give ... a bath **2** ‹*pulsera/cubierto*› to plate

■ **bañarse** *v pron* (*refl*) **(a)** (en bañera) to have *o* take a bath, to bathe (AmE) **(b)** (en mar, río) to swim, bathe

bañera *f* bath, bathtub

bañero -ra *m,f* (RPl) lifeguard

bañista *mf* bather

baño *m*

■ **Nota** Con referencia al cuarto de baño de una casa particular, el inglés americano emplea

key word

normalmente *bathroom*. El inglés británico emplea *toilet*, *lavatory* o (coloquialmente) *loo*. Cuando se habla de los servicios de un edificio público, el inglés americano utiliza *washroom*, *restroom*, *men's room* o *ladies' room*. El inglés británico emplea *the Gents*, *the ladies*, o *the toilets*. En la calle y en los parques públicos se emplea *public toilets*, o en inglés británico más formal, *public conveniences*.

1 (en bañera) bath; (en mar, río) swim; **darse un ~** to have a bath/to go for a swim; **~ de sangre** bloodbath; **~s públicos** public baths (*pl*); **~ turco** Turkish bath **2** **(a)** (bañera) bath **(b)** (esp AmL) (en casa privada) bathroom (AmE), toilet (BrE); (en edificio público) restroom (AmE), toilet (BrE); **~ público** (AmL) public toilet **3** (de metal) plating

baptista *adj* Baptist (*before n*)
■ *mf* Baptist

baqueta *f* **(a)** (Arm) ramrod **(b)** (Mús) drumstick

baquiano -na *m,f* (AmL) guide

bar *m* (local) bar; (mueble) liquor cabinet (AmE), drinks cabinet (BrE)

baraja *f* deck *o* (BrE) pack (of cards)

barajar [A1] *vt* **1** ‹*cartas*› to shuffle **2** ‹*nombres/posibilidades*› to consider, look at; ‹*cifras*› to talk about, mention

baranda, (Esp) **barandilla** *f* (de balcón) rail; (de escalera) handrail, banister

barata *f* **1** (Chi) (cucaracha) cockroach **2** (Méx) (liquidación) sale

baratija *f* (alhaja) trinket; (adorno) knickknack

barato[1] -ta *adj* **(a)** ‹*vestido/restaurante/viaje*› cheap, low-priced **(b)** (*como adv*) ‹*costar/comprar*› cheap

barato[2] *adv* ‹*comer/vivir*› cheaply; **se compra más ~ en el mercado** you can get things cheaper in the market

barba *f* **(a)** (de quien se la afeita) stubble; **una ~ de dos días** two days' growth of stubble **(b)** (de quien se la deja) beard; **dejarse (la) ~** to grow a beard; **un hombre con ~** a man with a beard; ***hacerle la ~ a algn*** (Méx fam) to suck up to sb (infml) **(c)** (mentón, barbilla) chin

barbacoa *f* **(a)** (parrilla) barbecue; (carne) barbecued meat **(b)** (Méx) *meat roasted in an oven dug in the earth*

barbaridad *f* **(a)** (acto atroz) atrocity **(b)** (disparate): **pagar tanto es una ~** it's madness to pay that much; **lo que hiciste/dijiste es una ~** what you did/said is outrageous; **es capaz de cualquier ~** he's quite capable of doing something really terrible *o* stupid; **¡qué ~!** good heavens!; ***una ~*** (fam) ‹*comer*› like a horse; ‹*fumar*› like a chimney; ‹*pagar/costar*› a fortune

barbarie *f* (de tribu, pueblo) barbarism, savagery; (brutalidad) barbarity

barbarismo *m* (extranjerismo) loan word, borrowing; (solecismo) barbarism

bárbaro[1] -ra *adj* **1** (Hist) barbarian **2** (bruto): **el muy ~ la hizo llorar** the brute made her cry; **no seas ~, no se lo digas** don't be crass *o* cruel, don't tell him **3** (fam) (como intensificador) ‹*casa/coche*› fantastic; **tengo un hambre bárbara** I'm starving

bárbaro[2] *adv* (fam): **lo pasamos ~** we had a fantastic time (infml)

bárbaro[3] -ra *m,f* **1** (Hist) Barbarian **2** (fam) (bruto) lout, thug

barbecho *m* (estado): **dejar la tierra en ~** to leave the land fallow; ***estar en ~*** (CS) to be in preparation

barbería *f* barber's (shop)

barbero[1] *m* barber

barbero[2] -ra *m,f* (Méx fam) toady

barbilampiño *adj*: **un hombre ~** a man with a light beard

barbilla *f* chin

barbitúrico *m* barbiturate

barbudo *m* bearded man, man with a beard

barca *f* boat; **~ de remos** rowboat (AmE), rowing boat (BrE)

barcaza *f* (en canales, ríos) barge; (entre barco y tierra) lighter

barco *m* (Náut) boat; (grande) ship, vessel (fml); **un viaje en ~** a journey by sea (*o* river *etc*); **ir/viajar en ~** to go/travel by boat/ship; **~ de guerra** warship; **~ de vapor** steamboat, steamer; **~ de vela** sailing boat, sailboat (AmE)

barda *f* (Méx) (de cemento) wall; (de madera) fence

barítono -na *adj/m* baritone

barman /'barman/ *m* (*pl* **-mans**) barman, bartender (AmE)

barniz *m* **(a)** (para madera) varnish **(b)** (de cultura, educación) veneer; **~ de** or **para las uñas** nail polish, nail varnish (esp BrE)

barnizar [A4] *vt* to varnish

barómetro *m* barometer

barón *m* (título nobiliario) baron; (de organización) influential member

baronesa *f* baroness

barquero -ra; (*m*) boatman; (*f*) boatwoman

barquilla *f* (de globo) basket, carriage; (Náut) log

barquillo *m* (galleta) wafer; (cono) ice-cream cone *o* (BrE) cornet

barra *f* **1** **(a)** (de armario) rail; (para cortinas) rod, pole; (de bicicleta) crossbar **(b)** (de oro, jabón, chocolate) bar; (de turrón, helado) block; (de desodorante) stick; (de pan) (Esp, Méx) stick, French loaf; **~ de labios** lipstick **2** **(a)** (banda, franja) bar **(b)** (Mús) bar (line) **(c)** (signo de puntuación) oblique, slash **3** (para ballet, gimnasia) bar; **~ fija** horizontal bar; **~s asimétricas/paralelas** asymmetric/parallel bars (*pl*) **4** (de bar, cafetería) bar **5** (AmL fam) **(a)** (de hinchas, seguidores) supporters (*pl*) **(b)** (de amigos) gang (infml) **6** (Inf): **~ de herramientas** toolbar

barrabasada *f* (fam) prank; **hacer ~s** to play pranks

barraca *f* **(a)** (puesto) stall; (caseta) booth **(b)** (Mil) barrack hut **(c)** (casa) adobe house (*typical of Valencia and Murcia*) **(d)** (CS) (de materiales de construcción) builders merchant *o* yard

barranca *f*, **barranco** *m* gully; (más profundo) ravine

barrena *f* (punzón) gimlet; (taladro, perforadora) drill

barrenar [A1] *vt* (perforar) to drill; (volar) ‹*roca*› to blast

barrendero -ra *m,f* road sweeper, street cleaner

barreno *m* (barrena) drill; (para explosivo) shot hole

barrer [E1] *vt* **1** ‹*suelo/cocina*› to sweep **2** **(a)** (arrastrar) to sweep away **(b)** ‹*rival*› to thrash, trounce
■ ~ *vi* **1** (con escoba) to sweep **2** (arrasar) «*equipo/candidato*» to sweep to victory; ~ CON **algo** (con medallas) to walk off WITH sth; **la inundación barrió con todo** the flood swept everything away; **barrió con todos los premios** she walked off with all the prizes
■ **barrerse** *v pron* (Méx) «*vehículo*» to skid; (en fútbol, béisbol) to slide

barrera *f* barrier; ~ **de peaje** toll barrier; ~ **generacional** generation gap; ~ **idiomática** language barrier

barriada *f* **(a)** (barrio) area, district (*often poor or working-class*) **(b)** (AmL) (barrio marginal) slum area, shantytown

barrial *m* (AmL) quagmire

barricada *f* barricade

barriga *f* (fam) (vientre) belly (infml), tummy (infml); **dolor de** ~ bellyache (infml), tummy ache (infml); **echar** ~ to develop a paunch *o* (infml) gut

barrigón -gona *adj* (fam): **se está volviendo barrigona** she's getting a bit of a belly *o* tummy (infml); **un viejo** ~ an old man with a paunch

barril *m* barrel; (de pólvora, cerveza) keg; ***ser un ~ sin fondo*** (AmL fam) to be a bottomless pit (infml)

♂ **barrio** *m* **(a)** (zona) neighborhood*; **la gente del** ~ people in the neighborhood, local people; **el mercado del** ~ the local market; ~ **alto** (Chi) smart neighborhood; ~ **chino** (Esp) red-light district; ~ **espontáneo** (AmC) shantytown; ~**s bajos** poor neighborhoods (*pl*); ~ **de invasión** (Col) shantytown **(b)** (de las afueras) suburb

barriobajero -ra *adj* (pey) common (derog)

barrizal *m* quagmire, muddy area

barro *m* (lodo) mud; (Art) clay, earthenware (*before n*)

barroco -ca *adj* ‹*estilo*› baroque; (recargado) overelaborate

barrote *m* (de celda, ventana) bar; (en carpintería) crosspiece

bartola *f*: ***echarse a la ~*** (fam) (estar sin trabajar) to laze about

bártulos *mpl* (fam) gear (infml), stuff (infml)

barullo *m* (alboroto) racket (infml), ruckus (AmE); (desorden) muddle, mess

♂ **basar** [A1] *vt* ‹*teoría/idea*› ~ **algo** EN **algo** to base sth ON sth
■ **basarse** *v pron* **(a)** «*persona*» ~**se** EN **algo**: **¿en qué te basas para decir eso?** and what basis *o* grounds do you have for saying that?; **se basó en esos datos** he based his argument (*o* theory *etc*) on that information **(b)** «*teoría/creencia/idea/opinión*» ~**se** EN **algo** to be based ON sth

báscula *f* scales (*pl*); ~ **de baño** bathroom scales

♂ **base** *f* **1** **(a)** (parte inferior) base **(b)** *tb* ~ **de maquillaje** foundation **2** **(a)** (fundamento) basis; **la ~ de una buena salud** the basis of good health; **tengo suficiente ~ para asegurar eso** I have sufficient grounds to claim that; **sentar las ~s de algo** to lay the foundations of sth; **tomar algo como ~** to take sth as a starting point **(b)** (conocimientos básicos): **tiene una sólida ~ científica** he has a sound grounding in science; **llegó al curso sin ninguna ~** he didn't have the basics when he began the course; ~ **de datos** database **3** (*en locs*) **a base de: un régimen a ~ de verdura** a vegetable-based diet; **vive a ~ de pastillas** he lives on pills **4** (centro de operaciones) base; ~ **aérea/naval/militar** air/naval/military base **5** **bases** *fpl* (de concurso) rules (*pl*) **6** **(a)** (en béisbol) base **(b)** **base** *mf* (en baloncesto) guard

básica *f* (Esp) primary *o* elementary education

♂ **básico -ca** *adj* **(a)** (fundamental, esencial) basic; **alimento ~** staple food **(b)** ‹*requisito*› essential, fundamental

basílica *f* basilica

basket, **básquet** *m* basketball

básquetbol, **basquetbol** *m* (AmL) basketball

basquetbolista *mf* (AmL) basketball player

♂ **bastante** *adj* **(a)** (suficiente) enough; ~**s vasos/~ vino** enough glasses/wine **(b)** (cantidad considerable) plenty of, quite a lot of; **había ~ gente/~s coches** there were plenty of people/cars
■ *pron* **1** (suficiente) enough; **ya tenemos ~s** we already have enough **2** (demasiado): **deja ~ que desear** it leaves rather a lot to be desired
■ *adv* **1** (suficientemente) enough; **no te has esforzado ~** you haven't tried hard enough **2** (considerablemente) (*con verbos*) quite a lot; (*con adjetivos, adverbios*) quite; **le gusta bastante** she likes him quite a lot; **me pareció ~ agradable/aburrido** I thought he was quite pleasant/rather boring

♂ **bastar** [A1] *vi* to be enough; **¿basta con esto?** will this be enough?; **basta con marcar el 101** just dial 101; **¡basta ya!** that's enough!; (+ *me/te/le etc*) **me basta con tu palabra** your word is good enough for me

bastardilla *f* italic type, italics (*pl*)

bastardo -da *adj* **(a)** (ilegítimo) illegitimate **(b)** (innoble) base
■ *m,f* bastard

bastidor *m* (Teatr) wing; ***entre ~es*** behind the scenes

basto -ta *adj* coarse

bastón *m* (para caminar) walking stick, cane; (en desfiles) baton; (de esquí) ski stick *o* pole

♂ **basura** *f* **(a)** (recipiente) garbage *o* trash can (AmE), dustbin (BrE); **echar** or **tirar algo a la ~** to throw sth in the garbage *o* trash (can) *o* dustbin **(b)** (desechos) garbage (AmE), trash (AmE), rubbish (BrE); (en sitios públicos) litter; **sacar la ~** to take out the garbage *o* trash *o* rubbish **(c)** (fam) (porquería) trash (AmE infml), rubbish (BrE infml)

basural *m* (AmL) ▶ **basurero**

basurero -ra *m,f* **1** (persona) garbage collector (AmE), dustman (BrE) **2** **(a)** **basurero** *m* (vertedero) garbage dump (AmE), rubbish dump *o* tip (BrE) **(b)** (recipiente) (Chi, Méx) trash can (AmE), dustbin (BrE)

♂ key word

bata *f* (para estar en casa) dressing gown, robe; (de médico) white coat; (de colegio) work coat (AmE), overall (BrE)

batahola *f* (esp AmL fam) racket, din, ruckus (AmE)

batalla *f* battle; **librar ~** to do battle; **~ campal** pitched battle; **de ~** (fam) ‹*zapatos/abrigo*› everyday (*before n*)

batallar [A1] *vi* **(a)** (luchar) to battle; **~** CON **algn/algo** (lidiar) to battle WITH sb/sth **(b)** (Mil) to fight

batallón *m* (Mil) battalion

batata *f* sweet potato, yam

bate *m* (en béisbol, cricket) bat

batea *f* **(a)** (bandeja) tray **(b)** (AmL) (recipiente) shallow pan *o* tray (*for washing*)

bateador -dora *m,f* (en béisbol, softbol) batter; (en cricket) batsman

batear [A1] *vi* to bat

■ **~** *vt* to hit

batería *f* **1** (Auto) battery; **se me descargó la ~** my battery went dead (AmE) *o* (BrE) flat **2** **(a)** (Mús) drums (*pl*), drum kit **(b) batería** *mf* drummer

baterista *mf* (AmL) drummer

batido *m* (de leche) (milk) shake; (para panqueques) (AmL) batter

batidor *m* **(a)** (manual) whisk, beater; (eléctrico) mixer, blender **(b) batidora** *f* (máquina eléctrica) mixer, blender

batir [I1] *vt* **1** ‹*huevos*› to beat, whisk; ‹*crema/nata*› to whip; ‹*mantequilla*› to churn **2** ‹*marca/récord*› to break; ‹*enemigo/rival*› to beat **3** **(a)** ‹*ala*› to beat, flap **(b) ~ palmas** to clap

■ **batirse** *v pron* **1** (enfrentarse): **~se a** or **en duelo** to fight a duel **2** (Méx) (ensuciarse) to get dirty; **llegó todo batido de lodo** he arrived all covered in mud

batracio *m* batrachian

batuta *f* baton; ***llevar la ~*** (fam) to be the boss (infml)

baúl *m* (arca) chest; (de viaje) trunk; (del coche, carro) (Col, Ven, RPl) trunk (AmE), boot (BrE)

bautismo *m* (de bebé) baptism, christening; (de adulto) baptism

bautizar [A4] *vt* **(a)** (Relig) ‹*bebé*› to baptize, christen; ‹*adulto*› to baptize; **la ~ron con el nombre de Ana** she was christened Ana **(b)** ‹*barco*› to name

bautizo *m* **(a)** (de bebé) christening, baptism; (de adulto) baptism; (fiesta) christening party **(b)** (de barco) naming, launching

bayeta *f* **(a)** (para limpiar) cloth **(b)** (Bol, Col) (tela) baize

bayoneta *f* bayonet

bazar *m* **(a)** (mercado oriental) bazaar **(b)** (tienda) hardware store (*often selling a wide range of electrical goods and toys*)

bazo *m* spleen

bazofia *f* (fam) (comida) crap (infml); (libro, película) garbage (AmE infml), rubbish (BrE infml)

bazooka /ba'suka, ba'θuka/, **bazuca** *f* bazooka

be *f*: *name of the letter* b, *often called* BE LARGA *or* GRANDE *to distinguish it from* V

beato -ta *adj* (Relig) blessed; (piadoso) pious; (santurrón) (pey) excessively devout

bebe -ba *m,f* (RPl, Per) baby

bebé *m* baby; **~ probeta** test-tube baby

bebedero *m* (paraje) watering hole; (recipiente) trough; (para personas) (CS, Méx) drinking fountain

bebedor -dora *m,f* drinker; **un ~ empedernido** a hardened drinker

beber [E1] *vt/vi* to drink; **¿quieres ~ algo?** do you want something to drink?; **~ a sorbos** to sip; **si bebes no conduzcas** don't drink and drive; **~ a la salud de algn** to drink sb's *o* (BrE) to sb's health; **~** POR **algn/algo** to drink TO sb/sth

■ **beberse** *v pron* (*enf*) to drink up; **nos bebimos la botella entera** we drank the whole bottle

bebida *f* (líquido) drink, beverage (fml); (vicio) drink

bebido -da *adj* [ESTAR] (borracho) drunk

beca *f* (ayuda económica) grant; (que se otorga por méritos) scholarship

becado -da *m,f* (AmL) ▶ **becario**

becar [A2] *vt* (dar ayuda económica) to give *o* (fml) award a grant to; (dar beca por méritos) to give *o* (fml) award a scholarship to

becario -ria *m,f* recipient of a grant; (por méritos) scholarship holder, scholar

becerro -rra *m,f* calf, young bull; (piel) calfskin

bedel *mf* ≈ porter

beduino -na *adj/m,f* Bedouin

beige, (Esp) **beis** /beʒ, beis/ *adj inv/m* beige

béisbol, (Méx) **beisbol** *m* baseball

belén *m* nativity scene, crib, crèche (AmE)

Belén *m* Bethlehem

belga *adj/mf* Belgian

Bélgica *f* Belgium

bélico -ca *adj* ‹*conflicto/material*› military; **preparativos ~s** preparations for war

belicosidad *f* aggressiveness

belicoso -sa *adj* ‹*pueblo*› warlike; ‹*persona/carácter*› bellicose, belligerent

beligerante *adj* belligerent; **los países ~s** the belligerent *o* warring nations

bellaco -ca *m,f* (fam & hum) rogue (infml & hum)

belleza *f* **(a)** (cualidad) beauty **(b)** (mujer bella) beauty **(c)** (cosa bella): **este paisaje es una ~** this is beautiful countryside

bello -lla *adj* **(a)** ‹*mujer/paisaje/poema*› (liter) beautiful; ***ser una bella persona*** to be a good person **(b)** (Art): **bellas artes** *fpl* fine art

bellota *f* acorn

bemba *f* (AmL fam) thick lips (*pl*)

bemol *adj* flat; **si ~** B flat

bencina *f* **(a)** (Quím) benzine, petroleum ether **(b)** (Andes) (gasolina) gasoline (AmE), petrol (BrE)

bencinera *f* (Andes) filling station, gas station (AmE), petrol station (BrE)

bencinero -ra *m,f* (Andes) filling station attendant

bendecir [I25] *vt* to bless; **¡que Dios te bendiga!** God bless you!; **~ la mesa** to say grace

bendice, *etc* ▶ **bendecir**

b

bendición *f* **(a)** (Relig) blessing, benediction **(b)** (aprobación) blessing; (regalo divino) godsend

bendiga, bendijo, *etc* ▶ **bendecir**

bendito -ta *adj* **(a)** (Relig) blessed; **¡~ sea Dios!** (expresando contrariedad) good God *o* grief!; (expresando alivio) thank God! **(b)** ‹*agua/pan*› holy ■ *m,f* simple soul

benedictino -na *adj/m,f* Benedictine

benefactor -tora *m,f* benefactor

beneficencia *f* (caridad) charity; **asociación/obra de ~** charitable organization/work

beneficiar [A1] *vt* (favorecer) to benefit, to be of benefit to; **esto beneficia a ambas partes** this benefits both sides; **salir beneficiado con algo** to be better off with sth ■ **beneficiarse** *v pron* to benefit; **~se CON/DE algo** to benefit FROM sth

beneficiario -ria *m,f* beneficiary; (de cheque) payee

beneficio *m* **(a)** (Com, Fin) profit; **producir** or **reportar ~s** to yield *o* bring returns *o* profits **(b)** (ventaja, bien) benefit; **a ~ de** in aid of; **en ~ de todos** in the interests of everyone

beneficioso -sa *adj* beneficial

benéfico -ca *adj* ‹*influencia*› benign, beneficial; ‹*espectáculo*› charity (*before n*), benefit (*before n*)

beneplácito *m* approval

benevolencia *f* (indulgencia) leniency, indulgence; (bondad) kindness, benevolence (fml)

benevolente, benévolo -la *adj* (indulgente) lenient, indulgent; (bondadoso) kind, benevolent (fml)

bengala *f* flare

benignidad *f* (del clima) mildness; (de tumor) benignancy

benigno -na *adj* ‹*clima/invierno*› mild; ‹*tumor*› benign

benjamín -mina *m,f* (*m*) youngest son, (*f*) youngest daughter

beodo -da *adj* (fml *o* hum) inebriated (fml *or* hum) ■ *m,f* (fml *o* hum) drunkard, toper (liter *or* hum)

berberecho *m* cockle

berenjena *f* eggplant (AmE), aubergine (BrE)

Berlín *m* Berlin

berlinés -nesa *adj* of/from Berlin ■ *m,f* Berliner

berma *f* (Andes) (de asfalto) shoulder (AmE), hard shoulder (BrE); (de tierra) verge

bermudas *fpl or mpl* Bermuda shorts (*pl*)

Bermudas *fpl*: **las ~** Bermuda; **el triángulo de las ~** the Bermuda Triangle

berrear [A1] *vi* «*becerro/ciervo*» to bellow

berrido *m* (de becerro, ciervo) bellow

berrinche *m* (fam) tantrum; **le dio un** or (Méx) **hizo un ~** he threw *o* had a tantrum

berro *m* watercress

besar [A1] *vt* to kiss ■ **besarse** *v pron* (*recípr*) to kiss (each other)

beso *m* kiss; **darle un ~ a algn** to give sb a kiss

bestia *adj* (fam) **(a)** (grosero) rude **(b)** (violento, brusco): **¡qué hombre más ~! ha vuelto a pegarle** what a brute *o* an animal! he's hit her again ■ *f* beast; **~ salvaje** or **feroz** wild animal ■ *mf* (persona violenta) animal, brute

bestial *adj* (fam) (muy grande): **tengo un hambre ~** I'm starving; **hace un frío ~** it's incredibly cold

best-seller /bes'seler/ *m* (*pl* **-llers**) best-seller

besugo *m* (Coc, Zool) red bream

besuquear [A1] *vt* (fam) to smother ... with kisses ■ **besuquearse** *v pron* (*recípr*) (fam) to neck (infml)

betabel *m* (Méx) beet, beetroot (BrE)

betún *m* (para calzado) shoe polish; **dales ~ a esos zapatos** give those shoes a polish

bianual *adj* biannual

biberón *m* (baby's *o* feeding) bottle; **hay que darle el ~** I have to give the baby his bottle *o* feed

biblia *f* bible; **La B~** the Bible

bíblico -ca *adj* biblical

bibliografía *f* (en libro, informe) bibliography; (para curso) booklist

biblioteca *f* **(a)** (institución, lugar) library; **~ pública/de consulta** public/reference library **(b)** (colección) book collection **(c)** (mueble) bookshelves (*pl*), bookcase

bibliotecario -ria *m,f* librarian

bicameral *adj* bicameral (fml)

bicampeón -peona *m,f* twice champion

bicarbonato *m* bicarbonate

bicentenario *m* bicentenary

bíceps *m* (*pl* **~**) biceps

bicho *m* **1** (fam) **(a)** (insecto) bug (infml), creepy-crawly (infml) **(b)** (animal) animal, creature; **me picó** or (Esp) **ha picado un ~** I've been bitten by something **2** (fam) (persona) nasty piece of work (infml); **~ raro** weirdo (infml); **todo ~ viviente** everyone

bici *f* (fam) bike (infml)

bicicleta *f* bicycle; **va en ~ al trabajo** she cycles to work; **¿sabes montar** or (AmL) **andar en ~?** can you ride a bicycle?; **~ de carreras/ejercicio/montaña** racing/exercise/mountain bike

bicimoto *m* (Méx) moped

bicolor *adj* two-colored*

bidé, bidet /bi'ðe/ *m* bidet

bidón *m* **(a)** (para gasolina, agua) can; (más grande) jerry can **(b)** (barril) barrel

bien[1] *adj inv* **1** [ESTAR] (de salud, en general) well; **sentirse** or **encontrarse ~** to feel well; **¿cómo estás? — muy ~, gracias** how are you? — (I'm) very well, thank you; **¡qué ~ estás!** you look really well!; **¡tú no estás ~ de la cabeza!** you are not right in the head **2** [ESTAR] **(a)** (cómodo, agradable): **¿vas ~ ahí atrás?** are you all right in the back?; **se está ~ a la sombra** it's nice in the shade; **la casa está muy ~** the house is very nice **(b)** [ESTAR] (correcto, adecuado) right; **la fecha/el reloj está ~** the date/the clock is right; **¿está ~ así?** is this all right?; **si te parece ~** if that's all right with you; **el cuadro no queda ~ ahí** the picture doesn't look right there **(c)** (suficiente) **estar** *or* **andar ~ de algo** to be all right for sth; **¿estamos ~ de aceite?** are we all right for oil?; **ya está ~** that's enough **3** [ESTAR] **(a)** (en calidad) good; **¿lo has leído? está muy ~** have you read it? it's very good **(b)** (fam) (sexualmente atractivo) good-looking, attractive **4** (fam) **(a)** (de buena posición social) ‹*familia/gente*› well-to-do **(b)** ‹*barrio*› well-to-do, posh (BrE)

bien² *adv* **1** **(a)** (de manera satisfactoria) ‹*dormir/funcionar/cantar*› well; **no le fue ~ en Alemania** things didn't work out for her in Germany **(b)** (correctamente) well; **habla muy ~ inglés** she speaks English very well *o* very good English; **¡~ hecho/dicho!** well done/said!; **pórtate ~** behave yourself; **hiciste ~ en decírselo** you were right to tell him; **siéntate ~** sit properly **(c)** (de manera agradable) ‹*oler/saber*› good **2** **(a)** (a fondo, completamente) well, properly; **~ cocido** well *o* properly cooked; **¿cerraste ~?** did you lock the door properly?; **~ sabes que ...** you know perfectly well that ... **(b)** (con cuidado, atención) ‹*escuchar/mirar*› carefully **3** **(a)** (como intensificador) (muy) very; **canta ~ mal** he sings really badly; **~ entrada la noche** very late at night; **¿estás ~ seguro?** are you positive? **(b)** (en locs): **más bien** rather; **no bien** as soon as; **si bien** although
■ *interj*: **¡(muy) ~!** well done!, (very) good!; **¡qué ~!** great!
■ *conj*: **~ ... o ...** either ... or ...; **se puede subir ~ a pie o a caballo** you can go up either on foot or on horseback

bien³ *m* **1** (Fil) good; **el ~ y el mal** good and evil; **hacer el ~** to do good deeds; **un hombre de ~** a good man **2** **(a)** (beneficio, bienestar) good; **es por mi/tu ~** it's for my/your own good **(b)** **hacer bien** (+ *me/te/le etc*) **esto te hará ~** this will do you good **3** (en calificaciones escolares) *grade of between 6 and 6.9 on a scale of 1-10* **4** **bienes** **(a)** *mpl* (Com) goods; **~es de consumo** consumer goods **(b)** (Der) property; **le dejó todos sus ~es** she left him everything she owned; **~es inmuebles** or **raíces** real estate (AmE), property (BrE); **~es muebles** personal property, goods and chattels; **~es públicos** public property

bienal *adj* biennial

bienaventurado -da *adj* blessed

bienestar *m* well-being, welfare; **estado de ~** social welfare state; **~ social** social welfare

bienhablado -da *adj* well-spoken

bienintencionado -da *adj* well-meaning, well-intentioned

bienvenida *f* welcome; **darle la ~ a algn** to welcome sb; **un discurso de ~** a welcoming speech

bienvenido -da *adj* welcome; **ser ~** to be welcome

bies *m*: **al ~** on the cross

bife *m* (CS) (Coc) steak

bifocal *adj* bifocal

bifurcación *f* (en carretera) fork; (en la vía férrea) junction

bifurcarse [A2] *v pron* «*camino*» to fork, diverge (fml); «*vía férrea*» to diverge

bigamia *f* bigamy

bígamo -ma *adj* bigamous
■ *m,f* bigamist

bigote *m* **1** (de persona) *tb* **~s** mustache* **2** (de gato, ratón) whisker

bigotudo -da, (Méx) **bigotón -tona** *adj* (fam): **un hombre ~** a man with a big mustache*

bigudí *m* (*pl* **-díes, -dís**) curler, roller

bikini *m or* (RPl) *f* bikini

bilateral *adj* bilateral

bilingüe *adj* bilingual

bilis *f* (Fisiol) bile

billar *m* (con tres bolas) billiards; (con 16 bolas) pool; (con 22 bolas) snooker

billete *m* **1** (Fin) bill (esp AmE), note (BrE) **2** (de lotería, rifa, de transporte) ticket; **sacar/pagar un ~** to get/pay for a ticket; **~ de ida y vuelta** (Esp) round-trip ticket (AmE), return (ticket) (BrE); **~ sencillo** or **de ida** (Esp) one-way ticket, single (ticket) (BrE)

billetera *f*, **billetero** *m* wallet, billfold (AmE); (con monedero) change purse (AmE), purse (BrE)

billetero -ra *m,f* (Méx, Ven) lottery ticket vendor

billón *m* **1** (millón de millones (10^{12})) trillion **2** (mil millones (10^9): uso generalizado pero no aceptado por la RAE) billion

bimensual *adj* (dos veces al mes) twice-monthly, fortnightly (BrE)

bimestral *adj* (cada dos meses) bimonthly; (que dura dos meses) two-month (*before n*)

bimestre *m* (period of) two months; (pago) bimonthly payment

bimotor *m* twin-engined aircraft

binario -ria *adj* binary

bingo *m* (juego) bingo; (sala) bingo hall

binoculares, (Col, Ven) **binóculos** *mpl* binoculars (*pl*)

biodegradable *adj* biodegradable

biodiversidad *f* biodiversity

biografía *f* biography

biográfico -ca *adj* biographical

biógrafo -fa *m,f* biographer

biología *f* biology

biológico -ca *adj* (Biol) biological; ‹*verduras*› organic

biólogo -ga *m,f* biologist

biombo *m* folding screen

biopsia *f* biopsy

bioquímica *f* biochemistry

bioquímico -ca *adj* biochemical
■ *m,f* biochemist

bióxido *m* dioxide

bip *m* **(a)** (sonido) pip, beep **(b)** (Méx) (aparato) pager, beeper, bleeper (BrE)

bipartidismo *m* two-party system

bípedo *m* biped

biplaza *m* two-seater

biquini *m* bikini

birlar [A1] *vt* (fam) to swipe (infml), to pinch (BrE infml)

Birmania *f* Burma

birmano¹ -na *adj/m,f* Burmese; **los ~s** the Burmese

birmano² *m* (idioma) Burmese

birome *f* (RPl) ballpoint pen, Biro®

birrete *m* **(a)** cap (*worn by lawyers, professors, etc*) **(b)** (birreta) biretta

bis *m* encore

bisabuelo -la *m,f* (*m*) great-grandfather; (*f*) great-grandmother; **mis ~s** my great-grandparents

bisagra *f* hinge

biselar [A1] *vt* to bevel

bisexual *adj/mf* bisexual

bisexualidad *f* bisexuality

bisiesto *adj*: **2012 fue (año) ~** 2012 was a leap year

bisne *m* (AmC fam) hustling (infml), black marketeering

bisnieto -ta; (*m*) great-grandson; (*f*) great-granddaughter; **mis ~s** my great-grandchildren

bisonte *m* bison

bisoñé *m* toupee, hairpiece

bisoño -ña *adj* inexperienced; **soldados ~s** raw recruits

bistec /bi'stek/ *m* (*pl* **-tecs**) steak, beefsteak

bisturí *m* scalpel

bisutería *f* costume *o* imitation jewelry*

bit *m* (*pl* **bits**) (Inf) bit

bitácora *f* **1** (Internet) blog **2** (Náut) binnacle

bividí /biβi'ði/ *m* (Per) undershirt (AmE), vest (BrE)

bizantino -na *adj* (Hist) Byzantine

bizco -ca *adj* cross-eyed
■ *m,f* cross-eyed person

bizcocho *m* (pastel) sponge (cake); (galleta) sponge finger

blanca *f* **1** (Mús) half note (AmE), minim (BrE) **2** (en dominó) blank; (en ajedrez) white piece **3** (Esp fam) (dinero): **estar sin** or **no tener ~** to be broke (infml)

Blancanieves Snow White

blanco¹ -ca *adj* **1** **(a)** ‹*color/vestido/pelo*› white; **en ~** ‹*cheque/página*› blank; **rellenar los espacios en ~** fill in the blanks; **me quedé en ~** my mind went blank **(b)** (pálido) [SER] fair-skinned, pale-skinned; [ESTAR] white; **estoy muy ~** I'm very white *o* pale **2** ‹*persona/raza*› white **3** ‹*vino*› white
■ *m,f* white person

blanco² *m* **1** (color) white; **en ~ y negro** black and white **2** (Dep, Jueg) (objeto) target; (centro) bullseye; **tirar al ~** to shoot at the target; **dar en el ~** to hit the target/bullseye **3** (vino) white (wine)

blancura *f* whiteness

blandir [I1] *vt* to brandish, wave

blando -da *adj* **1** **(a)** ‹*carne*› tender; ‹*queso/mantequilla*› soft; **ponerse ~** to go soft **(b)** ‹*cama/madera/agua*› soft; **un cepillo de cerdas blandas** a soft brush **2** ‹*carácter*› (débil) weak; (poco severo) soft

blandura *f* **1** (en general) softness; (de la carne) tenderness **2** (falta de severidad) leniency; **trata a sus alumnos con demasiada ~** she's too lenient with *o* too soft on her pupils

blanqueador *m* (para visillos) whitener; (lejía) (Col, Méx) bleach

blanquear [A1] *vt* **(a)** ‹*ropa*› to bleach; ‹*pared*› to whitewash **(b)** ‹*dinero*› to launder

blanqueo *m* **(a)** (de paredes) whitewashing **(b)** (de dinero) laundering

blasfemia *f* blasphemy

blindado -da *adj* ‹*coche*› armor-plated*, armored*; ‹*puerta*› reinforced

blindar [A1] *vt* ‹*barco/coche*› to armor-plate*; ‹*puerta*› to reinforce

bloc *m* (*pl* **blocs**) (de papel) pad; **~ de notas** note *o* writing pad

blof *m* (Col, Méx) bluff

blofear [A1] *vi* (Col, Méx) **(a)** (en el juego) to bluff **(b)** (fam) (alardear) to show off

blog *m* (*pl* **~s**) blog

bloque *m* **1** (de piedra, hormigón) block **2** (edificio) block; **un ~ de departamentos** (AmL) or (Esp) **pisos** an apartment block, a block of flats (BrE) **3** (Inf) block **4** (fuerza política) bloc; **en ~** (*loc adv*) en bloc, en masse

bloquear [A1] *vt* **1** **(a)** ‹*camino/entrada/salida*› to block; **estamos bloqueados por un camión** there's a truck blocking our way **(b)** (Mil) to blockade **2** ‹*cuenta/fondos*› to freeze, block
■ **bloquearse** *v pron* **1** «*mecanismo*» to jam; «*frenos*» to jam, lock on; «*ruedas*» to lock **2** «*negociaciones*» to reach deadlock

bloqueo *m* (de ciudad) blockade, siege; (de puerto) blockade; (Dep) block

bluff /bluf/ *m* (*pl* **bluffs**) **(a)** (Jueg) bluff **(b)** (fam) (fanfarronería): **es puro ~** he's all talk (infml)

blusa *f* blouse

blusón *m* loose shirt *o* blouse

blvar. *m* (= **bulevar**) Blvd (*in US*)

Bº = **Banco**

boa *f* (Zool) boa

bobada *f* (cosa boba) silly thing; **deja de hacer ~s** stop being so stupid *o* silly; **deja de decir ~s** stop talking nonsense

bobina *f* **(a)** (de hilo) reel **(b)** (Auto, Elec) coil

bobo -ba *adj* (fam) silly
■ *m,f* (fam) fool

boca *f* **1** **(a)** (Anat, Zool) mouth **(b)** (*en locs*) **boca abajo/arriba** ‹*dormir/echarse*› on one's stomach/back; **puso los naipes ~ arriba** she laid the cards face up; **en boca de: la pregunta que anda en ~ de todos los niños** the question which is on every child's lips; **el escándalo andaba en ~ de todos** the scandal was common knowledge; **por boca de** from; **lo supe por ~ de su hermana** I heard it from his sister; ***a pedir de ~*** just fine; ***hacerle el ~ a ~ a algn*** to give sb the kiss of life; ***hacérsele la ~ agua a algn***; (Esp): **se le hacía la ~ agua mirando los pasteles** looking at the cakes made her mouth water; ***quedarse con la ~ abierta*** to be dumbfounded *o* (infml) flabbergasted **2** (de buzón) slot; (de túnel) mouth, entrance; (de puerto) entrance; (de vasija, botella) rim; **~ de incendios** fire hydrant, fireplug (AmE); **~ del estómago** (fam) pit of the stomach; **~ de metro** or (RPl) **subte** subway entrance (AmE), underground *o* tube station entrance (BrE)

bocacalle *f*: *entrance to a street*; **la primera ~ a la derecha** the first turning on the right

bocadillo *m* **1** (Esp) (emparedado) roll **2** (Col, Ven) (dulce) guava jelly

key word

bocado *m* **(a)** (de comida) bite; **de un ~** in one bite; **no ha probado ~** she hasn't had a bite to eat **(b)** (comida ligera) snack
bocajarro: **a ~** (*loc adv*) **(a)** ‹*disparar*› at point-blank range **(b)** ‹*decir/preguntar*› point-blank
bocamanga *f* cuff
bocanada *f* (de humo, aliento) puff, mouthful; (ráfaga) gust, blast
bocatoma *f* (Andes) water inlet
boceto *m* (dibujo) sketch; (de proyecto) outline
bochar [A1] *vt* **(a)** (RPl fam) ‹*sugerencia/propuesta*› to squash (infml) **(b)** (RPl arg) (en examen) ‹*estudiante*› to fail, to flunk (AmE infml)
bochas *fpl* (RPl) (Jueg) bowls
bochinche *m* (esp AmL fam) **(a)** (riña, pelea) fight, brawl **(b)** (barullo, alboroto) racket (infml), ruckus (AmE infml), row (BrE infml) **(c)** (confusión, lío) muddle, mess (infml)
bochinchear [A1] *vi* (AmL fam) to fight
bochinchero -ra *adj* (AmL fam) rowdy
bochorno *m* **1** (calor) sultry *o* muggy weather **2** (vergüenza) embarrassment; **¡qué ~!** how embarrassing!
bochornoso -sa *adj* **1** ‹*tiempo*› sultry, muggy; ‹*calor*› sticky; **hacía un día ~** it was a close *o* muggy day **2** ‹*espectáculo/situación*› embarrassing
bocina *f* **1** (de coche) horn; (de fábrica) hooter, siren; (de faro) foghorn **2** (AmL) (auricular) receiver **3** (Méx) (Audio) loudspeaker
bocio *m* goiter*
boda *f* wedding; **~s de oro/plata** (de matrimonio) golden/silver wedding anniversary; (de organización) golden/silver jubilee
bodega *f* **1** **(a)** (Vin) (fábrica) winery; (almacén) wine cellar; (tienda) wine merchant's, wine shop **(b)** (taberna) bar **(c)** (en casa) cellar **2** **(a)** (AmC, Per, Ven) (tienda de comestibles) grocery store (AmE), grocer's (BrE) **(b)** (AmL exc RPl) (depósito) store, warehouse
bodegón *m* **1** (Art) still life **2** (casa de comidas) inn
bodeguero -ra *m,f* **1** (Vin) (productor) wine producer **2** **(a)** (AmC, Per, Ven) (tendero) shopkeeper **(b)** (AmL exc RPl) (de un depósito) warehouseman
bodrio *m* (fam): **es un ~** it is garbage (AmE) *o* (BrE) rubbish (infml)
bofetada *f*, **bofetón** *m* slap; **le di** or **pegué una ~** I slapped him (in the face)
boga *f*: **estar en ~** to be in fashion *o* in vogue
Bogotá *m* Bogotá
bogotano -na *adj* of/from Bogotá
bohemio -mia *adj* **(a)** ‹*vida/artista*› bohemian **(b)** (de Bohemia) Bohemian
■ *m,f* bohemian
bohío *m* (AmC, Col, Ven) hut
boicot /boj'kot/ *m* (*pl* **-cots**) boycott
boicotear [A1] *vt* to boycott
boina *f* beret
boite /bwat/ *f* night club
bol *m* bowl
bola *f* **1** (cuerpo redondo) ball; (de helado) scoop; (Dep) ball; (de petanca) boule; (canica) (Col, Per) marble; **~ de cristal** crystal ball; **~ de nieve** snowball; **~ de partido/de set** match/set point **2** **bolas** *fpl* (fam: en algunas regiones vulg) (testículos) balls (*pl*) (infml *or* vulg); ***estar en ~s*** (fam *or* vulg) to be stark naked (infml); ***hacerse ~s con algo*** (Méx) to get in a mess over sth **3** (fam) (mentira) lie, fib (infml); **me metió una ~** he told me a fib; **contar/decir ~s** to fib (infml), to tell fibs (infml) **4** (Méx fam) (montón): **una ~ de** loads of (infml)
bolchevique *adj/mf* Bolshevik
boleador -dora *m,f* **1** (Méx) (lustrabotas) bootblack **2** (en las pampas) *person who uses bolas to catch cattle*
boleadoras *fpl* bolas
bolear [A1] *vi* (Col) to knock up, knock a ball about
■ **~** *vt* (Méx) to polish, shine
bolera *f* bowling alley
bolero¹ *m* **1** (Mús) bolero **2** (Indum) bolero jacket/top
bolero² -ra *m,f* (Méx) bootblack
boleta *f* **(a)** (AmL) (en rifa) ticket **(b)** (CS) (de multa) ticket **(c)** (CS) (recibo) receipt **(d)** (Col) (entrada) ticket; **~ de calificaciones** (Méx) school report, report card (AmE); **~ de depósito** (RPl) deposit slip (AmE), paying-in slip (BrE); **~ electoral** (Méx, RPl) ballot paper
boletaje *m* (Méx, Per) tickets (*pl*)
boletería *f* (AmL) (de teatro, cine) box office; (de estación, estadio) ticket office
boletín *m* bulletin; **~ de calificaciones** or **notas** school report, report card (AmE)
boleto *m* (de lotería, rifa) ticket; (de quinielas) (Esp) coupon; (de tren, autobús) (AmL) ticket; **~ de ida** (AmL) one-way ticket, single (ticket) (BrE); **~ de ida y vuelta** (AmL) round trip (ticket) (AmE), return (ticket) (BrE); **~ de viaje redondo** (Méx) round trip (ticket) (AmE), return (ticket) (BrE)
boli *m* (Esp fam) ballpoint pen, Biro® (BrE)
boliche *m* **1** **(a)** (en petanca) jack **(b)** (juguete) *cup-and-ball toy* **(c)** (Col) (bolo) tenpin **2** (Méx) (juego) bowling, ten pin bowling (BrE); (lugar) bowling alley **3** **(a)** (CS) (tienda pequeña) (fam) small store (AmE), small shop (BrE) **(b)** (Bol, RPl) (taberna) bar
bolígrafo *m* ballpoint pen, Biro®
bolillo *m* (en pasamanería) bobbin; **encaje de ~s** bobbin lace
bolita *f* (AmS) (Jueg) marble; **jugar a las ~s** to play marbles
bolívar *m* bolivar (*Venezuelan unit of currency*)
Bolivia *f* Bolivia
boliviano -na *adj/m,f* Bolivian
bollo *m* (Coc) bun; ***ser un ~*** (RPl fam) to be a piece of cake (infml)
bolo *m* **(a)** (palo) skittle, tenpin **(b)** **bolos** *mpl* (juego) bowling, ten pin bowling (BrE); **jugar a los ~s** to play skittles, to go bowling
bolsa *f* **1** **(a)** (en general) bag; **~ de plástico/de la compra** plastic/shopping bag; **~ de (la) basura** garbage *o* trash bag (AmE), rubbish bag *o* bin liner (BrE); **una ~ de patatas fritas** (Esp) a bag of chips (AmE), a packet *o* bag of crisps (BrE); **~ de agua caliente** hot-water bottle **(b)** (Méx) (bolso) handbag, purse (AmE) **2** **(a)** (de

b

b

marsupial) pouch **(b)** scrotum **(c)** (Méx) (bolsillo) pocket **3** (de aire, gas, agua) pocket **4** (Econ, Fin) *tb* **B~** or **~ de valores** stock exchange, stock market; **jugar a la ~** to play the market; **se cotizará en ~** it will be listed on the stock exchange; **~ de empleo** (Col) employment agency; **~ de trabajo** *job vacancies and place where they are advertised*

bolsear [A1] *vt* **(a)** (Méx fam) (robar): **me ~on en el camión** I had my pocket picked on the bus **(b)** (Chi fam) ‹*comida/cigarillos*› **~le algo** A **algn** to scrounge sth FROM *o* OFF sb

bolsillo *m* pocket; **de ~** ‹*calculadora/diccionario*› pocket (*before n*); ***meterse a algn en el ~*** to get sb eating out of one's hand

bolso *m* (de mujer) (Esp) handbag, purse (AmE); **~ de mano** (de viaje) (overnight) bag; (de mujer) (Esp) handbag, purse (AmE); **~ de viaje** (overnight) bag

boludo -da *adj* (Col, RPl, Ven vulg) (imbécil): **es tan ~** he's such a jerk (infml) *o* (vulg) prick

■ *m,f* (Col, RPl, Ven vulg) asshole (AmE vulg), dickhead (BrE vulg)

bomba *f* **1** **(a)** (Arm, Mil) bomb; **lanzar/arrojar ~s** to drop bombs; **poner una ~** to plant a bomb; **~ atómica** atom *o* atomic bomb; **~ de tiempo** time bomb; **~ lacrimógena** tear gas canister; ***caer como una ~*** «*noticia*» to come as a bombshell **(b)** (notición) big news **(c)** (en fútbol americano) bomb **2** (Tec) pump; **~ de aire** pump; **~ de agua** water pump **3** (Andes, Ven) (gasolinera) gas station (AmE), petrol station (BrE) **4** (Chi) (vehículo) fire engine, fire truck (AmE); (estación) fire station

bombacha *f* **(a)** (CS) (de gaucho) baggy trousers (*pl*) **(b)** (RPl) (de mujer) panties (*pl*), knickers (*pl*) (BrE)

bombardear [A1] *vt* (desde avión) to bomb; (con artillería) to bombard, shell; **me ~on a preguntas** they bombarded me with questions

bombardeo *m* (desde aviones) bombing; (con artillería) bombardment, shelling

bombardero *m* bomber

bombazo *m* **1** (Méx) (explosión) bomb explosion **2** (fam) (noticia) bombshell

bombear [A1] *vt* to pump

🗝 **bombero** *mf*, **bombero -ra** *m,f* (de incendios) (*m*) firefighter, fireman; (*f*) firefighter; **llamar a los ~s** to call the fire department (AmE) *o* (BrE) brigade; **cuerpo de ~s** fire department (AmE) *o* (BrE) brigade

bombilla *f* **1** (Esp) (Elec) light bulb **2** (para el mate) *tube through which mate tea is drunk*

bombillo *m* (AmC, Col, Ven) light bulb

bombín *m* **1** (Indum) derby (AmE), bowler hat (BrE) **2** (para inflar) pump

bombita *f* (RPl) (Elec) light bulb

bombo *m* **1** (Mús) (instrumento) bass drum; (músico) bass drummer; **tengo la cabeza como un ~** my head's about to explode; ***con ~s y platillos*** or (Esp) ***a ~ y platillo*** with a great fanfare; ***darle ~ a algo*** to give sth a lot of hype (infml) **2** (de sorteo) drum

bombón *m* **(a)** (confite) chocolate **(b)** (fam) (persona) stunner (infml) **(c)** (Méx) (malvavisco) marshmallow

bombona *f* gas cylinder *o* canister

bombonería *f* candy store (AmE), sweet shop (BrE)

bonachón -chona *adj* (fam) (amable) good-natured, kind

■ *m,f* (fam) (persona amable) good-natured *o* kind person

bonaerense *adj*: *of/from the province of Buenos Aires*

bonche *m* **1** (AmC, Col fam) (riña) fight; (contienda) contest **2** (Ven fam) (fiesta) party, rave-up (BrE sl)

bondad *f* **(a)** (afabilidad, generosidad) goodness, kindness; **¿tendría la ~ de cerrar la puerta?** (fml) would you mind closing the door? **(b)** (del clima) mildness

bondadoso -sa *adj* kind, kindhearted, kindly

bongó, **bongo** *m* bongo

boniato *m* sweet potato

bonificación *f* **(a)** (aumento, beneficio) bonus **(b)** (descuento) discount

bonito[1] -ta *adj* pretty; ‹*canción/apartamento*› nice, lovely

bonito[2] *m* tuna, bonito

🗝 **bono** *m* (vale) voucher; (Econ, Fin) bond; **~ de carbono** carbon credit

boquera *f* cold sore

boquerón *m* anchovy

boquete *m* hole

boquiabierto -ta *adj*: **quedarse ~** to be speechless *o* dumbfounded

boquilla *f* (de instrumento musical) mouthpiece; (de pipa) stem; (para cigarrillos) cigarette holder

borbotón *m* gush; **a borbotones** ‹*hervir*› fiercely; ‹*salir*› «*sangre/agua*» to gush out

borda *f* gunwale, rail; ***echar*** or ***tirar algo por la ~*** to throw sth overboard

bordado[1] -da *adj* ‹*mantel/sábana*› embroidered

bordado[2] *m* embroidery

bordar [A1] *vt* ‹*sábana/blusa*› to embroider; **lo bordó a mano** she embroidered it by hand

borde *m* (de mesa, cama, acantilado) edge; (de moneda, taza, vaso) rim; **llenó el vaso hasta el ~** she filled the glass to the brim; **al ~ de algo** ‹*de la guerra/locura*› on the brink of sth; ‹*de las lágrimas/del caos/de la ruina*› on the verge of sth; **al ~ de la muerte** on the point of death

bordear [A1] *vt* **(a)** (seguir el borde de) ‹*costa*› to go along; ‹*isla*› to go around **(b)** (estar a lo largo del borde): **un camino bordeado de álamos** a road lined with poplars

bordillo *m* curb (AmE), kerb (BrE)

bordo *m*: **a ~** on board; **subir a ~** to go aboard *o* on board

borgoña *m* (Vin) Burgundy, burgundy

borra *f* (sedimento — del café) dregs; (— del vino) lees (*pl*), sediment

borrachera *f*: **pegarse** or (Esp) **cogerse** or (esp AmL) **agarrarse una ~** to get drunk

borracho -cha *adj* **(a)** [ESTAR] drunk **(b)** [SER] **es muy ~** he is a drunkard *o* a heavy drinker

■ *m,f* drunk; (habitual) drunkard, drunk

🗝 key word

borrador *m* **1** (de redacción, carta) rough draft; (de contrato, proyecto) draft; (de dibujo) sketch; **lo hice en ~** I did a rough draft **2** (para la pizarra) eraser (AmE), board rubber (BrE)

borraja *f* borage

borrar [A1] *vt* **(a)** ‹*palabra/dibujo*› (con goma) to rub out, erase; (con líquido corrector) to white out, Tippex out (BrE); ‹*pizarra*› to clean; ‹*huellas digitales*› to wipe off **(b)** ‹*cassette/disquete*› to erase, wipe **(c)** (Inf) ‹*archivo*› delete; ‹*pantalla*› to clear **(d)** ‹*recuerdos/imagen*› to blot out

■ **borrarse** *v pron* «*inscripción/letrero*» to fade; **se borró con la lluvia** the rain washed it away *o* off

borrasca *f* **(a)** (área de bajas presiones) area of low pressure **(b)** (tormenta) squall

borrascoso -sa *adj* ‹*viento*› squally; ‹*tiempo*› stormy, squally

borrego -ga *m,f* (cordero) lamb; (oveja) sheep

borrón *m* (mancha) inkblot; (mancha borroneada) smudge; **~ *y cuenta nueva*** let's make a fresh start

borronear [A1] *vt* to smudge

borroso -sa *adj* ‹*foto/imagen*› blurred; ‹*inscripción*› worn; ‹*contorno*› indistinct, blurred

boscoso -sa *adj* wooded

bosque *m* wood; (más grande) forest, woods (*pl*); (terreno) woodland; **~ ecuatorial** or **pluvial** (equatorial) rainforest

bosquejar [A1] *vt* (Art) to sketch, make a sketch of; ‹*idea/proyecto*› to outline, sketch out

bosquejo *m* (Art) sketch; (de novela) outline

bostezar [A4] *vi* to yawn

bostezo *m* yawn

bota *f* **1** (calzado) boot; **~s de caña alta/de media caña** knee-high/calf-length boots; **~s de agua** rubber boots, wellingtons (BrE); **~s de esquí/montar** ski/riding boots **2** (para vino) small wineskin

botadero *m* (Andes) *tb* **~ de basura** garbage dump (AmE), rubbish dump *o* tip (BrE)

botado -da *adj* [ESTAR] (AmS exc RPl fam) **(a)** (barato) dirt cheap (infml) **(b)** (fácil) dead easy (infml)

botadura *f* launching

botana *f* (Méx) snack, appetizer

botánico -ca *adj* botanical

botar [A1] *vt* **1** ‹*barco*› to launch **2** ‹*pelota*› to bounce **3** (AmL exc RPl) (tirar) to throw ... out; **no lo botes al suelo** don't throw it on the ground; **bótalo a la basura** chuck *o* throw it out (infml); **~ el dinero** to throw your money away **4** (AmL exc RPl fam) **(a)** (echar — de lugar) to throw ... out (infml); (— de trabajo) to fire (infml), to sack (BrE infml) **(b)** (abandonar) ‹*novio/novia*› to chuck (infml), to ditch (infml); ‹*marido/esposa*› to leave; **el tren nos dejó botados** we missed the train **5** (AmL exc RPl fam) (derribar) ‹*puerta/árbol*› to knock down; ‹*botella/taza*› to knock over; **no empujes que me botas** stop pushing, you're going to knock me over **6** (AmL exc RPl) (perder) ‹*aceite/gasolina*› to leak

■ **~** *vi* (Esp) «*pelota*» to bounce

■ **botarse** *v pron* (AmL exc CS fam) **(a)** (apresurarse) to rush **(b)** (arrojarse) to jump

botarate *mf* **(a)** (fam) (irresponsable) irresponsible fool **(b)** (AmL exc RPl) (derrochador) spendthrift

bote *m* **1** (Náut) boat; **~ de** or **a remos** rowboat (AmE), rowing boat (BrE); **~ salvavidas** lifeboat **2** (recipiente — de lata) tin; (— de vidrio, plástico) storage jar; (— de cerveza) (Esp) can; (— de mermelada) (Esp) jar; **el ~ de la basura** (Méx) the trash can (AmE), the rubbish bin (BrE); ***de ~ en ~*** packed **3** (de pelota) bounce; **dio dos ~s** it bounced twice

botella *f* bottle; **una ~ de vino** (recipiente) a wine bottle; (con contenido) a bottle of wine; **cerveza de** or **en ~** bottled beer

botica *f* (en algunas regiones ant) (farmacia) pharmacy

botijo *m*: *drinking jug with spout*

botillería *f* (Chi) liquor store (AmE), off licence (BrE)

botín *m* **1** (bota corta) ankle boot; (de bebé) bootee; (de futbolista) (CS) boot **2** (de guerra) plunder, booty; (de ladrones) haul, loot

botiquín *m* **(a)** (armario — para medicinas) medicine chest *o* cabinet; (— para colonias, jabón, etc) bathroom cabinet **(b)** (maletín) *tb* **~ de primeros auxilios** first-aid kit

botón *m* **1** (Indum) button; **~ de presión** (AmL) snap fastener (AmE), press stud (BrE) **2** (de mecanismo) button; **el ~ del volumen** the volume control **3** (AmL) (insignia) badge, button (AmE) **4** (de flor) bud

botones *mf* (*pl* ~) (de hotel) bellboy; (de oficina) (*m*) office boy; (*f*) office girl

bouquet /bu'ke/ *m* (*pl* **-quets**) **(a)** (del vino) bouquet **(b)** (ramillete) bouquet

boutique /bu'tik/ *f* boutique

bóveda *f* **1** (Arquit) vault; **~ de seguridad** (AmL) bank vault **2** (RPl) (sepulcro) tomb

bovino -na *adj* bovine

bowling /'boulin/ *m* **(a)** (deporte) tenpins (AmE), tenpin bowling (BrE) **(b)** (lugar) bowling alley

box /boks/ *m* (AmL) (boxeo) boxing

boxeador -dora *m,f* boxer

boxear [A1] *vi* to box

boxeo *m* boxing

boya *f* (Náut) buoy; (en pesca) float

boyante *adj* ‹*situación/economía*› buoyant

bozal *m* (de perro) muzzle; (de caballo) halter

bozo *m* down (*on upper lip*)

bracero -ra *m,f* temporary farm worker

brackets *m pl* (Dent) braces (*pl*), brace (BrE)

bragas *fpl* (Esp) (de mujer) panties (*pl*), knickers (*pl*) (BrE)

braguero *m* truss

bragueta *f* fly, flies (*pl*)

braille /'brajle/ *adj* Braille (*before n*)
■ *m* Braille

bramante *m* twine, string

bramar [A1] *vi* «*toro/ciervo*» to bellow; «*elefante*» to trumpet

bramido *m* (de toro, ciervo) bellowing; (de elefante) trumpeting; **dio un ~** it bellowed/trumpeted

branquia *f* gill

brasa *f* ember; **carne/pescado a la(s) ~(s)** charcoal-grilled meat/fish

b

brasero *m* (de carbón — para interiores) small brazier; (— para la intemperie) brazier; (eléctrico) electric heater

brasier *m* (Col, Méx, Ven) bra

Brasil *m tb* el ~ Brazil

brasileño -ña, (AmL) **brasilero -ra** *adj/m,f* Brazilian

bravío -vía *adj* ‹*toro*› fierce, wild; ‹*potro*› wild, unmanageable

bravo[1] -va *adj* **(a)** [SER] ‹*toro/perro*› fierce; *ver tb* **toro (b)** [ESTAR] ‹*mar*› rough **(c)** [ESTAR] (AmL fam) (enojado) angry

bravo[2] *interj* (expresando aprobación) well done!, good job! (AmE); (tras actuación) bravo!

bravucón -cona *adj* (fam) bragging (*before n*)

bravuconada *f* piece of bravado; **~s** bravado

braza *f* (Esp) (en natación) breaststroke; **nadar a ~** to swim (the) breaststroke

brazada *f* (al nadar) stroke

brazalete *m* **(a)** (pulsera — de una pieza) bangle, bracelet; (— de eslabones) bracelet **(b)** (de tela) armband

⚷ **brazo** *m* **1** (Anat) arm; (parte superior) upper arm; **llevaba una cesta al ~** she had a basket on one arm; **caminar/ir del ~** to walk arm in arm; **llevaba al niño en ~s** he was carrying the child in his arms; ***cruzado de ~s***: **no te quedes ahí cruzado de ~s** don't just stand/sit there (doing nothing); ***dar el ~ a torcer*** to give in; **no dio el** or **su ~ a torcer** he didn't let them/her twist his arm **2** (de sillón) arm; (de tocadiscos) arm; (de grúa) jib; (de río) branch, channel; **~ de gitano** (Coc) jelly roll (AmE), Swiss roll (BrE); **~ de mar** inlet, sound **3** **brazos** *mpl* (trabajadores) hands (*pl*)

brea *f* pitch, tar

brebaje *m* potion; **un ~ mágico** a magic potion

brecha *f* (en muro) breach, opening; (en la frente, cabeza) gash; **~ generacional** generation gap

bretel *m* (CS) strap

bretón[1] -tona *adj/m,f* Breton

bretón[2] *m* (idioma) Breton

breva *f* (Bot) early fig, black fig

⚷ **breve** *adj* (fml) brief, short; ‹*viaje/distancia*› short; **dentro de ~s momentos** in a few moments; **sea usted ~, por favor** please be brief; **en ~** shortly, soon

brevedad *f* **(a)** (de discurso, texto) brevity **(b)** (fml) (prontitud): **con la mayor ~** or **a la ~ posible** as soon as possible *o* (fml) at your earliest convenience

brevete *m* (Per) driver's license (AmE), driving licence (BrE)

bribón -bona *m,f* (fam) rascal (infml), scamp (infml)

bricolaje, bricolage *m* do-it-yourself, DIY

brida *f* bridle

briega *f* (Col) hard work, struggle

brigada *f* (Mil) brigade; (de policía) squad; **~ de explosivos** bomb squad; **~ antidroga** or **de estupefacientes** drug squad; **~ de salvamento** rescue team

brillante *adj* **(a)** ‹*luz/estrella/color*› bright; ‹*zapatos/metal/pelo*› shiny; ‹*pintura*› gloss (*before n*); ‹*papel*› glossy; ‹*tela*› with a sheen **(b)** ‹*escritor/porvenir*› brilliant; ‹*mente*› great; **su actuación fue ~** she performed brilliantly

■ *m* (diamante) diamond; **un anillo de ~s** a diamond ring

brillar [A1] *vi* **(a)** «*sol/luz*» to shine; «*estrella*» to shine, sparkle; «*zapatos/suelo/metal*» to shine, gleam; «*diamante/ojos*» to sparkle **(b)** (destacarse) «*persona*» to shine

■ **~** *vt* (Col) to polish

brillo *m* **(a)** (en general) shine; (de estrella) brightness, brilliance; (de diamante, ojos) sparkle; (de tela) sheen; **darle ~ al suelo** to polish the floor; **fotos con ~** gloss finish photos; **dale un poco de ~** (TV) turn the brightness up a bit **(b)** (esplendor, lucimiento) splendor*; **sin ~** ‹*discurso/interpretación*› dull **(c)** (para labios) lip gloss; (para uñas) clear nail polish

brilloso -sa *adj* (AmL) shiny

brincar [A2] *vi* «*niño*» to jump up and down; «*cordero*» to gambol, skip around; «*liebre*» to hop; **~ de alegría** to jump for joy

■ **~** *vt* (Méx) ‹*valla/obstáculo*› to jump

brinco *m* jump, leap, bound; **pegó** or **dio un ~ del susto** (fam) he jumped with fright

⚷ **brindar** [A1] *vi* to drink a toast; **~** POR **algn/algo** to drink a toast TO sb/sth

■ **~** *vt* (fml) (proporcionar) to give; **le brindó su apoyo** she gave him her support

■ **brindarse** *v pron* (fml) **~se** A **hacer algo** to offer *o* volunteer to do sth; **se brindó a acompañarme** he offered *o* volunteered to accompany me

brindis *m* (*pl* ~) toast; **hacer un ~ por algn** to drink a toast to sb

brío *m* **(a)** (ánimo, energía) spirit; **luchó con ~** he fought with great spirit *o* determination **(b)** (de caballo) spirit

brioso -sa *adj* ‹*caballo*› spirited

brisa *f* breeze

británico -ca *adj* British

■ *m,f* British person, Briton; **los ~s** the British, British people

brizna *f* (hebra) strand; (de hierba) blade

briznar [A1] *v impers* (Ven) to drizzle

broca *f* (drill) bit

brocado *m* brocade

brocha *f* (de pintor) paintbrush, brush; (de afeitar) shaving brush; (en cosmética) blusher brush

broche *m* **(a)** (joya) brooch **(b)** (de collar, monedero) clasp; **~ de presión** (AmL) snap fastener (AmE), press stud (BrE) **(c)** (Méx, Ur) (para el pelo) barrette (AmE), hair slide (BrE) **(d)** (Arg) (grapa) staple

brocheta *f* (aguja) brochette, skewer; (plato) kebab

brócoli *m* broccoli

broma *f* joke; **hacerle** or **gastarle una ~ a algn** to play a (practical) joke on sb; **déjate de ~s** stop kidding around (infml); **no estoy para ~s** I'm not in the mood for jokes; **~s aparte** joking apart; **lo dije de** or **en ~** I was joking; ***ni en ~*** no way (infml)

bromear [A1] *vi* to joke

bromista *adj*: **es muy ~** he's always joking; **¡qué ~ eres!** you're such a joker

⚷ key word

■ *mf* joker

bromuro *m* bromide

bronca *f* **1** **(a)** (fam) (disputa, lío) row; **armar** or **montar una ~** to kick up a fuss (infml); **buscar ~** to look for trouble *o* a fight **(b)** (alboroto, bullicio) racket (infml) **2** (esp Esp fam) (regañina) scolding, telling off (infml); **echarle la ~ a algn** to tell sb off **3** (AmL fam) (rabia): **está con una ~** he's furious; **me da mucha ~** it really gets to *o* bugs me (infml); **tenerle ~ a algn** to have it in for sb (infml)

bronce *m* **(a)** (para estatuas, cañones) bronze; **una medalla de ~** a bronze medal **(b)** (AmL) (para llamadores, placas) brass

bronceado[1] **-da** *adj* tanned, suntanned

bronceado[2] *m* (de la piel) tan, suntan; (Metal) bronzing

bronceador *m* suntan lotion

broncear [A1] *vt* «*piel*» to tan

■ **broncearse** *v pron* to get a tan *o* a suntan

bronconeumonía *f* bronchopneumonia

bronquio *m* bronchial tube

bronquitis *f* bronchitis

brotar [A1] *vi* **(a)** «*planta*» to sprout, come up; «*hoja*» to appear, sprout; «*flor*» to come out **(b)** «*sarampión/grano*» to appear

■ **brotarse** *v pron* (AmL) to come out in spots

brote *m* **(a)** (Bot) shoot; **echar ~s** to sprout, put out shoots **(b)** (de violencia, enfermedad) outbreak **(c)** (Col) (sarpullido) rash

bruces: **de ~** (*loc adv*) face down; **se cayó de ~** he fell flat on his face

brujería *f* witchcraft

brujo -ja *adj* **(a)** ‹*ojos/amor*› bewitching **(b)** (AmC, Méx fam) (sin dinero) broke (infml)

■ *m,f* (*m*) warlock; (*f*) witch

brújula *f* compass

bruma *f* (marina) (sea) mist; (del alba) mist

brumoso -sa *adj* misty

bruñir [I9] *vt* to polish

brusco -ca *adj* **(a)** ‹*movimiento/cambio*› abrupt, sudden; ‹*subida/descenso*› sharp, sudden **(b)** ‹*carácter/modales*› rough; ‹*tono/gesto*› brusque, abrupt; ‹*respuesta*› curt, brusque

Bruselas *f* Brussels

brusquedad *f* **(a)** (en el trato) roughness; **con ~** ‹*hablar/actuar*› abruptly **(b)** (de movimiento) abruptness, suddenness; **frenó con ~** he braked sharply

brutal *adj* ‹*crimen*› brutal; ‹*atentado*› savage

brutalidad *f* brutality, savageness

bruto -ta *adj* **1** ‹*persona*› **(a)** (ignorante) ignorant **(b)** (violento, brusco): **¡qué ~!** what a brute! **2** ‹*peso/sueldo*› gross; **en ~** ‹*diamante*› uncut; ‹*mineral*› crude

■ *m,f* **(a)** (ignorante) ignorant person **(b)** (persona violenta) brute, animal

bucal *adj* ‹*lesión*› mouth (*before n*); ‹*antiséptico/higiene*› oral (*before n*)

buceador -dora *m,f* diver

bucear [A1] *vi* to swim underwater, to dive

buceo *m* underwater swimming, diving

buchaca *f* (Col) pocket

buche *m* **1** **(a)** (de aves) crop **(b)** (de otros animales) maw **2** (Med, Odont): **hacer ~s con algo** to rinse one's mouth out with sth

bucle *m* **(a)** (en el pelo) ringlet **(b)** (Inf) loop

bucólico -ca *adj* bucolic, pastoral

budín *m* **(a)** (dulce) pudding **(b)** (salado) pie

budismo *m* Buddhism

budista *adj/mf* Buddhist

buen *adj* ▶ **bueno**[1]

buenaventura *f* **(a)** (buena suerte) good fortune **(b)** (futuro): **me dijo/leyó la ~** she told my fortune

buen mozo, **-na moza** *adj* ‹*hombre*› good-looking, handsome; ‹*mujer*› attractive, good-looking

bueno[1] **-na** *adj* [▶ **buen** *is used before masculine singular nouns*] **1** [SER] **(a)** ‹*hotel/producto/trabajo*› good; **ropa buena** good-quality clothes; **la buena mesa** good cooking **(b)** ‹*remedio/método*› good; **es ~ para la gripe/los dolores de cabeza** it's good for the flu/headaches **(c)** ‹*médico/alumno*› good; **un buen padre/amigo** he's a good father/friend; **es muy buena en francés** she's very good at French; **es buena para los negocios** she's got a good head for business **(d)** (amable, bondadoso) good, kind; **fueron muy ~s conmigo** they were very good *o* kind to me **(e)** (conveniente, correcto) good; **no es buena hora** it's not a good time; **no es ~ comer tanto** it isn't good to eat so much; **es ~ para la salud** it's good for your health; **su inglés es ~** her English is good **2** **(a)** (agradable) nice; **hace muy buen tiempo** the weather is nice **(b)** ‹*comida*› (en general) **ser ~** to be good, be nice (en particular) **estar ~** to be good, be nice; **el guacamole es buenísimo** guacamole is really good; **esta sopa está muy buena** this soup is very good **(c)** (favorable) ‹*oferta/crítica*› good; **una buena noticia** a piece of good news **3** [ESTAR] **(a)** (en buen estado) ‹*leche/pescado*› fresh; **esta leche no está buena** this milk is off *o* sour **(b)** (fam) (sexualmente atractivo): **está buenísimo** he's really gorgeous **4** (saludable, sano) ‹*costumbre/alimentación*› good; **estar en buena forma** to be in good shape **5** **(a)** (en fórmulas, saludos) good; **¡~s días!** good morning; **¡buenas tardes!** (temprano) good afternoon; (más tarde) good evening; **¡buenas noches!** (al llegar) good evening; (al despedirse) good night; **¡buen viaje!** have a good trip!; **¡buen provecho!** enjoy your meal **(b)** (*delante del n*) (uso enfático) ‹*susto*› terrible; **una buena cantidad** a fair amount; **un buen día** one day **(c)** **¡qué ~!** (AmL) great **(d)** **de buenas a primeras** suddenly; **por las buenas** willingly

■ *m,f* **(a)** (hum *o* leng infantil) (en películas, cuentos) goody (infml); **los ~s y los malos** the good guys and the bad guys (infml) **(b)** (bonachón, buenazo): **el ~ de Juan/la buena de Pilar** good old Juan/Pilar

bueno[2] *interj* **1** **(a)** (expresando — duda) well; (— conformidad) OK (infml), all right; **¿un café? — bueno** coffee? — OK *o* all right **(b)** (expresando resignación): **~, otra vez será** never mind, maybe next time **(c)** (expresando irritación): **~, se acabó ¡a la cama!** right, that's it, bed!; **¡y ~! ¿qué querías que hiciera?** (RPl) well, what did you expect me to do? **2** (Méx) (al contestar el teléfono): **¡~!** hello

Buenos Aires *m* Buenos Aires

buey *m* (Agr, Zool) ox

■ *adj* (Méx fam) dumb (infml)

búfalo[1] **-la** *adj* (AmC fam) great (infml), fantastic (infml)

b

búfalo[2] *m* buffalo
bufanda *f* scarf
bufar [A1] *vi* to snort
bufet /bu'fe/, **bufé** *m* **1** (Coc) buffet **2** (Andes) (aparador) sideboard
bufete *m* (Der) (despacho) lawyer's office; (negocio) legal practice, law firm
bufido *m* snort
bufón *m* (Hist) jester; (gracioso) (fam) clown (infml)
buhardilla *f* **(a)** (desván) attic **(b)** (apartamento) attic apartment (AmE) *o* (BrE) room **(c)** (ventana) dormer window
búho *m* owl
buitre *m* vulture
bujía *f* **(a)** (Auto) spark plug **(b)** (AmC) (Elec) light bulb
bula *f* (Relig) bull; **~ papal** papal bull
bulbo *m* bulb
bulevar *m* boulevard
Bulgaria *f* Bulgaria
búlgaro[1] **-ra** *adj/m,f* Bulgarian
búlgaro[2] *m* (idioma) Bulgarian
bulín *m* **1** (RPl fam) **(a)** (de soltero) bachelor pad **(b)** (vivienda): **se compraron un bulincito** they bought a little place of their own (infml) **2** (Per) (burdel) brothel
bulla *f* (ruido) racket (infml), ruckus (AmE infml); (actividad) bustle; **armar** or **meter ~** to make a racket, to create a ruckus
bullanguero -ra *adj* (fam) ‹*persona*› fun-loving; ‹*música/ambiente*› lively
bullicio *m* **(a)** (ruido) noise, racket (infml) **(b)** (actividad): **el ~ de la gran ciudad** the hustle and bustle of the city
bullicioso -sa *adj* noisy
bullir [I9] *vi*: **la calle bullía de gente** the street was teeming *o* swarming with people; **el lugar bullía de actividad** the place was a hive of activity
bulto *m* **1 (a)** (cuerpo, forma) shape; **vi un ~ que se movía** I saw a shape moving; ***escurrir el ~*** (fam) (en el trabajo) to duck out; (en entrevista) to dodge the issue **(b)** (volumen): **hace mucho/poco ~** it is/isn't very bulky **2** (Med) lump **3 (a)** (maleta, bolsa) piece of luggage; **~ de mano** piece *o* item of hand baggage *o* luggage; **cargada de ~s** laden with packages (*o* bags *etc*) **(b)** (Col, Méx) (saco) sack
búnker /'buŋker/ *m* (*pl* **-kers**) bunker
buñuelo *m* fritter
BUP /bup/ *m* (en Esp) = **Bachillerato Unificado Polivalente**
buque *m* ship, vessel; **~ cisterna/de guerra** tanker/warship
burbuja *f* (de gas, aire) bubble; **una bebida con/sin ~s** a fizzy/still drink
burbujear [A1] *vi* **(a)** «*champán/agua mineral*» to fizz **(b)** (al hervir) to bubble
burdel *m* brothel
burdeos *adj inv* (color) burgundy
burdo -da *adj* **(a)** ‹*persona/modales*› coarse **(b)** ‹*mentira*› blatant; ‹*imitación*› crude; ‹*excusa*› flimsy **(c)** ‹*paño/tela*› rough, coarse

burgués -guesa *adj* (Hist) bourgeois; (de clase media) middle-class; (pey) bourgeois (derog)
■ *m,f* **(a)** (Hist) bourgeois **(b)** (persona de clase media) member of the middle class; (pey) bourgeois
burguesía *f* (Hist) bourgeoisie; (clase media) middle class, middle classes (*pl*); (pey) bourgeoisie
burla *f* **(a)** (mofa): **hacerle ~ a algn** to make fun of sb, to mock sb **(b)** (atropello): **esto es una ~ del reglamento** this makes a mockery of the regulations
burladero *m*: *barrier behind which the bullfighter takes refuge*
burlar [A1] *vt* **(a)** ‹*medidas de seguridad*› to evade, get around; **~on la vigilancia de la policía** they slipped past the police **(b)** ‹*enemigo*› to outwit
■ **burlarse** *v pron* **~se** DE **algo/algn** to make fun OF sth/sb
burlesco -ca *adj* ‹*género*› burlesque; ‹*espectáculo*› comic
burlete *m* draft* excluder
burlón -lona *adj* **(a)** (de mofa) ‹*actitud/tono*› mocking; ‹*risa*› sardonic, derisive **(b)** (de broma) ‹*actitud*› joking, teasing
buró *m* **(a)** (escritorio) writing desk, bureau (BrE) **(b)** (Méx) (mesa de noche) bedside table
burocracia *f* bureaucracy
burócrata *mf* **(a)** (pey) bureaucrat (derog) **(b)** (Méx) (funcionario) civil servant, official
burocrático -ca *adj* **(a)** (pey) ‹*trámite/proceso*› bureaucratic **(b)** (Méx) ‹*empleado/jerarquía*› government (*before n*), state (*before n*)
burrada *f* (fam) (necedad, barbaridad): **decir ~s** to talk nonsense *o* drivel; **¿cómo pudiste hacer semejante ~?** how could you do such a stupid thing?
burro[1] **-rra** *adj* **(a)** (fam) (ignorante) stupid, dumb (AmE infml), thick (BrE infml) **(b)** (fam) (obstinado, cabezón) pigheaded (infml)
■ *m,f* **1** (Zool) (asno) (*m*) donkey; (*f*) female donkey, jenny; ***trabajar como un ~*** to slog one's guts out **2** (fam) **(a)** (ignorante) idiot **(b)** (cabezón, obstinado) stubborn mule, obstinate pig (infml)
burro[2] *m* **(a)** (en carpintería) sawhorse; (en herrería) workbench **(b)** (Méx) (para planchar) ironing board; (caballete) trestle; (escalera) stepladder
bursátil *adj* stock market *o* exchange (*before n*)
bus *m* (Auto, Transp) bus; (Inf) bus
busca *f* (búsqueda) search; **en ~ de algo** in search of sth; **salieron en su ~** they set out to look for him
■ *m* (Esp fam) pager, beeper (AmE), bleeper (BrE)
buscador[1] **-dora** *m,f*: **~ de oro** gold prospector; **~ de tesoros** treasure hunter
buscador[2] *m* (Inf) search engine
buscapleitos *mf* (*pl* **~**) (fam) troublemaker
⚷ **buscar** [A2] *vt* **1 (a)** (intentar encontrar) to look for; ‹*fama/fortuna*› to seek; **te buscan en la portería** someone is asking for you at reception **(b)** (en libro, lista) to look up; **busca el número en la guía** look up the number in the directory **2 (a)** (recoger) to collect, pick up; **fui a ~lo al aeropuerto** (para traerlo — en coche) I went to pick him up from the airport; (— en tren, a pie) I went to meet him at the airport; **vengo a**

⚷ key word

~ **mis cosas** I've come to collect *o* pick up my things **(b)** (conseguir) to get; **yo le busqué trabajo** I found him a job; **fue a ~ un médico/un taxi** he went to get a doctor/a taxi; **¿qué buscas con eso?** what are you trying to achieve by that?
■ ~ *vi* to look; **busca en el cajón** look *o* have a look in the drawer
■ **buscarse** *v pron* **1** (intentar encontrar) to look for **2** ‹*problemas*› to ask for; **no quiero ~me complicaciones/problemas** I don't want any trouble; **tú te lo has buscado** you've brought it on yourself, it serves you right; ***buscársela(s)***; (fam): **te la estás buscando** you're asking for trouble, you're asking for it (infml)

buseta *f* (Col, Ven) small bus

búsqueda *f* ~ (DE **algo/algn**) search (FOR sth/sb)

busto *m* bust

butaca *f* **(a)** (con respaldo) (esp Esp) armchair; (sin respaldo) (esp AmL) stool **(b)** (en teatro, cine) seat; ~ **de patio** (Esp) orchestra (AmE) *o* (BrE) stall seat

buzo *m* **1** (Náut) diver **2** (Indum) **(a)** (Chi, Per) (para hacer ejercicio) track suit **(b)** (Col) (suéter de cuello alto) turtleneck sweater (AmE), polo-neck jumper (BrE) **(c)** (Arg, Col) (camiseta) sweatshirt **(d)** (Ur) (jersey) sweater, jumper (BrE)

buzón *m* (en la calle) postbox, mailbox (AmE), letter-box (BrE); (en una casa) mailbox (AmE), letter-box (BrE); **echar una carta al** or **en el ~** to mail (AmE) *o* (BrE) post a letter

byte *m* /bait/ byte

Cc

C, c *f* (/se/ *or* (Esp) /θe/) the letter C, c

c/ (= **calle**) St, Rd

C *m* (= **centígrado** *or* **Celsius**) C, Centigrade, Celsius

cabales *mpl*: **no está en sus ~** he's not in his right mind

cabalgar [A3] *vi* (liter) «*jinete*» to ride

cabalgata *f* (desfile) parade; **la ~ de los Reyes Magos** the Epiphany parade *o* procession

caballa *f* mackerel

caballerango *m* (Méx) groom

caballería *f* (Mil) cavalry

caballeriza *f* (edificio) stable; (caballos) stable, stables (*pl*)

caballero *m* **(a)** (en general) gentleman; **es todo un ~** he's a perfect gentleman; **sección de ~s** men's department; **¿en qué puedo servirle, ~?** how can I help you, sir?; Ⓢ **caballeros** Men *o* Gentlemen *o* Gents **(b)** (Hist) knight

caballeroso -sa *adj* gentlemanly, gallant

caballete *m* (para mesa) trestle; (para lienzo, pizarra) easel; (de moto) kickstand; (del tejado) ridge

caballito *m* **(a)** (juguete — que se mece) rocking horse; (— con palo) hobbyhorse; **~ de mar** sea horse; *ver tb* **caballo² 1 a (b) caballitos** *mpl* (carrusel) carousel, merry-go-round

caballo¹ -lla *adj* (AmC fam) (estúpido) stupid

caballo² *m* **1 (a)** (Equ, Zool) horse; **montar** or (AmL) **andar a ~** to ride (a horse); **dieron un paseo a ~** they went for a ride (on horseback); **~ de carga/de tiro** packhorse/carthorse; **~ de carreras** racehorse; ***a ~ entre …*** halfway between …; ***llevar a algn a ~*** to give sb a piggyback **(b)** (en ajedrez) knight; (en naipes) ≈ queen (*in a Spanish pack of cards*) **(c)** (Méx) (en gimnasia) horse **2** (Auto, Fís, Mec) *tb* **~ de vapor** (metric) horsepower

cabaña *f* (choza) cabin, shack

cabaré, **cabaret** /kaβa're/ *m* (*pl* **-rets**) cabaret

cabeceada *f* **(a)** (AmL) ▶ **cabezada (b)** (CS) (Dep) header

cabecear [A1] *vi* **(a)** «*persona*» to nod off **(b)** «*caballo*» to toss its head; «*barco*» to pitch
■ ~ *vt* ‹*balón*› to head

cabecera *f* **(a)** (de la cama) headboard **(b)** (de una mesa) head, top **(c)** (de una manifestación) head, front

cabecero *m* headboard

cabecilla *mf* ringleader

cabellera *f* **(a)** (melena) hair **(b)** (de un cometa) tail

cabello *m* hair; **~s de ángel** (fideos) vermicelli

caber [E15] *vi* **1 (a)** (en un lugar) to fit; **no cabe en la caja** it won't fit in the box; **no cabemos los cuatro** there isn't room for all four of us; **en esta botella caben diez litros** this bottle holds ten liters; ***no ~ en sí de alegría*** to be beside oneself with joy **(b)** (pasar) to fit, go; ~ POR **algo** to go THROUGH sth **(c)** «*falda/zapatos*» to fit; **estos pantalones ya no me caben** these trousers don't fit me any more **2** (*en 3ª pers*) (fml) (ser posible): **cabe la posibilidad de que haya perdido el tren** he may have missed the train; **no cabe duda de que …** there is no doubt that …; **cabría decir que …** it could be said that …; **es, si cabe, aún mejor** it is even better, if such a thing is possible; ***dentro de lo que cabe*** all things considered **3** (Mat): **17 entre 5 cabe a 3 y sobran 2** 5 into 17 goes 3 times and 2 over

cabestrillo *m* sling; **llevaba el brazo en ~** he had his arm in a sling

cabeza *f* **1 (a)** (Anat) head; **de la ~ a los pies** from head to toe *o* foot; **me duele la ~** I've got a headache; **marcó de ~** he scored with a header;

pararse en la or **de ~** (AmL) to do a headstand; **~ rapada** skinhead **(b)** (medida) head; **me saca una ~** he's a head taller than me **(c)** (pelo) hair; **me lavé la ~** I washed my hair **(d)** (inteligencia): **usa la ~** use your head; **¡qué poca ~!** have you/has he no sense? **(e)** (mente): **¡que ~ la mía!** what a memory!; **tú estás mal de la ~** you're out of your mind; **se me ha ido de la ~** it's gone right out of my head; **se le ha metido en la ~ que ...** she's got it into her head that ...; **no se me pasó por la ~** it didn't cross my mind; **~ de chorlito** *mf* (fam) scatterbrain (infml); ***irsele a algn la ~*** to feel dizzy; ***levantar ~*** (fam) (superar problemas) to get back on one's feet; ***perder la ~***: **no perdamos la ~** let's not panic *o* lose our heads; **perdió la ~ por esa mujer** he lost his head over that woman; ***quitarle a algn algo de la ~*** to get sth out of sb's head; ***romperse la ~*** (fam) (preocuparse) to rack one's brains; (lastimarse) to break one's neck (infml); ***subírsele a algn a la ~*** «*vino/éxito*» to go to one's head; ***tener la ~ llena de pájaros*** (fam) to have one's head in the clouds **2** **(a)** (individuo): **por ~** each, a head **(b)** (de ganado) head; **50 ~s de ganado** 50 head of cattle **3** (primer lugar, delantera): **estamos a la ~ del sector** we are the leading company in this sector; **a la ~ de la manifestación** at the front *o* head of the demonstration; **el equipo va en ~ de la clasificación** the team is at the top of the division; **~ de familia** head of the family; **~ de serie** seed **4** **(a)** (de alfiler, clavo, fósforo) head **(b)** (de misil) warhead **5** (Audio, Video) head **6** (de plátanos) hand, bunch; **~ de ajo** bulb of garlic

cabezada *f* (movimiento) nod; **iba dormido, dando ~s** his head kept nodding in his sleep; ***dar*** or ***echar una ~*** (fam) to have a nap (infml)

cabezal *m* **1** **(a)** (almohada) bolster **(b)** (de sillón) headrest **(c)** (AmL) (de cama) headboard/footboard **2** (AmL) (terminal) terminal **3** (Audio, Video) head

cabezazo *m* **(a)** (golpe): **se dio un ~ en el estante** he hit *o* banged his head on the shelf **(b)** (Dep) header

cabezón -zona *adj* **(a)** (fam) (terco) pigheaded (infml) **(b)** (fam) (de cabeza grande): **¡qué ~ es!** what a big head he has! **(c)** ‹*vino*› heady
■ *m,f* (fam): **¡eres un ~!** you're so pigheaded! (infml)

cabezota *adj/mf* ▶ **cabezón**

cabezudo[1] **-da** *adj* (de cabeza grande): **es ~** he has a very big head

cabezudo[2] *m*: *carnival figure with a large head*

cabida *f* (capacidad de recipiente, estadio, teatro) capacity; **solo hay ~ para diez pasajeros** there's only room *o* space for ten passengers; **el estadio puede dar ~ a 100.000 personas** the stadium can hold 100,000 people

cabina *f* **1** **(a)** (vestuario) cubicle, stall (AmE) **(b)** (de laboratorio de idiomas, estudio de radio) booth; **~ telefónica** telephone booth *o* (BrE) box **2** **(a)** (de camión, grúa) cab **(b)** (Aviac) (para pilotos — en avión grande) flight deck; (— en avión pequeño) cockpit; (para pasajeros) cabin

cabizbajo -ja *adj* (alicaído) downcast; **caminaba ~** he walked along, head bowed

🔑 **cable** *m* (Elec, Telec) cable

cablevisión *f* (esp AmL) cable television

🔑 **cabo** *m* **1** (Geog) cape **2** **(a)** (Mil) corporal **(b)** (en remo) stroke **3** (extremo) end; **al ~ de** after; ***de ~ a rabo*** (fam) from beginning to end; ***llevar a ~*** ‹*misión*› to carry out; **lleva a ~ una excelente labor** he does an excellent job

cabra *f* goat; ***estar como una ~*** (fam) to be completely nuts (infml)

cabrá, **cabré**, *etc* ▶ **caber**

cabrahigar [A22] *vt*: *to hang wild figs on*

cabreado -da *adj* (fam) furious, mad (infml)

cabrear [A1] *vt* (fam) (enfadar) to make ... mad (infml), to piss ... off (sl)
■ **cabrearse** *v pron* (fam) (enojarse) to get mad (infml)

cabreo *m* (fam) (enojo, irritación): **¡qué ~ tiene!** he's in a foul *o* a terrible mood! (infml); **agarrarse un ~** to get mad (infml), to hit the roof (infml)

cabría, *etc* ▶ **caber**

cabriola *f*: **hacer ~s** «*niño*» to caper *o* jump around; «*caballo*» to buck, prance around

cabritas *fpl* (Chi) popcorn

cabrito *m* (Zool) kid

cabro -bra *adj* (Chi fam): **es muy ~ para eso** he's too young for that
■ *m,f* (Chi fam) (niño) kid (infml)

cabrón[1] **-brona** *adj* (Esp, Méx vulg): **el muy ~/la muy cabrona** the bastard *o* (AmE) son of a bitch (vulg) /the bitch (vulg)
■ *m,f* (Esp, Méx vulg) (*m*) bastard (vulg), son of a bitch (AmE vulg); (*f*) bitch (vulg)

cabrón[2] *m* (vulg) (cornudo) cuckold; (proxeneta) (Andes fam *o* vulg) pimp, ponce (BrE)

cabús *m* (Méx) caboose (AmE), guard's van (BrE)

caca *f* (fam *o* leng infantil): **hacer ~** to go to the bathroom (AmE) *o* (BrE) toilet (euph), to do a poop (AmE) *o* (BrE) pooh (used to or by children); **hacerse ~** to mess oneself; **el niño se hizo ~** the baby dirtied his diaper (AmE) *o* (BrE) nappy (infml); **~ de perro** dog mess; **¡no toques eso! ¡~!** don't touch that, it's dirty!

cacahuete, **cacahuate** *m* peanut, monkey nut; ***me/te/le importa un (reverendo) ~*** (Méx fam) I/you/he couldn't give a damn (infml)

cacao *m* **1** **(a)** (Coc) (polvo, bebida) cocoa **(b)** (Bot) (planta) cacao; (semillas) cocoa beans (*pl*) **(c)** (Esp) (para los labios) lipsalve **2** (fam) (jaleo) ruckus (AmE), to-do (BrE); **¡qué ~ se armó!** all hell broke loose (infml)

cacarear [A1] *vi* **(a)** «*gallo*» to crow; «*gallina*» to cluck **(b)** (fam) (presumir) to brag

cacatúa *f* (Zool) cockatoo

cacería *f* (de zorro, jabalí) hunt; (de conejo, perdiz) shoot; **ir de ~** to go hunting/shooting

cacerola *f* saucepan, pan

cachalote *m* sperm whale

cachapa *f* (Ven) *corn-based pancake*

cachar [A1] *vt* **(a)** (AmL fam) ‹*pelota*› to catch; ‹*persona*› **la caché del brazo** I caught *o* grabbed her by the arm **(b)** (AmL fam) (sorprender, pillar) to catch **(c)** (RPl fam) (gastar una broma) to kid (infml) **(d)** (Andes fam) (enterarse) to get (infml)

cacharrería *f* (Col) hardware store, ironmonger's (BrE)

🔑 key word

cacharro *m* **(a)** (de cocina) pot **(b)** (fam) (cachivache) thing; (coche viejo) jalopy (AmE), old banger (BrE infml); (aparato) gadget

cachaza *f* (bebida) *type of rum*

cachear [A1] *vt* **1** (fam) (registrar) to frisk, search **2** (AmL) (Taur) to gore

cachemir *m*, **cachemira** *f* cashmere

cachetada *f* (AmL) slap

cachete *m* **1** (mejilla) (esp AmL) cheek; (nalga) (CS fam) cheek **2** (esp Esp) (bofetada) slap

cachetear [A1] *vt* (AmL) to slap

cachetón -tona *adj* (Andes, Méx fam) (carrilludo) chubby-cheeked

cachimba *f* pipe; **fumar ~** to smoke a pipe

cachiporra *f* (palo) billy club (AmE), truncheon (BrE)

cachito *m* **1** (Méx) (de lotería) *one twentieth of a lottery ticket*; *ver tb* **cacho 1** **2** (Ven) (Coc) croissant

cachivache *m* (fam) (trasto inútil) piece of junk; **tiró todos los ~s que tenía** she threw out all her old junk (infml)

cacho *m* **1** (fam) (pedazo) bit **2** **(a)** (AmS) (cuerno) horn **(b)** (Andes) (juego) poker dice; (cubilete) shaker

cachondearse [A1] *v pron* (Esp fam) **~** DE **algn/algo** to make fun OF sb/sth

cachondeo *m* (Esp fam): **estar de ~** to be joking; **se lo toma a ~** he treats it as a joke

cachondo -da *adj* (fam) **(a)** (Esp) (divertido) funny **(b)** (Esp, Méx) (sexualmente) hot (infml), horny (sl)

cachorro -rra *m,f* (de perro) puppy, pup; (de león) cub

cachucha *f* (Col, Méx, Ven) (Indum) cap

cacillo *m* (cacerola) small saucepan; (cucharón) ladle

cacique *m* (Hist) chief, cacique; (Pol) local political boss; (hombre poderoso) tyrant

caco *m* (fam) burglar

cactus (*pl* **~**), **cacto** *m* cactus

cada *adj inv* **1** **(a)** (con énfasis en el individuo o cosa particular) each; (con énfasis en la totalidad del conjunto) every; **los ganadores de ~ grupo** the winners from each group; **hay un bar en ~ esquina** there's a bar in every corner; **~ día** every day, each day; **¿~ cuánto viene?** how often does she come?; **hay cinco para ~ uno** there are five each; **cuestan $25 ~ uno** they cost $25 each; **~ uno** or **cual sabe qué es lo que más le conviene** everyone *o* each individual knows what's best for him or her; **~ vez que viene** every time *o* whenever he comes **(b)** (delante de numeral) every; **~ dos días** every two days, every other day; **siete de ~ diez** seven out of (every) ten **2** (indicando progresión): **~ vez más rápido** faster and faster; **lo hace ~ vez mejor** she's getting better all the time; **~ vez más gente** more and more people; **~ vez menos tiempo** less and less time

cadalso *m* (patíbulo) scaffold; (horca) gallows (*pl*)

cadáver *m* (de persona) corpse; (de animal) carcass

cadavérico -ca *adj* cadaverous, ghastly

caddie, **caddy** /'kaði/ *mf* (*pl* **-dies**) caddy

cadena *f* **1** **(a)** (de eslabones) chain; (para la nieve) (snow) chain; **~ antirrobo** bicycle lock; **~ perpetua** life imprisonment **(b)** (del wáter) chain; **tirar de la ~** to flush the toilet **2** **(a)** (de hechos, fenómenos) chain; **una larga ~ de atentados** a long series of attacks; **~ de fabricación** or **producción** production line; **~ de montañas** mountain range *o* chain; **en ~** ‹*transmisión*› simultaneous; **una choque en ~** a pileup **(b)** (de hoteles, supermercados) chain; **~ de radiodifusión** radio network **3** (TV) channel

cadencia *f* cadence

cadeneta *f* (labor) chain stitch; (de papel) paper chain

cadera *f* hip

cadete *m* (Mil, Náut) cadet

caducar [A2] *vi* **(a)** «*carné/pasaporte*» to expire; **el plazo caduca el 17 de enero** the closing date (*for enrollment, etc*) is January 17; **estar caducado** to be out of date; «*yogurt*» to be past its sell-by date/use-by date **(b)** «*medicamento*» to expire (fml); Ⓢ **caduca a los tres meses** use within three months

caduco -ca *adj* **(a)** ‹*hoja*› deciduous **(b)** ‹*teoría/costumbres/valores*› outdated

caer [E16] *vi* **1** (de una altura) to fall; (de posición vertical) to fall over; **el coche cayó por un precipicio** the car went over a cliff; **cayó muerto allí mismo** he dropped down dead on the spot; **cayó en el mar** it came down in the sea; **~ *parado*** (AmL) to land on one's feet; ***dejar* ~ *algo*** ‹*objeto/indirecta*› to drop sth.; **dejó ~ la noticia que ...** she let drop the news that ... **2** **(a)** «*chaparrón/nevada*» **cayó un chaparrón** it poured down; **cayó una fuerte nevada** it snowed heavily; **el rayo cayó cerca** the lightning struck nearby **(b)** «*noche*» to fall; **al ~ la tarde/noche** at sunset *o* dusk/nightfall **3** **(a)** (pender) «*cortinas/falda*» to hang **(b)** «*terreno*» to drop; **~ en pendiente** to slope down **4** (en error, trampa): **no caigas en ese error** don't make that mistake; **todos caímos (en la trampa)** we all fell for it; **cayó en la tentación de mirar** she succumbed to the temptation to look; **~ *muy bajo*** to stoop very low **5** (fam) (entender, darse cuenta): **¡ah, ya caigo!** (ya entiendo) oh, now I get it! (infml); (ya recuerdo) oh, now I remember; **no caigo** I'm not sure what (*o who etc*) you mean; **no caí en que tú no tenías llave** I didn't realize *o* (fam) I didn't click that you didn't have keys **6** (en un estado): **~ en el olvido** to sink into oblivion; **~ enfermo** to fall ill **7** «*gobierno/ciudad*» to fall; «*soldado*» (morir) to fall, die **8** «*precios/temperatura*» to fall, drop **9** **(a)** (sentar): **el pescado me cayó mal** the fish didn't agree with me; **le cayó muy mal que no la invitaran** she was very upset about not being invited **(b)** «*persona*» **tu primo me cae muy bien** I really like your cousin; **me cae muy mal** (fam) I can't stand him (infml); **¿qué tal te cayó?** what did you think of him? **10** «*cumpleaños/festividad*» to fall on; **¿el 27 en qué (día) cae?** what day's the 27th?

■ **caerse** *v pron* **(a)** (de una altura) to fall; (de posición vertical) to fall, to fall over; **me caí por las escaleras** I fell down the stairs; **~se del caballo/de la cama** to fall off one's horse/out of bed; **está que se cae de cansancio** (fam) she's dead on her feet (infml) **(b)** **caérsele algo** A **algn: oiga, se le cayó un guante** excuse me, you

C

dropped your glove; **no se te vaya a ~** don't drop it; **se me cayó de las manos** it slipped out of my hands; **se me están cayendo las medias** my stockings are falling down **(c)** (desprenderse) «*diente*» to fall out; «*hojas*» to fall off; «*botón*» to come off, fall off; **se le empieza a ~ el pelo** he's started to lose his hair

C

café *adj* (*gen inv*) (AmC, Chi, Méx) (marrón) brown; **ojos ~(s)** brown eyes
■ *m* **1** (cultivo, bebida) coffee; **me sirvió un ~** he gave me a cup of coffee, he gave me a coffee (BrE); **~ cerrero** (Col) large strong black coffee; **~ con leche** (bebida) regular coffee (AmE), white coffee (BrE); **~ cortado** *coffee with a dash of milk*; **~ expreso** espresso; **~ instantáneo** or **soluble** instant coffee; **~ natural/torrefacto** light roast/high roast coffee; **~ negro** (AmL) or (Chi) **puro** or (Col) **tinto** or (Esp) **solo** black coffee **2** (cafetería) cafe; **~ bar** cafe **3** (AmC, Chi, Méx) (marrón) brown

cafeína *f* caffeine

cafetal *m* coffee plantation

cafetera *f* **(a)** (para hacer café) coffee maker; (para servir café) coffeepot; ***estar como una ~*** (fam) to be off one's rocker *o* head (infml) **(b)** (fam) (coche viejo) old heap (infml)

cafetería *f* (café) cafe; (en museo, fábrica) cafeteria

cafetero -ra *adj* ‹*industria/finca*› coffee (*before n*); ‹*país*› coffee-producing (*before n*), coffee-growing (*before n*); **ser muy ~** to be a real coffee addict
■ *m,f* coffee planter *o* grower

cafeto *m* coffee tree

caficultor -tora *m,f* (Col) coffee grower

cagar [A3] *vi* (vulg) (defecar) to have a shit (vulg)
■ **cagarse** *v pron* (vulg) to shit oneself (vulg)

caída *f* **1** (en general) fall; **sufrir una ~** «*persona*» to have a fall; **~ libre** free fall; **la ~ del gobierno** the fall of the government; **la ~ del cabello** hair loss **2** (de tela, falda): **necesitas una tela con más ~** you need a heavier material; **tiene buena ~** it hangs well **3** (descenso) **~** DE **algo** (del dólar/de los precios/de la demanda) fall IN sth; (de temperatura/voltaje) drop IN sth; **~ de agua** waterfall

caído[1] -da *adj* **1** **(a)** (en el suelo) fallen **(b)** ‹*pechos*› drooping, sagging; **tener los hombros ~s** to be round-shouldered **(c)** (en la guerra): **soldados ~s en combate** soldiers who fell in combat **2** (Col) ‹*vivienda*› dilapidated, run-down

caído[2] *m*: **los ~s** the fallen

caiga, caigas, *etc* ▶ **caer**

caimán *m* (Zool) caiman, cayman, alligator

Cairo *m*: **el ~** Cairo

caja *f* **1** **(a)** (recipiente) box; **una ~ de fósforos** (con fósforos) a box of matches; (vacía) a matchbox; **una ~ de vino** a crate of wine; **~ de cambios** gearbox; **~ de herramientas** toolbox; **~ de música** music box; **~ de resonancia** (Mús) soundbox; **~ de seguridad** safe-deposit box, safety deposit box; **~ fuerte** safe, strongbox; **~ negra** (Aviat) black box; **~ tonta** (fam) goggle box (infml) **(b)** (de reloj) case, casing **(c)** (Mús) (de violín, guitarra) soundbox; (tambor) drum **(d)** (fam) (ataúd) coffin **2** (Com) **(a)** (lugar — en banco) window; (— en supermercado) checkout; (— en tienda, restaurante) cash desk, till **(b)** (máquina) *tb* **~ registradora** till, cash register **(c)** (dinero) cash; **hicimos una ~ de medio millón** we took half a million pesos (*etc*); **~ de ahorros** savings bank; ***hacer (la) ~*** to cash up

cajero -ra *m,f* (en tienda) cashier; (en banco) teller, cashier; (en supermercado) check out operator; **~ automático** or **permanente** cash dispenser, automated teller machine (AmE), ATM (AmE)

cajeta *f* (Méx) caramel topping/filling

cajetilla *f* pack (AmE), packet (BrE)

cajón *m* **1** **(a)** (en mueble) drawer **(b)** (caja grande) *tb* **~ de embalaje** crate; (para mudanzas) packing case **(c)** (AmL) (ataúd) coffin, casket (AmE) **2** (Méx) (en un estacionamiento) parking space

cajuela *f* (Méx) trunk (AmE), boot (BrE)

cal *f* lime

cala *f* **(a)** (ensenada) cove **(b)** (Náut) hold

calabacín *m*, (Méx) **calabacita** *f* zucchini (AmE), courgette (BrE)

calabaza *f* (fruto — redondo) pumpkin; (— alargado) squash

calabozo *m* (en comisaría, cárcel) cell; (en cuartel) guardroom; (Hist) dungeon

calada *f* (Esp fam) (de cigarro) drag (sl), puff (infml)

caladero *m* fishing ground

calado -da *adj* **1** (empapado) [ESTAR] soaked, drenched **2** ‹*jersey/tela*› openwork (*before n*)

calamar *m* squid; **~es a la romana** squid fried in batter

calambre *m* **(a)** (espasmo) cramp; **me ha dado un ~ en el pie** I have a cramp (AmE) *o* (BrE) I've got cramp in my foot **(b)** (sacudida eléctrica) electric shock; **me dio un ~** I got an electric shock

calamidad *f* **(a)** (desastre, desgracia) disaster, calamity; **¡las ~es que ha pasado!** the terrible things he's gone through! **(b)** (persona inútil) disaster (infml)

calar [A1] *vt* **1** «*líquido*» (empapar) to soak; (atravesar) to soak through; **el agua me caló los calcetines** water soaked through my socks **2** (fam) ‹*persona/intenciones*› to rumble (infml), to suss ... out (BrE infml) **3** «*barco*» to draw **4** (Esp) ‹*coche/motor*› to stall
■ **~** *vi* **1** «*moda*» to catch on; «*costumbre/filosofía*» to take root **2** «*zapatos/tienda de campaña*» to leak, let water in
■ **calarse** *v pron* **1** (empaparse) to get soaked, get drenched **2** (Esp) «*coche/motor*» to stall

calavera[1] *f* **1** (Anat) skull **2** (Méx) (Auto) taillight

calavera[2] *m* (fam) rake

calcado -da *adj* **(a)** [SER] (fam): **ser ~ a algn** to be the spitting image of sb (infml); **ser ~ a algo** to be exactly the same as sth **(b)** [ESTAR] (fam): **están ~s** one is a carbon copy of the other; **está ~ del de Serra** it's a straight copy of Serra's

calcar [A2] *vt* **(a)** ‹*dibujo/mapa*› to trace **(b)** (plagiar) to copy

calceta *f* (labor) knitting; **hacer ~** to knit

calcetín *m* sock

key word

calcinar [A1] *vt* **(a)** (abrasar) «*fuego*» to burn; **cadáveres calcinados** charred bodies **(b)** (Quím) to calcine

calcio *m* calcium

calco *m* (copia) exact replica

calcomanía *f* transfer, decal (AmE)

calculador -dora *adj* calculating

calculadora *f* calculator

calcular [A1] *vt* **1** **(a)** (Mat) to calculate, work out; **calculé mal la distancia** I miscalculated the distance **(b)** (evaluar) ‹*pérdidas/gastas*› to estimate **(c)** (conjeturar) to reckon, to guess (esp AmE); **yo le calculo unos sesenta años** I reckon *o* guess he's about sixty **(d)** (imaginar) to imagine **2** (planear) to work out; **lo tenía todo calculado** he had it all worked out

cálculo *m* **1** (Mat) **(a)** (operación) calculation; **según mis ∼s** according to my calculations; **hizo un ∼ aproximado** she made a rough estimate; **∼ mental** mental arithmetic **(b)** (disciplina) calculus **2** (plan): **eso no entraba en mis ∼s** I hadn't allowed for that in my plans *o* calculations; **le fallaron los ∼s** things didn't work out as he had planned; **un error de ∼** a miscalculation **3** (Med) stone, calculus (tech)

caldear [A1] *vt* ‹*habitación/local*› to heat, heat ... up

■ **caldearse** *v pron* **(a)** «*habitación/local*» to warm up, heat up **(b)** (enardecerse): **se estaban empezando a ∼ los ánimos** feelings started to run high

caldera *f* **(a)** (industrial, de calefacción) boiler **(b)** (caldero) caldron*, copper (BrE)

calderilla *f* change, small *o* loose change

caldero *m* caldron*, copper (BrE)

caldo *m* (Coc) clear soup; (con arroz, etc) soup; (para cocinar) stock; (salsa de asado, etc) juices (*pl*); **∼ de pollo** chicken stock

calé *adj* gypsy (*before n*)

■ *mf* gypsy

calefacción *f* heating; **∼ a gas** gas heating; **∼ central** central heating

caleidoscopio *m* kaleidoscope

calendario *m* **(a)** (en general) calendar; **∼ de taco** tear-off calendar; **∼ escolar** school calendar **(b)** (programa) schedule; **tiene un ∼ muy apretado** she has a very tight schedule

calentador *m* **(a)** (para agua) (water) heater; (estufa) heater **(b)** **calentadores** *mpl* (Dep, Indum) leg warmers (*pl*)

calentamiento *m* **(a)** (Dep) warm-up **(b)** (Fís) warming; **∼ global** or **del planeta** global warming

calentar [A5] *vt* **1** **(a)** ‹*agua/comida*› to heat (up); ‹*habitación*› to heat **(b)** ‹*motor/coche*› to warm up **(c)** (Dep): **∼ los músculos** to warm up **2** (AmL fam) (enojar) to make ... mad (infml)

■ **∼** *vi*: **¡cómo calienta hoy el sol!** the sun's really hot today!; **esta estufa casi no calienta** this heater is hardly giving off any heat

■ **calentarse** *v pron* **1** **(a)** «*horno/plancha*» to heat up; «*habitación*» to warm up, get warm **(b)** «*motor/coche*» (al arrancar) to warm up; (en exceso) to overheat **2** (vulg) (excitarse sexualmente) to get turned on (infml) **3** «*debate*» to become heated; **los ánimos se ∼on** tempers flared **4** (AmL fam) (enojarse) to get mad (infml)

calentura *f* **(a)** (fiebre) temperature **(b)** (en la boca) cold sore

calesita *f* (Per, RPl) merry-go-round, carousel

caleta *f* (ensenada) cove

calibrar [A1] *vt* **(a)** ‹*arma/tubo*› to calibrate **(b)** ‹*consecuencias/situación*› to weigh up

calibre *m* caliber*; **de ∼ 22** 22 caliber; **de grueso ∼** ‹*arma/proyectil*› large-bore; ‹*error*› (AmL) serious

calidad *f* **1** (de producto, servicio) quality; **un artículo de primera ∼** a top-quality product; **productos de mala ∼** poor-quality products; **∼ de vida** quality of life **2** (condición): **asistió en ∼ de observador** he attended as an observer; **en su ∼ de presidente** in his capacity as president

cálido -da *adj* **(a)** (Meteo) hot **(b)** ‹*acogida/bienvenida*› warm **(c)** ‹*color/tono*› warm

calidoscopio *m* kaleidoscope

calienta, *etc* ▶ **calentar**

caliente *adj* **1** ‹*agua/comida/horno*› hot; **aquí estaremos más calentitas** we'll be warmer here; **tomó la decisión en ∼** she made the decision in the heat of the moment **2** (fam) (sexualmente) hot (infml), horny (sl)

caliento ▶ **calentar**

califa *m* caliph

calificación *f* **(a)** (Educ) grade (AmE), mark (BrE) **(b)** (descripción) description **(c)** (de película) rating

calificado -da *adj* (esp AmL) ‹*mano de obra*› skilled; ‹*profesional*› qualified

calificadora *f* credit rating agency

calificar [A2] *vt* **1** **∼ algo/a algn DE algo** (describir) to describe sth/sb AS sth; (categorizar) to label sth/sb AS sth **2** (Educ) **(a)** ‹*examen*› to grade (AmE), to mark (BrE); ‹*alumno*› to give a grade (AmE) *o* (BrE) mark to **(b)** (habilitar) «*título/diploma*» **∼ a algn PARA hacer algo** to qualify sb TO do sth **3** (Ling) to qualify

California *f* California

californiano -na *adj/m,f* Californian

caligrafía *f* (arte) calligraphy; (de persona) writing, handwriting

calipso *m* **(a)** (Mús) calypso **(b)** **de color ∼** deep turquoise

cáliz *m* **(a)** (Relig) chalice **(b)** (Bot) calyx

caliza *f* limestone

calizo -za *adj* ‹*tierra*› limy; **piedra caliza** limestone

callado -da *adj* **(a)** [ESTAR] (silencioso) quiet; **estuvo ∼ durante toda la reunión** he kept quiet throughout the whole meeting; **lo escucharon ∼s** they listened to him quietly **(b)** [SER] (poco hablador) quiet

callampa *f* (Chi) **(a)** (hongo) mushroom **(b)** (vivienda) shanty (dwelling) **(c)** **callampas** *fpl* (poblaciones marginales) shantytown

callar [A1] *vi* to be quiet, shut up (infml); **no pude hacerlo ∼** I couldn't get him to be quiet; **hacer ∼ a la oposición** to silence the opposition

■ **∼** *vt* **(a)** ‹*secreto/información*› to keep ... quiet **(b)** (AmL) ‹*persona*› to get ... to be quiet, to shut ... up (infml)

■ **callarse** *v pron* **(a)** (guardar silencio) to be quiet; **¡cállate!** be quiet!, shut up! (infml); **cuando entró todos se ∼on** when he walked in everyone went quiet *o* stopped talking; **la próxima vez no me ~é** next time I'll say something **(b)** (no decir) ‹*noticia*› to keep ... quiet, keep ... to oneself

⚷ **calle** *f* **1** (vía) street; **~ ciega** (Andes, Ven) dead end, cul-de-sac (BrE); **~ de dirección única** or (Col) **de una vía** one-way street; **~ peatonal** pedestrian street; **hoy no he salido a la ~** I haven't been out today; **el libro saldrá a la ~ mañana** the book comes out tomorrow; **el hombre de la ~** the man in the street; **el lenguaje de la ~** colloquial language; ***echar a algn a la ~*** to throw sb out (on the street); ***en la ~*** ‹*estar/quedar*› (en la ruina) penniless; (sin vivienda) homeless; (sin trabajo) out of work **2** (Esp) (en atletismo, natación) lane; (en golf) fairway

C

callejear [A1] *vi* to hang around the streets (infml)

callejero[1] **-ra** *adj* ‹*riña/venta/músico*› street (*before n*); ‹*perro*› stray (*before n*)

callejero[2] *m* (Esp) street map *o* plan

callejón *m* alley, narrow street; **~ sin salida** (calle) dead end, blind alley; (situación) dead end

callejuela *f* narrow street

callista *mf* chiropodist

callo *m* **(a)** (en los dedos del pie) corn; (en la planta del pie, en las manos) callus; (en una fractura) callus **(b) callos** *mpl* (Esp) (Coc) tripe

callosidad *f* callus

calma *f* calm; **con ~** calmly; **mantener la ~** to keep calm; **tómatelo con ~** take it easy; **no hay que perder la ~** the thing is not to lose your cool; **el mar está en ~** the sea is calm; **¡~, por favor!** (en situación peligrosa) please, keep calm! *o* don't panic!; (en discusión acalorada) calm down, please!

calmante *m* (para dolores) painkiller; (para los nervios) tranquilizer

calmar [A1] *vt* **(a)** (tranquilizar) ‹*persona*› to calm ... down; ‹*nervios*› to calm; **esto calmó los ánimos** this eased the tension **(b)** (aliviar) ‹*dolor*› to relieve, ease; ‹*sed*› to quench; ‹*hambre*› to take the edge off

■ **calmarse** *v pron* **(a)** «*persona*» to calm down **(b)** «*mar*» to become calm

calmo -ma *adj* (esp AmL) calm

caló *m* gypsy slang

⚷ **calor** *m* [*Use of the feminine gender, although common in some areas, is generally considered to be archaic or non-standard*] **1 (a)** (Fis, Meteo) heat; **hace ~** it's hot; **hacía un ~ agobiante** the heat was stifling *o* suffocating **(b)** (sensación): **tener ~** to be hot; **pasamos un ~ horrible** it was terribly hot; **entrar en ~** to get warm; **esta chaqueta me da mucho ~** I feel very hot in this jacket; **al ~ del fuego** by the fireside **2** (afecto) warmth **3 calores** *mpl* (de la menopausia) hot flashes (*pl*) (AmE), hot flushes (*pl*) (BrE)

caloría *f* calorie

calumnia *f* (oral) defamation, slander; (escrita) libel; **levantaron ~s contra la institución** they spread slanderous rumors about the institution

calumniar [A1] *vt* (por escrito) to libel; (oralmente) to slander

⚷ key word

caluroso -sa *adj* **(a)** ‹*día/clima*› hot **(b)** ‹*acogida/aplauso*› warm; **recibe un ~ saludo** (Corresp) best wishes

calva *f* (cabeza sin pelo) bald head; (parte sin pelo) bald patch

calvicie *f* baldness

calvo -va *adj* ‹*persona*› bald; **quedarse ~** to go bald

■ *m,f* bald person

calza *f* **1 (a)** (cuña) chock **(b)** (Col) (en una muela) filling **2 calzas** *fpl* (Ind) (arc) hose (*pl*), breeches (*pl*)

calzada *f* (camino) road; (de calle) road; (de autopista) side, carriageway

calzado *m* (fml) footwear (fml)

calzador *m* shoehorn

calzar [A4] *vt* **1 (a)** ‹*persona*› (proveerla de calzado) to provide ... with shoes; (ponerle los zapatos): **calzó a los niños** she put the children's shoes on **(b)** (llevar): **calzo (un) 39** I take (a) size 39, I'm a 39; **calzaba zapatillas de deporte** he was wearing training shoes **2** ‹*rueda*› to chock, wedge a block under **3** (Col) ‹*muela*› to fill

■ **calzarse** *v pron* (*refl*) **(a)** (ponerse los zapatos) to put one's shoes on **(b)** ‹*zapato*› to put on

calzoncillos *mpl*, **calzoncillo** *m* underpants, shorts (*pl*) (AmE), pants (*pl*) (BrE); **~ largos** long underwear, long johns (*pl*) (infml)

calzones *mpl*, **calzón** *m* **1 (a)** (antiguos) long underwear, long johns (*pl*) (infml) **(b)** (AmS) (modernos) panties (*pl*), knickers (*pl*) (BrE) **2 calzón** *m* (Esp) (para deporte) shorts (*pl*)

⚷ **cama** *f* (para dormir) bed; **hacer** or (AmL) **tender la ~** to make the bed; **¡métete en la ~!** get into bed!; **guardar ~** to stay in bed; **está en ~** she's in bed; **~ camarote** (AmL) bunk bed; **~ doble** or **de matrimonio** or (AmL) **de dos plazas** double bed; **~ individual** or (AmL) **de una plaza** single bed; **~ solar** sunbed; ***caer en ~*** to fall ill

camada *f* (Zool) litter; (de ladrones, sinvergüenzas) (pey) gang

camaleón *m* chameleon

⚷ **cámara** *f* **1 (a)** (arc) (aposento) chamber (fml) **(b)** (recinto): **~ acorazada** or **blindada** strongroom, vault; **~ de descompresión** decompression chamber; **~ de gas** gas chamber; **~ frigorífica** cold store **2** (Gob, Pol): **C~ de los Diputados** Chamber of Deputies; **C~ de los Comunes/de los Lores** House of Commons/ of Lords; **C~ de Representantes** House of Representatives **3** (Com, Fin) association; **~ de comercio** chamber of commerce **4** (aparato) camera; **en** or (Esp) **a ~ lenta** in slow motion; **~ de cine** film camera; **~ de video** or (Esp) **vídeo** video camera; **~ fotográfica** camera

camarada *mf* **(a)** (de partido político) comrade **(b)** (de colegio) school friend; (de trabajo) colleague

camaradería *f* camaraderie, comradeship

camarero -ra *m,f* **1** (esp Esp) (en bar, restaurante) (*m*) waiter; (*f*) waitress; (detrás de mostrador) (*m*) barman, bartender (AmE); (*f*) barmaid, bartender (AmE) **2 (a)** (en hotel) (*m*) bellboy; (*f*) maid **(b)** (Transp) (*m*) steward; (*f*) stewardess

camarín *m* (CS) **(a)** (Teatr) dressing room **(b)** (en vestuarios) changing cubicle **(c) camarines** *mpl* (Chi) (Dep) changing rooms (*pl*), locker rooms (*pl*)

camarógrafo -fa *m,f* (*m*) cameraman; (*f*) camerawoman

camarón *m* (crustáceo — pequeño) shrimp; (— más grande) shrimp (AmE), prawn (BrE)

camarote *m* cabin

cambalache *m* **(a)** (fam) (trueque) swap (infml); **hacer ~s** to swap (infml) **(b)** (RPl fam & pey) (tienda) thrift store (AmE), junk shop (BrE)

cambiante *adj* ‹*tiempo*› changeable, unsettled; ‹*persona/carácter*› moody, temperamental

cambiar [A1] *vt* **1** **(a)** (alterar, modificar) ‹*horario/imagen/persona*› to change **(b)** (de lugar, posición): **~ los muebles de lugar** to move the furniture around; **cambié las flores de florero** I put the flowers in a different vase **(c)** (reemplazar) ‹*pieza/fecha/sábanas*› to change; **le cambió la pila al reloj** she changed the battery in the clock; **~le el nombre a algo** to change the name of sth **(d)** ‹*niño/bebé*› to change **(e)** (Fin) to change; **cambié 100 libras a** or (Esp) **en dólares** I changed 100 pounds into dollars **2** (canjear) ‹*sellos/estampas*› to swap, to trade (esp AmE); **~ algo** POR **algo** ‹*sellos/estampas*› to swap *o* (esp AmE) trade sth FOR sth; ‹*compra*› to exchange *o* change sth FOR sth; **¿quieres que te cambie el lugar?** do you want me to swap *o* change places with you?

■ **~** *vi* **(a)** «*ciudad/persona*» to change; **~ para peor** to change for the worse; **le está cambiando la voz** his voice is breaking **(b)** (Auto) to change gear **(c)** (hacer transbordo) to change; **~ de avión/tren** to change planes/train **(d)** **~** DE **algo** (de tema/canal/color) to change sth; **~ de idea** to change one's mind; **~ de sentido** to make (AmE) *o* (BrE) do a U-turn

■ **cambiarse** *v pron* **(a)** (*refl*) (de ropa) to change, get changed **(b)** (*refl*) ‹*camisa/nombre/peinado*› to change; **~se** DE **algo** (de camisa/zapatos) to change sth; **me cambié de sitio** I changed places; **~se de casa** to move house; **cámbiate de camisa** change your shirt **(c)** **~se** POR **algn** to change places WITH sb **(d)** (*recípr*) ‹*sellos/estampas*› to swap, to trade (esp AmE) **(e)** (CS) (mudarse de casa) to move

cambio *m* **1** **(a)** (alteración) change; **~** DE **algo** ‹*de planes/domicilio*› change OF sth; **un ~ de aire(s)** or **ambiente** a change of scene; **~ climático** climate change **(b)** (Auto) gearshift (AmE), gear change (BrE); **un coche con cinco ~s** (AmL) a car with a five-speed gearbox; **~ de sentido** U-turn **2** **(a)** (canje) exchange; Ⓢ **no se admiten cambios** goods cannot be exchanged **(b)** (*en locs*) **a ~ (de)** in exchange (for), in return (for); **en cambio: el viaje en autobús es agotador, en ~ en tren es muy agradable** the bus journey is exhausting; by train however *o* on the other hand is very pleasant **3** **(a)** (Fin) (de moneda extranjera) exchange; **~ de divisas** foreign exchange; **¿a cómo está el ~?** what's the exchange rate?; Ⓢ **cambio** bureau de change, change **(b)** (diferencia) change; **me ha dado mal el ~** he's given me the wrong change **(c)** (dinero suelto) change

cambista *mf* moneychanger

cambur *m* (Ven) (fruta) banana

camelia *f* camellia

camello *m* **1** (Zool) camel **2** **camello** *mf* (arg) (traficante) pusher (sl), dealer (infml)

camellón *m* (Méx) (en la calle) traffic island

camelo *m* (fam) (timo) con (infml); (mentira) lie

camerino *m* **(a)** (Teatr) dressing room **(b)** **camerinos** *mpl* (Col) (Dep) changing rooms (*pl*)

camilla *f* (de lona) stretcher; (con ruedas) trolley, gurney (AmE); (en un consultorio) couch

camillero -ra *m,f* stretcher-bearer

caminante *mf* hiker; (liter) traveler*

caminar [A1] *vi* **1** (andar) to walk; **salieron a ~** they went out for a walk; **podemos ir caminando** we can walk, we can go on foot; **~** HACIA **algo** (hacia meta/fin) to move TOWARD(S) sth **2** (AmL) «*reloj/motor*» to work; **el asunto va caminando** (fam) things are moving (infml)

■ **~** *vt* ‹*distancia*› to walk

caminata *f* long walk; (en el campo) long walk, hike; **después de darme semejante ~** after walking *o* (infml) trekking all that way

camino *m* **1** (en general) road; (de tierra) track; (sendero) path; **~ vecinal** minor road (*built and maintained by local council*); **el ~ del Inca** the Inca trail **2** **(a)** (ruta, dirección) way; **saberse el ~** to know the way; **me salieron al ~** «*asaltantes*» they blocked my path *o* way; «*amigos*» they came out to meet me; **este es el mejor ~ a seguir** this is the best course to follow; **el ~ a la fama** the road *o* path to fame; **se abrió ~ entre la espesura** she made her way through the dense thickets; **abrirse ~ en la vida** to get on in life; ***buen/mal* ~: este niño va por mal ~** this boy's heading for trouble; **ibas por buen ~ pero te equivocaste** you were on the right track but you made a mistake; **llevar a algn por mal ~** to lead sb astray **(b)** (trayecto, viaje): **el ~ de regreso** the return journey; **se pusieron en ~** they set off; **todavía nos quedan dos horas de ~** we still have two hours to go **(c)** (*en locs*) **camino de/a ...** on my/his/her way to ...; ***ir ~ de algo*: una tradición que va ~ de desaparecer** a tradition which looks set to disappear; **de camino** on the way; **pilla de ~** it's on the way; **me queda de ~** I pass it on my way; **de ~ a la estación** on the way to the station; **en camino** on the way; **deben estar ya en ~** they must be on their way already; **por el camino** on the way; ***a mitad de*** or ***a medio* ~** halfway through

camión *m* **(a)** (de carga) truck, lorry (BrE); (contenido) truckload; **~ cisterna** tanker; **~ de la basura** garbage truck (AmE), dustcart (BrE); **~ de mudanzas** moving van (AmE), removal van (BrE) **(b)** (AmC, Méx) (autobús) bus

camionero -ra *m,f* truck driver, lorry driver (BrE); (conductor de autobús) (AmC, Méx) bus driver

camioneta *f* **(a)** (furgoneta) van; (camión pequeño) light truck, pickup truck **(b)** (AmL) (coche familiar) station wagon (AmE), estate car (BrE)

camisa *f* shirt; **en mangas de ~** in shirtsleeves; **~ de fuerza** straitjacket; ***cambiar de* ~** to change sides

camiseta *f* **(a)** (prenda interior) undershirt (AmE), vest (BrE) **(b)** (prenda exterior) T-shirt; (de fútbol) shirt, jersey (AmE); (sin mangas) jersey (AmE), vest (BrE)

camisón *m* nightdress

C

camomila *f* camomile, chamomile

camorra *f* (fam) (bronca, riña) fight; **armar ~** to start a fight; **buscar ~** to look for a fight (infml)

camorrero -ra *adj/mf* (Col, CS) ▶ **camorrista**

camorrista *adj* (fam) (pendenciero): **no seas ~** stop being a troublemaker
■ *mf* troublemaker (infml)

camote *m* (Bot) (Andes, Méx) (batata) sweet potato; ***hacerse ~*** (Méx fam) to get in a muddle (infml)

campamento *m* camp; **nos fuimos a Bariloche de ~** we went camping in Bariloche

campana *f* **(a)** (de iglesia, colegio) bell; **oía las ~s** I could hear the bells ringing; **tocar la ~** to ring the bell; **¿ya ha sonado la ~?** has the bell gone yet? **(b)** (de chimenea) hood; (de cocina) extractor hood

campanada *f* **(a)** (de campana) chime, stroke; (de reloj) stroke; **el reloj dio 12 ~s** the clock struck 12 **(b)** (fam) (sorpresa): **la noticia fue una ~** the news came like a bolt from the blue (infml); ***dar la ~*** to cause a stir

campanario *m* bell tower, belfry

campanazo *m* (AmL) ▶ **campanada**

campanilla *f* **(a)** (campana pequeña) small bell, hand bell **(b)** (Anat) uvula **(c)** (Bot) campanula, bellflower

campante *adj*: **se quedó tan ~** he didn't bat an eyelash (AmE) *o* (BrE) eyelid; **nosotros muertos de miedo y él tan ~** we were scared stiff but he was as cool as a cucumber

✔ **campaña** *f* campaign; **~ electoral** electoral *o* election campaign; **~ publicitaria** advertising campaign; **hacer una ~** to run *o* conduct a campaign

campechano -na *adj* (sin complicaciones) straightforward; (bondadoso) good-natured

✔ **campeón -peona** *adj* champion (*before n*)
■ *m,f* champion; **el ~ del mundo** the world champion

✔ **campeonato** *m* championship

cámper *f* (Chi, Méx) camper (van)

campera *f* **(a)** (RPl) (chaqueta) jacket **(b) camperas** *fpl* (Esp) (botas) cowboy boots

campero *m* (Col) (Auto) jeep

✔ **campesino -na** *adj* ‹*vida/costumbre*› rural, country (*before n*); ‹*modales/aspecto*› peasant-like
■ *m,f* (persona del campo) country person; (con connotaciones de pobreza) peasant; **son ~s** they are country people *o* folk; **los obreros y los ~s** the manual workers and the agricultural workers

campestre *adj* ‹*escena/vida*› rural, country (*before n*); ‹*casa/club*› country (*before n*)

camping /'kampin/ *m* (*pl* **-pings**) **(a)** (actividad) camping; **irse de ~** to go camping **(b)** (lugar) campsite, campground (AmE)

campiña *f* countryside; **la ~ inglesa** the English countryside

campista *mf* camper

✔ **campo** *m* **1** (zona no urbana) country; (paisaje) countryside; **la gente del ~** the country people; **el ~ se ve precioso** the countryside looks beautiful; **~ a través** or **a ~ traviesa** ‹*caminar/ir*› cross-country **2** (zona agraria) land; (terreno) field; **trabajar el ~** to work the land; **las faenas del ~** farm work; **los ~s de cebada** the field of barley; **~ de aterrizaje** landing field; **~ de batalla** battlefield; **~ de minas** minefield; **~ petrolífero** oilfield **3** (Dep) (de fútbol) field, pitch (BrE); (de golf) course; **jugar en ~ propio/contrario** to play at home/away; **~ a través** cross-country running; **~ de tiro** firing range **4** (ámbito, área de acción) field; **el ~ de la informática** the field of computing **5** (campamento) camp; **~ de concentración/de refugiados** concentration/refugee camp

camposanto *m* (liter) graveyard, cemetery

campus *m* (*pl* ~) campus

camuflaje *m* camouflage

camuflar [A1] *vt* ‹*tanques/contrabando*› to camouflage; ‹*intenciones*› to disguise
■ **camuflarse** *v pron* «*persona*» to camouflage oneself; «*animal*» to camouflage itself

cana[1] *f* **1** (pelo) gray* hair, white hair; ***echar una ~ al aire*** to let one's hair down; (infml) **2** (AmS arg) (cárcel) slammer (sl), nick (BrE infml) **3** (RPl arg) (cuerpo de policía): **la ~** the cops (*pl*) (infml)

cana[2] *mf* (RPl arg) (agente) cop (infml)

Canadá *m tb* **el ~** Canada

canadiense *adj/mf* Canadian

✔ **canal** *m* **1** (Náut) (cauce artificial) canal; (Agr, Ing) channel; **~ de la Mancha** English Channel; **~ de Panamá** Panama Canal; **~ de San Lorenzo** St Lawrence Seaway **2** **(a)** (Rad, Telec, TV) channel; **cambia de ~** change *o* switch channels **(b)** (medio) channel
■ *f or m* (canalón) gutter; (ranura) groove

canalizar [A4] *vt* to channel

canalla *mf* (fam) (bribón, granuja) swine (infml)

canallada *f* (fam): **¡qué ~!** what a rotten *o* mean thing to do (infml)

canalón *m* (Esp) gutter

canapé *m* **1** (Coc) canapé **2** (sofá) couch

Canarias *fpl tb* **las (Islas) ~** the Canaries, the Canary Islands

canario[1] **-ria** *adj* of/from the Canary Islands
■ *m,f* (de las Canarias) person from the Canary Islands

canario[2] *m* (Zool) canary

canasta *f* **(a)** (para la compra) basket **(b)** (AmL) (en rifa) hamper **(c)** (en baloncesto) basket; **meter una ~** to make *o* score a basket **(d)** (Jueg) canasta

canastilla *f* layette

canasto *m* basket (*gen large and with a lid*)

cancel *m* (contrapuerta) inner door; (tabique) (Col, Méx) partition; (biombo) (Méx) folding screen

cancelación *f* **1** (suspensión) cancellation **2** (liquidación) payment

cancelar [A1] *vt* **(a)** ‹*reunión/viaje/pedido*› to cancel **(b)** ‹*deuda*› to settle, pay off; ‹*cuenta*› to pay

✔ **cáncer** *m* (Med) cancer; **tiene (un) ~ de mama** she has breast cancer

Cáncer *m* (signo) Cancer; **es (de) ~** he's a Cancer *o* Cancerian
■ *mf* (persona) *tb* **cáncer** Cancerian, Cancer

✔ **cancha** *f* **1** **(a)** (Dep) (de baloncesto, frontón, squash, tenis) court; (de fútbol, rugby) (AmL) field, pitch (BrE); (de golf) (CS) course; (de polo) (AmL) field;

✔ key word

(de esquí) (CS) slope **(b)** (Chi) (Aviac) *tb* ∼ **de aterrizaje** runway **2** (AmL fam) (desenvoltura): **un político con mucha** ∼ a politician with a great deal of experience, a seasoned politician

canchita *f* (Per) popcorn

canciller *m* **(a)** (jefe de estado) chancellor **(b)** (AmS) (ministro) ≈ Secretary of State (*in US*), ≈ Foreign Secretary (*in UK*)

cancillería *f* **(a)** (de embajada) chancery, chancellery **(b)** (AmS) (ministerio) ≈ State Department (*in US*), ≈ Foreign Office (*in UK*)

canción *f* song; ∼ **de cuna** lullaby; ∼ **nacional** (Chi) national anthem

candado *m* (cerradura) padlock; **está cerrada con** ∼ it is padlocked

candela *f* **(a)** (fuego) fire; **¿tienes** ∼**?** (fam) have you got a light? **(b)** (vela) candle

candelabro *m* candelabra

candelero *m* candlestick; ***estar en el*** ∼ to be in the limelight

candente *adj* **(a)** ‹*hierro*› red-hot **(b)** ‹*tema*› burning

candidato -ta *m,f* candidate; ∼ **a la presidencia** presidential candidate; **los** ∼**s al puesto de ...** the applicants for the post of ...; **presentarse como** ∼ **para algo** (Pol) to run (AmE) *o* (BrE) stand for sth

candidatura *f* **(a)** (propuesta) candidacy, candidature **(b)** (Esp) (lista) list of candidates

cándido -da *adj* naive

candil *m* oil lamp

candilejas *fpl* footlights (*pl*)

candor *m* innocence, naivety

caneca *f* (Col) (papelera) wastebasket, wastepaper basket (BrE); (cubo de la basura) garbage *o* trash can (AmE), dustbin (BrE)

canela *f* (Bot, Coc) cinnamon; ∼ **en polvo/en rama** ground/stick cinnamon

canelón *m* **(a)** (Const) gutter **(b) canelones** *mpl* cannelloni

cangrejo *m* (de mar) crab; (de río) crayfish

canguro *m* **1** (Zool) kangaroo **2 (a)** (anorak) cagoule **(b)** (para llevar a un niño) sling **3** (Esp) **canguro** *mf* babysitter; **hacer de** ∼ to babysit

caníbal *mf* (antropófago) cannibal

canica *f* marble

caniche *mf* /ka'nitʃe, ka'niʃ/ poodle

canijo -ja *adj* **1** (fam) (pequeño) tiny, puny (hum *or* derog) **2** (Méx fam) (terco) stubborn, pig-headed (infml)

canilla *f* **(a)** (RPl) (grifo) faucet (AmE), tap (BrE); **cerrar la** ∼ to turn off the faucet *o* tap **(b)** (bobina) bobbin

canillita *mf* (Bol, CS) newspaper vendor *o* seller

canino *m* (Odont) canine (tooth); (Zool) canine

canjear [A1] *vt* to exchange

cannabis *m* cannabis

cano -na *adj* white

canoa *f* canoe

canódromo *m* greyhound stadium, dog track (infml)

canon *m* **1** (norma) rule, canon (fml) **2** (Mús) canon

canónico -ca *adj* canonical, canonic

canonizar [A4] *vt* to canonize

canoso -sa *adj* ‹*persona*› gray-haired*, white-haired; ‹*pelo/barba*› gray*, white

cansado -da *adj* **1** [ESTAR] **(a)** (fatigado) tired; ∼**s de tanto caminar** tired from so much walking; **tienes cara de** ∼ you look tired; **en un tono** ∼ in a weary tone of voice **(b)** (aburrido) ∼ DE **algo/hacer algo** tired OF sth/doing sth **2** [SER] ‹*viaje/trabajo*› tiring

cansador -dora *adj* (AmS) tiring

cansancio *m* tiredness; **me caigo de** ∼ I'm absolutely worn out *o* exhausted

cansar [A1] *vt* **(a)** (fatigar) to tire, tire ... out; **le cansa la vista** it makes her eyes tired, it strains her eyes **(b)** (aburrir): **¿no te cansa oír la misma música?** don't you get tired of listening to the same music?

■ ∼ *vi* **(a)** (fatigar) to be tiring **(b)** (aburrir) to get tiresome

■ **cansarse** *v pron* **(a)** (fatigarse) to tire oneself out; **se le cansa la vista** her eyes get tired **(b)** (aburrirse) to get bored; ∼**se** DE **algo/algn** to get tired OF sth/sb, get bored WITH sth/sb; ∼**se** DE **hacer algo** to get tired OF doing sth

cantábrico -ca *adj* Cantabrian

Cantábrico *m*: **el (mar)** ∼ the Bay of Biscay

cantante *adj* singing (*before n*)

■ *mf* singer

cantar [A1] *vt* ‹*canción*› to sing

■ ∼ *vi* **1 (a)** (Mús) to sing **(b)** «*pájaro*» to sing; «*gallo*» to crow; «*cigarra/grillo*» to chirp, chirrup **2** (fam) (confesar) to talk (infml)

■ *m* poem (*gen set to music*)

cántara *f* churn

cantarín -rina, (CS) **cantarino -na** *adj* ‹*voz/tono/risa*› singsong; ‹*fuente/aguas*› (liter) babbling

cántaro *m* pitcher, jug; ***llover a*** ∼***s*** to pour with rain

cantautor -tora *m,f* singer-songwriter

cante *m* (Mús) Andalusian folk song; ∼ **flamenco** flamenco (singing)

cantera *f* (de piedra) quarry

cántico *m* canticle

cantidad *f* **(a)** (volumen) quantity, amount **(b)** (suma de dinero) sum, amount **(c)** (número) number; **la** ∼ **de cartas recibidas** the number of letters received **(d)** (volumen impresionante): **había** ∼ **de turistas** there were lots of tourists; **¡qué** ∼ **de gente/de comida había!** there were so many people/there was so much food!; **tenemos** ∼ or ∼**es** (fam) we have lots *o* tons (infml); ***cualquier*** ∼ ***de*** (AmS) lots of, loads of (infml)

cantimplora *f* water bottle, canteen

cantina *f* **1 (a)** (en estación) buffet, cafeteria; (en universidad) refectory; (en fábrica) canteen **(b)** (AmL exc RPl) (bar) bar **(c)** (RPl) (restaurante italiano) trattoria **2** (Col) (para la leche) churn

cantinela *f*: **siempre la misma** ∼ always the same old story (*o* thing *etc*)

cantinflear [A1] *vi* (fam) to babble

canto *m* **1** (Mús) (acción, arte) singing; (canción) chant **2** (de pájaro) song; (del gallo) crowing **3** (Lit) (canción) hymn **4** (borde, filo) edge; **colocó el ladrillo de** ∼ he laid the brick on its side **5** (Geol) *tb* ∼ **rodado** (roca) boulder;

C

(guijarro) pebble

cantor -tora *adj* singing (*before n*)
■ *m,f* (cantante) singer

canturrear [A1] *vi* to sing softly to oneself
■ ~ *vt* to sing ... softly to oneself

canuto *m* (tubo) document tube

caña *f* **(a)** (planta) reed **(b)** (tallo del bambú, azúcar) cane; **muebles de ~** cane furniture; **~ de azúcar** sugar cane **(c)** (de pescar) rod **(d)** (de la bota) leg; **botas de media ~** calf-length boots

cañada *f* **(a)** (Geog) gully; (más profunda) ravine **(b)** (AmL) (arroyo) stream

cáñamo *m* (planta) cannabis plant, hemp; (tela) canvas

cañaveral *m* (de juncos) reedbed; (de cañas de azúcar) (Col) sugar-cane plantation

cañería *f* (tubo) pipe; (conjunto de tubos) piping, pipes (*pl*)

cañero -ra *adj* (AmL) (Agr) sugarcane (*before n*)

cañizal *m* reedbed

caño *m* (conducto) pipe; (de una fuente) spout; (grifo) (Per) faucet (AmE), tap (BrE)

cañón *m* **(a)** (Arm) (arma) cannon; (de una escopeta, pistola) barrel **(b)** (valle) canyon; **el Gran C~ del Colorado** the Grand Canyon **(c)** (de pluma) quill

cañonazo *m* (Arm, Mil) cannon shot; **una salva de 21 ~s** a 21-gun salute

caoba *f* **(a)** (árbol) mahogany tree; (madera) mahogany **(b) (de) color ~** mahogany

caos *m* chaos; **será un verdadero ~** there'll be absolute chaos

caótico -ca *adj* chaotic

⚷ **capa** *f* **1** **(a)** (en general) layer; **una ~ de nieve** a layer *o* carpet of snow; **la ~ de ozono** the ozone layer; **lleva el pelo cortado en** or (Esp) **a ~s** she has layered hair **(b)** (de barniz, pintura) coat **(c)** (estrato) stratum; **las ~s de la sociedad** the social strata **2** **(a)** (Indum) cloak, cape; **~ de agua** rain cape **(b)** (Taur) cape

⚷ **capacidad** *f* **1** **(a)** (competencia) ability **(b)** (potencial) capacity; **su gran ~ de trabajo** her great capacity for work; **~** DE *or* PARA **hacer algo** ability *o* capacity to do sth **(c)** (Der) capacity **2** (cupo) capacity

⚷ **capacitación** *f* training

capacitado -da *adj* **~** PARA **algo/hacer algo** qualified FOR sth/to do sth

⚷ **capacitar** [A1] *vt* (formar) to prepare; (profesionalmente) **~ a algn** PARA **algo** to qualify sb FOR sth; **~ a algn** PARA **hacer algo** to qualify *o* entitle sb to do sth
■ **capacitarse** *v pron* (formarse) to train; (obtener un título) to qualify, become qualified

capar [A1] *vt* **1** (castrar) to castrate **2** (Col fam): **~ clase** to play hooky (esp AmE infml), to skive off (school) (BrE infml)

caparazón *m or f* shell

capataz *mf* (*m*) foreman; (*f*) forewoman

⚷ **capaz** *adj* **(a)** (competente) capable, able **(b)** (de una hazaña) capable; **es ~ de grandes logros** he's capable of great things; **¿te sientes ~ de enfrentarte con ella?** do you feel able to face her?; **¿a qué no eres ~ de saltar esto?** I bet you can't jump over this; **es (muy) ~ de irse sin pagar** he's quite capable of leaving without paying

capazo *m* (cesta) basket; (para un niño) portable crib® (AmE), carrycot (BrE)

capea *f*: *amateur bullfight using young bulls*

capear [A1] *vt* **1** (Taur) to make passes at (*with the cape*) **2** (Chi fam) ‹*trabajo*› to skip, to skive off (BrE infml); **~ clase** to play hooky (esp AmE infml), to skive off (school) (BrE infml)

capellán *m* chaplain

Caperucita Roja Little Red Riding Hood

caperuza *f* **(a)** (Indum) pointed hood **(b)** (de un bolígrafo) top, cap

capicúa *adj* palindromic (fml); **era un número ~** the number read the same both ways

capilar *adj* **(a)** ‹*loción*› hair (*before n*) **(b)** ‹*vaso/tubo*› capillary (*before n*)
■ *m* capillary

capilla *f* chapel; **~ ardiente** funeral chapel

⚷ **capital** *adj* ‹*importancia*› cardinal, prime; ‹*influencia*› seminal (fml); ‹*obra*› key, seminal (fml)
■ *m* **(a)** (Com, Fin) capital **(b)** (recursos, riqueza) resources (*pl*)
■ *f* (de país) capital; (de provincia) provincial capital, ≈ county seat (*in US*), ≈ county town (*in UK*); **Valencia ~** the city of Valencia

capitalino -na *adj* (AmL) of/from the capital
■ *m,f* (AmL) inhabitant of the capital

capitalismo *m* capitalism

capitalista *adj* capitalist (*before n*)
■ *mf* capitalist

capitán -tana *m,f* **1** **(a)** (del ejército) captain; (de la Fuerza Aérea) captain (AmE), flight lieutenant (BrE) **(b)** (Náut) (de transatlántico, carguero) captain, master; (de buque de pesca) skipper **(c)** (Aviac) captain **2** (Dep) captain

capitel *m* capital

⚷ **capítulo** *m* (de libro) chapter; (de serie) episode

capó *m* hood (AmE), bonnet (BrE)

capón *adj* castrated
■ *m* (gallo) capon

caporal *m* (Méx) foreman, charge hand (BrE)

capot /ka'po/ *m* hood (AmE), bonnet (BrE)

capota *f* (de automóvil) convertible top; (de cochecito de bebé) canopy, hood

capote *m* **1** (capa) cloak; (de militar, torero) cape **2** (Méx) (Auto) hood (AmE), bonnet (BrE)

capricho *m* **1** (antojo) whim, caprice (liter); **le consienten todos los ~s** they indulge his every whim; **se lo compró por puro ~** he bought it on a whim; **entran y salen a ~** they come in and go out at will *o* as they please **2** (Mús) capriccio

caprichoso -sa *adj* **(a)** (inconstante) ‹*carácter/persona*› capricious; ‹*tiempo/moda*› changeable **(b)** (difícil, exigente) fussy
■ *m,f*: **es un ~** (es inconstante) he's always changing his mind; (es difícil, exigente) he's so fussy

Capricornio *m* (signo, constelación) Capricorn; **es (de) ~** she's a Capricorn
■ *mf* (persona) *tb* **capricornio** Capricornian, Capricorn

cápsula *f* **(a)** (Farm, Espac) capsule **(b)** (Audio) cartridge

captar [A1] *vt* **(a)** ‹*atención/interés*› to capture; ‹*clientes*› to win, gain; ‹*partidarios/empleados*›

⚷ key word

to attract, recruit **(b)** ‹*sentido/matiz*› to grasp; ‹*significado/indirecta*› to get **(c)** ‹*emisora/señal*› to pick up, receive

captura *f* (de delincuente, enemigo, animal) capture; (de un alijo) seizure; (en pesca) catch

capturar [A1] *vt* ‹*delincuente/enemigo/animal*› to capture; ‹*alijo*› to seize, confiscate; ‹*peces*› to catch

capucha *f* hood

capuchón *m* (de pluma, bolígrafo) top, cap; (Indum) hood

capullo *m* **(a)** (Bot) bud **(b)** (Zool) cocoon

caqui *adj inv/m* khaki

cara *f* **1** **(a)** (Anat) face; **dímelo a la ~** say it to my face; **se le rio en la ~** she laughed in his face; **mírame a la ~** look at me **(b)** (*en locs*) **cara a cara** face to face; **de cara**: **el sol me da de ~** the sun is in my eyes; **se puso de ~ a la pared** she turned to face the wall, she turned her face to the wall; ***dar la ~***: **nunca da la ~** he never does his own dirty work; ***dar la ~ por algn*** to stand up for sb; ***echarle algo en ~ a algn*** to throw sth back in sb's face; ***romperle la ~ a algn*** (fam) to smash sb's face in (infml) **2** **(a)** (expresión): **no pongas esa ~ que no es para tanto** don't look like that, it's not that bad; **alegra esa ~** cheer up; **le cambió la ~ cuando ...** her face changed when ...; **poner ~ de bueno** to play *o* act the innocent; **poner ~ de asco** to make *o* (BrE) pull a face; **andaba con/puso ~ larga** (fam) he had/he pulled a long face **(b)** (aspecto) look; **tiene ~ de cansado** he looks tired; **tienes mala ~** you don't look well; **¡qué buena ~ tiene la comida!** the food looks delicious! **3** **(a)** (Mat) face **(b)** (de disco, papel) side; **~ o cruz** or (Arg) **ceca** or (Andes, Ven) **sello** heads or tails; **lo echaron a ~ o cruz** they tossed for it **4** (fam) (frescura, descaro) nerve (infml), cheek (BrE infml); **¡qué ~ (más dura) tienes!** you have some nerve!

■ *mf tb* **~ dura** (fam) (persona) sassy devil (AmE infml), cheeky swine (BrE infml)

carabina *f* **(a)** (Arm) carbine **(b)** (Esp fam) (acompañante): **ir de ~** to play gooseberry (infml)

carabinero -ra *m,f* **(a)** (policía) (*m*) police officer, policeman; (*f*) police officer, policewoman **(b)** (agente fronterizo) border guard **(c)** **carabineros** *mpl* (institución) police (force); (policía fronteriza) border police

Caracas *m* Caracas

caracol *m* **(a)** (Zool) (de mar) winkle; (de tierra) snail **(b)** (AmL) (concha) conch

caracola *f* conch

carácter *m* (*pl* **-racteres**) **(a)** (en general) character; **tenemos un ~ muy distinto** we have very different characters; **el restaurante tiene mucho ~** the restaurant has lots of character; **une persona de ~ fuerte** a person of strong character; **una persona de buen ~** a good-natured person; **un ~ abierto** an open nature; **tener mal ~** to have a (bad) temper **(b)** (índole, naturaleza) nature; **una visita de ~ oficial** a visit of an official nature; **heridas de ~ leve** (period) minor wounds **(c)** (Biol) characteristic **(d)** (Col, Méx) (personaje) character

característica *f* **(a)** (rasgo) feature, characteristic **(b)** (RPl) (Telec) exchange code

característico -ca *adj* characteristic

caracterizar [A4] *vt* **1** (distinguir) to characterize; **con la franqueza que lo caracteriza** with his characteristic frankness **2** (describir) to portray, depict **3** (Teatr) (encarnar) to play, portray

■ **caracterizarse** *v pron* **~se** POR **algo** «*enfermedad/región/raza*» to be characterized BY sth; «*persona*» to be noted FOR sth

caradura *adj* (fam) sassy (AmE infml), cheeky (BrE infml)

■ *mf* (fam) sassy devil (AmE infml), cheeky swine (BrE infml)

■ *f* (fam) nerve (infml), cheek (BrE infml)

carajillo *m* (café) *coffee with brandy or similar*

carajito -ta *m,f* (Ven fam) (niño) kid (infml)

caramba *interj* (expresando — sorpresa) good heavens!; (— disgusto) dammit! (infml)

carámbano *m* icicle

carambola *f* **(a)** (en billar) carom (AmE), cannon (BrE) **(b)** (fam) (casualidad): **fue de ~** it was pure chance **(c)** (Méx) (choque múltiple) pileup

caramelo *m* **(a)** (golosina) candy (AmE), sweet (BrE); **un ~ de menta** a mint **(b)** (azúcar fundida) caramel

carantoña *f* (Esp fam) caress

caraota *f* (Ven) bean

caraqueño -ña *adj* of/from Caracas

carátula *f* **(a)** (de disco) jacket (AmE), sleeve (BrE); (de video) case **(b)** (Méx) (de reloj) face, dial **(c)** (máscara) mask

caravana *f* **1** **(a)** (de tráfico — retención) backup (AmE), tailback (BrE); (— hilera) convoy; **ir en ~** to drive in (a) convoy **(b)** (remolque) trailer (AmE), caravan (BrE) **2** (Méx) (reverencia) bow

carbohidrato *m* carbohydrate

carbón *m* **(a)** (mineral) coal; ***negro como el ~*** as black as coal **(b)** (vegetal) charcoal

carboncillo *m* charcoal; **dibujo al ~** charcoal drawing

carbonilla *f* **(a)** (polvo de carbón) cinders (*pl*) **(b)** (RPl) (Art) charcoal

carbonizarse [A4] *v pron* **(a)** «*edificio/muebles*» to be reduced to ashes; **los cuerpos carbonizados de las víctimas** the victims' charred remains **(b)** (Quím) to carbonize

carbono *m* carbon

carburador *m* carburetor*

carburante *m* fuel

carburar [A1] *vi* **(a)** «*motor*» to carburet **(b)** (fam) (funcionar) «*electrodoméstico/coche*» to work

■ **~** *vt* (Andes) ‹*motor*› to tune

carca *adj* (fam) old-fashioned, fuddy-duddy (infml)

■ *mf* old fogey (infml)

carcacha *f* (Andes, Méx fam) (auto viejo) wreck (infml), old heap (infml); (otro aparato) contraption (infml)

carcajada *f* guffaw; **soltar una ~** to give a guffaw, to burst out laughing; **reírse a ~s** to roar with laughter

carcasa *f* **(a)** (armazón, estructura) frame; (de aparato) casing; (de barca) hulk **(b)** (esqueleto de animal) skeleton

cárcel *f* (prisión) prison, jail; **la metieron en la ~**

she was put in prison

carcelero -ra *m,f* jailer

carcoma *f* (Zool) woodworm

carcomer [E1] *vt* **(a)** «*carcoma*» to eat away (at); **el marco está carcomido** the frame is worm-eaten **(b)** ‹*salud*› to undermine; **la envidia lo carcomía** he was eaten up with envy

cardar [A1] *vt* **(a)** ‹*lana*› to card **(b)** ‹*pelo*› to backcomb, tease

■ **cardarse** *v pron* (*refl*) to backcomb

cardenal *m* **1** (Relig) cardinal **2** (fam) (moretón) bruise

cardíaco, cardiaco -ca *adj* heart (*before n*), cardiac (tech); **enfermos ~s** heart patients

cárdigan *m* (*pl* **-gans**) cardigan

cardiólogo -ga *m,f* cardiologist

cardo *m* (Bot) thistle

carecer [E3] *vi* (fml) **~** DE **algo** to lack sth; **carece de interés** it is lacking in interest, it lacks interest; **carece de valor** it has no value, it is worthless

carencia *f* **(a)** (escasez) lack, shortage; **~ de recursos financieros** lack of financial resources **(b)** (Med) deficiency; **~ de vitamina A** vitamin A deficiency

carente *adj* (fml): **lugares ~s de interés** places which are of no interest; **niños ~s de cariño** children lacking affection

careo *n* confrontation *in court*

carero -ra *adj* (fam) ‹*comerciante*› pricey (infml)

carestía *f* (costo elevado) high cost; **la ~ de la vida** the high cost of living

careta *f* mask

carey *m* (Zool) hawksbill turtle; (material) tortoiseshell

✎ **carga** *f* **1** **(a)** (de barco, avión) cargo; (de camión) load; (de tren) freight; Ⓢ **zona de carga y descarga** loading and unloading only **(b)** (peso) load; **no lleves tanta ~** don't carry such a heavy load **2** **(a)** (de escopeta, cañón) charge **(b)** (de bolígrafo, pluma) refill; (de lavadora) load **3** (Elec) (de cuerpo) charge; (de circuito) load **4** (responsabilidad) burden; **es una ~ para la familia** he is a burden to his family **5** **(a)** (de tropas, policía) charge; **¡a la ~!** charge! **(b)** (Dep) *tb* **~ defensiva** blitz

cargada *f* (RPl fam) practical joke

cargaderas *fpl* (Col) suspenders (*pl*) (AmE), braces (*pl*) (BrE)

cargado -da *adj* **1** **(a)** (con peso): **iba muy cargada** she had a lot to carry; **~** DE **algo** ‹*de regalos*› laden WITH sth; ‹*de paquetes/maletas*› loaded down WITH sth; **~ de deudas** heavily in debt; **un árbol ~ de fruta** a tree laden with fruit; **~ de trabajo** overloaded with work **(b)** ‹*ambiente/atmósfera*› (bochornoso) heavy, close; (con humo, olores desagradables) stuffy; (tenso) strained, tense **(c)** ‹*café*› strong **2** **~ de hombros** or **de espaldas** with bowed shoulders

cargador *m* **(a)** (Arm) clip, magazine **(b)** (de pilas, baterías) battery charger

cargamento *m* (de camión) load; (de barco, avión) cargo; (de tren) freight

cargante *adj* **(a)** (CS fam) (antipático) unpleasant, horrible (infml) **(b)** (Esp fam) annoying

✎ **cargar** [A3] *vt* **1** **(a)** ‹*barco/avión/camión*› to load; **~on la camioneta de cajas** they loaded the van with boxes; **no cargues tanto el coche** don't put so much in the car **(b)** ‹*pistola/escopeta*› to load; ‹*pluma/encendedor*› to fill; ‹*cámara*› to load, put a film in **(c)** (Elec) to charge **2** **(a)** ‹*mercancías*› to load **(b)** ‹*combustible*› to fuel; **tengo que ~ nafta** (RPl) I have to fill up with gasoline (AmE) *o* (BrE) petrol **(c)** (Inf) ‹*programa/aplicación*› to load; (subir) to upload **3** (de obligaciones) **~ a algn** DE **algo** to burden sb WITH sth; **me ~on la culpa** they put *o* laid the blame on me **4** **(a)** ‹*paquetes/bolsas*› to carry; ‹*niño*› (AmL) to carry **(b)** (AmL exc RPl) ‹*armas*› to carry **(c)** (Ven fam) (llevar puesto) to wear; (tener consigo): **cargo las llaves** I have the keys **5** (a una cuenta) to charge **6** (Méx fam) (matar) to kill

■ **~** *vi* **1** **~** CON **algo** (con bulto) to carry sth; **tiene que ~ con todo el peso de la casa** she has to shoulder all the responsibility for the household **2** **~** CONTRA **algn** «*tropas/policía*» to charge ON *o* AT sb **3** «*batería*» to charge **4** (fam) (fastidiar): **me cargan los fanfarrones** I can't stand show-offs

■ **cargarse** *v pron* **1** **(a)** «*pilas/flash*» to charge; «*partícula*» to become charged **(b)** **~se** DE **algo** (de bolsas/equipaje) to load oneself down WITH sth; (de responsabilidades) to take on a lot OF sth; (de deudas) to saddle oneself WITH sth **2** **(a)** (fam) (matar) to kill **(b)** (Esp fam) ‹*motor*› to wreck; ‹*jarrón*› to smash

✎ **cargo** *m* **1** (puesto) post, position (fml); (de presidente, ministro) office; **tener un ~ público** to hold public office; **un ~ de responsabilidad** a responsible job *o* post **2** (responsabilidad, cuidado): **los niños están a mi ~** the children are in my care; **estar a ~ de algo** to be in charge of sth; **los gastos corren a ~ de la empresa** expenses will be paid *o* met by the company; **hacerse ~ de algo** (de puesto/tarea) to take charge of sth; (de gastos) to take care of sth; **me da ~ de conciencia** I feel guilty **3** **(a)** (Com, Fin) charge; **sin ~** free of charge **(b)** (Der) charge

cargoso -sa *adj* (CS, Per fam) annoying

cargue *m* (Col, Ven) loading; Ⓢ **zona de cargue y descargue** loading and unloading only

carguero *m* freighter, cargo ship

Caribe *m*: **el (mar) ~** the Caribbean (Sea)

caribeño -ña *adj* Caribbean

■ *m,f*: *person from the Caribbean region*

caribú *m* caribou

caricatura *f* (dibujo) caricature

caricaturizar [A4] *vt* to caricature

caricia *f* caress; **hacer ~s** to caress; **le hizo una ~ al perro** she stroked the dog

caridad *f* charity; **vivir de la ~** to live on charity; **por ~** for pity's sake

caries *f* (*pl* **~**) **(a)** (proceso) tooth decay, caries (*pl*) (tech) **(b)** (cavidad) cavity

cariño *m* **(a)** (afecto) affection; **les tengo mucho ~** I am very fond of them; **te ha tomado mucho ~** he's become very fond of you; **~s por tu casa/a tu mujer** (AmL) (send my) love to your family/your wife; **~s, Beatriz** (en cartas) (AmL) love, Beatriz **(b)** (caricia): **le hice un cariñito al niño** I gave the little boy a cuddle (*o* kiss *etc*)

✎ key word

(c) (como apelativo) dear, honey, love (BrE)

cariñoso -sa *adj* ‹*persona*› affectionate; ‹*bienvenida*› warm; **un ~ saludo de mi parte** regards

carioca *adj* of/from Rio de Janeiro

carisma *m* charisma

carismático -ca *adj* charismatic

caritativo -va *adj* charitable; **una organización con fines ~s** a charitable organization

cariz *m*: **el ~ que están tomando las cosas** the way things are going *o* developing; **la situación está tomando mal ~** the situation is beginning to look bad

carmín *adj inv* carmine
■ *m* **(a)** (para labios) lipstick **(b)** (color) carmine

carnada *f* bait

carnal *adj* ‹*amor/deseo*› carnal
■ *m* (Méx arg) pal (infml), buddy (AmE infml), mate (BrE infml)

carnaval *m* (fiesta) carnival

carne *f* **1** **(a)** (de mamífero, ave) meat; (de pescado) flesh; **~ de cerdo** or (Chi, Per) **chancho** or (Ven) **cochino** or (Méx) **puerco** pork; **~ de cordero** lamb; **~ de ternera** veal; **~ de vaca** or (AmC, Col, Méx, Ven) **res** beef; **~ molida** or (Esp, RPl) **picada** ground beef (AmE), mince (BrE) **(b)** (de fruta) flesh **2** (de una persona) flesh; **es ~ de mi ~** he's my flesh and blood; **tenía la herida en ~ viva** her wound was raw; **(de) color ~** flesh-colored*; ***en ~ y hueso*** in the flesh; ***me pone la ~ de gallina*** it gives me goose pimples (infml)

carné *m* identity card; **sacar el ~** to have one's identity (*o* membership *etc*) card issued; **~ de conducir** driver's license (AmE), driving licence (BrE); **~ de estudiante** student card; **~ de identidad** identity card; **~ de socio** (de club, mutual) membership card; (de biblioteca) library card

carnear [A1] *vt* (CS) to slaughter
■ **~** *vi* (CS) to slaughter a cow (*o* lamb *etc*)

carnecería *f* butcher's shop (*o* stall *etc*)

cárneo -nea *adj* (CS) meat (*before n*)

carnero *m* ram

carnet /kar'ne/ *m* (*pl* **-nets**) ▸ **carné**

carnicería *f* **(a)** (tienda) butcher's shop (*o* stall *etc*) **(b)** (fam) (matanza) slaughter

carnicero -ra *m,f* **(a)** (vendedor) butcher **(b)** (fam & pey) (cirujano) butcher (infml & derog)

carnitas *fpl* (Méx) pieces of barbecued pork (*pl*)

carnívoro[1] -ra *adj* carnivorous, meat-eating

carnívoro[2] *m* carnivore

caro[1] -ra *adj* **(a)** ‹*coche/entrada/ciudad*› expensive; **la vida está muy cara** everything costs so much nowadays **(b)** (*como adv*) **me costó muy ~** I had to pay a lot of money for it; **pagarás ~ tu error** you'll pay dearly for your mistake

caro[2] *adv*: **vender ~** to charge a lot; *ver tb* **caro[1] b**

carpa *f* **1** **(a)** (de circo) big top; (para actuaciones) marquee **(b)** (AmL) (para acampar) tent **2** (Zool) carp

carpeta *f* (para documentos, dibujos) folder; **~ de anillos** or (Esp) **anillas** or (RPl) **ganchos** ring binder

carpintería *f* **(a)** (taller) carpenter's workshop; (actividad) carpentry **(b)** (de construcción, casa) woodwork; **~ metálica** metalwork

carpintero -ra *m,f* carpenter

carraca *f* **(a)** (matraca) rattle **(b)** (fam) (trasto) wreck (infml)

carraspear [A1] *vi* to clear one's throat

carraspera *f*: **tener ~** to have a rough throat

carrasposo -sa *adj* **(a)** ‹*garganta*› rough **(b)** (Col) ‹*superficie*› rough

carrera *f* **1** (Dep) (competición) race; **~ de caballos** horse race; **la ~ de los 100 metros vallas** the 100 meters hurdles; **te echo una ~** I'll race you; **~ de armamentos** arms race; **~ contra reloj** (Dep) time trial; **~ de fondo** long-distance race; **~ de postas** or **relevos** relay race **2** (fam) (corrida): **darse** or **pegarse una ~** to run as fast as one can; **me fui de una ~ a su casa** I raced *o* rushed round to her house (infml); ***a la(s) ~(s)*** in a rush **3** **(a)** (Educ) degree course; **está haciendo la ~ de Derecho** he's doing a degree in law **(b)** (profesión, trayectoria) career; **un diplomático de ~** a career diplomat; **~ media/superior** *three-year/five-year university course* **4** (en la media) run, ladder (BrE); (en el pelo) (Col, Ven) part (AmE), parting (BrE)

carrerear [A1] *vt* (Méx fam) to push (infml)

carrerilla *f*: **se lo saben de ~** they know it (off) by heart; **me lo dijo de ~** he reeled it off parrot-fashion; ***coger ~*** (Esp) to take a run-up

carreta *f* (con toldo) wagon; (sin toldo) cart

carrete *m* (de hilo, cinta) spool, reel (BrE); (de película) film; (de caña de pescar) reel

carretear [A1] *vi* (AmL) (Aviac) to taxi

carretela *f* (Chi) cart

carretera *f* road; **~ de circunvalación** bypass, beltway (AmE), ring road (BrE); **~ nacional** ≈ highway (*in US*), ≈ A-road (*in UK*)

carretilla *f* **1** (de mano) wheelbarrow **2** (CS) (quijada) jaw, jawbone

carricoche *m* covered wagon

carril *m* **(a)** (Auto) lane; **~ bus** bus lane; **~ de adelantamiento** overtaking lane, fast lane; **~ de bicicletas** cycleway, cycle path **(b)** (Ferr) rail **(c)** (AmL) (Dep) lane

carrillo *m* cheek

carriola *f* (Méx) baby carriage (AmE), baby buggy (BrE)

carrito *m* **(a)** (para el equipaje) trolley; (en supermercado) shopping cart (AmE), trolley (BrE); (de la compra) shopping trolley *o* (AmE) cart; **~ chocón** (Méx, Ven) bumper car **(b)** (mesita de servir) trolley

carro *m* **1** **(a)** (carreta) cart; **un ~ de tierra** a cartload of earth; **~ de combate** tank **(b)** (AmL exc CS) (Auto) car, automobile (AmE); **~ bomba** (Col) car bomb; **~ loco** (Andes) bumper car; **~ sport** (AmL exc CS) sports car; **~ de bomberos** (Andes, Méx) fire engine **(c)** (Chi, Méx) (vagón) coach, carriage (BrE); **~ comedor/dormitorio** (Méx) dining/sleeping car **(d)** (Hist) (romano) chariot **2** (de máquina de escribir) carriage

carrocería *f* (de automóvil) bodywork

carroña *f* **(a)** (de animal muerto) carrion **(b)** (gente despreciable) riffraff (+ *sing or pl vb*)

carroza *f* **(a)** (coche de caballos) carriage **(b)** (de carnaval) float **(c)** (Chi, Ur) (coche fúnebre) hearse

carruaje *m* carriage

carrusel *m* **(a)** (para diapositivas) carousel, slide tray **(b)** (para niños) merry-go-round, carousel (AmE)

🗝 **carta** *f* **1** (Corresp) letter; **¿hay ~ para mí?** are there any letters for me?; **echar una ~ al correo** to mail (esp AmE) *o* (esp BrE) post a letter; **~ adjunta** or **explicatoria** covering letter; **~ blanca** carte blanche; **~ certificada** registered letter; **~ de amor** love letter; **~ de recomendación** reference, letter of recommendation; **~ urgente** special-delivery letter **2** (naipe) card; **jugar a las ~s** to play cards; **dar las ~s** to deal the cards; ***echarle las ~s a algn*** to tell sb's fortune; ***poner las ~s sobre la mesa*** to put *o* lay one's cards on the table **3** (en restaurante) menu; **comer a la ~** to eat à la carte; **~ de vinos** wine list

cartearse [A1] *v pron*: **nos carteamos durante años** we wrote to each other *o* corresponded for years; **~ CON algn** to correspond WITH sb

cartel *m* (de publicidad, propaganda) poster; (letrero) sign; **~ luminoso** neon sign; **lleva dos meses en ~** «*obra/película*» it has been on for two months; **de ~** ‹*cantante/actor*› famous; ‹*torero*› star (*before n*)

cartelera *f* **(a)** (Cin, Teatr) publicity board; **la película sigue en ~** the movie is still on *o* still showing; **la obra estuvo en ~ durante cuatro años** the play ran for four years **(b)** (en el periódico) listings (*pl*); **~ de espectáculos** entertainment guide **(c)** (AmL) (tablón de anuncios) bulletin board (AmE), notice board (BrE)

cárter *m* (del cigüeñal) crankcase, sump; (del embrague) housing

🗝 **cartera** *f* **1** **(a)** (billetera) wallet, billfold (AmE) **(b)** (para documentos) document case, briefcase; (de colegial) satchel; (de cobrador) money bag; (de cartero) sack, bag **(c)** (AmS) (bolso de mujer) purse (AmE), handbag (BrE) **2** (Com, Fin) portfolio

carterear [A1] *vt* (Chi): **me ~on en la micro** my handbag was picked on the bus

carterista *mf* pickpocket

cartero (*m*) mailman (AmE), postman (BrE); (*f*) mailwoman (AmE), postwoman (BrE)

cartílago *m* cartilage

cartilla *f* **(a)** (para aprender a leer) reader, primer **(b)** (libreta) book; **~ de ahorros** passbook, savings book; **~ de racionamiento** ration book

cartón *m* **(a)** (material) cardboard; **~ ondulado** corrugated cardboard; **~ piedra** papier-mâché **(b)** (de cigarrillos, leche) carton; (de huevos) tray

cartoné *m*: **en ~** hardback

cartuchera *f* **1** **(a)** (estuche — para cartuchos) cartridge clip; (— para pistola) holster **(b)** (cinturón — para cartuchos) cartridge belt; (— para pistola) gun belt **2** (RPl) (de escolar) pencil case

cartucho *m* cartridge

cartuja *f* charterhouse, monastery

cartulina *f* card

🗝 **casa** *f* **1** **(a)** (vivienda) house; **cambiarse de ~** to move house; **casita del perro** kennel; **~ adosada** or **pareada** semi-detached *o* terraced house; **C~ Blanca** White House; **~ de acogida** refuge; **~ de huéspedes** boardinghouse; **~ de socorro** first-aid post; **~ de vecinos** or (Méx) **de vecindad** tenement house; **C~ Real** Royal Household; **~ refugio** refuge *o* hostel for battered women; **~ rodante** (CS) trailer (AmE), caravan (BrE) **(b)** (hogar) home; **a los 18 años se fue de ~** or (AmL) **de la ~** she left home at 18; **no está nunca en ~** or (AmL) **en la ~** he's never (at) home; **está en casa de Ana** she's (over) at Ana's (house); **¿por qué no pasas por ~** or (AmL) **por la ~?** why don't you drop in?; ***de*** or ***para andar por ~*** ‹*vestido*› for wearing around the house; ‹*definición/terminología*› crude, rough; ***echar*** or ***tirar la ~ por la ventana*** to push the boat out **2** **(a)** (empresa) company, firm (BrE); **una ~ de discos** a record company; **~ de cambios** bureau de change **(b)** (bar, restaurante): **especialidad de la ~** house specialty (AmE), speciality of the house (BrE); **invita la ~** it's on the house **3** (Dep): **perdieron en ~** they lost at home

casabe *m* (Col, Ven) cassava bread

casaca *f* (chaqueta) jacket; (Equ) riding jacket

casado -da *adj* married; **está ~ con una japonesa** he's married to a Japanese woman
■ *m,f* (*m*) married man; (*f*) married woman; **los recién ~s** the newlyweds

casamiento *m* (unión) marriage; (boda) wedding

🗝 **casar** [A1] *vt* «*cura/juez*» to marry
■ **~** *vi* **(a)** (encajar) «*dibujos*» to match up; «*piezas*» to fit together; «*cuentas*» to match, tally **(b)** (armonizar) «*colores/estilos*» to go together; **~ CON algo** to go well WITH sth
■ **casarse** *v pron* to get married; **~se por la Iglesia** to get married in church; **se casó con un abogado** she married a lawyer; **~se en segundas nupcias** to marry again, to remarry

cascabel *m* **(a)** (campanita) bell **(b)** (Chi) (sonajero) rattle
■ *f* (Zool) rattlesnake

cascada *f* (Geog) waterfall, cascade

cascajo *m* (fam) **1** (trasto viejo) wreck (infml) **2** (Col) (Const) piece of gravel

cascanueces *m* (*pl* ~) (a pair of) nutcrackers

cascar [A2] *vt* ‹*nuez/huevo*› to crack; ‹*taza*› to chip
■ **cascarse** *v pron* «*huevo*» to crack; «*taza*» to chip

cáscara *f* (de huevo, nuez) shell; (del queso) rind; (de naranja, limón) peel, rind; (de plátano, papa) skin; (de manzana) peel

cascarilla *f* (de cacao) roasted cacao husks (*pl*) (*used in infusions*); (de cereal) husk

cascarón *m* (de huevo, nuez) shell

cascarrabias *adj inv* (fam) cantankerous, grumpy
■ *mf* (*pl* ~) grouch (infml)

casco *m* **1** **(a)** (para la cabeza) helmet; **~ protector** (de obrero) safety helmet; (de motorista) crash helmet **(b) cascos** *mpl* (Audio) headphones (*pl*) **2** (Equ, Zool) hoof **3** (Náut) hull **4** **(a)** (de ciudad): **~ antiguo** old quarter; **~ urbano** urban area, built-up area **(b)** (RPl) (de estancia) farmhouse and surrounding buildings **5** (Col) (gajo) segment **6** (Esp, Méx) (envase) bottle

cascote *m* piece of rubble; **~s** rubble

caserío *m* (poblado) hamlet; (finca) (Esp) farmhouse

casero -ra *adj* **(a)** ‹*vino/flan*› homemade; ‹*reparación*› amateur; ‹*trabajo*› domestic **(b)** ‹*persona*› home-loving

🗝 key word

■ *m,f* **1** **(a)** (propietario) (*m*) landlord; (*f*) landlady **(b)** (cuidador) caretaker **2** (Chi) (cliente) customer; (vendedor) storekeeper (AmE), stallholder

caseta *f* **(a)** (en la playa, de guardia etc) hut **(b)** (en exposición) stand **(c)** (para perro) kennel **(d)** (en fútbol) dugout

casete *m or f* (cinta) cassette; **~ digital** digital audio tape
■ *m* (Esp) (grabador) cassette recorder/player

casi *adv* **1** (cerca de) almost, nearly; **~ me caigo** I nearly fell over **2** (en frases negativas): **~ no se le oía** you could hardly hear him; **~ nunca** hardly ever; **no nos queda ~ nada de pan** there's hardly any bread left; **¿pudiste dormir? — ~ nada** did you manage to sleep? — hardly at all; **~ no vengo** I almost didn't come **3** (expresando una opinión tentativa): **~ sería mejor venderlo** maybe it would be better to sell it

casilla *f* **1** (para cartas, llaves) pigeonhole; **~ postal** or **de correo** (CS, Per) post office box, P.O. Box **2** (en ajedrez, crucigrama) square; (en formulario) box **3** **(a)** (de guardia, sereno) hut **(b)** (de perro) kennel **(c)** (Méx) (de votación) polling booth

casillero *m* **(a)** (mueble) set of pigeonholes; (compartimento) pigeonhole **(b)** (CS) (en formulario) box

casino *m* **1** (de juego) casino **2** (club social) club

casitas *fpl* (Chi fam & euf) (baño) bathroom (euph)

caso *m* **1** (situación, coyuntura) case; **en esos ~s** in cases like that; **yo en tu caso ...** if I were you ...; **en último ~** if it comes to it, if the worst comes to the worst; **en el mejor de los ~s** at (the very) best; **en el peor de los ~s te multarán** the worst they can do is fine you; **eso no venía al ~** that had nothing to do with what we were talking about; **pongamos por ~ que ...** let's assume that ...; **en ~ de incendio** in case of fire; **en ~ contrario** otherwise; **en cualquier ~** in any case; **en tal ~** in that case, in such a case (fml); **en todo ~ dijo que llamaría** in any case she said she'd ring; **llegado el ~** if it comes to it; **según el ~** as appropriate; ***no hay/hubo caso*** (AmL fam) it is no good *o* no use/it was no good *o* no use **2** (Der, Med) case; ***ser un ~ perdido*** (fam) to be a hopeless case (infml) **3** (atención) **hacerle ~ A algn** to pay attention TO sb, take notice OF sb; **hacer ~ DE algo** to pay attention TO sth, to take notice OF sth; **hacer ~ omiso de algo** to ignore sth

caspa *f* dandruff

casquillo *m* **(a)** (de bala, cartucho) case **(b)** (portalámparas) lampholder, bulbholder; (de bombilla): **~ de rosca/bayoneta** screw-in/bayonet fitting

cassette /ka'set/ *m or f* ▶ **casete**

casta *f* caste; **de ~** ‹*toro*› thoroughbred; ‹*torero*› top-class

castaña *f* (fruto) chestnut; **~ de Indias** horse chestnut; **~ de Pará** (RPl) Brazil nut; **~ pilonga** dried chestnut

castañetear [A1] *vi*: **me castañetean los dientes** my teeth are chattering

castaño¹ -ña *adj* ‹*pelo*› chestnut; ‹*ojos*› brown

castaño² *m* **(a)** (Bot) chestnut tree; **~ de Indias** horse chestnut **(b)** (color) chestnut

castañuela *f* castanet

castellano¹ -na *adj* (de Castilla) Castilian; (español) Spanish
■ *m,f* (persona) Castilian

castellano² *m* (idioma — de Castilla) Castilian; (— español) Spanish

castidad *f* chastity

castigar [A3] *vt* **(a)** (en general) to punish; **fueron castigados con la pena máxima** they received the maximum sentence **(b)** ‹*niño*› (a quedarse en el colegio) to keep ... in detention; (a quedarse en casa) to keep ... in as a punishment, to ground (esp AmE infml); **lo ~on sin postre** as a punishment he was made to go without dessert

castigo *m* punishment; **~ corporal** corporal punishment; **les impusieron ~s severos** they were severely punished; **levantar un ~** to lift a punishment

Castilla *f* Castile

castillo *m* castle; **~ de arena** sandcastle; ***construir ~s en el aire*** to build castles in the air

castizo -za *adj* **(a)** (puro, tradicional) ‹*estilo/costumbre*› traditional **(b)** (típicamente castellano): **un lenguaje muy ~** very pure Castilian/Spanish

casto -ta *adj* chaste

castor *m* beaver

castrar [A1] *vt* ‹*caballo*› to geld; ‹*toro/hombre*› to castrate; ‹*gato*› to neuter

casual *adj* chance (*before n*)

casualidad *f* chance; **por (pura) ~** by (sheer) chance; **si por ~ la ves** if you happen to see her; **¿no tendrás su dirección por ~?** you wouldn't (happen to) have her address by any chance?; **¡qué ~!** what a coincidence!; **da la ~ de que ...** as it happens ...

cataclismo *m* natural disaster, cataclysm (fml)

catacumbas *fpl* catacombs (*pl*)

catador -dora *m,f* taster

catalán¹ -lana *adj/m,f* Catalan

catalán² *m* (idioma) Catalan

catalejo *m* (ant) telescope, spyglass

catalizador *m* (Auto) catalytic converter

catalogar [A3] *vt* **(a)** (en un catálogo) to catalog (AmE), to catalogue (BrE); (en una lista) to record, list **(b)** (considerar) to class

catálogo *m* (Art, Com) catalog (AmE), catalogue (BrE); **compra por ~** mail-order shopping

Cataluña *f* Catalonia

catamarán *m* catamaran

cataplasma *f* poultice, cataplasm (tech)

catapulta *f* catapult

catapultar [A1] *vt* to catapult

catar [A1] *vt* ‹*vino*› to taste

catarata *f* **(a)** (Geog) waterfall; **las ~s del Iguazú** Iguaçu Falls **(b)** (Med) cataract

catarro *m* **(a)** (resfriado) cold; **pescarse** or (esp Esp) **coger un ~** to catch a cold **(b)** (inflamación) catarrh

catastro *m* (censo) cadastre, land registry; (impuesto) property tax

catástrofe *f* catastrophe, disaster

catastrófico -ca *adj* catastrophic, disastrous

catear [A1] *vt* **1** (Esp arg) (suspender) to fail **2** **(a)** (Chi) (Min) to prospect **(b)** (Méx) (registrar) ‹*persona*› to frisk; ‹*vivienda*› to search

C

catecismo *m* catechism

cátedra *f* (en universidad) professorship, chair; (en colegio) post of head of department

catedral *f* cathedral

catedrático -ca *m,f* (de universidad) professor; (en colegio) head of department

categoría *f* **(a)** (grupo) category; **~ gramatical** part of speech; **hotel de primera ~** first-class hotel **(b)** (calidad): **de ~** ‹*actor/espectáculo/revista*› first-rate; **un periódico de poca ~** a second-rate newspaper; **el hotel de más ~** the finest *o* best hotel **(c)** (estatus): **tiene ~ de embajador** he has ambassadorial status; **gente de cierta ~** people of some standing

categórico -ca *adj* ‹*respuesta*› categorical

cateo *m* (Chi, Méx) (cacheo) body search

catequesis *f*: *teaching of the catechism*

catire -ra *adj* (Ven) (de piel blanca) fair-skinned; (de pelo rubio) fair, fair-haired
■ *m,f* (Ven) (de piel blanca) fair-skinned person; (de pelo rubio) fair-haired person

catita *f* (CS) budgerigar

catolicismo *m* Catholicism

católico -ca *adj* **(a)** (Relig) Catholic; **es ~** he's a Catholic **(b)** (ortodoxo) orthodox
■ *m,f* Catholic

catorce *adj inv/m/pron* fourteen; *para ejemplos ver* **cinco**

catre *m* **(a)** (cama — plegable) folding bed; (— de campaña) camp bed **(b)** (CS) (armazón) bedstead

catsup *m* ketchup, catsup (AmE)

cauce *m* **(a)** (Geog) bed; **el río se salió de su ~** the river burst its banks; **desviaron el ~ del arroyo** they changed the course of the stream **(b)** (rumbo, vía): **desvió la conversación hacia otros ~s** he steered the conversation onto another tack; **seguir los ~s establecidos** to go through the normal channels

cauchera *f* (Col) (tirachinas) (fam) slingshot (AmE), catapult (BrE)

caucho *m* **(a)** (sustancia) rubber; (árbol) (Col) rubber tree **(b)** (neumático) (Ven) tire*; (gomita) (Col) rubber band, elastic band (BrE)

caudal *m* **(a)** (de un fluido) volume of flow; **el río tiene muy poco ~** the water level is very low **(b)** (riqueza) fortune **(c)** (abundancia) wealth; **un ~ de conocimientos** a wealth of knowledge

caudaloso -sa *adj* ‹*río*› large

caudillo *m* (líder) leader; **el C~** *title used to refer to General Franco*

causa *f* **1** (motivo) cause; **la ~ de todas mis desgracias** the cause of *o* the reason for all my misfortunes; **se enfadó sin ~ alguna** she got annoyed for no reason at all *o* for no good reason; **a** or **por ~ de** because of **2** (ideal) cause; **una ~ perdida** a lost cause **3** (Der) (pleito) lawsuit; (proceso) trial

causante *adj*: **los factores ~s de la crisis** the factors which caused the crisis
■ *mf* (causa) cause; **la ~ de todas mis desgracias** the cause of all my misfortunes

causar [A1] *vt* ‹*daños/problema/sufrimiento*› to cause; ‹*indignación*› to cause, arouse; ‹*alarma*› to cause, provoke; ‹*placer*› to give; **le causó mucha pena** it made him very sad; **me causó muy buena impresión** I was very impressed with her

cautela *f* caution; **con ~** cautiously

cauteloso -sa *adj* [SER] ‹*persona*› cautious

cautivador -dora *adj* captivating

cautivar [A1] *vt* (atraer) to captivate

cautiverio *m* captivity

cautivo -va *adj/m,f* captive

cauto -ta *adj* careful, cautious

cava *f* cellar
■ *m* cava (*sparkling wine*)

cavar [A1] *vt* **(a)** ‹*fosa/zanja*› to dig; ‹*pozo*› to sink **(b)** ‹*tierra*› to hoe

caverna *f* cave, cavern

cavernícola *adj* (Hist) cave dwelling; **un hombre ~** a caveman
■ *mf* (Hist) cave dweller

caviar *m* caviar

cavidad *f* cavity

cavilar [A1] *vi* to ponder, think deeply; **después de mucho ~** after much thought *o* deliberation

cayena *f* cayenne (pepper)

cayera, cayese, *etc* ▸ **caer**

cayuco *m* (Esp) open boat (*used by illegal immigrants*)

caza *f* **(a)** (para subsistir) hunting; (como deporte — caza mayor) hunting; (— caza menor) shooting; **ir de ~** to go hunting/shooting; **~ del tesoro** treasure hunt; **~ furtiva** poaching; **salieron a la ~ del ladrón** they set off in pursuit of the thief; ***dar ~ a algn*** (perseguir) to pursue *o* chase sb; (alcanzar) to catch sb **(b)** (animales) game
■ *m* fighter

cazabombardero *m* fighter-bomber

cazador -dora *m,f* hunter; **~ furtivo** poacher

cazadora *f* (Esp) (Indum) jacket

cazamariposas *m* (*pl* ~) butterfly net

cazar [A4] *vt* **(a)** (para subsistir) to hunt; (como deporte — caza mayor) to hunt; (— caza menor) to shoot **(b)** ‹*mariposas*› to catch **(c)** (fam) (conseguir, atrapar): **ha cazado un millonario/buen empleo** she's landed herself a millionaire/good job
■ **~** *vi* to hunt; (con fusil) to shoot; **salimos a ~** we went out hunting/shooting

cazo *m* (cacerola) small saucepan; (cucharón) ladle

cazuela *f* casserole

cazurro -rra *adj* (fam) (huraño) sullen, surly; (obstinado) stubborn, pig-headed (infml)
■ *m,f* (fam) (huraño) sullen *o* surly person; (obstinado) stubborn *o* (infml) pig-headed person

c.c. (= **centímetros cúbicos**) cc

CD *m* (= **compact disc**) CD

CD-ROM *m* (= **compact disc read-only memory**) CD-ROM

ce *f*: *name of the letter* ▸ **C**

CE *f* **(a)** (= **Comisión Europea**) EC **(b)** (= **Comunidad Europea**) EC

cebada *f* barley

cebar [A1] *vt* **1** ‹*animal*› to fatten ... up **2** ‹*anzuelo/cepo*› to bait **3** (CS) ‹*mate*› to prepare (*and serve*)

cebo *m* **(a)** (en pesca, caza) bait **(b)** (Arm) primer

cebolla *f* onion

key word

cebolleta *f*, **cebollino** *m* **(a)** (con tallo verde) scallion (AmE), spring onion (BrE) **(b)** (hierba) chive

cebra *f* zebra

cebú *m* (*pl* **-bús** *or* **-búes**) zebu

cecear [A1] *vi* **(a)** (Ling) *to pronounce the Spanish [/s/] as [* ▶ Θ*]* **(b)** (como defecto) to lisp

ceceo *m* **(a)** (Ling) *pronunciation of the Spanish [/s/] as [/Θ/]* **(b)** (como defecto) lisp

cedazo *m* sieve

ceder [E1] *vt* **1** **(a)** ‹*derecho*› to transfer, assign; ‹*territorio*› to cede; ‹*puesto/título*› (voluntariamente) to hand over; (a la fuerza) to give up; **~ el poder** to hand over power; **me cedió el asiento** he let me have his seat; ▶ **paso 1 b** **(b)** ‹*balón/pelota*› to pass **2** (prestar) ‹*jugador*› to loan

■ **~** *vi* **1** (cejar) to give way; **no cedió ni un ápice** she didn't give *o* yield an inch; **cedió en su empeño** she gave up the undertaking; **~** A **algo** to give in TO sth **2** «*fiebre/lluvia/viento*» to ease off; «*dolor*» to ease **3** «*muro/puente/cuerda*» to give way; «*zapatos/muelle*» to give

cedro *m* cedar

cédula *f* (Fin) bond, warrant; **~ de identidad** identity card

cegador -dora *adj* blinding

cegar [A7] *vt* **1** **(a)** (deslumbrar) to blind **(b)** (ofuscar) to blind; **cegado por los celos** blinded by jealousy **2** ‹*conducto/cañería*› to block

ceguera *f* blindness

ceja *f* **(a)** (Anat) eyebrow; **arquear las ~s** to raise one's eyebrows **(b)** (Mús) capo

cejilla *f* capo

celador -dora *m,f* **(a)** (en museo, biblioteca) security guard **(b)** (AmL) (en la cárcel) prison guard (AmE), prison warder (BrE) **(c)** (en hospital) orderly, porter

celda *f* cell

celebración *f* celebration

celebrar [A1] *vt* **1** **(a)** ‹*éxito/cumpleaños/festividad*› to celebrate **(b)** (liter) ‹*belleza/valor/hazaña*› to celebrate (liter) **(c)** ‹*chiste/ocurrencia*› to laugh at **2** (fml) (alegrarse) to be delighted at, be very pleased at; **celebro su éxito** I'm delighted to hear about your success **3** **(a)** (fml) ‹*reunión/elecciones/juicio*› to hold; ‹*partido*› to play **(b)** ‹*misa*› to say, celebrate; ‹*boda*› to perform

■ **~** *vi* «*sacerdote*» to say *o* celebrate mass

célebre *adj* **(a)** (famoso) famous, celebrated **(b)** (Col) ‹*mujer*› elegant

celebridad *f* (fama) fame; (persona) celebrity

celeste *adj* **1** (del cielo) heavenly, celestial **2** ‹*ojos*› blue; ‹*pintura/vestido*› (claro) light *o* pale blue; (intenso) sky-blue (*before n*)

■ *m* (claro) light *o* pale blue; (intenso) sky blue

celestial *adj* **(a)** (Relig) celestial **(b)** ‹*placer*› heavenly

célibe *adj/mf* celibate

celo *m* **1** (esmero, fervor) zeal **2** (Zool) **(a)** (de los machos) rut **(b)** (de las hembras) heat; **estar en ~** to be in season, to be in heat (AmE) *o* (BrE) on heat **3** **celos** *mpl* jealousy; **tener ~s** DE **algn** to be jealous OF sb; **darle ~s a algn** to make sb jealous **4** (Esp) (cinta adhesiva) Scotch® tape (AmE), Sellotape® (BrE)

celofán *m* cellophane

celoso -sa *adj* **(a)** ‹*marido/novia*› jealous; **estar ~** DE **algn** to be jealous OF sb **(b)** (diligente, esmerado) conscientious, zealous

celta *adj* Celtic

■ *mf* (persona) Celt

■ *m* (Ling) Celtic

célula *f* cell; **~ primordial** or **madre** stem cell

celular *adj* cellular

■ *m* **(a)** (AmL) (teléfono) cell phone, mobile (BrE) **(b)** (Esp) (furgoneta para presos) patrol wagon (AmE), police van (BrE)

celulitis *f* (gordura) cellulite; (inflamación) cellulitis

cementerio *m* cemetery; (junto a una iglesia) graveyard; **~ de coches** salvage *o* wrecker's yard (AmE), scrapyard (BrE)

cemento *m* **(a)** (Const, Odont) cement; **~ armado** reinforced concrete **(b)** (AmL) (pegamento) glue, adhesive

cena *f* dinner, supper; (en algunas regiones del Reino Unido) tea; (formal, fuera de casa) dinner; **¿qué hay de ~?** what's for dinner *o* supper?; **~ de gala** banquet

cenagal *m* (barrizal) bog, mire

cenar [A1] *vi* to have dinner *o* supper; (en algunas regiones del Reino Unido) to have tea; **nos invitaron a ~** they invited us for *o* to dinner; **salimos a ~** we went out for dinner

■ **~** *vt* ‹*tortilla/pescado*› to have ... for dinner *o* supper

cencerro *m* cowbell

cenefa *f* (en ropa, sábanas) border; (en techos, muros) frieze

cenicero *m* ashtray

cenicienta *f* drudge; **la C~** Cinderella

cenit *m* zenith

ceniza *f* ash

cenote *m* deep pool (*occurring in limestone rock formations*)

censo *m* **1** **(a)** (de población) census **(b)** (Esp) *tb* **~ electoral** electoral roll *o* register **2** (Der, Fin) charge; (sobre una finca) ground rent

censor -sora *m,f* **(a)** (Cin, Period) censor **(b)** (crítico) critic **(c)** (Der, Fin) *tb* **~ de cuentas** auditor

censura *f* **(a)** (reprobación) censure (fml), condemnation **(b)** (de libros, películas) censorship

censurar [A1] *vt* **(a)** (reprobar) to censure (fml), to condemn **(b)** ‹*libro/película*› to censor; ‹*escena/párrafo*› to cut, censor

centavo *m* **(a)** (en AmL) *hundredth part of many currencies*; ***estar sin un*** **~** to be penniless **(b)** (del dólar) cent

centella *f* (rayo) flash of lightning; (chispa) spark; ***como una*** **~** like greased lightning

centelleante *adj* ‹*estrella*› twinkling; ‹*luz/joya*› sparkling; ‹*ojos*› blazing

centellear [A1] *vi* «*luz/joya*» to sparkle «*estrella*» to twinkle

centena *f*: **una ~** a hundred; **unidades, decenas y ~s** units, tens and hundreds

centenar *m*: **un ~ de personas** a hundred or so people; **~es de cartas** hundreds of letters

C

centenario *m* centenary, centennial (AmE)
centeno *m* rye
centésima *f* hundredth; **en una ~ de segundo** in a fraction of a second
centésimo *m* (Fís, Mat) hundredth
centígrado -da *adj* centigrade, Celsius
centigramo *m* centigram
centímetro *m* centimeter*
céntimo *m*: *hundredth part of the former Spanish peseta, the Venezuelan bolivar and the Paraguayan guarani*; ***no tener un ~*** to be penniless *o* (infml) broke; ***no vale ni un ~*** it's totally worthless
centinela *mf* (Mil) guard, sentry; (no militar) lookout; **estar de ~** (Mil) to be on sentry duty
centolla *f*, **centollo** *m* spider crab
centrado -da *adj* (equilibrado) stable, well-balanced; (en un trabajo, lugar) settled
⚷ **central** *adj* central
■ *f* head office; **~ telefónica** telephone exchange; **~ hidroeléctrica/nuclear** hydroelectric/nuclear power station
centralista *adj/mf* centralist
centralita *f* switchboard
centralizar [A4] *vt* to centralize
⚷ **centrar** [A1] *vt* **(a)** ‹*imagen*› to center* **(b)** (Dep) to center* **(c)** ‹*atención/investigación/ esfuerzos*› **~ algo** EN **algo** to focus sth ON sth
■ **~** *vi* (Dep) to center*, cross
■ **centrarse** *v pron* **~se** EN **algo** «*investigación/ atención/esfuerzos*» to focus *o* center* ON sth
céntrico -ca *adj* ‹*área/calle*› central; **un bar ~** a downtown bar (AmE), a bar in the centre of town (BrE)
centrifugado *m* spin
centrifugar [A3] *vt* **(a)** ‹*ropa*› to spin **(b)** (Tec) to centrifuge
centrista *adj/mf* centrist
⚷ **centro** *m* **(a)** (en general) center*; **~ ciudad/ urbano** downtown (AmE), city/town centre (BrE); **ser el ~ de atención** to be the center of attention; **se convirtió en el ~ de interés** it became the focus of attention; **~ turístico** tourist resort *o* center; **~ comercial** shopping mall (AmE), shopping centre (BrE); **~ de llamadas** call center (AmE) *o* centre (BrE); **~ de planificación familiar** family planning clinic **(b)** (en fútbol) cross, center*
■ *mf* (jugador) center*; **~ delantero** center* forward
Centroamérica *f* Central America
centroamericano -na *adj/m,f* Central American
centrocampista *mf* midfield player
ceñido -da *adj* tight; **me queda muy ~** it's very tight on me
ceñir [I15] *vt*: **esa falda te ciñe demasiado** that skirt is too tight for you; **el vestido le ceñía el talle** the dress clung to her waist
■ **ceñirse** *v pron* **~se** A **algo** (a las reglas) to adhere TO *o* (infml) stick TO sth; **~se al tema** to keep to the subject

⚷ key word

ceño *m*: **arrugó el ~** he frowned; **me miró con el ~ fruncido** she frowned at me
cepa *f* (Bot) stump; (Vin) stock (*of a vine*)
cepillar [A1] *vt* **(a)** ‹*ropa/dientes/pelo*› to brush **(b)** ‹*madera*› to plane
■ **cepillarse** *v pron* (*refl*) ‹*ropa*› to brush; ‹*dientes*› to brush, clean
cepillo *m* **1** (para ropa, zapatos, pelo) brush; (para suelo) scrubbing brush; **lleva el pelo cortado al ~** he has a crew cut; **~ de dientes/ uñas** toothbrush/nailbrush **2** (de carpintería) plane **3** (en la iglesia) collection box (*o* plate *etc*)
cepo *m* (trampa) trap; (Auto) wheel clamp; (Hist) stocks (*pl*)
cera *f* (para velas) wax; (para pisos, muebles) wax polish; (de abejas) beeswax; (de los oídos) wax; **le di ~ al suelo** I polished the floor
cerámica *f* (arte) ceramics, pottery; (pieza) piece of pottery
⚷ **cerca** *adv* **(a)** (en el espacio) near, close; **~** DE **algo/algn** near sth/sb; **¿hay algún banco ~?** is there a bank nearby *o* close by?; **está por aquí ~** it's near here (somewhere); **mirar algo/a algn de ~** to look at sth/sb close up *o* close to; ***seguir algo de ~*** to follow sth closely **(b)** (en el tiempo) close; **los exámenes estaban ~** the exams were close; **estás tan ~ de lograrlo** you're so close to achieving it; **serán ~ de las dos** it must be nearly 2 o'clock **(c)** (indicando aproximación): **~ de** almost, nearly
■ *f* (de alambre, madera) fence; (de piedra) wall
cercado *m* **(a)** (de alambre, madera) fence; (de piedra) wall **(b)** (terreno) enclosure **(c)** (Per) (distrito) district
cercanía *f* **1** (en el espacio) closeness, proximity; (en el tiempo) proximity, imminence **2** **cercanías** *fpl*: **Madrid y sus ~s** Madrid and its environs; **en las ~s del aeropuerto** in the vicinity of the airport
⚷ **cercano -na** *adj* **1** **(a)** (en el espacio) nearby, neighboring*; **~** A **algo** near sth, close TO sth; **el C~ Oriente** the Near East **(b)** (en el tiempo) close, near; **en fecha cercana** soon; **~** A **algo** close TO sth **2** ‹*pariente/amigo*› close
cercar [A2] *vt* **(a)** ‹*campo/terreno*› to enclose, surround; (con valla) to fence in **(b)** ‹*persona*› to surround **(c)** (Mil) ‹*ciudad*› to besiege; ‹*enemigo*› to surround
cerciorarse *v pron* **~ se** DE **algo** to make certain OF sth
cerco *m* **(a)** (asedio) siege **(b)** (de una mancha) ring **(c)** (AmL) (valla) fence; (seto) hedge
cerda *f* **(a)** (animal) sow **(b)** (fam) (mujer — sucia) slob (infml); (— despreciable) bitch (sl) **(c)** (pelo) bristle
cerdo *m* **(a)** (animal) pig, hog (AmE) **(b)** (carne) pork **(c)** (fam) (hombre — sucio) slob (infml); (— despreciable) bastard (sl), swine (infml)
cereal *m* cereal
cereales *mpl* (Esp) (para desayunar) cereal
cerebral *adj* ‹*actividad/tumor/derrame*› brain (*before n*); ‹*persona*› cerebral
cerebro *m* **(a)** (Anat) brain; ***lavarle el ~ a algn*** to brainwash sb **(b)** (persona) brains; **el ~ de la operación** the brains behind the operation
⚷ **ceremonia** *f* ceremony; **no andemos con ~s**

let's not stand on ceremony

cereza *f* (fruta) cherry

cerezo *m* cherry tree

cerilla *f* **1** (esp Esp) (fósforo) match **2** (de los oídos) wax

cerillo *m* (esp AmC, Méx) match

cernícalo *m* (Zool) kestrel

cero *m* **(a)** (Fís, Mat) zero; (en números de teléfono) zero (AmE), oh (BrE); **~ coma cinco** zero point five; **empezar** or **partir de ~** to start from scratch; ***ser un ~ a la izquierda*** to be useless **(b)** (en fútbol, rugby) zero (AmE), nil (BrE); (en tenis) love; **ganan por tres a ~** they're winning three-zero (AmE) *o* (BrE) three-nil **(c)** (Educ) zero, nought (BrE)

cerquillo *m* (AmL) (flequillo) bangs (*pl*) (AmE), fringe (BrE)

cerrado -da *adj* **1** **(a)** ‹*puerta/ventana/ojos/boca*› closed, shut; ‹*mejillones/almejas*› closed; ‹*sobre/carta*› sealed; ‹*puño*› clenched; ‹*cortinas*› drawn, closed; **estaba ~ con llave** it was locked **(b)** ‹*válvula*› closed, shut off; ‹*grifo/llave*› turned off **2** ‹*tienda/restaurante/museo*› closed, shut **3** ‹*espacio/recinto*› enclosed; ‹*curva*› sharp **4** ‹*acento/dialecto*› broad **5** ‹*persona*› (poco comunicativo) uncommunicative; **está ~ a todo cambio** his mind is closed to change; **~ a influencias externas** shut off from outside influence

cerradura *f* lock; ▸ **ojo**

cerrajería *f* locksmith's shop

cerrajero -ra *m,f* locksmith

cerrar [A5] *vt* **1** **(a)** ‹*puerta/ventana*› to close, shut; ‹*ojos/boca*› to shut, close; **cierra la puerta con llave** lock the door **(b)** ‹*botella*› to put the top on/cork in; ‹*frasco*› to put the lid on; ‹*sobre*› to seal **(c)** ‹*paraguas/abanico/mano*› to close; ‹*libro*› to close, shut; ‹*puño*› to clench **(d)** ‹*cortinas*› to close, draw; ‹*persianas*› to lower, pull down; ‹*abrigo*› to fasten, button up; ‹*cremallera*› to do ... up **(e)** ‹*grifo/agua/gas*› to turn off; ‹*válvula*› to close, shut off **2** **(a)** ‹*fábrica/comercio/oficina*› (en el quehacer diario) to close; (definitivamente) to close (down) **(b)** ‹*aeropuerto/carretera/frontera*› to close **3** **(a)** ‹*cuenta bancaria*› to close **(b)** ‹*caso/juicio*› to close **(c)** ‹*acuerdo/negociación*› to finalize **(d)** ‹*acto/debate*› to bring ... to an end

■ **~** *vi* **1** (hablando de puerta, ventana): **cierra, que hace frío** close *o* shut the door (*o* window *etc*), it's cold; **¿cerraste con llave?** did you lock up? **2** «*puerta/ventana/cajón*» to close, shut **3** «*comercio/oficina*» (en el quehacer diario) to close, shut; (definitivamente) to close (down)

■ **cerrarse** *v pron* **1** **(a)** «*puerta/ventana*» to shut, close; **la puerta se cerró de golpe** the door slammed shut **(b)** «*ojos*» to close; **se le cerraban los ojos** his eyes were closing **(c)** «*flor/almeja*» to close up **(d)** «*herida*» to heal (up) **2** (*refl*) ‹*abrigo*› to fasten, button up; ‹*cremallera*› to do ... up **3** «*acto/debate/jornada*» to end

cerrazón *m* (terquedad) stubbornness; (mentalidad poco flexible) blinkered attitude

cerro *m* (Geog) hill

cerrojo *m* bolt; **echar el ~** to bolt the door

certamen *m* competition, contest

certero -ra *adj* **(a)** ‹*tiro*› accurate; ‹*golpe*› well-aimed **(b)** ‹*juicio*› sound; ‹*respuesta*› good

certeza, **certidumbre** *f* certainty; **no lo sé con ~** I'm not sure, I don't know for sure

certificado[1] **-da** *adj* ‹*paquete/carta*› registered; **mandé la carta certificada** I sent the letter by registered mail

certificado[2] *m* certificate

certificar [A2] *vt* to certify

cervatillo *m* fawn

cerveza *f* beer; **~ tirada** or **de barril** draft beer (AmE), draught beer (BrE); **~ rubia** lager; **~ negra** dark beer

cesante *adj* [ESTAR] (Chi) (sin empleo) unemployed; **quedó ~** he lost his job

■ *mf* (Chi) (sin empleo) unemployed person

cesantía *f* (desempleo) (Chi) unemployment; (despido) (RPl fml) dismissal; (pago) (Col) severance pay

cesar [A1] *vi* **1** (parar) to stop; **~** DE **hacer algo** to stop doing sth; **sin ~** incessantly **2** (fml *o* period) (dimitir): **cesó en su cargo** she left her post, she resigned

cesárea *f* cesarean* (section); **le tuvieron que hacer una ~** she had to have a cesarean

cese *m* (fml *o* period) **(a)** (interrupción) cessation (fml); **el ~ de hostilidades** the cessation of hostilities; **~ del fuego** (AmL) ceasefire **(b)** (renuncia) resignation

césped *m* **(a)** (planta) grass; (extensión) lawn, grass; ⊗ **prohibido pisar el césped** keep off the grass **(b)** (Dep) field, pitch (BrE); (en tenis) (AmL) grass

cesta *f* **(a)** (recipiente) basket; **~ de Navidad** Christmas hamper; **~ punta** (deporte) pelota; (canasta) basket (*for playing pelota*) **(b)** (esp AmL) (en baloncesto) basket

cesto *m* **(a)** (esp Esp) (recipiente) basket; **el ~ de la ropa sucia** the laundry basket **(b)** (esp AmL) (en baloncesto) basket

cetro *m* scepter*

CFC *m* (= **clorofluorocarbono**) CFC

cg. (= **centigramo**) cg

Ch, ch *f* (/tʃe/ *or* /se 'atʃe/ *or* (Esp) /θe 'atʃe/) *combination traditionally considered as a separate letter in the Spanish alphabet*

chabacano[1] **-na** *adj* ‹*ropa/decoración*› gaudy, tasteless; ‹*espectáculo/persona*› vulgar; ‹*chiste/cuento*› coarse, tasteless

chabacano[2] *m* (Méx) (árbol) apricot tree; (fruta) apricot

chabola *f* (Esp) **(a)** (en los suburbios) shack, shanty dwelling **(b) chabolas** *fpl* shantytown

chabolismo *m* (Esp): **para resolver la cuestión del ~** in order to find a solution to the shanty town problem

chacal *m* jackal

chacarero -ra *m,f* (CS, Per) farmer (*who works a* ▸ **chacra**)

cháchara *f* **1** (fam) (conversación) chatter; **se pasa la mañana de ~** she spends the whole morning chattering **2** (Méx) (objeto de poca importancia) piece of junk; **un cajón lleno de ~s** a drawer's full of junk

chacharear [A1] *vi* (fam) to chatter

Chaco *m tb* **el Gran ∼** *region of scrub and swamp plains covering parts of Paraguay, Bolivia and Argentina*

chacra *f* (CS, Per) (granja) small farm; (casa) farmhouse

chafar [A1] *vt* (fam) **(a)** ‹*peinado*› to flatten; ‹*plátano/pulpa*› to mash; ‹*huevos*› to break; ‹*ajo*› to crush **(b)** ‹*vestido/falda*› to wrinkle (AmE), to crumple (BrE)

■ **chafarse** *v pron* to get squashed

chal *m* shawl, wrap

chala *f* **(a)** (RPl) (Bot) corn husk **(b)** (Chi) (Indum) sandal

chalado -da *adj* (fam) [ESTAR] crazy (infml), nuts (infml)

■ *m,f* nutter (infml)

chale *interj* (Méx fam) you're kidding! (infml)

chalé *m* ▶ **chalet**

chaleca *f* (Chi) cardigan

chaleco *m* (de traje) vest (AmE), waistcoat (BrE); (jersey sin mangas) sleeveless sweater; (acolchado) body warmer; (chaqueta de punto) (CS) cardigan; **∼ antibalas** bulletproof vest; **∼ de fuerza** straitjacket; **∼ salvavidas** lifejacket; ***a*** **∼** (Méx) no matter what

chalet /tʃa'le/ *m* (*pl* **-lets**) (en urbanización) house; (en el campo) cottage; (en la montaña) chalet; (en la playa) villa

chalote *m*, **chalota** *f* shallot, scallion (AmE)

chalupa *f* **1** (barca) skiff; (canoa) (AmL) small canoe **2** (Méx) (Coc) stuffed tortilla

chamaco -ca *m,f* (Méx fam) (muchacho) kid (infml), youngster (infml)

chamagoso -sa *adj* (Méx fam) dirty, filthy

chamarra *f* (chaqueta) jacket

chamba *f* **1** (Méx, Per, Ven fam) (trabajo) work; (empleo) job; (lugar) work **2** (Col) **(a)** (zanja) ditch **(b)** (herida) wound, gash

chambear [A1] *vi* (Méx, Per fam) to work

chambón -bona *adj* (AmL fam) clumsy, klutzy (AmE infml)

chambonada *f* (AmL fam) botch (infml)

chamizo *m* **1** **(a)** (leña quemada) charred log **(b)** (Col) (ramas secas) *tb* **∼s** brushwood **2** (choza) thatched hut

chamo -ma *m,f* (Ven fam) (niño, muchacho) kid (infml)

champán *m*, **champaña** *m or f* champagne

champiñón *m* mushroom

champú *m* (*pl* **-pús** *or* **-púes**) shampoo

champurrear [A1] *vt* (CS) ▶ **chapurrear**

chamuscar [A2] *vt* to scorch, singe; **madera chamuscada** charred wood

■ **chamuscarse** *v pron*: **∼se el pelo** to singe one's hair

chamuyar [A1] *vi* (RPl fam) to chatter

■ **∼** *vt* (RPl fam) to mutter

chan *m* (AmC) mountain guide

chancaca *f* **(a)** (Andes) (melaza) brown sugarloaf **(b)** (Per) (dulce de maíz) maize cake

chancar [A2] *vt* **1** (Andes) (triturar) to crush, grind **2** (Per arg) (estudiar) to cram (infml)

chance *f or m* (AmL) (oportunidad) chance; **dar ∼ a algn** to give sb the chance; **tiene pocas ∼s de ganar** he doesn't have *o* stand much chance of winning

chancear [A1] *vi* (Col fam) to joke, kid around (infml)

■ **chancearse** *v pron* **∼se** DE **algn** to make fun OF sb

chanchada *f* (AmL fam) **(a)** (porquería, suciedad) mess **(b)** (acción indigna) dirty trick (infml); **hacerle una ∼ a algn** to play a dirty trick on sb

chanchería *f* (AmL) pork butcher's shop

chanchito *m* (fam) **1** (Andes, CS) (Zool) woodlouse **2** (CS) (alcancía) piggy bank

chancho[1] -cha *adj* (AmL fam) (sucio) filthy, gross (infml); (miserable, ruin) mean

■ *m,f* (AmL) **(a)** (Zool) pig **(b)** (fam) (persona sucia) dirty *o* filthy pig (infml)

chancho[2] *m* (Chi, Per) (Coc) *tb* **carne de ∼** pork

chanchullero -ra *adj* (fam) shady (infml), crooked (infml)

■ *m,f* (fam) racket (infml)

chanchullo *m* (fam) racket (infml), fiddle (BrE infml)

chancla *f* (sandalia) thong (AmE), flip-flop (BrE); (pantufla) (Col) slipper

chancleta *f* (sandalia) thong (AmE), flip-flop (BrE)

chándal *m* (*pl* **-dals**) (Esp) tracksuit

changador *m* (RPl) porter

changarro *m* (Méx) small store

chango -ga *m,f* (Méx) monkey

changuito® *m* (Arg) (para las compras) shopping cart (AmE), shopping trolley (BrE); (para el bebé) stroller (AmE), pushchair (BrE)

chanquetes *mpl* whitebait (*pl*)

chanta *adj* (RPl arg) (informal) unreliable; (mentiroso) deceitful

■ *mf* (RPl arg) (informal) unreliable person; (mentiroso) liar

chantaje *m* blackmail; **le hacen ∼** he is being blackmailed

chantajear [A1] *vt* to blackmail

chantajista *mf* blackmailer

chantillí, chantilly /ʃanti'ʝi, tʃanti'ʝi/ *m tb* **crema ∼** *f* whipped cream, Chantilly

chao *interj* (fam) bye (infml), bye-bye (infml)

chapa *f* **1** **(a)** (plancha — de metal) sheet; (— de madera) panel **(b)** (lámina de madera) veneer **(c)** (carrocería) bodywork **2** **(a)** (distintivo) badge; (de policía) shield (AmE), badge (BrE); (con el nombre) nameplate; (de perro) identification disc *o* tag **(b)** (RPl) (de matrícula) license plate (AmE), numberplate (BrE) **3** (de botella) cap, top **4** (AmL) (cerradura) lock **5** **chapas** *fpl* (AmL fam) (en las mejillas): **le salieron ∼s** (por vergüenza) her cheeks flushed (red); (por el aire fresco) her cheeks were red **6** (AmC fam) (joya) earring; (dentadura postiza) false teeth (*pl*)

chapado -da *adj* ‹*metal*› plated; **un reloj ∼ en oro** a gold-plated watch

chaparrastroso -sa *adj* (Méx fam) scruffy

chaparro -rra *adj* (AmL fam) short, squat; **quedarse ∼** to stop growing

■ *m,f* (AmL fam) shorty (infml), titch (infml)

chaparrón *m* (Meteo) downpour, cloudburst

chape *m* (Chi) (trenza) braid (AmE), plait (BrE); (pelo atado) bunch
chapetes *mpl* (Méx) ▶ **chapa 5**
chapista *mf* panel beater
chapopote *m* (Méx) (alquitrán) tar; (asfalto) asphalt
chapotear [A1] *vi* (en agua) splash (around); (en barro) squelch (around)
chapucero -ra *adj* ‹*persona*› sloppy, slapdash; ‹*trabajo/reparación*› botched
■ *m,f*: **es un ~** his work is very slapdash
chapulín *m* (AmC, Méx) (Zool) locust
chapurrear [A1] *vt* (fam): **~ el inglés** to speak broken *o* poor English
chapuza *f* (fam) (trabajo mal hecho) botched job (infml), botch (infml)
chapuzón *m* dip; **darse un ~** to have a dip
chaquet (*pl* **-quets**), **chaqué** *m* morning coat
chaqueta *f* **1** (Indum) jacket; **~ de punto** cardigan **2** (Col) (Odont) crown
chaquetón *m* three-quarter length coat
charanga *f* brass band; (militar) military band
charango *m* small five-stringed guitar
charca *f* pond, pool
charco *m* **(a)** puddle, pool **(b) el ~** (fam) (océano Atlántico) the Atlantic, the Pond (infml & hum)
charcutería *f* delicatessen, charcuterie (AmE)
charla *f* **(a)** (conversación) chat; **estábamos de ~** we were having a chat **(b)** (conferencia) talk
charlar [A1] *vi* to chat, talk
charlatán -tana *adj* (fam) talkative
■ *m,f* (fam) **(a)** (parlanchín) chatterbox (infml) **(b)** (vendedor) dishonest hawker; (curandero) charlatan
charlestón *m* charleston
charme /ʃarm/ *m* charm
charol *m* **1** (barniz) lacquer; (cuero) patent leather; **zapatos de ~** patent leather shoes **2** (Col, Per) (bandeja) tray
charola *f* (Bol, Méx, Per) tray
charqui *m* (AmS) charqui, jerked beef
charrasquear [A1] *vt* **1** (AmL) ‹*guitarra*› to strum **2** (Méx) ‹*persona*› to stab
charrería *f* (Méx) *the culture of horsemanship and rodeo riding*
charretera *f* epaulette
charro -rra *adj* **1** (fam) (de mal gusto) gaudy, garish **2** (en Méx) ‹*tradiciones/música*› of/relating to the; ▶
■ *m,f* (en Méx) (jinete) (*m*) horseman, cowboy; (*f*) horsewoman, cowgirl
chárter *adj inv* charter (*before n*)
■ *m* charter (flight)
chasco *m* (decepción) disappointment, letdown (infml); **me llevé un ~** I felt let down *o* disappointed
chasis, **chasís** *m* (*pl* ~) (Auto) chassis; (Fot) plateholder
chasquear [A1] *vt* **(a)** ‹*lengua*› to click; ‹*dedos*› to click, snap **(b)** ‹*látigo*› to crack
chasquido *m* **(a)** (de la lengua) click; (de los dedos) click, snap **(b)** (de látigo) crack; (de rama seca) crack, snap
chasquilla *f* (Chi) bangs (*pl*) (AmE), fringe (BrE)
chat *m* chat room
chatarra *adj inv* (Méx): **comida ~** junk food; **productos ~** cheap goods
■ *f* (Metal) scrap (metal); **el coche es pura ~** the car is just a heap of scrap
chatarrero -ra *m,f* scrap merchant
chatarrizar [A4] *vt* (AmL) to scrap
chatel -tela *m,f* (AmC fam) (*m*) little boy; (*f*) little girl
chato -ta *adj* **(a)** ‹*nariz*› snub (*before n*) **(b)** (Per fam) (bajo) short **(c)** (AmS) ‹*nivel*› low; ‹*obra*› pedestrian
chaucha *f* (RPl) (Bot, Coc) French bean
chauvinismo /tʃoβi'nismo/ *m* chauvinism
chauvinista /tʃoβi'nista/ *adj* chauvinistic
■ *mf* chauvinist
chaval -vala *m,f* (esp Esp fam) (niño) kid (infml), youngster
chavalo -la *m,f* (AmC, Méx) ▶ **chaval**
chavo -va *adj* (Méx fam) young
■ *m,f* (Méx) **(a)** (fam) (muchacho) guy (infml); (muchacha) girl **(b)** (como apelativo) kid (infml)
chayote *m* (planta, fruto) chayote, mirliton
che *interj* (RPl fam): **no te hagas el bobo, ~** come on, don't act the innocent; **~, Marta, ¿qué tal?** hey Marta, how are you?; **¡pero ~! ¡cómo le dijiste eso!** for Heaven's sake! whatever made you tell him that?
checar [A2] *vt* (Méx) **(a)** (revisar, mirar) to check; **me chequé la presión** (Med) I had my blood pressure checked; **¿por qué no vas a que te chequen?** why don't you go for a checkup? **(b)** (verificar) to check **(c)** (vigilar) to check up on
checo[1] -ca *adj/m,f* Czech
checo[2] *m* (idioma) Czech
checoslovaco -ca *adj/m,f* (Hist) Czechoslovakian, Czechoslovak
Checoslovaquia *f* (Hist) Czechoslovakia
chef /ʃef, tʃef/ *m* chef
chele -la *adj* (AmC) (de piel) light-skinned; (de pelo) blond-haired
chelín *m* shilling
chelista *mf* cellist
chelo *m* cello
cheque *m* check (AmE), cheque (BrE); **pagar con ~** to pay by check; **un ~ a nombre de ...** a check made out to *o* made payable to ...; **~ bancario** or (AmL) **de gerencia** banker's draft; **~ cruzado/en blanco** crossed/blank check*; **~ de viaje** or **de viajero** traveler's check (AmE), traveller's cheque (BrE); **~ sin fondos** bad *o* (fml) dishonored* check*
chequear [A1] *vt* **1** (revisar, verificar) to check; **~ algo** CON **algo** to check sth AGAINST sth **2** (AmL) ‹*equipaje*› to check in
■ **chequearse** *v pron* **(a)** (Col, Ven) (Aviac) to check in **(b)** (Ven) (Med) to have a checkup
chequeo *m* **(a)** (Med) checkup; (para entrar en el ejército, a trabajar) medical; **someterse a un ~ médico** to have a medical/a checkup **(b)** (control, inspección) check; **mostradores de ~ de tiquetes** (Col) check-in desks
chequera *f* checkbook (AmE), chequebook (BrE)
chévere *adj* (AmL exc CS fam) great (infml), fantastic (infml); **¡qué ~!** that's great!

C

chic /ʃik, tʃik/ *adj inv* chic, fashionable
■ *m* chic; **tiene ~** she's very chic
chica *f* (fam) maid; *ver tb* **chico**
chicanero -ra *adj* (Andes, Méx) tricky, crafty
chicano -na *adj/m,f* Chicano
chicha *f* **1** **(a)** (bebida alcohólica) *alcoholic drink made from fermented maize, also called* CHICHA BRUJA; **~ andina** *alcoholic drink made with corn flour and pineapple juice*; **~ de manzana/uva** *alcoholic drink made from apple/grape juice* **(b)** (bebida sin alcohol) *cold drink made with maize or fruit* **2** (AmC vulg) (teta) tit (sl)
chícharo *m* (esp Méx) pea
chicharra *f* **(a)** (Zool) cicada **(b)** (timbre) buzzer
chicharrón *m* piece of crackling; **chicharrones** cracklings (*pl*) (AmE), pork scratchings (*pl*) (BrE)
chiche *adj* (AmC fam) dead easy (infml)
■ *m* **1** (juguete) (CS fam) toy; (adorno) (Chi) trinket **2** (AmC fam) (pecho) tit (sl)
chichi *f* (Méx fam) (de mujer) tit (sl); (de animal) teat
chicho -cha *adj* (Méx fam) **(a)** (bonito) nice, neat (AmE infml) **(b)** ‹*persona*› **es muy chicha para los deportes** she's brilliant at sport (infml)
chichón *m* swelling *o* bump on the head
chicle, **chiclé** *m* chewing gum
chiclero -ra *m,f* **1** (Méx) (vendedor) street vendor (*selling chewing gum, candy, etc*) **2** (AmC) (Agr) rubber tapper
⚷ **chico -ca** *adj* (esp AmL) **(a)** (joven) young; **cuando éramos ~s** when we were little (infml) **(b)** (bajo) small **(c)** (pequeño) small
■ *m,f* **1** **(a)** (niño) (*m*) boy; (*f*) girl **(b)** (hijo) (*m*) son, boy; (*f*) daughter, girl **(c)** (joven) (*m*) guy (infml), boy (infml), bloke (BrE infml); (*f*) girl; **unos ~s** (varones) some boys; (varones y hembras) some boys and girls **(d)** (empleado joven) (*m*) boy; (*f*) girl **(e)** (como apelativo): **¡~! ¿tú por aquí?** well, well! what brings *you* here? **2** **chico** *m* (AmL) (en billar) frame; (en bolos) game
chicoria *f* chicory
chicotazo *m* (AmL) whipping
chicote *m* (fam AmL) (látigo) whip
chicotear [A1] *vt* (AmL) to whip
chifa *m* (Per fam) Chinese (restaurant)
chifla *f* whistling, catcalls (*pl*)
chiflado -da *adj* (fam) crazy (infml), mad (BrE); **estar ~** POR **algo/algn** to be crazy *o* mad ABOUT sth/sb (infml)
■ *m,f* (fam) nutter (infml)
chiflar [A1] *vt* ‹*actor/cantante*› to whistle at (*as sign of disapproval*), ≈ to boo
■ **~** *vi* **1** (silbar) to whistle **2** (fam) (gustar mucho): **le chiflan los coches** he's crazy about cars (infml)
■ **chiflarse** *v pron* (fam) **~se** POR **algo/algn** to be crazy ABOUT sth/sb (infml)
chihuahua *mf* chihuahua
chií *adj/mf* Shiite
chiíta *adj* Shiite
■ *mf* Shiite
chilaba *f* djellaba
chilango -ga *adj* (Méx) of/from Mexico City

⚷ key word

chilaquiles *mpl* (Méx) *corn tortilla in tomato and chili sauce*
chile *m* **1** (AmC, Méx) (Bot, Coc) chili, hot pepper; **~ con carne** chili con carne **2** (AmC fam) (chiste) joke
⚷ **Chile** *m* Chile
chilear [A1] *vi* (AmC fam) to tell jokes
⚷ **chileno -na** *adj/m,f* Chilean
chilicote *m* (AmS) cricket
chillar [A1] *vi* **(a)** «*pájaro*» to screech; «*cerdo*» to squeal; «*ratón*» to squeak **(b)** «*persona*» to shout, yell (infml); (de dolor, miedo) to scream; **~le** A **algn** to yell *o* shout AT sb **(c)** «*bebé/niño*» (llorar) to scream
chillido *m* **(a)** (de ave) screech; (de cerdo) squeal; (de ratón) squeak **(b)** (grito) shout, yell; (de dolor, miedo) scream, shriek; **dar ~s** or **un ~** (fam) to shout, to yell
chillón -llona *adj* (fam) ‹*voz*› shrill, piercing; ‹*color*› loud
chilote *m* (AmC) baby sweetcorn
chiltoma *f* (AmC) sweet pepper
chimbo -ba *adj* **(a)** (Col fam) (falsificado) ‹*perfume*› fake (*before n*); ‹*whisky/grabación*› bootleg (*before n*); **un cheque ~** a dud check (infml) **(b)** (Ven arg) (malo) lousy (infml)
chimbomba *f* (AmC) balloon
chimenea *f* **1** **(a)** (de casa) chimney; (de locomotora, fábrica) smokestack (AmE), chimney (BrE) **(b)** (de volcán) vent **2** (hogar) fireplace, hearth
chimpancé *mf* chimpanzee
chimpún *m* (Per) football boot
china *f* **(a)** (piedra) pebble, small stone **(b)** (Esp) (porcelana) porcelain
China *f tb* **la ~** China
chinamo *m* (AmC fam) (en feria) stall; (bar) small bar
chinchar [A1] *vt* (fam) to pester (infml)
chinche *adj* (fam) (pesado) irritating; (quisquilloso): **es muy ~** he's a real nit-picker
■ *f or m* **1** (insecto) bedbug **2** (RPl fam) (mal humor) bad mood
■ *mf* **(a)** (fam) (pesado) nuisance, pain in the neck (infml) **(b)** (fam) (quisquilloso) nit-picker (infml)
■ *f* (*en algunas regiones m*) (clavito) thumbtack (AmE), drawing pin (BrE)
chincheta *f* (Esp) thumbtack (AmE), drawing pin (BrE)
chinchilla *f* chinchilla
chin-chin *interj* (fam) cheers!
chinchorro *m* (Col, Ven) (hamaca) hammock
chinchulines *mpl* (Bol, RPl) chitterlings (*pl*)
chincol *m* (Chi) (pájaro) crown sparrow
chinela *f* (pantufla) slipper; (chancla) (AmC) thong (AmE), flip-flop (BrE)
chingada *f* (Méx vulg): **está pa' la ~** he's/she's had it (infml); **¡vete a la ~!** screw you! (vulg); **la casa estaba en la ~** the house was in the middle of nowhere (infml); **¡hijo de la ~!** you son-of-a-bitch! (sl)
chingadera *f* (Méx vulg) trash (infml), crap (sl)
chingar [A3] *vi* **(a)** (esp Méx vulg) (copular) to screw (vulg), to fuck (vulg) **(b)** (Méx vulg) (molestar): **te lo dijo para ~ nada más** he only

said it to annoy you; **¡deja de ~!** stop being such a pain in the ass! (vulg); **¡no chingues!** (no digas) you're kidding! (infml)
■ ~ *vt* **(a)** (AmL vulg) (en sentido sexual) to fuck (vulg), to screw (vulg) **(b)** (Méx vulg) (jorobar) to screw (vulg); **~la**: **¡no la chingues!** (Méx vulg) shit! (vulg)
■ **chingarse** *v pron* **1** **(a)** (*enf*) (AmL vulg) (en sentido sexual) to fuck (vulg), to screw (vulg) **(b)** (esp Méx vulg) (jorobarse): **creyó que ganaría pero se chingó** he thought he'd win but he got a shock; **se chingó el motor** the engine's had it (infml); **estamos chingados** we're in deep shit (vulg) **2** (Méx vulg) **(a)** (aguantarse): **si no te gusta, te chingas** if you don't like it, tough (infml) **(b)** (robar) to rip ... off (infml)

chingaste *m* (AmC) coffee grounds (*pl*)

chingo[1] -ga *adj* (AmC fam) (desnudo) stark naked (infml)
■ *m,f* (Ven fam) snub-nosed person

chingo[2] *m* (Méx fam *o* vulg): **un ~ de** loads of (infml); **me costó un ~** it cost me a bundle *o* (BrE) packet (infml)

chingón -gona *adj* (Méx vulg) ‹*partido/película*› fantastic (infml); ‹*persona*› cool (sl)

chingue *m* (Chi) **(a)** (Zool) skunk **(b)** (fam) (persona hedionda) smelly person

chinguear [A1] *vi/vt* (AmC) ▶ **chingar**

chinita *f* (Chi) ladybug (AmE), ladybird (BrE)

chino[1] -na *adj* **1** (de la China) Chinese **2** (Méx) ‹*pelo*› curly
■ *m,f* **1** (de la China) (*m*) Chinese man; (*f*) Chinese woman; **los ~s** the Chinese **2** **(a)** (Arg, Per) (mestizo) mestizo, person of mixed Amerindian and European parentage **(b)** (Col fam) (joven) kid (infml)

chino[2] *m* **1** (idioma) Chinese; ***me suena a ~*** it's all Greek to me **2** (Méx) (pelo rizado) curly hair; (para rizar el pelo) curler, roller **3** (Per fam) (tienda) convenience store, corner shop (BrE)

chip *m* (*pl* **chips**) **(a)** (Inf) chip **(b)** (papa frita) potato chip (AmE), crisp (BrE) **(c)** (Arg) (pancito) bridge roll

chipirón *m* small cuttlefish

chipote *m* (Méx fam) bump, lump

Chipre *f* Cyprus

chipriota *adj/mf* Cypriot

chiqueado *adj* (Méx fam) spoilt

chiquear [A1] *vt* (Méx fam) to spoil

chiquero *m* (AmL) (pocilga) pigpen (AmE), pigsty (BrE)

chiquilín -lina *adj* (AmL fam) (infantil) childish; **ser ~** to be childish, to act like a kid (infml)
■ *m,f* (fam) (persona infantil) (AmL) big kid (infml); (niño) (Ur) kid (infml)

chiquillada *f*: **se pelearon por una ~** they fought over something really silly

chiquillo -lla *adj*: **no seas ~** don't be childish
■ *m,f* kid (infml)

chiquito[1] -ta, **chiquitito -ta** *adj* (esp AmL fam) small

chiquito[2] -ta *m,f* (esp AmL fam) (niño) (*m*) little boy; (*f*) little girl

chiribita *f* **(a)** (chispa) spark **(b)** **chiribitas** *fpl* (en la vista) spots in front of the eyes; **los ojos le hacían ~s** his eyes glowed

chirigota *f* (fam) (broma) joke; **estar de ~** to be kidding around (infml)

chirimiri *m* fine drizzle

chirimoya *f* custard apple

chiripa *f* **1** (fam) (casualidad) fluke; **de** or **por ~** (fam) by sheer luck, by a fluke **2** (Ven) **(a)** (insecto) cockroach **(b)** (palmera) palm

chirla *f* (Coc, Zool) baby clam

chirona *f* (Esp fam) can (AmE sl), nick (BrE sl)

chiros *mpl* (Col) rags (*pl*)

chirriar [A17] *vi* «*puerta/gozne*» to squeak, creak; «*frenos/neumáticos*» to screech

chirrido *m* (de puerta) squeaking, creaking; (de frenos, neumáticos) screech, screeching

chis, **chist** *interj* shush!, shh!

chisme *m* **(a)** (chismorreo) piece of gossip; **~s** gossip, tittle-tattle (infml); **contar ~s** to gossip **(b)** (Esp, Méx fam) (trasto, cacharro) thing, thingamajig (infml); **un cuarto lleno de ~s** a room full of junk *o* stuff (infml)

chismear, **chismorrear** [A1] *vi* (fam) to gossip

chismorreo *m* (fam) gossip, tittle-tattle (infml)

chismoso -sa *adj* gossipy (infml)
■ *m,f* gossip, scandalmonger (infml)

chispa *f* **1** **(a)** (del fuego) spark; ***está/están que echa/echan ~s*** (fam) he's/they're hopping mad (infml) **(b)** (Auto, Elec) spark **2** (fam) (pizca) little bit **3** (gracia, ingenio) wit; **tener ~** to be witty
■ *adj inv* (Esp fam) tipsy (infml)

chisparse [A1] *v pron* (Méx) to come loose

chispazo *m* (Elec, Tec) spark

chispeante *adj* **(a)** ‹*leña/fuego*› crackling **(b)** ‹*lenguaje/personalidad*› witty; ‹*ingenio*› lively, sparkling **(c)** ‹*ojos*› (de alegría) sparkling; (de ira) flashing

chispear [A1] *vi* **(a)** «*leña*» to spark **(b)** (Elec) to spark, give off sparks
■ ~ *v impers* (fam) (lloviznar) to spit, spot

chispero *m* (AmC) (encendedor) (fam) lighter; (Auto) spark plug

chisporrotear [A1] *vi* «*leña/fuego*» to spark, crackle; «*aceite*» to spit, splutter; «*carne/pescado*» to sizzle

chistar [A1] *vi*: **¡y sin ~!** and not another word!; **no chistó** he didn't say a word

chiste *m* **(a)** (cuento gracioso) joke; **contar** or (Col) **echar un ~** to tell a joke; **~ picante** or **verde** or (Bol, Méx) **colorado** dirty joke **(b)** (Bol, CS, Méx) (broma) joke; **hacerle un ~ a algn** to play a joke *o* trick on sb; **me lo dijo en ~** he was joking **(c)** (Col, Méx fam) (gracia): **el ~ está en hacerlo rápido** the idea *o* point is to do it quickly; ***tener su ~*** (Méx) to be tricky **(d)** **chistes** *mpl* (RPl) (historietas) comic strips (*pl*), funnies (*pl*) (AmE infml)

chistera *f* top hat

chistoso -sa *adj* funny, amusing
■ *m,f* comic, joker

chiva *f* **1** (AmL) (barba) goatee **2** (Col) (bus) rural *o* country bus **3** (Col period) (primicia) scoop, exclusive **4** (Chi fam) (mentira) cock-and-bull story (infml); *ver tb* **chivo** **5** **chivas** *fpl* (Méx fam) (cachivaches) junk (infml)

chivarse [A1] *v pron* (Esp fam) to tell; (a la policía) to squeal (sl)

C

chivatazo *m* (Esp fam) tip-off (infml); **les dieron el ~** they were tipped off

chivato¹ -ta *m,f* (Esp, Ven fam) **(a)** (informador) informer, stool pigeon (infml) **(b)** (acusetas) tattletale (AmE infml), telltale (BrE infml)

chivato² *m* (Esp fam) (dispositivo sonoro) bleeper (infml); (luz piloto) pilot light

chivearse [A1] *v pron* (Méx fam) (turbarse) to get embarrassed

chivo -va *m,f* **1** **(a)** (cría de la cabra) kid **(b)** (Ven) (cabra) goat; *ver tb* **chiva** **2** **(a)** **chivo** *m* (AmL) (macho cabrío) billy goat **(b)** **~ expiatorio** scapegoat

chocado -da *adj* (AmL fam) smashed up (infml); (superficialmente) dented

chocante *adj* **(a)** (que causa impresión): **su reacción me pareció ~** I was shocked *o* taken aback by his reaction, his reaction shocked me **(b)** (en cuestiones morales) shocking **(c)** (Col, Méx, Ven) (desagradable) unpleasant

chocar [A2] *vi* **1** **(a)** (colisionar) to crash; (entre sí) to collide; **~ de frente** to collide *o* crash head-on; **~** CON *or* CONTRA **algo** «*vehículo*» to crash *o* run INTO sth; (con otro en marcha) to collide WITH sth; **el balón chocó contra el poste** the ball hit the goalpost; **~** CON **algn** «*persona*» to run INTO sb; (con otra en movimiento) to collide WITH sb **(b)** (entrar en conflicto) **~** CON **algn** to clash WITH sb **(c)** **~** CON **algo** (con problema/obstáculo) to come up AGAINST sth **2** **(a)** (extrañar): **me chocó que no me lo dijera** I was surprised that he hadn't told me **(b)** (escandalizar) to shock; **me chocó su lenguaje** I was shocked by her language **3** (Col, Méx, Ven fam) (irritar, molestar) to annoy, bug (infml)

■ **~** *vt* **(a)** ‹*copas*› to clink; **¡chócala!** (fam) put it there! (infml), give me five! (infml) **(b)** (AmL) ‹*vehículo*› (que se conduce) to crash; (de otra persona) to run into

■ **chocarse** *v pron* (Col) **1** (en vehículo) to have a crash *o* an accident **2** (fam) (molestarse) to get annoyed

chochada *f* (AmC fam) silly little thing (infml)

chochear [A1] *vi* (fam) **(a)** «*anciano*» to be gaga (infml) **(b)** (sentir adoración) **~** POR **algn** to dote ON sb

chocho -cha *adj* **(a)** (fam) ‹*viejo*› gaga (infml) **(b)** (fam) (encantado): **está ~ con su hijita** he dotes on his daughter; **se quedó ~ con el regalo** he was delighted with his present

choclo *m* **1** (CS, Per) (mazorca) corn cob; (granos) sweet corn; (cultivo) corn (AmE), maize (BrE) **2** (Méx fam) (Indum) brogue

chocolate *m* **1** **(a)** (para comer) chocolate; **~ blanco/con leche** white/milk chocolate; **~ negro** plain chocolate, dark chocolate **(b)** (AmL) chocolate; **sirvieron unos ~s con el café** they gave us chocolates with our coffee **(c)** (bebida) hot chocolate **2** (Esp arg) (hachís) dope (sl), pot (infml)

chocolatería *f* (cafetería) *café serving hot chocolate as a speciality*

chocolatina *f*, (RPl) **chocolatín** *m* chocolate bar

chocoyo *m* (AmC) parakeet

chofer, (Esp) **chófer** *mf* **(a)** (asalariado — de coche particular) chauffeur; (— de transporte colectivo) driver **(b)** (persona que maneja) driver

cholga *f* (Chi) mussel

chollo *m* (Esp fam) (trabajo fácil) cushy job *o* number (infml); (ganga) steal (infml), bargain

chomba *f* (sin botones) (Chi) sweater; (con botones) (Arg) polo shirt

chompa *f* (chaqueta) (Col, Ec) jacket; (suéter) (Bol, Per) sweater

chompipe *m* (AmC, Méx) turkey

choncho -cha *adj* (Méx fam) **(a)** ‹*problema/situación*› serious **(b)** ‹*persona*› hefty (infml), big

chongo *m* (Méx) (moño) bun

chopo *m* (Bot) black poplar

choque *m* **(a)** (de vehículos) crash, collision; **~ múltiple** pile-up; **~ frontal** (Auto) head-on collision; (enfrentamiento) head-on confrontation **(b)** (conflicto) clash **(c)** (sorpresa, golpe) shock

chorear [A1] *vt* (fam) **1** (CS, Per) (robar) to swipe (infml) **2** (Chi) **(a)** (aburrir): **esto me choreó** I'm fed up with this (infml) **(b)** (molestar, enojar) to annoy

■ **chorearse** *v pron* (fam) **1** (CS) (robarse) to swipe (infml) **2** (Chi) **(a)** (fam) (aburrirse) to get bored, get fed up **(b)** (molestarse, enojarse) to get annoyed

choreto -ta *adj* (Ven fam) crooked

chorito *m* (Chi) baby mussel

chorizar [A4] *vt* (Esp fam) to swipe

chorizo *m* (embutido curado) chorizo (*highly-seasoned pork sausage*); (salchicha) (RPl) sausage

chorlito *m* plover

choro *m* (Chi, Per) **1** (Coc, Zool) mussel **2** (fam) (delincuente) crook (infml)

chorrada *f* (Esp fam) **(a)** (estupidez): **decir ~s** to talk drivel *o* twaddle (infml) **(b)** (cosa insignificante) little thing

chorrear [A1] *vi* to drip; **estaba chorreando** (muy mojado) it was dripping wet; **chorreando de sudor** dripping with sweat; **la sangre le chorreaba de la nariz** blood was pouring from his nose

■ **~** *vt* **1** (AmL fam) (manchar): **chorreado de café** covered in coffee stains **2** (Col, RPl arg) (robar) to swipe (infml)

■ **chorrearse** *v pron* (*refl*) (CS, Per fam) (mancharse): **cuidado con ~te** mind you don't get it all over yourself

chorrillo *m* (Méx fam) diarrhea*, the runs (infml)

chorro *m* **1** (de agua) stream, jet; (de vapor, gas) jet; **un chorrito de agua** a trickle of water; **a ~** ‹*motor/avión*› jet (*before n*); **el agua salía a ~s** water gushed out **2** (AmC, Ven) (llave) faucet (AmE), tap (BrE) **3** (Méx fam) (cantidad): **¡qué ~ de gente!** what a lot of people!; **~s de dinero** loads of money (infml); **me gusta un ~ salir** I really love going out

chotis *m* schottische

chovinismo *m* chauvinism

chovinista *adj/mf* chauvinist

choza *f* hut, shack

christmas /'krismas/ *m* (*pl* ~) (Esp) Christmas card

chubasco *m* heavy shower

chubasquero *m* slicker (AmE), cagoule (BrE)
chuchería *f* **(a)** (alhaja) trinket; (adorno) knickknack **(b)** (dulce) tidbit (AmE), titbit (BrE)
chucho -cha *m,f* **1** (Esp fam) (perro) mongrel **2** **chucho** *m* (RPl fam) (escalofrío) shiver; **tengo ~s de frío** I have the shivers (infml)
chueca *f* (Chi) (juego) *game similar to hockey, and the stick with which it's played*
chueco[1] **-ca** *adj* **1** (AmL) (torcido) crooked, askew **2** (Chi, Méx fam) (deshonesto) ‹*persona*› crooked (infml); ‹*documento*› false; ‹*elecciones*› rigged
■ *m,f* (Chi, Méx fam) (deshonesto): **es un ~** he's crooked (infml)
chueco[2] *adv* (AmL fam) **(a)** (torcido): **camina/escribe ~** he can't walk/write straight **(b)** ‹*jugar/pelear*› dirty (infml)
chufa *f* tiger nut, earth almond
chuico *m* (Chi) demijohn
chulear [A1] *vt* **1** (Arg fam) (provocar) to needle (infml) **2** (Méx fam) (piropear) to compliment; ‹*vestido/peinado*› to make nice comments about **3** (Col) (con un signo) to check (AmE), to tick (BrE)
chuleta *f* **1** (Coc) chop; **~ de cordero** lamb chop **2** (Esp arg) (para copiar) crib (infml) **3** (Chi fam) (patilla) sideburn
chulla *mf* (Ec) (quiteño) (*person from Quito*)
chulo[1] **-la** *adj* **1** (fam) (bonito) **(a)** (Esp, Méx) ‹*vestido/casa*› neat (AmE infml), lovely (BrE) **(b)** (Méx) ‹*hombre*› good-looking, cute (esp AmE); ‹*mujer*› pretty, cute (esp AmE) **2** (Esp fam) (bravucón) nervy (AmE infml), cocky (BrE infml) **3** (Chi fam) (de mal gusto) tacky (infml)
■ *m,f* (Esp fam) (bravucón) flashy type
chulo[2] *m* (Esp fam) **1** (proxeneta) pimp **2** (Col) (Zool) black vulture **3** (Col) (signo) check mark (AmE), tick (BrE)
chumero -ra *m,f* (AmC) apprentice
chunche *m* (AmC fam) (cosa) thing, thingamajig (infml)
chuño *m* (CS) (fécula de papa) potato flour
chupachups® *m* (*pl* ~) (Esp) lollipop
chupada *f* (fam) (de helado) lick; (de cigarrillo) puff; **le dio unas ~s a la pipa** he puffed on his pipe a few times
chupado -da *adj* **1** [ESTAR] (fam) (flaco) skinny **2** [ESTAR] (Esp fam) (fácil) dead easy (infml) **3** [ESTAR] (AmL fam) (borracho) plastered (infml) **4** **(a)** [ESTAR] (Chi, Per) (inhibido) withdrawn **(b)** [SER] (Chi, Per fam) (tímido) shy
chupalla *f* (Chi) straw hat
chupamedias *mf* (*pl* ~) (CS, Ven fam) bootlicker (infml)
chupar [A1] *vt* **(a)** (extraer) ‹*sangre/savia*› to suck **(b)** ‹*biberón/chupete*› to suck (on); ‹*naranja/caramelo*› to suck; ‹*pipa/cigarrillo*› to puff on **(c)** (AmL fam) (beber) to drink
■ ~ *vi* **(a)** «*bebé/cría*» to suckle **(b)** (AmL fam) (beber) to booze (infml)
■ **chuparse** *v pron* ‹*dedo*› to suck
chupeta *f* (Col) lollipop
chupete *m* **1** **(a)** (de bebé) pacifier (AmE), dummy (BrE) **(b)** (CS) (del biberón) nipple (AmE), teat (BrE) **2** (Chi, Per) (golosina) lollipop **3** (Chi) (Auto) choke
chupetín *m* (RPl) lollipop
chupón *m* **(a)** (AmL) ▶ **chupete 1 a** **(b)** (Méx) (del biberón) nipple (AmE), teat (BrE) **(c)** (Col) (chupada) lick
churrasquería *f* (AmS) steak house
churro *m* **1** (Coc) *strip of fried dough* **2** (Esp fam) (chapuza) botched job
churrusco *m* (Col) (Zool) caterpillar; (cepillo) bottle brush
chusco -ca *adj* **1** (gracioso) ‹*persona/humor*› earthy **2** (Chi, Per fam & pey) **(a)** (ordinario) ‹*persona*› common (derog); ‹*perro*› mongrel; ‹*barrio/lugar*› plebeian (derog) **(b)** ‹*mujer*› loose (infml)
chusma *f* rabble (*pl*), plebs (*pl*) (infml)
chuspa *f* (Col) (para lápices) pencil case; (para gafas) glasses case
chutar [A1] *vi* (Dep) to shoot
chute *m* (Dep) shot
chutear [A1] *vt/vi* (CS) to shoot
chuza *f* (Méx) (Dep) (jugada) strike; (marca) mark
chuzo *adj* (CS fam) ‹*pelo*› dead straight (infml); ‹*persona*› hopeless (infml)
■ *m*: ***llover a ~s*** (fam) to pour (down with rain)
Cía. *f* (= **Compañía**) Co
cianuro *m* cyanide
ciática *f* sciatica
ciberacoso *m* cyberbullying
cibercafé *m* cybercafe
ciberespacio *m* (Inf) cyberspace
cibernética *f* cybernetics
cicatero -ra *adj* (fam) tightfisted (infml)
■ *m,f* (fam) skinflint (infml)
cicatriz *f* scar; **la herida le dejó ~** the wound left her with a scar
cicatrizar [A4] *vi*, **cicatrizarse** [A4] *v pron* to heal (up), cicatrize (tech)
cicerone *mf* (liter) guide, cicerone (liter)
ciclismo *m* cycling, biking (infml)
ciclista *adj* cycle (*before n*)
■ *mf* cyclist
ciclo *m* **(a)** (de fenómenos, sucesos) cycle **(b)** (de películas) season; (de conferencias) series **(c)** (Educ): **el primer ~** primary school
ciclocross *m* cyclo-cross; **bicicleta de ~** mountain bike
ciclomotor *m* moped
ciclón *m* cyclone
ciclovía *f* (Col) cycle path
cicuta *f* hemlock
ciego -ga *adj* **1** **(a)** (invidente) blind; **es ~ de nacimiento** he was born blind; **se quedó ~** he went blind; **anduvimos a ciegas por el pasillo** we groped our way along the corridor **(b)** (ante una realidad) **estar ~** A **algo** to be blind TO sth **(c)** (ofuscado) blind; **~ de ira** blind with fury **2** ‹*fe/obediencia*› blind **3** ‹*conducto/cañería*› blocked
■ *m,f* (invidente) (*m*) blind man; (*f*) blind woman; **los ~s** blind people
cielo *m* **1** (firmamento) sky; **~ cubierto** overcast sky; **a ~ abierto** (Min) opencast (*before n*); **este dinero me viene como caído del ~** this money is a godsend **2** (Relig) **(a) el ~** (Paraíso) heaven; **ir al ~** to go to heaven; ***ganarse el ~*** to earn oneself a place in heaven **(b)** (*como*

interj) ¡~s! (good) heavens! **3** (techo) ceiling; ~ **raso** ceiling **4** **(a)** (aplicado a personas) angel **(b)** (como apelativo) sweetheart, darling; **¡mi ~!** my darling

ciempiés *m* (*pl* ~) centipede

C

⚷ **cien** *adj inv/pron* a/one hundred; ~ **mil** a/one hundred thousand; **es ~ por ~ algodón** (esp Esp) it's a hundred percent cotton
▪ *m*: **el** ~ (number) one hundred

ciénaga *f* swamp

⚷ **ciencia** *f* **(a)** (rama del saber) science; (saber, conocimiento) knowledge, learning; ~ **ficción** science fiction; ***a ~ cierta*** for sure, for certain **(b) ciencias** *fpl* (Educ) science; **C~s Empresariales/de la Información** Business/ Media Studies; **C~s Políticas/de la Educación** Politics/Education

cieno *m* silt, mud

⚷ **científico -ca** *adj* scientific
▪ *m,f* scientist

⚷ **ciento** *adj/pron* (*delante de otro número*) a/one hundred; ~ **dos** a/one hundred and two; *para ejemplos ver* **quinientos**
▪ *m* **(a)** (número): **~s de libros** hundreds of books; **vinieron a ~s** they came in the (AmE) *o* (BrE) in their hundreds **(b) por ciento** percent; **cien por ~** a hundred percent

cierra, cierras, *etc* ▶ **cerrar**

⚷ **cierre** *m* **1** (acción) **(a)** (de fábrica, empresa, hospital) closure **(b)** (de establecimiento) closing **(c)** (de frontera) closing **(d)** (de emisión) end, close **(e)** (Fin) close **2** **(a)** (de bolso, pulsera) clasp, fastener; (de puerta, ventana) lock **(b)** (cremallera) zipper (AmE), zip (BrE); ~ **metálico** (en tienda) metal shutter *o* grille; ~ **relámpago** (CS, Per) zipper (AmE), zip (BrE)

cierro ▶ **cerrar**

⚷ **cierto -ta** *adj* **1** (verdadero) true; **no hay nada de ~ en ello** there is no truth in it; **una cosa es cierta** one thing's certain; **¡ah!, es ~** oh yes, of course; **parece más joven, ¿no es ~?** he looks younger, doesn't he *o* don't you think?; **estabas en lo ~** you were right; **lo ~ es que ...** the fact is that ...; **si bien es ~ que ...** while *o* although it's true to say that ...; **por ~** (a propósito) by the way, incidentally **2** (*delante del n*) (que no se especifica, define) certain; **cierta clase de gente** a certain kind of people; **de cierta edad** of a certain age; **en cierta ocasión** on one occasion; **en ~ modo** in some ways; **hasta ~ punto** up to a point; **durante un ~ tiempo** for a while

ciervo -va *m,f* (especie) deer; (macho) stag; (hembra) hind

⚷ **cifra** *f* **1** **(a)** (dígito) figure; **un número de cinco ~s** a five-figure number **(b)** (número, cantidad) number; **la ~ de muertos** the number of dead, the death toll (period) **(c)** (de dinero) figure, sum **2** (clave) code, cipher; **en ~** in code

cifrar [A1] *vt* **1** **(a)** ‹*mensaje/carta*› to write ... in code, encode (fml) **(b)** (Inf) to encrypt **2** ‹*esperanza*› to place, pin

cigala *f* crawfish, crayfish

cigarra *f* cicada

cigarrería *f* (Andes) tobacco shop (AmE), tobacconist's (BrE)

⚷ key word

cigarrillo *m* cigarette; ~ **con filtro** filter tipped cigarette

cigarro *m* (puro) cigar; (cigarrillo) cigarette

cigüeña *f* stork

cigüeñal *m* crankshaft

cilantro *m* coriander

cilindrada *f*, **cilindraje** *m* cubic capacity

cilíndrico -ca *adj* cylindrical

cilindro *m* cylinder; **un motor de cuatro ~s** a four-cylinder engine

cima *f* (de montaña) top, summit; (de árbol) top; (de profesión) top; (de carrera) peak, height; **está en la ~ de su carrera** she is at the peak of her career

cimarra *f* (Chi): **hacer la ~** to play hooky (esp AmE infml); to skive off (school) (BrE infml)

cimentar [A1] *or* **A5** *vt* **(a)** ‹*edificio*› to lay the foundations of **(b)** (consolidar) to consolidate, strengthen **(c)** (basar) ~ **algo** EN **algo** to base sth ON sth

cimientos *mpl* foundations (*pl*); **poner los ~ de algo** to lay the foundations of sth

cinc *m* ▶ **zinc**

cincel *m* (de escultor, albañil) chisel; (de orfebre) graver

cincelar [A1] *vt* ‹*piedra*› to chisel, carve; ‹*metal*› to engrave

⚷ **cinco** *adj inv/pron* five [*nótese que algunas frases requieren el uso del número ordinal 'fifth' en inglés*] **noventa y ~** ninety-five; **quinientos ~** five hundred and five; **la fila ~** row five, the fifth row; **vinimos los ~** the five of us came; **somos ~** there are five of us; **entraron de ~ en ~** they went in five at a time; **tiene ~ años** she's five (years old); **son las ~ de la mañana** it's five (o'clock) in the morning; **las ocho y ~** five after (AmE) *o* (BrE) past eight; ~ **para las dos** (AmL exc RPl) five to two; *ver tb* **menos 2 b**; **hoy estamos a ~** today is the fifth
▪ *m* **1** (número) (number) five; **el ~ de corazones** the five of hearts **2** (Per) (momento) moment

cincuenta *adj inv/m/pron* fifty; **los (años) ~** or **la década de los ~** the fifties; **tiene unos ~ años** she's about 50 years old; **~ y tantos/pico** fifty-odd, fifty something; **la página ~** page fifty; **el ~ aniversario** the fiftieth anniversary

cincuentón -tona *adj* (fam): **es ~** he's in his fifties
▪ *m,f* (fam): **una cincuentona** a woman in her fifties

⚷ **cine** *m* **(a)** (arte, actividad) cinema; **el ~ francés** French cinema; **actor de ~** movie *o* film actor; **hacer ~** to make movies *o* films **(b)** (local) movie house *o* theater (AmE), cinema (BrE); **¿vamos al ~?** shall we go to the movies (AmE) *o* (BrE) cinema?; ~ **de barrio** local movie theater (AmE), local cinema (BrE); ~ **de estreno** *movie theater where new releases are shown*

cineasta *mf* filmmaker, moviemaker (AmE)

cineclub, cine-club *m* film club

cinéfilo -la *m,f* movie buff, cinema buff (BrE)

cinematografía *f* cinematography

cinematográfico -ca *adj* movie (*before n*), film (BrE) (*before n*)

cínico -ca *adj* cynical
▪ *m,f* cynic

cinismo *m* cynicism

cinta *f* **(a)** (para adornar, envolver) ribbon; ~ **adhesiva** (en papelería) adhesive tape; (Med) sticking plaster; ~ **durex®** (AmL excl CS) or (AmL) **scotch®** or (Col) **pegante** Scotch tape® (AmE), Sellotape® (BrE); ~ **métrica** tape measure; ~ **negra** (Méx) *mf* (Dep) black belt; ~ **transportadora** conveyor belt **(b)** (en gimnasia rítmica) ribbon; (en carreras) tape **(c)** (Audio, Video) tape; ~ **virgen** blank tape; ~ **de video** or (Esp) **vídeo** videotape

cintura *f* (de persona, prenda) waist; **me tomó de la** ~ he grabbed me round the waist; **me queda grande de** ~ it's too big for me round the waist

cinturilla *f* waistband

cinturón *m* **(a)** (Indum) belt; ~ **de castidad** chastity belt; ~ **de seguridad** seat belt, safety belt; ~ **negro/verde** (Dep) black/green belt **(b)** (de ciudad) belt; **el** ~ **industrial** the industrial belt

ciprés *m* cypress

circo *m* (Espec, Hist) circus

circuito *m* **(a)** (pista) track, circuit; (de circo, exposición) circuit **(b)** (Elec, Electrón) circuit

circulación *f* **(a)** (en general) circulation; **tener mala** ~ to have poor circulation **(b)** (movimiento) movement; (Auto) traffic

circular¹ *adj* circular; **de forma** ~ circular
■ *f* circular

circular² [A1] *vi* **(a)** «*sangre/savia*» to circulate, flow; «*agua/corriente*» to flow **(b)** «*transeúnte/peatón*» to walk; (referido al tráfico): **circulan por la izquierda** they drive on the left **(c)** «*autobús/tren*» (estar de servicio) to run, operate **(d)** «*dinero/billete/sello*» to be in circulation **(e)** «*noticia/rumor/memo*» to circulate, go around
■ ~ *vt* to circulate

circulatorio -ria *adj* circulation (*before n*)

círculo *m* **(a)** (en general) circle; **coloca las mesas en** ~ arrange the tables in a circle; **en (los)** ~**s teatrales** in theatrical circles; **C**~ **Polar Antártico/Ártico** Antarctic/Arctic Circle; ~ **vicioso** vicious circle **(b)** (asociación) society; ~ **de Bellas Artes** Fine Arts Association *o* Society

circuncisión *f* circumcision

circundante *adj* surrounding (*before n*)

circunferencia *f* **(a)** (Mat) circle; **dibujar una** ~ to draw a circle **(b)** (perímetro) circumference; **tiene 1 km de** ~ it has a circumference of 1 km

circunscripción *f* (distrito) district

circunstancia *f* **1** (particularidad): **si por alguna** ~ **no puede ir** if for any reason you cannot go; **se da la** ~ **de que …** as it happens …; **bajo ninguna** ~ under no circumstances **2** **circunstancias** *fpl* (situación) circumstances (*pl*); **dadas las** ~**s** given the circumstances; **debido a sus** ~**s familiares** due to her family situation

cirio *m* candle

cirrosis *f* cirrhosis

ciruela *f* (Bot, Coc) plum; ~ **pasa** or (CS) **seca** prune

ciruelo *m* plum tree

cirugía *f* surgery; **hacerse la** ~ **estética/plástica** to have cosmetic/plastic surgery

cirujano -na *m,f* surgeon; ~ **dentista** dental surgeon

Cisjordania *f* the West Bank

cisma *m* (Rel) schism; (en partido) split

cisne *m* (Zool) swan

cisterna *f* (depósito) tank; (subterránea) cistern; (del retrete) cistern

cistitis *f* cystitis

cita *f* **1** **(a)** (con profesional) appointment; **pedir** ~ to make an appointment; **concertar una** ~ to arrange an appointment **(b)** (con novio, amigo): **tengo una** ~ **con mi novio/con un amigo** I have a date with my boyfriend/I'm going out with a friend; **faltó a la** ~ he didn't show up (infml); ~**s por computadora** or (Esp) **ordenator** computer dating **2** (en texto, discurso) quote; **una** ~ **de Cervantes** a quotation *o* quote from Cervantes

citadino -na *adj* (AmL) urban, city (*before n*)
■ *m,f* **(a)** (AmL) (ciudadano) city dweller **(b)** (Méx) (defeño) inhabitant of Mexico City

citar [A1] *vt* **1** **(a)** (dar una cita) «*doctor/jefe de personal*» to give … an appointment; **estar citado con algn** to have an appointment with sb **(b)** (convocar): **nos citó a todos a una reunión** she called us all to a meeting **(c)** (Der) to summon; ~ **a algn como testigo** to call sb as a witness **2** **(a)** (mencionar) to mention **(b)** ‹*escritor/pasaje*› to quote
■ **citarse** *v pron* ~**se** CON **algn** to arrange to meet sb; **se** ~**on en la plaza** (*recípr*) they arranged to meet in the square

citófono *m* (Andes) internal phone system

citología *f* (análisis) smear test

cítrico¹ -ca *adj* citrus (*before n*)

cítrico² *m* citrus

ciudad *f* town; (de mayor tamaño) city; ⓢ **centro ciudad** town *o* city center; ~ **balneario** (AmL) coastal resort; **C**~ **del Vaticano/de México** Vatican/Mexico City; ~ **dormitorio** bedroom community (AmE), dormitory town (BrE); ~ **perdida** (Méx) shantytown; ~ **satélite** satellite town; ~ **universitaria** university campus

ciudadanía *f* **(a)** (nacionalidad) citizenship **(b)** (conjunto de ciudadanos) citizenry (fml), citizens (*pl*)

ciudadano -na *adj* ‹*vida*› city (*before n*); **la inseguridad ciudadana** the lack of safety in towns *o* cities; **es un deber** ~ it's the duty of every citizen
■ *m,f* (habitante) citizen

cívico -ca *adj* **(a)** ‹*deberes/derechos*› civic **(b)** ‹*acto*› public-spirited, civic-minded

civil *adj* **(a)** ‹*derechos/responsabilidades*› civil **(b)** (no religioso) civil; **casarse por lo** ~ or (Per, RPl, Ven) **solo por** ~ or (Chi, Méx) **por el** ~ to be married in a civil ceremony (AmE), to have a registry office wedding (BrE) **(c)** (no militar) civilian (*before n*); **iba (vestido) de** ~ he was in civilian clothes
■ *mf* **(a)** (persona no militar) civilian **(b)** (Esp) (guardia civil) Civil Guard

civilización *f* civilization

civilizado -da *adj* civilized

civilizar [A4] *vt* ‹*país/pueblo*› to civilize; ‹*persona*› to teach … to behave properly
■ **civilizarse** *v pron* «*pueblo*» to become civilized; «*persona*» to learn to behave properly

civismo *m* public-spiritedness

C

cizaña *f* darnel

clamar [A1] *vi* **~** CONTRA **algo** to protest AGAINST sth; **~** POR **algo** to clamor* FOR sth, cry out FOR sth

■ **~** *vt*: **~ venganza** to cry out for vengeance

clamor *m* clamor*

clamoroso -sa *adj* ‹*acogida*› rousing (*before n*); ‹*ovación*› rapturous, thunderous; ‹*éxito*› resounding (*before n*)

clan *m* clan

clandestinidad *f* secrecy, secret nature; **trabajar en la ~** to work underground; **pasar a la ~** to go underground

clandestino -na *adj* ‹*reunión/relación*› clandestine, secret; ‹*periódico*› underground

■ *m,f* (fam) illegal immigrant

claqué *m* tap (dancing); **bailar ~** to tap dance

claqueta *f* clapperboard

clara *f* **(a)** *tb* **~ de huevo** (egg) white **(b)** (Esp) (bebida) shandy

claraboya *f* skylight

claramente *adv* clearly

clarear [A1] *v impers* **(a)** (amanecer): **estaba clareando** it was getting light *o* day was breaking **(b)** (Meteo): **comenzó a ~** the sky/the clouds began to clear

■ **~** *vi* «*pelo*» to go gray*/white

clarete *m* (rosado) rosé; (tinto) claret

claridad *f* **(a)** (luz) light **(b)** (luminosidad) brightness **(c)** (de explicación, imagen, sonido) clarity; **con ~** clearly

clarificar [A2] *vt* to clarify

clarín *m* bugle

clarinete *m* clarinet

clarinetista *mf* clarinetist

clarividente *adj* (que adivina el futuro) clairvoyant; (perspicaz) discerning, clear-sighted

■ *mf* clairvoyant

claro[1] -ra *adj* **(a)** (luminoso) ‹*cielo/habitación*› bright **(b)** (pálido) ‹*color/verde/azul*› light, pale; ‹*piel*› fair; **tiene los ojos ~s** she has blue/green/gray eyes **(c)** ‹*salsa/sopa*› thin **(d)** ‹*agua/sonido*› clear; ‹*ideas/explicación/instrucciones*› clear; ‹*situación/postura*› clear; **tener algo ~** to be clear about sth; **¿está ~?** is that clear?; **quiero dejar (en) ~ que ...** I want to make it clear that ...; ***sacar algo en ~ de algo*** to make sense of sth **(e)** (evidente) clear, obvious; **está ~ que ...** it is clear *o* obvious that ...; **a no ser, ~ está, que esté mintiendo** unless, of course, he's lying

claro[2] *adv* **1** ‹*ver*› clearly; **voy a hablarte ~** I'm not going to beat around *o* about the bush; **me lo dijo muy ~** he made it very quite clear (to me) **2** (*indep*) (en exclamaciones de asentimiento) of course

■ *m* **(a)** (en bosque) clearing; (en pelo, barba) bald patch **(b)** (Meteo) sunny spell *o* period

clase *f* **1** (tipo) kind, sort, type; **distintas ~s de arroz** different kinds of rice **2** (Transp, Sociol) class; **viajar en segunda ~** to travel (in) second class; **~ económica** or **turista** economy *o* tourist class; **~ ejecutiva** or **preferente** business class; **~ alta/baja/media** upper/lower/middle class; **~ dirigente** or **dominante** ruling class; **~ obrera** working class **3** **(a)** (distinción, elegancia) class; **tiene ~** she has class **(b)** (categoría): **productos de primera ~** top-quality products **4** (Educ) **(a)** (lección) class; **~s de conducir** or **manejar** driving lessons; **dictar ~** (DE **algo**) (AmL fml) to lecture (IN sth); **dar ~** *or* (Chi) **hacer ~s** (DE **algo**) «*profesor*» to teach (sth); **da ~s de piano** (Esp) she has piano lessons; **~ particular** private class *o* lesson **(b)** (grupo de alumnos) class **(c)** (aula — en escuela) classroom; (— en universidad) lecture hall *o* room

clásico[1] -ca *adj* **(a)** ‹*lengua/mundo*› classical; ‹*decoración/estilo/ropa*› classical **(b)** ‹*método*› standard, traditional; ‹*error/malentendido/caso*› classic

clásico[2] *m* **(a)** (obra) classic **(b)** (AmL) (Dep) traditional big game

clasificación *f* **1** (de documentos, animales, plantas) classification; (de cartas) sorting **2** (de película) certificate **3** **(a)** (Dep) (para una etapa posterior) qualification; **partido de ~** qualifying match **(b)** (tabla) placings (*pl*); (puesto) position, place; **quinto en la ~ final del rally** fifth in the final placings for the rally

clasificador *m* **(a)** (carpeta) ring binder **(b)** (de una máquina) sorter **(c)** (mueble) filing cabinet

clasificar [A2] *vt* **(a)** ‹*documentos/datos*› to sort, put in order; ‹*cartas*› to sort **(b)** ‹*planta/animal/elemento*› to classify **(c)** ‹*hotel*› to class, rank; ‹*fruta*› to class; ‹*persona*› to class, rank

■ **clasificarse** *v pron* (Dep) **(a)** (para etapa posterior) to qualify; **~ para la final** to qualify for the final **(b)** (en tabla, carrera): **se clasificó en sexto lugar** he finished in sixth place

clasista *adj* ‹*actitud/sociedad*› classist; ‹*persona*› class-conscious

claustro *m* **(a)** (Arquit, Relig) cloister **(b)** (Educ) (de universidad) senate; (de colegio) staff; (reunión) senate/staff meeting

claustrofobia *f* claustrophobia; **siento ~ allí dentro** I get claustrophobia in there

cláusula *f* clause

clausura *f* **(a)** (de congreso, festival) closing ceremony; **de ~** ‹*ceremonia/discurso*› closing (*before n*) **(b)** (de local) closure

clausurar [A1] *vt* **(a)** ‹*congreso/sesión*› «*acto/discurso*» to bring ... to a close; «*persona*» to close **(b)** ‹*local/estadio*› to close ... down

clavada *f* (Méx) (en natación) dive

clavadista *mf* (Méx) diver

clavado[1] -da *adj* **1** **(a)** **~** EN **algo** ‹*puñal/tachuela/espina*› stuck IN sth; ‹*estaca*› driven INTO sth **(b)** (fijo): **con la vista clavada en un punto** staring at a point, with his gaze fixed on a point; **se quedó ~ en el lugar** he was rooted to the spot **2** (fam) **(a)** (idéntico) **ser ~** A **algn** «*persona*» to be the spitting image of sb (infml); **ser ~** A **algo** «*objeto*» to be identical TO sth **(b)** (en punto): **llegó a las cinco clavadas** he arrived on the dot of five (infml)

clavado[2] *m* (AmL) dive

clavar [A1] *vt* **1** **(a)** **~ algo** EN **algo** ‹*clavo*› to hammer sth INTO sth; ‹*puñal/cuchillo*› to stick sth IN sth; ‹*estaca*› to drive sth INTO sth; **me clavó los dientes/las uñas** he sank his teeth/dug his nails into me **(b)** ‹*cartel/estante*› to put up (*with nails, etc*) **(c)** ‹*ojos/vista*› to fix ...

key word

on **2** (fam) **(a)** (cobrar caro) to rip ... off (infml); **nos ~on $10,000** they stung us for $10,000 **(b)** (CS) (engañar) to cheat **(c)** (Méx) (robar) to swipe (infml), to filch (infml)

■ **clavarse** *v pron* **1** **(a)** ‹*aguja*› to stick ... into one's finger (*o* thumb *etc*); **me clavé una espina en el dedo** I got a thorn in my finger **(b)** (*refl*) ‹*cuchillo/puñal*› **se clavó el puñal en el pecho** he plunged the dagger into his chest **2** (CS fam) **~se** CON **algo** (por no poder venderlo) to get stuck WITH sth (infml); (por ser mala compra): **se clavó con el auto que compró** the car turned out to be a bad buy **3** (Méx) (Dep) to dive

clave *adj* (*pl* ~ *or* **-ves**) key (*before n*); **un factor ~** a key factor

■ *f* **(a)** (código) code; **en ~** in code; **~ de acceso** (Inf) password **(b)** (de problema, misterio) key **(c)** (Mús) clef; **~ de fa/sol** bass/treble clef

■ *m* harpsichord

clavel *m* carnation

clavicordio *m* clavichord

clavícula *f* collarbone, clavicle (tech)

clavija *f* **(a)** (Mec) pin **(b)** (Elec) (enchufe) plug; (de enchufe) pin **(c)** (de guitarra) tuning peg

clavo *m* **(a)** (Tec) nail; ***dar en el* ~** to hit the nail on the head **(b)** (Med) pin **(c)** (en montañismo) piton **(d)** (Bot, Coc) *tb* **~ de olor** clove

claxon /'klakson/ *m* (*pl* **-xons**) horn; **tocar el ~** to sound *o* blow one's horn, to honk

clemencia *f* mercy, clemency (fml)

clementina *f* clementine

cleptómano -na *m,f* kleptomaniac

clérigo -ga *m,f* **1** (en el clero protestante) (*m*) clergyman, cleric; (*f*) clergywoman, cleric **2** **clérigo** *m* (en el clero católico) clergyman, priest

clero *m* clergy

clic *m* (*pl* **clics**) click; (al romperse algo) snap; **hacer doble ~** (Inf) to double-click

cliché *m* **(a)** (expresión, idea) cliché **(b)** (de multicopista) stencil; (Impr) plate; (Fot) negative

cliente -ta *m,f* (de tienda, restaurante) customer; (de empresa, abogado) client; (de hotel) guest; (en taxi) fare, customer; **~ habitual** regular customer (*o* client *etc*)

clientela *f* (de tienda, restaurante) clientele, customers (*pl*); (de hotel) guests (*pl*); (de abogado) clients (*pl*)

clima *m* **(a)** (Meteo) climate **(b)** (ambiente) atmosphere; **un ~ festivo** a festive atmosphere; **el ~ económico** the economic climate

climatizado -da *adj* ‹*local/casa*› air-conditioned; ‹*piscina*› heated

climatólogo -ga *m,f* climatologist

clímax *m* (*pl* ~) climax

clínica *f* private hospital *o* clinic; **~ dental** dental office (AmE), dental surgery (BrE); **~ de reposo** convalescent *o* rest home

clínico -ca *adj* ‹*ensayo*› clinical (*before n*); ▶ **hospital**

■ *m,f* (RPl) general practitioner

clip *m* (*pl* **clips**) **1** **(a)** (sujetapapeles) paperclip **(b)** (para el pelo) bobby pin (AmE), hairgrip (BrE) **(c)** (cierre) clip; **aretes** or **pendientes de ~** clip-on earrings **2** (Video) (pop) video

cloaca *f* **1** (alcantarilla) sewer **2** (de ave, reptil) cloaca

clon *m* clone

clonar [A1] *vt* to clone

cloro *m* (Quím) chlorine; (lejía) (AmC, Chi) bleach

clorofila *f* chlorophyll

clorofluorocarbono *m* chlorofluorocarbon, CFC

cloroformo *m* chloroform

clóset *m* (*pl* **-sets**) (AmL exc RPl) (en dormitorio) built-in closet (AmE), fitted *o* built-in wardrobe (BrE)

clotch /'klotʃ/ *m* ▶ **clutch**

clown /'klaun/ *m* (*pl* **clowns**) clown

club *m* (*pl* **clubs** *or* **-es**) club; **~ juvenil** youth club; **~ nocturno** nightclub

clueca *adj* broody

clutch /'klʊtʃ/ *m* (AmC, Col, Méx, Ven) clutch

cm. (= **centímetro**) cm.

coacción *f* coercion; **bajo ~** under duress

coaccionar [A1] *vt* to coerce

coagular [A1] *vt* to clot, coagulate

■ **coagularse** *v pron* to clot, coagulate

coágulo *m* clot

coalición *f* coalition; **gobierno de ~** coalition government

coartada *f* alibi

coartar [A1] *vt* ‹*persona*› to inhibit; ‹*libertad/voluntad*› to restrict

coba *f* (Ven arg) (mentira, engaño) lie; ***darle ~ a algn*** (adular) (Esp, Méx, Ven fam) to suck up to sb (infml)

cobarde *adj* cowardly

■ *mf* coward

cobardía *f* cowardice; **fue una ~** it was an act of cowardice

cobaya *f*, **cobayo** *m* guinea pig

cobertizo *m* shed

cobertura *f* **(a)** (de seguro) cover **(b)** (Period, Rad, TV) coverage; **~ informativa** news coverage **(c)** (Telec) range; **tener* ~** to be in range; **estar* fuera de ~** to be out of range

cobija *f* (AmL) **(a)** (manta) blanket **(b)** **cobijas** *fpl* (ropa de cama) bedclothes (*pl*)

cobijar [A1] *vt* ‹*persona*› (proteger) to shelter; (hospedar) to give ... shelter, take ... in

■ **cobijarse** *v pron* to shelter, take shelter

cobijo *m* shelter; **darle ~ a algn** to shelter sb

cobra *f* cobra

cobrador -dora *m,f* (a domicilio) collector; (de autobús) bus conductor

cobrar [A1] *vt* **1** **(a)** ‹*precio/suma/intereses*› to charge; **nos cobran 30.000 pesos de alquiler** they charge us 30,000 pesos in rent; **~ algo** POR **algo/hacer algo** to charge sth FOR sth/doing sth; **vino a ~ el alquiler** she came for the rent *o* to collect the rent; **¿me cobra estas cervezas?** can I pay for these beers, please?; **me cobró el vino dos veces** he charged me twice for the wine **(b)** ‹*sueldo*› to earn; ‹*pensión*› to draw; **cobra 2.000 euros al mes** he earns/draws 2,000 euros a month; **todavía no hemos cobrado junio** we still haven't been paid for June **(c)** ‹*deuda*› to recover; **nunca llegó a ~ esas facturas** he never received payment for those bills **(d)** ‹*cheque*› to cash **2** **(a)** (Chi) (pedir): **le cobré los libros que le presté** I asked him to give back the books I'd lent him

(b) (Chi) ‹*gol/falta*› to give **3** (adquirir) ‹*fuerzas*› to gather; **~ fama/importancia** become famous/important **4** (period) ‹*vidas/víctimas*› to claim

■ **~** *vi* **(a) ~** POR **algo/hacer algo** to charge FOR sth/doing sth; **¿me cobra, por favor?** can you take for this, please?, can I pay, please?; **llámame por ~** (Chi, Méx) call collect (AmE), reverse the charges (BrE) **(b)** (recibir el sueldo) to be paid

c

■ **cobrarse** *v pron* **(a)** (recibir dinero): **tenga, cóbrese** here you are; **cóbrese las cervezas** can you take for the beers, please? **(b)** (period) ‹*vidas/víctimas*› to claim

cobre *m* (Metal, Quím) copper

cobrizo -za *adj* coppery, copper-colored*

cobro *m* **(a)** (de cheque) cashing; (de sueldo, pensión): **para el ~ de la pensión** in order to collect your pension **(b)** (Telec): **llamó a ~ revertido** she called collect (AmE), she reversed the charges (BrE)

coca *f* (Bot) coca; (cocaína) (arg) coke (sl)

cocaína *f* cocaine

cocainómano -na *m,f* cocaine addict

cocaví *m* (Chi) things to eat

cocer [E10] *vt* **(a)** (Coc) (cocinar) to cook; (hervir) to boil; **~ algo a fuego lento** to simmer sth, cook sth over a low heat **(b)** ‹*ladrillos/cerámica*› to fire

■ **cocerse** *v pron* **1** «*verduras/arroz*» (hacerse) to cook; (hervir) to boil; **tardan unos 15 minutos en ~se** they take about 15 minutes to cook **2** (Chi) «*bebé*» to have a diaper (AmE) *o* (BrE) nappy rash

coche *m* **(a)** (Auto) car, auto (AmE), automobile (AmE); **nos llevó en ~ a la estación** he drove us to the station; **~ bomba** car bomb; **~ de bomberos** fire truck (AmE), fire engine (BrE); **~ de carreras** racing car; **~ de choque** bumper car; **~ fúnebre** hearse **(b)** (Ferr) car (AmE), carriage (BrE); **~ cama** or (CS) **dormitorio** sleeper, sleeping car **(c)** (de bebé) baby carriage (AmE), pram (BrE); (en forma de sillita) stroller (AmE), pushchair (BrE) **(d)** (carruaje) coach, carriage; **~ de caballos** carriage

cochera *f* **(a)** (para autobuses) depot, garage; **las ~s** the depot **(b)** (garaje) (Esp, Méx) garage

cochinada *f* (fam) **(a)** (suciedad) filth **(b)** (palabra, acción): **¡no digas esas ~s!** don't use such filthy language!; **eso es una ~** that's a disgusting thing to do **(c)** (mala pasada) dirty trick

cochino -na *adj* **(a)** (fam) (sucio) ‹*persona/manos*› filthy **(b)** (fam) (indecoroso) ‹*persona*› disgusting; ‹*revista/película*› dirty (infml) **(c)** (Chi) (Dep, Jueg) (violento) dirty (infml); (tramposo): **es muy ~** he's a terrible cheat

■ *m,f* **(a)** (Zool) pig, hog (AmE) **(b)** (fam) (persona sucia) filthy pig (infml), slob (infml)

cocido¹ -da *adj* **(a)** (hervido) ‹*huevos/verduras*› boiled **(b)** (CS) (no crudo) cooked; **muy/poco ~** well done/rare **(c)** ‹*arcilla*› fired

cocido² *m* **(a)** (Esp) stew (*made with meat and chickpeas*) **(b)** (Col, Ven) stew (*made with meat, plantains and cassava*)

cociente *m* quotient

⚷ **cocina** *f* **(a)** (habitación) kitchen **(b)** (aparato) stove, cooker (BrE); **~ de** or **a gas** gas stove *o* (BrE) cooker; **~ eléctrica** electric stove *o* (BrE) cooker **(c)** (arte) cookery; (gastronomía) cuisine; **libro de ~** cookbook, cookery book (BrE); **la ~ casera** home cooking

cocinar [A1] *vt/vi* to cook; **¿quién cocina en tu casa?** who does the cooking in your house?

cocinero -ra *m,f* cook

cocineta *f* (Méx) (cocina) kitchenette

cocinilla *f* camp stove (AmE), camping stove (BrE)

cocktail /'koktel/ *m* (*pl* **-tails**) ▶ **cóctel**

coco *m* **(a)** (Bot, Coc) coconut **(b)** (fam) (cabeza) head; **está mal del ~** he's off his head (infml) **(c)** (fam) (fantasma, espantajo) boogeyman (AmE), bogeyman (BrE)

cocoa *f* (AmL) cocoa

cocodrilo *m* crocodile

cocol *m* (Méx) (bizcocho) cookie (*covered in sesame seeds*)

cocotero *m* coconut palm

cóctel *m* (*pl* **-teles** *or* **-tels**) **(a)** (bebida) cocktail; **~ de frutas** (AmC, Col) fruit salad, fruit cocktail; **~ de gambas** (Esp) shrimp (AmE) *o* (BrE) prawn cocktail; **~ Molotov** Molotov cocktail **(b)** (fiesta) cocktail party

cocuyo *m* **(a)** (AmL) (insecto) firefly **(b)** (Col, Ven) (Auto) parking light (AmE), sidelight (BrE)

codazo *m*: **darle un ~ a algn** (leve) to nudge sb; (fuerte) to elbow sb; **se abrió camino a ~s** he elbowed his way through

codearse [A1] *v pron* **~** CON **algn** to rub shoulders WITH sb

codera *f* (Indum) elbow patch

codicia *f* (avaricia) greed, avarice

codiciar [A1] *vt* to covet

codicioso -sa *adj* ‹*persona/mirada*› covetous, greedy

■ *m,f* covetous *o* greedy person

codificar [A2] *vt* **(a)** ‹*leyes/normas*› to codify **(b)** (Inf) ‹*información*› to code **(c)** (Ling) ‹*mensaje*› to encode

⚷ **código** *m* **(a)** (de signos) code; **~ barrado** or **de barras** bar code; **~ postal** zipcode (AmE), postcode (BrE) **(b)** (de leyes, normas) code; **~ de la circulación** Highway Code

codillo *m* **(a)** (Zool) elbow **(b)** (Coc) knuckle

codo¹ -da *adj* (Méx fam) tightfisted (infml)

codo² *m* elbow; **~ *con*** or ***a* ~** side by side; ***empinar el* ~** (fam) to prop up the bar; ***hablar (hasta) por los ~s*** (fam) to talk nineteen to the dozen (infml)

codorniz *f* quail

coeficiente *m* (Mat) coefficient; **~ intelectual** or **de inteligencia** IQ, intelligence quotient

coexistir [I1] *vi* to coexist

cofia *f* cap

cofradía *f* (Relig) brotherhood

cofre *m* **(a)** (joyero) jewel case, jewelry* box **(b)** (arcón) chest **(c)** (Méx) (capó) hood (AmE), bonnet (BrE)

⚷ **coger** [E6] *vt* **1** (esp Esp) **(a)** (tomar) to take; **lo cogió del brazo** she took him by the arm; **coge un folleto** pick up *o* take a leaflet **(b)** (quitar) to take; **siempre me está cogiendo los lápices**

⚷ key word

she's always taking my pencils **(c)** ‹*flores/fruta*› to pick **(d)** (levantar) to pick up; **coge esa revista del suelo** pick that magazine up off the floor; **no cogen el teléfono** (Esp) they're not answering the phone **2** (atrapar) (esp Esp) **(a)** ‹*ladrón/pelota*› to catch **(b)** ‹*pescado/liebre*› to catch **(c)** (descubrir) to catch; **lo cogieron robando** he was caught stealing **(d)** «*toro*» to gore **3** **(a)** ‹*tren/autobús/taxi*› to catch, take **(b)** ‹*calle/camino*› to take **4** (Esp fam) **(a)** (obtener) ‹*billete/entrada*› to get; **~ hora para el médico** to make an appointment to see the doctor; **~ sitio** to save a place **(b)** (aceptar) ‹*dinero/trabajo/casa*› to take **(c)** (admitir) ‹*alumnos/solicitudes*› to take **5** (esp Esp) (adquirir) **(a)** ‹*enfermedad*› to catch; ‹*insolación*› to get; **vas a ~ frío** you'll catch cold **(b)** ‹*acento*› to pick up; ‹*costumbre/vicio*› to pick up; **le cogí cariño** I got quite fond of him **6** (esp Esp) (captar) **(a)** ‹*sentido/significado*› to get **(b)** ‹*emisora*› to pick up, get **7** (Méx, RPl, Ven vulg) to screw (vulg), to fuck (vulg)

■ **~** *vi* **1** (esp Esp) «*planta*» to take; «*tinte/permanente*» to take **2** (Méx, RPl, Ven vulg) to screw (vulg), to fuck (vulg)

■ **cogerse** *v pron* (esp Esp) **(a)** (agarrarse, sujetarse) to hold on; **cógete de la barandilla** hold on to the railing **(b)** (*recípr*) **se cogieron de la mano** they held hands

cogida *f* (Taur) goring; **sufrió una ~** he was gored

cognac *m* brandy

cogollo *m* (de lechuga, col) heart; (de hinojo) bulb

cogote *m* (fam) (nuca) scruff of the neck; (cuello) (AmL) neck

cohabitar [A1] *vi* (fml) to cohabit (fml), to live together

coherencia *f* **(a)** (congruencia) coherence, logic; **con ~** coherently *o* logically **(b)** (consecuencia) consistency; **actuar con ~** to be consistent **(c)** (Fís) coherence

coherente *adj* **(a)** (congruente) ‹*discurso/razonamiento*› coherent, logical **(b)** (consecuente) ‹*actitud*› consistent; **una mujer ~** a woman who acts according to her beliefs

cohesión *f* **(a)** (de ideas, pensamientos) coherence **(b)** (en grupo) cohesion, unity

cohete *m* **1** (Espac, Mil) rocket **2** **cohetes** *mpl* fireworks (*pl*)

cohibido -da *adj* (tímido) shy; (inhibido) inhibited; (incómodo) awkward

cohibir [I22] *vt* **(a)** (inhibir) to inhibit; **su presencia me cohíbe** I feel inhibited in front of him **(b)** (hacer sentir incómodo): **hablar en público lo cohíbe** he feels awkward about speaking in public

■ **cohibirse** *v pron* **(a)** (inhibirse) to feel inhibited **(b)** (sentirse incómodo) to feel awkward

coincidencia *f* **(a)** (casualidad) coincidence; **se dio la ~ de que él también estaba allá** by coincidence *o* chance he was there too; **¡que ~!** what a coincidence! **(b)** (de opiniones) agreement

coincidir [I1] *vi* **(a)** «*fechas/sucesos/líneas*» to coincide; «*dibujos*» to match up; «*versiones/resultados*» to coincide, match up, tally; **~ CON algo** to coincide (*o* match up *etc*) WITH sth **(b)** (en opiniones, gustos): **coinciden en sus gustos** they share the same tastes; **todos coincidieron en que ...** everyone agreed that ...; **~ CON algn** to agree WITH sb **(c)** (en un lugar): **a veces coincidimos en el supermercado** we sometimes see each other in the supermarket

coito *m* intercourse, coitus (fml)

cojear [A1] *vi* **(a)** (al andar) to limp; **entró cojeando** he limped *o* hobbled in **(b)** «*silla/mesa*» to wobble **(c)** (fam) «*explicación/definición*» to fall short

cojera *f* limp

cojín *m* cushion

cojo -ja *adj* **(a)** ‹*animal*› lame **(b)** (puede resultar ofensivo) ‹*persona*› lame (sometimes considered offensive); **está ~ del pie derecho** he's lame in his right leg; ***andar a la pata coja*** or (Méx) ***brincar de cojito*** (fam) to hop **(c)** ‹*mesa/silla*› wobbly **(d)** (fam) ‹*razonamiento*› shaky, weak

■ *m,f* (puede resultar ofensivo) lame person (sometimes considered offensive)

cojones *mpl* (vulg) (testículos) balls (*pl*) (sl *or* vulg); ***estar hasta los ~*** (vulg) to be pissed off (sl); ***tener ~*** (vulg) to have guts (infml), to have balls (sl)

col *f* (Esp, Méx) cabbage; **~ de Bruselas** Brussels sprout

cola *f* **1** **(a)** (Zool) tail; **~ de caballo** (en el pelo) ponytail **(b)** (de vestido) train; (de frac) tails (*pl*) **(c)** (de avión, cometa) tail **(d)** (RPl fam) (nalgas) bottom (infml) **2** (fila) line (AmE), queue (BrE); **hacer ~** to line up (AmE), to queue (up) (BrE); **póngase a la ~ por favor** please join the (end of the) line *o* queue; **brincarse la ~** (Méx) to jump the line *o* queue; **a la ~ del pelotón** at the tail end of the group **3** **(a)** (pegamento) glue; **~ de contacto** superglue **(b)** (bebida) Coke®, cola **4** (Ven) (Auto): **pedir ~** to hitchhike; **darle la ~ a algn** to give sb a lift *o* a ride

colaboración *f* collaboration; **en ~ con algn/algo** in collaboration with sb/sth

colaborador -dora *m,f* (en revista) contributor; (en tarea) collaborator

colaborar [A1] *vi* to collaborate; **~ CON algn** to collaborate WITH sb; **~ con dinero** to contribute some money; **~ EN algo** (en proyecto/tarea) to collaborate ON sth; (en revista) to contribute TO sth

colada *f* (Esp) (lavado) laundry, washing

coladera *f* **(a)** (Méx) (sumidero) drain **(b)** (Col) ▸ **colador**

colador *m* (para té) tea strainer; (para pastas, verduras) colander

colapso *m* **(a)** (Med) collapse; **sufrió un ~** he collapsed **(b)** (paralización) standstill

colar [A10] *vt* **(a)** ‹*verdura/pasta*› to strain, drain; ‹*caldo/té*› to strain **(b)** ‹*billete falso*› to pass

■ **~** *vi* (fam) «*cuento/historia*» **no va a ~** it won't wash (infml)

■ **colarse** *v pron* (fam) **(a)** (en cola) to jump the line (AmE) *o* (BrE) queue **(b)** (entrar a hurtadillas) to sneak in; (en cine, autobús) to sneak in without paying (infml); (en fiesta) to gatecrash

colcha *f* bedspread

colchón *m* (de cama) mattress; **~ de muelles** sprung mattress

colchoneta *f* (de playa) air bed, Lilo® (BrE); (de gimnasia) mat; (de cama) (Méx) comforter (AmE), duvet (BrE)

🔑 **colección** *f* collection

coleccionar [A1] *vt* to collect

coleccionista *mf* collector

colecta *f* (de donativos) collection; **hacer una ~** (para comprar un regalo) to have a collection; (con fines caritativos) to collect

colectar [A1] *vt* to collect

colectivero -ra *m,f* (de autobús) (Arg) bus driver

colectividad *f* group, community; **en ~** collectively

🔑 **colectivo¹ -va** *adj* collective

colectivo² *m* **(a)** (period) (agrupación) group **(b)** (Andes) (taxi) collective taxi (*with a fixed route and fare*) **(c)** (Arg) (autobús) bus **(d)** (Per, Ur) (para regalo) collection

🔑 **colega** *mf* **(a)** (de profesión) colleague **(b)** (homólogo) counterpart **(c)** (fam) (amigo) buddy (AmE), mate (BrE infml)

colegiado -da *m,f* (profesional) member (*of a professional association*)

colegial -giala *m,f* (de colegio) (*m*) schoolboy; (*f*) schoolgirl; **los ~es** (the) schoolchildren

colegiatura *f* (Méx) school fees (*pl*)

🔑 **colegio** *m* **(a)** (Educ) school; **los niños están en el ~** the children are at school; **un ~ de monjas** convent school; **un ~ de curas** a Catholic boys' school; **~ privado** or **de pago** fee-paying *o* private school; **~ electoral** electoral college; **~ estatal** or **público** public school (AmE), state school (BrE) **(b)** (de profesionales): **C~ de Abogados** ≈ Bar Association; **C~ Oficial de Médicos** ≈ Medical Association

colegir [I8] *vt* to deduce

cólera *m* cholera

■ *f* rage, anger

colérico -ca *adj* **(a)** [ESTAR] (furioso) furious **(b)** [SER] (malhumorado) quick-tempered

colesterol *m* cholesterol

coleta *f* ponytail; (de torero) braid (AmE), ponytail (BrE)

coletazo *m* **(a)** (con la cola) thrash of the tail; **dar ~s** to thrash about **(b)** (Auto): **el coche dio un ~** the rear of the car skidded

coletilla *f* tag

colgado -da *adj*: **dejar a algn ~** (dejarlo en la estacada) to leave sb in the lurch; *ver tb* **colgar**

colgante *adj* hanging; ▶ **puente 1**

■ *m* pendant

colgar [A8] *vt* **(a)** ‹*cuadro*› to hang, put up; ‹*lámpara*› to put up; ‹*ropa lavada*› to hang (out); **~ algo** DE **algo** to hang sth ON sth; **el abrigo estaba colgado de un gancho** the coat was hanging on a hook **(b)** (ahorcar) to hang **(c)** ‹*teléfono/auricular*› to put down; **tienen el teléfono mal colgado** their phone is off the hook **(d)** (Internet) ‹*fotos/archivo de sonido*› to post

■ **~** *vi* **(a)** (pender) to hang; **colgaba del techo** it was hanging from the ceiling; **el vestido me cuelga de un lado** my dress is hanging down on one side **(b)** (Telec) to hang up; **no cuelgue, por favor** hold the line please, please hold; **me colgó** he hung up on me

■ **colgarse** *v pron* (*refl*) **1** **(a)** (ahorcarse) to hang oneself **(b)** (agarrarse, suspenderse): **no te cuelgues de ahí** don't hang off there; **no te cuelgues de mí** don't cling on to me; **se pasa colgada del teléfono** (fam) she spends her time on the phone **2** (Chi, Méx) (Elec): **~se del suministro eléctrico** to tap into the electricity supply

colibrí *m* hummingbird

cólico *m* colic

coliflor *f* (RPl) *m* cauliflower

colilla *f* (de cigarrillo) cigarette end *o* butt

colina *f* hill

colirio *m* eye drops (*pl*)

colisión *f* **(a)** (de trenes, aviones) collision, crash; **~ en cadena** pileup **(b)** (conflicto) conflict, clash

colitis *f* colitis

collado *m* (colina) hill; (entre montañas) pass

collage /ko'laʒ/ *m* (*pl* **-llages**) collage

collar *m* **(a)** (alhaja) necklace; **~ de perlas** string of pearls **(b)** (para animales) collar **(c)** (plumaje) collar, ruff

colleras *fpl* (Chi) (gemelos) cuff links (*pl*)

colmado -da *adj* ‹*cucharada*› heaped; *ver tb* **colmar**

colmar [A1] *vt* **(a)** ‹*vaso/cesta*› to fill ... to the brim **(b)** ‹*deseos/aspiraciones*› to fulfill* **(c)** ‹*paciencia*› to stretch ... to the limit; **~ a algn** DE **algo** (de atenciones) to lavish sth on sb; (de regalos) to shower sb WITH sth

colmena *f* beehive

colmillo *m* (de persona) eyetooth, canine (tech); (de elefante, jabalí, morsa) tusk; (de perro, lobo) fang, canine

colmo *m*: **el ~ de la vagancia** the height of laziness; **para ~ de desgracias** to top *o* cap it all; **sería el ~ que ...** it would be too much if ...; **¡esto es el ~!** this is the limit *o* the last straw!

colocación *f* **(a)** (empleo) job; **buscar ~** to look for a job **(b)** (acción) positioning, placing; (de losas, alfombra) laying

colocado -da *adj* **1** (en un trabajo): **está muy bien ~** he has a very good job; **ya está ~** he's found a job **2** (Esp) **(a)** (fam) (borracho) plastered (infml) **(b)** (arg) (con drogas) stoned (infml)

🔑 **colocar** [A2] *vt* **1** **(a)** (en lugar) to place, put; ‹*losas/alfombra*› to lay; ‹*cuadro*› to hang; ‹*bomba*› to plant **(b)** (Com, Fin) ‹*acciones*› to place; ‹*dinero*› to place, invest **2** ‹*persona*› **(a)** (en lugar) to put **(b)** (en trabajo) to get ... a job

■ **colocarse** *v pron* **(a)** (situarse, ponerse): **se colocó a mi lado** she stood/sat beside me **(b)** (en trabajo) to get a job

colocho -cha *m,f* (AmC) **(a)** (persona) curly-haired person **(b)** **colocho** *m* (rizo) curl

🔑 **Colombia** *f* Colombia

🔑 **colombiano -na** *adj/m,f* Colombian

colón *m* colon (*Costa Rican and Salvadorean unit of currency*)

Colón (Hist) Columbus; **Cristóbal ~** Christopher Columbus

🔑 **colonia** *f* **1** **(a)** (Hist, Pol, Zool, Biol) colony **(b)** (de viviendas) residential development; **~ militar** housing estate (*for service families*); **~ penal** (Per) penal colony **(c)** (Méx) (barrio) quarter, district **(d)** (campamento) camp; **~ de vacaciones** holiday camp **2** (perfume)

🔑 key word

(eau de) cologne

colonial *adj* colonial

colonialismo *m* colonialism

colonización *f* colonization

colonizador -dora *m,f* colonizer

colonizar [A4] *vt* to colonize

colono *m* **(a)** (inmigrante) colonist **(b)** (Agr) (en tierras baldías) settler; (en tierras arrendadas) tenant farmer

coloquial *adj* colloquial

coloquio *m* **(a)** (debate) discussion, talk; (simposio) (AmL) colloquium, symposium; **conferencia ~** talk (*followed by discussion*) **(b)** (Lit) dialogue

color *m* **(a)** color*; **¿de qué ~ es?** what color is it?; **cambiar de ~** to change color; **un sombrero de un ~ oscuro/claro** a dark/light hat; **las de ~ amarillo** the yellow ones; **ilustraciones a todo ~** full color illustrations; **cintas de ~es** colored ribbons; **fotos en ~es** or (Esp) **en ~** color photos; **sin distinción de credo ni ~** regardless of creed or color; **una chica de ~** (euf) a colored girl (dated); **tomar ~** «*pollo*» to brown; «*cebolla frita/pastel*» to turn golden-brown; «*fruta*» to ripen; «*piel*» to become tanned; ***ponerse ~ de hormiga*** (AmL) to start looking pretty grim; ***subido de ~*** (chiste) risqué **(b) colores** *mpl* (lápices) colored* pencils (*pl*), crayons (*pl*)

colorado[1] -da *adj* **(a)** red; ***ponerse ~*** to blush, turn red, go red (BrE) **(b)** (Méx fam) ‹*chiste*› risqué

colorado[2] *m* red

colorante *m* coloring*; ⓢ **no contiene colorantes** no artificial colors

colorear [A1] *vt* (Art) to color*; **~ algo** DE **algo** to color* sth IN sth

colorete *m* blusher, rouge

colorido *m* colors* (*pl*); **un desfile de gran ~** a very colorful parade

colosal *adj* ‹*estatua/obra/fortuna*› colossal; ‹*ambiente/idea*› (fam) great (infml)

coloso *m* (estatua) colossus; (gigante) giant

columna *f* **(a)** (Arquit) column, pillar **(b)** (Anat) *tb* **~ vertebral** spine, backbone **(c)** (Impr, Period, Mil) column

columnista *mf* columnist

columpiar [A1] *vt* to push (*on a swing*)

■ **columpiarse** *v pron* (*refl*) to swing

columpio *m* **(a)** (Jueg, Ocio) swing **(b)** (sofá de jardín) couch hammock

colza *f* rape, colza; **aceite de ~** rapeseed oil

coma *m* (Med) coma; **entrar en (estado de) ~** to go into a coma

■ *f* **(a)** (Ling) comma; ▶ **punto 1 b (b)** (Mat) point

comadre *f*: *godmother of one's child or mother of one's godchild*

comadreja *f* (mustélido) weasel

comadrona *f* midwife

comal *m* (Méx) *ceramic dish or metal hotplate for cooking*; ▶ **tortilla 2**

comandante *mf* **(a)** (en el ejército) major; (en las fuerzas aéreas) major (AmE), squadron leader (BrE); **~ en jefe** commander in chief **(b)** (oficial al mando) commanding officer **(c)** (Aviac) captain

comando *m* **1** **(a)** (grupo de combate) commando group; **~ terrorista** terrorist cell *o* squad **(b)** (AmL) (mando militar) command **2** (Inf) command

comarca *f* region

comarcal *adj* regional

comba *f* **(a)** (de viga, cable) sag; (de pared) bulge **(b)** (Esp) (Jueg) jump rope (AmE), skipping rope (BrE); **saltar la ~** to jump rope (AmE), to skip (BrE)

combarse [A1] *v pron* «*viga/cable*» to sag; «*pared*» to bulge; «*disco*» to warp

combate *m* **(a)** (Mil) combat; **zona de ~** combat zone; **avión de ~** fighter plane **(b)** (en boxeo) fight

combatiente *mf* combatant (fml); **antiguo ~** or **ex~** veteran

combatir [I1] *vi* «*soldado/ejército*» to fight

■ **~** *vt* ‹*enemigo/enfermedad/fuego*› to fight, to combat (fml); ‹*proyecto/propuesta*› to fight; ‹*frío*› to fight off

combativo -va *adj* **(a)** (luchador) spirited, combative; **espíritu ~** fighting spirit **(b)** (agresivo) combative

combi® *f* (Méx, Per, RPl) VW® van, combi (van) (BrE)

combinación *f* **(a)** (de colores, sabores) combination **(b)** (de caja fuerte) combination **(c)** (Mat) permutation **(d)** (Indum) slip **(e)** (Transp) connection

combinado *m* **(a)** (bebida) cocktail **(b)** (Andes period) (Dep) team, line-up (journ)

combinar [A1] *vt* **(a)** (en general) to combine **(b)** ‹*colores*› to put together; ‹*ropa*› to coordinate; **~ el rojo con el violeta** to put red and purple together

■ **~** *vi* «*colores/ropa*» to go together; **~** CON **algo** to go WITH sth

combustible *adj* combustible

■ *m* (Fís, Quím) combustible; (Transp) (carburante) fuel

combustión *f* combustion

comedero *m* (Agr) (para el ganado) feeding trough

comedia *f* **(a)** (Teatr) (obra) play; (cómica) comedy; **~ musical** musical **(b)** (serie cómica) comedy series **(c)** (AmL) (telenovela) soap (opera); (radionovela) radio serial

comediante -ta *m,f* **(a)** (Teatr) (*m*) actor; (*f*) actress **(b)** (farsante) fraud

comedido -da *adj* **(a)** (moderado) moderate, restrained **(b)** (AmL) (atento) obliging, well-meaning

comedor *m* **(a)** (sala — en casa, hotel) dining room; (— en colegio, universidad) dining hall, refectory; (— en fábrica, empresa) canteen, cafeteria **(b)** (muebles) dining-room furniture

comedura de coco *f* (Esp fam) **(a)** (lavado de cerebro): **la tele es una ~ de ~** TV just tries to brainwash you **(b)** (preocupación): **tener una ~ de ~** to worry nonstop

comentar [A1] *vt* **(a)** ‹*suceso/película*› to talk about, discuss; ‹*obra/poema*› to comment on **(b)** (mencionar) to mention; (hacer una observación) to remark on; **comentó que ...** he remarked that ... **(c)** (CS) (Rad, TV) ‹*partido*› to commentate on

comentario *m* **1** **(a)** (observación) comment; **hacer un ~** to make a comment; **fue un ~**

de mal gusto it was a tasteless remark; **sin ~(s)** no comment **(b)** (mención): **no hagas ningún ~ sobre esto** don't mention this **(c)** (análisis) commentary; **~ de texto** textual analysis **2** (Rad, TV) commentary

comentarista *mf* commentator

C

⚷ **comenzar** [A6] *vt* to begin, commence (fml)
■ **~** *vi* to begin; **al ~ el día** at the beginning of the day; **~ haciendo algo/POR hacer algo** to begin BY doing sth; **~ A hacer algo** to start doing *o* to do sth; **~on a disparar** they started firing *o* to fire; **~ POR algo** to begin WITH sth

⚷ **comer** [E1] *vi* **(a)** (en general) to eat; **no tengo ganas de ~** I'm not hungry; **este niño no me come nada** (fam) this child won't eat anything (infml); **dar(le) de ~ a algn (en la boca)** to spoonfeed sb; **darle de ~ al gato/al niño** to feed the cat/the kid; **salir a ~ (fuera)** to go out for a meal, to eat out; **¿qué hay de ~?** (a mediodía) what's for lunch?; (por la noche) what's for dinner *o* supper? **(b)** (esp Esp, Méx) (almorzar) to have lunch; **nos invitaron a ~** they asked us to lunch **(c)** (esp AmL) (cenar) to have dinner
■ **~** *vt* **(a)** ‹*fruta/verdura/carne*› to eat; **¿puedo ~ otro?** can I have another one?; **no tienen qué ~** they don't have anything to eat **(b)** (fam) (hacer desaparecer) ▶ **comerse 3 (c)** (en ajedrez, damas) to take
■ **comerse** *v pron* **1** **(a)** (al escribir) ‹*acento/palabra*› to leave off; ‹*línea/párrafo*› to miss out **(b)** (al hablar) ‹*letra*› to leave off; ‹*palabra*› to swallow **2** (*enf*) ‹*comida*› to eat; **cómetelo todo** eat it all up; **~se las uñas** to bite one's nails **3** (fam) (hacer desaparecer) **(a)** «*acido/óxido*» to eat away (at); «*polilla/ratón*» to eat away (at) **(b)** «*inflación/alquiler*» ‹*sueldo/ahorros*› to eat away at

⚷ **comercial** *adj* **(a)** ‹*zona/operación/carta*› business (*before n*); **una firma ~** a company; **el déficit ~** the trade deficit; ▶ **galería c, centro a** **(b)** ‹*película/arte*› commercial
■ *m* **(a)** (anuncio) commercial, advert (BrE) **(b)** (CS) (Educ) business school

comercializar [A4] *vt* ‹*producto*› to market; ‹*lugar/deporte*› to commercialize
■ **comercializarse** *v pron* to become commercialized

comerciante *mf* **(a)** (dueño de tienda) storekeeper (AmE), shopkeeper (BrE); (negociante) dealer, trader **(b)** (mercenario) money-grubber (infml)

comerciar [A1] *vi* to trade, do business; **~ EN algo** to trade *o* deal IN sth

⚷ **comercio** *m* **(a)** (actividad) trade; **el ~ de armas** the arms trade; **el mundo del ~** the world of commerce **(b)** (tiendas): **hoy cierra el ~** the stores (AmE) *o* (BrE) shops are closed today **(c)** (tienda) store (AmE), shop (BrE)

comestible *adj* edible

comestibles *mpl* food; **tienda de ~** grocery store (AmE), grocer's (shop) (BrE)

cometa *m* comet
■ *f* kite; **hacer volar una ~** or (RPl) **remontar una ~** to fly a kite

⚷ **cometer** [E1] *vt* ‹*crimen/delito/pecado*› to commit; ‹*error/falta*› to make

cometido *m* **(a)** (tarea, deber) task, mission **(b)** (Chi) (actuación) performance

comezón *f* (Med) itching, itch; **tenía ~ en la espalda** his back was itching

comic /'komik/, **cómic** *m* (*pl* **-mics**) (esp Esp) (tira ilustrada) comic strip; (revista) comic

comicios *mpl* elections (*pl*)

cómico -ca *adj* ‹*actor/género/obra*› comedy (*before n*); ‹*situación/mueca*› comical, funny
■ *m,f* (actor) comedy actor, comic actor; (humorista) comedian, comic

⚷ **comida** *f* **(a)** (en general) food; **~ para perros** dog food; **~ basura/rápida** junk/fast food **(b)** (ocasión en que se come) meal; **la ~ fuerte del día** the main meal of the day; **¿quién hace la ~ en tu casa?** who does the cooking in your house?; **todavía no he hecho la ~** I still haven't cooked the meal **(c)** (esp Esp, Méx) (almuerzo) lunch **(d)** (esp AmL) (cena) dinner, supper; (en algunas regiones del Reino Unido) tea

comidilla *f*: **ser la ~ del pueblo** to be the talk of the town

comience, **comienza**, *etc* ▶ **comenzar**

⚷ **comienzo** *m* beginning; **al ~** at first, in the beginning; **dar ~** to begin; **dar ~ a algo** «*persona*» to begin sth; «*ceremonia/acto*» to mark the beginning of sth; **el proyecto está en sus ~s** the project is still in its early stages

comillas *fpl* quotation marks (*pl*), inverted commas (BrE) (*pl*); **poner algo entre ~** to put sth in quotation marks *o* in inverted commas

comilona *f* (fam) feast (infml); **nos dimos una ~** we had a blowout

comino *m* (Bot, Coc) cumin

comisaría *f* (edificio) *tb* **~ de policía** (police) station

comisario *m* **(a)** (de policía) captain (AmE), superintendent (BrE) **(b)** (delegado) commissioner

⚷ **comisión** *f* **(a)** (delegación, organismo) committee; **C~ Europea** European Commission **(b)** (Com) commission; **trabajar a ~** to work on a commission basis

comisionado -da *m,f* commissioner

comisionista *mf* commission agent

comiso *m* (Col) packed lunch

comisura *f* (de los labios) corner

⚷ **comité** *m* (junta) committee; **~ de redacción** editorial board *o* committee

comitiva *f* **(a)** (séquito) procession; **~ fúnebre** funeral procession, cortège **(b)** (grupo) delegation

⚷ **como** *prep* **(a)** (en calidad de) as; **quiero hablarte ~ amigo** I want to speak to you as a friend **(b)** (con el nombre de) as; **se la conoce ~ 'flor de luz'** it's known as 'flor de luz' **(c)** (en comparaciones, contrastes) like; **uno ~ el tuyo** one like yours; **¡no hay nada ~ un buen coñac!** there's nothing like a good brandy!; **es ~ para echarse a llorar** it's enough to make you want to cry **(d)** (*en locs*) **así como** (fml) as well as; **como mucho/poco** at (the) most/at least; **como ser** (CS) such as, for example; **como si** (+ *subj*) as if, as though
■ *conj* **(a)** (de la manera que) as; **tal ~ había prometido** just as he had promised; **~ era de**

⚷ key word

esperar as was to be expected; **no me gustó ~ lo dijo** I didn't like the way she said it; **(tal y) ~ están las cosas** as things stand; **hazlo ~ quieras/~ mejor puedas** do it any way you like/as best as you can; **no voy — ~ quieras** I'm not going — please yourself **(b)** (puesto que) as, since; **~ era temprano, fui a dar una vuelta** as it was early, I went for a walk **(c)** (si) (+ *subj*) if; **~ te pille** ... if I catch you ...

■ *adv* (expresando aproximación) about; **está ~ a cincuenta kilómetros** it's about fifty kilometers away; **un sabor ~ a almendras** a kind of almondy taste

cómo *adv* **(a)** (de qué manera) how; **¿~ estás?** how are you?; **¿~ es tu novia?** what's your girlfriend like?; **¿~ es de grande?** how big is it?; **¿~ te llamas?** what's your name? **(b)** (por qué) why, how come (infml); **¿~ no me lo dijiste antes?** why didn't you tell me before? **(c)** (al solicitar que se repita algo) sorry?, pardon?; **¿~ dijo?** sorry, what did you say? **(d)** (en exclamaciones): **¡~ llueve!** it's really raining!; **¡~ comes!** the amount you eat!; **¡~! ¿no te lo han dicho?** what! haven't they told you? **(e)** (*en locs*) **¿a cómo ...?**: **¿a ~ están los tomates?** (fam) how much are the tomatoes?; **¿a ~ estamos hoy?** (AmL) what's the date today?; **¡cómo no!** of course!; **¿cómo que ...?**: **¿~ que no fuiste tú?** what do you mean it wasn't you?; **aquí no está — ¿~ que no?** it isn't here — what do you mean it isn't there?

cómoda *f* chest of drawers

comodidad *f* **1** **(a)** (confort) comfort; **la ~ del hogar** the comfort of home **(b)** (conveniencia) convenience; **por ~** for the sake of convenience **(c)** (holgazanería): **no lo hace por ~** he doesn't do it because he's lazy **2** **comodidades** *fpl* (aparatos, servicios) comforts (*pl*)

comodín *m* **(a)** (Jueg) (mono) joker; (otra carta) wild card **(b)** (Inf) wild card

cómodo -da *adj* **(a)** (confortable) comfortable, comfy (infml); **ponte ~** make yourself comfortable **(b)** (conveniente, fácil) ‹*horario/sistema*› convenient; **esa es una actitud muy cómoda** that's a very easy attitude to take **(c)** (holgazán) lazy, idle

compact disc /kompac'ðis(k)/ *m* (*pl* **-discs**) (disco) compact disc, CD; (aparato) compact disc player, CD player

compacto -ta *adj* **(a)** ‹*tejido*› close; ‹*estructura/coche*› compact **(b)** ‹*muchedumbre*› dense

compadecer [E3] *vt* to feel sorry for

■ **compadecerse** *v pron* (apiadarse) **~se** DE **algn** to take pity ON sb; **~se de sí mismo** to feel sorry for oneself

compadre *m* **(a)** (padrino) *godfather of one's child or father of one's godchild* **(b)** (esp AmL fam) (amigo) buddy (AmE infml), mate (BrE infml)

compaginar [A1] *vt* ‹*actividades/soluciones*› to combine; **compagina el trabajo con los estudios** she combines work with studying

■ ~ *vi* **(a)** (combinar) to go together **(b)** (llevarse bien) to get on; **~** CON **algn** to get on well WITH sb

compañerismo *m* comradeship

compañero -ra *m,f* **(a)** (en actividad): **un ~ de equipo** a fellow team member; **fuimos ~s de universidad** we were at college together; **~ de clase/de trabajo** classmate/workmate **(b)** (pareja sentimental, en juegos) partner; (de guante, calcetín) (fam) pair **(c)** (Pol) comrade

compañía *f* **1** (acompañamiento) company; **llegó en ~ de sus abogados** he arrived accompanied by his lawyers; **hacerle ~ a algn** to keep sb company; **andar en malas ~s** to keep bad company **2** (empresa) company, firm; **~ de seguros** insurance company; **~ de teatro** theater* company; **Ⓢ Muñoz y Compañía** Muñoz and Co. **3** (Mil) company

comparable *adj* comparable; **~** A *or* CON comparable TO *o* WITH

comparación *f* comparison; **hacer una ~** to make a comparison; **en ~ a** or **con el año pasado** compared to *o* with last year; **no tienen ni punto de ~** you cannot even begin to compare them

comparar [A1] *vt* to compare; **~ algo/a algn** A *or* CON **algo/algn** to compare sth/sb TO *o* WITH sth/sb; **no puede ni ~se al otro** it doesn't even compare at all to *o* with the other one

■ ~ *vi* to make a comparison, to compare

comparecer [E3] *vi* to appear (in court)

compartimento, **compartimiento** *m* compartment

compartir [I1] *vt* to share; **~ algo** CON **algn** to share sth WITH sb

compás *m* **1** (Mús) **(a)** (ritmo) time, meter (esp AmE); **marcar/llevar el ~** to beat/keep time; **perder el ~** to get out of time; **se movía al ~ de la música** she moved in time to the music **(b)** (división) measure (AmE), bar (BrE); **~ de dos por cuatro** two-four time; **~ mayor/menor** four-four/two-four time **2** (Mat, Náut) (instrumento) compass

compasión *f* pity, compassion; **lo hace por ~** he does it out of compassion

compasivo -va *adj* compassionate

compatible *adj* compatible

compatriota *m,f* (*m*) fellow countryman, compatriot (*f*) fellow countrywoman, compatriot

compendio *m* (libro) textbook, coursebook (BrE); (resumen) summary, compendium (BrE)

compenetrarse [A1] *v pron* **~** CON **algo** ‹*con ideas/objetivos*› to identify WITH sth; **~** CON **algn** to have a good relationship WITH sb; (en trabajo) to work well WITH sb; **se han compenetrado a la perfección** they understand each other perfectly

compensación *f* (contapartida) compensation; **en ~** by way of compensation; **en ~ por algo** in compensation for sth

compensar [A1] *vi*: **no compensa hacer un viaje tan largo** it's not worth making such a long journey; **no me compensa** it's not worth my while

■ ~ *vt* **1** **(a)** (contrarrestar) ‹*pérdida/deficiencia*› to compensate for, make up for; ‹*efecto*› to offset; **su entusiasmo compensa su falta de experiencia** his enthusiasm makes up for his lack of experience **(b)** ‹*persona*› **~ a algn** POR **algo** (por pérdidas/retraso) to compensate sb FOR sth; **lo ~on con $2.000 por los daños** he was awarded $2,000 compensation in damages **2** ‹*cheque*› to clear

■ **compensarse** *v pron* «*fuerzas*» (*recípr*) to compensate each other, cancel each other out

competencia *f* **1** **(a)** (pugna) competition, rivalry; **hacerse la ~** to be rivals *o* in competition; **hacerle la ~ a algn** to compete with sb **(b)** (persona, entidad) competition; **la ~ se nos adelantó** the competition got in first **(c)** (AmL) (certamen) competition **2** **(a)** (de juez, tribunal) competence; **este asunto no es de mi ~** I have no authority *o* say in this matter **(b)** (habilidad, aptitud) competence, ability; **falta de ~** incompetence

competente *adj* competent

competición *f* (Esp) **(a)** (rivalidad): **espíritu de ~** competitive spirit **(b)** (certamen) competition

competidor -dora *m,f* competitor, rival

competir [I14] *vi* **(a)** (pugnar, luchar) to compete; **~** CON *or* CONTRA **algn** (POR **algo**) to compete WITH *o* AGAINST sb (FOR sth) **(b)** (estar al mismo nivel): **los dos modelos compiten en calidad** the two models rival each other in quality

competitividad *f* competitiveness

competitivo -va *adj* competitive

compilar [A1] *vt* to compile

compinche *mf* (compañero) (fam) buddy (AmE infml), mate (BrE infml); (cómplice en crimen) partner in crime

complacer [E3] *vt* to please

■ **complacerse** *v pron* **~se** EN **algo** to take pleasure IN sth

complaciente *adj* indulgent

complejidad *f* complexity

complejo[1] -ja *adj* complex

complejo[2] *m* **(a)** (de edificios) complex; **~ deportivo/industrial** sports/industrial complex **(b)** (Psic) complex; **tiene ~ porque es bajito** he's got a complex about being short; **~ de culpa** or **culpabilidad** guilt complex; **~ de inferioridad/superioridad** inferiority/superiority complex

complementar [A1] *vt* to complement

■ **complementarse** *v pron* (*recípr*) to complement each other

complementario -ria *adj* **(a)** ‹*personalidades/ángulos/colores*› complementary **(b)** (adicional) additional

complemento *m* **(a)** (Ling, Mat) complement; **~ directo/indirecto** direct/indirect object **(b)** (acompañamiento) accompaniment **(c) complementos** *mpl* (Auto, Indum) accessories (*pl*)

completamente *adv* completely

completar [A1] *vt* **(a)** (terminar) to finish, complete **(b)** (AmL) ‹*cuestionario/impreso*› to complete, fill out *o* in

completo -ta *adj* **1** **(a)** (entero) complete; **las obras completas de Neruda** the complete works of Neruda **(b)** (total, absoluto) complete, total; **lo olvidé por ~** I completely forgot about it **(c)** (exhaustivo) ‹*explicación*› detailed; ‹*obra/diccionario*› comprehensive; ‹*tesis/ensayo*› thorough **(d)** ‹*deportista/actor*› complete, very versatile **2** (lleno) ‹*vagón/hotel*› full; Ⓢ **completo** (en hostal) no vacancies; (en taquilla) sold out

complexión *f* constitution

complicación *f* **(a)** (contratiempo, dificultad) complication **(b)** (cualidad) complexity **(c)** (esp AmL) (implicación) involvement

complicado -da *adj* **(a)** ‹*problema/sistema/situación*› complicated, complex **(b)** ‹*carácter*› complex; ‹*persona*› complicated **(c)** ‹*diseño/adorno*› elaborate

complicar [A2] *vt* **(a)** ‹*situación/problema/asunto*› to complicate, make ... complicated **(b)** (implicar) ‹*persona*› to involve, get ... involved

■ **complicarse** *v pron* **(a)** «*situación/problema/asunto*» to get complicated; «*enfermedad*»: **se le complicó con un problema respiratorio** he developed respiratory complications; ▶ **vida 2** **(b)** (implicarse) **~se** EN **algo** to get involved IN sth

cómplice *mf* accomplice; **~** EN **algo** accomplice TO sth

complicidad *f* complicity

compló, **complot** *m* (*pl* **-plots**) plot, conspiracy

compondré, **compondría**, *etc* ▶ **componer**

componente *m* **(a)** (de sustancia) constituent (part), component (part); (de equipo, comisión) member **(b)** (Tec) component

componer [E22] *vt* **(a)** (constituir) ‹*jurado/equipo/plantilla*› to make up; **el tren estaba compuesto por ocho vagones** the train was made up of eight cars **(b)** ‹*sinfonía/canción/verso*› to compose **(c)** (esp AmL) (arreglar) ‹*reloj/radio/zapatos*› to repair **(d)** (AmL) ‹*hueso*› to set

■ **~** *vi* to compose

■ **componerse** *v pron* **1** (estar formado) **~se** DE **algo** to be made up OF sth, to consist OF sth; **un conjunto compuesto de falda y chaqueta** an outfit consisting of a skirt and a jacket **2** (esp AmL fam) «*persona*» to get better

comportamiento *m* **(a)** (conducta) behavior*; **mal ~** bad behavior **(b)** (Mec) performance

comportarse [A1] *v pron* to behave; **~ mal** to behave badly, misbehave

composición *f* composition

compositor -tora *m,f* composer

compostura *f* **(a)** (circunspección) composure; **guardar la ~** to maintain *o* keep one's composure **(b)** (CS) (arreglo) repair

compota *f* compote

compra *f* **(a)** (acción): **ir de ~s** to go shopping; **hacer las ~s** or (Esp) **la ~** to do the shopping; **~ por teléfono** teleshopping **(b)** (cosa comprada) buy, purchase (fml); **fue una buena ~** it was a good buy

comprador -dora *m,f* buyer, purchaser (fml)

comprar [A1] *vt* **(a)** ‹*casa/regalo/comida*› to buy, purchase (fml); **~le algo** A **algn** (a quien lo vende) to buy sth FROM sb; (a quien lo recibe) to buy sth FOR sb **(b)** (fam) (sobornar) to buy (infml)

comprender [E1] *vt* **1** **(a)** (entender) to understand, comprehend (fml); **nadie me comprende** nobody understands me **(b)** (darse cuenta) to realize, understand; **comprendió que lo habían engañado** he realized that he had been tricked **2** (abarcar, contener) «*libro*» to cover; «*factura/precio*» to include

■ **~** *vi* (entender) to understand; **hacerse ~** to make oneself understood

comprensible *adj* understandable

key word

comprensión *f* understanding; **capacidad de ~** comprehension; **~ auditiva** listening comprehension

comprensivo -va *adj* understanding

compresa *f* **(a)** (Med) compress **(b)** (Esp) *tb* **~ higiénica** sanitary napkin (AmE) *o* (BrE) towel

comprimido *m* (Farm) pill, tablet

comprimir [I1] *vt* to compress

comprobación *f* **(a)** (acción) verification, checking **(b)** (Col) (examen) test

comprobante *m* proof; **~ de pago** proof of payment

comprobar [A10] *vt* **(a)** (verificar) ‹*operación/resultado/funcionamiento*› to check **(b)** (demostrar) to prove **(c)** (darse cuenta) to realize **(d)** «*hecho*» (confirmar) to confirm

comprometedor -dora *adj* compromising

comprometer [E1] *vt* **(a)** (poner en un apuro) to compromise **(b)** ‹*vida/libertad*› to jeopardize, threaten **(c)** (obligar) **~ a algn A algo** to commit sb TO sth; **esto no me compromete a nada** this does not commit me to anything

■ **comprometerse** *v pron* **(a)** (dar su palabra) **~se A hacer algo** to promise to do sth; **me he comprometido para salir esta noche** I've arranged to go out tonight **(b)** «*autor/artista*» to commit oneself politically **(c)** «*novios*» to get engaged; **~se CON algn** to get engaged TO sb

comprometido -da *adj* **(a)** [SER] ‹*asunto/situación*› awkward, delicate **(b)** [SER] ‹*cine/escritor*› politically committed **(c)** [ESTAR] (para casarse) engaged; **~ CON algn** engaged TO sb

compromiso *m* **(a)** (moral, financiero) commitment; **adquirir un ~ con algn** to make a commitment to sb; **sin ~ alguno** without obligation; **los invitó por ~** she felt obliged to invite them; **yo con ellos no tengo ningún ~** I'm under no obligation to them **(b)** (cita) engagement; **~s sociales** social engagements *o* commitments **(c)** (de matrimonio) engagement **(d)** (acuerdo) agreement; (con concesiones recíprocas) compromise; **llegaron a un ~** they came to *o* reached an agreement/a compromise **(e)** (apuro) awkward situation; **me puso en un ~** he put me in an awkward position

compuesto -ta *adj* ‹*oración/número/flor*› compound (*before n*); *ver tb* **componer**

compungido -da *adj* (arrepentido) remorseful, contrite; (triste) sad

compuse, **compuso**, *etc* ▶ **componer**

computadora *f*, **computador** *m* (esp AmL) computer; **~ personal/de escritorio** or **mesa** personal/desktop computer

computerizar [A4] *vt* to computerize

comulgar [A3] *vi* (Relig) to receive *o* take communion

común *adj* **(a)** ‹*intereses/características*› common (*before n*); ‹*amigo*› mutual **(b)** (*en locs*) **de común acuerdo** by common consent; **de ~ acuerdo con algn** in agreement with sb; **en común** ‹*esfuerzo/regalo*› joint (*before n*); **no tenemos nada en ~** we have nothing in common **(c)** (corriente, frecuente) common; **es un nombre muy ~** it's a very common name; **un modelo fuera de lo ~** a very unusual model; ***~ y corriente*** (normal, nada especial) ordinary

comuna *f* **(a)** (de convivencia) commune **(b)** (CS, Per) (municipio) town, municipality (fml)

comunal *adj* **(a)** (de todos) communal **(b)** (CS, Per) (del municipio) town (*before n*), municipal

comunicación *f* **(a)** (enlace) link; **~ vía satélite** satellite link **(b)** (contacto) contact; **ponerse en ~ con algn** to get in contact *o* in touch with sb **(c)** (por teléfono): **se ha cortado la ~** I've/we've been cut off **(d)** (entendimiento, relación) communication **(e) comunicaciones** *fpl* (por carretera, teléfono, etc) communications (*pl*)

comunicado *m* communiqué; **~ de prensa** press release

comunicar [A2] *vt* **1** (fml) **(a)** (informar) to inform; **~le algo A algn** to inform sb OF sth **(b)** (AmL) (por teléfono) ‹*persona*› to put ... through **2** (transmitir) **(a)** ‹*entusiasmo/miedo*› to convey, communicate **(b)** ‹*conocimientos*› to impart, pass on; ‹*información*› to convey, communicate; ‹*idea*› to put across **(c)** ‹*fuerza/calor*› to transmit **3** ‹*habitaciones/ciudades*› to connect, link; **un barrio bien comunicado** an area easily accessible by road/well served by public transport; **~ algo CON algo** to connect sth WITH sth

■ **~** *vi* **1** «*habitaciones*» to be connected **2** (Esp) «*teléfono*» to be busy (AmE) *o* (BrE) engaged; **está comunicando** it's busy *o* engaged

■ **comunicarse** *v pron* **1** **(a)** (*recípr*) (relacionarse) to communicate; **~ por señas** to communicate using sign language; **~se CON algn** to communicate WITH sb **(b)** (ponerse en contacto) **~se CON algn** to get in touch *o* in contact WITH sb **2** «*habitaciones/ciudades/lagos*» (*recípr*) to be connected; **~se CON algo** to be connected TO sth

comunicativo -va *adj* communicative

comunidad *f* community; **C~ (Económica) Europea** (Hist) European (Economic) Community (Hist)

comunión *f* (Relig) communion; **hacer la primera ~** to make one's first Holy Communion

comunismo *m* communism

comunista *adj/mf* communist

comunitario -ria *adj* **(a)** ‹*bienes*› communal; ‹*espíritu/trabajo*› community (*before n*) **(b)** (de la CE) EC (*before n*), Community (*before n*)

con *prep* **(a)** (en general) with; **vive ~ su novio** she lives with her boyfriend; **¡~ mucho gusto!** with pleasure!; **córtalo ~ la tijera** cut it with the scissor; **amaneció ~ fiebre** he woke up with a temperature; **hablar ~ algn** to talk to sb; **está casada ~ mi primo** she's married to my cousin; **portarse mal ~ algn** to behave badly toward(s) sb; **tener paciencia ~ algn** to be patient with sb; **pan ~ mantequilla** bread and butter; **¿vas a ir ~ ese vestido?** are you going in that dress? **(b)** (indicando una relación de causa): **¿cómo vamos a ir ~ esta lluvia?** how can we go in this rain?; **ella se lo ofreció, ~ lo que** or **lo cual me puso a mí en un aprieto** she offered it to him, which put me in an awkward position; **~ lo tarde que es, ya se debe haber ido** it's really late, he should have gone by now **(c)** **~** + INF: **~ llorar no se arregla nada** crying won't solve anything; **~ llamarlo por teléfono ya cumples** as long as you call him, that should do; **me contento ~ que apruebes** as long as you pass I'll be happy; ▶ **tal 2** **(d)** (AmL) (indicando el agente, destinatario): **me peino**

∼ **Gerardo** Gerardo does my hair; **se estuvo quejando ∼migo** she was complaining to me

cóncavo -va *adj* concave

concebir [I14] *vt* **1** (Biol) to conceive **2** ‹*plan/idea*› to conceive **3** (entender, imaginar): **no concibe la vida sin él** she can't conceive of life without him; **yo concibo la amistad de modo distinto** I have a different conception of friendship
■ ∼ *vi* to conceive

🔑 **conceder** [E1] *vt* **1** **(a)** ‹*premio/beca*› to give, award; ‹*descuento/préstamo*› to give; ‹*privilegio/favor/permiso*› to grant; **nos concedió una entrevista** she agreed to give us an interview; **¿me podría ∼ unos minutos?** could you spare me a few minutes? **(b)** ‹*importancia/valor*› to give **2** (admitir, reconocer) to admit, acknowledge

🔑 **concejal -jala** *m,f* town/city councilor*

concejero -ra *m,f* (AmL) town/city councilor*

🔑 **concejo** *m* council

🔑 **concentración** *f* **(a)** (Psic, Quim) concentration; **falta de ∼** lack of concentration **(b)** (acumulación) concentration **(c)** (Pol) rally, mass meeting

concentrado[1] **-da** *adj* concentrated (*before n*)

concentrado[2] *m* (de verdura, tomate) concentrate; **∼ de carne** meat extract

🔑 **concentrar** [A1] *vt* **(a)** ‹*solución/caldo*› to make ... more concentrated **(b)** ‹*esfuerzos*› to concentrate; ‹*atención*› to focus **(c)** (congregar) ‹*multitud/tropas*› to assemble, bring ... together
■ **concentrarse** *v pron* **(a)** (Psic) to concentrate; **∼se** EN **algo** to concentrate ON sth **(b)** (reunirse) to assemble, gather together

concéntrico -ca *adj* concentric

🔑 **concepción** *f* (Biol) conception

🔑 **concepto** *m* **(a)** (idea): **el ∼ de la libertad** the concept of freedom; **tener un ∼ equivocado de algo/algn** to have a mistaken idea of sth/sb; **tengo (un) mal ∼ de su trabajo** I have a very low opinion of her work; ***bajo*** or ***por ningún*** **∼** on no account **(b)** (Com, Fin): **en** or **por ∼ de** in respect of

conceptuoso -sa *adj* (CS) (amable, elogioso): **una conceptuosa felicitación** warm congratulations

concerniente *adj* **∼** A **algo** concerning sth; **en lo ∼ a este problema** as far as this problem is concerned

concernir [I12] *vi* (*en 3ª pers*) to concern; **∼** A **algn** to concern sb; **por lo que a mí concierne** as far as I'm concerned; **en lo que concierne a su pedido** with regard to your order

🔑 **concertar** [A5] *vt* ‹*cita/entrevista*› to arrange, set up; ‹*plan*› to arrange; ‹*precio*› to agree (on)

concertista *mf* soloist; **∼ de piano** concert pianist

🔑 **concesión** *f* **(a)** (de premios) awarding; (de préstamo) granting **(b)** (en una postura) concession; **hacer concesiones** to make concessions **(c)** (Com) dealership, concession, franchise

concesionario *m* dealer, concessionaire

concha *f* **(a)** (de moluscos) shell; **∼ nácar** (Méx) or (Chi) **de perla** mother-of-pearl **(b)** (carey) tortoise shell **(c)** (Teatr) prompt box **(d)** (Ven) (cáscara — de verduras, fruta) skin; (— del queso) rind; (— del pan) crust; (— de nueces) shell

cónchale *interj* (Ven fam) good heavens!

concho *m* (Chi) **(a)** (del vino) lees (*pl*); (del café) dregs (*pl*) **(b)** (fam) (parte final) end, last bit **(c) conchos** *mpl* (restos) leftovers (*pl*)

🔑 **conciencia** *f* **(a)** (en moral) conscience; **tener la ∼ tranquila** to have a clear *o* clean conscience; **tener la ∼ sucia** to have a bad *o* guilty conscience; **me remuerde la ∼** my conscience is pricking me; **no siente ningún cargo de ∼** she feels no remorse; ***hacer algo a*** **∼** to do something conscientiously **(b)** (conocimiento) awareness; **tener/tomar ∼ de algo** to be/become aware of sth

concienciar [A1] *vt* (Esp) ▶ **concientizar**

concientizar [A4] *vt* (esp AmL) ‹*población/sociedad*› to make ... aware; **∼ a algn** DE **algo** to raise sb's consciousness ABOUT *o* awareness OF sth
■ **concientizarse** *v pron* (esp AmL) **∼se** DE **algo** to become aware OF sth

concienzudo -da *adj* ‹*trabajador/estudiante*› conscientious; ‹*estudio/repaso/análisis*› thorough, painstaking

concierto *m* (Mús) **(a)** (obra) concerto **(b)** (función) concert, recital

conciliación *f* conciliation

conciliar [A1] *vt* **1** **(a)** ‹*personas*› to conciliate **(b)** ‹*ideas*› to reconcile; ‹*actividades*› to combine **2** ‹*sueño*› **∼ el sueño** to get to sleep

concilio *m* council

conciso -sa *adj* concise

conciudadano -na *m,f* fellow citizen

🔑 **concluir** [I20] *vt* **(a)** (fml) (terminar) ‹*obras*› to complete, finish; ‹*trámite*› to complete; ‹*acuerdo/tratado*› to conclude **(b)** (fml) (deducir) to conclude, come to the conclusion; **∼ algo** DE **algo** to conclude sth FROM sth
■ **∼** *vi* (fml) **(a)** «*congreso/negociaciones*» to end, conclude; **el plazo concluyó el día 17** the time limit expired on the 17th **(b)** «*persona*» **∼** DE **hacer algo** to finish doing sth

🔑 **conclusión** *f* **(a)** (terminación) completion **(b)** (deducción) conclusion; **saqué la ∼ de que ...** I came to the conclusion that ...; **tú saca tus propias conclusiones** you can draw your own conclusions; **en ∼** (en suma) in short; (en consecuencia) so

concluyente *adj* ‹*razón/respuesta/prueba*› conclusive; **fue ∼ al responder** he answered categorically

concordante *adj* concordant (fml), concurrent

concordar [A10] *vi* **(a)** (Ling) to agree; **∼** CON **algo** to agree WITH sth **(b)** «*cifras*» to tally; «*versiones*» to agree, coincide; **∼** CON **algo** (con documento/versión) to coincide WITH sth; **su comportamiento no concuerda con sus principios** his behavior is not in keeping with his principles

concordato *m* concordat

concretamente *adv* (específicamente) specifically; **vive en Wisconsin, ∼ en Madison** he lives in Wisconsin, in Madison to be precise

🔑 **concretar** [A1] *vt* **(a)** (concertar) ‹*fecha/precio*› to fix, set **(b)** (precisar, definir) to be specific about; **no concretamos nada** we didn't settle on anything definite

■ ~ *vi*: **a ver si concretas** try and be more specific; **llámame para** ~ give me a call to arrange the details

■ **concretarse** *v pron* to become a reality

concreto[1] -ta *adj* **(a)** (específico) ‹*política/solución/acusación*› concrete, specific; ‹*motivo/ejemplo/pregunta*› specific; ‹*fecha/hora*› definite; ‹*caso*› particular; ‹*lugar*› specific, particular; **en tu caso** ~ in your particular case; **en** ~ specifically; **en una zona en** ~ in a particular *o* specific area; **no sé nada en** ~ I don't know anything definite **(b)** (no abstracto) concrete

concreto[2] *m* (AmL) concrete; ~ **armado** reinforced concrete

concubina *f* concubine

concuñado -da *m,f*: **mi** ~ my wife's brother-in-law; **mi concuñada** my husband's sister-in-law

concurrido -da *adj* **(a)** [ESTAR] (con mucha gente) ‹*discoteca/local*› busy, crowded; ‹*concierto/exposición*› well-attended **(b)** [SER] (frecuentado) popular

concursante *mf* (en concurso) competitor, contestant; (para empleo) candidate

concursar [A1] *vi* (en concurso) to take part; (para puesto) to compete (*through interviews and competitive examinations*)

concurso *m* **(a)** (certamen) competition; **presentarse a un** ~ to take part in a competition; ~ **de belleza** beauty contest *o* (esp AmE) pageant; ~ **hípico** show jumping competition **(b)** (para puestos, vacantes) *selection process involving interviews and competitive examinations* **(c)** (TV) (de preguntas y respuestas) quiz show; (de juegos y pruebas) game show **(d)** (licitación) tender; **sacar algo a** ~ to put sth out to tender

condado *m* (división territorial) county

conde -desa *m,f* (en Gran Bretaña) (*m*) earl; (*f*) countess; (en otros países) (*m*) count; (*f*) countess

condecoración *f* decoration

condecorar [A1] *vt* to decorate

condena *f* **(a)** (Der) sentence; **está cumpliendo su** ~ he is serving his sentence **(b)** (reprobación) ~ DE *or* A **algo** condemnation OF sth

condenado -da *adj* **(a)** (destinado) ~ A **algo** doomed TO sth **(b)** (obligado) ~ A **hacer algo** condemned *o* forced to do sth **(c)** (fam) (expresando irritación) wretched (infml), damn (infml)

■ *m,f* **(a)** (Der) convicted person; **el** ~ **a muerte** the condemned man **(b)** (Relig): **los** ~**s** the damned; ***como (un)*** ~ (fam) ‹*correr*› like hell (infml); ‹*work*› like mad

condenar [A1] *vt* **(a)** (Der) to sentence, condemn; ~ **a algn** A **algo** to sentence sb TO sth; ~ **a algn a muerte** to sentence sb to death; **lo** ~**on por robo** he was convicted of *o* found guilty of robbery **(b)** (reprobar, censurar) to condemn

condensación *f* condensation

condensar [A1] *vt* to condense

■ **condensarse** *v pron* to condense

condesa *f* countess

condescendiente *adj* **(a)** ‹*actitud/respuesta*› (con aires de superioridad) condescending **(b)** (comprensivo) understanding

condición *f* **1** (requisito) condition; **sin condiciones** unconditionally; **a** ~ or **con la** ~ **de que** on condition (that); **acepto con una** ~ I accept on one condition; **me puso una** ~ she made one condition **2** **(a)** (calidad, situación): **en su** ~ **de sacerdote** as a priest; **en su** ~ **de jefe de la delegación** in his capacity as head of the delegation **(b)** (naturaleza) condition; **la** ~ **humana** the human condition **3** **condiciones** *fpl* **(a)** (estado, circunstancias) conditions (*pl*); **condiciones de trabajo/de vida** working/living conditions; **estar en perfectas condiciones** «*coche/mueble*» to be in perfect condition; «*persona*» to be in good shape; **estar en condiciones de hacer algo** (de ayudar,exigir) to be in a position to do sth; (de correr, viajar,jugar) to be fit to do sth **(b)** (aptitudes) talent; **tener condiciones para algo** (para la música, el arte) to have a talent for sth; (para un trabajo) to be suited for sth

condicional *adj* conditional

condicionar [A1] *vt* **(a)** (determinar) to condition, determine **(b)** (supeditar) ~ **algo** A **algo** to make sth conditional ON sth

condimentar [A1] *vt* to season

condimento *m*: **el comino es un** ~ cumin is a condiment; **le falta** ~ it needs some seasoning; **los** ~**s usados en la cocina india** the herbs and spices used in Indian cooking

condominio *m* **(a)** (propiedad) joint ownership, joint control **(b)** (Pol) (territorio) condominium **(c)** (AmL) (edificio) condominium (esp AmE), block of flats (BrE)

condón *m* condom

cóndor *m* condor

conducción *f* **(a)** (Elec, Fís) conduction **(b)** (esp Esp) (Auto) driving **(c)** (AmL) (de programa) presentation; **está a cargo de la** ~ **del programa** he's in charge of presenting the program **(d)** (Arg) (cúpula) leadership

conducir [I6] *vi* **(a)** (llevar) ~ A **algo** «*camino/sendero*» to lead TO sth; **esa actitud no conduce a nada** that attitude won't achieve anything *o* (infml) won't get us anywhere; **a qué conduce eso?** what's the point of that? **(b)** (esp Esp) (Auto) to drive; ~ **por la izquierda** to drive on the left

■ ~ *vt* **(a)** (guiar, dirigir) to lead; ~ **a algn** A **algo** to lead sb TO sth; ~ **a algn** ANTE **algn** to take sb BEFORE sb **(b)** (AmL) ‹*programa*› to host, present; ‹*debate*› to chair **(c)** (esp Esp) ‹*vehículo*› to drive **(d)** ‹*electricidad/calor*› to conduct

conducta *f* behavior*, conduct; **mala** ~ bad behavior, misconduct (fml)

conducto *m* **(a)** (Anat) duct, tube **(b)** (Tec) (canal, tubo) pipe, tube

conductor[1] -tora *adj* conductive; **materiales** ~**es de la electricidad** materials which conduct electricity

■ *m,f* **(a)** (de vehículo) driver **(b)** (AmL) (de programa) host

conductor[2] *m* (Elec, Fís) conductor

conduje, **condujiste**, *etc* ▶ **conducir**

conduzca, **conduzcas**, *etc* ▶ **conducir**

conectar [A1] *vt* **(a)** ‹*cables/aparatos*› to connect (up); ‹*luz/gas/teléfono*› to connect **(b)** (relacionar) ‹*hechos/sucesos*› to connect, link **(c)** (AmL) (poner en contacto) ~ **a algn** CON **algn** to

put sb in touch *o* in contact WITH sb
■ ~ *vi* **(a)** (Rad, TV) ~ CON **algn/algo** to go over TO sb/sth **(b)** (empalmar) to connect, link up **(c)** (llevarse bien, entenderse) to get along *o* on well **(d)** (AmL) ~ CON **algo** «*vuelo/tren*» to connect WITH sth; **conectamos con el vuelo a Lima** we took a connecting flight to Lima

C

conecte *mf* **(a)** (Méx arg) (traficante) (drug) dealer **(b)** (AmC fam) (contacto) friend on the inside (infml)
conector *m* connector
conejera *f* (madriguera) burrow; (para crianza) (rabbit) hutch
conejillo de Indias *m* guinea pig
conejo -ja *m,f* (Zool) rabbit
⚷ **conexión** *f* **(a)** (Elec) connection; **~ a tierra** ground (AmE), earth (BrE); **~ a la red** connection to the mains **(b)** (relación entre hecho etc) connection **(c)** (Transp) connection; **perdí la ~ con Roma** I missed my connection to Rome **(d) conexiones** *fpl* (AmL) (amistades) connections (*pl*), contacts (*pl*)
confabularse [A1] *v pron* ~ (CONTRA **algn**) to plot *o* conspire (AGAINST sb)
confección *f* **(a)** (de trajes) tailoring; (de vestidos) dressmaking; **industria de la ~** clothing industry; **de ~** ready-to-wear, off-the-peg **(b)** (de lista) drawing-up
confeccionar [A1] *vt* ‹*falda/vestido*› to make (up); ‹*artefactos*› to make; ‹*lista*› to draw up
confederación *f* confederation
⚷ **conferencia** *f* **(a)** (charla — formal) lecture; (— más informal) talk; **dar una ~** SOBRE **algo** to give a lecture/talk ON sth **(b)** (reunión) conference; **~ de prensa** press conference **(c)** (Esp) (Telec) long distance call; **poner una ~** to make *o* (AmE) place a long-distance call; **~ a cobro revertido** collect call (AmE), reverse charge call (BrE)
conferenciante, (AmL) **conferencista** *mf* lecturer
conferir [I11] *vt* (fml *o* liter) **(a)** ‹*honor/dignidad/responsabilidad*› to confer **(b)** ‹*prestigio*› to confer; ‹*encanto*› to lend; **la barba le confería un aire distinguido** the beard lent him an air of distinction
confesar [A5] *vt* **(a)** (Relig) ‹*pecado*› to confess; **el cura que la confiesa** the priest who hears her confession **(b)** ‹*sentimiento/ignorancia/delito*› to confess; ‹*error*› to admit
■ ~ *vi* **(a)** (Relig) to hear confession **(b)** (admitir culpabilidad) to confess, make a confession
■ **confesarse** *v pron* **(a)** (Relig) to go to confession; **~se** DE **algo** to confess sth; **~se** CON **algn** (Relig) to go to sb for confession; (hacer confidencias) to open up one's heart to sb **(b)** (declararse) (+ *compl*) to confess to being, admit to being
confesión *f* confession
confesionario *m* confessional
confesor *m* confessor
confeti *m* confetti
confiable *adj* (esp AmL) **(a)** ‹*estadísticas*› reliable **(b)** ‹*persona*› (cumplidor) reliable, dependable; (honesto) trustworthy

confiado -da *adj* **(a)** [SER] (crédulo) trusting **(b)** [ESTAR] (seguro): **está muy ~ en que lo van a llevar** he's convinced they're going to take him; **no estés tan ~** don't get over-confident
⚷ **confianza** *f* **(a)** (fe) confidence; **ella me inspira ~** I feel I can trust her; **lo considero digno de toda ~** he has my complete trust; **~** EN **algn/algo** confidence IN sb/sth; **tiene ~ en sí misma** she is self-confident; **había puesto toda mi ~ en él** I had put all my trust *o* faith in him; **de ~** ‹*persona*› trustworthy, reliable; ‹*producto*› reliable; ‹*puesto/posición*› of trust; **nombró a alguien de su ~** he appointed someone he trusted **(b)** (intimidad): **tenemos mucha ~** we are close friends; **no les des tanta(s) ~(s)** don't let them be so familiar with you; **estamos en ~** we're among friends; **te lo digo en ~** I'm telling you in confidence; **tratar a algn con ~** to be friendly with sb
confianzudo -da *adj* (esp AmL fam) forward
⚷ **confiar** [A17] *vi* **(a)** (tener fe) ~ EN **algn/algo** to trust sb/sth; **no confío en ella** I don't trust her; **confiamos en su discreción** we rely *o* depend on your discretion **(b)** (estar seguro) ~ EN **algo** to be confident OF sth; **~ en la victoria** to be confident of victory; **confiamos en poder llevarlo a cabo** we are confident that we can do it; **confiemos en que venga** let's hope she comes
■ ~ *vt* **~le algo** A **algn** ‹*secreto*› to confide sth TO sb; ‹*trabajo/responsabilidad*› to entrust sb with sth
■ **confiarse** *v pron* **(a)** (hacerse ilusiones) to be overconfident; **no te confíes demasiado** don't get overconfident *o* too confident **(b)** (desahogarse, abrirse) **~se** A **algn** to confide IN sb
confidencia *f* secret, confidence (fml); **hacer una ~ a algn** to tell sb a secret
confidencial *adj* confidential
confidente *mf* **(a)** (amigo) (*m*) confidant; (*f*) confidante **(b)** (de la policía) informer
configurar [A1] *vt* to configure
confinamiento *m* confinement
confinar [A1] *vt* **~ a algn** A **algo** (a hospital/a calabozo) to put sb INTO sth; (a casa) to confine sb TO sth; (a isla) to banish sb TO sth; **la parálisis lo confinó a una silla de ruedas** he was confined to a wheelchair because of paralysis
confirmación *f* **1** (de noticia, de pasaje) confirmation **2** (Relig) confirmation; **hacer la ~** to be confirmed
⚷ **confirmar** [A1] *vt* to confirm; **la excepción que confirma la regla** the exception that proves the rule
confiscar [A2] *vt* **(a)** ‹*contrabando/armas*› to confiscate, seize **(b)** (para uso del estado) to requisition
confitería *f* **(a)** (tienda) patisserie, cake shop (*also selling sweets*) **(b)** (Bol, RPl) (salón de té) tearoom
confitura *f* preserve, jam
conflictivo -va *adj* **(a)** (problemático) ‹*situación*› difficult; ‹*época*› troubled; **una zona conflictiva** a trouble spot **(b)** (polémico) ‹*tema/persona*› controversial
⚷ **conflicto** *m* **(a)** (enfrentamiento) conflict; **estar en ~** to be in conflict; **entrar en ~ con algn/algo** to come into conflict with sb/sth **(b)** (Psic)

⚷ key word

conflict **(c)** (apuro) difficult situation

confluir [I20] *vi* **(a)** «*calles/ríos*» to converge, meet; «*corrientes/ideologías*» to come together, merge **(b)** «*grupos/personas*» to congregate, come together

conformar [A1] *vt* **(a)** (contentar) ‹*persona*› to satisfy **(b)** ‹*cheque*› to authorize payment of

■ **conformarse** *v pron* **(a)** (contentarse) **~se** CON **algo** to be satisfied WITH sth; **no se conforma con nada** he's never satisfied; **tuvo que ~se con lo que tenía** he had to make do with what he had **(b)** (esp AmL) (resignarse): **no tienes más remedio que ~te** you'll just have to accept it *o* to resign yourself to it; **no se puede ~** she can't get over it

conforme *adj* [ESTAR] **(a)** (satisfecho) satisfied, happy; **~** CON **algo/algn** satisfied *o* happy WITH sth/sb **(b)** (de acuerdo): **¡~!** agreed!, fine!; **estoy ~ en que se haga así** I agree that it should be done like that; **~** A **algo** in accordance WITH sth (fml) **(c)** (en regla) in order

■ *conj* as; **~ se entra, está a mano izquierda** it's on the left as you go in

conformidad *f* **(a)** (aprobación) consent, approval **(b)** (esp AmL) (resignación) resignation

conformista *adj/mf* conformist

confort /kom'for/ *m* comfort; **apartamento todo ~** well-appointed *o* fully equipped apartment

confortable *adj* comfortable

confortar [A1] *vt* to reassure, comfort

confrontación *f* **(a)** (enfrentamiento) confrontation **(b)** (de textos) comparison

confrontar [A1] *vt* **(a)** ‹*textos/versiones*› to compare **(b)** ‹*testigos/equipos*› to bring ... face to face; ‹*ejércitos*› to bring ... into conflict **(c)** ‹*dificultad/peligro*› to confront, face

■ **confrontarse** *v pron* **~se** CON **algo** to face up to sth

confundir [I1] *vt* **(a)** (por error) ‹*fechas/datos*› to confuse, get ... mixed *o* muddled up; ‹*personas*› to confuse, mix up; **~ algo/a algn** CON **algo/algn** to mistake sth/sb FOR sth/sb; **me confundió con mi hermana** he mistook me for my sister **(b)** (desconcertar) to confuse **(c)** (turbar) to embarrass

■ **confundirse** *v pron* **(a)** (equivocarse) to make mistakes/a mistake; **me confundí de calle** I got the wrong street **(b)** (desconcertarse) to get confused

confusión *f* **(a)** (en general) confusion; **para que no haya confusiones** to avoid any confusion **(b)** (turbación) embarrassment, confusion

confuso -sa *adj* **(a)** ‹*idea/texto/explicación*› confused; ‹*recuerdo*› confused, hazy; ‹*imagen*› blurred, hazy; ‹*información*› confused **(b)** (turbado) embarrassed, confused

congelado -da *adj* **(a)** ‹*alimentos*› frozen **(b)** (Med) frostbitten; *ver tb* **congelar**

congelador *m* (en el refrigerador) freezer compartment; (independiente) freezer, deepfreeze

congelar [A1] *vt* to freeze

■ **congelarse** *v pron* **(a)** «*agua/lago*» to freeze **(b)** (Med): **se le congeló el pie** he got frostbite in his foot **(c)** (tener mucho frío) to be freezing; **me estoy congelando** I'm freezing!

congeniar [A1] *vi* to get along (esp AmE), to get on (esp BrE); **~** CON **algn** to get along *o* on WITH sb

congénito -ta *adj* congenital

congestión *f* congestion

congestionado -da *adj* **(a)** (Med) congested **(b)** ‹*cara*› flushed **(c)** ‹*calle/área*› congested

congestionarse [A1] *v pron* **(a)** «*cara*» to become flushed **(b)** (Med) to become congested *o* blocked **(c)** «*calle/área*» to become congested

conglomerado *m* conglomeration

conglomerarse [A1] *v pron* to conglomerate

congratular [A1] *vt* (fml) to congratulate; **~ a algn** POR **algo** to congratulate sb ON sth

■ **congratularse** *v pron* **~se** DE *or* POR **algo** (alegrarse) to be pleased ABOUT sth, congratulate oneself ON sth (fml)

congregar [A3] *vt* to bring together

■ **congregarse** *v pron* to assemble, gather

congreso *m* **1** (reunión) conference, congress **2** **Congreso** (Gob, Pol) **(a)** (asamblea) Parliament; (in US) Congress; **C~ de los Diputados** (Esp) Chamber of Deputies (*lower chamber of Spanish Parliament*) **(b)** (edificio) Parliament (*o* Congress *etc*) building

congrio *m* (Coc, Zool) conger eel

congruente *adj* (coherente) coherent; **ser ~ con algo** to be consistent with sth

cónico -ca *adj* ‹*pieza/forma*› conical, conic (tech); ‹*sección*› conic

conífera *f* conifer

conjetura *f* conjecture, speculation; **hacer ~s** to surmise, conjecture (fml); **son simples ~s** that's pure conjecture *o* speculation

conjugar [A3] *vt* (Ling) to conjugate

conjunción *f* **(a)** (Ling, Astron) conjunction **(b)** (unión) combination; **en ~ con** in conjunction with

conjuntivitis *f* conjunctivitis

conjunto[1] -ta *adj* ‹*esfuerzo/acción*› joint (*before n*)

conjunto[2] *m* **(a)** (de objetos, obras) collection; (de personas) group; **en su ~** (referido a — obra, exposición) as a whole; (— comité, partido) as a group; **~ residencial** residential complex **(b)** (Mús) *tb* **~ musical** (de música clásica) ensemble; (de música popular) pop group **(c)** (Indum) (de pulóver y chaqueta) twinset; (de prendas en general) outfit; **un ~ de chaqueta y pantalón** matching jacket and trousers; **hacer ~ con algo** to go well with sth **(d)** (Mat) set

conjura, **conjuración** *f* conspiracy, plot

conjurar [A1] *vi* to conspire, plot

conjuro *m* (fórmula mágica) spell

conllevar [A1] *vt* **(a)** (*en 3ª pers*) (comportar, implicar) to entail; **conlleva mucha responsabilidad** it entails a great deal of responsibility **(b)** ‹*desgracia/enfermedad*› to bear

■ **~** *vi* (Ven) **~** A **algo** to lead TO sth

conmemoración *f* commemoration; **en ~ de** in commemoration of

conmemorar [A1] *vt* to commemorate

conmemorativo *adj* commemorative; **un monumento ~** a memorial

conmigo *pron pers* with me; **vino ~** she came with me; **estoy furiosa ~ misma** I'm furious with myself; **ha sido muy bueno ~** he's been very good to me

conmoción *f* **(a)** (Med) *tb* **~ cerebral** concussion **(b)** (trastorno, agitación): **la noticia produjo una ~ familiar** the news shocked the whole family **(c)** (Geol) shock

conmocionar [A1] *vt* to shake

conmovedor -dora *adj* moving, touching

conmover [E9] *vt* **(a)** (emocionar) to move **(b)** (inducir a piedad) to move ... to pity
■ **conmoverse** *v pron* (enternecerse, emocionarse) to be moved

conmutar [A1] *vt* (Der) ‹*pena*› to commute

connotación *f* connotation

cono *m* (figura) cone; **el C~ Sur** the Southern Cone (*Argentina, Chile, Paraguay and Uruguay*)

conocedor -dora *m,f* connoisseur, expert

conocer [E3] *vt* **1** ‹*persona*› to know; (por primera vez) to meet; ‹*ciudad/país*› to know; **¿conoces a Juan?** do you know/have you met Juan?; **te conocía de oídas** he'd heard of you; **lo conozco de nombre** I know the name; **~ a algn de vista** to know sb by sight; **es de todos conocido** he's well known; **quiero que conozcas a mi novio** I want you to meet my boyfriend; **nunca llegué a ~lo bien** I never really got to know him; **¿conoces Irlanda?** do you know Ireland? *o* have you been to Ireland?; **quiere ~ mundo** she wants to see the world; **me encantaría ~ tu país** I'd love to visit your country **2** (estar familiarizado con, dominar) ‹*tema/autor/obra*› to know, be familiar with; ‹*lengua*› to speak, know **3 (a)** (saber de la existencia de) to know, know of; **conocían sus actividades** they knew of *o* about his activities **(b) dar a ~** (fml) ‹*noticia/resultado*› to announce; ‹*identidad/intenciones*› to reveal; **darse a ~** «*persona*» to make oneself known; **intentó no darse a ~** he tried to keep his identity a secret **4** (reconocer) to recognize*; **te conocí por la voz** I knew it was you by your voice **5** (*impers*) (notar): **se conoce que no están en casa** they don't seem to be in; **se conoce que ya llevaba algún tiempo enfermo** apparently he'd been ill for some time
■ **~** *vi* (saber) **~** DE **algo** (de tema/materia) to know ABOUT sth
■ **conocerse** *v pron* **1** (*recípr*) (tener cierta relación con) to know each other; (por primera vez) to meet; (aprender cómo se es) to get to know each other **2** (*refl*) **(a)** (aprender cómo se es) to get to know oneself **(b)** (saber cómo se es) to know oneself

conocido -da *adj* **(a)** (famoso) ‹*actor/cantante*› famous, well-known **(b)** ‹*cara/voz*› familiar **(c)** ‹*hecho/nombre*› well-known; **más ~ como ...** better known as ...
■ *m,f* acquaintance

conocimiento *m* **(a)** (saber) knowledge; **tiene algunos ~s de inglés** he has some knowledge of English; **poner algo en ~ de algn** to inform sb of sth; **tener ~ de algo** to be aware of sth **(b)** (sentido) consciousness; **perder/recobrar el ~** to lose/regain consciousness; **estar sin ~** to be unconscious

conozca, conozco, *etc* ▸ **conocer**

conque *conj* so; **~ ya lo sabes** so now you know

conquista *f* **(a)** (de territorio, pueblo) conquest; **la C~** (Hist) the Spanish conquest (*of America*) **(b)** (logro) achievement **(c)** (fam) (amorosa) conquest

conquistador -dora *adj* ‹*ejército*› conquering
■ *m,f* **(a)** (Hist) conqueror; (en la conquista de América) conquistador **(b)** (fam) (en el amor) (*m*) lady-killer; (*f*) femme fatale

conquistar [A1] *vt* **(a)** ‹*territorio/pueblo/montaña*› to conquer; ‹*mercado*› to capture **(b)** ‹*victoria/título*› to win; ‹*éxito/fama*› to achieve **(c)** ‹*simpatía/respeto*› to win; ‹*persona/público*› to captivate; ‹*corazón*› to capture; **acabó conquistándola** he won her heart in the end

consagrado -da *adj* **(a)** (Relig) consecrated **(b)** ‹*artista*› acclaimed **(c)** ‹*costumbre/procedimiento*› established

consagrar [A1] *vt* **(a)** (Relig) to consecrate **(b) ~ algo** A **algo/algn** ‹*monumento/edificio*› to dedicate sth TO sth/sb; ‹*vida/tiempo/esfuerzo*› to dedicate *o* devote sth TO sth/sb; ‹*programa/publicación*› to devote sth TO sth/sb **(c)** (establecer) ‹*artista/profesional*› to establish; **la película que la consagró como actriz** the movie that established her as an actress
■ **consagrarse** *v pron* (*refl*) (dedicarse) **~se** A **algo/algn** to devote oneself TO sth/sb

consciencia *f* ▸ **conciencia b**

consciente *adj* **(a)** [ESTAR] (Med) conscious **(b)** (de problema, hecho) **ser** *or* (Chi, Méx) **estar ~** DE **algo** to be aware *o* conscious OF sth **(c)** [SER] (sensato) sensible; (responsable) responsible

conscripto *m* (AmL) conscript

consecuencia *f* consequence; **atenerse a las ~s** to accept the consequences; **esto trajo como ~ su renuncia** this resulted in his resignation; **a ~ de** as a result of; **en ~** (fml) (por consiguiente) consequently, as a result; ‹*actuar/obrar*› accordingly

consecuente *adj* consistent; **hay que ser ~** you have to be consistent; **es ~ con sus ideas** she acts according to her beliefs (*o* principles *etc*)

consecutivo -va *adj* consecutive

conseguir [I30] *vt* ‹*objetivo/fin/resultado*› to achieve, obtain; ‹*entrada/permiso/empleo*› to get; ‹*medalla/título*› to win; **si lo intentas, al final lo ~ás** if you try, you'll succeed in the end; **la película consiguió un gran éxito** the film was a great success; **~ hacer algo** to manage to do sth; **no consigo entenderlo** I can't work it out; **conseguí que me lo prestara** I got him to lend it to me

consejero -ra *m,f* **(a)** (asesor) adviser **(b)** (Adm, Com) director **(c)** (en embajada) counselor*

consejo *m* **(a)** (recomendación) piece of advice; **te voy a dar un ~** let me give you some advice *o* a piece of advice; **me pidió ~** he asked me for advice *o* asked (for) my advice; **sus ~s son siempre acertados** she always gives good advice **(b)** (organismo) council, board; **~ de administración** board of directors; **~ de guerra** court-martial; **~ de ministros** (grupo) cabinet; (reunión) cabinet meeting; **C~ de Europa** Council of Europe; **C~ de Seguridad**

Security Council

consenso *m* consensus; **por ~** by general consent *o* assent

consentido -da *adj* spoiled
■ *m,f*: **es un ~** he's spoiled

consentimiento *m* (autorización) consent

consentir [I11] *vt* **(a)** (permitir, tolerar) to allow; **¡no te consiento que me hables así!** I won't have you speak to me like that; **se lo consienten todo** he's allowed to do whatever he likes **(b)** (mimar) ‹*niño*› to spoil
■ **~** *vi* **~** EN **algo** to consent *o* agree TO sth

conserje *mf* **(a)** (de establecimiento público) superintendent (AmE), caretaker (BrE) **(b)** (de colegio) custodian (AmE), caretaker (BrE) **(c)** (de hotel) receptionist

conserjería *f* reception

conserva *f*: **latas de ~** cans *o* (BrE) tins of food; **piña en ~** canned *o* (BrE) tinned pineapple; **~s** canned *o* (BrE) tinned food

conservación *f* **(a)** (de alimentos) preserving **(b)** (Ecol) conservation **(c)** (de monumentos, obras de arte) preservation

conservador -dora *adj* conservative
■ *m,f* **(a)** (Pol) conservative **(b)** (de museo) curator

conservante *m* preservative

conservar [A1] *vt* **(a)** (mantener, preservar) ‹*alimentos*› to preserve; ‹*sabor/calor*› to retain; ‹*tradiciones/costumbres*› to preserve; ‹*amigo/cargo*› to keep; ‹*naturaleza*› to conserve; **conservo buenos recuerdos suyos** I have good memories of him; **~ la calma** to keep calm; **~ la línea** to keep one's figure **(b)** (guardar) ‹*cartas/fotografías*› to keep
■ **conservarse** *v pron* **(a)** «*alimentos*» to keep **(b)** (perdurar) «*restos/tradiciones*» to survive **(c)** «*persona*» (+ *compl*) to keep; **se conserva joven** she keeps herself young; **está muy bien conservada** she's very well preserved

conservatorio *m* conservatory, conservatoire

considerable *adj* considerable

consideración *f* consideration; **tomar algo en ~** to take sth into consideration *o* account; **por ~ a su familia** out of consideration for his family; **en ~ a sus méritos** in recognition of her merits; **la trataron sin ninguna ~** they treated her most inconsiderately; **¡qué falta de ~!** how thoughtless!; **de ~** serious

considerado -da *adj* [SER] considerate; **ser ~** CON **algn** to be considerate TOWARD(S) sb

considerar [A1] *vt* ‹*asunto/posibilidad/oferta*› to consider; ‹*ventajas/consecuencias*› to weigh up, consider; **considerando que ha estado enfermo** considering (that) he's been ill; **tenemos que ~ que ...** we must take into account that ...; **eso se considera de mala educación** that's considered bad manners; **está muy bien considerado** he is very highly regarded
■ **considerarse** *v pron* «*persona*» (juzgarse) to consider oneself; **se considera afortunado** he considers himself (to be) lucky

consiga, **consigas**, *etc* ▶ **conseguir**

consigna *f* **(a)** (eslogan) slogan **(b)** (para equipaje) baggage room (AmE), left-luggage (office) (BrE); **~ automática** (coin-operated *o* automatic) luggage locker (AmE) *o* (BrE) left-luggage locker

consignar [A1] *vt* **1** (depositar) **(a)** ‹*mercancías*› to consign **(b)** ‹*equipaje*› to check (AmE), to place *o* deposit ... in left luggage (BrE) **(c)** (Der) to pay ... into court **(d)** (Col) ‹*dinero/cheques*› to deposit **2** (fml) ‹*hecho/dato*› to record **3** (fml) (enviar) ‹*paquete/carga*› to dispatch **4** (fml) (asignar) to allocate **5** (Méx) (Der) ‹*presunto delincuente*› to bring ... before the authorities

consigo *pron pers* (con él) with him; (con ella) with her; (con uno) with you *o* one; (con usted, ustedes) with you; **no está satisfecho ~ mismo** he's not happy with himself; **traigan ~ todo lo necesario** bring everything you'll need with you; **hablaba ~ misma** she was talking to herself

consiguiente *adj* resulting (*before n*), consequent (*before n*) (fml); **por ~** consequently

consistencia *f* **(a)** (de mezcla, masa) consistency; **tomar ~** to thicken **(b)** (de teoría, argumento) soundness; **un argumento sin ~** a flimsy argument

consistente *adj* **(a)** ‹*salsa/líquido*› thick; ‹*masa*› solid **(b)** ‹*argumentación/tesis*› sound **(c)** (Andes, Méx) ‹*conducta*› consistent; ‹*persona*› ▶ **consecuente**

consistir [I1] *vi* **(a)** (expresando composición) **~** EN **algo** to consist OF sth; **el mobiliario consistía en una cama y una silla** the furniture consisted of a bed and a chair **(b)** (expresando naturaleza): **¿en qué consiste el juego?** what does the game involve?; **~** EN **hacer algo** to involve *o* entail doing sth **(c)** (radicar) **~** EN **algo** to lie IN sth; **en eso consiste su gracia** that is where its charm lies

consola *f* **(a)** (mueble) console table **(b)** (panel de controles) console

consolar [A10] *vt* to console, comfort; **si en algo te consuela** if it's any consolation to you
■ **consolarse** *v pron* (*refl*): **me consuelo pensando que ...** I take comfort *o* I find some consolation in the thought that ...

consolidar [A1] *vt* **(a)** ‹*situación/posición/acuerdo*› to consolidate; ‹*amistad*› to strengthen **(b)** ‹*deuda/préstamo*› to consolidate
■ **consolidarse** *v pron* «*situación/acuerdo*» to be consolidated; «*amistad/relación*» to grow stronger

consomé *m* consommé

consonante *f* consonant

conspiración *f* conspiracy, plot

conspirador -dora *m,f* conspirator

conspirar [A1] *vi* to conspire, plot

constancia *f* **1** (perseverancia) perseverance **2** (prueba) proof; **dejar ~** DE **algo** (en registro, acta) to record sth (in writing); (verbalmente) to state sth; (atestiguar) to prove sth

constante *adj* **(a)** (continuo) constant **(b)** (perseverante) ‹*persona*› persevering
■ *f* **(a)** (Mat) constant **(b)** (característica) constant feature **(c) constantes** *fpl* (Med) *tb* **~s vitales** vital signs (*pl*)

constar [A1] *vi* **(a)** (figurar) **~** EN **algo** (en acta/documento) to be stated *o* recorded IN sth; (en archivo/catálogo) to be listed IN sth; (en libro/texto) to appear IN sth **(b)** (quedar claro): **(que) conste que yo no fui** it certainly wasn't me; **yo nunca dije eso, que conste** just to set the record straight, I never actually said that; **eso me consta** I am sure of that **(c) hacer ~ algo**

(manifestar) to state sth; (por escrito) to register sth, to put sth on record **(d)** (estar compuesto de) ~ DE **algo** to consist OF sth

constelación *f* constellation

consternación *f* consternation, dismay

consternar [A1] *vt* to fill ... with dismay

constipación *f* (esp AmL) constipation

constipado[1] **-da** *adj* **(a)** (resfriado): **está muy ~** he has a bad cold **(b)** (AmL) (estreñido) constipated

constipado[2] *m* cold

constiparse [A1] *v pron* to catch a cold

constitución *f* **(a)** (establecimiento) setting-up **(b)** (Pol) (de país) constitution **(c)** (complexión) constitution; **un hombre de ~ fuerte** a man with a strong constitution

constitucional *adj* constitutional

constituir [I20] *vt* (fml) **(a)** (componer, formar) to make up, constitute (fml) **(b)** (ser, representar) to represent, constitute (fml); **esta acción no constituye delito** this action does not constitute a crime **(c)** (crear) ‹*comisión/compañía*› to set up, establish

construcción *f* **(a)** (acción) construction, building; **en ~** under construction; **obrero de la ~** building *o* construction worker **(b)** (edificio, estructura) construction **(c)** (Ling) construction

constructivo -va *adj* constructive

constructor -tora *m,f* **(a)** (Const) builder, building contractor **(b) constructora** *f* construction company, building firm

construir [I20] *vt* **(a)** ‹*edificio/barco/sociedad*› to build **(b)** ‹*figura/frases/oraciones*› to construct

construya, *etc* ▸ **construir**

consuegro -gra *m,f* (*m*) *father-in-law of one's son or daughter*; (*f*) *mother-in-law of one's son or daughter*

consuelo *m* consolation, comfort

cónsul *mf* consul

consulado *m* (oficina) consulate; (cargo) consulship

consulta *f* **(a)** (pregunta, averiguación): **¿te puedo hacer una ~?** can I ask you something?; **de ~** ‹*biblioteca/libro*› reference (*before n*) **(b)** (Med) (entrevista) consultation; (consultorio) office (AmE), practice (AmE), surgery (BrE); **¿a qué horas tiene ~s el Dr. Sosa?** what are Dr Sosa's office hours (AmE) *o* (BrE) surgery times?; **~ a domicilio** home *o* house visit

consultar [A1] *vt* ‹*persona/obra*› to consult; ‹*dato/duda*› to look up; **~ algo** CON **algn** to consult sb ABOUT sth
■ **~** *vi* **~** CON **algn** to consult sb

consultor -tora *m,f* consultant

consultorio *m* **(a)** (de médico, dentista) office (AmE), practice (AmE), surgery (BrE); (de abogado) office **(b)** (consultoría) consultancy; **~ sentimental** (en revista) problem page; (en la radio) phone-in (*about personal problems*)

consumición *f* (esp Esp) (bebida) drink; **~ mínima** minimum charge

consumido -da *adj* [ESTAR] (por enfermedad, hambre) emaciated; *ver tb* **consumir**

consumidor -dora *m,f* consumer

consumir [I1] *vt* **(a)** (fml) ‹*comida/bebida*› to eat/drink, consume (fml) **(b)** ‹*gasolina/energía/producto*› to consume, use; ‹*tiempo*› to take up **(c)** ‹*salud*› to ruin **(d)** (destruir) «*fuego/llamas*» to consume; «*envidia/celos*»: **la envidia la consumía** she was consumed by *o* with envy
■ **consumirse** *v pron* **(a)** «*enfermo/anciano*» to waste away; **se consumía de pena** she was being consumed by grief **(b)** «*vela/cigarrillo*» to burn down **(c)** «*líquido*» to reduce

consumismo *m* consumerism

consumo *m* consumption; **~ mínimo** (AmL) minimum charge; **el ~ de drogas** drug-taking

contabilidad *f* **(a)** (ciencia) accounting **(b)** (profesión) accountancy **(c)** (cuentas) accounts (*pl*), books (*pl*); **lleva la ~** she does the accounts *o* the books

contabilizar [A4] *vt* (en contabilidad) to enter; (contar) to count

contable *mf* (Esp) accountant

contactar [A1] *vi* **~** CON **algn** to contact sb, get in touch WITH sb
■ **~** *vt* to contact

contacto *m* **(a)** (entre dos cuerpos) contact; **entrar en ~** to come into contact; **hacer ~** to make contact **(b)** (comunicación) contact; **estar/ponerse en ~ con algn** to be/get in touch *o* contact with sb **(c)** (entrevista, reunión) encounter **(d)** (persona, conocido) contact **(e)** (Auto) ignition **(f)** (Méx) (Elec) socket, power point

contado[1] **-da** *adj* few; **en contadas ocasiones** on (a) very few occasions; **salimos con los minutos ~s** we left with only a few minutes to spare

contado[2] *m* **(a) al ~** or (Col) **de ~** ‹*pago/precio*› cash (*before n*); ‹*pagar*› (in) cash; **lo compré al ~** I paid cash for it, I paid for it in cash **(b)** (Col) (cuota, plazo) installment*

contador[1] *m* **(a)** (de luz, de gas) meter; (taxímetro) meter, taximeter **(b)** (AmL) (ábaco) abacus

contador[2] **-dora** *m,f* (AmL) accountant; **~ público** (AmL) certified public (AmE) *o* (BrE) chartered accountant

contagiar [A1] *vt* ‹*enfermedad*› to pass on, transmit (tech); ‹*persona*› to infect; **me contagió la gripe** she passed her flu on to me; **no te acerques que te voy a ~** don't come near or I'll give it to you
■ **contagiarse** *v pron* **(a)** «*persona/animal*» to become infected; **se ha contagiado de mí** she has caught it from me **(b)** «*enfermedad*» to be transmitted; «*manía/miedo*» to spread; **se contagia con facilidad** it is very contagious; **se contagió de la enfermedad** she caught the disease

contagioso -sa *adj* **(a)** (por contacto — directo) contagious; (— indirecto) infectious **(b)** ‹*risa/alegría*› infectious

contaminación *f* (del mar, aire) pollution; (de agua potable, comida) contamination; (por radiactividad) contamination; **~ acústica** noise pollution

contaminante *m* pollutant, contaminant

contaminar [A1] *vt* ‹*mar/atmósfera*› to pollute; ‹*agua potable/comida*› to contaminate; (por radiactividad) to contaminate

contar [A10] *vt* **1** ‹*dinero/votos/días*› to count;

key word

eran 6 sin ~ al conductor there were 6 of them not counting the driver; **y eso sin ~ las horas extras** and that's without including overtime; **lo cuento entre mis amigos** I consider him (to be) one of my friends **2** ‹*cuento/chiste/secreto*› to tell; **no se lo cuentes a nadie** don't tell anyone; **es muy largo de ~** it's a long story; **¿qué cuentas (de nuevo)?** (fam) how're things? (infml)

■ **~** *vi* **1** (en general) to count; **~ con los dedos** to count on one's fingers; **¿este trabajo cuenta para la nota final?** does this piece of work count toward(s) the final grade?; **ella no cuenta para nada** what she says (*o* thinks *etc*) doesn't count for anything **2 contar con (a)** ‹*persona/ayuda/discreción*› to count on, rely on; **cuento contigo para la fiesta** I'm counting *o* relying on you being at the party; **sin ~ con que ...** without taking into account that ... **(b)** (prever) to expect; **no contaba con que hiciera tan mal tiempo** I wasn't expecting the weather to be so bad **(c)** (fml) (tener) to have; **cuenta con 10 años de experiencia** she has 10 years of experience

■ **contarse** *v pron* **(a)** (fml) (estar incluido): **me cuento entre sus partidarios** I count myself as one of their supporters; **su novela se cuenta entre las mejores** his novel is among the best **(b) ¿qué te cuentas?** how's it going? (infml)

contemplación *f* **1** (observación) contemplation **2 contemplaciones** *fpl* (miramientos): **tienes demasiadas contemplaciones con él** you're too soft on him; **lo echaron sin contemplaciones** they threw him out without ceremony

✓ **contemplar** [A1] *vt* **(a)** ‹*paisaje/cuadro*› to gaze at, contemplate **(b)** ‹*posibilidad/idea*› to consider, contemplate

✓ **contemporáneo -nea** *adj* contemporary; **ser ~** DE **algn** to be a contemporary OF sb, be contemporary WITH sb

■ *m,f* contemporary

contenedor *m* container; (para basuras) bin, container; (para escombros) Dumpster® (AmE), skip (BrE); **~ de recogida de vidrio** bottle bank

✓ **contener** [E27] *vt* **(a)** «*recipiente/producto/libro*» to contain **(b)** (parar, controlar) ‹*infección/epidemia*› to contain; ‹*tendencia*› to curb; ‹*respiración*› to hold; ‹*risa/lágrimas*› to contain (fml), to hold back; ‹*invasión/revuelta*› to contain

■ **contenerse** *v pron* (*refl*) to contain oneself; **no se pudo ~ más** he could contain himself no longer

✓ **contenido** *m* (de recipiente, producto, mezcla) contents; (de libro, carta) content

contentar [A1] *vt* to please; **¡qué difícil de ~ eres!** you're so hard to please!

■ **contentarse** *v pron* **~se** CON **algo** to be satisfied WITH sth; **se contenta con muy poco** he's easy to please

✓ **contento -ta** *adj* [ESTAR] **(a)** (feliz, alegre) happy; **se puso muy ~ al oír que venías** he was very happy to hear you were coming; **~** CON **algo/algn** happy WITH sth/sb **(b)** (satisfecho) pleased; **estamos ~s con la nueva secretaria** we're pleased with the new secretary; **no ~ con que le prestara el coche ...** not content *o* satisfied with me lending him the car ...

conteo *m* (Andes, Ven) count

contestación *f* (respuesta) answer, reply

contestador -dora *adj* (CS fam) ▶ **contestón**

contestador automático *m* answering machine

✓ **contestar** [A1] *vt* ‹*pregunta/teléfono*› to answer; ‹*carta*› to answer, reply to; **me contestó que no** he said no

■ **~** *vi* **(a)** (a pregunta, al teléfono) to answer; (a carta, a invitación) to answer, reply; **no contesta nadie** (Telec) there's no answer **(b)** (insolentarse) to answer back

contestón -tona *adj* (fam): **es muy ~** he's always answering back

✓ **contexto** *m* context

contigo *pron pers* with you; **¿puedo ir ~?** can I go with you?; **en paz ~ misma** at peace with yourself; **ha sido muy amable ~** she's been very kind to you

contiguo -gua *adj* adjoining

continental *adj* continental

✓ **continente** *m* (Geog) continent

✓ **continuación** *f* **(a)** (acción) continuation **(b)** (de calle) continuation **(c)** (de novela) sequel; (de serie) next part *o* episode **(d) a continuación** next, then; **a ~ de** after, following

continuamente *adv* (con frecuencia, repetidamente) continually, constantly; (sin interrupción) continuously

✓ **continuar** [A18] *vt* to continue

■ **~** *vi* «*guerra/espectáculo/vida*» to continue; **si las cosas continúan así** if things go on *o* continue like this; Ⓢ **continuará** to be continued; **la película continúa en cartelera** the movie is still showing; **~** CON **algo** to continue WITH sth; **continuó diciendo que ...** she went on to say that ...

✓ **continuidad** *f* continuity

✓ **continuo -nua** *adj* **(a)** (sin interrupción) ‹*dolor*› constant; ‹*movimiento/sonido*› continuous, constant; ‹*lucha*› continual **(b)** (frecuente) ‹*llamadas/viajes*› continual, constant

contonearse [A1] *v pron* to swing one's hips

contorno *m* **(a)** (forma) outline **(b)** (de árbol, columna) girth; **medir el ~ de cintura** to take the waist measurement **(c)** (de ciudad) surrounding area

contorsión *f* contortion; **hacer contorsiones** to contort one's body

contorsionista *mf* contortionist

✓ **contra** *prep* against; **lo puso ~ la pared** he put it against the wall; **nos estrellamos ~ un árbol** we crashed into a tree; **dos ~ uno** two against one; **yo estoy en ~** I'm against it; **40 votos en ~** 40 votes against; **en ~ de** (opuesto a) against; (contrariamente a) contrary to

■ *f* **(a)** (esp AmL fam) (dificultad) snag; ***llevarle la ~ a algn*** to contradict sb **(b)** (Col) (antídoto) antidote **(c)** (Pol, Hist) (grupo): **la ~** the Contras (*pl*)

■ *mf* (individuo) Contra rebel

■ *m* ▶ **pro**

contraatacar [A2] *vi* to counterattack

contraataque *m* counterattack

contrabajo *m* (instrumento) double bass; (cantante) basso profundo

■ *mf* double-bass player

contrabandista *mf* smuggler

C

contrabando *m* **(a)** (actividad) smuggling; **~ de armas** gunrunning; **pasaba relojes de ~** he smuggled watches **(b)** (mercancías) smuggled goods (*pl*), contraband

contracción *f* contraction

contracorriente *f* crosscurrent; ***ir a ~*** «*barco*» to go against the current; «*nadador*» to swim against the current; «*diseñador/escritor*» to go *o* swim against the tide

contradecir [I24] *vt* ‹*persona/argumento*› to contradict

▪ **contradecirse** *v pron* **(a)** «*persona*» to contradict oneself **(b)** (*recípr*) «*afirmaciones/órdenes*» to contradict each other, be contradictory; **~se** CON **algo** to conflict WITH sth, contradict sth

contradicción *f* contradiction; **eso está en ~ con lo que predica** that is a contradiction of what he advocates

contradictorio -ria *adj* contradictory

contraer [E23] *vt* **1** (fml) **(a)** ‹*enfermedad*› to contract (fml), to catch **(b)** ‹*obligación/deudas*› to contract (fml); ‹*compromiso*› to make; **~ matrimonio con algn** to marry sb **2** **(a)** ‹*músculo*› to contract, tighten; ‹*facciones/cara*› to contort **(b)** ‹*metal/material*› to cause ... to contract

▪ **contraerse** *v pron* to contract

contrafuerte *m* (Arquit) buttress

contraincendios *adj inv* fire-prevention (*before n*)

contraindicado -da *adj* ‹*remedio/preparado*› contraindicated (tech)

contralto *m,f* (*f*) (en coro) alto; (solista) contralto; (*m*) countertenor

contraluz *m or f* back light; **a ~** against the light

contramanifestante *mf* counterdemonstrator

contramano: **el coche venía a ~** (en calle de dirección única) the car was coming the wrong way down the street; (por el lado contrario) the car was on the wrong side of the road

contraofensiva *f* counteroffensive

contraparte *f* (Andes) opposing party

contrapartida *f* **(a)** (compensación) compensation; (contraste) contrast; **como ~** in contrast **(b)** (Com) balancing entry

contrapelo: **cepillar a ~** ‹*tela*› to brush ... against the nap; ‹*pelo*› to brush ... the wrong way

contrapesar [A1] *vt* to counterbalance

contrapeso *m* (del ascensor) counterweight; (de equilibrista) balancing pole; **siéntate al otro lado para hacer ~** sit on the other side to balance it

contraportada *f* (de libro, revista) back cover; (de periódico) back page

contraposición *f* comparison; **en ~ a** or **con algo** in comparison to *o* with sth

contraproducente *adj* counterproductive

contrapunto *m* counterpoint

contrariado -da *adj* (disgustado) upset; (enojado) annoyed

contrariar [A17] *vt* (disgustar) to upset; (enojar) to annoy

contrariedad *f* **(a)** (dificultad, problema) setback, hitch; **nos surgió una ~** something came up; **¡qué ~!** how annoying! **(b)** (disgusto) annoyance, vexation (fml)

🔑 **contrario -ria** *adj* **1** (opuesto) ‹*opiniones/intereses*› conflicting; ‹*dirección/lado*› opposite; ‹*equipo*› opposing; ‹*bando*› opposite; **yo pienso lo ~** I think the opposite; **mientras no se demuestre lo ~** until proven otherwise; **sería ~ a mis intereses** it would be against *o* (fml) contrary to my interests; ▶ **sentido**[2] **4** **2** (*en locs*) **al contrario** on the contrary; **al ~ de su hermano ...** unlike his brother, ...; **de lo contrario** or else, otherwise; **por el contrario** on the contrary; **en el sur, por el ~, el clima es seco** the south, on the other hand, has a dry climate; **todo lo contrario** quite the opposite; ***llevarle la contraria a algn*** to contradict sb

▪ *m,f* opponent

contrarreloj *adj* ‹*carrera/etapa*› timed; **a ~** against the clock

contrarrestar [A1] *vt* to counteract

contrasentido *m* contradiction in terms

contraseña *f* (Mil) watchword, password; (Teatr, Cin) stub; (Inf) password

contrastar [A1] *vi* **~** CON **algo** to contrast WITH sth

▪ **~** *vt* **~ algo** CON **algo** to contrast sth WITH sth

contraste *m* contrast; **hacer ~ con algo** to contrast with sth; **en ~ con algo** in contrast to sth

contrata *f* contract

🔑 **contratar** [A1] *vt* **(a)** ‹*empleado/obrero*› to hire, take on; ‹*artista/deportista*› to sign up; ‹*servicios*› to contract **(b)** (Const) ‹*ejecución de una obra*› to put ... out to contract

contratiempo *m* (problema) setback, hitch; (accidente) mishap; **sufrir** or **tener un ~** to have a setback/a mishap

contratista *mf* contractor

🔑 **contrato** *m* contract; **~ de alquiler** rental agreement; **~ de compraventa/de trabajo** contract of sale and purchase/of employment

contravenir [I31] *vt* to contravene

contraventana *f* shutter

contravía (Col): **ir en ~** to drive the wrong way down the road; **un carro que venía en ~** an oncoming car

contribución *f* (colaboración, donación) contribution; (Fisco) tax

🔑 **contribuir** [I20] *vi* **(a)** (en general) to contribute; **contribuyó con 10 euros** he contributed 10 euros; **~** A **algo** to contribute TO sth **(b)** (Fisco) to pay taxes

contribuyente *mf* taxpayer

contrincante *mf* opponent

🔑 **control** *m* **1** (en general) control; **bajo ~** under control; **sin ~** out of control; **perdí el ~** I lost control (of myself); **hacerse con el ~ de algo** to gain control of sth; **lleva el ~ de los gastos** she keeps a check on the money that is spent; **~ de (la) natalidad** birth control; **~ de calidad** quality control *o* check; **~ de pasaportes** passport control; **~**

🔑 key word

remoto remote control **2** (en carretera, rally) checkpoint **3** **(a)** (Educ) test **(b)** (Med) check-up; ~ **antidoping** dope test, drug test

controlador -dora *m,f* controller; ~ **aéreo** or **de vuelo** air traffic controller

controlar [A1] *vt* **1** ‹*nervios/impulsos/persona*› to control; ‹*incendio*› to bring ... under control; **controlamos la situación** we are in control of the situation; **pasaron a ~ la empresa** they took control of the company **2** ‹*inflación/proceso*› to monitor; ‹*persona*› to keep a check on; ~ **el peso/la línea** to watch one's weight/one's waistline; **controlé el tiempo que me llevó** I timed how long it took me **3** (regular) ‹*presión/inflación*› to control

▪ **controlarse** *v pron* (dominarse) to control oneself; (vigilar) ‹*peso/colesterol*› to check, monitor

controversia *f* controversy

controversial *adj* (Ven) ▶ **controvertido**

controvertido -da *adj* [SER] ‹*persona/tema*› controversial

contundente *adj* **(a)** ‹*objeto/instrumento*› blunt; ‹*golpe*› severe, heavy **(b)** ‹*argumento/respuesta*› forceful; ‹*prueba*› convincing; ‹*fracaso/victoria*› resounding (*before n*); **fue ~ en sus declaraciones** he was categorical in his statements

conurbano *m* (Arg): **el ~** the suburbs (*pl*)

convalecencia *f* convalescence

convaleciente *adj* convalescent

convalidar [A1] *vt* ‹*estudios/título*› to validate, recognize

convencer [E2] *vt* **(a)** (de hecho, idea) to convince; **no se dejó ~** she wouldn't be convinced; **la convencí de que estaba equivocada** I convinced her that she was wrong **(b)** (para hacer algo) to persuade; **no pude ~lo de que** or **para que me prestara dinero** I couldn't persuade him to lend me any money **(c)** (*en frases negativas*) (satisfacer): **no me convence del todo la idea** I'm not absolutely sure about the idea; **su explicación no convenció a nadie** his explanation wasn't at all convincing

▪ **convencerse** *v pron* to be convinced; **¿te convenciste?** are you convinced?; **~se** DE **algo** to accept sth; **¿te convences de que tenía razón?** do you believe *o* accept I was right?

convención *f* convention

convencional *adj* conventional

convenenciero -ra *m,f* (Méx fam) user (infml)

convenible *adj* ‹*solución*› suitable; ‹*precio*› reasonable

conveniencia *f* **(a)** (interés, provecho): **solo piensa en su propia ~** he only thinks of his own interests; **lo hizo por ~** she only did it because it was in her own interest; **se casó por ~** it was a marriage of convenience **(b)** (comodidad) convenience **(c)** (de proyecto, acción) advisability

conveniente *adj* **(a)** (cómodo) convenient **(b)** (aconsejable, provechoso) advisable; **sería ~ que guardaras cama** it would be advisable for you to stay in bed

convenio *m* agreement

convenir [I31] *vi* **1** **(a)** (ser aconsejable): **no conviene que nos vean juntos** we'd better not be seen together; **convendría que descansaras** it would be a good idea if you rest; **no te conviene venderlo** it's not worth your while selling it; **no le conviene que eso se sepa** it's not in his interest for anybody to know that **(b)** (venir bien): **el jueves no me conviene** Thursday's no good for me; **te convendría tomarte unas vacaciones** it would do you good to take a vacation **2** (acordar) ~ EN **algo** (en fecha/precio) to agree (ON) sth

▪ ~ *vt* ‹*precio/fecha*› to agree (on); **a la hora convenida** at the agreed *o* (fml) appointed time

conventillo *m* (CS) tenement; **esta oficina es un ~** (fam) this office is a hotbed of gossip

convento *m* convent

convergente *adj* convergent

conversación *f* **(a)** (charla) conversation; **trabar ~ con algn** to strike up a conversation with sb; **no tiene ~** she has no conversation **(b) conversaciones** *fpl* (negociaciones) talks (*pl*)

conversador -dora *adj* chatty

▪ *m,f* conversationalist

conversar [A1] *vi* **(a)** (hablar) to talk **(b)** (esp AmL) (charlar) to chat, gab (AmE infml); **conversé largo rato con ella** I had a long talk *o* chat with her

conversión *f* conversion

convertible *m* (AmL) convertible

convertir [I11] *vt* **1** **(a)** (transformar) ~ **algo/a algn** EN **algo** to turn sth/sb INTO sth **(b)** (a una religión) to convert; ~ **a algn** A **algo** to convert sb TO sth **(c)** ‹*medida/peso*› ~ **algo** A **algo** *or* (Esp) EN **algo** to convert sth INTO sth **2** (period) (Dep) to score

▪ **convertirse** *v pron* **(a)** (transformarse) **~se** EN **algo** to turn INTO sth **(b)** (a una religión) to convert, be converted; **~se** A **algo** to convert TO sth

convicción *f* **(a)** (convencimiento) conviction; **tengo la ~ de que lo sabe** I'm certain *o* convinced he knows it **(b)** (persuasión) persuasion; **poder de ~** powers of persuasion **(c) convicciones** *fpl* (ideas, creencias) convictions (*pl*)

convicto -ta *m,f* prisoner, convict

convidado -da *m,f* guest

convidar [A1] *vt* **(a)** (invitar) to invite; ~ **a algn** A **algo** (a una boda/fiesta) to invite sb TO sth; **nos ~on a unas copas** they invited us for a few drinks; ~ **a algn a cenar** to invite sb to *o* for dinner **(b)** (AmL) (ofrecer) to offer; ~ **a algn** CON **algo** *or* (Chi, Méx) ~ **algo** A **algn** to offer sth TO sb, offer sb sth

convincente *adj* convincing

convivencia *f* (de etnias, sectas) coexistence; (de individuos): **la ~ pone el amor a prueba** living together puts love to the test

convivir [I1] *vi* «*personas*» to live together; «*ideologías/etnias*» to coexist; ~ CON **algn** to live WITH sb

convocar [A2] *vt* ‹*huelga/elecciones*› to call; ‹*manifestación*› to organize; ‹*concurso/certamen*› to announce; ‹*reunión/asamblea*› to call, convene (fml); ~ **a algn** A **algo** to summon sb TO sth

convocatoria *f* **(a)** (llamamiento a huelga, elecciones) call; **la ~ de huelga** the strike call

C

(b) (anuncio — para una reunión) notification; (— de exámenes, concursos) official announcement **(c)** (Esp) (Educ) (período de exámenes): **la ~ de junio** the June exams

convoy *m* (de barcos, camiones) convoy; (Ferr) (period) train

C

convulsión *f* (Med) convulsion

convulsionar [A1] *vt* to throw ... into confusion

conyugal *adj* (fml) marital, conjugal (fml); **problemas ~es** marital problems

cónyuge *mf* (fml) spouse (fml); **los ~s** the married couple

coñac, **coñá** *m* brandy, cognac

coñazo *m* **(a)** (Esp fam *o* vulg) (persona o cosa pesada) pain (in the neck) (infml); ***dar el ~*** (fam) to be a pain (infml) **(b)** (Col, Ven fam) (golpe) blow

coño *m* (vulg) (de la mujer) cunt (vulg), beaver (AmE sl), fanny (BrE sl)

⚷ **cooperación** *f* cooperation

cooperador -dora *adj* cooperative, helpful

cooperante *mf* (Esp) aid worker

cooperar [A1] *vi* to cooperate; **~** CON **algn** to cooperate WITH sb; **~ en la lucha contra el cáncer** to work together in the fight against cancer

cooperativa *f* (asociación) cooperative; (tienda) company store

⚷ **coordinación** *f* coordination

coordinado -da *adj* coordinate

⚷ **coordinador -dora** *m,f* **(a)** (organizador) coordinator **(b) coordinadora** *f* coordinating committee

⚷ **coordinar** [A1] *vt* ‹*movimientos/actividades/ropa*› to coordinate; **no lograba ~ las ideas** he couldn't speak/think coherently

■ **~** *vi* «*colores*» to match, go together

⚷ **copa** *f* **1** **(a)** (para vino) glass (*with a stem*); (para postres) parfait dish; (para helado) sundae dish; **~ de champán/coñac** champagne/brandy glass; **~ de vino** wineglass **(b)** (contenido) drink; **vamos a tomar una(s) ~(s)** let's go for a drink **2** (Dep) cup **3** **(a)** (de árbol) top, crown **(b)** (de un sostén) cup **(c)** (de sombrero) crown **4** **copas** *fpl* (en naipes) *one of the suits in a Spanish pack of cards*

Copenhague *m* Copenhagen

copeo *m* (fam): **ir/estar de ~** to go/be out drinking; **fuimos de ~ por los pubs del barrio** we went barhopping around the area (AmE), we went on a pub crawl around the area (BrE infml)

copera *f* (AmS) hostess

coperacha *f* (Méx fam) (recaudación) kitty (infml), collection; (contribución) contribution; **hacer una ~** to get up a collection (AmE infml), to have a whip round (BrE infml)

copetín *m* (RPl) aperitif

⚷ **copia** *f* copy; **saqué dos ~s** I made two copies

copiadora *f* photocopier, copier

copiar [A1] *vt* to copy; **copió el artículo a máquina** he typed out a copy of the article; **le copia todo al hermano** he copies his brother in everything; **le copié la respuesta a Ana** I copied the answer from Ana

■ **~** *vi* to copy

copihue *m* Chile-bells (*national flower of Chile*)

copiloto *mf* (Aviac) copilot; (Auto) co-driver

copión -piona *m,f* (fam) copycat (infml)

copioso -sa *adj* ‹*cosecha/comida*› abundant, plentiful; ‹*nevada/lluvia*› heavy; ‹*información/ejemplos*› copious; ‹*llamadas*› numerous

copla *f* **(a)** (Lit) stanza **(b)** (Mús) popular folk song

copo *m* (de nieve) flake, snowflake; (de algodón) ball; **~s de avena** rolled oats (*pl*); **~s de maíz** cornflakes (*pl*)

coproducción *f* coproduction, joint production

copucha *f* (Chi fam) (rumor, chisme) rumor*; (curiosidad) nosiness (infml)

copuchar [A1] *vi* (Chi fam) (conversar) to chat (infml); (curiosear) to nose around (infml)

cópula *f* **(a)** (Biol, Zool) copulation **(b)** (Ling) copula

copular [A1] *vi* to copulate

copulativo -va *adj* copulative

copyright /kopi'rraj(t)/ *m* (*pl* **-rights**) copyright

coqueta *f* **(a)** (chica que flirtea) flirt, coquette (liter); (presumida) vain girl/woman; **eres una ~** you are so vain **(b)** (mueble) dressing table

coquetear [A1] *vi* to flirt; **~** CON **algn** to flirt WITH sb

coqueto -ta *adj* **(a)** (en el arreglo personal): **es muy coqueta** she's very concerned about her appearance **(b)** ‹*casa/dormitorio*› cute, sweet **(c)** ‹*sonrisa/mirada/mujer*› flirtatious, coquettish (liter)

coraje *m* **(a)** (valor) courage **(b)** (fam) (desfachatez) nerve; **¡qué ~!** what a lot of nerve! (AmE), what a nerve! (BrE)

coral *adj* choral

■ *m* (Zool) coral; **color ~** coral (*before n*), coral-colored*

■ *f* (Mús) (coro) choir

Corán *m*: **el ~** the Koran

coraza *f* **(a)** (armadura) cuirass **(b)** (de tortuga) shell

⚷ **corazón** *m* **1** **(a)** (en general) heart; **sufre del ~** she has heart trouble; **es un hombre de buen/gran~** he's very kind-hearted/big-hearted; **no tener ~** to be heartless (infml); **con todo mi ~** with all my heart; **de (todo) ~** sincerely; **le partió el ~** it broke her heart; ***tener un ~ de oro/de piedra*** to have a heart of gold/of stone **(b)** (apelativo cariñoso) (fam) sweetheart (infml) **2** **(a)** (de manzana, pera) core; (de alcachofa) heart **(b)** (de ciudad, área) heart **3** (en naipes) **(a)** (carta) heart **(b) corazones** *mpl* (palo) hearts (*pl*)

corazonada *f* hunch; **tuve la ~ de que ibas a venir** I had a hunch *o* feeling you'd come

corbata *f* (Indum) tie, necktie (AmE); **hay que ir de ~** you have to wear a tie; **~ de lazo** or (AmL) **de moño** or (Chi) **de humita** bow tie

corbatín *m* bow tie

corchete *m* **(a)** (Impr) square bracket **(b)** (en costura) hook and eye **(c)** (Chi) (para sujetar papeles) staple

corchetear [A1] *vt* (Chi) to staple

corchetera *f* (Chi) stapler

corcho *m* cork; (para pescar, nadar) float

corcholata *f* (Méx) bottle top

corcovear [A1] *vi* to buck

⚷ key word

cordel *m* **(a)** (fino) cord, string **(b)** (Chi) (cuerda) rope; **saltar al ~** to jump rope (AmE), to skip (BrE)

cordero *m* **(a)** (cría) lamb **(b)** (carne — de cordero) lamb; (— de oveja) mutton **(c)** (piel) lambskin **(d)** (fam) (persona dócil): **ser un corderito** to be as good as gold

corderoy *m* (AmS) corduroy

cordial *adj* (fml) (amistoso) cordial, friendly; ‹*ambiente*› congenial; **recibe un ~ saludo** (Corresp) (kindest) regards

cordialidad *f* (fml) cordiality

cordillera *f* (mountain) range; **la ~ de los Andes** the Andes

cordillerano -na *adj* (AmL) Andean, mountain (*before n*)

córdoba *m* cordoba (*Nicaraguan unit of currency*)

cordón *m* **1** **(a)** (cuerda) cord; **~ umbilical** umbilical cord **(b)** (de zapatos) shoelace, lace **(c)** (Elec) cord **(d)** (de personas) cordon; **~ policial** police cordon **2** **(a)** (CS) (de cerros) chain **(b)** (RPl) (de la vereda) curb (AmE), kerb (BrE)

cordura *f* (Psic) sanity; (sensatez) good sense; **obrar con ~** to act sensibly

Corea *f* Korea

coreano -na *adj/m,f* Korean

corear [A1] *vt* ‹*consignas/insultos*› to chant, chorus; ‹*marcha/estrofa*› to sing ... in unison

coreografía *f* choreography

coreógrafo -fa *m,f* choreographer

corista *f* (en revista musical) chorus girl

cornada *f* (golpe) thrust (*with the horns*); (herida) wound (*caused by a bull's horn*); **darle una ~ a algn** to gore sb

córnea *f* cornea

córner *m* (*pl* **-ners**) corner (kick); **lanzar un ~** to take a corner

corneta *f* **(a)** (Mús) (sin llaves) bugle; (con llaves) cornet **(b)** (Ven) (Auto) horn

cornetista *mf* (de corneta sin llaves) bugler; (de corneta con llaves) cornet player

cornisa *f* (Arquit) cornice

corno *m* (Mús) horn; **~ inglés** English horn (AmE), cor anglais (BrE)

cornudo -da *m,f* (fam) (*m*) deceived husband; (*f*) deceived wife

coro *m* **(a)** (conjunto vocal) choir; (en revista musical) chorus line; **a ~** ‹*repetir*› together, in unison; ‹*cantar*› in chorus, together **(b)** (composición) chorus **(c)** (Arquit) choir

corola *f* corolla

corona *f* **1** **(a)** (de soberano) crown **(b)** (institución): **la ~** the Crown **(c)** (de flores) crown, wreath; (para funerales) wreath **(d)** (Astron) corona **2** (moneda) crown **3** (Odont) crown

coronación *f* **(a)** (de soberano) coronation **(b)** (culminación) culmination

coronar [A1] *vt* **(a)** ‹*soberano*› to crown; **lo ~on rey** he was crowned king **(b)** ‹*montaña/cima*› to reach the top of **(c)** (en damas) to crown

coronel -nela *m,f* (en el ejército) colonel; (en las fuerzas aéreas) ≈ Colonel (*in US*), ≈ Group Captain (*in UK*)

coronilla *f* crown (of the head); ***estar hasta la ~ (de algo/algn)*** (fam) to be fed up to the back teeth (with sth/sb) (infml)

coronta *f* (Chi, Per) *tb* **~ de choclo** *stripped corn cob*

coroto *m* **(a)** (Col, Ven fam) (trasto) piece of junk (infml); **recoge tus ~s** get your things *o* stuff together **(b)** (Ven) (poder político) (political) power

corpiño *m* (chaleco) bodice; (del vestido) bodice; (prenda interior) (RPl) brassiere

corporación *f* (Com, Fin) corporation

corporal *adj* ‹*trabajo*› physical; ‹*necesidades*› bodily (*before n*); ‹*castigo*› corporal (*before n*)

corpulento -ta *adj* ‹*persona/animal*› hefty, burly; ‹*árbol*› solid, sturdy

corpus *m* (*pl* **~**) corpus

Corpus, **Corpus Christi** Corpus Christi

corral *m* **(a)** (en granja) yard, farmyard **(b)** (para ganado) corral **(c)** *tb* **corralito** (para niños) playpen

corralón *m* **(a)** (Méx) (de la policía) car pound **(b)** (Per) (terreno baldío) piece of waste land (*sometimes with shanty dwellings*) **(c)** (Arg) (Const) lumberyard

correa *f* **(a)** (tira) strap; (cinturón) belt; (de perro) leash; **~ de reloj** watchband (AmE), watchstrap (BrE) **(b)** (Mec) belt; **~ del ventilador** fan belt

corrección *f* **1** **(a)** (buenos modales): **es un hombre de una gran ~** he is very well-mannered *o* correct; **vestir con ~** to dress correctly *o* properly **(b)** (honestidad) correctness **(c)** (propiedad): **habla el francés con ~** he speaks French well *o* correctly **2** (de exámenes, errores) correction; **~ de pruebas** proofreading

correccional *f or* (Esp) *m* *tb* **~ de menores** reformatory (AmE), detention centre (BrE)

correctamente *adv* **(a)** (sin errores) correctly **(b)** (con cortesía) politely **(c)** (honestamente) honorably

correcto -ta *adj* **(a)** (educado) correct, polite; (honesto) honest **(b)** ‹*respuesta/solución*› correct, right **(c)** ‹*funcionamiento/procedimiento*› correct

corrector[1] -tora *m,f* (de exámenes) marker; **~ de pruebas** proofreader

corrector[2] *m*: **~ ortográfico** (Inf) spell checker

corredor[1] -dora *m,f* **1** (Dep) runner; (ciclista) cyclist; **~ de coches** racing driver; **~ de fondo** long-distance runner **2** **(a)** (agente) agent; **~ de Bolsa** stockbroker; **~ de bienes raíces** or (Esp) **de fincas** real estate broker (AmE), estate agent (BrE) **(b)** (RPl) (viajante) sales representative

corredor[2] *m* (Arquit, Geog, Pol) corridor

corregir [I8] *vt* (en general) to correct; ‹*modales*› to improve, mend; ‹*examen/prueba*› to correct; (puntuar) to grade (AmE), to mark (BrE)

■ **corregirse** *v pron* **(a)** (en el comportamiento) to change *o* mend one's ways **(b)** (*refl*) (al hablar) to correct oneself; **un defecto físico que se corrige solo** a defect which corrects itself

correlación *f* correlation

correntoso -sa *adj* (CS) fast-flowing

correo *m* **(a)** mail, post (BrE); **envíamelo por ~** mail (AmE) *o* (BrE) post it to me; **echar una carta al ~** to mail (AmE) *o* (BrE) post a letter; **~ aéreo** air mail; **~ certificado** or (Col, Ur) **recomendado** registered mail; **~ electrónico** email,

C

electronic mail; ~ **urgente** special delivery; **de ~s** ‹*servicio/huelga*› postal (*before n*) **(b)** (tren) mail train **(c)** (oficina) *tb* **C~s** (Esp) post office **(d)** (mensajero) messenger

correoso -sa *adj* tough, leathery

⚷ **correr** [E1] *vi* **1** **(a)** (en general) to run; **bajó/subió las escaleras corriendo** she ran down/up the stairs; **salieron corriendo del banco** they ran out of the bank; **echó a ~** he started to run **(b)** (Auto, Dep) «*piloto/conductor*» to race **2** **(a)** (apresurarse): **¡corre, ponte los zapatos!** hurry *o* quick, put your shoes on!; **no corras tanto que te equivocarás** don't do it so quickly, you'll only make mistakes; **corrí a llamarte** I rushed to call you; **me tengo que ir corriendo** I have to rush off **(b)** (fam) «*vehículo*» to go fast; «*conductor*» to drive fast **3** **(a)** «*carretera/río*» to run; «*agua*» to run; «*sangre*» to flow; **corría una brisa suave** there was a gentle breeze **(b)** «*rumor*» **corre el rumor/la voz de que ...** there is a rumor going around that ... **4** (pasar, transcurrir): **corría el año 1973 cuando ...** it was 1973 when ...; **con el ~ de los años** as time went/goes by; **¡cómo corre el tiempo!** how time flies! **5** (hacerse cargo) ~ CON **algo** (con gastos) to pay sth; (con organización) to be responsible FOR sth

■ ~ *vt* **1** **(a)** (Dep) ‹*maratón*› to run **(b)** (Auto, Dep) ‹*prueba/gran premio*› to race in **2** (exponerse a): **corres el riesgo de perderlo** you run the risk of losing it; **aquí no corres peligro** you're safe here **3** **(a)** ‹*botón/ficha/silla*› to move; ‹*cortina*› (cerrar) to draw, close; (abrir) to open, pull back; **corre el cerrojo** bolt the door **(b)** (Inf) ‹*texto*› to scroll

■ **correrse** *v pron* **1** **(a)** «*silla/cama*» to move; «*pieza/carga*» to shift **(b)** (fam) «*persona*» to move up *o* over **2** **(a)** «*tinta*» to run; «*rímel/maquillaje*» to run, smudge; **se me corrió el rímel** my mascara ran **(b)** (AmL) «*media*» to ladder

correspondencia *f* **(a)** (relación por correo) correspondence; (cartas) mail, post (BrE); **mantener ~ con algn** to correspond with sb **(b)** (equivalencia) correspondence

⚷ **corresponder** [E1] *vi* **1** **(a)** (en un reparto): **le corresponde la mitad de la herencia** he's entitled to half the inheritance; **la parte que te corresponde** your part *o* share **(b)** (incumbir): **te corresponde a ti preparar el informe** it's your job to prepare the report; **el lugar que le corresponde** his rightful place **(c)** (*en 3ª pers*) (ser adecuado): **debe disculparse, como corresponde** he must apologize, as is right and proper (fml); **según corresponda** as appropriate **2** (encajar, cuadrar): **su aspecto corresponde a la descripción** his appearance fits *o* matches the description; **el texto no corresponde a la foto** the text doesn't belong with *o* match the photograph **3** ~ A **algo** (a un favor) to return sth; (a amabilidad/generosidad) to repay sth

■ ~ *vt* ‹*favor/atención*› to return; **un amor no correspondido** an unrequited love

⚷ **correspondiente** *adj* **(a)** (en general) corresponding (*before n*); **la etiqueta ~** the corresponding label; **los números ~s a cada página** the numbers corresponding to each page **(b)** (propio) own; **viene con su ~ caja** it comes with its own box **(c)** (pertinente) relevant; **rellene el impreso ~** complete the relevant form

corresponsal *mf* (Period, Rad, TV) correspondent; ~ **extranjero/de guerra** foreign/war correspondent

corretear [A1] *vi* (correr) to run around

■ ~ *vt* **1** (esp AmL) (perseguir) to chase, pursue **2** (RPl) (Com) to wholesale

corrida *f* **1** (Taur) bullfight **2** (Chi) (serie) series; (fila) row; (de bebidas) round

corrido *m*: *Mexican folk song*

⚷ **corriente** *adj* **1** (que se da con frecuencia) common; (normal, no extraño) usual, normal; **es un error muy ~** it's a very common mistake; **lo ~ es pagar al contado** the normal thing is to pay cash; **un tipo normal y ~** an ordinary guy; **~ *y moliente*** (fam) ordinary, run-of-the-mill **2** **(a)** (en curso) ‹*mes/año*› current **(b)** **al corriente: estoy al ~ en los pagos** I'm up to date with the payments; **empezó con retraso pero se ha puesto al ~** she started late but she has caught up; **mantener a algn al ~ de algo** to keep sb informed about sth

■ *f* **(a)** (de agua) current; **~s marinas** ocean currents; ***dejarse llevar por la ~*** to go along with the crowd; ***seguirle la ~ a algn*** to humor* sb **(b)** (de aire) draft (AmE), draught (BrE) **(c)** (Elec) current; **me dio (la) ~** I got a shock *o* an electric shock; **se cortó la ~** there was a power cut

corro *m* **(a)** (círculo) circle, ring; **hacer un ~** to stand/sit in a circle; **se formó un ~ a su alrededor** a circle of people formed around her **(b)** (Jueg): **jugar al ~** *to play a singing game standing in a ring*

corroborar [A1] *vt* to corroborate

corroer [E13] *vt* ‹*metal*› to corrode; ‹*mármol*› to erode

corromper [E1] *vt* **(a)** ‹*persona/lengua/sociedad*› to corrupt **(b)** ‹*materia orgánica*› to rot

■ **corromperse** *v pron* **(a)** «*costumbres/persona/lengua*» to become corrupted **(b)** «*materia orgánica*» to rot

corrompido -da *adj* **(a)** ‹*persona/sociedad*› corrupt **(b)** ‹*materia orgánica*› rotten

corrosión *f* corrosion

corrosivo -va *adj* ‹*sustancia/acción*› corrosive

⚷ **corrupción** *f* **(a)** (de moral, persona, lengua) corruption; **~ de menores** corruption of minors **(b)** (de materia) decay

corrupto -ta *adj* corrupt

corsé, **corset** /kor'se/ *m* (*pl* **-sets**) corset

cortacésped *m* lawnmower

cortada *f* **(a)** (Col, Méx) (herida) cut; **hacerse una ~** to cut oneself **(b)** (RPl) (calle sin salida) no through road

cortado¹ -da *adj* **1** ‹*persona*› **(a)** [ESTAR] (Chi, Esp) (turbado, avergonzado) embarrassed **(b)** [ESTAR] (Esp, CS) (aturdido) stunned; **me quedé ~ con su respuesta** I was stunned by her reply **(c)** [SER] (Esp) (tímido) shy **2** [ESTAR] **(a)** ‹*calle/carretera*› closed, closed off **(b)** ‹*película*› cut **3** **(a)** [ESTAR] ‹*mayonesa/salsa*› separated; **la leche está cortada** the milk is curdled *o* off **(b)** ‹*café*› with a dash of milk

cortado² *m* expresso with a dash of milk

cortante *adj* **(a)** ‹*instrumento/objeto*› sharp **(b)** ‹*viento*› biting **(c)** ‹*respuesta/tono*› sharp

⚷ key word

cortaplumas *m or f* (*pl* ~) penknife

cortar [A1] *vt* **1** (dividir) ‹*cuerda/pastel*› to cut, chop; ‹*asado*› to carve; ‹*leña/madera*› to chop; ‹*baraja*› to cut; **~ algo por la mitad** to cut sth in half *o* in two; **~ algo en rodajas/en cuadritos** to slice/dice sth; **~ algo en trozos** to cut sth into pieces **2** (quitar, separar) ‹*rama/punta/pierna*› to cut off; ‹*árbol*› to cut down, chop down; ‹*flores*› (CS) to pick; **me cortó un trozo de melón** she cut me a piece of melon **3** (hacer más corto) ‹*pelo/uñas*› to cut; ‹*césped/pasto*› to mow; ‹*seto*› to cut; ‹*rosal*› to cut back; ‹*texto*› to cut down **4** (en costura) ‹*falda/vestido*› to cut out **5** (interrumpir) **(a)** ‹*agua/gas/luz/teléfono*› to cut off; ‹*película/programa*› to interrupt **(b)** ‹*calle*› «*policía/obreros*» to close, block off; «*manifestantes*» to block; **me cortó el paso** he stood in my way **6** (censurar, editar) ‹*película*› to cut; ‹*escena/diálogo*› to cut (out) **7** «*frío*» **el frío me cortó los labios** my lips were chapped *o* cracked from the cold weather

■ **~** *vi* **1** «*cuchillo/tijeras*» to cut **2** **(a)** (Cin): **¡corten!** cut! **(b)** (CS) (por teléfono) to hang up; **no me cortes** don't hang up on me **(c)** (en naipes) to cut

■ **cortarse** *v pron* **1** (interrumpirse) «*proyección/película*» to stop; «*llamada/gas*» to get cut off; **se cortó la luz** there was a power cut; **se me cortó la respiración** I could hardly breathe **2** **(a)** (*refl*) (hacerse un corte) to cut oneself; ‹*brazo/cara*› to cut; **me corté un dedo** I cut my finger **(b)** (*refl*) ‹*uñas/pelo*› to cut; **se corta el pelo ella misma** she cuts her own hair **(c)** (*caus*) ‹*pelo*› to have ... cut; **tengo que ~me el pelo** I have to have my hair cut **(d)** «*piel/labios*» to crack, become chapped **3** (cruzarse) «*líneas/calles*» to cross **4** «*leche*» to curdle; «*mayonesa/salsa*» to separate **5** (Chi, Esp) «*persona*» (turbarse, aturdirse) to get embarrassed

cortaúñas *m* (*pl* ~) nail clippers (*pl*)

corte *m* **1** (en general) cut; **se hizo un ~ en la cabeza** he cut his head; **~ de pelo** haircut; **~ a (la) navaja** razor cut; **un ~ de luz** a power cut; **tuvimos varios ~s de agua** the water was cut off several times; **~ de digestión** stomach cramp; **~ publicitario** (RPl) commercial break **2** **(a)** (de tela) length, length of material **(b)** (en costura) cut; **un traje de buen ~** a well-made *o* well-cut suit; **~ y confección** dressmaking **3** (Esp fam) (vergüenza) embarrassment; **me da ~ ir sola** I'm embarrassed to go by myself; **¡qué ~!** how embarrassing! **4** (RPl fam) (atención): **darle ~ a algn** to take notice of sb

■ *f* **(a)** (del rey) court **(b)** (esp AmL) (Der) Court of Appeal; **C~ Suprema (de Justicia)** (AmL) Supreme Court **(c) las Cortes** *fpl* (Pol) (en Esp) Parliament, the legislative assembly

cortejo *m* (de rey) retinue, entourage; (de ministro) entourage; **~ fúnebre** funeral procession *o* (fml) cortège

cortés *adj* polite, courteous

cortesía *f* **(a)** (urbanidad, amabilidad) courtesy, politeness; **la trató con ~** he was polite to her; **tuvo la ~ de invitarnos** she was kind enough to invite us **(b) de cortesía** ‹*entrada*› complimentary; ‹*visita*› courtesy (*before n*)

corteza *f* (de árbol) bark; (del pan) crust; (del queso) rind; (de naranja, limón) peel, rind; **la ~ terrestre** the earth's crust

cortijo *m* (en Esp) (finca) country estate; (casa) country house

cortina *f* curtain, drape (AmE); **~ de ducha** shower curtain; **~ de humo** smokescreen

cortisona *f* cortisone

corto[1] **-ta** *adj* **1** **(a)** (en longitud) ‹*calle/río*› short; **de manga corta** short-sleeved; **el vestido le quedó ~** the dress is too short for her now; **iba vestida de ~** she was wearing a short dress/skirt **(b)** (en duración) ‹*película/curso/viaje*› short; ‹*visita/conversación*› short, brief; ***a la corta o a la larga*** sooner or later **2** (escaso, insuficiente): **un niño de corta edad** a very young child; **~ de vista** near-sighted, shortsighted (BrE); **andar ~ de tiempo** to be pressed for time **3** (fam) (poco inteligente) stupid; **~ de entendederas** or **alcances** dim, dense (infml)

corto[2] *m* (Cin) **(a)** (cortometraje) short (movie *o* film) **(b) cortos** *mpl* (Col, Méx, Ven) (de película) trailer

cortocircuito *m* short circuit; **hacer ~** to short-circuit

cortometraje *m* short (movie *o* film)

cosa *f* **1** (en general) thing; **cualquier ~** anything; **¿alguna otra ~?** anything else?; **pon cada ~ en su lugar** put everything in its place; **entre una(s) ~(s) y otra(s) ...** what with one thing and another ...; **¡qué ~s dices!** really, what a thing to say!; **dime una ~ ...** tell me something ...; **tengo que contarte una ~** there's something I have to tell you; **fue ~ fácil** it was easy; **se enfada por cualquier ~** he gets angry over the slightest thing; **si por cualquier ~ no puedes venir** if you can't come for any reason; **por una ~ o por otra** for one reason or another; **esto no es ~ de risa/broma** this is no laughing matter/no joke **2** **cosas** *fpl* (pertenencias) things (*pl*); **mis ~s de deporte** my sports things **3** (situación, suceso): **así están las ~s** that's how things are *o* stand; **la ~ se pone fea** things are starting to get unpleasant; **¿cómo (te) van las ~s?** how are things?; **son ~s de la vida** that's life!; **¡qué ~ más extraña!** how strange *o* funny! **4** **(a)** (fam) (ocurrencia): **¡tienes cada ~!** the things you come up (AmE) *o* (BrE) out with!; **esto es ~ de tu padre** this is your father's doing *o* idea **(b)** (comportamiento típico): **son ~s de niños** children are like that; **son ~s de Ana** that's one of Ana's little ways **5** (asunto): **no es ~ tuya** it's none of your business; **no te preocupes, eso es ~ mía** don't worry, I'll handle it **6** (*en locs*) **cosa de** (AmS fam) so as to; **~ de terminarlo** so as to finish it; **cosa que** (AmS fam) so that; **~ que no me olvide** so that I don't forget; **no sea cosa que: llévate el paraguas, no sea ~ que llueva** take your umbrella just in case; **átalo, no sea ~ que se escape** tie it up so that it doesn't get away; ***ser ~ de ...***; (fam): **es ~ de unos minutos** it'll (only) take a couple of minutes; **es ~ de intentarlo** you just have to give it a go

cosecha *f* **(a)** (acción, época) harvest; **un vino de la ~ del 70** a 1970 vintage wine **(b)** (producto) crop

cosechador -dora *m,f* **(a)** (persona) harvester **(b) cosechadora** *f* (máquina) combine (harvester)

C

cosechar [A1] *vt* **(a)** (recoger) ‹*cereales*› to harvest; ‹*legumbres*› to pick **(b)** (Esp) (cultivar) ‹*cereales/patatas*› to grow **(c)** ‹*aplausos/premios/honores*› to win; ‹*éxitos*› to achieve
■ ~ *vi* to harvest

coser [E1] *vt* **(a)** ‹*dobladillo*› to sew; ‹*botón*› to sew on; ‹*agujero*› to sew (up); **cóselo a máquina** sew it on the machine **(b)** ‹*herida*› to stitch
■ ~ *vi* to sew

cosmético¹ -ca *adj* cosmetic (*before n*)

cosmético² *m* cosmetic

cósmico -ca *adj* cosmic

cosmopolita *adj/mf* cosmopolitan

cosmos *m* cosmos

cosquillas *fpl*: **hacerle ~ a algn** to tickle sb; **tener ~** to be ticklish

⚷ **costa** *f* **1** (Geog) (del mar — área) coast; (— perfil) coastline; **una ~ muy accidentada** a very rugged coastline; **la ~ atlántica** the Atlantic coast **2** (*en locs*) **a costa de: lo terminó a ~ de muchos sacrificios** he had to make a lot of sacrifices to finish it; **a ~ mía/de los demás** at my/other people's expense; **a toda costa** at all costs **3** **costas** *fpl* (Der) costs (*pl*)

costado *m* side; **pasar de ~** to go through sideways; **duerme de ~** she sleeps on her side

costal *m* sack, bag

costanera *f* (CS) (de río) riverside path (*o* road *etc*); (del mar) promenade; (de lago) lakeside path (*o* road *etc*)

⚷ **costar** [A10] *vt* **(a)** (en dinero) to cost; **¿cuánto me ~á arreglarlo?** how much will it cost to fix it? **(b)** (en perjuicios): **el atentado que le costó la vida** the attack in which he lost his life; **le costó el puesto** it cost him his job **(c)** (en esfuerzo): **me costó mucho trabajo** it took me a lot of hard work; **cuesta abrirlo** it's hard to open; **me cuesta trabajo creerlo** I find it hard *o* difficult to believe
■ ~ *vi* **(a)** (en dinero) to cost; **el reloj me costó caro** the watch cost a lot **(b)** (resultar perjudicial): **esto te va a ~ caro** you're going to pay dearly for this **(c)** (resultar difícil): **cuesta un poco acostumbrarse** it's not easy to get used to; **no te cuesta nada intentarlo** it won't do you any harm to give it a try; **la física le cuesta** he finds physics difficult; **me costó dormirme** I had trouble getting to sleep

Costa Rica *f* Costa Rica

costarricense *adj/mf* Costa Rican

costarriqueño -ña *adj/m,f* Costa Rican

coste *m* (Esp) ▶ **costo**

costear [A1] *vt* (financiar) to finance
■ **costearse** *v pron* (*refl*) (financiarse): **yo me costeé el viaje** I paid for the trip myself

costeño -ña *adj* coastal
■ *m,f*: **los ~s** people from coastal regions

costero -ra *adj* ‹*camino/pueblo*› coastal

costilla *f* **(a)** (Anat) rib **(b)** (AmS) (chuleta — de vaca) T-bone steak; (— de cerdo, cordero) chop

costipado -da *adj/m* ▶ **constipado**

⚷ **costo** *m* (Com, Econ, Fin) cost; **de bajo ~** low-cost, budget; **precio de ~** cost price; **al ~** at cost price; **~ de (la) vida** cost of living

costoso -sa *adj* **(a)** ‹*casa/coche/joya*› expensive **(b)** ‹*error*› costly **(c)** ‹*trabajo/tarea*› difficult

costra *f* **(a)** (de herida) scab **(b)** (de suciedad) layer, coating

⚷ **costumbre** *f* **(a)** (de individuo) habit; **tenía (la) ~ de madrugar** he was in the habit of getting up early; **agarró la ~ de ...** she got into the habit of ...; **hacer algo por ~** to do sth out of habit; **a la hora de ~** at the usual time; **como de ~** as usual; **se quejó menos que de ~** he complained less than he usually does **(b)** (de país, pueblo) custom

costura *f* **(a)** (acción) sewing **(b)** (puntadas) seam

costurera *f* seamstress

costurero *m* (caja, estuche) workbox; (canasta) sewing basket; **~ de viaje** sewing kit

cotejar [A1] *vt* ‹*documentos*› to compare; ‹*información/respuesta*› to collate; **~ algo** CON **algo** to check sth AGAINST sth

cotelé *m* (Chi) corduroy

⚷ **cotidiano -na** *adj* daily; ‹*vida*› everyday, daily

cotilla *mf* (Esp fam) gossip (infml)

cotillear [A1] *vi* (Esp fam) to gossip

cotilleo *m* (Esp fam) gossip

cotización *f* **(a)** (de moneda) value; (de acciones, valores, producto) price; **su ~ llegó a 500 pesos** it reached 500 pesos **(b)** (Andes) (evaluación) valuation; (presupuesto) estimate

cotizado -da *adj* sought-after

cotizar [A4] *vt* **(a)** (Fin) ‹*acciones*› to quote; **las acciones se cotizan a 525 pesos** the shares are quoted at 525 pesos; **la libra se cotizó a 1,58 euros** the pound stood at 1.58 euros **(b)** (Andes) ‹*cuadro/joyas*› to value; ‹*obra/reparación*› to give an estimate for

coto *m* (Dep, Ecol) reserve; **~ de caza/pesca** game/fishing preserve

cotorra *f* **(a)** (Zool) (loro) parrot **(b)** (fam) (persona) chatterbox (infml)

cototo *m* (Chi fam) bump (*on the head*)

cottolengo /koto'leŋgo/ *m* (RPl) (para ancianos) old people's home; (para niños) children's home; (para drogadictos, desamparados, etc) shelter, refuge

cotufas *fpl* (Ven) (maíz tostado) popcorn

COU /kou/ *m* (en Esp) = **Curso de Orientación Universitaria**

courier /ku'rje(r)/ *mf* courier

coya *mf*: *indian from the Andean region of Bolivia, Peru and the NW of Argentina*

coyote *m* (Zool) coyote

coyuntura *f* (Anat) joint

coz *f* kick; **dar coces** to kick

crac *m* (*pl* **cracs**) **(a)** (sonido) crack, snap **(b)** (Fin) crash

crack *m* (*pl* **cracks**) (droga) crack

cráneo *m* skull, cranium (tech)

cráter *m* crater

crawl /krol/ *m* *tb* **estilo ~** crawl, front crawl

crayón *m* (Méx, RPl) wax crayon

⚷ **creación** *f* **(a)** (en general) creation **(b)** (Relig): **la C~** the Creation

creador -dora *adj* creative
■ *m,f* **(a)** (en general) creator; **~es de moda**

⚷ key word

fashion designers **(b)** (Relig): **el C~** the Creator

crear [A1] *vt* to create; ‹*producto*› to develop; ‹*institución/comisión/fondo*› to set up; ‹*fama/prestigio*› to bring; ‹*reputación*› to earn; **crea muchos problemas** it causes *o* creates a lot of problems; **no quiero ~ falsas expectativas** I don't want to raise false hopes

▪ **crearse** *v pron* ‹*problema*› to create ... for oneself; ‹*enemigos*› to make

creatividad *f* creativity

creativo -va *adj* creative

crecer [E3] *vi* **1** **(a)** «*ser vivo/pelo/uñas*» to grow; **dejarse ~ la barba** to grow a beard **(b)** (criarse) to grow up; **crecieron en un pueblo** they grew up in a village **2** **(a)** «*río*» to rise; «*ciudad*» to grow; «*luna*» to wax **(b)** «*sentimiento/interés*» to grow; «*rumor*» to spread **(c)** «*economía*» to grow; **el número de desempleados ha crecido** the number of unemployed has risen **(d)** (en importancia, sabiduría) **~** EN **algo** to grow IN sth

creces: **pagar con ~ un error** to pay dearly for a mistake; **superar algo con ~** ‹*nivel/previsiones*› to far exceed sth

crecida *f* **(a)** (subida de nivel): **el río experimentó una fuerte ~** the river level rose sharply **(b)** (desbordamiento): **las ~s del Paraná** the flooding of the Paraná

creciente *adj* **(a)** ‹*interés/necesidad*› increasing **(b)** (Astron): **luna ~** waxing moon

crecimiento *m* growth; **una industria en ~** a growth industry; **durante el ~** while they are growing

credibilidad *f* credibility

crédito *m* **1** **(a)** (en negocio) credit; **tengo ~ aquí** they let me have credit here; **a ~** on credit **(b)** (cuenta) account **(c)** (préstamo) loan; **~ hipotecario** mortgage loan **2** (credibilidad): **fuentes dignas de ~** reliable sources; **no di ~ a sus palabras** I doubted his words (fml) **3** (Cin, TV, Educ) credit

credo *m* creed

crédulo -la *adj* credulous, gullible

creencia *f* belief

creer [E13] *vi* **(a)** (tener fe, aceptar como verdad) to believe; **~** EN **algo/algn** to believe IN sth/sb; **¿me crees?** do you believe me? **(b)** (pensar, juzgar) to think; **¿tú crees?** do you think so?; **no creo** I don't think so; **no creas, es bastante difícil** believe me, it's quite hard

▪ **~** *vt* **(a)** (dar por cierto) to believe; **hay que verlo para ~lo** it has to be seen to be believed; **aunque no lo creas** believe it or not; **¡no lo puedo ~!** I don't believe it!; **¡ya lo creo!** of course! **(b)** (pensar, juzgar) to think; **creo que sí/creo que no** I think so/I don't think so; **creo que va a llover** I think it's going to rain; **no la creo capaz** I do not think she is capable; **se cree que el incendio fue provocado** the fire is thought to have been started deliberately; **no lo creí necesario** I didn't think it necessary; **no creo que pueda ir** I doubt if *o* I don't think I'll be able to go; **creí oír un ruido** I thought I heard a noise; **creo recordar que ...** I seem to remember that ...

▪ **creerse** *v pron* **(a)** (*enf*) (con ingenuidad) to believe; **eso nadie se lo cree** no one believes that **(b)** (con arrogancia) to think; **se cree muy listo** he thinks he's really clever; **¿quién se ~á que es?** who does he think he is? **(c)** (CS fam) (estimarse superior) to think one is special (*o* great *etc*) **(d)** (Méx) (fiarse) **~se** DE **algn** to trust sb

creído -da *adj* [SER] (engreído) conceited

crema *f* **(a)** (plato dulce) *type of custard* **(b)** (esp AmL) (de la leche) cream; **~ batida** whipped cream; **~ agria** or **ácida** (AmL) sour *o* soured cream; **~ chantilly** or **chantillí** (AmL) whipped cream (*with sugar, vanilla and egg white*); **~ doble/líquida** (AmL) double/single cream; **~ pastelera** crème pâtissière, confectioner's custard **(c)** (sopa) cream **(d)** (en cosmética) cream; **~ bronceadora** suntan lotion *o* cream; **~ de afeitar** shaving cream; **~ de calzado** (Esp) shoe cream; **~ hidratante** moisturizer, moisturizing cream

▪ *adj inv* cream; **(de) color ~** cream, cream-colored

cremallera *f* **(a)** (Indum) zipper (AmE), zip (BrE) **(b)** (Mec, Tec) rack

cremar [A1] *vt* to cremate

crematorio *m* crematorium

cremoso -sa *adj* ‹*salsa*› creamy; ‹*queso*› soft, creamy

crep *m* (*pl* **creps**), (Méx) **crepa** *f* crepe

crepe /krep/ *m or f* (Coc) crepe

crepé *m* (Tex) crepe

crepería *f* crêperie

crepúsculo *m* (del anochecer) twilight; (del amanecer) dawn light

crespo[1] -pa *adj* (rizado) (AmL) curly; (muy rizado) frizzy

crespo[2] *m* (AmL) curl

cresta *f* **(a)** (Zool) crest; (de gallo) comb **(b)** (de ola, monte) crest

cretino -na *adj* (fam & pey) moronic

▪ *m,f* (fam & pey) (idiota) cretin (infml & derog), moron (infml & derog)

creyente *adj*: **es muy ~** she has a strong faith

▪ *mf* believer; **los no ~s** the nonbelievers

creyera, **creyese**, *etc* ▶ **creer**

cría *f* **(a)** (crianza) rearing, raising; (para la reproducción) breeding **(b)** (Zool) (camada) litter; (nidada) brood **(c)** (animal): **una ~ de ciervo** a baby deer

criadero *m* farm; **~ de pollos/de truchas** poultry/trout farm; **~ de perros** kennel (AmE), kennels (BrE); **~ de ostras** oyster bed

criado -da *m,f* (*m*) servant; (*f*) servant, maid

criador -dora *m,f* breeder

crianza *f* **1** (Agr) raising, rearing; (para la reproducción) breeding **2** (de niños) upbringing

criar [A17] *vt* **1** ‹*niño*› **(a)** (cuidar, educar) to bring up, raise **(b)** (amamantar) to breast-feed; **criado con biberón** bottle-fed **2** **(a)** ‹*ganado*› to raise, rear; (para la reproducción) to breed **(b)** ‹*pollos/pavos*› to breed

▪ **criarse** *v pron* to grow up; **me crié en el campo** I grew up in the country; **me crié con mi abuela** I was brought up by my grandmother

criatura *f* **(a)** (niño — pequeño) child; (— recién nacido) baby **(b)** (cosa creada) creature

criba *f* **(a)** (instrumento) sieve **(b)** (proceso de selección): **la primera ~** the first stage of the selection process; **hicimos una ~ de las solicitudes** we went through the applications

C

cribar [A1] *vt* to sieve, sift
cricket /'krike(t)/ *m* cricket
crimen *m* (delito grave) serious crime; (asesinato) murder; ~ **de guerra** war crime; ~ **pasional** crime of passion; **es un ~ tirar esta comida** it's a crime to throw away this food; **¡qué ~!** it's wicked *o* criminal
criminal *adj/mf* criminal
criminalidad *f* **(a)** (cualidad) criminality **(b)** (número de crímenes) crime
criminalista *adj* criminal (*before n*) ■ *mf* criminal lawyer
crin *f* **(a)** (del caballo) *tb* **~es** mane **(b)** (pelo de caballo) horsehair **(c)** (esparto) esparto grass
crío cría (esp Esp fam) *m,f* kid (infml)
criollo -lla *adj* **(a)** (Hist) Creole **(b)** (AmL) (por oposición a extranjero) Venezuelan (*o* Peruvian *etc*); ‹*plato/artesanía/cocina*› national ■ *m,f* **(a)** (Hist) Creole (*of European descent born in a Spanish American colony*) **(b)** (AmL) (nativo) Venezuelan (*o* Peruvian *etc*)
cripta *f* crypt
criquet *m* (Dep) cricket
crisantemo *m* chrysanthemum
crisis *f* (*pl* ~) **(a)** (en general) crisis; ~ **nerviosa** nervous breakdown **(b)** (period) (remodelación ministerial) *tb* ~ **de Gobierno** cabinet reshuffle
crismas *m* (*pl* ~) (Esp) Christmas card
crispar [A1] *vt* **(a)** (contraer): **con la expresión crispada por el dolor** his face tensed/contorted with pain **(b)** (exasperar) to infuriate; **me crispa los nervios** it really irritates me *o* gets on my nerves
■ **crisparse** *v pron* «*rostro/expresión*» to tense up; «*persona*» to get irritated
cristal *m* **1** **(a)** (vidrio fino) crystal; ~ **de roca** rock crystal; ~ **tallado** or (AmL) **cortado** cut glass **(b)** (lente) lens **2** (Esp) (vidrio) glass; (trozo) piece of glass; (de ventana) pane; **puerta de ~** glass door; **~es rotos** pieces of glass; **limpiar los ~s** to clean the windows; ~ **delantero** (Esp) windshield (AmE), windscreen (BrE); ~ **trasero** (Esp) rear windshield (AmE), rear windscreen (BrE)
cristalera *f* (Esp) **(a)** (mueble) display cabinet, dresser **(b)** (escaparate) shop window **(c)** (puertas) French windows (*pl*), French doors (*pl*) (AmE); (ventanas) windows (*pl*)
cristalería *f* (objetos) glassware; (juego) set of glasses
cristalero -ra *m,f* (Esp) (persona que instala) glazier
cristalino -na *adj* crystalline
cristalizar [A4] *vi/vt* to crystallize
cristiandad *f* Christendom
cristianismo *m* Christianity
cristianizar [A4] *vt* to Christianize
cristiano -na *adj/m,f* Christian; **¿eres ~?** are you a Christian?; ~ **renacido** born-again Christian
Cristo Christ; **antes/después de ~** before Christ *o* BC/AD
criterio *m* **(a)** (norma, principio) criterion; **tenemos que unificar ~s** we have to agree on our criteria **(b)** (capacidad para juzgar, discernir) discernment (fml), judgment*; **lo dejo a tu ~** I leave that to your discretion *o* judgment; **no tiene ~** he has no common sense **(c)** (opinión, juicio) opinion
crítica *f* **(a)** (ataque, censura) criticism; **fue objeto de numerosas ~s** she was the object of a lot of criticism **(b)** (reseña) review; (ensayo) critique; **la película recibió muy buenas ~s** the movie had very good reviews; **la ~** (los críticos) the critics (*pl*); ~ **literaria** literary criticism
criticar [A2] *vt* **(a)** (censurar) to criticize **(b)** (Art, Espec, Lit) ‹*libro/película*› to review ■ ~ *vi* to gossip, backbite
crítico -ca *adj* critical ■ *m,f* critic
criticón -cona *adj* (fam & pey) critical, hypercritical ■ *m,f* (fam & pey) faultfinder
Croacia *f* Croatia
croar [A1] *vi* to croak
croata *adj* Croatian, Croat ■ *mf* Croat; **los ~s** the Croats, Croatian people
crochet /kro'tʃe/ *m* crochet; **hacer ~** to crochet
croissant /krwa'san/ *m* (*pl* **-ssants**) croissant
crol *m* (Dep) crawl
cromo *m* **(a)** (metal) chromium, chrome **(b)** (Esp) (estampa) picture card, sticker
cromosoma *m* chromosome
crónica *f* **(a)** (Period) report, article; (Rad, TV) report; ~ **deportiva/de sociedad** sport(s)/society page (*o* section *etc*) **(b)** (Hist) chronicle
crónico -ca *adj* chronic
cronista *mf* **(a)** (esp AmL) (periodista) journalist, reporter; ~ **de radio** radio broadcaster **(b)** (Hist) chronicler
cronograma *m* timescale, time line
cronología *f* chronology
cronológico -ca *adj* chronological
cronometrar [A1] *vt* to time
cronómetro *m* (Tec) chronometer; (Dep) stopwatch
croqueta *f* croquette
croquis *m* (*pl* ~) sketch
cross /kros/ *m* **(a)** (deporte — en atletismo) cross-country running; (— en motociclismo) motocross **(b)** (carrera — a pie) cross country, cross-country race; (— en moto) motocross race
cruce *m* **1** **(a)** (acción) crossing **(b)** (de calles) crossroads; ⓢ **cruce peligroso** dangerous junction; ~ **peatonal** or **de peatones** pedestrian crossing **(c)** (Telec): **hay un ~ en las líneas** there's a crossed line **2** (Agr, Biol) cross
cruceiro *m* (Hist) (unidad monetaria) cruzeiro (*former Brazilian unit of currency*)
crucerista *mf* cruise passenger
crucero *m* **(a)** (viaje) cruise; **hizo un ~ por el Caribe** he went on a Caribbean cruise **(b)** (barco de guerra) cruiser **(c)** (Méx) (de carreteras) crossroads; (Ferr) grade crossing (AmE), level crossing (BrE)
crucial *adj* crucial
crucificar [A2] *vt* to crucify
crucifijo *m* crucifix
crucigrama *m* crossword, crossword puzzle
cruda *f* (AmC, Méx fam) hangover

crudeza *f* harshness; (del clima) severity, harshness

crudo -da *adj* **1** [ESTAR] ‹*carne/verduras/pescado*› (sin cocinar) raw; (poco hecho) underdone **2** [SER] **(a)** ‹*invierno/clima*› severe, harsh **(b)** ‹*lenguaje/imágenes/realidad*› harsh

cruel *adj* cruel; **ser ~ con algn** to be cruel to sb

crueldad *f* cruelty; **eso es una ~** that's cruel; **~ mental** mental cruelty

crujido *m* **(a)** (de tablas, muelles, ramas) creaking **(b)** (de papel, hojas secas) rustling; (de seda) rustle **(c)** (de los nudillos, las rodillas) cracking **(d)** (de la grava, nieve) crunching **(e)** (de los dientes) grinding

crujiente *adj* ‹*galletas/tostadas*› crunchy; ‹*pan*› crusty

crujir [I1] *vi* **(a)** «*tabla/muelles/ramas*» to creak; «*hojas secas*» to rustle **(b)** «*nudillos/rodillas*» to crack **(c)** «*grava/nieve*» to crunch **(d)** «*galletas/tostadas*» to be crunchy **(e)** «*dientes*» **le crujen los dientes** he grinds his teeth

crustáceo *m* crustacean

cruz *f* **1** **(a)** (figura) cross; **ponte con los brazos en ~** stand with your arms stretched out to the sides; **la C~** (Relig) the Cross; **~ gamada** swastika; **la C~ Roja** the Red Cross **(b)** (ornamento, condecoración) cross **2** (de moneda) reverse; **cara o ~** heads or tails

cruzada *f* crusade

cruzado -da *adj* **1** **(a)** (atravesado): **había un árbol ~ en la carretera** there was a tree lying across the road **(b)** ‹*abrigo/chaqueta*› double-breasted **2** ‹*cheque*› crossed; *ver tb* **cruzar**

cruzar [A4] *vt* **1** (atravesar) ‹*calle/mar/puente*› to cross **2** ‹*piernas*› to cross; ‹*brazos*› to cross, fold **3** **(a)** ‹*cheque*› to cross **(b)** (tachar) to cross out **(c)** ‹*palabras/saludos*› to exchange **4** (llevar al otro lado) to take (*o* carry *etc*) ... across **5** ‹*animales/plantas*› to cross

■ **~** *vi* (atravesar) to cross; **~on por el puente** they went across the bridge

■ **cruzarse** *v pron* **1** (*recípr*) **(a)** «*caminos/líneas*» to intersect, meet **(b)** (en viaje, camino): **nos cruzamos en el camino** we met *o* passed each other on the way; **nuestras cartas se han debido de ~** our letters must have crossed in the post; **~se** CON **algn** to see *o* pass sb **2** (interponerse): **se me cruzó una moto** a motorcycle pulled out in front of him; **se me cruzó otro corredor** another runner cut in front of me

cta. (= **cuenta**) a/c

cuaderno *m* (de ejercicios) exercise book; (de notas) notebook; **~ (de) borrador** rough notebook; **~ de espiral** or (Chi) **de anillos** spiral-bound notebook

cuadra *f* **(a)** (Equ) stable, stables (*pl*) **(b)** (AmL) (distancia entre dos esquinas) block

cuadrado[1] **-da** *adj* **1** **(a)** (de forma) square **(b)** (Mat) ‹*metro/centímetro*› square (*before n*); **2 m² ~s** (*read as: dos metros cuadrados*) m² (*léase: two square meters*) **2** [ESTAR] (fam) (fornido) well-built, big, hefty (infml) **3** [SER] (AmL fam) (cerrado de mente) inflexible

cuadrado[2] *m* square; **25 elevado al ~** 25 squared

cuadrar [A1] *vi* **(a)** «*cuentas*» to tally, balance **(b)** «*declaraciones/testimonias*» to tally; **~** CON **algo** to fit in WITH sth, tally WITH sth **(c)** (Ven) (para una cita) **~** CON **algn** to arrange to meet sb; **~** PARA **hacer algo** to arrange to do sth

■ **cuadrarse** *v pron* **(a)** «*soldado*» to stand to attention **(b)** «*caballo/toro*» to stand stock-still **(c)** (Col, Ven fam) (estacionarse) to park

cuadriculado -da *adj* ‹*papel*› squared; **mapa ~** grid map

cuadrilátero *m* **(a)** (Mat) quadrilateral **(b)** (period) (de boxeo) ring

cuadrilla *f* **(a)** (Taur) cuadrilla (*team of matador's assistants*) **(b)** (de obreros) team, gang; (de soldados) squad; (de maleantes) gang

cuadro *m* **1** **(a)** (Art) (pintura) painting; (grabado, reproducción) picture **(b)** (Teatr) scene **(c)** (gráfico) table, chart **2** **(a)** (cuadrado) square, check; **tela a ~s** checked material; **zanahorias cortadas en cuadritos** diced carrots **(b)** (tablero) board, panel; **~ de mandos** or **instrumentos** (Auto) dashboard; (Aviac) instrument panel **(c)** (de bicicleta) frame **3** (en organización): **los ~s directivos del partido** the top party officials; **los ~s superiores de la empresa** the company's senior management; **~s de mando** (Mil) commanders (*pl*)

cuadrúpedo -da *adj/m* quadruped (*before n*)

cuádruple, cuádruplo *m*: **esta cifra es el ~ de la que esperábamos** this figure is four times what we expected

cuajada *f* junket, curd

cuajar [A1] *vi* **1** **(a)** «*leche*» to curdle; «*flan/yogur*» to set **(b)** «*nieve*» to settle **2** **(a)** «*ideología*» to be accepted; «*plan/proyecto*» to come off; «*moda*» to catch on, take off **(b)** «*persona*» to fit in

■ **~** *vt* ‹*leche*› to curdle

cuajo *m* **1** (sustancia) rennet **2** (raíz): **arrancar algo de ~** ‹*planta*› to pull sth out by the roots; ‹*vicio/corrupción*› to root out (completely)

cual *pron* **1** **(a)** **el/la ~/los/las ~es** (hablando de personas) (*sujeto*) who; (*complemento*) who, whom (fml); (hablando de cosas) which; **mis vecinos, a los ~es no conocía** my neighbors who I didn't know *o* (fml) whom I did not know; **el motivo por el ~ lo hizo** the reason why he did it; **según lo ~** ... by which ...; **dos de los ~es** two of whom/which **(b)** **lo ~** which; **por lo ~** as a result, therefore; **con lo ~** so **2** (*en locs*) **cada cual** everyone, everybody; **sea cual sea** or **fuera** or **fuere** whatever

cuál *pron* (uno en particular) which; (uno en general) what; **¿~ quieres?** which (one) do you want?; **¿y ~ es el problema?** so, what's the problem?

■ *adj* (esp AmL): **¿a ~ colegio vas?** what *o* which school do you go to?

cualidad *f* quality

cualificado -da *adj* (Esp) ▶ **calificado**

cualificar [A2] *vt* (Esp) ▶ **calificar**

cualquier *adj apocopated form of* **cualquiera**[1] *used before nouns*

cualquiera[1] (*pl* **cualesquiera** *or* crit **cualquiera**) *adj* [*see also note under* ▶ **cualquier**] any; **en cualquier momento** (at) any time; **cualquier cosa/persona** anything/anyone; **en cualquier lado** anywhere; **de cualquier forma que se haga** whichever way you do it; **lo voy a hacer de ~ forma** I'm going to do it anyway; **es un mercenario ~** he's nothing but a mercenary

C

■ *pron* (refiriéndose — a dos personas o cosas) either (of them); (— a más de dos personas) anybody, anyone; (— a más de dos cosas) any one; **¿cuál de los dos? — cualquiera** which one? — either (of them); **pregúntaselo a ~** ask anybody *o* anyone (you like); **~ que elijas estará bien** whichever (one) you choose *o* any one you choose will be fine

cualquiera² *mf*: **un ~** a nobody; **una ~** a floozy *o* (BrE) tart (infml & pey)

✓ **cuando** *conj* **(a)** (con valor temporal) when; **ven ~ quieras** come when *o* whenever you like; **~ se mejore** when she gets better; **ahora es ~ me viene mejor** now is the best time for me **(b)** (si) if; **será verdad ~ él lo dice** it must be true if he says so **(c)** (*en locs*) **cada cuando** (esp AmL) every so often; **de vez en cuando** from time to time, every so often

cuándo *adv* when; **¿de ~ es esa foto?** when was that photo taken?; **¿desde ~ lo sabes?** how long have you known?; **¿desde ~?** since when?; **¡~ no!** (AmL) as usual!

cuantificar [A2] *vt* ‹*valor/daños/pérdidas*› to quantify, assess

cuantioso -sa *adj* substantial

✓ **cuanto¹** *adv* **(a)** (tanto como) as much as; **grita ~ quieras** shout as much as you like **(b)** (*como conj*) **~s más/menos seamos, mejor** the more/the fewer of us there are the better; **~ antes empecemos, más pronto terminaremos** the sooner we begin, the sooner we'll finish **(c)** (*en locs*) **cuanto antes** as soon as possible; **en cuanto** (tan pronto como) as soon as; **en cuanto a** (en lo que concierne) as for, as regards

✓ **cuanto² -ta** *adj*: **llévate ~s discos quieras** take as many records as you want *o* like; **unos ~s amigos** a few friends; **tiene ~ libro hay sobre el tema** she has every book there is on the subject

■ *pron*: **le di todo ~ tenía** I gave her everything I had; **fuimos solo unos ~s** only a few of us went

cuánto¹ *adv* **(a)** (en preguntas) how much **(b)** (uso indirecto): **si supieras ~ la quiero/lo siento** if you knew how much I love her/how sorry I am

cuánto² -ta *adj* **(a)** (en preguntas) (*sing*) how much; (*pl*) how many; **¿~ café queda?** how much coffee is there left?; **¿~s alumnos tienes?** how many students do you have?; **¿~s años tienes?** how old are you?; **¿~ tiempo tardarás?** how long will you take? **(b)** (uso indirecto) (*sing*) how much; (*pl*) how many; **no sé ~ dinero/~s libros tengo** I don't know how much money/how many books I have **(c)** (en exclamaciones): **¡~ vino!** what a lot of wine!; **¡~ tiempo sin verte!** I haven't seen you for ages! (infml)

■ *pron* **1** (en preguntas) **(a)** (*sing*) how much; (*pl*) how many; **¿~ pesas?** how much do you weigh?; **¿~ mides?** how tall are you?; **¿~s quieres?** how many do you want?; **¿a ~ estamos hoy?** what's the date today? **(b)** (refirido a tiempo) how long; **¿~ falta para llegar?** how long before we get there? **(c)** (refirido a precios, dinero) how much; **¿~ cuesta?** how much is it?; **¿~ es?** how much is that (altogether)? **2** (uso indirecto): **pregúntale ~ va a demorar** ask her how long she'll be; **no sé ~ puede costar/~s tiene** I don't know how much it might cost/how many she has **3** (en exclamaciones): **¡~ has tardado!** it's taken you a long time!

cuarenta *adj inv/pron/m* forty; *para ejemplos ver* **cincuenta**; ***cantarle las ~ a algn*** to give sb a piece of one's mind

cuarentena *f* (aislamiento) quarantine

cuarentón -tona *m,f* (fam) person in his/her forties

Cuaresma *f* Lent

cuarta *f* (Auto) fourth (gear); **mete la ~** put it in fourth

cuartel *m* **(a)** (Mil) barracks (*sing o pl*); **~ de bomberos** (RPl) fire station, fire house (AmE); **~ general** headquarters (*sing o pl*) **(b)** (tregua): **no dieron ~ a los rebeldes** they showed no mercy to the rebels; **una lucha sin ~** a merciless fight

cuartelada *f*, **cuartelazo** *m* putsch, military uprising

cuarteto *m* (Mús) quartet

✓ **cuarto¹ -ta** *adj/pron* fourth; **la cuarta parte** a quarter; *para ejemplos ver* **quinto¹**

✓ **cuarto²** *m* **1** (habitación) room; (dormitorio) room, bedroom; **~ de baño** bathroom; **~ de estar** living room, parlor (AmE), sitting room (BrE); **~ de (los) huéspedes** guest room, spare room; **~ trastero** lumber room, junk room **2** **(a)** (cuarta parte) quarter; **un ~ de kilo** a quarter (of a) kilo; **un ~ de pollo** a quarter chicken; **~ creciente/menguante** first/last quarter; **~s de final** quarterfinals (*pl*) **(b)** (en expresiones de tiempo) quarter; **un ~ de hora** a quarter of an hour; **la una y ~** (a) quarter after (AmE) *o* (BrE) past one, one fifteen; **es un ~ para las dos** or (Esp, RPl) **son las dos menos ~** it is a quarter to two

cuarzo *m* quartz

cuate *mf* (Méx) **(a)** (mellizo) twin **(b)** (fam) (amigo) pal (infml) **(c)** (fam) (tipo, tipa) (*m*) guy (infml); (*f*) woman

cuatrapearse [A1] *v pron* (Méx) «*aparato*» to break; «*planes*» to fall through

cuatrero -ra *m,f* rustler

cuatrillizo -za *m,f* quadruplet, quad

✓ **cuatro** *adj inv/pron* four; **¿llueve? — no, solo son ~ gotas** is it raining? no, it's just a drop or two; **le escribí ~ líneas** I wrote him a couple of lines; *para más ejemplos ver tb* **cinco**

■ *m* **(a)** (número) (number) four; *para ejemplos ver* **cinco** **(b)** (Ven) (guitarra) four-stringed guitar

cuatrocientos -tas *adj/pron* four hundred; *para ejemplos ver* **quinientos**

cuba *f* **(a)** (barril) barrel, cask; ***estar como una ~*** (fam) to be plastered (infml) **(b)** (tina) tub, vat

Cuba *f* Cuba

cubalibre *m* (de ron) rum and coke; (de ginebra) gin and coke

✓ **cubano -na** *adj/m,f* Cuban

cubertería *f* cutlery; **una ~ de plata** a set of silver cutlery

cubeta *f* **(a)** (Fot, Quím) tray; (de paredes más altas) tank **(b)** (para hielo) ice tray **(c)** (barril) keg, small cask **(d)** (Méx) (balde) bucket

cúbico -ca *adj* cubic; **2m³** (*read as: dos metros cúbicos*) 2m³ (léase: two cubic meters)

cubierta *f* **1** **(a)** (funda) cover; (de libro) cover, sleeve **(b)** (Auto) tire* **2** (Náut) (en barco) deck; **salir a ~** to go up on deck

✓ key word

cubierto[1] **-ta** *adj* ‹*cielo*› overcast, cloudy; *ver tb* **cubrir**

cubierto[2] *m* **1** **(a)** (pieza) piece of cutlery; **los ~s de plata** the silver cutlery **(b)** (servicio de mesa) place setting; **pon otro ~** can you set another place? **2** (*en locs*) **a cubierto: ponerse a ~ de la lluvia** to take cover *o* to shelter from the rain

cubilete *m* **(a)** (vaso) beaker; (para dados) shaker, cup **(b)** (Col) (sombrero) top hat

cubitera *f* (bandeja) ice tray; (cubo) ice bucket

cubo *m* **1** (Esp) bucket; **~ de (la) basura** (de la cocina) garbage can (AmE), (kitchen) bin (BrE); (de edificio) garbage can (AmE), rubbish bin (BrE) **2** **(a)** (cuerpo geométrico) cube; **cubito de hielo** ice cube; **cubito de caldo** stock cube **(b)** (Mat) cube; **elevar un número al ~** to cube a number

cubrecama *m* bedspread

cubrir [I33] *vt* **(a)** (en general) to cover; **~ algo** DE **algo** to cover sth WITH sth; **cubrí al niño con una manta** I covered the child with a blanket **(b)** ‹*demanda/necesidad*› to meet **(c)** ‹*plaza/vacante*› to fill

■ **cubrirse** *v pron* **1** **(a)** (*refl*) (taparse) to cover oneself; ‹*cara*› to cover **(b)** (ponerse el sombrero) to put one's hat on **(c)** (protegerse) to take cover **(d)** (contra riesgo) to cover oneself **2** (llenarse): **las calles se habían cubierto de nieve** the streets were covered with snow

cucaracha *f* (Zool) cockroach

cuchara *f* spoon; **~ de postre** dessertspoon; **~ sopera** or **de sopa** soup spoon

cucharada *f* spoonful; **~ sopera** ≈ tablespoonful

cucharadita *f* teaspoon, teaspoonful

cucharilla, **cucharita** *f* (Coc) teaspoon

cucharón *m* ladle

cucheta *f* (RPl) trundle bed, truckle bed

cuchichear [A1] *vi* (fam) to whisper

cuchilla *f* **(a)** (de segadora, batidora, cuchillo) blade; (de arado) coulter, share **(b)** *tb* **~ de afeitar** (hoja) razor blade; (maquinilla) razor

cuchillada *f*, **cuchillazo** *m* **(a)** (golpe) stab; **le dio una ~** she stabbed him **(b)** (herida) stab wound

cuchillo *m* knife; **~ de cocina** kitchen knife

cuchitril *m* hole (infml), hovel

cucho -cha *m,f* **1** (Col fam) **(a)** (padre) dad (infml); (madre) mom (AmE infml), mum (BrE infml) **(b)** (profesor) teacher **(c)** (viejecito) (*m*) old guy (infml); (*f*) old girl (infml) **2** (Chi fam) (gato) puss (infml)

cuclillas *fpl*: **en ~** squatting, crouching; **ponerse en ~** to squat

cuco *m* **1** (Zool) cuckoo **2** (Esp) (de bebé) Moses basket **3** (CS, Per leng infantil) bogeyman

cucú *m* cuckoo

cucurucho *m* **(a)** (de papel, cartón) cone; (de barquillo) cone **(b)** (helado) cone, cornet (BrE) **(c)** (capirote) hood, pointed hat

cuece, **cuecen**, *etc* ▶ **cocer**

cuello *m* **(a)** (Anat) neck; **le cortaron el ~** they slit *o* cut his throat **(b)** (de botella) neck; **~ de botella** (Auto) bottleneck **(c)** (de prenda de vestir) collar; **sin ~** collarless **(d)** (escote) neck; **~ alto** or **vuelto** or (AmL) **tortuga** turtleneck (AmE), polo neck (BrE); **~ de pico** V neck; **~ redondo** round neck

cuenca *f* **(a)** (Geog, Geol) basin **(b)** (del ojo) socket

cuenco *m* (recipiente) bowl

cuenta *f*

> ■ **Nota** Cuando la frase *darse cuenta* va seguida de una oración subordinada introducida por *de que*, en el español latinoamericano existe cierta tendencia a omitir la preposición *de* en el lenguaje coloquial: *se dio cuenta que no iba a convencerla* he realized (that) he wasn't going to convince her.

1 **(a)** (operación, cálculo) calculation, sum; **hacer una ~** to do a calculation *o* sum; **saca la ~** add it up, work it out; **hacer** or **sacar ~s** to do some calculations; ***a fin de ~s*** after all **(b)** **cuentas** *fpl* (contabilidad) accounts; **yo llevo las ~s del negocio** I do the accounts for the business, I handle the money side of the business (infml); **ella se ocupa de las ~s de la casa** she pays all the bills and looks after the money **(c)** (cómputo) count; **llevar/perder la ~** to keep/lose count; **~ atrás** countdown; ***más de la ~*** too much **2** **(a)** (factura) bill; **¿nos trae la ~, por favor?** could we have the check (AmE) *o* (BrE) bill, please?; **la ~ del gas** the gas bill; **a cuenta** on account; **entregó $2.000 a ~** she gave me/him/them $2,000 on account; **este dinero es a ~ de lo que te debo** this money is to go toward(s) what I owe you **(b)** (Com, Fin) (en banco, comercio) account; **abrir/cerrar/liquidar una ~** to open/close/to settle an account; **~ corriente/de ahorro(s)** current/savings account; **~ de resultados** profit and loss account **3** **cuentas** *fpl* (explicaciones): **no tengo por qué darte ~s** I don't have to explain *o* justify myself to you; **dar** or **rendir ~s de algo** to account for sth; ***en resumidas ~s*** in short **4** (cargo, responsabilidad): **los gastos corren por ~ de la empresa** the expenses are covered *o* paid by the company; **se instaló por su ~** she set up (in business) on her own; **trabaja por ~ propia** she's self-employed **5** **darse ~ (de algo)** (comprender) to realize (sth); (notar) to notice (sth); **se da ~ de todo** she's aware of everything that's going on (around her); **date ~ de que es imposible** you must realize (that) it's impossible; **tener algo en ~** to bear sth in mind; **ten en ~ que es joven** bear in mind that he's young; **sin tener en ~ los gastos** without taking the expenses into account; **tomar algo en ~** to take sth into consideration **6** (de collar, rosario) bead

cuentagotas *m* (*pl* **~**) dropper

cuentakilómetros *m* (*pl* **~**) (de distancia recorrida) odometer (AmE), milometer (BrE); (de velocidad) speedometer

cuentero -ra *adj* (Méx, RPl fam) **(a)** (mentiroso): **ser ~** to be a fibber (infml) **(b)** (chismoso) gossipy

cuentista *adj* **(a)** (fam) (exagerado): **no seas ~, que no duele tanto** don't exaggerate, it doesn't hurt that much **(b)** (fantasioso): **ser ~** to be a fibber (infml)

■ *mf* **(a)** (Lit) short-story writer **(b)** (fam) (exagerado): **no te fíes de ese ~, es puro teatro** don't fall for his playacting, he's just putting it on **(c)** (fantasioso) fibber (infml)

cuento *m* **(a)** (narración corta) short story; (para

niños) story, tale; **cuéntame un ~** tell me a story; **~ de hadas** fairy story, fairy tale; ***venir a ~*: eso no viene a ~** that doesn't come into it; **sin venir a ~** for no reason at all **(b)** (chiste) joke, story **(c)** (fam) (mentira, excusa) story (infml); **no me vengas con ~s** I'm not interested in your excuses *o* stories **(d)** (fam) (exageración): **todo ese llanto es puro ~** all that crying is just put on; **eso es un ~ chino** what a load of baloney; **el ~ del tío** a con trick

C

cuerda *f* **1** **(a)** (gruesa) rope; (delgada) string; **~ floja** (Espec) tightrope **(b)** (Jueg) jump rope (AmE), skipping rope (BrE); **saltar a la ~** to jump rope (AmE), to skip (BrE) **(c)** (para tender ropa) washing line, clothes line **(d)** (de arco) bowstring **2** (Mús) **(a)** (de guitarra, violín) string **(b) cuerdas** *fpl* (instrumentos) strings (*pl*); **~s vocales** vocal chords (*pl*) **3** (de reloj, juguete): **un juguete de ~** a clockwork toy; **le dio ~ al despertador** she wound up the alarm clock

cuerdo -da *adj* [ESTAR] sane; **no está ~** he is insane

cuerno *m* **(a)** (de toro) horn; (de caracol) feeler; (de ciervo) antler; ***irse al ~*** (fam) «*plan*» to fall through; «*fiesta*» to be ruined *o* spoiled; ***ponerle los ~s a algn*** (fam) to be unfaithful to sb **(b)** (Mús) horn

cuero *adj* (Méx fam) gorgeous (infml)
■ *m* (piel) leather; (sin curtir) skin, hide; **chaqueta de ~** leather jacket; **~ de chancho** (AmL) pigskin; **~ de vaca** cowhide; ***en ~s (vivos)*** (fam) (desnudo) stark naked (infml); ***ser un ~*** (Chi, Méx fam) «*mujer*» she's a real stunner (infml); «*hombre*» he's a real hunk (infml)

⚷ **cuerpo** *m* **1** **(a)** (Anat) body; **el ~ humano** the human body; **retrato/espejo de ~ entero** full-length portrait/mirror; **~ *a* ~** hand-to-hand **(b)** (cadáver) body, corpse **(c)** (Fís) (objeto) body, object **2** (conjunto de personas, de ideas, normas) body; **~ de bomberos** fire department (AmE), fire brigade (BrE); **~ de policía** police force; **~ diplomático** diplomatic corps **3** (consistencia, densidad) body; **de mucho ~** ‹*tela*› heavy; ‹*vino*› full-bodied

cuervo *m* raven; (como nombre genérico) crow

cuesco *m* (Bot) stone

cuesta *f* **(a)** (pendiente) slope; **una ~ muy pronunciada** a very steep slope; **ir ~ arriba** to go uphill; **iba corriendo ~ abajo** I was running downhill **(b) a cuestas: llevar algo a ~s** to carry sth on one's shoulders/back; **echarse algo a ~s** ‹*carga/bulto*› to put sth on one's back; ‹*problema*› to burden oneself with sth

⚷ **cuestión** *f* **(a)** (tema, problema) question, matter; **cuestiones de derecho internacional** matters *o* questions of international law; **llegar al fondo de la ~** to get to the heart of the matter **(b)** (*en locs*) **en cuestión** in question; **en cuestión de** in a matter of; **la cuestión es ...** the thing is ...; **la ~ es divertirnos** the main thing is to enjoy ourselves; **ser cuestión de** to be a matter of; **todo es ~ de ...** it's just a question of ...

⚷ **cuestionar** [A1] *vt* to question

cuestionario *m* (encuesta) questionnaire; (Educ) question paper, questions (*pl*)

⚷ key word

cuete *m* **1** (Méx, RPl fam) (borrachera): **agarrar un ~** to get plastered (infml) **2** (AmL fam) (petardo) firecracker **3** (Per fam) (pistola) shooter (infml), rod (sl) **4** (Méx) (Coc) braising steak

cueva *f* cave

cueza, cuezan, *etc* ▶ **cocer**

⚷ **cuidado¹ -da** *adj* ‹*presentación*› meticulous, careful; ‹*aspecto*› impeccable; ‹*dicción*› precise

cuidado² *m* **(a)** (precaución): **tener ~** to be careful; **lo envolvió con mucho ~** she wrapped it very carefully; **¡~ con el escalón!** mind the step!; **~ con lo que haces** watch *o* be careful what you do; ***de ~*** (fam) ‹*problema/herida*› serious **(b)** (atención) care; **pone mucho ~ en su trabajo** he takes a great deal of care over his work **(c)** (de niños, enfermos): **no tiene experiencia en el ~ de los niños** he has no experience of looking after children; **estar al ~ de algn/algo** (cuidar) to look after sb/sth; (ser cuidado por) to be in sb's care **(d) cuidados** *mpl* (Med) attention, care, treatment; **necesita los ~s de una enfermera** she needs to be looked after by a nurse; **~s intensivos** intensive care **(e)** (preocupación): **pierde ~** (AmL) don't worry; **me tiene sin ~** I'm not worried
■ *interj* be careful!, watch out!

cuidador -dora *m,f* (de niños) baby sitter (AmE), childminder (BrE); (de animales) zookeeper; (Esp) (de discapacitados) carer

cuidadoso -sa *adj* **(a)** ‹*persona*› careful; **~** CON **algo** careful WITH sth **(b)** ‹*búsqueda/investigación*› careful, thorough

⚷ **cuidar** [A1] *vt* **(a)** ‹*juguetes/plantas/casa*› to look after; ‹*niño*› to look after, take care of; ‹*enfermo*› to care for, look after **(b)** ‹*estilo/apariencia*› to take care over; **debes ~ la ortografía** you must take care over your spelling
■ **~** *vi* **~** DE **algo/algn** to take care OF sth/sb; **~ré de que no les falte nada** I'll make sure they have everything they need
■ **cuidarse** *v pron* (*refl*) to take care of oneself, look after oneself; **¡cuídate!** take care!; **se cuidó bien de no volver por ahí** he made very sure he didn't go back there; **cuídate de decir algo que te comprometa** take care not to say something which might compromise you

cuije *mf* (Méx) office junior

culantro *m* coriander

culata *f* **(a)** (de escopeta, revólver) butt; (de cañón) breech **(b)** (de motor) cylinder head

culebra *f* (Zool) snake

culebrón *m* (fam) soap opera, soap (infml)

culinario -ria *adj* culinary (fml)

culminación *f* **(a)** (de carrera, negociaciones) culmination; (de fiesta) climax **(b)** (realización) fulfillment*

culminante *adj*: **punto ~** (de carrera) peak, high point; (de historia, película) climax; (de negociaciones) crucial stage

⚷ **culminar** [A1] *vi* (llegar al clímax): **la novela culmina cuando ...** the novel reaches its climax when ...; **~** EN *or* CON **algo** to culminate IN sth

culo *m* (fam: en algunas regiones vulg) **(a)** (nalgas) backside (infml), butt (AmE infml), bum (BrE infml), ass (AmE vulg), arse (BrE vulg); **te voy a pegar en el ~** I'm going to spank *o* smack you **(b)** (de vaso, botella) bottom

culpa *f* **(a)** (responsabilidad) fault; **yo no tengo la ~** it's not my fault; **echarle la ~ a algn (de algo)** to blame sb *o* put the blame on sb (for sth); **llegó tarde por ~ del tráfico** he arrived late because of the traffic **(b)** (falta, pecado) sin

culpabilidad *f* (Der,Psic) guilt

culpable *adj* [SER] ‹*persona*› guilty; **sentirse ~ de algo** to feel guilty about sth; **ser ~ de algo** to be to blame for sth; (Der) to be guilty of sth ■ *mf* **(a)** (de delito) culprit **(b)** (de problema, situación): **tú eres el ~ de todo esto** this is all your fault, you're to blame for all this

culpar [A1] *vt* to blame; **~ a algn** DE **algo** to blame sb FOR sth, blame sth ON sb

cultivable *adj* cultivable

cultivado -da *adj* cultivated

cultivar [A1] *vt* **(a)** ‹*campo/tierras*› to cultivate, farm; ‹*plantas*› to grow, cultivate **(b)** ‹*bacterias/perlas*› to culture **(c)** ‹*amistad*› to cultivate; ‹*inteligencia/memoria*› to develop; ‹*artes/interés*› to encourage

cultivo *m* **(a)** (de tierra) farming, cultivation; (de plantas, frutas) growing, cultivation; **~ intensivo** intensive farming **(b)** (cosa cultivada) crop; **~s de secano** dry-farmed crops **(c)** (Biol, Med) (acción) culturing; (producto) culture **(d)** (de las artes) promotion, encouragement

culto[1] **-ta** *adj* **(a)** ‹*persona/pueblo*› educated, cultured **(b)** (Ling) ‹*palabra*› learned; ‹*literatura/música*› highbrow

culto[2] *m* **(a)** (adoración, creencia) worship; **rendir ~ a algo/algn** to worship sth/sb; **libertad de ~(s)** freedom of worship **(b)** (interés obsesivo) cult; **el ~ del dinero** the cult of money

cultura *f* **(a)** (civilización) culture **(b)** (conocimientos, ilustración): **una persona de gran ~** a very well-educated *o* cultured person; **~ general/musical** general/musical knowledge; **la ~ popular** popular culture

cultural *adj* cultural; **un acto ~** a cultural event; **bajo nivel ~** low standard of general education

culturismo *m* bodybuilding

cumbre *f* **(a)** (de montaña) top **(b)** (apogeo) height; **en la ~ del éxito** at the height of his success **(c)** (Pol) summit (meeting)

cumpleañero -ra *m,f* (fam) (*m*) birthday boy (infml); (*f*) birthday girl (infml)

cumpleaños *m* (*pl* **~**) **(a)** (aniversario) birthday; **¡feliz ~!** happy birthday!; **¿qué vas a hacer el día de tu ~?** what are you going to do on your birthday? **(b)** (fiesta) birthday party

cumplido[1] **-da** *adj* [SER] **(a)** (atento, cortés) polite **(b)** (considerado) thoughtful **(c)** (Col) (puntual) punctual; *ver tb* **cumplir**

cumplido[2] *m*: **hacerle un ~ a algn** to pay sb a compliment; **una visita de ~** a duty *o* courtesy call; **la invitó por ~** he invited her because he felt he ought to

cumplidor -dora *adj* reliable

cumplimiento *m* **1** **(a)** (de ley, norma) performance; **falleció en el ~ del deber** he died in the line of duty; **en ~ con lo dispuesto por la legislación vigente** in compliance with current legislation; **la ley es de obligado ~ para todas las empresas** the law is binding on all companies (fml) **(b)** (logro): **esto favorecerá el ~ de nuestros objetivos** this will help to achieve our objectives **2** (elogio, piropo) ▸ **cumplido**[2]

cumplir [I1] *vt* **1** **(a)** (ejecutar) ‹*orden*› to carry out; ‹*ley*› to obey; **la satisfacción del deber cumplido** the satisfaction of having done one's duty **(b)** ‹*promesa/palabra*› to keep; ‹*compromiso*› to honor*, fulfill*; ‹*obligación/contrato*› to fulfill* **(c)** (alcanzar) ‹*objetivo/ambición*› to achieve; ‹*requisitos*› fulfill*; **¡misión cumplida!** mission accomplished **(d)** (desempeñar) ‹*papel*› to perform, fulfill* **2** ‹*condena/sentencia*› to serve; ‹*servicio militar*› to do **3** ‹*años/meses*› **mañana cumple 20 años** she'll be 20 tomorrow; **¡que cumplas muchos más!** many happy returns!; **mañana cumplimos 20 años de casados** (AmL) tomorrow we'll have been married 20 years

■ **~** *vi* **(a)** **~** CON **algo** (con obligación) to fulfill* sth, satisfy sth; (con tarea) to carry out sth; (con trámite) to comply WITH sth; (con requisito/condición) to fulfill* sth; **cumple con su deber** he does his duty **(b)** (con una obligación social): **nos invitó solo por ~** she only invited us because she felt she ought to; **con los Lara ya hemos cumplido** we've done our bit as far as the Laras are concerned (infml)

■ **cumplirse** *v pron* **(a)** «*deseo/predicción*» to come true; «*ambición*» to be realized, be fulfilled **(b)** «*plazo*» **mañana se cumple el plazo para pagar el impuesto** tomorrow is the last day for paying the tax; **hoy se cumple el primer aniversario de ...** today marks the first anniversary of ...

cuna *f* **(a)** (tradicional) cradle; (cama con barandas) crib (AmE), cot (BrE); (portabebé) portable crib (AmE), carrycot (BrE) **(b)** (liter) (lugar de nacimiento) birthplace

cuncho *m* (Col) (poso — del café) grounds (*pl*); (— del vino) lees (*pl*)

cuncuna *f* (Chi) (Zool) caterpillar

cundir [I1] *vi* **(a)** «*rumor*» to spread; «*miedo*» to grow; **¡que no cunda el pánico!** don't panic!; **cundió la alarma** there was widespread alarm **(b)** (rendir) «*detergente/lana*» to go a long way; **hoy no me ha cundido el trabajo** I haven't got much work done today

cuneta *f* **(a)** (en carretera) ditch **(b)** (Chi) (de calle) curb (AmE), kerb (BrE)

cuña *f* **1** **(a)** (pieza triangular) wedge; **en ~** in a V-formation *o* wedge formation **(b)** (Col) (muesca) groove **2** (CS fam) ▸ **palanca 2**

cuñado -da *m,f* **(a)** (pariente político) (*m*) brother-in-law; (*f*) sister-in-law; **mis ~s** (solo varones) my brothers-in-law; (varones y mujeres) my brothers and sisters-in-law **(b)** (Per fam) (compañero) buddy (AmE infml), mate (BrE infml)

cuño *m* (troquel) die; (sello) stamp; ***de nuevo ~*** ‹*palabra*› newly-coined (*before n*)

cuórum *m* (*pl* **-rums**) quorum

cuota *f* **(a)** (de club, asociación) membership fees (*pl*); (de sindicato) dues (*pl*); **~ inicial** deposit, down payment **(b)** (AmL) (plazo) installment*, payment; (parte proporcional) quota; **~s de producción** production quotas **(c)** (Méx) (Auto) toll

cupe ▸ **caber**

Cupido *m* Cupid

cupiera, **cupiese**, *etc* ▸ **caber**

C

cupimos, **cupisteis**, *etc* ▶ **caber**

cupo *m* **(a)** (cantidad establecida) quota **(b)** (AmL) (capacidad) room; **una sala con ~ para 300 personas** a hall with room for 300 people **(c)** (AmL) (plaza) place

cupón *m* **(a)** (vale) coupon, voucher **(b)** (Esp) (de lotería) ticket

cúpula *f* (Arquit) dome, cupola

cura *m* (sacerdote) priest; **se metió de** or **a ~** he became a priest

■ *f* **(a)** (curación, tratamiento) cure; **tener/no tener ~** to be curable/incurable; **~ de urgencias** first aid **(b)** (vendaje) dressing; (curita) (Col) Band-Aid® (AmE), (sticking) plaster (BrE)

curable *adj* curable

curación *f* **(a)** (tratamiento) treatment **(b)** (recuperación—de enfermo) recovery; (— de herida) healing

curado -da *adj* **1** ‹*jamón/carne*› cured; ‹*cuero/piel*› tanned **2** (fam) (borracho) plastered (infml)

curandero -ra *m,f* (en medicina popular) folk healer; (hechicero) witch doctor; (charlatán) (pey) quack doctor (derog)

curar [A1] *vt* **1** **(a)** (poner bien) ‹*enfermo/enfermedad*› to cure; ‹*herida*› to heal **(b)** (tratar) ‹*enfermo/enfermedad*› to treat; ‹*herida*› (desinfectar) to clean; (vendar) to dress **2** ‹*jamón/pescado*› to cure; ‹*cuero/piel*› to tan

■ **curarse** *v pron* «*enfermo*» to recover, get better; «*herida*» to heal up; **~se** DE **algo** to get over sth

curda *mf* (RPl fam) (borracho) soak (infml)

curiosear [A1] *vi* **(a)** (fisgonear) to pry; **~ en la vida ajena** to pry into other people's affairs; **estaba curioseando en mis cajones** he was going *o* looking through my drawers **(b)** (por las tiendas, en una biblioteca) to browse

curiosidad *f* (cualidad) curiosity; **por ~** out of curiosity; **siente mucha ~** he is very curious; **tengo ~ por saberlo** I'm curious to know; **están muertos de ~** they are dying to see him (*o* to know *etc*)

curioso -sa *adj* **1** (interesante, extraño) curious, strange, odd **2** **(a)** [SER] (inquisitivo) inquisitive; (entrometido) (pey) nosy* (infml) **(b)** [ESTAR] (interesado) curious

■ *m,f* **(a)** (espectador) onlooker **(b)** (fam) (fisgón) busybody (infml)

curita *f* (AmL) Band-Aid® (AmE), (sticking) plaster (BrE)

currículo *m* (Educ) curriculum

curriculum, **currículum** *m* (*pl* **-lums**) **(a)** (antecedentes) *tb* **~ vitae** curriculum vitae, CV **(b)** (Educ) curriculum

curry /'kurri/ *m* (*pl* **-rries**) (polvo) curry powder; (plato) curry; **pollo al ~** curried chicken

cursar [A1] *vt* (estudiar): **cursa segundo (año)** she is in her second year; **cursó estudios de Derecho** she did *o* studied *o* (BrE) read Law

cursi *adj* (fam) ‹*objeto*› corny, twee (BrE); ‹*idea*› sentimental, twee (BrE); ‹*decoración*› chichi; ‹*persona*› affected

■ *mf* (fam): **es un ~** he's so affected *o* (BrE) twee

cursillo *m* **(a)** (curso corto) short course; **~ de natación** swimming lessons **(b)** (ciclo de conferencias) series of lectures

cursiva *f* italics (*pl*)

🔑 **curso** *m* **1** (Educ) **(a)** (año académico) year; **está en (el) tercer ~** he's in the third year; **el ~ escolar/universitario** the academic year **(b)** (de inglés, mecanografía) course; **~ intensivo** crash *o* intensive course; **C~ de Orientación Universitaria** (en Esp) pre-university course; **~ por correspondencia** correspondence course **2** **(a)** (transcurso, desarrollo) course; **dejar que algo siga su ~** to let sth take its course **(b)** (de río) course **3** (circulación): **monedas de ~ legal** legal tender, legal currency

cursor *m* cursor

curtido -da *adj* ‹*rostro/piel*› weather-beaten; ‹*manos*› hardened

curul *f* (Col, Méx, Per) (Pol) seat

curva *f* **(a)** (línea) curve **(b)** (en camino, carretera) curve; (más pronunciada) bend; **una ~ cerrada** a sharp bend **(c)** (Dep) curveball **(d) curvas** *fpl* (de una mujer) curves (*pl*); **con ~s** curvaceous

curvo -va *adj* curved

cúspide *f* **(a)** (de montaña) top, summit; (de pirámide) top, apex **(b)** (de fama, poder) height, pinnacle **(c)** (de organización) leadership

custodia *f* custody; **le otorgaron la ~ de los hijos** she was granted custody of the children

cusuco *m* (AmC) armadillo

cutáneo -nea *adj* skin (*before n*), cutaneous (tech)

cutícula *f* cuticle

cutis *m* (*pl* **~**) skin

cuy *m* (AmS) guinea pig

cuye *m* (Chi) guinea pig

🔑 **cuyo -ya** *adj* whose; **un amigo ~s hijos van a ese colegio** a friend whose children go to that school; **vocablos ~ uso es extendido** words which are in widespread use; **en ~ caso** in which case

C.V. *m* (= **curriculum vitae**) CV

🔑 key word

Dd

d

D, d *f* (*read as* /de/) *the letter* D, d
D. = **Don**
dactilar *adj* finger (*before n*); ▶ **huella a**
dactilografía *f* typing, typewriting
dactilógrafo -fa *m,f* typist
dado¹ -da *adj* **1** (determinado) given; **en un momento ~** at a given moment **2** (*como conj*) given; **dadas las circunstancias** given *o* in view of the circumstances; **~ que** given that **3** [SER] (proclive) **~ A algo/hacer algo** given TO sth/doing sth
dado² *m* **1** (Jueg) dice, die (fml); **jugar a los ~s** to play dice **2** (Arquit) dado
daga *f* dagger
dalia *f* dahlia
daltónico -ca *adj* color-blind*
■ *m,f*: **los ~s** people suffering from color-blindness*
daltonismo *m* color-blindness*
dama *f* **1** (fml) (señora) lady; **~s y caballeros** ladies and gentlemen; **~ de honor** (de novia) bridesmaid; (de reina) lady-in-waiting **2** (figura — en damas) king; (— en ajedrez, en naipes) queen **3 damas** *fpl* (juego) checkers (AmE), draughts (BrE); **jugar a las ~s** to play checkers *o* draughts
damasco *m* **1** (Tex) damask **2** (AmS) (fruta) apricot; (árbol) apricot tree
Damasco *m* Damascus
damnificado -da *m,f* (fml) victim
danés -nesa *adj* Danish
■ *m,f* **(a)** (persona) (*m*) Dane, Danish man; (*f*) Dane, Danish woman **(b) danés** *m* (idioma) Danish
danza *f* dance; **~ moderna** modern dance
danzar [A4] *vi* (fml) (bailar) to dance
danzarín -rina *adj*: **es muy ~** he loves dancing
■ *m,f* dancer
dañar [A1] *vt* (en general) to damage; ‹*salud/organismo*› to be bad for
■ **dañarse** *v pron* **1** (en general) to be/get damaged; ‹*salud*› to damage **2** (Col, Ven) **(a)** «*carne/comida*» to rot, go bad **(b)** «*carro*» to break down; «*aparato*» to break
dañino -na *adj* [SER] ‹*planta/sustancia*› harmful; **~ PARA algo** harmful TO sth
daño *m* **(a)** (dolor físico): **hacerse ~** to hurt oneself; **me he hecho ~ en la espalda** I've hurt my back; **hacerle ~ a algn** «*persona*» to hurt sb; **el picante me hace ~** hot, spicy food doesn't agree with me **(b)** (destrozo) damage; **sufrir ~s** to be damaged, to suffer damage **(c) ~s y perjuicios** damages (*pl*)
dar [A25] *vt* **I 1 (a)** (entregar) to give; **dale las llaves a Pedro** give the keys to Pedro; **déme un kilo de peras** can I have a kilo of pears?; ▶ **conocer 3 b, entender (b)** ‹*cartas/mano*› to give **2 (a)** (donar, regalar) ‹*sangre/limosna*› to give; **me dio su reloj** she gave me her watch **(b)** (proporcionar) ‹*fuerzas/valor/esperanza*› to give; ‹*información/idea*› to give **3 (a)** (conferir, aportar) ‹*sabor/color/forma*› to give **(b)** (aplicar) ‹*mano de pintura/barniz*› to give **(c)** ‹*sedante/masaje*› to give **4** (conceder) ‹*prórroga/permiso*› to give; **el dentista me dio hora para el miércoles** I have an appointment with the dentist on Wednesday; **nos dieron un premio** we won *o* got a prize **5 (a)** (expresar, decir) ‹*parecer/opinión*› to give; **¿le diste las gracias?** did you thank him?, did you say thank you?; **dales saludos** give/send them my regards; **tuve que ~le la noticia** I was the one who had to break the news to him **(b)** (señalar, indicar): **me da ocupado** or (Esp) **comunicando** the line's busy *o* (BrE) engaged; **el reloj dio las cinco** the clock struck five
II 1 (a) (producir) ‹*fruto/flor*› to bear; ‹*dividendos*› to pay; **un negocio que da mucho dinero** a business which makes a lot of money **(b)** (AmL) (alcanzar hasta): **da 150 kilómetros por hora** it can do *o* go 150 kilometers an hour; **venía a todo lo que daba** it was travelling at full speed; **ponen la radio a todo lo que da** they turn the radio on full blast **2** (causar, provocar) ‹*placer/susto*› to give; ‹*problemas*› to cause; **~ trabajo** to be hard work; **el calor le dio sueño/sed** the heat made him sleepy/thirsty
III 1 (presentar) ‹*concierto*› to give; **¿qué dan esta noche en la tele?** what's on TV tonight? (infml); **¿dónde están dando esa película?** where's that film showing? **2 (a)** ‹*fiesta/conferencia*› to give; ‹*baile/banquete*› to hold; ‹*discurso*› (AmL) to make **(b)** (CS) ‹*examen*› to take *o* (BrE) sit; *ver tb* **clase 4**
IV (realizar la accion que se indica) ‹*grito*› to give; **~ un paso atrás** to take a step back; **dame un beso** give me a kiss; *ver tb* **golpe, paseo, vuelta, etc**
V (considerar) **~ algo/a algn POR algo**: **lo dieron por muerto** they gave him up for dead; **ese tema lo doy por sabido** I'm assuming you've already covered that topic; **¡dalo por hecho!** consider it done!
■ **~** *vi* **I 1 dar a** «*puerta*» to give onto, open onto; «*ventana/balcón*» to look onto, give onto; «*fachada/frente*» to face **2** (ser suficiente, alcanzar) **~ PARA algo/algn** to be enough FOR sth/sb; **no me dio (el) tiempo** I didn't have time; **~ de sí** ‹*zapatos/jersey*› to stretch **3** (arrojar un resultado): **el análisis le dio positivo** her test was positive; **¿cuánto da la cuenta?** what does it come to?; **a mí me dio 247** I made it (to be) 247 **4** (importar): **da lo mismo** it doesn't matter; **¡qué más da!** what does it matter!; **¿qué más da?** what difference does it make?; **me da igual** I don't mind **5** (en naipes) to deal
II 1 (a) (pegar, golpear) **~le A algn** to hit sb; (como castigo) to smack sb; **dale al balón** kick the ball; **el balón dio en el poste** the ball hit

the post **(b)** (acertar) to hit; **~ en el blanco** to hit the target **2** (accionar, mover) **~le** A **algo** (a botón/tecla) to press sth; (a interruptor) to flick sth; (a manivela/volante) to turn sth **3 dar con** (encontrar) ‹*persona*› to find; ‹*solución*› to hit upon, find; ‹*palabra*› to come up with **4** (hablando de manías, ocurrencias) **~le a algn** POR **hacer algo** (por pintar/cocinar) to take to doing sth; **le ha dado por decir que ...** he's started saying that ... **5** «*sol/luz*» **aquí da el sol toda la mañana** you get the sun all morning here; **la luz le daba de lleno en los ojos** the light was shining right in his eyes

■ **darse** *v pron* **1 (a)** (producirse) «*fruta/trigo*» to grow **(b)** (presentarse) «*oportunidad/ocasión*» to arise **(c)** (resultar) (+ *me/te/le etc*) **se le dan los idiomas** she's good at languages **2 (a)** (*refl*) (realizar lo que se indica) ‹*ducha/banquete*› to have; ***dárselas de algo***: **se las da de valiente/de que sabe mucho** he likes to make out he's brave/he knows a lot; **dárselas de listo** to act smart **(b)** (golpearse, pegarse): **se dio con el martillo en el dedo** he hit his finger with the hammer; **se dieron contra un árbol** they crashed into a tree; **se dio ~ un golpe en la rodilla** he hit his knee **3** (considerarse) **~se** POR **algo**: **con eso me ~ía por satisfecha** I'd be quite happy with that; *ver tb* **aludir , enterado**

dardo *m* **(a)** (Jueg) dart; **jugar a los ~s** to play darts **(b)** (arma) small spear

datar [A1] *vi* to date; **data del siglo XII** it dates from the 12th century; **data de hace muchos años** it goes back many years

dátil *m* (Bot) date

dativo *m* (Ling) dative

🔑 **dato** *m* **(a)** (elemento de información) piece of information; **no dispongo de todos los ~s** I don't have all the information; **~s personales** personal details (*pl*) **(b) datos** *mpl* (Inf) data (*pl*), information

d. de C. (= **después de Jesucristo**) AD

🔑 **de**[1] *prep* **1 (a)** (pertenencia, posesión): **la casa ~ mis padres** my parents' house; **el rey ~ Francia** the king of France; **no es ~ él** it isn't his; **es un amigo ~ mi hijo** he's a friend of my son's; **un estudiante ~ quinto año** a fifth-year student; **la tapa ~ la cacerola** the saucepan lid; **un avión ~ Mexair** a Mexair plane **(b)** (con un nombre en aposición) of; **la ciudad ~ Lima** the city of Lima; **el aeropuerto ~ Barajas** Barajas airport; **el mes ~ enero** the month of January **2 (a)** (procedencia, origen, tiempo) from; **es ~ Bogotá** she's/she comes from Bogotá; **una carta ~ Julia** a letter from Julia; **un amigo ~ la infancia** a childhood friend; **la literatura ~ ese período** the literature of *o* from that period; **~ aquí a tu casa** from here to your house **(b)** (material, contenido, composición): **son ~ plástico** they're (made of) plastic; **una mesa ~ caoba** a mahogany table; **un vaso ~ agua** a glass of water; **un millón ~ dólares** a million dollars **(c)** (causa, modo): **murió ~ viejo** he died of old age; **~ tanto gritar** from shouting so much; **verde ~ envidia** green with envy; **temblando ~ miedo** trembling with fear; **~ memoria** by heart; **lo tumbó ~ un golpe** he knocked him down with one blow **(d)** (en oraciones pasivas) by; **un poema ~ Neruda** a poem by Neruda; **rodeada ~ árboles** surrounded by trees **3 (a)** (cualidades, características): **de gran inteligencia** of great intelligence; **objetos ~ mucho valor** objects of great value; **¿~ qué color lo quiere?** what color do you want it?; **tiene cara ~ aburrido** he looks bored; **una botella ~ un litro** a liter bottle; **la chica ~ azul** the girl in blue **(b)** (al definir, especificar): **el botón ~ abajo** the bottom button; **tiene dos metros ~ ancho** it's two meters wide; **es fácil de pronunciar** it's easy to pronounce; **uno ~ los míos** one of mine; **el mayor ~ los Soto** the eldest of the Soto children **4 (a)** (con cifras): **pagan un interés ~l 15%** they pay 15% interest *o* interest at 15% **(b)** (en comparaciones de cantidad) than; **más ~ £100** more than *o* over £100; **pesa menos ~ un kilo** it weighs less than *o* under a kilo; **un número mayor/menor ~ 29** a number over/under 29 **(c)** (con un superlativo): **es el más caro ~ todos** it's the most expensive one; **la ciudad más grande ~l mundo** the biggest city in the world **(d)** (refiriéndose a una parte del día): **~ día/noche** during the day/at night; **~ madrugada** early in the morning **5 (a)** (en calidad de) as; **trabaja ~ secretaria** she works as a secretary; **hace ~ rey en la obra** he plays (the part of) a king in the play **(b)** (en expresiones de estado, actividad): **~ mal humor** in a bad mood; **estamos ~ fiesta** we're having a party **(c)** (indicando uso, destino, finalidad): **el cepillo ~ la ropa** the clothes brush; **copas ~ vino** wine glasses; **ropa ~ cama** bed clothes; **dales algo ~ comer** give them something to eat; **¿qué hay ~ postre?** what's for dessert? **6** (con sentido condicional): **~ haberlo sabido** if I had known, had I known; **~ no ser así** otherwise

de[2] *f name of the letter* d

dé ▸ **dar**

deambular [A1] *vi* to wander around *o* about

🔑 **debajo** *adv* **1** [*Latin American Spanish also uses* ▸ **abajo** *in many of these examples*] underneath; **no hay nada ~** there's nothing underneath; **el que está ~** the one below, the next one down **2 debajo de** (*loc prep*) under, underneath; **~ del coche** under *o* underneath the car; **~ del agua** underwater; **por ~ de la puerta** under the door; **temperaturas por ~ de lo normal** temperatures below average

debate *m* debate; (más informal) discussion

🔑 **debatir** [I1] *vt* to debate; (más informal) to discuss

debe *m* debit

🔑 **deber**[1] [E1] *vt* ‹*dinero/favor/explicación*› to owe; **te debo las entradas de ayer** I owe you for the tickets from yesterday

■ *v aux* **1** (expresando obligación): **debemos trabajar más** we must work harder; **no debes usarlo** you must not use it; **~ías** or **debías habérselo dicho** you ought to have *o* you should have told her; **no se debe mentir** you mustn't tell lies; **no ~ías haberlo dejado solo** you shouldn't have left him alone **2** (expresando suposición, probabilidad): **deben (de) ser más de las cinco** it must be after five o'clock; **deben (de) haber salido** they must have gone out; **debe (de) estar enamorado** she/he must be in love; **no deben (de) saber la dirección** they probably don't know the address; **no les debe (de) interesar**

🔑 key word

they can't be interested

■ **deberse** *v pron* **1** (tener su causa en) **~se** A **algo** to be due TO sth; **se debe a que no estudia** it's due to the fact that she doesn't study; **¿a qué se debe este escándalo?** what's all this racket about? **2** «*persona*» (tener obligaciones hacia) **~se** A **algn** to have a duty TO sb

deber[2] *m* **1** (obligación) duty; **cumplió con su ~** he carried out *o* did his duty **2 deberes** *mpl* (tarea escolar) homework, assignment (AmE)

debido -da *adj* **(a)** (apropiado): **a su ~ tiempo** in due course; **tratar a algn con el ~ respeto** to show due respect to sb; **tomó las debidas precauciones** she took the necessary precautions; **como es ~** ‹*sentarse/comer*› properly; ‹*comida/regalo*› proper; **más de lo ~** too much **(b)** (*en locs*) **debido a** owing to, on account of; **debido a que** owing to the fact that

débil *adj* **(a)** ‹*persona/economía/gobierno*› weak **(b)** ‹*sonido/voz*› faint; ‹*moneda/argumento*› weak; ‹*excusa*› feeble, lame; ‹*luz*› dim, faint; ‹*sílaba/vocal*› unstressed, weak

debilidad *f* weakness; **siento una gran ~** I feel terribly debilitated *o* weak; **se aprovechan de su ~** they take advantage of his weak character; **tener ~ por algn/algo** to have a soft spot for sb/a weakness for sth

debilitar [A1] *vt* to weaken

■ **debilitarse** *v pron* **(a)** «*persona*» to become weak; «*salud*» to deteriorate; «*voluntad*» to weaken **(b)** «*sonido*» to get *o* become faint/fainter **(c)** «*economía*» to grow *o* become weak/weaker

débito *m* debit; **~ bancario** (AmL) direct debit, direct billing (AmE)

debutante *mf* (Dep, Espec) *player or artist making his/her public debut*

debutar [A1] *vi* to make one's debut

década *f* decade; **la ~ de los ochenta** the eighties

decadencia *f* **(a)** (proceso) decline **(b)** (estado) decadence

decadente *adj* **(a)** ‹*moral/costumbres*› decadent **(b)** ‹*salud*› declining

decaer [E16] *vi* **(a)** «*ánimo/fuerzas*» to flag; «*enfermo*» to deteriorate; «*interés/popularidad*» to wane **(b)** «*barrio/restaurante*» to go downhill; «*calidad/prestigio*» to decline **(c)** «*imperio/civilización*» to decay, decline

decaído -da *adj* [ESTAR] low, down (infml)

decálogo *m* decalogue

decano -na *m,f* (de una facultad) dean; (de una profesión, un grupo) senior member

decapitar [A1] *vt* to behead, decapitate

decatlón *m* decathlon

decena *f*: **unidades, ~s y centenas** (Mat) units, tens and hundreds; **una ~ de personas** about ten people; **~s de personas lo presenciaron** dozens *o* scores of people witnessed it

decencia *f* decency

decenio *m* decade

decente *adj* **(a)** (honrado, decoroso) decent, respectable **(b)** (aceptable) ‹*sueldo/vivienda*› decent, reasonable **(c)** [ESTAR] (de apariencia aceptable) respectable

decepción *f* disappointment, letdown (infml); **me llevé una gran ~** I was very disappointed

decepcionado -da *adj* disappointed; **estar ~ con algo/de algn** to be disappointed with sth/sb

decepcionante *adj* disappointing

decepcionar [A1] *vt* to disappoint; **la película me decepcionó** I was disappointed with the movie

decidido -da *adj* **(a)** [SER] ‹*persona/tono*› (resuelto, enérgico) decisive, determined **(b)** [ESTAR] **~** A **hacer algo** determined *o* resolved to do sth

decidir [I1] *vt* **1 (a)** (tomar una determinación) to decide; **decidí comprarlo** I decided to buy it **(b)** ‹*persona*› to make ... decide; **lo que me decidió** what made me decide **2** ‹*asunto*› to settle; ‹*resultado*› to decide

■ **~** *vi* to decide; **tiene que ~ entre los dos** she has to choose *o* decide between the two; **~** SOBRE **algo** to decide ON sth

■ **decidirse** *v pron* to decide, to make up one's mind; **~se** A **hacer algo** to decide to do sth; **~se** POR **algo** to decide ON sth

décima *f* (de segundo, grado) tenth; **tiene 39 y tres ~s** his temperature is 39.3 (degrees)

decimal *m* (número) decimal (number)

décimo[1] -ma *adj/pron* tenth; *para ejemplos ver* **quinto[1]**; **la décima parte** a tenth

décimo[2] *m* **(a)** (partitivo) tenth **(b)** (de lotería) *tenth share in a lottery ticket*

decir[1] *m*: **¿cientos de personas? — bueno, es un ~** hundreds of people? — well, figuratively speaking

decir[2] [I24] *vt* **1 (a)** ‹*palabra/frase/poema*› to say; ‹*mentira/verdad*› to tell [*para ejemplos con complemento indirecto ver división* 2] **no digas estupideces** don't talk nonsense!; **¿eso lo dices por mí?** are you referring to me?; **¡no lo dirás en serio!** you can't be serious!; **dijo que sí con la cabeza** he nodded; **no se dice 'andé', se dice 'anduve'** it isn't 'andé', it's 'anduve'; **¡eso no se dice!** you mustn't say that!; **¿cómo se dice 'amor' en ruso?** how do you say 'love' in Russian?; **¿lo encontró? — dice que sí/no** did he find it? — he says he did/he didn't **(b) decir misa** to say mass **2 ~le algo** A **algn** to tell sb sth; **voy a ~le a papá que ...** I'm going to tell Dad ...; **¡ya te lo decía yo!** I told you so! **3 (a)** (expresando órdenes, deseos, advertencias): **¡porque lo digo yo!** because I say so!; **harás lo que yo diga** you'll do as I say; **dice que llames cuando llegues** she says (you are) to phone when you get there; **dijo que tuviéramos cuidado** she said to be careful; **diles que empiecen** tell them to start; **le dije que no lo hiciera** I told him not to do it **(b) ~(le) adiós (a algn)** to say goodbye (to sb) **4 (a)** (opinar, pensar) to think; **¿y los padres qué dicen?** what do her parents think of it?, how do her parents feel about it?; **¡quién lo hubiera dicho!** who would have thought *o* believed it?; **es muy fácil — si tú lo dices ...** it's very easy — if you say so ... **(b)** (sugerir, comunicar): **el tiempo lo dirá** time will tell; **¿te dice algo ese nombre?** does that name mean anything to you? **5 querer decir** «*palabra/persona*» to mean; **¿qué quieres ~ con eso?** what do you mean by that? **6** (*en locs*) **a decir verdad** to tell you the truth, to be honest; **como quien dice** so to speak; **es decir**

d

that is; **¡he dicho!** that's that *o* final!; **ni que decir tiene que ...** it goes without saying that ...; **¡no me digas!** no!, you're kidding *o* joking! (infml); **por así decirlo** so to speak; ***el qué dirán*** (fam) what other people (might) think; *ver tb* **dicho**[1]

■ ~ *vi* **(a)** (invitando a hablar): **papá — dime, hijo** dad — yes, son?; **quería pedirle un favor — usted dirá** I wanted to ask you a favor — certainly, go ahead **(b)** (Esp) (al contestar el teléfono): **¿diga?** or **¿dígame?** hello?

d

■ **decirse** *v pron* **(a)** (*refl*) to say ... to oneself **(b)** (*recípr*) to say .... to each other; **se decían secretos al oído** they were whispering secrets to each other

decisión *f* **(a)** (acción) decision; **tomar una ~** to make a decision; **su ~ de marcharse** her decision to leave **(b)** (cualidad) decisiveness, decision; **una mujer con ~** a woman of decision **(c)** (AmL) (en boxeo): **ganó por ~** he won on points *o* by a decision

decisivo -va *adj* ‹*fecha/voto/resultado*› crucial, decisive; ‹*prueba*› conclusive; ‹*papel*› decisive

declaración *f* **1** **(a)** (afirmación) declaration; **una ~ de amor** a declaration of love **(b)** (a la prensa, en público) statement; **hacer una ~** to issue a statement **(c)** (proclamación) declaration; **~ de guerra** declaration of war **2** (Der) statement, testimony; **el policía me tomó ~** the policeman took my statement; **prestar ~ como testigo** to give evidence, to testify; **~ del impuesto sobre la renta** income tax return

declarado -da *adj* declared, professed

declarar [A1] *vt* **1** **(a)** (manifestar) ‹*apoyo/oposición/intención*› to declare, state; **le declaró su amor** he declared his love to her **(b)** (proclamar) ‹*guerra/independencia*› to declare; **el jurado lo declaró inocente** the jury found him not guilty **2** **(a)** (en la aduana) to declare **(b)** (Fisco) ‹*bienes/ingresos*› to declare

■ ~ *vi* to give evidence, testify; **~ como testigo** to give evidence, to testify

■ **declararse** *v pron* **1** **(a)** (manifestarse) to declare oneself; **~se en quiebra** to declare oneself bankrupt; **~se culpable/inocente** to plead guilty/not guilty; **~se en huelga** to go on strike **(b)** (confesar amor): **se le declaró** he declared himself *o* his love to her **2** «*incendio/epidemia*» to break out

declinación *f* (Ling) declension

declinar [A1] *vt* **(a)** ‹*invitación/oferta/honor*› to turn down, decline (fml) **(b)** (Ling) to decline

declive *m* **(a)** (de una superficie) slope, incline (fml); **terreno en ~** sloping ground **(b)** (decadencia) decline

decolaje *m* (AmL) take-off

decolar [A1] *vi* (AmL) to take off

decoración *f* **(a)** (de pasteles, platos) decoration; (de habitación) decor; (de árbol de Navidad) (AmL) decoration **(b)** (interiorismo) *tb* **~ de interiores** interior decoration

decorado *m* set

decorador -dora *m,f tb* **~ de interiores** interior decorator

decorar [A1] *vt* to decorate

decorativo -va *adj* decorative

decoro *m* (pudor, respeto) decorum

decoroso -sa *adj* decent, respectable

decrecer [E3] *vi* **(a)** «*afición/interés*» to wane, decrease; «*importancia*» to decline **(b)** «*número/cantidad*» to decline, fall **(c)** «*aguas*» to drop, fall

decreciente *adj* decreasing (*before n*)

decrépito -ta *adj* decrepit

decretar [A1] *vt* to order, decree (fml)

decreto *m* decree

dedal *m* thimble

dedicación *f* dedication

dedicar [A2] *vt* **(a)** (consagrar) **~ algo A algo/hacer algo** ‹*tiempo/esfuerzos*› to devote sth TO sth/doing sth; **dedicó su vida a la ciencia/ayudar a los pobres** she devoted her life to science/to helping the poor **(b)** (ofrendar, ofrecer) ‹*obra/canción*› to dedicate

■ **dedicarse** *v pron* **(a)** (consagrarse) **~se A algo/hacer algo** to devote oneself TO sth/doing sth **(b)** (tener cierta ocupación, profesión): **¿a qué se dedica tu padre?** what does your father do?; **se dedica a la investigación** she does research; **se dedica a pintar en sus ratos libres** she spends her free time painting

dedicatoria *f* dedication

dedillo *m*: **conocer algo al ~** to know sth like the back of one's hand; **sabía la lección al ~** I knew the lesson (off) by heart

dedo *m* (de mano, guante) finger; (del pie) toe; **señalar con el ~** to point; **~ anular/(del) corazón** ring/middle finger; **~ gordo** (fam) (del pie) big toe; (de la mano) thumb; **~ índice** forefinger, index finger; **~ meñique** little finger; **~ pulgar** thumb; ***a ~***; (fam): **ir a ~** to hitchhike, hitch (infml); **recorrió Europa a ~** she hitchhiked around Europe; ***hacer ~*** (fam) to hitchhike, hitch (infml); ***poner el ~ en la llaga*** to hit *o* touch a raw nerve; ***señalar a algn con el ~*** (literal) to point at sb; (culpar) to point the finger at sb

deducción *f* deduction

deducible *adj* **1** (que se puede inferir) deducible **2** (Com, Fin) deductible

deducir [I6] *vt* **1** (inferir) to deduce; **~ algo DE algo** to deduce sth FROM sth **2** (descontar) to deduct

deduje, **deduzca**, *etc* ▸ **deducir**

defecto *m* **(a)** (en un sistema) fault, flaw, defect; **~ de fábrica** manufacturing fault *o* defect **(b)** (de una persona) fault, shortcoming; **~ físico** physical disability

defectuoso -sa *adj* faulty, defective

defender [E8] *vt* to defend; ‹*intereses*› to protect; **~ a algo/algn DE algo/algn** to defend sth/sb AGAINST sth/sb

■ **defenderse** *v pron* **(a)** (*refl*) (contra una agresión) to defend *o* protect oneself; (Der) to defend oneself; **~se DE algo/algn** to defend oneself AGAINST sth/sb **(b)** (fam) (arreglárselas) to get by (infml); **me defiendo bastante bien en francés** I can get by quite well in French

defensa *f* **1** **(a)** (protección) defense*; **salir en ~ de algn** to come to sb's defense; **actuó en ~ propia** he acted in self-defense; **~ DE algo/algn** defense* OF sth/sb; **~ personal** self-defense* **(b)** (Dep) defense* **2** **(a)** **Defensa** *f*

key word

the Defense Department (AmE), the Ministry of Defence (BrE) **(b) defensas** *fpl* (Biol, Med) defenses* (*pl*) **(c) defensa** *mf* (jugador) defender

defensivo -va *adj* ‹*arma/actitud/táctica*› defensive; **estar/ponerse a la defensiva** to be/ get on the defensive

defensor -sora *adj* **(a)** ‹*ejército*› defending (*before n*) **(b)** (Der) ‹*abogado*› defense* (*before n*)
■ *m,f* **(a)** (Mil) defender **(b)** (de una causa) champion **(c)** (Der) defense counsel (AmE), defence lawyer (BrE)

defeño -ña *m,f* (Méx) *person from the* **Distrito Federal**

deferencia *f* (fml) deference; **por ~ a algn/ algo** out of *o* in deference to sb/sth

deficiencia *f* **(a)** (defecto) fault **(b)** (insuficiencia alimentaria, inmunológica) deficiency

deficiente *adj* poor, inadequate; ‹*salud*› poor; **~** EN **algo** deficient IN sth
■ *mf* (ant *u* ofensivo) *tb* **~ mental** person with learning difficulties, mentally handicapped person
■ *m* (calificación) poor

déficit *m* (*pl* **~** *or* **-cits**) **(a)** (Com, Fin) deficit **(b)** (en la producción) shortfall; (de lluvias) shortage

defienda, defiendas, *etc* ▶ **defender**

definición *f* (de palabra, postura) definition

definido -da *adj* clearly-defined

definir [I1] *vt* to define

definitivamente *adv* ‹*resolver/rechazar*› once and for all; ‹*quedarse/instalarse*› permanently, for good

definitivo -va *adj* ‹*texto/solución/respuesta*› definitive; ‹*cierre*› permanent, definitive; **ya es ~ que no viene** he's definitely not coming

deforestación *f* deforestation

deforestar [A1] *vt* to deforest

deformación *f* **(a)** (en general) distortion **(b)** (Anat, Med) deformity

deformar [A1] *vt* **(a)** (en general) to distort **(b)** (Anat, Med) to deform
■ **deformarse** *v pron* **(a)** (en general) to become distorted **(b)** (Anat, Med) to become deformed

deforme *adj* deformed

defraudar [A1] *vt* **(a)** (decepcionar) to disappoint **(b)** (estafar) to defraud; **defraudó al fisco** he evaded his taxes

defunción *f* (fml) death; Ⓢ **cerrado por defunción** closed owing to bereavement

degenerado -da *adj/m,f* degenerate

degenerar [A1] *vi* to degenerate; **~** EN **algo** to degenerate INTO sth

degollar [A12] *vt* ‹*persona/animal*› **lo ~on** they slit his/its throat

degradante *adj* degrading

degradar [A1] *vt* **(a)** (Mil) to demote **(b)** (envilecer) to degrade **(c)** (empeorar) ‹*calidad/ valor*› to diminish
■ **degradarse** *v pron* «*persona*» to demean oneself, degrade oneself

dehesa *f* **(a)** (terreno) meadow, pasture **(b)** (hacienda) farm

dejación *f* (AmC, Chi) ▶ **dejadez**

dejadez *f* **(a)** (en el aseo personal) slovenliness **(b)** (en tarea, trabajo) laziness, slackness

dejado -da *adj* **(a)** (en aseo personal, aspecto) slovenly **(b)** (en tarea, trabajo) slack, lazy

dejar [A1] *vt* I **1** **(a)** (en lugar determinado) to leave; **lo dejé en recepción** I left it in reception; **dejó a los niños en el colegio** she dropped the children (off) at school; **~ un recado** to leave a message; **~ propina** to leave a tip; **deja ese cuchillo** put that knife down; **déjala, ella no tuvo la culpa** leave her alone, it wasn't her fault; **~ *mucho que desear*** to leave a great deal to be desired **(b)** (olvidar) ‹*dinero/ objeto*› to leave; **¡déjalo!** forget it! **(c)** (como herencia) to leave **2** **(a)** ‹*mancha/huella/ sabor*› to leave **(b)** ‹*ganancia*› to produce; **el negocio dejó pérdidas** the business made a loss **3** (abandonar) ‹*novia/marido*› to leave; ‹*familia*› to leave, abandon; ‹*trabajo*› to give up, leave; ‹*lugar*› to leave; **quiere ~ el ballet** he wants to give up ballet dancing **4** (+ *compl*) (en cierto estado) to leave; **dejé la ventana abierta** I left the window open; **me dejó esperando afuera** she left me waiting outside; **¡déjame en paz!** leave me alone!; **me lo dejó en 1.000 pesos** he let me have it for 1,000 pesos; ▶ **lado 3** **5** **(a)** (posponer) leave; **no lo dejes para después, hazlo ahora** don't put it off *o* leave it until later, do it now **(b)** (reservar, guardar) ‹*espacio/margen/comida*› to leave
II (permitir) **~a algo/algn hacer algo** to let sth/ sb do sth; **déjalo entrar** let it/him in; **deja correr el agua** let the water run; **¿me dejas ir?** will you let me go?; **~ que algo/algn haga algo** to let sb/sth do sth; **déjame que te ayude** let me help you; ▶ **caer 1, paso 1 b**
■ **~** *vi* **~** DE **hacer algo** to stop doing sth; **~ de fumar** to give up *o* to stop smoking; **no dejes de escribirme** make sure you write to me
■ **dejarse** *v pron* **1** **(a)** (abandonarse) to let oneself go **(b)** **~se hacer algo**: **se deja dominar por la envidia** he lets his feelings of envy get the better of him; **se deja influir fácilmente** he's easily influenced; **~se llevar por la música** to let oneself be carried along by the music; **~*se estar*** (AmL); (descuidarse) to be careless; (abandonarse) to let oneself go **2** ‹*barba/ bigote*› to grow **3** **~se** DE **hacer algo** to stop doing sth; **déjate de lamentarte** stop complaining **4** (esp Esp fam) (olvidar) to leave

deje *m* ▶ **dejo a**

dejo *m* **(a)** (acento) (slight) accent, lilt **(b)** (de una bebida, comida) aftertaste; **~** A **algo** slight taste OF sth **(c)** (de arrogancia, ironía) touch, hint **(d)** (impresión, sensación): **me quedó un ~ triste** I was left with a feeling of sadness

del *contraction of* **de**[1] *and* **el**

delantal *m* (para cocinar) apron; (de escolar) pinafore

delante *adv* **1** (lugar, parte) [*Latin American Spanish also uses* ▶ **adelante** *in many of these examples*] **yo voy ~** I'll go ahead *o* in front; **no te pongas ~** don't stand in front of me; **lo tengo aquí ~** I have it right here; **el asiento de ~** the front seat; **la parte de ~** the front; **el pasajero de ~** the passenger in the front **2** **delante de** (*loc prep*) in front of

delantera *f* **(a)** (en general) lead; **llevar/tomar la ~** to be in/to take the lead **(b)** (Dep) (de equipo) forwards (*pl*), forward line

delantero -ra *adj* **(a)** ‹*asiento/rueda*› front (*before n*) **(b)** (Dep) ‹*línea/posición*› forward (*before n*), offensive (*before n*) (AmE)
■ *m,f* (Dep) forward; **~ centro** center* forward

delatar [A1] *vt* «*persona*» (acusar) to denounce, inform on
■ **delatarse** *v pron* (*refl*) to give oneself away

delator -tora *adj* **(a)** ‹*prueba/arma*› incriminating **(b)** ‹*mirada/sonrisa*› revealing
■ *m,f* informer

delegación *f* **1** (grupo) delegation **2** (de poderes) delegation **3** **(a)** (Méx) (comisaría) police station **(b)** (Esp) (oficina local) regional *o* local office **4** (Méx) (barrio) district

delegado *m,f* (representante) delegate; **~ de curso** student representative

delegar [A3] *vt* to delegate; **~ algo EN algn** to delegate sth TO sb
■ **~** *vi* to delegate

deleitar [A1] *vt* to delight
■ **deleitarse** *v pron* **~se haciendo algo** to delight IN doing sth, enjoy doing sth

deleite *m* delight

deletrear [A1] *vt* to spell

delfín *m* (Zool) dolphin

delgado -da *adj* **(a)** ‹*persona/piernas*› (esbelto) slim; (flaco) thin **(b)** ‹*tela/lámina/pared*› thin; ‹*hilo*› fine, thin

deliberado -da *adj* deliberate

delicadeza *f* **1** (cuidado, suavidad) gentleness; **con mucha ~** very gently **2** **(a)** (tacto, discreción) tact; **fue una falta de ~** it was tactless of him (*o* you *etc*) **(b)** (gesto amable): **fue una ~ de su parte traerme** it was very kind of him to bring me; **ni siquiera tuvo la ~ de informarme** he didn't even have the courtesy to inform me

delicado -da *adj* **1** (fino) ‹*rasgos/manos*› delicate; ‹*sabor*› delicate, subtle; ‹*lenguaje/modales*› refined **2** **(a)** (que requiere cuidados) ‹*cerámica/cristal*› fragile; ‹*tela*› delicate; ‹*piel*› sensitive **(b)** ‹*salud/estómago*› delicate; ‹*corazón*› weak **3** ‹*asunto/cuestión/tema*› delicate, sensitive; ‹*situación*› delicate, tricky **4** **(a)** (melindroso) delicate, fussy **(b)** (susceptible) touchy

delicia *f* delight; **ser una ~** to be delicious

delicioso -sa *adj* ‹*comida/bebida/sabor*› delicious; ‹*tiempo*› delightful

delimitar [A1] *vt* **(a)** ‹*terreno/espacio*› to demarcate (fml), to delimit (fml) **(b)** ‹*poderes/responsabilidades*› to define, specify

delincuencia *f* crime, delinquency (fml); **~ juvenil** juvenile delinquency

delincuente *mf* criminal; **~ común** common criminal; **~ juvenil** juvenile delinquent

delinear [A1] *vt* **(a)** ‹*dibujo/plano*› to outline, draft; ‹*contorno*› to delineate **(b)** ‹*programa/proyecto*› to formulate, draw up

delinquir [I3] *vi* to commit a criminal offense*

delirar [A1] *vi* (Med) to be delirious; **la fiebre lo hacía ~** the fever made him delirious

delirio *m* (Med) delirium; **~s de grandeza** *mpl* delusions of grandeur (*pl*)

delito *m* crime, offense*; **~ ambiental** environmental crime; **~ informático** computer crime

delta *m* (Geog) delta
■ *f* (letra griega) delta

demacrado -da *adj* (pálido) haggard, drawn; (delgado) emaciated

demagogia *f* demagogy, demagoguery

demagogo -ga *m,f* demagogue, demagog (AmE)

demanda *f* **1** (Com) demand; **tiene mucha ~** it's in great demand **2** **(a)** (Der) lawsuit; **presentar una ~ contra algn** to bring a lawsuit against sb **(b)** (petición) request; **accedí a su ~** I agreed to his request

demandado -da *m,f* defendant

demandante *mf* plaintiff

demandar [A1] *vt* **1** (Der) to sue **2** (AmL) (requerir) to require

demarcar [A2] to demarcate

demás *adj inv* (*delante del n*): **los ~ estudiantes** the rest of the *o* the remaining students
■ *pron* **1** **(a)** **lo ~** the rest; **todo lo ~** everything else **(b)** (*en locs*) **por lo demás** apart from that, otherwise; **por demás** extremely **2** **los/las ~** (referido a cosas) the rest, the others; (referido a personas) the rest, everybody else; **me dio uno y se quedó con los ~** he gave me one and kept the rest *o* the others; **los ~ han terminado** the rest (of them) have finished, everybody else has finished

demasía: **en ~** ‹*beber/comer*› to excess; **todo alimento, tomado en ~, es perjudicial** any food, when eaten in excess, can be harmful

demasiado[1] -da *adj* (*delante del n*): **~ dinero** too much money; **había ~s coches** there were too many cars; **hace ~ calor** it's too hot
■ *pron*: **es ~** it's too much; **somos ~s** there are too many of us; **hizo ~s** she made too many

demasiado[2] *adv* **1** ‹*pequeño/caliente/caro*› too; **fue un esfuerzo ~ grande para él** it was too much of an effort for him **2** ‹*comer/hablar/preocuparse*› too much; ‹*trabajar*› too hard

demencia *f* dementia

demente *adj* insane
■ *mf* insane person

democracia *f* democracy

demócrata *mf* democrat

democratacristiano -na *adj/m,f* Christian Democrat

democrático -ca *adj* democratic

demografía *f* demography

demográfico -ca *adj* demographic, population (*before n*)

demoledor -dora *adj* **(a)** ‹*máquina*› demolition (*before n*) **(b)** ‹*ataque/crítica*› devastating

demoler [E9] *vt* **(a)** ‹*edificio*› to demolish, pull down **(b)** ‹*mito/teoría*› (fam) to debunk, demolish

demonio *m* **1** (diablo) devil **2** (fam) (uso expletivo): **¡cómo ~s lo hizo!** how on earth did he do it?; **¿qué ~s ... ?** what the hell ... ? (infml); **¡~(s)!** (expresando enfado) damn! (infml);

key word

(expresando sorpresa) goodness!, heavens!

demora *f* **1** (esp AmL) (retraso) delay; **perdón por la ~** I'm sorry I'm late; **~** EN **hacer algo** delay IN doing sth; **sin ~** without delay **2** (Náut) bearing

demorar [A1] *vt* **(a)** (AmL) (tardar): **demoró tres horas en llegar** he took *o* it took him three hours to arrive **(b)** (AmL) (retrasar) ‹*viaje/decisión*› to delay

■ **~** *vi* (AmL): **¡no demores!** don't be long!

■ **demorarse** *v pron* (AmL) **(a)** (tardar cierto tiempo): **¡qué poco te demoraste!** that didn't take you very long; **me demoro 3 horas** it takes me 3 hours **(b)** (tardar demasiado) to be *o* take too long; **~se** EN **hacer algo** to take a long time TO do sth

demoroso -sa *adj* (Bol, Chi) ‹*persona/vehículo*› slow; ‹*trabajo*› time-consuming

demostración *f* demonstration; (de teorema) proof

demostrar [A10] *vt* **1** ‹*verdad/teorema*› to prove, demonstrate; ‹*ignorancia*› to show, prove; **ha demostrado ser muy capaz** he's shown himself to be very able; **~ que algo es/no es cierto** to prove sth right/wrong **2 (a)** ‹*interés/sentimiento*› to show **(b)** ‹*funcionamiento/método*› to demonstrate

demostrativo -va *adj* **(a)** ‹*ejemplo*› illustrative **(b)** ‹*adjetivo/pronombre*› demonstrative **(c)** (AmL) ‹*persona/carácter*› demonstrative

denantes *adv* (Chi fam) a moment ago, just now

denegar [A7] *vt* (fml) ‹*permiso/autorización*› to refuse; ‹*petición*› to turn down; ‹*recurso*› (Der) to refuse

dengue *m* (Med) dengue fever

denigrante *adj* degrading, humiliating

denigrar [A1] *vt* **(a)** (hablar mal de) to denigrate **(b)** (degradar) to degrade

denominar [A1] *vt* (fml) **(a)** (dar nombre a) to call; **el denominado efecto invernadero** the so-called greenhouse effect **(b)** (con carácter oficial) to designate

denotar [A1] *vt* **(a)** (fml) (demostrar, indicar) to show, denote (fml); **sus modales denotan una esmerada educación** her manners are the sign of an impeccable upbringing **(b)** (Ling) to denote

densidad *f* density; (de vegetación, niebla) thickness, denseness

denso -sa *adj* dense

dentado -da *adj* ‹*filo*› serrated; **una rueda dentada** a gearwheel, a cogwheel

dentadura *f* teeth (*pl*); **~ postiza** false teeth (*pl*), dentures (*pl*)

dental *adj* dental

dentera *f* (sensación): **darle ~ a algn** to set sb's teeth on edge

dentífrico *m* toothpaste

dentista *mf* dentist

dentística *f* (Chi) dentistry, dental surgery

dentro *adv* **1** (lugar, parte) [*Latin American Spanish also uses* ▸ **adentro** *in this sense*] inside; **aquí/ahí ~** in here/there; **el perro duerme ~** the dog sleeps indoors; **por ~** on the inside; **la parte de ~** the inside **2 dentro de (a)** (en el espacio) in, inside; **~ del edificio** in *o* inside the building **(b)** (en el tiempo) in; **~ de dos semanas** in two weeks' time **(c)** (de límites, posibilidades) within; **~ de nuestras posibilidades** within our means

denuncia *f* **1** (de robo, asesinato) report; **hizo la ~ del robo del coche** he reported the theft of his car; **presentar una ~** to make a formal complaint **2** (crítica pública) denunciation

denunciar [A1] *vt* **1** ‹*robo/asesinato/persona*› to report **2** (condenar públicamente) to denounce, condemn

Dep., Dept. (= **Departamento**) Dept

departamento *m* **1 (a)** (de empresa, institución) department **(b)** (provincia, distrito) department **2** (AmL) (apartamento) apartment (esp AmE), flat (BrE)

dependencia *f* **1** (condición) dependence; **~** DE **algo** dependence ON sth **2 dependencias** *fpl* (edificios) buildings (*pl*); (salas) rooms (*pl*)

depender [E1] *vi* **(a)** «*resultado/solución*» to depend; **~** DE **algo/algn** to depend ON sth/sb **(b)** «*persona*» **~** DE **algn/algo** to be dependent ON sb/sth

dependiente -ta *m,f* salesclerk (AmE), shop assistant (BrE)

depilación *f* (con cera) waxing; (con crema) hair removal, depilation (fml); (de cejas) plucking

depilar [A1] *vt* ‹*piernas/axilas*› to wax (*o* shave *etc*); ‹*cejas*› to pluck

■ **depilarse** *v pron*: **~se las piernas** to shave (*o* wax *etc*) one's legs; (*caus*) to have one's legs waxed

deplorable *adj* deplorable

deportar [A1] *vt* to deport

deporte *m* sport; **no practican ningún ~** they don't play *o* do any sport(s); **hace ~ para estar en forma** she does sports (AmE) *o* (BrE) some sport to keep fit; **~ acuático/de invierno** water/winter sport

deportista *adj* sporty; **fue muy ~ en su juventud** he was a keen sportsman in his youth

■ *mf* (*m*) sportsman (*f*) sportswoman

deportividad *f* sportsmanship

deportivo[1] -va *adj* **(a)** ‹*club/centro*› sports (*before n*) **(b)** ‹*ropa*› (para deporte) sports (*before n*); (informal) sporty, casual

deportivo[2] *m* sports car

depositar [A1] *vt* **1** (fml) **(a)** (colocar) to place, deposit (fml) **(b)** (dejar) to leave, deposit (fml) **2** (Fin) ‹*dinero*› to deposit; (en cuenta corriente) (AmL) to deposit, pay in (BrE)

depósito *m* **1 (a)** (almacén) warehouse; **~ de armas** arms depot; **~ de cadáveres** morgue, mortuary (BrE) **(b)** (tanque) tank; **~ de gasolina** gas tank (AmE), petrol tank (BrE) **2** (sedimento) deposit, sediment; (yacimiento) deposit **3** (Fin) **(a)** (AmL) (en una cuenta) deposit **(b)** (garantía) deposit

depravado -da *m,f* degenerate

depreciarse [A1] *v pron* to depreciate, fall in value

depredador[1] -dora *adj* (Zool) ‹*animal/ave*› predatory

depredador[2] *m* predator

depresión *f* depression

deprimente *adj* depressing
deprimido -da *adj* depressed
deprimir [I1] *vt* to depress
■ **deprimirse** *v pron* to get/become depressed
deprisa *adv* fast; **trabajar más ~** to work faster; **¡~! escóndelo** quick! hide it
depurado -da *adj* ‹*lenguaje/estilo*› polished, refined; ‹*gusto*› refined

d

depuradora *f* **(a)** (de aguas residuales) sewage treatment plant **(b)** (en piscina) filter system
depurar [A1] *vt* **1** **(a)** ‹*agua*› to purify, treat; ‹*aguas residuales*› to treat **(b)** ‹*sangre*› to cleanse **2** **(a)** ‹*organización/partido*› to purge **(b)** ‹*lenguaje/estilo*› to polish, refine
derecha *f* **1** **(a)** (lado derecho) right; **la primera calle a la ~** the first street on the right; **dobla a la ~** turn right; **por la ~** ‹*conducir/caminar*› on the right; **mantenga su ~** keep to the right **(b)** (mano derecha) right hand **2** (Pol): **la ~** the Right; **un político de ~** or (Esp) **~s** a right-wing politician
derecho¹ -cha *adj* **1** ‹*mano/ojo/zapato*› right; ‹*lado*› right, right-hand; **el ángulo superior ~** the top right-hand corner; **queda a mano derecha** it's on the right-hand side *o* on the right **2** **(a)** (recto) straight; **ese cuadro no está ~** that picture isn't straight; **siéntate ~** sit up straight **(b)** (fam) (justo, honesto) honest, straight
derecho² *adv* straight; **siga todo ~** go *o* keep straight on
derecho³ *m* **1** **(a)** (facultad, privilegio) right; **~s humanos** human rights (*pl*); **estás en tu ~** you're within your rights; **~** A **algo** right TO sth; **el ~ al voto** the right to vote; **tengo ~ a saber** I have a *o* the right to know; **esto da ~ a participar** this entitles you to participate; **¡no hay ~!** (fam) it's not fair! **(b)** (Com, Fin) tax; **~s de aduana** customs duties (*pl*); **~s de autor** royalties; **~ de matrícula** registration fee; **~ de reproducción** copyright **2** (Der) law **3** (de prenda) right side, outside; (de tela) right side, face; **póntelo al ~** put it on properly *o* right side out
deriva *f*: **a la ~** adrift
derivar [A1] *vi* **(a)** (proceder) **~** DE **algo** «*palabra*» to derive FROM sth, come FROM sth; «*problema/situación*» to arise FROM sth **(b)** (traer como consecuencia) **~** EN **algo** to result IN sth, lead TO sth
■ **~** *vt* (Med) (AmL): **~ a algn a un especialista** to refer sb to a specialist
■ **derivarse** *v pron* (proceder) **~se** DE **algo** «*palabra*» to be derived FROM sth, come FROM sth; «*problema/situación*» to arise FROM sth
dermatólogo -ga *m,f* dermatologist
derogar [A3] *vt* to abolish, repeal
derramar [A1] *vt* **(a)** ‹*agua/leche/azúcar*› to spill; ‹*cuentas/sangre*› to shed **(b)** ‹*lentejas/botones*› to spill, scatter
■ **derramarse** *v pron* **(a)** «*tinta/leche*» to spill; «*corriente*» to pour out **(b)** «*cuentas/botones*» to scatter, spread
derrame *m* **(a)** (Med): **tengo un ~ en el ojo** I have a burst blood vessel in my eye; **~ cerebral** brain hemorrhage* **(b)** (de líquido) spillage
derrapar [A1] *vi* «*vehículo*» to skid; «*embrague*» to slip; «*llantas*» to spin
derredor: **al/en ~** (*loc adv*) around
derretir [I14] *vt* ‹*mantequilla/helado*› to melt; ‹*hielo/nieve*› to melt, thaw
■ **derretirse** *v pron* «*mantequilla/helado*» to melt; «*nieve/hielo*» to thaw, melt
derribar [A1] *vt* **(a)** ‹*edificio/muro*› to demolish, knock down; ‹*puerta*› to break down **(b)** ‹*avión*› to shoot down, bring down **(c)** ‹*persona*› to floor, knock ... down; ‹*novillo*› to knock ... over **(d)** «*viento*» to bring down **(e)** ‹*gobierno*› to overthrow, topple
derrocar [A2] *vt* to overthrow, topple
derrochador -dora *adj*: **es muy ~** he's a real spendthrift
■ *m,f* squanderer, spendthrift
derrochar [A1] *vt* (malgastar) ‹*dinero*› to squander, waste; ‹*electricidad/agua*› to waste
■ **~** *vi* to throw money away, to squander money
derroche *m* (de dinero, bienes) waste
derrota *f* (Dep, Mil) defeat
derrotado -da *adj* **(a)** ‹*ejército*› defeated; ‹*equipo/contrincante*› defeated, beaten **(b)** (desesperanzado) despondent
derrotar [A1] *vt* ‹*ejército/partido*› to defeat; ‹*equipo/contrincante*› to defeat, beat
derrotista *adj/mf* defeatist
derruido -da *adj* ‹*casa*› ruined; **medio ~** virtually in ruins
derrumbamiento *m* collapse
derrumbar [A1] *vt* ‹*casa/edificio*› to demolish, pull down
■ **derrumbarse** *v pron* **(a)** «*edificio*» to collapse **(b)** «*persona*» to go to pieces; «*esperanzas/ilusiones*» to be shattered, collapse
desabastecimiento, (Méx) **desabasto** *m* shortage of supplies (*o* food *etc*)
desabotonarse [A1] *v pron* **(a)** «*prenda*» to come undone **(b)** (*refl*) «*persona*» ‹*camisa/abrigo*› to unbutton, undo
desabrido -da *adj* (comida) tasteless, bland
desabrigado -da *adj* ‹*lugar*› exposed; **estás muy ~** you're not wearing warm enough clothes
desabrochar [A1] *vt* ‹*prenda/zapatos/pulsera*› to undo; **¿me desabrochas?** can you undo me? (infml)
■ **desabrocharse** *v pron* **(a)** «*prenda*» to come undone **(b)** (*refl*) «*persona*» ‹*camisa/abrigo*› to undo
desaconsejar [A1] *vt* to advise against
desacostumbrarse [A1] *v pron* to get out of the habit; **~** A **hacer algo** to get out of the habit OF doing sth; **se desacostumbró al tráfico de la ciudad** she forgot what city traffic was like
desacreditar [A1] *vt* to discredit
■ **desacreditarse** *v pron* (*refl*) to discredit oneself, damage one's reputation
desactivar [A1] *vt* ‹*bomba/explosivo*› to defuse, deactivate
desacuerdo *m* disagreement; **~** CON **algo/algn** disagreement WITH sth/sb

key word

desadaptado -da *adj*: **un niño ~** a child who has problems settling in *o* adjusting; **sentirse ~** to feel unsettled

desafiante *adj* ‹*gesto/palabras*› defiant

desafiar [A17] *vt* **(a)** ‹*persona*› to challenge; **~ a algn** A **algo/hacer algo** to challenge sb TO sth/do sth **(b)** ‹*peligro/muerte*› to defy

desafilado -da *adj* blunt

desafinado -da *adj* out of tune

desafinar [A1] *vi* «*instrumento*» to be out of tune; «*músico/cantante*» to be off key *o* out of tune

desafío *m* (reto) challenge; (al peligro, a la muerte) defiance

desaforado -da *m,f*: **como un ~** ‹*correr*› hell for leather; ‹*gritar*› at the top of one's voice

desafortunado -da *adj* **(a)** (desdichado) ‹*persona*› unlucky; ‹*suceso*› unfortunate **(b)** (desacertado) ‹*medidas/actuación*› unfortunate

desagradable *adj* unpleasant; ‹*respuesta/comentario*› unkind

desagradar [A1] *vt*: **me desagrada el calor/tener que decírselo** I don't like the heat/having to tell her

desagradecido -da *adj* ‹*persona*› ungrateful; ‹*trabajo/tarea*› thankless

desagrado *m* displeasure; **lo hizo con ~** she did it reluctantly *o* unwillingly

desagüe *m* **(a)** (de lavabo, lavadora) wastepipe; (de patio, azotea) drain **(b)** (acción) drainage

desahogado -da *adj* ‹*posición económica/vida*› comfortable; ‹*casa/habitación*› uncluttered, spacious

desahogar [A3] *vt* ‹*penas/ira*› to give vent to

■ **desahogarse** *v pron* to let off steam; **se desahogó dándole patadas a la rueda** he vented his anger (*o* frustration *etc*) by kicking the wheel; **~se** CON **algn** to pour one's heart out to sb

desahogo *m* **(a)** (alivio) relief; **llorar le servirá de ~** crying will make him feel better **(b) con ~** comfortably; **vivir con ~** to be comfortably off

desahuciar [A1] *vt* **1** ‹*enfermo*› to declare ... terminally ill **2 (a)** ‹*inquilino*› to evict **(b)** (Chi) ‹*empleado*› (despedir) to dismiss; (notificar el despido) to give ... notice

desaire *m* snub, slight; **hacerle un ~ a algn** to snub *o* slight sb

desaladora *f* desalination plant

desalar [A1] *vt* to desalinate

desalentador -dora *adj* disheartening, discouraging

desalentar [A5] *vt* to discourage, dishearten

desaliento *m* dejection, despondency

desalinizadora *f* desalination plant

desaliñado -da *adj* slovenly

desalojar [A1] *vt* **(a)** ‹*edificio/recinto*› «*ocupantes*» to vacate; «*policía/juez*» to clear **(b)** ‹*residentes*› to evacuate; ‹*inquilino*› (esp AmL) to evict

desamarrar [A1] *vt* (AmL exc RPl) ‹*embarcación*› to cast off; ‹*zapatos/paquete*› to undo, untie; ‹*animal/persona*› to untie

■ **desamarrarse** *v pron* (AmL exc RPl) **1** «*paquete/zapatos*» to come undone; «*bultos/barco*» to come untied **2** (*refl*) «*persona*» to get free; «*animal*» to get loose *o* free

desamparado -da *adj* ‹*niño/anciano*› defenseless*; ‹*lugar*› bleak, unprotected

desamparo *m* neglect

desangrarse *v pron* to bleed to death

desanimado -da *adj* discouraged, dispirited

desanimar [A1] *vt* to discourage

■ **desanimarse** *v pron* to become disheartened *o* discouraged

desánimo *m* dejection, despondency

desaparecer [E3] *vi* «*persona/objeto*» to disappear; «*dolor/síntoma/cicatriz*» to disappear, go; «*costumbre*» to disappear, die out; «*mancha*» to come out

■ **desaparecerse** *v pron* (Andes) to disappear

desaparecido -da *adj* **(a)** (que no se encuentra) missing **(b)** (period) (muerto) late (*before n*), deceased (fml)

■ *m,f* **(a)** (en un accidente) missing person **(b)** (Pol): **los ~s** the disappeared *o* those who have disappeared

desaparición *f* disappearance; **una especie en vías de ~** an endangered species

desapercibido -da *adj*: **pasar ~** to go unnoticed

desaprovechar [A1] *vt* ‹*oportunidad*› to waste; ‹*tiempo/comida*› to waste

desarmable *adj* ‹*mueble/mecanismo*› which can be dismantled *o* taken apart

desarmado -da *adj* ‹*policía/criminal*› unarmed

desarmador *m* (Méx) **(a)** (herramienta) screwdriver **(b)** (bebida) screwdriver

desarmar [A1] *vt* **1** ‹*mueble/mecanismo*› to dismantle; ‹*carpa*› (AmL) to take down; ‹*rifle/motor*› to strip (down); ‹*rompecabezas*› to take ... to pieces, break up; ‹*juguete/maqueta*› to take ... apart **2 (a)** (quitar armas) to disarm **(b)** (dejar sin argumentos) to disarm

desarme *m* disarmament

desarrollado -da *adj* developed; **un niño muy/poco ~** a well-developed/an underdeveloped child

desarrollador -dora *m,f* **1** (Inf) *tb* **~ de software** software developer **2** *tb* **~ inmobiliario** (Fin) (property) developer

desarrollar [A1] *vt* **1** (en general) to develop **2 (a)** (exponer) ‹*teoría/tema*› to explain **(b)** (llevar a cabo) ‹*actividad/labor*› to carry out

■ **desarrollarse** *v pron* **1** (en general) to develop **2** «*acto/entrevista/escena*» to take place

desarrollo *m* development; **~ sostenible** sustainable development; **países en vías de ~** developing countries; **según el ~ de los acontecimientos** according to how things develop

desastrado -da *adj* ‹*persona*› scruffy, untidy; ‹*habitación/trabajo*› untidy

desastre *m* disaster; **como cantante es un ~** he's a hopeless singer; **tienes la habitación hecha un ~** your room is a shambles; **vas hecha**

un ~ you look a real mess (infml)
desastroso -sa *adj* disastrous
desatado -da *adj*: **estar ~** ‹*perro*› to be loose; ‹*cordón/nudo*› to be undone
desatar [A1] *vt* **(a)** ‹*nudo/lazo*› to untie, undo **(b)** ‹*persona*› to untie; ‹*perro*› to let ... loose
▪ **desatarse** *v pron* **(a)** «*nudo/cordones*» to come undone *o* untied; «*perro/caballo*» to get loose **(b)** (*refl*) «*persona*» to untie oneself; ‹*cordones/zapatos*› to untie, undo
desatascador *m* (instrumento) plunger; (producto) nitric acid (*o* caustic soda *etc*) (*used to clear blocked drains*)
desatascar [A2] *vt* ‹*cañería/fregadero*› to unblock, clear
▪ **desatascarse** *v pron* «*cañería/fregadero*» to unblock; «*carretera*» to clear
desatender [E8] *vt* **(a)** ‹*trabajo/familia*› to neglect **(b)** ‹*tienda/mostrador*› to leave ... unattended
desatento -ta *adj* **(a)** [SER] (desconsiderado) thoughtless, inconsiderate **(b)** [ESTAR] (distraído) inattentive
desatornillador *m* (AmC, Chi) screwdriver
desatornillar [A1] *vt* to unscrew
desautorizar [A4] *vt* **(a)** (restar autoridad a) ‹*persona*› to undermine the authority of; ‹*declaraciones*› to disavow (fml) **(b)** (retirar la autorización para) ‹*marcha/huelga*› to ban
desayunar [A1] *vt* to have ... for breakfast; **¿qué desayunaste?** what did you have for breakfast?
▪ ~ *vi* to have breakfast
▪ **desayunarse** *v pron* (AmL) (tomar el desayuno) to have breakfast; **~se** CON **algo** to have sth FOR breakfast
desayuno *m* breakfast; **tomar el ~** to have breakfast
desbarajuste *m* (fam) mess; **un ~ económico** an economic mess *o* chaos
desbaratar [A1] *vt* **(a)** ‹*planes*› to spoil, ruin; ‹*sistema*› to disrupt **(b)** (Méx) ‹*papeles*› to jumble (up), muddle (up); ‹*mecanismo*› to ruin, destroy
▪ **desbaratarse** *v pron* **(a)** «*plan*» to be ruined, be spoiled; «*sistema*» to be disrupted, break down **(b)** (Méx) «*papeles*» to get jumbled up, get muddled (up); «*mecanismo*» to break, get broken
desbarrancarse [A2] *v pron* to go over a sheer drop
desbloquear [A1] *vt* **(a)** ‹*carretera/entrada*› to clear; ‹*mecanismo*› to release, free **(b)** ‹*negociaciones/diálogo*› to break the deadlock in **(c)** (Com, Fin) ‹*cuenta*› to unfreeze
desbocado -da *adj* **(a)** ‹*caballo*› runaway (*before n*) **(b)** ‹*cuello/escote*› loose, wide
desbocarse [A2] *v pron* «*caballo*» to bolt
desbordante *adj* ‹*entusiasmo/júbilo*› boundless; **está ~ de entusiasmo** he's bursting with enthusiasm
desbordarse [A1] *v pron* **(a)** «*río/canal*» to burst its banks **(b)** «*vaso/cubo*» to overflow **(c)** «*multitud*» to get out of hand, get out of control
descabellado -da *adj* crazy, ridiculous
descafeinado -da *adj* decaffeinated
descalabro *m* **(a)** (desastre) disaster **(b)** (Mil) defeat
descalificación *f* (Dep) disqualification
descalificar [A2] *vt* ‹*deportista/equipo*› to disqualify
descalzarse [A4] *v pron* to take off one's shoes
descalzo -za *adj* ‹*pie*› bare; ‹*persona*› barefoot
descaminado -da *adj*: **andar ~** to be on the wrong track
descampado *m* **(a)** (terreno) area *o* piece of open ground *o* land **(b) al descampado** (AmS) ‹*dormir*› in the open (air)
descansado -da *adj* **(a)** [ESTAR] ‹*persona*› rested, refreshed **(b)** [SER] ‹*actividad/trabajo*› easy, undemanding; ‹*vida*› quiet, peaceful
descansar [A1] *vi* **(a)** (de actividad, trabajo) to rest, have a rest; **sin ~** without a break; **~** DE **algo** to have a rest *o* break FROM sth **(b)** (yacer) to lie; **que en paz descanse** God rest his soul
▪ ~ *vt*: **~ la vista** to rest one's eyes, to give one's eyes a rest; **~ la mente** to give one's mind a break *o* rest
descansillo *m* (Esp) landing
descanso *m* **1** **(a)** (reposo) rest **(b)** (en trabajo, colegio) break; **sin ~** without a break **(c)** (Mil): **estar en posición de ~** to be standing at ease **2** (intervalo) (Dep) half time; (Teatr) interval **3** (alivio, tranquilidad) relief **4** (AmL) (rellano) landing
descapotable *adj/m* convertible
descarado -da *adj* ‹*persona/actitud*› brazen, shameless; **es muy ~** he has a lot of nerve
descarga *f* **1** (de mercancías) unloading **2** (Elec) discharge; **una ~ eléctrica** an electric shock **3** (de arma) shot, discharge (fml); (de conjunto de armas) volley
descargar [A3] *vt* **1** ‹*vehículo/mercancías*› to unload **2** **(a)** ‹*pistola*› (extraer las balas) to unload; (disparar) to fire, discharge (fml); **la pistola está descargada** the pistol is not loaded **(b)** ‹*tiro*› to fire; ‹*golpe*› to deal, land **3** (Inf) to download **4** ‹*ira/agresividad*› to vent; ‹*preocupaciones/tensiones*› to relieve
▪ ~ *v impers* «*aguacero*» to pour down; «*temporal*» to break
▪ **descargarse** *v pron* **1** (Elec) «*pila*» to run down; «*batería*» to go dead *o* flat **2** «*tormenta*» to break; «*lluvias*» to come down, fall
descaro *m* audacity, nerve (infml); **¡qué ~!** what a nerve!
descarriado -da *adj*: **hoy día la juventud anda descarriada** the youth of today has lost its way; ▸ **oveja**
descarrilamiento *m* derailment
descarrilar [A1] *vi* to derail, be derailed
▪ **descarrilarse** *v pron* (AmL) to derail, be derailed
⚷ **descartar** [A1] *vt* to rule out
descascararse [A1] *vpron* «*pared/pintura*» to peel; «*taza/plato*» to chip
descendencia *f* descendants (*pl*)

⚷ key word

descendente *adj* ‹*curva/línea*› downward; ‹*escala*› descending

descender [E8] *vi* **1** **(a)** «*temperatura/nivel*» to fall, drop **(b)** (fml) (desde una altura) «*avión*» to descend; «*persona*» to descend (fml), to come/go down **2** (en clasificación) to go down **3** (proceder) ~ DE **algn** to be descended FROM sb

descendiente *mf* descendant

descenso *m* **1** **(a)** (de temperatura, nivel) fall, drop; (de precios) fall **(b)** (desde una altura) descent **2** (Dep) relegation

descentrado -da *adj* **(a)** ‹*eje/rueda*› off-center* **(b)** ‹*persona*› disoriented, disorientated (BrE)

descentralizar [A4] *vt* to decentralize

descifrar [A1] *vt* **(a)** ‹*mensaje*› to decode, decipher; ‹*escritura/jeroglífico/código*› to decipher **(b)** ‹*misterio/enigma*› to work out, figure out

descodificador *m* decoder

descolgar [A8] *vt* **(a)** ‹*cuadro/cortina*› to take down **(b)** ‹*teléfono*› to pick up; **dejar el teléfono descolgado** to leave the phone off the hook

■ **descolgarse** *v pron* **1** (por una cuerda) to lower oneself **2** (en carrera) to pull away, break away

descollar [A10] *vi* to be outstanding

descolorido -da *adj* ‹*tela/papel*› faded

descomponer [E22] *vt* **1** ‹*alimento/cadáver*› to rot, cause ... to decompose *o* rot **2** (esp AmL) ‹*máquina/aparato*› to break; ‹*peinado*› to mess up **3** ‹*persona*› **(a)** (producir malestar) «*olor*» to make ... queasy **(b)** (producir diarrea) to give ... diarrhea*

■ **descomponerse** *v pron* **1** «*luz*» to split; «*sustancia*» to break down, separate **2** «*cadáver/alimento*» to rot, decompose (fml) **3** (esp AmL) «*máquina/aparato*» to break down **4** «*persona*» (sentir malestar) to feel sick; (del estómago) to have an attack of diarrhea* **5** (CS) «*tiempo*» to become unsettled; «*día*» to cloud over

descompuesto -ta *adj* **1** ‹*alimento*› rotten, decomposed (fml); ‹*cadáver*› decomposed **2** ‹*expresión*› changed, altered **3** (esp AmL) [ESTAR] ‹*máquina/aparato*› broken; ‹*teléfono*› out of order **4** **estar** ~ (indispuesto) to feel sick; (del estómago) to have diarrhea*/an upset stomach

descompuse, **descompuso**, *etc* ▶ **descomponer**

desconcertado -da *adj* disconcerted; **quedarse** ~ to be taken aback

desconcertante *adj* disconcerting

desconcertar [A5] *vt* to disconcert; **su respuesta me desconcertó** I was disconcerted by her reply

desconchado *m* (en taza, plato) chip; (en pared) *place where plaster or paint has come off*

desconcharse [A1] *v pron* «*taza/plato*» to chip, get chipped; «*pared/piel*» to peel

desconcierto *m*: **su llamada los llenó de** ~ they were disconcerted by his call; **el** ~ **reinante** the prevailing atmosphere of uncertainty

desconectar [A1] *vt* ‹*alarma/teléfono*› to disconnect; ‹*calefacción*› to switch off, turn off; ~ **algo** DE **algo** to disconnect sth FROM sth

■ **desconectarse** *v pron* «*aparato*» to switch *o* turn off

desconfiado -da *adj* (receloso) distrustful; (suspicaz) suspicious

desconfianza *f* distrust, suspicion

desconfiar [A17] *vi* ~ DE **algn** to mistrust sb, to distrust sb; ~ DE **algo** (de motivos) to mistrust sth; (de honestidad) to doubt sth

descongelante *m* deicer

descongelar [A1] *vt* ‹*refrigerador*› to defrost; ‹*alimentos*› to defrost, thaw

■ **descongelarse** *v pron* «*refrigerador*» to defrost; «*alimentos*» to defrost, thaw

descongestionar [A1] *vt* to clear

desconocer [E3] *vt* **(a)** (no conocer): **por razones que desconocemos** for reasons unknown to us; **desconocía este hecho** I was unaware of this fact **(b)** (no reconocer): **te desconocí** I didn't recognize you

desconocido -da *adj* (en general) unknown; **un cantante** ~ an unknown singer; **una persona desconocida** a stranger

■ *m,f* (no conocido) stranger

desconocimiento *m* ignorance

desconsiderado -da *adj* thoughtless, inconsiderate

desconsolado -da *adj* **estar** ~ POR **algo** to be heartbroken OVER sth; **lloraba** ~ he cried inconsolably

desconsuelo *m* grief, despair

descontado *adj*: **eso dalo por** ~ you can be sure of that; **doy por** ~ **que vendrás a cenar** I'm assuming that you're coming to dinner

descontaminar [A1] *vt* ‹*alimentos/cultivos*› to decontaminate; ‹*atmósfera*› to clean up

descontar [A10] *vt* **1** **(a)** (rebajar): **me descontó el 15%** he gave me a 15% discount **(b)** (restar) ‹*gastos/impuestos*› to deduct, take off; ‹*horas*› to deduct **2** (exceptuar): **si descontamos a Pedro/los domingos ...** if we don't count Pedro/Sundays ... **3** ‹*letra/pagaré*› to discount

descontento¹ -ta *adj* [ESTAR] dissatisfied; ~ CON **algo/algn** unhappy *o* dissatisfied WITH sth/sb

descontento² *m* discontent

descontrolado -da *adj* out of control

descontrolarse [A1] *v pron* to get out of control

desconvocar [A2] *vt* to call off

descorazonar [A1] *vt* to dishearten, discourage

descorchar [A1] *vt* to uncork, open

descorrer [E1] *vt* ‹*cortinas*› to draw (back); ‹*cerrojo*› to draw back

descortés *adj* ‹*persona*› impolite, ill-mannered; ‹*comportamiento*› rude, impolite

descortesía *f* **(a)** (acto descortés) discourtesy **(b)** (cualidad) rudeness, impoliteness

descoserse [E1] *v pron* «*prenda/costura*» to come unstitched

descosido -da *adj* ‹*dobladillo/costura*› unstitched

descremado -da *adj* skimmed

⚷ **describir** [I34] *vt* to describe

⚷ **descripción** *f* description

descriptivo -va *adj* descriptive

descrito -ta *pp* ▸ **describir**

descuartizar [A4] *vt* **(a)** ‹*res*› to quarter **(b)** «*asesino*» to chop ... (up) into pieces

descubierto -ta *adj* **1** ‹*piscina/terraza*› open-air, outdoor (*before n*); ‹*carroza*› open-top **2** ‹*cielos*› clear **3** **al descubierto: quedar al ~** «*planes/escándalo*» to come to light; **han puesto al ~ sus chanchullos** his shady dealings have been exposed; **girar al** or **en ~** (Com, Fin) to overdraw

descubridor -dora *m,f* discoverer

descubrimiento *m* discovery

⚷ **descubrir** [I33] *vt* **1** ‹*tierras/oro/artista*› to discover **2** **(a)** (enterarse de, averiguar) ‹*razón/solución*› to discover, find out; ‹*complot/engaño*› to uncover; ‹*fraude*› to detect **(b)** ‹*persona escondida*› to find, track down **(c)** ‹*culpable*› find ... out **(d)** (delatar) to give ... away **3** **(a)** ‹*estatua/placa*› to unveil **(b)** (revelar) ‹*planes/intenciones*› to reveal

descuento *m* **1** **(a)** (rebaja) discount; **hacen un ~ del 15%** they give a 15% discount **(b)** (del sueldo) deduction **2** (Dep) injury time **3** (de letra, pagaré) discount

descuidado -da *adj* **(a)** [SER] (negligente) careless; (en el vestir) sloppy **(b)** [ESTAR] (desatendido) neglected

descuidar [A1] *vt* ‹*negocio/jardín*› to neglect

■ **~** *vi*: **descuide, yo me ocuparé de eso** don't worry, I'll see to that

■ **descuidarse** *v pron* **(a)** (no prestar atención, distraerse): **se descuidó un momento y el perro se le escapó** his attention strayed for a moment and the dog ran off; **si te descuidas, te roban** if you don't watch out, they'll rob you; **como te descuides, te van a quitar el puesto** if you don't look out, they'll take your job from you **(b)** (en el aspecto físico) to neglect one's appearance

descuido *m* **(a)** (distracción): **en un ~ el niño se le escapó** she took her eyes off the child for a moment and he ran off; **basta el más pequeño ~** the smallest lapse of concentration is enough **(b)** (error) slip; (omisión) oversight

⚷ **desde** *prep* **1** (en el tiempo) since; **~ entonces/~ que se casó** since then/since he got married; **¿~ cuándo trabajas aquí?** how long have you been working here?; **~ el primer momento** right from the start; **no los veo ~ hace meses** I haven't seen them for months; **~ el 15 hasta el 30** from the 15th to *o* until the 30th **2** (en el espacio) from; **~ aquí/allá** from here/there; **¿~ dónde tengo que leer?** where do I have to read from?; **~ la página 12 hasta la 20** from page 12 (up) to page 20 **3** (en escalas, jerarquías) from; **blusas ~ 12 euros** blouses from 12 euros

desdén *m* disdain, scorn

desdeñable *adj* insignificant

desdeñar [A1] *vt* **(a)** (menospreciar) to scorn **(b)** ‹*pretendiente*› to spurn

desdeñoso -sa *adj* disdainful

desdicha *f* (desgracia) misfortune; (infelicidad) unhappiness

desdichado -da *adj* **(a)** (infeliz) unhappy **(b)** [SER] ‹*día*› ill-fated; **ser ~ en amores** to be unlucky in love

■ *m,f*: **es un pobre ~** he's a poor unfortunate wretch

desdoblar [A1] *vt* ‹*servilleta/pañuelo*› to unfold

■ **desdoblarse** *v pron* to divide into two, split into two

deseable *adj* desirable

⚷ **desear** [A1] *vt* **1** ‹*suerte/éxito/felicidad*› to wish; **te deseo un feliz viaje** I hope you have a good trip **2** (querer): **un embarazo no deseado** an unwanted pregnancy; **las tan deseadas vacaciones** the long-awaited holidays; **lo que más deseo es ...** my greatest wish is ...; **si tú lo deseas** if you want to; **~ía una respuesta ahora** I would like a reply now; **está deseando verte** he's really looking forward to seeing you; **¿desea que se lo envuelva?** (fml) would you like me to wrap it for you? **3** ‹*persona*› to desire, want

desechable *adj* disposable

desechar [A1] *vt* **(a)** ‹*ayuda/propuesta*› to reject; ‹*idea/plan*› (rechazar) to reject; (renunciar a) to drop, give up **(b)** ‹*restos/residuos*› to throw away *o* out; ‹*ropa*› to throw out

desecho *m* waste

desembarcar [A2] *vi* (de barco, avión) «*pasajeros*» to disembark; «*tropas*» to land, disembark

■ **~** *vt* ‹*mercancías*› to unload; ‹*pasajeros*› to disembark; (en emergencia) to evacuate

desembocadura *f* mouth, estuary

desembocar [A2] *vi* **~ EN algo** (en mar/río) to flow INTO sth; (en calle) to come out ONTO sth; (en plaza) to come out INTO sth

desembolsar [A1] *vt* to spend, pay out

desembolso *m* expenditure; (gasto inicial) outlay

desempacar [A2] *vt/vi* (esp AmL) to unpack

desempaquetar [A1] *vt* to unwrap

desempatar [A1] *vi* **(a)** (Dep) to break the tie (AmE), to break the deadlock (BrE) **(b)** (en una votación) to break the deadlock

desempate *m* **(a)** (Dep): **el ~ se produjo en el minuto 36** the breakthrough came in the 36th minute; **un partido de ~** a decider; **~ a penaltys** penalty shoot-out **(b)** (en concurso) tiebreak, tiebreaker; (en una votación) run-off

⚷ **desempeñar** [A1] *vt* **(a)** (Teatr) ‹*papel*› to play **(b)** ‹*funciones*› to carry out, perform; ‹*cargo*› to hold

■ **desempeñarse** *v pron* (AmL): **se desempeña bien en su trabajo** she does her job well; **se desempeñó muy bien** she did *o* managed very well

⚷ **desempeño** *m* **(a)** (de una función): **es muy diligente en el ~ de sus funciones** he carries out *o* performs his duties very diligently **(b)** (AmL) (actuación) performance; **nadie puede criticar su ~ como presidente** no one can criticize his performance as president

desempleado -da *m,f*: **un ~** someone who is out of work *o* unemployed; **los ~s** the unemployed

desempleo *m* **(a)** (situación) unemployment **(b)** (subsidio) unemployment benefit

⚷ key word

desencadenar [A1] *vt* **(a)** ‹*crisis/protesta/reacción*› to trigger **(b)** ‹*perro*› to unleash; ‹*preso*› to unchain

■ **desencadenarse** *v pron* «*explosión/reacción*» to be triggered off; «*guerra*» to break out; «*tempestad*» to break

desencajado -da *adj* **(a)** ‹*pieza*› out of position **(b)** ‹*mandíbula/rótula*› dislocated **(c)** (alterado) shaken

desencajar [A1] *vt* **(a)** (Mec) to knock out of position **(b)** ‹*mandíbula/rótula*› to dislocate

■ **desencajarse** *v pron* **(a)** (Mec) to be knocked/come out of position **(b)** «*mandíbula/rótula*» to become/get dislocated

desencaminado -da *adj* (AmL) ▶ **descaminado**

desencanto *m* disillusionment, disenchantment

desenchufar [A1] *vt* to unplug, disconnect

desenfadado -da *adj* **(a)** (seguro de sí mismo) self-assured, confident; (sin inhibiciones) uninhibited **(b)** ‹*estilo/moda/actitud*› free-and-easy, carefree

desenfocado -da *adj* out of focus

desenganchar [A1] *vt* ‹*caballos/remolque*› to unhitch; ‹*vagones*› to uncouple

desengañar [A1] *vt* (decepcionar) to disillusion; (sacar del engaño, error) to get ... to face the facts

■ **desengañarse** *v pron* **(a)** (decepcionarse) **~se** DE **algo** to become disillusioned WITH *o* ABOUT sth **(b)** (salir del engaño, error) to stop fooling oneself

desengaño *m* disappointment; **llevarse un ~** to be disappointed; **un ~ amoroso** an unhappy love affair

desenlace *m* (de película, libro) ending; (de aventura) outcome

desenredar [A1] *vt* ‹*pelo/lana*› to untangle, disentangle; ‹*lío*› to straighten out, sort out

■ **desenredarse** *v pron* (*refl*) ‹*pelo*› to get the knots out of

desenrollar [A1] *vt* ‹*alfombra/póster*› to unroll; ‹*persiana*› to let down; ‹*ovillo/cuerda*› to unwind

desenroscar [A2] *vt* to unscrew

desentenderse [E8] *v pron* **~** DE **algo** (de un asunto) to wash one's hands OF sth; **se desentiende de los hijos** he doesn't take an interest in the children

desenterrar [A5] *vt* ‹*cadáver*› to exhume, dig up; ‹*ruinas/tesoro*› to unearth, dig up

desentonar [A1] *vi* **(a)** (Mús) to go out of tune *o* off key **(b)** «*color*» to clash **(c)** «*atuendo/comentario*» to be out of place

desentrenado -da *adj* out of condition *o* training

desenvoltura *f* self-assurance

desenvolver [E11] *vt* to unwrap, open

■ **desenvolverse** *v pron* **(a)** (manejarse) to get by, manage; **se desenvuelve muy bien en inglés** she gets by very well in English; **se desenvolvió bien en la entrevista** she managed the interview all right **(b)** (en situaciones difíciles) to cope **(c)** «*hechos/sucesos*» to develop

desenvuelto -ta *adj* ‹*persona*› self-assured, confident

deseo *m* **(a)** (anhelo) wish; **formular un ~** to make a wish **(b)** (apetito sexual) desire

desequilibrado -da *adj* ‹*rueda/mecanismo*› out of balance; ‹*persona*› unbalanced

desequilibrar [A1] *vt* **(a)** ‹*embarcación/vehículo*› to unbalance, make ... unbalanced; ‹*persona*› (físicamente) to throw ... off balance; (mentalmente) to unbalance **(b)** ‹*fuerzas/poder*› to upset the balance of

■ **desequilibrarse** *v pron* «*ruedas/mecanismo*» to get out of balance

desequilibrio *m* **(a)** (desigualdad) imbalance **(b)** (Psic) unbalanced state of mind

desertar [A1] *vi* (Mil) to desert; (de partido) to defect

desértico -ca *adj* ‹*zona/clima*› desert (*before n*)

desertización *f* desertification

desertor -tora *m,f* (Mil) deserter; (de un partido) defector

desesperación *f* **(a)** (angustia) desperation; **con ~** ‹*luchar/gritar*› desperately; ‹*mirar/suplicar*› despairingly; ‹*llorar*› bitterly; **de ~** out of desperation **(b)** (desesperanza) despair

desesperado -da *adj* desperate

desesperante *adj* **(a)** (exasperante) exasperating **(b)** (angustioso) distressing

desesperar [A1] *vt* to drive ... to distraction *o* despair

■ **~** *vi* to despair, give up hope

■ **desesperarse** *v pron* to become exasperated

desestabilizar [A4] *vt* to destabilize

desfachatez *f* audacity, nerve (infml)

desfalco *m* embezzlement

desfallecer [E3] *vi* **(a)** (flaquear) «*persona*» to become weak; «*fuerzas*» to fade, fail; «*ánimos*» to flag; **lucharon sin ~** they fought tirelessly **(b)** (desmayarse) to faint, pass out

desfasado -da *adj* ‹*ideas/persona*› old-fashioned

desfase *m* (falta de correspondencia): **hay un ~ entre su madurez física y su desarollo mental** his physical maturity is out of step with his intellectual development; **~ de horario** jetlag

desfavorable *adj* unfavorable*; **el tiempo nos ha sido ~** we had unfavorable weather conditions

desfigurado -da *adj* disfigured

desfigurar [A1] *vt* **1** «*quemaduras/cicatriz*» ‹*persona*› to disfigure **2** ‹*hechos*› to distort, twist; ‹*realidad*› to distort

desfiladero *m* (barranco) ravine, narrow gorge; (puerto) narrow pass

desfilar [A1] *vi* **(a)** «*soldados*» to parade **(b)** «*manifestantes*» to march; **la manifestación desfiló por la Gran Vía** the demonstration passed along the Gran Via **(c)** «*modelo*» to parade up and down the catwalk

desfile *m* (de carrozas) parade, procession; (Mil) parade, march past; **~ de modelos** fashion show

desgajar [A1] *vt* **~ algo** DE **algo** ‹*rama*› to break *o* snap sth OFF sth; ‹*páginas*› to tear *o* rip sth OUT OF sth

d

▪ **desgajarse** *v pron* «*rama*» to break off, snap off

desgana *f* **(a)** (inapetencia) lack of appetite **(b)** (falta de entusiasmo): **con** or **a ~** ‹*trabajar*› half-heartedly; ‹*obedecer*› reluctantly

desganado -da *adj* **(a)** (inapetente): **me siento ~** I'm not hungry **(b)** (apático) lethargic

desgano *m* (AmL) ▶ **desgana**

desgarbado -da *adj* ‹*persona/aspecto*› gangling, gawky; ‹*movimientos/andar*› ungainly

desgarrador -dora *adj* heartbreaking, heartrending

desgarrar [A1] *vt* **(a)** ‹*vestido/papel*› to tear, rip **(b)** ‹*corazón*› to break

▪ **desgarrarse** *v pron* **(a)** «*vestido/camisa*» to tear, rip **(b)** (Med) to tear

desgarro *m* (de ligamento, músculo): **sufrió un ~** she tore a muscle

desgastar [A1] *vt* **(a)** (gastar) ‹*suelas/ropa*› to wear out; ‹*roca*› to wear away, erode **(b)** (debilitar) to wear ... down

▪ **desgastarse** *v pron* **(a)** (gastarse) «*ropa*» to wear out; «*roca*» to wear away; «*tacón*» to wear down **(b)** «*persona*» to wear oneself out; «*relación*» to grow stale

desgaste *m* **(a)** (de ropa, suelas) wear; (de rocas) erosion, wearing away **(b)** (debilitamiento físico) debilitation

desgracia *f* **(a)** (desdicha, infortunio) misfortune; **tiene la ~ de ser ciego** he has the misfortune to be blind; ***caer en*** **~** to fall from favor **(b) por desgracia** (*indep*) unfortunately

desgraciado -da *adj* **(a)** [SER] (infeliz) unhappy **(b)** [SER] (desafortunado) ‹*viaje*› ill-fated **(c)** (desacertado) ‹*elección/coincidencia*› unfortunate, unwise

▪ *m,f* **1** (desdichado) wretch **2** (persona vil) swine (infml)

desgravación *f* tax exemption (AmE), tax relief (BrE)

desgravar [A1] *vt* **(a)** ‹*gastos/suma*› to claim tax exemption on (AmE), to claim tax relief on (BrE) **(b)** ‹*producto/importación*› to eliminate the tax *o* duty on

▪ **~** *vi* to be tax-deductible

desguazar [A4] *vt* to scrap

deshabitado -da *adj* ‹*región*› uninhabited; ‹*edificio*› empty, unoccupied

deshacer [E18] *vt* **1** **(a)** ‹*costura/bordado*› to unpick **(b)** ‹*nudo/lazo/trenza*› to undo; ‹*ovillo*› to unwind **2** **(a)** (desarmar, desmontar) ‹*maqueta/mecanismo*› to take ... apart; ‹*paquete*› to undo, unwrap **(b)** ‹*cama*› (para cambiarla) to strip; (desordenar) to mess up; ‹*maleta*› to unpack **3** **(a)** (derretir) ‹*nieve/helado*› to melt **(b)** (desmenuzar) to break up **(c)** (en líquido) to dissolve **4** ‹*acuerdo/trato*› to break; ‹*noviazgo*› to break off; ‹*planes/compromiso*› to cancel

▪ **deshacerse** *v pron* **1** «*dobladillo/costura*» to come undone *o* unstitched; «*nudo/trenza/moño*» to come undone; «*peinado*» to get messed up, be ruined **2** **(a)** (desintegrarse) to disintegrate **(b)** «*nieve/helado*» to melt **(c)** (en líquido) to dissolve **3** **~se EN algo**: **~se en llanto** to dissolve into tears; **me deshice en cumplidos** I went out of my way to be complimentary **4** **deshacerse de (a)** (librarse de) to get rid of **(b)** (desprenderse de) to part with

deshaga, deshagas, *etc* ▶ **deshacer**

deshecho -cha *adj* [ESTAR] **(a)** (cansado, agotado) exhausted **(b)** (destrozado moralmente) shattered, devastated **(c)** (estropeado) ruined

deshelar [A5] *vt* ‹*cañería*› to thaw out, unfreeze; ‹*nevera/congelador*› to defrost; ‹*parabrisas*› to de-ice

▪ **deshelarse** *v pron* «*nieves*» to thaw, melt; «*río/lago*» to thaw; «*relaciones*» to thaw

desheredar [A1] *vt* to disinherit

deshice, deshiciera, *etc* ▶ **deshacer**

deshidratarse [A1] *v pron* to become dehydrated

deshielo *m* **(a)** (de ríos, nieves) thaw; **agua de ~** meltwater **(b)** (de relaciones) thaw, thawing-out

deshizo ▶ **deshacer**

deshojar [A1] *vt* ‹*flor*› to pull the petals off; ‹*cuaderno*› to tear *o* rip the pages out of

deshonesto -ta *adj* **(a)** (tramposo, mentiroso) dishonest **(b)** (indecente) ‹*proposiciones*› improper, indecent

deshonor *m* ▶ **deshonra a**

deshonra *f* **(a)** (vergüenza) disgrace; **ese chico es una ~ para su familia** that boy is a disgrace to his family **(b)** (pérdida de la honra) dishonor*

deshonrar [A1] *vt* ‹*familia/patria*› to dishonor*, disgrace; ‹*mujer*› to dishonor*

deshonroso -sa *adj* dishonorable*, disgraceful

deshora: **a ~(s)** off hours (AmE), out of hours (BrE)

deshuesar [A1] *vt* **1** **(a)** ‹*aceitunas*› to pit **(b)** ‹*pollo*› to bone **2** (Méx) ‹*coche/barco*› to scrap

desidia *f* **(a)** (apatía) slackness, indolence (fml) **(b)** (desaseo) slovenliness

desierto[1] -ta *adj* ‹*lugar*› deserted

desierto[2] *m* desert

⚷ **designar** [A1] *vt* **1** (fml) (elegir) **(a)** ‹*persona*› to appoint, designate (fml) **(b)** ‹*lugar/fecha*› to fix, set; (con carácter oficial) to designate **2** (fml) (denominar) to designate (fml)

designio *m* plan

desigual *adj* **1** **(a)** (diferente) uneven; **las mangas quedaron ~es** one sleeve turned out longer (*o* wider *etc*) than the other **(b)** (desequilibrado) ‹*lucha*› unequal; ‹*fuerzas*› unevenly-matched **2** (irregular) ‹*terreno/superficie*› uneven; ‹*letra*› uneven, irregular; ‹*calidad*› variable, varying (*before n*); ‹*rendimiento*› inconsistent, erratic

desigualdad *f* **1** **(a)** (diferencia) inequality **(b)** (desequilibrio) inequality, disparity **2** (de superficie) unevenness

desilusión *f* (decepción) disappointment; **se llevó una ~** she was disappointed

desilusionado -da *adj* (decepcionado) disappointed

desilusionar [A1] *vt* to disappoint

▪ **desilusionarse** *v pron* (decepcionarse) to be disappointed; (perder las ilusiones) to become disillusioned

⚷ key word

desinfectante *m* disinfectant

desinfectar [A1] *vt* to disinfect

desinflar [A1] *vt* ‹*globo/balón/neumático*› to let the air out of, to deflate, let down (esp BrE)

■ **desinflarse** *v pron* «*globo/balón/neumático*» to deflate, go down

desinformación *f* disinformation, misleading information

desinformar [A1] *vt* to misinform

desinhibido -da *adj* uninhibited

desintegrarse [A1] *v pron* to disintegrate, break up; «*familia*» to break up

desinterés *m* (falta de interés) lack of interest; (altruismo) unselfishness

desinteresado -da *adj* ‹*consejo/ayuda*› disinterested; ‹*persona*› selfless

desintoxicación *f* detoxification

desintoxicarse [A2] *v pron* to undergo detoxification

desistir [I1] *vi* to give up; ~ DE **algo** (de propósito) to give up sth, desist FROM sth (fml); (de demanda/derecho) to relinquish sth; ~ DE **hacer algo** to give up doing sth, desist FROM doing sth (fml)

desleal *adj* [SER] disloyal; ~ CON *or* A **algn/algo** disloyal TO sb/sth

desligarse [A3] *v pron* **(a)** (librarse) **~se** DE **algo** (de obligaciones) to free oneself OF sth; (de compromiso) to get out OF sth **(b)** (apartarse) **~se** DE **algo/algn** to cut oneself off FROM sth/sb

desliz *m* (error, falta) slip; (al hablar) gaffe, faux pas

deslizador *m* (Méx) (ala delta) hang glider

deslizar [A4] *vt* (hacer resbalar) to slip, slide

■ **deslizarse** *v pron* **(a)** «*patinador/bailarines*» to glide; «*esquiador*» to ski, slide; «*serpiente*» to slither, glide; **~se** POR **algo** to slide down sth; **se deslizó por la cuerda** he slid down the rope **(b)** «*barco/cisne*» to glide; **~se** SOBRE **algo** to glide OVER sth **(c)** «*cajón/argollas de cortina*» to slide **(d)** «*agua/arroyo*» to flow gently **(e)** (escurrirse, escaparse) to slip away

deslucido -da *adj* ‹*actuación/desfile*› dull, lackluster*; ‹*colores/paredes*› faded, drab; ‹*plata*› tarnished

deslumbrante, deslumbrador -dora *adj* ‹*luz*› blinding; ‹*belleza*› dazzling, stunning

deslumbrar [A1] *vt* to dazzle

desmadrarse [A1] *v pron* (fam) «*persona*» to go wild (infml)

desmán *m* (exceso, abuso) outrage, excess

desmanchar [A1] *vt* (AmL) to get the stains out of

desmandarse [A1] *v pron* «*niños/tropas*» to get out of control *o* hand

desmano: **a ~** (*loc adv*) ‹*estar/quedar*› out of the way; **me pilla a ~** it's out of my way

desmantelar [A1] *vt* to dismantle; ‹*coche*› to strip

desmarcarse [A2] *v pron* (Dep) to slip the coverage (AmE), to slip one's marker (BrE)

desmayado -da *adj* ‹*persona*› unconscious (*from having fainted*)

desmayarse [A1] *v pron* to faint

desmayo *m* **(a)** (Med) faint; **sufrir un ~** to faint **(b) sin ~** ‹*luchar/trabajar*› resolutely, tirelessly

desmedido -da *adj* excessive; **le han dado una importancia desmedida** they have attributed too much importance to it

desmejorado -da *adj* **(a)** (de salud): **lo encontré muy ~** he didn't look at all well to me **(b)** (de atractivo): **está desmejorada** she's lost her looks

desmemoriado -da *adj* forgetful, absent-minded

desmentir [I11] *vt* ‹*noticia/rumor*› to deny; ‹*acusación*› to deny, refute

desmenuzar [A4] *vt* ‹*pescado*› to flake; ‹*pollo*› to shred; ‹*pan*› to crumble

desmigajarse [A1] *v pron* to crumble

desmilitarizar [A4] *vt* to demilitarize

desmontable *adj* **(a)** (desarmable) ‹*mecanismo/mueble*› which can be dismantled *o* taken apart **(b)** (separable) ‹*forro/pieza*› detachable, removable

desmontar [A1] *vt* **(a)** (desarmar) ‹*mueble/mecanismo*› to dismantle, take apart; ‹*tienda de campaña*› to take down **(b)** (separar) ‹*forro/pieza*› to detach, remove

■ ~ *vi* «*jinete*» to dismount

desmoralizar [A4] *vt* to demoralize, dishearten

■ **desmoralizarse** *v pron* to get demoralized *o* disheartened, to lose heart

desmoronarse [A1] *v pron* **(a)** «*muro/edificio*» to collapse; «*imperio/sociedad*» to crumble, collapse **(b)** «*fe/moral*» to crumble; «*persona*» to go to pieces

desnatado -da *adj* (Esp) skimmed

desnaturalizado -da *adj* **(a)** ‹*aceite/vino*› denatured **(b)** ‹*madre*› unnatural

desnivel *m* **1** (en superficie) **(a)** (irregularidad) unevenness, irregularity; **es un terreno lleno de ~es** it is a very uneven piece of land; **un ~ entre la cocina y el comedor** a difference in floor level between the kitchen and the dining room **(b)** (inclinación, pendiente) slope, incline (fml) **(c)** (depresión) drop (*in the level of the ground*) **2** (diferencia) difference, disparity

desnivelado -da *adj* **(a)** (irregular) ‹*terreno*› uneven **(b)** (fuera de nivel): **la mesa está desnivelada** the table isn't level

desnucarse [A2] *v pron* to break one's neck

desnuclearizar [A4] *vt* to denuclearize; **zona desnuclearizada** nuclear-free zone

desnudar [A1] *vt* (desvestir) to undress

■ **desnudarse** *v pron* (*refl*) (desvestirse) to undress, take one's clothes off; **~se de (la) cintura para arriba** to strip to the waist

desnudez *f* (de persona) nakedness, nudity

desnudo[1] -da *adj* **(a)** (sin ropa) ‹*persona*› naked; **nadar ~** to swim in the nude; **totalmente ~** stark naked; **~ de la cintura para arriba** naked to the waist **(b)** (descubierto) ‹*hombros/brazos/torso*› bare

desnudo[2] *m* (Art) nude

desnutrido -da *adj* malnourished, undernourished

desobedecer [E3] *vt/vi* to disobey

desobediente *adj* disobedient

d

desocupado -da *adj* **1** (vacío, libre) ‹*casa/habitación*› unoccupied, vacant; ‹*asiento/baño*› free **2** (desempleado) unemployed

desodorante *m* deodorant; ~ **en barra** stick deodorant; ~ **ambiental** (CS) air freshener

desolado -da *adj* **1** ‹*paisaje/campos*› desolate; ‹*ciudad*› devastated **2** (afligido) desolated, devastated

desolador -dora *adj* **1** (devastador) ‹*tormenta/epidemia*› devastating **2** (triste, penoso) ‹*noticia*› devastating; ‹*espectáculo*› distressing

desollar [A10] *vt* ‹*animal*› to skin, flay

desorbitado -da *adj* **(a)** ‹*precios*› exorbitant, astronomical **(b) con los ojos ~s** with her/his eyes popping out of her/his head (infml)

desorden *m* **1 (a)** (de persona, cuarto, cajón) untidiness, mess (infml); **perdona el ~** sorry about the mess; **en ~** ‹*salir/entrar*› in a disorderly fashion; **todo estaba en ~** everything was in disorder *o* in a mess **(b)** (confusión) disorder **2 desórdenes** *mpl* (disturbios) disturbances (*pl*), disorder

desordenado -da *adj* **1 (a)** ‹*persona/habitación*› untidy, messy (infml); **tengo la casa toda desordenada** my house is in a mess *o* is very untidy **(b)** [ESTAR] ‹*naipes/hojas*› out of order **2** ‹*vida*› disorganized

desordenar [A1] *vt* ‹*mesa/habitación*› to make ... untidy, mess up (infml); ‹*naipes/hojas*› to get ... out of order

desorganización *f* lack of organization

desorganizado -da *adj* disorganized

desorientado -da *adj* disoriented, disorientated (BrE)

desorientar [A1] *vt* to confuse

▪ **desorientarse** *v pron* to lose one's bearings, become disoriented

despabilado -da *adj* ▶ **espabilado**

despabilar [A1] *vt* ▶ **espabilar**

despachar [A1] *vt* **1 (a)** ‹*asunto/tarea/*› to take care of, deal with; ‹*correspondencia*› to deal with, attend to **(b)** ‹*carta/paquete*› to send; ‹*mercancías*› (por barco) to ship; (por avión, tren) to send, dispatch **2** (Com) (en tienda) to serve, deal with

▪ ~ *vi* (Com) «*dependiente*» to serve

despacho *m* **1 (a)** (oficina) office; (estudio) study **(b)** (mobiliario) office furniture **2** (envío) dispatch, despatch **3** (comunicado) communiqué; (Mil) dispatch; (Period) report

despacio *adv* **1** (lentamente) slowly **2** (CS) (en voz baja) quietly, softly; (sin hacer ruido) quietly

despampanante *adj* (fam) stunning (infml)

desparpajo *m* (desenvoltura) self-confidence; (desfachatez) audacity, nerve (infml)

desparramado -da *adj* (esparcido) scattered; (derramado) spilt

desparramar [A1] *vt* ‹*líquido/azúcar*› to spill; ‹*botones/monedas*› to spill, scatter; ‹*papeles/juguetes*› to scatter

▪ **desparramarse** *v pron* «*líquido/azúcar*» to spill; «*botones/monedas*» to scatter, spill

despavorido -da *adj* terrified, petrified

despecho *m* spite; **por ~** out of spite

despectivo -va *adj* ‹*trato/gesto/actitud*› contemptuous; ‹*tono*› disparaging; ‹*término*› pejorative, derogatory

despedazar [A4] *vt* **(a)** (cortar en trozos) to cut ... into pieces **(b)** ‹*presa*› to tear ... to pieces *o* shreds

despedida *f* **(a)** (acción) goodbye, farewell (liter) **(b)** (celebración) farewell party; **regalo de ~** a farewell gift; **~ de soltera/soltero** hen/stag night *o* party

⚷ **despedir** [I14] *vt* **1** (decir adiós): **vinieron a ~me al aeropuerto** they came to see me off at the airport **2** (del trabajo) to dismiss, fire (infml); (por reducción de personal) to lay off **3** ‹*olor*› to give off; ‹*humo/vapor*› to emit, give off; **salir despedido** «*corcho/pelota*» to shoot out; **el conductor salió despedido del asiento** the driver was thrown out of his seat

▪ **despedirse** *v pron* (decir adiós) to say goodbye; **~se** DE **algn** to say goodbye TO sb

despegar [A3] *vt* ‹*etiqueta/esparadrapo*› to remove, peel off; ‹*piezas/ensambladura*› to get ... unstuck *o* apart; **no despegó los labios** she didn't say a word

▪ ~ *vi* «*avión*» to take off; «*cohete*» to lift off, be launched

▪ **despegarse** *v pron* «*sello/etiqueta*» to come unstuck, peel off; «*esparadrapo/empapelado*» to come off

despegue *m* (de avión) takeoff; (de cohete) launch, lift-off

despeinado -da *adj* ‹*pelo/melena*› unkempt, disheveled*; **estar ~** to have one's hair in a mess

despeinar [A1] *vt*: **~ a algn** to mess up sb's hair

▪ **despeinarse** *v pron* to mess one's hair up

despejado -da *adj* **1** (Meteo) ‹*día/cielo*› clear **2** (libre, vacío) ‹*carretera/camino*› clear **3 (a)** ‹*persona*› clearheaded; ‹*mente*› clear **(b)** [ESTAR] (sobrio) sober

despejar [A1] *vt* **1 (a)** (desocupar, desalojar) to clear **(b)** ‹*nariz*› to unblock, clear; **el paseo me despejó** the walk cleared my head **2** ‹*balón*› (en fútbol) to clear; (en fútbol americano) to punt

▪ ~ *vi* (en fútbol) to clear; (en fútbol americano) to punt

▪ ~ *v impers* (Meteo) to clear up

▪ **despejarse** *v pron* (espabilarse) to wake (oneself) up; (desembotarse) to clear one's head; «*borracho*» to sober up

despellejar [A1] *vt* ‹*animal*› to skin

▪ **despellejarse** *v pron* to peel; **se me despellejó la nariz** my nose peeled

despelote *m* (AmL fam) (caos, lío) shambles (infml)

despenalizar [A4] *vt* to legalize, decriminalize

despensa *f* larder, pantry

despeñadero *m* cliff, precipice

despeñarse [A1] *v pron* to go over a cliff (*o* precipice *etc*)

desperdiciar [A1] *vt* ‹*comida/papel/tela*› to waste; ‹*oportunidad*› to miss, waste

desperdicio *m* **(a)** (de comida, papel) waste **(b) desperdicios** *mpl* (residuos) scraps (*pl*)

desperdigado -da *adj* scattered

desperezarse [A4] *v pron* to stretch

⚷ key word

desperfecto *m* **(a)** (daño) damage **(b)** (defecto) flaw

despertador *m* alarm clock; **poner el ~** to set the alarm

despertar [A5] *vt* **(a)** ‹*persona*› to wake, wake ... up **(b)** ‹*sentimientos/pasiones*› to arouse; ‹*apetito*› to whet; ‹*recuerdos*› to evoke; ‹*interés*› to awaken, stir up
■ ~ *vi* (del sueño) to wake (up); (de la anestesia) to come round
■ **despertarse** *v pron* (del sueño) to wake (up)

despiadado -da *adj* ‹*persona*› ruthless, heartless; ‹*ataque/crítica*› savage, merciless

despida, **despidas**, *etc* ▶ **despedir**

despido *m* dismissal; (por falta de trabajo) redundancy, layoff

despierta, **despiertas**, *etc* ▶ **despertar**

despierto -ta *adj* **(a)** [ESTAR] (del sueño) awake **(b)** [SER] ‹*persona/mente*› bright, alert

despilfarrar [A1] *vi* to waste *o* squander money
■ ~ *vt* to squander, waste

despilfarro *m* waste

despistado -da *adj* **(a)** [SER] vague, absentminded; **soy muy ~ para los nombres** I never remember names **(b) estar ~** to be miles away (infml) *o* daydreaming; (desorientado, confuso) to be bewildered *o* lost
■ *m,f* scatterbrain (infml)

despistar [A1] *vt* **(a)** (desorientar, confundir) to confuse **(b)** ‹*perseguidor*› to shake off; ‹*sabueso*› to throw ... off the scent
■ **despistarse** *v pron* (confundirse) to get confused *o* muddled; (distraerse) to lose concentration

despiste *m* **(a)** (distracción) absentmindedness; **fue un ~** it was a lapse of concentration **(b)** (equivocación) slip, mistake

desplazamiento *m* **1** (movimiento) movement, displacement (fml) **2** (fml) (traslado, viaje) trip; **gastos de ~** traveling expenses

desplazar [A4] *vt* **1** (fml) (mover, correr) to move; (Inf) to scroll **2** (suplantar, relegar) ‹*persona*› to displace; **~ A algo** to take the place OF sth
■ **desplazarse** *v pron* (fml) (trasladarse, moverse) «*animal*» to move around; «*avión/barco*» to travel, go; «*persona*» to get around

desplegar [A7] *vt* **1** **(a)** ‹*alas*› to spread; ‹*mapa*› to open out, spread out; ‹*velas*› to unfurl **(b)** (demostrar) ‹*talento/ingenio*› to display; (emplear) ‹*encantos/poder*› to use **(c)** (llevar a cabo) ‹*campaña*› to mount; ‹*esfuerzo*› to make **2** (Mil) ‹*tropas/misiles*› to deploy
■ **desplegarse** *v pron* (Mil) to deploy

despliegue *m* **1** (de tropas, recursos) deployment **2** (de riqueza, sabiduría) display

desplomarse [A1] *v pron* «*persona/edificio*» to collapse

desplumar [A1] *vt* **(a)** ‹*ave*› to pluck **(b)** (fam) ‹*persona*› to fleece (infml)

despoblación *f* depopulation; **~ forestal** (Esp) deforestation

despoblado -da *adj* **1** (sin habitantes) deserted, uninhabited; (subpoblado) underpopulated, sparsely populated **2** ‹*cejas*› thin, sparse

despojar [A1] *vt* (fml) **~ A algn DE algo** (de privilegios/poderes) to divest sb OF sth (fml); (de título/posesiones) to dispossess (fml) *o* strip sb OF sth
■ **despojarse** *v pron* (fml *o* liter) **~se DE algo** (de ropa) to remove sth; (de bienes) to relinquish sth

despojos *mpl* **(a)** (restos) remains (*pl*) **(b)** (presa, botín) spoils (*pl*), loot **(c)** (de aves) *head, wings, feet and giblets*; (de reses) *head, feet and offal*

desportillado -da *adj* chipped

desposeído -da *m,f*: **los ~s** the destitute, the dispossessed

déspota *mf* tyrant, despot

despótico -ca *adj* despotic, tyrannical

despotricar [A2] *vi* (fam) **~ (CONTRA algo/algn)** to rant and rave (ABOUT sth/sb)

despreciable *adj* **(a)** ‹*persona/conducta*› despicable, contemptible **(b) no/nada ~** ‹*suma/número*› not inconsiderable, significant

despreciar [A1] *vt* **(a)** (menospreciar) ‹*persona*› to look down on; (profundamente) to despise **(b)** (rechazar) ‹*oferta/ayuda*› to reject

despreciativo -va *adj* disdainful

desprecio *m* **(a)** (menosprecio) disdain; (más intenso) contempt; **me miró con ~** she gave me a disdainful *o* scornful look **(b)** (indiferencia por el peligro, la vida) disregard **(c)** (desaire) snub, slight; **hacerle un ~ a algn** to snub *o* slight sb

desprender [E1] *vt* (soltar, separar) ‹*teja*› to dislodge; ‹*etiqueta*› to detach
■ **desprenderse** *v pron* **1** «*teja*» to come loose; «*botón*» to come off; «*retina*» to become detached; **~se DE algo** to come away FROM sth **2** (renunciar, entregar) **~se DE algo** (de posesiones) to part WITH sth

desprendido -da *adj* [SER] generous, openhanded; *ver tb* **desprender**

desprendimiento *m* detachment; **~ de retina** detachment of the retina; **~ de tierras** landslide

despreocupado -da *adj* **(a)** (sin preocupaciones) ‹*vida*› carefree **(b)** (descuidado) negligent **(c)** (indiferente) unworried

despreocuparse [A1] *v pron* **(a)** ▶ **desentenderse (b)** (dejar de preocuparse): **despreocúpate de todo** don't worry about anything

desprestigiar [A1] *vt* to discredit
■ **desprestigiarse** *v pron* «*persona/producto/empresa*» to lose prestige

desprestigio *m* **(a)** (pérdida de prestigio) loss of prestige; **ir en ~ de algo/algn** to bring discredit on *o* upon sth/sb **(b)** (falta de prestigio) bad reputation

desprevenido -da *adj*: **estar ~** to be unprepared *o* unready; **pillar a algn ~** «*pregunta*» to catch sb unawares *o* off guard; «*lluvia*» to catch sb by surprise

desprolijo -ja *adj* (CS) **(a)** [ESTAR] ‹*trabajo*› untidy, messy **(b)** [SER] ‹*persona*› careless

desproporción *f* disparity, disproportion

desproporcionado -da *adj* out of proportion

desprovisto -ta *adj* **~ DE algo** lacking IN sth

después *adv* **1** **(a)** (más tarde) later; **para ~** for later **(b)** (en una serie de sucesos) then, afterward(s); **~ no lo he vuelto a ver** I haven't seen him since then **(c)** (*en locs*) **después de** after; **~ de Cristo** AD; **~ DE hacer algo** after doing sth; **después de todo** after all; **después (de) que** after; (refiriéndose al futuro) once, when; **~ (de) que todos se hayan ido** once *o* when everybody has left; **después que** after **2** (en el espacio): **bájate dos paradas ~** get off two stops further on; **hay una casa y ~ está el colegio** there is a house and then you come to the school; **está justo ~ del puente** it's just past the bridge

despuntado -da *adj* blunt

despuntar [A1] *vt* to blunt
■ **~** *vi* **(a)** «*día*» to break, dawn; **al ~ el día** at daybreak **(b)** «*flor*» to bud; «*plantas*» to sprout **(c)** «*persona*» **~** EN **algo** to excel AT *o* IN sth

desquiciado -da *adj* ‹*mundo/persona*› crazy; **tengo los nervios ~s** my nerves are in tatters

desquiciante *adj* maddening, infuriating

desquicio *m* (RPl fam) chaos

desquitarse [A1] *v pron* to get even; **lo hizo para ~ de él** she did it to get even with him; **~** CON **algn/algo** to take it out ON sb/sth

destacado -da *adj* **1** ‹*profesional/artista*› prominent, distinguished; ‹*actuación*› outstanding **2** [ESTAR] ‹*tropas*› stationed

🔑 **destacar** [A2] *vt* **1** (recalcar, subrayar) to emphasize, stress **2** (realzar) ‹*belleza/figura*› to enhance; ‹*color/plano*› to bring out **3** **(a)** (Mil) ‹*tropas*› to post **(b)** ‹*periodista/fotógrafo*› to send
■ **~** *vi* to stand out; **~** EN **algo** to excel AT *o* IN sth

destajo *m* (Com, Rels Labs) piecework; **trabajar a ~** to do piecework

destapado -da *adj* **(a)** (sin tapa) ‹*olla*› uncovered; **dejó la botella destapada** he left the top off the bottle **(b)** (en la cama): **siempre duerme ~** he always sleeps with the covers thrown back

destapador *m* (AmL) bottle opener

destapar [A1] *vt* **1** **(a)** ‹*botella/caja*› to open, take the top/lid off; ‹*olla*› to uncover, take the lid off **(b)** (descubrir) ‹*mueble*› to uncover; ‹*escándalo*› to uncover **(c)** (en la cama) to pull the covers off **2** (AmL) ‹*cañería/inodoro*› to unblock
■ **destaparse** *v pron* (*refl*) **1** (en la cama) to throw the covers *o* bedclothes off **2** «*nariz/oídos*» to unblock

destaponar [A1] *vt* ‹*cañería*› to unblock

destartalado -da *adj* (fam) ‹*coche*› beat-up (AmE infml), clapped-out (BrE infml); ‹*mueble*› shabby; ‹*casa*› ramshackle, rundown

destellar [A1] *vi* «*brillante/joya*» to sparkle, glitter; «*estrella*» to twinkle, sparkle

destello *m* (de estrella) twinkle, sparkle; (de brillante, joya) sparkle, glitter

destemplado -da *adj* **1** ‹*persona*› **estoy ~** (con fiebre) I have a slight fever; (indispuesto) I'm feeling off-color* **2** **(a)** ‹*instrumento/voz/tono*› discordant **(b)** ‹*nervios*› frayed

destemplar [A1] *vt* **1** ‹*guitarra/violín*› to make ... go out of tune **2** ‹*ánimos/nervios*› to fray **3** (AmL) ‹*dientes*› to set ... on edge

desteñir [I15] *vi* «*prenda/color*» to run; (decolorarse) to fade
■ **desteñirse** *v pron* to run; (decolorarse) to fade

🔑 key word

desternillarse [A1] *v pron* (fam): **~ de risa** to split one's sides (laughing) (infml)

desterrado -da *m,f* exile

desterrar [A5] *vt* ‹*persona*› to exile, banish (liter)

destiempo: **a ~** ‹*marchar*› out of step; ‹*tocar*› out of time; **habló a ~** she picked the wrong moment to say it

destierro *m* exile, banishment

destilar [A1] *vt* **(a)** ‹*alcohol/petróleo*› to distill*; ‹*hulla/madera*› to char **(b)** (rezumar) to ooze

destilería *f* distillery

destinado -da *adj* **1** **(a)** (predestinado): **~ a triunfar/al fracaso** destined to succeed/to fail **(b)** (dirigido, asignado) **~** A **algn** ‹*carta/paquete*› addressed TO sb; ‹*víveres*› intended FOR sb; ‹*libro/novela*› aimed AT sb; **las cajas destinadas a Montevideo** the boxes destined for Montevideo; **los aviones ~s a este fin** the planes used for this purpose **2** **(a)** ‹*militar*› **~ en Ceuta** stationed in Ceuta **(b)** ‹*funcionario/diplomático*› **ahora está ~ en Lima** now he's been posted to Lima

🔑 **destinar** [A1] *vt* **1** ‹*funcionario/militar*› to post, send, assign **2** (asignar un fin): **destinó todos sus ahorros a pagar las deudas** she used all her savings to pay her debts; **~on el dinero a la investigación** the money was used for research; **~on parte de los fondos a este fin** they earmarked part of the funds for this purpose

destinatario -ria *m,f* (de carta, paquete) addressee; (de giro, transferencia) payee

🔑 **destino** *m* **1** (sino) fate **2** **(a)** (de avión, autobús) destination; **con ~ a Roma** ‹*vuelo/tren*› to Rome; ‹*pasajero*› traveling to Rome; ‹*carga*› destined for Rome; **salieron con ~ a Lima** they set off for Lima **(b)** (puesto) posting, assignment **3** (uso, fin) use

destituir [I20] *vt* (fml) (despedir) to dismiss

destornillador *m* screwdriver

destornillar [A1] *vt* to unscrew

destreza *f* skill; **con gran ~** very skillfully

destronar [A1] *vt* ‹*rey*› to dethrone, depose; ‹*líder/campeón*› to depose, topple

destrozar [A4] *vt* **(a)** (romper, deteriorar) ‹*zapatos*› to ruin; ‹*cristal/jarrón*› to smash; ‹*juguete*› to pull ... apart; ‹*coche*› to wreck; ‹*libro*› to pull apart **(b)** ‹*felicidad/matrimonio/vida*› to wreck, destroy; ‹*corazón*› to break; **tiene los nervios destrozados** he's a nervous wreck
■ **destrozarse** *v pron* **(a)** (romperse) «*zapatos*» to be ruined; «*jarrón/cristal*» to smash **(b)** ‹*estómago/hígado*› to ruin

destrozo *m* *tb* **~s** damage

destrucción *f* destruction

destructivo -va *adj* destructive

destructor *m* destroyer

🔑 **destruir** [I20] *vt* **(a)** ‹*documentos/pruebas*› to destroy; ‹*ciudad*› to destroy; ‹*medio ambiente*› to damage **(b)** (echar por tierra) ‹*reputación*› to ruin; ‹*plan*› to wreck; ‹*esperanzas*› to dash, shatter

desubicado -da *adj* (AmS) **(a)** [ESTAR] (desplazado) out of position **(b)** [ESTAR] (desorientado) confused, disoriented **(c)** [SER] (en cuestiones sociales): **es tan ~** he just doesn't have a clue (infml)

desuso *m* disuse; ***caer en ~*** to fall into disuse

desvaído -da *adj* ‹*color*› faded, washed-out; ‹*persona*› colorless*, insipid

desvalido -da *m,f* helpless person

desvalijar [A1] *vt* **(a)** ‹*casa/tienda*› to strip ... bare **(b)** ‹*persona*› (robar) to rob; (en juego) (fam) to clean ... out (infml)

desván *m* attic, loft

desvanecerse [E3] *v pron* **(a)** «*humo/nubes/niebla*» to clear, disperse; «*dudas/temores/sospechas*» to vanish, be dispelled; «*fantasma/visión*» to disappear, vanish **(b)** «*color*» to fade

desvariar [A17] *vi* (Med) to be delirious; (decir tonterías) to talk nonsense, rave

desvelado -da *adj*: **estoy ~** I can't sleep

desvelar [A1] *vt* **1** ‹*persona*› to keep ... awake, stop ... from sleeping **2** (Esp) ▶ **develar**

■ **desvelarse** *v pron* (perder el sueño): **me desvelé anoche** I couldn't sleep last night

desvelo *m* **1** (insomnio) sleeplessness **2** **desvelos** *mpl* (esfuerzos) efforts (*pl*), pains (*pl*)

desvencijado -da *adj* ‹*silla/cama*› rickety; ‹*coche*› dilapidated, beat-up (AmE infml), clapped-out (BrE infml)

desventaja *f* disadvantage; **en ~** at a disadvantage

desvergonzado -da *m,f*: **ser un ~** (impúdico) to have no shame; (descarado) to be very impertinent

desvestir [I14] *vt* to undress

■ **desvestirse** *v pron* to undress, get undressed; **~se de la cintura para arriba** to strip to the waist

desviación *f* **(a)** (en general) diversion **(b)** (Med) curvature **(c)** (alejamiento) **~** DE **algo** deviation FROM sth

desviar [A17] *vt* ‹*tráfico/vuelo/fondos*› to divert; ‹*río*› to alter the course of; ‹*golpe/pelota*› to deflect, parry; **~ la conversación** to change the subject; **desvió la mirada** he looked away

■ **desviarse** *v pron* **1** «*carretera*» to branch off; «*vehículo*» to turn off; **la conversación se desvió hacia otros temas** the conversation turned to other things **2** «*persona*» **~se** DE **algo** (de ruta) to deviate FROM sth; (de tema) to get off sth

desvincularse [A1] *v pron* **~se** DE **algn/algo** to dissociate oneself FROM sth/sb; **está desvinculado de la política** he is no longer involved in politics

desvío *m* **(a)** (por obras) diversion, detour (AmE); **tomar un ~** to make a detour **(b)** (Esp) (salida, carretera) exit

desvivirse [I1] *v pron* **~** POR **algn** to be completely devoted TO sb; **~** POR **hacer algo** to go out of one's way to do sth

detallado -da *adj* ‹*factura/cuenta*› itemized; ‹*estudio/descripción*› detailed

detallar [A1] *vt* to detail

detalle *m* **1** **(a)** (pormenor) detail; **entrar en ~s** to go into details; **describir algo con todo ~** to describe sth in great detail **(b)** (elemento decorativo) detail **2** **(a)** (pequeño regalo) little gift **(b)** (Esp, Méx) (atención, gesto) nice (*o* thoughtful *etc*) gesture; **tener un ~** CON **algn** to do sth nice FOR sb **3** (Com): **al detalle** retail

detallista *adj* (minucioso) precise, meticulous

detectar [A1] *vt* to detect

detective *mf* detective

detector *m* detector; **~ de mentiras/metales** lie/metal detector

detención *f* **1** (arresto) arrest; (encarcelamiento) detention **2** ▶ **detenimiento**

detener [E27] *vt* **1** (parar) ‹*vehículo/máquina*› to stop; ‹*trámite/proceso*› to halt; ‹*hemorragia*› to stop, staunch **2** (arrestar) to arrest; (encarcelar) to detain; **¡queda usted detenido!** you're under arrest!

■ **detenerse** *v pron* **(a)** (pararse) «*vehículo/persona*» to stop; **~se** A **hacer algo** to stop to do sth **(b)** (tomar mucho tiempo) **~se** EN **algo**: **no nos detengamos demasiado en los detalles** let's not spend too much time discussing the details

detenido -da *adj* **(a)** ‹*vehículo/tráfico*› held up **(b)** ‹*investigación/estudio*› detailed, thorough **(c)** [ESTAR] ‹*persona*› under arrest; (por período más largo) in custody

■ *m,f* person under arrest; (durante un período más largo) detainee, person held in custody

detenimiento *m*: **con ~** carefully *o* in detail

detergente *m* **(a)** (para ropa) laundry detergent (AmE), washing powder (BrE) **(b)** (Bol, CS) (para vajilla) dishwashing liquid (AmE), washing-up liquid (BrE)

deteriorado -da *adj* ‹*mercancías*› damaged; ‹*edificio*› dilapidated, run down; ‹*mueble/cuadro*› in bad condition

deteriorar [A1] *vt* ‹*relaciones/salud/situación*› to cause ... to deteriorate

■ **deteriorarse** *v pron* «*relaciones/salud/situación*» to deteriorate, worsen; «*mercancías*» to get damaged

deterioro *m* **(a)** (de edificio, muebles) deterioration, wear **(b)** (empeoramiento) deterioration, worsening

determinación *f* (cualidad) determination, resolve; (decisión) decision; **tomar una ~** to make a decision

determinado -da *adj* ‹*fecha/lugar*› certain; **en determinadas circunstancias** in certain circumstances; **una determinada dosis** a particular dosage

determinante *adj* ‹*causa*› main (*before n*); ‹*factor*› deciding (*before n*)

determinar [A1] *vt* **1** (establecer, precisar) **(a)** «*ley/contrato*» to state; «*persona*» to determine **(b)** (por deducción) to establish, determine **2** (motivar) to cause, bring about

detestar [A1] *vt* to hate, detest

detiene, detienes, *etc* ▶ **detener**

detonación *f* **(a)** (ruido) explosion; (acción) detonation **(b)** (Auto) (de motor) backfire

detonador *m* detonator

detonar [A1] *vi* to detonate, explode

detrás *adv* **1** (lugar, parte) [*Latin American Spanish also uses* ▶ **atrás** *in this sense*] **iba corriendo ~** he ran along behind; **las cajas de ~** the boxes at the back; **por ~** ‹*abrocharse*› at the back; ‹*atacar*› from behind **2** **detrás de** (*loc prep*) behind; **~ de la puerta** behind the door; **~ de mí/ti** behind me/you; **un cigarrillo**

~ **de otro** one cigarette after another

detuve, **detuvo**, *etc* ▶ **detener**

🔑 **deuda** *f* **(a)** (Com, Fin) debt; **pagar una ~** to pay (off) a debt; **contraer una ~** to run up *o* (fml) contract a debt; **~ pública** public debt (AmE), national debt (BrE) **(b)** (compromiso moral): **estoy en ~ con usted** I am indebted to you

deudor -dora *adj* debtor (*before n*)
■ *m,f* debtor

d

devaluación *f* devaluation

devaluar [A18] *vt* to devalue
■ **devaluarse** *v pron* «*moneda*» to fall; «*terrenos/propiedad*» to depreciate, fall in value

devanar [A1] *vt* ‹*hilo/lana/alambre*› to wind

devaneo *m* **(a)** (amorío) affair; (pasajero) fling **(b)** (pasatiempo frívolo) idle pursuit

devastador -dora *adj* devastating

devastar [A1] *vt* to devastate

develar [A1] *vt* (AmL) ‹*secreto*› to reveal, disclose; ‹*misterio*› to uncover; ‹*monumento/placa*› to unveil

devoción *f* devotion; **siente ~ por sus hijos** she's devoted to her children

devolución *f* (de artículo) return; (de dinero) refund

🔑 **devolver** [E11] *vt* **1** **(a)** (restituir) ‹*objeto prestado*› to return, give back; ‹*dinero*› to give back, pay back; ‹*envase*› to return; ‹*objeto comprado*› to bring/take ... back; **devuélvelo a su lugar** put it back in its place; **~le algo** A **algn** to return sth TO sb; ‹*dinero*› to give *o* pay sth back TO sb; **me devolvieron los documentos** I got my papers back; **el teléfono me devolvía las monedas** the telephone kept rejecting my coins; **la operación le devolvió la vista** the operation restored his sight **(b)** ‹*refugiado*› to return, send back **(c)** (Fin) ‹*letra*› to return **2** (corresponder) ‹*visita/favor*› to return **3** (vomitar) to bring up, throw up (infml)
■ **~** *vi* to bring up; **tengo ganas de ~** I feel sick
■ **devolverse** *v pron* (AmL exc RPl) (regresar) to go/come/turn back

devorar [A1] *vt* «*animal*» to devour; «*persona*» to devour, wolf down (infml); **~ a algn con los ojos** or **la mirada** to devour sb with one's eyes (infml); **fue devorado por las llamas** it was consumed by the flames

devoto -ta *adj* ‹*persona*› devout; ‹*lugar/obra*› devotional
■ *m,f* **(a)** (Relig) **~** DE **algn** devotee OF sb **(b)** (aficionado) **~** DE **algo/algn** devotee OF sth/admirer of sb

devuelva, **devuelvas**, *etc* ▶ **devolver**

DF *m* (en Méx) = **Distrito Federal**

di ▶ **dar, decir**[2]

🔑 **día** *m* **1** **(a)** (en general) day; **todos los ~s** every day; **~ a ~** day by day; **el ~ a ~** the daily round *o* routine; **de** or **durante el ~** during the day; **el ~ anterior** the day before, the previous day; **el ~ siguiente** the next *o* the following day; **trabaja doce horas por ~** she works twelve hours a day; **un ~ sí y otro no** or (AmL) **~ (de) por medio** every other day, on alternate days; **dentro de quince ~s** in two weeks *o* (BrE) a fortnight; **cada ~** every day; **buenos ~s** or (RPl) **buen ~** good morning; ***al ~***: **una vez al ~** once a day; **estoy al ~ en los pagos** I'm up to date with the payments; **poner algo al ~** to bring sth up to date; **ponerse al ~ con algo** (con noticias) to get up to date with sth; (con trabajo) to catch up on sth; **mantenerse al ~** to keep up to date; ***de un ~ para otro*** overnight; ***hoy en ~*** nowadays, these days **(b)** (fecha): **¿qué ~ es hoy?** what day is it today?; **empieza el ~ dos** it starts on the second; **el ~ de Año Nuevo** New Year's Day; **~ de los enamorados** (St) Valentine's Day; **~ de los inocentes** December 28, ≈ April Fool's Day; **~ de Reyes** Epiphany; **~ festivo** or (AmL) **feriado** public holiday; **~ laborable** working day; **~ libre** (sin trabajo) day off; (sin compromisos) free day **2** **(a)** (tiempo indeterminado) day; **algún ~** one day; **lo haremos otro ~** we'll do it some other time; **un ~ de estos** one of these days; **¡hasta otro ~!** so long!, see you!; ***el ~ menos pensado*** when you least expect it **(b)** **días** *mpl* (vida, tiempo) days (*pl*); **tiene los ~s contados** his days are numbered; **hasta nuestros ~s** (up) to the present day

diabetes *f* diabetes

diabético -ca *adj/m,f* diabetic

diablo *m* **1** (demonio) devil; ***como (el** or **un) ~*** like crazy *o* mad (infml); ***del ~*** or ***de mil ~s*** (fam) devilish (infml); **está de un humor de mil ~s** she's in a devil of a mood (infml); ***donde el ~ perdió el poncho*** (AmS fam) (en un lugar — aislado) in the back of beyond; (— lejano) miles away (infml); ***mandar algo/a algn al ~*** (fam) to pack sth in/to tell sb to go to hell (infml) **2** (fam) (uso expletivo): **¿cómo/dónde/qué/quién ~s ... ?** how/where/what/who the hell ... ? (infml)

diablura *f* (fam) prank

diabólico -ca *adj* (del diablo) diabolic, satanic; ‹*persona*› evil; ‹*plan/intenciones*› devilish, fiendish

diadema *f* (para el pelo) hair-band; (corona) crown, diadem; (media corona) tiara

diafragma *m* (Anat, Fot, Med) diaphragm

diagnosticar [A2] *vt* to diagnose

🔑 **diagnóstico** *m* diagnosis

diagonal *f* **(a)** (Mat) diagonal **(b)** (en fútbol americano) endzone

diagrama *m* diagram

dial *m* (Rad, Tec) dial; (del teléfono) dial

dialecto *m* dialect

dialogar [A3] *vi* to talk; **~** CON **algn** to talk TO sb

🔑 **diálogo** *m* **(a)** (conversación) conversation; (Lit) dialogue, dialog (AmE) **(b)** (Pol, Rels Labs) talks (*pl*), negotiations (*pl*)

diamante *m* **(a)** (piedra) diamond; **un anillo de ~s** a diamond ring **(b)** (Dep) diamond **(c)** **diamantes** *mpl* (en naipes) diamonds (*pl*)

diámetro *m* diameter

diana *f* **1** (Mil) reveille **2** (Dep, Jueg) (objeto) target; (para dardos) dartboard; (centro) bull's-eye

diapasón *m* (para afinar) tuning fork; (de instrumento de cuerda) fingerboard

diapositiva *f* slide, transparency

diariero -ra *m,f* (CS) newspaper vendor

🔑 **diario -ria** *adj* **(a)** (de todos los días) ‹*tarea/*

🔑 key word

clases› daily; ‹gastos› everyday, day-to-day **(b)** (por día): **trabaja cuatro horas diarias** she works four hours a day **(c)** *(en locs)* **a diario** every day; **de diario** ‹*ropa/vajilla*› everyday (*before n*); **para diario** for everyday (use)
■ *m* **1** (periódico) newspaper; ~ **mural** (Chi) bulletin board (AmE), notice board (BrE) **2** (libro personal) diary, journal (AmE) **3** (Méx, Col, Ven) (gastos cotidianos): **el** ~ day-to-day expenses

diarrea *f* diarrhea*

dibujante *mf (m)* draftsman*; *(f)* draftswoman*; (de cómics) comic book artist, strip cartoonist

dibujar [A1] *vt/vi* to draw; ~ **a mano alzada** to draw freehand

dibujo *m* **(a)** (arte) drawing; **clase de** ~ drawing class; ~ **lineal** line drawing **(b)** (representación) drawing; **un** ~ **al carboncillo** a charcoal drawing; ~**s animados** cartoons (*pl*) **(c)** (estampado) pattern

diccionario *m* dictionary; ~ **bilingüe** bilingual dictionary; ~ **de sinónimos** dictionary of synonyms, ≈ thesaurus

dice, **dices**, *etc* ▶ **decir²**

dicha *f* **(a)** (felicidad) happiness; **¡qué** ~ **verlos a todos reunidos!** what a joy to see you all together!; **¡qué** ~**! dejó de llover** (AmL fam) fantastic *o* wonderful! it's stopped raining! **(b)** (suerte) good luck, good fortune; ***nunca es tarde si la*** ~ ***es buena*** better late than never

dicharachero -ra *adj* (que habla mucho) chatty (infml), talkative; (gracioso) witty

dicho¹ -cha *pp* [*ver tb* ▶ **decir²**]: ~ **esto, se fue** having said this, he left; **con eso queda todo** ~ that says it all; ~ **de otro modo** to put it another way, in other words; ~ **sea de paso** incidentally, by the way; **y ¡**~ **y hecho! en diez minutos estaba listo** and, sure enough, ten minutes later there it was
■ *adj dem* (fml): **en dichas ciudades ...** in these cities ...; **dicha información** that information; ~**s documentos** (en escrito, documento) the above *o* (fml) said documents

dicho² *m* saying

dichoso -sa *adj* **1** (feliz) happy; (afortunado) fortunate, lucky **2** *(delante del n)* (fam) (maldito) blessed (infml), damn (sl)

diciembre *m* December; *para ejemplos ver* **enero**

diciendo ▶ **decir²**

dictado *m* dictation; **nos hizo un** ~ she gave us a dictation; **escribir al** ~ to take dictation

dictador -dora *m,f* dictator

dictadura *f* dictatorship

dictar [A1] *vt* **(a)** ‹*carta/texto*› to dictate **(b)** ‹*leyes/medidas*› to announce; ‹*sentencia*› to pronounce, pass **(c)** ‹*acción/tendencia/moda*› to dictate **(d)** (AmL) ‹*clase/curso/conferencia*› to give
■ ~ *vi* to dictate

didáctico -ca *adj* ‹*juguete/programa*› educational; ‹*poema/exposición*› didactic

diecinueve *adj inv/m/pron* nineteen; *para ejemplos ver* **cinco**

dieciocho *adj inv/m/pron* eighteen; *para ejemplos ver* **cinco**

dieciséis *adj inv/m/pron* sixteen; *para ejemplos ver* **cinco**

diecisiete *adj inv/m/pron* seventeen; *para ejemplos ver* **cinco**

diente *m* **(a)** (Anat, Zool) tooth; **lavarse** or **cepillarse los** ~**s** to clean *o* brush one's teeth; ~ **de leche** milk tooth; ***daba*** ~ ***con*** ~ my/his teeth were chattering; ***hablar*** or ***murmurar entre*** ~***s*** to mutter (under one's breath) **(b)** (de engranaje, sierra) tooth; (de tenedor) prong, tine; ~ **de ajo** clove of garlic

diera, **dieras**, *etc* ▶ **dar**

diéresis *f (pl* ~*)* diaeresis

diese, **dieses**, *etc* ▶ **dar**

diestra *f* (liter *o* period) right hand; ***a*** ~ ***y siniestra*** left and right (AmE), left, right and centre (BrE)

diestro¹ -tra *adj* **(a)** (fml) ‹*mano*› right; ‹*persona*› right-handed **(b)** (hábil) ‹*persona/jugada*› skillful*

diestro² *m* matador, bullfighter; ***a*** ~ ***y siniestro*** (Esp) left and right (AmE), left, right and centre (BrE)

dieta *f* **1** (alimentación, régimen) diet; **ponerse a** ~ to go on a diet **2** **(a)** (para viajes) allowance **(b)** (de parlamentario) salary

diez *adj inv/m/pron* ten; *para ejemplos ver* **cinco**

difamar [A1] *vt* (por escrito) to libel, defame (fml); (oralmente) to slander, defame (fml)

difamatorio -ria *adj* ‹*palabras/discurso*› slanderous; ‹*artículo/carta*› libelous*

diferencia *f* **(a)** (disparidad) difference; **la** ~ **de precio** the difference in price; **a** ~ **del marido, ella es encantadora** unlike her husband, she's really charming **(b)** (distinción) distinction; **hacer una** ~ to make a distinction **(c)** (desacuerdo) difference; **resolver sus** (or **mis** *etc*) ~**s** to resolve one's differences **(d)** (resto) difference; **yo pagué la** ~ I paid the difference

diferenciar [A1] *vt* ‹*colores/sonidos*› to tell the difference between, differentiate between
■ **diferenciarse** *v pron*: **¿en qué se diferencia esta especie?** what makes this species different?; **no se diferencian en nada** there's no difference between them; ~**se** DE **algo/algn** to differ FROM sth/sb; **solo se diferencia del otro en** or **por el precio** the only difference between this one and the other one is the price

diferente *adj* **(a)** (distinto) different; **ser** ~ A *or* DE **algn/algo** to be different FROM sb/sth **(b)** *(en pl, delante del n)* ‹*motivos/soluciones/maneras*› various; **nos vimos en** ~**s ocasiones** we've met on several occasions

diferido: **una transmisión en** ~ a prerecorded broadcast

difícil *adj* **1** **(a)** ‹*problema/situación*› difficult; ‹*examen*› hard, difficult; **me fue muy** ~ **decírselo** it was very hard *o* difficult for me to tell him; **es** ~ **de hacer/entender** it's difficult *o* hard to do/understand **(b)** ‹*persona/carácter*› difficult **2** (poco probable) unlikely; **va a ser** ~ **que acepte** it's unlikely that he'll accept; **veo** ~ **que gane** I doubt if she'll win

dificultad *f* difficulty; **respira con** ~ he has difficulty breathing; **tiene** ~**es en hacerse entender** she has difficulty in making herself understood; **me pusieron muchas** ~**es para entrar** they made it very hard for me to get in;

meterse en ~es to get into difficulties

dificultar [A1] *vt* to make ... difficult

dificultoso -sa *adj* difficult, problematic

difteria *f* diphtheria

difundir [I1] *vt* ‹*noticia/rumor*› to spread; ‹*ideas/doctrina*› to spread, disseminate; ‹*cultura*› to disseminate; ‹*comunicado*› to issue; (por radio) to disseminate; **muy difundidas** very widespread

difunto -ta *adj* (fml) late (*before n*), deceased (fml); **su ~ marido** her late husband
■ *m,f* (fml) deceased (fml)

difusión *f* (de noticia, rumor) spreading; (de ideas, doctrina, cultura) spreading, diffusion (fml); **los medios de ~** the media

difuso -sa *adj* ‹*luz*› dim, diffused; ‹*idea/conocimientos*› vague

diga, digas, *etc* ▶ **decir²**

digerir [I11] *vt* to digest

digestión *f* digestion; **hacer la ~** to let one's food go down

digestivo -va *adj* ‹*aparato*› digestive

digital *adj* **(a)** (dactilar) finger (*before n*), digital (fml) **(b)** ‹*aparato/sonido*› digital

dignarse [A1] *v pron* **~** (A) **hacer algo** to condescend *o* deign TO sth

dignatario -ria *m,f* dignitary

dignidad *f* **(a)** (cualidad) dignity **(b)** (título) rank; (cargo) position

digno -na *adj* **1** **(a)** ‹*persona/actitud*› honorable* **(b)** ‹*sueldo*› decent, living (*before n*); ‹*vivienda*› decent **2** (merecedor) **~** DE **algo/algn** worthy OF sth/sb; **una persona digna de admiración** a person worthy of admiration; **una medida digna de elogio** a praiseworthy measure; **un espectáculo ~ de verse** a show worth seeing

dije *adj* (Chi fam) **(a)** (agradable) nice, lovely **(b)** (bondadoso) kind
■ *m* charm

dilapidar [A1] *vt* to squander

dilatado -da *adj* ‹*pupila/conducto*› dilated

dilatarse [A1] *v pron* **1** «*cuerpo/metal*» to expand; «*corazón*» to expand, dilate; «*pupila*» to dilate; «*embarazada*» to dilate **2** **(a)** (prolongarse) to be prolonged **(b)** (diferirse) to be postponed, be put off **3** (Méx, Ven) ▶ **demorarse b**

dilema *m* (disyuntiva) dilemma

diligencia *f* **(a)** (aplicación) diligence, conscientiousness; **con ~** diligently **(b)** (gestión): **tengo que hacer unas ~s** I have some business to attend to

diligente *adj* (trabajador) diligent, conscientious

diluir [I20] *vt* ‹*líquido*› to dilute; ‹*pintura*› to thin (down); ‹*sólido*› to dissolve

diluviar [A1] *vi* to pour (with rain)

diluvio *m* (lluvia) heavy rain, deluge; (inundación) flood; **el D~ Universal** the Flood

diluyente *m* thinner

dimensión *f* **1** **(a)** (Fís, Mat) dimension; **una figura en tres dimensiones** a three-dimensional figure **(b) dimensiones** *fpl* (tamaño) dimensions (*pl*); **de enormes dimensiones** huge, enormous **2** (alcance, magnitud — de problema) magnitude, scale; (— de tragedia) scale

diminutivo *m* diminutive

diminuto -ta *adj* tiny, minute

dimisión *f* resignation

dimitir [I1] *vi* to resign; **~** DE **algo** to resign FROM sth

dimos ▶ **dar**

Dinamarca *f* Denmark

dinamarqués -quesa *adj/m,f* ▶ **danés**

dinámico -ca *adj* dynamic

dinamita *f* dynamite

dinamitar [A1] *vt* to dynamite

dínamo, dinamo *m or* (Esp) *f* dynamo

dinastía *f* dynasty

dineral *m* fortune, huge amount of money

dinero *m* money; **estar escaso de ~** to be short of money; **gente de ~** well-off *o* wealthy people; ***hacer* ~** to make money; **~ de bolsillo** pocket money; **~ (en) efectivo** cash; **~ suelto** change; **~ *contante y sonante*** (fam) hard cash

dinosaurio *m* dinosaur

dio ▶ **dar**

diócesis *f* diocese

dioptría *f* diopter*; **¿cuántas ~s tiene?** what's your correction *o* gradation?

dios diosa *m,f* **1** (Mit) (*m*) god; (*f*) goddess **2** **Dios** *m* (Relig) God; **el D~ de los musulmanes** the Muslim God; **gracias a D~** thank God *o* heaven; **si D~ quiere** God willing; **te lo juro por D~** I swear to God; **¡por (el) amor de D~!** for God's sake *o* for heaven's sake!; **que D~ te bendiga** God bless you; **¡D~ me libre!** God *o* heaven forbid!; **¡sabe D~!** God knows!; **¡vaya por D~!** oh dear!; **¡por D~!** for God's *o* heaven's sake!; **¡D~ mío!** or **¡D~ santo!** (expresando angustia) my God!, oh God!; (expresando sorpresa) (good) God!; ***como* D~ *manda*: un coche como D~ manda** a real *o* a proper car; **pórtate como D~ manda** behave properly; ***hacer algo a la buena de* D~** to do sth any which way (AmE) *o* (BrE) any old how

diploma *m* diploma, certificate

diplomacia *f* **1** (Pol) (carrera) diplomacy; (cuerpo) diplomatic corps **2** (tacto) diplomacy, tact

diplomado -da *adj* qualified; **~ en peluquería** qualified hairdresser

diplomarse [A1] *v pron* **(a)** (AmL) (obtener un título universitario) to graduate; **~** DE/EN **algo** to graduate AS/IN sth **(b)** (obtener otro título) to obtain a diploma (*o* certificate *etc*)

diplomático -ca *adj* **1** (Pol) ‹*carrera/pasaporte*› diplomatic **2** (en el trato) diplomatic, tactful
■ *m,f* diplomat

diptongo *m* diphthong

diputación *f* **(a)** (delegación) deputation, delegation **(b)** (Gob) (en Esp) council

diputado -da *m,f* deputy, ≈ representative (*in US*), ≈ member of parliament (*in UK*)

dique *m* dike*

diré, dirá, *etc* ▶ **decir²**

dirección *f* **1** (señas) address **2** (sentido,

rumbo) direction; **ellos venían en ~ contraria** they were coming the other way *o* from the opposite direction; **¿en qué ~ iba?** which way was he heading *o* going?; **señal de ~ prohibida** no-entry sign; **~ obligatoria** one way only **3** (Auto) (mecanismo) steering; **~ asistida** power-assisted steering, power steering **4** (Adm) **(a)** (cargo — en escuela) principalship (AmE), headship (BrE); (— en empresa) post *o* position of manager **(b)** (cuerpo directivo — de empresa) management; (— de periódico) editorial board; (— de prisión) authorities (*pl*); (— de partido) leadership **(c)** (oficina — en escuela) principal's office (AmE), headmaster's/headmistress's office (BrE); (— en empresa) manager's/director's office; (— en periódico) editorial office

direccional *f* (Col, Méx) turn signal (AmE), indicator (BrE)

directamente *adv* (derecho) straight; (sin intermediarios) directly

directiva *f* **1** (de empresa) board (of directors); (de partido) executive committee, leadership **2** (directriz) guideline

directivo -va *adj* managerial, executive
■ *m,f* (gerente) manager; (ejecutivo) executive, director

directo -ta *adj* **1** ‹*vuelo*› direct, nonstop; ‹*ruta/acceso*› direct; ‹*tren*› direct, through (*before n*) **2** (Rad, TV): **en ~** live **3** ‹*lenguaje/pregunta*› direct; ‹*respuesta*› straight; ‹*persona*› direct, straightforward

director -tora *m,f* **(a)** (de escuela) (*m*) head teacher, principal (AmE), headmaster (BrE); (*f*) head teacher, principal (AmE), headmistress (BrE); (de periódico, revista) editor (in chief); (de hospital) administrator; (de prisión) warden (AmE), governor (BrE) **(b)** (Com) (gerente) manager; (miembro de junta directiva) director, executive; **~ gerente** managing director **(c)** (Cin, Teatr) director; **~ de orquesta** conductor

directorio *m* (AmL exc CS) (guía telefónica) telephone directory, directory

directriz *f* (Mat) directrix; (guía) guideline, principle; (instrucción) directive

dirigente *mf* (de partido, país) leader

dirigible *m* airship, dirigible

dirigir [I7] *vt* **1** **(a)** ‹*empresa*› to manage, run; ‹*periódico/revista*› to run, edit; ‹*investigación/tesis*› to supervise; ‹*debate*› to lead, chair; ‹*tráfico*› to direct **(b)** ‹*obra/película*› to direct; ‹*orquesta*› to conduct **2** **(a)** **~ algo** A **algn** ‹*mensaje/carta*› to address sth TO sb; ‹*críticas*› to direct sth TO sb; **la pregunta iba dirigida a usted** the question was meant for you; **no me dirigió la palabra** he didn't say a word to me **(b)** **~ algo** HACIA *or* A **algo/algn** ‹*telescopio*› to point sth TOWARD(S) sth/sb; ‹*pistola*› to point sth TOWARD(S) sth/sb; **~ la mirada hacia** or **a algo/algn** to look at sth/sb; **dirigió sus pasos hacia la esquina** he walked toward(s) the corner **3** (encaminar) **~ algo** A **hacer algo** ‹*esfuerzos*› to channel sth INTO doing sth; ‹*energía/atención*› to direct sth TOWARD(S) doing sth
■ **dirigirse** *v pron* **1** (encaminarse) **~se** HACIA **algo** to head FOR sth **2** **~se** A **algn** (oralmente) to speak *o* talk TO sb; (por escrito) to write TO sb

discado *m* (AmL) dialing*; **~ automático** or **directo** (AmL) direct dialing*

discapacidad *f* (física) (physical) disability; (mental) mental disability, learning difficulties *pl*

discapacitado *adj* disabled
■ **-da** *m,f* person with a disability, disabled person

discar [A2] *vt/vi* (AmL) to dial

disciplina *f* discipline; **mantener la ~** to keep *o* maintain discipline

discípulo -la *m,f* disciple

disco *m* **1** **(a)** (Audio) record; **grabar un ~** to make a record; **poner un ~** to put on a record; **~ compacto** CD, compact disc; **~ de larga duración** album, LP; **~ volador** (CS) flying saucer **(b)** (Inf) disk; **~ duro** hard disk; **~ flexible** or **floppy** floppy disk **2** **(a)** (Dep) discus **(b)** (Anat) disk*; (Auto, Mec) disk **(c)** (del teléfono) dial **3** (señal de tráfico) (road) sign

disconforme *adj* **(a)** (no satisfecho) dissatisfied; **~** CON **algo/algn** dissatisfied WITH sth/sb **(b)** (en desacuerdo) **~** CON **algo** in disagreement WITH sth

discontinuo -nua *adj* ‹*línea*› broken; ‹*sonido*› intermittent

discordante *adj* (Mús) discordant; ‹*opiniones/versiones*› conflicting

discordia *f* discord

discoteca *f* **(a)** (local) discotheque **(b)** (colección de discos) record collection **(c)** (AmC) (tienda) record store *o* shop

discreción *f* **1** **(a)** (tacto, mesura) tact, discretion **(b)** (reserva) discretion **2** **a discreción** ‹*comer/beber*› as much as you (*o* we *etc*) like; **esto queda a ~ del juez** this is left to the discretion of the judge

discreto -ta *adj* **(a)** ‹*persona/carácter/comportamiento*› discreet **(b)** ‹*color/vestido*› discreet **(c)** ‹*cantidad/sueldo/actuación*› modest

discriminación *f* discrimination

discriminar [A1] *vt* **(a)** ‹*persona/colectividad*› to discriminate against **(b)** (distinguir) to differentiate, distinguish

disculpa *f* apology; **me debe una ~** she owes me an apology; **un error que no tiene ~** an inexcusable error; **pedir(le) ~s (a algn) por algo** to apologize (to sb) for sth

disculpar [A1] *vt* **(a)** ‹*error/falta/comportamiento*› to forgive, excuse; **le disculpó la indiscreción** he forgave her her indiscretion; **disculpa mi tardanza** I am sorry I'm late **(b)** ‹*persona*› to make excuses for; **su madre siempre lo está disculpando** his mother's always making excuses for him
■ **~** *vi*: **disculpe, no lo volveré a hacer** I'm sorry *o* (fml) I apologize, I won't do it again
■ **disculparse** *v pron* to apologize; **~se** CON **algn** to apologize TO sb

discurso *m* speech; **pronunciar un ~** to give *o* make a speech

discusión *f* **(a)** (de asunto, tema) discussion **(b)** (altercado, disputa) argument

discutible *adj* debatable

discutido -da *adj* controversial

discutir [I1] *vt* **(a)** (debatir) ‹*problema/asunto*› to discuss; ‹*proyecto de ley*› to debate, discuss

(b) (cuestionar) ‹*derecho/afirmación*› to question, challenge
■ ~ *vi* to argue, quarrel; **discutió de política con su padre** he argued with his father about politics; ~ POR **algo** to argue ABOUT sth; **~le** A **algn** to argue WITH sb

disecar [A2] *vt* **(a)** ‹*animal muerto*› (para estudiarlo) to dissect; (para conservarlo) to stuff **(b)** ‹*planta*› to preserve

d

disección *f* dissection

diseccionar [A1] *vt* to dissect

diseminado -da *adj* scattered; **los pueblos ~s por la región** the villages scattered throughout the region; **los hoteles están muy ~s** the hotels are very spread out

diseminarse [A1] *v pron* «*personas*» to scatter, disperse; «*ideas/cultura*» to spread

diseñador -dora *m,f* designer; ~ **de moda(s)** fashion designer

✓ **diseñar** [A1] *vt* ‹*moda/mueble/máquina*› to design; ‹*parque/edificio*› to design, plan

✓ **diseño** *m* design; ~ **de moda** fashion design; **blusas de ~ francés** French-designed blouses; **ropa de ~** designer clothes

disforzarse [A11] *v pron* (Per fam) to clown around

disfraz *m* **(a)** (Indum) (para jugar, fiestas) costume, fancy dress outfit (BrE); (para engañar) disguise; **una fiesta de disfraces** a costume *o* (BrE) fancy dress party **(b)** (simulación) front

disfrazar [A4] *vt* **(a)** ~ **a algn** DE **algo** (para fiesta) to dress sb up AS sth; (para engañar) to disguise sb AS sth **(b)** (disimular, ocultar) ‹*sentimiento/verdad*› to conceal, hide; ‹*voz/escritura/intención*› to disguise
■ **disfrazarse** *v pron* **(a)** (por diversión) to dress up; **~se** DE **algo/algn** to dress up AS sth/sb **(b)** (para engañar) to disguise oneself; **~se** DE **algo/algn** to disguise oneself AS sth/sb, dress up AS sth/sb

✓ **disfrutar** [A1] *vi* **(a)** (divertirse) to enjoy oneself, have fun; ~ CON/DE **algo** to enjoy sth; ~ **haciendo algo** to enjoy doing sth **(b)** (tener) ~ DE **algo** (de privilegio/derecho/buena salud) to enjoy, have
■ ~ *vt* ‹*viaje/espectáculo*› to enjoy; ‹*beneficio/derecho*› to have, enjoy

disgregarse [A3] *v pron* **(a)** «*grupo/familia*» to break up, split up; «*multitud/manifestantes*» to break up, disperse **(b)** (Tec) to disintegrate

disgustado -da *adj* [ESTAR] upset

disgustar [A1] *vt*: **me disgustó mucho que me mintiera** I was very upset that he lied to me; **me disgusta tener que decírselo** I don't like having to tell her
■ **disgustarse** *v pron* to get upset

disgusto *m* **1** (sufrimiento, pesar): **tiene un ~ tremendo** he's very upset; **me ha dado muchos ~s** he's given me lots of upset *o* heartache; **lo hizo a ~** she did it reluctantly **2** (discusión) argument, quarrel

disidente *mf* (que discrepa) dissident; (escindido) member of a splinter *o* breakaway group

disimulado -da *adj* **(a)** (disfrazado, oculto) disguised; **un mal ~ descontento** ill-concealed displeasure **(b)** (discreto) discreet; **sé más ~** be more discreet
■ *m,f*: **me vio pero se hizo el ~** he saw me but he pretended he hadn't

disimular [A1] *vt* **(a)** ‹*alegría/rabia/dolor*› to hide, conceal **(b)** ‹*defecto/imperfección*› to hide, disguise

disimulo *m*: **con ~** without anyone noticing; **sin ~** openly

disiparse [A1] *v pron* «*nubes/niebla*» to clear; «*temores/sospechas*» to be dispelled; «*ilusiones*» to vanish, disappear

dislexia *f* dyslexia

disléxico, -ca *adj* dyslexic
■ *m,f* person with dyslexia

dislocado -da *adj* ‹*articulaciónn*› dislocated

dislocarse [A2] *v pron* ‹*articulación*› to dislocate

✓ **disminución** *f* decrease, fall; (de temperatura) drop; (de tarifa) reduction

disminuido -da *m,f* (ant *u* ofensivo): ~ **psíquico/físico** person with learning difficulties/with a physical disability, mentally/physically handicapped person

✓ **disminuir** [I20] *vi* (menguar) «*número/cantidad*» to decrease, fall; «*precios/temperaturas*» to drop, fall; «*dolor*» to diminish, lessen
■ ~ *vt* (reducir) ‹*gastos/producción*› to cut back on; ‹*impuestos*› to cut; ‹*velocidad/número/cantidad*› to reduce

disolución *f* **(a)** (de contrato, matrimonio) annulment; (de organización, del parlamento) dissolution **(b)** (de manifestación) breaking up **(c)** (Quím) (acción) dissolving

disolvente *m* solvent; (de pintura) thinner

disolver [E11] *vt* **(a)** ‹*matrimonio/contrato*› to annul; ‹*parlamento/organización*› to dissolve **(b)** ‹*manifestación/reunión*› to break up **(c)** (en líquido) to dissolve **(d)** (Med) to dissolve, break up
■ **disolverse** *v pron* «*manifestación/reunión*» to break up; «*azúcar/aspirina*» to dissolve

disonante *adj* (Mús) dissonant; ‹*voz*› discordant; ‹*colores*› clashing

dispar *adj* **(a)** (irregular) uneven **(b)** (diferente) different, disparate (fml)

disparado -da *adj* (fam): ***salir disparado*** (irse de prisa) to shoot off (infml); **con el choque salió ~ del asiento** the impact catapulted him from his seat; *ver tb* **disparar**

disparador *m* (de arma) trigger; (Fot) shutter release; (de reloj) escapement

✓ **disparar** [A1] *vi* **1** **(a)** (con arma) to shoot, fire; ~ **al aire** to fire *o* shoot into the air; ~ **a matar** to shoot to kill; **le disparó por la espalda** he shot him in the back; ~ **a quemarropa** or **a bocajarro** to fire at point-blank range; ~ CONTRA **algn** to shoot *o* fire AT sb **(b)** (Dep) to shoot **2** (Méx fam) (invitar): **hoy disparo yo** it's on me today
■ ~ *vt* **(a)** ‹*arma/flecha*› to shoot, fire; ‹*tiro/proyectil*› to fire; **le ~on un tiro en la nuca** they shot him in the back of the head **(b)** (Dep): **disparó el balón a portería** he shot at goal
■ **dispararse** *v pron* **1** **(a)** «*arma*» to go off **(b)** (*refl*) **se disparó un tiro en la sien** he shot

✓ key word

himself in the head **2** (fam) «*precio*» to shoot up, rocket

disparatado -da *adj* ‹*acto/proyecto/idea*› crazy, ludicrous; ‹*gasto/precio*› outrageous, ridiculous

disparate *m* **(a)** (acción insensata, cosa absurda): **hacer ~s** to do stupid things; **decir ~s** to make foolish remarks; **es un ~ casarse tan joven** it's crazy to get married so young; **temo que haga algún ~** I'm afraid he might do something crazy **(b)** (fam) (cantidad exagerada) ridiculous (*o* crazy *etc*) amount

disparo *m* shot

dispensar [A1] *vt* **1** ‹*honor*› to give, accord (fml); ‹*acogida*› to give, extend (fml); ‹*ayuda/protección*› to give, afford (fml); ‹*asistencia médica*› to give; ‹*medicamentos*› to dispense; **le ~on un caluroso recibimiento** he was given *o* (fml) extended a warm reception **2** **(a)** (eximir) **~ a algn** DE **algo** to exempt sb FROM sth; **la ~on de asistir a misa** she was excused from attending mass **(b)** (perdonar) to forgive

■ **~** *vi* to forgive; **dispense, por favor** excuse me

dispersar [A1] *vt* **(a)** ‹*manifestantes/multitud/enemigo*› to disperse **(b)** ‹*rayos*› to scatter, diffuse; ‹*niebla/humo*› to clear, disperse

■ **dispersarse** *v pron* **(a)** «*manifestantes/manifestación/multitud*» to disperse **(b)** «*rayos*» to diffuse, scatter; «*niebla/humo*» to disperse, clear

disperso -sa *adj* (diseminado) scattered, dispersed (fml)

displicente *adj* (indiferente) indifferent, blasé; (frío) disdainful

disponer [E22] *vt* **1** (fml) (establecer, ordenar) «*ley*» to provide (fml), to stipulate (fml); «*rey*» to decree; «*general/juez*» to order **2** (fml) (colocar, arreglar) to arrange, set out, lay out

■ **~** *vi* **~** DE **algo** (de tiempo/ayuda) to have sth; **con los recursos de que dispongo** with the means available to me *o* at my disposal

■ **disponerse** *v pron* (fml): **mientras se disponían a tomar el tren** as they were about to catch the train; **la tropa se dispuso a atacar** the troops prepared to attack

disponible *adj* available; ‹*tiempo*› free (*before n*), available; **cuando estés ~** when you're free

disposición *f* **1** (norma) regulation **2** **(a)** (actitud) disposition **(b)** (talento) aptitude **(c)** (inclinación, voluntad) willingness **3** **(a)** (de un bien) disposal **(b)** **a ~ de algn** «*coche/chofer*» at sb's disposal; **estoy a tu ~ para lo que sea** I'm here to help if you need anything; **será puesto a ~ del juez** he will appear before the judge; **puso su casa a mi ~** he offered me his house

dispositivo *m* **1** (mecanismo) mechanism; (aparato) device **2** (fml) (destacamento): **un fuerte ~ policial/militar** a large police/military presence

dispuesto -ta *adj* **(a)** (preparado) ready **(b)** (con voluntad) willing; **~** A **hacer algo** prepared to do sth

dispuse, **dispuso**, *etc* ▸ **disponer**

disputa *f* **(a)** (discusión, pelea) quarrel, argument **(b)** (combate) fight **(c)** (controversia) dispute

disputar [A1] *vt* **(a)** **~le algo** A **algn** ‹*título*› to challenge sb for sth; **le disputaban su derecho a la herencia** they contested his right to the inheritance **(b)** ‹*partido*› to play; ‹*combate*› to fight

■ **disputarse** *v pron*: **se disputan el primer puesto** they are competing for first place

disquete, **disquette** /dis'kete/ *m* diskette, floppy disk

distancia *f* **(a)** distance; **la ~ que separa dos puntos** the distance between two points; **¿a qué ~ está Londres?** how far is it to London?; **se situó a una ~ de un metro** she stood a meter away; ▸ **llamada** **(b)** (*en locs*) **a distancia**: **se situó a ~ para verlo en conjunto** she stood back to see it as a whole; **se veía a ~** one could see it from a distance; **mantenerse a ~** to keep at a distance; **en la distancia** in the distance; ▸ **educación 1**, **enseñanza b**

distanciado -da *adj* (afectivamente): **estamos algo distanciadas** we're not as close as we were

distanciar [A1] *vt* **(a)** (espaciar) to space ... out **(b)** (en lo afectivo) «*amigos/familiares*» to make ... drift apart; **~ a algn** DE **algn** to distance sb FROM sb

■ **distanciarse** *v pron* **(a)** (en el espacio) **~se** DE **algo** to get far FROM sth **(b)** (en lo afectivo) (*recípr*) to grow *o* drift apart (*refl*) **~se** DE **algn** to distance oneself FROM sb

distante *adj* distant

distar [A1] *vi* (*en 3ª pers*) (estar a): **el colegio dista unos dos kilómetros de su casa** the school is about two kilometers from her house

diste, *etc* ▸ **dar**

distinción *f* **(a)** (diferencia) distinction; **hacer una ~** to make a distinction; **sin ~ de raza o credo** regardless of race or creed; **no hago distinciones con nadie** I don't give anyone preferential treatment **(b)** (elegancia) distinction, elegance **(c)** (honor, condecoración) award

distinguido -da *adj* ‹*escritor/actor/aire*› distinguished; ‹*alumno*› outstanding

distinguir [I2] *vt* **1** **(a)** (diferenciar) to distinguish **(b)** (caracterizar) to characterize **2** (percibir) ‹*figura/sonido*› to make out **3** (con medalla, honor) to honor*

■ **distinguirse** *v pron* (destacarse) **~se** POR **algo** «*persona*» to distinguish oneself BY sth; «*producto*» to be distinguished BY sth

distintivo¹ -va *adj* ‹*rasgo/característica*› distinctive

distintivo² *m* (insignia) emblem; (símbolo) sign

distinto -ta *adj* **1** (diferente) different; **ser ~** A *or* DE **algo/algn** to be different FROM *o* TO *o* (AmE) THAN sth/sb; **estás/te encuentro ~** you look different **2** (*en pl, delante del n*) (varios) several, various

distorsionar [A1] *vt* to distort

distracción *f* **(a)** (entretenimiento) entertainment **(b)** (descuido): **en un momento de ~ se la robaron** she took her eye off it for a moment and someone stole it; **la más mínima ~ puede ser fatal** the slightest lapse of concentration could be fatal **(c)** (de fondos) embezzlement

distraer [E23] *vt* **(a)** ‹*persona/atención*› to distract; **~ a algn** DE **algo** (de trabajo/estudios) to distract sb FROM sth; (de preocupaciones) to take sb's mind OFF sth **(b)** (entretener) ‹*persona*› to keep ... entertained

■ **distraerse** *v pron* **(a)** (despistarse, descuidarse) to get distracted **(b)** (entretenerse): **se distraen viendo la televisión** they pass the time watching television; **se distrae con cualquier cosa** she doesn't need much to keep amused

distraído -da *adj* **(a)** [SER] ‹*persona*› absentminded, vague **(b) estaba/iba ~** he was miles away (infml)

d

✓ **distribución** *f* **(a)** (reparto — de dinero, víveres) distribution; (— de tareas) allocation **(b)** (de producto, película) distribution **(c)** (disposición, división) layout, arrangement **(d)** (Auto) valve-operating gear

distribuidor[1] **-dora** *m,f* (Com) distributor

distribuidor[2] *m* (Auto, Mec) distributor

distribuidora *f* (empresa) distributor, distribution company

✓ **distribuir** [I20] *vt* **(a)** ‹*dinero/víveres/panfletos*› to hand out, distribute; ‹*ganancias*› to distribute; ‹*tareas*› to allocate, assign; ‹*carga/peso*› to distribute, spread **(b)** ‹*producto/película*› to distribute **(c)** «*canal/conducto*» ‹*agua*› to distribute **(d)** (disponer) to lay out **(e)** (dividir) to divide ... up; **los distribuyeron en tres grupos** they divided them (up) into three groups

■ **distribuirse** *v pron* (*refl*) to divide up

✓ **distrito** *m* district

Distrito Federal *m* Federal District (*including Mexico City*)

disturbio *m* **(a)** (perturbación del orden) disturbance **(b) disturbios** *mpl* (motín) riot, disturbances (journ)

disuadir [I1] *vt* to deter, discourage; **~ A algn DE algo/DE que haga algo** to dissuade sb FROM sth/doing sth

disuasión *f* (Mil, Pol) deterrence

disuasivo -va, **disuasorio -ria** *adj* ‹*tono/palabras*› dissuasive, discouraging; ‹*efecto*› deterrent; ‹*medida*› designed to act as a deterrent

disuelto -ta *pp* ▶ **disolver**

diurético *m* diuretic

diurno -na *adj* day (*before n*); **clases diurnas** daytime classes

diva *f* diva, prima donna; *ver tb* **divo**

divagación *f* digression

divagar [A3] *vi* **(a)** (desviarse del tema) to digress **(b)** (hablar sin sentido) to ramble

diván *m* couch

✓ **diversidad** *f* diversity

diversificar [A2] *vt* ‹*actividades/métodos*› to diversify; ‹*inversión/producción*› to diversify

■ **diversificarse** *v pron* to diversify

diversión *f* **(a)** (esparcimiento) fun **(b)** (espectáculo, juego): **aquí hay pocas diversiones** there isn't much to do here

diverso -sa *adj* **1** (variado, diferente): **su obra es muy diversa** his work is very diverse; **seres de diversa naturaleza** various types of creatures; **ha desempeñado las más diversas actividades** she has engaged in a very wide range of activities **2** (*pl*) (varios) various, several

divertido -da *adj* **(a)** (que interesa, divierte) ‹*espectáculo/fiesta*› fun, enjoyable; ‹*momento/situación*› entertaining; **es un tipo muy ~** he's a really fun guy, he's really fun to be with **(b)** (gracioso) funny

divertir [I11] *vt* to amuse

■ **divertirse** *v pron* (entretenerse) to amuse oneself; (pasarlo bien) to have fun, enjoy oneself; **¡que te diviertas!** have fun!, enjoy yourself!; **nos divertimos mucho en la fiesta** we had a really good time at the party

dividendo *m* dividend

✓ **dividir** [I1] *vt* **(a)** (partir) to divide; **lo dividió en partes iguales** he divided it (up) into equal portions **(b)** (repartir) to divide, share (out) **(c)** (enemistar) ‹*partido/familia*› to divide

■ **~** *vi* (Mat) to divide

■ **dividirse** *v pron* **(a)** «*célula*» to split; «*grupo/partido*» to split up; «*camino/río*» to divide **(b) ~ EN algo** «*obra/período*» to be divided INTO sth **(c)** (repartirse) to divide up, share out

divierta, **divirtió**, *etc* ▶ **divertir**

divinidad *f* **(a)** (deidad) deity, god **(b)** (cualidad) divinity **(c)** (fam) (preciosidad) delight

divinizar [A4] *vt* to deify

divino -na *adj* divine

divisa *f* **1** (Com, Fin) currency; **la fuga de ~s** the flight of capital; **una fuente de ~s** a source of foreign currency **2** (emblema) emblem, insignia

divisar [A1] *vt* ‹*tierra/barco*› to sight, make out; **a lo lejos se divisaba un poblado** they (*or* he *etc*) could make out a village in the distance

divisible *adj* **~ POR algo** divisible BY sth

✓ **división** *f* (en general) division; **hacer una ~** (Mat) to do a division

divisor *m* divisor

divisorio -ria *adj* dividing (*before n*)

divo -va *m,f* (estrella) celebrity, star; (con actitud soberbia) prima donna; *ver tb* **diva**

divorciado -da *adj* divorced

■ *m,f* (*m*) divorcé (esp AmE), divorcee (esp BrE); (*f*) divorcée (esp AmE), divorcee (esp BrE)

divorciarse [A1] *v pron* to get divorced; **~se DE algn** to divorce sb, get divorced FROM sb

divorcio *m* (Der) divorce

divulgar [A3] *vt* ‹*noticia/información*› to spread, circulate; ‹*secreto/plan*› to divulge; ‹*cultura*› to spread, disseminate

■ **divulgarse** *v pron* to spread

dizque, **diz que** *adv* (AmL) **(a)** (según parece) apparently **(b)** (expresando escepticismo): **esta ~ democracia** this so-called democracy; **estaban allí, ~ trabajando** they were there, supposedly working

Dn. = **Don**

Dña. = **Doña**

do *m* (nota) C; (en solfeo) do, doh (BrE); **~ de pecho** high C, top C

dobladillo *m* hem

doblar [A1] *vt* **1** ‹*camisa/papel*› to fold; ‹*brazo/vara*› to bend **2** ‹*esquina*› to turn, go around; ‹*cabo*› to round **3** (aumentar al doble) ‹*oferta/*

✓ key word

apuesta/capital› to double; (tener el doble que): **la dobla en edad** he's twice her age **4** *‹actor›* (en banda sonora) to dub; (en escena) to double for; *‹película›* to dub; **doblada al castellano** dubbed into Spanish

■ ~ *vi* **1** (torcer, girar) *«persona»* to turn; *«camino»* to bend, turn; **dobla a la izquierda** turn left **2** *«campanas»* to toll

■ **doblarse** *v pron* **1** *«rama/alambre»* to bend **2** *«precios/población»* to double

doble[1] *adj* **1** *‹whisky/flor/puerta›* double; *‹café›* large; *‹costura/hilo/consonante›* double; **lo veo todo ~** I'm seeing double; **cerrar con ~ llave** to double-lock; **tiene ~ sentido** it has a double meaning; **calle de ~ sentido** two-way street; **~ crema** *f* (Méx) double cream; **~ fondo** *m* false bottom; **~ moral** *f* double standard; **~ ve** or **~ u** *f name of the letter* w; **~ ventana** *f* double glazing **2** (Andes, Ven fam) *‹persona›* two-faced

doble[2] *m* **1** (Mat): **los precios aumentaron el ~** prices doubled; **tardó el ~** she took twice as long; **el ~ de tres es seis** two threes are six; **el ~ QUE algn/algo** twice as much AS sb/sth; **el ~ de largo/rápido** twice as long/quick **2** **(a)** (en béisbol) double **(b)** **dobles** *mpl* (en tenis) doubles **3** **doble** *mf* (actor, actriz) stand-in, double; (en escenas peligrosas) (*m*) stuntman (*f*) stuntwoman; (persona parecida) (fam) double

doblez *m* **1** (en tela, papel) fold **2** **doblez** *m or f* (falsedad) deceitfulness

doce *adj inv/m/pron* twelve; **son las ~ de la noche** it's twelve o'clock, it's midnight; *para más ejemplos ver tb* **cinco**

docena *f* dozen; **una ~ de huevos** a dozen eggs; **media ~** half a dozen

docente *adj ‹personal›* teaching (*before n*); **centro ~** (fml) school, educational *o* teaching institution (fml)

dócil *adj ‹niño/comportamiento›* meek, docile; *‹perro/caballo›* docile, well-trained; *‹pelo›* manageable

doctor -tora *m,f* doctor; **~ en derecho** Doctor of Law

doctorado *m* doctorate, PhD

doctorarse [A1] *v pron* to earn *o* get one's doctorate, do one's PhD

doctrina *f* (ideología) doctrine; (enseñanza) teaching

documentación *f* **1** (de persona) papers (*pl*); (de vehículo, envío) documents (*pl*), documentation (fml) **2** (información) information, data (*pl*)

documental *adj* **(a)** (Cin, TV) *‹programa/serie›* documentary (*before n*) **(b)** (Der) *‹prueba›* documentary

■ *m* documentary

documentar [A1] *vt* **1** *‹trabajo/hipótesis/solicitud›* to document **2** (Méx) *‹equipaje›* to check in

■ **documentarse** *v pron* **1** (informarse) to do research **2** (Méx) *«pasajero»* to check in

documento *m* (Adm, Der, Inf) document; **~ adjunto** (Corresp) enclosed document; (Inf) attachment

dogma *m* dogma

dogmático -ca *adj* dogmatic

dólar *m* dollar

dolencia *f* ailment, complaint

doler [E9] *vi* **(a)** *«inyección/herida/brazo»* to hurt; **no duele nada** it doesn't hurt at all; (+ *me/te/le etc*) **le dolió mucho** it hurt a lot; **le duele una muela/la cabeza** she has (a) toothache/a headache; **me dolía el estómago** I had (a) stomachache; **me duele la garganta** I have a sore throat; **me duelen los pies** my feet ache; **me duele todo (el cuerpo)** I ache all over **(b)** (apenar) (+ *me/te/le etc*) **me duele tener que decirte esto** I'm sorry to have to tell you this; **me dolió muchísimo lo que me dijo** I was deeply hurt by what he said

d

dolido -da *adj* hurt; **estar ~ POR algo** to be hurt AT sth

dolor *m* **(a)** (físico) pain; **sentía mucho ~** he was in a lot of pain; **tener ~ de muelas/cabeza/garganta** to have a toothache/a headache/a sore throat **(b)** (pena, tristeza) pain, grief

dolorido -da *adj* **(a)** (físicamente): **estoy toda dolorida** I'm aching all over; **tengo el brazo muy ~** I've got a very sore arm **(b)** (afligido) hurt

doloroso -sa *adj* **(a)** *‹tratamiento/enfermedad›* painful **(b)** *‹decisión/momento/recuerdo›* painful; *‹separación/espectáculo›* distressing, upsetting

domador -dora *m,f* (de fieras) tamer; (de caballos) horsebreaker, broncobuster (AmE)

domar [A1] *vt* **(a)** *‹fieras›* to tame; *‹caballo›* to break in **(b)** (fam) *‹niño›* to bring *o* get ... under control **(c)** (fam) *‹zapatos›* to break in

domesticado -da *adj* tame, domesticated

domesticar [A2] *vt* to domesticate

doméstico -ca *adj* **1** *‹vida/problemas/servicio›* domestic; *‹gastos›* household; **tareas domésticas** housework **2** *‹vuelo›* domestic

domiciliar [A1] *vt* (Esp) *‹pago/letras›* to pay ... by direct debit *o* (AmE) direct billing; *‹sueldo›* to have ... paid direct into one's bank account

■ **domiciliarse** *v pron* (fml) (residir) to reside (fml), to be domiciled (fml)

domicilio *m* (fml) address; **en su ~ particular** at his home address; **sin ~ fijo** of no fixed abode (fml); **Pat Lee, con ~ en Londres** Pat Lee currently living in London

dominante *adj* **1** **(a)** *‹color/tendencia›* predominant, dominant; *‹opinión›* prevailing (*before n*); *‹cultura›* dominant **(b)** (Biol, Mús, Astrol) dominant **2** *‹persona›* domineering

dominar [A1] *vt* **(a)** (controlar) *‹nación/territorio/persona›* to dominate; *‹pasión/cólera›* to control; *‹vehículo/caballo›* to control; **dominado por la ambición/los celos** ruled by ambition/consumed by jealousy **(b)** *‹idioma›* to have a good command of; *‹tema/asignatura›* to know ... very well **(c)** (abarcar con la vista): **desde allí se domina toda la bahía** there's a view over the whole bay from there

■ ~ *vi «color/tendencia»* to predominate; *«opinión»* to prevail; *«equipo»* to dominate

■ **dominarse** *v pron «persona»* to restrain *o* control oneself

domingo *m* (día) Sunday; (Relig) Sabbath; **traje de ~** Sunday best; **~ de Pascua** or **de Resurrección** Easter Sunday; **~ de Ramos** Palm

Sunday; ▶ **lunes**

dominicano -na *adj/m,f* (Geog) Dominican

🗝 **dominio** *m* **1** **(a)** (control) control; **perdió el ~ de sí mismo** he lost his self-control **(b)** (de idioma, tema) command; ***ser del ~ público*** to be public knowledge **2** **(a)** (Hist, Pol) dominion **(b)** **dominios** *mpl* (colonias) dominions (*pl*) **3** (Inf) domain

d

dominó *m* (*pl* **-nós**) **(a)** (juego) dominoes; **jugar** or (Esp, RPl) **al ~** to play dominoes **(b)** (ficha) domino

🗝 **don** *m* **1** **(a)** (liter) (dádiva) gift **(b)** (talento) talent, gift; **el ~ de la palabra** the gift of speech; **~ de gentes** ability to get on well with people; **~ de mando** leadership qualities (*pl*) **2** (tratamiento de cortesía) ≈ Mr; **buenos días ~ Miguel** good morning Mr López; ***ser un ~ nadie*** to be a nobody

dona *f* (Méx) (Coc) doughnut, donut (AmE)

donación *f* donation

donador -dora *m,f*, **donante** *mf* donor

donar [A1] *vt* ‹*bienes/dinero*› to donate, give; ‹*sangre*› to give, donate; ‹*órganos*› to donate

donativo *m* donation

doncella *f* **(a)** (arc) (virgen) maiden (liter) **(b)** (ant) (criada) maid

🗝 **donde** *conj* where; **la ciudad ~ se conocieron** the city where they met; **siéntate ~ quieras** sit wherever *o* where you like; **déjalo ~ sea** leave it anywhere; **de ~ se deduce que ...** from which it can be deduced that ...; **la ventana por ~ había entrado** the window through which he had got in

■ *prep* (esp AmL en algunas regiones crit): **ve ~ tu hermana y dile que ...** (a su casa) go over to your sister's and tell her ...; (al lugar donde está ella) go and tell your sister ...

🗝 **dónde** *adv* **1** where; **¿~ está?** where is it?; **¿de ~ es?** where is he from?; **¿por ~ quieres ir?** which way do you want to go? **2** (Chi, Méx, Per) (cómo) how; **¡~ íbamos a imaginar que ...!** how were we to imagine that ...!

dondequiera *adv* **~** QUE wherever

donjuán *m* (tenorio) womanizer, Don Juan

doña *f* (tratamiento de cortesía) ≈ Mrs/Ms; **~ Cristina Fuentes** Mrs/Ms Cristina Fuentes

dopado -da *adj* [ESTAR] drugged

dopar [A1] *vt* ‹*enfermo*› to drug, dope (infml); ‹*caballo*› to dope

■ **doparse** *v pron* (*refl*) to take drugs

doping *m* (Equ) doping; (Dep) drug-taking

dorada *f* gilthead (bream)

dorado[1] -da *adj* **(a)** ‹*botón/galones*› gold; ‹*pintura*› gold, gold-colored*; ‹*cabello*› (liter) golden **(b)** ‹*época*› golden

dorado[2] *m* (acción) gilding; (capa) gilt

dorar [A1] *vt* ‹*marco/porcelana*› to gild; (Coc) ‹*cebolla/papas*› to brown

■ **dorarse** *v pron* (Coc) to brown

dormida *f* (AmL) sleep

dormido -da *adj* **(a)** (durmiendo) asleep; **estar/quedarse ~** to be/to fall asleep **(b)** (sin sensibilidad): **tengo la pierna dormida** my leg's gone to sleep (infml); *ver tb* **dormir**

🗝 key word

dormilón -lona *adj* (fam): **es muy ~** he's a real sleepyhead (infml)

■ *m,f* (fam) (persona) sleepyhead (infml)

🗝 **dormir** [I16] *vi* to sleep; **no dormí nada** I didn't sleep a wink; **dormimos en un hotel** we spent the night in a hotel; **durmió de un tirón** she slept right through (the night); **se fue a ~ temprano** he went off to bed early, he had an early night; ***~ a pierna suelta*** (fam) to sleep the sleep of the dead; ***~ como un lirón*** or ***tronco*** to sleep like a log (infml)

■ **~** *vt* **(a)** (hacer dormir) ‹*niño/bebé*› to get ... off to sleep; **sus clases me duermen** his classes send *o* put me to sleep **(b)** (anestesiar) ‹*persona*› to put to sleep, put out (infml); **todavía tengo este lado dormido** this side is still numb **(c)** **~ la siesta** to have a siesta *o* nap

■ **dormirse** *v pron* **(a)** (conciliar el sueño) to fall asleep; (lograr conciliar el sueño) to get to sleep; **casi me duermo en la clase** I almost fell asleep *o* (infml) dropped off in class **(b)** (no despertarse) to oversleep, sleep in (AmE) **(c)** «*pierna/brazo*» (+ *me/te/le etc*) to go to sleep (infml); **se me durmió el pie** my foot went to sleep **(d)** (fam) (distraerse, descuidarse): **no te duermas** don't waste any time

dormitar [A1] *vi* to doze, snooze (infml)

dormitorio *m* (en casa) bedroom; (en colegio, cuartel) dormitory

dorso *m* **(a)** (de un papel) back; **al ~** ‹*ver*› overleaf; ‹*escribir*› on the back **(b)** (de la mano, animal) back

🗝 **dos** *adj inv/m/pron* two; **lo hicimos entre los ~** we did it between the two of us; **sujétalo con las ~ manos** hold it with both hands; **llamó ~ veces** he called twice; **caminaban de ~ en ~** they walked in pairs; **entraron de ~ en ~** they came in two at a time *o* two by two; **~ puntos** colon; ***en un ~ por tres*** in a flash; ▶ **cinco**

doscientos[1] -tas *adj/pron* two hundred; *para ejemplos ver* **quinientos**

doscientos[2] *m* (number) two hundred

dosel *m* (de cama) canopy; (de trono, púlpito) baldachin

dosificar [A2] *vt* ‹*medicamento*› to dose

🗝 **dosis** *f* (*pl* **~**) dose

dotado -da *adj* ‹*persona*› gifted; **estar ~** DE **algo** «*persona*» to be blessed WITH sth; «*cocina/oficina*» to be equipped WITH sth

dotar [A1] *vt* **(a)** (fml) ‹*institución/organismo*› **~** (A) **algo** DE *or* CON **algo** (de fondos) to provide sth WITH sth; (de técnica/maquinaria) to equip sth WITH sth; (de poderes) to invest sth WITH sth **(b)** «*naturaleza/Dios*» **~ a algn** DE *or* CON **algo** to endow *o* bless sb WITH sth

dote *f* **1** (de novia) dowry **2** **dotes** *fpl* **~s para el canto** a talent for singing; **~s de mando** leadership qualities

doy ▶ **dar**

🗝 **Dr.** *m* (= **Doctor**) Dr

Dra. *f* (= **Doctora**) Dr

dracma *m* drachma

dragar [A3] *vt* ‹*río*› to dredge; ‹*minas*› to sweep for

dragón *m* (Mit) dragon

drama *m* drama; ***hacer un ~ de algo*** (fam) to make a big deal out of sth

dramático -ca *adj* dramatic; **un autor ~** a playwright *o* dramatist

dramatismo *m* dramatic quality *o* character

dramatización *f* dramatization

dramaturgo -ga *m,f* dramatist, playwright

drástico -ca *adj* drastic

driblar, **driblear** [A1] *vt* to dribble past *o* around

drible *m* dribble

droga *f* drug; **~s duras/blandas** hard/soft drugs

drogadicción *f* (drug) addiction

drogadicto -ta *adj* addicted to drugs
■ *m,f* drug addict

drogar [A3] *vt* to drug
■ **drogarse** *v pron* (*refl*) to take drugs

drogata *mf* (fam) junkie (infml)

drogodependiente *adj* (fml) drug-dependent
■ *mf* (fml) drug addict

droguería *f* **(a)** (Esp) (tienda) *store selling cleaning materials and other household goods* **(b)** (Col) (farmacia) drugstore (AmE), chemist's (BrE) **(c)** (RPl) (de productos químicos) pharmaceutical wholesaler's

dromedario *m* dromedary

dual *adj/m* dual

Dublín *m* Dublin

dublinés -nesa *m,f* Dubliner

ducado *m* (título) dukedom; (territorio) duchy, dukedom

ducha *f* shower; **darse una ~** to take *o* (BrE) have a shower

ducharse [A1] *v pron* (*refl*) to take *o* (BrE) have a shower

ducto *m* **(a)** (Méx) (de gas, petróleo) pipeline **(b)** (Ur) (para la basura) garbage chute (AmE), rubbish chute (BrE) **(c)** (Col, Ven) (de ventilación) duct, shaft

duda *f* **1** (interrogante, sospecha) doubt; **expuso sus ~s sobre ...** he expressed his reservations about ...; **tengo unas ~s para consultar** I have a few points I'd like to check; **me ha surgido una ~** there's something I'm not sure about; **¿tienen alguna ~?** are there any queries *o* questions?; **nunca tuve la menor ~ de que tenía razón** I never doubted that he was right; **fuera de (toda) ~** beyond (all) doubt; **de eso no cabe la menor ~** there's absolutely no doubt about that; **lo pongo en ~** I doubt it; **sin ~** or **sin lugar a ~s** undoubtedly; **sin ~ ya te lo habrás preguntado** no doubt you'll have already asked yourself that question; **para salir de ~s** just to be doubly sure **2** (estado de incertidumbre, indecisión): **ahora me has hecho entrar en (la) ~** now you've made me wonder; **a ver si puedes sacarme de la ~** do you think you can clear something up for me?; **si estás en (la) ~ no lo compres** if you're not sure don't buy it

dudar [A1] *vt* to doubt; **dudo que lo haya terminado** I doubt if *o* whether he's finished it
■ **~** *vi*: **duda entre comprar y alquilar** she can't make up her mind whether to buy or rent; **~** EN **hacer algo** to hesitate to do sth; **~** DE **algo/algn** to doubt sth/sb

dudoso -sa *adj* **(a)** (incierto) doubtful; **lo veo ~** I doubt it **(b)** (cuestionable) dubious **(c)** (indeciso) hesitant, undecided

duela *f* (Méx) (del suelo) floorboard

duele, **duelen**, *etc* ► **doler**

duelo *m* **1** (dolor) sorrow, grief; (luto) mourning; **estar de ~** to be in mourning **2** (desafío) duel; **retar a ~** to challenge ... to a duel; **batirse en ~** to fight a duel; **~ a muerte** duel to the death

duende *m* **(a)** (en cuentos) goblin, imp **(b)** (espíritu) spirit (*which inhabits a house or room*)

dueño -ña *adj* **1** [SER] (libre) **~** DE **hacer algo** free to do sth, at liberty to do sth (fml) **2** [SER] (indicando control) **ser ~** DE **algo** to be in control OF sth; **hacerse ~** DE **algo** to gain control OF sth
■ *m,f* **(a)** (de casa, pensión) (*m*) owner, landlord; (*f*) owner, landlady; (de negocio) (*m*) owner, proprietor; (*f*) owner, proprietress; **~ de casa** (AmL) (propietario) householder; (en fiesta) (*m*) host; (*f*) hostess **(b)** (de perro) owner

duerma, **duermas**, *etc* ► **dormir**

dulce *adj* **(a)** ‹*fruta/vino*› sweet; **prefiero lo ~** I prefer sweet things **(b)** ‹*agua*› fresh; **pez de agua ~** freshwater fish **(c)** ‹*persona*› gentle, kind; ‹*sonrisa/voz*› sweet; ‹*música*› soft, sweet
■ *m* **(a)** (AmL exc RPl) (golosina) candy (AmE), sweet (BrE) **(b)** (RPl) (mermelada) jam; **~ de leche** caramel spread (*made by boiling down milk and sugar*) **(c)** (AmC) (azúcar) *type of sugarloaf* **(d) dulces** *mpl* (cosas dulces) sweet things (*pl*)

dulcificar [A2] *vt* ‹*persona*› to mellow; ‹*vejez*› to make ... more pleasant
■ **dulcificarse** *v pron* «*carácter/persona*» to mellow, soften

dulzor *m* sweetness, sweet taste

dulzura *f* sweetness; **habló con ~** she spoke kindly *o* gently; **los trata con mucha ~** she's very sweet *o* gentle with them

duna *f* dune

dúo *m* **(a)** (composición) duet, duo **(b)** (de músicos, instrumentos) duo; **a ~** ‹*contestar*› in unison; **lo cantaron a ~** they sang it as a duet

duodécimo -ma *adj/pron* twelfth

dúplex *m* (*pl* ~) **(a)** (apartamento) duplex apartment, maisonette (BrE) **(b)** (Méx) (casa) semi-detached house

duplicado[1] -da *adj* duplicated; **por ~** in duplicate

duplicado[2] *m* copy, duplicate

duplicar [A2] *vt* ‹*documento/llave*› to copy, duplicate
■ **duplicarse** *v pron* «*número*» to double

duplo *m*: **el ~ de dos es cuatro** two times two is four

duque *m* duke

duquesa *f* duchess

duración *f* **(a)** (de película, acto, curso) length, duration **(b)** (de pila, bombilla) life; **pila de larga ~** long-life battery; ► **disco 1 a**

duradero -ra *adj* ‹*amistad/recuerdo*› lasting (*before n*); ‹*ropa/zapatos*› hard-wearing, long-wearing (AmE)

durante *prep* (en el transcurso de) during; (cuando se especifica la duración) for; **~ 1980** during *o* in 1980; **gobernó el país ~ casi dos décadas** she governed the country for almost two decades; **los precios aumentaron un 0,3% ~ el mes de diciembre** prices rose by 0.3% in December; ~

todo el invierno throughout the winter

✐ **durar** [A1] *vi* **(a)** «*reunión/guerra/relación*» to last; **¿cuánto dura la película?** how long is the film? **(b)** «*coche/zapatos*» to last **(c)** (Col, Ven) ▶ **demorar a**

■ **durarse** *v pron* (Ven) ▶ **demorarse**

durazno *m* (esp AmL) (fruto) peach; (árbol) peach tree

durex® *m* (AmL) Scotch tape® (AmE), Sellotape® (BrE)

dureza *f* **1** (en general) hardness; (de la carne) toughness **2** **(a)** (severidad, inflexibilidad) harshness; **nos trataban con ~** they treated us harshly; **fue castigado con ~** he was severely punished **(b)** (en el deporte) roughness

durmiera, durmió, *etc* ▶ **dormir**

✐ **duro**[1] **-ra** *adj* **1** (en general) hard; ‹*carne*› tough; ‹*pan*› stale; **las peras están duras** the pears aren't ripe **2** ‹*luz/voz*› harsh; ‹*facciones*› hard, harsh **3** **(a)** (severo, riguroso) harsh; ‹*juego*› rough, hard; **fuiste demasiado ~ con él** you were too hard on him; **una postura más dura** a tougher line **(b)** (difícil, penoso) ‹*trabajo/vida*› hard, tough; **fue un golpe muy ~** it was a very hard blow

duro[2] *adv* (esp AmL) ‹*trabajar/estudiar/llover*› hard; ‹*hablar*› (Col, Ven) loudly

duro[3] *m* (en España) (Hist) five-peseta coin

Ee

E, e *f* (*pl* **es**) (*read as* /e/) the letter E, e

E. (= **Este**) E, East

✐ **e** *conj* [*used instead of* ▶ **y** *before* I- *or* HI-] and

EAU *mpl* (= **Emiratos Árabes Unidos**) UAE

ebanista *mf* cabinetmaker

ébano *m* ebony

ebrio ebria *adj* (fml) inebriated (fml), drunk

ebullición *f* **(a)** (Coc, Fís): **entrar en ~** to come to the boil; **punto de ~** boiling point **(b)** (agitación) turmoil

eccema *m* eczema

echado -da *adj* (acostado): **está ~ en el sofá** he's lying down on the sofa

echador -dora *adj* (Méx fam) boastful
■ *m,f* (Méx fam) boaster (infml)

✐ **echar** [A1] *vt* **I** **1** **(a)** (lanzar, tirar) to throw; **lo eché a la basura** I threw it out *o* away; **echó la moneda al aire** he tossed the coin; **~on el ancla/la red** they cast anchor/their net; **echó la cabeza hacia atrás** she threw her head back; **~ *algo a perder*** to ruin sth; **~ *de menos algo/a algn*** to miss sth/sb **(b)** **echar abajo** ‹*edificio*› to pull down; ‹*gobierno*› to bring down; ‹*proyecto*› to destroy; ‹*esperanzas*› to dash; ‹*moral*› to undermine; ‹*puerta/valla*› to break ... down **2** (expulsar) ‹*persona*› (de trabajo) to fire (infml), to sack (BrE infml); (de bar, casa) to throw ... out; (de colegio) to expel **3** ‹*carta*› to mail (AmE), to post (BrE) **4** **(a)** (pasar, correr) ‹*cortinas*› to pull, draw; **échale (la) llave** lock it; **¿echaste el cerrojo?** did you bolt the door? **(b)** (mover): **lo echó para atrás/a un lado** she pushed (*o* moved *etc*) it backward(s)/to one side **5** **(a)** (expeler, despedir) ‹*olor/humo/chispas*› to give off **(b)** (producir) ‹*hojas*› to sprout; **ya está echando flores** it's flowering already
II **1** **(a)** (poner) ‹*leña/carbón*› to put; ‹*gasolina*› to put in; **¿le echas azúcar al café?** do you take sugar in your coffee? **(b)** (servir, dar) to give; **échame un poco de vino** can you give me a little wine? **(c)** ‹*trago*› to have **2** **(a)** ‹*sermón/discurso*› (fam) (+ *me/te/le etc*) to give; **le echó una maldición** she put a curse on him **(b)** (fam) ‹*condena/multa*› (+ *me/te/le etc*) to give; **~le la culpa a algn** to put *o* lay the blame on sb **3** (fam) (calcular) (+ *me/te/le etc*) **¿cuántos años me echas?** how old do you think I am?; **de aquí a tu casa échale una hora** it's *o* it takes about an hour from here to your house **4** (Esp fam) (dar, exhibir) ‹*programa/película*› to show

■ **echarse** *v pron* **1** **(a)** (tirarse, arrojarse) to throw oneself; **me eché al suelo** I threw myself to the ground; **~se de cabeza al agua** to dive into the water; **~*se a perder*** «*comida*» to go bad, go off (BrE); «*cosecha/proyecto/plan*» to be ruined **(b)** (tumbarse, acostarse) to lie down **(c)** (apartarse, moverse) (+ *compl*) **se echó a un lado** she moved to one side; **échate un poco para allá** move over that way a bit; **~*se atrás*** to back out **2** **(a)** (ponerse) ‹*crema/bronceador*› to put on **(b)** ‹*cigarillo*› to have **(c)** (Esp fam) ‹*novio/novia*› **se ha echado novia** he's found *o* got himself a girlfriend **(d)** (Méx fam) (beberse) to drink **3** (Méx fam) (romper) to break **4** (Col fam) (tardar) ‹*horas/días*› to take **5** (empezar) **~se** A to start *o* begin to, start *o* begin; **se echó a correr** he started to run *o* started running; **las palomas se ~on a volar** the doves flew off

echarpe *m* shawl, stole

ecléctico -ca *adj/m,f* eclectic

eclesiástico -ca *adj* ecclesiastical, church (*before n*)

eclipse *m* eclipse

eco *m* (Fís) echo; **la cueva tiene ~** there's an echo in the cave; **hacer ~** to echo

ecografía *f* ultrasound scan

ecología *f* ecology

ecológico -ca *adj* ‹*problema/estudio*› ecological; ‹*daño/desastre*› environmental; ‹*producto*› eco-friendly, environmentally friendly; ‹*cultivo/agricultura*› organic

ecologismo *m* environmentalism, conservationism

ecologista *adj* ecology (*before n*), environmentalist (*before n*)
■ *mf* ecologist, environmentalist

economato *m* **(a)** (de empresa) company store **(b)** (Mil) PX (AmE), NAAFI shop (BrE)

economía *f* **(a)** (ciencia) economics **(b)** (de país) economy; **~ de (libre) mercado** (free) market economy **(c)** (ahorro): **hacer ~s** to economize **(d)** (de persona, familia) finances (*pl*)

económico -ca *adj* **1** ‹*crisis/situación*› economic (*before n*); ‹*problema/independencia*› financial **2** **(a)** ‹*piso/comida*› cheap; ‹*restaurante/hotel*› cheap, inexpensive **(b)** (que gasta poco) ‹*motor*› economical; ‹*persona*› thrifty

economista *mf* economist

economizar [A4] *vt* ‹*tiempo*› to save; ‹*combustible/recursos*› to economize on, save
■ **~** *vi* to economize, save money

ecosistema *m* ecosystem

ecu, **ECU** /'eku/ *m* (Hist) (= **Unidad Monetaria Europea**) ECU (Hist)

ecuación *f* equation

ecuador *m* **1** (línea) equator **2** **Ecuador** (país) Ecuador

ecuatorial *adj* equatorial

ecuatoriano -na *adj/m,f* Ecuadorean

eczema *m* eczema

edad *f* **1** (de persona, árbol) age; **tienen la misma ~** they are the same age; **un joven de unos quince años de ~** a boy of about fifteen; **¿qué ~ tiene?** how old is he?; **aún no tiene la ~ suficiente** he's still not old enough ...; **de ~ madura** or **de mediana ~** middle-aged; **una persona de ~** an elderly person; **niños en ~ escolar** children of school age; ***estar en la ~ del pavo*** to be at that awkward age **2** (Hist) (época) age, period; **la E~ de bronce/de hierro/de piedra** the Bronze/Iron/Stone Age; **la E~ media** the Middle Ages (*pl*)

edema *m* edema*

Edén *m*: **el ~** (the Garden of) Eden

edición *f* **1** (Impr, Period) (tirada) edition; (acción) publication; **~ de bolsillo** pocket edition; **Ediciones Rivera** Rivera Publications **2** (Rad, TV) program*, edition

edificado -da *adj* built-up

edificar [A2] *vt/vi* to build

edificio *m* building

Edimburgo *m* Edinburgh

editar [A1] *vt* **1** (publicar) ‹*libro/revista*› to publish **2** (modificar) ‹*película/grabación/texto*› to edit; (Inf) to edit

editor -tora *adj* publishing (*before n*)
■ *m,f* (que publica) publisher; (que revisa, modifica) editor

editorial *adj* ‹*casa/actividad*› publishing (*before n*); ‹*puesto/decisión*› editorial
■ *f* (empresa) publishing company *o* house
■ *m* (en periódico) editorial, leading article

edredón *m* eiderdown, comforter (AmE); (que se usa sin mantas) duvet, continental quilt (BrE)

educación *f* **1** (enseñanza) education; (para la convivencia) upbringing; **~ a distancia** correspondence courses (*pl*), distance learning; **~ física** physical education; **~ general básica** (en Esp) primary education; **~ para adultos** adult education; **~ primaria/secundaria/superior** primary/secondary/higher education; **~ universitaria** university education, college education (AmE); **~ vocacional** (AmS) careers guidance **2** (modales) manners (*pl*); **es una falta de ~** it's rude, it's bad manners

educado -da *adj* polite, well-mannered

educador -dora *m,f* (fml) teacher, educator (fml)

educar [A2] *vt* **1** **(a)** (Educ) to educate, teach **(b)** (para la convivencia) ‹*hijos*› to bring up; ‹*ciudadanos*› to educate **2** ‹*oído/voz*› to train
■ **educarse** *v pron* (hacer los estudios) to be educated

educativo -va *adj* ‹*programa/juego*› educational; ‹*establecimiento*› educational, teaching (*before n*); ‹*sistema*› education (*before n*)

edulcorante *m* sweetener

EEUU *or* **EE.UU.** (= **Estados Unidos**) USA

efe *f name of the letter* f

efectista *adj* theatrical, dramatic

efectivamente *adv* **(a)** (realmente) really **(b)** (*indep*) **sí, ~, así fue** yes indeed *o* yes, that's right, that's how it was; **dijo que estaría a las siete y, ~, allí estaba** he said he'd be there at seven and, sure enough, there he was

efectividad *f* (eficacia) effectiveness

efectivo[1] **-va** *adj* ‹*remedio/medio/castigo*› effective; **hacer ~** ‹*cheque*› to cash; ‹*pago*› to make

efectivo[2] *m* (Fin) cash; **pagar en ~** to pay cash

efecto *m* **1** **(a)** (resultado, consecuencia) effect; **hacer ~** to take effect; **un calmante de ~ inmediato** a fast-acting painkiller; **mecanismo de ~ retardado** delayed-action mechanism; **bajo los ~s del alcohol** under the influence of alcohol; **~ dos mil** (Inf) millennium bug; **~ invernadero** greenhouse effect; **~ óptico** optical illusion; **~ secundario** side effect; **~s especiales** special effects; **~s sonoros** sound effects **(b)** **en efecto** in fact; (así es) indeed **2** (impresión): **su conducta causó mal ~** his behavior made a bad impression *o* (infml) didn't go down well; **no sé qué ~ le causaron mis palabras** I don't know what effect my words had on him **3** (Dep) (desvío) swerve; (movimiento rotatorio) spin; **le dio a la bola con ~** she put some spin on the ball **4** **~s personales** personal effects (*pl*)

efectuar [A18] *vt* (fml) ‹*maniobra/redada*› to carry out, execute (fml); ‹*pago*› to make; ‹*viaje/cambio*› to make; ‹*disparo*› to fire; **el tren ~á su salida a las 10.50** the train will depart at 10:50

efervescente *adj* ‹*pastilla*› effervescent; ‹*bebida*› sparkling, fizzy (infml)

eficacia *f* **(a)** (de acción, remedio) effectiveness, efficacy (fml) **(b)** (eficiencia) efficiency

eficaz *adj* ‹*fórmula/remedio/sistema*› effective

eficiencia *f* efficiency

🗝 **eficiente** *adj* efficient

efigie *f* (cuadro) image, picture; (estatua) statue, effigy

efímero -ra *adj* ephemeral

efusivo -va *adj* ‹*temperamento/recibimiento*› effusive; ‹*persona*› demonstrative; ‹*recibimiento*› warm

EGB *f* (en Esp) = **Educación General Básica**

egipcio -cia *adj/m,f* Egyptian

Egipto *m* Egypt

ego *m* ego

egocéntrico -ca *adj* egocentric, self-centered*

egoísmo *m* selfishness, egotism

egoísta *adj* selfish, egotistic
■ *mf* (Psic) egotist; **es una ~** she is very selfish

egresado -da *adj* (AmL): **los alumnos ~s** (de universidad) the graduates; (de colegio) the high school graduates (AmE), the school leavers (BrE)
■ *m,f* (AmL) (de universidad) graduate; (de colegio) high school graduate (AmE), school leaver (BrE)

egresar [A1] *vi* (AmL) (de universidad) to graduate; (de colegio) to graduate from high school (AmE), to leave school (*o* college *etc*) (BrE)
■ **~** *vt* (Andes) (Fin) to withdraw, take out

egreso *m* (AmL) (de universidad) graduation; (de colegio) graduation (AmE)

eh *interj* **(a)** (para llamar la atención) hey! **(b)** (expresando amenaza, advertencia) eh?, huh?, OK? **(c)** (contestando una pregunta) eh?, what?

Ej., ej. (*read as: por ejemplo*) eg

🗝 **eje** *m* **1** **(a)** (Astron, Fís, Mat) axis **(b)** (Auto, Mec) (barra) axle **2** (de asunto, política) core, central theme

🗝 **ejecución** *f* **1** (de persona) execution **2** **(a)** (de plan) implementation; (de orden) carrying out **(b)** (Mús) performance

🗝 **ejecutar** [A1] *vt* **1** ‹*condenado/reo*› to execute **2** ‹*plan*› to implement, carry out; ‹*orden/trabajo*› to carry out; ‹*sentencia*› to execute, enforce; ‹*ejercicio/salto*› to perform; ‹*sinfonía/himno nacional*› to play, perform

🗝 **ejecutivo**[1] **-va** *adj* ‹*función/comisión*› executive
■ *m,f* (Bot, Com) executive

ejecutivo[2] *m* (Gob) executive

ejemplar *adj* ‹*conducta/vida/castigo*› exemplary; ‹*trabajador/padre*› model (*before n*)
■ *m* **(a)** (de libro, documento) copy **(b)** (Bot, Zool) specimen

ejemplarizador -dora *adj* (Chi, Per) exemplary

🗝 **ejemplo** *m* example; **dar (el) ~** to set an example; **pongamos por ~ el caso de Elena** let's take Elena's case as an example; **por ejemplo** for example

🗝 **ejercer** [E2] *vt* **1** **(a)** ‹*profesión*› to practice*; **~ la abogacía** to practice law **(b)** ‹*derecho*› to exercise **2** ‹*influencia/poder/presión*› to exert
■ **~** *vi* «*abogado/médico*» to practice*; **es maestra pero no ejerce** she's a teacher but she doesn't practice her profession

🗝 **ejercicio** *m* **1** (actividad física) exercise; **hacer ~** to exercise **2** (Educ) **(a)** (trabajo de práctica) exercise **(b)** (prueba, examen) test, exam **3** (de profesión) practice **4** (Mil) exercise, maneuver*

ejercitar [A1] *vt* **1** ‹*músculo/dedos/memoria*› to exercise **2** ‹*caballos*› to train; ‹*tropa*› to drill, train; ‹*alumnos*› to train

🗝 **ejército** *m* army; **~ del aire** air force; **~ de tierra** army

ejidal *adj* (en Méx) cooperative (*before n*)

ejidatario -ria *m,f* (en Méx) member of a cooperative

ejido *m* (en Méx) (sistema) *system of communal or cooperative farming*; (sociedad) cooperative; (terreno) *land belonging to a cooperative*

ejote *m* (Méx) green bean

🗝 **el** (*pl* **los**), **la** (*pl* **las**) *art* [*the masculine article* ▶ **el** *is also used before feminine nouns which begin with accented* **a** *or* **ha**, *e.g.* **el agua pura, el hada madrina**] **1** **(a)** (en general) the; **la Tierra** the Earth **(b)** (con sustantivos en sentido genérico): **odio el pescado** I hate fish; **así es la vida** that's life; **(nosotros) los mexicanos** we Mexicans; **¿ya vas a la escuela?** do you go to school yet? **(c)** (refiriéndose a algo que se conoce o se está definiendo): **en la calle Solis** in Solis street; **las tuyas** yours; **el último** the last one; **el estúpido del marido** that stupid husband of hers **2** **(a)** **el** + DE: **la del sombrero** the one with the hat; **el de las nueve** the nine o'clock one; **el de mi hijo** my son's **(b)** **el** + QUE: **las que yo ví** the ones I saw; **los que estén cansados**; those who are tired, anyone who's tired; **la que te guste** whichever you like **3** (en expresiones de tiempo): **ocurrió el domingo** it happened last Sunday; **mi cumpleaños es el 28 de mayo** my birthday's on May 28; **el mes pasado** last month; **toda la mañana** all morning; **a las ocho** at eight o'clock **4** (cada): **$80 el metro/kilo** $80 a meter/a kilo, $80 per kilo/meter **5** (con fracciones, porcentajes, números): **la mitad/la cuarta parte del dinero** half the money/a quarter of the money; **el 20% de ...** 20% of ... **6** (con partes del cuerpo, prendas de vestir, artículos personales, etc): **tenía las manos en los bolsillos** she had her hands in her pockets; **¡te cortaste el pelo!** you've had your hair cut!; **tiene los ojos azules** he has blue eyes **7** **(a)** (con apellidos acompañados de título, adjetivos, etc): **el señor Ortiz/la doctora Vidal** Mr Ortiz/Doctor Vidal; **los Ortega** the Ortegas **(b)** (con algunos nombres geográficos): **en la India** in India; ▶ **África, Argentina, etc**

🗝 **él** *pron pers* **(a)** (como sujeto) he; **¿quién se lo va a decir? — él** who's going to tell her? — he is; **lo hizo ~ mismo** he did it himself; **fue ~** it was him **(b)** (en comparaciones, con preposiciones) him; (refiriéndose a cosas) it; **llegué antes que ~** I arrived before him *o* before he did; **con/para ~** with/for him; **son de ~** they're his

🗝 **elaboración** *f* (de producto, vino) production, making; (de pan) baking, making

elaborado -da *adj* elaborate

🗝 **elaborar** [A1] *vt* **1** ‹*producto/vino*› to produce, make; ‹*pan*› to bake, make **2** ‹*plan/teoría*› to devise, draw up; ‹*informe/estudio*› to prepare, write

elasticidad *f* (de material) elasticity; (de horario) flexibility

elástico[1] **-ca** *adj* ‹*membrana/cinta*› elastic; ‹*medias/venda*› elastic, stretch (*before n*); ‹*horario*› flexible

🗝 key word

elástico[2] *m* **(a)** (material) elastic; (cordón) piece of elastic; (en géneros de punto) rib, ribbing **(b)** (Chi) (goma) rubber band

ele *f name of the letter* l

elección *f* **(a)** (acción de escoger) choice; **llévate tres, a tu ~** take *o* choose any three **(b)** (Pol) (de candidato) election **(c) elecciones** *fpl* (Pol) election; **convocar elecciones** to call an election

elector -tora *m,f* (Pol) voter, elector

electorado *m* electorate

electoral *adj* ‹*campaña/discurso*› election (*before n*)

electricidad *f* electricity

electricista *mf* electrician

eléctrico -ca *adj* ‹*tren/motor/luz*› electric; ‹*instalación/aparato*› electrical; ‹*carga*› electrical, electric

electrocardiograma *m* electrocardiogram

electrocutar [A1] *vt* to electrocute

■ **electrocutarse** *v pron* to be electrocuted

electrodoméstico *m* electrical appliance

electrón *m* electron

electrónica *f* electronics

electrónico -ca *adj* electronic

elefante -ta *m,f* elephant

elegancia *f* **(a)** (en el vestir) smartness, elegance; (garbo, gracilidad) elegance; (de barrio, restaurante) smartness **(b)** (de estilo) elegance

elegante *adj* **1** **(a)** ‹*moda/vestido*› elegant, smart; **iba muy ~** he was very well *o* very smartly dressed **(b)** ‹*barrio/restaurante/fiesta*› smart **2** ‹*estilo/frase*› elegant, polished

elegir [I8] *vt* **(a)** (escoger) to choose; **me dieron a ~** I was given a *o* the choice **(b)** (por votación) to elect

elemental *adj* **(a)** (esencial) ‹*norma/principio*› fundamental **(b)** (básico) ‹*curso/nivel/texto*› elementary; ‹*conocimientos/nociones*› rudimentary, basic

elemento *m* **(a)** (en general) element; **se siente en su ~** he's in his element; **los ~s** (fuerzas naturales) the elements **(b)** (persona): **un ~ pernicioso** a bad influence; **~s subversivos** subversive elements; **es un ~ de cuidado** (Esp fam & pey) he's a nasty piece of work **(c)** (RPl) (tipo de gente) crowd

elepé *m* album, LP

elevado -da *adj* **1** ‹*terreno/montaña*› high; ‹*edificio*› tall, high **2** **(a)** ‹*cantidad*› large; ‹*precio/impuestos*› high; ‹*pérdidas*› heavy, substantial **(b)** ‹*categoría/calidad/posición*› high **(c)** ‹*ideas/pensamientos*› noble, elevated; ‹*estilo*› lofty, elevated

elevador *m* (montacargas) hoist; (ascensor) (Méx) elevator (AmE), lift (BrE)

elevar [A1] *vt* **1** (fml) **(a)** (levantar) ‹*objeto*› to raise, lift **(b)** ‹*espíritu/mente*› to uplift **(c)** ‹*muro/nivel*› to raise, make ... higher **2** (fml) **(a)** (aumentar) ‹*precios/impuestos*› to raise, increase; ‹*nivel de vida*› to raise **(b)** ‹*voz/tono*› to raise

■ **elevarse** *v pron* **1** (tomar altura) «*avión/cometa*» to climb, gain height; «*globo*» to rise, gain height **2** (fml) (aumentar) «*temperatura*» to rise; «*precios/impuestos*» to rise, increase; «*tono/voz*» to rise **3** (fml) (ascender): **la cifra se elevaba ya al 13%** the figure had already reached 13%

elige, elija, *etc* ▶ **elegir**

eliminación *f* elimination; (de residuos) disposal

eliminar [A1] *vt* **(a)** ‹*obstáculo*› to remove; ‹*párrafo*› to delete, remove **(b)** ‹*candidato*› to eliminate; (Dep) to eliminate, knock out **(c)** (euf) (matar) to eliminate (euph), to get rid of (euph) **(d)** ‹*residuos*› to dispose of **(e)** ‹*toxinas/grasas*› to eliminate

eliminatoria *f* (en torneo) qualifying round; (para carrera) heat; (certamen) qualifying competition

eliminatorio -ria *adj* ‹*examen/fase*› qualifying (*before n*), preliminary (*before n*)

elite /e'lit/, **élite** /'elite, e'lit/ *f* elite, élite

elitista *adj* ‹*sociedad/actitud*› elitist; ‹*colegio/club*› exclusive

elixir *m* **(a)** (Mit) elixir **(b)** (Esp) (Farm) mouthwash

ella *pron pers* **(a)** (como sujeto) she; **¿quién lo va a hacer? — ella** who's going to do it? — she is; **lo hizo ~ misma** she did it herself; **fue ~** it was her **(b)** (en comparaciones, con preposiciones) her; (referido a cosas) it; **salí después que ~** I left after her *o* after she did; **con/para ~** with/for her; **son de ~** they're hers

ello *pron pers* it; **ya que estamos en ~** while we're at it; **todo ~ exquisitamente presentado** all beautifully presented; **para ello hay que obtener un permiso** (fml) you need a permit for this; **¡a por ~!** go for it

ellos, ellas *pron pers pl* **(a)** (como sujeto) they; **lo hicieron ~ mismos** they did it themselves; **fueron ellas** it was them **(b)** (en comparaciones, con preposiciones) them; **llegué antes que ~** I arrived before them *o* before they did; **con/para ~/ellas** with/for them; **son de ~** they're theirs, they belong to them

elocuencia *f* eloquence; **con ~** eloquently

elocuente *adj* eloquent

elogiar [A1] *vt* to praise

elogio *m* praise; **digno de ~** praiseworthy

elote *m* (mazorca) (AmC, Méx) corncob, ear of corn (AmE); (granos) (Méx) corn (AmE), sweetcorn (BrE)

El Salvador *m* El Salvador

eludir [I1] *vt* **(a)** ‹*problema/compromiso/pago*› to evade, avoid **(b)** ‹*persona*› to avoid

emancipación *f* emancipation

emancipado -da *adj* emancipated

embadurnar [A1] *vt* **~ algo DE algo** to smear sth WITH sth

■ **embadurnarse** *v pron* (*refl*) **~se DE algo** to plaster *o* smear oneself WITH sth

embajada *f* (sede, delegación) embassy; (cargo) ambassadorship

embajador -dora *m,f* (Adm, Pol) ambassador

embalaje *m* **1** (acción) packing; (envoltura) packaging, wrapping **2** (Col) (Dep) sprint

embalar [A1] *vt* to pack

embaldosar [A1] *vt* to tile

embalsamar [A1] *vt* to embalm

embalse *m* (depósito) reservoir

e

embarazada *adj* pregnant; **(se) quedó ~** she got *o* became pregnant; **está ~ de dos meses** she's two months pregnant; **la dejó ~** he got her pregnant
■ *f* pregnant woman

embarazo *m* (Med) pregnancy

embarazoso -sa *adj* embarrassing, awkward

embarcación *f* (fml) vessel (fml), craft (fml)

embarcadero *m* (atracadero) jetty; (para mercancías) wharf

embarcar [A2] *vi* (Aviac) to board; (Náut) to embark, board
■ ~ *vt* **1** ‹*mercancías/equipaje*› to load **2** (Ven) to let ... down
■ **embarcarse** *v pron* **(a)** «*pasajero*» (en barco) to board, embark; (en tren, avión) to board, get on; **se ~on para América** they set sail for America **(b)** (en asunto, negocio) **~se** EN **algo** to embark ON sth

embargar [A3] *vt* ‹*bienes*› to seize, to sequestrate (fml); ‹*vehículo*› to impound

embargo *m* **1** **(a)** (Der) (incautación, decomiso) seizure, sequestration (fml) **(b)** (Mil, Pol) embargo **2** **sin embargo: sin ~, tiene algunas desventajas** however *o* nevertheless, it has some disadvantages; **sin ~, ayer no decías eso** you weren't saying that yesterday, though; **tiene de todo y sin embargo se queja** he has everything and yet he still complains

embarrada *f* (AmS fam) (metida de pata) blunder, boo-boo (infml)

embarrar [A1] *vt* to cover ... in mud; **~la** (AmS fam) to mess up (AmE infml), to mess things up (BrE infml)
■ **embarrarse** *v pron* «*persona*» to get covered in mud; ‹*prenda/ropa*› to get...muddy

embaucador -dora *adj* deceitful
■ *m,f* trickster

embaucar [A2] *vt* to trick, con (infml)

embeber [E1] *vt* **(a)** (en líquido) ‹*bizcocho/esponja*› to soak **(b)** «*secante/toalla*» ‹*líquido*› to soak up **(c)** ‹*tela*› to gather in
■ ~ *vi* to shrink
■ **embeberse** *v pron* **(a)** (enfrascarse) **~se** EN **algo** to become wrapped up *o* absorbed IN sth **(b)** (imbuirse) **~se** DE **algo** to become imbued WITH sth (fml)

embelesado -da *adj* spellbound

embelesar [A1] *vt* to captivate

embellecer [E3] *vt* ‹*persona*› to make ... beautiful; ‹*campiña/ciudad*› to beautify, improve the appearance of

embestida *f* charge

embestir [I14] *vi* to charge; **~** CONTRA **algo/algn** to charge AT sth/sb
■ ~ *vt* «*toro*» to charge (at)

embetunar [A1] *vt* **1** ‹*zapatos*› to polish, put polish on **2** (CS) (ensuciar) to get ... dirty

emblema *m* emblem

embobado -da *adj* spellbound; **la miraban ~s** they were watching her open-mouthed; **está ~ con ella** he's besotted with her

embolador -dora *m,f* (Col) bootblack

embolar [A1] *vt* **1** (RPl arg) (fastidiar) to bug (infml), to piss ... off (sl) **2** (Col) ‹*zapatos*› to shine, polish
■ **embolarse** *v pron* (AmC fam) to get plastered (infml)

embolia *f* embolism

embolsarse [A1] *v pron* ‹*dinero ajeno*› to pocket; ‹*premio*› to collect, receive; ‹*ganancia*› to make

embonar [A1] *vi* (Méx) ‹*tubos/ventana/piezas*› to fit; **~** CON **algo** to fit in WITH sth

emborrachar [A1] *vt* «*bebida*» to make ... drunk; «*persona*» to get ... drunk
■ **emborracharse** *v pron* to get drunk

emborronar [A1] *vt* (manchar) to smudge; (con tinta) to make blots on, to blot
■ **emborronarse** *v pron* to smudge, get smudged

emboscada *f* ambush

emboscar [A2] *vt* to ambush

embotado -da *adj* ‹*punta/filo*› dull, blunt; **estoy totalmente ~** my brain's seized up, I can't take in any more

embotar [A1] *vt* ‹*mente/sentidos*› to dull

embotellado -da *adj* **(a)** ‹*agua/vino*› bottled **(b)** ‹*calle/tráfico*› jammed solid

embotellamiento *m* (del tráfico) traffic jam

embotellar [A1] *vt* to bottle

embragar [A3] *vi* to engage the clutch

embrague *m* clutch

embriagado -da *adj* (fml) (borracho) inebriated (fml)

embriagador -dora *adj* ‹*vino*› heady; ‹*sensación*› (liter) intoxicating (liter)

embriagarse [A3] *v pron* (fml) (con alcohol) to become intoxicated (fml)

embriaguez *f* (borrachera) drunkenness

embrión *m* (Biol) embryo

embrollar [A1] *vt* **(a)** ‹*hilo/madeja*› to tangle (up) **(b)** (confundir) ‹*situación*› to complicate; ‹*persona*› to muddle, confuse **(c)** (implicar) **~ a algn** EN **algo** to embroil sb IN sth, get sb involved IN sth
■ **embrollarse** *v pron* «*hilo/madeja*» to get tangled; «*situación*» to get confused *o* muddled; «*persona*» to get muddled, to get mixed up (infml)

embrollo *m* (de hilos, cables) tangle; (de callejuelas, pasillos) maze; (situación confusa) muddle, mess; **el argumento es un ~** the plot is extremely involved *o* complicated

embromado -da *adj* **1** [ESTAR] (AmS fam) (enfermo, delicado) in a bad way; **tiene un pie ~** she has a bad foot **2** (AmS fam) ‹*situación*› tricky; ‹*problema*› thorny

embromar [A1] *vt* (AmS fam) **(a)** (molestar) to pester **(b)** (estropear) ‹*aparato*› to ruin (infml); ‹*plan*› to ruin, spoil **(c)** (perjudicar): **la guerra nos embromó a todos** we all suffered because of the war; **¡me embromaste!** now you've really landed me in it! (infml)
■ **embromarse** *v pron* (AmS fam) **(a)** (jorobarse): **que se embrome por estúpido** it serves him right for being so stupid; **si no te gusta, te embromas** if you don't like it, tough!

(b) (hacerse daño) to hurt oneself; ‹*rodilla/hígado*› to screw up (AmE infml), to do ... in (BrE infml) **(c)** (enfermarse) to get ill (infml) **(d)** «*aparato/frenos*» to go wrong

embrujado -da *adj* [ESTAR] ‹*persona*› bewitched; ‹*casa/lugar*› haunted

embrujar [A1] *vt* **(a)** (hechizar) to bewitch, put ... under a spell **(b)** (fascinar, enamorar) to bewitch

embrujo *m* **(a)** (hechizo) spell; (maleficio) curse **(b)** (encanto, atractivo) magic, enchantment

embrutecer [E3] *vt* «*trabajo*» to stultify; «*televisión*» to make ... mindless

embudo *m* funnel

embuste *m* tall story, story (infml)

embustero -ra *adj*: **¡qué niño más ∼!** what a little fibber (infml)

■ *m,f* fibber (infml), liar

embutido *m* (salchicha) sausage; (fiambre) cold meat

eme *f name of the letter* m

emergencia *f* emergency

emerger [E6] *vi* **(a)** «*submarino*» to surface **(b)** «*persona*» to emerge **(c)** (sobresalir) to emerge

emigración *f* (de personas) emigration; (de animales) migration

emigrante *adj/mf* emigrant

emigrar [A1] *vi* «*persona*» to emigrate; «*animal*» to migrate

eminencia *f* **(a)** (personalidad) expert **(b)** (fml) (Relig) Eminence (fml)

eminente *adj* eminent

Emiratos Árabes Unidos *mpl* United Arab Emirates

emisario -ria *m,f* emissary

emisión *f* **(a)** (Tec) emission **(b)** (Fin) issue **(c)** (Rad, TV) (acción) broadcasting; (programa) (fml) program*, broadcast

emisor *m* (aparato) transmitter

emisora *f* (Rad) radio station

emitir [I1] *vt* ‹*sonido/luz/señal*› to emit, give out; ‹*acciones/sellos/comunicado*› to issue; ‹*programa*› to broadcast; ‹*película*› to show; ‹*veredicto*› to deliver, announce; ‹*voto*› to cast

emoción *f* (sentimiento) emotion; (expectación, excitación) excitement; **¡qué ∼!** how exciting!

emocionado -da *adj* (conmovido) moved; (entusiasmado) excited

emocional *adj* emotional

emocionante *adj* (conmovedor) moving; (excitante, apasionante) exciting

emocionar [A1] *vt* to move, affect

■ **emocionarse** *v pron* (conmoverse) to be moved; (entusiasmarse) to get excited

emoticono *m*, **emoticón** *m* (*pl* **-conos** *or* **-cones**) emoticon

emotivo -va *adj* ‹*desarrollo/mundo/persona*› emotional; ‹*acto/discurso*› moving, emotional

empacar [A2] *vt* **(a)** (empaquetar) to pack **(b)** ‹*algodón/heno*› to bale **(c)** (AmL) ‹*maleta*› to pack

■ ∼ *vi* to pack

empachar [A1] *vt* (fam) (indigestar) to give ... an upset stomach

■ **empacharse** *v pron* (fam) (indigestarse) **∼se** DE **algo** to get an upset stomach FROM sth

empacho *m* (fam) (indigestión): **agarrarse un ∼** to get *o* have an upset stomach

empadronarse [A1] *v pron* to register

empalagar [A3] *vt*: **los bombones me empalagan** chocolates are too sweet *o* sickly for my taste

■ ∼ *vi* «*licor/dulce*» to be too sweet *o* sickly; «*estilo/sentimentalismo*» to be cloying

empalagoso -sa *adj* ‹*tarta/licor*› sickly; ‹*persona/sonrisa*› sickly sweet, cloying

empalizada *f* palisade

empalmar [A1] *vt* ‹*cuerdas/películas/cintas*› to splice; ‹*cables*› to connect

■ ∼ *vi* «*líneas/carreteras*» to converge, meet

empalme *m* (de cables) connection; (de cuerdas) splice; (de carreteras, líneas) junction

empanada *f* **(a)** (AmL) (individual) pasty, pie **(b)** (Esp) (grande) pie

empanadilla *f* (Esp) tuna/meat pasty

empanar [A1], (Méx) **empanizar** ▶ [A4] *vt* to coat ... in breadcrumbs

empantanado -da *adj* ‹*camino/campo*› swampy

empantanarse [A1] *v pron* «*camino/campo*» to become swamped; «*coche*» to get bogged down

empañar [A1] *vt* ‹*vidrio/espejo*› to steam *o* mist up

■ **empañarse** *v pron* «*vidrio/espejo*» to steam *o* mist up

empapar [A1] *vt* **(a)** (embeber) ‹*esponja/toalla/galleta*› to soak **(b)** (mojar mucho) ‹*persona*› to soak, drench

■ **empaparse** *v pron* (mojarse mucho) «*persona/zapatos/ropa*» to get soaking wet

empapelar [A1] *vt* ‹*habitación/pared*› to wallpaper, paper

empaque *m* **1** (Col, Méx, Ven) (Tec) seal; (de llave de agua) washer **2** (Col) (acción de empaquetar) packing; (de regalo) wrapping

empaquetar [A1] *vt* (embalar) to pack

emparedado *m* sandwich

emparejar [A1] *vt* **1** ‹*personas*› to pair ... off; ‹*calcetines/zapatos*› to pair up **2** (nivelar) ‹*pelo*› to make ... even; ‹*dobladillo*› to even up; ‹*pared/suelo*› to level, make ... level; ‹*montones/pilas*› to make ... the same height

■ **emparejarse** *v pron* **(a)** (formar parejas) to pair off **(b)** (nivelarse) to level off, even up

emparentado -da *adj* [ESTAR] related; **∼** CON **algn** related TO sb

empastar [A1] *vt* ‹*diente/muela*› to fill

empaste *m* (Odont) filling; (Chi) (pasta) filler

empatar [A1] *vi* **1** **(a)** (durante un partido) to draw level, equalize; (como resultado) to tie, draw (BrE); **∼on a dos** they tied two-two (AmE), it was a two-all draw (BrE); **van empatados** they're equal *o* level at the moment **(b)** (en una votación) to tie **2** (Col, Ven) «*listones/piezas*» to fit together

■ ∼ *vt* **(a)** (Ven) (amarrar) to tie *o* join ... together **(b)** (Col, Per, Ven) ‹*cables/tubos*› to connect

■ **empatarse** *v pron* (Ven) **(a)** (unirse) «*calles/líneas*» to join, meet (up); «*huesos*» to knit together **(b)** (fam) «*pareja*» to get together (infml), to start going out together

empate *m* **1** **(a)** (en partido, certamen) tie (AmE), draw (BrE); **terminó con ~ a cero** it finished in a scoreless tie (AmE) *o* (BrE) goalless draw; **el gol del ~** the equalizer *o* (AmE) the tying goal **(b)** (en una votación) tie **2** (Col, Per, Ven) (unión — en carpintería) joint; (— de tubos, cables) connection **3** (Ven fam) (novio) boyfriend; (novia) girlfriend

empecinado -da *adj* (esp AmL) (terco) stubborn; (determinado) determined

empecinarse [A1] *v pron* (obstinarse) to get an idea into one's head; (empeñarse) to persist

empedernido -da *adj* ‹*bebedor/fumador*› hardened, inveterate; ‹*jugador*› compulsive; ‹*solterón*› confirmed

empedrado *m* (de adoquines) paving; (de piedras irregulares) cobbled paving

empedrar [A5] *vt* to pave

empeine *m* instep

empellón *m* shove; **se abrió paso a empellones** she shoved her way through

empeñado -da *adj* **1** **(a)** (resuelto) determined; **está ~ en hacerlo** he's determined to do it **(b)** (obstinado): **está ~ en que nos quedemos** he's insistent that we should stay **2** (endeudado) in debt

empeñar [A1] *vt* **(a)** ‹*joyas/pertenencias*› to pawn, hock (infml) **(b)** ‹*palabra*› to give

■ **empeñarse** *v pron* **1** (endeudarse) to get *o* go into debt **2** **~se EN hacer algo** (esforzarse) to strive to do sth (fml), to make an effort to do sth; (proponerse) to be determined to do sth; (obstinarse) to insist ON doing sth

empeño *m* **(a)** (afán) determination; (esfuerzo) effort; **estudiar con ~** to study hard; **pondré todo mi ~** I will do my best **(b)** (obstinación) **~ EN algo** insistence ON sth **(c)** (intento, empresa) undertaking, endeavor*

empeñoso -sa *adj* (AmL) hard-working

empeoramiento *m* (de la salud) deterioration, worsening; (del tiempo, de una situación) worsening

empeorar [A1] *vi* «*salud*» to deteriorate, get worse; «*tiempo/situación*» to get worse, worsen

■ **~** *vt* to make ... worse

emperador *m* (soberano) emperor

emperatriz *f* empress

🔑 **empezar** [A6] *vi* **1** «*película/conferencia/invierno*» to begin, start; **empezó a nevar** it started to snow *o* snowing **2** «*persona*» to start; **volver a ~** to start again; **todo es cuestión de ~** it'll be fine once we/you get started; **no sé por dónde ~** I don't know where to begin; **vamos a ~ por ti** let's start with you; **~ A hacer algo** to start doing sth, start to do sth; **empezó diciendo que ...** she started *o* began by saying that ...; **empezó trabajando de mecánico** he started out as a mechanic; **empecemos por estudiar el contexto histórico** let's begin *o* start by looking at the historical context **3** **para empezar** first of all, to start with

■ **~** *vt* **(a)** ‹*tarea/actividad*› to start **(b)** ‹*frasco/mermelada*› to start, open

empiece, **empieza**, *etc* ▶ **empezar**

empinado -da *adj* ‹*calle/pendiente*› steep

empinar [A1] *vt* ‹*bota/botella/vaso*› to raise

■ **empinarse** *v pron* (de puntillas) to stand on tiptoe

emplasto *m* **(a)** (Farm, Med) dressing **(b)** (fam) (cosa blanda, pegajosa) sticky mess (infml)

empleada *f* maid; **~ de planta** (Méx) live-in maid; **~ doméstica** or **de servicio** (fml) maid, domestic servant (fml); *ver tb* **empleado**

🔑 **empleado -da** *m,f* **(a)** (trabajador) employee; **una nómina de 300 ~s** a staff of 300; **~ público** civil servant **(b)** (en oficina) office *o* clerical worker; (en banco) bank clerk, teller; (en tienda) (AmL) clerk (AmE), shop assistant (BrE)

empleador -dora *m,f* employer

🔑 **emplear** [A1] *vt* **1** **(a)** «*empresa/organización*» to employ **(b)** (colocar) ‹*hijo/sobrino*› to fix ... up with a job **2** (usar) ‹*energía/imaginación/material*› to use

■ **emplearse** *v pron* (esp AmL) to get a job

🔑 **empleo** *m* **1** **(a)** (trabajo) employment; **la creación de ~** job creation **(b)** (puesto) job; **está sin ~** she's out of work **2** (uso) use; Ⓢ **modo de empleo** instructions for use

emplomadura *f* (RPl) filling

emplomar [A1] *vt* (RPl) to fill

empobrecer [E3] *vt* ‹*población/tierra/lenguaje*› to impoverish

■ **empobrecerse** *v pron* «*país/lenguaje/vocabulario*» to become impoverished

empobrecimiento *m* impoverishment

empollar [A1] *vi* **1** «*gallina*» to brood **2** (Esp fam) «*estudiante*» to cram (infml), to swot (BrE infml)

■ **~** *vt* **1** ‹*huevos*› to hatch, sit on **2** (Esp fam) ‹*lección*› to cram (infml), to swot up (on) (BrE infml)

empollón -llona *m,f* (Esp fam & pey) grind (AmE infml), swot (BrE infml & derog)

empolvarse [A1] *v pron* (*refl*) ‹*nariz/cara*› to powder

empotrado -da *adj* ‹*mueble*› built-in, fitted (*before n*); ‹*periodista*› embedded

empotrarse [A1] *v pron*: **el coche se empotró en el muro** the car crashed into the wall

emprendedor -dora *adj* enterprising

🔑 **emprender** [E1] *vt* ‹*viaje*› to embark on; ‹*proyecto/aventura*› to undertake; ‹*ataque/ofensiva*› to launch; **~ la marcha** to set out; **~ el regreso** to begin one's return journey

🔑 **empresa** *f* **1** (compañía) company, firm (BrE); **~ pública** public sector company **2** (tarea, labor) venture, undertaking

🔑 **empresario -ria** *m,f* **(a)** (Com, Fin) (*m*) businessman; (*f*) businesswoman; **~ de pompas fúnebres** undertaker **(b)** (Teatr) impresario **(c)** (en boxeo) promoter

empujar [A1] *vt* **(a)** ‹*coche/columpio*› to push; **¡empújame!** give me a push! **(b)** (incitar, presionar) to spur ... on; (obligar) to force **(c)** (Tec) to drive

■ **~** *vi* **(a)** (hacer presión) to push **(b)** (dar empellones) to push, shove

empuje *m* (dinamismo) drive

empujón *m* **(a)** (empellón) shove, push; **abrió la puerta de un ~** he pushed the door open; **abrirse paso a (los) empujones** to shove one's

🔑 key word

way through **(b)** (fam) (para animar, incitar) prod (infml); **voy a darle un ~ al asunto** I'm going to push things along a bit (infml)

empuñadura *f* (de espada) hilt; (de daga, navaja) handle; (de bastón, paraguas) handle

empuñar [A1] *vt* ‹*arma/espada*› to take up; ‹*bastón/palo*› to brandish

en *prep* **1** (en expresiones de lugar) **(a)** (refiriéndose a ciudad, edificio): **viven ~ París/~ el número diez/~ un hotel** they live in Paris/at number ten/in a hotel; **~ el último piso** on the top floor; **está ~ la calle Goya** it's on *o* (BrE) in Goya Street; **~ casa** at home **(b)** (dentro de) in; **~ una caja** in a box **(c)** (sobre) on; **~ una silla** on a chair; **se le nota ~ la cara** you can see it in his face **2** (expresando circunstancias, ambiente) in; **~ peligro** in danger **3** **(a)** (indicando tema, especialidad): **un experto ~ la materia** an expert on the subject; **doctor ~ derecho** Doctor of Law **(b)** (indicando proporción, precio): **~ un diez por ciento** by ten per cent; **~ dólares** in dollars **4** **(a)** (indicando estado, manera) in; **~ malas condiciones** in bad condition; **~ llamas** in flames, on fire **(b)** (en forma de): **termina ~ punta** it's pointed; **colóquense ~ círculo** get into *o* in a circle **(c)** (con medios de transporte) by; **ir ~ taxi** to go by taxi; **fueron ~ bicicleta** they cycled, they went on their bikes; **dimos una vuelta ~ coche** we went for a ride in the car **5** **(a)** (indicando el material): **~ seda natural** in natural silk; **una escultura ~ bronce** a bronze (sculpture) **(b)** (indicando el modo de presentación o expresión) in; **~ azul/ruso** in blue/Russian **6** (con expresiones de tiempo): **~ verano** in (the) summer; **~ varias ocasiones** on several occasions; **~ la mañana/noche** (esp AmL) in the morning/at night **7** **(a)** (seguido de construcción verbal): **no hay nada de malo ~ lo que hacen** there's nothing wrong in what they're doing; **fuí el último ~ salir** I was the last to leave **(b)** (con complementos de persona) in; **no sé qué ve ~ ella** I don't know what he sees in her

enagua *f*, **enaguas** *fpl* **(a)** (prenda interior) petticoat, underskirt **(b)** (AmC) (falda) skirt

enamorado -da *adj* [ESTAR] in love; **~ DE algn** in love WITH sb; **están muy ~s** they are very much in love

■ *m,f* lover; **una pareja de ~s** two lovers; **vino con su ~** (Bol, Per) she came with her boyfriend; **es un ~ de su profesión** he loves his work

enamoramiento *m* infatuation

enamorar [A1] *vt* to make ... fall in love, get ... to fall in love

■ **enamorarse** *v pron* to fall in love; **~se DE algo/algn** to fall in love WITH sth/sb

enano -na *m,f* (puede resultar ofensivo) (de proporciones normales) midget (offensive); (de cabeza más grande) dwarf (sometimes considered offensive); (en los cuentos) dwarf

■ *adj* ‹*especie/planta*› dwarf (*before n*); ‹*ración*› (fam) minute, tiny

encabezado *m* (Chi, Méx) headline

encabezamiento *m* **(a)** (en carta — saludo) opening; (— dirección, fecha) heading **(b)** (en ficha, documento) heading

encabezar [A4] *vt* **1** ‹*artículo/escrito*› to head **2** **(a)** ‹*liga/clasificación/lista*› to head, be at the top of; ‹*carrera/movimento/revolución*› to lead **(b)** ‹*delegación/comité*› to head, lead

encabritarse [A1] *v pron* «*caballo*» to rear up

encachado -da *adj* (Chi fam) **(a)** (bonito) ‹*ropa/lugar*› lovely, nice; ‹*persona*› attractive **(b)** (arreglado) well-dressed **(c)** (entretenido) ‹*historia*› entertaining

encadenar [A1] *vt* ‹*prisionero/bicicleta*› to chain (up)

encajar [A1] *vt* **1** (meter, colocar) to fit **2** (esp AmL fam) (endilgar): **me ~on a mí el trabajito** I got saddled *o* landed with the job (infml); **le encaja los hijos a la suegra** she dumps the kids on her mother-in-law (infml); **les ~on tres goles** they put three goals past them

■ **~** *vi* **(a)** «*pieza/cajón*» to fit; **no encaja bien** it doesn't fit properly; **las piezas ~on** the pieces fitted together **(b)** (corresponder, cuadrar) «*hechos/descripción*» to fit; **no encaja con la decoración** it doesn't fit in with the decor

encaje *m* (Indum) lace; **pañuelo de ~** lace handkerchief

encajonar [A1] *vt* (en lugar estrecho) **~ algo/algn EN algo** to cram *o* pack sth/sb INTO sth; **me ~on el coche** my car *o* I got boxed in

encalar [A1] *vt* to whitewash

encalillarse [A1] *v pron* (Chi fam) to get into debt

encallar [A1] *vi* to run aground

encallecido -da *adj* ‹*manos*› callused

encamar [A1] *vt* (Méx) to confine ... to bed

encaminado -da *adj*: **el proyecto va bien ~** the project is shaping up well *o* is going well; **iba bien ~** he was on the right track; **medidas encaminadas a reducir ...** measures designed to reduce *o* aimed at reducing ...

encaminar [A1] *vt* **(a)** ‹*intereses/esfuerzos*› to direct, channel **(b)** ‹*estudiante/niño*› to point ... in the right direction

■ **encaminarse** *v pron* (liter) **~se HACIA algo (a)** «*persona*» (dirigirse a) to head FOR/TOWARD(S) sth; (emprender el camino) to set off FOR/TOWARD(S) sth **(b)** «*esfuerzos*» to be aimed AT sth, be directed TOWARD(S) sth

encandilar [A1] *vt* **(a)** «*luz*» to dazzle **(b)** (asombrar, pasmar) to dazzle

encanecer [E3] *vi* to (go) gray*

encantado -da *adj* **1** **(a)** (muy contento) delighted; **estoy ~ de haber venido** I am delighted *o* very glad that I came **(b)** (en fórmulas de cortesía): **~ de conocerla** pleased to meet you; **le presento al Señor Ruiz — encantado** let me introduce you to Mr Ruiz — how do you do; **~ de poder ayudarte** I'm glad to be/to have been of help **2** ‹*bosque/castillo*› enchanted

encantador -dora *adj* ‹*persona/lugar*› charming, delightful

■ *m,f* magician; **~ de serpientes** snake charmer

encantar [A1] *vi* (+ *me/te/le etc*): **me encantó la obra** I loved *o* I really enjoyed the play; **me ~ía que me acompañaras** I'd love you to come with me

■ **~** *vt* to cast *o* put a spell on, bewitch

encanto *m* **1** **(a)** (atractivo) charm; **sabe utilizar sus ~s** she knows how to use her charms; **su sencillez es su mayor ~** its most appealing feature is its simplicity **(b)** (fam) (maravilla): **¡qué ~ de hombre!** what a lovely *o* charming man!; **tienen un jardín que es un ~** they have a

e

lovely garden **2** **(a)** (hechizo) spell; **como por ~** as if by magic **(b)** (Ven fam) (fantasma) ghost

encapotado -da *adj* overcast, cloudy

encapricharse [A1] *v pron*: **se ha encaprichado con esa moto** he's really taken a liking *o* (BrE) a fancy to that motorbike; **~** CON *or* (Esp) DE **algn** to fall for sb (infml)

encarado -da *adj* (Esp, Méx): **mal ~** (enojado) bad-tempered; (de mal aspecto) nasty-looking

encaramarse [A1] *v pron* **~** A *or* EN **algo** (a árbol/valla) to climb up; (a taburete) to climb on to

encarar [A1] *vt* **1** (enfocar) ‹*tarea*› to approach; (afrontar) ‹*desgracia/problema*› to face up to; ‹*futuro*› to face **2** (AmL) ‹*persona*› to stand up to

■ **encararse** *v pron* **~se** CON **algn** to face up to *o* stand up to sb

encarcelar [A1] *vt* to imprison, jail

encarecer [E3] *vt* (hacer más caro): **el envase encarece el producto** the container makes the product more expensive; **~á los alquileres** it will push rents up

■ **encarecerse** *v pron* «*precios*» to increase, rise; «*productos/vida*» to become more expensive

encargado -da *adj* **~** DE **algo/hacer algo** responsible FOR sth/doing sth, in charge OF sth/doing sth

■ *m,f* **(a)** (de negocio) manager, person in charge **(b)** (de tarea): **tú serás el ~ de avisarles** it will be your responsibility to tell them

✐ **encargar** [A3] *vt* **1** **(a)** **~le algo** A **algn** ‹*tarea*› to entrust sb WITH sth; **me encargó una botella de whisky escocés** she asked me to buy *o* get her a bottle of Scotch **(b)** **~ a algn** QUE **haga algo** to ask sb to do sth **2** ‹*mueble/paella/libro*› to order; ‹*informe/cuadro*› to commission

■ **encargarse** *v pron* **~se** DE **algo/algn** to take care OF sth/sb; **me tuve que ~ del asunto** I had to take charge of the matter

encargo *m* **(a)** (recado, pedido): **¿te puedo hacer unos ~s?** could you buy *o* get a few things for me?; **mi hijo está haciendo un ~** my son is out on *o* is running an errand **(b)** (Com) order; **los hacemos por ~** we make them to order **(c)** (cargo, misión) job, assignment

encariñarse [A1] *v pron* **~** CON **algo/algn** to grow fond OF sth/sb

encarnación *f* incarnation

encarnado -da *adj* **1** ‹*color/vestido*› red **2** ‹*uña*› ingrowing

encarnarse [A1] *v pron* **(a)** (Relig) to become incarnate **(b)** «*uña*» to become ingrown

encarrilar [A1] *vt* ‹*trabajo/asunto*› to direct; ‹*persona*› to guide, give guidance to

encasillar [A1] *vt* to class, categorize, pigeonhole

encauzar [A4] *vt* to channel; **~ algo** HACIA **algo** to channel sth INTO sth

encefalograma *m* encephalogram

enceguecedor -dora *adj* (AmL) blinding

enceguecer [E3] *vt* (AmL) to blind

■ **enceguecerse** *v pron* (AmL) (por la luz) to be blinded; (de ira) to become furious

encendedor *m* lighter

✐ key word

encender [E8] *vt* **(a)** ‹*cigarrillo/hoguera/vela*› to light; ‹*fósforo*› to strike, light **(b)** ‹*luz/calefacción*› to switch on, turn on; ‹*motor*› to start; **no dejes el televisor encendido** don't leave the television on

■ **~** *vi* «*fósforo*» to light; «*leña*» to catch light; «*luz/radio*» to come on

■ **encenderse** *v pron* «*aparato/luz*» to come on; «*fósforo/piloto*» to light; «*leña*» to catch light

encendido *m* ignition

enceradora *f* polisher

encerar [A1] *vt* to polish, wax

encerrado -da *adj*: **está ~ en su habitación** he's shut away *o* shut up in his room; **se quedó ~ en el cuarto de baño** he got locked in the bathroom; **siguen ~s en la universidad** they are still occupying the university; **oler a ~** (AmL) to be stuffy

encerrar [A5] *vt* **1** ‹*ganado*› to shut up, pen; ‹*perro*› to shut ... in; ‹*persona*› (en cárcel, calabozo) to lock up; **me encerró en mi habitación** he shut me *o* locked me in my room; **me dejaron encerrada en la oficina** I got locked in the office **2** (conllevar) ‹*peligro/riesgo*› to involve, entail

■ **encerrarse** *v pron* (*refl*) (en habitación) to shut oneself in; (en fábrica, universidad) «*obreros/estudiantes*» to lock oneself in

encerrona *f* (trampa) trap

encestar [A1] *vi* to score (a basket)

enchapar [A1] *vt* (de metal) to plate; (de madera) to veneer

encharcarse [A2] *v pron* «*terreno/zona*» to become waterlogged *o* flooded; «*agua*» to form a pool/pools

enchastrar [A1] *vt* (RPl fam) ‹*ropa/cocina*› to make a mess of

■ **enchastrarse** *v pron* (RPl fam) to get dirty

enchastre *m* (RPl fam) mess

enchilada *f* enchilada (*tortilla with a meat or cheese filling, served with a tomato and chili sauce*)

enchilado[1] -da *adj* (Méx) (Coc) seasoned with chili

enchilado[2] *m* stew (*with chili*)

enchilar [A1] *vt* (Méx) (Coc) to add chili to

■ **enchilarse** *v pron* (Méx) (comiendo): **ya me enchilé** my mouth's burning; **con este plato me enchilo** this dish is too hot for me

enchinar [A1] *vt* (Méx) to perm

■ **enchinarse** *v pron* (Méx): **se me enchina la piel** I come out in goose bumps *o* goose pimples

enchuecar [A2] *vt* (AmL fam) ‹*metal*› to bend; ‹*madera/lámina*› to warp; ‹*cara/boca*› to twist; ‹*cuadro*› to tilt

■ **enchuecarse** *v pron* (Chi fam) «*metal*» to bend, get bent; «*madera/lámina*» to warp; «*cara/boca*» to become twisted

enchufado -da *adj* (fam): **está ~** he knows all the right people; **estar ~ con ...** to be well in with ... (infml)

enchufar [A1] *vt* **1** (fam) ‹*radio/televisión*› to plug in **2** (fam) ‹*persona*› **me enchufó en la empresa** he set me up with a job in the company (infml)

enchufe *m* **1** **(a)** (Elec) (macho) plug; (hembra) socket, power point (BrE) **(b)** (del teléfono) socket, point (BrE) **2** (Esp fam) (influencia): **necesitas algún ~** you need to have connections; **por ~** by pulling some strings

encía *f* gum

enciclopedia *f* encyclopedia

encienda, **enciendas**, *etc* ▸ **encender**

encierra, **encierras**, *etc* ▸ **encerrar**

encierro *m* **(a)** (en fábrica, universidad) sit-in **(b)** (reclusión): **salió de su ~ después de ocho meses** she emerged after being holed up for eight months **(c)** (Taur) (conducción) *running of bulls through the streets*; (toros) *bulls to be used in a bullfight*

encima *adv* **1** (en el espacio): **le puso una piedra ~** he put a stone on it; **no llevo dinero ~** I don't have any money on me; **se tiró el café ~** she spilled the coffee over herself; **se me vino el armario ~** the cupboard came down on top of me **2** (además): **¡y ~ se queja!** and then she goes and complains!; **y ~ no me lo devolvió** and on top of that, he didn't give it back! **3** (*en locs*) **encima de: ~ de la mesa** on the table; **~ del armario** on top of the cupboard; **llevaba un chal ~ de la chaqueta** she wore a shawl over her jacket; **viven ~ de la tienda** they live over *o* above the shop; **~ de caro es feo** not only is it expensive, it's also ugly; **por encima** over; **saltó por ~** he jumped over; **le eché un vistazo por ~** I just looked over it quickly; **una limpieza por ~** a quick clean; **por encima de** above; **por ~ de la media** above average; **por ~ de todo** above everything; **volaban por ~ de las nubes/del pueblo** they flew above the clouds/over the town; **está por ~ del jefe de sección** she's above the head of department; ***quitarse algo de ~*** ‹*problema/tarea*› to get sth out of the way; ***quitarse a algn de ~*** to get rid of sb

encimar [A1] *vt* **(a)** (Col) (regalar): **me encimó dos más** she gave me two extra **(b)** (Méx, RPl) ‹*cajas/libros*› to stack up

encina *f* holm oak, ilex

encinta *adj* ▸ **embarazada**

enclenque *adj* **(a)** ‹*persona*› (enfermizo) sickly; (delgado) weak, weedy (infml) **(b)** ‹*estructura*› rickety

encoger [E6] *vi* to shrink

■ **~** *vt* **(a)** ‹*ropa*› to shrink **(b)** ‹*piernas*› to tuck ... in; **encogió el cuerpo de miedo** he shrank back in fear

■ **encogerse** *v pron* **1** «*ropa/tela*» to shrink **2** «*persona*» **(a)** (físicamente): **~se de hombros** to shrug one's shoulders; **caminar encogido** to walk with one's shoulders hunched **(b)** (por la edad) to shrink, get shorter **(c)** (acobardarse) to be intimidated

encomendería *f* (Per) grocery store (AmE), grocer's shop (BrE)

encomendero *m* (Per) (tendero) grocer

encomienda *f* (AmL) (Corresp) package (AmE), parcel (BrE)

encontrar [A10] *vt* **1** **(a)** (buscando) ‹*casa/trabajo/persona*› to find; **no encontré entradas para el teatro** I couldn't get tickets for the theater; **no le encuentro lógica** I can't see the logic in it **(b)** (casualmente) ‹*cartera/billete*› to find, come across **(c)** (descubrir) ‹*falta/error*› to find, spot; ‹*cáncer/quiste*› to find, discover **(d)** ‹*obstáculo/dificultad*› to meet (with), encounter **2** (+ *compl*) **te encuentro muy cambiado** you look very different; **lo encuentro ridículo** I find it ridiculous; **¿cómo encontraste el país?** how did the country seem to you?

■ **encontrarse** *v pron* **1** (por casualidad) **~se CON algn** to meet sb, bump INTO sb (infml) **2** (*recípr*) **(a)** (reunirse) to meet; (por casualidad) to meet, bump into each other (infml) **(b)** «*carreteras/líneas*» to meet **3** (*enf*) (inesperadamente) ‹*billete/cartera*› to find, come across; **me encontré con que todos se habían ido** I found they had all gone **4** (fml) (estar) to be; **me encuentro mejor** I am feeling better; **el hotel se encuentra cerca de la estación** the hotel is (located) near the station

encorvado -da *adj*: **anda ~** he walks with a stoop

encorvarse [A1] *v pron* to develop a stoop

encrespar [A1] *vt* ‹*pelo*› to make ... go curly; ‹*mar*› to make ... rough *o* choppy

■ **encresparse** *v pron* «*pelo*» to curl, go curly; «*mar*» to get rough *o* choppy

encrucijada *f* crossroads

encuadernación *f* **(a)** (cubierta) binding **(b)** (acción) book binding

encuadernador -dora *m,f* bookbinder

encuadernar [A1] *vt* to bind

encuadrar [A1] *vt* **(a)** (clasificar) to class, classify **(b)** (Cin, Fot, TV) to frame, center*

encubrir [I33] *vt* **(a)** ‹*delincuente*› to harbor* **(b)** ‹*delito*› to cover up; **siempre lo está encubriendo** she's always covering up for him **(c)** ‹*temor/verdad/problema*› to mask

encuclillarse [A1] *v pron* to squat (down)

encuentra, **encuentras**, *etc* ▸ **encontrar**

encuentro *m* **(a)** (acción) meeting, encounter; **una secretaria le salió al ~** he was met by a secretary **(b)** (Dep) (period) game

encuerarse [A1] *v pron* (*refl*) (AmL fam) (desnudarse) to strip off (infml), get undressed; (en el escenario) to strip

encuesta *f* **(a)** (sondeo) survey; **~ de opinión** opinion poll; **~ a boca** or **pie de urna** exit poll **(b)** (investigación) inquiry

encuestado -da *m,f*: **el 50% de los ~s** 50% of those polled

encumbrar [A1] *vt* (Chi) ‹*volantín*› to fly

endeble *adj* weak; ‹*salud*› delicate, poor

endemoniado -da *adj* **(a)** (inaguantable) ‹*niño/asunto*› wretched (*before n*); ‹*genio/humor*› foul, wicked **(b)** (poseído del demonio) possessed (by the devil)

enderezar [A4] *vt* **(a)** (destorcer) ‹*clavo*› to straighten **(b)** (poner vertical) ‹*poste/espalda*› to straighten; ‹*planta*› to stake; ‹*barco*› to right **(c)** ‹*persona*› to straighten ... out

■ **enderezarse** *v pron* (ponerse derecho) «*persona*» to stand up straight, straighten up; «*árbol*» to straighten up

endeudado -da *adj* in debt; **~ CON algn** indebted TO sb

endeudarse [A1] *v pron* to get (oneself) into debt; ~ CON **algn** to get into debt WITH sb

endiablado -da *adj* **(a)** (malo) ‹*carácter/genio*› terrible; **¡este ~ niño!** this wretched child! **(b)** (peligroso) ‹*velocidad*› reckless, dangerous

endibia *f* endive, chicory (BrE)

endilgar [A3] *vt* (fam): **nos endilgó un sermón** he lectured us; **me ~on el trabajito** I got saddled *o* landed with the job (infml); **me endilgó a los niños** she dumped the kids on me (infml)

endivia *f* endive, chicory (BrE)

endrogarse [A3] *v pron* (Méx) to get into debt

endulzar [A4] *vt* **(a)** ‹*café*› to sweeten **(b)** ‹*tono/respuesta*› to soften; ‹*vida/vejez*› to brighten up; ‹*carácter*› to mellow

endurecer [E3] *vt* **1** (en general) to harden **2** ‹*persona/carácter*› (volver insensible) to harden; (fortalecer) to toughen ... up; **ese corte te endurece las facciones** that haircut makes you look harsher

■ **endurecerse** *v pron* **(a)** (en general) to harden; «*pan*» to go stale **(b)** «*persona/carácter*» (volverse insensible) to harden; (fortalecerse) to toughen up **(c)** «*facciones*» to become harder *o* harsher

ene *f name of the letter* n

eneldo *m* dill

enemigo -ga *adj* **(a)** ‹*tropas/soldados/país*› enemy (*before n*) **(b) ser ~** DE **algo** to be against sth; **era enemiga de pegarles a los niños** she was against hitting children

■ *m,f* enemy

enemistad *f* enmity

enemistado -da *adj*: **están ~s** they're at odds (with each other); **quedó ~ con ellos** she fell out with them

enemistar [A1] *vt* ‹*dos facciones/países*› to make enemies of; **~ un país con otro** to turn one country against the other; **ella los enemistó** she turned them against each other

■ **enemistarse** *v pron* to fall out; **~se** CON **algn** (POR **algo**) to fall out WITH sb (OVER sth)

⚷ **energético -ca** *adj* ‹*crisis/política/recursos*› energy (*before n*); ‹*alimento*› energy-giving, fuel (*before n*) (AmE)

⚷ **energía** *f* **1** (Fís) energy; **~ nuclear/solar** nuclear/solar power **2 (a)** (vigor, empuje) energy; **protestar con ~** to protest vigorously; **está lleno de ~** he's very energetic **(b)** (firmeza) firmness

enérgico -ca *adj* **(a)** (físicamente) energetic **(b)** (firme, resuelto) ‹*carácter*› forceful; ‹*protesta/ataque*› vigorous; ‹*medidas*› firm, strong; ‹*negativa/rechazo*› flat, firm

⚷ **enero** *m* January; **a principios de ~** at the beginning of January; **a mediados de ~** in the middle of January, in mid-January; **el tres de ~** the third of January, January the third, January third (AmE); **en (el mes de) ~** in (the month of) January; **Lima, 8 de ~ de 1987** (Corresp) Lima, January 8 *o* January 8th, 1987

enfadado -da *adj* (esp Esp) angry; (en menor grado) annoyed; **están ~s** they've fallen out; **está ~ contigo** he's angry/annoyed with you

enfadar [A1] *vt* (esp Esp) (enojar) to anger, make ... angry; (en menor grado) to annoy

■ **enfadarse** *v pron* (esp Esp) **(a)** (enojarse) to get angry, get mad (esp AmE infml); (en menor grado) to get annoyed, get cross (BrE infml); **~se** CON **algn** to get angry/annoyed WITH sb **(b)** «*novios*» to fall out

enfado *m* (esp Esp) anger; (menos serio) annoyance

énfasis *m* emphasis; **poner ~ en algo** to stress *o* emphasize sth

enfático -ca *adj* emphatic

enfatizar [A4] *vt* to emphasize, stress

enfermar [A1] *vi* to fall ill, get sick (AmE)

■ **enfermarse** *v pron* **(a)** (esp AmL) (caer enfermo) to fall ill, get sick (AmE); **~se del estómago** to develop stomach trouble **(b)** (CS euf) (menstruar) to get one's period

⚷ **enfermedad** *f* illness; **contraer una ~** to contract an illness/a disease (fml); **después de una larga ~** after a long illness; **está con permiso por ~** he's off sick; **~ de la neurona motora** motor neurone disease; **~es de la piel** skin diseases; **~ mental** mental illness; **~ nerviosa** nervous disorder

enfermería *f* **1** (sala) infirmary, sickbay **2** (carrera) nursing

enfermero -ra *m,f* nurse; **~ jefe** ≈ head nurse (AmE), ≈ charge nurse (BrE)

enfermizo -za *adj* unhealthy, sickly; **de aspecto ~** unhealthy-looking

enfermo -ma *adj* **(a)** (Med) ill, sick; **gravemente ~** seriously ill; **está ~ del corazón** he has heart trouble; **está enferma de los nervios** she suffers with her nerves; **se puso ~** he fell *o* got ill, he got sick (AmE); ***poner ~ a algn*** (fam) to get on sb's nerves (infml), to get sb (infml) **(b)** (CS euf) (con la menstruación): **estoy enferma** I've got my period, it's the time of the month (euph)

■ *m,f* (en hospital) patient; **quiere cuidar ~s** she wants to care for sick people *o* the sick; **~s del corazón** people with heart trouble; **~s de cáncer** cancer sufferers; **un ~ mental** a person with a mental illness

⚷ **enfocar** [A2] *vt* **1** ‹*objeto/persona*› (con cámara, prismáticos) to focus on; **los ~on con la linterna** they shone the torch on them **2 (a)** (Fot, Ópt) ‹*telescopio/cámara*› to focus **(b)** ‹*tema/asunto*› to approach, look at

⚷ **enfoque** *m* **(a)** (Fot, Ópt) (acción) focusing*; (efecto) focus **(b)** (de asunto) approach; **todo depende del ~ que se le dé** everything depends on the way you look at it; **~** DE **algo** approach TO sth

enfrentamiento *m* clash; **~ bélico** military confrontation

⚷ **enfrentar** [A1] *vt* **1** ‹*problema/peligro/realidad*› to confront, face up to; ‹*futuro*› to face **2 (a)** ‹*contrincantes/opositores*› to bring ... face to face **(b)** (enemistar) to bring ... into conflict

■ **enfrentarse** *v pron* **(a)** (hacer frente a) **~se** CON **algn** (con rival/enemigo) to confront sb; **~se** A **algo** (a dificultades/peligros) to face sth; (a realidad/responsabilidad) to face up to sth **(b)** (*recípr*) «*equipos/atletas*» to meet; «*tropas/oponentes*» to clash

⚷ key word

enfrente *adv* **1** (al otro lado de una calle, etc) opposite; ~ **de mí/del parque** opposite me/the park **2** (delante) in front; ~ DE **algo** in front of sth

enfriamiento *m* **(a)** (catarro) chill **(b)** (de amor, entusiasmo, relaciones) cooling (off)

enfriar [A17] *vt* **(a)** ‹*alimento*› to cool; (en el refrigerador) to chill, cool **(b)** ‹*entusiasmo/relación*› to cool, cause ... to cool

■ ~ *vi*: **no dejes ~ el café** don't let your coffee go *o* get cold; **deja ~ el motor** let the engine cool down; **ponlo a ~** put it in the refrigerator to chill

■ **enfriarse** *v pron* **1** **(a)** «*comida/bebida*» (ponerse — demasiado frío) to get cold, go cold; (— lo suficientemente frío) to cool down **(b)** «*manos*» to get cold **(c)** «*entusiasmo/relaciones*» to cool (off) **2** (tomar frío) to catch *o* get cold; (resfriarse) to catch a cold, catch a chill

enfurecer [E3] *vt* to infuriate, make ... furious

■ **enfurecerse** *v pron* to fly into a rage, get furious

enfurecido -da *adj* [ESTAR] ‹*persona*› furious

enfurruñarse [A1] *v pron* (fam) to go into a sulk (infml), to get into a huff (infml)

enganchar [A1] *vt* **(a)** ‹*cable/cadena*› to hook **(b)** ‹*remolque*› to hitch up, attach; ‹*caballos*› to harness; ‹*vagón*› to couple, attach **(c)** ‹*pez*› to hook

■ **engancharse** *v pron* **(a)** (quedar prendido) to get caught; **se me enganchó la media en el clavo** my tights got caught on the nail **(b)** (fam) (hacerse adicto) **~se** (A **algo**) to get hooked (ON sth)

enganche *m* **1** (pieza, mecanismo) (Auto) towing hook; (Ferr) coupling **2** (Esp) (de la luz, del teléfono) connection **3** (Méx) (Fin) down payment

engañar [A1] *vt* **(a)** (hacer errar en el juicio) to deceive, mislead; **me engañó la vista** my eyes deceived me; **tú a mí no me engañas** you can't fool me; **lo engañó haciéndole creer que ...** she deceived him into thinking that ...; **~ a algn** PARA QUE **haga algo** to trick sb INTO doing sth **(b)** (estafar, timar) to cheat, con (infml) **(c)** (ser infiel a) to be unfaithful to, cheat on

■ **engañarse** *v pron* (*refl*) (mentirse) to deceive oneself, kid oneself (infml)

engaño *m* **(a)** (mentira) deception **(b)** (timo, estafa) swindle, con (infml) **(c)** (ardid) ploy, trick

engañoso -sa *adj* ‹*palabras*› deceitful; ‹*apariencias*› deceptive

engarce *m* setting

engarzar [A4] *vt* **1** ‹*piedra/brillante*› to set **2** (Col, Ven) (enganchar) to hook

■ **engarzarse** *v pron* (Col) (engancharse) to get caught

engatusar [A1] *vt* to sweet-talk; **~ a algn** PARA QUE **haga algo** to sweet-talk sb INTO doing sth

engendrar [A1] *vt* ‹*hijos*› to father; ‹*odio/sospecha*› to breed, engender (fml)

engendro *m* **(a)** (feto) fetus* **(b)** (criatura malformada) malformed creature **(c)** (creación monstruosa) freak, monster

engentado -da *adj* (Méx) dazed, confused

engomado -da *adj* ‹*etiqueta*› gummed, self-adhesive; ‹*sobre*› gummed, self-sealing

engordar [A1] *vt* **(a)** (aumentar) to put on, gain **(b)** (cebar) to fatten (up) **(c)** ‹*cifras/estadísticas*› to swell

■ ~ *vi* **(a)** «*persona*» to put on *o* gain weight; «*animales*» to fatten **(b)** «*alimentos*» to be fattening

engorroso -sa *adj* ‹*problema*› complicated, thorny; ‹*situación*› awkward, difficult; ‹*asunto*› trying, tiresome

engranaje *m* **1** (Mec) gear assembly (*o* mechanism *etc*), gears (*pl*); **el ~ del reloj** the cogs of the watch **2** (de partido, sociedad) machinery

engrandecer [E3] *vt* (ennoblecer) to ennoble (fml)

engrapadora *f* (AmL) stapler

engrapar [A1] *vt* (AmL) to staple

engrasado *m* lubrication, greasing

engrasar [A1] *vt* **(a)** (Auto, Mec) (con grasa) to grease, lubricate; (con aceite) to oil, lubricate **(b)** (Coc) ‹*molde*› to grease

engreído -da *adj* **(a)** (vanidoso) conceited, bigheaded (infml) **(b)** (Per) (mimado) spoiled*

■ *m,f* **(a)** (vanidoso) bighead (infml) **(b)** (Per) (mimado) spoiled brat

engrupir [I1] *vt* (CS fam) to fool (infml)

engullir [I9] *vt* to bolt (down)

enhebrar [A1] *vt* ‹*aguja*› to thread; ‹*perlas*› to string

enhorabuena *f* congratulations (*pl*); **darle la ~ a algn** to congratulate sb

■ *interj* congratulations!

enigma *m* enigma, mystery

enigmático -ca *adj* enigmatic, mysterious

enjabonar [A1] *vt* to soap

■ **enjabonarse** *v pron* (*refl*) to soap oneself; **~se las manos** to soap one's hands

enjambre *m* (Zool) swarm

enjaular [A1] *vt* ‹*pájaro/fiera*› to cage, put ... in a cage

enjuagar [A3] *vt* ‹*boca/ropa/vajilla*› to rinse; ‹*palangana/cubo*› to swill out

■ **enjuagarse** *v pron* (*refl*) to wash off the soap; **~se el pelo** to rinse one's hair

enjuague *m* **(a)** (acción de enjuagar) rinse **(b)** (AmL) (para el pelo) conditioner **(c)** **~ bucal** mouthwash

enjugar [A3] *vt* (liter) ‹*lágrimas/sudor*› to wipe away

■ **enjugarse** *v pron* (*refl*) (liter) ‹*lágrimas*› to wipe away; ‹*frente*› to mop, wipe

enlace *m* **(a)** (conexión, unión) link **(b)** (de vías, carreteras) intersection, junction **(c)** *tb* **~ matrimonial** marriage **(d)** (persona) liaison; **~ sindical** (Esp) shop steward, union rep

enlatado[1] -da *adj* **(a)** ‹*alimentos*› canned, tinned (BrE) **(b)** ‹*música/programa*› canned **(c)** (Inf) ‹*programa*› stored

enlatado[2] *m* **1** (proceso) canning **2** (AmL pey) (TV) poor-quality program

enlazar [A4] *vt* **1** **(a)** ‹*ciudades*› to link (up); ‹*ideas/temas*› to link, connect **(b)** ‹*cintas*› to tie ... together **2** (Col, RPl) ‹*res/caballo*› to lasso, rope (AmE) **3** (Méx fml) (casar) to marry

■ ~ *vi* **~ CON algo** «*tren/vuelo*» to connect WITH sth; «*carretera*» to link up WITH sth

e

enlistarse [A1] *v pron* (AmC, Col, Ven) to enlist, join up

enloquecedor -dora *adj* ‹*dolor*› excruciating; **el ruido era ~** the noise was enough to drive you crazy

enloquecer [E3] *vt* to drive ... crazy *o* mad
■ **~** *vi* (perder el juicio) to go crazy *o* mad; **enloqueció de celos** he was driven crazy *o* insane with jealousy

enlozado -da *adj* (AmL) ‹*cacerola*› enameled*; ‹*fuente*› glazed

enmarañado -da *adj* **(a)** ‹*pelo/lana*› tangled **(b)** (complicado, confuso) complicated, involved

enmarcar [A2] *vt* ‹*lámina/foto*› to frame

enmascarado -da *adj* masked
■ *m,f* (*m*) masked man; (*f*) masked woman

enmendar [A5] *vt* ‹*conducta*› to improve, amend (fml); ‹*actitud*› to change; ‹*error*› to amend, rectify
■ **enmendarse** *v pron* (*refl*) to mend one's ways

enmienda *f* amendment

enmohecer [E3] *vt* ‹*ropa*› to make ... moldy*; ‹*metal*› to rust
■ **enmohecerse** *v pron* «*ropa/pan/queso*» to become moldy*; «*metal*» to rust, become rusty

enmoquetar [A1] *vt* (Esp) to carpet

enmudecer [E3] *vi* to fall silent

ennegrecer [E3] *vt* (poner negro) to blacken; (oscurecer) to darken
■ **ennegrecerse** *v pron* **(a)** (ponerse negro) to go black **(b)** (ponerse oscuro) «*cielo/nubes*» to darken, go dark; «*plata*» to tarnish

enojadizo -za *adj* (esp AmL) irritable, touchy

enojado -da *adj* (esp AmL) angry, mad (esp AmE infml); (en menor grado) annoyed, cross (BrE infml); **está ~ contigo** he's angry/annoyed with you; **están ~s** they've fallen out

enojar [A1] *vt* (esp AmL) to make ... angry; (en menor grado) to annoy
■ **enojarse** *v pron* (esp AmL) to get angry, get mad (esp AmE infml); (en menor grado) to get annoyed, get cross (BrE infml); **~se** CON **algn** to get angry/annoyed WITH sb

enojo *m* (esp AmL) anger; (menos serio) annoyance; **¿ya se te pasó el ~?** are you still angry/annoyed?

enojón -jona *adj* (Chi, Méx fam) irritable, touchy

enojoso -sa *adj* (esp AmL) (violento) awkward; (aburrido) tedious, tiresome

enorgullecer [E3] *vt*: **mi hijo me enorgullece** I am proud of my son
■ **enorgullecerse** *v pron* to be proud; **no es para ~se** it's nothing to be proud of; **~se** DE **algo** to take pride IN sth

✓ **enorme** *adj* ‹*edificio/animal/suma*› huge, enormous; ‹*zona*› vast, huge; **sentí una pena ~** I felt tremendously sad

enraizado -da *adj* ‹*prejuicio*› deep-seated, deep-rooted; ‹*tradición*› deeply rooted

enrarecido -da *adj* **(a)** ‹*atmósfera/aire*› rarefied **(b)** ‹*ambiente/relaciones*› strained, tense

✓ key word

enredadera *f* creeper, climbing plant

enredado -da *adj* **1** ‹*lana/cuerda*› tangled; ‹*pelo*› tangled, knotted; ‹*asunto/idea*› complicated **2** **(a)** (involucrado) **~** EN **algo** mixed up IN sth **(b)** (fam) (en lío amoroso) **~** CON **algn** involved WITH sb

enredar [A1] *vt* **(a)** ‹*cuerdas/cables*› to get ... tangled up, tangle up **(b)** (embarullar) ‹*persona*› to muddle ... up, confuse; ‹*asunto/situación*› to complicate **(c)** (fam) (involucrar) **~ a algn** EN **algo** to get sb mixed up *o* caught up IN sth
■ **~** *vi* (fam) **(a)** (intrigar) to make trouble, stir up trouble **(b)** (Esp) (molestar) to fidget; **~** CON **algo** to fiddle (around) WITH sth
■ **enredarse** *v pron* **1** «*lana/cuerda*» to get tangled, become entangled; «*pelo*» to get tangled *o* knotted; «*planta*» to twist itself around **2** (fam) **(a)** (en lío amoroso) **~se** CON **algn** to get involved WITH sb **(b)** (involucrarse) **~se** EN **algo** to get mixed up *o* involved IN sth **(c)** (fam) (embarullarse) to get mixed up, get muddled up

enredo *m* **(a)** (de hilos) tangle; (en el pelo) tangle, knot **(b)** (embrollo) mess; **tengo un ~ en las cuentas ...** my accounts are in a terrible mess **(c)** (fam) (lío amoroso) affair

enrejado *m* (de verja, balcón) railing, railings (*pl*); (rejilla) grating, grille; (para plantas) trellis

enrevesado -da *adj* complicated

enrielar [A1] *vt* ▶ **encarrilar**

enriquecer [E3] *vt* **1** ‹*país/población*› to make ... rich **2** ‹*espíritu/lengua/alimento*› to enrich
■ **enriquecerse** *v pron* **1** (hacerse rico) to get rich **2** «*cultura/relación/lengua*» to be enriched

enrojecer [E3] *vt* ‹*rostro/mejillas*› to redden, make ... go red; ‹*pelo*› to turn ... red, make ... go red
■ **~** *vi* (liter) (ruborizarse) to redden, blush; (de ira, rabia) to go red in the face
■ **enrojecerse** *v pron* «*rostro/mejillas*» to redden, blush; «*pelo*» to go *o* turn red; «*cielo*» to turn red

enrolarse [A1] *v pron* to enlist, join up; **~ en la marina** to enlist in *o* join the navy; **~ en un partido** to join a party

enrollado -da *adj* **1** **(a)** ‹*papel*› rolled up **(b)** ‹*cable*› coiled (up) **2** (Esp) **(a)** (fam) **estar ~** CON **algn** to have a thing (going) WITH sb (infml); **están ~s** they've got sth going between them (infml) **(b) estar ~** CON **algo** (con exámenes/preparativos) wrapped up IN sth **(c)** (arg) (en la onda) ‹*persona/música/coche*› cool (sl) **3** (Ven fam) (preocupado) uptight (infml), freaked out (sl)

enrollar [A1] *vt* **1** ‹*papel/persiana*› to roll up; ‹*cable/manguera*› to coil; **~ el hilo en el carrete** wind the thread onto the spool **2** (Esp arg) ‹*persona*› (confundir) to confuse, get ... confused; (en asunto) to involve, get ... involved
■ **enrollarse** *v pron* **1** «*papel*» to roll up; «*cuerda/cable*» to coil up; **la cadena se enrolló en la rueda** the chain wound itself around the wheel **2** (Esp fam) **(a)** (hablar mucho): **no te enrolles** stop jabbering on (infml); **se ~on hablando** they got deep into conversation **(b)** (tener relaciones amorosas): **se ~on en la discoteca** they made out

(AmE infml) *o* (BrE infml) they got off together in a disco; ~**se** CON **algn** to make out WITH sb (AmE infml), to get off WITH sb (BrE infml)

enroque *m* (en ajedrez) castling

enroscar [A2] *vt* ‹*tornillo*› to screw in; ‹*cable/cuerda*› to coil; ~ **algo** EN **algo** to wind sth AROUND *o* ONTO sth

■ **enroscarse** *v pron* **(a)** «*víbora*» to coil up **(b)** «*gato/persona*» to curl up

enrular [A1] *vt* (Col, CS) to curl

enrutador *m* (Inf) router

ensalada *f* (Coc) salad; ~ **de fruta** fruit salad

ensaladera *f* salad bowl

ensalzar [A4] *vt* ‹*virtudes*› to extol; ‹*persona*› to praise, sing the praises of

ensamblar [A1] *vt* to assemble

ensanchar [A1] *vt* **(a)** ‹*calle*› to widen; ‹*vestido*› to let out **(b)** ‹*horizontes/posibilidades*› to expand

■ **ensancharse** *v pron* **(a)** «*calle/acera*» to widen, get wider; «*jersey*» to stretch **(b)** «*horizontes*» to expand

ensangrentado -da *adj* bloodstained

ensangrentar [A5] *vt* to stain ... with blood

ensañarse [A1] *v pron*: **se ensañaron con los prisioneros** they showed the prisoners no mercy *o* pity; **no te ensañes con él** don't take it out on him (infml)

ensartar [A1] *vt* **(a)** ‹*perlas/cuentas*› to string **(b)** (con pincho) to skewer **(c)** (enhebrar) to thread **(d)** (clavar) ~ **algo** EN **algo** to stick sth IN(TO) sth

ensayar [A1] *vt* **(a)** ‹*obra/baile*› to rehearse **(b)** ‹*método*› to test, try out

■ ~ *vi* to rehearse

ensayo *m* **1** **(a)** (Espec) rehearsal; ~ **general** (de obra teatral) dress rehearsal; (de concierto) final rehearsal **(b)** (prueba) trial, test; (intento) attempt **2** (Lit) essay **3** (en rugby) try

enseguida *adv* at once, immediately, right away; **¡~ voy!** I'll be right with you; ~ **de almorzar** (esp AmL) right *o* straight after lunch

enseñado -da *adj*: **bien/mal** ~ ‹*niño*› well/badly brought up; ‹*animal*› well/badly trained

enseñanza *f* **(a)** (docencia) teaching **(b)** (educación) education; ~ **a distancia** distance learning; ~ **media** or **secundaria** high school (AmE) *o* (BrE) secondary education; ~ **primaria** elementary (AmE) *o* (BrE) primary education; ~ **universitaria** college (AmE) *o* (BrE) university education

enseñar [A1] *vt* **1** **(a)** ‹*asignatura/niño*› to teach; ‹*animal*› to train; ~**le a algn** A **hacer algo** to teach sb to do sth **(b)** (dar escarmiento) to teach **2** (mostrar) ‹*camino/procedimiento*› to show

■ **enseñarse** *v pron* (Méx fam) ~**se** A **hacer algo** (aprender) to learn to do sth; (acostumbrarse) to get used TO doing sth

ensillar [A1] *vt* to saddle (up)

ensimismado -da *adj* [ESTAR] lost in thought; ~ EN **algo** engrossed IN sth, absorbed IN sth

ensordecedor -dora *adj* deafening

ensuciar [A1] *vt* **(a)** ‹*ropa/mantel*› to get ... dirty, dirty; **lo vas a ~ todo de barro** you'll get mud everywhere **(b)** (liter) ‹*honor/nombre*› to sully, tarnish

■ **ensuciarse** *v pron* **(a)** (*refl*) «*persona*» to get dirty; **no te ensucies los dedos** don't get your fingers dirty **(b)** «*falda/suelo*» to get dirty; **que no se te ensucie** don't get it dirty; **se me ensució el vestido de grasa** I got grease on my dress

entablar [A1] *vt* **(a)** (iniciar) ‹*conversación/amistad*› to strike up; ‹*negociaciones*› to enter into **(b)** ‹*partida*› to set up

entablillar [A1] *vt* to splint, put ... in a splint

entallado -da *adj* ‹*chaqueta/vestido*› waisted; ‹*camisa*› tailored, fitted

ente *m* **(a)** (ser) being, entity **(b)** (organismo, institución) body

entender [E8] *vt* to understand; ‹*chiste*› to understand, get (infml); **no te entiendo la letra** I can't read your writing; **no entendí su nombre** I didn't get his name; **lo entendió todo al revés** he got it all completely wrong; **tú ya me entiendes** you know what I mean; **me has entendido mal** you've misunderstood me; **se hace ~** or (AmL) **se da a ~** he makes himself understood; **me dio a ~ que ...** she gave me to understand that ...; **dar algo a ~** to imply sth

■ ~ *vi* **(a)** (comprender) to understand **(b)** (saber) ~ DE **algo** to know ABOUT sth

■ **entenderse** *v pron* **1** **(a)** (comunicarse) to communicate; **se entienden por señas** they communicate using sign language; ~**se** CON **algn** to communicate WITH sb; **a ver si nos entendemos ¿quién te pegó?** let's get this straight, who hit you? **(b)** (llevarse bien): **lo que pasa es que no nos entendemos** the thing is we just don't get on very well; ~**se** CON **algn** to get along *o* on WITH sb **2** (*refl*): **déjame, yo me entiendo** leave me alone, I know what I'm doing

entendido -da *adj* **1** [ESTAR] (comprendido) understood; **según tengo ~** as I understand it; **tenía ~ que ...** I was under the impression that ...; **eso se da por ~** that goes without saying **2** [SER] (experto): **no soy muy ~ en estos temas** I'm not very well up on these subjects; **es muy ~ en política** he's very knowledgeable about politics

■ *m,f* expert

entendimiento *m* **(a)** (acuerdo) understanding **(b)** (capacidad para entender) mind; **todavía no tiene suficiente ~** he's not old enough to understand

enterado -da *adj* **1** (de hecho, suceso): **¿estás ~ de lo ocurrido?** have you heard what's happened?; **no estoy enterada de nada** I have no idea what's going on; ***darse por ~*** to get the message, take the hint **2** (Esp) (que sabe mucho) knowledgeable, well-informed

enterarse [A1] *v pron* **1** (de suceso, noticia): **ahora me entero** this is the first I've heard of it; **me enteré por tus padres** I found out from your parents; **le robaron el reloj y ni se enteró** they stole her watch and she didn't even notice *o* realize; **me enteré de la noticia por la radio** I heard the news on the radio; **si papá se entera de esto ...** if Dad finds out about this ... **2** (averiguar) to find out; ~ DE **algo** to find out ABOUT sth **3** (esp Esp fam) (entender): **te voy a castigar ¿te enteras?** I'll punish you, have I made myself clear?; **¡para que te enteres!** (fam) so there! (infml)

e

entereza *f* (serenidad, fortaleza) fortitude; (rectitud) integrity; (firmeza) determination, strength of mind

enternecedor -dora *adj* moving, touching

enternecer [E3] *vt* to move, touch

■ **enternecerse** *v pron* to be moved *o* touched

⚷ **entero¹ -ra** *adj* **(a)** (en su totalidad) whole; **una caja entera de bombones** a whole *o* an entire box of chocolates; **en el mundo ~** all over the world; **por ~** completely, entirely **(b)** (intacto) intact **(c)** ‹*número*› whole

entero² *m* **(a)** (Fin) point **(b)** (Mat) whole number, integer **(c)** (de lotería) (whole) lottery ticket

enterrador -dora *m,f* gravedigger

enterrar [A5] *vt* to bury; **lo entierran mañana** the funeral is tomorrow

entibiar [A1] *vt* ‹*líquido*› (enfriar) to cool; (calentar) to warm (up)

⚷ **entidad** *f* (fml) (organización, institución) entity, body; **~ deportiva** sporting body

entienda, **entiendas**, *etc* ▶ **entender**

entierro *m* (acto) burial; (ceremonia) funeral; (procesión) funeral procession; **ir a un ~** to attend a funeral

entoldado *m* (marquesina) awning; (carpa) marquee

entonación *f* intonation

entonado -da *adj* **1** (Mús) in tune **2** [ESTAR] (fam) (por el alcohol) tipsy (infml), merry (BrE infml)

entonar [A1] *vt* **1** ‹*canción*› to intone, sing; ‹*voz*› to modulate; ‹*nota*› to sing, give **2** (animar) «*café/sopa*» ‹*persona*› to perk ... up

■ **~** *vi* (Mús) to sing in tune

⚷ **entonces** *adv* **1** (en aquel momento) then; **por** or **en aquel ~** in those days **2 (a)** (introduciendo conclusiones) so; **¿~ vienes o te quedas?** so are you coming with us or staying here? **(b)** (uso expletivo) well, anyway; **~, como te iba diciendo ...** well *o* anyway, as I was saying ...

entornado -da *adj* ‹*puerta*› ajar, half-open; ‹*ventana*› slightly open; ‹*ojos*› half-closed

⚷ **entorno** *m* **(a)** (situación) environment **(b)** (Lit) setting **(c)** (Inf) environment

entorpecer [E3] *vt* **(a)** (dificultar) ‹*tráfico*› to hold up, slow down; ‹*planes/movimiento*› to hinder; **estas cajas entorpecen el paso** these boxes are (getting) in the way **(b)** ‹*entendimiento/reacciones*› to dull

■ **entorpecerse** *v pron* «*entendimiento/reacciones*» to become dulled

⚷ **entrada** *f* **1** (acción) entrance; **la ~ es gratuita** admission *o* entrance is free; **vigilaban sus ~s y salidas** they watched his comings and goings; ⊘ **prohibida la entrada** no entry; ⊘ **entrada libre** admission free; **la ~ de divisas** the inflow of foreign currency; **~** EN *or* (esp AmL) A **algo** entry INTO sth; **forzaron su ~ en el** or **al edificio** they forced an entry into the building; ***de* ~** right from the start **2 (a)** (en etapa, estado): **la ~ en vigor del nuevo impuesto** the coming into effect of the new tax **(b)** (ingreso, incorporación) entry; **la ~ de Prusia en la alianza** Prussia's entry into the alliance; **esto le facilitó la ~ a la universidad** that made it easier for him to get into university **(c)** (lugar de acceso) entrance; **espérame en** or **a la ~** wait for me at the entrance; **repartían folletos a la ~** they were handing out leaflets at the door **(d)** (vestíbulo) hall **3** (Espec) ticket; **los niños pagan media ~** it's half-price for children **4** (Com, Fin) **(a)** (Esp) (depósito) deposit **(b)** (ingreso) income; **~s y salidas** income and expenditure, receipts and outgoings **5** (de comida) starter **6** (Dep) **(a)** (en fútbol) tackle; **hacerle una ~ a algn** to tackle sb **(b)** (en béisbol) inning **7** (en el pelo): **tiene ~s** he has a receding hairline

entrado -da *adj*: **era entrada la noche** it was dark *o* night-time; **duró hasta bien entrada la tarde** it went on well into the evening

entrador -dora *adj* (AmL fam) (lanzado) daring, forward

entrante *adj* **(a)** (próximo): **el año ~** next year, the coming year **(b)** (nuevo) ‹*gobierno/presidente*› new, incoming (*before n*)

entrañable *adj* **(a)** ‹*amistad*› close, intimate; ‹*amigo*› very close, bosom (*before n*); ‹*recuerdo*› fond (*before n*) **(b)** ‹*persona*› pleasant, likable*

entrañar [A1] *vt* to entail, involve

entrañas *fpl* (vísceras) entrails (*pl*)

⚷ **entrar** [A1] *vi* **1** (acercándose) to come in; (alejándose) to go in; **déjame ~** let me in; **hazla ~** tell her to come in, show her in; **entró corriendo** he ran in, he came running in; **¿se puede ~ con el coche?** can you drive in?; **había gente entrando y saliendo** there were people coming and going; **¿cómo entró?** how did he get in?; **~** EN *or* (esp AmL) A **algo** (a edificio/habitación) to go INTO sth; **entró en el** or **al banco** she went into the bank **2** (en etapa, estado) **~** EN **algo** (en periodo/guerra/negociaciones) to enter sth; **~ en calor** to get warm; **entró en coma** he went into a coma **3 (a)** (introducirse, meterse): **cierra la puerta, que entra frío** close the door, you're letting the cold in; **me entró arena en los zapatos** I've got sand in my shoes **(b)** (poderse meter): **¿entrará por la puerta?** will it get through the door?; (+ *me/te/le etc*) **estos vaqueros no me entran** I can't get into these jeans; **el zapato no le entra** he can't get his shoe on; **no me entra la segunda** (Auto) I can't get it into second (gear) **4** «*hambre*» (+ *me/te/le etc*) **le entró hambre** she felt *o* got hungry; **me ha entrado la duda** I'm beginning to have my doubts; **me entró sueño** I got *o* began to feel sleepy **5** (empezar) to start, begin; **entró de aprendiz** he started *o* began as an apprentice **6** (incorporarse) **~** EN *or* (esp AmL) A **algo** (en empresa/ejército/club) to join sth; (en convento) to enter sth; **el año que entré en** or **a la universidad** the year I started college, I've just joined the association **7** (estar incluido): **el postre no entra en el precio** dessert is not included in the price; **¿cuántas entran en un kilo?** how many do you get in a kilo?

■ **~** *vt* (traer) to bring in; (llevar) to take in; **¿cómo van a ~ el sofá?** how are they going to get the sofa in?

⚷ **entre** *prep* **1 (a)** (dos personas, cosas) between; **lo decidieron ~ ellos dos** they decided it between the two of them; **está ~ las dos casas**

⚷ key word

it's between the two houses; **~ paréntesis** in brackets; **cuando hablan ~ los dos** when they talk to each other **(b)** (más de dos personas, cosas) among; **los alumnos hablaban ~ ellos** the pupils were talking among themselves; **~ otras cosas** among other things; **se perdió ~ la muchedumbre** he disappeared into the crowd; **~ estas cuatro paredes** within these walls **(c)** (indicando cooperación, distribución): **~ los tres logramos levantarlo** we managed to lift it between the three of us; **le hicimos con regalo ~ todos** we all got together and brought him a present; **repártelos ~ los niños/~ todos** share them out among the children/between everybody **2** (en expresiones de tiempo): **abierto ~ semana** open during the week; **llegaré ~ las tres y las cuatro** I'll be arriving between three and four; **cualquier semana ~ julio y agosto** any week in July or August **3** **entre tanto** meanwhile, in the meantime

■ *adv* (esp AmL): **~ más come más/menos engorda** the more he eats the more/less he puts on weight

entreabierto -ta *adj* ‹*puerta*› ajar, half-open; ‹*ventana/ojos/boca*› half-open

entreabrir [I33] *vt* to half-open

entrecejo *m* space between the eyebrows; **fruncir el ~** to frown

entrecortado -da *adj* ‹*respiración*› difficult, labored*; **con la voz entrecortada por la emoción** in a voice choked with emotion

entrecruzar [A4] *vt* to intertwine, interweave

entredicho *m* **1** (duda): **estar en ~** to be in doubt *o* question; **poner algo en ~** «*persona*» to question sth **2** (CS, Per) (entre dos personas) argument; (entre dos países) dispute

entrega *f* **1** (de pedido, paquete, carta) delivery; (de premio) presentation; **~ de premios** prize-giving; **la ~ de los documentos** the handing over of the documents; **el plazo para la ~ de solicitudes** the deadline for handing in *o* (fml) submitting applications; **servicio de ~ a domicilio** delivery service **2** **(a)** (partida) delivery, shipment **(b)** (plazo, cuota) installment* **(c)** (de enciclopedia) installment*, fascicle; (de revista) issue **3** (dedicación) dedication, devotion; (abandono) surrender

entregar [A3] *vt* **1** (llevar) ‹*pedido/paquete/carta*› to deliver **2** **(a)** (dar) to give; **me entregó un cuestionario** she gave me *o* handed me a questionnaire; **no quiso entregármelo** he refused to hand it over to me **(b)** ‹*premio/trofeo*› to present; **~le algo A algn** to present sb WITH sth **(c)** ‹*trabajo/deberes/informe*› to hand in, give in; ‹*solicitud/impreso*› to hand in, submit (fml) **3** **(a)** ‹*ciudad/armas*› to surrender; ‹*poder/control*› to hand over **(b)** ‹*delincuente/prófugo*› to turn in, hand over; ‹*rehén*› to hand over **(c)** ‹*novia*› to give away **(d)** (dedicar) to devote

■ **entregarse** *v pron* **1** (dedicarse) **~se A algo/algn** to devote oneself TO sth/sb **2** **(a)** (rendirse) to surrender, give oneself up; **~se A algo/algn** (al enemigo/a la policía) to give oneself up *o* surrender TO sth/sb **(b)** (abandonarse): **se entregó a la bebida** he gave himself over to drink

entrelazar [A4] *vt* ‹*cintas/hilos*› to interweave, intertwine; **con las manos entrelazadas** hand in hand

■ **entrelazarse** *v pron* to intertwine, interweave

entremedias, entremedio *adv* **(a)** (entre dos cosas) in between; **son muy caros o muy baratos, no hay nada ~** they're very expensive or very cheap, there's nothing in between; **lo metí ~** I put it in between **(b)** (mezclado con) **~ DE algo** among; **~ de mis papeles/de la gente** among my papers/the people **(c)** (en el tiempo) in between

entremés *m* (Coc) hors d'oeuvre, starter

entremezclar [A1] *vt* to intermingle

■ **entremezclarse** *v pron* «*recuerdos*» to intermingle, become intermingled; «*culturas*» to mix, intermingle

entrenador -dora *m,f* (manager) coach, manager; (preparador físico) trainer

entrenamiento *m* **(a)** (por el entrenador) coaching, training **(b)** (ejercicios) training **(c)** (sesión) training session

entrenar [A1] *vt/vi* to train

■ **entrenarse** *v pron* to train

entrepierna *f* (Anat) crotch; (medida) inside leg measurement

entrepiso *m* (AmL) mezzanine

entreplanta *f* mezzanine

entretanto *adv* meanwhile, in the meantime

entretejer [E1] *vt* ‹*hilos*› (en tela) to weave; (entrelazar) to interweave

entretelones *mpl* (CS, Per) (de un caso) ins and outs (*pl*)

entretención *f* (AmL) ▶ **entretenimiento**

entretener [E27] *vt* **1** «*crucigrama/libro*» to keep ... amused; «*obra/payaso*» to entertain; **pintar me entretiene** I enjoy painting **2** **(a)** (distraer, apartar de una tarea) to distract **(b)** (retener) to keep, detain; **no te entretengo más** I won't keep *o* detain you any longer

■ **entretenerse** *v pron* **1** **(a)** (divertirse) to amuse oneself; **se entretiene con cualquier cosa** «*adulto*» she's easily amused; «*niño*» she's happy playing with anything **(b)** (pasar el tiempo) to keep (oneself) busy *o* occupied **2** (demorarse) to hang around, dally about

entretenido -da *adj* **1** [SER] ‹*película/conversación*› entertaining, enjoyable; ‹*persona*› entertaining **2** [ESTAR] ‹*persona*› (ocupado) busy

entretenimiento *m* entertainment; **lo hace por ~** he does it for pleasure *o* for fun

entretiempo *m* **(a)** (período entre estaciones): **de ~** ‹*abrigo*› lightweight; ‹*ropa*› spring/autumn (*before n*) **(b)** (Chi) (Dep) halftime

entrever [E29] *vt* **(a)** (ver confusamente) to make out **(b)** ‹*solución/acuerdo*› to begin to see; **ha dejado ~ que ...** she has hinted *o* suggested that ...

entreverado -da *adj* **(a)** (intercalado) interspersed **(b)** (fam) (desordenado, mezclado) muddled up, mixed up

entrevista *f* **(a)** (para trabajo, en periódico) interview **(b)** (period) (reunión) meeting

entrevistador -dora *m,f* interviewer

entrevistar [A1] *vt* to interview

entristecer [E3] *vt* to sadden

▪ **entristecerse** *v pron* to grow sad

entrometerse [E1] *v pron* to meddle

entrometido -da *adj* meddling (*before n*), interfering (*before n*)

▪ *m,f* meddler, busybody (infml)

entronque *m* (AmL) (Ferr) junction

entumecerse [E3] *v pron* (perder la sensibilidad) to go numb; (perder la flexibilidad) to get stiff; **estar entumecido de frío** to be numb with cold

e

entusiasmado -da *adj* excited, enthusiastic; **está ~ con la idea** he's excited *o* enthusiastic about the idea

entusiasmar [A1] *vt* (apasionar): **lo entusiasma el fútbol** he's crazy about football; **no me entusiasma mucho la idea** I'm not very enthusiastic about the idea

▪ **entusiasmarse** *v pron* **~se** CON **algo** to get excited *o* enthusiastic ABOUT sth

entusiasmo *m* enthusiasm

entusiasta *adj* enthusiastic

▪ *mf* enthusiast

enumerar [A1] *vt* to list, enumerate (fml)

enunciar [A1] *vt* ‹*idea/teoría*› to state, enunciate (fml); ‹*problema/teorema*› to formulate

envainar [A1] *vt* ‹*espada*› to sheathe

envalentonar [A1] *vt* to make ... bolder, encourage

▪ **envalentonarse** *v pron* (ponerse valiente) to become bolder *o* more daring; (insolentarse) to become defiant

envasar [A1] *vt* (en botellas) to bottle; (en latas) to can; (en paquetes, cajas) to pack

envase *m* (en general) container; (botella) bottle; (lata) can, tin (BrE)

envejecer [E3] *vi* **(a)** «*persona*» (hacerse más viejo) to age, grow old; (parecer más viejo) to age **(b)** «*vino/queso*» to mature, age

▪ ~ *vt* **(a)** ‹*persona*› «*tragedia/experiencia*» to age; «*ropa/peinado*» to make ... look older **(b)** ‹*madera*› to make ... look old; ‹*vaqueros*› to give ... a worn look

envejecido -da *adj* **(a)** ‹*persona*› **está tan ~** he's aged so much, he looks so old **(b)** ‹*cuero/madera*› distressed

envenenamiento *m* poisoning

envenenar [A1] *vt* to poison

▪ **envenenarse** *v pron* (involuntariamente) to be poisoned; (voluntariamente) to poison oneself

envergadura *f* (importancia) magnitude (fml), importance; **de cierta ~** of some importance

enviado -da *m,f* (Pol) envoy; (Period) reporter, correspondent

enviar [A17] *vt* **(a)** ‹*carta/paquete*› to send; ‹*pedido/mercancías*› to send, dispatch **(b)** ‹*persona*› to send; **me envió por pan** she sent me out for bread

enviciarse [A1] *v pron* to become addicted, get hooked (infml); **~** CON **algo** to become addicted TO sth *o* (infml) hooked ON sth

envidia *f* envy, jealousy; **le da ~ que yo vaya** he's envious *o* jealous because I'm going; **le tienes ~** you are jealous of him; **me muero de ~** I'm green with envy; **¡qué ~!** I'm so jealous!

envidiable *adj* enviable

envidiar [A1] *vt* to envy; **~le algo** A **algn** to envy sb sth

envidioso -sa *adj* envious

envío *m* **1** (acción): **el ~ de los fondos** the remittance *o* sending of the money; **fecha de ~** date of dispatch, date sent; **~ contra reembolso** COD, cash on delivery **2** (partida — de mercancías) consignment, shipment; (— de dinero) remittance

enviudar [A1] *vi* to be widowed

envoltorio *m* **(a)** (de paquete, regalo) wrapping; (de caramelo) wrapper **(b)** (bulto) bundle

envolver [E11] *vt* **1** ‹*paquete/regalo*› to wrap (up); **¿me lo puede ~ para regalo?** could you gift wrap it?; **~ algo/a algn** EN **algo** to wrap sth/sb (up) IN sth **2** (rodear) «*membrana/capa*» to surround; «*humo/tristeza*» to envelop **3** (involucrar) to involve

▪ **envolverse** *v pron* **(a)** (*refl*) (en manta) to wrap oneself (up) **(b)** (en delito, asunto) to become involved

envuelto -ta *adj* **1** ‹*paquete/regalo*› wrapped; **~ para regalo** gift-wrapped **2** (rodeado) **~** EN **algo** (en humo/niebla) enveloped IN sth; (en misterio) cloaked *o* shrouded IN sth; (en una manta) wrapped (up) IN sth **3** (involucrado) **~** EN **algo** involved IN sth

enyesar [A1] *vt* **(a)** (Const) to plaster **(b)** ‹*brazo/pierna*› to put ... in a plaster cast, put ... in plaster (BrE)

enzarzarse [A4] *v pron* **~** EN **algo** to get involved IN sth

eñe *f name of the letter* ñ

épica *f* **(a)** (género) epic poetry **(b)** (poema) epic

epicentro *m* epicenter*

épico -ca *adj* epic

epidemia *f* epidemic

epilepsia *f* epilepsy

epiléptico -ca *adj* epileptic

▪ *adj* person with epilepsy, epileptic (fml)

epílogo *m* (Lit) epilogue; (de suceso) conclusion

episodio *m* (Cin, Rad, TV) episode; (suceso) episode, incident

epístola *f* (fml *o* hum) epistle (fml *or* hum)

epitafio *m* epitaph

época *f* **(a)** (período de tiempo) time, period; **en la ~ de Franco** in Franco's time; **la ~ de los Tudor** the Tudor period; **muebles de ~** period furniture; **en aquella ~** in those days *o* at that time; **esa ~ de mi vida** that period of my life; **es música de mi ~** it's music from my time **(b)** (parte del año) time of year; **la ~ de lluvias** the rainy season

epopeya *f* **(a)** (Lit) (poema) epic, epic poem **(b)** (empresa difícil): **el viaje fue toda una ~** the journey turned out to be a real ordeal

equilátero -ra *adj* equilateral

equilibrado -da *adj* ‹*persona/dieta*› well-balanced, balanced; ‹*lucha/partido*› close

equilibrar [A1] *vt* ‹*peso/carga/ruedas*› to balance; **~ las diferencias económicas** to

key word

redress economic imbalances

■ **equilibrarse** *v pron* «*fuerzas*» to even up; «*balanza de pagos*» to be restored; «*platillos de la balanza*» to balance out

equilibrio *m* (de fuerzas, estabilidad) balance; **perdió el ~** he lost his balance; **en estado de ~** in equilibrium

equilibrista *mf* (Espec) tightrope walker

equinoccio *m* equinox; **~ de primavera/de otoño** vernal/autumnal equinox

equipaje *m* baggage (esp AmE), luggage (BrE); **facturar el ~** to check in one's baggage *o* luggage; **~ de mano** hand baggage *o* luggage; **viaja con poco ~** he travels light

equipar [A1] *vt* **(a)** ‹*persona*› to equip, fit ... out; **~ a algn** CON *or* DE **algo** to equip sb WITH sth **(b)** ‹*casa*› to furnish; ‹*local/barco*› to fit out; (de víveres) to provision; **una cocina bien equipada** a well-equipped kitchen

equiparable *adj* comparable

equiparar [A1] *vt* **(a)** (poner al mismo nivel) **~ algo/a algn** A *or* CON **algo/algn** to put sth/sb on a level WITH sth/sb **(b)** (comparar) **~ algo** CON **algo** to compare sth TO *o* WITH sth

equipo *m* **1** (de trabajadores, jugadores) team; **el ~ local/visitante** the home/visiting team; **trabajo de ~** team work; **trabajar en ~** to work as a team; **~ de filmación** film crew **2** (de materiales, utensilios) equipment; **~ de pesca** fishing tackle; **~ de gimnasia** gym kit; **~ de alta fidelidad** hi-fi system

equis *f name of the letter* **X**

equitación *f* riding, horseback riding (AmE), horse riding (BrE); **practica (la) ~** he rides

equitativo -va *adj* ‹*persona*› fair; ‹*reparto*› equitable

equivalente *adj* equivalent; **~** A **algo** equivalent TO sth

■ *m* equivalent; **~** A *or* DE **algo** equivalent OF sth

equivaler [E28] *vi* **~** A **algo** to be equivalent TO sth; **¿a cuánto equivalen mil euros en libras?** how much is a thousand euros equivalent to *o* worth in pounds?

equivocación *f* mistake; **por ~** by mistake, in error (fml)

equivocado -da *adj* **(a)** ‹*dato/número/respuesta*› wrong **(b)** [ESTAR] ‹*persona*› mistaken, wrong

equivocar [A2] *vt* ‹*persona*› to make ... make a mistake, to make ... go wrong

■ **equivocarse** *v pron* (cometer un error) to make a mistake; (estar en un error) to be wrong *o* mistaken; **me equivoqué con él** I was wrong about him; **me equivoqué de autobús** I took the wrong bus; **no te equivoques de fecha** don't get the date wrong; **se equivocó de camino** he went the wrong way

era *f* (período, época) era, age

eras ▸ **ser**

erección *f* erection

erecto -ta *adj* erect

eres ▸ **ser**

erguido -da *adj* upright

erguir [I26] *vt* (liter) ‹*cabeza*› to raise, lift; ‹*cuello*› to straighten

■ **erguirse** *v pron* (liter) «*persona*» to stand up; «*edificio/torre*» to rise

erigir [I7] *vt* **(a)** (fml) ‹*edificio*› to build, erect (fml); ‹*monumento*› to erect (fml), to raise (fml) **(b)** (fml) (convertir, elevar) **~ algo/a algn** EN **algo** to set sth/sb up AS sth

■ **erigirse** *v pron* (llegar a ser) **~se** EN **algo** to become sth; (atribuirse funciones de) to set oneself up AS sth

erizado -da *adj* (de punta): **tenía el pelo ~** her hair was standing on end

erizar [A4] *vt* ‹*pelo/vello*› to make ... stand on end

■ **erizarse** *v pron* «*pelo*» to stand on end

erizo *m* hedgehog; **~ de mar** sea urchin

ermita *f* chapel

ermitaño -ña *m,f* (asceta) hermit

erosión *f* erosion

erosionar [A1] *vt* to erode

■ **erosionarse** *v pron* to be/become eroded

erótico -ca *adj* erotic

erotismo *m* eroticism

erradicar [A2] *vt* (fml) to eradicate

errado -da *adj* **1** (desacertado): **cinco tiros ~s** five misses **2** (esp AmL) **(a)** [ESTAR] ‹*persona*› mistaken, wrong; **están muy ~s en estos cálculos** they're way off the mark with these calculations **(b)** [SER] ‹*decisión*› wrong; ‹*política*› misguided

errante *adj* **(a)** ‹*persona*› wandering (*before n*), roaming (*before n*); ‹*pueblo*› wandering (*before n*) **(b)** ‹*mirada*› faraway, distant; **una vida ~** a nomadic existence

errar [A26] *vt* ‹*tiro/golpe*› to miss; **erró su vocación** she chose the wrong vocation/career

■ **~** *vi* «*tirador*» to miss; **erró en su decisión** he made the wrong decision

errata *f* (error de imprenta) misprint, printer's error; (error de mecanografía) typing error

erre *f name of the letter* r

erróneo -nea *adj* (fml) ‹*decisión/afirmación*› wrong, erroneous (fml)

error *m* mistake; **cometer un ~** to make a mistake *o* an error; **~ de ortografía** spelling mistake; **~ de cálculo** miscalculation; **~ de imprenta** misprint, printer's error; **por ~** by mistake, in error (fml)

eructar [A1] *vi* to belch, burp (infml)

eructo *m* belch, burp (infml)

erudición *f* erudition (fml), learning

erudito -ta *adj* ‹*lenguaje/obra*› erudite; ‹*persona*› learned, knowledgeable; **~** EN **algo** learned IN sth, knowledgeable ABOUT sth

■ *m,f* scholar

erupción *f* **(a)** (de volcán) eruption; **el volcán entró en ~** the volcano erupted **(b)** (en la piel) rash, eruption (fml)

es ▸ **ser**

esbelto -ta *adj* slender

esbozar [A4] *vt* **(a)** ‹*figura*› to sketch **(b)** ‹*idea/tema*› to outline

esbozo *m* **(a)** (Art) sketch **(b)** (de proyecto) outline, rough draft

escabeche *m* pickling brine (*made with oil, vinegar, peppercorns and bay leaves*)

escabroso -sa *adj* **(a)** ‹*terreno*› rugged, rough **(b)** ‹*asunto/problema/tema*› thorny, tricky; ‹*escena/relato*› shocking

escabullirse [I9] *v pron* (escaparse) to slip away; **logró ~ entre la multitud** he managed to slip away into the crowd; **no puedes escabullirte de tus responsabilidades** you can't get away from your responsibilities

escafandra *f* diving suit

escala *f* **1** (en general) scale; **~ centígrada/Fahrenheit** centigrade *o* Celsius/Fahrenheit scale; **~ de valores** set of values; **~ musical** (musical) scale; **la ~ social** the social scale; **hecho a ~** done to scale; **a gran ~** on a large scale **2** (Aviac, Náut) stopover; **hicimos ~ en Roma** we stopped over in Rome

escalada *f* **1** (Dep) (de montaña) climb, ascent **2** (aumento, subida): **una ~ de la violencia** an escalation of violence; **la ~ de los precios** the increase *o* escalation in prices

escalador -dora *m,f* (de montañas) mountaineer, climber; (de rocas) rock-climber; (en ciclismo) climber, mountain rider

escalafón *m* scale; **subir un puesto en el ~** to go up one step on the promotion ladder

escalar [A1] *vt* ‹*montaña/pared*› to climb, scale; (en jerarquía, clasificación) to climb (up)
■ **~** *vi* (Dep) to climb, go climbing

escaldar [A1] *vt* **(a)** ‹*acelgas/tomates*› to blanch, scald **(b)** ‹*manos/persona*› to scald
■ **escaldarse** *v pron* **(a)** (con agua, vapor) to scald oneself **(b)** «*bebé*» to get diaper (AmE) *o* (BrE) nappy rash

escalera *f* **1** (de edificio) stairs (*pl*), staircase; **bajó las ~s** he came downstairs *o* down the stairs; **el hueco de la ~** the stairwell; **~ (de) caracol** spiral staircase; **~ mecánica** escalator **2** (portátil) *tb* **~ de mano** ladder; (de tijera) stepladder **3** (en naipes) run; (juego de tablero) snakes and ladders

escalfar [A1] *vt* to poach

escalinata *f* staircase, steps (*pl*)

escalofriante *adj* ‹*crimen/escena*› horrifying; ‹*cifra*› staggering, incredible

escalofrío *m* shiver; **me da ~s** it makes me shiver *o* shudder; **tiene ~s** she's shivering

escalón *m* (peldaño) step; (travesaño) rung

escalonar [A1] *vt* ‹*pagos/vacaciones*› to stagger; ‹*terreno*› to terrace

escalope *m* escalope

escama *f* **(a)** (Zool) scale **(b)** (en la piel) flake

escamotear [A1] *vt* **(a)** (ocultar) ‹*naipe*› to palm; ‹*informe*› to keep ... secret; **nos escamoteaban la información** they were keeping the information (secret) from us **(b)** (robar) to swipe

escampar [A1] *v impers* to stop raining, to clear up
■ **~** *vi* (Col) to shelter

escanciar [A1] *vt* (fml) ‹*vino*› to serve; ‹*sidra*› to pour (*from a height*)

escandalizar [A4] *vt/vi* to shock
■ **escandalizarse** *v pron* to be shocked

key word

escándalo *m* **1** (hecho, asunto chocante) scandal; **¡qué ~! ¡qué manera de vestir!** what a shocking *o* an outrageous way to dress! **2** (alboroto, jaleo) fuss; **tanto ~ para nada** all this fuss over nothing; **cuando lo sepa va a armar un ~** when she finds out she'll kick up a fuss; **no armen tanto ~** don't make such a racket *o* row (infml); **nada de ~s dentro del local** we don't want any trouble in here

escandaloso -sa *adj* **(a)** ‹*conducta*› shocking, scandalous; ‹*ropa*› outrageous; ‹*película*› shocking; ‹*vida*› scandalous **(b)** (ruidoso) ‹*persona/griterío*› noisy; ‹*risa*› loud, uproarious

Escandinavia *f* Scandinavia

escandinavo -va *adj/m,f* Scandinavian

escaño *m* (Esp) (Pol) (cargo, asiento) seat; (banco) bench

escapada *f* **(a)** (huida) breakout, escape **(b)** (de un peligro) escape **(c)** (en ciclismo) breakaway

escapar [A1] *vi* **1** to escape; **~ DE algo** (de cárcel/rutina/peligro) to escape FROM sth; (de castigo/muerte) to escape sth **2 dejar escapar** ‹*carcajada/suspiro*› to let out, give; ‹*oportunidad*› to pass up; ‹*persona/animal*› to let ... get away
■ **escaparse** *v pron* **1** «*prisionero*» to escape; «*animal/niño*» to run away; **~se DE algo** (de cárcel/jaula) to escape FROM sth; (de situación/castigo) to escape sth; **~se DE algn** (de policía/perseguidor) to escape (FROM) sth; **~se de casa** to run away from home; **se me escapó el perro** the dog got away from me **2** (+ *me/te/le etc*) **(a)** (involuntariamente): **se le escapó un grito** he cried out, he let out a cry **(b)** (pasar inadvertido): **no se le escapa nada** he doesn't miss anything; **se me escapó ese detalle** that detail escaped my notice **3** «*gas/aire/agua*» to leak

escaparate *m* **(a)** (esp Esp) (de tienda) shop window **(b)** (Col) (vitrina) display cabinet; (aparador) sideboard **(c)** (Ven) (armario) wardrobe

escapatoria *f* (salida, solución) way out

escape *m* **(a)** (fuga) escape **(b)** (de gas, fluido) leak **(c)** (Auto) exhaust

escapismo *m* escapism

escarabajo *m* beetle

escaramuza *f* (Mil) skirmish; (Dep) scrimmage

escarbadientes *m* (*pl* ~) toothpick

escarbar [A1] *vi* **(a)** (en la tierra — haciendo un hoyo) to dig; (— superficialmente) to scrabble *o* scratch around **(b)** (buscando algo) **~ EN algo** (en cajón/armario) to rummage (about *o* around) IN sth; **perros escarbando en la basura** dogs rummaging through the garbage
■ **~** *vt*: **~ la tierra** (hacer un hoyo) to dig a hole; (superficialmente) to scratch around in the soil
■ **escarbarse** *v pron* (*refl*) ‹*nariz/dientes*› to pick

escarcha *f* frost

escarchar [A1] *vt* to crystallize

escarlata *adj inv/m* scarlet

escarlatina *f* scarlet fever, scarlatina

escarmentar [A5] *vi* to learn one's lesson; **¡para que escarmientes!** that'll teach you!; **no escarmienta** she never learns
■ **~** *vt* to teach ... a lesson

escarmiento *m* lesson; **habrá que darle un buen ~** he needs to be taught a good lesson

escarola *f* escarole, endive (BrE)

escarpado -da *adj* ‹*montaña/terreno*› precipitous; ‹*pared/acantilado*› sheer, steep

escarpín *m* (AmL) (calcetín — de bebé) bootee; (— de adulto) bed sock

escasear [A1] *vi*: **empiezan a ~ los alimentos** food is running short; **va a ~ el café** there's going to be a coffee shortage

escasez *f* shortage; **hubo ~ de agua** there was a water shortage; **por ~ de medios** owing to a lack of resources

escaso -sa *adj* **(a)** ‹*recursos económicos*› limited, scant; ‹*posibilidades*› slim, slender; ‹*visibilidad*› poor; ‹*conocimientos/experiencia*› limited **(b)** [ESTAR] (falto) **~ DE algo** (de dinero/tiempo) short OF sth

escatimar [A1] *vt* ‹*comida/tela*› to skimp on, be sparing with; **no ~on esfuerzos** they spared no effort

escayola *f* (Esp) (material) plaster; (Med) plaster cast

escayolar [A1] *vt* (Esp) to put ... in a (plaster) cast, to put ... in plaster (BrE)

escena *f* **1** **(a)** (de obra) scene; **la ~ del duelo** the duel scene **(b)** (*sin art*) (escenario): **poner en ~** to stage; **entrar en ~** to come/go on stage **2** **la ~ del accidente** (period) the scene of the accident; **no me hagas una ~** there's no need to make a scene

escenario *m* (Teatr) stage

escenografía *f* (decorado) scenery; (arte) scenography, set design

escenógrafo -fa *m,f* scenographer, set designer

escepticismo *m* skepticism*

escéptico -ca *adj* skeptical*

■ *m,f* skeptic*

esclarecer [E3] *vt* ‹*situación/hechos*› to clarify, elucidate (fml); ‹*crimen/misterio*› to clear up

esclavitud *f* slavery

esclavizar [A4] *vt* to enslave; **está esclavizado por el trabajo** he's a slave to his work

esclavo -va *m,f* slave; **es un ~ del trabajo** he is a slave to his work

esclerosis *f* sclerosis; **~ múltiple** multiple sclerosis

esclusa *f* (de canal) lock; (de presa) floodgate

escoba *f* (para barrer) broom; (de bruja) broomstick

escobilla *f* **(a)** (de motor) brush **(b)** (del limpiaparabrisas) wiper blade, blade **(c)** (del inodoro) toilet brush

escocedura *f* irritation; (de bebé) diaper rash (AmE), nappy rash (BrE)

escocer [E10] *vi* «*herida/ojos*» to sting, smart

escocés -cesa *adj* **(a)** ‹*ciudad/persona*› Scottish; ‹*dialecto*› Scots **(b)** ‹*whisky*› Scotch; ‹*tela/manta*› tartan

■ *m,f* (*m*) Scotsman, Scot; (*f*) Scotswoman, Scot

Escocia *f* Scotland

escocido -da *adj* ‹*cuello/axila*› sore, chafed; **tiene las nalgas escocidas** he has diaper rash (AmE) *o* (BrE) nappy rash

escoger [E6] *vt* to choose; **escoge que quieras** pick *o* choose whichever (one) you want; **no hay mucho (de) donde ~** there isn't a great deal of choice, there isn't much to choose from

escogido -da *adj* **(a)** (selecto) ‹*mercancía*› choice; ‹*clientela*› select **(b)** (Méx fam) (manoseado) picked over

escolar *adj* school (*before n*)

■ *m,f* (*m*) schoolboy, schoolchild; (*f*) schoolgirl, schoolchild

escolaridad *f* education, schooling

escolarizar [A4] *vt* to educate, provide schooling for; **niños sin ~** children without any (formal) education *o* schooling

escoleta *f* (Méx) **(a)** (banda) band (*of amateur musicians*) **(b)** (ensayo) rehearsal

escollo *m* (Náut) reef; (dificultad) obstacle, hurdle

escolta *mf* (persona) escort; (en baloncesto) guard

■ *f* (grupo) escort

escoltar [A1] *vt* to escort

escombros *mpl* rubble

esconder [E1] *vt* to hide, conceal (fml)

■ **esconderse** *v pron* **1** (*refl*) «*persona*» to hide; **~se DE algn** to hide FROM sb **2** (estar oculto) to hide, lie hidden

escondidas *fpl* **1** (AmL) (Jueg): **jugar a las ~** to play hide-and-seek **2** **a escondidas** in secret, secretly; **hacer algo a ~ de algn** to do sth behind sb's back

escondido -da *adj* **(a)** (oculto) hidden **(b)** (lejano) remote

escondite *m* **(a)** (para personas) hideout; (para cosas) hiding place **(b)** (Jueg): **jugar al ~** to play hide-and-seek

escondrijo *m* hidden place, recess (liter)

escopeta *f* shotgun

escoria *f* (de fundición) slag; **la ~ de la sociedad** the dregs of society

Escorpio *m* (signo) Scorpio; **es (de) ~** he's a Scorpio

■ *mf* (*pl* **~** *or* **-pios**) (persona) *tb* **escorpio** Scorpio

escorpión *m* scorpion

escotado -da *adj* **(a)** ‹*blusa/vestido*› low-cut; **~ por detrás** cut low at the back **(b)** (RPl) ‹*zapato*› strapless

escote *m* (Indum) neck, neckline; (profundo) low-cut neck *o* neckline; **~ redondo** round neck; (en suéters) crew neck; **~ en pico** V neck; ***pagar a ~*** (Esp fam) to go Dutch

escotilla *f* hatch, hatchway

escozor *m* **(a)** (Med) stinging, burning sensation **(b)** (resentimiento, amargura) bitterness

escribanía *f* (RPl) (Der) (oficina) notary's office; (profesión): **ejerce la ~** he is a practicing notary (public)

escribano -na *m,f* **(a)** (Hist) (amanuense) scribe **(b)** (RPl) (notario) notary (public)

escribiente *mf* clerk

escribir [I34] *vt* **1** **(a)** (anotar) to write; **escríbelo aquí** write it down here **(b)** (ser autor de) ‹*libro/canción/carta*› to write **2** (ortográficamente) to write; **la escribió sin acento** she wrote it without an accent; **no sé cómo se escribe** I don't know how you spell it; **se escribe sin acento** it's written without an accent

■ **~** *vi* to write; **nunca le escribe** she never

e

writes him (AmE) *o* (BrE) writes to him; ~ **a máquina** to type

■ **escribirse** *v pron* (*recípr*): **me escribo con ella** we write to each other; **se escribe con un peruano** she has a Peruvian penpal (esp AmE) *o* (esp BrE) penfriend

escrito¹ -ta *adj* ‹*examen*› written; **por ~** in writing

escrito² *m* (documento) document

✓ **escritor -tora** *m,f* writer, author

escritorio *m* **(a)** (mueble) desk **(b)** (AmL) (oficina, despacho) office; (en casa particular) study; **~ público** (en Méx) *office or stall offering letter writing, form-filling or typing services*

e

✓ **escritura** *f* **1** (sistema de signos) writing; (letra) writing, handwriting **2** (Der) (documento) deed; **la ~ de la casa** the deeds to *o* of the house

escrúpulo *m* scruple

escrupuloso -sa *adj* **(a)** (honrado) honest, scrupulous **(b)** (meticuloso) meticulous **(c)** (Esp) (aprensivo) fastidious

escrutinio *m* **(a)** (Pol) count; **los resultados del ~** the results of the ballot **(b)** (inspección) scrutiny

escuadra *f* **1** (instrumento — triangular) set square; (— de carpintero) square **2** (en el ejército) squad; (en la marina) squadron

escuadrón *m* **(a)** (Aviac) squadron **(b)** (de caballería) squadron; (más pequeño) troop

escuálido -da *adj* ‹*persona/animal*› skinny, scrawny

✓ **escuchar** [A1] *vt* **(a)** (prestar atención) ‹*música/persona*› to listen to **(b)** (esp AmL) (oír) to hear

■ ~ *vi* to listen

escudarse [A1] *v pron*: **quiso ~ en su inmunidad diplomática** he tried to hide behind his diplomatic immunity

escudero *m* (Hist, Mil) squire

escudilla *f* bowl

escudo *m* **(a)** (Hist, Mil) shield; **~ humano** (Mil) human shield **(b)** (emblema) *tb* **~ de armas** coat of arms **(c)** (en la solapa, etc) badge

escudriñar [A1] *vt* **(a)** (liter) (mirar intensamente) ‹*horizonte*› to scan **(b)** (examinar) ‹*persona*› to scrutinize, examine; ‹*casa/habitación*› to search ... thoroughly

✓ **escuela** *f* school; **~ de conductores** or **choferes** (AmL) driving school; **~ primaria** primary school; **~ militar/naval** military/naval academy; **~ pública** public (AmE) *o* (BrE) state school; **E~ de Medicina** Medical Faculty *o* School

escueto -ta *adj* ‹*explicación*› succinct; ‹*lenguaje/estilo*› concise, plain; **fue muy ~** he was very succinct

escuincle -cla *m,f* (Méx fam) kid (infml)

esculcar [A2] *vt* (AmC, Col, Méx, Ven) ‹*cajones/papeles*› to go through; ‹*persona/casa*› to search

esculpir [I1] *vt* ‹*estatua/busto*› to sculpt, sculpture; ‹*inscripción*› to engrave, carve

■ ~ *vi* to sculpt, sculpture

escultor -tora *m,f* sculptor

escultura *f* sculpture; **~ en madera** wood carving

✓ key word

escupida *f* (RPl) gob (of spit) (infml)

escupir [I1] *vi* to spit; **~le A algn** to spit AT sb; **le escupió en la cara** he spat in her face

■ ~ *vt* **(a)** ‹*comida*› to spit out; ‹*sangre*› to spit, cough up **(b)** ‹*llamas/lava*› to belch out

escupitajo *m* gob (of spit) (infml)

escupo *m* (Chi, Ven) gob (of spit) (infml)

escurreplatos *m* (*pl* ~) (mueble) *cupboard with built-in plate rack*; (rejilla) plate rack

escurridizo -za *adj* ‹*piel/jabón*› slippery; ‹*persona/respuesta*› evasive; ‹*idea/concepto*› elusive

escurrir [I1] *vt* ‹*ropa*› to wring out, wring; ‹*verduras/pasta*› to strain, drain; ‹*líquido*› to drain (off)

■ ~ *vi* to drain; **dejar ~** ‹*platos*› to leave ... to drain; ‹*camisa*› to leave ... to drip-dry

■ **escurrirse** *v pron* **1** **(a)** «*líquido*» **cuelga la camisa para que se escurra el agua** hang the shirt out to drip-dry **(b)** «*verduras/vajilla*» to drain **2** **(a)** (fam) (escaparse, escabullirse) to slip away; **~se DE algo** to wriggle *o* get out OF sth **(b)** (resbalarse, deslizarse) to slip

escúter *m* scooter

esdrújula *f* word with the stress on the antepenultimate syllable

ese¹ *f name of the letter* s

✓ **ese²**, **esa** *adj dem* (*pl* **esos**, **esas**) that; (*pl*) those; **en ~ país/esos países** in that country/those countries

✓ **ese³**, **esa** *pron dem* (*pl* **esos**, **esas**) **(a)** that one; (*pl*) those; **ese es el tuyo** that (one) is yours; **prefiero esos** I prefer those (ones) [*usually indicates disapproval when used to refer to a person*] **esa no sabe lo que dice** (fam) she doesn't know what she's talking about **(b)** **esas** fam (esas cosas, esos asuntos): **¡conque esas tenemos!** so *that's* it!; **¡no me vengas con esas!** don't give me that! (infml)

ése, **ésa** *pron dem* (*pl* **ésos**, **ésas**) [*The Real Academia Española recommends the unaccented form in all cases*] ▶ **ese³**

esencia *f* essence

✓ **esencial** *adj* (fundamental) essential; **coincidimos en lo ~** we agree on the essentials *o* on the main points; **lo ~ es ...** the main *o* the most important thing is ...

esfera *f* **(a)** (Astron, Mat) sphere **(b)** (de reloj) face **(c)** (ámbito) sphere; **en las altas ~s de la política** in the highest political circles

esférico -ca *adj* spherical

esfero *m* (Col fam) ballpoint pen, biro® (BrE)

esfinge *f* sphinx

esforzar [A11] *vt* ‹*voz/vista*› to strain

■ **esforzarse** *v pron*: **se esforzó mucho** he tried very hard, he put in a lot of effort; **tienes que ~te más** you'll have to work harder; **~se POR** *o* **EN hacer algo** to strive to do sth

✓ **esfuerzo** *m* effort; **hizo el ~ de ser amable** he made an effort *o* tried to be friendly

esfumarse [A1] *v pron* **(a)** «*ilusiones/sueños*» to evaporate; «*temores*» to melt away, be dispelled **(b)** (fam) «*persona/dinero*» to vanish, disappear

esgrima *f* fencing

esgrimista *mf* fencer

esguince *m* sprain; **sufrió un ~ en el tobillo** he sprained his ankle

eslabón *m* link

eslálom (*pl* **-loms**), **eslalon** *m* slalom

eslavo -va *adj* Slavic, Slavonic
■ *m,f* Slav

eslogan *m* (*pl* **-lóganes**) slogan

eslovaco[1] **-ca** *adj* Slovakian
■ *m,f* Slovak

eslovaco[2] *m* (idioma) Slovak

Eslovaquia *f* Slovakia

esmaltar [A1] *vt* ‹*metal*› to enamel; ‹*cerámica*› to glaze

esmalte *m* **(a)** (capa — sobre metales) enamel; (— sobre cerámica) glaze; **~ de** or **para uñas** nail polish *o* (BrE) varnish **(b)** (Odont) enamel **(c)** (Art) enamel

esmerado -da *adj* ‹*persona*› conscientious, painstaking; ‹*presentación*› careful, painstaking; ‹*trabajo*› carefully done

esmeralda *f* emerald

esmerarse [A1] *v pron* to go to a lot of trouble; **se esmera en hacerlo bien** she goes to great pains to do it properly

esmero *m* care

esmirriado -da *adj* (fam) ‹*persona*› skinny (infml), scrawny (infml); ‹*animal*› scrawny

esmog *m* smog

esmoquin *m* (*pl* **-móquines**) tuxedo (AmE), dinner jacket (BrE)

esnifar [A1] *vt* ‹*cocaína*› (arg) to snort (sl); ‹*pegamento*› to sniff (infml)

esnob *adj* (*pl* **-nobs**) snobbish
■ *mf* (*pl* **-nobs**) snob

esnobismo *m* snobbery, snobbishness

eso *pron dem* **(a)** (*neutro*) that; **no digas ~** don't say that; **~ que te contaron** what they told you **(b)** (*en locs*) **a eso de** (at) around *o* about; **en eso: en ~ llegó su madre** (just) at that moment her mother arrived; **¡eso es!** that's it!; **y eso que ...** even though ...; **por ~** that's why **(c)** **¡eso!** (*interj*) exactly!

esófago *m* esophagus*

esos, **esas** *adj dem* ▶ **ese**[2]

ésos, **ésas** *pron dem* ▶ **ése**[3]

espabilado -da *adj* **(a)** (despierto) awake **(b)** (vivo, listo) bright, smart; **tienes que ser más ~** you have to keep more on the ball
■ *m,f*: **los ~s de la clase** the smart ones of the class

espabilar [A1] *vt* **(a)** (quitar el sueño) to wake ... up **(b)** (avivar) to wise ... up (infml)
■ **~** *vi* **(a)** (sacudirse el sueño) to wake up **(b)** (darse prisa) to get a move on (infml) **(c)** (avivarse) to wise up (infml)
■ **espabilarse** *v pron* **(a)** (sacudirse el sueño) to wake (oneself) up **(b)** (darse prisa) to get a move on (infml) **(c)** (avivarse) to wise up (infml)

espaciado -da *adj* **(a)** (en el espacio): **los árboles están muy ~s** the trees are too far apart **(b)** (en el tiempo): **sus visitas se hicieron más espaciadas** her visits became more infrequent

espacial *adj* **(a)** ‹*cohete/vuelo*› space (*before n*) **(b)** (Fís, Mat) spatial

espacio *m* **1** **(a)** (amplitud) space, room; **ocupan demasiado ~** they take up too much space *o* room **(b)** (entre líneas, palabras) space; (entre objetos) space, gap; **rellenar los ~s en blanco** fill in the blank spaces *o* the blanks **(c)** (recinto, área) area **2** (Espac): **el ~** space; **~ aéreo** airspace **3** (de tiempo): **un corto ~ de tiempo** a short space of time; **por ~ de 24 horas** for 24 hours *o* for a period of 24 hours **4** **(a)** (Rad, TV) (programa) program*; **~ publicitario** advertising slot **(b)** (en periódico, revista) space

espacioso -sa *adj* spacious

espada *f* **1** (arma) sword **2** **(a)** (carta) *any card of the 'espadas' suit* **(b)** **espadas** *fpl* (palo) *one of the suits in a Spanish pack of cards*

espagetis, **espaguettis** *mpl* spaghetti

espalda *f* back; **ancho de ~s** broad-shouldered; **perdona, te estoy dando la ~** sorry, I've got my back to you; **de ~s a nosotros** with his/her back to us; **vuélvete de ~s** turn around *o* (BrE) round; **los 100 metros ~** the 100 meters backstroke; **tenderse de ~s** to lie on one's back; **lo atacaron por la ~** he was attacked from behind; ***hacer algo a ~s de algn*** to do sth behind sb's back

espantado -da *adj* **(a)** (asustado) frightened, scared; **salieron ~s** they ran off in fright **(b)** (horrorizado) horrified, appalled

espantapájaros *m* (*pl* **~**) scarecrow

espantar [A1] *vt* **1** **(a)** (ahuyentar) ‹*peces/pájaros*› to frighten away **(b)** (asustar) ‹*caballo*› to frighten, scare **2** (fam) (horrorizar) to horrify, appall*
■ **~** *vi* **(a)** (fam) (asustar): **es tan feo que espanta** he's absolutely hideous (infml) **(b)** (Bol, Col, Ven fam) «*fantasma*» **en esa casa espantan** that house is haunted
■ **espantarse** *v pron* «*pájaro/peces*» to get frightened away; «*caballo*» to take fright, be startled

espanto *m* **1** **(a)** (miedo) fright, horror **(b)** (uso hiperbólico): **la noticia nos llenó de ~** we were horrified *o* appalled at the news; **hace un frío de ~** (fam) it's freezing *o* terribly cold (infml); **ya está curada de ~** (fam) she's seen/heard it all before **2** (Bol, Col, Ven fam) (espíritu) ghost, spook (infml)

espantoso -sa *adj* **(a)** ‹*escena/crimen*› horrific, appalling **(b)** (fam) (uso hiperbólico) ‹*comida/letra/tiempo*› atrocious; ‹*vestido/color*› hideous; ‹*ruido/voz*› terrible, awful; **pasé un frío ~** I was absolutely freezing (infml)

España *f* Spain

español[1] **-ñola** *adj* Spanish
■ *m,f* (persona) (*m*) Spaniard, Spanish man; (*f*) Spaniard, Spanish woman; **los ~es** the Spanish, Spaniards, Spanish people

español[2] *m* (idioma) Spanish

esparadrapo *m* surgical tape

esparcir [I4] *vt* **(a)** ‹*libros/juguetes*› to scatter **(b)** ‹*rumor*› to spread **(c)** (Chi) ‹*mantequilla*› to spread
■ **esparcirse** *v pron* **(a)** «*líquido*» to spread; «*papeles/semillas*» to be scattered **(b)** «*noticia/rumor*» to spread

espárrago *m* asparagus; ***mandar a algn a freír ~s*** (fam) to tell sb to get lost (infml)

espasmo *m* spasm

espátula *f* **(a)** (paleta) spatula; (Art) palette knife **(b)** (para quitar pintura, papel) scraper

especia *f* (condimento) spice

✓ **especial** *adj* **(a)** (en general) special; **en ~** especially, particularly; **nadie en ~** nobody in particular; **un día muy ~ para mí** a very special day for me **(b)** (difícil) ‹*persona/carácter*› fussy

✓ **especialidad** *f* **(a)** (actividad, estudio) specialty (AmE), speciality (BrE); **hizo dos años de ~** she did two years' specialization **(b)** (de restaurante) specialty (AmE), speciality (BrE)

e

✓ **especialista** *adj* specialist (*before n*)
■ *mf* **(a)** (experto) specialist, expert **(b)** (Med) specialist; **un ~ de(l) corazón** a heart specialist **(c)** (Cin, TV) (*m*) stuntman; (*f*) stuntwoman

especialización *f* specialization

✓ **especializado -da** *adj* **(a)** ‹*librería/restaurante*› specialty (*before n*) (AmE), specialist (*before n*) (BrE); **~ EN algo** specializing IN sth **(b)** ‹*lenguaje*› technical, specialized **(c)** ‹*obrero*› skilled, specialized (*before n*)

especializarse [A4] *v pron* to specialize

especialmente *adv* **(a)** (en especial) especially, particularly **(b)** (para un fin específico) specially; **~ diseñado para nosotros** specially designed for us

✓ **especie** *f* **(a)** (Biol, Bot, Zool) species **(b)** (clase) kind, sort

específicamente *adv* specifically

especificar [A2] *vt* to specify

✓ **específico -ca** *adj* specific

espécimen *m* (*pl* **-pecímenes**) (ejemplar) specimen; (muestra) sample, specimen

espectacular *adj* spectacular

✓ **espectáculo** *m* **1** (representación) show; **un ~ de variedades** a variety show; ⓢ **espectáculos** (en periódicos) entertainment guide; **el mundo del ~** showbusiness **2** (visión, panorama) sight; **un triste ~** a sad sight *o* spectacle

espectador -dora *m,f* (Dep) spectator; (Espec) member of the audience; **asistieron al estreno dos mil ~es** two thousand people attended the premiere

espectro *m* **1** (gama) spectrum **2** (fantasma) specter*, ghost; (amenaza) specter*

especulación *f* speculation

especulador -dora *m,f* speculator

especular [A1] *vi* to speculate

espejismo *m* (fenómeno óptico) mirage; (ilusión) illusion

espejo *m* mirror; **~ de cuerpo entero** full-length mirror; **~ lateral/retrovisor** wing/rear-view mirror; **mirarse al ~** to look (at oneself) in the mirror; **la obra es ~ de esa sociedad** the play mirrors that society

espeleología *f* spelunking, potholing (BrE)

espeluznante *adj* ‹*tragedia/estado/experiencia*› horrific, horrifying; ‹*grito*› terrifying, blood-curdling

✓ **espera** *f* **1** (acción, período) wait; **una larga ~** a long wait; **estoy a la ~ de una oferta concreta** I am waiting for a concrete offer; **en ~ de su respuesta saluda a Vd. atte.** (fml) I look forward to hearing from you, yours faithfully **2** (Der) respite

esperado -da *adj* **(a)** (aguardado) ‹*acontecimiento/carta*› eagerly awaited **(b)** (que es de esperar): **no obtuvo los resultados ~s** he didn't get the results he expected

✓ **esperanza** *f* hope; **mi única ~** my only hope; **puso todas sus ~s en su hijo** he pinned all his hopes on his son; **hay ~s de éxito** there are hopes that he/it/they will succeed; **perdimos toda ~ de encontrarlos vivos** we gave up *o* lost hope of finding them alive; **fue con la ~ de que ...** he went in the hope that ...; **me dio ~s de que el niño mejoraría** he gave me hope that the child would recover; **~ de vida** life expectancy

esperanzado -da *adj* hopeful

esperanzador -dora *adj* encouraging

✓ **esperar** [A1] *vt* **1** **(a)** ‹*autobús/persona/acontecimiento*› to wait for; **¿qué estás esperando para decírselo?** tell him! what are you waiting for? **(b)** (recibir) to meet; **la fuimos a ~ al aeropuerto** we went to meet her at the airport **(c)** «*sorpresa*» to await; **le espera un futuro difícil** he has a difficult future ahead of him **2** **(a)** (contar con, prever) to expect; **tal como esperábamos** just as we expected; **cuando uno menos lo espera** when you least expect it; **te espero alrededor de las nueve** I'll expect you around nine; **¿esperabas que te felicitara?** did you expect me to congratulate you?; **era de ~ que el proyecto fracasara** the project was bound to fail **(b)** ‹*niño/bebé*› to be expecting **3** (con esperanza) to hope; **eso espero** or **espero que sí** I hope so; **espero que no** I hope not; **~ hacer algo** to hope to do sth; **espero que no llueva** I hope it doesn't rain; **esperemos que no sea nada grave** let's hope it's nothing serious
■ **~** *vi* **(a)** (aguardar) to wait; **no podemos ~ más** we can't wait any longer; **espera a estar seguro** wait until you're sure; **~on (a) que él se fuera para entrar** they waited for him to go before they went in **(b)** «*embarazada*» **estar esperando** to be expecting
■ **esperarse** *v pron* **1** (fam) (aguardar) to hang on (infml), to hold on (infml) **2** (fam) (prever) to expect; **¡quién se lo iba a ~!** who would have thought it!

esperma *m or f* (Biol) sperm
■ *f* **(a)** (sustancia) spermaceti **(b)** (Col) (vela) candle

espesar [A1] *vt/vi* to thicken
■ **espesarse** *v pron* «*salsa*» to thicken; «*vegetación*» to become thick, become dense

espeso -sa *adj* **(a)** ‹*salsa*› thick; ‹*vegetación/niebla*› dense, thick; ‹*nieve*› thick, deep; ‹*cabello/barba*› bushy, thick **(b)** (Per fam) (cargoso) annoying

espesor *m* thickness

espesura *f* vegetation; **se abrieron paso por entre la ~** they hacked a path through the vegetation

espía *adj inv* ‹*avión/satélite*› spy (*before n*); ‹*cámara*› hidden (*before n*), secret (*before n*)
■ *mf* (persona) spy

espiar [A17] *vt* ‹*enemigo/movimientos*› to spy on, keep watch on
■ **~** *vi* to spy

✓ key word

espiga *f* (Agr, Bot) (de trigo) ear, spike; (de flores) spike

espigón *m* **(a)** (rompeolas) breakwater **(b)** (Per, RPl) (en aeropuerto) terminal (building)

espina *f* **(a)** (de rosal, zarza) thorn; (de cactus) prickle **(b)** (de pez) bone **(c)** (Anat) spine; **~ dorsal** spine, backbone; ***darle a algn mala ~*** to make sb feel uneasy; **esto me da mala ~** I don't like the look of this

espinaca *f* spinach

espinazo *m* spine, backbone

espinilla *f* **1** (Anat) shin **2** (en la piel) **(a)** (de cabeza negra) blackhead **(b)** (AmL) (barrito) pimple, spot

espino *m* hawthorn

espinoso -sa *adj* **1** **(a)** ‹*rosal/zarza*› thorny; ‹*cactus*› prickly **(b)** ‹*pescado*› bony **2** ‹*problema/asunto*› thorny, knotty

espionaje *m* spying, espionage; **novela de ~** spy novel

espiral *f* **(a)** (forma, movimiento) spiral; **un cuaderno de ~(es)** a spiral-bound notebook; **escalera de ~** spiral staircase **(b)** (muelle) hairspring **(c)** (dispositivo intrauterino) coil

espirar [A1] *vi* to breathe out, exhale

espiritismo *m* spiritualism; **sesión de ~** séance

espiritista *adj/mf* spiritualist

espíritu *m* **(a)** (en general) spirit; **un ~ maligno** an evil spirit; **E~ Santo** Holy Ghost *o* Spirit; **con ~ de sacrificio** in a spirit of self-sacrifice; **el ~ de la ley** the spirit of the law **(b)** (naturaleza, carácter) nature; **tiene un ~ rebelde** she has a rebellious nature

espiritual *adj* spiritual
■ *m tb* **~ negro** (Negro) spiritual

espita *f* spigot (AmE), tap (BrE)

espléndido -da *adj* **(a)** ‹*fiesta/comida*› splendid, magnificent; ‹*día/tiempo*› splendid, marvelous*; ‹*regalo/joya/abrigo*› magnificent **(b)** (generoso) ‹*persona*› generous; ‹*regalo*› lavish, generous

esplendor *m* **(a)** (magnificencia) splendor*, magnificence **(b)** (apogeo) splendor*

espolear [A1] *vt* ‹*caballo*› to spur (on)

espoleta *f* (Arm) fuse

espolvorear [A1] *vt* to sprinkle

esponja *f* sponge

esponjoso -sa *adj* ‹*masa/bizcocho*› spongy, fluffy; ‹*tejido*› soft; ‹*lana*› fluffy

espontaneidad *f* spontaneity

espontáneo -nea *adj* ‹*persona/gesto/ayuda*› spontaneous; ‹*actuación*› impromptu
■ *m,f*: *spectator who jumps into the ring to join in the bullfight*

esporádico -ca *adj* ‹*sucesos/visitas*› sporadic, intermittent

esposado -da *adj* handcuffed, in handcuffs

esposas *fpl* handcuffs (*pl*)

esposo -sa *m,f* (*m*) husband; (*f*) wife

espray *m* (*pl* **-prays**) **(a)** (atomizador) spray **(b)** (pintura) spray paint

esprint *m* (*pl* **-prints**) sprint

espuela *f* spur

espuelear [A1] *vt* (AmL) to spur (on)

espuma *f* **1** **(a)** (del mar) foam; (al romper las olas) surf; (en agua revuelta) foam, froth **(b)** (del jabón) lather; **este jabón no hace ~** this soap doesn't lather; **un baño de ~** a foam *o* bubble bath; **~ de afeitar** shaving foam; **~ seca** carpet shampoo **(c)** (de la cerveza) head, froth **(d)** (Coc) (capa) scum **2** **(a)** (caucho celular) foam rubber **(b)** (tejido elástico) stretch nylon

espumadera *f* skimmer, slotted spoon

espumante *m* sparkling wine

espumillón *m* tinsel

espumoso[1] -sa *adj* ‹*ola*› foaming; ‹*cerveza*› frothy; ‹*vino*› sparkling

espumoso[2] *m* sparkling wine

esqueje *m* (para plantar) cutting; (para injertar) scion

esquela *f* **(a)** (AmL) (carta) note **(b)** (Andes) (papel) stationery set **(c)** (Esp) (aviso fúnebre) *tb* **~ mortuoria** death notice

esqueleto *m* **(a)** (Anat) skeleton **(b)** (de edificio, novela) framework

esquema *m* **1** (croquis) sketch, diagram; (sinopsis) outline **2** (de ideas): **el ~ liberal** liberal philosophy *o* thinking; **no se sale de sus ~s** she doesn't change her way of thinking

esquemático -ca *adj* schematic; **el libro es algo ~** the book is a little oversimplified

esquematizar [A4] *vt/vi* to schematize

esquí *m* (*pl* **-quís** *or* **-quíes**) (tabla) ski; (deporte) skiing; **pista de ~** ski run, piste; **~ acuático** or **náutico** waterskiing; **hacer ~ acuático** to water-ski

esquiador -dora *m,f* skier

esquiar [A17] *vi* to ski

esquilar [A1] *vt* to shear, clip

esquimal *adj/mf* Eskimo

esquina *f* **(a)** (en calle) corner; **en la calle Vidal, ~ (a) Cádiz** on the corner of Vidal (Street) and Cadiz (Street); **doblar la ~** to go round *o* turn the corner; **hace ~ con la plaza** it's on the corner of the square **(b)** (Dep): **sacar de ~** to take a corner (kick)

esquinazo *m* **1** (Esp): **darle (el) ~ a algn** (dejar plantado) to stand sb up; (esquivar) to give sb the slip **2** (Chi) (serenata) *serenade of traditional singing and dancing*

esquirol *mf* (pey) strikebreaker, scab (derog)

esquivar [A1] *vt* ‹*persona/problema/dificultad*› to avoid; ‹*golpe/pregunta*› to dodge, evade; ‹*responsabilidad*› to avoid, evade

esquivo -va *adj* **(a)** ‹*persona*› (difícil de encontrar) elusive; (huraño) aloof, unsociable; (tímido) shy **(b)** ‹*respuesta*› elusive, evasive

esquizofrenia *f* schizophrenia

esquizofrénico -ca *adj/m,f* schizophrenic

estabilidad *f* stability

estabilizar [A4] *vt* to stabilize
■ **estabilizarse** *v pron* to stabilize

estable *adj* stable; ‹*trabajo*› steady

establecer [E3] *vt* **1** **(a)** ‹*colonia/dictadura*› to establish; ‹*campamento*› to set up; **estableció su residencia en Mónaco** he took up residence in Monaco **(b)** ‹*relaciones/contacto*› to establish **2** (dejar sentado) **(a)** ‹*criterios/bases*› to establish, lay down; ‹*precio*› to fix, set; ‹*precedente*› to establish, set **(b)** (fml) *«ley/reglamento»* (disponer) to state, establish **(c)** *‹récord/marca/moda›* to set; *‹uso›* to establish **3** (determinar) to establish

■ **establecerse** *v pron «colono/emigrante»* to settle; *«comerciante/empresa»* to set up

🔑 **establecimiento** *m* establishment

establo *m* stable

estaca *f* **(a)** (poste) stake, post **(b)** (para carpa) tent peg **(c)** (garrote) club, stick **(d)** (clavo de madera) peg

e

🔑 **estación** *f* **1** (de tren, metro, autobús) station; **~ de bomberos** (Col, Méx, Ven) fire station; **~ de policía** (Col, Ven) police station; **~ de esquí** ski resort; **~ de servicio** service station, gas (AmE) *o* (BrE) petrol station; **~ terminal** or **término** terminal, terminus (BrE) **2** (del año) season **3** (AmL) (emisora) radio station

estacionamiento *m* **(a)** (acción de estacionar) parking **(b)** (espacio para estacionar) parking space; (en recinto cerrado) (AmL) parking lot (AmE), car park (BrE)

estacionar [A1] *vt* to park

■ **~** *vi* to park; **⊗ prohibido estacionar** no parking; **~ en doble fila** to double-park

■ **estacionarse** *v pron* **(a)** *«crecimiento»* to stop; *«peso»* to stabilize; *«proceso/enfermedad»* to halt **(b)** (Chi, Méx) *«conductor»* to park

estadía *f* (AmL) (en un lugar) stay

🔑 **estadio** *m* stadium

estadista *mf (m)* statesman; *(f)* stateswoman

estadística *f* **(a)** (estudio) statistical study **(b)** (cifra) statistic, figure **(c)** (disciplina) statistics

estadístico -ca *adj* statistical

🔑 **estado** *m* **1** **(a)** (en general) state; **~ de ánimo** state of mind; **~ de cuenta** bank statement; **~ de emergencia** or **excepción** state of emergency; **la casa está en buen ~** the house is in good condition **(b)** (Med) condition; ***estar en ~*** (euf) to be expecting (infml); ***quedarse en ~*** (euf) to get pregnant **(c) estado civil** marital status **2** (nación, gobierno) state; **la seguridad del E~** national *o* state security; **~ de bienestar** welfare state

Estados Unidos *m tb* **los ~ ~** *mpl* the United States (*+ sing or pl vb*)

Estados Unidos Mexicanos *mpl* (fml) United States of Mexico (fml)

🔑 **estadounidense** *adj* American, US (*before n*)
■ *mf* American

estafa *f* **(a)** (Der) fraud, criminal deception **(b)** (fam) (timo) rip-off (infml), con (infml)

estafador -dora *m,f* **(a)** (Der) fraudster **(b)** (fam) (timador) swindler (infml)

estafar [A1] *vt* **(a)** (Der) to swindle, defraud; **~le algo** A **algn** to defraud sb OF sth, swindle sb OUT OF sth **(b)** (fam) (timar) to rip ... off (infml), to con (infml)

estafeta *f tb* **~ de correos** mail office (AmE), sub-post office (BrE)

estallar [A1] *vi* **(a)** *«bomba»* to explode; *«neumático»* to blow out, burst; *«globo»* to burst; *«vidrio»* to shatter; **hizo ~ el dispositivo** he detonated the device **(b)** *«guerra/revuelta»* to break out; *«tormenta/escándalo/crisis»* to break **(c)** *«persona»* (ponerse furioso) to blow one's top (infml); **~** EN **algo** *‹en llanto/carcajadas›* to burst INTO sth

estallido *m* **(a)** (de bomba) explosion; (de neumático) bursting; (de cristal) shattering **(b)** (de guerra) outbreak

estamento *m* (de sociedad) stratum, class

estampado[1] -da *adj* patterned, printed

estampado[2] *m* pattern; **los ~s están de moda** patterned *o* printed fabrics are in fashion

estampar [A1] *vt* (imprimir) *‹tela/diseño›* to print; *‹metal›* to stamp; (formando relieve) to emboss

estampida *f* stampede; **salir en** or **de ~** to stampede out

estampido *m* (de pistola) bang, report; (de bomba) bang

estampilla *f* **(a)** (AmL) (sello — postal) postage (stamp); (— fiscal) tax stamp **(b)** (sello de goma) rubber stamp

estampillar [A1] *vt* (AmL) (con sello fiscal o de correos) to stamp

estancado -da *adj* **(a)** *‹agua›* stagnant **(b)** (detenido): **las negociaciones están estancadas** negotiations are at a standstill **(c)** (con un problema) stuck, bogged down

estancamiento *m* stagnation

estancarse [A2] *v pron* **(a)** *«agua»* to become stagnant, to stagnate **(b)** *«negociación/proceso»* to come to a halt *o* standstill **(c)** (con un problema) to get bogged down *o* stuck

estancia *f* **1** (fml) (habitación) large room **2** (Esp, Méx) (permanencia) stay **3** (en el CS) (Agr) farm; (de ganado) ranch

estanciero -ra *m,f* (en el CS) (Agr) farmer; (de ganado) rancher

estanco *m* (tienda) tobacconist's

estándar *adj/m* standard

estandarte *m* standard, banner

estanque *m* pond

estanquillo *m* (Méx) general store (AmE), grocer's shop (BrE)

estante *m* shelf

estantería *f* shelves (*pl*); (para libros) bookcase, bookshelves (*pl*)

estaño *m* (elemento) tin; (para soldar) solder; (peltre) pewter

🔑 **estar[1]** [A27] *cópula* **1** **(a)** (seguido de adjetivos) [▶ **Estar** *denotes a changed condition or state as opposed to identity or nature, which is normally expressed by* ▶ **ser** *cópula* **1. Estar** *is also used when the emphasis is on the speaker's perception of things, of their appearance, taste, etc. The examples given below should be contrasted with those to be found in* ▶ **ser**] to be; **estás más gordo** you've put on weight; **estoy cansada** I'm tired; **está muy simpático conmigo** he's being *o* he's been so nice to me (recently); **¡todo está tan caro!** things are *o* have become so expensive! **(b)** (*con* **bien, mal, mejor, peor**) **están todos bien, gracias** they're all fine, thanks; **¡qué bien estás en esta foto!** you look great in this photo!; **está mal que no se lo perdones** it's wrong of you not to forgive him; *ver tb* **bien, mal, mejor, peor** **2** (hablando de estado civil) to be; **está casada con un primo mío** she's married to a cousin of mine **3** (seguido de participios): **~ sentado** to

🔑 key word

be sitting; **estaban abrazados** they had their arms around each other; *ver tb* **4** (seguido de preposición) to be (*para más ejemplos ver tb la preposición o el nombre correspondiente*) **estoy a régimen** I'm on a diet; **¿a cómo está la uva?** how much are the grapes?; **está con el sarampión** she has (the) measles; **estoy de cocinera** I'm doing the cooking; **estamos sin electricidad** the electricity is off at the moment; **está sin pintar** it hasn't been painted yet

■ ~ *vi* **1** (en un lugar) to be; **¿dónde está Chiapas?** where's Chiapas?; **está a 20 kilómetros de aquí** it's 20 kilometers from here; **¿sabes dónde está Pedro?** do you know where Pedro is?; **¿está Rodrigo?** is Rodrigo in?; **solo ~é unos días** I'll only be staying a few days; **¿cuánto tiempo ~ás en Londres?** how long are you going to be in London (for)? **2** (en el tiempo): **¿a qué (día) estamos?** what day is it today?; **¿a cuánto estamos hoy?** what's the date today?; **estamos a 28 de mayo** it's May 28th (AmE) *o* (BrE) the 28th of May; **estamos en primavera** it's spring **3** **(a)** (tener como función, cometido): **para eso están los amigos** that's what friends are for; **estamos para ayudarlos** we're here to help them **(b)** (radicar) to lie; **en eso está el problema** that's where the problem lies **4** (estar listo, terminado): **la carne todavía no está** the meat's not ready yet; **lo atas con un nudo y ya está** you tie a knot in it and that's it *o* there you are; **enseguida estoy** I'll be right with you **5** (Esp) (quedar) (+ *me/te/le etc*), (+ *compl*) **te está pequeña** it's too small for you; **la 46 te está mejor** the 46 fits you better

■ *v aux* **1** (con gerundio): **está lloviendo** it's raining; **estoy viendo que va a ser imposible** I'm beginning to see that it's going to be impossible **2** (con participio): **ese asiento está ocupado** that seat is taken; **ya está hecho un hombrecito** he's a proper young man now; *ver tb* **estar** *cópula*

■ **estarse** *v pron* (*enf*) (permanecer) to stay; **¿no te puedes ~ quieto?** can't you stay *o* keep still?; **estese tranquilo** don't worry

estar² *m* (esp AmL) living room

estárter *m* choke

estatal *adj* state (*before n*)

estático -ca *adj* static

estatua *f* statue

estatura *f* height; **mide dos metros de ~** he's two meters (tall); **¿qué ~ tenía?** how tall was she?; **de mediana ~** of medium height

estatus *m* status

estatuto *m* **(a)** (Der, Pol) statute; (regla) rule **(b) estatutos** *mpl* (de empresa) articles of association (*pl*)

este¹ *adj inv* ‹*región*› eastern; **iban en dirección ~** they were heading east *o* eastward(s); **el ala/la costa ~** the east wing/coast

■ *m* **(a)** (parte, sector): **el ~** the east; **al ~ de Lima** to the east of Lima **(b)** (punto cardinal) east, East; **vientos del E~** easterly winds; **las ventanas dan al ~** the windows face east **(c) el Este** (Hist, Pol) the East; **los países del E~** the Eastern Bloc countries

este², **esta** *adj dem* (*pl* **estos**, **estas**) **(a)** this; (*pl*) these; **este chico** this boy; **estos dólares** these dollars [*usually indicates a pejorative or emphatic tone when placed after the noun*] **la estúpida esta no me avisó** (fam) this idiot here didn't tell me **(b)** (como muletilla) well, er

este³, **esta** *pron dem* (*pl* **estos**, **estas**) this one; (*pl*) these; **~ es el mío** this (one) is mine; **un día de estos** one of these days; **~ es el que yo quería** this is the one I wanted; **prefiero estos** I prefer these (ones) [*sometimes indicates irritation, emphasis or disapproval*] **¡qué niña esta!** (fam) honestly, this child!; **residente en esta** resident in Seville (*o* Lima *etc*)

éste, **ésta** *pron dem* (*pl* **éstos**, **éstas**) [*The Real Academia Española recommends the unaccented form in all cases*] ▶ **este³**

estela *f* (de barco) wake; (de avión, cohete) trail

estelar *adj* **(a)** (Espec) star **(b)** (Astron) stellar

estelarizar [A4] *vt* (Méx) to star in

estepa *f* steppe

estera *f* mat

estercolero *m* dunghill, dung heap

estéreo *adj inv/m* stereo

estereofónico -ca *adj* stereophonic

estereotipado -da *adj* ‹*frase*› clichéd; ‹*idea/personaje*› stereotyped

estereotipo *m* stereotype

estéril *adj* **(a)** ‹*animal/persona*› sterile; ‹*terreno*› infertile, barren **(b)** ‹*esfuerzo/discusión*› futile **(c)** ‹*gasa/jeringa*› sterile

esterilidad *f* infertility; (de un hombre) sterility

esterilizar [A4] *vt* to sterilize

esterilla *f* **(a)** (alfombrilla) mat **(b)** (AmS) (mimbre) wicker

esternón *m* sternum, breastbone

estero *m* **(a)** (AmS) (laguna, pantano) marsh **(b)** (Chi) (arroyo) stream

esteroide *m* steroid

estética *f* **(a)** (Art) aesthetics **(b)** (Med) cosmetic surgery

esteticien, **esteticista** *mf* aesthetician, beautician

estético -ca *adj* aesthetic

estetoscopio *m* stethoscope

estiércol *m* (excremento) dung; (abono) manure

estigma *m* stigma

estilar [A1] *vi* (Chi) (gotear) to drip; (escurrir) to drain

■ **estilarse** *v pron* «*moda/peinado*» to be fashionable

estilista *mf* **(a)** (Lit) stylist **(b)** (diseñador de modas) designer **(c)** (AmL) (peluquero) hairstylist

estilístico -ca *adj* stylistic

estilizado -da *adj* **(a)** (Art) stylized **(b)** ‹*cuerpo/figura*› slender, slim

estilo *m* **(a)** (en general) style; **~ barroco** baroque style; **~ de vida** way of life, lifestyle; **ropa ~ deportivo** casual wear; **vestir con ~** to dress stylishly; **al ~ de mi tierra** the way they do it back home; ***por el ~***: **son todos por el ~** they are all the same; **algo por el ~** something like that **(b)** (en natación) stroke, style; **~ libre** freestyle; **~ mariposa** butterfly; **~ pecho** or (Esp) **braza** breaststroke

estilográfica *f* fountain pen

estima *f* esteem; **ganarse la ~ de algn** to raise oneself in sb's esteem; **tener(le) ~ a algn** to think highly of sb; **tiene en gran ~ tu amistad** he values your friendship very highly

estimación *f* **1** (cálculo) estimate **2** (aprecio) esteem

estimado -da *adj* dear

estimar [A1] *vt* **1 (a)** ‹*persona*› (respetar) to respect, hold ... in high esteem (fml); (tener cariño) to be fond of **(b)** ‹*objeto*› to value; **su piel es muy estimada** its skin is highly prized **2** (fml) (considerar) (+ *compl*) to consider, deem (fml)

estimulante *adj* stimulating

estimular [A1] *vt* **(a)** (en general) to stimulate **(b)** (alentar) ‹*persona*› to encourage

estímulo *m* **(a)** (incentivo) incentive **(b)** (Biol, Fisiol) stimulus

estirado -da *adj* (fam) stuck-up (infml), snooty (infml)

estirar [A1] *vt* **1 (a)** ‹*goma/elástico/suéter*› to stretch; ‹*cable/soga*› to pull out, stretch **(b)** ‹*sábanas/mantel*› (con las manos) to smooth out; (con la plancha) to run the iron over **2** ‹*brazos/piernas/músculo*› to stretch; **estiró el cuello para poder ver** she craned her neck to be able to see **3** ‹*dinero/comida/recursos*› to make ... go further

■ **estirarse** *v pron* to stretch

estirón *m*: **dar** or **pegar un ~** (fam) to shoot up (infml)

estirpe *f* stock, lineage

estítico -ca *adj* (Chi) constipated

estitiquez *f* (Chi) constipation

esto *pron dem* (*neutro*) this; **¿qué es ~?** what's this?; **~ es lo que quiero** this is what I want

estofado¹ -da *adj* stewed; (con menos líquido) braised

estofado² *m* stew

estoico -ca *adj* stoic, stoical

estomacal *adj* stomach (*before n*)

estómago *m* (Anat) stomach; **tengo dolor de ~** I have a stomachache, my stomach hurts; **beber con el ~ vacío** to drink on an empty stomach; ***revolverle el ~ a algn*** to turn sb's stomach

estoperol *m* **1** (Andes) (en carretera) cat's eye **2** (Chi) (Dep) stud

estoque *m* sword (*used for killing bull*)

estorbar [A1] *vi* to be/get in the way

■ **~** *vt* to obstruct; **el piano estorbaba el paso** the piano was in the way

estorbo *m* (obstáculo) hindrance; (molestia) nuisance

estornudar [A1] *vi* to sneeze

estornudo *m* sneeze

estos -tas *adj dem* ▶ **este²**

éstos -tas *pron dem* ▶ **este³**

estoy ▶ **estar¹**

estrabismo *m* squint, strabismus (tech)

estrado *m* (tarima) platform, dais

estrafalario -ria *adj* ‹*persona/ideas/conducta*› eccentric; ‹*vestimenta*› outlandish, bizarre

■ *m,f* eccentric

estragón *m* tarragon

estragos *mpl*: **los ~ de la guerra** the ravages of war; **causar/hacer ~s** «*terremoto/inundación*» to wreak havoc; **la epidemia causó ~ entre la población** the epidemic devastated the population

estrambótico -ca *adj* ‹*persona/idea/conducta*› eccentric; ‹*vestimenta*› outlandish, bizarre

estrangulador -dora *m,f* strangler

estrangular [A1] *vt* **(a)** ‹*persona/animal*› to strangle, throttle **(b)** ‹*vena/conducto*› to strangulate

estraperlo *m* black market

estratagema *f* stratagem

estrategia *f* strategy

estratégico -ca *adj* strategic

estratosfera *f* stratosphere

estrechar [A1] *vt* **1 (a)** ‹*falda/pantalones*› to take ... in; ‹*carretera*› to make ... narrower **(b)** ‹*relaciones/lazos*› to strengthen **2** (abrazar, apretar): **la estrechó entre sus brazos** he held her tightly in his arms; **me estrechó la mano** he shook my hand

■ **estrecharse** *v pron* **1 (a)** «*carretera/acera*» to narrow, get narrower **(b)** «*relaciones/lazos*» to strengthen **2** (*recípr*) (apretarse): **se ~on en un abrazo** they embraced; **se ~on la mano** they shook hands

estrecho¹ -cha *adj* **1** ‹*calle/pasillo*› narrow; ‹*falda*› tight; **íbamos muy ~s** it was very cramped **2** ‹*amistad/colaboración/vigilancia*› close **3** (limitado) ‹*criterio*› narrow; **es muy ~ de miras** he's very narrow-minded

estrecho² *m* (Geog) strait, straits (*pl*); **el E~ de Gibraltar** the Strait(s) of Gibraltar

estrella *f* **(a)** (en general) star; **~ de mar** starfish; **~ fugaz** shooting star; **~ polar** Pole Star; **un hotel de tres ~s** a three-star hotel; **una ~ de cine** a movie star **(b)** (asterisco) asterisk

estrellado -da *adj* (lleno de estrellas) starry; (en forma de estrella) star-shaped

estrellar [A1] *vt*: **estrelló un plato contra la pared** he smashed a plate against the wall; **estrelló el coche contra un árbol** he smashed his car into a tree

■ **estrellarse** *v pron* (chocar) to crash; **se estrelló con la moto** he had a motorcycle accident; **~se** CONTRA **algo** «*coche*» to crash INTO sth; «*olas*» to crash AGAINST sth; **se estrelló contra el vidrio** he walked smack into the glass door

estremecedor -dora *adj* ‹*escena/noticia*› horrifying; ‹*grito/relato*› spine-chilling, hair-raising

estremecer [E3] *vt* to make ... shudder

■ **~** *vi* to shudder; **hacer ~ a algn** to make sb shudder

■ **estremecerse** *v pron* **(a)** «*persona*» **~se** DE **algo** (*de miedo/horror*) to shudder WITH sth; (*de frío*) to shiver *o* tremble WITH sth; **se estremeció solo de pensarlo** he shuddered at the mere thought of it **(b)** «*edificio/ventana*» to shake

estremecimiento *m* (de miedo) shudder; **tenía ~s de frío** he was shivering with cold

estrenar [A1] *vt* **1** (Cin, Teatr): **la película se estrenó en marzo** the movie opened *o* (journ) had its premiere in March; **acaban de ~ la obra en Madrid** the play's just started showing *o* just

key word

opened in Madrid **2** (usar por primera vez): **voy a ~ corbata** I'm going to wear a new tie; **todavía no he estrenado la blusa** I still haven't worn the blouse; **todavía no estrenamos el gimnasio** we still haven't tried out the gymnasium

estreno *m* **1** (de película, nueva obra) premiere; (de nueva puesta en escena) opening night **2** (primer uso): **ir de ~** to be wearing new clothes; **el ~ del local** the opening of the new premises

estreñido -da *adj* constipated

estreñimiento *m* constipation

estreñir [I15] *vi* to cause constipation
■ ~ *vt* to make ... constipated, bind (infml)

estrés *m* stress

estresado -da *adj* under stress

estresante *adj* stressful

estría *f* **(a)** (de la piel) stretch mark **(b)** (de columna) groove, stria (tech)

estriado -da *adj* **(a)** ‹*piel*› stretch-marked **(b)** ‹*columna*› fluted

estribillo *m* (Lit) refrain; (Mús) chorus

estribo *m* **(a)** (Equ) stirrup; ***perder los ~s*** to fly off the handle, lose one's cool; ***tomarse la del ~*** to have one for the road (infml) **(b)** (de vehículo) running board; (de moto) footrest

estribor *m* starboard

estricto -ta *adj* strict

estridente *adj* **(a)** ‹*pitido/chirrido*› shrill **(b)** ‹*voz*› (agudo) shrill; (fuerte) strident **(c)** ‹*color*› garish, loud

estrofa *f* stanza, verse

estropajo *m* scourer

estropeado -da *adj*: **estar ~** «*zapato/sillón*» to be falling apart; «*motor/coche*» to be broken down; *ver tb* **estropear**

estropear [A1] *vt* **1 (a)** ‹*aparato/mecanismo*› to damage, break; ‹*coche*› to damage **(b)** (malograr) ‹*plan/vacaciones*› to spoil, ruin **2** (deteriorar, dañar) ‹*piel*› to damage, ruin; ‹*juguete*› to break; ‹*ropa*› to ruin; **el calor estropeó la fruta** the heat made the fruit go bad
■ **estropearse** *v pron* **1 (a)** (averiarse) «*motor/coche*» to break down; **la lavadora está estropeada** the washing machine is broken **(b)** «*plan/vacaciones*» to go wrong **2** (deteriorarse) «*fruta*» to go bad; «*leche/pescado*» to go off; «*zapatos/chaqueta*» to get ruined

estructura *f* structure

estructurar [A1] *vt* to structure, to organize

estruendo *m* (de las olas) roar; (de cascada, tráfico) thunder, roar; (de maquinaria) din

estrujar [A1] *vt* **1 (a)** (apretar arrugando) ‹*papel*› to crumple up, scrunch up; ‹*tela*› to crumple (up) **(b)** (para escurrir) to wring (out) **(c)** ‹*uvas*› to press **2** ‹*persona*› to squeeze, hold ... tightly

estuche *m* (de gafas, lápices, violín) case; (de cubiertos) canteen; (de collar, reloj) box, case

estudiante *mf* (de universidad) student; (de secundaria) (high-school) student (AmE), (secondary school) pupil (BrE)

estudiantil *adj* student (*before n*)

estudiar [A1] *vt* **1 (a)** ‹*asignatura*› to study; (en la universidad) to study, read (fml); **¿qué carrera estudió?** what subject did he do at college/university? **(b)** ‹*instrumento*› to learn **(c)** ‹*lección/tablas*› to learn **2** (observar) ‹*rostro/comportamiento*› to study **3** (considerar, analizar) ‹*mercado/situación/proyecto*› to study; ‹*propuesta*› to study, consider; ‹*causas*› to look into, investigate
■ ~ *vi* to study; **estudia en un colegio privado** he goes to a private school; **debes ~ más** you must work harder; **dejó de ~ a los 15 años** she left school at 15; ~ PARA **algo** to study to be sth
■ **estudiarse** *v pron (enf)* ‹*lección*› to study; ‹*papel*› to learn

estudio *m* **1 (a)** (Educ) (actividad): **primero está el ~** studying *o* your studies *o* work must come first **(b)** (investigación, análisis) study; **~ de mercado** market research **(c)** (de asunto, caso) consideration; **está en ~** it is being considered **2** (lugar) **(a)** (de artista) studio; (de arquitecto) office, studio **(b)** (Cin, Rad, TV) studio **(c)** (en casa) study; (apartamento) studio apartment **3** **estudios** *mpl* (Educ) education; **~s superiores** higher education; **quiso darle ~s a su hijo** she wanted to give her son an education; **tener ~s superiores** to have a degree; **dejar los ~s** to give up one's studies

estudioso -sa *adj* studious
■ *m,f* scholar

estufa *f* **(a)** (de calefacción) stove; **~ eléctrica** electric heater **(b)** (Col, Méx) (cocina) stove; **~ de gas** gas stove *o* (BrE) cooker

estupefaciente *m* narcotic (drug); **tráfico de ~s** drug trafficking

estupefacto -ta *adj* astonished, amazed

estupendo[1] -da *adj* **(a)** (excelente) marvelous*, fantastic (infml), great (infml); **¡~!** great! **(b)** (guapo) gorgeous

estupendo[2] *adv* ‹*cantar*› marvelously*; **lo pasé ~** I had a great *o* wonderful time

estupidez *f* **(a)** (cualidad) stupidity, foolishness **(b)** (dicho): **no digas estupideces** don't talk nonsense **(c)** (acto): **eso sería una ~** that would be stupid *o* foolish

estúpido -da *adj* ‹*persona*› stupid; ‹*argumento*› stupid, silly; **¡ay, qué estúpida soy!** oh, how stupid of me!
■ *m,f* idiot, fool

estupor *m* astonishment

estuve, **estuviste**, *etc* ▶ **estar[1]**

esvástica *f* swastika

ETA /'eta/ *f* (= **Euzkadi ta Azkatasuna**) ETA

etapa *f* stage; **por ~s** in stages; **la ~ más feliz de mi vida** the best *o* happiest time of my life

etarra *mf*: *member of ETA*

etcétera etcetera, and so on (and so forth)

etéreo -rea *adj* ethereal

eternidad *f* eternity

eterno -na *adj* eternal; ‹*amor*› everlasting

ética *f* ethics

ético -ca *adj* ethical

etimología *f* etymology

etíope, **etiope** *adj/mf* Ethiopian

Etiopía *f* Ethiopia

etiqueta *f* **1 (a)** (adherida) label **(b)** (atada) tag; (en prenda) label **2** (protocolo) etiquette; **baile/traje de ~** formal ball/dress

etiquetar [A1] *vt* ‹*producto*› to label; ‹*persona*› **~ a algn** DE **algo** to label sb (AS) sth

étnico -ca *adj* ethnic

eucalipto *m* eucalyptus

Eucaristía *f* Eucharist

eufemismo *m* euphemism

euforia *f* elation, euphoria

eufórico -ca *adj* ecstatic, euphoric

⚷ **euro** *m* euro

eurocámara *f* (Pol) European Parliament

eurodiputado -da *m,f* Euro MP, MEP, Member of the European Parliament

⚷ **Europa** *f* Europe

europeísta *adj* pro-European

⚷ **europeo -pea** *adj/m,f* European

Eurotunnel®, eurotúnel *m* Channel Tunnel

Eurozona *f* Eurozone

Euskadi *f* the Basque Country

euskera, eusquera *adj/m* Basque

eutanasia *f* euthanasia

evacuación *f* (desalojo) evacuation

evacuar [A18] *or* [A1] *vt* ‹*local/zona/población*› to evacuate

evadir [I1] *vt* **(a)** ‹*pregunta/peligro/responsabilidad*› to avoid; ‹*tema*› to dodge, evade **(b)** ‹*impuestos*› to evade

■ **evadirse** *v pron* **(a)** «*preso*» to escape **(b)** **~se** DE **algo** (de responsabilidad/problema) to run away FROM sth; (de la realidad) to escape FROM sth

⚷ **evaluación** *f* **(a)** (de daños, situación) assessment; (de datos, informes) evaluation, assessment **(b)** (Educ) (acción) assessment; (prueba, examen) test

⚷ **evaluar** [A18] *vt* ‹*pérdidas/situación*› to assess; ‹*datos*› to evaluate; ‹*alumno*› to assess

evangélico -ca *adj* **(a)** (del evangelio) evangelical **(b)** (protestante) Protestant (*before n*)

■ *m,f* Protestant

evangelio *m* gospel

evaporación *f* evaporation

evaporarse [A1] *v pron* «*líquido*» to evaporate; «*ayuda/dinero*» to evaporate; «*persona*» (fam) to vanish *o* disappear into thin air

evasión *f* escape, breakout; **~ de impuestos** tax evasion

evasiva *f*: **me contestó con ~s** she avoided *o* dodged the issue

evasivo -va *adj* evasive, non-committal

⚷ **evento** *m* **(a)** (period) (suceso) event **(b)** (caso) case; **en este ~** in such a case

eventual *adj* **1** (posible) ‹*problema/conflicto*› possible; ‹*gastos*› incidental; ‹*riesgos/pasivos*› contingent **2** ‹*trabajo/trabajador*› casual, temporary; ‹*cargo*› temporary

evidencia *f* **(a)** (pruebas) evidence, proof; **negar la ~** to deny the obvious *o* the facts **(b)** (cualidad) obviousness; ***dejar*** or ***poner a algn en ~*** to show sb up

⚷ **evidenciar** [A1] *vt* to show, bear witness to; **los bombardeos ~ían trágicamente este hecho** the bombings were to provide tragic evidence of this fact

■ **evidenciarse** *v pron*: **con este hecho se evidenció una vez más su falta de organización** this incident was further evidence *o* proof of his lack of organization

⚷ **evidente** *adj* obvious, clear

evidentemente *adv* (*indep*) obviously, clearly

⚷ **evitar** [A1] *vt* **(a)** (eludir, huir de) to avoid; **~ hacer algo** to avoid doing sth **(b)** (impedir) to avoid, prevent; **para ~ que sufran** to avoid *o* prevent them suffering **(c)** (remediar): **me puse a llorar, no lo puede ~** I started to cry, I couldn't help it **(d)** (ahorrar) **~le algo** A **algn** ‹*molestia/preocupación*› to save *o* spare sb sth

■ **evitarse** *v pron* ‹*problemas*› to save oneself; **evítese la molestia de ir a la tienda** avoid the inconvenience of going to the store

⚷ **evolución** *f* **(a)** (Biol) evolution **(b)** (de ideas, sociedad, enfermedad) development; (de enfermo) progress

evolucionado -da *adj* ‹*especie*› highly developed *o* evolved; ‹*sociedad/ideas*› advanced, highly developed

evolucionar [A1] *vi* **(a)** (Biol) to evolve **(b)** «*ideas/sociedad/ciencia*» to develop, evolve **(c)** «*enfermo*» to progress

⚷ **ex** *pref* ex-; **el ~presidente** the ex-president, the former president; **un ~combatiente** an ex-serviceman, a veteran

exactamente *adv* exactly

exactitud *f* **(a)** (precisión) accuracy, precision; **las órdenes se cumplieron con ~** the orders were carried out to the letter **(b)** (veracidad, rigor) accuracy

exacto -ta *adj* **(a)** ‹*medida/cantidad*› exact; **40 kilos ~s** exactly 40 kilos; **hay que ser muy ~ en los cálculos** you have to be very accurate *o* precise in your calculations **(b)** ‹*informe/mapa/descripción*› accurate **(c)** ‹*copia*› exact; ‹*reproducción*› accurate

exageración *f* exaggeration

exagerado -da *adj* **(a)** ‹*persona*› **¡qué ~ eres!** you do exaggerate! **(b)** ‹*historia/relato*› exaggerated **(c)** (excesivo) ‹*precio*› exorbitant; ‹*cariño/castigo*› excessive; ‹*moda*› extravagant, way-out (infml)

exagerar [A1] *vt* ‹*suceso/noticia*› to exaggerate

■ **~** *vi* (al hablar) to exaggerate; (al hacer algo) to overdo it, go over the top (infml)

exaltado -da *adj* **(a)** (vehemente) ‹*discurso*› impassioned **(b)** (excitado): **los ánimos estaban ~s** feelings were running high; **estaba muy ~** he was really worked up **(c)** [SER] ‹*persona*› hotheaded

■ *m,f* hothead

exaltar [A1] *vt* **1** **(a)** (excitar) ‹*personas*› to excite; ‹*pasiones*› to arouse **(b)** (hacer enojar) to anger **2** (fml) (alabar) to extol (fml)

■ **exaltarse** *v pron* to get worked up

exalumno -na *m,f* (de colegio) ex-pupil, former pupil; (de universidad) ex-student, former student

⚷ **examen** *m* **(a)** (Educ) exam, examination (fml); **~ de admisión** entrance examination *o* test; **~ parcial** modular exam *o* test; **hacer** or (CS) **dar un ~** to take an exam; **presentarse a un ~** to take *o* (BrE) sit an exam; **~ de ingreso** entrance examination *o* test **(b)** (estudio, investigación) examination; **someter algo a ~** to examine sth; **~ médico** medical examination, medical

examinador -dora *adj* examining (*before n*)

■ *m,f* examiner

⚷ key word

examinar [A1] *vt* to examine; ‹*situación/caso*› to study, consider
■ **examinarse** *v pron* (Esp) to take an exam
exangüe *adj* (liter) spent (liter), exhausted
exasperante *adj* exasperating
exasperar [A1] *vt* to exasperate
■ **exasperarse** *v pron* to get worked up *o* exasperated
excavación *f* excavation
excavadora *f* excavator
excavar [A1] *vt* **(a)** ‹*túnel/fosa*› to dig **(b)** (Arqueol) to excavate
■ ~ *vi* to dig, excavate
excedencia *f* (Esp) extended leave of absence
excedente *adj* **(a)** ‹*producción*› excess (*before n*), surplus (*before n*) **(b)** (con permiso) (Esp) on extended leave of absence
■ *m* surplus
exceder [E1] *vt* **(a)** ‹*límite/peso*› to exceed **(b)** (superar, aventajar) ~ A **algo** to be superior TO sth
■ **excederse** *v pron* (al beber, trabajar) to overdo it; **se excedió en sus críticas** she went too far in her criticism
excelencia *f* **1** (cualidad) excellence **2** (fml) (tratamiento): **Su E~** (*m*) His Excellency; (*f*) Her Excellency
excelente *adj* excellent
excéntrico -ca *adj/m,f* eccentric
excepción *f* exception; **esta norma tiene una ~** there is an exception to this rule; **hacer una ~ (con algn)** to make an exception (for sb); **a excepción de** with the exception of, except for
excepcional *adj* ‹*caso/circunstancia/talento*› exceptional; ‹*contribución/labor*› outstanding
excepto *prep* except, apart from; **todos ~ yo** everyone but me
exceptuar [A18] *vt* to except (fml); **exceptuando un pequeño incidente** except for *o* with the exception of a minor incident
excesivo *adj* excessive
exceso *m* **(a)** (excedente) excess; **~ de equipaje** excess baggage **(b)** (demasía): **un ~ de ejercicio** too much exercise; **me multaron por ~ de velocidad** I was fined for speeding; **en ~** ‹*beber/fumar/trabajar*› too much **(c) excesos** *mpl* (abusos) excesses (*pl*)
excitabilidad *f* excitability
excitación *f* **(a)** (entusiasmo) excitement **(b)** (sexual) arousal, excitement
excitante *adj* ‹*espectáculo/libro*› exciting
excitar [A1] *vt* **(a)** (hacer enojar): **la discusión lo excitó mucho** he got very excited *o* worked up during the argument **(b)** (sobreexcitar) to get ... overexcited; **el café me excita** coffee makes me jumpy **(c)** (en sentido sexual) to arouse, excite **(d)** ‹*deseo/odio/curiosidad*› to arouse
■ **excitarse** *v pron* **(a)** (enojarse) to get agitated, get worked up **(b)** (sobreexcitarse) to get overexcited **(c)** (sexualmente) to get aroused, get excited
exclamación *f* exclamation
exclamar [A1] *vt* to exclaim
excluir [I20] *vt* to exclude; ‹*posibilidad*› to rule out
exclusión *f* exclusion
exclusiva *f* **(a)** (Period) (derechos) exclusive rights (*pl*); (reportaje) exclusive **(b)** (Esp) (Com) exclusive rights (*pl*); **tendrán la ~ de nuestros productos** they will be sole distributors of our products
exclusivamente *adv* exclusively
exclusive *adj inv* (*detrás del n*): **del tres al quince, ambos ~** from the third to the fifteenth not inclusive
exclusividad *f* **(a)** (de club, colegio, diseño) exclusiveness, exclusivity **(b)** (AmL) (Com) exclusive rights (*pl*), sole rights (*pl*)
exclusivo -va *adj* ‹*club/diseño*› exclusive; ‹*distribuidor*› sole; ‹*derechos*› exclusive, sole
excombatiente *mf* (*m*) veteran (AmE), ex-serviceman (esp BrE); (*f*) veteran (AmE), ex-servicewoman (esp BrE)
excomulgar [A3] *vt* to excommunicate
excomunión *f* excommunication
excremento *m* excrement
excursión *f* (viaje organizado) excursion, day trip; (paseo, salida) trip, excursion; **ir de ~ al campo** to go on a trip to the countryside
excursionismo *m* hiking
excursionista *mf* (que hace una excursión) tripper; (que hace excursionismo) hiker
excusa *f* **(a)** (pretexto) excuse **(b) excusas** *fpl* (disculpas) apologies (*pl*)
excusar [A1] *vt* **(a)** (disculpar) ‹*comportamiento*› to excuse **(b)** (eximir) **~ a algn** DE **algo/hacer algo** to excuse sb (FROM) sth/doing sth
■ **excusarse** *v pron* (fml) **(a)** (pedir perdón) to apologize **(b)** (ofrecer excusas) to excuse oneself
exento -ta *adj* (fml) [ESTAR] exempt; **~** DE **algo** exempt FROM sth; **~ de impuestos** tax-exempt, tax-free (BrE)
exfoliador *m* (Col) notepad
exhaustivo -va *adj* exhaustive
exhausto -ta *adj* exhausted
exhibición *f* **(a)** (demostración) display **(b)** (de cuadros, artefactos) exhibition, display; **estar en ~** to be on show *o* display
exhibicionista *mf* **(a)** (pervertido) exhibitionist, flasher (infml) **(b)** (ostentoso) exhibitionist, show-off (infml)
exhibir [I1] *vt* **(a)** ‹*colección/modelos*› to show, display **(b)** ‹*película*› to show, screen; ‹*cuadro/obras de arte*› to exhibit **(c)** (con orgullo) ‹*regalos/trofeos*› to show off
■ ~ *vi* (period) (Art) to exhibit
■ **exhibirse** *v pron* (mostrarse en público) to show oneself; (hacerse notar) to draw attention to oneself
exhumar [A1] *vt* to exhume, disinter
exigencia *f* **(a)** (pretensión) demand; **¡no me vengas con ~s!** don't start making demands **(b)** (requisito) requirement
exigente *adj* ‹*persona/prueba*› demanding; ‹*clientela/paladar*› discerning
exigir [I7] *vt* **(a)** ‹*pago/respuesta/disciplina*› to demand; **exigió que se retiraran** he demanded that they leave **(b)** (requerir) ‹*concentración/paciencia*› to call for, demand **(c)** (esperar de algn) (+ *me/te/le etc*) **le exigen demasiado en ese**

colegio they ask too much of him at that school

exiliado -da *adj* exiled, in exile
■ *m,f* exile

exiliarse [A1] *v pron* to go into exile

exilio *m* exile

eximir [I1] *vt* (fml) to exempt; **~ a algn** DE **algo/hacer algo** to exempt sb FROM sth/doing sth; **esto me exime de toda culpa** this relieves *o* absolves me of all responsibility

⚷ **existencia** *f* **1** **(a)** (hecho de existir) existence **(b)** (vida) life; **amargarle la ~ a algn** to make sb's life a misery **2** (Com) stock

⚷ **existente** *adj* ‹*materiales/técnicas*› existing; ‹*legislación*› current (*before n*); **la situación ~ en la zona** the present *o* current situation in the area; **la situación ~ en esos momentos lo hizo imposible** the situation at that time made it impossible

⚷ **existir** [I1] *vi* **(a)** (*en 3ª pers*) (haber): **siempre ha existido rivalidad entre ellos** there has always been rivalry between them; **no existen pruebas** there is no evidence **(b)** (ser) to exist; **ya no existe** it doesn't exist anymore

⚷ **éxito** *m* success; **con ~** successfully; **tener ~** to be successful; **~ de ventas** best-seller; **~ de taquilla** a box-office hit

⚷ **exitoso -sa** *adj* (AmL) ‹*campaña/gira*› successful

éxodo *m* exodus; **el ~ rural** the drift from the land

exorbitante *adj* exorbitant

exorcismo *m* exorcism

exorcizar [A4] *vt* to exorcise

exótico -ca *adj* exotic

expandirse [I1] *v pron* to expand

expansión *f* expansion; **en ~** expanding

expatriado -da *m,f* expatriate

expatriarse [A1] *or* **A17** *v pron* (emigrar) to leave one's country; (exiliarse) to go into exile

expectación *f* sense of expectancy *o* anticipation

expectante *adj* expectant; **esperaba ~** she waited expectantly

⚷ **expectativa** *f* **(a)** (espera): **estar a la ~ (de algo)** (espera) to be waiting (for sth) **(b)** (esperanza) expectation; **defraudó las ~s de su padre** he failed to live up to his father's expectations **(c) expectativas** *fpl* (perspectivas) prospects (*pl*); **tienen pocas ~s de ganar** they have little hope of winning; **~s de vida** life expectancy

expedición *f* expedition; **~ de salvamento** (misión) rescue mission; (equipo) rescue party

⚷ **expediente** *m* **(a)** (documentos) file, dossier; **~ académico** student record **(b)** (investigación) investigation, inquiry **(c)** (medidas disciplinarias) disciplinary action; **le abrieron ~** disciplinary action was taken against him

expedir [I14] *vt* ‹*pasaporte/visa*› to issue

expendio *m* (AmL) (tienda) store (AmE), shop (BrE); (venta) sale; **un ~ de licores** a package store (AmE), an off-licence (BrE)

expensas: **a expensas de algo** (de ideales/salud) at the expense of; **vive a ~ de su familia** he lives off his family

⚷ **experiencia** *f* **(a)** (conocimiento, suceso) experience; **saber algo por ~** to know sth by *o* from experience; **~ piloto** pilot scheme **(b)** (experimento) experiment

experimentado -da *adj* experienced

experimental *adj* experimental

⚷ **experimentar** [A1] *vi* **~** CON **algo** to experiment ON *o* WITH sth
■ **~** *vt* **(a)** ‹*sensación*› to experience, feel; ‹*tristeza/alegría*› to feel **(b)** (sufrir) ‹*cambio*› to undergo; **ha experimentado una leve mejoría** there's been a slight improvement in his condition

experimento *m* experiment

⚷ **experto -ta** *adj*: **es ~ en casos de divorcio** he's an expert on divorce cases; **~** EN **hacer algo** very good AT doing sth
■ *m,f* expert

expiar [A17] *vt* to expiate, atone for

explanada *f* (plataforma) raised area, terrace; (delante de un edificio) leveled* area; (al lado del mar) esplanade

explayarse [A1] *v pron* **(a)** (sobre un tema) to speak at length **(b)** (desahogarse) to unburden oneself **(c)** (esparcirse) to relax

⚷ **explicación** *f* explanation

⚷ **explicar** [A2] *vt* to explain; **no sé ~lo** I don't know how to explain it
■ **explicarse** *v pron* **(a)** (comprender, concebir) to understand; **no me lo explico** I can't understand it *o* (infml) I just don't get it **(b)** (hacerse comprender) to express oneself; **explícate** explain what you mean; **¿me explico?** do you understand what I mean?

explícito -ta *adj* explicit

exploración *f* **(a)** (de territorio) exploration; (de yacimientos) prospecting **(b)** (Mil) reconnaissance **(c)** (Med) examination, exploration

explorador -dora *m,f* **1** (expedicionario) explorer; (Mil) scout **2** **exploradora** *f* (Col) (Auto) fog lamp

explorar [A1] *vt* **(a)** ‹*región*› to explore; ‹*yacimientos*› to prospect for; (Inf): **~ la web** or **Red** to surf the Web **(b)** ‹*posibilidades*› to explore, investigate; ‹*situación*› to investigate, examine **(c)** (Mil) to reconnoiter*, scout; «*radar/sonar*» to scan

explosión *f* **(a)** (de bomba) explosion; **la bomba hizo ~** (period) the bomb exploded *o* went off **(b)** (de cólera, júbilo) outburst **(c)** (crecimiento brusco) explosion

explosivo¹ -va *adj* explosive; **materiales ~s** explosives

explosivo² *m* explosive

⚷ **explotación** *f* **(a)** (de tierra, mina) exploitation, working; (de negocio) running, operation **(b)** (de trabajador) exploitation

explotador -dora *adj* exploitative
■ *m,f* exploiter

explotar [A1] *vt* **(a)** ‹*tierra*› to exploit, work; ‹*mina*› to operate, work; ‹*negocio*› to run, operate **(b)** ‹*idea/debilidad*› to exploit **(c)** ‹*trabajador*› to exploit
■ **~** *vi* **(a)** «*bomba*» to explode, go off; «*caldera/máquina*» to explode, blow up **(b)** (fam) «*persona*» to explode, to blow a fuse (infml)

⚷ key word

exponer [E22] *vt* **1** **(a)** (en museo) ‹*cuadro/escultura*› to exhibit, show **(b)** (en vitrina) to display **2** ‹*razones/hechos*› to set out, state; ‹*ideas/teoría*› to put forward; ‹*tema*› to present **3** **(a)** (poner en peligro) to put ... at risk **(b)** (al aire, sol) **~ algo** A **algo** to expose sth TO sth
■ **~** *vi* to exhibit, exhibit *o* show one's work
■ **exponerse** *v pron* **~se** (A **algo**) to expose oneself (TO sth); **te expones a que te multen** you're risking a fine

exportación *f* **(a)** (acción) exportation, export **(b) exportaciones** *fpl* (mercancías) exports (*pl*)

exportador -dora *adj*: **países ~es de petróleo** oil-exporting countries; **una región ~a de cítricos** a region that exports citrus fruit
■ *m,f* exporter

exportar [A1] *vt* to export

exposición *f* **1** **(a)** (acción) exhibition, showing **(b)** (muestra — de cuadros, esculturas) exhibition; (— de productos, maquinaria) show **2** (de hechos, razones) statement; (de tema, teoría) presentation **3** (al aire, sol) exposure; (Fot) exposure

expositor -tora *m,f* **1** (de cuadros, maquinaria) exhibitor **2** (Col, Ven) (conferenciante) speaker

exprés *adj inv* (Esp) ‹*servicio/envío*› express (*before n*)
■ *m* (Esp) (Ferr) express train, fast train

expresar [A1] *vt* to express
■ **expresarse** *v pron* to express oneself

expresión *f* expression

expresividad *f* expressiveness

expresivo -va *adj* ‹*persona/rostro/lenguaje*› expressive

expreso[1] -sa *adj* **1** (explícito) express (*before n*) **2** ‹*tren*› express (*before n*), fast (*before n*); ‹*carta/envío*› express (*before n*); **por correo ~** express **3** ‹*café*› espresso

expreso[2] *m* **1** (Ferr) express train, fast train **2** (café) espresso

exprimidor *m* (manual) reamer (AmE), lemon squeezer (BrE); (eléctrico) juicer

exprimir [I1] *vt* **(a)** ‹*naranja/limón*› to squeeze; ‹*ropa*› to wring **(b)** (explotar) ‹*trabajadores*› to exploit

expropiación *f* (sin indemnización) expropriation; (con indemnización) compulsory purchase

expropiar [A1] *vt* (sin indemnización) to expropriate; (con indemnización) to acquire ... by compulsory purchase

expulsar [A1] *vt* **1** **(a)** (de institución) to expel; (de local) to throw ... out, eject (fml) **(b)** (de territorio) to expel, drive out **(c)** (Dep) to send off **2** ‹*aire/cálculo*› to expel

expulsión *f* expulsion; (Dep) sending-off

expurgar [A3] *vt* to expurgate

exquisito -ta *adj* ‹*comida*› delicious; ‹*tela/poema/música*› exquisite; ‹*persona*› refined

éxtasis *m* ecstasy

extático -ca *adj* ecstatic

extender [E8] *vt* **1** ‹*periódico/mapa*› to open ... up *o* out; ‹*mantel/toalla*› to spread ... out **2** ‹*brazos*› to stretch out; ‹*alas*› to spread; **le extendió la mano** he held out his hand to her **3** ‹*pintura/mantequilla*› to spread **4** (ampliar) ‹*poderes/plazo/permiso*› to extend **5** (fml) ‹*factura/cheque/escritura*› to issue; ‹*receta*› to make out, write
■ **extenderse** *v pron* **1** (en el espacio) **(a)** «*fuego/epidemia/noticia*» to spread **(b)** «*territorio/propiedad*» to stretch; **se extiende hasta el río** it stretches down to the river **(c)** «*influencia/autoridad*» to extend; **~se** A **algo** to extend TO sth **2** (en el tiempo) **(a)** «*época/debate*» to last **(b)** «*persona*» **se extendió demasiado en ese tema** he spent too much time on that subject; **¿quisiera ~se sobre ese punto?** would you like to expand on that point?

extendido -da *adj* **(a)** ‹*costumbre/error*› widespread **(b)** ‹*brazos/alas*› outstretched

extensión *f* **1** **(a)** (superficie): **una gran ~ de terreno** a large expanse *o* stretch of land; **una ~ de 20 hectáreas** an area of 20 hectares **(b)** (longitud) length; **la ~ de la novela** the length of the novel; **por ~** by extension **2** (grado, importancia) extent; **en toda la ~ de la palabra** in every sense of the word **3** **(a)** (prolongación) extension; **pidió una ~ del plazo** she asked for an extension on the deadline **(b)** (de cable) extension cord (AmE), extension lead (BrE); (línea telefónica) extension

extenso -sa *adj* extensive

exterior *adj* **1** **(a)** ‹*aspecto*› external (*before n*), outward (*before n*); ‹*bolsillo/temperatura/mundo*› outside (*before n*); ‹*revestimiento/capa*› outer (*before n*) **(b)** ‹*habitación/apartamento*› outward-facing **2** ‹*comercio/política*› foreign (*before n*)
■ *m* **1** (fachada) outside, exterior; (espacio circundante) outside; **desde el ~ de la iglesia** from outside the church **2** **el exterior** (países extranjeros): **la influencia del ~** foreign influence; **las relaciones con el ~** relations with other countries **3** **exteriores** *mpl* (Cin) location shots (*pl*); **rodar en ~es** to film on location

exteriorizar [A4] *vt* to externalize, exteriorize

exterminar [A1] *vt* to exterminate

exterminio *m* extermination

externalizar [A4] *vt* ‹*servicios*› to outsource

externar [A1] *vt* (Méx) to display, show

externo -na *adj* **(a)** ‹*apariencia/signos*› outward (*before n*), external; ‹*influencia*› outside, external; ‹*superficie*› external; ‹*ángulo*› exterior **(b)** ‹*alumno*› day (*before n*)
■ *m,f* day pupil

extinción *f* (de especie, volcán) extinction; **una especie en peligro de ~** an endangered species

extinguidor *m* (AmL) fire extinguisher

extinguir [I2] *vt* **(a)** ‹*especie*› to wipe out; ‹*violencia/injusticia*› to put an end to **(b)** ‹*fuego*› to extinguish, put out
■ **extinguirse** *v pron* **(a)** «*especie*» to become extinct, die out **(b)** «*fuego*» to go out; «*volcán*» to become extinct; «*sonido*» to die away **(c)** «*entusiasmo/amor*» to die

extintor *m* (Esp) *tb* **~ de incendios** fire extinguisher

extirpar [A1] *vt* (Med) to remove

extorsión *f* extortion

extorsionar [A1] *vt* to extort money from

extra *adj* **(a)** (Com) top quality, fancy grade (AmE) **(b)** (adicional) ‹*gastos/ración*› additional, extra; ‹*edición*› special
■ *adv* extra

e

■ *mf* (Cin) extra
■ *m* (gasto) extra expense; (paga) bonus
extracción *f* **(a)** (en general) extraction **(b)** *tb* ~ **social** background, origins (*pl*); **de ~ humilde** of humble origins
extraconyugal *adj* extramarital
extracto *m* **(a)** (resumen) summary, abstract; ~ **de cuenta** (bank) statement **(b)** (esencia) extract
extractor *m* extractor; ~ **de aire** extractor fan
extradición *f* extradition
extraer [E23] *vt* (en general) to extract; ‹*bala*› to remove; ‹*conclusión*› to draw
extraescolar *adj* extramural, out-of-school (*before n*)
extralimitarse [A1] *v pron* to exceed one's authority
extramatrimonial *adj* extramarital
extranjería *f* (Esp) immigration matters; **ley de ~** immigration law
extranjero -ra *adj* foreign
■ *m,f* **(a)** (persona) foreigner **(b)** **extranjero** *m* **al/en el ~** abroad; **noticias del ~** foreign news
extrañar [A1] *vt* (esp AmL) ‹*amigo/país*› to miss
■ ~ *vi* **1** (sorprender) (+ *me/te/le etc*) to surprise; **me extraña que no lo sepas** I'm surprised you didn't know that; **ya me extrañaba a mí que ...** I thought it was strange that ... **2** (RPl) (tener nostalgia) to be homesick
■ **extrañarse** *v pron* **~se** DE **algo** to be surprised AT sth
extrañeza *f* surprise; **me miró con ~** she looked at me in surprise
extraño -ña *adj* (raro) strange, odd; **eso no tiene nada de ~** there's nothing unusual about that
■ *m,f* (desconocido) stranger
extraoficial *adj* unofficial
extraordinario -ria *adj* (en general) extraordinary; ‹*edición*› special; ‹*contribución*› extra, additional; **la película no fue nada ~** the movie was nothing special *o* nothing out of the ordinary
extraplano -na *adj* ‹*reloj/calculadora*› slimline; ‹*compresa*› extra-slim
extrarradio *m* outlying districts (*pl*), outskirts (*pl*)
extrasensorial *adj* extrasensory
extraterrestre *adj/mf* alien, extraterrestrial
extravagancia *f* (acto) outrageous thing (to do); (cualidad) extravagance
extravagante *adj* ‹*comportamiento/ideas*› outrageous, extravagant; ‹*persona/ropa*› flamboyant, outrageous
extraviado -da *adj* ‹*objeto/niño*› lost, missing; ‹*perro/gato*› stray
extraviar [A17] *vt* (fml) to mislay (fml), to lose
■ **extraviarse** *v pron* (fml) «*persona/animal*» to get lost; «*documento*» to go missing
extremado -da *adj* extreme
extremar [A1] *vt* (fml) to maximize (fml)
■ **extremarse** *v pron*: ~ (EN **hacer algo**) to make a great effort (to do sth)
extremaunción *f* extreme unction
extremidad *f* **(a)** (extremo) end **(b)** **extremidades** *fpl* (Anat) extremities
extremista *adj* (extremo) extreme; (Pol) extremist
■ *mf* (Pol) extremist
extremo[1] -ma *adj* extreme; **un caso de extrema gravedad** an extremely serious case; **en caso ~** as a last resort; **extrema derecha/izquierda** (Pol) extreme right/left; **~ derecho/izquierdo** (Dep) right/left wing; **E~ Oriente** Far East
extremo[2] *m* **(a)** (de palo, cable) end **(b)** (postura extrema) extreme; **va de un ~ a otro** she goes from one extreme to the other; **son ~s opuestos** they are complete opposites **(c)** (límite): **si se llega a ese ~ ...** if it gets that bad *o* to that point ...; **en último ~** as a last resort
extrovertido -da *adj/m,f* extrovert
exuberante *adj* exuberant; ‹*mujer*› voluptuous
exudar [A1] *vt* to exude
exultar [A1] *vi* to exult (fml), to rejoice
eyaculación *f* ejaculation
eyacular [A1] *vi* to ejaculate

Ff

F, f *f* (*read as* /'efe/) the letter F, f
fa *m* (nota) F; (en solfeo) fa, fah (BrE)
fábrica *f* factory; **una ~ de zapatos** a shoe factory; **~ de textiles/papel** textile/paper mill; **~ de cerveza** brewery; **~ de conservas** cannery
fabricación *f* manufacture; **la ~ de coches** car manufacture; **de ~ japonesa** made in Japan; **de ~ casera** home-made; **~ en serie** mass production
fabricante *mf* manufacturer
fabricar [A2] *vt* to manufacture; **~ en cadena/serie** to mass-produce; **Ⓢ fabricado en Perú** made in Peru
fábula *f* (Lit) fable; (mentira) fabrication
fabuloso -sa *adj* (maravilloso) (fam) fabulous (infml)
facción *f* **(a)** (Pol) faction **(b)** **facciones** *fpl* (rasgos) features (*pl*)

key word

faceta *f* facet

facha *f* (fam) (aspecto) look; **no me gustó su ~** I didn't like the look of him; **¿vas a salir con esa ~?** are you going out looking like that?; ***estar hecho una ~*** to be *o* look a sight (infml) ■ *adj/mf* (Chi, Esp fam) fascist

fachada *f* **(a)** (de edificio) facade (tech), front **(b)** (apariencia) facade

fácil *adj* **1** **(a)** ‹*problema/lección/vida*› easy; **~ de entender** easy to understand **(b)** (pey) (en lo sexual) easy (derog), loose (derog) **2** (probable): **es ~ que se le olvide** he'll probably forget; **no es ~ que me lo den** they are unlikely to let me have it

facilidad *f* **1** **(a)** (cualidad de fácil) ease; **con ~** easily **(b)** (de una tarea) simplicity **2** (aptitud): **tener ~ para los idiomas/los números** to have a gift for languages/to be good at figures; **tiene ~ de palabra** he has a way with words **3** **facilidades** *fpl* **(a)** (posibilidades, oportunidades): **se le dieron todas las ~es** they gave her every chance **(b)** (Fin) *tb* **~es de pago** credit facilities (*pl*)

facilitar [A1] *vt* **(a)** (hacer más fácil) ‹*tarea*› to make ... easier, facilitate (fml) **(b)** (fml) (proporcionar) ‹*datos/información*› to provide

factible *adj* possible, feasible

factor *m* factor; **el ~ tiempo** the time factor

factoría *f* (fábrica) factory; (astillero) shipyard; (fundición) foundry

factura *f* **1** (Com) invoice (fml), bill; **pasarle ~ a algn** (Fin) to invoice sb **2** (RPl) (Coc) *rolls, croissants, etc*

facturación *f* **1** (Com) **(a)** (acción) invoicing **(b)** (volumen) turnover **2** (Ferr) registration; (Aviac) check-in

facturar [A1] *vt* **1** (Com) **(a)** ‹*mercancías/arreglo*› to invoice for, bill for **(b)** (refiriéndose al volumen de ventas) to turn over, have a turnover of **2** (Ferr) to register; (Aviac) to check in ■ **~** *vi* (Ferr) to register; (Aviac) to check in

facultad *f* **1** (capacidad) faculty; **está perdiendo ~es** he's losing his faculties; **~es mentales** (mental) faculties (*pl*) **2** (Educ) faculty; **F~ de Filosofía y Letras** Faculty of Arts

facultar [A1] *vt* (fml) **~ a algn** PARA **hacer algo** «*jefe/presidente*» to authorize sb to do sth; «*carnet/documento*» to entitle sb to do sth; «*ley*» to allow sb to do sth

faena *f* **1** (tarea) task, job; **es una ~ dura** it's hard work; **~s domésticas** housework; **~s agrícolas** farm work **2** (fam) **(a)** (mala pasada) dirty trick; **hacerle una ~ a algn** to play a dirty trick on sb (infml) **(b)** (contratiempo) drag (infml), pain (infml)

fagot /fa'ɣo(t)/ *m* (instrumento) bassoon ■ *mf* (músico) bassoonist

faisán *m* pheasant

faja *f* **(a)** (prenda interior) girdle **(b)** (cinturón — de traje regional) wide belt; (— de sotana) sash; (— de smoking) cummerbund **(c)** (franja, zona) strip

fajo *m* (de billetes) wad, roll (AmE); (de papeles) bundle, sheaf

falange *f* **1** (Anat) phalanx, phalange **2** **(a)** (Mil) phalanx **(b)** (Hist, Pol) phalanx; **la F~** the Spanish Falangist Movement

falda *f* **(a)** (Indum) skirt; **~ escocesa** (de mujer) tartan skirt, kilt; (de hombre) kilt; **~ pantalón** split skirt, culottes (*pl*); **se enemistaron por un asunto de ~s** they fell out over a woman **(b)** (de montaña) side

faldón *m*, **faldones** *mpl* **(a)** (de camisa) shirt tails; (de frac, chaqué) coat-tails **(b)** (de bebé) christening robe

falla *f* **1** **(a)** (de tela, cristal) flaw; **la pieza tenía una ~** the part was defective **(b)** (Geol) fault **2** **(a)** (de motor, máquina, sistema — en la composición) defect, fault; (— en el funcionamiento) failure; **~s en el sistema de seguridad** security failures **(b)** (de persona) mistake; **~ humana** (AmL) human error; **¡qué ~!** what a stupid mistake! **(c)** (Dep) miss **3** (AmL exc CS fam) (lástima) pity, shame **4** **(a)** (figura) model, figure (*burned during the* ▸ **4 b**) **(b)** **las Fallas** *fpl* (fiesta) *the festival of San José in Valencia*

fallado -da *adj* (CS) flawed, defective

fallar [A1] *vi* **1** «*juez/jurado*» **~ a** or **en favor/en contra de algn** to rule in favor* of/against sb **2** **(a)** «*frenos/memoria*» to fail; «*planes*» to go wrong; **le falló el corazón** his heart failed; **le falló la puntería** he missed; **a ti te falla** (AmL fam) you've a screw loose (infml) **(b)** «*persona*» (+ *me/te/le etc*) to let ... down ■ **~** *vt* (errar) to miss; **fallé el tiro** I missed (the shot)

fallecer [E3] *vi* (fml *o* euf) to pass away (fml *or* euph), to die

fallecimiento *m* (fml) death, passing (fml *or* euph)

fallero -ra *m,f*: *person who takes part in the preparation of the* ▸ **falla 4 b**

fallo *m* **(a)** (en concurso, certamen) decision; (Der) ruling, judgment **(b)** (Esp) ▸ **falla 2**

falluca *f* (Méx fam) (comercio ilegal) black market (*gen in smuggled goods*); (mercancía) smuggled goods (*pl*)

falsear [A1] *vt* ‹*hechos/datos*› to falsify; ‹*verdad/realidad*› to distort

falsedad *f* **(a)** (de afirmación) falseness; (de persona) insincerity, falseness **(b)** (mentira) lie

falsificador -dora *m,f* forger

falsificar [A2] *vt* **(a)** ‹*firma/billete/cheque*› to forge **(b)** ‹*documento*› (copiar) to forge, counterfeit; (alterar) to falsify

falso -sa *adj* **(a)** ‹*billete*› counterfeit, forged; ‹*cuadro*› forged; ‹*documento*› false, forged; ‹*diamante/joya*› fake; ‹*cajón/techo*› false **(b)** (insincero) ‹*persona*› insincere, false; ‹*sonrisa/promesa*› false **(c)** (no cierto) ‹*dato/nombre/declaración*› false; **eso es ~** that is not true *o* is untrue; **falsa alarma** false alarm; **~ testimonio** *m* (Der) false testimony, perjury

falta *f* **1** (carencia, ausencia) **~** DE **algo** (de interés/dinero) lack OF sth; **~ de personal** staff shortage; **es la ~ de costumbre** it's because I'm/you're not used to it; **fue una ~ de respeto** it was very rude of you/him/her/them; **eso es una ~ de educación** that's bad manners; **a ~ de más información** in the absence of more information **2** (inasistencia) *tb* **~ de asistencia** absence; **le pusieron ~** they marked her down as absent **3** **(a)** **hacer falta: no hace ~ que se queden** there's no need for you to stay; **si hace**

f

~ ... if necessary ...; **hacen ~ dos vasos más** we need two more glasses; **le hace ~ descansar** he/she needs to rest **(b) sin falta** without fail **4** (defecto) fault; **a pesar de todas sus ~s** in spite of all his faults; **sacarle** or **encontrarle ~s a algo** to find fault with sth; **~ de ortografía** spelling mistake **5** (Dep) **(a)** (infracción — en fútbol, baloncesto) foul; (— en tenis) fault **(b)** (tiro libre — en fútbol) free kick; (— en balonmano) free throw

faltar [A1] *vi* **1** **(a)** (no estar) to be missing; **¿quién falta?** who's missing?; (en colegio, reunión) who's absent?; **te falta un botón** you have a button missing; **a esta taza le falta el asa** there's no handle on this cup **(b)** (no haber suficiente): **va a ~ vino** there won't be enough wine; **nos faltó tiempo** we didn't have enough time **(c)** (hacer falta): **le falta alguien que la aconseje** she needs someone to advise her; **les falta cariño** they need affection **2** (quedar): **yo estoy lista ¿a ti te falta mucho?** I'm ready, will you be long?; **nos falta poco para terminar** we're almost finished; **me faltan tres páginas para terminar el libro** I have three pages to go to finish the book; **solo me falta pasarlo a máquina** all I have to do is type it out; **falta poco para Navidad** it's not long until Christmas; **faltan cinco minutos para que empiece** there are five minutes to go before it starts; ***¡no faltaba más!*** (respuesta — a un agradecimiento) don't mention it!; (— a una petición) of course, certainly; (— a un ofrecimiento) I wouldn't hear of it! **3** **(a)** (no asistir): **te esperamos, no faltes** we're expecting you, make sure you come; **~ A algo** (al colegio) to be absent FROM sth; (a una cita) to miss sth; **~ a clase** to skip lessons; **ha faltado dos veces al trabajo** she's been off work twice **(b)** (no cumplir): **faltó a su promesa** he didn't keep his promise; **¡no me faltes al respeto!** don't be rude to me

fama *f* **(a)** (renombre, celebridad) fame; **una marca de ~ mundial** a world-famous brand; **dar ~ a algo/algn** to make sth/sb famous **(b)** (reputación) reputation; **tener mala ~** to have a bad reputation; **tiene ~ de ser severo** he has a reputation for being strict; **tiene ~ de bromista** he's well known as a joker

familia *f* **(a)** (parientes) family; **una ~ numerosa** a large family; **mi ~ política** my wife's/husband's family, my in-laws (infml); **es de buena ~** or **de ~ bien** he's from a good family; **somos como de la ~** we're just like family; **le viene de ~** it runs in the family **(b)** (hijos) children; **no tienen ~** they don't have any children

familiar *adj* **(a)** ‹*vida/vínculo*› family (*before n*); ‹*envase/coche*› family (*before n*) **(b)** ‹*trato/tono*› familiar, informal; ‹*lenguaje/expresión*› colloquial **(c)** (conocido) ‹*cara/lugar*› familiar; **su voz me resulta ~** her voice is familiar
■ *mf* relative, relation

familiaridad *f* familiarity

familiarizarse [A4] *v pron* **~ CON algo** to familiarize oneself WITH sth, become familiar WITH sth

famoso -sa *adj* famous; **~ POR algo** famous FOR sth
■ *m,f* celebrity, famous person

key word

fan *mf* (*pl* **fans**) fan

fanático -ca *adj* fanatical
■ *m,f* (en general) fanatic; **es un ~ de la gimnasia** he's a gym fanatic; (de fútbol) (AmS period) fan

fanatismo *m* fanaticism

fanfarrón -rrona *adj* (fam) (al hablar) loudmouthed (infml); (al actuar): **no seas ~** stop showing off
■ *m,f* (fam) (al hablar) loudmouth (infml); (al actuar) show-off (infml)

fanfarronear [A1] *vi* (fam) **(a)** (al hablar) to boast, brag **(b)** (al actuar) to show off (infml)

fango *m* mud

fantasear [A1] *vi* to fantasize

fantasía *f* **1** **(a)** (imaginación) imagination **(b)** (ficción) fantasy; **vive en un mundo de ~** he's living in a fantasy world **2** (bisutería): **joyas de ~** costume jewelry*; **una pulsera de ~** an imitation diamond (*o* ruby *etc*) bracelet

fantasma *m* **(a)** (aparición) ghost **(b)** (amenaza) specter*

fantástico -ca *adj* fantastic

fantochear [A1] *vi* (AmL fam) ▶ **fanfarronear**

faquir *m* fakir

faraón *m* Pharaoh

fardar [A1] *vi* (Esp fam) «*persona*» ▶ **fanfarronear**

fardo *m* (de algodón, paja) bale; (de ropa) bundle

faringe *f* pharynx

faringitis *f* pharyngitis

farmacéutico -ca *adj* pharmaceutical
■ *m,f* druggist (AmE), chemist (BrE)

farmacia *f* **(a)** (tienda) drugstore (AmE), chemist's (BrE); **~ de guardia** or **de turno** duty chemist **(b)** (disciplina) pharmacy

faro *m* **(a)** (Náut) lighthouse **(b)** (Auto) headlight, headlamp; **~ antiniebla** fog light *o* (BrE) lamp

farol *m* (de alumbrado público) streetlight, streetlamp; (en jardín, portal) lantern, lamp; **~ de papel** paper lantern

farola *f* (luz) streetlight, streetlamp; (poste) lamppost

farolillo *m* (de papel) Chinese lantern

farra *f* (fam) ▶ **juerga**

farrear [A1] *vi* (AmL fam) to go out partying (infml), go out on the town (infml)
■ **farrearse** *v pron* (AmL fam) ‹*fortuna/dinero*› to blow (infml); ‹*oportunidad*› to throw away

farrero -ra *adj/m,f* (AmL fam) ▶ **farrista**

farrista *adj* (AmL fam): **estudiantes ~s** students who are always out living it up
■ *mf* (AmL fam): **es un ~** he's always out living it up

farsa *f* (Teatr) farce; (engaño) sham, farce

farsante *mf* fraud, fake

fascículo *m* part (*of a serialized publication*), fascicle (tech)

fascinación *f* fascination

fascinante *adj* fascinating

fascinar [A1] *vi* (fam): **me fascinó ese programa** I found that program fascinating; **me fascina viajar** I love travelling
■ **~** *vt* to fascinate, captivate

fascismo *m* fascism

fascista *adj/mf* fascist

⚷ **fase** *f* **(a)** (etapa) stage, phase; **la ~ de clasificación** the preliminary round; **está todavía en ~ de negociación** it is still being negotiated **(b)** (Astron, Elec, Fis, Quím) phase

fastidiado -da *adj* (esp Esp fam): **estoy un poco ~** I'm not too good *o* too well; **anda ~ de los riñones** he's having trouble with his kidneys

fastidiar [A1] *vt* **(a)** (molestar, irritar) ‹*persona*› to bother, pester **(b)** (esp Esp fam) (estropear) ‹*mecanismo/plan*› to mess up; ‹*fiesta/excursión*› to spoil; ‹*estómago*› to upset

■ **~** *vi*: **me fastidia tener que repetir las cosas** it annoys me to have to repeat things; **¡no fastidies! ¿de veras?** go on! you're kidding! (infml)

■ **fastidiarse** *v pron* **(a)** (AmL fam) (molestarse) to get annoyed **(b)** (fam) (jorobarse): **tendré que ~me** I'll have to put up with it (infml); **¡te fastidias!** (Esp) tough! (infml) **(c)** (Esp fam) (estropearse) «*velada/plan*» to be ruined

fastidio *m* (molestia) annoyance; **¡qué ~!** what a nuisance!

fastidioso -sa *adj* **(a)** (molesto) ‹*persona*› tiresome, annoying; ‹*trabajo*› tiresome, irksome **(b)** (Méx, Per fam) (quisquilloso) fussy (infml)

fastuoso -sa *adj* ‹*salón*› magnificent; ‹*banquete*› lavish

fatal *adj* **1** ‹*accidente/enfermedad/consecuencias*› fatal **2** (fam) (muy malo) terrible, awful; **fue un fin de semana ~** it was a terrible weekend; **me encuentro ~** I feel awful; **su padre está ~** his father's in a really bad way (infml)

■ *adv* (esp Esp fam): **viste ~** he dresses really badly; **me caen ~** I can't stand them (infml)

fatiga *f* **(a)** (cansancio) tiredness, fatigue (fml) **(b)** (ahogo) breathlessness

fatigado -da *adj* tired, weary

fatigar [A3] *vt* (físicamente) to tire ... out; (mentalmente) to tire

■ **fatigarse** *v pron* **(a)** (cansarse) to get tired, wear oneself out (infml) **(b)** (ahogarse) to get breathless

fatigoso -sa *adj* ‹*trabajo*› tiring, exhausting

faul *m* (*pl* **fauls**) (AmL) foul

faulear [A1] *vt* (AmL) to foul

fauna *f* fauna

⚷ **favor** *m* **(a)** (ayuda, servicio) favor*; **¿me puedes hacer un ~?** can you do me a favor?; **vengo a pedirte un ~** I've come to ask you (for) a favor; **¿me harías el ~ de copiarme esto?** would you copy this for me, please?; **hagan el ~ de esperar** would you mind waiting, please? **(b)** (*en locs*) **a favor** in favor*; **dos votos a ~** two votes in favor; **en ~ de** in favour of; **estar a ~ de algo/algn/hacer algo** to be in favor* of sth/sb/doing sth; **por favor** please

⚷ **favorable** *adj* favorable*

favorecedor -dora *adj* becoming

⚷ **favorecer** [E3] *vt* **(a)** (ayudar, beneficiar) to favor*; **una política para ~ la agricultura** a policy to help agriculture **(b)** «*peinado/color*» (sentar bien) to suit

favoritismo *m* favoritism*

favorito -ta *adj/m,f* favorite*

fax *m* fax; **mándaselo por ~** fax it to him

faxear [A1] *vt* to fax, send ... by fax

Fdo (= **firmado**) (en correspondencia) signed

⚷ **fe** *f* **(a)** (Relig) faith; (creencia, confianza) faith; **tener ~ en algo/algn** to have faith in sth/sb; **puse toda mi ~ en ti** I put all my trust in you **(b)** (intención): **no dudo de su buena ~** I don't doubt his good intentions; **actuar de buena/mala ~** to act in good/bad faith

⚷ **febrero** *m* February; *para ejemplos ver* **enero**

⚷ **fecha** *f* date; **¿qué ~ es hoy?** what's the date today?, what date is it today?; **con ~ 7 de marzo** (Corresp) dated March 7 *o* (BrE) 7th March; **hasta la ~** to date; **el año pasado por estas ~s** this time last year; **en ~ próxima** soon; **~ de caducidad** or (AmL) **vencimiento** (de medicamento) expiration date (AmE), expiry date (BrE); (de alimento) use-by date; **~ de consumo preferente** best-before date; **~ límite** or **tope** (para solicitud, suscripción) closing date; (para proyecto, trabajo) deadline

fechar [A1] *vt* to date

fechoría *f* misdeed

fecundación *f* fertilization; **~ in vitro** in vitro fertilization

fecundar [A1] *vt* ‹*óvulo*› to fertilize; ‹*animal*› to inseminate

fecundo -da *adj* **(a)** (Biol) ‹*mujer*› fertile **(b)** ‹*región/tierra*› fertile; ‹*labor*› fruitful

⚷ **federación** *f* federation

⚷ **federal** *adj* federal

⚷ **felicidad** *f* **(a)** (alegría) happiness **(b) ¡felicidades!** *interj* (por cumpleaños) Happy Birthday!; (en Navidad) Merry Christmas!; (por un logro) congratulations!

felicitación *f* **(a)** (escrito — por un logro) letter of congratulation; (— en Navidad) Christmas card (*or letter wishing sb Merry Christmas*) **(b) felicitaciones** *fpl* (deseo — por un logro) congratulations (*pl*); (— en Navidad) greetings (*pl*) **(c) ¡felicitaciones!** *interj* (AmL) congratulations!

felicitar [A1] *vt* **(a)** (por un logro) to congratulate; **¡te felicito!** congratulations!; **me felicitó por el premio** he congratulated me on winning the prize **(b)** (por Navidad) to wish ... (a) Merry Christmas; (por cumpleaños) to wish ... (a) Happy Birthday

feligrés -gresa *m,f* parishioner

⚷ **feliz** *adj* happy; **les deseo que sean muy felices** I wish you every happiness; **¡~ cumpleaños!** happy birthday!; **¡~ Navidad!** Merry Christmas!; **¡~ Año Nuevo!** Happy New Year!; **¡~ viaje!** have a good trip!

felpa *f* (Tex) (para toallas) toweling*; (en tapicería) plush

felpudo *m* doormat

femenil *adj* (Méx) ‹*equipo/moda*› ladies' (*before n*), women's (*before n*)

⚷ **femenino -na** *adj* **(a)** ‹*equipo/moda*› ladies' (*before n*), women's (*before n*); ‹*hormona/sexo*› female **(b)** ‹*vestido/modales/chica*› feminine **(c)** (Ling) feminine

femineidad, feminidad *f* femininity

feminismo *m* feminism

feminista *adj/mf* feminist

fenomenal *adj* (fam) great (infml)
■ *adv* (fam): **lo pasamos ~** we had a great time (infml); **me vino ~** it was exactly *o* just what I needed; **¡~!** great! (infml)

fenómeno[1] **-na** *adj/adv* (AmL) ▶ **fenomenal**

fenómeno[2] *m* (suceso) phenomenon

feo[1], **fea** *adj* **(a)** ‹*persona/edificio*› ugly; ‹*peinado*› unflattering; **es fea de cara** she has a very plain face; **es un barrio ~** it's not a very nice neighborhood **(b)** ‹*asunto/situación*› unpleasant; ‹*olor/sabor*› (esp AmL) unpleasant; **¡qué ~ está el día!** what an awful day!; **la cosa se está poniendo fea** things are getting nasty *o* ugly; **es** or (Esp) **está muy ~ hablar así** it's not nice to talk like that

f

feo[2] *adv* (AmL) ‹*oler/saber*› bad; **me miró ~** she gave me a dirty look

féretro *m* coffin

feria *f* **1** **(a)** (exposición comercial) fair; **~ de muestras** trade fair **(b)** (CS, Per) (mercado) (street) market **2** **(a)** (fiesta popular) festival **(b)** (parque de atracciones) fair **3** (Méx fam) (cambio, suelto) small change; (dinero) cash (infml)

feriado *m* (AmL) (public) holiday

fermentar [A1] *vi/vt* to ferment

fermento *m* ferment

feroz *adj* **(a)** ‹*animal*› ferocious, fierce; ‹*ataque/mirada/odio*› fierce, vicious; ‹*viento/tempestad*› fierce, violent **(b)** (Col, Méx, Ven fam) (feo) horrendous (infml)

ferretería *f* (tienda) hardware store, ironmonger's (BrE); (mercancías) hardware, ironmongery (BrE)

ferrocarril *m* railroad (AmE), railway (BrE)

ferrocarrilero -ra *adj* (Chi, Méx) rail (*before n*)

ferroviario -ria *adj* rail (*before n*)

ferry /'ferri/ *m* (*pl* **-rrys**) ferry

fértil *adj* fertile

fertilización *f* fertilization; **~ in vitro** in vitro fertilization

fertilizante *m* fertilizer

fertilizar [A4] *vt* to fertilize, put fertilizer on

ferviente *adj* ‹*admiración/creyente*› fervent; ‹*deseo*› burning; ‹*fe/defensor*› passionate

fervor *m* fervor*; **con ~** fervently

festejado -da *m,f* (CS) *person celebrating his/her birthday* (*o saint's day etc*)

festejar [A1] *vt* (AmL) (celebrar) to celebrate

festejo *m* celebration, festivity

festín *m* feast, banquet

festival *m* festival; **~ de cine** film festival

festividad *f* **(a)** (fiesta religiosa) feast, festivity **(b) festividades** *fpl* (festejos) festivities (*pl*)

festivo -va *adj* festive; ▶ **día 1 b**

fetidez *f* (cualidad) smelliness; (olor) stench

fétido -da *adj* fetid, foul-smelling

feto *m* fetus*

feúcho -cha *adj* (fam) ‹*mujer*› plain, homely (AmE infml); **es ~** he's not much to look at

feudalismo *m* feudalism

fiable *adj* reliable

fiaca *adj inv* (RPl fam) bone idle (infml), lazy
■ *f* (Andes, CS fam) (pereza): **me da ~** I can't be bothered

fiador -dora *m,f* (Com, Der, Fin) guarantor

fiambre *m* (Coc) *tb* **~s** cold cuts (*pl*) (AmE), cold meats (*pl*) (BrE)

fiambrería *f* (AmL) delicatessen

fianza *f* **(a)** (Der) bail; **salió bajo ~** she was released on bail **(b)** (Com) deposit

fiar [A17] *vt* ‹*mercancías*› to sell ... on credit
■ **~** *vi* **(a)** (dar crédito) to give credit **(b) ser de ~** «*persona*» (digno de confianza) to be trustworthy; (responsable) to be reliable; «*mecanismo/motor*» to be reliable
■ **fiarse** *v pron*: **no me fío de lo que dice** I don't believe what he says; **~se** DE **algn** to trust sb

fiasco *m* fiasco

fibra *f* fiber*; **~s artificiales** man-made fibers; **~ de vidrio** fiberglass*; **~ óptica** optical fiber*

fibrosis *f* fibrosis; **~ quística** or **cística** cystic fibrosis

ficción *f* fiction

ficha *f* **1** (para datos) card; (de fichero) index card; **~ médica** medical records (*pl*); **~ policial** police record **2** **(a)** (de teléfono, estacionamiento) token **(b)** (Jueg) (de dominó) domino; (de damas) checker (AmE), draught (BrE); (de otros juegos de mesa) counter; (de ruleta, póker) chip

fichaje *m* (Dep) (acción) signing (up); (jugador) signing, trade (AmE)

fichar [A1] *vt* **(a)** «*policía*» to open a file on **(b)** «*equipo/club*» to sign (up)
■ **~** *vi* (en fábrica, oficina — a la entrada) to clock in, punch in (AmE); (— a la salida) to clock out *o* (BrE) off, to punch out (AmE)

fichero *m* **(a)** (mueble para carpetas) filing cabinet **(b)** (cajón — de carpetas) filing draw; (— para tarjetas) card index draw **(c)** (caja) index card file (AmE), card index box (BrE) **(d)** (conjunto de fichas) file **(e)** (Inf) file

ficticio -cia *adj* ‹*personaje/suceso*› fictitious

fidelidad *f* **(a)** (de persona, animal) fidelity, faithfulness **(b)** (de reproducción) faithfulness, fidelity; (de instrumento) accuracy, precision

fideo *m* **(a)** (pasta fina) noodle; (muy finos) vermicelli **(b) fideos** *mpl* (RPl) (pasta en general) pasta

fiebre *f* **(a)** (Med) fever; **tener ~** to be feverish, to have a fever (esp AmE), to have a temperature (esp BrE); **le bajó la ~** his fever *o* temperature came down; **~ del heno** hay fever; **~ palúdica** malaria **(b)** (furor) obsession; **le dio la ~ de la limpieza** he went crazy and started cleaning the whole house (infml); **~ del oro** gold fever

fiel *adj* **(a)** ‹*persona/animal*› faithful; **serle ~ a algn** to be faithful to sb; **~ al rey** loyal to the king **(b)** ‹*traducción/copia*› faithful, accurate
■ *mf* (Relig): **los ~es** the faithful

fieltro *m* felt

fiera *f* (animal) wild animal, beast (liter); ***ponerse como*** or ***hecho una ~*** to go wild (infml)

fiero -ra *adj* ‹*animal*› fierce, ferocious

fierro *m* **(a)** (AmL) (hierro) iron; (fam) (trozo de metal) piece of metal **(b) fierros** *mpl* (Méx fam) (en los dientes) braces (*pl*) (AmE), brace (esp BrE)

key word

fiesta *f* **(a)** (celebración) party; **~ de cumpleaños** birthday party; **dieron una gran ~** they threw *o* had a big party; **estar de ~** to be having a party; ***aguar la ~*** to spoil the fun **(b)** (día festivo) (public) holiday; **el lunes es ~** Monday is a holiday; **~ nacional** (día festivo) public holiday; (Taur) bullfighting; **~ patria** (AmL) independence day **(c) fiestas** *fpl* (festejos) fiesta, festival; (de fin de año, etc) festive season; **¡felices ~s!** Merry Christmas!; **¿dónde vas a pasar estas ~s?** where are you going to spend the vacation (AmE) *o* (BrE) holidays?

FIFA /'fifa/ *f*: **la ~** FIFA

figura *f* figure; **tiene buena ~** she has a good figure; **una ~ de las letras** an important literary figure; **~ paterna** father figure

figuración *f* (imaginación) imagining; **son figuraciones tuyas** it's all in your imagination

figurado -da *adj* figurative; **en sentido ~** in a figurative sense

figurar [A1] *vi* (en lista, documento) to appear

■ **figurarse** *v pron* to imagine; **me figuro que sí** I imagine so, I figure she (*o* he *etc*) will (AmE); **me figuro que tardaremos una hora** I reckon *o* (AmE) figure that it'll take us one hour; **¡figúrate, tardamos dos horas!** just imagine! it took us two hours; **ya me lo figuraba yo** I thought as much, so I thought

figurita *f* (de adorno) figurine; (lámina) (RPl) picture card

fijación *f* (Psic) fixation, obsession; **¡que ~ tienes con ese tema!** you're obsessed with that subject!

fijar [A1] *vt* **1** **(a)** (poner, clavar) ‹*poste/estantería*› to fix; ⊘ **prohibido fijar carteles** stick no bills; **fijó la mirada en el horizonte** she fixed her gaze on the horizon **(b)** ‹*atención/mente*› to focus **2** **(a)** ‹*residencia*› to take up, establish (fml) **(b)** ‹*fecha/cifra/precio*› to set **(c)** «*reglamento/ley*» to state

■ **fijarse** *v pron* **(a)** (prestar atención): **fíjate bien en cómo lo hace** watch carefully how she does it; **fíjate en lo que haces** watch *o* pay attention to what you're doing **(b)** (darse cuenta) to notice; **¿te has fijado en que no discuten nunca?** have you noticed that they never quarrel?; **¡fíjate lo que ha crecido!** just look how she's grown!

fijo[1] -ja *adj* **(a)** (no movible) fixed; **una lámpara fija a la pared** a lamp fixed to the wall; **con los ojos ~s en ella** with his eyes fixed on her; **asegúrate de que la escalera está bien fija** make sure the ladder is steady **(b)** ‹*sueldo/precios*› fixed; ‹*trabajo/empleado*› permanent; ‹*cliente*› regular **(c)** (definitivo) ‹*fecha*› definite, firm

fijo[2] *adv* (fam): **¿crees que vendrá? — fijo** do you think she'll come? — definitely *o* (infml) sure; **~ que el domingo llueve** it's bound to rain on Sunday

fila *f* **(a)** (hilera) line; **formen ~ aquí** line up *o* form a line here; **en ~ india** in single file; **estacionado en doble ~** double-parked **(b)** (en teatro, aula) row **(c) filas** *fpl* (Mil) ranks (*pl*); **incorporarse a ~s** to join up; **lo llamaron a ~s** he was drafted

filamento *m* (Elec) filament; (hilo, fibra) thread

filatelia *f* stamp collecting, philately

filete *m* (de pescado) fillet; (de carne — bistec) steak; (— corte entre las costillas y el lomo) (Chi, Méx) fillet

filiación *f* (afiliación) affiliation; **~ política** political affiliation

filial *adj* **(a)** ‹*amor*› filial **(b)** ‹*compañía/asociación*› affiliate (*before n*), subsidiary

■ *f* subsidiary (company)

Filipinas *fpl* *tb* **las ~** the Philippines

filipino -na *adj* Philippine, Filipino

■ *m,f* Filipino

film *m* (*pl* **films**) **(a)** (Cin, TV) movie, film (BrE) **(b)** (Coc) *tb* **~ transparente** Saran wrap® (AmE), clingfilm (BrE)

filmadora *f* (AmL) movie camera (AmE), cine camera (BrE)

filmar [A1] *vt* ‹*película*› to shoot; ‹*persona/suceso*› to film

filmina *f* slide

filmoteca *f* film library

filo *m* **(a)** (de cuchillo, espada) cutting edge, blade; **no tiene mucho ~** it isn't very sharp; **le voy a dar ~** I'm going to sharpen it **(b)** (borde) edge; **el ~ de la mesa** the edge of the table; **al ~ de las siete** at seven o'clock sharp

filología *f* philology; **una licenciatura en ~ francesa** a degree in French

filólogo -ga *m,f* philologist; **soy ~** I have a degree in languages

filón *m* **(a)** (Min) seam, vein **(b)** (fam) (negocio) gold mine (infml)

filoso -sa *adj* (AmL) ‹*cuchillo/hoja*› sharp

filosofía *f* philosophy

filosófico -ca *adj* philosophical

filósofo -fa *m,f* philosopher

filtración *f* (en general) leak; (de información) leak; **la ~ de un informe** the leaking of a report

filtrar [A1] *vt* **(a)** ‹*líquido/rayos*› to filter **(b)** ‹*informaciones/noticias*› to leak

■ **filtrarse** *v pron* **(a)** «*agua*» to leak; «*humedad*» to seep; **la luz se filtraba por entre las persianas** light filtered through the shutters **(b)** «*noticia*» to leak

filtro *m* filter; **~ solar** sunscreen

fin *m* **1** **(a)** (final) end; **a ~es de junio** at the end of June; **a ~ de mes** at the end of the month; **~ de año** New Year's Eve; **~ de semana** (sábado y domingo) weekend; **puso ~ a la discusión** she put an end to the discussion **(b)** (*en locs*) **por** or **al fin** at last; **en fin** (expresando resignación) ah well; **en ~ ¡sigamos!** anyway, let's carry on!; ***a ~ de cuentas*** in the end, at the end of the day; ***al ~ y al cabo*** after all **2** **(a)** (objetivo, finalidad) purpose; **el ~ de esta visita** the aim *o* purpose of this visit **(b)** (*en locs*) **a fin de que** (fml) in order to; **con este fin** (fml) with this aim (fml), to this end (fml); **con el fin** or **a fin de** (fml) with the aim *o* purpose of

final *adj* ‹*decisión*› final; ‹*objetivo*› ultimate

■ *m* end; **a ~es de junio** at the end of June; **un ~ feliz** a happy ending; **al ~ de la lista** at the bottom of the list; **al ~ tendrá que decidirse** he'll have to make his mind up in the end *o* eventually

■ *f* (Dep) **(a)** (en fútbol, tenis etc) final; **la ~ de copa** the cup final; **pasar a la ~** to go through to *o* make it to the final **(b) finales** *fpl* (en béisbol,

f

baloncesto, fútbol americano) playoffs (*pl*)

finalidad *f* (propósito, utilidad) purpose, aim

finalista *adj*: **los dos equipos ~s** the two teams that reach (*o* reached *etc*) the final
■ *mf* finalist

finalizar [A4] *vt* to finish
■ ~ *vi* to end; **una vez finalizada la reunión** once the meeting is/was over

finalmente *adv* **(a)** (*indep*) (por último) finally, lastly **(b)** (al final) in the end; **~ llegaron a un acuerdo** in the end *o* eventually, they reached an agreement

financiación *f*, **financiamiento** *m* financing

financiar [A1] *vt* **(a)** ‹*empresa/proyecto*› to finance, fund **(b)** (AmL) (vender a plazos) to give credit facilities for

financiero -ra *adj* financial
■ *m,f* financier

financista *mf* (AmL) financier

finanzas *fpl* finances (*pl*)

finca *f* **(a)** (explotación agrícola) farm **(b)** (casa de campo) country estate **(c)** (Esp) (propiedad urbana) building

fincar [A2] *vt* (Méx) to build

fingido -da *adj* hypocritical, false

fingir [I7] *vt* **(a)** ‹*alegría/desinterés*› to feign, fake; **fingió no verme** she pretended not to see me **(b)** ‹*voz*› to imitate
■ ~ *vi* to pretend
■ **fingirse** *v pron*: **se fingió apenado** he pretended to be sorry

finlandés[1] -desa *adj* Finnish
■ *m,f* (persona) Finn

finlandés[2] *m* (idioma) Finnish

Finlandia *f* Finland

fino[1] -na *adj* **1** (en grosor) ‹*papel/capa/hilo*› fine, thin; ‹*loncha*› thin; ‹*arena/pelo/lluvia*› fine; ‹*labios*› thin; ‹*cintura/dedos*› slender; ‹*punta/lápiz*› fine **2** (en calidad) ‹*pastelería/bollería*› high quality; ‹*porcelana*› fine; ‹*lencería*› sheer **3** (en modales) refined **4** **(a)** ‹*oído/olfato*› acute **(b)** ‹*ironía/humor*› subtle

fino[2] *m* fino, dry sherry

firma *f* **1** (nombre) signature; (acción) signing **2** (empresa) company, firm (BrE)

firmamento *m* (liter) firmament (liter)

firmar [A1] *vt/vi* to sign

firme *adj* **1** ‹*escalera/silla/mesa*› steady; **terreno ~** solid ground; **con paso/pulso ~** with a firm step/steady hand; **una oferta en ~** a firm offer; ***de ~*** ‹*estudiar/trabajar*› hard **2** (Mil): **¡~s!** attention! **3** **(a)** ‹*persona*› firm; **mostrarse ~ con algn** to be firm with sb; **me mantuve ~ en mi idea** I stuck *o* kept to my idea **(b)** (*delante del n*) ‹*creencia/convicción*› firm

firmeza *f* **(a)** (de convicciones, carácter) strength; **con ~** firmly **(b)** (del terreno) firmness

fiscal *adj* fiscal, tax (*before n*)
■ *mf* ≈ district attorney (*in US*), ≈ public prosecutor (*in UK*)

fiscalizar [A4] *vt* to supervise, control

fisco *m* ≈ Treasury (*in US*), ≈ Exchequer (*in UK*)

fisgar [A3] *vi* (fam) to snoop (infml); **andaba fisgando por las oficinas** he was snooping around the offices

fisgón -gona *adj* (fam) nosy (infml)
■ *m,f* (fam) busybody (infml)

fisgonear [A1] *vi* (fam) to nose around (infml)

física *f* physics; **~ nuclear** nuclear physics

físico[1] -ca *adj* physical
■ *m,f* physicist

físico[2] *m* (cuerpo — de hombre, atleta) physique; (— de mujer) figure; (apariencia) appearance

fisionomía, **fisonomía** *f* **(a)** (de persona) features (*pl*) **(b)** (de objeto, lugar) appearance

fisioterapia *f* physiotherapy, physical therapy (AmE)

flaccidez *f* flaccidity

fláccido -da *adj* flaccid, flabby

flaco -ca *adj* thin, skinny (infml)

flagelar [A1] *vt* to flagellate (fml); (Bib) to scourge
■ **flagelarse** *v pron* to flagellate oneself (fml), to whip oneself

flagrante *adj* ‹*mentira*› blatant; ‹*injusticia*› glaring, flagrant; **lo sorprendieron en ~ delito** they caught him red-handed

flama *f* (Méx) flame

flamable *adj* (Méx) inflammable, flammable

flamante *adj* (*gen delante del n*) (nuevo) brand-new; (vistoso) smart (infml)

flamenco[1] -ca *adj* **1** ‹*cante/baile*› flamenco (*before n*) **2** (de Flandes) Flemish
■ *m,f* Fleming; **los ~s** the Flemish

flamenco[2] *m* **1** (Mús) flamenco **2** (idioma) Flemish **3** (Zool) flamingo

flan *m* **(a)** (dulce) crème caramel **(b)** (de arroz) mold*; (de pescado, verduras) terrine

flanco *m* **(a)** (Mil) flank **(b)** (de animal) flank, side; (de persona) side

Flandes *m* Flanders

flaquear [A1] *vi* «*persona/fuerzas*» to flag; **su voluntad empezó a ~** she began to lose heart

flaqueza *f* weakness

flash /'flas/ *m* (*pl* **flashes**) (Fot) flash

flato *m* **(a)** (Esp) (dolor en el costado): **tengo ~** I have a stitch **(b)** (Chi fam) (eructo) burp (infml)

flauta *f* (Mús) flute; **~ dulce** recorder
■ *mf* flute player, flutist (AmE), flautist (BrE)

flautín *m* piccolo
■ *mf* piccolo (player)

flautista *mf* flute player, flutist (AmE), flautist (BrE)

flecha *f* arrow

flechazo *m* **(a)** (fam) (enamoramiento): **fue un ~** it was love at first sight **(b)** (herida) arrow wound

fleco *m* (Méx) (en el pelo) bangs (*pl*) (AmE), fringe (BrE)

flecos *mpl* **(a)** (adorno) fringe; **un chal con ~** a fringed shawl **(b)** (borde deshilachado) frayed edge

flema *f* phlegm

flemático -ca *adj* phlegmatic

flemón *m* boil, abscess; (en la encía) gumboil

flequillo *m* bangs (*pl*) (AmE), fringe (BrE)

fletar [A1] *vt* (Com, Transp) ‹*barco/avión*› to charter; ‹*autobús/camión*› to hire, rent (AmE)

key word

flete *m* **(a)** (contratación — de barco, avión) charter; (— de autobús, camión) hire **(b)** (precio de contratación — de barco, avión) charter fee; (— de autobús, camión) hire charge, rental charge (AmE)

flexibilidad *f* flexibility

flexible *adj* flexible

flexión *f* (Dep) (de brazos) push-up, press-up (BrE); (de piernas) squat; **hacer flexiones** (de brazos) to do push-ups *o* press-ups; (de cintura) to touch one's toes

flexionar [A1] *vt* (Dep) ‹*pierna/rodillas*› to bend

flirt /'flirt/ *m* (*pl* **flirts**) **(a)** (relación) fling **(b)** (hombre) boyfriend; (mujer) girlfriend

flirtear [A1] *vi* to flirt

flojear [A1] *vi* **(a)** (debilitarse) to grow *o* get weak; **me flojean las piernas** my legs are getting weak **(b)** (fam) (holgazanear) to laze around

flojera *f* **(a)** (fam) (debilidad) lethargy **(b)** (fam) (pereza) laziness; **me da ~** I can't be bothered; **tengo ~** I feel lazy

flojo -ja *adj* **1** **(a)** ‹*nudo/tornillo/vendaje*› loose; ‹*cuerda/goma*› slack **(b)** (débil) weak **(c)** ‹*vientos*› light **(d)** ‹*café/té*› weak **2** (mediocre) ‹*trabajo/examen*› poor; ‹*película/vino*› second-rate; ‹*estudiante*› poor; **está ~ en física** he's weak in (AmE) *o* (BrE) at physics **3** ‹*persona*› (fam) (perezoso) lazy

■ *m,f* (fam) (perezoso) lazybones (infml)

floppy /'flopi/ *m* (*pl* **floppys**) floppy disk, diskette

flor *f* (de planta) flower; (de árbol frutal) blossom; **~es secas** dried flowers; **un vestido de ~es** a flowery dress; **en ~** in flower *o* bloom/in blossom; **~ de azahar** orange/lemon blossom; ***la ~ y nata*** the cream, the crème de la crème

flora *f* flora

florear [A1] *vi* **(a)** (Chi, Méx) (Bot) to flower, blossom **(b)** (Méx) (halagar): **le ~on mucho su vestido** her dress got a lot of compliments

florecer [E3] *vi* **(a)** «*tulipán/rosa*» to flower, bloom; «*árbol*» to flower, blossom **(b)** (prosperar) to flourish, thrive

floreciente *adj* flourishing, thriving

Florencia *f* Florence

florentino -na *adj/m,f* Florentine

florería *f* (AmL) florist's, flower shop

florero *m* vase

florido -da *adj* **(a)** ‹*campo*› full of flowers **(b)** ‹*estilo/lenguaje*› flowery

florín *m* (moneda holandesa) guilder

florista *mf* florist

floristería *f* florist's, flower shop

flota *f* **1** (de barcos, camiones, aviones) fleet **2** (Col) (autobús) bus (AmE), coach (BrE)

flotador *m* (en general) float; (para la cintura) rubber ring; (para los brazos) armband

flotante *adj* floating

flotar [A1] *vi* to float

flote: **a ~** afloat; **mantenerse a ~** to stay afloat; **logró mantener el negocio a ~** he managed to keep the business afloat; **salir a ~** «*cuerpo sumergido*» to float to the surface; «*país/persona en apuros*» to get back on its/one's feet

flotilla *f* (Náut) flotilla; (Aviac) fleet

fluctuar [A18] *vi* to fluctuate

fluidez *f* **(a)** (de expresión) fluency; **habla griego con ~** she speaks Greek fluently **(b)** (de tráfico) smooth flow **(c)** (Fís, Quím) fluidity

fluido *adj* ‹*estilo/lenguaje*› fluent; ‹*circulación*› free-flowing; ‹*movimientos*› fluid, fluent

■ *m* fluid

fluir [I20] *vi* to flow

flujo *m* **1** (circulación, corriente) flow; **~ sanguíneo** blood flow **2** (Med) (secreción) discharge; **~ menstrual** menstrual flow **3** (Náut) tide; **~ y reflujo** ebb and flow

fluminense *adj* of/from Rio de Janeiro

flúor, **fluor** *m* (gas) fluorine; (fluoruro) fluoride

fluorescente *adj* fluorescent

fluvial *adj* river (*before n*)

fobia *f* phobia; **tiene ~ a los aviones** he has a phobia about flying

foca *f* (animal) seal; (piel) sealskin

focal *adj* focal

foco *m* **1** **(a)** (Fís, Fot, Mat) focus **(b)** (centro, núcleo) focus; **fue el ~ de todas las miradas** everybody's eyes were focused on him **(c)** (de incendio) seat **2** **(a)** (reflector) (Cin, Teatr) spotlight; (en estadio, monumento) floodlight **(b)** (AmL) (Auto) light **(c)** (Ec, Méx, Per) (de lámpara) light bulb **(d)** (AmC) (linterna) flashlight (AmE), torch (BrE)

fogata *f* bonfire

fogón *m* (quemador) burner; (fogata) (AmL) bonfire, campfire; (de caldera) firebox

fogonazo *m* flash, explosion

fogueado -da *adj* (AmS fam) experienced

fogueo *m* (Mil): **un cartucho de ~** a blank (cartridge)

folio *m* **(a)** (hoja) sheet (of paper); **papel tamaño ~** A4 paper **(b)** (de un trabajo, una tesis) page

folk /'fo(l)k/ *adj* folk (*before n*)

■ *m* folk (music)

folklore *m* folklore

folklórico -ca *adj* **(a)** ‹*danza/música/leyenda*› folk (*before n*) **(b)** (fam) (pintoresco) quaint

follaje *m* foliage

folletín *m* (en periódicos, revistas) newspaper serial; (revista mala) rag (infml); (película, novela mala) melodrama

folleto *m* (hoja) leaflet, flier (AmE); (librito) brochure, pamphlet; **~ de viaje** travel brochure

follón *m* (Esp fam) **(a)** (trifulca) commotion, ruckus; (ruido) racket (infml), din (AmE infml); **armó un buen ~** (montó una trifulca) he kicked up a hell of a fuss (infml); (hizo ruido) he made such a racket *o* din (infml) **(b)** (situación confusa, desorden) mess **(c)** (problema) trouble; **no te metas en follones** don't get into trouble

fomentar [A1] *vt* ‹*industria/turismo*› to promote; ‹*ahorro/inversión*› to encourage, boost; ‹*disturbio/odio*› to incite, foment (fml); ‹*interés/afición*› to encourage

fonda *f* **(a)** (esp AmL) (restaurant) cheap restaurant **(b)** (esp Esp) (pensión) boarding house **(c)** (Chi) (puesto) refreshment stand

fondista *mf* (Dep) long-distance runner

fondo *m* **1** **(a)** (parte más baja) bottom; **el ~ del mar** the bottom of the sea; **llegaré al ~ de esta cuestión** I'll get to the bottom of this matter

f

(b) (parte de atrás — de pasillo, calle) end; (— de habitación) back; **al ~ de la sala** at the back of the room **(c)** (profundidad): **tiene poco ~** it is not very deep **(d)** (de edificio) depth **(e)** (en cuadro, fotografía) background; **~ de escritorio** or **pantalla** (Inf) wallpaper **2** (Lit) (contenido) content **3** (Fin) **(a)** (de dinero) fund; **hacer un ~ común** to start a joint fund *o* (infml) a kitty **(b) fondos** *mpl* (dinero) money, funds (*pl*); **recaudar ~s** to raise money; **un cheque sin ~s** a dud *o* (AmE) rubber check (infml) **4** (Dep) (en atletismo): **de ~** ‹*corredor/carrera/prueba*› long-distance (*before n*) **5** (Méx) (Indum) slip, underskirt **6** (*en locs*) **a fondo** (*loc adj*) ‹*estudio/investigación*› in-depth (*before n*); ‹*limpieza*› thorough; (*loc adv*) ‹*prepararse/entrenar*› thoroughly; **conoce el tema a ~** she knows the subject really well; **de fondo** ‹*ruido/música*› background (*before n*); ***en el fondo***: **en el ~ nos llevamos bien** we get on all right, really; **en el ~ no es malo** deep down he's not a bad person

fonética *f* phonetics

fonógrafo *m* phonograph

fontanería *f* (esp Esp) plumbing

fontanero -ra *m,f* (esp Esp) plumber

footing /'futin/ *m* jogging; **hacer ~** to jog

forajido -da *m,f* fugitive, outlaw

foráneo -nea *adj* foreign, strange

forastero -ra *m,f* stranger, outsider

forcejear [A1] *vi* to struggle

forcejeo *m* struggle

fórceps *m* (*pl* ~) forceps (*pl*)

forense *adj* forensic

■ *mf* forensic scientist

forestal *adj* forest (*before n*)

forjar [A1] *vt* **(a)** ‹*utensilio/pieza*› to forge; ‹*metal*› to work **(b)** ‹*porvenir*› to shape, forge; ‹*plan*› to make; ‹*ilusiones/esperanzas*› to build up **(c)** ‹*nación/bases*› to create; ‹*amistad/alianza*› to forge

■ **forjarse** *v pron* ‹*porvenir*› to shape, forge; ‹*ilusiones*› to build up

✓ **forma** *f* **1 (a)** (contorno, apariencia) shape; **en ~ de cruz** in the shape of a cross; **tiene la ~ de un platillo** it's the shape of a saucer; **dar ~ a algo** (al barro) to shape sth; (a proyecto) to give shape to sth **(b)** (tipo, modalidad) form; **distintas ~s de vida animal** different forms of animal life; **~ de pago** form *o* method of payment **2** (Dep, Med): **estar en ~** to be fit; **está en baja ~** he's not on form; **en plena ~** on top form; ***en ~***: **nos divertimos en ~** we had a really good time **3** (manera, modo) way; **es su ~ de ser** it's just the way he is; **¡vaya ~ de conducir!** what a way to drive!; **~ de vida** way of life; **de ~ distinta** differently; ***de cualquier ~*** or ***de todas ~s*** anyway, in any case **4 formas** *fpl* **(a)** (de mujer) figure **(b)** (apariencias) appearances (*pl*); **guardar las ~s** to keep up appearances **5** (Méx) (formulario) form

✓ **formación** *f* **1** (en general) formation; **la ~ de un gobierno** the formation of a government **2** (educación recibida) education; (para trabajo) training; **~ profesional** or (CS) **vocacional** professional *o* vocational training

✓ **formal** *adj* **1** (en general) formal; ‹*promesa/oferta*› firm **2** ‹*persona*› (cumplidora) reliable, dependable; (responsable) responsible

formalidad *f* **1** (de persona) reliability; **no tiene ~** he's so unreliable **2** (requisito) formality

formalizar [A4] *vt* ‹*noviazgo/relación*› to make ... official; ‹*transacción/contrato*› to formalize

✓ **formar** [A1] *vt* **1 (a)** (crear) ‹*círculo/figura*› to make, form; ‹*asociación/gobierno*› to form, set up; (barricada) to set up; **¡formen parejas!** (en clase) get into pairs *o* twos!; (en baile) take your partners! **(b)** (Ling) to form **(c)** (Mil) ‹*tropas*› to have ... fall in **2** (componer) to make up; **un equipo formado por cinco personas** a team made up of five people; **~ parte de algo** to be part of sth, to belong to sth **3** ‹*carácter/espíritu*› to form, shape **4** (educar) to bring up; (para trabajo) to train

■ ~ *vi* (Mil) to fall in

■ **formarse** *v pron* **1 (a)** (hacerse, crearse) «*grupo/organismo*» to form; **se formó una cola** a line (AmE) *o* (BrE) queue formed **(b)** (desarrollarse) «*niño/huesos*» to develop **(c)** ‹*idea/opinión*› to form **2** (educarse) to be educated; (para trabajo) to be trained

formatear [A1] *vt* (Inf) to format

✓ **formato** *m* **1 (a)** (tamaño, forma) format **(b)** (Inf) format; **sin ~** unformatted **2** (Méx) (formulario, solicitud) form

formidable *adj/interj* (fam) fantastic (infml)

✓ **fórmula** *f* **1 (a)** (Mat, Quím) formula **(b)** (manera, sistema) way **(c)** (frase, expresión) standard expression, formula; **~s de cortesía** polite expressions **(d)** (Col) (receta médica) prescription **2** (Auto) formula; **un coche de F~ 1** a Formula 1 car

✓ **formular** [A1] *vt* **1** ‹*queja*› to make, lodge; ‹*teoría/plan*› to formulate **2** (Col) «*médico*» to prescribe

formulario *m* form

✓ **foro** *m* **(a)** (Hist) forum **(b)** (period) (organismo) forum; (reunión) meeting, forum; **~ electrónico** chat line; **~ virtual** virtual discussion group **(c)** (Teatr) back of the stage; ***desaparecer*** or ***irse por el ~*** (fam) to sneak off, slip away

forrado -da *adj* **1** ‹*prenda*› lined; ‹*sillón/libro*› covered; **un abrigo ~ de seda** a coat lined with silk **2** [ESTAR] (fam) (de dinero) loaded (infml)

forrar [A1] *vt* ‹*prenda*› to line; ‹*libro/sillón*› to cover

■ **forrarse** *v pron* (fam) *tb* **~se de dinero** to make a killing *o* mint (infml)

forro *m* (de abrigo) lining; (de sillón) cover; (de libro) cover, jacket

✓ **fortalecer** [E3] *vt* ‹*organismo/músculos/amistad*› to strengthen

■ **fortalecerse** *v pron* «*organismo/músculo*» to get stronger

fortaleza *f* **1** (física) strength; (moral) fortitude, strength of spirit **2** (Mil) fortress

fortificar [A2] *vt* **(a)** (Mil) ‹*lugar/plaza*› to fortify **(b)** (dar fuerza) to strengthen, make ... stronger

✓ key word

fortín *m* (fuerte pequeño) (small) fort; (emplazamiento) pillbox, bunker

fortuito -ta *adj* ‹*encuentro/suceso*› chance (*before n*), fortuitous

fortuna *f* **(a)** (riqueza) fortune **(b)** (azar, suerte) fortune; **por ~** fortunately; ***probar* ~** to try one's luck

forzado -da *adj* forced, unnatural

forzar [A11] *vt* **1** (obligar) to force **2** **(a)** ‹*vista*› to strain; **estaba forzando la vista** I was straining my eyes **(b)** ‹*sonrisa*› to force **3** ‹*puerta/ cerradura*› to force

forzoso -sa *adj* ‹*aterrizaje/anexión/paro*› forced; ‹*jubilación/liquidación*› compulsory

fosa *f* (zanja) ditch; (hoyo) pit; (tumba) grave; **~ común** common *o* communal grave

fosfato *m* phosphate

fosforescente *adj* **(a)** (Fís) phosphorescent **(b)** ‹*color/pintura*› fluorescent

fósforo *m* **(a)** (Quím) phosphorus **(b)** (cerilla) match

fósil *adj* fossilized, fossil (*before n*)
■ *m* fossil

foso *m* **(a)** (zanja) ditch; (en fortificaciones) moat; (Equ) water jump **(b)** (Teatr) pit; **~ de la orquesta** orchestra pit **(c)** (Auto) (inspection) pit

foto *f* picture, photo (esp BrE); **me sacó** or **tomó una ~** he took a picture *o* photo of me; **~ de carné/pasaporte** passport photo

fotocopia *f* photocopy, Xerox®; **hizo** or **sacó una ~ de la carta** he made *o* took a photocopy of the letter

fotocopiadora *f* photocopier, Xerox® machine

fotocopiar [A1] *vt* to photocopy, xerox

fotogénico -ca *adj* photogenic

fotografía *f* (técnica, arte) photography; (retrato, imagen) photograph

fotografiar [A17] *vt* to photograph, take a photograph of

fotográfico -ca *adj* photographic

fotógrafo -fa *m,f* photographer

fotomatón *m* photo booth

fotómetro *m* (Fot) exposure *o* light meter; (Fís) photometer

foul /'faul/ *m* (*pl* **fouls**) (AmL) foul

FP (en Esp) = **Formación Profesional**

frac *m* (*pl* **fracs** *or* **fraques**) (chaqueta) tail coat, tails (*pl*); (traje) morning suit

fracasado -da *adj* failed, unsuccessful
■ *m,f* failure

fracasar [A1] *vi* to fail

fracaso *m* failure

fracción *f* fraction

fractura *f* **(a)** (Med) fracture **(b)** (Geol) fault

fracturar [A1] *vt* to fracture
■ **fracturarse** *v pron* to fracture

fragancia *f* fragrance, perfume

fragata *f* frigate

frágil *adj* **(a)** ‹*cristal/fuente*› fragile **(b)** ‹*salud/ constitución*› delicate; ‹*persona*› frail; ‹*economía*› fragile

fragmento *m* **(a)** (de jarrón) shard; (de hueso) fragment **(b)** (de conversación) snippet, snatch **(c)** (extracto de novela, carta) extract, passage

fragua *f* forge

fraguar [A16] *vt* **(a)** (Metal) to forge **(b)** ‹*complot*› to hatch; ‹*plan*› to conceive
■ **~** *vi* «*cemento*» to set

fraile *m* friar, monk

frailecillo *m* puffin

frambuesa *f* raspberry

francés[1] -cesa *adj* French
■ *m,f* (*m*) Frenchman; (*f*) Frenchwoman; **los franceses** the French, French people

francés[2] *m* (idioma) French

Francia *f* France

franco[1] -ca *adj* **1** (sincero) ‹*persona*› frank; ‹*sonrisa*› natural; **para serte ~ ...** to be frank *o* honest ...; **una mirada franca** an honest *o* open expression **2** (*delante del n*) (patente) ‹*mejoría/decadencia*› marked; **un clima de franca cordialidad** an atmosphere of genuine warmth **3** (Com) free; **~ de porte** carriage free; **paso ~** free passage; **~ de derechos** duty-free **4** [ESTAR] **(a)** (Mil) off duty **(b)** (RPl) (libre de trabajo): **el lunes estoy ~** I have Monday off

franco[2] *m* (unidad monetaria) franc

francotirador -dora *m,f* sniper

franela *f* **(a)** (Tex) flannel **(b)** (Ven) (camiseta) T-shirt **(c)** (Col) (camiseta de interior) undershirt (AmE), vest (BrE)

franja *f* (banda) stripe, band; (cinta, adorno) border, fringe

franquear [A1] *vt* **1** ‹*paso/entrada*› to clear; ‹*puerta*› to go through; ‹*umbral/río*› to cross **2** ‹*carta*› (pagar) to pay the postage on
■ **franquearse** *v pron* **~se** CON **algn** to confide IN sb

franqueo *m* postage

franqueza *f* frankness, openness; **hablar con (toda) ~** to be (perfectly) frank *o* honest

franquicia *f* **1** (exención) exemption; (en seguros) excess; **~ aduanera** (condición) duty-free status; (cantidad) duty-free allowance **2** (concesión) franchise

franquismo *m* Franco's regime

frasco *m* bottle; (de mermelada) jar

frase *f* (oración) sentence; (sintagma) phrase; **~ hecha** set phrase

fraternal *adj* brotherly, fraternal

fraude *m* fraud; **~ fiscal** tax evasion

fraudulento -ta *adj* ‹*negocio*› fraudulent; ‹*elecciones*› rigged

fray *m* (*delante de n propio*) Brother

frazada *f* (AmL) blanket; **~ eléctrica** electric blanket

frecuencia *f* frequency; **con ~** frequently; **~ modulada** frequency modulation, FM

frecuentar [A1] *vt* to frequent

frecuente *adj* ‹*llamada/visita*› frequent

freelance /'frilans/ *mf* freelancer; **trabaja de ~** he works freelance

freezer /'friser/ *m* **(a)** (AmL) (electrodoméstico) freezer, deep freeze **(b)** (Chi, Ven) (en el refrigerador) freezer (compartment)

fregadero *m* (de la cocina) kitchen sink; (para lavar ropa) (Méx) sink

fregado -da *adj* (AmL exc RPl fam) **(a)** (molesto) annoying; **¡no seas ~, hombre!** stop being such a pain (infml) **(b)** (difícil) ‹*examen/tema*› tricky (infml), tough (infml); ‹*persona/carácter*› difficult **(c)** [ESTAR] (enfermo, delicado) in a bad way (infml); (sin dinero) broke (infml)
■ *m,f* (AmL exc RPl fam) (persona difícil) difficult person

fregar [A7] *vt* **1** (lavar, limpiar) to wash; **fregué el suelo** I washed the floor; (con cepillo) I scrubbed the floor; **~ los platos** to wash the dishes, to do the dishes (infml) **2** (AmL exc RPl fam) **(a)** (molestar) to bug (infml) **(b)** ‹*planes/vacaciones*› to ruin
■ **~** *vi* **1** (lavar los platos) to wash the dishes, to do the dishes (infml); (limpiar) to clean; (restregar) to scrub **2** (AmL exc RPl fam) (molestar): **¡déjate de ~!** stop being such a pest!; **¡no friegues!** (no digas) you're kidding! (infml)
■ **fregarse** *v pron* **1** (AmL fam) (embromarse): **¡te friegas!** tough! (infml); **¡me fregué!** I've really done it now! (infml) **2** (AmL exc RPl fam) (malograrse): **se ~on nuestros planes** that's ruined *o* messed up our plans (infml)

fregona *f* (Esp) (utensilio) mop

freidora *f* deep fryer

freír [I35] *vt* to fry
■ **freírse** *v pron* to fry

frenada *f* (esp AmL) ▸ **frenazo**

frenar [A1] *vt* **1** (Transp) to brake **2** ‹*proceso/deterioro*› to slow ... down; ‹*alza/inflación*› to curb, check; ‹*progreso/desarrollo*› to hold ... back
■ **~** *vi* to brake, apply the brake(s) (fml)

frenazo *m* (fam): **oí el ~** I heard the screeching of brakes; **dio un ~** she slammed *o* jammed on her brakes

frenético -ca *adj* frenzied, frenetic; **ponerse ~** (fam) to go crazy *o* wild

frenillos *mpl* (AmL) (para los dientes) braces (*pl*) (AmE), brace (esp BrE)

freno *m* **(a)** (Mec, Transp) brake; **~ de mano** emergency brake (AmE), handbrake (BrE) **(b)** (Equ) bit **(c)** (contención): **poner ~ a algo** (a gastos, importaciones) to curb sth; (a abusos) to put a stop to sth **(d) frenos** *mpl* (Méx) ▸ **frenillos**

frente *f* forehead, brow (liter); **arrugar la ~** to frown
■ *m* **1** **(a)** (de edificio) front, facade (fml); ***hacer(le) ~ a algo*** (a la realidad, una responsabilidad) to face up to sth; (a gastos, obligaciones) to meet sth; ***hacerle ~ a algn*** (a enemigo, atacante) to face sb **(b)** (*en locs*) **al frente: dar un paso al ~** to take a step forward; **vive al ~** (Chi) she lives opposite; **estar al ~ de algo** (de una clasificación) to be at the top of sth; (de una empresa) to be in charge of sth; **de frente** ‹*chocar*› head on; **una foto de ~** a full-face photo; **de frente a** (AmL) facing; **frente a** opposite; **estamos ~ a un grave problema** we are faced with a serious problem **2** (Meteo, Mil, Pol) front

fresa *f* (planta) strawberry plant; (fruta) strawberry

fresco[1] -ca *adj* **1** **(a)** ‹*viento*› cool, fresh; ‹*agua*› cold; ‹*bebida*› cool, cold; **el tiempo está ~** the weather is a bit chilly **(b)** ‹*ropa/tela*› cool **2** **(a)** ‹*pescado/fruta*› fresh; **trae noticias frescas** she has the latest news; ❸ **pintura fresca** wet paint **(b)** ‹*cutis/belleza*› fresh, young **(c)** (no viciado) ‹*aire*› fresh **3** ‹*persona*› **(a)** [SER] (fam) (descarado): **¡qué tipo más ~!** that guy sure has some nerve! (infml) **(b)** [ESTAR] (descansado) refreshed; (no cansado) fresh **(c)** (tranquilo): **él estaba tan ~** he was as cool as a cucumber
■ *m,f* (fam) (descarado): **¡eres un ~!** you have a lot of nerve! (infml)

fresco[2] *m* **1** **(a)** (aire) fresh air; **tomar el ~** to get some fresh air **(b)** (frío moderado): **hace un fresquito que da gusto** it's lovely and cool; **hace ~** it's chilly **2** (Art) fresco; **pintura al ~** fresco painting **3** (AmL) (gaseosa) soda (AmE), fizzy drink (BrE); (refresco de frutas) fruit drink

frescura *f* (descaro) nerve (infml)

fresón *m* (long stem) strawberry

frialdad *f* (en general) coldness; **la ~ de su mirada** the coldness in his eyes; **me trató con ~** he treated me coldly *o* frostily; **la ~ del público** the audience's lack of enthusiasm

friega *f* (fricción) rub; **date una(s) ~(s) en el pecho con esto** rub this on your chest

frígido -da *adj* frigid

frigorífico *m* **(a)** (Esp) (nevera) refrigerator, fridge **(b)** (en tiendas) cold store **(c)** (AmS) (de carne) meat processing plant

frijol *m* (AmL exc CS) (Bot, Coc) bean; **~ colorado/negro** kidney/black bean; ***ganarse los ~es*** to earn a living

frío[1] fría *adj* **1** ‹*comida/agua/motor/viento*› cold; **tengo los pies ~s** my feet are cold; ***dejar ~ a algn***: **la noticia lo dejó ~** (indiferente) he was quite unmoved by the news; (atónito) he was staggered by the news; **el jazz me deja fría** jazz does nothing for me **2** **(a)** ‹*persona*› cold; ‹*público*› unresponsive; ‹*recibimineto*› cool; **estuvo ~ conmigo** he was cold towards me **(b)** ‹*decoración/color*› cold

frío[2] *m* cold; **no salgas con este ~** don't go out in this cold; **¡qué ~ hace!** it's so cold!; **tener/pasar ~** to be cold; **tengo ~ en los pies** my feet are cold; ***tomar*** or (Esp) ***coger ~*** to catch cold

friolento -ta *adj* (AmL): **es muy ~** he really feels the cold

friolero -ra *adj* (Esp) ▸ **friolento**

friso *m* frieze

fritanga *f* **(a)** (AmC, Andes, Méx) (alimento frito) fried snack **(b)** (pey) (comida frita) greasy fried food

frito -ta *adj* **1** (Coc) fried **2** **(a)** (fam) (harto) fed up (infml); **me tienes ~** I'm fed up with you **(b)** (CS, Méx fam) (en apuros) done for (infml)

frivolidad *f* (cualidad) frivolousness, frivolity; (cosa vana) triviality, frivolous thing

frívolo -la *adj* frivolous

frondoso -sa *adj* ‹*árbol*› leafy; ‹*vegetación*› lush; ‹*bosque*› thick

frontal *adj* ‹*colisión*› head-on; ‹*ataque*› direct, frontal (fml); ‹*oposición*› direct

frontenis *m* pelota (*played with tennis rackets*)

frontera *f* border, frontier (fml)

frontón *m* (juego) pelota; (cancha) pelota court; (pared) fronton

frotar [A1] *vt/vi* to rub
■ **frotarse** *v pron* (*refl*) ‹*ojos/rodillas*› to rub; ‹*manos*› to rub ... together

key word

fructífero -ra *adj* fruitful, productive

fruncir [I4] *vt* **(a)** ‹*tela*› to gather **(b)** ~ **el ceño** or **entrecejo** to frown

frustración *f* frustration

frustrado -da *adj* **(a)** ‹*persona*› frustrated; ‹*actor/bailarina*› frustrated (*before n*) **(b)** ‹*atentado/intento*› failed (*before n*)

frustrar [A1] *vt* ‹*persona*› to frustrate; ‹*planes*› to thwart; ‹*esperanzas*› to dash; **me frustra que no entiendan** I find it frustrating that they don't understand

■ **frustrarse** *v pron* «*planes*» to be thwarted, fail; «*esperanzas*» to come to nothing

fruta *f* fruit; **una** ~ a piece of fruit; ~ **confitada** or **escarchada** crystallized fruit, candied fruit; ~ **del tiempo** or **de (la) estación** seasonal fruit

frutal *adj* fruit (*before n*)
■ *m* fruit tree

frutería *f* fruit store *o* shop, greengrocer's (BrE)

frutero[1] **-ra** *m,f* (vendedor) fruit seller, greengrocer (BrE)

frutero[2] *m* (recipiente) fruit bowl

frutilla *f* (Bol, CS) strawberry

fruto *m* **1** (Bot) fruit; ~**s secos** nuts and dried fruit (*pl*) **2** (resultado, producto) fruit; **dar** or **rendir** ~**s** to bear fruit; ~ DE **algo** (de inversión) return ON sth; (de trabajo/investigación) fruits OF sth; **todo fue** ~ **de su imaginación** it was all a figment of his imagination

FTP *m* (= **protocolo de transferencia de archivo**) FTP

fucsia *f* fuchsia
■ *m/adj inv* fuchsia

fue ▶ **ir, ser**

fuego *m* **(a)** (en general) fire; **¡~!** fire!; **le prendieron** ~ **a la casa** they set the house on fire; **abrieron** ~ **sobre los manifestantes** they opened fire on the demonstrators; ~**s artificiales** fireworks (*pl*) **(b)** (para cigarrillo): **¿me da** ~**, por favor?** have you got a light, please? **(c)** (Coc): **cocinar a** ~ **lento** to cook over a low heat; (apenas hirviendo) to simmer; **poner la sartén al** ~ put the frying pan on to heat

fuel, **fuel-oil** *m* fuel oil

fuelle *m* bellows (*pl*)

fuente *f* **1** **(a)** (manantial) spring; ~ **termal** thermal spring **(b)** (origen) source; **la** ~ **del río** the source of the river; ~ **de ingresos** source of income; **información de buena** ~ information from reliable sources **2** (construcción) fountain; ~ **de soda** (Chi, Méx) soda fountain (AmE) (*place where drinks and ice creams are bought and consumed*) **3** (plato) dish; ~ **de horno** ovenproof dish

fuera *adv* **1** **(a)** (lugar, parte) [*Latin American Spanish also uses* ▶ **afuera** *in this sense*] outside; **comeremos** ~ (en el jardín) we'll eat outside; (en un restaurante) we'll eat out; **por** ~ **es rojo** it's red on the outside; **aquí** ~ **se está muy bien** it's very nice out here; **se pasa el día** ~ she's out all day **(b)** (en el extranjero) abroad, out of the country; (del lugar de trabajo, de la ciudad, etc) away **2** **fuera de** (*loc prep*) **(a)** (en el exterior de, más allá de) out of; **está** ~ **del país** he's out of the country; **ocurrió** ~ **del edificio** it happened outside the building; ~ **de peligro/lugar** out of danger/place; **¡~ (de aquí)!** get out (of here)! **(b)** (excepto) apart from; ~ **de eso, me encuentro bien** apart *o* (AmE) aside from that, I feel fine **3** (*en otras locs*) **fuera de combate lo dejó** ~ **de combate** (Dep) he knocked him out; **fuera de serie** ‹*jugador/cantante*› exceptional, outstanding; **fuera de sí: estaba** ~ **de sí** he was beside himself; **fuera de temporada** out of season

fueraborda *m* outboard

fuereño -ña *m,f* (Méx fam): **un** ~ some guy from out of town (infml)

fuero *m* **(a)** (jurisdicción) jurisdiction **(b)** (privilegio, derecho) privilege; ***en mi/su*** ~ ***interno*** in my/his heart of hearts, deep down inside

fuerte *adj* **1** (en general) strong; **un equipo/una cuerda** ~ a strong team/rope **2** **(a)** ‹*viento*› strong; ‹*terremoto*› severe; ‹*lluvia/nevada*› heavy **(b)** ‹*dolor*› intense, bad; ‹*golpe*› heavy; ‹*resfriado*› bad; ‹*abrazo/beso*› big **(c)** ‹*ruido/música*› loud **(d)** ‹*olor/sabor/medicina*› strong; ‹*comida/dosis*› heavy **(e)** ‹*acento*› strong, thick **3** (violento) ‹*discusión*› violent, heated; ‹*película/escena*› shocking
■ *adv* **1** ‹*golpear/empujar*› hard; ‹*agarrar/apretar*› tightly; ‹*llover*› heavily **2** ‹*hablar*› loudly; **pon la radio más** ~ turn the radio up; **habla más** ~ speak up
■ *m* **(a)** (Mil) fort **(b)** (especialidad) strong point, forte

fuerza[1] *f* **1** **(a)** (vigor, energía) strength; **tener** ~ to be strong; **no me siento con** ~**s** I don't have the strength; **tiene mucha** ~ **en los brazos** she has very strong arms; **agárralo con** ~ hold on to it tightly; **empuja con** ~ push hard; **le fallaron las** ~**s** his strength failed him; **recuperar** ~**s** to get one's strength back; **gritó con todas sus** ~**s** she shouted with all her might; ~ **de voluntad** willpower **(b)** (del viento, de olas) strength, force **(c)** (de estructura, material) strength **2** (violencia) force; **recurrir a la** ~ to resort to force; ~ **bruta** brute force **3** (Mil, Pol, Fís) force; ~**s políticas** political forces; **las** ~**s armadas** the armed forces; **las** ~**s de orden público** (period) the police; ~ **de gravedad** (force of) gravity **4** (*en locs*) **a la fuerza: a la** ~ **tuvo que verme** he must have seen me; **lo llevaron a la** ~ they dragged him there; **comí a la** ~ I forced myself to eat; **entraron a la** ~ they forced their way in; **a fuerza de** by; **aprobó a** ~ **de estudiar** he managed to pass by studying hard; **por fuerza: por** ~ **tiene que saberlo** he *must* know about it; **por la fuerza** by force

fuerza[2], **fuerzas**, *etc* ▶ **forzar**

fuese, **fuésemos**, *etc* ▶ **ir**, ▶ **ser**

fuete *m* (AmL exc CS) riding crop; (más largo) whip

fuga *f* **1** (huida) escape; **un intento de** ~ an attempted escape; **se dieron a la** ~ they fled; ~ **de capitales** or **divisas** flight of capital; ~ **de cerebros** brain drain **2** (de líquido, gas) leak, escape (fml) **3** (Mús) fugue

fugarse [A3] *v pron* **(a)** (huir) to flee, run away; «*preso*» to escape; ~ DE **algo** to escape FROM sth **(b)** «*enamorados*» to run away together

fugaz *adj* ‹*sonrisa/visión/amor*› fleeting; ‹*visita/tregua*› brief

fugitivo -va *adj* fugitive; **anda** ~ he is on the run

fui, **fuimos**, *etc* ▶ **ir, ser**

f

fuiste, *etc* ▶ **ir, ser**

fulano -na *m,f* (fam) (persona cualquiera) so-and-so; **don ~ de tal** Mr so-and-so
■ *m* (fam) (tipo) guy (infml)

fulminante *adj* ‹*enfermedad*› sudden and devastating; ‹*mirada*› withering; **tuvo un efecto ~** it had an immediate and devastating effect

fulminantes *mpl* (AmL) (Jueg) caps (*pl*); **pistola de ~** cap gun

fumador -dora *m,f* smoker; **~ pasivo** passive smoker; **sección de ~es/no ~es** smoking/no-smoking section

f

fumar [A1] *vt* **1** ‹*cigarrillo/puro*› to smoke **2** (Méx fam) (hacer caso) to take notice of
■ **~** *vi* to smoke; **~ en pipa** to smoke a pipe

fumigar [A3] *vt* ‹*campo/cultivo*› to spray, dust; ‹*local*› to fumigate

⚷ **función** *f* **1** **(a)** (cometido, propósito) function; **tiene la ~ de ...** it performs the function of ...; **salario en ~ de la experiencia** salary according to experience **(b) funciones** *mpl* duties (*pl*); **en el ejercicio de sus funciones** in the performance of her duties; **el secretario en funciones** the acting secretary; **entrar en funciones** (AmL) «*empleado*» to take up one's post; «*presidente*» to assume office **2** (Fisiol, Mat, Ling) function **3** (de teatro, circo) performance; (de cine) showing, performance; **~ de noche** late night performance

⚷ **funcionamiento** *m*: **me explicó su ~** he explained (to me) how it works (*o* worked *etc*); **para el buen ~ de la escuela** for the smooth running of the school; **ponerse en ~** «*hospital/estación/fábrica*» to become operational; «*central nuclear*» to come into operation; «*mecanismo/máquina*» to start up; «*servicio/sistema*» to start; **estar en ~** to be running; **poner en ~** ‹*central/fábrica*› to bring into operation; ‹*mecanismo/máquina*› to start ... up

⚷ **funcionar** [A1] *vi* «*aparato/máquina*» to work; «*servicio*» to operate; ⊗ **no funciona** out of order; **~ con pilas/gasolina** to run off batteries/on gasoline

⚷ **funcionario -ria** *m,f* **(a)** (empleado público) *tb* **~ público** or **del Estado** government employee; **un alto ~** a senior *o* high-ranking official **(b)** (de organización internacional) member of staff, staff member **(c)** (RPl) (de empresa, banco) employee

funda *f* **(a)** (de libro) dustjacket; (de disco) sleeve **(b)** (de raqueta, cojín, sillón) cover **(c)** *tb* **~ de almohada** pillowcase, pillowslip **(d)** (Odont) cap

⚷ **fundación** *f* **1** (institución) foundation; **una ~ benéfica** a charity **2** (de ciudad, escuela) founding; (de empresa, partido) establishment

fundado -da *adj* ‹*temor/sospecha*› justified, well founded

fundador -dora *m,f* founder

⚷ **fundamental** *adj* fundamental

fundamentalmente *adv* **(a)** (principalmente) ‹*afectar/interesar*› mainly, principally **(b)** (en esencia) ‹*alterar*› fundamentally, basically

⚷ **fundamento** *m* **(a)** (base, sustentación) foundation; **los rumores carecen de ~** the rumors are totally without foundation **(b) fundamentos** *mpl* (nociones básicas) fundamentals (*pl*), basics (*pl*)

⚷ **fundar** [A1] *vt* **(a)** ‹*ciudad/hospital/escuela*› to found; ‹*partido/empresa*› to establish **(b)** (basar) ‹*sospecha/argumento*› **~ algo** EN **algo** to base sth ON sth
■ **fundarse** *v pron* **~se** EN **algo** «*afirmación/sospecha*» to be based ON sth; **¿en qué te fundas para decirlo?** what grounds do you have for saying that?

fundir [I1] *vt* **1** **(a)** ‹*metal/hierro*› to melt; ‹*mineral*› to smelt **(b)** ‹*estatua/campana*› to cast **2** (Elec) to blow **3** (fusionar) to merge
■ **fundirse** *v pron* **1** «*metal*» to melt; «*nieve/hielo*» to melt, thaw **2** (Elec): **se ha fundido la bombilla** the bulb has gone (infml); **se fundieron los fusibles** the fuses blew **3** (fusionarse) «*empresas/partidos*» to merge; **~se** EN **algo** to merge sth INTO sth

fundo *m* (Chi) country estate, large farm

fúnebre *adj* ‹*música/ambiente*› funereal; ▶ **coche a, cortejo**

funeral *m*, **funerales** *mpl* (exequias) funeral; (oficio religioso) funeral service

funeraria *f* undertaker's, funeral parlor*

funesto -ta *adj* disastrous, terrible

fungir [I7] *vi* (Méx, Per) **~** COMO *or* DE **algo** to act AS sth

funicular *m* (tren) funicular (railway); (teleférico) cable car

furgón *m* (Auto) truck, van; (Ferr) boxcar (AmE), goods van (BrE)

furgoneta *f* (para carga) van; (para pasajeros) van, minibus

furia *f* fury; ***estar/ponerse hecho una ~*** (fam) to be/to get furious

furioso -sa *adj* furious; **se puso ~** he was furious, he flew into a rage

furor *m* **(a)** (rabia) fury, rage **(b)** (de las olas, del viento, de una tempestad) fury **(c)** (entusiasmo) enormous enthusiasm; ***causar*** or ***hacer ~*** to be all the rage (infml)

furtivo -va *adj* **(a)** (ilegal): **la caza/pesca furtiva** poaching; **un cazador ~** a poacher **(b)** ‹*mirada/caricia*› furtive

furúnculo *m* boil

fusible *m* (Elec) fuse; **saltaron los ~s** the fuses blew

fusil *m* **1** (Arm) rifle **2** (Méx fam) (plagio) plagiarism

fusilar [A1] *vt* **1** (Mil) to shoot; **fue fusilado** he was executed by firing squad **2** (fam) (plagiar) to plagiarize, lift (infml)

fusión *f* **1** (de empresas, partidos) merger **2** **(a)** (de un metal) melting; (de metales, piezas) fusion, fusing together **(b)** (Fís) fusion

fusionar [A1] *vt* **(a)** ‹*piezas/metales*› to fuse, fuse together **(b)** ‹*empresas/partidos*› to merge **(c)** (Inf) to merge
■ **fusionarse** *v pron* **(a)** «*piezas/metales*» fuse (together) **(b)** «*empresas/partidos*» to merge; «*ideas*» to fuse

fusta *f* riding crop; (más larga) whip

fustigar [A3] *vt* ‹*caballo*› to whip

⚷ key word

futbito *m* (Esp) five-a-side soccer *o* football, ≈ indoor soccer (AmE)

fútbol, (AmC, Méx) **futbol** *m* soccer, football (esp BrE); **~ americano** American football; **~ sala** five-a-side soccer *o* football, ≈ indoor soccer (AmE)

futbolín *m* **(a)** (juego) table football **(b) futbolines** *mpl* (local) amusement arcade

futbolista *mf* soccer *o* football player

futuro[1] -ra *adj* future (*before n*); **las futuras generaciones** future generations; **la futura mamá** the mother-to-be

futuro[2] *m* **1** (porvenir) future; **¿qué nos deparará el ~?** what will the future bring?; **en un ~ cercano** or **próximo** in the near future; **en el** or **en lo ~** in future; **un empleo con/sin ~** a job with good prospects/with no prospects; **su relación no tiene ~** their relationship has no future **2** (Ling) future (tense)

Gg

G, g *f* (*read as* /xe/) the letter G, g

gabacho -cha *m,f* **(a)** (Chi, Esp fam & pey) (francés) frog (infml & derog) **(b)** (Méx fam & pey) (extranjero) foreigner (*of North American or European origin*)

gabán *m* (abrigo — largo) overcoat; (— corto) jacket

gabardina *f* (prenda) raincoat; (tela) gabardine

gabinete *m* **1** (despacho) office; (en una casa) study **2** (conjunto de profesionales) department; (Pol) cabinet **3** (armario — de la cocina) (Méx) kitchen cabinet *o* cupboard; (— del baño) (Col, Ven) bathroom cabinet

gacela *f* gazelle

gacho -cha *adj* **(a)** ‹*orejas*› drooping (*before n*); **con la cabeza gacha** with his head bowed **(b) a gachas** (agachado) crouching; (a gatas) on all fours

gachupín *m* (Méx pey) Spaniard

gaélico[1] -ca *adj* Gaelic

gaélico[2] *m* (idioma) Gaelic

gafar [A1] *vt* (Esp fam) to jinx

gafas *fpl* **(a)** (anteojos) glasses (*pl*), spectacles (*pl*) (fml); **unas ~s nuevas** a new pair of glasses; **~ de sol** sunglasses; **~ oscuras** dark glasses **(b)** (de protección) goggles (*pl*)

gafe *adj* (Esp fam): **es ~** she has a jinx on her; **no seas ~** don't say that, you'll bring us bad luck

gafo -fa *adj* (Ven fam) (estúpido) dumb (infml)

gagá *adj inv* **1** (fam) (senil) gaga (infml) **2** (Per fam) (elegante) smart (infml)

gaita *f tb* **~ gallega/escocesa** (Galician/ Scottish) bagpipes (*pl*)

gaitero -ra *m,f* (Mús) (bag)piper

gajes *mpl*: **son (los) ~ del oficio** it's all part of the job

gajo *m* **1** (de naranja, limón) segment **2** (Col) (de pelo) lock

gala *f* **(a)** (cena) gala; **cena de ~** gala (dinner); (en el teatro) *tb* **función de ~** gala (evening *o* performance); **vestido de ~** formal *o* full dress; ***hacer ~ de algo*** to display sth **(b) galas** *fpl* (ropa) clothes (*pl*); **mis/tus mejores ~s** my/ your best clothes *o* Sunday best

galán *m* **(a)** (actor) hero **(b)** (hum) (novio) young man (hum)

galante *adj* ‹*hombre*› gallant, attentive

galantería *f* **(a)** (caballerosidad) gallantry **(b)** (piropo) compliment; (gesto cortés) polite gesture, attention

galápago *m* (Zool) (tortuga — gigante) giant turtle; (— europea) terrapin

galaxia *f* galaxy

galera *f* **1** (Hist, Náut) galley **2** (RPl) (sombrero) top hat

galería *f* **(a)** (interior) corridor; (exterior) gallery **(b)** (Teatr) gallery **(c) ~ comercial** shopping mall (AmE), shopping arcade (BrE); **~ de arte** art gallery

Gales *m tb* **el país de ~** Wales

galés[1] -lesa *adj* Welsh
■ *m,f* (persona) (*m*) Welshman; (*f*) Welshwoman; **los galeses** the Welsh, Welsh people

galés[2] *m* (idioma) Welsh

galgo *mf* greyhound

galgódromo *m* (Méx) dog track

galicismo *m* Gallicism

galimatías *m* (*pl* **~**) (lenguaje incomprensible) gibberish; (de cosas, ideas) jumble

gallada *f* (Andes fam): **la ~** the crowd

gallego[1] -ga *adj* **(a)** (de Galicia) Galician **(b)** (AmL fam) (español) Spanish
■ *m,f* **(a)** (de Galicia) Galician **(b)** (AmL fam) (español) Spaniard

gallego[2] *m* (idioma) Galician

galleta *f* (Coc) (dulce) cookie (AmE), biscuit (BrE); (salada) cracker

gallina *f* **1** (Zool) hen; (Coc) chicken; **~ clueca** (empollando) broody hen; (cuidando la pollada) mother hen; **gallinita ciega** blind man's buff
2 gallina *mf* (fam) (cobarde) chicken (infml)

gallinazo *m* (Zool) (de cabeza roja) turkey buzzard *o* vulture; (de cabeza negra) black vulture

gallinero *m* **(a)** (Zool) (corral) henhouse, coop **(b)** (fam) (sitio ruidoso) madhouse (infml) **(c)** (fam) (en el cine, teatro): **el ~** the gods (infml)

gallito *m* **1** (fam) (persona) tough guy (infml) **2** (Col, Méx) (Dep) shuttlecock, birdie (AmE)

gallo[1] *m* **1** (Zool) (ave) cockerel; **~ de pelea** or (AmS) **de riña** fighting *o* game cock; (más grande) rooster; ***en menos (de lo) que canta un ~*** in no time at all; ***otro ~ cantaría*** or ***otro ~ me/te/nos cantara*** (fam) things would be very different **2** (Méx fam) (bravucón) macho, tough guy (infml) **3** (fam) **(a)** (de un cantante) false note **(b)** (de adolescente): **soltó un ~** his voice went squeaky **4** (Méx) (serenata) serenade

gallo[2] **-lla** *adj* (AmL fam) tough (infml)
■ *m,f* (Chi fam) (*m*) guy (infml); (*f*) woman; **hola ~** hi, buddy (AmE) *o* (BrE) mate (infml)

g

galón *m* **1** (Mil) stripe **2** (medida) gallon

galopante *adj* ‹*inflación/tuberculosis*› galloping (*before n*)

galopar [A1] *vi* (Equ) to gallop

galope *m* gallop; **a** or **al ~** at a gallop

galpón *m* (AmL) (cobertizo) shed; (almacén) storehouse

gama *f* **(a)** (de colores, productos) range **(b)** (de notas musicales) scale

gamba *f* (esp Esp) (Coc, Zool) shrimp (AmE), prawn (BrE)

gamberrada *f* (Esp) (grosería) loutish act; (acto violento) act of hooliganism

gamberrismo *m* (Esp) (comportamiento — escandaloso) loutishness; (— violento) hooliganism

gamberro -rra *m,f* (Esp) (grosero) lout; (vándalo) hooligan

gamín -mina *m,f* (Col) street urchin

gamo -ma *m,f* fallow deer

gamulán® *m* (CS) (prenda) sheepskin coat/ jacket

gamuza *f* **(a)** (Zool) chamois **(b)** (piel) chamois (leather); (de otros animales) suede

⚷ **gana** *f* (deseo): **¡con qué ~s me comería un helado!** I'd love an ice cream!; **lo hizo sin ~s** he did it very half-heartedly; **siempre hace lo que le da la ~** she always does just as she pleases; **quería ir pero me quedé con las ~s** (fam) I wanted to go, but it wasn't to be; **tener ~s de hacer algo** to feel like doing sth; **(no) tengo ~s de ir** I (don't) feel like going; **tengo ~s de volver a verte** I'm looking forward to seeing you again; **le dieron ~s de reírse** she felt like bursting out laughing; **se me quitaron las ~s de ir** I don't feel like going any more; **tengo ~s de que llegue el verano** I'm looking forward to the summer; ***con ~s***: **llover con ~s** to pour down; **es feo/tonto con ~s** he is so ugly/stupid!; ***de buena/mala ~*** willingly/ reluctantly

ganadería *f* (actividad) ranching, stockbreeding; (ganado) cattle (*pl*), livestock (+ *sing or pl vb*)

ganadero -ra *adj* ranching (*before n*), stockbreeding (*before n*)
■ *m,f* rancher, stockbreeder

⚷ key word

ganado *m* cattle (*pl*), livestock (+ *sing or pl vb*); **~ bovino** or **vacuno** cattle (*pl*); **~ caballar** or **equino** horses (*pl*); **~ en pie** (AmL) cattle on the hoof (*pl*); **~ ovino/porcino** sheep (*pl*) /pigs (*pl*)

⚷ **ganador -dora** *adj* ‹*equipo/caballo*› winning (*before n*); **la película ~a del Oscar** the Oscar-winning film
■ *m,f* winner

⚷ **ganancia** *f* (Com, Fin) profit; **~ neta/bruta** net/ gross profit; **~ del capital** capital gain

⚷ **ganar** [A1] *vt* **1** **(a)** ‹*sueldo*› to earn; **lo único que quiere es ~ dinero** all he's interested in is making money **(b)** ‹*tiempo*› to gain; **¿qué ganas con eso?** what do you gain by (doing) that? **(c)** (adquirir) ‹*experiencia*› to gain **2** ‹*partido/guerra/premio*› to win; **le gané la apuesta** I won my bet with him
■ **~** *vi* **(a)** (vencer) to win; **van ganando 2 a 1** they're winning 2-1; **~le A algn** to beat sb; **nos ~on por cuatro puntos** they beat us by four points **(b)** (aventajar): **le ganas en estatura** you're taller than him; **me gana en todo** he beats me on every count; ***salir ganando***: **salió ganando con el trato** he did well out of the deal; **al final salí ganando** in the end I came out of it better off
■ **ganarse** *v pron* **1** (*enf*) (mediante el trabajo) to earn; **~se la vida** to earn a/one's living **2** (*enf*) ‹*premio/apuesta*› to win **3** ‹*afecto/ confianza*› to win; **se ganó el respeto de todos** she won *o* earned everyone's respect **4** ‹*descanso*› to earn oneself; **te lo has ganado** you've earned it, you deserve it

ganchillo *m* (aguja) crochet hook; (labor) crochet; **hacer ~** to crochet

gancho *m* **1** **(a)** (garfio) hook **(b)** (AmL) (para la ropa) hanger **(c)** (Andes, Ven) (imperdible) safety pin **2** **(a)** (en boxeo) hook **(b)** (en baloncesto) hook shot

gandalla *mf* (Méx fam) (persona deshonesta) crook (infml); (sinvergüenza) swine (infml)

gandul -dula *m,f* (fam) lazybones (infml)

ganga *f* (compra ventajosa) bargain; **a precio de ~** at a bargain *o* giveaway price

ganglio *m* (en los vasos linfáticos) gland; (de células nerviosas) ganglion

gangrena *f* gangrene

ganso -sa *m,f* **1** (Zool) (*m*) goose, gander; (*f*) goose **2** (fam) **(a)** (persona torpe) clumsy oaf (infml) **(b)** (tonto) idiot, clown (infml)

ganzúa *f* picklock

garabatear [A1] *vi/vt* (escribir) to scribble, scrawl; (dibujar) to doodle

garabato *m* **1** **(a)** (dibujo) doodle **(b) garabatos** *mpl* (escritura) scrawl, scribble **2** (Chi) (palabrota) swearword

garaje /ga'raxe/ *m*, (esp AmL) **garage** /ga'raʒ/ *m* garage

⚷ **garantía** *f* **1** (Com) guarantee, warranty; **estar bajo** or **en ~** to be under guarantee *o* warranty **2** **(a)** (Der) (fianza) surety, guarantee **(b)** (seguridad) guarantee **(c) ~s constitucionales** constitutional rights (*pl*)

⚷ **garantizar** [A4] *vt* **1** (Com) ‹*producto*› to guarantee, warrant (AmE) **2** (asegurar) to guarantee

garapiña *f* (Méx) pineapple squash

garbanzo *m* chickpea

garbo *m* (elegancia) poise, grace; (gracia, desenvoltura) jauntiness

garfio *m* hook

gargajo *m* (fam) gob (sl)

garganta *f* **1** **(a)** (Anat) throat; **me dolía la ~** I had a sore throat **(b)** (cuello) neck **2** (desfiladero) gorge, ravine; (entre montañas) narrow pass
■ *mf* (Per fam) scrounger (infml)

gargantilla *f* choker, necklace

gárgara *f* gargle; **hacer ~s** to gargle

garita *f* (de centinela) sentry box; (de portero) lodge

garito *m* gambling den

garra *f* **1** (de animal) claw; (de águila) talon **2** (arrojo, valor) fighting spirit; (personalidad) personality **3** **garras** *fpl* (poder, dominio) clutches (*pl*)

garrafa *f* **(a)** (para vino) demijohn **(b)** (RPl) (para gas) cylinder

garrafal *adj* terrible; ‹*error*› monumental

garrapata *f* tick

garrapiñada *f* (esp AmL) caramel-coated peanuts/almonds (*pl*)

garrobo *m* (AmC) iguana

garrocha *f* **1** (Taur) lance, goad **2** (AmL) (Dep) pole

garrochista *mf* (AmL) pole-vaulter

garrotazo *m* (golpe) blow (*with a club*)

garrote *m* (palo) club, stick; (método de ejecución) garrotte

garúa *f* (AmL) drizzle

garuar [A18] *v impers* (AmL) to drizzle

garza *f* (Zool) heron

garzón -zona *m,f* (Chi) (*m*) waiter; (*f*) waitress

gas *m* **1** (Fís, Quím) gas; **~es tóxicos** toxic fumes; **~ ciudad** town gas; **~ lacrimógeno/licuado** tear/liquified gas **2** **gases** *mpl* (Fisiol) wind, gas (AmE)

gasa *f* (Med, Tex) gauze

gaseosa *f* **(a)** (bebida efervescente) soda (AmE), fizzy drink (BrE) **(b)** (CS) (cualquier refresco) soft drink

gaseoso -sa *adj* **(a)** ‹*cuerpo/estado*› gaseous **(b)** ‹*bebida*› carbonated, fizzy (BrE)

gásfiter *mf* (*pl* **-ters**) (Chi) plumber

gasfitería *f* (Chi, Per) plumbing

gasfitero -ra *m,f* (Per) plumber

gasoducto *m* gas pipeline

gas-oil, **gasóleo** *m* (para calefacción) (gas) oil; (para motores) diesel (fuel *o* oil)

gasolina *f* gasoline (AmE), gas (AmE), petrol (BrE); **~ normal** regular gasoline (AmE), two-star petrol (BrE); **~ sin plomo** unleaded gasoline (AmE) *o* (BrE) petrol; **~ super** premium gasoline (AmE), four-star petrol (BrE)

gasolinera *f* gas station (AmE), petrol station (BrE)

gastado -da *adj* ‹*ropa/zapatos*› worn-out; ‹*político/cantante*› washed-up (infml)

gastador -dora *adj/m,f* spendthrift

gastar [A1] *vt* **1** (consumir) **(a)** ‹*dinero*› to spend; **~ algo EN algo** to spend sth ON sth **(b)** ‹*gasolina/electricidad*› to use **2** (desperdiciar, malgastar) ‹*dinero/tiempo/energía*› to waste **3** (desgastar) ‹*ropa/zapatos*› to wear out; ‹*tacones*› to wear down **4** (fam) (llevar, usar) ‹*ropa/gafas*› to wear; **gasto el 37** I'm a size 37 **5** ‹*broma*› to play; **le ~on una broma** they played a joke *o* trick on him
■ **gastarse** *v pron* **1** (*enf*) ‹*dinero*› to spend **2** «*pilas/batería*» to run down; **se me gastó la tinta** I ran out of ink **3** «*ropa/zapatos*» (desgastarse) to wear out **4** (*enf*) (fam) (tener) to have; **se gasta un genio ...** he has a terrible temper!

gasto *m* expense; **un ~ innecesario** an unnecessary expense; **este mes he tenido muchos ~s** this has been an expensive month for me; **el ~ público** public expenditure; **~s de correo** postage; **~s de envío** postage and handling (AmE) *o* (BrE) packing

gastritis *f* gastritis

gastronomía *f* gastronomy

gata *f* **1** (Chi, Per) (Auto) jack; *ver tb* **gato¹** **2** **a gatas** (*loc adv*) (a cuatro patas): **ir** or **andar a ~s** to crawl; **tuve que entrar a ~s** I had to go in on all fours

gatear [A1] *vi* (andar a gatas) to crawl

gatera *f* cat flap

gatillero *m* (Méx) gunman

gatillo *m* trigger; **apretar el ~** to pull the trigger

gatito -ta *m,f* kitten

gato¹ -ta *m,f* (Zool) cat; **~ montés** wild cat; ***aquí hay ~ encerrado*** there's something fishy going on here; ***le dieron ~ por liebre*** he was conned *o* had! (infml); ***llevarse el ~ al agua*** (fam) to pull it off (infml)

gato² *m* **1** (Auto) jack **2** (Chi, Méx) (Jueg) tic-tac-toe (AmE), noughts and crosses (BrE) **3** (Méx) (signo) hash sign

gauchada *f* (Bol, CS fam) favor*, good turn

gaucho *m* gaucho

gaveta *f* drawer

gavilán *m* sparrowhawk

gavilla *f* (de cereales) sheaf

gaviota *f* seagull, gull

gay /gai, gei/ *adj* (*pl* **~** *or* **gays**) gay
■ *mf* (*m*) gay man, gay; (*f*) gay woman, lesbian

gazmoño -ña *adj* (pudoroso) prudish; (mojigato) sanctimonious

gaznate *m* (garganta) (fam) throat, gullet; **refrescar el ~** (fam) to have a drink

gazpacho *m tb* **~ andaluz** gazpacho (*cold soup made from tomatoes, peppers, etc*)

ge *f name of the letter* g

gel *m* gel

gelatina *f* **(a)** (sustancia) gelatin* **(b)** (postre) Jell-O® (AmE), jelly (BrE)

gelatinoso -sa *adj* gelatinous

gema *f* gem

gemelo¹ -la *adj* twin (*before n*)
■ *m,f* twin

gemelo² *m* **(a)** (de camisa) cuff link **(b)** **gemelos** *mpl* (Ópt) binoculars (*pl*)

gemido *m* **(a)** (de dolor, pena) groan, moan **(b)** (de animal) whine

g

Géminis *m* (signo, constelación) Gemini; **es (de) ~** she's (a) Gemini, she's a Geminian
■ *mf* (*pl* ~) (persona) *tb* **géminis** Geminian, Gemini

gemir [I14] *vi* **(a)** «*persona*» to moan, groan **(b)** «*animal*» to whine

gen *m* gene

gendarme *mf* gendarme

gendarmería *f* gendarmerie

genealógico -ca *adj* genealogical

🔑 **generación** *f* generation

generacional *adj* generation (*before n*), generational

generador *m* generator

🔑 **general** *adj* **(a)** (no específico, global) general; **de interés ~** of general interest; **hablando en líneas ~es** broadly speaking; **un panorama ~ de la situación** an overall view of the situation **(b)** (*en locs*) **en general** on the whole, in general; **el público en ~** the general public; **por lo general** as a (general) rule
■ *mf* (Mil) general

generalidad *f* (vaguedad) general comment, generality; (mayoría) majority

generalizado -da *adj* widespread

generalizar [A4] *vi* to generalize, make generalizations
■ **generalizarse** *v pron* to spread

🔑 **generalmente** *adv* generally

🔑 **generar** [A1] *vt* to generate

🔑 **género** *m* **1** **(a)** (clase, tipo) kind, type; **el ~ humano** the human race, mankind **(b)** (Biol) genus **(c)** (Lit, Teatr) genre; **el ~ dramático** drama **(d)** (Ling) gender **2** (tela) cloth, material

generosidad *f* generosity

generoso -sa *adj* generous

genética *f* genetics

genéticamente *adv* genetically; **~ modificado** genetically modified, GM

genético -ca *adj* genetic

genial *adj* **(a)** ‹*idea/escritor/pintor*› brilliant **(b)** (fam) (estupendo) great (infml), fantastic (infml); (fam) (ocurrente, gracioso) witty, funny

genialidad *f* (cualidad) genius; (ocurrencia) brilliant idea, stroke of genius

geniecillo *m* elf

genio *m* **(a)** (carácter) temper; **tener buen/mal ~** to be even-tempered/bad-tempered **(b)** (lumbrera) genius **(c)** (ser fantástico) genie

genitales *mpl* genitals (*pl*), genital organs (*pl*)

genocidio *m* genocide

Génova *f* Genoa

🔑 **gente** *f*

> ■ **Nota** Nótese que en español, cuando el nombre *gente* significa *personas*, se traduce al inglés por *people* con verbo en plural - *allí la gente es muy amable* people are very nice there.
>
> Cuando tiene el sentido de *familia* se traduce al inglés por *family* con el verbo en singular o plural - *mi gente está de vacaciones* my family is o are on holiday.

🔑 key word

(a) (personas) people (*pl*); **la gente está asustada** people are frightened; **había muy poca/tanta ~** there were very few/so many people; **~ bien** (de respeto) respectable people; (adinerada) well-to-do people; **la ~ de a pie** the man in the street; ***ser buena ~*** to be nice (*o* kind *etc*); ***ser ~*** (AmS) to behave (properly) **(b)** (Méx) (persona) person
■ *adj* (AmL) (de buenas maneras) respectable; (amable) kind, good
■ *adv* (Chi, Méx): **se portó muy ~ conmigo** she was very good *o* kind to me

gentil *adj* (amable) kind

gentileza *f* (cualidad) kindness; (atención, gesto): **tuvo la ~ de cederme el asiento** she was kind enough to let me have her seat; **ni siquiera tuvo la ~ de avisarnos** he didn't even have the courtesy to inform us

gentilicio *m*: *name given to the people from a particular region or country*

gentío *m* crowd

gentuza *f* (pey) riffraff (derog), rabble (derog)

genuflexión *f* genuflection

genuino -na *adj* genuine

geografía *f* geography

geográfico -ca *adj* geographical

geología *f* geology

geólogo -ga *m,f* geologist

geometría *f* geometry

geométrico -ca *adj* geometric

geranio *m* geranium

gerencia *f* **(a)** (cargo) post *o* position of manager **(b)** (personas) management **(c)** (oficina) manager's office

gerenciar [A1] *vt* (AmL) to manage

🔑 **gerente** *mf* manager; **~ comercial** business manager

geriatría *f* geriatrics

geriátrico -ca *adj* geriatric

germen *m* **1** (microbio) germ **2** **(a)** (embrión) germ **(b)** (origen) seeds (*pl*)

germicida *m* germicide

germinar [A1] *vi* to germinate

gerundio *m* gerund

gestación *f* gestation

gesticular [A1] *vi* to gesticulate

🔑 **gestión** *f* **(a)** (trámite) step; **la única ~ que había hecho** the only step he had taken; **hizo gestiones para adoptar un niño** he went through the procedure for adopting a child; **su apoyo a las gestiones de paz** their support for the peace process **(b) gestiones** *fpl* (negociaciones) negotiations (*pl*)

gestionar [A1] *vt* ‹*compra/préstamo*› to negotiate; **le están gestionando el permiso de trabajo** they are getting his work permit sorted out *o* arranged

gesto *m* **1** (en general) gesture; **un ~ grosero** a rude gesture; **le hizo un ~ para que se callara** she gestured to him to be quiet **2** (expresión) expression; **hacer ~s** to make faces

gestor -tora *m,f* (Adm, Fin) **1** (para trámites oficiales) agent (*who obtains official documents on clients' behalf*) **2** **gestora** *f* (comisión) management committee; (empresa) management company

gestoría *f* agency (*which obtains official documents on clients' behalf*)
ghetto /'geto/ *m* ghetto
Gibraltar *m* Gibraltar
gibraltareño -ña *adj/m,f* Gibraltarian
gigabyte /xiɣa'βait/ *m* gigabyte
gigante¹ *adj* giant (*before n*)
gigante² -ta *m,f* (en cuentos) (*m*) giant; (*f*) giantess; (persona alta) giant
gigantesco -ca *adj* huge, gigantic
gil *mf* (RPl fam *o* vulg) jerk (sl)
gilipollas *adj inv* (Esp fam *o* vulg): **¡qué ~ es ese tío!** that guy's such a jerk! (sl & derog)
■ *mf* (*pl* ~) (Esp fam *o* vulg) jerk (sl & derog)
gilipollez *f* (Esp fam *o* vulg): **decir gilipolleces** to talk garbage (AmE) *o* (BrE) rubbish; **no discutáis por esa ~** don't argue over a stupid *o* silly thing like that; **pagar tanto es una ~** it's stupid paying that much
gimnasia *f* gymnastics; (como asignatura) gym, PE (BrE); **hago ~ todos los días** I do exercises every day; **~ de mantenimiento** keep-fit
gimnasio *m* gymnasium, gym
gimnasta *mf* gymnast
gimotear [A1] *vi* to whine, whimper
ginebra *f* gin
Ginebra *f* Geneva
ginecólogo -ga *m,f* gynecologist*
gira *f* tour; **de ~** on tour
girar [A1] *vi* **1** **(a)** «*rueda*» to turn, go around; «*disco*» to revolve, go around; «*trompo*» to spin; ~ ALREDEDOR DE **algo/algn** to revolve AROUND sth/sb **(b)** (darse la vuelta) to turn **2** (torcer, desviarse) to turn; **~on a la derecha** they turned right
■ ~ *vt* **1** ‹*manivela/volante*› to turn **2** (Com, Fin) ‹*cheque/letra de cambio*› to draw
girasol *m* sunflower
giratorio -ria *adj* revolving (*before n*)
giro *m* **1** (en general) turn; **hizo un ~ a la derecha** she made a right turn; **un ~ de 180 grados** a volte-face, an about-turn; **el ~ que estaba tomando la conversación** the direction the conversation was taking **2** (Fin): **enviar un ~** (a través de un banco) to transfer money; (por correo) to send a money order; **~ bancario** (cheque) bank *o* banker's draft; (transferencia) credit transfer; **~ postal** money order
gis *m* (Méx) chalk
gitano -na *adj* gypsy (*before n*)
■ *m,f* gypsy
glacial *adj* **(a)** ‹*zona/período*› glacial **(b)** ‹*viento/temperatura*› icy
glaciar *m* glacier
gladiador *m* gladiator
gladiolo *m* gladiolus
glamoroso -sa *adj* glamorous
glándula *f* gland
glandular *adj* glandular
glicerina *f* glycerin
global *adj* global; ‹*informe*› full, comprehensive; ‹*resultado*› overall; ‹*precio/cantidad*› total
globo *m* **1** **(a)** (Aviac, Jueg, Meteo) balloon; **~ aerostático/sonda** hot-air/observation balloon **(b)** (de chicle) bubble **(c)** (de lámpara) globe **(d) ~ ocular** eyeball **2** (mundo) world; *tb* **~ terráqueo** globe
glóbulo *m* (cuerpo esférico) globule; (corpúsculo) corpuscle; **~ blanco/rojo** white/red corpuscle
gloria *f* **1** **(a)** (Relig) glory; ***estar/sentirse en la ~*** to be in seventh heaven **(b)** (fama, honor) glory; **cubrirse de ~** to win glory **2** (personalidad) figure; **es una de las ~s del deporte** he is one of the great sporting figures *o* heroes
glorieta *f* **(a)** (plaza) square; (Auto) traffic circle (AmE), roundabout (BrE) **(b)** (en el jardín) arbor*
glorioso -sa *adj* ‹*hecho*› glorious; ‹*personaje*› great
glotón -tona *adj* gluttonous, greedy
■ *m,f* glutton
glotonería *f* gluttony
glúteo *m* gluteus
gnomo /'nomo/ *m* gnome
gobelino *m* Gobelin
gobernador -dora *m,f* governor
gobernante *adj* ‹*partido/organismo*› ruling (*before n*), governing (*before n*)
■ *mf* leader, ruler
gobernar [A5] *vt* ‹*país*› to govern, rule; ‹*barco*› to steer
■ ~ *vi* (Gob, Pol) to govern; (Náut) to steer
gobierna, gobiernas ▸ **gobernar**
gobierno *m* government
goce *m* **(a)** (de derecho, título) enjoyment; **en pleno ~ de sus facultades** in full possession of her faculties **(b)** (placer) pleasure
gol *m* goal; **marcar** or **meter un ~** to score a goal
goleada *f* heavy defeat
goleador -dora *adj* high-scoring
■ *m,f* scorer, goal scorer
golear [A1] *vt*: **el Madrid goleó al Osasuna** Real Madrid thrashed Osasuna
golero -ra *m,f* (CS) goalkeeper
golf *m* golf
golfa *f* (fam) (prostituta) whore (infml)
golfillo -lla *m,f* street urchin
golfista *mf* golfer
golfito *m* (AmL) mini-golf, miniature golf
golfo¹ -fa *m,f* **(a)** (holgazán) good-for-nothing, layabout **(b)** (fam) (niño travieso) rascal (infml), little devil (infml)
golfo² *m* (Geog, Náut) gulf; **G~ de México** Gulf of Mexico; **G~ de Vizcaya** Bay of Biscay
golilla *f* **1** (Indum) **(a)** (cuello fruncido) ruff **(b)** (RPl) (pañuelo) neckerchief **2** (arandela) washer
gollete *m* neck (*of a bottle*); ***estar hasta el ~*** (fam) to be fed up to the back teeth (infml); ***no tiene ~*** (RPl fam) it's the limit
golondrina *f* (Zool) swallow
golosa *f* (Col) hopscotch
golosina *f* (dulce) candy (AmE), sweet (BrE)
goloso -sa *adj* (amante de lo dulce): **es muy ~** he has a really sweet tooth
golpe *m* **1** (choque, impacto) knock; **me di un ~ en la cabeza** I got a knock on the head, I hit

g

o banged my head; **darse un ~ contra algo** to bang *o* knock into sth; **dio unos ~s en la mesa** he tapped on the table; (más fuerte) he knocked on the table; (aún más fuerte) he banged on the table; ***a ~ de*** (Ven) around; ***de ~ (y porrazo)*** suddenly; **se abrió/cerró de ~** it flew open/ slammed shut; ***de un ~*** (de una vez) all at once; (de un trago) in one go *o* gulp **2** **(a)** (al pegarle a algn) blow; **lo derribó de un ~** he knocked him down with one blow; **casi lo matan a ~s** they almost beat him to death; **siempre andan a ~s** they're always fighting **(b)** (marca) bruise, mark **3** (Dep) stroke **4** **(a)** (desgracia) blow **(b)** **~ de suerte** stroke of luck **5** (fam) (atraco, timo) job (infml); **dar el ~** to do the job **6** (Pol) *tb* **~ de estado** coup (d'état)

golpear [A1] *vt* **1** ‹*objeto/superficie*› to bang; (repetidamente) to beat; **no golpees la puerta al salir** don't slam *o* bang the door as you go out; **la lluvia golpeaba los cristales** the rain beat against the window panes; **golpeó la mesa con el puño** he banged his fist on the table **2** (pegar) to hit; **algo me golpeó en la cara** something hit me in the face; **su marido la golpea** her husband hits her

■ ~ *vi* **(a)** (dar, pegar) ~ CONTRA **algo** to beat AGAINST sth **(b)** (AmS) (llamar a la puerta) to knock **(c)** (en fútbol americano) to scrimmage

■ **golpearse** *v pron* **(a)** (*refl*) ‹*cabeza/codo*› to bang, hit **(b)** (AmL) «*puerta*» to bang

golpetazo *m* (fam) hard blow

golpeteo *m* (tamborileo) drumming, tapping; (de la lluvia) patter, pitter-patter; (de una puerta) banging

golpismo *m* pro-coup tendency

golpista *adj* ‹*minoría/tendencia*› in favor of a coup; **los militares ~s** the soldiers who took part in the coup

golpiza *f* (AmL) beating

goma *f* **1** **(a)** (caucho) rubber; **suelas de ~** rubber soles **(b)** (pegamento) glue, gum; **~ de mascar** chewing gum **2** **(a)** (para sujetar) rubber band, elastic band (BrE) **(b)** (de borrar) eraser **(c)** (RPl) (neumático) tire* **3** (AmC fam) (resaca) hangover; **ando de ~** I've got a hangover

gomina *f* hair gel

gomita *f* **1** (RPl) (para sujetar) rubber band, elastic band (BrE) **2** (Chi, Méx, Ven) (dulce) gumdrop, gum (BrE)

góndola *f* gondola

gondolero *m* gondolier

googlear® *vt/i* (fam) to google

gordo[1] **-da** *adj* **1** ‹*persona/piernas*› fat; **siempre ha sido ~** he's always been overweight *o* fat; **estás ~** you've put on weight; **es más bien gordita** she's quite plump **2** (grueso) ‹*libro/lana/suéter*› thick **3** ‹*carne/tocino*› fatty

■ *m,f* **(a)** (persona) (*m*) fat man; (*f*) fat woman **(b)** (fam) (como apelativo ofensivo) fatso (infml), fatty (infml)

gordo[2] *m* (Jueg) (premio mayor) jackpot (*in the state lottery*)

gordura *f* **(a)** (grasa) fat **(b)** (exceso de peso) fatness; **me preocupa su ~** I'm worried about how fat he is

gorgorito *m* trill

gorgotear [A1] *vi* (en cañería) to gurgle; (al hervir) to bubble

gorila *m* **1** (Zool) gorilla **2** (fam) **(a)** (matón) thug **(b)** (guardaespaldas) heavy (infml) **(c)** (reaccionario) fascist **(d)** (Esp) (en un club) bouncer

gorjear [A1] *vi* «*pájaro*» to trill, warble; «*niño*» to gurgle

gorra *f* cap; (con visera) peaked cap; (de bebé) bonnet

gorrear [A1] *vt* **1** (fam) (pedir) to scrounge (infml); **me gorreó $20** he scrounged $20 off me **2** (Chi fam) ‹*cónyuge*› to cheat on (infml)

gorrero -ra *m,f* (AmL fam) (aprovechado) scrounger (infml)

gorrión *m* sparrow

gorro *m* cap; **~ de baño** (para nadar) bathing cap; (para la ducha) shower cap; ***estar hasta el ~*** (fam) to be fed up to the back teeth (infml)

gorrón -rrona *m,f* (Esp, Méx fam) scrounger (infml)

gorronear [A1] *vt/vi* (Esp, Méx fam) to scrounge (infml)

gota *f* **1** (de líquido) drop; **~s de sudor** beads of sweat; ***la ~ que colma*** or ***rebasa el vaso*** the last straw; ***parecerse/ser como dos ~s de agua*** to be as like as two peas in a pod **2** (enfermedad) gout

gotear [A1] *vi* «*líquido/grifo/vela*» to drip; «*cañería*» to leak

■ ~ *v impers* (lloviznar) to spit, drizzle

goteo *m* dripping

gotera *f* **(a)** (filtración) leak **(b)** (mancha) damp stain

gótico -ca *adj* Gothic

gourde *m* gourde (*Haitian unit of currency*)

gozador -dora *adj* (AmL) fun-loving

gozar [A4] *vi* ~ DE **algo** to enjoy sth; **~ de la vida** to enjoy life; **goza viéndolos jugar** she enjoys watching them play; ~ CON **algo** to enjoy sth; **goza de perfecta salud** he enjoys perfect health; **goza de una buena posición** he has a good position

gozne *m* hinge

gozo *m* **1** **(a)** (alegría) joy; ***no caber en sí de ~*** to be beside oneself with joy **(b)** (placer) pleasure, enjoyment **2** **gozos** *mpl* (Relig) verses (*pl*)

gozque *mf* (Col) mongrel

GPS *m* GPS

grabación *f* recording; **~ en video** video recording

grabado *m* engraving

grabador -dora *m,f* **1** (Art) engraver **2** **grabadora** *f* **(a)** (casa discográfica) record company **(b)** (magnetófono) tape recorder; **~a DVD** DVD recorder

grabar [A1] *vt/vi* **(a)** (Audio, TV) to record, tape **(b)** (Art) to engrave

■ **grabarse** *v pron*: **sus palabras se me ~on en la memoria** her words are etched on my memory; **su cara se me quedó grabada** I'll never forget her face

gracia *f* **I** **1** (comicidad): **yo no le veo la ~** I don't think it's funny; **tener ~** «*chiste/ broma*» to be funny; **me hace ~ que digas eso**

key word

it's funny you should say that; **no me hace ninguna ~ tener que ir** I don't relish the idea of having to go **2** **(a)** (chiste) joke; (broma) joke, trick **(b)** (de niño) party piece **3** (encanto, elegancia) grace; **con ~** (moverse/bailar) gracefully; **un vestido sin ~** a very plain dress; **tiene mucha ~ para arreglar flores** she has a real flair for flower arranging

II **gracias** *fpl* **1** (expresión de agradecimiento): **darle las ~s a algn** to thank sb; **no dieron ni las ~s** they didn't even say thank you **2** (*como interj*) thank you, thanks (infml); **muchas ~s** thank you very much, thanks a lot (infml); **un millón de ~s por ayudarme/tu ayuda** thank you very much for helping me/your help **3** **gracias a** thanks to; **~s a Dios** thank God

gracioso -sa *adj* **1** (divertido) ‹*chiste/persona*› funny; **¡qué ~!** how funny!; ***hacerse el ~*** to play the fool **2** (atractivo) ‹*cara/figura*› attractive; **las pecas le dan un aspecto muy ~** those freckles make her look really cute *o* sweet

grada *f* **(a)** (peldaño) step **(b)** **gradas** *fpl* (Dep) stand, grandstand

gradería *f*, (Esp) **graderío** *m* stands (*pl*)

gradiente *f* (AmL) (pendiente) slope, gradient

grado *m* **1** (en general) degree; **estamos a tres ~s bajo cero** it's three degrees below zero; **~ centígrado** or **Celsius/Fahrenheit** degree centigrade *o* Celsius/Fahrenheit; **el ~ de confusión reinante** the degree of confusion that prevails; ***en ~ sumo*** extremely **2** (de escalafón) grade; (Mil) rank **3** (disposición): **de buen/mal ~** willingly/unwillingly **4** **(a)** (esp AmL) (Educ) (curso, año) year **(b)** (título): **tiene el ~ de licenciado** he has a college (AmE) *o* (BrE) university degree

graduable *adj* adjustable

graduación *f* **(a)** (acción de regular) adjustment **(b)** (de bebida alcohólica) alcohol content **(c)** (Mil) rank **(d)** (Educ) graduation

graduado -da *adj* **(a)** ‹*gafas/lentes*› prescription (*before n*) **(b)** ‹*termómetro*› graduated

■ *m,f* (Educ) graduate

gradual *adj* gradual

graduar [A18] *vt* **(a)** (regular) to adjust **(b)** (marcar) ‹*instrumento/termómetro*› to calibrate

■ **graduarse** *v pron* **(a)** (Educ) to graduate **(b)** (Mil) to take a commission

graffiti /gra'fiti/ *mpl* graffiti

gráfico[1] -ca *adj* graphic; ‹*gesto*› expressive

gráfico[2] *m* **(a)** (Mat) graph **(b)** (Inf) graphic

grafología *f* graphology

gragea *f* **(a)** (Farm) tablet **(b)** (Coc) small candy (AmE) *o* (BrE) sweet

Gral. *m* (= **General**) Gen.

grama *f* (AmC, Ven) (césped) lawn

gramática *f* (disciplina) grammar; (libro) grammar (book)

gramatical *adj* grammatical

gramo *m* gram

gran *adj* ▶ **grande**

granada *f* **1** (Bot) pomegranate **2** (Arm, Mil) grenade; **~ de mano** hand grenade

Granada *f* (en España) Granada; (en el Caribe) Grenada

granadilla *f* (fruta — redonda, oscura) passion fruit; (— más grande, amarilla) granadilla

granate *adj inv* maroon (*before n*)

■ *m* (color) maroon

Gran Bretaña *f* Great Britain

grande *adj* [▶ **gran** *is used before singular nouns*] **1** **(a)** (en dimensiones) ‹*casa/área/nariz*› big, large; **un tipo ~** a big guy; **unos ~s almacenes** a department store **(b)** (en demasía) too big; **me queda ~** it's too big for me **(c)** (en número) ‹*familia*› large, big; ‹*clase*› big; **la gran parte** or **mayoría** the great majority **2** **(a)** (alto) tall; **¡qué ~ está Andrés!** isn't Andrés tall! **(b)** (en edad): **cuando sea ~** when I grow up; **ya son ~s** they are all grown up now **3** (Geog): **el G~ Santiago** Greater Santiago **4** (*delante del n*) **(a)** (notable, excelente) great; **un gran hombre** a great man **(b)** (poderoso) big; **los ~s bancos** the big banks; ***a lo ~*** in style **5** **(a)** (en intensidad, grado) ‹*pena/honor/ventaja*› great; ‹*explosión*› powerful; **¡me llevé un susto más ~ ... !** I got such a fright!; **una temporada de gran éxito** a very *o* a highly successful season; **son ~s amigos** they're great friends; **eso es una gran verdad** that is absolutely true; **¡qué mentira más ~!** that's a complete lie! **(b)** (elevado): **a gran velocidad** at high *o* great speed; **volar a gran altura** to fly at a great height; **un gran número de personas** a large number of people; **objetos de gran valor** objects of great value; ***en ~***: **lo pasamos en ~** we had a great time (infml)

■ *m,f* **(a)** (mayor): **la grande ya está casada** their eldest (daughter) is already married **(b)** (adulto): **los ~s** the grown-ups

grandeza *f* **1** (excelencia, nobleza) nobility; **~ de alma** (liter) magnanimity; **~ de ánimo** (liter) valor* (liter) **2** **(a)** (dignidad de Grande) rank of grandee **(b)** (conjunto de Grandes): **la ~** the (Spanish) nobility *o* grandees

grandilocuencia *f* grandiloquence

grandiosidad *f* grandeur

grandioso -sa *adj* **(a)** ‹*espectáculo/obra*› impressive, magnificent **(b)** (rimbombante) ‹*gesto/palabras*› grandiose

granel **a ~** (*loc adj*) **(a)** (en abundancia) ‹*comida/bebida*› stacks of **(b)** (Com) **comprar/vender a ~** ‹*vino/aceite*› to buy/sell ... by the liter (*o* pint *etc*); ‹*galletas/nueces*› to buy/sell ... loose; (en grandes cantidades) to buy/sell ... in bulk

granero *m* granary, barn

granito *m* (roca) granite

granizado *m* (bebida) *drink served on crushed ice*

granizar [A4] *v impers* to hail

granizo *m* (grano, bola) hailstone; (conjunto) hail

granja *f* (Agr) farm; **~ avícola** poultry farm

granjearse [A1] *v pron* to earn, win

granjero -ra *m,f* farmer

grano *m* **1** (de arena, azúcar, trigo, arroz) grain; (de café) bean; (de mostaza) seed; **~s de pimienta** peppercorns; ***ir al ~*** (fam) to get (straight) to the point **2** (Med) spot, pimple (esp AmE) **3** **(a)** (de la piedra, la madera) grain **(b)** (Fot) grain

granuja *mf* rascal

grapa *f* **1** **(a)** (para papeles) staple; (para cables) cable clip **(b)** (Arquit) cramp iron **2** (CS) (aguardiente) grappa

g

g

grapadora *f* stapler
grapar [A1] *vt* to staple
grasa *f* **1** **(a)** (Biol, Coc) fat; **la comida tenía mucha ~** the food was very greasy **(b)** (suciedad) grease; **está lleno de ~** it's all greasy **(c)** (Mec) grease **2** (Méx) (betún) shoe polish
grasiento -ta *adj* greasy
grasitud *f* (AmL) greasiness
graso -sa *adj* **(a)** ‹*pelo/cutis*› greasy **(b)** (Coc) greasy, oily, fatty; **queso ~** full fat cheese
grasoso -sa *adj* (AmL) greasy
gratificación *f* **(a)** (bonificación) bonus; (recompensa) reward **(b)** (satisfacción) gratification
gratificador -dora *adj* (AmL) rewarding, gratifying (fml)
gratificante *adj* rewarding, gratifying (fml)
gratificar [A2] *vt* **(a)** ‹*persona*› to give ... a bonus **(b)** (recompensar) to give ... a reward; Ⓢ **se gratificará** reward offered
gratinado -da *adj* au gratin
gratinador *m* grill
gratis *adj/adv* free; **es ~** it is free (of charge); **entramos ~** we got in free *o* for nothing
gratitud *f* gratitude
grato -ta *adj* pleasant
✓ **gratuito -ta** *adj* **(a)** (gratis) free **(b)** (infundado) ‹*afirmaciones*› unwarranted; ‹*insulto*› gratuitous
grava *f* gravel
gravamen *m* (impuesto) tax; (carga) burden; (sobre finca, casa) encumbrance
gravar [A1] *vt* (con impuesto) ‹*ingresos/productos*› to tax
✓ **grave** *adj* **1** **(a)** [ESTAR] ‹*enfermo*› seriously ill **(b)** [SER] ‹*herida/enfermedad*› serious **2** ‹*situación/asunto/error*› serious **3** **(a)** ‹*tono/expresión/gesto*› grave, solemn **(b)** ‹*voz*› deep **(c)** ‹*sonido/nota*› low **4** (Ling) ‹*acento*› grave; ‹*palabra*› paroxytone
gravedad *f* **1** (en general) seriousness; **está herido de ~** he is seriously injured; **es un asunto de mucha ~** it is a very serious matter **2** (Fís) gravity
gravilla *f* gravel
graznar [A1] *vi* «*cuervo*» to caw; «*ganso*» to honk; «*pato*» to quack
graznido *m* (del cuervo) caw; (del ganso) honk; (del pato) quack
Grecia *f* Greece
greda *f* (para cerámica) clay
grei *m* (Col) grapefruit
greifrú *mf* (*pl* **-frús**) (AmC, Ven fam) grapefruit
gremial *adj* **(a)** (profesional) ‹*asociación*› professional **(b)** (AmL) (sindical) union (*before n*)
gremialista *mf* (AmL) trade unionist
✓ **gremio** *m* **(a)** (de oficio, profesión) trade **(b)** (CS, Per) (sindicato) union
greña *f* **(a)** (enredo) tangle **(b)** **en greña** (Méx) ‹*trigo*› unthreshed; ‹*plata/azúcar*› unrefined; ‹*tabaco*› leaf (*before n*) **(c)** **greñas** *fpl* untidy hair
gresca *f* (fam) (jaleo) rumpus (infml); (riña) fight

✓ key word

griego[1] -ga *adj/m,f* Greek
griego[2] *m* (idioma) Greek
grieta *f* (en una pared) crack; (en la tierra) crack, crevice; (en la piel) crack
grifo[1] *m* **1** (Esp) (de lavabo, bañera) faucet (AmE), tap (BrE); **abrir/cerrar el ~** to turn the faucet *o* tap on/off **2** (Per) (gasolinera) filling station **3** (Chi) (de incendios) fire hydrant, fireplug (AmE)
grifo[2] -fa *m,f* (Méx fam) pothead (sl)
grillo *m* **1** (Zool) cricket **2** **grillos** *mpl* (de los presos) fetters (*pl*), shackles (*pl*)
grima *f* (Esp fam): **darle ~ a algn** (repulsión) to make sb's flesh crawl; (dentera) to set sb's teeth on edge
gringo -ga *adj* **(a)** (AmL fam & pey) gringo, foreign (*of or relating to a person from a non-Spanish speaking country*) **(b)** (Andes fam) (rubio) fair-haired
■ *m,f* **(a)** (AmL fam & pey) (extranjero) gringo, foreigner (*from a non-Spanish speaking country*); (norteamericano) Yank (infml & derog), Yankee (infml & derog) **(b)** (Andes fam) (rubio) (*m*) fair-haired boy/man; (*f*) fair-haired girl/woman
Gringolandia *f* (Andes fam & pey) Yankeeland (infml & derog)
gripa *f* (Col, Méx) ▶ **gripe**
gripe *f* flu; **estar con/tener ~** to have (the) flu; **~ aviar** or **de pollo** bird flu
gris *adj/m* gray*
gritar [A1] *vi* to shout; **no hace falta que grites** there's no need to shout *o* yell; **~ de dolor** to scream with pain; **~ de alegría** to shout for joy; **~ pidiendo ayuda** to shout for help; **~le a algn** to shout AT sb; (para llamarlo) to shout (out) TO sb
■ **~** *vt* to shout
griterío *m* shouting, clamor*
grito *m* **(a)** (de dolor, alegría) shout, cry; (de terror) scream; **un ~ de socorro** a cry for help; **~s de protesta** shouts *o* cries of protest; **hablar a ~s** to talk at the top of one's voice; ***ser el último ~*** to be the last word in fashion **(b)** (de pájaro, animal) call, cry
groenlandés -desa *adj* of/from Greenland
Groenlandia *f* Greenland
grosella *f* redcurrant
grosería *f* **(a)** (acción): **fue una ~ de su parte** it was very rude of him **(b)** (comentario) rude comment; **¡qué ~!** how rude!; **decir ~s** to swear
grosero -ra *adj* **(a)** (descortés) ‹*persona/lenguaje*› rude **(b)** (vulgar) crude, vulgar
■ *m,f*: **es un ~** (vulgar) he's so vulgar *o* crude!; (descortés) he's so rude!
grosor *m* thickness
grotesco -ca *adj* ‹*personaje/mueca*› grotesque; ‹*espectáculo*› hideous, grotesque
grúa *f* **(a)** (Const) crane **(b)** (Auto) (de taller) wrecker (AmE), breakdown van (BrE); (de la policía) tow truck; **se lo llevó la ~** it was towed (away)
grueso -sa *adj* thick
grulla *f* crane
grumete *m* cabin boy

grumo *m* lump
grumoso -sa *adj* lumpy
gruñido *m* grunt; (del perro) growl
gruñir [I9] *vi* **(a)** «*cerdo*» to grunt; «*perro*» to growl **(b)** (fam) «*persona*» to grumble
gruñón -ñona *adj* (fam) grumpy (infml)
grupa *f* rump, hindquarters (*pl*)
grupo *m* **(a)** (de personas, empresas, países) group; (de árboles) clump; **~ sanguíneo** blood group; **~s sociales** social groups; **de ~** ‹*terapia/trabajo*› group (*before n*); **en ~** ‹*salir/trabajar*› in a group/in groups **(b)** (Mús) *tb* **~ musical** group, band
gruta *f* (natural) cave; (artificial) grotto
guaca *f* (Andes) *pre-Columbian tomb*
guacal *m* **(a)** (Col, Méx, Ven) (caja) wooden crate **(b)** (Ven) (medida) crate, crateload **(c)** (AmC) (calabaza) large gourd (*used for storing tortillas*)
guacamaya *f* (Méx) **1** (ave) macaw **2** (fam) (persona) loudmouth (infml)
guacamayo *m* macaw
guacamole *m* guacamole
guachimán *m* (AmS fam) watchman
guachinango *m* (Méx) red snapper
guacho[1] -cha *adj* **1** (Andes, RPl) **(a)** (fam) ‹*niño*› orphaned; ‹*perro*› stray **(b)** (fam & pey) ‹*hijo*› bastard (*before n*) (derog) **2** (Chi, Per fam) ‹*calcetín/guante*› odd
■ *m,f* (Andes, RPl) **(a)** (fam) (niño abandonado) orphan, waif; (perro) stray **(b)** (fam & pey) (hijo ilegítimo) bastard (vulg) **(c)** (insulto — a un hombre) bastard (derog); (— a una mujer) bitch (sl & derog)
guacho[2] *m* (Per) (de la lotería) *tenth share in a lottery ticket*
guaco *m* (Andes) pot (*found in pre-Columbian tomb*)
guadaña *f* scythe
guagua *f* (fam) **1** (Andes) (bebé) baby **2** (Cu) (autobús) bus
guaje -ja *m,f* **1** (Méx fam) sucker (infml); ***hacerle ~ a algn*** (serle infiel) to cheat on sb (infml); (engañarlo) to rip sb off (infml); ***hacerse ~*** to act dumb (infml) **2 guaje** *m* (Méx) **(a)** (planta, fruto) bottle gourd **(b)** (vasija) gourd **(c)** (instrumento) maraca (*made from a bottle gourd*)
guajiro -ra *m,f* **(a)** (en Cuba) peasant **(b)** (en Col, Ven) *native of the Guajira peninsula*
guajolote -ta *m,f* (Méx) turkey
guanábana *f* (fruto) soursop; (árbol) soursop tree
guanaco *m* **1** (Zool) guanaco **2** (Chi fam) (de la policía) water cannon
guanera *f* guano deposit
guanero -ra *adj* guano (*before n*)
guano *m* guano
guante *m* glove; **~s de lana/boxeo** woolen/boxing gloves; ***echarle el ~ a algn*** (fam) to nab sb (infml)
guantera *f* glove compartment
guapetón -tona *adj* (fam) ‹*chico*› handsome; ‹*chica*› pretty
guapo -pa *adj* **1** ‹*hombre*› handsome, good-looking; ‹*mujer*› attractive, good-looking; ‹*bebé*› beautiful; **estás muy ~ con ese traje** you look very nice in that suit **2 (a)** (fam) (bravucón): **ponerse ~** to get cocky (infml) **(b)** (AmS fam) (valiente) gutsy (infml)
guarangada *f* (RPl, Ven fam) ▶ **grosería b**
guarango -ga *adj* (CS, Ven fam) (grosero) rude, loutish
■ *m,f* (CS, Ven fam) (grosero) lout (infml)
guaraní *adj/m,f* Guarani
■ *m* (idioma) Guarani
guarapear [A1] *vi* (Per fam) to get plastered (infml)
guarda *mf* (de museo, parque) keeper; (de edificio público) *tb* **~ jurado** security guard
guardabarros *m* (*pl* **~**) **(a)** (Auto) fender (AmE), mudguard (BrE) **(b)** (de bicicleta) mudguard
guardabosque *mf* (en parque nacional) forest ranger
guardacostas *mf* (*pl* **~**) **(a)** (persona) coastguard **(b) guardacostas** *m* (buque) coastguard vessel
guardaespaldas *mf* (*pl* **~**) bodyguard
guardalíneas *mf* (*pl* **~**) (Chi) (*m*) linesman; (*f*) lineswoman
guardameta *mf* goalkeeper
guardapelo *m* locket
guardapolvo *m* (bata — de niño) overall; (— de profesor, tendero) work coat (AmE), overall (BrE)
guardar [A1] *vt* **1** (reservar) to save, keep; **guarda algo para después** save *o* keep sth for later **2 (a)** (poner en un lugar) ‹*juguetes/libros*› to put ... away; **ya guardé toda la ropa de invierno** I've already put away all my winter clothes **(b)** (conservar, mantener) to keep; **lo guardó durante años** she kept it for years; **~ las apariencias** to keep up appearances **(c)** ‹*secreto*› to keep; ‹*rencor*› to bear, harbor*; **guardo muy buenos recuerdos de él** I have very good memories of him
■ **guardarse** *v pron* **1 (a)** (quedarse con) to keep **(b)** (reservar) to save, keep **2** (poner en un lugar): **se guardó el cheque en el bolsillo** he put the check (away) in his pocket
guardarropa *m* **(a)** (en restaurantes, teatros) cloakroom **(b)** (ropa) wardrobe **(c)** (armario) dressing room
guardavallas *mf* (*pl* **~**) (AmL) goalkeeper
guardería *f tb* **~ infantil** nursery
guardia *f* **1 (a)** (vigilancia): **estar de ~** «*soldado*» to be on guard duty; «*médico*» to be on duty *o* call; «*empleado*» to be on duty; «*marino*» to be on watch; **montar ~** to stand guard; ***poner en ~ a algn*** to warn sb **(b)** (en esgrima): **en ~** on guard **2** (cuerpo militar) guard; **cambio de ~** changing of the guard; **G~ Civil** Civil Guard; **~ municipal** or **urbana** police (*mainly involved in traffic duties*) **3 guardia** *mf*; (*m*) policeman (*f*) policewoman
guardiamarina *mf* midshipman
guardián -diana *m,f* **(a)** (de un edificio) security guard, guard **(b)** (protector, defensor) guardian
guarecer [E3] *vt* to shelter, protect
■ **guarecerse** *v pron* (*refl*) to shelter, take shelter
guarén *m* water rat
guargüero *m* (AmL fam) (garganta) throat

guarida *f* (de animales) den, lair; (de personas) hideout

guarnecer [E3] *vt* (Coc) to garnish

guarrada *f* (Esp fam) **(a)** (porquería, suciedad) mess (infml) **(b)** (mala pasada) dirty trick (infml) **(c)** (indecencia, vulgaridad): **no digas ~s** don't be filthy; **esa película es una ~** that's a filthy movie

guarro -rra *m,f* (Esp fam) **(a)** (persona sucia) filthy pig (infml) **(b)** (indecente, vulgar): **es un ~** he's really disgusting

guarura *m* (Méx) bodyguard

guasa *f* (fam) (broma, burla) joke; **de ~** as a joke; **no te lo tomes a ~** it's no joke, it's no laughing matter

guasca *f* (Chi, Per) (ramal de cuero) strap

guasón -sona *m,f* (fam) (bromista) joker

guata *f* **1** (Esp) (algodón) wadding **2** (Andes fam) (barriga) paunch; **echar ~** to get a paunch; **me duele la ~** I've got a tummy ache (infml)

Guatemala *f* Guatemala

guatemalteco -ca *adj/m,f* Guatemalan

guateque *m* (Esp, Méx fam) (fiesta) bash (infml), party

guatitas *fpl* (Chi) tripe

guatón -tona *adj* (Chi, Per fam): **está muy ~** he has a real paunch (infml)
■ *m,f* (Chi, Per fam) fatty (infml)

guau *interj* (del perro) woof!, bow-wow!

guayaba *f* (fruta) guava

guayabera *f*: *loose lightweight shirt*

guayabo *m* **1** (Bot) guava tree **2** (Col fam) (resaca) hangover

Guayana *f* *tb* **la ~ Francesa** French Guiana

gubernamental *adj* ‹*disposición/orden/organismo*› governmental, government (*before n*); ‹*emisora/tropas*› government (*before n*); **organismos no ~es** non-governmental organizations, NGOs

gubernatura *f* (Méx) government

güero -ra *adj* (Méx fam) (rubio) blond, fair-haired; (amarillo) yellow
■ *m,f* (Méx fam) (*m*) blond *o* fair-haired man; (*f*) blonde *o* fair-haired woman

guerra *f* **1** (Mil, Pol) war; **nos declararon la ~** they declared war on us; **estar en ~** to be at war; **hacerle la ~ a algn** to wage war on *o* against sb; **~ bacteriológica** or **biológica** germ *o* biological warfare; **~ civil** civil war; **~ fría** cold war; **~ mundial** world war; **~ nuclear** nuclear war; **~ química** chemical warfare **2** (fam) (problemas) trouble, hassle (infml); **estos niños me dan mucha ~** these kids give me a lot of hassle

guerrera *f* army jacket

guerrero -ra *adj* ‹*pueblo/espíritu*› warlike; **canto ~** war cry
■ *m,f* warrior

guerrilla *f* **(a)** (grupo) guerrillas (*pl*) **(b)** (lucha) guerrilla warfare

guerrillero -ra *m,f* guerrilla

guía *f* **1** (libro, folleto) guide (book); (de calles) map; **~ del ocio** entertainment guide; **~ turística/de hoteles** tourist/hotel guide; **~ telefónica** or **de teléfonos** telephone directory, phone book **2** **guía** *mf* (persona) guide; **~ de turismo** tourist guide

guiar [A17] *vt* to guide
■ **guiarse** *v pron* **~se POR algo** (por mapa/consejo) to follow sth; **~se por las apariencias** to be led by appearances; **~se por el instinto** to follow one's instincts

guijarro *m* pebble

guillotina *f* guillotine

guillotinar [A1] *vt* to guillotine

guinda *f* morello cherry; (confitada) glacé cherry

guindar [A1] *vt* **1** (Esp arg) (robar) ‹*novia/trabajo*› to steal **2** **(a)** (Col, Méx, Ven fam) ‹*ropa*› to hang up **(b)** (Col fam) ‹*hamaca*› to hang
■ **guindarse** *v pron* (Col, Méx, Ven) (colgarse) to hang

guindilla *f* chili

guindo *m* morello cherry tree

guiñar [A1] *vt* to wink; **~le el ojo** *or* **un ojo a algn** to wink at sb

guiño *m* wink; **hacerle un ~ a algn** to give sb a wink

guion *m* **1** **(a)** (Cin, TV) script; **~ cinematográfico** screenplay **(b)** (esquema) outline, plan **2** (Impr) (en diálogo) dash; (en palabras compuestas) hyphen; **lleva ~** it's hyphenated

guionista *mf* scriptwriter, screenwriter

güirila *f* (AmC) maize pancake

guirnalda *f* garland

guisante *m* (Esp) pea

guisar [A1] *vi* (Esp) to cook; **guisa muy bien** he's a very good cook
■ **~** *vt* (con bastante líquido) to stew; (con poco líquido) to braise

guiso *m* stew, casserole

guita *f* (arg) cash (infml), dough (sl)

guitarra *f* guitar; **~ eléctrica/española/clásica** electric/Spanish/classical guitar

guitarrear [A1] *vi* (Mús) to play the guitar

guitarrista *mf* guitarist

gula *f* greed, gluttony

gusano *m* **1** **(a)** (como nombre genérico) worm; (lombriz de tierra) earthworm, worm **(b)** (larva — de mariposa) caterpillar; (— de mosca) maggot; **~ de luz** glowworm; **~ de seda** silkworm **2** (pey) (persona despreciable) worm (derog)

gustar [A1] *vi* **1** (+ *me/te/le etc*) **¿te gustó el libro?** did you like *o* enjoy the book?; **me gusta su compañía** I enjoy her company; **los helados no me/te/nos gustan** I/you/we don't like ice cream; **le gusta mucho la música** he likes music very much; **a Juan le gusta María** Juan likes María; **le gusta tocar la guitarra** she likes to play the guitar (AmE), she likes playing the guitar (BrE); **le gusta mucho viajar** she's very fond of traveling (infml); **nos gusta dar un paseo después de comer** we like to have a walk after lunch; **¿te ~ía visitar el castillo?** would you like to visit the castle?; **me ~ía que vinieras temprano** I'd like you to come early **2** (en frases de cortesía) to wish (fml); **como guste** as you wish; **cuando usted guste** whenever it is convenient for you
■ **~** *vt* (AmL) (querer) to like; **¿gustan tomar algo?** would you like something to drink?

key word

⚷ **gusto** *m* **1** **(a)** (sentido, sabor) taste; **resulta amargo al ~** it has a bitter taste; **tiene un ~ medio raro** it has a funny taste to it; **tiene ~ a fresa** it tastes of strawberry; **deja un ~ a menta** it has a minty aftertaste **(b)** (sentido estético) taste; **tiene muy buen ~ para vestirse** she has very good taste in clothes; **una broma de mal ~** a tasteless joke; **para todos los ~s** to suit all tastes **2** **(a)** (placer, agrado) pleasure; **tendré mucho ~ en acompañarlos** (fml) it will be a pleasure for me to accompany you (fml); **da ~ estar aquí** it's so nice (being) here; **me dio mucho ~ volverlo a ver** it was lovely to see him again; **por ~** for fun, for pleasure; **un lugar donde se está a ~** a place where you feel comfortable *o* at ease **(b)** (en fórmulas de cortesía): **mucho ~ (en conocerla)** pleased *o* nice to meet you; **el ~ es mío** the pleasure is mine

gustoso -sa *adj* willingly

gutural *adj* guttural

Hh

H, h *f* (*read as* /ˈatʃe/) the letter H, h (*ver tb* **hache**)

h. (= **hora**) hr

ha *interj* ah!, ha!

Ha. (= **hectárea**) ha., hectare

haba *f* (Bot) (broad) bean

Habana *f*: **La ~** Havana

habanero -ra *adj/m,f* Havanan

habano *m* (cigarro) Havana cigar

⚷ **haber[1]** [E17] *v aux* (en tiempos compuestos) to have; **no habían llegado** they hadn't arrived; **de ~lo sabido** had I known, if I'd known; **¡deberías ~lo dicho!** you should have said so!

■ **~** *v impers* **1** (existir, estar, darse): **hay una carta/varias cartas para ti** there's a letter/there are several letters for you; **¿hay un banco por aquí?** is there a bank near here?; **hubo dos accidentes** there were two accidents; **¿hay helado?** do you have any ice cream?; **no hay como un buen descanso** there's nothing like a good rest; **hubo varios heridos** several people were injured; **las hay rojas y verdes** there are red ones and green ones; **gracias — no hay de qué** thank you — don't mention it *o* not at all *o* you're welcome; **no hay de qué preocuparse** there's nothing to worry about; **¿qué hay de nuevo?** (fam) what's new?; **hola ¿qué hay?** (fam) hello, how are things?; **¿qué hubo?** (Andes, Méx, Ven fam) how are things?
2 (ser necesario) ~ QUE + INF: **hay que estudiar** you/we/they must study; **hubo que romperlo** we/they had to break it; **no hay que lavarlo** (no es necesario) you don't need *o* have to wash it; (no se debe) you mustn't wash it

haber[2] *m* **(a)** (bienes) assets (*pl*) **(b)** (en contabilidad) credit side **(c) haberes** *mpl* (fml) (ingresos) income, earnings (*pl*)

habichuela *f* **(a)** (semilla) bean **(b)** (Col) (con vaina) green bean, French bean (BrE)

hábil *adj* **1** **(a)** (diestro) ‹*carpintero*› skilled, adept; ‹*conductor*› good, skillful*; ‹*juego/táctica*› skillful* **(b)** (astuto, inteligente) clever, able **2** ‹*horas/días*› working (*before n*)
3 (Der) competent

⚷ **habilidad** *f* **1** **(a)** (para actividad manual, física) skill; **tiene ~ para la carpintería** he is good at carpentry **(b)** (astucia, inteligencia) skill, cleverness; **con ~** cleverly, skillfully **2** (Der) competence

habilidoso -sa *adj* [SER] good with one's hands, handy

habilitación *f* **1** (de lugar) fitting out **2** (autorización) authorization **3** (Col) (Educ): **exámenes de ~** retakes

⚷ **habilitar** [A1] *vt* **1** ‹*lugar*› to fit out **2** ‹*persona/institución*› to authorize; «*título*» to qualify, authorize; «*documento*» to authorize, empower **3** (Col) (Educ) to retake, to make up (AmE)

habiloso -sa *adj* (Chi fam) (inteligente) bright, smart (infml)

habitable *adj* habitable

⚷ **habitación** *f* (cuarto) room; (dormitorio) bedroom; **~ individual** single room

habitacional *adj* (CS) housing (*before n*)

⚷ **habitante** *mf* (Geog, Sociol) inhabitant; (de barrio) resident

habitar [A1] *vt* ‹*vivienda*› to live in; ‹*isla/planeta*› to inhabit
■ **~** *vi* (fml) to dwell (fml)

hábitat /ˈaβita(t)/ *m* (*pl* **-tats**) (Ecol, Zool) habitat; (Geog, Sociol) environment

hábito *m* **1** (costumbre) habit; **adquirir/tener el ~** DE **hacer algo** to get into/have the habit OF doing sth **2** (de religioso) habit

⚷ **habitual** *adj* ‹*sitio/hora*› usual; ‹*cliente/lector*› regular

habituar [A18] *vt* **~ a algn** A **algo** to get sb used TO sth
■ **habituarse** *v pron* **~se** A **algo** to get used TO sth, get *o* become accustomed TO sth

habla *f*‡ **1** (facultad) speech; **perder el ~** to lose one's powers of speech; **al verla me quedé sin ~** when I saw her I was speechless **2** **(a)** (idioma): **países de ~ hispana** Spanish-speaking countries **(b)** (manera de hablar): **el ~ de esta región** the local way of speaking **3** **al habla** (en el teléfono) speaking; **estamos al ~ con nuestro corresponsal** we have our correspondent on the line

hablado -da *adj* **(a)** ‹*lenguaje*› spoken **(b) bien/mal ~** ‹*persona*› well-spoken/foul-mouthed

hablador -dora *adj* **(a)** (charlatán) talkative, chatty (infml) **(b)** (chismoso) gossipy **(c)** (Méx fam) (mentiroso): **es tan ~** he's such a fibber (infml)
■ *m,f* **(a)** (charlatán) chatterbox (infml) **(b)** (chismoso) gossip (infml) **(c)** (Méx fam) (mentiroso) storyteller, fibber (infml)

habladurías *fpl* idle gossip *o* talk

✓ **hablar** [A1] *vi* **1** **(a)** (articular palabras) to speak; **habla más alto** speak up; **habla más bajo** keep your voice down **(b)** (expresarse) to speak; **~ claro** (claramente) to speak clearly; (francamente) to speak frankly; **~ por señas** to use sign language; **un político que habla muy bien** a politician who is a very good speaker; ***~ por ~*** to talk for the sake of it **2** **(a)** (conversar) to talk; **habla mucho** he talks a lot; **tenemos que ~** we must (have a) talk; **~** CON **algn** to speak *o* talk TO sb; **tengo que ~te** or **que ~ contigo** I need to speak to you *o* have a word with you; **está hablando por teléfono** he's on the phone; **¡ni ~!** no way! (infml), no chance! (infml) **(b)** (bajo coacción) to talk **(c)** (murmurar) to talk, gossip; ***dar que ~*** to start people talking **(d)** (rumorear): **se habla ya de miles de víctimas** there is already talk of thousands of casualties; **se habla de que va a renunciar** it is said *o* rumored that she's going to resign **(e)** (al teléfono): **¿con quién hablo?** who am I speaking with (AmE) *o* (BrE) speaking to? **3** **(a)** (tratar, referirse a) **~** DE **algo/algn** to talk ABOUT sth/sb; **~ de negocios** to talk (about) *o* discuss business; **siempre habla mal de ella** he never has a good word to say about her; **hablan muy bien de él** people speak very highly of him; **me ha hablado mucho de ti** she's told me a lot about you; **en tren sale caro, y no hablemos ya del avión** going by train is expensive, and as for flying ...; **háblame de tus planes** tell me about your plans; **~** SOBRE *or* ACERCA DE **algo** to talk ABOUT sth **(b)** (dirigirse a) to speak; **no me hables así** don't speak to me like that; **háblale de tú** use the 'tú' form with him **(c)** (anunciar propósito) **~** DE **hacer algo** to talk OF doing sth; **habla de jubilarse** he's talking of retiring **4** (Méx) (por teléfono) to call, phone
■ **~** *vt* **1** ‹*idioma*› to speak **2** (tratar): **tenemos que ~ las cosas** we must talk things over; **ya lo ~emos más adelante** we'll talk about *o* discuss that later
■ **hablarse** *v pron*: **llevan meses sin ~se** they haven't spoken to each other for months; **no se habla con ella** he's not speaking *o* talking to her, he's not on speaking terms with her

habrá, **habría**, *etc* ▸ **haber**[1]

hacendado -da *adj* landowning (*before n*)
■ *m,f* landowner, owner of a ranch (*o* farm *etc*)

hacendoso -sa *adj* hardworking (*esp referring to housework*)

✓ **hacer** [E18] *vt* **I** **1** **(a)** (crear) ‹*mueble/vestido*› to make; ‹*casa/carretera*› to build; ‹*nido*› to build, make; ‹*túnel*› to make, dig; ‹*dibujo/plano*› to do, draw; ‹*lista*› to make, draw up; ‹*resumen*› to do, make; ‹*película*› to make; ‹*nudo/lazo*› to tie; ‹*pan/pastel*› to make, bake; ‹*vino/café/tortilla*› to make; ‹*cerveza*› to make, brew; **me hizo un lugar en la mesa** he made room for me at the table; **hacen buena pareja** they make a lovely couple **(b)** (producir, causar) ‹*ruido*› to make; **los chistes no me hacen gracia** I don't find jokes funny; **estos zapatos me hacen daño** these shoes hurt my feet **2** **(a)** (efectuar, llevar a cabo) ‹*sacrificio*› to make; ‹*milagro*› to work, perform; ‹*deberes/ejercicios/limpieza*› to do; ‹*mandado*› to run; ‹*transacción/investigación*› to carry out; ‹*experimento*› to do, perform; ‹*entrevista*› to conduct; ‹*gira/viaje*› to do; ‹*regalo*› to give; ‹*favor*› to do; ‹*trato*› to make; **me hicieron una visita** they paid me a visit; **aún queda mucho por ~** there is still a lot (left) to do; **dar que ~** to make a lot of work **(b)** ‹*cheque/factura*› to make out, write out **3** (formular, expresar) ‹*declaración/promesa/oferta*› to make; ‹*proyecto/plan*› to make, draw up; ‹*crítica/comentario*› to make, voice; ‹*pregunta*› to ask; **nadie hizo ninguna objeción** nobody raised any objections **4** **(a)** (refiriéndose a necesidades fisiológicas): **~ caca** (fam) to do a poop (AmE) *o* (BrE) a pooh (infml); **~ pis** or **pipí** (fam) to have a pee (infml); **~ sus necesidades** (euf) to go to the bathroom *o* toilet (euph) **(b)** (refiriéndose a sonidos onomatopéyicos) to go; **las vacas hacen 'mu'** cows go 'moo' **5** (adquirir) ‹*dinero/fortuna*› to make; ‹*amigo*› to make **6** (preparar, arreglar) ‹*cama*› to make; ‹*maleta*› to pack; **hice el pescado al horno** I did *o* cooked the fish in the oven; **tengo que ~ la comida** I must make lunch; *ver tb* **comida b** **7** (recorrer) ‹*trayecto/distancia*› to do, cover **8** (en cálculos, enumeraciones): **son 180 ... y 320 hacen 500** that's 180 ... and 320 is *o* makes 500
II **1** **(a)** (ocuparse en actividad) to do; **~ la(s) compra(s)** to do the shopping; **¿hacemos algo esta noche?** shall we do something tonight?; **~ ejercicio** to do (some) exercise; **¿hace algún deporte?** do you play *o* do any sports?; ▸ **amor** **(b)** (como profesión, ocupación) to do; **¿qué hace tu padre?** what does your father do? **(c)** (estudiar) to do **2** (realizar cierta acción, actuar de cierta manera) to do; **¡eso no se hace!** you shouldn't do that!; **¡qué le vamos a ~!** what can you *o* (fml) one do?; **toca bien el piano — antes lo hacía mejor** she plays the piano well — she used to play better; ***~la buena***; (fam): **¡ahora sí que la hice!** now I've really done it!; ▸ **tonto** *m,f*
III **1** (transformar en, volver) to make; **ella lo hizo posible** she made it possible; **hizo pedazos la carta** she tore the letter into tiny pieces; **ese vestido te hace más delgada** that dress makes you look thinner; **~ algo** DE **algo** to turn sth INTO sth; **quiero ~ de ti un gran actor** I want to make a great actor of you **2** **(a)** (obligar a, ser causa de que) **~ a algn hacer algo** to make sb do sth; **me hizo abrirla** he made me open it; **me hizo llorar** it made me cry; **hágalo pasar** tell him to come in; **me hizo esperar tres horas** she kept me waiting for three hours; **~ que algo/algn haga algo** to make sth/sb do sth **(b) hacer hacer algo** to have *o* get sth done/made; **hice acortar las cortinas** I had *o* got the curtains shortened
■ **~** *vi* **1** **(a)** (obrar, actuar): **déjame ~ a mí** just let me handle this *o* take care of this; **¿cómo se hace para que te den la beca?** what do you have to do to get the scholarship?; **hiciste**

✓ key word

bien en decírmelo you did *o* were right to tell me; **haces mal en mentir** it's wrong of you to lie **(b)** (fingir, simular): **hice como que no oía** I pretended not to hear; **haz como si no lo conocieras** act as if *o* pretend you don't know him **(c)** (servir): **esta sábana hará de toldo** this sheet will do for *o* as an awning; **la escuela hizo de hospital** the school served as *o* was used as a hospital **(d)** (interpretar personaje) ~ DE **algo/algn** to play (the part of) sth/sb
2 (+ *compl*) (sentar): **tanto sol hace mal** (AmL) too much sun is not good for you; (+ *me/te/le etc*) **el descanso le hizo bien** the rest did him good; **la trucha me hizo mal** (AmL) the trout didn't agree with me

■ ~ *v impers* **1** (refiriéndose al tiempo atmosférico): **hace frío/sol** it's cold/sunny; **hace tres grados** it's three degrees; **(nos) hizo un tiempo espantoso** the weather was terrible **2** (expresando tiempo transcurrido): **hace dos años que murió** he's been dead for two years; **hace mucho que lo conozco** I've known him for a long time; **hacía años que no lo veía** I hadn't seen him for *o* in years; **¿cuánto hace que se fue?** how long ago did she leave?; **hace poco/un año** a short time/a year ago; **hasta hace poco** until recently

■ **hacerse** *v pron* I **1** (producirse) (+ *me/te/le etc*) **se me hizo un nudo en el hilo** I got a knot in the thread; **se le hizo una ampolla** she got a blister; ***hacérsele algo a algn***; (Méx): **por fin se le hizo ganar el premio** she finally got to win the award **2** **(a)** (*refl*) (hacer para sí) ‹*café/falda*› to make oneself; **se hicieron una casita** they built themselves a little house **(b)** (*caus*) (hacer que otro haga): **se hicieron una casita** they had a little house built; **se hizo la cirugía estética** she had plastic surgery **3** (causarse): **¿qué te hiciste en el brazo?** what did you do to your arm?; **¿te hiciste daño?** did you hurt yourself? **4** (refiriéndose a necesidades fisiológicas): **todavía se hace pis/caca** (fam) she still wets/messes herself **5** (*refl*) (adquirir) to make; **~se un nombre** to make a name for oneself
II **1** **(a)** (volverse, convertirse en) to become; **se hicieron amigos** they became friends; **se están haciendo viejos** they are getting *o* growing old **(b)** (resultar): **se hace muy pesado** it gets very boring; (+ *me/te/le etc*) **se me hizo interminable** it seemed interminable; **se me hace difícil creerlo** I find it very hard to believe **(c)** (*impers*) **se hace de noche muy pronto** it gets dark very early; **se está haciendo tarde** it's getting late **(d)** (cocinarse) «*pescado/guiso*» to cook **(e)** (AmL) (pasarle a): **¿qué se habrá hecho María?** what can have happened to María? **2** (acostumbrarse) **~se** A **algo** to get used TO sth **3** (fingirse): **no te hagas el inocente** don't act the innocent; **¿es bobo o se (lo) hace?** (fam) is he stupid or just a good actor? (infml); **~se pasar por algn** (por periodista, doctor) to pass oneself off as sb **4** (moverse) (+ *compl*) to move; **~se a un lado** to move to one side **5** **hacerse de** (AmL) (de fortuna, dinero) to get; (de amigos) to make

hacha *f*‡ (herramienta) ax (AmE), axe (BrE)

hache *f the name of the letter* h

hachís *m* hashish, hash (infml)

hacia *prep* **(a)** (dirección) toward (esp AmE), towards (esp BrE); **~ el sur** southward(s), toward(s) the south; **~ adelante** forward(s); **~ adentro/arriba** inward(s)/upward(s); **el centro queda ~ allá** the center is (over) that way; **¿~ dónde tenemos que ir?** which way do we have to go? **(b)** (aproximación) toward(s); **llegaremos ~ las dos** we'll arrive toward(s) *o* at around two **(c)** (con respecto a) toward(s); **su actitud ~ mí** his attitude toward(s) *o* to me

hacienda *f* **1** **(a)** (esp AmL) (finca) estate; (dedicada a ganadería) ranch **(b)** (bienes) possessions (*pl*), property **2** **Hacienda** **(a)** (ministerio) ≈ the Treasury Department (*in US*), ≈ the Treasury (*in UK*) **(b)** (oficina) tax office; **el dinero que debo a H~** the money I owe the IRS (AmE) *o* (BrE) the Inland Revenue

hada *f*‡ fairy; **el ~ madrina** the fairy godmother

haga, *etc* ▶ **hacer**

hago ▶ **hacer**

Haití *m* Haiti

haitiano -na *adj/m,f* Haitian

hala *interj* (Esp) **(a)** (para animar) come on! **(b)** (expresando sorpresa) wow!

halagador -dora *adj* flattering

halagar [A3] *vt* to flatter; **me halaga que me lo ofrezcas a mí** I am flattered that you're offering it to me; **le ~on el vestido** they complimented her on her dress

halago *m* praise; **~s** praise, flattery

halagüeño -ña *adj* ‹*palabras/frases*› flattering, complimentary; ‹*situación*› promising, encouraging; ‹*noticia*› encouraging; ‹*futuro*› promising

halcón *m* (Zool) falcon

hall /'xol/ *m* (*pl* **halls**) (de casa) hall, hallway; (de teatro, cine) foyer

hallaca *f* (Ven) *cornmeal, meat and vegetables wrapped in banana leaves*

hallar [A1] *vt* **1** (fml) (encontrar) to find; **halló la puerta abierta** she found the door open **2** (esp AmL) **(a)** (*en frases negativas*) (saber): **no halla cómo sentarse** she can't find a comfortable position to sit in; **no hallo cómo decírselo** I don't know how to tell her **(b)** (opinar, creer) to find

■ **hallarse** *v pron* **(a)** (fml) (estar, encontrarse) (+ *compl*) to be **(b)** (sentirse) (+ *compl*) to feel

hallazgo *m* find

hallulla *f* **1** (Chi) (pan) *slightly leavened white bread* **2** (Chi) (sombrero) straw boater

halo *m* **(a)** (aureola) halo **(b)** (de inocencia, santidad) aura

halógeno -na *adj* halogen (*before n*)

halterofilia *f* weightlifting

hamaca *f* **(a)** (para colgar) hammock **(b)** (RPl) (mecedora) rocking chair; (columpio) swing **(c)** (Esp) (asiento plegable) deckchair

hamacar [A2] *vt* (columpiar) (RPl) to swing; (mecer) (CS) to rock

■ **hamacarse** *v pron* (columpiarse) to swing; (mecerse) to rock (oneself)

hambre *f*‡ **(a)** (sensación) hunger; **tengo ~** I'm hungry; **pasar ~** to go hungry; **morirse de ~** to starve to death; **me muero de ~** (fam) I'm starving (infml) **(b)** (como problema): **el ~** hunger

hambreado -da *adj* (Andes, Méx, RPl) hungry, starving

h

hambriento -ta *adj* [ESTAR] hungry, starving (infml); ~ DE **algo** hungry FOR sth
■ *m,f*: **los** ~**s** hungry people

hamburguesa *f* (bistec) hamburger, beefburger (BrE); (sandwich) hamburger, burger

hampa *f*‡: **el** ~ criminals (*pl*), the underworld

hámster /'xamster/ *m* (*pl* **-ters**) hamster

handicap /'xandikap/ *m* (*pl* **-caps**) handicap

hangar *m* hangar

haragán -gana *adj* lazy, idle
■ *m,f* shirker, layabout

harapiento -ta *adj* ragged

harapo *m* rag

haré, *etc* ▶ **hacer**

harén *m* harem

haría, *etc* ▶ **hacer**

harina *f* flour; ~ **de avena/maíz** oatmeal/cornmeal

h

harinoso -sa *adj* floury

hartar [A1] *vt* **1** (cansar, fastidiar): **me hartó con sus quejas** I got tired of his complaints **2** (fam) (llenar): **nos hartaban a** or **de sopa** they fed us on nothing but soup; **lo** ~**on a palos** they gave him a real beating
■ **hartarse** *v pron* **1** (cansarse, aburrirse) to get fed up; ~**se** DE **algo/algn** to get tired *o* sick OF sth/sb, get fed up WITH sth/sb; ~**se** DE **hacer algo** to get tired *o* sick of doing sth, get fed up WITH doing sth **2** (llenarse) ~**se** (DE **algo**) to gorge oneself (ON sth), to stuff oneself (WITH sth) (infml)

harto[1] -ta *adj* **1** **(a)** (cansado, aburrido) fed up; ~ DE **algo/algn** fed up WITH sth/sb, tired OF sth/sb; ~ DE **hacer algo** tired OF doing sth, fed up WITH doing sth; **estaba harta de que le dijeran eso** she was tired of *o* fed up with them telling her that **(b)** (de comida) full **2** (*delante del n*) (mucho) (AmL exc RPl): **te llamé hartas veces** I phoned you lots of times; **tiene hartas ganas de verte** he really wants to see you
■ *pron* (AmL exc RPl): **tenía** ~ **que hacer** I had an awful lot to do; **¿tienes amigos allí? — ¡sí,** ~**s!** do you have friends there? — yes, lots

harto[2] *adv* (AmL exc RPl) **(a)** (modificando un adjetivo) very; **es** ~ **mejor que el hermano** he's much *o* a lot better than his brother **(b)** (modificando un verbo): **me gustó** ~ I really liked it; **bailamos** ~ we danced a lot

hashtag /'xaʃtaɣ/ *m* hashtag

✓ **hasta** *prep* **1** (en el tiempo) **(a)** until; **no descansó** ~ **terminar** she didn't rest until she'd finished; ~ **el momento** so far, up to now **(b) hasta que** until, till; **espera** ~ **que pare de llover** wait until *o* till it stops raining **(c) hasta tanto** until such time as **(d)** (AmC, Col, Méx) (con valor negativo): **cierran** ~ **las nueve** they don't close until *o* till nine **(e)** (en saludos): ~ **mañana** see you tomorrow; ~ **luego/pronto** see you (infml), see you soon **2** (en el espacio) to; **el agua me llegaba** ~ **los hombros** the water came up to my shoulders; **el pelo le llega** ~ **la cintura** her hair goes down to her waist; **¿**~ **dónde llega?** how far does it go? **3** (en cantidades) up to; ~ **cierto punto** up to a point
■ *adv* even

✓ key word

hastiante *adj* boring, sickening

hastiarse [A17] *v pron* ~**se** DE **algo** to grow tired *o* weary OF sth; **hastiado de la vida** tired *o* weary of life

Hawai *m* Hawaii

hawaiano -na *adj/m,f* Hawaiian

hay ▶ **haber[1]**

haya *f*‡ (árbol, madera) beech

hayaca *f* (Ven) ▶ **hallaca**

haz *m* (de leña, paja) bundle; (de trigo) sheaf; (de luz) beam

hazaña *f* (acción — heróica) great *o* heroic deed, exploit; (— de mucho esfuerzo) feat, achievement

hazmerreír *m* (fam) laughing stock

he ▶ **haber[1]**

hebilla *f* (de zapato) buckle; (de cinturón) clasp, buckle

hebra *f* **(a)** (Tex) thread, strand **(b)** (fibra vegetal, animal) fiber* **(c)** (del gusano de seda) thread **(d)** (de la madera) grain

hebreo[1] -brea *adj/m,f* Hebrew

hebreo[2] *m* (idioma) Hebrew

heces *fpl* ▶ **hez**

hechicero -ra *adj* ‹*persona*› enchanting, captivating; ‹*ojos/sonrisa*› captivating
■ *m,f* **(a)** (brujo) (*m*) sorcerer, wizard; (*f*) sorceress, witch **(b)** (de tribu) witch doctor

hechizar [A4] *vt* **(a)** «*brujo*» to cast a spell on, bewitch **(b)** (cautivar) to captivate

hechizo[1] -za *adj* (Chi, Méx) home-made

hechizo[2] *m* **(a)** (maleficio) spell **(b)** (atractivo, encanto) charm

hecho[1] -cha *pp* (*ver tb* **hacer**) **1** (manufacturado) made; ~ **a mano** handmade; **un traje** ~ **a (la) medida** a made-to-measure suit; **bien/mal** ~ well/badly made **2** (refiriéndose a acción): **¡bien** ~**!** well done!; **no le avisé — pues mal** ~ I didn't let him know — well you should have (done); ***lo*** ~**,** ~ ***está*** what's done is done **3** (convertido en): **estaba** ~ **una fiera** he was furious; **tú estás** ~ **un vago** you've become *o* turned into a lazy devil
■ *adj* **(a)** ‹*ropa*› ready-to-wear **(b)** (terminado) ‹*trabajo*› done **(c)** (esp Esp) ‹*carne*› done; **un filete muy/poco** ~ a well-done/rare steak

✓ **hecho[2]** *m* **1** **(a)** (acto, acción): **yo quiero** ~**s** I want action, I want something done; **demuéstramelo con** ~**s** prove it to me by doing something about it **(b)** (suceso, acontecimiento) event; **el lugar de los** ~**s** the scene of the crime **2** (realidad, verdad) fact; **de hecho** in fact

hechura *f* **(a)** (de traje, vestido): **no cobran por la** ~ they don't charge for making it up **(b)** (modelo, estilo) style; **la falda tiene una** ~ **muy simple** the skirt is cut very simply **(c)** (forma) shape, form

✓ **hectárea** *f* hectare

hediondez *f* stench, stink

hediondo -da *adj* (fétido) foul-smelling, stinking

hegemonía *f* hegemony, dominance

helada *f* frost

heladera *f* (para hacer helados) ice-cream maker; (nevera) (RPl) refrigerator, fridge; (para picnic) (Arg, Col) cool *o* cold box

heladería *f* ice-cream parlor*
heladero -ra *m,f* (esp AmL) ice-cream vendor *o* seller
helado[1] **-da** *adj* **1** **(a)** ‹*persona/manos*› freezing (infml), frozen (infml); ‹*casa/habitación*› freezing (infml); ***quedarse ~*** (de asombro) to be stunned **(b)** ‹*comida*› stone-cold; ‹*líquido/bebida*› (muy frío) freezing; (que se ha enfriado) stone-cold; **servir el vino bien ~** (AmL) serve the wine well chilled **2** ‹*agua/estanque*› frozen
helado[2] *m* ice cream; **~ de agua** (Andes) water ice, sherbet (AmE); (con palo) Popsicle® (AmE), ice lolly (BrE)
helar [A5] *vt/vi* to freeze
■ **~** *v impers*: **anoche heló** it went below freezing last night (AmE), there was a frost last night (BrE)
■ **helarse** *v pron* **1** «*río/charco*» to freeze (over); «*agua/plantas/cosecha*» to freeze **2** (fam) **(a)** «*persona*» to freeze **(b)** «*comida/café*» to get *o* go cold
helecho *m* (como nombre genérico) fern; (más específico) bracken
hélice *f* (de barco) propeller, screw; (de avión) propeller
helicóptero *m* helicopter
hematoma *m* (tumor) hematoma*; (moretón) bruise
hembra *adj inv* female
■ *f* **(a)** (Zool) female; **la ~ del faisán** the hen pheasant **(b)** (mujer) female, woman **(c)** (de enchufe, corchete) female (part)
hemisferio *m* **(a)** (Geog, Mat) hemisphere; **el ~ norte** the northern hemisphere **(b)** (Anat) cerebral hemisphere
hemofilia *f* hemophilia*
hemofílico -ca *adj/m,f* hemophiliac*
hemorragia *f* hemorrhage*
hemorroides *fpl* piles, hemorrhoids (tech)
hendidura *f* (en madera) crack; (en roca) fissure, crack
heno *m* hay
hepatitis *f* hepatitis
heráldica *f* heraldry
heraldo *m* herald
herbáceo -cea *adj* herbaceous
herbicida *m* herbicide, weedkiller
herbívoro -ra *adj* herbivorous
■ *m,f* herbivore
herboristería *f* herbalist's
heredar [A1] *vt* ‹*bienes/título/tradiciones*› to inherit; ‹*trono*› to succeed to; **heredó los ojos de su madre** he has his mother's eyes
heredero -ra *m,f* (*m*) heir; (*f*) heir, heiress; **príncipe ~** crown prince; **~ DE algo** heir TO sth
hereditario -ria *adj* hereditary
herejía *f* heresy
herencia *f* **(a)** (Der) inheritance; **le dejó en ~ la finca** he bequeathed *o* left her the farm **(b)** (patrimonio cultural, nacional) heritage **(c)** (Biol) heredity
herida *f* **(a)** (en el cuerpo): **sufrir ~s de carácter grave** to suffer serious injuries; **se hizo una ~ en la rodilla** he cut his knee; **curar una ~** to clean/dress a wound **(b)** (pena, sufrimiento) wound
herido -da *adj* **(a)** (físicamente) injured; **está gravemente ~** (por accidente) he is seriously injured; (por agresión) he has been seriously wounded; **~ de muerte** fatally wounded **(b)** (en sentimiento) ‹*persona*› hurt
■ *m,f*: **los ~s** the injured/wounded
✓ **herir** [I11] *vt* **(a)** (físicamente) to wound **(b)** ‹*orgullo*› to hurt **(c)** ‹*vista*› to hurt
hermanar [A1] *vt* **(a)** (en sentimiento, propósito) to unite **(b)** ‹*ciudades*› to twin **(c)** ‹*calcetines*› to match up, put ... in pairs; ‹*fichas/naipes*› to match up
hermanastro -tra *m,f* **(a)** (con vínculo sanguíneo) (*m*) half brother; (*f*) half sister **(b)** (sin vínculo sanguíneo) (*m*) stepbrother; (*f*) stepsister
hermandad *f* **(a)** (de hombres) brotherhood, fraternity; (de mujeres) sisterhood **(b)** (asociación) association
✓ **hermano -na**
■ *m,f* **1** (pariente) (*m*) brother; (*f*) sister; **mis ~s** (solo varones) my brothers; (varones y mujeres) my brothers and sisters; **~ gemelo/hermana gemela** twin brother/twin sister; **~ político/hermana política** brother-in-law/sister-in-law **2** (como apelativo) (Col, Per, Ven fam) buddy (AmE infml), mate (BrE infml) **3** **(a)** (religioso) (*m*) brother; (*f*) sister **(b)** (prójimo) (*m*) brother; (*f*) sister **4** (de guante, calcetín) pair
■ *adj* ‹*buque*› sister (*before n*); ‹*ciudades*› twin (*before n*)
hermético -ca *adj* **(a)** ‹*envase/cierre*› airtight, hermetic (tech) **(b)** ‹*persona/rostro*› inscrutable, secretive
✓ **hermoso -sa** *adj* **(a)** (bello) beautiful, lovely **(b)** (magnífico) splendid **(c)** (lozano, corpulento) big and healthy, bonny (BrE) **(d)** (noble) noble
hermosura *f* **(a)** (cualidad) beauty, loveliness **(b)** (persona, cosa hermosa): **¡qué ~ de niño/paisaje!** what a beautiful child/landscape!
hernia *f* hernia, rupture; **~ discal** slipped disk*
herniarse [A1] *v pron* to get a hernia, rupture oneself
héroe *m* hero; **~ de acción** action hero
heroico -ca *adj* heroic
heroína *f* **1** (persona) heroine **2** (droga) heroin
heroinómano -na *m,f* heroin addict
heroísmo *m* heroism
herpes *m* (*pl* ~) (en boca, genitales) herpes; (en cintura) shingles
herradura *f* horseshoe
✓ **herramienta** *f* tool
herrería *f* blacksmith's, smithy
herrero -ra *m,f* blacksmith
herrumbre *f* rust
hervidero *m* (de moscas) swarm; (de chismes, delincuencia) hotbed; **un ~ de gente** a seething mass of people; **la casa era un ~** the house was buzzing
hervidor *m* (de agua) kettle; (de leche) milk pan
hervir [I11] *vi/vt* to boil; **el café está hirviendo** the coffee is boiling
heterosexual *adj/mf* heterosexual
hez *f* **(a)** (escoria) dregs (*pl*) **(b)** (Vin) *tb* **heces** sediment, lees (*pl*) **(c)** **heces** *fpl* (excrementos) feces* (*pl*)

hibernar [A1] *vi* to hibernate
híbrido[1] -da *adj* hybrid (*before n*)
híbrido[2] *m* hybrid
hice, **hiciera**, *etc* ▶ **hacer**
hidalgo *m* gentleman, nobleman (*from the lower ranks of the nobility*)
hidratante *adj* moisturizing (*before n*)
hidratar [A1] *vt* ‹*verduras*› to hydrate; ‹*piel*› to moisturize
hidrato *m* hydrate; **~s de carbono** carbohydrates
hidráulico -ca *adj* hydraulic
hidroavión *m* seaplane
hidroeléctrico -ca *adj* hydroelectric
hidrofobia *f* hydrophobia (tech), rabies
hidrógeno *m* hydrogen
hiedra *f* ivy
hiel *f* bile
hiela, **hielas**, *etc* ▶ **helar**
hielo *m* ice; ***romper el*** **~** to break the ice
hiena *f* hyena
hierba *f* **1** (césped) grass; **~** ***mala nunca muere*** the Devil looks after his own **2** **(a)** (Bot, Coc, Med) herb; **malas ~s** weeds **(b)** (arg) (marihuana) grass (infml)
hierbabuena *f* mint
hierbajo *m* (esp Esp) weed
hierro *m* **(a)** (Metal) iron; **~ forjado** wrought iron; **~ fundido** cast iron; ***de*** **~** iron (*before n*) **(b)** (de lanza, flecha) head, tip **(c)** (en golf) iron; **un ~ cuatro** a four iron
hígado *m* liver
higiene *f* hygiene
higiénico -ca *adj* hygienic
higo *m* (de la higuera) fig; **~ chumbo** (Esp) prickly pear
higuera *f* fig tree
hijastro -tra *m,f* (*m*) stepson; (*f*) stepdaughter; **mis ~s** (varones y mujeres) my stepchildren
🔑 **hijo -ja** *m,f* **1** (pariente) (*m*) son; (*f*) daughter; **mis ~s** (solo varones) my sons; (varones y mujeres) my children; **espera un ~** she's expecting a baby; **no tienen ~s** they don't have any children; **~ adoptivo/hija adoptiva** adopted son/daughter; **~/hija de papá** rich kid (infml); **~/hija natural** illegitimate son/daughter; **~ político/hija política** son-in-law/daughter-in-law; **~ único/hija única** only child; **M. Pérez, ~** M. Pérez Junior; **~** ***de tigre sale pintado*** (AmL fam) he's just like his father/mother **2** (apelativo): **¡~, por Dios!** (hablándole a un niño) for heaven's sake, child!; (hablándole a un adulto) for heaven's sake, Pedro (*o* Luis *etc*)!
híjole *interj* (Méx) jeez! (AmE infml), gosh (infml)
hilacha *f* loose thread
hilar [A1] *vi* to spin; **~** ***fino*** to split hairs
■ **~** *vt* **(a)** ‹*algodón/lana*› to spin; «*araña*» to spin **(b)** ‹*ideas/hechos*› to string together
hilera *f* **(a)** (fila) row, line **(b)** (Mil) file (fml *or* liter) **(c)** (de ladrillos) course **(d)** (de semillas) row, drill

🔑 key word

hilo *m* **1** **(a)** (en costura) thread; **~ dental** dental floss **(b)** (lino) linen **(c)** (de araña) thread **(d)** (fam) (de las judías) string **2** (Elec) wire; **~ musical** (Esp) piped music **3** (de relato, conversación) thread **4** (de sangre, agua) trickle
hilvanar [A1] *vt* **1** (coser) to baste (AmE), to tack (BrE) **2** ‹*frases/ideas*› to put together
himen *m* hymen
himno *m* **(a)** (religioso) hymn; (de colegio) school song *o* anthem; **~ nacional** national anthem **(b)** (Lit) ode
hincada *f* (Col, Per) sharp pain
hincapié *m* **hacer ~ en algo** to stress *o* emphasize sth
hincar [A2] *vt* (clavar) **~ algo** EN **algo** ‹*estaca*› to drive *o* thrust sth INTO sth; **me hincó los dientes en la mano** it buried its teeth in *o* sunk its teeth into my hand
■ **hincarse** *v pron tb* **~se de rodillas** to kneel
hincha *mf* (fam) (Dep) fan (infml), supporter
hinchado -da *adj* ‹*vientre/pierna*› swollen; ‹*estilo/lenguaje*› overblown
🔑 **hinchar** [A1] *vt* (Esp) ‹*globo*› to inflate (fml), to blow up; ‹*rueda*› to inflate, pump up; ‹*suceso/noticia*› (fam) to blow ... up (infml)
■ **~** *vi* (CS fam) (fastidiar) «*persona*» to be a pain in the ass (AmE vulg) *o* (BrE vulg) arse; (+ *me/te/le etc*) **me hincha su actitud** his attitude really pisses me off (sl)
■ **hincharse** *v pron* **(a)** «*vientre/pierna*» (+ *me/te/le etc*) to swell up **(b)** (fam) (enorgullecerse) to swell with pride **(c)** (Esp fam) (hartarse) **~se** DE **algo** (de pasteles/ostras) to stuff oneself WITH sth
hinchazón *f* swelling
hindú *adj/mf* **(a)** (Relig) Hindu **(b)** (crit) (de la India) Indian
hinduismo *m* Hinduism
hinojo *m* (Bot, Coc) fennel
hiperactivo -va *adj* hyperactive
hipermercado *m* large supermarket, hypermarket (BrE)
hipertensión *f* high blood pressure, hypertension
hípica *f* equestrian sports (*pl*); (carreras) horse racing
hípico -ca *adj* ‹*deportes/centro*› equestrian (*before n*)
hipnosis *f* hypnosis
hipnotismo *m* hypnotism
hipnotizador -dora *adj* ‹*mirada*› hypnotic
■ *m,f* hypnotist
hipnotizar [A4] *vt* (Psic) to hypnotize; (fascinar) to mesmerize
hipo *m* hiccups (*pl*), hiccoughs (*pl*)
hipocondríaco -ca *m,f* hypochondriac
hipocresía *f* hypocrisy
hipócrita *adj* hypocritical
■ *mf* hypocrite
hipodérmico -ca *adj* hypodermic
hipódromo *m* (Equ, Ocio) racecourse, racetrack (AmE); (Hist) hippodrome
hipopótamo *m* hippopotamus
hipoteca *f* mortgage
hipotecar [A2] *vt* to mortgage

hipotecario -ria *adj* mortgage (*before n*)
hipótesis *f* hypothesis
hipotético -ca *adj* hypothetical
hippy, hippie /'xipi/ *adj* (*pl* **hippies**) hippy (*before n*), hippie (*before n*)
■ *mf* hippy, hippie
hiriente *adj* hurtful, wounding (*before n*)
hirviendo ▶ **hervir**
hisopo *m* **(a)** (bastoncillo) cotton swab (AmE), cotton bud (BrE) **(b)** (Chi) (de afeitar) shaving brush
hispánico -ca *adj* **(a)** (de los países de habla hispana) Hispanic **(b)** (relativo a España) Spanish
hispanismo *m* (giro propio del español de España) word/expression peculiar to Spain; (palabra derivada del español) Hispanicism; (estudio) Hispanic studies
hispano -na *adj* **(a)** (español) Spanish, Hispanic (fml); **países de habla hispana** Spanish-speaking countries **(b)** (hispanoamericano) Spanish American, Latin American; (en EE UU) Hispanic
■ *m,f* **(a)** (liter) (español) Spaniard **(b)** (hispanoamericano) Spanish American, Latin American; (en EE.UU.) Hispanic
Hispanoamérica *f* Spanish America
hispanoamericano -na *adj/m,f* Spanish American
hispanohablante, hispanoparlante *mf* Spanish speaker
histeria *f* hysteria; **~ colectiva** mass hysteria
histérico -ca *adj* (Med, Psic) hysterical; (exaltado): **ponerse ~** to have hysterics *o* a fit; **me pones ~** you drive me mad
■ *m,f* (Med, Psic) hysteric; (exaltado): **es un ~** he gets quite hysterical about things
✓ **historia** *f* **1** (Hist) history; **~ antigua** ancient history; **~ clínica** medical history; ***pasar a la ~*** (por ser importante) to go down in history; (perder actualidad) (fam): **aquello ya pasó a la ~** that's ancient history now (infml) **2** (relato) story; **la ~ de su vida** the story of his life **3** (fam) (cuento, asunto): **me vino con la ~ de que ...** he came up with this story *o* tale about ...; **déjate de ~s** stop making excuses; **se quejó de no sé qué ~s** he complained about something or other (infml)
historiador -dora *m,f* historian
historial *m* record; **~ clínico** or **médico** medical history; **~ personal** résumé (AmE), curriculum vitae (BrE)
✓ **histórico -ca** *adj* (real) historical; (importante) historic
historieta *f* comic strip, cartoon story
hit /'xit/ *m* (*pl* **hits**) hit
hito *m* (hecho trascendental) landmark, milestone
hizo ▶ **hacer**
Hnos. (= **hermanos**) Bros.
hobby /'xoβi/ *m* (*pl* **-bbies**) hobby
hocico *m* (de cerdo) snout; (de perro, lobo) snout, muzzle
hocicón -cona *m,f* (CS, Méx fam & pey) bigmouth (infml & derog), blabbermouth (infml & derog)
hockey /'(x)oki/ *m* hockey; **~ sobre hielo** ice hockey
✓ **hogar** *m* home; **formar un ~** to set up home; **artículos para el ~** household goods; **las labores del ~** housework; **quedarse sin ~** to be left homeless; **~ de ancianos** residential home for the elderly, old people's home (infml)
hogareño -ña *adj* ‹*persona*› home-loving; ‹*vida/escena*› domestic (*before n*)
hoguera *f* bonfire; **murió en la ~** he was burned at the stake
✓ **hoja** *f* **1** (Bot) leaf **2 (a)** (folio) sheet; **~ de vida** (Col, Ven) résumé (AmE), curriculum vitae (BrE) **(b)** (de libro) page, leaf; **pasar las ~s** to turn the pages **(c)** (formulario) form, sheet; **~ electrónica** spreadsheet program; **~ de ruta** (Transp) way bill; (Pol) road map **3 (a)** (de puerta, mesa) leaf **(b)** (de madera, metal) sheet **(c)** (de cuchillo) blade; **~ de afeitar** razor blade
hojalata *f* tinplate
hojalatería *f* (Méx) body work (AmE), panel-beating (BrE)
hojalatero -ra *m,f* (Auto) (Méx) body shop worker (AmE), panel beater (BrE)
hojaldre *m* puff pastry, puff paste (AmE)
hojear [A1] *vt* to leaf *o* glance through
hojilla *f* (Ven) razor blade
hojuela *f* (AmL exc CS) flake
✓ **hola** *interj* (saludo) hello, hi! (infml)
holá *interj* (RPl) (por teléfono) hello?
holán *m* (Méx) flounce, frill
Holanda *f* Holland
holandés[1] -desa *adj* Dutch
■ *m,f* (*m*) Dutchman; (*f*) Dutchwoman; **los holandeses** the Dutch, Dutch people
holandés[2] *m* (idioma) Dutch
holgado -da *adj* **(a)** ‹*prenda*› loose-fitting, baggy **(b)** ‹*posición*› comfortable; **viven ~s** they're comfortably off **(c)** ‹*victoria/mayoría*› comfortable **(d)** (de espacio): **así iremos más ~s** we'll be more comfortable like that
holgar [A8] *vi* (*en 3ª pers*) (fml) (estar de más): **huelga decir que ...** it goes without saying that ...; **huelgan los comentarios** what can one say?
holgazán -zana *adj* lazy
■ *m,f* idler, lazybones (infml)
holgazanear [A1] *vi* to idle, laze *o* loaf around
holgura *f* **(a)** (bienestar económico, comodidad): **vivir con ~** to live comfortably **(b)** (de prenda) fullness, looseness
hollejo *m* skin
hollín *m* soot
✓ **hombre** *m* **(a)** (varón) man; **~s, mujeres y niños** men, women and children; **no es lo bastante ~ para ...** he's not man enough to ...; **¡~ al agua!** man overboard!; **este ~ no sabe lo que dice** this guy doesn't know what he's talking about; **~ de confianza** right-hand man; **~ del tiempo** weatherman; **~ de negocios** businessman; **~ lobo** werewolf; **~ medio** man in the street; **~ rana** frogman, diver; ***~ precavido vale por dos*** forewarned is forearmed **(b)** (especie humana): **el ~** man
■ *interj*: **¡~! ¡qué sorpresa!** well! what a nice surprise!; **¿te gustaría venir? — ¡~!** would you like to come? — you bet! what do you think?; **~, no es lo mismo** come off it, it's not the same thing at all (infml)

h

hombrera *f* (almohadilla) shoulder pad; (Mil) (de uniformes) epaulet

hombría *f* manliness

hombrillo *m* (Ven) shoulder (AmE), hard shoulder (BrE)

hombro *m* shoulder; **encogerse de ~s** to shrug (one's shoulders); **lo llevaron a ~s** they carried him on their shoulders *o* shoulder high; ***arrimar el ~*** to pull one's weight, put one's shoulder to the wheel; ***mirar a algn por encima del ~*** to look down on sb

hombruno -na *adj* (pey) ‹*mujer*› mannish, butch (infml & derog); ‹*gestos/modales*› masculine, mannish

homenaje *m* **(a)** (tributo) tribute; **rendir(le) ~ a algn** to pay tribute *o* homage to sb; **en ~ a** in honor of **(b)** (acto): **le ofrecieron un ~** they held a party (*o* reception, *etc*) in his honor

h

homeópata *mf* homeopath

homeopatía *f* homeopathy

homeopático -ca *adj* (Med) homeopathic

homicida *adj* (fml) ‹*instinto*› homicidal; ‹*arma*› murder (*before n*)
■ *mf* (fml) murderer, homicide (fml)

homicidio *m* (fml) homicide

homogéneo -nea *adj* ‹*grupo*› homogeneous; ‹*masa/mezcla*› smooth

homologación *f* **1** **(a)** (de un producto — recomendación) endorsement; (— autorización) authorization **(b)** (Dep) (de un récord) ratification **2** (equiparación) ~ CON **algo: han pedido su ~ con los técnicos** they have asked for parity with the technicians; **la ~ de los títulos australianos con los europeos** the recognition of Australian qualifications as equivalent to European ones

homologar [A3] *vt* **(a)** ‹*producto*› (recomendar) to approve, endorse; (autorizar) to authorize, approve **(b)** (Dep) ‹*récord*› to ratify, recognize **(c)** ‹*convenio*› to recognize

homólogo -ga *adj* equivalent
■ *m,f* (period) counterpart

homosexual *adj/mf* homosexual

honda *f* (de cuero) sling; (con elástico) slingshot (AmE), catapult (BrE)

hondo[1] **-da** *adj* **(a)** ‹*piscina/río*› deep; **en lo más ~ de mi corazón** in my heart of hearts, deep down; **en lo ~ del valle** at the bottom of the valley **(b)** (*gen delante del n*) (fml) ‹*pena/pesar*› profound (fml), deep

hondo[2] *adv*: **respirar ~** to breathe deeply

hondonada *f* hollow

Honduras *f* Honduras

hondureño -ña *adj/m,f* Honduran

honestidad *f* integrity, honesty

honesto -ta *adj* (íntegro) honest, honorable*

hongo *m* **(a)** (Bot, Med) fungus **(b)** (AmL) (Coc) mushroom **(c)** *tb* **sombrero de ~** derby (AmE), bowler hat (BrE) **(d) ~ atómico** mushroom cloud

honor *m* **(a)** honor*; **tengo el ~ de ...** it is my honor *o* I have the honor to ...; **me hizo el ~ de recibirme** he did me the honor of receiving me; ***en ~ a la verdad*** to be truthful; ***hacer ~ a su nombre*** to live up to one's reputation **(b) honores** *mpl* (homenaje) honors* (*pl*); **le rindieron los ~es correspondientes a su rango** he was accorded the honors befitting his rank (fml)

honorable *adj* honorable*

honorario -ria *adj* honorary

honorarios *mpl* fees (*pl*)

honorífico -ca *adj* honorary

honra *f* **(a)** (en general) honor*; ***¡y a mucha ~!*** and proud of it! **(b) ~s fúnebres** *fpl* funeral rites (*pl*)

honradez *f* (honestidad) honesty; (decencia) decency

honrado -da *adj* **(a)** (honesto) honest, honorable* **(b)** ‹*mujer*› respectable

honrar [A1] *vt* **1** «*comportamiento/actitud*» to do ... credit *o* honor*; **nos honra hoy con su presencia** she is honoring us with her presence here today **2** (respetar) to honor*
■ **honrarse** *v pron* to be honored*

hora *f* **1** (período de tiempo) hour; **media ~** half an hour, a half hour (AmE); **las ~s de mayor afluencia** the busiest time; **cobrar por ~s** to be paid by the hour; **45 euros por ~** 45 euros an hour; **~ libre** free period; **~ pico** (AmL) or (Esp) **punta** rush hour; **~s extra(s)** or **extraordinaria(s)** overtime **2** **(a)** (momento puntual) time; **¿tiene ~, por favor?** have you got the time, please?; **¿qué ~ es?** what's the time?, what time is it?; **pon el reloj en ~** put the clock right; **todavía no es la ~** it's not time yet; **nunca llegan a la ~** they never arrive on time; **el avión llegó antes de (su) ~** the plane arrived early **(b)** (momento sin especificar) time; **es ~ de irse a la cama** it's bedtime *o* time for bed; **a la ~ de almorzar** at lunchtime; **ya es ~ de irnos** it's time for us to go; **¡ya era ~ de que llamases!** it's about time you called; **a primera ~ de la mañana** first thing in the morning; **a última ~** at the last moment; ***a la ~ de***: **a la ~ de traducirlo** when it comes to translating it; **a la ~ de la verdad** when it comes down to it; ***entre ~s*** between meals; ***hacer ~*** (Chi) to kill time **3** (cita) appointment; **pedir ~** to make an appointment

horadar [A1] *vt* ‹*roca*› to bore through; ‹*pared*› to drill a hole in

horario *m* **1** (de trenes, aviones) schedule (AmE), timetable (BrE); (de clases) timetable; **tiene un ~ muy flexible** his hours are very flexible; **la empresa ofrece ~ flexible** the company offers flextime *o* (BrE) flexitime; **~ continuo** or (AmL) **corrido** or (Esp) **intensivo** *continuous working day* (*usually from eight to three*) *with no break for lunch*; **~ de visitas** visiting hours (*pl*); **~ partido** *working day with a long break for lunch* **2** (de reloj) hour hand

horca *f* **1** (patíbulo) gallows (*pl*); (juego): **la ~** hangman **2** (Agr) pitchfork, hayfork

horcajadas: **a ~** (*loc adv*) astride

horchata *f* (de chufas) horchata (*cold drink made from tiger nuts*); (en Méx) *drink made from ground melon seeds*

horda *f* horde

horizontal *adj/f* horizontal

horizonte *m* **(a)** (línea) horizon **(b) horizontes** *mpl* (perspectivas) horizons (*pl*)

horma *f* (para hacer zapatos) last; (para conservar su forma) shoe tree

key word

hormiga *f* ant

hormigón *m* concrete

hormigueo *m* pins and needles (*pl*), tingling

hormiguero *m* **(a)** (Zool) (nido) ant's nest; (montículo) anthill **(b)** (de personas): **era un ~ de gente** it was swarming with people

hormona *f* hormone

hornada *f* (de pan, pasteles) batch

hornalla *f* (RPl) ▶ **hornillo 1**

hornilla *f* **(a)** (AmL exc CS) ▶ **hornillo 1 (b)** (Chi) ▶ **hornillo 2**

hornillo *m* **1** (Esp) **(a)** (de gas) burner **(b)** (de una cocina eléctrica — espiral) ring; (— placa) hotplate **2** (cocinilla portátil) portable electric stove

horno *m* **(a)** (de cocina) oven; **resistente al ~** ovenproof; **pollo al ~** roast chicken; **pescado al ~** baked fish **(b)** (Metal, Tec) furnace **(c)** (para cerámica) kiln

horóscopo *m* horoscope

horqueta *f* (Chi) (de jardinero) fork; (de campesino) pitchfork

horquilla *f* **(a)** (para pelo) hairpin **(b)** (Agr) pitchfork **(c)** (en bicicleta) fork

horrendo -da *adj* ▶ **horroroso**

horrible *adj* **(a)** ‹*accidente/muerte*› horrible, horrific **(b)** (feo) ‹*persona*› hideous, ugly; ‹*camisa/adorno*› horrible, hideous **(c)** ‹*tiempo*› terrible, awful **(d)** (inaguantable) unbearable

horripilante *adj* terrifying, horrifying

horror *m* **1 (a)** (miedo, angustia) horror; **me causa ~ verlo** it horrifies me to see it; **les tengo ~ a los hospitales** I'm terrified of hospitals **(b)** (fam) (uso hiperbólico): **¡qué ~!** how awful *o* terrible! **2 horrores** *mpl* (cosas terribles) horrors (*pl*); **los ~s de la guerra** the horrors of the war

horrorizar [A4] *vt* to horrify, appall

■ **horrorizarse** *v pron* to be horrified, be appalled; **~se DE algo** to be horrified BY *o* AT sth

horroroso -sa *adj* ‹*crimen*› horrific, horrifying; ‹*película/novela*› terrible, awful; ‹*persona/vestido*› awful, horrific (infml); **tengo un hambre horrorosa** I'm absolutely starving (infml)

hortaliza *f* vegetable

hortelano -na *m,f* truck farmer (AmE), market gardener (BrE)

hortensia *f* hydrangea

hortera *adj* (Esp fam) ‹*vestido/canción*› tacky (infml); **es muy ~** he has very tacky taste

horticultor -ra *m,f* horticulturalist, gardener

horticultura *f* horticulture, gardening

hosco -ca *adj* ‹*persona/semblante*› surly, sullen

hospedaje *m* accommodations (AmE), accommodation (BrE)

hospedar [A1] *vt* to provide ... with accommodations (AmE) *o* (BrE) accommodation

■ **hospedarse** *v pron* to stay, put up (AmE infml)

hospedería *f* (posada) inn; (Rel) hospice

hospicio *m* (para niños huérfanos) orphanage

hospital *m* hospital; **~ clínico** teaching hospital

hospitalario -ria *adj* **(a)** ‹*pueblo/persona*› hospitable, welcoming **(b)** (Med) hospital (*before n*)

hospitalidad *f* hospitality

hospitalizar [A4] *vt* to hospitalize

■ **hospitalizarse** *v pron* (AmL) to go into the hospital (AmE) *o* (BrE) into hospital

hostal *m* cheap hotel; **~ residencia** guesthouse, boarding house

hostelería *f* (Esp) ▶ **hotelería**

hostia *f* **1** (Relig) host **2** (Esp vulg *o* fam) (golpe) slap, smack in the face (*o* mouth *etc*); **se pegó una ~ con el coche** he smashed his car up badly (infml) **3** (uso expletivo) (Esp vulg *o* fam): **¡~(s)!** jeez! (AmE infml), bloody hell! (BrE sl); **hace un frío de la ~** it's goddamn (AmE) *o* (BrE) bloody freezing! (sl); **¡qué ~s ...!** what the hell ...! (sl)

hostigar [A3] *vt* **1 (a)** (acosar) to bother, pester **(b)** (Mil) to harass **(c)** ‹*caballo*› to whip **2** (Andes fam) «*comida/bebida*» to pall on

hostigoso -sa *adj* (Andes) ‹*comida/bebida*› sickly, sickly-sweet; ‹*persona*› annoying, irritating

hostil *adj* [SER] ‹*medio/clima*› hostile; ‹*gente/actitud*› hostile, unfriendly

hostilidad *f* **(a)** (del clima) hostility; (de actitud) hostility, unfriendliness **(b) hostilidades** *fpl* hostilities (*pl*)

hotel *m* hotel; **~ residencia** guesthouse, boarding house

hotelería *f* (AmL) (negocio, industria) hotel and catering trade *o* business; (profesión) hotel management

hotelero -ra *adj* hotel (*before n*)

■ *m,f* hotel manager, hotelier

hoy *adv* **1** (este día) today; **~ hace un año** a year ago today; **¿a cuánto estamos ~?** what's the date today? **2 (a)** (actualmente) today, nowadays **(b)** (*en locs*) **hoy (en) día** nowadays, these days; **hoy por hoy** at this precise moment, at this moment in time

hoyo *m* (agujero) hole; (depresión) hollow; (fosa) pit; (en golf) hole; (sepultura) (fam) grave

hoyuelo *m* dimple

hoz *f* sickle

huacal *m* (Col, Méx, Ven) (caja) wooden crate

huachafo -fa *adj* (Per fam) **(a)** ‹*persona*› pretentious, affected **(b)** ‹*vestido/adorno*› tacky (infml)

huachinango *m* (Méx) red snapper

huacho -cha *adj/m,f* ▶ **guacho**[1]

huarache *m* (Méx) (Indum) sandal

huasca *f* (Chi, Per) ▶ **guasca**

huaso -sa *m,f* (Chi) **(a)** (campesino) peasant **(b)** (fam) (persona — rústica) hick (AmE infml), country bumpkin (infml); (— sin modales) uncouth yob (infml)

hube, hubo, *etc* ▶ **haber**[1]

hucha *f* (Esp) moneybox, piggybank

hueco[1] **-ca** *adj* **(a)** [ESTAR] ‹*árbol/bola*› hollow; ‹*nuez*› empty, hollow; **tienes la cabeza hueca** (fam & hum) you've got a head full of sawdust (infml & hum) **(b)** [SER] (vacío) ‹*palabras*› empty; ‹*estilo*› superficial; ‹*persona*› shallow, superficial **(c)** (esponjoso) ‹*lana*› soft; ‹*colchón*› soft, spongy **(d)** ‹*sonido/tos*› hollow; ‹*voz*› resonant

hueco[2] *m* **(a)** (cavidad en árbol, roca) hollow; (de ascensor) shaft; **suena a ~** it sounds hollow; **el ~ de la escalera** the stairwell **(b)** (espacio) space; (entre dos dientes) gap; **un ~ para aparcar** a parking space; **hazme un ~** make room for me; **llenar un ~ en el mercado** to fill a gap in the market **(c)** (concavidad) hollow

huela, huele, *etc* ▶ **oler**

huelga¹ *f* strike; **hacer ~** to (go on) strike; **estar en ~** to be on strike

huelga², huelgan, *etc* ▶ **holgar**

huelguista *mf* striker

huella *f* **(a)** (pisada — de persona) footprint, footstep; (— de rueda) track; **las ~s del animal** the animal's tracks *o* pawprints (*o* hoofmarks *etc*); **~s dactilares** fingerprints **(b)** (vestigio) mark; **sin dejar ~** without (a) trace; **~ de carbono** carbon footprint

huelo ▶ **oler**

huemul *m* deer (*native to the Southern Andes*)

huérfano -na *adj*: **un niño ~** an orphan; **quedó ~** he was orphaned; **es ~ de padre** he doesn't have a father
■ *m,f* orphan

h

huerta *f* **(a)** (huerto grande) (vegetable) garden; (con frutales) orchard **(b)** (explotación agrícola) truck farm (AmE), market garden (BrE); **~ solar** solar energy farm

huerto *m* (para verduras) vegetable garden; (con frutales) orchard

hueso *m* **1** **(a)** (Anat) bone; ***en los ~s*** (fam) nothing but skin and bone(s) (infml) **(b) (de) color ~** off-white, bone-colored **2** (de fruta) pit (AmE), stone (BrE)

huésped *mf* (en casa, hotel) guest

huesudo -da *adj* bony

hueva *f* **1** *tb* **~s** (Coc) roe; (Zool) spawn **2** (Andes vulg) (testículo): **~s** balls (vulg), bollocks (BrE vulg)

huevada *f* (Andes vulg) (estupidez): **¿dónde compraste esa ~?** where did you buy that crap (sl) *o* (vulg) that shit?; **¡no digas ~s!** don't talk crap! (sl); **déjate de ~s y ponte a trabajar** stop screwing around (AmE) *o* (BrE) pissing about and get on with some work (vulg)

huevear [A1] *vi* (Chi, Per vulg) (perder el tiempo) to goof off (AmE infml), to piss around (BrE sl)
■ **~** *vt* (Chi vulg) ‹*persona*› (molestar) to bug (infml), to hassle (infml); (tomar el pelo a) to kid

hueveo *m* (Chi vulg) (tomadura de pelo) pisstake (BrE sl); **agarrar a algn para el ~** to make fun of sb, to take the piss out of sb (BrE sl)

huevera *f* **1** (para guardar huevos) egg box; (para servir huevos) eggcup **2** (Per) (huevas) roe

huevo *m* **1** (Biol, Coc, Zool) egg; **~ a la copa** (Chi) boiled egg; **~ de Pascua** Easter egg; **~ duro** or (Ven) **sancochado** hard-boiled egg; **~ escalfado** or (Méx, RPl) **poché** poached egg; **~ estrellado** (frito) fried egg; **~ pasado por agua** or (Col, Méx) **tibio** soft boiled egg; **~s revueltos** or (Col) **pericos** scrambled eggs (*pl*); ***a ~***: **tuve que leer el libro a ~** (Méx vulg) I had no damn *o* (BrE) bloody choice but to read the book (sl); **comprar/vender a ~** (Andes fam) to buy/sell for peanuts (infml); **mirar a ~** (Chi fam) to look down on **2** (vulg) (testículo) ball (vulg); ▶ **cojones**

huevón -vona *adj* **(a)** (Andes, Ven fam *o* vulg) (tonto, estúpido) (fam) dumb (infml); **es tan ~** he's so fucking stupid (vulg) **(b)** (Méx vulg) (holgazán) lazy (infml)
■ *m,f* **(a)** (Andes, Ven vulg) (imbécil) dickhead (vulg), asshole (AmE vulg) **(b)** (Méx vulg) (holgazán) lazy bum (infml)

huida *f* (fuga) flight; **emprender la ~** to take flight (fml)

huidizo -za *adj* ‹*mirada*› evasive, shy; ‹*carácter/persona*› elusive; ‹*animal*› timid

huila *f* (Chi) rag

huincha *f* **(a)** (Andes) (cinta) ribbon; (en carrera) tape **(b)** (Andes) (para pelo) hair-band **(c)** (Bol, Chi, Per) (para medir) tape measure

huipil *m* (en AmC, Méx) huipil (*traditional embroidered dress worn by Indian women*)

huir [I20] *vi* **(a)** (escapar) to flee (liter *or* journ), escape; **huyó de la cárcel** he escaped from prison; **~ del país** to flee the country **(b)** (tratar de evitar) **~ DE algo** to avoid sth; **~le A algn** to avoid sb

huira *f* (Per) rope

huiro *m* (Chi, Per) seaweed

hule *m* **1** (para mantel) oilcloth; (para ropa impermeable) oilskin **2** (Méx) (goma) rubber

hule-espuma *m* (Méx) foam rubber

hulera *f* (AmC) slingshot (AmE), catapult (BrE)

hulla *f* coal

⚷ **humanidad** *f* **(a)** (los humanos): **la ~** the human race, humanity, mankind **(b)** (piedad, benevolencia) humanity **(c) humanidades** *fpl* (estudios de letras) humanities (*pl*); (enseñanza secundaria) (Chi) secondary education

humanista *mf* humanist

humanitario -ria *adj* humanitarian

⚷ **humano¹ -na** *adj* **(a)** ‹*naturaleza*› human (*before n*) **(b)** (benevolente) humane

humano² *m* human being; **los ~s** humans

humareda *f* cloud of smoke

humeante *adj* ‹*leño/lava*› smoking; ‹*sopa/café*› steaming (hot), piping hot

humear [A1] *vi* «*chimenea/hoguera*» to smoke; «*sopa/café*» to steam

humectante *m* moisturizer

humedad *f* **(a)** (Meteo) dampness; (con calor) humidity **(b)** (en paredes, suelo) damp

humedecer [E3] *vt* to moisten, dampen
■ **humedecerse** *v pron* «*paredes/ropa*» to get damp

húmedo -da *adj* **(a)** (Meteo) damp; (con calor) humid **(b)** ‹*suelo/casa/ropa*› damp **(c)** ‹*labios*› moist

humildad *f* **(a)** (sumisión) humility; **con ~** humbly **(b)** (pobreza) humbleness, lowliness

humilde *adj* ‹*carácter/tono*› meek; ‹*vivienda/ropa*› humble, lowly

humillación *f* humiliation

humillante *adj* humiliating

humillar [A1] *vt* to humiliate
■ **humillarse** *v pron*: **no se humilla ante nadie** she doesn't kowtow to anyone; **no me voy a ~ a pedirle que vuelva** I'm not going to demean myself by begging him to come back

humita *f* **1** (CS) (Coc) *flavored corn paste wrapped in corn leaves* **2** (Chi) (Indum) bow tie

humo *m* **1** (de tabaco, incendio) smoke; (gases) fumes (*pl*); **echaba ~** smoke was pouring out of it; ***hacerse ~*** (AmL fam) to make oneself

⚷ key word

scarce (infml) **2** **humos** *mpl* (aires) airs (*pl*); **¡qué ~s se da!** she really gives herself airs (infml); ***bajarle los ~s a algn*** to take sb down a peg or two

humor *m* **(a)** (estado de ánimo) mood; **estar de buen ~** to be in a good mood; **no estoy de ~ para salir** I'm not in the mood to go out **(b)** (gracia) humor*

humorada *f* **(a)** (extravagancia): **hacer una ~** to do something crazy **(b)** (broma) little joke, witticism

humorista *mf* (autor) humorist, comic writer; (dibujante) cartoonist; (cómico) comic, comedian

humorístico -ca *adj* humorous

hundido -da *adj* **(a)** ‹*barco*› sunken **(b)** ‹*ojos*› deep-set; (por enfermedad) sunken

hundimiento *m* **(a)** (de barco) sinking **(b)** (de negocio) collapse **(c)** (de edificio — bajada de nivel) subsidence; (— derrumbe) collapse

hundir [I1] *vt* ‹*barco*› to sink; ‹*persona*› to destroy; ‹*negocio/empresa*› to drive ... under

■ **hundirse** *v pron* **(a)** «*barco*» to sink **(b)** (en barro, nieve) to sink **(c)** «*empresa/negocio*» to fold **(d)** «*edificio*» (bajar de nivel) to sink, subside; (derrumbarse) to collapse

húngaro¹ -ra *adj/m,f* Hungarian

húngaro² *m* (idioma) Hungarian

Hungría *f* Hungary

huracán *m* hurricane

huraño -ña *adj* ‹*persona*› unsociable; ‹*animal*› timid

hurgar [A3] *vi* **~** EN **algo** (en basura) to rummage *o* rake THROUGH sth; **~ en el pasado** to delve into the past

■ **hurgarse** *v pron* (*refl*): **~se la nariz** to pick one's nose

hurguetear [A1] *vi* (CS) **~** EN **algo** (en papeles) to nose THROUGH sth; (en cartera) to rummage *o* ferret around IN sth

■ **~** *vt* ‹*cajón/cartera*› to rummage around in, rummage through

■ **hurguetearse** *v pron* (*refl*) (CS) ▶ **hurgarse**

hurra, hurrah *interj* hurrah!, hooray!

hurtadillas *fpl*: **entrar/salir a ~** to sneak in/out

hurtar [A1] *vt* (fml) to purloin (fml), to steal

hurto *m* (fml) (robo) robbery, theft; (en las tiendas) shoplifting

husmear [A1] *vt* to sniff

■ **~** *vi* **(a)** «*perro*» to sniff around **(b)** (fam) (fisgonear) to snoop, sniff (around) (infml)

huso *m* spindle

huy *interj* (fam) (para expresar— dolor) ouch!, ow!; (— asombro) wow!; (— alivio) phew!

huya, huyas, *etc* ▶ **huir**

I, i *f* (*pl* **íes**) (*read as* /i/) *tb* **i latina** the letter I, i; **i griega** the letter ▶ **y**

iba, íbamos, *etc* ▶ **ir**

IBAN *m* (= **International Bank Account Number**) IBAN

Iberia *f* Iberia

ibérico -ca *adj* Iberian

Iberoamérica *f* Latin America

iberoamericano -na *adj/m,f* Latin American

icaco *m* (Col, Méx, Ven) coco plum

iceberg /'aɪsβer, 'iθe'βer/ *m* (*pl* **-bergs**) iceberg

icono, ícono *m* icon

ictericia *f* jaundice

ida *f* **(a)** (viaje) outward journey; **a la ~** on the way out; **¿cuánto cuesta la ~?** how much does it cost one way?; **¿saco de ~ y vuelta?** shall I buy a round-trip ticket (AmE) *o* (BrE) return ticket? **(b)** (partida) departure

idea *f* idea; **la ~ de libertad** the idea *o* concept of freedom; **es de ~s fijas** he has very set ideas about things; **no tiene ~ de cómo funciona** he has no idea how it works; **no tengo ~** I don't have a clue; **hacerse una ~ de la situación** to get an idea of the situation; **se me ocurre una ~** I've got an idea; **cambió de ~** she changed her mind; ***hacerse (a) la ~ de algo*** to get used to the idea of sth

ideal *adj* ideal

■ *m* **(a)** (prototipo) ideal **(b)** (aspiración) dream **(c) ideales** *mpl* (valores, principios) ideals (*pl*)

idealismo *m* idealism

idealista *adj* idealistic

■ *mf* idealist

idealizar [A4] *vt* to idealize

ídem *adv* ditto, idem (fml)

idéntico -ca *adj* identical; **es ~ al padre** (físicamente) he looks just like his father, he's the spitting image of his father (infml); (en el carácter) he's exactly like his father; **~** A **algo** identical TO sth

identidad *f* identity

identificar [A2] *vt* to identify

■ **identificarse** *v pron* **(a)** (compenetrarse, solidarizarse) **~se** CON **algo/algn** to identify WITH sth/sb **(b)** (demostrar la identidad) to identify oneself

ideología *f* ideology

ideológico -ca *adj* ideological

idílico -ca *adj* idyllic

idilio *m* **(a)** (Lit) idyll **(b)** (romance) romance

✓ **idioma** *m* language

idiota *adj* (fam) (tonto) stupid, idiotic; **¡no seas ~!** don't be such an idiot!

■ *mf* (tonto) (fam) idiot, stupid fool (infml)

idiotez *f* (fam) (cosa estúpida): **decir idioteces** to talk nonsense; **fue una ~ hacer eso** that was a stupid thing to do

ido, ida *adj* (distraído) ‹*mirada*› faraway (*before n*); **estás como ~** you seem miles away

ídolo *m* idol

idóneo -nea *adj* suitable; **es la persona idónea para el cargo** he's suitable for the job, he's the right person for the job

✓ **iglesia** *f* church; **no van a la ~** they don't go to church; **casarse por la ~** or (Bol, Per, RPl) **por ~** to have a church wedding

iglú *m* igloo

ignorancia *f* ignorance; **por ~** out of *o* through ignorance

ignorante *adj* **(a)** (sin instrucción) ignorant **(b)** (sin información): **estar ~ de algo** to be unaware of sth

■ *mf* ignoramus, ignorant fool (infml)

ignorar [A1] *vt* **(a)** (desconocer): **lo ignoro** I've no idea; **ignoran las causas del accidente** they do not know what caused the accident; **ignora los peligros que le acechan** he's unaware of the dangers which await him **(b)** (no hacer caso de) to ignore

✓ **igual** *adj* **1** **(a)** (idéntico): **de ~ peso** of equal *o* the same weight; **son ~es** they are the same *o* alike; **de forma son ~es** they're the same shape; **~** A *or* QUE **algo/algn** the same AS sth/sb; **es ~ita a** or **que su madre** (físicamente) she looks just like her mother; (en personalidad) she's exactly the same as *o* just like her mother; **es ~ a x** (Mat) it equals x; **me/nos es** or **da ~** I/we don't mind, it makes no difference to me/to us **(b)** (en una jerarquía) equal; **~es ante la ley** equal in the eyes of the law **2** (en tenis): **quince ~es** fifteen all; **van ~es** they're even

■ *adv* **1** **(a)** (de la misma manera): **los trato a todos ~** I treat them all the same **(b)** (*en locs*) **al igual que** (fml) as, like; **igual que: tiene pecas, ~ que su hermano** she has freckles, (just) like her brother; **se llama ~ que su padre** he's named after his father; **me aburrí — ~ que yo** I got bored — so did I *o* me too; **opino ~ que tú** I agree with you; **por igual** equally **2** (de todos modos) anyway **3** (expresando posibilidad): **~ llueve y no podemos salir** it might rain and then we won't be able to go out; **~ llamaron y no estábamos** they may have called and we weren't in

■ *mf* (par) equal; **le habló de ~ a ~** he spoke to him on equal terms; **me trató de ~ a ~** she treated me as an equal; **sin ~** ‹*belleza/talento*› unequaled*, matchless (fml); **es un compositor sin ~** he's unrivaled as a composer

■ *m* (signo) equals sign

igualado -da *adj* **1** **(a)** (Dep): **van muy ~s** they're very close, they're neck and neck; **quedaron ~s** they drew; **iban ~s a tres** they were level at three-three **(b)** ‹*superficie*› even, level **2** (Méx fam) (irrespetuoso) sassy (AmE infml), cheeky (BrE infml)

igualar [A1] *vt* **1** **(a)** ‹*superficie/terreno*› to level, level off; ‹*flequillo/dobladillo*› to even up, make ... straight **(b)** ‹*salarios*› to make ... equal *o* the same; **~ algo** CON *or* A **algo** to make sth the same AS sth **2** ‹*éxito/récord*› to equal, match

■ **igualarse** *v pron*: **nada se le iguala** it has no equal, there's nothing like it; **~se** A *or* CON **algo** to match *o* equal sth

✓ **igualdad** *f* equality; **~ de oportunidades** equal opportunities; **en ~ de condiciones** on equal terms

✓ **igualmente** *adv* **(a)** (en fórmulas de cortesía): **que lo pases muy bien — igualmente** have a great time — you too *o* and you **(b)** ‹*bueno/malo*› equally **(c)** (fml) (también) likewise

iguana *f* (Zool) iguana

✓ **ilegal** *adj* illegal; **de manera ~** illegally

ilegible *adj* illegible, unreadable

ilegítimo -ma *adj* ‹*hijo*› illegitimate

ileso -sa *adj* unhurt, unharmed

ilícito -ta *adj* illicit

ilimitado -da *adj* unlimited

ilógico -ca *adj* illogical

iluminación *f* (de habitación) lighting; (de monumento) illumination; (Teatr) lighting

iluminar [A1] *vt* **(a)** ‹*calles*› to light, illuminate; ‹*monumento*› to illuminate; ‹*escenario*› to light **(b)** (con focos muy potentes) ‹*estadio*› to floodlight **(c)** ‹*rostro/ojos*› (liter) to light up

ilusión *f* **1** **(a)** (esperanza) hope; **no te hagas ilusiones** don't build your hopes up; **no me hago muchas ilusiones** I'm not very hopeful; **su mayor ~ es ...** her dearest *o* fondest wish is ... **(b)** (esp Esp) (alegría, satisfacción): **me hizo mucha ~** I was thrilled; **le hace ~ el viaje** he's looking forward to the trip; **¡qué ~!** isn't it wonderful! **2** (noción falsa) illusion

ilusionar [A1] *vt*: **me ilusiona mucho** I'm very excited about it; **no la ilusiones** don't raise her hopes

■ **ilusionarse** *v pron* **(a)** (hacerse ilusiones) to build one's hopes up **(b)** (entusiasmarse) **~se** CON **algo** to get excited ABOUT sth

iluso -sa *adj* naive

■ *m,f* dreamer

ilustración *f* illustration

ilustrado -da *adj* **(a)** ‹*revista/libro*› illustrated **(b)** (fml) ‹*persona*› erudite, learned

ilustrar [A1] *vt* to illustrate

ilustre *adj* illustrious, distinguished

✓ **imagen** *f* **1** **(a)** (Fís, Ópt) image; (TV) picture, image **(b)** (foto) picture **(c)** (en espejo) reflection; ***ser la viva ~ de algn*** to be the image of sb **(d)** (en la mente) picture **2** (de político, cantante, país) image

imaginación *f* imagination; **¡ni (se) me pasó por la ~!** it never even crossed my mind!; **son imaginaciones tuyas** you're imagining things

✓ **imaginar** [A1] *vt* **(a)** (suponer, figurarse) ▶ **imaginarse (b)** (idear) ‹*plan/método*› to think up, come up with

■ **imaginarse** *v pron* to imagine; **me imagino que no querrá ir** I don't imagine *o* suppose he feels like going; **no te puedes ~ lo mal que nos trató** you've no idea how badly she treated

✓ key word

us; **¿quedó contento? — ¡imagínate!** was he pleased? — what do you think!; **me imagino que sí** I suppose so; **me lo imaginaba más alto** I imagined he'd be taller

imaginario -ria *adj* imaginary

imaginativo -va *adj* imaginative

imán *m* magnet

imbécil *adj* **(a)** (fam) (tonto) stupid **(b)** (Med) imbecilic
■ *mf* **(a)** (fam) (tonto) stupid idiot, moron (infml & derog) **(b)** (Med) imbecile

imberbe *adj*: **un joven ~** (sin barba) a beardless youth; (sin experiencia) a callow youth, a fresh-faced youth

imborrable *adj* lasting (*before n*), indelible

imitación *f* **(a)** (acción) imitation **(b)** (parodia) impression **(c)** (copia) imitation; **bolso ~ cuero** imitation-leather bag

imitador -dora *m,f* (Teatr) impressionist, impersonator; (plagiario) imitator

imitar [A1] *vt* **(a)** ‹*persona*› (copiar) to copy, imitate; (para hacer reir) to do an impression of, mimic; **se sentó y todos lo ~on** he sat down and everyone followed suit **(b)** ‹*voz/gesto/estilo*› to imitate; (para hacer reír) to imitate, mimic **(c)** (tener el aspecto de) to simulate

impaciencia *f* impatience

impacientarse [A1] *v pron* (por retraso) to get impatient; (exasperarse) to lose (one's) patience, get exasperated

impaciente *adj* **(a)** [SER] impatient **(b)** [ESTAR] **estaba ~** he was (getting) impatient; **~ POR hacer algo** impatient to do sth

impactante *adj* ‹*noticia*› shocking; ‹*libro/imagen*› powerful; ‹*espectáculo/efecto*› stunning, impressive

impactar [A1] *vt* **(a)** (golpear) to hit **(b)** (impresionar) to have a profound impact on
■ **~** *vi* **(a)** (impresionar) to shock **(b)** (chocar) to hit, strike

impacto *m* **(a)** (choque) impact; **recibió un ~ de bala** she was shot **(b)** (huella, señal) hole, mark; **el cadáver tiene varios ~s de bala** there are several bullet wounds in the body **(c)** (en el ánimo, público) impact **(d)** (Inf) hit

impago -ga *adj* (AmL) ‹*persona*› unpaid; ‹*deuda/impuesto*› unpaid, outstanding

impalpable *adj* impalpable

impar *adj* ‹*número*› odd
■ *m* odd number

imparcial *adj* impartial, unbiased

imparcialidad *f* impartiality

impasible *adj* impassive

impecable *adj* impeccable; **va siempre ~** she is always impeccably dressed

impedido -da *adj* (ant u ofensivo) disabled
■ *m,f* (ant u ofensivo) person with a disability, disabled person

impedimento *m* obstacle, impediment; **si no surge ningún ~** if there are no hitches; **~ físico** (ant u ofensivo) physical disability

impedir [I14] *vt* **(a)** (imposibilitar) to prevent; **nadie te lo impide** nobody's stopping you; **~le a algn hacer algo** to prevent sb FROM doing sth; **quiso ~ que nos viéramos** she tried to stop us seeing each other **(b)** ‹*paso/entrada*› to block **(c)** (dificultar) to hamper, hinder

impenetrable *adj* **(a)** ‹*bosque*› impenetrable; ‹*fortaleza*› impregnable **(b)** ‹*persona/expresión*› inscrutable; ‹*misterio/secreto*› unfathomable

impensable *adj* unthinkable, inconceivable

imperante *adj* ‹*moda/tendencia/condiciones*› prevailing (*before n*); ‹*dinastía/régimen*› ruling (*before n*)

imperativo[1] **-va** *adj* **(a)** (Ling) imperative **(b)** ‹*voz/tono*› commanding, authoritative

imperativo[2] *m* imperative

imperdible *m* safety pin

imperdonable *adj* ‹*error/comportamiento*› unforgivable, inexcusable

imperfección *f* **(a)** (en tela) flaw; (en mecanismo) defect **(b)** (cualidad) imperfection

imperfecto[1] **-ta** *adj* **1** ‹*trabajo/tela/facciones*› flawed **2** (Ling) imperfect

imperfecto[2] *m* imperfect (tense)

imperial *adj* ‹*dinastía/corona*› imperial

imperialismo *m* imperialism

imperialista *adj/mf* imperialist

imperio *m* empire

impermeable *adj* ‹*material/tela*› waterproof, impermeable (tech)
■ *m* (Indum) raincoat

impersonal *adj* impersonal

impersonar [A1] *vt* (Méx) to impersonate

impertinencia *f* **(a)** (cualidad) impertinence **(b)** (hecho, dicho): **me dijo que me callara — ¡qué ~!** he told me to shut up — how impertinent!; **me contestó con una ~** she gave me a very cheeky reply

impertinente *adj* ‹*persona/pregunta/tono*› impertinent; ‹*comentario*› uncalled-for
■ *mf* (persona): **eres una ~** you're extremely impertinent

imperturbable *adj* **(a)** [SER] (sereno) imperturbable **(b)** [ESTAR] (ante un peligro) unperturbed **(c)** ‹*rostro/sonrisa*› impassive

ímpetu *m* **(a)** (Fís, Mec) impetus, momentum **(b)** (energía, ardor) vigor*, energy **(c)** (violencia) force

impetuoso -sa *adj* impetuous, impulsive

impida, impidas, *etc* ▸ **impedir**

implacable *adj* **(a)** ‹*odio/furia*› implacable; ‹*avance/lucha*› relentless; ‹*sol*› relentless **(b)** ‹*juez/crítico*› implacable **(c)** ‹*enemigo/contrincante*› ruthless

implantar [A1] *vt* **1** ‹*método/norma/moda*› to introduce; ‹*régimen político*› to establish; ‹*estado de excepción*› to impose **2** ‹*embrión/cabello*› to implant

implante *m* implant

implementación *f* **1** (de medidas) implementation **2** (Ven) (instalación) installation

implementar [A1] *vt* **1** ‹*medidas/plan*› to implement **2** (Ven) (instalar) to install*, set up

implicación *f* **1** (participación) involvement **2** **implicaciones** *fpl* (consecuencias) implications (*pl*)

implicancia *f* (AmL) (consecuencia) implication

implicar [A2] *vt* **1** (significar, conllevar) to entail, involve **2** (envolver, enredar) to involve; **estuvo**

implicado en un delito (participó) he was involved in a crime; (estuvo bajo sospecha) he was implicated in a crime

■ **implicarse** *v pron* to get involved

implícito -ta *adj* implicit

implorar [A1] *vt* ‹*perdón/ayuda*› to beg for; **~le algo** A **algn** to beg sth OF sb; **~le a algn** QUE **haga algo** to implore *o* beg sb TO do sth

imponente *adj* ‹*belleza*› impressive; ‹*edificio/paisaje*› imposing, impressive

✓ **imponer** [E22] *vt* (fml) **(a)** to impose (fml); **le impusieron una pena de un año de cárcel** he was sentenced to one year in prison **(b)** ‹*respeto*› to command; ‹*temor*› to inspire, instill* **(c)** ‹*moda*› to set

■ **imponerse** *v pron* **1** **(a)** (*refl*) ‹*horario/meta*› to set oneself **(b)** «*idea*» to become established **(c)** «*color/estilo*» to come into fashion **2** (hacerse respetar) to assert oneself *o* one's authority **3** (fml) (vencer) to win; **se impondrá el sentido común** common sense will prevail

✓ **importación** *f* **(a)** (acción) importation; **de ~** ‹*artículos/mercancías*› imported; ‹*permiso*› import (*before n*) **(b)** **importaciones** *fpl* (mercancías) imports (*pl*)

importado -da *adj* imported

importador -dora *adj*: **países ~es de petróleo** oil-importing countries

■ *m,f* importer

✓ **importancia** *f* importance; **darle ~ a algo** to attach importance to sth; **quitarle ~ a algo** to play down the importance of sth; **detalles sin ~** minor *o* insignificant details; **no tiene ~** it doesn't matter; ***darse*** **~** to give oneself airs

✓ **importante** *adj* **(a)** ‹*noticia/persona*› important; ‹*acontecimiento/cambio*› important, significant; ***dárselas de*** or ***hacerse el*** **~** to give oneself airs **(b)** ‹*pérdidas*› serious, considerable; ‹*daños*› severe, considerable; ‹*cantidad*› considerable, significant

✓ **importar** [A1] *vi* **(a)** (tener importancia, interés) to matter; **no importa quién lo haga** it doesn't matter *o* it makes no difference who does it; **lo que importa es que te recuperes** the important thing is for you to get better; **no me importa lo que piense** I don't care what he thinks; **¿a mí qué me importa?** what do I care?; **¿a ti qué te importa?** what business is it of yours?; **yo no le importo** I don't mean a thing to him; ***me importa un bledo*** or ***un comino*** or ***un pepino*** or ***un rábano*** (fam) I couldn't care less, I don't give a damn (infml); ***meterse en lo que no le importa*** (fam) to poke one's nose into other people's business (infml); **no te metas en lo que no te importa** mind your own business! **(b)** (molestar): **no me ~ía venir el sábado** I wouldn't mind coming on Saturday; **no me importa que me llame a casa** I don't mind him calling me at home

■ **~** *vt* (Com, Fin) ‹*productos*› to import

importe *m* **(a)** (de factura, letra) amount; **el ~ total** the full *o* total amount; **el ~ de la compra** the purchase price **(b)** (costo) cost

✓ key word

importunar [A1] *vt* (fml) to inconvenience, disturb

■ **~** *vi*: **espero no ~** I hope it's not inconvenient, I hope I'm not disturbing you

importuno -na *adj* inopportune

imposibilitado -da *adj* [ESTAR] (Med) disabled

imposibilitar [A1] *vt* **(a)** (hacer imposible) to make ... impossible **(b)** (impedir) to prevent

✓ **imposible** *adj* **1** [SER] ‹*sueño/amor*› impossible; **me es ~ acompañarte** I won't be able to go with you; **es ~ que lo sepan** they can't possibly know; **hicieron lo ~** they did everything they could **2** (inaguantable) ‹*persona*› impossible; **está ~ hoy** he's (being) impossible today

impositivo -va *adj* ‹*sistema/reforma*› tax (*before n*)

impostor -tora *m,f* impostor

impotencia *f* (falta de poder) powerlessness, helplessness; (Med) impotence

impotente *adj* (incapaz, sin poder) powerless, helpless; (Med) impotent

impreciso -sa *adj* vague, imprecise; **un número ~ de personas** an indeterminate number of people

impredecible *adj* unpredictable

imprenta *f* (taller) printer's; (aparato) (printing) press

imprescindible *adj* ‹*requisito/herramienta/factor*› essential, indispensable; **lleva lo ~** take the bare essentials; **es ~ hacerlo** it is essential to do it; **es ~ que nos acompañe** it is essential that you come with us

✓ **impresión** *f* **(a)** (idea, sensación) impression; **nos causó** or **nos hizo muy buena ~** he made a very good impression on us; **da la ~ de ser demasiado ancho** it looks too wide; **me da/tengo la ~ de que me está mintiendo** I have a feeling he's lying to me; **cambiar impresiones** to exchange ideas **(b)** (sensación desagradable): **el accidente me produjo mucha ~** the accident really shocked me

impresionable *adj* squeamish, easily affected

impresionante *adj* ‹*éxito/cantidad/paisaje*› amazing, incredible; ‹*accidente*› horrific

impresionar [A1] *vt* **1** **(a)** (causar buena impresión): **París me impresionó** I was really taken with Paris **(b)** (afectar) to affect; **verlo llorar me impresionó mucho** seeing him cry really affected *o* moved me **(c)** (alarmar) to shock; **me impresionó verla tan delgada** it shocked me to see her looking so thin **(d)** (sorprender) to strike **2** (Fot) ‹*película*› to expose

■ **~** *vi* to impress

impresionismo *m* impressionism

impresionista *adj* ‹*movimiento/pintor*› impressionist; ‹*estilo/descripción*› impressionistic

impreso¹ -sa *pp* ▶ **imprimir**

impreso² *m* (formulario) form; **~ de solicitud** application form

impresora *f* (Inf) printer; **~ láser** or **de láser** laser printer

imprevisible *adj* ‹*hecho/factor*› unforeseeable; ‹*persona*› unpredictable

imprevisión *f* lack of foresight

imprevisto[1] **-ta** *adj* unforeseen, unexpected; **de modo ~** unexpectedly

imprevisto[2] *m* unforeseen event (*o* factor *etc*); **si no surge ningún ~** if nothing unexpected happens

imprimir [I36] *vt* (Impr) to print; **impreso en Perú** printed in Peru

improbable *adj* unlikely, improbable

impropio -pia *adj* **(a)** ‹*actitud/respuesta*› inappropriate; **un comportamiento ~ de una persona educada** behavior unbecoming to an educated person (fml) **(b)** (incorrecto) incorrect

improvisación *f* (acción) improvisation; (actuación) impromptu performance

improvisar [A1] *vt* to improvise; **~ una comida** to rustle up a meal
■ **~** *vi* «*actor/músico*» to improvise

improviso: **de ~** (*loc adv*) ‹*llegar/aparecer*› unexpectedly, out of the blue

imprudencia *f* imprudence; **no cometas esa ~** don't be so rash *o* reckless; **su ~ al conducir** his reckless driving

imprudente *adj* (que actúa sin cuidado) imprudent, careless; (temerario) reckless; **fuiste muy ~ al decírselo** it was very rash *o* imprudent of you to tell him

impúdico -ca *adj* (fml *o* hum) **(a)** (obsceno) indecent **(b)** (desvergonzado) shameless

impuesto *m* tax; **libre de ~s** tax-free, duty-free; **~ a** or **sobre la renta** income tax; **~ de circulación** road tax

impugnar [A1] *vt* ‹*decisión/fallo*› to contest, challenge

impulsar [A1] *vt* **(a)** ‹*motor/vehículo*› to propel, drive **(b)** ‹*persona*› to drive **(c)** ‹*comercio, producción*› to boost, give a boost to; ‹*cultura/relaciones*› to promote

impulsivo -va *adj* impulsive

impulso *m* **(a)** (empuje): **un fuerte ~ para el comercio** a major boost for trade; **dar ~ a algo** (a comercio) to give a boost to sth; (a iniciativa) to give impetus to sth; **tomar** or **darse ~** to gather momentum, to get up speed **(b)** (reacción, deseo) impulse; **mi primer ~ fue ...** my first instinct was ... **(c)** (Fís) impulse

impuntualidad *f* unpunctuality

impureza *f* impurity

impuro -ra *adj* impure

impuse, **impuso**, *etc* ▶ **imponer**

in *adj inv* ‹*discoteca*› trendy (infml); **lo que está muy ~** the in thing (infml), the trendy thing (infml)

inaccesible *adj* **(a)** ‹*montaña/persona/concepto*› inaccessible **(b)** (crit) ‹*precios*› prohibitive; ‹*objetivo*› unattainable

inaceptable *adj* unacceptable

inactividad *f* inactivity

inactivo -va *adj* inactive

inadaptación *f* failure to adapt

inadaptado -da *adj* maladjusted

inadecuado -da *adj* ‹*color/traje*› inappropriate, unsuitable; ‹*norma/sistema*› inadequate

inadmisible *adj* **(a)** ‹*comportamiento/pretensiones*› unacceptable, inadmissible **(b)** (Der) inadmissible

inadvertido -da *adj* (no notado): **pasar ~** to go unnoticed

inagotable *adj* ‹*fuente/reservas*› inexhaustible, endless

inaguantable *adj* unbearable

inalámbrico -ca *adj* ‹*teléfono*› cordless; ‹*acceso/ruteador*› wireless

inalcanzable *adj* unattainable, unachievable

inanimado -da *adj* inanimate

inapetente *adj* lacking in appetite

inapreciable *adj* **1** (muy valioso) ‹*ayuda/amistad*› invaluable; **un cuadro de un valor ~** a priceless painting **2** (insignificante) negligible

inapropiado -da *adj* inappropriate

inaudible *adj* inaudible

inaudito -ta *adj* ‹*decisión/suceso*› unprecedented

inauguración *f* opening, inauguration (fml)

inaugurar [A1] *vt* ‹*teatro/hospital*› to open, inaugurate (fml); ‹*monumento*› to unveil; ‹*exposición/sesión*› to open

inca *mf* Inca

incaico -ca *adj* Inca, Incaic

incalculable *adj* inestimable, incalculable

incandescente *adj* incandescent

incansable *adj* tireless

incapacidad *f* **1** (ant *u* ofensivo) (física) (physical) disability; (mental) mental disability, learning difficulties *pl*; (Der) incapacity; **~ laboral** invalidity **2** (ineptitud) incompetence; (falta de capacidad) inability **3** (Col) (baja) sick leave

incapacitado -da *adj* (ant *u* ofensivo) (físicamente) disabled, physically handicapped; (mentalmente) mentally handicapped

incapacitar [A1] *vt* «*enfermedad*» to incapacitate; **la lesión lo incapacita para su trabajo** the injury has made him unfit for work

incapaz *adj* [SER] (de un logro, una hazaña): **no lo conseguirá nunca, es ~** he'll never do it, he simply isn't capable; **es ~ de una cosa así** he's incapable of doing something like that; **es ~ de llamarme** he can't even be bothered to phone me
■ *mf* (inútil, inepto) incompetent (fool)

incendiar [A1] *vt* **(a)** (prender fuego a) to set fire to **(b)** (quemar) ‹*edificio*› to burn down; ‹*coche*› to burn; ‹*pueblo/bosque*› to burn ... to the ground
■ **incendiarse** *v pron* **(a)** (empezar a arder) to catch fire **(b)** (destruirse) «*edificio*» to be burned down; **los bosques que se ~on** the forests that were destroyed by fire

incendiario -ria *m,f* arsonist

incendio *m* fire; **~ provocado** arson attack

incentivo *m* incentive

incertidumbre *f* uncertainty

incesante *adj* incessant

incesto *m* incest

incestuoso -sa *adj* incestuous

incidente *m* incident

incienso *m* incense; (Bib) frankincense

incierto -ta *adj* (dudoso, inseguro) uncertain

incineración *f* **(a)** (de basura) incineration **(b)** (de cadáveres) cremation

incinerador *m* incinerator

incinerar [A1] *vt* ‹*basura*› to incinerate, burn; ‹*cadáver*› to cremate

incitar [A1] *vt* **~ a algn** A **algo** to incite sb TO sth; **~ a algn** CONTRA **algn** to incite sb AGAINST sb

incivilizado -da *adj* uncivilized

inclinación *f* **1** **(a)** (pendiente) slope **(b)** (ángulo) inclination **2** (movimiento del cuerpo) bow; **asintió con una ~ de la cabeza** he nodded (his head) in agreement **3** (interés, tendencia): **tener ~ por** or **hacia la música** to have a musical bent *o* musical inclinations; **inclinaciones políticas/sexuales** political/sexual leanings

inclinado -da *adj* **1** ‹*tejado/terreno*› sloping; ‹*torre*› leaning (*before n*); ‹*cuadro*› crooked; **una pendiente muy inclinada** a very steep slope *o* incline **2** (predispuesto) **sentirse ~ a hacer algo** to feel inclined to do sth

inclinar [A1] *vt* **1** ‹*botella/sombrilla/plato*› to tilt; **inclinó la cabeza a un lado** she tilted her head to one side; **inclinó la cabeza en señal de asentimiento** he nodded (his head) in agreement; **~ el cuerpo** to bend over; (en señal de respeto) to bow; **el viento inclinaba los árboles** the wind bent the trees **2** (inducir, predisponer) ‹*persona*› **ello me inclina a pensar que ...** this inclines me to think that ... (fml)

■ **inclinarse** *v pron* **1** (tender) **~se** A **hacer algo** to be inclined to do sth; **me inclino por su candidato** I'm inclined to go for your candidate; **me ~ía por esta opción** I would tend to favor this option **2** (doblarse) to bend; (en señal de respeto) to bow; **~se ante algn** to bow to sb; **se inclinó sobre la cuna** she leaned over the cradle; **~se hacia adelante/atrás** to lean forward/back

⚷ **incluir** [I20] *vt* **1** (comprender) **(a)** ‹*impuestos/gastos*› to include; **$500 todo incluido** $500 all inclusive *o* all in **(b)** ‹*tema/sección*› to include, contain **2** (poner, agregar) **(a)** (en un grupo) to include **(b)** (en una carta) to enclose

inclusive *adj inv* inclusive; **del 10 al 18, ambos ~** from 10 to 18 inclusive; **domingos ~** including Sundays

⚷ **incluso** *adv* even

incógnita *f* **(a)** (Mat) unknown (factor *o* quantity) **(b)** (misterio) mystery

incógnito: **de ~** (loc adv) incognito

incoherente *adj* incoherent, illogical

incoloro -ra *adj* colorless*

incomible *adj* inedible, uneatable

incómodo -da *adj* **(a)** (en general) uncomfortable; **¿no estás ~ en esa silla?** aren't you uncomfortable in that chair?; **se siente muy ~ en las fiestas** he feels ill at ease *o* uncomfortable at parties **(b)** (inconveniente) inconvenient; **es muy ~ vivir tan lejos** it's very inconvenient living so far away

incompatibilidad *f* mutual incompatibility; **~ de caracteres** incompatibility

incompatible *adj* ‹*personas/caracteres*› incompatible; **el horario de clases es ~ con el de mi trabajo** the times of the classes clash with my work hours

incompetente *adj/mf* incompetent

incompleto -ta *adj* incomplete

incomprensible *adj* incomprehensible

incomprensión *f* lack of understanding

incomunicado -da *adj* ‹*prisionero*› in solitary confinement; **hay varios pueblos ~s** several villages have been cut off

inconcebible *adj* inconceivable

inconcluso -sa *adj* unfinished

incondicional *adj* **(a)** ‹*apoyo*› unconditional, wholehearted; ‹*obediencia*› absolute; ‹*aliado/admirador*› staunch; ‹*amigo*› true, loyal **(b)** ‹*rendición*› unconditional

inconexo -xa *adj* unconnected

inconfesable *adj* unmentionable

inconformista *adj/mf* nonconformist

inconfundible *adj* unmistakable

incongruente *adj* ‹*imágenes*› unconnected; **decía palabras ~s** his words didn't make sense

inconsciencia *f* **(a)** (Med) unconsciousness **(b)** (insensatez) irresponsibility

inconsciente *adj* **1** [ESTAR] (Med) unconscious **2** [SER] (insensato) irresponsible **3** [SER] (no voluntario) ‹*movimiento/gesto*› unwitting, unconscious; **de una manera ~** unconsciously

■ *mf* irresponsible person; **son unos ~s** they are very irresponsible

inconsecuente *adj*: **ser ~ con uno mismo** to be inconsistent with one's principles

inconsistente *adj* **(a)** ‹*material*› flimsy, weak **(b)** ‹*argumento*› (falto de solidez) weak, flimsy; (falto de coherencia) inconsistent, flawed

inconsolable *adj* inconsolable

inconstante *adj* **(a)** (falto de perseverancia) lacking in perseverance **(b)** (voluble) fickle

inconstitucional *adj* unconstitutional

incontable *adj* countless, innumerable

incontrolado -da *adj* **(a)** ‹*furia/pasión/ira*› uncontrolled, unbridled (liter) **(b)** ‹*llanto/risa*› uncontrollable

inconveniencia *f* **(a)** (cualidad) inconvenience **(b)** (comentario inoportuno) tactless remark

inconveniente *adj* (incómodo) ‹*hora/fecha*› inconvenient

■ *m* **(a)** (problema) problem; **si no surge ningún ~** if everything goes according to plan, if there are no problems; **¿habría algún ~ en que nos quedemos?** would it be alright if we stayed? **(b)** (desventaja) drawback; **tiene sus ~s** it has its disadvantages *o* drawbacks **(c)** (objeción) objection; **no tengo ~** I have no objection; **no tengo ~ en decírselo** I don't mind telling him; **no veo ningún ~ en que venga** I see no reason why he shouldn't come

incordiar [A1] *vt* (Esp fam) to annoy, to pester (infml)

■ **~** *vi* (Esp): **¡no incordies!** don't be such a nuisance!

incordio *m* (Esp fam) nuisance, pain in the neck (infml)

⚷ **incorporación** *f* incorporation

incorporado -da *adj* integral, built-in

⚷ **incorporar** [A1] *vt* (fml) **1** **(a)** (agregar) to add;

⚷ key word

~ **algo** A **algo** to add sth TO sth **(b)** (integrar) to incorporate **2** ‹*enfermo/niño*› to sit ... up

■ **incorporarse** *v pron* (fml) **1** (a equipo, puesto) to join; ~**se** A **algo** to join sth **2** (levantarse) to sit up

incorrecto -ta *adj* **(a)** ‹*respuesta/ interpretación*› incorrect, wrong **(b)** ‹*comportamiento*› impolite, discourteous (fml)

incorregible *adj* ‹*mentiroso/idealista*› incorrigible; ‹*defecto*› irremediable, irreparable

incredulidad *f* skepticism*

incrédulo -la *adj* skeptical*

■ *m,f* skeptic*

increíble *adj* incredible, unbelievable

incrementar [A1] *vt* (fml) to increase

incremento *m* (fml) increase

incriminar [A1] *vt* (fml) **(a)** «*pruebas*» to incriminate **(b)** (acusar, inculpar) to charge

incrustación *f* **(a)** (de madera, metal) inlay **(b)** (Col) (Odont) filling

incrustar [A1] *vt* ‹*piedra preciosa*› ~ **algo** EN **algo** to set sth IN sth

■ **incrustarse** *v pron* ~**se** EN **algo** «*bala*» to embed itself IN sth; «*suciedad*» to get embedded IN sth

incubadora *f* incubator

incubar [A1] *vt* to incubate

inculcar [A2] *vt* to instill*, inculcate (fml); **las ideas que les inculcan** the ideas they fill their heads with

inculto -ta *adj* (sin cultura) uncultured, uneducated; (ignorante) ignorant

■ *m,f* **(a)** (persona sin cultura): **es un** ~ he's uneducated **(b)** (persona ignorante) ignorant person

incumplido -da *adj* (AmL exc CS) unreliable

incumplidor -dora *adj* (CS) unreliable

incumplir [I1] *vt* ‹*ley/promesa*› to break; ‹*contrato*› to breach

■ ~ *vi* (AmL exc CS): **no me vayas a** ~ don't let me down; **incumplió a la cita** she didn't show *o* turn up

incurable *adj* incurable

indagación *f* (fml) investigation; **hacer indagaciones** to make inquiries, to investigate

indagar [A3] (fml) *vi* to investigate; ~ SOBRE **algo** to investigate sth

indecencia *f* **(a)** (cualidad) indecency **(b)** (cosa, hecho): **presentarse así en público es una** ~ it's indecent to appear in public like that

indecente *adj* ‹*persona/vestido*› indecent; ‹*película/lenguaje*› obscene

■ *mf* rude *o* shameless person

indecisión *f* indecision

indeciso -sa *adj* ‹*persona*› **(a)** [SER] indecisive **(b)** [ESTAR] undecided

■ *m,f* **(a)** (en general) indecisive person **(b)** (sobre un tema): **hay un gran número de** ~**s** there are a lot of people who are as yet undecided

indecoroso -sa *adj* unseemly, indecorous (fml)

indefenso -sa *adj* ‹*niño/animal*› defenseless*; ‹*fortaleza*› undefended

indefinido -da *adj* **(a)** ‹*forma*› undefined, vague; **un color** ~ a difficult color to describe **(b)** (ilimitado) indefinite, unlimited; **por tiempo** ~ for an indefinite *o* unlimited period

indemnización *f* **(a)** (por pérdidas sufridas) compensation, indemnity (fml); (por posibles pérdidas) indemnity (fml); ~ **por daños y perjuicios** damages (*pl*) **(b)** (por despido) severance pay

indemnizar [A4] *vt* **(a)** (por pérdidas sufridas) to compensate, indemnify (fml); (por posibles pérdidas) to indemnify (fml); **fue indemnizado con diez mil euros** he was given ten thousand (in) compensation **(b)** (por despido) to pay severance pay to

independencia *f* independence

independentista *adj* ‹*político/ideas*› pro-independence (*before n*)

■ *mf* supporter of the independence movement

independiente *adj/mf* independent

independizarse [A4] *v pron* to become independent, gain independence; ~ DE **algn** to become independent OF sb

indescriptible *adj* indescribable

indestructible *adj* indestructible

indeterminado -da *adj* **(a)** (indefinido) indefinite; **por tiempo** ~ indefinitely **(b)** (no establecido) undetermined **(c)** (vago, impreciso) ‹*contorno/forma*› indeterminate **(d)** (Ling) indefinite

India *f*: **la** ~ India

indicación *f* **(a)** (instrucción) instruction; **me dio indicaciones de cómo llegar** he gave me directions as to how to get there **(b)** (muestra) indication; **no dio ninguna** ~ **de sus intenciones** she gave no indication of her intentions

indicado -da *adj* **(a)** (adecuado) suitable; **es el menos** ~ **para hacerlo** he's the last person who should do it; **lo más** ~ **sería ...** the best thing to do would be ... **(b)** (señalado) ‹*hora/fecha*› specified

indicador *m* (Auto) **(a)** *tb* ~ **de dirección** indicator **(b)** (señal de tráfico) sign **(c)** (del aceite, la gasolina) gauge; ~ **de velocidad** speedometer

indicar [A2] *vt* to indicate, show; **hay una flecha que indica el camino** there's an arrow indicating the way; **¿me podría** ~ **cómo llegar allí?** could you tell me how to get there?; **me indicó el lugar en el mapa** he showed me *o* pointed out the place on the map; **todo parece** ~ **que ...** there is every indication that ...; **el asterisco indica que ...** the asterisk indicates *o* shows that ...

indicativo *m* (Ling) indicative; **presente de** ~ present indicative

índice *m* **1** (de una publicación) index; (catálogo) catalog* **2** (Anat) index finger, forefinger **3** (tasa, coeficiente) rate; ~ **de natalidad** birth rate

indicio *m* **(a)** (señal, huella) sign, indication **(b)** (vestigio) trace, sign; ~**s de potasio** traces of potassium

Índico *adj*: **el (Océano)** ~ the Indian Ocean

indiferencia *f* indifference

indiferente *adj* **(a)** (poco importante, de poco interés): **es** ~ **que venga hoy o mañana** it doesn't matter *o* it makes no difference whether he comes today or tomorrow; **me es** ~ **su amistad** I'm not concerned *o* (infml) bothered about his

i

friendship **(b)** (poco interesado) indifferent; ~ A algo indifferent TO sth

🔑 **indígena** *adj* indigenous, native (*before n*)
■ *mf* native

indigestión *f* indigestion

indignación *f* indignation, anger; (más fuerte) outrage; **sentí una gran ~** I was outraged

indignado -da *adj* indignant, angry; (más fuerte) outraged, incensed

indignante *adj* outrageous

indignar [A1] *vt* to make ... angry *o* indignant; (más fuerte) to outrage
■ **indignarse** *v pron* to get angry, become indignant; (más fuerte) to be outraged *o* incensed

indigno -na *adj* **(a)** (impropio) unworthy; ~ DE **algn** unworthy OF sb **(b)** (no merecedor) unworthy **(c)** (humillante) degrading, humiliating **(d)** (vergonzoso) shameful, disgraceful

indio -dia *adj* **(a)** (de América) (American) Indian, Amerindian **(b)** (de la India) Indian, of/from India
■ *m,f* **(a)** (de América) (American) Indian, Amerindian **(b)** (de la India) Indian

indirecta *f* hint; **lanzar** or **soltar una ~** to drop a hint

indirecto -ta *adj* indirect

indisciplinado -da *adj* ‹*alumno*› undisciplined, unruly; ‹*soldado*› insubordinate

indiscreción *f* **(a)** (dicho, declaración — que molesta) indiscreet *o* tactless remark; (— que revela un secreto) indiscreet *o* unguarded remark; **¿su edad, si no es ~?** how old are you, if you don't mind my asking?; **cometió la ~ de preguntárselo** he was indiscreet *o* tactless enough to ask her **(b)** (cualidad) lack of discretion

indiscreto -ta *adj* **(a)** (falto de tacto) indiscreet, tactless **(b)** (que revela un secreto) indiscreet

indiscutible *adj* **(a)** ‹*pruebas/hecho/verdad*› indisputable **(b)** ‹*líder/campeón*› undisputed

🔑 **indispensable** *adj* ‹*persona*› indispensable; ‹*objeto*› indispensable, essential; **lleva lo ~** take the bare essentials

indispuesto -ta *adj* **(a)** (enfermo) unwell, indisposed (fml) **(b)** (CS euf) ‹*mujer*› **está indispuesta** it's the time of the month (euph)

🔑 **individual** *adj* **(a)** ‹*características/libertades*› individual **(b)** ‹*cama/habitación*› single (*before n*); **mantel ~** place mat **(c)** ‹*caso*› one-off (*before n*), isolated **(d)** (Dep) ‹*prueba/final*› singles (*before n*)
■ *m* (Dep) singles (*pl*); **~ femenino** women's singles

individualismo *m* individualism

individualista *adj* individualistic
■ *mf* individualist

🔑 **individuo** *m* **(a)** (persona indeterminada): **un ~ alto** a tall man **(b)** (pey) (tipo) character (infml), individual (infml); **ese ~ que iba contigo** (fam) that guy you were with (infml)

indivisible *adj* indivisible

Indochina *f* Indo-China

índole *f* **(a)** (tipo, clase) kind, nature; **un problema de ~ afectiva** a problem of an emotional nature **(b)** (manera de ser) nature; **ser de buena/mala ~** to be good-natured/ill-natured

indolente *adj* lazy, slack, indolent

indoloro -ra *adj* painless

indomable *adj* **(a)** ‹*animal salvaje*› untamable*; ‹*caballo*› unbreakable **(b)** ‹*pueblo/tribu*› indomitable, unconquerable; ‹*persona*› indomitable **(c)** (fam) ‹*pelo/remolino*› unruly, unmanageable

Indonesia *f* Indonesia

indonesio -sia *adj/m,f* Indonesian

indudable *adj* unquestionable; **es ~ que ...** there is no doubt that ...

indulgente *adj* (tolerante) indulgent; (para perdonar castigos) lenient; **~** CON **algn** indulgent WITH/lenient TOWARD(S) sb

indultar [A1] *vt* (Der) to pardon; (la pena de muerte) to reprieve

indulto *m* (Der) pardon; (de la pena de muerte) reprieve

indumentaria *f* clothing, clothes (*pl*), attire (fml)

industria *f* (Com, Econ) industry; **~ del turismo** tourist industry; **~ pesquera** fishing industry

🔑 **industrial** *adj* industrial
■ *mf* industrialist

industrialización *f* industrialization

industrializarse [A4] *v pron* to become industrialized

inédito -ta *adj* **(a)** ‹*obra/autor*› unpublished **(b)** (nuevo, sin precedente) unprecedented; **una técnica inédita en nuestro país** a technique unknown in our country

ineficacia *f* (de medida) ineffectiveness; (de método, persona) inefficiency

ineficaz *adj* **(a)** ‹*remedio/medida*› ineffectual, ineffective **(b)** ‹*método/sistema/persona*› inefficient

ineficiencia *f* inefficiency

ineficiente *adj* inefficient

inepto -ta *adj* inept, incompetent
■ *m,f* incompetent

inercia *f* **(a)** (Fís) inertia **(b) por ~** (por rutina) out of habit; (por apatía) out of inertia *o* apathy

inescrutable *adj* inscrutable

inesperado -da *adj* unexpected; **de manera inesperada** unexpectedly

inestabilidad *f* instability

inestable *adj* **(a)** (en general) unstable **(b)** ‹*tiempo*› changeable, unsettled

inestimable *adj* ‹*ayuda*› invaluable

inevitable *adj* (ineludible) inevitable; ‹*cambio/conflicto/controversia*› unavoidable; **era ~ que empeorase la situación** the situation was bound to get worse

inexcusable *adj* ‹*comportamiento/error*› inexcusable, unforgivable; ‹*deber*› inescapable, unavoidable

inexistente *adj* nonexistent

inexperiencia *f* inexperience

inexperto -ta *adj* (falto de experiencia) inexperienced; (falto de habilidad) inexpert, unskilled

inexplicable *adj* inexplicable

inexpresivo -va *adj* expressionless, inexpressive

🔑 key word

infalibilidad *f* infallibility

infalible *adj* ‹*persona/método*› infallible; ‹*puntería*› unerring

infancia *f* (período) childhood

infante -ta *m,f* (hijo del Rey) (*m*) prince, infante; (*f*) princess, infanta

infantería *f* infantry; **~ de marina** marines (*pl*), Marine Corps

infantil *adj* **(a)** ‹*enfermedad*› children's (*before n*), childhood (*before n*); ‹*literatura/programa/moda*› children's (*before n*); ‹*rasgos/sonrisa*› childlike; ‹*población*› child (*before n*) **(b)** (pey) ‹*persona/actitud/reacción*› childish (derog), infantile (derog)

infarto *m* heart attack

infección *f* infection

infeccioso -sa *adj* infectious

infectar [A1] *vt* to infect

■ **infectarse** *v pron* to become infected

infelicidad *f* unhappiness

infeliz *adj* **(a)** ‹*persona/vida*› unhappy **(b)** ‹*intervención/tentativa*› unfortunate

■ *mf* poor wretch, poor devil

inferior *adj* **1** (en el espacio) ‹*piso/planta*› lower **2** (en jerarquía) ‹*especie/rango*› inferior **3** (en comparaciones) lower; **temperaturas ~es a los 10°** temperatures lower than *o* below 10°; **un número ~ al 20** a number below twenty

inferioridad *f* inferiority

infernal *adj* ‹*ruido*› infernal, hideous; ‹*música*› diabolical; **hacía un calor ~** it was baking hot (infml)

infértil *adj* infertile

infertilidad *f* infertility

infestado -da *adj* **~ DE algo** (de insectos, parásitos) infested WITH sth; **~ de turistas** crawling with tourists

infestar [A1] *vt* to infest

infidelidad *f* infidelity, unfaithfulness

infiel *adj* **(a)** (desleal) unfaithful; **ser ~ A algn/algo** to be unfaithful TO sb/sth **(b)** (Relig) unbelieving (*before n*), infidel (*before n*) (dated)

infiernillo *m* (Esp) kerosene stove, primus® stove (BrE)

infierno *m* **(a)** (en general) hell; **¡vete al ~!** (fam) go to hell! (sl); **su vida es un ~** her life is hell **(b)** (fam) (lugar — ruidoso) madhouse (infml), bedlam (infml); (— horrendo) hellhole (infml)

infílder *mf* (Col, Ven) infielder

infiltración *f* infiltration

infiltrado -da *m,f* infiltrator

infiltrar [A1] *vt* to infiltrate; **~ a algn EN algo** to infiltrate sb INTO sth

■ **infiltrarse** *v pron* to infiltrate; **~se EN algo** (en partido/organización) to infiltrate sth

infinidad *f* (gran cantidad): **en ~ de ocasiones** on countless occasions; **~ de veces** innumerable *o* countless times

infinitivo *m* infinitive

infinito[1] -ta *adj* **(a)** (Fil, Mat) infinite **(b)** ‹*bondad/sabiduría*› infinite; ‹*amor*› boundless **(c)** (*delante del n, en pl*) (innumerables) innumerable, countless

infinito[2] *m* **(a) el ~** (Fil) the infinite; **mirar al ~** to look into the distance **(b)** (Mat) infinity

inflación *f* inflation

inflador *m* (Bol, Per, RPl) bicycle pump

inflamable *adj* flammable, inflammable

inflamación *f* (Med) inflammation; (Quím) ignition

inflamar [A1] *vt* **(a)** (Med) to inflame **(b)** (Quím) to ignite, set ... on fire

■ **inflamarse** *v pron* **(a)** (Med) to become inflamed **(b)** (Quím) to ignite

inflar [A1] *vt* **(a)** ‹*balón/rueda*› to inflate; ‹*globo*› to blow up **(b)** ‹*noticia/acontecimiento*› to exaggerate

■ **inflarse** *v pron* «*velas*» to swell, fill

inflexible *adj* inflexible; **se mostró ~** he refused to give in

inflexión *f* inflection

influencia *f* **1** (influjo) influence; **bajo la ~ del alcohol** under the influence of alcohol; **~ EN *or* SOBRE algo** influence ON *o* UPON sth; **~ SOBRE algn** influence ON sb **2** **influencias** *fpl* (contactos) contacts (*pl*)

influenciable *adj* easily influenced

influenciar [A1] *vt* to influence

influir [I20] *vi* **~ EN algo/algn** to influence sth/sb, have an influence ON sth/sb

■ **~** *vt* to influence

influyente *adj* influential

infografía *f* computer graphics

información *f* **1** **(a)** (datos, detalles) information; **el mostrador de ~** the information desk **(b)** (Telec) information (AmE), directory enquiries (BrE) **2** (Period, Rad, TV) news; **la ~ internacional** the foreign news **3** (Inf) data (*pl*)

informado -da *adj* (sobre tema, noticia) informed; **está usted muy mal informada** you have been misinformed *o* wrongly informed; **fuentes bien informadas** reliable sources

informal *adj* **1** **(a)** ‹*persona*› unreliable **(b)** ‹*ropa/estilo*› informal, casual; ‹*cena/ambiente*› informal **(c)** (no oficial) ‹*reunión*› informal **2** (AmL) ‹*economía/sector*› black (*before n*), informal (*before n*)

informar [A1] *vt* ‹*persona/prensa*› to inform; **te han informado mal** you've been misinformed; **¿podría ~me sobre los cursos de idiomas?** could you give me some information about language courses?

■ **~** *vi* (dar noticias, información) to report; **~ SOBRE algo** to report ON sth, give a report ON sth; **~ DE algo** to announce sth

■ **informarse** *v pron* to get information; **~se SOBRE algo** to find out *o* inquire ABOUT sth

informática *f* computer science, computing

informático -ca *adj* computer (*before n*)

informativo -va *adj* **(a)** ‹*servicios/campaña*› information (*before n*); **programa ~** news program* **(b)** (instructivo) informative

informatizar [A4] *vt* to computerize

informe *m* **1** (exposición, dictamen) report; **~ médico** medical report **2** **informes** *mpl* **(a)** (datos) information, particulars (*pl*) **(b)** (de empleado) reference, references (*pl*); **pedir ~s**

i

to ask for a reference/for references

infovía *f* information highway

infracción *f* offense*, infraction (fml); ~ **de tráfico** traffic violation (AmE), driving offence (BrE)

infractor -tora *m,f* offender

infraestructura *f* infrastructure

in fraganti *loc adv* red-handed

infrarrojo -ja *adj* infrared

infringir [I7] *vt* to infringe, break

ínfulas *fpl*: **darse** or **tener muchas** ~ to put on *o* give oneself airs

infundado -da *adj* unfounded, groundless

infundir [I1] *vt* ‹*confianza/respeto*› to inspire; ‹*sospechas*› to arouse; **les infundía miedo** it filled them with fear; **para ~les ánimo** to give them encouragement

infusión *f* infusion; ~ **de manzanilla** chamomile tea

ingeniar [A1] *vt* ‹*método/sistema*› to devise, think up; ***ingeniárselas***; (fam): **se las ingenió para arreglarlo** he managed to fix it

ingeniería *f* engineering; ~ **civil** civil engineering

ingeniero -ra *m,f* engineer; ~ **agrónomo** agriculturist; ~ **civil/industrial** civil/industrial engineer; ~ **técnico** engineer (*qualified after a three-year university course*)

ingenio *m* **1** **(a)** (talento) ingenuity, inventiveness; ***aguzar el*** ~ to rack one's brains **(b)** (chispa, agudeza) wit **2** (aparato) device **3** (AmL) (refinería) *tb* ~ **azucarero** sugar refinery

ingenioso -sa *adj* **(a)** (lúcido) ‹*persona/idea*› clever, ingenious **(b)** (con chispa, agudeza) ‹*persona/dicho/chiste*› witty **(c)** ‹*aparato/invención*› ingenious

ingenuidad *f* naivety, ingenuousness

ingenuo -nua *adj* naive, ingenuous

■ *m,f*: **es un** ~ he's so naive

Inglaterra *f* England

ingle *f* groin

inglés¹ -glesa *adj* **(a)** (de Inglaterra) English **(b)** (crit) (británico) British, English (crit)

■ *m,f* **(a)** (de Inglaterra) (*m*) Englishman; (*f*) Englishwoman; **los ingleses** the English, English people **(b)** (crit) ▶ **británico**

inglés² *m* (idioma) English

ingratitud *f* ingratitude

ingrato -ta *adj* **(a)** (desagradecido) ‹*persona*› ungrateful; ~ **con ella** ungrateful to her **(b)** (desagradable, difícil) ‹*vida*› hard; ‹*trabajo/tarea*› unrewarding

■ *m,f* ungrateful wretch (*o* swine *etc*) (infml), ingrate (liter)

ingrediente *m* ingredient

ingresar [A1] *vi* **1** «*persona*» (en organización, club) to join; (en colegio) to enter; (en el ejército) to join; **después de ~ en el hospital** after being admitted to (the) hospital; **ingresó cadáver** (Esp) he was dead on arrival **2** «*dinero*» to come in

■ ~ *vt* **1** ‹*persona*› (en hospital): **el médico decidió ~lo** the doctor decided to send him to hospital; **hubo que ~lo de urgencia** he had to be admitted as a matter of urgency; **fueron ingresados en esta prisión** they were taken to this prison **2** (Esp) (Fin) ‹*dinero/cheque*› to pay in; ~ **una cantidad en una cuenta** «*persona*» to pay a sum into an account; «*banco*» to credit an account with a sum

ingreso *m* **1** **(a)** (en organización): **el año de mi ~ a** or **en la universidad/el ejército/la compañía** the year I started *o* entered university/joined the army/joined the company; **examen de ~** entrance examination **(b)** (en hospital) admission **2** (Fin) **(a)** (Esp) (depósito) deposit **(b) ingresos** *mpl* (ganancias) income; **~s brutos/netos** gross/net income

íngrimo -ma *adj* (Col, Méx, Ven fam) **(a)** (sin compañía) all alone, all by oneself **(b)** ‹*lugar*› lonely, deserted

inhábil *adj* **(a)** (torpe) unskillful*, clumsy **(b)** (no apto) ~ PARA **algo** unsuited TO sth

inhabitado -da *adj* uninhabited

inhalación *f* inhalation; **hacer inhalaciones** to inhale; ~ **de pegamento** or (Méx) **cemento** glue sniffing

inhalador *m* inhaler

inhalar [A1] *vt* to inhale; ‹*pegamento*› to sniff

inhibición *f* inhibition

inhibir [I1] *vt* to inhibit

■ **inhibirse** *v pron* to become inhibited

inhóspito -ta *adj* inhospitable

inhumano -na *adj* **(a)** (falto de compasión) inhumane **(b)** (cruel) inhuman

iniciación *f* **(a)** (fml) (comienzo) beginning, start **(b)** (introducción) introduction; **curso de ~** introductory course **(c)** (a secta) initiation

inicial *adj* initial

■ *f* **(a)** (letra) initial **(b)** (en béisbol) first base

iniciar [A1] *vt* **(a)** (fml) ‹*curso/viaje*› to begin, commence (fml); ‹*negociaciones/diligencias*› to initiate, commence (fml) **(b)** ~ **a algn** EN **algo** (en secta) to initiate sb INTO sth; (en un arte) to introduce sb TO sth

■ **iniciarse** *v pron* **1** «*ceremonia/negociaciones*» to begin, commence (fml) **2** «*persona*» **~se** EN **algo** (en secta) to be initiated INTO sth; (en un arte) to take one's first steps IN sth

iniciativa *f* initiative; **tomó la ~** he took the initiative

inicio *m* beginning, start

inigualable *adj* ‹*belleza*› matchless, incomparable; ‹*precios/oferta*› unbeatable

ininteligible *adj* unintelligible, incomprehensible

ininterrumpido -da *adj* ‹*lluvias/trabajo*› continuous, uninterrupted; ‹*sueño*› uninterrupted; ‹*línea*› continuous

injertar [A1] *vt* to graft

injerto *m* **(a)** (Agr) (acción) grafting; (tallo) graft, scion **(b)** (Med) graft

injusticia *f* **(a)** (acto injusto) injustice, act of injustice; **es una ~ que te hayan dicho eso** it's unfair of them to have said that to you **(b)** (cualidad) unfairness, injustice

injustificable *adj* unjustifiable

injustificado -da *adj* unwarranted, unjustified; **despido ~** unfair dismissal

injusto -ta *adj* unfair; **ser ~** CON **algn** to be unfair TO *o* ON sb

key word

inmaculado -da *adj* **(a)** ‹*presentación/vestido/superficie*› immaculate **(b)** ‹*fama*› impeccable

inmadurez *f* immaturity, lack of maturity

inmaduro -ra *adj* ‹*persona/animal*› immature; ‹*fruta*› unripe

inmediaciones *fpl* vicinity, surrounding area; **el hotel está en las ~ del aeropuerto** the hotel is in the vicinity of the airport; **en las ~ de la capital** in the area around the capital

inmediatamente *adv* immediately

inmediato -ta *adj* **(a)** ‹*efecto/respuesta*› immediate; **de ~** immediately, right away, straightaway (BrE) **(b)** ‹*zona*› immediate; ‹*lugar/pueblo*› **~** A **algo** close TO sth

inmejorable *adj* ‹*resultados/posición*› excellent, unbeatable; **está en una situación ~** it is superbly located

inmenso -sa *adj* ‹*fortuna/cantidad*› immense, vast, huge; ‹*casa/camión*› huge, enormous; ‹*alegría/pena*› great, immense; **¡es ~!** it's absolutely huge!

inmerecido -da *adj* undeserved, unmerited

inmerso -sa *adj* ‹*submarino/buzo*› submerged; ‹*objeto*› immersed

inmigración *f* immigration

inmigrante *mf* immigrant

inmigrar [A1] *vi* to immigrate

inmiscuirse [I20] *v pron* **~** EN **algo** to interfere IN sth, meddle IN sth

inmobiliaria *f* **(a)** (agencia) real estate agency (AmE), estate agent's (BrE) **(b)** (empresa propietaria) real estate company (AmE), property company (BrE) **(c)** (empresa constructora) property developer

inmoral *adj* immoral
■ *mf*: **eres un ~** you have no morals

inmoralidad *f* immorality

inmortal *adj/mf* immortal

inmortalidad *f* immortality

inmortalizar [A4] *vt* to immortalize
■ **inmortalizarse** *v pron* to achieve immortality, be immortalized

inmovible *adj* immovable

inmóvil *adj* still

inmovilismo *m* resistance to change, immobilism (fml)

inmovilizar [A4] *vt* **1** ‹*persona/país/vehículo*› to immobilize **2** (Com, Fin) ‹*capital*› to tie up

inmundo -da *adj* **(a)** ‹*lugar*› filthy **(b)** ‹*sabor/comida*› foul, disgusting **(c)** (repulsivo) ‹*escena/película*› filthy, disgusting

inmune *adj* immune; **~** A **algo** immune TO sth

inmunidad *f* immunity

inmunizar [A4] *vt* to immunize; **~ a algn** CONTRA **algo** to immunize sb AGAINST sth

inmunodeficiencia *f* immunodeficiency

inmunológico -ca *adj* ‹*tolerancia*› immunological; ‹*sistema/reacción*› immune (*before n*)

inmutarse [A1] *v pron* «*persona*» **cuando se lo dije ni se inmutó** she didn't bat an eyelash *o* (BrE) eyelid when I told her (infml); **lo escuchó sin ~se** she listened to him unperturbed

innato -ta *adj* innate, inborn

innavegable *adj* ‹*río*› unnavigable; ‹*embarcación*› unseaworthy

innecesario -ria *adj* unnecessary

innegable *adj* undeniable

innovación *f* innovation

innovador -dora *adj* innovative
■ *m,f* innovator

innovar [A1] *vi* to innovate

innumerable *adj* innumerable

inocencia *f* innocence

inocentada *f* ≈ April Fools' joke (*played on 28 December*); **gastarle** or **hacerle ~s a algn** to play practical jokes on sb

inocente *adj* **(a)** (sin culpa) innocent; (Der) innocent, not guilty; **lo declararon ~** he was found not guilty **(b)** ‹*broma*› harmless **(c)** (ingenuo) naive, gullible
■ *mf* innocent; **no te hagas el ~** don't play the innocent

inodoro *m* **(a)** (wáter) toilet, lavatory **(b)** (taza) bowl, pan

inofensivo -va *adj* harmless, inoffensive

inolvidable *adj* unforgettable

inoportuno -na *adj* **(a)** ‹*visita/llamada*› untimely, inopportune; **llamó en un momento ~** he phoned at a bad moment **(b)** ‹*comentario/crítica*› ill-timed, inopportune

inquebrantable *adj* ‹*fe*› unshakable, unyielding; ‹*lealtad*› unswerving; ‹*voluntad/salud*› iron (*before n*)

inquietante *adj* ‹*noticia/cifras*› disturbing, worrying; ‹*síntoma*› worrying

inquietarse [A1] *v pron* to worry; **~** POR **algo/algn** to worry ABOUT sth/sb

inquieto -ta *adj* **(a)** [ESTAR] (preocupado) worried **(b)** [SER] (emprendedor) enterprising; (vivo) lively, inquiring (*before n*) **(c)** (que se mueve mucho) restless

inquietud *f* **(a)** (preocupación) worry; **~** POR **algo** concern ABOUT sth **(b)** (interés): **es una persona sin ~es** she has no interest in anything; **su ~ filosófica** his philosophical preoccupations

inquilino -na *m,f* (arrendatario) tenant

Inquisición *f* (Hist): **la I~** the Inquisition

inquisidor *m* inquisitor

insaciable *adj* insatiable; ‹*sed*› unquenchable

insalubre *adj* unhealthy

insalvable *adj* insurmountable, insuperable

insatisfacción *f* dissatisfaction

insatisfactorio -ria *adj* unsatisfactory

insatisfecho -cha *adj* **(a)** (descontento) dissatisfied; **~** CON **algo/algn** dissatisfied WITH sth/sb **(b)** ‹*hambre/deseo*› unsatisfied

inscribir [I34] *vt* (en registro) to register; (en curso, escuela) to register, enroll*
■ **inscribirse** *v pron* «*persona*» (en curso, colegio) to enroll*, register; (en concurso) to enter; (en congreso) to register

inscripción *f* **(a)** (para curso) enrollment*, registration; (para concurso) entry; (en congreso) registration; **la ~ se cierra el ...** the last day for enrollment is ... **(b)** (de un nacimiento) registration **(c)** (leyenda, lema) inscription

inscrito -ta, (RPl) **inscripto -ta** *pp* ▶ **inscribir**

insecticida *m* insecticide

insecto *m* insect

inseguridad *f* **(a)** (falta de confianza) insecurity; **~ laboral** job insecurity **(b)** (falta de firmeza, estabilidad) unsteadiness **(c)** (falta de garantías) insecurity, lack of security **(d)** (en ciudad, barrio): **la ~ ciudadana** the lack of safety on our streets

inseguro -ra *adj* **(a)** (falto de confianza) insecure **(b)** (falto de firmeza, estabilidad) unsteady **(c)** ‹*situación/futuro*› insecure **(d)** ‹*ciudad/barrio*› unsafe, dangerous

inseminación *f* insemination; **~ artificial** artificial insemination

insensatez *f* **(a)** (cualidad) foolishness, senselessness **(b)** (dicho, hecho): **lo que has dicho/hecho es una ~** that was a stupid thing to say/do

insensato -ta *adj* foolish
■ *m,f* fool

insensible *adj* insensitive; **~ al frío** insensitive to the cold

inseparable *adj* inseparable

insertar [A1] *vt* to insert

inservible *adj* (inútil) useless; (inutilizable) unusable

insignia *f* **(a)** (distintivo, emblema) insignia, emblem; (prendedor) badge, button (AmE) **(b)** (bandera) flag; (estandarte) standard, banner

insignificante *adj* ‹*asunto/detalle/suma*› insignificant, trivial; ‹*objeto/regalo*› small; ‹*persona*› insignificant

insinuación *f* hint; (que ofende) insinuation; **hacerle insinuaciones (amorosas) a algn** ▶ **insinuarse**

insinuante *adj* ‹*mirada/voz*› suggestive; ‹*escote*› provocative

insinuar [A18] *vt* to imply, hint at; (algo ofensivo) to insinuate
■ **insinuarse** *v pron*: **insinuársele a algn** to make advances to sb, to make a pass at sb

insípido -da *adj* insipid, bland

insistencia *f* insistence; **con ~** insistently

insistente *adj* ‹*persona*› insistent; ‹*recomendaciones/pedidos*› repeated (*before n*), persistent; ‹*timbrazos*› insistent, repeated (*before n*)

insistir [I1] *vi* to insist; **ya que insistes** if you insist; **es inútil que insistas** there's no point going on about it; **~** EN **hacer algo** to insist ON doing sth; **insiste en que lo hagamos** he insists (that) we do it; **insiste en que es suyo** she is adamant that it's hers; **~** SOBRE *or* EN **algo** to stress sth

insociable *adj* unsociable

insolación *f* (Med) sunstroke; **agarrar una ~** to get sunstroke

insolencia *f* **(a)** (cualidad) insolence **(b)** (dicho): **no pienso tolerar sus ~s** I don't intend putting up with his insolence *o* his insolent behavior; **contestarle así fue una ~** it was very rude of you to answer him like that

insolente *adj* rude, insolent
■ *mf*: **es una ~** she's so rude *o* insolent

insólito -ta *adj* unusual

insolvencia *f* insolvency

insolvente *adj* insolvent

insomne *adj* ‹*noche*› sleepless; **un paciente ~** an insomniac patient; **una ciudad ~** a city which never sleeps
■ *m/f* insomniac

insomnio *m* insomnia

insonorizado -da *adj* soundproof

insoportable *adj* unbearable, intolerable

insostenible *adj* **(a)** ‹*situación/gasto*› unsustainable **(b)** ‹*posición/tesis*› untenable

inspección *f* inspection

inspeccionar [A1] *vt* to inspect

inspector -tora *m,f* inspector; **~ de Hacienda** revenue agent (AmE), tax inspector (BrE); **~ de policía** (police) inspector

inspiración *f* (Art, Lit, Mús) inspiration

inspirado -da *adj* inspired

inspirar [A1] *vt* **1** ‹*confianza*› to inspire; ‹*compasión*› to arouse, inspire; **sabe ~les confianza** she knows how to inspire confidence in them **2** «*obra/canción/persona*» to inspire
■ **inspirarse** *v pron* **~se** EN **algo** «*persona/obra/ley*» to be inspired BY sth

instalación *f* **(a)** (colocación) installation **(b)** (equipo, dispositivo) system; **la ~ sanitaria** the plumbing **(c) instalaciones** *fpl* (dependencias) installations (*pl*); **instalaciones deportivas** sports facilities

instalar [A1] *vt* **(a)** (colocar y conectar) ‹*teléfono/lavaplatos*› to install; ‹*antena*› to erect, put up; (Inf) ‹*programa*› to install **(b)** (colocar) ‹*archivador/piano*› to put **(c)** ‹*oficina/consultorio*› to open, set up
■ **instalarse** *v pron* to settle, install oneself

instantánea *f* snapshot

instantáneo -nea *adj* **(a)** ‹*resultado/crédito*› instant (*before n*); ‹*reacción*› instantaneous, immediate **(b)** ‹*café*› instant (*before n*)

instante *m* moment; **un ~, por favor** just a second *o* moment, please; **me llama a cada ~** he calls me all the time; **al ~** right away, straightaway (BrE)

instigar [A3] *vt* **~ a algn** A **algo/hacer algo** to incite sb TO sth/do sth

instintivo -va *adj* instinctive

instinto *m* instinct; **por ~** instinctively; **~ de conservación** survival instinct

institución *f* institution

instituto *m* institute; **~ nacional de bachillerato** (Esp) high school (AmE), secondary school (BrE)

institutriz *f* governess

instrucción *f* **1** (educación) education; (práctica) training; **~ militar** military training **2 instrucciones** *fpl* **(a)** (de aparato, juego) instructions (*pl*); (para llegar a un lugar) directions (*pl*) **(b)** (órdenes) instructions

instructor -tora *m,f* instructor

instruir [I20] *vt* (adiestrar, educar) **~ a algn** EN **algo** to instruct *o* train sb IN sth
■ **instruirse** *v pron* (*refl*) to broaden one's mind, improve oneself

key word

instrumental *adj* (Mús) instrumental
■ *m* (Med) equipment, set of instruments

instrumentar *vt* [A1] (Mús) to orchestrate

instrumento *m* **1** (en general) instrument; **~ de cuerda** string instrument; **~s de precisión** precision instruments **2** (medio) means

insubordinación *f* insubordination

insubordinarse [A1] *v pron* **~** (CONTRA **algn**) (desobedecer) to be insubordinate (TO sb); (sublevarse) to rebel (AGAINST sb)

insuficiencia *f* (escasez): **~ de medios** lack of resources; **~ de personal** staff shortage

insuficiente *adj* **(a)** ‹*medios/cantidad*› inadequate, insufficient **(b)** (Educ) ‹*trabajo*› poor, unsatisfactory
■ *m* (Esp) fail

insular *adj* insular

insulina *f* insulin

insulso -sa *adj* **(a)** ‹*comida*› insipid, tasteless **(b)** ‹*persona*› insipid, dull; ‹*conversación/libro*› dull

insultante *adj* insulting

insultar [A1] *vt* **(a)** (proferir insultos) to insult **(b)** (ofender) to insult, offend

insulto *m* insult

insumiso -sa *m,f*: *person refusing to do military service*

insumos *mpl* (esp AmL) consumables (*pl*)

insuperable *adj* **(a)** (insalvable) ‹*problema/dificultad*› insurmountable, insuperable **(b)** (inmejorable) ‹*calidad/precio*› unbeatable

insurgente *mf* (fml) rebel, insurgent (fml)

insurrección *f* (fml) uprising, insurrection (fml)

intachable *adj* impeccable, irreproachable

intacto -ta *adj* (íntegro, no dañado) intact

integración *f* integration

integrado -da *adj* integrated

integral *adj* **(a)** (completo, total) comprehensive **(b)** (incorporado) built-in

integrante *mf* member

integrar [A1] *vt* **1** (formar) ‹*grupo/organización*› to make up **2** (incorporar) ‹*idea/plan*› to incorporate **3** (Mat, Sociol) to integrate **4** (CS) ‹*suma/cantidad*› to pay
■ **integrarse** *v pron* **(a)** (asimilarse) to integrate, fit in; **~se** A *or* EN **algo** to integrate INTO sth, fit INTO sth **(b)** (unirse) **~se** A *or* EN **algo** to join sth

integridad *f* integrity

integrismo *m* fundamentalism

integrista *adj* fundamentalist
■ *mf* fundamentalist

íntegro -gra *adj* **1** ‹*texto*› unabridged; **se proyectó en versión íntegra** they screened the full-length version **2** ‹*persona*› upright

intelecto *m* intellect

intelectual *adj/mf* intellectual

inteligencia *f* **1 (a)** (facultad, ser inteligente) intelligence **(b)** (comprensión) understanding **2** (Mil, Pol) intelligence

inteligente *adj* intelligent; ‹*persona*› intelligent, clever

inteligible *adj* intelligible

intemperie *f*: **pasar la noche a la ~** to spend the night out in the open; **gente sin hogar que duerme a la ~** people who sleep rough

intención *f* intention; **no fue mi ~ ofenderte** I didn't mean to offend you; **tiene buenas/malas intenciones** she's well-intentioned/up to no good; **lo dijo con segunda** or **doble ~** she had an ulterior motive for saying it; **con la mejor ~** with the best of intentions; **lo que cuenta es la ~** it's the thought that counts; **vine con (la) ~ de ayudarte** I came to help you; **tiene (la) ~ de abrir un bar** she plans *o* intends to open a bar; **no tengo la menor ~ de venderlo** I have no intention whatsoever of selling it

intencionado -da *adj* (hecho a propósito) deliberate, intentional; **mal ~** malicious, hostile; **bien ~** well-intentioned

intendencia *f* **(a)** (Andes) (división territorial) administrative division **(b)** (RPl) (gobierno municipal) town/city council; (edificio) town/city hall

intendente *mf* **(a)** (Andes) governor **(b)** (RPl) mayor

intensidad *f* **(a)** (de terremoto) intensity, strength; (del viento) strength; (de dolor, sentimiento) intensity **(b)** (Elec, Fís) intensity

intensivo -va *adj* intensive

intenso -sa *adj* **(a)** ‹*frío/luz/color*› intense **(b)** ‹*emoción/mirada*› intense; ‹*dolor/sentimiento*› intense, acute **(c)** ‹*esfuerzo*› strenuous; ‹*negociaciones*› intensive

intentar [A1] *vt* to try; **¡inténtalo otra vez!** try again!; **~ un aterrizaje de emergencia** to attempt an emergency landing; **~ hacer algo** to try to do sth; **¿has intentado que te lo arreglen?** have you tried getting *o* to get it fixed?

intento *m* **(a)** (tentativa) attempt **(b)** (Méx) (propósito) intention, aim

intercalar [A1] *vt* **~ algo** EN **algo** ‹*en texto*› to insert sth INTO sth; **intercaló algunas citas en su discurso** she interspersed her speech with some quotations; **intercala uno rojo cada dos azules** put a red one between every two blue ones

intercambiable *adj* interchangeable

intercambiar [A1] *vt* ‹*impresiones/ideas*› to exchange; ‹*sellos/revistas*› to swap

intercambio *m* **(a)** (de ideas, información, bienes) exchange **(b)** (de sellos, revistas) swap; (de estudiantes, prisioneros) exchange

interceder [E1] *vi* (fml) to intercede; **intercedió por ellos ante el rey** he interceded for them with the king

interceptar [A1] *vt* **(a)** ‹*correspondencia/mensaje*› to intercept **(b)** ‹*teléfono*› to tap **(c)** (Dep) ‹*balón/pase*› to intercept; ‹*golpe*› to block **(d)** ‹*calzada/carretera*› to block; **~ el paso** to block the way

intercomunicar [A2] *vt* to link (up)

interés *m* **1** (en general) interest; **de ~ turístico** of interest to tourists; **pon más ~ en tus estudios** take more interest in your schoolwork; **tengo especial ~ en que ...** I am particularly concerned *o* keen that ...; **tienen gran ~ en verlo** they are very interested in seeing it; **por tu propio ~** in your own interest, for your own good; **actúa solo por ~** he acts purely in his own interest *o* out of self-interest; **conflicto de intereses** conflict of interests **2** (Fin) interest;

a or **con un ~ del 12%** at 12% interest *o* at an interest rate of 12%; **ganar intereses** to earn interest; **tipo de ~** rate of interest

⚷ **interesado -da** *adj* **(a)** [ESTAR] (que muestra interés) interested; **~ EN algo** interested IN sth **(b)** [SER] (egoísta) selfish; **actuó de manera interesada** he acted selfishly **(c)** (parcial) biased
■ *m,f* **(a)** (que tiene interés) interested party (fml); **los ~s deberán ...** all those interested *o* (fml) all interested parties should ... **(b)** (que busca su provecho): **es un ~** he always acts in his own interest *o* out of self-interest

⚷ **interesante** *adj* interesting; ***hacerse el ~*** (fam) to try to draw attention to oneself

⚷ **interesar** [A1] *vi* **(a)** (suscitar interés) (+ *me/te/le etc*) **no me interesa la política** I'm not interested in politics; **esto a ti no te interesa** this doesn't concern you, this is no concern of yours **(b)** (convenir): **~ía comprobar los datos** it would be useful/advisable to check the data; **me interesa este tipo de préstamo** this sort of loan would suit me
■ **~** *vt* **~ a algn EN algo** to interest sb IN sth, get sb interested IN sth
■ **interesarse** *v pron* **(a)** (tener interés) to take interest; **~se EN *or* POR algo** to take an interest IN sth **(b)** (preguntar) **~se POR algo/algn** to ask *o* inquire ABOUT sth/sb

interétnico -ca *adj* interethnic

interferencia *f* interference

interferir [I11] *vt* **(a)** (obstaculizar) to interfere in **(b)** ‹*emisión*› to jam
■ **~** *vi* to interfere, meddle; **~ EN algo** ‹*en asunto*› to interfere *o* meddle IN sth
■ **interferirse** *v pron* **~se EN algo** to interfere *o* meddle IN sth

interfono *m* **(a)** (portero automático) intercom (AmE), entryphone (BrE); (intercomunicador) intercom **(b)** (para bebés) baby alarm

interinato *m* (esp AmL) (cargo) temporary post *o* position

interino -na *adj* ‹*secretario/director*› acting (*before n*); ‹*profesor*› substitute (AmE) (*before n*), supply (BrE) (*before n*); ‹*gobierno*› interim (*before n*); **médico ~** locum
■ *m,f* (funcionario) temporary clerk (*o* accountant *etc*); (profesor) substitute teacher (AmE), supply teacher (BrE); (médico) locum

⚷ **interior** *adj* **(a)** ‹*patio/escalera*› interior, internal, inside (*before n*); ‹*habitación/piso*› *with windows facing onto a central staircase or patio* **(b)** ‹*bolsillo/revestimiento*› inside (*before n*); **en la parte ~** inside *o* on the inside **(c)** ‹*vida/mundo*› inner **(d)** ‹*política/comercio*› domestic, internal
■ *m* **1** **(a)** (de cajón, maleta, coche) inside; (de edificio) interior, inside; (de un país) interior; **en el ~ de la habitación** inside the room **(b)** (Méx, RPl, Ven) (provincias) provinces (*pl*) **(c)** (de una persona): **en su ~ estaba muy intranquilo** inside he was very worried; **allá en su ~ la amaba** deep down he really loved her **2** **Interior** *m* (period) (Ministerio del Interior) Ministry of the Interior, ≈ Department of the Interior (*in US*), ≈ Home Office (*in UK*) **3** **interiores** *mpl* (Col, Ven) (Indum) underwear

⚷ key word

interjección *f* interjection

intermediario -ria *adj* intermediary
■ *m,f* **(a)** (Com) middleman, intermediary **(b)** (mediador) intermediary, mediator, go-between

intermedio¹ -dia *adj* **(a)** ‹*punto/etapa*› intermediate; **alumnos de nivel ~** students at intermediate level **(b)** ‹*calidad/tamaño*› medium (*before n*); **un color ~ entre el gris y el verde** a color halfway between gray and green

intermedio² *m* (Espec) intermission, interval

interminable *adj* ‹*serie/discusión/espera*› interminable, never-ending; ‹*cola/fila*› endless, never-ending

intermitente *adj* **(a)** ‹*lluvia*› intermittent, sporadic **(b)** ‹*luz*› flashing; ‹*señal*› intermittent **(c)** ‹*fiebre*› intermittent
■ *m* turn signal (AmE), indicator (BrE)

⚷ **internacional** *adj* international; ‹*noticia*› foreign (*before n*), international (*before n*); ‹*política*› foreign (*before n*); **de fama ~** internationally famous; Ⓢ **salidas internacionales** international departures

internado¹ -da *adj* (AmL): **está ~** he's been admitted to (the) hospital, he's been hospitalized

internado² *m* **(a)** (Educ) boarding school **(b)** (Med) *position or term as an intern or a houseman at a hospital*, internship (AmE)

internar [A1] *vt*: **la ~on en un psiquiátrico** she was put in a psychiatric hospital; **lo ~on en el hospital** he was admitted to (the) hospital; **tuvimos que ~lo** we had to take him to (the) hospital
■ **internarse** *v pron* **(a)** (adentrarse) **~se EN algo** (en bosque/espesura) to penetrate INTO sth, to go deep INTO sth **(b)** (AmL) (en hospital) to go into the hospital

internauta *mf* Internet user

⚷ **Internet** /inter'net/ *m* (*a veces f*): **(el) ~** the Internet; **~ móvil** mobile Internet

⚷ **interno¹ -na** *adj* **1** (en general) internal **2** **(a)** (Educ): **está ~ en un colegio inglés** he is a boarder at an English school **(b)** (Med): **médico ~** ≈ intern (*in US*), ≈ houseman (*in UK*)
■ *m,f* **(a)** (Educ) boarder **(b)** (en cárcel) inmate **(c)** (médico) ≈ intern (*in US*), ≈ houseman (*in UK*)

interno² *m* (RPl) (Telec) (extensión) extension

interponerse [E22] *v pron*: **se interpuso y paró la pelea** he stepped in and stopped the fight; **nada se interpone en su camino** nothing stands in her way

⚷ **interpretación** *f* **(a)** (de un texto) interpretation **(b)** (Cin, Mús, Teat) interpretation **(c)** (traducción oral) interpreting; **~ simultánea** simultaneous interpreting

⚷ **interpretar** [A1] *vt* **1** ‹*texto/comentario/sueño*› to interpret; **interpretó mal tus palabras** she misinterpreted what you said **2** **(a)** ‹*papel/personaje*› to play **(b)** ‹*pieza/sinfonía*› to play, perform; ‹*canción*› to sing

intérprete *mf* **1** (traductor oral) interpreter; **~ jurado** sworn interpreter **2** (Mús) performer; (cantante) singer

interpuesto -ta *pp* ▶ **interponerse**

interrogación *f* **(a)** (de un sospechoso) interrogation **(b)** (Chi) (Educ) test

interrogar [A3] *vt* ‹*testigo/acusado*› to question, examine; ‹*detenido/sospechoso*› to interrogate, question; ‹*examinando*› to examine

interrogatorio *m* (de acusado, testigo) questioning, examination; (de detenido) interrogation, questioning

interrumpir [I1] *vt* **1** (temporalmente) **(a)** ‹*persona/reunión*› to interrupt **(b)** ‹*suministro*› to cut off; ‹*servicio*› to suspend; ‹*tráfico*› to hold up; **las obras no ~án el paso** the work will not block the road **2** **(a)** (acortar) ‹*viaje/vacaciones/reunión*› to cut short **(b)** ‹*embarazo*› to terminate
■ ~ *vi* to interrupt

interrupción *f* interruption; **~ (voluntaria) del embarazo** termination of pregnancy

interruptor *m* switch

intersección *f* **(a)** (en geometría) intersection **(b)** (fml) (Transp) intersection, junction

intertanto *m*: **en el ~** (AmL) in the meantime

interurbano -na *adj* ‹*transporte/autobús/llamada*› long-distance; ‹*tren*› intercity

intervalo *m* **(a)** (de tiempo) interval; (entre clases) recess (AmE), break (BrE) **(b)** (Mús) interval **(c)** (Teatr) (intermedio) intermission (AmE), interval (BrE) **(d)** (en el espacio) gap

intervención *f* **(a)** (en general) intervention; **se probó su ~ en el atraco** his involvement in the robbery was proved; **una política de no ~** a policy of nonintervention; **~ quirúrgica** operation **(b)** (de droga, armas) seizure, confiscation

intervenir [I31] *vi* **(a)** (en debate, operación) to take part; (en espectáculo) to appear, perform **(b)** (mediar) to intervene, intercede (fml); **en mi decisión intervinieron muchos factores** there were many factors involved in my decision; **~ en una pelea** to intervene *o* step in to stop a fight; (involucrarse) to get involved in a fight
■ ~ *vt* **1** **(a)** ‹*teléfono*› to tap **(b)** (tomar control de) ‹*empresa*› to place ... in administration **(c)** (inspeccionar) ‹*cuentas*› to audit, inspect **(d)** ‹*armas/droga*› to seize, confiscate **2** (operar) to operate on; **fue intervenido en una clínica privada** he underwent surgery in a private clinic

interviú *f* interview

intestinal *adj* intestinal

intestino *m* intestine, gut

inti *m* inti (*former Peruvian unit of currency*)

intimar [A1] *vi* **~ CON algn** to get close TO sb

intimidación *f* intimidation

intimidad *f* **1** **(a)** (ambiente privado) privacy; **en la ~ del hogar** in the privacy of one's home **(b)** (relación estrecha) intimacy **2** **intimidades** *fpl* **(a)** (cosas íntimas) private life, personal *o* private affairs (*pl*) **(b)** (euf) (partes pudendas) private parts (*pl*) (euph), privates (*pl*) (infml)

intimidante *adj* intimidating

intimidar [A1] *vt* **(a)** (atemorizar) to intimidate **(b)** (amenazar) to threaten

íntimo -ma *adj* **(a)** ‹*vida/diario/ceremonia*› private; ‹*secreto*› intimate; ‹*ambiente*› intimate; **una cena íntima** a small dinner (with a few friends/members of the family); (en pareja) a candlelit *o* romantic dinner **(b)** ‹*amistad*› close; ‹*amigo*› close, intimate (*before n*)

intocable *adj* **(a)** (sagrado) sacred, sacrosanct **(b)** ‹*tema*› taboo **(c)** ‹*casta*› untouchable

intolerable *adj* intolerable

intolerancia *f* intolerance

intolerante *adj* intolerant

intoxicación *f* (Med) intoxication, poisoning; **~ alimenticia** food poisoning; **~ etílica** (Med) alcohol poisoning

intoxicar [A2] *vt* to poison
■ **intoxicarse** *v pron* to get food poisoning

intranquilizar [A4] *vt* to worry

intranquilo -la *adj* **(a)** [ESTAR] (preocupado) worried, anxious **(b)** (agitado) restless

intranscendente *adj* ▶ **intrascendente**

intransferible *adj* not transferable, untransferable

intransigente *adj* intransigent

intransitivo -va *adj* intransitive

intrascendente *adj* ‹*episodio/detalle*› insignificant, unimportant; ‹*comentario*› trivial

intravenoso -sa *adj* intravenous

intriga *f* intrigue; **novela/película de ~** thriller

intrigante *mf* schemer, intriguer (AmE)

intrigar [A3] *vt* to intrigue
■ ~ *vi* to scheme

intrincado -da *adj* **(a)** ‹*problema/asunto*› intricate, complex; ‹*laberinto/sistema*› complicated **(b)** ‹*nudo*› tangled

introducción *f* introduction; **~ A algo** introduction TO sth

introducir [I6] *vt* **1** (en general) to put ... in; ‹*moneda*› to insert; **~ algo EN algo** to put sth INTO sth; ‹*moneda*› to insert sth IN sth **2** **(a)** ‹*cambios/medidas/ley*› to introduce, bring in; ‹*producto*› to introduce **(b)** ‹*contrabando/drogas*› to bring in, smuggle in **3** (presentar) ‹*acto/cantante*› to introduce
■ **introducirse** *v pron* **(a)** (meterse) «*ladrón*» to gain access; **la moneda se introdujo por una grieta** the coin fell down a crack **(b)** (entrar en uso) «*moda*» to come in; «*costumbre*» to be introduced **(c)** (hacerse conocido) «*escritor/actor*» to become known

introductorio -ria *adj* introductory

introvertido -da *adj* introverted
■ *m,f* introvert

intruso -sa *m,f* intruder; (Inf) cracker (infml)

intuición *f* intuition; **hacer algo por ~** to do sth intuitively; **tuve la ~ de que ...** I had a feeling that ...

intuir [I20] *vt* to sense; **intuía que me iba a llamar** I had a feeling he was going to ring me

intuitivo -va *adj* intuitive

inundación *f* (en área limitada, casa) flood; (en zona más amplia) floods (*pl*), flooding

inundar [A1] *vt* **(a)** «*riada/aguas*» to flood, inundate (fml); «*turistas/manifestantes*» to inundate, crowd **(b)** «*persona*» (con agua) to flood; (con productos) to flood, swamp; **~ algo DE** *or* **CON algo** to flood sth WITH sth
■ **inundarse** *v pron* (de agua) to be flooded

inusitado -da *adj* unusual, rare

inusual *adj* unusual

inútil *adj* useless; **es ~ que insistas** there's no point (in) insisting
■ *mf*: **es un ~** he's useless

invadir [I1] *vt* **(a)** «*ejército/fuerzas*» to invade **(b)** ‹*espacio aéreo/aguas*› to enter, encroach upon **(c)** «*tristeza/alegría*» to overcome, overwhelm

invalidez *f* (ant u ofensivo) (Med) disability, invalidity (dated *or* offensive)

inválido -da *adj* (ant *u* ofensivo) (Med) ‹*persona*› disabled
■ *m,f* (ant *u* ofensivo) (Med) person with a disability, invalid(dated *or* offensive)

invariable *adj* **(a)** ‹*precio/estado*› constant, stable **(b)** (Ling) invariable

invasión *f* **1** (de zona, país) invasion **2** (Col) (chabolas) shantytown

invasor -sora *m,f* invader

invencible *adj* **(a)** ‹*luchador/equipo*› unbeatable, invincible **(b)** ‹*miedo/timidez*› insuperable, insurmountable

invención *f* **(a)** (en general) invention **(b)** (mentira) fabrication

inventar [A1] *vt* **(a)** ‹*aparato/sistema*› to invent **(b)** ‹*juego/palabra*› to make up, invent; ‹*cuento/excusa/mentira*› to make up

inventario *m* (de negocio) inventory, stock list; (de casa) inventory

inventiva *f* inventiveness; **tiene mucha ~** she's very inventive

invento *m* invention

inventor -tora *m,f* inventor

invernadero *m* greenhouse

invernal *adj* ‹*lluvias*› winter (*before n*); ‹*frío*› wintry

inverosímil *adj* implausible

🗝 **inversión** *f* **1** (de dinero, tiempo, esfuerzos) investment **2** (de posiciones, términos) reversal; (de una imagen) inversion; **~ térmica** thermal inversion

inversionista *mf* investor

inverso -sa *adj* ‹*sentido/orden*› reverse; **puedes ordenarlo así o a la inversa** you can arrange it like this or the other way around

inversor -sora *m,f* investor

invertido -da *adj* ‹*posición/orden*› reversed; ‹*imagen/figura*› inverted, reversed

🗝 **invertir** [I11] *vt* **1** ‹*dinero/capital*› to invest; ‹*tiempo*› to invest, devote **2** ‹*orden/papeles/términos*› to reverse; ‹*imagen/figura*› to invert, reverse
■ **~** *vi* to invest; **~** EN **algo** to invest IN sth
■ **invertirse** *v pron* «*papeles/funciones*» to be reversed

🗝 **investigación** *f* **(a)** (de caso, delito) investigation; (por comisión especial) inquiry **(b)** (Educ, Med, Tec) research; **~ científica** scientific research; **~ de mercados** market research

🗝 **investigador -dora** *m,f* **(a)** (que indaga) investigator **(b)** (Educ, Med, Tec) researcher

🗝 **investigar** [A3] *vt* **(a)** ‹*delito/caso*› to investigate **(b)** (Educ, Med, Tec) «*persona*» to research, do research into
■ **~** *vi* **(a)** «*policía*» to investigate **(b)** (Educ, Med, Tec) **~** SOBRE **algo** to research *o* do research INTO sth

🗝 **invierno** *m* winter; (en la zona tropical) rainy season; **en ~** in winter, in wintertime; **ropa de ~** winter clothes

invierta, **inviertas**, *etc* ▶ **invertir**

invirtiera, **invirtió**, *etc* ▶ **invertir**

invisible *adj* invisible

🗝 **invitación** *f* invitation

🗝 **invitado -da** *m,f* guest; **tenemos ~s a cenar** we have people coming to dinner; **los ~s a la boda** the wedding guests

🗝 **invitar** [A1] *vt* to invite; **~ a algn** A **algo** to invite sb TO sth; **te invito a una copa** I'll buy *o* get you a drink; **~ a algn** A **hacer algo** *or* A QUE **haga algo** to invite sb to do sth.; **me invitó a cenar** (en casa) she invited me (round) to dinner; (en restaurante) she invited me out to dinner
■ **~** *vi* «*persona*» **invito yo** it's on me, I'm buying; **invita la casa** it's on the house

invocar [A2] *f* **(a)** ‹*divinidad/santos*› to invoke (fml), to call on **(b)** ‹*auxilio/protección*› to appeal for

🗝 **involucrar** [A1] *vt* **(a)** (implicar) to involve; **~ a algn** EN **algo** (en asunto/crimen) to involve sb IN sth **(b)** (AmL) (conllevar) to involve
■ **involucrarse** *v pron* «*persona*» to get involved

involuntario -ria *adj* ‹*error/movimiento/gesto*› involuntary; ‹*testigo/cómplice*› unwitting

inyección *f* (Med) injection; (dosis) injection, shot (infml); **le puso una ~** she gave him an injection

inyectado -da *adj*: **ojos ~s en sangre** bloodshot eyes

inyectar [A1] *vt* to inject; **le ~on morfina** they gave him morphine injections/a shot of morphine
■ **inyectarse** *v pron* (*refl*) «*persona*» to give oneself an injection, inject oneself; **se inyectó heroína** he injected himself with heroin

ion *m* ion

🗝 **ir** [127] *vi* **I** **1** **(a)** (trasladarse, desplazarse) to go; **~ en taxi** to go by taxi; **iban a caballo/a pie** they were on horseback/on foot; **~ por mar** to go by sea; **¡Fernando! — ¡voy!** Fernando! — (just) coming! *o* I'll be right there!; **el ~ y venir de los invitados** the coming and going of the guests; **vamos a casa** let's go home; **¿adónde va este tren?** where's this train going (to)?; **~ de compras/de caza** to go shopping/hunting; **ya vamos para allá** we're on our way; **¿por dónde se va a ...?** how do you get to ...?; **~ *por*** or (Esp) ***a por algo/algn*** to go to get sth/sb; **voy (a) por pan** I'm going to get some bread **(b)** (asistir) to go to; **voy a clases nocturnas** I go to evening classes; **ya va al colegio** she's already at school **2** (expresando propósito) **~** A + INF: **¿has ido a verla?** have you been to see her?; **ve a ayudarla** go and help her; *ver tb* **~ v aux** **3** (al arrojar algo, arrojarse): **tírame la llave — ¡allá va!** throw me the key — here you are *o* there you go!; **tírate del trampolín — ¡allá voy!** jump off the board! — here I go/come! **4** «*comentario*» **no iba con mala**

🗝 key word

intención it wasn't meant unkindly; **eso va por ti también** that goes for you too, and the same goes for you
II **1** (+ *compl*) (sin énfasis en el movimiento): **iban cantando por el camino** they sang as they went along; **¿van cómodos?** are you comfortable?; **íbamos sentados** we were sitting down; **vas muy cargada** you have a lot to carry; **yo iba a la cabeza** I was in the lead **2** (refiriéndose al atuendo): **iban de largo** they wore long dresses; **voy a ~ de Drácula** I'm going to go as Dracula; **iba de verde** she was dressed in green **3** (en calidad de) ~ DE **algo** to go (along) AS sth; **yo fui de intérprete** I went along as interpreter
III **1** «*camino/sendero*» (llevar) ~ A **algo** to lead TO sth, to go TO sth **2** (extenderse, abarcar): **la autopista va desde Madrid hasta Valencia** the highway goes from Madrid to Valencia; **el período que va desde ... hasta ...** the period from ... to ...
IV **1** (marchar, desarrollarse): **¿cómo va el nuevo trabajo?** how's the new job going?; **va de mal en peor** it's going from bad to worse; **¿cómo te va?** how's it going?, how are things? (infml), what's up? (AmE infml); **¿cómo les fue en Italia?** how was Italy?, how did you get on in Italy?; **me fue mal/bien en el examen** I did badly/well in the exam; **¡que te vaya bien!** all the best!, take care!; **¡que te vaya bien (en) el examen!** good luck in the exam **2** (en competiciones): **¿cómo van? — 3-1** what's the score? — 3-1; **voy ganando yo** I'm ahead, I'm winning **3** (en el desarrollo de algo): **¿por dónde van en historia?** where have you got (up) to in history?; **¿todavía vas por la página 20?** are you still on page 20? **4** (estar en camino): **¡vamos para viejos!** we're getting on *o* old!; **va para los cincuenta** she's going on fifty; **ya va para dos años que ...** it's getting on for two years since ... **5** (sumar, hacer): **ya van tres veces que te lo digo** this is the third time I've told you; **con este van seis** six, counting this one **6** (haber transcurrido): **en lo que va del** or (Esp) **de año/mes** so far this year/month
V **1** (deber colocarse) to go; **¿dónde van las toallas?** where do the towels go?; ***¡qué va!***; (fam): **¿has terminado? — ¡qué va!** have you finished? — you must be joking!; **¿se disgustó? — ¡qué va!** did she get upset? — not at all!; **vamos a perder el avión — ¡qué va!** we're going to miss the plane — no way! **2** **(a)** (combinar) ~ CON **algo** to go WITH sth **(b)** (sentar bien, convenir) (+ *me/te/le etc*) **el negro no te va bien** black doesn't suit you; **te ~á bien un descanso** a rest will do you good **3** (Méx) (tomar partido por, apoyar) **~le** A **algo/algn** to support sth/sb; **le va al equipo peruano** he supports the Peruvian team
VI **1** **vamos** **(a)** (expresando incredulidad, fastidio): **¡vamos! ¿eso quién se lo va a creer?** come off it *o* come on! who do you think's going to believe that? **(b)** (intentando tranquilizar, animar, dar prisa): **vamos, mujer, dile algo** go on, say something to him; **¡vamos, date prisa!** come on, hurry up! **(c)** (al aclarar, resumir): **eso sería un disparate, vamos, digo yo** that would be a stupid thing to do, well, that's what I think anyway; **vamos, que no es una persona de fiar** basically, he's not very trustworthy; **es mejor que el otro, vamos** it's better than the other one, anyway **2** **vaya** **(a)** (expresando sorpresa, contrariedad): **¡vaya! ¡tú por aquí!** what a surprise! what are you doing here?; **¡vaya! ¡se ha vuelto a caer!** oh no *o* (infml) damn! it's fallen over again! **(b)** (Esp) (para enfatizar): **¡vaya cochazo!** what a car!
■ *v aux* **1** ~ A + INF **(a)** (para expresar tiempo futuro, propósito) to be going to + INF; **voy a estudiar medicina** I'm going to study medicine; **va a hacer dos años que ...** it's getting on for two years since ... **(b)** (en propuestas, sugerencias): **vamos a ver ¿cómo dices que te llamas?** now then, what did you say your name was?; **bueno, vamos a trabajar** all right, let's get to work **(c)** (al prevenir, hacer recomendaciones): **que no se te vaya a caer** make sure you don't drop it; **cuidado, no te vayas a caer** mind you don't fall (infml); **lleva el paraguas, no vaya a ser que llueva** take the umbrella, in case it rains **2** (expresando un proceso paulatino) ~ + GER: **poco a poco irá aprendiendo** she'll learn little by little; **ya puedes ~ haciéndote a la idea** you'd better get used to the idea; **la situación ha ido empeorando** the situation has been getting worse and worse
■ **irse** *v pron* **1** (marcharse) to leave; **¿por qué te vas tan temprano?** why are you leaving *o* going so soon?; **vámonos** let's go; **bueno, me voy** right then, I'm taking off (AmE) *o* (BrE) I'm off; **no te vayas** don't go; **vete a la cama** go to bed; **se fue de casa/de la empresa** she left home/the company; **vete de aquí** get out of here; **se han ido de viaje** they're away, they've gone away **2** (consumirse, gastarse): **¡cómo se va el dinero!** I don't know where the money goes!; **se me va medio sueldo en el alquiler** half my salary goes on the rent **3** (desaparecer) «*mancha/dolor*» to go; **se ha ido la luz** the electricity's gone off; (+ *me/te/le etc*) **¿se te ha ido el dolor de cabeza?** has your headache gone? **4** (salirse, escaparse) «*líquido/gas*» to escape; **se le está yendo el aire al globo** the balloon's losing air *o* going down **5** (caerse, perder el equilibrio) (+ *compl*) **~se de boca/espaldas** to fall flat on one's face/back; **me iba para atrás** I was falling backwards; **frenó y nos fuimos todos para adelante** he braked and we all went flying forwards

ira *f* rage, anger
Irak, **Iraq** *m* Iraq
Irán *m* Iran
iraní *adj/mf* Iranian
iraquí *adj/mf* Iraqi
irguieron, **irguió**, *etc* ▸ **erguir**
iris *m* (*pl* ~) iris
Irlanda *f* Ireland; ~ **del Norte** Northern Ireland
irlandés[1] -desa *adj* Irish
■ *m,f* (persona) (*m*) Irishman; (*f*) Irishwoman; **los irlandeses** the Irish, Irish people
irlandés[2] *m* (idioma) Irish (Gaelic)
IRM *fpl* (= **Imágenes por resonancia magnética**) MRI
ironía *f* irony
irónico -ca *adj* **(a)** ‹*situación*› ironic **(b)** ‹*persona/comentario/tono*› sarcastic; **en tono ~** sarcastically
irracional *adj* irrational
irradiar [A1] *vt* **(a)** ‹*calor/luz*› to radiate **(b)** ‹*simpatía/felicidad*› to radiate, irradiate
irrazonable *adj* unreasonable

i

irreal *adj* unreal
irrealizable *adj* ‹*proyecto*› unfeasible; ‹*deseo*› unattainable, unrealizable
irreconocible *adj* unrecognizable
irrecuperable *adj* unrecoverable, irretrievable
irreemplazable *adj* irreplaceable
irregular *adj* (en general) irregular; ‹*letra/superficie*› irregular, uneven
irregularidad *f* irregularity
irrelevante *adj* irrelevant
irremediable *adj* irreparable
irrepetible *adj* unrepeatable; **una actuación ~** a once-in-a-lifetime performance
irreprochable *adj* irreproachable
irresistible *adj* **(a)** ‹*sonrisa/mujer/hombre*› irresistible; ‹*deseo/tentación*› irresistible **(b)** ‹*dolor*› unbearable
irrespetar [A1] *vt* (Col, Ven) ‹*persona*› to be disrespectful *o* rude to; ‹*lugar sagrado*› to desecrate
irrespetuoso -sa *adj* disrespectful
irrespirable *adj* unbreathable
irresponsabilidad *f* irresponsibility
irresponsable *adj* irresponsible
■ *mf*: **es un ~** he's irresponsible, he's an irresponsible person
irreversible *adj* irreversible
irritable *adj* irritable
irritación *f* **(a)** (Med) irritation, inflammation **(b)** (enfado) irritation, annoyance
irritante *adj* ‹*situación/actitud*› irritating, annoying
irritar [A1] *vt* **(a)** ‹*piel/garganta*› to irritate; **tiene la garganta irritada** his throat is sore *o* inflamed **(b)** ‹*persona*› to annoy, irritate
■ **irritarse** *v pron* **(a)** «*piel/ojos*» to become irritated **(b)** «*persona*» to get annoyed, get irritated
irrompible *adj* unbreakable
✓ **isla** *f* **(a)** (Geog) island, isle (liter) **(b)** (Ven) (en autopistas) median strip (AmE), central reservation (BrE); **~ peatonal** safety island (AmE), traffic island (BrE)
Isla de Pascua *f*: **la ~ de ~** Easter Island
Islam *m*: **el ~** Islam
islámico -ca *adj* Islamic
islamista *adj* Islamist
■ *mf* Islamist
islandés[1] -desa *adj* Icelandic
■ *m,f* (persona) Icelander
islandés[2] *m* (idioma) Icelandic
Islandia *f* Iceland
Islas Británicas *fpl* British Isles (*pl*)
Islas Canarias *fpl* Canary Islands (*pl*), Canaries (*pl*)
Islas Malvinas *fpl* Falkland Islands (*pl*)
isleño -ña *adj* ‹*población/productos*› island (*before n*)
■ *m,f* (habitante de una isla) islander
islote *m* small island, islet
ISP *m* (= **proveedor de servicios Internet**) ISP
Israel *m* Israel
israelí *adj/mf* Israeli
itacate *m* (Méx) pack, bundle
Italia *f* Italy
✓ **italiano[1] -na** *adj/m,f* Italian
italiano[2] *m* (idioma) Italian
ítem *m* (*pl* **ítems**) item
itinerario *m* itinerary, route
IVA /'iβa/ *m* (= **Impuesto al Valor Agregado** *or* **sobre el Valor Añadido**) VAT
izar [A4] *vt* ‹*vela/bandera*› to hoist, raise, run up
✓ **izquierda** *f* **1** **(a)** (mano izquierda): **la ~** the left hand **(b)** (lado) left; **la puerta de la ~** the door on the left, the left-hand door; **torció a la ~** he turned left; **ahí enfrente a la ~** over there on the left; **conducen por la ~** they drive on the left **2** (Pol) left; **de ~** or (Esp) **de ~s** left-wing
✓ **izquierdo -da** *adj* left (*before n*)

Jj

J, j *f* (*read as* /'xota/) the letter J, j
ja *interj* ha!
jabalí *m* (*pl* **-líes**) wild boar
jabalina *f* **(a)** (Arm, Dep) javelin **(b)** (Zool) wild sow
jabón *m* (producto) soap; **una barra** or **pastilla de ~** a bar *o* cake of soap; **~ de afeitar** shaving soap
jabonada *f* (con jabón): **dale una buena ~** wash it well in soapy water
jabonar [A1] *vt* ▶ **enjabonar**
jabonera *f* soap dish
jabonoso -sa *adj* soapy
jacal *m* (Méx) hut, small house (*made of adobe or reeds*)
jacarandá *m or f* jacaranda
jacinto *m* (Bot) hyacinth

✓ key word

jactarse [A1] *v pron* to boast, brag; ~ DE **algo** to boast *o* brag ABOUT sth

Jacuzzi® /dʒəˈkuzi/ *m* Jacuzzi®

jade *m* jade

jadeante *adj*: **venía ~ por la cuesta** he came up the hill (puffing and) panting; **con voz ~** in a breathless voice

jadear [A1] *vi* to pant

jadeo *m* panting

jaguar *m* jaguar

jagüey, jagüel *m* (AmL) pool

jai *f* (AmS fam) (alta sociedad) high society

jai alai *m* jai alai, pelota

jaiba *f* (AmL) crab; (de río) freshwater crab

jaibol *m* (Méx) highball (AmE), whisky and soda (BrE)

jalada *f* (Méx fam) **1** (tirón) pull, tug **2** (tontería, exageración): **esas son puras ~s** that's a load of garbage (AmE) *o* (BrE) rubbish (infml)

jalado¹ -da *adj* **1** (AmC, Col, Méx fam) (borracho) tight (infml) **2** (Méx fam) (descabellado) crazy (infml) **3** (Per fam) ‹*ojos*› slanting
■ *m,f* (Per fam) oriental-looking person

jalado² *m* (Per arg) (Educ) fail

jalador -dora *adj* **1** (Méx fam) **(a)** (trabajador) hard-working **(b)** (animoso) willing **(c)** (que atrae) ‹*oferta*› attractive; ‹*cantante/actor*› popular **2** (Per arg) ‹*profesor*› tough (infml)

jalapeño *m* (Méx) jalapeño pepper

jalar [A1] *vt* **1** **(a)** (AmL exc CS) (tirar de) to pull; **me jaló la manga** he pulled *o* tugged at my sleeve **(b)** (Méx) (agarrar y acercar) ‹*periódico/libro*› to pick up, take; ‹*silla*› to draw up **2** (Per arg) ‹*alumno*› to fail, flunk (esp (AmE infml)) **3** (Per fam) (en automóvil, moto) to give ... a lift *o* ride
■ ~ *vi* **1** (AmL exc CS) (tirar) to pull; ~ DE **algo** to pull sth; ~ ***con algn*** (Méx fam) (llevarse bien) to get on *o* along well with sb **2** **(a)** (Méx fam) (apresurarse) to hurry up, get a move on (infml); **¡jálale!** hurry up! **(b)** (Col, Méx fam) (ir) to go; **jálale por el pan** go and get the bread **3** (Méx fam) «*motor/aparato*» to work; **mi coche no jalaba en la mañana** my car wouldn't start this morning; **¿cómo van los negocios? — jalando, jalando** how's business? — oh, not so bad (infml) **4** (AmC fam) «*pareja*» to date, go out; «*persona*» ~ CON **algn** to date sb, go out WITH sb
■ **jalarse** *v pron* **1** (Méx) (*enf*) ▶ **jalar** *vt* **1 b** **2** (Méx) (*enf*) **(a)** (irse) to go **(b)** (venir) to come **3** (Col, Méx fam) (emborracharse) to get tight (infml)

jalea *f* jelly; **~ real** royal jelly

jaleo *m* (fam) **(a)** (alboroto, ruido) racket (infml), row (infml) **(b)** (confusión) muddle, mess; (desorden) mess; (problemas) hassle (infml) **(c)** (actividad intensa): **hemos tenido mucho ~ en casa** everything's been very hectic at home; **con todo el ~ de la mudanza** with all the upheaval of the move **(d)** (riña) brawl

jallán *m* (AmC, Col) lout

jalón *m* **(a)** (AmL exc CS fam) (tirón) pull, yank; ***de un ~*** in one go **(b)** (Méx) (tramo) stretch

jalonazo *m* (AmL exc CS fam) tug, yank; **el carro iba a ~s** the car jerked *o* lurched along

jalonear [A1] *vt* (Méx, Per fam) to tug (at)
■ ~ *vi* **(a)** (AmL exc CS fam) (dar tirones) to pull, tug **(b)** (AmC fam) (regatear) to haggle

jamaica *f* (Bot) hibiscus

Jamaica *f* Jamaica

jamaicano -na *adj/m,f* Jamaican

jamás *adv* never; **~ volverá a suceder** it will never happen again; **nunca ~** never ever; **por** or **para siempre ~** for ever and ever

jamón *m* (Coc) ham; **~ de York** (cooked) ham; **~ serrano** ≈ Parma ham

jaña *f* (AmC fam) (compañera) girlfriend; (chica) girl

Japón *m tb* **el ~** Japan

japonés¹ -nesa *adj/m,f* Japanese

japonés² *m* (idioma) Japanese

jaque *m* check; **~ mate** checkmate

jaqueca *f* migraine, severe headache

jarabe *m* **1** (Coc, Farm, Med) syrup; **~ para la tos** cough mixture *o* syrup **2** (Mús) *Mexican folk dance and music*

jarana *f* **1** (fam) **(a)** (bromas): **basta de ~** that's enough fun and games *o* fooling around (infml) **(b)** (juerga): **salir de ~** to go out on the town *o* out partying (infml) **2** **(a)** (baile) *folk dance from south-east Mexico* **(b)** (Per) (fiesta) party (*with folk music*)

jaranero -ra *adj* (fam): **es muy ~** he's always out on the town *o* out partying (infml)

jardín *m* **1** (con plantas) garden; **~ botánico** botanical garden; **~ zoológico** zoological garden, zoo; **~ de infancia** or **de niños** nursery school, kindergarten **2** **los jardines** *mpl* (en béisbol) the outfield; **~ central** center* field

jardinear [A1] *vi* **1** (en béisbol) to field **2** (Chi) (en el jardín) to do the gardening

jardinera *f* (para la ventana) window box; (con pedestal) jardinière

jardinería *f* gardening

jardinero -ra *m,f* **1** (persona) gardener **2** (Dep) outfielder

jareta *f* **(a)** (para pasar una cinta) casing; (de adorno) tuck **(b)** (AmC) (bragueta) fly

jaripeo *m*: *Mexican rodeo*

jarra *f* **1** **(a)** (para servir) pitcher (AmE), jug (BrE) **(b)** (para beber) stein (AmE), tankard (BrE); ***en ~s***: **con los brazos en ~s** (with) arms akimbo, hands on hips **2** (Méx fam) bender (infml); **irse de ~** to go on a bender

jarro *m* **(a)** (para servir) pitcher (AmE), jug (BrE) **(b)** (AmS) (tazón) mug; (para cerveza) beer mug

jarrón *m* vase

jaspe *m* (piedra) jasper; (mármol) veined marble

jaspeado -da *adj* ‹*mármol*› veined; ‹*tela/lana*› flecked; ‹*plumaje/huevos*› speckled

jauja *f* (fam): **piensan que la universidad es ~** they think that university is a bed of roses; **¡esto es ~!** this is the life!

jaula *f* cage

jauría *f* (de perros) pack (of hounds)

jayán -yana *adj* (AmC fam) foul (infml); **no seas ~** don't be a jerk *o* creep (infml)

jazmín *m* jasmine

jazz /(d)ʒas/ *m* jazz

jebo -ba *m,f* (Ven arg) **(a)** (novio) (*m*) boyfriend; (*f*) girlfriend **(b)** **jeba** *f* (muchacha) chick (AmE infml), bird (BrE infml)

Jeep® /(d)ʒip/ *m* (*pl* **Jeeps**) Jeep®

jefatura *f* **1** (sede) headquarters (*sing o pl*) **2** (de partido) leadership

jefe -fa *m,f*, **jefe** *mf* **(a)** (superior) boss; **~ de estudios** director of studies; **~ de personal/ventas** personnel/sales manager; **~ de redacción** editor-in-chief **(b)** (de empresa) manager; (de sección) head; (de tribu) chief **(c)** (Pol) leader; **~ de Estado/gobierno** head of state/government

jején *m*: *small mosquito*

jengibre *m* ginger

jeque *m* sheik, sheikh

jerarca *mf* leader

jerarquía *f* **(a)** (organización) hierarchy **(b)** (categoría, rango) rank

jerez *m* sherry

jerga *f* **1 (a)** (de gremio, profesión) jargon; (de los adolescentes) slang **(b)** (galimatías) mumbo jumbo (infml) **2** (Méx) (trapo) floorcloth

jergón *m* straw mattress

jeringa *f* (Med) syringe

jeringuilla *f* syringe

jeroglífico *m* (escritura) hieroglyphic, hieroglyph; (acertijo) rebus

j

jersey *m* (*pl* **-seys**) **(a)** /ˈʒersi/ (AmL) (tela) jersey **(b)** /xerˈsei/ (Esp) (prenda) sweater

Jerusalén *m* Jerusalem

Jesucristo Jesus Christ

jesuita *adj/m* Jesuit

Jesús (a) (Relig) Jesus **(b)** (*como interj*) **¡~!** (expresando — dolor, fatiga) heavens!; (— susto, sorpresa) good heavens!, good grief!; (cuando alguien estornuda) (Esp) bless you!

jet /ˈ(d)ʒet/ *m* (*pl* **jets**) (Aviac) jet

jeta *f* (fam) **(a)** (cara) face, mug (infml) **(b)** (AmL fam) (boca) trap (sl)

jet lag /ˈ(d)ʒetlaɣ/ *m* jet lag

jet set /ˈ(d)ʒetset/ *m or* (Esp) *f* jet set

jíbaro -ra *adj/m,f* Jivaro

jibia *f* cuttlefish

jícama *f* yam bean

jícara *f* **1** (Méx) (Bot) calabash **2 (a)** (Méx) (taza) (drinking) bowl **(b)** (Col, Méx) (vasija — de calabaza) gourd, calabash; (— de otro material) pot

jicote *m* (Méx) wasp

jicotera *f* **(a)** (Méx) (nido) wasp's nest **(b)** (ruido) row (infml)

jilguero *m* goldfinch

jinete *mf* (Equ) (*m*) horseman, rider; (*f*) horsewoman, rider

jinetear [A1] *vt* **1** (Equ) (Chi) (montar) to ride **2** (Méx fam) ‹*dinero*› to speculate with

jirafa *f* (Zool) giraffe

jirón *m* **1** (de tela) shred; **hecho jirones** in tatters *o* shreds **2** (Per) (avenida) avenue, street

jitomate *m* (Méx) tomato

jo *interj* (Esp fam) (expresando — sorpresa) wow! (infml); (— enfado, disgusto) damn it! (infml)

jockey /ˈ(d)ʒoki/ *mf* (*pl* **-ckeys**) jockey

jocoso -sa *adj* humorous, jocular

joda *f* (AmL fam) **(a)** (molestia) pain (infml), drag (infml) **(b)** (broma): **en ~** as a joke

joder[1] [E1] *vi* **1** (vulg) (copular) to screw (vulg), fuck (vulg) **2** (fam: en algunas regiones vulg) (molestar) to annoy (sl); **lo hace solo por ~** he only does it to annoy

■ **~** *vt* **1** (vulg) (copular con) to screw (vulg), fuck (vulg) **2** (fam: en algunas regiones vulg) **(a)** (molestar) to bug (infml) **(b)** (engañar) to rip ... off (infml) **3** (fam: en algunas regiones vulg) ‹*televisor/reloj*› to bust (infml), to fuck up (vulg); ‹*planes*› to mess up (infml), to screw up (vulg); **~la** (fam) to screw up (vulg)

■ **joderse** *v pron* (fam: en algunas regiones vulg) **(a)** (jorobarse): **y si no te gusta, te jodes** and if you don't like it, that's tough! (infml) **(b)** ‹*espalda*› to do ... in (infml); ‹*hígado/estómago*› to mess up (infml) **(c)** «*planes*» to get screwed up (vulg), fucked up (vulg); **se ha jodido el motor** the engine's had it (infml)

joder[2] *interj* (esp Esp fam: en algunas regiones vulg) (expresando — fastidio) for heaven's sake! (infml), for fuck's sake! (vulg); (— asombro) good grief!, holy shit! (vulg)

jodido -da *adj* **1** (fam: en algunas regiones vulg) **(a)** [SER] (difícil) ‹*trabajo*› tricky, tough (infml); ‹*persona*› difficult, pain in the neck (infml) **(b)** (*delante del n*) (maldito) damn (infml), fucking (vulg) **(c)** [SER] (AmL) (exigente) demanding, tough (infml) **2** [ESTAR] (fam: en algunas regiones vulg) **(a)** (estropeado) ‹*ascensor/radio*› bust (infml), fucked (vulg) **(b)** (enfermo) in a bad way (infml) **(c)** (deprimido) down (infml) **3** [SER] (Col fam) (astuto) sharp

jogging /ˈ(d)ʒoɣin/ *m* **(a)** (Dep, Ocio) jogging; **hacer ~** to jog, go jogging **(b)** (RPl) (Indum) jogging suit

jojoto *m* (Ven) corn (AmE), maize (BrE)

jolgorio *m* revelry, merrymaking; **irse de ~** (fam) to go out on the town *o* out partying (infml)

jonrón *m* (AmL) home run

Jordania *f* Jordan

jordano -na *adj/m,f* Jordanian

jornada *f* **1 (a)** (period) (día) day **(b)** (Rels Labs) *tb* **~ laboral** working day; **trabajar ~ completa/media ~** to work full-time/part-time; **~ continuada** or **intensiva** or (Chi) **única** *working day with no break for lunch so as to finish earlier*; **~ partida** split shift (*working day with long break for lunch*) **2** (esp Col) (viaje) journey

jornal *m* day's wages (*pl*), day's pay; **trabajar a ~** to be paid on a daily basis

jornalero -ra *m,f* day laborer*

joroba *f* **(a)** (de camello) hump **(b)** (ant *u* ofensivo) (de persona) hump (dated *or* offensive) **(c)** (fam) (molestia) drag (infml), pain in the neck (infml)

jorobado -da *adj* **1** (ant *u* ofensivo) (giboso) hunchbacked (dated *or* offensive) **2** (fam) **(a)** (enfermo, delicado): **todavía anda algo jorobada** she's still a bit low (infml); **está ~ del estómago** his stomach's been playing (him) up (infml) **(b)** (sin dinero) broke (infml) **(c)** ‹*asunto*› tricky

■ *m,f* (ant *u* ofensivo) hunchback (dated *or* offensive)

jorobar [A1] *vt* (fam) **(a)** (molestar) to bug (infml) **(b)** (malograr) to ruin, spoil

■ **~** *vi* (fam) (molestar) to annoy; **lo que más me joroba es ...** what really bugs *o* gets me

---

key word

is ... (infml)

■ **jorobarse** *v pron* (fam) **(a)** (aguantarse): **y si no te gusta, te jorobas** and if you don't like it, that's tough (infml) **(b)** (dañarse) ‹*hígado/estómago*› to mess up (infml); ‹*espalda*› to do ... in (infml) **(c)** «*plan*» to be scuppered (infml); «*fiesta*» to be ruined

jorongo *m* (Méx) poncho

joropo *m*: *Colombian/Venezuelan folk dance*

jota *f* **(a)** (letra) *name of the letter* j; ***ni*** **~**; (fam): **no entiendo/no veo ni ~** I don't understand/I can't see a thing; **no sabe ni ~** he doesn't have a clue (infml) **(b)** (Mús) jota (*Aragonese folk song/dance*) **(c)** (en naipes) jack

joven *adj* young

■ *mf* (*m*) young person, young man; (*f*) young person, young woman; **de aspecto ~** youthful looking; **los jóvenes de hoy ...** young people today ...

jovencito -ta; (*m*) young man; (*f*) young lady, young woman; **moda para jovencitas** teenage fashions (*for girls*)

jovial *adj* jovial, cheerful

joya *f* **1** (alhaja) piece of jewelry*; **~s** jewelry *o* jewels; **~ de fantasía** piece *o* item of costume jewelry **2** (persona) gem, treasure; (cosa): **este coche es una ~** this is a real gem of a car

joyería *f* (tienda) jeweler's*

joyero -ra *m,f* **(a)** (persona) jeweler* **(b) joyero** *m* (estuche) jewelry* box, jewel case

joystick /'(d)ʒojstik/ *m* joystick

jr (en Perú) (= **jirón**) street

Jr. (= **Júnior**) Jr

juanete *m* (Med) bunion

jubilación *f* (retiro) retirement; (pensión) pension; **~ anticipada/forzosa** early/compulsory retirement

jubilado -da *adj* retired

■ *m,f* pensioner, retired person (*o* worker *etc*)

jubilar [A1] *vi* (Andes) to retire

■ **jubilarse** *v pron* (del trabajo) to retire

júbilo *m* jubilation

jubiloso -sa *adj* (liter) jubilant

judaísmo *m* Judaism

judía *f* (Esp) bean; **~ verde** green bean

judicial *adj* judicial

■ *m* (Méx) policeman

judío -día *adj* **1** (Relig, Sociol) Jewish **2** (fam & pey) (tacaño) miserly, tightfisted (infml)

■ *m,f* Jewish person, Jew

judo /'(d)ʒuðo/ *m* judo

juega, juegas, *etc* ▶ **jugar**

juego *m* **1** **(a)** (en general) play; ***entrar en ~*** «*jugador*» to come on; «*factores/elementos*» to come into play; ***estar en ~*** to be at stake; ***~ limpio/sucio*** fair/foul play; ***seguirle el ~ a algn*** to go *o* play along with sb **(b)** (por dinero): **el ~** gambling **(c)** (fam) (maniobras, estratagemas) game (infml) **(d)** (en naipes) hand, cards (*pl*) **2** **(a)** (de mesa, de niños, etc) game; **~ de azar** game of chance; **~ de manos** conjuring trick; **~ de palabras** pun, play on words; **~s malabares** juggling; **J~s Olímpicos** Olympic Games (*pl*), Olympics (*pl*) **(b)** (AmL) (en la feria) fairground attraction, ride **(c)** (en tenis) game **(d) juegos** *mpl* (columpios, etc) swings, slide, etc (*in a children's playground*) **3** (conjunto) set; **un ~ de cuchillos/llaves** a set of knives/keys; **un ~ de platos** a dinner service; **~ de café/té** coffee/tea set; **~ de escritorio** desk set; ***hacer ~*** «*colores/cortinas*» to go together; **te hace ~ con los zapatos** it goes with your shoes

juerga *f* (fam): **ir de ~** to go out on the town *o* out partying (infml); **organizar una ~** to have *o* throw a party

juerguista *mf* (fam) reveler*

jueves *m* (*pl* ~) Thursday; *para ejemplos ver* **lunes J~ Santo** Maundy Thursday

juez *mf*, **juez -za** *m,f* **(a)** (Der) judge **(b)** (Dep) referee; **~ de banda** or **línea** (en fútbol, tenis) (*m*) linesman; (*f*) lineswoman; (en fútbol americano, rugby) line judge; **~ de silla** umpire

jugada *f* **(a)** (con pelota — individual) move; (— entre varios) play **(b)** (en ajedrez, damas, etc) move; ***hacerle una (mala) ~ a algn*** to play a (dirty) trick on sb

jugado -da *adj* (Col, Méx) experienced

jugador -dora *m,f* (Dep) player; (en naipes, juegos de mesa) player; (que juega habitualmente por dinero) gambler

jugar [A15] *vi* **1** **(a)** (en general) to play; **~** A **algo** to play sth; **~ a la pelota** to play ball; **~ al fútbol** (Esp, RPl) to play football; **~ a las muñecas** to play with dolls; ***~ limpio/sucio*** to play fair/dirty **(b)** (en ajedrez, damas) to move; (en naipes) to play; (en otros juegos) to play; **me tocaba ~ a mí** it was my turn/move/go **(c)** (apostar fuerte) to gamble **2** **jugar con** **(a)** ‹*persona/sentimientos*› to play with, toy with **(b)** (manejar) ‹*colores/luz/palabras*› to play with

■ **~** *vt* **1** **(a)** ‹*partido/carta*› to play **(b)** (AmL exc RPl) ‹*tenis/fútbol/ajedrez*› to play **2** (apostar) **~ algo** A **algo** to bet sth ON sth **3** ‹*rol/papel*› to play

■ **jugarse** *v pron* **(a)** (gastarse en el juego) ‹*sueldo*› to gamble (away) **(b)** (arriesgar) ‹*reputación/vida*› to risk, put ... at risk; **~se el pellejo** (fam) to risk one's neck (infml) **(c)** (apostarse) (*recípr*) **nos jugamos una comida** we bet a meal on it

jugarreta *f* (fam) dirty trick (infml); **hacerle una ~ a algn** to play a dirty trick on sb

juglar *m* minstrel, jongleur

jugo *m* (líquido) juice; **~ de tomate** tomato juice

jugoso -sa *adj* **(a)** ‹*fruta/carne*› juicy **(b)** ‹*historia/anécdota*› colorful*; ‹*chisme*› juicy **(c)** ‹*artículo/guion*› meaty **(d)** ‹*negocio*› lucrative, profitable

juguera *f* (CS) (para hacer jugos) juicer

juguete *m* toy; **un tren de ~** a toy train

juguetear [A1] *vi* to play

juguetería *f* (tienda) toy store; (ramo) toy trade *o* business

juguetón -tona *adj* playful

juicio *m* **1** (facultad) judgment; **no está en su sano ~** he's not in his right mind; ***perder el ~*** to go out of one's mind **2** (prudencia, sensatez) sense **3** (opinión) opinion; **a mi ~** in my opinion, to my mind; **lo dejo a tu ~** I'll leave it up to you; **~ de valor** value judgment **4** (Der) trial; **llevar a ~ a algn** to take sb to court; **ir a ~** to go to court; **~ civil/criminal** civil/criminal proceedings (*pl*); **el J~ Final** (Relig) the Final Judgment

juicioso -sa *adj* sensible

jul. (= **julio**) Jul

julepe *m* **1** (Jueg) *card game similar to whist* **2** (AmS fam) (susto) fright; **le da ~ la oscuridad** she's terrified of the dark

julia *f* (Méx fam) Black Maria (infml)

⚷ **julio** *m* (mes) July; *para ejemplos ver* **enero**

jumbo /'(d)ʒumbo/ *m* jumbo jet

jun. (= **junio**) Jun

junco *m* **1** (planta) rush, reed **2** (Náut) *tb* **~ chino** junk

jungla *f* jungle

⚷ **junio** *m* June; *para ejemplos ver* **enero**

júnior /'(d)ʒunjo(r)/ *adj inv* ‹*equipo/categoría*› junior (*before n*), youth (*before n*) (BrE)

■ *mf* (*pl* **~s**) **(a)** (Dep): **los ~s** the juniors **(b)** (el más joven, el hijo) Junior

■ *m* **(a)** (Chi) (en oficina) office junior **(b)** (Méx) (hijo de papá) rich kid (infml)

⚷ **junta** *f* **1** **(a)** (comité, comisión) board, committee; (de empresa) board; (reunión) meeting; **~ directiva** board of directors **(b)** (de militares) junta **(c)** (gobierno regional) *autonomous government in some regions of Spain* **2** (Mec) (acoplamiento) joint; (para cerrar herméticamente) gasket

juntar [A1] *vt* **(a)** (unir) ‹*pies/manos/camas*› to put ... together **(b)** (reunir) ‹*fichas/piezas*› to collect up, gather together; ‹*dinero*› to save (up); **~ sellos** (esp AmL) to collect stamps **(c)** (cerrar) ‹*puerta*› to push ... to

■ **juntarse** *v pron* **1** «*personas*» **(a)** (acercarse) to move *o* get closer together **(b)** (reunirse) to get together; **~se con algn** to join sb, meet up with sb **(c)** (como pareja) to live together; **se volvieron a ~** they got back together again **2** **(a)** «*desgracias/sucesos*» to come together **(b)** «*carreteras/conductos*» to meet, join

⚷ **junto -ta** *adj* **1** **(a)** (unido, reunido) together; **nunca había visto tanto dinero ~/tanta gente junta** I'd never seen so much money/so many people in one place **(b)** (*pl*) (cercanos, contiguos) together; **están demasiado ~s** they're too close together; **bailaban muy ~s** they were dancing very close **2** (*como adv*) **(a)** ‹*estudiar/trabajar/vivir*› together **(b)** ‹*llegar/saltar*› at the same time; **¡ahora todos ~s!** all together now! **3** (*en locs*) **junto a** next to; **junto con** (together) with

juntura *f* join, joint

Júpiter *m* Jupiter

jurado *m* (cuerpo) (Der) jury; (de concurso) panel of judges, jury

■ *mf* (persona) (Der) juror, member of a jury; (de concurso) judge, member of the jury

juramento *m* oath; **prestar ~** to take an oath; **tomarle ~ a algn** (Der) to swear sb in; **bajo ~** under *o* on oath

jurar [A1] *vt* to swear; **juró su cargo el 22 de julio** he was sworn in on July 22; **~on (la) bandera** or (AmL) **a la bandera** they swore allegiance to the flag; **juró vengarse** he swore to get his revenge; **no lo entiendo, te lo juro** I honestly don't understand

■ **~** *vi* **(a)** (maldecir) to curse, swear **(b)** (prometer): **~ en falso** or **vano** to commit perjury

⚷ **jurídico -ca** *adj* legal (*before n*)

⚷ **jurisdicción** *f* jurisdiction

⚷ **justicia** *f* **(a)** (equidad) justice; **pedir ~** to call for justice; **en ~** in all fairness, to be fair; **la ~ de su decisión** the fairness of her decision; **nunca se le ha hecho ~ como escritor** he has never received due recognition as a writer **(b)** (sistema, leyes): **la ~** the law; **huir de la ~** to flee from justice *o* the law; **tomarse la ~ por su mano** to take the law into one's own hands

justificable *adj* justifiable

justificación *f* (disculpa, razón) justification; (Der) (prueba) proof

justificante *m* receipt; **~ de pago** receipt, proof of payment; **~ de asistencia** certificate of attendance; **~ de ausencia** note explaining reasons for one's absence

⚷ **justificar** [A2] *vt* **(a)** (en general) to justify; **eso no justifica su actitud** that does not justify her attitude; **sus sospechas no estaban justificadas** his suspicions were not justified; **trabajar por tan poco no se justifica** it isn't worth working for so little **(b)** (disculpar) ‹*persona*› to find *o* make excuses for

■ **justificarse** *v pron* to justify oneself, excuse oneself

⚷ **justo[1] -ta** *adj* **1** ‹*persona/castigo/sociedad*› just, fair; ‹*causa*› just **2** **(a)** (exacto) ‹*medida/peso/cantidad*› exact; **me dio el dinero ~** he gave me the right money; **son 40 euros justos** that's 40 euros exactly; **buscaba la palabra justa** he was searching for exactly *o* just the right word **(b)** (apenas suficiente): **tener lo ~ para vivir** to have just enough to live on; **andan muy ~s de dinero** they're very short of money; **teníamos las sillas justas** we had just enough chairs for everybody **(c)** (ajustado): **estos zapatos me quedan demasiado ~s** these shoes are too tight (for me)

⚷ **justo[2]** *adv* **(a)** (exactamente) just; **~ a tiempo** just in time; **es ~ lo que quería** it's just *o* exactly what I wanted; **vive ~ al lado** he lives just *o* right next door; **y ~ hoy que pensaba salir** and today of all days, when I was planning to go out **(b)** (ajustado): **con el sueldo que gana vive muy ~** he only just manages to scrape by on what he earns; **me cupo todo, pero muy ~** I managed to get everything in, but only just

⚷ **juvenil** *adj* ‹*moda*› young; ‹*aspecto*› youthful; ‹*categoría/competición*› junior (*before n*), youth (*before n*) (BrE)

■ *mf* junior; **los ~es** the juniors

⚷ **juventud** *f* (edad) youth; (gente joven) youth; **¡esta ~ de hoy!** young people today!

juzgado *m* court

⚷ **juzgar** [A3] *vt* **(a)** (Der) ‹*acusado*› to try; ‹*caso*› to try, judge **(b)** ‹*conducta/persona*› to judge; **~ mal a algn** to misjudge sb **(c)** (considerar) to consider; **a ~ por las apariencias** judging by appearances

---

⚷ key word

Kk

K, **k** *f* (*read as* /ka/) the letter K, k
ka *f name of the letter* k
kaleidoscopio *m* kaleidoscope
kamikaze *m* **1** **(a)** (terrorista) suicide bomber **(b)** (piloto) kamikaze pilot **(c)** (avión) kamikaze plane **2** (en parque acuático) bomber chute
karate, **kárate** *m* karate
kárdex *m* (archivo) file; (mueble) filing cabinet
kart *m* (*pl* **karts**) kart
Kenia, **Kenya** *f* Kenya
kermesse /ker'mes/ *f* (CS, Méx) charity fair, kermis (AmE), fête (BrE)
ketchup /'katʃup, 'katsup/ *m* ketchup, catsup (AmE)
Kg. (= **kilogramo**) kg
kilo *m* kilogram, kilo
kilogramo *m* kilogram
kilometraje *m* ≈ mileage
kilométrico -ca *adj* (fam) ‹*pasillo*› endless; **una cola kilométrica** a line (AmE) *o* (BrE) queue a mile long
kilómetro *m* kilometer*
kilovatio *m* kilowatt
kimono *m* kimono
kindergarten *m* (*pl* ∼ *or* **-tens**) kindergarten
kiosco, **kiosko** *m* **(a)** (de periódicos) newsstand, newspaper kiosk; (de refrescos) drinks stand; (de helados) ice-cream stand; (de caramelos, tabaco) kiosk **(b)** (para orquesta) bandstand
kiwi /'kiwi/ *m* **(a)** (Bot) kiwifruit, Chinese gooseberry **(b)** (Zool) kiwi
klaxon *m* ▸ **claxon**
Kleenex®, **kleenex** /'klineks/ *m* (*pl* ∼) tissue
Km. (= **kilómetro**) km
KO /'nokau(t)/ *or* (Esp) /'kao/ KO; **lo dejó** ∼ he knocked him out
koala *m* koala (bear)
kuchen /'kuxen/ *m* (Chi) (Coc) tart
Kurdistán *m* Kurdistan
kurdo -da *adj* Kurdish
■ *m,f* Kurd
Kuwait *m* Kuwait
Kuwaití *adj/mf* Kuwaiti

Ll

L, **l** *f* (*read as* /'ele/) the letter L, l
l. (= **litro**) l, liter*
la *art ver* ▸ **el**
■ *pron pers* **(a)** (referido — a ella) her; (— a usted) you; (— a cosa) it; **no ∼ conozco** I don't know her; **¿∼ atienden?** can I help you?; **yo se ∼ llevo** I'll take it to him **(b)** (*impers*) you, one (fml)
■ *m* (nota) A; (en solfeo) la
laberinto *m* (de caminos, pasillos) maze, labyrinth; (en jardín, parque) maze
labia *f* (fam) gift of the gab (infml)
labio *m* lip; **leer los ∼s** to lip-read; **sin dispegar los ∼s** without uttering a single word
labor *f* **(a)** (trabajo) work; **una ∼ de equipo** teamwork; **∼es domésticas** housework; **∼es agrícolas** or **del campo** farm work **(b)** (de coser, bordar) needlework; (de punto) knitting
laborable *adj* **(a)** ‹*día*› working (*before n*) **(b)** ‹*tierra*› arable
laboral *adj* ‹*problemas/conflictos*› labor* (*before n*), work (*before n*); ▸ **accidente**
laboratorio *m* laboratory
laborioso -sa *adj* ‹*persona*› hardworking, industrious; ‹*abejas*› industrious; ‹*tarea*› laborious
laborista *adj* Labour (*before n*)
■ *mf* member of the Labour Party
labrador -dora *m,f* (Agr) (propietario) farmer; (trabajador) farmworker
labrar [A1] *vt* **1** (Agr) ‹*tierra*› to work **2** ‹*madera*› to carve; ‹*piedra*› to cut; ‹*cuero*› to tool, work; ‹*metales*› to work
■ **labrarse** *v pron* (forjarse): **∼se un porvenir** to carve out a future for oneself
labriego -ga *m,f* farmworker
laburar [A1] *vi* (CS fam) to work
laca *f* (resina) lac, shellac; (barniz) lacquer; (para el pelo) hairspray
lacear [A1] *vt* (CS) ‹*ganado*› to lasso
lacio -cia *adj* ‹*pelo*› straight; ‹*cuerpo*› limp, weak

lacónico -ca *adj* laconic

lacrar [A1] *vt* (con cera) to seal

lacre *adj* (AmL) bright-red; (Chi) red
■ *m* sealing wax

lacrimógeno -na *adj* (fam) ‹*película*› weepy (infml), tear-jerking (*before n*) (infml); ▶ **gas**

lactancia *f* (secreción de leche) lactation; **durante el período de ~** while breastfeeding

lácteo -tea *adj* dairy (*before n*), milk (*before n*)

ladeado -da *adj*: **el cuadro está ~** the picture is on a slant *o* is askew; **llevaba el sombrero ~** he wore his hat at an angle; **con la cabeza ladeada** with his head tilted to one side

ladear [A1] *vt* ‹*cabeza*› to tilt ... to one side; ‹*objeto*› to tilt
■ **ladearse** *v pron* (inclinarse) to lean to one side

ladera *f* hillside, mountainside; **la ~ norte** the northern slope *o* side

ladino -na *adj* **1** (taimado) sly, cunning **2** (AmC, Méx) **(a)** (mestizo) mestizo, of mixed race **(b)** (hispanohablante) Spanish-speaking (*often used to refer to Indians who adopt Spanish ways*) **3** (Méx fam) (agudo) high-pitched, piercing
■ *m,f* (AmC, Méx) **(a)** (mestizo) mestizo, person of mixed race **(b)** (hispanohablante) Spanish-speaking Indian

lado *m* **1** **(a)** (en general) side; **está en el ~ derecho** it is on the right-hand side; **a este/al otro ~ del río** on this/on the other side of the river; **hacerse a un ~** to move to one side; **echarse a un ~** «*coche*» to swerve; «*persona*» to move over; **ponlas a un ~** set them aside; **¿de qué ~ estás?** whose side are you on?; **cambiar de ~** (Dep) to change sides (AmE) *o* (BrE) ends; **ver el ~ positivo de las cosas** to look on the bright side of things; **por el ~ de mi padre** on my father's side (of the family) **(b)** (de papel, moneda, tela) side **2** (sitio, lugar): **a/en/por todos ~s** everywhere; **en algún ~** somewhere; **en cualquier ~** anywhere; **ir de un ~ para otro** to run around **3** (*en locs*) **al lado: viven en la casa de al ~** they live next door; **los vecinos de al ~** the next-door neighbors; **al lado de algn/algo** (contiguo a) next to sb/sth, beside sb/sth; (en comparación con) compared to sb/sth; **de lado** ‹*meter/colocar*› sideways; ‹*tumbarse/dormir*› on one's side; **de ~ a ~** ‹*extenderse/cruzar*› from one side to the other; **por otro lado** (en cambio) on the other hand; (además) apart from anything else; **por un ~ ..., pero por otro ~ ...** on the one hand ..., but on the other hand ...; ***dejar algo de ~*** to leave sth aside *o* to one side; ***ir cada uno por su ~*: cada uno se fue por su ~** they went their separate ways

ladrar [A1] *vi* **(a)** «*perro*» to bark **(b)** (fam) «*persona*» to yell (infml), to bark (infml)

ladrido *m* bark; **~s** barking

ladrillo *m* brick; **(de) color ~** brick-red

ladrón -drona *m,f* **1** (de bolsos, coches) thief; (de bancos) bank robber; (de casas) burglar **2** **ladrón** *m* (Elec) adaptor

ladronzuelo -la *m,f* petty thief

lagartija *f* wall lizard

lagarto *m* **1** (Zool) lizard **2** (Col fam) (persona) crawler (infml)

lago *m* lake

lágrima *f* (Fisiol) tear; **le caían las ~s** tears were running down her face; **se le saltaron las ~s** it brought tears to his eyes; **~s de cocodrilo** crocodile tears (*pl*); ***llorar a ~ viva*** to cry one's eyes *o* heart out

lagrimal *m* **(a)** (extremo del ojo) corner of the eye **(b)** *tb* **conducto ~** tear duct

laguna *f* **1** (de agua dulce) lake, pool; (de agua salada) lagoon **2** **(a)** (en estudio, artículo) gap **(b)** (en la memoria) memory lapse

laico -ca *adj* secular, lay (*before n*)
■ *m,f* (*m*) layman, layperson; (*f*) laywoman, layperson

laísmo *m*: *use of* LA/LAS *instead of* LE/LES (*as in* LA/LAS DIJE QUE NO), *common in certain regions of Spain but not acceptable to most speakers*

laja *f* (AmS) slab

lama *m* lama
■ *f* (AmL) (musgo) moss; (verdín) green slime; (moho) mold*

lambetear [A1] *vt* (Col, Méx, Ven) to lick

lambiscón -cona *m,f* (Méx fam) bootlicker (infml)

lambisquear [A1] *vt* **(a)** (Col) (lamer) to lick **(b)** (Méx fam) (lisonjear) to suck up to (infml)

lamentable *adj* **(a)** ‹*conducta/error/suceso*› deplorable, terrible **(b)** ‹*pérdida*› sad; ‹*estado/aspecto*› pitiful; ‹*error*› regrettable

lamentación *f* lamentation (liter); **estoy harta de oír tus lamentaciones** (fam) I'm fed up with your complaining *o* grumbling

lamentar [A1] *vt* to regret; **lamento molestarlo** I'm sorry to disturb you; **lamentamos tener que comunicarle que ...** (fml) we regret to have to inform you that ...; **lo lamento mucho** I am very sorry
■ **lamentarse** *v pron* to complain, to grumble (infml)

lamento *m* **(a)** (quejido — por un dolor físico) groan; (— por tristeza) wail **(b)** (elegía) lament

lamer [E1] *vt* «*persona/animal*» to lick

lámina *f* **1** (hoja, plancha) sheet **2** (Impr) **(a)** (plancha, ilustración) plate; (estampa) picture card **(b)** (Educ) wall chart

laminar [A1] *vt* to laminate

lámpara *f* lamp; **~ de pie/mesa** standard/table lamp

lamparín *m* (Per) kerosene lamp

lamparita *f* (RPl) (light) bulb

lampiño -ña *adj* (sin barba) smooth-faced; (con poco vello) with little body hair

lana *f* **1** (material) wool; (vellón, pelambre) fleece; **~ virgen** new wool; **una bufanda de ~** a wool *o* woolen scarf **2** (AmL fam) (dinero) dough (sl); **tienen mucha ~** they're loaded (infml)

lanceta *f* **(a)** (Med) lancet **(b)** (Andes, Méx) (aguijón) sting

lancha *f* (barca grande) launch, cutter; (bote) motorboat; **~ fuera borda** (outboard) launch; **~ neumática** inflatable (dinghy); **~ salvavidas** lifeboat

langosta *f* (crustáceo) lobster; (insecto) locust

langostino *m* (grande) king prawn; (pequeño) prawn; **~ de río** crayfish, crawfish (esp AmE)

key word

langüetear [A1] *vt* (Chi) to lick

languidecer [E3] *vi* «*persona*» to languish (liter); «*entusiasmo/conversación*» to flag

lánguido -da *adj* **(a)** (débil) listless, weak **(b)** ‹*mirada/aspecto*› languid

lanolina *f* lanolin

lanudo -da *adj* long-haired, shaggy

lanza *f* (arma — en las lides) lance; (— arrojadiza) spear
■ *m* (Chi) (delincuente) pickpocket, thief

lanzacohetes *m* (*pl* ∼) rocket launcher

lanzado -da *adj* **1** [SER] (fam) (precipitado) impulsive, impetuous; (decidido, atrevido) forward **2** (fam) (rápido): **ir ∼** to shoot along (infml); **pasar ∼** to shoot past

lanzador -dora *m,f* (Dep) (de disco, jabalina) thrower; (en béisbol) pitcher; **∼ de bala** or (Esp) **de peso** shot-putter

lanzamiento *m* **1 (a)** (de objetos, pelota) throwing; (de misil, torpedo) launch; (de bomba) dropping **(b)** (de cohete, satélite) launch **(c)** (Dep) (de disco, jabalina) throw; (de bala) put; (en béisbol) pitch; **∼ de bala** or (Esp) **de peso** shot put; **∼ de disco/jabalina** discus/javelin throwing **2** (de producto, libro) launch, launching **3** (CS) (Der) *tb* **orden de ∼** eviction order

lanzamisiles *adj inv* missile-launching (*before n*)
■ *m* (*pl* ∼) missile launcher

lanzar [A4] *vt* **1 (a)** ‹*pelota/objetos/jabalina*› to throw; (en béisbol) to pitch **(b)** ‹*misil/satélite*› to launch; ‹*bomba*› to drop **2** ‹*producto/libro*› to launch **3 (a)** ‹*ofensiva/ataque/crítica*› to launch **(b)** ‹*mirada*› to shoot, give; ‹*indirecta*› to drop; ‹*grito*› to give; **lanzó un grito de dolor** he cried out in pain
■ ∼ *vi* (en béisbol) to pitch
■ **lanzarse** *v pron* **(a)** (*refl*) (arrojarse) to throw oneself; **∼se al agua/al vacío** to leap into the water/the void; **∼se en paracaídas** to parachute; (en una emergencia) to bale out **(b)** (abalanzarse, precipitarse): **∼se sobre algo/algn** to pounce on sth/sb; **∼se al ataque** to attack

lapa *f* **(a)** (molusco) limpet **(b)** (Ven) (mamífero) paca **(c)** (AmC) (ave) macaw

lapicera *f* (CS) pen; **∼ fuente** or **estilográfica** fountain pen

lapicero *m* **(a)** (portaminas) automatic pencil (AmE), propelling pencil (BrE) **(b)** (Esp) (lápiz) pencil **(c)** (AmC, Per) (bolígrafo) ballpoint pen

lápida *f* (en tumba) tombstone, gravestone; (losa conmemorativa) stone plaque

lapislázuli *m* lapis lazuli

lápiz *m* (de madera) pencil; (portaminas) automatic pencil (AmE), propelling pencil (BrE); **con** or **a ∼** in pencil; **lápices de colores** crayons (*pl*); **∼ de labios** lipstick; **∼ de ojos** eye pencil; **∼ de pasta** (Chi) ballpoint pen

lapso *m* **(a)** (de tiempo) space **(b)** (error, olvido) ▸ **lapsus**

lapsus *m* (*pl* ∼) (error) slip, blunder; (olvido): **tuve un pequeño ∼** it slipped my mind

laptop *m* laptop (computer)

larga *f* **(a)** (largo plazo): **a la ∼** in the long run; ***darle ∼s a algn/algo*** to put sb/sth off **(b)** (Auto) high beam (AmE), full *o* main beam (BrE)

largar [A3] *vt* **1 (a)** (Náut) ‹*amarras/cabo*› to let out, pay out **(b)** (RPl) (soltar, dejar caer) to let ... go **2** ‹*discurso/sermón*› to give; ‹*palabrota/insulto*› to let fly **3** (fam) (despedir) to fire, to give ... the boot (infml); ‹*novio*› to ditch **4** (CS, Méx) (Dep) ‹*pelota*› to throw; ‹*carrera*› to start
■ **largarse** *v pron* **(a)** (fam) (irse) to beat it (infml); **¡yo me largo!** I'm taking off! (AmE), I'm off! (BrE infml) **(b)** (CS fam) (empezar) to start, get going (infml); **∼se A hacer algo** to start to do sth, to start doing sth

largavistas *m* (*pl* ∼) (CS) binoculars (*pl*)

largo¹ -ga *adj* **(a)** (en general) long; **me queda largo** it's too long (for me); **es muy ∼ de contar** it's a long story; **un tren de ∼ recorrido** a long-distance train **(b)** (*en locs*) **a lo largo** ‹*cortar/partir*› lengthways; **a lo largo de** (de camino, río) along; (de jornada, novela) throughout; (de una semana, vida) in the course of; **de largo** ‹*vestirse*› to wear a long skirt/dress; *ver tb* **pasar I 1 a**; ***va para ∼*** (fam) it's going to be a while

largo² *m* **(a)** (longitud) length; **¿cuánto mide de ∼?** how long is it? **(b)** (en natación) lap (AmE), length (BrE)
■ *interj* (fam) *tb* **¡∼ de aquí!** get out of here!

largometraje *m* feature film, full-length film

larguero *m* **(a)** (Arquit, Const) (viga) crossbeam; (de puerta) jamb **(b)** (de cama) side **(c)** (Dep) crossbar

larguirucho -cha *adj* (fam) gangling (*before n*)

laringe *f* larynx

laringitis *f* laryngitis

larva *f* larva, grub

lasaña *f* lasagna, lasagne

lascivo -va *adj* lascivious, lustful

láser *m* laser

lástima *f* **(a)** (pena) shame, pity; **¡qué ∼!** what a shame *o* pity!; **me da ∼ tirarlo** it seems a pity *o* shame to throw it out **(b)** (compasión): **sentir ∼ por algn** to feel sorry for sb; **digno de ∼** worthy of compassion

lastimadura *f* (AmL) graze

lastimar [A1] *vt* to hurt
■ **lastimarse** *v pron* (*refl*) (esp AmL) to hurt oneself; ‹*dedo/rodillas*› to hurt

lastimero -ra *adj* pitiful

lastre *m* **(a)** (de buque, globo) ballast **(b)** (carga, estorbo) burden

lata *f* **1 (a)** (hojalata) tin **(b)** (envase) can, tin (BrE); **sardinas en ∼** canned *o* tinned sardines **(c)** (para galletas, etc) tin **2** (fam) (pesadez) nuisance, pain (infml); **¡qué ∼!** what a nuisance!; ***dar (la) ∼*** (fam) to be a nuisance; **¡deja ya de darme ∼!** stop bugging *o* pestering me! (infml)

latente *adj* latent

lateral *adj* ‹*puerta/salida/calle*› side (*before n*); ‹*línea/sucesión*› indirect, lateral
■ *m* (Dep) (poste) goalpost
■ *m or f* (Auto) (calle perpendicular) side street; (calle paralela) service road, frontage road (AmE)
■ *mf* (Dep) (alero) wing, winger; (defensa) left/right back

latido *m* (del corazón) heartbeat; (en la sien, una herida) throbbing

latifundio *m* large estate

latigazo *m* **(a)** (golpe) lash **(b)** (chasquido) crack of the whip

látigo *m* whip

latín *m* Latin

latino -na *adj* **(a)** ‹*literatura/gramática/pueblo*› Latin **(b)** (fam) (latinoamericano) Latin American
■ *m,f* **(a)** (español, italiano, etc) Latin **(b)** (fam) (latinoamericano) Latin American

Latinoamérica *f* Latin America

✍ **latinoamericano -na** *adj/m,f* Latin American

latir [I1] *vi* **1** «*corazón*» to beat; «*vena*» to pulsate; «*herida/sien*» to throb **2** **(a)** (Chi, Méx fam) (parecer) (+ *me/te/le etc*) **me late que no vendrá** I have a feeling *o* something tells me he isn't going to come **(b)** (Méx fam) (parecer bien, gustar) (+ *me/te/le etc*) **¿te late ir al cine?** do you feel like going to the movies?

latitud *f* (Astron, Geog) latitude; **la flora de otras ~es** the flora of other parts of the world

latón *m* **(a)** (Metal) brass **(b)** (RPl) (palangana) metal bowl

latonería *f* (Col) body shop

latoso -sa *adj* **(a)** (fam) (molesto) annoying, tiresome; **no seas ~** don't be such a pain (infml) **(b)** (Andes fam) (aburrido) dull, boring
■ *m,f* **(a)** (fam) (pesado) pain (in the neck) (infml) **(b)** (Andes fam) (aburrido) bore

l

laucha *f* (CS) mouse

laúd *m* lute

laurel *m* (árbol) laurel; (Coc) bay leaf

lava *f* lava

lavable *adj* washable

lavabo *m* **(a)** (pila) sink (AmE), washbasin (BrE) **(b)** (retrete) toilet, bathroom; ⊛ **lavabos** rest rooms; (in US) toilets (in UK)

lavadero *m* **(a)** (habitación) utility room, laundry room; (pila) sink; (al aire libre) washing place **(b)** (RPl) (lavandería) laundry **(c)** (Col) (tina de lavar) washtub

lavado[1] -da *adj* **(a)** ‹*ropa/manos*› washed **(b)** (RPl fam) ‹*color*› (descolorido) washed-out; (muy claro) light; ‹*persona*› pale

lavado[2] *m* **1** **(a)** (de ropa) wash, washing; (de coche) wash; **~ en seco** dry cleaning; **hacerle un ~ de cerebro a algn** to brainwash sb; **le hicieron un ~ de estómago** they pumped his stomach out **(b)** (ropa, tanda) wash **2** (AmL) (de dinero) laundering

lavadora *f* washing machine

lavamanos *m* sink (AmE), washbasin (BrE)

lavanda *f* lavender

lavandería *f* laundry; **~ automática** Laundromat® (AmE), launderette (BrE)

lavaplatos *mf* (*pl* ~) (persona) dishwasher
■ *m* (*pl*) **(a)** (máquina) dishwasher **(b)** (Andes) (fregadero) sink

✍ **lavar** [A1] *vt* **1** ‹*ropa/coche*› to wash; ‹*suelo*› to mop; ‹*fruta/verdura*› to wash; **hay que ~lo en seco/a mano** it has to be dry-cleaned/hand-washed **2** (AmL) ‹*dinero*› to launder
■ **~** *vi* **(a)** (lavar ropa) to do the laundry *o* (BrE) washing **(b)** (en peluquería): **~ y marcar** to shampoo and set
■ **lavarse** *v pron* **(a)** (*refl*) to have a wash; ‹*cara/manos*› to wash; ‹*dientes*› to clean, brush; **~se el pelo** or **la cabeza** to wash one's hair **(b)** (Col fam) (empaparse) to get soaked

lavarropas *m* (*pl* ~) (RPl) washing machine

lavatorio *m* **(a)** (CS) (lavamanos) sink (AmE), washbasin (BrE) **(b)** (Chi, Per) (palangana) washbowl (AmE), washbasin (BrE)

lavavajillas *m* (*pl* ~) (detergente) dishwashing liquid (AmE), washing-up liquid (BrE); (máquina) dishwasher

laxante *adj* laxative (*before n*)
■ *m* laxative

lazar [A4] *vt* (Méx) to rope, lasso

lazo *m* **1** **(a)** (cinta) ribbon; (nudo decorativo) bow; **¿te hago un ~?** shall I tie it in a bow? **(b)** (Méx) (del matrimonio) *cord with which the couple are symbolically united during the wedding ceremony* **2** **(a)** (Agr) lasso **(b)** (cuerda) (Col, Méx) rope; (para saltar) (Col) ▶ **cuerda 1 b** **(c)** (para cazar) snare, trap **3** (vínculo) bond, tie

✍ **le** *pron pers* **1** (como objeto indirecto): **~ dije la verdad** (a él) I told him the truth; (a ella) I told her the truth; (a usted) I told you the truth; **~ di otra mano de barniz** I gave it another coat of varnish; **~ robaron el dinero** they stole the money from him; **a este libro ~ faltan páginas** there are some pages missing from this book **2** (como objeto directo) (esp Esp) (referido — a él) him; (— a usted) you; **¿le conoces?** do you know him?; **hoy no ~ puedo recibir** I can't see him/you today

leal *adj* loyal, trusty; ‹*tropas*› loyal

lealtad *f* loyalty

leasing /'lisin/ *m* (contrato) lease; (sistema) leasing

lección *f* lesson; **no me supe la ~** I hadn't learned the lesson; **eso te servirá de ~** let that be a lesson to you

lechal *adj* suckling

✍ **leche** *f* **1** (de madre, de vaca) milk; **~ descremada** or (Esp) **desnatada** skim milk (AmE), skimmed milk (BrE); **~ en polvo** powdered milk; **~ entera** whole milk, full-cream milk **2** (en cosmética) milk, lotion **3** (Esp vulg) (mal humor): **tiene una ~** ... he's got a foul temper; ***hacer algo con mala ~*** to do sth deliberately *o* to be nasty; ***tener mala ~*** to be bad-tempered **4** (Andes fam) (suerte) luck; **estar con** or **de ~** to be lucky

lechera *f* (para transportar) churn; (para servir) milk jug

lechería *f* dairy, creamery

lechero -ra *adj* **1** **(a)** ‹*industria/vaca*› dairy (*before n*) **(b)** ‹*producción*› milk (*before n*) **2** (Col, Per fam) (afortunado) lucky
■ *m,f* (vendedor) (*m*) milkman; (*f*) milkwoman

lecho *m* **1** (liter) (cama) bed; **en su ~ de muerte** on her deathbed **2** (de río) bed; (capa, estrato) layer

lechón *m* (Coc) (cochinillo) suckling *o* sucking pig

lechosa *f* (AmC, Col, Ven) papaya

lechoso -sa *adj* ‹*líquido*› milky; ‹*piel*› pale

lechuga *f* lettuce

lechuza *f* owl

lectivo -va *adj* ‹*día*› school (*before n*); ‹*año*› academic (*before n*)

✍ key word

lector -tora *m,f* **(a)** (de libros, revistas) reader **(b)** (Esp) (Educ) foreign language assistant

lectura *f* **(a)** (acción) reading; **la ~ es su pasatiempo preferido** reading is her favorite pastime **(b)** (texto) reading matter; **~s para niños** reading material for children

leer [E13] *vt* **(a)** ‹*libro/texto*› to read; **~ los labios** to lip-read; **~le el pensamiento a algn** to read sb's mind **(b)** (Educ) ‹*tesis doctoral*› to defend **(c)** (Inf) to scan
■ **~** *vi* to read

legado *m* (Der) bequest, legacy

legal *adj* **1** (Der) **(a)** ‹*trámite/documentos*› legal **(b)** (lícito, permitido) lawful; **lo haré si es ~** I'll do it as long as it's within the law **2** (Col, Per arg) (estupendo) great (infml)

legalización *f* (Der) (de droga, aborto) legalization; (de documento) authentication

legalizar [A4] *vt* (Der) ‹*droga/aborto*› to legalize; ‹*documento*› to authenticate

legaña *f* sleep; **tienes ~s en los ojos** you have (some) sleep in your eyes

legar [A3] *vt* (en testamento) to bequeath, leave

legendario -ria *adj* legendary

legible *adj* legible

legión *f* (Hist, Mil) legion; (multitud) crowd

legionario¹ -ria *adj* legionary

legionario² *m* (romano) legionary; (de otras asociaciones) legionnaire

legionela *f* legionnaire's disease

legislación *f* legislation

legislador -dora *adj* legislative (*before n*)
■ *m,f* legislator, lawmaker

legislar [A1] *vi* to legislate

legislativo -va *adj* legislative (*before n*)

legislatura *f* **(a)** (mandato) term (of office); (año parlamentario) session **(b)** (AmL) (cuerpo) legislature, legislative body

legítimo -ma *adj* **1** ‹*hijo*› legitimate; ‹*esposa*› lawful (*before n*); ‹*heredero*› rightful (*before n*); ‹*derechos/reclamación/representante*› legitimate; **en legítima defensa** in self-defense **2** ‹*cuero*› genuine, real; ‹*oro*› real

lego -ga *adj* **1** (seglar) lay (*before n*) **2** (ignorante): **soy ~ en la materia** I know nothing at all about the subject
■ *m,f* **(a)** (fiel laico) layperson **(b)** (religioso) (*m*) lay brother; (*f*) lay sister **(c)** (Col) (curandero) quack

legua *f* league

legumbre *f* (garbanzo, lenteja, etc) pulse, legume; (hortaliza) vegetable

leído -da *adj*: **ser muy ~** to be well-read

leísmo *m*: *use of* LE/LES *instead of* LO/LOS/LA/LAS (*as in* **este libro no te le presto**), *common in certain regions of Spain but not acceptable to most speakers*

lejanía *f* remoteness; **en la ~** in the distance

lejano -na *adj* **(a)** ‹*época/futuro*› distant; ‹*lugar*› remote, far-off; **el L~ Oriente** the Far East **(b)** ‹*pariente*› distant

lejía *f* bleach

lejísimos *adv* ‹*quedar/estar*› very far (away); **vive ~** she lives miles away

lejos *adv* **1** **(a)** (en el espacio) far; **no está muy ~** it isn't very far; **queda ~ del centro** it's a long way from the center; **estaba ~ de imaginarme la verdad** I was far from guessing the truth **(b)** (*en locs*) **a lo lejos** in the distance; **de lejos** from a distance; ***ir demasiado ~*** to go too far; ***sin ir más ~*** for example, for instance **(c)** (fam) (con mucho): **es ~** (CS) or (Col, Méx) **de ~** by far **2** (en el futuro) a long way off; **las vacaciones aún están ~s** the holidays are still a long way off

lelo -la *adj* (fam) (tonto) slow on the uptake; (pasmado) speechless

lema *m* (de insignia, de persona) motto; (de partido, anuncio publicitario) slogan

lempira *m* lempira (*Honduran unit of currency*)

lencería *f* lingerie

lengua *f* **1** **(a)** (Anat) tongue; **se me traba la ~** I get tongue-tied (infml); ***irse de la ~*** or ***írsele la ~ a algn***; (fam): **no debía haberlo dicho pero se me fue la ~** I shouldn't have said it but it just slipped out; **no te vayas a ir de la ~** make sure you don't tell anybody; ▶ **malo 2 (b)** (Coc) tongue **(c)** (de tierra) spit, tongue; (de fuego) tongue **2** (Ling) language; **~ materna** mother tongue

lenguado *m* sole

lenguaje *m* language

lengüeta *f* (de zapato) tongue; (Mús) reed

lente *m* [*en algunas regiones f*] lens; **~ de contacto** contact lens; *ver tb* **lentes**

lenteja *f* lentil

lentejuela *f* sequin

lentes *mpl* (esp AmL) ▶ **gafas a**

lentilla *f* (Esp) contact lens

lentitud *f* slowness; **con ~** slowly

lento¹ -ta *adj* slow

lento² *adv* slowly

leña *f* wood, firewood

leñador -dora *m,f* woodcutter

leño *m* log

Leo *m* (signo) Leo; **es (de) ~** he's (a) Leo
■ *mf* (*pl* **~**) (persona) *tb* **leo** Leo

león -ona *m,f* (de África) (*m*) lion; (*f*) lioness

leonera *f* **(a)** (de león) lion's den **(b)** (Esp fam) (lugar desordenado) tip (infml)

leopardo *m* leopard; **~ hembra** leopardess

leotardo *m* *tb* **~s** (woolen) tights (*pl*)

lépero -ra *adj* (Méx) coarse

lepra *f* leprosy

leproso -sa *adj* leprous
■ *m,f* leper

lerdo -da *adj* (fam) (torpe) clumsy; (tonto) slow

les *pron pers* **1** (como objeto indirecto): **~ quiero mostrar algo** (a ellos, ellas) I want to show them something; (a ustedes) I want to show you something; **~ puse fundas a los muebles** I put covers on the furniture **2** (como objeto directo) (esp Esp) (referido — a ellos) them; (— a ustedes) you; **no ~ reconocí** I didn't recognize them/you; **¿~ atienden?** can I help you?

lesbiana *f* lesbian

lesear [A1] *vi* (Chi fam) (tontear) to clown *o* fool around (infml); (bromear) to joke (infml); (flirtear) to flirt; (perder el tiempo) to laze around

lesera (Chi fam) nonsense, tripe (infml)

l

lesión *f* injury; **sufrió una ~ cerebral** he suffered brain damage

lesionado -da *adj* injured

lesionar [A1] *vt* ‹*persona*› to injure; **le ~on la pierna en el partido** his leg was hurt *o* injured in the game

■ **lesionarse** *v pron* «*persona*» to injure oneself; ‹*pierna/rodilla*› to injure

leso -sa *adj* (Chi fam) dumb (infml); ***hacer ~ a algn*** (fam) to make a monkey out of sb (infml)

letárgico -ca *adj* lethargic

letargo *m* lethargy

letra *f* **1** **(a)** (Impr, Ling) letter; **~ bastardilla** or **cursiva** italic script, italics (*pl*); **~ de imprenta** print; **~ negrita** boldface, bold type; **~ pequeña** or (AmS) **chica** small print **(b)** (caligrafía) writing, handwriting; **no entiendo tu ~** I can't read your writing **(c) letras** *fpl* (carta breve): **solo unas ~s para decirte que ...** just a few lines to let you know that ... **2** (Mús) (de canción) words (*pl*), lyrics (*pl*) **3** (Fin) *tb* **~ de cambio** bill of exchange, draft; **me quedan tres ~s por pagar** I still have three payments to make **4** **letras** *fpl* (Educ) arts (*pl*), liberal arts (*pl*) (AmE)

letrado -da *adj* learned

■ *m,f* (fml) lawyer

letrero *m* sign, notice; **~ luminoso** neon sign

letrina *f* latrine

leucemia *f* leukemia

levadura *f* yeast; **pan sin ~** unleavened bread; **~ de cerveza** brewer's yeast; **~ en polvo** (Esp) baking powder

levantado -da *adj*: **estar ~** to be up

levantador -dora *m,f* (Dep) *tb* **~ de pesas** weightlifter

levantamiento *m* **(a)** (sublevación) uprising **(b)** (de embargo, sanción) lifting; **~ de pesas** weightlifting

levantar [A1] *vt* **1** **(a)** (del suelo) ‹*bulto/peso*› to lift, pick up **(b)** ‹*tapadera/mantel*› to lift (up); ‹*cabeza/mano/copa*› to raise; ‹*alfombra*› to lift up **(c)** ‹*persiana*› to pull up, raise **(d)** (elevar) ‹*voz*› to raise; **sin ~ la vista del libro** without looking up from her book **(e)** ‹*polvo*› to raise **(f)** (Jueg) ‹*carta*› to pick up **2** **(a)** ‹*ánimo*› to boost; ‹*moral*› to raise, boost **(b)** ‹*industria/ economía*› to help ... to pick up **3** ‹*estatua/ muro/edificio*› to erect, put up **4** ‹*embargo/ sanción*› to lift; **le levantó el castigo** he let him off; **se levanta la sesión** the meeting is adjourned **5** ‹*rumor/protestas*› to spark (off); ‹*polémica*› to cause; **~ sospechas** to arouse suspicion **6** ‹*campamento*› to strike; **~ la mesa** (AmL) to clear the table **7** (en brazos) ‹*persona*› to pick up; (de la cama) to get ... out of bed; (poner de pie) to get ... up **8** (AmS) ‹*mujer*› to pick up (infml)

■ **levantarse** *v pron* **1** **(a)** (de la cama) to get up **(b)** (ponerse en pie) to stand up, to rise (fml); **¿me puedo ~ de la mesa?** may I leave the table? **2** «*polvareda*» to rise; «*temporal*» to brew; «*viento*» to begin to blow, rise **3** (sublevarse) to rise (up) **4** (*refl*) ‹*solapas/cuello*› to turn up **5** (AmS fam) ‹*mujer*› to pick up (infml)

levante *m* **1** **(a)** (Geog) (este) east **(b)** (viento) east wind **2** (AmS fam) (conquista) pick up

levar [A1] *vt*: **~ anclas** to weigh anchor

leve *adj* **(a)** ‹*perfume/gasa*› delicate **(b)** ‹*sospecha/duda*› slight; ‹*sonrisa*› slight; ‹*brisa*› gentle, slight; ‹*golpe*› gentle, light; ‹*enfermedad*› mild; ‹*herida/lesión*› slight; ‹*pecado*› venial; ‹*castigo/sanción*› light; ‹*infracción*› minor

levita *f* (Indum) frock coat

léxico[1] -ca *adj* lexical

léxico[2] *m* (vocabulario) vocabulary, lexis (tech); (diccionario) lexicon; (glosario) glossary, lexicon

ley *f* **1** (en general) law; **violar la ~** to break the law; **iguales ante la ~** equal in the eyes of the law; **~ de la oferta y la demanda** law of supply and demand; ***la ~ del más fuerte*** the survival of the fittest; ***~ pareja no es dura*** (CS) a rule isn't unfair if it applies to everyone **2** (de oro, plata) assay value

leyenda *f* **(a)** (Lit) (narración) legend **(b)** (de moneda, escudo) legend; (de ilustración) caption, legend

leyeron, **leyó**, *etc* ▶ **leer**

liado -da *adj* (fam) **(a)** (ocupado) tied up **(b)** (relacionado) **~** CON **algn** involved WITH sb

liana *f* liana

liar [A17] *vt* **1** **(a)** ‹*cigarrillo*› to roll **(b)** (atar) to tie (up); (envolver) to wrap (up); (en un fardo, manojo) to bundle (up) **2** (fam) **(a)** ‹*situación/ asunto*› to complicate **(b)** (confundir) ‹*persona*› to confuse, get ... in a muddle **(c)** (en un asunto) ‹*persona*› to involve

■ **liarse** *v pron* **1** (fam) **(a)** «*asunto*» to get complicated **(b)** «*persona*» to get confused **2** (Esp fam) **(a)** (entretenerse): **nos liamos a hablar y ...** we got talking and ... **(b)** (emprenderla): **se ~on a golpes** they started throwing punches at each other

libanés -nesa *adj/m,f* Lebanese

Líbano *m* *tb* **el ~** Lebanon

libélula *f* dragonfly

liberación *f* (de preso, rehén) release, freeing; (de pueblo, país) liberation; **la ~ de la mujer** Women's Liberation, Women's Lib

liberado -da *adj* ‹*mujer*› liberated

liberal *adj* liberal

■ *mf* Liberal

liberalismo *m* liberalism

liberalizar [A4] *vt* ‹*comercio/importaciones*› to relax the restrictions on

liberar [A1] *vt* **(a)** ‹*prisionero/rehén*› to release, free; ‹*pueblo/país*› to liberate **(b)** (de una obligación) **~ a algn** DE **algo** to free sb FROM sth

■ **liberarse** *v pron* **~se** DE **algo** (de ataduras/ deudas) to free oneself FROM sth

libertad *f* **1** (para actuar) freedom; **queda usted en ~** you are free to go; **poner a algn en ~** to release sb; **~ bajo fianza** bail; **~ condicional** parole; **~ de expresión/de prensa** freedom of speech/of the press **2** (confianza): **pídelo con toda ~** feel free to ask; **habla con toda ~** speak freely; **tomarse la ~ de hacer algo** to take the liberty of doing sth

libertador -dora *m,f* liberator

key word

libertinaje *m* licentiousness

libertino -na *adj* dissolute, licentious
■ *m,f* libertine

Libia *f* Libya

libidinoso -sa *adj* lustful

libido, **líbido** *f* libido

libio -bia *adj/m,f* Libyan

libra *f* pound; ~ **esterlina** pound sterling

Libra *m* (signo) Libra; **es (de)** ~ she's (a) Libra, she's a Libran
■ *mf* (*pl* ~ *or* **-bras**) (persona) *tb* **libra** Libran, Libra

libramiento *m* (Méx) (Transp) beltway (AmE), relief road (BrE)

librar [A1] *vt* **1** (liberar) ~ **a algn** DE **algo** (de peligro) to save sb FROM sth; (de obligación/responsabilidad) to free sb FROM sth; **¡Dios nos libre!** God forbid! **2** ‹*batalla/combate*› to fight
■ **librarse** *v pron*: **se libró por poco** he had a lucky escape; ~**se** DE **algo** (de tarea/obligación) to get out of sth; ~**se de un castigo** to escape punishment; **se libró de tener que ayudarlo** she got out of having to help him; **se ~on de morir asfixiados** they escaped being suffocated; ~**se** DE **algn** to get rid OF sb

libre *adj* **1** ‹*país/pueblo*› free; **lo dejaron** ~ they set him free; **eres** ~ **de ir donde quieras** you're free to go wherever you want; ~ **albedrío** free will; ~ **cambio** or **comercio** free trade; ~ **mercado** free market **2** ‹*traducción/adaptación*› free; **los 200 metros** ~**s** the 200 meters freestyle **3** (no ocupado) ‹*persona/tiempo/asiento*› free; **¿tienes un rato** ~**?** do you have a (spare) moment?; **en sus ratos** ~**s** in her spare *o* free time; **tengo el día** ~ I have the day off **4** (exento): **artículos** ~**s de impuestos** duty-free goods

librecambista *adj* free-trade (*before n*)

librería *f* **1** (tienda) bookstore (AmE), bookshop (BrE); ~ **de ocasión** second-hand bookstore **2** (Esp) (mueble) bookcase

librero -ra *m,f* **(a)** (Com) bookseller **(b) librero** *m* (Chi, Méx) (mueble) bookcase

libreta *f* notebook; ~ **de ahorro** passbook, bankbook; ~ **de calificaciones** (AmL) school report

libretearse [A1] *v pron* (AmC fam) to play hooky (esp AmE infml), to skive off (school) (BrE infml)

libreto *m* **1 (a)** (de ópera) libretto **(b)** (AmL) (guion) script **2** (Chi) *tb* ~ **de cheques** checkbook*

libro *m* (Impr) book; **un** ~ **de cocina** a cookbook; **llevar los** ~**s** (Fin) to do the bookkeeping; ~ **de bolsillo** paperback; ~ **de consulta** reference book; ~ **de escolaridad** school record; ~ **de familia** *booklet recording details of one's marriage, children's birthdates, etc*; ~ **de texto** textbook

liceal *mf* (Ur) high school student (AmE), secondary school pupil (BrE)

liceano -na *m,f* (Chi) ▸ **liceal**

liceísta *mf* (Ven) ▸ **liceal**

licencia *f* **1** (documento) license*; ~ **de caza** hunting permit; ~ **de conducir** or (AmC, Méx, Ven) **de manejar** driver's license (AmE), driving licence (BrE) **2 (a)** (Mil) leave; **con** ~ on leave **(b)** (AmL) (de un trabajo) leave; **estar de** ~ to be on leave

licenciado -da *m,f* **(a)** (Educ) graduate; ~ **en Filosofía y Letras** ≈ arts *o* (AmE) liberal arts graduate **(b)** (AmC, Méx) (abogado) lawyer

licenciar [A1] *vt* ‹*soldado*› to discharge
■ **licenciarse** *v pron* «*estudiante*» to graduate

licenciatura *f* degree

licencioso -sa *adj* dissolute

liceo *m* (CS, Ven) high school (AmE), secondary school (BrE)

licitación *f* (esp AmL) tender; **se llamará a** ~ **para la construcción del puente** the construction of the bridge will be put out to tender

licitar [A1] *vt* (esp AmL) (llamar a concurso para) to invite tenders for; (presentar una propuesta para) to put in a tender for

lícito -ta *adj* **(a)** (dentro de la ley) ‹*acto/conducta*› legal, lawful; ‹*jugada*› legal **(b)** (admisible) justifiable, reasonable

licor *m* (bebida dulce) liqueur; (alcohol) liquor, spirits (*pl*)

licuado *m* (AmL) (con leche) (milk) shake; (de frutas) fruit drink

licuadora *f* blender, liquidizer (BrE)

licuar [A18] *vt* **(a)** (Coc) ‹*frutas/verduras*› to blend, liquidize **(b)** (Fís, Quím) to liquefy

líder[1] *mf* **(a)** (Com, Dep, Pol) leader **(b)** (*como adj*) ‹*equipo/marca/empresa*› leading (*before n*)

líder[2] **lideresa** *m,f* (Méx) (Dep, Pol) leader

liderazgo, **liderato** *m* leadership

lidiar [A1] *vt* ‹*toro*› to fight
■ ~ *vi* ~ CON **algn/algo** to battle WITH sb/sth

liebre *f* **1** (Zool) hare **2** (Chi) (Transp) small bus

liendre *f* nit

lienzo *m* **1 (a)** (Art) canvas **(b)** (Tex) cloth **2** (Arquit) (pared) wall

lifting /'liftin/ *m* facelift

liga *f* **1** (asociación) league; (Dep) league, conference (esp AmE) **2 (a)** (Indum) garter **(b)** (AmL) (gomita) rubber *o* (BrE) elastic band

ligado *adj* [ESTAR] (conectado) connected, linked; (apegado) ~ A **algn** attached TO sb; **se siente muy** ~ **a su país** he feels a strong bond with his country

ligadura *f* **(a)** (Med) ligature **(b)** *ligaduras*, *fpl* (ataduras) bonds (*pl*), ties (*pl*)

ligamento *m* ligament

ligar [A3] *vt* **(a)** (unir) to bind; **los ligaba una gran amistad** they were bound together by a strong friendship **(b)** (atar): **le** ~**on las manos** they tied his hands together; **un fajo de billetes ligados con una goma elástica** a bundle of bills held together with a rubber band **(c)** ‹*metales*› to alloy; ‹*salsa*› to bind
■ ~ *vi* (fam) (con el sexo opuesto): **salieron a** ~ they went out on the make *o* (BrE) pull (infml); ~ CON **algn** to make out WITH sb (AmE), to get off WITH sb (BrE)
■ **ligarse** *v pron* (fam) (conquistar) to make out with (AmE infml), to get off with (infml BrE)

ligazón *f* connection, link

ligereza *f* **1** (de objeto) lightness **2 (a)** (de carácter) flippancy; **con** ~ (actuar/hablar) flippantly

(b) (acto, dicho irreflexivo): **cometió la ~ de mencionarlo** he thoughtlessly mentioned it **3** (agilidad) agility, nimbleness; (rapidez) speed

ligero¹ -ra *adj* **1** (liviano) **(a)** ‹*paquete/gas/metal*› light; ‹*tela*› light, thin; **~ de ropa** lightly dressed; **viajar ~ de equipaje** to travel light **(b)** ‹*comida/masa*› light **2** (leve) **(a)** ‹*dolor/sabor/olor*› slight; ‹*inconveniente*› slight, minor; ‹*golpe*› gentle, slight; **tener el sueño ~** to be a light sleeper **(b)** ‹*sensación/sospecha*› slight **3** (no serio) ‹*conversación*› lighthearted; ‹*película/lectura*› lightweight; ***a la ligera*** ‹*actuar*› without thinking, hastily; **todo se lo toma a la ligera** he doesn't take anything seriously **4** (ágil) ‹*movimiento*› agile, nimble; (rápido) ‹*persona/animal/vehículo*› fast

ligero² *adv* quickly, fast

light /lajt/ *adj inv* ‹*cigarrillos*› low-tar; ‹*alimentos*› low-calorie; ‹*refresco*› diet (*before n*)

ligue *m* (Esp, Méx fam) **(a)** (persona): **el nuevo ~ de Ana** Ana's new man (infml) **(b)** (acción): **ir de ~** to go out on the make *o* (BrE) pull

liguero *m* garter belt (AmE), suspender belt (BrE)

lija *f* **(a)** (para madera, metales) *tb* **papel de ~** sandpaper **(b)** (Ven) ▶ **lima 1 b**

lijar [A1] *vt* to sand (down)

lila *f* (Bot) lilac
■ *adj* (*gen inv*) ‹*color*› lilac
■ *m* (color) lilac

lima *f* **1** **(a)** (herramienta) file **(b)** (para uñas — de metal) nail file; (— de papel) emery board **2** (Bot) (fruto) lime; (árbol) lime (tree)

Lima *f* Lima

limar [A1] *vt* ‹*uñas/metal*› to file
■ **limarse** *v pron* ‹*uñas*› to file

limeño -ña *adj* of/from Lima
■ *m,f* person from Lima

limitación *f* **(a)** (restricción) restriction, limitation **(b)** (carencia) limitation; (defecto) shortcoming

limitado -da *adj* ‹*poder/número/edición*› limited; **estar ~ A/POR algo** to be restricted TO/BY sth

⚷ **limitar** [A1] *vt* ‹*funciones/derechos*› to limit, restrict
■ **~** *vi* **~ CON algo** «*país/finca*» to border ON sth
■ **limitarse** *v pron*: **el problema no se limita a las ciudades** the problem is not confined *o* limited to cities; **me limité a repetir lo dicho** I just repeated what was said

⚷ **límite** *m* **1** (Geog, Pol) boundary **2** (tope) limit; **el ~ de velocidad** the speed limit; **su ambición no tiene ~s** his ambition knows no limits; **sin ~s** unlimited; **¡todo tiene un ~!** enough is enough! **3** (*como adj inv*) **tiempo ~** time limit; **situación ~** extreme situation; **fecha ~** deadline

limítrofe *adj* ‹*país/provincia*› neighboring* (*before n*); ‹*conflicto*› border (*before n*)

limo *m* **1** (barro) mud, slime **2** (Col) (Bot) lime (tree)

limón *m* **(a)** (fruto amarillo) lemon **(b)** (AmL) (árbol) lemon tree **(c)** (Méx, Ven) (fruto verde) lime

⚷ key word

limonada *f* lemonade

limonero *m* lemon tree

limosna *f* alms (*pl*) (arch); **pedir ~** to beg; **dar ~** to give money to beggars

limosnear [A1] *vi* (AmL) to beg

limosnero -ra *m,f* (AmL) beggar

limpiabotas *mf* (*pl* ~) bootblack; (niño) shoeshine boy

limpiacristales *m* (*pl* ~) (Esp) (líquido) window cleaner
■ *mf* (persona) window cleaner

limpiador¹ -dora *m,f* (persona) cleaner

limpiador² *m* (Méx) (Auto) ▶ **limpiaparabrisas**

limpiamuebles *m* (*pl* ~) furniture polish

limpiaparabrisas *m* (*pl* ~) windshield wipers (*pl*) (AmE), windscreen wipers (*pl*) (BrE)

limpiar [A1] *vt* **1** **(a)** ‹*casa/mueble/zapatos*› to clean; ‹*arroz/lentejas*› to wash; ‹*pescado*› to clean; ‹*aire/atmósfera*› to clear; **lo limpió con un trapo** he wiped it with a cloth; **~ algo en seco** to dry-clean sth **(b)** ‹*nombre*› to clear; ‹*honor*› to restore **2** (dejar libre) **~ algo** DE **algo** to clear sth OF sth **3** (fam) **(a)** (en el juego) ‹*persona*› to clean ... out (infml) **(b)** «*ladrones*» ‹*casa*› to clean ... out (infml)
■ **~** *vi* to clean
■ **limpiarse** *v pron* (*refl*) ‹*boca/nariz*› to wipe; **se ~on los zapatos al entrar** they wiped their shoes as they came in

limpiavidrios *mf* (*pl* ~) (esp AmL) (persona) window cleaner
■ *m* (líquido) window cleaner

⚷ **limpieza** *f* **1** (estado, cualidad) cleanliness **2** (acción) cleaning; **la señora de la ~** the cleaning lady; **~ de cutis** skin cleansing; **~ en seco** dry-cleaning; **~ general** spring-cleaning (AmE), spring-clean (BrE); **~ étnica** ethnic cleansing **3** (por la policía) clean-up operation; (Pol) purge

⚷ **limpio¹ -pia** *adj* **1** **(a)** [ESTAR] ‹*casa/vestido/vaso*› clean **(b)** ‹*aire*› clean; ‹*cielo*› clear **(c)** **pasar algo en** or (Esp) **a ~** to make a clean (AmE) *o* (BrE) fair copy of sth **2** [SER] **(a)** ‹*persona*› clean **(b)** ‹*dinero/campaña*› clean; ‹*elecciones/juego*› fair, clean; **un asunto poco ~** an underhand business **(c)** (libre) **~ DE algo** (de impurezas/polvo) free OF sth **3** (neto): **saca unos $70 ~s por mes** she makes $70 a month after deductions; ***sacar en ~***: **no sacó nada en ~ de todo lo que dijo** he didn't make sense of anything he said; **lo único que saqué en ~ es que ...** the only thing that I got clear was that ...

limpio² *adv* ‹*jugar/pelear*› fairly, clean

linaje *m* descent, lineage (fml)

linaza *f* linseed

lince *m* (Zool) lynx; (persona): **es un ~ para los negocios** he's a very shrewd businessman

linchar [A1] *vt* to lynch

lindar [A1] *vi* **~ CON algo** (limitar) to adjoin sth; (aproximarse a) to border ON sth, verge ON sth

⚷ **lindo¹ -da** *adj* **1** (bonito) ‹*bebé*› cute, sweet; ‹*casa/canción*› lovely; ‹*cara*› pretty **2** (esp AmL) (agradable) ‹*gesto/detalle*› nice; ‹*fiesta/viaje*› wonderful; ‹*ceremonia*› beautiful; **¡es una persona tan linda!** she's such a lovely person; ***de lo ~***; (fam): **nos divertimos de lo ~**

we had a great time

lindo[2] *adv* (AmL) ‹*cantar/bailar*› beautifully; **se siente ~** (Méx) it feels wonderful

lindura *f* (AmL) delight; **me pareció una ~** I thought it was lovely

línea *f* **1** (en general) line; **la ~ de puntos** the dotted line; **escribirle unas ~s a algn** to drop sb a line; **seguir la ~ del partido** to follow the party line; **en ~s generales** broadly speaking; **por ~ materna** on his (*o* her *etc*) mother's side; **~ de montaje** assembly line; **~ de gol** goal line; **~ de llegada** finishing line, wire (AmE); **~ de salida** starting line; ***de primera*** **~** ‹*tecnología*› state-of-the-art; ‹*producto*› top-quality, high-class; ‹*actor/jugador*› first-rate; ***leer entre*** **~*s*** to read between the lines **2** (Transp, Tele) line; **~ aérea** airline; **final de la ~** end of the line; **no hay ~ directa a Córdoba** there is no direct service to Cordoba; **intenté llamarte pero no había ~** I tried to ring you but the phone *o* the line was dead; **la ~ está ocupada** the line is busy **3** **(a)** (gama, colección) line, range; **nuestra nueva ~ de cosméticos** our new line *o* range of cosmetics **(b)** (estilo): **una ~ más clásica** a more classic look **4** (figura): **cuidar la ~** to watch one's figure

lineal *adj* linear

lingo *m* (Per) leapfrog

lingote *m* ingot

lingüística *f* linguistics

lingüístico -ca *adj* ‹*fenómeno/aptitud*› linguistic; ‹*barrera*› language (*before n*)

lino *m* (planta) flax; (tela) linen

linóleo *m* lino, linoleum

linterna *f* (fanal) lantern; (de pilas) flashlight (AmE), torch (BrE)

lío *m* **1** **(a)** (fam) (embrollo, confusión) mess; **armarse/hacerse un ~ (con algo)** to get into a mess (with sth) (infml) **(b)** (fam) (problema, complicación) trouble; **meterse en un ~** to get oneself into trouble; **tiene ~s con la policía** he's in trouble with the police (infml); **¡qué ~ se va a armar!** there's going to be hell to pay! (infml) **(c)** (fam) (amorío) affair **2** (fardo) bundle

lioso -sa *adj* (fam) confusing, muddling

liquidación *f* **1** (en tienda) sale; **~ total** clearance sale **2** (de negocio, activo) liquidation **3** **(a)** (de cuenta, deuda) settlement **(b)** (Méx) (compensación por despido) severance pay

liquidar [A1] *vt* **1** ‹*existencias*› to sell off **2** ‹*negocio*› to wind up; ‹*activo*› to liquidate **3** **(a)** ‹*deuda/cuenta*› to settle; ‹*sueldo/pago*› to pay **(b)** (Méx) ‹*trabajador*› to pay ... off **4** (fam) ‹*persona*› (matar) to do away with (infml); (destruir) (AmL) to destroy (infml)

liquidez *f* liquidity

líquido[1] **-da** *adj* **1** ‹*sustancia*› liquid **2** ‹*sueldo/renta*› net

líquido[2] *m* **1** (sustancia) liquid; **~ de frenos** brake fluid **2** (dinero) cash

lira *f* **(a)** (Mús) lyre **(b)** (Fin) lira

lírica *f* poetry

lírico -ca *adj* **(a)** (Lit, Mús) lyric **(b)** (Per, RPl fam) ‹*persona*› dreamy, starry-eyed (infml)

lirio *m* iris

lirón *m* dormouse; ▶ **dormir**

lis *f* lily

lisiado -da *adj* **1** ‹*animal*› crippled, lame **2** (ant *u* ofensivo) ‹*persona*› crippled (dated *or* offensive); lame (sometimes considered offensive)
■ *m,f* (ant *u* ofensivo) cripple (dated *or* offensive); **un ~ de guerra** a disabled veteran

lisiarse [A1] *v pron* (*refl*): **se lisió la columna vertebral** he damaged his spine

liso -sa *adj* **1** ‹*piel/superficie*› smooth; ‹*pelo*› straight; ‹*terreno*› flat **2** (sin dibujos) plain **3** (Per fam) (insolente) fresh (AmE infml), cheeky (BrE infml)

lisonjero -ra *adj* ‹*palabras*› flattering; **es un hombre muy ~** he's a terrible flatterer

lista *f* **(a)** (de nombres, números) list; **pasar ~** (Educ) to take roll call, to take the register (BrE); **~ de boda** wedding list; **~ de espera** waiting list; **~ de éxitos** (Mús) charts (*pl*); (Lit) best-seller list **(b)** (raya) stripe; **a ~s** striped

listado *m* (Inf) printout; (lista) list; **~ electoral** (RPl) electoral roll *o* register

listar [A1] *vt* to list

listín *m* (Esp) *tb* **~ de teléfonos** telephone directory

listo -ta *adj* **1** [SER] ‹*persona*› clever, bright, smart (infml); **se pasó de ~** he tried to be too clever; ***estar*** **~**; (fam): **ahora sí que estamos ~s** we're in real trouble now (infml); **está lista si cree eso** if that's what she thinks, she's got another think coming (infml) **2** **(a)** [ESTAR] (preparado) ready; **~ PARA algo/hacer algo** ready FOR sth/to do sth **(b)** [ESTAR] (terminado) finished; **lo doblas así y ~** you fold it like this and that's it (finished) **(c)** (Andes fam) (manifestando acuerdo) okay (infml)
■ *m,f* (esp Esp) **(a)** (inteligente) clever one; **el ~ de la clase** (pey) the class know-it-all (infml & derog) **(b)** (vivo, astuto) tricky customer (infml)

listón *m* **(a)** (de madera) strip; (en salto de altura) bar **(b)** (Méx) (cinta) ribbon

lisura *f* (Per) **(a)** (fam) (grosería) four-letter word (infml) **(b)** (gracia) gracefulness

litera *f* (en dormitorio) bunk; (en barco) bunk, berth; (en tren) berth, couchette (BrE)

literal *adj* literal

literalmente *adv* ‹*traducir*› literally; ‹*repetir*› word for word

literario -ria *adj* literary

literato -ta *m,f* (*m*) man of letters; (*f*) woman of letters

literatura *f* literature; **~ infantil** juvenile books (AmE), children's books (BrE)

litigar [A3] *vi* to be at law *o* in litigation (fml), to be in dispute

litigio *m* **(a)** (Der) lawsuit **(b)** (disputa) dispute

litografía *f* (sistema) lithography; (grabado) lithograph

litoral *adj* coastal
■ *m* coast; **un largo ~** a long coastline

litro *m* liter*

Lituania *f* Lithuania

lituano[1] **-na** *adj/m,f* Lithuanian

lituano[2] *m* (idioma) Lithuanian

liturgia *f* liturgy

liviano -na *adj* (esp AmL) **(a)** ‹*paquete/tela*› light **(b)** ‹*comida*› light; **tiene un sueño muy**

~ she's a very light sleeper **(c)** ‹*obra/película*› lightweight

lívido -da *adj* (pálido) pallid; (morado) livid

living /'liβin/ *m* (*pl* **-vings**) (esp AmS) living room

Ll, ll *f* (*read as* /'eye/) *combination traditionally considered as a separate letter in the Spanish alphabet*

llaga *f* (Med) sore, ulcer; (Bib) wound

llama *f* **1** (de fuego) flame; **la casa ardía en ~s** the house was in flames; **~ piloto** pilot light **2** (Zool) llama

✓ **llamada** *f* call; **hacer una ~** to make a phone call; **~ a cobro revertido** or (Chi, Méx) **por cobrar** collect call (AmE), reverse-charge call (BrE); **~ de larga distancia** long-distance call; **~ local** or **urbana** local call; **~ al orden** call to order

llamado¹ -da *adj* **1** (por un nombre) called; **un lugar ~ La Dehesa** a place called La Dehesa; **el 747, también ~ 'jumbo'** the 747, also known as the jumbo jet; **el ~ 'boom' de los sesenta** the so-called 'boom' of the sixties **2** (a la fama, éxito) ▶ **destinado 1 a**

llamado² *m* **(a)** (AmL) (al público) ▶ **llamamiento** **(b)** (Arg) (Telec) ▶ **llamada**

llamamiento *m* call; **hacer un ~ a la calma** to appeal for calm

✓ **llamar** [A1] *vt* **1** ‹*bomberos/policía*› to call; ‹*médico*› to call (out); ‹*camarero/criada/ascensor*› to call; ‹*súbditos/servidores*› to summon; ‹*taxi*› (por teléfono) to call; (en la calle) to hail; **lo llamó por señas** she beckoned to him; **el sindicato los llamó a la huelga** the union called them out on strike **2** (por teléfono) to phone, to call; **te llamó Eva** Eva phoned (for you); **~ a algn al celular** (AmL) or (Esp) **al móvil** to call sb on their cell phone (AmE) *o* mobile (BrE) **3** **(a)** (dar el nombre de) to call, name; (dar el título, apodo de) to call **(b)** (considerar) to call; **eso es lo que yo llamo un amigo** that's what I call a friend

■ **~** *vi* **1** (con los nudillos) to knock; (tocar el timbre) to ring (the doorbell); **llaman a la puerta** there's someone at the door **2** (Telec) «*persona*» to telephone, phone, call; «*teléfono*» to ring; **¿quién llama?** who's calling?; *ver tb* **cobro b**, **cobrar** *vi* **a**

■ **llamarse** *v pron* to be called; **su padre se llama Pedro** his father is called Pedro, his father's name is Pedro; **¿cómo te llamas?** what's your name?

llamarada *f* (de fuego) sudden blaze, flare-up

llamativo -va *adj* ‹*color*› bright; ‹*mujer/vestido*› striking

llanamente *adv*: ***lisa*** or ***simple y ~*** ‹*explicar/hablar*› in straightforward terms; **lisa y ~, hay que despedirlos** they should be fired, it's as simple as that

llanero -ra *m,f* **(a)** (habitante del llano) (*m*) plainsman; (*f*) plainswoman **(b)** (vaquero) cattle herder, cowboy (*of the Colombian/Venezuelan* ▶ **llano² a**)

llaneza *f* simplicity

llano¹ -na *adj* **(a)** ‹*terreno/superficie*› (horizontal) flat; (sin desniveles) even; **los 100 metros ~s** (RPl) the 100 meters dash *o* sprint **(b)** ‹*persona*› straightforward; ‹*trato*› natural; ‹*lenguaje*› plain

llano² *m* **(a)** (Geog) (llanura) plain **(b)** (extensión de terreno) area of flat ground

llanta *f* **(a)** (de metal) rim **(b)** (AmL) (neumático) tire*; **~ de repuesto** or (Méx) **de refacción** spare tire*

llanto *m* (de niño) crying; (de adulto) crying, weeping (liter)

llanura *f* (Geog) plain, prairie

llapa *f* ▶ **yapa**

llave *f* **1** (en general) key; **cierra la puerta con ~** lock the door; **bajo ~** under lock and key; **la ~ del éxito** the key to success; **~ de contacto** ignition key; **~ maestra** master key, passkey **2** (Mec) (herramienta) wrench (AmE), spanner (BrE); **~ inglesa** monkey wrench **3** **(a)** (interruptor) switch; (en tubería) valve; **la ~ del gas** the gas jet (AmE) *o* (BrE) tap; **cerrar la ~ de paso** to turn the water/gas off at the main valve (AmE) *o* (BrE) at the mains **(b)** (AmL) (de lavabo, bañera) faucet (AmE), tap (BrE) **4** (en un texto) brace **5** (en lucha, judo) hold; **lo inmovilizó con una ~ (de brazo)** she got him in an armlock

llavero *m* key ring

✓ **llegada** *f* **(a)** (de un viaje) arrival **(b)** (Dep) (meta) finishing line, wire (AmE); (Equ) winning post

✓ **llegar** [A3] *vi* **1** «*persona/tren/carta*» to arrive; **tienen que estar por** or **al ~** they'll be arriving any minute now; **~on cansadísimos** they were exhausted when they arrived; **¿falta mucho para ~?** is it much further (to go)?; **siempre llega tarde** he's always late; **no me llegó el telegrama** I didn't get the telegram; **~** A **algo** (a país/ciudad) to arrive IN sth; (a edificio) to arrive AT sth; **~ a casa** to arrive *o* get home; **el rumor llegó a oídos del alcalde** the rumor reached the mayor **2** «*camino/ruta/tren*» (ir) **~** A *or* HASTA to go all the way to, go as far as; **solo llega al tercer piso** it only goes (up) to the third floor **3** «*día/invierno*» to come, arrive; **ha llegado el momento de ...** the time has come to ... **4** **(a)** (alcanzar) to reach; **~** A **algo** (a acuerdo/conclusión) to reach sth, come to sth; (a estante/techo) to reach; **llegué a la conclusión de que...** I reached *o* came to the conclusion that ...; **los pies no le llegan al suelo** her feet don't touch the floor; **la falda le llegaba a los tobillos** her skirt came down to her ankles; **el agua le llegaba al cuello** the water came up to her neck; **las cosas ~on a tal punto que ...** things reached such a point that ... **(b)** (expresando logro): **~á lejos** she'll go far *o* a long way; **así no vas a ~ a ningún lado** you'll never get anywhere like that; **llegó a (ser) director** he became director; **~ a viejo** to live to old age; **llegué a conocerlo mejor** I got to know him better **5** **~** A + INF **(a)** (al extremo de): **llegó a amenazarme** she even threatened me; **no llegó a pegarme** he didn't actually hit me **(b)** (en oraciones condicionales): **si lo llego a saber, no vengo** if I'd known, I wouldn't have come; **si llego a enterarme de algo, te aviso** if I happen to hear anything, I'll let you know

llenado *m* filling, filling up

llenador -dora *adj* (CS) ‹*comida*› filling

✓ **llenar** [A1] *vt* **1** **(a)** ‹*vaso/plato/cajón*› to fill;

✓ key word

‹*tanque*› to fill (up); ‹*maleta*› to fill, pack; **no me llenes el vaso** don't fill my glass right up; **~ algo** DE/CON **algo** to fill sth WITH sth **(b)** ‹*formulario*› to fill out, to fill in (esp BrE) **2** **(a)** (cubrir) **~ algo** DE **algo** to cover sth WITH sth **(b)** ‹*vacante*› to fill **3** (colmar) ‹*persona*› **la noticia nos llenó de alegría** we were overjoyed by the news; **nos llenó de atenciones** he made a real fuss of us **4** (hacer sentirse realizado) ‹*persona*› **su carrera no la llena** she doesn't find her career fulfilling

■ **~** *vi* «*comida*» to be filling

■ **llenarse** *v pron* **1** **(a)** «*recipiente/estadio*» to fill (up); **el teatro solo se llenó a la mitad** the theater only filled to half capacity *o* was only half full; **~se** DE **algo** to fill WITH sth **(b)** (cubrirse) **~se** DE **algo** (de polvo/pelos) to be covered IN sth **2** ‹*bolsillo/boca*› to fill; **~se algo** DE **algo** to fill sth WITH sth **3** (colmarse): **su corazón se llenó de alegría** she filled with joy; **se ~on de deudas** they got heavily into debt **4** «*persona*» (de comida): **con un plato de ensalada ya se llena** one plate of salad and she's full; **me llené** (infml) I'm full (up) (infml)

lleno[1] **-na** *adj* **1** **(a)** ‹*estadio/autobús/copa*› full; **~** DE **algo** full OF sth **(b)** (cubierto) **~** DE **algo** ‹*de granos/manchas/polvo*› covered IN sth **(c)** (después de comer) full (up) (infml) **2** **de lleno** ‹*consagrarse/dedicarse*› fully; **el sol nos daba de ~** the sun was shining down on us

lleno[2] *m* sellout

llevadero -ra *adj* bearable

llevar [A1] *vt* **I** **1** **(a)** (de un lugar a otro) to take; **le llevé unas flores** I took her some flowers; **te lo ~é cuando vaya** I'll bring it when I come; **¿qué llevas en la bolsa?** what have you got in your bag?; **comida para ~** take out (AmE) *o* (BrE) takeaway meals **(b)** (transportar) ‹*carga*› to carry; **la ayudé a ~ las bolsas** I helped her carry her bags **(c)** ‹*persona*› to take; **nos llevó a cenar** he took us out to dinner; **me llevó (en su coche) hasta la estación** she gave me a lift to the station; **lo llevaba en brazos/de la mano** she was carrying him in her arms/holding her hand **(d)** (tener consigo) ‹*llaves/dinero/documentación*› to have **2** **(a)** (guiar, conducir) to take; **la llevaba de la mano** I/he was holding her hand; **esto no nos ~á a ninguna parte** this won't get us anywhere **(b)** (impulsar, inducir) to lead; **esto me lleva a pensar que ...** this leads me to believe that ... **3** **(a)** ‹*ropa/perfume/reloj*› to wear **(b)** (tener) ‹*barba/bigote*› to have; **llevaba el pelo corto** she had short hair

II **1** (tener a su cargo) ‹*negocio/tienda*› to run; ‹*caso*› to handle; ‹*contabilidad*› to do **2** (esp Esp) (conducir) ‹*vehículo*› to drive; ‹*moto*› to ride **3** ‹*vida*› to lead; **~ una vida tranquila** to lead a quiet; **¿cómo llevas el informe?** how are you getting on with the report? **4** (seguir, mantener): **~ el ritmo** or **el compás** to keep time; **¿llevas la cuenta de lo que te debo?** are you keeping track of what I owe you?; **¿qué dirección llevaban?** which direction were they going in?

III **1** **(a)** (requerir) ‹*tiempo*› to take; **le llevó horas aprendérselo** it took her hours to learn it **(b)** (aventajar) (+ *me/te/le etc*) **me lleva un año** he's a year older than me; **nos llevan un día de ventaja** they have a one-day lead over us **2** (Esp) (cobrar) to charge

■ *v aux*: **llevo una hora esperando** I've been waiting for an hour; **lleva tres días sin comer** he hasn't eaten for three days; **el tren lleva una hora de retraso** the train's an hour late; **llevo revisada la mitad** I've already checked half of it

■ **~** *vi* «*camino/carretera*» to go, lead

■ **llevarse** *v pron* **1** **(a)** (a otro lugar) to take; **la policía se llevó al sospechoso** the police took the suspect away; **¿quién se llevó mi paraguas?** who took my umbrella?; **el agua se llevó las casas** the water swept away the houses **(b)** ‹*premio/dinero*› to win **(c)** (quedarse con, comprar) to take; **me llevo este** I'll take this one **(d)** (Mat) to carry; **9 y 9 son 18, me llevo una** 9 plus 9 is 18, carry one **(e)** (Arg) ‹*asignatura*› to carry over **2** ‹*susto/regañina*› to get; **me llevé una decepción** I was disappointed; **se llevó un buen recuerdo** he left here with pleasant memories **3** **~se bien con algn** to get along with sb **4** (hablando de modas) to be in fashion; **vuelven a ~se las faldas cortas** short skirts are back in fashion

llorar [A1] *vi* (derramar lágrimas) **(a)** «*persona*» to cry; **estaba a punto de ~** she was on the verge of tears; **~** DE **algo** (de risa/rabia) to cry WITH sb; (de emoción) to weep WITH sth; **~** POR **algo/algn** to cry over sth/sb **(b)** «*ojos*» (+ *me/te/le etc*) to water

lloriquear [A1] *vi* (fam) to whine (infml)

lloro *m* crying, weeping (liter)

llorón -rona *adj* (fam): **es muy ~** he cries a lot; **no seas tan ~** don't be such a crybaby (infml)

■ *m,f* **(a)** (fam) (que llora mucho) crybaby (infml) **(b)** (Col, RPl, Ven fam) (quejón) whiner (infml)

llover [E9] *v impers* to rain; **aquí llueve mucho** it rains a lot here; ***llueve a cántaros*** or ***a mares*** or ***a chuzos*** it's pouring (with rain)

llovizna *f* drizzle

lloviznar [A1] *v impers* to drizzle

llueva, llueve ▶ llover

lluvia *f* **(a)** (Meteo) rain; **un día de ~** a rainy day; **zonas de mucha ~** areas of heavy rainfall; **~ radiactiva** nuclear fallout **(b)** (de balas) hail; (de críticas) hail, barrage

lluvioso -sa *adj* ‹*tiempo/día/época*› rainy; ‹*región*› wet

lo *art* **1** **prefiero ~ dulce** I prefer sweet things; **~ interesante del caso es ...** the interesting thing about the case is ...; **¿estoy en ~ cierto?** am I right?; **en ~ alto de la sierra** high up in the mountains; **ser ~ más objetivo posible** to be as objective as possible; **me dijo ~ de siempre** he came out with the same old story; **se ha enterado de ~ nuestro/de ~ de Pablo** she's found out about us/about Pablo; **voy a ~ de Eva** (RPl) I'm going to Eva's (place) **2** **(a)** **lo cual** which; **~ cual fue desmentido por el gobierno** which was denied by the Government **(b)** **lo que** what; **no entiendo ~ que dices** I don't understand what you're saying; **pide ~ que quieras** ask for whatever you want; **límpialo con un trapo o ~ que sea** clean it with a cloth or whatever; **¡~ que debe haber sufrido!** how she must have suffered!; **¡no te imaginas ~ que fue aquello!** you can't imagine what it was like!; **¡~ que es saber idiomas!** it sure is something (AmE) *o* (BrE) what it is to be able speak languages

■ *pron pers* **1** **(a)** (referido — a él) him; (— a usted) you; (— a cosa, etc) it; **¿~ conozco?** do I know you?; **~ compré hoy** I bought it today; **ya ~ sé** I know **(b)** (*impers*) **duele que a uno ~ traten así** it hurts when people treat you like that **2** (*con* **estar, ser**) **¿que si estoy harta? pues sí, ~ estoy** am I fed up? well, yes, I am; **si ella es capaz, yo también ~ soy** if she can, so can I

loable *adj* commendable, praiseworthy

lobezno -na *m,f* wolf cub

lobo -ba *m,f* (Zool) wolf; **~ marino** seal

lóbrego -ga *adj* gloomy

lóbulo *m* lobe

locación *f* (Méx) (lugar): **visite el museo Rivera, ~: Calle Altavista** visit the Rivera Museum on Altavista Street; **¿en qué ~?** whereabouts?

⚷ **local** *adj* local; **el equipo ~** the home team

■ *m* premises (*pl*)

⚷ **localidad** *f* **1** (población) town, locality (fml) **2** (Espec) seat, ticket

localización *f* **1** **(a)** (acción): **la ~ del barco** the finding of the ship **(b)** (lugar) location **2** (de productos) localization

localizador *m* **(a)** (de personas) pager **(b)** (de reserva) booking reference

⚷ **localizar** [A4] *vt* **(a)** ‹*persona/lugar/tumor*› to locate; **estoy intentando ~la** I am trying to get hold of her **(b)** ‹*incendio/epidemia*› to localize

loción *f* lotion

loco¹ -ca *adj* **(a)** (Med, Psic) mad, insane **(b)** (chiflado) crazy (infml), nuts (infml); **este tipo está medio ~** (fam) the guy's not all there (infml); **eso no lo hago (pero) ni ~** there's no way I'd do that; **hacer algo a lo ~** to do sth any which way (AmE) *o* (BrE) any old how (infml); ***estar ~ de remate*** (fam) to be completely nuts (infml); ***tener*** or (Esp) ***traer ~ a algn*** to be driving sb crazy (infml); ***volver ~ a algn*** to drive sb crazy (infml); ***volverse ~*** to go mad **(c)** (entusiasmado): **está loca por él** she's crazy about him (infml); **está ~ por volver** he's dying to come back (infml) **(d)** (fam) (ajetreado): **anda (como) ~ con los preparativos** the preparations are driving him mad (infml) **(e)** (indicando gran cantidad): **tengo unas ganas locas de verla** I'm dying to see her (infml); **tuvo una suerte loca** she was incredibly lucky **(f) estar ~ DE algo** (de entusiasmo/furia/celos) to be wild WITH sth; (de dolor/remordimiento) to be racked WITH sth; **estaba loca de alegría** she was blissfully happy

■ *m,f* (enfermo mental) (*m*) madman; (*f*) madwoman; **se puso como un ~** he went crazy *o* mad; **corrimos como ~s** (fam) we ran like crazy *o* mad (infml); ***hacerse el ~*** to act dumb (infml)

loco² *m* (Chi) (Zool) abalone

locomoción *f* **(a)** (acción) locomotion **(b)** (Chi) (Transp) *tb* **~ colectiva** public transport

locomotora *f* (Ferr) locomotive, engine

locuaz *adj* talkative, loquacious (fml)

locución *f* phrase

locura *f* **(a)** (demencia) madness, insanity; **lo que hizo/dijo fue una ~** what he did/said was sheer madness **(b)** (inclinación exagerada): **siente ~ por la pequeña** she's absolutely besotted with the little one; **la quiero con ~** I'm crazy about her (infml)

locutor -tora *m,f* (en general) broadcaster; (informativo) newscaster (AmE), newsreader (BrE); (deportivo) sports commentator; (de continuidad) commentator, announcer (BrE)

locutorio *m* **1** (Telec) **(a)** (cabina) booth **(b)** (local) *place where telephone calls can be made, often with Internet access* **2** (Rad) studio **3** (en cárcel, convento) visiting room

lodo *m* mud; ▸ **barro**

logia *f* **(a)** (de los masones) lodge **(b)** (Arquit) loggia

lógica *f* logic

lógico¹ -ca *adj* **(a)** (normal, natural) natural, logical; **como es ~** naturally, obviously; **es ~ que así sea** it's (only) natural that it should be so; **lo ~ sería ...** the logical thing would be ... **(b)** ‹*conclusión/consecuencia*› logical

lógico² *adv* (*indep*) (fam) of course

logotipo *m* logo, logotype

logrado -da *adj* (satisfactorio) successful; (verosímil) ‹*retrato/personaje*› lifelike

⚷ **lograr** [A1] *vt* ‹*objetivo*› to attain, achieve; ‹*éxito*› to achieve; **logró el quinto puesto** she managed fifth place; **~ hacer algo** to manage to do sth

⚷ **logro** *m* (de un objetivo) achievement; (éxito) success

loísmo *m*: *use of* LO/LOS *instead of* LE/LES (*as in* LO/LOS DIJE QUE NO), *used in parts of Spain but unacceptable to most speakers*

lolo -la *m,f* (Chi fam) teenager

loma *f* hill; (más pequeño) hillock

lombriz *f* (de tierra) worm, earthworm; (en el intestino) (fam) worm (infml)

lomo *m* **(a)** (de animal) back; **~ de burro** (RPl) or (Chi) **de toro** (Auto) speed bump **(b)** (Coc) (de cerdo) loin; (de vaca) (AmL) fillet steak **(c)** (de libro) spine; (de cuchillo) back

lona *f* canvas

loncha *f* slice

lonche *m* (Per) (merienda) tea

lonchera *f* (AmL) lunch box

londinense *adj* ‹*público/teatro/periódico*› London (*before n*); **es ~** she's from London, she's a Londoner

■ *mf* Londoner

Londres *m* London

longaniza *f*: *spicy pork sausage*

longitud *f* **(a)** (largo) length; **de 30 metros de ~** 30 meters long **(b)** (Astron, Geog) longitude; **~ de onda** (Fís, Rad) wavelength

lonja *f* **1** **(a)** (loncha) slice **(b)** (RPl) (de cuero) strip **2** **(a)** (Esp) (mercado de pescado) fish market **(b)** (institución mercantil) guild; **~ de propiedad raíz** (Col) association of realtors (AmE) *o* (BrE) estate agents

loro¹ -ra *m,f* (Zool) parrot

loro² *m* (fam) (charlatán) chatterbox (infml), gasbag (infml)

⚷ **los, las** *art* ▸ **el**

■ *pron pers* **1** (referido — a ellos, ellas, cosas, etc) them; (— a ustedes) you; **¿las atienden?** can I help you? **2** (*con el verbo* **haber**) **las hay de muchos tamaños** they come in many different sizes; **también ~ hay de chocolate** we have chocolate ones too

⚷ key word

losa *f* (de sepulcro) tombstone; (de suelo) flagstone

lote *m* **(a)** (de un producto) batch; (en subastas) lot **(b)** (terreno) plot (of land)

lotería *f* lottery; **me tocó** or **me gané la ~** I won the lottery

loto *m* lotus

loza *f* **(a)** (material) china **(b)** (vajilla) crockery; (de mejor calidad) china

lozano -na *adj* ‹*persona*› healthy-looking; ‹*cutis*› fresh; ‹*verduras*› fresh

Ltda (= **Limitada**) Ltd, Limited

lubina *f* sea bass

lubricante *adj* lubricating
■ *m* lubricant

lubricar [A2] *vt* to lubricate

lucero *m* bright star; **~ del alba** morning star

luces *fpl* ▸ **luz**

lucha *f* **(a)** (combate, pelea) fight; (para conseguir algo) struggle; **~ de clases** class struggle; **la ~ contra el cáncer** the fight against cancer **(b)** (Dep) wrestling; **~ libre** all-in wrestling

luchador -dora *m,f* **(a)** (persona esforzada) fighter **(b)** (Dep) wrestler

luchar [A1] *vi* **(a)** (combatir, pelear) to fight **(b)** (para conseguir algo) to struggle, fight; **~ para salir adelante** struggle hard to get on in life; **~ por la paz** to fight for peace **(c)** (batallar) **~** CON **algo** (con problema) to wrestle WITH sth **(d)** (Dep) to wrestle

luche *m* (Chi) (Jueg) hopscotch

lucidez *f* lucidity

lucido -da *adj* ‹*fiesta*› magnificent, splendid; **su actuación no fue muy lucida** her performance wasn't particularly brilliant

lúcido -da *adj* **(a)** [SER] ‹*mente/análisis*› lucid, clear; ‹*persona*› clear-thinking **(b)** [ESTAR] ‹*enfermo*› lucid

luciente *adj* bright, shining

luciérnaga *f* glowworm; (insecto volador) firefly

lucir [I5] *vi* (aparentar) to look good, look special; **gasta mucho en ropa pero no le luce** she spends a fortune on clothes but it doesn't do much for her
■ **~** *vt* **(a)** (period) ‹*vestido/modelo*› to wear, sport (journ); ‹*peinado/collar*› to sport (journ) **(b)** ‹*figura/piernas*› to show off, flaunt
■ **lucirse** *v pron* **(a)** (destacarse) to excel oneself **(b)** (presumir) to show off

lucrativo -va *adj* lucrative, profitable; **una entidad sin fines ~s** a nonprofit (AmE) *o* (BrE) non-profit-making organization

lucro *m* profit, gain; **sin ánimo de ~** with no profit motive in mind

lúcuma *f* eggfruit

lúdico -ca *adj* ‹*fantasías/diversiones*› playful, ludic (*before n*) (liter)

luego *adv* **1** **(a)** (más tarde) later (on); (después de otro suceso — en el futuro) afterwards; (— en el pasado) then, next; **¡hasta ~!** goodbye!, see you!; **~** DE **hacer algo** after doing sth **(b)** (Chi, Méx) (pronto) soon, quickly; **~ ~** (Méx) immediately **2** **(a)** (en el espacio): **hay una tienda y ~ está el banco** you come to a shop and the bank is next **(b)** (Méx) (cerca) nearby; **aquí ~** just here **(c)** (indicando orden, prioridad) then; **primero está él y ~ nosotros** he's first and then we're next **3** **desde luego** of course; **desde ~ que no** of course not
■ *conj* (fml) therefore

lugar *m* **1** (en general) place; **este es el ~** this is the place; **en cualquier otro ~** anywhere else; **en algún ~** somewhere; **cambiar los muebles de ~** to move the furniture around; **el ~ del suceso** the scene of the incident; **yo en tu ~ ...** if I were you ...; **ponte en mi ~** put yourself in my place; **se clasificó en primer ~** she finished in first place **2** (localidad, región): **los habitantes del ~** the local people; **~ y fecha de nacimiento** place and date of birth **3** **(a)** (espacio libre) room; **hacer ~ para algn/algo** to make room *o* space for sb/sth; **me hizo un ~** he made me some room **(b)** (asiento) seat **4** **dar lugar a** (a disputa, comentarios) to provoke, give rise to **5** (*en locs*) **en lugar de** instead of; **ella firmó en mi ~** she signed on my behalf; **en primer lugar** (antes que nada) first of all, firstly; **en último lugar** (finalmente) finally, lastly; ***sin ~ a dudas*** without doubt, undoubtedly; ***tener ~*** to take place

lugareño -ña *adj/mf* local

lugarteniente *mf* deputy

lúgubre *adj* gloomy

lujo *m* luxury; **no puedo permitirme el ~ de llegar tarde** I can't afford to be late; **nos dimos el ~ de viajar en primera** we treated ourselves and traveled first class; **a todo ~** in style; **de ~** luxury (*before n*); **con ~ de detalles** with a wealth of detail

lujoso -sa *adj* luxurious

lujuria *f* (liter) lust, lechery

lumbago *m* lumbago

lumbre *f* (de hoguera, chimenea) fire; (de la cocina): **puso el cazo en la ~** she put the saucepan on the stove

lumbrera *f* (fam) (persona brillante) genius, whiz* (infml)

luminoso -sa *adj* **(a)** ‹*habitación*› bright, light; ‹*fuente*› luminous; ‹*letrero*› illuminated **(b)** ‹*idea*› bright, brilliant

luna *f* **1** (Astron) moon; **a la luz de la ~** in the moonlight; **hay ~** the moon's out; **~ creciente/menguante/llena/nueva** waxing/waning/full/new moon; **~ de miel** honeymoon; ***estar en la ~*** (fam) to have one's head in the clouds **2** (espejo) mirror; (de puerta, ventana) glass; (escaparate) window; (parabrisas) windshield (AmE), windscreen (BrE) **3** (de la uña) half-moon, lunule (tech)

lunamielero -ra *adj* ‹*hotel/paquete/destino*› honeymoon (*before n*), for honeymooners
■ *m,f* honeymooner

lunar *adj* lunar
■ *m* **(a)** (en la piel) mole; (pintado) beauty spot **(b)** (en el pelo) gray* patch **(c)** (en un diseño) polka-dot

lunático -ca *adj* lunatic (*before n*)
■ *m,f* (ant *u* ofensivo) lunatic (dated *or* offensive)

lunes *m* (*pl* ~) Monday; **el ~ por la mañana/noche** on Monday morning/night; **todos los ~** every Monday; **el próximo ~** next Monday; **el ~ pasado** last Monday; **el ~ es fiesta** Monday is a holiday; **nos vemos el ~** I'll see you on Monday; **los ~ voy a nadar** on Mondays

I go swimming

luneta *f* **1** (Auto) window **2** (Col, Méx) (Teatr) orchestra seats (*pl*) (AmE), front stalls (*pl*) (BrE)

lunfardo *m* Buenos Aires slang

lupa *f* magnifying glass

lustrabotas *mf* (*pl* ~) ▶ **lustrador**

lustrada *f* (AmS) polish, shine

lustrador -dora *m,f* (AmS) bootblack; (niño) shoeshine boy

lustrar [A1] *vt* (esp AmL) ‹*zapatos/muebles*› to polish

■ **lustrarse** *v pron* **1** (esp AmL) ‹*zapatos*› to polish **2** (AmC) (en una actividad) to excel

lustre *m* **(a)** (brillo) shine, luster*; **darle** or **sacarle ~ a algo** to polish sth **(b)** (distinción) glory, distinction

lustrín *m* (AmS) (cajón) bootblack's box; (puesto) shoeshine stand

lustro *m* period of five years

luterano -na *adj/m,f* Lutheran

luto *m* mourning; **estar de ~** to be in mourning; **~ riguroso** deep mourning; **ir de ~** to wear mourning (clothes); **ponerse de ~** to go into mourning

Luxemburgo *m* Luxembourg

luxemburgués -guesa *adj* of/from Luxembourg

✐ **luz** *f* **1** (en general) light; **la ~ del sol** the sunlight; **me da la ~ en los ojos** the light's in my eyes; **a plena ~ del día** in broad daylight; **este reflector da mucha ~** this spotlight is very bright; **leer con poca ~** to read in poor light; **a la ~ de los últimos acontecimientos** in the light of recent events; ***a todas luces*** whichever way you look at it; ***dar a ~*** to give birth; ***sacar algo a la ~*** ‹*secreto/escándalo*› to bring sth to light; ‹*publicación*› to bring out; ***salir a la ~*** «*secreto/escándalo*» to come to light; «*publicación*» to come out **2 (a)** (fam) (electricidad) electricity; **les cortaron la ~** their electricity was cut off; **se fue la ~** (en una casa) the electricity went off; (en una zona) there was a power cut **(b)** (dispositivo) light; **encender** or (AmL) **prender** or (Esp) **dar la ~** to turn on *o* switch on the light; **apagar la ~** to turn off *o* switch off the light; **cruzar con la luz roja** to cross when the lights are red; **luces de estacionamiento** or (Esp) **de situación** parking lights (*pl*) (AmE), sidelights (*pl*) (BrE); **luces de cruce** or **cortas** or (AmL) **bajas** dipped headlights (*pl*); **poner las luces largas** or **altas** to put the headlights on high (AmE) *o* (BrE) full beam; **~ de frenado** stoplight, brake light (BrE); **~ de giro** (Arg) indicator

luzca, **luzcan**, *etc* ▶ **lucir**

Mm

M, m *f* (*read as* /'eme/) the letter M, m

m (= **metro**) m, meter*

macabro -bra *adj* macabre

macaco -ca *m,f* (Zool) macaque

macana *f* **1** (AmL) (de policía) billy club (AmE), truncheon (BrE) **2 (a)** (CS fam) (tontería, disparate): **decir ~s** to talk nonsense; **no hagas la ~ de renunciar** don't be so stupid as to resign (infml) **(b)** (CS fam) (problema) trouble, snag; **¡qué ~ que no puedas venir!** what a shame *o* (infml) drag you can't come! **(c)** (RPl fam) (mentira) lie

macanear [A1] *vt* (Méx) (golpear) to beat

■ ~ *vi* (RPl fam) (mentir) to lie; (decir tonterías) to talk garbage (AmE) *o* (BrE) rubbish (infml)

macanudo -da *adj* (CS, Per fam) great (infml)

macarrón *m* **(a)** (pasta) piece of macaroni; **macarrones** macaroni **(b)** (galleta) macaroon

macedonia *f* (de frutas) fruit salad, macédoine; (de verduras) mixed vegetables (*pl*), macédoine

macerar [A1] *vt* ‹*fruta*› to soak, macerate; ‹*carne*› to marinate, marinade

maceta *f* flowerpot

macetero *m* **(a)** (para tiestos) flowerpot holder **(b)** (AmS) (tiesto) large flowerpot; (jardinera) window box

machacar [A2] *vt* **(a)** ‹*ajo*› to crush; ‹*almendras*› to grind, crush; ‹*piedra*› to crush, pound **(b)** (fam) ‹*contrincante*› to thrash (infml)

■ ~ *vi* **(a)** (fam) (insistir): **~ con** or **sobre algo** to go on *o* harp on about sth (infml) **(b)** (fam) (para un examen) to cram (infml)

machacón -cona *adj* (insistente) insistent; (pesado) tiresome

machamartillo: **a ~** (*loc adj*) ‹*monárquico/feminista*› ardent, staunch; (*loc adv*) firmly

machete *m* (cuchillo) machete

■ *adj inv* (Ven fam) great (infml)

machetero -ra *m,f* (cañero) cane cutter

■ *adj* (Méx fam) persevering

machismo *m* (actitud, ideología) sexism, male chauvinism

machista *adj* sexist, chauvinist

■ *mf* sexist, male chauvinist

macho *m* **1** (Biol, Zool) male; **~ cabrío** billy goat **2** (fam) (hombre fuerte) tough guy (infml); (pey) macho man (infml & derog) **3** (Mec, Tec) pin; (Elec) male (plug); (de un corchete) hook; (en carpintería) peg, pin

■ *adj* **1** ‹*animal/planta*› male; **ballena/elefante ~** bull whale/elephant; **gato ~** tomcat **2** (fam)

✐ key word

(valiente, fuerte) tough, brave; (pey) macho (derog) **3** ‹*pieza*› male

machote -ta *m,f* **(a)** (fam) (hombre) tough guy (infml); (pey) macho man (infml & derog) **(b)** (fam & pey) (mujer) butch woman (infml & derog)

machucar [A2] *vt* **(a)** ‹*fruta*› to bruise **(b)** (fam) ‹*dedo*› to crush **(c)** (Méx) ‹*ajo*› to crush

machucón *m* (AmL fam) (moretón) bruise

macilento -ta *adj* **(a)** ‹*persona/cara*› gaunt, haggard **(b)** ‹*luz*› wan (liter)

macillo *m* hammer

macizo[1] -za *adj* **(a)** [SER] (sólido) solid **(b)** [ESTAR] (fam) ‹*persona*› (robusto) strapping (infml)

macizo[2] *m* (de montañas) massif; (de flores, arbustos) clump

maco *m* (Col) monkey

macramé *m* macramé

macrobiótico -ca *adj* macrobiotic

macroeconomía *f* macroeconomics

macuco -ca *adj* (Chi, Per fam) cute (AmE infml), sharp (BrE infml)

macuto *m* back pack, rucksack (BrE)

madalena *f* ≈ cupcake (AmE), ≈ fairy cake (BrE)

madeja *f* (de lana, hilo) hank, skein

madera *f* (material) wood; (para construcción, carpintería) lumber (esp AmE), timber (BrE); **~ blanda/dura** softwood/hardwood; **es de ~** it's made of wood, it's wooden; **mesa de ~** wooden table; **~ de pino** pine (wood); ***tener ~ de algo*** to have the makings of sth; ***tocar ~*** to knock (on) wood (AmE), touch wood (BrE)

maderero -ra *adj* timber (*before n*); lumber (*before n*) (esp AmE)

■ *m,f* timber merchant

madero *m* (piece of) timber

madrastra *f* stepmother

madrazo *m* (Méx fam) blow; **darle un ~ a algn** to give sb a beating; **películas de ~** violent movies

madre *f* mother; **ser ~** to be a mother; **~ de familia** mother; **~ política** mother-in-law; **~ soltera** single *o* unmarried mother; **~ superiora** Mother Superior; **¡~ mía!** or **¡mi ~!** (my) goodness!, (good) heavens!; ***me vale ~s*** (Méx vulg) I don't give a damn (infml) *o* (vulg) shit; ***salirse de ~*** «*río*» to burst its banks; «*situación*» to get out of hand

madreperla *f* mother-of-pearl

madreselva *f* honeysuckle

Madrid *m* Madrid

madriguera *f* **(a)** (de conejos) warren, burrow; (de zorros) earth; (de tejones) set **(b)** (de maleantes) den, lair

madrileño -ña *adj* of/from Madrid

■ *m,f* person from Madrid

madrina

> ■ **Nota** En inglés *godmother* no se usa como apelativo.

f **1** **(a)** (en bautizo) godmother; (en boda) ≈ matron of honor* **(b)** (de barco) *woman who launches a ship* **2** (Méx fam) paddy wagon (AmE sl), police van (BrE)

madroño *m* (Bot) tree strawberry

madrugada *f* **(a)** (amanecer, alba) dawn, daybreak; **se levantó de ~** (muy temprano) she got up very early (in the morning); (al amanecer) she got up at dawn *o* daybreak **(b)** (después de medianoche) (early) morning; **las tres de la ~** three o'clock in the morning; **llegó de ~** he arrived in the early hours of the morning *o* in the small hours

madrugador -dora *adj*: **ser ~** to be an early riser

madrugar [A3] *vi* to get up early

maduración *f* **(a)** (de fruta) ripening (process) **(b)** (de persona) maturing (process) **(c)** (de idea) development, maturing

madurar [A1] *vi* **(a)** «*fruta*» to ripen **(b)** «*persona*» to mature **(c)** «*ideas*» to mature, come to fruition

■ **~** *vt* **(a)** ‹*fruta*› to ripen **(b)** ‹*plan*› to develop, bring to fruition

madurez *f* **(a)** (de fruta) ripeness **(b)** (de persona) maturity

maduro -ra *adj* **1** [ESTAR] ‹*fruta*› ripe **2** **(a)** [SER] (entrado en años) mature, of mature years **(b)** [SER] (sensato) mature; **es joven pero muy ~** he's young but very mature for his age

maestría *f* **1** (liter) (habilidad) skill, mastery **2** (esp AmL) (Educ) (postgrado) master's degree, master's

maestro -tra *m,f* **1** **(a)** (Educ) teacher, schoolteacher; **maestra jardinera** (Arg, Col) kindergarten teacher, nursery school teacher (BrE) **(b)** (en un arte): **es un ~ de la danza española** he is a master of Spanish dance; **un ~ de las letras españolas** a leading authority *o* an expert on Spanish literature **(c)** (en un oficio) master (*before n*); **~ carpintero** master carpenter **(d)** (Chi) (obrero) builder **2** (Mús) maestro **3** (en ajedrez) master

mafia *f* mafia

mafioso -sa *adj* mafia (*before n*)

■ *m,f* (criminal) gangster, racketeer; (de la Mafia siciliana) mafioso

magdalena *f* (Esp) ≈ cupcake (AmE), ≈ fairy cake (BrE)

magia *f* magic; **hacer ~** to do magic (tricks)

mágico -ca *adj* **(a)** ‹*poderes/número*› magic (*before n*) **(b)** ‹*belleza/ambiente*› magical

magisterio *m* (enseñanza) teaching; (carrera) teacher training; **estudia ~** he's training to be a teacher

magistrado -da *m,f* judge

magistral *adj* ‹*actuación/libro*› masterly; ‹*tono/actitud*› magisterial (fml)

magnánimo -ma *adj* magnanimous

magnate *mf* magnate, tycoon; **los ~s de la prensa** the press barons

magnesia *f* magnesia

magnesio *m* magnesium

magnético -ca *adj* magnetic

magnetismo *m* magnetism

magnetófono, magnetofón *m* (reel-to-reel) tape recorder

magnífico -ca *adj* **(a)** (estupendo) ‹*edificio/panorama*› magnificent, superb; ‹*espectáculo/escritor/oportunidad*› marvelous*, wonderful; **¡~!** excellent! **(b)** (suntuoso) magnificent, splendid

magnitud *f* magnitude; **la ~ de la tragedia** the extent *o* magnitude of the tragedy
magnolia *f* magnolia
mago -ga *m,f* **(a)** (prestidigitador) conjurer, magician **(b)** (en cuentos) wizard, magician **(c)** (persona habilidosa) wizard
magro -gra *adj* lean
magulladura *f* bruise
magullar [A1] *vt* to bruise
■ **magullarse** *v pron* to bruise
mahometano -na *adj* Islamic
■ *m,f* follower of Islam
mahonesa *f* mayonnaise
maicena® *f* cornstarch (AmE), cornflour (BrE)
maillot /ma'ʏo(t)/ *m* **(a)** (traje de baño) swimsuit **(b)** (de ciclista) jersey
♂ **maíz** *m* (planta) maize, corn (AmE); (Coc) corn (AmE), sweet corn (esp BrE); **~ tostado** or **pira** or **tote** (Col) popcorn
maizal *m* cornfield (AmE), maize field (BrE)
maizena® *f* cornstarch (AmE), cornflour (BrE)
majadería *f* (fam) **(a)** (cualidad) stupidity **(b)** (dicho, acto): **no dice más que ~s** he talks a lot of rubbish *o* nonsense (infml); **fue una ~** it was a stupid thing to do
majadero -ra *adj* (fam) (insensato) stupid
■ *m,f* clown (infml)
majar [A1] *vt* to crush
maje *mf* **1** (AmC arg) (individuo) (*m*) guy (infml), bloke (BrE infml); (*f*) girl **2** (Méx fam) (persona crédula) sucker (infml)
majestad *f* **1** (aspecto grandioso) majesty **2** **su M~** (al referirse — al rey) His Majesty; (— a la reina) Her Majesty; (al dirigirse al rey, a la reina) Your Majesty; **sus M~es los Reyes** Their Majesties the King and Queen
majestuosidad *f* majesty
majestuoso -sa *adj* majestic
majo -ja *adj* (Esp fam) **(a)** (simpático) nice **(b)** (guapo) ‹*hombre*› handsome, good-looking; ‹*mujer*› good-looking, pretty **(c)** ‹*casa/vestido*› lovely, nice
♂ **mal** *adj* ▶ **malo**
■ *adj inv* **1** [ESTAR] (enfermo) ill; (anímicamente) in a bad way (infml); (incómodo) uncomfortable; **andar ~ del estómago** to have trouble with one's stomach; **¡este está ~ de la cabeza!** he's not right in the head; **esas cosas me ponen ~** things like that really upset me **2** (fam) (*en frases negativas*) (refiriéndose al aspecto): **no está nada ~** she's/he's/it's not at all bad (infml) **3** (insatisfactorio): **estoy** or **salí muy ~ en esta foto** I look awful in this photograph; **le queda ~ ese color** that color doesn't suit her **4** [ESTAR] (incorrecto) wrong **5** (indicando escasez) **estar** *or* **ir ~** DE **algo** (de dinero/tiempo) to be short OF sth
■ *adv* **1** (de manera no satisfactoria) ‹*vestir/cantar/jugar*› badly; **le fue ~ en los exámenes** his exams went badly; **te oigo muy ~** I can hardly hear you; **el negocio marcha ~** the business isn't doing well; ***de ~ en peor*** from bad to worse **2** (desfavorablemente) badly, ill; **hablar ~ de algn** to speak badly *o* ill of sb **3** **(a)** (de manera errónea) wrong, wrongly; **te han informado ~** you've been badly *o* wrongly informed; **te entendí ~** I misunderstood you **(b)** (de manera reprensible) ‹*obrar/partarse*› badly; **haces ~ en no ir a verla** it's wrong of you not to go and see her; **me contestó muy ~** she answered me very rudely **4** (desagradable) ‹*oler/saber*› bad; **aquí huele ~** there's a horrible smell *o* it smells in here **5** (*en locs*) **hacer mal** (AmL) (a la salud): **esto hace ~ al hígado** this is bad for the liver; **el pescado me hizo ~** the fish didn't agree with me; **menos mal: ¡menos ~!** thank goodness!; **¡menos ~ que le avisaron a tiempo!** it's just as well they told him in time!; ***tomarse algo a ~*** to take sth to heart
■ *m* **1** (Fil) evil; **el bien y el ~** good and evil, right and wrong **2** (daño, perjuicio): **el divorcio de sus padres le hizo mucho ~** her parents' divorce did her a lot of harm **3** (cosa dañina) ill, evil; **los ~es sociales** the social ills; ***no hay ~ que por bien no venga*** every cloud has a silver lining **4** (Med) (liter) (enfermedad) illness; **tiene ~ de amores** (fam) he's lovesick; **~ de (las) altura(s)** altitude sickness, mountain sickness **5** (pena) trouble
malabarismo *m* juggling; ***hacer ~s*** «*malabarista*» to juggle; (en situación difícil) to do a juggling *o* balancing act
malabarista *mf* juggler
malacostumbrado -da *adj* spoiled*, pampered
malacostumbrar [A1] *vt* to spoil
■ **malacostumbrarse** *v pron* to become spoilt
malacrianza *f* (AmL) rudeness
malaria *f* malaria
Malasia *f* Malaysia
malasio -sia *adj/m,f* Malaysian
malayo[1] **-ya** *adj/m,f* Malay
malayo[2] *m* (idioma) Malay
malcriado -da *adj* (mimado) spoiled*; (travieso) bad-mannered, badly brought up
malcriar [A17] *vt* to spoil, bring ... up badly
maldad *f* **(a)** (cualidad) evilness, wickedness **(b)** (acto) evil deed, wicked thing
maldecir [I25] *vt* to curse
■ **~** *vi* **(a)** (renegar) to curse; **~** DE **algo/algn** to speak ill OF sth/sb **(b)** (blasfemar) to swear, curse (AmE)
maldición *f* **(a)** (imprecación) curse; **nos echó una ~** she put a curse on us **(b)** (palabrota) swearword; **soltó una ~** he swore
maldiga, maldijo, *etc* ▶ **maldecir**
maldito -ta *adj* (fam) (expresando irritación) damn (*before n*) (infml), wretched (*before n*) (infml); **¡este ~ ruido!** this damn *o* wretched noise!; **¡maldita/~ sea!** damn (it)! (infml)
maldoso -sa *adj* (Méx) mischievous
malecón *m* **(a)** (rompeolas) breakwater; (embarcadero) jetty **(b)** (AmL) (paseo marítimo) seafront
maleducado -da *adj* rude, bad-mannered
maléfico -ca *adj* ‹*poderes/espíritus*› evil; ‹*influencia*› harmful
malenseñado -da *adj* (CS) (maleducado) rude, bad-mannered; (mimado) spoiled
malenseñar [A1] *vt* (CS) to spoil

♂ key word

malentender [E8] *vt* to misunderstand
malentendido *m* misunderstanding
malestar *m* **(a)** (Med) discomfort **(b)** (desazón, inquietud) unease
maleta *f* **1** (valija) suitcase, case; **hacer la ~** to pack (one's case) **2** (Chi, Per) ▶ **maletera**
maletera *f* (Chi, Per) trunk (AmE), boot (BrE)
maletero *m* **(a)** (Auto) trunk (AmE), boot (BrE) **(b)** (mozo de estación) porter
maletín *m* (para documentos) briefcase; (maleta pequeña) overnight bag, small case; (de médico) bag
malévolo -la *adj* malevolent, malicious
maleza *f* **1** (espesura) undergrowth; (malas hierbas) weeds (*pl*) **2** (AmL) (mala hierba) weed
malformación *f* malformation
malgastador -dora *adj* wasteful, spendthrift ■ *m,f* squanderer, spendthrift
malgastar [A1] *vt* ‹*tiempo/esfuerzo*› to waste; ‹*dinero/herencia*› to squander
malhablado -da *adj* foul-mouthed
malhechor -chora *m,f* criminal, delinquent
malhumorado -da *adj* **(a)** [SER] ‹*persona/ gesto*› bad-tempered **(b)** [ESTAR] ‹*persona*› in a bad mood
malicia *f* **(a)** (intención malévola) malice, malevolence **(b)** (picardía) mischief
malicioso -sa *adj* **(a)** (malintencionado) malicious, spiteful **(b)** (pícaro) mischievous
maligno -na *adj* **(a)** ‹*tumor*› malignant **(b)** ‹*persona/intención*› evil; ‹*influencia*› harmful, evil
malinchista *adj* (Méx) *preferring foreign things*
malinformar [A1] *vt* (CS fml) to misinform (fml)
malintencionado -da *adj* ‹*persona/palabras*› malicious, spiteful; ‹*golpe*› malicious
malinterpretar [A1] *vt* to misinterpret
malla *f* **1** (red) mesh; **una ~ para los insectos** a screen *o* mesh to stop insects **2** **(a)** (para gimnasia) leotard; **~ de baño** (RPl) bathing suit, swimsuit **(b)** **mallas** *fpl* (medias) tights (*pl*); (sin pie) leggings (*pl*)
Mallorca *f* Majorca
mallorquín[1] -quina *adj/m,f* Majorcan
mallorquín[2] *m* (idioma) Majorcan
mallugar [A3] *vt* (Méx, Ven) to bruise
malnutrición *f* malnutrition
malnutrido -da *adj* malnourished
malo -la *adj* [*The form* ▶ **mal** *is used before masculine singular nouns*] **1** **(a)** [SER] (en general) bad; **una novela mala** a bad novel; **un mal amigo** a bad friend; **una mala caída** a bad fall; **soy muy ~ para los números** I'm very bad with figures; **¡qué mala suerte** or (fam) **pata!** what bad luck!, how unlucky!; **lo ~ es que ...** the thing *o* trouble is that ...; **las malas compañías** bad company; **mala hierba** weed; **~s tratos** ill-treatment; **es ~ tomar tanto sol** it's not good to sunbathe so much; **tienes mala cara** or **mal aspecto** you don't look well **(b)** ‹*calidad/ visibilidad*› poor; **tiene mala ortografía** her spelling is poor; ***estar de malas*** (de mal humor) (fam) to be in a bad mood; (con mala suerte) (esp AmL) to be unlucky; ***más vale ~ conocido que bueno por conocer*** better the devil you know (than the devil you don't) **2** [SER] ‹*persona*› (en sentido ético) nasty; (travieso) naughty; **¡qué ~ eres con tu hermano!** you're really horrible *o* nasty to your brother; **no seas mala, préstamelo** don't be mean *o* rotten, lend it to me (infml); **una mala mujer** a loose woman; **una mujer mala** a wicked *o* an evil woman; **lo hizo a** or **con mala idea** he did it deliberately *o* to be nasty; **mala palabra** (esp AmL) rude *o* dirty word; **dicen las malas lenguas que ...** (fam) there's a rumor going around that ..., people are saying that ...; ***hacerse mala sangre*** to get upset; *ver tb* **leche 3** **3** [ESTAR] **(a)** (en mal estado) ‹*alimento*› **el pescado/queso está ~** the fish/cheese has gone bad, that fish/cheese is off (BrE) **(b)** (Esp, Méx fam) (enfermo) sick (AmE), ill (BrE); **el pobre está malito** the poor thing's not very well (infml) ■ *m,f* (leng infantil *o* hum) baddy (infml)
malograr [A1] *vt* ‹*oportunidad*› to waste; ‹*trabajo*› to ruin, spoil
■ **malograrse** *v pron* **1** «*proyecto/cosecha*» to fail **2** **(a)** «*persona*» (morir joven) to die young *o* before one's time **(b)** (Per) «*reloj*» to stop working; «*lavadora*» to break down
maloliente *adj* stinking, smelly
malparado -da *adj*: **salir ~** to come off badly
malpensado -da *adj*: **no seas ~** why do you always think the worst of people?
malsano -na *adj* ‹*clima/lugar*› unhealthy; ‹*influencia*› bad, unhealthy
malsonante *adj* rude
malta *f* **(a)** (cereal) malt **(b)** (Chi) (cerveza) stout
malteada *f* (AmL) milk shake
maltratar [A1] *vt* **(a)** ‹*persona/animal*› to maltreat, ill-treat, mistreat; (pegar) ‹*niño/ mujer*› to batter **(b)** ‹*juguete/coche*› to mistreat, treat ... very roughly
maltrecho -cha *adj*: **lo dejaron muy ~** they left him in a bad way
malucho -cha *adj* (fam) (algo enfermo) **estar ~** to be *o* feel under the weather (infml)
malva *adj inv/m* mauve
■ *f* mallow; **~ real** hollyhock, rose mallow (AmE)
malvado -da *adj* wicked, evil
malvavisco *m* marshmallow
malvender [E1] *vt* to sell ... off cheap, sell ... at a loss
malversación *f tb* **~ de fondos** embezzlement (of funds)
malversar [A1] *vt* to embezzle, misappropriate
Malvinas *fpl*: **las ~** the Falkland Islands, the Falklands
malvón *m* (RPl, Méx) geranium
mama *f* (Anat) breast; (Zool) mammary gland
mamá *f* (*pl* **-más**) (fam) mom (AmE infml), mum (BrE infml); (usado por niños) mommy (AmE infml), mummy (BrE infml)
mamadera *f* (CS, Per) (biberón) (feeding) bottle, baby bottle
mamado -da *adj* **(a)** (fam) (borracho) tight (infml), sloshed (infml) **(b)** (Col, Ven fam) (cansado) dead beat (infml), shattered (infml); (aburrido) bored
mamar [A1] *vi* **1** **(a)** «*bebé*» to feed; **dar de ~** to breastfeed **(b)** «*gato/cordero*» to suckle **2** (fam) (beber alcohol) to booze (infml)

mameluco *m* (AmL) **(a)** (de niño, bebé) rompers (*pl*), romper suit (BrE) **(b)** (pantalón con peto) overalls (*pl*) (AmE), dungarees (*pl*) (BrE); (de trabajo) coveralls (*pl*) (AmE), overalls (*pl*) (BrE)

mamífero *adj* mammalian
▪ *m* mammal

mamila *f* (Méx) (biberón) (feeding) bottle; (tetilla) nipple (AmE), teat (BrE)

mampara *f* **(a)** (biombo, tabique) screen, partition **(b)** (Chi, Per) (puerta) inner door

mampostería *f* masonry

manada *f* **(a)** (Zool) (de elefantes) herd; (de leones) pride; (de lobos) pack **(b)** (fam) (de gente) herd

Managua *f* Managua

managüense *adj* of/from Managua

manantial *m* (de agua) spring

manar [A1] *vi* to pour

manatí *m* manatee

mancha *f* **1** **(a)** (de suciedad) spot, mark; (difícil de quitar) stain; **una ~ de grasa** a grease stain; **~s de humedad** damp patches; **~ de petróleo** oil slick **(b)** (borrón) blot **2** **(a)** (en la piel) mark **(b)** (en el pelaje, las plumas) patch; (del leopardo) spot **3** (liter) (imperfección, mácula) stain; **sin ~** ‹*alma*› pure; ‹*reputación*› spotless **4** (Per fam) (pandilla) gang

manchado -da *adj* ‹*mantel/vestido*› stained; **está ~ de vino** it has wine stains on it; **~ de sangre** blood-stained

manchar [A1] *vt* **1** (ensuciar) to mark, get ... dirty; (de algo difícil de quitar) to stain **2** ‹*reputación/honra/memoria*› to tarnish
▪ **~** *vi* to stain
▪ **mancharse** *v pron* **(a)** «*ropa/mantel*» to get dirty; (de algo difícil de quitar) to get stained; **~se** DE *or* CON **algo** to get stained WITH sth **(b)** (*refl*) «*persona*» to get dirty; **me manché la blusa de aceite** I got oil stains on my blouse

manchego -ga *adj* of/from La Mancha

manco -ca *adj*: **es ~ de un brazo/una mano** he only has one arm/hand

mancomunidad *f* community, association; **M~ Británica de Naciones** British Commonwealth

mancorna *f* (Col) cufflink

mancuernilla *f* (Méx) cufflink

manda *f* (Chi, Méx) offering, promise

mandadero -ra *m,f* (esp AmL) (*m*) office boy; (*f*) office girl

mandado¹ -da *adj* (Méx fam): **es muy ~** he's a real opportunist; **no seas mandada, solo te ofrecí uno** don't be so greedy, I only offered you one (infml)
▪ *m,f* (esp Esp) (subordinado) minion (hum *or* derog); **no soy más que un ~** I'm just following orders

mandado² m **(a)** (esp AmL) (compra): **hacer los ~s** or (Méx) **ir al ~** to do the shopping **(b)** (Méx) (cosa comprada): **¿me trajiste el ~?** did you get the shopping *o* the things I asked you for? **(c)** (diligencia) errand

mandamiento *m* **1** (Relig) commandment **2** (orden) order; (Der) warrant, order

✓ **mandar** [A1] *vt* **1** **(a)** (ordenar): **a mí nadie me manda** nobody tells me what to do, nobody orders me about; **haz lo que te mandan** do as you're told; **la mandó callar** he told *o* ordered her to be quiet; **mandó que sirvieran la comida** she ordered lunch to be served **(b)** (recetar) to prescribe; **el médico le mandó descansar** the doctor advised him to rest **2** (enviar) to send; **la mandé por el pan** I sent her out to buy the bread **3** (AmL) (tratándose de encargos): **mis padres me ~on llamar** my parents sent for me; **mandó decir que ...** she sent a message to say that ...; **~ algo a arreglar** to get *o* have sth mended **4** (AmL fam) (arrojar, lanzar): **mandó la pelota fuera de la cancha** he kicked/sent/hit the ball out of play
▪ **~** *vi* (ser el jefe) to be in charge, be the boss (infml); **¿mande?** (Méx) (I'm) sorry?, pardon?; **¡María! — ¿mande?** (Méx) María! — yes?

mandarina *f* (Bot, Coc) mandarin (orange), tangerine

✓ **mandatario -ria** *m,f* (Pol) *tb* **primer ~/primera mandataria** head of state

✓ **mandato** *m* **1** **(a)** (período) term of office **(b)** (orden) mandate **2** (Der) mandate

mandíbula *f* jaw

mandil *m* (delantal) leather apron

mandioca *f* (planta) cassava; (fécula) tapioca

✓ **mando** *m* **1** (en general) command; **entregarle el ~ a algn** to hand over command to sb; **dotes de ~** leadership qualities; **estar al ~ (de algo)** to be in charge (of sth) **2** (Auto, Elec) control; **~ a distancia** remote control

mandolina *f* mandolin

mandón -dona *adj* bossy

mandonear [A1] *vt* (fam) to boss ... around (infml)

mandril *m* (Zool) mandrill

manearse [A1] *v pron* (Chi fam) to get in a tangle (infml), to be all fingers and thumbs (infml)

manecilla *f* hand; **la ~ grande/pequeña** the minute/hour hand

manejable *adj* **1** ‹*coche*› maneuverable*; ‹*máquina*› easy-to-use; ‹*pelo*› manageable **2** ‹*persona*› easily led, easily manipulated

✓ **manejar** [A1] *vt* **1** (usar) ‹*herramienta/arma/diccionario*› to use; ‹*máquina*› to use, operate **2** (dirigir, llevar) ‹*negocio/empresa*› to manage; ‹*asuntos*› to manage, handle **3** (manipular) to manipulate **4** (AmL) ‹*auto*› to drive
▪ **~** *vi* (AmL) to drive
▪ **manejarse** *v pron* **1** (desenvolverse) to get by, manage **2** (Col) (comportarse) to behave

✓ **manejo** *m* **1** (uso): **el ~ de la máquina es muy sencillo** the machine is easy to use *o* operate; **su ~ de la lengua** his use of the language **2** (de asunto, negocio) management **3** (AmL) (Auto) driving

✓ **manera** *f* **1** (modo, forma) way; **yo lo hago a mi ~** I do it my way; **a ~ de** by way of; **de todas ~s** anyway; **su ~ de ser** the way she is; **se puede ir vestido de cualquier ~** you can dress however you want; **no lo pongas así, de cualquier ~** don't just put it in any which way (AmE) *o* (BrE) any old how; **de ninguna ~ lo voy a permitir** there's no way I'm going to allow it;

✓ key word

de alguna ~ tendré que conseguirlo I'll have to get it somehow (or other); **no hay/hubo ~** it is/it was impossible; **de ~ que** so; **de mala ~** ‹*contestar*› rudely; ‹*tratar*› badly **2 maneras** *fpl* (modales) manners (*pl*)

manga *f* **1** **(a)** (de abrigo, blusa) sleeve; **sin ~s** sleeveless; **de ~ corta/larga** short-sleeved/long-sleeved; **en ~s de camisa** in shirtsleeves; ***tener (la) ~ ancha*** to be tolerant *o* lenient **(b)** (capa de jerga) (AmC) poncho **2** (Coc) (filtro) strainer; (para repostería) *tb* **~ pastelera** pastry bag **3** (Dep) round **4** (manguera) hose; **~ de incendio** fire hose; **~ de riego** hosepipe **5** (AmL) (de langostas) swarm

manglar *m* mangrove swamp

mangle *m* mangrove

mango *m* **1** (de cuchillo, paraguas) handle **2** (Bot) (árbol) mango (tree); (fruta) mango **3** (Méx fam & hum) (persona atractiva): **es un ~** «*mujer*» she's a real stunner (infml); «*hombre*» he's a real hunk (infml)

mangonear [A1] *vi* (fam) **(a)** (mandonear) to order *o* (infml) boss people around **(b)** (entrometerse) to meddle

■ **~** *vt* (fam) to boss ... around (infml)

mangosta *f* mongoose

manguera *f* (para regar) hose, hosepipe; (de bombero) hose

maní *m* (*pl* **-níes** *or* crit **-nises**) (AmC, AmS) peanut

manía *f* **1** (obsesión, capricho): **tiene sus ~s** he has his funny little ways; **tiene la ~ de la limpieza** she has a mania for cleanliness *o* (infml) a thing about cleaning; **le ha dado la ~ de vestirse de negro** she has this fad *o* craze of dressing in black; **~ persecutoria** or **de persecución** persecution complex *o* mania **2** (antipatía): **tenerle ~ a algn** to have it in for sb (infml)

maniaco -ca, **maníaco -ca** *m,f* **(a)** (Psic) manic **(b)** (fam) (loco) maniac; **~ sexual** sex maniac

maniatar [A1] *vt* **(a)** ‹*persona*› **los ladrones lo ~on** the burglars tied his hands **(b)** ‹*animal*› to hobble

maniático -ca *adj* **(a)** (delicado, difícil) finicky, fussy **(b)** (obsesionado) obsessive

manicero -ra *m,f* (AmC, AmS) peanut seller

manicomio *m* (ant *u* ofensivo) mental hospital (dated *or* offensive), lunatic asylum (dated *or* offensive)

manicura *f* manicure; **hacerse la ~** (*refl*) to do one's nails; (*caus*) to have a manicure

manido -da *adj* ‹*frase*› hackneyed; ‹*tema*› stale

manifestación *f* **1** (Pol) demonstration **2** (expresión, indicio) sign; **las manifestaciones artísticas culturales de la época** the artistic cultural expression of the era

manifestante *mf* demonstrator

manifestar [A5] *vt* **(a)** (expresar) ‹*desaprobación/agradecimiento*› to express; **~on su apoyo a esta propuesta** they expressed their support for the proposal **(b)** (demostrar) ‹*emociones*› to show

■ **manifestarse** *v pron* **1** (hacerse evidente) to become apparent *o* evident; (ser evidente) to be apparent *o* evident **2** (Pol) to demonstrate, take part in a demonstration **3** (dar opinión): **~se en contra/a favor de algo** to express one's opposition to/support for sth

manifiesta, **manifiestas**, *etc* ▸ **manifestar**

manifiesto[1] **-ta** *adj* (fml) manifest (fml), evident (fml); **poner algo de ~** to highlight sth; **quedar de ~** to become plain *o* obvious *o* evident

manifiesto[2] *m* (Pol) manifesto

manija *f* (esp AmL) handle

manilla *f* **(a)** (de reloj) hand **(b)** (de cajón) handle **(c)** (Col) (guante) baseball glove

manillar *m* (esp Esp) handlebars (*pl*)

maniobra *f* maneuver*; **estar de ~s** (Mil) to be on maneuvers

maniobrar [A1] *vi/vt* to maneuver*

manipulador -dora *adj* manipulative

■ *m,f* (aprovechado) manipulator

manipular [A1] *vt* **1** **(a)** ‹*mercancías*› to handle **(b)** ‹*aparato/máquina*› to operate, use **2** ‹*persona/información/datos*› to manipulate; **~ los resultados** to fix *o* rig the results

maniquí *mf* **(a)** (persona) model **(b) maniquí** *m* (de sastre, escaparate) mannequin, dummy

manirroto -ta *adj* **(a)** (fam) extravagant **(b)** (generoso) generous, open-handed

■ *m,f* (fam) spendthrift

manitas *mf* (Esp, Méx fam) handyman (infml)

manito -ta *m,f* ▸ **mano**[2]

manivela *f* crank, handle

manjar *m* delicacy; **~ blanco** (Andes) ▸ **dulce b**

mano[1] *f* **1** **(a)** (Anat) hand; **tengo las ~s sucias** my hands are dirty; **levantar la ~** to raise one's hands, put one's hand up; **¡~s arriba!** or **¡arriba las ~s!** hands up!; **con la ~ en el corazón** hand on heart; **le hizo adiós con la ~** he waved goodbye to her; **su carta pasó de ~ en ~** her letter was passed around; **darle la ~ a algn** (para saludar) to shake hands with sb, to shake sb's hand; (para ayudar, ser ayudado) to give sb one's hand; **dame la ~** hold my hand; **me tendió la ~** he held out his hand to me; **me tomó de la ~** she took me by the hand; **ir (tomados) de la ~** to walk hand in hand; **~ de obra** labor **(b)** (Zool) (de oso, perro) paw; (de mono) hand; (Equ) forefoot, front foot **2** (control, posesión) *gen* **~s** hands (*pl*); **ha cambiado de ~s** it has changed hands; **cayó en ~s del enemigo** it fell into the hands of the enemy; **haré todo lo que esté en mis ~s** I will do everything in my power; **la oportunidad se nos fue de las ~s** we let the opportunity slip through our fingers; **se tomó la justicia por su propia ~** he took the law into his own hands **3** (en fútbol) handball **4** (del mortero) pestle **5** (de pintura, barniz) coat **6** (Jueg) (vuelta, juego) hand; (conjunto de cartas) hand; (jugador): **soy/eres ~** it's my/your lead **7** (*en locs*) **a mano** (no a máquina) by hand; **hecho a ~** handmade; **escrito a ~** handwritten; **tejido a ~** handwoven; **las tiendas me quedan muy a ~** the shops are very close by *o* near; **siempre tengo un diccionario a ~** I always keep a dictionary by me; **a la mano** (AmL) close at hand; **de mano** hand (*before n*); **en mano** ‹*lápiz/copa*› in hand; ***agarrar*** or (esp Esp) ***coger a algn con las ~s en la masa*** to catch sb red-handed; ***agarrarle*** or ***tomarle la ~ a algo*** (CS fam) to get the hang of sth (infml); ***bajo ~*** on the quiet, on the sly (infml); ***con las ~s vacías*** empty-handed; ***darse la ~*** (para saludar) to shake hands; (para cruzar, jugar, etc) to hold hands; ***de segunda ~*** secondhand; ***echar*** or ***dar una ~*** to give *o* lend a hand; ***echar ~ a algo*** (fam) to grab sth; ***estar/quedar a ~*** (AmL fam) to be even *o* quits (infml); ***lavarse las ~s*** to wash one's hands; ***levantarle la ~ a algn*** to raise one's hand to sb; ***llegar*** or ***pasar a las ~s*** to come to blows; ***pedir la ~ de algn*** to ask for sb's hand in marriage; ***ser la ~ derecha de algn*** to be sb's right-hand man/woman; ***tenderle una ~ a algn*** to offer sb a (helping) hand; ***tener ~ dura*** to have a firm hand; ***tener ~ para algo*** to be good at sth; ***traerse algo entre ~s*** to be up to sth (infml) **8** **(a)** (lado) side; **queda de esta ~** it's on this side of the street; **a ~ derecha** on the right **(b)** (Auto) side of the road

mano² -na *m,f* (AmL fam) (apelativo) buddy (AmE infml), mate (BrE infml)

manojo *m* bunch; ***ser un ~ de nervios*** to be a bundle of nerves

manoseado -da *adj* **(a)** ‹*libro*› well-thumbed; **fruta manoseada** fruit that has been handled by lots of people **(b)** ‹*tema*› hackneyed, well-worn

manosear [A1] *vt* **(a)** ‹*objeto*› to handle **(b)** (fam) ‹*persona*› to grope (infml)

manotada *f* (Col) handful

manotazo *m* swipe

m

mansalva: **a ~** (*loc adv*) ‹*disparar*› at close range

mansión *f* mansion; **~ señorial** stately home

manso -sa *adj* **(a)** ‹*caballo*› tame; ‹*toro*› docile; ‹*perro*› friendly **(b)** (liter) ‹*río*› gently-flowing (liter)

manta *f* **1** (de cama) blanket **2** (Chi) (poncho) poncho **3** (Méx) (tela) *a coarse muslin-like cloth*, calico (BrE)

manteca *f* **(a)** (grasa) fat; (de cerdo) lard **(b)** (mantequilla) (RPl) butter; **~ de cacao** cocoa butter; **~ de maní** (RPl) peanut butter

mantecoso -sa *adj* greasy

mantel *m* (de mesa) tablecloth; (del altar) altar cloth; **~ individual** place mat

mantelería *f* table linen

mantención *f* (CS) maintenance

✓ **mantener** [E27] *vt* **1** (económicamente) ‹*familia/persona*› to support, maintain; ‹*amante*› to keep **2** (conservar, preservar) to keep; **~ la calma** to keep calm; **~ el equilibrio** to keep one's balance; **~ algo en equilibrio** to balance sth; **para ~ su peso actual** to maintain his present weight **3** **(a)** ‹*conversaciones*› to have; ‹*contactos*› to maintain, keep up; ‹*correspondencia*› to keep up; ‹*relaciones*› to maintain **(b)** (cumplir) ‹*promesa/palabra*› to keep **4** (afirmar, sostener) to maintain

■ **mantenerse** *v pron* **1** (sustentarse económicamente) to support oneself **2** (en cierto estado, cierta situación) to keep; **~se en forma** to keep fit; **la torre aún se mantiene en pie** the tower is still standing; **~se en contacto (con algn)** to keep in touch (with sb) **3** (alimentarse): **~se a base de latas** to live off tinned food

✓ **mantenimiento** *m* maintenance; **ejercicios de ~** keep-fit exercises

mantequilla *f* butter; **~ de cacao** (Chi, Per) cocoa butter

mantequillera *f* butter dish

mantiene, **mantienes**, *etc* ▸ **mantener**

mantilla *f* **(a)** (de mujer) mantilla **(b)** (de bebé) terry diaper (AmE), terry nappy (BrE)

manto *m* (Indum) cloak

mantón *m* shawl

mantuve, **mantuvo**, *etc* ▸ **mantener**

manual *adj* ‹*trabajo/destreza*› manual; **tener habilidad ~** to be good with one's hands

■ *m* manual, handbook

manualidades *fpl* handicrafts (*pl*)

manubrio *m* **(a)** (manivela) crank, handle **(b)** (AmL) (de bicicleta) handlebars (*pl*) **(c)** (Chi, Par) (de auto) steering wheel

manufacturar [A1] *vt* to manufacture

manuscrito¹ -ta *adj* hand-written, manuscript (fml)

manuscrito² *m* manuscript

manutención *f* maintenance

manzana *f* **1** (Bot) apple **2** (de edificios) block; **dar una vuelta a la ~** to go round the block **3** (AmL) (Anat) *tb* **~ de Adán** Adam's apple

manzanar *m* apple orchard

manzanilla *f* (planta) camomile; (infusión) camomile tea

■ *m* manzanilla (*dry sherry*)

manzano *m* apple tree

maña *f* **1** (habilidad) skill, knack (infml); **tener** or **darse ~ para algo** to be good at sth; ***más vale ~ que fuerza*** brain is better than brawn **2** **mañas** *fpl* (artimañas) wiles (*pl*), guile **3** (capricho) bad habit; (manía) (AmL fam): **tiene ~s de viejo** he's like an old man with all his funny little ways (infml); **tiene la ~ de morderse las uñas** he has the annoying habit of biting his nails

✓ **mañana** *adv* tomorrow; **pasado ~** the day after tomorrow; **~ por la ~** tomorrow morning; **adiós, hasta ~** goodbye, see you tomorrow; **el día de ~** tomorrow

■ *m* future

■ *f* morning; **a la ~ siguiente** (the) next *o* the following morning; **a media ~ nos reunimos** we met mid-morning; **a las nueve de la ~** at nine (o'clock) in the morning; **en** or (esp Esp) **por** or (RPl) **a la(s) ~(s)** in the morning; **muy de ~** very early in the morning; **el tren de la ~** the morning train

mañanero -ra *adj* (fam): **soy muy ~** I'm a very early riser

mañanitas *fpl* (en Méx) *song often sung on birthdays*

mañosear [A1] *vi* (Chi fam) to play *o* act up (infml)

mañoso -sa *adj* **1** (habilidoso) good with one's hands **2** (AmL) (caprichoso) difficult

mapa *m* map; **~ de carreteras** road map; **cambios en el ~ político** changes in the political scene *o* landscape; ***desaparecer del ~*** to disappear off the face of the earth

mapache *m* racoon

✓ key word

mapamundi *m* map of the world, world map

mapurite *m* (AmC, Ven) skunk

maqueta *f* (de edificio) model, mock-up

maquiladora *f* (Méx) (cross-border) assembly plant

maquillador -dora *m,f* makeup artist

maquillaje *m* makeup; **~ de fondo** foundation

maquillar [A1] *vt* to make up

■ **maquillarse** *v pron* to put one's makeup on, to make up

máquina *f* **1** **(a)** (aparato) machine; **¿se puede lavar a ~?** can it be machine-washed?; **escribir a ~** to type; **~ de afeitar** safety razor; (eléctrica) electric razor, shaver; **~ de coser/lavar** sewing/washing machine; **~ de escribir** typewriter; **~ expendedora** vending machine; **~ tragamonedas** or (Esp) **tragaperras** slot machine, fruit machine **(b)** (Jueg) fruit machine; (Fot) camera **2** **(a)** (Ferr, Náut) engine **(b)** (Ven fam) (auto) car

maquinación *f* plot, scheme

maquinar [A1] *vt* to plot, scheme

maquinaria *f* **(a)** (conjunto) machinery **(b)** (mecanismo) mechanism; **la ~ del estado** the state machinery

maquinilla *f* **1** *tb* **~ de afeitar** safety razor; (eléctrica) electric razor, shaver **2** (AmC) (máquina de escribir) typewriter

maquinista *mf* **1** (operador de una máquina) machine operator **2** (Ferr) engine driver, engineer (AmE); (Náut) engineer

mar *m* (*sometimes f in literary language and in set idiomatic expressions*) **1** (Geog) sea; **a orillas del ~** by the sea; **el fondo del ~** the seabed, the bottom of the sea; **~ abierto** open sea; **la corriente llevó la barca ~ adentro** the boat was swept out to sea by the current; **hacerse a la ~** (liter) to set sail; **por ~** by sea; **~ Cantábrico** Bay of Biscay; **~ de las Antillas** Caribbean Sea; **~ Mediterráneo** Mediterranean Sea; **~ gruesa** rough *o* heavy sea **2** (costa): **prefiero el ~ a la montaña** I prefer the seaside to the mountains

maraca *f* maraca

maracuyá *m* passion fruit

maraña *f* tangle; **la ~ burocrática** the tangle of bureaucracy

maratón *m or f* marathon

maravilla *f* **1** (portento, prodigio) wonder; **las ~s de la tecnología moderna** the wonders of modern technology; **mi secretaria es una verdadera ~** my secretary is absolutely wonderful; ***a las mil ~s*** marvelously; ***de ~*** wonderfully; ***hacer ~s*** to work wonders **2** (Bot) marigold

maravillar [A1] *vt* to amaze, astonish

■ **maravillarse** *v pron* to be amazed *o* astonished; **~se** DE **algo/algn** to marvel AT sth/sb

maravilloso -sa *adj* marvelous*, wonderful

marca *f* **1** **(a)** (señal, huella) mark **(b)** (en el ganado) brand **2** (Com) (de coches, cámaras) make; (de productos alimenticios, cosméticos, etc) brand; **comprar artículos de ~** to buy brand products *o* brand names; **ropa de ~** designer clothes; **~ patentada** or **registrada** registered trademark **3** (Dep) record; **superar** or **batir una ~** to break a record

marcado¹ -da *adj* marked; **un ~ acento escocés** a marked *o* pronounced Scottish accent

marcado² *m* **(a)** (del pelo) set **(b)** (de reses) branding

marcador *m* **1** (Dep) scoreboard; **¿cómo va el ~?** what's the score? **2** **(a)** (para libros) bookmark **(b)** (AmL) (rotulador) felt-tip pen, fiber-tip* pen

marcaje *m* (Dep) coverage, cover

marcapasos *m* (*pl* ~) pacemaker

marcar [A2] *vt* **1** **(a)** (con señal) ‹*ropa/página/baraja*› to mark; ‹*ganado*› to brand **(b)** «*experiencia/suceso*» (dejar huella) to mark **2** **(a)** (indicar, señalar) to mark; **el precio va marcado en la tapa** the price is marked on the lid; **el reloj marca las doce en punto** the time is exactly twelve o'clock **(b)** (hacer resaltar) ‹*cintura/busto*› to accentuate **(c)** (Mús): **~ el compás/el ritmo** to beat time/the rhythm **3** ‹*pelo*› to set **4** (Telec) to dial **5** (Dep) **(a)** ‹*gol/tanto*› to score **(b)** ‹*jugador*› to mark

■ **~** *vi* **1** (Dep) to score **2** (Telec) to dial

■ **marcarse** *v pron*: **~se el pelo** (*refl*) to set one's hair; (*caus*) to have one's hair set

marcha *f* **1** **(a)** (Mil) march; (manifestación) march; (caminata) hike, walk; **ir de ~** to go walking *o* hiking; **recojan todo y ¡en ~!** pick up your things and off you/we go!; ***ponerse en ~*** to set off **(b)** (en atletismo) *tb* **~ atlética** walk **2** (paso, velocidad) speed; **el vehículo disminuyó la ~** the car reduced speed *o* slowed down; **acelerar la ~** to speed up; ***a toda ~*** at full *o* top speed, flat out **3** (Auto) gear; **cambiar de ~** to change gear; **meter la ~ atrás** to put the car into reverse; ***dar*** or ***hacer ~ atrás*** (Auto) to go into reverse; (arrepentirse, retroceder) to pull out, back out **4** (funcionamiento) running; ***estar en ~*** «*motor*» to be running; «*proyecto*» to be up and running, to be under way; «*gestiones*» to be under way; ***poner en ~*** ‹*coche/motor*› to start; ‹*plan/sistema*› to set ... in motion; ***ponerse en ~*** «*tren*» to move off **5** (curso, desarrollo) course; **la ~ de los acontecimientos** the course of events; ***sobre la ~***: **hago correciones sobre la ~** I make corrections as I go along; **lo decidiremos sobre la ~** we'll play it by ear **6** (partida) departure **7** (Mús) march; **~ nupcial** wedding march **8** (Esp fam) (animación, ambiente): **una ciudad con mucha ~** a very lively city; **¡qué ~ tiene!** he's so full of energy

marchante -ta *m,f* **1** (de obras de arte) art dealer **2** (Méx) (en mercado — vendedor) stallholder; (— comprador) customer

marchar [A1] *vi* **1** «*coche*» to go, run; «*reloj/máquina*» to work; «*negocio/relación/empresa*» to work; **su matrimonio no marcha muy bien** his marriage isn't going *o* working very well **2** **(a)** (Mil) to march **(b)** (caminar) to walk

■ **marcharse** *v pron* (esp Esp) to leave; **se marcha a Roma** he's leaving for *o* going off to Rome

marchitarse [A1] *v pron* **(a)** «*flores*» to wither **(b)** (liter) «*belleza/juventud*» to fade

m

marchito -ta *adj* **(a)** ‹*flores*› withered **(b)** (liter) ‹*belleza/juventud*› faded

marchoso -sa *adj* (Esp fam) ‹*ambiente/ciudad*› lively; **es un tío ~** he's really into the night life (infml), he's really into having a good time (infml)

marcial *adj* martial

marciano -na *adj/m,f* Martian

🔑 **marco** *m* **1** **(a)** (de cuadro) frame; (de puerta) doorframe **(b)** (Dep) goalposts (*pl*), goal **(c)** (Andes) (de bicicleta) frame **2** (contexto) framework; **dentro del ~ de la ley** within the framework of the law **3** (Fin) mark

marea *f* tide; **cuando baja/sube la ~** when the tide goes out/comes in; **~ creciente** rising tide, flood tide; **~ menguante** falling tide, ebb tide; **~ negra** oil slick

mareado -da *adj* **(a)** (Med): **está ~** (con náuseas) he's feeling sick *o* queasy; (con pérdida del equilibrio, etc) he's feeling dizzy *o* giddy; (a punto de desmayarse) he's feeling faint **(b)** (confundido): **me tienes ~ con tanta cháchara** all your chatter is making my head spin

marear [A1] *vt* **(a)** (Med) (con náuseas) to make ... feel sick *o* queasy; (con pérdida de equilibrio) to make ... dizzy **(b)** (confundir) to confuse, get ... confused *o* muddled; **me mareas con tantas preguntas** you're confusing me with all these questions

■ **marearse** *v pron* **(a)** (al viajar — en coche) to get carsick; (— en barco) to get seasick; (— en avión) to get airsick; (perder el equilibrio) to feel dizzy; (con alcohol) to get tipsy **(b)** (confundirse) to get muddled *o* confused

m

marejada *f* heavy sea, swell; **~ ciclónica** storm surge

maremoto *m* **(a)** (sismo) seaquake **(b)** (ola) tidal wave

mareo *m* **(a)** (del estómago) sickness, nausea; (producido por movimiento) motion sickness; (en coche) carsickness; (en avión) airsickness; (en barco) seasickness; (pérdida de equilibrio, etc) dizziness, giddiness; **me dio un ~** I felt dizzy **(b)** (confusión) muddle, mess

marfil *m* ivory

margarina *f* margarine

margarita *f* (Bot) (pequeña) daisy; (grande) marguerite

🔑 **margen** *f* (*a veces m*) (de río) bank; (de carretera) side

■ *m* **1** (en general) margin; **~ de beneficio** or **ganancias** profit margin; **~ de error** margin of error; **ver nota al ~** see margin note; **al margen de** apart from; **al ~ de la ley** on the fringes of the law; **mantenerse al ~ de algo** to keep out of sth; **dejar a algn al ~** to leave sb out; **~ de acción/tiempo** leeway **2** **márgenes** *mpl* (límites, parámetros) limits (*pl*); **dentro de ciertos márgenes** within certain limits

marginación *f* (Sociol) marginalization

marginado -da *adj* **(a)** (Sociol) marginalized **(b)** (excluido) excluded

■ *m,f* social outcast

marginal *adj* **1** (Sociol): **en los barrios ~es** in the poor, outlying areas of the city **2** (secundario) ‹*posición*› peripheral; ‹*asunto*› marginal, peripheral **3** (Impr): **una nota ~** a note in the margin, a marginal note

marginar [A1] *vt* (en la sociedad) to marginalize; (en un grupo) to ostracize

mariachi *m* mariachi musician

marialuisa *f* (Méx) mount, passe-partout

maricón¹ -cona *adj* (fam & pey) **(a)** (homosexual) queer (infml & derog), bent (sl & derog) **(b)** (como insulto): **el muy ~** the bastard *o* (AmE) son of a bitch (vulg); **la muy maricona** the bitch (vulg) **(c)** (AmL) (cobarde) wimpy (infml), wimpish (infml)

maricón² *m* (fam & pey) fag (AmE infml & derog), poof (BrE infml & derog)

mariconera *f* (fam & hum) (men's) handbag

marido *m* husband

marihuana *f* marijuana

marihuanero -ra *m,f* (fam) dope fiend (infml)

marimacho *m or f* (fam & pey) **(a)** (niña) tomboy (infml) **(b)** (mujer hombruna) butch woman (infml)

marimba *f* marimba (*type of xylophone*)

marina *f* **1** (organización) navy; (barcos) fleet; **~ de guerra** navy **2** (Art) seascape

marinar [A1] *vt* to marinate, marinade

marinera *f* **1** (blusa) sailor top; (chaqueta) (Col) sailor jacket **2** (baile) *Andean folk dance*

marinero *m* sailor

marino¹ -na *adj* ‹*brisa/corriente*› sea (*before n*); ‹*fauna/biología*› marine (*before n*)

marino² *m* (marinero) sailor; (oficial) naval officer; **~ mercante** merchant seaman

marioneta *f* puppet, marionette

mariposa *f* butterfly; **~ nocturna** moth; **estilo ~** butterfly; **nadar ~** or (Esp) **a** or (Méx) **de ~** to swim butterfly

mariquita *f* (Zool) ladybug (AmE), ladybird (BrE)

■ *m* (fam & pey) fag (AmE infml & derog), poof (BrE infml & derog)

mariscal *m* (Hist, Mil) marshal; **~ de campo** (Mil) field marshal; (en fútbol americano) quarterback

marisco *m* shellfish (*pl*), seafood

marisma *f* marsh

marisquería *f* seafood *o* shellfish restaurant/bar/shop

marital *adj* ‹*relaciones*› marital (*before n*); ‹*vida*› married (*before n*)

marítimo -ma *adj* ‹*comercio*› maritime; ‹*ruta/agente*› shipping (*before n*); ‹*transporte*› sea (*before n*); ‹*ciudad*› coastal, maritime; **un puerto ~** a seaport

marketing /'marketin/ *m* marketing

mármol *m* marble

marmota *f* **(a)** (Zool) marmot **(b)** (fam) (persona dormilona) sleepyhead (infml)

maroma *f* **1** rope **2** **(a)** (Andes) (acrobacia, malabarismo) trick, stunt; **las ~s del payaso** the clown's antics **(b)** (Méx) (voltereta) somersault, tumble; **dar una ~** to do a somersault

marqués -quesa *m,f* **1** (persona) (*m*) marquis, marquess (BrE); (*f*) marquise, marchioness (BrE) **2** **marquesa** *f* (Chi) (catre) bed

marquesina *f* (en parada, andén) shelter; (de teatro, hotel) marquee (AmE), canopy (BrE); (en estadio) roof

marquetería *f* marquetry

🔑 key word

marranada *f* (fam) (faena) dirty trick

marrano -na *adj* filthy
■ *m,f* (fam) **(a)** (animal) (*m*) pig, hog; (*f*) pig, sow **(b)** (Col) (carne) pork **(c)** (persona grosera) dirty swine (infml)

marraqueta *f* (Chi) bread roll

marrón *adj/m* brown; **zapatos ~ oscuro** dark brown shoes

marroquí *adj/mf* Moroccan

marroquinería *f* **(a)** (artículos de cuero) leather goods (*pl*) **(b)** (tienda) leather goods shop

marrueco *m* (Chi) fly, flies (*pl*)

Marruecos *m* Morocco

marsupial *adj/m* marsupial

marta *f* (pine) marten; **~ cibelina** sable

Marte *m* Mars

martes *m* (*pl* ~) Tuesday; **~ (y) trece** ≈ Friday the thirteenth; **~ de carnaval** Shrove Tuesday, Mardi Gras; *para ejemplos ver* **lunes**

martillar, martillear [A1] *vt/vi* to hammer

martilleo *m* hammering; **un ~ terrible en las sienes** a terrible pounding in the temples

martillero -ra *m,f* (CS, Per) auctioneer

martillo *m* hammer; **~ neumático** jackhammer, pneumatic drill

martín pescador *m* kingfisher

mártir *mf* martyr

martirio *m* **(a)** (muerte) martyrdom **(b)** (sufrimiento) torment, ordeal

martirizar [A4] *vt* **(a)** (matar) to martyr **(b)** (atormentar) to torment

marxismo *m* Marxism

marxista *adj/mf* Marxist

marzo *m* March; *para ejemplos ver* **enero**

mas *conj* (liter) but

más *adv* **1** **(a)** (comparativo): **¿tiene algo ~ barato/moderno?** do you have anything cheaper/more modern; **duran ~** they last longer; **me gusta ~ sin azúcar** I prefer it without sugar; **ahora la vemos ~** we see more of her now; **tendrás que estudiar ~** you'll have to study harder; **~ lejos/atrás** further away/back; **el ~ allá** the other world; **~ que nunca** more than ever; **me gusta ~ el vino seco que el dulce** I prefer dry wine to sweet, I like dry wine better than sweet; **pesa ~ de lo que parece** it's heavier than it looks; **es ~ complicado de lo que tú crees** it's more complicated than you think; **eran ~ de las cinco** it was after five o'clock; **~ de 30** more than 30, over 30 **(b)** (especialmente) particularly, especially **2** (superlativo): **la ~ bonita/la ~ inteligente** the prettiest/the most intelligent; **el que ~ sabe** the one who knows most; **el que ~ me gusta** the one I like best; **estuvo de lo ~ divertido** it was great fun **3** (*en frases negativas*) **no tiene ~ que tres meses** she's only three months old; **nadie ~ que ella** nobody but her; **no tengo ~ que esto** this is all I have; **no tuve ~ remedio** I had no alternative; **no juego ~** I'm not playing any more; **nunca ~** never again **4** (con valor ponderativo): **¡cantó ~ bien...!** she sang so well!; **¡qué cosa ~ rara!** how strange!
■ *adj inv* **1** (comparativo) more; **~ dinero** more money; **una vez ~** once more; **ni un minuto ~** not a minute longer; **hoy hace ~ calor** it's warmer today; **son ~ que nosotros** there are more of them than us **2** (superlativo) most; **el equipo que ganó ~ partidos** the team that won most games; **las ~ de las veces** more often than not **3** (con valor ponderativo): **¡me da ~ rabia ...!** it makes me so mad!; **¡tiene ~ amigos ...!** he has so many friends! **4** **¿qué ~?** what else?; **nada/nadie ~** nothing/nobody else; **algo/alguien ~** something/somebody else; **¿quién ~ vino?** who else came?; **¿algo ~? — nada ~ gracias** anything else? — no, that's all, thank you
■ *pron* **1** more; **¿te sirvo ~?** would you like some more? **2** (*en locs*) **a lo más** at the most; **a más no poder: corrimos a ~ no poder** we ran as fast *o* hard as we could; **a más tardar** at the latest; **cuanto más** at the most; **de más: ¿tienes un lápiz de ~?** do you have a spare pencil?; **me dio cinco dólares de ~** he gave me five dollars too much; **no está de ~ repetirlo** there's no harm in repeating it; **es más** in fact; **más bien** (un poco) rather; **más o menos** (aproximadamente) more or less; (no muy bien) so-so; **ni más ni menos** no less; **no más ▶ nomás; por más: por ~ que llores** however much you cry; **por ~ que trataba** however hard he tried; **¿qué más da?** what does it matter?; **sin más (ni más)** just like that
■ *prep* **(a)** (Mat) (en sumas) plus; **8+7 =15** (*read as: ocho más siete (es) igual (a) quince*) eight plus seven equals fifteen **(b)** (además de) plus; **mil pesos, ~ los gastos** a thousand pesos, plus expenses
■ *m* plus sign

masa *f* **1** (Coc) **(a)** (para pan, pasta) dough; (para empanadas, tartas) pastry; (para bizcocho) mixture; (para crepes) batter; **~ de hojaldre** puff pastry **(b)** (RPl) (pastelito) pastry, cake **2** (Pol, Sociol, Fís) mass; **educar a las ~s** to educate the masses **3** **en masa (a)** (*loc adj*) ‹*fabricación/despidos*› mass (*before n*) **(b)** (*loc adv*) ‹*acudir*› en masse

masacrar [A1] *vt* to massacre

masacre *f* massacre

masaje *m* massage; **darle ~s** or **un ~ a algn** to give sb a massage

masajear [A1] *vt* to massage

masajista *mf* **1** (que da masajes) (*m*) masseur; (*f*) masseuse **2** (en fútbol) physio

mascada *f* **(a)** (Chi) (mordisco) bite **(b)** (Méx) (pañuelo grande) scarf

mascar [A2] *vt* to chew

máscara *f* mask; **~ antigás** gas mask; **~ de oxígeno** oxygen mask; **~ facial** face pack

mascarilla *f* mask; (en cosmética) face pack

mascota *f* (talismán) mascot; (animal doméstico) pet

masculino[1] -na *adj* **(a)** ‹*actitud/hormona*› male; ‹*mujer/aspecto*› masculine, manly **(b)** (Ling) masculine

masculino[2] *m* masculine

mascullar [A1] *vt* to mumble, mutter

masía *f* (granja) farm; (casa) country house

masificación *f* overcrowding

masificado -da *adj* ‹*universidad*› overcrowded

masilla *f* (para cristales) putty; (para rellenar grietas) mastic, filler

masivo -va *adj* **(a)** ‹*ejecución/migración*› mass

(*before n*); ‹*protesta*› large-scale (*before n*), mass (*before n*); ‹*concurrencia*› massive **(b)** ‹*dosis*› massive, huge

masón *adj* Masonic
■ *m* Freemason, Mason

masonería *f* Freemasonry

masoquismo *m* masochism

masoquista *adj* masochistic
■ *mf* masochist

máster /'master/ *m* (*pl* **-ters**) **1** (Audio, Vídeo) master **2** (Educ) master's degree

masticar [A2] *vt/vi* to chew

mástil *m* **(a)** (Náut) mast; (para una bandera) flagpole, flagstaff **(b)** (de guitarra, violín) neck **(c)** (de carpa) centerpole*

mastín *m* mastiff

mastodonte *m* **(a)** (animal prehistórico) mastodon **(b)** (fam) (persona grande) giant

mastuerzo *m* (planta) (garden) cress

masturbación *f* masturbation

masturbarse [A1] *v pron* to masturbate

mata *f* **1** (arbusto) bush, shrub; (planta) (AmL) plant **2** (ramita) sprig; (de hierba) tuft **3** (fam) (de pelo) mane (infml), mop (infml)

matadero *m* slaughterhouse, abattoir

matado -da *m,f* (Méx fam & pey) grind (AmE infml), swot (BrE infml)

matador *m* matador

matamoscas *m* (*pl* ~) **(a)** (paleta) flyswatter **(b)** (spray) fly spray, fly killer

matanza *f* (acción de matar) killing, slaughter; (de res, cerdo) slaughter; **la ~ de gente inocente** the mass killing of innocent people

matapolillas *m* (*pl* ~) moth killer

🔑 **matar** [A1] *vt* **1 (a)** ‹*persona*› to kill **(b)** (sacrificar) ‹*perro/caballo*› to put down, destroy; ‹*reses*› to slaughter; **lo mató un coche** he was run over and killed by a car **(c)** (en sentido hiperbólico): **la vas a ~ a disgustos** you'll be the death of her; **es para ~los** I could murder *o* kill them (infml); **nos mataban de hambre** they used to starve us; **estos zapatos me están matando** these shoes are killing me! **2** (fam) ‹*sed*› to quench; ‹*tiempo*› to kill; **compraron fruta para ~ el hambre** they bought some fruit to keep them going
■ ~ *vi* to kill
■ **matarse** *v pron* **1 (a)** (morir violentamente) to be killed; **casi me mato** I almost got killed **(b)** (*refl*) (suicidarse) to kill oneself; **se mató de un tiro** she shot herself **2** (fam) **(a)** (esforzarse): **me maté estudiando** or (Esp) **a estudiar** I studied like crazy *o* mad (infml) **(b)** (Méx fam) (para un examen) to cram (infml), to swot (BrE infml)

matarife *m* (en matadero) slaughterman

matarratas *m* (*pl* ~) (veneno) rat poison

matasellos *m* (*pl* ~) **(a)** (marca) postmark **(b)** (instrumento) datestamp, stamp

matazón *f* (Col, Méx, Ven fam) massacre, slaughter

mate *adj or adj inv* ‹*pintura/maquillaje*› matt; **fotos ~** photos with a matt finish
■ *m* **1** (en ajedrez) *tb* **jaque ~** checkmate, mate **2 (a)** (infusión) maté; **cebar ~** to brew maté **(b)** (AmL) (calabaza) gourd

🔑 key word

matear [A1] *vi* (CS fam) to drink maté
■ **matearse** *v pron* (Chi fam) to cram (infml), to swot (BrE infml)

matemáticas *fpl* mathematics, math (AmE), maths (BrE)

matemático -ca *adj* mathematical
■ *m,f* mathematician

mateo -tea *m,f* (Chi fam) grind (AmE infml), swot (BrE infml)

🔑 **materia** *f* **1** (sustancia) matter; **~ gris** gray* matter; **~ prima** (Econ, Tec) raw material; (Fin) commodity **2 (a)** (tema, asunto) subject; **en ~ de** as regards, with regard to **(b)** (asignatura) subject

🔑 **material** *adj* **(a)** ‹*necesidades/ayuda/valor*› material; **daños ~es** damage to property, material damage **(b)** ‹*autor/causante*› actual
■ *m* **1** (en general) material; **~es para la construcción** building materials **2** (útiles) materials (*pl*); **~ de oficina** office stationery; **~ didáctico/escolar** teaching/school materials (*pl*)

materialismo *m* materialism

materialista *adj* materialistic
■ *mf* **1** (persona) materialist **2** (Méx) (constructor) building contractor; (camionero) truck driver, lorry driver (BrE)

maternal *adj* ‹*instinto*› maternal; ‹*amor*› motherly, maternal

maternidad *f* **(a)** (estado) motherhood, maternity **(b)** (hospital) maternity hospital; (sala) maternity ward

materno -na *adj* ‹*amor*› motherly; ‹*pariente*› maternal; ‹*lengua*› mother

matinal *adj* morning (*before n*)

matinée, matiné *f* **(a)** (AmS) (de tarde) matinée **(b)** (Méx) (de mañana) morning performance

matiz *m* **(a)** (de color) shade, hue **(b)** (de palabra, frase) nuance, shade of meaning; **tiene cierto ~ peyorativo** it has a slightly pejorative nuance **(c)** (de ironía) touch, hint

matizar [A4] *vt* **1** ‹*colores*› to blend **2** (concretar, puntualizar) to qualify, clarify

matón *m* (del barrio) thug; (en la escuela) bully; (criminal) thug, heavy (infml)

matorral *m* **(a)** (conjunto de matas) thicket, bushes (*pl*) **(b)** (terreno) scrubland

matraca *f* **1** (juguete) rattle **2** (Méx fam) (coche) rattletrap (infml)

matrero -ra *adj* **1** (Col fam) (basto) shoddy **2** (RPl) (fugitivo): **un gaucho ~** a gaucho on the run from the law **3** (Col) (traicionero) sly, crafty

matriarcado *m* matriarchy

matriarcal *adj* matriarchal

matrícula *f* **1** (Educ) (inscripción) registration, enrollment*; **derechos** or **tasas de ~** registration fees; **~ de honor** (Esp) ≈ distinction, ≈ magna cum laude **2** (Transp) (número) registration number; (placa) license* plate, number plate (BrE)

matricular [A1] *vt* **(a)** ‹*persona*› to register, enroll* **(b)** ‹*coche/barco*› to register
■ **matricularse** *v pron* (*refl*) to register, enroll*; **~se** EN **algo** to enroll ON sth

matrimonial *adj* marital

matrimonio *m* **(a)** (institución) marriage, matrimony (fml); **contraer ~** (fml) to marry **(b)** (pareja) (married) couple; **el ~ Garrido** Mr and Mrs Garrido, the Garridos **(c)** (AmS exc RPl) (boda) wedding; **~ civil/religioso** civil/church wedding

matriz *f* **(a)** (útero) womb, uterus **(b)** (molde) mold* **(c)** (de talonario) stub

matrona *f* (comadrona) midwife

matutino[1] -na *adj* morning (*before n*)

matutino[2] *m* morning paper

maullar [A23] *vi* to miaow

maullido *m* miaow

mausoleo *m* mausoleum

maxilar *m* jawbone, maxilla (tech)

máxima *f* maxim

máxime *adv* especially

máximo[1] -ma *adj* ‹*temperatura/velocidad*› top (*before n*), maximum (*before n*); ‹*carga/altura*› maximum (*before n*); ‹*punto*› highest; ‹*esfuerzo/ambición*› greatest (*before n*); **el ~ dirigente francés** the French leader

máximo[2] *m* maximum; **como ~** at the most; **aprovechar algo al ~** to make the most of sth; **se esforzó al ~** she did her utmost; **rendir al ~** «*persona*» to give a hundred percent; «*máquina*» to work to its full capacity

maya *adj* Mayan

■ *mf* Maya, Mayan; **los ~s** the Maya *o* Mayas

mayo *m* May; **el primero de ~** May Day; *para ejemplos ver* **enero**

mayonesa *f* mayonnaise, mayo (AmE infml)

mayor *adj* **1** **(a)** (*comparativo de* ▶ **grande**) ‹*número/porcentaje*› greater, higher; ‹*beneficio*› greater; **vuelan a ~ altura** they fly at a greater height; **a ~ escala** on a larger scale; **un número ~ que 40** a number greater than 40 **(b)** (*superlativo de* **grande**): **el ~ número de accidentes** the greatest *o* highest number of accidents; **su ~ preocupación** her greatest *o* biggest worry; **a la ~ brevedad posible** as soon as possible; **la ~ parte de los estudiantes** most students, the majority of students **2** (en edad) **(a)** (comparativo) older; **~ QUE algn** older THAN sb **(b)** (superlativo): **es la ~ de las dos** she is the older *o* elder of the two; **mi hijo ~** my eldest *o* oldest son **(c)** (anciano) elderly **(d)** (adulto): **las personas ~es** adults, grown-ups (infml); **cuando sea ~** when I grow up; **ser ~ de edad** (Der) to be of age; **soy ~ de edad y haré lo que quiera** I'm over 18 (*o* 21 *etc*) and I'll do as I please **3** (en nombres) (principal) main; **Calle M~** Main Street (*in US*), High Street (*in UK*) **4** (Mús) major **5** (Com): **(al) por ~** wholesale

■ *mf* (adulto) adult, grown-up (infml); **solo para ~es** adults only; **mis/tus ~es** my/your elders; **~ de edad** person who is legally of age

mayoral *m* (capataz) foreman; (de finca) farm manager, steward

mayordomo *m* (criado principal) butler, majordomo; (capataz) (CS) foreman; (portero) (Chi) superintendent (AmE), caretaker (BrE)

mayoría *f* majority; **la gran ~ de ...** the great majority of ...; **ser ~** or **estar en ~** to be in the majority; **gobierno de la ~** majority rule; **~ absoluta/relativa** absolute/simple majority; **llegar a la ~ de edad** to come of age

mayorista *adj* wholesale

■ *mf* wholesaler

mayoritario -ria *adj* **(a)** ‹*apoyo/decisión/partido*› majority (*before n*) **(b)** (Fin) ‹*socio/accionista*› principal

mayúscula *f* capital (letter), uppercase letter (tech); **se escribe con ~** it is written with a capital letter; **rellenar en** or **con ~s** write in block capitals *o* in capital letters

mayúsculo -la *adj* **(a)** ‹*letra*› capital (*before n*), upper-case (tech) **(b)** ‹*susto/error*› terrible

maza *f* **(a)** (Const) drop hammer **(b)** (de bombo) drumstick **(c)** (arma) mace

mazacote *m* **(a)** (fam) (Coc): **un ~** a lumpy mess **(b)** (fam) (obra tosca) eyesore

mazamorra *f* **(a)** (AmS) *milky pudding made with maize* **(b)** (Per) *pudding made with corn starch, sugar and honey* **(c)** (Col) *maize soup*

mazapán *m* marzipan

mazmorra *f* dungeon

mazo *m* **1** **(a)** (herramienta) mallet; (del mortero) pestle; (para la carne) meat tenderizer; (porra) club **(b)** (en croquet, polo) mallet **2** (esp AmL) (manojo) bunch; (de naipes) deck (of cards) (AmE), pack (of cards) (BrE)

mazorca *f* (Bot, Coc) cob; **~ de maíz** corncob

mazurca *f* mazurka

me *pron pers* me; **¿~ lo prestas?** will you lend it to me *o* lend me it?; **~ arregló el televisor** he fixed the television for me; **~ lo quitó** he took it off me *o* away from me; **~ robaron el reloj** my watch was stolen; **~ miré en el espejo** (*refl*) I looked at myself in the mirror; **~ corté el pelo** (*refl*) I cut my hair; (*caus*) I had my hair cut; **~ equivoqué** I made a mistake; **~ alegro mucho** I'm very pleased; **se ~ murió el gato** my cat died

mear [A1] *vi* (vulg) to (have a) piss (vulg)

■ **mearse** *v pron* (fam) to wet oneself; **me estoy meando** I'm dying for a pee (infml)

mecánica *f* mechanics

mecánico -ca *adj* mechanical

■ *m,f* (de vehículos) mechanic; (de maquinaria industrial) fitter; (de fotocopiadoras, lavadoras) engineer

mecanismo *m* mechanism; **~ de defensa** defense* mechanism

mecanizado -da *adj* mechanized

mecanizar [A4] *vt* to mechanize

mecanografía *f* typing

mecanografiar [A17] *vt* to type

mecanógrafo -fa *m,f* typist

mecate *m* (AmC, Méx, Ven) string, cord; (más grueso) rope

mecedora *f* rocking chair

mecenas *mf* (*pl* **~**) patron, sponsor

mecer [E2] *vt* ‹*bebé/cuna*› to rock; ‹*niño*› (en columpio) to push

■ **mecerse** *v pron* **(a)** (en mecedora) to rock; (en columpio) to swing **(b)** (bambolearse) to sway

mecha *f* **1** (de vela) wick; (de armas, explosivos) fuse **2** **mechas** *fpl* (en peluquería) highlights (*pl*)

mechero *m* **(a)** (Esp) (encendedor) lighter **(b)** (Col) (candil) oil lamp

mechón[1] *m* **(a)** (de pelo) lock **(b)** (de lana) tuft **(c) mechones** *mpl* (Col) (en peluquería) highlights (*pl*)

mechón[2] **-chona** *m,f* (Chi) (estudiante) freshman, fresher (BrE)

medalla *f* (Dep, Mil) medal; (Relig) medallion (*with religious engraving on it*)

medallón *m* medallion

media *f* **1** (Indum) **(a)** (hasta el muslo) stocking; **~s con/sin costura** seamed/seamless stockings **(b) medias** *fpl* (hasta la cintura) panty hose (*pl*) (AmE), tights (*pl*) (BrE); **~s bombacha(s)** (RPl) or (Col, Ven) **pantalón** panty hose (*pl*) (AmE), tights (BrE) (*pl*) **(c)** (AmL) (calcetín) sock **2** (Mat) average; **la ~ de velocidad** the average speed **3 a medias** (*loc adv*) **(a)** (incompleto): **dejó el trabajo a ~s** he left the work half-finished; **me dijo la verdad a ~s** she didn't tell me the whole truth *o* story **(b)** (entre dos): **pagar a ~s** to pay half each, go halves; **lo hicimos a ~s** we did half (of it) each

mediación *f* mediation; **por ~ de** through

mediador -dora *m,f* mediator

mediados: **a ~ de mes** halfway through the month, in the middle of the month; **a ~ de los años 30** in the mid thirties

mediagua *f* (Andes) hut, shack

medialuna *f* **(a)** (esp RPl) (Coc) croissant (*often with ham and cheese*) **(b)** (Chi) (corral) ring

mediana *f* (Auto) median strip (AmE), central reservation (BrE)

medianero -ra *adj* dividing (*before n*)

🗝 **mediano -na** *adj* **(a)** ‹*tamaño/porción*› medium; ‹*coche*› medium-sized; **de mediana estatura/inteligencia** of average height/intelligence; **de mediana edad** middle-aged **(b)** (mediocre) average, mediocre

medianoche *f* midnight; **a ~** at midnight

🗝 **mediante** *prep* through, by means of

🗝 **mediar** [A1] *vi* **(a)** (intervenir) to mediate; **~** EN **algo** (en conflicto/negociaciones) to mediate IN sth, to act as mediator IN sth **(b)** (interceder) **~** POR **algn** to intercede FOR sb; **~** ANTE **algn** to intercede *o* intervene WITH sb

mediasnueves *fpl* (Col) mid-morning snack, elevenses (BrE infml)

🗝 **medicamento** *m* (fml) medicine, medicament (fml)

medicatura *f* (Ven) first aid post, clinic

🗝 **medicina** *f* medicine

medicinal *adj* ‹*aguas/planta*› medicinal; ‹*champú/jabón*› medicated

medición *f* **(a)** (acción) measuring **(b)** (fml) (medida) measurement

🗝 **médico**[1] **-ca** *adj* medical; **un reconocimiento ~** a medical (examination)

🗝 **médico**[2] *mf* doctor; **~ de cabecera** family doctor *o* (AmE) physician, general practitioner, GP; **~ de medicina general** general practitioner, GP

🗝 **medida** *f* **1** (Mat) (dimensión) measurement; **tomarle las ~s a algn** to take sb's measurements; **tomar las ~s de algo** to measure something **2** (*en locs*) **a (la) medida** ‹*traje/zapato*› custom-made (AmE), made-to-measure (BrE); **a medida que** as; **a ~ que fue creciendo** as he grew up **3** (utensilio) measure; (contenido) measure **4** (grado, proporción): **en gran/cierta ~** to a large/certain extent; **en la ~ de lo posible** as far as possible **5** (disposición) measure; **tomar ~s** to take steps *o* measures

medido -da *adj* (CS) ‹*persona/comportamiento*› restrained; **es muy ~ con la bebida** he's a very moderate drinker

medidor *m* (AmL) meter

medieval *adj* medieval

🗝 **medio**[1] **-dia** *adj* **1** (*delante del n*) (la mitad de): **~ kilo** half a kilo; **media manzana** half an apple; **pagar ~ pasaje** to pay half fare *o* half price; **media hora** half an hour, a half hour (AmE); **dos horas y media** two and a half hours; **a las cinco y media** at half past five; **a media mañana/tarde** in the middle of the morning/afternoon; **a ~ camino** halfway; **media pensión** (en hoteles) half board; **(se) dio ~ vuelta y se fue** she turned on her heel and left; **un jugador de ~ campo** a midfield player; **~ tiempo** (AmL) half-time; ***mi media naranja*** (fam & hum) my better half (infml & hum) **2** (mediano, promedio) average; **el ciudadano ~** the average citizen; **a ~ y largo plazo** in the medium and long term

🗝 **medio**[2] *adv* half; **está ~ loca** she's half crazy; **todo lo deja a ~ terminar** he leaves everything half finished

■ *m* **1** (Mat) (mitad) half **2** (centro) middle; **en (el) ~ de la habitación** in the middle *o* center of the room; **quitarse de en** or **del ~** to get out of the way **3 (a)** (recurso, manera) means (*pl*); **como ~ de coacción** as a means of coercion; **los ~s de comunicación** the media; **~ de transporte** means of transport **(b) medios** *mpl tb* **~s económicos** means (*pl*), resources (*pl*) **4** (*en locs*) **en medio de**: **en ~ de tanta gente** (in) among so many people; **en ~ de la confusión** in *o* amid all the confusion; **por medio** (CS, Per): **día/semana por ~** every other day/week; **dos casas por ~** every two houses; **por medio de** (de proceso/técnica) by means of; **por ~ de tu primo** from *o* through your cousin **5 (a)** (círculo, ámbito): **en ~s literarios/políticos** in literary/political circles; **no está en su ~** he's out of his element **(b)** (Biol) environment; **la adaptación al ~** adaptation to one's environment; **~ ambiente** environment; **que no da daña el ~ ambiente** eco-friendly, environmentally friendly

mediocampista *mf* midfield player

mediocre *adj* mediocre

mediocridad *f* mediocrity

mediodía *m* **(a)** (las doce de la mañana) midday, noon; **a ~** or **al ~** at midday **(b)** (hora de comer) lunch time

Medio Oriente *m* Middle East, Mid-East (AmE)

🗝 **medir** [I14] *vt* **1** ‹*habitación/distancia/velocidad*› to measure **2** (tener ciertas dimensiones) to be, measure; **mido 60 cm de cintura** I measure *o* I'm 60 cm round the waist; **¿cuánto mide de alto/largo?** how tall/long is it?; **mide casi 1,90 m** he's almost 1.90 m (tall) **3** (calcular, considerar) to consider, weigh up; **~ los pros y contras de algo** to weigh up the pros and cons of sth.

■ **medirse** *v pron* **1** (*refl*) to measure oneself; ‹*caderas/pecho*› to measure **2** (Col, Méx, Ven)

🗝 key word

(probarse) to try on

meditación *f* meditation

meditar [A1] *vi* to meditate; **~ sobre algo** to reflect *o* meditate on sth

■ **~** *vt* (considerar) to think about; (durante más tiempo) to ponder, meditate on; **una decisión muy meditada** a very carefully thought-out decision

mediterráneo -nea *adj* Mediterranean

Mediterráneo *m tb* **el (mar) ~** the Mediterranean (sea)

médula *f* (Anat) marrow, medulla (tech); **~ ósea** bone marrow; **británico hasta la ~** British through and through

medusa *f* jellyfish, medusa

megafonía *f* PA system

megáfono *m* megaphone

mejicano -na *adj/m,f* Mexican

Méjico *m* ▶ **México**

mejilla *f* cheek; ***poner la otra*** **~** to turn the other cheek

mejillón *m* mussel

mejor *adj* **1** **(a)** (*comparativo de* ▶ **bueno**[1]) ‹*producto/profesor*› better; ‹*calidad*› better, higher, superior; **tanto ~** so much the better; **cuanto más grande ~** the bigger the better **(b)** (*comparativo de* **bien**[1]) better; **está ~ así** it's better like this **2** **(a)** (*superlativo de* ▶ **bueno**[1]) (entre dos) better; (entre varios) best; **mi ~ amiga** my best friend; **productos de la ~ calidad** products of the highest quality; **lo ~ es que se lo digas** the best thing (to do) is to tell her; **le deseo lo ~** I wish you the very best *o* all the best **(b)** (*superlativo de* ▶ **bien**[1]) **la que está ~ de dinero** the one who has the most money

■ *adv* **1** (comparativo) better; **luego lo pensé ~** then I thought better of it; **pintas cada vez ~** your painting is getting better and better; **me lleva dos años, ~ dicho, dos y medio** she's two years older than me, or rather, two and a half **2** (superlativo) best; **este es el lugar desde donde se ve ~** this is where you can see best (from); **la versión ~ ambientada de la obra** the best-staged production of the play; **lo hice lo ~ que pude** I did it as best I could *o* (fml) to the best of my ability; **a lo ~** maybe, perhaps; **a lo ~ vamos a Italia** we may *o* might go to Italy **3** (esp AmL) (en sugerencias): **~ lo dejamos para otro día** why don't we leave it for another day?; **~ me callo** I think I'd better shut up

■ *mf*: **el/la ~** (de dos) the better; (de varios) the best; **es la ~ de la clase** she's the best in the class

mejora *f* improvement

mejorana *f* marjoram

mejorar [A1] *vt* ‹*condiciones/situación/oferta*› to improve; ‹*marca*› to improve on, beat; **el tratamiento la mejoró** the treatment made her a lot better

■ **~** *vi* «*tiempo/calidad/situación*» to improve, get better; «*persona*» (Med) to get better; **ha mejorado de aspecto** he looks a lot better

■ **mejorarse** *v pron* «*enfermo*» to get better; **que te mejores** get well soon, I hope you get better soon

mejoría *f* improvement; **le deseamos una pronta ~** we wish you a speedy recovery

melancolía *f* melancholy, sadness

melancólico -ca *adj* melancholy

■ *m,f* melancholic

melaza *f* molasses

melé *f* (Dep) (libre) ruck, maul; (organizada) scrum

melena *f* **(a)** (pelo suelto) long hair **(b)** (estilo de corte) bob **(c)** (del león) mane

melenudo -da *adj* (fam) long-haired

melindroso -sa *adj* **(a)** (remilgado) affected **(b)** (Méx) (delicado) choosy, finicky **(c)** (mojigato) prudish

mellado -da *adj* ‹*diente/taza*› chipped; ‹*cuchillo/borde*› jagged

mellar [A1] *vt* **(a)** ‹*cuchillo/hoja*› to notch, nick; ‹*diente/porcelana*› to chip **(b)** (esp AmL) ‹*honor/fama*› to damage

mellizo -za *adj* twin (*before n*)

■ *m,f* (*m*) twin (brother); (*f*) twin (sister); **tuvo ~s** she had twins

melocotón *m* **(a)** (esp Esp) (fruta redonda) peach **(b)** (AmC) (fruta en forma de estrella) star fruit

melodía *f* melody, tune

melódico -ca *adj* melodic

melodioso -sa *adj* melodious, tuneful

melodrama *m* melodrama

melodramático -ca *adj* melodramatic

melómano -na *m,f* music lover

melón *m* (Bot) melon

meloso -sa *adj* ‹*persona/voz*› sickly-sweet; ‹*música/canción*› schmaltzy, slushy

membrana *f* membrane

membresía *f* (AmL fml) membership

membrete *m* letterhead; **papel con ~** headed paper

membrillo *m* (árbol) quince (tree); (fruta) quince; **dulce de ~** quince jelly

memorable *adj* memorable

memorándum *m* (*pl* **-dums**), **memorando** *m* (nota) memorandum, memo

memoria *f* **1** (en general) memory; **tener buena/mala ~** to have a good/poor memory; **si la ~ no me falla** or **engaña** if my memory serves me right; **desde que tengo ~** for as long as I can remember; **aprender/saber algo de ~** to learn/know sth by heart; **respetar la ~ de algn** to respect the memory of sb; **a la** or **en ~ de algn** in memory of sb **2** **memorias** *fpl* (Lit) memoirs (*pl*) **3** **(a)** (Adm, Com) report; **~ anual** annual report **(b)** (Educ) written paper

memorial *m* memorial

memorizar [A4] *vt* to memorize

menaje *m*: **artículos de ~** household items; **sección de ~ del hogar** household department

mención *f* mention; **hacer ~ de algo** to mention sth

mencionar [A1] *vt* to mention; **no quiero oír ~ ese nombre** I don't want to hear that name mentioned

mendicidad *f* begging

mendigar [A3] *vi* to beg

■ **~** *vt* «*mendigo*» to beg for

mendigo -ga *m,f* beggar

mendrugo *m tb* **~ de pan** piece of stale bread

menear [A1] *vt* ‹*rabo*› to wag; ‹*cabeza*› to shake; ‹*caderas*› to wiggle

■ **menearse** *v pron* **(a)** (con inquietud) to fidget **(b)** (provocativamente) to wiggle one's hips

menester *m* **1** **ser ~** (fml) (ser necesario) to be necessary; **es ~ que lo hagamos sin demora** we must do it without delay **2** (fml) (tarea) occupation; **se ganaba la vida en los ~es más diversos** he earned his living from some very diverse activities

menestra *f* vegetable stew

menguar [A16] *vi* **1** (fml) «*temperatura/nivel*» to fall, drop; «*cantidad/número/reservas*» to diminish **2** (al tejer) to decrease

■ **~** *vt* **1** (fml) ‹*responsabilidad/influencia*› to diminish; ‹*reputación*› to damage **2** ‹*puntos*› (en tejido) to decrease

meningitis *f* meningitis

menisco *m* cartilage, meniscus (tech)

menopausia *f* menopause

menopáusico -ca *adj* menopausal

menor *adj* **1** **(a)** (*comparativo de* ▶ **pequeño**) ‹*número/porcentaje*› lower, smaller; **en ~ medida/grado** to a lesser extent *o* degree; **~** QUE **algo** lower THAN sth; **un ingreso ~ que el mío** an income lower than mine **(b)** (*superlativo de* ▶ **pequeño**) **el país con el ~ número de parados** the country with the lowest unemployment figures; **haciendo el ~ ruido posible** making as little noise as possible; **el de ~ tamaño** the smallest one **2** (en edad) **(a)** (comparativo) younger; **~** QUE **algn** younger THAN sb **(b)** (superlativo): **¿cuál es el ~ de los hermanos?** who's the youngest of the brothers?; **el ~ de los dos niños** the younger of the two boys **3** (secundario) ‹*escritor/obra*› minor; **lesiones de ~ importancia** minor injuries **4** (Mús) minor **5** (Com): **(al) por ~** retail

■ *mf* *tb* **~ de edad** minor; **ser ~ de edad** to be a minor, to be under age; **película no apta para menores** film not suitable for under-18s

menorista *mf* (Col, Méx, Ven) retailer

menos *adv* **1** (comparativo) less; **cada vez estudia ~** she's studying less and less; **ya me duele ~** it hurts less now; **ahora lo vemos ~** we don't see him so often now, we don't see so much of him now; **pesa ~ de 50 kilos** it weighs less than *o* under 50 kilos; **éramos ~ de diez** there were fewer than ten of us; **los niños de ~ de 7 años** children under seven **2** (superlativo) least; **es la ~ complicada** it is the least complicated one; **el que ~ me gusta** the one I like (the) least; **se esfuerza lo ~ posible** he makes as little effort as possible; **cuando ~ lo esperaba** when I was least expecting it

■ *adj inv* **1** (comparativo) (en cantidad) less; (en número) fewer; **alimentos con ~ fibra/calorías** food with less fiber/fewer calories; **hay ~ errores** there are fewer mistakes; **mide medio metro ~** it's half a meter shorter; **~ estudiantes que el año pasado** fewer students than last year; **tengo ~ tiempo que tú** I haven't as *o* so much time as you **2** (superlativo) (en cantidad) least; (en número) fewest; **donde hay ~ luz** where there's least light; **el que obtuvo ~ votos** the one who got (the) fewest votes

■ *pron* **1** (en cantidad) less; (en número) fewer; **sírveme ~** give me less; **ya falta ~** it won't be long now **2** (*en locs*) **al menos** at least; **a menos que** unless; **cuando menos** at least; **de menos: me dió 100 pesos de ~** he gave me 100 pesos too little; **me cobró de ~** he undercharged me; **lo menos** the least; **menos mal** just as well, thank goodness; **por lo menos** at least; ***eso es lo de ~*** that's the least of my (*o* our *etc*) problems

■ *prep* **1** (excepto): **todos ~ Alonso** everybody except *o* but Alonso; **~ estos dos, ...** apart from *o* with the exception of these two, ...; **tres latas de pintura, ~ la que usé para la puerta** three cans of paint, less what I used on the door **2** **(a)** (Mat) (en restas, números negativos) minus **(b)** (Esp, RPl) (en la hora): **son las cinco ~ diez/cuarto** it's ten to five/(a) quarter to five; **son ~ veinte** it's twenty to

menoscabar [A1] *vt* ‹*autoridad/fortuna*› to diminish, reduce; ‹*derechos*› to impinge upon, infringe; ‹*honor/fama/salud*› to damage, harm

menospreciar [A1] *vt* **(a)** (despreciar) ‹*persona/obra*› to despise, look down on **(b)** (subestimar) to underestimate

menosprecio *m* contempt, scorn

mensaje *m* (en general) message; (nota) note; **~ de texto** text message; **~ de voz** voicemail message

mensajero -ra *adj* messenger (*before n*)

■ *m,f* (en general) messenger; (Com) messenger, courier (BrE)

menso -sa *adj* (AmL fam) stupid

■ *m,f* (AmL fam) fool

menstruación *f* menstruation; **estar con la ~** to have one's period

menstruar [A3] *vi* to menstruate

mensual *adj* ‹*publicación/sueldo*› monthly; **9.000 pesos ~es** 9,000 pesos a month

mensualidad **(a)** *f* (sueldo) monthly salary **(b)** (cuota) monthly payment *o* installment*

menta *f* mint; **licor de ~** crème de menthe; **caramelos de ~** mints, peppermints

mentada *f* (Col, Méx, Ven euf) *tb* **~ de madre** insult (*usually about a person's mother*)

mental *adj* mental

mentalidad *f* mentality; **tener una ~ muy cerrada** a very closed mind

mentalizar [A4] *vt* **~ a algn** DE **algo** to make sb aware OF sth

■ **mentalizarse** *v pron* **(a)** (prepararse mentalmente) to prepare oneself (mentally), get into the right frame of mind **(b)** (tomar conciencia): **tuve que ~me de que mi carrera se había acabado** I had to come to terms with the fact that my career was over

mentar [A5] *vt* to mention

mente *f* mind; **tenía la ~ en blanco** my mind was a blank; **de repente me vino a la ~** it suddenly came to me; ***tener algo en ~*** to have sth in mind

mentecato -ta *m,f* fool

mentir [I11] *vi* to lie; **me mintió** he lied to me

mentira *f* lie; **eso es ~** that's a lie; **¡~! yo no le pegué** that's a lie, I didn't hit him!; **¡parece ~! ¡cómo pasa el tiempo!** isn't it incredible! doesn't time fly!; **~ piadosa** white lie; **una araña de ~** or (Méx) **de ~s** (leng infantil) a toy spider; ***una ~ como una casa*** or ***un templo*** (fam)

key word

a whopping great lie (infml), a whopper (infml)

mentiroso -sa *adj*: **es muy ~** he's an awful *o* terrible liar; (dicho sin ánimo de ofender) he's a real fibber (infml)
■ *m,f* liar; (dicho sin ánimo de ofender) fibber (infml)

mentolado -da *adj* menthol (*before n*)

mentón *m* chin

menú *m* (*pl* **-nús**) menu; **~ del día** set menu

menudencia *f* **1** (cosa insignificante): **eso es una ~** that's not important **2** **menudencias** *fpl* (AmL) (Coc) giblets (*pl*)

menudeo *m* (Col, Méx) retail trade; **ventas al ~** retail sales

menudillos *mpl* giblets (*pl*)

menudo[1] -da *adj* **1** **(a)** ‹*persona*› slight **(b)** ‹*letra/pie*› small **2** (Esp) (en exclamaciones) (*delante del n*) **¡~ lío!** what a mess!; **¡~ cochazo!** that's some car! **3** **a menudo** often

menudo[2] *m* (Col, Ven) (dinero suelto) loose change

meñique *m* little finger

meollo *m* **(a)** (Anat) marrow **(b)** (de un tema) heart

mercadería *f* (esp AmS) merchandise

mercadillo *m* street market

mercado *m* market; **ir al ~** or (Col, Méx) **hacer el ~** to go to market; **~ de abastos** market (*selling fresh food*); **~ de (las) pulgas** flea market; **~ persa** (CS) bazaar, street market; **el ~ del petróleo** the oil market; **salir al ~** to come onto the market; **~ de divisas** foreign exchange market; **~ de trabajo** job market; **~ emergente** emerging market; **~ negro** black market; **~ paralelo** parallel market

mercancía *f*, **mercancías** *fpl* (Com) goods (*pl*), merchandise

mercante *adj* merchant (*before n*)

mercantil *adj* ‹*ley/operación*› commercial, mercantile

merced *f* (arc) (favor) favor*; **conceder una ~** to grant a favor; **a (la) ~ de** at the mercy of

mercenario -ria *adj/m,f* (Mil) mercenary

mercería *f* (tienda de hilos, botones) notions store (AmE), haberdashery (BrE); (ferretería) (Chi) hardware store

Mercosur *m*: *economic community comprising Argentina, Brazil, Paraguay, Uruguay, and Venezuela*

mercurio *m* mercury

Mercurio *m* Mercury

merecedor -dora *adj* **~** DE **algo** worthy OF sth, deserving OF sth (fml)

merecer [E3] *vt* ‹*premio/castigo*› to deserve; **merece que le den el puesto** she deserves to get the job
■ **merecerse** *v pron* (*enf*) ‹*premio/castigo*› to deserve; **te lo tienes bien merecido** it serves you right; **se merece que la asciendan** she deserves to be promoted

merecido *m*: **recibió** or **se llevó su ~** he got what he deserved

merendar [A5] *vi* to have a snack in the afternoon, have tea; **merendamos en el campo** we had a picnic (tea) in the country
■ **~** *vt* to have ... as an afternoon snack

merendero *m* (bar) outdoor bar; (instalaciones para picnics) picnic area

merengada *f* (Ven) milkshake

merengue *m* **1** (pastel) meringue **2** (baile) merengue

meridiano *m* meridian; **~ cero** or **de Greenwich** /ˈgrɪnɪtʃ/ Greenwich Meridian

meridional *adj* southern
■ *mf* southerner

merienda *f* afternoon snack, tea; (para la escuela) (RPl) snack; **ir de ~ al campo** to go for a picnic (tea) in the country

mérito *m* merit, worth; **no le veo ningún ~ a eso** I can't see any merit in that; **una persona de ~** a worthy person; **tener ~** to be praiseworthy; **quitarle ~s a algn** to take the credit away from sb; **atribuirse el ~ de algo** to take the credit for sth

meritorio -ria *adj* [SER] (fml) commendable, praiseworthy (fml); **~** DE **algo** worthy OF sth
■ *m,f* unpaid trainee

merluza *f* (Coc, Zool) hake

mermar [A1] *vi* (fml) «*viento/frío*» to abate (fml); «*luz*» to fade
■ **~** *vt* (fml) to reduce

mermelada *f* (de cítricos) marmalade; (de otras frutas) jam

mero[1] -ra *adj* (*delante del n*) **1** (solo, simple) mere; **el ~ hecho de ...** the mere *o* simple fact of ...; **es un ~ juego** it's only *o* just a game **2** (AmC, Méx fam) (uso enfático): **¿cuántas quedaron? — una mera** how many were left? — just one; **el ~ día de su boda** the very day of her wedding; **el ~ patrón** the boss himself; **en la mera esquina** right on the corner

mero[2] *m* grouper; ***el* ~** (Méx fam) the boss
■ *adv* (Méx fam) **(a)** (casi) nearly, almost **(b)** (uso enfático): **así ~ me gustan los tacos** this is just how I like tacos; **ya ~** right now; **aquí merito** right here

merodear [A1] *vi* to prowl

mersa *adj* (RPl fam & pey) ‹*ropa/lugar*› tacky (infml); ‹*persona*› common (derog)
■ *mf* (RPl fam & pey) **(a)** (persona): **es un ~** he's so common (derog) **(b)** **la mersa** *f* the plebs (*pl*) (infml & derog), the riffraff (hum *or* derog)

mes *m* month; **el ~ pasado/que viene** last/next month; **una vez al ~** once a month; **tiene siete ~es** he's seven months old; **nos deben dos ~es** they owe us two months' rent (*o* pay *etc*)

mesa *f* **1** (mueble) table; **poner/recoger la ~** to lay/clear the table; **bendecir la ~** to say grace; **sentarse a la ~** to sit at the table; **se levantó de la ~** he got up from *o* left the table; **reservar ~** to reserve a table; **~ de centro** coffee table; **~ de noche** or (RPl) **de luz** bedside table **2** (conjunto de personas) committee; **~ redonda/de negociaciones** round/negotiating table

mesada *f* (AmL) (dinero) monthly allowance; (para niños) pocket money

mesero -ra *m,f* (AmL) (*m*) waiter; (*f*) waitress

meseta *f* (Geog) plateau

Mesías *m* Messiah

Mesoamérica *f* Middle America (*most of Mexico and Central America*)

mesón *m* **1** (bar) *old-style bar/restaurant* **2** (Chi) (en tienda) counter; (de bar) bar, counter;

m

~ **de información** information desk

mesonero -ra *m,f* **(a)** (de bar) (*m*) landlord; (*f*) landlady **(b)** (Ven) (camarero) (*m*) waiter; (*f*) waitress

mestizo -za *adj* **(a)** ‹*persona*› of mixed race (*particularly of Indian and white parentage*); **de sangre mestiza** of mixed blood **(b)** ‹*animal*› crossbred
■ *m,f* mestizo, person of mixed race

✐ **meta** *f* **1** **(a)** (en atletismo) finishing line; (en ciclismo, automovilismo) finish; (en carreras de caballos) winning post **(b)** (en fútbol) goal **2** **(a)** (propósito) aim; **su única ~ es ganar dinero** his only aim *o* ambition is to earn money **(b)** (objetivo) goal; **trazarse ~s** to set oneself targets *o* goals

metabolismo *m* metabolism

metafísico -ca *adj* metaphysical

metáfora *f* metaphor

metal *m* **(a)** (material, elemento) metal; **~ noble** or **precioso** precious metal **(b)** *tb* **metales** (Mús) brass (section)

metálico[1] -ca *adj* **(a)** (de metal) metallic, metal (*before n*) **(b)** ‹*sonido/brillo/color*› metallic

metálico[2] *m*: **pagar en ~** to pay (in) cash; **un premio en ~** a cash prize

metalurgia *f* metallurgy

metalúrgico -ca *adj* metallurgical
■ *m,f* metalworker

metamorfosis, **metamórfosis** *f* (*pl* ~) metamorphosis

metate *m* (AmC, Méx) *flat stone used for grinding corn*

metedura de pata *f* (esp Esp fam) blunder, gaffe

metegol *m* (Arg) table football

meteorito *m* meteorite

meteoro *m* meteor

meteorología *f* meteorology

meteorológico -ca *adj* meteorological, weather (*before n*)

meteorólogo -ga *m,f* meteorologist

✐ **meter** [E1] *vt* **1** **(a)** (introducir, poner) to put; **~ algo** EN **algo** to put sth IN(TO) sth; **~ la llave en la cerradura** to put the key into the lock; **logró ~ todo en la maleta** he managed to fit everything into the suitcase **(b)** (hacer entrar): **~ a algn en la cárcel** to put sb in prison; **consiguió ~lo en la empresa** she managed to get him a job in the company **(c)** (involucrar) **~ a algn** EN **algo** to involve sb IN sth, get sb involved IN sth **2** **(a)** (invertir) ‹*ahorros/dinero*› to put **(b)** ‹*tanto/gol*› to score **(c)** (en costura) ‹*cintura*› to take in **(d)** (Auto): **mete (la) tercera** put it into third (gear); **~ la marcha atrás** to get into reverse **3** (provocar, crear): **~le prisa a algn** to rush sb; **~le miedo a algn** to frighten *o* scare sb; **no metas ruido** keep the noise down
■ **meterse** *v pron* **1** **(a)** (entrar): **me metí en el agua** (en la playa) I went into the water; (en la piscina) I got into the water; **nos metimos en un museo** we went into a museum; **~se en la cama/la ducha** to get into bed/the shower; **¿dónde se habrá metido el perro?** where can the dog have got to?; **se me metió algo en el ojo** I got something in my eye **(b)** (introducirse): **me metí el dedo en el ojo** I stuck my finger in my eye; **se metió el dinero en el bolsillo** he put the money in(to) his pocket **2** **(a)** (en trabajo): **se metió de secretaria** she got a job as a secretary; **~se de** or **a cura/monja** to become a priest/nun **(b)** (involucrarse) **~se** EN **algo** to get involved IN sth; **te has metido en un buen lío** you've got yourself into a fine mess; **no te metas en lo que no te importa** mind your own business; ***~se con algn*** (fam) to pick on sb; ***~se por medio*** to interfere

metiche *adj* (AmL fam) nosy (infml)
■ *mf* busybody (infml)

meticuloso -sa *adj* ‹*trabajo/investigación*› meticulous, thorough; ‹*persona*› meticulous

metida de pata *f* (AmL fam) blunder, gaffe

metódico -ca *adj* methodical

metodista *adj/mf* Methodist

✐ **método** *m* **(a)** (procedimiento) method; **con ~** methodically **(b)** (libro de texto) textbook, coursebook (BrE); (manual) handbook

✐ **metodología** *f* methodology

metomentodo *mf* (*pl* ~) (fam) busybody (infml)

metralla *f* (trozos) shrapnel; (munición) grapeshot

metralleta *f* submachine gun

métrico -ca *adj* metric, metrical

✐ **metro** *m* **1** **(a)** (medida) meter*; **~ cuadrado/cúbico** square/cubic meter; **vender algo por ~(s)** to sell sth by the meter; **los 100 ~s valla** the 100-meter hurdles **(b)** (cinta métrica) tape measure **2** (Transp) subway (AmE), tube (BrE) **3** (en poesía) meter*

metrónomo *m* metronome

metrópolis (*pl* ~), **metrópoli** *f* metropolis

metropolitano[1] -na *adj* metropolitan

metropolitano[2] *m* subway (AmE), underground (BrE)

mexicanismo *m* Mexicanism

✐ **mexicano -na** *adj/m,f* Mexican

✐ **México** *m* Mexico; (capital) Mexico City

mexiquense *adj* (Méx) of/from Mexico City

mezcal *m* mescal

✐ **mezcla** *f* **1** (proceso) **(a)** (en general) mixing **(b)** (de vinos, tabacos, cafés) blending **2** (combinación) **(a)** (de cosas diversas) mixture; (de vinos, tabacos, cafés) blend; (de tejidos) mix; **una ~ de harina y azúcar** a mixture of flour and sugar **(b)** (de razas, culturas) mix **(c)** (Audio) mix

mezclador -dora *m,f* (persona) *tb* **~ de sonido** or **audio** sound mixer

mezcladora *f* (Const) mixer

mezclar [A1] *vt* **1** **(a)** (combinar) to mix; **~ algo** CON **algo** to mix sth WITH sth **(b)** ‹*café/vino/tabaco*› to blend **2** ‹*documentos/ropa*› to mix up, get ... mixed up; **~ algo** CON **algo** to get sth mixed up WITH sth **3** (involucrar) **~ a algn** EN **algo** to get sb mixed up *o* involved IN sth
■ **mezclarse** *v pron* **1** **(a)** (involucrarse) **~se** EN **algo** to get mixed up *o* involved IN sth **(b)** (tener trato con) **~se** CON **algn** to mix WITH sb **2** «*razas/culturas*» to mix

✐ key word

m

mezclilla *f* **(a)** (tela de mezcla) cloth of mixed fibers **(b)** (Chi, Méx) (tela de jeans) denim

mezcolanza *f* (pey) hodgepodge (esp AmE), hotchpotch (BrE)

mezquindad *f* **(a)** (cualidad — de tacaño) meanness, stinginess (infml); (— de vil) small-mindedness, pettiness **(b)** (acción egoísta) mean thing to do

mezquino[1] -na *adj* **(a)** (tacaño) mean, stingy (infml); (vil) mean, small-minded **(b)** (escaso) ‹*sueldo/ración*› paltry, miserable

mezquino[2] *m* (Col, Méx) wart

mezquita *f* mosque

mezzo-soprano *f* mezzo soprano

mg. (= **miligramo**) mg

mi *adj* (*delante del n*) my; **~s libros** my books; **sí, ~ vida** yes, darling; **sí, ~ capitán** yes, sir
■ *m* (nota) E; (en solfeo) mi

mí *pron pers* me; **¿es para ~?** is it for me?; **por ~ no hay problema** as far as I'm concerned that's fine, that's fine by me; **¿y a ~ qué?** so what?, what do I care?; **a ~ no me importa** I couldn't care less; **~ mismo/misma** (*refl*) myself

miau *m* miaow; **hacer ~** to miaow

mica *f* **1** **(a)** (Min) mica **(b)** (AmL) (de un reloj) crystal **2** (Col) (de niño) potty (infml)

mico -ca *m,f* (Zool) long-tailed monkey; (como término genérico) monkey

micrero -ra *m,f* (Chi) bus driver

micro *m* **1** (fam) (microbús) small bus; (autobús) (Arg) bus, coach (BrE) **2** (fam) (micrófono) mike (infml)
■ *f* (Chi) bus

microbio *m* microbe

microbiología *f* microbiology

microbús *m* small bus

microchip /mikro'tʃip/ *m* (*pl* **-chips**) microchip

microcomputadora *f* (esp AmL) microcomputer, micro

microcosmos (*pl* **~**), **microcosmo** *m* microcosm

microfilm (*pl* **-films**), **microfilme** *m* microfilm

micrófono *m* microphone; **hablar por el ~** to speak over the microphone

microondas *m* (*pl* **~**) microwave (oven)

microordenador *m* (Esp) microcomputer, micro

microorganismo *m* microorganism

microscópico -ca *adj* microscopic

microscopio *m* microscope; **mirar algo al** or **por el ~** to look at sth under the microscope

mida, midas, *etc* ▶ **medir**

miedo *m* fear; **¡qué ~ pasamos!** we were so frightened *o* scared!; **temblaba de ~** he was trembling with fear; **me da ~ salir de noche** I'm afraid to go *o* of going out at night; **~ A algo/algn** fear OF sth/sb; **el ~ a lo desconocido** fear of the unknown; **le tiene ~ a su padre** he's scared *o* afraid of his father; **~ a salir a escena** stage fright; **agarrarle** or (esp Esp) **cogerle ~ a algo/algn** to become frightened *o* scared of sth/sb; **por ~ a** for fear of; **tener ~** to be afraid *o* frightened *o* scared; **tiene ~ de caerse** he's afraid he might fall; **tengo ~ de que se ofenda** I'm afraid he will take offense

miedoso -sa *adj*: **¡no seas ~! no te va a hacer daño** don't be frightened *o* scared! it won't hurt you; **¡qué ~ es!** he's such a coward!
■ *m,f* coward, scaredy-cat (infml)

miel *f* honey; **~ de palma** palm syrup

miembro *m* **1** **(a)** (de organización, asociación) member **(b)** (*como adj*) ‹*estado/países*› member (*before n*) **2** (Anat) limb; **~s anteriores/posteriores** fore/back limbs

mienta, mientas, *etc* ▶ **mentir**

mientras *adv* **1** (al mismo tiempo) *tb* **~ tanto** in the meantime, meanwhile **2** (esp AmL) (cuanto): **~ más se le da, más pide** the more you give him, the more he wants; **~ menos coma, mejor** the less I eat the better
■ *conj* **1** (indicando simultaneidad) while; **~ dormíamos** while we were asleep **2** (con idea de futuro, condición, etc) as long as; **~ viva/él no se entere** as long as I live/he doesn't find out **3** **mientras que** (con valor adversativo) whereas, while

miércoles *m* (*pl* **~**) Wednesday; **~ de ceniza** Ash Wednesday; *para ejemplos ver* **lunes**

mierda *f* **1** (vulg) (excremento) shit (vulg) **2** (vulg) **(a)** (cosa despreciable): **una ~ de empleo** a crappy *o* lousy job (infml); **la película es una ~** the movie is (a load of) crap (sl) **(b)** (mugre) filth, crap (sl); ***¡a la ~ con ... !*** (vulg) to hell with ... ! (infml); ***irse a la ~*** (vulg) «*proyecto/empresa*» to go to the dogs, go to pot (infml); ***mandar a algn a la ~*** (vulg) to tell sb to go to hell (infml) *o* (vulg) to screw himself/herself; ***¡vete a la ~!*** (vulg) go to hell! (infml), fuck off! (vulg)

mies *f* ripe grain; **~es** cornfields

miga *f* **1** (de pan) crumb; **hacer buenas/malas ~s (con algn)** to get on well/badly (with sb) **2** **migas** *fpl* (Coc) *breadcrumbs fried with garlic, etc* **3** (contenido, sustancia) substance; (dificultad) difficulties (*pl*); **el asunto tiene su ~** it has its difficulties *o* it's quite tricky

migajas *fpl* (de pan) breadcrumbs (*pl*); (sobras) leftovers (*pl*), scraps (*pl*)

migración *f* migration

migraña *f* migraine

mijo[1] *m* millet

mijo[2] -ja *pron* (apelativo) (AmL fam) dear; **¿qué le pasa, mijita?** what's the matter, darling? (infml)

mil *adj inv/pron* thousand; **~ quinientos pesos** fifteen hundred pesos, one thousand five hundred pesos; **20 ~ millones** 20 billion (AmE), 20 thousand million (BrE); **tengo ~ cosas que hacer** I have a thousand and one things to do
■ *m* (number) one thousand

milagro *m* miracle; **alcancé el tren de ~** by a miracle I caught the train; **escaparon de ~** they had a miraculous escape; ***hacer ~s*** to work wonders

milagroso -sa *adj* miraculous

milanesa *f*: *thin breaded cutlet of meat/chicken*

milano *m* kite

milenio *m* millennium

milésima *f* thousandth

milésimo -ma *adj/pron* thousandth; **la milésima parte** a thousandth

m

milhojas *f* (*pl* ~) (Coc) millefeuille

mili *f* (Esp fam) military service; **hacer la ~** to do one's military service

milicia *f* militia

miliciano -na *m,f* militiaman

milico *m* (AmL fam & pey) soldier; **los ~s** the military

miligramo *m* milligram

mililitro *m* milliliter*

milímetro *m* millimeter*

militancia *f* (filiación) political affiliation; (militantes) members (*pl*)

militante *adj* politically active
■ *mf* activist

militar[1] *adj* military
■ *mf* soldier, military man; **los ~es** the military

militar[2] [A1] *vi* to be politically active; **~ en un partido político** to be an active member of a political party

milla *f* mile

millar *m* thousand; **un ~ de seguidores** about a thousand supporters

millón *m* million; **15 mil millones** 15 billion (AmE), 15 thousand million (BrE); **un ~ de gracias** thank you very much

millonario -ria *adj*: **es ~** he's a millionaire
■ *m,f* millionaire

milonga *f* **1** (Mús) *a type of dance and music from the River Plate region* **2** (RPl arg) **(a)** (fiesta) party, bash (infml) **(b)** (mujer fácil) slut (infml & derog)

milonguero -ra *m,f* (RPl arg) reveler, raver (BrE infml)

milpa *f* (AmC, Méx) (campo) field (*used mainly for the cultivation of maize*); (cultivo) crop

mimado -da *adj* spoiled, pampered
■ *m,f* spoiled child; **este niño es un ~** this child is spoiled *o* (derog) is a spoiled brat

mimar [A1] *vt* to spoil, pamper

mimbre *m* (material) wicker; **silla de ~** wicker *o* basket chair

mimbrera *f* (arbusto) osier; (sauce) willow

mímica *f* (Teatr) mime; (gestos, señas) sign language, mime

mimo *m* **(a)** (caricia) cuddle; **hacerle ~s a algn** to cuddle sb **(b)** (trato indulgente) pampering; **lo criaron con mucho ~** he had a very pampered upbringing
■ *mf* mime

mimosa *f* mimosa

min (= **minuto**) min

mina *f* **1** (yacimiento, excavación) mine; **~ de carbón** coalmine; **~ a cielo abierto** or (Andes) **a tajo abierto** strip mine (AmE), opencast mine (BrE); **es una ~ de información** he's a mine of information **2** (Mil, Náut) mine; **un campo de ~s** a minefield **3** (de lápiz) lead **4** (CS arg) (mujer) broad (AmE sl), bird (BrE sl)

minar [A1] *vt* **(a)** ‹*campo/mar*› to mine **(b)** (debilitar) ‹*salud*› to damage; ‹*autoridad/moral*› to undermine

minarete *m* minaret

mineral *adj* mineral
■ *m* **(a)** (sustancia) mineral **(b)** (de un metal) ore

minería *f* mining industry

minero -ra *adj* mining (*before n*)
■ *m,f* miner

mini *f* (fam) miniskirt, mini (infml)

miniatura *f* (Art) miniature; **¡qué ~ de pie!** (fam) what a tiny little foot!

minicomputadora *f* (esp AmL) minicomputer

minifalda *f* miniskirt

minifundio *m* (propiedad) smallholding

mini-golf *m* miniature golf

mínima *f* minimum temperature

minimizar [A4] *vt* (reducir al mínimo) to minimize; (quitar importancia) to make light of, play down

mínimo[1] **-ma** *adj* **(a)** ‹*temperatura/peso*› minimum (*before n*); **no le importa lo más ~** he couldn't care less; **el trabajo no le interesa en lo más ~** he is not in the slightest (bit) interested in his work; **no tengo la más mínima idea** I haven't the faintest idea **(b)** (insignificante) ‹*detalle*› minor; ‹*diferencia/beneficios*› minimal

mínimo[2] *m* minimum; **reducir los gastos al ~** to keep costs to a minimum; **como ~** at least

miniordenador *m* (Esp) minicomputer

miniportátil *m* mini laptop

ministerial *adj* ‹*reunión*› cabinet (*before n*); ‹*orden*› ministerial

ministerio *m* **1** (Pol) ministry, department (AmE); **M~ de Hacienda** ≈ Treasury Department (*in US*), ≈ Treasury (*in UK*); **M~ del Interior** ≈ Department of the Interior (*in US*), ≈ Home Office (*in UK*); **M~ de Relaciones** or **Asuntos Exteriores** ≈ State Department (*in US*), ≈ Foreign Office (*in UK*) **2** (Relig) ministry

ministro -tra *m,f* minister, government minister; **M~ de Hacienda** ≈ Secretary of the Treasury (*in US*), ≈ Chancellor of the Exchequer (*in UK*); **M~ del Interior** ≈ Secretary of the Interior (*in US*), ≈ Home Secretary (*in UK*); **M~ de Relaciones** or **Asuntos Exteriores** ≈ Secretary of State (*in US*), ≈ Foreign Secretary (*in UK*)

minoría *f* minority; **estar en ~** to be in a/the minority; **~ de edad** minority

minorista *adj* retail (*before n*)
■ *mf* retailer

minoritario -ria *adj* minority (*before n*)

mintiera, mintió, *etc* ▶ **mentir**

minucia *f* **(a)** (detalle pequeño) minor detail **(b)** (cualidad) detail; **explicar algo con ~** to explain sth in detail *o* thoroughly

minuciosidad *f* attention to detail

minucioso -sa *adj* ‹*búsqueda/investigación/persona*› meticulous, thorough; ‹*informe*› detailed

minúscula *f* lower case letter, minuscule (tech)

minúsculo -la *adj* **(a)** (diminuto) minute, tiny **(b)** ‹*letra*› lower case

minusvalía *f* **1** (ant *u* ofensivo) (física) (physical) disability; (psíquica) (mental) disability, learning difficulties(*pl*) **2** (Econ) drop *o* fall in value

minusválido -da *adj* (ant *u* ofensivo) (físico) disabled, physically handicapped; (psíquico) mentally handicapped

key word

■ *m,f* (ant *u* ofensivo) (físico) person with a disability, physically handicapped person; (psíquico) person with learning difficulties, mentally handicapped person; **coches para ~s** cars for the disabled

minuta *f* **1** (de abogado, notario) bill **2** (plato rápido) (RPl) quick meal

minutero *m* minute hand

minuto *m* minute; **a tres ~s de su casa** three minutes (away) from his house

mío, mía *adj* (*detrás del n*) mine; **un primo ~** a cousin of mine; **eso es asunto ~** that's my business; **Muy señor ~** (Corresp) (fml) Dear Sir
■ *pron*: **el ~/la mía,** *etc.* mine; **sus hijos y los ~s** their children and mine; **los idiomas no son lo ~** languages are not my thing; **los ~s** my family and friends

miope *adj* **(a)** (Med, Ópt) myopic (tech), nearsighted (AmE), short-sighted (BrE) **(b)** (falto de perspicacia) short-sighted
■ *mf* myopic person (tech), nearsighted person (AmE), short-sighted person (BrE)

miopía *f* **(a)** (Med, Ópt) myopia (tech), nearsightedness (AmE), short-sightedness (BrE) **(b)** (falta de perspicacia) shortsightedness

mira *f* **(a)** (Arm, Ópt) sight **(b)** (intención, objetivo): **con ~s a reducir los gastos** with a view to reducing costs; **con la ~ puesta en el porvenir** with one's sight set on the future; **es muy estrecho de ~s** he's very narrow-minded

mirada *f* **(a)** (modo de mirar) look; **una ~ reprobatoria** a disapproving look; **su ~ era triste** he had a sad look in his eyes; **lo fulminó con la ~** she looked daggers at him **(b)** (vistazo, ojeada) glance; **echarle una ~ por encima a algo** to take a quick glance at sth; **échales una ~ a los niños** have a look at the children **(c)** (vista): **tenía la ~ fija en el suelo** she had her eyes fixed on the ground; **recorrió la habitación con la ~** she cast her eyes over the room; **bajar/levantar la ~** to look down/up

miradero *m* (Col) viewpoint

mirado -da *adj* (considerado): **eso no está bien ~** that's not approved of, that's looked down on; **está muy mal ~ en el barrio** he is not at all well thought of *o* well regarded in the neighborhood; *ver tb* **mirar**

mirador *m* viewpoint

miramiento *m*: **tratar a algn sin ningún ~** to treat sb with a total lack of consideration

mirar [A1] *vt* **1** **(a)** (observar, contemplar) to look at; **~ un cuadro** to look at a picture; **no me mires así** don't look at me like that; **~ a algn a los ojos** to look sb in the eye; **se me quedó mirando** he just stared at me; **miraba distraída por la ventana** he was gazing absent-mindedly out of the window; **miraba cómo lo hacía** he was watching how she did it; **ir a ~ escaparates** or (AmL) **vidrieras** to go window shopping **(b)** ‹*programa/partido/televisión*› to watch **2** (fijarse) to look; **¡mira lo que has hecho!** look what you've done!; **mira bien que esté apagado** make sure *o* check it's off; **miré a ver si estaba listo** I had a look to see if he was ready **3** (considerar): **míralo desde otro punto de vista** look at it from another point of view; **lo mires por donde lo mires** whatever *o* whichever way you look at it; **mirándolo bien** (pensándolo detenidamente) all things considered; (pensándolo mejor) on second thoughts; **~ *a algn en menos*** to look down on sb; **~ *mal a algn*** to disapprove of sb **4** (expresando incredulidad, irritación, etc): **¡mira que poner un plato de plástico en el horno ...!** honestly *o* really! imagine putting a plastic dish in the oven ...! (infml); **¡mira que eres tacaño!** boy, you're mean! (infml); **¡mira las veces que te lo habré dicho ...!** the times I've told you!
■ **~** *vi* **1** (en general) to look; **he mirado por todas partes** I've looked everywhere; **~ por la ventana** to look out of the window; **¿miraste bien?** did you have a good look?, did you look properly?; **~ *atrás*** to look back **2** (estar orientado) **~ A/HACIA algo** «*fachada*» to face sth; «*terraza/habitación*» to look out over sth, overlook sth; **ponte mirando hacia la ventana** stand (*o* sit *etc*) facing the window **3** **mirar por (a)** (preocuparse por) to think of **(b)** (Col) (cuidar) to look after
■ **mirarse** *v pron* **(a)** (*refl*) to look at oneself; **~se en el espejo** to look at oneself in the mirror **(b)** (*recípr*) to look at each other

mirilla *f* peephole, spyhole

mirlo *m* blackbird

mirto *m* myrtle

misa *f* mass; **están en ~** they're at mass; **ir a ~** to go to mass; **decir ~** «*sacerdote*» to say *o* celebrate mass; **~ de cuerpo presente** funeral mass; **~ de difuntos** Requiem (mass); **~ de** or **del gallo** midnight mass (*on Christmas Eve*)

miscelánea *f* **(a)** (variedad) miscellany **(b)** (Méx) (tienda) small general store, corner shop (BrE)

misceláneo -nea *adj* miscellaneous

miserable *adj* **(a)** (pobre) ‹*vivienda*› miserable, wretched; ‹*sueldo*› paltry, miserable **(b)** (avaro) mean, stingy (infml) **(c)** (malvado) malicious, nasty
■ *mf* wretch, scoundrel

miseria *f* **1** (pobreza) poverty, destitution **2** (cantidad insignificante) miserable amount, paltry amount; **gana una ~** she earns a pittance **3** (desgracia) misfortune; **las ~s de la guerra** the miseries of war

misericordia *f* mercy, compassion

misericordioso -sa *adj* merciful

mísero -ra *adj* miserable

misil *m* missile; **~ antiaéreo/balístico** antiaircraft/ballistic missile

misión *f* **1** (tarea) mission **2** (delegación): **una ~ científica** a team of scientists; **una ~ diplomática** a diplomatic delegation

misionero -ra *adj* missionary (*before n*)
■ *m,f* missionary

Misisipí *m* (río): **el (río) ~** the Mississippi (River); (estado) Mississippi

mismo[1] -ma *adj* **1** **(a)** (*delante del n*) (expresando identidad) same; **hacer dos cosas al ~ tiempo** to do two things at once *o* at the same time **(b)** (*como pron*) same; **Roma ya no es la misma** Rome isn't the same any more; **el ~ que vimos ayer** the same one we saw yesterday **2** (uso enfático) **(a)** (refiriéndose a lugares, momentos, cosas): **en el ~ centro de Lima** right in the center of Lima; **en este ~ instante** this

m

very minute; **eso ~ pienso yo** that's exactly what I think **(b)** (refiriéndose a personas): **el mismísimo presidente** the president himself; **te perjudicas a ti ~** you're only hurting yourself; **ella misma lo trajo** she brought it herself **3** **lo mismo: siempre dice lo ~** he always says the same thing; **lo ~ para mí** the same for me, please; **nuestra empresa, lo ~ que tantas otras** our company, like so many others; **los niños pueden ir lo ~ que los adultos** children can go as well as adults; **o lo que es lo ~** in other words; ***da lo ~*** it doesn't matter; ***me/le da lo ~*** I don't care/he/she doesn't care

mismo² *adv* (uso enfático): **aquí/ahora ~** right here/now; **hoy ~ te mando el cheque** I'll send you the check today; **ayer ~ hablé con él** I spoke to him only yesterday

miss /mis/ *f* beauty queen; **M~ Universo** Miss Universe

misterio *m* mystery

misterioso -sa *adj* mysterious

misticismo *m* mysticism

místico -ca *adj* ‹*experiencia*› mystic, mystical; ‹*escritor*› mystic (*before n*)

■ *m,f* mystic

✓ **mitad** *f* **1** (parte) half; **la ~ de la población** half (of) the population; **solo quiero la ~** I only want half; **a ~ de precio** half price; **lo hizo en la ~ del tiempo** she did it in half the time; **~ *y* ~** half and half **2** (medio, centro): **cortar algo por la ~** to cut sth in half; **dividir algo por la ~** to halve sth; **a** or **en (la) ~ de la reunión** in the middle of the meeting; **a ~ de camino** halfway; **en la ~ de la película/del libro** halfway through the movie/the book

m

mítico -ca *adj* mythical

mitigar [A3] *vt* ‹*dolor*› to relieve, ease; ‹*pena/sufrimiento*› to alleviate, mitigate (fml); ‹*sed*› to quench

mitin, mitín *m* (Pol) political meeting, rally

mito *m* **(a)** (leyenda) legend **(b)** (invención, mentira) myth

mitología *f* mythology

mitológico -ca *adj* mythological

mixto¹ -ta *adj* mixed; **educación mixta** coeducation

mixto² *m* toasted sandwich (*with two different fillings*)

ml. (= **mililitro**) ml

mm. (= **milímetro**) mm

moaré *m* moiré

mobbing *m* (Esp) harassment

mobiliario *m* furniture, furnishings (*pl*); **renovar el ~ del comedor** to refurnish the dining room; **~ de baño** bathroom furnishings (*pl*); **~ de cocina** kitchen fittings *o* units (*pl*)

moca *m tb* **café ~** mocha; **tarta de ~** coffee cake

mocasín *m* moccasin

mochila *f* (de excursionista, soldado) backpack; (de escolar) satchel

mochilear [A1] *vi* (CS) to backpack

mochilero -ra *m,f* (CS) backpacker

moción *f* motion; **presentar una ~** to propose *o* (BrE) table a motion; **~ de censura** vote of censure *o* no confidence

moco *m* **(a)** (líquido) snot (infml); **límpiate los ~s** wipe *o* blow your nose; **le colgaban los ~s** he had a runny nose (infml) *o* (sl) snotty nose **(b)** (seco) booger (AmE infml), bogey (BrE infml)

mocoso -sa *m,f* (fam) squirt (infml), pipsqueak (infml)

✓ **moda** *f* fashion; **la ~ joven** or **juvenil** young fashion; **la ~ de los 30** 30's fashion; **ir a la ~** to be trendy; **estar de ~** to be in fashion, be in (infml); **ponerse/pasar de ~** to come into/go out of fashion; **seguir la ~** to follow fashion

modal *adj* modal

modales *mpl* manners (*pl*); **tener buenos/malos ~** to be well-mannered/bad-mannered

✓ **modalidad** *f*: **varias ~es de pago** several methods *o* modes of payment; **la medalla de oro en la ~ de esquí alpino** the gold medal for downhill skiing

modelaje *m* (Andes, Ven) modeling*; **hacer ~** to model

modelar [A1] *vt* (Art) ‹*arcilla*› to model; ‹*estatua/figura*› to model, sculpt; ‹*carácter*› to mold*

■ **~** *vi* **1** (Art) to model **2** (Andes) (para fotos, desfiles) to model

✓ **modelo** *adj inv* **(a)** ‹*niño/estudiante*› model (*before n*); ‹*comportamiento/carácter*› exemplary **(b)** (de muestra): **visité la casa ~** I visited the model home (AmE) *o* (BrE) the showhouse

■ *m* **1** (en general) model; **tomar/utilizar algo como ~** to take/use sth as a model; **tomó a su padre como ~** he followed his father's example; **~ en** or **a escala** scale model **2** (Indum) design; **un ~ de Franelli** a Franelli (design); **llegó con un nuevo modelito** (fam) she arrived wearing a new little number

■ *mf* model; **desfile de ~s** fashion show

módem *m* (*pl* **-dems**) modem

moderación *f* moderation; **beber con ~** to drink in moderation

moderado -da *adj* **(a)** ‹*persona/comportamiento*› restrained **(b)** ‹*temperatura*› moderate; ‹*precio*› reasonable; ‹*ideología/facción*› moderate

■ *m,f* moderate

moderador -dora *m,f* (en debate) moderator, chair; (Rad, TV) presenter

moderar [A1] *vt* **1** **(a)** ‹*impulsos/aspiraciones*› to curb, moderate; **por favor modera tu vocabulario** please mind your language **(b)** ‹*gasto/consumo*› to curb; ‹*velocidad*› to reduce **2** ‹*debate/coloquio*› to moderate, chair

■ **moderarse** *v pron*: **modérate, estás comiendo mucho** restrain yourself *o* (infml) go easy, you're eating too much; **~se en los gastos** to cut down on spending

modernismo *m* (Arquit, Art, Lit) modernism; (cualidad) modernness, modernity

modernista *adj/mf* modernist

modernizar [A4] *vt* ‹*fábrica/técnica/sociedad*› to modernize; ‹*costumbres*› to update; ‹*vestido/abrigo*› to do up

■ **modernizarse** *v pron*: **debes ~te** you have to keep up with the times

✓ **moderno -na** *adj* **(a)** (actual) modern; **el**

✓ key word

hombre ~ modern man; **una edición más ~** a more up-to-date edition **(b)** (a la moda) ‹*vestido/peinado*› fashionable, trendy **(c)** ‹*edad/historia*› modern

modestia *f* modesty

modesto -ta *adj* **(a)** (falto de pretensión) modest **(b)** (humilde) ‹*familia*› humble; ‹*posición social*› modest, humble **(c)** ‹*sueldo/ingresos*› modest

módico -ca *adj* reasonable

modificar [A2] *vt* **(a)** ‹*aparato*› to modify; ‹*plan*› to change; ‹*horario/ley*› to change, alter **(b)** (Ling) to modify; **modifica al verbo** it modifies the verb

■ **modificarse** *v pron* to change, alter

modismo *m* idiom

modista *mf* (que diseña) couturier, designer; (que confecciona) dressmaker

modistería *f* (Col) (actividad) dressmaking; (establecimiento) dressmaker's shop/workshop

modisto *m* couturier, designer

modo *m* **1** **(a)** (manera, forma) way, manner (fml); **el ~ de hacerlo** the way of doing it; **del siguiente ~** in the following manner; **a mi ~ de ver** to my way of thinking, in my opinion; **no lo digas de ese ~** don't say it like that; **de un ~ u otro** one way or another; **su ~ de ser** the way he is; Ⓢ **modo de empleo** instructions for use, directions; **me lo pidió de muy mal ~** (AmL) she asked me (for it) very rudely **(b)** (*en locs*) **a mi/tu/su modo** (in) my/your/his (own) way; **de cualquier modo** (de todas formas) (*indep*) in any case, anyway; (sin cuidado) anyhow; **del mismo** or **de igual modo que** just as, in the same way (that); **de modo que** (así que) so; (para que) so that; **de ningún modo** no way; **de ningún ~ puedo aceptar** there's no way I can accept; **de todos modos** anyway, anyhow; **en cierto modo** in a way; **ni modo** (AmL exc CS fam) no way; **traté de persuadirlo pero ni ~** I tried to persuade him but it was no good; **ni ~ que te quedes aquí** there's no way you're staying here (infml) **2** **modos** *mpl* (modales) manners (*pl*); **con buenos/malos ~s** politely/rudely *o* impolitely

modulación *f* modulation; **~ de amplitud/frecuencia** amplitude/frequency modulation

modular [A1] *vt/vi* to modulate

módulo *m* **(a)** (de mueble) unit, module **(b)** (de prisión) unit **(c)** (Espac, Educ) module

mofarse [A1] *v pron* **~** DE **algo/algn** to make fun of sth/sb

mofle *m* (AmC, Méx) muffler (AmE), silencer (BrE)

moflete *m* (fam) chubby cheek

mofletudo -da *adj* (fam) chubby-cheeked

mogolla *f* (Col) bread roll

mohair /mo'er/ *m* mohair

mohín *m* face; **hacer un ~** to make *o* (BrE) pull an angry face

mohíno -na *adj* **(a)** (enfurruñado): **está ~ porque lo regañaron** he's sulking because he's been told off **(b)** (alicaído) depressed

moho *m* **(a)** (en fruta, pan) mold*, mildew; **criar ~** «*fruta/queso*» to go moldy* **(b)** (en cobre) patina, verdigris; (en hierro) rust

moisés *m* (cuna) cradle, Moses basket; (portátil) portable crib (AmE), carrycot (BrE)

mojado -da *adj* wet

■ *m,f* (Méx fam) wetback (infml & derog)

mojar [A1] *vt* **(a)** ‹*suelo/papel/pelo*› (accidentalmente) to get *o* make ... wet; (a propósito) to wet; **pasó un coche y me mojó** a car went by and splashed me; **~ la cama** (euf) to wet the bed **(b)** (sumergiendo) ‹*galleta/bizcocho*› to dip, dunk (infml)

■ **mojarse** *v pron* **(a)** «*persona/ropa/suelo*» to get wet; **se me ~on los zapatos** my shoes got wet; **me mojé toda** I got soaked **(b)** ‹*pelo/pies*› (a propósito) to wet; (accidentalmente) to get ... wet

mojigatería *f* prudishness

mojigato -ta *adj* prudish

■ *m,f* prude

mojón *m* (señal) marker, boundary stone; (hito) landmark; (Auto) *tb* **~ kilométrico** ≈ milestone

molar *m* molar, back tooth

molcajete *m* (Méx) mortar

molde *m* **(a)** (para hornear) baking pan (AmE), baking tin (BrE); (para flanes, gelatina) mold*; **~ de pan** loaf pan (AmE) *o* (BrE) tin **(b)** (Tec) cast; **un ~ de yeso** (Art) a plaster cast **(c)** (AmL) (para coser) pattern

moldeable *adj* **(a)** ‹*barro*› moldable*, malleable **(b)** ‹*persona/carácter*› malleable

moldear [A1] *vt* **(a)** (en bronce) to cast; (en barro) to mold*, model **(b)** ‹*persona/carácter*› to mold*, shape; ‹*pelo*› to style

moldura *f* molding*

mole *f* mass; **una ~ de hormigón** a huge mass of concrete

■ *m* (Méx) (salsa) chili sauce (*with chocolate and peanuts*); (plato) *turkey, chicken or pork with* ▸ **mole** *sauce*

molécula *f* molecule

moler [E9] *vt* ‹*especias/café*› to grind; ‹*trigo*› to grind, mill; ‹*aceitunas*› to crush; ‹*carne*› to grind (AmE), to mince (BrE); ‹*plátano*› (Chi, Méx) to mash; **café molido** ground coffee

molestar [A1] *vt* **1** **(a)** (importunar) to bother; **perdone que lo moleste** sorry to trouble *o* bother you **(b)** (interrumpir) to disturb **2** (ofender, disgustar) to upset

■ **~** *vi* **1** (importunar): **¿le molesta si fumo?** do you mind if I smoke?; **me molesta su arrogancia** her arrogance irritates *o* annoys me; **no me duele, pero me molesta** it doesn't hurt but it's uncomfortable **2** (fastidiar) to be a nuisance; **no quiero ~** I don't want to be a nuisance *o* to cause any trouble

■ **molestarse** *v pron* **1** (disgustarse) to get upset; **~se** POR **algo** to get upset ABOUT sth; **~se** CON **algn** to get annoyed WITH sb **2** (tomarse el trabajo) to bother, trouble oneself (fml); **ni se molestó en llamarme** he didn't even bother to call me; **se molestó en venir hasta aquí a avisarnos** she took the trouble to come all this way to tell us

molestia *f* **1** **(a)** (incomodidad, trastorno): **ser una ~** to be a nuisance; **siento causarte tantas ~s** I'm sorry to cause you so much trouble; **perdona la ~, pero ...** sorry to bother you, but ... **(b)** (trabajo) trouble; **se tomó la ~ de escribirnos** she took the trouble to write to us; **¿para qué te tomaste la ~?** why did you bother to do that?; **no es ninguna ~** it's no trouble *o*

m

bother **2** (malestar): **~s estomacales** stomach problems *o* upsets; **no es un dolor, solo una ~** it's not a pain, just a feeling of discomfort

molesto -ta *adj* **1** [SER] **(a)** (fastidioso) ‹*ruido/tos*› annoying, irritating; ‹*sensación/síntoma*› unpleasant **(b)** (violento, embarazoso) awkward, embarrassing **2** [ESTAR] (ofendido) upset; (irritado) annoyed; **está muy ~ por lo que hiciste** he's very upset/annoyed about what you did

molestoso -sa *adj* (AmL fam) annoying

molido -da *adj* **(a)** (fam) (agotado) bushed (AmE infml), shattered (BrE infml) **(b)** (Andes fam) (dolorido) stiff

molinero -ra *m,f* miller

molinillo *m* **(a)** (de café, especias) grinder, mill; **~ de carne** grinder (AmE), mincer (BrE) **(b)** (juguete) pinwheel (AmE), windmill (BrE) **(c)** (Col, Méx) (para batir) whisk

molino *m* **(a)** (máquina — para el trigo) mill; (— para la carne) grinder (AmE), mincer (BrE) **(b)** (fábrica) mill; **~ de agua** waterwheel; **~ de viento** windmill; **~ de papel** paper mill

molleja *f* (de res) sweetbread; (de ave) gizzard

mollera *f* (fam) head; **está mal de la ~** he's off his head *o* rocker (infml); ***cerrado*** or ***duro de ~*** pigheaded (infml)

molo *m* (Chi) *tb* **~ de abrigo** breakwater, mole

molusco *m* mollusk*

momentáneo -nea *adj* **(a)** (breve) momentary **(b)** (pasajero) temporary

m

momento *m* **1** **(a)** (instante puntual) moment; **justo en ese ~** just at that moment; **a partir de ese ~** from that moment on; **en todo ~** at all times **(b)** (lapso breve) minute, moment; **dentro de un ~** in a minute *o* moment; **¡un momentito!** (por teléfono) just a moment, just a minute; **eso te lo arreglo en un ~** I'll fix that for you in no time at all **(c)** (época, período) time, period; **atravesamos ~s difíciles** we're going through a difficult time *o* period; **está en su mejor ~** he is at his peak **(d)** (ocasión) time; **llegas en buen/mal ~** you've arrived at the right time/at a bad time; **en ningún ~** at no time **2** (*en locs*) **al momento** at once; **de momento** (ahora mismo) right now; (mientras tanto) for the time being; (por ahora) for the moment; **de un momento al otro** (dentro de muy poco) any minute now; **en cualquier momento** at any time; **en el momento** immediately; **en el momento menos pensado** when they (*o* you *etc*) least expect it; **por el momento** for the time being **3** (Fís, Mec) momentum

momia *f* mummy

mona *f* **1** (fam) (borrachera): **agarrar una ~** to get plastered (infml); **dormir la ~** to sleep it off **2** **(a)** (en naipes) old maid **(b)** (Col) (para un álbum) picture card; ***como la ~*** (CS fam) terrible

monada *f* (fam) **(a)** (cosa bonita): **¡qué ~ de vestido!** what a lovely dress! **(b)** (persona bonita): **su novia es una ~** his girlfriend's really pretty; **¡qué ~ de niño!** what a lovely *o* (infml) cute kid **(c)** (RPl) (persona encantadora) angel (infml)

monaguillo *m* altar boy, acolyte, server

monarca *mf* monarch

monarquía *f* monarchy

monárquico -ca *adj* ‹*régimen*› monarchical; ‹*persona/ideas*› monarchist (*before n*)
■ *m,f* monarchist, royalist

monasterio *m* monastery

monástico -ca *adj* monastic

mondadientes *m* (*pl* ~) toothpick

mondar [A1] *vt* (Esp) ‹*fruta/patatas*› to peel
■ **mondarse** *v pron* (*refl*): **se mondaba los dientes** she was picking her teeth; ***~se de risa*** (Esp fam) to die laughing

moneda *f* **1** **(a)** (pieza) coin; **una ~ de cinco pesos** a five-peso coin *o* piece **(b)** (de país) currency; **acuñar ~** to mint money **2** **la Moneda** (en Chi) Presidential Palace

monedero *m* change purse (AmE), purse (BrE)

monerías *fpl* (fam): **hacer ~** (tontear) to mess around (infml); (hacer payasadas) to monkey *o* clown around (infml)

mongólico -ca *adj* **(a)** (fam & pey) (tonto) moronic (infml & derog) **(b)** (ant *u* ofensivo) (Med) ‹*rasgos*› mongoloid (dated *or* offensive); **niños ~s** Down's syndrome children

monigote *m* (muñeco) rag doll; (de papel) paper doll; (dibujo) doodle

monitor -tora *m,f* **1** **(a)** (CS) (Dep): **~ de esquí/natación** ski/swimming instructor; **~ de tenis** tennis coach **(b)** (Educ) (en la escuela) (RPl) monitor; (en la universidad) (Col) *student who acts as an assistant teacher* **2** **monitor** *m* (Inf, Med, Tec) monitor

monja *f* nun; **meterse a** or **de ~** to become a nun

monje *m* monk

mono[1] -na *adj* **1** (fam) ‹*mujer*› pretty, lovely-looking (infml); ‹*niño*› lovely, cute (infml); ‹*vestido/piso*› gorgeous, lovely **2** (Col) (rubio) ‹*hombre/niño*› blond; ‹*mujer/niña*› blonde **3** (Audio) mono
■ *m,f* (Zool) monkey; ***ser el último ~*** (fam) to be the lowest of the low *m* **(a)** (de mecánico) coveralls (*pl*) (AmE), overalls (*pl*) (BrE) **(b)** (de moda — de cuerpo entero) jumpsuit; (— con peto) overalls (*pl*) (AmE), dungarees (*pl*) (BrE) **(c)** (Méx) (malla de bailarina) leotard

mono[2] *m* (monigote) **1** doodle; **una revista de monitos** (Andes, Méx) a comic; **~ animado** (Chi) cartoon; **~ de nieve** (Chi) snowman **2** (arg) (síndrome de abstinencia) cold turkey (sl); **está con el ~** he's gone cold turkey (sl)

monocarril *m* monorail

monocolor *adj* one-color* (*before n*)

monogamia *f* monogamy

monógamo -ma *adj* monogamous
■ *m,f* monogamist

monografía *f* monograph

monográfico -ca *adj* monographic

monolingüe *adj* monolingual

monolítico -ca *adj* monolithic

monolito *m* monolith

monólogo *m* monologue

monoparental *adj*: **las familias ~es** one-parent families

key word

monopatín *m* (con manillar) (CS) scooter; (sin manillar) (Esp) skateboard
monopolio *m* monopoly
monopolizar [A4] *vt* to monopolize
monorriel *m* (AmL) monorail
monosílabo *m* monosyllable
monoteísmo *m* monotheism
monotonía *f* (de tarea) monotony; (de sonido) monotone
monótono -na *adj* monotonous
monovolumen *m* MPV, people carrier (BrE)
monóxido *m* monoxide; ~ **de carbono** carbon monoxide
monseñor *m* Monsignor
monstruo *m* **(a)** (en general) monster **(b)** (fenómeno) phenomenon; **un ~ de la música pop** a pop phenomenon
monstruosidad *f* **(a)** (cosa fea, grande) monstrosity **(b)** (atrocidad) atrocity **(c)** (cualidad) monstrous nature, monstrousness
monstruoso -sa *adj* **(a)** ‹*crimen/comportamiento*› monstrous, atrocious **(b)** ‹*ser/facciones*› hideous, grotesque
monta *f* (monto) total (value); ***de poca ~*** ‹*asunto*› of little importance *o* note; ‹*escritor*› third-rate; ‹*daños*› slight, minor
montacargas *m* (*pl* ~) freight *o* service elevator (AmE), service *o* goods lift (BrE)
montado -da *adj* ‹*policía*› mounted; **iba ~ a caballo** he was riding a horse; **estaba montada en su bicicleta** she was sitting on her bicycle; *ver tb* **montar**
montador -dora *m,f* (Mec, Tec) fitter; (Cin, TV) film editor
montaje *m* **(a)** (de máquina, mueble) assembly **(b)** (de obra) staging; (de película) editing; **seguro que todo es un ~** I bet it's all a big con *o* a set-up (infml)
montallantas *m* (*pl* ~) (Col) (taller) *workshop where tires* are retreaded*; (mecánico) *person who retreads tires**
montaña *f* **1** (Geog) mountain; **tienen un chalet en la ~** they have a chalet in the mountains; **~ rusa** roller coaster **2** (montón) pile
montañero -ra *m,f* mountaineer, mountain climber
montañés -ñesa *adj* mountain (*before n*), highland (*before n*)
■ *m,f* highlander
montañismo *m* mountaineering, mountain climbing
montañoso -sa *adj* ‹*cadena*› mountain (*before n*); ‹*terreno/país*› mountainous
montar [A1] *vt* **1** **(a)** ‹*caballo*› (subirse a) to mount, get on; (ir sobre) to ride **(b)** (subir, colocar): **montó al niño en el poni** he lifted the boy up onto the pony **2** ‹*vaca/yegua*› to mount **3** **(a)** (poner, establecer) ‹*feria/exposición*› to set up; ‹*negocio*› to start up, set up **(b)** ‹*máquina/mueble*› to assemble; ‹*estantería*› to put up; ‹*tienda de campaña*› to put up, pitch **(c)** ‹*piedra preciosa*› to set; ‹*diapositiva*› to mount **(d)** (organizar) ‹*obra/producción*› to stage **4** (Esp) ‹*nata*› to whip; ‹*claras*› to whisk
■ ~ *vi* **1** **(a)** (ir): **~ a caballo/en bicicleta** to ride a horse/bicycle **(b)** (Equ) to mount **2** (cubrir parcialmente) ~ SOBRE **algo** to overlap sth
■ **montarse** *v pron* (en coche) to get in; (en tren, autobús, bicicleta) to get on; (en caballo) to mount, get on; **¿me dejas ~me en tu bicicleta?** can I have a ride on your bicycle?
monte *m* (Geog) **(a)** (montaña) mountain **(b)** (terreno — cubierto de maleza) scrubland, scrub; (— cubierto de árboles) woodland
montera *f* (gorra) cap; (de torero) bullfighter's hat
montés *adj* ‹*animal/planta*› wild
montevideano -na *adj* of/from Montevideo
Montevideo *m* Montevideo
montgomery *m* (CS) duffle coat
montículo *m* mound
monto *m* total
montón *m* **(a)** (pila) pile; ***del ~*** (fam) ordinary, average **(b)** (fam) (gran cantidad): **un ~ de gente** loads of people (infml); **me gusta un ~** I like her/him/it a lot
montonero -ra *m,f* (guerrillero) guerrilla
montura *f* **1** (Equ) (silla) saddle; (animal) mount **2** **(a)** (de anteojos) frame **(b)** (engarce) setting, mount
monumental *adj* (fam) **(a)** ‹*cocina/jardín*› huge, massive **(b)** ‹*error/esfuerzo*› monumental
monumento *m* **1** (obra conmemorativa) monument; **~ histórico/nacional** historical/national monument; **~ a los caídos** war memorial; **~ funerario** commemorative stone **2** (obra excepcional) masterpiece, classic **3** (fam) (mujer atractiva) stunner (infml)
monzón *m* monsoon
moña *f* (Taur) ribbon; (lazo) (RPl) bow
moño *m* **(a)** (peinado) bun; **se hizo un ~** she put her hair up in a bun; ***estar hasta el ~*** to be fed up (to the back teeth) (infml) **(b)** (AmL) (lazo) bow
moñona *f* (Col fam) strike; **hacer ~** to get a strike
moqueta *f* (Esp) wall-to-wall carpet, fitted carpet (BrE)
moquillento -ta *adj* (Andes fam) **(a)** (resfriado) coldy (infml) **(b)** (con mocos) ‹*nariz*› runny, snotty (infml); ‹*niño*› runny-nosed, snotty-nosed (infml)
moquillo *m* distemper
mora *f* (de zarzamora) blackberry; (de moral) mulberry; (de morera) white mulberry
morada *f* (fml *o* liter) dwelling (fml), abode (fml *or* liter)
morado[1] -da *adj* ‹*color*› purple; **~ del frío** blue with cold; **ponerle a algn un ojo ~** to give sb a black eye
morado[2] *m* (Esp, Ven) bruise
moral *adj* moral
■ *f* **1** (Fil, Relig) **(a)** (doctrina) moral doctrine **(b)** (moralidad) morality, morals (*pl*) **2** (estado de ánimo) morale; **levantarle la ~ a algn** to raise sb's morale, lift sb's spirits; **estar bajo de ~** to be feeling low; **tener la ~ alta** to be in good spirits
■ *m* mulberry (tree)
moraleja *f* moral
moralidad *f* morality, ethics (*pl*)
morar [A1] *vi* (liter) to dwell (liter)

m

moratón *m* bruise

morbo *m* **1** (morbosidad) ghoulish fascination **2** (fam) (atracción): **tener ~** «*ciudad*» to be interesting; «*persona*» to have sex appeal; **lo prohibido tiene mucho ~** what's off-limits is very tempting **3** (Med) disease

morboso -sa *adj* ‹*escena/película*› gruesome; ‹*persona/mente*› ghoulish; (truculento, retorcido) morbid
■ *m,f* (fam) ghoul

morcilla *f* blood sausage (AmE), black pudding (BrE)

mordaz *adj* ‹*estilo/lenguaje*› scathing, caustic; ‹*crítica*› sharp, scathing

mordaza *f* **(a)** (en la boca) gag **(b)** (Tec) clamp

mordedura *f* bite

morder [E9] *vt* **1** (con los dientes) to bite; **el perro le mordió la mano** the dog bit her hand **2** (Méx fam) «*policía/funcionario*» to extract a bribe from
■ **~** *vi* to bite
■ **morderse** *v pron* (*refl*) to bite oneself; **~se las uñas** to bite one's nails

mordida *f* **1** (CS) (en general) bite; (huella) toothmarks (*pl*) **2** (Méx fam) (soborno) bribe, backhander (BrE infml)

mordisco *m* bite; **le dio un ~ en el brazo** it bit her (on the) arm

mordisquear [A1] *vt* to nibble

moreno -na *adj* **(a)** [SER] ‹*persona*› (de pelo oscuro) dark, dark-haired; (de tez oscura) dark; (de raza negra) (euf) dark-skinned (euph) **(b)** [ESTAR] (bronceado) brown, tanned **(c)** ‹*piel*› brown, dark
■ *m,f* **(a)** (de pelo oscuro) (*m*) dark-haired man (*o* boy *etc*); (*f*) dark-haired woman (*o* girl *etc*), brunet* **(b)** (de tez oscura) dark person (*o* man *etc*); (de raza negra) (euf) dark-skinned person (*o* man *etc*)

morera *f* white mulberry tree

moretón *m* bruise

morfar [A1] *vi* (RPl arg) to eat

morfina *f* morphine

morgue *f* (AmL) morgue, mortuary

moribundo -da *adj* dying, moribund (fml)
■ *m,f* dying man (*o* woman *etc*)

m

✓ **morir** [I37] *vi* **(a)** «*persona/animal*» to die; **~ ahogado** to drown; **murió asesinada** she was murdered; **~ DE algo** (de vejez/cáncer) to die OF sth; **murió de hambre** she starved to death; **¡y allí muere!** (AmC fam) and that's all there is to it! **(b)** (liter) «*civilización/costumbre*» to die out
■ **morirse** *v pron* «*persona/animal/planta*» to die; **se les murió la madre** their mother died; **se me murió la perra** my dog died; **no te vas a ~ por ayudarlo** (fam) it won't kill you to help him (infml); **como se entere me muero** (fam) I'll die if she finds out (infml); **~se DE algo** (de un infarto/de cáncer) to die OF sth; **se moría de miedo/aburrimiento** he was scared stiff/bored stiff; **me muero de frío** I'm freezing; **me estoy muriendo de hambre** I'm starving (infml); **me muero por una cerveza** I'm dying for a beer (infml); **se muere por verla** he's dying to see her (infml)

morisco -ca *adj* Moorish, Morisco

✓ key word

morisqueta *f* (CS): **hacer ~s** to make *o* (BrE) pull faces

mormado -da *adj* (Méx) ‹*nariz*› blocked; **estoy ~** I'm all stuffed up (infml)

mormón -mona *adj/m,f* Mormon

moro -ra *adj* **1** (Hist) Moorish **2** (Esp) (de África del Norte) (fam & pey) North African; (referido a un hombre machista) (fam) chauvinistic, sexist
■ *m,f* **1** **(a)** (Hist) Moor **(b)** (mahometano) Muslim **2** (Esp) (de África del Norte) (fam & pey) North African; (hombre machista)
■ *m* (fam) sexist, male chauvinist pig

morocho -cha *adj* (AmS fam) (de pelo oscuro) dark, dark-haired; (de piel oscura) dark
■ *m,f* (de pelo oscuro) dark-haired person (*o* man *etc*); (de piel oscura) dark person (*o* man *etc*)

morral *m* **(a)** (al hombro) rucksack, haversack; (a la espalda) backpack, rucksack **(b)** (para el pienso) nosebag

morralla *f* **1** (cosas sin valor) junk **2** (chusma) riffraff, rabble **3** (Méx) (dinero suelto) loose change

morriña *f* (fam) homesickness; **tener ~** to feel *o* be homesick

morro *m* **1** **(a)** (hocico) snout **(b)** (Esp fam) (boca) *tb* **~s** mouth, chops (*pl*) (BrE infml); ***estar de ~s (con algn)*** (Esp fam) to be in a bad mood (with sb) **(c)** (Esp fam) (descaro) nerve (infml) **(d)** (Esp fam) (de coche, avión) nose **2** (cerro) hill

morrón *m* (CS) (pimiento) red pepper

morsa *f* walrus

mortadela *f* mortadella

mortaja *f* **1** (sábana) shroud **2** (Tec) mortise

mortal *adj* **1** **(a)** ‹*ser*› mortal **(b)** ‹*herida*› fatal, mortal; ‹*dosis*› fatal, lethal; ‹*enfermedad/veneno*› deadly; **un golpe ~** a death blow **2** ‹*odio/enemigo*› mortal
■ *mf* mortal

mortalidad *f* mortality; **la ~ infantil** infant mortality

mortecino -na *adj* ‹*luz*› weak; ‹*color*› pale

mortero *m* mortar

mortífero -ra *adj* deadly, lethal

mortificar [A2] *vt* **(a)** (atormentar) to torment; **los celos lo mortifican** he's tortured *o* tormented by jealousy **(b)** (Relig) to mortify
■ **mortificarse** *v pron* (*refl*) (atormentarse) to fret, distress oneself; (Relig) to mortify the flesh

mortuorio -ria *adj* funeral (*before n*)

mosaico *m* **(a)** (Art) mosaic **(b)** (Méx, RPl) (baldosa) floor tile; **piso de ~** tiled floor **(c)** (Col) (foto) school/college photograph

mosca *f* fly; **no se oía ni una ~** you could have heard a pin drop (infml); ***por si las ~s*** (fam) just in case (infml)

moscardón *m* botfly

moscatel *adj* muscat (*before n*)
■ *m* muscatel

moscovita *adj/mf* Muscovite

Moscú *m* Moscow

mosqueado -da *adj* (esp Esp fam) **(a)** (molesto, disgustado) annoyed, sore (AmE infml), cross (BrE infml) **(b)** (desconfiado, suspicaz) suspicious, wary

mosquearse [A1] *v pron* (esp Esp fam) **(a)** (sospechar, desconfiar) to get suspicious, smell a rat (infml) **(b)** (disgustarse) to get annoyed, get sore (AmE infml), to get cross (BrE infml)

mosquetero *m* musketeer

mosquitero *m*, **mosquitera** *f* (de ventana) mosquito netting; (de tela) mosquito net

mosquito *m* mosquito

mostaza *f* (Coc) mustard; (color): **(de) color ~** mustard, mustard-colored*

mosto *m* grape juice, must

mostrador *m* (en tienda) counter; (en bar) bar; (en aeropuerto) check-in desk

mostrar [A10] *vt* to show; **muéstrame cómo funciona** show me how it works

■ **mostrarse** *v pron* (+ *compl*): **se mostró muy atento con nosotros** he was very obliging (to us); **se ~on partidarios de la propuesta** they expressed support for the proposal

mota *f* **1** (partícula) tiny bit, dot; **una ~ de polvo** a speck of dust **2** (Tex): **una tela a ~s** a spotted fabric; **una lana azul con ~s de colores** blue wool with flecks of colors **3** (AmC, Méx arg) (marihuana) grass (infml), weed (sl) **4** **(a)** (para empolvarse) powder puff **(b)** (Méx) (borla) pom-pom

mote *m* **1** (apodo) nickname; **le pusieron como ~ 'el Oso'** they nicknamed him 'the Bear' **2** (Andes) (trigo) boiled wheat; (maíz) boiled corn (AmE) *o* (BrE) maize

moteado -da *adj* ‹*tela*› (jaspeado) flecked; (a lunares) dotted, spotted; ‹*piel*› mottled

motel *m* motel

motín *m* (de tropas, tripulación) mutiny; (de prisioneros) riot, rebellion

motivación *f* (incentivo) motivation; (motivo) motive

motivar [A1] *vt* **1** (en general) to motivate; **motivado por la venganza** motivated by revenge; **¿qué te motivó a hacerlo?** what made you do it? **2** (causar) to bring about, cause

motivo *m* **1** **(a)** (razón, causa) reason, cause; **el ~ de su viaje** the reason for her trip; **por este ~ nos hallamos aquí** that's (the reason) why we're here; **con ~ de algo** on the occasion of sth; **no des ~s para que te critiquen** don't give them cause to criticize you; **hay ~s para preocuparse** there is cause for concern; **el adulterio es ~ suficiente de divorcio** adultery is sufficient grounds for divorce; **sin ningún ~** for no reason at all; ***¡que sea un ~!*** (Col fam) let's drink to that! (infml) **(b)** (propósito, finalidad) purpose; **el ~ de esta carta es ...** the purpose of this letter is ... **2** (Art, Lit, Mús) motif; **~s decorativos** decorative motifs

moto *f* (motocicleta) motorcycle, motorbike (BrE); (motoneta, escúter) (motor) scooter; **fue en ~** he went on his motorcycle

motocicleta *f* motorcycle

motociclismo *m* motorcycling

motociclista *mf* motorcyclist

motocross, moto-cross *m* motocross

motoneta *f* (AmL) (motor) scooter

motor[1] **-triz, motor -tora** *adj* motor (*before n*)

motor[2] *m* **1** (Tec) engine; **~ fuera (de) borda** outboard motor; **~ de búsqueda** (Comput) search engine **2** (impulsor) driving force

motora *f* small motorboat, powerboat

motorismo *m* motorcycling

motorista *mf* **(a)** (que va en moto) motorcyclist **(b)** (Col) (automovilista) motorist (fml), driver

motorizado -da *adj* ‹*ejército*› motorized

■ *m,f* (Ven) motorcycle messenger *o* (BrE) courier

mototaxi *m or f* (AmL excl CS) motor rickshaw

motudo -da *adj* (CS fam) frizzy

mousse /mus/ *f or m* mousse

mouton /mu'ton/ *m* sheepskin

movedizo -za *adj* ‹*niño*› restless, fidgety

mover [E9] *vt* **1** **(a)** (trasladar, desplazar) to move **(b)** (Jueg) ‹*ficha/pieza*› to move **(c)** (agitar): **no muevas la cámara** keep the camera still; **el viento movía los árboles** the wind shook the trees; **movió la cabeza** (asintiendo) he nodded (his head); (negando) she shook her head; **mueve la cola** it wags its tail **(d)** (accionar) to drive **2** (inducir): **~ a algn a hacer algo** to move sb to do sth

■ **~** *vi* (Jueg) to move

■ **moverse** *v pron* **(a)** (en general) to move; **no te muevas de ahí** don't move; **la lámpara se movía con el viento** the lamp was moving *o* swaying in the wind **(b)** (apresurarse) to hurry up, get a move on (infml)

movida *f* **1** (Jueg) move **2** (Esp fam) **(a)** (asunto, rollo): **no me interesa la ~ ecológica** I'm not into this ecology thing (infml); **anda en ~s chuecas** (Méx) he's into some shady deals (infml) **(b)** (actividad cultural): **la ~ madrileña** the Madrid scene; **donde está la ~** where it's all going on

movido -da *adj* **(a)** (Fot) blurred **(b)** (agitado) ‹*mar*› rough, choppy; ‹*día/año*› hectic, busy; ‹*fiesta*› lively

móvil *adj* mobile

■ *m* **1** (fml) (impulso) motive **2** (adorno) mobile **3** (Esp) (teléfono) cell phone (AmE), mobile (BrE)

movilidad *f* mobility

movilización *f* **1** **(a)** (Mil) mobilization **(b)** (Rels Labs) (manifestación) demonstration; **un calendario de movilizaciones** a program of industrial action **2** (Chi) (Transp) public transportation (AmE), public transport (BrE)

movilizar [A4] *vt* ‹*tropas/población*› to mobilize

■ **movilizarse** *v pron* **1** (Mil, Rels Labs) to mobilize **2** (CS) (desplazarse) to move *o* get around

movimiento *m* **1** **(a)** (en general) movement; **el menor ~ de la mano** the slightest movement of the hand; **el ~ surrealista** the surrealist movement; **~ pictórico** school of painting; **~ sísmico** earth tremor **(b)** (Fís, Tec) motion, movement; **poner algo en ~** to set sth in motion; **se puso en ~** it started moving **(c)** (agitación, actividad) activity; **una calle de mucho ~** a very busy street **2** (Mús) (parte de obra) movement; (compás) tempo **3** (Jueg) move

mozárabe *adj* Mozarabic

■ *mf* Mozarab

mozo -za *adj*: **en mis años ~s** in my youth; **sus hijos ya son ~s** her children are quite grown-up now

■ *m,f* **(a)** (ant) (joven) (*m*) young boy; (*f*) young girl; **los ~s del pueblo** the young people in the village **(b)** (AmS) (camarero) (*m*) waiter;

m

(*f*) waitress **(c)** (Ferr) *tb* ~ **de equipajes** or **de estación** porter

muaré *m* moiré

mucamo -ma (AmL) (*m*) servant; (*f*) maid, servant; **mucama de hotel** chambermaid

muchacha *f* *tb* ~ **de servicio** maid; *ver tb* **muchacho**

muchacho -cha *m,f* (*m*) kid (infml), boy, guy (infml); (*f*) girl

muchedumbre *f* crowd

mucho[1] *adv* **(a)** ‹*salir/ayudar*› a lot; ‹*trabajar*› hard; **no salen** ~ they don't go out much *o* a lot; **me gusta muchísimo** I like it very much *o* a lot; ~ **mejor** a lot better; **por** ~ **que insistas** no matter how much you insist; **después de** ~ **discutir** after much discussion **(b)** (en respuestas): **¿estás preocupado? — mucho** are you worried? — (yes, I am,) very; **¿te gusta? — sí,** ~ do you like it? — yes, very much

mucho[2] **-cha** *adj* **(a)** (*sing*) a lot of; (en oraciones negativas, interrogativas) much, a lot of; ~ **vino** a lot of wine; **no gano** ~ **dinero** I don't earn much *o* a lot of money; **¿ves mucha televisión?** do you watch much *o* a lot of television; **tiene mucha hambre** he's very hungry **(b)** (*pl*) many, a lot of; **había** ~**s extranjeros/muchas personas allí** there were many *o* a lot of foreigners/ people there; **hace** ~**s años** many years ago

■ *pron* **1** (referido a cantidad) **(a)** (*sing*) a lot; (en oraciones negativas) much; ~ **de lo dicho** a lot of what was said; **tengo** ~ **que hacer** I have a lot to do; **eso no es** ~ that's not much; **no queda mucha** there isn't much left **(b)** (*pl*) many; ~**s creen que ...** many (people) believe that ...; ~**s de nosotros** many of us **2 mucho (a)** (referido a tiempo): **hace** ~ **que no la veo** I haven't seen her for a long time; **¿te falta** ~ **para terminar?** will it take you long to finish?; ~ **antes** long before; **¿tuviste que esperar** ~**?** did you have to wait long? **(b)** (*en locs*) **como mucho** at (the) most; **con mucho** by far, easily; **ni mucho menos** far from it; **por mucho que ...** however much ...

mucosidad *f* mucus, mucosity

muda *f* (de ropa) change of clothes; (de la piel) shedding, sloughing off

mudanza *f* move, removal (BrE); **camión de** ~**s** moving (AmE) *o* (BrE), removal van; **estoy de** ~ I'm in the process of moving (house)

mudar [A1] *vi* **1** (cambiar): **las serpientes mudan de piel** snakes slough off *o* shed their skin; **cuando mudó de voz** when his voice broke **2** (Méx) (cambiar los dientes) to lose one's milk teeth

■ ~ *vt* **1** ‹*bebé/sábanas*› to change **2** (Zool) ‹*piel/plumas*› to molt, shed

■ **mudarse** *v pron* **(a)** (de casa) to move (house); **se** ~**on a una casa más grande** they moved to a bigger house **(b)** (de ropa) to get changed, change (one's) clothes

mudéjar *adj/mf* Mudejar

mudo -da *adj* **(a)** (ant *u* ofensivo) (Med) mute (dated *or* offensive), dumb (dated *or* offensive); **es** ~ **de nacimiento** he was born mute; **se quedó** ~ **de asombro** he was dumbfounded **(b)** ‹*letra*› silent, mute

■ *m,f* (ant *u* ofensivo) mute (dated *or* offensive)

mueble *m* piece of furniture; **los** ~**s del dormitorio** the bedroom furniture; ~ **bar** drinks cabinet, cocktail cabinet; ~ **cama** foldaway bed

mueca *f*: **hacerle** ~**s a algn** to make *o* (BrE) pull faces at sb; **sus graciosísimas** ~**s** her funny faces; **una** ~ **burlona** a sneer

muela *f* **1** (Odont) molar, back tooth; (como término genérico) tooth; **me sacaron una** ~ I had a tooth taken out; **tengo dolor de** ~**s** I have (a) toothache; ~ **del juicio** wisdom tooth **2** (de molino) millstone; (para afilar) whetstone **3** (Col) (en calle) parking bay; (en carretera) rest stop (AmE), lay-by (BrE)

muelle *m* **1** (Náut) (saliente) pier, mole; (rústico, más pequeño) jetty; (sobre la costa) quay, wharf **2** (resorte) spring

muera, **mueras**, *etc* ▸ **morir**

muérdago *m* mistletoe

muerte *f* death; **condenado a** ~ sentenced to death; **a la** ~ **de su padre** on her father's death; ~ **de cuna** crib death (AmE), cot death (BrE); **me dio un susto de** ~ (fam) she scared me to death (infml); **dar** ~ **a algn** (fml) to kill sb; ***de mala*** ~ (fam) ‹*pueblo/hotel*› grotty (infml); ***ser la*** ~ (fam) (ser atroz) to be hell *o* murder (infml); (ser estupendo) to be fantastic (infml)

muerto -ta *adj* **1** [ESTAR] **(a)** ‹*persona/animal/planta*› dead; **lo dieron por** ~ he was given up for dead; **resultaron** ~**s 30 mineros** 30 miners died *o* were killed; **caer** ~ to drop dead **(b)** (fam) (cansado) dead beat (infml) **(c)** (fam) (pasando, padeciendo): **estar** ~ **de hambre/frío/sueño** to be starving/freezing/dead-tired (infml); **estaba** ~ **de miedo** he was scared stiff (infml); ~ ***de (la) risa***; (fam): **estaba** ~ **de risa** he was laughing his head off **2 (a)** ‹*pueblo/zona*› dead, lifeless **(b)** (inerte) limp

■ *m,f* **1** (persona muerta): **hubo dos** ~**s** two people died *o* were killed; **hacerse el** ~ to pretend to be dead; ***cargar con el*** ~ (fam) (con un trabajo pesado) to do the dirty work; ***cargarle el*** ~ ***a algn*** (fam) (responsabilizar) to pin the blame on sb; (endilgarle la tarea) to give sb the dirty work (infml); ***hacer el*** ~ to float on one's back **2 muerto** *m* (en naipes) dummy

muesca *f* **(a)** (hendidura) nick, notch **(b)** (para encajar) slot, groove

muesli /'musli/ *m* muesli

muestra *f* **1 (a)** (de mercancía) sample **(b)** (de sangre, orina) specimen, sample **(c)** (en estadísticas) sample **2** (prueba, señal) sign; **una** ~ **de cansancio/falta de madurez** a sign of tiredness/ immaturity; **como** or **en** ~ **de mi gratitud** as a token of my gratitude **3** (exposición) exhibition, exhibit (AmE); (de teatro, cine) festival

mueva, **muevas**, *etc* ▸ **mover**

mufa *f* (RPl fam) **(a)** (mal humor) bad mood **(b)** (moho) mold*

mugido *m* moo; **los** ~**s de las vacas** the mooing of the cows

mugir [I7] *vi* «*vaca*» to moo; «*toro*» to bellow

mugre *f* (suciedad) dirt, filth; (grasa) grime, grease

mugriento -ta *adj* filthy

mugroso -sa *adj* (Chi, Méx fam) filthy

mujer *f* **(a)** woman; **ser** ~ to be a woman; ~ **de**

key word

la limpieza cleaning lady, cleaner; ~ **de mala vida** or **de mal vivir** prostitute; ~ **de negocios** businesswoman; ***hacerse*** ~ (euf) to reach puberty, become a woman (euph) **(b)** (esposa) wife

mujeriego *m* womanizer

mújol *m* gray* mullet

mula *f* mule; ~ **de carga** pack mule; ***terco/tozudo como una*** ~ as stubborn as a mule (infml)
■ *adj* (Méx fam) stubborn

mulato -ta *adj* of mixed race (*black and white*), mulatto (dated or offensive)
■ *m,f* person of mixed race (*of a black and a white parent*), mulatto (dated *or* derog)

muleta *f* **1** (bastón) crutch; (apoyo) crutch, prop **2** (Taur) red cape (*attached to a stick*)

muletilla *f* tag, filler (tech)

mulita *f* (Per) (de pisco) glass, shot

mullido -da *adj* ‹*colchón/sofá*› soft; ‹*hierba*› springy

mulo *m* (male) mule

multa *f* fine; **le pusieron una** ~ she was fined

multar [A1] *vt* to fine

multicine *m* multiscreen movie complex (AmE), multiscreen cinema (BrE)

multicolor *adj* multicolored*

multicultural *adj* multicultural

multimillonario -ria *adj*: **es** ~ he is a multimillionaire; **un contrato** ~ a multimillion dollar (*o* pound *etc*) contract
■ *m,f* multimillionaire

multinacional *adj/f* multinational

múltiple *adj* **1** ‹*aplicaciones/causas*› many, numerous **2** ‹*flor/imagen/fractura*› multiple

multiplicación *f* **1** (Biol, Mat) multiplication **2** (incremento) increase

multiplicar [A2] *vt* to multiply; ~ **algo** POR **algo** to multiply sth BY sth
■ ~ *vi* to multiply
■ **multiplicarse** *v pron* **1** «*especie*» to multiply, reproduce **2** (aumentar) to increase several times over

múltiplo *m* multiple

multitud *f* **1** (muchedumbre) crowd **2** ~ DE **algo** (muchos): **tengo (una)** ~ **de cosas que hacer** I have dozens of things to do (infml); **una** ~ **de usos** an enormous variety of uses

multitudinario -ria *adj* ‹*manifestación/movilizaciones*› mass (*before n*); ‹*concierto*› with mass audiences

multiuso *adj inv* multipurpose (*before n*)

mundano -na *adj* **(a)** ‹*problemas/placeres*› worldly **(b)** ‹*fiesta*› society (*before n*)

mundial *adj* ‹*historia/mercado*› world (*before n*); **la marca** ~ the world record; **de fama** ~ world-famous; **es un problema** ~ it's a global *o* worldwide problem
■ *m tb* ~**es** *mpl* World Championship(s); **el** ~ **de fútbol** the World Cup

mundialmente *adv*: **es** ~ **famoso** he is world famous; **un producto conocido** ~ a product well-known throughout the world

mundo *m* **1** (en general) world; **artistas venidos de todo el** ~ artists from all over the world; **el mejor del** ~ the best in the world; **me parece lo más normal del** ~ it seems perfectly normal to me; **es conocido en todo el** ~ he is known worldwide; **el** ~ **árabe** the Arab world; **el** ~ **de la droga** the drugs world; **el** ~ **del espectáculo** showbusiness; **todo el** ~ **lo sabe** everybody knows it; ***el*** ~ ***es un pañuelo*** it's a small world; ***por nada del*** or ***en el*** ~: **yo no me lo pierdo por nada del** ~ I wouldn't miss it for the world; **no lo vendería por nada en el** ~ I wouldn't sell it for anything in the world *o* (infml) for all the tea in China; ***traer a algn/venir al*** ~ to bring sb/come into the world; ***ver*** ~ to see the world **2** (planeta, universo) planet, world; **él vive en otro** ~ he's on another planet *o* in another world

munición *f* (carga) *tb* **municiones** ammunition, munitions (*pl*)

municipal *adj* ‹*impuesto*› local; ‹*elecciones/piscina/mercado*› municipal

municipalidad *f* ▶ **municipio**

municipio *m* (territorio) municipality; (entidad) town council; (edificio) town hall

muñeca *f* **1** **(a)** (Jueg) doll; ~ **de trapo** rag doll; **jugar a las** ~**s** to play with dolls; ***ser*** or ***parecer una*** ~ to be a little doll **(b)** (fam) (como apelativo) darling, honey (infml) **2** (Anat) wrist

muñeco *m* **1** **(a)** (con forma humana) doll; (con forma de animal) toy animal; ~ **de peluche** stuffed animal (AmE), soft toy (BrE); ~ **de nieve** snowman **(b)** (de ventrílocuo, sastre, etc) dummy **(c)** (dibujo) figure **2** **muñecos** *mpl* (Per fam): **estar con los** ~**s** to be very nervous

muñequera *f* (Dep) wristband; (Med) wrist bandage

muñir [I9] *vt* (Esp fam) to fix (infml)

muñón *m* (de un miembro) stump

mural *adj* wall (*before n*), mural (*before n*)
■ *m* mural

muralista *adj/mf* muralist

muralla *f* **(a)** (de ciudad) walls (*pl*), city wall; (de convento) wall; **la M**~ **China** the Great Wall of China **(b)** (Chi) (pared) wall

murciélago *m* bat

muriera, **murió**, *etc* ▶ **morir**

murmullo *m* (de voces) murmur

murmuraciones *fpl* gossip

murmurador -dora *adj* gossipy
■ *m,f* gossip

murmurar [A1] *vt* **(a)** (hablar bajo) to murmur; **le murmuró algo al oído** he whispered something in her ear **(b)** (con enojo) to mutter; **— no pienso hacerlo — murmuró** I won't do it, she muttered **(c)** (en son de crítica): **cosas que se murmuran en la oficina** rumors that go around the office
■ ~ *vi* (criticar) to gossip (*maliciously*); ~ DE **algn** to gossip ABOUT sb

muro *m* wall; **M**~ **de las Lamentaciones** or **los Lamentos** Wailing Wall

mus *m*: *a Spanish card game*

musa *f* (Mit) Muse; (inspiración) muse

muscular *adj* muscular

musculatura *f* muscles (*pl*), musculature (tech)

músculo *m* muscle; **sacar** ~ to flex one's muscles

musculoso -sa *adj* muscular

muselina *f* muslin

✐ **museo** *m* museum; ~ **de cera** wax museum, waxworks (*pl*); ~ **de ciencias naturales** natural science museum

musgo *m* moss

✐ **música** *f* music; **pon algo de** ~ put some music on; ~ **ambiental** background music; (en tienda, fábrica) piped *o* canned music

✐ **musical** *adj/m* musical

músico -ca *m,f* (compositor) composer; (instrumentista) musician; ~ **callejero** street musician, busker (BrE)

musitar [A1] *vt* to whisper, murmur

muslera *f* thighband

muslo *m* (Anat) thigh (Coc); ~**s de pollo** chicken legs

mustio -tia *adj* **1** ‹*flor/planta*› withered **2** (Méx fam) (hipócrita) two-faced (infml)

musulmán -mana *adj/m,f* Muslim, Moslem

mutable *adj* changeable, mutable (fml)

mutación *f* mutation

mutilado -da *m,f* (ant *u* ofensivo) disabled person; **un** ~ **de guerra** a disabled serviceman

mutilar [A1] *vt* **(a)** ‹*persona/pierna*› to mutilate; **quedó mutilado en el accidente** he was maimed as a result of the accident **(b)** ‹*árbol/estatua*› to vandalize

mutua *f* benefit society (AmE), friendly society (BrE)

mutual *f* (CS) (de asistencia económica) benefit society (AmE), friendly society (BrE)

mutuo -tua *adj* mutual; **de** ~ **acuerdo** by mutual *o* joint agreement; **redundará en beneficio** ~ it will be to our mutual benefit

✐ **muy** *adv* **(a)** very; ~ **poca gente** very few people; **son** ~ **amigos** they're great friends; ~ **admirado** much admired; ~ **respetado** highly respected; ~ **bien, sigamos adelante** OK *o* fine, let's go on; **por** ~ **cansado que estés** however *o* no matter how tired you are **(b)** (demasiado) too; **quedó** ~ **dulce** it's rather *o* too sweet

Nn

N, n *f* (*read as* /'ene/) the letter N, n

N. (= **norte**) North, N

nabo *m* turnip

nácar *m* mother-of-pearl, nacre

✐ **nacer** [E3] *vi* **1 (a)** «*niño/animal*» to be born; **¿dónde naciste?** where were you born?; **al** ~ at birth; **nació para (ser) músico** he was born to be a musician **(b)** «*pollito/insecto*» to hatch **(c)** «*hoja/rama*» to sprout **(d)** «*río*» to have its source; «*carretera*» to start **(e)** «*pelo/plumas*» to grow **2** (surgir) «*amistad/relación*» to spring up; ~ DE **algo** «*problema/situación*» to arise *o* spring FROM sth; **nació de ella invitarlo** it was her idea to invite him

nacido -da *adj* born; **un niño recién** ~ a newborn baby

naciente *adj* ‹*sol*› rising (*before n*); **el** ~ **interés por la ecología** the new interest in ecology

✐ **nacimiento** *m* **1** (de niño, animal) birth; **es argentino de** ~ he's Argentinian by birth; **es sorda de** ~ she was born deaf **2** (de idea, movimiento) birth; **el** ~ **de una amistad duradera** the start *o* beginning of a lasting friendship **3** (belén) crib

✐ **nación** *f* nation; **las Naciones Unidas** the United Nations (*pl*)

✐ **nacional** *adj* **(a)** (de la nación) ‹*deuda/reservas/industria*› national; **en todo el territorio** ~ throughout the country; **un programa de difusión** ~ a program broadcast nationwide **(b)** ‹*vuelo*› domestic

■ *mf* (fml) (ciudadano) national

nacionalidad *f* (ciudadanía) nationality

nacionalismo *m* nationalism

nacionalista *adj* nationalist (*before n*)

■ *mf* nationalist

nacionalización *f* (de industria) nationalization; (naturalización) naturalization

nacionalizar [A4] *vt* ‹*industria*› to nationalize; ‹*persona*› to naturalize

■ **nacionalizarse** *v pron* «*persona*» to become naturalized

naco -ca *adj* (Méx fam & pey) plebby (infml & derog)

■ *m,f* pleb (infml & derog)

✐ **nada** *pron* **1 (a)** nothing; **es mejor que** ~ it's better than nothing; **de** ~ **sirve que le compres libros** there's no point in buying him books; **antes que** or **de** ~ first of all; **no quiere** ~ he doesn't want anything; **¡no sirves para** ~**!** you're useless; **sin decir** ~ without a word **(b)** (*en locs*) **de nada** you're welcome; **nada de nada** (fam) not a thing; **nada más: no hay** ~ **más** there's nothing else; **¿algo más?** — ~ **más** anything else? — no, that's it *o* that's all; ~ **más fui yo** (Méx) I was the only one who went; **salí** ~ **más comer** I went out right *o* straight after lunch; **sacó (**~ **más ni)** ~ **menos que el primer puesto** she came first no less; **para nada: no me gustó para** ~ I didn't like it at all; **por nada: la compraron por** ~ they bought it for next to nothing; **discuten por** ~ they argue over nothing; **llora por** ~ she cries at the slightest little thing **2** (Esp) (en tenis) love;

✐ key word

quince-~ fifteen-love
■ *adv*: **no está ~ preocupado** he isn't at all *o* the least bit worried; **esto no me gusta ~** I don't like this at all *o* (infml) one bit
nadador -dora *m,f* swimmer
nadar [A1] *vi* **(a)** «*persona/pez*» to swim; **¿sabes ~?** can you swim?; **~ (estilo) mariposa/pecho** to do (the) butterfly/breaststroke; **~ de espalda** or (Méx) **de dorso** to do (the) back stroke **(b)** «*ramas/hojas*» (flotar) to float **(c) nadar en** (tener mucho): **~ en dinero** to be rolling in money (infml); **el pollo nadaba en grasa** the chicken was swimming in grease
■ **~** *vt* to swim
nadie *pron* nobody, no one; **no me ayudó ~** nobody helped me; **no vi a ~** I didn't see anybody; **sin que ~ se diera cuenta** without anyone noticing
nado *m* **(a) a nado: cruzó el río a ~** he swam across the river **(b)** (Méx, Chi, Ven) (natación) swimming
nafta *f* **(a)** (Quím) naphtha **(b)** (RPl) (gasolina) gas (AmE), petrol (BrE)
naftalina *f* (Quím) naphthalene; (para ropa) mothballs (*pl*)
naguas *fpl* (Méx fam) petticoat
náhuatl[1] *adj/mf* (*pl* **nahuas**) Nahuatl
náhuatl[2] *m* (idioma) Nahuatl
nailon *m* nylon
naipe *m* (playing) card; **juegos de ~s** card games
nalga *f* (Anat) buttock; **una inyección en la ~** an injection in the buttock *o* bottom
nalgada *f* (Méx) smack on the bottom
nana *f* **(a)** (canción de cuna) lullaby **(b)** (fam) (abuela) grandma (infml), granny (infml) **(c)** (Andes, Ven) (niñera) nanny
naranja *f* (fruta) orange; **~ amarga** Seville orange
■ *m* (color) orange
■ *adj* (*gen inv*) orange
naranjada *f* orangeade
naranjal *m* orange grove
naranjo *m* orange tree
narciso *m* **(a)** (Bot) daffodil; (género) narcissus **(b)** (persona) narcissist
narcótico *m* narcotic
narcotraficante *mf* drug trafficker
narcotráfico *m* drug trafficking
nardo *m* spikenard, nard
nariz *f* **(a)** (Anat) nose; **sonarse la ~** to blow one's nose; **no te metas los dedos en la ~** don't pick your nose; ***en mis/sus propias narices*** (fam) right under my/his nose; ***estar hasta las narices de algo/algn*** (fam) to be fed up (to the back teeth) with sth/sb (infml); ***meter las narices*** or ***la ~ en algo*** (fam) to poke one's nose into sth (infml) **(b)** (de avión) nose
narizota *f* (fam) schnozzle (AmE infml), conk (BrE infml)
narración *f* (relato) story; (acción de contar) account
narrador -dora *m,f* narrator
narrar [A1] *vt* (fml) **(a)** «*película/libro*» ‹*hazañas/experiencias*› to tell of (fml), to relate; ‹*historia*› to tell, relate **(b)** «*persona*» ‹*historia*› to tell, narrate (fml)
narrativa *f* (género) fiction; (narración) narrative
narrativo -va *adj* narrative
nasal *adj* nasal
nata *f* **(a)** (sobre leche hervida) skin **(b)** (Esp) ▶ **crema b**
natación *f* swimming
natal *adj* **(a)** ‹*país*› native (*before n*); ‹*ciudad*› home (*before n*) **(b)** (Méx) (originario): **es ~ de Chiapas** she was born in Chiapas
natalidad *f* birthrate
natillas *fpl* custard
natividad *f* **(a) la ~** (nacimiento de Cristo) the Nativity **(b) la N~** (navidad) Christmas
nativo -va *adj* **(a)** ‹*tierra/país/lengua*› native **(b)** ‹*flora/fauna*› native; **~** DE **algo** native TO sth
■ *m,f* (aborigen) native; (hablante) native speaker
nato -ta *adj* ‹*artista/deportista*› born (*before n*)
natural *adj* **1** **(a)** ‹*fenómeno/ingrediente*› natural; ‹*fruta*› fresh; ***al ~*** ‹*mejillones*› in brine **(b)** (a temperatura ambiente) ‹*cerveza/gaseosa*› unchilled **(c)** (Mús) natural **2** **(a)** (espontáneo) ‹*gesto/persona*› natural **(b)** (inherente) natural, innate **(c)** (normal) natural; **me parece lo más ~ del mundo** it seems perfectly natural to me **3** (fml) (nativo) **ser ~** DE to be a native OF, to come FROM
■ *m* **(a)** (carácter) nature **(b)** (nativo) native; **los ~es del lugar** people from the area
naturaleza *f* **(a)** (Ecol): **la ~** nature; **~ muerta** still life **(b)** (índole) nature
naturalidad *f*: **su ~** her natural manner; **con la mayor ~ del mundo** as if it were the most natural thing in the world
naturalización *f* naturalization
naturalizarse [A4] *v pron* to become naturalized
naturismo *m* (estilo de vida) natural lifestyle
naturista *adj* ‹*médico/tratamiento*› natural
naufragar [A3] *vi* **(a)** «*barco*» to be wrecked; «*persona*» to be shipwrecked **(b)** «*plan/negocio*» to go under
naufragio *m* **(a)** (Náut) shipwreck **(b)** (fracaso) failure
náufrago -ga *adj* shipwrecked
■ *m,f* (Naút) shipwrecked person
náuseas *fpl* nausea, sickness; **sentir** or **tener ~** to feel sick *o* nauseous; **me da ~** it makes me sick
náutico -ca *adj* nautical
navaja *f* (de bolsillo) penknife; (para afeitar) razor
navajazo *m* (herida) knife wound
naval *adj* naval
nave *f* **1** (Náut) (arc *o* liter) ship; **~ espacial** spacecraft, spaceship **2** (de iglesia) nave
navegabilidad *f* (de río) navigability; (de embarcación) seaworthiness
navegable *adj* ‹*río*› navigable; ‹*barco*› seaworthy
navegación *f* (acción de navegar) navigation; (tráfico) shipping; **~ aérea** aerial navigation; **~ fluvial** river navigation
navegador *m* (Inf) browser; **~ (automático)** automatic pilot; **~ (gps)** gps system
navegante *mf* **(a)** (arc) (marino) mariner (arch) **(b)** (que determina el rumbo) navigator

navegar [A3] *vi* **(a)** «*nave*» to sail **(b)** «*persona*» (a vela) to sail **(c)** (determinar el rumbo) to navigate **(d)** (Inf): **~ en la web** or **Red** to surf the Web
■ **~** *vt* (liter) to sail

Navidad *f* Christmas; **el día de ~** Christmas Day; **¡feliz ~!** happy Christmas!; **en ~** at Christmas (time)

navideño -ña *adj* Christmas (*before n*)

navío *m* ship

nazi *adj/mf* Nazi

nazismo *m* Nazism

NE (= **nordeste**) NE

neblina *f* mist

nebuloso -sa *adj* **(a)** (Meteo) misty **(b)** ‹*idea/imagen*› hazy, nebulous

necedad *f* **(a)** (cualidad) crassness **(b)** (dicho, acto): **decir ~es** to talk nonsense; **es una ~** it's sheer stupidity

necesariamente *adv* necessarily; **tendrás que dárselo — no ~** you'll have to give it to them — not necessarily; **tienen que pasar por aquí ~** they can't avoid coming through here, they have no option *o* choice but to come through here

⚷ **necesario -ria** *adj* (imprescindible) necessary; **haré lo que sea ~** I'll do whatever's necessary; **si es ~** if necessary, if need be; **no es ~** there's no need, it isn't necessary; **me sentía ~** I felt needed

neceser *m* (estuche) toilet kit (AmE), toilet bag (BrE); (maleta pequeña) overnight bag

⚷ **necesidad** *f* **1** **(a)** (urgencia, falta) need; **no hay ~ de que se entere** there's no need for her to know; **en caso de ~** if necessary, if need be **(b)** (cosa necesaria) necessity, essential **(c)** (pobreza) poverty, need **2** **necesidades** *fpl* **(a)** (requerimientos) needs (*pl*), requirements (*pl*) **(b)** (privaciones) hardship; **pasar ~es** to suffer hardship **(c) hacer sus ~es** (euf) to relieve oneself (euph)

necesitado -da *adj* **(a)** (falto) **~ DE algo** (de dinero) short OF sth; (de afecto) in need OF sth **(b)** (pobre) in need, needy
■ *m,f* needy person; **los ~s** the needy

⚷ **necesitar** [A1] *vt* to need; Ⓢ **se necesita vendedora** saleswoman required; **necesito verte hoy** I need to see you today
■ **~** *vi* (fml) **~ DE algo** to need sth

necio -cia *adj* **(a)** (tonto) stupid **(b)** (AmC, Col, Ven fam) (travieso) naughty

néctar *m* nectar

nectarina *f* nectarine

nefasto -ta *adj* ‹*consecuencias*› disastrous; ‹*influencia*› harmful; ‹*tiempo/fiesta*› (fam) awful (infml)

negación *f* (acción) denial, negation; (antítesis) antithesis; (Ling) negative

negado -da *adj*: **ser ~ para algo** to be useless *o* hopeless at sth

⚷ **negar** [A7] *vt* **(a)** ‹*acusación/rumor*› to deny; **no puedo ~lo** I can't deny it; **niega habértelo dicho** she denies having told you **(b)** (no conceder) ‹*permiso/favor*› to refuse; **les ~on la entrada** they were refused entry
■ **~** *vi*: **~ con la cabeza** to shake one's head
■ **negarse** *v pron* (rehusar) to refuse; **~se A hacer algo** to refuse to do sth; **se negó a que llamáramos a un médico** he refused to let us call a doctor

negativa *f* (ante acusación) denial; (a propuesta) refusal

⚷ **negativo¹ -va** *adj* negative

negativo² *m* (Fot) negative

negligé /neɣli'ʒe/ *m* negligee

negligencia *f* negligence

negociable *adj* negotiable

⚷ **negociación** *f* **1** (Pol, Rels Labs) negotiation **2** (Méx) (empresa) business

negociado *m* **1** (departamento) department **2** (AmS fam) (negocio sucio) shady deal (infml)

negociador -dora *adj* negotiating (*before n*)
■ *m,f* negotiator

negociante *mf* **(a)** (Com, Fin) (*m*) businessman; (*f*) businesswoman **(b)** (pey) (mercenario) money-grubber (infml & derog)

⚷ **negociar** [A1] *vt/vi* to negotiate

⚷ **negocio** *m* **(a)** (Com) business; **montar** or **poner un ~** to set up a business; **dedicarse a los ~s** to be in business; **hablar de ~s** to talk business; **en el mundo de los ~s** in the business world **(b)** (transacción) deal; **un buen ~** a good deal **(c)** (CS) (tienda) store (AmE), shop (BrE) **(d)** (fam) (asunto) business (infml)

negra *f* **(a)** (Mús) crotchet **(b)** (en ajedrez): **las ~s** the black pieces

negrita *f* boldface, bold type; **en ~(s)** in boldface, in bold (type)

⚷ **negro¹ -gra** *adj* **(a)** ‹*pelo/hombre/raza*› black; ‹*ojos*› dark **(b)** (fam) (por el sol) tanned **(c)** (sombrío) black, gloomy; **lo ve todo tan ~** she's always so pessimistic; ***pasarlas negras*** (fam) to have a rough time of it (infml)
■ *m,f* (persona de raza negra) black person

⚷ **negro²** *m* (color) black

negrura *f* blackness

nene -na *m,f* (Esp, RPl fam) **(a)** (niño pequeño) (*m*) little boy; (*f*) little girl; **los ~s** the kids (infml) **(b)** (apelativo cariñoso) darling, honey **(c) nena** *f* (arg) (mujer) chick (AmE infml), bird (BrE infml)

nené *mf* (Ven fam) (*m*) little boy; (*f*) little girl

neocelandés -desa *adj* of/from New Zealand
■ *m,f* New Zealander

neologismo *m* neologism

neonazi *adj/mf* neo-Nazi

neoyorquino -na *adj* of/from New York
■ *m,f* New Yorker

nepotismo *m* nepotism

Neptuno *m* Neptune

nervio *m* **1** **(a)** (Anat) nerve **(b)** (en la carne) sinew; **carne con ~s** gristly meat **2** **nervios** *mpl* nerves (*pl*); **tiene los ~s destrozados** his nerves are in shreds; **está enfermo de los ~s** he suffers with his nerves; **tengo unos ~s ...** I'm *o* I feel so nervous; **me muero de ~s** I'm a nervous wreck (infml); ***ponerle a algn los ~s de punta*** to get on sb's nerves

nerviosismo *m* nervousness; **el ~ que producen los exámenes** the feeling of

⚷ key word

n

nervousness *o* nerves that exams produce

nervioso -sa *adj* **1** ‹*persona/animal*› **(a)** [SER] (excitable) nervous **(b)** [ESTAR] (preocupado, tenso) nervous; **estoy muy ~ por lo de los exámenes** I'm very nervous about the exams **(c)** [ESTAR] (agitado) agitated; **últimamente se le nota ~** he's been on edge *o* (infml) uptight lately; **ese ruido me pone muy nerviosa** that noise is getting on my nerves; **me pongo ~ cada vez que la veo** I get flustered every time I see her **2** ‹*trastorno*› nervous; ‹*célula*› nerve (*before n*)

nervudo -da *adj* sinewy

neto -ta *adj* **(a)** ‹*sueldo/precio*› net **(b)** (claro) ‹*silueta/perfil*› distinct, clear

neumático *m* tire (AmE), tyre (BrE)

neumonía *f* pneumonia

neura *adj* (fam): **eso me pone ~** that drives me crazy *o* (BrE) mad (infml); **es tan ~** he's so neurotic

■ *mf* (fam) **1** (persona): **es un ~** he's a complete neurotic (infml) **2 neura** *f* **está con la ~** she's in a real state (infml)

neurasténico -ca *adj/m,f* **(a)** (Med) neurasthenic **(b)** (fam) ▶ **neura** *mf*

neurólogo -ga *m,f* neurologist

neurosis *f* neurosis

neurótico -ca *adj/m,f* neurotic

neutral *adj* neutral

neutralizar [A4] *vt* to neutralize

neutro[1] -tra *adj* **(a)** (Elec, Fís) neutral **(b)** (Biol, Ling) neuter

neutro[2] *m* **(a)** (Ling) neuter **(b)** (AmL) (Auto) neutral

nevada *f* snowfall

nevado -da *adj* ‹*cumbres/picos*› snowcapped, snow-covered; ‹*campos/techos*› covered with snow

nevar [A5] *v impers* to snow

nevasca *f*, (CS) **nevazón** *f* blizzard, snowstorm

nevera *f* **(a)** (refrigerador) refrigerator, fridge, icebox (AmE); **~ congelador** fridge-freezer **(b)** (para picnic) cooler (AmE), cool bag/box (BrE)

nevoso -sa *adj* snowy

nexo *m* (enlace, vínculo) link

ni *conj* **(a)** (con otro negativo): **no vino él ~ su mujer** neither he nor his wife came; **yo no pienso ir — ~ yo (tampoco)** I don't intend going — neither do I; **~ fumo ~ bebo** I don't smoke or drink, I neither smoke nor drink; **no nos avisó ~ a él ~ a mí** he didn't tell him or me (either); **~ siquiera** not even; **¿~ siquiera piensas llamarlo?** aren't you even going to call him?; **no vendieron ~ un libro** they didn't sell a single book **(b)** (expresando rechazo, enfado): **¡~ hablar!** out of the question!; **~ aunque me lo ruegue** not even if he gets down on his knees

Nicaragua *f* Nicaragua

nicaragüense *adj/mf* Nicaraguan

nicho *m* (Arquit) niche; (en cementerio) *deep recess in a wall used as a tomb*

nicotina *f* nicotine

nidada *f* (de huevos) clutch; (de crías) clutch, brood

nido *m* nest; **un ~ de ladrones** a den of thieves; **un ~ de amor** a love nest

niebla *f* fog; **había ~** it was foggy

niega, niegas, *etc* ▶ **negar**

nieto -ta *m,f* (*m*) grandson, grandchild; (*f*) granddaughter, grandchild; **mis ~s** my grandchildren

nieva ▶ **nevar**

nieve *f* **(a)** (Meteo) snow **(b)** (Coc): **batir las claras a (punto de) ~** whisk the egg whites until stiff **(c)** (Méx) (helado) sorbet, water ice

nimiedad *f* triviality

nimio -mia *adj* trivial, petty

ningún *adj apocopated form of* **ninguno** *used before masculine singular nouns*

ningunear [A1] *vt* (Méx fam) to treat ... like dirt (infml)

ninguno -na *adj* ▶ **ningún) (a)** (*delante del n*) **no prestó ninguna atención** he didn't pay any attention; **en ningún momento** never; **no lo encuentro por ningún lado** I can't find it anywhere **(b)** (*detrás del n*) **no hay problema ~** there's absolutely no problem

■ *pron* **(a)** (refiriéndose — a dos personas o cosas) neither; (— a más de dos) none; **~ de los dos vino** neither of them came; **no trajo ~ de los dos** she didn't bring either of them; **~ de nosotros la conoce** none of us know her **(b)** (nadie) nobody, no one

niña *f* pupil; *ver tb* **niño**

niñera *f* nanny, nursemaid (AmE)

niñería *f* (pey): **déjate de ~s** stop being so childish

niñez *f* childhood

niño -ña *adj* (joven) young; (infantil, inmaduro) immature, childish

■ *m,f* **(a)** (*m*) boy, child; (*f*) girl, child; (bebé) baby; **¿te gustan los ~s?** do you like children?; **de ~** as a child; **~ bien** rich kid (infml); **~ de pecho** small *o* young baby; **el ~ mimado de la maestra** the teacher's favorite* *o* pet; **~ prodigio** child prodigy **(b)** (con respecto a los padres) (*m*) son, child; (*f*) daughter, child; **tengo que llevar al ~ al dentista** I have to take my son to the dentist

nipón -pona *adj/m,f* Japanese

níquel *m* nickel

níspero *m* loquat

nitidez *f* (de imagen, del día) clarity; (de recuerdo) vividness

nítido -da *adj* ‹*foto/imagen*› clear

nitrógeno *m* nitrogen

nivel *m* **(a)** (altura) level **(b)** (en escala, jerarquía) level; **conversaciones de alto ~** high-level talks; **~ de vida** standard of living; **no está al ~ de los demás** he's not up to the same standard as the others; **el ~ de las universidades mexicanas** the standard of Mexican universities

nivelar [A1] *vt* **(a)** (Const) ‹*suelo/terreno*› to level; ‹*estante*› to get ... level **(b)** ‹*presupuesto*› to balance

no *adv* **(a)** (como respuesta) no; (modificando adverbios, oraciones, verbos) not [*la negación de la mayoría de los verbos ingleses requiere el uso del auxiliar 'do'*] **¿te gustó? — no** did you like it? — no, I didn't; **¿vienes o ~?** are you coming or not?; **~ te preocupes** don't worry; **¿por qué**

~ **quieres ir? — porque** ~ why don't you want to go? — I just don't **(b)** (con otro negativo): ~ **veo nada** I can't see a thing *o* anything; ~ **viene nunca** she never comes **(c)** (en coletillas interrogativas): **está mejor ¿~?** she's better, isn't she?; **ha dimitido ¿~?** he has resigned, hasn't he? **(d)** (expresando incredulidad): **se ganó la lotería — ¡no!** he won the lottery — he didn't! *o* no! **(e)** (sustituyendo a una cláusula): **creo que** ~ I don't think so; **¿te gustó? a mí** ~ did you like it? *I* didn't **(f)** (*delante de n, adj, pp*) **los** ~ **fumadores** nonsmokers; **la** ~ **violencia** nonviolence; **un hijo** ~ **deseado** an unwanted child
■ *m* (*pl* **noes**) no

NO (= **noroeste**) NW

Nobel *m* **(a)** *tb* **Premio** ~ Nobel Prize **(b)** (ganador) Nobel prizewinner

noble *adj* **(a)** (en general) noble; **un caballero de** ~ **linaje** (liter) a knight of noble lineage (liter) **(b)** ‹*madera*› fine
■ *mf* (*m*) nobleman; (*f*) noblewoman; **los** ~ the nobles, the nobility

nobleza *f* nobility

nocaut *adj* (AmL): **lo dejó** ~ he/it knocked him out; **está** ~ he's out for the count
■ *m* (*pl* **-cauts**) (AmL) knockout

⚷ **noche** *f* **(a)** night; **la** ~ **anterior** the night before, the previous evening; **esta** ~ tonight, this evening; **¡buenas** ~**s!** (al saludar) good evening!; (al despedirse) goodnight **(b)** (*en locs*) **de noche** ‹*trabajar/conducir*› at night; ‹*vestido/función*› evening (*before n*); **hacerse de** ~ to get dark; **en la** *or* (esp Esp) **por la** *or* (RPl) **a la noche: en la** ~ **fuimos al teatro** in the evening we went to the theater; **el lunes en la** ~ on Monday evening/night; ***de la*** ~ ***a la mañana*** overnight

Nochebuena *f* Christmas Eve

Nochevieja *f* New Year's Eve (*in the evening*)

noción *f* **(a)** (idea, concepto) notion, idea; **no tiene la menor** ~ **del tema** he doesn't know the first thing about the subject **(b) nociones** *fpl* (conocimientos): **tengo nociones de ruso** I have a smattering of Russian; **las nociones de electrónica** the basics *o* rudiments of electronics

nocivo -va *adj* ‹*sustancia*› harmful; ‹*influencia*› damaging

noctámbulo -la *adj*: **siempre ha sido** ~ he's always been a night bird *o* (AmE) nighthawk (infml)

nocturno -na *adj* **(a)** ‹*vuelo/tren/vida*› night (*before n*); ‹*clases*› evening (*before n*) **(b)** ‹*animal/planta*› nocturnal

nodriza *f* (ama de cría) wet nurse; (niñera) (ant) nursemaid

nogal *m* (árbol) walnut tree; (madera) walnut

nómada *adj* nomadic
■ *mf* nomad

nomás *adv* **(a)** (AmL): **pase** ~ come on in; **no lo vas a convencer así** ~ you're not going to convince him as easily as that; **déjelo aquí** ~ just leave it here; **lo dijo por molestar** ~ she only said it to be difficult **(b) nomás (que)** (Col, Méx fam) as soon as; ~ **(que) tenga dinero** as soon as I have some money

nombramiento *m* (designación) appointment; (documento) letter of appointment

⚷ **nombrar** [A1] *vt* **(a)** (citar, mencionar) to mention; **no lo volvió a** ~ she never mentioned his name *o* him again **(b)** (designar) to appoint

⚷ **nombre** *m* **(a)** (de cosa, persona, animal) name; ~ **y apellidos** full name, name in full; ~ **artístico** stage name; ~ **de pila** first name, Christian name; ~ **de soltera** maiden name; **¿qué** ~ **le pusieron?** what did they call him?; **lo conozco de** ~ I know him by name; **en** ~ **de** (en representación de) on behalf of; (apelando a) in the name of; **a** ~ **de** «*cheque*» made payable to, made out to; **lo que ha hecho no tiene** ~ what she has done is unspeakable **(b)** (Ling) noun; ~ **compuesto** compound noun **(c)** (fama): **un científico de** ~ a renowned scientist; **hacerse un** ~ **en la vida** to make a name for oneself

nómina *f* (lista de empleados) payroll; (hoja de pago) payslip; (suma de dinero) salary, wages (*pl*)

nominación *f* nomination

nominar [A1] *vt* to nominate

nominativo *adj* (Fin): **un cheque** ~ **a favor de ...** a check made out to *o* payable to ...

nomo *m* gnome

non *adj* odd
■ *m* odd number; **pares y** ~**es** odds and evens

noqueada *f* knockout

noquear [A1] *vt* to knock out

noratlántico -ca *adj* north-Atlantic (*before n*)

nordeste, **noreste** *adj inv* ‹*región*› northeastern; **iban en dirección** ~ they were heading northeast
■ *m* (punto cardinal) northeast, Northeast; **vientos del** ~ northeasterly winds

nórdico -ca *adj* ‹*país/pueblo*› Nordic (*esp Scandinavian*)

noria *f* **(a)** (para sacar agua) waterwheel **(b)** (Ocio) Ferris wheel (AmE), big wheel (BrE)

⚷ **norma** *f* **(a)** (regla) rule, regulation; ~**s de conducta** rules of conduct; ~**s de seguridad** safety regulations; **tengo por** ~ ... I make it a rule ... **(b)** (manera común de hacer algo): **la** ~ **es que acudan los directivos** it is standard practice for the directors to attend

⚷ **normal** *adj* normal; **es** ~ **que reaccionen así** it's normal for them to react like that; **hoy en día es muy** ~ it's very common nowadays; **no es** ~ **que haga tanto frío** it's unusual *o* it isn't normal for it to be so cold; **superior a lo** ~ above-average; ~ ***y corriente*** ordinary
■ *f* **(a)** (escuela): **la N**~ teacher training college **(b)** (gasolina) regular gas (AmE), two-star petrol (BrE)

normalidad *f* **(a)** (cualidad): **con** ~ normally **(b)** (situación) normality, normalcy (AmE); **el país volvió a la** ~ the country returned to normal

normalización *f* **(a)** (de situación) normalization **(b)** (estandarización) standardization

normalizar [A4] *vt* **(a)** ‹*situación/relaciones*› to normalize **(b)** (estandarizar) to standardize
■ **normalizarse** *v pron* **(a)** «*situación/relaciones*» to return to normal **(b)** (estandarizarse) to become standardized

⚷ key word

n

normalmente *adv* normally, usually

noroeste *adj inv ‹región›* northwestern; **iban en dirección ~** they were heading northwest

■ *m* (punto cardinal) northwest, Northwest; **vientos del ~** northwesterly winds

norte *adj inv ‹región›* northern; *‹costa/ala›* north (*before n*); **iban en dirección ~** they were heading north *o* northward(s)

■ *m* north, North; **al ~ de Matagalpa** to the north of Matagalpa; **vientos del N~** northerly winds; **caminaron hacia el N~** they walked north *o* northward(s); **la casa da al ~** the house faces north

Norteamérica *f* (América del Norte) North America; (EEUU) America, the States (infml)

norteamericano -na *adj/m,f* (de América del Norte) North American; (estadounidense) American

norteño -ña, (Chi, Per) **nortino -na** *adj* northern

■ *m,f* northerner

Noruega *f* Norway

noruego[1] -ga *adj/m,f* Norwegian

noruego[2] *m* (idioma) Norwegian

nos *pron pers* **(a)** (como complemento directo, indirecto) us; **~ ayudaron mucho** they helped us a lot; **escúchanos** listen to us; **~ han robado el coche** our car's been stolen **(b)** (*refl*) ourselves; **~ hicimos daño** we hurt ourselves; **sentémonos** let's sit down **(c)** (*recípr*) **~ conocemos desde hace años** we have known each other for years

nosotros -tras *pron pers pl* **(a)** we; **¿quién lo trajo? — nosotros** who brought it? — we did; **ábrenos, somos nosotras** open the door, it's us; **~ mismos lo arreglamos** we fixed it ourselves **(b)** (en comparaciones, con preposiciones) us; **antes/después que ~** before/after us; **ven con ~** come with us

nostalgia *f* nostalgia; **siente ~ por su país** he feels homesick

nostálgico -ca *adj* nostalgic

nota *f* **1** (apunte, mensaje) note; **tomar ~ de algo** (apuntar) to make a note of sth; (fijarse) to take note of sth; **tomar ~s** to take notes; **~ a pie de página** footnote **2** **(a)** (Educ) (calificación) grade (AmE), mark (BrE); **sacar buenas ~s** to get good grades *o* marks **(b)** (Mús) note **3** (detalle) touch; **una ~ de humor** a touch of humor

notable *adj ‹diferencia/mejoría›* notable; **una actuación ~** an outstanding performance; **posee una ~ inteligencia** she is remarkably *o* extremely intelligent

■ *m* **(a)** (Educ) *grade between 7 and 8.5 on a scale from 1 to 10* **(b)** (persona importante) dignitary

notar [A1] *vt* **(a)** (advertir) to notice; **no noté nada extraño** I didn't notice anything strange; **hacer(le) ~ algo (a algn)** to point sth out (to sb); **te noto muy triste** you look very sad; **se le notaba indeciso** he seemed hesitant **(b)** (*impers*): **se nota que es novato** you can tell *o* see he's a beginner; **se te nota en la cara** it's written all over your face

■ **notarse** *v pron* (+ *compl*) to feel; **me noto rara con este vestido** I feel funny in this dress

notaría *f* **(a)** (profesión) *profession of notary*; (oficina) notary's office **(b)** (Col) (registro civil) registry office

notarial *adj* notarial

notario -ria *m,f* notary, notary public

noticia *f* **1** (información): **una ~** a piece *o* an item of news; **buenas/malas ~s** good/bad news; **la última ~ del programa** the final item on the news; **una ~ de última hora** a late *o* last-minute news item **2** **noticias** *fpl* **(a)** (referencias) news; **no hemos tenido ~s suyas** (provenientes de él) we haven't heard from him; (provenientes de otra persona) we haven't had (any) news of him **(b)** (Rad, TV) news

noticiario *m*, (AmL) **noticiero** *m* (Rad, TV) news; (Cin) newsreel

notificación *f* (fml) notification (fml)

notificar [A2] *vt* (fml) to notify

notorio -ria *adj* **(a)** (evidente) evident, obvious **(b)** (conocido) well-known **(c)** (notable) *‹descenso/mejora›* marked

nov. (= **noviembre**) Nov

novato -ta *adj* inexperienced, new

■ *m,f* novice, beginner

novecientos -tas *adj/pron* nine hundred; *para ejemplos ver* **quinientos**

novedad *f* **1** **(a)** (innovación) innovation; **la última ~ en el campo de la informática** the latest innovation in the field of computing **(b)** (cualidad, cosa nueva) novelty; **eran una ~ en aquel entonces** they were a novelty then **2** (noticia): **¿alguna ~?** any news?; **eso no es ninguna ~** everybody knows that; **sin ~** (llegar) safely; **¿cómo sigue? — sin ~** how is he? — much the same

novedoso -sa *adj ‹idea/enfoque›* novel, original

novela *f* (Lit) novel; (TV) soap opera; **~ policíaca** detective novel *o* story; **~ rosa** (pey) novelette (derog), romantic novel

novelesco -ca *adj ‹vida/historia›* like something out of a novel; *‹viajes/andanzas›* fabulous

novelista *mf* novelist

noveno[1] -na *adj/pron* ninth; **la novena parte** a ninth; *para ejemplos ver* **quinto**

noveno[2] *m* ninth

noventa *adj inv/pron/m* ninety; *para ejemplos ver* **cincuenta**

noviar [A1] *vi* (AmL fam) to go out together, to date (AmE); **~ CON algn** to go out WITH sb, to date sb (AmE)

noviazgo *m*: **el ~ duró un año** they went out (together) for one year; **~s a larga distancia** long-distance relationships

novicio -cia *m,f* novice

noviembre *m* November; *para ejemplos ver* **enero**

novillo -lla *m,f* (*m*) young bull; (*f*) heifer; ***hacer ~s*** (fam) to play hooky (esp AmE infml), to skive off (school) (BrE infml)

novio -via *m,f* **(a)** (no formal) (*m*) boyfriend; (*f*) girlfriend; (después del compromiso) (*m*) fiancé; (*f*) fiancée **(b)** (el día de la boda) (*m*) groom; (*f*) bride; **los ~s** the bride and groom

nubarrón *m* storm cloud

nube *f* (Meteo) cloud; (de polvo, humo) cloud; (de insectos) cloud, swarm; **un cielo cubierto**

de ~s an overcast *o* a cloudy sky; **~ atómica** mushroom cloud; ***estar*** or ***andar en las ~s*** (fam) to have one's head in the clouds

nublado -da *adj* ‹*cielo/día*› cloudy, overcast

nublar [A1] *vt* **(a)** ‹*vista*› to cloud **(b)** (liter) ‹*felicidad*› to cloud (liter)

■ **nublarse** *v pron* **(a)** «*cielo*» to cloud over **(b)** «*vista*» to cloud over

nubosidad *f*: **la ~ irá en aumento** it will become increasingly cloudy; **un día con mucha ~** a day with a lot of cloud about

nuboso -sa *adj* cloudy

nuca *f* back *o* nape of the neck

nuclear *adj* nuclear

núcleo *m* **(a)** (Biol, Fís) nucleus **(b)** (Elec) core

nudillo *m* knuckle

nudismo *m* nudism

nudista *adj/mf* nudist

nudo *m* **(a)** (en general) knot; **se hizo un ~ en el hilo** the thread got into a knot; **¿me haces el ~ de la corbata?** can you do my tie for me?; **tenía un ~ en la garganta** I had a lump in my throat **(b)** (Transp) (de carreteras) interchange; (de vías férreas) junction; (aéreo) hub

nuera *f* daughter-in-law

✓ **nuestro -tra** *adj* our; **~ coche** our car; **un amigo ~** a friend of ours

■ *pron*: **el ~, la nestra** *etc* ours; **es de los ~s** he's one of us; **nosotros a lo ~** let's just get on with our own business; **sabe lo ~** he knows about us

nuevamente *adv* again

Nueva York *f* New York

Nueva Zelandia, **Nueva Zelanda** *f* New Zealand

✓ **nueve** *adj inv/pron/m* nine; *para ejemplos ver* **cinco**

n

✓ **nuevo -va** *adj* **(a)** [SER] ‹*estilo/coche/novio*› new; **soy ~ en la oficina** I'm new in the office; **de ~** again; **¿qué hay de ~** what's new? (infml); **~ rico** nouveau riche **(b)** (*delante del n*) ‹*intento/cambio*› further; **ha surgido un ~ problema** another *o* a further problem has arisen; **N~ Testamento** New Testament **(c)** [ESTAR] (no desgastado) as good as new

Nuevo México *m* New Mexico

nuez *f* **1** **(a)** (del nogal) walnut **(b)** (Méx) (pacana) pecan (nut) **(c) ~ moscada** nutmeg **2** (Anat) Adam's apple

nulidad *f* **1** (Der) nullity **2** (fam) (calamidad) dead loss (infml); **soy una ~ para los idiomas** I'm useless at languages

nulo -la *adj* **(a)** (Der) ‹*testamento/votación*› null and void; ‹*voto*› void **(b)** ‹*persona*› useless (infml), hopeless (infml) **(c)** (inexistente): **mis conocimientos del tema son ~s** my knowledge of the subject is virtually nil

Núm., **núm.** (= **número**) no.

numerable *adj* countable

numeración *f* (acción) numbering; (números) numbers (*pl*); (sistema) numerals (*pl*)

numeral *adj/m* numeral

numerar [A1] *vt* to number

✓ **número** *m* **1** **(a)** (Mat) number; **~ de identificación personal** PIN number, Personal Identification Number; **~ de matrícula** license number (AmE), registration number (BrE); **~ de serie** serial number; **~ de teléfono/fax** phone/fax number; **una suma de seis ~s** a six figure sum; **problemas sin ~** innumerable *o* countless problems **(b)** (de zapatos) size; **¿qué ~ calzas?** what size shoe do you take? **(c)** (billete de lotería) lottery ticket **2** **(a)** (Espec) act **(b)** (de publicación) issue

✓ **numeroso -sa** *adj* ‹*clase/grupo*› large; ‹*ocasiones/ejemplos*› numerous, many

✓ **nunca** *adv* never; **como ~** like never before; **casi ~** hardly ever; **más que ~** more than ever (before); **~ más** never again

nuncio *m* (Relig) *tb* **~ apostólico** papal nuncio

nupcial *adj* ‹*festejos*› (liter) nuptial (liter); ‹*ceremonia*› wedding (*before n*)

nupcias *fpl* (liter) nuptials (*pl*) (liter), wedding; **en 1970 se casó en segundas ~ con doña Inés Díaz** in 1970 he married his second wife, Inés Díaz

nutria *f* otter

nutrición *f* nutrition

nutrido -da *adj*: **mal ~** undernourished, malnourished; **bien ~** well-nourished

nutrir [I1] *vt* ‹*organismo*› to nourish; ‹*niño/planta*› to nourish, feed

nutritivo -va *adj* ‹*alimento*› nutritious; ‹*valor*› nutritional

nylon /'najlon, ni'lon/ *m* nylon

Ñ, **ñ** *f* (*read as* /'eɲe/) the letter Ñ, ñ

ñandú *m* rhea

ñandutí *m* nanduti (*fine Paraguayan lace*)

ñango -ga *adj* (Méx fam) wimpish (infml)

ñapa *f* (AmL fam) *small amount of extra goods given free*, lagniappe (AmE); **dar algo de ~** to throw sth in (for free) (infml); **me dio dos de ~** she threw in a couple extra

ñato -ta *adj* (AmS fam) ‹*persona*› snub-nosed; ‹*animal*› pug-nosed

ñauca (Chi), (RPl) **ñaupa** *f* (fam): **es del año de ~** it's really ancient (infml); **ropa del año de ~** clothes that went out with the ark (infml)

ñoquis *mpl* (Coc) gnocchi (*pl*)

ñorbo *m* (Ec, Per) passionflower

ñu *m* gnu, wildebeest

✓ key word

Oo

O, **o** *f* (*read as* /o/) the letter O, o

O. (= **oeste**) W, West

o *conj* or; **¿vienes o no?** are you coming or not?; **o … o …** either … or …; **o mañana o el jueves** either tomorrow or Thursday; **unas 100 o 120** about 100 or 120; **o sea** ▶ **ser II**

oasis *m* (*pl* ~) oasis

obcecarse [A2] *v pron* to become obsessed; **está obcecado con la idea** he's obsessed with the idea

obedecer [E3] *vt* **(a)** ‹*orden/norma*› to obey, comply with **(b)** ‹*persona*› to obey; **obedece a tu madre** do as your mother tells you

■ ~ *vi* **(a)** «*persona*» to obey; **para que aprendas a ~** to teach you to do as you're told **(b)** «*mecanismo*» to respond **(c)** (fml) (a motivo, causa) ~ A **algo** to be due TO sth

obediente *adj* obedient

obelisco *m* obelisk

obertura *f* overture

obesidad *f* obesity

obeso -sa *adj* obese

obispo *m* bishop

objeción *f* objection; **nadie puso objeciones** nobody objected *o* made any objection; **~ de conciencia** conscientious objection

objetar [A1] *vt* to object; **¿tienes algo que ~?** do you have any objection?

■ ~ *vi* (Esp fam) to declare oneself a conscientious objector

objetividad *f* objectivity; **con ~** objectively

objetivo[1] **-va** *adj* objective

objetivo[2] *m* **1** (finalidad) objective, aim; (Mil) objective **2** (Fot, Ópt) lens

objeto *m* **1** (cosa) object; **~s de valor** valuables; **~s de uso personal** items *o* articles for personal use; **~s perdidos** lost and found (AmE), lost property (BrE); **~ volador no identificado** unidentified flying object, UFO **2 (a)** (finalidad) aim, object; **con el ~ de hacer algo** in order to do sth, with the aim of doing sth; **con el ~ de que se conozcan** so that they can get to know each other; **ser ~ de algo** (de admiración, críticas) to be the object of sth; (de investigación, estudio) to be the subject of sth; **ser ~ de malos tratos** to be ill-treated **(b)** (Ling) object

objetor -tora *m,f* objector; **~ de conciencia** conscientious objector

oblicuo -cua *adj* ‹*línea*› oblique

obligación *f* (deber) obligation; **cumplió con sus obligaciones** he fulfilled his obligations; **tiene (la) ~ de …** it is his duty to …, he has an obligation to …; **es mi ~ decírtelo** it is my duty to tell you; **lo hace por ~** she does it out of obligation; **si sus obligaciones se lo permiten** if her commitments permit

obligado -da *adj* [ESTAR] ‹*persona*› obliged; ~ A **hacer algo** obliged to do sth; **se vio ~ a acompañarla** he felt obliged to accompany her

obligar [A3] *vt* **(a) ~ a algn** A **hacer algo** to force sb to do sth, to make sb do sth; **no lo obligues a comer** don't force him to eat; **nos obligan a llevar uniforme** we are required to wear uniform; **~ a algn** A QUE **haga algo** to make sb do sth **(b)** «*ley/disposición*» to bind

obligatorio -ria *adj* compulsory, obligatory; **no es ~ firmarlo** it doesn't have to be signed

oboe *m* (instrumento) oboe

■ *mf* (músico) oboist

obra *f* **1** (creación artística) work; **sus primeras ~s** her earliest works; **una ~ de artesanía** a piece of craftsmanship; **sus ~s de teatro** her plays; **~ de arte** work of art; **~ maestra** masterpiece **2** (acción): **mi buena ~ del día** my good deed for the day; **~ benéfica** (acto) act of charity; (organización) charity, charitable organization **3** (Arquit, Const) **(a)** (construcción) building work; **estamos de ~s** we're having some building work done **(b)** (sitio) building *o* construction site

obrar [A1] *vi* (actuar) to act; **~ de buena fe** to act in good faith

■ ~ *vt* ‹*milagros*› to work

obrera *f* (hormiga) worker (ant); (abeja) worker (bee); *ver tb* **obrero** *m,f*

obrero -ra *adj* ‹*barrio*› working-class; **el movimiento ~** the workers' movement; **la clase obrera** the working class

■ *m,f* (de fábrica, industria) worker; **los ~s dejaron la arena en el jardín** the workmen left the sand in the garden

obsceno -na *adj* obscene

obscuro, *etc* ▶ **oscuro** *etc*

obsequio *m* (fml) gift

observación *f* **1** (examen, vigilancia) observation; **tener a algn en ~** (Med) to keep sb under observation; **tener mucha capacidad de ~** to be very observant **2** (comentario) observation, remark; (en texto) note

observador -dora *m,f* observer

observar [A1] *vt* **(a)** (en general) to observe; **alguien la observaba** someone was watching *o* (fml) observing her **(b)** (notar) to observe (fml); **¿has observado algún cambio?** have you noticed *o* observed any changes?

observatorio *m* observatory

obsesión *f* obsession

obsesionar [A1] *vt* to obsess; **estaba obsesionado con la idea** he was obsessed with the idea

■ **obsesionarse** *v pron* to become obsessed

obsesivo -va *adj* obsessive

obsidiana *f* obsidian

obsoleto -ta *adj* obsolete

obstaculizar [A4] *vt* ‹*progreso/trabajo*› to hinder, hamper; ‹*tráfico*› to hold up; **no obstaculice el paso** don't stand in the way

obstáculo *m* obstacle

obstante: **no obstante** (sin embargo) nevertheless, nonetheless; (a pesar de) despite, in spite of

obstinado -da *adj* **(a)** (tozudo) obstinate, stubborn **(b)** (tenaz) tenacious, dogged

obstinarse [A1] *v pron* **~** EN **hacer algo** to (obstinately) insist ON doing sth; **se obstinó en no ir** he obstinately refused to go; **se ha obstinado en que hay que terminarlo hoy** he is bent on finishing it today

obstrucción *f* obstruction

obstruir [I20] *vt* **1** (bloquear) ‹*conducto*› to block; ‹*salida*› to block, obstruct **2** (entorpecer) ‹*plan/proceso*› to obstruct; ‹*tráfico*› to obstruct, hold up; ‹*progreso*› to impede **3** (Dep) to obstruct

■ **obstruirse** *v pron* to get blocked (up)

obtener [E27] *vt* ‹*premio*› to win, receive; ‹*resultado/autorización*› to obtain; ‹*calificación*› to obtain, set

obturador *m* (Fot) shutter

obtuve, **obtuvo**, *etc* ▶ **obtener**

obvio -via *adj* obvious

oca *f* (Zool) goose

ocasión *f* **1** **(a)** (vez, circunstancia) occasion; **con ~ de** on the occasion of; **en alguna ~** occasionally **(b)** (momento oportuno) opportunity; **no tuve ~ de hablarle** I didn't have an opportunity *o* a chance to talk to him **2** (ganga) bargain; **de ~** ‹*precios*› bargain (*before n*); ‹*muebles*› (usados) secondhand; (baratos) cut-rate *o* (BrE) cut-price; ‹*coches*› secondhand

ocasional *adj* ‹*encuentro*› chance (*before n*); ‹*trabajo*› temporary

ocasionar [A1] *vt* to cause

occidental *adj* ‹*zona*› western; ‹*cultura/países*› Western; **África O~** West Africa

■ *mf* westerner

occidentalizarse [A4] *v pron* to become westernized

occidente *m* west

Oceanía *f* Oceania

océano *m* ocean

ochenta *adj inv/pron/m* eighty; *para ejemplos ver* **cincuenta**

ocho *adj inv/pron/m* eight; *para ejemplos ver* **cinco**

ochocientos -tas *adj/pron* eight hundred; *para ejemplos ver* **quinientos**

ocio *m* **(a)** (tiempo libre) spare time, leisure time **(b)** (inactividad, holgazanería) inactivity, idleness

ociosidad *f* inactivity, idleness

ocioso -sa *adj* (inactivo) idle

ocre *m*: **(de) color ~** ocher-colored*

oct. (= **octubre**) Oct

octavilla *f* pamphlet

octavo[1] **-va** *adj/pron* eighth; **la octava parte** an eighth; *para ejemplos ver* **quinto**[1]

octavo[2] *m* eighth; **~s de final** *round before the quarter-finals*

octubre *m* October; *para ejemplos ver* **enero**

oculista *mf* ophthalmologist

ocultar [A1] *vt* (en general) to conceal, hide; ‹*persona*› to hide; **~le algo** A **algn** to conceal *o* hide sth FROM sb

■ **ocultarse** *v pron* **(a)** «*persona*» to hide **(b)** (estar oculto) to hide, lie hidden **(c)** «*sol*» to disappear

ocultismo *m* occult, occultism

oculto -ta *adj* **(a)** [ESTAR] (escondido) hidden **(b)** [SER] (misterioso) ‹*razón/designio*› mysterious, secret

ocupación *f* (empleo) occupation; (actividad) activity

ocupado -da *adj* **(a)** (atareado) busy **(b)** ‹*línea telefónica*› busy, engaged (BrE); **¿este asiento está ~?** is this seat taken? **(c)** ‹*territorio*› occupied

ocupante *mf* occupant; **~ ilegal** squatter

ocupar [A1] *vt* **1** ‹*espacio/tiempo*› to take up; **me ocupó toda la mañana** it took up my whole morning; **¿en qué ocupas tu tiempo libre?** how do you spend your spare time? **2** «*persona*» **(a)** (situarse en) ‹*asiento*› to take; **volvió a ~ su asiento** she returned to her seat, she took her seat again; **ocupaban (todo) un lado de la sala** they took up one (whole) side of the room **(b)** (estar en) ‹*vivienda*› to live in, occupy; ‹*habitación*› to be in; ‹*asiento*› to be (sitting) in **(c)** (en clasificación): **¿qué lugar ocupan en la liga?** what position are they in the division? **(d)** ‹*cargo*› to hold, occupy (fml); ‹*vacante*› to fill **3** ‹*fábrica/territorio*› to occupy **4** (AmC, Chi, Méx) (usar) to use

■ **ocuparse** *v pron* **~se** DE **algo** (de tarea/trabajo) to take care OF sth; ‹*de problema/asunto*› to deal WITH sth; **yo me ~é de eso** I'll see to that; **~se** DE **algn** (de niño/enfermo) to take care OF sb, to look after sb

ocurrencia *f* (comentario gracioso) witty *o* funny remark, witticism; (idea disparatada) crazy idea

ocurrente *adj* (gracioso) witty; (ingenioso) clever

ocurrir [I1] *vi* (*en 3ª pers*) to happen; **ocurra lo que ocurra** whatever happens; **lo que ocurre es que ...** the trouble is (that) ...; **lamento lo ocurrido** I'm sorry about what happened

■ **ocurrirse** *v pron* (*en 3ª pers*): **se me ha ocurrido una idea** I've had an idea; **no se les ocurría nada** they couldn't think of anything; **di lo primero que se te ocurra** say the first thing that comes into your head; **¿cómo se te ocurrió comprarlo?** whatever made you buy it?

odiar [A1] *vt* to hate; **odio planchar** I hate ironing

odio *m* hate, hatred; **tenerle ~ a algn** to hate sb

odioso -sa *adj* ‹*trabajo/tema*› horrible, hateful; ‹*persona*› horrible, odious

oeste *adj inv* ‹*región*› western; **conducían en dirección ~** they were driving west *o* westward(s); **la costa ~** the west coast

■ *m* **1** **(a)** (parte, sector): **el ~** the west; **en el ~ de la provincia** in the west of the province; **al ~ de Oaxaca** to the west of Oaxaca **(b)** (punto cardinal) west, West; **vientos del O~** westerly winds;

key word

O

caminaron hacia el O~ they walked west *o* westward(s) **2** **el Oeste** (de los Estados Unidos) the West; **una película del O~** a Western

ofender [E1] *vt* to offend

■ **ofenderse** *v pron* to take offense*

ofensa *f* (agravio) insult

ofensiva *f* offensive

ofensivo -va *adj* offensive

oferta *f* **1** **(a)** (proposición) offer **(b)** (Econ, Fin) supply **2** (Com) offer; **están de** or **en ~** they are on special offer

⚷ **oficial** *adj* official

■ *mf* (de policía) police officer (*above the rank of sergeant*); (Mil) officer

oficialismo *m* (AmL): **representantes del ~** representatives of the ruling *o* governing party

oficialista *adj* (AmL) ‹*periódico*› pro-government; ‹*candidato*› fielded by the party in power

⚷ **oficina** *f* (despacho) office; **en horas de ~** during office hours; **~ de empleo/turismo** unemployment/tourist office

oficinista *mf* office worker

⚷ **oficio** *m* **1** (trabajo) trade; **carpintero de ~** carpenter by trade **2** (Der): **de ~** court-appointed (*before n*) **3** (Relig) service, office

ofimática *f* office automation

⚷ **ofrecer** [E3] *vt* **1** **(a)** ‹*ayuda/cigarrillo/empleo*› to offer **(b)** ‹*dinero*› to offer; (en una subasta) to bid **(c)** ‹*fiesta*› to give; ‹*recepción*› to lay on **(d)** ‹*sacrificio/víctima*› to offer (up) **2** **(a)** ‹*oportunidad/posibilidad*› to give, provide; ‹*dificultad*› to present **(b)** «*persona*» ‹*resistencia*› to put up, offer

■ **ofrecerse** *v pron* **1** «*persona*» to offer, volunteer; **~se** A *or* PARA **hacer algo** to offer *o* volunteer TO do sth **2** (fml) (querer, necesitar) (*gen neg o interrog*) **¿qué se le ofrece, señora?** what would you like, madam? (fml); **si no se le ofrece nada más** if there's nothing else I can do for you

ofrecimiento *m* offer

ofrenda *f* offering

ofuscarse [A2] *v pron* to get worked up

OGM *m* (= **organismo genéticamente modificado**) GMO

ogro *m* ogre

oídas: **de ~** (*loc adv*) **lo conozco de ~** I've heard of him, I know of him

oído *m* **(a)** (Anat) ear; **me lo susurró al ~** she whispered it in my ear **(b)** (sentido) hearing; (para la música, los idiomas) ear; **es duro de ~** he's hard of hearing; **aguzar el ~** to prick up one's ears; **no tiene ~** she's tone-deaf, she has no ear for music; ***tocar de ~*** (Mús) to play by ear

oiga, **oigas**, *etc* ▸ **oír**

⚷ **oír** [128] *vt* **1** (percibir sonidos) to hear; **no oigo nada** I can't hear anything *o* a thing; **se oyeron pasos** I (*or* you *etc*) heard footsteps; **he oído hablar de él** I've heard of him **2** (escuchar) ‹*música/radio*› to listen to **3** **oír misa** to go to mass **4** **oiga/oye** (para llamar la atención) excuse me; **¡oiga! se le cayó la cartera** excuse me, you've dropped your wallet; **oye, si ves a Gustavo dile que me llame** listen, if you see Gustavo tell him to call me

■ **~** *vi* to hear

ojal *m* buttonhole

ojalá *interj*: **seguro que apruebas — ¡~!** I'm sure you'll pass — I hope so!; **¡~ que todo salga bien!** let's hope everything turns out all right!; **~ fuera rico!** if only I were rich!, I wish I was rich!

ojeada *f* glance; **echar una ~ a algo** to have a quick glance *o* look at sth

ojear [A1] *vt* to (have a) look at

ojeras *fpl* rings under the eyes (*pl*)

ojeriza *f* grudge; **tenerle ~ a algn** to have a grudge against sb

ojeroso -sa *adj*: **estar ~** to have rings under one's eyes

⚷ **ojo** *m* **1** **(a)** (en general) eye; **un niño de ~s negros** a boy with dark eyes; **mirar fijamente a los ~s** to stare straight into sb's eyes; **no me quita los ~s de encima** he won't take his eyes off me; **a los ~s de la sociedad** in the eyes of society; **~ de la cerradura** keyhole; **~ de buey** porthole; **~ de vidrio** or (Esp) **cristal** glass eye; **~ mágico** (AmL) spyhole, peephole; **~ morado** or (Méx) **moro** or (CS fam) **en tinta** black eye; ***costar un ~ de la cara*** (fam) to cost an arm and a leg (infml); ***cuatro ~s ven más que dos*** two heads are better than one; ***en un abrir y cerrar de ~s*** in the twinkling of an eye; ***~ por ~*** an eye for an eye **(b)** (vista): **bajó los ~s avergonzada** she lowered her eyes in shame; **sin levantar los ~s del libro** without looking up from her book; ***a ~ (de buen cubero)*** or (AmS) ***al ~*** at a guess; ***echar un ~ a algo/algn*** (fam) to have *o* take a (quick) look at sth/sb; ***tener ~ de lince*** or ***de águila*** to have eyes like a hawk **2** (perspicacia): **¡vaya ~ que tiene!** he's pretty sharp *o* on the ball!; **tener ~ para los negocios** to have a good eye for business **3** (fam) (cuidado, atención): **hay que andar** or **ir con mucho ~** you have to keep your eyes open; **¡~! que viene un coche** watch out! *o* be careful! there's a car coming

ojota *f* (CS) (para playa, piscina) thong (AmE), flip-flop (BrE); (calzado rústico) sandal

okey *interj* (esp AmL) OK!, okay!

okupa *mf* (Esp fam) squatter

ola *f* wave; **~ de calor** heat wave; **~ de frío** cold spell

olán *m* (Méx) flounce, frill

olé, **ole** *interj* olé!, bravo!

oleada *f* wave

oleaje *m* swell

óleo *m* (sustancia) oil; (cuadro) oil painting; **pintura al ~** oil painting

oleoducto *m* (oil) pipeline

oler [E12] *vi* **1** (percibir olores) **~** A **algo** to smell sth; **¿no hueles a humo?** can't you smell smoke? **2** (despedir olores) «*comida/perfume*» to smell; **¡qué bien/mal huele!** it smells good/awful!; **le huelen los pies** his feet smell; **~** A **algo** (a rosas/ajo) to smell OF sth **3** (fam) (expresando sospecha) (+ *me/te/le etc*) **esto me huele mal** it sounds fishy to me; **me huele que fue ella** I have a feeling it was her

■ **~** *vt* «*persona*» to smell; «*animal*» to sniff, smell

■ **olerse** *v pron* (fam) to suspect; **ya me lo olía** I thought so

olfatear [A1] *vt* **(a)** (oler con insistencia) to sniff **(b)** ‹*rastro/presa*› to scent, follow

olfato *m* (sentido) smell; (perspicacia, intuición) nose

oligarquía *f* oligarchy

olimpiada, **olimpíada** *f tb* **~s** Olympic Games (*pl*), Olympics (*pl*)

olímpico -ca *adj* **(a)** ‹*campeón/récord*› Olympic (*before n*) **(b)** (AmL fam) ‹*pase/gol*› fantastic (infml), sensational (infml)

olisquear [A1] *vt* to sniff

oliva *f* olive

olivar *m* olive grove

olivo *m* olive (tree)

olla *f* pot; **~ a presión** pressure cooker

olmo *m* elm (tree)

olor *m* smell; **tiene un ~ raro** it has a funny smell; **tomarle el ~ a algo** (AmL) to smell sth; **~ A algo** smell OF sth

oloroso -sa *adj* **(a)** ‹*jabón/flor*› scented, fragrant **(b)** ‹*queso/pies*› smelly

olote *m* (AmC, Méx) cob, corncob

olvidadizo -za *adj* forgetful

⚷ **olvidar** [A1] *vt* **1** ‹*pasado/nombre*› to forget; **había olvidado que ...** I had forgotten that ...; **~ hacer algo** to forget to do sth **2** (dejar en un lugar) to forget, leave ... behind; **olvidó el pasaporte en casa** she left her passport at home

■ **olvidarse** *v pron* **1** (en general) to forget; **~se DE algo** to forget sth; **~se DE hacer algo** to forget to do sth; (+ *me/te/le etc*) **¡ah! se me olvidaba** ah! I almost forgot; **se me olvidó decírtelo** I forgot to tell you **2** (dejar en un lugar) to forget, leave ... behind

olvido *m* **(a)** (abandono, indiferencia) obscurity; **caer en el ~** to fall *o* sink into obscurity *o* oblivion **(b)** (descuido) oversight; **fue un ~** it was an oversight, I forgot

ombligo *m* navel, belly button (infml)

omisión *f* omission

omitir [I1] *vt* ‹*frase/nombre*› to omit, leave out; **omitió mencionar que ...** he omitted *o* failed to mention that ...

ómnibus *m* (*pl* **~** *or* **-buses**) (autobús — urbano) (Per, Ur) bus; (— de larga distancia) (Arg) bus, coach (BrE)

omnipotente *adj* omnipotent

omoplato, **omóplato** *m* shoulder blade, scapula (tech)

once *adj inv/pron/m* eleven; *para ejemplos ver* **cinco**

ONCE /'onθe/ *f* = **Organización Nacional de Ciegos Españoles**

onces *fpl* (Andes) (*afternoon*) tea

⚷ **onda** *f* (en general) wave; **~ corta/larga** short/long wave; **~ expansiva** blast, shock wave; **longitud de ~** wavelength; ***agarrarle la ~ a algo*** (AmL fam) to get the hang of sth (infml); ***estar en la ~*** (fam) (a la moda) to be trendy (infml); (al tanto) to be bang up to date (infml); ***¡qué buena/mala ~!*** (AmL fam) that's great/terrible! (infml); ***¿qué ~?*** (AmL fam) what's up? (infml)

ondear [A1] *vi* «*bandera*» to fly

ondulado *adj* ‹*pelo*› wavy; ‹*terreno*› undulating, rolling

ondulante *adj* ‹*movimiento*› undulatory; ‹*terreno*› undulating, rolling

ondularse [A1] *v pron* to go wavy

ONG *f* (= **Organizaciónes no Gubernamental**) NGO

onix *m* onyx

onomatopeya *f* onomatopoeia

onomatopéyico -ca *adj* onomatopoeic

ONU /'onu/ *f* (= **Organización de las Naciones Unidas**): **la ~** the UN, the United Nations

onza *f* **1** (peso) ounce **2** (de chocolate) square

OPA *f* (= **Oferta Pública de Adquisición**) takeover bid; **lanzar* una ~ sobre una empresa** to make a hostile takeover bid for a company

opaco -ca *adj* (no transparente) opaque; (sin brillo) dull

ópalo *m* opal

⚷ **opción** *f* option; **no tenía ~** I had no option *o* choice; **con ~ a compra** with option to buy

opcional *adj* optional

open *m* open championship *o* tournament

ópera *f* (obra musical) opera; (edificio) opera house

⚷ **operación** *f* **(a)** (Mat) operation **(b)** (Med) operation; **una ~ a corazón abierto** open-heart surgery **(c)** (Fin) transaction **(d)** (misión) operation; **~ de rescate** rescue operation

⚷ **operador -dora** *m,f* **(a)** (Inf, Tec, Telec) operator **(b)** (Cin, TV) (de cámara) (*m*) cameraman; (*f*) camerawoman; (de proyección) projectionist **(c)** (Chi, Méx) (obrero) ▶ **operario** **(d)** **~ turístico** tour operator

⚷ **operar** [A1] *vt* **1** (Med) to operate on; **me van a ~ de la vesícula** I'm having a gallbladder operation; **lo ~on de apendicitis** he had his appendix taken out **2** (fml) ‹*cambio/transformación*› to produce, bring about **3** (Chi, Méx) ‹*máquina*› to operate

■ **~** *vi* **(a)** (Med) to operate **(b)** (fml) «*servicio/vuelo*» to operate

■ **operarse** *v pron* **1** (Med) (*caus*) to have an operation; **~se del corazón** to have a heart operation **2** (fml) «*cambio/transformación*» to take place

operario -ria *m,f* (fml) operator; **el ~ de la máquina** the machine operator

⚷ **opinar** [A1] *vi* to express an opinion; **prefiero no ~** I would prefer not to comment

■ **~** *vt* **(a)** (pensar) to think; **¿qué opinas del aborto?** what do you think about abortion?; **¿qué opinas de ella?** what do you think of her?; **no opino lo mismo** I do not share that view *o* opinion; **opino que debería renunciar** in my opinion he should resign **(b)** (expresar un juicio): **opinó que deberían aplazarlo** he expressed the view that it should be postponed

⚷ **opinión** *f* opinion; **en mi ~** in my opinion; **cambió de ~** he changed his mind; **la ~ pública** public opinion

opio *m* (Bot, Farm) opium

oponente *mf* opponent

⚷ key word

oponer [E22] *vt* ‹*resistencia*› to offer, put up; ‹*objeción*› to raise
■ **oponerse** *v pron* (ser contrario) to object; **~se A algo** to oppose sth; **nuestros caracteres se oponen** (*recípr*) we are opposites

oporto *m* (vino) port

oportunidad *f* **1** (momento oportuno, posibilidad) chance, opportunity; **a la primera ~** at the earliest opportunity; **tuve ~ (la) de conocerla** I got to meet her; **igualdad de ~es** equal opportunities **2** (AmL) (vez, circunstancia) occasion; **en aquella ~** that time *o* on that occasion

oportunismo *m* opportunism

oportunista *mf* opportunist

oportuno -na *adj* **(a)** ‹*visita/lluvia*› timely, opportune; **llegó en el momento ~** he arrived at just the right moment **(b)** ‹*medida/ respuesta*› appropriate; **sería ~ avisarle** we ought to inform her; **estuvo muy ~** what he said was very much to the point

oposición *f* **1** (en general) opposition **2** (Esp, Ven) (concurso) (public) competitive examination; **hacer oposiciones** to take *o* (BrE) sit a competitive examination

opresión *f* (de un pueblo) oppression; (en el pecho) tightness

opresivo -va *adj* oppressive

oprimido -da *adj* ‹*pueblo*› oppressed

oprimir [I1] *vt* **(a)** (fml) (apretar, presionar) to press **(b)** (tiranizar) to oppress

optar [A1] *vi* **1** (decidirse) **~ POR algo** to choose sth, opt FOR sth; **~ POR hacer algo** to choose *o* opt to do sth **2** **~ A algo** (a plaza/puesto) to apply FOR sth

optativo -va *adj* optional

óptica *f* (Fís, Ópt) optics; (tienda) optician's

óptico -ca *adj* optical
■ *m,f* optician

optimismo *m* optimism

optimista *adj* optimistic
■ *mf* optimist

óptimo -ma *adj* ‹*posición*› ideal, optimum; **en condiciones óptimas** ‹*persona*› in peak condition; ‹*coche*› in perfect condition; ‹*alimento*› fresh

opuesto -ta *adj* ‹*versiones/opiniones*› conflicting; ‹*extremo/polo/lado*› opposite; **tienen caracteres ~s** they have very different personalities; **venía en dirección opuesta** he was coming from the opposite direction

opulento -ta *adj* opulent, affluent

oración *f* **(a)** (Relig) prayer **(b)** (Ling) sentence

orador -dora *m,f* speaker

oral *adj* oral

órale *interj* (Méx fam) (expresando acuerdo) right!, OK!; (para animar) come on!

orangután *m* orangutan

orar [A1] *vi* (fml) (Relig) to pray

oratorio *m* (Relig) oratory, chapel; (Mús) oratorio

órbita *f* **1** (Astron) orbit; **poner en ~** to put into orbit **2** (Anat) (eye) socket, orbit (tech)

orca *f* killer whale

orden¹ *f* **1** (mandato) order; **deja de darme órdenes** stop ordering me about; **hasta nueva ~** until further notice; **estamos a la ~ para lo que necesite** (AmL) just let us know if there's anything we can do for you; **¡a la ~!** (Mil) yes, sir!; (fórmula de cortesía) (Andes, Méx, Ven) you're welcome, not at all; **~ de arresto** or **de busca y captura** arrest warrant; **~ de registro** or (Chi, Méx) **de cateo** search warrant; **~ judicial** court order **2** (Fin) order; **~ bancaria** banker's order **3** (Hist, Mil, Relig) order **4** (AmL) (pedido) order

orden² *m* **1** (en general) order; **en** or **por ~ alfabético** in alphabetical order; **por ~ de estatura** according to height; **vayamos por ~** let's begin at the beginning; **poner algo en ~** ‹*habitación/armario/juguetes*› to straight sth (up) (esp AmE), to tidy sth up (esp BrE); ‹*asuntos/ papeles*› to sort sth up; ‹*fichas*› to put sth in order; **mantener el ~ en la clase** to keep order in the classroom; **~ del día** agenda; **~ público** public order; **alterar el ~ público** to cause a breach of the peace **2** **(a)** (fml) (carácter, índole) nature; **problemas de ~ económico** problems of an economic nature **(b)** (cantidad): **del ~ de** (fml) on the order of (AmE), in *o* of the order of (BrE)

ordenado -da *adj* **(a)** [ESTAR] (en orden) tidy **(b)** [SER] ‹*persona*› (metódico) organized, orderly; (para la limpieza) tidy

ordenador *m* (Esp) ▸ **computadora**

ordenanza *m* (en oficinas) porter; (Mil) orderly, batman (BrE)

ordenar [A1] *vt* **1** ‹*habitación/armario/ juguetes*› to straighten (up) (esp AmE), to tidy (up) (BrE); ‹*fichas*› to put in order; **ordené los libros por materias** I arranged the books according to subject **2** **(a)** (dar una orden) to order; **le ordenó salir de la oficina** she ordered him to leave the office **(b)** (AmL) (pedir) ‹*taxi/ bebida/postre*› to order **3** ‹*sacerdote*› to ordain
■ **ordenarse** *v pron* to be ordained

ordeñar [A1] *vt* to milk

ordinal *m* ordinal (number)

ordinariez *f* **(a)** (falta de refinamiento) vulgarity; (grosería) rudeness, bad manners (*pl*); (en la manera de hablar) vulgarity, coarseness **(b)** (comentario — poco refinado) vulgar comment; (— grosero) rude comment

ordinario -ria *adj* **1** (poco refinado) vulgar, common (derog); (grosero) rude, bad-mannered; (en el hablar) vulgar, coarse **2** (de mala calidad) poor *o* bad quality **3** (no especial) ordinary; **correo ~** regular (AmE) *o* (BrE) normal delivery **4** **de ordinario** usually, normally; **hay menos gente que de ~** there are fewer people than usual *o* normal
■ *m,f* (persona — poco refinada) vulgar *o* (derog) common person; (— grosera) rude *o* bad-mannered person

orégano *m* oregano

oreja *f* (Anat) ear; **el perro puso las ~s tiesas** the dog pricked up its ears; **tirarle a algn de las ~s** or (AmL) **tirarle las ~s a algn** to pull sb's ears
■ *mf* (Méx fam) (soplón — de la policía) stool pigeon (infml), grass (BrE infml); (que escucha a escondidas) eavesdropper

orfanato, (Méx) **orfanatorio** *m* orphanage

orfelinato *m* orphanage

orgánico -ca *adj* organic

organismo *m* (Biol) organism; (Adm, Pol)

O

organization

organización *f* organization

organizado -da *adj* organized

organizador -dora *m,f* organizer

organizar [A4] *vt* to organize, arrange

■ **organizarse** *v pron* to organize oneself

órgano *m* organ

orgasmo *m* orgasm

orgía *f* orgy

orgullo *m* pride; **con ~** proudly

orgulloso -sa *adj* **(a)** [ESTAR] (satisfecho) proud; **~ DE algn/algo** proud OF sb/sth **(b)** [SER] (soberbio) proud

orientación *f* **(a)** (de habitación, edificio) aspect (fml); **¿cuál es la ~ de la casa?** which way does the house face?; **la ~ de la antena** the way the antenna (AmE) *o* (BrE) aerial is pointing **(b)** (enfoque, dirección) orientation **(c)** (guía) guidance, direction; (acción de guiar) orientation; **~ profesional** (para estudiantes) vocational guidance, careers advice; (para desempleados) career guidance *o* advice **(d)** (en un lugar) bearings (*pl*)

oriental *adj* (del este) eastern; (del Lejano Oriente) oriental; (uruguayo) (AmL) Uruguayan

■ *mf* (del Lejano Oriente) oriental; (uruguayo) (AmL) Uruguayan

orientar [A1] *vt* **1** **(a)** ‹*reflector/antena*› to position; **la casa está orientada al sur** the house faces south (fml) **(b)** (Náut) ‹*velas*› to trim **2** (encaminar) ‹*esfuerzos/política*› to direct **3** ‹*persona*› **(a)** «*faro/estrellas*» to guide **(b)** (aconsejar) to advise; (mostrar el camino): **una mujer nos orientó** a woman told us the way

■ **orientarse** *v pron* (ubicarse) to get one's bearings, orient oneself; **~se por las estrellas** (Náut) to steer by the stars

oriente *m* (punto cardinal) east; (viento) east wind; **O~ Medio/Próximo** Middle/Near East

orificio *m* (fml) (de bala) hole; **los ~s de la nariz** the nostrils

origen *m* origin; **en su ~** originally, in the beginning; **dar ~ a algo** to give rise to sth; **país de ~** country of origin; **de ~ humilde** of humble origin(s)

original *adj/m* original

originalidad *f* (cualidad) originality; (comentario) clever remark

originar [A1] *vt* to start, give rise to

■ **originarse** *v pron* «*idea/costumbre*» to originate; «*movimiento*» to start, come into being, originate; «*incendio/disputa*» to start

originario -ria *adj* (de un lugar) native; **ser ~ de algo** «*persona*» to come from sth; «*especie*» to be native to sth

orilla *f* **(a)** (del mar, de lago) shore; (de río) bank; **viven a la ~ del mar** they live by the sea; **un paseo a la ~ del mar** a walk along the seashore **(b)** (de mesa, plato) edge **(c)** (dobladillo) hem

orillar [A1] *vt* **1** **(a)** ‹*muro/costa/zona*› to skirt (around) **(b)** (Col, Méx, Ven) (hacer a un lado): **orilló el coche** he pulled over **2** (Méx) (obligar) **~ a algn A algo** to drive sb TO sth

■ **orillarse** *v pron* (Col, Méx, Ven) to move over

key word

orina *f* urine

orinal *m* (de dormitorio) chamber pot; (para niños) pot, potty (infml); (para enfermos) bedpan

orinar [A1] *vi* to urinate

■ **~** *vt*: **~ sangre** to pass blood

■ **orinarse** *v pron* to wet oneself; **se orina en la cama** he wets the bed

Orinoco *m*: **el (río) ~** the Orinoco (River)

oriundo -da *adj* ▶ **originario**

ornamentación *f* ornamentation

oro *adj inv* gold

■ *m* **1** (metal) gold; **~ (de) 18 quilates** 18-carat gold; **bañado en ~** gold-plated; **~ negro** black gold; ***ni por todo el ~ del mundo*** not for all the tea in China (infml) **2** (en naipes) **(a)** (carta) *any card of the* ▶ **2 b** *suit* **(b) oros** *mpl* (palo) *one of the suits in a Spanish pack of cards*

orquesta *f* orchestra; **~ de jazz** jazz band

orquídea *f* orchid

ortiga *f* (stinging) nettle

ortodoxo -xa *adj* orthodox

ortografía *f* spelling, orthography (fml)

ortopédico -ca *adj* orthopedic*; ‹*pierna*› artificial

oruga *f* (Zool) caterpillar; (Auto) caterpillar *o* crawler track

orzuela *f* (Méx): **tengo ~** I've got split ends

orzuelo *m* sty*

os *pron pers* (Esp) **(a)** (complemento directo, indirecto) you; **~ veo mañana** I'll see you tomorrow; **~ lo prometió** she promised it to you **(b)** (*refl*) yourselves; **no ~ engañéis** don't kid yourselves **(c)** (*recípr*) **creía que ~ conocíais** I thought you knew each other

osar [A1] *vi* (liter) **~ + INF** to dare to + INF; **no osó decirles la verdad** he dared not tell them the truth (liter)

oscar /'oskar/ *m* (*pl* **~** *or* **-cars**) Oscar

oscarizado -da *adj* ‹*actor/actriz*› Oscar-winning (*before n*)

■ *m,f* Oscar winner

oscilación *f* (movimiento) oscillation; (fluctuación) fluctuation

oscilar [A1] *vi* **1** «*péndulo*» to swing, oscillate (tech); «*aguja*» to oscillate; «*torre/columna*» to sway **2** (fluctuar) «*cotización/valores*» to fluctuate; **sus edades oscilaban entre ...** their ages ranged between ...

oscuras: **a ~** (*loc adv*) in darkness

oscurecer [E3] *v impers* to get dark

■ **~** *vt* ‹*habitación/color*› to darken, make ... darker

■ **oscurecerse** *v pron* to get darker

oscuridad *f* (de la noche, de lugar) darkness, dark; **¡qué ~!** it's so dark in here!

oscuro -ra *adj* **1** **(a)** ‹*calle/habitación*› dark; **a las seis ya está ~** at six it's already dark **(b)** ‹*color/ojos/pelo*› dark; **vestía de ~** she was wearing dark clothes **2** **(a)** (dudoso) ‹*intenciones*› dark; ‹*asunto*› dubious **(b)** (poco claro) ‹*significado/asunto*› obscure **(c)** (poco conocido) ‹*escritor/orígenes*› obscure

oso, osa *m,f* bear; **~ de felpa** or **peluche** teddy bear; **~ hormiguero** anteater, ant bear (AmE); **~ panda** panda; **~ polar** polar bear

ostensible *adj* obvious, evident

ostentación *f* ostentation

ostentar [A1] *vt* **1** (fml) (tener) ‹*cargo/título*› to hold **2** (exhibir) ‹*alhajas/dinero*› to flaunt
■ ~ *vi* to show off

ostentoso -sa *adj* ostentatious

ostión *m* **(a)** (CS) scallop **(b)** (Méx) oyster

ostra *f* oyster; ***aburrirse como una*** ~ (fam) to get bored stiff *o* to death (infml)

ostracismo *m* ostracism

OTAN /'otan/ *f* (= **Organización del Tratado del Atlántico Norte**) NATO

otitis *f* inflammation of the ear, otitis (tech)

otoñal *adj* ‹*colores/paisaje*› autumnal, fall (*before n*) (AmE), autumn (*before n*) (BrE)

otoño *m* fall (AmE), autumn (BrE); **en** ~ in the fall, in (the) autumn

otorgar [A3] *vt* (fml) ‹*premio*› to award; ‹*favor/préstamo*› to grant; ‹*poderes*› to bestow (fml), to give

otro, otra *adj* **1** (con carácter adicional) (*sing*) another; (*pl*) other; (con numerales) another; **¿puedo comer** ~ **trozo?** can I have another piece?; **prueba otra vez** try again; **una y otra vez** time and time again; ▶ **tanto² 2**
2 (diferente) (*sing*) another; (*pl*) other; **otra manera de hacerlo** another way of doing it; **¿no sabes ninguna otra canción?** don't you know any other songs?; **en** ~ **sitio** somewhere else; **en** ~ **momento** some other time **3** (estableciendo un contraste) other; **queda del** ~ **lado de la calle** it's on the other side of the street **4** (siguiente, contiguo) next; *ver tb* **día**
■ *pron* **1** (con carácter adicional) (*sing*) another (one); **¿quieres** ~**?** would you like another (one)? **2** (diferente): **parece otra** she looks like a different person; **no voy a aceptar ningún** ~ I won't accept any other; **lo cambié por** ~ I changed it for another one; **¿no tiene** ~**s?** have you any other ones?; ~**s piensan que no es así** others feel that this is not so **3** (estableciendo un contraste): **los** ~**s no están listos** (hablando — de personas) the others aren't ready; (— de cosas) the others *o* the other ones aren't ready **4** (siguiente, contiguo): **la semana que viene no, la otra** not next week, the week after; **uno detrás del** ~ one after the other

ovación *f* (fml) ovation

ovalado -da *adj* oval

óvalo *m* oval

ovario *m* ovary

oveja *f* (nombre genérico) sheep; (hembra) ewe; **un rebaño de** ~**s** a flock of sheep; **la** ~ **negra** the black sheep; **la** ~ **descarriada** (Bib) the lost sheep

overol *m* (AmL) (pantalón con peto) overalls (*pl*) (AmE), dungarees (*pl*) (BrE); (con mangas) coveralls (*pl*) (AmE), overalls (*pl*) (BrE)

ovillo *m* ball (*of yarn*); ***hacerse un*** ~ to curl up (in a ball)

ovni, OVNI /'oβni/ *m* (= **objeto volador** *or* **volante no identificado**) UFO

ovulación *f* ovulation

ovular [A1] *vi* to ovulate

óvulo *m* (Biol) ovule; (Farm) pessary

oxidado -da *adj* rusty

oxidarse [A1] *v pron* «*hierro*» to rust, go rusty, oxidize (tech); «*cobre*» to oxidize, form a patina

óxido *m* (herrumbre) rust; (Quím) oxide

oxígeno *m* oxygen

oye, *etc* ▶ **oír**

oyente *mf* **(a)** (Educ) occasional student, auditor (AmE) **(b)** (Rad) listener

oyera, oyese, *etc* ▶ **oír**

ozono *m* ozone; **la capa de** ~ the ozone layer

Pp

P, p *f* (*read as* /pe/) the letter P, p

pabellón *m* **1** **(a)** (en hospital, cuartel) block, building; (en feria, exposición) pavilion; (de palacio) pavilion; (en jardín) summerhouse **(b)** (de instrumento de viento) bell **2** (fml) (bandera) flag

PAC *f* (= **Política Agrícola Comunitaria**) CAP

paceño -ña *adj* of/from La Paz
■ *m,f* person from La Paz

pacer [E3] *vi* to graze

pacha *f* (AmC) baby's bottle

pachanga *f* (esp AmL fam) ▶ **jarana**

pachanguero -ra *adj* (esp AmL fam) ▶ **jaranero**

pachón -chona *adj* (Méx) ‹*suéter*› chunky; ‹*perro*› wooly*

pachucho -cha *adj* [ESTAR] (Esp fam) ‹*persona*› poorly (infml); ‹*fruta*› overripe

pachuco -ca *m,f* (Méx) *young Mexican influenced by US culture*

paciencia *f* patience; **perder la** ~ to lose patience; **ten** ~ be patient, have a little patience

paciente *adj* (tolerante) patient
■ *mf* patient

pacificador -dora *adj* peace (*before n*)
■ *m,f* peacemaker

pacificar [A2] *vt* (Mil) to pacify (fml); (calmar) to pacify, appease; **~ los ánimos** to calm people down

✓ **pacífico -ca** *adj* **(a)** ‹*manifestación/medios*› peaceful, pacific (fml) **(b)** ‹*carácter/persona*› peace-loving, peaceable; ‹*animal*› peaceful

Pacífico *m*: **el (océano) ~** the Pacific (Ocean)

pacifista *adj/mf* pacifist

paco -ca *m,f* (Andes fam) cop (infml)

pacotilla *f* trash; **de ~** ‹*escritor/novela*› second-rate; ‹*reloj*› cheap, shoddy

pactar [A1] *vt* ‹*paz/tregua*› to negotiate, agree terms for; ‹*plazo/indemnización*› to agree on ■ **~** *vi* to make a pact, negotiate an agreement

pacto *m* pact, agreement; **cumplir/romper un ~** to abide by the terms of/to break an agreement; **P~ de Varsovia** Warsaw Pact

✓ **padecer** [E3] *vt* ‹*enfermedad/hambre*› to suffer from; ‹*desgracias/injusticias/privaciones*› to suffer, undergo ■ **~** *vi* to suffer; **~** DE **algo** to suffer FROM sth; **padece del corazón** he has heart trouble

padrastro *m* **1** (pariente) stepfather **2** (Anat) hangnail

✓ **padre** *m* **1** (pariente) father; **mis ~s** my parents; **~ de familia** father, family man **2** (Relig) (sacerdote) father
■ *adj* **(a)** (fam) (grande) terrible (infml) **(b)** [ESTAR] (Méx fam) ‹*coche/persona*› great (infml), fantastic

padrenuestro *m* Lord's Prayer

padrino *m*

> ■ **Nota** En inglés *godfather* no se usa como apelativo.
> Nótese también que cuando el plural *padrinos* se refiere al padrino y a la madrina se traduce por *godparents*.

(a) (en bautizo) godfather; (de boda) *man who gives away the bride, usually her father* **(b)** (en duelo) second **(c)** (protector) sponsor, patron

padrón *m* **(a)** (Gob, Pol) register; **~ electoral** (AmL) electoral roll *o* register **(b)** (Chi) (Auto) registration documents (*pl*)

paella *f* paella

pág. *f* (= **página**) p.; **760 págs.** 760 pp.

paga *f* **(a)** (acción de pagar) payment **(b)** (sueldo) pay; **~ de Navidad** *extra month's salary paid at Christmas*; **~ extra** or **extraordinaria** *extra month's salary gen paid twice a year*

paganismo *m* paganism

pagano -na *adj/m,f* pagan; (pey) heathen

✓ **pagar** [A3] *vt* **(a)** (abonar) ‹*cuenta/alquiler*› to pay; ‹*deuda*› to pay (off), repay; ‹*comida/entradas/mercancías*› to pay for; **¿cuánto pagas de alquiler?** how much rent do you pay?; **le pagan los estudios** they are paying for his education; **no puedo ~ tanto** I can't afford (to pay) that much; **~ algo** POR **algo** to pay sth FOR sth **(b)** ‹*favor/desvelos*› to repay **(c)** (expiar) ‹*delito/atrevimiento*› to pay for; **~ algo** CON **algo** to pay FOR sth WITH sth; ***¡me las vas a ~!*** you'll pay for this!
■ **~** *vi* (Com, Fin) to pay; **~le a algn** to pay sb

pagaré *m* promissory note, IOU

✓ key word

✓ **página** *f* page; **~s amarillas** yellow pages; **~ web** (Inf) Web page; **~ inicial** or **frontal** (Inf) home page

✓ **pago** *m* **(a)** (Com, Fin) payment; **~ adelantado** or **anticipado** payment in advance; **~ inicial** down payment; **~ al contado/a plazos/en especie** payment in cash/by installments/in kind **(b)** (recompensa) reward; **en ~ a algo** as a reward for sth

pagoda *f* pagoda

pai *m* (AmC, Méx) pie

✓ **país** *m* **(a)** (unidad política) country; **~ de origen** (de persona) home country, native land; (de producto) country of origin; **los P~es Bajos** the Netherlands; **el P~ de Gales** Wales; **el P~ Vasco** the Basque Country **(b)** (ciudadanos) nation **(c)** (en ficción) land

paisaje *m* **(a)** (panorama) landscape, scenery **(b)** (Art) landscape

paisanaje *m* civilians (*pl*); civil population

paisano -na *m,f* **1** **(a)** (compatriota) (*m*) fellow countryman, compatriot; (*f*) fellow countrywoman, compatriot **(b)** (de la misma zona, ciudad): **es un ~ mío** he's from the same area/place as I am **2** (Indum): **vestir de ~** «*soldado*» to wear civilian clothes *o* (infml) civvies; «*policía*» to be in/to wear plain clothes; «*sacerdote*» to be in/to wear secular dress **3** **(a)** (Per) *mountain-dweller of Indian origin* **(b)** (RPl) peasant

paja *f* **1** **(a)** (Agr, Bot) straw; **sombrero de ~** straw hat; **techo de ~** thatched roof **(b)** (para beber) (drinking) straw **2** **(a)** (fam) (en texto, discurso) padding, waffle (BrE infml) **(b)** (Col fam): **hablar** or **echar ~** (decir mentiras) to tell lies; (charlar) to chat, gab (infml) **3** (AmC) (grifo) faucet (AmE), tap (BrE)

pajar *m* (granero) barn; (desván) hayloft

pajarita *f* **(a)** *tb* **~ de papel** origami bird **(b)** (Esp) (Indum) bow tie

pajarito *m* (cría) baby bird; (pájaro) (fam) little bird, birdie (infml)

pájaro *m* **1** (Zool) bird; **~ carpintero** woodpecker; ***más vale ~ en mano que cien*** or ***ciento volando*** a bird in the hand is worth two in the bush **2** (fam) (granuja) nasty piece of work (infml)

pajarraco *m* (fam) **(a)** (Zool) big, ugly bird **(b)** (granuja) rogue

paje *m* **(a)** (Hist) page **(b)** (en boda) page (boy)

pajita, **pajilla** *f* (drinking) straw

pajizo -za *adj* straw-colored*

pajuerano -na *m,f* (RPl fam) country bumpkin, hick (AmE infml)

Pakistán *m* Pakistan

pakistaní *adj/mf* Pakistani

pala *f* **1** (para cavar, de niño) spade; (para mover arena, carbón) shovel; (para recoger la basura) dustpan **2** (Coc) (para servir — pescado) slotted spatula (AmE), fish slice (BrE); (— tarta) cake slice **3** (de remo, hélice) blade; (de frontenis) racket; (de ping-pong) paddle, bat (BrE); (en piragüismo) paddle

✓ **palabra** *f* **1** (vocablo) word; **una ~ de seis letras** a six-letter word; **no son más que ~s** it's all talk; **en pocas ~s, es un cobarde** in a word, he's a coward; ~ **por** ~ word for word; **yo no sabía ni una** ~ **del asunto** I didn't know a thing *o* anything about it; **no entendí (ni) una** ~ I didn't understand a (single) word; **sin decir (una)** ~ without a word; ~ **compuesta** compound word; ***tener la última*** ~ to have the final say **2** (promesa) word; ~ **de honor** word of honor*; **una mujer de** ~ a woman of her word; **cumplió con su** ~ she kept her word; **nunca falta a su** ~ he never breaks *o* goes back on his word **3** **(a)** (habla) speech; **el don de la** ~ the gift of speech; **un acuerdo de** ~ a verbal agreement; **no me dirigió la** ~ she didn't speak to me; ***dejar a algn con la*** ~ ***en la boca*** to cut sb off in mid-sentence **(b)** (fml) (en ceremonia, asamblea): **pedir la** ~ to ask for permission to speak; **tener/tomar la** ~ to have/to take the floor (fml)

palabrería *f*, **palabrerío** *m* talk; **no dice más que** ~**s** he's full of hot air (infml)

palabrota *f* (fam) swearword; **decir** ~**s** to swear

palacio *m* **(a)** (residencia) palace; **el personal de** ~ the Royal Household; **P**~ **Episcopal** Bishop's Palace; **P**~ **Real** Royal Palace **(b)** (edificio público) *large public building*; **P**~ **de Justicia** lawcourts (*pl*)

paladar *m* palate

paladear [A1] *vt* to savor*

palanca *f* **1** (en general) lever; (para forzar, abrir algo) crowbar; **lo levanté haciendo** ~ I lifted it using a lever; ~ **de cambios** gearshift (AmE), gear lever *o* stick (BrE); ~ **de mando** joystick **2** (AmL fam) (influencia) influence; (persona influyente) contact

palangana *f* **(a)** (para fregar) bowl **(b)** (jofaina) washbowl (AmE), washbasin (BrE)

palanquear [A1] *vt* **1** (AmL) ▶ **apalancar** **2** (AmL fam) (usando influencias): **le** ~**on un puesto** they pulled some strings to get him a job (infml)
■ ~ *vi* (AmL fam) to pull strings (infml)

palapa *f* (Méx) palm shelter

palco *m* box

palenque *m* **1** (RPl) (poste) tethering post **2** (Méx) **(a)** (fiesta popular) festival (*with cockfights, music, etc*) **(b)** (para gallos) cockpit

Palestina *f* Palestine

palestino -na *adj/m,f* Palestinian

paleta *f* **1** **(a)** (de pintor) palette; (de cocina) spatula; (de ventilador) blade; (de albañil) trowel **(b)** (Dep) (de ping-pong) paddle, bat (BrE); (Jueg) (AmL) beach tennis **2** (fam) (diente) front tooth **3** (Coc) shoulder; (Anat, Zool) (Andes) shoulder blade **4** **(a)** (Andes, Méx) (helado) Popsicle® (AmE), ice lolly (BrE) **(b)** (Méx) (dulce) lollipop

paletilla *f* **(a)** (Anat, Zool) shoulder blade **(b)** (Coc) shoulder

paleto -ta *m,f* (Esp fam & pey) country bumpkin, hick (AmE infml & derog)

paliacate *m* (Méx) brightly colored* scarf

palidecer [E3] *vi* «*persona*» to turn *o* go pale

palidez *f* paleness

pálido -da *adj* ‹*persona/luz/color*› pale; **estás** ~ you're very pale; **se puso** ~ he went pale

paliducho -cha *adj* (fam) pale, peaky (infml)

palillo *m* **(a)** (mondadientes) *tb* ~ **de dientes** toothpick **(b)** (para comida oriental) chopstick; (de tambor) drumstick; (para tejer) (Chi) knitting needle **(c)** (fam) (persona flaca): **es un** ~ he's as thin as a rake

palio *m* **(a)** (dosel) canopy **(b)** (prenda) pallium

paliza *f* **1** **(a)** (zurra) hiding, beating; **su padre le dio una buena** ~ his father gave him a good hiding; **los matones le pegaron una** ~ the thugs beat him up **(b)** (fam) (derrota) thrashing (infml) **2** (fam) **(a)** (esfuerzo): **fue una** ~ **de viaje** the journey was a real killer; ***darse la*** ~ (fam) (trabajando, estudiando) to work one's butt off (AmE infml), to slog one's guts out (BrE infml) **(b)** (aburrimiento) drag (infml)

palizada *f* (valla) palisade; (terreno) fenced enclosure

pallar *m* (Per) (Bot, Coc) butter bean

palma *f* **1** (de la mano) palm; ***conocer algo como la*** ~ ***de la mano*** to know sth like the back of one's hand **2** **(a)** (Bot) (planta) palm; (hoja) palm leaf; ~ **de coco** (Col) coconut palm **(b)** (gloria, triunfo) distinction **3** **palmas** *fpl* **dar** or **batir** ~**s** (aplaudir) to clap (one's hands), applaud; **tocar las** ~**s** (marcando el ritmo) to clap in time

palmada *f* **(a)** (golpecito amistoso) pat; **le dio una** ~ **en la espalda** he gave him a pat on the back; **me dio unas palmaditas en la mejilla** he patted me on the cheek **(b)** (para llamar la atención) clap; **dio unas** ~**s para pedir silencio** he clapped his hands for silence **(c)** (AmL) (golpe, azote) smack, slap

palmado *adj* **(a)** (AmC fam) (sin dinero) broke (infml) **(b)** (Arg fam) (cansado) worn out (infml)

palmatoria *f* candlestick

palmera *f* **(a)** (Bot) palm tree **(b)** (Coc) palmier

palmito *m* (planta) European fan palm; (tallo) palm heart

palmo *m* span, handspan; **casi un** ~ several inches; ***conocer algo*** ~ ***a*** ~ to know sth like the back of one's hand

palo *m* **1** **(a)** (trozo de madera) stick; (de valla, portería) post; (de herramienta) handle; (de tienda, carpa) tent pole; ~ **de escoba** broomstick, broomhandle; ***de tal*** ~***, tal astilla*** a chip off the old block, like father like son (*o* like mother like daughter *etc*) **(b)** (AmC, Col fam) (árbol) tree **(c)** (Dep) (de golf) (golf) club; (de hockey) hockey stick **(d)** (Náut) mast; ~ **mayor** mainmast **2** (madera) wood; **cuchara de** ~ wooden spoon **3** (fam) (golpe) blow (with a stick); **lo molieron a** ~**s** they beat him till he was black and blue **4** (en naipes) suit

paloma *f* (Zool) pigeon; (blanca) dove; (como símbolo) dove; ~ **de la paz** dove of peace; ~ **mensajera** carrier pigeon; ~ **torcaz** or **torcaza** ringdove, wood pigeon (BrE)

palomar *m* dovecot, pigeon loft

palomilla *f* **1** (mariposa nocturna) moth; (crisálida) chrysalis **2** (tuerca) wing nut, butterfly nut; (soporte) wall bracket **3** (Méx fam) (pandilla, grupo) gang
■ *mf* (Andes fam) (muchacho — callejero) street kid (infml); (— travieso) little monkey (infml), little devil (infml)

palomita *f* **1** (Méx fam) (marca) check (AmE), tick (BrE) **2** **palomitas** *fpl* *tb* ~**s de maíz** popcorn

palomo *m* (ave) cock pigeon
palote *m* **1** (en caligrafía) line, stroke **2** (RPl) (de amasar) rolling pin
palpable *adj* (claro, evidente) palpable (fml), obvious; (al tacto) palpable, tangible
palpar [A1] *vt* (Med) to palpate; (tantear) to touch, feel
■ **palparse** *v pron* ‹*bolsillo*› to feel
palpitación *f* palpitation
palpitar [A1] *vi* **(a)** «*corazón*» to beat **(b)** «*vena/sien*» to throb
pálpito *m* (AmS fam) feeling (infml); **me dio el** or **tuve un ~** I had a feeling *o* a hunch
palta *f* (Bol, CS, Per) (Bot, Coc) avocado (pear)
palto *m* (Bol, CS, Per) avocado tree
paludismo *m* malaria
palurdo -da *m,f* (fam) yokel (derog & hum), hick (AmE infml & derog)
pamela *f* picture hat
pampa *f* pampa, pampas (*pl*); **la ~ argentina** the Argentinian Pampas; **la ~ salitrera** *region of nitrate deposits in northern Chile*
pampeano -na *adj* pampas (*before n*)
pamplinas *fpl* (fam) **(a)** (zalamerías) sweet talk (infml); **no me vengas con ~** don't try to sweet-talk me (infml) **(b)** (tonterías) nonsense
✓ **pan** *m* (Coc) bread; (pieza) loaf; (panecillo) roll; **¿quieres ~?** would you like some bread?; **una rebanada de ~** a slice of bread; **~ blanco/de centeno/integral** white/rye/whole wheat bread; **~ de molde** *bread/loaf baked gen in a rectangular tin*, tin *o* pan loaf (BrE); **~ de Pascua** (Chi) panettone; **~ dulce** (con pasas) (RPl) panettone; (bollo) (AmC, Méx) bun, pastry; **~ rallado** breadcrumbs (*pl*); **~ tostado** toast; **un ~ tostado** (Chi, Méx) a piece of toast; ***ganarse el ~*** to earn one's daily bread; ***ser ~ comido*** (fam) to be a piece of cake (infml)
pana¹ *f* **1** (tela) corduroy; **panatalones de ~** corduroy trousers **2** (Chi) (avería) breakdown
pana² *mf* (Ven fam) pal (infml), buddy (AmE infml), mate (BrE infml)
panacea *f* panacea
panadería *f* (tienda) bakery, baker's (shop); (fábrica) bakery
panadero -ra *m,f* baker
panal *m* honeycomb
panamá *m* panama hat
Panamá *m* **(a)** (país) Panama; **el Canal de ~** the Panama Canal **(b)** (capital) *tb* **ciudad de ~** Panama (City)
panameño -ña *adj/m,f* Panamanian
Panamericana *f*: **la ~** the Pan-American Highway
pancarta *f* banner, placard
panceta *f* **(a)** (Esp) (sin curar) belly pork **(b)** (RPl) (curada) streaky bacon
pancho¹ -cha *adj* (tranquilo) calm; ***quedarse tan ~***; (fam): **se lo dije y se quedó tan ~** he didn't bat an eyelash *o* (BrE) eyelid when I told him
pancho² *m* (RPl) hot dog
pancito *m* (AmL) (bread) roll
páncreas *m* (*pl* **~**) pancreas

✓ key word

panda *mf* panda
■ *f* (Esp fam) gang
pandemónium *m* pandemonium
pandereta *f* (Mús) tambourine
pandero *m* **1** (Mús) tambourine **2** (Per) (Fin) *cooperative savings scheme*
pandilla *f* (fam) gang
panecillo *m* (Esp) bread roll
panecito *m* (AmL) bread roll
panel *m* **1** **(a)** (de puerta, pared) panel **(b)** (tablero — de anuncios) noticeboard; (— en exposición) exhibition panel; (— en estación) arrivals/departures board **(c)** (Chi) (de auto) dashboard **(d) ~ de instrumentos** instrument panel *o* console **2** (de personas) panel
panela *f* (Col, Ven) *brown sugarloaf*
panera *f* (para servir pan) bread basket; (para guardar pan) bread box (AmE), bread bin (BrE)
pánfilo -la *adj* (fam) dimwitted (infml)
■ *m,f* (fam) dimwit (infml)
panfleto *m* pamphlet
pánico *m* panic; **tenerle ~ a algo** to be terrified of sth; ***sembrar el ~*** to spread panic
panificadora *f* **(a)** (panadería) bakery **(b)** (máquina) bread maker
panocha *f* **1** (de maíz, trigo) ear **2** (Méx) (melaza) *candy made from molasses*
panorama *m* **(a)** (vista, paisaje) view, panorama **(b)** (perspectiva) outlook, prospect
panorámica *f* (Cin, TV) pan; (perspectiva) outlook
panorámico -ca *adj* panoramic
panque *m* (Méx) sponge cake
panqueque *m* (AmL) pancake, crepe
pantaletas *fpl* (AmC, Ven) panties (*pl*), knickers (*pl*) (BrE)
✓ **pantalla** *f* **1** (Cin, Inf, TV) screen; **~ de radar** radar screen; **la ~ chica** (AmL) the small screen **2** **(a)** (de lámpara) shade **(b)** (de chimenea) fireguard **(c)** (cobertura) front
pantalones *mpl*, **pantalón** *m* pants (*pl*) (AmE), trousers (*pl*) (BrE); **unos ~** a pair of pants *o* trousers; **~ cortos** shorts (*pl*); **~ de peto** overalls (*pl*) (AmE), dungarees (*pl*) (BrE); **~ tejanos** or **vaqueros** jeans (*pl*)
pantano *m* **1** (natural) marsh, swamp; (artificial) reservoir **2** (dificultad) mess, predicament
pantanoso -sa *adj* **1** ‹*terreno*› marshy, swampy **2** ‹*asunto/negocio*› difficult, tricky (infml)
panteón *m* **(a)** (monumento) pantheon, mausoleum; **~ familiar** or **de familia** family vault **(b)** (AmL) (cementerio) cemetery
pantera *f* panther
panti *m* (*pl* **-tis**), (Méx) **pantimedia** *f* ▸ **panty**
pantomima *f* pantomime
pantorrilla *f* calf
pants *mpl* (Méx) tracksuit, sweat suit (AmE)
pantufla *f* slipper
panty *m* (*pl* **-tys**) panty hose (*pl*) (AmE), tights (*pl*) (BrE)
panza *f* **(a)** (fam) (barriga) belly, paunch (infml); **tener ~** to have a belly *o* paunch **(b)** (de cántaro) belly **(c)** (de rumiante) rumen

panzada *f* (fam) **1** (en el agua) belly flop (infml); **se dio una ~** he did a belly flop **2** (comilona): **darse una ~ de algo** to pig out on sth (infml)
panzón -zona *adj* (fam) potbellied (infml)
pañal *m* diaper (AmE), nappy (BrE)
pañito *m* doily
paño *m* **(a)** (Tex) woolen* cloth; **abrigo de ~** wool coat; ***en ~s menores*** (fam & hum) in my/his undies (infml & hum) **(b)** (para limpiar) cloth; **~ de cocina** (para limpiar) dishcloth; (para secar) teatowel; **~ higiénico** sanitary napkin (AmE), sanitary towel (BrE) **(c)** (de adorno) antimacassar
pañolenci *m* (CS) baize, felt
pañoleta *f* (de mujer) shawl; (de torero) neckerchief
pañuelo *m* (para la nariz) handkerchief; (para la cabeza) headscarf, scarf; (para el cuello) scarf, neckerchief
papa¹ *m* pope; **el P~** the Pope
papa² *f* (esp AmL) (Bot) potato; **~ caliente** hot potato; **~ dulce** (AmL) sweet potato; **~s fritas** (esp AmL) (de paquete) potato chips (AmE) *o* (BrE) crisps (*pl*); (de cocina) French fries (*pl*) (AmE), chips (*pl*) (BrE); ***ni ~*** (fam) not a thing; **no sé ni ~ de coches** I haven't a clue about cars (infml)
papá *m* (*pl* **-pás**) (fam) daddy (infml), pop (AmE infml); **mis ~s** (AmL) my parents, my mom and dad (AmE), my mum and dad (BrE infml); **P~ Noel** Santa Claus, Father Christmas
papada *f* (de persona) double chin, jowl
papagayo *m* **1** (ave) parrot; ***recitar algo como un ~*** to recite sth parrot-fashion **2** (Ven) (juguete) kite
papalote *m* (AmC, Méx) (juguete) kite; (ala delta) hang glider
Papanicolau *m* (AmL) smear test
papaya *f* papaya, pawpaw
papel *m* **1** (material) paper; **un ~** a piece of paper; **toalla de ~** paper towel; **~ carbón** carbon paper; **~ cuadriculado/rayado** squared/lined paper; **~ de aluminio** tinfoil, aluminum* foil; **~ de embalar/de envolver/de regalo** wrapping paper; **~ higiénico** or **de water** toilet paper; **~ picado** (RPl) confetti **2** (documento) document, paper; **no tenía los ~es en regla** her papers were not in order **3** **(a)** (Cin, Teatr) role, part; **hace el ~ de monja** she plays the part of a nun **(b)** (actuación) performance; **hizo un lamentable ~ en el congreso** his performance at the conference was abysmal **(c)** (función) role; **juega un ~ importante en ...** it plays an important role in ...
papeleo *m* (fam) red tape, paperwork
papelera *f* **(a)** (de oficina) wastepaper basket; (en la calle) litter basket (AmE), litter bin (BrE) **(b)** (fábrica) paper mill
papelería *f* (tienda) stationery store (AmE), stationer's (BrE); **artículos de ~** stationery
papelero -ra *adj* paper (*before n*)
■ *m,f* **1** (fabricante) paper manufacturer; (vendedor) stationer **2** **papelero** *m* (CS) ▶ **papelera a**
papeleta *f* **(a)** (de votación) ballot (paper); **~ en blanco** blank ballot (paper) **(b)** (de rifa) raffle ticket **(c)** (de calificación) grade slip **(d)** (de empeño) pawn ticket
papelillo *m* cigarette paper
papelitos *mpl* (Ur) confetti
papelón *m* (fam) (cosa vergonzosa): **hacer un ~** to make a fool of oneself; **¡qué ~!** how embarrassing!
paperas *fpl* mumps
papi *m* (fam) ▶ **papá**
papilla *f* (para bebés) baby food, formula (AmE); (para enfermos) puree, pap; ***estar hecho ~*** to be absolutely shattered (‹*persona*›) (infml)
papiro *m* papyrus
paprika *f* paprika
paquete¹ -ta *adj* (RPl fam) smart, chic
paquete² *m* **1** **(a)** (bulto envuelto) package, parcel; **hacer un ~** to wrap up a parcel; **~ bomba** parcel bomb; **~ postal** parcel (*sent by mail*) **(b)** (de galletas, cigarrillos) pack (AmE), packet (BrE); **un ~ de papas fritas** (AmL) a bag of chips (AmE), a packet of crisps (BrE) **2** (conjunto) package; (Inf) package **3** (Méx fam) (problema) headache (infml)
Paquistán *m* Pakistan
paquistaní *adj/mf* Pakistani
par *adj* ‹*número*› even; **jugarse algo a ~es o nones** *to decide sth by guessing whether the number of objects held is odd or even*
■ *m* **1** **(a)** (de guantes, zapatos) pair; **un ~ de preguntas/de veces** a couple of questions/of times; ***a ~es*** two at a time **(b)** (comparación) equal; **sin ~** (liter) incomparable, matchless (liter) **2** (Arquit) rafter; ***(abierto) de ~ en ~*** wide open **3** (en golf) par; **sobre/bajo ~** over/under par
■ *f* par; **a la ~** (Fin) at par (value); **sabroso a la ~ que sano** both tasty and healthy; **baila a la ~ que canta** he dances and sings at the same time
para *prep* I **1** (destino, finalidad, intención) for; **una carta para él** a letter for him; **¿~ qué sirve esto?** what's this (used) for?; **champú ~ bebés** baby shampoo; **~ eso no voy** I might as well not go; **~ + INF**: **ahorra ~ comprarse un coche** he's saving up to buy a car; **tomé un taxi ~ no llegar tarde** I took a taxi so I wouldn't be late; **está listo ~ pintar** it's ready to be painted *o* for painting; **~ aprobar** (in order) to pass; **entró en puntillas para no despertarla** he went in on tiptoe so as not to wake her; **lo dice ~ que yo me preocupe** he (only) says it to worry me; **cierra ~ que no nos oigan** close the door so (that) they don't hear us **2** **(a)** (suficiencia) for; **no hay ~ todos** there isn't enough for everybody; **no es ~ tanto** it's not that bad; **soy lo bastante viejo (como) ~ recordarlo** I'm old enough to remember it **(b)** (en comparaciones, contrastes): **hace demasiado frío ~ salir** it's too cold to go out; **son altos ~ su edad** they're tall for their age; **~ lo que come, no está gordo** considering how much he eats, he's not fat; **¿quién es él ~ hablarte así?** who does he think he is, speaking to you like that ?; **es mucho ~ que lo haga sola** it's too much for you to do it on your own
II **1** (dirección): **salieron ~ el aeropuerto** they left for the airport; **empuja ~ arriba** push up *o* upward(s); **¿vas ~ el centro?** are you going to *o* toward(s) the center? **2** (tiempo) **(a)** (señalando una fecha, un plazo): **estará listo ~ el día 15** it'll be ready by *o* for the 15th; **deberes**

p

~ el lunes homework for Monday; **faltan cinco minutos ~ que termine** there are five minutes to go before the end; **me lo prometió ~ después de Pascua** he promised me it for after Easter; **¿cuánto te falta ~ terminar?** how much have you got left to do?; **~ entonces estaré en Madrid** I'll be in Madrid (by) then; **tengo hora ~ mañana** I have an appointment (for) tomorrow **(b)** (AmL exc RPl) (al decir la hora) to; **son cinco ~ las diez** it's five to ten **(c)** (duración): **~ siempre** forever; **tengo ~ rato** (fam) I'm going to be a while (yet)

parábola *f* **(a)** (Relig) parable **(b)** (Mat) parabola

parabrisas *m* (*pl* ~) windshield (AmE), windscreen (BrE)

paracaídas *m* (*pl* ~) (Aviac) parachute; **tirarse** or **lanzarse en ~** to parachute

paracaidismo *m* parachuting

paracaidista *adj* parachute (*before n*)
■ *mf* **(a)** (Mil) paratrooper; (Dep) parachutist **(b)** (AmL fam) (en fiesta) gatecrasher; **llegar de ~** to come/go uninvited (*to a party*)

parachoques *m* (*pl* ~) (Auto) bumper

parada *f* **1** (Transp) **(a)** (acción) stop **(b)** (lugar) *tb* **~ de autobús (or de ómnibus** *etc***)** bus stop; **me bajo en la próxima ~** I'm getting off at the next stop; **~ de taxi** taxi stand, taxi rank (BrE) **2** (Dep) (en fútbol) save, stop **3** (desfile) parade **4** (Per) (mercado) street market

paradero *m* **(a)** (fml) (de persona) whereabouts (*pl*) **(b)** (AmL exc RPl) ▶ **parada 1 b**

parado -da *adj* **1** (detenido): **un coche ~ en medio de la calle** a car sitting *o* stopped in the middle of the street; **no te quedes ahí ~, ven a ayudarme** don't just stand there, come and help me **2** (AmL) **(a)** (de pie): **estar ~** to stand, be standing **(b)** (erguido): **tengo el pelo todo ~** my hair's standing on end; *ver tb* **parar** *vt* **2 b** **3** (Esp) (desempleado) unemployed **4** **salir (de algo) bien/mal parado** (de pelea, discusión) to come off well/badly (in sth); **es el que mejor ~ ha salido** he's the one who's come off best
■ *m,f* (Esp) unemployed person; **los ~s** the unemployed

paradoja *f* paradox

paradójico -ca *adj* paradoxical

parador *m* **(a)** (mesón) roadside bar/hotel **(b)** (en Esp) parador, state-owned hotel

parafina *f* **(a)** (sólida) paraffin (wax); **~ líquida** mineral oil (AmE), liquid paraffin (BrE) **(b)** (AmL) (combustible) kerosene

paragolpes *m* (*pl* ~) (RPl) bumper

paraguas *m* (*pl* ~) umbrella

Paraguay *m tb* **el ~** Paraguay

paraguayo -ya *adj/m,f* Paraguayan

paragüero *m* umbrella stand

paraíso *m* (Relig): **el ~** paradise, heaven; **~ fiscal** tax haven

paraje *m* spot, place

paralela *f* **1** (línea) parallel (line) **2** **paralelas** *fpl* (Dep) parallel bars (*pl*)

paralelismo *m* parallelism, parallel

⚷ key word

paralelo[1] **-la** *adj* **(a)** ‹*líneas/planos*› parallel; **~ A algo** parallel TO sth **(b)** (*como adv*) ‹*marchar/crecer*› parallel

paralelo[2] *m* parallel

paralelogramo *m* parallelogram

paralímpico -ca *adj* Paralympic; **los Juegos P~** the Paralympic Games

parálisis *f* paralysis; **~ cerebral** cerebral palsy; **~ infantil** poliomyelitis, infantile paralysis

paralítico -ca *adj*: **quedarse ~** to be paralyzed

paralizar [A4] *vt* **(a)** (Med) to paralyze; **se quedó paralizada de un lado** she was paralyzed down one side **(b)** ‹*industria/economía*› to paralyze; ‹*circulación/producción*› to bring ... to a halt *o* standstill

parámetro *m* parameter

paramilitar *adj* paramilitary

páramo *m* high plateau, bleak upland *o* moor

paramuno -na *m,f* (Col) *person from the high plateau*

paraninfo *m* main hall *o* auditorium

paranoia *f* paranoia

paranoico -ca *adj/m,f* paranoid

paranormal *adj* paranormal

parapente *m* paragliding

parapetarse [A1] *v pron* to take cover

parapeto *m* (Arquit) parapet; (barricada) barricade

paraplejía, **paraplejia** *f* paraplegia

parapléjico -ca *adj/m,f* paraplegic

parapsicología *f* parapsychology

⚷ **parar** [A1] *vi* **1** (detenerse) to stop; **paró en seco** she stopped dead; ***ir/venir a* ~** to end up; **fue a ~ a la cárcel** he ended up in prison; **¿a dónde habrá ido a ~ aquella foto?** what can have happened to that photo?; **¡a dónde iremos a ~!** I don't know what the world's coming to **2** (cesar) to stop; **para un momento** hang on a minute; **ha estado lloviendo sin ~** it hasn't stopped raining; **no para quieto ni un momento** he can't keep still for a minute; **no para en casa** she's never at home; **~ DE + INF** to stop -ING; **paró de llover** it stopped raining **3** (AmL) «*obreros/empleados*» to go on strike
■ **~** *vt* **1** **(a)** ‹*coche/tráfico/persona*› to stop; ‹*motor/máquina*› to stop, switch off **(b)** ‹*hemorragia*› to stanch (AmE), to staunch (BrE) **(c)** ‹*balón/tiro*› to save, stop; ‹*golpe*› to block, ward off **2** (AmL) **(a)** (poner de pie) to stand **(b)** (poner vertical) ‹*vaso/libro*› to stand ... up; **el perro paró las orejas** the dog pricked up its ears
■ **pararse** *v pron* **1** (detenerse) **(a)** «*persona*» to stop **(b)** «*reloj/máquina*» to stop; «*coche/motor*» to stall; **se me paró el reloj** my watch stopped **2** **(a)** (AmL) (ponerse de pie) to stand up; **párate derecho** stand up straight; **se paró en una silla** she stood on a chair; **¿te puedes ~ de cabeza/de manos?** can you do headstands/handstands? **(b)** (AmL) «*pelo*» (hacia arriba) to stick up; (en los lados) to stick out **(c)** (Méx, Ven) (levantarse de la cama) to get up

pararrayos *m* (*pl* ~) (en edificio) lightning rod (AmE), lightning conductor (BrE)

parasailing /ˈparaseɪlɪŋ/ *m* parasailing

parásito *m* parasite

parasol *m* (sombrilla) parasol, sunshade

parcela *f* plot (of land), lot (AmE)

parchar [A1] *vt* (AmL) (arreglar) to repair; (con parche) to patch (up)

parche *m* patch; ~ **de nicotina** nicotine patch

parchís *m* (Esp, Méx) Parcheesi® (AmE), ludo (BrE)

parcial *adj* **1** ‹*solución/victoria*› partial **2** (no equitativo) biased, partial
■ *m* (examen) assessment examination (*taken during the year and counting towards the final grade*)

parcialidad *f* **(a)** (cualidad) partiality, bias **(b)** (seguidores) supporters (*pl*)

parco -ca *adj* **(a)** (lacónico) laconic **(b)** (sobrio, moderado) frugal; **ser ~ en palabras** to be sparing with words

pardo -da *adj* ‹*color*› dun, brownish-gray*

parecer¹ [E3] *vi* **1** (aparentar ser): **parece fácil** it looks easy; **no pareces tú en esta foto** this picture doesn't look like you (at all); **parecía de cuero** it looked like leather; **parece ser muy inteligente** she seems to be very clever **2** (expresando opinión) (+ *me/te/le etc*) **todo le parece mal** he's never happy with anything; **¿qué te parecieron?** what did you think of them?; **vamos a la playa ¿te parece?** what do you think, shall we go to the beach?; **si te parece bien** if that's alright with you; **me parece que sí** I think so; **¿a ti qué te parece?** what do you think?; **me parece importante** I think it's important; **me pareció que no era necesario** I didn't think it necessary; **hazlo como mejor te parezca** do it however *o* as you think best; **me parece mal que vaya sola** I don't think it's right that she should go on her own **3** (dar la impresión) (*en 3ª pers*): **así parece** or **parece que sí** it looks like it; **aunque no lo parezca, está limpio** it might not look like it, but it's clean; **parece que va a llover** it looks like (it's going to) rain; **parece que fue ayer** it seems like only yesterday; **parece mentira que tenga 20 años** it's hard to believe *o* I can't believe that he's 20; **parece que fuera más joven** you'd think she was much younger
■ **parecerse** *v pron* **(a)** (asemejarse) **~se** A **algn/algo** (en lo físico) to look *o* to be like sb/sth; (en el carácter) to be like sb/sth **(b)** (*recípr*) to be alike; **no se parecen en nada** they're not/they don't look in the least bit alike; **se parecen mucho** they are very similar

parecer² *m* (opinión) opinion; **a mi ~** in my opinion; **son del mismo ~** they're of the same opinion

parecido¹ -da *adj* [SER] ‹*personas*› alike; ‹*cosas*› similar; **son muy parecidas de cara** they have very similar features; **una especie de capa o algo ~** a cape or something like that; **~** A **algo** similar TO sth; **eres muy ~ a tu padre** you're a lot like your father

parecido² *m* resemblance, similarity; **tiene cierto ~ con su hermano** he bears some *o* a certain resemblance to his brother; **hay un ~ en sus estilos** there is a resemblance *o* similarity in their styles

pared *f* **1** **(a)** (Arquit, Const) wall; **viven ~ por medio** they live next door; ***las ~es oyen*** walls have ears **(b)** (de recipiente) side **(c)** (de montaña) face **2** (en fútbol) one-two

paredón *m* **(a)** (de roca) rock face, wall of rock **(b)** (pared gruesa) thick wall **(c)** (de fusilamiento) wall

pareja *f* **1** **(a)** (equipo, conjunto) pair; **salieron por ~s** they came out in pairs; **formar ~s** to get into pairs **(b)** (en una relación) couple; **hacen buena ~** they make a good couple; **~ de hecho** (heterosexual) co-habiting couple; (homosexual) co-habiting same-sex couple **(c)** (en naipes) pair **2** **(a)** (compañero) partner **(b)** (de guante, zapato) pair; **no encuentro la ~ de este guante** I can't find the pair for this glove; **un calcetín sin ~** an odd sock

parejo -ja *adj* **1** **(a)** (esp AmL) (sin desniveles) even; **los dos ciclistas van muy ~s** the two cyclists are neck and neck; **el nivel en la clase es muy ~** the class are all at the same level **(b)** (afín, semejante) similar **(c)** (CS, Méx) (equitativo) ‹*trato*› equal; ‹*ley*› fair, impartial **2** (Méx fam) **al ~** (a la par): **trabajan al ~** they all do the same amount of work; **al ~ de los mejores del mundo** on a par with the world's best

parentela *f* (fam) clan (infml), tribe (infml)

parentesco *m* relationship; **tener ~ con algn** to be related to sb

paréntesis *m* (*pl* ~) **(a)** (signo) parenthesis, bracket (BrE); **cerrar el ~** close parentheses *o* brackets; ***entre ~*** (literal) in parentheses, in brackets; (a propósito) by the way **(b)** (digresión) digression, parenthesis

parezca, parezcas, *etc* ▶ **parecer¹**

paria *mf* pariah

pariente *mf*, **pariente -ta** *m,f* (familiar) relative, relation; **~ lejano** distant relative *o* relation; **~ político** in-law

parir [I1] *vi* «*mujer*» to give birth; «*vaca*» to calve; «*yegua/burra*» to foal; «*oveja*» to lamb
■ **~** *vt* **(a)** «*mujer*» to give birth to, have **(b)** «*mamíferos*» to have, bear (fml)

París *m* Paris

parisiense *adj/mf* Parisian

parisino -na *adj/m,f* Parisian

parking /'parkin/ *m* (esp Esp) parking lot (AmE), car park (BrE)

parlamentar [A1] *vi* **~** (CON **algn**) to talk (TO sb)

parlamentario -ria *m,f* member of parliament, parliamentarian

parlamento *m* (asamblea) parliament; (Lit, Teatr) speech

parlanchín -china *adj* (fam) chatty (infml)
■ *m,f* (fam) chatterbox (infml)

parlante *m* (AmL) (en lugar público) loudspeaker; (de equipo de música) speaker

paro *m* **1** (esp AmL) (huelga) strike; **hacer un ~ de 24 horas** to go on a 24-hour strike; **están en** or **de ~** (AmL) they're on strike; **~ cívico** (Col) community protest; **~ general** (esp AmL) general strike **2** (Esp) **(a)** (desempleo) unemployment; **está en ~** he's unemployed **(b)** (subsidio) unemployment benefit; **cobrar el ~** to claim unemployment benefit **3** **~ cardíaco** or **cardiaco** cardiac arrest

parodia *f* parody, send-up (infml)

parpadear [A1] *vi* **(a)** «*persona/ojo*» to blink **(b)** «*luz*» to flicker; «*estrellas*» to twinkle

p

párpado *m* eyelid

⚷ **parque** *m* **1** (terreno) park; ~ **de atracciones** or (Col, RPl) **de diversiones** or (Chi) **de entretenciones** amusement park, funfair; ~ **de bomberos** (Esp) fire station; ~ **natural** nature reserve; ~ **zoológico** zoo **2** (para niños) playpen

parqué *m* (suelo) parquet (flooring)

parqueadero *m* (Col) parking lot (AmE), car park (BrE)

parquear [A1] *vt* (Col) to park

■ **parquearse** *v pron* (Col) to park

parquet *m* (*pl* **-quets**) ▶ **parqué**

parquímetro *m* parking meter

parra *f* vine

párrafo *m* paragraph; ~ **aparte** new paragraph

parral *m* (en un jardín) vine arbor*; (viñedo) vineyard

parranda *f* (fam): **estar/irse de** ~ to be/go out on the town *o* out partying (infml)

parrilla *f* **1** **(a)** (Coc) grill, broiler (AmE); **pescado a la** ~ grilled *o* (AmE) broiled fish **(b)** (restaurante) grillroom, grill bar **(c)** (de la chimenea) grate **2** (AmL) (para el equipaje) luggage rack, roof rack

parrillada *f* **(a)** (comida) grill, barbecue **(b)** (RPl) (restaurante) grillroom, grill bar

párroco *m* parish priest

parroquia *f* (iglesia) parish church; (área) parish; (feligreses) parishioners (*pl*)

parroquiano -na *m,f* **(a)** (Relig) parishioner **(b)** (cliente) regular customer *o* (fml) patron

parsimonia *f* **(a)** (calma) calm **(b)** (frugalidad) parsimony

parsimonioso -sa *adj* **(a)** (tranquilo) phlegmatic, unhurried **(b)** (frugal) parsimonious

⚷ **parte** *m* **1** (informe, comunicación) report; **dar** ~ **de un incidente** «*particular*» to report an incident; «*autoridad*» to file a report about an incident; **dar** ~ **de enfermo** to call in sick; ~ **meteorológico** weather report **2** (Andes) (multa) ticket (infml), fine

■ *f* **1** **(a)** (porción, fracción) part; **tres** ~**s iguales** three equal parts; **pasa la mayor** ~ **del tiempo al teléfono** she spends most of her *o* the time on the phone; **la mayor** ~ **de los participantes** the majority of *o* most of the participants **(b)** (en una distribución) share; **su** ~ **de la herencia** his share of the inheritance **(c)** (de lugar) part; **¿de qué** ~ **de México eres?** what part of Mexico are you from?; **en la** ~ **de atrás** at the back **2** (*en locs*) **en parte** partly; **en gran** ~ to a large extent, largely; **en su mayor** ~ for the most part; **de un tiempo a esta parte** for some time now; **de parte de algn** on behalf of sb; **llamo de** ~ **de María** I'm ringing on behalf of María; **dale recuerdos de mi** ~ give him my regards; **vengo de** ~ **del señor Díaz** Mr Díaz sent me; **¿de** ~ **de quién?** (por teléfono) who's calling?, who shall I say is calling? (fml); **formar parte de algo** «*pieza/sección*» to be part of sth; «*persona/país*» to belong to sth; **entrar a formar** ~ **de algo** to join sth; **por mi/tu/su parte** as far as I'm/you're/he's concerned; **por partes: revisémoslo por** ~**s** let's go over it section by section; **vayamos por** ~**s** let's take it step by step; **por otra parte** (además) anyway, in any case; (por otro lado) however, on the other hand; **por una parte ..., por la otra ...** on the one hand ..., on the other ... **3** (participación) part; **tomar** ~ to take part **4** (lugar): **vámonos a otra** ~ let's go somewhere else *o* (AmE) someplace else; **esto no nos lleva a ninguna** ~ this isn't getting *o* leading us anywhere; **¿adónde vas? — a ninguna** ~ where are you going? — nowhere; **en cualquier** ~ anywhere; **a/en/por todas** ~**s** everywhere; **en alguna** ~ somewhere **5** (en negociación, contrato, juicio) party **6** (Teatr) part, role **7** (Méx) (repuesto) part, spare (part)

⚷ **participación** *f* **1** (intervención) participation; **la** ~ **del público** audience participation; ~ EN **algo** (en debate/clase/huelga) participation IN sth; (en robo/fraude) involvement IN sth; (en obra/película) role IN sth **2** **(a)** (en ganancias) share **(b)** (en empresa) stockholding, interest **(c)** (de lotería) share (*in a lottery ticket*)

⚷ **participante** *adj* participating (*before n*)

■ *mf* (en debate) participant; (en concurso) contestant; (en carrera) competitor

⚷ **participar** [A1] *vi* **(a)** (tomar parte) ~ (EN **algo**) to take part (IN sth), participate (IN sth) (fml) **(b)** ~ EN **algo** (en ganancias) to have a share IN sth; (en empresas) to have a stockholding IN sth

participio *m* participle; ~ **pasado** or **pasivo** past participle

partícula *f* particle

⚷ **particular** *adj* **(a)** (privado) ‹*clases/profesor*› private; ‹*teléfono*› home (*before n*) **(b)** (específico) ‹*caso/aspecto*› particular; **en** ~ in particular, particularly **(c)** (especial) ‹*estilo/gusto*› individual, personal; **es un tipo muy** ~ (fam) he's a very peculiar guy; **no tiene nada de** ~ **que vaya** there's nothing unusual *o* strange in her going; **la casa no tiene nada de** ~ there's nothing special about the house

■ *m* **(a)** (fml) (asunto) matter, point; **sin otro** ~ **saluda a usted atentamente** sincerely yours (AmE), yours faithfully (BrE) **(b)** (persona) (private) individual; **viajar como** ~ to travel on private *o* personal business

particularmente *adv* **(a)** (especialmente) particularly, especially **(b)** (*indep*) (personalmente) personally

⚷ **partida** *f* **1** (Jueg) game; **una** ~ **de ajedrez/cartas** a game of chess/cards; **echar una** ~ to have a game **2** (en registro, contabilidad) entry; (en presupuesto) item **3** (certificado) certificate; ~ **de defunción/nacimiento** death/birth certificate **4** (fml) (salida) departure, leaving

partidario -ria *adj* (a favor) ~ DE **algo/hacer algo** in favor* OF sth/doing sth

■ *m,f* supporter; **los** ~**s de Gaztelu** Gaztelu's supporters; **los** ~**s de la violencia** those who favor *o* advocate the use of violence

partido[1] **-da** *adj* **1** ‹*labios*› chapped; ‹*barbilla*› cleft **2** (Mat): **siete** ~ **por diez** seven over ten; **nueve** ~ **por tres da ...** nine divided by three gives ...

⚷ **partido**[2] *m* **1** **(a)** (de fútbol) game, match (BrE); (de tenis) match; **echar un** ~ to have a game; **un** ~ **de béisbol** a baseball game; ~ **amistoso** friendly game *o* match; ~ **de desempate** deciding game, decider; ~ **en casa/fuera de casa**

⚷ key word

home/away match **(b)** (AmL) (partida) game; **un ~ de ajedrez** a game of chess **2** (Pol) party; **~ de la oposición** opposition party; ***tomar*** **~** to take sides **3** (provecho): **sacar ~ de algo** to benefit from sth; **sacarle ~ a algo** to make the most of sth **4** (para casarse): **un buen ~** a good catch

partir [I1] *vt* **(a)** (con cuchillo) ‹*tarta/melón*› to cut; **lo partió por la mitad** he cut it in half **(b)** (romper) ‹*piedra/coco*› to break, smash; ‹*nuez/avellana*› to crack; ‹*rama/palo*› to break **(c)** (con golpe) ‹*labio*› to split (open); ‹*cabeza*› to split open **(d)** «*frío*» ‹*labios*› to chap

■ **~** *vi* **1** **(a)** (fml) (marcharse) to leave, depart (fml) **(b)** «*auto*» (Chi) to start **2** **(a)** **~** DE **algo** (de una premisa/un supuesto) to start FROM sth **(b)** **a partir de** from; **a ~ de ahora/ese momento** from now on/that moment on; **a ~ de hoy** (as *o* starting) from today

■ **partirse** *v pron* **(a)** «*mármol/roca*» to split, smash **(b)** (*refl*) ‹*labio*› to split; ‹*diente*› to break, chip

partitura *f* (de obra orquestada) score

parto *m* (Med) labor*; **estar de ~** to be in labor; **fue un ~ difícil** it was a difficult birth; **provocar el ~** to induce labor; **~ sin dolor** pain-free labor*

parvulario *m* kindergarten, nursery school (BrE)

pasa *f* raisin

pasable *adj* (tolerable) passable

pasabordo *m* (Col) boarding pass

pasada *f* **(a)** (con un trapo) wipe; (de barniz, cera) coat **(b)** (paso): **trató el tema de ~** he dealt with the subject in passing; ***hacerle*** or ***jugarle una mala ~ a algn*** to play a dirty trick on sb

pasadizo *m* passageway, passage

pasado[1] -da *adj* **1** (en expresiones de tiempo): **el año/sábado ~** last year/Saturday; **~s dos días** after two days; **son las cinco pasadas** it's after *o* past five o'clock; **~ mañana** the day after tomorrow **2** (anticuado) *tb* **~ de moda** old-fashioned **3** ‹*fruta*› overripe; ‹*arroz/pastas*› overcooked; ‹*leche*› sour; **el pescado está ~** the fish is bad; **el filete muy ~, por favor** I'd like my steak well done

pasado[2] *m* **(a)** (época pasada) past **(b)** (Ling) past (tense)

pasador *m* **(a)** (de pelo — decorativo) barrette (AmE), hair slide (BrE); (— en forma de horquilla) (Méx) bobby pin (AmE), hair clip (BrE) **(b)** (de corbata) tiepin **(c)** (Per) (cordón) shoelace

pasaje *m* **1** (esp AmL) (Transp) ticket; **un ~ de ida/de ida y vuelta** a one-way/round-trip ticket (AmE), a single/return ticket (BrE) **2** (callejón) passage, narrow street; (galería comercial) arcade, mall **3** (Lit, Mús) passage

pasajero -ra *adj* ‹*capricho/moda*› passing (*before n*); ‹*amor*› fleeting (*before n*); ‹*molestia/dolor*› temporary

■ *m,f* passenger

pasamanos *m* (*pl* ~) banister

pasamontañas *m* (*pl* ~) balaclava

pasapalo *m* (Ven fam) nibble (infml)

pasaporte *m* passport; **sacar el ~** to get a passport

pasapurés *m* (*pl* ~) (con manivela) food mill; (para aplastar) potato masher

pasar [A1] *vi* I **1** **(a)** (ir por un lugar) to come/go past; **no ha pasado ni un taxi** not one taxi has come/gone past; **los otros coches no podían ~** the other cars weren't able to get past; **no dejan ~ a nadie** they're not letting anyone through; **~ de largo** to go right *o* straight past; **~ por la aduana** to go through customs; **es un vuelo directo, no pasa por Miami** it's a direct flight, it doesn't go via Miami; **¿este autobús pasa por el museo?** does this bus go past the museum?; **pasamos por delante de su casa** we went past her house; **pasaba por aquí y ...** I was just passing by *o* I was in the area and ... **(b)** (deteniéndose en un lugar): **¿podríamos ~ por el banco?** can we stop off at the bank?; **pasa un día por casa** why don't you drop *o* come by the house sometime?; **puede ~ a recogerlo mañana** you can come and pick it up tomorrow **(c)** (atravesar) to cross; **~ de un lado a otro** «*persona/barco*» to go *o* cross from one side to the other; «*humedad*» to go through from one side to the other **(d)** (caber): **no ~á por la puerta** it won't go through the door **2** (entrar — acercándose al hablante) to come in; (— alejándose del hablante) to go in; **pase, por favor** please, do come in; **¡que pase el siguiente!** next, please!; **haga ~ al Sr Díaz** show Mr Díaz in please **3** **(a)** (transmitirse, transferirse) «*corona/título*» to pass; **pasó de mano en mano** it was passed around (to everyone) **(b)** (comunicar): **te paso con Javier** (en el mismo teléfono) I'll hand *o* pass you over to Javier; (en otro teléfono) I'll put you through to Javier **4** **(a)** (Educ) to pass; **~ de curso** to get through *o* pass one's end-of-year exams **(b)** (ser aceptable): **no está perfecto, pero puede ~** it's not perfect, but it'll do; **por esta vez, (que) pase** I'll let it pass *o* go this time **5** **pasar por** **(a)** (ser tenido por): **podrían ~ por hermanas** they could pass for sisters; *ver tb* **hacerse II 3** **(b)** (experimentar) to go through; **~ por una crisis** to go through a crisis

II (suceder) to happen; **cuéntame lo que pasó** tell me what happened; **lo que pasa es que...** the thing *o* the problem is ...; **pase lo que pase** whatever happens, come what may; **siempre pasa igual** or **lo mismo** it's always the same; **¿qué pasa?** what's the matter?, what's up? (infml); **¿qué te pasa?** what's the matter with you?; **¿qué te pasó en el ojo?** what happened to your eye?; **¿qué le pasa a la tele?** what's wrong with the TV?; **eso le pasa a cualquiera** that can happen to anybody; **no le pasó nada** nothing happened to him

III **1** (transcurrir) «*tiempo/años*» to pass, go by; **~on muchos años** many years went by *o* passed; **ya han pasado dos horas** it's been two hours now; **un año pasa muy rápido** a year goes very quickly; **¡cómo pasa el tiempo!** doesn't time fly! **2** (cesar) «*crisis/mal momento*» to be over; «*efecto*» to wear off; «*dolor*» to go away **3** (arreglárselas) **~** SIN **algo** to manage WITHOUT sth

■ **~** *vt* I **1** **(a)** (cruzar, atravesar) ‹*frontera*› to cross; ‹*pueblo/ciudad*› to go through **(b)** (dejar atrás) ‹*edificio/calle*› to go past **(c)** (adelantar, sobrepasar) to overtake **2** **(a)** (hacer atravesar) **~ algo** POR **algo** to put sth THROUGH sth; **~ la salsa por un tamiz** to put the sauce through a sieve **(b)** (por la aduana —legalmente) to take

P

through; (— ilegalmente) to smuggle **3** (hacer recorrer): **~ la aspiradora** to vacuum, to hoover (BrE); **pásale un trapo al piso** give the floor a quick wipe; **hay que ~le una plancha** it needs a quick iron **4** (exhibir, mostrar) ‹*película/anuncio*› to show **5** ‹*examen/prueba*› to pass **6** ‹*página/hoja*› to turn; ***~ por alto*** ‹*falta/error*› to overlook; ‹*tema/punto*› to leave out, omit
II **1** (entregar, hacer llegar): **pásaselo a Miguel** pass it on to Miguel; **¿me pasas el martillo?** can you pass me the hammer? **2** (contagiar) to give, to pass on
III **1** **(a)** ‹*tiempo*› to spend; **pasamos las Navidades en casa** we spent Christmas at home; **fuimos a Toledo a ~ el día** we went to Toledo for the day **(b)** (con idea de continuidad): **pasé toda la noche en vela** I was awake all night; **pasa todo el día al teléfono** she spends all day on the phone **(c) pasarlo** or **pasarla bien** to have a good time; **¿qué tal lo pasaste en la fiesta?** did you have a good time at the party?, did you enjoy the party?; **lo pasé mal** I didn't enjoy myself **2** (sufrir, padecer) ‹*penalidades/desgracias*› to go through, to suffer; **pasé mucho miedo/frío** I was very frightened/cold

■ **pasarse** *v pron* I **1** (cambiarse): **~se al enemigo** to go over to the enemy **2** **(a)** (ir demasiado lejos) to go too far; **nos pasamos de estación** we went past our station; **esta vez te has pasado** (fam) you've gone too far this time **(b)** (*enf*) (fam) (ir): **pásate por casa** come round; **¿podrías ~te por el mercado?** could you go down to the market? **3** **(a)** «*peras/tomates*» to go bad, get overripe; «*carne/pescado*» to go off, go bad; «*leche*» to go off, go sour **(b)** (recocerse) «*arroz/pasta*» to get overcooked
II **1** **(a)** (desaparecer) «*efecto*» to wear off; «*dolor*» to go away; (+ *me/te/le etc*) **ya se me pasó el dolor** the pain's gone *o* eased now; **espera a que se le pase el enojo** wait until he's calmed *o* cooled down **(b)** (transcurrir): **el año se ha pasado muy rápido** this year has gone very quickly; *ver tb* **pasar** *vt* **III 1** **2** (+ *me/te/le etc*) **(a)** (olvidarse): **se me pasó su cumpleaños** I forgot his birthday **(b)** (dejar escapar): **se me pasó la oportunidad** I missed the opportunity

pasarela *f* **(a)** (en desfiles de modelos) runway (AmE), catwalk (BrE) **(b)** (Náut) gangway

pasatiempo *m* **(a)** (entretenimiento) hobby, pastime **(b) pasatiempos** *mpl* (en periódico) puzzles (*pl*)

Pascua *f* **(a)** (fiesta de Resurrección) Easter **(b)** (Navidad) Christmas **(c)** (fiesta judía) Passover

pase *m* **1** **(a)** (permiso) pass; **~ de abordar** (Méx) boarding pass; **~ de periodista** press pass **(b)** (para espectáculo) *tb* **~ de favor** complimentary ticket **(c)** (Col) (licencia de conducción) license* **2** **(a)** (Dep) (en fútbol, baloncesto, rugby) pass; (en esgrima) feint **(b)** (Taur) pass **(c)** (en magia) sleight of hand

pasear [A1] *vi* **(a)** (a pie) to go for a walk *o* stroll; **salir a ~** to go out for a walk *o* stroll **(b)** (en bicicleta) to go for a (bike) ride; (en coche) to go for a drive

■ **~** *vt* ‹*perro*› to walk

---

key word

paseo *m* **1** **(a)** (caminata) walk; **dar un ~** to go for a walk *o* (infml) stroll; ***mandar a algn a ~*** (fam) to tell sb to get lost (infml) **(b)** (en bicicleta) ride; (en coche) drive; **fuimos a dar un ~ en coche** we went for a drive **(c)** (AmL) (excursión) trip, outing; **no vivo aquí, estoy de ~** I don't live here, I'm just visiting **2** (en nombres de calles) walk, avenue; **~ marítimo** esplanade, seafront

pasillo *m* (corredor) corridor; (en avión) aisle

pasión *f* passion; **tiene ~ por el fútbol** he has a passion for football

pasional *adj*: **un crimen ~** a crime of passion

pasito *adv* (Col, Ven) ‹*hablar*› quietly, softly; **poner ~ la música** to turn the music down

pasivo¹ -va *adj* passive

pasivo² *m* (en negocio) liabilities (*pl*); (en cuenta) debit side

pasmado -da *adj* (fam) ‹*persona*› **la noticia me dejó pasmada** I was stunned by the news (infml)

pasmar [A1] *vt* (fam) to amaze, stun

paso *m* **1** **(a)** (acción): **el ~ del tren** the passing of the train; **el ~ del tiempo** the passage of time; **el ~ de la dictadura a la democracia** the transition from dictatorship to democracy; ***de*** **~: están de ~** they're just visiting *o* just passing through; **me pilla de ~** it's on my way; **y dicho sea de ~** ... and incidentally ... **(b)** (camino, posibilidad de pasar) way; **abrir/dejar ~ (a algn/algo)** to make way (for sth/sb); **me cerró el ~** she blocked my way; **dejen el ~ libre** leave the way clear; Ⓢ **ceda el paso** yield (*in US*), give way (*in UK*); Ⓢ **prohibido el paso** no entry; **~ de cebra** zebra crossing; **~ de peatones** crosswalk (AmE), pedestrian crossing (BrE); **~ a nivel** grade (AmE) *o* (BrE) level crossing; **~ elevado** or (Méx) **a desnivel** overpass (AmE), flyover (BrE); **~ subterráneo** (para peatones) underpass, subway (BrE); (para vehículos) underpass; ***abrirse ~*** to make one's way; (a codazos) to elbow one's way; ***salir al ~ de algn*** (abordar) to waylay sb; (detener) to stop sb **2** (Geog) (en montaña) pass; ***salir del ~*** to get out of a (tight) spot *o* (AmE) crack (infml) **3** **(a)** (al andar, bailar) step; **dio un ~ para atrás** he took a step backward(s); **oyó ~s** she heard footsteps; **entró con ~ firme** he came in purposefully; **~ a ~** step by step; ***seguirle los ~s a algn*** to tail sb; ***seguir los ~s de algn*** to follow in sb's footsteps **(b)** (distancia corta): **vive a dos ~s de mi casa** he lives a stone's throw (away) from my house; **está a un ~ de aquí** it's just around the corner/down the road from here **(c)** (avance) step forward; **eso ya es un ~ (adelante)** that's a step forward in itself **(d)** (de gestión) step **4** (ritmo, velocidad): **apretó/aminoró el ~** he quickened his pace/he slowed down; **a este ~** ... at this rate ...; ***a ~ de hormiga*** or ***tortuga*** at a snail's pace; ***marcar el ~*** to mark time **5** (en contador) unit

pasodoble *m* paso doble

pasota *mf* (Esp fam): **ese tío es un ~** that guy couldn't give a damn about anything (infml)

pasparse [A1] *v pron* (RPl) «*cara/labios*» to get chapped

pasta *f* **1** (Coc) **(a)** (fideos, macarrones, etc) pasta **(b)** (Esp) (masa de harina) pastry; (galleta) *tb* **~ de té** cookie **(c)** (de tomates, anchoas, etc) paste **2** **(a)** (materia moldeable) paste; ~ **dentífrica** or **de dientes** toothpaste; **un libro en** ~ a book in boards; **libros de** ~ **blanda** (Méx) paperback books **(b)** (Chi) (betún) polish **3** (Esp fam) (dinero) money, dough (sl)

pastar [A1] *vi* to graze

pastel *m* **1** **(a)** (dulce) cake; ~ **de boda/cumpleaños** wedding/birthday cake **(b)** (cubierto de masa) pie; ~ **de papas** (CS) shepherd's pie, cottage pie **2** (Art) pastel; **al** ~ pastel (*before n*)
■ *adj inv* pastel

pastelería *f* (tienda) cake shop, patisserie (BrE); (actividad) (cake) baking

pastelero -ra *m,f* (fabricante) patissier, pastry cook; (vendedor) cake seller

pasteurizado -da, **pasterizado -da** *adj* pasteurized

pastilla *f* **1** **(a)** (Farm, Med) (para tragar) pill, tablet; (para chupar) pastille, lozenge; ~**s para dormir** sleeping tablets *o* pills; ~**s para los nervios** tranquilizers **(b)** (caramelo) candy (AmE), sweet (BrE); ~ **de menta** mint **2** (de jabón) bar; (de chocolate) bar; (de caldo) cube **3** (Electrón) chip, microchip

pasto *m* **(a)** (Agr) pasture **(b)** (AmL) (hierba) grass; (extensión) lawn, grass

pastor -tora *m,f* **1** (Agr) (*m*) shepherd; (*f*) shepherdess; ~ **alemán** German shepherd, Alsatian **2** (Relig) minister

pastoso -sa *adj* **(a)** ‹*sustancia/masa*› doughy **(b)** ‹*boca/lengua*› furry **(c)** ‹*voz/tono*› rich, mellow

pata *f* **1** (Zool) **(a)** (pierna — de animal, ave) leg; **las** ~**s delanteras/traseras** the front/hind legs **(b)** (pie — de perro, gato) paw; (— de ave) foot **2** (de persona) (fam & hum) (pierna) leg; (pie) (AmL) foot; ~ **de palo** wooden leg; ***a*** ~ (fam & hum) on foot; ***estirar la*** ~ (fam) to kick the bucket (infml); ***meter la*** ~ (fam) to put one's foot in it (infml); ~***s (para) arriba*** (fam) upside down; ***saltar a (la)*** ~ ***coja*** to hop; ***tener*** ~ (AmL fam) to have contacts; ▶ **malo** **3** (de mueble) leg
■ *m* (Per fam) **(a)** (tipo) guy (infml), bloke (BrE infml) **(b)** (amigo) buddy (AmE infml), mate (BrE infml)

patada *f* **1** (puntapié) kick; **le dio una** ~ **al balón** he kicked the ball, he gave the ball a kick; **tiró la puerta abajo de una** ~ he kicked the door down; **dio una** ~ **en el suelo** he stamped his foot; **los echaron a** ~**s** they were kicked out **2** (AmL) **(a)** (de arma) kick **(b)** (fam) (producida por la electricidad) shock (infml); **me dio tremenda** ~ I got a real shock

Patagonia *f*: **la** ~ Patagonia

patagónico -ca *adj* Patagonian

patalear [A1] *vi* **(a)** (con enfado) to stamp (one's feet) **(b)** (en el aire, agua) to kick (one's legs in the air/water) **(c)** (fam) (protestar) to kick up a fuss (infml)

pataleta *f* (fam) (de niño pequeño) tantrum; **le dio una** ~ «*niño*» he threw a tantrum; «*adulto*» he had a fit (infml)

patán *adj* (fam) loutish, uncouth; **no seas** ~ don't be such a lout *o* so uncouth
■ *m* **1** (fam) (grosero) lout, yob (BrE infml) **2** (Chi) (holgazán) good-for-nothing

patata *f* (Esp) potato; ~ **frita** (Esp) (de sartén) French fry, chip (BrE); (de bolsita) (potato) chip (AmE), (potato) crisp (BrE)

patatús *m* (fam) fit (infml)

paté, **pâté** *m* pâté; ~ **de hígado** liver pâté

patear [A1] *vt* **(a)** «*persona*» to kick, boot (infml) **(b)** (AmL) «*animal*» to kick
■ ~ *vi* **(a)** (dar patadas en el suelo) to stamp (one's feet) **(b)** (AmL) «*animal*» to kick

patentado -da *adj* ‹*invento*› patented; ‹*marca*› registered

patentar [A1] *vt* **1** ‹*marca*› to register; ‹*invento*› to patent **2** (CS) ‹*coche*› to register

patente *adj* clear, evident; **dejó** ~ **cuál era su objetivo** he made his aim quite clear
■ *f* **1** (de invento) patent **2** (Auto) **(a)** (CS) (impuesto) road tax; (placa) license* plate, numberplate (BrE); **el número de la** ~ the registration number, the license number (AmE) **(b)** (Col) (carnet de conducir) driving license*

paternal *adj* paternal

paternalismo *m* paternalism

paternalista *adj* paternalistic

paternidad *f* **1** (del padre) **(a)** (Der) paternity (fml) **(b)** (circunstancia) fatherhood; **la** ~ **lo ha cambiado** fatherhood *o* being a father has changed him **2** (de los padres) parenthood

paterno -na *adj* **(a)** ‹*abuelo*› paternal (*before n*) **(b)** ‹*autoridad/herencia*› paternal; ‹*cariño*› paternal, fatherly; **su domicilio** ~ her parents' home

patético -ca *adj* pathetic, moving

patetismo *m* pathos (liter); **imágenes de (un) gran** ~ very moving images

patíbulo *m* **(a)** (tablado) scaffold **(b)** (horca) gallows

patilla *f* **1** **(a)** (barba) sideburn, sideboard (BrE) **(b)** (de las gafas) sidepiece, arm **2** (fruta) (Col, Ven) watermelon; (esqueje) (Chi) cutting

patín *m* **(a)** (con ruedas) (roller) skate; (para el hielo) (ice) skate; **le regalé unos patines** I gave him a pair of skates; ~ **en línea** Rollerblade® **(b)** (tabla) skateboard **(c)** (Esp) (bote) pedal boat, pedalo (Brit)

pátina *f* patina

patinador -dora *m,f* (Dep) (sobre ruedas) (roller) skater; (sobre hielo) (ice) skater

patinaje *m* (sobre ruedas) roller skating; (sobre hielo) ice skating; ~ **artístico/de velocidad** figure/speed skating

patinar [A1] *vi* **1** **(a)** (Dep) (con ruedas) to skate, roller-skate; (sobre hielo) to skate, ice-skate **(b)** (resbalar) «*persona*» to slip, slide; «*vehículo*» to skid; «*embrague*» to slip **2** (fam) (equivocarse) to slip up

patinazo *m* **1** (de vehículo) skid; **el coche pegó un** ~ the car skidded **2** (fam) (equivocación) blunder, slip-up (infml)

patineta *f* **(a)** (con manillar) scooter **(b)** (CS, Méx, Ven) (sin manillar) skateboard

patinete *m* scooter

patio *m* **1** (en una casa) courtyard, patio; (de escuela) playground, schoolyard **2** (Esp) (Cin, Teatr) *tb* ~ **de butacas** (Esp) orchestra (AmE), stalls (*pl*) (BrE)

patizambo -ba *adj* (con las piernas arqueadas — hacia adentro) knock-kneed; (— hacia afuera) bowlegged

p

pato[1] **-ta** *m,f* (Zool) duck

pato[2] *m* **1** (Esp fam) (persona) clodhopper (infml) **2** (Andes, Méx) (Med) bedpan

patochada *f* (fam) piece of nonsense; **decir ~s** talk nonsense

patología *f* pathology

patológico -ca *adj* pathological

patón -tona *adj* (AmL fam) ▶ **patudo 1**

patoso -sa *adj* (Esp fam) clumsy
■ *m,f* (Esp fam) clumsy idiot (infml)

patota *f* (AmL fam) mob, gang

patraña *f* tall story

🔑 **patria** *f* homeland, motherland, fatherland; **luchar por la ~** to fight for one's country

patriarca *m* patriarch

🔑 **patrimonio** *m* patrimony; **~ personal** personal assets (*pl*); **el ~ nacional** national wealth; **~ histórico** heritage; **~ artístico/cultural** artistic/cultural heritage

patriota *adj* patriotic
■ *mf* patriot

patriotero -ra *adj* jingoistic, chauvinistic
■ *m,f* jingoist, chauvinist

patriótico -ca *adj* patriotic

patriotismo *m* patriotism

patrocinador -dora *m,f* (de acto, proyecto) sponsor; (Art) patron

patrocinar [A1] *vt* **1** ‹*acto/proyecto*› to sponsor **2** (Chi, Méx) «*abogado*» to represent

🔑 **patrón -trona** *m,f* **1** **(a)** (Rels Labs) employer (fml), boss **(b)** (Esp) (de casa de huéspedes) (*m*) landlord; (*f*) landlady **2** (Relig) patron saint **3** (CS fam) (como apelativo) (*m*) sir; (*f*) madam **4** **patrón** *m* **(a)** (en costura) pattern **(b)** (para mediciones) standard

patrono -na *m,f* **(a)** (esp AmL) (Relig) patron saint **(b)** (Rels Labs) employer

patrulla *f* patrol; **están de ~** they are on patrol; **la ~ costera** the coastguard (patrol)
■ *m or f* (coche) patrol *o* squad car

patrullar [A1] *vi/vt* to patrol

patrullera *f* (lancha) patrol boat

patrullero *m* (barco) patrol boat; (avión) patrol plane; (coche — militar) patrol car; (— policial) (CS, Per) patrol *o* squad car

patudo -da *adj* **1** (AmL fam) (de pies grandes) with big feet; **¡qué niño tan ~!** what big feet he/she has! **2** (Chi fam) (descarado) nervy (AmE infml), cheeky (BrE infml)

paulatino -na *adj* gradual

paulista *adj* of/from São Paulo

pausa *f* **(a)** (interrupción) pause; (Rad, TV) break; **hacer una ~** to pause/have a break **(b)** (Mús) rest

pauta *f* **1** (guía) guideline; **~s de comportamiento** rules *o* norms of behavior **2** (de un papel) lines (*pl*)

pava *f* **1** (para calentar agua) kettle **2** (Col fam) (de cigarrillo) butt; *ver tb* **pavo**

pavada *f* (RPl fam) **(a)** (dicho, acción) silly thing to say/do **(b)** (cosa insignificante) little thing

pavimentar [A1] *vt* (con asfalto) to surface, asphalt; (con cemento, adoquines) to pave

🔑 key word

pavimento *m* (de asfalto) road surface; (de cemento, adoquines) paving

pavo -va *m,f* (Coc, Zool) turkey; **~ real** peacock; ***de ~*** (Chi, Per fam) ‹*viajar/entrar*› without paying
■ *adj* **(a)** (fam) (tonto, bobo) silly, dumb (AmE infml) **(b)** (Chi fam) (ingenuo) naive (infml)

pavonearse [A1] *v pron* (fam) to show off; **~ DE algo** to brag *o* crow ABOUT sth (infml)

pavor *m* terror; **me da ~** it terrifies me; **les tiene ~ a los perros** (fam) she's terrified of dogs

pavoroso -sa *adj* terrifying, horrific

paya (Chi), **payada** (RPl) *f*: *improvised musical dialogue*

payador *m* (CS) singer (*who performs* ▶ **paya**)

payasada *f* **1** (bufonada): **deja de hacer ~s** stop clowning around *o* acting the clown (infml) **2** (fam) **(a)** (ridiculez) ridiculous thing to say **(b)** (tontería) stupid thing to say/do; **son puras ~s** that's utter nonsense **(c)** (Chi) (cosa) thingamajig (infml)

payasear [A1] *vi* (AmL fam) to clown around (infml)

payaso -sa *m,f* **(a)** (Espec) clown; ***hacer(se) el ~*** to clown around (infml) **(b)** (persona — cómica) clown, comedian; (— poco seria) joker (infml & derog)

payo -ya *m,f* (Esp) *word used by gypsies to refer to a non-gypsy*

🔑 **paz** *f* **(a)** (Mil, Pol) peace; **firmar la ~** to sign a peace agreement *o* treaty; **en época de ~** in peacetime; ***hacer las paces*** to make (it) up **(b)** (calma) peace; **no me dejan vivir en ~** they don't give me a moment's peace; **dejar algo/a algn en ~** to leave sth/sb alone; **descanse en ~** (fml) rest in peace (fml)

PC *m or f* personal computer, PC

P.D. (= **post data**) PS

pe *f* *name of the letter* p

peaje *m* (dinero) toll; (lugar) toll barrier; **carretera de ~** toll road

pearse [A1] *v pron* (AmL fam) to fart (sl)

peatón *m* pedestrian

peatonal *adj* pedestrian (*before n*)

pebete -ta *m,f* (RPl fam) kid (infml)

pebre *m*: *sauce made with onion, chili, coriander, parsley and tomato*

peca *f* freckle

pecado *m* **(a)** (Relig) sin; **~ capital** deadly sin; **~ mortal** mortal sin **(b)** (lástima) crime, sin

pecador -dora *m,f* sinner

pecaminoso -sa *adj* sinful

pecar [A2] *vi* (Relig) to sin

pecera *f* (redonda) goldfish bowl; (rectangular) fish tank

pechera *f* (de camisa, vestido) front

pecho *m* (tórax) chest; (mama) breast; **dar (el) ~ a un niño** to breast-feed *o* suckle a child; ***tomarse algo a ~*** ‹*crítica*› to take sth to heart; ‹*responsabilidad*› to take sth seriously

pechuga *f* (de pollo) breast

pechugona *f* (fam & hum) big-breasted woman

pecoso -sa *adj* freckly

pectoral *adj* **1** ‹*músculos*› pectoral (*before n*) **2** (Med): **jarabe ~** cough mixture *o* syrup

peculiar *adj* **1** (característico) particular; **un rasgo ~** a particular trait; **con su ~ buen humor** with his characteristic good humor **2** (poco común, raro) ‹*sensación*› peculiar, unusual

peculiaridad *f* peculiarity

pedagogía *f* pedagogy, teaching

pedagógico -ca *adj* pedagogical, teaching (*before n*)

pedagogo -ga *m,f* (estudioso) educationalist; (educador) educator, teacher, pedagogue (fml)

pedal *m* pedal; **~ de embrague/de freno** clutch/brake pedal; **~ de arranque** kickstart

pedalear [A1] *vi* to pedal

pedante *adj* pedantic
■ *mf* pedant

pedantería *f* pedantry

pedazo *m* **1** (trozo) piece; **un ~ de pan** a piece of bread; **se hizo ~s** it smashed (to pieces); **el coche saltó** or **voló en ~s** the car was blown to pieces; **lo hice ~s** I smashed it; ***caerse a ~s*** to fall to pieces **2** (fam) (en insultos): **¡~ de idiota!** you idiot! (infml)

pederasta *m* pederast

pedernal *m* flint

pedestal *m* pedestal

pedestre *adj* prosaic

pediatra *mf* pediatrician*

pediatría *f* pediatrics*

pediátrico -ca *adj* pediatric*

pedicuro -ra *m,f* chiropodist

pedido *m* **1** (Com) order; **hacer un ~** to place an order **2** (AmL) (solicitud) request; **a ~ de** at the request of

pedigree /peðiˈɣri/, **pedigrí** *m* pedigree; **un perro de** or **con ~** a pedigree dog

pedinche *mf* (Méx fam) scrounger (infml)

pedir [I14] *vt* **1** **(a)** ‹*dinero/ayuda*› to ask for; **pidieron un préstamo al banco** they asked the bank for a loan; **pidió permiso para salir** she asked permission to leave; **pide limosna** he begs (for money); **~le algo a algn** to ask sb for sth; **le pidió ayuda** he asked her for help; **me pidió disculpas** or **perdón** he apologized (to me); **~ hora** to make an appointment; **~ la palabra** to ask for permission to speak; **me pidió que le enseñara** he asked me to teach him; ▶ **prestado (b)** (en bar, restaurante) ‹*plato/bebida*› to order; ‹*cuenta*› to ask for **2** (Com) **(a)** (como precio) **~ algo** POR **algo** to ask sth FOR sth; **¿cuánto pide por la casa?** how much is she asking for the house? **(b)** ‹*mercancías*› to order
■ **~** *vi* **(a)** (en bar, restaurante) to order **(b)** (mendigar) to beg

pedo *m* **1** (fam) (ventosidad) fart (sl); **tirarse un ~** to fart (sl), to let off (BrE infml); ***al ~*** (RPl fam) for nothing **2** (arg) (borrachera): **agarró un buen ~** he got really plastered (infml); **tenía un ~ que no veía** he was blind drunk (infml) **3** (Méx fam) (problema, lío) hassle (infml); ***hacérsela de ~ a algn*** (Méx vulg) to give sb hell (infml)

pedofilia *f* pedophilia*

pedófilo *m* pedophile*

pedorreta *f* (fam) raspberry (infml)

pedrada *f* **1** (golpe): **me dio una ~ en la cabeza** she hit me on the head with a stone **2** (Méx fam) (indirecta) hint

pedrisco *m* hail

pega *f* **1** (Col fam) (broma) trick; **de ~** (Esp fam) ‹*araña/culebra*› joke (*before n*), trick (*before n*); ‹*revólver*› dummy (*before n*) **2** (Esp fam) (dificultad, inconveniente) problem, snag (infml); **te ponen muchas ~s** they make it really difficult for you **3** (Andes fam) **(a)** (trabajo) work; (empleo) work; **está sin ~** he's out of work **(b)** (lugar) work

pegadizo -za *adj* catchy

pegado -da *adj* [ESTAR] **(a)** (junto) **~** A **algo: su casa está pegada a la mía** her house is right next to mine; **iba muy ~ al coche de delante** he was too close to the car in front; **pon la cama pegada a la pared** put the bed right up against the wall **(b)** (adherido) stuck; (con cola, goma) glued; **está ~ al suelo** it's stuck to the floor; **las piezas están pegadas** the pieces are glued together

pegajoso -sa *adj* **(a)** ‹*superficie/sustancia*› sticky **(b)** ‹*calor*› sticky **(c)** (fam) ‹*persona*› clinging (infml) **(d)** (AmL fam) ‹*canción/música*› catchy

pegamento *m* glue, adhesive

pegar [A3] *vt* **1** **(a)** ‹*bofetada/patada*› to give; **le pegó una paliza terrible** he gave him a terrible beating; **le ~on un tiro** they shot her **(b)** ‹*grito/chillido*› to let out; **~ un salto de alegría** to jump for joy; **~le un susto a algn** to give sb a fright **2** **(a)** (adherir) to stick; (con cola) to glue, stick **(b)** (coser) ‹*mangas/botones*› to sew on **(c)** (arrimar) to move ... closer **3** (fam) (contagiar) ‹*enfermedad*› to give; **me pegó la gripe** he gave me the flu
■ **~** *vi* **1** **(a)** (golpear) **~le** A **algn** to hit sb; (a un niño, como castigo) to smack sb; **le pega a su mujer** he beats his wife; **la pelota pegó en el poste** the ball hit the goalpost **(b)** (fam) (hacerse popular) «*producto/moda*» to take off; «*artista*» to be very popular **2** **(a)** (adherir) to stick **(b)** (armonizar) to go together; **~** CON **algo** to go WITH sth; **no pega con el vestido** it doesn't go (very well) with the dress
■ **pegarse** *v pron* **1** **(a)** (golpearse): **me pegué con la mesa** I knocked *o* hit myself on the table; **me pegué en la cabeza** I banged *o* knocked my head **(b)** (*recípr*) (darse golpes) to hit each other **2** ‹*susto*› to get; **~se un tiro** to shoot oneself **3** (contagiarse) «*enfermedad*» to be infectious; **eso se pega** you can easily catch it; **se te va a ~ mi catarro** you'll catch my cold; **se le ha pegado el acento mexicano** he's picked up a Mexican accent

pegatina *f* (Esp) sticker

pegoste *mf* (Méx fam) hanger-on (infml)

peinado[1] **-da** *adj*: **no estaba peinada** she hadn't combed her hair; **siempre va muy bien peinada** her hair always looks very nice

peinado[2] *m* (arreglo del pelo) hairstyle; **lavado y ~** shampoo and set

peinador -dora *m,f* (Méx, RPl) (persona) hairdresser, stylist

peinar [A1] *vt* **1** **(a)** ‹*melena/flequillo*› (con peine) to comb; (con cepillo) to brush **(b)** «*peluquero*» **¿quién te peina?** who does your hair? **2** ‹*lana*› to card **3** (period) ‹*área/zona*› to comb

■ **peinarse** *v pron* **(a)** (*refl*) (con peine) to comb one's hair; (con cepillo) to brush one's hair **(b)** (*caus*) to have one's hair done; **me peino en esta peluquería** I have my hair done at this salon

peine *m* comb

peineta *f* **(a)** (para sujetar, adornar) ornamental comb **(b)** (Chi) (peine) comb

p. ej. (= **por ejemplo**) eg, for example

Pekín *m* Peking, Beijing

pekinés -nesa *m,f* Pekinese

pela *f* (Esp fam) (peseta) peseta

peladez *f* (Méx) rude word

pelado -da *adj* **1** **(a)** (con el pelo corto): **lo dejaron ~** or **con la cabeza pelada (al rape)** they cropped his hair very short **(b)** (CS) (calvo) bald **2** **(a)** ‹*manzana*› peeled; ‹*hueso*› clean; ‹*almendras*› blanched **(b)** ‹*nariz/espalda*› **tengo la nariz/espalda pelada** my nose/back is peeling **3** (Chi fam) ‹*pies/trasero*› bare; **ir a pie ~** to go barefoot **4** (Méx fam) (grosero) foulmouthed

■ *m,f* (CS fam) (calvo) baldy (infml)

peladura *f* **(a)** (de fruta) peel; **~s de papa** potato peelings **(b)** (Andes) (en la piel) graze

pelaje *m* (de animal) coat, fur

pelar [A1] *vt* **1** **(a)** ‹*fruta/zanahoria*› to peel; ‹*habas/marisco*› to shell; ‹*caramelo*› to unwrap **(b)** ‹*ave*› to pluck **2** (rapar): **lo ~on al cero** or **al rape** they cropped his hair very short **3** (fam) (en el juego) to clean ... out (infml) **4** (Chi fam) ‹*persona*› to badmouth (AmE infml), to slag off (BrE infml)

■ **pelarse** *v pron* (a causa del sol) «*persona*» to peel; «*cara/hombros*» (+ *me/te/le etc*) to peel; **se te está pelando la nariz** your nose is peeling

peldaño *m* (escalón) step, stair; (travesaño) rung

⚷ **pelea** *f* **(a)** (discusión) quarrel, fight (infml), argument; **buscar ~** to try to pick a quarrel *o* fight; **tuvimos una ~** we quarreled *o* had an argument **(b)** (en sentido físico) fight; **~ de gallos** cockfight

peleado -da *adj* **(a)** (enfadado): **están ~s** they've fallen out; **estar ~ con algn** to have fallen out with sb **(b)** ‹*partido/carrera/elecciones*› keenly-contested

peleador -dora *adj* (fam) (que discute) argumentative; (que pelea): **es muy ~** he's always fighting

⚷ **pelear** [A1] *vi* **(a)** (discutir) to quarrel; **~on por una tontería** they quarreled *o* (infml) had a fight over a silly little thing **(b)** «*novios*» (discutir) to quarrel, argue; (terminar) to break up, split up **(c)** (en sentido físico) to fight; **~** POR **algo** to fight OVER sth

■ **pelearse** *v pron* **(a)** (discutir) to quarrel; (pegarse) to fight; **~se** POR **algo** to quarrel/fight OVER sth **(b)** «*novios*» (discutir) to quarrel; (terminar) to break up, split up

pelele *m* **(a)** (de trapo) rag doll; (de paja) straw doll **(b)** (persona — manipulada) puppet; (— débil) (fam) wimp (infml)

peletería *f* (oficio) fur trade; (tienda) furrier's, fur shop; (género) furs (*pl*)

peliagudo -da *adj* ‹*problema*› difficult, tricky; ‹*asunto*› thorny

pelícano *m* pelican

⚷ **película** *f* **1** **(a)** (Cin, TV) movie, film (BrE); **hoy dan** or (Esp) **echan** or **ponen una ~** there's a movie *o* film on today, they're showing a movie *o* film today; **~ de dibujos animados** cartoon; **~ del Oeste** or **de vaqueros** Western; **~ de miedo** or **de terror** horror movie *o* film; **~ de suspenso** or (Esp) **suspense** thriller; **~ muda** silent movie *o* film **(b)** (Fot) film **2** (capa fina — de aceite) film; (— de polvo) thin layer

peligrar [A1] *vi* to be at risk; **hacer ~ algo** to put sth at risk

⚷ **peligro** *m* danger; **estar en** or **correr ~** «*persona*» to be in danger; «*vida*» to be in danger *o* at risk; **un ~ para la salud** a health risk; **poner algo/a algn en ~** to put sth/sb at risk; **corren el ~ de perder la final** they're in danger of losing the final; **corres el ~ de que te despidan** you run the risk of being fired; **estar fuera de ~** to be out of danger; Ⓢ **peligro de incendio** fire hazard

peligrosidad *f* dangerousness

⚷ **peligroso -sa** *adj* dangerous

pelillo *m* small hair

pelirrojo -ja *adj* red-haired, ginger-haired

■ *m,f* redhead

pellejerías *fpl* (Andes fam) hard times (*pl*)

pellejo *m* **(a)** (piel — de animal) skin, hide; (— de persona) (fam) skin (infml); ***ponerse en el ~ de algn*** (fam) to put oneself in sb's shoes **(b)** (fam) (vida) neck (infml); **jugarse** or **arriesgar el ~** to risk one's neck (infml) **(c)** (odre) wineskin

pellizcar [A2] *vt* ‹*persona/brazo*› to pinch

pellizco *m* **(a)** (en la piel) pinch; **me dio un ~ en la pierna** she pinched my leg **(b)** (fam) (cantidad pequeña) little bit; **un ~ de sal** a pinch of salt

pelmazo -za *adj* (fam) boring

■ *m,f* (fam) bore

pelo *m* **1** (de personas) hair; **~ rizado/liso** or **lacio** curly/straight hair; **tiene mucho/poco ~** he has really thick/thin hair; **llevar el ~ suelto** to wear one's hair down *o* loose; **se le está cayendo el ~** he's losing his hair; ***con ~s y señales*** (fam) down to the last detail; ***no tiene ~s en la lengua*** (fam) he doesn't mince his words; ***se me/le ponen los ~s de punta*** (fam) it sends shivers down my/his spine, it makes my/his hair stand on end; ***tomarle el ~ a algn*** (fam) (bromeando) to pull sb's leg (infml); (burlándose) to mess around with sb (AmE), to mess sb around (BrE) **2** (Zool) (filamento) hair; (pelaje — de perro, gato) hair, fur; (— de conejo, oso) fur; **~ de camello** camelhair **3** (de alfombra) pile

pelón -lona *adj* (fam) (sin pelo) bald

■ *m,f* **1** (fam) (sin pelo) baldy (infml) **2** **pelón** *m* (RPl) (durazno) nectarine

⚷ **pelota** *f* **1** (Dep, Jueg) ball; **una ~ de fútbol** (esp AmL) a football; **jugar a la ~** to play ball; **~ vasca** jai alai, pelota; ***darle ~ a algn*** (CS fam) to take notice of sb; ***hacerle la ~ a algn*** (Esp fam) to suck up to sb (infml) **2** **pelotas** *fpl* (vulg) (testículos) balls (*pl*) (infml *or* vulg); ***en ~s*** (vulg) (sin ropa) stark naked; (sin dinero) flat broke (infml)

■ *mf* **1** (AmS vulg) (imbécil) jerk (sl) **2** (Esp fam)

(adulador) creep (infml)

pelotari *mf* jai alai *o* pelota player

pelotazo *m* (golpe): **me dio un ~** he hit me with the ball

pelotera *f* (fam) **(a)** (lío, jaleo) ruckus (AmE infml), rumpus (BrE infml) **(b)** (riña) argument, row (infml)

pelotero -ra *m,f* **(a)** (AmL) (jugador — de béisbol) baseball player; (— de fútbol) soccer *o* football player, footballer **(b)** (Chi) (recogepelotas) (*m*) ballboy; (*f*) ballgirl

pelotón *m* **(a)** (Mil) squad; **~ de ejecución** or **fusilamiento** firing squad **(b)** (en ciclismo) bunch, pack; (en atletismo) pack **(c)** (fam) (de gente) gang (infml)

pelotudo -da *adj* (AmS vulg): **¡qué ~!** what a jerk! (sl)
■ *m,f* (AmS vulg) jerk (sl)

peluca *f* wig

peluche *m* felt, plush; **un juguete de ~** a cuddly toy; ▶ **oso**

pelucón -cona *adj* (Chi, Per fam) (con mucho pelo) hairy; (de pelo largo) long-haired

peludo -da *adj* ‹*hombre/brazo*› hairy; ‹*barba*› bushy; ‹*animal*› hairy, furry; ‹*cola*› bushy; ‹*lana/jersey*› hairy

peluquería *f* **(a)** (establecimiento) hairdresser's, hairdressing salon **(b)** (oficio) hairdressing, hairstyling

peluquero -ra *m,f* hairdresser, hairstylist

peluquín *m* toupee, hairpiece

pelusa[1], **pelusilla** *f* **1** (en la cara) down, fuzz; (de fruta) down; (en jersey) ball of fluff *o* fuzz; (de suciedad) ball of fluff **2** (Esp fam) (celos) jealousy; **tener ~** to be jealous

pelusa[2] *mf* (Chi fam) (niño — callejero) street kid (infml); (— travieso) little rascal (infml)

pelvis *f* (*pl* ~) pelvis

pena *f* **1** **(a)** (tristeza): **tenía/sentía mucha ~** he was *o* felt very sad; **me da ~ verlo** it upsets me *o* it makes me sad to see it; **a mí la que me da ~ es su mujer** it's his wife I feel sorry for; **está que da ~** she's in a terrible state **(b)** (lástima) pity, shame; **¡qué ~!** what a pity *o* shame!; **es una ~ que ...** it's a pity (that) ...; ***vale*** or ***merece la ~*** it's worth it; **vale la ~ leerlo/visitarlo** it's worth reading/a visit **2** **penas** *fpl* **(a)** (problemas) sorrows (*pl*); **ahogar las ~s** to drown one's sorrows; **me contó sus ~s** he told me his troubles; ***a duras ~s*** (apenas) hardly; (con dificultad) with difficulty **(b)** (penalidades) hardship **3** (Der) sentence; **la ~ máxima** the maximum sentence; **~ capital** or **de muerte** death penalty **4** (AmL exc CS) (vergüenza) embarrassment; **¡qué ~!** how embarrassing!; **me da mucha ~ pedírselo** I'm too embarrassed to ask him

penal *adj* criminal (*before n*)
■ *m* **1** (cárcel) prison, penitentiary (AmE) **2** (AmL period) (Dep) penalty

pénal *m* (Andes) penalty

penalidades *fpl* hardship, suffering

penalizar [A4] *vt* (Der) to penalize

penalty /'penalti, pe'nalti/ *m* (*pl* **-tys**) penalty; **pitar** or **señalar ~** to award *o* give a penalty

penca *f* **(a)** (de hoja) main rib **(b)** (del nopal) stalk **(c)** (Méx) (de bananas) bunch

pendejada *f* **(a)** (AmL exc CS fam) (estupidez) stupid thing to say/do **(b)** (Per vulg) (mala jugada) dirty trick

pendejear [A1] *vi* (Méx fam) to clown around (infml)

pendejez *f* (Méx vulg) stupidity

pendejo -ja *adj* **(a)** (AmL exc CS fam) (estúpido) dumb (AmE infml), thick (BrE infml) **(b)** (Per fam) (listo) sly, sharp (infml)
■ *m,f* **(a)** (AmL exc CS fam) (estúpido) dummy (infml), nerd (infml); ***hacerse el ~*** (fam) (hacerse el tonto) to act dumb (infml); (no hacer nada) to loaf around (infml) **(b)** (Per fam) (persona lista) sly devil

pendenciero -ra *adj* quarrelsome
■ *m,f* troublemaker

pendiente *adj* **1** ‹*asunto/problema*› unresolved; ‹*cuenta*› outstanding **2** (atento): **está ~ del niño a todas horas** she devotes every minute of the day to the child; **estoy ~ de que me llamen** I'm waiting for them to call me
■ *m* (Esp) earring
■ *f* (de terreno) slope, incline; (de tejado) slope; **una ~ muy pronunciada** a very steep slope *o* incline; **tiene mucha ~** it slopes steeply

péndulo *m* pendulum

pene *m* penis

penetración *f* penetration

penetrante *adj* **1** **(a)** ‹*mirada/voz*› penetrating, piercing; ‹*olor*› pungent, penetrating; ‹*sonido*› piercing **(b)** ‹*viento/frío*› bitter, biting **2** ‹*inteligencia/mente/ironía*› sharp

penetrar [A1] *vi* (entrar) ~ POR **algo** «*agua/humedad*» to seep THROUGH sth; «*luz*» to shine THROUGH sth; «*ladrón*» to enter THROUGH sth; ~ EN **algo** to penetrate sth
■ ~ *vt* to penetrate; **la bala le penetró el pulmón** the bullet penetrated *o* entered his lung

penicilina *f* penicillin

península *f* peninsula

peninsular *adj* peninsular
■ *mf*: **los ~es** people from mainland Spain

penique *m* penny

penitencia *f* **1** (Relig) penance; **en ~** as (a) penance **2** **(a)** (Andes) (en juegos) forfeit **(b)** (RPl fam) (castigo) punishment; **el maestro me puso en ~** the teacher punished me

penitenciaría *f* penitentiary

penitente *mf* penitent

penoso -sa *adj* **1** (lamentable) terrible, awful **2** **(a)** (triste) sad **(b)** ‹*viaje*› grueling*; ‹*trabajo*› laborious, difficult **3** (AmL exc CS fam) **(a)** ‹*persona*› shy **(b)** (embarazoso) embarrassing

pensamiento *m* **1** **(a)** (facultad) thought **(b)** (cosa pensada) thought **(c)** (doctrina) thinking **(d)** (máxima) thought **2** (Bot) pansy

pensar [A5] *vi* to think; **después de mucho ~ ...** after much thought ...; **actuó sin ~** he did it without thinking; **pensé para mí** or **para mis adentros** I thought to myself; **~ EN algo/algn** to think ABOUT sth/sb; **cuando menos se piensa ...** just when you least expect it ...; **~ mal/bien de algn** to think ill *o* badly/well of sb;

p

dar que or ***hacer ~ a algn*** to make sb think
■ ~ *vt* **1** **(a)** (creer, opinar) to think; **pienso que no** I don't think so; **¿qué piensas del divorcio/del jefe?** what do you think about divorce/the boss? **(b)** (considerar) to think about; **lo ~é** I'll think about it; **piénsalo bien antes de decidir** think it over before you decide; **pensándolo bien, ...** on second thought(s) *o* thinking about it, ...; **¡y ~ que ...!** (and) to think that ...!; **¡ni ~lo!** no way! (infml), not on your life! (infml) **(c)** (Col) ‹*persona*› to think about **2** (tener la intención de): **~ hacer algo** to think of doing sth; **pensamos ir al teatro** we're thinking of going to the theater; **no pienso ir** I'm not going
■ **pensarse** *v pron (enf)* (fam) ‹*decisión/respuesta*› to think about; *ver tb* **pensar** *vt*

pensativo -va *adj* pensive, thoughtful

pensión *f* **1** (Servs Socs) pension; **cobrar la ~** to draw one's pension; **~ alimenticia** maintenance; **~ de invalidez** disability (allowance) (AmE), invalidity benefit (BrE) **2** **(a)** (casa — de huéspedes) guesthouse, rooming house (AmE), boarding house (BrE); (— para estudiantes) student hostel; **~ completa** full board; ▶ **medio[1]** **(b)** (alojamiento) accommodations (*pl*) (AmE), lodging, accommodation (BrE) **3** (Col) (mensualidad) tuition (AmE), school fees (*pl*) (BrE)

pensionado -da *m,f* **1** (Servs Socs) pensioner **2** **pensionado** *m* **(a)** (Esp) (internado) boarding school **(b)** (CS) (pensión para estudiantes) student hostel

pensionarse [A1] *v pron* (Col) to retire

pensionista *mf* **1** (Servs Socs) pensioner **2** (en casa de huéspedes) resident, lodger

pentágono *m* **(a)** (Mat) pentagon **(b)** **el Pentágono** the Pentagon

pentagrama *m* (Mús) stave, staff

pentatlón *m* pentathlon

penúltimo -ma *adj* penultimate
■ *m,f*: **ser el ~** to be second to last

penumbra *f* (media luz) half-light, semidarkness

penuria *f* **(a)** (escasez) shortage, dearth; **pasar ~s** to suffer hardship **(b)** (pobreza) poverty

peña *f* **1** (roca) crag, rock **2** **(a)** (grupo) circle, group; **~ taurina** bullfighting club **(b)** (AmL) *tb* **~ folklórica** folk club

peñasco *m* crag, rocky outcrop

peón *m* **1** (Const) laborer*; (Agr) (esp AmL) agricultural laborer*, farm worker; **~ albañil** (building) laborer*; **~ caminero** road worker **2** (en ajedrez) pawn; (en damas) piece, checker (AmE), draughtsman (BrE)

peonza *f* spinning top

peor *adj/adv* **1** (uso comparativo) worse; **va a ser ~ para él como no estudie** if he doesn't study so much the worse for him; **y si vienen los dos, tanto ~** and it'll be even worse if the two of them come; **cada vez ~** worse and worse; **su situación es ~ que la mía** his situation is worse than mine; **está ~ que nunca** it's worse than ever **2** (uso superlativo) worst; **el ~ alumno de la clase** the worst pupil in the class; **lo ~ que puede pasar** the worst (thing) that can happen; **en el ~ de los casos** if the worst comes to the worst; **el lugar donde ~ se come** the worst place to eat in
■ *mf*: **el/la ~** (de dos) the worse; (de varios) the worst

pepa *f* (AmS) (semilla — de uva, naranja) pip; (— de durazno, aguacate) stone, pit

Pepe *diminutive of José*

pepenador -dora *m,f* (Méx) scavenger (*on garbage dumps*)

pepenar [A1] *vt* (Méx fam) (en la basura) to scavenge

pepinillo *m* gherkin

pepino *m* cucumber

pepita *f* **(a)** (de uva) pip; (de tomate) seed; (de calabaza) (Méx) dried pumpkin seed **(b)** (de oro) nugget

pepona *f* large doll

pequeño -ña *adj* **(a)** (de tamaño) small; **me queda ~** it's too small for me; **en ~** in miniature **(b)** (de edad) young, small; **mi hermano ~** my younger *o* little brother; **cuando era ~** when I was small *o* little **(c)** (de poca importancia) ‹*distancia*› short; ‹*retraso*› short, slight; ‹*cantidad*› small; ‹*esfuerzo*› slight; ‹*problema/diferencia*› slight, small
■ *m,f*: **el ~/la pequeña** the little one (infml); (edad — de dos) the younger; (— de muchos) the youngest

pera *f* **1** (Bot) pear; **~ de agua** dessert pear; ***pedirle ~s al olmo*** to ask the impossible **2** (de goma) bulb **3** (en boxeo) punching ball (AmE), punchball (BrE) **4** (CS fam) (mentón) chin; (barba) goatee

peral *m* pear tree

percal *m* percale

percance *m* (contratiempo) mishap; (accidente) minor accident

percatarse [A1] *v pron* to notice; **~ DE algo** to notice sth

percebe *m* (molusco) goose barnacle

percepción *f* (por los sentidos) perception; **~ extrasensorial** extrasensory perception, ESP

perceptible *adj* (por los sentidos) perceptible, noticeable

percha *f* **(a)** (para el armario) (coat) hanger **(b)** (gancho) coat hook; (perchero) coat stand

perchero *m* (de pared) coat rack; (de pie) coat stand

percibir [I1] *vt* **1** ‹*sonido/olor*› to perceive; ‹*peligro*› to sense **2** (fml) ‹*sueldo/cantidad*› to receive

percusión *f* percussion

perdedor -dora *adj* losing (*before n*)
■ *m,f* loser; **es un mal ~** he's a bad loser

perder [E8] *vt* **1** (en general) to lose; **perdí el pasaporte** I lost my passport; **quiere ~ peso** he wants to lose weight; **con preguntar no se pierde nada** we've/you've nothing to lose by asking; **~ la vida** to lose one's life, to perish; ▶ **cabeza, vista[2]**; **yo no pierdo las esperanzas** I'm not giving up hope; **~ la práctica** to get out of practice; **~ el equilibrio** to lose one's balance; **~ el conocimiento** to lose consciousness, to pass out; **~ el ritmo** (Mús) to lose the beat; (en trabajo) to get out

P

of the rhythm **2** **(a)** ‹*autobús/tren/avión*› to miss **(b)** ‹*ocasión/oportunidad*› to miss; **sin ~ detalle** without missing any detail **(c)** ‹*tiempo*› to waste; **¡no me hagas ~ (el) tiempo!** don't waste my time!; **no hay tiempo que ~** there's no time to lose **3** **(a)** ‹*guerra/pleito/partido*› to lose **(b)** ‹*curso/año*› to fail; ‹*examen*› (Ur) to fail **4** ‹*agua/aceite/aire*› to lose

■ ~ *vi* **1** (ser derrotado) to lose; **perdieron 3 a 1** they lost 3-1; **no sabes ~** you're a bad loser; **llevar las de ~** to be onto a loser; **la que sale perdiendo soy yo** I'm the one who loses out *o* comes off worst **2** «*cafetera/tanque*» to leak **3** **echar(se) a perder** ▶ **echar**, **echarse**

■ **perderse** *v pron* **1** «*persona/objeto*» to get lost; **siempre me pierdo en esta ciudad** I always get lost in this town; **se le perdió el dinero** he's lost the money; **cuando se ponen a hablar rápido me pierdo** when they start talking quickly I get lost **2** ‹*fiesta/película/espectáculo*› to miss

perdición *f* ruin

pérdida *f* **(a)** (en general) loss; **~ de calor/energía** heat/energy loss; **tuvo una ~ de conocimiento** he lost consciousness, he passed out; ***no tiene*** **~** (Esp) you can't miss it **(b)** (Fin) loss; **la compañía sufrió grandes ~s** the company made a huge loss; **~s materiales** damage; **~s y ganancias** profit and loss **(c)** (desperdicio) waste; **fue una ~ de tiempo** it was a waste of time **(d)** (escape de gas, agua) leak

perdido -da *adj* **1** [ESTAR] **(a)** ‹*objeto/persona*› lost; ***dar algo por*** **~** to give sth up for lost; ***de*** **~** (Méx fam) at least **(b)** (confundido, desorientado) lost, confused **(c)** ‹*bala/perro*› stray (*before n*) **2** [ESTAR] (en un apuro): **si se enteran, estás ~** if they find out, you've had it *o* you're done for (infml) **3** (aislado) ‹*lugar*› remote, isolated; ‹*momento*› idle, spare **4** ‹*idiota*› complete and utter (*before n*), total (*before n*); ‹*loco*› raving (*before n*); ‹*borracho*› out and out (*before n*)

■ *m,f* degenerate

perdidoso -sa *m,f* (Méx) loser

perdigón *m* (Arm) pellet

perdiz *f* partridge

perdón *m* (Der) pardon; (Relig) forgiveness; **me pidió ~ por su comportamiento** he apologized to me for his behavior, he said he was sorry about his behavior; ***con*** **~** if you'll pardon the expression

■ *interj* (expresando disculpas) I beg your pardon (fml), excuse me (AmE), sorry; (para atraer la atención) excuse me, pardon me (AmE); (al pedir que se repita algo) sorry?, pardon me? (AmE)

perdonar [A1] *vt* **(a)** ‹*persona/falta/pecado*› to forgive; **te perdono** I forgive you; **perdona mi curiosidad, pero ...** forgive my asking but ...; **perdone que lo moleste, pero ...** sorry to bother you *o* (AmE) pardon me for bothering you, but ... **(b)** (Der) to pardon **(c)** ‹*deuda*› to write off; **le perdonó el castigo** she let him off the punishment

■ ~ *vi*: **perdone ¿me puede decir la hora?** excuse me *o* (AmE) pardon me, can you tell me the time?; **perdone ¿cómo ha dicho?** sorry? what did you say?, excuse *o* pardon me? what did you say? (AmE); **perdona, pero yo no dije eso** I'm sorry but that's not what I said

perdurar [A1] *vi* «*duda/sentimiento/recuerdo*» to remain, last; «*crisis/situación/relación*» to last

perecear [A1] *vi* (Col) to laze around

perecedero -ra *adj* ‹*producto*› perishable

perecer [E3] *vi* (fml) to die, perish (journ *or* liter)

peregrinación *f*, **peregrinaje** *m* pilgrimage

peregrino -na *adj* **1** ‹*idea/respuesta*› outlandish, peculiar **2** **(a)** ‹*ave*› migratory **(b)** ‹*monje*› wandering (*before n*)

■ *m,f* pilgrim

perejil *m* (Bot, Coc) parsley

perenne *adj* perennial; **árbol de hoja ~** evergreen tree

pereza *f* laziness; **me da ~ ir** I can't be bothered to go; **tengo una ~ horrible** I feel terribly lazy; **¡qué ~ tener que ir!** what a bind *o* drag having to go! (infml)

perezosa *f* (Col, Per) deck chair

perezoso -sa *adj* lazy, idle

■ *m,f* **1** (holgazán) lazybones (infml) **2** **perezoso** *m* (Zool) sloth

perfección *f* perfection; **habla francés a la ~** she speaks perfect French

perfeccionar [A1] *vt* (mejorar) to improve; (hacer perfecto) to perfect

perfeccionista *mf* perfectionist

perfecto[1] -ta *adj* **(a)** (ideal, excelente) perfect **(b)** (*delante del n*) (absoluto): **un ~ caballero** a perfect gentleman; **es un ~ desconocido** he is completely unknown

perfecto[2] *interj* fine!

perfil *m* **(a)** (del cuerpo, la cara) profile; **una foto de ~** a profile photograph; **visto de ~** seen from the side **(b)** (contorno, silueta) profile, silhouette

perfilar [A1] *vt* ‹*plan/estrategia*› to shape

■ **perfilarse** *v pron* **(a)** «*silueta/contorno*» to be outlined **(b)** (tomar forma) «*posición/actitud*» to become clear

perforación *f* **(a)** (en general) drilling, boring; (pozo) borehole **(b)** (Med) perforation **(c)** (en papeles, sellos) perforation

perforadora *f* **1** (Min, Tec) drill **2** (de papeles) hole puncher; (de sellos) perforator

perforar [A1] *vt* **1** **(a)** ‹*pozo*› to sink, drill, bore **(b)** ‹*madera*› to drill *o* bore holes/a hole in **(c)** «*ácido*» to perforate; «*bala*» to pierce **2** ‹*papel/tarjeta*› to perforate

■ **perforarse** *v pron* «*úlcera/intestino*» to become perforated

perfumar [A1] *vt* to perfume

■ **perfumarse** *v pron* (*refl*) to put perfume *o* scent on

perfume *m* perfume, scent

perfumería *f* perfumery

pergamino *m* (material) parchment; (documento) scroll

pérgola *f* pergola

pericia *f* (destreza) skill

periferia *f* **(a)** (de círculo) periphery, circumference **(b)** (de ciudad) outskirts (*pl*) **(c)** (Inf) peripherals (*pl*)

P

periférico¹ -ca *adj* ‹*barrio/zona*› outlying (*before n*)
periférico² *m* **1** (Inf) peripheral **2** (AmC, Méx) (carretera) beltway (AmE), ring road (BrE)
perilla *f* (barba) goatee; ***venir de ~(s)*** (fam) to come in very handy (infml)
perímetro *m* perimeter
⚷ **periódico¹ -ca** *adj* periodic
periódico² *m* newspaper, paper
periodiquero -ra *m,f* (Méx) news *o* newspaper vendor
periodismo *m* journalism
⚷ **periodista** *mf* journalist, reporter; **~ gráfico** press photographer
⚷ **período, periodo** *m* period
peripecia *f* **(a)** (incidente): **un viaje lleno de ~s** an eventful journey; **sus ~s en el extranjero** her adventures abroad **(b)** (problema) vicissitude
periquito *m* (americano) parakeet; (australiano) budgerigar, budgie (infml)
periscopio *m* periscope
peritaje *m* **(a)** (informe) expert's report; (de casa) survey (report) **(b)** (Educ) technical studies (*pl*)
perito -ta *m,f* (experto) expert; **~ agrónomo** agricultural technician; **~ industrial** engineer; **~ mercantil** qualified accountant
peritonitis *f* (*pl* ~) peritonitis
perjudicado -da *adj*: **el que resultó ~** the one who lost out *o* who was worst hit; **los más ~s** the worst hit, the worst affected
■ *m,f*: **el ~ fui yo** I was the one who lost out
perjudicar [A2] *vt* (dañar) to be detrimental to (fml), damage; **el tabaco perjudica salud** smoking is detrimental to *o* damages your health; **estas medidas perjudican a los jóvenes** these measures are detrimental to *o* harm young people
perjudicial *adj* [SER] damaging, harmful, detrimental (fml); **~** PARA **algo/algn** damaging *o* harmful *o* detrimental TO sth/sb
⚷ **perjuicio** *m* (daño) damage; **no sufrió ningún ~** it did him no harm *o* damage; **le causó un gran ~** it was very damaging to him; **redunda** or **va en ~ de todos** it works against *o* (fml) is detrimental to everyone; **sin ~ para su salud** without detriment to his health (fml); **sin ~ de que cambiemos de opinión** even though we may change our minds later
perjurio *m* perjury
perla *f* (joya) pearl; **~ cultivada** or **de cultivo** cultured pearl
⚷ **permanecer** [E3] *vi* (fml) **(a)** (en lugar) to stay, remain (fml) **(b)** (en actitud, estado) to remain; **permaneció en silencio** he was *o* remained silent
permanencia *f* (en lugar) stay; (en organización, cargo) continuance (fml)
⚷ **permanente** *adj* permanent
■ *f* **1** (en el pelo) perm; **hacerse la ~** to have one's hair permed, to have a perm **2** (Col) (juzgado) emergency court (*for cases of violent crime*)
permisible *adj* permissible

⚷ key word

permisionario -ria *m,f* (Méx) concessionaire, official agent
permisivo -va *adj* permissive
⚷ **permiso** *m* **1** (autorización) permission; (documento) permit, license*; **me dio ~** she gave me permission; **(con) permiso** (al abrirse paso) excuse me; (al entrar) may I come in?; **~ de conducir** driver's license (AmE), driving licence (BrE); **~ de obras** building permit; **~ de residencia** residence permit, green card (AmE); **~ de trabajo** work permit **2** (días libres) leave; **de ~** on leave
⚷ **permitir** [I1] *vt* **(a)** (autorizar) to allow, permit (fml); **no le permitieron verla** he was not allowed to see her; **no van a ~les la entrada** they're not going to let them in; **¿me permite?** (fml) may I? **(b)** (tolerar, consentir): **no te permito que me hables así** I won't have you speak *o* I won't tolerate you speaking to me like that; **si se me permite la expresión** if you'll pardon the expression **(c)** (hacer posible) to enable, to make ... possible; **esto ~á mejores comunicaciones** this will enable better communications; **si el tiempo lo permite** weather permitting
■ **permitirse** *v pron* (*refl*) to allow oneself; (económicamente): **puedo/no puedo ~me ese lujo** I can/can't afford that luxury
permutación *f* permutation
pernera *f* (del pantalón) leg
⚷ **pero** *conj* but; **ella fue, ~ yo no** she went, but I didn't; **¡~ si queda lejísimos!** but it's miles (away)!; **¿~ tú estás loca?** are you crazy?
■ *m* **(a)** (defecto) defect, bad point; (dificultad, problema) drawback; ***ponerle ~s a algo/algn*** to find fault with sth/sb **(b)** (excusa) objection; ***¡no hay ~ que valga!*** I don't want any excuses (*o arguments etc*)
perogrullada *f* (fam) platitude, truism
Perogrullo *m*: **ser de ~** to be patently obvious
perol *m* (pequeño) saucepan; (grande) pot
peroné *m* fibula
perorata *f* (fam) lecture (infml)
perpendicular *adj/f* perpendicular
perpetrar [A1] *vt* to perpetrate (fml), to carry out
perpetuar [A18] *vt* to perpetuate
perpetuo -tua *adj* perpetual
perplejidad *f* perplexity, puzzlement
perplejo -ja *adj* perplexed, puzzled; **estar ~ con algo** to be puzzled *o* perplexed by sth
perra *f* **1** (Zool) dog, bitch [BITCH *solo se emplea cuando se quiere hacer referencia al sexo del animal*] *ver tb* **perro** **2** (Esp fam) **(a)** (rabieta) tantrum; **coger una ~** to have *o* throw a tantrum **(b)** (manía) obsession; **le ha cogido la ~ de tener uno** he's obsessed with having one
perrada *f* (AmL fam) dirty trick
perrera *f* **(a)** (lugar) dog pound, dog's home **(b)** (vehículo) dog catcher's van
perrería *f* (fam) terrible thing (infml)
perrero -ra *m,f* dog catcher, dog warden (BrE)
perrito *m* **1** (Zool) little dog; *ver tb* **perro** **2** (AmL) (Bot) snapdragon
⚷ **perro -rra** *m,f* (Zool) dog; **~ callejero** stray

(dog); ~ **de compañía** pet dog; ~ **guardián** guard dog; ~ **guía** or **lazarillo** guide dog; ~ **pastor** sheepdog; **perrito caliente** (Coc) hot dog; **perrito faldero** lapdog; ~ **policía** German shepherd, Alsatian (BrE); ~ **rastreador** (para seguir una huella) tracker dog; (para buscar drogas) sniffer dog; ~ **salchicha** dachshund, sausage dog (infml); ***de ~s*** (fam) foul; **hace un tiempo de ~s** the weather's foul *o* horrible; **está de un humor de ~s** he's in a foul mood; ***llevarse como (el) ~ y (el) gato*** to fight like cats and dogs (AmE) *o* (BrE) cat and dog
■ *adj* (fam) **(a)** ‹*vida/suerte*› rotten (infml), lousy (infml) **(b)** ‹*persona*› nasty

persa *adj/mf* Persian
■ *m* (idioma) Persian

persecución *f* **(a)** (en sentido físico) pursuit; **salir en ~ de algn** to set off in pursuit of sb **(b)** (por la ideología) persecution; **sufrir persecuciones** to be subjected to persecution, to be persecuted

perseguir [I30] *vt* **1** **(a)** ‹*fugitivo/delincuente/presa*› to pursue, chase **(b)** (por la ideología) to persecute **2** ‹*objetivo/fin*› to pursue; ~ **la fama** to be in pursuit of fame; **me persigue la mala suerte** I'm dogged by bad luck

perseverante *adj* persevering, persistent

perseverar [A1] *vi* to persevere

Persia *f* Persia

persiana *f* **(a)** (que se enrolla o levanta) blind; ~ **veneciana** or **de lamas** Venetian blind **(b)** (AmL) (contraventana, postigo) shutter

persignarse [A1] *v pron* to cross oneself

persistencia *f* persistence

persistente *adj* persistent

persistir [I1] *vi*: **persiste el temporal** there is still a storm blowing; ~ EN **algo** to persist IN sth

persona *f* **(a)** (ser humano) person; **una ~ muy educada** a very polite person; **dos o más ~s** two or more people; **las ~s interesadas ...** all those interested ... **(b)** (*en locs*) **en persona** ‹*ir/presentarse*› in person; **no lo conozco en ~** I don't know him personally; **por persona** per person; **solo se venden dos entradas por ~** you can only get two tickets per person; **la comida costó 20 dólares por ~** the meal cost 20 dollars per *o* a head **(c)** (Ling) person

personaje *m* **(a)** (Cin, Lit) character **(b)** (persona importante) important figure, personage (fml); **un ~ de la política** an important political figure; **es todo un ~ en el pueblo** he's something of a local celebrity

personal *adj* personal; **objetos de uso ~** personal effects
■ *m* (de fábrica, empresa) personnel (*pl*), staff (*sing or pl*); **estamos escasos de ~** we're short-staffed

personalidad *f* **(a)** (Psic) personality **(b)** (persona importante) ▶ **personaje b**

personalizar [A4] *vi*: **no quiero ~** I don't want to name names *o* mention any names
■ ~ *vt* to personalize

personería *f* (Col, RPl) legal capacity

personero -ra *m,f* (AmL) (representante) representative; (portavoz) (*m*) spokesman, spokesperson; (*f*) spokeswoman, spokesperson

personificar [A2] *vt* to personify; **es la bondad personificada** she is kindness itself

perspectiva *f* **(a)** (Arquit, Art) perspective; **en ~** in perspective **(b)** (vista, paisaje) view, perspective (fml) **(c)** (punto de vista) perspective **(d)** (posibilidad) prospect; **las ~s son buenas** the prospects are good; **no tengo ningún plan en ~** I've no plans for the immediate future

perspicacia *f* shrewdness, insight

perspicaz *adj* shrewd, perceptive

persuadir [I1] *vt* to persuade; ~ **a algn** DE QUE *or* PARA QUE **haga algo** to persuade sb to do sth

persuasión *f* persuasion

persuasivo -va *adj* persuasive

pertenecer [E3] *vi* **(a)** (ser propiedad) ~ A **algn/algo** to belong TO sb/sth **(b)** (formar parte) ~ A **algo** to belong TO sth, be a member OF sth

perteneciente *adj*: **los países ~s al grupo** the countries belonging to *o* which are members of the group

pertenencia *f* **(a)** (a grupo, organización) membership **(b)** (fml) (propiedad): **los objetos de su ~** his belongings **(c) pertenencias** *fpl* belongings (*pl*), possessions (*pl*)

pértiga *f* **(a)** (vara) pole **(b)** (Esp) (Dep) pole; **salto con ~** pole vault

pertinente *adj* **(a)** (oportuno, adecuado) ‹*medida*› appropriate **(b)** (relevante) ‹*observación/comentario*› relevant, pertinent

perturbación *f* (alteración) disruption; (Psic) disturbance

perturbado -da *adj* disturbed
■ *m,f* *tb* ~ **mental** person with a mental illness

perturbar [A1] *vt* to disturb

Perú *m* *tb* **el ~** Peru

peruanismo *m* Peruvianism, Peruvian word/expression

peruano -na *adj/m,f* Peruvian

perversión *f* **(a)** (maldad) evil, wickedness **(b)** (corrupción) perversion

perverso -sa *adj* evil
■ *m,f* evil *o* wicked person

pervertido -da *m,f* pervert

pervertir [I11] *vt* to corrupt, pervert
■ **pervertirse** *v pron* to become corrupted

pesa *f* **(a)** (de balanza, reloj) weight **(b)** (Dep) (grande) weight; (pequeña) dumbbell; **levantamiento de ~s** weightlifting; ***hacer ~s*** to do weight training **(c)** (balanza) scales (*pl*)

pesadez *f* **1** (sensación de cansancio) heaviness **2** (fam) **(a)** (aburrimiento, molestia) drag (infml); **¡qué ~ de conversación!** what a boring conversation! **(b)** (Andes) (broma) tiresome joke; (comentario) nasty remark

pesadilla *f* **(a)** (sueño) nightmare, bad dream **(b)** (situación) nightmare; **de ~** ‹*viaje/visión*› nightmare (*before n*)

pesado -da *adj* **1** (en general) heavy; ‹*estómago*› bloated; ‹*sueño*› deep **2** **(a)** (fam) (fastidioso, aburrido) ‹*libro/película*› tedious; ‹*persona*› **¡qué ~ es!** he's such a pain in the neck! (infml); **no te pongas ~** don't be so annoying *o* (infml) such a pest! **(b)** (AmL) (difícil, duro) ‹*trabajo/tarea*› heavy, hard **3** (Andes fam) (antipático) unpleasant; **¡qué tipo tan ~!** what a jerk! (infml)
■ *m,f* **(a)** (fam) (latoso) pain (infml), pest (infml)

p

(b) (Andes fam) (antipático) jerk (infml)

pesadumbre *f* grief, sorrow

pésame *m* condolences (*pl*); **darle el ~ a algn** to offer sb one's condolences; **mi más sentido ~** (fr hecha) my deepest sympathies

pesar[1] *m* **1** **(a)** (pena, tristeza) sorrow; **a ~ mío** or **muy a mi ~** much to my regret **(b)** (remordimiento) regret, remorse **2** **a ~ de** despite, in spite of; **a ~ de todo** in spite of *o* despite everything; **a pesar de que** even though

pesar[2] [A1] *vi* **1** «*paquete/maleta*» to be heavy; **estas gafas no pesan** these glasses don't weigh much; **no me pesa** it's not heavy **2** (causar arrepentimiento) (+ *me/te/le etc*) **ahora me pesa mucho** now I deeply regret it; **me pesa haberlo ofendido** I'm very sorry I offended him **3** **pese a** despite, in spite of; **pese a que** even though; **mal que me/le pese** whether I like/he likes it or not

■ **~** *vt* **(a)** ‹*niño/maleta*› to weigh; ‹*manzanas*› to weigh (out) **(b)** (tener cierto peso) to weigh; **pesa 80 kilos** he weighs 80 kilos

■ **pesarse** *v pron* (*refl*) to weigh oneself

pesca *f* **(a)** (en general) fishing; **ir** or **salir de ~** to go fishing; **~ con caña** angling; **~ con red** net fishing; **~ submarina** underwater fishing **(b)** (peces) fish (*pl*); **aquí hay mucha ~** there are a lot of fish here **(c)** (lo pescado) catch

pescada *f* hake

pescadería *f* fish shop, fishmonger's (BrE)

pescadero -ra *m,f* fish dealer (AmE), fishmonger (BrE)

pescadilla *f* whiting, young hake

pescado *m* (Coc) fish; (pez) (AmL) fish; **~ azul/blanco** blue/white fish

pescador -dora; (*m*) fisherman; (*f*) fisherwoman

pescar [A2] *vt* **1** ‹*trucha/corvina*› to catch; **fuimos a ~ trucha(s)** we went trout-fishing, we went fishing for trout **2** (fam) **(a)** ‹*catarro/gripe*› to catch **(b)** ‹*novio/marido*› to get, hook (infml & hum) **(c)** ‹*chiste/broma*› to get (infml) **(d)** (pillar) to catch; **lo ~on robando** they caught him red-handed (as he was stealing something)

■ **~** *vi* to fish; **~ a mosca** to fly-fish

pescuezo *m* (fam) neck

pese a *loc prep* ▶ **pesar**[2] **3**

pesebre *m* (en establo) manger, trough; (de Navidad) crib

pesebrera *f* (Col) stable

pesero *m* (Méx) minibus

peseta *f* peseta (*former Spanish unit of currency*)

pesimismo *m* pessimism

pesimista *adj* pessimistic

■ *mf* pessimist

pésimo -ma *adj* dreadful, terrible, abysmal

peso *m* **1** **(a)** (Fís, Tec) weight; **ganar/perder ~** to gain *o* put on/lose weight; **~ bruto/neto** gross/net weight **(b)** **al peso** by weight **2** **(a)** (carga, responsabilidad) weight, burden; ***quitarle un ~ de encima a algn*** to take a load *o* a weight off sb's mind **(b)** (influencia) weight; **todo el ~ de la ley** the full weight of the law **(c)** **de peso** ‹*argumento*› strong, weighty; ‹*razón*› forceful **3** (Dep) **(a)** (Esp) (en atletismo) shot; **lanzamiento de ~** shot-put, shot-putting **(b)** (Esp) (en halterofilia) weight; **levantamiento de ~s** weightlifting **(c)** (en boxeo) weight; **~ ligero/mosca/pesado/pluma** lightweight/flyweight/heavyweight/featherweight **4** (báscula) scales (*pl*) **5** (Fin) peso (*unit of currency in many Latin American countries*); **no tiene un ~** he doesn't have a cent *o* penny

pespunte *m* backstitch

pesquero -ra *adj* fishing (*before n*)

pesquisa *f* investigation, inquiry

pestaña *f* (Anat) eyelash

pestañear [A1] *vi* to blink; ***sin ~*** (literal) without blinking; (sin inmutarse) without batting an eyelash (AmE) *o* (BrE) eyelid

peste *f* **(a)** (Med, Vet) plague, epidemic; **~ cristal** (Chi) chickenpox; **~ negra** Black Death **(b)** (AmL fam) (enfermedad contagiosa) bug (infml); (resfriado) cold **(c)** (fam) (mal olor) stink

pesticida *m* pesticide

pestilente *adj* ‹*olor*› foul

pestillo *m* (cerrojo) bolt; (de cerradura) latch, catch; **echó** or **corrió el ~** she put the bolt across

petaca *f* **(a)** (cigarrera) cigarette case; (para tabaco — de cuero) tobacco pouch; (— de metal) tobacco tin **(b)** (para bebidas alcohólicas) hipflask

pétalo *m* petal

petanca *f* petanque

petardo *m* firecracker, banger (BrE)

petate *m* **1** (Mil) (para dormir) bedroll; (bolsa) knapsack **2** (Col, Méx) (estera) matting **3** **petates** *mpl* (CS fam) (pertenencias) gear (infml)

petición *f* **(a)** (acción) request; **a ~ del público** by popular request *o* demand; **a ~ fiscal** at the prosecutor's request **(b)** (escrito) petition; **~ de divorcio** petition for divorce; **~ de extradición** application for extradition

petirrojo *m* robin

petiso -sa *m,f* **1** (AmS fam) (de baja estatura) shorty (infml) **2** **petiso** *m* (CS) (Equ) small horse, pony

peto *m* **(a)** (de pantalón, delantal) bib; **pantalones de ~** (Esp) overalls (*pl*) (AmE), dungarees (*pl*) (BrE) **(b)** (de armadura) breastplate **(c)** (Taur) protective covering (*for picador's horse*) **(d)** (en béisbol) chest protector

petrificado -da *adj* ‹*madera*› petrified; ‹*animal*› fossilized; **al oírlo se quedó ~** he was thunderstruck when he heard

petrificar [A2] *vt* to petrify

■ **petrificarse** *v pron* to become petrified, turn to stone

petrodólar *m* petrodollar

petróleo *m* **(a)** (Min) oil, petroleum; **~ crudo** crude oil **(b)** (combustible) kerosene, paraffin (BrE)

petrolera *f* oil company

petrolero[1] **-ra** *adj* oil (*before n*)

petrolero[2] *m* oil tanker

petrolífero -ra *adj* oil (*before n*); ▶ **yacimiento**

petulante *adj* smug, self-satisfied

■ *mf* smug *o* self-satisfied fool

key word

petunia *f* petunia

peyorativo -va *adj* pejorative

pez *m* fish; ~ **de río** freshwater fish; ~ **de colores** goldfish; ~ **espada** swordfish; ~ **gordo** (fam) (persona importante) bigwig (infml); (en delito) big shot (infml); ~ **volador** flying fish; ***estar*** or ***sentirse como*** ~ ***en el agua*** to be in one's element

■ *f* (sustancia) pitch, tar

pezón *m* (Anat) nipple; (Zool) teat

pezuña *f* (Zool) hoof

piadoso -sa *adj* ‹*personas*› devout, pious; ‹*obra*› kind

pianista *mf* pianist

piano *m* piano; ~ **de cola/de media cola** grand piano/baby grand; ~ **vertical** upright piano

pianola *f* Pianola®, player piano

piar [A17] *vi* to chirp, tweet

PIB *m* (Esp) (= **Producto Interior Bruto**) GDP

pibe -ba *m,f* (RPl fam) kid (infml)

pica *f* **1** (Arm) pike; (Taur) lance, goad; (para cavar) pick, pickax* **2** (Jueg) **(a)** (carta) spade **(b)** **picas** *fpl* (palo) spades

picada *f* **1** (AmL) (descenso pronunciado): **caer en** ~ «*avión*» to nose-dive; «*pájaro*» to plunge, to dive; «*acciones/valores*» to plummet **2** (AmL) (aperitivo) nibbles (*pl*)

picadero *m* (para caballos) exercise ring; (escuela) riding school

picado[1] -da *adj* **(a)** ‹*diente/muela*› decayed, bad; ‹*manguera/llanta*› perished **(b)** ‹*ajo/perejil*› chopped; ‹*carne*› (Esp, RPl) ground (AmE), minced (BrE) **(c)** ‹*manzana*› rotten; ‹*vino*› sour **(d)** (fam) (enfadado, ofendido) put out (infml), miffed (infml) **(e)** ‹*mar*› choppy

picado[2] *m* (Esp) ▶ **picada 1**

picador *m* **(a)** (Taur) picador **(b)** (en mina) face worker

picadura *f* **1** (de mosquito, serpiente) bite; (de abeja) sting; (de polilla) hole **2** (en diente, muela) cavity

picaflor *m* (AmL) (Zool) hummingbird; (donjuán) (fam) womanizer

picana *f* (AmL) **(a)** (para bueyes) prod, goad **(b)** *tb* ~ **eléctrica** cattle prod

picante *adj* **(a)** (Coc) ‹*comida*› hot **(b)** ‹*chiste/libro*› risqué; ‹*comedia*› racy

picaporte *m* (manivela) door handle; (mecanismo) latch

picar [A2] *vt* **1** **(a)** «*mosquito/víbora*» to bite; «*abeja/avispa*» to sting; **me ~on los mosquitos** I got bitten by mosquitoes; **una manta picada por las polillas** a moth-eaten blanket **(b)** «*ave*» ‹*comida*› to peck at; ‹*enemigo*› to peck **(c)** ‹*anzuelo*› to bite **(d)** (fam) (comer) to eat; **solo quiero ~ algo** I just want a snack *o* a bite to eat **(e)** ‹*billete/boleto*› to punch **(f)** (Taur) to jab **2** **(a)** (Coc) ‹*carne*› (Esp, RPl) to grind (AmE), to mince (BrE); ‹*cebolla/perejil*› to chop (up) **(b)** ‹*hielo*› to crush; ‹*pared*› to chip; ‹*piedra*› to break up, smash **3** ‹*dientes/muelas*› to rot, decay

■ ~ *vi* **1** **(a)** (morder el anzuelo) to bite, take the bait **(b)** (comer) to nibble **2** **(a)** (ser picante) to be hot **(b)** (producir comezón) «*lana/suéter*» to itch, be itchy; **me pica la espalda** my back itches *o* is itchy; **me pican los ojos** my eyes sting **3** (AmL) «*pelota*» to bounce **4** (RPl arg) (irse, largarse) to split (sl); **~le** (Méx fam) to get a move on (infml)

■ **picarse** *v pron* **1** **(a)** «*muelas*» to decay, rot; «*manguera/llanta*» to perish; «*cacerola/pava*» to rust; «*ropa*» to get moth-eaten **(b)** «*manzana*» to go rotten; «*vino*» to go sour **2** «*mar*» to get choppy **3** (fam) (enfadarse) to get annoyed; (ofenderse) to take offense

picardía *f* **(a)** (astucia) craftiness, cunning **(b)** (malicia) mischief **(c)** (travesura) prank

picaresco -ca *adj* picaresque

pícaro -ra *adj* **(a)** (ladino) crafty, cunning **(b)** (malicioso) ‹*persona*› naughty, wicked (infml); ‹*chiste/comentario*› naughty, racy; ‹*mirada/sonrisa*› mischievous, cheeky (BrE)

■ *m,f* **(a)** (Lit) rogue, villain **(b)** (astuto) cunning *o* crafty devil (infml)

picatoste *m* (para sopa) crouton

picazón *f* irritation, itch

pichanga *f* (Chi) (partido — improvisado) friendly game, kickabout (Brit); (— malo) bad game

pichi *m* (Esp) jumper (AmE), pinafore (BrE)

pichí *m* (CS fam) ▶ **pipi**

pichicatearse [A1] *v pron* (CS, Per fam) to take drugs

pichincha *f* (RPl fam) (ganga) bargain, steal (infml)

pichirre *mf* (Ven fam) skinflint (infml)

pichón -chona *m,f* (de paloma) young pigeon; (de otros pájaros) chick

picnic *m* (*pl* **-nics**) picnic

pico *m* **1** **(a)** (de pájaro) beak **(b)** (fam) (boca) mouth; **¡cierra el ~!** shut up (infml), keep your trap shut! (infml) **2** **(a)** (cima, montaña) peak **(b)** (en gráfico) peak **(c)** (en diseños, costura) point; **cuello de** ~ V neck **(d)** (de jarra, tetera) spout **3** (fam) (algo): **tiene 50 y ~ de años** she's fifty odd *o* fifty something (infml); **son las dos y ~** it's past *o* gone two; **tres metros y ~** (just) over three meters **4** **picos** *mpl* (Méx) (zapatillas) spikes (*pl*) **5** (arg) shot

picor *m* irritation, itch

picoso *adj* (Méx) hot, spicy

picotazo *m* peck

picotear [A1] *vt* to peck

■ ~ *vi* (fam) (entre comidas) to nibble, snack

picudo -da *adj* **(a)** ‹*nariz*› pointed, sharp **(b)** ‹*ave*› long-beaked

pida, pidas, *etc* ▶ **pedir**

pie[1] *m* **1** **(a)** (Anat) foot; **un dedo del ~** a toe; **tiene (los) ~s planos** she has flat feet; **~ de atleta** athlete's foot **(b)** (*en locs*) **a pie** on foot; **ir a ~** to go on foot, walk; **hoy ando a ~** (AmL) I'm without wheels today; **de pie** standing; **ponte de ~** stand up; **en pie: estoy en ~ desde las siete** I've been up since seven o'clock; **no puedo tenerme en ~** I can hardly walk/stand; **solo la iglesia quedó en ~** only the church remained standing; **mi oferta sigue en ~** my offer still stands; ***a ~ pelado*** (Chi) barefoot, in one's bare feet; ***de a ~*** common, ordinary; ***de la cabeza a los ~s*** or ***de ~s a cabeza*** from head to foot *o* toe, from top to toe (infml); ***en ~ de guerra*** on a war footing; ***en (un) ~ de igualdad*** on an equal footing; ***hacer ~*** to be able to touch

p

the bottom; ***levantarse con el ~ derecho*** to get off to a good start; ***no tener ni ~s ni cabeza*** to make no sense whatsoever; ***por mi/tu/su (propio) ~*** unaided, without any help **2** **(a)** (de calcetín, media) foot **(b)** (de lámpara, columna) base; (de copa — base) base; (— parte vertical) stem; (de montaña) foot **(c)** (de página, escrito) foot, bottom; **una nota a** or **al ~ de página** a footnote; **~ de fotografía** caption; ***al ~ de la letra*** ‹*copiar/repetir*› word by word, exactly **(d)** (de cama) *tb* **~s** foot **3** **(a)** (medida) foot **(b)** (Lit) foot

pie² /pai/ *m* (AmL) pie

piedad *f* **(a)** (compasión) mercy; **ten ~ de nosotros** have mercy on us; **es un hombre sin ~** he's merciless; **¡por ~!** for pity's sake! **(b)** (devoción) devotion

⚷ **piedra** *f* **1** (material) stone; (trozo) stone, rock (esp AmE); **casas de ~** stone houses; **me tiró una ~** he threw a stone *o* rock at me; **~ caliza** or **de cal** limestone; **~ de molino** millstone; **~ pómez** pumice stone; **~ preciosa** precious stone; ***dejar a algn de ~*** (fam) to stun sb; ***(duro) como una ~*** ‹*pan/asado*› rock hard; **tiene el corazón duro como una ~** he has a heart of stone **2** **(a)** (de mechero) flint **(b)** (cálculo) stone; **tiene ~s en el riñón/la vesícula** she has kidney stones/gallstones

⚷ **piel** *f* **1** (Anat, Zool) skin; **~ grasa/seca** oily *o* greasy/dry skin; **~ roja** *mf* (fam & pey) redskin (dated or offensive), Red Indian (dated or offensive); ***se me/te pone la ~ de gallina*** I/you get gooseflesh *o* goose pimples **2** (Indum) **(a)** (Esp, Méx) (cuero) leather; **guantes de ~** leather gloves; **~ de cocodrilo** crocodile skin; **~ de serpiente** snakeskin; **~ sintética** (cuero sintético) (Esp, Méx) synthetic leather; (imitación nutria, visón, etc) synthetic fur **(b)** (de visón, zorro, astracán) fur; **abrigo de ~(es)** fur coat **(c)** (sin tratar) pelt **3** (Bot) (de cítricos, papa) peel; (de manzana) peel, skin; (de otras frutas) skin

pienso *m* (comida) fodder, feed

pierda, pierdas, *etc* ▶ **perder**

⚷ **pierna** *f* **(a)** (Anat) leg; **con las ~s cruzadas** cross-legged; ***abrirse de ~s*** (en gimnasia) to do the splits **(b)** (Coc) leg; **~ de cordero** leg of lamb

⚷ **pieza** *f* **1** **(a)** (elemento, parte) piece **(b)** (de motor, reloj) part; **~ de recambio** or **de repuesto** spare part; ***quedarse de una ~*** to be dumbfounded; ***ser de una sola ~*** (AmL) to be as straight as a die **(c)** (en ajedrez) piece; (unidad, objeto) piece; ***ser una ~ de museo*** (fam) to be a museum piece **(d)** (en caza) piece, specimen **2** (Mús, Teatr) piece **3** (esp AmL) (dormitorio) bedroom; (en hotel) room

pifia *f* **1** **(a)** (fam) (error) boob (infml) **(b)** (en billar) miscue **(c)** (Chi) (defecto) fault **2** (Chi, Per) (del público) booing and hissing

pifiar [A1] *vt* **1** (fam) (fallar) to fluff (infml); ***~la*** (fam) to blow it (infml) **2** (Chi, Per) «*público*» to boo

pigmentación *f* pigmentation

pigmento *m* pigment

pigmeo -mea *adj/m,f* pygmy

pijama *m* pajamas (*pl*) (AmE), pyjamas (*pl*) (BrE)

pije *adj/mf* (Chi) ▶ **pijo**

⚷ key word

pijo -ja *adj* (Esp fam & pey) ‹*persona/moda/lugar*› posh (infml & derog)

■ *m,f* (Esp fam & pey) rich kid (infml & derog)

pila *f* **1** (Elec, Fís) battery; **funciona a ~(s)** or **con ~s** it runs on batteries, it's battery-operated **2** (fregadero) sink; (de una fuente) basin, bowl; **~ bautismal** baptismal font **3** (fam) (de libros, platos) pile, stack

pilar *f* (Arquit) pillar, column; (de puente) pier

■ *mf* (en rugby) prop (forward)

pilchas *fpl* (CS fam) clothes (*pl*), gear (infml)

píldora *f* **(a)** (pastilla) pill, tablet **(b)** *tb* **~ anticonceptiva** (contraceptive) pill; **tomar la ~** to be on the pill; **~ del día siguiente** morning-after pill

pileta *f* **(a)** (RPl) (fregadero) kitchen sink; (del baño) washbowl (AmE), washbasin (BrE) **(b)** (RPl) (piscina) swimming pool **(c)** (Chi) (estanque) pond; (bebedero) drinking fountain

pillaje *m* pillage

pillar [A1] *vt* **1** (fam) **(a)** (atrapar) to catch; **le pilló un dedo** it caught *o* trapped her finger; **¡te pillé!** caught *o* got you! **(b)** ‹*catarro/resfriado*› to catch **2** (Esp fam) «*coche*» to hit

■ **pillarse** *v pron* (fam) ‹*dedos/manga*› to catch

pillo -lla *adj* (fam) (travieso) naughty, wicked (infml); (astuto) crafty, cunning

■ *m,f* (fam) (travieso) rascal (infml); (astuto) crafty *o* cunning devil (infml)

pilón *m* **1** **(a)** (de fuente) basin **(b)** (Arquit) pillar; (de puente) pylon **2** (Méx fam) (en la compra) *small amount of extra goods given free*; **me dio tres manzanas de ~** he threw in three extra apples (for free)

pilotar [A1] *vt* **(a)** ‹*avión*› to pilot, fly; ‹*barco*› to pilot, steer; ‹*coche*› to drive; ‹*moto*› to ride **(b)** ‹*empresa/país*› to guide, steer

pilotear [A1] *vt* (AmL) ▶ **pilotar**

⚷ **piloto** *mf* **1** (Aviac, Náut) pilot; (de coche) driver; (de moto) rider; **~ de carreras** racing driver; **~ de pruebas** (de avión) test pilot; (de coche) test driver; (de moto) test rider **2** **piloto** *m* **(a)** (de aparato eléctrico, a gas) pilot light **(b)** (CS) (impermeable) raincoat **3** (*como adj inv*) ‹*programa/producto*› pilot (*before n*)

piltrafa *f* **(a)** (de comida) scrap **(b)** (cosa inservible) useless thing

pimentón *m* **(a)** (dulce) paprika; (picante) cayenne pepper **(b)** (AmS exc RPl) (fruto) pepper, capsicum

pimienta *f* pepper

pimiento *m* pepper, capsicum; **~ rojo/verde** red/green pepper

pimpón *m* Ping-Pong®, table tennis

pin *m* (broche) pin

PIN *m* PIN

pináculo *m* (Arquit) pinnacle; (apogeo) pinnacle, peak

pinar *m* pine forest

pincel *m* (Art) paintbrush; (para maquillarse) brush

pincelada *f* brushstroke

pinchadiscos *mf* (*pl* ~) (Esp fam) disc jockey, DJ (infml)

pinchar [A1] *vt* **1** **(a)** ‹*globo/balón*› to burst; ‹*rueda*› to puncture **(b)** (con alfiler, espina) to prick **(c)** (para recoger) to spear **2** (fam) (poner una inyección) to give ... a shot (infml) **3** ‹*teléfono*› to tap, bug **4** (Inf) to click on **5** (Esp fam) ‹*discos*› to play

■ ~ *vi* **1** «*planta*» to be prickly **2** (Auto) to get a flat (tire*), get a puncture **3** (Chi fam) (con el sexo opuesto) ▶ **ligar** *vi*

■ **pincharse** *v pron* **1** (*refl*) «*persona*» (accidentalmente) to prick oneself; (inyectarse) (fam) to shoot up (sl), to jack up (sl) **2** «*rueda*» to puncture; «*globo/balón*» to burst; **se me pinchó un neumático** I got a flat (tire*) *o* a puncture

pinchazo *m* **(a)** (herida) prick; (inyección) shot (infml) **(b)** (en una rueda) flat, puncture **(c)** (dolor agudo) sharp pain **(d)** (fam) (de droga) fix (infml)

pinche *adj* **(a)** (AmL exc CS fam) (*delante del n*) (maldito): **¡~ vida!** what a (lousy *o* rotten) life!; **por unos ~s pesos** for a few measly pesos (infml); **vámonos de este ~ lugar** let's get out of this damn place! **(b)** (Méx fam) (de poca calidad) lousy (infml); (despreciable) horrible **(c)** (AmC fam) (tacaño) tightfisted (infml)

■ *mf* (Coc) kitchen assistant

pincho *m* **1** (de rosa, zarza) thorn, prickle (infml); (de cactus) spine, prickle (infml) **2** (Esp) (de aperitivo) bar snack

pingo -ga *m,f* (Méx fam) little scamp *o* rascal (infml)

Ping-Pong® *m* Ping-Pong®, table tennis

pingüino *m* penguin

pino *m* **1** (Bot) (árbol) pine (tree); (madera) pine **2** (Esp) (en gimnasia): **hacer el ~** to do a handstand **3** (Méx) (en bolos) pin

pinolillo *m* (AmC) (maíz) cornstarch (AmE), maize flour (BrE); (bebida) *drink made with cornstarch and water*

pinta *f* **1** (fam) (aspecto) look; **eso le da ~ de intelectual** it gives him an intellectual look; **tiene ~ de extranjero** he looks foreign; **¿dónde vas con esa(s) ~(s)?** where are you going looking like that?; ***echar*** or ***tirar*** (Andes) or (RPl) ***hacer*** ~ (fam) to impress **2** (en tela, animal) spot **3** (medida) pint **4** (Méx fam) (de la escuela): **irse de ~** to play hooky* (esp AmE infml), to skive off (school) (BrE infml)

pintada *f* piece of graffiti; (Pol) slogan

pintado -da *adj* ‹*vaca*› spotted; ‹*caballo*› dappled, pied

pintalabios *m* (*pl* ~) (fam) lipstick

pintar [A1] *vt* **(a)** (en general) to paint; **pintó la puerta de rojo** she painted the door red; **~ algo al óleo** to paint sth in oils **(b)** (fam) (dibujar) to draw

■ ~ *vi* **1** **(a)** (con pintura) to paint **(b)** (fam) (dibujar) to draw **2** (en naipes) to be trumps

■ **pintarse** *v pron* (*refl*) (maquillarse) to put on one's makeup; **~se los labios** to put on some lipstick; **~se los ojos** to put on eye makeup; **~se las uñas** to paint one's nails

pintarrajear [A1] *vt* to daub

pintor -tora *m,f* (de cuadros) painter, artist; (de paredes) (house) painter; **~ de brocha gorda** (de casas, barcos) painter

pintoresco -ca *adj* picturesque

pintura *f* **(a)** (arte, cuadro) painting; **~ a la acuarela/al óleo** watercolor*/oil painting **(b)** (material) paint; (en cosmética) makeup

pinza *f* **1** **(a)** (para la ropa) clothespin (AmE), clothes peg (BrE) **(b)** (para el pelo) bobby pin (AmE), hairgrip (BrE) **(c)** (de un cangrejo) pincer **(d)** (en costura) dart; **un pantalón con ~s** pleated pants (AmE) *o* (BrE) trousers **2** *tb* **~s (a)** (para depilar) tweezers (*pl*); (de cirujano) forceps (*pl*); (de cocina, chimenea) tongs (*pl*) **(b)** (alicates) pliers (*pl*)

piña *f* (Bot) (fruta) pineapple; (del pino) pine cone

piñata *f*: *container hung up during festivities and hit with a stick to release candy inside*

piñón *m* **1** (Bot) pine kernel *o* nut **2** (Mec) pinion; (de bicicleta) sprocket wheel

pío[1], **pía** *adj* devout, pious

pío[2] *m* peep, tweet; ***no decir ni*** ~ (fam) not to say a word

piojo *m* louse; **~s** lice

piojoso -sa *adj* **(a)** (con piojos) lousy, lice-ridden **(b)** (fam) (sucio) filthy

piola *adj inv* (RPl fam) **(a)** (divertido) fun (*before n*) (infml) **(b)** (astuto) crafty (infml) **(c)** ‹*ropa*› trendy (infml)

■ *f* (AmL) cord

piolet /pjo'le(t)/ *m* (*pl* **-lets**) ice ax*

pionero -ra *adj* pioneering (*before n*)

■ *m,f* pioneer

pipa *f* **1** (para fumar) pipe; **fumar (en) ~** to smoke a pipe **2** (tonel) cask, barrel **3** (Esp) (de sandía, mandarina) pip; (de girasol, calabaza) seed; ***pasarlo*** ~ (fam) to have a great time **4** (Méx) (camión) tanker

pipí *m* (fam) pee (infml), wee (BrE infml); **hacer ~** to have a pee *o* (BrE) wee

pique *m* **1** **a pique: una caída a** or (Méx) **en ~ hasta el mar** a vertical *o* sheer drop to the sea below; **a pique de** on the point of, about to; ***irse a*** ~ «*barco*» to sink; «*negocio*» to go under **2** (fam) **(a)** (enfado, resentimiento): **tener un ~ con algn** to be at odds with sb **(b)** (rivalidad) rivalry, needle **3** **(a)** (carta) spade **(b)** **piques** *fpl* (palo) spades (*pl*)

piqueta *f* pick, pickax*

piquete *m* **1** (de huelguistas) picket; (de soldados) squad, picket (arch) **2** (Méx fam) **(a)** (herida) prick; (inyección) shot (infml), jab (infml) **(b)** (de insecto) sting, bite

pira *f* pyre

piragua *f* (Dep) canoe

piragüismo *m* canoeing

pirámide *f* pyramid

piraña *f* (Zool) piranha

pirarse [A1] *v pron* (Esp fam) to make oneself scarce (infml)

pirata *adj* **(a)** ‹*barco*› pirate (*before n*) **(b)** (clandestino) ‹*casete/copia*› pirate (*before n*), bootleg (*before n*) (infml)

■ *mf* **(a)** (Náut) pirate; **~ aéreo** hijacker **(b)** (de casetes, videos) pirate

piratear [A1] *vt* ‹*videos/casetes*› to pirate; ‹*sistema*› to hack into

piratería *f* piracy; **~ informática** hacking (infml)

Pirineos *mpl*, **Pirineo** *m*: **los ~** or **el Pirineo** the Pyrenees (*pl*)

pirinola *mf* (Andes, Méx) (peonza) spinning top

pirómano -na *m,f* pyromaniac

P

piropear [A1] *vt* to make flirtatious/flattering comments to

piropo *m* flirtatious/flattering comment

pirueta *f* (en danza) pirouette; (de un caballo) pesade

pis *m* ▶ **pipí**

pisada *f* (acción) footstep; (huella) footprint

pisapapeles *m* (*pl* ~) paperweight

pisar [A1] *vt* **1** **(a)** (con el pie) ‹*mina/clavo*› to step on; ‹*charco*› to step in, tread in (esp BrE); **la pisó sin querer** he accidentally stepped *o* (esp BrE) trod on her foot; ⊗ **prohibido pisar el césped** keep off the grass **(b)** (humillar) to trample on, walk all over **2** (RPl, Ven) **(a)** (Coc) to mash **(b)** (fam) (atropellar) to run over
■ ~ *vi* to tread; **pisó mal y se cayó** she lost her footing and fell

pisca *f* (Méx) harvest

piscina *f* swimming pool; ~ **cubierta/climatizada** covered/heated swimming pool

Piscis *m* (signo, constelación) Pisces; **es (de)** ~ he's (a) Pisces, he's a Piscean
■ *mf* (*pl* ~) (persona) *tb* **piscis** Piscean, Pisces

pisco *m* (aguardiente) ≈ grappa

⚷ **piso** *m* **1** **(a)** (de edificio) floor, story*; (de autobús) deck; **una casa de seis ~s** a six-story building; **un autobús de dos ~s** a double-decker bus **(b)** (de pastel) layer **2** (AmL) **(a)** (suelo) floor **(b)** (de carretera) road surface **3** (Esp) (apartamento) apartment (esp AmE), flat (BrE); ~ **piloto** (Esp) show apartment *o* (BrE) flat **4** (Chi) (taburete) stool; (alfombrita) rug; (felpudo) doormat

pisotear [A1] *vt* **(a)** (con los pies) to trample, stamp on **(b)** ‹*persona/derecho*› to ride roughshod over

pisotón *m* stamp; **darle un ~ a algn** (intencional) to stamp on sb's foot *o* toes; (sin querer) to tread *o* step on sb's foot *o* toes

pista *f* **1** **(a)** (rastro) trail, track; **seguirle la ~ a algn** to be/get on sb's trail **(b)** (indicio) clue **2** **(a)** (carretera) road, track **(b)** (Chi) (carril) lane **(c)** (Audio) track **3** **(a)** (en el circo) ring; (en el picadero) ring; (en el hipódromo) track (AmE), course (BrE); ~ **de aterrizaje** runway, landing strip; ~ **de baile** dance floor; ~ **de esquí** ski slope, piste; ~ **de hielo/de patinaje** ice/skating rink **(b)** (Esp) (de tenis) court

pistacho *m* pistachio (nut)

pistola *f* **(a)** (Arm) pistol; **a punta de ~** at gunpoint **(b)** (para pintar) spray gun

pistolero *m* gunman

pistón *m* **(a)** (émbolo) piston **(b)** (de arma) percussion cap **(c)** (de instrumento) key

pitada *f* **1** **(a)** (pitido) beep **(b)** (en espectáculo) ≈ booing and hissing, whistling (*as sign of disapproval*) **2** (AmL) (de cigarrillo) puff, drag (infml)

pitar [A1] *vi* **(a)** «*guardia/árbitro*» to blow one's whistle **(b)** «*vehículo*» to blow the horn, to hoot **(c)** «*público*» (como protesta) to boo and hiss
■ ~ *vt* ‹*falta*› to blow for, award, call (AmE)

pítcher *mf* pitcher

⚷ key word

pitido *m* (sonido agudo) whistle, whistling; (de claxon) beep, hoot, honk

pitillera *f* cigarette case

pitillo *m* **1** (fam) (cigarrillo) smoke (infml), fag (BrE infml) **2** (Col) (para beber) straw

pito *m* **1** **(a)** (silbato) whistle; **tocar el ~** to blow the whistle; **tener voz de ~** (fam) to have a squeaky voice **(b)** (fam) (de coche) horn, hooter; (de tren) whistle; **tocar el ~** to hoot, honk **2** (Chi fam) (de marihuana) joint (infml), spliff (sl) **3** (fam) (pene) weenie (AmE infml), willy (BrE infml)

pitón *f or m* python

pitonisa *f* fortuneteller

pitorrearse [A1] *v pron* (Esp fam) ~ DE **algn** to make fun OF sb

pituco -ca *adj* (CS, Per fam) **(a)** (elegante) posh (infml) **(b)** (engreído) stuck-up (infml)
■ *m,f* (CS, Per fam): **es un ~** he's stuck-up (infml)

pituto *m* (Chi fam) (para conseguir algo) contact

pívot *mf* (*pl* **-vots**) (Dep) center*, pivot

piyama *m or f* (AmL) pajamas (*pl*) (AmE), pyjamas (*pl*) (BrE)

pizarra *f* **(a)** (Min) slate **(b)** (en el aula) blackboard, chalkboard; (del alumno) slate **(c)** (Cin) clapperboard **(d)** (en béisbol) scoreboard

pizarrón *m* (AmL) blackboard, chalkboard

pizca *f* **1** (cantidad pequeña): **una ~ de algo** (de sal, azúcar) a pinch of sth; (de vino, agua) a drop of sth; **no tiene ni ~ de gracia** it's not the slightest bit funny **2** (Méx) (cosecha) harvest

pizcar [A2] *vt* (Méx) ‹*maíz*› to harvest; ‹*algodón*› to pick
■ ~ *vi* (Méx) to take in the harvest

pizza /'pitsa, 'pisa/ *f* pizza

pizzería /pitse'ria, pise'ria/ *f* pizzeria

Pl. (= **Plaza**) Sq, Square

⚷ **placa** *f* **1** (lámina, plancha) sheet **2** **(a)** (con inscripción) plaque; **una ~ con el nombre** a nameplate; ~ **de matrícula** license (AmE) *o* (BrE) number plate **(b)** (de policía) badge **3** (Chi) (dentadura) dentures (*pl*), dental plate

placaje *m* (en fútbol americano) block; (en rugby) tackle

placar [A2] *vt* (en fútbol americano) to block; (en rugby) to tackle

placard /pla'kar/ *m* (RPl) built-in closet (AmE), fitted wardrobe (BrE)

placenta *f* placenta, afterbirth

placentero -ra *adj* pleasant, agreeable

placer [E4] *vi* (*en 3ª pers*), (+ *me/te/le etc*): **haz lo que te plazca** do as you please; **me place informarle que ...** (fml) it is my pleasure to inform you that ... (fml)
■ *m* (gusto, satisfacción) pleasure; **ha sido un ~ conocerla** (fml) it has been a pleasure to meet you; **un viaje de ~** a pleasure trip

placero *m* (Per) street vendor

placidez *f* placidity, placidness, calmness

plácido -da *adj* placid, calm

plaga *f* **(a)** (de insectos, ratas) plague; **las ardillas son consideradas una ~** squirrels are considered to be a pest **(b)** (calamidad, azote) plague

plagado -da *adj* [ESTAR] ~ DE **algo** (de faltas/errores) riddled WITH sth; (de turistas/insectos) swarming WITH sth

plagiar [A1] *vt* ‹*idea/libro*› to plagiarize

plagio *m* (copia) plagiarism

plan *m* **1** (proyecto, programa) plan; **hacer ~es** to make plans; **~ de estudios** syllabus **2** (fam) (cita, compromiso): **si no tienes otros ~es** if you're not doing anything else; **¿tienes algún ~ para esta noche?** do you have any plans for tonight? **3** (fam) (actitud): **vienen en ~ de diversión** they're here to have fun; **lo dijo en ~ de broma** he was only kidding (infml); **en ~ económico** cheaply, on the cheap (infml)

plana *f* **1** (de periódico) page; **aperece en primera ~** it's on the front page **2** (Educ) (ejercicio) handwriting exercise **3** **la ~ mayor** (Mil) the staff officers (*pl*); (jefes) (fam) the top brass (infml)

plancha *f* **1** **(a)** (electrodoméstico) iron **(b)** (acto) ironing; (ropa para planchar) ironing **2** **(a)** (Const, Tec) sheet **(b)** (Impr) plate **3** (utensilio de cocina) griddle; **filete a la ~** grilled steak **4** **(a)** (fam) (metedura de pata) boo-boo (infml), boob (infml) **(b)** (Chi fam) (vergüenza) embarrassment

planchar [A1] *vt* ‹*sábana/mantel*› to iron; ‹*pantalones*› to press, iron; ‹*traje*› to press
■ **~** *vi* (con la plancha) to do the ironing

plancton *m* plankton

planeación *f* (Méx) planning

planeador *m* glider

planear [A1] *vt* to plan
■ **~** *vi* (Aviac) to glide; «*águila*» to soar; (Náut) to plane

planeta *m* planet

planetario *m* planetarium

planificación *f* planning; **~ familiar** family planning

planificar [A2] *vt* to plan, draw up a plan for

planilla *f* **1** **(a)** (tabla) table, chart; (lista) list **(b)** (AmL) (nómina) payroll; **estar en ~** to be on the payroll **(c)** (AmL) (personal) staff **2** **(a)** (Méx) (en elección) list of candidates **(b)** (Col) (censo electoral) electoral register

plano¹ -na *adj* **1** ‹*superficie/terreno/zapato*› flat; **los 100 metros ~s** (AmL) the hundred meters dash *o* sprint **2** ‹*figura/ángulo*› plane

plano² *m* **1** (de edificio) plan; (de ciudad) street plan, map **2** (Mat) plane **3** **(a)** (nivel) level; **en el ~ afectivo** on an emotional level **(b)** (Cin, Fot) shot **4** **de plano** ‹*rechazar/rehusar*› flatly

planta *f* **1** (Bot) plant; **~ de interior** houseplant, indoor plant **2** (Arquit) **(a)** (plano) plan **(b)** (piso) floor; **una casa de dos ~s** a two-story house; **~ baja** first floor (AmE), ground floor (BrE) **3** (Tec) (instalación) plant **4** (del pie) sole

plantación *f* **(a)** (terreno plantado) field; (de árboles) plantation **(b)** (explotación agrícola) plantation **(c)** (acción) planting

plantado -da *adj* **~** DE **algo** planted WITH sth; ***dejar ~ a algn*** ▶ **plantar 2 b**

plantar [A1] *vt* **1** **(a)** ‹*árboles/cebollas*› to plant **(b)** ‹*postes*› to put in; ‹*tienda*› to pitch, put up **2** (fam) **(a)** (abandonar) ‹*novio*› to ditch (infml), to dump (infml); ‹*estudios*› to give up, to quit (AmE) **(b)** (dejar plantado) ‹*persona*› (en cita) to stand ... up; (el día de la boda) to jilt
■ **plantarse** *v pron* **1** (fam) (quedarse, pararse) to plant oneself (infml) **2** (Jueg) (en cartas, apuesta) to stick

planteamiento *m* **(a)** (enfoque) approach **(b)** (exposición): **no les sabe dar el ~ adecuado a sus ideas** he doesn't know how to set his ideas out; **ese no es el ~ que me hicieron** that's not the way they explained the situation to me

plantear [A1] *vt* **1** **(a)** ‹*teoría/razones*› to set out **(b)** (exponer) ‹*tema/pregunta*› to raise; **me lo planteó de la siguiente manera** he explained it to me in the following way; **~le algo a algn** to raise sth with sb; **le ~é la cuestión a mi jefe** I'll raise the matter with my boss; **nos ~on dos opciones** they presented us with *o* gave us two options; **le planteé la posibilidad de ir a Grecia** I suggested going to Greece **2** ‹*problemas/dificultades*› to pose
■ **plantearse** *v pron* **1** (considerar) ‹*problema/posibilidad*› to think about, consider **2** (presentarse) «*problema/posibilidad*» to arise

plantel *m* **1** (cuerpo) staff **2** (Agr) nursery **3** (AmL fml) (escuela) educational establishment (fml)

plantilla *f* **1** (de zapato) insole **2** (Esp) (personal) staff; (nómina) payroll; **estar en ~** to be on the staff *o* payroll **3** (para marcar, cortar) template; (para corregir exámenes) mask

plantón *m* **(a)** (fam) (espera) long wait; ***darle el ~ a algn*** ▶ **plantar 2 b** **(b)** (Méx) (para protestar) sit-in

plasma *m* (Biol, Fís) plasma

plasta *f* (fam) (masa — blanda) soft lump; (— aplastada) flat *o* shapeless lump

plasticina® *f* (CS) Plasticine®

plástico¹ -ca *adj* plastic

plástico² *m* **(a)** (material) plastic **(b)** (explosivo) plastic explosive, plastique **(c)** (fam) (tarjetas de crédito) credit cards (*pl*), plastic (infml)

plastificar [A2] *vt* ‹*tela*› to plasticize; ‹*carné/documento*› to laminate

plata *f* **1** **(a)** (metal) silver; **~ de ley** hallmarked silver **(b)** (vajilla) silver, silverware **2** (AmS fam) (dinero) money; **tiene mucha ~** she has a lot of money

plataforma *f* platform; **~ de lanzamiento** launchpad

platal *m* (AmS fam) fortune (infml)

platanal, platanar *m* banana plantation

platanera *f* (empresa) banana company

platanero *m* (árbol) banana tree

plátano *m* **1** (árbol) *tb* **~ oriental** plane tree **2** **(a)** (fruto que se come crudo) banana; (árbol) banana tree **(b)** (fruto para cocinar) plantain; (árbol) plantain

platea *f* **(a)** (patio de butacas) orchestra (AmE), stalls (*pl*) (BrE) **(b)** (localidad) seat (*in the orchestra/stalls*)

plateado -da *adj* **(a)** (del color de la plata) silver **(b)** (con baño de plata) silver-plated

platería *f* **(a)** (arte) silverwork **(b)** (objetos) silver(ware) **(c)** (tienda) silversmith's

plática *f* **(a)** (conferencia) talk **(b)** (esp AmL) (conversación) [*this noun is widely used in Mexico* *and Central America but is formal in other areas]* talk; **estar de ~** to talk, to chat (infml)

platicar [A2] *vi* (esp AmL) *[this verb is widely used in Mexico and Central America but is literary in other areas]* to talk, chat (infml) ■ ~ *vt* (Méx) (contar) to tell

platillo *m* **1** **(a)** (plato pequeño) saucer; (de balanza) pan; (para limosnas) collection plate *o* bowl; **~ volador** or (Esp) **volante** flying saucer **(b)** (Mús) cymbal **(c)** (Dep) clay pigeon **2** (Méx) (en una comida) course

platino *m* **1** (metal) platinum **2** **platinos** *mpl* (Auto, Mec) (contact breaker) points (*pl*)

plato *m* **1** **(a)** (utensilio) plate; **lavar** or **fregar los ~s** to wash *o* do the dishes; **~ de postre** dessert plate; **~ hondo** or **sopero** soup dish; **~ llano** or (RPl) **playo** or (Chi) **bajo** or (Méx) **extendido** (dinner) plate **(b)** (para taza) *tb* **platito** saucer **2** (contenido) plate, plateful **3** **(a)** (receta) dish; **~ típico** typical dish **(b)** (en una comida) course; **~ central** (Ven) main course; **~ combinado** (Esp) *meal served on one plate, eg burger, eggs and fries*; **~ del día** dish of the day; **~ fuerte** or **principal** or **de fondo** (Coc) main course **4** **(a)** (de balanza) (scale) pan **(b)** (de tocadiscos) turntable **(c)** (Dep) clay pigeon **(d)** (en béisbol) home plate

plató *m* set

platónico -ca *adj* platonic

platudo -da *adj* (AmS fam) well-heeled (infml)

⚷ **playa** *f* **(a)** (extensión de arena) beach; (lugar de veraneo) seaside **(b)** **~ de estacionamiento** (CS, Per) parking lot (AmE), car park (BrE)

playera *f* (zapatilla) canvas shoe, beach shoe; (camiseta) (Méx) T-shirt

⚷ **plaza** *f* **1** (espacio abierto) square; **~ de armas** (Mil) parade ground; (lugar público) (Andes) main square; **~ de toros** bullring; **~ mayor** main square **2** **(a)** (esp AmL) (bolsa) market **(b)** (Esp) (mercado) market (place) **3** **(a)** (puesto de trabajo) post, position; (en una clase, universidad) place; **hay varias ~s vacantes** there are several vacancies **(b)** (asiento) seat

P

⚷ **plazo** *m* **1** (de tiempo) period; **dentro de un ~ de dos meses** within a two-month period; **el ~ vence el próximo lunes** (para proyecto, trabajo) the deadline is next Monday; (para entrega de solicitudes) next Monday is the closing date; **tenemos un mes de ~ para pagar** we have one month to pay; **un objetivo a corto/largo ~** a short-term/long-term objective **2** (mensualidad, cuota) installment*; **pagar a ~s** to pay in installments; **comprar a ~s** to buy on installments

plazoleta, **plazuela** *f* small square

plebe *f* **(a)** (Hist): **la ~** the masses (*pl*), the populace **(b)** (pey) (chusma) rabble (derog), plebs (*pl*) (infml & derog)

plebeyo -ya *adj/m,f* plebeian

plebiscito *m* plebiscite

plegable *adj* folding (*before n*)

plegar [A7] *vt* ‹*papel*› to fold; ‹*silla*› to fold up ■ **plegarse** *v pron* **1** (ceder) to yield, submit; **~se A algo** to yield TO sth, submit TO sth **2** (AmS) (unirse) to join in; **~se A algo** to join sth

⚷ key word

plegaria *f* prayer

pleitear [A1] *vi* (AmL fam) (discutir) to argue

pleito *m* **1** (Der) action, lawsuit **2** (AmL) **(a)** (disputa, discusión) argument, fight (infml) **(b)** (de boxeo) fight, boxing match

plenario -ria *adj* plenary, full

plenitud *f*: **en la ~ de algo** (de la vida) in the prime of sth; (de la carrera) at the height *o* peak of sth; **vivir la vida con ~** to live life to the full

⚷ **pleno[1] -na** *adj* **(a)** (completo, total) full; **en ~ uso de sus facultades** in full possession of his faculties **(b)** (uso enfático): **en ~ verano** in the middle of summer; **le dio una bofetada en plena cara** he slapped her right across the face; **a plena luz del día** in broad daylight; **a ~ sol** in the full sun

pleno[2] *m* **1** (reunión) plenary *o* full meeting/ session **2** (Jueg) (en bolos) strike; (en lotería, bingo) full house; (en las quinielas) correct forecast *o* prediction

pliego *m* **(a)** (hoja de papel) sheet of paper **(b)** (Impr) section, signature **(c)** (documento) document

pliegue *m* **(a)** (en papel) fold, crease; (en la piel) fold; (en tela) pleat **(b)** (Geol) fold

plinto *m* (en gimnasia) box

plomería *f* (AmL) plumbing

plomero -ra *m,f* (AmL) plumber

plomizo -za *adj* ‹*cielo*› gray*, leaden (liter)

plomo *m* **1** **(a)** (metal) lead; **soldado de ~** tin soldier **(b)** (arg) (balas) lead (sl) **2** (fam) (persona aburrida): **este profesor es un ~** this teacher is deadly boring (infml) **3** (Esp) (fusible) fuse

pluma *f* **1** (de aves) feather; (antigua para escribir) quill; (como adorno) plume, feather; **mudar la ~** to molt* **2** (para escribir) pen; **~ atómica** (Méx) ballpoint pen; **~ estilográfica** or (AmL) **fuente** fountain pen

plumaje *m* (de ave) plumage; (en un casco) plume, crest

plumero *m* **(a)** (para limpiar) feather duster **(b)** (estuche) pencil case; (recipiente) pen holder

plumilla *f* **1** (para escribir) nib **2** **(a)** (del limpiaparabrisas) blade **(b)** (Mús) brush **(c)** (Dep) shuttlecock

plumón *m* **1** **(a)** (pluma suave) down **(b)** (edredón) down-filled quilt *o* (BrE) duvet **2** (Chi) (rotulador) felt-tip pen

plural *adj/m* plural; **tercera persona del ~** third person plural; **en ~** in the plural

pluralizar [A4] *vi* to generalize

pluscuamperfecto *m* pluperfect, past perfect

Plutón *m* Pluto

plutonio *m* plutonium

pluviosidad *f* rainfall

⚷ **población** *f* **1** (habitantes) population; (Zool) population, colony; **~ activa/pasiva** working/ non-working population **2** (ciudad) town, city; (aldea) town, village; **~ callampa** (Chi) shantytown **3** (acción) settlement

poblado[1] -da *adj* **1** (habitado) populated; **poco ~** sparsely populated **2** ‹*barba/cejas*› bushy, thick; ‹*pestañas*› thick

poblado[2] *m* village

poblador -dora *m,f* **(a)** settler **(b)** (Chi) *inhabitant of a shantytown*

poblar [A10] *vt* **1** ‹*territorio/región*› **(a)** «*colonos/inmigrantes*» (ir a ocupar) to settle, populate **(b)** (habitar) to inhabit **2** ~ **algo** DE **algo** ‹*bosque*› to plant sth WITH sth; ‹*río/colmena*› to stock sth WITH sth

■ **poblarse** *v pron* «*tierra/colonia*» to be settled

pobre *adj* **1** **(a)** ‹*persona/barrio/nación*› poor; ‹*vestimenta*› poor, shabby **(b)** (escaso) ‹*vocabulario*› poor, limited; **aguas ~s en minerales** water with a low mineral content **(c)** (mediocre) ‹*examen/trabajo/actuación*› poor; ‹*salud*› poor, bad; ‹*argumento*› weak **(d)** ‹*tierra*› poor **2** (*delante del n*) (digno de compasión) poor; **~ animal** poor animal; **~, tiene hambre** poor thing, he's hungry; **¡~ de mí!** poor (old) me!

■ *mf* (necesitado) poor person, pauper (arch); **los ~s** the poor

pobreza *f* **(a)** (económica) poverty; **extrema ~** abject poverty **(b)** (mediocridad) poverty, poorness **(c)** (de la tierra) poorness, poor quality

poceta *f* (Ven) toilet bowl *o* pan

pocho -cha *adj* **(a)** (Esp fam) [ESTAR] ‹*persona*› off-color, peaked (AmE infml) **(b)** ‹*fruta*› overripe; ‹*flor*› withered

pocilga *f* pigsty

pócima *f* (Farm) potion; (bebida) (fam) concoction (infml)

poción *f* potion

poco[1] *adv*: **habla ~** he doesn't say much *o* a lot; **es muy ~ agradecido** he is very ungrateful; **un autor muy ~ conocido** a very little-known author; **viene muy ~ por aquí** he hardly ever comes around; ▶ **poco**[2] **4**

poco[2] **-ca** *adj* (con sustantivos no numerables) little; (en plural) few; **muy ~ vino** very little wine; **muy ~s niños** very few children; **había poquísimos coches** there were hardly any cars

■ *pron* **1** (poca cantidad, poca cosa): **había ~ que hacer** there was little to do; **por ~ que gane ...** no matter how little *o* however little she earns ...; **se conforma con ~** he's easily satisfied; **todo le parece ~** she is never satisfied; **~s quisieron ayudar** few were willing to help; **~s pueden permitirse ese lujo** not many people can afford to do that **2** **poco** (refiriéndose a tiempo): **lo vi hace ~** I saw him recently *o* not long ago; **hace muy ~ que lo conoce** she hasn't known him for very long; **tardó ~ en hacerlo** it didn't take him long to do it; **falta ~ para las navidades** it's not long till Christmas; **a ~ de venir él** soon *o* shortly after he came; **dentro de ~** soon; **~ antes de que ...** a short while *o* shortly before ... **3** **un poco** **(a)** (refiriéndose a cantidades) a little; (refiriéndose a tiempo) a while; **dame un ~** I'll have some *o* a little; **espera un ~** wait a while **(b)** **un poco de** a little, a bit of **(c)** **un poco** + ADJ/ADV: **un ~ caro/tarde** a bit *o* a little expensive/late **4** (*en locs*) **a poco** (Méx): **¡a ~ no está fabuloso Acapulco!** isn't Acapulco just fantastic!; **¡a ~ ganaron!** don't tell me they won!; **de a poco** (AmL) gradually, little by little; **poco a poco** gradually; **poco más o menos** approximately, roughly; **por poco** nearly

poda *f* (acción) pruning; (temporada) pruning season

podar [A1] *vt* ‹*árbol*› to prune

podcast *m* podcast; **hacer un ~** to podcast

poder[1] [E21] *v aux* **I** **1** (tener la capacidad o posibilidad de): **puedo ir ahora o mañana** I can go now or tomorrow; **no puedo pagar tanto** I can't pay that much; **no podía dormir** I couldn't sleep; **no va a ~ venir** he won't be able to come; **no pudo asistir** he was unable to *o* he couldn't attend; **¿pudiste hacerlo sola?** were you able to do it on your own? **2** **(a)** (expresando idea de permiso): **¿puedo servirme otro?** can *o* may I have another one?; **¿podría irme más temprano hoy?** could I leave earlier today?; **puedes hacer lo que quieras** you can do whatever you like; **no puede comer sal** he isn't allowed to eat salt; **¿se puede? — ¡adelante!** may I? — come in; **aquí no se puede fumar** smoking is not allowed here **(b)** (solicitando un favor): **¿puedes bajar un momento?** can you come down for a moment?; **¿podrías hacerme un favor?** could you do me a favor? **3** (expresando derecho moral): **no podemos hacerle eso** we can't do that to her **4** (en quejas, reproches): **podías** or **podrías haberme avisado** you could *o* might have warned me!

II (con idea de esfuerzo) **1** ~ CON **algo/algn**: **¿puedes con todo eso?** can you manage all that?; **no puedo con este niño** I can't cope with this child; **estoy que no puedo más** (cansado) I'm exhausted; (lleno) I can't eat anything else; **ya no puedo más** I can't go on like this **2** (con idea de eventualidad, posibilidad): **te podrías** or **podías haber matado** you could have killed yourself!; **no podía haber estado más amable** she couldn't have been kinder; **podría volver a ocurrir** it could happen again; **no pudo ser** it wasn't possible; **puede (ser) que tengas razón** you may *o* could be right; **puede que sí, puede que no** maybe, maybe not **3** (Méx) (doler): **nos pudo mucho la muerte de Julio** we were terribly upset by Julio's death

poder[2] *m* **1** **(a)** (control, influencia) power; **tiene mucho ~** he has a great deal of power; **estamos en su ~** we are in her power **(b)** (Pol): **el ~** power; **estar en el ~** to be in power; **tomar el ~** to take *o* seize power **2** (posesión): **la carta está en ~ de ...** the letter is in the hands of ... **3** **(a)** (derecho, atribución) power; **tener amplios ~es para hacer algo** to have wide-ranging powers to do sth **(b)** (Der) (documento) letter of authorization; (hecho ante notario) power of attorney; **casarse por ~** (AmL) or (Esp) **por ~es** to get married by proxy **4** **(a)** (capacidad, facultad) power; **su ~ de convicción** her power of persuasion; **~ adquisitivo** purchasing power **(b)** (de motor, aparato) power

poderío *m* power

poderoso -sa *adj* powerful

poderosos *mpl*: **los ~s** (los ricos) the wealthy; (los que tienen poder) the powerful

podio *m*, **pódium** *m* (*pl* **-diums**) (Dep) podium; (Mús) podium, rostrum

podólogo -ga *m,f* chiropodist, podiatrist (AmE)

podré, *etc* ▶ **poder**[1]

podría, *etc* ▶ **poder**[1]

podrido -da *adj* **1** **(a)** (descompuesto) rotten; **huele a** or (AmL) **hay olor a ~** there's a smell of something rotting *o* rotten **(b)** (corrompido) rotten, corrupt; ***estar ~ de dinero*** or (AmS) ***estar ~ en plata/oro*** (fam) to be stinking *o* filthy rich (infml) **2** (RPl fam) (harto, aburrido) fed up (infml)

podrir [I38] *vt* ▶ **pudrir**

poema *m* poem

✓ **poesía** *f* (género) poetry; (poema) poem

✓ **poeta -tisa** *m,f*, **poeta** *mf* poet

poético -ca *adj* poetic

póker *m* ▶ **póquer**

polaco -ca *adj* Polish
■ *m,f* **1** (persona) Pole **2** **polaco** *m* (idioma) Polish

polar *adj* polar

polarizar [A4] *vt* **(a)** (Fot, Ópt) to polarize **(b)** ‹*atención*› to focus **(c)** ‹*nación/opiniones*› to polarize

polea *f* (Tec) pulley; (Náut) tackle

polémica *f* controversy, polemic (fml)

polémico -ca *adj* controversial, polemic (fml)

polemizar [A4] *vi* to argue

polen *m* pollen

poleo *m* pennyroyal

polera *f* (suéter) (RPl) polo neck; (Chi) (camiseta) T-shirt

polichinela *m* (títere) string puppet

✓ **policía** *f* **1** (cuerpo) police; **la ~ está investigando el caso** the police are investigating the case; **~ antidisturbios** riot police; **~ de tráfico** or (AmL) **de tránsito** traffic police, highway patrol (AmE); **~ municipal** local *o* city police; **~ nacional** (state) police **2** **policía** (agente) (*m*) policeman, police officer; (*f*) policewoman, police officer

policíaco -ca, **policiaco -ca** *adj* ‹*novela/serie*› crime (*before n*), detective (*before n*)

✓ **policial** *adj* police (*before n*)

polideportivo *m* sports center*

poliéster *m* polyester

poliestireno *m* *tb* **~ expandible** polystyrene

polietileno *m* polyethylene (AmE), polythene (BrE)

polifacético -ca *adj* versatile, multifaceted

poligamia *f* polygamy

polígamo -ma *m,f* polygamist

políglota *mf* polyglot

polígono *m* **1** (Mat) polygon **2** (Esp) (zona) area, zone; (urbanización) development, housing estate; **~ industrial** (Esp) industrial area *o* zone

polilla *f* (Zool) moth; **~ de la madera** woodworm

Polinesia *f* Polynesia

polinesio[1] -sia *adj/m,f* Polynesian

polinesio[2] *m* (idioma) Polynesian

polinización *f* pollination

polio *f* polio

poliomielitis *f* poliomyelitis

politécnico -ca *adj* ‹*universidad*› *specializing in technical or practical subjects*; **escuela politécnica** technical college

politeísmo *m* polytheism

✓ **política** *f* **1** (Pol) politics **2** (postura) policy; **~ interior/exterior** domestic/foreign policy

✓ **político -ca** *adj* **1** (Pol) political **2** (diplomático) diplomatic, tactful **3** (en relaciones de parentesco): **la familia política** the in-laws
■ *m,f* politician

politizarse [A4] *v pron* to become politicized

póliza *f* **1** (de seguros) policy **2** (esp Esp) (sello) fiscal stamp

polizón *mf* stowaway; **viajar de ~** to stow away

polla *f* **1** (Esp vulg) (pene) cock (vulg), prick (vulg) **2** **(a)** (AmL) (apuesta) bet **(b)** (Per) (quiniela) ≈ sports lottery (*in US*), ≈ pools (*in UK*) **(c)** (Chi) (lotería) lottery; *ver tb* **pollo**

pollera *f* (CS) (Indum) skirt

pollería *f* poultry store, poulterer's store

pollito -ta *m,f* chick

pollo -lla *m,f* (Zool) **(a)** (cría) chick **(b)** (adulto) chicken **(c)** (Coc) chicken; **~ asado** roast chicken

polluelo *m* chick

polo *m* **1** **(a)** (Geog) pole; **P~ Norte/Sur** North/South Pole **(b)** (Elec, Fís) pole; **~ negativo** negative pole; ***ser ~s opuestos*** (fam) to be poles apart **2** (centro) center*, focus **3** **(a)** (Dep) polo **(b)** (Indum) polo shirt **4** (Esp) (helado) Popsicle® (AmE), ice lolly (BrE)

pololear [A1] *vi* (Chi) to have a boyfriend/girlfriend; **~ CON algn** to go out WITH sb

pololo -la *m,f* (Chi fam) (*m*) boyfriend; (*f*) girlfriend

Polonia *f* Poland

poltrona *f* armchair, easy chair

polución *f* pollution; **la ~ atmosférica** atmospheric pollution

polvareda *f* dust cloud

polvera *f* powder compact

polvo *m* **(a)** (suciedad) dust; **limpiar** or **quitar el ~** to do the dusting, to dust; ***estar hecho ~*** (agotado) to be all in (fam); (deprimido) to be devastated; (destruido) to be a wreck **(b)** (Coc, Quím) powder **(c)** **polvos** *mpl* (en cosmética) face powder; **~s de talco** talcum powder, talc (infml)

pólvora *f* **(a)** (explosivo) gunpowder **(b)** (fuegos artificiales) fireworks (*pl*)

polvoriento -ta *adj* dusty

polvorín *m* **(a)** (almacén de explosivos) magazine **(b)** (lugar, país peligroso) powder keg

pomada *f* (Farm) ointment, cream; **~ de zapatos** (RPl) shoe polish

pomelo *m* (fruto) grapefruit; (árbol) grapefruit tree

pomo *m* (de puerta, mueble) handle, knob; (de espada) pommel

pompa *f* **1** *tb* **~ de jabón** bubble **2** (esplendor) pomp, splendor*; **~s fúnebres** *fpl* (ceremonia) funeral ceremony; (funeraria) funeral parlor*, funeral director's

pomposo -sa *adj* **(a)** ‹*boda/fiesta*› magnificent, splendid; ‹*lenguaje/estilo*› pompous, high-sounding **(b)** (ostentoso) pompous, ostentatious

pómulo *m* (hueso) cheekbone; (mejilla) cheek

pon ▶ **poner**

✓ key word

ponchadura *f* (Méx) flat, puncture

ponchar [A1] *vt* (Méx) ‹*llanta/balón*› to puncture

■ **poncharse** *v pron* **1** (Méx) «*balón*» to puncture; **se nos ponchó una llanta** we had a flat tire *o* a puncture **2** (Col, Ven) (en béisbol) to fan (infml), to strike out

ponche *m* (bebida) punch

poncho *m* poncho

ponderar [A1] *vt* **(a)** ‹*cálculo/índice*› to weight, adjust **(b)** (considerar) to weigh up, consider, ponder **(c)** (alabar) to praise, speak highly of

pondré, **pondría**, *etc* ▸ **poner**

ponedora *f* layer, laying hen

poner [E22] *vt* **I 1 (a)** (colocar) to put; **ponlo en el suelo** put it on the floor; **ponle el collar al perro** put the dog's collar on; ~ **una bomba** to plant a bomb **(b)** ‹*anuncio/aviso*› to place, put **(c)** ‹*ropa*› (+ *me/te/le etc*) **le puse el sombrero** I put his hat on (for him) **2** (agregar) to put **3** ‹*inyección/supositorio*› to give **4 poner la mesa** to lay *o* set the table **5** (instalar, montar) **(a)** ‹*oficina/restaurante*› to open **(b)** ‹*cocina/teléfono/calefacción*› to install **(c)** ‹*cerradura/armario*› to fit **6** «*ave*» ‹*huevo*› to lay **7** (Esp) (servir, dar): **póngame un café, por favor** I'll have a coffee, please; **¿cuántos le pongo?** how many would you like?

II 1 ‹*dinero*› (contribuir) to put in; **pusimos 500 pesos cada uno** we put in 500 pesos each **2** ‹*atención*› to pay; ‹*cuidado/interés*› to take; **pon más cuidado en la presentación** take more care over the presentation **3 (a)** (imponer) ‹*deberes*› to give, set; ‹*examen/problema*› to set; **le pusieron una multa** he was fined **(b)** (oponer) ‹*inconvenientes*› to raise; **me pusieron problemas para entrar** they made it difficult for me to get in **(c)** (adjudicar) ‹*nota*› to give **4** (dar) ‹*nombre/apodo*› to give; ‹*ejemplo*› to give; **le pusieron Eva** they called her Eva **5** (enviar) ‹*telegrama*› to send **6** (escribir) ‹*dedicatoria/líneas*› to write **7** (Esp) (exhibir, dar) ‹*película*› to show; **¿ponen algo interesante en la tele?** is there anything interesting on TV?; **¿qué ponen en el Royal?** what's on *o* what's showing at the Royal?

III 1 (a) (conectar, encender) ‹*televisión/calefacción*› to turn on, switch on, put on; ‹*programa/canal*› to put on; ‹*cinta/disco/música*› to put on; **puso el motor en marcha** she switched on *o* started the engine **(b)** (ajustar, graduar) ‹*despertador*› to set; **pon la música más alta** turn the music up; **puso el reloj en hora** she put the clock right **2** (Esp) (al teléfono) ~ **a algn** CON **algo/algn** to put sb THROUGH TO sth/sb

IV (en estado, situación) (+ *compl*) ~ **a algn nervioso** to make sb nervous; ~ **a algn en un aprieto** to put sb in an awkward position

■ ~ *vi* «*ave*» to lay

■ **ponerse** *v pron* **1 (a)** (*refl*) (colocarse): **pongámonos ahí** let's stand (*o* sit *etc*) there; ~**se de pie** to stand (up); ~**se de rodillas** to kneel (down), get down on one's knees **(b)** «*sol*» to set **(c)** (*refl*) ‹*calzado/maquillaje/alhaja*› to put on; **no tengo nada que** ~**me** I don't have a thing to wear

2 (a) (en estado, situación) (+ *compl*) ~**se enfermo** to get sick; **se puso triste** she became sad; **cuando lo vio se puso muy contenta** she was so happy when she saw it; **se puso como loco** he went mad; ~**se cómodo** to make oneself comfortable **(b)** (empezar) ~**se** A + INF to start -ING, to start + INF; **se puso a llover** it started raining, it started to rain

3 (Esp): ~**se al teléfono** to come to the phone

ponga, **pongas**, *etc* ▸ **poner**

poni *m* ▸ **pony**

poniente *m* (occidente) west; (viento) west wind

pontífice *m* pontiff, pope

pony /'poni/ *m* (*pl* **-nies** *or* **-nys**) pony

pop *m* **1** (Mús) pop (music) **2** (Ur) (Coc) popcorn

popa *f* stern

popis, **popoff** *adj inv* (Méx fam) posh

popote *m* (Méx) straw

popular *adj* **1 (a)** ‹*cultura/tradiciones*› popular (*before n*); ‹*canción/baile/costumbres*› traditional **(b)** (Pol) ‹*movimiento/rebelión*› popular (*before n*) **2** (que gusta) ‹*actor/programa/deporte*› popular

popularidad *f* popularity

popularizar [A4] *vt* to popularize, make ... popular

■ **popularizarse** *v pron* to become popular

popurrí *m* (de cosas, colores) potpourri

póquer *m* (juego — de naipes) poker; (— de dados) poker dice; **un** ~ **de ases** four aces

poquísimo *adj* ▸ **poco**[2]

por *prep* **I 1** (causa) because of; ~ **falta de dinero** because of *o* owing to lack of money; ~ **naturaleza** by nature; ~ **necesidad** out of necessity; ~ **eso no dije nada** that's why I didn't say anything; **fue** ~ **eso que no te llamé** that was why I didn't call you; **si no fuera** ~ **mi hijo ...** if it wasn't for my son ...; **me pidió perdón** ~ **haberme mentido** he apologized for lying *o* for having lied to me **2** (*en locs*) **por qué** why; **no dijo** ~ **qué** he didn't say why; **¿por qué no vienes conmigo?** why don't you come with me?; **por si** in case; ~ **si no entiende** in case he doesn't understand; ▸ **acaso 2**, **mosca 3** (en expresiones concesivas): ~ **más que me esfuerzo** however hard *o* no matter how hard I try; ~ **(muy) fácil que sea** however easy *o* no matter how easy it is **4 (a)** (modo): **colócalos** ~ **orden de tamaño** put them in order of size; ~ **adelantado** in advance; ~ **escrito** in writing **(b)** (medio): **se lo comunicaron** ~ **teléfono** they told him over the phone; **lo dijeron** ~ **la radio** they said it on the radio; ~ **avión** by air; **la conocí** ~ **la voz** I recognized her by her voice; **me enteré** ~ **un amigo** I heard from *o* through a friend **5 (a)** (proporción): **cobra $30** ~ **clase** he charges $30 a *o* per class; **120 kilómetros** ~ **hora** 120 kilometers an *o* per hour; ~ **metro/docena** by the meter/dozen; **tú comes** ~ **tres** you eat enough for three people; **tiene tres metros de largo** ~ **uno de ancho** it's three meters long by one meter wide; **uno** ~ **uno** one by one; ▸ **ciento b (b)** (en multiplicaciones): **tres** ~ **cuatro (son) doce** three times four is twelve, three fours are twelve **6 (a)** (sustitución) for; **su secretaria firmó** ~ **él** his secretary signed for him *o* on his behalf; **pasa** ~ **inglesa** she passes for

p

an Englishwoman **(b)** (como): **~ ejemplo** for example **7** (introduciendo el agente) by; **compuesto ~ Mozart** composed by Mozart
II **1** (finalidad, objetivo): **pelearse ~ algo** to fight over sth; **lo hace ~ el dinero** he does it for the money; **no entré ~ no molestarlo** I didn't go in because I didn't want to disturb him; **~** QUE + SUBJ [*here* **por que** *can also be written* ▸ **porque**] **estaba ansioso ~ que lo escucharan** he was eager for them to listen to him **2** (indicando inclinación, elección): **su amor ~ la música** her love of music; **no siento nada ~ él** I don't feel anything for him; **votó ~ ella** he voted for her **3** (en busca de): **salió/fue ~** or (Esp) **a ~ pan** he went (out) for some bread, he went (out) to get some bread **4** (en lo que respecta a): **~ mí que haga lo que quiera** as far as I'm concerned, he can do what he likes **5** (esp AmL) **estar ~** + INF (estar a punto de) to be about to + INF; **está ~ terminar** he's about to finish; **deben (de) estar ~ llegar** they should be arriving any minute
III **1** **(a)** (lugar): **entró ~ la ventana** he came in through the window; **sal ~ aquí** go out this way; **se cayó ~ la escalera** he fell down the stairs; **¿el 121 va ~ (la) Avenida Rosas?** does the 121 go along Rosas Avenue?; **¿~ dónde has venido?** which way did you come?; **está ~ ahí** he's over there somewhere; **¿~ dónde está el hotel?** whereabouts is the hotel?; **viven ~ mi barrio** they live around my area; **voy ~ la página 15** I'm up to *o* I'm on page 15; **empieza ~ el principio** start at the beginning; **agárralo ~ el mango** hold it by the handle **(b)** (indicando extensión): **~ todos lados** or **~ todas partes** everywhere; **viajamos ~ el norte de Francia** we traveled around *o* in the North of France; *ver tb* **dentro 1, fuera 1, encima 3** **2** (tiempo) for; **~ un mes** for a month; **~ el momento** or **~ ahora** for the time being, for now; *ver tb* **mañana, tarde, noche b** **3** (Esp) (ocasión) for; **me lo regaló ~ mi cumpleaños** she gave it to me for my birthday

porcelana *f* **(a)** (material) china; (de mejor calidad) porcelain **(b)** (objeto) piece of china/porcelain

✓ **porcentaje** *m* percentage

porche *m* (de casa) porch; (soportal) arcade

porción *f* (de un todo) portion; (en reparto) share; (de comida) portion, helping, serving

pordiosero -ra *m,f* beggar

porfiado -da *adj* stubborn, pig-headed (infml) ■ *m,f* (persona) stubborn creature (infml)

porfiar [A17] *vi* (insistir) to insist; **no me porfíes, ya te dije que no** don't keep on *o* go on about it, I said no

pormenor *m* detail; **los ~es del incidente** the details of the incident; **entrar en ~es** to go into detail

pornografía *f* pornography

pornográfico -ca *adj* pornographic

poro *m* **1** (Anat, Biol) pore **2** (Méx) (puerro) leek

pororó *m* (RPl) popcorn

poroso -sa *adj* porous

poroto *m* (CS) bean; **~ verde** (Chi) green bean

✓ **porque** *conj* **(a)** (indicando causa) because; **¿por qué no vas a ir? — ~ no** why don't you go? — because I don't want to **(b)** (indicando finalidad) ▸ **por II 1**

porqué *m* reason; **quiero saber el ~** I want to know the reason

porquería *f* **1** **(a)** (suciedad) dirt **(b)** (cochinada): **no hagas ~s** don't do disgusting *o* filthy things like that; **la casa está hecha una ~** (fam) the house is in such a state (infml) **2** (cosa de mala calidad): **el libro es una ~** the book's a piece of junk; **la comida es una ~** the food is dreadful *o* terrible

porra *f* **1** (de guardia, policía) nightstick (AmE), truncheon (BrE) **2** (fam) (expresando disgusto, enojo): ***mandar a algn a la ~*** (infml) to tell sb to get lost (infml); **¡vete** or **ándate a la ~!** go to hell! (infml), get lost! (infml); ***mandar algo a la ~*** (infml) ‹*trabajo*› to chuck sth in (infml) **3** (Jueg) draw, lottery **4** (Col, Méx fam) **(a)** (seguidores, hinchas) fans (*pl*) **(b)** (canto, grito): **¡una ~ para Villalva!** three cheers for Villalva!; **la ~ de la universidad** the college chant; ***echarle ~s a algn*** (Méx fam) (a equipo, corredor) to cheer sb (on)

porrista *mf* **(a)** (Col, Méx) (seguidor) fan **(b) porrista** *f* (Col, Méx) (animadora) cheerleader

porro *m* (Esp arg) (de hachís) joint (infml), spliff (sl)

porrón *m* **1** **(a)** (de vino) wine bottle (*with a long spout for drinking from*) **(b)** (Arg) (de cerveza) bottle of beer **2** (CS) (pimiento) green pepper; (puerro) leek

portabebés *m* (*pl* ~) portable crib® (AmE), carrycot (BrE)

portada *f* **1** (de libro) title page; (de periódico) front page; (de revista) cover **2** (de iglesia) front, facade

portadocumentos *m* (*pl* ~) (AmL) (grande) briefcase, attaché case; (pequeño) document wallet

portador -dora *m,f* **1** (Med) (de virus, germen) carrier **2** (Com, Fin) bearer; **páguese al ~** pay the bearer

portaequipajes *m* (*pl* ~) **(a)** (Auto) (para el techo) roof rack; (maletero) trunk (AmE), boot (BrE) **(b)** (en tren, autobús) luggage rack

portafolios *m* (*pl* ~) (maletín) briefcase

✓ **portal** *m* **(a)** (de casa — entrada) doorway; (— vestíbulo) hall **(b)** (de iglesia, palacio) portal **(c)** (en muralla) gate

portar [A1] *vt* (fml) ‹*arma/bandera*› to carry, bear (fml)
■ **portarse** *v pron* **(a)** (comportarse): **~se bien** to behave (oneself); **~se mal** to behave badly; **~se bien/mal** CON **algn** to treat sb well/badly **(b)** (cumplir): **el Zaragoza se portó en la final** Zaragoza delivered the goods in the final; **hoy te portaste** you've really excelled today

portátil *adj* portable ■ *m* laptop, portable computer

portaviones *m* (*pl* ~) aircraft carrier

portavoz *mf* (*m*) spokesperson, spokesman; (*f*) spokesperson, spokeswoman

portazo *m* slam, bang; **dar un ~** to slam the door

porte *m* **1** (tamaño) size; **es de este ~** (AmL) it's about *this* big **2** (acción de portar) carrying; (costo) carriage; **~s pagados** freight/postage paid

✓ key word

porteño -ña *adj* of/from the city of Buenos Aires

portería *f* **1** **(a)** (de edificio) *desk/area from where the super/caretaker supervises the building* **(b)** (vivienda) super's *o* superintendent's apartment (AmE), caretaker's flat (*o* house *etc*) (BrE) **2** (Dep) goal

portero -ra *m,f* **1** (que abre la puerta) doorman, porter; (que cuida el edificio) super (AmE), superintendent (AmE), caretaker (BrE); **~ eléctrico** or (Esp) **automático** *m* entryphone **2** (Dep) goalkeeper

portezuela *f* door

pórtico *m* (entrada) portico, porch; (galería) arcade

portón *m* (puerta grande) large door; (puerta principal) front door; (en cerca) gate

portorriqueño -ña *adj/m,f* Puerto Rican

Portugal *m* Portugal

portugués[1] -guesa *adj/m,f* Portuguese

portugués[2] *m* (idioma) Portuguese

porvenir *m* future; **un joven sin ~** a young man with no future *o* no prospects

posada *f* **(a)** (arc) (taberna) inn (arch) **(b)** (cobijo) hospitality

posaderas *fpl* (fam) backside (infml), butt (AmE infml), bum (BrE infml)

posar [A1] *vi* to pose

■ **posarse** *v pron* «*pájaro/insecto*» to alight, land; «*avión/helicóptero*» to land

posavasos *m* (*pl* ~) coaster; (de cartón) beermat

pose *f* **(a)** (para foto) pose **(b)** (pey) (afectación) pose

poseedor -dora *m,f* (fml) (de título, récord, billete) holder

poseer [E13] *vt* **(a)** ‹*tierras/fortuna*› to own **(b)** ‹*conocimientos*› to have **(c)** ‹*récord/título*› to hold

posesión *f* possession; **tomar ~ de algo** (de casa) to take possession of sth; (de cargo) to take up sth; **está en ~ de todas sus facultades** he is in full possession of his faculties

posesivo -va *adj* possessive

posguerra *f* postwar period

posibilidad *f* **1** (circunstancia) possibility; **tener la ~ de hacer algo** to have the chance of doing sth; **tiene muchas ~es de salir elegido** he has a good chance of being elected; **existe la ~ de que estés equivocado** you might just be wrong **2** **posibilidades** *fpl* **(a)** (medios económicos) means (*pl*); **vivo de acuerdo a mis ~es** I live within my means; **la casa está por encima de mis ~es** I can't afford the house **(b)** (potencial) potential; **un cantante con muchas ~es** a singer of great potential

posibilitar [A1] *vt* to make ... possible

posible *adj* possible; **es ~** it's possible; **a ser ~** or **si es ~** if possible; **hicieron todo lo ~** they did everything possible *o* everything they could; **prometió ayudarlo dentro de lo ~** or **en lo ~** she promised to do what she could to help (him); **¡no es ~!** that can't be true! (infml); **en cuanto te sea ~** as soon as you can; **no creo que me sea ~** I don't think I'll be able to; **es ~ hacerlo más rápido** it's possible to do it more quickly; **no me fue ~ terminarlo** I wasn't able to finish it; **es ~ que sea cierto** it might *o* may *o* could be true

■ *adv*: **lo más pronto ~** as soon as possible; **lo mejor ~** the best you can

posición *f* **(a)** (en general) position; **en ~ vertical** in an upright position **(b)** (en la sociedad) social standing; **gente de buena ~** people of high social standing **(c)** (actitud) position, stance; **adoptar una ~ intransigente** to take a tough stand *o* stance

positivo -va *adj* positive

poso *m* (del vino) sediment, lees (*pl*), dregs (*pl*); (del café) dregs (*pl*), grounds (*pl*)

posponer [E22] *vt* (aplazar) to postpone, put off

posta *f* **1** (AmL) (Dep) relay (race) **2** (AmC) (Mil) sentry post **3** (Esp): **a posta** on purpose, deliberately **4** (Chi) (centro médico) accident and emergency center*

postal *adj* ‹*distrito/servicio*› postal

■ *f* postcard

postdata *f* postscript

poste *m* **(a)** (de alambrado) (fence) post; (de teléfono, telégrafo) pole **(b)** (Dep) post, upright

postemilla *f* (AmL) gumboil, abscess

póster *m* (*pl* **-ters**) poster

postergar [A3] *vt* **1** (esp AmL) (aplazar) ‹*juicio/reunión*› to postpone, put back **2** (relegar) ‹*empleado*› to pass over

posteridad *f* posterity

posterior *adj* **1** **(a)** (en el tiempo) later, subsequent; **en años ~es** in later *o* subsequent years; **ese incidente fue ~ a su llegada** that incident happened after his arrival **(b)** (en orden) subsequent **2** (trasero) ‹*patas*› back (*before n*), rear (*before n*); **la parte ~** the back *o* rear

posterioridad *f*: **con ~** subsequently, later

posteriormente *adv* subsequently, later

postgrado *m* postgraduate course

postgraduado -da *adj/m,f* postgraduate

postguerra *f* postwar period

postigo *m* shutter

postizo[1] -za *adj* **(a)** ‹*pestañas*› false; **dentadura postiza** dentures, false teeth **(b)** ‹*manga/cuello*› detachable

postizo[2] *m* hairpiece

postor *m* bidder

postrarse [A1] *v pron* (fml) (arrodillarse) to kneel

postre *m* dessert, pudding (BrE)

■ *f*: **a la ~** (*loc adv*) (fml) in the end

postulante -ta *m,f* **(a)** (AmL) (Pol) (candidato) candidate **(b)** (CS) (para puesto) applicant

postular [A1] *vt* (AmL) (Pol) ‹*candidato*› to nominate, propose

■ *vi* **~** PARA **algo** (CS) (para puesto) to apply FOR sth

■ **postularse** *v pron* (AmL) to stand, run

póstumo -ma *adj* posthumous

postura *f* **1** (del cuerpo) position **2** **(a)** (actitud) stance, stand; **adoptar una ~ firme con respecto a algo** to take a tough stance *o* stand on sth **(b)** (opinión) opinion; ***tomar*** **~** to take a stand **3** (AmL) (de ropa, zapatos): **se le rompieron a la primera ~** they broke the first time she wore them; **~ de argollas** (Chi) (acción) exchange of rings (*to seal one's engagement*);

p

(fiesta) engagement party

potable *adj* ‹*agua*› drinkable, potable (fml); Ⓢ **agua no potable** not drinking water

potaje *m* (Coc) vegetable stew/soup (*gen with pulses*)

potasio *m* potassium

pote *m* (olla) pot; (de crema, maquillaje) (CS) pot, jar

✓ **potencia** *f* power; **~ militar/nuclear** military/nuclear power; **este niño es un artista en ~** this child has the makings of an artist

✓ **potencial** *adj* (posible) potential; (Ling) conditional
■ *m* (capacidad, posibilidades) potential

potenciar [A1] *vt* (period) **(a)** ‹*desarrollo/investigación/exportaciones*› to boost; ‹*relaciones/unidad/talento*› to foster; ‹*cultura*› to promote **(b)** (mejorar) ‹*seguridad*› to improve

potentado -da *m,f* tycoon

potente *adj* **(a)** (en general) powerful **(b)** ‹*hombre*› virile

potestad *f* legal authority

potingue *m* (fam) cream, lotion

poto *m* (Andes fam) (de persona) butt (AmE infml), bum (BrE infml); (de botella) bottom

potpourrí /popu'rri/ *m* medley

potrero *m* (AmL) (terreno cercado) field; (para pastar) pasture

potrillo -lla *m,f* (Zool) foal

potro -tra *m,f* **1** (caballo joven) (*m*) colt; (*f*) filly **2** **potro** *m* (instrumento de tortura) rack; (cepo) stocks (*pl*); (en gimnasia) vaulting horse, buck

pozo *m* **(a)** (de agua) well; **~ ciego** or **negro** or **séptico** septic tank, cesspool, cesspit; **~ de petróleo** oil well **(b)** (en mina) shaft **(c)** (en río) deep pool

✓ **práctica** *f* **1** **(a)** (en actividad) practice; (en trabajo) experience; **perder la ~** to be out of practice **(b)** (de profesión) practicing* **2** (aplicación) practice; **en la ~** in practice; **poner algo en ~** or **llevar algo a la ~** to put sth into practice **3** **prácticas** *fpl* (de Anatomía, Química) practicals (*pl*); (de maestro) teaching practice; **~s de tiro** target practice **4** (costumbre) practice

prácticamente *adv* practically, almost

practicante *adj* (Rel) practicing* (*before n*)
■ *mf* (Med) nurse (*specializing in giving injections, dressing wounds, etc*)

✓ **practicar** [A2] *vt* **1** **(a)** ‹*idioma/pieza musical*› to practice*; ‹*tenis*› to play; **~ la natación** to swim; **no practica ningún deporte** he doesn't play *o* do any sport(s) **(b)** ‹*profesión*› to practice* **2** (fml) (llevar a cabo, realizar) ‹*corte/incisión*› to make; ‹*autopsia/operación*› to perform, do; ‹*redada/actividad*› to carry out; ‹*detenciones*› to make
■ **~** *vi* (repetir) to practice*; (ejercer) to practice*

✓ **práctico -ca** *adj* **1** ‹*envase/cuchillo*› useful, handy; ‹*falda/diseño*› practical; **es muy ~ tener el coche para hacer la compra** it's very handy *o* convenient having the car to do the shopping **2** (no teórico) practical **3** ‹*persona*› [SER] (desenvuelto) practical

pradera *f* meadow; **las ~s de los Estados Unidos** the prairies of the United States

prado *m* **(a)** (Agr) meadow, field **(b)** (lugar de paseo) park (*with lawns*) **(c)** (Col) (jardín) garden, yard (AmE)

Praga *f* Prague

pragmático -ca *adj* pragmatic
■ *m,f* pragmatist

pragmatismo *m* pragmatism

preámbulo *m* **(a)** (de obra) introduction; (de constitución) preamble **(b)** (rodeo): **sin más ~s** without further ado; **dímelo sin tanto ~** stop beating about the bush and tell me **(c)** (de curso, negociaciones) preliminary

preaviso *m* notice

precalentamiento *m* **(a)** (Dep) warm-up **(b)** (del horno) preheating **(c)** (de motor) warming up

precalentar [A5] *vt* ‹*horno*› to preheat; ‹*motor*› to warm up

precario -ria *adj* ‹*vivienda*› poor; ‹*medios*› scarce, meager*; ‹*salud/situación*› precarious, unstable; ‹*gobierno/puesto*› unstable

precaución *f* **1** (medida) precaution **2** (prudencia): **medida de ~** precautionary measure; **actuar con ~** to act with caution

precaverse [E1] *v pron* to take precautions

precavido -da *adj* cautious, prudent

precedencia *f* precedence, priority

precedente *adj* previous
■ *m* precedent; **sentar (un) ~** to set a precedent

preceder [E1] *vt* to precede

precepto *m* rule, precept (fml)

preciado -da *adj* ‹*bien/objeto*› prized, valued; ‹*don*› valuable

preciarse [A1] *v pron* **(a)** (estimarse): **un abogado que se precie no haría eso** no self-respecting lawyer would do that **(b)** (jactarse) **~** DE **algo** to pride oneself ON sth

precintar [A1] *vt* **(a)** ‹*paquete/botella*› to seal **(b)** ‹*local*› (tras crimen) to seal; (clausurar) to close down (*often on health or safety grounds*)

precinto *m* seal

✓ **precio** *m* **1** (de producto) price; **~ al contado/a plazos** cash/credit price; **¿qué ~ tiene este vestido?** how much is this dress?; **~ de costo** or (Esp) **coste** cost price; **~ de venta al público** (de alimento, medicamento) recommended retail price; (de libro) published price; ***no tener ~*** to be priceless **2** (sacrificio, costo) price, cost; **a cualquier ~** at any price, whatever the cost

preciosidad *f*: **ser una ~** to be absolutely beautiful

precioso -sa *adj* (hermoso) beautiful, gorgeous, lovely; (de gran valor) precious, valuable

preciosura *f* (AmL) ▶ **preciosidad**

precipicio *m* (despeñadero) precipice

precipitación *f* **1** (prisa) rush, hurry; **lo hizo con mucha ~** she did it in a rush *o* hurry **2** (Meteo) rainfall; **la ~ mensual** the monthly rainfall; **habrá precipitaciones débiles** there will be some light rain

precipitado -da *adj* ‹*decisión/actuación*› hasty; ‹*juicio*› snap (*before n*)

✓ key word

precipitarse [A1] *v pron* **1** (en decisión, juicio) to be hasty; **te precipitaste juzgándolo así** you were rash to judge him like that **2** (apresurarse) to rush; ~**se** A **hacer algo** to rush to do sth **3** **(a)** (caer) to plunge **(b)** (*refl*) (arrojarse) to throw oneself

precisado -da *adj* (AmL fml): **verse ~ a hacer algo** to be forced *o* obliged to do sth

precisamente *adv* (con precisión) precisely; (exactamente) exactly, precisely

precisar [A1] *vt* **1** (determinar con exactitud) to specify **2** (necesitar) to need

precisión *f* **(a)** (exactitud) precision; **no puedo decírtelo con ~** I can't tell you exactly; **de ~** ‹*instrumento/máquina*› precision (*before n*) **(b)** (claridad, concisión) precision

preciso -sa *adj* **1** **(a)** (exacto, claro) precise **(b)** (*delante del n*) (como intensificador) very; **en este ~ momento** this very minute, right now; **en el ~ momento en que salía** just as he was going out; **en este ~ lugar** in this very spot **2** (necesario) necessary; **si es ~** if necessary, if need be; **ser ~ hacer algo** to be necessary to do sth; **es ~ que la veas** you must see her; **no es ~ que vayamos todos** there's no need for all of us to go

preconcebido -da *adj* preconceived

precoz *adj* ‹*niño/desarrollo*› precocious; ‹*diagnóstico/fruto/helada*› early

precursor -sora *m,f* precursor, forerunner

predecesor -sora *m,f* predecessor

predecir [I25] *vt* to predict, foretell (fml)

predestinación *f* predestination

predestinar [A1] *vt* to predestine; **estar predestinado a algo/hacer algo** to be predestined to sth/to do sth

predeterminar [A1] *vt* to predetermine

predicado *m* predicate

predicador -dora *m,f* preacher

predicamento *m* (AmL) (situación difícil) predicament

predicar [A2] *vi* to preach

predicativo -va *adj* predicative

predicción *f* prediction, forecast

predicible *adj* (Andes) predictable

predilección *f* predilection; **tiene/siente ~ por su hijo** she's especially fond of her son

predilecto -ta *adj/m,f* favorite*

predisponer [E22] *vt* **1** (Med) to predispose **2** (influir en) to prejudice; **lo predispusieron en contra mía** they prejudiced him against me

predisposición *f* **1** (Med) predisposition **2** (inclinación): **tener ~ contra algn** to be prejudiced against sb

predispuesto -ta *adj* **(a)** [SER] (propenso) ~ A **algo** prone TO sth **(b)** [ESTAR] (prejuiciado) ~ A FAVOR/EN CONTRA DE **algo/algn** biased TOWARDS/AGAINST sth/sb

predominante *adj* predominant

predominar [A1] *vi* «*actitud/opinión*» to prevail; ~ EN **algo** to dominate sth; **el tema predominó en el congreso** the subject dominated the conference; ~ SOBRE **algo** to be predominant OVER sth

predominio *m* predominance

preescolar *adj* ‹*edad/educación*› preschool (*before n*); **centro de educación ~** kindergarten, nursery school (BrE)

preestreno *m* preview

prefabricado -da *adj* prefabricated

prefacio *m* preface

prefecto *m* **(a)** (Relig) prefect **(b)** (Gob) (en Francia) prefect **(c)** (Per) (gobernador) civil governor **(d)** (Col) (Educ) *teacher responsible for discipline*

preferencia *f* **(a)** (prioridad) priority, precedence; (Auto) right of way, priority (BrE) **(b)** (predilección) preference; **tiene ~ por el más pequeño** the youngest one is her favorite **(c)** (Espec) (localidad) grandstand

preferente *adj* (especial) special

preferible *adj* preferable, better; **es ~ quedarse callado** it's better to stay quiet; **es ~ a uno de plástico** it's better than *o* preferable to a plastic one; **es ~ que no vayas** you'd better not go

preferido -da *adj/m,f* favorite*

preferir [I11] *vt* to prefer; **prefiero esperar aquí** I'd rather wait here, I'd prefer to wait here; **~ algo** A **algo** to prefer sth TO sth; **prefiero que te quedes** I'd rather you stayed, I prefer you to stay

prefiera, **prefieras**, *etc* ▶ **preferir**

prefijo *m* (Ling) prefix; (de teléfono) (dialing*) code

prefiriera, **prefirió**, *etc* ▶ **preferir**

pregonar [A1] *vt* **(a)** ‹*noticia/secreto*› to make ... public **(b)** ‹*virtudes/méritos*› to extol **(c)** ‹*mercancía*› to hawk, cry

pregunta *f* question; **hacer/contestar una ~** to ask/answer a question

preguntar [A1] *vt* to ask; **eso no se pregunta** you shouldn't ask things like that; **la maestra me preguntó la lección** the teacher tested me on the lesson

■ ~ *vi* to ask; **le preguntó sobre** or **acerca de lo ocurrido** he asked her (about) what had happened; ~ POR **algo/algn** to ask ABOUT sth/sb; **preguntaban por un tal Mario** they were looking for *o* asking for someone called Mario

■ **preguntarse** *v pron* (*refl*) to wonder

prehistoria *f* prehistory

prehistórico -ca *adj* prehistoric

prejuiciado -da *adj* (AmL) prejudiced

prejuicio *m* prejudice; **tener ~s raciales** to be racially prejudiced

prejuzgar [A3] *vt/vi* to prejudge

prelavado *m* prewash

preliminar *adj* preliminary

preludio *m* prelude

premamá *adj inv* (Esp fam) maternity (*before n*)

prematrimonial *adj* ‹*relaciones*› premarital

prematuro -ra *adj* premature

premeditación *f* premeditation

premeditado -da *adj* premeditated

premeditar [A1] *vt* to premeditate

premenstrual *adj* premenstrual

premiación *f* (AmL) (acción) awarding of prizes; (ceremonia) awards ceremony, prize-giving (BrE)

premiado -da *adj* ‹*número/boleto*› winning; ‹*novela/película/escritor*› prizewinning (*before n*); *ver tb* **premiar**

premiar [A1] *vt* **(a)** ‹*actor/escritor*› to award a/the prize to, award ... a/the prize **(b)** ‹*generosidad/sacrificio*› to reward

premio *m* **(a)** (en general) prize; **conceder** or **dar un ~** to award *o* give a prize; **ganar** or **llevarse un ~** to win a prize; **el ~ a la mejor película** the award *o* prize for the best movie; **~ de consolación** or (CS) **(de) consuelo** consolation prize; **~ gordo** jackpot; **P~ Nobel** (galardón) Nobel Prize; (galardonado) Nobel Prize winner **(b)** (a esfuerzos, sacrificios) reward; **como ~ a su dedicación** as a reward for your dedication

premisa *f* premise

premonición *f* premonition

prenatal *adj* prenatal (AmE), antenatal (BrE)

prenda *f* **1** (de vestir) garment; **~ íntima** undergarment, item of underwear **2** (señal, garantía) security, surety **3** (Jueg) forfeit

prendarse [A1] *v pron* (liter) **~** DE **algn** to fall in love WITH sb

prender [E1] *vt* **1** ‹*persona*› to catch, seize **2** (sujetar) to pin; ‹*bajo/dobladillo*› to pin up **3** **(a)** ‹*cigarrillo/cerilla*› to light; **~(le) fuego a algo** to set fire to sth **(b)** (AmL) ‹*gas*› to light; ‹*estufa/horno*› to turn on; ‹*radio/luz/televisión*› to turn on, switch on

■ **~** *vi* **1** «*rama/planta*» to take **2** **(a)** «*fósforo/piloto*» to light; «*leña*» to catch (light) **(b)** (AmL) «*luz/radio/televisión*» to come on; **la televisión no prende** the TV won't come on **3** «*idea/moda*» to catch on

■ **prenderse** *v pron* **(a)** (con fuego) to catch fire **(b)** (AmL) «*luz/radio/televisión*» to come on

prensa *f* **(a)** (Impr, Period, Tec) press; **la ~ oral** radio and television; **estar en ~** to be in *o* at the press **(b)** (periodistas): **la ~** the press; **~ amarilla** gutter press, yellow press; **~ del corazón** gossip magazines (*pl*); **~ roja** (CS) sensationalist press (*specializing in crime stories*)

preñado -da *adj* ‹*animal*› pregnant

preocupación *f* **(a)** (problema) worry; **les causa muchas preocupaciones** she causes them a lot of worry *o* problems **(b)** (inquietud) concern

preocupado -da *adj* worried; **~** POR **algo** worried ABOUT sth

preocupante *adj* worrying

preocupar [A1] *vt* to worry; **no quiero ~lo** I don't want to worry him; **le preocupa el futuro** she's worried *o* concerned about her future; **me preocupa que no haya llamado** it worries me that she hasn't phoned; **no me preocupa** it doesn't bother *o* worry me

■ **preocuparse** *v pron* **1** (inquietarse) to worry; **~se** POR **algo/algn** to worry ABOUT sth/sb **2** (ocuparse) **~se** DE **algo**: **me preocupé de que no faltara nada** I made sure *o* I saw to it that we had everything; **no se preocupó más del asunto** he gave the matter no further thought

preparación *f* **1** (de examen, discurso) preparation **2** **(a)** (conocimientos, educación) education; (para trabajo) training **(b)** (de deportista) training; **su ~ física es muy buena** he's in peak condition **3** (Farm, Med) preparation

preparado -da *adj* **1** [ESTAR] (listo, dispuesto) ready; **~** PARA **algo** ready FOR sth; **¡~s, listos, ya!** get ready, get set, go! (AmE), on your marks, get set, go! (BrE) **2** [SER] (instruido, culto) educated; **un profesional muy bien ~** a highly-trained professional

preparar [A1] *vt* **1** ‹*plato*› to make, prepare; ‹*comida*› to prepare, get ... ready; ‹*medicamento*› to prepare, make up; ‹*habitación*› to prepare, get ... ready; ‹*cuenta*› to draw up (AmE), make up (BrE) **2** ‹*examen/prueba*› to prepare **3** ‹*persona*› (para examen) to tutor, coach (BrE); (para partido) to train, coach, prepare; (para tarea, reto) to prepare

■ **prepararse** *v pron* **1** (*refl*) (disponerse) **~se** PARA **algo** to get ready FOR sth **2** (*refl*) (formarse) to prepare; **~se** PARA **algo** (para examen/competición) to prepare FOR sth

preparativos *mpl* preparations (*pl*)

preparatoria *f* (Méx) *three-year pre-university course and college where this is taught*

preparatorio -ria *adj* ‹*curso*› preparatory; ‹*ejercicios*› warm-up (*before n*)

preponderante *adj* predominant, preponderant (fml)

preposición *f* preposition

prepotencia *f* arrogance

prepotente *adj* ‹*persona*› arrogant, overbearing; ‹*actitud*› high-handed

prepucio *m* foreskin, prepuce (tech)

presa *f* **1** (en caza) prey; ***ser ~ de algo*** (de terror, pánico) to be seized with sth **2** (dique) dam; (embalse) reservoir, lake **3** (AmS) (de pollo) piece

presagio *m* **(a)** (señal) omen **(b)** (premonición) premonition

prescindir [I1] *vi* **1** (arreglárselas sin) **~** DE **algo/algn** to do WITHOUT sth/sb **2** (omitir) **~** DE **algo** (de detalles/formalidades) to dispense WITH sth

prescribir [I34] *vt* to prescribe

prescripción *f* prescription; **por ~ facultativa** or **médica** on doctor's orders

prescrito -ta, prescripto -ta *pp* ▶ **prescribir**

preselección *f*: **hacer una ~ de los candidatos** to draw up a shortlist of candidates; **una vez terminada la ~** once the initial selection process is/was complete

preseleccionar [A1] *vt* ‹*candidatos/solicitantes*› to shortlist

presencia *f* **(a)** (en lugar, acto) presence; **su ~ me cohíbe** I feel awkward in his presence; **en ~ de algn** in the presence of sb **(b)** (euf) (aspecto físico) appearance; **se requiere buena ~** good *o* (BrE) smart appearance required **(c) ~ de ánimo** (serenidad) presence of mind; (valor) courage, strength

presenciar [A1] *vt* ‹*suceso/asesinato*› to witness; ‹*acto/espectáculo*› to be present at, to attend

presentable *adj* presentable

presentación *f* (en general) presentation; (de personas) introduction

presentador -dora *m,f* presenter

presentar [A1] *vt* **1** **(a)** (mostrar) to present **(b)** (exponer por primera vez) ‹*libro/disco*› to

key word

p

launch; ‹*obra de arte*› to present; ‹*colección de moda*› to present, exhibit **(c)** (entregar) ‹*informe/solicitud*› to submit; ‹*trabajo*› to hand in; ‹*renuncia*› to hand in, submit **(d)** (enseñar) ‹*carnet/pasaporte*› to show **(e)** ‹*disculpas/excusas*› to make; ‹*queja*› to file, make; ‹*cargos*› to bring; **~on una denuncia** they reported the matter (to the police), they made an official complaint; **~ pruebas** to present evidence **(f)** (Mil): **~ armas** to present arms **2** (TV) ‹*programa*› to present, introduce **3** ‹*persona*› to introduce; **te presento a mi hermana** I'd like you to meet my sister, this is my sister **4** ‹*novedad/ventaja*› to offer; ‹*síntoma*› to show

■ **presentarse** *v pron* **1 (a)** (en lugar) to turn up, appear; **~se (como) voluntario** to volunteer **(b) ~se** A **algo** (a examen) to take sth; (a concurso) to enter sth; (a elecciones) to take part IN sth; **se presenta como candidato independiente** he's running (AmE) *o* (BrE) he's standing as an independent; **~se para un cargo** to apply for a post **2** «*dificultad/problema*» to arise, come up; «*oportunidad*» to arise **3** (darse a conocer) to introduce oneself

presente *adj* **1** (en un lugar) [ESTAR] present; Ⓢ **Presente** (CS) (Corresp) ≈ by hand; ***tener algo ~*** to bear sth in mind **2** (actual) present; **hasta el momento ~** up to the present time; **el día 15 del ~ mes** the 15th of this month; **en su atenta carta del 3 ~** (Méx fml) (Corresp) in your letter of the 3rd of this month *o* (fml) of the 3rd inst.

■ *m* **1 (a)** (en el tiempo): **el ~** the present **(b)** (Ling) present (tense) **2 los presentes** *mpl* (asistentes) those present

presentimiento *m* premonition; **tengo el ~ de que ...** I have a feeling that ...

presentir [I11] *vt* ‹*desgracia*› to have a premonition of; **presiento que ...** I have a feeling that ...

preservar [A1] *vt* **(a)** (proteger) to preserve **(b)** (AmL) (conservar, mantener) to maintain

preservativo *m* **1** (condón) condom **2** (Andes) (conservante) preservative

presidencia *f* **(a)** (Gob, Pol) (cargo) presidency; **~ municipal** (Méx) town hall **(b)** (de compañía, banco) presidency (esp AmE), chairmanship (BrE); (de reunión, comité) chairmanship, chair

presidencial *adj* presidential; **elecciones ~es** presidential elections

presidente -ta *m,f* **(a)** (Gob, Pol) president; **el ~ del gobierno** the premier, the prime minister **(b)** (de compañía, banco) president (AmE), chairman (BrE) **(c)** (de reunión, comité, acto) chairperson, chair **(d)** (Der) (de tribunal) presiding judge/magistrate **(e)** (de jurado) (*m*) chairman; (*f*) chairwoman

presidiario -ria *m,f* convict, inmate, prisoner

presidio *m* (lugar) prison; (pena) prison sentence; **condenado a cinco años de ~** sentenced to five years imprisonment

presidir [I1] *vt* ‹*país*› to be president of; ‹*reunión*› to chair, preside at *o* over; ‹*comité*› to chair; ‹*tribunal/cortes/jurado*› to preside over; ‹*compañía*› to be president of (AmE), to be chairman of (BrE)

presilla *f* (para abrochar) eye; (lazo) loop

presión *f* **(a)** (Fís, Med, Meteo) pressure; **~ arterial** or **sanguínea** blood pressure **(b)** (coacción) pressure; **bajo ~** under pressure

presionar [A1] *vt* **(a)** (coaccionar) to put pressure on, to pressure (esp AmE), to pressurize (esp BrE) **(b)** ‹*botón/timbre*› to press

■ **~** *vi* (Dep) to put on the pressure

preso -sa *adj*: **estuvo ~ diez años** he was in prison for ten years; **llevarse a algn ~** to take sb prisoner

■ *m,f* prisoner

prestación *f* **1** (de un servicio) provision; **la ~ de ayuda a las víctimas** giving help to the victims **2 (a) prestaciones** *fpl* (Servs Socs) benefits (*pl*), assistance; **prestaciones económicas en casos de invalidez** financial assistance in cases of disability; **prestaciones por desempleo** unemployment benefit, unemployment compensation (AmE); **las prestaciones sociales se van mermando** welfare (AmE) *o* (BrE) social security benefits are being eroded **(b)** (Auto) performance **3** (Tec) feature; **ofrece toda una serie de prestaciones profesionales** it has a whole range of professional features

prestado -da *adj*: **el libro está ~** the book is on loan *o* (infml) is already out; **esta chaqueta es prestada** this jacket is borrowed; **pedir algo ~** to borrow sth; **me pidió el coche ~** she asked if she could borrow my car; **pídeselo ~** ask (him) if you can borrow it

prestamista *mf* moneylender

préstamo *m* (Econ, Fin) (acción — de prestar) lending; (— de tomar prestado) borrowing; (cosa prestada) loan

prestar [A1] *vt* **1** ‹*dinero/libro*› to lend; **¿me prestas el coche?** will you lend me your car?, can I borrow your car? **2 (a)** ‹*ayuda*› to give; ‹*servicio*› to render; ‹*servicio militar*› to do **(b)** ‹*atención*› to pay **3** ‹*juramento*› to swear

■ **prestarse** *v pron* **1** (dar ocasión) **~se** A **algo** (a críticas/malentendidos/abusos) to be open TO sth **2** (ser apto, idóneo) **~se** PARA **algo** to be suitable FOR sth **3** (*refl*) **(a)** (ofrecerse): **~se a hacer algo** to offer to do sth **(b)** (en frases negativas): **no me presto a negocios sucios** I won't take part in anything underhand

prestidigitador -dora *m,f* conjurer

prestigio *m* prestige; **de ~** prestigious

prestigioso -sa *adj* famous, prestigious

presumido -da *adj* **(a)** (engreído) conceited, full of oneself; (arrogante) arrogant **(b)** (coqueto) vain

presumir [I1] *vi* to show off; **~** DE **algo** (de dinero) (hablando) to boast *o* brag ABOUT sth; (enseñándolo) to flash sth around; **presume de guapo** he thinks he's good-looking

■ **~** *vt*: **se presume una reacción violenta** there is likely to be a violent reaction; **era de ~ lo que ocurriría** it was quite predictable what would happen

presunto -ta *adj* (*delante del n*) (fml) ‹*asesino/terrorista*› alleged (*before n*)

presuntuoso -sa *adj* conceited, vain

presuponer [E22] *vt* to presuppose (fml), assume

presupuesto *m* **1 (a)** (Fin) budget **(b)** (precio estimado) estimate; **hacer un ~** to give an

p

estimate **2** (supuesto) assumption, supposition

pretencioso -sa *adj* ‹*casa/película*› pretentious

♂ **pretender** [E1] *vt*: **¿qué pretendes con esa actitud?** what do you hope to gain with that attitude?; **pretendía entrar sin pagar** he was trying to get in without paying; **no pretendo saberlo todo** I don't claim to know everything; **lo único que pretendía era ayudar** I was only trying to help; **¿pretendes que te crea?** do you expect me to believe you?

pretendido -da *adj* (*delante del n*) ‹*interés/amabilidad*› feigned; **el ~ duque** the so-called duke; **con ~ interés** with false interest

pretendiente *mf* **1** (al trono) pretender; (a un puesto) applicant **2** **pretendiente** *m* (de una mujer) suitor

pretensión *f* **1** (a trono, herencia) claim **2** **pretensiones** *fpl* (ínfulas): **tener pretensiones** to be pretentious; **una película sin pretensiones** an unpretentious film

pretensioso -sa *adj* (AmL) vain

pretérito *m* preterit*; **~ indefinido** simple past, preterit*; **~ perfecto/pluscuamperfecto** present/past perfect

pretexto *m* pretext; **volvió con el ~ de recoger el paraguas** he went back on the pretext of getting his umbrella; **siempre sale con algún ~** she always comes out with some excuse; **bajo ningún ~** under no circumstances

prevalecer [E3] *vi* to prevail

♂ **prevención** *f* **(a)** (de un mal, problema) prevention **(b)** (medida) precaution; **tomar prevenciones** to take precautionary measures

prevenido -da *adj* **(a)** [SER] (precavido) well-prepared, well-organized; **es muy prevenida** she likes to be prepared *o* ready for all eventualities **(b)** [ESTAR] (advertido) forewarned; **ahora ya estás ~** you've been warned

♂ **prevenir** [I31] *vt* **(a)** ‹*enfermedad/accidente*› to prevent **(b)** (advertir, alertar) to warn

■ **prevenirse** *v pron* **~se CONTRA algo** to take preventive *o* preventative measures AGAINST sth, take precautions AGAINST sth

preventiva *f* (Méx) yellow (AmE) *o* (BrE) amber light

♂ **preventivo -va** *adj* preventive, preventative

♂ **prever** [E29] *vt* **(a)** (anticipar) ‹*acontecimiento/consecuencias*› to foresee, anticipate; ‹*tiempo*› to forecast; **se prevé un aumento de precios** a rise in prices has been predicted **(b)** (proyectar, planear): **medidas previstas por el gobierno** measures planned by the government; **tiene prevista su llegada a las 11 horas** it is due *o* scheduled to arrive at 11 o'clock; **todo salió tal como estaba previsto** everything turned out just as planned **(c)** «*ley*» to envisage

■ **~** *vi*: **como era de ~** as was to be expected

previamente *adv* previously

♂ **previo -via** *adj* **(a)** (anterior) ‹*experiencia/conocimientos*› previous; **sin ~ aviso** without (prior) warning **(b)** ‹*reunión/asunto*› preliminary

previsible *adj* foreseeable

previsión *f* **(a)** (precaución) precaution; **en ~ de ...** as a precaution against ...; **por falta de ~** owing to a lack of foresight **(b)** (predicción) forecast

previsor -sora *adj* (con visión de futuro) farsighted; (precavido) well-prepared

prieta *f* (Chi) blood sausage, black pudding (BrE)

prieto -ta *adj* (Méx fam) (oscuro) dark; (de piel oscura) dark-skinned

prima *f* **(a)** (de seguro) premium **(b)** (pago extra) bonus; **~ de** or **por peligrosidad** danger money

primar [A1] *vi*: **debería ~ el interés público** the public interest should be (a) top priority; **~** SOBRE **algo** to take precedence *o* priority OVER sth

primaria *f* **1** (Educ) elementary *o* (BrE) primary education **2** (Pol) (en EEUU) primary

♂ **primario -ria** *adj* **(a)** (básico) ‹*necesidades/objetivo*› primary, basic **(b)** (primitivo) ‹*instintos*› primitive

♂ **primavera** *f* **1** (estación) spring; **en ~** in spring, in springtime **2** (Bot) primrose

primaveral *adj* ‹*tiempo/moda*› spring (*before n*); ‹*ambiente*› spring-like

primer ▶ **primero**

primera *f* **(a)** (Auto) first (gear) **(b)** (Transp) (clase) first class; **viajar en ~** to travel first class; *ver tb* **primero**

primerizo -za *m,f* **(a)** novice, beginner **(b)** **primeriza** *f* first-time mother

♂ **primero -ra** *adj/pron* [▶ **primer** *is used before masculine singular nouns*] **1** (en el espacio, el tiempo) first; **el primer piso** the second (AmE) *o* (BrE) first floor; **en primer lugar ...** first (of all), ..., firstly, ...; **1º de julio** (*read as: primero de julio*) 1st July, July 1st (léase: July the first); **Olaf I** (*read as: Olaf primero*) Olaf I (léase: Olaf the First); **a primeras horas de la madrugada** in the early hours of the morning; **primera plana** front page; **~s auxilios** *mpl* first aid; **primer plano** (Fot) close-up (shot) **2** (en calidad, jerarquía): **un artículo de primera calidad** a top-quality product; **de primera (categoría)** first-class, first-rate; **es el ~ de la clase** he is top of the class; **primer ministro** Prime Minister **3** (básico, fundamental): **nuestro primer objetivo** our primary objective; **artículos de primera necesidad** basic necessities; **lo ~ es ...** the most important thing is ...

■ *adv* **1** (en el tiempo) first **2** (en importancia): **estar ~** to come first

primicia *f* (Period): **conseguimos la ~ del reportaje** we were the first to carry the report; **una ~ informativa** a scoop

primitivo -va *adj* primitive

primo -ma *adj* ‹*número*› prime; ‹*materia*› raw

■ *m,f* **(a)** (pariente) cousin; **~ hermano** first cousin **(b)** (Esp fam) (bobo) sucker (AmE infml), mug (BrE infml); ***hacer el ~*** (Esp fam) to be taken for a ride

primogénito -ta *m,f* first *o* firstborn child

primordial *adj* ‹*objetivo*› fundamental, prime (*before n*); ‹*interés/importancia*› paramount

prímula *f* primula; (amarilla) primrose

princesa *f* princess

♂ **principal** *adj* main; ‹*papel*› leading (*before n*); **lo ~ es que...** the main thing is that...

principalmente *adv* principally, mainly

♂ key word

príncipe *m* prince; ~ **heredero** crown prince

principiante *mf* beginner; **un error de ~** a basic mistake

principio *m* **1** (comienzo) beginning; **a ~s de temporada** at the beginning of the season; **empieza por el ~** start at the beginning; **eso es un buen ~** that's a good start; **en un** or **al ~** at first, in the beginning **2** (postulado, norma moral) principle; **es una mujer de ~s** she's a woman of principle; **por ~** on principle

pringar [A3] *vt* (fam) (ensuciar) to get ... dirty (with grease, oil etc)

■ **pringarse** *v pron* (fam) (ensuciarse) **~se** DE **algo** (de grasa/mermelada) to get covered IN sth

pringoso -sa *adj* greasy

prioridad *f* priority

prisa *f* **1** (rapidez, urgencia) rush, hurry; **¿a qué viene tanta ~?** what's the rush *o* hurry?; **con las ~s olvidé decírselo** in the rush I forgot to tell her; **tenía ~ por llegar a casa** he was in a rush to get home; **no me metas ~** don't rush *o* hurry me; **estoy de** *or* **tengo ~** I'm in a rush *o* a hurry; **darse ~** to hurry (up) **2** (*en locs*) **a** or **de prisa** ▶ **deprisa**; **a toda prisa** as fast as possible; **correr prisa: estos no (me) corren ~** there's no rush for these

prisco *m* (CS) *type of peach*

prisión *f* **1** (edificio) prison, jail, penitentiary (AmE) **2** (pena) prison sentence; **seis años de ~** six years' imprisonment

prisionero -ra *m,f* prisoner; **lo hicieron ~** he was taken prisoner *o* captured

prisma *m* (Fís, Ópt) prism; (perspectiva) perspective

prismáticos *mpl* binoculars (*pl*), field glasses (*pl*); **unos ~** a pair of binoculars

privacidad *f* privacy

privación *f* **(a)** (acción) deprivation; **la ~ de libertad** deprivation of liberty **(b)** (falta, carencia) privation, deprivation; **pasar privaciones** to suffer privations *o* deprivations

privada *f* (Méx) private road (*with security control*)

privado -da *adj* **(a)** ‹*reunión/vida*› private; **en ~** in private **(b)** (Col, Méx) (desmayado) unconscious **(c)** (Méx) ‹*teléfono/número*› unlisted (AmE), ex-directory (BrE)

privar [A1] *vt* **1** ~ **a algn** DE **algo** (de derecho/libertad) to deprive sb OF sth **2** (Col, Méx) (dejar inconsciente) to knock ... unconscious

■ **privarse** *v pron* **1** **~se** DE **algo** (de lujos/placeres) to deprive oneself OF sth **2** (Col, Méx) (desmayarse) to lose consciousness, pass out

privatización *f* privatization

privatizar [A4] *vt* to privatize

privilegiado -da *adj* **(a)** ‹*persona/clase*› privileged **(b)** (excelente) ‹*posición*› privileged; ‹*clima/inteligencia/memoria*› exceptional

■ *m,f*: **unos pocos ~s** a privileged few

privilegio *m* privilege

pro *m* (ventaja) advantage; **sopesar los ~s y los contras de algo** to weigh up the pros and cons of sth

■ *prep*: **los sectores ~ amnistía** the sectors in favor of an amnesty

proa *f* bow, prow

probabilidad *f* (Mat) probability; **con toda ~** in all probability *o* likelihood; **¿qué ~es tiene de ganar?** what are her chances of winning?

probable *adj* (posible) probable; **es ~** probably; **es ~ que llegue hoy** he will probably arrive today

probablemente *adv* probably

probado -da *adj* (*delante del n*) proven

probador *m* fitting room, changing room (BrE)

probar [A10] *vt* **1** (demostrar) ‹*teoría/inocencia*› to prove **2** **(a)** ‹*vino/sopa*› to taste; (por primera vez) to try **(b)** ‹*método*› to try; ‹*coche/mecanismo*› to try out **(c)** ‹*ropa*› to try on; **~le algo** A **algn** to try sth ON sb **(d)** (poner a prueba) ‹*empleado/honradez*› to test; ‹*arma/vehículo*› to test (out)

■ ~ *vi* (intentar) to try; ~ A **hacer algo** to try doing sth

■ **probarse** *v pron* ‹*ropa/zapatos*› to try on

probeta *f* test tube

■ *adj inv* ‹*gemelos/hijos*› test-tube (*before n*)

problema *m* problem; **resolver/solucionar un ~** to solve a problem; **los coches viejos dan muchos ~s** old cars give a lot of trouble; **no te hagas ~** (AmL) don't worry about it

problemático -ca *adj* problematic, difficult

procaz *adj* ‹*comentario/chiste*› indecent, lewd; ‹*lenguaje*› obscene

procedencia *f* **(a)** (origen) origin **(b)** (de barco) port of origin

procedente *adj*: **el vuelo/tren ~ de París** the flight/train from Paris

proceder [E1] *vi* **1** (provenir) ~ DE **algo** to come FROM sth **2** (actuar) to act, to proceed (fml); **procedió con mucha corrección** he behaved very correctly; ~ **contra algn** (Der) to initiate proceedings against sb **3** (fml) (iniciar) ~ A **algo** to proceed TO sth **4** (ser conveniente): **procede actuar rápidamente** it would be wise to act swiftly; **rellenar lo que proceda** complete as appropriate

procedimiento *m* **1** (método) procedure; (Tec) process **2** (Der) proceedings (*pl*)

prócer *m* national hero (*esp of a struggle for independence*)

procesado -da *m,f* (Der) accused, defendant

procesador *m* processor; ~ **de textos** word processor

procesamiento *m* **1** (Der) prosecution, trial **2** (Tec, Inf) processing; ~ **de textos** word processing

procesar [A1] *vt* **1** (Der) to try, prosecute **2** ‹*materia prima/datos/solicitud*› to process

procesión *f* procession

proceso *m* **1** (serie de acciones, sucesos) process **2** (Der) trial **3** (Inf) processing; ~ **de datos/textos** data/word processing **4** (transcurso) course

proclamación *f* proclamation, declaration

proclamar [A1] *vt* to proclaim

■ **proclamarse** *v pron* to proclaim oneself

procrear [A1] *vi* to procreate, breed

procurador -dora *m,f* (Der) (abogado) attorney, lawyer; (asistente) ≈ paralegal (*in US*), ≈ clerk (*in UK*)

P

procurar [A1] *vt* (intentar) ~ **hacer algo** to try to do sth; **procura que no te vea** try not to let him see you

prodigio *m* **(a)** (maravilla) wonder **(b)** (milagro) miracle

prodigioso -sa *adj* prodigious, phenomenal; ‹*éxito/jugador/músico*› phenomenal

🔑 **producción** *f* **1** (Com, Econ) (proceso, acción) production; (cantidad) output, production; ~ **en cadena** or **serie** mass production **2** (Cin, Teatr, TV) production

🔑 **producir** [I6] *vt* **1** **(a)** (en general) to produce **(b)** ‹*sonido*› to cause, generate **2** (causar) ‹*conmoción/reacción/explosión*› to cause; **le produjo una gran alegría** it made her very happy

■ **producirse** *v pron* **1** (fml) (tener lugar) «*accidente/explosión*» to occur (fml), to take place; «*cambio*» to occur (fml), to happen; **se produjeron 85 muertes** there were 85 deaths, 85 people died *o* were killed **2** (*refl*) (fml) ‹*heridas*› to inflict ... on oneself (fml)

productividad *f* (cualidad) productivity; (rendimiento) productivity, output

🔑 **productivo -va** *adj* productive; ‹*empresa/negocio*› lucrative

🔑 **producto** *m* **(a)** (artículo producido) product; ~**s agrícolas/de granja** agricultural/farm produce; ~ **alimenticio** foodstuff; ~ **lácteo** dairy product **(b)** (resultado) result, product

🔑 **productor -tora** *adj* producing (*before n*)
■ *m,f* **(a)** (en general) producer **(b) productora** *f* (empresa) production company

produje, produzca, *etc* ▶ **producir**

proeza *f* (logro) feat, exploit; (Mil) heroic deed *o* exploit

profanar [A1] *vt* ‹*templo/sepultura*› to desecrate, defile

profano -na *adj* **1** **(a)** (no sagrado) ‹*escritor/música*› secular, profane (fml); ‹*fiesta*› secular **(b)** (antirreligioso) profane (fml), irreverent **2** (no especializado): **soy ~ en la materia** I'm not an expert on the subject
■ *m,f* **1** (Relig) (*m*) layman; (*f*) laywoman **2** (no especialista) non-specialist

profecía *f* prophecy

proferir [I11] *vt* ‹*palabras/amenazas*› to utter; ‹*insultos*› to hurl

profesar [A1] *vt* **(a)** (declarar) ‹*religión/doctrina*› to profess **(b)** (sentir) ‹*cariño*› to feel; ‹*respeto*› to have

🔑 **profesión** *f* (ocupación) profession; (en formularios) occupation; ~ **liberal** profession

🔑 **profesional** *adj* ‹*fotógrafo/deportista*› professional (*before n*)
■ *mf* professional

profesionalidad *f* professionalism

profesionista *mf* (Méx) professional

🔑 **profesor -sora** *m,f* (de escuela secundaria) teacher, schoolteacher; (de universidad) professor (AmE), lecturer (BrE); **tiene un ~ particular** he has a private tutor

profesorado *m* (cuerpo) faculty (AmE), teaching staff (BrE); (actividad) teaching profession

profeta *m* prophet

profetizar [A4] *vt* to prophesy

prófugo -ga *m,f* (Der) fugitive; (Mil) deserter

🔑 **profundidad** *f* **(a)** (de pozo, río, mar) depth; **tiene 20 metros de ~** it's 20 meters deep **(b)** (de conocimientos, ideas) depth; **en ~** ‹*analizar*› in depth; ‹*reformar*› radically

profundizar [A4] *vi* ~ EN **algo** (en tema) to go into sth in depth

🔑 **profundo -da** *adj* **(a)** ‹*herida/pozo/raíz*› deep; **un río poco ~** a shallow river **(b)** ‹*pensamiento*› profound, deep; ‹*respeto/desprecio*› profound; ‹*lazos*› strong; ‹*desengaño*› grave, terrible **(c)** ‹*misterio*› profound; ‹*silencio*› deep, profound **(d)** ‹*voz/suspiro*› deep **(e)** ‹*sueño*› deep, sound

progenitor -tora *m,f* **(a)** (antepasado) ancestor **(b)** (fml) (*m*) (padre) father; (*f*) (madre) mother

🔑 **programa** *m* **1** **(a)** (Rad, TV) program*; ~ **concurso** quiz show; ~ **de entrevistas** chat show **(b)** (folleto) program* **2** (programación, plan) program* **3** **(a)** (político) program*; **su ~ electoral** their election manifesto **(b)** (Educ) (de asignatura) syllabus; (de curso) curriculum, syllabus **4** (Inf, Elec) program*

programación *f* **1** **(a)** (Rad, TV) programs* (*pl*) **(b)** (de festejos, visitas — lista) program*; (— organización) organization, planning **2** (Inf) programming

programador -dora *m,f* programmer

🔑 **programar** [A1] *vt* **1** **(a)** (Rad, TV) to schedule **(b)** ‹*actividades/eventos*› to plan, draw up a program* for; ‹*horario/fecha*› to schedule, program*; ‹*viaje*› to organize **(c)** (Transp) ‹*llegadas/salidas*› to schedule, timetable (BrE) **2** (Inf) to program

progresar [A1] *vi* «*persona*» to make progress, to progress; «*negociaciones/proyecto*» to progress

progresión *f* (Mat, Mús) progression

progresista *adj/mf* progressive

progresivo -va *adj* progressive

🔑 **progreso** *m* **(a)** (adelanto): **supuso un gran ~** it was a great step forward; **hacer ~s** to make progress **(b)** (evolución, desarrollo) progress

prohibición *f* (acción) prohibition, banning; (orden) ban

🔑 **prohibir** [I22] *vt* **(a)** ‹*acto/venta*› to ban, prohibit (fml); **iba en dirección prohibida** I was going the wrong way up a one-way street; ⊗ **prohibido el paso** or **prohibida la entrada** no entry; ⊗ **prohibido fumar** no smoking; ⊗ **se prohíbe la entrada a menores de 16 años** over 16s only, no admission to persons under 16 years of age **(b)** ~**le algo** A **algn** to ban sb FROM sth; ~**le** A **algn hacer algo** to forbid sb to do sth, prohibit sb FROM doing sth (fml); ~ A **algn** QUE **haga algo** to forbid sb to do sth

prohibitivo -va *adj* prohibitive

prójimo *m* (semejante) fellow man; **amar al ~** to love one's neighbor

prole *f* kids (*pl*) (infml), offspring (hum)

proletario -ria *adj/m,f* proletarian

proliferar [A1] *vi* to proliferate, spread

prolífico -ca *adj* prolific

P

🔑 key word

prolijo -ja *adj* **1** (extenso) protracted, long-winded; (minucioso) detailed **2** (RPl) (ordenado, aseado) ‹*persona/casa*› tidy; ‹*cuaderno*› neat

prólogo *m* (de libro) preface, foreword; (de acto) prelude

prolongación *f* extension

prolongado -da *adj* prolonged, lengthy

prolongar [A3] *vt* **(a)** ‹*contrato/plazo*› to extend; ‹*vacaciones/visita*› to prolong, extend **(b)** ‹*línea/calle*› to extend; **~le la vida a algn** to prolong sb.'s life

■ **prolongarse** *v pron* **(a)** (en el tiempo) «*debate/fiesta*» to go on, carry on **(b)** (en el espacio) «*carretera/línea*» to extend

promedio *m* **(a)** (Mat) average; **el ~ de mis ingresos** my average earnings; **como ~** on average **(b)** (nota media) average grade *o* (BrE) mark **(c)** (punto medio) mid-point

promesa *f* **(a)** (palabra) promise; **cumplí (con) mi ~** I kept my promise *o* word; **romper una ~** to break a promise **(b)** (persona) hope

prometedor -dora *adj* promising

prometer [E1] *vt* **(a)** (dar su palabra) to promise; **te lo prometo** I promise **(b)** (augurar) to promise

■ **~** *vi* «*persona/negocio*» to show *o* have promise

■ **prometerse** *v pron* **(a)** (en matrimonio) to get engaged **(b)** (*refl*) ‹*viaje/descanso*› to promise oneself

prometido -da *adj* **(a)** (para casarse) engaged **(b)** ‹*aumento/regalo*› promised; **cumplir con lo ~** to keep one's promise *o* word

■ *m,f* (*m*) fiancé; (*f*) fiancée

prominente *adj* prominent

promiscuidad *f* promiscuity

promiscuo -cua *adj* promiscuous

promoción *f* **1** **(a)** (de actividad, producto) promotion; **hacer la ~ de un producto** to promote a product **(b)** (ascenso) promotion **2** (Educ): **somos de la misma ~** we graduated at the same time

promocionar [A1] *vt* to promote

promontorio *m* (en tierra) hill, rise; (en el mar) promontory, headland

promotor -tora *m,f* (persona) **(a)** (Const) developer **(b)** (Espec) promoter **(c)** (de rebelión, huelga) instigator

promover [E9] *vt* ‹*ahorro/turismo*› to promote; ‹*conflicto/enfrentamientos*› to provoke; ‹*querella/pleito*› to bring

promulgar [A3] *vt* to enact, to promulgate (fml)

pronombre *m* pronoun

pronosticar [A2] *vt* ‹*tiempo/resultado*› to forecast; ‹*victoria/muerte*› to predict

pronóstico *m* **(a)** (predicción) forecast, prediction; **el ~ del tiempo** the weather forecast **(b)** (Med) prognosis **(c)** (en carreras de caballos) tip

prontitud *f* promptness

pronto[1] -ta *adj* **(a)** (rápido) ‹*entrega/respuesta*› prompt **(b)** (RPl) (preparado) ready

pronto[2] *adv* **1** **(a)** (en poco tiempo) soon; **¡hasta ~!** see you soon!; **lo más ~ posible** as soon as possible **(b)** (Esp) (temprano) early **2** (*en locs*) **de pronto** (repentinamente) suddenly; **por lo pronto** or **por de pronto** for the moment, for now; **tan pronto como** as soon as

pronunciación *f* pronunciation

pronunciado -da *adj* **(a)** ‹*curva*› sharp, pronounced; ‹*pendiente*› steep, pronounced **(b)** ‹*facciones/rasgos*› pronounced, marked **(c)** ‹*tendencia*› marked, noticeable

pronunciamiento *m* rebellion, military uprising

pronunciar [A1] *vt* **1** **(a)** (Ling) to pronounce **(b)** ‹*discurso*› to deliver, give **2** (resaltar) to accentuate

■ **pronunciarse** *v pron* **1** (dar una opinión) **~se** A FAVOR/EN CONTRA DE **algo** to declare oneself to be IN FAVOR OF/AGAINST sth **2** (acentuarse) to become more marked, become more pronounced

propaganda *f* **(a)** (Pol) propaganda **(b)** (Com, Marketing) advertising; **hacer ~ de un producto** to advertise a product **(c)** (material publicitario) advertisements (*pl*); **no trae más que ~** it has nothing but advertisements in it; **repartir ~** to hand out advertising leaflets

propagar [A3] *vt* **(a)** ‹*doctrina/rumores/enfermedad*› to spread, propagate **(b)** ‹*especie*› to propagate

■ **propagarse** *v pron* to spread; «*especie/sonido/luz*» to propagate

propasarse [A1] *v pron* **(a)** (excederse) to go too far, overstep the mark **(b)** (en sentido sexual) **~** CON **algn** to make a pass AT sb

propenso -sa *adj* **~** A **algo** prone TO sth

propiamente *adv* exactly; **no vive en Londres ~ dicho** he doesn't live in London proper

propiciar [A1] *vt* (favorecer) to favor*; (causar) to bring about

propicio -cia *adj* ‹*momento*› opportune, propitious (fml); ‹*condiciones*› favorable*, propitious (fml)

propiedad *f* **1** **(a)** (pertenencia) property; **son ~ del museo** they are the property of the museum; **la casa es ~ de mi hijo** the house belongs to my son **(b)** (lo poseído) property; **~ intelectual** copyright; **~ privada/pública** private/public property **2** (cualidad) property; (corrección): **con ~** ‹*hablar*› correctly; ‹*comportarse*› with decorum

propietario -ria *m,f* **(a)** (de comercio) owner, proprietor **(b)** (de casa) owner **(c)** (de tierras) landowner

propina *f* **(a)** (a camarero, empleado) tip, gratuity (fml); **dejó 25 pesos de ~** she left a 25 peso tip; **darle ~ a algn** to tip sb **(b)** (Per) (de niño) pocket money

propio -pia *adj* **1** **(a)** (indicando posesión) own; **¿es ~ o alquilado?** is it your own or is it rented?; **tienen piscina propia** they have their own swimming pool **(b)** (de uno mismo) own; **por tu ~ bien** for your own good; **todo lo hace en beneficio ~** everything he does is for his own gain; **lo vi con mis ~s ojos** I saw it with my own two eyes *o* with my (very) own eyes **2** (característico, típico): **esa actitud es muy propia de él** that kind of attitude is very typical of him; **una enfermedad propia de la vejez** an illness common among old people; **no es un comportamiento ~ de una señorita** it's not ladylike behaviour **3** (*delante del n*) (mismo):

fue el ~ presidente it was the president himself; **debe ser el ~ interesado quien lo pida** it must be the person concerned who makes the request

proponer [E22] *vt* **(a)** ‹*idea*› to propose, suggest; ‹*brindis*› to propose; **nos propuso ir al campo** she suggested we go to the countryside; **te voy a ~ un trato** I'm going to make you a proposition **(b)** ‹*persona*› (para cargo) to put forward, nominate; (para premio) to nominate **(c)** ‹*moción*› to propose **(d)** ‹*teoría*› to propound
■ **proponerse** *v pron*: **~se hacer algo** to set out to do sth; **me lo propuse como meta** I set myself that goal; **me propuse decírselo** I made up my mind *o* I decided to tell her

proporción *f* **1** (relación) proportion; **en ~ a los ingresos** in proportion to income **2** **proporciones** *fpl* (dimensiones) proportions (*pl*)

proporcionado -da *adj*: **~ a la figura humana** in proportion to the human body; **mal ~** ‹*dibujo*› poorly proportioned; **es bajo pero bien ~** he's short but he's well-proportioned

proporcional *adj* proportional, proportionate

proporcionar [A1] *vt* ‹*materiales/información/comida*› to provide; **~ algo A algn** to provide sb WITH sth

proposición *f* proposal, proposition; **~ de matrimonio** proposal of marriage

propósito *m* **(a)** (intención) intention, purpose; **con el ~ de verla** with the intention *o* purpose of seeing her; **tiene el firme ~ de dejar de fumar** she's determined to give up smoking; **buenos ~s** good intentions **(b) a propósito** (adrede) deliberately, on purpose; (por cierto) (*indep*) by the way

propuesta *f* **(a)** (sugerencia) proposal **(b)** (oferta) offer

propulsar [A1] *vt* ‹*desarrollo/actividad*› to promote, stimulate; ‹*avión/cohete*› to propel; ‹*vehículo*› to drive, propel

propulsión *f* propulsion; **~ a chorro** jet propulsion

propulsor -sora *adj* ‹*mecanismo*› driving (*before n*), propulsion (*before n*); ‹*cohete*› propulsion (*before n*)
■ *m,f* **(a)** (de actividad, idea) promoter **(b) propulsor** *m* (Tec) propellant

propuse, propuso, *etc* ▸ **proponer**

prórroga *f* **(a)** (extensión) extension; (Dep) overtime (AmE), extra time (BrE) **(b)** (aplazamiento) deferral, deferment

prorrogar [A3] *vt* **(a)** (alargar) to extend **(b)** (aplazar) ‹*fecha*› to postpone, put back

prosa *f* prose

prosaico -ca *adj* ‹*existencia/vida*› mundane, prosaic

proseguir [I30] *vi/vt* (fml) to continue

prospecto *m* **(a)** (de fármaco) directions for use (*pl*), patient information leaflet **(b)** (de propaganda) pamphlet, leaflet

prosperar [A1] *vi* **(a)** «*negocio/país*» to prosper, thrive; «*persona*» to do well, make good **(b)** «*iniciativa/proyecto*» (aceptarse) to be accepted, prosper

key word

prosperidad *f* prosperity

próspero -ra *adj* prosperous

próstata *f* prostate (gland)

prostíbulo *m* brothel

prostitución *f* prostitution

prostituir [I20] *vt* to prostitute
■ **prostituirse** *v pron* to prostitute oneself

prostituto -ta *m,f* (*m*) male prostitute; (*f*) prostitute

protagonista *mf* **(a)** (personaje principal) main character **(b)** (actor): **el ~ de la nueva serie** the actor who is playing the leading role in the new series; **los principales ~s de nuestra historia** the major figures of our history

protagonizar [A4] *vt* **(a)** (Cin, Teatr) to star in, play the lead *o* leading role in **(b)** ‹*tiroteo*› to be involved in; ‹*debate*› to take part in; ‹*disturbios*› to be responsible for

protección *f* protection

proteccionismo *m* protectionism

proteccionista *adj/mf* protectionist

protector -tora *adj* protective; **sociedad ~a de animales** society for the prevention of cruelty to animals
■ *m,f* (defensor) protector; (benefactor) patron

protectorado *m* protectorate

proteger [E6] *vt* **(a)** (en general) to protect; **~ algo/a algn** DE *or* CONTRA **algo/algn** to protect sth/sb FROM *o* AGAINST sth/sb **(b)** ‹*artes*› to champion, patronize; ‹*pintor/poeta*› to act as patron to
■ **protegerse** *v pron* (*refl*) **~se** DE *or* CONTRA **algo** to protect oneself FROM *o* AGAINST sth; **~se de la lluvia** to shelter from the rain

protegido -da *adj* **(a)** ‹*especie*› protected **(b)** ‹*vivienda*› subsidized **(c)** (Inf) write-protected
■ *m,f* (*m*) protégé; (*f*) protégée

proteína *f* protein

prótesis *f* prosthesis

protesta *f* **1** **(a)** (queja) protest; **en señal de ~** in protest **(b)** (manifestación) demonstration, protest march (*o* rally *etc*) **2** (Méx) **(a)** (promesa) promise; **cumplieron con su ~** they kept their promise *o* word **(b)** ▸ **juramento**

protestante *adj/mf* Protestant

protestantismo *m* Protestantism

protestar [A1] *vi* **(a)** (mostrar desacuerdo) to protest; **~** CONTRA **algo** to protest AGAINST *o* ABOUT sth **(b)** (quejarse) to complain; **~** POR *or* DE **algo** to complain ABOUT sth

protocolo *m* **(a)** (ceremomial, etiqueta) protocol **(b)** (Inf) protocol

prototipo *m* **(a)** (de especie) archetype, prototype **(b)** (Tec) prototype

protuberancia *f* bulge, protuberance (fml)

provecho *m* **(a)** (beneficio, utilidad) benefit; **no sacó mucho ~ de la experiencia** she didn't benefit much from the experience; **le sacó mucho ~ a su estancia** she got a lot out of her stay; **solo piensa en su propio ~** he's only out for himself (infml); **de ~** ‹*estudiante*› hardworking; ‹*experiencia/visita*› worthwhile **(b)** (en la mesa): **¡buen ~!** (dicho por uno mismo) bon appetit!; (dicho por camarero) enjoy your meal!

provechoso -sa *adj* profitable, fruitful

proveedor -dora *m,f* supplier, purveyor (fml); **~ de servicios Internet** Internet service provider

proveer [E14] *vt* (suministrar) to provide; **~ a algn** DE **algo** to provide sb WITH sth; **iban provistos de botes salvavidas** they were equipped with *o* they carried lifeboats

■ **proveerse** *v pron* (*refl*) **~se** DE **algo** (de herramientas/armas) to equip oneself WITH sth; (de comida) to get sth

provenir [I31] *vi* **~** DE **algo/algn** to come FROM sth/sb

proverbio *m* proverb

providencia *f* (Relig): **la (divina) P~** (divine) Providence

providencial *adj* **(a)** (oportuno) fortunate, lucky, providential (fml); **fue ~ que ...** it was fortunate that ... **(b)** (Relig) providential

provincia *f* **1** (Gob, Relig) province **2** **provincias** *fpl* (por oposición a la capital) provinces (*pl*); **la vida de ~s** provincial life

provincial *adj* provincial

provinciano -na *adj* **(a)** (de provincias) provincial **(b)** (pey) (estrecho de miras) provincial, parochial

■ *m,f* **(a)** (de provincias): **los ~s** people from the provinces **(b)** (pey) (de mentalidad estrecha) provincial **(c)** (paleto) country bumpkin, hick (AmE infml)

provisional *adj* provisional

provisiones *fpl* (víveres) provisions (*pl*)

provisto -ta *pp* ▶ **proveer**

provocación *f* provocation

provocador -dora *adj* provocative

■ *m,f* agitator

provocar [A2] *vt* **1** **(a)** ‹*explosión*› to cause; ‹*incendio*› to start; ‹*polémica*› to spark off, prompt; ‹*reacción*› to cause **(b)** (Med) ‹*parto*› to induce **2** ‹*persona*› (al enfado) to provoke; (sexualmente) to lead ... on

■ **~** *vi* (Andes) (apetecer): **¿le provoca un traguito?** do you want a drink?, do you fancy a drink? (BrE infml)

provocativo -va *adj* **1** (insinuante) provocative **2** (Col, Ven) (apetecible) tempting, mouthwatering

proxeneta *mf* (*m*) procurer (fml), pimp (infml); (*f*) procuress (fml), pimp (infml)

proximidad *f* **(a)** (en el tiempo, espacio) closeness, proximity (fml) **(b) proximidades** *fpl* (cercanías) vicinity

próximo -ma *adj* **1** **(a)** (siguiente) next; **el ~ jueves** next Thursday **(b)** (*como pron*): **esto lo dejamos para la próxima** we'll leave this for next time; **tome la próxima a la derecha** take the next (on the) right **2** [ESTAR] (cercano) **(a)** (en el tiempo) close; **la fecha ya está próxima** the day is close; **en fecha próxima** in the near future **(b)** (en el espacio) near, close; **~** A **algo** close *o* near TO sth

proyección *f* **(a)** (Cin) showing **(b)** (de sombra) casting; (de luz) throwing

proyectar [A1] *vt* **1** (planear) to plan; **~ hacer algo** to plan to do sth **2** **(a)** ‹*película*› to show, screen; ‹*diapositivas*› to project, show **(b)** ‹*sombra*› to cast; ‹*luz*› to throw, project

proyectil *m* projectile, missile

proyecto *m* **(a)** (plan) plan; **¿qué ~s tienes para el próximo año?** what are your plans for next year?; **tiene un viaje en ~** she's planning a trip; **~ de ley** bill **(b)** (trabajo) project **(c)** (Arquit, Ing) plans and costing

proyector *m* **1** (Cin, Fot) projector **2** (Teatr) spotlight; (para monumentos) floodlight; (Mil) searchlight

prudencia *f* (cuidado) caution; (sabiduría) wisdom, prudence; **conduce con ~** drive carefully

prudente *adj* (sensato. responsable) prudent, sensible; (cauto, precavido) cautious, prudent

prueba *f* **1** **(a)** (demostración, testimonio) proof; **no hay ~s de que eso sea verdad** there's no proof that that's true; **eso es ~ de que le caes bien** that proves he likes you; **en** or **como ~ de mi agradecimiento** as a token of my gratitude **(b)** (Der) piece of evidence **2** (Educ) test; (Cin) screen test, audition; (Teatr) audition **3** **(a)** (ensayo, experimento) test; **vamos a hacer la ~** let's try; **~ de la alcoholemia** Breathalyzer® test, sobriety test (AmE); **~ del embarazo** pregnancy test **(b)** (*en locs*) **a prueba: tomar a algn a ~** to take sb on for a trial period; **tener algo a ~** to have sth on trial; **poner algo a ~** to put sth to the test; **a ~ de golpes/de balas** shockproof/bulletproof **(c)** (en costura) fitting **4** (Fot, Impr) proof; **corregir ~s** to proofread **5** (Dep): **en las ~s de clasificación** in the qualifying heats; **la ~ de los 1.500 metros** the 1,500 meters (event *o* race)

PSI *m* (= **provedor de sevicios Internet**) ISP

psicoanálisis *m* psychoanalysis

psicoanalista *mf* psychoanalyst

psicodélico -ca *adj* psychedelic

psicología *f* psychology

psicológico -ca *adj* psychological

psicólogo -ga *m,f* (Psic) psychologist

psicópata *mf* psychopath

psicosis *f* (*pl* ~) psychosis

psicosomático -ca *adj* psychosomatic

psicoterapia *f* psychotherapy

psiquiatra *mf* psychiatrist

psiquiatría *f* psychiatry

psiquiátrico[1] **-ca** *adj* psychiatric (*before n*)

psiquiátrico[2] *m* psychiatric hospital

psíquico -ca *adj* psychic

ptas, pts = **pesetas**

púa *f* **1** **(a)** (de erizo) spine, quill; (de alambre) barb; (de peine) tooth **(b)** (Chi, Ven) (en zapatos de atletismo) spike **2** (para guitarra) plectrum, pick; (de tocadiscos) (RPl) needle

pub /puβ, pʌβ/ *m* (*pl* **pubs** *or* **pubes**) bar (*gen with music, open late at night*)

pubertad *f* puberty

pubis *m* (*pl* ~) pubis

publicación *f* publication

publicar [A2] *vt* **(a)** ‹*artículo/noticia*› to publish **(b)** (divulgar) to divulge, disclose

publicidad *f* **(a)** (de tema, suceso) publicity **(b)** (Com, Marketing) advertising; **hacer ~ de**

algo to advertise sth

publicista *mf* **(a)** (AmL) (Com) advertising executive *o* agent, publicist **(b)** (Period) publicist

publicitario -ria *adj* ‹*campaña/espacio*› advertising (*before n*); ‹*truco/montaje*› publicity (*before n*)

público¹ -ca *adj* public; **hacer ~ algo** to announce sth; **es un peligro ~** he's a danger to the public

público² *m* (en teatro) audience, public; (Dep) spectators (*pl*); Ⓢ **horario de atención al público** (en oficinas públicas) opening hours; (en bancos) hours of business; **película apta para todo(s) (los) ~(s)** 'G' movie (AmE), 'U' film (BrE); **el ~ en general** the general public; **en ~** ‹*hablar*› in public; ‹*cantar/bailar*› in front of an audience; ***salir al*** **~** (Andes) «*periódico/revista*» to come out, appear; «*noticia/información*» to be published

pucherazo *m* (fam) electoral rigging; **hubo ~** the election was fixed *o* rigged

puchero *m* **1** (Coc) (recipiente) pot, stewpot; (cocido) stew **2** (mueca) pout; **hacer ~s** to pout

pucho *m* (AmS fam) **(a)** (cigarrillo — de tabaco) smoke (infml), fag (BrE infml); (— de marihuana) joint (infml) **(b)** (resto — de cigarrillo) butt, fag end (BrE infml); (— de comida) scrap; (— de bebida) drop

pude ▸ **poder¹**

púdico -ca *adj* ‹*ropa*› modest; ‹*comportamiento/beso*› chaste

pudiera, pudiese, *etc* ▸ **poder¹**

pudín *m* ▸ **budín**

pudiste, *etc* ▸ **poder¹**

pudor *m* **(a)** (recato sexual) modesty; **no se desnudó por ~** she was too embarrassed *o* shy to take her clothes off; **es una falta de ~** it shows a lack of (a sense of) decency **(b)** (reserva) reserve; **nos habló sin ~** he talked to us very openly

P

pudoroso -sa *adj* ▸ **púdico**

pudrir [I38] *vt* (descomponer) ‹*carne/fruta/madera*› to rot, decay

■ **pudrirse** *v pron* **1** (descomponerse) «*fruta/carne*» to rot, decay; «*madera/tela*» to rot; «*cadáver*» to decompose, rot **2** (fam) (por el abandono): **~se en la cárcel** to rot in jail

pueblerino -na *adj* ‹*aire*› provincial; **¡qué ~ eres!** you're such a country bumpkin *o* (AmE infml) hick!

pueblo *m* **1** (poblado) village; (más grande) small town; **~ joven** (Per) shantytown **2** **(a)** (comunidad) people; **un ~ nómada** a nomadic people **(b)** (ciudadanos, nación) people; **el ~ vasco** the Basque people

pueda, puedas, *etc* ▸ **poder¹**

puente *m* **1** (Ing) bridge; **~ colgante/giratorio** suspension/swing bridge; **~ levadizo** (en castillo) drawbridge; (en carretera) lifting bridge; **~ aéreo** (servicio frecuente) shuttle (service); (Mil) airlift **2** (Mús, Odont) bridge; (de anteojos) bridge **3** (Elec) bridge (circuit) **4** (vacación) ≈ long weekend (*linked to a public holiday by an extra day's holiday in between*) **5** (Náut) *tb* **~ de mando** bridge

puerco -ca *adj* (fam & pey) (sucio) dirty; (despreciable) low-down (infml)

■ *m,f* **1** **(a)** (animal) (*m*) pig, hog, boar; (*f*) pig, hog, sow; **~ espín** porcupine **(b)** (Méx) (carne) pork **2** (fam) (persona — sucia) pig (infml); (— despreciable) swine (infml)

puericultor -tora *m,f*: *nurse or doctor who specializes in babycare/childcare*

puericultura *f* babycare, childcare

pueril *adj* **(a)** (infantil) childish, puerile (fml) **(b)** (ingenuo) naive

puerro *m* leek

puerta *f* (de casa, coche, horno) door; (en jardín, valla) gate; **llamar a la ~** to ring the doorbell/knock on the door; **te espero en la ~ del teatro** I'll meet you at the entrance of the theater; **te acompaño a la ~** I'll see *o* show you out; **servicio ~ a ~** door-to-door service; **un coche de dos ~s** a two-door car; **~ de embarque** gate; **~ principal** or **de la calle** (de casa) front door; (de edificio público) main door *or* entrance; **~ trasera** back door

puerto *m* **1** (Náut) port, harbor*; **entrar a ~** to enter port *o* harbor; **~ deportivo** marina; **~ franco** or **libre** free port; **~ pesquero** fishing port **2** (Geog) *tb* **~ de montaña** (mountain) pass **3** (Inf): **~ USB** USB port

Puerto Príncipe *m* Port-au-Prince

Puerto Rico *m* Puerto Rico

pues *conj* **(a)** (en general) well **(b)** (indicando consecuencia) then; **~ si te gusta tanto, cómpralo** if you like it that much, then buy it

puesta *f* **1** (acción de poner): **hasta la ~ en servicio de los autobuses** until the buses come into service; **la ~ en libertad de los prisoneros** the freeing *o* release of the prisoners; **~ a punto** (de vehículo) tune-up; (de máquina) adjustment; **~ de sol** sunset; **~ en escena** production; **~ en marcha** (de vehículo, motor) starting (up); **~ al día** updating **2** (de huevos) lay

puestero -ra *m,f* (AmL) **(a)** (vendedor) stallholder, market vendor **(b)** (en una estancia) farmer (*responsible for the running of part of a large ranch*)

puesto¹ -ta *adj*: **¿qué haces con el abrigo ~?** what are you doing with your coat on?; **tenía las botas puestas** she was wearing her boots; **la mesa estaba puesta** the table was laid; *ver tb* **poner**

puesto² *m* **1** **(a)** (lugar, sitio) place; **se sentó en mi ~** he sat in my place **(b)** (en una clasificación) place, position; **sacó el primer ~ de la clase** she came top *o* (AmE) came out top of the class **2** (empleo) position, job; **~ de trabajo** (empleo) job; (Inf) workstation **3** **(a)** (Com) (en mercado) stall; (quiosco) kiosk; (tienda) stand, stall **(b)** (de la policía, del ejército) post; **~ de socorro** first-aid post/station **4** **puesto que** (*conj*) (fml) since

puf *m* (*pl* **pufs**) hassock (AmE), pouffe (BrE)

■ *interj* (expresando — repugnancia) ugh! (infml), pee-yoo! (AmE); (— cansancio, sofoco) whew!, oof!

púgil *m* (period) boxer, pugilist (fml)

pugna *f* **(a)** (lucha) struggle **(b)** (conflicto): **tendencias/intereses en ~** conflicting trends/interests; **entrar en ~ con algo/algn** to clash *o* come into conflict with sth/sb

key word

pugnar [A1] *vi* (liter) (luchar) ~ POR + INF to strive to + INF (fml)

pujante *adj* booming (*before n*)

pujanza *f* vigor*, strength

pujar [A1] *vi* **1** (luchar) ~ POR **algo/hacer algo** to struggle FOR sth/to do sth **2** (Esp) (en subasta) to bid **3** (Méx fam) (gemir) to moan, whimper

pulcro -cra *adj* ‹*persona/aspecto*› immaculate, neat and tidy; ‹*informe/trabajo*› meticulous

pulga *f* (Zool) flea; ***tener malas ~s*** (fam) to be bad-tempered

pulgada *f* inch

pulgar *m* (de la mano) thumb; (del pie) big toe

pulgón *m* aphid, plant louse

pulido -da *adj* ‹*estilo/trabajo/lenguaje*› polished; ‹*modales*› refined

pulir [I1] *vt* **1** **(a)** ‹*metal/piedra/vidrio*› to polish **(b)** ‹*madera*› to sand **(c)** (lustrar) to polish **2** (refinar) ‹*estilo/trabajo*› to polish up; ‹*persona*› to make ... more refined; ‹*idioma*› to brush up

pulla *f* gibe

pulmón *m* lung; **~ de acero** iron lung

pulmonía *f* pneumonia; **~ doble** double pneumonia

pulóver *m* (*pl* **-vers**) (suéter) pullover, sweater, jumper (BrE)

pulpa *f* (de fruta, vegetal) pulp; (de madera) (wood) pulp

pulpería *f* (AmL) local store

pulpero -ra *mf* (AmL) local storekeeper

púlpito *m* pulpit

pulpo *m* (Zool) octopus

pulque *m* pulque (*drink made from fermented cactus sap*)

pulquería *f* (Méx) bar, restaurant (*serving pulque*)

pulquero -ra *m,f* (Méx) *owner of a*; ▸ **pulquería**

pulsación *f* **1** (latido) beat **2** (en mecanografía) keystroke; **¿cuántas pulsaciones piden por minuto?** ≈ how many words a minute do they want?

pulsar [A1] *vt* **1** **(a)** (Mús) ‹*cuerda*› to pluck; ‹*tecla*› to press **(b)** ‹*botón*› to push, press; ‹*timbre*› press, ring **2** ‹*opinión/situación*› to gauge, assess

pulsera *f* bracelet; **~ de tobillo** ankle bracelet, anklet

pulso *m* **(a)** (Med) pulse; **tomarle el ~ a algn** to take sb's pulse; ***tomarle el ~ a algo*** to gauge sth **(b)** (firmeza en la mano): **tengo muy mal ~** I have a very unsteady hand; **me temblaba el ~** my hand was shaking; **a ~** ‹*levantar*› with one's bare hands; ‹*dibujar*› freehand

pulular [A1] *vi* **(a)** (bullir) «*muchedumbre*» to mill around **(b)** (abundar): **aquí pululan los mosquitos** there are swarms of mosquitoes here

pulverizador *m* (de perfume) atomizer, spray; (de pintura) spray gun; (del carburador) jet

pulverizar [A4] *vt* ‹*líquido*› to atomize, spray; ‹*sólido*› to pulverize, crush

puma *m* (animal) cougar, mountain lion, puma

puna *f* **(a)** (páramo) *high Andean plateau* **(b)** (Andes) (soroche) mountain *o* altitude sickness

punki /'puŋki, 'pʌŋki/ *adj/mf* (fam) punk

⚷ **punta¹** *f* **1** **(a)** (de lengua, dedos) tip; (de nariz) end, tip; (de pan) end; (de pincel) tip; **vivo en la otra ~ de la ciudad** I live on the other side *o* at the other end of town; **con la ~ del pie** with the print of one's foot; ***la ~ del iceberg*** the tip of the iceberg; ***tener algo en la ~ de la lengua*** to have sth on the tip of one's tongue **(b)** **puntas** *fpl* (del pelo) ends (*pl*) **2** **(a)** (de aguja, clavo, cuchillo, lápiz) point; (de flecha, lanza) tip; **~ de lanza** spearhead; **sácale ~ al lápiz** sharpen the pencil; **de ~** point first; **en ~** pointed; **por un extremo acaba en ~** it's pointed at one end **(b)** **a punta de** (AmL fam): **a ~ de repetírselo mil veces** by telling him it a thousand times; **a ~ de palos lo hicieron obedecer** they beat him until he did as he was told **3** (de pañuelo) corner
▪ *adj inv*: **la hora ~** the rush hour

⚷ **punta²** *m* (Dep) striker, forward

puntabola *f* (Bol) ballpoint pen, Biro® (BrE)

puntada *f* **1** (en costura) stitch **2** (CS) (de dolor) stab of pain, sharp pain **3** (Méx fam) (comentario ingenioso) quip, witticism

puntaje *m* (AmL) (en competencia, prueba) score; (Educ) grades (*pl*) (AmE), marks (BrE)

puntal *m* **(a)** (Const) prop **(b)** (sostén, apoyo) mainstay

puntapié *m* kick; **darle** or **pegarle un ~ a algo/algn** to kick sth/sb, to give sth/sb a kick; ▸ **patada**

puntear [A1] *vt* **1** (Mús) to pluck **2** (AmL) (Dep) to lead

punteo *m* plucking

puntería *f* aim; **tener buena/mala ~** to have a good/poor aim; **afinar la ~** to take careful aim; **¡qué ~!** what a shot!

puntero *m* **1** (para señalar) pointer; (Inf) cursor; (de reloj) (Andes) hand **2** (Dep) **(a)** (equipo) leader, leaders (*pl*) **(b)** (Andes, RPl) (en fútbol) winger

puntiagudo -da *adj* (acabado en punta) pointed; (afilado) sharp

puntilla *f* **1** (Taur) dagger (*used to administer the coup de grâce in a bullfight*); **dar la ~** (Taur) to administer the coup de grâce **2** (punta del pie): **de ~s** or (AmL) **en ~s** on tiptoe; **entró de ~s** she tiptoed into the room **3** (encaje) lace edging

puntilloso -sa *adj* particular, punctilious

⚷ **punto** *m* **1** **(a)** (señal, marca) dot **(b)** (Ling) (sobre la 'i', la 'j') dot; (signo de puntuación) period (AmE), full stop (BrE); **~ decimal** decimal point ; **~ final** period (AmE), full stop (BrE); **~s suspensivos** ellipsis (tech), suspension points (*pl*) (AmE), dot, dot, dot; **~ y aparte** period (AmE) *o* (BrE) full stop, new paragraph; **~ y coma** semicolon; **~ com** (Com, Inf) dot.com; ***a ~ fijo*** exactly, for certain; ***... y punto*** ... and that's that, ... period (AmE); ▸ **dos** **2** **(a)** (momento, lugar) point; **en ese ~ de la conversación** at that point in the conversation; **el ~ donde ocurrió el accidente** the spot *o* place where the accident happened; **~ cardinal** cardinal point ; **~ ciego** blind spot; **~ de apoyo** (de palanca) fulcrum; **no hay ningún ~ de apoyo para la escalera** there is nowhere to lean the ladder; **~ de vista**

p

(perspectiva) viewpoint, point of view; (opinión) views; ~ **flaco/fuerte** weak/strong point; ~ **de control** checkpoint; ~ **limpio** (Ecol) recycling center* *or* point; ~ **muerto** (Auto) neutral; (en negociaciones) deadlock **(b)** (en geometría) point **3** (grado) point, extent; **hasta cierto ~ tiene razón** she's right, up to a point; **hasta tal ~ que ...** so much so that ... **4** (asunto, aspecto) point; **analizar algo ~ por ~** to analyze sth point by point; **los ~s a tratar en la reunión** the matters *o* items on the agenda for the meeting **5** (*en locs*) **a punto** (a tiempo) just in time; **estábamos a ~ de cenar** we were about to have dinner; **estuvo a ~ de caerse** he almost fell over; **batir las claras a ~ de nieve** beat the egg whites until they form stiff peaks; **en su punto** just right; **en punto: a las 12 en ~** at 12 o'clock sharp; **son las tres en ~** it's exactly three o'clock; **llegaron en ~** they arrived exactly on time **6** **(a)** (en costura, labores) stitch; **artículos de ~** knitwear; **hacer ~** (Esp) to knit; **~ (de) cruz** cross-stitch **(b)** (en cirugía) *tb* **~ de sutura** stitch **7** (unidad) **(a)** (Dep, Jueg) point; **~ para partido/set** (Méx) match/set point **(b)** (Educ) point, mark; (Fin) point

puntuación *f* **1** (Impr, Ling) punctuation **2** **(a)** (acción) (Educ) grading (AmE), marking (BrE); (Dep) scoring **(b)** (esp Esp) (Educ) grade (AmE), mark (BrE); (Dep) score

puntual *adj* **1** **(a)** ‹*persona*› punctual **(b)** (*como adv*) ‹*llegar*› punctually, on time **2** (detallado) detailed; (exacto) precise

puntualidad *f* punctuality

puntualizar [A4] *vt* **(a)** (especificar) to state **(b)** (señalar) to point out

puntuar [A18] *vt* **1** ‹*examen/prueba*› to grade (AmE), to mark (BrE) **2** ‹*texto*› to punctuate
■ **~** *vi* **(a)** «*partido/prueba*» **~** PARA **algo** to count TOWARD(S) sth **(b)** «*deportista*» score (points)

puntudo -da *adj* (Andes, RPl) ▶ **puntiagudo**

punzada *f* sharp pain, stab of pain; **me dio una ~ en el costado** I felt a sharp pain *o* a stab of pain in my side

punzante *adj* ‹*objeto*› sharp; ‹*dolor*› sharp, stabbing (*before n*); ‹*palabras/comentario*› biting, incisive; ‹*estilo*› caustic

punzón *m* (para hacer agujeros) bradawl, awl; (para hacer ojetes) hole punch; (de grabador, escultor) burin

puñado *m* handful

puñal *m* dagger

puñalada *f* **(a)** (navajazo) stab; **lo mató a ~s** she stabbed him to death **(b)** (herida) stab wound

puñeta *f* (Esp fam): ***hacerle la ~ a algn*** to mess things up for sb; ***mandar a algn a hacer ~s*** to tell sb to go to hell; **¡vete a hacer ~s!** go to hell! (infml)

puñetazo *m* punch; **darle** or **pegarle un ~ a algn** to punch sb; **pegó un ~ en la mesa** he thumped the table with his fist; **le rompió la cara de un ~** he smashed his face in (infml)

puñetero -ra *adj* (Esp fam) **(a)** (*delante del n*) (uso enfático) damn, blasted **(b)** [SER] ‹*persona*› **no seas ~** don't be a swine (infml), don't be a jerk (infml)

puño *m* **1** (Anat) fist; **apretar los ~s** to clench one's fists **2** (de camisa) cuff **3** (de espada) hilt; (de bastón) handle, haft; (de moto) grip

pupa *f* **(a)** (fam) (en los labios) cold sore **(b)** (Esp leng infantil) (dolor, daño): **mamá, (tengo) ~** mummy, it hurts; **¿te has hecho ~?** have you hurt yourself?

pupila *f* pupil

pupilo -la *m,f* **(a)** (de maestro) pupil; (de tutor) ward, charge **(b)** (RPl) (alumno interno) boarder

pupitre *m* desk

purasangre *mf* thoroughbred

puré *m*: **~ de verduras** puréed vegetables; **~ de tomates** tomato purée *o* paste; **~ de papas** or (Esp) **patatas** mashed *o* creamed potatoes

pureza *f* purity

purgante *adj/m* purgative, laxative

purgatorio *m* purgatory

purificador *m* purifier; **~ de ambientes** (Col) air freshener

purificadora *f* *tb* **~ de agua** water treatment plant, waterworks (*sing or pl*)

purificar [A2] *vt* to purify

puritanismo *m* puritanism

puritano -na *adj* (Relig) Puritanical, Puritan (*before n*); (mojigato) puritanical
■ *m,f* (Relig) Puritan; (mojigato) puritan

✔ **puro[1] -ra** *adj* **1** **(a)** (sin mezcla) pure; (limpio) ‹*aire*› fresh, clean **(b)** (casto, inocente) ‹*mujer*› chaste, pure; ‹*niño*› innocent; ‹*mirada/amor*› innocent, pure **2** (*delante del n*) **(a)** (mero, simple) ‹*verdad*› plain, honest (infml); ‹*casualidad/coincidencia*› pure, sheer; **lo hizo por ~ capricho** she did it purely on a whim; **de ~ cansancio** from sheer exhaustion **(b)** (AmL fam) (solo): **a ese bar van ~s viejos** only old men go to that bar; **son puras mentiras** it's just a pack of lies (infml)

puro[2] *adv* (fam) (muy, tan): **se murió de ~ vieja** she just died of old age; **lo hizo de ~ egoísta** he did it out of sheer selfishness
■ *m* cigar

púrpura *f*: **(de) color ~** purple

purpurina *f* (en pinturas) metallic powder; (para adornar) glitter

pus *m* pus

puse, **pusiera**, *etc* ▶ **poner**

pusilánime *adj* fainthearted, pusillanimous (fml)

pusiste, *etc* ▶ **poner**

puso ▶ **poner**

puta *f* (vulg & pey) (prostituta) whore (infml & derog), hooker (infml); **hijo (de) ~** son of a bitch (vulg), bastard (vulg)

putada *f* (vulg): **hacerle una ~ a algn** to play a dirty trick on sb (infml)

putrefacción *f* putrefaction

putrefacto -ta, **pútrido -da** *adj* putrid

puya *f* **(a)** (Taur) point (*of the picador's lance*) **(b)** (comentario irónico) gibe; **lanzar** or **echar una ~** to make a gibe

puzzle /'pusle, 'puθle/ *m* (rompecabezas) (jigsaw) puzzle

Pza. *f* (= **Plaza**) Sq

Qq

Q, q *f* (*read as* /ku/) the letter Q, q

que *conj* **1** (oraciones subordinadas) **(a)** that; **creemos ~ esta es la solución** we believe that this is the solution; **estoy seguro de ~ vendrá** I'm sure (that) she'll come; **¿cuántos años crees ~ tiene?** how old do you think she is?; **eso de ~ estaba enfermo es mentira** (fam) this business about him being ill is a lie; **quiero ~ vengas** I want you to come; **dice ~ no vayas** she says you're not to go; **es importante ~ quede claro** it's important that it should be clear; **sería una lástima ~ no vinieras** it would be a shame if you didn't come **(b) es que: es ~ hoy no voy a poder** I'm afraid (that) I won't be able to today; **es ~ no tengo dinero** the trouble is I don't have any money **2 (a)** (en expresiones de deseo): **¡~ te mejores!** I hope you feel better soon; **¡~ se diviertan!** have a good time!; *ver tb* **ir 2 (b)** (en expresiones de mandato): **¡~ te calles!** shut up! (infml); **¡~ no!** I said no! **(c)** (en expresiones de sorpresa): **¿~ se casa?** she's getting married?; **¿cómo ~ no vas a ir?** what do you mean, you're not going? **(d)** (indicando persistencia): **se pasa dale ~ dale con lo mismo** he goes on and on about the same old thing; **y aquí llueve ~ llueve** and over here it just rains and rains **3** (introduciendo una consecuencia) that; **se parecen tanto ~ apenas los distingo** they're so alike (that) I can hardly tell them apart **4** (en comparaciones): **su casa es más grande ~ la mía** his house is bigger than mine; **tengo la misma edad ~ tú** I'm the same age as you **5** (fam) (en oraciones condicionales) if; **yo ~ tú** if I were you

■ *pron* **1** (refiriéndose a personas) **(a)** (*sujeto*) who; **los ~ estén cansados** those who are tired; **es la ~ manda aquí** she's the one who gives the orders here **(b)** (*complemento*): **la mujer ~ amo** the woman (that) I love; **las chicas ~ entrevistamos** the girls (that *o* who) we interviewed; **el único al ~ no le han pagado** the only one who hasn't been paid; **la persona de la ~ te hablé** the person (that *o* who) I spoke to you about **2** (refiriéndose a cosas, asuntos, etc) **(a)** (*sujeto*) that, which; **la pieza ~ se rompió** the part that *o* which broke; **eso es lo ~ me preocupa** that's what worries me **(b)** (*complemento*): **el disco ~ le regalé** the record (which *o* that) I gave her; **la casa en ~ vivo** the house (that) I live in; **¿sabes lo difícil ~ fue?** do you know how hard it was?; *ver tb* **lo 2 b**

qué *pron* **1** (interrogativo) **(a)** what; **¿~ es eso?** what's that?; **¿y ~?** so what?; **¿de ~ habló?** what did she talk about?; **¿sabes ~?** you know what *o* something?; **no sé ~ hacer** I don't know what to do **(b)** (al pedir que se nos repita algo) what; **¿qué?** what? **(c)** (en saludos): **¿~ tal?** how are you?; **¿~ es de tu vida?** how's life? **2** (en exclamaciones): **¡~ va a ser abogado ese!** him, a lawyer?; *ver tb* **ir V 1**

■ *adj* **1** (interrogativo) what, which; **¿~ color quieres?** what *o* which color do you want? **2** (en exclamaciones) what; **¡~ noche!** what a night!

■ *adv*: **¡~ lindo!** how lovely!; **¡~ inteligente eres!** aren't you clever!; **¡~ bien (que) se está aquí!** it's so nice here!; **¡~ bien!** great!, good!

quebrada *f* **(a)** (despeñadero) gully; (más profunda) ravine **(b)** (AmS) (arroyo) stream

quebradero de cabeza *m* problem, headache (infml)

quebradizo -za *adj* **(a)** (frágil) fragile; ‹*uña/hueso*› brittle **(b)** (que se desmenuza con facilidad) crumbly

quebrado[1] **-da** *adj* **1 (a)** ‹*hueso*› broken; ‹*vaso/huevo*› (roto) broken; (rajado) cracked **(b)** ‹*voz*› faltering **2** ‹*empresa/comerciante*› bankrupt **3 (a)** ‹*línea*› crooked, zigzag (*before n*) **(b)** (Mat): **número ~** fraction

quebrado[2] *m* fraction

quebradura *f* (esp AmL) crack

quebrar [A5] *vt* **1** (esp AmL) ‹*lápiz/rama*› to snap; ‹*vaso/plato*› (romper) to break; (rajar) to crack **2** (Méx fam) (matar) to kill

■ **~** *vi* **1** (Com) «*empresa/persona*» to go bankrupt **2** (AmC) (romper una relación) to break up

■ **quebrarse** *v pron* **1** (esp AmL) **(a)** «*lápiz/rama*» to snap; «*vaso/plato*» (romperse) to break; (rajarse) to crack **(b)** ‹*pierna/brazo*› to break; ‹*diente*› to chip **2** (Col) (arruinarse) to go bankrupt

quechua *adj* Quechua

■ *mf* (persona) Quechuan

■ *m* (idioma) Quechua

quedar [A1] *vi* **I 1** (en un estado, una situación): **~ viudo/huérfano** to be widowed/orphaned; **quedó paralítico** he was left paralyzed; **el coche quedó como nuevo** the car is as good as new (now); **y que esto quede bien claro** and I want to make this quite clear; **¿quién quedó en primer lugar?** who was *o* came first? **2** (en la opinión de los demás): **si no voy ~é mal con ellos** it won't go down very well *o* it'll look bad if I don't turn up; **lo hice para ~ bien con el jefe** I did it to get in the boss's good books; **quedé muy bien con el regalo** I made a very good impression with my present; **me hiciste ~ muy mal diciendo eso** you really showed me up saying that; **nos hizo ~ mal a todos** he embarrassed us all; **quedó en ridículo** (por culpa propia) he made a fool of himself; (por culpa ajena) he was made to look a fool **3** (permanecer): **¿queda alguien adentro?** is there anyone left inside?; **le quedó la cicatriz** she was left with a scar; **esto no puede ~ así** we can't leave things like this; **nuestros planes ~on en nada** our plans came to nothing; **~**

atrás «*persona*» to fall behind; «*rencillas/problemas*» to be in the past **4** (+ *me/te/le etc*) **(a)** «*tamaño/talla*» **me queda largo** it's too long for me; **la talla 12 le queda bien** the size 12 fits (you/him) fine **(b)** (sentar): **el azul le queda bien/mal** blue suits her/doesn't suit her
II **1** (acordar, convenir): **¿en qué ~on?** what did you decide?; **¿entonces en qué quedamos?** so, what's happening, then?; **~on en** or (AmL) **de no decirle nada** they agreed *o* decided not to tell him anything; **quedó en** or (AmL) **de venir a las nueve** she said she would come at nine **2** (citarse): **¿a qué hora quedamos?** what time shall we meet?; **quedé con unos amigos para cenar** I arranged to meet some friends for dinner
III (estar situado) to be; **queda justo entrente de la estación** it's right opposite the station; **me queda muy lejos** it's very far from where I live (*o* work *etc*)
IV (*en 3ª pers*) **1** **(a)** (haber todavía) to be left; **¿te queda algo de dinero?** do you have any money left?; **¿queda café?** is there any coffee left?; **solo quedan las ruinas** only the ruins remain; **no nos queda más remedio que ir** we have no choice but to go **(b)** (sobrar) «*comida/vino*» to be left (over) **2** (faltar): **queda poco para que acabe la clase** it's not long till the end of the class; **¿cuántos kilómetros quedan?** how many kilometers are there to go?; **todavía le quedan dos años** he still has two years to go *o* do; **queda mucho por ver** there is still a lot to see; **aún me queda todo esto por hacer** I still have all this to do; ***no me/le queda otra*** (fam) I have/he has no choice

■ **quedarse** *v pron* **I** **1** **(a)** (en un lugar, país) to stay; **~se en la cama** to stay in bed **(b)** (en un estado, una situación) (+ *compl*) **te estás quedando calvo** you're going bald; **~se dormido** to fall asleep; **~se sin trabajo** to lose one's job **2** (+ *me/te/le etc*) **(a)** (permanecer): **~se soltera** to stay single; **no me gusta ~me sola en casa** I don't like being alone in the house; **no te quedes ahí parado** don't just stand there!; **nos quedamos charlando hasta tarde** we went on chatting until late in the evening; **se me quedó mirando** he sat/stood there staring at me; **de repente el motor se quedó** (AmL) the engine suddenly died on me **(b)** (Andes) (olvidarse): **se me quedó el paraguas** I left my umbrella behind **(c)** (Esp) (llegar a ser): **la casa se les está quedando pequeña** the house is getting (to be) too small for them
II ‹*cambio/lápiz*› to keep; **se quedó con mi libro** she kept my book; **me quedo con este** I'll take this one

quehacer *m* (actividad, tarea) work; **~es domésticos** housework, household chores; **el ~ diario** the daily routine

queja *f* (protesta) complaint; **presentar una ~** to make a complaint

⚷ **quejarse** [A1] *v pron* **(a)** (protestar) to complain; (refunfuñar) to grumble; **~** DE **algo/algn** to complain ABOUT sth/sb **(b)** (de una afección, un dolor) **~** DE **algo** to complain OF sth **(c)** (gemir) to moan, groan

quejica *adj/mf* (Esp fam) ▶ **quejón**

⚷ key word

quejido *m* groan, moan; (más agudo) whine; **un ~ de dolor** a cry of pain

quejón -jona *adj* (fam) whining (*before n*) (infml)
■ *m,f* (fam) crybaby (infml)

quemada *f* **(a)** (Andes, Ven fam) (del sol): **pegarse una ~** to get sunburned **(b)** (Méx) ▶ **quemadura**

quemado -da *adj* **1** [ESTAR] **(a)** ‹*comida/tostada*› burnt; **esto sabe a ~** this tastes burnt; **huele a ~** I can smell burning **(b)** (rojo) ‹*cara/espalda*› burnt **(c)** (AmL) (bronceado) tanned, brown **2** [ESTAR] (desgastado, agotado) burned-out

quemador *m* burner; **un ~ DVD** a DVD burner

quemadura *f* **(a)** (herida causada — por fuego, ácido) burn; (— por líquido caliente) scald; **~ de sol** sunburn **(b)** (en prenda — de cigarrillo) cigarette burn; (— al planchar) scorch mark; (en mueble) burn mark

quemar [A1] *vt* **1** **(a)** ‹*basura/documentos/leña/CDs*› to burn **(b)** ‹*herejes/brujas*› to burn ... at the stake **2** ‹*calorías*› to burn up; ‹*grasa*› to burn off **3** **(a)** ‹*comida/mesa/mantel*› to burn; (con la plancha) to scorch **(b)** «*líquido/vapor*» to scald **(c)** «*ácido*» ‹*ropa/piel*› to burn **(d)** ‹*motor*› to burn ... out; ‹*fusible*› to blow **(e)** «*sol*» ‹*plantas*› to scorch; ‹*piel*› to burn; (broncear) (AmL) to tan
■ ~ *vi* **(a)** «*plato/sartén*» to be very hot; «*café/sopa*» to be boiling (hot) (infml) **(b)** «*sol*» to burn
■ **quemarse** *v pron* **1** **(a)** (*refl*) (con fuego, calor) to burn oneself; (con líquido, vapor) to scald oneself; ‹*mano/lengua*› to burn; ‹*pelo/cejas*› to singe **(b)** (al sol — ponerse rojo) to get burned; (— broncearse) (AmL) to tan **2** **(a)** (destruirse) «*papeles*» to get burned; «*edificio*» to burn down **(b)** (sufrir daños) «*alfombra/vestido*» to get burned; «*comida*» to burn; **se me ~on las tostadas** I burned the toast **3** «*persona*» (desgastarse) to burn oneself out

quemarropa: **a ~** (*loc adv*) ‹*disparar*› at point-blank range; ‹*preguntar*› point-blank

quemazón *f* (sensación de ardor) burning

quena *f* reed flute (*used in Andean music*)

quepa, *etc* ▶ **caber**

quepo ▶ **caber**

querella *f* **(a)** (Der) private prosecution; **presentar ~ contra algn** to bring a private prosecution against sb **(b)** (disputa) dispute

querendón -dona *adj* (AmL fam) (cariñoso) affectionate; (enamoradizo) flighty

⚷ **querer** [E24] *vt* **I** (amar) to love; **te querré siempre** I'll always love you; **sus alumnos lo quieren mucho** his pupils are very fond of him; **¡por lo que más quieras!** for pity's sake!, for God's sake!
II **1** **(a)** (expresando deseo, intención, voluntad): **no sabe lo que quiere** she doesn't know what she wants; **quisiera una habitación doble** I'd like a double room; **¿qué más quieres?** what more do you want?; **hazlo cuando/como quieras** do it whenever/however you like; **iba a hacerlo pero él no quiso** I was going to do it but he didn't want me to; **tráemelo mañana ¿quieres?** bring it tomorrow, will you?; **no quiero** I don't want to; **quiero ir** I want to go; **quisiera reservar una**

mesa I'd like to book a table; **quisiera poder ayudarte** I wish I could help you; **no quiso comer nada** she wouldn't eat anything; **quiero que estudies más** I want you to study harder; **¡qué quieres que te diga ...!** quite honestly *o* frankly ...; **el destino así lo quiso** it was destined to be; **~ *es poder*** where there's a will there's a way **(b)** (al ofrecer algo): **¿quieres un café?** would you like a coffee?; (menos formal) do you want a coffee? **(c)** (introduciendo un pedido): **¿querrías hacerme un favor?** could you do me a favor?; **¿te quieres callar?** be quiet, will you? **2** (*en locs*) **cuando quiera que** whenever; **donde quiera que** wherever; **queriendo** (adrede) on purpose, deliberately; **sin querer** accidentally; **fue sin ~** it was an accident; **querer decir** to mean; **¿qué quieres decir con eso?** what do you mean by that? **3** (como precio): **¿cuánto quieres por el coche?** how much do you want *o* are you asking for the car?

■ **quererse** *v pron* (*recípr*): **se quieren mucho** they love each other very much

querido -da *adj* **(a)** (amado) ‹*patria*› beloved; **mis recuerdos más ~s** my fondest memories; **seres ~s** loved ones; **un profesor muy ~ por todos** a well-liked teacher **(b)** (Corresp) Dear **(c)** (Col fam) (simpático) nice

■ *m,f* **(a)** (como apelativo) darling, dear, sweetheart **(b)** (amante) (*m*) fancy man; (*f*) fancy woman

querré, querría, *etc* ▶ **querer**

querubín *m* cherub

quesadilla *f* **(a)** (Méx) (tortilla) *tortilla filled with a savory mixture and topped with melted cheese* **(b)** (Ven) (panecillo) small roll (*flavored with cheese*)

quesera *f* cheese dish

queso *m* (Coc) cheese; **~ crema** (AmL) cream cheese; **~ fundido** processed cheese; **~ para untar** cheese spread

quetzal *m* (Fin) quetzal (*Guatemalan unit of currency*)

quicio *m* doorjamb; ***sacar de ~ a algn*** to drive sb crazy (infml)

quid *m*: **el ~ de la cuestión** the crux of the matter

quiebra *f* (Com, Fin) (de empresa, individuo) bankruptcy; **declarse en ~** to go into liquidation

quien *pron* **1** **(a)** (*sujeto*) who, that; (*complemento*) who, that, whom (fml); **tienes que ser tú misma ~ lo decida** *you* are the one who *o* that has to decide; **es a él a ~ debemos agradecérselo** he's the one (who) we must thank; **la chica con ~ salía** the girl (who) I was going out with **(b)** (fml *o* liter) (en frases explicativas) who, whom (fml); **su hermano, a ~ no había visto, ...** her brother, who *o* whom she had not seen, ... **2** (la persona que): **~es hayan terminado** those who have finished; **~ lo haya encontrado** the person who found it; **~ se lo haya dicho** whoever told him

quién *pron* who; **¿~es eran?** who were they?; **¿~ de ustedes se atrevería?** which of you would dare?; **¿con ~es fuiste?** who did you go with?; **¿de ~ es esto?** whose is this?; **llegó una postal — ¿de ~?** there's a postcard — who's it from?

quienquiera *pron* (*pl* **quienesquiera**) whoever

quiera, quieras, *etc* ▶ **querer**

quieto -ta *adj* still; **¡estate ~!** keep still!

quietud *f* (ausencia de movimiento) stillness; (tranquilidad, sosiego) calm, peace

quihubo *interj* (Chi, Méx fam) hi! (infml), how's it going? (infml)

quihúbole *interj* (Méx fam) ▶ **quihubo**

quijada *f* jaw (bone)

Quijote *m*: **Don ~** Don Quixote

quilate *m* karat (AmE), carat (BrE); **oro de 18 ~s** 18-karat gold

quilla *f* keel

quilombo *m* (Bol, RPl arg) (lío, jaleo) mess

quiltro -tra *m,f* (Chi fam) mongrel

quimera *f* (ilusión) illusion, chimera (liter)

química *f* chemistry

químico -ca *adj* chemical

■ *m,f* chemist

quimioterapia *f* chemotherapy

quince *adj inv/pron/m* fifteen; **dentro de ~ días** in two weeks' time, in a fortnight's time (BrE); *para ejemplos ver tb* **cinco**

quinceañero -ra *m,f* (de quince años) fifteen-year-old; (menos específico) teenager

quincena *f* (dos semanas) two weeks (*pl*), fortnight (BrE); **la primera ~ de marzo** the first two weeks in March

quincenal *adj* bimonthly (AmE), fortnightly (BrE)

quiniela *f* (Esp) (boleto) sports lottery ticket (AmE), pools coupon (BrE); (juego): **las ~s** the sports lottery (AmE), the football pools (BrE)

quinientos -tas *adj/pron* five hundred; **~ cinco** five hundred and five; **~ y pico** five hundred odd; **el ~ aniversario** the five hundredth anniversary

quinqué *m* oil lamp

quinquenal *adj* ‹*revisión/censo*› five-yearly, quinquennial (fml); **un plan ~** a five-year plan

quinta *f* **1** **(a)** (casa) *house in its own grounds, usually in the country* **(b)** (Agr) estate, farm **2** (Esp) (Mil) draft, call up

quintaesencia *f* quintessence (fml)

quinteto *m* quintet

quintillizo -za *m,f* quintuplet

quinto[1] -ta *adj/pron* fifth; **llegó en ~ lugar** he came fifth; **Carlos V** (*read as: Carlos quinto*) Charles V (read as: Charles the fifth); **vive en el ~ (piso)** she lives on the sixth (AmE) *o* (BrE) fifth floor; **la quinta parte** a fifth

quinto[2] *m* **1** **(a)** (partitivo) fifth; **tres ~s** three-fifths **(b)** (en Méx) (moneda) five centavo coin; ***estar sin un ~*** (Méx fam) to be broke (infml) **2** (Esp) (Mil) conscript

quíntuple *m* quintuple

■ *mf* (Chi, Ven) quintuplet

quíntuplo[1] -pla *adj* quintuple, fivefold

quíntuplo[2] *m* quintuple

quiosco *m* ▶ **kiosco**

quirófano *m* operating room (AmE), operating theatre (BrE)

quiromancia *f* palmistry, chiromancy (fml)

quirúrgico -ca *adj* surgical; **fue sometido a una intervención quirúrgica** (fml) he underwent

q

surgery (fml)

quise, **quisiera**, *etc* ▶ **querer**

quisquilloso -sa *adj* (meticuloso, exigente) fussy, picky (infml); (susceptible) touchy

quiste *m* cyst

quitaesmalte *m* nail polish remover

quitamanchas *m* (*pl* ~) stain remover

quitar [A1] *vt* **1** (apartar, retirar): **¡quítalo de aquí!** get it out of here!; **quité la silla de en medio** I got the chair out of the way; **quita tus cosas de mi escritorio** take your things off my desk; **~ la mesa** (Esp) to clear the table; **¡quítame las manos de encima!** take your hands off me!; **no le puedo ~ la tapa** I can't get the top off; **le quitó los zapatos** she took his shoes off **2** (+ *me/te/le etc*) **(a)** (de las manos): **le quitó la pistola al ladrón** he got *o* took the gun off the thief; **le quité el cuchillo** I took the knife (away) from her **(b)** (privar de) ‹*pasaporte/carnet de conducir*› to take away **(c)** ‹*cartera/dinero*› to take, steal; ‹*asiento/lugar*› to take **3** (restar) (+ *me/te/le etc*) **me quita mucho tiempo** it takes up a lot of my time; **~le años a algn** to take years off sb; **~le importancia a algo** to play sth down; **le quita valor** it detracts from its value **4** (hacer desaparecer) ‹*mancha*› to remove, get ... out; ‹*dolor*› to relieve, get rid of; ‹*sed*› to quench; ‹*apetito*› to take away; (+ *me/te/le etc*) **eso te ~á el hambre** that will stop you feeling hungry; **hay que ~le esa idea de la cabeza** we must get that idea out of his head **5** **quitando** (*ger*) (fam) except for

■ **~** *vi* **1** (Esp fam): **¡quita (de ahí)!** get out of the way! **2** (*en locs*) **de quita y pon** ‹*funda/etiqueta*› removable; ***eso no quita que ...*** that doesn't mean that ...

■ **quitarse** *v pron* **1** (desaparecer) «*mancha*» to come out; «*dolor*» to go (away); **ya se me ~on las ganas** I don't feel like it any more **2** (apartarse, retirarse) to get out of the way; **¡quítate de mi vista!** get out of my sight! **3** (*refl*) **(a)** ‹*prenda/alhaja/maquillaje*› to take off **(b)** ‹*dolor/resfriado*› to get rid of; ‹*miedo*› to overcome, get over; **se quita la edad** she lies about her age; **~se algo/a algn de encima** to get rid of sth/sb

quitasol *m* sunshade

quiteño -ña *adj* of/from Quito

Quito *m* Quito

quiubo *interj* (Chi, Méx fam) ▶ **quihubo**

quizá, **quizás** *adv* maybe, perhaps

quórum /'kworum/ *m* (*pl* **-rums**) quorum

Rr

R, r *f* (*read as* /'ere/) the letter R, r

rábano *m* radish; ▶ **importar**

rabia *f* **1** (enfermedad) rabies **2** **(a)** (expresando fastidio): **no sabes la ~ que me da** you've no idea how much it annoys *o* irritates me; **¡qué ~!** how annoying! **(b)** (furor, ira) anger, fury; **tener ~** to be angry; **con ~** angrily, in a rage **(c)** (antipatía, manía): **tenerle ~ a algn** to have it in for sb (infml)

rabiar [A1] *vi* (de furor, envidia): **el jefe está que rabia contigo** the boss is furious with you; **no lo hagas ~** don't annoy him

rabieta *f* tantrum; **le dio una ~** he threw a tantrum

rabino -na *m,f* rabbi

rabioso -sa *adj* **1** (Med, Vet) rabid **2** (furioso) furious

rabo *m* **(a)** (Zool) tail **(b)** (de letra) tail **(c)** (Bot) stem, stalk

racha *f* **(a)** (secuencia) **una ~ DE algo** (de buena/mala suerte) a run *o* spell OF sth; (de enfermedades/éxitos) a string OF sth; **pasar una mala ~** to go through bad times *o* (BrE) a bad patch; **tengo una buena ~, voy a seguir jugando** I'm on a winning streak so I'm going to carry on playing; **va/viene por ~s** it goes/comes in phases **(b)** (Meteo) gust of wind

racial *adj* racial; ‹*disturbio*› race (*before n*)

racimo *m* bunch

raciocinio *m* (facultad) reason; (argumento) reasoning

ración *f* **(a)** (parte) share **(b)** (porción de comida) portion, helping; **una ~ de calamares** a portion *o* plate of squid **(c)** (Mil) ration

racional *adj* rational

racionalizar [A4] *vt* to rationalize

racionamiento *m* rationing

racionar [A1] *vt* to ration

racismo *m* racism

racista *adj/mf* racist

radar *m* **1** (sistema, aparato) radar **2** (Aut) speed camera

radiación *f* radiation

radiactividad *f* radioactivity

radiactivo -va *adj* radioactive

radiador *m* radiator

radiante *adj* **(a)** (brillante) brilliant; **hace un sol ~** it's brilliantly *o* beautifully sunny; **un día ~** a bright, sunny day **(b)** [ESTAR] ‹*persona*› radiant; **~ de alegría** radiant with happiness

radical *adj/mf* radical

radicar [A2] *vi* «*problema/dificultad*» to lie

■ **radicarse** *v pron* to settle

key word

radio *m* **(a)** (Mat) radius **(b)** (distancia) range, radius; **en un ~ de diez kilómetros** within a ten kilometer radius **(c)** (de rueda) spoke; **~ de acción** (de avión, barco) operational range; (de organización) area of operations
■ *f or* (AmL exc CS) *m* **(a)** (medio de comunicación) radio; **por (la) ~** on the radio; **escuchar la ~** to listen to the radio **(b)** (aparato) radio **(c)** (emisora) radio station

radioactividad *f* radioactivity

radioactivo -va *adj* radioactive

radioaficionado -da *m,f* radio ham

radiocassette /rraðioka'set/, **radiocasete** *m* radio cassette player

radiodifusión *f* broadcasting

radiodifusora *f* (AmL fml) radio station

radiofónico -ca *adj* radio (*before n*)

radiografía *f* X-ray; **hacerse una ~** to have an X-ray taken

radiólogo -ga *m,f* radiologist

radionovela *f* radio serial

radiooperador -dora *m,f* (AmL) radio operator

radiopatrulla *m* radio patrol car

radioterapia *f* radiotherapy

radioyente *mf* listener

raer [E16] *vt* ‹*superficie*› to scrape; ‹*barniz/pintura*› to scrape off

ráfaga *f* (de viento) gust; (de ametralladora) burst

raid *m* (AmC) (en carro) ride; **pedir ~** to hitch a ride *o* lift

raído -da *adj* worn-out, threadbare

raíz *f* (en general) root; **arrancar de ~** ‹*planta*› to uproot; ‹*vello*› to remove ... at the roots; **~ cuadrada** (Mat) square root; **a ~ de** as a result of; ***echar raíces*** «*planta/costumbre/ideología*» to take root; «*persona*» to put down roots

raja *f* **(a)** (en pared, cerámica) crack **(b)** (rotura — en costura) split; (— en tela) tear, rip **(c)** (abertura — en falda) slit; (— en chaqueta) vent **(d)** (de melón, salami) slice

rajar [A1] *vt* **1** **(a)** (agrietar) to crack, cause ... to crack **(b)** (con cuchillo, navaja) ‹*neumático/lienzo*› to slash **2** **(a)** (CS fam) (criticar) to run ... down **(b)** (Andes) (en examen) (fam) to fail, flunk (AmE infml)
■ **rajarse** *v pron* **1** «*pared/cerámica*» to crack; «*tela*» to split, tear, rip **2** (fam) (acobardarse) to back off

rajatabla: **a ~** (*loc adv*) to the letter

rallador *m* grater

ralladura *f*: **~ de limón** grated lemon rind

rallar [A1] *vt* to grate

ralo -la *adj* ‹*bosque*› sparse; ‹*monte*› bare; ‹*pelo/barba*› thin, sparse

rama *f* branch; **una ramita de perejil** a sprig of parsley; ***andarse/irse por las ~s*** to beat about the bush

ramada *f* **(a)** (AmS) (cobertizo) shelter (*made from branches*) **(b)** (Chi) (pérgola) arbor, arbour (BrE)

ramal *m* (Ferr) branch line; (Geog) branch; (cuerda) strap

rambla *f* **(a)** (RPl) (paseo marítimo) esplanade, promenade **(b)** (avenida) boulevard

ramera *f* prostitute

ramificación *f* ramification

ramificarse [A2] *v pron* **(a)** «*árbol/plantas/nervios*» to branch **(b)** «*carretera/ciencia*» to branch **(c)** «*problema*» to ramify (fml), to become complex

ramillete *m* **(a)** (de flores) posy **(b)** (iró) (grupo selecto) bunch (infml)

ramo *m* **1** (de flores) bunch; (para novia, dignatario) bouquet **2** **(a)** (en industria) industry **(b)** (Chi) (Educ) subject

rampa *f* (pendiente) ramp; **~ de lanzamiento** launch pad

rana *f* (Zool) frog

ranchera *f* (Mús) *Mexican folk song*

ranchería *f* **(a)** (Col) ▸ **ranchería** **(b)** (Méx) dairy

ranchería *m* (CS) (poblado) settlement; (en suburbios) shantytown

ranchero -ra *adj* (Méx fam) shy
■ *m,f* (Méx) rancher

rancho *m* **1** (comida) food (*for a group of soldiers, workers, etc*) **2** **(a)** (AmL) (choza) hut; (casucha) hovel; (chabola) shack, shanty **(b)** (Méx) (hacienda) ranch

rancio -cia *adj* **1** ‹*mantequilla/tocino*› rancid **2** **(a)** ‹*vino*› mellow **(b)** (*delante del n*) ‹*abolengo/tradición*› ancient, long-established

rango *m* **1** **(a)** (Mil) rank **(b)** (categoría, nivel) level **2** (Chi) (lujo, pompa) luxury; (de persona) high social status

rangoso -sa *adj* (Chi) ‹*fiesta/casa*› lavish; ‹*persona*› of high social status

ranura *f* **(a)** (para monedas, tarjetas, cartas) slot; **por la ~ de la puerta** through the chink *o* gap in the door **(b)** (en ensambladura, tornillo) groove

rapapolvo *m* (Esp) telling-off (infml), talking-to (infml)

rapar [A1] *vt* ‹*cabeza*› to shave; ‹*pelo*› to crop

rapaz *adj* (Zool) predatory; **ave ~** bird of prey

rape *m* **(a)** (Coc, Zool) monkfish, goosefish (AmE) **(b)** **al rape**: **tiene el pelo cortado al ~** he has closely-cropped hair

rápidamente *adv* quickly

rapidez *f* speed; **con ~** quickly; **¡qué ~!** that was quick!

rápido[1] *adv* ‹*hablar/trabajar*› quickly, fast; ‹*conducir/ir*› fast; **tráemelo ¡~!** bring it to me, quick!

rápido[2] **-da** *adj* ‹*aumento*› rapid; ‹*cambio*› quick, rapid, swift; ‹*desarrollo*› rapid, swift; **a paso ~** quickly, swiftly; **comida rápida** fast food
■ *m* (Ferr) express train, fast train
■ *m* **1** (Ferr) fast train **2** **rápidos** *mpl* (Geog) rapids (*pl*)

rapiña *f* robbery, pillage

raptar [A1] *vt* (secuestrar) to kidnap, abduct (fml)

rapto *m* (secuestro) kidnapping, abduction (fml)

raptor -tora *m,f* kidnapper

raqueta *f* (de tenis, squash) racket; (para nieve) snowshoe

raquítico -ca *adj* ‹*niño/animal*› rickety, rachitic (tech); ‹*árbol*› stunted

rareza *f* **(a)** (de persona) peculiarity, quirk **(b)** (cosa poco común) rarity **(c)** (cualidad) rareness

🔑 **raro -ra** *adj* **(a)** (extraño) strange, odd, funny (infml); **es ~ que ...** it's strange *o* odd *o* funny that ...; **¡qué ~!** how odd *o* strange!; **te noto muy ~ hoy** you're acting very strangely today **(b)** (poco frecuente) rare; **salvo raras excepciones** with a few rare exceptions; **aquí es ~ que nieve** it's very unusual *o* rare for it to snow here

ras: **a ras de** (*loc prep*): **llega a ~ del suelo** it reaches down to the floor; **volar a ~ de tierra** to fly very low

rasca *adj* (CS fam) **(a)** ‹*persona*› vulgar, common (derog); ‹*lugar/canción*› tacky (infml) **(b)** (de mala calidad) trashy (infml)

rascacielos *m* (*pl* ~) skyscraper

rascar [A2] *vt* **(a)** (con las uñas) to scratch **(b)** (con cuchillo) ‹*superficie*› to scrape; ‹*pintura*› to scrape off

■ **rascarse** *v pron* (*refl*) to scratch (oneself)

rasgado -da *adj* ‹*ojos*› almond (*before n*), almond-shaped

rasgar [A3] *vt* to tear, rip

■ **rasgarse** *v pron* to tear, rip

rasgo *m* **1** **(a)** (característica) characteristic, feature **(b)** (gesto) gesture **(c)** (de la pluma) stroke; (en pintura) brushstroke; ***a grandes ~s*** in outline, broadly speaking **2** **rasgos** *mpl* (facciones) features (*pl*)

rasguear [A1] *vt* to strum

rasguñar [A1] *vt* to scratch

■ **rasguñarse** *v pron* (*refl*) (con uña, púa) to scratch oneself; (con algo áspero) to graze oneself; **me rasguñé la rodilla** I grazed my knee

rasguño *m* scratch

rasmillarse [A1] *v pron* (Chi fam) to graze oneself

raso[1] **-sa** *adj* **1** ‹*taza/cucharada*› level (*before n*) **2** (exterior) open country; **dormir al ~** to sleep out in the open

raso[2] *m* satin

raspado *m* (Col, Méx) ▶ **granizado**

raspadura *f* (arañazo) scratch; (ralladura de metal, chocolate) shavings (*pl*)

raspar [A1] *vt* **(a)** (con espátula) ‹*superficie*› to scrape; ‹*pintura*› to scrape off **(b)** (limar) to file, rasp **(c)** ‹*piel*› to scrape, graze

■ ~ *vi* **(a)** «*toalla/manos*» to be rough; «*barba*» to scratch, be scratchy **(b)** «*garganta*» (+ *me/te/le etc*) to feel rough

■ **rasparse** *v pron* ‹*rodillas/codos*› (con algo puntiagudo) to scratch; (con algo áspero) to scrape, graze

raspón *m* (AmL) (por algo puntiagudo) scratch; (por algo áspero) graze, scrape; **hay un ~ en la puerta** the door is scratched

rastra: **a rastras** (*loc adv*): **llevar algo/a algn a ~s** to drag sth/sb; **fue a ~s hasta la puerta** she dragged herself to the door

rastreador -dora *m,f* tracker

rastrear [A1] *vt* **(a)** ‹*zona*› to comb **(b)** ‹*persona/satélite*› to track **(c)** ‹*río/lago*› «*pescadores*» to trawl; «*policías*» to drag, dredge

rastrero -ra *adj* **(a)** (despreciable) despicable, contemptible **(b)** ‹*tallo*› creeping (*before n*); ‹*animal*› crawling (*before n*)

rastrillo *m* **1** (Agr) rake **2** (Méx) (para afeitarse) safety razor

rastro *m* **1** (pista, huella) trail; (señal, vestigio) trace, sign; **sin dejar ~** without (a) trace **2** (mercado) flea market

rasurador *m*, **rasuradora** *f* (AmC, Méx) electric razor *o* shaver

rasurar [A1] *vt* (AmL) to shave

■ **rasurarse** *v pron* (AmL) to shave

rata *f* **1** (Zool) rat; ***hacerse la ~*** (RPl fam) to play hooky (esp AmE infml), to skive off (school) (BrE infml) **2** (Col) (Econ, Mat) (tasa) rate; (razón) ratio; (porcentaje) percentage

■ *mf* (fam) (tacaño) miser, stingy devil (infml), tightwad (AmE infml)

ratán *m* rattan

ratero -ra *m,f* (fam) (carterista) pickpocket; (ladrón) petty thief

🔑 **ratificar** [A2] *vt* ‹*tratado/contrato*› to ratify; ‹*persona*› (en un puesto) to confirm; ‹*noticia*› to confirm

🔑 **rato** *m* **(a)** (tiempo breve) while; **hace un ~** a while ago; **espera un ratito** wait a minute (infml); **en mis ~s libres** in my spare time; **pasé un mal ~** it was terrible; **iré dentro de un ~** I'll go shortly **(b)** (*en locs*) **a cada rato** (AmL): **me interrumpe a cada ~** he keeps interrupting me; **al (poco) rato** shortly afterwards; **al poco ~ de irte tú** shortly *o* just after you left; **a ratos** from time to time; ***para ~*** (fam): **tengo para ~** I'll be a while, I'll be some time; **todavía hay para ~** there's still a long way to go; ***pasar el ~*** to while away the time

ratón[1] **-tona** *m,f* (Zool) mouse; **~ de biblioteca** (fam) bookworm

ratón[2] *m* **1** (Inf) mouse; **~ de bola** trackball **2** (AmC) **(a)** (Coc) *sinewy cut of meat* **(b)** (fam) (bíceps) biceps **3** (Ven fam) (resaca) hangover

ratonera *f* (trampa) mousetrap; (madriguera) mousehole

raudal *m* (de agua) torrent; **el agua salía a ~es** the water poured out in torrents

ravioles, **raviolis** *mpl* ravioli

raya *f* **1** **(a)** (línea) line; (lista) stripe; **a** or **de ~s** ‹*tela/vestido*› striped; ***pasarse de la ~*** to overstep the mark, to go too far; ***tener a algn a ~*** to keep a tight rein on sb **(b)** (del pantalón) crease **(c)** (del pelo) part (AmE), parting (BrE); **hacerse la ~** to part one's hair **(d)** (Impr) dash **2** (Zool) ray, skate

rayado -da *adj* **1** ‹*papel*› lined, ruled (fml); ‹*tela/vestido*› striped, stripy (infml) **2** [ESTAR] (AmS fam) (loco) screwy (infml), nutty (infml)

rayar [A1] *vt* **(a)** ‹*pintura/mesa*› to scratch **(b)** (garabatear) to scrawl

■ ~ *vi* **1** (dejar marca) to scratch **2** (aproximarse) ~ EN **algo** to border ON sth, verge ON sth **3** (Méx) «*obreros*» to get one's wages, get paid

■ **rayarse** *v pron* **1** «*superficie*» to get scratched **2** (AmS fam) (volverse loco) to crack up (infml)

rayo *m* **1** (en general) ray; **un ~ de luz** a ray *o* beam (of light); **un ~ de luna** a moonbeam; **~ láser** laser beam; **~s ultravioleta** ultraviolet rays (*pl*); **~s X** X-rays (*pl*) **2** (Meteo) bolt (of lightning); ***como un ~*** (fam) ‹*salir*› like greased

🔑 key word

lightning (infml) **3** (AmL) (de rueda) spoke

rayuela *f* **(a)** (juego de adultos) *game similar to pitch-and-toss* **(b)** (RPl) (juego de niños) hopscotch

raza *f* (etnia) race; (Agr, Zool) breed; **un perro de ~** a pedigree dog

razón *f* **1** (motivo, causa) reason; **la ~ por la que te lo digo** the reason (that) I'm telling you; **se enojó y con ~** she got angry and rightly so; **con ~ o sin ella** rightly or wrongly; **se quejan sin ~/con ~** they're complaining for no good reason/they have good reason to complain; **¡con ~ no contestaban!** no wonder they didn't answer!; **~ de más para ...** all the more reason to ... **2** (verdad, acierto): **tener** or **llevar ~** to be right; **tuve que darle la ~** I had to admit she was right; **tienes toda la ~** (fam) you're absolutely right **3** (habilidad para razonar) reason; **actuó guiado por la ~** he was guided by reason; **desde que tengo uso de ~** for as long as I can remember; **entrar en ~** to see reason *o* sense; **perder la ~** to go out of one's mind; (en sentido hiperbólico) to take leave of one's senses

razonable *adj* reasonable

razonamiento *m* reasoning

razonar [A1] *vi* to reason

re *m* (nota) D; (en solfeo) re, ray

reacción *f* **1** (en general) reaction **2** (Pol) (AmL) right wing

reaccionar [A1] *vi* to react; **~** A *or* FRENTE A *or* ANTE **algo** to react TO sth

reaccionario -ria *adj/m,f* reactionary

reacio -cia *adj* reluctant

reactor *m* **(a)** (Fís) reactor; **~ nuclear** nuclear reactor **(b)** (Aviac) (motor) jet engine; (avión) jet (plane)

readmitir [I1] *vt* ‹*trabajador*› to reemploy; ‹*alumno*› to readmit

reafirmar [A1] *vt* to reaffirm, reassert

reajuste *m* adjustment; **~ ministerial** cabinet reshuffle; **~ salarial** wage settlement

real *adj* **(a)** (verdadero, no ficticio): **un hecho ~** a true story; **en la vida ~** in real life; **historias de la vida ~** real-life *o* true-life stories **(b)** (de la realeza) royal; **porque me da la ~ gana** (fam) because I damn well want to (infml)

■ *m* **(a)** (Hist) real (*old Spanish coin*); ***no valer un ~*** (fam) to be worth nothing **(b)** (Fin) real (*Brazilian unit of currency*) **(c) reales** *mpl* (AmC, Ven fam) (dinero) cash (infml)

realce *m* **dar ~** A **algo** (a belleza/figura) to enhance sth; (a ocasión) to add luster TO sth

realeza *f* royalty; **la ~** (personas) the royal family

realidad *f* reality; **la ~ paraguaya** the reality of life *o* of the situation in Paraguay; **esa es la dura ~** those are the harsh facts; **en ~** in reality, actually

realismo *m* realism

realista *adj* (pragmático) realistic; (Art, Lit, Fil) realist

■ *mf* realist

realizable *adj* feasible, practicable

realización *f* **1** (de tarea) carrying out, execution (fml); (de sueños, deseos) fulfillment*, realization **2** (Cin, TV) production

realizado -da *adj* fulfilled*

realizador -dora *m,f* producer

realizar [A4] *vt* **(a)** ‹*tarea*› to carry out, execute (fml); ‹*viaje/visita*› to make; ‹*entrevista/pruebas*› to conduct; ‹*encuesta/investigación*› to carry out; ‹*experimento*› to perform, do; ‹*compra/inversión*› to make; **realizó una magnífica labor** she did a magnificent job **(b)** ‹*ambiciones/ilusiones*› to fulfill*, realize

■ **realizarse** *v pron* «*sueños/ilusiones*» to come true, be realized; «*persona*» to fulfill* oneself

realmente *adv* really, in fact

realzar [A4] *vt* ‹*belleza/figura*› to enhance, set off; ‹*color*› to highlight, bring out

reanimar [A1] *vt* to revive

■ **reanimarse** *v pron* (recobrar fuerzas) to revive; (recobrar el conocimiento) to come to *o* around

reanudar [A1] *vt* (fml) ‹*conversaciones/negociaciones/viaje*› to resume; ‹*hostilidades*› to renew, resume; ‹*amistad/relación*› to renew, revive

■ **reanudarse** *v pron* to resume

reaparición *f* (de publicación, persona) reappearance; (de artista) comeback

reapertura *f* reopening

rearme *m* rearmament

reata *f* **(a)** (Méx) (cuerda) rope; (Agr) lasso **(b)** (Col) (correa) cartridge belt

reavivar [A1] *vt* to revive

■ **reavivarse** *v pron* to be revived

rebaja *f* **(a)** (descuento) discount, reduction; **nos hicieron una ~ del 10%** they gave us a 10% discount *o* reduction; **de ~** reduced **(b) rebajas** *fpl* (saldos) sale, sales (*pl*); **están de ~s** there's a sale on, they're having a sale

rebajar [A1] *vt* **1** ‹*precio*› to lower, bring ... down; ‹*artículo*› to reduce; **me rebajó $200** he took $200 off **2** ‹*peso/kilos*› to lose

■ **~** *vi* (humillar) to degrade, be degrading

■ **rebajarse** *v pron* **~se** A **hacer algo** to lower oneself TO doing sth; **~se** ANTE **algn** to humble oneself BEFORE sb

rebalsarse [A1] *v pron* (CS) «*agua/cauce/vaso*» to overflow; **se rebalsó el río** the river burst its banks

rebanada *f* slice

rebanar [A1] *vt* to slice, cut

rebaño *m* (de ovejas) flock; (de cabras) herd

rebasar [A1] *vt* **(a)** (sobrepasar) ‹*límite de velocidad*› to exceed, go over; ‹*cifras previstas*› to exceed; ‹*punto*› to go beyond; **el agua ha rebasado el límite** the water has risen above the limit **(b)** (Méx) (Auto) to pass, overtake

■ **~** *vi* (Méx) to pass, overtake (BrE)

rebatir [I1] *vt* to refute

rebeca *f* (Esp) cardigan

rebelarse [A1] *v pron* to rebel

rebelde *adj* **(a)** ‹*tropas/ejército*› rebel (*before n*) **(b)** ‹*niño/carácter*› unruly, rebellious **(c)** ‹*tos*› persistent; ‹*mancha*› stubborn

■ *mf* (Mil, Pol) rebel

rebeldía *f* (cualidad) rebelliousness

rebelión *f* rebellion, uprising

reblandecer [E3] *vt* to soften

■ **reblandecerse** *v pron* to become *o* go soft

rebobinar [A1] *vt* to rewind

r

rebosante *adj* ~ DE **algo** (de alegría/optimismo) brimming WITH sth; (de vino/agua) filled to the brim WITH sth

rebosar [A1] *vi* **(a)** ~ DE **algo** (de felicidad/entusiasmo) to be brimming *o* bubbling over WITH sth; (de salud) to be bursting *o* brimming WITH sth **(b)** «*agua/embalse*» to overflow
■ ~ *vt* ‹*alegría/felicidad*› **rebosaba felicidad** she was radiant with happiness

rebotar [A1] *vi* «*pelota/piedra*» to bounce; «*bala*» to ricochet

rebote *m* **(a)** (al golpear algo): **la pelota dio un ~ en el poste** the ball bounced off the post; **de ~** «*pelota*» ‹*pegar/entrar*› on the rebound; **la bala le dio de ~** he was hit by a ricochet **(b)** (en baloncesto) rebound

rebozar [A4] *vt* to coat ... in batter (*o* in egg and breadcrumbs *etc*)

rebozo *m* (AmL) (Indum) shawl, wrap

rebuscado -da *adj* ‹*explicación*› overelaborate, overcomplicated; ‹*ejemplo/argumento*› far-fetched; ‹*estilo*› affected

rebuscar [A2] *vi*: **rebuscó entre los papeles** he searched through the papers; **rebuscaba en la basura** he was rummaging about in the garbage

rebuznar [A1] *vi* to bray

recadero -ra *m,f* messenger, runner

recado *m* **(a)** (mensaje) message; **le mandó ~ de que volviera** she sent word that he should return **(b)** (Esp) (encargo, diligencia) errand; **hacer un ~** to run an errand

recaer [E16] *vi* **1** «*enfermo*» to have *o* suffer a relapse **2** **(a)** «*sospechas/responsabilidad*» ~ SOBRE **algn** to fall ON sb **(b)** «*premio/nombramiento*» ~ EN **algn** to go TO sb

recaída *f* relapse

recalcar [A2] *vt* to stress, emphasize

recalentamiento *m* overheating; **~ global** global warming

recalentar [A5] *vt* **(a)** ‹*motor*› to cause ... to overheat **(b)** ‹*comida*› to heat up, warm up; **me dio un guiso recalentado** he gave me some reheated stew
■ **recalentarse** *v pron* to overheat, become overheated

recámara *f* (Méx) (dormitorio) bedroom; (muebles) bedroom furniture

recamarera *f* (Méx) chambermaid

recambio *m* **(a)** (Auto, Mec) spare (part); **rueda de ~** spare wheel **(b)** (de bolígrafo) refill

recapacitar [A1] *vi* to reconsider, think again; ~ SOBRE **algo** to reconsider sth

recargable *adj* ‹*batería/pila*› rechargeable; ‹*encendedor/pluma*› refillable

recargado -da *adj* ‹*decoración*› overelaborate; ‹*texto*› overwritten

recargar [A3] *vt* ‹*batería*› to recharge; ‹*tarjeta SIM*› to top up; ‹*encendedor/estilográfica*› to refill; ‹*arma/programa*› to reload
■ **recargarse** *v pron* (Col, Méx, Ven) (apoyarse) **~se** CONTRA **algo** to lean AGAINST sth

recargo *m* surcharge; **sin ~** at no extra charge

recatado -da *adj* (pudoroso) demure, modest

recato *m* (pudor) modesty

recauchar, (Esp) **recauchutar** [A1] *vt* to retread, remold*

recaudación *f* **(a)** (acción) collection **(b)** (ganancia — en tienda) takings (*pl*); (— en cine) box office receipts (*pl*); (— en estadio) gate

recaudador -dora *m,f tb* **~ de impuestos** tax collector

recaudar [A1] *vt* to collect

recelo *m* suspicion, distrust; **con ~** distrustfully

recepción *f* (en general) reception; (de mercancías) receipt (fml)

recepcionista *mf* receptionist

receptivo -va *adj* receptive

receptor -tora *m,f* **1** (Med, Ling) recipient **2** (Dep) (en fútbol americano) receiver; (en béisbol) catcher **3** **receptor** *m* (Rad) radio, receiver; (TV) television (receiver *o* set)

recesión *f* recession

receso *m* (AmL) recess

receta *f* (Coc) recipe; (Med) prescription

recetar [A1] *vt* to prescribe

⚷ **rechazar** [A4] *vt* **(a)** ‹*invitación/propuesta/individuo*› to reject; ‹*moción/enmienda*› to defeat; ‹*oferta/trabajo*› to turn down **(b)** ‹*ataque/enemigo*› to repel, repulse **(c)** (Med) ‹*órgano*› to reject

rechazo *m* (de invitación, individuo, órgano) rejection; (de moción, enmienda) defeat

rechifla *f* whistling (*as a sign of disapproval*), ≈ booing

rechinar [A1] *vi* «*polea/bisagra*» to creak, squeak; **le rechinan los dientes** he grinds his teeth

rechinón *m* (Méx) screech

rechistar [A1] *vi* ▶ **chistar**

rechoncho -cha *adj* (fam) dumpy (infml), short and fat

rechupete (fam): **de rechupete** (*loc adj*) ‹*comida*› delicious, scrumptious (infml)

recibidor *m* entrance hall

recibimiento *m* reception

⚷ **recibir** [I1] *vt* (en general) to receive; **recibió muchos regalos** she got lots of gifts; **reciba un atento saludo de ...** (Corresp) sincerely yours (AmE), yours faithfully/sincerely (BrE); **~ a algn con los brazos abiertos** to welcome sb with open arms; **van a ir a ~lo** they are going to meet him; **el encargado la ~á enseguida** the manager will see you right away
■ **recibirse** *v pron* (AmL) (Educ) to graduate; **~se** DE **algo** to qualify AS sth

recibo *m* (en general) receipt; (de luz, teléfono) bill

reciclado, **reciclaje** *m* **(a)** (de papel, vidrio) recycling **(b)** (de persona) retraining

reciclar [A1] *vt* ‹*papel/vidrio*› to recycle

⚷ **recién** *adv* **1** (con participio): **pan ~ hecho** freshly baked bread; **está ~ pintado** it's just been painted; **tiene un año ~ cumplido** he's just one; **los ~ casados** the newlyweds; **un ~ nacido** a newborn baby **2** (AmL) **(a)** (hace poco tiempo) just; **~ llegaron** they have just arrived **(b)** (solo ahora) only just; **~ me entero** I've only just found out **(c)** (sólo) only; **~ voy por la página 20** I'm only on page 20; **~ el lunes iré**

⚷ key word

the first day I'll be able to go is Monday

reciente *adj* ‹*acontecimiento/foto*› recent; ‹*huella*› fresh; **en fecha ~** recently

recientemente *adv* recently; **~ no se ha dado ningún caso** there have been no cases recently *o* (fml) of late

recinto *m* enclosure; **el público abandonó el ~** the public left the premises/building; **~ ferial** (de muestras) showground, exhibition site; (de atracciones) fairground

recio -cia *adj* ‹*hombre/aspecto*› robust, sturdy

recipiente *m* (utensilio) container, receptacle (fml)

recíproco -ca *adj* reciprocal

recital *m* recital

recitar [A1] *vt* to recite

reclamación *f* **(a)** (petición, demanda) claim **(b)** (queja) complaint

reclamar [A1] *vt* **(a)** «*persona*» ‹*derecho/indemnización*› to claim; (con insistencia) to demand **(b)** «*situación/problema*» to require, demand

■ **~** *vi* to complain; **reclamó ante los tribunales** she took the matter to court

réclame *m or f* (AmL) commercial, advertisement; **~ publicitario** advertising

reclamo *m* **(a)** (de pájaro) call **(b)** (esp AmL) (para atraer la atención, provocar interés) lure **(c)** (AmL) (queja) complaint

reclinable *adj* reclining (*before n*)

reclinar [A1] *vt* to rest, lean

■ **reclinarse** *v pron* to lean back; **reclinado contra la pared** leaning against the wall

recluir [I20] *vt* (en prisión) to imprison; (en hospital psiquiátrico) to intern (fml)

reclusión *f* imprisonment; **~ perpetua** life imprisonment

recluso -sa *m,f* prisoner, inmate

recluta *mf* (Mil) recruit; (en servicio militar) conscript, recruit

reclutar [A1] *vt* to recruit

recobrar [A1] *vt* **(a)** ‹*confianza/conocimiento*› to regain; ‹*salud/vista*› to recover; **~ las fuerzas** to recover one's strength **(b)** ‹*dinero/botín/joyas*› to recover, retrieve **(c)** ‹*ciudad/plaza fuerte*› to recapture

■ **recobrarse** *v pron* **~se DE algo** (de enfermedad/susto) to recover FROM sth, get over sth; (de pérdidas económicas) to recoup sth

recogedor *m* dustpan

recogepelotas *mf* (*pl* ~); (*m*) ball boy; (*f*) ball girl

recoger [E6] *vt* **1** **(a)** (levantar) ‹*objeto/papeles*› to pick up; **recogí el agua con un trapo** I mopped the water up **(b)** ‹*casa/habitación*› to straighten (up) (AmE), to tidy (up) (BrE); ‹*platos*› to clear away; **~ la mesa** to clear the table **2** **(a)** ‹*dinero/firmas*› to collect **(b)** ‹*deberes/cuadernos*› to collect, take in **(c)** ‹*trigo/maíz*› to harvest, gather in; ‹*fruta*› to pick; ‹*flores/hongos*› to pick, gather **(d)** ‹*tienda de campaña/vela*› to take down **(e)** ‹*pelo*› to tie ... back; **le recogió el pelo en una cola** he tied her hair back in a ponytail **3** (ir a buscar) ‹*persona*› to pick up, fetch, collect; ‹*paquete*› to collect, pick up; ‹*basura*› to collect; ‹*equipaje*› to reclaim

■ **~** *vi* (guardar) to clear up, to straighten up (AmE), to tidy up (BrE)

■ **recogerse** *v pron* ‹*pelo*› to tie up; ‹*falda*› to gather up

recogida *f* **(a)** (de basura, correo) collection **(b)** (Agr) harvest

recolección *f* **(a)** (Agr) harvest **(b)** (de fondos, dinero) collection

recolectar [A1] *vt* **(a)** ‹*trigo*› to harvest, gather in; ‹*fruta*› to pick, harvest **(b)** ‹*dinero*› to collect

recomendación *f* **(a)** (consejo) advice **(b)** (para empleo) reference, recommendation

recomendado -da *adj* **1** **(a)** ‹*método/producto*› recommended **(b)** (apropiado) suitable; **no recomendada para menores de 15 años** not suitable for under-15s **2** (Col, Ur) ‹*carta*› registered

recomendar [A5] *vt* **(a)** ‹*libro/restaurante/persona*› to recommend **(b)** (aconsejar) to advise; **no te lo recomiendo** I wouldn't advise it

recomienda, **recomiendas**, *etc* ▶ **recomendar**

recompensa *f* reward

recompensar [A1] *vt* to reward

reconciliación *f* reconciliation

reconciliar [A1] *vt* to reconcile

■ **reconciliarse** *v pron* **(a) ~se (CON algn)** to make (it) up (WITH sb) **(b) ~se CON algo** (con idea/postura) to reconcile oneself TO sth

reconfortante *adj* ‹*palabras/pensamientos*› comforting; ‹*baño*› relaxing

reconfortar [A1] *vt* to comfort

reconocer [E3] *vt* **1** **(a)** ‹*hecho/error*› to admit; ‹*verdad/autoridad*› to acknowledge **(b)** ‹*hijo/gobierno/derecho*› to recognize **2** (identificar) ‹*persona/letra/voz*› to recognize **3** ‹*terreno*› to reconnoiter*

reconocimiento *m* **(a)** (en general) recognition **(b)** (Med) *tb* **~ médico** medical (examination) **(c)** (de territorio) reconnaissance

reconquista *f* reconquest; **la R~** the Reconquest

reconquistar [A1] *vt* ‹*territorio*› to reconquer, regain; ‹*cariño/afecto*› to win back

reconstituyente *m* tonic, restorative

reconstruir [I20] *vt* to reconstruct

reconversión *f* **(a)** (reestructuración) restructuring, rationalization **(b)** (de un trabajador) *tb* **~ profesional** retraining

reconvertir [I11] *vt* **(a)** ‹*industria*› to rationalize, restructure **(b)** ‹*profesional*› to retrain

■ **reconvertirse** *v pron* **(a)** «*industria*» to be rationalized *o* restructured **(b)** «*profesional*» to retrain

recopilación *f* compilation, collection

recopilar [A1] *vt* to compile, gather together

récord, **record** *adj inv* record (*before n*)

■ *m* (*pl* **-cords**) record; **batir un ~** to break a record; **posee el ~ mundial** she is the world record holder

recordar [A10] *vt* **1** **(a)** ‹*nombre/fecha*› to remember, recall; **recuerdo que lo puse ahí** I remember *o* recall putting it there **(b)** (rememorar) ‹*niñez/pasado*› to remember

2 **(a)** (traer a la memoria) **~le** A **algn** QUE **haga algo** to remind sb to do sth; **les recuerdo que ...** I would like to remind you that ... **(b)** (por asociación, parecido) to remind; **me recuerdas a tu hermano** you remind me of your brother
■ **~** *vi* (acordarse) to remember; **si mal no recuerdo** if I remember right

⚷ **recorrer** [E1] *vt* **(a)** (viajar por): **recorrí toda España** I traveled *o* went all over Spain; (como turista) I toured all over Spain; **~ mundo** to travel all around the world; **recorrimos toda la costa** we traveled the whole length of the coast **(b)** ‹*distancia/trayecto*› to cover, do **(c)** (con la mirada): **recorrió la sala con la mirada** he looked around the hall

recorrido *m* **(a)** (viaje): **un ~ por Perú** a trip around Peru; (turístico) a tour around Peru **(b)** (trayecto) route; **cubrir el ~** to cover the route **(c)** (de proyectil) trajectory; (de balón) path **(d)** (en golf) round; (en esquí) run

recortable *adj* cutout (*before n*)

recortar [A1] *vt* **1** **(a)** ‹*figura/artículo/anuncio*› to cut out **(b)** ‹*pelo/puntas*› to trim **2** ‹*gastos/plantilla*› to reduce

recorte *m* **1** (de periódico, revista) cutting, clipping **2** (Fin) (acción) cutting; (efecto) cut, reduction

recostar [A10] *vt* (apoyar) to lean
■ **recostarse** *v pron* **(a)** (acostarse) to lie down; **recuéstate en el almohadón** lie back on the pillow **(b)** (apoyarse) to lean; **recostados en el escritorio** leaning on the desk; **estaba recostado en un sillón** he was sitting back in an armchair

recoveco *m*: **un camino lleno de ~s** a road full of twists and turns; **en todos los ~s de la casa** in every nook and cranny of the house

recreativo -va *adj* recreational

recreo *m* **(a)** (diversión): **nos servía de ~** it served as entertainment; **viaje de ~** pleasure trip **(b)** (en el colegio) recess (AmE), break (BrE)

recriminar [A1] *vt* to reproach

recta *f* (Mat) straight line; (Dep) straight; **~ final** (Dep) home stretch

rectángulo *m* rectangle

r

rectificar [A2] *vt* to correct
■ **~** *vi* (corregirse) to correct oneself

rectitud *f* rectitude (fml), honesty

recto¹ -ta *adj* **(a)** ‹*línea/nariz/falda*› straight **(b)** (honrado) honest, upright

recto² *m* (Anat) rectum
■ *adv* straight; **todo ~** straight on

⚷ **rector -tora** *m,f* (de universidad) rector (AmE), vice-chancellor (BrE)

recuadro *m* box

recubrir [I33] *vt* **~ algo** DE *or* CON **algo** to cover sth WITH sth

recuento *m* (de votos) recount

⚷ **recuerdo** *m* **1** **(a)** (reminiscencia) memory **(b)** (souvenir) souvenir; (regalo) memento, keepsake; **un ~ de familia** a family heirloom **2** **recuerdos** *mpl* regards (*pl*), best wishes (*pl*); **dale ~s** give him my regards

⚷ **recuperación** *f* **(a)** (en general) recovery **(b)** (Esp) (Educ) *tb* **examen de ~** retake, makeup (exam) (AmE)

⚷ **recuperar** [A1] *vt* **(a)** ‹*dinero/joyas/botín*› to recover, get back; ‹*pérdidas*› to recoup **(b)** ‹*vista/salud*› to recover; ‹*confianza*› to regain; **~ fuerzas** to get one's strength back **(c)** (compensar) ‹*tiempo perdido*› to make up for; **tienes que ~ esas tres horas** you have to make up those three hours **(d)** ‹*examen/asignatura*› to retake, make up (AmE)
■ **recuperarse** *v pron* **~se** DE **algo** (de enfermedad) to recover FROM sth, recuperate FROM sth (fml); (de sorpresa/desgracia) to get over sth, recover FROM sth

⚷ **recurrir** [I1] *vi* (frente a problema) **~** A **algn** to turn TO sb; **~** A **algo** to resort TO sth

recursivo *adj* (Col) resourceful

⚷ **recurso** *m* **1** (medio): **agoté todos los ~s** I exhausted all the options; **como último ~** as a last resort; **un hombre de ~s** a resourceful man **2** **recursos** *mpl* (medios económicos — de país) resources (*pl*); (— de persona) means (*pl*); **~s energéticos** energy resources (*pl*); **~s humanos** human resources (*pl*); **~s naturales** natural resources (*pl*)

⚷ **red** *f* **1** **(a)** (para pescar) net **(b)** (Dep) net **(c)** (para pelo) hairnet **(d)** (en tren) (luggage) rack **2** (de comunicaciones, emisoras, transportes) network; (de comercios, empresas) chain, network; (de espionaje, contrabando) ring **3** (de electricidad) power supply, mains; (de gas) mains **4** **la Red** (Inf) the Net; **~ social** (de contactos) social network; (sitio) social networking site

redacción *f* **1** **(a)** (de carta) writing; (de borrador) drafting; (de tratado) drawing-up, drafting **(b)** (lenguaje, estilo) wording, phrasing **2** (Educ) composition, essay **3** (Period) **(a)** (acción) writing **(b)** (equipo) editorial staff *o* team **(c)** (oficina) editorial department *o* office

redactar [A1] *vt* ‹*informe/artículo/composición*› to write; ‹*acuerdo/tratado*› to draw up
■ **~** *vi*: **redacta muy bien** she writes very well

redactor -tora *m,f* editor; **~ jefe** editor in chief

redada *f* raid

redentor -tora *adj* redeeming
■ *m,f* redeemer

redimir [I1] *vt* to redeem

redoblar [A1] *vt* (aumentar) ‹*esfuerzos/críticas*› to redouble; ‹*vigilancia*› to step up, tighten
■ **~** *vi* «*tambor*» to roll

redoble *m* drumroll

redoma *f* (Ven) (Auto) traffic circle (AmE), roundabout (BrE)

redomado -da *adj* utter, out-and-out

redonda *f* **1** (Mús) semibreve **2** **a la redonda**: **en diez metros a la ~** within a ten meter radius; **se oyó a varios kilómetros a la ~** it could be heard for miles around

redondear [A1] *vt* **(a)** (dar forma curva) to round (off) **(b)** ‹*cifra/número*› to round off; (por lo alto) to round up; (por lo bajo) to round down
■ **~** *vi*: **digamos 200, para ~** let's make it a round 200

redondel *m* (figura circular) ring

redondela *f* (Andes) ▸ **redondel**

redondo -da *adj* **1** ‹*cara/espejo*› round; ***caer(se)* ~** (desplomarse) to collapse; ***en* ~** ‹*girar*› (right) around **2** ‹*cifra/número*› round **3** (perfecto):

⚷ key word

un negocio ~ a great *o* excellent deal; **nos salió todo ~** everything turned out perfectly for us **4** (Méx) ‹*boleto/pasaje*› return (*before n*), round-trip (*before n*) (AmE)

reducción *f* reduction; **~ de impuestos** tax cuts, reduction in taxes; **una ~ de personal** a reduction *o* cutback in the workforce

reducido -da *adj* **(a)** (pequeño) ‹*espacio/presupuesto*› limited; ‹*tamaño*› small **(b)** (rebajado, achicado) ‹*precio/fotografía*› reduced; **un número ~ de personas** a small number of people; **trabaja jornada reducida** she is on short-time (working)

reducidor -dora *m,f* (AmS) (de objetos robados) receiver, fence (infml)

reducir [I6] *vt* **1** **(a)** ‹*gastos/costos*› to cut, reduce; ‹*velocidad/producción/consumo*› to reduce; **debería ~ el consumo de sal** you should cut down on salt; **~ algo** A **algo** to reduce sth TO sth; **~ algo** EN **algo** to reduce sth BY sth **(b)** ‹*fotocopia/fotografía*› to reduce **2** **(a)** (transformar): **~ los gramos a milígramos** to convert the grams to milligrams; **quedaron reducidos a cenizas** they were reduced to ashes **(b)** (AmS) ‹*objeto robado*› to receive, fence (infml) **3** (dominar) ‹*enemigo/rebeldes*› to subdue; ‹*ladrón*› to overpower

■ **reducirse** *v pron*: **todo se reduce a tener tacto** it all comes down to being tactful

redundancia *f* (Ling) tautology, redundancy; **valga la ~** if you'll forgive the repetition

redundante *adj* redundant

reedición *f* reissue, reprint

reeditar [A1] *vt* to reprint, reissue

reelegir [I8] *vt* to reelect

reembolsar [A1] *vt* ‹*gastos*› to refund, reimburse (fml); ‹*depósito*› to refund; ‹*préstamo*› to repay

reembolso *m* (de gastos) refund, reimbursement (fml); (de depósito) refund; (de préstamo) repayment; **contra ~** cash on delivery, COD

reemplazar [A4] *vt* ‹*persona*› (durante período limitado) to substitute for, stand in for; (durante más tiempo) to replace; ‹*aparato/pieza*› to replace; **~ algo/a algn** POR *or* CON **algo/algn** to replace sth/sb WITH *o* BY sth/sb

reemplazo *m* (durante período limitado) substitution; (durante más tiempo) replacement; **entró en ~ del jugador lesionado** he came on as a substitute for the injured player

reencarnación *f* reincarnation

reencarnarse [A1] *v pron* to be reincarnated; **~** EN **algn/algo** to be reincarnated AS sb/sth

reencuentro *m* reunion

reestreno *m* (de película) rerelease; (de obra teatral) revival

reestructurar [A1] *vt* to restructure

refacción *f* **1** (AmS) (para ampliar, mejorar) refurbishment **2** (Méx) (pieza de repuesto) spare part; **llanta de ~** spare tire

refaccionar [A1] *vt* (AmS) to refurbish

refaccionaria *f* (Méx) (tienda) auto spares store; (taller) garage

referencia *f* reference; **hacer ~ a algo** to refer to *o* mention sth; **con ~ a ...** with reference to ...; **número de ~** reference number; **tener buenas ~s** to have good references

referéndum *m* (*pl* **-dums**) referendum; **someter algo a ~** to hold a referendum on sth

referente *adj*: **las noticias ~s al accidente** the news about the accident; **en lo ~ a ...** regarding ...

réferi, referí *mf* (AmL) referee

referirse [I11] *v pron* **(a)** (aludir) **~se** A **algo/algn** to refer TO sth/sb **(b)** (estar relacionado con): **por lo que se refiere a este asunto ...** with regard to this matter ..., as far as this matter is concerned ...

refilón: **de refilón** (*loc adv*): **lo miré de ~** I gave him a sidelong glance; **la vi solo de ~** I just caught a glimpse of her

refinado -da *adj* ‹*persona/modales*› refined; ‹*ironía*› subtle

refinar [A1] *vt* to refine; ‹*estilo*› to polish

refinería *f* refinery

reflector *m* **(a)** (pantalla reflectante) reflector **(b)** (foco) (Teatr) spotlight; (Dep) floodlight; (Mil) searchlight; (en monumento) floodlight

reflejar [A1] *vt* to reflect

■ **reflejarse** *v pron* **(a)** «*imagen*» to be reflected **(b)** «*emoción/cansancio/duda*» to show

reflejo[1] -ja *adj* reflex (*before n*)

reflejo[2] *m* **1** **(a)** (en general) reflection; (luz reflejada) reflected light **(b) reflejos** *mpl* (en peluquería) highlights (*pl*) **2** (Fisiol) reflex

reflexionar [A1] *vi* to reflect (fml); **¿has reflexionado bien?** have you thought it over *o* through carefully?; **~** SOBRE **algo** to think ABOUT sth, reflect ON sth (fml)

reflexivo -va *adj* **(a)** (Ling, Mat) reflexive **(b)** ‹*persona*› thoughtful, reflective

reflujo *m* (de marea) ebb (tide)

reforestación *f* reforestation

reforestar [A1] *vt* to reforest

reforma *f* **(a)** (en general) reform; **la R~** (Relig) the Reformation **(b)** (en edificio, traje) alteration

reformar [A1] *vt* **(a)** (en general) to reform **(b)** ‹*casa/edificio*› to make alterations to

■ **reformarse** *v pron* to mend one's ways

reformatorio *m* reformatory

reforzar [A11] *vt* ‹*puerta/costura*› to reinforce; ‹*guardia*› to increase, strengthen; ‹*relaciones*› to reinforce; ‹*medidas de seguridad*› to step up, tighten

refrán *m* saying, proverb; **como dice el ~** as the saying goes

refregar [A7] *vt* ‹*puños/cuello*› to scrub

refrendar [A1] *vt* (Col, Méx) ‹*pasaporte*› to renew

refrescante *adj* refreshing

refrescar [A2] *vt* **(a)** ‹*bebida*› to cool; ‹*ambiente*› to make ... fresher *o* cooler **(b)** ‹*conocimientos*› to brush up (on)

■ **~** *v impers* to turn cooler

refresco *m* soft drink, soda (AmE)

refrigerador *m* **(a)** (nevera) refrigerator, fridge **(b)** (del aire acondicionado) cooling unit

refrigeradora *f* (Col, Per) refrigerator, fridge

refrigerar [A1] *vt* **(a)** ‹*alimentos/bebidas*› to refrigerate **(b)** ‹*motor*› to cool; ‹*cine/bar*› to air-condition; **S** **local refrigerado** air-conditioned premises

refrito *m* (Coc): **un ~ de tomate y cebolla** fried onions and tomato
refuerzo *m* **(a)** (para puerta, pared, costura) reinforcement **(b)** (de vacuna) booster **(c) refuerzos** *mpl* (Mil) reinforcements (*pl*)
refugiado -da *adj* refugee (*before n*)
■ *m,f* refugee; **~ económico** economic refugee
refugiar [A1] *vt* to give ... refuge
■ **refugiarse** *v pron* to take refuge; **~se** DE **algo** (de bombardeo/ataque) to take refuge FROM sth; (de lluvia/tormenta) to take shelter FROM sth
refugio *m* **(a)** (de la lluvia, bombardeo) shelter; (en montaña) refuge, shelter **(b)** (de un ataque, perseguidores) refuge; **buscar ~** to seek refuge **(c)** (en calzada) traffic island
refunfuñar [A1] *vi* (fam) to grumble, grouch (infml)
refunfuñón -ñona *adj* (fam) grouchy (infml), grumpy (infml)
regadera *f* **(a)** (para jardín) watering can **(b)** (Col, Méx, Ven) (de ducha) rose, shower head (AmE); (ducha) shower
regadío *m* (sistema) irrigation; **tierras de ~** irrigated land
regalado -da *adj* **(a)** (fam) (muy barato): **precios ~s** giveaway prices (infml); **esos zapatos están ~s** those shoes are dirt cheap *o* are a steal (infml) **(b)** (Chi, Méx, Ven fam) (muy fácil) easy
regalar [A1] *vt* **(a)** (obsequiar): **¿qué te ~on para tu cumpleaños?** what did you get for your birthday?; **le ~on un reloj de oro** he was given a gold watch **(b)** (vender muy barato) to sell ... at bargain prices
regaliz *m* licorice (AmE), liquorice (BrE)
regalo *m* **(a)** (obsequio) gift, present **(b)** (cosa barata) steal (infml) **(c)** (deleite, festín) treat
regalón -lona *adj* (CS fam) spoiled
■ *m,f* (CS fam) spoilt brat (infml)
regalonear [A1] *vt* (CS fam) to spoil
■ **~** *vi* (CS fam): **le encanta ~ con su abuela** she loves being made a fuss of by her grandmother
regañadientes: **a regañadientes** (*loc adv*) reluctantly, unwillingly
regañar [A1] *vt* (esp AmL) to scold, to tell ... off (infml)
■ **~** *vi* (Esp) (pelearse) to quarrel
regañina, (Méx) **regañiza** *f* (fam) scolding, talking-to (infml), telling-off (infml)
regaño *m* (AmL fam) scolding, telling-off (infml)
regar [A7] *vt* **(a)** ‹*planta/jardín*› to water; ‹*tierra/campo*› to irrigate; ‹*calle*› to hose down **(b)** «*río*» to water **(c)** (AmC, Ven) ‹*noticia/versión*› to spread
regata *f* (carrera) yacht race; (serie de carreras) regatta
regate *m* (Esp) (en fútbol) feint
regatear [A1] *vi* (Com) to bargain, haggle
■ **~** *vt* **1** (escatimar): **no han regateado esfuerzos para ...** no efforts have been spared to ...; **sin ~ medios** whatever it takes **2** (Esp) (Dep) to get past, swerve past
regencia *f* (en lugar del soberano) regency
regenerar [A1] *vt* to regenerate
■ **regenerarse** *v pron* **(a)** (Biol, Tec) to be regenerated **(b)** «*persona*» to be reformed
regente *mf* regent
⚷ **régimen** *m* **1** (dieta) diet; **hacer ~** to be on a diet; **ponerse a ~** to go on a diet **2** (Pol) regime
regimiento *m* (Mil) regiment
regio -gia *adj* **(a)** (majestuoso) regal **(b)** (Col, CS fam) (estupendo) great (infml); **te queda ~** it looks fantastic on you (infml); **me viene ~** it suits me fine
⚷ **región** *f* region
⚷ **regional** *adj* regional
regir [I8] *vt* to govern
■ **~** *vi* «*ley/disposición*» to be in force, be valid; **ese horario ya no rige** that timetable is no longer valid
■ **regirse** *v pron* **~se** POR **algo** «*sociedad*» to be governed BY sth; «*economía/mercado*» to be controlled BY sth *o* subject TO sth
⚷ **registrar** [A1] *vt* **1** **(a)** ‹*nacimiento/defunción/patente*› to register **(b)** ‹*sonido/temperatura*› to record; ‹*temblor*› to register **2** ‹*equipaje/lugar/persona*› to search; **estaba registrando mis cajones** (fam) he was going through my drawers **3** (Méx) ‹*carta*› to register
■ **registrarse** *v pron* (inscribirse) to register; (en hotel) to register, check in
⚷ **registro** *m* **1** (libro) register; (acción de anotar) registration; (cosa anotada) record, entry; **~ civil** (oficina) registry, registry office (BrE) **2** (por la policía) search; **orden de ~** search warrant
⚷ **regla** *f* **(a)** (utensilio) ruler **(b)** (norma) rule; **todo está en ~** everything is in order; **por ~ general** as a (general) rule **(c)** (menstruación) period; **tengo la ~** I have my period
reglamentario -ria *adj* ‹*horario*› set (*before n*); ‹*uniforme/arma*› regulation (*before n*)
⚷ **reglamento** *m* rules (*pl*), regulations (*pl*)
regocijarse [A1] *v pron* to rejoice; **~** DE *or* POR **algo** (por buena noticia) to rejoice AT sth; (por mal ajeno) to take delight IN sth, delight IN sth
regocijo *m* **(a)** (júbilo, alborozo) rejoicing; (alegría) joy, delight; **sintió gran ~ al verla** he was delighted to see her **(b)** (ante el mal ajeno) pleasure
regodearse [A1] *v pron* **(a)** (complacerse) to delight in, take great delight in; **se regodea haciéndeme sufrir** he delights in making me suffer; **~** EN *or* CON **algo** to delight IN sth, gloat OVER sth **(b)** (Chi) (al elegir) to hesitate
regordete -ta *adj* (fam) chubby
⚷ **regresar** [A1] *vi* to return, come/go back; **no sé cuándo va a ~** I don't know when he'll be back
■ **~** *vt* (AmL exc CS) **(a)** ‹*libro/llaves*› to return, give back **(b)** ‹*persona*› to send ... back
■ **regresarse** *v pron* (AmL exc RPl) to return, go/come back; **ya se regresó** she's back now
⚷ **regreso** *m* **(a)** (vuelta) return; **emprendió el ~** she set off on the return journey *o* trip; **de ~ paramos en León** on the way back we stopped in León **(b)** (AmL) (devolución) return
reguero *m* (rastro) trail
regulable *adj* adjustable
regulador *m* regulator

⚷ key word

regular[1] *adj* **1** (en general) regular **2** **(a)** (no muy bien): **¿qué tal te va? — regular** how's it going? — so-so; **¿qué tal la película? — regular** how was the movie? — nothing special **(b)** (de tamaño) medium-sized, middling
■ *m* (calificación) fair

regular[2] [A1] *vt* **1** **(a)** ‹*espejo/asiento*› to adjust **(b)** ‹*caudal/temperatura/velocidad*› to regulate, control **2** «*ley/norma*» to regulate

regularidad *f* regularity; **con ~** regularly

regusto *m* aftertaste

rehabilitación *f* **(a)** (de enfermo, delincuente) rehabilitation **(b)** (en cargo) reinstatement **(c)** (de vivienda) renovation, restoration

rehabilitar [A1] *vt* **(a)** ‹*paciente/delincuente*› to rehabilitate **(b)** (en cargo) to reinstate **(c)** ‹*vivienda/local*› to renovate, restore

rehacer [E18] *vt* (volver a hacer) to redo; **trató de ~ su vida** she tried to rebuild her life
■ **rehacerse** *v pron* **~se** DE **algo** to get over sth

rehén *m* hostage

rehogar [A3] *vt* to fry ... lightly

rehuir [I21] *vt* to shy away from

rehusar [A23] *vt/vi* to refuse
■ **rehusarse** *v pron* (esp AmL) to refuse

reilón -lona *adj* (Per, Ven fam) smiley (infml)

reimpresión *f* **(a)** (acción) reprinting **(b)** (obra) reprint

reimprimir [I36] *vt* to reprint

reina *f* queen; **~ de belleza** beauty queen

reinado *m* reign

reinante *adj* **(a)** ‹*casa/dinastía*› reigning **(b)** ‹*frío/lluvias*› prevailing; **el malestar ~ en el partido** the unease prevailing in the party

reinar [A1] *vi* **(a)** «*monarca/dinastía*» to reign **(b)** «*silencio/paz*» to reign; «*terror/buen tiempo*» to prevail

reincidente *mf* reoffender

reincidir [I1] *vi* (Der) to reoffend

reincorporarse [A1] *v pron* to return; **~ a filas** to rejoin the army

reiniciar [A1] *vt* to resume; (Inf) to reboot

reino *m* kingdom; **~ animal** animal kingdom; **el ~ de la fantasía** the realm of fantasy

Reino Unido *m*: **el ~** the United Kingdom

reinserción *f tb* **~ social** social rehabilitation, reintegration into society

reintegrar [A1] *vt* **1** ‹*persona*› (a cargo) to reinstate; (a la comunidad) to reintegrate; **~ a algn** A *or* EN **algo** (a cargo) to reinstate sb IN sth; (a la comunidad) to reintegrate sb INTO sth **2** (fml) ‹*depósito*› to refund, return; ‹*gastos*› to reimburse; ‹*préstamo*› to repay
■ **reintegrarse** *v pron* to return; **~se** A **algo** (a trabajo/equipo) to return TO sth; **~se en la comunidad** to reintegrate into the community

reintegro *m* **(a)** (en banco) withdrawal; (de depósito) refund; (de gastos) reimbursement; (de préstamo) repayment **(b)** (en lotería) refund (*of the ticket price*)

reír [I18] *vi* to laugh; **se echaron a ~** they burst out laughing
■ **~** *vt* ‹*gracia/chiste*› to laugh at
■ **reírse** *v pron* to laugh; **~se a carcajadas** to guffaw; **~se** DE **algo/algn** to laugh AT sth/sb

reivindicación *f* **(a)** (demanda) demand, claim **(b)** (reconocimiento) recognition **(c)** (rehabilitación): **luchó por la ~ de su buen nombre** she fought to vindicate her good name **(d)** (de atentado): **la ~ del atentado** the claiming of responsibility for the attack

reivindicar [A2] *vt* **(a)** ‹*derecho*› to demand; ‹*tierras*› to claim **(b)** (rehabilitar) ‹*imagen/reputación*› to restore **(c)** ‹*atentado*› to claim responsibility for

reja *f* **(a)** (de ventana) grille **(b)** (para cercar) railing

rejego *adj* (Méx fam) ‹*persona*› mouthy (AmE), cheeky (BrE)

rejilla *f* **(a)** (de ventilación) grille; (Auto) grille; (del confesionario) screen; (del desagüe) grating **(b)** (para equipajes) luggage rack; (de horno) rack; (base de chimenea) grate

rejuntar [A1] *vt* (Méx fam) ‹*reses*› to round up; ‹*borregos*› to gather

rejuvenecer [E3] *vt* to rejuvenate
■ **rejuvenecerse** *v pron* to be rejuvenated

relación *f* **1** **(a)** (conexión) connection; **con ~ a** or **en ~ con** (con respecto a) in connection with; (en comparación con) relative to; **en ~ con su carta ...** with regard to *o* regarding your letter ... **(b)** (correspondencia): **en una ~ de diez a uno** (Mat) in a ratio of ten to one; **una ~ causa-efecto** a relationship of cause and effect **2** **(a)** (entre personas) relationship; **las relaciones entre padres e hijos** the relationship between parents and their children; **estoy en buenas relaciones con él** I'm on good terms with him **(b) relaciones** *fpl* (influencias) contacts (*pl*), connections (*pl*); (trato comercial, diplomático) relations (*pl*); (trato carnal) sex; **relaciones exteriores** foreign affairs; **relaciones prematrimoniales** premarital sex; **relaciones públicas** (actividad) public relations (*pl*); (persona) public relations officer; (de cantante, artista) PR; **relaciones sexuales** sexual relations **3** **(a)** (exposición) account **(b)** (lista) list

relacionado -da *adj* **(a)** [ESTAR] ‹*temas/ideas/hechos*› related, connected **(b)** ‹*persona*› **está muy bien ~** he is very well connected; **estar ~** CON **algn/algo** to be connected WITH sb/sth

relacionador, -dora *m,f* (AmL): **~ público** public relations officer

relacionar [A1] *vt* (conectar) to relate, connect; **~ algo** A *o* CON **algo** to relate *o* connect sth TO sth
■ **relacionarse** *v pron* **(a)** **~se** CON **algo** (con tema/asunto) to be related TO sth **(b)** «*persona*» **~se** CON **algn** to mix WITH sb

relacionista *mf* (AmL) *tb* **~ público** public relations officer

relajación *f* (de músculos, mente) relaxation

relajado -da *adj* **(a)** (tranquilo) relaxed **(b)** ‹*costumbres*› dissolute, lax

relajante *adj* **1** ‹*música/baño*› relaxing **2** (CS fam) (empalagoso) sickly-sweet (derog)

relajar [A1] *vt* ‹*músculo/persona/mente*› to relax
■ **~** *vi* «*ejercicio/música*» to be relaxing
■ **relajarse** *v pron* **1** **(a)** (físicamente, mentalmente) to relax; (tras período de tensión, mucho trabajo) to relax, unwind **(b)** «*tensión*» to ease; «*ambiente*» to become more relaxed **2** (degenerar) «*costumbres/moral*» to decline

r

relajo *m* **1** (de la moral) decline **2** (esp Esp fam) (relax): **¡qué ~!** how relaxing! **3** **(a)** (Méx fam) (persona divertida) laugh (infml) **(b)** (persona problemática) troublemaker

relamerse [E1] *v pron* (por algo sabroso) to lick one's lips; (de satisfacción) to smack one's lips

relámpago *m* (Meteo) bolt *o* flash of lightning; ***como un ~*** ‹*salir/pasar*› like greased lightning

relatar [A1] *vt* ‹*historia/aventura*› to recount, relate

relativo -va *adj* **1** (no absoluto) relative; **eso es muy ~** that depends; **una enfermedad de relativa gravedad** a relatively serious illness **2** (concerniente) **~ A algo** relating TO sth; **todo lo ~ a la política** anything to do with *o* related to politics; **en lo ~ a este problema** with regard to this problem

relato *m* **(a)** (historia, cuento) story, tale **(b)** (relación) account

relax *m* relaxation

relegar [A3] *vt*: **se siente relegado** he feels left out; **el problema quedó relegado a un segundo plano** the matter was pushed into the background; **relegado al olvido** consigned to oblivion

relevante *adj* notable, outstanding

relevar [A1] *vt* **(a)** (sustituir) ‹*guarda/enfermera*› to relieve; ‹*jugador*› to replace, take over from; **~ la guardia** (Mil) to change the guard **(b)** (destituir) to remove

■ **relevarse** *v pron* to take turns, take it in turn(s)

relevo *m* **(a) de ~** ‹*conductor/equipo*› relief (*before n*) **(b)** (Dep) *tb* **~s** relay (race)

relieve *m* **1** **(a)** (Art, Geog) relief; **la costa tiene un ~ muy accidentado** the coast is very rugged; **letras en ~** embossed letters **(b)** (parte que sobresale): **el marco tiene un centímetro de ~** the frame protrudes by a centimeter **2** (importancia) prominence; **personas de ~** prominent people; **dar ~ a algo** to lend (special) importance to sth; ***poner de ~*** to highlight

religión *f* religion

religiosidad *f* religiousness, religiosity

religioso -sa *adj* religious

■ *m,f* member of a religious order

relinchar [A1] *vi* to neigh, whinny

reliquia *f* relic; **una ~ de familia** a family heirloom

rellano *m* (de escalera) landing; (de ladera, montaña) shelf

rellenar [A1] *vt* **1** **(a)** ‹*pavo/pimientos/cojín*› to stuff; ‹*pastel*› to fill; **~ algo** DE *or* CON **algo** to stuff/fill sth WITH sth **(b)** ‹*agujero/grieta*› to fill **2** (volver a llenar) to refill **3** ‹*impreso/formulario*› to fill out *o* in; ‹*examen/discurso*› to pad out

relleno[1] -na *adj* ‹*pavo/pimientos*› stuffed; **caramelos ~s de chocolate** candies with a chocolate filling

relleno[2] *m* (para pasteles, tortas) filling; (para pavo, pimientos, cojín) stuffing; (de ropa interior) padding; (para agujeros, grietas) filler

reloj *m* (de pared, mesa) clock; (de pulsera, bolsillo) watch; **funciona como un ~** it's going like clockwork; **contra ~** against the clock; **~ de arena** hourglass; **~ de pie** grandfather clock; **~ de sol** sundial; **~ despertador** alarm clock

relojería *f* (tienda, taller) clockmaker's, watchmaker's; (actividad) watchmaking

relojero -ra *m,f* (de relojes — de pulsera) watchmaker; (— de pared, mesa) clockmaker

reluciente *adj* ‹*dientes/coche*› gleaming; ‹*metal/suelo*› shiny, shining; **una mañana ~** a bright, sunny morning

relucir [I5] *vi* «*sol*» to shine; «*estrellas*» to twinkle, glitter; «*plata/zapatos*» to shine, gleam; ***salir/sacar a ~*** to come to the surface/ to bring up

relumbrante *adj* brilliant, dazzling

relumbrar [A1] *vi* to shine brightly

remachar [A1] *vt* **(a)** ‹*clavo*› to clinch; ‹*perno/chapas*› to rivet **(b)** (recalcar) to repeat, reiterate; (finalizar) to round off, finish off

■ **~** *vi* (en tenis) to smash; (en vóleibol) to spike

remache *m* **1** (perno) rivet **2** (en tenis) smash; (en vóleibol) spike

remangarse [A3] *v pron* (*refl*) ‹*pantalones/ manga*› to roll up; **se remangó para lavar los platos** he rolled up his sleeves to wash the dishes

remanso *m* pool; **un ~ de paz** a haven of peace (liter)

remar [A1] *vi* (en bote) to row; (en canoa) to paddle

remarcar [A2] *vt* (hacer notar) to stress, emphasize

rematado -da *adj* (fam) complete, absolute; **es un loco ~** he's a raving lunatic

rematar [A1] *vt* **1** **(a)** ‹*actuación/intervención*› to round off, finish off; ‹*negocio*› to conclude, close; ‹*torre/bastón*› to top, crown; ***y para ~la*** (fam) and to crown *o* cap it all (infml) **(b)** ‹*costura*› to finish off **(c)** ‹*animal/persona*› to finish off **2** (en tenis) to smash; (en vóleibol) to spike; (en fútbol): **remató el centro a la portería** he hit the cross straight into the goal **3** (AmL) **(a)** (en subasta — vender) to auction; (— comprar) to buy ... at an auction **(b)** (liquidar) to sell ... off cheaply

■ **~** *vi* **1** (terminar) **~** EN **algo** to end IN sth **2** (en tenis) to smash; (en vóleibol) to spike; (en fútbol) to shoot; **~ de cabeza** to head the ball

remate *m* **1** **(a)** (de activades, esfuerzos) culmination; ***y como ~*** (fam) and to crown *o* cap it all (infml) **(b)** (en costura) double stitch (*to finish off*) **2** (en tenis) smash; (en vóleibol) spike; (en fútbol) shot; **~ de cabeza** header **3** (AmL) (subasta) auction

remedar [A1] *vt* to mimic, ape

remediar [A1] *vt* **1** ‹*situación/problema*› to remedy; ‹*daño*› to repair; **¿qué piensas hacer para ~lo?** what are you going to do to put things right?; **con llorar no remedias nada** crying won't solve anything **2** (evitar): **no lo puedo/pude ~** I can't/couldn't help it

remedio *m* **1** **(a)** (Med) (cura) remedy, cure **(b)** (esp AmL) (Farm) medicine **2** (solución) solution; **ya no tiene ~** there's nothing we (*or* you *etc*) can do now; **su matrimonio no tiene ~** her marriage is beyond hope; **un caso sin ~** a

key word

hopeless case **3** (alternativa, recurso) option; **no queda más ~ que ...** we have no alternative *o* choice but ...; **iré si no hay otro ~** I'll go if I really have to *o* if I must

remendar [A5] *vt* to mend

remera *f* (RPl) (camiseta) T-shirt

remero -ra *m,f* (*m*) rower, oarsman; (*f*) rower, oarswoman

remesa *f* (de mercancías) consignment, shipment; (de dinero) remittance

remezón *m* (Andes) (temblor) earth tremor; (sacudida brusca) shake; (suceso inesperado) shake-up

remiendo *m* (pedazo de tela, cuero) patch; **le hizo un ~** she mended *o* patched it

remilgado -da *adj* fussy

remilgón -gona, **remilgoso -sa** *adj* (delicado) (Andes, Méx) fussy; (difícil) (Méx) difficult

remisión *f* **1** (en texto) reference; **~ A algo** reference TO sth **2** (de enfermedad) remission **3** (Relig, Der) remission

remite *m* (persona) sender; (dirección) return address

remitente *mf* sender

remitir [I1] *vt* **(a)** (fml) (mandar) to send **(b)** ‹*lector/estudiante*› **~ A algn A algo** to refer sb TO sth

■ **~** *vi* «*fiebre*» to drop, go down; «*tormenta*» to abate, subside

■ **remitirse** *v pron* **~se A algo** (a obra) to refer TO sth

remo *m* (con soporte) oar; (sin soporte) paddle

remodelación *f* (Arquit) remodeling*, redesigning; (de organización) reorganization, restructuring; (del gabinete) (Pol) reshuffle

remodelar [A1] *vt* ‹*plaza/barrio*› to remodel, redesign; ‹*organización*› to reorganize; ‹*gabinete*› to reshuffle

remojar [A1] *vt* ‹*ropa/lentejas*› to soak

remojo *m* (en agua): **poner algo a** or **en ~** to put sth to soak; **dejar algo en ~** to leave sth to soak

remojón *m* **1** (fam) (en agua) soaking, drenching; **¿quién quiere darse un ~?** who's for a dip? (infml) **2** (Méx fam) (de algo nuevo): **nos dio el ~** (en el coche) he took us for a spin in his new car; (en la casa) he had us over for a housewarming party

remolacha *f* beet (AmE), beetroot (BrE); **~ azucarera** sugar beet

remolcador *m* (Náut) tug; (Auto) tow truck (AmE), breakdown van (BrE)

remolcar [A2] *vt* ‹*barco*› to tug; ‹*coche*› to tow

remolino *m* **(a)** (de viento) eddy, whirl **(b)** (de agua) eddy; (más violento) whirlpool **(c)** (en el pelo) cowlick

remolón -lona *adj* (fam) idle, lazy

■ *m,f* (fam) slacker (infml)

remolque *m* **(a)** (vehículo) trailer **(b)** (acción) towing; **ir a ~** (Auto) to be in tow **(c)** (AmS) (grúa) tow truck (AmE), breakdown van (BrE)

remontar [A1] *vt* **1** ‹*dificultad/problema*› to overcome, surmount (fml) **2 (a) ~ el vuelo** «*avión*» to gain height; «*pájaro*» to fly *o* soar up **(b) ~ el río** to go upriver **(c)** (RPl) ‹*barrilete*› to fly

■ **remontarse** *v pron* **1** «*avión*» to gain height; «*pájaro*» to soar up **2** (en el tiempo) to go back

remorder [E9] *vi* (+ *me/te/le etc*): **me remuerde haberlo dicho** I feel guilty for having said it; **¿no te remuerde la conciencia?** don't you feel guilty?

remordimiento *m* remorse; **sentir** or **tener ~s de conciencia** to suffer pangs of conscience

remoto -ta *adj* **(a)** ‹*tiempo/época*› distant, far-off (*before n*) **(b)** ‹*lugar/mares/tierras*› remote, far-off **(c)** ‹*posibilidad*› remote, slim; ‹*esperanza*› faint; **no tengo (ni) la más remota idea** I haven't the remotest *o* faintest idea

remover [E9] *vt* **1 (a)** ‹*líquido/salsa*› to stir; ‹*ensalada*› to toss; ‹*tierra/piedras*› to turn over; ‹*escombros*› to dig about in; ‹*brasas*› to poke, stir **(b)** ‹*asunto*› to bring ... up again; ‹*pasado*› to revive, stir up **2** (fml) **(a)** ‹*impedimento/obstáculo*› to remove **(b)** (esp AmL) (destituir) **~ A algn DE algo** to remove sb FROM sth

remunerar [A1] *vt* to pay, remunerate (fml)

renacentista *adj* Renaissance (*before n*)

renacer [E3] *vi* to be reborn; **sentí ~ la esperanza** I felt renewed hope

renacimiento *m* **(a)** (acción) revival, rebirth **(b)** (Art, Hist): **el R~** the Renaissance

renacuajo *m* (Zool) tadpole; (niño, persona baja) (fam) shrimp (infml)

rencilla *f* quarrel, row

rencor *m* resentment; **con el corazón lleno de ~** with his heart full of resentment; **no te guardo ~** I don't bear you any grudge; **siento ~ por lo que me hizo** I feel bitter about what he did to me

rencoroso -sa *adj* [SER] resentful

rendición *f* surrender

rendido -da *adj* [ESTAR] (exhausto) exhausted; **cayó ~ (de cansancio)** he collapsed from exhaustion; *ver tb* **rendir**

rendidor -dora *adj* (AmL) ‹*tierra*› productive; **un detergente ~** a detergent that goes a long way

rendija *f* (grieta) crack, crevice; (hueco) gap

⚷ **rendimiento** *m* **(a)** (de persona, coche) performance **(b)** (de máquina, factoría) output; **funciona a pleno ~** it is working at full capacity **(c)** (de terreno) yield **(d)** (Fin) yield, return

⚷ **rendir** [I14] *vt* **1** ‹*homenaje/tributo*› to pay; **~le culto a algn** to worship sb **2** (Fin) to yield; (producir) to produce **3** ‹*persona*› **me rindió el sueño** I was overcome by sleep; **tanto trabajo rinde a cualquiera** working that hard is enough to exhaust anyone **4** (CS) (Educ) ‹*examen*› to take, sit (BrE)

■ **~** *vi* **(a)** (cundir) (+ *me/te/le etc*) **me rindió mucho la mañana** I had a lot done this morning; **trabaja mucho pero no le rinde** he works hard but he doesn't make much headway **(b)** «*alumno/obrero/empleado*» to perform well **(c)** «*tela/arroz/jabón*» to go a long way

■ **rendirse** *v pron* (en pelea, guerra) to surrender; (en tarea, adivinanza) to give up

renegado -da *m,f* renegade

renegar [A7] *vi* **(a)** (Relig) to apostatize; **~ DE algo** (de creencias/principios) to renounce sth **(b)** (maldecir) to swear, curse; (blasfemar) to blaspheme **(c)** (refunfuñar) to grumble; **~ DE**

algo to grumble ABOUT sth **(d)** (AmL) (enojarse) to get annoyed

RENFE /'rrenfe/ *f* = **Red Nacional de los Ferrocarriles Españoles**

renglón *m* (línea) line

rengo -ga *adj* (AmL puede resultar ofensivo) lame (sometimes considered offensive)
■ *m,f* (AmL puede resultar ofensivo) lame person (sometimes considered offensive), cripple (dated *or* offensive)

renguear [A1] *vi* (AmL) to limp

renguera *f* (AmL) limp

reno *m* reindeer

renombrado -da *adj* well-known, renowned

renombre *m* renown; **de ~** renowned

renovación *f* **(a)** (de pasaporte, contrato) renewal **(b)** (del mobiliario) complete change; (de edificio, barrio) renovation **(c)** (de organización, sistema) updating **(d)** (reanudación) renewal

⚷ **renovar** [A10] *vt* **(a)** ‹*pasaporte/contrato*› to renew **(b)** ‹*mobiliario*› to change; ‹*edificio/barrio*› to renovate **(c)** ‹*organización/sistema*› to update, bring up to date **(d)** ‹*ataque/esperanza/promesa*› to renew
■ **renovarse** *v pron* **(a)** «*sospechas/dolor/interés*» to be renewed **(b)** «*persona*» to be revitalized

⚷ **renta** *f* **(a)** (beneficio) income; **inversiones de ~ fija** fixed interest investments; **vivir de las ~s** (de dinero) to live off the interest; (de propiedades) to live off the rent **(b)** (esp Méx) (alquiler) rent

rentabilidad *f* profitability

rentable *adj* ‹*inversión/negocio*› profitable

rentar [A1] *vt* (Méx) **(a)** ‹*departamento*› «*propietario*» to rent out, let (BrE); «*usuario*» to rent **(b)** ‹*coche*› to rent, hire (BrE)

renuncia *f* **1** (dimisión) resignation; **presentar la ~** to resign, tender one's resignation (fml) **2** (abandono) **~ A algo** renunciation OF sth **3** (abnegación) self-sacrifice

⚷ **renunciar** [A1] *vi* (dimitir) to resign; **~ A algo** (a puesto) to resign sth; (a derecho) to relinquish sth, renounce sth (fml); (a título) to give up sth, relinquish sth; (a trono) to renounce sth

reñido -da *adj* **1** ‹*partido/batalla*› hard-fought, tough **2** [ESTAR] **(a)** (peleado): **está ~ con su novia** he has fallen out with his girlfriend (infml) **(b)** (en contradicción) **~ CON algo** ‹*con principios*› against sth

reñir [I15] *vi* (esp Esp) **(a)** (discutir) to argue, quarrel **(b) ~ CON algn** (pelearse) to quarrel *o* have a row WITH sb; (enemistarse) to fall out WITH sb
■ **~** *vt* (Esp) (regañar) to scold, tell ... off (infml)

reo *mf* (en lo penal — acusado) accused, defendant; (— condenado) convicted offender; (en lo civil) (Méx) defendant

reojo: **de reojo** (*loc adv*): **mirar a algn de ~** to look at sb out of the corner of one's eye

reorganizar [A4] *vt* to reorganize

⚷ **reparación** *f* **(a)** (arreglo) repair; **taller de reparaciones** repair shop **(b)** (de daño, ofensa) redress, reparation

reparador -dora *adj* ‹*sueño/descanso*› refreshing

reparar [A1] *vt* **(a)** ‹*coche*› to repair, fix; ‹*gotera/avería*› to mend, fix **(b)** ‹*error*› to correct, put right; ‹*ofensa/agravio*› to make amends for, make up for; ‹*daño/perjuicio*› to make good, compensate for
■ **~** *vi* **1** **~ EN algo** (darse cuenta); (considerar): **no repara en gastos** she spares no expense **2** (Méx) «*caballo/toro*» to rear, shy

reparo *m* **(a)** (inconveniente, objeción): **pone ~s a todo** she finds fault with everything; **no tengo ningún ~ en decírselo** I have no qualms about telling him **(b)** (duda) reservation

repartición *f* **(a)** (división) distribution, share-out **(b)** (CS) (departamento, sección) department; (del ejército) division

repartidor -dora *m,f* (*m*) delivery man; (*f*) delivery woman; (de periódicos) newspaper man (*o* boy *etc*)

repartir [I1] *vt* **(a)** ‹*ganancias/trabajo*› to distribute, share out **(b)** ‹*panfletos/propaganda*› to hand out, give out; ‹*periódicos/correo*› to deliver; ‹*naipes/fichas*› to deal **(c)** (esparcir) to spread, distribute
■ **~** *vi* (Jueg) to deal

reparto *m* **1** **(a)** (distribución) distribution; (entre socios, herederos) share-out; **~ de premios** prize-giving **(b)** (servicio de entrega) delivery; **~ a domicilio** delivery service **2** (Cin, Teatr) cast

repasador *m* (RPl) dish towel (AmE), tea towel (BrE)

repasar [A1] *vt* ‹*lección/tema*› to review (AmE), to revise (BrE); ‹*lista/cuenta/carta*› to go over, check
■ **~** *vi* to review (AmE), to revise (BrE)

repaso *m* (revisión — para aprender algo) review (AmE), revision (BrE); (— para detectar errores) check; **dio un ~ a sus apuntes** she went *o* looked over her notes

repatriado -da *m,f* repatriate

repatriar [A1 A17 *or*] *vt* to repatriate

repelar [A1] *vi* (Méx fam) to grumble, to moan (BrE infml)

repelente *adj* ‹*persona*› repulsive, repellent; ‹*niño*› obnoxious
■ *m* insect repellent

repeler [E1] *vt* ‹*ataque/agresión*› to repel, repulse (fml)
■ **~** *vi* (+ *me/te/le etc*): **las serpientes me repelen** I find snakes repellent *o* repulsive

repente: **de repente** (*loc adv*) **(a)** (de pronto) suddenly **(b)** (RPl, Per) (quizás) maybe, perhaps

repentino -na *adj* sudden

repentizar [A4] *vt/vi* to sight-read

repercusión *f* (consecuencia) repercussion

repercutir [I1] *vi* **(a)** «*sonido*» to reverberate **(b)** (afectar) **~ EN algo** to have an effect *o* an impact ON sth

repertorio *m* repertoire

repetición *f* **(a)** (de experimento, palabra) repetition; (de un sueño, fenómeno) recurrence **(b)** (de programa) repeat, rerun

repetido *adj* **(a)** ‹*sello/disco*› **este lo tengo ~** I have two of these **(b)** (*delante del n*) ‹*casos/*

⚷ key word

avisos/intentos› repeated (*before n*)

repetir [I14] *vt* **(a)** ‹*pregunta/explicación*› to repeat; **¿me lo puedes ~?** could you repeat it, please?; **¡que no te lo tenga que volver a ~!** don't let me have to tell you again! **(b)** ‹*tarea*› to do ... again; ‹*programa*› to repeat, rerun; ‹*experimento/curso/asignatura*› to repeat **(c)** ‹*plato*› to have a second helping of, to have seconds of (infml)
■ ~ *vi* **1** (volver a comer) to have a second helping, to have seconds (infml) **2** «*pimientos/pepinos*» to repeat; **el ajo me repite** garlic repeats on me **3** (Educ) to repeat a year/course
■ **repetirse** *v pron* **(a)** «*fenómeno/incidente/sueño*» to recur, happen again; «*persona*» to repeat oneself **(b)** (Chi) (volver a comer) to have a second helping, have seconds (infml)

repetitivo -va *adj* repetitive

repicar [A2] *vi* to ring out, peal

repiquetear [A1] *vi* **(a)** «*campanas*» to peal, ring out **(b)** (golpear) «*lluvia*» to patter; **~ con los dedos en la mesa** to drum *o* tap one's fingers on the table

repiqueteo *m* **(a)** (de campanas) ringing, pealing **(b)** (de lluvia) pattering, pitter-patter (infml); (con los dedos) drumming, tapping

repisa *f* (estante) shelf; (de chimenea) mantelpiece

repita, **repitas**, *etc* ▶ **repetir**

repleto -ta *adj* **(a)** ‹*calle/vehículo/sala*› **~** DE **algo** full OF sth, packed WITH sth; **el tren iba ~** the train was packed *o* (infml) jam-packed **(b)** ‹*persona*› replete (fml *or* hum), full

réplica *f* **(a)** (copia) replica **(b)** (Chi, Méx) (de terremoto) aftershock

replicar [A2] *vt* (fml) to retort, reply
■ ~ *vi* **1** (argumentar) to argue **2** (Der) to reply

repoblar [A10] *vt* **(a)** ‹*río/lago*› to restock **(b)** (de árboles) to reforest **(c)** (de personas) to repopulate, resettle

repollo *m* cabbage

reponer [E22] *vt* **(a)** (reemplazar) ‹*existencias*› to replace; ‹*dinero*› to put back, repay; **~ fuerzas** to get one's strength back **(b)** ‹*funcionario/trabajador*› to reinstate **(c)** ‹*obra*› to put ... on again, revive; ‹*serie*› to repeat, rerun; ‹*película*› to show ... again
■ **reponerse** *v pron* to recover

reportaje *m* (en periódico, revista) article, feature; (en televisión) report, item; (entrevista) (AmL) interview

reportar [A1] *vt* **1** ‹*beneficios/pérdidas*› to produce, yield; **solo me reportó disgustos** it brought *o* caused me nothing but trouble **2** (AmL) (denunciar, dar cuenta de) to report **3** (Méx) ▶ **reportear**
■ **reportarse** *v pron* (AmL) (presentarse) to report

reporte *m* (Méx) (informe) report; (queja) complaint

reportear [A1] *vt* (Andes) to cover, report on
■ ~ *vi* (Andes) to report

reportero -ra *m,f* reporter; **~ gráfico** press photographer

reposacabezas *m* (*pl* ~) headrest

reposado -da *adj* [SER] ‹*persona/temperamento*› calm; ‹*ademanes/habla*› unhurried

reposar [A1] *vi* **(a)** (descansar) «*persona*» to rest; «*restos mortales*» to lie **(b)** «*líquido/solución*» to settle; **dejar ~ la masa** let the dough stand

reposición *f* **(a)** (reemplazo) replacement **(b)** (de serie) repeat, rerun; (de obra) revival; (de película) reshowing

reposo *m* **(a)** (descanso) rest **(b)** (Coc): **dejar en ~** leave to stand

repostar [A1] *vt* ‹*gasolina*› to fill up with; ‹*provisiones*› to stock up with
■ ~ *vi* (Auto) to fill up, to get some gas (AmE) *o* (BrE) petrol; (Aviac, Náut) to refuel

repostería *f* confectionery, baking (*of pastries, desserts*)

repostero -ra *m,f* (persona) confectioner, pastrycook

reprender [E1] *vt* to scold, tell ... off (infml)

represa *f* **(a)** (en río — dique) dam; (— embalse) reservoir **(b)** (de molino) millpond

represalia *f* reprisal; **como ~ por ...** in retaliation for ...

representación *f* **1** (acción) representation; **~ legal** legal representation; **asistió en ~ del Rey** she attended as the King's representative; **en ~ de mis compañeros** on behalf of my companions **2** (delegación) delegation **3** (Teatr) performance, production **4** (símbolo) representation

representante *mf* representative; (de artista, cantante) agent; **es ~ de una editorial** she represents a publishing house

representar [A1] *vt* **1** ‹*persona/organización/país*› to represent **2** ‹*obra*› to perform, put on; ‹*papel*› to play **3** (aparentar) to look; **no representa su edad** he doesn't look his age **4** (simbolizar) to represent, symbolize **5** (reproducir) «*dibujo/fotografía/escena*» to show, depict; «*obra/novela*» to portray, depict **6** (equivaler a, significar) to represent; **esto representa un aumento del 5%** this represents a 5% increase; **eso ~ía tres días de trabajo** that would mean *o* involve three days' work

representativo -va *adj* representative

represión *f* repression

reprimenda *f* reprimand

reprimido -da *adj* repressed
■ *m,f*: **es un ~** he's repressed

reprimir [I1] *vt* **(a)** ‹*rebelión*› to suppress, crush **(b)** ‹*risa/llanto/bostezo*› to suppress, stifle **(c)** (Psic) to repress
■ **reprimirse** *v pron* (*refl*) to control oneself

reprobar [A10] *vt* **(a)** ‹*actitud/conducta*› to condemn **(b)** (AmL) ‹*estudiante/materia/curso*› to fail; **me ~on en física** I failed physics

reprochar [A1] *vt* to reproach; **~le algo a algn** to reproach sb for sth

reproche *m* reproach; **hacerle ~s a algn** to reproach sb

reproducción *f* reproduction

reproducir [I6] *vt* to reproduce
■ **reproducirse** *v pron* **(a)** (Biol, Bot) to reproduce, breed **(b)** «*fenómeno*» to recur, happen again

reproductor -tora *adj* ‹*animal*› breeding (*before n*); ‹*órgano*› reproductive

reptar [A1] *vi* «*serpiente*» to slither; «*cocodrilo*» to crawl, slide

reptil *m* reptile

✍ **república** *f* republic

República Dominicana *f* Dominican Republic

republicano -na *adj/m,f* republican

República Oriental del Uruguay *f* (fml) *official name of Uruguay*

repudiar [A1] *vt* **1** ‹*atentado/violencia*› to condemn **2** (Der) ‹*mujer*› to disown, repudiate (fml); ‹*herencia*› to repudiate

repuesto *m* (pieza) (spare) part; **de ~** spare (*before n*)

repugnancia *f*: **me causa ~** I find him repulsive *o* repugnant; **siento ~ hacia las culebras** I find snakes repulsive

repugnante *adj* ‹*olor*› disgusting, revolting; ‹*crimen*› abhorrent, repugnant; ‹*persona*› (físicamente) repulsive, revolting; (moralmente) repugnant

repugnar [A1] *vi*: **me repugna beber de un vaso sucio** I find having to drink out of a dirty glass disgusting; **me repugna su comportamiento** I find his behavior disgusting *o* repulsive

repulsa *f* (condena) condemnation; (rechazo) rejection

repulsivo -va *adj* ‹*persona*› (físicamente) repulsive, revolting; (moralmente) repugnant; ‹*olor*› disgusting, revolting

reputación *f* reputation; **~ de algo** reputation as sth

✍ **requerir** [I11] *vt* **(a)** (necesitar) to require **(b)** ‹*documento*› to require; ‹*persona*› to summon

requesón *m* curd (cheese)

requisar [A1] *vt* **(a)** (expropiar) ‹*vehículo/suministros*› to requisition; (confiscar) ‹*drogas/objetos robados*› to seize **(b)** (Col, Ven) (registrar) to search

✍ **requisito** *m* requirement; **reunir los ~s** to fulfill *o* meet the requirements; **~ previo** prerequisite

res *f* **(a)** (animal) animal **(b)** (Col, Méx, Ven) (Coc) *tb* **carne de ~** beef

resaca *f* **1** (de las olas) undertow **2** (después de beber) hangover

resaltador *m* (Col) highlighter

resaltante *adj* (AmL) outstanding

✍ **resaltar** [A1] *vi* (sobresalir, destacarse) to stand out; **hacer ~** ‹*color*› to bring out; ‹*importancia/necesidad*› to highlight, stress
■ **~** *vt* ‹*cualidad/importancia/necesidad*› to highlight

resarcir [I4] *vt* **~ a algn DE algo** (de daños/inconvenientes) to compensate sb FOR sth; (de gastos) to reimburse sb FOR sth
■ **resarcirse** *v pron* **~se DE algo** (desquitarse) to get one's own back FOR sth; (compensar) to make up FOR sth

resbalada *f* (AmL) slip

resbaladilla *f* (Méx) slide, chute

✍ key word

r

resbaladizo -za *adj* **(a)** ‹*superficie/carretera*› slippery **(b)** ‹*asunto/tema*› delicate, tricky (infml)

resbalar [A1] *vi* **1** (caerse) to slip; **las lágrimas le resbalaban por las mejillas** the tears ran *o* trickled down his cheeks **2** (fam) (ser indiferente): **todo lo que le digas le resbala** anything you say to him is just like water off a duck's back (infml); **todo le resbala** he couldn't care less about anything (infml)
■ **resbalarse** *v pron* (caerse) to slip

resbalín *m* (Chi) slide, chute

resbalón *m* slip

resbaloso -sa *adj* (AmL) ‹*superficie*› slippery

✍ **rescatar** [A1] *vt* **(a)** (salvar) to rescue **(b)** ‹*dinero/pulsera*› to recover, get back

rescate *m* **(a)** (salvamento) rescue; **equipo de ~** rescue team **(b)** (precio) ransom **(c)** (de dinero, joya) recovery **(d)** (Econ) *tb* **~ financiero** (financial) bailout *o* rescue

rescoldo *m* embers (*pl*)

resecar [A2] *vt* ‹*piel/ambiente*› to make ... very dry
■ **resecarse** *v pron* to dry up, get very dry

reseco -ca *adj* ‹*planta*› dried-up; ‹*pan*› dry; ‹*tierra/garganta*› parched

resentido -da *adj* **(a)** (dolorido) painful **(b)** (disgustado) upset, hurt; (con rencor) resentful
■ *m,f*: **es un ~** he has a chip on his shoulder

resentimiento *m* resentment, bitterness

resentirse [I11] *v pron* **(a)** (sentir dolor): **aún se resiente de la lesión** he is still suffering the effects of the injury; **aún se resienten de la derrota** they're still smarting from the defeat **(b)** (sufrir las consecuencias) «*salud/trabajo*» to suffer **(c)** (ofenderse, molestarse) to get upset

reseña *f* **(a)** (de congreso, reunión) summary, report; (de libro) review; **una ~ biográfica** a biographical outline **(b)** (descripción) description; (sobre escritor, deportista) profile

✍ **reserva** *f* **1** (de habitación, pasaje) reservation; (de mesa) booking, reservation; **¿tiene ~?** do you have a reservation?, have you booked? **2** (cantidad guardada) reserve; **tengo otro par de ~** I have a spare pair **3 (a)** (Dep) (equipo) reserves (*pl*), reserve team; (conjunto de suplentes) substitutes (*pl*) **(b)** (de indígenas) reservation; (de animales) reserve; **~ natural** nature reserve **4** (secreto, discreción): **en la más absoluta ~** in the strictest confidence **5 reservas** *fpl* **(a)** (dudas) reservations (*pl*) **(b)** (reparos): **habló sin ~s** he talked openly *o* freely **6** (Méx): **a ~ de que (no) llueva** as long as *o* provided (that) it doesn't rain
■ *mf* (Dep) reserve

reservación *f* (AmL) ▶ **reserva 1**

reservado -da *adj* ‹*persona/actitud*› reserved; ‹*asunto/tema*› confidential; *ver tb* **reservar**

reservar [A1] *vt* **1** ‹*asiento/habitación/mesa*› to reserve, book; ‹*pasaje/billete*› to book **2** (guardar) ‹*porción de comida/dinero*› to set aside; **nos reservaba una sorpresa** he had a surprise in store for us; **reservó lo mejor para el final** she kept the best till last
■ **reservarse** *v pron* **(a)** (para sí mismo) ‹*porción/porcentaje*› to keep ... for oneself; **~se la opinión** to reserve judgment **(b)** (*refl*) (para otra tarea) to save oneself

resfriado¹ -da *adj*: **estoy (algo) ~** I have a (slight) cold

resfriado² *m* cold

resfriarse [A17] *v pron* to catch a cold

resfrío *m* (esp AmS) cold

resguardar [A1] *vt* **~ algo/a algn** DE **algo** (de peligro/frío) to protect sth/sb FROM sth

■ **resguardarse** *v pron* (de peligro) to protect oneself; (de la lluvia, el frío) to shelter, take shelter

resguardo *m* **1** (Esp) (de depósito) deposit slip; (en tintorería, zapatería) slip, ticket **2** (Col) (reserva) reservation, reserve **3** (Méx) (control, vigilancia) control

residencia *f* **1** **(a)** (en país, ciudad) residence; **fijar ~** to take up residence **(b)** (documento) *tb* **permiso de ~** residence permit **2** **(a)** (casa) residence **(b)** (de estudiantes) dormitory (AmE), hall of residence (BrE); (de enfermeras) hostel, home; **~ de ancianos** old people's home **(c)** (hostal, fonda) boarding house, guest house (*not providing meals*) **3** (AmL) (Med) residency (AmE), time spent as a houseman (BrE)

residencial *adj* residential

■ *f* (CS) guest house, boarding house

residente *adj* resident

■ *m,f* **(a)** (en país) resident **(b)** (médico) resident (AmE), houseman (BrE)

residir [I1] *vi* **(a)** «*persona*» to live, reside (fml) **(b)** «*encanto/interés*» (radicar) **~** EN **algo** to lie IN sth

✓ **residuo** *m* **(a)** (Mat) remainder; (Quím) residue **(b)** **residuos** *mpl* (desperdicios) waste, waste materials *o* products (*pl*); **~s radiactivos** radioactive waste

resignación *f* resignation

resignado -da *adj* resigned; **~** A **algo** resigned TO sth

resignarse [A1] *v pron* to resign oneself; **~ a hacer algo** to resign oneself to doing sth

resina *f* resin

✓ **resistencia** *f* **1** **(a)** (en general) resistance **(b)** (aguante físico) stamina; **prueba de ~** endurance test **2** (componente de circuito) resistor; (de secador, calentador) element

resistente *adj* ‹*material/metal*› resistant, tough; ‹*tela*› tough, hard-wearing; ‹*persona/animal/planta*› tough, hardy; **~ al calor** heat-resistant

resistir [I1] *vt* **(a)** (aguantar) ‹*dolor/calor/presión*› to withstand, take; **no la resisto** (Col, Per fam) I can't stand her **(b)** ‹*tentación/impulso*› to resist **(c)** ‹*ataque/enemigo*› to resist

■ **~** *vi* **(a)** (aguantar) «*cuerda/puerta*» to hold; **ya no resisto más** I can't take (it) any more **(b)** «*ejército*» to hold out, resist

■ **resistirse** *v pron* **(a)** (oponer resistencia) to resist **(b)** (tener reticencia): **se resiste a aceptarlo** she's unwilling *o* reluctant to agree to it; **me resisto a creerlo** I find it hard to believe

✓ **resolución** *f* **1** (de problema) solution; (de conflicto) settlement, resolution **2** (decisión) decision; **tomar una ~** to make a decision; **tomaron la ~ de emigrar** they decided to emigrate **3** (determinación) determination, resolve

✓ **resolver** [E11] *vt* **(a)** ‹*crimen/problema/misterio*› to solve, clear up; ‹*asunto/conflicto*› to resolve, settle; ‹*duda*› to clear up; **tiene resuelto su futuro** his future is sorted out **(b)** (decidir) to decide

resonancia *f* (Mús, Fís) resonance; (eco) echo; (de noticia, suceso) impact

resonante *adj* ‹*sonido*› resonant; ‹*éxito*› resounding, tremendous

resonar [A10] *vi* **(a)** (hacer eco) to echo, resound **(b)** «*gritos/risas*» to ring (out)

resoplar [A1] *vi* (por cansancio) to puff; (por enfado) to snort

resoplido *m* **(a)** (de enfado) snort **(b)** (de cansancio): **dando ~s** puffing and panting **(c)** (de caballo) snort

resorte *m* **(a)** (muelle) spring **(b)** (AmC, Col, Méx) (elástico) elastic

resortera *f* (Méx) slingshot (AmE), catapult (BrE)

respaldar [A1] *vt* ‹*persona*› (apoyar) to support, back; (en discusión) to back up; ‹*propuesta/plan*› to support, back; ‹*versión/teoría*› to support, back up

✓ **respaldo** *m* **(a)** (de asiento) back **(b)** (apoyo) support, backing; **en ~ de** in support of **(c)** (Fin) backing

respectar [A1] *vi* (*en 3ª pers*): **en** or **por lo que a mí respecta** as far as I'm concerned

respectivamente *adv* respectively

✓ **respectivo -va** *adj* (correspondiente) respective

✓ **respecto** *m*: **a este ~** on this respect, in this regard (fml); **(con) ~ a algo** regarding sth, with regard to sth

respetable *adj* (digno de respeto) respectable; (considerable) considerable

✓ **respetar** [A1] *vt* **(a)** ‹*persona*› to respect; **se hizo ~ por todos** he won *o* gained everyone's respect **(b)** ‹*opinión/tradiciones*› to respect; ‹*señal/luz roja*› to obey; ‹*ley/norma*› to observe

✓ **respeto** *m* **(a)** (consideración, deferencia) respect; **con ~** respectfully, with respect; **por ~ a algn/algo** out of consideration *o* respect for sb/sth; **faltarle al** or (CS) **el ~ a algn** to be rude *o* disrespectful to sb; **presentaron sus ~s a ...** they paid their respects to ... (fml) **(b)** (temor): **su presencia impone ~** her presence commands (a feeling of) respect; **les tengo mucho ~ a los perros** I have a healthy respect for dogs

respetuoso -sa *adj* ‹*persona/silencio*› respectful

respingado -da *adj* (AmL) ‹*nariz*› turned-up

respingo *m* start; **dio un ~** he gave a start

respingón -gona *adj* **(a)** ‹*nariz*› turned-up **(b)** (Méx fam) ‹*persona*› touchy

respiración *f* (Fisiol) breathing, respiration (fml); **me quedé sin ~** I was out of breath; **contener la ~** to hold one's breath; **~ boca a boca** mouth-to-mouth resuscitation, kiss of life

respirar [A1] *vi* to breathe; **respire hondo** take a deep breath

■ **~** *vt* **(a)** ‹*aire*› to breathe; ‹*humo/gases*› to breathe in **(b)** ‹*tranquilidad*› **la paz que se respira aquí** the feeling of peace that you get here

respiratorio -ria *adj* respiratory

respiro *m* (descanso) break; **tomarse un ~** to take a break *o* (infml) have a breather

resplandecer [E3] *vi* «*sol*» to shine; «*luna/metal/cristal*» to gleam; «*hoguera*» to blaze

resplandeciente *adj* **(a)** ‹*luna/metal/cristal*› gleaming; ‹*sol*› dazzling **(b)** (limpio) ‹*cocina/coche*› sparkling clean

resplandor *m* (del sol) glare, brightness; (de luna, metal, cristal) gleam; (de relámpago, explosión) flash

✔ **responder** [E1] *vi* **1** **(a)** (contestar) to reply, answer, respond (fml); **respondió con una evasiva** he gave an evasive reply **(b)** (replicar) to answer back **2** (reaccionar) to respond; **~ A algo** (a amenaza/estímulo) to respond TO sth **3** (corresponder): **no responden a la descripción** they do not answer the description; **las cifras no responden a la realidad** the figures do not reflect the true situation **4** (responsabilizarse): **si ocurre algo, yo no respondo** if anything happens I will not be held responsible; **~ ante la justicia** to answer for one's acts in a court of law; **yo respondo de su integridad** I will vouch for his integrity; **no respondo de lo que hizo** I am not responsible for what he did; **~ POR algn** to vouch FOR sb

■ **~** *vt* **(a)** (contestar) to reply, answer **(b)** ‹*pregunta*› to answer **(c)** ‹*llamada/carta*› to answer, reply to

respondón -dona *adj* (fam) ‹*niño*› mouthy (AmE infml), cheeky (BrE infml)

■ *m,f* (fam): **es un ~** he's always answering back

✔ **responsabilidad** *f* responsibility; **un puesto de mucha ~** a post which involves a great deal of responsibility; **tener sentido de la ~** to have a sense of responsibility; **cargó con toda la ~** she took full responsibility

responsabilizar [A4] *vt* **~ a algn DE algo** to hold sb responsible *o* accountable FOR sth

■ **responsabilizarse** *v pron* to take responsibility; **~se DE algo** (de tarea/error/accidente) to take responsibility FOR sth; (de atentado) to claim responsibility FOR sth; (de delito) to admit responsibility FOR sth

✔ **responsable** *adj* [SER] (concienzudo) responsible; **~ DE algo** (de tarea/error) responsible FOR sth; (culpable) responsible FOR sth; (de accidente/delito) liable FOR sth; **nadie se ha hecho ~ del atentado** no one has claimed responsibility for the attack

■ *mf*: **el ~ de ventas** the person responsible for sales; **los ~s serán castigados** those responsible will be punished

✔ **respuesta** *f* **(a)** (a carta, mensaje) reply, answer, response (fml) **(b)** (reacción) response **(c)** (solución) answer, solution

resquebrajar [A1] *vt* ‹*loza/roca*› to crack; ‹*madera*› to split

■ **resquebrajarse** *v pron* «*loza/roca*» to crack; «*madera*» to split

resquicio *m* **1** (grieta) crack; (abertura) gap **2** (huella, resto) trace

resta *f* subtraction

restablecer [E3] *vt* ‹*relaciones/comunicaciones*› to re-establish; ‹*orden/democracia/normalidad*› to restore

■ **restablecerse** *v pron* to recover

✔ key word

restablecimiento *m* (de relaciones, comunicaciones) re-establishment; (de orden, paz) restoration; (de enfermo) recovery

restante *adj* remaining

restantes *mpl/fpl*: **los ~s** the rest, the remainder

✔ **restar** [A1] *vt* **(a)** (Mat) ‹*número*› to subtract, take away; **~ algo DE algo** to take (away) *o* subtract sth FROM sth **(b)** ‹*gastos/cantidad*› to deduct, take away **(c)** (quitar): **~le importancia a algo** to minimize *o* play down the importance of sth

■ **~** *vi* **1** (Mat) to subtract, take away **2** (Esp) (Dep) to return (service)

restauración *f* restoration

✔ **restaurante** *m* restaurant

restaurar [A1] *vt* to restore

✔ **resto** *m* **1** **(a)** (lo demás, lo que queda): **el ~** the rest **(b)** (Mat) remainder **2** **restos** *mpl* (humanos, arqueológicos) remains (*pl*); (de avión, barco siniestrado) wreckage; (de comida) leftovers (*pl*) **3** (Esp) (Dep) return (of service)

restregar [A7] *vt* ‹*suelo*› to scrub; ‹*ropa*› to rub, scrub

■ **restregarse** *v pron* (*refl*) ‹*ojos/mejilla*› to rub

restricción *f* restriction

restringido -da *adj* ‹*libertad*› restricted, limited; ‹*posibilidades/cantidad*› limited

restringir [I7] *vt* to restrict

resucitar [A1] *vt* **(a)** (Relig) to raise ... from the dead, to bring ... back to life **(b)** (Med) to resuscitate, revive **(c)** ‹*costumbres/rencores*› to revive, resurrect

■ **~** *vi* «*persona*» to rise (from the dead); «*costumbre/grupo*» to take on a new lease of life

resuelto -ta *adj* **(a)** [SER] ‹*persona*› decisive; **en tono ~** decisively **(b)** [ESTAR] (decidido) determined, resolved (fml); *ver tb* **resolver**

✔ **resultado** *m* result; **como ~ de** as a result of; **mi idea dio ~** my idea worked; **intentó convencerlo, pero sin ~** she tried to persuade him, but without success *o* to no avail; **~ final** (Dep) final score

✔ **resultar** [A1] *vi* **1** (dar resultado) to work; **su idea no resultó** his idea didn't work (out) **2** (+ *compl*) **resulta más barato así** it works out cheaper this way; **me resulta simpático** I think he's very nice; **resultó ser un malentendido** it turned out to be *o* proved to be a misunderstanding; **resultó tal como lo planeamos** it turned out *o* worked out just as we planned **3** (*en 3ª pers*): **ahora resulta que era periodista** now it turns out that he was a journalist **4** (derivar) **~ EN algo** to result IN sth, lead TO sth

✔ **resumen** *m* summary; **hacer un ~ de un texto** to summarize a text; **en ~** in short

resumidero *m* (AmL) drain

resumir [I1] *vt* **(a)** (condensar) ‹*texto/libro*› to summarize **(b)** (recapitular) ‹*discurso/argumento*› to sum up

■ **~** *vi*: **resumiendo ...** in short ..., to sum up ...

resurgir [I7] *vi* to reemerge

resurrección *f* resurrection

retachar [A1] *vt* (Méx fam) **(a)** ‹*carta/trabajo*› to reject, refuse to accept **(b)** (no dejar entrar): **nos ~on** they turned us away
■ ~ *vi* (Méx) «*bala*» to ricochet

retador -dora *m,f* (AmL) challenger

retaguardia *f* (Mil) rearguard

retahíla *f* string

retaliación *f* (AmL) retaliation

retar [A1] *vt* **(a)** (desafiar) to challenge **(b)** (CS) (regañar) to tell ... off (infml), to scold

retardado -da *adj* **1** (Tec) delayed; **de apertura retardada** with time-delay lock **2** (ant *u* ofensivo) ‹*persona*› mentally handicapped

retardar [A1] *vt* (frenar) to delay, hold up, retard (tech); (posponer) to postpone

retén *m* **(a)** (patrulla) patrol; (pelotón) squad; (puesto de policía) police post **(b)** (Ven) (correccional) reformatory (AmE), remand home (BrE)

retener [E27] *vt* **1** **(a)** ‹*datos/información*› to keep back, withhold **(b)** ‹*pasaporte/tarjeta*› to retain **(c)** (Fin, Fisco) ‹*dinero/cuota*› to deduct, withhold **2** **(a)** «*policía*» ‹*persona*› to detain, hold **(b)** (hacer permanecer): **no te retendré mucho** I won't keep you long **3** ‹*calor/carga/líquidos*› to retain **4** ‹*atención/interés*› to keep, retain **5** (recordar) to retain, keep ... in one's head

reticencia *f* **(a)** (renuencia) reluctance; **con ~** reluctantly **(b)** (reserva) reticence

reticente *adj* **(a)** (reacio) reluctant **(b)** (reservado) reticent

retina *f* retina

retintín *m* (fam) (tonillo sarcástico) sarcastic tone of voice; **con ~** sarcastically

retirada *f* **(a)** (en general) withdrawal **(b)** (Mil) retreat; **batirse en ~** to retreat **(c)** (de actividad profesional) retirement **(d)** (de competición — antes de iniciarse) withdrawal; (— una vez iniciada) retirement

retirado -da *adj* **1** **(a)** ‹*lugar/casa*› remote, out-of-the-way; **una casa retirada de la calle** a house set back from the road; **un barrio ~ del centro** an outlying district **(b)** ‹*vida*› secluded, quiet **2** (jubilado) retired

✓ **retirar** [A1] *vt* **1** **(a)** (quitar) to remove, take away; (apartar) to move away; **retiró la cacerola del fuego** he removed the saucepan from the heat; **~ de la circulación** to withdraw from circulation **(b)** ‹*cabeza/mano*› to pull ... back **(c)** ‹*embajador/tropas*› to withdraw, pull out **(d)** (+ *me/te/le etc*) ‹*apoyo*› to withdraw; ‹*pasaporte/carnet*› to withdraw, take away **2** ‹*afirmaciones/propuesta*› to withdraw; **retiro lo dicho** I take back what I said **3** (de cuenta) ‹*dinero*› to withdraw
■ **retirarse** *v pron* **1** **(a)** (apartarse) to move back *o* away; (irse) to leave, withdraw **(b)** «*ejército/tropas*» to withdraw, pull out **(c)** (irse a dormir) to go to bed, retire (fml) **2** (jubilarse) to retire; (de competición — antes de iniciarse) to withdraw, pull out; (— una vez iniciada) to pull out

retiro *m* **(a)** (jubilación) retirement; (pensión) (retirement) pension **(b)** (AmL) (de fuerzas, empleados) withdrawal; (de apoyo, fondos) withdrawal

✓ **reto** *m* **(a)** (desafío) challenge **(b)** (CS) (regañina) telling-off (infml), scolding

retobar [A1] *vi* (Méx fam) to answer back

retocar [A2] *vt* ‹*fotografía/maquillaje*› to touch up, retouch

retoño *m* (Bot) shoot

retoque *m*: **dar los últimos ~s a algo** to put the final *o* the finishing touches to sth

retorcer [E10] *vt* to twist
■ **retorcerse** *v pron* **1** **(a)** (enrollarse) to become tangled (up) **(b)** «*serpiente*» to writhe **(c)** «*persona*» **~se de dolor** to writhe in agony; ▸ **risa** **2** (*refl*) ‹*manos*› to wring

retorcido -da *adj* ‹*persona/mente*› twisted, devious; ‹*estilo/argumento*› convoluted, involved

retorcijón *m* (AmL) sharp pain (*in the stomach or gut*); **retorcijones de tripas** stomach cramps

retórico -ca *adj* rhetorical

retornable *adj* returnable; **no ~** non-returnable

retornar [A1] *vi/vt* (fml *o* liter) to return

retorno *m* (fml *o* liter) (regreso, devolución) return; (viaje de regreso) return journey

retortijón *m* (Esp, Méx) ▸ **retorcijón**

retraído -da *adj* withdrawn, retiring (*before n*)

retransmisión *f* **(a)** (transmisión) transmission; **~ en directo** live broadcast *o* transmission **(b)** (repetición) repeat

retransmitir [I1] *vt* **(a)** (repetir) to repeat, rebroadcast (fml) **(b)** (Esp period) (Rad, TV) to broadcast

retrasado -da *adj* **(a)** [SER] (ant *u* ofensivo) (Med, Psic) mentally handicapped **(b)** [ESTAR] (en tarea, actividad): **está muy ~ con respecto a los demás** he lags a long way behind the others; **están ~s en los pagos** they are behind in their payments; **tengo trabajo ~** I have work to catch up on **(c)** ‹*país/sociedad*› backward **(d)** ‹*reloj*› slow
■ *m,f* (ant *u* ofensivo) *tb* **~ mental** person with learning difficulties, mentally handicapped person

retrasar [A1] *vt* **(a)** ‹*persona*› to make ... late; **el tráfico nos retrasó** we got held up in the traffic **(b)** ‹*producción/proceso*› to delay, hold up; **la niebla retrasó la salida del avión** the departure (of the plane) was delayed by fog **(c)** ‹*partida/fecha*› to postpone **(d)** ‹*reloj*› to put back
■ **retrasarse** *v pron* **(a)** (llegar tarde) to be late **(b)** «*producción/trámite*» to be delayed, be held up **(c)** (en trabajo, estudios, pagos) to fall behind; **se retrasó en presentarlo** she was late (in) submitting it **(d)** «*reloj*» to run slow

retraso *m* **(a)** (demora) delay; **viene con media hora de ~** it's (running) half an hour late; **llevamos un ~ de dos meses sobre lo previsto** we're two months behind schedule **(b)** (de país) backwardness

retratar [A1] *vt* **(a)** (pintar) to paint a portrait of; (fotografiar) to photograph **(b)** ‹*realidad/costumbres*› to portray, depict

retrato *m* **(a)** (Art, Fot) portrait; ***ser el vivo ~ de algn*** to be the (spitting) image of sb (infml) **(b)** (descripción) depiction, portrayal

retreta *f* **1** (Mil) (toque) retreat **2** (AmL) (concierto) open-air concert

r

retribuir [I20] *vt* **(a)** ‹*esfuerzos/trabajo*› to pay **(b)** (recompensar) to reward **(c)** (AmL) ‹*favor*› to return

retroactivo -va *adj* retrospective, retroactive; **un aumento con efecto ~ desde enero** an increase backdated to January

retroceder [E1] *vi* **(a)** «*persona/coche*» to go back, move back; «*ejército*» to withdraw, retreat **(b)** (volverse atrás) to back down

retroceso *m* **(a)** (movimiento hacia atrás) backward movement; (en plan, desarrollo) backward step **(b)** (de ejército) withdrawal, retreat **(c)** (Arm) recoil **(d)** (Ven) (Auto) reverse

retrógrado -da *adj* ‹*persona/actitud*› reactionary; ‹*planteamiento/idea*› retrograde ■ *m,f* reactionary

retroproyector *m* overhead projector

retrospectiva *f* retrospective

retrospectivo -va *adj* retrospective

retrovisor *m* (interior) (rear-view) mirror; (lateral) (wing) mirror

retumbar [A1] *vi* «*voz/explosión*» to boom; «*eco*» to resound; «*paso*» to echo; «*trueno*» to roll, boom; «*habitación*» to resound

reubicar [A2] *vt* (AmL) **(a)** ‹*trabajadores*› to relocate, redeploy; ‹*empresas*› to relocate; ‹*pobladores/damnificados*› to resettle **(b)** (cambiar de lugar) to put ... in a different place, change the position of

reuma, **reúma** *m or f* rheumatism

reumático -ca *adj* rheumatic

reunido -da *adj*: **estuvieron ~s tres horas** the meeting lasted three hours; **está reunida** (Esp) she's in a meeting; *ver tb* **reunir**

reunificar [A2] *vt* ‹*nación*› to reunify; ‹*familia*› to reunite, bring together

reunión *f* **(a)** (para discutir algo) meeting; (de carácter social) gathering; (reencuentro) reunion **(b)** (de datos, información) gathering, collecting

reunir [I23] *vt* **1** ‹*cualidades/características*› to have; ‹*requisitos*› to satisfy, meet; ‹*condiciones*› to fulfill, satisfy **2** ‹*datos*› to gather; ‹*dinero/fondos*› to raise; ‹*información*› to gather together, collect **3** ‹*amigos/familia*› to get ... together; **reunió a los jefes de sección** he called a meeting of the heads of department

■ **reunirse** *v pron* «*consejo/junta*» to meet; «*amigos/parientes*» to get together; **~se CON algn** (encontrarse) to meet up WITH sb; (tener una reunión) to have a meeting WITH sb, meet WITH sb (AmE)

reutilizable *adj* reusable

reutilización *f* reuse, recycling

reutilizar [A4] *vt* to reuse

reválida *f* (RPl) validation

revalidación *f* **(a)** (Chi, Méx) (convalidación) validation **(b)** (Col, Ven) (del pasaporte) renewal

revalidar [A1] *vt* **1** ‹*campeonato/título*› to defend, win ... again; ‹*victoria*› to repeat **2 (a)** (Chi, Méx) (convalidar) to validate **(b)** (Col, Ven) ‹*pasaporte*› to renew

revalorización *f* **(a)** (de una divisa) revaluation; (de una pensión) increase, adjustment **(b)** (de un activo) appreciation (fml), increase in value

key word

revalorizar [A4] *vt* **(a)** ‹*moneda*› to revalue; ‹*pensiones*› to increase, adjust **(b)** ‹*sistema/situación*› to reassess

■ **revalorizarse** *v pron* «*acciones/propiedad*» to appreciate; «*moneda*» to gain in value

revancha *f* **(a)** (Dep, Jueg) return game **(b)** (desquite): **¡me tomaré la ~!** I'll get my own back! (infml)

revelación *f* **1** (de secreto, noticia) revelation, disclosure **2** (éxito, figura) revelation

revelado *m* developing

revelador -dora *adj* revealing

revelar [A1] *vt* **(a)** ‹*secreto/verdad*› to reveal **(b)** (Cin, Fot) to develop

revendedor -dora *m,f* (de entradas) scalper (AmE), ticket tout (BrE)

revender [E1] *vt* ‹*alimentos/artículos*› to resell; ‹*entradas*› to scalp (AmE), to tout (BrE); ‹*acciones*› to sell off

reventa *f* (de alimentos, articulos) resale; (de entradas) scalping (AmE), touting (BrE)

reventar [A5] *vi* **1** «*globo*» to burst, pop; «*neumático*» to blow out, burst; «*ampolla/tubería*» to burst; «*ola*» to break **2 (a)** «*persona*» (uso hiperbólico): **si sigue comiendo así, va a ~** if he carries on eating like that, he'll burst! **(b)** (fam) (irritar) to rile (infml), to make ... mad (infml); **me revienta cocinar** I hate cooking

■ **~** *vt* ‹*globo/neumático*› to burst

■ **reventarse** *v pron* **(a)** «*globo/tubería*» ▶ **reventar** *vi* **1 (b)** (*refl*) ‹*grano*› to squeeze; ‹*ampolla*› to burst

reventón *m* **1** (de neumático) blowout; (de tubería) burst **2** (Méx fam) (fiesta) party

reverencia *f* (de hombre, niño) bow; (de mujer, niña) curtsy; **hacer una ~** «*hombre*» to bow; «*mujer*» to curtsy

reverendo -da *adj* **(a)** (Relig) reverend (*before n*) **(b)** (esp AmL fam) (como intensificador) (*delante del n*) ▶ **soberano 2**

reversa *f* (Col, Méx) reverse; **meter ~** to put the car into reverse

reversible *adj* reversible

reverso *m* **(a)** (de papel, cuadro) back **(b)** (de moneda, medalla) reverse

revés *m* **1 (a) el ~** (de prenda) the inside; (de tela) the back, the wrong side; (de papel, documento) the back **(b) al revés** (*loc adv*) (con lo de adelante atrás) back to front; (con lo de arriba abajo) upside down; (con lo de dentro fuera) inside out; **así no, va al ~** not that way, it goes the other way around *o* (BrE) round; **se puso los zapatos al ~** he put his shoes on the wrong feet; **todo lo entiende al ~** she's always getting the wrong end of the stick; **todo me sale al ~** nothing goes right for me; ***saberse algo al ~ y al derecho*** to know sth (off) by heart **2** (Dep) backhand **3** (contratiempo) setback

revestir [I14] *vt* (cubrir) ‹*pared/suelo*› to cover; ‹*cable*› to sheathe, cover; ‹*tubería*› (con material aislante) to lag; **paredes revestidas de madera** wood-paneled walls

revienta, **revientas**, *etc* ▶ **reventar**

revisación *f* (RPl) (Med, Odont) examination; (periódica) checkup

revisar [A1] *vt* **(a)** ‹*documento*› to go through, look through; ‹*traducción/cuenta*› to check, go through **(b)** ‹*criterio/doctrina/edición*› to revise **(c)** ‹*máquina/instalación/frenos*› to check; ‹*coche*› (hacer revisión periódica) (Esp) to service **(d)** (AmL) ‹*equipaje/bolsillos*› to search, go through **(e)** (AmL) ‹*paciente*› to examine; ‹*dentadura*› to check; **se hizo ~ la dentadura** he had a dental checkup

revisión *f* **(a)** (de trabajo, documento) checking, check **(b)** (de criterio, doctrina) revision **(c)** (de instalación) inspection; (de frenos) check; (de coche) (Esp) service **(d)** (AmL) (de equipaje) inspection **(e)** (Med, Odont) checkup; **~ médica** (Esp) (periódica) checkup; (para trabajo) medical examination

revisor -sora *m,f* (Esp) ticket inspector

revista *f* **(a)** (publicación ilustrada) magazine; (de profesión) journal; **~ del corazón** real-life *o* true-romance magazine **(b)** (Espec, Teatr) revue; **teatro de ~** variety theater **(c)** (inspección) review; **pasar ~ a las tropas** to inspect *o* review the troops

revistero *m* magazine rack

revitalizar [A4] *vt* to revitalize

revivir [I1] *vi* to revive
■ **~** *vt* to relive

revocar [A2] *vt* **1** (Der) ‹*consentimiento/testamento*› to revoke; ‹*fallo*› to reverse, revoke **2** (Const) ‹*pared interior*› to plaster; ‹*pared exterior*› to render

revolcar [A9] *vt*: **lo ~on por el suelo** they knocked him to the ground and pushed him around
■ **revolcarse** *v pron* to roll around; (en lodo) to wallow, roll around

revolcón *m* (caída) tumble; (vuelta) roll

revolotear [A1] *vi* «*mariposa*» to flutter; «*polilla*» to flit; «*pájaro*» to flutter around; «*papeles/hojas*» to fly *o* swirl around

revoltijo, revoltillo *m* (fam) **(a)** (desorden) mess, jumble **(b)** (comida, bebida) mixture, concoction

revoltoso -sa *adj* ‹*niño*› naughty; ‹*soldados/estudiantes*› rebellious

revolución *f* revolution

revolucionar [A1] *vt* **(a)** ‹*costumbres/industria*› to revolutionize **(b)** ‹*niños*› to get ... excited; ‹*estudiantes/obreros*› to stir up

revolucionario -ria *adj/m,f* revolutionary

revolver [E11] *vt* **(a)** ‹*salsa/guiso*› to stir; **me revuelve el estómago** it turns my stomach **(b)** (AmL) ‹*dados*› to shake **(c)** ‹*cajones/papeles*› to rummage through, go through; «*ladrones*» ‹*casa*› to turn ... upside down
■ **~** *vi*: **revolvió en mis cosas** he rummaged through my things

revólver *m* revolver

revuelo *m* (conmoción) stir

revuelta *f* **(a)** (de civiles) uprising; (de tropas) uprising, revolt; (de estudiantes, presos) riot **(b)** (jaleo) commotion, row (infml)

revuelto[1] -ta *adj* **(a)** (desordenado) in a mess; ‹*pelo*› disheveled*; **tener el estómago ~** to feel sick *o* nauseous **(b)** ‹*mar*› rough; ‹*tiempo*› unsettled

revuelto[2] *m* vegetables sautéed with egg

rey *m* **1** **(a)** (monarca) king; **los R~es de Suecia** the King and Queen of Sweden; **los R~es y sus hijos** the royal couple and their children **(b)** (en ajedrez, naipes) king **(c)** (como apelativo) pet (infml), precious (infml) **2** **Reyes** Epiphany, January 6th; **Los R~es Magos** the Three Wise Men, The Three Kings

rezagado -da *adj*: **quedar(se) ~** to fall *o* drop behind; **iban ~s** they were lagging behind; **los alumnos más ~s** the slower students

rezar [A4] *vi* (Relig) to pray; **~** POR **algn/algo** to pray FOR sb/sth; **reza por que todo salga bien** pray that everything turns out all right
■ **~** *vt* ‹*oración/rosario*› to say

rezo *m* prayer

rezongar [A3] *vi* to grumble
■ **~** *vt* (AmC, Ur fam) (regañar) to tell ... off (infml)

rezumar [A1] *vt/vi* to ooze

RFA *f* (= **República Federal de Alemania**) FRG

ría *f* ria (*long, narrow, tidal inlet*)

riachuelo *m* stream, brook

riada *f* flood; (en área más extensa) flooding

ribera *f* **(a)** (orilla — de río) bank; (— de lago, mar) shore **(b)** (vega) strand, riverside

ribete *m* (adorno) trimming, edging

rico -ca *adj* **1** **(a)** ‹*persona/país*› rich, wealthy **(b)** ‹*tierra*› rich; ‹*vegetación*› lush; ‹*lenguaje/historia*› rich; **~** EN **algo** rich IN sth **2** **(a)** ‹*comida*› good, nice; **¡esto está riquísimo!** this is delicious! **(b)** (esp CS) ‹*perfume*› nice, lovely; **¡qué ~ olor tiene!** what a lovely smell! **(c)** (fam) (mono) ‹*niño/chica*› lovely, cute **(d)** (AmL exc RPl) (agradable) lovely, wonderful
■ *m,f* **(a)** (*m*) rich *o* wealthy man; (*f*) rich *o* wealthy woman; **los ~s** rich people, the rich **(b)** (como apelativo) (fam & iró) sweetie (infml & iro), honey (infml & iro)

ricura *f* (fam): **tiene un bebé que es una ~** she has the cutest little baby (infml); **ven, ~** come here, darling (infml)

ridiculez *f* **(a)** (tontería, insignificancia): **lo que dijo fue una ~** what he said was ridiculous; **¡qué ~!** that's ridiculous!; **pagué una ~ por esto** I paid next to nothing for this **(b)** (cualidad) ridiculousness

ridiculizar [A4] *vt* to ridicule

ridículo[1] -la *adj* **(a)** ‹*persona/comentario/vestimenta*› ridiculous; **lo ~ de la situación era que ...** the ridiculous thing about the situation was that ...; **eso es ~** it's absurd *o* ridiculous **(b)** ‹*cantidad/precios*› ridiculous, ludicrous; ‹*sueldo*› ridiculous, laughable

ridículo[2] *m*: **sentido del ~** sense of the ridiculous *o* absurd; **dejar** or **poner a algn en ~** to make a fool of sb; **hacer el ~** to make a fool of oneself

ríe, *etc* ▸ **reír**

riega, riegas, *etc* ▸ **regar**

riego *m* **(a)** (Agr) irrigation **(b)** **falta de ~ sanguíneo** insufficient blood supply

riel *m* rail

rienda *f* rein; ***aflojar las ~s*** to slacken the reins; ***llevar las ~s*** to be in charge *o* control;

r

tomar las ~*s* to take charge

⚷ **riesgo** *m* risk; **un ~ para la salud** a health hazard; **a ~ de perder su amistad** at the risk of losing his friendship; **~s que hay que correr** risks you have to take; **corres el ~ de perderlo** you run the risk of losing it; **un seguro a** or **contra todo ~** an all-risks *o* a comprehensive insurance policy; **de ~ vital** life-threatening (*before n*)

riesgoso -sa *adj* (AmL) risky

rifa *f* (sorteo) raffle, draw

rifar [A1] *vt* to raffle

rifle *m* rifle

rigidez *f* **(a)** (de material) stiffness, rigidity; (de un miembro) stiffness **(b)** (de ley, doctrina, horario) inflexibility; (de educación, dieta) strictness

rígido -da *adj* **(a)** ‹*material*› rigid, stiff **(b)** ‹*educación/dieta*› strict; ‹*regla/horario/carácter*› inflexible; ‹*actitud*› rigid, inflexible; ‹*moral/principios*› strict

rigor *m* (en general) rigor*; (de medidas, castigo) harshness, severity; **con todo el ~ de la ley** with the full rigor of the law; **el ~ del invierno** the rigors of winter; **con ~** rigorously, strictly; **los saludos de ~** the usual greetings

riguroso -sa *adj* **(a)** ‹*método*› rigorous; ‹*dieta/control/orden*› strict; ‹*examen*› thorough; **rigurosas medidas de seguridad** tight security **(b)** ‹*juez*› harsh; ‹*maestro*› strict; ‹*castigo*› severe, harsh **(c)** ‹*invierno*› hard; ‹*clima*› harsh

rima *f* (de sonidos) rhyme

rimar [A1] *vi* to rhyme

rimbombante *adj* ‹*estilo*› grandiose, overblown; ‹*palabras*› high-flown; ‹*boda/fiesta*› ostentatious, showy

rímel *m* mascara

rin *m* **1** (Col, Méx) (rueda) wheel; (llanta) rim **2** (Per) (teléfono) public telephone; (ficha) (telephone) token

rincón *m* **1** (de habitación, armario) corner **2** (lugar) spot, place; **bellos rincones de Perú** beautiful places *o* spots in Peru; **registraron hasta el último ~ de la casa** they searched every nook and cranny of the house

r

ring /rrin/ *m* (*pl* **rings**) (Dep) ring

rinoceronte *m* rhinoceros

riña *f* **(a)** (pelea) fight; **~ de gallos** (AmS) cockfight **(b)** (discusión) quarrel, argument, row (infml)

riñón *m* **(a)** (Anat) kidney **(b)** (Coc) kidney **(c) riñones** *mpl* (fam) (espalda baja) lower part of the back, kidneys (*pl*)

⚷ **río** *m* river; **~ abajo/arriba** downstream/upstream; **el R~ de la Plata** the River Plate

Río de Janeiro *m* Rio de Janeiro

rioplatense *adj* of/from the River Plate

⚷ **riqueza** *f* **(a)** (bienes) wealth; **las ~s del museo** the treasures of the museum **(b)** (recursos): **las ~s del suelo** the earth's riches; **las ~s naturales de un país** a country's natural resources **(c)** (variedad, abundancia) richness

risa *f* laugh; **una risita nerviosa** a nervous giggle *o* laugh; **¡qué ~!** what a laugh!, how funny!; **entre las ~s del público** amid laughter from the audience; **me entró la ~** I got the giggles; **da ~ oírla hablar** it's very funny hearing her talk; ***morirse de (la)*** ~ (fam) to die laughing (infml); **estábamos muertos de (la) ~** we were killing ourselves laughing (infml); ***retorcerse de la*** ~ to double up with laughter; ***tomarse algo a*** ~ (fam) to treat sth as a joke

risotada *f* guffaw

risueño -ña *adj* ‹*cara/expresión*› smiling; ‹*persona*› cheerful; ‹*porvenir/perspectivas*› bright

rítmico -ca *adj* rhythmic, rhythmical

⚷ **ritmo** *m* **(a)** (compás) rhythm; **al ~ de la música** to the rhythm of the music, in time to the music; **llevaba el ~ con los pies** he kept time with his feet; **seguir el ~** to keep in time, follow the beat **(b)** (velocidad) pace, speed; **llevan un buen ~ de trabajo** they work at a steady pace *o* speed; **a este ~ no terminaremos nunca** at this rate we'll never finish; **el ~ de crecimiento** the rate of growth

rito *m* (Relig) rite; (costumbre) ritual

ritual *adj/m* ritual

⚷ **rival** *adj* rival (*before n*)
■ *mf* rival; **sin ~** unrivaled

rivalidad *f* rivalry

rizado -da *adj* ‹*pelo*› curly; ‹*mar*› slightly choppy

rizar [A4] *vt* ‹*pelo/melena*› to curl, perm
■ **rizarse** *v pron* **(a)** «*pelo*» (con la humedad) to frizz, go frizzy **(b)** (*refl*) ‹*pelo*› to curl

rizo *m* **(a)** (de pelo) curl **(b)** (Tex) bouclé **(c)** (Aviac) loop

róbalo *m* sea bass

⚷ **robar** [A1] *vt* **1 (a)** ‹*dinero/bolso*› to steal; ‹*banco*› to rob; **~le algo A algn** to steal sth FROM sb; **le robó dinero a su jefe** he stole some money from his boss; **le robaron el bolso** she had her bag stolen **(b)** (raptar) ‹*niño*› to abduct, kidnap **2** (estafar) to cheat, rip off (infml) **3** (Jueg) (en naipes, dominó) to draw, pick up (infml)
■ **~** *vi* to steal; **~on en la casa de al lado** the house next door was broken into; **¡me han robado!** I've been robbed!

roble *m* (árbol) oak (tree); (madera) oak

⚷ **robo** *m* **(a)** (en banco, museo) robbery; (hurto de dinero, objeto) theft; **~ a mano armada** armed robbery **(b)** (en vivienda) burglary; (forzando la entrada) break-in **(c)** (fam) (estafa) rip-off (infml)

robot *m* (*pl* **-bots**) robot; **~ de cocina** food processor

robustecer [E3] *vt* to strengthen
■ **robustecerse** *v pron* to become *o* grow stronger

robustez *f* robustness, sturdiness

robusto -ta *adj* ‹*árbol*› robust, strong; ‹*persona*› robust, sturdy; ‹*construcción*› sturdy

roca *f* rock

roce *m* **(a)** (contacto) rubbing; (fricción) friction; **no soporta el ~ de la sábana** he can't bear the sheet rubbing against his skin; **el ~ de su mejilla** the brush of her cheek; **tiene los puños gastados por el ~** his cuffs are worn **(b)** (trato frecuente) regular contact **(c)** (desacuerdo): **~s dentro del partido** friction within the party; **tener un ~ con algn** to have a brush with sb

⚷ key word

rociar [A17] *vt* (con pulverizador) to spray; **lo ~on de keroseno** they doused it with kerosene; **rocíelo con limón** sprinkle with lemon

rocío *m* dew; **una gota de ~** a dewdrop

rock *adj inv* rock (*before n*)
■ *m* rock music; **~ duro** or (AmL) **pesado** hard rock

rockero -ra *adj* ‹*grupo/ambiente*› rock (*before n*)
■ *m,f* rock artist *o* musician, rocker (infml)

rocola *f* (AmL) jukebox

rocoso -sa *adj* rocky

rocote, rocoto *m* (AmS) hot pepper

rodaballo *m* turbot

rodachina *f* (Col) caster, roller

rodaja *f* slice; **en ~s** sliced

rodaje *m* **(a)** (Cin) filming, shooting **(b)** (Auto) breaking-in (AmE), running-in (BrE); **estar en ~** to be breaking in (AmE) *o* (BrE) running in

rodapié *m* baseboard (AmE), skirting board (BrE)

rodar [A10] *vi* **1** «*moneda/pelota*» to roll; «*rueda*» to go round, turn; **la moneda rodó por la mesa** the coin rolled across the table; **rodó escaleras abajo** she went tumbling down the stairs **2** (Cin) to film, shoot; **¡se rueda!** action!
■ **~** *vt* (Cin) to shoot, film

rodeado -da *adj* **~** DE **algo** surrounded BY sth

rodear [A1] *vt* **1** (estar alrededor de) to surround; **todos los que lo rodean** everyone who works with him/knows him **2** **(a)** ‹*edificio/persona*› to surround; **~ algo** DE **algo** to surround sth WITH sth; **las circunstancias que ~on su muerte** the circumstances surrounding his death; **le rodeó la cintura con los brazos** he put his arms around her waist **(b)** (AmL) ‹*ganado*› to round up
■ **rodearse** *v pron* **~se** DE **algo/algn** to surround oneself WITH sth/sb

rodeo *m* **(a)** (desvío) detour; **dar un ~** to make a detour; ***andarse con ~s*** to beat about the bush **(b)** (Espec) rodeo

rodilla *f* knee; **ponerse de ~s** to kneel down, to get down on one's knees

rodillera *f* **(a)** (Dep) kneepad; (Med) knee bandage **(b)** (parche) knee patch

rodillo *m* (de cocina) rolling pin; (para pintar) paint roller; (de máquina de escribir) roller, platen

roedor -dora *m,f* rodent

roer [E13] *vt* ‹*hueso/cable*› to gnaw (at)

rogar [A8] *vt*: **te lo ruego** I beg you; **se ruega no fumar** you are kindly requested not to smoke; **te ruego que me perdones** please forgive me; **le rogó que tuviera misericordia** she begged him to have mercy
■ **~** *vi* (Relig) to pray; **roguemos al Señor** let us pray; ***hacerse (de)*** or (Méx) ***(del)*** **~** to play hard to get; **aceptó sin hacerse (de) ~** he accepted immediately, without any persuading

rojizo -za *adj* reddish

rojo¹ -ja *adj* **1** **(a)** ‹*color/vestido*› red; **ponerse ~** «*persona*» to blush, turn red; «*semáforo*» to turn red, go red (BrE); **ponerse ~ de ira** to turn *o* (BrE) go red with anger **(b)** ‹*piel*› (por el sol) sunburnt, red **2** (pey *o* hum) (Pol) **(a)** (de izquierda) red (derog *or* hum), commie (derog *or* hum) **(b)** (en la Guerra Civil española) Republican
■ *m,f* (pey *o* hum) **(a)** (izquierdista) red (derog *or* hum), commie (derog *or* hum) **(b)** (en la Guerra Civil española) Republican

rojo² *m* red; ***al ~ vivo*** ‹*metal*› red-hot

rol *m* **(a)** (lista) roll, list **(b)** (papel) role

rolar [A1] *vi* (Méx fam) (dar vueltas) to wander around
■ **~** *vt* (Méx fam) ‹*persona*› to move
■ **rolarse** *v pron* (*recípr*) (Méx fam) (turnarse) to take turns; **tenemos que ~nos el libro** we have to take turns with the book *o* pass the book around

rollizo -za *adj* chubby

rollo *m* **1** **(a)** (de papel, tela, película) roll **(b)** (de cable, cuerda) reel **(c)** (fam) (de gordura) roll of fat **2** **(a)** (Esp fam) (cosa aburrida) bore; **¡qué ~ de conferencia!** what a boring lecture! **(b)** (Esp, Méx fam) (lata) nuisance, pain (infml); **¡qué ~!** what a nuisance *o* pain! **3** (fam) **(a)** (perorata) speech (infml), lecture (infml); **siempre nos suelta el mismo ~** he always gives us the same speech; **bueno, corta el ~ ya** OK, can it, will you? (AmE infml), OK, put a sock in it, will you? (BrE infml) **(b)** (mentira) story **4** (Esp, Méx fam) (asunto) business
■ *adj inv* (Esp fam) boring; **¡qué tío más ~!** that guy's such a pain *o* bore! (infml)

Roma *f* Rome

romance *m* romance

románico -ca *adj* ‹*arquitectura/columna*› Romanesque; ‹*lengua*› Romance (*before n*)

romano -na *adj* (Hist) Roman; (de la ciudad) of/from Rome, Roman
■ *m,f* (Hist) Roman; (de la ciudad) person from Rome

romanticismo *m* (Art, Lit, Mús) Romanticism; (sentimentalismo) romanticism

romántico -ca *adj/m,f* (Art, Lit, Mús) Romantic; (sentimental) romantic

rombo *m* **(a)** (Mat) rhombus **(b)** (carta) diamond **(c)** **rombos** *mpl* (palo) diamonds (*pl*)

romería *f* **(a)** (Relig) procession (*to a local shrine, gen followed by festivities*) **(b)** (AmL fam) (multitud) mass, crowd

romero *m* (Bot, Coc) rosemary

rompecabezas *m* (*pl* **~**) puzzle

rompehielos *m* (*pl* **~**) icebreaker

rompeolas *m* (*pl* **~**) breakwater

romper [E30] *vt* **1** **(a)** ‹*loza/mueble*› to break; ‹*ventana*› to break, smash; ‹*lápiz/cuerda*› to break, snap **(b)** ‹*hoja/póster*› (rasgar) to tear; (en varios pedazos) to tear up **(c)** ‹*camisa*› to tear, split **2** **(a)** ‹*silencio/monotonía*› to break; ‹*tranquilidad*› to disturb **(b)** ‹*promesa/pacto*› to break; ‹*relaciones/compromiso*› to break off
■ **~** *vi* **1** **(a)** «*olas*» to break **(b)** (liter) «*alba*» to break; **al ~ el día** at daybreak, at the crack of dawn **(c)** (empezar): **rompió a llorar/reír** she burst into tears/burst out laughing **2** «*novios*» to break up, split up; **~** CON **algn** (con novio) to split *o* break up WITH sb; **~** CON **algo** (con el pasado) to break WITH sth; (con tradición) to break away FROM sth
■ **romperse** *v pron* **(a)** «*vaso/plato*» to break, smash, get broken *o* smashed; «*papel*» to tear, rip, get torn *o* ripped; «*televisor/ascensor*» (RPl) to break down **(b)** «*pantalones/zapatos*» to wear out **(c)** (*refl*) ‹*brazo/pierna*› to break

rompevientos *m* (*pl* ~) (Méx, RPl) (pulóver) sweater; (anorak) windbreaker (AmE), windcheater (BrE)

ron *m* **(a)** (bebida) rum **(b)** (Per) (combustible) methanol

roncar [A2] *vi* (al dormir) to snore; (dormir) (fam) to sleep

roncha *f* (Med) (por picadura de insecto) bump; **se llenó de ~s** she came out in a rash

ronco -ca *adj* **(a)** ‹*persona*› hoarse; **se quedó ~ de tanto gritar** he shouted himself hoarse **(b)** ‹*voz*› husky

ronda *f* **1** (de soldado, guarda) patrol; (de enfermera) round; (de policía) patrol, beat; **hacer la ~** «*policía*» to patrol one's beat; «*soldado/guarda*» to be on patrol; «*repartidor*» to do one's round **2** (vuelta, etapa) round; (de bebidas) round **3** (CS, Per) (de niños): **formaron una ~ tomándose de la mano** they held hands in a circle; **danzaban en ~** they were dancing around in a circle **4** (Esp, Méx) (serenata) serenade

🗝 **rondar** [A1] *vt* **(a)** «*vigilante/patrulla*» to patrol **(b)** «*pensamiento*» **hace días que me ronda esa idea** that idea has been going round and round in my head for days **(c)** ‹*lugar*› to hang around **(d)** (acercarse a): **debe estar rondando los 60** she must be getting on for 60
■ ~ *vi* (merodear) to hang around

ronquido *m* snore

ronronear [A1] *vi* to purr

roña *f* **1** **(a)** (mugre) dirt, grime; **lleno de ~** covered in dirt *o* grime **(b)** (en metal) rust **(c)** (Vet) mange **2** (Méx) (juego) tag; **jugar a la ~** to play tag

roñoso -sa *adj* **1** [ESTAR] **(a)** (mugriento) grubby **(b)** (oxidado) rusty **(c)** (Vet) mangy **2** [SER] (fam) (tacaño) tight-fisted (infml), stingy (infml)
■ *m,f* (fam) scrooge (infml), skinflint (infml)

🗝 **ropa** *f* clothes (*pl*); **cambiarse de ~** to get changed, to change (one's clothes); **la ~ sucia** the dirty laundry; **tengo un montón de ~ para planchar** I've got a stack of ironing to do; **~ interior** underwear, underclothes (*pl*)

ropero *m* wardrobe

roquero -ra *adj/m,f* ▸ **rockero**

rosa *f* **(a)** (flor) rose **(b)** (rosal) rose bush **(c)** (Chi) (nudo) bow
■ *adj* (*gen inv*) pink; **un vestido (de color) ~** a pink dress; **verlo todo de color ~** to see things through rose-colored glasses *o* (BrE) rose-tinted spectacles
■ *m* pink

rosado -da *adj* **(a)** ‹*color/vestido*› pink **(b)** ‹*mejillas*› rosy; ‹*vino*› rosé
■ *m* **(a)** (color) pink **(b)** (vino) rosé

rosal *m* (árbol) rose tree; (arbusto) rose bush

rosario *m* **(a)** (Relig) (rezo) rosary; (cuentas) rosary (beads) **(b)** (serie, sarta) string

rosca *f* **(a)** (de tornillo, tuerca) thread; **tapón de ~** screw top; ***pasarse de ~***: **el tornillo se pasó de ~** the screw isn't biting; **te has pasado de ~** (fam) you've gone too far **(b)** (Bol, Col) (círculo, grupo) clique, set

rosedal *m* (CS, Méx) rose garden

🗝 key word

roseta *f* (Arquit) rose, rosette; (de ducha) showerhead; (de regadera) sprinkler (AmE), rose (BrE)

rosetón *m* (ventana) rose window, rosette; (en el techo) ceiling rose

rosquilla *f*: *type of doughnut*

rosticería *f* (Méx) ▸ **rotisería**

rostizar [A4] *vt* (Méx) to roast; **pollo rostizado** roast chicken

🗝 **rostro** *m* **(a)** (cara) face **(b)** (Esp fam) (desfachatez) nerve (infml), cheek (BrE infml)

rotación *f* rotation

rotar [A1] *vt/vi* to rotate
■ **rotarse** *v pron* (en trabajo) to work on a rota system; **~se para hacer algo** to take it in turns to do sth

rotativo *m* **(a)** (period) (diario) newspaper **(b)** (Chi) (Cin) movie theater (AmE), cinema (BrE) (*showing a continuous performance*)

rotería *f* (Chi fam) (hecho): **fue una ~ no invitarlo** it was incredibly rude not to invite him; **me hizo una ~** he was rude to me

rotisería *f* (CS) *delicatessen selling spit-roast chickens*

roto¹ -ta *adj* **1** **(a)** ‹*camisa*› torn, ripped; ‹*zapato*› worn-out **(b)** ‹*vaso/plato/brazo*› broken **(c)** ‹*papel*› torn; **me devolvió el libro ~** the book was falling apart when he gave it back to me **(d)** (RPl) ‹*televisor/heladera*› broken; ‹*coche*› broken down **2** (Chi fam & pey) **(a)** ‹*barrio/gente*› lower-class (derog), plebby (infml & derog) **(b)** (mal educado) rude
■ *m,f* **1** (Chi) **(a)** (fam & pey) (de clase baja) pleb (infml & derog) **(b)** (fam & pey) (mal educado): **es una rota, nunca saluda** she's so rude, she doesn't even say hello **2** (Per fam) (chileno) Chilean

roto² *m* (Esp) (agujero) hole

rotonda *f* (glorieta) traffic circle (AmE), roundabout (BrE)

rotoso -sa *adj* **(a)** (CS, Per fam) ‹*persona/ropa*› scruffy **(b)** (Chi fam & pey) ‹*barrio/gente*› lower-class (derog)

rótula *f* (Anat) kneecap

rotulador *m* (Esp) felt-tip pen

rótulo *m* **(a)** (Impr) (título) title; (encabezamiento) heading **(b)** (etiqueta) label **(c)** (letrero) sign

rotundo -da *adj* **(a)** ‹*respuesta*› categorical, emphatic; ‹*negativa*› categorical, outright (*before n*); **me contestó con un 'no' ~** his answer was an emphatic 'no' **(b)** ‹*éxito/fracaso*› resounding

rotura *f*: **hay una ~ en la cañería** there's a burst in the pipe; **sufrió ~ de cadera** she fractured her hip; **tiene ~ de ligamentos** she has torn ligaments; **tiene una ~ en la manga** (CS) it has a rip in the sleeve

round /rraun/ *m* (Dep) round

router /'ru:ter/ *m* (Telec) router

rozado -da *adj* (gastado) worn; (sucio) grubby

rozadura *f* scratch; **le hizo una ~ al coche** he scratched the car; **los zapatos nuevos le hicieron una ~** her new shoes rubbed

rozagante *adj* (AmL) healthy

rozamiento *m* friction

rozar [A4] *vt* (tocar ligeramente): **el gato me rozó la pierna** the cat brushed against my leg; **sus**

labios ~on mi frente her lips brushed my forehead; **las sillas rozan la pared** the chairs rub *o* scrape against the wall; **la bala le rozó el brazo** the bullet grazed his arm; **me roza el zapato** my shoe's rubbing

■ **rozarse** *v pron* **(a)** (*recípr*) «*cables/piezas*» to chafe; «*manos/labios*» to touch **(b)** (*refl*) ‹*brazo/rodillas*› to graze **(c)** «*cuello/puños*» to wear **(d)** (Méx) «*bebé*» to get diaper rash (AmE), get nappy rash (BrE); **el bebé está rozado** the baby has diaper (AmE) *o* (BrE) nappy rash

Rte. (= **remite** *or* **remitente**) sender

ruana *f* ruana (*Colombian, Venezuelan poncho*)

rubeola *f* German measles

rubí *m* **(a)** (Min) ruby **(b)** (de reloj) jewel **(c)** (color) **de color ~** ruby red

rubio -bia *adj* ‹*pelo*› fair, blonde; ‹*hombre*› fair-haired, blond; ‹*mujer*› fair-haired, blonde

■ *m,f* (*m*) blond *o* fair-haired man; (*f*) blonde *o* fair-haired woman, blonde (infml)

rublo *m* ruble*

rubor *m* **(a)** (liter) (sonrojo) flush; **el ~ de sus mejillas la delató** her flushed cheeks betrayed her **(b)** (Méx, RPl) (cosmética) rouge, blusher

ruborizarse [A4] *v pron* to blush, to turn red (in the face), to flush

rúbrica *f* (de firma) flourish; (firma) signing

rubro *m* (esp AmL) **(a)** (área) area; **nuestro ~ de peletería** our line in furs; **trabaja en el ~ de la computación** he works in computers **(b)** (en contabilidad — apartado) heading; (— renglón) item

rucio -cia *adj* **(a)** ‹*caballo*› gray* **(b)** (Chi fam) ‹*pelo*› fair, blonde; ‹*hombre*› fair-haired, blond; ‹*mujer*› fair-haired, blonde

ruco -ca *adj* (Méx fam) old

rudimentario -ria *adj* rudimentary

rudimento *m* rudiment

rudo -da *adj* (tosco) rough, rude (arch)

rueca *f* distaff

rueda *f* **(a)** (de vehículo, mecanismo) wheel; **~ de molino** millstone; **~ dentada** gear wheel, cogwheel; **~ de recambio** or **repuesto** or (RPl) **de auxilio** spare wheel; **patinar sobre ~s** to roller-skate; ***ir sobre ~s*** to go *o* run smoothly **(b)** (neumático) tire*; **se me pinchó una ~** I got a flat tire *o* a puncture **(c)** (de mueble) caster, roller **(d)** (corro) ring, circle; **~ de prensa** press conference **(e)** (en gimnasia) cartwheel

ruedo *m* **(a)** (Taur) bullring **(b)** (esp AmL) (de falda, pantalón) hem

ruego *m* **(a)** (súplica) plea; **de nada te servirán tus ~s** your pleading will get you nowhere **(b)** (petición) request; **en respuesta a un ~ de sus oyentes** in response to a request from his listeners

rufián *m* (granuja) rogue, scoundrel (dated); (chulo) pimp

rugby /'ruɣbi/ *m* rugby

rugido *m* roar

rugir [I7] *vi* «*león/mar/viento*» to roar

rugoso -sa *adj* rough, bumpy

ruibarbo *m* rhubarb

ruido *m* noise; **sin hacer ~** quietly; **no hagas tanto ~** don't make so much noise

ruidoso -sa *adj* ‹*calle/máquina/persona*› noisy

ruin *adj* (mezquino, vil) despicable, contemptible; (avaro) miserly, mean (BrE)

ruina *f* **(a)** (bancarrota) ruin; **dejar a algn en la ~** to ruin sb; **estar en la ~** «*empresario*» to be ruined; «*país*» to be in financial ruin; **la compañía está en la ~** the company has collapsed **(b)** (perdición) downfall; **el juego fue su ~** gambling was his downfall **(c)** (hundimiento) collapse; **la casa amenaza ~** the house is on the point of collapse **(d) ruinas** *fpl* (de edificio, ciudad) ruins (*pl*); **en ~s** in ruins

ruiseñor *m* nightingale

rulero *m* (Per, RPl) curler

ruleta *f* roulette

ruletero -ra *m,f* (Méx fam) cab *o* taxi driver, cabbie (infml)

rulo *m* (para el pelo) curler, roller; (rizo) (CS, Per) curl

rulot *f* (Esp) trailer (AmE), caravan (BrE)

ruma *f* (Chi) pile, heap

Rumania, Rumanía *f* Romania

rumano[1] -na *adj/m,f* Romanian, Rumanian

rumano[2] *m* (idioma) Romanian, Rumanian

rumba *f* rumba

rumbo *m* (dirección) direction, course; (Náut) course; **caminar sin ~ fijo** to wander aimlessly; **partió (con) ~ a Toluca** he set off for Toluca; **navegar con ~ norte** to sail a northerly course; **los acontecimientos tomaron un ~ trágico** events took a tragic turn

rumiante *m* ruminant

rumiar [A1] *vi* «*vaca*» to chew the cud, ruminate

rumor *m* **(a)** (murmuración) rumor*; **circulan ~es de que ...** rumors are circulating that ..., rumor has it that ... **(b)** (sonido) murmur

rumorear [A1] *vt*: **se rumorea que ...** rumor has it that ...

rupestre *adj* ‹*pintura/dibujo*› cave (*before n*); ‹*planta*› rock (*before n*)

rupia *f* rupee

ruptura *f* **(a)** (de relaciones, negaciones) breaking-off; (de contrato) breach, breaking; (de matrimonio) breakup; (con pasado, tradición) break; **esa fue la causa de la ~ de las negociaciones** that was what caused the negotiations to be broken off **(b)** (Dep) (en tenis) service break

rural *adj* rural

Rusia *f* Russia

ruso[1] -sa *adj/m,f* Russian

ruso[2] *m* (idioma) Russian

rústica (esp Esp): **en rústica** (*loc adj*) ‹*edición*› paperback (*before n*); **un libro en ~** a paperback

rústico -ca *adj* (del campo) rustic; (basto) coarse

ruta *f* **(a)** (itinerario) route **(b)** (RPl) (carretera) road

ruteador *m* (Telec) router

rutina *f* routine; **inspección de ~** routine inspection; **por pura ~** out of habit

rutinario -ria *adj* **(a)** ‹*trabajo/vida*› monotonous **(b)** ‹*inspección/procedimiento*› routine (*before n*)

r

Ss

S, s *f* (*read as* /'ese/) the letter S, s

s. *m* (= **siglo**) C; **s.XX** C20

S. (= **santo**) St

S (= **sur**) S, South

S.A. (= **Sociedad Anónima**) ≈ Inc (*in US*), ≈ Ltd (*in UK*), ≈ PLC (*in UK*)

sábado *m* Saturday; (Relig) Sabbath; **S∼ de Gloria** or **Santo** Easter Saturday; **∼ inglés** (CS) *non-working Saturday*

sabana *f* (Geog) savanna*, grassland

sábana *f* sheet; **∼ ajustable** or (Méx) **de cajón** fitted sheet; **∼ bajera/encimera** bottom/top sheet

sabandija *f* **1** (insecto) creepy-crawly (infml), bug; (reptil) creepy-crawly (infml) **2** **sabandija** *mf* (AmL fam) (pícaro) rascal (infml)

sabañón *m* chilblain

sabático -ca *adj* sabbatical

sabelotodo *mf* (fam) know-it-all (AmE infml), know-all (BrE infml)

saber¹ *m* knowledge; **una persona de gran ∼** a person of great learning

saber² [E25] *vt* **1** **(a)** ‹*nombre/dirección/canción*› to know; **ya lo sé** I know; **no lo sé** I don't know; **no sé cómo se llama** I don't know his name; **¡yo qué sé!** how (on earth) should I know! (infml); **que yo sepa** as far as I know; **∼ algo** DE **algo** to know sth ABOUT sth; **sé muy poco de ese tema** I know very little about the subject; **no sabe lo que dice** he doesn't know what he's talking about **(b)** (enterarse) to find out; **lo supe por mi hermana** I found out about it through my sister; **sin que lo supiéramos** without our knowing; **¡si yo lo hubiera sabido antes!** if I had only known before!; **¡cómo iba yo a ∼ que ...!** how was I to know that ...! **2** (ser capaz de): **∼ hacer algo** to know how to do sth; **¿sabes nadar?** can you swim?, do you know how to swim?; **sabe escuchar** she's a good listener; **sabe hablar varios idiomas** she can speak several languages

■ **∼** *vi* **1** **(a)** (tener conocimiento) to know; **¿quién sabe?** who knows?; **∼** DE **algo/algn** to know OF sth/sb; **yo sé de un lugar donde te lo pueden arreglar** I know of a place where you can get it fixed **(b)** (tener noticias, enterarse): **no sé nada de ella desde hace más de un mes** I haven't heard from her for over a month; **yo supe del accidente por la radio** I heard about the accident on the radio **2** **(a)** (tener sabor) (+ *compl*) to taste; **sabe dulce/bien** it tastes sweet/nice; **∼** A **algo** to taste OF sth; **no sabe a nada** it doesn't taste of anything; **sabe a podrido** it tastes rotten **(b)** (causar cierta impresión): **me sabe mal** *or* **no me sabe bien tener que decírselo** I don't like having to tell him

■ **saberse** *v pron* (*enf*) ‹*lección/poema*› to know

sabido -da *adj* [SER] well-known; **como es ∼** as everybody knows

sabiduría *f* wisdom

sabiendas: **a sabiendas** (*loc adv*): **lo hizo a ∼ de que me molestaba** he did it knowing full well *o* perfectly well that I found it annoying

sabihondo -da *m,f* (fam) know-it-all (AmE infml), know-all (BrE infml)

sabio -bia *adj* (con grandes concocimientos) learned, wise; (sensato) ‹*persona/medida*› wise; ‹*consejo*› sound, wise

■ *m,f* (*m*) wise man, sage (liter); (*f*) wise woman

sable *m* **1** (Arm) saber*; (Náut) batten **2** (en heráldica) sable

sabor *m* **(a)** (de comida, bebida, etc) taste, flavor*; **con ∼ a menta** mint-flavoured; **viene en tres ∼es** it comes in three flavors; **no tiene ∼** it has no taste to it **(b)** (carácter) flavor*

saborear [A1] *vt* to savor*; ‹*éxito/triunfo*› to relish

sabotaje *m* sabotage

saboteador -dora *m,f* saboteur

sabotear [A1] *vt* to sabotage

sabré, sabría, *etc* ▸ **saber²**

sabroso -sa *adj* **1** ‹*comida*› tasty, delicious; ‹*chisme/historia*› spicy (infml), juicy (infml) **2** (AmL fam) (agradable) ‹*música/ritmo*› pleasant, nice; ‹*clima/agua*› beautiful

sabrosón -sona *adj* **(a)** (AmL fam) ‹*guiso*› tasty, delicious; ‹*fruta*› delicious **(b)** (AmL fam) ‹*clima*› mild **(c)** (Col, Méx, Ven fam) ‹*música*› pleasant

sabueso *m* (Zool) bloodhound

sacacorchos *m* (*pl* **∼**) corkscrew

sacapuntas *m* (*pl* **∼**) pencil sharpener

sacar [A2] *vt* **I** **1** (extraer) **(a)** ‹*billetera/lápiz*› to take out, get out; ‹*pistola/espada*› to draw; **∼ algo** DE **algo** to take *o* get sth OUT OF sth; **lo saqué del cajón** I took *o* got it out of the drawer **(b)** ‹*muela*› to pull out, take out; ‹*riñón/cálculo*› to remove; **me ∼on sangre** they took some blood **(c)** ‹*diamantes/cobre/petróleo*› to extract **(d)** ‹*carta/ficha*› to draw **2** (poner, llevar fuera) **(a)** ‹*maceta/mesa/basura*› to take out; **sácalo aquí al sol** bring it out here into the sun; **tuvimos que ∼lo por la ventana** we had to get it out through the window; **∼ el perro a pasear** to take the dog out for a walk; **∼ el coche del garaje** to get the car out of the garage **(b)** (invitar): **el marido no la saca nunca** her husband never takes her out; **∼ a algn a bailar** to ask sb to dance **(c)** ‹*parte del cuerpo*› to put out; **me sacó la lengua** he stuck *o* put his tongue out at me **3** (retirar) to take out; **∼ dinero del banco** to take out *o* withdraw

money from the bank **4** (de una situación difícil) ~ **a algn** DE **algo** (de apuro/atolladero) to get sb OUT OF sth **5** (Esp) ‹*dobladillo*› to let down; ‹*pantalón/falda*› (alargar) to let down; (ensanchar) to let out
II (obtener) **1** ‹*pasaporte/permiso*› to get; ‹*entrada/billete*› to get, buy **2** **(a)** ‹*votos/puntos/calificación*› to get **(b)** ‹*premio*› to get, win **(c)** ‹*conclusión*› to draw **(d)** ‹*suma/cuenta*› to do, work out **3** ‹*beneficio*› to get; ‹*ganancia*› to make; **¿qué sacas con eso?** what do you gain by doing that?; **no sacó ningún provecho del curso** she didn't get anything out of the course **4** ~ **algo** DE **algo** ‹*idea/información*› to get sth FROM sth; ‹*porciones/unidades*› to get sth OUT OF sth; ~**le algo** A **algn** ‹*dinero/información*› to get sth OUT OF sb **5** ‹*brillo*› to bring out; ~**le brillo a algo** to polish sth to a shine
III **1** **(a)** ‹*libro*› to publish, bring out; ‹*disco*› to bring out, release; ‹*modelo/producto*› to bring out **(b)** ‹*tema*› to bring up **(c)** ‹*foto*› to take; ‹*copia*› to make, take; ‹*apuntes*› to make, take; ~**le una foto a algn** to take a photo of sb **(d)** (Esp) ‹*defecto/falta*› (+ *me/te/le etc*) to find; **a todo le tiene que ~ faltas** he always has to find fault with everything **2** **sacar adelante** ‹*proyecto*› (poner en marcha) to get sth off the ground; (salvar de la crisis) to keep sth going; **luché tanto para ~ adelante a mis hijos** I fought so hard to give my children a good start in life **3** (Dep) ‹*tiro libre/falta*› to take
IV (quitar) (esp AmL) **(a)** ~**le algo** A **algn** ‹*botas/gorro*› to take sth OFF sb **(b)** ~**le algo** A **algo** ‹*tapa/cubierta*› to take sth OFF sth **(c)** (retirar): **saca esto de aquí** take this away; **saquen los libros de la mesa** take the books off the table **(d)** (hacer desaparecer) ‹*mancha*› to remove, get ... out

■ ~ *vi* (Dep) (en tenis, vóleibol) to serve; (en fútbol) to kick off

■ **sacarse** *v pron* (*refl*) **1** (extraer) ‹*astilla/púa*› to take ... out; ‹*ojo*› to poke ... out; **me tengo que ~ una muela** (*caus*) I have to have a tooth out; ~**se algo** DE **algo** to take sth OUT OF sth; **sácate las manos de los bolsillos** take your hands out of your pockets **2** (AmL) (quitarse) ‹*ropa/zapatos*› to take off; ‹*maquillaje*› to remove, take off **3** **(a)** (*caus*) ‹*foto*› **tengo que ~me una foto** I have to have my photo taken **(b)** (AmL) ‹*calificación/nota*› to get

sacarina *f* saccharin

sacerdote *m* priest

sacerdotisa *f* priestess

saciar [A1] *vt* ‹*hambre*› to satisfy; ‹*sed*› to quench; ‹*deseo*› (liter) to satiate (liter); ‹*ambición*› to fulfill*, realize

■ **saciarse** *v pron*: **comer/beber hasta ~se** to eat/drink one's fill

saco *m* **1** (continente) sack; (contenido) sack, sackful; ~ **de dormir** sleeping bag **2** (AmL) (de tela) jacket; ~ **sport** (AmL) sports coat (AmE), sports jacket (BrE)

sacramento *m* sacrament; **los últimos ~s** the last rites

sacrificado -da *adj* ‹*persona*› selfless, self-sacrificing

sacrificar [A2] *vt* **(a)** (Relig) ‹*cordero/víctimas*› to sacrifice **(b)** ‹*res/ganado*› to slaughter; ‹*perro/gato*› (euf) to put ... to sleep (euph) **(c)** ‹*carrera/juventud*› to sacrifice

■ **sacrificarse** *v pron* to make sacrifices

sacrificio *m* **(a)** (privación, renuncia) sacrifice **(b)** (inmolación) sacrifice **(c)** (de res) slaughter

sacrilegio *m* sacrilege

sacrílego -ga *adj* sacrilegious

sacristán *m* sacristan, verger

sacristía *f* vestry, sacristy

sacudida *f* **(a)** (agitando) shake, shaking; (golpeando) beating **(b)** (de terremoto) tremor; (de explosión) blast; (de tren, coche) jerk, jolt **(c)** (fam) (descarga) electric shock

sacudir [I1] *vt* **1** **(a)** (agitar) ‹*toalla/alfombra*› to shake; (golpear) ‹*alfombra/colchón*› to beat; **sacudió la arena de la toalla** he shook the sand out of the towel **(b)** (fam) ‹*niño*› to clobber (infml); ~ **la cabeza** (para negar) to shake one's head; (para afirmar) to nod (one's head) **(c)** (hacer temblar) to shake **(d)** (CS, Méx) (limpiar) to dust, do the dusting **2** (conmover, afectar) to shake

■ ~ *vi* (CS, Méx) to dust

■ **sacudirse** *v pron* (*refl*) (quitarse) ‹*arena/polvo*› to shake off

sádico -ca *adj* sadistic

■ *m,f* sadist

sadismo *m* sadism

sadomasoquismo *m* sadomasochism

sadomasoquista *mf* sadomasochist

safari *m* **(a)** (gira, viaje) safari; **ir de ~** to go on safari **(b)** (zoológico) safari park

sagaz *adj* shrewd, astute

Sagitario *m* (signo, constelación) Sagittarius; **es (de) ~** she's (a) Sagittarian

■ *mf* (*pl* ~ *or* **-rios**) (persona) *tb* **sagitario** Sagittarian, Sagittarius

sagrado -da *adj* **1** (Relig) ‹*altar*› holy; ‹*lugar*› holy, sacred **2** (fundamental, intocable) sacred

Sahara /sa'ara/ *m*: **el (desierto del) ~** the Sahara (Desert)

sajón -jona *adj/m,f* Saxon

sal *f* **1** (Coc) salt; **mantequilla sin ~** unsalted butter; ***echarle la ~ a algn*** (Méx fam) to put a jinx on sb **2** (Quím) salt; ~ **de fruta** liver salts (*pl*); ~**es de baño** bath salts (*pl*)

sala *f* **(a)** (de casa) *tb* ~ **de estar** living room, lounge (BrE) **(b)** (de hotel) lounge; (en hospital) ward; (para reuniones, conferencias) hall; (Teatr) theater*; (Cin) movie theater (AmE), cinema (BrE); ~ **cuna** (Chi) day nursery, crèche (BrE); ~ **de clases** (CS fml) classroom; ~ **de conciertos** concert hall; ~ **de embarque** departure lounge; ~ **de espera** waiting room; ~ **de exposiciones** gallery, exhibition hall; ~ **de fiestas** night club (*usually featuring dancing and cabaret*); ~ **de profesores** staff room **(c)** (sede de tribunal) courtroom, court

salado -da *adj* **1** (Coc) **(a)** (con sal) ‹*almendras/bacalao*› salted; ‹*gusto*› salty; **está demasiado ~** it's too salty **(b)** [SER] (no dulce) ‹*plato/comida*› savory* **2** **(a)** (fam) ‹*persona*› (gracioso) funny, witty **(b)** (fam) ‹*chiste*› risqué; ‹*anécdota*› spicy **3** (Méx fam) (que trae mala suerte) jinxed (infml)

S

salamandra *f* (Zool) salamander; (estufa) salamander stove

salame *m* **(a)** (CS, Coc) salami **(b)** (RPl fam) (tonto) idiot

salar¹ [A1] *vt* **(a)** (para conservar) ‹*carne/pescado*› to salt (down); ‹*pieles*› to salt **(b)** (para condimentar) to salt, add salt to

■ **salarse** *v pron* (Méx fam) (echarse a perder) «*planes*» to fall through; «*negocio*» to go bust

salar² *m* (Chi) salt pan, salt flat

salario *m* (fml) wage, salary

salchicha *f* sausage

salchichón *m*: *spiced sausage similar to salami*

salchichonería *f* (Méx) delicatessen

saldar [A1] *vt* **(a)** ‹*cuenta*› to settle; ‹*deuda*› to settle, pay (off) **(b)** ‹*mercancías/productos*› to sell off

saldo *m* **1** (de cuenta) balance; **~ a su/nuestro favor** credit/debit balance **2** **(a)** (artículo): **los ~s no se cambian** sale goods cannot be exchanged; **precios de ~** sale prices; Ⓢ **venta de ~s** clearance sale **(b)** **saldos** *mpl* (rebajas) sales (*pl*)

saldré, **saldría**, *etc* ▶ **salir**

salero *m* **1** (recipiente) salt shaker (AmE), saltcellar (BrE) **2** (fam) (gracia): **tener ~** (contando chistes) to be funny; (bailando) to be stylish

salga, **salgas**, *etc* ▶ **salir**

salida *f* **I** (hacia el exterior) **1** **(a)** (lugar, puerta) exit; **~ de emergencia/incendios** emergency/ fire exit; **todas las ~s de Bilbao** all the roads out of Bilbao; **es una calle sin ~** it's a dead end **(b)** (de tubería) outlet, outflow; (de circuito) outlet **2** **(a)** (acción): **me lo encontré a la ~** I met him on my way out; **nos encontramos a la ~ del concierto** we met at the door after the concert; **una ~ al campo** an outing *o* a trip to the country **(b)** (de líquido, gas, electricidad) output **(c)** **la ~ del sol** sunrise
II (partida) **1** (de tren, avión) departure; **el tren efectuará su ~ por la vía cinco** the train will leave from track five; Ⓢ **salidas nacionales/ internacionales** domestic/international departures **2** (Dep) (en una carrera) start
III **1** (solución): **no le veo ninguna ~ a esta situación** I can see no way out of this situation; **no nos queda otra ~** we have no other option **2** (Com, Fin) (gasto) payment

salido -da *adj* ‹*ojos/dientes*› protruding; ‹*frente/mentón*› prominent

saliente *adj* ‹*pómulo/hueso*› prominent; ‹*cornisa/balcón*› projecting
■ *f or* (Esp) *m* (de edificio, muro) projection; (de precipicio) ledge

salir [I29] *vi* **I** **1** (partir) to leave; **¿a qué hora sale el tren?** what time does the train leave?; **el jefe había salido de viaje** the boss was away; **salió corriendo** (fam) she was off like a shot (infml); **~ DE algo** to leave FROM sth; **¿de qué andén sale el tren?** what platform does the train leave from?; **salgo de casa a las siete** I leave home at seven; **~ PARA algo** to leave FOR sth **2** (al exterior — acercándose al hablante) to come out; (— alejándose del hablante) to go out; **no salgas sin abrigo** don't go out without a coat; **no puedo ~, me he quedado encerrado** I can't get out, I'm trapped in here; **~ DE algo** to come out/get out OF sth; **¡sal de ahí/de aquí!** come out of there/get out of here!; **¿de dónde salió este dinero?** where did this money come from?; **nunca ha salido de España** he's never been out of Spain; **~ por la ventana/por la puerta** to get out through the window/leave by the door; **salieron al balcón/ al jardín** they went out onto the balcony/into the garden; **¿por aquí se sale a la carretera?** can I get on to the road this way?; **salió a hacer las compras** she's gone out (to do the) shopping **3** (habiendo terminado algo) to leave; **¿a qué hora sales de clase?** what time do you get out of class *o* finish your class?; **¿cuándo sale del hospital?** when is he coming out of (the) hospital? **4** **(a)** (como entretenimiento) to go out; **~ a cenar** to go out for dinner **(b)** (tener una relación) to go out; **~ CON algn** to go out WITH sb **5** «*clavo/tapón/mancha*» to come out; «*anillo*» to come off
II **1** (aparecer, manifestarse) **(a)** «*cana/ sarpullido*» to appear; (+ *me/te/le etc*) **me empiezan a ~ canas** I'm starting to go gray; **le están saliendo los dientes** she's teething; **me salió una ampolla** I've got a blister; **le salió un sarpullido** he came out in a rash; **me salieron granos** I broke out *o* (BrE) came out in spots; **me sale sangre de la nariz** my nose is bleeding; **a la planta le están saliendo hojas nuevas** the plant's putting out new leaves **(b)** «*sol*» (por la mañana) to rise, come up; (de detrás de una nube) to come out **(c)** (surgir) «*tema/ idea*» to come up **(d)** «*carta*» (en naipes) to come up **2** **(a)** «*revista/novela*» to come out; «*disco*» to come out, be released; **~ al mercado** to come on to the market **(b)** (en televisión, en el periódico) to appear **(c)** (en una foto) to appear; (+ *compl*) **saliste muy bien en la foto** you came out very well in the photo
III **1** (expresando logro) (+ *me/te/le etc*) **no me sale esta ecuación** I can't do this equation; **ahora mismo no me sale su nombre** (fam) I can't think of her name right now; **no le salían las palabras** he couldn't get his words out **2** **(a)** (costar) to work out; **sale más barato/caro** it works out less/more expensive **(b)** (resultar): **todo salió bien** everything turned out *o* worked out well; **salió tal como lo planeamos** it turned out just as we planned; **no salió ninguna de las fotos** none of the photographs came out; **¿qué número salió premiado?** what was the winning number?; **~ bien/mal en un examen** (Chi fam) to pass/fail an exam; (+ *me/te/le etc*) **el postre no me salió bien** the dessert didn't come out right **3** (de situación, estado) **~ DE algo** (de apuro) to get out of sth; (de depresión) to get over sth; **salieron ilesos del accidente** they were not hurt in the accident; **~ *adelante*** «*negocio*» to stay afloat, survive; «*propuesta*» to prosper; **lograron ~ adelante** they managed to get through it **4** (con preposición) **(a)** **~** A (parecerse a) to take after **(b)** **~** CON (Col) (combinar con) to go with

■ **salirse** *v pron* **1** **(a)** (de borde, límite) «*agua*» to overflow; «*leche*» to boil over; **~se** DE **algo** (de carretera) to come/go off sth; (de

key word

tema) to get off sth; **el río se salió de su cauce** the river overflowed its banks; **procura no ~te del presupuesto** try to keep within the budget **(b)** (por orificio, grieta) «*agua/tinta*» to leak (out), come out; «*gas*» to escape, come out **2** (soltarse) «*pedazo/pieza*» to come off; (+ *me/te/le etc*) **estos zapatos se me salen** these shoes are too big for me **3** (irse) to leave; **~se** DE **algo** (de asociación) to leave sth; ***~se con la suya*** to get one's (own) way

saliva *f* saliva, spit (infml)

salivar [A1] *vi* to salivate

salmo *m* psalm

salmón *m* salmon
■ *adj inv* salmon-pink, salmon, salmon-colored*

salmonete *m* red mullet, surmullet (AmE)

salmuera *f* brine

salón *m* **(a)** (en casa particular) living room, sitting room (BrE), lounge (BrE) **(b)** (en hotel) reception room, function room **(c)** (en palacio) hall **(d)** (de clases) classroom; **~ de actos** auditorium (AmE), assembly hall (BrE); **~ de baile** ballroom; **~ de belleza** beauty salon, beauty parlor; **~ de fiestas** (AmL) function room, reception room; **~ náutico/del automóvil** boat/motor show

salpicadera *f* (Méx) (de coche, bicicleta) fender (AmE), mudguard (BrE)

salpicadero *m* (Esp) dashboard

salpicadura *f* splash

salpicar [A2] *vt* (de agua) to splash; (de barro, aceite) to splash, spatter

salpicón *m* (de pescado, ave) *chopped seafood or meat with onion, tomato and peppers*

salsa *f* **1** (Coc) sauce; (de jugo de carne) gravy; **~ bechamel** or **blanca** béchamel (sauce); **~ de tomate** (sofrito) tomato sauce; (catsup) (Col) ketchup, catsup (AmE) **2** (Mús) salsa

saltamontes *m* (*pl* ~) grasshopper

saltar [A1] *vi* **1** **(a)** (brincar) to jump; (más alto, más lejos) to leap; **~ a la cuerda** or (Esp) **comba** to jump rope (AmE), to skip (BrE); **~ de alegría** to jump for joy; **~ con** or **en una pierna** to hop; **~ de la cama/silla** to jump out of bed/one's chair **(b)** (en atletismo) to jump **(c)** «*pelota*» to bounce **(d)** (lanzarse) to jump; **~ al agua** to jump into the water; **~ en paracaídas** to parachute; **¿sabes ~ del trampolín?** can you dive off the springboard?; **saltó al vacío** he leapt into space; ~ SOBRE **algo/algn** to jump ON sth/sb **2** (pasar) ~ DE **algo** A **algo** to jump FROM sth TO sth; **saltaba de una idea a otra** she kept jumping from one idea to the next **3** «*botón*» to come off, pop off; «*chispas*» to fly; «*aceite*» to spit; «*corcho*» to pop out; «*fusibles*» to blow; **la bomba hizo ~ el coche por los aires** the bomb blew the car into the air
■ ~ *vt* ‹*obstáculo/valla/zanja*› to jump (over); (apoyándose) to vault (over)
■ **saltarse** *v pron* **1** **(a)** (omitir) ‹*línea/página/nombre*› to skip, miss out; ‹*comida*› to miss, skip **(b)** ‹*semáforo/stop*› to jump **2** «*botón*» to come off, pop off; «*pintura*» to chip; **se le ~on las lágrimas** her eyes filled with tears **3** (Chi) «*diente/loza*» to chip

salteado -da *adj*: **¿se pueden contestar las preguntas salteadas?** can we answer the questions in any order?; **leí unos capítulos ~s** I read a few odd chapters

saltear [A1] *vt* (Coc) to sauté

saltimbanqui *m* (Espec, Hist) tumbler, acrobat

salto *m* **1** **(a)** (brinco) jump; **se levantó de un ~** (de la cama) he leapt *o* sprang out of bed; (del suelo) he leapt *o* jumped up from the floor; **se puso en pie de un ~** she leapt *o* sprang to her feet; **los pájaros se acercaban dando saltitos** the birds were hopping closer to me/us; **dar** or **pegar un ~** (dar un brinco) to jump; (de susto) to start, jump; **daban ~s de alegría** they were jumping for joy **(b)** (Dep) (en atletismo, esquí, paracaidismo) jump; (en natación) dive; **~ con pértiga** or (AmL) **garrocha** pole vault; **~ de altura/longitud** high/long jump; **~ (en) alto/(en) largo** (AmL) high/long jump; **~ mortal** somersault **2** (Geog) *tb* **~ de agua** waterfall

saltón -tona *adj* ‹*ojos*› bulging

salud *f* **1** (Med) health; **estar bien de ~** to be in good health; **gozar de buena ~** to enjoy good health **2** **¡~!** (al brindar) cheers!; (cuando alguien estornuda) (AmL) bless you!

saludable *adj* ‹*clima/alimentación*› healthy; ‹*experiencia*› salutary

saludar [A1] *vt* **(a)** ‹*persona*› to greet, say hello to; **saluda a tu hermano de mi parte** give my regards to your brother; **lo saluda atentamente** (Corresp) Sincerely (yours) (AmE), Yours sincerely (BrE); **los saludó con la mano** she waved at them **(b)** (Mil) to salute
■ ~ *vi* **(a)** (de palabra) to say hello (*o* good morning *etc*) **(b)** (con la mano) to wave **(c)** (Mil) to salute
■ **saludarse** *v pron* (*recípr*) to say hello to *o* greet each other

saludo *m* **(a)** greeting; **te mandan ~s** they send (you) their regards *o* best wishes; **~s** (Corresp) best wishes; **le hice un ~ con la mano** I gave him a wave, I waved to him **(b)** (Mil) salute

salva *f*: **una ~ de 21 cañonazos** a 21-gun salute *o* salvo; **una ~ de aplausos** a burst *o* round of applause

salvación *f* salvation

salvado *m* bran

salvador -dora *m,f* savior*

Salvador ▸ **El Salvador**

salvadoreño -ña *adj/m,f* Salvadorean

salvaguardar [A1] *vt* to safeguard

salvaguardia *f* safeguard, defense*

salvaje *adj* **1** **(a)** ‹*animal*› wild **(b)** (primitivo) ‹*tribu*› savage **(c)** ‹*vegetación/terreno*› wild **2** (cruel) ‹*persona/tortura*› brutal; ‹*ataque/matanza*› savage
■ *mf* (primitivo) savage; (bruto) (pey) animal, savage

salvamanteles *m* (*pl* ~) (para platos, fuentes) tablemat; (para vasos) coaster

salvamento *m* rescue; **equipo de ~** rescue team

salvar [A1] *vt* **1** (en general) to save; **~ algo/a algn** DE **algo** to save sth/sb FROM sth **2** **(a)** ‹*dificultad/obstáculo*› to overcome **(b)** ‹*distancia*› to cover **(c)** (Per, Ur) ‹*examen*› to pass
■ **salvarse** *v pron* to survive; **¡sálvese quien pueda!** every man for himself!; **~se** DE **algo**

S

(de accidente/incendio) to survive sth; **se ~on de una muerte segura** they escaped certain death

salvavidas *mf* (*pl* ~) **(a)** (persona) lifeguard **(b) salvavidas** *m* (flotador) life jacket, life preserver (fml)

salvia *f* sage

salvo: **a salvo** (*loc adv*): **poner algo a ~** to put sth in a safe place; **los niños están a ~** the children are safe *o* unharmed; **ponerse a ~** to reach safety; **a ~ de** safe from
■ *prep* (excepto) except, apart from; **~ que** unless

salvoconducto *m* safe-conduct

samba *m or f* samba

SAMUR *m* (en Esp) = **Servicio de Asistencia Municipal de Urgencia y Rescate**

San *adj*: *apócope de* ▶ **santo** *usado delante de nombres de varón excepto Domingo, Tomás y Tomé*, St, Saint

sanar [A1] *vi* «*enfermo*» to get well, recover; «*herida*» to heal; **~ DE algo** to recover FROM sth

sanatorio *m* **(a)** (para convalecientes) nursing home, sanitarium (AmE), sanatorium (BrE) **(b)** (hospital) clinic, hospital (*usually private*) **(c)** (Col, Ven) (hospital psiquiátrico) psychiatric hospital

⚷ **sanción** *f* **1** (castigo a empleado, obrero) disciplinary measure; (Der) sanction, penalty; **una ~ de tres partidos** a three-game ban *o* suspension; **~ económica** (multa) fine; **sanciones económicas** (a país) economic sanctions **2** (de ley) sanction; (de costumbre) sanction (fml), authorization

⚷ **sancionar** [A1] *vt* **1** (multar) to fine; (castigar) ‹*empleado/obrero*› to discipline; ‹*jugador*› to penalize **2** ‹*ley/disposición/acuerdo/huelga*› to sanction; ‹*costumbre*› to approve, sanction

sancochar [A1] *vt* (AmL) (cocer a medias) to parboil

sandalia *f* sandal

sándalo *m* sandalwood

sandez *f* (fam) silly *o* stupid thing to say; **¡no digas sandeces!** don't talk nonsense!

sandía *f* watermelon

sándwich /'saŋgwitʃ/ *m*, **sándwiche** /'saŋgwitʃe/ *m* (esp AmL) (de pan de molde) sandwich; (de pancito) (filled) roll

sanfermines *mpl*: *festival in Pamplona in which bulls are run through the streets*

sangrar [A1] *vi* «*persona/herida/nariz*» to bleed

⚷ **sangre** *f* **1** (Biol) blood; **una transfusión de ~** a blood transfusion; **no me salió ~** it didn't bleed; **te sale ~ de** or **por la nariz** your nose is bleeding; **los ojos inyectados en ~** bloodshot eyes; **animales de ~ fría/caliente** cold-blooded/warm-blooded animals; **~ *fría*** calmness and courage; **a ~ fría** ‹*matar*› in cold blood; ▶ **malo 2** **2** (linaje) blood; **era de ~ noble** he was of noble blood *o* birth; **es de ~ mestiza** he is of mixed race; **no son de la misma ~** they are not from the same family; **~ azul** blue blood

sangría *f* **1** (bebida) sangria (*type of red wine punch*) **2** **(a)** (Med) bleeding **(b)** (de capital, recursos) outflow, drain **3** (Impr) indentation

sangriento -ta *adj* bloody

⚷ key word

sangrón -grona *adj* (Méx fam) annoying
■ *m,f* (Méx fam) nuisance

sanguijuela *f* **(a)** (Zool) leech **(b)** (fam) (persona) leech, bloodsucker

sanguinario -ria *adj* ‹*persona*› cruel, bloodthirsty; ‹*animal*› vicious, ferocious

sanidad *f* **1** (calidad de sano) health, healthiness **2** **(a)** (salud pública) public health **(b) Sanidad** (*sin art*) (departamento) Department of Health

⚷ **sanitario[1] -ria** *adj* ‹*medidas*› public health (*before n*); ‹*condiciones*› sanitary (*before n*); **servicios ~s** sanitation; **asistencia sanitaria** health-care

sanitario[2] *m* **(a)** (retrete) toilet, lavatory **(b) sanitarios** *mpl* (para cuarto de baño) bathroom fittings (*pl*)

⚷ **sano -na** *adj* **1** ‹*persona/planta/cabello*› healthy; ‹*clima/vida*› healthy; ‹*alimentación*› healthy, wholesome; **~ *y salvo*** safe and sound **2** (en sentido moral) ‹*lecturas/ideas*› wholesome; ‹*ambiente*› healthy; ‹*persona*› good

San Salvador *m* San Salvador

sánscrito *m* Sanskrit

Santa Sede *f*: **la ~** the Vatican, the Holy See (fml)

Santiago (de Chile) *m* Santiago

Santiago (de Compostela) *m* Santiago (de Compostela)

santiaguino -na *adj* of/from Santiago (*Chile*)

santiamén *m*: **en un ~** (fam) in no time at all

santiguarse [A16] *v pron* (*refl*) to cross oneself, make the sign of the cross

⚷ **santo -ta** *adj* **1** (Relig) **(a)** ‹*lugar/mujer/vida*› holy **(b)** (con nombre propio) St, Saint; **Santa Teresa** Saint Theresa; *ver tb* **San** **2** (fam) (uso enfático) blessed; **llovió todo el ~ día** it rained the whole blessed day (infml)
■ *m,f* **1** (persona) saint; **una paciencia de ~** the patience of a saint; **no te hagas el ~** don't come over all virtuous; **~ y seña** password **2** **santo** *m* (festividad) name day, saint's day; (cumpleaños) (esp AmL) birthday

Santo Domingo *m* (Geog) Santo Domingo; (Relig) Saint Dominic

santuario *m* (Relig) sanctuary, shrine; (refugio) sanctuary

saña *f* viciousness, brutality; **con ~** brutally, viciously

São Paulo *m* São Paulo

sapo *m* (Zool) toad

saque *m* **(a)** (en tenis, vóleibol) serve, service **(b)** (en fútbol) kickoff; **~ de banda** (en fútbol) throw-in; (en rugby) line-out; **~ de esquina** corner (kick); **~ de puerta** or (CS) **valla** goal kick; **~ inicial** kickoff

saquear [A1] *vt* ‹*ciudad/población*› to sack, plunder; ‹*tienda/establecimiento*› to loot

sarampión *m* measles

sarape *m* (Méx) ▶ **zarape**

sarcasmo *m* **(a)** (cualidad) sarcasm; **con ~** sarcastically **(b)** (comentario) sarcastic remark

sarcástico -ca *adj* sarcastic

sarcófago *m* sarcophagus

sardina *f* sardine

sardinel *m* (Col) **(a)** (de la acera) curb (AmE), kerb (BrE) **(b)** (de ventana) windowsill

sargento *mf* (Mil) (en el ejército) sergeant; (en las fuerzas aéreas) ≈ staff sergeant (*in US*), ≈ sergeant (*in UK*)

sari *m* sari

sarita *f* (Per) straw hat

SARM *m* (= **staphylococcus aureus resistente a la meticilina**) MRSA

sarna *f* (Med) scabies; (Vet) mange

sarpullido *m* rash, hives (*pl*)

sarro *m* (en los dientes) plaque, tartar; (en la lengua) fur; (en tetera eléctrica, cañería) scale

sarta *f* string

sartén *f* (AmL) *m or f* frying pan, fry pan (AmE), skillet

sastre *mf* (persona) tailor

sastrería *f* tailor's shop

Satanás, **Satán** *m* Satan

satánico -ca *adj* (del diablo) satanic; (malvado) evil, satanic

satélite *m* satellite; **~ artificial** artificial satellite

satén, (AmL) **satín** *m* satin

sátira *f* satire

satírico -ca *adj* satirical

satirizar [A4] *vt* to satirize

satisfacción *f* satisfaction; **la ~ del deber cumplido** the satisfaction of a job well done; **es una ~ para mí estar aquí** it is a pleasure to be here

satisfacer [E20] *vt* to satisfy; **su respuesta no me satisface** I am not satisfied *o* happy with your reply

■ **satisfacerse** *v pron* **(a)** (contentarse) to be satisfied **(b)** (de agravio) to obtain satisfaction

satisfactorio -ria *adj* satisfactory

satisfaga, **satisfará**, *etc* ▶ **satisfacer**

satisfecho -cha *adj* **1** [ESTAR] (complacido, contento) satisfied, pleased **2** [ESTAR] (saciado, lleno): **estoy ~** I've had plenty; **no queda nunca ~** he never seems to be full

saturado -da *adj* (en general) saturated; ‹*líneas telefónicas*› busy, engaged (BrE)

saturar [A1] *vt* to saturate

Saturno *m* Saturn

sauce *m* willow; **~ llorón** weeping willow

saudí, **saudita** *adj/mf* (Saudi) Arabian

sauna *f or* (AmL) *m* sauna

savia *f* (Bot) sap

sávila *f* (Méx) aloe vera

saxo *m* (fam) **(a)** (instrumento) sax (infml) **(b) saxo** *mf* (persona) sax player (infml)

saxofón, **saxófono** *m* saxophone

saxofonista *mf* saxophonist

sazón *f* **1** **(a)** (condimento) seasoning; (sabor) flavor* **(b)** (de la fruta) ripeness; **estar en ~** to be ripe **2** **a la sazón** (liter) at that time

sazonar [A1] *vt* to season

schop /ʃop/ *m* (Chi) (vaso) beer mug; (cerveza) keg beer

Scotch® /(e)s'kotʃ/ *m* (Andes) Scotch® tape (AmE), Sellotape® (BrE)

scout /(e)s'kau(t)/ *mf* scout

se *pron pers* **1** [*seguido de otro pronombre: sustituyendo a* ▶ **le, les**] **ya ~ lo he dicho** (a él) I've already told him; (a ella) I've already told her; (a usted, ustedes) I've already told you; (a ellos) I've already told them; **el vestido tenía cuello pero ~ lo quité** the dress had a collar but I took it off **2** (*en verbos pronominales*): **¿no ~ arrepienten?** «*ellos/ellas*» aren't they sorry?; «*ustedes*» aren't you sorry?; **el barco ~ hundió** the ship sank; **~ secó/secaron** (*refl*) he dried himself/they dried themselves; **~ secó el pelo** (*refl*) she dried her hair; **~ hizo un vestido** (*refl*) she made herself a dress; (*caus*) she had a dress made; **no ~ hablan** (*recípr*) they're not on speaking terms, they're not speaking to each other; **~ lo comió todo** (*enf*) he ate it all **3** **(a)** (*voz pasiva*): **~ oyeron unos gritos** there were shouts, I (*o* we *etc*) heard some shouts; **~ publicó el año pasado** it was published last year **(b)** (*impersonal*): **aquí ~ está muy bien** it's very nice here; **~ castigará a los culpables** those responsible will be punished **(c)** (en normas, instrucciones): **¿cómo ~ escribe tu nombre?** how is your name spelled?, how do you spell your name?; **~ pica la cebolla bien menuda** chop the onion finely

sé ▶ **saber²**, ▶ **ser**

sea, **seas**, *etc* ▶ **ser**

sebo *m* (grasa) grease, fat; (para jabón, velas) tallow; (Coc) suet

secador *m* **1** *tb* **~ de pelo** hairdryer **2** (Per) (paño) dishtowel (AmE), tea towel (BrE); (toalla) towel

secadora *f* (de ropa, tabaco) dryer; (para el pelo) (Méx) hairdryer

secano *m*: **de secano** ‹*campo/tierra*› dry, unirrigated

secar [A2] *vt* **(a)** ‹*ropa/pelo/platos*› to dry; ‹*pintura/arcilla*› to dry **(b)** ‹*tierra/plantas/hierba*› to dry up; ‹*piel*› to make ... dry

■ **~** *vi* to dry

■ **secarse** *v pron* **1** **(a)** «*ropa/pintura/pelo*» to dry; «*piel*» to get dry; **se me seca mucho la piel** my skin gets very dry **(b)** «*herida*» to heal (up) **(c)** «*tierra/planta/hierba*» to dry up **(d)** «*río/pozo/fuente*» to dry up **(e)** «*arroz/guiso*» to go dry **2** (*refl*) «*persona*» to dry oneself; ‹*manos/pelo*› to dry; ‹*lágrimas*› to dry, wipe away

sección *f* **1** (corte) section **2** **(a)** (división, área — en general) section; (— de empresa, en grandes almacenes) department **(b)** (de periódico, orquesta) section **3** (Mil) platoon

seccionar [A1] *vt* (cortar) to cut off; (dividir en secciones) to section

seco -ca *adj* **1** **(a)** [ESTAR] ‹*ropa/platos/pintura*› dry; ‹*boca/garganta*› dry **(b)** [ESTAR] ‹*planta/río/comida*› dry **(c)** [SER] ‹*clima/región*› dry **2** ‹*higos/flores*› dried; **bacalao ~** stockfish, dried salt cod **3** [SER] (no graso) ‹*piel/pelo*› dry **4** [SER] (no dulce) ‹*vino/licor/vermut*› dry **5** ‹*golpe/sonido*› sharp; ‹*tos*› dry **6** ‹*respuesta/carácter*› dry; **estuvo muy ~ conmigo** he was very short with me **7** (*en locs*) **en seco** ‹*frenar/parar*› sharply, suddenly; **limpieza en ~** dry cleaning

secreción *f* (de glándula) secretion; (de herida) discharge

secretaría *f* **1** **(a)** (cargo) office of secretary **(b)** (oficina) secretary's office **(c)** (departamento administrativo) secretariat **2** (Méx) (ministerio) department, ministry (BrE)

secretariado *m* secretarial work; **estudia ~** she's doing a secretarial course

🔑 **secretario -ria** *m,f* **1** **(a)** (trabajador administrativo) secretary **(b)** (de asociación, sociedad) secretary; **~ de dirección** secretary to the director; **~ general** secretary general **2** (Méx) (Gob, Pol) secretary of state, minister; **S~ de Gobernación** (en Méx) Minister of the Interior, ≈ Home Secretary (*in UK*)

secretear [A1] *vi* (AmL fam) to whisper
■ **secretearse** *v pron* (AmL fam) to whisper

secreter *m* writing desk

secreto¹ -ta *adj* secret

🔑 **secreto²** *m* **(a)** (información confidencial) secret; **los preparamos en ~** we prepared them secretly *o* in secret; **~ a voces** open secret **(b)** (truco) secret; **el ~ está en ...** the secret is in ...

secta *f* sect

sectario -ria *adj* sectarian

🔑 **sector** *m* **(a)** (grupo) sector, group **(b)** (Mat) sector **(c)** (de ciudad) area **(d)** (Com, Econ) sector

secuela *f* consequence

secuencia *f* sequence, series

secuestrador -dora *m,f* (de persona) kidnapper; (de avión) hijacker

secuestrar [A1] *vt* ‹*persona*› to kidnap; ‹*avión*› to hijack

secuestro *m* (de persona) kidnapping; (de avión) hijack(ing); **~ exprés** *opportunistic hold-up and kidnapping, often followed by forced withdrawal and handover of money from an ATM*

secundaria *f* **(a)** (enseñanza media) secondary education, high school (AmE) **(b)** (Méx) (instituto) middle school

🔑 **secundario -ria** *adj* ‹*factor/problema*› secondary; ‹*actor/actriz*› supporting (*before n*)

sed *f* thirst; **el agua le quitó la ~** the water quenched his thirst; **tengo ~** I'm thirsty; **me da ~** it makes me (feel) thirsty; **su ~ de venganza/riqueza** her thirst for vengeance/riches

seda *f* (Tex) silk; (Odont): **~ dental** dental floss

sedal *m* fishing line

sedante *adj/m* (Med) sedative

🔑 **sede** *f* **(a)** (del gobierno) seat **(b)** (Relig) see **(c)** (de organización internacional) headquarters (*sing or pl*); (de compañía) headquarters (*sing or pl*), head office **(d)** (de congreso, feria) venue; **la ~ de los Juegos Olímpicos** the venue for the Olympic Games

sedentario -ria *adj* sedentary

sediento -ta *adj* thirsty

sedimento *m* sediment, deposit

sedoso -sa *adj* silky

seducción *f* seduction

seducir [I6] *vt* **(a)** (en sentido sexual) to seduce **(b)** (fascinar, cautivar) to captivate **(c)** «*idea/proposición*» (atraer) to attract, tempt; **no me seduce la idea** the idea doesn't appeal to me at all

🔑 key word

seductor -tora *adj* **(a)** (en sentido sexual) seductive **(b)** (que cautiva, fascina) enchanting, charming **(c)** ‹*idea/proposición*› attractive, tempting
■ *m,f* (*m*) seducer; (*f*) seducer, seductress

seg. *m* (= **segundo/segundos**) sec.

segar [A7] *vt* ‹*mies*› to reap (liter), to cut

seglar *adj* lay (*before n*)
■ *mf* (*m*) layman; (*f*) laywoman

segmento *m* (Mat) segment; (Zool) segment; (Com) sector

segregación *f* segregation; **~ racial** racial segregation

segregar [A3] *vt* ‹*personas/grupos*› to segregate

seguida: **en seguida** (*loc adv*) immediately, right *o* (BrE) straight away; **vinieron en ~** they came at once *o* right away; **en ~ voy/vuelvo** I'll be right there/back

seguido¹ -da *adj* consecutive, in a row; **faltó tres días ~s** she was absent three days running *o* in a row; **pasaron tres autobuses ~s** three buses went by one after the other; **~** DE **algo/algn** followed BY sth/sb

seguido² *adv* **1** (recto, sin desviarse) straight on; **vaya todo ~** go straight on **2** (AmL) (a menudo) often

seguidor -dora *m,f* (de teoría, filósofo) follower; (Dep) supporter, fan

🔑 **seguimiento** *m* **(a)** (de un animal, satélite) tracking **(b)** (de un proceso) monitoring

🔑 **seguir** [I30] *vt* **1** ‹*persona/vehículo/presa*› to follow; **camina muy rápido, no la puedo ~** she walks very fast, I can't keep up with her **2** ‹*camino/ruta*› to follow, go along; **siga esta carretera hasta llegar al puente** go along *o* follow this road as far as the bridge; **la saludé y seguí mi camino** I said hello to her and went on (my way); **la enfermedad sigue su curso normal** the illness is running its normal course **3** **(a)** ‹*instrucciones/consejo/flecha*› to follow **(b)** ‹*autor/método/tradición/moda*› to follow; **~ los pasos de algn** to follow in sb's footsteps **4** **(a)** ‹*trámite/procedimiento*› to follow; ‹*tratamiento*› to undergo **(b)** (Educ) ‹*curso*› to do, take **5** ‹*explicaciones/profesor*› to follow; **dicta demasiado rápido, no la puedo ~** she dictates too quickly, I can't keep up
■ **~** *vi* **1** **(a)** (por un camino) to go on; **siga derecho** or **todo recto** keep *o* go straight on; **sigue por esta calle** go on down this street; **~ de largo** (AmL) to go straight past **(b)** **seguir adelante** to carry on; **resolvieron ~ adelante con los planes** they decided to go ahead with their plans **(c)** (Col, Ven) (entrar): **siga por favor** come in, please **2** (en lugar, estado): **¿tus padres siguen en Ginebra?** are your parents still in Geneva?; **espero que sigan todos bien** I hope you're all keeping well; **sigue soltera** she's still single; **si las cosas siguen así ...** if things carry on like this ... **3** «*tareas/buen tiempo/lluvia*» to continue; «*rumores*» to persist; **sigo pensando que deberíamos haber ido** I still think we ought to have gone; **~é haciéndolo a mi manera** I'll go on *o* carry on doing it my way **4** **(a)** (venir después): **lee lo que sigue** read what comes next; **el capítulo que sigue** the next chapter **(b)** «*historia/poema*» to continue, go on

según *prep* **1** (de acuerdo con) according to; **~ Elena** according to Elena; **~ parece** apparently **2** (dependiendo de): **~ cómo lo hagas** depending (on) how you do it; **¿me llevas a casa? — ~ dónde vivas** will you take me home? — (it) depends where you live
■ *adv* it depends; **puede resultar o no, ~** it may or may not work, it depends
■ *conj* (a medida que) as; **~ van entrando** as they come in

segunda *f* **1** **(a)** (Auto) (marcha) second (gear); **mete (la) ~** put it in second (gear) **(b)** (Transp) (clase) second class; **viajar en ~** to travel second class **2** **segundas** *fpl*: **todo lo dice con ~s** there's a hidden meaning to everything he says

segundero *m* second hand

segundo[1] -da *adj/pron* **(a)** (ordinal) second; **relegar a algn a un ~ plano** to push sb into the background; *para ejemplos ver* **quinto** **(b)** ‹*categoría/clase*› second
■ *m,f* deputy, second-in-command

segundo[2] *m* second; **un ~, ahora te atiendo** just a second, I'll be right with you

seguramente *adv* (*indep*): **¿llegarán hoy? — seguramente** (con certeza) will they arrive today — I'm sure they will; (probablemente) will they arrive today? — probably; **compramos veinte aunque, ~, gastaremos menos** we bought twenty although they probably *o* almost certainly won't all be used

seguridad *f* **1** (ausencia de peligro) safety; (protección contra robos, atentados) security; **medidas de ~** (contra accidentes, incendios) safety measures; (contra robos, atentados) security measures; **una prisión de alta ~** a high security prison; **~ ciudadana** public safety **2** (estabilidad, garantía) security; **~ social** social security **3** **(a)** (certeza) certainty; **podemos decir con ~ que ...** we can say for sure *o* with certainty that ... **(b)** (confianza, aplomo) confidence, self-confidence

seguro[1] -ra *adj* **1** **(a)** [SER] (exento de riesgo) safe; **en un lugar ~** in a safe place **(b)** (estable) secure; **un trabajo ~** a secure job; **esa escalera no está segura** that ladder isn't safe *o* steady **(c)** [SER] (fiable) ‹*test/método*› reliable; ‹*anticonceptivo*› safe; **el cierre de la pulsera es muy ~** the fastener on the bracelet is very secure **(d)** [ESTAR] (a salvo) safe **2** **(a)** [ESTAR] (convencido) sure; **no estoy ~** I'm not sure; **~ DE algo** sure *o* certain OF sth **(b)** [SER] (que no admite duda) ‹*muerte/victoria*› certain; ‹*fecha*› definite; **todavía no es ~** it's not definite yet; **no te preocupes, ~ que no es nada** don't worry, I'm sure it's nothing; **~ que se le olvida** he's sure *o* bound to forget **(c)** (con confianza en sí mismo) self-assured, self-confident

seguro[2] *m* **1** **(a)** (mecanismo — de armas) safety catch; (— de pulsera, collar) clasp, fastener; **echó el ~ antes de acostarse** he locked the door before going to bed **(b)** (Méx) (imperdible) safety pin **2** **(a)** (contrato) insurance; **~ contra** or **a todo riesgo** comprehensive insurance, all-risks insurance; **~ contra** or **de incendios** fire insurance; **~ de desempleo** unemployment benefit; **~ de viaje** travel insurance; **~ de vida** life assurance, life insurance **(b)** (Seguridad Social): **el ~** or **el S~** the state health care system, ≈ Medicaid (*in US*), ≈ the National Health Service (*in UK*)
■ *adv*: **dijo que llegaría mañana ~** she said she'd definitely be arriving tomorrow; **no lo sabe ~** she doesn't know for sure *o* certain; **~ que sospecha lo nuestro** I'm sure he suspects we're up to something

seis *adj inv/pron/m* six; *para ejemplos ver* **cinco**

seiscientos -tas *adj/pron* six hundred

seísmo *m* (Esp) (temblor) tremor; (terremoto) earthquake

selección *f* selection; **hizo una ~ de los mejores** she selected the best ones; **la ~ mexicana** (Dep) the Mexican national team

seleccionador -dora *m,f* (Dep) **(a)** (entrenador) coach (AmE), manager (BrE) **(b)** (miembro de una junta) selector

seleccionar [A1] *vt* to select, choose

selectividad *f* **(a)** (cualidad) selectivity **(b)** (Educ) (en Esp) *university entrance examination*

selectivo -va *adj* selective

selecto -ta *adj* ‹*fruta/vino*› select, choice; ‹*ambiente/club*› select, exclusive

sellar [A1] *vt* **1** **(a)** ‹*pasaporte*› to stamp **(b)** ‹*plata/oro*› to hallmark **2** (cerrar) to seal

sello *m* **1** (de correos) (postage) stamp; (útil de oficina) rubber stamp; (marca) stamp **2** **(a)** (en el oro, la plata) hallmark **(b)** (AmL) (de una moneda) reverse; **¿cara o ~?** (Andes, Ven) heads or tails? **(c)** (anillo) signet ring, seal ring **(d)** (distintivo) hallmark **(e)** (Mús) *tb* **~ discográfico** record label **3** (precinto) seal

selva *f* (bosque) forest; (de vegetación tropical) jungle; **S~ Negra** Black Forest; **~ tropical** tropical rainforest, selva

semáforo *m* **(a)** (Auto) traffic lights (*pl*); **se pasó un ~ en rojo** she went through *o* (AmE) ran a red light **(b)** (Ferr) stop signal **(c)** (Náut) semaphore

semana *f* **1** (periodo) week; **~ laboral** workweek (AmE), working week (BrE); **S~ Santa** Easter **2** (Col) (dinero) allowance, pocket money

semanal *adj* weekly

semanario *m* (Period) weekly magazine (*o* newspaper *etc*), weekly

semántico -ca *adj* semantic

sembrado[1] *m* sown field

sembrado[2] -da *m,f* (Méx) (Dep) seed

sembrar [A5] *vt* ‹*terreno/campo*› to sow; ‹*trigo/hortalizas*› to sow, plant; **~ algo DE algo** to plant sth WITH sth

semejante *adj* **(a)** (similar) similar; **~ A algo** similar TO sth **(b)** (*delante del n*) (para énfasis): **¡cómo puedes decir ~ cosa!** how can you say such a thing!; **nunca había oído ~ estupidez** I'd never heard such nonsense *o* anything so stupid
■ *m*: **nuestros ~s** our fellow men

semejanza *f* similarity; **a ~ de sus antepasados** like his ancestors

semen *m* semen

semental *m* (caballo) stud horse; (toro) stud bull

semestral *adj* **(a)** (en frecuencia) ‹*exámenes/reuniones*› half-yearly, six-monthly **(b)** (en duración) ‹*curso*› six-month (*before n*)

semestre *m* **(a)** (seis meses): **cada curso dura**

un ~ each course lasts six months **(b)** (Educ) (en algunos países latinoamericanos) *tb* ~ **lectivo** semester (AmE), term (BrE)

semicírculo *m* semicircle

semicorchea *f* sixteenth note (AmE), semiquaver (BrE)

semidesnatado -da *adj* (Esp) semi-skimmed, half-cream (*before n*)

semifinal *f* semifinal

semifinalista *mf* semifinalist

⚷ **semilla** *f* seed

semillero *m* **(a)** (Agr, Bot) seedbed **(b)** (de discordias) source; (de delincuencia) hotbed, breeding ground

⚷ **seminario** *m* **(a)** (Relig) seminary **(b)** (Educ) seminar

seminarista *m* seminarian

semita *adj* Semitic
■ *mf* Semite

sémola *f* semolina; ~ **de arroz** ground rice

Sena *m*: **el** ~ the Seine

⚷ **senado** *m* senate

⚷ **senador -dora** *m,f* senator

sencillez *f* simplicity; **con** ~ ‹*vestir*› simply; ‹*comportarse*› with modesty; **habla con** ~ she uses plain language

⚷ **sencillo[1] -lla** *adj* **1** **(a)** ‹*ejercicio/problema*› simple, straightforward; **no fue** ~ **hacerlos entrar** it wasn't easy getting them in **(b)** ‹*persona*› modest, unassuming; ‹*vestido/estilo*› simple, plain; ‹*casa/comida*› simple, modest **2** (Esp, Méx) (Transp) one-way (AmE), single (BrE)

sencillo[2] *m* **1** (disco) single **2** (AmL) (dinero suelto) change **3** (Esp, Méx) (Transp) one-way ticket (AmE), single (ticket) (BrE)

senda *f* **(a)** (camino) path **(b)** (Ur) (de carretera) lane

sendero *m* path, track

sendos -das *adj pl* (cada uno): **llevaban sendas pistolas** each of them was carrying *o* they were each carrying a gun; **con sendas fiestas en Madrid y Barcelona** with parties in both Madrid and Barcelona

Senegal *m* Senegal

senilidad *f* senility

seno *m* **(a)** (mama) breast; (pecho) bosom; **los** ~**s** the breasts; **dar el** ~ (Ven) to breastfeed **(b)** (de organización, empresa) heart

⚷ **sensación** *f* **1** (percepción, impresión) feeling; **una** ~ **de tristeza/impotencia** a feeling of sadness/impotence; **una vaga** ~ **de placer** a vague sensation of pleasure; **una** ~ **de pérdida/espacio** a sense of loss/space; **tengo** or **me da la** ~ **de que no vamos a ganar** I have a feeling we're not going to win **2** (furor, éxito) sensation; **ser una** ~ to be a sensation

sensacional *adj* sensational

sensacionalismo *m* sensationalism

sensacionalista *adj* ‹*prensa*› sensationalist (*before n*); ‹*artículo/foto*› sensationalistic

sensatez *f* sense; **tuvo la** ~ **de ...** she had the (good) sense to ...; **obró con** ~ she acted sensibly

⚷ key word

sensato -ta *adj* sensible

sensibilidad *f* **(a)** (en general) sensitivity **(b)** (en brazo, pierna) feeling

sensibilizar [A4] *vt* to raise ... awareness

sensible *adj* **1** (en general) sensitive; ~ A **algo** sensitive TO sth **2** (*gen delante del n*) (fml) (ostensible) ‹*cambio/diferencia*› appreciable; ‹*mejoría*› noticeable; ‹*aumento/pérdida*› considerable

sensiblero -ra *adj* (pey) mawkish

sensitivo -va *adj* sensory

sensorial *adj* sensory

sensual *adj* ‹*boca/cuerpo*› sensual, sensuous; ‹*placeres/gesto*› sensual; ‹*descripción*› sensuous

sensualidad *f* (de boca, gesto) sensuality; (de descripción) sensuousness

sentada *f* **(a)** (protesta) sit-in, sit-down protest **(b) de** or **en una sentada** in one go

sentado -da *adj* sitting, seated (fml); **estaban** ~**s a la mesa** they were (sitting) at the table; ***dar algo por*** ~ to assume sth

sentador -dora *adj* (AmL) flattering, fetching

⚷ **sentar** [A5] *vi* (+ *me/te/le etc*) **(a)** «*ropa/color*» (+ *compl*) **ese vestido le sienta de maravilla** that dress really suits her **(b)** «*comida/bebida/clima*» (+ *compl*) **el café no le sienta bien** coffee doesn't agree with her; **me sentó bien el descanso** the rest did me a lot of good **(c)** «*actitud/comentario*» (+ *compl*) **me sentó mal que no me invitaran** I was rather put out that they didn't ask me (infml)
■ ~ *vt* **1** ‹*niño/muñeca*› to sit; ‹*invitado*› to seat, sit **2** (establecer) to establish
■ **sentarse** *v pron* to sit; ~**se a la mesa** to sit at (the) table; **siéntese, por favor** please (do) sit down

⚷ **sentencia** *f* (Der) judgment, ruling

sentenciar [A1] *vt* to sentence; **la** ~**on a muerte** (Der) she was sentenced to death

sentido[1] -da *adj* **1** ‹*palabras/carta*› heartfelt; ‹*anhelo/dolor*› deep; **mi más** ~ **pésame** my deepest sympathy **2** [ESTAR] (AmL) (ofendido) hurt, offended

⚷ **sentido[2]** *m* **1** **(a)** (Fisiol) sense **(b)** (noción, idea) ~ DE **algo** sense OF sth; **su** ~ **del deber** her sense of duty; ~ **común** common sense; ~ **del humor** sense of humor* **2** (conocimiento) consciousness; **perder el** ~ to lose consciousness; **el golpe lo dejó sin** ~ he was knocked unconscious by the blow **3** (significado) sense; **en el buen** ~ **de la palabra** in the nicest sense of the word; **en** ~ **literal** in a literal sense; **lo dijo con doble** ~ he was intentionally ambiguous; **el** ~ **de la vida** the meaning of life; **en cierto** ~ ... in a sense ...; **no le encuentro** ~ **a lo que haces** I can't see any sense *o* point in what you're doing; **esa política ya no tiene** ~ that policy doesn't make sense anymore *o* is meaningless now; **palabras sin** ~ meaningless words **4** (dirección) direction; **gírese en** ~ **contrario al de las agujas del reloj** turn (round) in a counterclockwise (AmE) *o* (BrE) an anticlockwise direction; **venían en** ~ **contrario al nuestro** they were coming in the opposite direction to us; **calle de** ~ **único** or (Méx, Chi) **de**

un solo ~ one-way street

sentimental *adj* **(a)** (relativo a los sentimientos) sentimental **(b)** ‹*persona/canción/novela*› sentimental; **ponerse ~** to get sentimental **(c)** ‹*aventura/vida*› love (*before n*)

sentimentalismo *m* sentimentalism

sentimiento *m* **1** **(a)** (emoción) feeling; **ser de buenos ~s** to be a caring person; **no se deja llevar por los ~s** she doesn't let herself get carried away by her emotions **(b)** (pesar): **les acompaño en el ~** my commiserations **2** **sentimientos** *mpl* feelings (*pl*); **herir los ~s de algn** to hurt sb's feelings

sentir [I11] *vt* **1** **(a)** ‹*dolor/pinchazo*› to feel; **~ hambre/frío/sed** to feel hungry/cold/thirsty **(b)** ‹*emoción*› to feel; **sentimos una gran alegría** we were overjoyed; **~ celos** to feel jealous **2** **(a)** (oír) ‹*ruido/disparo*› to hear **(b)** (esp AmL) (percibir): **siento olor a gas** I can smell gas; **le siento gusto a vainilla** I can taste vanilla **3** (lamentar): **lo siento mucho** I'm really sorry; **sentí mucho no poder ayudarla** I was very sorry not to be able to help her; **ha sentido mucho la pérdida de su madre** she has been very affected by her mother's death

■ **sentirse** *v pron* **1** (+ *compl*) to feel; **me siento mal** I don't feel well, I'm not feeling well; **no me siento con ánimos** I don't feel up to it **2** (Chi, Méx) (ofenderse) to be offended *o* hurt; **~se** CON **algn** to be offended *o* upset WITH sb

seña *f* **1** (gesto) sign; **hacer una ~** to make a sign, to signal; **les hice ~s de que se callaran** I gestured *o* motioned to them to keep quiet **2** **señas** *fpl* (dirección) address **3** **señas** *fpl* (indicios) **dar ~s** DE **algo** to show signs OF sth **4** (RPl) ▸ **señal 5**

señal *f* **1** **(a)** (aviso, letrero) sign; **~es de tráfico** traffic signs; **S~ de la Cruz** sign of the cross **(b)** (signo) signal; **nos hacía ~es para que nos acercáramos** she was signaling *o* gesturing for us to come nearer; **~ de auxilio** or **socorro** distress signal **(c)** (Ferr) signal **2** (marca, huella): **pon una ~ en la página** mark the page; **~es de violencia** signs of violence **3** **(a)** (Rad, TV) signal **(b)** (Telec): **la ~ para marcar** the dial (AmE) *o* (BrE) dialling tone; **la ~ de ocupado** or (Esp) **comunicando** the busy signal (AmE), the engaged tone (BrE) **4** (indicio) sign; **eso es mala ~** that's a bad sign; **no daba ~es de vida** he showed no signs of life; **en ~ de respeto/amor** as a token of respect/love **5** (Esp) (Com) (depósito) deposit, down payment

señalar [A1] *vt* **1** (indicar) ‹*ruta/camino*› to show; **el reloj señalaba las doce** the clock showed twelve; **me señaló con el dedo** he pointed at me (with his finger); **~le algo** A **algn** to show sb sth, point sth out TO sb; **me señaló con el dedo qué pasteles quería** he pointed out (to me) which cakes he wanted **2** (marcar con lápiz, rotulador) to mark **3** (afirmar) to point out; **señaló que ...** she pointed out that ... **4** (fijar) ‹*fecha*› to fix, set; **en el lugar señalado** in the appointed *o* agreed place **5** (anunciar) to mark

■ **~** *vi* to point

señalización *f* **(a)** (en carretera, calle) signposting; (en edificio, centro comercial) signs (*pl*) **(b)** (Ferr) signaling*

señalizar [A4] *vt* **(a)** ‹*carretera/calle/ciudad*› to signpost; ‹*edificio/centro comercial*› to put up directions on/in **(b)** (Ferr) ‹*tramo/vía*› to install signals on

señor -ñora *m,f* **1** **(a)** (persona adulta) (*m*) man, gentleman; (*f*) lady; **peluquería de ~as** ladies' hairdresser's **(b)** (persona distinguida) (*m*) gentleman; (*f*) lady; **es todo un ~** he's a real gentleman **2** (dueño, amo): **el ~/la ~a de la casa** the gentleman/the lady of the house (fml) **3** (Relig) **(a)** **Señor** *m* Lord **(b)** **Señora** *f* **Nuestra S~a de Montserrat** Our Lady of Montserrat **4** **señora** *f* (esposa) wife **5** (tratamiento de cortesía) **(a)** (con apellidos) (*m*) Mr; (*f*) Mrs; **los ~es de Paz** Mr and Mrs Paz **(b)** (fml) (con otros sustantivos): **la ~a directora está ocupada** the director is busy; **S~ Director** (Corresp) Dear Sir, Sir (fml) **(c)** (fml) (sin mencionar el nombre): **perdón, ~ ¿tiene hora?** excuse me, could you tell me the time?; **muy ~ mío/~es míos** (Corresp) Dear Sir/Sirs; **Teresa Chaves — ¿~a o ~ita?** Teresa Chaves — Miss, Mrs or Ms?; **los ~es han salido** Mr and Mrs Paz (*o* López *etc*) are not at home

señorial *adj* ‹*casa*› stately; ‹*ciudad*› noble

señorita *f* **1** **(a)** (mujer joven) young lady **(b)** (joven distinguida) young lady **(c)** (maestra) teacher **2** (tratamiento de cortesía) **(a)** (con apellidos) Miss **(b)** (con nombres de pila): **~ Teresa ¿puede atender a la señora?** Teresa/Miss Chaves (*o* López *etc*), could you serve this lady please? **(c)** (maestra) Miss **(d)** (sin mencionar el nombre) (fml) Miss

señorito *m* (pey) rich young man, rich kid (infml)

señuelo *m* (persona) bait; (para aves) decoy

sepa, **sepas**, *etc* ▸ **saber²**

separación *f* **1** **(a)** (división) separation; **la ~ de la Iglesia y del Estado** the separation of the Church and the State **(b)** (espacio) gap, separation **2** (del matrimonio) separation

separado -da *adj* **1** ‹*persona*› separated **2** **(a)** ‹*camas*› separate **(b)** **por separado** separately

■ *m,f*: **es hijo de ~s** his parents are separated

separador *m* **1** (de carpeta) divider **2** (Col) (Auto) median strip (AmE), central reservation (BrE)

separar [A1] *vt* **1** **(a)** (apartar, alejar) to separate; **~ los machos de las hembras** to separate the males from the females; **separa la cama de la pared** move the bed away from the wall **(b)** (dividir un todo) to divide **(c)** (guardar, reservar) to put *o* set aside **2** **(a)** (actuar de división) «*valla/línea*» to separate; **los Andes separan a Chile de Argentina** the Andes separate Chile from Argentina **(b)** (despegar): **no puedo ~ estas dos fotos** I can't get these two photographs apart

■ **separarse** *v pron* **(a)** «*matrimonio*» to separate; **~se** DE **algn** to separate FROM sb **(b)** (seguir direcciones distintas) to split up; **a mitad de camino nos separamos** we split up half way **(c)** (apartarse, alejarse): **no se separen, que los pequeños se pueden perder** please stay together in case the children get lost; **no me he separado nunca de mis hijos** I've never been away *o* apart from my children

separatismo *m* separatism

separatista *mf* separatist
separo *m* (Méx) cell
sepia *f* **(a)** (Coc, Zool) cuttlefish, sepia (tech) **(b)** (en pintura) sepia
■ *m* (color) sepia
septentrional *adj* northern
septiembre *m* September; *para ejemplos ver* **enero**
séptimo[1] -ma *adj/pron* seventh; **la séptima parte** a seventh; **el ~ arte** the movies (*pl*) (AmE), the cinema (BrE); *para ejemplos ver* **quinto[1]**
séptimo[2] *m* seventh
sepulcral *adj* (liter) ‹*silencio*› deathly
sepulcro *m* tomb, sepulcher* (liter)
sepultar [A1] *vt* **(a)** (fml) ‹*muerto*› to inter (fml), to bury **(b)** (period) (cubrir): **fue sepultado por un alud de nieve** he was buried by an avalanche
sepultura *f* **(a)** (acción) burial **(b)** (tumba) tomb, grave
sepulturero -ra *m,f* gravedigger
sequedad *f* **(a)** (de terreno, región, piel) dryness **(b)** (de respuesta, tono) curtness
sequía *f* drought
séquito *m* (de rey) retinue, entourage
ser [E26] *cópula* **1** (seguido de adjetivos) to be [▶ *expresses identity or nature as opposed to condition or state, which is normally conveyed by* ▶ **estar**. *The examples given below should be contrasted with those to be found in* ▶ **estar[1]** *cópula* **1**] **es bajo/muy callado** he's short/very quiet; **es sorda de nacimiento** she was born deaf; **es inglés/católico** he's English/(a) Catholic; **era cierto** it was true; **sé bueno, estate quieto** be a good boy and keep still; **que seas muy feliz** I hope you'll be very happy; (+ *me/te/le etc*) **siempre le he sido fiel** I've always been faithful to her; *ver tb* **imposible, difícil** *etc* **2** (hablando de estado civil) to be; **el mayor es casado** the oldest is married; **es viuda** she's a widow; *ver tb* **estar[1]** *cópula* **2** **3** (seguido de nombre, pronombre) to be; **soy abogada** I'm a lawyer; **ábreme, soy yo** open the door, it's me **4** (con predicado introducido por 'de'): **esos zapatos son de plástico** those shoes are (made of) plastic; **soy de Córdoba** I'm from Cordoba; **es de los vecinos** it belongs to the neighbors, it's the neighbors'; **no soy de aquí** I'm not from around here **5** (hipótesis, futuro): **será un error** it must be a mistake; **¿será cierto?** can it be true?
■ **~** *vi* **I** **1** **(a)** (existir) to be **(b)** (liter) (en cuentos): **érase una vez ...** once upon a time there was ... **2** **(a)** (tener lugar, ocurrir): **la fiesta va a ~ en su casa** the party is going to be (held) at her house; **¿dónde fue el accidente?** where did the accident happen? **(b)** (en preguntas): **¿qué habrá sido de él?** I wonder what happened to *o* what became of him; **¿qué es de Marisa?** (fam) what's Marisa up to (these days)? (infml); **¿qué va a ser de nosotros?** what will become of us? **3** (sumar): **¿cuánto es (todo)?** how much is that (altogether)?; **son 3.000 pesos** that'll be *o* that's 3,000 pesos; **somos diez en total** there are ten of us altogether **4** (indicando finalidad, adecuación) ~ PARA **algo** to be FOR sth; **este agua es para beber** this water is for drinking
II (*en locs*) **a no ser que** (+ *subj*) unless; **¿cómo es eso?** why is that?, how come? (infml); **como/cuando/donde sea: tengo que conseguir ese trabajo como sea** I have to get that job no matter what; **hazlo como sea, pero hazlo** do it any way *o* however you want but get it done; **el lunes o cuando sea** next Monday or whenever; **puedo dormir en el sillón o donde sea** I can sleep in the armchair or wherever you like *o* anywhere you like; **de ser así** (fml) should this be so *o* the case (fml); **¡eso es!** that's it!, that's right!; **es que ...: ¿es que no lo saben?** do you mean to say they don't know?; **es que no sé nadar** the thing is I can't swim; **lo que sea: cómete una manzana, o lo que sea** have an apple or something; **estoy dispuesta a hacer lo que sea** I'm prepared to do whatever it takes; **o sea: en febrero, o sea hace un mes** in February, that is to say a month ago; **o sea que no te interesa** in other words, you're not interested; **o sea que nunca lo descubriste** so you never found out; **(ya) sea ..., (ya) sea ...** either ..., or ...; **sea como sea** at all costs; **sea cuando sea** whenever it is; **sea donde sea** no matter where; **sea quien sea** whoever it is; **si no fuera/hubiera sido por ...** if it wasn't *o* weren't/hadn't been for ...
III (en el tiempo) to be; **¿qué fecha es hoy?** what's the date today?, what's today's date; **serían las cuatro cuando llegó** it must have been (about) four (o'clock) when she arrived; *ver tb v impers*
■ **~** *v impers* to be; **era primavera** it was spring(time)
■ *v aux* (en la voz pasiva) to be; **fue construido en 1900** it was built in 1900
■ *m* **1** **(a)** (ente) being; **~ humano/vivo** human/living being **(b)** (individuo, persona): **un ~ querido** a loved one **2** (naturaleza): **desde lo más profundo de mi ~** from the bottom of my heart
Serbia *f* Serbia
serbio[1] -bia *adj/m,f* Serbian
serbio[2] *m* (idioma) Serbian
serbocroata *adj/mf* Serbo-Croat, Serbo-Croatian
■ *m* (idioma) Serbo-Croat
seré, seremos, *etc* ▶ **ser**
serenarse [A1] *v pron* (calmarse) to calm down
serenata *f* serenade; **dar una** or (Méx) **llevar ~** to serenade
serenidad *f* calmness, serenity; **no pierdas la ~** keep calm
sereno[1] -na *adj* **(a)** ‹*rostro/expresión/belleza*› serene; ‹*persona*› serene, calm **(b)** ‹*cielo*› cloudless, clear; ‹*tarde*› still; ‹*mar*› calm, tranquil (liter)
sereno[2] *m* (vigilante nocturno) night watchman
sería, *etc* ▶ **ser**
serial *m* (CS) *f* ▶ **serie 2**
serie *f* **1** **(a)** (sucesión) series; **una ~ de pueblos** a series of villages **(b)** (clase) series; **coches de ~** production cars; **fabricación en ~** mass production; **producir/fabricar en ~** to mass produce; ***fuera de ~*** (fam) out of this world (infml) **(c)** (Dep) heat **2** (Rad, TV) series; (historia continua) serial
seriedad *f* **(a)** (en general) seriousness **(b)** (sensatez, responsabilidad): **se comportó**

key word

S

con mucha ~ she behaved very sensibly *o* responsibly; **¡un poco de ~!** come on, let's be serious now!

serio -ria *adj* **1** (poco sonriente) serious **2** ‹*empleado*› responsible, reliable; ‹*empresa*› reputable **3** **(a)** ‹*cine/tema*› serious **(b)** (grave) ‹*enfermedad/problema*› serious; **tengo serias dudas acerca de él** I have serious doubts about him **(c) en serio** ‹*hablar*› seriously, in earnest; **¿lo dices en ~?** are you (being) serious?, do you really mean it?; **tomarse algo en ~** to take sth seriously

sermón *m* sermon; **me echó un ~** (fam) he gave me a lecture

seropositivo -va *adj* (en general) seropositive; (con el VIH) HIV positive

serpentear [A1] *vi* «*río*» to meander, wind; «*camino*» to wind, twist

serpentina *f* streamer

serpiente *f* snake, serpent; **~ (de) cascabel** rattlesnake; **~ pitón** python

serrar [A5] *vt* to saw (up)

serrín *m* sawdust

serruchar [A1] *vt* (AmL) to saw

serrucho *m* handsaw

servicentro *m* (Andes) service station

servicial *adj* helpful, obliging

servicio *m* **1** **(a)** (acción de servir) service; **estamos a su ~** we are at your service; **estar de ~** «*policía/bombero*» to be on duty; **~ público** public service; **~s informativos** broadcasting services (*pl*) **(b)** (favor) favor*, service **(c) servicios** *mpl* (asistencia) services (*pl*); **me ofreció sus ~s** he offered me his services **2** (funcionamiento) service, use; **está fuera de ~** it's out of service; **han puesto en ~ el nuevo andén** the new platform is now in use *o* is now open **3** (en hospital) department; **~ de urgencias** casualty department **4** (en restaurante, hotel) **(a)** (atención al cliente) service **(b)** (propina) service (charge) **5** (servidumbre): **entrada de ~** tradesman's entrance; **cuarto de ~** servant's quarters; (fml) maid's room; **~ doméstico** (actividad) domestic service; (personas) servants (*pl*), domestic staff **6** (Mil) service; **~ militar** military service **7** (retrete) restroom (AmE), bathroom (esp AmE), toilet (esp BrE) **8** (en tenis) service, serve **9** (Relig) service **10** (AmL) (Auto) service

servidor -dora *m,f* **1** **(a)** (sirviente) servant **(b)** (fml) (Corresp): **su (atento y) seguro ~** your humble servant (fml) **2 servidor** *m* (Inf) server

servidumbre *f* **1** (esclavitud) servitude **2** (conjunto de criados) domestic staff, servants (*pl*)

servil *adj* **(a)** ‹*persona/actitud*› servile, obsequious (fml) **(b)** ‹*trabajo*› menial

servilleta *f* napkin, serviette (esp BrE)

servilletero *m* napkin ring, serviette ring (BrE)

servir [I14] *vi* **1** (ser útil): **esta caja no sirve** this box won't do *o* is no good; **ya no me sirve** it's (of) no use to me anymore; **¿para qué sirve este aparato?** what's this device for?; **no lo tires, puede ~ para algo** don't throw it away, it might come in useful for something; **este cuchillo no sirve para cortar pan** this knife is no good for cutting bread; **no sirves para nada** you're useless; **no creo que sirva para este trabajo** I don't think he's right *o* suitable for this job; **~** DE **algo**: **de nada sirve llorar** it's no use *o* good crying; **¿de qué sirve?** what's the point *o* the use?; **esto te puede ~ de mesa** you can use this as a table **2** **(a)** (en la mesa) to serve **(b)** (trabajar de criado) to be in (domestic) service **(c)** (Mil) to serve (fml) **3** (Dep) (en tenis) to serve

■ **~** *vt* **1** ‹*comida*› to serve; ‹*bebida*› to serve, pour **2** (estar al servicio de) ‹*persona/a la patria*› to serve; **¿en qué puedo ~la?** (fml) how can I help you?

■ **servirse** *v pron* (*refl*) ‹*comida*› to help oneself to; ‹*bebida*› to pour oneself, help oneself to

sésamo *m* sesame

sesear [A1] *vi*: *to pronounce the Spanish* [▶ Θ] *as* /s/, *eg* /serˈβesa/ *instead of* /θerˈβeθa/ *for*; ▶ **cerveza**

sesenta *adj inv/m/pron* sixty; *para ejemplos ver* **cincuenta**

seseo *m*: *pronunciation of the Spanish* /θ/ *as* /s/, *eg* /serˈβesa/ *instead of* /θerˈβeθa/ *for*; ▶ **cerveza**

sesión *f* **(a)** (reunión) session; **~ de clausura** closing session **(b)** (de tratamiento, actividad) session; (de fotografía, pintura) sitting **(c)** (de cine) showing, performance; (de teatro) show, performance; **~ de noche** late evening performance

sesionar [A1] *vi* (AmL) to be in session

seso *m* **(a)** (Anat, Zool) brain **(b) sesos** *mpl* (Coc) brains (*pl*)

set *m* (*pl* **sets**) set

seta *f* (comestible) mushroom; (venenosa) toadstool

setecientos -tas *adj/pron* seven hundred; *para ejemplos ver* **quinientos**

setenta *adj inv/m/pron* seventy; *para ejemplos ver* **cincuenta**

setiembre *m* September

seto *m* hedge

seudónimo *m* pseudonym; (de escritor) pen name, pseudonym

severidad *f* (de castigo, pena) severity, harshness; (de padre, educador) strictness; (de clima) harshness

severo -ra *adj* ‹*padre/profesor*› strict; ‹*castigo*› severe, harsh; ‹*invierno*› hard, severe; ‹*dieta/régimen*› strict

Sevilla *f* Seville

sexismo *m* sexism

sexista *adj/mf* sexist

sexo *m* sex; **el ~ débil** the weaker sex; **~ seguro** safe sex

sexto[1] -ta *adj/pron* sixth; *para ejemplos ver* **quinto[1]**; **la sexta parte** a sixth; **~ sentido** sixth sense

sexto[2] *m* sixth

sexual *adj* ‹*relaciones/órganos/comportamiento*› sexual; ‹*educación/vida*› sex (*before n*)

sexualidad *f* sexuality

sexy /ˈseksi, ˈsesi/ *adj* (fam) sexy

sh, shh *interj* shush!, ssh!, hush!

sha, shah *m* shah

S

sheriff /'ʃerif/ *mf* sheriff

shock /ʃok/ *m* **(a)** (Med) shock; **en estado de ~** in (a state of) shock **(b)** (sorpresa desagradable) shock

show /ʃou, tʃou/ *m* (*pl* **shows**) show

✓ **si** *conj* **1** **(a)** (en general) if; **~ pudiera** if I could; **~ lo hubiera** or **hubiese sabido ...** if I'd known ..., had I known ...; **empezó a decir que ~ esto, que ~ lo otro** he said this, that and the other **(b)** (en frases que expresan deseo) if only; **¡~ yo lo supiera!** if only I knew! **(c)** (en frases que expresan protesta, indignación, sorpresa): **¡pero ~ te avisé ...!** but I warned you ...! **(d)** (planteando eventualidades, sugerencias): **y ~ no quiere hacerlo ¿qué?** and if she doesn't want to do it, what then?; **¿y ~ lo probáramos?** why don't we give it a try? **(e)** (*en locs*) **si no** otherwise **2** (en interrogativas indirectas) whether; **no sé ~ marcharme o quedarme** I don't know whether to go or to stay
■ *m* (nota) B; (en solfeo) ti, te (BrE); **~ bemol/sostenido** B flat/sharp

✓ **sí** *adv* **1** (respuesta afirmativa) yes; **¿has terminado? — sí** have you finished? — yes (I have); **decir que ~ con la cabeza** to nod **2** (uso enfático): **ahora ~ que lo has hecho bien** now you've really done it! (infml); **tú ~ que sabes vivir** you certainly know how to live!; **eso ~ que es caro** that *is* expensive; **no puedo — ¡~ que puedes!** I can't — yes, you can! *o* of course, you can!; **que ~ cabe** it does fit; **es de muy buena calidad — eso ~** it's very good quality — (yes,) that's true **3** (sustituyendo a una cláusula): **creo que ~** I think so; **me temo que ~** I'm afraid so; **¿lloverá? — puede que ~** do you think it will rain? — it might; **un día ~ y otro no** every other day; **no puedo ir pero ella ~** I can't go but she can
■ *m* yes
■ *pron pers* **1** **(a)** (*refl*) (él) himself; (ella) herself; (ellos, ellas) themselves; **solo piensa en ~ (mismo)** he only thinks of himself; **parece muy segura de ~ (misma)** she seems very sure of herself; **fueron para convencerse a ~ mismos/mismas** they went to convince themselves **(b)** (*refl*) (usted) yourself; (ustedes) yourselves; **descríbase a ~ mismo** describe yourself; **léanlo para ~ (mismos)** read it (to) yourselves **(c)** (*impers*): **hay cosas que uno tiene que ver por ~ mismo** there are some things you have to see for yourself **2** (*en locs*) **entre sí** (entre dos) between themselves; (entre varios) among themselves; **lo discutieron entre ~** they discussed it between/among themselves; **no se respetan entre ~** they don't respect each other; **de por sí: es de por ~ nervioso** he is nervous by nature; **el sistema es de por ~ complicado** the system is in itself complicated; **en sí (mismo): el hecho en ~ (mismo) no tenía demasiada importancia** this in itself was not so important

siamés -mesa *adj* Siamese
■ *m,f* (gemelo) Siamese twins

sibarita *mf* (amante de los lujos) lover of luxury, sybarite (fml); (en cuestiones de comida) gourmet, epicure (fml)

Siberia *f* Siberia

Sicilia *f* Sicily

siciliano -na *adj/m,f* Sicilian

sida *m* (= **Síndrome de Inmunodeficiencia Adquirida**) AIDS

sidecar /siðe'kar, 'saikar/ *m* (*pl* **-cares** *or* **-cars**) sidecar

sideral *adj* (Astron) sidereal

siderurgia *f* iron and steel industry

sidra *f* hard cider (AmE), cider (BrE)

✓ **siempre** *adv* **1** always; **~ se sale con la suya** he always gets his own way; **como ~** as usual; **lo de ~** the usual thing; **a la hora de ~** at the usual time; **los conozco desde ~** I've known them for as long as I can remember; **para ~** (definitivamente) ‹*regresar/quedarse*› for good; (eternamente) ‹*durar/vivir*› for ever **2** (en todo caso) always; **~ podemos modificarlo después** we can always modify it later **3** (AmL) (todavía) still; **¿~ viven en Malvín?** do they still live in Malvín? **4** (*en locs*) **siempre que** (cada vez que) whenever; (a condición de que) (+ *subj*) provided (that), providing (that) **5** (Méx) (en definitiva) after all; **~ no se va** he's not leaving after all

sien *f* temple

sienta, sientas, *etc* ▶ **sentar**, ▶ **sentir**

sierra *f* **1** (Tec) saw; **~ de mano** handsaw; **~ mecánica** power saw **2** (Geog) (cordillera) mountain range; (zona montañosa): **fuimos a la ~** we went to the mountains

Sierra Leona *f* Sierra Leone

sierraleonés -nesa *adj* of/from Sierra Leone

siervo -va *m,f* serf, slave

siesta *f* siesta, nap; **dormir la ~** or **echar una ~** to have a siesta *o* nap

✓ **siete** *adj inv/pron* seven; *para ejemplos ver* **cinco**
■ *m* **(a)** (cardinal) (number) seven; *para ejemplos ver* **cinco** **(b)** (rotura) tear (*L-shaped*)

sietemesino -na *m,f* premature baby (*esp when born two months early*)

sífilis *f* syphilis

sifilítico -ca *m,f* person with *o* suffering from syphilis, syphilitic

sifón *m* **1** **(a)** (botella) siphon* **(b)** (Esp fam) (soda) soda (water) **(c)** (Col) (cerveza) draft* beer **2** (para trasvasar líquidos) siphon; (en fontanería) U-bend, trap

siga, sigas, *etc* ▶ **seguir**

sigilo *m* stealth; **con ~** stealthily

sigiloso -sa *adj* stealthy

sigla *f* abbreviation; (pronunciado como una palabra) acronym

✓ **siglo** *m* (período) century; **hace ~s** or **un ~ que no le escribo** (fam) I haven't written to her for ages (infml)

significación *f* (importancia) significance, importance

✓ **significado** *m* **1** (de palabra) meaning; (de símbolo) meaning, significance **2** (importancia) ▶ **significación**

✓ **significar** [A2] *vt* **(a)** (querer decir) to mean **(b)** (suponer, representar) ‹*mejora/ruina*› to represent; ‹*esfuerzo/riesgo*› to involve **(c)** (valer, importar) to mean

✓ **significativo -va** *adj* **1** ‹*cambio/detalle*› significant **2** ‹*gesto/sonrisa*› meaningful

✓ **signo** *m* **1** (en general) sign; **~ de admiración**

✓ key word

S

exclamation point (AmE), exclamation mark (BrE); **~ de interrogación** question mark; **~ de la victoria** V-sign; **~ de puntuación** punctuation mark **2** (Astrol) *tb* **~ del zodiaco** sign; **¿de qué ~ eres?** what sign are you?

sigo, **sigue**, *etc* ▶ **seguir**

siguiente *adj* **1** **(a)** (en el tiempo) following (*before n*); **al día ~** the next *o* the following day **(b)** (en secuencia) next; **en el capítulo ~** in the next *o* following chapter **(c)** (*como n*): **serán los ~s en entrar** they'll be the next to go; **¡(que pase) el ~!** next please! **2** (que se va a nombrar) following (*before n*); **la carta decía lo ~** ... the letter said the following ...

sílaba *f* syllable

silbar [A1] *vt* **(a)** ‹*melodía*› to whistle **(b)** ‹*cantante/obra*› (en señal de desaprobación) to whistle at, catcall

■ **~** *vi* **(a)** (Mús) to whistle **(b)** «*viento*» to whistle **(c)** «*oídos*» **me silban los oídos** I've got a ringing *o* whistling in my ears

silbato *m* **(a)** (pito) whistle; **tocar el ~** to blow the whistle **(b)** (Col period) (árbitro) referee

silbido *m* **(a)** (con la boca, un silbato) whistle; **dio un ~** he whistled **(b)** (del viento, balas) whistling; (de respiración) wheezing **(c)** (en los oídos) ringing, whistling **(d) silbidos** *mpl* (en señal de desaprobacion) catcalls (*pl*)

silenciador *m* **(a)** (Auto) muffler (AmE), silencer (BrE) **(b)** (de arma) silencer

silencio *m* **1** (en general) silence; **deben guardar ~** you must remain silent; **en el ~ más absoluto** in dead *o* total silence **2** (Mús) rest

silenciosamente *adv* silently, quietly

silencioso -sa *adj* **1** ‹*máquina/motor*› quiet, silent, noiseless; ‹*persona*› silent, quiet **2** ‹*calle/barrio*› quiet

silicona *f* silicone

silicosis *f* silicosis

silla *f* **(a)** (mueble) chair; **~ de ruedas** wheelchair; **~ eléctrica** electric chair; **~ plegable** or **de tijera** folding chair **(b)** (Equ) *tb* **~ de montar** saddle

sillín *m* (de bicicleta) saddle

sillón *m* armchair, easy chair

silogismo *m* syllogism

silueta *f* **(a)** (cuerpo) figure **(b)** (contorno) silhouette

silvestre *adj* wild

simbólico -ca *adj* symbolic

simbolizar [A4] *vt* to symbolize, represent

símbolo *m* symbol

simetría *f* symmetry

simétrico -ca *adj* symmetric, symmetrical

símil *m* **(a)** (comparación) comparison **(b)** (Lit) simile

similar *adj* similar; **~** A **algo** similar TO sth

similitud *f* similarity, resemblance

simio *m* ape, simian (tech)

simpatía *f* **(a)** (de una persona) friendliness **(b)** (sentimiento): **se ganó la(s) ~(s) de todos** everyone came to like him; **no le tengo mucha ~** I don't really like him

simpático -ca *adj* **(a)** ‹*persona*› nice; **me cae** or **me resulta muy ~** I really like him **(b)** ‹*gesto/detalle*› nice, lovely **(c)** ‹*ambiente*› pleasant, congenial; ‹*paseo*› pleasant, nice

simpatizante *mf* (de partido) sympathizer, supporter

simpatizar [A4] *vi* **(a)** (caerse bien) **~** (CON **algn**) to get on well (WITH sb); **~ on desde el primer momento** they took to each other right from the start **(b)** (Pol) **~** CON **algo** to be sympathetic TO sth, to sympathize WITH sth

simple *adj* **1** (sencillo, fácil) simple; ▶ **llanamente** **2** (*delante del n*) (mero) simple; **el ~ hecho de** ... the simple fact of ...; **es un ~ resfriado** it's just a common cold; **un ~ soldado** an ordinary soldier **3** (puede resultar ofensivo) (tonto) simple (dated *or* offensive), simple-minded (dated *or* offensive)

simplemente *adv* just, simply; **dile, ~, que no vas a poder ir** just *o* simply tell him you won't be able to go

simpleza *f* **(a)** (falta de inteligencia) simpleness; (ingenuidad) gullibility **(b)** (tontería): **deja de hacer/decir ~s** stop being silly; **discutieron por una ~** they argued over a trifling matter

simplicidad *f* simplicity

simplificar [A2] *vt* to simplify

simplista *adj* simplistic

simposio, **simposium** *m* symposium

simulacro *m* **(a)** (cosa fingida): **no era de verdad, solo fue un ~** it wasn't for real, they (*o* he *etc*) were (*o* was *etc*) just pretending **(b)** (farsa) sham; **~ de ataque** mock attack; **~ de incendio** fire drill, fire practice

simular [A1] *vt* ‹*sentimiento*› to feign; ‹*accidente*› to fake; ‹*efecto/sonido*› to simulate

simultánea *f* (en ajedrez) simultaneous match

simultáneo -nea *adj* simultaneous

sin *prep* **1** without; **~ azúcar** without sugar; **seguimos ~ noticias** we still haven't had any news; **agua mineral ~ gas** still mineral water; **cerveza ~ alcohol** non-alcoholic beer, alcohol-free beer; **me quedé ~ pan** I ran out of bread **2** **(a)** (con significado activo) without; **se fue ~ pagar** he left without paying; **estuvo una semana ~ hablarme** she didn't speak to me for a week; **sigo ~ entender** I still don't understand; **la pisé ~ querer** I accidentally trod on her foot **(b)** (con significado pasivo): **preguntas ~ contestar** unanswered questions; **esto está aún ~ terminar** it still isn't finished **3** **~** QUE + SUBJ: **no voy a ir ~ que me inviten** I'm not going if I haven't been invited; **quítaselo ~ que se dé cuenta** get it off him without his *o* without him noticing; ▶ **embargo**

sinagoga *f* synagogue

sinceridad *f* sincerity; **te voy a contestar con toda ~** I'm going to be quite honest *o* frank with you

sincero -ra *adj* sincere

sincronía *f* synchrony

sincronizar [A4] *vt* **(a)** ‹*frecuencias/relojes*› to synchronize; **~ algo** CON **algo** to synchronize sth WITH sth **(b)** (Col) ‹*carro*› to tune

sindical *adj* union (*before n*), labor union (*before n*) (AmE), trade union (*before n*) (BrE)

sindicalismo *m* **(a)** (movimiento) labor union movement (AmE), trade union movement (BrE)

S

(b) (sistema, ideología) unionism, trade unionism (BrE)

sindicalista *mf* **(a)** (Rels Labs) member of the unions, trade unionist (BrE) **(b)** (Pol) syndicalist

sindicalizarse [A4] *v pron* (formar un sindicato) to unionize, form a union; (afiliarse a un sindicato) to join a union

✓ **sindicato** *m* (Rels Labs) union, labor union (AmE), trade union (BrE)

síndrome *m* syndrome; ~ **de abstinencia** withdrawal symptoms (*pl*); ~ **de inmunodeficiencia adquirida** Acquired Immune Deficiency Syndrome, AIDS; **el** ~ **premenstrual** premenstrual syndrome *o* (BrE) tension, PMS, PMT (BrE); ~ **de Down** Down's syndrome; ~ **de la clase turista** economy class syndrome

sinfín *m*: **un** ~ **de** a great many

sinfonía *f* symphony

sinfónico -ca *adj* ‹*música*› symphonic; ‹*orquesta*› symphony (*before n*)

Singapur *m* Singapore

single /'siŋgel/ *m* **1** (Mús) single **2** (en tenis) **(a)** (CS) (partido) singles (match) **(b) singles** *mpl* (AmL) (partido) singles (match)

singular *adj* singular
■ *m* singular; **en** ~ (Ling) in the singular

siniestro[1] **-tra** *adj* ‹*mirada/aspecto*› sinister; ‹*intenciones*› sinister, evil

siniestro[2] *m* (fml) (accidente) accident; (causado por una fuerza natural) disaster, catastrophe

sinnúmero *m* ▶ **sinfín**

✓ **sino** *conj* but; **se comió no uno,** ~ **tres** he ate not one, but three; **no hace** ~ **criticar a los demás** he does nothing but criticize everybody else; **no vino,** ~ **que llamó** he didn't come, he telephoned; **no solo ...** ~ **que ...** not only ... but ...
■ *m* (liter) fate

sínodo *m* synod

sinónimo[1] **-ma** *adj* synonymous; ~ DE **algo** synonymous WITH sth

sinónimo[2] *m* synonym; ~ DE **algo** synonym FOR sth

sinsabores *mpl* (problemas) troubles (*pl*); (experiencias tristes) heartaches (*pl*)

S

sintáctico -ca *adj* syntactic

sintagma *m* syntagm, syntagma

sintaxis *f* syntax

síntesis *f* (*pl* ~) **(a)** (resumen) summary **(b)** (deducción) synthesis; (combinación) synthesis, combination

sintético -ca *adj* ‹*fibra*› synthetic, man-made; ‹*suelas*› man-made

sintetizador *m* synthesizer

sintetizar [A4] *vt* **(a)** (resumir) to summarize **(b)** (combinar) to synthesize, combine

sintiera, **sintió**, *etc* ▶ **sentir**

✓ **síntoma** *m* (Med) symptom; (señal) sign, indication

sintonía *f* **(a)** (Rad, TV): **están ustedes en la** ~ **de Radio Victoria** you are listening to Radio Victoria; **para una mejor** ~ for better reception **(b)** (armonía): **en** ~ **con el pueblo** in tune with the people

sintonizador *m* tuner

sintonizar [A4] *vt* ‹*emisora*› to tune (in) to
■ ~ *vi* (Rad, TV) to tune in

sinvergüenza *adj* **(a)** (canalla): **¡qué tipo más** ~**!** what a swine! (infml) **(b)** (hum) (pícaro) naughty
■ *mf* **(a)** (canalla) swine (infml); (estafador, ladrón) crook (infml) **(b)** (hum) (pícaro) rascal (hum)

síper *m* (Méx) zipper (AmE), zip (BrE)

✓ **siquiera** *adv* **1** (por lo menos) at least; **dile** ~ **adiós** at least say goodbye to her; **¡si (tan)** ~ **me hubiera avisado ...!** if only you'd warned me ...! **2** (en frases negativas) even; **ni** ~ **nos saludó** he didn't even say hello to us

sirena *f* **1** (Mit) mermaid; (en mitología clásica) siren **2** (de fábrica, ambulancia, alarma) siren **3** (Col) (en pirotecnia) rocket

Siria *f* Syria

sirope *m* syrup

sirviente -ta *m,f* (*m*) servant; (*f*) maid, servant

sísmico -ca *adj* seismic

sismo *m* (terremoto) earthquake; (temblor) earth tremor

sismógrafo *m* seismograph

✓ **sistema** *m* **1** (método) system; **trabajar con** ~ to work systematically *o* methodically **2** (conjunto organizado) system; ~ **nervioso** nervous system; ~ **solar** solar system; **S**~ **Monetario Europeo** European Monetary System **3** (Inf) system; **entrar en el/salir del** ~ to log on/off

sistemático -ca *adj* ‹*persona*› systematic, methodical; ‹*método*› systematic

sistematizar [A4] *vt* to systematize

sitiar [A1] *vt* **(a)** (Mil) to besiege; **estamos sitiados** we are under siege **(b)** (acorralar) to corner

✓ **sitio** *m* **1** **(a)** (lugar) place; **pon ese libro en su** ~ put that book back in its place; **cambié la tele de** ~ I moved the TV; **déjalo en cualquier** ~ leave it anywhere; **tiene que estar en algún** ~ it must be around somewhere **(b)** (espacio) room, space; **¿hay** ~ **para todos?** is there (enough) room for everyone?; ***hacer*** ~ to make room **(c)** (plaza, asiento): **guárdame el** ~ keep my seat *o* place; **le cambié el** ~ I changed places with him **(d)** (Inf) *tb* ~ **web** Web site **(e)** (Méx) (parada de taxis) taxi stand *o* rank **(f)** (Chi) (terreno urbano) vacant lot **2** (Mil) siege

✓ **situación** *f* **1** **(a)** (coyuntura) situation **(b)** (en la sociedad) position, standing **2** (emplazamiento) position, situation (fml), location (fml)

situado -da *adj* **(a)** (ubicado) situated **(b)** ‹*persona*› **estar bien** ~ to have a good position in society

✓ **situar** [A18] *vt* **(a)** (colocar, ubicar) ‹*fábrica/aeropuerto*› to site, to locate (fml) **(b)** (Lit) ‹*obra/acción*› to set **(c)** ‹*soldados*› to post, station
■ **situarse** *v pron* **(a)** (colocarse, ubicarse): **con esta victoria se sitúan en primer lugar** this victory puts them in first place; **se situó entre los cinco mejores** she got a place among the top five **(b)** (socialmente): **se ha situado muy bien** he has done very well for himself

✓ key word

siútico -ca *adj/m,f* (Chi) ▶ **cursi**
skai®, skay® /(e)s'kai/ *m* imitation leather
S.L. *f* = **Sociedad Limitada**
slalom /(e)s'lalom/ *m* (*pl* **-loms**) slalom
slip /(e)s'lip/ (*pl* **slips**) *m* **1** (prenda interior) **(a)** (de hombre) underpants (*pl*), pants (*pl*) (BrE) **(b)** (de mujer) panties (*pl*), knickers (*pl*) (BrE) **2** (bañador) swimming trunks (*pl*)
SME *m* (= **Sistema Monetario Europeo**) EMS
smog /(e)s'moɣ/ *m* (AmL) smog
SMS *m* text message, SMS
snowboard /'esnobor(ð)/ *m* snowboard
sobaco *m* armpit
sobado -da *adj* ‹*tapizado/cortinas/prenda*› worn, shabby; ‹*libro*› dog-eared, well-thumbed
sobajear [A1] *vt* (AmL fam) ▶ **sobar**
sobar [A1] *vt* **1** **(a)** (manosear) ‹*tela/ropa/tapizado*› to handle, finger **(b)** (fam) ‹*chica*› to feel up (infml), to grope (esp BrE infml) **(c)** (Méx, Per fam) (adular) to suck up to (infml) **2** (Col, Ven) (dar masajes) to massage
soberanía *f* sovereignty
soberano -na *adj* **1** ‹*estado/pueblo/poder*› sovereign **2** (fam) (enorme) tremendous; **eso es una soberana estupidez** that's an absolutely ridiculous thing to say/do
■ *m,f* (Gob, Pol) sovereign
soberbia *f* (orgullo) pride; (altivez) arrogance, haughtiness
soberbio -bia *adj* **1** ‹*persona/carácter*› (orgulloso) proud; (altivo) arrogant, haughty **2** (magnífico) superb, magnificent
sobornar [A1] *vt* to bribe, suborn (fml)
soborno *m* (acción) bribery; (dinero, regalo) bribe
sobra *f* **1** **de sobra** **(a)** (mucho): **hay comida de ~** there's plenty of food **(b)** (de más): **tengo una entrada de ~** I have a spare *o* an extra ticket; **tú aquí estás de ~** you're not wanted/needed here **(c)** (muy bien): **saber de ~ que ...** to know full well *o* perfectly well that ... **2** **sobras** *fpl* (de comida) leftovers (*pl*)
sobrado -da *adj* **1** **(a)** ‹*experiencia*› ample, more than enough; **tengo ~s motivos para sospechar** I have every reason to be suspicious **(b)** ‹*persona*› **estar ~ de algo** to have plenty of sth; **no ando muy ~ de tiempo** I'm a bit short of time **2** (Andes fam) (engreído) full of oneself (infml)
sobrar [A1] *vi* **(a)** (quedar, restar): **sobró mucha comida** there was a lot of food left over; **¿te ha sobrado dinero?** do you have any money left? **(b)** (estar de más): **ya veo que sobro aquí** I can see I'm not wanted/needed here; **a mí no me sobra el dinero** I don't have money to throw around (infml); **sobra un cubierto** there's an extra place
sobre *m* **1** (Corresp) envelope **2** (AmL) (cartera) clutch bag
■ *prep* **1** (indicando posición) **(a)** (encima de) on; **lo dejé ~ la mesa** I left it on the table; **los puso uno ~ otro** she placed them one on top of the other; **estamos ~ su pista** we're on their trail **(b)** (por encima de) over; **volamos ~ Lima** we flew over Lima; **en el techo, justo ~ la mesa** on the ceiling right above *o* over the table; **4.000 metros ~ el nivel del mar** 4,000 meters above sea level **(c)** (alrededor de) on; **gira ~ su eje** it spins on its axis **2** (en relaciones de jerarquía): **amar a Dios ~ todas las cosas** to love God above all else **3** (acerca de) on; **hay muchos libros ~ el tema** there are many books on *o* about the subject **4** (Esp) (con cantidades, fechas, horas) around, about (BrE); **~ unos 70 kilos** around *o* about 70 kilos **5** **sobre todo** above all
sobrecama *f or m* (AmL exc CS) bedspread, counterpane
sobrecarga *f* **(a)** (en vehículo) excess load *o* weight **(b)** (de circuito, motor) overload; (de batería) overcharging
sobrecargar [A3] *vt* **(a)** ‹*vehículo/animal*› to overload **(b)** ‹*circuito/motor*› to overload; ‹*batería*› to overcharge **(c)** ‹*persona*› **~ a algn DE algo** (de trabajo/responsabilidad) to overburden sb WITH sth
sobrecargo *mf* **(a)** (Aviac) (supervisor) purser, chief flight attendant; (auxiliar de vuelo) flight attendant **(b)** (Náut) purser
sobrecogedor -dora *adj* shocking, horrific
sobrecoger [E6] *vt* **(a)** (conmover) to move **(b)** (asustar) to strike fear into
sobredosis *f* (*pl* ~) overdose
sobregirado -da *adj* (esp AmL) overdrawn
sobregirar [A1] *vt* (esp AmL) to overdraw (on)
■ **sobregirarse** *v pron* to overdraw
sobregiro *m* (esp AmL) overdraft
sobrehumano -na *adj* superhuman
sobrellevar [A1] *vt* ‹*dolor/enfermedad*› to endure, bear; ‹*tragedia*› to bear; ‹*soledad*› to endure
sobremesa *f* (conversación) after-lunch/after-dinner conversation; **estuvimos de ~** we sat around the table chatting
sobrenatural *adj* supernatural
sobrenombre *m* nickname
sobrepasar [A1] *vt* **(a)** ‹*nivel/cantidad*› to exceed, go above; **~ el límite de velocidad** to exceed *o* go over the speed limit **(b)** ‹*persona*› (en capacidad) to outstrip; (en altura) to overtake
sobrepeso *m* (AmL) (exceso — de equipaje) excess (baggage); (— de carga) excess load *o* weight
sobreponerse [E22] *v pron* (recuperarse) to pull oneself together; **~se A algo** to get over sth, recover FROM sth
sobrepuesto *pp* ▶ **sobreponerse**
sobresaliente *adj* ‹*actuación*› outstanding; ‹*noticia/hecho*› most significant *o* important
■ *m* (Educ) *grade between 8.5 and 10 on a scale of 10*
sobresalir [I29] *vi* **(a)** «*alero/viga*» to project, overhang; «*borde*» to protrude **(b)** (destacarse, resaltar) to stand out; **sobresale entre los demás** it/she stands out from the rest; **~ EN algo** (en deportes/idiomas) to excel *o* shine AT sth
sobresaltar [A1] *vt* to startle, make ... jump
■ **sobresaltarse** *v pron* to jump, be startled
sobresalto *m* fright
sobretiempo *m* (Chi, Per) **(a)** (horas extra, pago) overtime **(b)** (Dep) overtime (AmE), extra time (BrE)
sobretodo *m* overcoat

S

sobrevenir [I31] *vi* «*desgracia/accidente*» to strike

sobrevivencia *f* survival

sobreviviente *adj/mf* ▶ **superviviente**

sobrevivir [I1] *vi* to survive; ~ **A algo** to survive sth

sobrevolar [A10] *vt* to fly over

sobrino -na *m,f* (*m*) nephew; (*f*) niece; **mis ~s** (solo varones) my nephews; (varones y mujeres) my nephews and nieces

sobrio -bria *adj* **1** [SER] **(a)** ‹*persona*› sober, restrained; ‹*hábitos*› frugal **(b)** ‹*decoración/estilo/color*› sober **2** [ESTAR] (no borracho) sober

sobros *mpl* (AmC) leftovers (*pl*)

socarrón -rrona *adj* (sarcástico) sarcastic, snide; (taimado) sly, crafty

socavón *m* (hoyo) hole; (excavación) shaft, tunnel; (cueva) cave

sociable *adj* sociable

⚷ **social** *adj* social

socialdemocracia *f* social democracy

socialdemócrata *adj* social democratic ■ *mf* social democrat

socialismo *m* socialism

socialista *adj/mf* socialist

socializar [A4] *vt* to socialize

⚷ **sociedad** *f* **1** (Sociol) society; **~ de consumo** consumer society **2** (asociación, club) society **3** (Der, Fin) company; **~ anónima** ≈ public corporation (*in US*), ≈ public limited company (*in UK*); **~ de responsabilidad limitada** limited corporation (*in US*), (private) limited company (*in UK*); **~ inmobiliaria** (Esp) (que construye) construction company; (que administra) real estate (AmE) *o* (BrE) property management company; **~ mercantil** trading company **4** (clase alta) (high) society

⚷ **socio -cia** *m,f* **1** (miembro) member; **hacerse ~ de un club** to join a club **2** (Der, Fin) partner; **~ accionista** shareholder **3** (fam) (camarada) buddy (AmE infml), mate (BrE infml)

sociología *f* sociology

sociológico -ca *adj* sociological

sociólogo -ga *m,f* sociologist

socorrer [E1] *vt* to help, come to the aid of

socorrido -da *adj* ‹*excusa/recurso*› handy, useful

socorrismo *m* (en el agua) life-saving; (en la montaña) mountain rescue; (primeros auxilios) first aid

socorrista *mf* (en el agua) lifeguard, lifesaver; (en la montaña) mountain rescue worker; (de primeros auxilios) first-aider

socorro *m* help; **pedir ~** to ask for help; **¡~!** help!; **un grito de ~** a cry for help

soda *f* **(a)** (bebida) soda water, soda (AmE) **(b)** (AmC) (cafetería) coffee bar

sodio *m* sodium

sofá *m* sofa, settee, couch

sofá-cama *m* sofa bed

sofisticado -da *adj* sophisticated

sofocante *adj* stifling

⚷ key word

sofocar [A2] *vt* ‹*fuego*› to smother, put out; ‹*motín/revolución*› to stifle, put down
■ **sofocarse** *v pron* (acalorarse) to get upset *o* (infml) worked up

sofoco *m* **(a)** (fam) (disgusto): **estaba con un ~ terrible** I was so upset **(b)** (por el calor) suffocation; (en la menopausia) hot flash (AmE), hot flush (BrE)

sofreír [I35] *vt* to sauté, fry lightly

sofrito *m*: *fried tomatoes, onion, garlic, etc*

⚷ **software** /'sofwer/ *m* (Inf) (en general) software; (específico) piece of software

soga *f* (cuerda) rope

sois ▶ **ser**

soja *f* (Esp) soy (AmE), soya (BrE)

⚷ **sol** *m* **1** (Astron, Meteo) sun; **brillaba el ~** the sun was shining; **al salir/ponerse el ~** at sunrise/sunset; **ayer hizo** or **hubo ~** it was sunny yesterday; **un día de ~** a sunny day; **en esa habitación no da el ~** that room doesn't get any sunlight *o* sun; **ayer hubo siete horas de ~** we had seven hours of sunshine yesterday; ***tomar el ~*** or (CS) ***tomar ~*** to sunbathe **2** (fam) (persona encantadora): **es un ~** she's an angel (infml) **3** (Mús) (nota) G; (en solfeo) so*, sol; **~ bemol/sostenido** G flat/sharp **4** (moneda) sol (*Peruvian unit of currency*)

⚷ **solamente** *adv* ▶ **sólo**

solapa *f* (de chaqueta) lapel; (de bolsillo, libro, sobre) flap

solapado -da *adj* ‹*persona*› sly, underhand (BrE); ‹*maniobra*› surreptitious, sly

solar *adj* ‹*energía/año/placa*› solar; **los rayos ~es** the sun's rays
■ *m* **1** (terreno) piece of land, site **2 (a)** (casa solariega) ancestral home **(b)** (linaje) lineage **3** (Per) (casa de vecindad) tenement building

solario, solárium *m* solarium

soldado *mf* soldier; **~ de caballería** cavalryman; **~ de infantería** infantryman; **~ raso** private; **~** or **soldadito de plomo** tin soldier

soldar [A10] *vt* (con estaño) to solder; (sin estaño) to weld

soleado -da *adj* sunny

soledad *f*: **en la ~ de su cuarto** in the solitude of his room; **bebe para olvidar su ~** she drinks to forget her loneliness; **no soporta la ~** he can't stand being alone; **pasó sus últimos años en ~** she spent her last years alone

solemne *adj* **1** (en general) solemn **2** (*delante del n*) (fam) ‹*mentira*› complete, downright

solemnidad *f* solemnity

⚷ **soler** [E9] *vi*: **suele venir una vez a la semana** she usually comes once a week; **no suele retrasarse** he's not usually late; **solía correr todos los días** he used to go for a run every day

solera *f* **1** (tradición, calidad): **una familia con ~** a family with a long pedigree, a long-established family **2** (CS) (Indum) sundress

solfear [A1] *vt* to sol-fa

solfeo *m* (asignatura) music theory, sol-fa

solicitado -da *adj* ‹*persona*› in demand; ‹*canción*› popular

solicitante *mf* applicant; **~ de asilo** asylum seeker

⚷ **solicitar** [A1] *vt* ‹*empleo/plaza*› to apply for;

S

‹*permiso/entrevista/información*› to request, ask for; ‹*servicios/apoyo/cooperación*› to request, ask for

solícito -ta *adj* (dispuesto a ayudar) attentive; (amable) thoughtful, kind

⚷ **solicitud** *f* **(a)** (para trabajo) application; (para licencia) application, request; (para información, ayuda) request **(b)** (formulario) application form

⚷ **solidaridad** *f* solidarity; **en** or **por ~ con algn** in solidarity with *o* in sympathy with sb

⚷ **solidario -ria** *adj* (fraterno) supportive; **un gesto ~** a gesture of solidarity

solidarizar [A4] *vi* **~ CON algn** to support sb

■ **solidarizarse** *v pron* **~se CON algn** to support sb; **~se CON algo** to support sth

solidez *f* (de muro, edificio) solidity; (de argumento, empresa) soundness; (de relación) strength

⚷ **sólido¹ -da** *adj* **1** (en sentido físico) solid **2** **(a)** ‹*argumento/razonamiento*› solid, sound; ‹*preparación/principios*› sound **(b)** ‹*empresa*› sound; ‹*relación*› steady, strong

sólido² *m* **(a)** (Fís, Mat) solid **(b)** **sólidos** *mpl* (Med) solids (*pl*)

solista *mf* soloist

solitaria *f* tapeworm

solitario -ria *adj* **(a)** ‹*persona/animal*› solitary; ‹*vejez/niñez*› lonely; **lleva una vida muy solitaria** he leads a very solitary existence **(b)** ‹*calles*› empty, deserted; ‹*paraje/lugar*› lonely, solitary

■ *m,f* **1** (persona) loner **2** **solitario** *m* **(a)** (Jueg) solitaire (AmE), patience (BrE) **(b)** (diamante) solitaire

sollozar [A4] *vi* to sob

sollozo *m* sob

⚷ **solo¹ -la** *adj* **(a)** (sin compañía): **estar/sentirse ~** to be/feel lonely; **lo dejaron ~** (sin compañía) they left him on his own *o* by himself; (para no molestar) they left him alone; **el niño ya camina ~** the baby's walking on his own now; **hacen los deberes ~s** they do their homework by themselves; **hablar ~** to talk to oneself; **a solas** alone, by oneself **(b)** ‹*café/té*› black; ‹*whisky*› straight, neat; ‹*pan*› dry **(c)** (*delante del n*) (único): **lo haré con una sola condición** I'll do it on one condition; **hay un ~ problema** there's just one problem

solo² *m* (Mús) solo

⚷ **solo³** *adv* only; **~ quería ayudarte** I only wanted to help, I was only *o* just trying to help; **~ de pensarlo me dan escalofríos** just *o* merely thinking about it makes me shudder; **canto ~ porque me gusta** I sing just for pleasure

⚷ **sólo** *adv* [*The Real Academia Española recommends the unaccented form*] ▶ **solo³**

solomillo *m* fillet/tenderloin/sirloin steak

solsticio *m* solstice

soltar [A10] *vt* **1** (dejar ir) ‹*persona*› to release, to let ... go; **soltó al perro** he let the dog off the leash **2** (dejar de tener agarrado) to let go of; **no lo sueltes** don't let go of it; **soltó el dinero y huyó** he dropped/let go of the money and ran; **¡suelta la pistola!** drop the gun! **3** **(a)** (desatar) ‹*cuerda/cable*› to undo, untie; **~ amarras** to cast off **(b)** (aflojar): **suelta la cuerda poco a poco** let *o* pay out the rope gradually **(c)** ‹*freno*› to release; ‹*embrague*› to let out **(d)** (desatascar) ‹*cable/cuerda*› to free; ‹*tuerca*› to undo, get ... undone **4** (desprender) ‹*calor/vapor*› to give off; ‹*pelo*› to shed **5** ‹*carcajada*› to let out; ‹*palabrotas/disparates*› to come out with; ‹*grito*› to let out

■ **soltarse** *v pron* **1** (*refl*) «*perro*» to get loose; **no te sueltes de la mano** don't let go of my hand **2** (desatarse) «*nudo*» to come undone, come loose; (aflojarse) «*nudo*» to loosen, come loose; «*tornillo*» to come loose

soltería *f*: *the fact or state of being unmarried*; (en hombre) bachelorhood (fml); (en mujer) spinsterhood (fml)

soltero -ra *adj* single; **soy** or (esp Esp) **estoy soltera** I'm single, I'm not married

■ *m,f* (*m*) single man, bachelor; (*f*) single woman, spinster (dated *or* derog)

solterón -rona *m,f* (pey) (*m*) old *o* confirmed bachelor; (*f*) old maid (derog)

soltura *f*: **habla dos idiomas con ~** he speaks two languages fluently; **se desenvuelve con ~ en cualquier situación** she is at ease in any situation

soluble *adj* **1** (Quím) soluble; **~ en agua** water-soluble **2** ‹*problema*› soluble, solvable

⚷ **solución** *f* solution; **encontrar una ~ a algo** to find a solution to sth

⚷ **solucionar** [A1] *vt* ‹*problema*› to solve; ‹*asunto/conflicto*› to settle, resolve

■ **solucionarse** *v pron* «*problema*» to be resolved; **al final todo se solucionó** everything worked out in the end

somalí *adj/mf* Somali

Somalia *f* Somalia

sombra *f* (lugar sin sol) shade; (proyección) shadow; **las ~s de los árboles** the shadows of the trees; **sentarse a** or **en la ~** to sit in the shade; **este árbol casi no da ~** this tree gives hardly any shade; **~ de** or **para ojos** eyeshadow

sombrero *m* hat; **~ de copa** top hat; **~ de jipijapa** Panama (hat); **~ hongo** derby (AmE), bowler (hat) (BrE); **~ jarano** Mexican sombrero

sombrilla *f* **(a)** (de mano) parasol; (de playa) sunshade **(b)** (Col, Ven) (paraguas) lady's umbrella

sombrío -bría *adj* **1** (liter) ‹*lugar*› (umbrío) dark **2** (lúgubre) cheerless, dismal; ‹*persona*› gloomy

⚷ **someter** [E1] *vt* **1** (dominar) ‹*país*› to subjugate; **fue necesario usar la fuerza para ~lo** they had to use force to subdue him **2** (a torturas, presiones, prueba) to subject; **lo sometieron a un interrogatorio** they subjected him to an interrogation; **~ algo a votación** to put sth to the vote

■ **someterse** *v pron* **(a)** (a autoridad) to submit to, yield to; (a capricho) to give in to; (a ley) to comply with **(b)** (a prueba, examen, operación) to undergo

somier /so'mje(r)/ *m* (*pl* **-miers** *or* **-mieres**) sprung bed base

somnífero *m* sleeping pill, soporific (fml)

somnolencia *f* drowsiness, sleepiness

somnoliento -ta *adj* sleepy, drowsy

somos ▶ **ser**

son *m* **1** **(a)** (sonido) sound; **al ~ del violín** to the strains *o* to the sound of the violin

(b) en son de: **lo dijo en ~ de burla** she said it mockingly; **venimos en ~ de paz** we come in peace **2** (canción latinoamericana) *song with a lively, danceable beat*

sonado -da *adj* **1** ‹*boda/suceso/noticia*› much-talked-about **2 (a)** ‹*boxeador*› punch-drunk **(b)** (fam) (torpe) stupid (infml) **3** (AmL fam) (en dificultades) [ESTAR] in a mess (infml), in trouble (infml)

sonaja *f* (Méx) rattle

sonajero *m* rattle

sonámbulo -la *adj* somnambulistic (fml); **es ~** he sleepwalks, he walks in his sleep
■ *m,f* sleepwalker, somnambulist (fml)

⚷ **sonar** [A10] *vi* **1** «*teléfono/timbre*» to ring; «*disparo*» to ring out; **el despertador sonó a las cinco** the alarm went off at five o'clock; **~on las doce en el reloj** the clock struck twelve; **me suenan las tripas** (fam) my tummy's rumbling (infml) **2** (+ *compl*) **(a)** «*motor/instrumento*» to sound; «*persona*» to sound; **suena raro** it sounds funny; **sonaba preocupada** she sounded worried; **suena a hueco** it sounds hollow **(b)** «*palabra/expresión*» to sound **3 (a)** (resultar conocido) (+ *me/te/le etc*) **me suena tu cara** your face is *o* looks familiar; **¿te suena este refrán?** does this proverb ring a bell (with you) *o* sound familiar to you? **(b)** (parecer) **~ A algo** to sound like sth **4** (AmL fam) (fracasar): **soné en el examen** I blew it in the exam (infml); **sonamos** we've blown it now (infml)
■ **~** *vt* **1 (a)** (+ *me/te/le etc*) ‹*nariz*› to wipe **(b)** ‹*trompeta*› to play **2** (Méx fam) **(a)** (pegar) ‹*persona*› to thump (infml), to clobber (infml) **(b)** (en competición) to beat, thrash (infml)
■ **sonarse** *v pron tb* **~se la nariz** to blow one's nose

sonata *f* sonata

sonda *f* **(a)** (Med) catheter **(b)** (para perforar) drill **(c)** (Náut) sounding line, lead line **(d)** (Espac, Meteo) probe

sondeo *m* **1** (encuesta) poll, survey **2** (perforación) test drilling; (Náut) sounding; (Espac, Meteo) exploration

soneto *m* sonnet

⚷ **sonido** *m* sound

S

sonoro -ra *adj* ‹*golpe*› resounding (*before n*), loud; ‹*voz/lenguaje*› sonorous, resonant; (Ling) voiced

sonreír [I18] *vi* **(a)** «*persona*» to smile; **~(le) A algn** to smile AT sb **(b)** «*vida/fortuna*» (+ *me/te/le etc*) to smile on

sonriente *adj* ‹*ojos/expresión*› smiling (*before n*); ‹*persona*› cheerful

sonrisa *f* smile

sonrojarse [A1] *v pron* to blush

sonsacar [A2] *vt*: **me costó trabajo ~le la verdad** I had a hard time getting the truth out of her

soñado -da *adj* (AmL fam) divine (infml), heavenly (infml); *ver tb* **soñar**

soñador -dora *adj* ‹*mirada*› dreamy, faraway; **soy muy ~** I'm a real dreamer
■ *m,f* dreamer

⚷ key word

soñar [A10] *vt* **(a)** (durmiendo) to dream **(b)** (fantasear) to dream; **la casa soñada** her/his/their dream house
■ **~** *vi* **(a)** (durmiendo) to dream; **~ CON algo/algn** to dream ABOUT sth/sb; **que sueñes con los angelitos** (fr hecha) sweet dreams **(b)** (fantasear) to dream; **~ despierto** to daydream; **~ CON algo** to dream OF sth

sopa *f* (caldo) soup; **~ de sobre** packaged soup (AmE), packet soup (BrE)

sopapo *m* (fam) (bofetón) slap, smack (infml)

sope *m* (Méx) *fried tortilla topped with refried beans, onion and hot sauce*

sopera *f* soup tureen

sopesar [A1] *vt* ‹*situación/ventajas*› to weigh up; ‹*palabras*› to weigh

soplar [A1] *vi* **1 (a)** (con la boca) to blow **(b)** «*viento*» to blow **2** (fam) (en examen) to whisper (*answers in an exam*)
■ **~** *vt* **1 (a)** ‹*vela*› to blow out; ‹*fuego/brasas*› to blow on **(b)** ‹*vidrio*› to blow **2** (fam) ‹*respuesta*› (en examen) to whisper **3** (fam) (robar) to swipe (infml), to pinch (BrE infml); (cobrar) to sting (infml)
■ **soplarse** *v pron* (Méx, Per fam) (aguantar) ‹*persona*› to put up with; ‹*discurso/película*› to sit through, suffer

soplete *m* (para soldar) gas welding torch; (para quitar pintura) blowtorch

soplido *m* puff

soplo *m* **1 (a)** (soplido) puff; **de un ~** with one puff, in one go **(b)** (de aire) puff; (más fuerte) blast **(c)** (de viento) puff; (más fuerte) gust **2** (fam) (chivatazo): **alguien dio el ~ a la policía** someone tipped off the police (infml) **3** (Med) heart murmur

soplón -plona *m,f* **(a)** (fam) (en colegio) tattletale (AmE infml), telltale (BrE infml) **(b)** (fam) (a la policía) informer, stoolie (AmE infml), grass (BrE infml)

soponcio *m* (fam) **(a)** (desmayo): **le dio un ~** she fainted **(b)** (ataque de nervios) fit (infml)

sopor *m* **(a)** (somnolencia) drowsiness, sleepiness **(b)** (letargo) torpor

soporífero -ra *adj* ‹*efecto/discurso/clase*› soporific

soportable *adj* bearable

soportal *m* **(a)** (de casa) porch **(b) soportales** *mpl* (de calle) arcade, colonnade

⚷ **soportar** [A1] *vt* **1** ‹*situación/frío/dolor*› to put up with, bear, endure (fml); ‹*persona*› to put up with; **no soporto este calor/la gente así** I can't stand this heat/people like that **2** ‹*peso/carga*› to support, withstand; ‹*presión*› to withstand

⚷ **soporte** *m* **(a)** (de estante) bracket; (de viga) support; (de maceta, portarretratos) stand **(b)** (Inf) medium

soprano *mf* soprano

soquete *m* **1** (CS) (Indum) ankle sock **2** (Chi) (Elec) lampholder, socket **3** (Col, Méx, RPl fam) (tonto) fool, idiot

sor *f* (Relig) sister

sorber [E1] *vt* **(a)** (beber) to suck in *o* up; (tomar poco a poco) to sip **(b)** «*esponja*» to absorb, soak up

sorbete *m* sherbet (AmE), sorbet (esp BrE)

sorbo *m* **(a)** (cantidad pequeña) sip; **bébetelo a sorbitos** sip it **(b)** (trago grande) gulp; **de un ~** in one gulp

sordera *f* deafness

sórdido -da *adj* ‹*lugar/ambiente*› squalid; ‹*asunto/libro*› sordid

sordina *f* (de trompeta, violín) mute; (de piano) damper

sordo -da *adj* **1** (Med) deaf; **se quedó ~** he went deaf; **es ~ de nacimiento** he was born deaf **2** ‹*ruido/golpe*› dull, muffled; ‹*dolor*› dull; (Ling) voiceless

■ *m,f* deaf person; ***hacerse el ~*** to pretend not to hear

sordomudo -da *adj* (ant *u* ofensivo) deaf-mute (*before n*) (dated *or* offensive), deaf and dumb (BrE dated *or* offensive)

■ *m,f* (ant *u* ofensivo) deaf-mute (dated *or* offensive)

soroche *m* (Andes) (en la montaña) mountain sickness, altitude sickness

sorprendente *adj* surprising

sorprender [E1] *vi* to surprise; **me sorprende que no lo sepas** I'm surprised you don't know

■ ~ *vt* (coger desprevenido) to surprise, catch ... unawares; **nos sorprendió la lluvia** we got caught in the rain

■ **sorprenderse** *v pron* to be surprised

sorprendido -da *adj* surprised; **me miró ~** he looked at me in surprise; *ver tb* **sorprender**

sorpresa *f* **(a)** (emoción) surprise; **se va a llevar una ~** she's going to be surprised, she's in for a surprise (infml); ***tomar*** or (esp Esp) ***coger a algn de ~*** to take sb by surprise **(b)** (regalo) surprise

■ *adj inv* ‹*fiesta/ataque*› surprise (*before n*)

sorpresivo -va *adj* (AmL) surprise (*before n*), unexpected

sortear [A1] *vt* **1** ‹*premio/puesto*› to draw lots for; **se ~á un coche** there will be a prize draw for a car **2** **(a)** ‹*bache/obstáculo*› to avoid, negotiate **(b)** ‹*problema/dificultad*› to get around

sorteo *m* draw; **por ~** by drawing lots

sortija *f* **(a)** (anillo) ring **(b)** (en el pelo) ringlet

sortilegio *m* (embrujo) spell, charm; (brujería) sorcery; (adivinación) fortune-telling

sos *equivalent of 'eres' in Central America and the River Plate area*

SOS *m* SOS, distress call

sosa *f* soda

soslayo: **de soslayo** ‹*mirada*› sidelong (*before n*), sideways; ‹*mirar*› sideways

soso -sa *adj* **(a)** ‹*comida*› (sin sabor) bland, tasteless; **está ~** (sin sabor) it's bland *o* tasteless; (sin sal) it needs more salt **(b)** ‹*persona/película*› boring, dull; ‹*estilo*› flat, drab

sospecha *f* suspicion; **tengo la ~ de que ...** I suspect *o* I have a feeling that ...

sospechar [A1] *vt* to suspect

■ ~ *vi* ~ DE **algn** to suspect sb, have one's suspicions ABOUT sb

sospechoso -sa *adj* ‹*movimiento/comportamiento*› suspicious; ‹*paquete*› suspicious, suspect; **tres hombres de aspecto ~** three suspicious-looking men

■ *m,f* suspect

sostén *m* **(a)** (físico) support; (económico) means of support **(b)** (Indum) bra, brassiere

sostener [E27] *vt* **1** (apoyar) **(a)** ‹*estructura/techo*› to hold up, support; ‹*carga/peso*› to bear **(b)** (sustentar) ‹*familia*› to support, maintain **2** (sujetar, tener cogido) ‹*paquete*› to hold; **no tengas miedo, yo te sostengo** don't be afraid, I've got you *o* I'm holding you **3** ‹*conversación/relación/reunión*› to have **4** **(a)** (opinar) to hold **(b)** ‹*argumento/afirmación*› to support, back up **5** **(a)** ‹*lucha/ritmo/resistencia*› to keep up, sustain; **ella sostuvo mi mirada** she held my gaze **(b)** (Mús) ‹*nota*› to hold, sustain

■ **sostenerse** *v pron* **(a)** (no caerse): **la estructura se sostiene sola** the structure stays up without support; **apenas se sostenía en pie** he could hardly stand **(b)** (en un estado) to remain; **se sostuvo en el poder** she managed to remain in power

sostenibilidad *f* sustainability

sostenido -da *adj* sharp; **re ~** D sharp

sostuve, sostuvo, *etc* ▸ **sostener**

sota *f* jack (*in Spanish pack of cards*)

sotana *f* cassock, soutane

sótano *m* (habitable) basement; (para almacenamiento) cellar, basement

souvenir /suβe'nir/ *m* (*pl* **-nirs**) souvenir

soviético -ca *adj/m,f* (Hist) Soviet

soy ▸ **ser**

soya *f* (AmL) soy (AmE), soya (BrE)

sport /(e)s'por/ *m*: **ropa (de) ~** leisure wear, casual clothes (*pl*); **vestido de ~** casually dressed

spot /(e)s'pot/ *m* (*pl* **spots**) *tb* **~ publicitario** (espacio) slot; (anuncio) commercial, advertisement (BrE)

spray /(e)s'prai/ *m* (*pl* **sprays**) spray

Sr. *m* (= **señor**) Mr

Sra. *f* (= **señora**) Mrs

Sres. *mpl* = **señores**

Srta. *f* (= **señorita**) Miss

SS.MM. = **Sus Majestades**

Sta. (= **Santa**) St

status /(e)s'tatus/ *m* (*pl* ~) status

Sto. (= **Santo**) St

stop /(e)s'top/ *m* (disco) stop sign

su *adj* (*delante del n*) (de él) his; (de ella) her; (de usted, ustedes) your; (de ellos, ellas) their; (de animal, cosa) its

suave *adj* **1** ‹*piel/cutis*› smooth, soft; ‹*pelo*› soft; ‹*superficie/pasta*› smooth **2** **(a)** ‹*tono*› gentle; ‹*acento/música*› soft **(b)** ‹*color*› soft, pale **(c)** ‹*sabor*› (no fuerte) delicate, mild; (sin acidez) smooth **3** **(a)** ‹*movimiento/gesto*› gentle, slight **(b)** ‹*temperaturas/clima*› mild; ‹*brisa*› gentle **(c)** ‹*modales/carácter/reprimenda*› mild, gentle **(d)** ‹*cuesta/curva*› gentle, gradual **(e)** ‹*jabón/champú*› gentle, mild **(f)** ‹*laxante/sedante*› mild **4** (Méx fam) (fantástico): **¡qué ~!** great! (infml), fantastic! (infml)

suavidad *f* (de la piel) smoothness, softness; (de jabón, champú, clima) mildness; (de tono, acento) gentleness, softness; (de color) softness, paleness; (de movimiento) gentleness; (de carácter) mildness, gentleness

suavizante *m* (para el pelo) (Esp) conditioner; (para la ropa) (fabric) softener *o* conditioner

suavizar [A4] *vt* ‹*piel*› to leave ... smooth/soft; ‹*color*› to soften, tone down; ‹*sabor*› to tone down; ‹*carácter*› to mellow, make ... gentler; ‹*dureza/severidad*› to soften, temper; ‹*situación*› to calm, ease

■ **suavizarse** *v pron* «*piel*» to become smoother/softer; «*carácter*» to mellow, become gentler; «*situación*» to calm down, ease

subalterno -na *m,f* **(a)** (en jerarquía) subordinate **(b)** (Taur) *member of a matador's support team*

subarrendar [A5] *vt* to sublease, sublet

subasta *f* **(a)** (venta) auction; **sacar algo a ~** to put sth up for auction **(b)** (de obras) invitation to tender

subastar [A1] *vt* ‹*cuadro*› to auction, sell ... at auction; ‹*contrato/obra pública*› to put ... out to tender

subcampeón -peona *m,f* (en liga) runner-up; (en torneo eliminatorio) losing finalist

subcomisión *f* subcommittee

subcomité *m* subcommittee

subconsciente *adj/m* subconscious

subcontratar [A1] *vt* to subcontract

subdesarrollado -da *adj* underdeveloped

subdesarrollo *m* underdevelopment

subdirector -ra *m,f* (de organización) deputy director; (de comercio) assistant manager, deputy manager

súbdito -ta *m,f* subject

subdividir [I1] *vt* to subdivide

subestimar [A1] *vt* to underestimate

subida *f* **(a)** (pendiente) rise, slope **(b)** (a montaña) ascent, climb; (al poder) rise **(c)** (de temperatura, precios, salarios) rise, increase

subido -da *adj* ‹*color*› intense, deep

⚷ **subir** [I1] *vi* **1** **(a)** «*ascensor/persona/coche*» (ir arriba) to go up; (venir arriba) to come up; **hay que ~ a pie** you have to walk up; **ahora subo** I'll be right up; **el camino sube hasta la cima** the path goes up to *o* leads to the top of the hill **(b) ~** A **algo** (a autobús/tren/avión) to get ON *o* ONTO sth; (a coche) to get IN *o* INTO sth; (a caballo/bicicleta) to get ON *o* ONTO sth, to mount sth (fml); **~ a bordo** to go *o* get on board **(c)** (de categoría) to go up; (en el escalafón) to be promoted **2** **(a)** «*marea*» to come in; «*aguas/río*» to rise **(b)** «*fiebre/tensión*» to go up, rise; «*temperatura*» to rise **3** «*precio/valor/cotización/salario*» to rise, go up

■ **~** *vt* **1** ‹*montaña*› to climb; ‹*escaleras/cuesta*› to go up, climb **2** **(a)** ‹*objeto/niño*› (traer arriba) to bring up; (llevar arriba) to take up; **tengo que ~ unas cajas al desván** I have to put some boxes up in the attic **(b)** (poner más alto) ‹*objeto*› to put up ... (higher); ‹*cuello de prenda*› to turn up; **sube al niño al caballo** lift the child onto the horse **(c)** ‹*persiana/telón/ventanilla*› to raise; ‹*pantalones*› to pull up; **¿me subes la cremallera?** will you zip me up?, will you fasten my zipper (AmE) *o* (BrE) zip? **(d)** ‹*dobladillo*› to take up; ‹*falda*› to take *o* turn up **(e)** (Inf) to upload **3** **(a)** ‹*precios/salarios*› to raise, put up **(b)** ‹*volumen/radio/calefacción*› to turn up

■ **subirse** *v pron* **1** **(a)** (a coche, autobús, etc) ▶ **~** *vi* **b** **(b)** (trepar) to climb; **se subió al árbol/al muro** she climbed up the tree/(up) onto the wall; **estaba subido a un árbol** he was up a tree **(c)** (a la cabeza) (+ *me/te/le etc*) **el éxito se le subió a la cabeza** the success went to his head **2** (*refl*) ‹*calcetines/pantalones*› to pull up; ‹*cuello*› to turn up

súbitamente *adv* suddenly

súbito -ta *adj* **(a)** (repentino) sudden; **de ~** suddenly, all of a sudden **(b)** (precipitado) hasty

subjetivo -va *adj* subjective

subjuntivo *m* subjunctive

sublevarse [A1] *v pron* to revolt, rise up, rebel

sublime *adj* ‹*acción/sacrificio*› noble; ‹*cuadro/música*› sublime

submarinismo *m* scuba diving

submarinista *mf* (buzo) scuba diver; (tripulante de submarino) submariner

submarino[1] -na *adj* underwater (*before n*), submarine (*before n*)

submarino[2] *m* submarine

subnormal *adj* **(a)** (ant *u* ofensivo) (Psic) mentally handicapped **(b)** (fam & pey) (como insulto) moronic (infml & derog)

■ *mf* **(a)** (ant *u* ofensivo) (Psic) person with learning difficulties, mentally handicapped person **(b)** (fam & pey) (cretino) moron (infml & derog), cretin (infml & derog)

subordinado -da *adj/mf* subordinate

subordinar [A1] *vt* to subordinate; **~ algo** A **algo** to subordinate sth TO sth

⚷ **subrayar** [A1] *vt* **(a)** ‹*texto*› to underline, underscore **(b)** (poner énfasis en) to underline, emphasize, stress

subsanar [A1] *vt* ‹*error*› to rectify, correct; ‹*carencia*› to make up for; ‹*obstáculo/dificultad*› to overcome

subscribirse *etc* ▶ **suscribirse** *etc*

⚷ **subsidio** *m* subsidy; **~ de enfermedad** sickness benefit; **~ de desempleo** unemployment compensation (AmE), unemployment benefit (BrE)

subsistencia *f* subsistence, survival

subsistir [I1] *vi* «*persona/planta*» to survive, subsist (fml); «*creencia/tradición*» to persist, survive

subte *m* (RPl fam) subway (AmE), tube (BrE infml)

subterráneo[1] -nea *adj* underground, subterranean

subterráneo[2] *m* **(a)** (pasaje) subway, tunnel **(b)** (RPl) (Transp) subway (AmE), underground (BrE)

subtitular [A1] *vt* to subtitle; **versión original subtitulada** original version with subtitles

subtítulo *m* subtitle

suburbano -na *adj* suburban

suburbio *m* (extrarradio) suburb; (barrio pobre) depressed area (*on the outskirts of town*)

subvención *f* subsidy, subvention (fml)

subvencionar [A1] *vt* to subsidize

subversivo -va *adj* subversive

S

⚷ key word

subyacer [E5] *vi* ~ (EN **algo**) to underlie (sth)

succionar [A1] *vt* to suck (up)

sucedáneo *m* substitute

suceder [E1] *vi* **1** (ocurrir) to happen; **¿le ha sucedido algo?** has something happened to him?; **le expliqué lo sucedido** I explained to him what had happened; **por lo que pueda ~** just in case **2** (en el tiempo) «*hecho/época*» ~ A algo to follow sth

■ ~ *vt* (en trono, cargo) to succeed

sucesión *f* **1** **(a)** (al trono, en un cargo) succession **(b)** (herederos) heirs (*pl*), issue (fml) **(c)** (Der) (herencia) estate, inheritance **2** (serie) succession, series

sucesivo -va *adj* consecutive; **~s gobiernos lo han intentado** successive governments have tried it; **en lo ~** from now on, in future

suceso *m* **(a)** (acontecimiento) event **(b)** (accidente, crimen): **el lugar del ~** the scene of the incident/crime/accident; **sección de ~s** accident and crime reports

sucesor -sora *m,f* (al trono, en un puesto) successor; (heredero) heir, successor (fml)

suciedad *f* **(a)** (mugre) dirt **(b)** (estado) dirtiness

sucio -cia *adj* **1** **(a)** [ESTAR] ‹*ropa/casa/vaso*› dirty; **hacer algo en ~** to do a rough draft of sth (AmE), do sth in rough (BrE) **(b)** ‹*lengua*› furred, coated **2** [SER] **(a)** ‹*trabajo*› dirty; ‹*dinero/negocio/juego*› dirty **(b)** ‹*lenguaje*› filthy; ‹*mente*› dirty; **una jugada sucia** a dirty trick

sucre *m* sucre (*Ecuadorean unit of currency*)

sucursal *f* (de banco, comercio) branch; (de empresa) office

sudadera *f* (Dep, Indum) (suéter) sweatshirt; (conjunto) (Col, Ven) tracksuit

Sudáfrica *f* South Africa

sudafricano -na *adj/m,f* South African

Sudamérica *f* South America

sudamericano -na *adj/m,f* South American

Sudán *m* *tb* **el ~** (the) Sudan

sudanés -nesa *adj/m,f* Sudanese

sudar [A1] *vi* to sweat, perspire (fml)

sudario *m* shroud

sudeste *adj inv* ‹*región*› southeastern; **iban en dirección ~** they were heading southeast

■ *m* **(a)** (parte, sector): **el ~** the southeast, the Southeast **(b)** (punto cardinal) southeast, Southeast

sudoeste *adj inv* ‹*región*› southwestern; **iban en dirección ~** they were heading southwest

■ *m* **(a)** (parte, sector): **el ~** the southwest, the Southwest **(b)** (punto cardinal) southwest, Southwest

sudor *m* sweat, perspiration (fml)

sudoroso -sa *adj* sweaty

Suecia *f* Sweden

sueco¹ -ca *adj* Swedish

■ *m,f* (persona) Swede

sueco² *m* (idioma) Swedish; ***me hice/se hizo el ~*** (fam) I/he pretended not to have heard (*o* seen *etc*)

suegro -gra *m,f* (*m*) father-in-law; (*f*) mother-in-law; **mis ~s** my in-laws, my mother-and father-in-law

suela *f* sole

sueldo *m* (de funcionario, oficinista) salary; (de obrero) wage; **~ base** base salary (AmE), basic salary (BrE)

suelo *m* **(a)** (tierra) ground; **se cayó al ~** she fell over **(b)** (en casa) floor **(c)** (en calle, carretera) road (surface) **(d)** (Agr) land **(e)** (territorio) soil; **el ~ patrio** one's native soil *o* land

suelta, sueltas, *etc* ▸ **soltar**

suelto¹ -ta *adj* **1** **(a)** ‹*tornillo/tabla/hoja*› loose; ‹*cordones*› loose, untied **(b)** (libre): **el perro está ~ en el jardín** the dog's loose in the garden; **el asesino anda ~** the murderer is on the loose **(c)** ‹*vestido/abrigo*› loose; **déjate el pelo ~** leave your hair loose *o* down **(d)** (separado): **ejemplares ~s** individual *o* single issues; **no los vendemos ~s** ‹*yogures/sobres*› we don't sell them individually *o* separately; ‹*caramelos/tornillos*› we don't sell them loose **2** **(a)** (fraccionado): **dinero ~** loose change; **diez euros sueltos** ten euros in change **(b)** ‹*lenguaje/estilo*› fluent; ‹*movimientos*› fluid **(c)** (euf) ‹*vientre*› loose

suelto² *m* (Esp, Méx) (monedas) (small) change

suena, suenan, *etc* ▸ **sonar**

sueño *m* **1** **(a)** (estado) sleep; **oyó un ruido entre ~s** she heard a noise in her sleep; **tener el ~ ligero/pesado** to be a light/heavy sleeper; ***perder el ~ (por algo)*** to lose sleep (over sth) **(b)** (ganas de dormir): **¿tienes ~?** are you tired/sleepy?; **el vino me dio ~** the wine made me sleepy; **me empezó a entrar ~** I started feeling sleepy; **se me quitó el ~** I don't feel sleepy any more **2** **(a)** (cosa soñada) dream; **un mal ~** a bad dream **(b)** (ilusión) dream; **la mujer de sus ~s** the woman of his dreams; **su ~ dorado es llegar a ser actriz** her (greatest) dream is to become an actress

suero *m* **(a)** (Med) (para alimentar) saline solution; (para inmunizar) serum **(b)** (de la sangre) blood serum **(c)** (de la leche) whey

suerte *f* **(a)** (fortuna) luck; **buena/mala ~** good/bad luck; **ha sido una ~ que vinieras** it was lucky you came; **¡qué mala ~!** how unlucky!; **¡qué ~ tienes!** you're so lucky!; **no tengo ~** I'm not a lucky person; **hombre de ~** lucky man; **por ~ no estaba sola** luckily *o* fortunately I wasn't alone; **¡(que tengas) buena ~!** good luck!; ***probar ~*** to try one's luck; ***traer*** or ***dar mala ~*** to bring bad luck **(b)** (azar) chance; ***echar algo a ~s*** (con monedas) to toss for sth; (con pajitas) to draw straws for sth **(c)** (destino) fate

suertero -tera *m,f* (Per) lottery ticket seller

suéter *m* sweater, pullover, jersey (BrE), jumper (BrE)

suficiencia *f* **(a)** (aptitud) aptitude **(b)** (presunción) self-satisfaction, smugness; **aire de ~** air of self-satisfaction

suficiente *adj* **(a)** (bastante) enough; **con esto hay más que ~** there's more than enough here **(b)** ‹*persona*› self-satisfied, smug

■ *m* pass (*equivalent to a grade of 5 on a scale from 0-10*)

sufijo *m* suffix

suflé *m* soufflé

sufragio *m* (sistema) suffrage; (voto) (fml) vote

S

sufrido -da *adj* ‹*persona*› long-suffering, uncomplaining; ‹*ropa/tejido*› hard-wearing; **un color ~** a color that doesn't show the dirt

sufrimiento *m* suffering; **pasar ~s** to suffer

🔑 **sufrir** [I1] *vt* **(a)** ‹*dolores/molestias*› to suffer; **sufre lesiones de gravedad** he has serious injuries **(b)** ‹*derrota/persecución/consecuencias*› to suffer; ‹*cambio*› to undergo; ‹*accidente*› to have; **sufrió un atentado** there was an attempt on his life; **el coche sufrió una avería** the car broke down

■ ~ *vi* to suffer; ~ DE **algo** to suffer FROM sth

sugerencia *f* suggestion

sugerente *adj* ‹*mirada/pose*› suggestive; ‹*vestido/blusa*› sexy

🔑 **sugerir** [I11] *vt* to suggest; **me sugirió que lo probara** he suggested that I (should) try it; **¿qué te sugiere este cuadro?** what does this picture make you think of?

sugestión *f* (convencimiento): **es pura ~** it's all in your (*o* his *etc*) mind; **tiene gran poder de ~** he is very persuasive

sugestionarse [A1] *v pron* to get ideas into one's head

sugestivo -va *adj* ‹*mirada*› suggestive; ‹*escote*› sexy; ‹*libro/idea*› stimulating

suicida *adj* suicidal

■ *mf* suicide victim

suicidarse [A1] *v pron* to commit suicide

suicidio *m* suicide

suite /swit/ *f* (Mús) suite

Suiza *f* Switzerland

suizo -za *adj/m,f* Swiss

sujetador *m* (Esp) bra, brassiere

sujetar [A1] *vt* **1** **(a)** (mantener sujeto) to hold; **sujétalo bien, que no se escape** hold it tight, don't let it go; **tuvimos que ~los para que no se pegaran** we had to hold them back to stop them hitting each other **(b)** (sostener) to hold; **sujétame los paquetes** hold on to the packages for me **(c)** (fijar, trabar — con clip) to fasten ... together; (— con alfileres) to pin ... together **2** (dominar) to subdue, conquer

■ **sujetarse** *v pron* **1** **(a)** (agarrarse) **~se** A **algo** to hold on TO sth **(b)** (trabar, sostener): **se sujetaba los pantalones con la mano** he held his trousers up with his hand; **se sujetó la falda con un imperdible** she fastened her skirt with a safety pin **2** (someterse) **~se** A **algo** (a ley/reglas) to abide BY sth

sujeto[1] -ta *adj* **1** (sometido) **~** A **algo** (a cambios/revisión) subject TO sth **2** (fijo) secure

🔑 **sujeto[2]** *m* **1** (individuo) character, individual **2** (Fil, Ling) subject

sultán *m* sultan

🔑 **suma** *f* **1** (cantidad) sum **2** (Mat) addition; **hacer ~s** to do addition, to do sums (BrE)

sumamente *adv* extremely, exceedingly (fml)

🔑 **sumar** [A1] *vt* **(a)** ‹*cantidades*› to add (up) **(b)** (totalizar) to add up to; **8 y 5 suman 13** 8 and 5 add up to *o* make 13

■ ~ *vi* to add up

■ **sumarse** *v pron* **(a)** (agregarse) **~se** A **algo**: **esto se suma a los problemas ya existentes** this comes on top of *o* is in addition to any already existing problems **(b)** (adherirse) **~se** A **algo** ‹*a protesta/celebración*› to join sth

sumario *m* **1** (Der) **(a)** (en lo penal) indictment **(b)** (juicio administrativo) disciplinary action **2** (índice) (table of) contents

sumergible *adj* ‹*reloj*› waterproof; ‹*nave*› submersible

sumergido -da *adj* ‹*submarino*› submerged; ‹*ciudad*› submerged, sunken

sumergir [I7] *vt* (en líquido) to immerse, submerge

■ **sumergirse** *v pron* **(a)** «*submarino/buzo*» to dive, submerge **(b)** (en ambiente) to immerse oneself

sumidero *m* drain

suministrar [A1] *vt* (fml) to supply; **~ algo** A **algn** to supply sb WITH sth

suministro *m* supply; **el ~ de gas** the gas supply

🔑 **sumir** [I1] *vt* **1** (sumergir) **~ algo/a algn** EN **algo** (en tristeza/desesperación) to plunge sth/sb INTO sth **2** (Col, Méx) (abollar) to dent, make a dent in

■ **sumirse** *v pron* **1** (hundirse) **~se** EN **algo** (en tristeza) to plunge INTO sth; (en pensamientos) to become lost IN sth **2** (Col, Méx) (abollarse) to get dented

sumisión *f* (acción) submission; (actitud dócil) submissiveness

sumiso -sa *adj* submissive

sumo -ma *adj* utmost (*before n*); **de suma importancia** of the utmost importance; **con ~ cuidado** with great *o* the utmost care; **a lo ~** at the most

suní, sunní *adj/mf* (*pl* **suniíes**) Sunni

sunía *adj* Sunni

■ *mf* Sunni

sunita *mf* Sunni

■ *mf* Sunni

suntuoso -sa *adj* sumptuous; ‹*palacio*› magnificent

supe ▸ **saber[2]**

súper *adv* (fam): **lo pasamos ~ bien** we had a great *o* fantastic time (infml); **es ~ bueno** it's great *o* fantastic (infml); **lo hizo ~ rápido** he did it incredibly quickly

■ *f* ≈ premium grade gasoline (*in US*), ≈ premium petrol (*in UK*)

superación *f* (de problema) surmounting, overcoming; (de récord) breaking, beating; (de teoría) superseding

🔑 **superar** [A1] *vt* **1** **(a)** (ser superior a) to exceed; **superó todas las expectativas** she exceeded all expectations; **nadie lo supera en experiencia** no one has more experience than him; **supera en estatura a su hermano** he's taller than his brother **(b)** (mejorar) ‹*marca*› to beat **2** **(a)** (vencer, sobreponerse a) ‹*timidez/dificultad/etapa*› to overcome; ‹*trauma*› to get over **(b)** (fml) ‹*examen/prueba*› to pass

■ **superarse** *v pron* to better oneself

superbloque *m* (Ven) large apartment building

superdotado -da *adj* highly gifted

■ *m,f* highly-gifted person

superficial *adj* **1** (frívolo) ‹*persona*› superficial, shallow; ‹*charla/comentario*›

S

🔑 key word

superficial **2** ‹*herida*› superficial; ‹*marca/grieta*› surface (*before n*)

superficie *f* **1** (parte expuesta, aparente) surface; **salir a la ~** to surface, come to the surface **2** (Mat) (área) area

superfluo -flua *adj* superfluous, unnecessary; ‹*gastos*› unnecessary

superior¹ *adj* **1** (en posición) ‹*parte/piso*› top (*before n*), upper (*before n*); ‹*nivel*› higher; ‹*labio/mandíbula*› upper (*before n*) **2** **(a)** (en calidad) superior; **~ A algo/algn** superior TO sth/sb; **se siente ~ a los demás** he thinks he's better than everyone else; **una inteligencia ~ a la media** above-average intelligence **(b)** (en jerarquía) ‹*oficial*› superior; ‹*clase social*› higher **(c)** (en cantidad, número): **los atacantes eran ~es en número** the attackers were greater *o* more in number; **~ A algo** above sth; **un número ~ a 9** a number greater than *o* higher than *o* above 9

superior² -riora *m,f* **(a)** (Relig) (*m*) Superior; (*f*) Mother Superior **(b) superior** *m* (en rango) superior

superioridad *f* superiority

superlativo *m* superlative

supermercado *m* supermarket

superpoblación *f* (de una región) overpopulation; (de una ciudad) overcrowding

superpoblado -da *adj* ‹*mundo/país*› overpopulated; ‹*barrio/ciudad*› overcrowded

superpotencia *f* superpower

superstición *f* superstition

supersticioso -sa *adj* superstitious

supervisar [A1] *vt* to supervise

supervisor -sora *m,f* supervisor

supervivencia *f* survival

superviviente *adj* surviving (*before n*)
■ *mf* survivor

supiera, supiste, *etc* ▸ **saber²**

suplantar [A1] *vt* ‹*persona*› to impersonate, pass oneself off as

suplementario -ria *adj* ‹*información/ingresos*› additional, supplementary; ‹*trabajo*› extra

suplemento *m* supplement

suplencia *f* **(a)** (sustitución): **hacer una ~** «*profesor*» to do substitute (AmE) *o* (BrE) supply teaching **(b)** (trabajo) temporary job

suplente *mf* **(a)** (de médico) covering doctor (AmE), locum (BrE) **(b)** (de actor) understudy **(c)** (Dep) substitute **(d)** (de profesor) substitute (teacher) (AmE), supply teacher (BrE)

supletorio -ria *adj* ‹*cama*› extra, additional; **teléfono ~** extension

súplica *f* (ruego) entreaty, plea; (Der) petition

suplicante *adj* imploring (*before n*)

suplicar [A2] *vt* (rogar) to beg; **~le a algn que haga algo** to beg *o* implore *o* (liter) beseech sb to do sth

suplicio *m* **(a)** (tortura) torture **(b)** (castigo) punishment

suplir [I1] *vt* **1** (compensar) ‹*falta/deficiencia*› to make up for **2** (reemplazar) ‹*profesor/médico*› to stand in for, substitute for; ‹*jugador*› to replace, substitute **3** (Chi, Col, Ven) (suministrar) to provide, supply

suponer [E22] *vt* **1** **(a)** (tomar como hipótesis) to suppose, assume; **supongamos que lo que dice es cierto** let's suppose *o* assume what he says is true; **suponiendo que todo salga bien** assuming everything goes OK **(b)** (imaginar): **supongo que tienes razón** I suppose you're right; **¿va a venir hoy? — supongo que sí** is she coming today? — I should think so *o* I suppose so; **es de ~ que se lo habrán dicho** presumably *o* I should think he's been told; **se supone que empieza a las nueve** it's supposed to start at nine **2** (significar, implicar) to mean; **eso supondría tener que repetirlo** that would mean having to do it again

suposición *f* supposition

supositorio *m* suppository

supremacía *f* supremacy

supremo -ma *adj* supreme

suprimir [I1] *vt* **(a)** ‹*impuesto/ley/costumbre*› to abolish; ‹*restricción*› to lift; ‹*servicio*› to withdraw; ‹*gasto/ruido/alcohol*› to cut out **(b)** (Impr) ‹*párrafo/capítulo*› to delete **(c)** ‹*noticia/detalles*› to suppress

supuesto¹ -ta *adj* **(a)** (falso) false; **un nombre ~** a false name; **el ~ mendigo** the supposed beggar **(b)** (que se rumorea) ‹*milagro*› alleged (*before n*) **(c) por supuesto** of course; ***dar algo por ~*** to take sth for granted

supuesto² *m* supposition

supurar [A1] *vi* to weep, ooze, suppurate (tech)

supuse, supuso, *etc* ▸ **suponer**

sur *adj inv* ‹*región*› southern; **conducían en dirección ~** they were driving south *o* southward(s); **la costa ~** the south coast
■ *m* **(a)** (parte, sector): **el ~** the south; **al ~ de Cartagena** to the south of Cartagena **(b)** (punto cardinal) south, South; **vientos del ~** southerly winds; **viajábamos hacia el ~** we were travelling south *o* southward(s)

Suráfrica *f* South Africa

surafricano -na *adj/m,f* South African

Suramérica *f* South America

suramericano -na *adj/m,f* South American

surco *m* **1** **(a)** (en la tierra) furrow **(b)** (en el agua) wake, track **(c)** (en disco) groove; (en superficie) groove, line; (marca de rueda) ruts, track **2** (Col) (de flores) flowerbed

sureño -ña *adj* southern
■ *m,f* southerner

sureste *adj inv/m* ▸ **sudeste**

surf /'surf/, **surfing** /'surfin/ *m* surfing

surfista *mf* surfer

surgir [I7] *vi* «*manantial*» to rise; «*problema/dificultad*» to arise, come up, emerge; «*interés/sentimiento*» to develop, emerge; «*idea*» to emerge, come up; «*tema*» to come up, crop up; «*movimiento/partido*» to come into being, arise

suroeste *adj inv/m* ▸ **sudoeste**

surrealismo *m* surrealism

surrealista *adj* ‹*artista/exposición*› surrealist (*before n*); ‹*estilo/efecto*› surrealistic

surtido¹ -da *adj* **(a)** ‹*bombones/galletas*› assorted **(b)** (provisto) stocked; **una tienda bien/mal surtida** a well-stocked/poorly-stocked shop

surtido² *m* (de bombones, galletas) assortment; (de herramientas, ropa) range, selection, assortment

surtidor *m* (aparato) gas pump (AmE), petrol pump (BrE); (estación de servicio) gas station (AmE), petrol station (BrE)

surtir [I1] *vt* **(a)** (proveer) **~ a algn** DE **algo** to supply sb WITH sth **(b) surtir efecto** to take effect

■ **surtirse** *v pron* **~se** DE **algo** (*de provisiones*) to stock up WITH sth

susceptibilidad *f* sensitivity, touchiness

susceptible *adj* ‹*persona*› sensitive, touchy; **~** A **algo** sensitive TO sth

suscribirse [I34] *v pron* (*refl*) **~** A **algo** to take out a subscription TO sth

suscripción *f* (a publicación) subscription

suscriptor -tora *m,f* subscriber

suspender [E1] *vt* **1** **(a)** ‹*pagos*› to suspend; ‹*garantía/derecho*› to suspend, withdraw; ‹*sesión*› to adjourn; ‹*vuelo*› (cancelar) to cancel; (aplazar) to postpone; ‹*viaje/reunión*› (cancelar) to call off; (aplazar) to put off; ‹*tratamiento*› to stop, suspend; ‹*servicio*› to suspend, discontinue; ‹*programa*› to cancel **(b)** ‹*empleado/jugador*› to suspend; ‹*alumno*› (AmL) to suspend **2** (colgar) **~ algo** DE **algo** to hang sth FROM sth **3** (Esp) ‹*asignatura/examen/alumno*› to fail

■ **~** *vi* (Esp) to fail

suspense *m* (Esp) ▶ **suspenso 1**

suspensión *f* suspension

suspenso *m* **1** (AmL) (Cin, Lit) suspense; **película/novela de ~** thriller **2** (Esp) (Educ) fail, failure; **no he tenido ningún ~** I haven't failed anything

suspensores *mpl* (Chi) (tirantes) suspenders (*pl*) (AmE), braces (*pl*) (BrE)

suspicacia *f* suspicion

suspicaz *adj* suspicious

suspirar [A1] *vi* **(a)** (de pena, alivio) to sigh **(b)** (anhelar) **~** POR **algo** to yearn *o* long FOR sth

suspiro *m* sigh; **un ~ de alivio** a sigh of relief

sustancia *f* substance

sustantivo *m* noun, substantive (fml)

sustentar [A1] *vt* **(a)** ‹*peso*› to support **(b)** ‹*persona/familia*› to support, maintain

sustento *m* **(a)** (apoyo) means of support **(b)** (alimento) sustenance

sustitución *f* **(a)** (permanente) replacement **(b)** (transitoria) substitution

sustituir [I20] *vt* **(a)** (permanentemente) to replace; **~** A **algo** to replace sth; **~ algo/a algn** POR **algo/algn** to replace sth/sb WITH sth/sb **(b)** (transitoriamente) ‹*trabajador/profesor*› to stand in for; ‹*deportista*› to come on as a substitute for

sustituto -ta *m,f* **(a)** (permanente) replacement **(b)** (transitorio) substitute; (de médico) covering doctor (AmE), locum (BrE); (de actor) understudy; **el ~ de la profesora de alemán** the substitute (AmE) *o* (BrE) stand-in for the German teacher

susto *m* (impresión momentánea) fright; **darle un ~ a algn** to give sb a fright; **darse** or **llevarse un ~** to get a fright (infml)

susurrar [A1] *vi* **(a)** «*persona*» to whisper **(b)** (liter) «*agua*» to murmur; «*viento*» to sigh; «*hojas*» to rustle

■ **~** *vt* to whisper; **le susurró algo al oído** she whispered something in his ear

susurro *m* **(a)** (murmullo) whisper **(b)** (liter) (del agua) murmuring; (del viento) sighing; (de las hojas) rustling

sutil *adj* **(a)** ‹*diferencia*› subtle, fine; ‹*ironía*› subtle; ‹*mente/inteligencia*› keen, sharp **(b)** ‹*gasa/velo*› fine; ‹*fragancia*› subtle, delicate

sutileza *f* subtlety

suyo -ya *adj* (de él) his; (de ella) hers; (de usted, ustedes) yours; (de ellos, ellas) theirs; **Marta y un amigo ~** Marta and a friend of hers

■ *pron*: **el ~, la suya,** *etc.* (de él) his; (de ella) hers; (de usted, ustedes) yours; (de ellos, ellas) theirs; **él me prestó el ~** he lent me his

svástica *f* swastika

switch /'(e)switʃ/ *m* **(a)** (Col, Ven, Méx) (interruptor) light switch **(b)** (Méx) (Auto) ignition switch

s

t

Tt

T, t *f* (*read as* /te/) the letter T, t

tabaco *m* **(a)** (planta, producto) tobacco; **~ de hebra/de pipa** loose/pipe tobacco; **~ negro/rubio** dark/Virginia tobacco **(b)** (Esp) (cigarrillos) cigarettes (*pl*) **(c)** (Col) (puro) cigar

tábano *m* horsefly

tabaquismo *m* nicotine poisoning; **~ pasivo** passive smoking

tabasco *m* Tabasco® (sauce)

taberna *f* bar, tavern (arch), pub (BrE)

tabernáculo *m* tabernacle

tabernero -ra *m,f* (propietario) (*m*) bar owner, landlord (BrE) (*f*) bar owner, landlady (BrE); (camarero) (*m*) bartender (*f*) barmaid

tabique *m* **(a)** (pared) partition **(b)** (Méx) (ladrillo) brick

tabla *f* **1** (de madera) plank; **las ~s del suelo** the floorboards; **~ de picar/planchar** chopping/ironing board; ***tener ~s*** «*actor/cantante*» (fam) to be an old hand *o* an expert **2** (de

key word

surfing) surfboard; (de windsurf) sailboard, windsurfer; (para natación) float **3** (gráfico, listado) table; (Mat) *tb* ~ **de multiplicar** multiplication table **4** (de falda) pleat; **una falda de ~s** a pleated skirt **5 tablas** *fpl* (en ajedrez): **acabar** or **quedar en ~s** to end in a draw; ***estar ~s*** (Méx fam) to be even *o* quits (infml)

tablado *m* (para discursos) platform; (para espectáculos) stage

tablao *m tb* ~ **flamenco** *bar or club where flamenco is performed*

tablero *m* **(a)** (en estación, aeropuerto) board; (para anuncios) bulletin board (AmE), noticeboard (BrE); ~ **de dibujo** drawing board; ~ **de instrumentos** or **de mandos** instrument panel **(b)** (Jueg) board; **un ~ de ajedrez** a chessboard; **un ~ de damas** a checkerboard (AmE), a draughtboard (BrE) **(c)** (pizarra) blackboard **(d)** (de mesa) top

tableta *f* **1 (a)** (Farm) tablet, pill **(b)** (de chocolate) bar **2** (Inf) tablet

tablilla *f* (Méx) (de chocolate) bar

tablón *m* **(a)** (de madera) plank **(b)** *tb* ~ **de anuncios** (Esp) bulletin board (AmE), noticeboard (BrE)

tabú *adj inv* taboo

■ *m* (*pl* **-búes** *or* **-bús**) taboo

tabulador *m* tabulator, tab

taburete *m* stool

tacañería *f* stinginess, meanness (infml)

tacaño -ña *adj* stingy, mean

■ *m,f* miser, tightwad (AmE infml)

tacha *f* stain, blemish; **sin** ~ ‹*reputación*› unblemished, spotless; ‹*conducta*› irreproachable

tachadura *f* crossing out, correction

tachar [A1] *vt* **1** (en escrito) to cross out **2** (tildar) ~ **a algn** DE **algo** to brand *o* label sb AS sth

tacho *m* **(a)** (CS) (recipiente) (metal) container **(b)** (CS, Per) (papelero) wastebasket (AmE), wastepaper basket (BrE); ~ **de la basura** (en la cocina) garbage can (AmE), rubbish bin (BrE); (en la calle) garbage *o* trash can (AmE), dustbin (BrE)

tachón *m* (en escrito) crossing out

tachuela *f* (clavo) tack; (en cinturón) stud

tácito -ta *adj* ‹*acuerdo*› tacit, unspoken

taciturno -na *adj* **(a)** [SER] (callado, silencioso) taciturn, uncommunicative **(b)** [ESTAR] (triste) glum, gloomy

taco *m* **1 (a)** (de madera) plug; (para tornillo) Rawl® (AmE), Rawlplug® (BrE) **(b)** (de billetes) book; (de folletos) wad; (de queso, jamón) (Esp) cube **2 (a)** (en billar) cue **(b)** (Col) (de golf) tee **3 (a)** (de botas de deporte) cleat (AmE), stud (BrE) **(b)** (CS, Per) (tacón) heel; **zapatos de ~ alto/bajo** high-heeled/low-heeled *o* flat shoes **4 (a)** (Coc) taco **(b)** (Méx) (comida ligera) snack, bite to eat (infml) **5** (Esp fam) (palabrota) swearword; **soltar ~s** to swear **6** (Chi) (embotellamiento) traffic jam

tacón *m* heel; **zapatos de ~ alto/bajo** high-heeled/low-heeled *o* flat shoes; ~ **de aguja** spike heel

táctica *f* tactic, strategy

táctico -ca *adj* tactical

táctil *adj* tactile

tacto *m* **1 (a)** (sentido) sense of touch **(b)** (acción) touch; **áspero al ~** rough to the touch **(c)** (cualidad) feel **2** (delicadeza) tact; **¡qué falta de ~!** how tactless!; **tiene mucho ~** he's very tactful

Tahití *m* Tahiti

tailandés[1] -desa *adj/m,f* Thai

tailandés[2] *m* (idioma) Thai

Tailandia *f* Thailand

taimado -da *adj* **1** (astuto) crafty, cunning **2** (Chi) (malhumorado) sulky, huffy

taimarse [A1] *v pron* (Chi fam) **(a)** «*persona*» to get into a huff (infml) **(b)** «*mula*» to balk

tajada *f* **(a)** (de melón, queso) slice **(b)** (Ven) (de plátano frito) slice of fried plantain

tajante *adj* ‹*respuesta*› categorical, unequivocal; ‹*tono*› sharp; **un 'no' ~** an emphatic *o* categorical 'no'

tajear [A1] *vt* (AmL) to slash

tajo *m* **1** (corte) cut **2 (a)** (Geol) gorge, ravine **(b)** (Min) face

tal *adj* **1** (dicho) such; **en ~es casos** in such cases; **nunca dije ~ cosa** I never said anything of the kind *o* such a thing **2** (seguido de consecuencia): **se llevó ~ disgusto que ...** she was so upset (that) ...; **había ~ cantidad de gente que ...** there were so many people that ... **3** (con valor indeterminado) such-and-such; **~ día, en ~ lugar** such-and-such a day, at such-and-such a place; **llamó un ~ Méndez** a Mr Méndez phoned

■ *pron*: **eres un adulto, compórtate como ~** you're an adult, behave like one; **que si ~ y que si cual** and so on and so forth; ***son ~ para cual*** they're as bad as each other

■ *adv* **1** (fam) (en preguntas): **hola ¿qué ~?** hello, how are you?; **¿qué ~ es Marisa?** what's Marisa like?; **¿qué ~ lo pasaron?** how did it go? **2** (*en locs*) **con tal de: hace cualquier cosa con ~ de llamar la atención** he'll do anything to get attention; **con ~ de no tener que volver** as long as I don't have to come back; **tal (y) como ~ (y) como están las cosas** the way things are; **hazlo ~ (y) como te indicó** do it exactly as she told you; **tal cual lo dejé todo ~ cual** I left everything exactly as it was; **tal vez** maybe

talacha *f* **(a)** (Méx) (reparación de llantas) flat *o* puncture repair **(b)** (Méx fam) (trabajo manual) work

taladradora *f* pneumatic drill

taladrar [A1] *vt* ‹*pared/madera*› to drill (through)

taladro *m* **(a)** (mecánico) hand drill; (eléctrico) electric *o* power drill **(b)** (agujero) drill hole

talante *m* (humor) mood; **estar de buen ~** to be in a good mood

talar [A1] *vt* ‹*árbol*› to fell, cut down

talco *m* talc; **polvos de ~** talcum powder

talento *m* **(a)** (aptitud) talent; **tiene ~ para la música** he has a talent *o* gift for music; **un joven de ~** a talented young man **(b)** (persona) talented person

talentoso -sa *adj* talented, gifted

t

TALGO /ˈtalɣo/ *m* (= **Tren Articulado Ligero Goicoechea Oriol**) *air-conditioned express train*

talismán *m* talisman, lucky charm

talla *f* **(a)** (Indum) size; **¿cuál es su ~?** what size are you?; **de** or **en todas las ~s** in all sizes **(b)** (estatura) size, height; **de ~ mediana** of medium height

tallado *m* (de madera) carving; (de piedras preciosas) cutting

tallar [A1] *vt* **1** ‹*madera*› to carve; ‹*escultura/mármol*› to sculpt; ‹*piedras preciosas*› to cut **2** (Méx) **(a)** (para limpiar) to scrub **(b)** (para aliviar) to rub
■ ~ *vi* (Col) «*zapatos*» to be too tight
■ **tallarse** *v pron* (Méx) **(a)** (para limpiarse) to scrub oneself **(b)** (para aliviar) to rub oneself; ‹*ojos*› to rub

tallarín *m* noodle

talle *m* **(a)** (cintura) waist **(b)** (figura) figure **(c)** (en costura) trunk measurement; **es corta de ~** she's short-waisted

taller *m* **1** **(a)** (Auto) *tb* **~ mecánico** garage, repair shop (AmE) **(b)** (de carpintero, técnico) workshop **2** (Educ) workshop

tallo *m* stem, stalk

talón *m* **1** (del pie, zapato, calcetín) heel; **~ de Aquiles** Achilles' heel **2** (de zapato, calcetín) heel **3** **(a)** (AmL) (matriz) stub, counterfoil **(b)** (Esp) (cheque) check (AmE), cheque (BrE); (vale) chit; **~ de compra** receipt

talonario *m* (de cheques) checkbook (AmE), chequebook (BrE); (de recibos) receipt book; (de volantes) book of vouchers

talonear [A1] *vt* (AmL) ‹*caballo*› to spur (on)

tamal *m* tamale

tamaño *m* size; **pañuelos de todos los ~s** handkerchiefs in all sizes; **de ~ bolsillo** pocket-size; **un busto ~ natural** a life-size bust

tamarindo *m* **(a)** (Bot) tamarind **(b)** (Méx fam) (agente) traffic cop (infml)

tambache *m* (Méx fam) (bulto) bundle; (montón) pile

tambalearse [A1] *v pron* «*silla/botella*» to wobble; «*persona*» to stagger; **caminaba tambaleándose** he was staggering; **todo empezó a ~** everything began to shake

también *adv* too, as well; **~ habla ruso** she speaks Russian too *o* as well; **que te diviertas — tú ~** have fun! — you too *o* and you; **Pilar fuma — yo ~** Pilar smokes — so do I *o* (infml) me too

tambo *m* **1** (Méx) **(a)** (recipiente) can (AmE), bin (BrE) **(b)** (fam) (cárcel) slammer (sl), can (AmE sl) **2** (Per) (tienda) wayside stall

tambor *m* **1** **(a)** (instrumento) drum; **un redoble de ~es** a drum roll **(b)** (persona) drummer **2** **(a)** (del freno) drum **(b)** (AmL) (barril) drum

tamborilear [A1] *vi* to drum, tap

Támesis *m*: **el ~** the (River) Thames

tamiz *m* sieve; **pasar algo por el ~** ‹*harina*› to sift sth; ‹*salsa*› to sieve sth

tamizar [A4] *vt* ‹*harina*› to sift; ‹*salsa*› to sieve

tampoco *adv* not ... either; **yo ~ entendí** I didn't understand either; **él no va, ni yo ~** he isn't going and neither am I; **no he estado en Roma ni ~ en París** I've never been to Rome or Paris

tampón *m* **(a)** (para entintar) ink pad **(b)** (Farm, Med) tampon

tan *adv*: *apocopated form of* ▶ **tanto¹** *used before adjectives (except some comparatives), adverbs, and adjectival or adverbial phrases*

tanatología *f* palliative care

tanda *f* **1** (grupo) batch, lot; **cada dos minutos hay una ~ de avisos** (AmL) every couple of minutes there's another lot of commercials; **los horneamos en dos ~s** we baked them in two batches **2** (AmC, Méx fam) (función — de teatro) performance; (— de cine) showing, performance **3** (Col, Méx) (ronda) round (of drinks)

tándem *m* (bicicleta) tandem

tanga *f or m* tanga

tangente *f* tangent; ***irse*** or ***salirse por la*** **~** to go off at a tangent

tangerina *f* tangerine

tango *m* tango; **bailar el ~** to tango

tano -na *adj/m,f* (RPl fam & pey) Italian

tanque *m* **1** (Arm) (carro) tank **2** (de agua, gasolina) tank; (de gas, oxígeno) cylinder, bottle

tantear [A1] *vt* **(a)** (con el tacto) to feel **(b)** ‹*situación*› to weigh up, size up; ‹*persona*› to sound out **(c)** (calcular aproximadamente) to estimate
■ ~ *vi* to feel one's way

tanteo *m* (Dep) score

tantito *adv* (Méx fam) a bit; **espérame ~, ya voy** just wait a bit, I'm coming

tanto¹ *adv* **1** [*see note under* ▶ **tan**] (aplicado a adjetivo o adverbio) so; (aplicado a verbo) so much; **es tan bonito** it's so beautiful; **¡es una chica tan amable!** she's such a nice girl!; **~ mejor** so much the better; **tan solo** only; **~ es así que ...** so much so that ...; **ya no salimos ~** we don't go out so often *o* so much now; **llegó tan tarde que ...** he arrived so late (that) ...; **no es tan tímida como parece** she's not as shy as she looks; **sale ~ como tú** he goes out as much as you do; **tan pronto como puedas** as soon as you can; **~ Suárez como Vargas votaron en contra** both Suárez and Vargas voted against **2** (AmL exc RPl) **qué tanto/qué tan: ¿qué ~ te duele?** how much does it hurt?; **¿qué tan alto es?** how tall is he?
■ *m* **1** (cantidad): **un ~ por ciento** a percentage; **hay que dejar un ~ de depósito** you have to put down a certain amount as a deposit **2** (punto — en fútbol) goal; (— en fútbol americano, tenis, juegos) point **3** (*en locs*) **al tanto: me puso al ~** she put me in the picture; **mantenerse al ~ de algo** to keep up to date with sth; **estar al ~** (pendiente, alerta) to be on the ball (infml); **está al ~ de lo ocurrido** he knows what's happened; **un tanto** somewhat, rather; **un ~ triste** somewhat sad

tanto² -ta *adj* **(a)** (*sing*) so much; (*pl*) so many; **había ~ espacio/~s niños** there was so much space/there were so many children; **¡~ tiempo sin verte!** it's been so long!; **~ dinero/~s turistas como ...** as much money/as many

tourists as ... **(b)** (fam) (expresando cantidades indeterminadas): **tenía setenta y ∼s años** he was seventy something, he was seventy-odd (infml)
■ *pron* **1** **(a)** (*sing*) so much; (*pl*) so many; **¡tengo ∼ que hacer!** I've so much to do!; **vinieron ∼s que ...** so many people came (that) ...; **¿de verdad gana ∼?** does he really earn that much?; ***no ser para ∼***; (fam): **duele, pero no es para ∼** it hurts, but it's not *that* bad **(b)** (fam) (expresando cantidades indeterminadas): **hasta las tantas de la madrugada** until the early hours of the morning; **treinta y tantas** thirty or so **(c)** (refiriéndose a tiempo): **hace ∼ que no me llama** it's been so long since she called me; **aún faltan dos horas — ¿tanto?** there's still two hours to go — what? that long? **2** (*en locs*) **en tanto** while; **entre tanto** meanwhile, in the meantime; **otro tanto** as much again; **me queda otro ∼ por hacer** I have as much again still to do; **por (lo) tanto** therefore

tañer [E7] *vt* (liter) ‹*arpa*› to strum
■ ∼ *vi* «*campana*» to peal, ring out

tapa *f* **1** **(a)** (de caja, cacerola) lid; (de botella, frasco) top; **∼ de rosca** screw top **(b)** (de lente, bolígrafo) cap; **la ∼ del tanque de gasolina** the gas (AmE) *o* (BrE) petrol cap **2** **(a)** (de libro, revista) cover; (de disco) sleeve **(b)** (de tacón) heelpiece **(c)** (de bolsillo) flap **(d)** (Auto) head **3** (Esp) (para acompañar la bebida) tapa, bar snack

tapabarros *m* (*pl* ∼) (Chi, Per) (de coche) fender (AmE), wing (BrE); (de bicicleta) splashguard (AmE), mudguard (BrE)

tapadera *f* **(a)** (de cazo) lid **(b)** (de fraude, engaño) cover, front **(c)** (Méx) (de botella) cap, top

tapado *m* **1** (RPl, Ven) (abrigo) (winter) coat **2** (Méx) (Pol) potential candidate (*with official support*)

tapadura *f* (Andes, Méx) filling

tapar [A1] *vt* **1** (cubrir) ‹*caja*› to put the lid on; ‹*botella/frasco*› to put the top on; ‹*olla*› to cover, put the lid on; ‹*bebé/enfermo/cara*› to cover **2** **(a)** ‹*agujero/hueco*› to fill in; ‹*puerta/ventana*› to block up **(b)** (Andes, Méx) ‹*muela*› to fill; **me ∼on dos muelas** I had two fillings **(c)** ‹*defecto/error*› to cover up **3** **(a)** ‹*vista/luz*› to block **(b)** ‹*salida/entrada*› to block; ‹*excusado/cañería*› (AmL) to block
■ **taparse** *v pron* **1** (*refl*) (cubrirse) to cover oneself up; ‹*cara*› to cover **2** **(a)** «*oídos/nariz*» to get *o* become blocked; **tengo la nariz tapada** my nose is blocked **(b)** (AmL) «*cañería/excusado*» to get blocked

taparrabos *m* (*pl* ∼) loincloth

tapatío -tía *adj* of/from Guadalajara (*in Mexico*)

tapeo *m* (Esp fam): **ir de ∼** to go for a drink and a few tapas *o* bar snacks; **bares de ∼** tapas bars

tapete *m* **1** (para mesa) decorative table cloth; (para sofá) antimacassar **2** (Col, Méx, Ven) (alfombra) rug

tapia *f* (muro) wall; (cerca) fence; ***ser/estar más sordo que una ∼*** (fam) to be as deaf as a post (infml)

tapiar [A1] *vt* **(a)** ‹*espacio*› to wall in **(b)** ‹*puerta/ventana*› to brick up

tapicería *f* **(a)** (de coches, muebles) upholstery **(b)** (arte) tapestry making; (tapiz) tapestry

tapicero -ra *m,f* (de muebles) upholsterer

tapilla *f* (Chi) heelpiece

tapir *m* tapir

tapiz *m* (para pared) tapestry; (para suelo) carpet

tapizado *m* upholstery

tapizar [A4] *vt* ‹*sillón*› to upholster; ‹*pared*› to line

tapón *m* **1** **(a)** (de vidrio, goma) stopper; (de corcho) cork; (del lavabo) plug; (de botella) (Esp) top **(b)** (para los oídos) earplug; (de cerumen) plug **2** **(a)** (fam) (atasco) traffic jam, tailback (BrE) **(b)** (en baloncesto) block **3** (CS) (Elec) fuse

taponar [A1] *vt* ‹*agujero*› to block
■ **taponarse** *v pron* **(a)** «*oídos/nariz*» to get blocked **(b)** «*cañería*» to get blocked **(c)** (Col, RPl) «*ciudad/zona*» to block

taquigrafía *f* shorthand, stenography (AmE)

taquilla *f* **(a)** (de cine) box office; (en estación, estadio) ticket office **(b)** (cantidad recaudada) takings (*pl*) **(c)** (casillero) rack, pigeonholes (*pl*)

taquillero -ra *m,f* box-office clerk

tara *f* **1** (peso) tare **2** (defecto) defect

tarántula *f* tarantula

tararear [A1] *vt* to la-la-la

tardado -da *adj* (Méx) ‹*proceso/tarea*› time-consuming; ‹*persona*› slow

tardanza *f* delay; **sin ∼** without delay; **perdona la ∼ en contestar** forgive my delay in replying; **me preocupa su ∼** I'm worried that he's so late; **su ∼ se debió a ...** his lateness was due to ...

tardar [A1] *vt* (emplear cierto tiempo): **está tardando mucho** she's taking a long time; **tarda una hora en hacerse** it takes about an hour to cook; **tardó un mes en contestar** it took him a month to reply; **no tardo ni un minuto** I won't be a minute; **¿cuánto se tarda en coche?** how long does it take by car?
■ ∼ *vi* (retrasarse) to be late; (emplear demasiado tiempo) to take a long time; **empieza a las seis, no tardes** it starts at six, don't be late; **parece que tarda** he seems to be taking a long time; **¡no tardo!** I won't be long!; **aún ∼á en llegar** it'll be a while yet before he gets here; **no ∼on en detenerlo** it didn't take them long to arrest him
■ **tardarse** *v pron* (Méx, Ven) ▶ **tardar** *vt, vi*

✔ **tarde** *adv* late; **llegar ∼** to be late; **se está haciendo ∼** it's getting late; ***∼ o temprano*** sooner or later
■ *f* (temprano) afternoon; (hacia el anochecer) evening; **a las seis de la ∼** at six in the evening; **¡buenas ∼s!** (temprano) good afternoon!; (hacia el anochecer) good evening!; **en la** or (esp Esp) **por la** or (RPl) **a la ∼** in the afternoon/evening

tardón -dona *adj* (fam) slow
■ *m,f* (fam) slowpoke (AmE infml), slowcoach (BrE infml)

✔ **tarea** *f* **(a)** (trabajo) task, job; **las ∼s de la casa** the housework **(b)** (deberes escolares) homework

✔ **tarifa** *f* **(a)** (baremo, escala) rate; **∼s postales** postal rates **(b)** (Transp) fare **(c)** (lista de precios) price list **(d)** (arancel) tariff

tarima *f* (plataforma) dais

tarjar [A1] *vt* (Andes) to cross out, delete (fml)

✔ **tarjeta** *f* card; **marcar** (AmL) or (Méx) **checar ∼** to clock in/out, punch in/out (AmE); **∼ amarilla/roja** yellow/red card; **∼ de crédito** credit card;

~ **de embarque** boarding pass *o* card; ~ **de Navidad** Christmas card; ~ **de prepago** top-up card; ~ **de visita** or (Méx) **de presentación** (personal) visiting card; (de negocios) business card; ~ **postal/telefónica** postcard/phonecard

tarro *m* **1** (recipiente — de vidrio) jar; (— de cerámica) pot; (— de metal) (Chi) can, tin (BrE) **2** (Méx, Ven) (taza) mug

tarta *f* (Esp) cake; (de hojaldre — descubierta) tart; (— cubierta) pie

tartamudear [A1] *vi* to stutter, stammer

tartamudo -da *adj* stuttering (*before n*), stammering (*before n*); **es** ~ he has a stutter *o* stammer

■ *m,f*: **hay un ~ en mi clase** one of the boys in my class has a stutter *o* stammer

tartera *f* (para cocinar) cake tin

tarumba *adj* crazy (infml); **me vuelve ~** he drives me crazy (infml)

✓ **tasa** *f* **(a)** (valoración) valuation **(b)** (impuesto) tax **(c)** (índice) rate; ~ **de desempleo** rate of unemployment; ~ **de mortalidad/natalidad** mortality rate/birthrate

tasación *f* valuation

tasajear [A1] *vt* (Méx, Per) to slash

tasar [A1] *vt* ‹*objeto/coche*› to value

tasca *f* (taberna) bar, tavern

tata *m* (AmL fam) **(a)** (padre) dad (infml), pop (AmE infml) **(b)** (abuelo) grandpa (infml)

tatarabuelo -la *m,f* (*m*) great-great-grandfather; (*f*) great-great-grandmother; **mis ~s** my great-great-grandparents

tataranieto -ta *m,f* (*m*) great-great-grandson; (*f*) great-great-granddaughter; **sus ~s** his great-great-grandchildren

ta-te-ti *m* (RPl) tic-tac-toe (AmE), noughts and crosses (BrE)

tatuaje *m* (acción) tattooing; (dibujo) tattoo

tatuar [A18] *vt* to tattoo

taurino -na *adj* ‹*temporada/afición*› bullfighting (*before n*), taurine (fml)

Tauro *m* (signo, constelación) Taurus; **es (de)** ~ he's (a) Taurus, he's a Taurean

■ *mf* (*pl* **-ros**) (persona) *tb* **tauro** Taurean, Taurus

taxi *m* taxi, cab; ~ **colectivo** (Col) minibus

taxímetro *m* taximeter

taxista *mf* taxi driver, cab driver

taza *f* **(a)** (recipiente) cup; ~ **de café/té** coffee cup/teacup **(b)** (contenido) cupful; **una ~ de azúcar** a cupful of sugar; **tomar una ~ de té** to have a cup of tea **(c)** (del retrete) (toilet) bowl **(d)** (de fuente) basin

tazón *m* bowl

✓ **te** *pron pers* **(a)** you; **no ~ lo quiero prestar** I don't want to lend it to you; **¿~ lo paso a máquina?** shall I type it for you?; **voy a serte sincera** I'll be frank with you; **cuídate** (*refl*) look after yourself; **¿~ has cortado el pelo?** (*caus*) have you had your hair cut?; **¿~ sientes bien?** are you feeling all right?; **no ~ muevas** don't move **(b)** (*impers*): **cuando ~ pasa eso ...** when that happens ...

■ *f name of the letter* t

✓ key word

té *m* **(a)** (infusión, planta) tea; **¿quieres un ~?** do you want a cup of tea? **(b)** (AmL) (reunión) tea party

tea *f* torch

teatral *adj* **(a)** (Teatr) ‹*grupo/temporada*› theater* (*before n*); **una obra ~** a play; **un autor ~** a playwright **(b)** ‹*persona/gesto/tono*› theatrical

✓ **teatro** *m* **1** (Teatr) **(a)** (arte, actividad) theater*; **una obra de ~** a play; **actor de ~** stage actor; ~ **de guiñol** puppet theater*; ~ **de variedades** vaudeville (AmE), music hall (BrE) **(b)** (local) theater*; **un ~ al aire libre** an open-air theater **2** (fam) (exageración): **es puro ~** it's all an act

tebeo *m* (Esp) comic (*for children*)

✓ **techo** *m* **(a)** (cielo raso) ceiling **(b)** (AmL) (tejado, cubierta) roof; ~ **corredizo** sunroof **(c)** (hogar, casa) house; **sin ~** homeless; **bajo el mismo ~** under the same roof

techumbre *f* roof

tecla *f* key

teclado *m* keyboard; ~ **numérico** numeric keypad

teclear [A1] *vt* ‹*palabra/texto*› to key in, type in

■ ~ *vi* (en máquina de escribir) to type; (en ordenador) to key

✓ **técnica** *f* **1** **(a)** (método) technique **(b)** (destreza) skill **2** (tecnología) technology **3** (en baloncesto) technical foul

tecnicismo *m* (cualidad) technical nature; (palabra) technical term

✓ **técnico -ca** *adj* technical

■ *m,f* **(a)** (en fábrica) technician **(b)** (de lavadoras, etc) repairman (AmE), engineer (BrE) **(c)** (Dep) trainer, coach (AmE), manager (BrE)

tecnicolor *m* Technicolor®

✓ **tecnología** *f* technology; ~ **punta** state-of-the-art technology

✓ **tecnológico -ca** *adj* technological

tecolote *m* (Méx) (Zool) owl

tedio *m* boredom, tedium

teja *f* tile; **~s de pizarra** slates

tejado *m* (esp Esp) roof

tejano -na *adj/m,f* Texan

Tejas *m* Texas

tejaván *m* (Méx) shed

tejedor -dora *m,f* **(a)** (con telar) weaver **(b)** (con agujas, máquina) knitter

tejer [E1] *vt* **(a)** (en telar) to weave; **tejido a mano** hand-woven **(b)** (con agujas, a máquina) to knit; (con ganchillo) to crochet; **máquina de ~** knitting machine **(c)** «*araña*» to spin

■ ~ *vi* (en telar) to weave; (con agujas, a máquina) to knit; (con ganchillo) to crochet

✓ **tejido** *m* **1** **(a)** (tela) fabric; **~s sintéticos** synthetic fabrics **(b)** (AmL) (con agujas, máquina) knitting; (con ganchillo) crochet **2** (Anat) tissue

tejo *m* **(a)** (disco) disc **(b)** (juego — de niños) hopscotch; (— de adultos) *game similar to pitch-and-toss*

tejolote *m* (Méx) pestle

tejón *m* badger

tela *f* **1** (Tex) (material) material, fabric; ~ **de lana** wool (fabric); ~ **de araña** ▶ **telaraña**: ~

metálica wire mesh **2** (Art) (cuadro) canvas, painting **3** (membrana) skin, film

telar *m* **(a)** (máquina) loom **(b) telares** *mpl* (fábrica) textile mill

telaraña *f* spiderweb (AmE), spider's web (BrE); (polvorienta) cobweb; **~ mundial** (Inf) World Wide Web

tele *f* (fam) TV (infml), telly (BrE infml)

telebanca *f* telebanking

telebanco *m* cash dispenser

telecomunicación *f* telecommunication

teleculebra *f* (Ven fam) soap opera (infml)

telediario *m* (Esp) (television) news

teledirigido -da *adj* ‹*coche*› radio-controlled, remote-controlled; **misiles ~s** guided missiles

teleférico *m* cable railway

telefonazo *m* (fam) buzz (infml); **darle** or (Méx) **echarle un ~ a algn** to give sb a buzz (infml)

telefonear [A1] *vt* to telephone, phone, call; **¿puedo ~ a Londres?** can I make a (telephone) call to London?

■ **~** *vi* to telephone, phone

✓ **telefónico -ca** *adj* telephone (*before n*)

telefonista *mf* telephone operator

✓ **teléfono** *m* **1** (Telec) telephone, phone; **número de ~** phone number; **contestar el ~** to answer *o* (infml) get the phone; **me colgó el ~** she hung up on me; **hablé por ~ con ella** I spoke to her on the phone; **está hablando por ~** he's on the phone; **llamar a algn por ~** to call sb (up), phone sb; **~ celular** or (Esp) **móvil** cell phone (AmE), mobile phone (BrE); **~ rojo** hotline; **~ satélite** satellite telephone, satphone **2** (de la ducha) shower head

telegrafiar [A17] *vi/vt* to telegraph

telégrafo *m* telegraph

telegrama *m* telegram

telemarketing /tele'marketin/ *m* telemarketing

telenovela *f* soap opera

telepatía *f* telepathy

telescopio *m* telescope

telespectador -dora *m,f* viewer

telesquí *m* ski lift

teletexto, teletex *m* teletext, videotex

televentas *fpl* telesales

televidente *mf* viewer

televisar [A1] *vt* to televise

✓ **televisión** *f* **(a)** (sistema) television; **¿qué hay en (la) ~?** what's on television?; **lo transmitieron por ~** it was broadcast on television; **~ a** or **en color(es)** color* television; **~ de alta definición** high definition television, HDTV; **~ en blanco y negro** black and white television; **~ en circuito cerrado** closed circuit television; **~ por cable/ por satélite** cable/satellite television; **~ matinal** breakfast television **(b)** (programación) television; **ver (la) ~** to watch television **(c)** (televisor) television (set)

televisor *m* television (set)

télex *m* (*pl* ~) telex

telón *m* curtain; **~ de fondo** (Teatr) backdrop

✓ **tema** *m* **(a)** (asunto, cuestión) matter; (de conferencia, composición) topic; (de examen) subject; (Art, Cin, Lit) subject; **es un ~ delicado** it's a delicate matter; **~ de conversación** topic of conversation; **cambiar de ~** to change the subject **(b)** (Mús) (motivo) theme

temario *m* **(a)** (para examen) syllabus, list of topics **(b)** (en congreso) agenda

temblar [A5] *vi* **(a)** «*persona*» (de frío) to shiver; (por nervios, miedo) to shake, tremble; (+ me/te/le etc) «*párpado*» to twitch; «*mano*» to shake; «*voz*» to tremble; **la voz le temblaba de emoción** her voice was trembling with emotion **(b)** «*edificio/tierra*» to shake

■ **~** *v impers*: **¡está temblando!** (AmL) it's an earthquake!; **tembló ayer** there was a(n earth) tremor yesterday

temblor *m* **(a)** (de frío, fiebre) shivering; (de miedo, nervios) trembling, shaking; **con un ligero ~ en la voz** in a tremulous voice **(b)** *tb* **~ de tierra** (earth) tremor

tembloroso -sa *adj* **(a)** ‹*manos*› trembling, shaking; ‹*voz*› trembling, tremulous; **~ de frío** shivering with cold **(b)** ‹*llama/luz*› flickering, quivering

temer [E1] *vt* ‹*castigo/reacción*› to fear, dread; ‹*persona*› to be afraid of; **sus hijos le temen** her children are afraid of her; **temo ofenderlo** I'm afraid of offending him

■ **~** *vi* to be afraid; **no temas** don't be afraid

■ **temerse** *v pron* **(a)** (sospechar) to fear; **ya me lo temía** I knew this would happen; **me temo que tenía razón** I fear that he was right **(b)** (en fórmulas de cortesía) to be afraid; **me temo que no ha llegado** I'm afraid he hasn't arrived

temeridad *f* **(a)** (acción): **eso fue una ~** that was a very rash *o* bold thing to do **(b)** (cualidad) temerity; **conduce con ~** she drives recklessly

temible *adj* fearsome, fearful

✓ **temor** *m* fear; **no dije nada por ~ a ofenderlo** I didn't say anything for fear of offending him

témpano *m* ice floe

témpera *f* tempera

temperamental *adj* (irascible, cambiable) temperamental; (de mucho carácter) spirited

temperamento *m* **(a)** (manera de ser) temperament; **son de ~s muy diferentes** they have very different temperaments **(b)** (vigor de carácter): **un chico con mucho ~** a boy with a lot of spirit

✓ **temperatura** *f* temperature; **tomarle la ~ a algn** to take sb's temperature; **tiene ~** (CS) she has a fever (AmE) *o* (BrE) a temperature; **~ ambiente** room temperature

tempestad *f* storm, tempest (liter); **~ de arena** sandstorm

tempestuoso -sa *adj* stormy, tempestuous

templado -da *adj* **(a)** ‹*clima*› mild, temperate; ‹*zona*› temperate; ‹*día*› warm **(b)** ‹*agua/comida*› lukewarm

templo *m* temple

✓ **temporada** *f* **(a)** (época establecida) season; **verduras de ~** seasonal vegetables; **fuera de/ en ~** out of/in season; **~ alta/baja** high/low season **(b)** (período de tiempo) spell; **una ~ de mucho trabajo** a very busy spell *o* period

✓ **temporal** *adj* **1** (transitorio) temporary **2** (relativo al tiempo) temporal

■ *m* (Meteo) storm; **~ de nieve** snowstorm,

blizzard

temporalero -ra *m,f* (Méx) seasonal worker

temporario -ria *adj* (AmL) temporary

temprano *adv* early; **levantarse ~** to get up early; **por la mañana ~** early in the morning

ten ▸ **tener**

tenacidad *f* (perseverancia) tenacity

tenacillas *fpl* hair crimper

tenaz *adj* **(a)** ‹*persona*› tenacious **(b)** ‹*dolor*› persistent; ‹*mancha*› stubborn

tenaza *f*, **tenazas** *fpl* **(a)** (Mec, Tec) pliers (*pl*) **(b)** (de chimenea, cocina) tongs (*pl*) **(c)** (del cangrejo) pincer **(d)** (Méx) (de pelo) curling iron (AmE), hair crimper (BrE)

tendajón *m* (Méx) shack (*serving as a store or stall*)

tendal *m* (AmL) (para el café) drying area

tendedero *m* (cuerda) clothes-line; (caballete) clotheshorse

⚷ **tendencia** *f* tendency; **~s homosexuales** homosexual tendencies *o* leanings; **~** A **algo** trend TOWARD(S) sth; **tiene ~ a exagerar** she has a tendency to exaggerate; **existe una ~ a la centralización** there is a trend toward centralization

⚷ **tender** [E8] *vt* **1** ‹*ropa*› (afuera) to hang out; (dentro de la casa) to hang (up); **tengo ropa tendida** I have some washing on the line **2 (a)** (extender) ‹*manta*› to spread out, lay out; ‹*mantel*› to spread; **le tendió la mano** he held out his hand to him **(b)** (AmL) ‹*cama*› to make; ‹*mesa*› to lay, set **(c)** ‹*persona*› to lay **3 (a)** ‹*cable*› (sobre superficie) to lay; (suspendido) to hang **(b)** ‹*vía férrea*› to lay **4** ‹*emboscada*› to lay, set; ‹*trampa*› to set

■ **~** *vi* (inclinarse) **~** A **hacer algo** to tend to do sth; **tiende a encoger** it tends to shrink

■ **tenderse** *v pron* (tumbarse) to lie down

tendero -ra *m,f* storekeeper (esp AmE), shopkeeper (esp BrE)

tendido *m* **1** (Elec) (cables) cables (*pl*), wires (*pl*) **2** (Col, Ven) (ropa de cama) bedclothes (*pl*)

tendón *m* tendon

tendré, **tendría**, *etc* ▸ **tener**

tenebroso -sa *adj* ‹*lugar*› dark, gloomy; ‹*asunto/maquinaciones*› sinister; ‹*porvenir*› dismal, gloomy

tenedor *m* (cubierto) fork

tenencia *f* (Méx) (Auto) road tax

t

⚷ **tener** [E27] *vt* [*El uso de 'got' en frases como 'I've got a new dress' está mucho más extendido en el inglés británico que en el americano. Este prefiere la forma 'I have a new dress'*] **1 (a)** (poseer, disponer de) ‹*dinero/trabajo/tiempo*› to have; **¿tienen hijos?** do they have any children?, have they got any children?; **no tenemos pan** we don't have any bread, we haven't got any bread; **tiene el pelo largo** she has *o* she's got long hair **(b)** (llevar encima) ‹*lápiz/cambio*› to have; **¿tiene hora?** have you got the time? **(c)** (hablando de actividades, obligaciones) to have; **tengo invitados a cenar** I have *o* I've got some people coming to dinner; **tengo cosas que hacer** I have *o* I've got things to do **(d)** (dar a luz) ‹*bebé/gemelos*› to have **2 (a)** (señalando características, tamaño) to be; **la casa tiene mucha luz** the house is very light; **tiene un metro de largo** it is one meter long; **le lleva 15 años — ¿y eso qué tiene?** (AmL fam) she's 15 years older than he is — so what does that matter? **(b)** (señalando edad) to be; **¿cuántos años tienes?** how old are you?; **tengo veinte años** I'm twenty (years old) **3 (a)** (sujetar, sostener) to hold; **tenlo derecho** hold it upright **(b)** (tomar): **ten la llave** take *o* here's the key **4 (a)** (sentir): **tengo hambre/frío** I'm hungry/cold; **le tengo mucho cariño** I'm very fond of him; **tengo el placer de ...** it gives me great pleasure to ... **(b)** (refiriéndose a enfermedades) ‹*gripe/cáncer*› to have; **tengo dolor de cabeza** I have *o* I've got a headache **(c)** (refiriéndose a experiencias) ‹*discusión/accidente*› to have; **que tengas buen viaje** have a good trip **5** (refiriéndose a actitudes): **ten más respeto** have a little more respect; **ten paciencia/cuidado** be patient/careful; **tiene mucho tacto** he's very tactful **6** (indicando estado, situación): **la mesa tiene una pata rota** one of the table legs is broken; **tengo las manos sucias** my hands are dirty; **tienes el cinturón desabrochado** your belt's undone; **me tiene muy preocupada** I'm very worried about it

■ *v aux* **1** **~** QUE **hacer algo (a)** (expresando obligación, necesidad) to have (got) to do sth; **tengo que estudiar hoy** I have to *o* I must study today; **tienes que comer más** you ought to eat more **(b)** (expresando propósito, recomendación): **tenemos que ir a ver esa película** we must go and see that movie; **tendrías que llamarlo** you should ring him **(c)** (expresando certeza): **tiene que estar en este cajón** it must be in this drawer; **¡tú tenías que ser!** it had to be you! **2** (con participio pasado): **tengo entendido que sí viene** I understand he *is* coming; **te tengo dicho que ...** I've told you before (that) ...; **teníamos pensado irnos hoy** we intended leaving today **3** (AmL) (en expresiones de tiempo): **tienen tres años de casados** they've been married for three years; **tenía un año sin verlo** she hadn't seen him for a year

■ **tenerse** *v pron* (sostenerse): **no podía ~se en pie** he couldn't stand; **no ~se de sueño** to be dead on one's feet

tenga, **tengas**, *etc* ▸ **tener**

⚷ **tenia** *f* (Med) tapeworm, taenia (tech)

tenida *f* (Chi) outfit

teniente *mf* **(a)** (en ejército) lieutenant **(b)** (en fuerzas aéreas) ≈ first lieutenant (*in US*), ≈ flying officer (*in UK*)

tenis *m* (*pl* **~**) tennis; **~ de mesa** table tennis

tenista *mf* tennis player

tenor *m* (Mús) tenor

tensar [A1] *vt* ‹*músculo*› to tense; ‹*cuerda/cable*› to tighten; ‹*arco*› to draw; ‹*relaciones/lazos*› to strain

⚷ **tensión** *f* **1 (a)** (de cuerda, músculo) tension **(b)** *tb* **~ arterial** blood pressure; **tomarle la ~ a algn** to take sb's blood pressure; **~ nerviosa** nervous tension **2** (estrés) strain, stress; (en relaciones, situación) tension **3** (Elec) voltage

tenso -sa *adj* **1** ‹*cuerda/cable*› taut, tight; ‹*músculo*› tense **2** ‹*persona/situación*› tense;

⚷ key word

‹*relación*› strained, tense

tentación *f* **(a)** (impulso) temptation; **no resistió la ~ de comérselo** he couldn't resist the temptation to eat it **(b)** (cosa, persona): **los bombones son mi ~** I can't resist chocolates (infml)

tentáculo *m* tentacle

tentador -dora *adj* tempting

tentar [A5] *vt* **1** (atraer, seducir) «*plan/idea*» to tempt; «*persona*» to tempt; **me tienta tu propuesta** I am very tempted by your proposal; **estuve tentado de decírselo** I was tempted to tell him; **~ a algn** A **hacer algo** to tempt sb to do sth **2** (probar) **(a)** ‹*cuerda/tabla*› to test **(b)** (palpar) to feel

tentativa *f* attempt

tentempié *m* (bocado) snack

tenue *adj* **(a)** ‹*luz*› faint, weak; ‹*voz/sonido/sonrisa*› faint; ‹*neblina/llovizna*› light; ‹*línea*› faint, fine **(b)** ‹*color*› subdued, pale

teñir [I15] *vt* **(a)** ‹*ropa/zapatos/pelo*› to dye **(b)** (manchar) to stain; **la tinta le tiñó los dedos de rojo** the ink stained his fingers red

■ **teñirse** *v pron* (*refl*) ‹*pelo/zapatos*› to dye

teología *f* theology

teoría *f* theory; **en ~** in theory

teórico -ca *adj* ‹*existencia/valor/curso*› theoretical; **examen ~** theory (exam)

tequila *m* tequila

terapeuta *mf* therapist

terapéutico -ca *adj* therapeutic

terapia *f* therapy; **~ de pareja** marriage counseling*; **~ intensiva** (Méx, RPl) intensive care

tercer ▶ **tercero**[1]

tercera *f* (Auto) third (gear); **mete (la) ~** put it into third (gear)

tercermundista *adj* third-world (*before n*)

tercero[1] **-ra** *adj/pron* [▶ **tercer** *is used before masculine singular nouns*] third; **en el tercer piso** on the third floor; **el Tercer Mundo** the Third World; **personas de la tercera edad** senior citizens; **la tercera parte** a third; *para ejemplos ver* **quinto**

tercero[2] *m* third party; **seguro contra ~s** third party insurance

tercio *m* **(a)** (tercera parte) third **(b)** (Taur) *each of the three main stages of a bullfight*

terciopelo *m* velvet

terco -ca *adj* stubborn, obstinate

tergiversar [A1] *vt* to distort, twist

termas *fpl* (baños) hot *o* thermal baths (*pl*); (manantial) hot *o* thermal springs (*pl*)

térmico -ca *adj* thermal

terminación *f* **(a)** (finalización) termination (fml) **(b)** (acabado) finish **(c)** (Ling) ending

terminal *adj* ‹*enfermedad/caso*› terminal; **los enfermos ~es** the terminally ill

■ *m* (Elec, Inf) terminal

■ *f* (de autobuses) terminus, bus station; (Aviac, Inf) terminal

terminante *adj* ‹*respuesta*› categorical; ‹*orden*› strict

terminar [A1] *vt* ‹*trabajo/estudio*› to finish; ‹*casa/obras*› to finish, complete; ‹*discusión/conflicto*› to put an end to; **termina esa sopa** finish up that soup; **~ la comida con un café** to end the meal with a cup of coffee

■ **~** *vi* **1** «*persona*» **(a)** (de hacer algo) to finish; **~** DE **hacer algo** to finish doing sth; **déjame ~ de hablar** let me finish (speaking) **(b)** (en estado, situación) to end up; **terminé muy cansada** I ended up feeling very tired; **va a ~ mal** he's going to come to a bad end; **terminó marchándose** or **por marcharse** he ended up leaving **2** **(a)** «*reunión/situación*» to end, come to an end; **al ~ la clase** when the class ended; **esto va a ~ mal** this is going to turn out *o* end badly **(b)** (rematar) **~** EN **algo** to end IN sth; **termina en consonante** it ends in a consonant **(c)** (llegar a): **no termina de convencerme** I'm not totally convinced; **no terminaba de gustarle** she wasn't totally happy about it **3** **terminar con** **(a)** (acabar) **~** CON **algo** ‹*con libro/tarea*› to finish WITH sth; ‹*con problema/abuso*› to put an end to sth **(b)** **~** CON **algn** (pelearse) to finish WITH sb; (matar) to kill sb

■ **terminarse** *v pron* **1** «*azúcar/pan*» to run out; **se me terminó la lana** I've run out of wool **2** «*curso/reunión*» to come to an end, be over **3** (*enf*) ‹*libro/comida*› to finish, polish off

término *m* **1** (posición, instancia): **en primer ~** first, first of all; **~ medio** happy medium; ***por ~ medio*** on average **2** (Ling) term; **en ~s reales** in real terms **3** **términos** *mpl* (condiciones, especificaciones) terms (*pl*) **4** (Col, Méx, Ven) (Coc): **¿qué ~ quiere la carne?** how would you like your meat (done)?

termita *f* termite

termo® *m* (recipiente) Thermos®, vacuum flask

termómetro *m* thermometer

termosolar *adj* ‹*central/energía/tecnología*› solar thermal

termostato *m* thermostat

ternera *f* veal

ternero -ra *m,f* calf

terno *m* (AmS) suit (*in some countries specifically a three-piece suit*)

ternura *f* tenderness; **con ~** tenderly

terquedad *f* obstinacy, stubbornness

terracería *f* (Méx) (camino) rough dirt track

terracota *f* terra-cotta

terrateniente *mf* landowner

terraza *f* **(a)** (balcón) balcony **(b)** (azotea) terrace **(c)** (de bar) *area outside a bar or café where tables are placed*; **sentémonos en la ~** let's sit outside **(d)** (Agr) terrace

terregal *m* (Méx) loose topsoil

terremoto *m* earthquake

terrenal *adj* worldly, earthly

terreno[1] **-na** *adj* (Relig) earthly

terreno[2] *m* **1** **(a)** (lote, parcela) plot of land, lot (AmE); **heredó unos ~s en Sonora** she inherited some land in Sonora; **un ~ plantado de viñas** a field planted with vines; **~ de juego** field, pitch **(b)** (extensión de tierra) land; **una casa con mucho ~** a house with a lot of land **2** (Geog) (refiriéndose al relieve) terrain; (refiriéndose a la composición) land, soil; **un ~ fértil** fertile land **3** (esfera, campo de acción) sphere, field; **en**

t

el ~ político within the field of politics

terrestre *adj* **(a)** ‹*transportes/comunicaciones*› land (*before n*), terrestrial (fml); **por vía ~** overland, by land; **fuerzas ~s** ground *o* land forces; **la superficie ~** the earth's surface **(b)** (Relig) ‹*vida*› earthly

terrible *adj* **(a)** ‹*tortura/experiencia*› terrible, horrific **(b)** (uso hiperbólico) terrible; **tengo un sueño ~** I'm terribly tired

🔑 **territorial** *adj* territorial

🔑 **territorio** *m* territory

terrón *m* (de azúcar) lump; (de tierra) clod, lump

terror *m* **(a)** (miedo) terror; **le tengo ~** it terrifies me, I find it terrifying; **de ~** ‹*novela/relato*› horror (*before n*) **(b)** (persona) terror

terrorífico -ca *adj* horrific

terrorismo *m* terrorism

terrorista *mf* terrorist; **~ suicida** suicide bomber
■ *adj* terrorist

terso -sa *adj* smooth

tertulia *f* (reunión) gathering (*to discuss philosophy, politics, art, etc*)

tertuliano -na *m,f* participant in a ▶ **tertulia**

tesina *f* dissertation (*submitted as part of a first degree*)

tesis *f* (*pl* ~) **(a)** (Educ, Fil) thesis; **~ doctoral** doctoral thesis **(b)** (opinión): **los dos sostienen la misma ~** they are both of the same opinion; **esto confirma la ~ inicial** this confirms the initial theory

tesón *m* tenacity, determination

tesorería *f* (oficina) treasury; (cargo) post of treasurer

tesorero -ra *m,f* treasurer

tesoro *m* **(a)** (cosa valiosa) treasure **(b)** (persona) treasure, gem (infml); **¿qué te pasa, ~?** what's the matter, darling?

test *m* (*pl* **tests**) test; **un examen tipo ~** a multiple-choice exam

testamento *m* will, testament (fml); **hacer ~** to make one's will

testarudo -da *adj* stubborn, pigheaded

testículo *m* testicle

testificar [A2] *vt/vi* to testify, give evidence

🔑 **testigo** *mf* witness; **ser ~ de algo** to witness sth, be a witness to sth

🔑 **testimonio** *m* **(a)** (Der) (declaración) testimony, statement **(b)** (prueba) proof, testimony (fml); **dar ~ de algo** to bear witness to sth

tétanos, **tétano** *m* tetanus

tetera *f* **(a)** (para servir té) teapot **(b)** (Andes, Méx) (para hervir agua) kettle **(c)** (Méx) (biberón) baby's bottle

tetero *m* (Col, Ven) baby's bottle

tetilla *f* **(a)** (Anat) nipple; (Zool) teat **(b)** (del biberón) teat

tetina *f* teat

tétrico -ca *adj* dismal, gloomy

textil *adj* textile (*before n*)

🔑 **texto** *m* text

textual *adj* ‹*traducción*› literal; ‹*palabras*› exact; ‹*cita*› direct

textura *f* texture

tez *f* complexion

🔑 **ti** *pron pers* **(a)** you; **para ~** for you; **delante de ~** in front of you; **a mí me gusta ¿y a ~?** I like it, do you? **(b)** (*refl*) **~ mismo/misma** yourself; **piensa un poco en ~ mismo** just think of yourself a little **(c)** (*impers*) you; **si a ~ te cuentan que ...** if someone tells you that ...

tianguis *m* (Méx) street market

tibio -bia *adj* **(a)** ‹*agua/baño*› lukewarm, tepid **(b)** ‹*atmósfera/ambiente*› warm **(c)** ‹*relación*› lukewarm; ‹*acogida*› unenthusiastic, cool

tiburón *m* **(a)** (Zool) shark **(b)** (fam) (persona) shark **(c)** (Fin) raider

tic *m* **1** (movimiento) *tb* **~ nervioso** nervous tic **2** (marca en escrito) tick

tico -ca *adj/m,f* (AmL fam) Costa Rican

🔑 **tiempo** *m* **1** **(a)** (en general) time; **¡cómo pasa el ~!** how time flies!; **te acostumbrarás con el ~** you'll get used to it in time; **perder el ~** to waste time; **¡no hay ~ que perder!** there's no time to lose!; **para ganar ~** (in order) to gain time; **~ libre** spare time, free time; **¿cuánto ~ hace que no lo ves?** how long is it since you last saw him?; **hace ~ que no sé de él** I haven't heard from him for a long time; **ya hace ~ que se marchó** she left quite some time ago; **¡cuánto ~ sin verte!** I haven't seen you for ages; **la mayor parte del ~** most of the time; **me llevó mucho ~** it took me a long time; **no pude quedarme más ~** I couldn't stay any longer; **poco ~ después** a short time after; **de un ~ a esta parte** for some time (now); **a ~ completo/parcial** full time/part time; **no vamos a llegar a ~** we won't get there in time; **al mismo ~** at the same time; **avísame con ~** let me know in good time; **¡qué ~s aquellos!** those were the days!; **en aquellos ~s** at that time, in those days **(b)** (temporada) season; **fruta del ~** fruits in season **(c)** (momento propio, oportuno): **a su (debido) ~** in due course; **cada cosa a su ~** everything in (its own) good time **(d)** (edad de bebé): **¿cuánto ~ tiene?** how old is he? **2** (Dep) (en partido) half; **primer ~** first half **3** (Mús) (compás) tempo, time; (de sinfonía) movement **4** (Ling) tense **5** (Meteo) weather; **hace buen/mal ~** the weather's good/bad; **del** or (Méx) **al ~** ‹*bebida*› at room temperature

🔑 **tienda** *f* **1** (Com) (en general) store (esp AmE), shop (esp BrE); **ir de ~s** to go shopping; **~ de comestibles** or (AmC, Andes, Méx) **abarrotes** grocery store (AmE), grocer's (shop) (BrE) **2** (Dep, Mil, Ocio) *tb* **~ de campaña** tent; **poner** or **montar una ~** to put up *o* pitch a tent; **desmontar una ~** to take down a tent

tiene, **tienes**, *etc* ▶ **tener**

tienta *f*: **a tientas** (*loc adv*): **andar** or **ir a ~s** to feel one's way; **buscó el timbre a ~s** he fumbled *o* felt around for the bell

tierno -na *adj* **1** ‹*carne*› tender; ‹*pan*› fresh; ‹*brote/planta*› young, tender **2** ‹*persona*› affectionate, loving; ‹*mirada/corazón*› tender

🔑 **tierra** *f* **1** (campo, terreno) land; **~s fértiles** fertile land; **~ de cultivo** arable land **2** (suelo, superficie) ground; (materia, arena) earth; **cavar la ~** to dig the ground; **un camión de ~** a truckload of soil *o* earth; **no juegues con ~** don't play in the dirt; **un camino de ~** a dirt road *o* track; ***echar algo***

🔑 key word

por ~ ‹*planes*› to wreck, ruin; ‹*argumentos*› to demolish, destroy; ‹*esperanzas*› to dash **3** (AmL) (polvo) dust **4** (Elec) ground (AmE), earth (BrE); **estar conectado a** ~ or (AmL) **hacer** ~ to be grounded *o* earthed **5** (por oposición al mar, al aire) land; **viajar por** ~ to travel overland *o* by land; ~ **firme** solid ground; ***tomar*** ~ to land, touch down **6** (país, lugar): **su** ~ **(natal)** his homeland, his native land; **costumbres de aquellas** ~**s** customs in those places *o* countries; **la T~ Santa** the Holy Land **7** (planeta): **la T~** (the) Earth

tieso -sa *adj* **1** **(a)** (rígido) stiff; **con las orejas tiesas** with ears pricked up **(b)** (Col, Ven) (duro) ‹*pan*› hard; ‹*carne*› tough **2** ‹*persona*› (erguido) upright, erect; (orgulloso) stiff; ***quedarse*** ~ (fam) (helarse) to get frozen stiff (infml)

tiesto *m* **(a)** (para plantas) flowerpot **(b)** (Chi) (palangana) basin

tifón *m* typhoon

tifus *m* **(a)** (transmitido por parásitos) typhus (fever) **(b)** (fiebre tifoidea) typhoid

tigre -gresa *m,f* (animal asiático) (*m*) tiger; (*f*) tigress

tijeras *fpl*, **tijera** *f* (para cortar papel, tela) scissors (*pl*); (para uñas) nail scissors (*pl*); (para césped) shears (*pl*); **unas** ~**s** a pair of scissors; ~ **de podar** pruning shears (*pl*); ***de*** ~ ‹*silla/cama*› folding (*before n*); **escalera de** ~ stepladder

tila *f* (infusión) lime (blossom) tea

tilde *f* (acento) accent; (sobre la ñ) tilde, swung dash

tiliches *mpl* (Méx fam) stuff (infml)

tilo *m* **(a)** (árbol) lime (tree) **(b)** (Chi) ▶ **tila**

timador -dora *m,f* swindler, cheat

timar [A1] *vt* to swindle, cheat

timbal *m* (Mús) kettledrum; **los** ~**es** the timpani

timbrar [A1] *vt* ‹*documento*› to stamp; ‹*carta*› to frank

■ ~ *vi* (Col, Méx) to ring the bell

timbre *m* **1** (para llamar) (door)bell; **tocar el** ~ to ring the bell; ~ **de alarma** alarm bell **2** (de sonido, voz) tone, timbre **3** **(a)** (sello) fiscal stamp **(b)** (Méx) (sello postal) (postage) stamp

timidez *f* (retraimiento) shyness; (falta de decisión, coraje) timidity

tímido -da *adj* (retraído) shy; (falto de decisión, coraje) timid

timo *m* (fam) con (infml), scam (infml)

timón *m* **(a)** (Aviac, Náut) rudder **(b)** (Col, Per) (volante) steering wheel; **ir al** ~ to be at the wheel

timonel *mf* (*m*) helmsman; (*f*) helmswoman

tímpano *m* (Anat) eardrum

tinaco *m* (Méx) water tank

tinaja *f* large earthenware jar

tinca *f* (Andes fam) (empeño) effort

tincada *f* (Andes fam) feeling, hunch (infml)

tincar [A2] *vi* (Andes fam) **(a)** (parecer): **me tinca que ya no viene** I get the feeling she's not coming **(b)** (parecer bien, gustar): **ese pescado me tinca** I like the look of that fish; **¿te tinca ir al cine?** do you feel like going to the movies?

tinieblas *fpl* darkness

tino *m* **(a)** (sentido común) sound judgment, good sense **(b)** (tacto) tact, sensitivity

tinta *f* ink; ~ **China** India ink; **escribir con** ~ to write in ink (AmE), Indian ink (BrE); ***saber algo de buena*** ~ to have sth on good authority

tinte *m* **1** (acción) dyeing; (sustancia) dye **2** (Esp) (establecimiento) dry cleaner's

tintero *m* inkwell

tintín *m* (de campanilla) tinkling, jingling; (de copa) clinking

tinto[1] -ta *adj* ‹*vino/uva*› red

tinto[2] *m* **1** (Vin) red wine **2** (Col) (café) black coffee

tintorería *f* dry cleaner's

tiña *f* (Med) ringworm

tiñoso -sa *adj* (Med) scabby, mangy

tío, tía *m,f* **1** (pariente) (*m*) uncle; (*f*) aunt; **mis** ~**s** (varones) my uncles; (varones y mujeres) my aunts and uncles **2** (Esp) (individuo) (fam) ▶ **tipo[1]**

tiovivo *m* (Esp) merry-go-round, carousel (AmE)

tipear [A1] *vt* (AmS) to type

típico -ca *adj* typical; ‹*plato/traje*› typical, traditional; **¡eso es** ~ **de él!** that's typical of him!

tipo[1] -pa *m,f* (fam) (*m*) guy (infml), bloke (BrE infml); (*f*) woman

tipo[2] *m* **1** (clase) kind, type, sort; **todo** ~ **de plantas** all kinds of plants; **no es mi** ~ he's not my type **2** (figura — de mujer) figure; (— de hombre) physique **3** (*como adv*) (CS fam) around, about; **vénganse** ~ **cuatro** come around about four o'clock

tique, **tiquet** (*pl* ~**ts**) *m* **(a)** (de tren, bus) ticket **(b)** (recibo) receipt, sales slip (AmE)

tiquete *m* (Col) ▶ **tique**

tira *f* (de papel, tela) strip; (de zapato) strap; ~ **cómica** comic strip, strip cartoon

■ *mf* **(a)** (Chi, Méx fam) (agente) cop (infml) **(b)** (Per, RPl arg) (detective infiltrado) police plant (infml), undercover cop (infml) **(c)** **la tira** *f* (Méx fam) (cuerpo) the cops (infml)

tirabuzón *m* **1** (sacacorchos) corkscrew **2** (rizo, bucle) ringlet **3** (en béisbol) screwball

tirada *f* **1** (Jueg) (en juegos de mesa) throw **2** (Impr) print run; **un periódico con una** ~ **de 300.000 ejemplares diarios** a newspaper with a daily circulation of 300,000 copies

tiradero *m* (Méx) (basurero) garbage (AmE) *o* (BrE) rubbish dump; (casa, habitación) mess, pigsty

tirado -da *adj* **1** (en desorden): **lo dejan todo** ~ they leave everything lying around **2** (fam) [ESTAR] **(a)** (muy fácil) dead easy (infml) **(b)** (muy barato) dirt cheap (infml)

tirador[1] *m* **(a)** (de cajón, puerta) knob, handle **(b)** (tirachinas) slingshot (AmE), catapult (BrE) **(c)** **tiradores** *mpl* (Arg, Bol) (de pantalón) suspenders (*pl*) (AmE), braces (*pl*) (BrE)

tirador[2] -dora *m,f* (*m*) marksman; (*f*) markswoman; **es un buen** ~ he's a good shot

tiraje *m* **(a)** (AmL) (Impr) ▶ **tirada 2** **(b)** (CS) (de la chimenea) damper

tiranía *f* tyranny

tirano -na *adj* tyrannical

■ *m,f* tyrant

tirantas *fpl* (Col) suspenders (*pl*) (AmE), braces (*pl*) (BrE)

tirante *adj* **(a)** ‹*piel/costura/cuerda*› taut **(b)** ‹*situación*› tense; ‹*relaciones*› tense, strained

■ *m* **1** (Const) strut, brace **2** (Indum) **(a)** (de prenda) strap, shoulder strap; **pantalones de ~s** overalls (*pl*) (AmE), dungarees (*pl*) (BrE) **(b) tirantes** *mpl* (Esp, Méx, Ven) (de pantalón) suspenders (*pl*) (AmE), braces (*pl*) (BrE)

✓ **tirar** [A1] *vt* **1 (a)** (lanzar) to throw; **tiró la pelota al aire** he threw the ball up in the air; **~le algo** A **algn** (para que lo agarre) to throw sb sth; (con agresividad) to throw sth AT sb **(b)** (desechar) to throw out *o* away **(c)** (desperdiciar) to waste; **¡qué manera de ~ el dinero!** what a waste of money! **2 (a)** (hacer caer) ‹*jarrón/silla*› to knock over; **el perro me tiró al suelo** the dog knocked me over **(b)** (derribar) ‹*pared/puerta*› to knock down **3 (a)** ‹*bomba*› to drop; ‹*cohete*› to fire, launch; ‹*flecha*› to shoot **(b)** ‹*foto*› to take **4** (AmL) (atrayendo hacia sí) to pull; **tiró la cadena** he pulled the chain

■ **~** *vi* **1** (atrayendo hacia sí) to pull; **~** DE **algo** to pull sth; **no le tires del pelo** don't pull her hair **2 (a)** (disparar) to shoot; **~ a matar** to shoot to kill **(b)** (Dep) to shoot; **~ al arco** (AmL) or (Esp) **a puerta** to shoot at goal **(c)** (Jueg) (descartarse) to throw away; (en juegos de dados) to throw; (en dardos) to throw; (en bolos) to bowl **3 (a)** «*chimenea/cigarro*» to draw **(b)** «*coche/motor*» to pull **4 tirando** *ger* (fam): **gano poco pero vamos tirando** I don't earn much but we're managing; **¿qué tal andas? — tirando** how are things? — not too bad **5 ~**A (tender a): **tira más bien a azul**; it's more of a bluish color; **ella tira más a la madre** she takes after her mother more

■ **tirarse** *v pron* **1 (a)** (lanzarse, arrojarse) to throw oneself; **se tiró por la ventana** he threw himself out of the window; **~se en paracaídas** to parachute; (en emergencia) to bale out; **~se al agua** to jump into the water; **~se de cabeza** to dive in, to jump in headfirst **(b)** (AmL) (tumbarse) to lie down **2** (fam) ‹*horas/días*› to spend; **se tiró dos años escribiéndolo** he spent two years writing it **3** (fam) (expulsar): **~se un pedo** to fart (sl)

tirita *f* (Esp) Band-Aid® (AmE), sticking plaster (BrE)

tiritar [A1] *vi* to shiver, tremble; **~ de frío** to shiver with cold

✓ **tiro** *m* **1** (disparo) shot; **le dispararon un ~** they shot him; **lo mató de un ~** she shot him dead; ***al ~*** (Chi fam) right away, straightaway (BrE); ***errar el ~*** (literal) to miss; (equivocarse) to get it wrong **2** (en fútbol, baloncesto) shot; (deporte) shooting; **~ al arco** (deporte) archery; (en fútbol) (AmL) shot at goal; **~ al blanco** (deporte) target shooting; (lugar) shooting gallery; **~ al plato** skeet shooting (AmE), clay-pigeon shooting (BrE); **~ de esquina** (AmL) corner (kick); **~ libre** (en fútbol) free kick; (en baloncesto) free shot *o* throw **3** (de chimenea) flue; **tiene muy buen ~** it draws well **4 animal/caballo de ~** draught animal/horse

tiroides *f* or *m* thyroid, thyroid gland

tirón *m* **(a)** (movimiento) tug, pull; **me dio un ~ de pelo** he pulled my hair; **dale un ~ de orejas** tweak his ears for him (infml); **el autobús avanzaba a tirones** the bus jerked along; ***de un ~***: **me arrancó la cadena de un ~** he ripped the chain from my neck; **lo leyó/bebió de un ~** (fam) she read/downed it in one go **(b)** (de músculo): **sufrió un ~ en la pierna** he pulled a muscle in his leg **(c)** (forma de robo): **le dieron un** or **el ~** they snatched her bag

tironear [A1] *vi* (AmL fam) to tug, pull
■ **~** *vt* (AmL fam) to tug (at)

tiroteo *m* (tiros) shooting; (intercambio de tiros) shoot-out

tirria *f* (fam) grudge; **tenerle ~ a algn** to have a grudge against sb

tisú *m* (*pl* **-sús** *or* **-súes**) (pañuelo) tissue; (tela) lamé

titánico -ca *adj* huge, colossal (*before n*)

títere *m* **(a)** (marioneta, persona) puppet **(b) títeres** *mpl* (función) puppet show

titiritar [A1] *vi* to shiver, tremble

titiritero -ra *m,f* (de marionetas) puppeteer; (acróbata) acrobat

titubeante *adj* ‹*voz/respuesta*› faltering, halting; ‹*actitud*› hesitant

titubear [A1] *vi* **(a)** (dudar, vacilar) to hesitate; **sin ~** without hesitation **(b)** (balbucear) to stutter

titubeo *m* (duda, vacilación) hesitancy, hesitation

titulación *f* qualifications (*pl*); **personas con ~ universitaria** university graduates, college graduates (AmE)

titulado -da *adj* qualified
■ *m,f* graduate; **~ medio** *graduate with a qualification obtained after a three-year degree course as opposed to a five-year course*; **~ superior** or **universitario** university graduate, college graduate (AmE)

✓ **titular¹** *adj* ‹*médico/profesor*› permanent
■ *mf* (de pasaporte, cuenta, cargo) holder
■ *m* **(a)** (en periódico) headline **(b)** (Rad, TV) main story; **los ~es** the main stories, the news headlines

titular² [A1] *vt* ‹*obra*› **su novela titulada 'Julia'** his novel called *o* (fml) entitled 'Julia'
■ **titularse** *v pron* **1** «*obra/película*» to be called, be entitled (fml) **2** (Educ) to graduate, get one's degree; **~se** EN/DE **algo** to graduate IN/AS sth

✓ **título** *m* **1** (en general) title; **un poema que lleva por ~ ...** a poem called *o* (fml) entitled ...; **el ~ de campeón juvenil** the junior title; **~ nobiliario** title; ***a ~ de***: **a ~ de introducción** by way of introduction; **asiste a ~ de observador** he's attending as an observer **2** (Educ) degree; (diploma) certificate; **~ académico** academic qualification; **~ universitario** university degree, college degree (AmE)

tiza *f* (material) chalk; (barra) (piece of) chalk; (en billar) chalk

tizón *m* (leño) charred stick/log

toalla *f* **(a)** (tejido) toweling* **(b)** (para secarse) towel; **~ higiénica** sanitary napkin (AmE), sanitary towel (BrE); ***tirar*** or ***arrojar la ~*** to throw in the towel

toallero *m* (barra) towel rail; (aro) towel ring

tobillera *f* **(a)** (Med) ankle support **(b)** (de ciclista) cycle clip

tobillo *m* ankle

✓ key word

tobogán *m* **(a)** (en parque) slide; (en piscina) water chute **(b)** (Aviac) escape chute **(c)** (trineo) toboggan

toca *f* (de religiosa) wimple; (de tocado) circlet

tocadiscos *m* (*pl* ~) record player

tocador *m* (mueble) dressing table

tocar [A2] *vt* **1** **(a)** (en general) to touch; (palpar) to feel; (manosear) to handle; **¡no vayas a ~ ese cable!** don't touch that cable!; **mis ahorros no los quiero ~** I don't want to touch my savings; **la planta ya toca el techo** the plant is already touching the ceiling **(b)** (hacer sonar) ‹*timbre/campana*› to ring; ‹*claxon*› to blow, sound **(c)** (Mús) ‹*instrumento/pieza*› to play **2** ‹*tema*› (tratar) to touch on, refer to; (sacar) to bring up **3** (atañer, concernir) to affect; **un problema que nos toca de cerca** a problem which affects us directly

■ ~ *vi* **1** **(a)** (AmL) (llamar) «*persona*» to knock at the door; **alguien está tocando (a la puerta)** there's somebody at the door **(b)** «*campana/timbre*» to ring; **las campanas tocaban a misa** the bells were ringing for mass **(c)** (Mús) to play **2** **(a)** (corresponder en reparto, concurso, sorteo): **a ella le toca la mitad de la herencia** she gets half of the inheritance; **le tocó el primer premio** she won the first prize; **me tocó la maestra más antipática del colegio** I got the most horrible teacher in the school **(b)** (ser el turno): **te toca a ti** it's your turn; **¿a quién le toca cocinar?** whose turn is it to do the cooking?

■ **tocarse** *v pron* **(a)** (*refl*) ‹*herida/grano*› to touch; ‹*barba*› to play with **(b)** (*recípr*) «*personas*» to touch each other; «*cables*» to touch

tocayo -ya *m,f* namesake

tocino *m* (para guisar) pork fat; (con vetas de carne) fatty salt pork; (para freír) bacon

tocología *f* obstetrics

tocólogo -ga *m,f* obstetrician

todavía *adv* **1** **(a)** (aún) still; **¿~ estás aquí?** are you still here? **(b)** (en frases negativas) yet; **~ no está lista** she isn't ready yet **2** (en comparaciones) even, still; **sus primos son ~ más ricos** her cousins are even richer *o* richer still **3** (fam) (encima) still; **¡y ~ se queja!** and he still complains!

todo[1] -da *adj* **1** (la totalidad de) all; **nos comimos ~ el pan** we ate all the bread; **toda la mañana** all morning, the whole morning; **invitó a toda la clase** she invited the whole class; **por ~s lados** all over the place; **~s ustedes lo sabían** you all knew; ▶ **mundo 1** **2** (cualquier, cada): **~ artículo importado** all imported items, any imported item; **~ aquel que quiera** anyone who wishes to; **~s los días** every day **3** (uso enfático): **a toda velocidad** at top speed; **con toda inocencia** in all innocence; **le dieron ~ tipo de facilidades** they gave him all kind of facilities; ***a ~ esto*** (mientras tanto) meanwhile, in the meantime; (a propósito) incidentally, by the way

■ *pron* **1** **(a)** (sin excluir nada) everything; **lo perdieron ~** they lost everything; **~ le parece poco** he's never satisfied; **come ~ lo que quieras** eat as much as you like; **~ o nada** all or nothing **(b)** **~s/todas** (referido a — cosas) all; (— a personas) all, everybody; **los compró ~s** she bought all of them; **vinieron ~s** they all came, everybody came; **buena suerte a ~s** good luck to everybody; **es el más alto de ~s** he's the tallest of the lot *o* of them all; **¿están ~s?** is everyone *o* everybody here?; **~s y cada uno** each and every one **2** (*en locs*) **con todo (y eso)** (fam) (aun así) all the same, even so; **de todo: come de ~** she'll eat anything; **venden de ~** they sell everything *o* all sorts of things; **hace de ~ un poco** he does a bit of everything; **del todo** totally **3** (*como adv*) **(a)** (completamente) all; **está ~ mojado** it's all wet **(b)** (en frases ponderativas) quite; **fue ~ un espectáculo** it was quite a show!

todo[2] *m*: **el/un ~** the/a whole; ***jugarse el ~ por el ~*** to risk *o* gamble everything on one throw

todopoderoso -sa *adj* all-powerful

Todopoderoso *m*: **el ~** the Almighty

todoterreno *m* (Auto) four-wheel-drive vehicle, 4 x 4 (léase: four by four)

Tokio *m* Tokyo

toldo *m* **(a)** (de terraza) canopy; (de tienda) awning; (en la playa) awning; (en camión) tarpaulin **(b)** (para fiestas) tent (AmE), marquee (BrE) **(c)** (RPl) (de los indios) hut

tolerable *adj* tolerable

tolerancia *f* tolerance

tolerante *adj* tolerant

tolerar [A1] *vt* to tolerate; **¡eso no se puede ~!** that's intolerable!; Ⓢ **tolerada (para menores de 14 años)** (Esp) ≈ PG; **le toleras demasiado** you're too lenient with him

toma *f* **1** **(a)** (Mil) capture, taking **(b)** (de universidad, fábrica) occupation; (de tierras) seizure **2** (Cin, Fot — imagen) shot; (— acción de filmar) take **3** (de medicamento) dose **4** (de datos) gathering; (de muestras) taking; **la ~ de decisiones** the decision-making **5** (AmL) (acequia) irrigation channel **6** **(a)** **~ de tierra** (Elec) ground (wire) (AmE), earth (wire) (BrE) **(b)** (Aviac) landing, touchdown

tomado -da *adj* **1** ‹*voz*› **tengo la voz tomada** I'm hoarse **2** (AmL fam) ‹*persona*› drunk

tomadura de pelo *f* **(a)** (broma, chiste) joke **(b)** (burla): **esto es una ~ de ~** they're just messing around with us (AmE) *o* (BrE) messing us around

tomar [A1] *vt* **1** (en general) to take; **tomé un libro de la estantería** I took a book from the shelf; **la tomé de la mano** I took her by the hand; **toma lo que te debo** here's what I owe you; **¿lo puedo ~ prestado?** can I borrow it?; **tomó el asunto en sus manos** she took charge of the matter; **~ precauciones/el tren/una foto** to take precautions/the train/a picture; **~le la temperatura a algn** to take sb's temperature; **~ algo por escrito** to write sth down; **~ algo/a algn** POR **algo/algn** to take sth/sb FOR sth/sb; **¿por quién me has tomado?** who *o* what do you take me for?; **lo tomó a mal/a broma** he took it the wrong way/as a joke; **eso toma demasiado tiempo** that takes up too much time **2** **(a)** (beber) to drink; **el niño toma (el) pecho** the baby's being breast-fed **(b)** (servirse, consumir) to have; **¿qué vas a ~?** what are you going to have? **3** (esp AmL) **(a)** (contratar) to take on **(b)** «*profesor*» ‹*alumnos/clases*› to take on **(c)** «*colegio*» ‹*niño*› to take **4** (apoderarse de) ‹*fortaleza/tierras*› to seize; ‹*universidad/*

t

fábrica› to occupy **5** (adquirir) ‹*forma*› to take; ‹*aspecto*› to take on; ‹*velocidad/altura*› to gain; ‹*costumbre*› to get into **6** (cobrar): **le he tomado cariño a esta casa/a la niña** I've become quite attached to this house/quite fond of the girl **7** (exponerse a): **~ el aire** to get some (fresh) air; **~ (el) sol** to sunbathe; **vas a ~ frío** (CS) you'll get *o* catch cold

■ **~** *vi* **1** (asir): **toma, aquí tienes tus tijeras** here are your scissors; **tome, yo no lo necesito** take it, I don't need it **2** (esp AmL) (beber alcohol) to drink **3** (AmL) (ir) to go; **~on para el norte** they went north; **~ a la derecha** to turn *o* go right **4** «*injerto*» to take

■ **tomarse** *v pron* **1** ‹*vacaciones/tiempo*› to take; **se tomó el día libre** he took the day off **2** ‹*molestia/libertad*› to take; **~se la molestia/libertad de hacer algo** to take the trouble to do sth/the liberty of doing sth **3** (*enf*) **(a)** ‹*café/vino*› to drink **(b)** ‹*medicamento/vitaminas*› to take **(c)** ‹*desayuno/merienda/sopa*› to eat, have; ‹*helado/yogur*› to have **4** ‹*autobús/tren/taxi*› to take **5** (Med) **(a)** (*refl*) to take; **se tomó la temperatura** she took her temperature **(b)** (*caus*) **~se la tensión** to have one's blood pressure taken **6** (*caus*) (esp AmL) ‹*foto*› to have ... taken **7** (*enf*) (reaccionar frente a) ‹*comentario/noticia*› to take; **no te lo tomes a mal** don't take it the wrong way **8** (Chi) ‹*universidad/fábrica*› to occupy

tomate *m* tomato; ***estar/ponerse (colorado) como un ~*** (de vergüenza) to be/turn as red as a beet (AmE), to be/go as red as a beetroot (BrE); (por el sol) to be/turn as red as a lobster

tomavistas *m* (*pl* ~) movie camera

toma y daca *m* give-and-take

tómbola *f* tombola

tomillo *m* thyme

tomo *m* volume

ton *m*: **hacer algo sin ~ ni son** to do sth for no reason

tonada *f* **(a)** (melodía) tune; (canción) ballad, song **(b)** (AmL) (acento) accent

tonel *m* barrel

⚷ **tonelada** *f* ton

tongo *m* (fam) (en partido, pelea) fix (infml); **hubo ~** it was fixed (infml)

tónica *f* **1** (bebida) tonic (water) **2** (tendencia, tono) trend, tendency

tónico¹ -ca *adj* **1** (Med) tonic (*before n*) **2** **(a)** ‹*sílaba/vocal*› tonic (*before n*), stressed **(b)** (Mús) tonic

tónico² *m* (Med) tonic; (en cosmética) toner

⚷ **tono** *m* **1** **(a)** (en general) tone; **en ~ cariñoso** in an affectionate tone of voice; **en ~ de reproche** reproachfully; **el ~ en que lo dijo** the way he said it; **el ~ general de la conversación** the general tone of the conversation **(b)** (Rad, Telec, TV) tone; **este teléfono no da** or **tiene ~** I can't get a dial tone (AmE) *o* (BrE) dialling tone on this phone; **~ de marcar** or (AmL) **de discado** or (AmS) **de discar** dial tone (AmE), dialling tone (BrE); **~ de ocupado** busy signal (AmE), engaged tone (BrE); ***no venir a ~*** to be out of place **2** (de color) shade; ***subido de ~*** risqué **3** (Mús) key

tontear [A1] *vi* **(a)** (hacer el tonto) to play the fool; (decir tonterías) to talk nonsense **(b)** (flirtear) to fool around (infml)

tontería *f* **(a)** (cosa tonta) silly *o* stupid thing; (dicho tonto) silly remark; **¡déjate de ~s!** stop fooling around; **¡~s!** nonsense! **(b)** (cosa insignificante) silly thing, small thing; **se enoja por cualquier ~** she gets angry over the slightest little thing **(c)** (cualidad) stupidity

tonto -ta *adj* **1** **(a)** [SER] (falto de inteligencia) stupid, dumb (infml); (ingenuo) silly **(b)** [ESTAR] (intratable) difficult, silly; (disgustado) upset **2** ‹*excusa/error/historia*› silly

■ *m,f* (falto de inteligencia) idiot, dummy (infml); (ingenuo) idiot, fool; ***hacer el ~*** (hacer payasadas) to play *o* act the fool; (actuar con necedad) to make a fool of oneself; ***hacerse el ~*** to act dumb

topacio *m* topaz

toparse [A1] *v pron* **~se CON algn** (tropezarse) to bump INTO sb; (encontrarse) to bump *o* run INTO sb; **~se CON algo** (tropezarse) to bump INTO sth; (encontrarse) to come across sth

tope *m* **1** **(a)** (límite) limit; **han establecido un ~ máximo** an upper limit has been set **(b)** (*como adj inv*) ‹*edad/precio*› maximum (*before n*); **fecha ~** deadline **2** **(a)** (para las puertas) doorstop; (Ferr) buffer **(b)** (Méx) (Auto) speed bump **3** (Andes) (cima) top **4** **(a)** (Andes) (golpe, choque) bump **(b)** (Méx fam) (cabezazo): **me di un ~** I bumped my head

tópico¹ -ca *adj* **1** ‹*comentario/afirmación*› trite **2** (Farm): Ⓢ **uso tópico** for external use only

tópico² *m* **(a)** (tema, asunto) topic, subject **(b)** (tema trillado) hackneyed subject; (expresión) cliché

top-less, topless /'toples/ *m*: **el ~ es habitual aquí** it is quite normal for people to go topless here

topo *m* **(a)** (Zool) mole **(b)** (Col) (pendiente) earring

topografía *f* topography, surveying

toque *m* **1** **(a)** (de timbre) ring; (de campana) stroke, chime; **al ~ de las doce** on the stroke of twelve; **~ de queda** curfew **(b)** (Esp fam) (llamada) call, ring (BrE infml) **2** (en béisbol) bunt **3** (detalle) touch; **falta darle los últimos ~s** we have to put the finishing touches to it **4** (Méx fam) (descarga) electric shock

toquetear [A1] *vt* (fam) to touch; (sexualmente) to touch up

toquilla *f* shawl

tórax *m* thorax

torbellino *m* **(a)** (de viento) whirlwind; (de polvo) dust storm **(b)** (de actividad) whirl **(c)** (persona inquieta) bundle of energy

torcedura *f* sprain

torcer [E10] *vt* **1** ‹*cuerpo*› to twist; ‹*cabeza*› to turn; **me torció el brazo** she twisted my arm **2** ‹*esquina*› to turn **3** ‹*curso/rumbo*› to change

■ **~** *vi* (girar) «*persona/vehículo*» to turn; «*camino*» to bend, curve

■ **torcerse** *v pron* **1** ‹*tobillo/muñeca*› to sprain **2** «*madera/viga*» to warp

torcido -da *adj* **1** [ESTAR] **(a)** (con respecto a otra cosa) crooked; **tiene la nariz torcida** he has a crooked nose; **llevas la falda torcida** your skirt's

⚷ key word

twisted **(b)** (curvo) bent; **una rama torcida** a bent branch; **tiene las piernas torcidas** (para adentro) he is knock-kneed; (para afuera) he is bowlegged **2** ‹*intenciones*› devious, crooked

torcijón *m* stomach cramp

tordo -da *m,f* **(a)** (caballo) dapple, dapple-gray* **(b)** (pájaro) thrush

torear [A1] *vi* to fight; **quiere ~** he wants to be a bullfighter
■ ~ *vt* **1** ‹*toro/novillo*› to fight **2** (fam) **(a)** ‹*perseguidor/pregunta*› to dodge **(b)** (AmL) (provocar) to torment, needle

toreo *m* bullfighting

torero -ra *m,f* bullfighter, matador

tormenta *f* **1** (Meteo) storm; **~ de nieve** snowstorm; (con viento) blizzard; ***hacer frente a la ~*** to weather the storm **2** (de pasiones) storm; (de celos) frenzy

tormentoso -sa *adj* stormy

tornado *m* tornado

tornamesa *f or m* (Col, Méx) (plato giratorio) turntable

tornar [A1] *vi* (liter) **(a)** (regresar) to return; **tornó a nevar** it snowed again **(b)** (volver, hacer) to make, render
■ **tornarse** *v pron* (liter) to become; **~se EN** algo to turn INTO sth

torneo *m* tournament

tornero -ra *m,f* lathe operator

tornillo *m* (Tec) screw; ***te/le falta un ~*** you have/he has a screw loose (infml)

torniquete *m* (Med) tourniquet

torno *m* **1** **(a)** (de carpintero) lathe; **~ de alfarero** potter's wheel **(b)** (Odont) drill **(c)** (para alzar pesos) winch **2** **en torno a** around

toro *m* (animal) bull; **~ bravo** or **de lidia** fighting bull; **los ~s** (el espectáculo) bullfighting; **ir a los ~s** to go to a bullfight

toronja *f* (AmL) grapefruit

torpe *adj* **(a)** (en las acciones) clumsy **(b)** (de entendimiento) slow (infml) **(c)** (sin tacto) ‹*persona/comentario*› clumsy; **de manera ~** clumsily

torpedo *m* **1** (Arm) torpedo **2** (Chi fam) (de estudiante) crib (note) (infml)

torpeza *f* **1** (cualidad) **(a)** (en las acciones) clumsiness **(b)** (falta de inteligencia) stupidity; **perdona mi ~, pero no entiendo** I'm sorry to be so stupid *o* dim, but I don't understand **(c)** (falta de tacto) clumsiness **2** (dicho desacertado) gaffe; (acción desacertada) blunder

torrar [A1] *vt* to roast

torre *f* **(a)** (de castillo, iglesia) tower; (en punta) steeple, spire **(b)** (de cables de alta tensión) pylon; (de pozo de petróleo) derrick **(c)** (en ajedrez) rook, castle **(d)** (edificio alto) apartment block (AmE), tower block (BrE)

torreja *f* **1** (AmL) (pan frito) ▶ **torrija** **2** (Chi) (rodaja) slice

torrencial *adj* torrential

torrente *m* (Geog) torrent

torrentoso -sa *adj* (AmL) fast-flowing

torreón *m* tower

torrija *f* piece *o* slice of French toast; **~s** French toast

torsión *f* torsion

torso *m* (Anat) torso, trunk; (Art) bust

torta *f* **1** (CS, Ven) (de cumpleaños, etc) cake; (decorada, con crema, etc) gateau **2** (Méx) (bocadillo) sandwich **3** (fam) (golpe): **darle una ~ a algn** to hit *o* wallop sb (infml); **pegarse una ~** to bang one's head (*o* arm *etc*); **liarse a ~s** to come to blows

tortazo *m* (fam) ▶ **torta 3**

tortícolis *f* stiff neck, torticollis (tech)

tortilla *f* **1** (de huevos) omelet*; **~ de papas** or (Esp) **de patatas** Spanish omelet* (*made with potatoes and sometimes onion*) **2** (de maíz) tortilla

tortillero -ra *m,f* tortilla seller

tórtola *f* turtledove

tortuga *f* (Zool) (de tierra) tortoise, turtle (AmE); (de mar) turtle

tortuoso -sa *adj* **(a)** ‹*sendero*› tortuous, winding **(b)** ‹*maquinaciones/conducta*› devious; ‹*mente*› devious, twisted

tortura *f* torture

torturar [A1] *vt* (con violencia física) to torture; (angustiar) to torment, torture

tos *f* cough; **tener ~** to have a cough; **~ convulsa** or **convulsiva** whooping cough

tosco -ca *adj* **(a)** ‹*utensilio/mueble/construcción*› crude, basic; ‹*tela*› coarse, rough **(b)** ‹*persona/manos*› rough; ‹*lenguaje*› unrefined; ‹*modales*› coarse; ‹*facciones*› coarse

toser [E1] *vi* to cough

tostada *f* **(a)** (de pan) piece *o* slice of toast; **desayuno café con ~s** I have coffee and toast for breakfast **(b)** (Méx) (de tortilla) tostada (*fried maize tortilla*)

tostado -da *adj* ‹*pan/almendras*› toasted; ‹*café*› roasted; ‹*piel*› tanned

tostadora *f*, **tostador** *m* (para pan) toaster; (para café) roaster

tostar [A10] *vt* **(a)** ‹*pan/almendras*› to toast; ‹*café*› to roast **(b)** ‹*piel/persona*› to tan
■ **tostarse** *v pron* (broncearse) to tan

tostón *m* **1** **(a)** (Esp) (pan frito) crouton **(b)** (Ven) (plátano frito) fried plantain **2** (Esp fam) (cosa fastidiosa) drag (infml); ***darle el ~ a algn*** (Esp fam) to pester somebody **3** (Méx fam) (moneda) fifty-cent coin

total *adj* **(a)** (absoluto) ‹*desastre/destrucción*› total; ‹*éxito*› resounding (*before n*), total; ‹*cambio*› complete **(b)** (global) ‹*costo/importe*› total
■ *m* total; **en ~** altogether
■ *adv* (*indep*) (fam) (al resumir una narración) so, in the end; **~, que me di por vencida** so in the end I gave up

totalidad *f*: **la ~ de la población** the whole *o* entire population; **fue destruido en su ~** it was totally destroyed; **se pagó en su ~** it was paid in full

totalitario -ria *adj* totalitarian

totalitarismo *m* totalitarianism

totalmente *adv* totally, completely

totogol *m* (Col) sports lottery (AmE), football pools (*pl*) (BrE)

totopo *m* (Méx) tortilla chip

totora *f* reed mace, bulrush

tóxico[1] **-ca** *adj* toxic

tóxico² *m* poison, toxin
toxicómano -na *m,f* drug addict
tozudo -da *adj* obstinate, stubborn
■ *m,f*: **es un ~** he's extremely stubborn *o* obstinate
traba *f* **1** (en ventana) catch; (de cinturón) belt loop **2** (dificultad, impedimento) obstacle; **me puso muchas ~s** he made things really difficult for me
trabajado -da *adj* ‹*diseño/bordado/plan*› elaborate
✓ **trabajador -dora** *adj* (que trabaja mucho) hard-working
■ *m,f* worker; **un ~ no calificado** (AmL) or (Esp) **cualificado** an unskilled worker *o* laborer; **~ autónomo** self-employed worker *o* person; **~ de medio tiempo** (AmL) or (Esp) **a tiempo parcial** part-time worker; **~a social** (Méx) social worker; **~ por cuenta propia** self-employed worker *o* person
✓ **trabajar** [A1] *vi* **1** (en general) to work; **~ por cuenta propia** to be self-employed; **~ jornada completa** or **a tiempo completo** to work full-time; **~ media jornada** to work part-time; **~ mucho** to work hard; **¿en qué trabajas?** what do you do (for a living)?; **estoy trabajando en una novela** I'm working on a novel; **~** DE *or* COMO **algo** to work AS sth **2** (actuar) to act, perform; **¿quién trabaja en la película** who's in the movie?
■ **~** *vt* **1** **(a)** ‹*campo/tierra/madera*› to work **(b)** ‹*masa*› (con las manos) to knead, work **2** (perfeccionar, pulir) to work on
✓ **trabajo** *m* **1** **(a)** (empleo) job; **buscar ~** to look for work *o* for a job; **quedarse sin ~** to lose one's job; **un ~ fijo** a steady job; **un ~ de media jornada** a part-time job; **un ~ de jornada completa** or **a tiempo completo** a full-time job **(b)** (lugar) work; **está en el ~** she's at work; **ir al ~** to go to work **2** (actividad, labor) work; **~ en equipo** teamwork; **el ~ de la casa** housework; **los niños dan mucho ~** children are hard work; **¡buen ~!** well done!; **~ de campo** fieldwork; **~s forzados** hard labor*; **~s manuales** handicrafts (*pl*); **~ voluntario** voluntary *o* (AmE) volunteer work **3** **(a)** (tarea) job; **limpiar el horno es un ~ que odio** cleaning the oven is a job I hate **(b)** (obra escrita) piece of work; (en universidad, escuela) essay **4** (esfuerzo): **con mucho ~ consiguió levantarse** with great effort she managed to get up; **me cuesta ~ creerlo** I find it hard to believe
trabajoso -sa *adj* ‹*subida*› arduous; ‹*tarea*› laborious
trabalenguas *m* (*pl* **~**) tongue twister
trabar [A1] *vt* **1** **(a)** ‹*puerta/ventana*› (para que no se abra) to hold ... shut; (para que no se cierre) to hold ... back *o* open **(b)** ‹*caballo*› to hobble **2** **(a)** ‹*conversación/amistad/relación*› to strike up **(b)** ‹*historia*› to weave together **3** ‹*proceso/negociaciones*› to hamper the progress of
■ **trabarse** *v pron* «*cajón/cierre*» to get jammed *o* stuck; **se le traba la lengua** he gets tongue-tied
trabilla *f* (de pantalón) stirrup; (para cinturón) belt loop
trácala *m* (Méx, Ven fam) cheat
■ *f* (Méx, Ven fam) trick, swindle; **se la pasa haciendo ~** he's always cheating people
tracalada *f* (Andes fam) bunch (infml)
tracalear [A1] *vt* (Méx, Ven fam) to cheat, swindle
tracalero -ra *adj* (Méx, Ven fam) dishonest
tracción *f* (Auto, Mec) traction, drive; **un vehículo con** or **de ~ a cuatro ruedas** a four-wheel-drive vehicle
tractor *m* tractor
✓ **tradición** *f* (costumbre) tradition
✓ **tradicional** *adj* traditional
tradicionalista *adj/mf* traditionalist
traducción *f* translation; **~ del inglés al español** translation from English into Spanish
traducir [I6] *vt* ‹*texto/escritor*› to translate; **~** DE **algo** A **algo** to translate FROM sth INTO sth
traductor -tora *m,f* translator
✓ **traer** [E23] *vt* **1** (de un lugar a otro) to bring; **me trajo en la moto** he brought me on his motorbike; **¿qué te trae por aquí?** what brings you here? **2** (ocasionar, causar) ‹*problemas/dificultades*› to cause; **~ buena suerte** to bring good luck **3** «*libro/artículo*» ‹*artículo/capítulo*› to have; **este diccionario no lo trae** it's not in this dictionary **4** **(a)** ‹*ropa/sombrero*› to wear **(b)** (tener consigo) to bring; **traje poco dinero** I didn't bring much money (with me)
■ **traerse** *v pron* **1** (*enf*) (a un sitio) to bring (along); **lo invité a él y se trajo a toda la familia** I invited him and he brought the whole family along **2** (fam) (tramar) to be up to (infml); **¿qué se ~án esas dos?** what are those two up to?
traficante *mf* dealer, trafficker; **~ de drogas** drug dealer *o* trafficker; **~ de esclavos** slave trader
traficar [A2] *vi* **~** EN *or* CON **algo** to deal IN sth
✓ **tráfico** *m* **1** (de vehículos) traffic; **accidente de ~** road accident **2** (de mercancías) trade; **~ de armas** arms trade; **~ de drogas** drug dealing *o* trafficking
tragaluz *m* (en el techo) skylight; (en una puerta, ventana) fanlight
traganíqueles *m* (*pl* **~**) (AmC) slot machine
tragaperras *m or f* (*pl* **~**) (Esp fam) slot machine
tragar [A3] *vt* **1** ‹*comida/agua/medicina*› to swallow **2** (fam) (aguantar): **no lo trago** I can't stand him
■ **~** *vi* **1** (Fisiol) to swallow **2** (RPl fam) (estudiar) to cram
■ **tragarse** *v pron* **1** (*enf*) **(a)** ‹*comida*› to swallow; **~se el humo** to inhale **(b)** ‹*lágrimas*› to choke back; ‹*orgullo*› to swallow **(c)** «*máquina*» ‹*dinero/tarjeta*› to swallow up **2** (fam) **(a)** (soportar) ‹*obra/recital*› to sit through **(b)** (creerse) ‹*excusa/cuento*› to swallow, fall for (infml)
tragedia *f* tragedy
trágico -ca *adj* **(a)** ‹*actriz/obra*› tragic (*before n*) **(b)** ‹*vida/final/consecuencia*› tragic; **no te pongas ~** don't be so melodramatic
tragicomedia *f* tragicomedy
trago *m* **1** **(a)** (de líquido) drink, swig; **un ~ de agua** a drink of water; **de un ~** in one gulp **(b)** (esp AmL fam) (bebida alcohólica) drink; **¿vamos a tomar un ~?** shall we go for a

✓ key word

t

drink? **2** (experiencia): **pasar un ~ amargo** to have a rough time

traición *f* **(a)** (delito) treason **(b)** (acto desleal) treachery, betrayal; **lo mataron a ~** they killed him by treachery

traicionar [A1] *vt* **(a)** ‹*patria/amigo*› to betray **(b)** (delatar) «*mirada/nerviosismo*» to give ... away

traicionero -ra *adj* **(a)** ‹*persona/acción*› treacherous **(b)** ‹*mar/carretera*› treacherous, dangerous

traidor -dora *adj* traitorous, treacherous
■ *m,f* traitor; **~** A **algo** traitor TO sth

traiga, traigas, *etc* ▶ **traer**

trailer /'trailer/ *m* (*pl* **~s**) **1** **(a)** (AmL) (casa rodante) trailer (AmE), caravan (BrE) **(b)** (para caballos) horse trailer, horsebox (BrE) **2** (Méx) (camión) semitrailer (AmE), articulated lorry (BrE)

tráiler *m* (*pl* **~s**) **1** (Esp) (Cin) trailer **2** ▶ **trailer 1**

trailero -ra *m,f* (Méx) truck driver

traje *m* (de dos, tres piezas) suit; (vestido de mujer) dress; (Teatr) costume; (de país, región) dress; **~ de baño** (de hombre) swimming trunks (*pl*); (de mujer) bathing suit, swimsuit; **~ de etiqueta/gala** formal/evening dress; **~ largo** evening dress

trajera, trajese, *etc* ▶ **traer**

trajimos, trajiste, *etc* ▶ **traer**

trajín *m*: **un día de mucho ~** a very hectic day; **con todo este ~ ...** with all this coming and going...; **el ~ de las grandes ciudades** the hustle and bustle of big cities

trajinar [A1] *vi* (fam) to rush about (infml)

trajiste, *etc* ▶ **traer**

trama *f* **1** (de tejido) weave, weft **2** (de película, novela) plot

tramar [A1] *vt* ‹*engaño*› to devise; ‹*venganza*› to plot; ‹*complot*› to hatch, lay; **¿qué andan tramando?** what are they up to? (infml)

tramitación *f* processing; **la ~ del divorcio tardó años** the divorce proceedings took years

tramitar [A1] *vt* ‹*préstamo*› «*funcionario*» to deal with; «*interesado*» to arrange; **están tramitando el divorcio** «*cónyuges*» they have started divorce proceedings; **~ un permiso de trabajo** «*organismo*» to deal with a work permit application; «*interesado*» to apply for one's work permit

trámite *m* (proceso) procedure; (etapa) step, stage; **simplificar los ~s aduaneros** to simplify customs procedures; **el préstamo está en ~** the loan application is being processed; **tengo que hacer unos ~s en el centro** I have some business to attend to in the centre

tramo *m* (de carretera, vía) stretch; (de escalera) flight

tramoyista *mf* (Teatr) sceneshifter, stagehand

trampa *f* **(a)** (para animales) trap; (de lazo) snare **(b)** (ardid) trap; **le tendieron una ~** they laid *o* set a trap for him **(c)** (en el juego): **hacer ~(s)** to cheat; **eso es ~** that's cheating

trampilla *f* trapdoor

trampolín *m* (en natación — flexible) springboard; (— rígido) diving board; (en gimnasia) trampoline; (en esquí) ski jump

tramposo -sa *adj*: **ser ~** to be a cheat
■ *m,f* cheat

tranca *f* **1** **(a)** (de puerta, ventana) bar **(b)** (palo) cudgel, club **2** (esp AmL fam) (borrachera) bender (infml); **agarrarse una ~** to get plastered *o* smashed (infml) **3** (Ven fam) (Auto) holdup, tailback

trancar [A1] *vt* ‹*puerta/ventana*› to bar

trance *m* (Psic, Relig) trance; **estar en ~** to be in a trance

tranque *m* (CS) reservoir

tranquilidad *f* **(a)** (calma) peace; **ni un minuto de ~** not a moment's peace; **con ~** (sin prisas) at my (*o* your *etc*) leisure; (sin nerviosismo) calmly **(b)** (falta de preocupación): **llámame a la hora que sea, con toda ~** feel free to call me at any time; **lo hice para mi propia ~** I did it for my own peace of mind

tranquilizante *adj* **(a)** ‹*noticia*› reassuring; ‹*música*› soothing **(b)** (Med) tranquilizing*
■ *m* tranquilizer*

tranquilizar [A4] *vt* **(a)** (apaciguar) to calm ... down; **intenté ~lo** I tried to calm him down; **sus palabras la ~on** his words reassured her **(b)** (atenuar la preocupación): **eso me tranquiliza mucho** that makes me feel a lot better
■ **tranquilizarse** *v pron* (calmarse) to calm down; (dejar de preocuparse): **al oír su voz me tranquilicé** when I heard his voice I felt reassured

tranquilo[1] **-la** *adj* **1** **(a)** [SER] ‹*persona*› (pacífico) calm **(b)** ‹*mar/ambiente*› calm; ‹*lugar*› quiet, peaceful, tranquil **2** [ESTAR] **(a)** (libre de preocupacion) ‹*conciencia*› clear; ‹*persona*› **ahora que trabaja estoy más ~** I feel better now that he's found a job; **¡tranquilo!** relax!; **tú, ~, de eso me encargo yo** there's no need for you to worry, I'll take care of that; **lo hice para quedarme ~** I did it for my own peace of mind; **déjalo ~** leave him alone **(b)** (sin inmutarse): **su hermano en el hospital y él tan ~** his brother's in hospital and he doesn't seem at all bothered; **...y se quedó tan tranquila** ...and she didn't bat an eyelash (AmE) *o* (BrE) eyelid

tranquilo[2] *adv* (Méx fam): **te cuesta ~ unas 2,000 libras** it costs 2,000 pounds easily (infml)

tranquiza *f* (Méx fam) hiding (infml)

transa *adj/mf* (Méx fam) ▶ **tranza**

transacción *f* (Com, Fin) transaction, deal

transandino[1] **-na** *adj* trans-Andean

transandino[2] *m* trans-Andean railroad *o* railway

transar [A1] *vi* (AmL) **(a)** (hacer concesiones) ▶ **transigir a (b)** (llegar a un acuerdo) to reach an agreement *o* a compromise; **~** EN **algo** to settle FOR sth

transatlántico[1] **-ca** *adj* transatlantic

transatlántico[2] *m* ocean liner

transbordador *m* ferry

transbordar [A1] *vt* ‹*mercancías/equipajes*› to transfer
■ **~** *vi* «*pasajeros*» to change

transbordo *m* **(a)** (de viajeros) change; **hacer ~** to change **(b)** (de equipaje, mercancías) transfer

transcribir [I34] *vt* to transcribe

t

transcurrir [I1] *vi* **(a)** «*tiempo/años*» to pass, go by **(b)** «*acontecimiento/acto*» to take place

transcurso *m* course; **en el ~ del año** during the course of the year; **con el ~ del tiempo** as time goes/went by

transeúnte *mf* (peatón) passer-by; (no residente) non-resident

transexual *adj/mf* transsexual

✓ **transferencia** *f* transfer; **~ bancaria** credit *o* bank transfer

transferir [I11] *vt* to transfer

✓ **transformación** *f* **(a)** (cambio) transformation, change **(b)** (en rugby) conversion **(c)** (Ling) transformation

transformador *m* transformer

✓ **transformar** [A1] *vt* **(a)** (convertir) to convert; **~ algo** EN **algo** to convert sth INTO sth **(b)** (cambiar radicalmente) ‹*persona/situación/país*› to transform, change *o* alter ... radically **(c)** (en rugby) to convert

■ **transformarse** *v pron* **(a)** (convertirse) **~se** EN **algo** to turn INTO sth **(b)** (cambiar radicalmente) «*persona/país*» to change completely, be transformed

transfusión *f* transfusion; **le hicieron una ~ de sangre** they gave him a blood transfusion

transgénico[1] **-ca** *adj* genetically modified

transgénico[2] *m* genetically modified organism (*o* product *etc*)

transgredir [I1] *vt* (fml) to transgress (fml)

transgresión *f* (fml) transgression (fml)

transgresor -sora *m,f* transgressor

transición *f* transition; **~** DE **algo** A **algo** transition FROM sth TO sth

transigente *adj* accommodating

transigir [I7] *vi* **(a)** (hacer concesiones) to compromise, give way; **~** EN **algo** to compromise ON sth **(b)** (tolerar) **~** CON **algo** to tolerate sth, put up WITH sth

transistor *m* transistor

transitar [A1] *vi* «*vehículo*» to travel; «*peatón*» to walk

transitivo -va *adj* transitive

✓ **tránsito** *m* **1** (tráfico) traffic; **~ rodado** vehicular traffic; **una calle de mucho ~** a very busy road; **un accidente de ~** (AmL) a road accident; **infracción de ~** (AmL) traffic violation (AmE), motoring offense (BrE) **2** (paso) movement; **el ~ de turistas en los meses de verano** the movement of tourists during the summer months; **pasajeros en ~** passengers in transit

transitorio -ria *adj* **(a)** ‹*medida*› provisional; ‹*situación*› temporary; ‹*período*› transitional **(b)** (efímero) transitory, fleeting

✓ **transmisión** *f* **(a)** (acción) transmission **(b)** (Rad, TV) (señal) transmission; (programa) broadcast; **una ~ en directo/en diferido** a live/prerecorded broadcast; **~ de pensamiento** thought transference

transmisor *m* transmitter

✓ **transmitir** [I1] *vt* **1** (Rad, TV) ‹*señal*› to transmit; ‹*programa*› to broadcast **2** **(a)** ‹*sonido/movimiento*› to transmit **(b)** ‹*enfermedad/lengua/costumbres*› to transmit, pass on; ‹*conocimientos*› to pass on **(c)** ‹*saludos/felicidades*› to pass on

■ **~** *vi* (Rad, TV) to transmit

transparentarse [A1] *v pron* **(a)** «*blusa/falda*» **una blusa que se transparenta** a see-through blouse; **con ese vestido se le transparenta la enagua** her petticoat shows through that dress **(b)** «*intenciones*» to be evident, be apparent

transparente *adj* **(a)** ‹*cristal/agua*› transparent, clear; ‹*aire*› clear **(b)** ‹*tela/papel*› transparent; ‹*blusa*› see-through **(c)** ‹*persona/carácter*› transparent; ‹*intenciones*› clear, plain

transpirar [A1] *vi* (Fisiol) to perspire, sweat; (Bot) to transpire

transportador *m* (Mec) conveyor

transportar [A1] *vt* **(a)** ‹*personas/mercancías*› to transport; **~ algo por aire** to ship sth by air **(b)** ‹*energía/sonido*› to transmit

✓ **transporte** *m* **1** (de pasajeros, mercancías) transportation (esp AmE), transport (esp BrE); **~ aéreo** airfreight; **~ público** public transportation (AmE), public transport (BrE) **2** (medio, vehículo) means of transport **3** (gastos de viaje) traveling expenses

transportista *mf* haulage contractor

transversal *adj* ‹*eje/línea*› transverse; **una calle ~ al Paseo de Recoletos** a street which crosses the Paseo de Recoletos; **un corte ~** a cross section

■ *f* (Mat) transversal

tranvía *m* **(a)** (vehículo urbano) streetcar (AmE), tram (BrE) **(b)** (Esp) (Ferr) local train

tranza *adj* (Méx fam) crooked

■ *mf* (Méx fam) (persona) con artist (infml), shark (infml)

■ *f* (Méx fam) (engaño, fraude) scam (infml)

tranzar [A4] *vt* (Méx fam) ‹*persona*› to con (infml)

trapear [A1] *vt* (AmL) to mop

trapecio *m* **(a)** (Mat) trapezoid (AmE), trapezium (BrE) **(b)** (Espec) trapeze

trapecista *mf* trapeze artist

trapero -ra *m,f* **1** (ropavejero) junkman (AmE), rag and bone man (BrE) **2** **trapero** *m* (AmL) (para el suelo) floorcloth

trapo *m* (para limpiar) cloth; **pásale un ~ a la mesa** wipe the table; **~ de cocina** dishtowel (AmE), tea towel (BrE); **~ de sacudir** dust cloth (AmE), duster (BrE)

tráquea *f* windpipe, trachea

traquetear [A1] *vi* «*tren/carreta*» (hacer ruido) to clatter; (moverse) to jolt

traqueteo *m* (de tren, carreta — movimiento) jolting; (— ruido) clatter, clattering

✓ **tras** *prep* **1** **(a)** (fml) (después de) after; **~ interrogarlo lo pusieron en libertad** after questioning him they released him **(b)** (indicando repetición) after; **día ~ día** day after day **2** **(a)** (detrás de) behind; **la puerta se cerró ~ él** the door closed behind him; **la policía anda ~ él** the police are after him **(b)** (más allá de) beyond

trascendental *adj* **(a)** (importante) ‹*noticia/ocasión*› momentous; (de gran alcance) ‹*decisión/cambio/efecto*› far-reaching **(b)** (Fil) transcendental

✓ key word

t

trascendente *adj* **(a)** (importante) ‹*hecho/suceso*› significant, important **(b)** (Fil) transcendent

trascender [E8] *vi* (ir más allá) ~ DE **algo** to transcend sth (fml), to go beyond sth
■ ~ *vt* to go beyond, transcend (fml)

trasero[1] **-ra** *adj* ‹*puerta/habitación/asiento*› back (*before n*); ‹*rueda/pata/asiento*› rear (*before n*), back (*before n*); ‹*motor*› rear-mounted

trasero[2] *m* (fam) (de persona) bottom, backside (infml); (de animal) hindquarters (*pl*)

trasladar [A1] *vt* **1** (cambiar de sitio) ‹*objeto/oficina/tienda*› to move; ‹*preso/enfermo*› to move, transfer; ‹*información*› to transfer; **los heridos fueron trasladados al hospital** the injured were taken to hospital **2** (cambiar de destino) ‹*empleado/funcionario*› to transfer
■ **trasladarse** *v pron* (mudarse) to move

traslado *m* (de prisioneros) transferral; (de oficina) removal; (de empleados) transfer; (de objeto): **el ~ del cuadro se llevó a cabo ayer** the picture was moved yesterday; **gastos de ~** relocation expenses

traslúcido -da *adj* translucent

trasluz *m*: **al ~** against the light

trasmano: **a trasmano** (*loc adv*) out of the way; **vive muy a ~** she lives in a very out-of-the-way place

trasnochar [A1] *vi* (no acostarse) to be up all night; (acostarse de madrugada) to stay up late
■ **trasnocharse** *v pron* (Col, Per, Ven) ▶ **trasnochar**

traspasar [A1] *vt* **1** **(a)** «*bala/espada*» to pierce, go through; «*líquido*» to go through, soak through **(b)** (sobrepasar) to go beyond **2** ‹*bar/farmacia*› (vender) to sell; (arrendar) to let, lease **3** ‹*poderes/fondos/negocio*› to transfer **4** (Dep) ‹*jugador*› to transfer, trade (AmE)

traspaso *m* **1** **(a)** (de bar, farmacia — venta) sale; (— arrendamiento) leasing, letting **(b)** (suma) premium **2** (de poderes, fondos, negocio) transfer **3** (Dep) **(a)** (de jugador) transfer, trade (AmE) **(b)** (suma) transfer fee

traspié *m* (tropezón) stumble; **dar un ~** to stumble

trasplantar [A1] *vt* (Bot, Med) to transplant

trasplante *m* (Bot, Med) transplant

trasquilar [A1] *vt* **(a)** ‹*ovejas*› to shear, clip **(b)** (fam) ‹*pelo*› to hack ... about (infml); ‹*persona*› to scalp (infml)

trastada *f* **(a)** (fam) (mala pasada) dirty trick; **hacerle una ~ a algn** to play a dirty trick on sb **(b)** (travesura) prank

traste *m* **1** (Mús) fret **2** (fam) (trasero) backside (infml) **3** (AmC, Méx) (utensilio) utensil; **lavar los ~s** to do the dishes *o* (BrE) the washing-up

trastero *m* junk room, lumber room (AmE)

trastienda *f* back room (*of a shop*)

trasto *m* (fam) (cosa inservible) piece of junk (infml); **el cuarto de los ~s** the junk room

trastornado -da *adj* ‹*persona/mente*› disturbed; **su muerte lo dejó ~** he was deeply disturbed *o* traumatized by his death

trastornar [A1] *vt* **1** (Psic) to disturb; **la muerte de su hijo la trastornó** her son's death left her deeply disturbed; **esa chica lo ha trastornado** (fam) he's lost his head over that girl (infml) **2** (alterar la normalidad) to upset, disrupt
■ **trastornarse** *v pron* (Psic) to become disturbed

trastorno *m* **1** (Psic) disorder **2** (alteración de la normalidad) disruption; **los ~s provocados por la huelga** the disruption caused by the strike; **me ocasionó muchos ~s** it caused me a great deal of inconvenience

trastrocar [A9] *vt* to alter, change; **~ algo** EN **algo** to transform *o* change sth INTO sth

trasvasar [A1] *vt* **(a)** ‹*vino/aceite*› to decant **(b)** (Inf) to download

tratado *m* **1** (Der, Pol) treaty; **~ de paz** peace treaty **2** (libro) treatise

tratamiento *m* **1** **(a)** (en general) treatment; **estoy en ~ médico** I am undergoing medical treatment; **no me quejo del ~ que recibí** I can't complain about the treatment I received **(b)** (Inf) (de información, datos) processing; **~ de textos** word processing **2** (título de cortesía) form of address

tratar [A1] *vi* **1** (intentar) to try; **traten de llegar temprano** try to arrive early; **~é de que no vuelva a suceder** I'll try to make sure it doesn't happen again **2** «*obra/libro/película*» **~** DE **algo** to be ABOUT sth; **~** SOBRE **algo** to deal WITH sth; **la conferencia ~á sobre medicina alternativa** the lecture will deal with alternative medicine **3** (tener contacto, relaciones) **~** CON **algn** to deal WITH sb; **en mi trabajo trato con gente de todo tipo** in my job I deal with all kinds of people
■ **~** *vt* **1** ‹*persona/animal/instrumento*› to treat; **me tratan muy bien** they treat me very well **2** (frecuentar): **lo trataba cuando era joven** I saw quite a lot of him when I was young **3** ‹*tema/asunto*› to discuss, to deal with **4** **(a)** (Med) to treat **(b)** ‹*sustancia/metal*› to treat
■ **tratarse** *v pron* **1** **~se** CON **algn** (ser amigo de) to be friendly WITH sb; (alternar) to socialize *o* mix WITH sb; **no nos tratamos mucho** (*recip*) we don't have much to do with each other **2** (+ *compl*), (*recípr*) **se tratan sin ningún respeto** they show no respect for each other **3** (Med) to have *o* undergo treatment **4** **tratarse de** (*en 3ª pers*) **(a)** (ser acerca de) to be about; **¿de qué se trata?** what's it about? **(b)** (ser cuestión de) to be a question of; **se trata de participar, no de ganar** it's a question of taking part, not of winning; **solo porque se trata de ti** just because it's you

trato *m* **1** **(a)** (acuerdo) deal; **cerrar un ~** to finalize a deal; **¡~ hecho!** it's a deal! **(b) tratos** *mpl* (negociaciones): **estamos en ~s con otra compañía** we are talking to *o* negotiating with another company **2** **(a)** (relación): **no tiene ~ con los vecinos** he doesn't have much to do with his neighbors; **tengo poco ~ con ella** I don't really have much contact with her *o* much to do with her **(b)** (manera de tratar) treatment; **le dan un ~ preferente** they give him preferential treatment

trauma *m* trauma

traumatizado -da *adj* traumatized

traumatizar [A4] *vt* to traumatize

t

■ **traumatizarse** *v pron* (fam) to be traumatized

🔑 **través (a) a través de** (*loc prep*) (de lado a lado) across; (por medio de) through; **pusieron barricadas a ~ de la calle** they erected barricades across the street; **se enteró a ~ de un amigo** she heard about it through a friend **(b) al** or (Méx) **de través** (*loc adv*) diagonally

travesaño *m* **(a)** (Const) crossbeam **(b)** (Dep) crossbar

travesía *f* **1** (viaje) crossing **2** (Esp) (callejuela) alleyway, side street

travesti, **travestí** *m* transvestite

travesura *f* prank; **hacer ~s** to play pranks

travieso -sa *adj* naughty, mischievous

trayecto *m* **(a)** (viaje) journey; **charlamos todo el ~** we chatted the whole journey **(b)** (ruta) route; **¿qué ~ hace este autobús?** which route does this bus take? **(c)** (trayectoria) trajectory, path

🔑 **trayectoria** *f* **(a)** (de proyectil, pelota) trajectory, path **(b)** (de persona, institución): **una brillante ~ profesional** a brilliant career; **una larga ~ democrática** a long democratic tradition

trayendo ▶ **traer**

trazar [A4] *vt* **1 (a)** ‹*línea*› to trace, draw; ‹*plano*› to draw; **~on la ruta a seguir** they traced out the route to be followed; **~ el contorno de algo** to outline sth **(b)** (Arquit) ‹*puente/edificio*› to design **2** ‹*plan/proyecto/estrategia*› to draw up, devise

trazo *m* stroke

trébol *m* **1** (Bot) clover **2** (Jueg) **(a)** (carta) club **(b) tréboles** *mpl* (palo) clubs (*pl*)

trece *adj inv/m/pron* thirteen; *para ejemplos ver* **cinco**; ***mantenerse*** or ***seguir en sus*** **~** to stand one's ground

trecho *m* **(a)** (tramo) stretch **(b)** (distancia) distance; **aún nos queda un buen ~** we still have a good distance *o* a fair way to go

tregua *f* **(a)** (Mil) truce; **acordar una ~** to agree to a truce **(b)** (interrupción): **sin ~** relentlessly

treinta *adj inv/m/pron* thirty; *para ejemplos ver* **cinco**, ▶ **cincuenta**

trekking /'trekin/ *m* (*pl* **~s**) trail

tremendo -da *adj* **1 (a)** (muy grande, extraordinario) ‹*diferencia/cambio*› tremendous, enormous; ‹*velocidad/éxito*› tremendous; ‹*chichón*› huge; **hace un frío ~** it's incredibly cold! (infml); **me dio (una) tremenda patada** he kicked me really hard **(b)** (terrible) ‹*ruido/dolor/situación*› terrible; **la película tiene unas escenas tremendas** (AmL) the film has some horrific scenes **2** (fam) ‹*persona*› terrible

trémulo -la *adj* (liter) ‹*manos*› trembling; ‹*voz*› tremulous; ‹*llama/luz*› flickering; **trémula de gozo** (liter) trembling with pleasure

tren *m* **1** (Ferr) train; **tomar** or (esp Esp) **coger el ~** to take *o* catch the train; **ir en ~** to go by train; **cambiar de ~** to change trains; **~ correo** or **postal** mail train; **~ de alta velocidad** high-speed train; **~ de cercanías** local *o* suburban train; **~ directo** through train; **~ expreso** or **rápido** express train **2** (fam) (ritmo) rate; **a este ~** at this rate (infml); **~ de vida** lifestyle

trenazo *m* (Méx) train crash

trenca *f* (Esp) duffle *o* duffel coat

trenza *f* (de cintas, fibras) plait; (de pelo) braid (AmE), plait (BrE)

trepador -dora *m,f* **1** (Col, CS, Ven) social climber **2 trepadora** *f* (Bot) climber

trepar [A1] *vi* to climb; **~ a un árbol** to climb (up) a tree

🔑 **tres** *adj inv/m/pron* three; **~ en raya** tic-tac-toe (AmE), noughts and crosses (BrE); *para ejemplos ver* **cinco**

trescientos -tas *adj/pron* three hundred; *para ejemplos ver* **quinientos**

tresillo *m* (Esp) (sofá) three-seater sofa; (juego de muebles) suite

treta *f* **(a)** (ardid) trick, ruse **(b)** (en esgrima) feint

trial *m* motocross

triangular *adj* triangular

triángulo *m* **1** (Mat) triangle; **~ rectángulo** right-angled triangle **2 (a)** (en relaciones amorosas) (love) triangle **(b)** (Mús) triangle **(c)** (Auto) *tb* **~ reflectante** advance-warning triangle

tribu *f* tribe

tribuna *f* **(a)** (para orador) platform, rostrum **(b)** (para autoridades) platform; (para espectadores) grandstand, stand; **la ~ de la prensa** the press box **(c)** (de iglesia) gallery

🔑 **tribunal** *m* **1** (Der) **(a)** (lugar) court; (jueces) judges (*pl*); **~ militar** court martial, military court; **~ supremo** ≈ supreme court (*in US*), ≈ high court (*in UK*); **~ (tutelar) de menores** juvenile court **(b) tribunales** *mpl* (justicia): **acudir a los ~es** to go to court **2** (en examen) examining board; (en concurso) panel of judges

tributar [A1] *vt* **(a)** (Fisco) to pay **(b)** (rendir, ofrecer): **~ un homenaje a algn** to pay tribute to sb

tributo *m* **(a)** (Fisco) tax **(b)** (ofrenda, homenaje) tribute; **rendirle ~ a algn/algo** to pay tribute to sb/sth

triciclo *m* tricycle

tricotar [A1] *vt* (Esp) to knit

tridimensional *adj* three-dimensional

trifulca *f* (fam) rumpus, commotion

trigal *m* wheat field

trigo *m* wheat

trigueño -ña *adj* ‹*pelo*› light brown; ‹*persona*› dark; **una niña de tez trigueña** an olive-skinned girl

trillar [A1] *vt* to thresh

trillizo -za *m,f* triplet

trilogía *f* trilogy

trimestral *adj* ‹*publicación/pago*› quarterly; **examen ~** end-of-semester examination (AmE), end-of-term examination (BrE)

trimestre *m* **(a)** quarter, three-month period; **pago por ~s** I pay quarterly **(b)** (Educ) term, ≈ semester (*in US*)

trinar [A1] *vi* «*pájaro*» to sing

trinchar [A1] *vt* to carve

trinchera *f* **(a)** (Mil) trench **(b)** (Indum) trench coat

trineo *m* **(a)** (Dep, Jueg) sled (AmE), sledge (BrE) **(b)** (tirado por perros, caballos) sleigh

🔑 key word

trinidad *f* trinity; **La (Santísima) T~** (Relig) the Trinity

trino *m* trill

trío *m* trio

tripa *f* **1** **(a)** *tb* **tripas**; *fpl* (intestino) intestine, gut; (vísceras) (fam) innards (*pl*) (infml); **se me revuelven las ~s de solo verlo** just looking at it turns my stomach **(b)** (material) gut **2** (Esp fam) (barriga) belly (infml)

triple *adj* triple
■ *m* **1** (Mat): **el precio aumentó al ~** the price tripled *o* trebled; **tardó el ~** it took him three times as long; **el ~ de tres es nueve** three times three equals nine **2** (Elec) three-way adapter *o* adaptor

triplicado: **por triplicado** (*loc adv*) in triplicate

triplicar [A2] *vt* ‹*capacidad/precio/ventas*› to treble; ‹*longitud/cifra*› to triple
■ **triplicarse** *v pron* to treble, triple

trípode *m* tripod

tripulación *f* crew

tripulante *mf* crew member; **los ~s** the crew

tripular [A1] *vt* to crew, man

triquiñuela *f* (fam) trick, dodge (infml)

trisílabo -ba *adj* trisyllabic

triste *adj* **1** **(a)** [ESTAR] ‹*persona*› sad; **esa música me pone ~** that music makes me sad **(b)** ‹*expresión/mirada*› sad, sorrowful **(c)** [SER] (que causa tristeza) ‹*historia/película/noticia*› sad; ‹*paisaje/color*› dismal, gloomy; ‹*lugar/ambiente*› gloomy **2** (*delante del n*) (miserable, insignificante) miserable; **por cuatro ~s pesos** for a few miserable pesos; **es la ~ realidad** it's the sad truth

tristeza *f* (de mirada, persona) sadness, sorrow; (de lugar, ambiente) gloominess

triturador *m*: **~ de basura** garbage disposal unit (AmE), waste disposal unit (BrE); **~ de ajos** garlic press

trituradora *f* crushing machine, crusher

triturar [A1] *vt* ‹*almendras/ajo*› to crush; ‹*minerales*› to grind, crush

triunfador -dora *adj* ‹*ejército*› triumphant; ‹*equipo*› winning (*before n*), triumphant
■ *m,f* winner

triunfal *adj* ‹*marcha/arco*› triumphal; ‹*gesto/sonrisa/entrada*› triumphant

triunfalismo *m* triumphalism

triunfar [A1] *vi* **(a)** (ganar) **~** SOBRE **algo/algn** to triumph OVER sth/sb; **triunfó en el concurso** she won the competition **(b)** (tener éxito) to succeed, be successful **(c)** «*justicia/verdad/razón*» (prevalecer) to prevail, win out (AmE) *o* (BrE) through

triunfo *m* **1** **(a)** (victoria) victory; **el ~ del equipo irlandés** the Irish team's victory **(b)** (logro) triumph; **uno de los ~s de la ciencia** one of the triumphs of science **(c)** (éxito) success **2** (en naipes) trump; **palo del ~** trumps (*pl*)

trivial *adj* trivial

trivialidad *f* **(a)** (cualidad) triviality **(b)** (dicho) trivial *o* trite remark; (cosa) triviality

trivializar [A4] *vt* ‹*asunto*› to trivialize; ‹*éxito*› to play down

trizarse [A4] *v pron* (Chi) (rajarse) «*anteojos/vaso*» to crack; «*diente*» to chip

trizas *fpl*: **hacer ~ algo** ‹*tela/carta*› to tear sth to shreds; **el jarrón se cayó y se hizo ~** the vase fell and smashed (to bits *o* smithereens); **tengo los nervios hechos ~** my nerves are in shreds *o* tatters

trofeo *m* (premio) trophy

troglodita *mf* **(a)** (cavernícola) troglodyte **(b)** (fam) (bruto) lout

trolebús *m* trolleybus

tromba *f* (terrestre) whirlwind, tornado; (marina) waterspout; **~ de agua** downpour

trombón *m* **1** (instrumento) trombone **2** **trombón** *mf* (músico) trombonist

trombonista *mf* trombonist

trombosis *f* thrombosis

trompa *f* **1** (de elefante) trunk; (de insecto) proboscis **2** (boca) (AmL fam) lips (*pl*), mouth **3** (instrumento) horn **4** (Esp fam) (borrachera): **coger una ~** to get plastered (infml) **5** **trompa** *mf* (músico) horn player

trompada *f* (AmS fam) (puñetazo) punch; **darle** or **pegarle una ~ a algn** to punch sb

trompazo *m* (fam): **me di un ~ con la puerta** I walked (*o* ran *etc*) smack into the door (infml)

trompear [A1] *vt* (AmL fam) to thump (infml), to punch

trompeta *f* **1** (instrumento) trumpet **2** **trompeta** *mf* (persona) trumpet player; (Mil) trumpeter

trompetista *mf* trumpet player

trompicón *m*: **iba dando trompicones** he was staggering; **a trompicones** in fits and starts

trompo *m* **(a)** (Jueg) (spinning) top **(b)** (Auto) spin

trona *f* (Esp) high chair

tronar [A10] *v impers* to thunder
■ **~** *vi* **1** «*cañones/voz*» to thunder **2** (Méx fam) **(a)** (en relación) to split up (infml) **(b)** (fracasar) to flop (infml); (en examen) to fail
■ **~** *vt* **1** (AmC, Méx fam) (fusilar) to shoot **2** (Méx fam) ‹*examen/alumno*› to fail, flunk (AmE infml)

tronchar [A1] *vt* ‹*tallo/rama*› to snap
■ **troncharse** *v pron* «*tallo/rama*» to break *o* snap off; **~*se de (la) risa*** (Esp fam) to die laughing (infml)

tronco *m* **1** (Bot) trunk; (leño) log **2** (en genealogía) stock **3** (Anat) trunk, torso

tronera *f* (en billar) pocket

trono *m* throne; **subir al ~** to come to the throne

tropa *f* **(a)** (soldados rasos): **la ~** the troops (*pl*) **(b)** **tropas** *fpl* (ejército, soldados) troops

tropel *m* (de personas) mob; **entraron al estadio en ~** they poured into the stadium

tropezar [A6] *vi* **(a)** (al caminar, correr) to stumble, trip; **~** CON **algo** (con piedra/escalón) to trip OVER sth; (con árbol/muro) to walk (*o* run *etc*) INTO sth **(b)** (encontrarse) **~** CON **algo** (con dificultad/problema) to come up AGAINST sth; **~** CON **algn** to run *o* bump INTO sb (infml)
■ **tropezarse** *v pron* (encontrarse) **~se** CON **algn** to run *o* bump INTO sb (infml)

tropezón *m* **(a)** (acción de tropezar) stumble; **dio un ~ y cayó** he stumbled and fell; **a tropezones** (fam) in fits and starts **(b)** (equivocación) mistake, slip

tropical *adj* tropical
trópico *m* tropic
tropiece, **tropieces**, *etc* ▶ **tropezar**
tropieza, **tropiezas**, *etc* ▶ **tropezar**
tropiezo *m* (contratiempo) setback, hitch; (equivocación) mistake, slip
trotar [A1] *vi* **(a)** «*caballo/jinete*» to trot **(b)** (fam) (ir de un lado a otro) to rush around **(c)** (CS, Méx) (como ejercicio) to jog
trote *m* **1** (Equ) trot; **al ~** at a trot **2** (fam) (ajetreo): **¡qué ~ he tenido hoy!** it's been so hectic today (infml); **ya no estoy para esos ~s** I'm not up to that sort of thing any more
trovador *m* troubadour, minstrel
trozar [A4] *vt* (AmL) to cut ... into pieces, cut up
trozo *m* **(a)** (de pan, pastel) piece, bit, slice; (de madera, papel, tela) piece, bit; (de vidrio, cerámica) piece, fragment; **cortar la zanahoria en trocitos** dice the carrot **(b)** (Lit, Mús) passage
trucar [A2] *vt* **(a)** ‹*dados/juego/elecciones*› to fix, rig **(b)** ‹*fotografía*› to touch up
trucha *f* (Coc, Zool) trout
truco *m* trick; **el ~ está en...** the trick *o* secret is...; **pillarle el ~ a algo** to get the hang of sth
trueno *m* **(a)** (Meteo) thunderclap, clap of thunder; **~s** thunder **(b)** (de cañones) thunder
trueque *m* (cambio) barter
trufa *f* truffle
truncar [A2] *vt* **(a)** ‹*frase/discurso/texto*› to cut short **(b)** ‹*vida*› to cut short; ‹*planes*› to frustrate, thwart; ‹*ilusiones*› to shatter
TSE *f* (= **Tarjeta Sanitaria Europea**) EHIC
⚷ **tu** *adj* (*delante del n*) your; **~s amigos** your friends
⚷ **tú** *pron pers* [*familiar form of address*] **1** (como sujeto, en comparaciones, con preposición) you; **¿quién lo va a hacer? — tú** who's going to do it? — you are; **llegó después que ~** he arrived after you (did); **entre ~ y yo** between you and me; **tratar de ~ a algn** *to address sb using the familiar* ▶ **tú** *form* **2** (uno) you; **te dan varias opciones y ~ eliges una** you're given several options and you choose one
tuba *f* tuba
tubérculo *m* (Bot) tuber
tuberculosis *f* tuberculosis
tuberculoso -sa *m,f* tuberculosis sufferer (*o* patient *etc*)
tubería *f* (cañería) pipe; (conjunto de tubos) piping, pipes (*pl*)
tubo *m* **1** **(a)** (cilindro hueco) tube; **~ de escape** exhaust (pipe) **(b)** (del órgano) pipe **(c)** (Chi, Méx) (para el pelo) roller, curler **2** (RPl) (del teléfono) receiver
tuco *m* (Per, RPl) (Coc) tomato sauce
tuerca *f* nut
tuerce, **tuerces**, *etc* ▶ **torcer**
tuerto -ta *adj* one-eyed; **es ~** (sin un ojo) he only has one eye; (ciego de un ojo) he's blind in one eye
■ *m,f*: *person blind in one eye or with only one eye*
tuerza, **tuerzas**, *etc* ▶ **torcer**
tuétano *m* marrow

⚷ key word

tufo *m* (fam) (olor — a sucio, podrido) stink (infml); (— a cerrado): **aquí dentro hay un ~ horrible** it smells really stuffy in here
tugurio *m* (vivienda) hovel; (bar) dive
tuit *m* (*pl* **tuits**) tweet
tuitear [A1] *vi* to twitter
tul *m* tulle
tulipa *f* lampshade
tulipán *m* tulip
tullido -da *adj* (ant *u* ofensivo) crippled (dated *or* offensive)
■ *m,f* (ant *u* ofensivo) cripple (dated *or* offensive)
tumba *f* (excavada) grave; (construida) tomb
tumbar [A1] *vt* **(a)** (hacer caer) to knock down; **lo tumbó en el primer asalto** he knocked him down in the first round; **un olor que te tumbaba** a smell that knocked you backward(s) **(b)** (AmL) ‹*árbol*› to fell, cut down; ‹*muro/casa*› to demolish, knock down
■ **tumbarse** *v pron* to lie down
tumbo *m* **1** (vaivén): **salió del bar dando ~s** he staggered out of the bar; **la carreta iba dando ~s por el camino** the cart jolted along the path **2** (Bol) (fruta) passion fruit
tumbona *f* (Esp) sun lounger, deck chair
tumor *m* tumor*; **~ cerebral** brain tumor
tumulto *m* (multitud) crowd; (alboroto) commotion, tumult
tumultuoso -sa *adj* tumultuous
tuna *f* **1** (Bot, Coc) (planta, fruto) prickly pear **2** (Mús) tuna (*musical group made up of university students*)
tundra *f* tundra
túnel *m* tunnel; **~ de lavado** car wash
túnica *f* (Hist) tunic; (Relig) robe
tuntún *m* (fam): **al ~** ‹*elegir*› at random; **contestó al ~** he just said the first thing that came into his head
tupé *m* **1** (fam) (descaro) nerve **2** (peluquín) toupee; (mechón de pelo) (Esp) forelock
tupido[1] -da *adj* ‹*follaje/vegetación*› dense; ‹*tela*› closely-woven; ‹*cejas*› bushy; ‹*niebla*› thick
tupido[2] *adv* (Méx) intensely
turbante *m* turban
turbar [A1] *vt* **1** (liter *o* period) ‹*orden/silencio*› to disturb **2** (liter *o* period) (aturdir, confundir): **sus insistentes miradas la ~on** the way he kept looking at her embarrassed and confused her; **su presencia lo turbó** her presence made him uncomfortable
■ **turbarse** *v pron* (liter *o* period) (aturdirse, confundirse): **la besó en la mejilla y se turbó** he kissed her on the cheek and she was covered with confusion (liter); **se turbó ante tantos elogios** such praise confused and embarrassed him
turbina *f* turbine
turbio -bia *adj* **(a)** ‹*agua*› cloudy; ‹*río*› muddy **(b)** ‹*visión/ojos*› blurred, misty **(c)** ‹*asunto/negocio*› shady, murky
turbo *adj inv* turbocharged
■ *m* (turbocompresor) turbocharger; (automóvil) turbo
turbulencia *f* turbulence
turbulento -ta *adj* turbulent
turco[1] -ca *adj* (Geog) Turkish

■ *m,f* **(a)** (Geog) (persona) Turk **(b)** (AmL) (árabe) *term used (often pejoratively) to refer to someone of Middle Eastern origin*

turco² *m* (idioma) Turkish

turismo *m* (Com, Ocio) tourism; **los ingresos del ~** income from tourism *o* from the tourist industry; **~ cultural** heritage tourism; **dependen del ~ alemán** they rely on German tourists; **oficina de ~** tourist office; **hacer ~** to travel (around)

turista *adj* tourist (*before n*); **clase ~** tourist *o* economy class
■ *mf* tourist

turistear [A1] *vi* (Andes, Méx) (en país) to tour around; (en ciudad) to do some sightseeing

turístico -ca *adj* ‹*información/folleto*› tourist (*before n*); ‹*viaje*› sightseeing (*before n*); ‹*empresa*› travel (*before n*); ‹*atracción/actividad/lugar*› tourist (*before n*)

turnarse [A1] *v pron* to take turns

turnio -nia *adj* (Chi fam) ‹*persona*› cross-eyed; ‹*ojos*› squint

turno *m* **(a)** (horario de trabajo): **hacer el ~ de noche** to work the night shift; **estar de ~** to be on duty **(b)** (personas) shift **(c)** (en un orden): **cuando te toque el ~** when your turn comes; **cuidémoslo por ~s** let's take turns looking after him; **pedir ~** (Esp) *to ask who is last in the line* (AmE) *o* (BrE) *queue*

turquesa *f* (Min) turquoise
■ *m/adj inv* turquoise

Turquía *f* Turkey

turrón *m*: *type of candy traditionally eaten at Christmas*

tute *m*: *card game in which the object is to win all the kings or queens*

tutear [A1] *vt*: *to address sb using the familiar* ▶ **tú** *form*
■ **tutearse** *v pron*: *to address each other using the familiar* ▶ **tú** *form*

tutela *f* **(a)** (Der) guardianship, tutelage **(b)** (protección) protection

tuteo *m*: *use of the familiar* ▶ **tú** *form*

tutor -tora *m,f* **1** (Educ) (encargado de curso) course tutor, class teacher; (en la universidad) tutor **2** (Der) guardian

tutoría *f* **1** (Educ) tutorship **2** (Der) guardianship, tutelage

tutú *m* (Indum) tutu

tuve, **tuviera**, *etc* ▶ **tener**

tuyo -ya *adj* yours; **esto es ~** this is yours; **¿es amigo ~?** is he a friend of yours?; **fue idea tuya** it was your idea
■ *pron*: **el ~, la tuya** *etc* yours; **la música no es lo ~** music isn't your strong point *o* your forte; **los ~s** (tu familia) your family and friends

tweetear [A1] *vi* (crit) ▶ **tuitear**

twist /twis(t)/ *m* twist

twittear [A1] *vi* (crit) ▶ **tuitear**

Uu

U, u *f* (*pl* **úes**) (*read as* /u/) the letter U, u

u *conj* [*used instead of* ▶ **o** *before* **o-** *or* **ho-**] or; **siete u ocho** seven or eight

ubicación *f* **(a)** (esp AmL) (situación, posición) location **(b)** (AmL) (localización): **se hizo difícil la ~ del avión** locating the airplane was very difficult

ubicar [A2] *vt* (AmL) **(a)** (colocar, situar): **me ~on a su lado** they placed me next to him; **~on las sillas para la reunión** they arranged the chairs for the meeting **(b)** (localizar) ‹*persona/lugar*› to find, locate **(c)** (identificar): **la ubico solo de nombre** I only know her by name; **lo ubiqué por el color** I recognized it by the color; **me suena el nombre, pero no lo ubico** the name rings a bell, but I can't quite place him
■ **ubicarse** *v pron* **1** (AmL) **(a)** (colocarse, situarse): **se ubicó en la primera fila** he sat in the front row **(b)** (en empleo) to get oneself a good job **(c)** (orientarse) to find one's way around; **¿te ubicas?** have you got your bearings? **2** (esp AmL) (estar situado) to be, be situated *o* located

ud. = **usted**

uds. = **ustedes**

UE *f* (= **Unión Europea**) EU

uf *interj* (expresando — cansancio, sofocación) whew! (infml); (— repugnancia) yuck (infml)

ufano -na *adj* **(a)** (satisfecho, orgulloso) proud **(b)** (engreído) self-satisfied, smug

ujier *m* uniformed doorman; (en tribunales) usher

úlcera *f* ulcer

ulpo *m* (Chi) *cold drink made with roasted flour and sugar*

ultimar [A1] *vt* **1** ‹*preparativos*› to complete; ‹*detalles*› to finalize **2** (AmL fml) (matar) to kill, murder

ultimátum *m* (*pl* ~ *or* **-tums**) ultimatum

último -ma *adj* (*delante del n*) **1** (en el tiempo) last; **a última hora** at the last minute *o* moment; **su ~ libro** his latest book; **en los ~s tiempos** recently; **¿cuándo fue la última vez que lo usaste?** when did you last use it? **2 (a)** (en una serie) last; **estar en ~ lugar** to be last; **por última vez** for the last time; **como ~ recurso** as a last resort; **última voluntad** last wishes (*pl*) **(b)** (*como adv*) (CS) ‹*salir/terminar*› last **3** (en el espacio): **el ~ piso** the top floor; **la última fila** the back row **4** (definitivo): **es mi última oferta**

it's my final offer
■ *m,f* last one; **era el ~ que me quedaba** it was my last one; **es el ~ de la clase** he's bottom of the class; **a ~s de** (Esp) toward(s) the end of; **por ~** finally, lastly

ultra *mf* (Esp) right-wing extremist

ultraderecha *f*: **la ~** the far *o* extreme right

ultraderechista *adj* extreme right-wing
■ *mf* right-wing extremist

ultrafino -na *adj* ultrafine, superfine

ultrajar [A1] *vt* (fml) ‹*persona*› to outrage, offend ... deeply; ‹*bandera*› to insult; ‹*honor*› to offend against

ultraje *m* outrage, insult

ultramarinos *mpl* (comestibles) groceries; **tienda de ~** grocery store (AmE), grocer's shop (BrE)

ultrasónico -ca *adj* ultrasonic

ultravioleta *adj* (*pl* ~ *or* **-tas**) ultraviolet

umbilical *adj* umbilical

umbral *m* **(a)** (de puerta) threshold **(b)** (borde, frontera) *tb* **~es** threshold; **en los ~es de la muerte** at death's door; **en los ~es de la civilización** at the dawn of civilization

✓ **un** (*pl* **unos**) **una** (*pl* **unas**) *art* [*the masculine article* ▶ **un** *is also used before feminine nouns which begin with stressed* ▶ **a** *or* ▶ **ha** *e.g.* **un arma poderosa, un hambre feroz**] **1** (*sing*) a; (*delante de sonido vocálico*) an; (*pl*) some; **una nueva droga** a new drug; **un asunto importante** an important matter; **hay unas cartas para ti** there are some letters for you; **tiene unos ojos preciosos** he has lovely eyes **2** (con valor ponderativo): **tú haces unas preguntas ...** you do ask some questions! **3** (con nombres propios) a; **es un Miró** it's a Miró **4** (*pl*) (expresando aproximación) about; **tiene unos 30 años** she's about 30

una *pron* (*ver tb* **un, uno**[1]) **a la ~, a las dos, ¡a las tres!** ready, steady, go!

unánime *adj* unanimous

unanimidad *f* unanimity; **por ~** unanimously

undécimo -ma *adj/pron* eleventh; *para ejemplos ver* **quinto**[1]

UNED /u'neð/ *f* (en Esp) = **Universidad Nacional de Educación a Distancia**

UNESCO /u'nesko/ *f*: **la ~** UNESCO

ungüento *m* ointment

✓ **únicamente** *adv* only

UNICEF /uni'sef, uni'θef/ *f*: **la ~** UNICEF

✓ **único -ca** *adj* **1** **(a)** (solo) only; **soy hijo ~** I'm an only child; **¡es lo ~ que faltaba!** that's all we needed! **(b)** ‹*mercado/moneda*› single; **tarifa única** flat rate; **talla única** one size **2** (extraordinario) extraordinary
■ *m,f*: **el ~/las únicas que tengo** the only one/ones I have

unicornio *m* unicorn

✓ **unidad** *f* **1** (Com, Mat) unit; **costo por ~** unit cost; **~ de peso** unit of weight; **~ de cuidados intensivos** or (Esp) **de vigilancia** or (Arg, Méx) **terapia intensiva** or (Chi) **de tratamiento intensivo** intensive care unit **2** (unión, armonía) unity **3** (Inf): **~ de disco** (Inf) disk drive

unido -da *adj* **(a)** ‹*familia/amigos*› close **(b)** (sobre un tema) united

unificación *f* unification

unificar [A2] *vt* ‹*país*› to unify; ‹*precios*› to standardize

uniforme *adj* ‹*velocidad/temperaturas*› constant, uniform; ‹*superficie*› even, uniform; ‹*terreno*› even, level; ‹*paisaje/estilo*› uniform; ‹*criterios/precios*› standard, uniform
■ *m* uniform

unilateral *adj* ‹*desarme/decisión*› unilateral; ‹*criterio/opinión*› one-sided

✓ **unión** *f* **1** **(a)** (acción): **la ~ de las dos empresas** the merger of the two companies; **la ~ de estos factores** the combination of these factors **(b)** (agrupación) association **(c) la U~ Americana** (Méx); (Period) the United States **2** (relación) union; (matrimonio) union, marriage; **~ civil** (homosexual) ≈ civil partnership; (heterosexual) couple in a stable relationship (*with legal rights and responsibilities*) **3** (juntura) joint

Unión Europea *f*: **la ~** the European Union

Unión Soviética *f* (Hist): **la ~** the Soviet Union

✓ **unir** [I1] *vt* **1** **(a)** ‹*cables*› to join; (con cola, pegamento) to stick ... together; ‹*esfuerzos*› to combine **(b)** «*sentimientos/intereses*» to unite **(c)** ‹*características/cualidades/estilos*› to combine; **~ algo** A **algo** to combine sth WITH sth **2** (comunicar) ‹*lugares*› to link **3** (fusionar) ‹*empresas/organizaciones*› to merge
■ **unirse** *v pron* **1** (aliarse) «*personas/colectividades*» to join together; **se unió a nuestra causa** he joined our cause **2** (juntarse) «*caminos*» to converge, meet **3** (fusionarse) «*empresas/organizaciones*» to merge

✓ **universal** *adj* universal

universalidad *f* universality

✓ **universidad** *f* university; **~ a distancia** or (Méx) **abierta** open university; **~ laboral** ≈ technical college (*school with emphasis on vocational training*)

✓ **universitario -ria** *adj* university (*before n*)
■ *m,f* (estudiante) undergraduate, (university) student; (licenciado) (university) graduate

✓ **universo** *m* universe

✓ **uno**[1] **una** *adj* [UNO *becomes* UN *before a masculine noun or noun phrase*] one; **no había ni un asiento libre** there wasn't one empty seat *o* a single empty seat; **treinta y un pasajeros** thirty-one passengers; **el capítulo uno** chapter one
■ *pron* **1** (numeral) one; **uno a** or **por uno** one by one; **es la una** it's one o'clock; ***más de uno/una*** (fam) quite a few **2** (personal) (*sing*) one; (*pl*) some; **uno es mío, el otro no** one's mine, the other isn't; **¿te gustaron? — unos sí, otros no** did you like them? — some I did, others I didn't; **se ayudan los unos a los otros** they help one another **3** (fam) (alguien) (*m*) some guy (infml); (*f*) some woman (infml); **les pregunté a unos que estaban allí** I asked some people who were there **4** (uso impersonal) you; **uno no sabe qué decir** you don't *o* (fml) one doesn't know what to say; **nunca le dicen nada a uno** they don't tell you anything

✓ key word

uno² *m* (number) one; *para ejemplos ver* **cinco**

untar [A1] *vt* **(a)** (cubrir): **~ las galletas con miel** spread honey on the cookies; **se unta el molde con mantequilla** grease the cake tin (with butter) **(b)** (empapar) **~ algo EN algo** to dip sth IN sth

■ **untarse** *v pron* **(a)** (ensuciarse): **se untó las manos de pintura** he got paint all over his hands **(b)** (ponerse): **se untó los hombros con bronceador** she rubbed suntan lotion on her shoulders

uña *f* **(a)** (Anat) (de la mano) nail, fingernail; (del pie) nail, toenail; ***arreglarse*** or ***hacerse las ~s*** (*refl*) to do one's nails; (*caus*) to have one's nails done **(b)** (de oso, gato) claw; (de caballo, oveja) hoof

uralita® *f* asbestos

uranio *m* uranium

Urano *m* Uranus

urbanidad *f* courtesy, urbanity (fml)

urbanismo *m* city (AmE) *o* (BrE) town planning

urbanización *f* (acción) urbanization, development; (núcleo residencial) (Esp) (housing) development

urbanizado -da *adj* built-up; **esta zona está muy urbanizada** this area is heavily developed

urbanizar [A4] *vt* ‹*zona/terreno*› to develop, urbanize; **una zona sin ~** an undeveloped area

urbano -na *adj* ‹*núcleo/transporte*› urban, city (*before n*); ‹*población*› urban

urdir [I1] *vt* **(a)** (en telar) to warp; ‹*puntos*› to cast on **(b)** ‹*plan*› to devise, hatch

urgencia *f* **(a)** (cualidad) urgency; **con ~** urgently **(b)** (Med) emergency; Ⓢ **urgencias** accident and emergency; **lo operaron de ~** he had an emergency operation

urgente *adj* ‹*asunto*› pressing, urgent; ‹*mensaje*› urgent; ‹*caso/enfermo*› emergency (*before n*); ‹*carta*› express (*before n*)

urgido -da *adj* (AmL): **estaban ~s de dinero** they were in urgent need of money; **estamos ~s de tiempo** we are pressed for time

urgir [I7] *vi* (*en 3ª pers*): **urge la finalización del proyecto** the project must be finished as soon as possible; **me urge estar allí el martes** I absolutely must be there on/by Tuesday; **le urge el préstamo** he needs the loan urgently

urinario *m* urinal

urna *f* **1** (vasija) urn; (de exposición) display case; (para votar) ballot box; **~ cineraria** funerary urn **2** (Chi, Ven) (ataúd) coffin, wooden box (euph)

urólogo -ga *m,f* urologist

urraca *f* magpie

URSS /urs/ *f* (Hist) (= **Unión de Repúblicas Socialistas Soviéticas**) USSR

urubú *m* black vulture

Uruguay *m* **(a)** (país) *tb* **el ~** Uruguay **(b)** (río): **el (río) ~** the Uruguay River

uruguayismo *m* Uruguayan word (*o* phrase *etc*)

uruguayo -ya *adj/m,f* Uruguayan

USA /'usa/ (fam) USA

usado -da *adj* **(a)** [SER] (de segunda mano) secondhand **(b)** [ESTAR] (gastado, viejo) worn

usar [A1] *vt* **(a)** (utilizar) to use; **¿qué champú usas?** what shampoo do you use?; **~ algo/a algn DE *or* COMO algo** to use sth/sb AS sth **(b)** (llevar) ‹*alhajas/ropa/perfume*› to wear; **estos zapatos están sin ~** these shoes are unworn, these shoes have never been worn

■ **usarse** *v pron* (*en 3ª pers*) (esp AmL) (estar de moda) «*color/ropa*» to be in fashion, to be popular; **ya no se usa hacer fiestas de compromiso** people don't tend to have engagement parties any more

usina *f* (AmS) (fábrica) large factory; (industria) industry

uso *m* **(a)** (de producto, medicamento, máquina) use; **instrucciones para su ~** instructions for use; **hacer ~ de algo** to use sth **(b)** (de facultad, derecho): **en pleno ~ de sus facultades mentales** in full possession of his mental faculties; **hacer ~ de un derecho** to exercise a right; **desde que tengo ~ de razón** ever since I can remember; **hacer ~ de la palabra** (fml) to speak **(c)** (de prenda): **ropa de ~ diario** everyday clothes; **los zapatos ceden con el ~** shoes give with wear

usted *pron pers* [*Polite form of address but also used in some areas, eg Colombia and Chile, instead of the familiar* ▸ **tú** *form*] **1** (como sujeto, en comparaciones, con preposición) you; **¿quién lo va a hacer? — usted** who's going to do it? — you (are); **tratar a algn de ~** to address sb using the ▸ **usted** form; **muchas gracias — a ~** thank you very much — thank *you*; **son de ~** they're yours **2** (uso impersonal) you, one (fml); **le dicen eso y ~ no sabe qué contestar** when they say that you just don't know what to say in reply

ustedes *pron pers pl* [*Polite plural form of address also used in Latin American countries as the familiar plural form*] you; **¿quién lo va a hacer? — ustedes** who's going to do it? — you (are); **~ mismos lo dijeron** you said so yourselves; **son de ~** they're yours

usual *adj* usual, normal

usuario -ria *m,f* user

usurero -ra *m,f* usurer

usurpador -dora *m,f* usurper

usurpar [A1] *vt* (fml) ‹*propiedad/título*› to misappropriate; ‹*territorio*› to seize; ‹*poder*› to usurp

utensilio *m* (instrumento) utensil; (herramienta) tool; **~s de cocina** kitchen *o* cooking utensils; **~s de laboratorio** laboratory apparatus; **~s de pesca** fishing tackle

útero *m* womb, uterus (tech)

útil *adj* useful

utilería *f* (esp AmL) (Cin, Teatr) props (*pl*)

utilero -ra *m,f* (esp AmL) (Cin, Teatr) props manager

útiles *mpl* **(a)** (herramientas, instrumentos) tools (*pl*), implements (*pl*); **~ de pesca** fishing tackle; **~ de jardinería** gardening tools **(b)** (AmL) (artículos escolares) *tb* **~ escolares** *pencils, pens, rulers, etc for school*

utilidad *f* **(a)** (de aparato) usefulness; **un coche me sería de mucha ~** a car would be of great use to me **(b) utilidades** *fpl* (AmL) (ganancia, beneficio) profits (*pl*)

utilitario *m* small (economical) car

U

✓ **utilización** *f* use, utilization (fml)
✓ **utilizar** [A4] *vt* to use, utilize (fml)
utopía *f* Utopia
utópico -ca *adj* Utopian
uva *f* grape; **~ blanca/negra** white/black grape
uve *f* (Esp) *name of the letter* v; **~ doble** (Esp) *name of the letter* w
uy *interj* (expresando — asombro) ooh! (infml); (— malestar, disgusto) oh!; (— emoción súbita) ah!, oh!; (— dolor) ow!, ouch!

Vv

V, v *f* (*read as* /'uβe/ *or* /be/, /be 'korta/, /be 'tʃika/, /be pe'keɲa/) the letter V, v
va, vas, *etc* ▶ **ir**
vaca *f* **(a)** (Zool) cow; ***estar como una ~*** (fam) to be very fat; ***hacer una ~*** (AmL fam) to make a collection **(b)** (Coc): **(carne de) ~** beef; **filete de ~** fillet steak
vacacionar [A1] *vi* (Méx) to spend one's vacation(s) *o* holidays
vacaciones *fpl* vacation(s) (esp AmE), holiday(s) (esp BrE); **~ de verano** summer vacation *o* holidays; **irse de ~** to go away on vacation *o* on holiday; **estamos de ~** we're on vacation *o* holiday; **tomarse unas ~** to take a vacation *o* holiday
vacacionista *mf* (Méx) vacationer (AmE), holidaymaker (BrE)
vacante *adj* ‹*puesto/plaza*› vacant; ‹*piso/asiento*› empty, unoccupied
■ *f* vacancy; **cubrir una ~** to fill a vacancy
vaciar [A17] *vt* **1** **(a)** ‹*vaso/botella*› to empty; ‹*radiador*› to drain; ‹*bolsillo/cajón*› to empty; ‹*armario/habitación*› to clean out **(b)** ‹*contenido*› to empty (out) **2** (ahuecar) to hollow out
■ **vaciarse** *v pron* to empty
vacilación *f* hesitation, vacillation (fml); **tras un momento de ~** after a moment's hesitation
vacilante *adj* **(a)** (oscilante) unsteady, shaky; **con paso ~** unsteadily **(b)** (dubitativo) ‹*expresión*› doubtful; ‹*voz*› hesitant **(c)** ‹*luz*› flickering
vacilar [A1] *vi* **1** **(a)** (dudar) to hesitate; **sin ~** without hesitating; **no vaciló en aceptar** he did not hesitate to accept, he accepted without hesitation **(b)** «*fe/determinación*» to waver **(c)** «*luz*» to flicker **2** (oscilar) «*persona*» to stagger, totter **3** (AmL exc CS fam) (divertirse) to have fun
vacile *m* (fam) (tomadura de pelo) joke; **basta de ~** that's enough kidding (infml)
vacilón *m* (AmL fam) **(a)** (diversión): **le encanta el ~** he loves having a good time; **la fiesta fue un ~** the party was great fun **(b)** (tomadura de pelo) joke; **es puro ~** it's just a joke
vacío¹ -cía *adj* **(a)** ‹*botella/caja*› empty; ‹*calle/ciudad*› empty, deserted; ‹*casa*› empty, unoccupied; ‹*palabras/retórica*› empty; **con el estómago ~** on an empty stomach **(b)** (frívolo) ‹*persona*› shallow; ‹*vida/frase*› empty, meaningless
vacío² *m* **(a)** (Fís) vacuum; **envasado al ~** vacuum-packed **(b)** (espacio vacío) space; **mirar al ~** to gaze into space **(c)** (falta, hueco) gap; **dejó un ~ en su vida** she left a gap *o* a void in his life; **una sensación de ~** a feeling of emptiness
vacuna *f* vaccine; **me tengo que poner la ~** I have to have my vaccination
vacunación *f* vaccination
vacunar [A1] *vt* to vaccinate; **~ a algn** CONTRA **algo** to vaccinate sb AGAINST sth
■ **vacunarse** *v pron* to get vaccinated; **~se;** CONTRA **algo** to get vaccinated AGAINST sth
vacuno -na *adj* bovine; **ganado ~** cattle (*pl*)
vado *m* (de río) ford; Ⓢ **vado permanente** no parking
vagabundear [A1] *vi* to drift (around)
vagabundo -da *adj* ‹*perro*› stray; **niños ~s** street urchins
■ *m,f* tramp, vagrant
vagar [A3] *vi* to wander, roam
vagina *f* vagina
vago -ga *adj* **1** (fam) ‹*persona*› lazy, idle **2** ‹*recuerdo/idea*› vague, hazy; ‹*contorno/forma*› vague, indistinct; ‹*explicación/parecido*› vague
■ *m,f* (fam) layabout, slacker (infml); **deja ya de hacer el ~** stop lazing around (infml)
vagón *m* (de pasajeros) coach, car (AmE), carriage (BrE); **~ restaurante** dining *o* (BrE) restaurant car
vagoneta *f* (Méx) (para pasajeros) van, minibus
vaguedad *f* **(a)** (de palabras, ideas) vagueness **(b)** (expresión imprecisa) vague remark; **¡déjate de ~es y vete al grano!** stop being so vague *o* stop beating about the bush and get to the point
vaho *m* **(a)** (aliento) breath **(b)** (vapor) steam, vapor* **(c)** (inhalación): **hacer ~s** to inhale
vaina *f* **1** (de espada) scabbard; (de navaja) sheath **2** (Bot) (de habas, etc) pod **3** (Col, Per, Ven fam) **(a)** (problema, contrariedad): **¡qué ~!** what a drag *o* pain (infml); **la ~ es que no sé cómo** the thing *o* problem is that I don't know how; **estoy metida en una ~** I'm in a spot of trouble (infml) **(b)** (cosa, asunto) thing, thingamajig (infml) **(c)** (comportamiento sospechoso): **tenían una ~** they

✓ key word

were up to something funny; **¿qué ~ te traes tú?** what are you up to?

vainilla *f* (Bot, Coc) vanilla

vais ▶ **ir**

vaivén *m* (de columpio, péndulo) swinging; (de tren) rocking; (de barco) rolling; (de mecedora) rocking; (de gente) toing and froing

vajilla *f* (en general) dishes (*pl*); (juego) dinner service *o* set

valdré, **valdría**, *etc* ▶ **valer**

vale *m* **(a)** (para adquirir algo) voucher; (por devolución) credit note *o* slip; **un ~ de descuento** a money-off coupon **(b)** (pagaré) IOU

■ *interj* ▶ **valer 4**

valenciana *f* (Méx) cuff (AmE), turn-up (BrE)

valenciano[1] -na *adj/m,f* Valencian

valenciano[2] *m* (Ling) Valencian

valentía *f* bravery, courage; **con ~** courageously

valer [E28] *vt* **1** (tener un valor de) to be worth; (costar) to cost; **¿cuánto valen?** how much are they?, what do they cost? **2** (+ *me/te/le etc*) (ganar): **esta obra le valió un premio** this play earned *o* won her a prize

■ **~** *vi* **1** (+ *compl*) (tener cierto valor) to be worth; (costar) to cost; **vale más, pero es mejor** it costs more but it's better; **cada cupón vale por un regalo** each voucher is worth a gift **2** (tener valor no material): **ha demostrado que vale** he has shown his worth; **como profesor no vale (nada)** as a teacher he's useless; **vales tanto como él** you're as good as he is; ***hacerse* ~** to assert oneself; ***hacer* ~ *algo*** ‹*derecho*› to assert *o* enforce sth **3** (servir): **esta no vale, es muy ancha** this one's no good, it's too wide; **no le valió de nada protestar** protesting got him nowhere; **no ~** PARA **algo** to be useless *o* no good AT sth **4** **vale** (Esp fam) **(a)** (expresando acuerdo) OK; **¿a las ocho? — ¡vale!** at eight o'clock? — sure *o* fine *o* OK?; **¿vale?** OK?, all right? **(b)** (basta): **¿~ así?** is that OK *o* enough? **5** **más vale: más vale así** it's better that way; **más te vale ir** you'd better go **6** **(a)** (ser válido) «*entrada/pasaporte*» to be valid; «*jugada/partido*» to count **(b)** (estar permitido): **eso no vale, estás haciendo trampa** that's not fair, you're cheating; **no vale mirar** you're not allowed to look **7** (Méx fam) **(a)** (no importar): **a mí eso me vale** I don't give a damn about that (infml) **(b)** (no tener valor) to be useless *o* no good (infml) **(c)** (estropearse): **mi coche ya valió** my car's had it (infml)

■ **valerse** *v pron* **1** (servirse) **~se** DE **algo/algn** to use sth/sb **2** «*anciano/enfermo*» **~se por sí mismo** to look after oneself **3** (estar permitido, ser correcto): **no se vale golpear por debajo del cinturón** hitting below the belt is not allowed; **¡no se vale!** that's not fair!

valeroso -sa *adj* brave, courageous, valiant (liter)

valga, **valgas**, *etc* ▶ **valer**

validar [A1] *vt* to validate

validez *f* validity

válido -da *adj* valid

valiente *adj* ‹*persona*› brave, courageous

valija *f* (RPl) suitcase; **~ diplomática** diplomatic bag

valioso -sa *adj* ‹*joya/consejo/experiencia*› valuable; **un hombre ~** a man of great worth

valla *f* **(a)** (cerca) fence **(b)** (Dep) (en atletismo) hurdle; (en fútbol) goal; **~ publicitaria** billboard (AmE), hoarding (BrE)

valle *m* valley

valor *m* **1** **(a)** (Com, Fin) value; **libros por ~ de $150** books to the value of $150; **objetos de ~** valuables; **~ adquisitivo** purchasing power **(b)** (importancia, mérito) value; **~ sentimental** sentimental value **(c)** (validez) validity; **sin la firma no tiene ningún ~** it's not valid without the signature **2** **(a)** (coraje, valentía) courage; **me faltó ~** I didn't have the courage; **armarse de ~** to pluck up courage **(b)** (fam) (descaro, desvergüenza) nerve (infml); **¡encima tiene el ~ de protestar!** and then she has the nerve to complain! **3** **valores** *mpl* **(a)** (principios morales) values **(b)** (Fin) securities, stocks, shares

valoración *f* **(a)** (de bienes, joyas) valuation; (de pérdidas, daños) assessment **(b)** (fml) (de suceso, trabajo) assessment, appraisal (fml)

valorar [A1] *vt* **(a)** ‹*joya/cuadro*› to value; ‹*pérdida/daño*› to assess; **~ algo** EN **algo** to value/assess sth AT sth; **eso no se puede ~ en dinero** you cannot put a value on it **(b)** (fml) ‹*trabajo/actuación*› to assess **(c)** ‹*amistad/lealtad*› to value

valorización *f* **(a)** (tasación) ▶ **valoración a (b)** (AmL) (aumento de valor) appreciation

vals *m* waltz; **bailar un ~** to waltz

valuar *vt* [A18] (AmL) to value

válvula *f* valve

vamos ▶ **ir**

vampiresa *f* femme fatale, vamp (dated)

vampiro *m* **(a)** (en historias de horror) vampire; (explotador) vampire, bloodsucker **(b)** (Zool) vampire (bat)

van ▶ **ir**

vanagloriarse [A1] *v pron* **~** DE **algo** to boast *o* brag ABOUT sth

vandalismo *m* vandalism, hooliganism

vándalo -la *m,f* (gamberro) vandal, hooligan

vanguardia *f* (Mil) vanguard; (Art, Lit) avant-garde; **teatro de ~** avant-garde theater; **ir** or **estar a la ~ (de algo)** to be in the vanguard (of sth)

vanguardista *adj* avant-garde

vanidad *f* vanity

vanidoso -sa *adj* (presumido) vain, conceited; (en cuanto al aspecto físico) vain

■ *m,f*: **es un ~** he's so vain *o* conceited

vano -na *adj* **(a)** (ineficaz) ‹*discusión/intento*› vain, futile; ‹*esfuerzo*› futile; **en ~** in vain **(b)** (falto de realidad) vain; **ilusiones vanas** wishful thinking **(c)** ‹*palabra/promesa*› empty

vapor *m* **(a)** (Fís, Quím) vapor*, steam **(b)** (Coc): **al ~** steamed **(c)** (Náut) steamer, steamship

vaquero[1] -ra *adj* **(a)** ‹*falda/cazadora*› denim; **un pantalón ~** a pair of jeans *o* denims **(b)** ‹*estilo*› cowboy (*before n*)

■ *m,f* (Agr) (*m*) cowboy, cowhand; (*f*) cowgirl, cowhand

vaquero[2] *m* (Indum) *tb* **~s: unos ~s** a pair of jeans *o* denims

vaquilla *f* heifer

vara *f* **1** (palo) stick, pole **2** (Per fam) (influencia) connections (*pl*) (infml)

varado -da *adj* **1** **(a)** ‹*barco/ballena*› stranded **(b)** (AmL) (detenido): **miles de turistas se quedaron ~s** thousands of tourists were left stranded; **me quedé ~ con el trabajo** I got stuck with my work **2** **(a)** (Col, Méx fam) (sin dinero) broke (infml) **(b)** (Andes) (sin empleo) out of work

✓ **variable** *adj* ‹*carácter/humor*› changeable; **tiempo ~** unsettled *o* changeable weather

variación *f* variation

variado -da *adj* **(a)** ‹*programa/vida/trabajo*› varied **(b)** (diverso): **ropa de colores ~s** clothes in a variety of colors

variante *f* **1** (de palabra) variant **2** (carretera) turnoff

✓ **variar** [A17] *vi* «*precio/temperatura*» to vary; **las temperaturas varían entre 20°C y 25°C** temperatures range *o* vary between 20°C and 25°C; **para ~** (iró) (just) for a change (iro)
■ **~** *vt* **1** (hacer variado) ‹*menú*› to vary; ‹*producción*› to vary, diversify **2** (cambiar) ‹*decoración/rumbo*› to change, alter

varicela *f* chicken pox

várices, (Esp) **varices** *fpl* ▶ **variz**

varicoso -sa *adj* varicose

✓ **variedad** *f* **(a)** (en general) variety **(b) variedades** *fpl* (Espec) vaudeville (AmE), variety (BrE)

varilla *f* (en general) rod; (de abanico, paraguas) rib; (de jaula) bar; (de rueda de bicicleta) spoke; (para medir el aceite) dipstick

vario -ria *adj* **1** **~s/varias** (más de dos) several; **hace ~s años** several years ago **2** (variado, diverso) various; **asuntos ~s** various matters

✓ **varios -rias** *pron* several; **lo compraron entre ~s** several of them got together to buy it

varita *f* wand; **~ mágica** magic wand

variz (*pl* **várices** *or* Esp **varices**) *f* varicose vein

varón *adj* ‹*heredero/descendiente*› male; **un hijo ~** a son
■ *m* (niño) boy; (hombre) man, male

varonil *adj* **(a)** (viril) manly, masculine; **voz ~** masculine voice **(b)** ‹*mujer*› (hombruna) mannish, masculine

vas ▶ **ir**

vasallo *m* vassal

vasco¹ -ca *adj/m,f* Basque

vasco² *m* (idioma) Basque

vasectomía *f* vasectomy

vaselina *f* Vaseline®, petroleum jelly

vasija *f* (Arqueol) vessel (fml)

vaso *m* **1** (recipiente, contenido) glass; **un ~ de vino** (con vino) a glass of wine; (para vino) a wine glass; **~ de papel** paper cup **2** (Anat) vessel; **~ sanguíneo** blood vessel

vasto -ta *adj* (*gen delante del n*) ‹*mar/llanura*› vast, immense; ‹*conocimientos/experiencia*› vast, enormous

váter *m* (Esp fam) (inodoro) toilet, lavatory; (cuarto) bathroom (esp AmE), toilet (BrE), loo (BrE infml)

Vaticano *m*: **el ~** the Vatican

✓ key word

vatio *m* watt

vaya, **vayas**, *etc* ▶ **ir**

Vd. = **usted**

ve *f* (AmL) *tb* **~ corta** or **chica** or **pequeña** *name of the letter* v

vea, **veas**, *etc* ▶ **ver²**

vecindad *f* **1** (lugar, barrio) neighborhood*, area; (vecinos) residents (*pl*) **2** (Méx) (edificio) tenement house

vecindario ▶ **vecindad 1**

✓ **vecino -na** *adj* **(a)** (contiguo) neighboring*; **los países ~s** the neighboring countries; **~ A algo** bordering ON sth, adjoining sth **(b)** (cercano) neighboring*, nearby
■ *m,f* **(a)** (persona que vive cerca) neighbor*; **mi ~ de al lado** my next-door neighbor **(b)** (habitante — de población, municipio) inhabitant; (— de barrio, edificio) resident

veda *f* (en caza y pesca) closed (AmE) *o* (BrE) close season; **la perdiz está en ~** it is the closed *o* close season for partridge

vedar [A1] *vt* **(a)** ‹*caza/pesca*› to prohibit, ban (*during the closed season*) **(b)** (prohibir) to ban

vedette /be'ðet/ *f* cabaret star

vegetación *f* **(a)** (Bot) vegetation **(b)** (Med) **vegetaciones**; *fpl* adenoids (*pl*)

vegetal *adj* ‹*vida*› plant (*before n*); ‹*aceite/reino*› vegetable (*before n*)
■ *m* plant, vegetable

vegetar [A1] *vi* **(a)** (Bot) to grow **(b)** (fam) «*persona*» to vegetate (infml & derog)

vegetariano -na *adj/m,f* vegetarian

vehemente *adj* vehement

✓ **vehículo** *m* vehicle

veía, **veíamos**, *etc* ▶ **ver²**

veinte *adj inv/m/pron* twenty; *para ejemplos ver* **cinco**, ▶ **cincuenta**

veintitantos -tas *adj/pron* twenty-odd

veintiuno¹ -na *adj/pron* [▶ **veintiún** *is used before masculine nouns and before feminine nouns which begin with accented* ▶ **a** *or* ▶ **ha**] twenty-one; **veintiún años** twenty-one years; *para ejemplos ver tb* **cinco**

veintiuno² *m* (number) twenty-one

vejación *f* humiliation; **las vejaciones perpetradas por los guardias** the acts of humiliation carried out by the guards

vejestorio *m* **(a)** (fam) (persona): **la profesora es un ~** the teacher is ancient (infml) **(b)** (AmL fam) (cosa) old relic (infml), piece of old junk (infml)

vejez *f* old age

vejiga *f* (Anat) bladder

vela *f* **1** (para alumbrar) candle **2** (vigilia): **pasé la noche en ~** (por preocupación, dolor) I couldn't get to sleep all night; (cuidando a un enfermo) I was up all night **3** **(a)** (de barco) sail **(b)** (deporte) sailing; **hacer ~** to go sailing

velado -da *adj* ‹*película*› fogged; ‹*amenaza/referencia*› veiled; ‹*sonido*› muffled

velador¹ *m* **(a)** (mesa) pedestal table **(b)** (AmS) (mesilla de noche) bedside table, night stand (AmE)

velador² -dora *m,f* **1** (Méx) (de fábrica) watchman, guard **2** **veladora** *f* (Méx) (vela) candle

velar [A1] *vt* **1** **(a)** ‹*difunto*› to hold a wake over **(b)** ‹*enfermo*› to watch over **2** ‹*película*› to fog, expose
■ ~ *vi* **1** (permanecer despierto) to stay up *o* awake **2** (cuidar) ~ POR **algo/algn** to watch OVER sth/sb
■ **velarse** *v pron* «*película*» to get fogged *o* exposed

velatorio *m* **(a)** (reunión) wake, vigil (fml) **(b)** (establecimiento) funeral parlor*; (sala) chapel of rest

velero *m* **(a)** (Náut) (grande) sailing ship; (pequeño) sailboat (AmE), sailing boat (BrE) **(b)** (Aviac) glider

veleta *f* **1** (para el viento) weather vane, weathercock **2** **veleta** *mf* (fam) (persona inconstante) fickle person

vello *m* **1** (pelusa) down; (en las piernas, etc) hair **2** (Bot) bloom

velo *m* veil

velocidad *f* **1** (en general) speed; **cobrar** ~ to pick up *o* gather speed; **¿a qué ~ iba?** how fast was he going?; **disminuir la** ~ to slow down; **a toda** ~ at top speed; **la** ~ **con que lo hizo** the speed with which he did it **2** (Auto, Mec) gear; **un modelo de cinco ~es** a five-gear model

velocímetro *m* speedometer

velódromo *m* cycle track, velodrome

veloz *adj* ‹*corredor*› fast; ‹*movimiento*› swift, quick

ven ▸ **venir**, ▸ **ver²**

vena *f* **1** (Anat) vein; **cortarse las ~s** to slash *o* cut one's wrists **2** (Geol, Min) vein, seam **3** (de madera) grain; (de piedra) vein, stripe

venado *m* **(a)** (Zool) deer; ***pintar*** ~ (Méx fam) to play hooky (esp AmE infml), skive off (school) (BrE infml) **(b)** (Coc) venison

vencedor -dora *adj* ‹*ejército/país*› victorious; ‹*equipo/jugador*› winning (*before n*)
■ *m,f* (en guerra) victor; (en competición) winner

vencer [E2] *vt* **(a)** ‹*enemigo*› to defeat, vanquish (liter); ‹*rival/competidor*› to defeat, beat; **no te dejes** ~ don't give in **(b)** ‹*miedo/pesimismo/obstáculo*› to overcome **(c)** (dominar): **me venció el sueño** I was overcome by sleep
■ ~ *vi* **1** «*ejército/equipo*» to win, be victorious; **¡~emos!** we shall overcome! **2** **(a)** «*pasaporte/garantía*» to expire; **el lunes vence el plazo** Monday is the deadline **(b)** «*letra*» to be due for payment
■ **vencerse** *v pron* (AmL) «*pasaporte/garantía*» to expire; **se me venció el carnet** my card expired *o* ran out

vencido -da *adj* **1** ‹*ejército/país*› defeated, vanquished (liter); ‹*equipo/jugador*› losing (*before n*), beaten; ***darse por*** ~ to give up *o* in **2** **(a)** ‹*visa/pasaporte*› expired, out-of-date (*before n*); **estos antibióticos están ~s** (AmL) these antibiotics are past their expiration (AmE) *o* (BrE) expiry date **(b)** ‹*boleto/cheque*› out-of-date (*before n*) **(c)** ‹*letra/intereses*› due for payment
■ *m,f*: **los ~s** the defeated, the vanquished (liter)

vencimiento *m* (de letra, pago) due date; (de carnet, licencia) expiration (AmE) *o* (BrE) expiry date

venda *f* bandage; ~ **elástica** elastic bandage

vendaje *m* dressing; **poner un** ~ to put on a dressing

vendar [A1] *vt* to bandage

vendaval *m* gale, strong wind

vendedor -dora *m,f* **(a)** (en mercado) stallholder, stallkeeper (AmE); (en tienda) salesclerk (AmE), shop assistant (BrE); (viajante, representante) sales representative; ~ **a domicilio** door-to-door sales agent; ~ **ambulante** peddler, hawker; ~ **de periódicos** newspaper vendor *o* seller **(b)** (Der) (propietario que vende) vendor

vender [E1] *vt* ‹*mercancías/casa*› to sell; **le vendí el reloj** I sold him the watch; **vendió la casa muy bien** she got a very good price for her house; Ⓢ **se vende** for sale; **lo venden a $500 el kilo** they sell it at $500 a kilo; **vendí el cuadro en** or **por $20.000** I sold the painting for $20,000; **se vende por kilo(s)/unidades** it's sold by the kilo/unit
■ ~ *vi* «*producto*» to sell
■ **venderse** *v pron* (dejarse sobornar) to sell out

vendimia *f* grape harvest, wine harvest

vendimiar [A1] *vt* to pick, harvest

vendré, **vendría**, *etc* ▸ **venir**

venduta *f* (Col) public sale (*of household goods*)

Venecia *f* Venice

veneno *m* **(a)** (sustancia tóxica) poison; (de culebra) venom **(b)** (malevolencia) venom

venenoso -sa *adj* ‹*sustancia/planta*› poisonous; ‹*araña/serpiente*› poisonous, venomous; ‹*palabras/mirada*› venomous

venerable *adj/m,f* venerable

venerar [A1] *vt* (adorar) to revere, worship; (Relig) to venerate

venéreo -rea *adj* venereal

venezolanismo *m* Venezuelan word (*o* phrase *etc*), Venezuelanism

venezolano -na *adj/m,f* Venezuelan

Venezuela *f* Venezuela

venga *interj* (Esp fam) **(a)** (para animar) come on **(b)** (expresando insistencia): **y** ~ **a protestar** and they just kept *o* went on (and on) complaining

vengáis, **vengamos**, *etc* ▸ **venir**

venganza *f* revenge, vengeance (liter)

vengar [A3] *vt* ‹*insulto/derrota*› to take revenge for, to avenge; ‹*persona*› to avenge
■ **vengarse** *v pron* to take revenge; **~se** DE *or* POR **algo** to take revenge FOR sth; **~se** DE/EN **algn** to take (one's) revenge ON sb

vengativo -va *adj* vindictive, vengeful (liter)

vengo ▸ **venir**

venia *f* (AmS) (inclinación de cabeza) bow

venial *adj* venial

venida *f* **(a)** (llegada) arrival **(b)** (AmL) (vuelta): **a la** or **de** ~ on the way back

venidero -ra *adj* future (*before n*)

venir [I31] *vi* **1** **(a)** (a un lugar) to come; **vine en tren** I came by train; **¿a qué vino?** what did he come by *o* around for?; **vine dormida todo el tiempo** I slept (for) the whole journey; ~ POR *or* (Esp) A POR **algn/algo** to come FOR sb/sth, come to pick sb/sth up; **la vino a buscar su madre** her mother came to pick her up; **ven a ver esto** come and see this **(b)** (volver) to come back; **ahora vengo** I'll be back in a moment; **no vengas tarde** don't be late home *o* back **(c)** (salir): **me vino con un cuento** he came up with some excuse; **no me vengas con exigencias** don't start making demands **2** **(a)** (tener lugar): **ahora viene esa escena que te conté** that scene I told you about is coming up now; **¿qué viene después de las noticias?** what's on after the news?; **ya vendrán tiempos mejores** things will get better **(b)** (indicando procedencia) ~ DE **algo** to come FROM sth; **viene de la India** it comes from India; **le viene de familia** it runs in his family; **¿a qué viene eso?** why do you say that? **(c)** (indicando presentación) to come; **viene en tres tamaños** it comes in three sizes **(d)** (estar incluido): **viene en primera página** it's on the front page; **no viene nada sobre la huelga** there's nothing about the strike **3** (convenir): **estas cajas me vendrían muy bien** these boxes would come in handy; **el jueves no me viene bien** Thursday's no good for me; **me vendría bien un descanso** I could do with a rest **4** (*como aux*): **esto viene a confirmar mis sospechas** this confirms my suspicions; **hace mucho que lo venía diciendo** I'd been saying so all along

■ **venirse** *v pron* (*enf*) **(a)** (a un lugar) to come; **se vinieron a pie** they came on foot; ***~se abajo*** «*persona*» to go to pieces; «*techo*» to fall in, collapse; «*estante*» to collapse; «*ilusiones*» to go up in smoke; «*proyectos*» to fall through **(b)** (volver) to come back

⚷ **venta** *f* (Com) sale; **~ al contado** cash sale; **~ al por mayor/menor** wholesale/retail; **~ a plazos** installment plan (AmE), hire purchase (BrE); **~ por catálogo** or **correo** mail order; **pronto saldrá a la ~** it will be on sale soon; **estar en** or **a la ~** «*coche/bicicleta*» to be for sale; «*casa*» to be (up) for sale

⚷ **ventaja** *f* **(a)** (beneficio) advantage; **tiene la ~ de que está cerca** it has the advantage of being near; **tienes ~ por tu experiencia** you have an advantage because of your experience **(b)** (en carrera): **lleva una ~ de diez segundos** she has a ten-second lead; **jugar con ~** to be at an advantage

ventajero -ra *m,f* (RPl) opportunist

ventajoso -sa *adj* **(a)** ‹*negocio*› profitable; ‹*acuerdo/situación*› favorable*, advantageous **(b)** (Col) ‹*persona*› opportunistic

⚷ **ventana** *f* **1** (Arquit, Const, Inf) window; **~ emergente** pop-up **2** (de la nariz) nostril

ventanilla *f* **(a)** (de coche, tren) window **(b)** (en oficinas) window; (en cines, teatros) box office; **horario de ~** opening hours **(c)** (Inf) window

ventilación *f* **(a)** (posibilidad de ventilarse) ventilation **(b)** (acción de ventilar) airing

ventilador *m* (aparato) fan; (abertura) ventilator, air vent

ventilar [A1] *vt* ‹*habitación*› to air, ventilate; ‹*ropa/colchón*› to air

■ **ventilarse** *v pron* **1** «*habitación/ropa*» to air **2** (fam) (tomar el aire) to get a breath of fresh air, get some air

ventisca *f* snowstorm; (con más viento) blizzard

ventolera *f* gust of wind

ventosa *f* **(a)** (de goma, plástico) suction pad **(b)** (Zool) sucker

ventosidad *f* wind, flatulence

ventoso -sa *adj* windy

ventrículo *m* ventricle

ventrílocuo -cua *m,f* ventriloquist

ventura *f* **1** (liter) (suerte) fortune; **tiene la ~ de ...** he has the good fortune to ...; ***echarle la buena ~ a algn*** to tell sb's fortune **2** (*en locs*) **a la ventura: viven a la ~** they take each day as it comes; **salieron a la ~** they set out with no fixed plan

Venus *m* (Astron) Venus

■ *f* (Art, Mit) Venus

veo ▸ **ver²**

ver¹ *m* **1** (aspecto): **ser de buen ~** to be good-looking *o* attractive **2** (opinión): **a mi/su ~** in my/his view

⚷ **ver²** [E29] *vt* **1** **(a)** (percibir con la vista) to see; **¿ves algo?** can you see anything?; **no se ve nada aquí** you can't see a thing in here; **lo vi hablando con ella** I saw him talking to her **(b)** (mirar) ‹*programa/partido*› to watch; **~ (la) televisión** to watch television; **esa película ya la he visto** I've seen that movie before; ***no poder (ni) ~ a algn***: **no la puede ~** he can't stand her **2** (entender, notar) to see; **¿no ves lo que está pasando?** don't *o* can't you see what's happening?; **se la ve preocupada** she looks worried; ***hacerse ~*** (RPl) to show off **3** **(a)** (constatar, comprobar) to see; **ve a ~ quién es** go and see who it is; **¡ya ~ás lo que pasa!** you'll see what happens; **¡ya se ~á!** we'll see **(b)** (ser testigo de) to see; **¡nunca he visto cosa igual!** I've never seen anything like it!; **¡si vieras lo mal que lo pasé!** you can't imagine how awful it was!; **¡hubieras visto cómo se asustaron!** (AmL) you should have seen the fright they got! **4** **a ver: (vamos) a ~ ¿de qué se trata?** OK *o* all right, now, what's the problem?; **está aquí, en el periódico — ¿a ~?** it's here in the newspaper — let's see; **apriétalo a ~ qué pasa** press it and see what happens; **a ~ si escribes pronto** make sure you write soon **5** **(a)** (estudiar): **esto mejor que lo veas tú** you'd better have a look at this; **tengo que ~ cómo lo arreglo** I have to work out how I can fix it; **ya ~é qué hago** I'll decide what to do later **(b)** «*médico*» (examinar) to see; **¿la ha visto un médico?** has she been seen by a doctor yet? **6** **(a)** (juzgar, considerar): **yo eso no lo veo bien** I don't think that's right; **a mi modo** or **manera de ~** the way I see it **(b)** (encontrar) to see; **no le veo salida a esto** I can't see any way out of this; **no le veo la gracia** I don't think it's funny **7** (visitar, entrevistarse con) ‹*amigo/pariente*› to see, visit; ‹*médico/jefe*› to see; **¡cuánto tiempo sin ~te!** I haven't seen you for ages! **8** **tener ... que ver: ¿y eso qué tiene que ~?** and what does that have to do with it?; **no tengo nada que ~ con él** I have nothing to do with him; **¿qué tiene que ~ que sea sábado?** what difference does it make that it's Saturday?

■ **~** *vi* **1** (percibir con la vista) to see; **así no veo** I can't see like this; **no veo bien de lejos/de cerca** I'm shortsighted/longsighted **2** (constatar): **¿hay cerveza? — no sé, voy a ~** is there any beer? — I don't know, I'll have a look; **pues ~ás,**

V

⚷ key word

todo empezó cuando ... well you see, the whole thing began when ... **3** (pensar) to see; **ya ~é** I'll see; ***estar/seguir en ~emos***; (AmL fam): **todavía está en ~emos** it isn't certain yet; **seguimos en ~emos** we still don't know anything

■ **verse** *v pron* **1** (*refl*) (percibirse, imaginarse) to see oneself **2** (hallarse) (+ *compl*) to find oneself; **me vi en un aprieto** I found myself in a tight spot; **me vi obligado a despedirlo** I had no choice but to dismiss him **3** (esp AmL) (parecer): **se ve bien con esa falda** she looks good in that skirt; **no se ve bien con ese peinado** that hairdo doesn't suit her **4** (*recípr*) **(a)** (encontrarse) to meet; **nos vemos a las siete** I'll meet *o* see you at seven; **¡nos vemos!** (esp AmL) see you! **(b)** (visitarse, encontrarse) to see each other; **nos vemos a menudo** we see each other often; **~se CON algn** to see sb

veraneante *mf* vacationer (AmE), holidaymaker (BrE)

veranear [A1] *vi*: **solía ~ en un pueblo** she used to spend her summer vacation (AmE) *o* (BrE) holidays in a small town

veraneo *m*: **fuimos de ~ al campo** we spent our summer vacation (AmE) *o* (BrE) holidays in the country; **lugar de ~** summer resort

veraniego -ga *adj* summer (*before n*)

✓ **verano** *m* summer; (en la zona tropical) dry season; **ropa de ~** summer clothes

veras: **de veras** (*loc adv*) really; **lo siento de ~** I really am sorry; **¡no lo dirás de ~!** you can't be serious!

verbal *adj* verbal

verbena *f* **1** (Bot) verbena **2** (fiesta popular) festival; (baile) open-air dance

verbo *m* (Ling) verb

✓ **verdad** *f* **(a)** (en general) truth; **dime la ~** tell me the truth; **es la pura ~** it's the gospel truth; **a decir ~ ...** to tell you the truth ...; **la ~, no lo sé** I don't honestly know; **¡no es ~!** that's not true!; **eso es una gran ~** that is *so* true! **(b) de verdad** (*loc adv*) really; (*loc adj*) real; **¡de ~ que me gusta!** I really do like it!; **una pistola de ~** a real gun **(c)** (buscando corroboración): **es guapa ¿~?** she's beautiful, isn't she?; **¿~ que tú me entiendes?** you understand me, don't you?

✓ **verdadero -ra** *adj* **1** **(a)** ‹*premisa/historia*› true; ‹*caso/nombre*› real **(b)** ‹*pieles/joyas*› real **2** (*delante del n*) (uso enfático) real; **se portó como un ~ imbécil** he behaved like a real *o* (infml) proper idiot

✓ **verde** *adj* **1** ‹*color/ojos/vestido*› green; **zapatos ~ oliva** olive-green shoes; **ojos ~ azulado** bluish *o* (BrE) bluey green eyes **2** ‹*fruta*› green, unripe; ‹*leña*› green; ***estar ~*** (fam) (no tener experiencia) to be green (infml); (en una asignatura): **está ~ en historia** he doesn't know much about history (infml) **3** (Pol) Green **4** (fam) ‹*chiste*› dirty, blue (infml)

■ *m* (color) green; (Bot) greenery

■ *mf* (Pol) Green; **los ~s** the Greens

verdín *m* **(a)** (musgo) moss **(b)** (moho) mold*; (en el agua) slime; (en metal) verdigris

verdor *m* greenness

verdoso -sa *adj* greenish

verdugo *m* **1** **(a)** (en ejecuciones) executioner; (en la horca) hangman **(b)** (persona cruel) tyrant **2** (Indum) balaclava; (para el esquí) ski mask

verdulería *f* fruit and vegetable store, greengrocer's (BrE)

verdulero -ra *m,f* (persona) greengrocer

verdura *f* (Bot, Coc) vegetable; **sopa de ~** vegetable soup

vereda *f* **(a)** (senda) path **(b)** (CS, Per) (acera) sidewalk (AmE), pavement (BrE) **(c)** (Col) (distrito) district

veredicto *m* (Der) verdict; (dictamen) opinion, verdict

vergonzoso -sa *adj* **1** (tímido) shy, bashful **2** ‹*asunto/comportamiento*› disgraceful, shameful

vergüenza *f* **1** (turbación) embarrassment; **no lo hagas pasar ~** don't embarrass him; **me da ~ pedírselo otra vez** I'm embarrassed to ask him again; **sentí ~ ajena** I felt embarrassed for him (*o* her *etc*) **2** (sentido del decoro) (sense of) shame; **no tiene ~** he has no (sense of) shame **3** (escándalo, motivo de oprobio) disgrace; **ser una ~ para algo/algn** to be a disgrace to sth/sb; **estos precios son una ~** these prices are outrageous

verídico -ca *adj* true

✓ **verificar** [A2] *vt* ‹*hechos*› to establish, verify; ‹*resultado*› to check; ‹*pagos/cuentas*› to check, audit; ‹*máquina/instrumento*› to check, test

verja *f* (cerca) railings (*pl*); (puerta) wrought-iron gate; (de ventana) (wrought-iron) grille

vermut /ber'mu(t)/ *m* (*pl* **-muts**) vermouth

■ *f* (CS) early evening performance

verosímil *adj* ‹*excusa/versión*› plausible; ‹*argumento/historia*› realistic

verruga *f* **(a)** (Med) (en la mano, cara) wart; (en los pies) verruca **(b)** (Bot) wart

versículo *m* verse

✓ **versión** *f* **(a)** (de obra, suceso) version; **~ original** *movie in its original language* **(b)** (traducción) translation **(c)** (modelo) model

verso *m* (Lit) (línea) line, verse; (poema) poem; (género) verse; **en ~** in verse

vértebra *f* vertebra

vertebrado[1] -da *adj* vertebrate

vertebrado[2] *m* vertebrate; **los ~s** the vertebrates

vertedero *m* **1** (para basura) dump; **un ~ de residuos nucleares** a dumping site for nuclear waste **2** (desagüe) outlet

verter [E31] *or* [E8] *vt* **(a)** (en un recipiente) ‹*agua/vino/trigo*› to pour **(b)** (derramar) ‹*líquido*› to spill; ‹*lágrimas/sangre*› (liter) to shed (liter) **(c)** ‹*residuos radiactivos*› to dump

vertical *adj* **1** **(a)** ‹*línea/madero*› vertical; **en posición ~** in a vertical position **(b)** (en crucigramas): **el tres ~** three down **2** (Pol, Rels Labs) vertical

■ *f* **(a)** (Mat, Tec) vertical line, vertical (tech) **(b)** (Dep) handstand

vértice *m* (de ángulo, figura) vertex, apex; (coronilla) crown

vertiente *f* **(a)** (de montaña, tejado) slope **(b)** (faceta, aspecto) aspect **(c)** (CS) (manantial) spring

vertiginoso -sa *adj* ‹*velocidad*› dizzy, giddy, vertiginous (fml)

vértigo *m* vertigo; **tener ~** to have vertigo; **me produce ~** it makes me dizzy *o* giddy

ves ▸ ver²

vesícula *f* vesicle; **~ biliar** gallbladder

vespa® *f* Vespa®, scooter

vespertino -na *adj* evening (*before n*); **diario ~** evening newspaper

vespino® *m* moped

vestíbulo *m* (de casa particular) hall; (de edificio público) lobby; (de teatro, cine) foyer

vestido¹ -da *adj* dressed; **bien ~** well/badly dressed; **¿cómo iba ~?** what was he wearing?; **iba vestida de azul** she was wearing blue; **~ de uniforme** in uniform; **¿de qué vas a ir ~?** what are you going to go as?

vestido² *m* **(a)** (de mujer) dress; **~ de baño** (Col) swimsuit; **~ de noche** evening dress; **~ de novia** wedding dress *o* gown **(b)** (Col) (de hombre) suit

vestidor *m* (en casa) dressing room; (en club, gimnasio) (Chi, Méx) locker room (AmE), changing room (BrE)

vestier *m* (Col) (en tienda) fitting room; (en club, gimnasio) locker room (AmE), changing room (BrE)

vestigio *m* trace; **no quedan ~s de aquella civilización** no trace remains of that civilization; **~s históricos** historical remains

✓ **vestir** [I14] *vt* **1** **(a)** ‹*niño/muñeca*› to dress **(b)** (proporcionar ropa a) to clothe (fml) **(c)** (confeccionar ropa a) «*modisto*» to dress **2** (liter *o* period) (llevar puesto) to wear

■ **~** *vi* **1** «*persona*» to dress; **~ bien** to dress well; **~** DE **algo** (de uniforme/azul) to wear sth; **~ de etiqueta** to wear formal dress **2** (ser elegante): **no sabe ~** he has no dress sense; **de ~** ‹*traje/zapatos*› smart

■ **vestirse** *v pron* (*refl*) **(a)** (ponerse ropa) to dress, get dressed; **date prisa, vístete** hurry up, get dressed **(b)** (de cierta manera): **se viste mal** he dresses badly; **se viste a la última moda** she wears the latest styles; **siempre se viste de verde** she always wears green **(c)** (disfrazarse) **~se** DE **algo** to dress up AS sth

vestón *m* (CS) jacket

vestuario *m* **1** (conjunto de ropa) wardrobe; (Cin, Teatr) wardrobe **2** (en club, gimnasio) locker room (AmE), changing room (BrE)

veta *f* **1** **(a)** (en madera) streak **(b)** (en la carne) streak **(c)** (en roca, mármol) vein **2** (inclinación) bent, leanings (*pl*)

vetar [A1] *vt* to veto

veteranía *f* (experiencia) experience; (antigüedad) seniority

veterano -na *adj/m,f* veteran

veterinaria *f* (ciencia) veterinary science *o* medicine; (clínica) veterinary surgery

veterinario -ria *adj* ‹*clínica*› veterinary (*before n*); **médico ~** vet, veterinarian (AmE), veterinary surgeon (BrE)

■ *m,f* vet, veterinarian (AmE), veterinary surgeon (BrE)

veto *m* veto; **poner el ~ a algo** to veto sth

✓ key word

✓ **vez** *f* **1** (ocasión) time; **una ~/dos veces** once/twice; **una ~ por semana** once a week; **me acuerdo de una/aquella ~ cuando ...** I remember once/that time when ...; **la última ~ que lo vi** the last time I saw him; **mil veces** or **miles de veces** a thousand times, thousands of times; **algunas veces** sometimes; **¿te has arrepentido alguna ~?** have you ever regretted it?; **érase una ~** (liter) once upon a time (liter); **por primera ~** for the first time; **otra ~** again; **déjalo para otra ~** leave it for another time *o* day; **otra ~ será** maybe next time; **una ~ más** once again **2** (*en locs*) **a la vez** at the same time; **a veces** sometimes; **cada vez** every *o* each time; **cada ~ más** more and more; **lo encuentro cada ~ más viejo** he looks older every time I see him; **cada ~ menos** less and less; **de una ~** (expresando impaciencia) once and for all; (simultáneamente) in one go; **de ~ en cuando** from time to time, every now and then; **en ~ de** instead of; **rara vez** seldom, hardly ever; **una vez** once; **una ~ que hayas terminado** once *o* when you have finished **3** (Esp) (turno en una cola): **¿quién tiene** or **me da la ~?** who's last?; **pedir la ~** to ask who's last

vi ▸ ver²

✓ **vía** *f* **1** **(a)** (ruta, camino): **la ~ rápida** the fast route; **una ~ al diálogo** a channel *o* an avenue for dialogue; **¡dejen ~ libre!** clear the way!; **~ de comunicación** road (*o* rail *etc*) link; **V~ Láctea** Milky Way; **~ marítima** sea route, seaway **(b)** (medio de transporte): **por ~ aérea/marítima/terrestre** by air/by sea/by land; **S vía aérea** airmail **(c)** (medio, procedimiento) channels (*pl*); **por la ~ diplomática/política** through diplomatic/political channels **2** **en vías de: está en ~s de solucionarse** it's in the process of being resolved; **países en ~s de desarrollo** developing countries; **una especie en ~s de extinción** an endangered species **3** (Ferr) track; **saldrá por la ~ dos** it will depart from track (AmE) *o* (BrE) platform two **4** (Anat, Med): **por ~ oral/venosa** orally/intravenously; **~s respiratorias/urinarias** respiratory/urinary tract

■ *prep* via; **~ Miami** via Miami

viable *adj* ‹*proyecto/plan*› viable, feasible; ‹*bebé*› viable

viaducto *m* viaduct

viajante *mf* traveling* salesman/saleswoman

✓ **viajar** [A1] *vi* to travel; **~ en avión** to travel by plane; **~ en primera clase** to travel *o* go first class

✓ **viaje** *m* trip, journey; **hacer un ~** to go on a trip *o* journey; **un ~ en tren** a train journey; **hizo el ~ en coche** he drove; **estar de ~** to be away; **salir de ~** to go on a trip; **en el ~ de vuelta** on the way back; **¡buen ~!** have a good trip!; **hicimos un ~ por todo Chile** we traveled all around Chile; **~ de negocios** business trip; **~ de novios** honeymoon; **~ organizado** package tour; **hice varios ~s para llevarlas todas** I made several trips to take them all

viajero -ra *m,f* traveler*; (pasajero) passenger

vial *adj* road (*before n*)

viáticos *mpl* (esp AmL) travel allowance

víbora *f* **(a)** (Zool) viper; **~ de cascabel** (Méx) rattlesnake **(b)** (fam & pey) (persona): **es una ~** he has a vicious tongue

vibración *f* vibration

vibrante *adj* ‹*voz*› vibrant, resonant; ‹*discurso*› vibrant

vibrar [A1] *vi* «*cuerdas/cristales*» to vibrate

vicaría *f* vicariate

vicario -ria *m,f* (párroco) vicar

vicecampeón -peona *m,f* runner-up

vicepresidencia *f* (Gob, Pol) vice presidency; (de empresa) vice presidency (AmE), deputy chairmanship (BrE)

vicepresidente -ta *m,f*, **vicepresidente** *mf* (Gob, Pol) vice president; (de empresa) vice president (AmE), deputy chairman/ chairwoman (BrE)

vice versa *adv* vice versa

vichar [A1] *vi* (RPl fam) to peep (infml)
■ ~ *vt* to peep at

viciado -da *adj* **1** ‹*atmósfera*› stuffy; **aquí dentro el aire está ~** it's very stuffy in here **2** ‹*estilo/dicción*› marred

viciar [A1] *vt* ‹*persona*› to get ... into a bad habit; ‹*estilo/lenguaje*› to mar
■ **viciarse** *v pron* **(a)** «*persona*» **~se** CON **algo** to become addicted TO sth **(b)** «*estilo/ lenguaje*» to deteriorate

vicio *m* **1** (corrupción) vice; **darse al ~** to give oneself over to vice **2** (hábito): **el único ~ que tengo** my only vice *o* bad habit; **el juego se convirtió en ~ para él** his gambling became an addiction; **se queja de ~** (fam) she complains for the sake of it

vicioso -sa *adj* ‹*persona*› depraved, debauched
■ *m,f* dissolute person

víctima *f* victim; **~** DE **algo** victim OF sth; **fue ~ de una emboscada** he was the victim of an ambush; **~s del cáncer** cancer victims

victoria *f* victory; (Dep) win; **no cantes ~ antes de tiempo** don't count your chickens before they're hatched

victorioso -sa *adj* victorious

vicuña *f* vicuña

vid *f* vine

vida *f* **1** **(a)** (Biol) life; **la ~ marina** marine life; **una cuestión de ~ o muerte** a matter of life and death; **quitarse la ~** to take one's (own) life (fml); **salir con ~** to escape alive **(b)** (viveza, vitalidad) life; **lleno de ~** full of life; **le falta ~** it's/she's/he's not very lively **2** (extensión de tiempo, existencia) life; **a lo largo de su ~** throughout his life; **toda una ~** a lifetime; **la ~ de un coche** the life-span of a car; **un amigo de toda la ~** a lifelong friend; ***amargarle la ~ a algn*** to make sb's life a misery; ***complicarse la ~*** to make life difficult for oneself; ***de por ~*** for life; ***hacerle la ~ imposible a algn*** to make sb's life impossible **3** (manera de vivir, actividades) life; **lleva una ~ muy ajetreada** she leads a very busy life; **¿qué es de tu ~?** what have you been up to?; **hace** or **vive su ~** he lives his own life; **¡esto sí que es ~!** this is the life!; **¡(así) es la ~!** that's life, such is life; **~ privada** private life; **su ~ sentimental** his love life; **una mujer de ~ alegre** a woman of easy virtue; **¡qué ~ de perros!** it's a dog's life; **hacer ~ social** to socialize; ***estar encantado de la ~*** to be thrilled, to be over the moon (infml) **4** (necesidades materiales): **la ~ está carísima** the cost of living is very high; **ganarse la ~** to earn one's *o* a living; **tiene la ~ resuelta** he's set up for life **5** (como apelativo) darling; **¡mi ~!** (my) darling!

vidente *mf* (que ve) sighted person; (que adivina) clairvoyant

video, (Esp) **vídeo** *m* **(a)** (medio, sistema) video; **en ~** on video **(b)** (cinta) videocassette, videotape, video (infml); (grabación) video **(c)** (aparato) video (cassette recorder), VCR

videocámara *f* video camera, camcorder

videoclip *m* video

videoclub *m* (*pl* **-clubs** *or* **-clubes**) video club

videodisco *m* video disk

videojuego *m* video game

videoteca *f* video library

videotex *m* videotex(t), teletext

vidriado -da *adj* glazed

vidriera *f* **(a)** (puerta) glazed door; (ventana) window; (en iglesia) *tb* **~ de colores** stained glass window **(b)** (AmL) (escaparate) shop window; **mirar ~s** to window-shop

vidrierista *mf* (AmL) window dresser

vidriero *m* glazier

vidrio *m* **(a)** (material) glass; **una botella de ~** a glass bottle; **fábrica de ~** glassworks **(b)** (esp AmL) (objeto): **limpiar los ~s** to clean the windows; **cambié uno de los ~s** I replaced one of the panes *o* windowpanes; **me corté con un ~** I cut myself on a piece of glass; **hay ~s rotos en la calle** there is broken glass in the street; ***pagar los ~s rotos*** to take the responsibility *o* the blame **(c)** (de reloj) crystal, glass

vieira *f* (molusco) scallop; (concha) scallop shell

vieja *f* (Col, Méx, Ven fam) (mujer) broad (AmE sl), bird (BrE sl); *ver tb* **viejo**

viejo -ja *adj* **1** [SER] ‹*persona/animal*› old; ‹*coche/ropa/casa*› old; **hacerse ~** to get old **2** **(a)** [ESTAR] ‹*persona/animal*› (envejecido) old; **ya está ~** he's got(ten) old; **¡qué vieja estoy!** I look so old! **(b)** [ESTAR] ‹*zapatos/pantalones*› (desgastado) old **3** (*delante del n*) (antiguo) ‹*costumbre/amigo*› old; **los ~s tiempos** the old days; **V~ Testamento** Old Testament
■ *m,f* **1** (*m*) old man; (*f*) old woman; **los ~s** old people, the elderly; **llegar a ~** to reach old age; **se casó de ~** he was an old man when he got married; **se murió de ~** he died of old age; **V~ Pascuero** (Chi) ▶ **Papá Noel**: **~ verde** or (Méx) **~ rabo verde** (fam) dirty old man **2** (fam) (refiriéndose a los padres): **mi ~/mi vieja** my old man/lady (infml); **tus ~s** your folks, your Mom and Dad **3** (AmL) (hablándole a un niño, al cónyuge etc) darling (infml), love (infml); (a un amigo) buddy (AmE), mate (BrE) **4** (Méx fam) (esposo) (*m*) old man (infml); (*f*) old woman *o* lady (infml)

Viena *f* Vienna

viendo ▶ **ver²**

viene, **vienes**, *etc* ▶ **venir**

vienés -nesa *adj/m,f* Viennese

viento *m* **1** (en general) wind; **correr** or **hacer ~** to be windy; **un ~ helado** an icy wind; **~ en contra/a favor** or **de cola** head/tail wind; **instrumento de ~** wind instrument **2** (de tienda de campaña) guy (rope)

vientre *m* **(a)** (cavidad) abdomen; **el bajo ~** the lower abdomen; **hacer de ~** to have a bowel

V

movement **(b)** (región exterior) stomach, belly (infml) **(c)** (de mujer embarazada) womb, belly (infml)

viera, vieras, *etc* ▶ **ver²**

⚷ **viernes** *m* (*pl* ~) Friday; **V~ Santo** Good Friday; *para ejemplos ver* **lunes**

viese, vieses, *etc* ▶ **ver²**

viga *f* (de madera) joist, beam; (de metal) beam, girder

⚷ **vigencia** *f* validity; **entrar en ~** «*ley*» to come into force *o* effect

⚷ **vigente** *adj* ‹*pasaporte/contrato*› valid; ‹*legislación/precio*› current (*before n*); **estar ~** «*ley*» to be in force

vigésimo -ma *adj/pron* twentieth; **~ primero** twenty-first; **el ~ aniversario** the twentieth anniversary; **la vigésima parte** a twentieth

vigía *mf* (persona) lookout

⚷ **vigilancia** *f* (atención, cuidado) vigilance; (por guardias, la policía) surveillance; **estar bajo ~** to be under surveillance; **servicio de ~** security patrol

vigilante *adj* vigilant, on the alert; **en actitud ~** on the alert
■ *mf* (en tienda) store detective; (en banco, edificio público) security guard; **~ jurado/nocturno** security guard/night watchman

vigilar [A1] *vt* **(a)** (cuidar, atender) to watch, keep an eye on **(b)** ‹*preso/local*› to guard, keep watch on; ‹*frontera/zona*› to guard, patrol; ‹*examen*› to proctor (AmE), to invigilate at (BrE) **(c)** (fam) (espiar) to watch
■ **~** *vi* to keep watch

vigilia *f* **1** (vela) wakefulness; **de ~** awake **2** (Relig) (víspera) vigil; (abstinencia) abstinence; (tiempo de abstinencia) day/period of abstinence

vigor *m* **(a)** (fuerza, energía) vigor*, energy; **con ~** vigorously **(b) en vigor** ‹*estar*› in force; **entrar en ~** to come into effect *o* force

vigoroso -sa *adj* ‹*persona/movimiento*› vigorous, energetic; ‹*esfuerzo*› strenuous

VIH *m* (= **virus de inmunodeficiencia humana**) HIV

vil *adj* (liter) ‹*acto/persona*› vile, despicable

villa *f* **1** (Hist) (población) town; **~ miseria** (Arg) shantytown **2** (casa) villa

villancico *m* (Christmas) carol

villano -na *m,f* (persona ruin) rogue, scoundrel

vilo en vilo (*loc adv*) **la levantó en ~** he lifted her up; **permanecen en ~ esperando el resultado** they're on tenterhooks awaiting the result

vinagre *m* vinegar

vinagrera *f* **(a)** (para vinagre) vinegar bottle **(b) vinagreras** *fpl* (para aceite y vinagre) cruet set *o* stand

vinagreta *f* vinaigrette

vinatero -ra *adj* wine (*before n*)
■ *m,f* vintner (AmE), wine merchant (BrE)

vincha *f* (AmS) (elástica, rígida) hair-band; (hebilla del pelo) barrette (AmE), hair slide (BrE)

vinculación *f* (relación) links (*pl*), connections (*pl*); **~** CON *or* A **algo/algn** links *o* connections WITH sth/sb

⚷ **vincular** [A1] *vt* **(a)** (conectar, relacionar) **~ algo/algn** A *or* CON **algo/algn** to link sth/sb TO *o* WITH sth/sb; **están vinculados por lazos de amistad** they are linked by bonds *o* ties of friendship; **grupos estrechamente vinculados** closely linked groups **(b)** (comprometer) to bind, be binding on

⚷ **vínculo** *m* (unión, relación) tie, bond; **~s familiares** family ties

vine ▶ **venir**

vinería *f* (AmL) wine shop, liquor store (*specializing in wines*)

vinero -ra *adj* (Chi, Per) wine (*before n*)

vinícola *adj* ‹*industria/producción*› wine (*before n*); ‹*región*› wine-producing, wine-growing

vinicultor -tora *m,f* wine producer, winegrower

viniera, viniese, *etc* ▶ **venir**

viniste, *etc* ▶ **venir**

⚷ **vino** *m* (bebida) wine; **~ dulce/seco** sweet/dry wine; **~ blanco/rosado/tinto** white/rosé/red wine; **~ de la casa** house wine

viña *f* vineyard

viñatero -ra *adj* (AmL) wine (*before n*), wine-growing (*before n*)
■ *m,f* (AmL) **(a)** (propietario) winegrower **(b)** (trabajador) vineyard worker

viñedo *m* vineyard

viñeta *f* (en periódico) cartoon; (en procesamiento de textos) bullet

viola *f* **(a)** (instrumento) viola **(b) viola** *mf* (persona) viola player, violist (AmE)

violáceo -cea *adj* purplish

⚷ **violación** *f* **(a)** (de persona) rape **(b)** (de ley, acuerdo, derecho) violation; (de templo) violation

violador -dora *m,f* **(a)** (de persona) rapist **(b)** (de ley, acuerdo) violator

⚷ **violar** [A1] *vt* **(a)** ‹*persona*› to rape **(b)** ‹*ley*› to violate, break; ‹*tratado/derecho*› to violate; ‹*templo*› to violate

⚷ **violencia** *f* violence; **recurrir a la ~** to resort to violence

violentar [A1] *vt* **(a)** (forzar) ‹*cerradura/puerta*› to force; ‹*persona*› to rape **(b)** (poner en situación embarazosa) to make ... feel awkward
■ **violentarse** *v pron* to get embarrassed

⚷ **violento -ta** *adj* **1** (en general) violent; **utilizar medios ~s** to use violent means **2** (incómodo) ‹*situación*› embarrassing, awkward; **le resulta ~ hablar del tema** she finds it embarrassing to talk about it; **estaba muy ~** I felt very awkward

violeta *f* violet
■ *m/adj* violet

violín (a) *m* (instrumento) violin **(b) violín** *mf* (persona) violinist

violinista *mf* violinist

violón (a) *m* (instrumento) double bass **(b) violón** *mf* (persona) double bass player

violonchelista *mf* cellist

violonchelo *m* cello, violoncello

viral *adj* viral

virar [A1] *vi* **(a)** (Náut) to tack, go about **(b)** «*vehículo/conductor*» to turn; **viró bruscamente** she swerved **(c)** «*política/*

⚷ key word

partido» to veer

virgen *adj* **(a)** ‹*persona*› **una mujer/un hombre ~** a virgin; **ser ~** to be a virgin **(b)** ‹*cinta*› blank; ‹*película*› unexposed **(c)** ‹*selva*› virgin ■ *f* virgin; **la V~** (Relig) the Virgin

virginidad *f* virginity

Virgo *m* (signo) Virgo; **es (de) ~** she's (a) Virgo, she's a Virgoan ■ *mf* (*pl* ~ *or* **-gos**) (persona) *tb* **virgo** Virgo, Virgoan

viril *adj* ‹*cualidades*› virile, manly

virilidad *f* virility

virreinato *m* viceroyalty

virtual *adj* **(a)** (potencial) virtual **(b)** (tácito) implicit

virtud *f* **(a)** (cualidad) virtue **(b)** (capacidad) power; **con ~es curativas** with healing powers

virtuoso -sa *adj* virtuous ■ *m,f* virtuoso

viruela *f* (enfermedad) smallpox; (marca) pockmark

virus *m* (*pl* ~) virus

viruta *f* shaving

visa *f*, (Esp) **visado** *m* visa

visar [A1] *vt* ‹*documento*› to endorse; ‹*pasaporte*› to visa

visceral *adj* **(a)** (Anat) visceral **(b)** ‹*odio/impresión*› visceral, deep; **un sentimiento ~** a gut feeling

vísceras *fpl* entrails (*pl*), viscera (*pl*)

visconde -desa *m,f* (*m*) viscount; (*f*) viscountess

viscosa *f* viscose

viscoso -sa *adj* viscous

visera *f* (de casco) visor; (de gorra) peak; (de jugador) eyeshade

visibilidad *f* visibility

visible *adj* **(a)** [SER] visible **(b)** (fam) [ESTAR] (presentable) presentable, decent

visillo *m* net curtain, lace curtain

visión *f* **1** **(a)** (vista) vision, sight; **perdió la ~ de un ojo** she lost the sight of one eye **(b)** (aparición) vision; ***ver visiones*** to be seeing things **2** (enfoque, punto de vista) view; **una ~ romántica de la vida** a romantic view of life; **tener ~ de futuro** to be forward-looking

visionario -ria *adj/m,f* visionary

visir *m* vizier

visita *f* **(a)** (acción) visit; **hacer(le) una ~ (a algn)** to pay (sb) a visit; **ir de ~** to go visiting; **horario de ~** visiting hours *o* times; **~ a domicilio** house call; **~ de cortesía** courtesy call, duty visit; **~ guiada** (AmL) guided tour **(b)** (visitante) visitor; (invitado) guest; **espera una ~ importante** he's expecting an important visitor; **tener ~** to have visitors/guests

visitador social, **visitadora social** *m,f* (AmL) social worker

visitante *adj* visiting (*before n*) ■ *mf* visitor

visitar [A1] *vt* **(a)** ‹*persona*› to visit, visit with (AmE) **(b)** ‹*lugar*› to visit ■ **visitarse** *v pron* (*recípr*) to visit each other

vislumbrar [A1] *vt* (en la distancia) to make out, discern (fml); (entre los árboles, las nubes) to glimpse; **a lo lejos se vislumbraba una iglesia** a church could just be made out in the distance

viso *m* (Indum) petticoat, underskirt

visón *m* mink

visor *m* **(a)** (en cámara) viewfinder; (para diapositivas) slide viewer **(b)** (Arm) sight

víspera *f* **(a)** (día anterior): **la ~** the day before **(b)** (tiempo anterior): **~s de fiesta** days prior to public holidays; **en ~s de un viaje** just before a journey

vista *f* **1** **(a)** (sentido) sight, eyesight; **tener buena ~** to have good eyesight; **ser corto de ~** to be near-sighted; **perdió la ~** he lost his sight; **~ cansada** eyestrain **(b)** (ojos) eyes; **le hace daño a la ~** it hurts his eyes; **lo operaron de la ~** he had an eye operation **2** (mirada): **alzar/bajar la ~** to look up/down **3** (*en locs*) **a la vista: ponlo bien a la ~** put it where it can be seen easily; **estar/no estar a la ~** to be within/out of sight; **a la ~ de todos** in full view of everyone; **¿tienes algún proyecto a la ~?** do you have any projects in view?; **a primera** or **a simple vista** at first sight *o* glance; **con vistas a** with a view to; **en vista de** in view of; **en ~ de que ...** in view of the fact that ...; **¡hasta la vista!** see you!, so long! (infml); ***perder algo/a algn de ~*** to lose sight of sth/sb; ***perderse de ~*** to disappear from view **4** (panorama) view; **con ~ al mar** with a sea view; **~ aérea** aerial view **5** (Der) hearing

vistazo *m* look; **darle** or **echarle un ~ a algo** to have a look at sth

viste, **vistieron**, *etc* ▶ **vestir**

visto[1] **-ta** *adj* **1** **(a)** (claro, evidente) obvious, clear; **está/estaba ~ que ...** it is/was clear *o* obvious that ... **(b) por lo visto** (*loc adv*) apparently **2** [ESTAR] (común, trillado): **un truco que está muy ~** an old trick; **eso ya está muy ~** that's not very original **3** (considerado): **en ciertos círculos eso no está bien ~** in some circles that is not considered correct; **estaba mal ~ que las mujeres fumaran** it was not the done thing *o* it was frowned upon for women to smoke

visto[2] *m* **(a)** (Esp) check (AmE), tick (BrE) **(b) visto bueno** approval; **tiene que dar el ~ bueno** she has to give her approval

visto[3] ▶ **vestir**, ▶ **ver**[2]

vistoso -sa *adj* bright and colorful*

visual *adj* visual; **campo ~** field of vision

vital *adj* **1** (fundamental) vital; **de ~ importancia** of vital importance **2** **(a)** (Biol, Med) ‹*órgano*› vital (*before n*) **(b)** ‹*persona*› dynamic, full of life

vitalicio -cia *adj* ‹*miembro/presidente*› life (*before n*); **cargo ~** post held for life

vitalidad *f* vitality

vitamina *f* vitamin

viticultor -tora *m,f* vine-grower

viticultura *f* vine-growing

vitorear [A1] *vt* to cheer

vitral *m* stained-glass window

vitrina *f* **(a)** (mueble — en tienda) showcase; (— en casa) glass cabinet, display cabinet **(b)** (AmL) (escaparate) shop window

vitrinear [A1] *vi* (Andes fam) to window-shop

viudez *f* (de mujer) widowhood; (de hombre) widowerhood

viudo -da *adj*: **su madre es** or (Esp) **está viuda** her mother is a widow; **(se) quedó ~ a los 40 años** he lost his wife *o* he was widowed when he was 40
■ *m,f* (*m*) widower; (*f*) widow

viva *m*: **dar ~s** to cheer; **fuera se oían ~s** cheering could be heard outside

vivacidad *f* (de persona) liveliness, vivacity; (de ojos) brightness

vivaracho -cha *adj* **(a)** ‹*ojos*› sparkling; ‹*niño*› lively **(b)** (AmL) (espabilado) crafty

vivaz *adj* ‹*persona*› lively, vivacious; ‹*ojos*› bright; ‹*imaginación*› vivid, lively

vivencia *f* experience

víveres *mpl* provisions (*pl*), supplies (*pl*)

vivero *m* (de plantas) nursery; (de peces) hatchery; (de moluscos) bed

viveza *f* **(a)** (rapidez, agilidad) liveliness; **~ de ingenio** readiness *o* sharpness of wit **(b)** (de recuerdo) vividness; **lo describió con gran ~** she described it very vividly **(c)** (de color) brightness; (de ojos, mirada) liveliness, brightness; (de emoción, deseo) strength, intensity

vividor -dora *m,f* pleasure seeker

✓ **vivienda** *f*: **el problema de la ~** the housing *o* accommodation problem; **un bloque de ~s** an apartment building, a block of flats (BrE); **la construcción de 50 ~s** the construction of 50 homes *o* (fml) dwellings

✓ **vivir** [I1] *vi* **1** (en general) to live; **vive solo** he lives alone *o* on his own; **~ para algo/algn** to live for sth/sb; **~ en paz** to live in peace; **la pintura no da para ~** you can't make a living from painting; **el sueldo no le alcanza para ~** his salary isn't enough (for him) to live on; **~** DE **algo** (de la caridad) to live ON sth; (del arte/de la pesca) to make a living FROM sth; *ver tb* **renta** **2** (estar vivo) to be alive **3** (*como interj*): **¡viva el Rey!** long live the King!; **¡vivan los novios!** three cheers for the bride and groom!; **¡viva!** hurray!
■ **~** *vt* **(a)** (pasar por): **~ momentos difíciles** to live in difficult times; **los que vivimos la guerra** those of us who lived through the war **(b)** ‹*personaje/música*› to live **(c)** ‹*vida*› to live

vivisección *f* vivisection

✓ **vivo -va** *adj* **1** **(a)** (con vida) alive; **no quedó nadie ~** no one was left alive; **en ~** ‹*actuación/transmisión*› live **(b)** ‹*lengua*› living (*before n*) **2** **(a)** ‹*persona*› (despierto, animado) vivacious, bubbly; ‹*descripción*› vivid, graphic; ‹*relato/imaginación*› lively **(b)** ‹*color*› bright, vivid; ‹*llama/fuego*› bright; ‹*ojos/mirada*› lively, bright **(c)** ‹*sentimiento/deseo*› intense, strong **3** (avispado, astuto) sharp; **no seas tan ~** don't try to be clever
■ *m,f* (oportunista) sharp *o* smooth operator (infml); (aprovechado) freeloader

vizconde -desa *m,f* (*m*) viscount; (*f*) viscountess

vocablo *m* (fml) word

vocabulario *m* vocabulary; **¡qué ~!** what language!

✓ key word

vocación *f* vocation; **tiene ~ de músico** he has a vocation for music

vocacional *adj* vocational

vocal *adj* vocal
■ *f* **1** (Ling) vowel **2** **vocal** *mf* (de consejo, tribunal) member

vocalista *mf* vocalist, singer

vocalizar [A4] *vi* to vocalize

voceador *m* (Col, Méx) (de periódicos) newspaper vendor

vocear [A1] *vt* **(a)** ‹*mercancías*› to cry (dated); ‹*noticias*› to shout out **(b)** (hacer público) to spread **(c)** (corear) to shout **(d)** (Méx) ‹*persona*› to page

vocerío *m* clamor*, shouting

vocero -ra *m,f* (AmL) (*m*) spokesman, spokesperson; (*f*) spokeswoman, spokesperson

vociferar [A1] *vi* to shout, vociferate (fml)

vodevil *m* vaudeville (AmE), variety (BrE)

vodka *m or f* /'bo(ð)ka/ vodka

volado *m* **(a)** (Méx fam) (con moneda): **te lo juego a un ~** I'll toss you for it; **echar un ~** to toss *o* flip a coin **(b)** (RPl, Ven) (en costura) flounce

volador¹ -dora *adj* flying (*before n*)

volador² *m* (en pirotecnia) rocket

volanta *f* (RPl) horse-drawn carriage

volantazo *m* (Esp, Méx) swerve; **dar un ~** to swerve

volante *m* **1** (Auto) steering wheel; **ir/ponerse al ~** to be at/to take the wheel **2** **(a)** (AmL) (de propaganda) leaflet, flier **(b)** (Esp) (para el médico) referral note *o* slip **3** (en costura) flounce **4** (Dep) shuttlecock

volantín *m* **1** (Chi) (cometa) kite; **encumbrar un ~** to fly a kite **2** (Per) (en gimnasia) somersault

volar [A10] *vi* **1** «*pájaro/avión*» to fly **2** **(a)** «*tiempo*» to fly; **¡cómo vuela el tiempo!** doesn't time fly!; **las malas noticias vuelan** bad news travels fast **(b)** **volando** *ger* ‹*comer/cambiarse*› in a rush, in a hurry; **se fue volando** he/she rushed off; **sus clases se me pasan volando** her classes seem to go so quickly **3** **(a)** (con el viento) «*sombrero*» to blow off; **~on todos los papeles** my papers blew all over the place **(b)** (fam) (desaparecer) «*dinero/pasteles*» to vanish, disappear
■ **~** *vt* **1** ‹*puente/edificio*› to blow up; ‹*caja fuerte*› to blow **2** (Méx, Ven fam) (robar) to swipe (infml), to nick (BrE infml)
■ **volarse** *v pron* **1** **(a)** (Col fam) «*preso*» to escape **(b)** (Col, Méx fam) «*alumno*» to play hooky (esp AmE infml), to skive off (school) (BrE infml) **2** **(a)** (Méx fam) (coquetear) to flirt **(b)** (Méx, Ven fam) (robar) to swipe (infml), nick (BrE infml)

volcán *m* volcano

volcánico -ca *adj* volcanic

volcar [A9] *vt* **(a)** (tumbar) to knock over **(b)** ‹*carga*› to tip, dump **(c)** (vaciar) to empty (out) **(d)** (Inf) to dump
■ **~** *vi* «*automóvil/camión*» to overturn, turn over; «*embarcación*» to capsize
■ **volcarse** *v pron* **1** **(a)** «*vaso/botella*» to get knocked *o* tipped over **(b)** ▶ **volcar** *vi* **2** (entregarse, dedicarse) **~se** A **algo** (a tarea) to throw oneself INTO sth **3** (desvivirse) **~se** PARA

V

or POR **hacer algo** to go out of one's way to do sth; **~se** CON **algn: se ~on conmigo** they bent over backwards to make me feel welcome

volea *f* volley

volear [A1] *vt/vi* (Dep) to volley

vóleibol, voleibol *m* volleyball

voleo *m*: **a** or **al ~** (al azar) at random; **contesté al ~** I said the first thing that came into my head

volibol *m* (Col, Méx, Ven) volleyball

voltaje *m* voltage

volteado -da *adj* (Col, Méx fam & pey) bent (derog), queer (derog)

voltear [A1] *vt* **1** **(a)** ‹*mies*› to winnow; ‹*tierra*› to turn (over) **(b)** (por el aire) «*toro*» to toss; «*caballo*» to throw **2** (AmL exc CS) **(a)** ‹*tortilla/disco*› to turn over; ‹*cuadro*› to turn ... around; ‹*copa/jarrón*› (poner — boca arriba) to turn ... the right way up; (— boca abajo) to turn ... upside down **(b)** ‹*calcetín/manga*› (poner — del revés) to turn ... inside out; (— del derecho) to turn ... the right way round; **~ la página** to turn the page **3** (AmL exc CS) (dar la vuelta): **me volteó la espalda** she turned her back on me; **al oír su voz volteó la cara** when she heard his voice she turned her head **4** (CS) (tumbar, echar abajo) ‹*bolos/botella*› to knock over; ‹*puerta*› to knock down

■ **voltearse** *v pron* **(a)** (AmL exc CS) (volverse, darse la vuelta) to turn around; (cambiar de ideas) to change one's ideas **(b)** (Méx) «*vehículo*» to overturn, turn over

voltereta *f* somersault

voltio *m* volt

voluble *adj* (inconstante) changeable, fickle

volumen *m* **1** (en general) volume; **~ de ventas** volume of sales, turnover; **bajar/subir el ~** to turn the volume down/up; **a todo ~** on full volume, at full blast (infml) **2** (tomo) volume

voluminoso -sa *adj* ‹*paquete*› sizeable, bulky

voluntad *f* **1** **(a)** (facultad) will **(b)** (deseo) wish; **por expresa ~ de los familiares** by express wish of the family; **lo hizo por (su) propia ~** he did it of his own free will; **manifestó su ~ de renunciar** he expressed his wish to resign; **por causas ajenas a su ~** for reasons beyond his control **2** (firmeza de intención) *tb* **fuerza de ~** willpower **3** (disposición, intención): **con la mejor ~** with the best of intentions; **agradezco tu buena ~** I appreciate your willingness to help; **mostrar buena ~ hacia algn** to show goodwill to *o* toward(s) sb

voluntario -ria *adj* **(a)** ‹*acto/donación*› voluntary; **fue una elección voluntaria** I/he did it of my/his own free will **(b)** (*como adv*) voluntarily

■ *m,f* volunteer

voluptuoso -sa *adj* voluptuous

volver [E11] *vi* **1** (regresar — al lugar donde se está) to come back; (— a otro lugar) to go back; **no sé a qué hora ~é** I don't know what time I'll be back; **¿cómo vas a ~?** how are you getting back?; **ha vuelto con su familia** she's gone back to her family; **~** A **algo** (a un lugar) to go back TO sth; (a una situación/actividad) to return TO sth; **mañana volvemos a clases** tomorrow we go back to school; **quiere ~ al mundo del espectáculo** he wants to return to show business; **volviendo a lo que decía ...** to get *o* go back to what I was saying ...; **¿cuándo volviste de las vacaciones?** when did you get back from your vacation?; **ha vuelto de París** she's back from Paris **2** «*calma/paz*» to return; **~** A **algo** to return TO sth **3** **volver en sí** to come to *o* round

■ *v aux*: **~ a empezar** to start again *o* (AmE) over; **no ~á a ocurrir** it won't happen again; **lo tuve que ~ a llevar al taller** I had to take it back to the workshop

■ **~** *vt* **1** (dar la vuelta) **(a)** ‹*colchón/tortilla*› to turn (over); ‹*tierra*› to turn *o* dig over; ‹*calcetín/chaqueta*› (poner — del revés) to turn ... inside out; (— del derecho) to turn ... the right way round; ‹*cuello*› to turn; **~ la página** to turn the page **(b)** ‹*cabeza*› to turn; **volvió la mirada hacia mí** he turned his gaze toward(s) me **(c)** ‹*esquina*› to turn **2** (convertir en, poner): **la ha vuelto muy egoísta** it has made her very selfish; **me está volviendo loca** it's/he's/she's driving me mad **3** (Méx): **~ el estómago** to be sick

■ **volverse** *v pron* **1** (girar) to turn (around); **se volvió hacia él** she turned to face him; **no te vuelvas, que nos están siguiendo** don't look back, we're being followed; **se volvió de espaldas** he turned his back on me (*o* her *etc*); **~se boca arriba/abajo** to turn over onto one's back/stomach **2** (convertirse en, ponerse): **se ha vuelto muy antipático** he's become very unpleasant; **se vuelve agrio** it turns *o* goes sour; **se volvió loca** she went mad

vomitar [A1] *vi* to vomit, be sick; **tengo ganas de ~** I think I'm going to vomit *o* be sick, I feel sick

■ **~** *vt* ‹*comida*› to bring up; ‹*sangre*› to cough up

■ **vomitarse** *v pron* (Col, Méx, Ven) to vomit, be sick

vómito *m* **(a)** (acción) vomiting; **¿ha tenido ~s?** have you been vomiting *o* (BrE) sick? **(b)** (cosa vomitada) vomit

voraz *adj* ‹*persona/animal/apetito*› voracious; ‹*incendio/fuego*› fierce

vos *pron pers* [*Familiar form of address which is widely used instead of* ▶ **tú** *mainly in the River Plate area and parts of Central America*] **1** (como sujeto, en comparaciones, con preposición) you; **¿quién lo va a hacer? — vos** who's going to do it? — you (are); **che, ~** hey, you; **~ misma lo dijiste** you said so yourself; **menos que ~** less than you; **para/sin ~** for/without you **2** (uso impersonal) you; **dan tres opciones y ~ elegís** you're given three options and you choose one

vosear [A1] *vt* to address sb using the ▶ **vos** form

voseo *m* use of the ▶ **vos** form instead of ▶ **tú**

vosotros -tras *pron pers pl* [*Familiar form of address not normally used in Latin America or in certain parts of Spain, where* ▶ **ustedes** *is used instead*] you; **¿quién lo va a hacer? — vosotros** who's going to do it? — you (are); **lo podéis hacer ~ mismos** you can do it yourselves; **más que ~** more than you; **para ~** for you

votación *f* (acción) voting; (método) vote; **decidir por ~** to decide by ballot; **fue elegida**

por ~ she was elected *o* voted in; **hagamos una ~** let's vote on it; **una ~ a mano alzada** a vote by a show of hands

votante *mf* voter; **~ ausente** absentee ballot (AmE), postal voter (BrE)

votar [A1] *vi* to vote; ~ POR **algo/algn** to vote FOR sth/sb; ~ A FAVOR DE/EN CONTRA DE **algo** to vote FOR/AGAINST sth
■ ~ *vt* ‹*candidato*› to vote for; ‹*reforma/aumento*› to approve, vote to approve

voto *m* **1** (en general) vote; **~ secreto** secret ballot *o* vote; **por ~ a mano alzada** by a show of hands; **~ de confianza/censura** vote of confidence/no confidence; **~ en blanco** blank ballot paper; **~ por correo** postal vote, absentee ballot (AmE) **2** (Relig) vow; **hacer los ~s solemnes** to take solemn vows

voy ▶ **ir**

voyeurista /bwaye'rista, boɲer'ista/ *mf* voyeur

voz *f* **1** (en general) voice; **levantar la ~** to raise one's voice; **tener la ~ tomada** to be hoarse; **hablar en ~ baja** to speak quietly; **en ~ alta** ‹*hablar*› loudly; ‹*leer*› aloud, out loud; **quedarse sin ~** to lose one's voice; **una pieza a cuatro voces** (Mús) a piece for four voices, a four-part piece; **~ activa/pasiva** (Ling) active/passive voice **2** **voces** *fpl* (gritos) shouting, shouts (*pl*); **hablar a voces** to talk in loud voices

vozarrón *m* booming voice

vudú *m* voodoo

vuela, vuelan, *etc* ▶ **volar**

vuelco *m* **1** (sobre sí mismo): **dar un ~** «*coche*» to overturn, turn over; «*embarcación*» to capsize **2** (cambio radical): **las cosas pueden dar un ~** things could change *o* alter drastically; **el mercado dio un ~ favorable** the market registered a favorable upturn **3** (Inf) dump

vuelo *m* **1** **(a)** (acción): **el ~ de las gaviotas** the seagulls' flight; **remontar el ~** to soar up; ***alzar*** or ***levantar el ~*** «*pájaro*» to fly away *o* off; «*avión*» to take off; «*persona*» to fly *o* leave the nest; ***a ~ de pájaro***; (AmL): **un cálculo a ~ de pájaro** a rough estimate; **lo leí a ~ de pájaro** I just skimmed through it **(b)** (Aviac) flight; **son dos horas de ~** it is a two-hour flight; **~ charter/regular** charter/schedule flight; **~ internacional/nacional** international/domestic *o* internal flight; **~ sin motor** gliding, soaring (AmE) **2** (en costura) (amplitud): **la falda tiene mucho ~** it is a very full skirt

vuelta *f* I **1** **(a)** (circunvolución): **dar ~s alrededor de algo** to go around sth; **da ~s alrededor de su eje** it spins *o* turns on its axis; **dar la ~ al mundo** to go around the world; **todo/la cabeza me da ~s** everything's/my head's spinning; **dar una ~ a la manzana** to go around the block; **dar toda la ~** to go all the way around **(b)** (Dep) (en golf) round; (en carreras) lap; **~ al ruedo** (Taur) lap of honor; **~ ciclista** cycle race, tour **(c)** (en carretera) bend; **el camino da muchas ~s** the road winds about a lot; **el autobús da muchas ~s** the bus takes a very roundabout route **2** (giro): **darle ~ a algo** (a llave/manivela) to turn sth; **dale otra ~** give it another turn; **el coche dio una ~ de campana** the car turned (right) over; **~ (de) carnero** (CS) somersault; **~ en redondo** (vuelta completa) 360 degree turn, complete turn; (cambio radical) U-turn **3** **(a)** **darle la ~ a algo** (a disco/colchón) to turn ... (over); (a calcetín) (ponerlo — del derecho) to turn ... the right way out; (— del revés) to turn ... inside out; (a copa) (ponerla — boca arriba) to turn ... the right way up; (— boca abajo) to turn ... upside down; **dar la ~ a la página** to turn the page, turn over **(b)** (para cambiar de dirección, posición): **dar la ~** (Auto) to turn (around); **darse la ~** to turn (around) **4** (CS): **dar vuelta algo** (disco/colchón) to turn sth over; (calcetín) (ponerlo — del derecho) to turn sth the right way out; (— del revés) to turn sth inside out; (copa) (ponerla — boca arriba) to turn sth the right way up; (— boca abajo) to turn sth upside down; **dar ~ la página** to turn the page, turn over; **dio ~ la cara** she looked away; **¿damos ~ aquí?** (Auto) shall we turn (around) here?; **darse ~** «*persona*» to turn (around); «*vehículo*» to overturn; «*embarcación*» to capsize **5** (paseo): **dar una ~** (a pie) to go for a walk; (en coche) to go for a drive; (en bicicleta) to go for a ride **6** **(a)** **a la vuelta (de la esquina)** (just) around the corner **(b)** **vuelta y vuelta** (Coc) rare
II **1** (regreso) return; (viaje de regreso) return journey; **a la ~ paramos para almorzar** on the way back we stopped for lunch; **a la ~ se encontró con una sorpresa** when he got back he found a surprise; **¡hasta la ~!** see you when you get back! **2** (a un estado anterior) ~ A **algo** return TO sth
III **1** (Esp) (cambio) change; **quédese con la ~** keep the change **2** **vueltas**, Col (cambio, dinero suelto) change
IV **1** (en elecciones) round **2** (de bebidas) round
V (Per, RPl fam) (vez) time; **de ~** (de nuevo) again
VI (de collar) strand; (en labores de punto) row; (de pantalones) cuff (AmE), turn-up (BrE)

vuelto -ta *pp* ▶ **volver**

vuelva, vuelvas, *etc* ▶ **volver**

vuestro -tra *adj* **(a)** (Esp) (de vosotros) your; **~s libros** your books; **un amigo ~** a friend of yours **(b)** (fml) your; **Vuestra Majestad** Your Majesty
■ *pron* (Esp): **el ~, la vuestra,** *etc* yours; **sabe lo ~** he knows about the two of you

vulcanizadora *f* (Chi, Méx) tire* repair shop

vulgar *adj* **(a)** (corriente, común) common; **un ~ resfriado** a common cold **(b)** (poco refinado) vulgar, coarse **(c)** (no técnico) common, popular

vulgaridad *f* (cualidad) vulgarity, coarseness

vulnerable *adj* vulnerable

V

key word

Ww

W, w *f* (*read as* /'doβle 'uβe/ *or* /'uβe 'ðoβle/, /'doβle βe/, /'doβle u/) the letter W, w
w. (= **watio**) w, watt
walkie-talkie /'wo(l)ki 'to(l)ki/ *m* (*pl* **-kies**) walkie-talkie
walkman® /'wo(l)kman/ *m* (*pl* **-mans**) Walkman®
wáter /'(g)water/ *or* (Esp) /'bater/ *m* **(a)** (inodoro) toilet **(b)** (cuarto) bathroom (esp AmE), toilet (BrE)
waterpolo /'(g)waterpolo/ *m* water polo
WC /'be θe, 'uβe 'ðoβle θe/ *m* WC
web /(g)web/ *f or m*: **la** or **el web** the Web
weekend /'wiken/ *m* weekend
western *m* (*pl* ~ *or* **-terns**) western
whisky /'(g)wiski/ *m* (*pl* **-kies** *or* **-kys**) whiskey*; ~ **americano** bourbon
windsurf /'winsurf/ *m* (deporte) windsurfing; (tabla) windsurfer, sailboard
windsurfing /'winsurfin/ *m* windsurfing
windsurfista /winsur'fista/ *mf* windsurfer
www *m or f* (Internet) *read as: doble be, doble be, doble b* (AmL), *ube doble, ube doble, ube doble* (Esp) (= **world wide web**) www

X, x *f* (*read as* /'ekis/) the letter X, x
xenofobia *f* xenophobia
xenófobo -ba *adj* xenophobic
■ *m,f* xenophobe
xilofón, xilófono *m* xylophone

Y, y *f* (*read as* /i 'ɣrjeɣa/, /je/ *or* RPl /ʒe/) the letter Y, y
y *conj* **1** (en general) and; **habla inglés y alemán** he speaks English and German; **¡yo gano el dinero y él lo gasta!** I earn the money and he spends it! **2** **(a)** (en preguntas): **¿y tu padre? ¿qué tal está?** and how's your father?; **yo no oigo nada ¿y tú?** I can't hear anything, can you? **(b)** (fam) (expresando indiferencia) so (infml); **¿y qué?** so what?; **¿y a mí qué?** so, what's it to me? **3** (esp RPl fam) (encabezando respuestas) well; **¿fuiste? — y sí, no tuve más remedio** did you go? — well yes, I had no choice; **y bueno** oh well **4** (en números, la hora): **cuarenta y cinco** forty-five; **doscientos treinta y tres** two hundred and thirty-three; **la una y diez** ten after (AmE) *o* (BrE) past one
ya *adv* [*Both the simple past* **ya terminé** *and the present perfect* **ya he terminado** *are used to refer to the recent indefinite past. The former is the preferred form in Latin America while in Spain there is a tendency to use the latter*] **1** **(a)** (en frases afirmativas o interrogativas) already; **¿~ te has gastado todo el dinero?** have you spent all the money already?; **~ terminé** I've (already) finished; **¿~ ha llegado Ernesto?** has Ernesto arrived yet?, did Ernesto arrive yet? (AmE); **aprietas este botón ¡y ~ está!** you press this button, and that's it! **(b)** (expresando que se ha comprendido) yes, sure (infml) **2** **(a)** (en frases negativas) any more; **ese color ~ no se lleva** nobody wears that color any more **(b)** no

ya ... **sino** not (just) ... but **3** (enseguida, ahora) right now; **desde ~ te digo que no puede ser** (esp AmL) I can tell you right now that it's not possible; **~ mismo** (esp AmL) right away, straightaway (BrE); **¡~ voy!** coming!; **preparados listos ¡~!** on your mark(s), get set, go! **4** (con verbo en futuro): **~ te contaré** I'll tell you all about it; **~ lo entenderás** you'll understand one day **5** (uso enfático): **¡~ quisiera yo!** I should be so lucky!; **~ era hora** about time (too)!; **¡~ me tienes harta!** I'm (just about) fed up with you! **6** **ya que** since, as; **~ que estás aquí** since *o* as you're here

■ *conj*: **se puede solicitar ~ sea en persona o por teléfono** it can be ordered either in person or by telephone

yacer [E5] *vi* (fml) to lie (fml)

yacimiento *m* **(a)** (de mineral) deposit; **~ petrolífero** oilfield **(b)** (Arqueol) site

yámper *m* (Per) jumper (AmE), pinafore dress (BrE)

yanqui *adj* (*pl* **-quis**) (fam) Yankee (infml)
■ *mf* Yank (infml), Yankee (infml)

yapa *f* (CS, Per fam) *small amount of extra goods given free*, lagniappe (AmE); **dar algo de ~** to throw sth in (for free) (infml)

yate *m* yacht

yayo -ya *m,f* (fam) (*m*) grandpa (infml), granddad (infml); (*f*) granny (infml), grandma (infml)

yedra *f* ivy

yegua *f* (Zool) mare

yelmo *m* helmet

yema *f* **(a)** (de huevo) yolk **(b)** (dulce) *sweet made with egg yolk and sugar* **(c)** (del dedo) fingertip **(d)** (Bot) leaf bud

yen *m* yen

yendo ▸ **ir**

yerba *f* **(a)** *tb* **~ mate** maté **(b)** (Andes, Méx, Ven fam) (marihuana) grass (sl) **(c)** (césped) grass

yerbatero -ra *adj* maté (*before n*)
■ *m,f* (Andes) (curandero) witch doctor; (que vende hierbas medicinales) herbalist

yerga, **yergue** ▸ **erguir**

yerno *m* son-in-law

yerra, **yerras**, *etc* ▸ **errar**

yeso *m* **(a)** (Art, Const) plaster **(b)** (AmL) (Med) (plaster) cast; **me quitaron el ~** I had my cast taken off

yesquero *m* (Col, RPl, Ven) cigarette lighter

yihad /ji'ad/ *m or f* jihad

yihadista *adj* jihadist

🗝 **yo** *pron pers* **(a)** (como sujeto) I; **~ que tú** if I were you; **¿quién quiere más? — ¡yo!** who wants some more? — me! *o* I do!; **soy ~** it's me; **¿quién, ~?** who, me?; **~ misma** myself; **estoy cansada — ~ también** I'm tired — so am I *o* me too **(b)** (en comparaciones, con ciertas preposiciones) me; **come más que ~** he eats more than me *o* more than I do; **llegó después que ~** she arrived after me

yodo *m* iodine

yoga *m* yoga

yogui *m* yogi

yogurt (*pl* **-gurts**), **yogur** *m* yogurt, yoghurt

yonqui *mf* (*pl* **-quis**) (fam) junkie (infml)

yo-yo *m* (*pl* **-yos**) yo-yo

yuca *f* (tubérculo comestible) cassava, manioc; (planta ornamental) yucca

yudo *m* judo

yudoca *mf* judoka, judoist

yugo *m* yoke

Yugoslavia, **Yugoeslavia** *f* (Hist) Yugoslavia

yugoslavo -va, **yugoeslavo -va** *adj/m,f* (Hist) Yugoslavian

yugular *adj/f* jugular

yunque *m* anvil

yunta *f* (de bueyes) yoke

yute *m* jute

yuyo *m* **(a)** (Per, RPl) (hierba) herb; **té de ~s** herbal tea **(b)** (RPl) (mala hierba) weed **(c)** (Per) (alga) seaweed

Zz

Z, z *f* (/'seta/ *or* (Esp) /'θeta/) the letter Z, z

zacate *m* (AmC, Méx) **(a)** (hierba) grass; (heno) hay **(b)** (estropajo) scourer

zafar [A1] *vt* **(a)** (Chi, Méx) ‹*brazo/dedo*› to dislocate **(b)** (Col, Ven) ‹*nudo*› to untie; ‹*tuerca*› to unscrew; ‹*persona/animal*› to let ... loose
■ **zafarse** *v pron* **(a)** (de compromiso) **~se** DE **algo** to get *o* wriggle OUT OF sth **(b)** (soltarse) «*persona/animal*» to get loose, get away **(c)** (*refl*) (Chi, Méx) (dislocarse): **~se la muñeca** to dislocate one's wrist

zafiro *m* sapphire

zaga *f* **(a)** (Dep) defense* **(b)** **a la zaga** ‹*ir/quedarse*› in the rear, behind

zaguán *m* hallway

zalamería *f* *tb* **~s** sweet talk, flattery; **hacerle ~s a algn** to sweet-talk sb

zalamero -ra *adj* ‹*palabras*› flattering; **¡qué ~ estás!** you're being very nice (to me)! (iro)

zamarra *f* (chaqueta) leather/sheepskin jacket; (chaleco) leather/sheepskin jerkin

🗝 key word

y z

zamba *f* zamba (*South American folk dance*)

zambo -ba *adj* bowlegged
■ *m,f* (AmL) *person of mixed black and Amerindian origin*

zambomba *f* (Mús) *traditional drum-like instrument*

zambullida *f* (salto) dive, plunge; (baño) dip

zambullirse [I9] *v pron* (lanzarse) to dive (in); (sumergirse) to duck *o* dive underwater

zamuro *m* (Ven) turkey vulture

zanahoria[1] *adj* **(a)** (RPl fam) (tonto) stupid **(b)** (Ven fam) (anticuado) square (infml)
■ *mf* **(a)** (RPl fam) (tonto) idiot, nerd (infml) **(b)** (Ven fam) (mojigato) straitlaced person; (anticuado) old fogey (infml)

zanahoria[2] *f* (Bot, Coc) carrot

zanca *f* leg

zancada *f* stride; **bajaba la cuesta a ~s** he came striding down the hill

zancadilla *f* trip; **me hizo** or (Esp) **puso una ~** he tripped me (up)

zancos *mpl* stilts (*pl*)

zancuda *f* wader, wading bird

zancudo[1] **-da** *adj* **(a)** ‹*ave*› wading (*before n*) **(b)** (fam) ‹*persona*› long-legged

zancudo[2] *m* (típula) crane fly, daddy longlegs; (mosquito) (AmL) mosquito

zángano -na *m,f* **1** (fam) (persona) lazybones (infml) **2** **zángano** *m* (abeja) drone

zanja *f* (para desagüe) ditch; (para cimientos, tuberías) trench; (acequia) irrigation channel

zanjar [A1] *vt* ‹*polémica/diferencias*› to settle, resolve; ‹*deuda*› to settle, pay off

zapallito *m* (CS) *tb* **~ largo** or **italiano** zucchini (AmE), courgette (BrE)

zapallo *m* (CS, Per) pumpkin

zapata *f* (Auto, Mec) brake shoe

zapateado *m* **(a)** (en general) ▶ **zapateo** **(b)** (baile) zapateado (*type of Flamenco dance*)

zapatear [A1] *vi* **(a)** (en danza) to tap one's feet; (más fuerte) to stamp (*in time to the music*) **(b)** (para protestar, vitorear) to stamp (one's feet)

zapateo *m* tapping; (más fuerte) stamping

zapatería *f* **(a)** (tienda) shoe store (AmE), shoe shop (BrE) **(b)** (taller — de fabricación) shoemaker's, cobbler's; (— de reparación) shoe repairer's, cobbler's

zapatero -ra *m,f* shoemaker, cobbler

zapatilla *f* **(a)** (de lona) canvas shoe; (para deportes) sneaker (AmE), trainer (BrE); (alpargata) espadrille; (para ballet) ballet shoe; (pantufla) slipper **(b)** (Méx) (zapato de mujer) lady's shoe; **~ de piso** flat shoe

zapato *m* shoe; **~s bajos/de tacón** low-heeled/high-heeled shoes; **~ de cordón** lace-up shoe; **~ de goma** (Ven) sneaker (AmE), trainer (BrE)

zaperoco *m* (Ven fam) riot

zar *m* tsar, czar

Zaragoza *f* Saragossa

zarandear [A1] *vt* (de un lado a otro) to shake; (para arriba y para abajo) to shake *o* jog up and down
■ **zarandearse** *v pron* (esp AmL) «*tren*» to shake around; «*barco*» to toss about; **nos zarandeamos mucho durante el vuelo** we got shaken around *o* buffeted a lot during the flight

zarape *m* (en AmC, Méx) serape (*colorful blanket-like shawl worn esp by men*)

zarcillo *m* **1** (arete) earring **2** (Bot) tendril

zarina *f* czarina

zarpa *f* **(a)** (Zool) paw **(b)** (fam) (mano) paw (infml)

zarpar [A1] *vi* to set sail, weigh anchor

zarpazo *m* (de gato, león) swipe; **me dio un ~** it took a swipe at me (with its paw)

zarza *f* bramble, blackberry bush

zarzamora *f* (fruto) blackberry; (arbusto) bramble, blackberry bush

zarzo *m* (Col) loft, attic

zarzuela *f* (Espec, Mús) *traditional Spanish operetta*

zenit *m* zenith

zeppelin /sepe'lin, θepe'lin/, **zepelín** *m* Zeppelin, airship

zeta *f* *name of the letter* z

zigzag *m* (*pl* **-zags** *or* **-zagues**) zigzag

zigzaguear [A1] *vi* to zigzag

zinc *m* zinc; **techo de chapa de ~** corrugated iron roof

zíper *m* (AmC, Méx, Ven) zipper (AmE), zip (BrE)

zócalo *m* **1** (rodapié) baseboard (AmE), skirting board (BrE) **2** (Méx) (plaza) main square

zodíaco, zodiaco *m* zodiac

zombi *mf* zombie

zona *f* **1** (área, región) area; **fue declarada ~ neutral** it was declared a neutral zone; ⓢ **zona de carga y descarga** loading and unloading only; **~ comercial** commercial district; **~ de castigo** penalty area; **~ industrial** industrial park; **~ peatonal** pedestrian precinct; **~ roja** (AmL) (zona de prostitución) red-light district; **~ verde** park, green space; **~ cero** (en Nueva York) ground zero **2** (en baloncesto) free-throw lane, three-second area

zonzo -za *m,f* (AmL fam) idiot, fool

zoo *m* zoo

zoología *f* zoology

zoológico *m* zoo, zoological garden (fml)

zoólogo -ga *m,f* zoologist

zoom /sum, θum/ *m* zoom (lens)

zopenco -ca *adj* (fam) stupid, idiotic
■ *m,f* (fam) blockhead (infml)

zopilote *m* (AmC, Méx) turkey vulture

zoquete *adj* (fam) dim, dense (infml)
■ *mf* (fam) (persona) dimwit (infml), blockhead
■ *m* (CS) (Indum) sock, ankle sock

zorra *f* (fam & pey) (prostituta) whore (infml & derog), tart (infml & derog); *ver tb* **zorro 1 a, 2**

zorrillo *m* (AmL) (mofeta) skunk

zorro -rra *m,f* **1** **(a)** (Zool) (*m*) fox; (*f*) vixen **(b)** (AmC, Méx fam) (oposum) opossum **2** (fam) (persona astuta) sly *o* crafty person **3** **zorro** *m* (piel) fox (fur); *ver tb* **zorra**

zorzal *m* thrush

zozobrar [A1] *vi* **1** «*barco*» (hundirse) to founder; (volcar) to capsize **2** «*proyecto/negocio*» to founder

zueco *m* clog

zumbar [A1] *vi* «*insecto*» to buzz; «*motor*» to hum, whirr; **pasar zumbando** «*bala/coche*» to whizz by; **me zumbaban los oídos** my ears were buzzing *o* ringing
■ ~ *vt* **1** (fam) ‹*persona*› to give ... a good hiding (infml) **2** (Ven fam) (tirar) to chuck (infml), to throw

zumbido *m* (de insecto) buzzing, droning; (de motor) humming, whirring

zumo *m* (esp Esp) juice

zurcir [I4] *vt* to darn, mend

zurdo -da *adj* left-handed; ‹*futbolista*› left-footed; ‹*boxeador/lanzador*› southpaw (*before n*)
■ *m,f* left-handed person; (tenista) left-hander; (boxeador) southpaw

zurra *f* (fam) (good) hiding (infml)

zurrar [A1] *vt* (fam) to wallop (infml), to give ... a (good) thrashing *o* hiding (infml)

zurrón *m* (de pastor) leather bag; (de cazador) hunter's pouch

General Information
Información general

Contents

Traditions, festivals, and holidays in the Hispanic world

1 January **Año Nuevo** (New Year's Day). Public holiday in all Spanish-speaking countries.

5 January (Spain) The *cabalgata de los Reyes Magos* is a parade of floats symbolizing the Three Wise Men's journey to Bethlehem.

6 January **Día de Reyes** (Epiphany/Twelfth Night). In many Spanish-speaking countries, this is when presents are given, rather than on Christmas Day.

20 January **San Sebastián** (Saint Sebastian's Day). Celebrated in Spain with parades, sporting events, and bullfights, it is also a day of celebration for the people of the Basque city that bears the name of the saint.

February (Chile) **Festival de Viña del Mar** This hugely popular international music festival is staged over six days in February, in front of a live audience in a 15,000-seater amphitheater. The event is broadcast to viewers in 56 countries.

2 February **La Candelaria** (Candlemas). An occasion for celebrations and parades in many Spanish-speaking countries.

3 February **Fiesta de San Blas** (patron saint of Paraguay). Public holiday.

(Mexico) **Día de la Constitución** (Constitution Day). Public holiday.

26 February **Aberri Eguna** Basque national day and public holiday in the Basque country of Spain.

12–19 March **Las Fallas** is a key festival held in Valencia, eastern Spain. The high point is on the last night, when the *fallas* (groups of huge painted cardboard and wood figures depicting current events and famous people) are paraded through the streets. The best *falla* is 'pardoned' and placed in the *falla* museum; the others are burned.

21 March (Mexico) A public holiday to celebrate the anniversary of the birth of Benito Juárez, a famous 19th-century statesman, who was twice president.

14 April (Paraguay) **Día de la Independencia**. Public holiday.

23 April **San Jordi** The feast day of Catalonia's patron saint. Women traditionally give men books and men give women roses on this Catalan version of St Valentine's Day.

1 May **Día del Trabajo** (Labor Day). Public holiday in all Spanish-speaking countries.

5 May (Mexico) The anniversary of the victory of the state of Puebla over the French in 1862. Public holiday.

25 May (Argentina) The anniversary of the May revolution of 1810.

20 June (Argentina) **Día de la Bandera** (Argentinian National Day). Public holiday.

(Colombia) **Día de la Independencia.** Public holiday.

24 June **San Juan** (Feast of St John). Traditionally fires are lit on the night of San Juan in order to keep away the cold of winter. In some places, people will jump over the fires or walk through them barefoot.

5 July (Venezuela) **Día de la Independencia**. Public holiday.

6–14 July **Sanfermines.** The festival of *el encierro* (the 'running of the bulls') in Pamplona, northern Spain. The animals are released into the barricaded streets and people run in front of them, in honor of the town's patron saint, San Fermín, who was put to death by being dragged by bulls.

9 July (Argentina) **Día de la Independencia**. A public holiday.

16 July (Chile) **La Tirana** is a spectacular annual festival. The high point is on 16 July, the day of **La Virgen del Carmen**, Chile's patron saint. Costumed dancers perform for three days non-stop in front of a richly adorned statue of the Virgin.

25 July **Fiesta de Santiago** (Feast of St James). The *Camino de Santiago* is the pilgrimage from all over Europe to the holy city of Santiago de Compostela. The city streets are full of performers for two weeks of celebrations culminating in the *Festival del Apóstol*.

28 July (Peru) **Día de la Independencia**. A public holiday.

6 August (Bolivia) **Día de la Independencia**. A public holiday.

10 August (Ecuador) **Primer Grito de Independencia**. A public holiday.

17 August (Argentina) A public holiday. Anniversary of the death of San Martín, who liberated Argentina from Spanish rule in 1816.

25 August (Uruguay) **Día de la Independencia**. A public holiday.

11 September **Día Nacional de Cataluña**. Catalonian National Day and a public holiday in Catalonia.

13 September (Mexico) Commemoration of the *Niños Héroes* (child heroes) who fell while defending the castle of Chapultepec against European invaders in 1847.

15 September (Mexico) **Conmemoración de la Proclamación de la Independencia**. At 11 o'clock at night, people join in shouting, '*El Grito' (the Cry for Freedom)*, in memory of Padre Hidalgo, the priest who in 1810 initiated the quest for independence from the Spanish.

18 September (Chile) **Día de la Independencia**. A public holiday.

21–25 September **Fiestas de la Merce** Every year close to the end of September Barcelona holds its largest street party, the Barcelona *La Merce* Festival with hundreds of different activities taking place in the city, where the *Castellers* (human towers) and the *Gigantes* (giants parade) take centre stage. Barcelona *La Merce* lasts for around 5 days and is a festival held in honour of Mare de Deu de la Merce, the Patron Saint of Barcelona.

12 October **Día de la Raza (Columbus Day)**. In Latin America, the anniversary of Columbus's discovery of the Americas in 1492. In Spain it is known as *día de la Hispanidad*, and celebrates the cultural ties shared by Spanish-speaking countries.

31 October **Todos los Santos** (All Saints). In the Spanish-speaking world on this and the following day, *el día de los Difuntos/Muertos*, people put flowers on friends' and relatives' graves. In Mexico this is an important festival in which Catholic traditions are mixed with those of pre-Hispanic religions.

10 November (Argentina) **Fiesta de la Tradición**. This countrywide festival is especially important in the town of San Antonio de Areco, near Buenos Aires. The capital also holds a festival in November, the **Semana de Buenos Aires**, in honor of its patron saint, San Martín de Tours.

20 November (Mexico) **Día de la Revolución de 1910**. Public holiday to celebrate the revolution of 1910.

12 December (Mexico) **Virgen de Guadalupe**. Music and dancing in honor of the patron saint of the country. The *concheros* wear bells around their ankles and dance to stringed instruments and conches.

16 December **Posada** A popular celebration in Mexico and Central America between 16 December and Christmas Day to commemorate the journey of Mary and Joseph to Bethlehem. Religious figures are carried on people's shoulders. Nine houses, or *posadas*, are visited by groups carrying the figures, who ask for shelter at each one. At the last house, the figures are taken in and put on an altar. The celebrations continue with food and drink, singing and dancing, and end with a *piñata*.

24 December **Nochebuena** In Spanish-speaking countries, Christmas Eve is celebrated rather than Christmas Day. Dinner is eaten before Midnight Mass (*misa del gallo*).

In Latin America, where many countries do not celebrate the *día de Reyes* (*see* 6 JANUARY), Christmas gifts are given on 24 December. This custom is spreading in Spain, though the *día de Reyes* is celebrated there.

25 December **Navidad** (Christmas Day). A time of great religious celebration in all Spanish-speaking countries. In many places, re-enactments of the nativity are held, with a variety of traditions, parades, and costumes.

28 December **Día de los Inocentes.** The equivalent to April Fool's Day in Spanish-speaking countries, it is a day for playing tricks on people. And if you trick someone into lending you money for that day, you keep it and tell them *que te lo paguen los Santos Inocentes* (let the Holy Innocents pay you back).

31 December **Nochevieja y Año Nuevo.** In Spain and in many other Spanish-speaking countries, it is customary to see the New Year in by eating twelve grapes for good luck, one on each chime of the clock at midnight.

Movable feasts and holidays

Martes de Carnaval (Shrove Tuesday) The last Tuesday before the beginning of *Cuaresma* (Lent). *Carnaval* is celebrated in many Spanish-speaking countries just before this date. In many places, there are masked balls and parades. The biggest in Spain are those in Cádiz, on the southwest coast, and Madrid, where a strange ceremony called *el entierro de la sardina* (literally, the *burial of the sardine*) takes place. In Mexico, the best-known are in Veracruz and Mazatlán.

Pascua (Easter); **Semana Santa** (Holy Week) The most important time of religious celebration throughout the Spanish-speaking world. In many places there are processions, in which statues of Christ or the Virgin Mary, often covered in jewels and flowers, are paraded through the streets.

Seville's famous **Feria de abril** (April festival) takes place in the week following Easter. On the site of the *feria* stand hundreds of *casetas,* or small marquees, in which people entertain, eat, drink, play music, and dance *sevillanas*, the popular dances of Andalucía. Many people dress up in colorful traditional costumes and ride on horseback or in horse-drawn carriages.

Corpus Christi Nine weeks after Easter is celebrated in most Spanish-speaking countries with religious parades.

Días festivos, fiestas, y tradiciones en EEUU y Gran Bretaña

1 de enero

New Year's Day (día de Año Nuevo). El primero de enero es festivo y normalmente es un día tranquilo en el que la gente se recupera de los festejos de la noche anterior.

2 de enero

Día festivo en Escocia.

6 de enero

Epiphany o Twelfth night (Día de Reyes). No hay ninguna costumbre en especial relacionada con este día, pero tradicionalmente se guarda el árbol de Navidad junto con el resto de los adornos navideños.

25 de enero

Burns Night. Es el aniversario del nacimiento del poeta escocés Robert Burns en el siglo XVIII. Los escoceses preparan una cena llamada *Burns Supper*, cuyo plato principal se llama *haggis* (estómago de oveja relleno con una mezcla de avena, hígado y otras vísceras, cebollas y especias) y que es acompañado a la mesa por un gaitero (*piper*) que toca la gaita escocesa.

2 de febrero

Groundhog Day. Según la tradición estadounidense, la pequeña marmota (*groundhog*) sale de su madriguera en este día, luego de su hibernación. Si está soleado y ve su sombra, regresa a su madriguera, y habrá otras seis semanas de tiempo invernal. Si no ve su sombra, la primavera comenzará temprano.

14 de febrero

St Valentine's Day. En el día de San Valentín los enamorados se intercambian flores y regalos.También es tradicional mandarle una tarjeta anónima a alguien que le guste a uno.

1 de marzo

St David's Day. San David es el santo patrono de Gales.

17 de marzo

St Patrick's Day. San Patricio es el santo patrono de Irlanda, es día festivo y se celebra por todos los irlandeses con música y bebida en cantidad.

1 de abril

April Fool's Day. El 1 de abril se celebra esta popular tradición de gastarle bromas a la gente desprevenida, especialmente en el sentido de hacer creer algo insólito para luego revelar la broma diciendo 'April Fool!' Los periódicos y otros medios de comunicación se suman a las diversión incluyendo alguna broma entre las noticias importantes.

23 de abril

St George's Day. San Jorge es el santo patrono de Inglaterra.

4 de julio

Independence Day. Día festivo en los Estados Unidos para celebrar el Día de la Independencia con desfiles, fuegos artificiales y banderas. La gente se reúne haciendo comidas al aire libre y parrilladas o asados.

12 de octubre

Columbus Day. Día festivo en los Estados Unidos, en el que se conmemora el descubrimiento de América por Cristóbal Colón en 1492.

31 de octubre

Halloween (víspera de Todos Santos). Ocasión en la que se mezcla la religión con antiguas creencias paganas. Los niños se disfrazan de fantasmas y brujas y visitan casas de la vecindad jugando a la "broma o golosina" (*trick or treat*). Si los vecinos no les dan dinero o golosinas, los niños les gastan una broma. En los Estados Unidos, las familias suelen hacer una fiesta de disfraces.

5 de noviembre

Bonfire Night/Guy Fawkes' Night En Gran Bretaña se celebra para conmemorar la noche, en 1605, en que un miembro del grupo de conspiradores católicos fue sorprendido tratando de prender fuego a la pólvora que se guardaba en los sótanos bajo el Parlamento. El objetivo de la fallida Conspiración de la Polvora ('*Gunpowder Plot*') era el asesinato del rey Jaime I y todos los miembros del Parlamento. Hoy en día la gente se junta alrededor de fogatas – algunas veces de enormes proporciones – en cuya parte superior se ha colocado un muñeco de tamaño natural conocido como el '*guy*'. Los fuegos artificiales constituyen una parte fundamental de las celebraciones y muchos se organizan a traves del país. La comida tradicional de la '*Bonfire Night*' son las salchichas y patatas, por lo general cocinadas en las brasas de la fogata.

11 de noviembre

Remembrance Day (Poppy Day), en Estados Unidos, **Veterans' Day**. El día en que se conmemora el armisticio de 1918, y se recuerdan los caídos en las dos guerras mundiales y otros conflictos más recientes. También se lo conoce en Gran Bretaña como el día de la amapola (*Poppy Day*), ya que la gente lleva prendida una amapola roja de papel como signo recordatorio.

30 de noviembre

St Andrew's Day. San Andrés es el santo patrono de Escocia.

25 de diciembre

Christmas Day (el día de Navidad). Es día festivo. Se intercambian regalos alrededor del árbol de Navidad, y en muchas casas los niños, al despertar, encuentran en su cama una media llena de regalitos y golosinas que, según la tradición, deja *Father Christmas*, también conocido como *Santa Claus*.

26 de diciembre

Boxing Day en Gran Bretaña, **St Stephen's Day** en Irlanda. Día festivo en ambos países.

31 de diciembre

New Year's Eve (la noche de Fin de Año) llamada **Hogmanay** en Escocia, país donde se acostumbra ir a visitar a amigos y vecinos a medianoche, para comer y beber hasta las primeras horas de la mañana. Antiguamente era tradicional llevar un pedazo de carbón como símbolo de buena suerte.

Fiestas móviles

El tercer lunes de febrero, es el día de los Presidentes (**Presidents' Day**) en Estados Unidos. Es día festivo en el que se celebran los nacimientos de George Washington y Abraham Lincoln.

Shrove Tuesday (martes de Carnaval) es el último día de carnaval antes del comienzo de la Cuaresma el miércoles de Ceniza. Tradicionalmente se comen creps o panqueques.

El cuarto domingo de la Cuaresma en Gran Bretaña y el segundo domingo de mayo en Estados Unidos, es el día de la Madre (**Mother's Day** o **Mothering Sunday**). Las madres suelen recibir tarjetas y pequeños regalos de sus hijos.

El tercer domingo de junio es el día del Padre (**Father's Day**) en el que los padres suelen recibir tarjetas y pequeños regalos de sus hijos.

Good Friday el Viernes Santo. Se celebra en la iglesia, es día festivo.

Easter Sunday (el Domingo de Pascua). La gente religiosa va a la iglesia. A los niños se les dan huevos de Pascua.

Easter Monday El lunes siguiente al Domingo de Pascua es día festivo en Gran Bretaña e Irlanda.

El primer lunes de mayo **(Early May Bank Holiday)** es día festivo en Gran Bretaña e Irlanda

Whitsun o **Pentecost** El domingo de Pentecostés es el séptimo después de la Pascua de Resurrección (**Easter Sunday**). Se celebra solamente en la iglesia.

El lunes siguiente solía ser día festivo en Gran Bretaña, pero ha sido reemplazado por el último lunes del mes de mayo (**Spring Bank Holiday**).

El último lunes de agosto (**Late Summer Bank Holiday**) es día festivo en Inglaterra, Gales e Irlanda del Norte.

El primer lunes de septiembre es el día del Trabajo (**Labor Day**) en Estados Unidos. Es día festivo y se celebra con desfiles.

Thanksgiving (el día de Acción de Gracias) en Estados Unidos, es el cuarto jueves de noviembre. Es un día de festejos tanto religiosos como familiares, que culmina con una gran comida consistente en un pavo acompañado con patatas y salsa de arándano, seguido de un pastel de calabaza.

Advent El período que incluye los cuatro domingos previos a la Navidad. Por tradición, los niños tienen calendarios de Adviento (*Advent Calendars*), con pequeñas 'ventanitas' de papel que contienen ilustraciones navideñas y algunas veces golosinas.

A-Z of Hispanic Life and Culture

ABC One of Spain's bestselling newspapers (www.abc.es). Founded in 1903, it supported the Nationalists in the GUERRA CIVIL and, since Spain's return to democracy, has supported the centre-right PP.

Alcázar de Sevilla, El Dating from the 12th and 13th centuries, this complex of buildings is Seville's oldest and most important civil edifice. It is the Seville residence of the Spanish royal family.

alfajor Derived from the Arabic word, *al ha'soo*, meaning filling, this is a delicacy made from almonds, hazelnuts, honey, cinnamon, cloves, coriander, and other ingredients. In Latin America it is a kind of sandwich made of soft biscuit and a filling that may be made of coconut, chocolate, or DULCE DE LECHE.

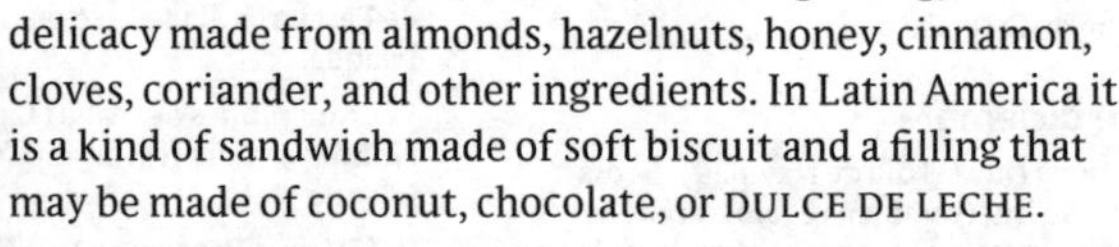

Alhambra, La This exquisite fortified palace of the Moorish kings of Granada was begun in the 13th century and named after the color of its walls '*qa'lat al-Hamra*' (red castle).

almuerzo The primary meaning of *almuerzo* is lunch, and it is used only in this sense in most of Latin America. In Spain and Mexico, where *comida* is the usual word for lunch, *almuerzo* can also be a mid-morning snack.

amates guerrenses In Mexico, these are paintings on paper made from the bark of the *amate* tree.

Andean Food is very varied and many of its ingredients, such as *kiwicha* (a cereal with a high protein content), *quinua* (a cereal grown high in the Andes), and the *tarwi* or *chocho*, are part of the Inca heritage. *Chuño* (potato flour) is very commonly used, as well as maize, sweet potatoes, avocado pears, and guinea-pig and alpaca meat. Among the most popular dishes are *humitas* (corn paste wrapped in corn leaves) and *anticuchos* (skewered ox heart cooked over a slow heat).

Antena 3 Spain's first private television channel, which began broadcasting in 1989. Its proprietors include the conservative newspapers LA VANGUARDIA and ABC.

araucano ▶ MAPUCHE

arpilleras Pieces of appliquéd textile folk art, common in South America. *Arpilleras* became a symbol of protest for mothers, sisters, and daughters of Chilean DESAPARECIDOS during the dictatorship of General Pinochet.

asado In Latin America, an open-air event at which meat is grilled. It also means the meat itself. Guests eat the meat with sausages and salad. Wine, beer, or CHICHA is drunk and there is singing to a guitar.

Asturiano ▸BABLE

Audiencia Nacional The Spanish high court for crimes affecting the national interest, e.g. drug trafficking and large-scale fraud. It has powers of extradition.

autonomía ▸COMUNIDADES AUTÓNOMAS

AVE – Alta Velocidad Española This is a high-speed train service linking major Spanish cities. The first service was between Madrid and Seville in 1992. The Madrid–Barcelona service opened in 2008. Further developments have extended the service from Madrid to Valladolid, Madrid to Valencia, and to other destinations.

Aztecas A NÁHUATL-speaking people of Central America who, in the 14th century, established a brilliant but tyrannical civilization in central and southern Mexico. The capital was Tenochtitlán, which became Mexico City. Renowned for their jewelry, the Aztecs were also skilled architects. They worshipped the plumed serpent Quetzalcóatl and the war-god Huitzilopochtli, appeasing him with human sacrifice. The Aztec empire collapsed in 1521 after defeat by the Spanish under Hernán Cortés and Pedro de Alvarado.

Bable or **Asturiano** A variety of Castilian spoken in Asturias. It went into decline when the kingdom of Castile achieved political dominance and imposed Castilian on what became Spain. By the 20th century it was confined to rural areas. With the revival of Spanish regional languages Bable has seen a resurgence in use. On-line newspaper at www.Asturies.es

Bachillerato A traditional term for secondary education. Today, under the LOE (2006), it specifically means the last two years of secondary education (16–18 years) following ESO, for students who wish to go to university. In parts of Latin America *bachillerato* is the examination taken at the end of secondary education. In Peru it is the first university degree.

balsero A name for Cubans who try to enter the US by sailing to Florida in small boats and rafts. *See also* PATERA.

bar Bars (*bares*) in Spain sell hot and cold drinks, snacks such as *tapas* and *raciones*, sandwiches, and pastries. They often provide full meals at lunchtime and they open from early in the morning until late at night.

barbacoa In Mexico, this is meat or poultry that is cooked in a hole in the ground lined with heated stones. In Peru it is known as *pachamanca* and in Chile *curanto*, where its main ingredient is seafood.

barrio A city neighborhood, defined by its geographical location, a characteristic of its inhabitants, a particular feature, or its history. Most *barrios* have very strong identities. Buenos Aires is unique, with a total of 46 distinctive *barrios*, including the oldest, San Telmo, and La Boca, popular with tourists for its brightly painted wooden houses.

barrio invasión ▸CHABOLAS

Batasuna The political wing of ETA.

bayetón ▸PONCHO

belén A nativity scene. In Spain it is traditional to have a *belén* at home at Christmas. Towns and cities in Spain often have a *belén viviente*, with real people playing the biblical characters.

bonoloto A Spanish state lottery established in 1988. *See also* LOTERÍA NACIONAL and LOTERÍA PRIMITIVA.

butifarra A type of sausage, generally made of pork, and typical of Catalonia. In Peru it is a sandwich of French bread, filled with a slice of Peruvian ham, onion sauce, and lettuce.

Cadena SER Spanish commercial radio station, offering a high level of information and political debate. Politically it is considered to be left of centre. See also RADIO ESPAÑOLA.

cafetería In Spain, a place to have a coffee, pastries, etc. Cafeterías are usually smarter than BARES and serve a wider variety of dishes.

cajeta ▸DULCE DE LECHE

Caló The Indo-European language spoken by Spanish gypsies. It is not recognized as an official language, but there are many words of Caló origin in colloquial Spanish, such as *calé* (gypsy) and *payo*, the gypsy word for non-gypsies. *See also* GITANO.

Cámara de los Diputados ▸CONGRESO DE LOS DIPUTADOS

Canal + (Canal Plus) A private subscription television channel in Spain, concentrating on sports events, especially soccer, and recently released movies. Its news style is neutral, but it openly supports the PSOE.

cantegril ▸CHABOLAS

Caribbean and Central American music has its roots in the cultures of the original Caribbeans, the European conquerors, and those brought from Africa as slaves. Cuba is the most prolific producer of Caribbean music. The salsa, rumba, and merengue are well-known forms. Instruments used are the *guiro*, the *maraca* (a type of rattle), and the bass drum. Typical is the *clave*, a percussion instrument made of two wooden cylinders that are struck together.

Carlismo (Carlism) means support for Don Carlos. Spain had three civil wars known as the *guerras carlistas* (1833–9, 1860, 1872–6). When Fernando VII died in 1833, he was succeeded not by his brother Don Carlos de Borbón, but by his daughter Isabel, under the regency of her mother María Cristina. This provoked a mainly northern-Spanish revolt, with guerrillas pitted against the forces of the central government. The Carlist Wars were also a confrontation between conservative rural Catholic Spain, especially the Basque provinces and Aragón, led by the Carlistas, and the progressive liberal urban middle classes allied with the army. Carlos died in 1855, but the Carlistas, representing political and religious traditionalism, supported his descendants' claims until reconciliation in 1977 with King Juan Carlos.

Carnaval ▸ TRADITIONS, FESTIVALS, AND HOLIDAYS

carné de identidad Identity card that all residents over a certain age in Spain and Latin America must carry at all times. Holders must quote their identity card number on most official forms. In Latin America the card is also known as the *cédula de identidad*, and in Spain as the *DNI* (*Documento Nacional de Identidad*).

cartel de Juárez A powerful drugs cartel operating in Juárez (México) on the US border, smuggling drugs into the US. Since September 2011, the cartel has been known as "Nuevo Cartel de Juárez".

cartel de Medellín y cartel de Cali The two most important Colombian drug cartels. From 1975 Colombia's role in the narcotics trade became increasingly important. This led to great tension within Colombia, and also affected the country's international relations. By 1993 the Colombian government had successfully dismantled the Medellín cartel.

Casa Amarilla The headquarters of the Venezuelan State Department in Caracas. Also the name of the Presidential Palace in San José, Costa Rica.

Casa Rosada The Argentinian president's official residence in the Plaza de Mayo, Buenos Aires. It was painted pink to symbolize the union of two opposing political factions, one of whose banners was red, the other white.

Castellano In Spain the term Castellano, rather than Español, refers to the Spanish language as opposed to Catalan, Basque, etc. The choice of word has political overtones: Castellano has separatist connotations and Español is considered centralist. In Latin America, Castellano is the usual term for Spanish.

Catalán The language of Catalonia. Like Castilian, Catalan is a Romance language. Variants of it include MALLORQUÍN and VALENCIANO. Banned under Franco, Catalan has enjoyed a revival since Spain's return to democracy and now has around 11 million speakers. It is the medium of instruction in schools and universities, and its use is widespread in business, the arts, and the media. Many books are published in Catalan. *See also* LENGUAS COOFICIALES.

cayuco The term for the open boats used by illegal immigrants entering Spain via the Canary Islands from West Africa. *See also* PATERA.

cédula de identidad ▸ CARNÉ DE IDENTIDAD

CEIP ▸ COLEGIO ESTATAL

chabolas The word used in Spain to describe the miserable slum dwellings that are built around the edges of a city. In Argentina they are called *villa miseria*, in Chile *población callampa*, in Colombia *barrio invasión*, in Mexico *ciudad perdida*, in Uruguay *cantegril*, and in Venezuela *ranchos*.

charro A Mexican cowboy or -girl skilled in horsemanship. The traditional *charro* costume for a man consists of a high-crowned, wide-brimmed hat, tight trousers, a white shirt, waistcoat, and short jacket. A woman's outfit is similar but with a long, wide skirt. *Charros* originated *charrerías*, the culture associated with horse-riding and rodeo skills. They also take part in festivals known as *charreadas*.

Chicanos Mexican Americans, the descendants of Mexican immigrants living in the US. For long looked down on by Americans of European descent, Chicanos have found a new pride in their origins and culture. There are numerous Chicano radio stations and cultural organizations in the US, and many universities and colleges now offer courses in Chicano Studies.

chicha A Latin American drink, typically alcoholic, made of fermented maize. In some South American countries, *chicha* is drunk out of a bull's horn during FIESTAS PATRIAS. In Peru, the term *lo chicha* is used to denote anything relating to ordinary life and the common people. It also refers to a mixture of CUMBIA and HUAINO, Andean music.

chinampas ▸ XOCHIMILCO

chiringuito de playa In Spain, a kiosk or stall on a beach selling drinks and simple meals. Some have become well-known restaurants.

churro A typical Spanish food, consisting of a cylinder of dough, deep-fried in olive oil. *Churros* are often eaten with hot chocolate for breakfast.

cinema ▸ LATIN AMERICAN CINEMA

ciudad perdida ▸ CHABOLAS

coca Andean peasants in Peru, Bolivia, and Ecuador chew *coca* leaves mixed with bicarbonate of soda to combat cold and tiredness. They also make *mate de coca*, an infusion effective against altitude sickness. Much of the *coca* grown in the region goes to Colombia and reaches Europe and the US as cocaine. Governments in the region are now under international pressure to stop its cultivation, but *coca* farmers defend their right to grow it, both for their own use and because it is so profitable.

colegio concertado In Spain, a school that is privately owned but receives a government grant. Parents pay monthly fees, but not as much as in a COLEGIO PRIVADO. *Colegios concertados* normally cover all stages of primary and secondary education and often have religious connections.

colegio estatal In Spain, a school offering compulsory primary education for children aged from six to twelve. Some also offer non-compulsory classes for three to six year olds. Part of the free state school system, their official name is *CEIP* (*Colegios de Educación Infantil y Primaria*).

colegio privado A privately owned school that receives no government funds. Parents pay monthly fees. *Colegios privados* cover all stages of primary and secondary education.

comarca In Spain, a geographical, social, and culturally homogeneous region, with a clear natural or administrative demarcation.

comunidades autónomas In 1978 power in Spain was decentralized and the country was divided into *comunidades autónomas* or *autonomías* (autonomous regions), replacing the old *regiones*. The new communities have far greater autonomy from central government than the old *regiones,* and were a response to nationalist aspirations, which had built up under Franco. Some regions have more autonomy than others. The Basque Country, Catalonia, and Galicia, for example, had political structures, a desire for independence, and their own languages, which underpinned their claims to distinctive identities. Andalusia gained almost complete autonomy without having had a nationalist tradition. Other regions, such as Madrid, are to some extent artificial, having been created largely to complete the process. The *comunidades autónomas* are: Andalusia, Aragon, Asturias, Balearic Islands, the Basque Country (EUSKADI), Canary Islands, Cantabria, Castilla y León, Castilla-La Mancha, Catalonia, Extremadura, Galicia, Madrid, Murcia, Navarre, La Rioja, Valencia, and the North African cities of Ceuta and Melilla.

La Concertación A pro-democracy coalition founded in Chile in 1988 to oppose the then-president Augusto Pinochet. Its specific aim was to present a united front at the plebiscite on whether Pinochet should continue as president. Pinochet lost the plebiscite and the coalition facilitated a peaceful transition to democracy.

Condorito A cartoon character with a huge following throughout Latin America, Condorito (Little Condor) is a condor who lives in Pelotillehue. Created by the Chilean René Ríos in 1949, Condorito was used by Microsoft as the Hispanic American logo for Windows 98.

Congreso de los Diputados Also known as the *Cámara de los Diputados*, this is the lower house of the Spanish CORTES GENERALES. The number of members (*diputados*) ranges from 300 to 400. Members are elected every four years by proportional representation. Each of Spain's 52 provinces is treated as an electoral district. The *Congreso* legislates, approves the budget, elects the prime minister, controls the actions of the executive, and debates current national and international political issues.

Cono Sur describes the Spanish-speaking countries of the southern cone of Latin America, i.e. Argentina, Chile, Paraguay, and Uruguay.

Conquistadores The collective term for the succession of explorers, soldiers, and adventurers who, from the 16th century onward, led the settlement and exploitation of Spain's Latin American colonies. Among the best known are Hernán Cortés (Mexico), Hernando de Soto (Florida, Nicaragua), and the Pizarro brothers (Panama, Peru, Ecuador).

Constitución Española The current Spanish Constitution was approved in the CORTES GENERALES in December 1978. Generally well received, except in the Basque Country, which wanted independence, it is considered to have facilitated the successful transition from dictatorship to democracy.

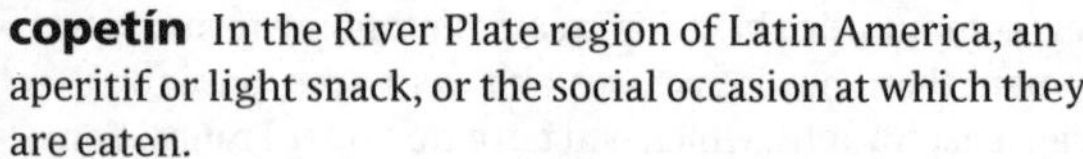

copetín In the River Plate region of Latin America, an aperitif or light snack, or the social occasion at which they are eaten.

Correos The name of Spain's state-run post office. Stamps can be bought in ESTANCOS, although certified or express mail must be sent from a post office (*estafeta* or *oficina de correos*). Postboxes in Spain are silver with red and yellow hoops. There are also red boxes for urgent mail. In Latin America *correo*, in the singular, means both a post office and the mail system.

corrida A bullfight. Bullfighting remains popular in many parts of Spain and some Latin American countries, and is regularly broadcast on television. During the *corrida*, three bullfighters (*matadores*) fight a total of six bulls, two each. *See also* TOROS (LA FIESTA DE LOS).

corrido In Mexico, a ballad sung to guitar and trumpet accompaniment on subjects such as heroic deeds, love, and the lives of historical and fictional characters. *Corridos* are the songs of ordinary people.

Cortes Generales The Spanish parliament, consisting of two houses, the lower house or CONGRESO DE LOS DIPUTADOS, and the upper house or SENADO. It is a legislative body, approves state budgets, and exercises other powers, including appointments to posts in institutions such as the TRIBUNAL CONSTITUCIONAL.

cuatro A four-stringed musical instrument, typical of Venezuela, similar to a smaller version of the guitar.

Cuban Revolution The guerrilla campaign (1956–9) that started the Cuban Revolution (*Revolución cubana*) aimed to topple the corrupt regime of Fulgencio

Batista and free Cuba from US economic domination. The new government of January 1959 set in motion wide-ranging social and political reforms. When Fidel Castro Ruz announced the expropriation of foreign-owned companies, the US imposed a trade embargo that is still in effect. After the unsuccessful invasion by CIA-trained Cuban exiles at the Bay of Pigs (Playa Girón), bilateral relations worsened and Cuba sought support from the communist block. When the USSR collapsed in 1991, the Cuban economy was left in ruins. It recovered somewhat in the 1990s thanks to the growth of international tourism and new industries such as pharmaceuticals. Cuba is criticized by the US for not adopting parliamentary democracy, and the presence of a politically influential Cuban community in the United States has blocked normal relations between the countries. In Latin America, revolutionary Cuba has inspired political movements seeking to improve the lot of workers and peasants.

cumbia One of the most typical varieties of Colombian music and dance, also very popular in the rest of Latin America. It combines elements of African, Spanish, and native Colombian music.

curanto ▸BARBACOA

Defensor del pueblo An ombudsman nominated by the Spanish Parliament to defend the rights of citizens against government maladministration. This post, under the same name, also exists in some Latin American countries.

desaparecidos The name for people who, in the 1970s, during the military dictatorships in Argentina, Chile, and Uruguay, were detained by the police, secret police, and the armed forces in a campaign to restore 'law and order'. Thousands of detainees were murdered and never seen again.

despacho de lotería y apuestas del estado Or simply *despacho de lotería*, this is a store in Spain licensed to sell lottery tickets.

Día de la Hispanidad (Día de la Raza) ▸TRADITIONS, FESTIVALS, AND HOLIDAYS

Día de los (Santos) Inocentes ▸TRADITIONS, FESTIVALS, AND HOLIDAYS

Día de todos los Santos or (in Spain) **de los Difuntos** or (in Latin America) **de los Muertos** ▸TRADITIONS, FESTIVALS, AND HOLIDAYS

Día del Trabajo ▸TRADITIONS, FESTIVALS, AND HOLIDAYS

Día Nacional de Catalunya ▸TRADITIONS, FESTIVALS, AND HOLIDAYS

diablada A dance originating in Andean mining communities in which participants dress up as devils. It combines pagan and religious elements and is especially associated with Oruro, Bolivia, during carnival, and with the festival of LA TIRANA.

Culture

DNI – Documento Nacional de Identidad ▸ CARNÉ DE IDENTIDAD

dulce de leche A sort of caramel spread made of milk and sugar. It is called *manjar (blanco)* in the Andean region and *cajeta* in Mexico.

educación infantil In Spain, a period of voluntary pre-school education. It provides care and teaching for children from birth to the age of six, when they begin formal education. *See also* GUARDERÍAS and COLEGIOS.

educación secundaria ▸ ESO

education systems In Spain, as in Latin America, schooling begins with pre-school education or *Parvularia* (EP), which is not compulsory. Education is usually compulsory between the ages of 6 and 16 and covers *educación* PRIMARIA or *básica* and *educación secundaria* or *media* (EM), both of which are free. Secondary education usually ends with a leaving certificate called the BACHILLERATO or *licencia*, according to country. Education is delivered in state and private schools, some of which, like the COLEGIOS CONCERTADOS in Spain, are state-subsidized. Illiteracy is still a problem in some Latin American countries: Guatemala has the worst rate at 44 percent; in Peru the rate is 15 percent.

empanada In Spain, a typically Galician delicacy consisting of puff pastry with a variety of fillings. In Latin America it is normally smaller and made with bread dough stuffed with fish, meat etc., oven-cooked or fried.

enchufe y enchufismo In Spain, *enchufe* refers to the use of personal connections to obtain a job or favor. *Enchufismo* is the practice of giving out jobs and other benefits on the basis of *enchufes*. In Latin America the term *palanca* is used for *enchufe*, but there is no equivalent for *enchufismo*.

enseñanza primaria ▸ PRIMARIA

enseñanza secundaria ▸ ESO

equeco or **ekeco** In Peru and Bolivia a lucky charm made of plaster or clay in the form of a smiling, open-armed human figure holding desirable objects. An *equeco* is supposed to bring prosperity to the owner.

Ertzaintza The Basque autonomous police force. Its members, *ertzaintzas*, wear a uniform of red sweaters and berets, and white jackets. Despite the *Ertzaintza*'s wide range of responsibilities, the GUARDIA CIVIL and POLICÍA NACIONAL still operate in the Basque Country.

Escorial, El (San Lorenzo de El Escorial) Founded by Philip II in 1563, this site includes a complex of buildings making up the monastery, Philip II's chambers, and the Spanish royal family's mausoleum.

ESO – Enseñanza Secundaria Obligatoria One of the stages of secondary education established in Spain by the LOGSE. It begins at 12 years of age and ends at 16, the age at which compulsory education ends. The old division between a technical and an academic education is not as marked in ESO, as all secondary pupils receive basic professional training.

espalda mojada The name in Mexico for people who try to enter the US illegally by crossing the Rio Grande. In Spain the term refers to illegal immigrants from Morocco who cross the Straits of Gibraltar to enter Spain. In both countries *espaldas mojadas* are a source of cheap unskilled labor. *See also* PATERA.

Esquerra Republicana (EPC) A democratic Catalan party, left-wing in orientation, whose support and influence have grown recently.

esquinazo In Chile, a serenade of songs and folk dancing, performed as a surprise in honor of people or institutions, to mark a notable event.

estanco *Estancos* sell tobacco, stamps, transport passes, and other products whose sale is restricted. (Cigarettes can be bought in bars/cafés but at higher prices.) They also sell stationery and sometimes newspapers.

Estudiantina ▸TUNA

ETA – Euskadi ta Askatasuna Its title means 'Basque homeland and liberty'. ETA is a terrorist organization founded in 1959 to fight for Basque independence. Its political wing, established in 1978 as Herri Batasuna (Popular Unity) and now called BATASUNA (Unity), was declared an illegal organization in 2003. Opinion polls show a majority of Basques are opposed to the political violence and murder campaigns espoused by ETA. After several ceasefire declarations, in 2010 a definitive cessation of hostilities was announced.

Euskadi The most widely accepted term in the Basque language for the Basque country. The present COMUNIDAD AUTÓNOMA includes the three Basque provinces of Vizcaya, Guipúzcoa, and Álava, but not neighboring Navarre, which also has many Basque-speakers and cultural traditions. For this reason the most uncompromising of Basque separatists prefer the term EUSKAL HERRIA, which includes Euskadi, Navarre, and also the Basque *département* of southwest France, Iparralde.

Euskal Herria A name in Basque meaning 'Basque nation', used by some Basque nationalists in preference to EUSKADI, to refer to the greater Basque homeland.

Euskera The language of the Basque Country and Navarre, spoken by around 750,000 people; in Spanish *vasco* or *vascuence*. It is also spelled Euskara. Basque is unrelated to the Indo-European languages and its origins are unclear. Like Spain's other regional languages, Basque was banned under Franco. With the return of democracy, it became an official language alongside Spanish, in the regions where it is spoken. It is a compulsory school subject and needed for many official and administrative posts in the Basque Country. There is Basque language television and radio and a considerable number of books are published in Basque. *See also* LENGUAS COOFICIALES.

EZLN, the initials of the *Ejército Zapatista de Liberación Nacional*, the revolutionary movement founded in Chiapas, Mexico, in 1994, and led by the *mestizo* known as Subcomandante Marcos. Over the years the rebel group has succeeded in drawing support from other native ethnic groups seeking recognition of their rights.

Fallas ▸ TRADITIONS, FESTIVALS, AND HOLIDAYS

FARC (Fuerzas Armadas Revolucionarias de Colombia) Established in 1964 as an armed, economic, and social response to the aggressively liberal-conservative regime in Marquetalia. It describes itself as a people's army, but it is widely regarded as a terrorist organization that finances its activities through extortion, kidnapping, and drug-trafficking. In 2012 FARC announced it would stop the kidnappings, and it released the soldiers and police officers it was holding as hostages, but it has kept silent about the status of hundreds of civilians still reported as hostages.

Feria de San Telmo (St Telmo market) This is one of the most important attractions in Buenos Aires life. It is held every Sunday in the Plaza Dorrego in the San Telmo district, where stalls offer antiques and bric-à-brac amid buskers, tango dancers, and mime artists.

Feria de Sevilla ▸ TRADITIONS, FESTIVALS, AND HOLIDAYS

Festival de Viña del Mar ▸ TRADITIONS, FESTIVALS, AND HOLIDAYS

fiesta de 15 The celebration of a girl's 15th birthday is a common Latin American custom. The girl often wears a pastel-colored dress. It is customary to have a tiered cake with floral decorations and there is music and dancing. In Mexico it is called the *quinceañera*.

fiestas patrias In Latin America, a period of one or more days on which each country celebrates its independence. There are usually military parades, firework displays, and folk activities.

flamenco Flamenco is performed in three forms: guitar, singing, and dancing. Its origins lie with the gypsies, and many of the best *cantaores* (flamenco singers), *bailaores* (dancers), and guitarists are gypsies. There are also Arabic and North African influences. Modern flamenco blends traditional forms with rock, jazz, and salsa. Most flamenco songs are folk songs, modified by oral tradition. The music and lyrics are improvised and never written down. An integral part of traditional flamenco is the *duende*, the idea that the performer becomes inspired by the emotion of the music or dance. But as flamenco becomes commercialized, rehearsed performances are more likely than spontaneous ones.

football (soccer) is the most popular sport in Spain and most of Latin America, though in some Caribbean countries baseball is favorite. The *Copa América* is the continent's top football trophy and the oldest international football competition in the world. It was first held in 1916. Uruguay (once), Argentina (twice) and Brazil (five times) have all won the World Cup. Pelé and Diego Maradona, considered among the best footballers of all time, both come from Latin America. It is a way out of poverty for many young players.

Formación Profesional – FP After the ESO stage in the Spanish education system, pupils go on to BACHILLERATO, with its more traditional academic approach, or to *Formación Profesional*, which has a vocational focus. *FP* comprises two cycles, one for students from 16 to 18 and another, running parallel to university education, for students of 18 and over. After both cycles students qualify for a specific occupation, or to go on to more specialized courses. *See also* LOGSE, LOE.

fueros Medieval charters setting out the privileges granted to an individual, a town, or a territory. 'Foral' rights were held, for example, by the cities of León and Burgos, by the former kingdom of Navarre, and by the Basque provinces. Each Spanish monarch traditionally went to GUERNICA to reaffirm the rights of the Basques.

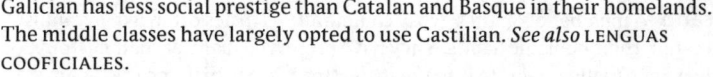

Gallego The language of Galicia, spoken by around 3 million people. It is an official requirement for many official and academic positions, and a compulsory school subject. Galician, a Romance language similar to Portuguese, was banned under Franco, but with the return to democracy, it became an official language in Galicia beside Castilian. Nowadays there is Galician radio and television, and a considerable amount of publishing. Galician has less social prestige than Catalan and Basque in their homelands. The middle classes have largely opted to use Castilian. *See also* LENGUAS COOFICIALES.

gaucho A peasant of the pampas of Argentina, Uruguay, and Brazil. Modern *gauchos* work as foremen on farms and ranches and take part in rodeos. *Gauchos* fought for Argentine independence from Spain, but later became involved in political disputes and suffered persecution. A literary genre, *literatura gauchesca*, grew up in the 18th and 19th centuries. The most famous work is *Martín Fierro*, an epic poem by José Hernández, about an Argentine *gaucho* suffering when the huge pampas are divided into ranches. Traditionally *gauchos* wore baggy trousers, leather chaps, a *chiripá* (which went over their trousers and came up around their waist), boots, a hat, a leather waistcoat, and a belt with a large buckle. They carried a *facón* – a large knife with a curved blade, and used *boleadoras*, ropes weighted at each end and thrown like lassos, to catch cattle.

gazpacho A cold soup made from tomatoes, cucumbers, and peppers which is typical of Andalusia.

Generación del 98/27 These two important groups of Spanish writers were inspired by events that united them and that initially defined their writing. The *Generación del 98* came into being after the loss of the Philippines and Cuba in the war with the US (1898), an event which underlined Spain's decline. Its most important members were Miguel de Unamuno, Ramón del Valle-Inclán, Pío Baroja, Azorín, and Antonio Machado. The *Generación del 27* was a group of writers who rose to prominence in the late 1920s (the group's name marked the third centenary of the death of the poet Góngora in 1927). Its writing focuses on the themes of love, death, and man's destiny, often seen through popular art forms. Its most prominent members were Federico García Lorca, Rafael Alberti, Dámaso Alonso, Vicente Aleixandre, and Miguel Hernández.

Generalitat The name of the autonomous governments of Catalonia and Valencia. A great deal of power has now been transferred to them from central government. The medieval term *generalitat* was revived in 1932, when Catalonia voted for its own devolved government. Franco abolished it, but it was restored in 1978 with the establishment of COMUNIDADES AUTÓNOMAS. The Valencian Generalitat is keen to preserve the traditions of the region from Catalan influence.

gestoría In Spain, an office that deals with government agencies on behalf of its clients. It is common practice to use a *gestoría* to avoid the problems of dealing with Spanish bureaucracy, despite the cost involved.

Giralda, La Today a bell tower, this was the tower of the largest mosque in Islamic Seville, built in the 12th century. It is the city's symbol and one of the finest towers of its type in the world.

Gitano A member of Spain's gypsy community. Gypsies often live in camps and retain their nomadic habits. They have preserved many of their customs and do not usually integrate into the mainstream of Spanish society. Their language is CALÓ. Gypsies have been a great influence on FLAMENCO, and many of the best performers are gypsies.

Gordo, El In Spain, the name of the big prizes in the LOTERÍA NACIONAL and LOTERÍA PRIMITIVA, in particular the prize for the Christmas draw of the *Lotería Nacional*. In Latin America it also means a big lottery prize.

gringo A pejorative term in Latin America meaning a white English speaker, particularly a North American. In the 18th century it referred to a foreigner who spoke little or no Spanish.

Guaraní The name of a people who lived between the rivers Amazon and Plate, and their language. Guaraní is also an official language in Paraguay and is spoken in parts of Argentina, Bolivia, and Brazil. The Jesuit missionaries in Paraguay wrote Guaraní dictionaries and grammars, hymns and catechisms. Guaraní acquired a symbolic status in Paraguay during the Chaco War with

Bolivia, 1932–5. Today, many Paraguayans with hardly any indigenous blood speak Guaraní better than Spanish.

guardería In Spain, a center for small children. *Guarderías* normally look after children from a few months old until the age of four, or sometimes up to the compulsory school age of six. Some *guarderías* are private, while some are run and subsidized by the local authority or the government.

Guardia Civil A rural paramilitary police force founded in Spain in 1844. It has been used by different governments to fight against organized labor, republicanism, and regional autonomy, and came to be seen as an instrument of state repression. The Civil Guard has adapted to the new democratic Spain and is involved in anti-terrrorist operations, the coastguard service, and environmental protection. Civil guards are armed and traditionally wore the *tricornio*, a black, patent-leather, three-cornered hat. In an effort to change its image, the Civil Guard now only wears the *tricornio* on ceremonial occasions, or when on duty in front of official buildings.

guayabera Originally from Cuba, this is a light, loose shirt worn over the trousers. It has become a symbol of a relaxed outlook on life and is fashionable with young Americans and Mexicans.

Guernica A Basque town destroyed in April 1937 by German bombers fighting on the Nationalist side in the Spanish Civil War (GUERRA CIVIL). The death toll among civilians shocked the world; the horror was vividly evoked in Pablo Picasso's painting, *Guernica*. Guernica (Gernika) is the site of the ancient Basque parliament and of the oak tree, the *árbol de Guernica*, beneath which Spanish kings traditionally swore to uphold Basque privileges, or FUEROS. *See also* EUSKADI.

Guerra Civil The Spanish Civil War of 1936–9 began when right-wing army officers led by General Francisco Franco rebelled against the elected government of the Spanish Republic. South and northwest Spain soon fell to Franco's *nacionalistas*, but in cities such as Madrid, Bilbao, and Barcelona, resistance was fierce. Franco's revolt was aided by Nazi Germany and Fascist Italy, while Britain and France declared a policy of non-intervention, blockading Spanish ports. The Soviet Union aided the Republican government, and volunteers from around the world joined the *Brigadas Internacionales* to fight against Fascism. Resistance collapsed in 1939, and Franco established a dictatorship that only ended with his death in 1975. A period of great economic hardship followed the Civil War. The persecution of Republicans continued for many years after the end of hostilities.

Guerras de Independencia Spain's War of Independence against Napoléon Bonaparte's French occupation was ignited by the popular revolt in Madrid on 2 May 1808 against the French army. The reprisal executions are commemorated in a famous painting by Francisco de Goya. With support from the Duke of Wellington, Spanish resistance continued for over five years in a *guerra de guerrillas* that gave the world the concept of, and the term, 'guerrilla warfare'. The autocratic Fernando VII was restored to the throne in 1814, and his first act was to abolish the progressive Constitution of Cadiz (1812). The Wars of Independence of Spain's Latin American colonies resulted in Argentina achieving independence in 1816. Simón Bolívar of Caracas led a freedom movement that was to sweep South America and earned him the title *El Libertador*. By 1840 all the mainland Spanish colonies were independent. Others who played crucial roles in the independence struggles of Spain's colonies during the 19th century include Hidalgo, Morelos and Guerrero (Mexico), Sucre and Miranda (Venezuela, Peru), San Martín, Brown and Belgrano (Argentina), O'Higgins, San Martín (Chile), Céspedes and Martí (Cuba).

hallaca or **hayaca** This is a traditional Venezuelan dish made with maize dough and a highly seasoned stuffing. Rectangular in shape, it is wrapped in banana leaves and boiled. It is associated with Christmas.

Herri Batasuna ▸ETA

huaco or **guaco** In the Andean region, a pre-conquest pot taken from a *huaca*, or Incaic burial place.

huaino or **huayno** The traditional dance and music of the Peruvian Andes. Characterized by distinctive rhythms, and by pairs of dancers performing reels without personal contact, it is also found with some variations in Ecuador, Bolivia, and the north of Chile.

huipil A traditional shirt worn by Indian and *mestizo* women in Mexico and Central America. Generally made of richly embroidered cotton, *huipiles* are very wide and low-cut, and are either waist- or thigh-length.

Incas Founded in the 12th century in the region of Lake Titicaca, by the 15th century the Andean empire of the Quechua-speaking Incas extended from southern Colombia down to Argentina and central Chile. Their society was rigidly divided into classes: the nobility, their servants, and the common people. The Incas worshipped the sun and the moon, and believed that Manco Capac, their first emperor, or *inca*, was descended from the sun. An extensive network of roads was built to facilitate control over the empire from its capital in Cuzco. The Incas left an impressive heritage of monuments, including the palace complex of MACHU PICCHU. The empire collapsed in 1533 when the Spanish conquistador Francisco Pizarro had the emperor Atahualpa executed, and occupied Cuzco.

INEM – Instituto Nacional de Empleo ▸SPEE

instituto In Spain, a center of secondary education providing ESO and BACHILLERATO. *Institutos* are part of the state school system.

insumiso In Spain, a person who refused to do either compulsory military service (abolished in 2001), or the alternative community service.

jerez (sherry) Sherry is produced in an area of chalky soil known as *albariza* lying between the towns of Puerto de Santa María, Sanlúcar de Barrameda, and Jerez de la Frontera in Cádiz province. It is from Jerez that sherry takes its English name. Sherries, made from grape varieties including Palomino and Pedro Ximénez, are drunk worldwide as an aperitif, and in Spain as an accompaniment to TAPAS. The styles of jerez vary from the pale *fino* and *manzanilla* to the darker aromatic *oloroso* and *amontillado*.

jorongo ▸ PONCHO

joropo A Venezuelan dance, its music, and the event at which they take place. The dance, also popular in Colombia, is performed to the harp, the *cuatro,* and other instruments.

jota In Spain, a song or dance typical of several regions. The music, which is very lively, is played on string and percussion instruments.

Junta Autonómica The name given to the governments of Spain's autonomous regions, with the exception of Catalonia and Valencia's GENERALITAT and Galicia's *Xunta*.

Latin American cinema For a long time a fractured industry led by Argentina, Brazil,and especially Mexico. Between 1930 and 1996 these countries accounted for 89 percent of the region's output. In the 1940s Mexican movies became popular, starring actors such as Dolores del Río and Pedro Armendáriz. In countries such as Cuba, Chile, Bolivia, Peru, and Colombia, the film industry has been hampered by lack of resources and, in general, by poor demand in home markets, but it has also shown great originality. From the 1980s foreign investment grew through co-productions and interest from European television companies. Today foreign interest is increasing and the industry's appeal is reaching beyond specialist film festivals to general audiences.

Latin American literature has its origins in the chronicles of the *conquistadores* and the missionary catechisms. The 19th century, with an increasing sense of national identity, saw the first Latin American novel (in 1816), written by the Mexican José Joaquín Fernández de Lizardi. The Venezuelan poet and critic, Andrés Bello, based his work on Latin American themes and created a new poetic genre. The Latin American short story came to maturity in the early 20th century, the work of the Uruguayan, Horacio Quiroga, with his stories of the jungle, being especially noteworthy. From 1910 Latin American fiction took off and in 1945 the Chilean, Gabriela Mistral, was awarded the Nobel Prize for Literature. Other winners of the prize have been: M. Ángel Asturias (Guatemala, 1967), P. Neruda (Chile, 1971), G. García Márquez (Colombia, 1982) and O. Paz (Mexico, 1998). Today Latin American writers are prominent, with authors such as M. Vargas Llosa (Peru), and Isabel Allende (Chile) selling to audiences worldwide.

Latin American universities From the 16th century to 1812, Spain founded 32 universities in its American colonies. The University of San Marcos in Peru, where many of the prominent figures in Latin American arts, science, and politics were students, was founded in 1551, as was the University of Mexico. Other universities founded by the Spaniards are: University of San Carlos (Guatemala, 1676), University of Havana (Cuba, 1728). In post-independence Latin America many more were founded, and in the 20th century private universities gained in importance.

lehendakari The president of the Basque autonomous government. The *lehendakari* is responsible for the administration of the Basque Country, and liaises with the prime minister of the Spanish central government. *See also* EUSKADI.

lenguas cooficiales The regional languages of Spain – CATALÁN, EUSKERA, and GALLEGO – which now have equal status with Castilian in the regions where they are spoken. Banned under Franco, they continued to be spoken privately. They are now widely used in public life, education, and the media, cinema, and literature.

libertadores, los The name given to the most important leaders of the Latin American independence movement of the early 19th century. Among the most prominent are Simón Bolívar (Venezuela), José de San Martín (Argentina) and Bernardo O'Higgins (Chile). They dreamed of a united, Spanish-speaking republic.

licenciatura The name given to the first university degree. Degree courses in Spain used to last five years. Now, after the passing of the LRU, degrees – except for medicine and architecture – normally take four years.

Líneas de Nasca The Nasca Lines are located in a desert area near the coastal town of Nasca. Almost 50 km (31 miles) in length and 15km (9 miles) wide, they have been declared a cultural heritage site by UNESCO. They consist of vast geometrical and animal figures, which can only be seen from the air. Created between 300 BC and AD 900 by the ancient Nasca people, they are one of the most important and intriguing legacies of the pre-Incaic cultures of Peru.

linguistic differences There are significant linguistic differences between different parts of the Spanish-speaking world. The pronoun *tú* is replaced by *vos* in the River Plate area and Central America. This change affects verb forms, e.g. *vos sos* for *tú eres*, etc. In Latin America the pronoun, *vosotros*, so common in Spain, is never used. There are words that have different preferred translations according to the country concerned, e.g. English bus (*autobús* in Spain) is a *camión* in Mexico and Central America, *colectivo* in

Argentina, *micro* in Chile, *ómnibus* in Peru and Uruguay, *guagua* in Cuba. A word may have a vulgar or offensive meaning in some countries and not in others, e.g. *coger*, which has no vulgar connotations in Spain, is a taboo word in Mexico, Argentina, Uruguay, and Venezuela. In almost all of Latin America, the simple past tense is preferred to the present perfect; compare *fui a comprar* (Latin America) and *he ido a comprar* (Spain).

literature ▸ LATIN AMERICAN LITERATURE

LOE – Ley Orgánico de Educación In 2006 this law abolished ▸ LOGSE with few changes and is the current state law that regulates school education in Spain.

LOGSE – Ley Orgánica de Ordenación General del Sistema Educativo A Spanish educational reform passed in 1990. A priority was to tackle the high rate of failure and non-attendance among school pupils. It established four stages of pre-university education: non-compulsory EDUCACIÓN INFANTIL, from birth to six years old; compulsory primary education (PRIMARIA), from six to twelve years; compulsory secondary education, ESO, from twelve to sixteen; and either two years of BACHILLERATO, leading to university entrance, or two years of *Formación Profesional Específica de Grado Medio*, vocational training that can lead to *Formación Profesional Específica de Grado Superior*. The division between vocational and academic studies became less marked than it had been before. Now replaced by ▸ LOE

Lotería Nacional A Spanish state-run lottery founded in 1812. There is an 'ordinary' draw on Thursdays and 'special' and 'extraordinary' draws, offering bigger prizes. The biggest are EL GORDO, drawn before Christmas, and El Niño, drawn at Epiphany. Other lotteries are the BONOLOTO, LOTERÍA PRIMITIVA, and the ONCE.

Lotería Primitiva or **Loto** A Spanish state lottery founded in 1985. As in the BONOLOTO, players choose six out of 49 numbers on a ticket and win the main prize if all the numbers are drawn. There are 'ordinary' draws on Thursdays and Saturdays, and a draw for a larger prize on the last Sunday of each month, known as EL GORDO, or *El Gordo de la Primitiva*.

loto ▸ LOTERÍA PRIMITIVA

LOU – Ley Orgánico de Universadades This law was passed to replace the earlier ▸ LRU and since May 2012, and after a few modifications, is the current law that regulates student admissions to university, teaching, selection of teaching staff by means of a state examination, and the appointment of university heads.

LRU – Ley de Reforma Universitaria A Spanish law of 1983 that divided responsibility for universities between the state, the autonomous regions, and the universities. It gave universities academic independence and responsibility for hiring and promoting staff, and shortened degree courses from five to four years. Subjects offered were changed to meet the needs of the labor market. ▶ **LOU**

lunfardo A form of Buenos Aires slang that originated in the underworld. It draws on many languages, including Italian, Portuguese, Spanish, French, German, and several African languages. It has found its way into popular songs and theater. *Lunfardo* words in standard colloquial speech are *morfar* (to eat), *güita* (money), and *mina* (woman).

machismo A concept deeply rooted in the Spanish-speaking world. It has its origin in a sense of honor, felt to depend on a man's actions and those of his close family, particularly the women. *Machismo* is present in the home, where even working women usually do most of the housework, and extends to the workplace. It can affect the legal status of women. In Spain legal reforms since the 1970s have contributed to undermining *machismo*.

Machu Picchu An Inca fortress and sacred city in the southern Peruvian Andes. The site covers an area of around 5 square miles (13 square kilometers) at an altitude of 7,874 feet (2,400 meters). It includes a temple and citadel and is surrounded by terraces. It was rediscovered in 1911 by the American, Hiram Bingham.

Mafalda is a comic-strip character created by the Argentinian Joaquín Salvador Lavado, known as Quino. She is an inquisitive, ingenuous six-year-old, who also reflects on life. She first appeared in the 1960s; the strip has been translated into 26 languages.

Mallorquín The variety of CATALÁN spoken in the Balearic Islands. Some people regard it as a separate language from Catalan, which enjoys official status, but it is not officially recognized as such.

manjar (blanco) ▸ DULCE DE LECHE

mañanitas In Mexico, a short love song sung on someone's birthday, or SANTO, or in honor of an important person. It is also a song that MARIACHIS sing at dawn serenades.

Mapuche The largest group of Araucanian-speaking South American Indians, living in the central valley of Chile. The Mapuche struggled for 350 years against Spanish and Chilean domination. After Chilean independence, the Mapuche were put in reservations. In the 1980s, the Chilean government transferred ownership of the land to individual Mapuche, who risk losing their land if they incur debts that they cannot repay. Originally the Mapuche were one part of the Araucanian people, but nowadays the two terms are used synonymously, as most Araucanians are Mapuche. Araucano or Mapuche is spoken in Chile and Argentina.

Mariachi The traditional Mexican musical ensembles, the lively *mestizo* music that they play, and the dance performed to it. The instruments used by *Mariachis* are the guitar, harp, *vihuela* (an early form of guitar), violin, and trumpet. *Mariachis* wearing costumes based on those worn by CHARROS can be seen in the Plaza Garibaldi, in Mexico City, where they are hired for parties, or to sing MANAÑITAS or serenades.

mate is a somewhat bitter infusion of the leaves of *yerba mate*, a caffeine-rich South American shrub. It is very typical of the River Plate region and is drunk through a straw (*bombilla*) from a gourd, also called a *mate*. Once associated with the GAUCHOS, it is common throughout the CONO SUR and is drunk at any time of day.

Mayas The Mayas, possibly of North American origin, settled in the Yucatán Peninsula around 2600 BC, and established a civilization that spread through Southern Mexico, into Guatemala, Belize, parts of Honduras and El Salvador, flourishing until the arrival of the Spanish in the 16th century. Their society was organized on the basis of city states grouped into confederations. Though lacking metal tools, the Mayas built stepped pyramids and other stone monuments, such as those at Chichén Itzá, Uxmal, and Petén.

mediasnueves ▸ONCES

Mexican food is varied and among the tastiest in the world. Its most common ingredients are maize and beans, both foods with Mayan and Aztec origins. Chillies and cactus are also used. Dishes based on the *tortilla* (thin unleavened maize cake) are the most common and some, such as *tacos*, *enchiladas*, *quesadillas*, and *sopes*, are now well known internationally. Other typical dishes are *guacamole*, *pozole* (a kind of stew), *frijoles refritos*, and *frijoles de olla* (bean dishes). Cooking ingredients that originated in Mexico include chocolate, vanilla, maize, pumpkins, zucchini or courgettes, and bell peppers.

mezcal An alcoholic drink similar to TEQUILA, obtained in Mexico by distilling the juice or *aguamiel* extracted from roasted tips of the maguey plant. Bottles of *mezcal* are usually sold containing a *gusano*, the larva of an insect that lives on the maguey. This is said to enhance the flavor.

mili In Spain, the colloquial term for compulsory military service. Abolished in 2001, it was for years an important factor in Spanish life. It was once an opportunity for many people to leave their home town and learn to read and write. One could avoid *la mili* by declaring oneself an *objetor de conciencia*. Conscientious objectors did community service, *prestación social sustitutoria*. Those who refused to do this were called INSUMISOS.

mojito a long Cuban drink made with rum, soda water, macerated mint leaves, sugar, and lemon juice.

Moncloa, Palacio de la The Spanish prime minister's official residence in Madrid.

Moneda, Palacio de la The Chilean presidential palace in Santiago.

Mossos d'Esquadra The police force of the Catalan autonomous region. It has a wide range of responsibilities, but the GUARDIA CIVIL and POLICÍA NACIONAL also operate in Catalonia.

murales y muralistas mexicanos Mexico's muralist movement flourished between the two world wars during a time of nationalist fervor. It was led by Diego Rivera, José Clemente Orozco, and David Alfaro Siqueiros. Their work reflected revolutionary themes and the working-class struggle. They decorated many public buildings.

murga A band of street musicians common in Argentina and in the Montevideo (Uruguay) carnival. Performances of music and song comment on topical subjects of public interest. Bass drums and cymbals are characteristic of *murga* music.

Náhuatl was the main language of the Aztecs and is still spoken today in Mexico. Spanish words that come from Náhuatl include *chocolate*, *tomate*, *chile*, and *coyote*. *See also* AZTECAS.

natillas A custard-like dish made of eggs, milk, and sugar, popular as a dessert especially in Spain and also in Mexico.

NIF – Número de identificación fiscal Tax identification code that is compulsory for all residents of Spain. People must give it when applying for a loan, opening a bank account, sending invoices, etc.

Nochebuena ▸ TRADITIONS, FESTIVALS, AND HOLIDAYS

Nochevieja y Año Nuevo ▸ TRADITIONS, FESTIVALS, AND HOLIDAYS

ONCE – Organización Nacional de Ciegos Españoles Founded in 1938 to create employment for the blind, in 1981 ONCE launched a national lottery that is drawn every day except Saturday. Money raised is invested in training and social centers for blind people.

onces In some Andean countries, particularly Chile, *onces* is a light meal eaten between five and six p.m., the equivalent of 'afternoon tea' in Britain. In Colombia, *onces* is a light snack eaten between breakfast and lunch, like the British 'elevenses'. It is also known as *mediasnueves*.

onomástica ▸ SANTO

oposiciones In Spain, competitive examinations for people wanting a public-sector job, to teach in an INSTITUTO, or to become a judge. The large number of candidates (*opositores*) – many more than the number of posts available – means that the exams are very difficult.

Opus Dei Latin for 'God's Work', Opus Dei is a Catholic organization founded in Spain in 1928. It became very influential in Spanish society, above all by founding schools and universities. The aim was to create an élite which would spread Christian ideals throughout society. The University of Navarre is one of its foremost institutions.

paella In Spain *paella* (pronounced pa'elya) is associated with Valencia and is often called *paella valenciana*. It is made with rice, seafood, meat, and vegetables. Bell peppers, olive oil, and saffron are also essential.

paga extra or **paga extraordinaria** In Spain, a bonus payment equivalent to a month's salary, paid twice a year (in July and at Christmas) on top of the normal monthly salary. The bonuses are guaranteed to most permanent employees.

País, El The Spanish daily newspaper with the largest circulation: over 450,000 for the weekday edition and 750,000 for the Sunday edition. Its website is www.elpais.es. First published in 1976, it became a symbol of transition, and of the new Spanish democracy. The paper generally supports the PSOE.

Palacio de Oriente or **Palacio Real** is the official residence of the Spanish Royal Family. The Royal Family now lives in the Palacio de la ZARZUELA, on the outskirts of Madrid.

palanca ▸ ENCHUFE Y ENCHUFISMO

PAN – Partido de Acción Nacional Founded in 1939 as a conservative alternative to the then-President, Lázaro Cárdenas, PAN won the Mexican general elections in 2000, breaking the PRI's record of 71 years in power.

paraditas In Peru, street markets selling food.

Parador (Nacional de Turismo) A national chain of hotels in Spain. *Paradores* were designed to give buildings such as former palaces, castles, and monasteries a new lease of life and to bring tourism to economically disadvantaged areas. They are often luxurious but relatively inexpensive.

paro The name in Spain for both unemployment and unemployment benefit. The period for which *paro* can be claimed ranges from three months to a year, depending on how long a person has been working. The amount paid decreases over the period of unemployment.

pasapalo In Venezuela, small portions of food that are usually served with drinks at bars and social gatherings.

patera A boat with a shallow draft, used by illegal immigrants to cross the Straits of Gibraltar from Morocco to southern Spain. *See also* ESPALDA MOJADA.

pelota vasca A ball game, also known as *jai alai*, that developed in the Basque Country. It is played in Spain, Mexico, Cuba, and Florida in a *frontón*, a court with three high walls. The players use a *cesta*, a long, concave basket attached to their hand with a strap, to throw the ball against the walls and catch it. Spectators watch from behind a metal fence. Pelota is played by two teams of two players.

periódicos de las principales capitales de Latinoamérica
BOGOTÁ: Newspapers represent the major political parties, but all are government-controlled. Dailies include *El Tiempo* (www.eltiempo.com), *El Espectador* (www.elespectador.com), and *La República*. BUENOS AIRES: Important morning papers are: *La Prensa*, *La Nación* (www.lanacion.com.ar), the country's oldest, *The Buenos Aires Herald* (www.buenosairesherald.com), *The Standard*, the oldest English-language newspaper, and *Clarín* (www.clarín.com), a morning daily. *La Razón* and *La Crónica* come out in the evening. CARACAS: has a wide press service. The most important dailies are *El Nacional* (www.el-nacional.terra.com.ve), *El Universal* (www.eud.com), *Últimas Noticias*, *La Religión*, and *La Verdad* (www.laverdad.com), all appearing in the afternoon, and the evening newspapers *El Meridiano*, *El Mundo*, *El Globo*, and *Extra*. There is also an English-language daily, *The Daily Journal*. HAVANA: Has three dailies. The best known is *Granma* (www.granma.cubaweb.cu), official newspaper of the Cuban Communist Party. *Trabajadores* is published by the Cuban trade union movement, and the more lively *Juventud Rebelde* is aimed at a younger readership. LIMA: Has 12 dailies. *El Comercio* (www.elcomercioperu.com), founded in 1939, is Peru's oldest newspaper. *Ojo*, a morning newspaper, has the largest circulation. *El Peruano* (www.editoraperu.com) is the official state gazette, and *Expreso* is the leading opposition daily. MEXICO CITY: Has 20 dailies. The morning daily *Excelsior* (www.excelsior.com.mx), established in 1917, is often considered the nation's best and one of the most important newspapers of the Spanish-speaking world. *La Jornada* is another important daily, and there is an English-language daily, *The News*. MONTEVIDEO: The British, who occupied the city in 1807, published the first newspaper in the capital, *The Southern Star*. The city has had newspapers ever since, representing the views of all political parties and factions. SANTIAGO DE CHILE: There are almost a dozen newspapers. The most important dailies are *El Mercurio* (www.elmercurio.cl), founded in 1900, *La Nación*, and *La Tercera* (www.tercera.cl).

peronismo A political movement, known officially as *justicialismo*, named for the populist politician Colonel Juan Domingo Perón, elected President of Argentina in 1946. An admirer of Italian fascism, Perón claimed always to be a champion of the workers and the poor, the *descamisados* (shirtless ones), to whom his first wife Eva Duarte (Evita) became a sort of icon, especially after her death in 1952. Although he instituted some social reforms, Perón's regime proved increasingly repressive and he was ousted in an army coup in 1955. He returned from exile to become president again in 1973, but died in office a year later. The *Partido Justicialista* has governed Argentina almost continuously since 1989, under Presidents Carlos Menem, Néstor Kirchner, and Cristina Fernández de Kirchner, Néstor Kirchner's widow, who was re-elected President in 2011.

picaresca y pícaro A picaresque outlook on life, known in Latin America as *viveza criolla*, involves resorting to guile and trickery in order to get ahead or simply survive. In Spanish-speaking countries, this is often regarded as amusing or unavoidably necessary.

pincho In Spain, *pinchos* are small portions of food, often on a cocktail stick, eaten in a bar or café. Often free, they are similar to TAPAS, but much smaller. *See also* RACIÓN.

piñata A hollow figure made of cardboard, or a clay pot lined with colored paper. Filled with fruit, toys, etc., they are hung up at parties. People, blindfolded, then take turns to try to break them with a stick. They feature in Mexican *posadas* and in children's parties there, in Cuba, and in Spain.

piqueteros Organized groups of unemployed people who demand work by cutting road communications. They first appeared in 1996 in Cutral-Có, south-east of Buenos Aires. They now operate throughout Argentina, blocking roads until work is provided by the authorities.

pisco An alcoholic drink, produced by distilling grape juice, originally from Peru but now also characteristic of Chile.

Plata, Río de la Region around the estuary of the River Plate (*plata* means silver), which includes Uruguay and Argentina.

PNV – Partido Nacionalista Vasco The main Basque nationalist party.

población callampa or **callampas** ▸CHABOLAS

Policía Nacional The National Police was set up in Spain in 1976. Its members patrol provincial capitals and big cities, which are responsible for its finance, administration, and recruitment. Although armed, it has never been considered a repressive force, unlike the GUARDIA CIVIL.

polla In Chile and Peru a word for an official lottery, whose proceeds go to charity. In some Latin American countries, a *polla* is a private bet on soccer games, horse races, etc.

poncho South American garment consisting of a blanket with a slit for the wearer's head. It generally reaches below the wearer's waist. In Colombia and Venezuela it is called a *ruana*. In the Andean region a poncho covering the whole body is a *bayetón*. The Mexican equivalent is the *jorongo*.

portero A superintendent in an apartment building. *Porteros* often have an apartment in the building as part of their pay. In many buildings access is now regulated by a *portero automático* (intercom). The *portero* and the female *portera* have a reputation for being inquisitive and fond of gossip.

posada ▸TRADITIONS, FESTIVALS, AND HOLIDAYS

PP – Partido Popular One of Spain's two main national political parties, the other being the PSOE. The PP defines itself as a party of the center right.

Premio Cervantes A prize given in Spain for literary achievement. It is Spain's most prestigious literary prize.

Premios Goya del cine español The Spanish equivalent of Oscars, awarded in January every year by the AACC (*Academia de las Artes y las Ciencias Cinematográficas de España*).

prensa del corazón A type of magazine, with a huge readership in Spain, whose content revolves around the private lives of the rich and famous. The best-known example of the genre is the magazine *¡Hola!*, whose English-language version, *Hello*, has also proved very successful.

Presidente del Gobierno The president of the Spanish central government and the equivalent of the prime minister in the UK. He is appointed for a four-year term.

PRI – Partido Revolucionario Institucional Mexico's leading political party. Founded in 1929, it took its present name in 1946. It supports state intervention in economic, political, and cultural life. The PRI was in power for most of the 20th century.

primaria The name given in Spain to the first of the two compulsory levels of education. It is for pupils aged six to twelve and leads to the ESO.

provincia Each of the 55 administrative areas into which Spain is divided. Every *provincia* includes a main city or town, sometimes more, depending on its social and economic power. The provincial capital usually has the same name as the province.

PSOE – Partido Socialista Obrero Español One of Spain's two main national political parties, the PSOE was transformed from a democratic Marxist party to a liberal-democratic party in 1978. *See also* PP.

pub The name comes from English, but Spanish pubs are very different from British pubs. Usually stylish and modern, they cater to young people and are open very late. They always have music, which tends to be loud.

puente (literally, 'bridge') *Hacer puente* means that when a working day falls between two public holidays, it too is taken as a holiday.

pulque A thick, white, Mexican alcoholic drink made from fermented maguey juice; the sacred drink of the Aztecs. It is drunk without being aged, sometimes with added fruit or vegetable juice. *Pulquerías* are bars where it is drunk.

Quechua The language of the Incas, Quechua is spoken today by some 13 million people in Peru, Bolivia, Chile, Colombia, Ecuador, and Argentina. Since 1975 it has been an official language in Peru. The Quechua people are one of South America's most important ethnic minorities. Words derived from Quechua include coca, condor, and puma.

quinceañera ▸FIESTA DE 15

ración In Spain, a *ración* is a serving of food eaten in a bar or café, generally with a drink. *Raciones* tend to be larger and more elaborate than TAPAS, and may include Spanish omelet, squid, octopus, cheese, ham, or chorizo. See also PINCHO.

radio española, la Radio broadcasting in Spain began in the 1920s. The state-run Radio Nacional de España (RNE) was established during the Civil War. *See also* CADENA SER.

RAE – Real Academia de la Lengua Española A body established in the 18th century to record and preserve the Spanish language. It is made up of *académicos*, normally well-known literary figures and/or experts on the Spanish language. The RAE publishes the *Diccionario de la Real Academia Española*, regarded as an authority on correct Spanish.

Ramblas, Las Also known as La Rambla (de Cataluña), this is one of the most pleasant thoroughfares in Barcelona. Gracious buildings overlook its central tree-lined area, and it is famous for its varied stalls, florists, pavement cafés, street artists, and strollers.

ranchos ▸CHABOLAS

rastro In some parts of Spain, the name given to a weekly open-air flea market. 'El Rastro' is a big market of this type held in Madrid.

RCN – Radio Cadena Nacional of Columbia. It has won many awards for its news broadcasts and the help it has given to the community. RCN Internacional, New York, retransmits its output locally; broadcasts are also made to other countries.

Reconquista The period in Spain's history during which the Christian kingdoms slowly recovered the territories occupied by the Moslem Moors of North Africa. The Moorish invasion of the Iberian peninsula began in AD 711 and was halted in 718. The expulsion of the last Moorish ruler of the kingdom of Granada in 1492 completed the Reconquest. The intervening 781 years saw periods of alternate conflict and coexistence between Moors and Christians.

RENFE – Red Nacional de los Ferrocarriles Españoles Spain's state-run railroad system.

Reyes Magos ▸ TRADITIONS, FESTIVALS, AND HOLIDAYS

Río de la Plata ▸ PLATA, RÍO DE LA

ruana ▸ PONCHO

rumba This Cuban music and dance form has roots in African and Spanish music. Rumba bands include three conga drums and two drumsticks, which are used to beat a wooden sound box.

Sagrada Familia, La The building of this church, begun in 1882, was taken over by the Catalan architect Antonio Gaudí in 1884. It was unfinished at his death in 1926. Gothic in design and inspiration, it is of varying quality due to the many changes of plans throughout Gaudí's lifetime. Its silhouette is now universally recognized as the symbol of Barcelona.

Sanfermines ▸ TRADITIONS, FESTIVALS, AND HOLIDAYS

sangría A light alcoholic drink made from red wine, fruit juice, carbonated soft drinks, diced fruit, and spices.

Santería A religious cult, fusing African beliefs and Catholicism, which developed among African Yoruba slaves in Cuba. Rituals involve music, dancing, sacrificial offerings, and going into trances.

santo Most first names in Spanish-speaking countries are those of saints. A person's *santo* (also known as *onomástico* in Latin America and *onomástica* in Spain) is the day of the saint that they are named for.

sarape A Mexican blanket in vivid colors, which men wear folded up over one shoulder. It is typical of the CHARRO (Mexican cowboy) costume. If it has a slit for wearing over the head, it is known as a *jorongo*. *See also* PONCHO.

sardana Traditional Catalan music and the dance performed to it. It is played by a band called a *cobla*. The dancers stand in circles, holding hands, and perform the steps as a group.

selectividad The universal university entrance exam in Spain. It is the only means of access to state-run universities.

Semana Santa ▸ TRADITIONS, FESTIVALS, AND HOLIDAYS

Senado The upper chamber of the Spanish Cortes Generales, and the place where it meets. There are 250 senators, most of whom are elected every four years, at general elections. A small number of senators are also elected by the autonomous governments. The Senado's functions include discussing, approving, and suggesting amendments to legislation passed by the CONGRESO DE LOS DIPUTADOS.

sobremesa The time when people stay at the table after a meal, especially lunch, talking, drinking coffee, and smoking. In television schedules, *programación de sobremesa* refers to afternoon viewing.

Spanish cinema began when Luis Buñuel started Spain's first cinema club in 1928. During the dictatorship, Spanish cinema was forced to adopt an educational and moralizing tone. But the 1980s saw a rebirth of the industry, with directors such as Pedro Almodóvar and Carlos Saura producing films that appealed to a worldwide audience. Spanish cinema currently enjoys international prestige, and actors such as Antonio Banderas and Penélope Cruz have had a major impact in Hollywood.

Spanish universities In 1218 Alfonso X of León founded the University of Salamanca, the country's oldest. Now there are 70 public and 19 private institutions in the 17 COMUNIDADES AUTÓNOMAS. Spain has the second highest number of university students in Europe: about 13 percent of the population have had a university education.

SPEE – Servicio Público de Empleo Estatal Since 2003 this body has replaced the earlier **INEM – Instituto Nacional de Empleo**. It is responsible for all aspects of employment, from unemployment benefits to employee protection. It is also an employment agency for hard-to-place job seekers, and runs training courses.

Sudaca A pejorative term (from Sudamérica) to refer to South Americans in Spain. It first appeared in the 1970s, when Chilean and Argentinian political refugees were arriving in Spain in great numbers.

tango The dance and music that originated in the poor quarters of Buenos Aires. The dance has slow rhythms, and partners dance close together with abrupt movements and pauses. It has become emblematic of Argentina.

tapas In Spain, small portions of food served in bars and cafés with a drink. They can be very elaborate, and people often order several to make a meal. The social aspect of having *tapas* is very important. The practice of going out for a drink and *tapas* is known as *tapeo*.

Telefé The abbreviation for Televisión Federal S.A., the most popular television channel in Argentina. Established in 1980, it is controlled by the Spanish multinational, Telefónica.

Televisa This Mexican television and media group is one of the biggest in Latin America. The group's soap operas are romantic dramas of 60 to 100 episodes, broadcast in Spanish and other languages throughout the world.

Teotihuacán The ruins of Teotihuacán lie northeast of Mexico City. The NÁHUATL name means 'city of the gods' or 'where men became gods'. Little is known about the city's founders or inhabitants, but it reached its peak between 300 and 600 AD. It includes the Pyramids of the Sun and Moon, the temple of Quetzalcóatl, the Great Compound, and the central complex, the Ciudadela. By 650 AD Teotihuacán was in decline; it was in ruins when the Aztecs found it in the 15th century.

tequila An alcoholic drink obtained in Mexico by fermenting and then distilling the juice, called *aguamiel*, of the maguey plant. *See also* MEZCAL.

Tirana, La ▸ TRADITIONS, FESTIVALS, AND HOLIDAYS

Toros (La fiesta de los) Bullfighting is popular in Spain and in Mexico, Colombia, Peru, and Venezuela. For some Spaniards it is crucial to their identity. The season runs from March to October in Spain, November to March in Latin America. The art of bullfighting is *tauromaquia*. The principal bullfighter is known as the matador. His outfit, the *traje de luces*, consists of a tight silk jacket and trousers, decorated with embroidery and epaulettes, and a black, two-cornered hat known as a *montera*. Some Spanish autonomous regions such as Catalonia (2012) and the Canary Islands (1991) have banned bullfighting because it is deemed to be cruel to the bull.

Tribunal Constitucional The Spanish constitutional court, made up of 12 members. It decides all matters relating to constitutional legislation, including common law, international treaties, and regional statutes. All other constitutional bodies are subject to its control.

tuna A *tuna*, also called an *estudiantina*, is a group of strolling student players. The groups date from the 17th or 18th centuries. *Tunas* wear black velvet costumes, with doublets and capes. The ribbons on their capes show the faculties that they belong to.

Valenciano The variety of CATALÁN spoken in the autonomous region of Valencia. Some people regard it as a separate language from Catalan, which has official status, but it is not officially recognized as such.

La Vanguardia Founded in Barcelona in 1881, this is one of Spain's most prestigious daily newspapers (www.lavanguardia.es).

vasco or vascuence ▸ EUSKERA

villa miseria ▸ CHABOLAS

viveza criolla ▸ PICARESCA Y PÍCARO

voladores A Mexican pre-Columbian ritual dance. Four or six men are attached by ropes to a platform on top of a 17–27 m (60–90 ft) high pole. They dance on the platform. At the end of the dance, they circle down to the ground, hanging by their feet, as the ropes attaching them unwind.

weddings In traditional weddings, the conventions are similar throughout the Spanish-speaking world. Shortly before the wedding the groom has his *despedida de soltero*, or stag night; the bride has her *despedida de soltera*. In church weddings, usually the Catholic service, the chief participants, apart from the priest, bride and groom, are the groom's mother, *madrina de la boda*, who accompanies him to the altar, and the bride's father, or *padrino de la boda*, who gives her away. Bridesmaids, *damas de honor*, are not usual, but are becoming more common, especially in Spain. The bride usually wears a long dress and veil. During the ceremony, rings (*alianzas* or *anillos de boda*) are exchanged, as well as *las arras*, 13 coins symbolizing the sharing of assets. The couple are considered married when they say '*sí quiero*' or '*sí acepto*' (equivalent to 'I do'). Rice is thrown at the couple as they leave the church. A wedding feast follows, at which it is not usual to make speeches. The newlyweds then go on their honeymoon, or *luna de miel*.

Xochimilco A city in central Mexico, situated on Lake Xochimilco and famous for its *chinampas* or floating gardens. These were originally Aztec rafts for transporting vegetables, fruit, and flowers to Mexico City by canal. The *chinampas* are still cultivated in Xochimilco and other towns in the area.

zarzuela A musical drama consisting of alternating passages of dialog, songs, choruses, and dancing, which originated in Spain in the 17th century. Its name comes from the ZARZUELA palace, Madrid. It is also popular in Latin America. After a decline, Zarzuela revived in the early 19th century. The revived *zarzuela* dealt with more popular themes and was called *género chico*. A more serious version developed, known as *género grande*.

Zarzuela (Palacio de la) The Madrid palace where the Spanish Royal Family now lives. *See also* PALACIO DE ORIENTE.

La vida y cultura anglosajonas

ABC 1. (*American Broadcasting Company*) Una de las principales cadenas de televisión norteamericanas, actualmente propiedad de la compañía Walt Disney. 2. (*Australian Broadcasting Corporation*) En Australia, la cadena nacional pública de radio y televisión financiada por el gobierno.

Aborigine Un individuo perteneciente al grupo de personas que fueron los primeros habitantes del continente australiano. Su modo de vida tradicional es la del cazador-recolector y data de los tiempos prehistóricos.

ACT (*American College Test*) Una prueba que los estudiantes de la mayor parte de los estados que forman Estados Unidos deben aprobar para ser admitidos en la universidad. Normalmente tiene lugar al final de la HIGH SCHOOL y cubre un número de materias principales, p.ej. inglés y matemáticas.

Advance Australia Fair El himno nacional de Australia.

African-American Este es el término de más amplia aceptación en Estados Unidos para referirse a norteamericanos de origen africano.

Afro-Caribbean El término de más amplia aceptación en Gran Bretaña para referirse a gente con antepasados africanos que procede del Caribe o que vive allí.

A level ▸ EXAMINATIONS

Alliance Party ▸ NORTHERN IRELAND

American Dream, The El sueño americano es la creencia, en Estados Unidos, de que cualquier persona que trabaje duro puede alcanzar el éxito económico o social. Para los inmigrantes y las minorías, este sueño también incluye libertad e igualdad de derechos.

American Football El fútbol americano se juega con dos equipos de once jugadores cada uno y con una pelota de forma ovalada. Es un deporte violento por lo que los jugadores usan cascos y almohadillas de protección. Lo más destacado de la temporada es el campeonato de la *National Football League*, el SUPER BOWL.

American Indian ▸ NATIVE AMERICAN

Anglican Church ▸ CHURCH OF ENGLAND

Anzac Un soldado miembro del *Australian and New Zealand Army Corps* que luchó en la Segunda Guerra Mundial. El cuerpo es especialmente recordado por el heroísmo demostrado en la desastrosa campaña de Galípoli en contra de los turcos en 1915–16. La valentía de los *Anzacs* jugó un papel importante en el establecimiento de la conciencia nacional en Australia y Nueva Zelanda y se la conmemora anualmente en el *Anzac Day* (25 de abril).

April Fool's Day ▸ DÍAS FESTIVOS, FIESTAS, Y TRADICIONES

Armistice Day ▸ POPPY DAY

Ashes *The Ashes* es un trofeo en forma de una pequeña urna por el cual compiten los equipos nacionales de críquet de Australia e Inglaterra. El nombre surgió de un obituario simulado publicado en *The Times* en 1882, después de que el equipo australiano ganara por primera vez en Inglaterra. En él se lamentaba la muerte del críquet inglés diciendo que su cuerpo había sido incinerado y que se llevarían sus cenizas a Australia.

Asian-American Este es el término de más amplia aceptación hoy en día para referirse a norteamericanos de origen asiático, especialmente del Extremo Oriente.

A/S Level ▸ EXAMINATIONS

Australia Day Día festivo de carácter oficial que se celebra el primer lunes después del 26 de enero. Conmemora la llegada de los primeros colonos británicos en 1788 al entonces Port Jackson y que ahora es el puerto de Sydney.

Australian Rules Tipo de fútbol que se juega en Australia entre equipos de 18 jugadores en un campo ovalado con un balón grande, también ovalado. Es el deporte de invierno más popular en gran parte de Australia.

Authorized Version Traducción al inglés de la Biblia, publicada por primera vez en 1611. Fue producto de un grupo de eruditos bajo las órdenes del rey de Inglaterra James I, por lo que también se la conoce por la Biblia del rey James. Desde el siglo XVII al XX fue la única versión de la Biblia autorizada para usarse en la Iglesia Anglicana (CHURCH OF ENGLAND). Ha ejercido una profunda influencia en la literatura inglesa y el idioma inglés.

B & B ▸ BED AND BREAKFAST

backbencher Es un diputado (MP) del Parlamento británico que no tiene un puesto de responsabilidad en el gobierno ni en la oposición. Los *backbenchers* ocupan los escaños posteriores de la Cámara de los Comunes. Se espera que voten como se lo ordena el WHIP del partido.

bank holiday Día festivo de carácter oficial en el Reino Unido, en que cierran los bancos, correos, la mayoría de las oficinas y muchas tiendas. Siempre cae en un lunes.

barrister ▸ LAWYER

baseball Es el deporte nacional de Estados Unidos. Se juega entre dos equipos; uno fildea mientras el otro batea. El objetivo de cada bateador es correr alrededor de cuatro bases para obtener 'carreras'. El torneo anual de béisbol más importante es la Serie Mundial (*World Series*).

BBC (*British Broadcasting Corporation*) Una de las principales cadenas de televisión y radiodifusión británicas. No se financia a través de la publicidad, sino con los ingresos provenientes del pago de una licencia anual que se debe obtener para poder utilizar un receptor de televisión. Tiene la obligación de informar de un modo imparcial.

bed and breakfast Los *bed & breakfast* o *B&B* son casas privadas o pequeños hoteles que ofrecen alojamiento más el desayuno a precios generalmente módicos.

beer En la mayoría de los países de habla inglesa, el tipo de cerveza más común es la cerveza rubia. En Gran Bretaña esta es conocida por *lager*. Las cervezas originarias de Gran Bretaña se fabrican del grano malteado, como la cebada aromatizada con lúpulos. Son de color más oscuro, con espuma blanca y se beben a temperatura ambiente. La más popular se conoce por *bitter* debido a su sabor ligeramente amargo. *Stout* es un tipo de cerveza muy fuerte, de color casi negro. La marca más famosa de este tipo de cerveza es Guinness, que se fabrica en Dublín, Irlanda. *Ver tb* PUB.

Big Apple Apodo de la ciudad de Nueva York.

Bill of Rights Son las primeras diez enmiendas a la Constitución de EEUU. Los derechos que confieren a los estadounidenses incluyen la libertad de cultos, de expresión, de prensa y diversos derechos para el que es acusado de un delito. La Quinta Enmienda (*Fifth Amendment*) establece, entre otras cosas, que nadie está obligado a testificar en su propia contra. La Segunda otorga el derecho a portar armas.

Bonfire Night ▸ DÍAS FESTIVOS, FIESTAS, Y TRADICIONES

Booker Prize ▸ MAN BOOKER PRIZE FOR FICTION

Boxing Day ▸ DÍAS FESTIVOS, FIESTAS, Y TRADICIONES

British Isles Las Islas Británicas comprenden Gran Bretaña (GREAT BRITAIN), Irlanda (tanto Irlanda del Norte como la República de Irlanda) y las islas más pequeñas que están a su alrededor, como la Isla de Man (*Isle of Man*), y las Islas Anglonormandas (the CHANNEL ISLANDS).

broadsheets ▸ NEWSPAPERS

Broadway Una calle famosa por sus teatros que atraviesa el barrio neoyorquino de Manhattan. El término a menudo se usa para referirse al teatro y al mundo del espectáculo de EEUU en general. Antes del surgimiento de la industria del cine, era el principal lugar donde los actores podían hacerse famosos.

Buckingham Palace La residencia oficial del monarca británico, se sitúa en Londres. La ceremonia de la Guardia Montada, comúnmente conocida como el cambio de guardia, tiene lugar la mayoría de las mañanas del año, frente al Palacio de Buckingham, bajo el acompañamiento de la banda del regimiento.

Burns Night ▶ DÍAS FESTIVOS, FIESTAS, Y TRADICIONES

By-election Una elección especial que se lleva a cabo entre una elección general o local cuando hay una vacante debido a que un miembro del parlamento o un concejal ha dimitido o ha fallecido.

Cabinet El gabinete (ministerial) del gobierno británico es un cuerpo formado por unos 20 ministros (*ministers*) nombrados por el primer ministro y que se reúne regularmente para discutir asuntos administrativos y de política gubernamental. Cada uno de los ministros es responsable de un área específica, mientras que a la totalidad del gabinete le atañe decidir acerca de la política a seguir por el gobierno. El líder del principal partido de la oposición también nombra un gabinete, llamado gabinete en la sombra (SHADOW CABINET), con el objeto de que pueda gobernar en caso de que el gobierno sea derrotado.

Capitol El Capitolio o sede del Congreso (CONGRESS) de Estados Unidos, en Washington DC. Situado en Capitol Hill, a menudo la prensa emplea este nombre para hacer referencia al Congreso de EEUU.

CBS (*Columbia Broadcasting System*) Una de las tres primeras compañías de radio y televisión nacionales norteamericanas.

Channel Islands Un grupo de islas en el Canal de la Mancha que están más cerca de la costa de Francia que de la de Inglaterra. No forman parte del Reino Unido. Desde el punto de vista oficial son dependencias autónomas de la corona británica. Jersey y Guernsey son las más grandes de las Islas Anglonormandas.

Christmas Day ▶ DÍAS FESTIVOS, FIESTAS, Y TRADICIONES

Church of England La Iglesia Anglicana, protestante, es la Iglesia oficial de Inglaterra. Fue creada en 1534, bajo el reinado de Enrique VIII, por una ley (*Act of Supremacy*) mediante la cual el rey reemplazó al Papa como jefe de la Iglesia en Inglaterra. En la actualidad el monarca lo sigue siendo, pero sus obispos y arzobispos son designados a propuesta del primer ministro. El jefe espiritual de la Iglesia es el Arzobispo de Canterbury. Inglaterra está dividida en 44 diócesis y 13.000 parroquias (*parishes*) cada una de las cuales está a cargo de un párroco (*vicar*). En 1992, el *General Synod* u organismo rector de la Iglesia, permitió a las mujeres ser párrocos. También se la conoce por la *Anglican Church* y es parte del grupo mundial de iglesias que comparten fundamentalmente las mismas creencias y organización, conocido como la

Anglican Communion (Comunión Anglicana). La Iglesia Anglicana es conocida como la *Episcopalian Church* (Iglesia Episcopal) en Escocia y EEUU. En Irlanda como la *Church of Ireland* (Iglesia de Irlanda) y en Gales como la *Church in Wales* (Iglesia en Gales).

City The City es el área que se encuentra dentro de los límites de la antigua ciudad de Londres. Hoy en día es el centro financiero y de negocios de la capital. Allí tienen sus sedes centrales muchos bancos e instituciones financieras. A menudo, cuando se habla de The City, se está refiriendo a estas instituciones y no a la zona propiamente dicha.

Civil War 1. (en Inglaterra) Muchas de las causas que provocaron la guerra civil (1642–1651) entre los *Royalists* (monárquicos) o *Cavaliers* (partidarios del rey Carlos I) y las fuerzas parlamentarias (apodadas *Roundheads*) encabezadas por Oliver Cromwell tenían que ver con los problemas religiosos y económicos de la época. El intento de Carlos I de arrestar a los miembros del cuerpo legislativo al negarle éste los fondos necesarios para seguir gobernando como autócrata fue lo que desencadenó el conflicto militar. Vencido en las batallas de Marston Moor (1644) y Naseby (1645), el rey se entregó al ejército escocés un año más tarde. Condenado a muerte por una comisión parlamentaria bajo Cromwell, fue ajusticiado en 1649. Durante los años que siguieron, Cromwell disolvió el Parlamento en varias ocasiones y gobernó durante varios años como dictador. La monarquía fue restaurada en 1660 bajo Carlos II, hijo de Carlos I.

2. (en Estados Unidos) La Guerra de Secesión (1861–5), entre los estados del norte y los del sur de EEUU, se inició principalmente a raíz del problema de los esclavos. Once estados del sur, donde la economía agrícola dependía del trabajo de éstos, en 1861 formaron la Confederate States of America, para separarse de la Unión. La Guerra estalló el 12 de abril. Al rendirse la Confederación el 9 de abril de 1865 se abolió la esclavitud y en 1870, posteriores enmiendas a la Constitución otorgaron a los negros, al menos en teoría, los mismos derechos de los blancos.

Clubbing Un pasatiempo entre los jóvenes del Reino Unido. '*Going clubbing*' significa ir de discotecas donde se sirven bebidas y a veces algo de comer; se toca música muy alto y se tiene una pista de baile. Se puede entrar mediante el pago de una suma, por lo general más alta antes de las 11 p.m. Estos lugares están vigilados por *bouncers* (gorilas).

CNN (*Cable News Network*) Una compañía de televisión norteamericana que emite programas informativos y de noticias vía satélite, las veinticuatro horas del día.

Cockney Una persona de clase obrera que ha nacido y se ha criado en el tradicional EAST END (barrio del este) de Londres. Es también el nombre del dialecto que hablan, que incluye un argot rítmico en el que, por ejemplo, '*apples and pears*' significa '*stairs*' y '*trouble and strife*' significa '*wife*'.

common law En el derecho inglés, el término se refiere a la ley basada en la costumbre y en el fallo de los tribunales (derecho consuetudinario y jurisprudencia respectivamente), es decir que no ha sido creada en el Parlamento. A menudo se contrapone a derecho escrito (*statute law*). El derecho consuetudinario (*common law*) sólo rige cuando el derecho escrito no se pronuncia en una materia.

Commonwealth La Commonwealth o Comunidad Británica de Naciones, creada en 1931, es una asociación de estados independientes, en su mayoría ex colonias británicas, más algunas dependencias británicas, tales como Las Bermudas, Las Islas Malvinas y Gibraltar. Los miembros trabajan juntos para lograr ciertos fines como la paz mundial, fomento del comercio y la defensa de la democracia. Cada dos años se celebra una reunión de todos los jefes de gobierno de la Comunidad (*the Commonwealth Conference*), para debatir asuntos de carácter político y económico. Cada cuatro años se celebran los *Commonwealth Games*, competencia deportiva en el que uno de los miembros es el anfitrión.

community college Un tipo de universidad norteamericana donde se imparten cursos de nivel universitario de dos años de duración. Son cursos prácticos orientados a la población local.

comprehensive school Colegio británico de educación secundaria con alumnos de todos los niveles, cuyas edades están comprendidas entre los 11 y los 18 años. Estos colegios fueron introducidos en los años 60, con el fin de crear un sistema educativo más igualitario, en sustitución del sistema selectivo que operaba en esa época. *Ver tb* GRAMMAR SCHOOL.

Congress El Congreso es el organismo nacional legislativo de Estados Unidos. Se reúne en el Capitolio (CAPITOL) y está compuesto por dos cámaras, el Senado (SENATE), y la Cámara de Representantes (HOUSE OF REPRESENTATIVES). Se renueva cada dos años y su función es elaborar leyes. Toda nueva ley debe ser aprobada primero por las dos cámaras y posteriormente por el presidente (PRESIDENT).

Conservative Party El Partido Conservador es uno de los principales partidos políticos británicos. Se sitúa a la derecha del espectro político y apoya el sistema capitalista, la libre empresa y la privatización de la industria y los servicios públicos. Surgió alrededor de 1830 como resultado de la evolución del *Tory Party* y a menudo se le denomina aún por este nombre.

Constituency Una de las áreas en que se dividen, para efectos electorales, el RU, Canadá, y Australia.

Constitution La Constitución de los EEUU, escrita después de que el país se independizara de Gran Bretaña, fue ratificada en 1789 por representantes de cada una de las trece ex colonias que conformaban los Estados Unidos, incluidos algunos de los padres de la nación (FOUNDING FATHERS). La Constitución estableció los tres poderes de gobierno, el legislativo (CONGRESS), el judicial (SUPREME COURT), y el ejecutivo (PRESIDENT). La separación de poderes fue ideada a fin de evitar que cualquiera adquiriera demasiada autoridad. El texto básico de la Constitución nunca ha cambiado, pero desde 1789 se le han hecho 27 enmiendas. Las primeras diez enmiendas se conocen como *the* BILL OF RIGHTS.

council Gran Bretaña está dividida, con fines administrativos, en áreas. Las más grandes son los condados (COUNTIES) y en Escocia, regiones (*regions*); ambos se dividen en *districts*. Todos son dirigidos por *councils* que cuentan con poderes otorgados por el gobierno central. Están formados por representantes o *councillors* que son elegidos por los habitantes de la localidad. Sus responsabilidades incluyen la educación, los servicios sociales, los servicios de la policía y de los bomberos, bibliotecas, y otros servicios locales. Los *parish councils* (*community councils* en Escocia y Gales) son las unidades más pequeñas de gobierno local.

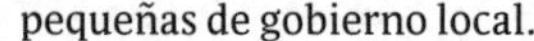

Country and Western También conocida como música country, es música popular en el estilo tradicional de la música folklórica de los blancos en los estados del sur de los EEUU y de las canciones de los vaqueros del oeste. Las canciones, por lo general, tratan temas personales y emotivos. Entre los cantantes famosos de este género se incluyen Johnny Cash, Willie Nelson, Dolly Parton, y Loretta Lynn.

county Región administrativa de Gran Bretaña que agrupa un número de distritos (*districts*). Los condados son las principales unidades administrativas de Gran Bretaña y muchos tienen demarcaciones que se remontan a muchos años atrás. Sin embargo, en las últimas décadas, éstas y sus nombres han cambiado mucho, y el término *county* a menudo ya no se usa. La mayoría de los estados en EEUU también están divididos en condados. Hay alrededor de 3.000 condados en EEUU.

courts En los Estados Unidos cada estado tiene sus tribunales independientes pero también existen tribunales federales que conocen, entre otros, de los conflictos entre los estados o los ciudadanos de diferentes estados. El Tribunal Supremo (SUPREME COURT) es un tribunal federal. La mayoría de los estados tienen distintos tribunales para los casos civiles y criminales y un tribunal supremo que actúa como el tribunal de apelación final. Un caso criminal típico en EEUU será juzgado en un tribunal comarcal con un funcionario conocido como el fiscal del distrito, que lleva la acusación. El juez lleva una toga negra y los abogados (o '*counsels*') llevan ropa normal. En Inglaterra y Gales, los tribunales locales son conocidos como *magistrates' courts* (equivalente a un tribunal de primera instancia). Por lo general, los preside un *magistrate*, que es un lego que no recibe remuneración. Éstos remiten los casos más graves a los tribunales que conocen de lo criminal (*crown courts*), en los que los *barristers* (abogados habilitados para actuar ante un tribunal superior) comparecen por la acusación y la defensa. El último tribunal de apelación es el Tribunal Supremo (UNITED KINGDOM SUPREME COURT). En Escocia, que tiene un sistema legal propio, los casos menores son conocidos por los *magistrates' courts* o por un tribunal de la policía. Los casos más graves se tratan ante un *sheriff* (juez principal de un distrito). Los tribunales más altos se conocen como el *High Court of Justiciary* y el *Court of Session* para los casos criminales y civiles respectivamente. En Inglaterra, Gales y Escocia, los jueces y abogados llevan togas y pelucas cuando comparecen en el tribunal.

cricket El críquet se juega principalmente en Gran Bretaña y los países de la COMMONWEALTH. Dos equipos de once jugadores se turnan para batear y fildear; cuando están bateando, corren entre los '*wickets*' (palos) a fin de acumular carreras. *Ver* ASHES.

cuisine La cocina tradicional británica tiende a los platos fuertes que hacen entrar en calor, tales como el pescado frito con patatas fritas, estofados o guisos y postres a base de sebo. Sin embargo, en los últimos años, la cocina en los hogares británicos y en los restaurantes se ha vuelto mucho más variada y sofisticada, gracias a las influencias culinarias de Europa y de países como la India, China, y Tailandia, y de los chefs de la TV que han ayudado a promocionar una cocina más innovadora y, cada vez más, el uso de ingredientes autóctonos de alta calidad. En los EEUU gran parte de la cocina tradicional norteamericana se basa en los cultivos de los primeros colonos, por ejemplo el maíz y la calabaza. La influencia mexicana es grande, especialmente en el suroeste. Los inmigrantes judíos trajeron los *bagels* y los *pretzels* y los alemanes las hamburguesas, la base de gran parte de la industria de la comida rápida. La mayoría de los platos servidos en los restaurantes chinos, fuera de la China, en realidad, fueron desarrollados en EEUU.

Cup final ▸ FOOTBALL

degree A las personas que terminan una carrera universitaria en los países de habla inglesa, se les otorga un título. La calificación del primer nivel, es la licenciatura (*bachelor's degree*), la del segundo, es la maestría (*master's degree*), y la más alta, el doctorado (*doctorate*). La licenciatura en filosofía y letras, o su titular, se conoce como BA (en EEUU también como AB), una maestría en ciencias es una MSc (también ScM en EEUU) y el título de un doctor en filosofía es conocido casi en todas partes como un PhD.

Democratic Party Creado en 1792, es uno de los dos principales partidos políticos de Estados Unidos. El otro es el Partido Republicano (REPUBLICAN PARTY). El Partido Demócrata está considerado como el propulsor de políticas más liberales, especialmente referidas a temas que afectan a la sociedad. Por esta razón, consigue el apoyo de sindicatos y grupos minoritarios.

devolution En el Reino Unido, el término *devolution* implica la transferencia de competencias del gobierno central tanto a las naciones históricas de Escocia y Gales y a la provincia de Irlanda del Norte, como a otras regiones periféricas del estado británico. Después de la victoria Laborista en las urnas en 1997, fueron inaugurados el Parlamento escocés y las Asambleas de Irlanda del Norte y de Gales. *Ver tb* SCOTLAND, NORTHERN IRELAND, WALES.

District Attorney ▸ COURTS

DIY Una actividad popular en el Reino Unido. *DIY* o *Do It Yourself* (Hágalo usted mismo) abarca una variedad de actividades desde la pintura de paredes hasta la plomería, que se llevan a cabo para mejorar los hogares. El objetivo de los que las efectúan es evitar pedir ayuda profesional, pero se los suele considerar graciosos porque sus aptitudes no siempre están a la altura de sus aspiraciones.

Dow Jones Average También *Dow Jones Index* (índice Dow Jones), expresa en puntos el precio relativo de las acciones en la Bolsa de Nueva York. Se basa en el precio promedio de ciertas acciones seleccionadas. Se emplea para medir la fuerza del mercado bursátil de EEUU.

Downing Street Una calle del céntrico barrio londinense de Westminster. El número 10 es la residencia oficial del primer ministro y el número 11 la del *chancellor of the Exchequer* (equivalente al cargo del Ministro de Economía y Hacienda). Los periodistas utilizan a menudo las expresiones *Downing Street* o *Number 10* para referirse al despacho del Primer Ministro.

Driving En el RU, Australia, Nueva Zelanda y África del Sur, los vehículos se conducen por el lado izquierdo de la calzada. En EEUU y Canadá se conduce por el lado derecho como se hace en el resto de Europa.

East End Área de Londres que está al este de la CITY, tradicionalmente el lugar donde vive la clase obrera y donde se encontraba el puerto de Londres que, en la actualidad, está casi cerrado a los barcos y toda el área a su alrededor ha sido considerablemente reurbanizada. Se la conoce como Docklands y contiene muchas viviendas de categoría como también recintos comerciales, tales como la torre y complejo Canary Wharf, centro de muchos periódicos destacados. El área está conectada al resto de Londres por el nuevo Tren Ligero de los Docklands.

East Side En Nueva York, el área al este de Central Park, tradicionalmente más rica y moderna que el área oeste de la ciudad.

Edinburgh Festival Un festival internacional de tres semanas de música, teatro, danza etc., que se viene celebrando cada agosto en Edimburgo desde

1947. Muchos turistas vienen a ver las actuaciones y los conciertos, incluida la gran cantidad que no forma parte oficial del festival y que se conoce como *Edinburgh Fringe*. En la actualidad, éste se considera tan importante como el festival mismo por la originalidad y nivel de su contenido.

education En EEUU la educación primaria y secundaria es proporcionada gratis por el gobierno federal. Los niños empiezan formalmente el colegio a los cinco años, en un kindergarten. Éste conjuntamente con los próximos cinco o seis años de educación se conoce como ELEMENTARY SCHOOL. Le siguen ya sea dos años en un *junior high school*, o tres años en un *middle school*, y luego los últimos años de educación en un HIGH SCHOOL, hasta que se cumple 18 años. Después de esta edad la educación no es gratuita, aunque los gobiernos de cada estado subsidian la educación de las personas que viven en ellos. Alrededor del 45% de los norteamericanos sigue alguna clase de educación después de la secundaria y más del 20% se gradúa de algún instituto o universidad. En el Reino Unido, el colegio es obligatorio para los niños entre las edades de cinco y dieciséis años. La educación primaria se obtiene en un *infant school* seguida de un *primary school*. Después de los 11 años se empieza la educación secundaria, normalmente en un COMPREHENSIVE SCHOOL. Dentro del sistema estatal también existen los colegios *Academy*, *Foundation* y *Specialist* que tienen planes de financiación especiales y una autonomía ampliada. Un número más reducido asiste a los GRAMMAR SCHOOLS selectivos. Después de los 16 años, algunos estudiantes dejan el colegio, otros prosiguen hacia la *further education* y otros continúan en el colegio para preparar los *A levels*. Si desean acceder a la educación superior, necesitan costearse tanto los gastos de su propio mantenimiento como los de matrícula, para lo cual un gran número solicita préstamos. La mayoría de los alumnos asiste a un colegio estatal y unos pocos a los *independent schools*, que son de pago.

Eisteddfod En Gales son festivales tradicionales durante los cuales individuos y grupos en representación de aldeas, iglesias, colegios o condados rivales compiten entre sí en la composición e interpretación de poesía, prosa y piezas musicales. Desde 1880 el *National Eisteddfod of Wales* que dura más de una semana viene celebrándose cada agosto en una localidad distinta de Gales. Todos los eventos se celebran en galés (WELSH).

elections En EEUU se celebran elecciones para ocupar el cargo de presidente (PRESIDENT), para llenar ambas cámaras del Congreso (CONGRESS) y cargos a nivel local y estatal. Los candidatos se presentan ya sea con el apoyo del Partido Republicano (REPUBLICAN PARTY) o del Partido Demócrata (DEMOCRATIC PARTY). El que desee presentarse como independiente, puede hacerlo elevando una petición con firmas que la apoyen. Las elecciones presidenciales se celebran cada cuatro años. Los partidos preseleccionan a sus candidatos mediante una serie de primarias (PRIMARY) celebradas en cada estado. La selección final de los candidatos para presidente y vicepresidente se efectúa en la convención o congreso (*party convention*) que cada partido celebra en los meses de julio y agosto. El presidente es elegido en noviembre mediante el sistema de colegios electorales (ELECTORAL COLLEGES). En el Reino Unido, las elecciones generales deben celebrarse por ley, cada cinco años. Sin embargo el primer ministro puede convocar elecciones anticipadas si parece que tiene buenas posibilidades de triunfar. En el Reino Unido hay 659 circunscripciones electorales (*constituencies*), cada una de las cuales elige un parlamentario (MP). El sistema electoral que se aplica es el *first-past-the-post system*, es decir que se resulta elegido por mayoría relativa. El líder del partido que obtiene el mayor número de escaños, pasa a ser el primer ministro y forma el nuevo gobierno.

electoral college Es el sistema adoptado por los EEUU para elegir presidente y vicepresidente, mediante el cual los votantes de cada estado eligen a compromisarios (*electors*) que conforman los colegios electorales, los que a su vez se comprometen a votar por un determinado candidato. Todos los votos de un estado van a un candidato. Sólo 270 votos (*electoral college votes*) se necesitan para obtener la victoria, todo lo cual significa que el presidente puede ser elegido sin obtener la mayoría del voto popular.

elementary school También *grade school*. En EEUU, un colegio de enseñanza primaria dirigido a niños de edades comprendidas entre 6 y 12 ó 13 años.

England De los países que conforman el Reino Unido, Inglaterra es el más grande en cuanto a territorio y el que tiene, con mucho, la población más grande. A través de la historia, pudo unir a sí a los otros países que ahora forman el RU, al ser el poder militar, político, y económico dominante en las Islas Británicas (BRITISH ISLES). En la actualidad este proceso se ha ido invirtiendo (*ver* DEVOLUTION). Escocia, Gales, e Irlanda del Norte tienen ahora parlamentos o asambleas para tratar sus asuntos nacionales, pero Inglaterra sigue gobernándose exclusivamente por el Parlamento británico en Westminster.

English Breakfast Un desayuno caliente tradicional de huevos, tocino, pan, salchichas, champiñones y tomates, por lo general, fritos.

Estuary English Un tipo de inglés, criticado como feo y descuidado, que habla sobre todo la gente joven de Inglaterra. Tiene mucha influencia del acento COCKNEY. Se originó en el área alrededor del estuario del Río Támesis, pero se ha extendido ya a otras regiones.

Examinations En Inglaterra, Gales e Irlanda del Norte muchos escolares hacen los exámenes *General Certificate of Secondary Education* (*GCSE*) en una variada gama de asignaturas, al final del quinto año de la secundaria. Los que continúan en la educación escolar hacen el *Advanced Supplementary* (*A/S*) *Level* en un número menor de asignaturas, en el sexto año y el *Advanced Level* (*A Level*) en el último año. El ingreso a la universidad depende de que el estudiante apruebe al menos dos *A Levels*. Los que deseen estudiar asignaturas vocacionales hacen los exámenes *General National Vocational Qualifications* (*GNVQs*) en los colegios y las escuelas politécnicas. En Escocia los estudiantes hacen los *Standard Grade*, al final del cuarto año de la secundaria y los *Higher* y *Advanced Higher* para poder entrar a la universidad. En los Estados Unidos, los exámenes públicos no son una característica de la educación. Los estudiantes obtienen su *high school diploma* al final de la educación secundaria, principalmente, basándose en las calificaciones otorgadas por los profesores de cada curso. Algunas universidades y colegios también exigen, antes de solicitar su ingreso, que los estudiantes hagan un examen nacional, el *American College Test* (*ACT*), en inglés, matemáticas y razonamiento científico. *Ver tb* EDUCATION.

Fifth Amendment ▸ BILL OF RIGHTS

Fish and chips Un plato británico popular, de filete de pescado rebozado y frito, acompañado de patatas fritas. En el RU muchos restaurantes de comida para llevar, se especializan en este plato y se los denomina *fish-and-chip shops*, *chip shops*, o *chippies*.

Flower of Scotland El himno nacional de Escocia.

Football Es el deporte más popular del Reino Unido. Muchos de los conocidos clubes de fútbol profesionales están basados en Londres (Arsenal, Chelsea, Tottenham Hotspur) o en las grandes ciudades de la región central de Inglaterra y del Norte (Manchester United, Newcastle United, Aston Villa). Todos los clubes profesionales y algunos no profesionales toman parte anualmente en una competición eliminatoria, la *FA Cup*. Los dos equipos ganadores juegan en la *Cup Final*, tradicionalmente, el partido más importante de la temporada. Escocia tiene una liga de fútbol separada que está organizada de manera similar. Sus dos clubes más famosos, Celtic y Rangers, tienen su base en Glasgow. En EEUU, normalmente el fútbol recibe el nombre de '*soccer*' y la palabra '*football*' se refiere al fútbol americano.

Founding Fathers Aquellos norteamericanos que sentaron las bases del gobierno de EEUU en la *Federal Constitution Convention* en 1787, ocasión en que se redactó y firmó la Constitución (CONSTITUTION). Los más conocidos son George Washington, Thomas Jefferson y Benjamin Franklin.

fraternity Una hermandad de varones en muchos establecimientos de la enseñanza superior en EEUU. Por lo general, sus miembros viven juntos en una *fraternity house*. Cada *fraternity* lleva como nombre el de dos o tres letras griegas, como por ejemplo '*Lambda Delta Chi*'. Hacen obras de caridad y a algunas de ellas les interesa el éxito académico. Han recibido críticas de elitistas y discriminatorias, pero en la actualidad vuelven a tener aceptación ya que su sistema comunitario reduce el costo de la vida para los estudiantes, en una época en que la educación es cada vez más cara. *Ver tb* SORORITY.

FTSE-100 (pronunciado '*Footsie one hundred*') Un promedio del valor de las acciones de las 100 empresas más grandes que aparecen en las listas de la Bolsa de Londres y que se publican diariamente en el periódico *Financial Times*. Se usan como un indicador importante del rendimiento de la economía británica.

further education En Gran Bretaña, el término *further education* se utiliza normalmente para referirse a cualquier tipo de enseñanza dirigida a personas que tengan más de 16 años, edad mínima en que se puede dejar la escolaridad obligatoria, y que no estén en la universidad, en cuyo caso se habla de *higher education*. Sin embargo, en los Estados Unidos, el término *further education* también se utiliza para referirse a la educación universitaria.

Gaelic Así se denominan varias lenguas de origen celta habladas en distintas regiones de las Islas Británicas. El *Scots Gaelic* es hablado por unas 50.000 personas que viven en las Highlands y en las islas del oeste de Escocia. En cuanto al *Irish* o *Irish Gaelic*, aunque casi 1,5 millones de personas afirman dominarlo, se calcula que apenas la mitad lo habla diariamente. En la Isla autónoma de Man, varios centenares de personas hablan hoy el *Manx Gaelic*.

Gap Year Así se denomina en Gran Bretaña el período entre el final de los estudios preuniversitarios y el comienzo de la carrera universitaria que toman muchos estudiantes para conseguir experiencia laboral y acumular fondos o para viajar a otros países.

GCSE ▸EXAMINATIONS

Geordie Una persona de Newcastle upon Tyne en el norte de Inglaterra. La palabra también se usa para designar el acento o dialecto de estas personas.

Gettysburg Address Un discurso pronunciado por Abraham Lincoln en 1863, en la inauguración de un monumento a los caídos en la Batalla de Gettysburg durante la Guerra de Secesión (CIVIL WAR). Contiene la memorable definición de democracia como 'un gobierno del pueblo, por el pueblo y para el pueblo'.

GNVQ ▸EXAMINATIONS

God Save the Queen Es el himno nacional británico. No se sabe quién escribió la letra o compuso su música, pero en el siglo dieciocho ya era una canción tradicional.

GP (*general practitioner*) Un médico generalista (también llamado *family doctor*), que trata a todo tipo de pacientes dentro de una localidad de Gran Bretaña. Es el equivalente al médico de familia. En un consultorio (*surgery*) suelen atender varios médicos (*group practice*). Cada consultorio tiene financiación directa o indirecta del gobierno.

grade school ▸ ELEMENTARY SCHOOL

grammar school En algunas áreas de Inglaterra y Gales, un tipo de colegio de enseñanza secundaria (*secondary school*) que admite a alumnos que han aprobado una prueba de aptitud. Desde 1965, estos colegios han sido reemplazados en su mayor parte por los COMPREHENSIVE SCHOOLS.

Great Britain Gran Bretaña es la más grande de las Islas Británicas (BRITISH ISLES). Incluye a Inglaterra, Escocia y Gales. A menudo el término '*Britain*' se emplea erróneamente para hacer referencia al Reino Unido (UNITED KINGDOM) o a Inglaterra.

green card **1.** En EEUU es un documento oficial que cualquier persona que no sea ciudadana americana debe obtener para tener el derecho a residir y trabajar en Estados Unidos. **2.** En el Reino Unido es un documento que el conductor o dueño de un automóvil debe conseguir de la compañía de seguros al llevarlo al extranjero para que siga vigente la cobertura de la póliza.

Greyhound bus Vehículo que pertenece a la mayor compañía de autobuses de los Estados Unidos (*The Greyhound Lines Company*). Circulan entre ciudades y grandes poblaciones a través de toda la geografía estadounidense y son muy usados por la gente joven y los turistas, quienes a menudo recorren grandes distancias en ellos.

Groundhog Day ▸ DÍAS FESTIVOS, FIESTAS, Y TRADICIONES

Guardian Angels Una organización formada por jóvenes en Estados Unidos y creada para proteger a la población de la delincuencia. Sus miembros llevan gorras rojas y camisas que tienen el eslogan '*Dare to Care*' (o sea 'Atrévete a preocuparte por los demás'). Trabajan en colaboración con la policía y no van armados.

gun control El control de armas es uno de los temas más polémicos de EEUU. Muchos son de la opinión que se debería prohibir su posesión por parte de ciudadanos comunes, debido al gran número de delitos violentos cometidos con ellas. Otros opinan que tal prohibición contravendría la Constitución, la que establece el derecho a portar armas (*right to bear arms*). La NATIONAL RIFLE ASSOCIATION se ha opuesto a toda ley relacionada con el tema. Sin embargo en 1993, el congreso aprobó la '*Brady Bill*' que restringe la venta y uso de cierto tipo de armas.

Gunpowder Plot ▸ BONFIRE NIGHT

Guy Fawkes' Night ▸ BONFIRE NIGHT

haka Un canto de guerra tradicional de los maoríes de Nueva Zelanda, que se acompaña pateando el suelo y con enérgicos movimientos de brazos. El equipo nacional de rugby de Nueva Zelanda, tradicionalmente ejecuta un *haka* antes de empezar un partido.

Halloween ▸ DÍAS FESTIVOS, FIESTAS, Y TRADICIONES

Harlem Un barrio en Manhattan, Nueva York, tradicionalmente el lugar donde vive una gran comunidad de negros con una fuerte tradición jazzística.

high school En Estados Unidos, el último ciclo del colegio secundario, generalmente para alumnos cuyas edades están comprendidas entre los 14 y los 18 años. En Gran Bretaña, algunos colegios secundarios también se llaman *high schools*.

holidays ▸ DÍAS FESTIVOS, FIESTAS, Y TRADICIONES

homecoming Un acontecimiento que se celebra cada año en los establecimientos de enseñanza superior en EEUU. Por lo general tiene lugar en el otoño cuando los antiguos alumnos regresan para participar en toda clase de actividades, entre las que se incluyen un *homecoming game* de fútbol americano, un *homecoming parade* y el *homecoming dance*. También se elige a la *homecoming queen*.

Honours List Cada año, en junio, para el cumpleaños de la reina (*Queen's* OFFICIAL BIRTHDAY) y para el día de Año Nuevo, se publica una lista con el nombre de las personas que se han distinguido por su labor, tanto a nivel nacional como local. Estas reciben una gran variedad de títulos honoríficos que van desde el de *Lord* o *Lady* (*peerage*), el de *Sir* (*knighthood*) o *Dame* (el equivalente para una mujer), hasta otros de menor importancia. También al final de cada legislatura antes de elecciones generales, el primer ministro propone una lista con los nombres de políticos para los *Dissolution Honours*.

House of Commons La Cámara de los Comunes es la cámara baja del Parlamento británico o HOUSES OF PARLIAMENT. Los parlamentarios elegidos para reunirse aquí se denominan MPS (*members of Parliament*).

House of Lords La Cámara de los Lores es la cámara alta del Parlamento británico. Su función es discutir y posteriormente aprobar o sugerir cambios a la legislación que haya sido aprobada en la Cámara de los Comunes (HOUSE OF COMMONS), con la única excepción de la ley de presupuestos generales del estado que es tratada exclusivamente por ésta última. Sus miembros son nombrados en su mayoría, y hasta 1999 un número de los cargos eran hereditarios. Se han propuesto unas medidas de reforma según las cuales un porcentaje de los lores serían elegidos directamente por el pueblo.

House of Representatives La Cámara de Representantes es la cámara baja del Congreso (CONGRESS) de Estados Unidos. Está formada por 435 representantes (REPRESENTATIVES) que son elegidos cada dos años. Cada estado de EEUU tiene un número de representantes proporcional a su población. Esta cámara es la encargada de introducir nueva legislación, por lo que toda nueva ley debe ser aprobada por ella.

Houses of Parliament Son las dos cámaras del Parlamento británico, la Cámara de los Comunes (HOUSE OF COMMONS) y la Cámara de los Lores (HOUSE OF LORDS). El Palacio de Westminster (*Palace of* WESTMINSTER), que es el grupo de edificios situados en el centro de Londres donde se reúnen los miembros de las dos cámaras, también se conoce con este nombre.

Hunting En EEUU, es un deporte para individuos o pequeños grupos que salen con escopetas a acechar o a cazar animales. En el RU este deporte se conoce por '*shooting*' y el término '*hunting*' se refiere a la caza tradicional, en la que un grupo de personas, con chaquetas rojas o negras, montan a caballo a través del campo siguiendo a una jauría que caza y finalmente mata a un animal; por lo general un zorro. En noviembre de 2004, el Parlamento británico aprobó una ley para prohibir la caza con jauría en Inglaterra y Escocia. Partidarios de este tipo de caza sostienen que la prohibición no sólo pondrá fin a una tradición que se remonta a cientos de años, sino que también tendrá graves efectos económicos y sociales en la vida rural y se han propuesto trabajar para levantar la prohibición.

Inauguration Day En EEUU, el día en que el nuevo presidente asume oficialmente el poder. La ceremonia de investidura siempre tiene lugar el 20 de enero, en Washington DC.

Independence Day ▸ DÍAS FESTIVOS, FIESTAS, Y TRADICIONES

independent school Un colegio de Gran Bretaña que no recibe dinero alguno del estado y se autofinancia mediante el pago de cuotas por parte de los padres. Los PUBLIC SCHOOLS y los PREPARATORY SCHOOLS están dentro de esta categoría.

infant school ▸ EDUCATION

IRA (*Irish Republican Army*) El IRA (Ejército Republicano Irlandés) es una organización paramilitar ilegal cuyo objetivo es la unificación de la República de Irlanda e Irlanda del Norte. En 1970, como respuesta a lo que se percibía como represión contra la minoría católica en Irlanda del Norte, una facción del IRA (*Provisional IRA*) empezó a cometer actos de terrorismo en Irlanda del Norte e Inglaterra. El acuerdo de Viernes Santo (*Good Friday Agreement*) en 1998 llevó a un período de paz sostenida entre las comunidades enfrentadas y a la destrucción del arsenal de armas de la organización. En julio de 2005 anunció el cese de la lucha armada. *Ver tb* SINN FEIN.

ITV (*Independent Television*) Un grupo de compañías de televisión comercial que ofrecen programaciones diferentes para quince regiones distintas del Reino Unido.

Ivy League El grupo de universidades más antiguas y más respetadas de EEUU, situadas en el noreste del país. Son: Harvard, Yale, Columbia University, Cornell University, Dartmouth College, Brown University, Princeton University y la University of Pennsylvania. El término proviene de la hiedra que crece en los antiguos edificios de las universidades.

John Bull Una figura imaginaria que se supone representa a Inglaterra o la esencia de ser inglés y que por lo general es representada por un hombre gordo de pantalones ajustados, que lleva un frac y un sombrero de copa baja y ala ancha. Muy poca gente moderna se identificaría con John Bull y es mucho menos símbolo patriótico que el Tío Sam (UNCLE SAM) en EEUU.

junior high school ▸ EDUCATION

junior school Un colegio estatal de Gran Bretaña para niños de entre 7 y 11 años.

King James Bible ▸ AUTHORIZED VERSION

kirk Palabra escocesa que significa iglesia. '*The Kirk*' quiere decir la *Church of Scotland* (Iglesia de Escocia).

kiwi Un pájaro que no vuela, autóctono de Nueva Zelanda. Los neocelandeses y sus equipos deportivos se conocen por el apodo '*Kiwis*'.

Ku Klux Klan Una organización secreta en EEUU, que se opone a la igualdad de derechos para los afroamericanos (AFRICAN-AMERICANS). Se estableció en 1866, después de la abolición de la esclavitud. Declarada ilegal en 1871, resurgió en 1915, ampliando sus ataques para incluir también a los judíos, católicos y extranjeros. Durante los años 60 se opuso violentamente a la campaña por la igualdad de los derechos civiles de los afroamericanos. En la actualidad tiene poca influencia. Los miembros del KKK se visten con túnicas largas de color blanco y capuchones altos terminados en punta que les ocultan la cara.

Labor Day El Día del Trabajo es un día festivo de carácter nacional en EEUU, celebrado el primer lunes de septiembre en honor a los trabajadores.

Labor Party En Australia, es uno de los dos principales partidos políticos. Por lo general, es de una política de centro izquierda moderada.

Labour Party El Partido Laborista es uno de los tres principales partidos políticos de Gran Bretaña. Accedió por primera vez al poder en 1924 con el objetivo de representar los intereses de los trabajadores y sindicatos. En las últimas décadas, ha abandonado su postura de izquierda en puntos tales como la propiedad pública de la industria y los servicios, y hoy en día sus líderes prefieren denominarlo *New Labour*.

lawyer En el RU un abogado que lleva los asuntos legales normales y corrientes de las personas se llama *solicitor*. Los *barristers* representan a los clientes ante los tribunales superiores. Cuando una persona es acreditada *barrister*, se dice ésta ha ingresado a la abogacía ('*has been called to the Bar*'). Los términos *barrister* y *solicitor* no se usan en EEUU, donde no se hace esta distinción entre diferentes tipos de abogados. Tanto en el RU como en EEUU, el término *counsel* se puede emplear para designar a un abogado o a un equipo de abogados que presentan un caso ante un tribunal.

Liberal Democratic Party Al Partido Demócrata Liberal también se lo conoce informalmente como los *Lib Dems*. Es el tercer partido en importancia en Gran Bretaña. Se formó en 1988 mediante la unión del Partido Liberal (*Liberal Party*) y el Partido Socialdemócrata (*Social Democratic Party*).

Liberal Party Un importante partido político en Australia que fundamentalmente aboga por políticas conservadoras.

licensing laws Las leyes que controlan la venta y el consumo de alcohol en Gran Bretaña, en PUBS, tiendas, supermercados y *off-licences*. Establecen dónde se puede vender, cuándo y a quién. En los últimos años las horas en que se pueden vender bebidas alcohólicas se han hecho menos estrictas y existe una gran variedad al respecto a través del RU. En EEUU hay leyes locales acerca de la venta y consumo del alcohol. Existen algunas ciudades secas (*dry*), donde está prohibida la venta de bebidas alcohólicas.

L-plates En el RU, es un pequeño cuadrado blanco de plástico con una letra 'L' en rojo, que se debe llevar en la parte delantera y trasera del vehículo conducido por una persona que está aprendiendo a conducir y que todavía no ha aprobado el examen correspondiente.

Man Booker Prize for Fiction En el Reino Unido, un premio que se otorga cada octubre al autor de la mejor novela de ficción que se haya publicado el año anterior.

mayor En EEUU el alcalde (*mayor*) de una ciudad es elegido por sus habitantes y tiene poderes ejecutivos. En Inglaterra y Gales, es el jefe de un ayuntamiento (COUNCIL) de una ciudad o un municipio (*borough*), elegido tradicionalmente por otros concejales (*councillors*). En algunas ciudades grandes se le confiere el título de *Lord Mayor* y su equivalente en Escocia es *provost* o *Lord Provost*. Llevan a cabo tareas oficiales pero tienen poco poder político. En los últimos años varias ciudades grandes británicas han empezado a someter el cargo de alcalde a la votación popular. En 2002, Londres fue la primera de estas ciudades en elegir un alcalde con poderes ejecutivos, quien desempeña el cargo por un período de cuatro años.

member of Parliament ▶MP

Memorial Day Un día festivo en EEUU en honor a los americanos caídos en la guerra. Tiene lugar, por lo general, el último lunes de mayo.

middle school ▶EDUCATION

midterms (*midterm elections*) En EEUU una serie de elecciones para la Cámara de Representantes (HOUSE OF REPRESENTATIVES), celebradas en la mitad del mandato del presidente.

Mormon La *Church of Jesus Christ of Latter-Day Saints* cuenta hoy con unos 10 millones de miembros, denominados *Mormons*. Fue fundada en 1830 por Joseph Smith. Posteriormente, guiados por Brigham Young, sus miembros se trasladaron hacia el oeste para fundar Salt Lake City en el estado de Utah, la mayoría de cuyos habitantes son hoy mormones. Tienen reglas morales muy estrictas y no beben alcohol ni café.

Morris dancing Un tipo de baile folklórico que se originó en el RU. Se baila en formación, normalmente por varones ('*Morris men*'), que llevan camisa blanca, pantalones llenos de campanitas, sombrero de paja y que agitan pañuelos o palos.

Mother's Day (Mothering Sunday) ▶DÍAS FESTIVOS, FIESTAS, Y TRADICIONES

motorways Gran Bretaña tiene un amplio sistema de autopistas (*motorways*) que tienen dos o tres carriles por calzada. Están señalizadas con la letra 'M' seguida de un número y tienen un límite de velocidad de 112 km/h (70 mph). En la actualidad sólo existe una autopista de peaje.

MP (*member of Parliament*) Un diputado, miembro de la Cámara de los Comunes (HOUSE OF COMMONS) que representa a una de las 659 circunscripciones electorales de Inglaterra, Escocia, Gales, e Irlanda del Norte.

NAACP (*National Association for the Advancement of Colored People*) Asociación fundada en 1909 para defender los derechos civiles de los afroamericanos (AFRICAN-AMERICANS). Jugó un papel muy importante en la campaña que culminó con la *Civil Rights Act of 1964*.

National Guard Una milicia voluntaria reclutada por cada uno de los estados norteamericanos, cuya historia remonta a la época colonial. En tiempos de desastre natural o emergencia civil puede ser declarada bajo mando federal, y hoy día se le considera parte del ejército nacional.

National Health Service (*NHS*) En Gran Bretaña, es el servicio público de asistencia médica, financiado en gran parte por el gobierno. La asistencia, por lo general, es gratuita. Se deben pagar la atención dental y las medicinas recetadas. Sin embargo, las personas que pertenecen a ciertos grupos, tales como los niños y los jubilados, no pagan por estos servicios.

Cultura

National Insurance En Gran Bretaña, sistema de cotizaciones o contribuciones a la Seguridad Social (*National Insurance contributions*), que los empleados y empleadores deben realizar a fin de que el gobierno pueda financiar los diferentes beneficios sociales que proporciona, tales como las jubilaciones, y el NATIONAL HEALTH SERVICE. Cada persona debe tener un número de la Seguridad Social (*National Insurance Number*).

National Lottery La lotería nacional británica, mediante la cual se recauda dinero tanto para una amplia variedad de proyectos culturales o deportivos como para obras benéficas y la conservación del patrimonio nacional.

National Party Importante partido político en Nueva Zelanda, que aboga principalmente por políticas conservadoras.

National Rifle Association (*NRA*) Una organización en EEUU, que apoya el uso de armas de fuego para la caza, el deporte y la legítima defensa. Sus 3, 4 millones de miembros sostienen que la Constitución (CONSTITUTION) otorga a los ciudadanos el derecho a poseerlas.

National Trust Una fundación británica que tiene como objetivo la conservación de lugares de interés histórico o de belleza natural. Es una organización de beneficencia que cuida cerca de 248.000 hectáreas (612,000 acres) de campo, casi 960 km (600 millas) de costa y más de 200 inmuebles y jardines. En Escocia la organización recibe el nombre de *National Trust for Scotland*, y es independiente.

Native American El término de más amplia aceptación para referirse a los pueblos indígenas de América y el Caribe. De acuerdo al *Bureau of Indian Affairs*, organización del gobierno de EEUU que trata todos los asuntos relacionados con los indios, existen en ese país cerca de 550 tribus que totalizan alrededor de 1,2 millones de personas. De éstas cerca de un millón vive en reservaciones y cerca del 37% de éstos están desempleados. Muchas reservaciones abren casinos basándose en el hecho de que pueden establecer sus propias normas.

NBC (*National Broadcasting Company*) La primera compañía de radiodifusión que se fundó en Estados Unidos (1926). El primer canal de televisión de la NBC empezó a transmitir en 1940.

Newspapers El 95% de los Americanos lee la prensa local. En EEUU existe sólo un periódico de carácter nacional, el *USA Today*, los demás son locales. Algunos periódicos de ciudades grandes, tales como el *New York Times*, *Los Angeles Times*, y *The Washington Post*, se leen a través de todo el país. Además el *International Herald Tribune*, publicado fuera de EEUU, es leído por muchos americanos en el extranjero. *The Wall Street Journal* es el periódico de negocios más importante de EEUU, también publica el DOW JONES AVERAGE. La prensa americana todavía es, en líneas generales, conservadora debido a la necesidad de alcanzar el mayor número de ventas posible. En el RU hay dos tipos de periódicos; los de formato grande (*broadsheets*) y los tabloides (*tabloids*), publicados en formato más compacto y más cuadrado. Hasta hace poco todos los periódicos nacionales serios eran *broadsheets*. El *Daily Telegraph* y el *Financial Times* han conservado este formato, pero hoy *The Guardian*, *The Times* y *The Independent* se publican como tabloides, al igual que los periódicos nacionales populares. Entre estos últimos, los más conocidos son el *Sun*, *Mirror*, *Express*, y *el Mail*. Tienden a enfatizar los aspectos de interés humano de las noticias y a veces son de un tono sensacionalista. Tanto en EEUU como en el RU los periódicos que se publican los sábados y domingos son más voluminosos que los de los días de semana y normalmente traen por separado las secciones de las noticias, los deportes, cultura, etc.

Northern Ireland La provincia al noreste de la isla de Irlanda que continuó siendo parte del Reino Unido, con autonomía limitada, después de que el resto de Irlanda se independizara en 1920. La vida en Irlanda del Norte ha sido dominada por conflictos, entre la mayoría protestante, que desea retener el vínculo con el RU y la gran minoría católica que desea unirse a la República Irlandesa. Desde 1969 hasta 1998, la violencia fue frecuente en Irlanda del Norte y en el territorio de Gran Bretaña, a medida que la minoría católica hacía campaña en favor de los derechos civiles y las organizaciones paramilitares llevaban a cabo atentados terroristas y asesinatos. Durante gran parte de este período la provincia fue regida por el gobierno británico y muchas tropas británicas fueron emplazadas allí. El acuerdo de Viernes Santo (*Good Friday Agreement*) en 1998 ha terminado con la violencia y se ha reestablecido una autonomía limitada, sobre la base de un poder compartido. Sin embargo, el Parlamento de Irlanda del Norte ha sido suspendido en varias ocasiones debido a que a los partidos políticos les ha resultado difícil la cooperación. Dentro de éstos también existen divisiones sectarias. El Partido Democrático Unionista (*Democratic Unionist Party*) y el más moderado Partido Unionista del Ulster (*Ulster Unionist Party*) representan a la comunidad protestante mientras que SINN FEIN y el más moderado Partido Social Demócrata y Laborista (SDLP) representan a los católicos. El pequeño Partido Alianza (*Alliance Party*) se ha comprometido a no ser sectario. *Ver tb* IRA.

Number Ten ▸ DOWNING STREET

NVQ ▸ EXAMINATIONS

Official Birthday Es el segundo sábado de junio, día en que se celebra el cumpleaños del monarca inglés, aunque no es el día de su nacimiento. Se conmemora con *Trooping the Colour*, un desfile militar ante el monarca, y con la publicación de una HONOURS LIST, los *Birthday Honours*.

Old Glory ▸ STARS AND STRIPES

Open University (*OU*) Universidad a distancia británica fundada en 1969.

Oscars En la *Oscar Ceremony*, celebrada en Los Ángeles cada año desde 1929 por la *Academy of Motion Picture Arts and Sciences*, se otorgan los *Academy Awards*, apodados los *Oscars*, a aquellos artistas, directores, productores y guionistas de cine considerados por votación de sus colegas los mejores del año.

Oxbridge Un término para referirse conjuntamente a las dos universidades más antiguas y con más prestigio del Reino Unido, Oxford y Cambridge. Las clases altas, tradicionalmente, siempre han enviado a sus hijos a una u otra universidad. Se han hecho muchos esfuerzos en los últimos años para atraer a más estudiantes de todos los medios sociales y de colegios estatales (STATE SCHOOLS) aunque muchos todavía provienen de los colegios privados (PUBLIC SCHOOLS).

Pancake Day ▸SHROVE TUESDAY

pantomime Un tipo de representación teatral, dirigida a los niños y comunmente conocida también como *panto*, que tradicionalmente presentan los teatros británicos durante la época navideña. El argumento suele ser una adaptación cómica de un cuento tradicional y cuenta con un número de personajes de características exageradas e increíbles. También requiere de un gran nivel de participación por parte del público.

Parliament El Parlamento británico es el más alto organismo legislativo de Gran Bretaña y está formado por la Cámara de los Lores (HOUSE OF LORDS) y la Cámara de los Comunes (HOUSE OF COMMONS).

PBS (*Public Broadcasting Service*) Un servicio de radiodifusión estadounidense, financiado por el gobierno y famoso por la calidad de sus programas. Consiste en una asociación de emisoras locales que transmiten sin fines de lucro y sin publicidad.

Peace Corps El Cuerpo de Paz, fundado en 1961, es una agencia federal de los EEUU, compuesta por voluntarios que trabajan principalmente en países en vías de desarrollo en esferas tales como la enseñanza, la salud, la agricultura o proyectos medioambientales.

peer Hay dos clases de pares (*peers*) británicos: aquellos que heredan este título de nobleza (*hereditary peers*) y los que lo poseen de por vida (*life peers*) sin poder traspasarlo a su descendencia. Los pares tenían derecho a ocupar un escaño en la Cámara de los Lores (HOUSE OF LORDS). Se han propuesto medidas para excluirlos del todo, para así tener en la segunda cámara una mezcla de los pares que poseen el título de por vida y de los pares que son elegidos.

Pentagon, The El edificio de forma pentagonal, situado en Washington, donde se encuentra la oficina central del ministerio de defensa y de las fuerzas armadas de EEUU. A menudo la prensa utiliza el término '*The Pentagon*' para referirse al Estado Mayor.

Pledge of Allegiance Promesa de lealtad que los norteamericanos hacen a su bandera y a su patria. En muchos colegios, los niños la repiten cada mañana frente a la bandera y con una mano en el pecho.

Poppy Day ▸ DÍAS FESTIVOS, FIESTAS, Y TRADICIONES

preparatory school En EEUU los *preparatory schools* son colegios secundarios donde se les proporciona a los alumnos un régimen especial de enseñanza preuniversitaria. En Gran Bretaña, es un colegio privado, también llamado *prep school*, para alumnos de edades comprendidas entre siete y trece años. Algunos tienen régimen de internado y otros no, pero la mayoría son una mezcla de ambos. Normalmente no es un colegio mixto. Gran parte de los alumnos pasa, a continuación, a un colegio privado (PUBLIC SCHOOL).

President En Estados Unidos el presidente puede gobernar un máximo de dos legislaturas (*terms*) de cuatro años cada una. Es el jefe del Estado, es responsable de la política exterior y es comandante en jefe de las fuerzas armadas.

Presidents' Day ▸ DÍAS FESTIVOS, FIESTAS, Y TRADICIONES

primary (*primary election*) Las elecciones primarias (*primaries*) se celebran en EEUU para seleccionar candidatos para una elección principal, especialmente la presidencial. Los candidatos para presidente (PRESIDENT) se eligen después de una serie de primarias estatales. *Ver tb* ELECTIONS.

primary school ▸ EDUCATION

Proms (*promenade concerts*) Una serie de conciertos de música clásica que tienen lugar, en el Albert Hall de Londres, todos los años, en el verano.

Provost ▸ MAYOR

pub (*public house*) Una casa abierta al público que vende bebidas alcohólicas y no alcohólicas. El *pub* tradicional es casi imposible de reproducir fuera del RU. Sus orígenes remontan al tiempo de los romanos. Para finales del siglo XIV todo el que fabricara cerveza (*ale*) para vender, tenía que poner un letrero con el dibujo del signo del pub, lo que hoy sigue siendo una característica de estos establecimientos. Más que un bar, el *pub* (o '*local*') continúa siendo el centro social y cultural de muchos pueblos y otras comunidades.

public access channel Un canal de televisión en EEUU reservado para programas de personas y organizaciones que no persiguen fines de lucro.

public house ▸ PUB

public school En Inglaterra y Gales, un colegio privado para alumnos de edades comprendidas entre 13 y 18 años. La mayoría de los *public schools* tiene régimen de internado y a menudo son mixtos. En Escocia y Estados Unidos el término *public school* se utiliza para referirse a un colegio estatal. *Ver tb* PREPARATORY SCHOOL.

Pulitzer Prize Un premio de gran prestigio establecido en 1917, por Joseph Pulitzer, director de periódico y editor, que se otorga anualmente por los éxitos más destacados en el mundo del periodismo, la literatura y la música norteamericanos. Cada año se entregan trece premios.

Queen's English El inglés que habla y escribe la gente educada de Gran Bretaña. *Ver tb* RECEIVED PRONUNCIATION.

Received Pronunciation (*RP*) La pronunciación estándar del inglés británico, que se basa en el habla educada del sur de Inglaterra. Sólo alrededor del 5% de los habitantes de las islas británicas hablan con una RP. Durante un largo tiempo los locutores de la BBC hablaron con una RP, también conocida como '*BBC English*'.

Remembrance Sunday ▸ POPPY DAY

Representative Un miembro de la Cámara de Representantes (*House of Representatives*) de Estados Unidos.

Republican Party Uno de los dos principales partidos políticos de EEUU. Aunque el Partido Republicano fue fundado en 1854, por los que deseaban abolir la esclavitud, se considera más conservador que el Partido Demócrata (DEMOCRATIC PARTY).

rugby Un deporte que tuvo su origen en Gran Bretaña y que se juega con un balón ovalado. Los dos sistemas, el de la *rugby league* y el de la *rugby union*, difieren ligeramente en cuanto a las normas y al tanteo. Los equipos de la primera, están compuestos por trece jugadores, los de la segunda por quince. Los jugadores de *rugby league* siempre han sido profesionales, mientras que en la *rugby union* el profesionalismo fue aceptado sólo en 1995.

Salvation Army Una organización religiosa fundada en Gran Bretaña a finales del siglo XIX, cuyos miembros visten uniforme de estilo militar y llevan a cabo trabajos de beneficencia, especialmente para personas sin techo.

SAT En EEUU, corresponde a las siglas de *Scholastic Aptitude Test*. Una prueba de aptitud, que se hace normalmente en el último año del *high school*. Hay que aprobarlo para entrar a la mayor parte de las universidades. En Inglaterra y Gales, significa *Standard Assessment Test* o *Task*, prueba que se hace a los alumnos de todos los colegios, a los 7 y 11 años, a fin de evaluar su progreso.

Scotland La parte más al norte del Reino Unido, cuya población se concentra principalmente en un cinturón central alrededor de dos ciudades principales; Glasgow y Edimburgo, su capital. Escocia es conocida, especialmente, por la belleza de sus montañas y lagos, (llamados '*lochs*') de las Tierras Altas (*Highlands*), al noroeste de Edimburgo. Hasta el siglo XVI las guerras entre Inglaterra y Escocia eran frecuentes. En 1603, el rey James VI de Escocia pasó a ser también rey de Inglaterra (reinando aquí como James I) y la unión de los dos países se finalizó en 1707 cuando se disolvió el Parlamento escocés. Escocia, sin embargo, retuvo muchas de sus propias instituciones. Por ejemplo, tiene un sistema de educación distinto del resto del RU. Siempre ha habido escoceses que piensan que su país debería ser completamente independiente. En estos momentos este punto de vista está representado por el Partido Nacional Escocés (*Scottish National Party*), fundado en 1943 y que después de las elecciones de 2007, pasó a formar el gobierno escocés por primera vez. El parlamento para Escocia, en Edimburgo, fue restablecido en 1999, (*ver* DEVOLUTION). Tiene plena autoridad en asuntos legislativos y ejecutivos relativos a Escocia y, a diferencia de la Asemblea galesa, tiene poderes, aunque limitados, para subir o cambiar los impuestos. *Ver tb* TARTAN.

SDLP ▸ NORTHERN IRELAND

Senate El Senado es la cámara alta del Congreso (CONGRESS) de Estados Unidos. Está formado por 100 senadores (*senators*), dos por cada estado y son elegidos por períodos de seis años. Toda nueva ley debe ser aprobada por el Senado y la Cámara de Representantes (HOUSE OF REPRESENTATIVES), pero el Senado tiene responsabilidad especial en asuntos relacionados con la política exterior.

Shadow Cabinet ▸ CABINET

Shrove Tuesday ▸ DÍAS FESTIVOS, FIESTAS, Y TRADICIONES

Silicon Valley Así se apoda el Valle de Santa Clara, en California, donde se concentra un gran número de compañías de electrónica e informática. El nombre deriva del uso del silicio (*silicon*) en la electrónica.

Sinn Fein Partido político fundado en 1905 cuyo objetivo es la reunificación de los 32 condados de Irlanda dentro de la República. Se le considera como la rama política del IRA, aunque niega todo vínculo orgánico con dicho movimiento paramilitar. En la actualidad ocupa el segundo lugar entre los partidos más grandes de Irlanda del Norte. Desde 2010 cuenta con cinco diputados en la Cámara de los Comunes británica y desde 2011 cuenta con catorce representantes en la asamblea parlamentaria de la República de Irlanda. En 2009 obtuvo un eurodiputado, por Irlanda del Norte, en el Parlamento Europeo.

Smithsonian Institution Una institución nacional en EEUU que está compuesta de varios museos y centros de investigación en Washington DC. Comúnmente se la suele llamar '*the nation's attic*' ('el desván de la nación').

soap opera Nombre humorístico del culebrón o telenovela. Su nombre se debe al hecho de que las primeras *soap operas* (óperas de jabón) emitidas por radio en EEUU eran financiadas por compañías de jabón.

social security number Un número de identificación que toda persona debe tener en EEUU. En un principio fue un requisito para poder trabajar y recibir prestaciones de la seguridad social. Sin embargo, en 1987 el gobierno decidió que también los niños debían tenerlo. En la actualidad el número tiene una gran variedad de usos: aparece en cheques de banco, licencias de conducir y es el número de cada estudiante en los establecimientos de enseñanza superior.

Soho Un barrio de Londres famoso, principalmente por su vida nocturna un tanto atrevida, que ofrece espectáculos de *striptease* y *sex-shops*, como también muchos clubes nocturnos y restaurantes.

sorority Una hermandad de mujeres en muchos establecimientos de la enseñanza superior en EEUU. *Ver tb* FRATERNITY.

South Bank La orilla sur del río Támesis, en Londres, donde están situados muchos emplazamientos culturales, tales como el National Theatre, el Royal Festival Hall, el National Film Theatre, la galería de arte Tate Modern y el Globe Theatre. En este lugar también se encuentra el London Eye.

Speaker La persona que preside los debates en la Cámara de los Comunes (HOUSE OF COMMONS). Es elegida por los parlamentarios (MPS) de todos los partidos políticos.

Speaker of the House En EEUU, es la persona encargada de presidir la mayoría de las actividades de la Cámara de Representantes (HOUSE OF REPRESENTATIVES). Es responsable de mantener el orden durante los debates, de nombrar a los miembros de los comités y de remitirles los proyectos de ley. Es elegida por el partido mayoritario dentro de la Cámara, partido del cual es uno de sus dirigentes. Es la persona que sigue al vicepresidente en la sucesión a la presidencia.

Speakers' Corner Situado en la esquina noreste del Hyde Park en Londres, es el lugar donde, desde el siglo diecinueve, la gente pronuncia discursos sobre cualquier tema de su elección. El contenido de éstos muchas veces da origen a discusiones con los miembros del público.

Stars and Stripes La bandera de EEUU. Sus cincuenta estrellas (*stars*) representan los cincuenta estados y las trece franjas horizontales representan las primeras colonias que constituyeron Estados Unidos en la época de la independencia. También recibe el nombre de *Old Glory* o STAR-SPANGLED BANNER.

Star-Spangled Banner Uno de los nombres que recibe la bandera de EEUU, y así también se llama el himno nacional. Escrito en 1814, fue adoptado como tal sólo en 1931.

state school En Gran Bretaña, un colegio que está financiado directa o indirectamente por el gobierno, y que ofrece educación gratuita. La gran mayoría de los niños británicos va a este tipo de colegios.

State of the Union Address Un discurso pronunciado por el presidente de EEUU (PRESIDENT) y dirigido al Congreso (CONGRESS). Emana de la obligación, establecida en la Constitución (CONSTITUTION), de proporcionar 'información acerca del estado de la Unión'. En el discurso también se mencionan los logros del gobierno y se habla acerca de sus planes y políticas a seguir. Se transmite, en directo, por televisión.

Statue of Liberty La famosa estatua situada en la Liberty Island en la bahía de Nueva York, representa a una mujer que lleva la antorcha de la libertad. Fue un obsequio de Francia al pueblo de EEUU.

summer camp En EEUU, una de las miles de colonias de vacaciones en el campo, adonde los padres envían a sus hijos durante las vacaciones de verano a participar en actividades recreativas y deportivas tales como la natación, el senderismo o técnicas de supervivencia a la intemperie.

Super Bowl ▸ AMERICAN FOOTBALL

Supreme Court El más alto tribunal de EEUU, compuesto de nueve jueces, los *justices*, que son nombrados por el presidente (PRESIDENT) con la aprobación del Congreso (CONGRESS). Este Tribunal Supremo decide sobre la constitucionalidad de las leyes y cuenta así con el poder para impedir la aprobación de leyes tanto gubernamentales como estatales y locales. Además, funciona como tribunal de alzada para casos vistos por los tribunales inferiores. Los fallos del Tribunal Supremo sientan jurisprudencia, es decir pueden usarse como precedente por los demás tribunales.

tabloid ▸ NEWSPAPERS

tartan Un diseño de cuadrados y líneas de diferentes colores asociado con un clan escocés determinado o una tela tejida con este diseño que especialmente se usa para hacer artículos de vestir tradicionales de las tierras altas, como la falda escocesa tableada (*kilt*) que llevan los varones.

tea La tradicional bebida caliente, favorita de los británicos. En Gran Bretaña '*tea*' es también una comida pero tiene distintos significados dependiendo de la clase o las variantes regionales. Para algunos, especialmente para la clase media, es una pequeña comida que se toma a media tarde, alrededor de las 4 p.m. y que consiste en beber té con *scones* (bollos ingleses), galletas o pasteles. Ésta es la clase de comida que se sirve en un '*tea shop*' (salón de té). Para otros, es la comida principal de la tarde que se toma cuando se vuelve a casa de la escuela o del trabajo.

Teamsters El Teamsters Union, sindicato más grande de EEUU, cuenta con unos 1,5 millones de afiliados. Aunque en un principio representaba a los conductores de camiones (*teamsters*), en la actualidad pueden formar parte de él muchas otras profesiones.

Thanksgiving ▸ DÍAS FESTIVOS, FIESTAS, Y TRADICIONES

TOEFL (*Test of English as a Foreign Language*) Un examen que, a la hora de solicitar el ingreso a una universidad americana, evalúa el dominio del inglés de aquellos estudiantes cuya lengua materna no es este idioma.

Tory ▸ CONSERVATIVE PARTY

trick or treat ▸ HALLOWEEN

Uncle Sam Personaje imaginario que representa a EEUU, a su gobierno y ciudadanos. Tiene barba blanca y su vestimenta es roja, blanca, y azul. Lleva un sombrero alto con estrellas. Se utiliza para apelar al patriotismo norteamericano.

Union Jack o **Union Flag** El nombre que recibe la bandera del Reino Unido. Está formada por las cruces de San Jorge (*St George*), patrono de Inglaterra, de San Andrés (*St Andrew*), patrono de Escocia, y de San Patricio (*St Patrick*), patrono de Irlanda. Gales y su patrono *San David* no están representados en ella.

United Kingdom El Reino Unido de Gran Bretaña e Irlanda del Norte (*United Kingdom of Great Britain and Northern Ireland*) comprende Inglaterra, Escocia, Gales, e Irlanda del Norte. Es miembro de la COMMONWEALTH y de la Unión Europea.

Veterans Day ▸ DÍAS FESTIVOS, FIESTAS, Y TRADICIONES

Wales Parte del Reino Unido que limita con el centro-oeste de Inglaterra. Los principales centros poblados e industriales se encuantran a lo largo de la costa sur, especialmente alrededor de las importantes ciudades de Cardiff, la capital, y Swansea. La mayoría de las ciudades galesas se sitúan en la costa. El interior del país es montañoso y de escasa población. El idioma y el nacionalismo galés tienen más fuerza en el norte. La colonización inglesa de Gales empezó poco después de la conquista normanda en 1066 y continuó a través de la Edad Media. Eduardo I de Gales impuso la tradición de hacer Príncipe de Gales al hijo mayor del rey o de la reina. En el siglo XVI, Gales se integró con Inglaterra para efectos legales, administrativos y parlamentarios. En 1999, la Asamblea Nacional de Gales, normalmente conocida como la Asamblea galesa, se estableció como parte del proceso de descentralización (*ver* DEVOLUTION). Tiene poderes limitados para tratar asuntos galeses determinados, pero no tiene los poderes económicos del parlamento escocés.

Wall Street Una calle en Manhattan, Nueva York, donde se encuentran la Bolsa neoyorquina y las sedes de muchas instituciones financieras. Cuando se habla de Wall Street, a menudo se está refiriendo a ésas instituciones.

Weddings En los países angloparlantes una boda tradicional tiene lugar en una iglesia. La novia lleva un vestido blanco largo y llega acompañada por una o más *bridesmaids* (damas de honor). El padre entrega a la novia, el *best man* (un pariente o amigo que acompaña al novio) atiende al *bridegroom* (el novio). Los novios intercambian anillos (*wedding rings* o *bands*). Después de la ceremonia, se reciben a los invitados en el *wedding reception* (banquete de bodas), donde el padre de la novia, el *best man* y el novio pronuncian discursos. Terminado el banquete, la pareja nupcial sale para pasar la *honeymoon* (luna de miel). Ya sea una boda religiosa o civil, ha sido costumbre, que antes de la boda, el novio y sus amigos salgan una noche para celebrar lo que se conoce por *stag party*, o en EEUU también *bachelor party* (despedida de soltero). Hoy en día la novia y sus amigas salen para celebrar la *hen night* o en EEUU también, *bachelorette party* (despedida de soltera). Además en EEUU se dan regalos a la novia en una fiesta que se llama *shower* que es organizada por una parienta o amiga, especialmente la dama de honor principal. Si la boda es por lo civil, el protocolo es más o menos similar, excepto que la ceremonia tiene lugar en el ayuntamiento o en una dependencia del mismo.

Welfare En EEUU el término '*welfare*' y '*welfare programs*' se usa para referirse a las distintas formas de ayuda gubernamental a disposición de los pobres, los enfermos, los desempleados y otras personas desfavorecidas. Los programas incluyen MEDICARE y MEDICAID y *food stamps*.

Welsh El idioma galés (*Cymraeg*) hoy comparte con el inglés cierta oficialidad administrativa en Gales. De origen céltico como el bretón y el córnico, sigue siendo la lengua materna de más del 20% de la población galesa, y ha experimentado un resurgimiento durante los últimos cuarenta años. Se estudia como materia obligatoria en la mayor parte de los colegios de Gales. Los letreros y otras señales de las ciudades aparecen normalmente en inglés y galés, al menos en teoría y según el antojo de cada ayuntamiento.

Westminster Un barrio central de Londres en el que se encuentran muchos de los principales edificios del gobierno, como son el Parlamento (HOUSES OF PARLIAMENT) y la residencia del primer ministro en DOWNING STREET, al igual que la Abadía de Westminster (*Westminster Abbey*). A menudo la prensa utiliza el término '*Westminster*' para referirse al Parlamento británico.

West Side ▸ EAST SIDE

Whip En la Cámara de los Comunes (HOUSE OF COMMONS) británica, los *Whips* son parlamentarios (MPS) que tienen la responsabilidad de mantener la disciplina entre sus colegas de partido, y de asegurarse de que asistan a las sesiones y de que emitan su voto. En el Congreso (CONGRESS) de EEUU los *whips* tienen las mismas responsabilidades, también existen *Whips* de cada partido.

Whitehall Una calle del centro de Londres donde están situadas una gran parte de las oficinas del gobierno. Los periodistas utilizan a menudo el término para referirse al gobierno y la administración.

White House, The La residencia y el despacho oficial del presidente de Estados Unidos, situada en Washington. Los periodistas utilizan a menudo el término '*the White House*' para referirse al presidente y a sus consejeros.

World Series ▸ BASEBALL

Yankee Término peyorativo usado por los sureños durante la Guerra de Secesión para referirse a la gente de los estados norteños. Se usa hoy en todo el mundo para referirse a los estadounidenses en general. En los estados del sur aún se emplea en su sentido original, mientras que en los estados del norte suele aplicarse a los oriundos de Nueva Inglaterra.

yearbook Un anuario publicado por los estudiantes de un HIGH SCHOOL en EEUU, al final de cada curso. Contiene información sobre las actividades académicas y sociales de cada uno, conjuntamente con fotografías y dedicatorias.

Correspondence/Correspondencia

Replying to a job advertisement

- *This is the most commonly used opening for a formal or business letter, or when the addressee is not personally known to you. Alternatively* Estimado Sr. *and, in Latin America,* De mi mayor consideración, *can also be used.*
- *In Spain when the full address is given it is usually written in the top left-hand corner and in Latin America in the bottom left-hand corner, beneath the signature.*
- *When the full address is given, the name of the town or city is not repeated in the date.*

David Baker
67 Whiteley Avenue
St George
Bristol
BS5 6TW

26 de septiembre de 2012

Director de Recursos Humanos
Renos Software S.A.
Alcalá 52
28014 Madrid

Muy señor mío:

Con referencia al puesto de programador anunciado recientemente en El País del 12 de septiembre del presente, les agradecería me enviaran información más detallada acerca de la plaza vacante ❶.

Actualmente estoy trabajando para una empresa de Bristol, pero mi contrato termina a finales de este mes y querría aprovechar esta oportunidad para ❷ trabajar en Madrid. Como se desprende del currículum vitae que adjunto, viví durante algún tiempo en España, tengo perfecto dominio del idioma español y también las cualificaciones ❸ y experiencia requeridas.

Estaré disponible para asistir a una entrevista, en cualquier momento desde el 6 de octubre, fecha a partir de la cual se me puede contactar en la siguiente dirección en Madrid:

C/ Sevilla 25
28020 Madrid
Teléf. 91 429-96-67

Sin otro particular, quedo a la espera de su respuesta, ❹

Atentamente, ❺

❶ *Or if you have enough details and want to apply for the job right away:* quisiera solicitar la plaza vacante.

❷ *Or if you are unemployed:* Actualmente estoy buscando trabajo y quisiera ...

❸ *In Latin America:* calificaciones.

❹ *Or:* Agradeciendo de antemano su atención *or* En espera de su respuesta.

❺ *Or:* Le *(*Lo *in Latin America)* saluda atentamente, Me despido de usted atentamente, Muy atentamente, *or* Esperando su respuesta, se despide atentamente *are also possible.*

Respuesta a un anuncio de trabajo

C/Islas Baleares 18. 2º B
FUENCARRAL
28080 Madrid
Spain

13th February 2012

The Personnel Manager ❶
Patterson Software plc
Milton Street
Bath BA6 8YZ

Dear Sir or Madam ❶,

I am interested in the post of programmer advertised in The Guardian of 12 February and would be very grateful if you could send me further particulars. ❷

I am currently working for the Sempo Corporation, but my contract finishes at the end of the month, and I would like ❸ to work in England. As you can see from my CV (enclosed), I have an excellent command of English and also the required qualifications and experience.

I will be available for interview any time after 6th March, from which date I can be contacted at the following address in the UK:

c/o Lewis
51 Dexter Road
London N7 6BW
Tel. 0207 607 5512

I look forward to hearing from you. ❹

Yours sincerely

María Luisa Márquez Blanco

Encl.

❶ *Otra alternativa puede ser* Ms Angela Summers, ..., *si en el anuncio aparece* Reply to Angela Summers *o* Dear Ms Summers, Dear Mrs Wright, *si en el anuncio sólo se indica el apellido.*

❷ *O* and would like to apply for this position, *si en el anuncio se incluye suficiente información acerca del puesto.*

❸ *O si se encuentra desempleado:* I am currently looking for work and I would like ...

❹ *También:* Thanking you in anticipation/advance.

Résumé (*AmE*),Curriculum Vitae (CV) (*BrE*)

CURRÍCULUM VITAE

Nombre y apellidos	David Baker
Fecha de nacimiento	30/6/82
Lugar	Londres
Estado civil	Soltero ❶
Domicilio actual	67 Whiteley Avenue St George Bristol BS5 6TW Gran Bretaña
Téléfono:	+44 (0)117 945 3421
Téléfono Móvil/Celular:	+44 (0)7980 08 29 28
Correo electrónico:	d.baker732@kwickestmail.com

DATOS ACADÉMICOS

1997-99 GCSE (equivalente a la ESO en España) en 9 asignaturas.

1999-01 A Levels (equivalente al Curso de Orientación Universitaria en España) en Matemáticas, Informática y Español, Croydon Sixth Form College.

2001-02 Trabajos temporales de oficina en España y estudios de Español para los negocios en clases nocturnas.

2002-06 Universidad de Aston, Birmingham, BSc en Informática (equivalente a Licenciatura en Ciencias de la Información).

EXPERIENCIA PROFESIONAL

2006-07 Trabajo de práctica como programador de software para IBM, desarrollo de programas para la industria, con especialidad en infografía.

2007-al presente Programador para Wondersoft plc, Bristol.

IDIOMAS

Inglés Lengua materna.

Español Dominio total, hablado y escrito.

Francés Bueno.

AFICIONES

Leer, viajar, esquí, tenis.

❶ *Or: Casado (sin hijos or con un hijo/dos/tres etc, hijos), Divorciado (sin hijos or con un hijo/dos/tres etc, hijos).*

Currículum Vitae

RÉSUMÉ/CURRICULUM VITAE ❶

Name:	María Luisa Márquez Blanco
Address:	C/Islas Baleares 18. 2°B FUENCARRAL 28080 Madrid Spain
Telephone:	(+34) 91. 243 53 94
Nationality:	Spanish
Date of Birth:	11 March 1984
Cell phone/Mobile phone:	(34) (0) 726 76 53
Email:	María-Luisa.Blanco@ubercorreo.com

EDUCATION:

2002-2006	Degree Course in Information Technology and English at Universidad Complutense of Madrid.
1998-2002	BUP (secondary education)/COU (equivalent to A levels) at the Instituto de Enseñanza Media in Fuencarral.

EMPLOYMENT:

2008-present	Program development engineer with Sempo Informática, Madrid, specializing in computer graphics.
2006-2007	Trainee programmer with Oregón-España, Madrid.

FURTHER SKILLS:

Languages:	Spanish (mother tongue), English (fluent, spoken and written), French (good).
Interests:	Travel, fashion, tennis.

❶ *Résumé (AmE), Curriculum Vitae (BrE).*

Letter openings*

The standard opening greeting for personal correspondence is

Querido/Querida, Queridos/Queridas,

even for close friends and family.

Affectionate variations for friends and family:

Mi querida María/querido Antonio
Mi querida amiga/querido amigo
Mis queridos amigos/queridos tíos

Standard openings for formal correspondence are:

Muy señor mío
Muy señora mía

or

Estimado señor/Sr. *or*
Estimado señor/Sr. López

Estimada señora/Sra. *or*
Estimada señora/Sra. González

Estimada señorita/Srta. *or*
Estimada señorita/Srta. García

Useful phrases

Perdón por no haber contestado antes pero …

Muchísimas gracias por tu carta …

Le agradezco mucho su invitación …

Ha sido una gran alegría recibir tu/su carta en la que …

Me alegro de comunicarte/comunicarle que, …

Estamos encantados con la noticia de que …

Te/Le escribo para pedirte/pedirle si …

Siento comunicarte/comunicarle que …, que no será posible …

Sentí mucho la noticia de que …

Estamos muy afectados con la muerte de …

Closures

When a formal tone is needed:

Lo/Los saludo atentamente (*in Spain* Le/Les *is usual*)

Reciba atentos saludos /un atento saludo de …

Atentos saludos de …

Atentamente,

Muy atentamente,

Reciba un cordial saludo de … (*only used when the relationship has already been established*)

En espera de su respuesta

Agradeciendo de antemano su atención

Sin otro particular

When the relationship is less formal:

Un cordial saludo,

Un afectuoso saludo de

When an informal tone is appropriate:

Un abrazo de

Un fuerte abrazo de

Un cariñoso saludo,

Tu amiga que te quiere/te echa de menos

Tu amigo que no te olvida,

Con mucho cariño (*between females*)

Dale mis recuerdos a …

Laura les manda sus recuerdos

Muchos besos y abrazos de

**Many of these expressions can be used equally well in emails, etc*

Encabezamientos

La formula más usual para todo tipo de cartas es:

Dear …

A los amigos cercanos y miembros de la familia:

My dearest Alex   Darling Katie

A una familia o grupo de personas:

Dear all

Para la correspondencia formal

Dear Mr Williams	
Dear Ms Jones	(*trato neutro*)
Dear Mrs Roberts	(*cuando la destinataria firma* Mrs *ella misma*)
Dear Miss Short	(*cuando la destinataria firma* Miss *ella misma*)
Dear Sir	Dear Madam
Dear Sirs	(*Cuando se desconoce al destinatario*)

Expresiones útiles

Thank you for your letter inviting me to …

I am very grateful to you for letting me know …

It was so kind of you to send …

Many thanks for enclosing …

I'm writing to tell you that …

I'm writing to ask you if …

I'm delighted to let you know that …

We were delighted to hear that …

I'm very sorry to inform you that …

We were very saddened to hear that …

Fórmulas de despedida

Cuando se desconoce al destinatario

Sincerely o Sincerely yours *(EE.UU.)*

Yours faithfully *(Reino Unido)*

Cuando se conoce al destinatario

With best wishes, *o* Best wishes *(opcional)*

Sincerely *o* Sincerely yours *(EE.UU.)*

Yours sincerely *(Reino Unido)*

A amigos cercanos o miembros de la familia:

All the best

All my love

Love (from)

Lots of love

Much love *o* With love

Love from us both

See you soon

Once again many thanks

I look forward to seeing you

Love and best wishes

With love to you all

Paul sends his love to you both

Give my kindest regards to Silvia

Emails

Sending an email: personal

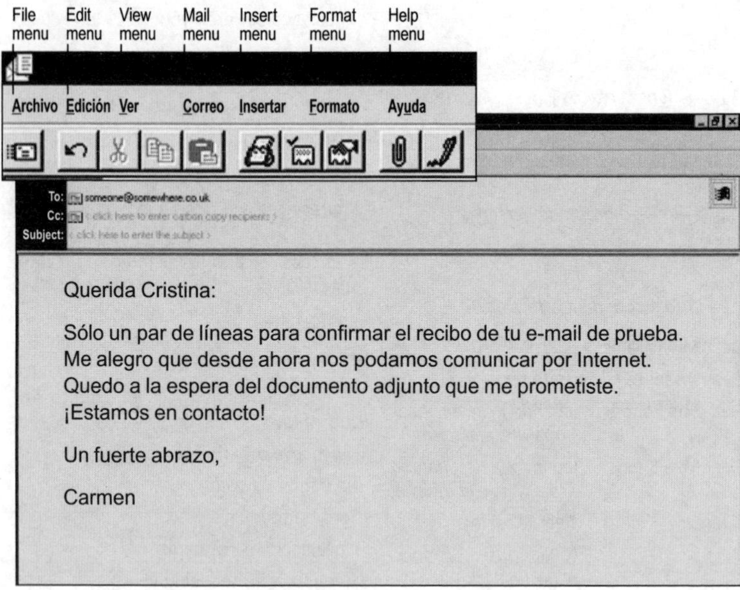

Querida Cristina:

Sólo un par de líneas para confirmar el recibo de tu e-mail de prueba. Me alegro que desde ahora nos podamos comunicar por Internet. Quedo a la espera del documento adjunto que me prometiste. ¡Estamos en contacto!

Un fuerte abrazo,

Carmen

Para enviar correo electrónico

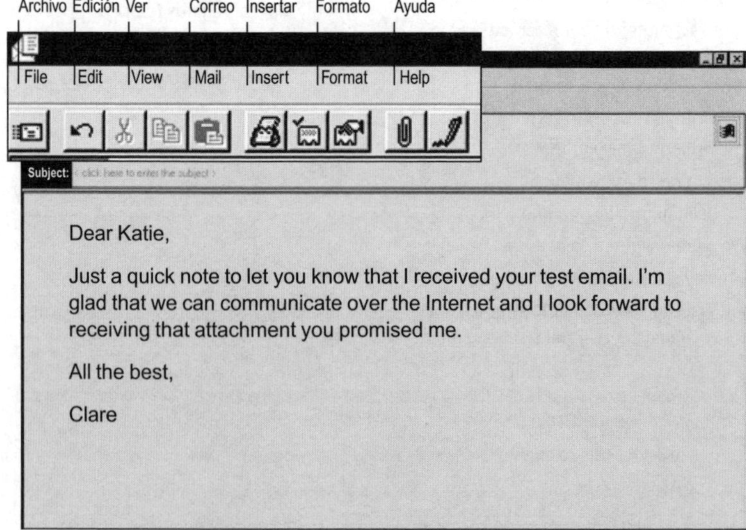

Dear Katie,

Just a quick note to let you know that I received your test email. I'm glad that we can communicate over the Internet and I look forward to receiving that attachment you promised me.

All the best,

Clare

Making a reservation by email

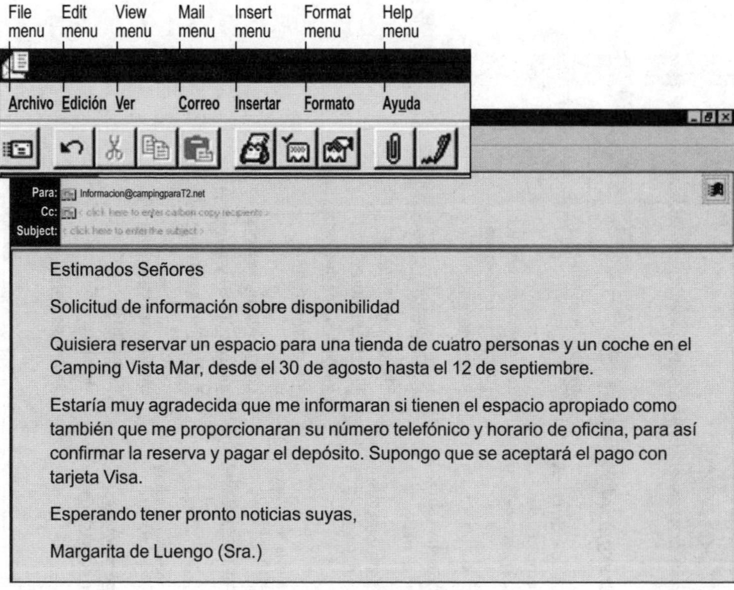

Estimados Señores

Solicitud de información sobre disponibilidad

Quisiera reservar un espacio para una tienda de cuatro personas y un coche en el Camping Vista Mar, desde el 30 de agosto hasta el 12 de septiembre.

Estaría muy agradecida que me informaran si tienen el espacio apropiado como también que me proporcionaran su número telefónico y horario de oficina, para así confirmar la reserva y pagar el depósito. Supongo que se aceptará el pago con tarjeta Visa.

Esperando tener pronto noticias suyas,

Margarita de Luengo (Sra.)

Para hacer una reserva por correo electrónico

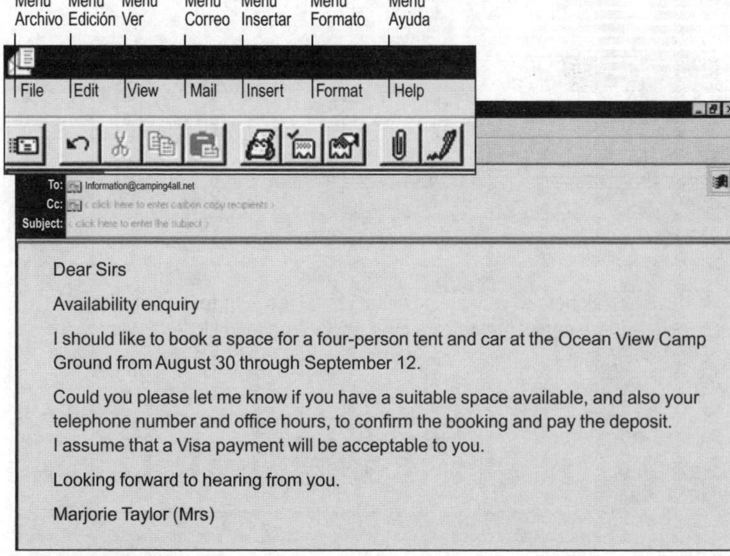

Dear Sirs

Availability enquiry

I should like to book a space for a four-person tent and car at the Ocean View Camp Ground from August 30 through September 12.

Could you please let me know if you have a suitable space available, and also your telephone number and office hours, to confirm the booking and pay the deposit. I assume that a Visa payment will be acceptable to you.

Looking forward to hearing from you.

Marjorie Taylor (Mrs)

Compre billetes / boletos por Internet con ***Europtrains***

Billetes / Boletos | Horarios | Mapas, destinos & planificador de rutas

Desde
Seleccione estación ▼ **Vea todas las estaciones**

Hacia
Seleccione estación ▼ **Vea todas las estaciones**

Fecha de partida 17 ▼ jul ▼ 2012 ▼ **Hora** A cualquier hora ▼
calendario

Fecha de regreso
(deje en blanco para billetes/boletos sólo de ida) 18 ▼ jul ▼ 2012 ▼ **Hora** A cualquier hora ▼
calendario

¿Fechas flexibles? ☐

Número de pasajeros **Adultos** ▼ **Niños** ▼ **Estudiantes** ▼ **Tercera Edad** ▼

Primera clase ☐
Segunda clase ☐

BÚSQUEDA

Oferta especial

Ahorre un 25% cuando reserve por Internet desde el 1 de julio 2012 en adelante

•

De Londres a Bruselas sólo de ida
a mitad de precio

Haga clic aquí para más información

•

De Londres a París ida y vuelta desde sólo €69

Haga clic aquí para detalles

•

Estudiantes: compren su pase y ahorren dinero al viajar

Llamar para detalles.
Se aplican condiciones.

Mi cuenta

Nombre de usuario ☐
Contraseña ☐

Recordar mi contraseña ☐
¿Olvidó su contraseña?
Regístrese aquí

Más opciones

Viajeros de negocios
Viajeros en grupo
Viajar con silla de ruedas
Viajar con bicicleta

Cambio de una reserva
Cancelación de una reserva
Recepción de sus billetes/boletos

Más ofertas especiales
Pases de ferrocarril
Hoteles
Seguro de viaje

Mapa del sitio | Sobre nosotros | PMF | Contáctenos

Buy tickets online with ***Europtrains***

Tickets | Timetables | Maps, destinations & route planner

From
Select station ▼ **See all stations**

To
Select station ▼ **See all stations**

Departure date
Jun ▼ 17 ▼ 2012 ▼ **Time** Anytime ▼
calendar

Return date
(leave blank for one-way travel)
Jun ▼ 18 ▼ 2012 ▼ **Time** Anytime ▼
calendar

Flexible dates? ☐

Number of passengers **Adults** ▼ **Children** ▼ **Students** ▼ **Seniors** ▼

First class ☐
Second class ☐

SEARCH

site map | about us | FAQ | contact us

Special offer

Save 25%
when you book online
from 1st July 2012 onwards

•

London to Brussels one way
half-price

To find out more, click here

•

London to Paris round trip
from just €69

Click here for details

•

Students: buy your pass card
and save money on travel

Call for details. Conditions apply

My account

Username
Password

Remember my password ☐

Forgotten your password?
Register here

More options

Business travellers
Group travellers
Travelling with a wheelchair
Travelling with a bicycle

Changing a reservation
Cancelling a reservation
Receiving your tickets

More special offers
Rail passes
Hotels
Travel Insurance

SMS

SMS (electronic text messaging)

The basic principles governing Spanish SMS abbreviations are similar to English ones. Certain words or syllables can be represented by letters or numbers that sound the same but take up less space. Also, points, accents and other diacritics are generally omitted altogether. For example, the syllable -ca can be replaced by the letter k and the conjunction 'que' by 'ke'. Another way of shortening words is simply to omit certain letters, especially vowels. For example, 'bastante' becomes 'bstnt' and 'gente' becomes 'gnt'.

As in English, 'emoticons' are very popular, and some of the more established ones are included in the table below.

Glossary of Spanish SMS abbreviations

Abbreviation	*Full word*
a2	adiós
aa	años
archvo	archivo
artclo	artículo
bstnt	bastante
b	beso
cia	compañía
compljo	complejo
complikdo	complicado
comnikr	comunicar
d	de
dcir	decir
dd	días
dir	dirección
do	domingo
exclnt	excelente
fsta	fiesta
fvor	favor
garntzr	garantizar
gf	jefe
gral	general
grduar	graduar
gralmnt	generalmente
gnt	gente
hab	habitación
hcer	hacer
hno	hermano
hr	hora
hl	hola
infrmal	informal
info	información
jf	jefe
ju	jueves
klidad	calidad
kntidad	cantidad
kpaz	capaz

Abbreviation	*Full word*
kro	caro
lgr	lugar
lu	lunes
mar	martes
mñna/mñn	mañana
mktg	marketing
+	más
+tikr	masticar
mjr	mejor
msj/sms	mensaje/ mens. móvil
msjr	mensajero
mm	meses
mi	miércoles
'	minuto
's	minutos
nd	nada
-	negativo, no
0/ning	ninguno
nka	nunca
pers	personas
prblm	problema
prpar2	preparados
q	que
qn	quien
qndo	cuando
s	ese
sa	sábado
salu2	saludos
"	segundos
stndar	estándar
st	este
s3	estrés
tb	también
thanx	gracias
tx	taxi

Abbreviation	*Full word*
txt	texto
t2	todos
vi	viernes
xa	para
x	por
xfa	por favor
xq	porque
xtrangro	extranjero

*Emoticons**	
:-)	Cara feliz
:-|	Ceñudo
:-e	Desilusión
:-(	Cara triste
%-)	Confundido
:~(o **:'-(**	Llorando
;-)	Guiñando el ojo
|-o	Aburrido, durmiendo
:-	Escéptico
:-D	Sonrisa grande, cara sonriente
:-<>	Asombrado
:-@	Enfadado
:-p	Sacando la lengua
:-O	Gritando
O:-)	Ángel
:-* o **:-x**	Un beso
:-o	Shock
@}-,-'—	Una rosa

* NB: the '-' which depicts the nose is often omitted or replaced by an 'o' e.g., :) or :o)

SMS (mensajería electrónica de texto)

SMS es la abreviatura inglesa de "Short Message (o Messaging) Service", que se traduce como "Servicio de Mensajes Cortos".

Los principios básicos que rigen el uso de las abreviaturas SMS en inglés son bastante simples. Se pueden utilizar todas las abreviaturas y signos convencionales ingleses establecidos, pero sin puntos. Algunas palabras o sílabas se pueden representar con una letra o un número que suene igual o parecido. Por ejemplo, la letra 'C' suena igual que la palabra 'see' (o tambien 'sea'), 'U' suena igual que 'you', el número '8' ('eight') se puede sustituir por el sonido /-ayt/. De este modo,'see you later' se abrevia como CUL8R, a lo cual se podría contestar GR8 ('great'). También es común simplemente omitir ciertas letras, especialmente las vocales. Por ejemplo, 'message' se convierte en MSG, 'please' se sustituye por PLS y 'speak' se cambia por SPK. La mayoría de las abreviaturas SMS se derivan de las letras iniciales de frases comúnes, como por ejemplo FYI 'for your information', TTYL 'talk to you later'. Estas abreviaturas pueden parecer un poco crípticas al principio, pero con la práctica es fácil aprender a identificar su significado. Igual que en español los 'emoticonos' son muy populares en los mensajes SMS. Algunos de los más comunes se incluyen más abajo.

Glosario de abreviaturas en inglés de SMS

Abreviatura	*Palabra completa*
@	at
ADN	any day now
AFAIK	as far as I know
ATB	all the best
B	be
B4	before
B4N	bye for now
BBL	be back late(r)
BCNU	be seeing you
BFN	bye for now
BRB	be right back
BTW	by the way
BWD	backward
C	see
CU	see you
CUL8R	see you later
F2F	face to face
F2T	free to talk
FWD	forward
FWIW	for what it's worth
FYI	for your information
GAL	get a life
GR8	great
H8	hate
HAND	have a nice day
HTH	hope this helps
IC	I see
ILUVU	I love you
IMHO	in my humble opinion
IMO	in my opinion
IOW	in other words
JIC	just in case
JK	just kidding
KIT	keep in touch
KWIM	know what I mean?
L8	late
L8R	later
LOL	lots of luck/ laughing out loud
MOB	Mobile
MSG	message
MYOB	mind your own business
NE	any
NE1	anyone
NO1	no one
OIC	oh, I see
OTOH	on the other hand
PCM	please call me
PLS	please
PPL	people
R	are
ROFL	rolling on the floor, laughing
RU	are you
RUOK	are you OK?
SIT	stay in touch
SOM1	someone
SPK	speak
THKQ	thank you
TTYL	talk to you later
TX	thanks
U	you
UR	you are
W/	with
WAN2	want to
WAN2TLK	want to talk?
WERV U BIN	where have you been?
WKND	weekend
WOT	what
WU	what's up?
X	kiss
XLNT	excellent
XOXOX	hugs and kisses
YR	your
1	one
2	to, too
2DAY	today
2MORO	tomorrow
2NITE	tonight
3SUM	threesome
4	for

<table>
<tr><th>Emoticonos*</th><th></th></tr>
<tr><td>:-)</td><td>Smiling, happy face</td></tr>
<tr><td>:-|</td><td>Frowning</td></tr>
<tr><td>:-e</td><td>Disappointed</td></tr>
<tr><td>:-(</td><td>Unhappy face</td></tr>
<tr><td>%-)</td><td>Confused</td></tr>
<tr><td>:~(or :'-(</td><td>Crying</td></tr>
<tr><td>;-)</td><td>Winking happy face</td></tr>
<tr><td>|-o</td><td>Tired, asleep</td></tr>
<tr><td>:-\</td><td>Sceptical</td></tr>
<tr><td>:-D</td><td>Big smile, laughing face</td></tr>
<tr><td>:-<></td><td>Amazed</td></tr>
<tr><td>X=</td><td>Fingers crossed</td></tr>
<tr><td>:-p</td><td>Tongue sticking out</td></tr>
<tr><td>:-O</td><td>Shouting</td></tr>
<tr><td>O:-)</td><td>Angel</td></tr>
<tr><td>:-* or :-x</td><td>Big kiss!</td></tr>
<tr><td>:-o</td><td>"Oooh!", shocked face</td></tr>
<tr><td>@}-,-'—</td><td>A rose</td></tr>
</table>

*NB: el '-' que representa la nariz se puede omitir o sustituir por una 'o', por ej., :) o :o)

Internet terms/Términos de Internet

about us conózcanos
account cuenta *f*
at arroba *f*
attachment adjunto *m*
blog blog *m*, bitácora *f*
blogger bitacorero –ra *m*, *f*
bookmark marcador *m*, favorito *m*
***to* bookmark a site** agregar un sitio a favoritos
browser navegador *m*
bulletin board tablón *m* de anuncios
chat room chat *m*, foro *m*
***to* click on** hacer clic en, pinchar en
contact us contáctenos
***to* copy** copiar
***to* delete** borrar
domain dominio *m*
***to* download** descargar, bajar
drop-down menu menú *m* desplegable
FAQ PMF
file archivo *m*
folder carpeta *f*
font fuente *f*, tipo *m* de letra
Help ayuda *f*
home page página *f* de inicio
Internet café cibercafé *m*
keyword palabra *f* clave
link enlace *m*
***to* log in/on** iniciar sesión
***to* log off/out** cerrar sesión
on line en línea, conectado
password contraseña *f*
***to* paste** pegar
podcast *n* podcast *m*
pop up (window) emergente *f*
portal portal *m*
***to* post** postear
***to* register** inscribirse, registrarse
***to* save** guardar
search engine buscador *m*
search *n* búsqueda *f*
***to* search** buscar
server servidor m
shopping cart cesta/cesto de la compra
site map mapa *m* del sitio
smiley emoticón *m*
spam spam *m*, correo *m* basura,
spammer spammer *mf*
***to* unsubscribe** darse de baja
***to* upload** cargar, subir
user name nombre *m* de usuario
virus virus *m*
***the* web** el *or* la web
web address dirección *f* web
web page página *f* web
web search búsqueda *f* en la web
web site sitio *m* web
web surfer internauta *mf*
webinar webinario *m*
***to* wipe** borrar

agregar un sitio a favoritos to bookmark a site
adjunto *m* attachment
archivo *m* file
arroba *f* at
ayuda *f* help
bajar to download
bitácora *f* blog
bitacorero –ra *m*, *f* blogger
blog *m* blog
borrar to delete
buscador *m* search engine
buscar to search
búsqueda *f* en la web web search
búsqueda *f* search n
cargar, subir to upload
carpeta *f* folder
cerrar sesión to log off/out
cesta *f or* cesto *m* de la compra shopping cart
chat *m* chat room
cibercafé *m* Internet café
cibernauta *mf* web surfer
conózcanos about us
contáctenos contact us
contraseña *f* password
darse de baja to unsubscribe
descargar to download
dirección *f* web web address
dominio *m* domain
emergente *f* pop up (window)
en línea, conectado on line
enlace *m* link
favorito *m* bookmark
foro *m* chat room, forum
fuente *f*, tipo *m* de letra font
guardar to save
hacer clic en to click on
iniciar sesión to log in/on
inscribirse, registrarse to register
internauta *mf* web surfer
mapa *m* del sitio site map
marcador *m* bookmark
menú *m* desplegable drop-down menu
navegador *m* browser
nombre *m* de usuario user name
página *f* web web page
página *f* de inicio home page
palabra *f* clave keyword
pegar to paste
pinchar en to click on
PMF FAQ
postear to post
rebotar to bounce
servidor *m* server
sitio *m* web web site
spam *m*, correo *m* basura spam
tablón *m* de anuncios bulletin board
virus *m* virus
el *or* la web the web
webinario *m* webinar

English-Spanish
Inglés-Español

Aa

A, a /eɪ/ *n* **(a)** (letter) A, a *f* **(b)** (Mus) la *m*

a /ə, *stressed form* eɪ/ (*before vowel* **an**) *indef art* un, una; **a Mrs Smith called** llamó una tal señora Smith; **have you got a car?** ¿tienes coche?; **he didn't say a word** no dijo ni una palabra; **she's a dentist** es dentista; **what a shock!** ¡qué susto!; **it costs 2 dollars a pound** cuesta 2 dólares la libra

AA *n* **1** (*no art*) = **Alcoholics Anonymous** **2** (in US) = **Associate in Arts** **3** (in UK) = **Automobile Association**

AAA *n* = **American Automobile Association**

aback /ə'bæk/ *adv* ▶ **take aback**

abacus /'æbəkəs/ *n* (*pl* **-cuses** *or* **-ci** /-saɪ/) ábaco *m*

abandon[1] /ə'bændən/ *vt* ‹*home/family*› abandonar; ‹*project/idea/search*› renunciar a; ‹*hope*› perder*; **to ~ ship** abandonar el barco

abandon[2] *n*: **they were dancing with gay ~** bailaban desenfrenadamente

abandoned /ə'bændənd/ *adj* ‹*vehicle/cottage/wife*› abandonado

abase /ə'beɪs/ *v refl*: **to ~ oneself** humillarse

abashed /ə'bæʃt/ *adj* (*pred*) avergonzado

abate /ə'beɪt/ *vi* (fml) «*storm/wind*» amainar; «*anger*» aplacarse*; «*noise/violence*» disminuir*; «*pain*» calmarse

abattoir /'æbətwɑːr, BrE 'æbətwɑː(r)/ *n* matadero *m*

abbey /'æbi/ *n* (*pl* **abbeys**) abadía *f*

abbot /'æbət/ *n* abad *m*

abbreviate /ə'briːvieɪt/ *vt* abreviar

abbreviation /ə'briːvi'eɪʃən/ *n* abreviatura *f*

ABC *n* **1** (alphabet, rudiments) abecé *m* **2** (in US) (*no art*) (= **American Broadcasting Company**) la ABC

abdicate /'æbdɪkeɪt/ *vt/i* abdicar*

abdication /'æbdɪ'keɪʃən/ *n* abdicación *f*

abdomen /'æbdəmən/ *n* abdomen *m*

abduct /æb'dʌkt, BrE əb'dʌkt/ *vt* (fml) raptar, secuestrar

abduction /æb'dʌkʃən, BrE əb'dʌkʃən/ *n* (fml) rapto *m*, secuestro *m*

abet /ə'bet/ *vt* **-tt-** ▶ **aid**[2]

abeyance /ə'beɪəns/ *n*: **to be in ~** estar* suspendido

abhor /əb'hɔːr, BrE əb'hɔː(r)/ *vt* **-rr-** (fml) detestar

abhorrent /əb'hɔːrənt, BrE əb'hɒrənt/ *adj* (fml) ‹*act/person*› detestable, aborrecible; **to be ~** TO **sb: the idea is ~ to me/her** la idea me/le resulta repugnante

abide /ə'baɪd/ *vt* tolerar, soportar

● **abide by** [*v + prep + o*] ‹*verdict/rules*› acatar

ability /ə'bɪləti/ *n* (*pl* **-ties**) capacidad *f*; **to the best of one's ~** lo mejor que uno pueda

abject /'æbdʒekt/ *adj* (fml) (*before n*) ‹*slave/flattery*› abyecto; **in ~ poverty** en la mayor miseria

ablaze /ə'bleɪz/ *adj* (*pred*): **to be ~** arder

able /'eɪbəl/ *adj* **1** (*pred*) **to be ~ to +** INF poder* + INF; (referring to particular skills) saber* + INF; **to be ~ to see/hear** poder* ver/oír **2** **abler** /'eɪblər, BrE 'eɪblə(r)/, **ablest** /'eɪbləst, BrE 'eɪblɪst/ (proficient) hábil

able-bodied /'eɪbəl'bɑːdid, BrE ˌeɪbəl'bɒdid/ *adj* sano, no discapacitado

abnormal /'æb'nɔːrməl, BrE æb'nɔːməl/ *adj* anómalo, anormal

abnormality /'æbnər'mæləti, BrE ˌæbnɔː'mæləti/ *n* (*pl* **-ties**) anomalía *f*, anormalidad *f*

aboard[1] /ə'bɔːrd, BrE ə'bɔːd/ *adv* (on ship, plane) a bordo

aboard[2] *prep* a bordo de; **~ the bus/train** en el autobús/tren

abode /ə'bəʊd/ *n* (liter *or* hum) morada *f* (liter *o* hum); **of no fixed ~** (Law) sin domicilio fijo

abolish /ə'bɑːlɪʃ, BrE ə'bɒlɪʃ/ *vt* abolir*

abolition /'æbə'lɪʃən/ *n* abolición *f*

abominable /ə'bɑːmənəbəl, BrE ə'bɒmɪnəbəl/ *adj* **(a)** (horrible) ‹*deed*› abominable **(b)** (awful) (infml) ‹*weather/food*› espantoso

abomination /ə'bɑːmə'neɪʃən, BrE əˌbɒmɪ'neɪʃən/ *n* abominación *f*

aboriginal[1] /'æbə'rɪdʒənl/ *adj* aborigen

aboriginal[2] *n* **(a)** (indigenous inhabitant) aborigen *mf* **(b)** ▶ **Aborigine**

Aborigine /'æbə'rɪdʒəni/ *n* aborigen australiano, -na *m,f*

abortion /ə'bɔːrʃən, BrE ə'bɔːʃən/ *n* aborto *m* (*provocado*); **to have an ~** hacerse* un aborto, abortar

abortive /ə'bɔːrtɪv, BrE ə'bɔːtɪv/ *adj* frustrado

abound /ə'baʊnd/ *vi* abundar; **to ~** IN *o* WITH **sth** abundar EN algo

about[1] /ə'baʊt/ *adv* **1** (approximately) más o menos, aproximadamente; **she must be ~ 60** debe (de) tener unos 60 años; **at ~ six o'clock** alrededor de *or* a eso de las seis; **~ a month ago** hace cosa de un mes **2** **to be about to +** INF estar* a punto de + INF **3** (movement): **she can't get ~ very easily** le cuesta desplazarse; **he was waving a knife ~** blandía un cuchillo **4** (in the vicinity, in circulation) (esp BrE): **is Teresa ~?** ¿Teresa anda por aquí?; **there's a lot of flu ~** hay mucha gente con gripe

about[2] *prep* **1** **(a)** (concerning) sobre, acerca de; **what's the play ~?** ¿de qué se trata la obra?; **he wants to see you ~ something** quiere verte acerca de *or* por algo; **she won — how ~ that!** ganó — ¡pues qué te parece! *or* ¡pues mira tú! **(b)** (pertaining to): **there's something ~ him**

a

that I don't like tiene un no sé qué que no me gusta **2** (engaged in): **while you're ~ it, could you fetch my book?** ¿ya que estás me traes el libro?

about-face /ə'baʊt'feɪs/, (BrE also) **about-turn** /-'tɜːrn, BrE -'tɜːn/ *n* cambio *m* radical de postura

above¹ /ə'bʌv/ *prep* **1** **(a)** (on top of, over) encima de; **~ sea level** sobre el nivel del mar **(b)** (upstream of) más allá *or* más arriba de **2** (superior to) por encima de; ***to get ~ oneself*** (derog) subirse a la parra **3** (more than): **~ average** por encima de la media; **~ and beyond** más allá de

above² *adv* **1** (on top, higher up) arriba **2** (in text): **as shown ~** como se demostró anteriormente *or* más arriba; **see ~, page 43** véase página 43

above³ *adj* (fml) (*before n*): **for the ~ reasons** por dichas razones, por lo antedicho

above: **~board** /ə'bʌv'bɔːrd, BrE əˌbʌv'bɔːd/ *adj* (*pred*) legítimo; **open and ~board** sin tapujos; **~mentioned** /ə'bʌv'mentʃənd, BrE əˌbʌv'menʃənd/ *adj* antedicho (fml)

abrasive /ə'breɪsɪv/ *adj* ‹*powder*› abrasivo; ‹*surface*› áspero; ‹*tone/manner*› áspero

abreast /ə'brest/ *adv* **(a)** (side by side): **to march four ~** marchar en columna de cuatro en fondo **(b)** (up to date): **to keep ~ of sth** mantenerse* al día en *or* al corriente de algo

abridge /ə'brɪdʒ/ *vt* ‹*book*› compendiar; **~d edition** edición *f* condensada

abroad /ə'brɔːd/ *adv* ‹*live/work*› en el extranjero *or* el exterior; ‹*go*› al extranjero, al exterior; **I've never been ~** nunca he salido del país

abrupt /ə'brʌpt/ *adj* ‹*departure/conclusion*› repentino; ‹*rise/decline*› abrupto; ‹*manner*› brusco

abruptly /ə'brʌptli/ *adv* ‹*end/stop*› repentinamente; ‹*rise/fall*› bruscamente; ‹*speak/act*› abruptamente

abscess /'æbses/ *n* absceso *m*

abscond /æb'skɑːnd, BrE əb'skɒnd/ *vi* (fml) fugarse*

absence /'æbsəns/ *n* **(a)** (of person) ausencia *f* **(b)** (lack) **~** OF **sth** falta *f* DE algo

absent /'æbsənt/ *adj* ausente; **to be ~** FROM **sth** faltar A algo

absentee /ˌæbsən'tiː/ *n* (*pl* **-tees**) ausente *mf*

absenteeism /ˌæbsən'tiːɪzəm/ *n* ausentismo *m* *or* (Esp) absentismo *m*

absentminded /'æbsənt'maɪndəd, BrE ˌæbsənt'maɪndɪd/ *adj* (temporarily) distraído; (habitually) despistado

absolute /'æbsəluːt/ *adj* **1** (complete) ‹*trust/confidence*› absoluto; **it was an ~ disaster** fue un absoluto desastre *or* un desastre total **2** ‹*right*› incuestionable; ‹*pardon/freedom*› incondicional; ‹*guarantee/monarchy/rule*› absoluto

absolutely /'æbsə'luːtli/ *adv* ‹*deny/reject*› rotundamente; ‹*impossible*› absolutamente; **I'm ~ certain** estoy segurísima *or* absolutamente segura; **you're ~ right!** ¡tienes toda la razón!

absolution /'æbsə'luːʃən/ *n* absolución *f*

absolve /əb'zɑːlv, BrE əb'zɒlv/ *vt* **to ~ sb** OF **sth** absolver* a algn DE algo; **to ~ sb** FROM **sth** eximir a algn DE algo

absorb /əb'sɔːrb, BrE əb'zɔːb/ *vt* ‹*light/energy*› absorber; ‹*impact/shock*› amortiguar*; ‹*information*› asimilar; **to be ~ed** IN **sth** estar* absorto EN algo

absorbent /əb'sɔːrbənt, BrE əb'zɔːbənt/ *adj* absorbente

absorbent cotton *n* (AmE) algodón *m* (hidrófilo)

absorption /əb'sɔːrpʃən, BrE əb'zɔːpʃən/ *n* absorción *f*

abstain /əb'steɪn/ *vi* **1** (in vote) abstenerse* **2** (refrain) **to ~** FROM **sth/-**ING abstenerse* DE algo/+ INF

abstract /'æbstrækt/ *adj* abstracto

absurd /əb'sɜːrd, BrE əb'sɜːd/ *adj* absurdo

absurdity /əb'sɜːrdəti, BrE əb'sɜːdəti/ *n* (*pl* **-ties**) lo absurdo

abundance /ə'bʌndəns/ *n* abundancia *f*

abundant /ə'bʌndənt/ *adj* ‹*resources*› abundante; ‹*enthusiasm*› desbordante

abuse¹ /ə'bjuːs/ *n* **1** (insulting language) insultos *mpl*; **a term of ~** un insulto **2** (misuse) abuso *m*; **sexual ~** abusos *mpl* deshonestos; **child ~** malos tratos *mpl* a la infancia; (sexual) abusos *mpl* deshonestos (*a un niño*); **drug ~** consumo *m* de drogas

abuse² /ə'bjuːz/ *vt* **1** **(a)** (use wrongly) ‹*power/hospitality*› abusar de **(b)** ‹*child/woman*› maltratar; (sexually) abusar de **2** (insult) insultar

abusive /ə'bjuːsɪv/ *adj* insultante

abysmal /ə'bɪzməl/ *adj* pésimo

abyss /ə'bɪs/ *n* (liter) abismo *m*

AC /'eɪ'siː/ **(a)** (= **alternating current**) CA **(b)** (esp AmE) = **air conditioning**

a/c (= **account**) cta.

A/C = **air conditioning**

academic¹ /ækə'demɪk/ *adj* **1** **(a)** ‹*career/record*› académico **(b)** ‹*child/student*› intelectualmente capaz **2** (abstract) ‹*question/debate*› puramente teórico

academic² *n* académico, -ca *m,f*

academy /ə'kædəmi/ *n* (*pl* **-mies**) academia *f*; (*before n*) **A~ Award** Oscar *m*

accede /ək'siːd/ *vi* (fml) **to ~** TO **sth** (grant) acceder A algo

accelerate /ək'seləreɪt/ *vi* «*vehicle*» acelerar; «*person*» acelerar; (Auto) apretar* el acelerador; «*process/growth*» acelerarse ■ *vt* acelerar

acceleration /əkˌselə'reɪʃən/ *n* aceleración *f*

accelerator /ək'seləreɪtər, BrE ək'seləreɪtə(r)/ *n* acelerador *m*

accent /'æksent, BrE 'æksent, 'æksənt/ *n* **(a)** (Ling, Mus) acento *m* **(b)** (emphasis) énfasis *m*

accentuate /ək'sentʃueɪt/ *vt* **(a)** ‹*difference*› hacer* resaltar; ‹*fact/necessity*› subrayar; ‹*eyes/features*› realzar*, hacer* resaltar **(b)** ‹*syllable/word*› acentuar*

accept /ək'sept/ *vt* aceptar; **do you ~ that you were wrong?** ¿reconoces que estabas equivocado?

acceptable /ək'septəbəl/ *adj* (satisfactory) aceptable; (tolerable) admisible

acceptance /ək'səptəns/ *n* **1** (of offer, responsibility) aceptación *f* **2** (approval) aprobación *f*

access¹ /'ækses/ *n* acceso *m*; (*before n*) **~ road** carretera *f* de acceso

access² *vt* (Comput) obtener* acceso a, entrar a

palabra clave

accessible /ək'sesəbəl/ *adj* accesible

accession /ək'seʃən, æk'seʃən/ *n* (fml) **(a)** (to throne, power) acceso *m* **(b)** (acquisition) adquisición *f*

accessory /ək'sesəri/ *n* (*pl* **-ries**) **1** **(a)** (extra) accesorio *m* **(b)** **accessories** *pl* (Clothing) accesorios *mpl* **2** (Law) ~ (TO sth) cómplice *mf* (EN algo)

accident /'æksədənt, BrE 'æksɪdənt/ *n* **(a)** (mishap) accidente *m* **(b)** (chance) casualidad *f*; **by ~** (by chance) por casualidad; (unintentionally) sin querer

accidental /'æksə'dentl, BrE ˌæksɪ'dentl/ *adj* ‹*discovery/meeting*› fortuito; ‹*blow*› accidental; **~ death** muerte *f* por caso fortuito

accidentally /'æksə'dentli, BrE ˌæksɪ'dentəli/ *adv* **(a)** (unintentionally) sin querer **(b)** (by chance) por casualidad, de manera fortuita

accident-prone /'æksədəntprəʊn, BrE 'æksɪdəntprəʊn/ *adj* propenso a los accidentes

acclaim[1] /ə'kleɪm/ *vt* aclamar

acclaim[2] *n* aclamación *f*

acclimate /'ækləmeɪt/ *vi* (AmE) ▶ **acclimatize**

acclimatize /ə'klaɪmətaɪz/ *vi* aclimatarse; **to become ~d** TO **sth** aclimatarse A algo

accolade /'ækəleɪd/ *n* (praise) elogio *m*; (honor) honor *m*; (award) galardón *m*

accommodate /ə'kɑːmədeɪt, BrE ə'kɒmədeɪt/ *vt* **1** **(a)** (provide lodging for) ‹*guests*› alojar **(b)** (have room for) tener* cabida para **2** (cater to) ‹*wish/need*› tener* en cuenta

accommodating /ə'kɑːmədeɪtɪŋ, BrE ə'kɒmədeɪtɪŋ/ *adj* complaciente

accommodation /ə'kɑːmə'deɪʃən, BrE əˌkɒmə'deɪʃən/ *n* **1** **(a)** (AmE also) **accommodations** (lodgings) alojamiento *m* **(b)** (seat, berth) (AmE) plaza *f* **2** (agreement, compromise) acuerdo *m*

accompaniment /ə'kʌmpənimənt/ *n* acompañamiento *m*

accompanist /ə'kʌmpənəst, BrE ə'kʌmpənɪst/ *n* acompañante *mf*

accompany /ə'kʌmpəni/ *vt* **-nies, -nying, -nied** **(a)** (go with) acompañar **(b)** (Mus) acompañar

accomplice /ə'kɑːmpləs, BrE ə'kʌmplɪs/ *n* cómplice *mf*

accomplish /ə'kɑːmplɪʃ, BrE ə'kʌmplɪʃ/ *vt* ‹*task*› llevar a cabo; ‹*goal*› lograr

accomplished /ə'kɑːmplɪʃt, BrE ə'kʌmplɪʃt/ *adj* ‹*performer/liar/thief*› consumado; ‹*performance*› logrado

accomplishment /ə'kɑːmplɪʃmənt, BrE ə'kʌmplɪʃmənt/ *n* **(a)** (of aim) logro *m* **(b)** (success) logro *m* **(c)** (skill) habilidad *f*

accord /ə'kɔːrd, BrE ə'kɔːd/ *n* acuerdo *m*; ***of one's own ~*** (de) motu proprio

accordance /ə'kɔːrdn̩s, BrE ə'kɔːdn̩s/ *n*: **in ~ with** de acuerdo con *or* a, según

according /ə'kɔːrdɪŋ, BrE ə'kɔːdɪŋ/: **according to** *prep* según

accordion /ə'kɔːrdiən, BrE ə'kɔːdiən/ *n* acordeón *m*

accost /ə'kɔːst, BrE ə'kɒst/ *vt* abordar

account /ə'kaʊnt/ *n* **1** **(a)** (explanation) explicación *f*; (version) versión *f*; (report) informe *m*; **by all ~s** a decir de todos **(b)** (consideration): **to take sth into ~** tener* algo en cuenta **(c)** (*in phrases*) **on account of** (*as prep*) debido a; **on no account** de ningún modo, de ninguna manera; **on sb's account** por algn **2** **(a)** (with bank, at shop) cuenta *f* **(b)** **accounts** (Busn, Fin) (+ *pl vb*) contabilidad *f*

● **account for** [*v* + *prep* + *o*] **1** **(a)** (provide record of, justify) ‹*expenditure/time*› dar* cuentas de **(b)** (explain) explicar*; ***there's no ~ing for taste*** sobre gustos no hay nada escrito **2** (add up to): **wages ~ for 70% of the total** los sueldos representan un *or* el 70% del total

accountable /ə'kaʊntəbəl/ *adj* (*pred*) responsable; **to be ~** TO **sb** (FOR **sth**) ser* responsable ANTE algn (DE algo)

accountancy /ə'kaʊntn̩si/ *n* contabilidad *f*

accountant /ə'kaʊntn̩t/ *n* contador, -dora *m,f* (AmL), contable *mf* (Esp)

account number *n* número *m* de cuenta

accredit /ə'kredət, BrE ə'kredɪt/ *vt* (*usu pass*) acreditar

accrue /ə'kruː/ *vi* acumularse

■ *vt* acumular

accumulate /ə'kjuːmjəleɪt, BrE ə'kjuːmjʊleɪt/ *vt* ‹*wealth/interest*› acumular; ‹*information/evidence*› reunir*

■ *vi* acumularse

accuracy /'ækjərəsi/ *n* (of measurement, instrument, description, translation) exactitud *f*; (of weapon) precisión *f*; (of aim, blow) lo certero

accurate /'ækjərət/ *adj* ‹*measurement/instrument/description/translation*› exacto; ‹*weapon/aim/blow*› certero

accusation /'ækjə'zeɪʃən, BrE ˌækjuː'zeɪʃən/ *n* acusación *f*

accuse /ə'kjuːz/ *vt* acusar

accused /ə'kjuːzd/ *n* (*pl* ~) (Law): **the ~** el acusado, la acusada; (*pl*) los acusados, las acusadas

accusing /ə'kjuːzɪŋ/ *adj* acusador

accustom /ə'kʌstəm/ *vt* **to ~ sb** TO **sth**/-ING acostumbrar a algn A algo/+INF

accustomed /ə'kʌstəmd/ *adj* (*pred*) **to be ~** TO **sth**/-ING estar* acostumbrado A algo/+ INF; **to become ~** TO **sth**/-ING acostumbrarse A algo/+ INF

AC/DC /'eɪsiː'diːsiː/ *adj* (Elec) CA/CC

ace /eɪs/ *n* **(a)** (in cards, dice) as *m* **(b)** (expert, champion) as *m*

ache[1] /eɪk/ *vi* **(a)** «*tooth/ear/leg*» doler*; **my back ~s** me duele la espalda **(b)** **aching** *pres p* ‹*shoulders/muscles*› dolorido

ache[2] *n* dolor *m* (*sordo y continuo*); **~s and pains** achaques *mpl*

achieve /ə'tʃiːv/ *vt* **(a)** (accomplish) lograr **(b)** (attain) ‹*success/victory*› conseguir*, obtener*; ‹*aim*› lograr, conseguir*; ‹*ambition*› hacer* realidad

achievement /ə'tʃiːvmənt/ *n* **(a)** (feat) logro *m* **(b)** (success) éxito *m*; **a sense of ~** la satisfacción de haber logrado algo

Achilles heel /ə'kɪliːz/ *n* talón *m* de Aquiles

acid[1] /'æsəd, BrE 'æsɪd/ *n* ácido *m*

acid[2], acidic /ə'sɪdɪk/ *adj* ácido

acid rain *n* lluvia *f* ácida

acknowledge /ək'nɑːlɪdʒ, BrE ək'nɒlɪdʒ/ *vt* **1** **(a)** (admit) ‹*mistake/failure*› admitir **(b)** (recognize) ‹*skill/authority/right*› reconocer*;

a

‹*quotations/sources*› hacer* mención de **(c)** (express appreciation of) agradecer* **2** ‹*letter/order*› acusar recibo de; ‹*greeting*› responder a; ‹*person*› saludar

acknowledgment, **acknowledgement** /ək'nɑːlɪdʒmənt, BrE ək'nɒlɪdʒmənt/ *n* **(a)** (recognition) reconocimiento *m* **(b)** (confirmation, response): **I've had no ~ of my letter** no han acusado recibo de mi carta **(c) acknowledgments** *pl* (in book) lista *f* de menciones

acne /'ækni/ *n* acné *m or f*, acne *f*‡

acorn /'eɪkɔːrn, BrE 'eɪkɔːn/ *n* bellota *f*

acoustic /ə'kuːstɪk/ *adj* acústico

acoustics /ə'kuːstɪks/ *pl n* (of room) acústica *f*

acquaintance /ə'kweɪntn̩s/ *n* **(a)** (person) conocido, -da *m,f* **(b)** (with person) relación *f*; **to make sb's ~** conocer* a algn **(c)** (knowledge) **~ WITH sth** conocimiento *m* DE algo

acquainted /ə'kweɪntəd, BrE ə'kweɪntɪd/ *adj* (*pred*) **(a) to be ~ WITH sb** conocer* a algn **(b) to be ~ WITH sth** (be informed of) estar* al corriente DE algo; (be familiar with) estar* familiarizado CON algo

acquiesce /ˌækwi'es/ *vi* **to ~ (IN sth/-ING)** consentir* (algo/EN + INF)

✍ **acquire** /ə'kwaɪr, BrE ə'kwaɪə(r)/ *vt* ‹*collection/skill*› adquirir*; ‹*reputation*› hacerse*

acquired /ə'kwaɪrd, BrE ə'kwaɪəd/ *adj* ‹*characteristic*› adquirido; **it's an ~ taste** es algo a lo que se le va tomando el gusto con el tiempo

acquisition /'ækwə'zɪʃən, BrE ˌækwɪ'zɪʃən/ *n* adquisición *f*

acquit /ə'kwɪt/ *vt* **-tt- to ~ sb (OF sth)** absolver* a algn (DE algo)

acre /'eɪkər, BrE 'eɪkə(r)/ *n* acre *m* (*0,405 hectáreas*)

acrid /'ækrəd, BrE 'ækrɪd/ *adj* acre

acrobat /'ækrəbæt/ *n* acróbata *mf*

acrobatic /'ækrə'bætɪk/ *adj* acrobático

across¹ /ə'krɔːs, BrE ə'krɒs/ *adv* **(a)** (indicating movement): **the boatman ferried them ~** el barquero los cruzó **(b)** (indicating position) del otro lado; **she sat ~ from me** estaba sentada frente a mí **(c)** (in width, diameter): **it is 20m ~** tiene *or* mide 20m de ancho

✍ **across²** *prep* **(a)** (from one side to other): **they ran ~ the road** cruzaron la calle corriendo **(b)** (on the other side of): **they live just ~ the road** viven justo enfrente; **it's ~ the river** está al otro lado del río

acrylic /ə'krɪlɪk/ *n* acrílico *m*; (*before n*) acrílico

✍ **act¹** /ækt/ *vi* **1** **(a)** (take action, do sth) actuar* **(b)** «*drug/chemical*» hacer* efecto **(c)** (serve) **to ~ AS sth** servir* DE algo; **she will ~ as interpreter** hará de intérprete **(d) acting** *pres p* ‹*chairman/director*› interino **2** (behave) comportarse; **don't ~ dumb** ¡no te hagas el tonto! **3** (perform) actuar*; (as profession) ser* actor/actriz

■ *vt* **(a)** (perform) ‹*role/part*› interpretar **(b)** (behave like, play role of) hacerse*

● **act for** [*v + prep + o*] (represent) representar

● **act on** [*v + prep + o*] **(a)** (follow) ‹*advice*› seguir*; ‹*orders*› cumplir **(b)** (affect) «*drug/chemical*» actuar* sobre

● **act out** [*v + o + adv, v + adv + o*] representar

✍ **act²** *n* **1** (deed) acto *m*; ***to catch sb in the ~*** agarrar *or* (esp Esp) coger* a algn con las manos en la masa **2** (Govt) ley *f* **3** **(a)** (division of play) acto *m* **(b)** (routine) número *m*; ***to get one's ~ together*** organizarse* **4** (pretense): **it was all a big ~** era puro cuento (fam)

acting /'æktɪŋ/ *n* (performance) interpretación *f*; **have you done any ~ before?** ¿has hecho teatro/cine alguna vez?

✍ **action** /'ækʃən/ *n* **1** **(a)** (practical measures): **prompt ~ by the police saved several lives** la rápida actuación de la policía salvó varias vidas; **to take ~ (against sb/sth)** tomar medidas (contra algn/algo); **~!** (Cin) ¡acción! **(b)** (*in phrases*) **to put sth into ~** poner* algo en práctica; **to be out of ~** «*car*» estar* averiado; «*person*» estar* fuera de circulación **2** (deed) acto *m* **3** (Mil) acción *f* (de guerra) **4** **(a)** (plot of play, movie) acción *f* **(b)** (exciting activity) animación *f* **5** **(a)** (movement) movimiento *m* **(b)** (operation) funcionamiento *m* **(c)** (of drug, chemical) acción *f*

action: **~-packed** *adj* lleno de acción; **~ replay** *n* (BrE) repetición *f* de la jugada

✍ **active** /'æktɪv/ *adj* **1** ‹*person/life*› activo; ‹*volcano*› en actividad **2** (Ling) activo

activist /'æktəvəst, BrE 'æktɪvɪst/ *n* activista *mf*

✍ **activity** /æk'tɪvəti/ *n* (*pl* **-ties**) actividad *f*

✍ **actor** /'æktər, BrE 'æktə(r)/ *n* actor, actriz *m,f*

actress /'æktrəs/ *n* actriz *f*

✍ **actual** /'æktʃuəl/ *adj* (*before n*) **(a)** (real) real; **in ~ fact** en realidad **(b)** (precise, very) mismo; **on the ~ day of the election** el mismo día de las elecciones

✍ **actually** /'æktʃuəli/ *adv* en realidad; **~, I'd rather not go** la verdad es que preferiría no ir

acumen /ə'kjuːmən, BrE 'ækjuːmən/ *n* sagacidad *f*, perspicacia *f*; **business ~** visión *f* para los negocios

acupuncture /'ækjəˌpʌŋktʃər, BrE 'ækjʊˌpʌŋktʃə(r)/ *n* acupuntura *f*

acute /ə'kjuːt/ *adj* **1** ‹*condition/pain*› agudo; ‹*crisis/shortage*› grave; ‹*anxiety*› profundo; ‹*sense of smell*› fino; ‹*sight/hearing*› agudo **2** (Ling) ‹*accent*› agudo

✍ **ad** /æd/ *n* (infml) ▶ **advertisement**

AD (= **Anno Domini**) después de Cristo; (written form) d. de C., d. de J.C.

Adam /'ædəm/ *n* Adán; **~'s apple** nuez *f* (de Adán)

adamant /'ædəmənt/ *adj* ‹*refusal*› firme; **she was ~ that she wouldn't go** se mantuvo firme en su decisión de no ir

adapt /ə'dæpt/ *vt* adaptar

■ *vi* **to ~ (TO sth/-ING)** adaptarse (A algo/+ INF)

adaptable /ə'dæptəbəl/ *adj* adaptable

adaptation /'ædæp'teɪʃən/ *n* adaptación *f*

adapter, **adaptor** /ə'dæptər, BrE ə'dæptə(r)/ *n* (plug — with several sockets) enchufe *m* múltiple; (— for different sockets) adaptador *m*

✍ **add** /æd/ *vt* **1** (put in in addition) añadir; **at least I think so, she ~ed** — al menos eso creo — añadió **2** (Math) sumar; **~ the numbers together** suma los números **3** **added** *past p* ‹*bonus/incentive*› adicional; **with ~ed vitamins** con vitaminas

● **add to** [*v + prep + o*] ‹*building*› ampliar*; ‹*confusion/difficulties*› aumentar

● **add up** **1** [*v + adv*] **(a)** (Math) cuadrar **(b)** (make sense) (infml) «*story/facts*» cuadrar; **it just doesn't ~ up** no tiene sentido **2** [*v* + *o* + *adv*, *v* + *adv* + *o*] (Math) ‹*figures*› sumar; ‹*bill*› hacer*, preparar

● **add up to** [*v* + *adv* + *prep* + *o*] «*figures*» sumar en total; «*total*» ascender* a

adder /'ædər, BrE 'ædə(r)/ *n* víbora *f*

addict /'ædɪkt/ *n* adicto, -ta *m,f*; **drug ~** drogadicto, -ta *m,f*

addicted /ə'dɪktəd, BrE ə'dɪktɪd/ *adj* **to be ~** (TO sth) ser* adicto (A algo)

addiction /ə'dɪkʃən/ *n* adicción *f*

addictive /ə'dɪktɪv/ *adj* ‹*drug*› que crea adicción; ‹*activity*› adictivo, que crea hábito

addition /ə'dɪʃən/ *n* **1** **(a)** (Math) suma *f*, adición *f* (fml) **(b)** (adding) adición *f* **(c)** (*in phrases*) **in addition** además; **in addition to** además de **2** (extra thing): **the latest ~s to our library** las últimas adquisiciones de nuestra biblioteca

✓ **additional** /ə'dɪʃn̩əl, BrE ə'dɪʃənl/ *adj* ‹*cost/ weight*› extra, adicional

additive /'ædətɪv, BrE 'ædɪtɪv/ *n* aditivo *m*

✓ **address**[1] /'ædres, BrE ə'dres/ *n* **1** **(a)** (of house, offices etc) dirección *f*, señas *fpl*; Ⓢ **address** (on form) domicilio; (*before n*) **~ book** libreta *f* de direcciones **(b)** (Comput) dirección *f* **2** (speech) discurso *m* **3** **form of ~** tratamiento *m*

✓ **address**[2] /ə'dres/ *vt* **1** (AmE also) /'ædres/ ‹*mail*› ponerle* la dirección a **2** **(a)** (speak to) ‹*person*› dirigirse* a; ‹*assembly*› pronunciar un discurso ante **(b)** (direct) (fml) ‹*question/ remark*› dirigir* **3** (deal with, confront) ‹*problem/ issue*› tratar

■ *v refl* **(a)** (speak to) **to ~ oneself** TO **sb** dirigirse* A algn **(b)** (turn one's attention to) (fml) **to ~ oneself** TO **sth** dedicarse* A algo

addressee /,ædre'si:/ *n* destinatario, -ria *m,f*

adept /ə'dept/ *adj* experto

adequate /'ædɪkwət/ *adj* ‹*help/funding*› suficiente; ‹*standard/explanation*› adecuado

adhere /æd'hɪr, BrE əd'hɪə(r)/ *vi* (fml) **(a)** (stick) **to ~ (TO sth)** adherirse* (A algo) **(b) to ~ TO sth** (to principles/cause) adherirse* A algo; (to regulations) observar algo

adhesive[1] /æd'hi:sɪv, BrE əd'hi:sɪv/ *adj* adhesivo

adhesive[2] *n* adhesivo *m*

ad hoc /'æd'hɑ:k, BrE ,æd'hɒk/ *adj* ‹*arrangement/ measure*› ad hoc; **~ committee** comisión *f* especial *or* ad hoc

adjacent /ə'dʒeɪsn̩t/ *adj* ‹*field*› adyacente; ‹*room*› contiguo; **~ TO sth** «*field*» adyacente A algo; «*room*» contiguo A algo

adjective /'ædʒɪktɪv/ *n* adjetivo *m*

adjoin /ə'dʒɔɪn/ *vt* (fml) **(a)** (be adjacent to) lindar con **(b) adjoining** *pres p* ‹*houses*› contiguo; **the ~ing room** el cuarto de al lado

adjourn /ə'dʒɜ:rn, BrE ə'dʒɜ:n/ *vt* ‹*talks/trial*› suspender; **the meeting was ~ed** se levantó la sesión

■ *vi*: **the court ~ed** el tribunal levantó la sesión

adjournment /ə'dʒɜ:rnmənt, BrE ə'dʒɜ:nmənt/ *n* suspensión *f*

adjudicate /ə'dʒu:dɪkeɪt/ *vi* (give judgment) arbitrar

■ *vt* (fml) ‹*competition*› juzgar*; ‹*claim*› decidir sobre

adjust /ə'dʒʌst/ *vt* ‹*instrument/prices/wages*› ajustar; ‹*volume/temperature/speed*› regular; **he ~ed his tie** se arregló la corbata

■ *vi* **to ~ (TO sth/-ING)** adaptarse (A algo/+ INF)

adjustable /ə'dʒʌstəbəl/ *adj* ‹*focus/ temperature*› regulable

adjustment /ə'dʒʌstmənt/ *n* **1** (to machine, instrument, figures) ajuste *m*; (to clothes) arreglo *m*; (to plan, system) cambio *m* **2** (act, process) **(a)** (of machine, instrument) ajuste *m* **(b)** (of person) adaptación *f*

ad-lib /'æd'lɪb/ *vt/i* **-bb-** improvisar

administer /əd'mɪnəstər, BrE əd'mɪnɪstə(r)/ *vt* **(a)** (manage) administrar **(b)** (fml) ‹*punishment/ drug*› administrar

✓ **administration** /əd'mɪnə'streɪʃən, BrE əd,mɪnɪ'streɪʃən/ *n* **(a)** (of institution, business, estate) administración *f* **(b)** (managing body) administración *f*; (Pol) gobierno *m*, administración *f* **(c)** (of justice, medicine) administración *f*

administrative /əd'mɪnəstreɪtɪv, BrE əd'mɪnɪstrətɪv/ *adj* administrativo

administrator /əd'mɪnəstreɪtər, BrE əd'mɪnɪstreɪtə(r)/ *n* administrador, -dora *m,f*

admirable /'ædmərəbəl/ *adj* ‹*honesty/work*› digno de admiración; ‹*plan*› excelente

admiral /'ædmərəl/ *n* almirante *mf*

admiration /'ædmə'reɪʃən/ *n* admiración *f*

admire /əd'maɪr, BrE əd'maɪə(r)/ *vt* admirar

admirer /əd'maɪrər, BrE əd'maɪərə(r)/ *n* admirador, -dora *m,f*

admission /əd'mɪʃən/ *n* **1** **(a)** (to building, exhibition) entrada *f*; (price) (precio *m* de) entrada *f*; (into college, society) ingreso *m* **(b)** (into hospital) ingreso *m* **2** (confession) admisión *f*; **he was, by his own ~, a poor father** él mismo admitía que no era un buen padre

✓ **admit** /əd'mɪt/ **-tt-** *vt* **1** **(a)** (allow entry) dejar entrar; ‹*light/air*› permitir entrar; Ⓢ **admit one** entrada individual **(b)** ‹*patient*› ingresar, internar (CS, Méx) **2** (confess) ‹*crime/mistake*› admitir; **to ~ sth** TO **sb** confesarle* algo A algn

● **admit to** [*v* + *prep* + *o*] (confess) ‹*error*› admitir; ‹*crime*› declararse culpable de

admittance /əd'mɪtn̩s/ *n* (fml) **~ (TO sth)** acceso *m* (A algo); Ⓢ **no admittance** prohibida la entrada

admittedly /əd'mɪtədli, BrE əd'mɪtɪdli/ *adv* (*indep*): **~, it wasn't an easy task, but ...** hay que reconocer que no era una tarea fácil pero ...

admonish /æd'mɑ:nɪʃ, BrE əd'mɒnɪʃ/ *vt* (fml) **to ~ sb (FOR sth)** amonestar a algn (POR algo)

ado /ə'du:/ *n*: **without further** o **more ~** sin más (preámbulos)

adolescence /'ædə'lesn̩s/ *n* adolescencia *f*

adolescent[1] /'ædə'lesn̩t/ *n* adolescente *mf*

adolescent[2] *adj* adolescente

✓ **adopt** /ə'dɑ:pt, BrE ə'dɒpt/ *vt* **(a)** ‹*child*› adoptar **(b)** ‹*idea/custom/title*› adoptar **(c)** ‹*recommendation*› aprobar*

adopted /ə'dɑ:ptəd, BrE ə'dɒptɪd/ *adj* ‹*son/ country*› adoptivo; **she's ~** es adoptada

adoption /ə'dɑ:pʃən, BrE ə'dɒpʃən/ *n* **(a)** (of child) adopción *f* **(b)** (of approach, custom, title) adopción *f* **(c)** (of report, motion) aprobación *f*

a

adoptive /əˈdɑːptɪv, BrE əˈdɒptɪv/ *adj* (*before n*) adoptivo

adorable /əˈdɔːrəbəl/ *adj* ‹*house/hat*› divino; ‹*child*› adorable

adoration /ˈædəˈreɪʃən/ *n* adoración *f*

adore /əˈdɔːr, BrE əˈdɔː(r)/ *vt* **(a)** (love, worship) adorar **(b)** **adoring** *pres p* ‹*gaze*› lleno de adoración; ‹*mother*› amantísimo **(c)** (like, enjoy): **I ∼ figs** me encantan los higos

adorn /əˈdɔːrn, BrE əˈdɔːn/ *vt* (fml *or* liter) adornar

adornment /əˈdɔːrnmənt, BrE əˈdɔːnmənt/ *n* adorno *m*

adrenaline /əˈdrenlən, BrE əˈdrenəlɪn/ *n* adrenalina *f*

Adriatic /ˈeɪdriˈætɪk/ *n*: **the ∼ (Sea)** el (mar) Adriático

adrift /əˈdrɪft/ *adj* (*pred*) (Naut) a la deriva; ***to come*** o ***go*** **∼** «*plans*» fallar

adroit /əˈdrɔɪt/ *adj* **(a)** ‹*answer/speaker*› hábil **(b)** ‹*movement*› ágil; ‹*player*› diestro

adulation /ˈædʒəˈleɪʃən, BrE ˌædjʊˈleɪʃən/ *n* adulación *f*

✐ **adult¹** /əˈdʌlt, ˈædʌlt/ *n* adulto, -ta *m,f*

adult² *adj* **(a)** (physically mature) adulto **(b)** (mature) ‹*behavior/approach*› maduro, adulto **(c)** (suitable for adults) para mayores *or* adultos

adult education *n* educación *f* para adultos; (*before n*) ‹*class*› para adultos

adultery /əˈdʌltəri/ *n* adulterio *m*

adulthood /əˈdʌlthʊd, ˈædʌlthʊd/ *n* edad *f* adulta, adultez *f*

advance¹ /ədˈvæns, BrE ədˈvɑːns/ *vi* «*person/vehicle*» avanzar*; «*science/society*» avanzar*, progresar
■ *vt* **1** **(a)** (move forward) ‹*troops*› avanzar* **(b)** (further) ‹*knowledge*› fomentar; ‹*interests/cause*› promover* **2** **(a)** ‹*date/meeting*› adelantar **(b)** ‹*money/wages*› anticipar

advance² *n* **1** (of person, army, vehicle) avance *m*; (of civilization, science) avance *m*, progreso *m* **2** **advances** *pl* (overtures) insinuaciones *fpl* **3** **(a)** (early payment) anticipo *m* **(b)** (loan) préstamo *m* **4** **in advance: to pay in ∼** pagar* por adelantado; **it was planned well in ∼** se planeó con mucha antelación

advance³ *adj* (*before n*): **∼ booking is essential** es imprescindible hacer la reserva por anticipado

advanced /ədˈvænst, BrE ədˈvɑːnst/ *adj* ‹*civilization/course/student*› avanzado

✐ **advantage** /ədˈvæntɪdʒ, BrE ədˈvɑːntɪdʒ/ *n* **(a)** (superior factor) ventaja *f* **(b)** (gain): **to take ∼ of sth** aprovechar algo; (derog) aprovecharse de algo; **to take ∼ of sb** (exploit) aprovecharse de algn; **to turn sth to one's ∼** sacar* provecho de algo **(c)** (in tennis) (*no pl*) ventaja *f*

advantageous /ˌædvænˈteɪdʒəs, BrE ˌædvənˈteɪdʒəs/ *adj* ‹*arrangement*› ventajoso; ‹*position/situation*› de ventaja

advent /ˈædvent/ *n* **(a)** (arrival) llegada *f* **(b)** **Advent** (Relig) Adviento *m*

adventure /ədˈventʃər, BrE ədˈventʃə(r)/ *n* aventura *f*; (*before n*) ‹*story/film*› de aventuras

✐ palabra clave

adventurous /ədˈventʃərəs/ *adj* ‹*traveler*› intrépido; ‹*spirit/person*› aventurero

adverb /ˈædvɜːrb, BrE ˈædvɜːb/ *n* adverbio *m*

adversary /ˈædvərseri, BrE ˈædvəsəri/ *n* (*pl* **-ries**) (fml) adversario, -ria *m,f*

adverse /ˈædvɜːrs, ædˈvɜːrs, BrE ˈædvɜːs/ *adj* adverso

adversity /ædˈvɜːrsəti, BrE ədˈvɜːsəti/ *n* (*pl* **-ties**) adversidad *f*

advert /ˈædvɜːrt, BrE ˈædvɜːt/ *n* (BrE infml) ▶ **advertisement**

advertise /ˈædvərtaɪz, BrE ˈædvətaɪz/ *vt* ‹*product*› hacerle* publicidad a, hacerle* réclame a (AmL); **I saw it ∼d on TV** lo vi anunciado en la tele
■ *vi* hacer* publicidad

advertisement /ˈædvərˈtaɪzmənt, BrE ədˈvɜːtɪsmənt/ *n* anuncio *m*, aviso *m* (AmL)

advertiser /ˈædvərtaɪzər, BrE ˈædvətaɪzə(r)/ *n* anunciante *mf*

advertising /ˈædvərtaɪzɪŋ, BrE ˈædvətaɪzɪŋ/ *n* **(a)** (action, business) publicidad *f*; (*before n*) ‹*campaign/slot*› publicitario; **∼ agency** agencia *f* de publicidad **(b)** (advertisements) propaganda *f*

✐ **advice** /ədˈvaɪs/ *n* (counsel) consejos *mpl*; (professional) asesoramiento *m*; **a piece of ∼** un consejo; **to give sb ∼** aconsejar a algn; **to take sb's ∼** seguir* los consejos de algn

advisable /ədˈvaɪzəbəl/ *adj* aconsejable

✐ **advise** /ədˈvaɪz/ *vt* **1** **(a)** (recommend) aconsejar; **to ∼ sb to + INF** aconsejar(le) A algn QUE (+ *subj*); **they ∼d him against marrying so young** le aconsejaron que no se casara tan joven **(b)** (give advice to) aconsejar; (professionally) asesorar **2** (inform) (fml) informar; (in writing) notificar* (fml)
■ *vi* aconsejar; (professionally) asesorar; **to ∼ AGAINST sth/-ING** desaconsejar algo/+ INF

adviser, **advisor** /ədˈvaɪzər, BrE ədˈvaɪzə(r)/ *n* consejero, -ra *m,f*; (professional) asesor, -sora *m,f*

advisory /ədˈvaɪzəri/ *adj* ‹*body/service*› consultivo; **in an ∼ capacity** en calidad de asesor

advocate¹ /ˈædvəkət/ *n* **(a)** (supporter, defender) **∼ (OF sth)** defensor, -sora *m,f* (DE algo) **(b)** (in a court of law) abogado, -da *m,f*

advocate² /ˈædvəkeɪt/ *vt* recomendar*, abogar* por

Aegean /ɪˈdʒiːən/ *n*: **the ∼ (Sea)** el (mar) Egeo

aerial¹ /ˈeriəl, BrE ˈeəriəl/ *adj* (*before n*) aéreo; **∼ photograph** aerofoto *f*

aerial² *n* (esp BrE) antena *f*

aerobics /eˈrəʊbɪks, ə-, BrE eəˈrəʊbɪks/ *n* (+ *sing or pl vb*) aerobic(s) *m*, aerobismo *m* (CS)

aerodynamic /ˈerəʊdaɪˈnæmɪk, BrE ˌeərəʊdaɪˈnæmɪk/ *adj* aerodinámico

aeroplane /ˈerəpleɪn, BrE ˈeərəpleɪn/ *n* (BrE) avión *m*

aerosol /ˈerəsɑːl, BrE ˈeərəsɒl/ *n* aerosol *m*, spray *m*

aerospace /ˈerəʊspeɪs, BrE ˈeərəʊspeɪs/ *adj* (*before n*) ‹*research/industry*› aeroespacial

aesthetic, (AmE also) **esthetic** /esˈθetɪk, BrE iːsˈθetɪk/ *adj* estético

afar /əˈfɑːr, BrE əˈfɑː(r)/ *adv* (liter) lejos

affable /ˈæfəbəl/ *adj* afable

✐ **affair** /əˈfer, BrE əˈfeə(r)/ *n* **1** **(a)** (case) caso *m* **(b)** (event): **the wedding was a small, family ∼**

la boda se celebró en la intimidad; **it was a very formal ~** fue una ocasión muy ceremoniosa **(c)** (business, concern) asunto *m* **(d) affairs** *pl* (matters) asuntos *mpl* **2** (liaison) affaire *m*

affect /ə'fekt/ *vt* (have effect on) afectar a; ‹*organ/nervous system*› comprometer

affected /ə'fektəd, BrE ə'fektɪd/ *adj* afectado

affection /ə'fekʃən/ *n* cariño *m*

affectionate /ə'fekʃn̩ət/ *adj* cariñoso

affiliate /ə'fɪlieɪt/ *vt* (*often pass*) afiliar

affiliation /ə'fɪli'eɪʃən/ *n* afiliación *f*; **her political ~s** su filiación política

affinity /ə'fɪnəti/ *n* (*pl* **-ties**) afinidad *f*

affirm /ə'fɜːrm, BrE ə'fɜːm/ *vt* declarar

affirmative /ə'fɜːrmətɪv, BrE ə'fɜːmətɪv/ *adj* afirmativo

affix /ə'fɪks/ *vt* (fml) ‹*stamp/seal*› poner*; ‹*notice*› fijar

afflict /ə'flɪkt/ *vt* «*disease/problem*» aquejar

affliction /ə'flɪkʃən/ *n* **(a)** (suffering) aflicción *f* **(b)** (cause of suffering) desgracia *f*; (ailment) mal *m*

affluence /'æfluəns/ *n* prosperidad *f*

affluent /'æfluənt/ *adj* ‹*suburb/country*› próspero; ‹*person*› acomodado

afford /ə'fɔːrd, BrE ə'fɔːd/ *vt*: **I can't ~ a new car** no me alcanza el dinero para comprarme un coche nuevo; **you can't ~ to miss this opportunity** no puedes perderte esta oportunidad

affordable /ə'fɔːrdəbəl, BrE ə'fɔːdəbəl/ *adj* asequible

affront /ə'frʌnt/ *n* (fml) afrenta *f*

Afghan[1] /'æfgæn/ *adj* afgano

Afghan[2] *n* afgano, -na *m,f*

Afghanistan /æfgænəstæn, BrE æf'gænɪstɑːn/ *n* Afganistán *m*

afield /ə'fiːld/ *adv*: **she travels as far ~ as China** viaja a lugares tan distantes como la China; **we had to look further ~ for help** tuvimos que buscar ayuda en otra parte

afloat /ə'fləʊt/ *adj* (*pred*) a flote; **to stay ~** mantenerse* a flote

afoot /ə'fʊt/ *adj* (*pred*): **plans are ~ to create ...** hay planes de crear ...; **what's ~?** ¿qué se está tramando?

aforementioned /ə'fɔːr'mentʃənd, BrE əˌfɔː'menʃənd/ *adj* (fml) (*before n*) ‹*clause/statement*› anteriormente mencionado, antedicho (fml); **the ~ person** el susodicho, la susodicha (fml *o* hum)

afraid /ə'freɪd/ *adj* (*pred*) **1** (scared) **to be ~** OF **sb/sth** tenerle* miedo A algn/A algo; **there's nothing to be ~ of** no tienes nada que temer **2** (sorry): **she's not in, I'm ~** lo siento pero no está; **I'm ~ not** me temo que no

afresh /ə'freʃ/ *adv*: **to start ~** empezar* de nuevo, volver* a empezar

Africa /'æfrɪkə/ *n* África *f*‡

African[1] /'æfrɪkən/ *adj* africano

African[2] *n* africano, -na *m,f*

African-American[1] /'æfrɪkənə'merɪkən/ *adj* norteamericano de origen africano

African-American[2] *n* norteamericano, -na *m,f* de origen africano

Afro-American[1] /'æfrəʊə'merɪkən/ *adj* afroamericano

Afro-American[2] *n* afroamericano, -na *m,f*

Afro-Caribbean /ˌæfrəʊˌkærɪ'biːən/ *adj* (BrE) afroantillano, afrocaribeño

after[1] /'æftər, BrE 'ɑːftə(r)/ *prep* **1** (following in time) después de; **I'll be at home ~ eight o'clock** estaré en casa después de *or* a partir de las ocho; **it's just ~ midnight** son las doce pasadas; **it's a quarter ~ two** (AmE) son las dos y cuarto; **the day ~ the party** al día siguiente de la fiesta **2** (in sequence, rank) tras; **day ~ day** día tras día; **do go in — ~ you!** pase — ¡primero usted! **3 (a)** (behind): **shut the door ~ you** cierra la puerta al salir **(b)** (in pursuit of) tras; **he ran ~ them** corrió tras ellos; **he's ~ her money** anda a la caza de su dinero (fam); *see also* **ask after** **4 after all** después de todo

after[2] *conj*: **it happened ~ you left** ocurrió después de que tú te fuiste; **~ examining it** después de examinarlo

after[3] *adv* **(a)** (afterward, following) después; **the day ~** al día siguiente **(b)** (behind) detrás

aftereffect /'æftərɪˌfekt, BrE 'ɑːftərɪˌfekt/ *n* (of drug) efecto *m* secundario; (of problem) secuela *f*

aftermath /'æftərmæθ, BrE 'ɑːftəmɑːθ/ *n* **(a)** (subsequent period): **in the ~ of the riots** tras los disturbios **(b)** (consequences) repercusiones *fpl*

afternoon /'æftər'nuːn, BrE ˌɑːftə'nuːn/ *n* **1** (time of day) tarde *f*; **on Friday ~** el viernes por *or* (AmL) en la tarde; **he came in the ~** vino por la tarde, vino en la tarde (AmL); **good ~!** ¡buenas tardes! **2 afternoons** (*as adv*) por las tardes, en las tardes (AmL)

after: **~shave (lotion)** *n* loción *f* para después de afeitarse, aftershave *m*; **~thought** *n*: **it occurred to me as an ~thought that ...** después se me ocurrió qué ...; **it was added on as an ~thought** fue una idea de último momento

afterward /'æftərwərd, BrE 'ɑːftəwəd/, (BrE also) **afterwards** /-z/ *adv* después

again /ə'gen, ə'geɪn/ *adv* otra vez, de nuevo; **to do sth ~** volver* a hacer algo, hacer* algo otra vez *or* de nuevo; **never ~!** ¡nunca más!

against /ə'genst, ə'geɪnst/ *prep* contra; **I've nothing ~ her** no tengo nada contra ella *or* en contra suya *or* en contra de ella; **I'm ~ capital punishment** estoy en contra de la pena de muerte; **he put a cross ~ my name** puso una cruz al lado de mi nombre

age[1] /eɪdʒ/ *n* **1** (of person, animal, thing) edad *f*; **he is six years of ~** tiene seis años; **to be under ~** ser* menor de edad; (*before n*) **~ group** grupo *m* etario (fml) **2 (a)** (epoch, period) era *f*; **through the ~s** a través de los tiempos **(b)** (long time) (infml): **I haven't seen her for ~s** hace siglos que no la veo (fam)

age[2] (*pres p* **aging** *or* **ageing**; *past p* **aged** /eɪdʒd/) *vi* «*person*» envejecer*; «*cheese*» madurar

■ *vt* ‹*person*› hacer* envejecer; ‹*wine*› añejar

aged *adj* **1** /'eɪdʒəd, BrE 'eɪdʒɪd/ (elderly) anciano **2** /eɪdʒd/ (*pred*) **he was ~ 20** tenía 20 años de edad

ageing *adj/n* ▸ **aging**

ageism /'eɪdʒɪzəm/ *n* discriminación *f* por razones de edad

ageist /'eɪdʒəst, BrE 'eɪdʒɪst/ *adj* que discrimina a las personas en razón de su edad

⚷ **agency** /'eɪdʒənsi/ *n* (*pl* **-cies**) **(a)** (office) agencia *f* **(b)** (branch) sucursal *f* **(c)** (department) organismo *m*

agenda /ə'dʒendə/ *n* orden *m* del día, agenda *f*

⚷ **agent** /'eɪdʒənt/ *n* **1** (person) agente *mf* **2** (substance) agente *m*

aggravate /'ægrəveɪt/ *vt* **(a)** (make worse) agravar **(b)** (annoy) (infml) exasperar

aggression /ə'greʃən/ *n* **(a)** (feeling, attitude) agresividad *f* **(b)** (unprovoked attack) agresión *f*

aggressive /ə'gresɪv/ *adj* ‹*person/country*› agresivo; ‹*tactics/strategy*› de agresión

aghast /ə'gæst, BrE ə'gɑːst/ *adj* (*pred*) aterrado

agile /'ædʒəl, BrE 'ædʒaɪl/ *adj* ágil

agility /ə'dʒɪləti/ *n* agilidad *f*

aging[1] /'eɪdʒɪŋ/ *adj* (*before n*) ‹*person*› envejecido

aging[2] *n* envejecimiento *m*

agitate /'ædʒəteɪt, BrE 'ædʒɪteɪt/ *vt* **(a)** (disturb) ‹*surface/liquid*› agitar **(b)** (upset) inquietar
■ *vi* **to ~** FOR/AGAINST **sth** hacer* campaña A FAVOR DE/EN CONTRA DE algo

agitated /'ædʒəteɪtəd, BrE 'ædʒɪteɪtɪd/ *adj* ‹*movements/gestures*› nervioso; **to become/get ~** ponerse* nervioso

agitation /'ædʒə'teɪʃən, BrE ˌædʒɪ'teɪʃən/ *n* agitación *f*

AGM *n* (BrE) = **annual general meeting**

agnostic /æg'nɑːstɪk, BrE æg'nɒstɪk/ *n* agnóstico, -ca *m,f*

⚷ **ago** /ə'gəʊ/ *adv*: **five days ~** hace cinco días; **a long time ~** hace mucho (tiempo)

agog /ə'gɑːg, BrE ə'gɒg/ *adj* (*pred*): **I was all ~** estaba que me moría de curiosidad

agonize /'ægənaɪz/ *vi*: **stop agonizing, just do it** no le des más vueltas al asunto y hazlo; **he ~d over the decision** le costó muchísimo decidirse

agonizing /'ægənaɪzɪŋ/ *adj* ‹*experience*› angustioso; ‹*pain*› atroz; ‹*decision*› muy difícil

agony /'ægəni/ *n* (*pl* **-nies**): **he was in ~** estaba desesperado de dolor; **she's going through agonies of doubt** las dudas la están atormentando; **to prolong the ~** alargar* el martirio

agoraphobia /'ægərə'fəʊbiə/ *n* agorafobia *f*

⚷ **agree** /ə'griː/ *vt* **1** **(a)** (be in agreement over) **to ~** (THAT) estar* de acuerdo (EN QUE); **yes, it must feel odd, he ~d** —sí, debe resultar extraño— asintió **(b)** (reach agreement over) decidir; **it was ~d that he should go on his own** se decidió que fuera él solo; **to ~** WHEN/WHAT/HOW *etc* ponerse* de acuerdo EN CUÁNDO/EN QUÉ/EN CÓMO *etc*; **to ~ to** + INF quedar EN + INF **(c)** (decide on) ‹*price*› acordar* **2** **(a)** (consent) **to ~ to** + INF aceptar + INF **(b)** (admit) **to ~** (THAT) reconocer* (QUE)
■ *vi* **1** (be of same opinion) estar* de acuerdo; **to ~** ABOUT **sth** estar* de acuerdo EN algo **2** **(a)** (get on well) congeniar **(b)** (tally) «*statements/figures*» concordar*

● **agree on** [*v* + *prep* + *o*] ‹*date/details*› acordar*; **we ~ on the color** estamos de acuerdo en el color

● **agree to** [*v* + *prep* + *o*] ‹*terms/conditions*› aceptar

● **agree with** [*v* + *prep* + *o*] **(a)** (approve of) estar* de acuerdo con **(b)** **to ~ with sb** «*food/heat/climate*» sentarle* bien a algn

agreeable /ə'griːəbəl/ *adj* **1** (pleasant) agradable **2** (willing) (*pred*) **bring her along, if she's ~** tráela, si quiere venir; **he seemed quite ~ to coming** parecía dispuesto a venir

agreed /ə'griːd/ *adj* **(a)** (in agreement) (*pred*) de acuerdo **(b)** (prearranged): **we met at ten, as ~** nos encontramos a las diez como habíamos quedado; (*before n*) ‹*price/terms*› acordado

⚷ **agreement** /ə'griːmənt/ *n* **1** **(a)** (shared opinion) acuerdo *m*; **to be in ~ (with sb)** estar* de acuerdo (con algn) **(b)** (written arrangement) acuerdo *m*; (Busn) contrato *m* **2** (consent) consentimiento *m*

agricultural /'ægrɪ'kʌltʃərəl/ *adj* agrícola

agriculture /'ægrɪkʌltʃər, BrE 'ægrɪkʌltʃə(r)/ *n* agricultura *f*

aground /ə'graʊnd/ *adv*: **to go** o **run ~** (ON **sth**) encallar (EN algo)

⚷ **ahead** /ə'hed/ *adv* **1** **(a)** (indicating movement): **go straight ~** siga todo recto; **I'll go on ~** yo iré delante **(b)** (indicating position): **the post office is straight ~** la oficina de correos está siguiendo recto **(c)** (in race, competition): **our team was ~** nuestro equipo llevaba la delantera **(d)** (in time): **the months ~** los meses venideros, los próximos meses **2** **ahead of** **(a)** (in front of) delante de **(b)** (in race, competition) por delante de; **the Japanese are way ~ of us in this field** los japoneses nos llevan mucha ventaja en este campo **(c)** (before): **she got there an hour ~ of him** llegó una hora antes que él

⚷ **aid**[1] /eɪd/ *n* **(a)** (assistance, support) ayuda *f*; **to come/go to sb's ~** venir*/ir* en ayuda de algn **(b)** (monetary) ayuda *f*, asistencia *f*; **a concert in ~ of ...** un concierto a beneficio de ...

aid[2] *vt* ayudar; **to ~ and abet sb** (Law) instigar* *or* secundar a algn (*en la comisión de un delito*)

aid agency *n* organismo *m* de ayuda

aide /eɪd/ *n* asesor, -sora *m,f*

AIDS /eɪdz/ *n* (= **acquired immune deficiency syndrome**) sida *m*, SIDA *m*

AIDS virus *n* virus *m* del sida, VIH *m*

aid worker *n* cooperante *mf*

ailing /'eɪlɪŋ/ *adj* ‹*person*› enfermo; ‹*economy*› renqueante

ailment /'eɪlmənt/ *n* enfermedad *f*, dolencia *f* (fml)

⚷ **aim**[1] /eɪm/ *vt*: **he ~ed the gun at her** le apuntó con la pistola; **she ~ed a blow at his head** intentó darle en la cabeza; **the movie is ~ed at a young audience** la película está dirigida a un público joven
■ *vi* **(a)** (point weapon) apuntar; **to ~** AT **sth/sb** apuntar(le) A algo/algn **(b)** (intend) **to ~ to** + INF querer* + INF

⚷ **aim**[2] *n* **(a)** (goal, object) objetivo *m* **(b)** (with weapon) puntería *f*; **to take ~** hacer* puntería, apuntar

aimless /'eɪmləs, BrE 'eɪmlɪs/ *adj* ‹*wandering*› sin rumbo (fijo); ‹*existence*› sin norte

ain't /eɪnt/ (infml & dial) **(a)** = **am not** **(b)** = **is not** **(c)** = **are not** **(d)** = **has not** **(e)** = **have not**

⚷ palabra clave

air[1] /er, BrE eə(r)/ *n* **1** aire *m*; **to go by ~** ir* en avión; ***to be up in the ~*** «*plans*» estar* en el aire; ***to vanish into thin ~*** esfumarse; (*before n*) ‹*route/attack*› aéreo; ‹*pollution*› de la atmósfera; **~ pressure** presión *f* atmosférica **2** (Rad, TV): **to be on (the) ~** estar* en el aire; **to come** o **go on (the) ~** salir* al aire **3 (a)** (manner, look, atmosphere) aire *m* **(b) airs** *pl* (affectations) aires *mpl*

air[2] *vt* **1 (a)** ‹*clothes/linen*› airear, orear; ‹*bed/room*› ventilar, airear **(b)** ‹*opinion/grievance*› manifestar*; ‹*knowledge*› hacer* alarde de **2** (broadcast) (AmE) ‹*program*› transmitir, emitir

air: **~ bag** *n* (Auto) bolsa *f* de aire, airbag *m*; **~ base** *n* base *f* aérea; **~ bed** *n* (BrE) colchón *m* inflable; **~borne** *adj* **(a)** ‹*seeds/dust*› transportado por el aire; ‹*troops/units*› aerotransportado **(b)** (off the ground): **the plane is now ~borne** el avión ha despegado; **~-conditioned** /'erkən'dɪʃənd, BrE 'eəkəndɪʃənd/ *adj* con aire acondicionado, climatizado; **~ conditioning** *n* aire *m* acondicionado

aircraft /'erkræft, BrE 'eəkrɑːft/ *n* (*pl* **~**) avión *m*

aircraft carrier *n* portaaviones *m*

air: **~fare** *n* precio *m* del pasaje *or* (Esp tb) del billete de avión; **~fares are set to rise** van a subir las tarifas aéreas; **~field** *n* aeródromo *m*; **~ force** *n* fuerza *f* aérea; **~ freshener** /'freʃnər, BrE 'freʃnə(r)/ *n* ambientador *m*, desodorante *m* ambiental *or* de ambientes (CS); **~ gun** *n* (revolver) pistola *f* de aire comprimido; (rifle) escopeta *f or* rifle *m* de aire comprimido; **~ hostess** *n* azafata *f*, aeromoza *f* (AmL); **~ letter** *n* aerograma *m*; **~lift** *n* puente *m* aéreo; **~line** *n* línea *f* aérea, aerolínea *f*; **~mail** *n* correo *m* aéreo; **to send sth (by) ~mail** mandar algo por avión *or* por vía aérea; (*before n*) ‹*paper/envelope*› de avión; **~plane** *n* (AmE) avión *m*; **~port** *n* aeropuerto *m*; **~ raid** *n* ataque *m* aéreo; (*before n*) **~-raid shelter** refugio *m* antiaéreo; **~ship** *n* dirigible *m*, zepelín *m*; **~sick** *adj*: **to be ~sick** estar* mareado (*en un avión*); **to get ~sick** marearse (*al viajar en avión*); **~sickness** *n* mareo *m* (*al viajar en avión*); **~ strike** *n* ataque *m* aéreo; **~strip** *n* pista *f* de aterrizaje; **~tight** *adj* ‹*room/box*› hermético; ‹*alibi/argument*› a toda prueba; **~ traffic control** *n* control *m* del tráfico aéreo; **~ traffic controller** *n* controlador aéreo, controladora aérea *m,f*; **~ travel** *n* viajes *mpl* aéreos; **~worthy** *adj*: **to be ~worthy** estar* en condiciones de vuelo

airy /'eri, BrE 'eəri/ *adj* **airier, airiest (a)** ‹*room/house*› espacioso y aireado **(b)** ‹*manner/reply*› displicente

aisle /aɪl/ *n* (gangway) pasillo *m*; (Archit) nave *f* lateral

ajar /ə'dʒɑːr, BrE ə'dʒɑː(r)/ *adj* (*pred*) entreabierto

AK = **Alaska**

akin /ə'kɪn/ *adj* (*pred*) **to be ~ (TO sth)** ser* similar (A algo)

AL = **Alabama**

Ala = **Alabama**

à la carte /'ɑːlə'kɑːrt, BrE ˌɑːlɑː'kɑːt/ *adj/adv* a la carta

alarm[1] /ə'lɑːrm, BrE ə'lɑːm/ *n* **1** (apprehension) gran preocupación *f* **2** (warning, device) alarma *f*

alarm[2] *vt* (worry) alarmar; (scare) asustar

alarm clock *n* (reloj *m*) despertador *m*

alarmed /ə'lɑːrmd, BrE ə'lɑːmd/ *adj* (apprehensive): **don't be ~** no te asustes; **I began to be ~** empecé a alarmarme

alarming /ə'lɑːrmɪŋ, BrE ə'lɑːmɪŋ/ *adj* alarmante

alas /ə'læs/ *interj* (liter *or* fml) ¡ay! (liter)

Albania /æl'beɪniə/ *n* Albania *f*

Albanian[1] /æl'beɪniən/ *adj* albanés

Albanian[2] *n* **(a)** (person) albanés, -nesa *m,f* **(b)** (language) albanés *m*

albeit /ɔːl'biːɪt/ *conj* (fml) aunque

albino /æl'baɪnəʊ, BrE æl'biːnəʊ/ *n* (*pl* **-nos**) albino, -na *m,f*; (*before n*) albino

album /'ælbəm/ *n* **(a)** (book) álbum *m*; **photograph ~** álbum de fotos **(b)** (Audio) álbum *m*

alchemist /'ælkəməst, BrE 'ælkəmɪst/ *n* alquimista *mf*

alcohol /'ælkəhɔːl, BrE 'ælkəhɒl/ *n* alcohol *m*

alcoholic[1] /'ælkə'hɔːlɪk, BrE ˌælkə'hɒlɪk/ *adj* alcohólico

alcoholic[2] *n* alcohólico, -ca *m,f*

alcoholism /'ælkəhɔːlɪzəm, BrE 'ælkəhɒlɪzəm/ *n* alcoholismo *m*

alcove /'ælkəʊv/ *n* (recess) hueco *m*; (niche) hornacina *f*

alderman /'ɔːldərmən, BrE 'ɔːldəmən/ *n* (*pl* **-men** /-mən/) **(a)** (in UK) regidor, -dora *m,f* **(b)** (in US) concejal *m*

alderwoman /'ɔːldərˌwʊmən, BrE 'ɔːldəˌwʊmən/ *n* (*pl* **-women**) (in US) concejala *f*

ale /eɪl/ *n* cerveza *f*

alert[1] /ə'lɜːrt, BrE ə'lɜːt/ *adj* alerta *adj inv*; **to be ~** (vigilant) estar* alerta; (lively-minded) estar* despierto

alert[2] *n* alerta *f*; **to be on the ~** estar* alerta

alert[3] *vt* **to ~ sb (TO sth)** alertar a algn (DE algo)

A level *n* (in UK) *estudios de una asignatura a nivel de bachillerato superior*

alga /'ælgə/ *n* (*pl* **algae** /'ældʒiː, 'ælgiː/) alga *f*‡

algebra /'ældʒəbrə, BrE 'ældʒɪbrə/ *n* álgebra *f*‡

Algeria /æl'dʒɪriə, BrE æl'dʒɪəriə/ *n* Argelia *f*

Algerian /æl'dʒɪriən, BrE æl'dʒɪəriən/ *adj* argelino

alias /'eɪliəs/ *adv* alias

alibi /'æləbaɪ, BrE 'ælɪbaɪ/ *n* coartada *f*

alien[1] /'eɪliən/ *n* **(a)** (foreigner) extranjero, -ra *m,f* **(b)** (in science fiction) extraterrestre *mf*

alien[2] *adj* **(a)** (strange, foreign) extraño; **to be ~ TO sb/sth** serle* ajeno A algn/algo **(b)** (in science fiction) (*before n*) extraterrestre

alienate /'eɪliəneɪt/ *vt* (Pol, Psych) alienar; (estrange): **he has ~d all his friends** ha hecho que todos sus amigos se alejen *or* se distancien de él

alight[1] /ə'laɪt/ *adj* (*pred*): **to be ~** estar* ardiendo; **to set sth ~** prender(le) fuego a algo

alight[2] *vi* (fml) «*passenger*» apearse (fml); (land) «*bird/insect*» posarse

align /ə'laɪn/ *vt* alinear

a

alignment /ə'laɪnmənt/ *n* **(a)** (Tech) alineación *f* **(b)** (Pol) alineamiento *m*

alike¹ /ə'laɪk/ *adj* (*pred*) parecido

alike² *adv* ‹*think/act*› igual; **popular with young and old ~** popular tanto entre los jóvenes como entre los mayores

alimony /'æləməʊni, BrE 'ælɪməni/ *n* pensión *f* alimenticia

🔑 **alive** /ə'laɪv/ *adj* (*pred*) vivo; **is he still ~?** ¿todavía vive?; **to stay ~** sobrevivir; **she's ~ and well** está sana y salva; **the place was ~ with insects** el lugar estaba plagado de insectos

alkaline /'ælkəlaɪn/ *adj* alcalino

🔑 **all¹** /ɔːl/ *adj* (*before n*) todo, -da; (*pl*) todos, -das; **~ four of us went** fuimos los cuatro; **~ morning** toda la mañana; **of ~ the stupid things to do!** ¡qué estupidez!; *see also* **all³ 3 d**

🔑 **all²** *pron* **1** (everything) (+ *sing vb*) todo; **will that be ~, madam?** ¿algo más señora?; **when ~ is said and done** a fin de cuentas; **for ~ I care** por lo que a mí me importa **2** **all of: ~ of the children go to school** todos los niños van al colegio; **~ of the cheese** todo el queso **3** (*after n, pron*) todo, -da; (*pl*) todos, -das; **it was ~ gone** no quedaba nada **4** (*in phrases*) **(a) all in all** en general **(b) all told** en total **(c) and all** y todo; **he ate it, skin and ~** se lo comió con la cáscara y todo **(d) at all: they don't like him at ~** no les gusta nada; **thank you — not at ~** gracias — de nada *or* no hay de qué; **it's not at ~ bad** no está nada mal **(e) in all** en total

🔑 **all³** *adv* **1** (completely): **you've gone ~ red** te has puesto todo colorado/toda colorada; **she was ~ alone** estaba completamente sola **2** (each, apiece) (Sport): **the score was one ~** iban (empatados) uno a uno; **30 ~** 30 iguales **3** (*in phrases*) **(a) all along** desde el primer momento **(b) all but** casi; **the game had ~ but finished** ya casi había terminado el partido **(c) all that** (particularly) (*usu neg*) **I don't know her ~ that well** no la conozco tan bien; **I don't care ~ that much** no me importa demasiado **(d) all the** (+ *comp*): **~ the more reason to fire them!** ¡más razón para echarlos!; **~ the more so because ...** tanto más cuanto que ...

Allah /'ælə/ *n* Alá

all: **~-American** /ɔːlə'merəkən, BrE ˌɔːlə'merɪkən/ *adj* ‹*boy/girl*› típicamente americano; **~-around** /ɔːlə'raʊnd/ *adj* (AmE) (*before n*) **(a)** (versatile) ‹*athlete/scholar*› completo **(b)** ‹*experience/visibility*› amplio

allay /ə'leɪ/ *vt* ‹*doubt/fear*› disipar

all-clear /'ɔːl'klɪr, BrE 'ɔːl'klɪə(r)/ *n*: **to give sb/sth the ~** dar* luz verde a algn/algo

allegation /ælɪ'geɪʃən/ *n* acusación *f*

🔑 **allege** /ə'ledʒ/ *vt* afirmar; **she is ~d to have accepted bribes** se dice que aceptó sobornos

alleged /ə'ledʒd/ *adj* (*before n*) ‹*thief/violation*› presunto

allegedly /ə'ledʒədli, BrE ə'ledʒɪdli/ *adv* (*indep*) supuestamente

allegiance /ə'liːdʒəns/ *n* lealtad *f*; (political) filiación *f*

allergic /ə'lɜːrdʒɪk, BrE ə'lɜːdʒɪk/ *adj* alérgico; **to be ~ TO sth** ser alérgico A algo

allergy /'ælərdʒi, BrE 'ælədʒi/ *n* (*pl* **-gies**) alergia *f*

alleviate /ə'liːvieɪt/ *vt* ‹*pain*› aliviar; ‹*problem*› paliar

alley /'æli/ *n* (*pl* **alleys**) callejón *m*

alleyway /'æliweɪ/ *n* callejón *m*

alliance /ə'laɪəns/ *n* alianza *f*

allied /'ælaɪd/ *adj* **(a)** (combined) (*pred*) **~ WITH *o* TO sth** unido A algo **(b)** ‹*nations/groups*› aliado **(c)** (related) ‹*subjects/industries*› relacionado

alligator /'æləgeɪtər, BrE 'ælɪgeɪtə(r)/ *n* aligátor *m*

all: **~-important** /ɔːlɪm'pɔːrtn̩t, BrE ˌɔːlɪm'pɔːtn̩t/ *adj* de suma importancia; **~-night** /ɔːl'naɪt/ *adj* ‹*party/show*› que dura toda la noche; ‹*cafe/store*› que está abierto toda la noche

allocate /'æləkeɪt/ *vt* ‹*seat, plot*› asignar; (distribute) repartir; **$3 million has been ~d for research** se han destinado tres millones de dólares a la investigación

allot /ə'lɑːt, BrE ə'lɒt/ *vt* **-tt-** (distribute) repartir; (assign) asignar

all: **~out** /ɔːl'aʊt/ *adj* ‹*attack*› con todo; ‹*opposition*› acérrimo; ‹*strike*› general; ‹*war*› total; **~ over** *adv* ‹*search*› por todas partes; **people came from ~ over** vino gente de todas partes

🔑 **allow** /ə'laʊ/ *vt* **1** **(a)** (permit) permitir; ⊘ **no dogs allowed** no se admiten perros **(b)** (give, grant) dar*; **they are ~ed an hour for lunch** les dan una hora para comer; **within the time ~ed** dentro del plazo concedido **2** (plan for): **~ a good two hours to reach the coast** calculen que les va a llevar por lo menos dos horas llegar a la costa; **I normally ~ about £50 for spending money** normalmente calculo unas 50 libras para gastos **3** (Sport) «*referee*» ‹*goal*› dar* por bueno

● **allow for** [*v* + *prep* + *o*] ‹*contingency*› tener* en cuenta

allowance /ə'laʊəns/ *n* **1** (from employer) complemento *m*; (from state) prestación *f*; (private) asignación *f*; (from parents) mensualidad *f*, mesada *f* (AmL) **2** **to make ~(s) for sb** ser* indulgente con algn; **we've made ~(s) for delays** hemos tenido en cuenta posibles retrasos

alloy /'ælɔɪ/ *n* aleación *f*

all-powerful /'ɔːl'paʊərfəl, BrE ˌɔːl'paʊəfəl/ *adj* todopoderoso

all right¹ *adj* (*pred*): **are you ~?** ¿estás bien?; **the hotel looks ~** el hotel no parece estar mal; **do I look ~ in this dress?** ¿estoy bien con este vestido?; **I'll pay you back tomorrow: is that ~?** mañana te devuelvo el dinero ¿okey? *or* (Esp) ¿vale?; **I'm sorry — that's ~** lo siento — no tiene importancia; **it's ~: I'm not going to hurt you** tranquilo, que no te voy a hacer daño

all right² *adv* bien

all right³ *interj* (infml): **I won't be home till late, ~?** volveré tarde ¿okey? *or* (Esp) ¿vale? (fam); **can I come too? — all right** ¿puedo ir yo también? — bueno

all: **~-round** /ɔːl'raʊnd/ *adj* (esp BrE) ▶ **all-around**; **A~ Saints' Day** *n* día *m* de Todos los Santos; **~-time** *adj* ‹*record*› sin precedentes; ‹*favorite*› de todos los tiempos

allude /ə'luːd/ *vi* **to ~ TO sth/sb** aludir A algo/algn

alluring /ə'lʊrɪŋ, BrE ə'lʊərɪŋ/ *adj* seductor

allusion /ə'luːʒən/ *n* alusión *f*

🔑 palabra clave

ally[1] /'ælaɪ/ *n* (*pl* **allies**) aliado, -da *m,f*

ally[2] *v refl* **allies**, **allying**, **allied**: **to ~ oneself** WITH **sb** aliarse CON algn; *see also* **allied**

almanac /'ɔːlmənæk/ *n* (yearbook) anuario *m*; (calendar) almanaque *m*

almighty /ɔːl'maɪti/ *adj* todopoderoso

almond /'ɑːmənd/ *n* almendra *f*

almost /'ɔːlməʊst/ *adv* casi

> ■ **Note** Where *almost* is used with a verb in the past tense, it is translated by *casi* or *por poco*, and the verb is usually in the present tense: *I almost fell* casi me caigo; *we almost missed the train* casi *or* por poco perdemos el tren.
>
> In some Latin American countries the preterite tense is often used: *we almost missed the train* casi *or* por poco perdimos el tren.

alms /ɑːmz/ *pl n* limosnas *fpl*

aloft /ə'lɔːft, BrE ə'lɒft/ *adv* en el aire; **he held the cup ~** levantó la copa en alto

alone[1] /ə'ləʊn/ *adj* **(a)** (without others) solo; **I want to be ~ with you** quiero estar a solas contigo; **leave me ~** ¡déjame en paz! **(b) let alone: I can't afford beer, let ~ champagne** no puedo comprar ni cerveza, para qué hablar de champán; **she can't sew a button on, let ~ make a dress** no sabe ni pegar un botón menos aún hacer un vestido

alone[2] *adv* solo

along[1] /ə'lɔːŋ, BrE ə'lɒŋ/ *adv* **(a)** (forward): **a bit further ~ on the right** un poco más adelante, a mano derecha; **I was walking ~** iba caminando; *see also* **come, get, move,** *etc* **along (b)** (with one): **why don't you come ~?** ¿por qué no vienes conmigo/con nosotros?; **she brought her brother ~** trajo a su hermano; *see also* **sing along (c) along with** (junto) con

along[2] *prep*: **we walked ~ the shore** caminamos por la playa; **a bit further ~ the road** un poco más adelante

alongside[1] /ə'lɔːŋsaɪd, BrE ə'lɒŋsaɪd/ *prep* al lado de

alongside[2] *adv* al costado

aloof /ə'luːf/ *adj* distante

aloud /ə'laʊd/ *adv* en alto, en voz alta

alphabet /'ælfəbet/ *n* alfabeto *m*

alphabetical /'ælfə'betɪkəl/ *adj* alfabético; **in ~ order** en *or* por orden alfabético

alpine /'ælpaɪn/ *adj* **(a)** (of high mountains) alpino **(b) Alpine** ‹*scenery/people*› de los Alpes, alpino

Alps /ælps/ *pl n*: **the ~** los Alpes

already /ɔːl'redi/ *adv* ya; **I've ~ been there** ya he estado allí, ya estuve allí (AmL)

alright /ɔːl'raɪt/ *adj/adv/interj* ▶ **all right**

Alsatian /æl'seɪʃən/ *n* (esp BrE) ▶ **German shepherd (dog)**

also /'ɔːlsəʊ/ *adv* **(a)** (as well) también **(b)** (moreover) (*as linker*) además

altar /'ɔːltər, BrE 'ɔːltə(r)/ *n* altar *m*

alter /'ɔːltər, BrE 'ɔːltə(r)/ *vt* ‹*text/situation*› cambiar; ‹*garment*› arreglar
■ *vi* cambiar

alteration /'ɔːltə'reɪʃən/ *n* (to text) cambio *m*; (to building) reforma *f*; (to garment) arreglo *m*

alternate[1] /'ɔːltərnət, BrE ɔːl'tɜːnət/ *adj* (*before n*) **(a)** (every second): **she works ~ Tuesdays** trabaja un martes sí y otro no; **write on ~ lines** escriba dejando un renglón por medio **(b)** (happening by turns) alterno **(c)** (AmE) ▶ **alternative**[1] **a**

alternate[2] /'ɔːltərneɪt, BrE 'ɔːltəneɪt/ *vt/i* alternar

alternately /'ɔːltərnətli, BrE ɔːl'tɜːnətli/ *adv*: **he and she take the class ~** se turnan para dar la clase

alternating /'ɔːltərneɪtɪŋ, BrE 'ɔːltəneɪtɪŋ/ *adj* alterno

alternating current *n* corriente *f* alterna

alternative[1] /ɔːl'tɜːrnətɪv, BrE ɔːl'tɜːnətɪv/ *adj* (*before n*) **(a)** (other) ‹*plan/method*› diferente **(b)** (progressive) ‹*lifestyle*› alternativo

alternative[2] *n* alternativa *f*

alternative: **~ energy** *n* energía *f* alternativa; **~ fuel** *n* combustible *m* alternativo; **~ medicine** *n* medicina *f* alternativa; **~ technology** *n* tecnología *f* alternativa; **~ therapy** *n* terapia *f* alternativa; **~ vote** *n* voto *m* alternativo *or* preferencial

alternatively /ɔːl'tɜːrnətɪvli, BrE ɔːl'tɜːnətɪvli/ *adv* (*indep*): **~, you could stay with us** si no, te podrías quedar con nosotros

although /ɔːl'ðəʊ/ *conj* aunque

altitude /'æltətuːd, BrE 'æltɪtjuːd/ *n* altitud *f*

alto[1] /'æltəʊ/ *n* (*pl* **altos**) contralto *f*

alto[2] *adj* alto

altogether /ɔːltə'geðər, BrE ˌɔːltə'geðə(r)/ *adv* **(a)** (completely) totalmente; **the decision wasn't ~ wise** la decisión no fue del todo acertada **(b)** (in total) en total **(c)** (on the whole) (*indep*) en general

aluminum /ə'luːmɪnəm/, (BrE) **aluminium** /'æljə'mɪniəm/ *n* aluminio *m*

always /'ɔːlweɪz/ *adv* siempre

am[1] /æm, *weak form* əm/ *1st pers sing of* **be**

am[2] /'eɪem/ (before midday) a.m.; **at 7 ~** a las 7 de la mañana *or* 7 a.m.

amalgamate /ə'mælgəmeɪt/ *vt* ‹*collections/indexes*› unir, amalgamar; ‹*companies/departments*› fusionar
■ *vi* «*companies*» fusionarse

amass /ə'mæs/ *vt* ‹*fortune*› amasar; ‹*arms/information/debts*› acumular

amateur[1] /'æmətər, BrE 'æmətə(r)/ *n* amateur *mf*

amateur[2] *adj* ‹*athlete/musician*› amateur; ‹*sport/competition*› para amateurs; **an ~ photographer** un aficionado a la fotografía

amaze /ə'meɪz/ *vt* asombrar

amazed /ə'meɪzd/ *adj* ‹*expression*› de asombro; **to be ~** estar* asombrado

amazement /ə'meɪzmənt/ *n* asombro *m*

amazing /ə'meɪzɪŋ/ *adj* increíble

Amazon /'æməzɑːn, BrE 'æməzən/ *n* **(a)** (Myth) amazona *f* **(b)** (Geog): **the ~** el Amazonas; (*before n*) ‹*rain forest*› amazónico

ambassador /æm'bæsədər, BrE æm'bæsədə(r)/ *n* embajador, -dora *m,f*

amber /'æmbər, BrE 'æmbə(r)/ *n* **(a)** (substance, color) ámbar *m* **(b)** (BrE) (Aut) amarillo

ambidextrous /'æmbɪ'dekstrəs/ *adj* ambidiestro, ambidextro

ambiguity /'æmbə'gjuːəti, BrE ˌæmbɪ'gjuːəti/ *n* (*pl* **-ties**) ambigüedad *f*

a

ambiguous /æm'bɪgjuəs/ *adj* ambiguo
ambition /æm'bɪʃən/ *n* ambición *f*
ambitious /æm'bɪʃəs/ *adj* **(a)** ‹*person/plan*› ambicioso **(b)** (overadventurous) (*pred*): **aren't you being a bit ~?** ¿no estás pretendiendo hacer demasiado?
ambivalent /æm'bɪvələnt/ *adj* ambivalente
amble /'æmbəl/ *vi*: **to ~ along** ir* tranquilamente
ambulance /'æmbjələns, BrE 'æmbjʊləns/ *n* ambulancia *f*
ambulanceman /'æmbjələnsmən, BrE 'æmbjʊlənsmən/ *n* (*pl* **-men** /-mən/) (BrE) ambulanciero *m*
ambush[1] /'æmbʊʃ/ *vt* tenderle* una emboscada a
ambush[2] *n* emboscada *f*
ameba /ə'mi:bə/ (AmE) ▶ **amoeba**
amen /'ɑ:men, 'eɪ'men/ *interj* amén
amenable /ə'mi:nəbəl/ *adj* ‹*temperament*› dócil; **they proved quite ~ to the idea** se mostraron bien dispuestos frente a la idea
amend /ə'mend/ *vt* **(a)** ‹*text*› corregir* **(b)** (Law) enmendar*
amendment /ə'mendmənt/ *n* **(a)** (alteration) corrección *f* **(b)** (Law) enmienda *f*
amends /ə'mendz/ *pl n*: **to make ~ to sb** desagraviar a algn; **to make ~** reparar el daño
amenity /ə'mi:nəti/ *n* (*pl* **-ties**) servicio *m*
⚷ **America** /ə'merəkə, BrE ə'merɪkə/ *n* (USA) Norteamérica *f*, Estados *mpl* Unidos, América *f*; (continent) América *f*
⚷ **American[1]** /ə'merəkən, BrE ə'merɪkən/ *adj* (of USA) estadounidense, norteamericano, americano
⚷ **American[2]** *n* (from USA) estadounidense *mf*, norteamericano, -na *m,f*, americano, -na *m,f*
amethyst /'æməθəst, BrE 'æməθɪst/ *n* amatista *f*
amiable /'eɪmiəbəl/ *adj* afable
amicable /'æmɪkəbəl/ *adj* ‹*person*› amigable; ‹*relations*› cordial
amid /ə'mɪd/, **amidst** /ə'mɪdst/ *prep* en medio de, entre
amiss /ə'mɪs/ *adj* (*pred*): **there was nothing ~** no había ningún problema; **there's something ~** pasa algo
ammunition /'æmjə'nɪʃən, BrE ˌæmjʊ'nɪʃən/ *n* munición *f*
amnesia /æm'ni:ʒə, BrE æm'ni:ziə/ *n* amnesia *f*
amnesty /'æmnəsti/ *n* (*pl* **-ties**) amnistía *f*
amoeba, (AmE also) **ameba** /ə'mi:bə/ *n* ameba *f*, amiba *f*
amok /ə'mʌk, BrE ə'mɒk/ *adv*: **to run ~** «*person*» tener* un ataque de locura
⚷ **among** /ə'mʌŋ/, **amongst** /ə'mʌŋst/ *prep* entre
⚷ **amount** /ə'maʊnt/ *n* cantidad *f*
● **amount to** [*v* + *prep* + *o*] **(a)** (add up to) «*debt/assets*» ascender* a **(b)** (be equivalent to) equivaler* a; **it ~s to the same thing** viene a ser lo mismo
amp /æmp/ *n* **(a)** (Elec) amperio *m* **(b)** (amplifier) (infml) amplificador *m*
amphetamine /æm'fetəmi:n/ *n* anfetamina *f*
amphibian /æm'fɪbiən/ *n* (Zool) anfibio *m*
amphibious /æm'fɪbiəs/ *adj* anfibio
amphitheater, (BrE) **amphitheatre** /'æmfɪˌθi:ətər, BrE 'æmfɪˌθɪətə(r)/ *n* anfiteatro *m*
ample /'æmpəl/ *adj* **(a)** ‹*space*› amplio; ‹*funds/resources*› abundante; ‹*helping*› generoso **(b)** (plenty) (*pred*) más que suficiente
amplifier /'æmpləfaɪər, BrE 'æmplɪfaɪə(r)/ *n* amplificador *m*
amplify /'æmpləfaɪ, BrE 'æmplɪfaɪ/ *vt* **-fies, -fying, -fied** amplificar*
amputate /'æmpjəteɪt, BrE 'æmpjʊteɪt/ *vt* amputar
Amtrak /'æmtræk/ *n* (in US) Ferrocarriles *mpl* de los EEUU
amuse /ə'mju:z/ *vt* **(a)** (entertain) entretener* **(b)** (make laugh) divertir*
■ *v refl*: **to ~ oneself** (entertain oneself) entretenerse*; (have fun) divertirse*
amused /ə'mju:zd/ *adj* ‹*expression*› divertido; **she was ~ at the look on his face** le hizo gracia la cara que puso
amusement /ə'mju:zmənt/ *n* **(a)** (entertainment) distracción *f*, entretención *f* (AmL) **(b)** (mirth) diversión *f*; **much to our ~** para nuestro gran regocijo; (*before n*) **~ arcade** sala *f* de juegos recreativos; **~ park** parque *m* de diversiones *or* (Esp) atracciones
amusing /ə'mju:zɪŋ/ *adj* divertido
an /æn, *weak form* ən/ *indef art before vowel* ▶ **a**
anachronism /ə'nækrənɪzəm/ *n* anacronismo *m*
anaemia *etc* (BrE) ▶ **anemia** *etc*
anaesthetic *etc* (BrE) ▶ **anesthetic** *etc*
anagram /'ænəgræm/ *n* anagrama *m*
analogy /ə'nælədʒi/ *n* (*pl* **-gies**) analogía *f*
analyse *vt* (BrE) ▶ **analyze**
⚷ **analysis** /ə'næləsəs, BrE ə'nælɪsɪs/ *n* (*pl* **-lyses** /-lɪsi:z/) **(a)** (examination) análisis *m* **(b)** (Psych) psicoanálisis *m*, análisis *m*
⚷ **analyst** /'ænləst, BrE 'ænəlɪst/ *n* **(a)** (of data) analista *mf* **(b)** (Psych) psicoanalista *mf*, analista *mf*
analytical /'ænə'lɪtɪkəl/ *adj* analítico
analyze, (BrE) **analyse** /'ænəlaɪz/ *vt* **(a)** ‹*data*› analizar* **(b)** (Psych) psicoanalizar*, analizar*
anarchist /'ænərkəst, BrE 'ænəkɪst/ *n* anarquista *mf*
anarchy /'ænərki, BrE 'ænəki/ *n* anarquía *f*
anatomy /ə'nætəmi/ *n* anatomía *f*
ancestor /'ænsestər, BrE 'ænsestə(r)/ *n* antepasado, -da *m,f*
ancestry /'ænsestri/ *n* ascendencia *f*
anchor[1] /'æŋkər, BrE 'æŋkə(r)/ *n* (Naut) ancla *f*‡
anchor[2] *vt* ‹*ship*› anclar; ‹*rope/tent*› sujetar
anchor: **~man** /'æŋkərmæn, BrE 'æŋkəmæn/ *n* (*pl* **-men** /-men/) (TV) presentador *m*; **~woman** *n* (TV) presentadora *f*
anchovy /'æntʃəʊvi, BrE 'æntʃəvi/ *n* (*pl* **-vies** *or* **-vy**) anchoa *f*
⚷ **ancient** /'eɪnʃənt/ *adj* **(a)** ‹*civilizations/ruin*› antiguo; **A~ Greek** griego *m* clásico **(b)** (infml) (old) ‹*car*› del año de la pera (fam)
⚷ **and** /ænd, *weak form* ənd/ *conj*

> ■ **Note** The usual translation of *and*, *y*, becomes e when it precedes a word beginning with *i*, *hi*, or *y*.

(a) y; **bread ~ butter** pan con mantequilla

⚷ palabra clave

(b) (in numbers): **one ~ a half** uno y medio; **two hundred ~ twenty** doscientos veinte **(c)** (showing continuation, repetition): **faster ~ faster** cada vez más rápido **(d)** (*with inf*): **try ~ finish this today** trata de terminar esto hoy

Andalusia /ændə'lu:ʒə, BrE ˌændə'lu:siə/ *n* Andalucía *f*

Andalusian¹ /ˌændə'lu:ʒən, BrE ˌændə'lu:siən/ *adj* andaluz

Andalusian² *n* andaluz, -luza *m,f*

Andes /'ændi:z/ *pl n*: **the ~** los Andes

Andorra /æn'dɔ:rə/ *n* Andorra *f*

anecdote /'ænɪkdəʊt/ *n* anécdota *f*

anemia, (BrE) **anaemia** /ə'ni:miə/ *n* anemia *f*

anemic, (BrE) **anaemic** /ə'ni:mɪk/ *adj* anémico

anemone /ə'neməni/ *n* (Bot) anémona *f*

anesthetic, (BrE) **anaesthetic** /'ænəs'θetɪk, BrE ˌænɪs'θetɪk/ *n* anestésico *m*; **to be under ~** estar* bajo los efectos de la anestesia

anesthetize, (BrE) **anaesthetize** /ə'nesθetaɪz, BrE ə'ni:sθətaɪz/ *vt* anestesiar

anew /ə'nu:, BrE ə'nju:/ *adv* (liter) de nuevo, otra vez

angel /'eɪndʒəl/ *n* ángel *m*

angelic /æn'dʒelɪk/ *adj* angelical

anger /'æŋgər, BrE 'æŋgə(r)/ *n* ira *f*, enojo *m* (esp AmL), enfado *m* (esp Esp)

angina /æn'dʒaɪnə/ *n* angina *f* (de pecho)

angle /'æŋgəl/ *n* **1** ángulo *m*; **she wore her hat at an ~** llevaba el sombrero ladeado **2** (point of view) perspectiva *f*

angler /'æŋglər, BrE 'æŋglə(r)/ *n* pescador, -dora *m,f* (de caña)

Anglican¹ /'æŋglɪkən/ *n* anglicano, -na *m,f*

Anglican² *adj* anglicano

angling /'æŋglɪŋ/ *n* pesca *f* (con caña)

Anglo-Saxon¹ /'æŋgləʊ'sæksən/ *adj* anglosajón

Anglo-Saxon² *n* **(a)** (person) anglosajón, -jona *m,f* **(b)** (language) anglosajón *m*

Angola /æŋ'gəʊlə/ *n* Angola *f*

Angolan /æŋ'gəʊlən/ *adj* angoleño

angrily /'æŋgrəli, BrE 'æŋgrɪli/ *adv* con ira

angry /'æŋgri/ *adj* **angrier**, **angriest** ‹*person*› enojado (esp AmL), enfadado (esp Esp); **to get ~** enojarse (esp AmL), enfadarse (esp Esp)

anguish /'æŋgwɪʃ/ *n* angustia *f*

angular /'æŋgjələr, BrE 'æŋgjʊlə(r)/ *adj* ‹*shape*› angular; ‹*features*› anguloso

animal /'ænəməl, BrE 'ænɪməl/ *n* animal *m*

animate /'ænəmeɪt, BrE 'ænɪmeɪt/ *vt* animar

animated /'ænəmeɪtəd, BrE 'ænɪmeɪtɪd/ *adj* animado

animation /'ænə'meɪʃən, BrE ˌænɪ'meɪʃən/ *n* animación *f*

animator /'ænəmeɪtər, BrE 'ænɪmeɪtə(r)/ *n* animador, -dora *m,f*

animosity /'ænə'mɑ:səti, BrE ˌænɪ'mɒsəti/ *n* (*pl* **-ties**) animosidad *f*

aniseed /'ænəsi:d, BrE 'ænɪsi:d/ *n* anís *m*

ankle /'æŋkəl/ *n* tobillo *m*; (*before n*) **~ boot** botín *m*; **~ sock** calcetín *m* corto, soquete *m* (CS)

annex¹ /ə'neks/ *vt* ‹*territory*› anexar

annex², (BrE) **annexe** /'æneks/ *n* anexo *m*, anejo *m*

annihilate /ə'naɪəleɪt/ *vt* ‹*army/city*› aniquilar

anniversary /'ænə'vɜ:rsəri, BrE ˌænɪ'vɜ:səri/ *n* (*pl* **-ries**) aniversario *m*; **(wedding) ~** aniversario *m* de boda *or* de casados

announce /ə'naʊns/ *vt* **(a)** ‹*flight/guest/marriage*› anunciar **(b)** (declare) anunciar **(c)** (AmE) (Rad, TV) ‹*game/race*› comentar

announcement /ə'naʊnsmənt/ *n* anuncio *m*

announcer /ə'naʊnsər, BrE ə'naʊnsə(r)/ *n* (Rad, TV) **(a)** (commentator) (AmE) comentarista *mf* **(b)** (between programs) (BrE) locutor, -tora *m,f* de continuidad

annoy /ə'nɔɪ/ *vt* molestar, irritar

annoyance /ə'nɔɪəns/ *n* **(a)** (irritation) irritación *f*; (anger) enojo *m* (esp AmL), enfado *m* (esp Esp) **(b)** (cause of irritation) molestia *f*

annoyed /ə'nɔɪd/ *adj* enojado (esp AmL), enfadado (esp Esp)

annoying /ə'nɔɪɪŋ/ *adj* ‹*person*› pesado; ‹*noise/habit*› molesto; **how ~!** ¡qué rabia!

annual¹ /'ænjuəl/ *adj* (*before n*) anual

annual² *n* **1** (plant) planta *f* anual **2** (publication) anuario *m*

annually /'ænjuəli/ *adv* anualmente

annul /ə'nʌl/ *vt* **-ll-** anular

annulment /ə'nʌlmənt/ *n* anulación *f*

anoint /ə'nɔɪnt/ *vt* ungir*

anonymity /ˌænə'nɪməti/ *n* anonimato *m*

anonymous /ə'nɑ:nəməs, BrE ə'nɒnɪməs/ *adj* anónimo; **to remain ~** permanecer* en el anonimato; **~ letter** anónimo *m*

anorak /'ænəræk/ *n* (BrE) anorak *m*

anorexia (nervosa) /'ænə'reksiə (nər'vəʊsə), BrE ˌænə'reksiə (nɜ:'vəʊsə)/ *n* anorexia *f* (nerviosa)

another¹ /ə'nʌðər, BrE ə'nʌðə(r)/ *adj* otro, otra; **~ drink?** ¿quiere otra copa?

another² *pron* otro, otra

answer¹ /'ænsər, BrE 'ɑ:nsə(r)/ *n* **1** **(a)** (reply) respuesta *f*, contestación *f*; **in ~ to your question** para contestar tu pregunta **(b)** (response): **her ~ to his rudeness was to ignore it** respondió a su grosería ignorándola; **Britain's ~ to Elvis Presley** el Elvis Presley británico **2** **(a)** (in exam, test, quiz) respuesta *f* **(b)** (solution) solución *f*; **~ TO sth** solución DE algo

answer² *vt* **1** **(a)** (reply to) ‹*person/letter*› contestar **(b)** ‹*telephone*› contestar, atender*(AmL), coger* (Esp); **will you ~ the door?** ¿vas tú (a abrir)? **(c)** ‹*critic/criticism*› responder a **2** (fit): **to ~ (to) a description** responder a una descripción

■ *vi* contestar, responder

● **answer back** **1** [*v + adv*] (rudely) contestar **2** [*v + o + adv*] **to ~ sb back** contestarle mal *or* de mala manera a algn

● **answer for** [*v + prep + o*] (accept responsibility for) ‹*conduct/consequences*› responder de; **his parents have a lot to ~ for** sus padres tienen mucha culpa

answerable /'ænsərəbəl, BrE 'ɑ:nsərəbəl/ *adj*: **she said she was not ~ for his behavior** dijo que ella no era responsable de lo que él hiciera; **I'm ~ to no one** no tengo que rendirle cuentas a nadie

a

answering machine /'ænsərɪŋ, BrE 'ɑːnsərɪŋ/ *n* contestador *m* (automático)

answerphone /'ænsərfəʊn, BrE 'ɑːnsəfəʊn/ *n* contestador *m* (automático)

ant /ænt/ *n* hormiga *f*

antagonize /æn'tægənaɪz/ *vt* suscitar el antagonismo de

Antarctic[1] /ænt'ɑːrktɪk, BrE æn'tɑːktɪk/ *adj* antártico; **the ~ Ocean** el Océano Antártico; **the ~ Circle** el círculo polar antártico

Antarctic[2] *n*: **the ~** la región antártica

Antarctica /ænt'ɑːrktɪkə, BrE æn'tɑːktɪkə/ *n* la Antártida

anteater /'ænt,iːtər, BrE 'ænt,iːtə(r)/ *n* oso *m* hormiguero

antecedent /,æntə'siːdn̩t, BrE ,æntɪ'siːdənt/ *n* antecedente *m*

antelope /'æntələʊp, BrE 'æntɪləʊp/ *n* (*pl* **~s** *or* **~**) antílope *m*

antenatal /'ænti'neɪtl/ *adj* prenatal; **~ clinic** *consulta médica para mujeres embarazadas*

antenna /æn'tenə/ *n* **(a)** (*pl* **-nae** /-niː/) (Zool) antena *f* **(b)** (*pl* **-nas**) (Rad, TV) antena *f*

anthem /'ænθəm/ *n* himno *m*; **national ~** himno nacional

anthology /æn'θɑːlədʒi, BrE æn'θɒlədʒi/ *n* (*pl* **-gies**) antología *f*

anthropologist /'ænθrə'pɑːlədʒəst, BrE ,ænθrə'pɒlədʒɪst/ *n* antropólogo, -ga *m,f*

anthropology /'ænθrə'pɑːlədʒi, BrE ,ænθrə'pɒlədʒi/ *n* antropología *f*

anti- /'æntaɪ, 'ænti, BrE 'ænti/ *pref* anti-

antiaircraft /'æntaɪ'erkræft, BrE ,ænti'eəkrɑːft/ *adj* antiaéreo

antibiotic /'æntɪbaɪ'ɑːtɪk, BrE ,æntibaɪ'ɒtɪk/ *n* antibiótico *m*

antibody /'ænti,bɑːdi, BrE 'ænti,bɒdi/ *n* (*pl* **-dies**) anticuerpo *m*

anticipate /æn'tɪsəpeɪt, BrE æn'tɪsɪpeɪt/ *vt* **1** **(a)** (expect) ‹*consequences*› prever*; **I don't ~ any problems** no creo que vaya a haber ningún problema **(b)** (look forward to) esperar **2** **(a)** (foresee and act accordingly) ‹*movements/ objections/needs*› prever* **(b)** (pre-empt) anticiparse a

anticipation /æn'tɪsə'peɪʃən, BrE æn,tɪsɪ'peɪʃən/ *n* **(a)** (foresight) previsión *f*; **thanking you in ~** agradeciéndole de antemano su atención **(b)** (expectation) expectativa *f*

anticlimax /'æntaɪ'klaɪmæks, BrE ,ænti'klaɪmæks/ *n*: *suceso caracterizado por un descenso de la tensión*; (disappointment) decepción *f*

anticlockwise /'æntɪ'klɑːkwaɪz, BrE ,ænti'klɒkwaɪz/ *adj/adv* (BrE) en sentido contrario a las agujas del reloj

antics /'æntɪks/ *pl n* (clowning) payasadas *fpl*; (of naughty children) travesuras *fpl*

antidote /'æntɪdəʊt/ *n* **~** (TO sth) antídoto *m* (CONTRA algo)

antifreeze /'æntɪfriːz/ *n* anticongelante *m*

antihero /'ænti,hiːrəʊ, BrE 'ænti,hɪərəʊ/ *n* (*pl* **-roes**) antihéroe *m*

antipathy /æn'tɪpəθi/ *n* (*pl* **-thies**) antipatía *f*

antiperspirant /'æntɪ'pɜːrspərənt, BrE ,ænti'pɜːspɪrənt/ *n* antitranspirante *m*

antique[1] /æn'tiːk/ *n* antigüedad *f*; (*before n*) **~ shop** tienda *f* de antigüedades

antique[2] *adj* antiguo

antiquity /æn'tɪkwəti/ *n* (*pl* **-ties**) **1** (ancient times, age) antigüedad *f* **2** **antiquities** *pl* antigüedades *fpl*

antiretroviral /,ænti,retrəʊ'vaɪrəl, ,æntaɪ-/ *adj* ‹*drug/treatment*› antiretroviral

anti-Semitic /'æntɪsə'mɪtɪk, BrE ,æntisɪ'mɪtɪk/ *adj* antisemita

anti-Semitism /,ænti'semətɪzəm, BrE ,ænti'semɪtɪzəm/ *n* antisemitismo *m*

antiseptic[1] /'æntɪ'septɪk/ *n* antiséptico *m*

antiseptic[2] *adj* antiséptico

antisocial /'æntɪ'səʊʃəl/ *adj* **(a)** (offensive to society) antisocial **(b)** (unsociable) poco sociable

anti-terrorism /,ænti'terərɪzəm ,æntaɪ-, BrE ,ænti'terərɪzəm/ *n* antiterrorismo *m*; (*before n*) ‹*measures/program/legislation*› antiterrorista

anti-terrorist /,ænti'terərəst ,æntaɪ-, BrE ,ænti'terərɪst/ *adj* antiterrorista

antithesis /æn'tɪθəsəs, BrE æn'tɪθəsɪs/ *n* (*pl* **-eses** /-əsiːz/) antítesis *f*

antivirus /,ænti'vaɪrəs/ *adj* **(a)** ‹*drug/medicine*› antiviral, antivírico **(b)** ‹*software/program*› antivirus *adj inv*

antler /'æntlər, BrE 'æntlə(r)/ *n* cuerno *m*, asta *f*‡; **the animal's ~s** la cornamenta del animal

anus /'eɪnəs/ *n* ano *m*

anvil /'ænvəl, BrE 'ænvɪl/ *n* yunque *m*

anxiety /æŋ'zaɪəti/ *n* (*pl* **-ties**) **(a)** (distress, concern) preocupación *f* **(b)** (problem, worry) preocupación *f* **(c)** (Med, Psych) ansiedad *f*

anxious /'æŋkʃəs/ *adj* **(a)** (worried) preocupado **(b)** (worrying) ‹*time/moment*› (lleno) de preocupación **(c)** (eager) deseoso; **he's very ~ to please** tiene mucho afán de agradar

anxiously /'æŋkʃəsli/ *adv* **(a)** (worriedly) con preocupación **(b)** (eagerly) ansiosamente

🔑 **any[1]** /'eni/ *adj* **I** **1** (*in questions*) **(a)** (+ *pl n*): **are there ~ questions?** ¿alguien tiene alguna pregunta?; **does she have ~ children?** ¿tiene hijos? **(b)** (+ *uncount n*): **do you need ~ help?** ¿necesitas ayuda?; **do you want ~ more coffee?** ¿quieres más café? **(c)** (+ *sing count n: as indef art*) algún, -guna; **is there ~ chance they'll come?** ¿existe alguna posibilidad de que vengan? **2** (*in 'if' clauses and suppositions*) **(a)** (+ *pl n*): **call me if there are ~ changes** llámame si hay algún cambio; **if you see ~ flowers, buy some** si ves flores, compra algunas **(b)** (+ *uncount n*): **let me know if you have ~ pain** avíseme si siente dolor; **take ~ money you need** toma el dinero que necesites **(c)** (+ *sing count n*): **~ upset could kill him** cualquier disgusto podría matarlo; **~ act of disobedience will be punished** toda desobediencia será castigada **3** (*with neg and implied neg*) **(a)** (+ *pl n*): **don't buy ~ more eggs** no compres más huevos; **aren't there ~ apples left?** ¿no queda ninguna manzana? **(b)** (+ *uncount n*): **don't make ~ noise** no hagas ruido; **it doesn't make ~ sense** no tiene ningún sentido

II **1** **(a)** (no matter which): **take ~ book you want** llévate cualquier libro; **~ day now** cualquier día

🔑 palabra clave

a

de estos **(b)** (every, all): **in ~ large school, you'll find that ...** en cualquier *or* todo colegio grande, verás que ... **2** (countless, a lot): **~ amount of sth** cualquier cantidad de algo

any² *pron* **1** (*in questions*) **(a)** (*referring to pl n*) alguno, -na; **those chocolates were nice, are there ~ left?** ¡qué ricos esos bombones! ¿queda alguno? **(b)** (*referring to uncount n*): **we need sugar; did you buy ~?** nos hace falta azúcar ¿compraste?; **is there ~ of that cake left?** ¿queda algo de ese pastel? **2** (*in 'if' clauses and suppositions*) **(a)** (*referring to pl n*): **buy some red ones if you can find ~** compra algunas rojas si encuentras; **if ~ of my friends call, take a message** si llama alguno de mis amigos, toma el recado **(b)** (*referring to uncount n*): **help yourself to cake if you want ~** sírvete pastel si quieres **3** (*with neg and implied neg*) **(a)** (*referring to pl n*): **some children were here — I didn't see ~** aquí había algunos niños — yo no vi (a) ninguno *or* no los vi; **you'll have to go without cigarettes; I forgot to buy ~** te vas a tener que arreglar sin cigarrillos porque me olvidé de comprar **(b)** (*referring to uncount n*): **she offered me some wine, but I didn't want ~** me ofreció vino, pero no quise; **I didn't understand ~ of that lecture** no entendí nada de esa conferencia

any³ *adv* **1** (*with comparative*): **do you feel ~ better now?** ¿te sientes (algo) mejor ahora?; **they don't live here ~ more** ya no viven aquí **2** (at all) (AmE): **have you thought about it ~ since then?** ¿has pensado en ello desde entonces?; **it doesn't seem to have affected him ~** no parece haberlo afectado en absoluto

anybody /'eni,ba:di, BrE 'eni,bɒdi/ *pron* **1** **(a)** (somebody) (*in interrog, conditional sentences*) alguien; **will ~ be seeing Emma today?** ¿alguno de ustedes va a ver a Emma hoy? **(b)** (*with neg*) nadie; **don't tell ~!** ¡no se lo digas a nadie! **2** **(a)** (whoever, everybody): **give it to ~ you like** dáselo a quien quieras; **~ who's been to Paris knows ...** cualquier persona que haya estado en París sabe ...; **before ~ could stop her** antes de que nadie pudiera detenerla **(b)** (no matter who) cualquiera; **~ could do it** cualquiera podría hacerlo

anyhow /'enihaʊ/ *adv* **1** ▶ **anyway** **2** (haphazardly) de cualquier manera

anyone /'eniwʌn/ *pron* ▶ **anybody**

anyplace /'enipleɪs/ *adv* (AmE) ▶ **anywhere¹ 1**

anything /'eniθɪŋ/ *pron* **1** **(a)** (something) (*in interrog, conditional sentences*) algo; **have you ever heard ~ so ridiculous?** ¡habráse oído semejante ridiculez! **(b)** (a single thing) (*with neg*) nada; **don't say ~!** ¡no digas nada! **2** **(a)** (whatever): **~ you say!** ¡lo que tú digas!; **we'll do ~ we can to help** haremos todo lo que podamos para ayudar **(b)** (no matter what): **~ is possible** todo es posible; **~ could happen** podría pasar cualquier cosa **3** (*used for emphasis*): **was it interesting? — ~ but!** ¿fue interesante? — ¡qué va!; **the portrait doesn't look ~ like her** el retrato no se parece en nada a ella

anyway /'eniweɪ/ *adv* **1** (in any case) de todos modos **2** (changing the subject, moving conversation on) (*as linker*) bueno; **~, to cut a long story short, ...** bueno, en resumidas cuentas ...

anywhere¹ /'enihwer, BrE 'eniweə(r)/ *adv* **1** **(a)** (no matter where) en cualquier sitio *or* lugar; **you can sit ~ you like** te puedes sentar donde quieras **(b)** (in, to any unspecified place): **have you seen my book ~?** ¿has visto mi libro por alguna parte *or* por algún lado?; **we never go ~ together** nunca vamos juntos a ningún lado **2** **anywhere near: is it ~ near Portland?** ¿queda cerca de Portland?; **we aren't ~ near ready yet** todavía no estamos listos ni mucho menos

anywhere² *pron*: **is there ~ that sells oysters?** ¿hay algún sitio donde vendan ostras?; **she hasn't ~ to stay** no tiene donde quedarse

apace /ə'peɪs/ *adv* (liter *or* journ) a paso *or* ritmo acelerado

apart /ə'pa:rt, BrE ə'pa:t/ *adv* **1** **(a)** (separated): **they've lived ~ for some years** ya hace algunos años que viven separados; **keep them ~** manténgalos separados **(b)** (into pieces) *see* come, fall, pull, take, etc., apart **2** (distant): **in places as far ~ as Tokyo and Paris** en lugares tan alejados el uno del otro como Tokio y París **3** (excluded) (*after n*): **these faults ~ ...** aparte de estos defectos ...; **joking ~ ...** bromas aparte ... **4** **apart from** (*as prep*) **(a)** (except for) excepto, aparte de **(b)** (separated from): **she always sits ~ from the rest of the group** siempre se sienta apartada del resto del grupo

apartheid /ə'pa:rteɪt, BrE ə'pa:teɪt/ *n* apartheid *m*

apartment /ə'pa:rtmənt, BrE ə'pa:tmənt/ *n* (set of rooms) apartamento *m*, departamento *m* (AmL), piso *m* (Esp); (*before n*) **~ building** edificio *m* de apartamentos *or* (AmL tb) de departamentos

apathetic /'æpə'θetɪk/ *adj* apático

apathy /'æpəθi/ *n* apatía *f*

ape¹ /eɪp/ *n* simio *m*, mono *m*

ape² *vt* remedar, imitar

aperitif /ə'perə'ti:f, BrE ə'perətif/ *n* aperitivo *m*

aperture /'æpərtʃər, BrE 'æpətʃə(r)/ *n* **(a)** (Opt, Phot) apertura *f* **(b)** (hole, opening) (fml) orificio *m*; (long and narrow) rendija *f*

apex /'eɪpeks/ *n* (*pl* **apexes** *or* **apices**) **(a)** (Math) vértice *m* **(b)** (pinnacle) cúspide *f* **(c)** (pointed end, tip) ápice *m*

APEX /'eɪpeks/ *adj* (= **advance purchase excursion**) (*before n*) ‹*ticket/booking*› Apex *adj inv*

aphid /'eɪfəd, BrE 'eɪfɪd/ *n* afídido *m*, áfido *m*

aphrodisiac /'æfrə'dɪziæk/ *n* afrodisíaco *m*

apices /'eɪpəsi:z, BrE 'eɪpɪsi:z/ *pl of* **apex**

apiece /ə'pi:s/ *adv* cada uno

apocalypse /ə'pa:kəlɪps, BrE ə'pɒkəlɪps/ *n* apocalipsis *m*

apologetic /ə'pa:lə'dʒetɪk, BrE ə,pɒlə'dʒetɪk/ *adj* ‹*letter/look*› de disculpa; **she was very ~** se deshizo en disculpas

apologize /ə'pa:lədʒaɪz, BrE ə'pɒlədʒaɪz/ *vi* pedir* perdón, disculparse; **we ~ for the delay** rogamos disculpen el retraso; **you must ~ to her for being so rude** tienes que pedirle perdón por haber sido tan grosero

apology /ə'pa:lədʒi, BrE ə'pɒlədʒi/ *n* (*pl* **-gies**); (*often pl*) disculpa *f*; **please accept my apologies** le ruego me disculpe

a

apostle /ə'pɑːsəl, BrE ə'pɒsəl/ *n* apóstol *m*

apostrophe /ə'pɑːstrəfi, BrE ə'pɒstrəfi/ *n* apóstrofo *m*

appall, (BrE) **appal** /ə'pɔːl/ *vt*, (BrE) **-ll-** horrorizar*

appalling /ə'pɔːlɪŋ/ *adj* ‹*conditions*› atroz; **the play is absolutely ~** la obra es pésima

apparatus /'æpə'rætəs, BrE ˌæpə'reɪtəs/ *n* (*pl* ~) **(a)** (equipment) aparatos *mpl*; **a piece of ~** un aparato **(b)** (Pol) aparato *m*

apparel /ə'pærəl/ *n* **(a)** (finery) (liter) atavío *m* (liter) **(b)** (AmE) (Busn) ropa *f*

✓ **apparent** /ə'pærənt/ *adj* **(a)** (evident): **for no ~ reason** sin motivo aparente; **it was ~ that ...** estaba claro que ..., era evidente que ... **(b)** (seeming) ‹*interest/concern*› aparente

✓ **apparently** /ə'pærəntli/ *adv* **(a)** (*indep*) al parecer, por lo visto, según parece **(b)** (seemingly) ‹*intelligent/happy*› aparentemente

apparition /ˌæpə'rɪʃən/ *n* aparición *f*

✓ **appeal¹** /ə'piːl/ *n* **1** (call) llamamiento *m*, llamado *m* (AmL); (request) solicitud *f*, pedido *m* (AmL); (plea) ruego *m* **2** (Law) apelación *f* **3** (fund, organization) campaña *f para recaudar fondos* **4** (attraction) atractivo *m*

✓ **appeal²** *vi* **1** (call) **to ~ FOR sth** (for funds) pedir* algo; **the police ~ed to witnesses to come forward** la policía hizo un llamamiento *or* (AmL tb) un llamado para que se presentaran testigos del hecho **2** (Law) apelar **3** (be attractive) **to ~ TO sb** atraerle* A algn

■ *vt* (AmE) ‹*decision/verdict*› apelar contra *or* de

appealing /ə'piːlɪŋ/ *adj* atractivo

✓ **appear** /ə'pɪr, BrE ə'pɪə(r)/ *vi* **1** **(a)** (come into view) aparecer* **(b)** (be published): **to ~ (in print)** publicarse* **(c)** (Law) comparecer*; **to ~ in court** comparecer* **2** (seem) parecer*; **so it ~s** eso parece; **to ~ to + INF** parecer* + INF; **we ~ to be lost** parece que nos hemos perdido

✓ **appearance** /ə'pɪrəns, BrE ə'pɪərəns/ *n* **1** **(a)** (coming into view) aparición *f* **(b)** (Law) comparecencia *f* **(c)** (of book) publicación *f* **2** **(a)** (look) aspecto *m* **(b) appearances** *pl* apariencias *fpl*; **to keep up ~s** guardar las apariencias

appease /ə'piːz/ *vt* ‹*person*› apaciguar*; ‹*anger*› aplacar*

appendices /ə'pendəsiːz, BrE ə'pendɪsiːz/ *pl of* **appendix**

appendicitis /ə'pendə'saɪtəs, BrE əˌpendɪ'saɪtɪs/ *n* apendicitis *f*

appendix /ə'pendɪks/ *n* (*pl* **-dixes** *or* **-dices**) apéndice *m*

appetite /'æpətaɪt, BrE 'æpɪtaɪt/ *n* apetito *m*

appetizer /'æpətaɪzər, BrE 'æpɪtaɪzə(r)/ *n* **(a)** (drink) aperitivo *m* **(b)** (snack) aperitivo *m*, tapa *f* (Esp), botana *f* (Méx)

appetizing /'æpətaɪzɪŋ, BrE 'æpɪtaɪzɪŋ/ *adj* apetitoso

applaud /ə'plɔːd/ *vt/i* aplaudir

applause /ə'plɔːz/ *n* aplausos *mpl*

✓ palabra clave

apple /'æpəl/ *n* manzana *f*; (*before n*) **~ pie** pastel *m* de manzana, pay *m* de manzana (Méx); **~ tree** manzano *m*

appliance /ə'plaɪəns/ *n* aparato *m*; **electrical ~s** electrodomésticos *mpl*

applicable /'æplɪkəbəl, ə'plɪkəbəl/ *adj* (fml): **these regulations are only ~ to foreigners** estas normas se refieren únicamente a los extranjeros; **delete as ~** tache lo que no corresponda

applicant /'æpləkənt, BrE 'æplɪkənt/ *n* (for job) candidato, -ta *m,f*, postulante *mf* (CS), aplicante *mf* (Ven)

✓ **application** /'æplə'keɪʃən, BrE ˌæplɪ'keɪʃən/ *n* **1** (request) solicitud *f*; **~ FOR sth** (for loan/grant/visa) solicitud DE algo; (*before n*) **~ form** (impreso *m* de) solicitud *f* **2** **(a)** (of method, skills, theory) aplicación *f* **(b)** (of paint, ointment) aplicación *f*

applied /ə'plaɪd/ *adj* aplicado

✓ **apply** /ə'plaɪ/ **applies, applying, applied** *vt* **(a)** (put on) aplicar* **(b)** ‹*method/theory/rules*› aplicar*; **to ~ the brakes** frenar; **she applied herself to her work** se puso a trabajar con diligencia

■ *vi* **(a)** (make application): **please ~ in writing to ...** diríjase por escrito a ...; **to ~ FOR sth** (for loan/permission) solicitar algo; **to ~ for a job** solicitar un trabajo, aplicar* a un trabajo (Ven), postular para un trabajo (CS) **(b)** (be applicable) «*regulation/criterion*» aplicarse*

✓ **appoint** /ə'pɔɪnt/ *vt* **1** (name, choose) nombrar **2** (fml) ‹*date*› designar (fml)

appointment /ə'pɔɪntmənt/ *n* **1** (arrangement to meet) cita *f*; (with doctor, hairdresser) hora *f*, cita *f*; **to make an ~** pedir* hora *or* una cita **2** **(a)** (act of appointing) nombramiento *m* **(b)** (post) (fml) puesto *m*

appraisal /ə'preɪzəl/ *n* (of situation, employee) evaluación *f*; (of work, novel) valoración *f*; (of property) tasación *f*

appraise /ə'preɪz/ *vt* ‹*situation/employee*› evaluar*; ‹*novel/painting*› valorar; ‹*property*› tasar, avaluar* (AmL)

appreciable /ə'priːʃəbəl/ *adj* ‹*change/difference*› apreciable; ‹*loss/sum*› importante

✓ **appreciate** /ə'priːʃieɪt/ *vt* **(a)** (value) ‹*food/novel*› apreciar **(b)** (be grateful for) agradecer* **(c)** (understand) ‹*danger/difficulties*› darse* cuenta de; **I ~ that, but ...** lo comprendo, pero ...

■ *vi* «*shares/property*» (re)valorizarse*

appreciation /ə'priːʃi'eɪʃən/ *n* **(a)** (gratitude) agradecimiento *m* **(b)** (discriminating enjoyment): **he showed a genuine ~ of music** demostró saber apreciar la música

appreciative /ə'priːʃətɪv/ *adj* **(a)** (grateful) ‹*smile/gesture*› de agradecimiento **(b)** (of art, good food) apreciativo

apprehend /ˌæprɪ'hend/ *vt* (fml) apresar, detener*

apprehension /'æprɪ'hentʃən, BrE ˌæprɪ'henʃən/ *n* aprensión *f*

apprehensive /'æprɪ'hensɪv/ *adj* ‹*look*› aprensivo, de aprensión; **I'm rather ~ about the consequences** estoy algo inquieto por lo que pueda pasar

a

apprentice[1] /ə'prentəs, BrE ə'prentɪs/ *n* aprendiz, -diza *m,f*

apprentice[2] *vt* **to be ~d TO sb** estar* de aprendiz CON algn

apprenticeship /ə'prentəsʃɪp, BrE ə'prentɪsʃɪp/ *n* aprendizaje *m* (*de un oficio*); **to serve an ~ in sth** hacer* el aprendizaje de algo

approach[1] /ə'prəʊtʃ/ *vi* acercarse*, aproximarse ■ *vt* **(a)** (draw near to) aproximarse *or* acercarse* a **(b)** (talk to): **have you ~ed her about it?** ¿ya se lo ha planteado?, ¿ya ha hablado con ella del asunto?; **he ~ed me for a loan** se dirigió a mí para pedirme un préstamo **(c)** (tackle) ‹*problem/question*› enfocar*

approach[2] *n* **1** (method, outlook) enfoque *m* **2** (overture — offering sth) propuesta *f*; (— requesting sth) solicitud *f*, petición *f*, pedido *m* (AmL) **3** (drawing near): **at the ~ of winter** al acercarse el invierno **4** (means of entering) acceso *m*

approachable /ə'prəʊtʃəbəl/ *adj* ‹*person/place*› accesible

appropriate[1] /ə'prəʊpriət/ *adj* apropiado

appropriate[2] /ə'prəʊprieɪt/ *vt* ‹*possessions*› apropiarse de; ‹*money*› destinar

approval /ə'pruːvəl/ *n* aprobación *f*; **on ~** a prueba

approve /ə'pruːv/ *vi* **to ~ (OF sth/sb): they don't ~ of my smoking** les parece mal que fume; **mother seems to ~ of him** a mamá parece gustarle; **I don't ~ of his methods** no estoy de acuerdo con sus métodos ■ *vt* ‹*decision/plan*› aprobar*

approving /ə'pruːvɪŋ/ *adj* ‹*smile/look*› de aprobación

approximate /ə'prɑːksəmət, BrE ə'prɒksɪmət/ *adj* aproximado

approximately /ə'prɑːksəmətli, BrE ə'prɒksɪmətli/ *adv* aproximadamente

approximation /ə'prɑːksə'meɪʃən, BrE ə,prɒksɪ'meɪʃən/ *n* aproximación *f*

apricot /'æprəkɑːt, BrE 'eɪprɪkɒt/ *n* albaricoque *m or* (Méx) chabacano *m or* (AmS) damasco *m*

April /'eɪprəl, BrE 'eɪprɪl/ *n* abril *m*; (*before n*) **~ Fools' Day** ≈ el día de los (Santos) Inocentes (*en EEUU y GB se celebra el 1º de abril*)

apron /'eɪprən/ *n* delantal *m*, mandil *m* (Esp)

apt /æpt/ *adj* **(a)** (fitting, suitable) acertado **(b)** (likely) **to be ~ to + INF** ser* propenso A + INF

aptitude /'æptətuːd, BrE 'æptɪtjuːd/ *n* **~ (FOR sth)** aptitud *f* (PARA algo)

aquarium /ə'kweriəm, BrE ə'kweəriəm/ *n* (*pl* **-riums** *or* **-ria** /-riə/) acuario *m*

Aquarius /ə'kweriəs, BrE ə'kweəriəs/ *n* **(a)** (sign) (*no art*) Acuario **(b)** (person) Acuario *or* acuario *mf*, acuariano, -na *m,f*

aquatic /ə'kwætɪk, ə'kwɑːtɪk, BrE ə'kwætɪk/ *adj* acuático

AR = **Arkansas**

Arab[1] /'ærəb/ *adj* árabe

Arab[2] *n* árabe *mf*

Arabian /ə'reɪbiən/ *adj* árabe; **the ~ Sea** el Mar de Omán

Arabic[1] /'ærəbɪk/ *adj* árabe; **a~ numerals** números *mpl* arábigos

Arabic[2] *n* árabe *m*

arable /'ærəbəl/ *adj* arable; **~ land** tierras *fpl* de cultivo

Arab Spring *n* primavera *f* árabe

arbiter /'ɑːrbətər, BrE 'ɑːbɪtə(r)/ *n* árbitro, -tra *m,f*

arbitrary /'ɑːrbə,treri, BrE 'ɑːbɪtrəri/ *adj* arbitrario

arbitrate /'ɑːrbətreɪt, BrE 'ɑːbɪtreɪt/ *vt* ‹*dispute*› arbitrar (en) ■ *vi* arbitrar

arbitration /'ɑːrbə'treɪʃən, BrE ,ɑːbɪ'treɪʃən/ *n* arbitraje *m*

arc /ɑːrk, BrE ɑːk/ *n* arco *m*

arcade /ɑːr'keɪd, BrE ɑː'keɪd/ *n* **(a)** (Archit) arcada *f*; (around square, along street) soportales *mpl*, recova *f* (Arg) **(b)** (of shops) galería *f* comercial

arch[1] /ɑːrtʃ, BrE ɑːtʃ/ *n* arco *m*

arch[2] *vt* ‹*eyebrows/back*› arquear ■ *vi* formar un arco

archaeologist *etc* (BrE) ▶ **archeologist** *etc*

archaic /ɑːr'keɪɪk, BrE ɑː'keɪɪk/ *adj* arcaico

archangel /'ɑːrk,eɪndʒəl, BrE 'ɑːk,eɪndʒəl/ *n* arcángel *m*

archbishop /'ɑːrtʃ'bɪʃəp, BrE ,ɑːtʃ'bɪʃəp/ *n* arzobispo *m*

archenemy /'ɑːrtʃ'enəmi, BrE ,ɑːtʃ'enəmi/ *n* (*pl* **-mies**) archienemigo, -ga *m,f*

archeologist, (BrE) **archaeologist** /'ɑːrki'ɑːlədʒəst, BrE ,ɑːki'ɒlədʒɪst/ *n* arqueólogo, -ga *m,f*

archeology, (BrE) **archaeology** /'ɑːrki'ɑːlədʒi, BrE ,ɑːki'ɒlədʒi/ *n* arqueología *f*

archer /'ɑːrtʃər, BrE 'ɑːtʃə(r)/ *n* arquero, -ra *m,f*

archery /'ɑːrtʃəri, BrE 'ɑːtʃəri/ *n* tiro *m* con *or* al arco

architect /'ɑːrkətekt, BrE 'ɑːkɪtekt/ *n* arquitecto, -ta *m,f*

architecture /'ɑːrkətektʃər, BrE 'ɑːkɪtektʃə(r)/ *n* arquitectura *f*

archive /'ɑːrkaɪv, BrE 'ɑːkaɪv/ *n* (*often pl*) archivo *m*

Arctic[1] /'ɑːrktɪk, BrE 'ɑːktɪk/ *adj* ártico; **the ~ Ocean** el Océano (Glacial) Ártico, el Ártico; **the ~ Circle** el círculo polar ártico

Arctic[2] *n*: **the ~** la región ártica, el Ártico

ardent /'ɑːrdn̩t, BrE 'ɑːdn̩t/ *adj* ‹*supporter*› apasionado; ‹*plea/desire*› ferviente

ardor, (BrE) **ardour** /'ɑːrdər, BrE 'ɑːdə(r)/ *n* (liter) (zeal) fervor *m*, ardor *m*; (love) pasión *f*

arduous /'ɑːrdʒuəs, BrE 'ɑːdjuːəs/ *adj* ‹*task*› arduo; ‹*training/conditions*› duro; ‹*march/climb*› difícil

are /ɑːr, BrE ɑː(r), *weak form* ər/ *2nd pers sing, 1st, 2nd & 3rd pers pl pres of* **be**

area /'eriə, BrE 'eəriə/ *n* **1** (geographical) zona *f*, área *f*‡, región *f*; (neighborhood) barrio *m*; (urban) zona *f* **2** (part of room, building) zona *f*; **play ~** zona de recreo **3** (expanse, patch): **the shaded ~ represents ...** el área sombreada representa ...; **the wreckage was scattered over a wide ~** los restos del siniestro quedaron esparcidos sobre une extensa zona **4** (Math) superficie *f*, área *f*‡; (of room, land) superficie *f* **5** (field, sphere) terreno *m*; (of knowledge) campo *m*

area code *n* (AmE) código *m* de la zona (AmL), prefijo *m* (local) (Esp)

arena /ə'riːnə/ *n* **(a)** (of stadium) arena *f* **(b)** (scene of activity) ruedo *m*; **the political ~** el ruedo político

aren't /ɑːrnt, BrE ɑːnt/ = **are not**

a

Argentina /ɑːrdʒən'tiːnə, BrE ˌɑːdʒən'tiːnə/ *n* Argentina *f*

Argentine /'ɑːrdʒəntaɪn, BrE 'ɑːdʒəntaɪn/ *adj* argentino

Argentinian[1] /ɑːrdʒən'tɪniən, BrE ˌɑːdʒən'tɪniən/ *adj* argentino

Argentinian[2] *n* argentino, -na *m,f*

arguably /'ɑːrgjuəbli, BrE 'ɑːgjuəbli/ *adv* (*indep*): **this is ~ his best novel** podría decirse que esta es su mejor novela

⚷ **argue** /'ɑːrgjuː, BrE 'ɑːgjuː/ *vi* **1** (quarrel) discutir; (more heatedly) pelear(se), reñir* (esp Esp); **don't ~ with me!** ¡no me discutas! **2** (reason): **she ~s convincingly** sabe expresar su punto de vista de manera muy convincente; **he ~s against changing the law** da razones en contra de que se cambie la ley
■ *vt* **(a)** (put forward) ‹*case*› exponer* **(b)** (present as argument) argüir*, sostener*; **supporters of the bill ~ that ...** los partidarios del proyecto arguyen *or* sostienen que ...

⚷ **argument** /'ɑːrgjəmənt, BrE 'ɑːgjʊmənt/ *n* **1** (quarrel) discusión *f*; (more heated) pelea *f*, riña *f* (esp Esp); **to have an ~ with sb** tener* una discusión con algn; (more heatedly) pelearse *or* (esp Esp) reñir* con algn **2** (debate) polémica *f* **3** **(a)** (case) **~ (FOR/AGAINST sth)** razones *fpl* *or* argumentos *mpl* (A FAVOR/EN CONTRA DE algo) **(b)** (line of reasoning) razonamiento *m*

argumentative /ɑːrgjə'mentətɪv, BrE ˌɑːgjʊ'mentətɪv/ *adj* discutidor

arid /'ærəd, BrE 'ærɪd/ *adj* árido

Aries /'eriːz, BrE 'eəriːz/ *n* **(a)** (sign) (*no art*) Aries **(b)** (person) Aries *or* aries *mf*, ariano, -na *m,f*

⚷ **arise** /ə'raɪz/ *vi* (*past* **arose**; *past p* **arisen** /ə'rɪzən/) «*difficulty/opportunity*» surgir*; **if the need ~s** si fuera necesario

aristocracy /ærə'stɑːkrəsi, BrE ˌærɪ'stɒkrəsi/ *n* (*pl* **-cies**) aristocracia *f*

aristocrat /ə'rɪstəkræt, BrE 'ærɪstəkræt/ *n* aristócrata *mf*

aristocratic /ə'rɪstə'krætɪk, BrE ˌærɪstə'krætɪk/ *adj* aristocrático

arithmetic /ə'rɪθmətɪk/ *n* aritmética *f*

Ariz = **Arizona**

Ark[1] = **Arkansas**

Ark[2] /ɑːrk, BrE ɑːk/ *n* arca *f*‡; **Noah's ~** el arca de Noé

⚷ **arm**[1] /ɑːrm, BrE ɑːm/ *n* **1** (Anat) brazo *m*; **they walked along ~ in ~** iban del brazo **2** **(a)** (of chair, crane) brazo *m* **(b)** (of garment) manga *f* **3** **arms** *pl* (weapons) armas *fpl*

arm[2] *vt* armar; *see also* **armed**

armament /'ɑːrməmənt, BrE 'ɑːməmənt/ *n* armamento *m*

arm: **~band** *n* (to denote rank, mourning etc) brazalete *m*; (for swimming) flotador *m* (*que se coloca en el brazo*), alita *f* (AmS); **~chair** *n* sillón *m*, butaca *f*

armed /ɑːrmd, BrE ɑːmd/ *adj* ‹*resistance/struggle*› armado; **the ~ forces** las fuerzas armadas; **~ robbery** robo *m* a mano armada

Armenia /ɑːr'miːniə, BrE ɑː'miːniə/ *n* Armenia *f*

Armenian /ɑːr'miːniən, BrE ɑː'miːniən/ *adj* armenio

⚷ palabra clave

armistice /'ɑːrməstəs, BrE 'ɑːmɪstɪs/ *n* armisticio *m*

armor, (BrE) **armour** /'ɑːrmər, BrE 'ɑːmə(r)/ *n* armadura *f*; **suit of ~** armadura *f*

armored, (BrE) **armoured** /'ɑːrmərd, BrE 'ɑːməd/ *adj* blindado

armor-plated, (BrE) **armour-plated** /'ɑːrmər'pleɪtəd, BrE ˌɑːmə'pleɪtɪd/ *adj* blindado

armory, (BrE) **armoury** /'ɑːrməri, BrE 'ɑːməri/ *n* (*pl* **-ries**) **(a)** (storehouse) arsenal *m* **(b)** (factory) (AmE) fábrica *f* de armas

arm: **~pit** *n* axila *f*, sobaco *m*; **~rest** *n* (of chair, sofa) brazo *m*; (of car, airplane seat) apoyabrazos *m*

arms race *n* carrera *f* armamentista

⚷ **army** /'ɑːrmi, BrE 'ɑːmi/ *n* (*pl* **armies**) ejército *m*

aroma /ə'rəʊmə/ *n* aroma *m*

aromatic /'ærə'mætɪk/ *adj* aromático

arose /ə'rəʊz/ *past of* **arise**

⚷ **around**[1] /ə'raʊnd/ *adv* **1** **(a)** (in a circle): **~ and ~ they drove** estuvieron dando vueltas y vueltas con el coche **(b)** (so as to face in different direction): **she glanced ~** echó un vistazo a su alrededor; *see also* **turn around** *etc.* **(c)** (on all sides): **there's nothing for miles ~** no hay nada en millas a la redonda; **everyone crowded ~** todo el mundo se apiñó alrededor **2** (in the vicinity): **is John ~?** ¿anda *or* está John por ahí?; **there's no one ~** aquí no hay nadie **3** (from one place to another): **he keeps following me ~** me sigue a todas partes; **he knows his way ~** conoce la ciudad (*or* la zona *etc*) **4** (approximately) más o menos; **he must be ~ 35** debe (de) tener unos 35; **at ~ five thirty** alrededor de *or* a eso de las cinco y media, sobre las cinco y media (Esp); **~ 1660** alrededor de 1660

⚷ **around**[2] *prep* **1** (encircling) alrededor de; **he put his arm ~ her** la rodeó con el brazo; **they sailed ~ the world** dieron la vuelta al mundo en un velero **2** **(a)** (in the vicinity of) alrededor de; **do you live ~ here?** ¿vives por aquí? **(b)** (within, through): **they traveled ~ Europe** viajaron por Europa; **she took them ~ the house** les mostró la casa

arouse /ə'raʊz/ *vt* ‹*interest/suspicion*› despertar*; (sexually) excitar

⚷ **arrange** /ə'reɪndʒ/ *vt* **1** **(a)** (put in certain order, position) ‹*furniture/flowers*› arreglar **(b)** (put in order) arreglar **2** (fix up in advance) ‹*meeting/party*› organizar*; ‹*date/fee*› fijar; ‹*deal/appointment*› concertar*; ‹*loan*› tramitar; **she had ~d to meet them for lunch** había quedado en encontrarse con ellos para comer, había quedado con ellos para comer (Esp)
■ *vi*: **could you ~ for the carpets to be cleaned?** ¿podría encargarse de que alguien venga a limpiar las alfombras?; **we've ~d for you to see the specialist** le hemos pedido hora *or* una cita con el especialista

⚷ **arrangement** /ə'reɪndʒmənt/ *n* **1** (of furniture) disposición *f*; **a flower ~** un arreglo floral **2** (agreement): **we made an ~ to meet the next day** quedamos en encontrarnos al día siguiente; **I have an ~ with the bank** tengo un acuerdo con el banco **3** **arrangements** *pl* (plans) planes *mpl*; (for a funeral) preparativos *mpl*; **what are the sleeping ~s?** ¿cómo vamos (*or* van *etc*) a dormir? **4** (Mus) arreglo *m*

array /ə'reɪ/ *n* selección *f*

arrears /ə'rɪrz, BrE ə'rɪəz/ *pl n* atrasos *mpl*; **to be in ~ with the rent** estar* atrasado en el pago del alquiler; **salaries are paid monthly in ~** los sueldos se pagan mensualmente, una vez cumplido cada mes de trabajo

arrest[1] /ə'rest/ *n* detención *f*, arresto *m*; **to be under ~** estar* detenido *or* arrestado

arrest[2] *vt* **1** (detain) detener*, arrestar **2** ‹*progress/growth*› (hinder) dificultar; (halt) detener*; ‹*decline*› atajar

arrival /ə'raɪvəl/ *n* llegada *f*, arribo *m* (esp AmL fml); **on ~** al llegar

arrive /ə'raɪv/ *vi* llegar*; **to ~** AT llegar* A

arrogance /'ærəgəns/ *n* arrogancia *f*

arrogant /'ærəgənt/ *adj* arrogante

arrow /'ærəʊ/ *n* flecha *f*

arse /ɑːrs, BrE ɑːs/ *n* (BrE vulg) culo *m* (fam: en algunas regiones vulg)

arsenal /'ɑːrsn̩əl, BrE 'ɑːsənl/ *n* arsenal *m*

arson /'ɑːrsn̩, BrE 'ɑːsn̩/ *n* incendiarismo *m*

arsonist /'ɑːrsn̩əst, BrE 'ɑːsənɪst/ *n* incendiario, -ria *m,f*, pirómano, -na *m,f*

art /ɑːrt, BrE ɑːt/ *n* **1 (a)** arte *m*; **she's studying ~** estudia Bellas Artes; (*before n*) ‹*class*› de arte; (in school) de dibujo; **~ gallery** (museum) museo *m* de arte; (commercial) galería *f* de arte; **~ school** o **college** escuela *f* de Bellas Artes **(b)** (artwork) trabajos *mpl* artísticos; **~s and crafts** artesanía **2 arts** *pl* **(a) the ~s** la cultura y las artes **(b)** (BrE) (Educ) letras *fpl*

artefact /'ɑːrtɪfækt, BrE 'ɑːtɪfækt/ *n* (BrE) artefacto *m*

artery /'ɑːrtəri, BrE 'ɑːtəri/ *n* (*pl* **-ries**) arteria *f*

arthritis /ɑːr'θraɪtəs, BrE ɑː'θraɪtɪs/ *n* artritis *f*

artichoke /'ɑːrtətʃəʊk, BrE 'ɑːtɪtʃəʊk/ *n* **(a)** (globe ~) alcachofa *f*, alcaucil *m* (RPl) **(b)** (Jerusalem ~) aguaturma *f*, pataca *f*

article /'ɑːrtɪkəl, BrE 'ɑːtɪkəl/ *n* **1** (thing, item) artículo *m*; **an ~ of clothing** una prenda (de vestir) **2** (in newspaper, encyclopedia) artículo *m* **3** (Ling) artículo *m*

articulate[1] /ɑːr'tɪkjəleɪt, BrE ɑː'tɪkjʊleɪt/ *vt* **(a)** ‹*idea/feeling*› expresar **(b)** ‹*word/sound*› articular

articulate[2] /ɑːr'tɪkjələt, BrE ɑː'tɪkjʊlət/ *adj* ‹*utterance*› articulado; **he's very ~** se expresa muy bien

articulated lorry /ɑːr'tɪkjʊleɪtəd, BrE ɑː'tɪkjəleɪtɪd/ *n* (BrE) camión *m* articulado

artifact /'ɑːrtɪfækt/, (BrE) **artefact** *n* artefacto *m*

artificial /ˌɑːrtə'fɪʃəl, BrE ˌɑːtɪ'fɪʃəl/ *adj* artificial; ‹*leather*› sintético; ‹*arm/leg*› ortopédico; **~ respiration** respiración *f* artificial

artillery /ɑːr'tɪləri, BrE ɑː'tɪləri/ *n* artillería *f*

artisan /'ɑːrtəzən, BrE ˌɑːtɪ'zæn/ *n* artesano, -na *m,f*

artist /'ɑːrtəst, BrE 'ɑːtɪst/ *n* **(a)** (writer, musician, painter, sculptor) artista *mf* **(b)** (performer) (Mus) intérprete *mf*; (Theat) actor, -triz *m,f*, artista *mf*

artistic /ɑːr'tɪstɪk, BrE ɑː'tɪstɪk/ *adj* artístico

as[1] /æz, *weak form* əz/ *conj* **1 (a)** (when, while) cuando; **~ she was eating breakfast ...** cuando *or* mientras tomaba el desayuno ... **(b)** (indicating progression) a medida que; **~ the date drew closer, ...** a medida que se acercaba la fecha, ... **2** (because, since) como **3** (though): **try ~ he might, he could not open it** por más que trató, no pudo abrirlo; **strange ~ it may seem** por extraño que parezca **4** (in accordance with) como; **~ I was saying** como iba diciendo **5 (a)** (in the way that) como; **do ~ I say** haz lo que te digo; **I'm only interested in the changes ~ they affect me** solo me interesan los cambios en la medida en que me afectan a mí **(b)** (*in phrases*) **as it is: we've got too much work ~ it is** ya tenemos demasiado trabajo; **as it were** por así decirlo **6** (in comparisons of equal degree): **as ... as** tan ... como; **there weren't ~ many people ~ last time** no había tanta gente como la última vez **7 as if/as though** como si (+ *subj*)

as[2] *adv* **1** (equally): **it's not ~ cold today** hoy no hace tanto frío; **I can't run ~ quickly now** no puedo correr tan rápido ahora **2 as ... as: ~ many ~ 400 people** hasta 400 personas; **~ long ago ~ 1960** ya en 1960

as[3] *prep* **1** (in the condition, role of): **~ a child she adored dancing** de pequeña le encantaba bailar; **~ a teacher ...** como maestro ...; **he works ~ a clerk** trabaja de oficinista **2** (*in phrases*) **as for** en cuanto a; **as of** o (BrE) **as from** desde, a partir de

asbestos /æs'bestəs/ *n* asbesto *m*, amianto *m*

ASBO *n* /'æzbəʊ/ (BrE) = **Anti-Social Behaviour Order**

ascend /ə'send/ *vi* (fml) **(a)** «*person/rocket*» ascender* (fml) **(b) ascending** *pres p* ‹*slope/spiral/scale*› ascendente
■ *vt* (fml) ‹*steps*› subir; ‹*mountain*› escalar

ascension /ə'sentʃən, BrE ə'senʃən/ *n*: **the A~** (Relig) la Ascensión

ascent /ə'sent/ *n* **(a)** (of mountain) escalada *f* **(b)** (rise) ascenso *m* **(c)** (slope) subida *f*

ascertain /ˌæsər'teɪn, BrE ˌæsə'teɪn/ *vt* establecer*

ASCII /'æski/ (*no art*) (= **American standard code for information interchange**) ASCII *m*

ascribe /ə'skraɪb/ *vt* **to ~ sth** TO **sth/sb** atribuirle* algo A algo/algn

aseptic /eɪ'septɪk/ *adj* aséptico

ash /æʃ/ *n* **1 (a)** (*often pl*) ceniza *f* **(b) ashes** *pl* (cremated remains) cenizas *fpl* **2 ~ (tree)** fresno *m*

ashamed /ə'ʃeɪmd/ *adj* (*pred*) avergonzado, apenado (AmL exc CS); **she was ~ of what she'd done** estaba avergonzada de *or* (AmL exc CS) apenada por lo que había hecho; **to be ~** OF **sb** avergonzarse* DE algn; **he's ~ to ask** le da vergüenza *or* (AmL exc CS) pena preguntar

ashcan /'æʃkæn/ *n* (AmE) ▶ **garbage can**

ashore /ə'ʃɔːr/ *adv* en tierra; **to go ~** desembarcar*; **we swam ~** nadamos hasta la orilla

ash: **~tray** *n* cenicero *m*; **A~ Wednesday** *n* miércoles *m* de Ceniza

Asia /'eɪʒə, 'eɪʃə, BrE 'eɪʃə/ *n* Asia *f*‡

Asian[1] /'eɪʒən, 'eɪʃən, BrE 'eɪʃən/ *adj* **(a)** (of Asia) asiático **(b)** (from the Indian subcontinent) (BrE) *de India, Pakistán etc*

Asian[2] *n* **(a)** (from Asia) asiático, -ca *m,f* **(b)** (from the Indian subcontinent) (BrE) *persona proveniente de India, Pakistán etc*

aside[1] /ə'saɪd/ *adv* **1** a un lado; *see also* **put aside**, set aside, step aside, take aside *etc.* **2** **aside from** (*as prep*) (esp AmE) **(a)** (except for) aparte de **(b)** (as well as) aparte de, además de

aside² *n* aparte *m*

🔑 **ask** /æsk, BrE ɑːsk/ *vt* **1** (inquire) preguntar; (inquire of) preguntarle a; **to ~ sb sth** preguntarle algo A algn; **have you ~ed him about his trip?** ¿le has preguntado por el viaje? **2** (request) ‹*approval/advice/favor*› pedir*; **to ~ sb FOR sth** pedirle* algo A algn; **to ~ sb to +** INF pedirle* A algn QUE (+ *subj*); **I ~ed to see the manager** pedí hablar con el director **3** (invite) invitar; **to ~ sb (TO sth)** invitar A algn (A algo); **to ~ sb out** invitar a algn a salir ■ *vi* **1** (inquire) preguntar **2** (request): **there's no harm in ~ing** con preguntar no se pierde nada; **to ~ FOR sth** pedir* algo; **to ~ FOR sb** preguntar POR algn

● **ask after** [*v + prep + o*] preguntar por

askance /əˈskæns/ *adv*: **to look ~ at sb** mirar a algn con recelo

askew /əˈskjuː/ *adv* torcido

asleep /əˈsliːp/ *adj* (*pred*): **to be ~** estar* dormido; **to fall ~** dormirse*

asparagus /əˈspærəgəs/ *n* espárrago *m*

ASPCA *n* = **American Society for the Prevention of Cruelty to Animals**

🔑 **aspect** /ˈæspekt/ *n* **1** (feature, facet) aspecto *m* **2** (fml) (orientation) orientación *f*

aspersions /əˈspɜːrʒənz, BrE əˈspɜːʃənz/ *pl n* (*sometimes sing*): **to cast ~ on sth/sb** poner* algo/a algn en entredicho

asphalt /ˈæsfɔːlt, BrE ˈæsfælt/ *n* asfalto *m*

asphyxiate /æsˈfɪksieɪt/ *vt* asfixiar

aspiration /ˈæspəˈreɪʃən, BrE ˌæspɪˈreɪʃən/ *n* aspiración *f*

aspire /əˈspaɪr, BrE əˈspaɪə(r)/ *vi* **(a) to ~ TO sth** aspirar A algo **(b) aspiring** *pres p* **aspiring writers** personas que aspiran a ser escritores

aspirin /ˈæsprən, BrE ˈæsprɪn/ *n* (*pl* **~** *or* **-rins**) aspirina *f*

ass /æs/ *n* **1 (a)** (donkey) (liter) asno *m*, jumento *m* (liter) **(b)** (idiot) (infml) imbécil *mf* **2** (part of body) (AmE vulg) culo *m* (fam: en algunas regiones vulg)

assailant /əˈseɪlənt/ *n* (fml) agresor, -sora *m,f*

assassin /əˈsæsn̩, BrE əˈsæsɪn/ *n* asesino, -na *m,f* (*de un personaje importante*)

assassinate /əˈsæsn̩eɪt, BrE əˈsæsɪneɪt/ *vt* asesinar (*a un personaje importante*)

assassination /əˈsæsəˈneɪʃən, BrE əˌsæsɪˈneɪʃən/ *n* asesinato *m* (*de un personaje importante*)

assault¹ /əˈsɔːlt/ *n* **1** (Law) (violence) agresión *f*; (molestation) agresión *f* sexual **2 (a)** (Mil) asalto *m* **(b)** (onslaught) **~ (ON sth)** ataque *m* (A algo)

assault² *vt* (use violence against) agredir*; (sexually) agredir* sexualmente

assemble /əˈsembəl/ *vt* **(a)** (construct) montar; ‹*model*› armar **(b)** (get together) reunir* **(c)** (gather) ‹*facts*› recopilar; ‹*collection*› reunir* ■ *vi* (gather) reunirse*

assembly /əˈsembli/ *n* (*pl* **-blies**) **1 (a)** (coming together) reunión *f* **(b)** (group) concurrencia *f* **(c)** (Govt) asamblea *f* **(d)** (Educ) (*no art*) *reunión de profesores y alumnos, al iniciarse la jornada escolar* **2** (Tech) (process) montaje *m*; (*before n*) **~ line** cadena *f* de montaje

assent¹ /əˈsent/ *n* asentimiento *m*; **to give one's ~ to sth** dar* su (*or* mi *etc*) conformidad a algo

assent² *vi* asentir*; **to ~ TO sth** acceder A algo

assert /əˈsɜːrt, BrE əˈsɜːt/ *vt* **(a)** (declare) afirmar **(b)** (demonstrate, enforce) ‹*superiority*› reafirmar; ‹*rights/claims*› hacer* valer ■ *v refl*: **to ~ oneself** hacerse* valer

assertion /əˈsɜːrʃən, BrE əˈsɜːʃən/ *n* **(a)** (declaration) afirmación *f* **(b)** (demonstration) reafirmación *f*

assertive /əˈsɜːrtɪv, BrE əˈsɜːtɪv/ *adj* ‹*tone*› autoritario; **to be ~** ser* firme y enérgico

🔑 **assess** /əˈses/ *vt* ‹*value/amount*› calcular; ‹*student/performance*› evaluar*; ‹*situation*› aquilatar

🔑 **assessment** /əˈsesmənt/ *n* (of performance, results) evaluación *f*; (of amount) cálculo *m*

🔑 **asset** /ˈæset/ *n* **(a)** (valuable quality): **her intelligence is her greatest ~** su inteligencia es su gran baza; **she's an ~ to the company** es una empleada muy valiosa para la compañía **(b) assets** *pl* (Fin) activo *m*

asset stripping /ˈstrɪpɪŋ/ *n* vaciamiento *m*

assiduous /əˈsɪdʒuəs, BrE əˈsɪdjʊəs/ *adj* (fml) ‹*student*› diligente

assign /əˈsaɪn/ *vt* **(a)** (appoint) **to ~ sb TO sth** nombrar a algn PARA algo **(b)** (allocate) asignar

assignment /əˈsaɪnmənt/ *n* **1 (a)** (mission) misión *f* **(b)** (task) función *f* **(c)** (schoolwork) tarea *f* **2 (a)** (posting) nombramiento *m* **(b)** (allocation) asignación *f*

assimilate /əˈsɪməleɪt, BrE əˈsɪmɪleɪt/ *vt* asimilar

assimilation /əˈsɪməˈleɪʃən, BrE əˌsɪmɪˈleɪʃən/ *n* asimilación *f*

🔑 **assist** /əˈsɪst/ *vt* ayudar

🔑 **assistance** /əˈsɪstəns/ *n* ayuda *f*

🔑 **assistant¹** /əˈsɪstənt/ *n* **(a)** (in shop) dependiente, -ta *m,f*, empleado, -da *m,f* (AmL) **(b)** (subordinate, helper) ayudante *mf*; **clerical ~** auxiliar administrativo, -va *m,f* **(c)** (language **~**) (BrE) (in university) ayudante *mf or* (Esp) lector, -tora *m,f*; (in school) auxiliar *mf* de lengua

assistant² *adj* (*before n*): **~ manager** subdirector, -tora *m,f*

🔑 **associate¹** /əˈsəʊʃieɪt, -sieɪt/ *vt* **(a)** (involve, connect) (*usu pass*) vincular **(b)** (link in mind) asociar ■ *vi* **to ~ (WITH sb)** relacionarse (CON algn)

associate² /əˈsəʊʃiət, -siət/ *n* **(a)** (in business, profession) colega *mf* **(b)** (member of professional body) colegiado, -da *m,f*

associate³ /əˈsəʊʃiət, -siət/ *adj* (*before n*) ‹*member*› no numerario; ‹*editor/professor*› (AmE) adjunto

🔑 **association** /əˈsəʊʃiˈeɪʃən, -siˈeɪʃən/ *n* asociación *f*; **in ~ with** (*as prep*) en asociación con

assorted /əˈsɔːrtəd, BrE əˈsɔːtɪd/ *adj* (*before n*) surtido

assortment /əˈsɔːrtmənt, BrE əˈsɔːtmənt/ *n* surtido *m*

assuage /əˈsweɪdʒ/ *vt* (liter) **(a)** (satisfy) ‹*hunger/desire*› saciar (liter) **(b)** (ease) ‹*pain/grief*› aliviar **(c)** (calm) ‹*anxiety*› calmar; ‹*fear*› disipar

🔑 **assume** /əˈsuːm, BrE əˈsjuːm/ *vt* **1** (suppose) suponer* **2** (fml) ‹*duties/command/*

🔑 palabra clave

responsibility› asumir; **~d name** nombre *m* ficticio

assumption /ə'sʌmpʃən/ *n* **1** (supposition): **the ~ was that ...** se suponía que ...; **his reasoning is based on the ~ that ...** su razonamiento se basa en el supuesto de que ... **2** (fml) (of duties, leadership, responsibility) asunción *f*

assurance /ə'ʃʊrəns, BrE ə'ʃʊərəns, ə'ʃɔːrəns/ *n* **1** (guarantee): **she gave me her ~ that ...** me aseguró que ... **2** (self-confidence) seguridad *f* en sí mismo **3** (insurance) (BrE) seguro *m*

assure /ə'ʃʊr, BrE ə'ʃʊə(r), ə'ʃɔː(r)/ *vt* **1** **(a)** (guarantee) asegurar **(b)** (convince) convencer* **2** (make certain) **to ~ sb** (OF) **sth**: **this work will ~ me (of) a regular income** este trabajo me asegurará una entrada fija **3** (insure) (BrE) ‹*life*› asegurar

asterisk /'æstərɪsk/ *n* asterisco *m*

asteroid /'æstərɔɪd/ *n* asteroide *m*

asthma /'æzmə, BrE 'æsmə/ *n* asma *f*‡

asthmatic /æz'mætɪk, BrE æs'mætɪk/ *adj* asmático

astonish /ə'stɑːnɪʃ, BrE ə'stɒnɪʃ/ *vt* asombrar; (more intensely) dejar pasmado

astonished /ə'stɑːnɪʃt, BrE ə'stɒnɪʃt/ *adj* asombrado; **the ~ look on their faces** la cara de asombro que pusieron; **I'm ~ (that) he got so far** me asombra que haya llegado tan lejos

astonishing /ə'stɑːnɪʃɪŋ, BrE ə'stɒnɪʃɪŋ/ *adj* asombroso; (more intensely) pasmoso

astonishment /ə'stɑːnɪʃmənt, BrE ə'stɒnɪʃmənt/ *n* asombro *m*; (more intense) estupefacción *f*

astound /ə'staʊnd/ *vt* dejar estupefacto

astounded /ə'staʊndəd, BrE ə'staʊndɪd/ *adj* atónito

astounding /ə'staʊndɪŋ/ *adj* increíble

astray /ə'streɪ/ *adv*: **to go ~** (get lost) extraviarse*; (do wrong) (euph *or* hum) descarriarse*; **to lead sb ~** (euph *or* hum) llevar a algn por mal camino

astride /ə'straɪd/ *prep*: **he sat ~ the fence/horse** estaba sentado en la valla/montado en el caballo a horcajadas

astringent /ə'strɪndʒənt/ *adj* astringente

astrologer /ə'strɑːlədʒər, BrE ə'strɒlədʒə(r)/ *n* astrólogo, -ga *m,f*

astrology /ə'strɑːlədʒi, BrE ə'strɒlədʒi/ *n* astrología *f*

astronaut /'æstrənɔːt/ *n* astronauta *mf*

astronomer /ə'strɑːnəmər, BrE ə'strɒnəmə(r)/ *n* astrónomo, -ma *m,f*

astronomical /'æstrə'nɑːmɪkəl, BrE ˌæstrə'nɒmɪkəl/ *adj* astronómico

astronomy /ə'strɑːnəmi, BrE ə'strɒnəmi/ *n* astronomía *f*

astute /ə'stuːt, BrE ə'stjuːt/ *adj* ‹*person*› sagaz; ‹*decision*› inteligente

asylee /əsaɪ'liː/ *n* (AmE) asilado, -da *m,f* político -ca

asylum /ə'saɪləm/ *n* **(a)** (refuge) asilo *m*; **~ seeker** solicitante *mf* de asilo **(b)** (lunatic ~) manicomio *m*

at /æt, *weak form* ət/ *prep* **1** (location) en; **she's ~ the office** está en la oficina; **he's ~ the bank** ha ido al banco **2** (direction): **to point ~ sth/sb** señalar algo/a algn; **he smiled ~ me** me sonrió **3** (time): **~ 6 o'clock** a las seis; **~ Christmas** en Navidad, por Navidades (Esp); **~ night** por la noche, de noche **4** **(a)** (indicating state): **~ a disadvantage** en desventaja; **~ war/peace** en guerra/paz **(b)** (occupied with): **people ~ work** gente trabajando; **children ~ play** niños jugando **5** (with measurements, numbers, rates etc): **they sell them ~ around $80** las venden a alrededor de $80 **6** (because of): **he was surprised ~ the decision** le sorprendió la decisión

ate /eɪt/ *past of* **eat**

atheism /'eɪθiɪzəm/ *n* ateísmo *m*

atheist /'eɪθiəst, BrE 'eɪθiɪst/ *n* ateo, atea *m,f*

Athens /'æθənz/ *n* Atenas *f*

athlete /'æθliːt/ *n* atleta *mf*

athlete's foot *n* pie *m* de atleta

athletic /æθ'letɪk/ *adj* atlético

athletics /æθ'letɪks/ *n* (+ *sing or pl vb*) **(a)** (active sports) (AmE) deportes *mpl* **(b)** (track and field) (esp BrE) atletismo *m*

Atlantic[1] /ət'læntɪk/ *adj* atlántico

Atlantic[2] *n*: **the ~ (Ocean)** el (océano) Atlántico

atlas /'ætləs/ *n* atlas *m*

ATM *n* (AmE) (= **automated** *or* **automatic teller machine**) cajero *m* automático *or* permanente

atmosphere /'ætməsfɪr, BrE 'ætməsfɪə(r)/ *n* **(a)** (of planet) atmósfera *f* **(b)** (feeling, mood) ambiente *m*

atmospheric /'ætməs'ferɪk/ *adj* atmosférico

atom /'ætəm/ *n* átomo *m*

atomic /ə'tɑːmɪk, BrE ə'tɒmɪk/ *adj* ‹*warfare/energy*› atómico; **~ bomb** bomba *f* atómica

atone /ə'təʊn/ *vi* (fml) **to ~** FOR **sth** (for sins) expiar* algo; (for crime/harm) reparar algo

atrocious /ə'trəʊʃəs/ *adj* **(a)** (very bad) (infml) ‹*spelling/manners*› espantoso (fam) **(b)** (horrifying) ‹*injuries/conditions*› atroz

atrocity /ə'trɑːsəti, BrE ə'trɒsəti/ *n* (*pl* **-ties**) atrocidad *f*

attach /ə'tætʃ/ *vt* (fasten) sujetar; (tie) atar, amarrar (AmL exc RPl); (stick) pegar*; (to letter, document) adjuntar; **it is ~ed to the wall with screws** está sujeto a la pared con tornillos; **the ~ed form** el formulario adjunto; **to ~ importance to sth** dar(le) importancia a algo

attaché /ˌætæ'ʃeɪ, BrE ə'tæʃeɪ/ *n* agregado, -da *m,f*

attaché case *n* maletín *m*

attached /ə'tætʃt/ *adj* (*pred*) (fond) **to be ~** TO **sb/sth** tenerle* mucho cariño A algn/algo

attachment /ə'tætʃmənt/ *n* **1** **(a)** (part) accesorio *m* **(b)** (Comput) documento *m* adjunto **2** (fondness) **~** (TO **sb/sth**) cariño *m* (POR algn/algo)

attack[1] /ə'tæk/ *n* **(a)** (physical, verbal) ataque *m*; **terrorist ~s** atentados *mpl* terroristas **(b)** (Med) ataque *m*; **heart ~** infarto *m*

attack[2] *vt* **1** (physically, verbally) atacar* **2** ‹*task*› acometer; ‹*problem*› combatir

■ *vi* (Mil, Sport) atacar*

attacker /ə'tækər, BrE ə'tækə(r)/ *n* agresor, -sora *m,f*

attain /ə'teɪn/ *vt* (fml) ‹*position/goal*› alcanzar*, lograr; ‹*ambition*› realizar*

a

♂ **attempt¹** /əˈtempt/ *vt* **(a)** (try) **to ∼ to** + INF/ -ING tratar DE *or* intentar + INF **(b)** (have a try at) «*student*» ‹*exam question*› intentar responder a (fml) **(c) attempted** *past p* **∼ed suicide/ murder** intento *m* de suicidio/tentativa *f* de asesinato

♂ **attempt²** *n* intento *m*; **I made an ∼ at conversation** traté de *or* intenté entablar conversación; **to make an ∼ on sb's life** atentar contra la vida de algn

♂ **attend** /əˈtend/ *vt* **1** (fml) **(a)** (be present at) asistir a (fml) **(b)** (go to regularly) ‹*church/school/ classes*› ir* a **2** ‹*patient*› atender* ■ *vi* **1** (be present) asistir **2** (pay attention) **to ∼** (TO **sth)** atender* (A algo), poner* atención (A algo) (AmL)
● **attend to** [*v* + *prep* + *o*] ‹*patient/customer*› atender*; ‹*correspondence/filing*› ocuparse de

attendance /əˈtendəns/ *n* **(a)** (presence) asistencia *f*; **to be in ∼** estar* presente **(b)** (people present): **what was the ∼?** ¿cuántos asistentes hubo?; **to take ∼** (AmE) pasar lista

attendant /əˈtendənt/ *n* (in museum, parking lot) guarda *m*; (in pool, toilets) encargado, -da *m,f*

♂ **attention** /əˈtentʃən, BrE əˈtenʃən/ *n* **1 (a)** (concentration) atención *f*; **to pay ∼ to sth/sb** prestarle atención a algo/algn **(b)** (notice) atención *f*; **to catch sb's ∼** atraer* la atención de algn; **it has been brought to my ∼** o **it has come to my ∼ that ...** me han informado que ... **(c)** (care) atención *f* **2** (Mil): **to stand to ∼** ponerse* en posición de firme(s)

attentive /əˈtentɪv/ *adj* atento

attenuate /əˈtenjueɪt/ *vt* atenuar*; **attenuating circumstances** circunstancias *fpl* atenuantes

attic /ˈætɪk/ *n* desván *m*, ático *m*, altillo *m* (esp AmL)

attire /əˈtaɪr, BrE əˈtaɪə(r)/ *n* (liter) atuendo *m* (fml), atavío *m* (liter)

♂ **attitude** /ˈætətuːd, BrE ˈætɪtjuːd/ *n* actitud *f*

attorney /əˈtɜːrni, BrE əˈtɜːni/ *n* (*pl* **-neys**) (AmE) abogado, -da *m,f*; *see also* **power of attorney**

Attorney General *n* (*pl* **∼s** *or* **Attorneys General**) (in US — at national level) ≈ Ministro, -tra *m,f* de Justicia; (— at state level) ≈ Fiscal *mf* General

♂ **attract** /əˈtrækt/ *vt* atraer*

attraction /əˈtrækʃən/ *n* **(a)** (Phys) atracción *f* **(b)** (interest): **I still feel a great ∼ toward the place** todavía me atrae mucho el lugar; **what's the ∼?** ¿qué atractivo tiene? **(c)** (attractive feature) atractivo *m*; **tourist ∼** atracción *f* turística

attractive /əˈtræktɪv/ *adj* atractivo

attribute¹ /əˈtrɪbjət, BrE əˈtrɪbjuːt/ *vt* **to ∼ sth** TO **sth/sb** atribuirle* algo A algo/algn

attribute² /ˈætrəbjuːt, BrE ˈætrɪbjuːt/ *n* atributo *m*

attrition /əˈtrɪʃən/ *n* **1** (destruction) desgaste *m*; **war of ∼** guerra *f* de desgaste **2** (AmE) (Lab Rel) bajas *fpl* vegetativas

aubergine /ˈəʊbərʒiːn, BrE ˈəʊbəʒiːn/ *n* (BrE) berenjena *f*

auburn /ˈɔːbərn, BrE ˈɔːbən/ *adj* castaño rojizo *adj inv*

auction¹ /ˈɔːkʃən/ *n* subasta *f*, remate *m* (AmL)

auction² *vt* subastar, rematar (AmL)

auctioneer /ˈɔːkʃəˈnɪr, BrE ˌɔːkʃəˈnɪə(r)/ *n* subastador, -dora *m,f*, rematador, -dora *m,f* (AmL)

audacious /ɔːˈdeɪʃəs/ *adj* **(a)** (daring) ‹*act/plan*› audaz **(b)** (impudent) ‹*behavior/person*› atrevido

audacity /ɔːˈdæsəti/ *n* (daring) audacia *f*; (impudence) atrevimiento *m*

audible /ˈɔːdəbəl/ *adj* audible

♂ **audience** /ˈɔːdiəns/ *n* **1** (at play, film) público *m*; (at concert, lecture) auditorio *m*; (TV) audiencia *f* **2** (interview) audiencia *f*

audio- /ˈɔːdiəʊ/ *pref* audio-

audio: **∼book** *n* audiolibro *m*; **∼visual** *adj* audiovisual

audit¹ /ˈɔːdət, BrE ˈɔːdɪt/ *vt* **(a)** (Busn, Fin) ‹*accounts*› auditar **(b)** (AmE) (Educ) ‹*classes/ course*› asistir como oyente a

audit² *n* (Busn, Fin) **(a)** (inspection) auditoría *f* **(b)** (report) (AmE) informe *m* de auditoría

audition¹ /ɔːˈdɪʃən/ *vi* **to ∼** (FOR **sth)** dar* una audición (PARA algo)

audition² *n* audición *f*

auditor /ˈɔːdətər, BrE ˈɔːdɪtə(r)/ *n* **(a)** (Busn, Fin) auditor, -tora *m,f* **(b)** (AmE) (Educ) oyente *mf*

auditorium /ˈɔːdəˈtɔːriəm, BrE ˌɔːdɪˈtɔːriəm/ *n* (*pl* **-riums** *or* **-ria** /-riə/) auditorio *m*

augment /ɔːgˈment/ *vt* (fml) aumentar, incrementar (fml)

augur /ˈɔːgər, BrE ˈɔːgə(r)/ *vi*: **to ∼ well/ill** ser* de buen/mal agüero

august /ɔːˈgʌst/ *adj* augusto

♂ **August** /ˈɔːgəst/ *n* agosto *m*

aunt /ænt, BrE ɑːnt/ *n* tía *f*

auntie, aunty /ˈænti, BrE ˈɑːnti/ *n* (infml) tía *f*, tiíta *f* (fam)

au pair /ˈəʊˈper, BrE ˌəʊˈpeə(r)/ *n* au pair *mf*

aura /ˈɔːrə/ *n* halo *m*, aura *m*

aural /ˈɔːrəl/ *adj* auditivo

auspices /ˈɔːspəsəz, BrE ˈɔːspɪsɪz/ *pl n* (fml): **under the ∼ of sb/sth** bajo los auspicios de algn/algo

auspicious /ɔːˈspɪʃəs/ *adj* (fml) prometedor, auspicioso (CS)

austere /ɔːˈstɪr, BrE ɒˈstɪə(r), ɔːˈstɪə(r)/ *adj* austero

austerity /ɔːˈsterəti, BrE ɒˈsterəti, ɔːˈsterəti/ *n* austeridad *f*

Australasia /ˈɔːstrəˈleɪʒə, -ˈleɪʃə, BrE ˌɒstrəˈleɪʒiə, -ˈleɪʃə/ *n* Australasia *f*

♂ **Australia** /ɔːˈstreɪliə, BrE ɒˈstreɪliə/ *n* Australia *f*

♂ **Australian¹** /ɔːˈstreɪliən, BrE ɒˈstreɪliən/ *adj* australiano

♂ **Australian²** *n* australiano, -na *m,f*

Austria /ˈɔːstriə, BrE ˈɒstriə/ *n* Austria *f*

Austrian¹ /ˈɔːstriən, BrE ˈɒstriən/ *adj* austriaco, austríaco

Austrian² *n* austriaco, -ca *m,f*, austríaco, -ca *m,f*

authentic /əˈθentɪk, BrE ɔːˈθentɪk/ *adj* **(a)** (genuine) auténtico **(b)** (realistic) ‹*atmosphere*› realista

authenticate /əˈθentɪkeɪt, BrE ɔːˈθentɪkeɪt/ *vt* **(a)** (declare genuine) autenticar* **(b)** (prove, confirm) probar*

authenticity /ˈɔːθenˈtɪsəti/ *n* (of manuscript, painting) autenticidad *f*

♂ **author** /ˈɔːθər, BrE ˈɔːθə(r)/ *n* (writer) escritor, -ra

♂ palabra clave

m,f; (in relation to her/his works) autor, -tora *m,f*

authoritarian /ɔːˈθɔːrəˈteriən, BrE ɔːˌθɒrɪˈteəriən/ *adj* autoritario

authoritative /əˈθɔːrəteɪtɪv, BrE ɔːˈθɒrətətɪv/ *adj* **1** ‹*manner/tone*› de autoridad **2** (reliable, respected) ‹*source*› fidedigno; ‹*work/study*› autorizado

authority /əˈθɔːrəti, BrE ɔːˈθɒrəti/ *n* (*pl* **-ties**) **1** **(a)** (power) autoridad *f* **(b)** (authorization) **~ to** + INF autorización *f* PARA + INF **2** (person, body) autoridad *f*; **she was detained by the Belgian authorities** fue detenida por las autoridades belgas **3** **(a)** (expert) **~** (ON **sth**) autoridad *f* (EN algo) **(b)** (source) autoridad *f*; **to have sth on good ~** saber* algo de buena fuente

authorize /ˈɔːθəraɪz/ *vt* **(a)** ‹*publication/ transaction*› autorizar*; ‹*funds*› aprobar* **(b)** (empower) **to ~ sb to** + INF autorizar* a algn PARA + INF

autistic /ɔːˈtɪstɪk/ *adj* autista

auto /ˈɔːtəʊ/ *n* (AmE) coche *m*, automóvil *m* (fml), carro *m* (AmL exc CS), auto *m* (esp CS); (*before n*) **~ industry** industria *f* automotriz *or* del automóvil

autobiographical /ˈɔːtəˌbaɪəˈɡræfɪkəl/ *adj* autobiográfico

autobiography /ˈɔːtəbaɪˈɑːɡrəfi, BrE ˈɔːtəbaɪɒɡrəfi/ *n* (*pl* **-phies**) autobiografía *f*

autocratic /ˈɔːtəˈkrætɪk/ *adj* autocrático

autograph[1] /ˈɔːtəɡræf, BrE ˈɔːtəɡrɑːf/ *n* autógrafo *m*

autograph[2] *vt* autografiar*

automata /ɔːˈtɑːmətə, BrE ɔːˈtɒmətə/ *pl of* **automaton**

automate /ˈɔːtəmeɪt/ *vt* automatizar*

automatic[1] /ˈɔːtəˈmætɪk/ *adj* automático

automatic[2] *n* (car) coche *m* automático; (pistol) automática *f*

automatically /ˈɔːtəˈmætɪkli/ *adv* automáticamente

automation /ˈɔːtəˈmeɪʃən/ *n* automatización *f*

automaton /ɔːˈtɑːmətən, BrE ɔːˈtɒmətən/ *n* (*pl* **automata** *or* **-tons**) autómata *m*

automobile /ˈɔːtəməbiːl/ *n* (esp AmE) coche *m*, carro *m* (AmL exc CS), auto *m* (esp CS), automóvil *m* (fml)

autonomous /ɔːˈtɑːnəməs, BrE ɔːˈtɒnəməs/ *adj* autónomo

autonomy /ɔːˈtɑːnəmi, BrE ɔːˈtɒnəmi/ *n* autonomía *f*

autopsy /ˈɔːtɑːpsi, BrE ˈɔːtɒpsi/ *n* (*pl* **-sies**) autopsia *f*

autumn /ˈɔːtəm/ *n* (esp BrE) otoño *m*; (*before n*) ‹*day/weather*› de otoño, otoñal

auxiliary[1] /ɔːɡˈzɪljəri/ *adj* auxiliar

auxiliary[2] *n* (*pl* **-ries**) auxiliar *mf*; **nursing ~** enfermero, -ra *m,f* auxiliar

AV **1** (Bib) = **Authorized Version** **2** (Elec) = **audiovisual** **3** (Pol) = **alternative vote**

avail[1] /əˈveɪl/ *v refl* (fml) **to ~ oneself** OF **sth** aprovechar algo

avail[2] *n* (liter): **to no ~** en vano

available /əˈveɪləbəl/ *adj* **(a)** (obtainable) (*pred*): **to be readily ~** ser* fácil de conseguir; **brochures are ~ on request** hay folletos a disposición de quien los solicite **(b)** (at sb's disposal) ‹*resources/manpower*› disponible; **to make sth ~ to sb** poner* algo a disposición de algn **(c)** (free, contactable) (*pred*) libre; (for work, job) disponible

avalanche /ˈævəlæntʃ, BrE ˈævəlɑːnʃ/ *n* alud *m*, avalancha *f*

avant-garde /ˈɑːvɑːnˈɡɑːrd, BrE ˌævɒnˈɡɑːd/ *adj* vanguardista, de vanguardia

avarice /ˈævərəs, BrE ˈævərɪs/ *n* (liter) codicia *f* (liter)

avaricious /ˈævəˈrɪʃəs/ *adj* (liter) codicioso

Ave (= **Avenue**) Avda., Av.

avenge /əˈvendʒ/ *vt* vengar*

avenue /ˈævənuː, BrE ˈævənjuː/ *n* **1** **(a)** (tree-lined walk) paseo *m* (*arbolado*) **(b)** (broad street) avenida *f* **2** (means, method) vía *f*

average[1] /ˈævrɪdʒ, ˈævərɪdʒ/ *n* (Math) promedio *m*, media *f*

average[2] *adj* **(a)** (Math) ‹*time/age*› medio, promedio *adj inv*; **he is of ~ height** es de estatura mediana **(b)** (typical): **the ~ family** la familia tipo **(c)** (ordinary): **how was the movie? — average** ¿qué tal la película? — normal

• **average out**: [*v* + *adv*]: **our speed ~d out at about 60 mph** hicimos una media *or* un promedio de 60 millas por hora

averse /əˈvɜːrs, BrE əˈvɜːs/ *adj* (*pred*) **to be ~** TO **sth** (to an idea) ser* reacio A algo

aversion /əˈvɜːrʒən, -ʃən, BrE əˈvɜːʃən/ *n* (*no pl*) aversión *f*

avert /əˈvɜːrt, BrE əˈvɜːt/ *vt* **(a)** ‹*eyes/gaze*› apartar **(b)** ‹*danger/suspicion*› evitar; ‹*accident/strike*› impedir*

aviary /ˈeɪvieri, BrE ˈeɪviəri/ *n* (*pl* **-ries**) pajarera *f*

aviation /ˈeɪviˈeɪʃən/ *n* aviación *f*

avid /ˈævəd, BrE ˈævɪd/ *adj* ‹*reader/interest*› ávido; ‹*fan/follower*› ferviente

avocado /ˈævəˈkɑːdəʊ/ *n* (*pl* **-dos**) **~ (pear)** aguacate *m or* (Bol, CS, Per) palta *f*

avoid /əˈvɔɪd/ *vt* ‹*obstacle/place/topic*› evitar; ‹*blow*› esquivar; **why are you ~ing me?** ¿por qué me rehúyes?

avoidable /əˈvɔɪdəbəl/ *adj* evitable

avowed /əˈvaʊd/ *adj* (*before n*) declarado

await /əˈweɪt/ *vt* esperar

awake[1] /əˈweɪk/ *adj* (*pred*): **to be ~** estar* despierto

awake[2] (*past* **awoke**; *past p* **awoken**, **awaken** /əˈweɪkən/) *vt/i* despertar*

awakening /əˈweɪkənɪŋ/ *n* despertar *m*

award[1] /əˈwɔːrd, BrE əˈwɔːd/ *vt* **(a)** ‹*prize/medal/ pay increase*› conceder; ‹*honor*› conferir* **(b)** (Sport) ‹*penalty/free kick*› conceder

award[2] *n* **(a)** (prize) galardón *m*; (medal) condecoración *f* **(b)** (sum of money) asignación *f*

award-winning /əˈwɔːrdˈwɪnɪŋ, BrE əˈwɔːdˌwɪnɪŋ/ *adj* (*before n*) galardonado

aware /əˈwer, BrE əˈweə(r)/ *adj* (conscious) (*pred*) **to be ~** OF **sth** ser* *or* (Chi, Méx) estar* consciente DE algo; **is your father ~ that you drink?** ¿sabe tu padre que bebes?

awareness /əˈwernəs, BrE əˈweənɪs/ *n* conciencia *f*

awash /əˈwɔːʃ, BrE əˈwɒʃ/ *adj* (*pred*) **to be ~** (WITH **sth**) estar* inundado (DE algo)

a

🔑 **away** /ə'weɪ/ *adv* **1** (from place, person): **I looked ~** aparté la vista; **he limped ~** se alejó cojeando **2 (a)** (in the distance): **it isn't far ~** no queda lejos; **it's 20 miles ~** queda a 20 millas; **Easter is a long way ~** falta mucho para Pascua **(b)** (absent): **she's ~ in Canada** está en Canadá; **I'll be ~ all next week** toda la semana que viene no voy a estar **(c)** (esp BrE) (Sport): **to play ~** jugar* fuera (de casa) **3** (continuously): **he's been painting ~ all morning** se ha pasado toda la mañana pintando; **I could hear him singing ~** lo oía cantar **4 away from** (*as prep*) **(a)** (in opposite direction to): **she pulled him ~ from the cliff edge** lo apartó del borde del acantilado **(b)** (at a distance, separated from) lejos de; **to get ~ from it all** alejarse del mundanal ruido

awe /ɔː/ *n* sobrecogimiento *m*; **to be in ~ of sb** sentirse* intimidado por algn

awe-inspiring /'ɔːɪn'spaɪrɪŋ, BrE 'ɔːɪn,spaɪərɪŋ/ *adj* impresionante

awesome /'ɔːsəm/ *adj* imponente

awestruck /'ɔːstrʌk/ *adj* atemorizado

awful /'ɔːfəl/ *adj* (infml) ‹*journey/weather/day*› horrible; ‹*clothes*› horroroso; ‹*joke/movie*› malísimo; **I felt ~** me sentía fatal

awkward /'ɔːkwərd, BrE 'ɔːkwəd/ *adj* **1** (clumsy) ‹*movement/person*› torpe; ‹*phrase*› poco elegante **2 (a)** (difficult, inconvenient) ‹*shape/angle*› incómodo; **at a rather ~ moment** en mal momento; **she could make things very ~ for you** te podría hacer la vida imposible **(b)** (difficult to deal with) difícil **3 (a)** (embarrassing) ‹*decision/subject*› delicado; **you've put me in a very ~ position** me has puesto en una situación muy violenta **(b)** (embarrassed) ‹*silence*› incómodo; **I felt very ~** me sentí muy incómodo

awning /'ɔːnɪŋ/ *n* toldo *m*

awoke /ə'wəʊk/ *past of* **awake²**

awoken /ə'wəʊkən/ *past p of* **awake²**

awry /ə'raɪ/ *adj* (*pred*) torcido; **to go ~** salir* mal

ax¹, (BrE) **axe** /æks/ *n* hacha *f*‡; ***to have an ~ to grind*** tener* un interés personal

ax², (BrE) **axe** *vt* (journ) ‹*project/services/jobs*› suprimir; ‹*employee*› despedir*

axis /'æksəs, BrE 'æksɪs/ *n* (*pl* **axes** /'æksiːz/) eje *m*

axle /'æksəl/ *n* eje *m*

AZ = **Arizona**

Azerbaijan /'æzərbaɪ'dʒɑːn, BrE ,æzəbaɪ'dʒɑːn/ *n* Azerbaiyán *m*, Azerbaiján *m*

Azerbaijani /'æzərbaɪ'dʒɑːni, BrE ,æzəbaɪ'dʒɑːni/ *adj* azerbaiyaní

Aztec¹ /'æztek/ *adj* azteca

Aztec² *n* azteca *mf*

azure /'æʒər, BrE 'æzjə(r), 'æzjʊə(r)/ *adj* (liter) azur (liter)

Bb

B, b /biː/ *n* **(a)** (letter) B, b *f* **(b)** (Mus) si *m*

B & B /'biːən'biː/ *n* = **bed and breakfast**

b (= **born**) n.

BA *n* = **Bachelor of Arts**

babble /'bæbəl/ *vi* (talk foolishly) parlotear (fam); (talk unintelligibly) farfullar; «*baby*» balbucear; **a babbling brook** (liter) un arroyo rumoroso (liter)

🔑 **baby** /'beɪbi/ *n* (*pl* **babies**) **(a)** (infant) bebé *m*, niño, -ña *m,f*, bebe, -ba *m,f* (Per, RPl), guagua *f* (Andes); **to have a ~** tener* un hijo *or* un niño **(b)** (animal) cría *f* **(c)** (youngest member) benjamín, -mina *m,f*

baby: **~ buggy**, **~ carriage** *n* (AmE) cochecito *m* de bebé, carriola *f* (Méx); **~-sit** *vi* (*pres p* **-sitting**; *past & past p* **-sat**) cuidar niños, hacer* de canguro (Esp); **~-sitter** /'beɪbi,sɪtər, BrE 'beɪbi,sɪtə(r)/ *n* baby sitter *mf*, canguro *mf* (Esp)

bachelor /'bætʃələr, BrE 'bætʃələ(r)/ *n* **1** (single man) soltero *m* **2** (Educ) licenciado, -da *m,f*; **B~ of Arts/Science** (degree) licenciatura *f* en Filosofía y Letras/en Ciencias

🔑 **back¹** /bæk/ *n* **1** (Anat) (of human) espalda *f*; (of animal) lomo *m*; **they laugh at him behind his ~** se ríen de él a sus espaldas; ***to turn one's ~ on sb*** volverle* la espalda a algn **2 (a)** (of chair) respaldo *m*; (of dress, jacket) espalda *f*; (of electrical appliance, watch) tapa *f* **(b)** (reverse side — of envelope, photo) dorso *m*; (— of head) parte *f* posterior; (— of hand) dorso *m*; **your sweater is on ~ to front** te has puesto el suéter al revés; ▶ **hand¹ 2** **3** (rear part): **the ~ of the house** la parte de atrás de la casa; **at the ~ of the drawer** en el fondo del cajón; **we sat at the ~** nos sentamos al fondo; **I'll sit in the ~** (of car) yo me siento detrás *or* (en el asiento de) atrás; ***in the ~ of beyond*** quién sabe dónde, donde el diablo perdió el poncho (AmS fam), en el quinto pino (Esp fam) **4** (Sport) defensa *mf*, zaguero, -ra *m,f*

🔑 **back²** *adj* (*before n, no comp*) **1** ‹*door*› trasero; ‹*garden*› de atrás **2** (of an earlier date): **~ number** o **issue** número *m* atrasado; **~ pay** atrasos *mpl*

🔑 **back³** *adv* **1** (indicating return, repetition): **the journey ~** el viaje de vuelta; **he's ~ from Paris** ha vuelto de París; **long hair is ~ (in fashion)** vuelve (a estar de moda) el pelo largo; **to run/fly ~** volver* corriendo/en avión; **he asked for the ring ~** pidió que le devolviera el anillo; *see also* **go back, take back** *etc.* **2** (in reply, reprisal): **he slapped her and she slapped him ~** él la abofeteó y ella le devolvió la bofetada **3** (backward): **take two steps ~** da

🔑 palabra clave

dos pasos atrás **4** (in the past): ~ **in 1972** (ya) en 1972 **5** **back and forth** = **backward(s) and forward(s)** ▸ backward[2] a

back[4] *vt* **1** **(a)** ‹*person/decision*› respaldar **(b)** (bet money on) ‹*horse/winner*› apostar* por **2** (reverse): **he ~ed the car out of the garage** sacó el coche del garaje dando marcha atrás *or* (Col, Méx) en reversa **3** (Mus) acompañar ■ *vi* «*vehicle/driver*» dar* marcha atrás, meter reversa (Col, Méx); **he ~ed into a lamppost** se dio contra una farola al dar marcha atrás *or* al meter reversa

- **back away** [*v + adv*] echarse atrás
- **back down** [*v + adv*] volverse* atrás
- **back out** [*v + adv*] volverse* atrás; **they ~ed out of the deal** no cumplieron el trato
- **back up** **1** [*v + o + adv, v + adv + o*] **(a)** (support) respaldar, apoyar **(b)** (Comput) ‹*file*› hacer* una copia de seguridad de **2** [*v + adv*] (reverse) dar* marcha atrás, meter reversa (Col, Méx)

back: **~ache** *n* dolor *m* de espalda; **~bencher** /ˈbækˈbentʃər, BrE ˌbækˈbentʃə(r)/ **~ bench MP** *n* (in UK) diputado, -da *m,f* (*sin cargo específico en el gobierno o la oposición*); **~bone** *n* (Anat) columna *f* (vertebral); (main strength) columna *f* vertebral, eje *m*; **~date** /ˈbækˈdeɪt/ *vt* ‹*wage increase*› pagar* con retroactividad; ‹*check*› ponerle* una fecha anterior a; **~drop** *n* telón *m* de fondo

backer /ˈbækər, BrE ˈbækə(r)/ *n* patrocinador, -dora *m,f*

backfire /ˈbækfaɪr, BrE bækˈfaɪə(r)/ *vi* **(a)** «*car*» producir* detonaciones en el escape **(b)** (fail) fracasar

background[1] /ˈbækgraʊnd/ *n* **(a)** (of picture, scene) fondo *m*; **she prefers to stay in the ~** prefiere permanecer en un segundo plano **(b)** (of events) ~ (TO **sth**) antecedentes *mpl* (DE algo) **(c)** (of person — origin) origen *m*; (— education) formación *f*; (— previous activities) experiencia *f*

background[2] *adj* (*before n*) ‹*noise/music*› de fondo; ~ **reading** lecturas *fpl* preparatorias (*acerca del momento histórico, antecedentes etc*)

backhand /ˈbækhænd/ *n* revés *m*

backing /ˈbækɪŋ/ *n* **(a)** (support) respaldo *m* **(b)** (Mus) acompañamiento *m*

backlash /ˈbæklæʃ/ *n* reacción *f* violenta; (Mech Eng) contragolpe *m*

backless /ˈbækləs, BrE ˈbæklɪs/ *adj* sin espalda

back: **~log** *n* atraso *m*; **a ~log of work** trabajo atrasado; **~pack** *n* mochila *f*; **~ seat** *n* asiento *m* trasero *or* de atrás; **~side** /ˈbækˈsaɪd/ *n* (infml) trasero *m* (fam); **~stage** /ˈbækˈsteɪdʒ/ *adj/adv* entre bastidores; **~street** *n* callejuela *f*; (*before n*) ‹*abortion*› clandestino; **~stroke** *n* estilo *m* espalda; **~track** *vi* **(a)** (retrace one's steps) retroceder **(b)** (reverse opinion, plan) dar* marcha atrás; **~-up** *n* **(a)** (support) respaldo *m*, apoyo *m*; (*before n*) ‹*team/equipment*› de refuerzo **(b)** (Comput) copia *f* de seguridad; (*before n*) ‹*disk/file*› de reserva, de seguridad

backward[1] /ˈbækwərd, BrE ˈbækwəd/ *adj* **1** (*before n*) ‹*movement*› hacia atrás; **a ~ glance** una mirada atrás **2** ‹*child*› retrasado; ‹*nation*› atrasado

backward[2], (esp BrE) **backwards** /ˈbækwərdz, BrE ˈbækwədz/ *adv* **(a)** (toward rear) hacia atrás; **~ and forward(s)** para atrás y para adelante; ▸ **know[1] 1 a (b)** (back to front, in reverse order) al revés

back yard *n* (paved) patio *m* trasero; (grassed) (AmE) jardín *m* trasero, fondo *m* (RPl)

bacon /ˈbeɪkən/ *n* tocino *m or* (Esp) bacon *m or* (RPl) panceta *f*

bacteria /bækˈtɪriə, BrE bækˈtɪəriə/ *pl n* bacterias *fpl*

bad[1] /bæd/ *adj*

> ■ **Note** The usual translation of *bad*, *malo*, becomes *mal* when it is used before a masculine singular noun.

(*comp* **worse**; *superl* **worst**) **1** (not good) malo; **to be ~** AT **sth**/-ING ser* malo PARA algo/+ INF; **to go from ~ to worse** ir* de mal en peor; **too much food is ~ for you** comer demasiado es malo; **she's got a ~ knee** tiene problemas con la rodilla; **I feel ~ about not having written to her** me da no sé qué no haberle escrito; ***to be in a ~ way*** (infml) estar* fatal (fam) **2** (serious) ‹*mistake/injury*› grave; ‹*headache*› fuerte **3** (rotten) ‹*egg/fruit*› podrido; **to go ~** echarse a perder

bad[2] *n*: **all the ~ that he's done** todo el mal que ha hecho; **there's good and ~ in everybody** todos tenemos cosas buenas y malas

bad[3] *adv* (esp AmE infml): **to need sth real ~** necesitar algo desesperadamente

bade /bæd, beɪd/ *past of* **bid[1] 2**

badge /bædʒ/ *n* (pin-on) chapa *f*, botón *m* (AmL); (sew-on) insignia *f*

badger[1] /ˈbædʒər, BrE ˈbædʒə(r)/ *n* tejón *m*

badger[2] *vt* fastidiar

badly /ˈbædli/ *adv* (*comp* **worse**; *superl* **worst**) **1** (poorly) ‹*play/sing*› mal **2** (improperly) ‹*behave/treat*› mal **3** (*as intensifier*) ‹*fail*› miserablemente; **~ injured** gravemente herido

badly off *adj* (*comp* **worse off**; *superl* **worst off**); (*pred*) mal de dinero

badminton /ˈbædmɪntn̩/ *n* bádminton *m*

bad-tempered /ˈbædˈtempərd, BrE ˌbædˈtempəd/ *adj* ‹*reply/tone*› malhumorado; ‹*person*› (as permanent characteristic) de mal genio; (in a bad mood) de mal humor

baffle /ˈbæfəl/ *vt* **(a)** (perplex) desconcertar* **(b)** (frustrate) ‹*efforts*› frustrar

baffled /ˈbæfəld/ *adj* perplejo; ‹*expression*› de perplejidad

bag /bæg/ *n* **1** **(a)** (container, bagful) bolsa *f*; **a paper ~** una bolsa de papel; (hand~) (esp BrE) cartera *f or* (Esp) bolso *m or* (Méx) bolsa *f* **(b)** (piece of luggage) maleta *f*, valija *f* (RPl), petaca *f* (Méx); **to pack one's ~s** hacer* la maleta (*or* valija *etc*) **2** (of skin) bolsa *f*; **to have ~s under one's eyes** (of skin) tener* bolsas en los ojos; (dark rings) tener* ojeras

baggage /ˈbægɪdʒ/ *n* equipaje *m*; (*before n*) **~ room** (AmE) consigna *f*

baggage allowance *n* límite *m* de equipaje

baggy /ˈbægi/ *adj* **-gier, -giest** ancho, guango (Méx)

bagpipes /ˈbægpaɪps/ *pl n* gaita *f*

Bahamas /bəˈhɑːməz/ *pl n*: **the ~** las Bahamas

bail /beɪl/ *n* (Law) fianza *f*; **he was released on ~** fue puesto en libertad bajo fianza

b

● **bail out** **1** [*v + o + adv, v + adv + o*] **(a)** (Law): **to ~ sb out** pagarle* la fianza a algn **(b)** (Naut) ‹*water*› achicar* **2** [*v + o + adv, v + adv + o*] (rescue) sacar* de apuros **3** [*v + adv*] (Aviat) tirarse en paracaídas

bailiff /ˈbeɪləf, BrE ˈbeɪlɪf/ *n* (Law) **(a)** (in UK) alguacil *mf* **(b)** (in US) *funcionario que custodia al acusado en el juzgado*

bailout /ˈbeɪlaʊt/ *n* rescate *m* (financiero)

bait[1] /beɪt/ *n* cebo *m*

bait[2] *vt* **1** ‹*hook/trap*› cebar **2** (persecute) acosar

bake /beɪk/ *vt*: **~ in a hot oven** hornear en horno caliente; **she ~s her own bread** hace el pan en casa; **~d potato** papa *f or* (Esp) patata *f* asada ■ *vi* hacer* pasteles (*or* pan *etc*)

baked beans /beɪkt/ *pl n* **(a)** (in can) frijoles *mpl or* (Esp) judías *fpl or* (CS) porotos *mpl* en salsa de tomate **(b)** (dish) (AmE) *el mismo plato preparado con cerdo*

baker /ˈbeɪkər, BrE ˈbeɪkə(r)/ *n* panadero, -ra *m,f*; **~'s (shop)** panadería *f*

bakery /ˈbeɪkəri/ *n* (*pl* **-ries**) panadería *f*

baking /ˈbeɪkɪŋ/ *n*: **we do a lot of ~** hacemos muchos pasteles (*or* pan *etc*); (*before n*) **~ dish** fuente *f* para el horno; **~ powder** polvo *m* de hornear, Royal® *m*, levadura *f* en polvo (Esp); **~ tin** molde *m*; **~ tray** bandeja *f* (de horno)

⚷ **balance**[1] /ˈbæləns/ *n* **1** (apparatus) balanza *f* **2** (equilibrium) equilibrio *m*; **to lose one's ~** perder* el equilibrio **3** **(a)** (in accounting) balance *m* **(b)** (bank **~**) saldo *m* **(c)** (difference, remainder) resto *m*; (of sum of money) saldo *m*

balance[2] *vt* **1** ‹*load*› equilibrar; ‹*object*› mantener* en equilibrio **2** (Fin) ‹*account*› hacer* el balance de

balanced /ˈbælənst/ *adj* equilibrado

balance of payments *n* balanza *f* de pagos

balcony /ˈbælkəni/ *n* (*pl* **-nies**) **(a)** (Archit) balcón *m*; (large) terraza *f* **(b)** (Theat) (in US) platea *f* alta; (in UK) galería *f*

bald /bɔːld/ *adj* **-er, -est** **(a)** ‹*man*› calvo, pelón (AmC, Méx), pelado (CS); **to go ~** quedarse calvo (*or* pelón *etc*) **(b)** (worn) ‹*tire*› gastado

bale /beɪl/ *n* paca *f*

● **bale out** (BrE) ▶ **bail out 1b, 3**

Balearic Islands /ˈbæliˈærɪk/ *pl n*: **the ~** las (Islas) Baleares

baleful /ˈbeɪlfəl/ *adj* torvo

Balkan /ˈbɔːlkən/ *adj* balcánico

Balkans /ˈbɔːlkənz/ *pl n*: **the ~** los países balcánicos

⚷ **ball** /bɔːl/ *n* **1** (in baseball, golf) pelota *f*, bola *f*; (in basketball, football) pelota *f* (esp AmL), balón *m* (esp Esp); (in billiards) bola *f*; ***to be on the ~*** (infml) ser* muy espabilado **2** **(a)** **to play ~ (with sb)** (lit: play game) jugar* a la pelota (con algn); (cooperate) (infml) cooperar (con algn) **(b)** (base**~**) (AmE) béisbol *m* **3** **(a)** (round mass) bola *f*; (of string, wool) ovillo *m* **(b)** (Anat): **the ~ of the foot** la parte anterior de la planta del pie **4** (dance) baile *m*

ballad /ˈbæləd/ *n* (narrative poem, song) romance *m*; (sentimental song) balada *f*

ballast /ˈbæləst/ *n* (Aviat, Naut) lastre *m*

⚷ palabra clave

ballerina /ˈbæləˈriːnə/ *n* bailarina *f* (de ballet)

ballet /ˈbæleɪ/ *n* ballet *m*; (*before n*) **~ dancer** bailarín, -rina *m,f* de ballet

ball game *n* juego *m* de pelota; (baseball game) (AmE) partido *m* de béisbol; (US football game) (AmE) partido *m* de fútbol *or* (AmC, Méx) futbol americano

ballistics /bəˈlɪstɪks/ *n* (+ *sing vb*) balística *f*

balloon /bəˈluːn/ *n* **(a)** (toy) globo *m*, bomba *f* (Col), chimbomba *f* (AmC) **(b)** (Aviat) globo *m*

ballot /ˈbælət/ *n* votación *f*; (*before n*) **~ box** urna *f*; **~ (paper)** papeleta *f*, boleta *f* electoral (Méx, RPl)

ball: **~park** *n* (AmE) (Sport) estadio *m or* (Méx) parque *m* de béisbol; (*before n*) **a ~park figure** una cifra aproximada; **~player** *n* (AmE) (in baseball) jugador, -dora *m,f* de béisbol, beisbolista *mf*; (in US football) jugador, -dora *m,f* de fútbol *or* (AmC, Méx) de futbol americano; (in basketball) jugador, -dora *m,f* de baloncesto, baloncestista *mf*, basquetbolista *mf* (AmL); **~point (pen)** *n* bolígrafo *m*, esfero(gráfico) *m* (Col), pluma *f* atómica (Méx), birome *f* (RPl), lápiz *m* de pasta (Chi); **~room** *n* sala *f or* salón *m* de baile; **~room dancing** *n* baile *m* de salón

balm /bɑːm/ *n* bálsamo *m*

Baltic /ˈbɔːltɪk/ *n*: **the ~ (Sea)** el (mar) Báltico

bamboo /ˈbæmˈbuː, BrE bæmˈbuː/ *n* (*pl* **-boos**) bambú *m*

⚷ **ban**[1] /bæn/ *vt* **-nn-** ‹*book/smoking*› prohibir*; ‹*organization*› proscribir*; **he was ~ned from the club** le prohibieron la entrada al club

ban[2] *n* prohibición *f*

banal /bəˈnæl, ˈbeɪnəl, BrE bəˈnɑːl/ *adj* banal

banana /bəˈnænə, BrE bəˈnɑːnə/ *n* plátano *m*, banana *f* (Per, RPl), banano *m* (AmC, Col), cambur *m* (Ven)

⚷ **band** /bænd/ *n* **1** **(a)** (group) grupo *m*; (of thieves, youths) pandilla *f* **(b)** (Mus) (jazz **~**) grupo *m* *or* conjunto *m* de jazz; (rock **~**) grupo *m* de rock **2** **(a)** (ribbon) cinta *f*; (strip — of cloth) banda *f*; (— for hat) cinta *f* **(b)** (stripe) franja *f*

● **band together** [*v + adv*] unirse

bandage[1] /ˈbændɪdʒ/ *n* venda *f*

bandage[2] *vt* vendar

Band-Aid® /ˈbændeɪd/ *n* (AmE) curita*f*®, tirita® *f* (Esp)

bandit /ˈbændət, BrE ˈbændɪt/ *n* bandido, -da *m,f*, bandolero, -ra *m,f*

band: **~stand** *n* quiosco *m* de música; **~wagon** *n*: ***to jump on the ~wagon*** subirse al carro

bandy[1] /ˈbændi/ *adj* **-dier, -diest** ‹*legs*› arqueado, torcido

bandy[2] **-dies, -dying, -died** *vt* ‹*remarks/jokes*› intercambiar

bane /beɪn/ *n*: **to be the ~ of sb's life** ser* la cruz de algn

bang[1] /bæŋ/ *n* **1** (loud noise) estrépito *m*; (explosion) explosión *f* **2** (blow) golpe *m*, trancazo *m* **3** **bangs** *pl* (AmE) (fringe) flequillo *m*, cerquillo *m* (AmL), chasquilla *f* (Chi), capul *f* (Col), fleco *m* (Méx), pollina *f* (Ven)

bang[2] *vt* **(a)** (strike) golpear **(b)** (slam): **he ~ed the door** dio un portazo (fam) ■ *vi* **(a)** (strike) **to ~ ON sth** golpear algo; **to ~**

INTO **sth** darse* CONTRA algo **(b)** (slam) «*door*» cerrarse* de un golpe

bang³ *adv* **1** **to go ~** «*gun*» dispararse **2** (*as intensifier*) (esp BrE infml): **~ on time** a la hora justa

banger /'bæŋər, BrE 'bæŋə(r)/ *n* (BrE infml) **(a)** (sausage) salchicha *f* **(b)** (firework) petardo *m* **(c)** (car) **old ~** cacharro *m* (fam)

Bangkok /'bæŋkɑːk, BrE ˌbæŋ'kɒk/ *n* Bangkok *m*

Bangladesh /'bɑːŋglə'deʃ, BrE ˌbæŋglə'deʃ/ *n* Bangladesh *m*

Bangladeshi /'bɑːŋglə'deʃi, BrE ˌbæŋglə'deʃi/ *adj* bangladesí

bangle /'bæŋgəl/ *n* pulsera *f*, brazalete *m*; (thin, of gold or silver) esclava *f*, aro *m*

banish /'bænɪʃ/ *vt* **(a)** (exile) desterrar*; ‹*fear/doubts*› hacer* olvidar **(b)** (prohibit) prohibir*

banister /'bænəstər, BrE 'bænɪstə(r)/ *n* pasamanos *m*

bank¹ /bæŋk/ *n* **1** **(a)** (Fin) banco *m*; (*before n*) **~ balance** saldo *m* **(b)** (store, supply) banco *m*; **blood ~** banco de sangre **2** (edge of river) orilla *f*, ribera *f* **3** **~ of earth/snow** montículo *m* de tierra/nieve

bank² *vt* depositar *or* (esp Esp) ingresar (en el banco)
■ *vi* **1** (Fin): **I ~ with the National** tengo la cuenta en el National **2** (Aviat) ladearse
● **bank on** [*v + prep + o*] ‹*victory/help*› contar* con; **I wouldn't ~ on it** yo no me confiaría demasiado

bank: **~ account** *n* cuenta *f* bancaria; **~book** *n* libreta *f* de ahorros; **~card** *n* (AmE) tarjeta *f* de crédito (*expedida por un banco*); (BrE) tarjeta *f* bancaria

banker /'bæŋkər, BrE 'bæŋkə(r)/ *n* **(a)** (Fin) banquero, -ra *m,f* **(b)** (in gambling) banca *f*

bank holiday *n* (BrE) día *m* festivo, feriado *m* (esp AmL)

banking /'bæŋkɪŋ/ *n* banca *f*

bank: **~ note** *n* **(a)** (promissory note) (AmE) pagaré *m* **(b)** (paper money) (BrE) billete *m* de banco; **~ rate** *n* tasa *f or* (esp Esp) tipo *m* de interés

bankrupt¹ /'bæŋkrʌpt/ *adj* en quiebra, en bancarrota; **to be ~** estar* en quiebra *or* en bancarrota; **to go ~** quebrar*, ir* a la bancarrota

bankrupt² *n* fallido, -da *m,f*

bankrupt³ *vt* llevar a la quiebra *or* a la bancarrota

bankruptcy /'bæŋkrʌptsi/ *n* (*pl* **-cies**) quiebra *f*, bancarrota *f*

banner /'bænər, BrE 'bænə(r)/ *n* (flag) estandarte *m*; (in demonstration) pancarta *f*

bannister *n* ▶ **banister**

banns /bænz/ *pl n* amonestaciones *fpl*

banquet /'bæŋkwət, BrE 'bæŋkwɪt/ *n* banquete *m*

banter /'bæntər, BrE 'bæntə(r)/ *n* bromas *fpl*

baptism /'bæptɪzəm/ *n* bautismo *m*

Baptist /'bæptəst, BrE 'bæptɪst/ *n* baptista *mf*, bautista *mf*

baptize /bæp'taɪz/ *vt* bautizar*

bar¹ /bɑːr, BrE bɑː(r)/ *n* **1** (rod, rail) barra *f*; (— on cage, window) barrote *m* **2** (Sport) (cross~) (in soccer) larguero *m*; (in rugby) travesaño *m*; (in high jump) barra *f or* (Esp) listón *m*; (horizontal ~) barra *f* (fija) **3** (block) barra *f*; **~ of chocolate** barra *f* de chocolate; **gold ~** lingote *m* de oro; **~ of soap** pastilla *f or* (CS) barra *f* de jabón **4** (establishment) bar *m*; (counter) barra *f*, mostrador *m* **5** (Law): **the Bar** (legal profession) (AmE) la abogacía; (barristers) (BrE) *el conjunto de 'barristers'* ▶ **barrister** **6** (Mus) compás *m*

bar² *vt* **-rr-** **1** (secure) ‹*door/window*› atrancar* **2** (block) ‹*path/entrance*› bloquear **3** (prohibit) ‹*smoking/jeans*› prohibir*; ‹*person/group*› excluir*

bar³ *prep* salvo, excepto, a *or* con excepción de

barb /bɑːrb, BrE bɑːb/ *n* (of fishhook, arrow) lengüeta *f*

Barbados /bɑːr'beɪdəʊs, BrE bɑː'beɪdɒs/ *n* Barbados *m*

barbarian /bɑːr'beriən, BrE bɑː'beəriən/ *n* bárbaro, -ra *m,f*

barbaric /bɑːr'bærɪk, BrE bɑː'bærɪk/ *adj* (primitive) primitivo; (brutal) brutal

barbarity /bɑːr'bærəti, BrE bɑː'bærəti/ *n* (*pl* **-ties**) brutalidad *f*

barbecue /'bɑːrbɪkjuː, BrE 'bɑːbɪkjuː/ *n* **1** (grid and fireplace) barbacoa *f*, parrilla *f*, asador *m* (AmL) **2** (social occasion) barbacoa *f*, parrillada *f*, asado *m* (AmL)

barbed wire /bɑːrbd, BrE bɑːbd/ *n* alambre *m* de púas *or* (Esp tb) de espino

barber /'bɑːrbər, BrE 'bɑːbə(r)/ *n* peluquero *m*, barbero *m* (ant); **the ~('s)** la peluquería

barbwire /'bɑːrb'waɪr, BrE ˌbɑːb'waɪə(r)/ *n* (AmE) ▶ **barbed wire**

bar code *n* código *m* de barras

bare¹ /ber, BrE beə(r)/ *adj* **barer** /'berər, BrE 'beərə(r)/, **barest** /'berəst, BrE 'beərɪst/ (uncovered) ‹*blade/flesh/walls*› desnudo; ‹*head*› descubierto; ‹*foot*› descalzo; ‹*floorboards*› sin alfombrar; ‹*tree*› pelado; ‹*wire*› pelado *or* (Esp) desnudo; ‹*room*› con pocos muebles; **the ~ essentials** lo estrictamente esencial; **he gave me the ~ facts** se ciñó a los hechos; **to lay sth ~** poner* *or* dejar algo al descubierto

bare² *vt*: **to ~ one's head** descubrirse* (la cabeza); **the dog ~d its teeth** el perro enseñó *or* mostró los dientes

bareback /'berbæk, BrE 'beəbæk/ *adv* ‹*ride*› a pelo

barefoot¹ /'berfʊt, BrE 'beəfʊt/ *adj* descalzo

barefoot² *adv*: **she ran ~** corrió descalza

barely /'berli, BrE 'beəli/ *adv* (hardly) apenas

bargain¹ /'bɑːrgən, BrE 'bɑːgən/ *n* **1** (cheap purchase) ganga *f*; (*before n*) ‹*price*› de ganga *or* oferta **2** (deal, agreement) trato *m*, acuerdo *m*; **to strike a ~** llegar a un acuerdo; ***into*** o (AmE also) ***in the ~*** encima, por si fuera poco

bargain² *vi* **(a)** (haggle) regatear **(b)** (negotiate) negociar
● **bargain for**: [*v + prep + o*]: **we hadn't ~ed for such an eventuality** no habíamos tenido en cuenta esa posibilidad; **I got more than I had ~ed for** no me esperaba algo así

bargaining /'bɑːrgənɪŋ, BrE 'bɑːgənɪŋ/ *n* **(a)** (haggling) regateo *m* **(b)** (negotiating) negociaciones *fpl*; (*before n*) ‹*strategy/position*› negociador

barge¹ /bɑːrdʒ, BrE bɑːdʒ/ *n* barcaza *f*

barge² *vi* (+ *adv compl*): **he ~d past (me)** me dio un empujón para pasar; **he always**

b

∼s in when we're trying to talk siempre se entromete cuando queremos hablar

baritone /'bærətəʊn, BrE 'bærɪtəʊn/ *n* barítono *m*

bark[1] /bɑːrk, BrE bɑːk/ *n* **1** (on tree) corteza *f* **2** (of dog) ladrido *m*

bark[2] *vi* ladrar
▪ *vt* (shout) espetar; **to ∼ (out) an order** gritar una orden

barkeep /'bɑːrkiːp, BrE 'bɑːkiːp/, **barkeeper** /-,kiːpər, BrE -,kiːpə(r)/ *n* (AmE) (male) barman *m*, camarero *m* (Esp, Ven); (female) mesera *f* (AmL), camarera *f* (Esp, Ven), moza *f* (AmS)

barley /'bɑːrli, BrE 'bɑːli/ *n* cebada *f*

bar: **∼maid** *n* mesera *f* (AmL), camarera *f* (Esp, Ven), moza *f* (AmS); **∼man** /'bɑːrmən, BrE 'bɑːmən/ *n* (*pl* **-men** /-mən/) (BrE) barman *m*, camarero *m* (Esp, Ven)

barn /bɑːrn, BrE bɑːn/ *n* **(a)** (for crops) granero *m*; (for livestock) establo *m* **(b)** (for vehicles) (AmE) cochera *f*

barometer /bə'rɑːmətər, BrE bə'rɒmɪtə(r)/ *n* barómetro *m*

baron /'bærən/ *n* **(a)** (nobleman) barón *m* **(b)** (magnate) magnate *m*

baroness /'bærə'nes, 'bærənes/ *n* baronesa *f*

barracks /'bærəks/ *n* (*pl* ∼); (+ *sing or pl vb*) cuartel *m*

barrage /bə'rɑːʒ, BrE 'bærɑːʒ/ *n* (Mil) (action) descarga *f*; (fire) cortina *f* de fuego

barrel /'bærəl/ *n* **1** (container) barril *m*, tonel *m* **2** (of handgun) cañón *m*; (of cannon) tubo *m*

barren /'bærən/ *adj* **-er**, **-est** ‹*land/soil*› estéril; ‹*tree/plant/animal*› (*no comp*) estéril; ‹*woman*› (dated *or* liter) infecunda

barrette /bɑː'ret, BrE bə'ret/ *n* (AmE) pasador *m*, broche *m* (Méx, Ur), hebilla *f* (Arg)

barricade[1] /'bærəkeɪd, BrE ,bærɪ'keɪd/ *n* barricada *f*

barricade[2] *vt* cerrar* con barricadas; **they ∼d themselves into the building** se atrincheraron en el edificio

barrier /'bæriər, BrE 'bæriə(r)/ *n* barrera *f*; **language ∼** barrera idiomática

Barrier Reef *n*: **the Great ∼** el Gran Arrecife Coralino, la Gran Barrera Coral

barrister /'bærəstər, BrE 'bærɪstə(r)/ *n* (BrE) abogado, -da *m,f* (*habilitado para alegar ante un tribunal superior*)

barrow /'bærəʊ/ *n* (wheel∼) carretilla *f*

bar: **∼stool** *n* taburete *m*; **∼tender** *n* (esp AmE) (male) barman *m*, camarero *m* (Esp, Ven); (female) mesera *f* (AmL), camarera *f* (Esp, Ven), moza *f* (AmS)

barter /'bɑːrtər, BrE 'bɑːtə(r)/ *vt* cambiar, trocar*
▪ *vi* hacer* trueques

🔑 **base**[1] /beɪs/ *n* **1** (of column, wall) base *f*; (of mountain, tree) pie *m*; (of spine, skull) base *f*; (of lamp) pie *m* **2** (foundation, basis) base *f* **3** (of patrol, for excursion) base *f*; (of organization) sede *f* **4** (in baseball) base *f*

🔑 **base**[2] *vt* **1** (found) **to ∼ sth** ON **sth** ‹*opinion/conclusion*› basar algo EN algo; **the movie is ∼d on a real event** la película se basa en una historia real **2** (locate) basar; **the company is ∼d in Madrid** la compañía tiene su base en Madrid

base[3] *adj* **baser**, **basest** ‹*conduct/motive*› abyecto

baseball /'beɪsbɔːl/ *n* **(a)** (game) béisbol *m*; (*before n*) **∼ bat** bate *m* de béisbol **(b)** (ball) pelota *f* de béisbol

basement /'beɪsmənt/ *n* sótano *m*

base pay *n* (AmE) sueldo *m* base *or* básico

bases[1] /'beɪsiːz/ *pl of* **basis**

bases[2] /'beɪsəz, BrE 'beɪsɪz/ *pl of* **base**[1]

bash[1] /bæʃ/ *n* (infml) **1** (blow) golpe *m*, madrazo *m* (Méx fam) **2** (party) juerga *f* (fam)

bash[2] *vt* (infml) pegarle* a

bashful /'bæʃfəl/ *adj* tímido, penoso (AmL exc CS)

🔑 **basic** /'beɪsɪk/ *adj* **1** (fundamental) fundamental **2** (simple, rudimentary) ‹*knowledge/need*› básico; ‹*hotel/food*› sencillo **3** (Econ) ‹*pay*› básico

🔑 **basically** /'beɪsɪkli/ *adv* fundamentalmente

basics /'beɪsɪks/ *pl n* lo básico

basil /'beɪzəl, BrE 'bæzəl/ *n* albahaca *f*

basin /'beɪsn̩/ *n* **(a)** (for liquid, food) cuenco *m*, bol *m*, tazón *m* **(b)** (wash∼) (BrE) lavamanos *m*, lavabo *m*, pileta *f* (RPl) **(c)** (Geog, Geol) cuenca *f*

🔑 **basis** /'beɪsəs, BrE 'beɪsɪs/ *n* (*pl* **bases** /'beɪsiːz/) **1** (foundation, grounds) base *f* **2** (system, level) (*no pl*): **employed on a daily ∼** contratado por día; **on a regional ∼** a nivel regional

bask /bæsk, BrE bɑːsk/ *vi*: **to ∼ in the sun** disfrutar (del calor) del sol; **she ∼ed in their adulation** se deleitaba *or* se regodeaba con su adulación

basket /'bæskət, BrE 'bɑːskɪt/ *n* **1** (for shopping) canasta *f* (esp AmL), cesta *f* (esp Esp) **2** (in basketball) **(a)** (goal) canasta *f*, cesto *m* **(b)** (score) canasta *f*, enceste *m*

basketball /'bæskətbɔːl, BrE 'bɑːskɪtbɔːl/ *n* **(a)** (game) baloncesto *m*, básquetbol *m* (AmL) **(b)** (ball) pelota *f* de básquetbol (AmL), balón *m* de baloncesto (Esp)

Basque[1] /bæsk, BrE bæsk, bɑːsk/ *adj* vasco; **the ∼ Country** el País Vasco, Euskadi *m*

Basque[2] *n* **(a)** (person) vasco, -ca *m,f* **(b)** (language) euskera *m*, vasco *m*, vascuence *m*

bass[1] *n* /beɪs/ (*pl* **∼es**) (Mus) **(a)** (voice, singer) bajo *m* **(b)** (double bass or bass guitar) (contra)bajo *m* **(c)** (Audio) graves *mpl*

bass[2] *adj* ‹*voice*› de bajo; **∼ guitar** contrabajo *m*

bass clef clave *f* de fa

bassoon /bə'suːn/ *n* fagot *m*

bastard /'bæstərd, BrE 'bɑːstəd/ *n* **1** (illegitimate child) bastardo, -da *m,f* **2** (infml *or* vulg) cabrón *m* (fam *o* vulg), hijo *m* de puta (vulg)

baste /beɪst/ *vt* **(a)** (Culin) *rociar con su jugo o con mantequilla etc durante la cocción* **(b)** (sew loosely) hilvanar

bastion /'bæstʃən, BrE 'bæstiən/ *n* **(a)** (Archit) bastión *m* **(b)** (stronghold) baluarte *m*, bastión *m*

bat[1] /bæt/ *n* **1** (in baseball, cricket) bate *m*; (in table tennis) (BrE) paleta *f*, raqueta *f* **2** (Zool) murciélago *m*

bat[2] *vi* **-tt-** (Sport) batear

batch /bætʃ/ *n* (of cakes) hornada *f*; (of goods) (Busn) lote *m*; (of trainees, candidates) grupo *m*; (of mail, paperwork) pila *f*; (Comput) lote *m*

🔑 palabra clave

bated /'beɪtəd, BrE 'beɪtɪd/ *adj*: **with ~ breath** con ansiedad

bath¹ /bæθ, BrE bɑːθ/ *n* (*pl* **baths** /bæðz, BrE bɑːðz/) **1** **(a)** (wash) baño *m*; **to have** o (AmE also) **take a ~** bañarse, darse* un baño **(b)** (tub) bañera *f*, tina *f* (AmL) **2** **baths** *pl* (swimming ~s) (BrE) piscina *f*, alberca *f* (Méx), pileta *f* (RPl)

bath² (BrE) *vt* bañar

bathe /beɪð/ *vt* (wash) ‹*wound/eyes*› lavar; ‹*baby/dog*› (AmE) bañar

■ *vi* **(a)** (take bath) (AmE) bañarse **(b)** (go swimming) (BrE) bañarse

bathing suit, (BrE also) **bathing costume** /'beɪðɪŋ/ *n* traje *m* de baño, bañador *m* (Esp), malla *f* (de baño) (RPl), vestido *m* de baño (Col)

bath: **~mat** *n* alfombrilla *f* *or* tapete *m* *or* (Chi) piso *m* de baño; **~robe** *n* bata *f* de baño, albornoz *m* (Esp); **~room** *n* **(a)** (room with bath) (cuarto *m* de) baño *m* **(b)** (toilet) (esp AmE) baño *m*, servicio *m*; **~tub** *n* bañera *f*, tina *f* (AmL), bañadera *f* (Arg)

baton /bə'tɑːn, BrE 'bætən/ *n* **(a)** (Mus) batuta *f* **(b)** (truncheon) (BrE) bastón *m* **(c)** (in relay race) testigo *m*

battalion /bə'tæljən/ *n* batallón *m*

batter¹ /'bætər, BrE 'bætə(r)/ *vt* **1** (beat) ‹*victim/opponent*› apalear; ‹*child/wife*› maltratar **2** (cover with batter) rebozar*

batter² *n* **1** (for fried fish, etc) rebozado *m*; (for pancakes) masa *f*; (for cake) (AmE) masa *f* **2** (in baseball) bateador, -dora *m,f*

battered /'bætərd, BrE 'bætəd/ *adj* ‹*car*› abollado; ‹*hat/suitcase*› estropeado; ‹*reputation/image*› maltrecho; ‹*baby/wife*› maltratado

battering ram /'bætərɪŋ/ *n* ariete *m*

battery /'bætəri/ *n* (*pl* **-ries**) **1** (in radio, lamp) pila *f*; (in car, motorcycle) batería *f* **2** (artillery) batería *f* **3** (Agr) batería *f* (*conjunto de jaulas instaladas para la explotación avícola intensiva*); (*before n*) ‹*eggs/hens*› de criadero, de batería; **~ farming** cría *f* intensiva

⚷ **battle¹** /'bætl/ *n* batalla *f*; **to fight a losing ~** luchar por una causa perdida

battle² *vi* luchar

battle: **~field** *n* campo *m* de batalla; **~ground** *n* campo *m* de batalla

battlements /'bætlmənts/ *pl n* almenas *fpl*

battleship /'bætlʃɪp/ *n* acorazado *m*

baud /bɔːd/ *n* (Comput) baudio *m*

bawdy /'bɔːdi/ *adj* **-dier, -diest** subido de tono

bawl /bɔːl/ *vi* **(a)** (shout) vociferar **(b)** (cry noisily) berrear

bay¹ /beɪ/ *n* **1** (Geog) bahía *f* **2** **(a)** (loading ~) muelle *m* *or* plataforma *f* de carga **(b)** (area, recess) espacio *m* **3** **at ~** acorralado; **to keep** o **hold sth/sb at ~** mantener* algo/a algn a raya **4** **~ (tree)** laurel *m*

bay² *vi* «*hounds*» aullar*

bayleaf /'beɪliːf/ *n* (*pl* **-leaves**) hoja *f* de laurel

bayonet /'beɪənət/ *n* bayoneta *f*

bay window *n* ventana *f* en saliente

bazaar /bə'zɑːr, BrE bə'zɑː(r)/ *n* **(a)** (oriental market) bazar *m* **(b)** (charity sale) venta *f* benéfica

BBC *n* (= **British Broadcasting Corporation**): **the ~** la BBC

BC (= **before Christ**) antes de Cristo; (written form) aC, a. de C., a. de J.C.

⚷ **be** /biː,, *weak form* bi/ (*pres* **am, are, is**; *past* **was, were**; *past p* **been**) *vi* [*See notes at ser and estar*] I **1** (*followed by an adjective*): **she's French** es francesa; **he's worried** está preocupado; **how are you?** ¿cómo estás?; **I'm much better** estoy *or* me encuentro mucho mejor; **she's pregnant/tired/ill** está embarazada/cansada/enferma; **I'm cold/hot/hungry/thirsty** tengo frío/calor/hambre/sed; **he's dead** está muerto; **he's blind** es *or* (Esp tb) está ciego; **he's short** es bajo; **Tony is married/divorced** Tony está *or* (esp AmL) es casado/divorciado; **these shoes are new** estos zapatos son nuevos; **she was very rude to me** estuvo *or* fue muy grosera conmigo; **she's very rude** es muy grosera; **~ good** sé bueno **2** (*followed by a noun*) ser*; **if I were you, I'd stay** yo que tú me quedaría **3** **(a)** (talking about age) tener*; **how old are you?** ¿cuántos años tienes?; **I'm 31** tengo 31 años; **Paul was four last Monday** Paul cumplió cuatro años el lunes pasado; **our house is over 100 years old** nuestra casa tiene más de 100 años **(b)** (giving cost, measurement, weight): **they are $15 each** cuestan *or* valen 15 dólares cada una; **two plus two is four** dos más dos son cuatro; **how tall is he?** ¿cuánto mide?; **Jim's over six feet tall** Jim mide más de seis pies

II **1** **(a)** (exist, live): **to let sth/sb ~** dejar tranquilo algo/a algn **(b)** (in expressions of time): **I'm drying my hair, I won't ~ long** me estoy secando el pelo, enseguida estoy; **the party is tomorrow** la fiesta es mañana **2** (be situated, present) estar*; **where is the library?** ¿dónde está la biblioteca? **3** (*only in perfect tenses*) (visit) estar*; **I've never been to India** nunca he estado en la India

■ *v impers* **1** **(a)** (talking about physical conditions, circumstances): **it's cold/hot** hace frío/calor; **it's so noisy in here!** ¡qué ruido hay aquí! **(b)** (in expressions of time) ser*; **it's three o'clock** son las tres; **it's Wednesday today** hoy es miércoles **(c)** (talking about distance) estar*; **it's 500 miles from here to Detroit** Detroit queda a 500 millas de aquí **2** (introducing person, object) ser*; **it's me/Daniel** soy yo/es Daniel

■ *v aux* **1** **to ~** -ING estar* + GER; **I'm working** estoy trabajando; **how long have you been waiting?** ¿cuánto (tiempo) hace que esperas?; **when are you seeing her?** ¿cuándo la vas a ver? **2** (*in the passive voice*) ser* [*The passive voice, however, is less common in Spanish than it is in English*] **it was built in 1903** fue construido en 1903, se construyó en 1903, lo construyeron en 1903; **it is known that ...** se sabe que ... **3** **to ~ to** + INF **(a)** (with future reference): **the dessert is (still) to come** todavía falta el postre **(b)** (expressing possibility): **what are we to do?** ¿qué podemos hacer?; **it was nowhere to ~ found** no se lo pudo encontrar por ninguna parte **4** **(a)** (*in tag questions*): **she's right, isn't she?** tiene razón, ¿no? *or* ¿verdad? **(b)** (*in elliptical uses*): **are you disappointed? — yes, I am/no, I'm not** ¿estás desilusionado? — sí (, lo estoy)/no (, no lo estoy); **she was told the news, and so was he/but I wasn't** a ella le dieron la noticia, y también a él/pero a mí no

b

⚷ **beach** /biːtʃ/ *n* playa *f*

beacon /ˈbiːkən/ *n* (light) faro *m*; (fire) almenara *f*

bead /biːd/ *n* cuenta *f*, abalorio *m*; (drop) gota *f*; **~s of sweat** gotas *fpl* de sudor

beady /ˈbiːdi/ *adj*: **~ eyes** ojos redondos y brillantes

beak /biːk/ *n* pico *m*

beaker /ˈbiːkər, BrE ˈbiːkə(r)/ *n* **(a)** (Chem) vaso *m* de precipitados **(b)** (cup) (BrE) taza *f* (*gen alta y sin asa*)

be-all and end-all /ˈbiːɔːlənˈendɔːl/ *n*: **it is the ~ of his life** es su razón de ser; **work isn't the ~** el trabajo no lo es todo

beam[1] /biːm/ *n* **1** (in building) viga *f*; (in ship) bao *m* **2** (ray) rayo *m*; (broad) haz *m* de luz; **keep the headlights on high** o (BrE) **full** o **main ~** (Auto) deja las (luces) largas *or* (Chi) altas

beam[2] *vi* **(a)** (shine) brillar **(b)** (smile) sonreír* (*abiertamente*)
■ *vt* (broadcast) transmitir

bean /biːn/ *n* **(a)** (fresh, in pod) ▸ **green bean** **(b)** (dried) frijol *m or* (Esp) alubia *f or* judía *f or* (CS) poroto *m or* (Ven) caraota *f*; ***to be full of ~s*** (infml) estar* lleno de vida

bean: **~ curd** *n* tofu *m*, queso *m* de soya (AmL) *or* (Esp) soja; **~shoot**, **~ sprout** *n* frijol *m* germinado *or* (Esp) judía *f* germinada *or* (CS) poroto *m* germinado; (of soy bean) brote *m or* germinado *m* de soya (AmL) *or* (Esp) soja

⚷ **bear**[1] /ber, BrE beə(r)/ (*past* **bore**; *past p* **borne**) *vt* **1** **(a)** (support) ‹*weight*› aguantar; ‹*cost*› correr con; ‹*responsibility*› cargar* con **(b)** (endure) ‹*pain/uncertainty*› soportar **(c)** (put up with, stand) (infml) (*with can*) ‹*person*› aguantar (fam); ‹*noise*› aguantar **(d)** (stand up to): **her argument doesn't ~ close scrutiny** su razonamiento no resiste un análisis cuidadoso; **it doesn't ~ thinking about** da miedo solo de pensarlo **2** **(a)** (carry) (liter) ‹*banner/coffin*› llevar, portar (liter) **(b)** (harbor): **she's not one to ~ a grudge** no es rencorosa; **to ~ sb malice** guardarle rencor a algn **3** (have, show) ‹*title/signature*› llevar; ‹*scars*› tener*; ‹*resemblance*› tener* **4** **(a)** (produce) ‹*fruit/crop*› dar*; ‹*interest*› devengar* **(b)** (give birth to) ‹*child*› dar* a luz; *see also* **born**[1]
■ *vi* (turn) torcer*; **~ left** tuerza a la izquierda

● **bear out** [*v* + *o* + *adv*, *v* + *adv* + *o*] ‹*theory*› confirmar

● **bear up**: [*v* + *adv*]: **she bore up well under the strain** sobrellevó muy bien la situación

● **bear with** [*v* + *prep* + *o*] ‹*person/mood*› tener* paciencia con; **if you'll just ~ with me for a moment, ...** (asking to wait) si tienen la bondad de esperar un momento, ...; (asking for patience) si puedo poner a prueba su paciencia, ...

bear[2] *n* oso, osa *m,f*

bearable /ˈberəbəl, BrE ˈbeərəbəl/ *adj* soportable

beard /bɪrd, BrE bɪəd/ *n* barba *f*

bearded /ˈbɪrdəd, BrE ˈbɪədɪd/ *adj* con *or* de barba

bearer /ˈberər, BrE ˈbeərə(r)/ *n* **(a)** (of news) portador, -dora *m,f* **(b)** (carrier, porter) portador, -dora *m,f*, porteador, -dora *m,f* **(c)** (holder — of check) portador, -dora *m,f*; (— of passport) titular *mf*

bearing /ˈberɪŋ, BrE ˈbeərɪŋ/ *n* **1** **(a)** (Aviat, Naut) demora *f*; ***to get/lose one's ~s*** orientarse/desorientarse **(b)** (relevance): **that has no ~ on the subject** eso no tiene ninguna relación con el tema **2** (way of standing) porte *m*

beast /biːst/ *n* bestia *f*

⚷ **beat**[1] /biːt/ (*past* **beat**; *past p* **beaten** /ˈbiːtn̩/) *vt* **1** **(a)** (hit) golpear; ‹*carpet*› sacudir; ‹*wings*› batir; ‹*child/wife*› maltratar **(b)** (hammer) ‹*metal*› batir **(c)** (Culin) batir **2** ‹*opponent*› ganarle a; ‹*record*› batir; **our prices can't be ~en** nuestros precios son imbatibles **3** (arrive before, anticipate): **I ~ him to the telephone** llegué antes que él al teléfono; ***to ~ sb to it*** adelantársele a algn **4** (Mus) ‹*time*› marcar*
■ *vi* **(a)** (strike): **he could hear them ~ing on the door** los oía golpear la puerta; **the waves were ~ing against the cliff** las olas golpeaban contra el acantilado **(b)** (pulsate) «*heart*» latir, palpitar; «*drum*» redoblar; «*wings*» batir

● **beat down** **1** [*v* + *o* + *adv*, *v* + *adv* + *o*] ‹*door*› tirar abajo; ‹*crop*› aplastar **2** [*v* + *adv*] «*sun*» caer* de lleno; «*rain*» llover* con fuerza

● **beat up** [*v* + *o* + *adv*, *v* + *adv* + *o*] (infml) darle* una paliza a (fam)

● **beat up on** [*v* + *adv* + *prep* + *o*] (AmE infml) darle* una paliza a (fam)

beat[2] *n* **1** (of heart) latido *m*; (of drum) golpe *m* **2** (Mus) (rhythmic accent) tiempo *m*; (rhythm) ritmo *m* **3** (of policeman) ronda *f*

beat[3] *adj* (infml) (*pred*): **to be (dead) ~** estar* reventado (fam)

beaten /ˈbiːtn̩/ *past p of* **beat**[1]

beating /ˈbiːtɪŋ/ *n* **(a)** (thrashing) paliza *f* **(b)** (defeat) paliza *f* (fam) **(c)** (surpassing): **her time will take some ~** va a ser difícil superar su marca

⚷ **beautiful** /ˈbjuːtəfəl, BrE ˈbjuːtɪfəl/ *adj* **(a)** (in appearance) precioso, hermoso, bello (liter) **(b)** (very good) (infml) ‹*meal/weather*› estupendo **(c)** (kind) (esp AmE) ‹*person*› encantador

beautifully /ˈbjuːtəfli, BrE ˈbjuːtɪfəli/ *adv* (excellently, very well) ‹*sing/dance*› maravillosamente (bien); **she was ~ dressed** iba elegantísima

⚷ **beauty** /ˈbjuːti/ *n* (*pl* **-ties**) **1** (quality) belleza *f*, hermosura *f*; (*before n*) **~ contest** o (esp AmE) **pageant** concurso *m* de belleza; **~ queen** reina *f* de la belleza **2** (woman) belleza *f*

beauty: **~ salon** *n* salón *m* de belleza; **~ shop** *n* (AmE) salón *m* de belleza; **~ spot** *n* **1** (place) lugar *m* pintoresco **2** (on face) lunar *m*

beaver /ˈbiːvər, BrE ˈbiːvə(r)/ *n* castor *m*

became /bɪˈkeɪm/ *past of* **become**

⚷ **because** /bəˈkɔːz, bɪˈkɒz/ *conj* **1** porque **2** **because of** (*as prep*) por, a *or* por causa de (fml)

beck /bek/ *n*: ***to be at sb's ~ and call*** estar* siempre a entera disposición de algn

beckon /ˈbekn̩/ *vt*: **to ~ sb over** hacerle* señas a algn para que se acerque
■ *vi* hacer* una seña; **she ~ed to him to follow** le hizo señas para que la siguiera

⚷ **become** /bɪˈkʌm/ (*past* **became**; *past p* **become**) *vi*: **to ~ famous** hacerse* famoso; **to ~ accustomed to sth** acostumbrarse a algo; **she soon became bored** pronto se aburrió; **the heat became unbearable** el calor se hizo insoportable;

⚷ palabra clave

they became friends se hicieron amigos
■ *vt* **(a)** (befit) (fml) (*often neg*) ser* apropiado para **(b)** (suit) favorecer*
● **become of** (*usu interrog*) ser* de; **what's to ~ of me?** ¿qué va a ser de mí?

becoming /bɪ'kʌmɪŋ/ *adj* **(a)** (fitting) (fml) apropiado **(b)** ‹*outfit/hat*› favorecedor, sentador (AmL)

bed /bed/ *n* **1** (for sleeping) cama *f*; **to make the ~** hacer* *or* (AmL tb) tender* la cama; **to get into/out of ~** acostarse*/levantarse; **to go to ~** acostarse*; **he's in ~ with measles** está en cama con sarampión; **we put the children to ~ early** acostamos a los niños temprano **2** (for plants) arriate *m*, cantero *m* (RPl) **3** (of river) lecho *m*, cauce *m*; (of sea) fondo *m* **4** (base, support) base *f*

bed: **~ and breakfast** /'bedn̩'brekfəst/ *n* **(a)** (service): **they do ~ and breakfast** dan alojamiento y desayuno **(b)** (establishment) ≈ pensión *f*; **~clothes** *pl n* ropa *f* de cama

bedding /'bedɪŋ/ *n* **(a)** ▶ **bedclothes (b)** (for animals) cama *f*

bedlam /'bedləm/ *n* (infml): **there was ~ when he announced the news** se armó la de San Quintín cuando anunció la noticia (fam)

bedpan /'bedpæn/ *n* (Med) cuña *f*

bedraggled /bɪ'drægəld/ *adj* desaliñado; ‹*hair*› despeinado

bed: **~ridden** *adj* postrado en cama; **~room** *n* dormitorio *m*, cuarto *m*, pieza *f* (esp AmL), recámara *f* (esp Méx); **~side** *n*: **they sat at his ~side throughout the night** pasaron toda la noche junto a su cabecera; (*before n*) **~side table** mesita *f* de noche, velador *m* (AmS), mesa *f* de luz (RPl); **~sit**, **~sitter** /'bed,sɪtər, BrE ,bed'sɪtə(r)/ *n* (BrE infml) habitación *f* amueblada (*cuyo alquiler suele incluir el uso de baño y cocina comunes*); **~sore** *n* escara *f*, úlcera *f* de decúbito (fml) (*llaga que se produce por estar mucho tiempo en cama*); **~spread** *n* cubrecama *m*, colcha *f*; **~time** *n* hora *f* de acostarse

bee /biː/ *n* **1** (Zool) abeja *f* **2** (social gathering) (esp AmE) círculo *m*

beech /biːtʃ/ *n*: **~ (tree)** haya *f*

beef /biːf/ *n* carne *f* de vaca *or* (AmC, Méx) de res, ternera *f* (Esp)

beefburger /'biːf,bɜːrgər, BrE 'biːf,bɜːgə(r)/ *n* (esp BrE) hamburguesa *f*

bee: **~hive** *n* colmena *f*; **~line** *n*: ***to make a ~line for sb/sth*** (infml) irse* derechito a algn/algo (fam)

been /bɪn, BrE biːn/ **(a)** *past p of* **be (b)** *past p of* **go[1] I 2**

beep[1] /biːp/ *n* (infml) pitido *m*

beep[2] *vt/i* (infml) pitar

beer /bɪr, BrE bɪə(r)/ *n* cerveza *f*

beer: **~ garden** *n*: *jardín o patio abierto de un bar*; **~ mat** *n* posavasos *m* (*de cartón*)

beeswax /'biːzwæks/ *n* cera *f* de abeja

beet /biːt/ *n* (*pl* **~s**) (AmE) remolacha *f*, betabel *m* (Méx), betarraga *f* (Chi)

beetle /'biːtl/ *n* escarabajo *m*

beetroot /'biːtruːt/ *n* (BrE) ▶ **beet**

befall /bɪ'fɔːl/ *vt* (*past* **befell** /bɪ'fel/; *past p* **befallen** /bɪ'fɔːlən/) (liter) sucederle *or* ocurrirle a

before[1] /bɪ'fɔːr, BrE bɪ'fɔː(r)/ *prep* **1** (preceding in time) antes de; **~ long** dentro de poco; **~ going in** antes de entrar **2** **(a)** (in front of) delante de, ante (fml) **(b)** (in rank, priority): **she puts her work ~ her family** antepone el trabajo a su familia

before[2] *conj* **(a)** (earlier than) antes de que (+ *subj*), antes de (+ *inf*) **(b)** (rather than) antes que

before[3] *adv* (preceding) antes; **the day ~** el día anterior; **have you been to Canada ~?** ¿ya has estado en el Canadá?

beforehand /bɪ'fɔːrhænd, BrE bɪ'fɔːhænd/ *adv* (earlier) antes; (in advance) de antemano

befriend /bɪ'frend/ *vt* hacerse* amigo de

beg /beg/ **-gg-** *vt* **1** ‹*money/food*› pedir*, mendigar* **2** (fml) **(a)** (entreat) ‹*person*› suplicarle* a, rogarle* a **(b)** (ask for) ‹*forgiveness*› suplicar*, rogar*
■ *vi* «*beggar*» pedir*, mendigar*; **to ~ for mercy** pedir* *or* suplicar* clemencia

began /bɪ'gæn/ *past of* **begin**

beget /bɪ'get/ *vt* (*pres p* **begetting**; *past* **begot** *or* arch **begat** /bɪ'gæt/; *past p* **begotten**) (liter) engendrar

beggar /'begər, BrE 'begə(r)/ *n* mendigo, -ga *m,f*

begin /bɪ'gɪn/ (*pres p* **beginning**; *past* **began**; *past p* **begun**) *vt* empezar*, comenzar*; **to ~ -ING/to + INF** empezar* *or* comenzar* A + INF
■ *vi* empezar*, comenzar*; «*custom*» originarse; **to ~ with** para empezar

beginner /bɪ'gɪnər, BrE bɪ'gɪnə(r)/ *n* principiante *mf*

beginning /bɪ'gɪnɪŋ/ *n* **(a)** (in time, place) principio *m*; **at the ~ of the year/of June** a principios del año/de junio; **I'll start again from the ~** volveré a empezar desde el principio; **from ~ to end** de principio a fin **(b)** (origin, early stage) (*often pl*) comienzo *m* **(c)** (start, debut) (*no pl*) comienzo *m*

begot /bɪ'gɑːt, BrE bɪ'gɒt/ *past of* **beget**

begotten /bɪ'gɑːtn̩, BrE bɪ'gɒtn̩/ *past p of* **beget**

begrudge /bɪ'grʌdʒ/ *vt*: **I ~ paying so much** me da rabia pagar tanto; **I don't ~ you your success** no te envidio el éxito que tienes

beguile /bɪ'gaɪl/ *vt* (charm) cautivar, seducir*

beguiling /bɪ'gaɪlɪŋ/ *adj* cautivador, seductor

begun /bɪ'gʌn/ *past p of* **begin**

behalf /bɪ'hæf, BrE bɪ'hɑːf/ *n*: **on** o (AmE also) **in ~ of sb, on** o (AmE also) **in sb's ~** **1** (as representative of): **I'd like to thank you on ~ of the team** quisiera darle las gracias en nombre de *or* de parte de todo el equipo; **he accepted the award on her ~** aceptó el premio en su nombre **2** (in the interest of): **he argued on her ~ that ...** alegó en su defensa *or* en su favor que ...

behave /bɪ'heɪv/ *vi* **(a)** (act) comportarse; (esp of children) portarse **(b)** (be good) «*child/animal*» portarse bien, comportarse
■ *v refl*: **to ~ oneself** portarse bien, comportarse

behavior, (BrE) **behaviour** /bɪ'heɪvjər, BrE bɪ'heɪvjə(r)/ *n* conducta *f*, comportamiento *m*

behead /bɪ'hed/ *vt* decapitar

beheld /bɪ'held/ *past and past p of* **behold**

behind[1] /bɪ'haɪnd/ *prep* **1** **(a)** (to the rear of) detrás de, atrás de (AmL); **we're ten years ~ the Japanese in microelectronics** en microelectrónica

b

llevamos un retraso de diez años respecto a los japoneses **(b)** (on the other side of) detrás de, atrás de (AmL) **2** (responsible for) detrás de; **the motives ~ his decision** los motivos que lo llevaron a esa decisión **3** (in time): **all that is ~ us now** todo eso ha quedado atrás; **I'm ~ schedule** voy retrasado (con el trabajo *or* los preparativos *etc*)

behind² *adv* **(a)** (to the rear, following): **he ran along ~** iba corriendo detrás *or* (AmL tb) atrás; **I was attacked from ~** me atacaron por la espalda; **keep an eye on the car ~** no pierdas de vista al coche de atrás **(b)** (in race, competition): **England were two goals ~** Inglaterra iba perdiendo por dos goles **(c)** (in arrears): **I'm ~ with my work/payments** estoy atrasada con el trabajo/en los pagos

behind³ *n* (infml & euph) trasero *m* (fam)

behold /bɪ'həʊld/ (*past and past p* **beheld**) *vt* (liter) contemplar (liter)

beige /beɪʒ/ *adj* beige *adj inv*, beis *adj inv* (Esp)

Beijing /'beɪ'dʒɪŋ/ *n* Beijing *m*

⚷ **being** /'biːɪŋ/ *n* ser *m*

Belarus /'belə'ruːs/ *n* Bielorrusia *f*

belated /bɪ'leɪtəd, BrE bɪ'leɪtɪd/ *adj* tardío

belch /beltʃ/ *vi* «*person*» eructar; **flames ~ed from the cannon** la boca del cañón escupía llamas

Belgian¹ /'beldʒən/ *adj* belga

Belgian² *n* belga *mf*

Belgium /'beldʒəm/ *n* Bélgica *f*

belie /bɪ'laɪ/ *vt* **belies, belying, belied** **(a)** (disguise) no dejar traslucir **(b)** (show to be false): **this ~s the notion that ...** esto demuestra que no es cierto que ...

⚷ **belief** /bə'liːf, BrE bɪ'liːf/ *n* **(a)** (conviction, opinion) creencia *f* **(b)** (confidence) ~ IN **sb/sth** confianza *f or* fe *f* EN algn/algo **(c)** (Relig) fe *f*

believable /bə'liːvəbəl, BrE bɪ'liːvəbəl/ *adj* ‹*story/account*› verosímil

⚷ **believe** /bə'liːv, BrE bɪ'liːv/ *vt* **(a)** ‹*statement/story*› creer*; ‹*person*› creerle* a; **I don't ~ it!** ¡no puedo creerlo!; ***to make ~ (that)*** hacer* de cuenta que **(b)** (think) creer*
■ *vi* creer*; **to ~** IN **sth/sb** creer* EN algo/algn

believer /bə'liːvər, BrE bɪ'liːvə(r)/ *n* creyente *mf*

belittle /bɪ'lɪtl/ *vt* ‹*achievements*› menospreciar; ‹*person*› denigrar

bell /bel/ *n* (of church, clock) campana *f*; (on cat, toy) cascabel *m*; (on door, bicycle) timbre *m*; (of telephone, timer) timbre *m*; ***to ring a ~***: **the name rings a ~** me suena el nombre; (*before n*) **~ tower** campanario *m*

belligerent /bə'lɪdʒərənt/ *adj* agresivo

bellow /'beləʊ/ *vi* bramar; (shout) gritar

bellows /'beləʊz/ *n pl* (for fire) fuelle *m*

bell pepper *n* (AmE) ▸ **capsicum**

belly /'beli/ *n* (*pl* **-lies**) (of person) vientre *m*, barriga *f* (fam); (of animal) panza *f*, vientre *m*; (*before n*) **~ button** (infml) ombligo *m*; **to do a ~ flop** darse* un planchazo *or* (Andes) un guatazo (fam)

⚷ **belong** /bɪ'lɔːŋ, BrE bɪ'lɒŋ/ *vi* **1** **(a)** (be property) **to ~** TO **sb** ser* DE algn, pertenecerle* A algn **(b)** (be member) **to ~** TO **sth** (to a club) ser* socio DE algo; (to a union/political party) estar* afiliado A algo **2** (have as usual place) ir*; **put them back where they ~** vuélvelos a poner en su lugar

belongings /bɪ'lɔːŋɪŋz, BrE bɪ'lɒŋɪŋz/ *pl n* pertenencias *fpl*

beloved /bɪ'lʌvəd, BrE bɪ'lʌvɪd/ *adj* (*before n*) querido

⚷ **below¹** /bɪ'ləʊ/ *prep* **1** (under) debajo de, abajo de (AmL) **2** (inferior, junior to) por debajo de **3** (less than) por debajo de; **~ zero** bajo cero

⚷ **below²** *adv* **1** (underneath) abajo; **put it on the shelf ~** ponlo en el estante de abajo **2** (in text) más abajo **3** (of temperature): **20 (degrees) ~** 20 (grados) bajo cero

belt¹ /belt/ *n* **1** (Clothing) cinturón *m* **2** (Mech Eng) correa *f*

belt² *vt* (infml) darle* una paliza a

beltway /'beltweɪ/ *n* (AmE) carretera *f* de circunvalación

bemoan /bɪ'məʊn/ *vt* lamentarse de

bemused /bɪ'mjuːzd/ *adj* de desconcierto

bench /bentʃ/ *n* **1** **(a)** (seat) banco *m* **(b)** (work~) mesa *f* de trabajo **2** (Law): **the bench** *o* **the Bench** (judges collectively) la judicatura; (tribunal) el tribunal

bend¹ /bend/ *n* **(a)** (in road, river) curva *f* **(b) bends** *pl*: **the ~s** la enfermedad del buzo

bend² (*past and past p* **bent**) *vt* ‹*wire/branch*› torcer*, curvar; ‹*back/leg*› doblar; ⊗ **do not bend** no doblar
■ *vi* **(a)** «*pipe/wire*» torcerse* **(b)** «*person*» ▸ **bend down** **(c)** «*road/river*» hacer* una curva
● **bend down** [*v* + *adv*] agacharse
● **bend over** [*v* + *adv*] inclinarse

beneath¹ /bɪ'niːθ/ *prep* **1** (under) bajo **2** **(a)** (inferior to): **she married ~ her** no se casó bien **(b)** (unworthy of): **it's ~ her** es indigno de ella; **you're ~ contempt** no mereces ni desprecio

beneath² *adv*: **the floor ~** el piso de abajo; **I wondered what lay ~** me preguntaba qué habría debajo *or* abajo

benefactor /'benəfæktər, BrE 'benɪfæktə(r)/ *n* benefactor, -tora *m,f*

beneficial /'benə'fɪʃəl, BrE ˌbenɪ'fɪʃəl/ *adj* beneficioso

beneficiary /'benə'fɪʃieri, BrE ˌbenɪ'fɪʃəri/ *n* (*pl* **-ries**) beneficiario, -ria *m,f*

⚷ **benefit¹** /'benəfɪt, BrE 'benɪfɪt/ *n* **1** (good) beneficio *m*, bien *m*; (advantage) provecho *m*; ***to give sb the ~ of the doubt*** darle* a algn el beneficio de la duda **2** (Soc Adm) prestación *f*; *see also* **unemployment** **3** (concert, performance) beneficio *m*; (*before n*) con fines benéficos

⚷ **benefit²**, **-t-** *or* (AmE also) **-tt-** *vt* beneficiar
■ *vi* beneficiarse; **to ~** FROM **sth** beneficiarse CON algo

benevolent /bə'nevələnt/ *adj* ‹*person/smile*› benévolo; ‹*gesture*› de benevolencia

benign /bɪ'naɪn/ *adj* **(a)** ‹*person/attitude*› benévolo **(b)** (Med) benigno

bent¹ /bent/ *past and past p of* **bend²**

bent² *adj* **1** ‹*pipe*› curvado, torcido **2** (determined) **to be ~** ON **doing sth** estar* empeñado EN hacer algo

bequeath /bɪ'kwiːð, -'kwiːθ/ *vt* **to ~ sth** TO **sb** legarle* algo A algn

⚷ palabra clave

bequest /bɪ'kwest/ *n* legado *m*

berate /bɪ'reɪt/ *vt* (fml) **to ~ sb (FOR sth)** reprender a algn (POR algo)

bereaved /bɪ'ri:vd/ *adj* desconsolado (*por la muerte de un ser querido*)

bereavement /bɪ'ri:vmənt/ *n* dolor *m* (*por la muerte de un ser querido*)

beret /bə'reɪ, BrE 'bereɪ/ *n* boina *f*

Berlin /'bɜ:r'lɪn, BrE bɜ:'lɪn/ *n* Berlín *m*

Bermuda /bər'mju:də, BrE bə'mju:də/ *n* las (islas) Bermudas

berry /'beri/ *n* (*pl* **-ries**) (Bot) baya *f*; (Culin) *fresas, frambuesas, moras etc*

berserk /bər'sɜ:rk, BrE bə'sɜ:k/ *adj*: **to go ~** ponerse* como una fiera

berth¹ /bɜ:rθ, BrE bɜ:θ/ *n* **(a)** (bunk) litera *f*, cucheta *f* (RPl); (cabin) camarote *m* **(b)** (mooring) atracadero *m*; ***to give sb a wide ~*** eludir a algn

berth² *vt/i* atracar*

beseech /bɪ'si:tʃ/ *vt* (*past & past p* **beseeched** *or* **besought**) (liter) suplicar*, rogar*

beset /bɪ'set/ *vt* (*pres p* **besetting**; *past & past p* **beset**) «*anxieties/fears*» acuciar; **he was ~ by doubts** lo acosaban las dudas

beside¹ /bɪ'saɪd/ *prep* **1** (at the side of) al lado de; ***to be ~ oneself***: **he was ~ himself with rage** estaba fuera de sí (de la rabia); **she's ~ herself with happiness** está que no cabe en sí de la alegría **2** (compared with) comparado con **3** (extraneous to): **that's ~ the point** eso no tiene nada que ver **4** ▶ **besides¹**

beside² *adv* **(a)** (alongside) al lado **(b)** ▶ **besides²**

besides¹ /bɪ'saɪdz/ *prep* **(a)** (in addition to) además de **(b)** (apart from) excepto, aparte de

besides² *adv* además

besiege /bɪ'si:dʒ/ *vt* sitiar, asediar; **the village was ~d by reporters** el pueblo se vio asediado por periodistas

besotted /bɪ'sɑ:təd, BrE bɪ'sɒtɪd/ *adj* (*usu pred*): **he's totally ~ with her** está perdidamente enamorado de ella

besought /bɪ'sɔ:t/ *past & past p of* **beseech**

bespectacled /bɪ'spektɪkəld/ *adj* de anteojos *or* lentes (AmL), con gafas (esp Esp)

best¹ /best/ *adj* (*superl of* **good¹**) mejor; **for the ~ part of an hour/a month** durante casi una hora/un mes; **she's not very tolerant at the ~ of times** la tolerancia no es precisamente una de sus características

best² *adv* (*superl of* **well¹**, **well²**) mejor; **I did it as ~ I could** lo hice lo mejor que pude; **it's ~ forgotten** más vale olvidarlo

best³ *n* **1** **the ~ (a)** (+ *sing vb*) lo mejor; **to do one's ~** hacer* todo lo posible; **we'll just have to make the ~ of what we've got** tendremos que arreglarnos con lo que tenemos **(b)** (+ *pl vb*): **they're (the) ~ of friends** son de lo más amigos; **she can ski with the ~ of them** (infml) esquía tan bien como el mejor **2** **(a) at best: at ~, we'll just manage to cover costs** como mucho, podremos cubrir los gastos **(b) at/past one's best: at his ~, his singing rivals that of Caruso** en sus mejores momentos puede compararse a Caruso; **the roses were past their ~** las rosas ya no estaban en su mejor momento **3** **(a)** (in greetings): **all the ~!** ¡buena suerte! **(b)** (Sport) récord *m*; **a personal ~ for Flynn** un récord para Flynn

best man *n*: *amigo que acompaña al novio el día de la boda*, ≈ padrino *m*, testigo *m*

bestow /bɪ'stəʊ/ *vt* (fml *or* liter) **to ~ sth** ON *o* UPON **sb** ‹*title/award*› conferirle* algo A algn (fml)

best-seller /'best'selər, BrE ˌbest'selə(r)/ *n* (book) bestseller *m*; (product) superventas *m*; (author) autor, -tora *m,f* de bestsellers

bet¹ /bet/ *n* apuesta *f*; **I had a ~ with Charlie that Brazil would win** le aposté a Charlie que ganaría Brasil; **your best ~ is to stay here** lo mejor que puedes hacer es quedarte aquí

bet² (*pres p* **betting**; *past & past p* **bet**) *vt* apostar*

■ *vi* jugar*; **to ~** ON **sth/sb** apostarle* A algo/algn; **I wouldn't ~ on it if I were you** yo no estaría tan seguro, yo no me fiaría

betray /bɪ'treɪ/ *vt* ‹*ally*› traicionar; **he ~ed us to the enemy** nos vendió al enemigo; **her voice ~ed her nervousness** su voz revelaba el miedo que sentía

betrayal /bɪ'treɪəl/ *n* traición *f*

betrothal /bɪ'trəʊðəl/ *n* (fml) esponsales *mpl* (fml)

better¹ /'betər, BrE 'betə(r)/ *adj* **1** (*comp of* **good¹**) mejor; **to get ~** mejorar; **if they can both come, so much the ~** si pueden venir los dos, mucho *or* tanto mejor **2** (*pred*) (recovered from illness): **to be ~** estar* mejor; **to get ~** recuperarse

better² *adv* **1** (*comp of* **well¹**, **well²**) mejor **2** **had better** (ought): **I'd ~ leave before it gets dark** va a ser mejor que me vaya antes de que oscurezca; **well, I'd ~ be off** bueno, me tengo que ir

better³ *n* **(a)** (superior of two): **the ~ of the two** el mejor de los/las dos; **for the ~** para bien; ***to get the ~ of sb/sth*** ganarle la batalla a algn/algo **(b) betters** *pl* (superiors) superiores *mpl*; **his elders and ~s** sus mayores

better⁴ *vt* mejorar; **to ~ oneself** superarse

better-off /ˌbetər'ɔ:f, BrE ˌbetər'ɒf/ *adj* (*pred* **better off**) **(a)** (financially) de mejor posición económica **(b)** (emotionally, physically) (*pred*) mejor

betting shop /'betɪŋ/ *n* (BrE) agencia *f* de apuestas

⚷ **between¹** /bɪ'twi:n/ *prep* entre

between² *adv*: **the one ~** el/la de en medio

beverage /'bevərɪdʒ/ *n* bebida *f*

beware /bɪ'wer, BrE bɪ'weə(r)/ *vi* (*only in inf and imperative*): **~!** ¡(tenga) cuidado!; ⊗ **beware of the dog** cuidado con el perro

bewildered /bɪ'wɪldərd, BrE bɪ'wɪldəd/ *adj* desconcertado; (overwhelmed) apabullado

bewildering /bɪ'wɪldərɪŋ/ *adj* desconcertante; (overwhelming) apabullante

bewitch /bɪ'wɪtʃ/ *vt* (cast spell on) embrujar; (entrance, delight) cautivar

⚷ **beyond¹** /bi'ɑ:nd, BrE bɪ'jɒnd/ *prep* **1** (on other side of): **I live just ~ the station** vivo justo pasando la estación; **~ this point** de aquí en adelante **2** **(a)** (further than): **try to think ~ the immediate future** trata de pensar más allá del futuro inmediato **(b)** (more than, apart from): **I can't tell you anything ~ that** no te puedo decir nada más que eso **3** (past): **it's ~ repair** ya no tiene arreglo; **circumstances ~ our control** circunstancias ajenas a nuestra voluntad; **it's ~ me what she sees in him** (infml)

b

no puedo entender qué es lo que ve en él; **to live ~ one's means** vivir por encima de sus (*or* mis *etc*) posibilidades

beyond² *adv* **(a)** (in space) más allá **(b)** (in time): **we're planning for the year 2020 and ~** estamos haciendo planes para el 2020 y más allá del 2000

bias /'baɪəs/ *n* parcialidad *f*; **the course has a scientific ~** el curso tiene un enfoque científico

biased /'baɪəst/ *adj* ‹*report/criticism*› tendencioso; ‹*judge*› parcial; **to be ~** AGAINST/TOWARD(S) **sth/sb** estar* predispuesto EN CONTRA DE/A FAVOR DE algo/algn

bib /bɪb/ *n* **(a)** (for baby) babero *m* **(b)** (on dungarees) peto *m*

Bible /'baɪbəl/ *n* Biblia *f*

biblical /'bɪblɪkəl/ *adj* bíblico

bibliography /'bɪbli'ɑːgrəfi, BrE ˌbɪbli'ɒgrəfi/ *n* (*pl* **-phies**) bibliografía *f*

bicarbonate of soda /baɪ'kɑːrbəneɪt, BrE baɪ'kɑːbəneɪt/ *n* bicarbonato *m* de sodio *or* de soda *or* (Esp) de sosa

biceps /'baɪseps/ *n* (*pl* ~) bíceps *m*

bicker /'bɪkər, BrE 'bɪkə(r)/ *vi* pelear, discutir

bicycle /'baɪsɪkəl/ *n* bicicleta *f*

bid¹ /bɪd/ *vt* **1** (*pres p* **bidding**; *past & past p* **bid**) (at auction) ofrecer* **2** (*pres p* **bidding**; *past* **bade** *or* **bid**; *past p* **bidden** *or* **bid**) (liter) **(a)** (wish, say): **to ~ sb farewell** despedirse* de algn **(b)** (request) **to ~ sb (to) +** INF pedirle* a algn QUE + SUBJ

■ *vi* (*pres p* **bidding**; *past & past p* **bid**) (at auction) hacer* ofertas, pujar; **to ~** FOR **sth** pujar POR algo

⚷ **bid²** *n* **1** (at auction) oferta *f*, puja *f* **2** (attempt) intento *m*, tentativa *f*; (unsuccessful) intentona *f*, intento *m*; **~ to +** INF intento *m* DE + INF

bidden /'bɪdn̩/ (liter) *past p of* **bid¹ 2**

bidder /'bɪdər, BrE 'bɪdə(r)/ *n* postor, -tora *m,f*

bidding /'bɪdɪŋ/ *n* **1** (at auction): **the ~ opened at $100** la subasta abrió con una oferta de $100 **2** (wishes): **they had servants to do their ~** tenían criados para lo que se les antojara; **at his father's ~** a petición de su padre

bide /baɪd/ *vt*: ***to ~ one's time*** esperar el momento oportuno

bidet /bɪ'deɪ, BrE 'biːdeɪ/ *n* bidet *m*, bidé *m*

biennial /baɪ'eniəl/ *adj* bienal

bier /bɪr, BrE bɪə(r)/ *n* andas *fpl*

bifocals /'baɪ'fəʊkəlz/ *pl n* anteojos *mpl or* (esp Esp) gafas *fpl* bifocales

⚷ **big** /bɪg/ *adj* **-gg-**

■ **Note** The usual translation of *big*, *grande*, becomes *gran* when it is used before a singular noun.

grande; **a ~ garden** un jardín grande, un gran jardín; **how ~ is the table?** ¿cómo es de grande la mesa?; **a ~ hug/kiss** un abrazote/besote (fam); **a ~ decision** una gran decisión; **our ~gest customer** nuestro cliente más importante; **she's really ~ in Europe** es muy conocida en Europa; **my ~ brother** mi hermano mayor

⚷ palabra clave

bigamist /'bɪgəməst, BrE 'bɪgəmɪst/ *n* bígamo, -ma *m,f*

bigamy /'bɪgəmi/ *n* bigamia *f*

big: **~ business** *n* el gran capital; **to be ~ business** ser* un gran negocio; **~-headed** /'bɪg'hedəd, BrE ˌbɪg'hedɪd/ *adj* (infml) creído (fam); **~ league** *n* (in US) (Sport) liga *f* mayor; (top rank) los grandes; **~mouth** *n* (infml) (boaster) fanfarrón, -rrona *m,f*; (gossip) chismoso, -sa *m,f*, cotilla *mf* (Esp fam), hocicón, -cona *m,f* (Chi, Méx fam)

bigot /'bɪgət/ *n* intolerante *mf*

bigotry /'bɪgətri/ *n* intolerancia *f*

big: **~ shot** *n* (infml) pez *m* gordo (fam); **~ top** *n* carpa *f* (*de circo*)

bike /baɪk/ *n* (infml) (bicycle) bici *f* (fam); (motorcycle) moto *f*

bikini /bɪ'kiːni/ *n* bikini *m or* (RPl) *f*

bilateral /'baɪ'lætərəl/ *adj* bilateral

bilberry /'bɪlˌberi, BrE 'bɪlbəri/ *n* (*pl* **-ries**) arándano *m*

bilingual /baɪ'lɪŋgwəl/ *adj* bilingüe

bilious /'bɪliəs/ *adj*: **to feel ~** sentirse* descompuesto; **~ attack** ataque *m* al *or* de hígado

⚷ **bill¹** /bɪl/ *n* **1** **(a)** (invoice) factura *f*, cuenta *f*; **the telephone ~** la cuenta *or* (Esp tb) el recibo del teléfono **(b)** (in restaurant) (esp BrE) cuenta *f*, adición *f* (RPl) **2** (AmE) (Fin) (banknote) billete *m* **3** (Govt) proyecto *m* de ley **4** (program) programa *m*; **to top the ~** encabezar* el reparto **5** (certificate): **~ of sale** contrato *m* de venta; **a clean ~ of health** (favorable report) el visto bueno **6** (beak) pico *m*

bill² *vt* **1** (invoice, charge) pasarle la cuenta *or* la factura a **2** (advertise) ‹*play/performer*› anunciar

billboard /'bɪlbɔːrd, BrE 'bɪlbɔːd/ *n* (esp AmE) cartelera *f*

billet /'bɪlət, BrE 'bɪlɪt/ *vt* alojar

billfold /'bɪlfəʊld/ *n* (AmE) billetera *f*, cartera *f*

billiards /'bɪljərdz, BrE 'bɪljədz/ *n* (+ *sing vb*) billar *m*

⚷ **billion** /'bɪljən/ *n* mil millones *mpl*, millar *m* de millones

billow /'bɪləʊ/ *vi* **(a) ~ (out)** «*sail/parachute*» hincharse **(b)** «*smoke*» **smoke ~ed from the window** nubes de humo salían de *or* por la ventana

billy /'bɪli/ *n* (*pl* **-lies**): **~ (goat)** macho *m* cabrío

bin /bɪn/ *n* (for kitchen refuse etc) (BrE) cubo *m or* (CS) tacho *m or* (Méx) bote *m or* (Col) caneca *f or* (Ven) tobo *m* de la basura; (wastepaper basket) (BrE) papelera *f*, papelero *m*, caneca *f* (Col); (litter ~) papelera *f*, basurero *m* (Chi, Méx), caneca *f* (Col)

binary /'baɪnəri/ *adj* binario

bind¹ /baɪnd/ *vt* (*past & past p* **bound**) **1** (tie, fasten) ‹*person*› atar, amarrar; ▶ **bound⁴ 1 a** **2** **(a)** (wrap) envolver* **(b) ~ (up)** ‹*wound*› vendar **3** (Law) obligar* **4** ‹*book*› encuadernar **5** (Culin) ligar*

bind² *n* (infml) (difficult situation) aprieto *m*, apuro *m*; (nuisance) (BrE) lata *f* (fam), rollo *m* (Esp fam)

binder /'baɪndər, BrE 'baɪndə(r)/ *n* (file, folder) carpeta *f*

b

binding[1] /ˈbaɪndɪŋ/ *n* **(a)** (book cover) tapa *f*, cubierta *f* **(b)** (tape) ribete *m*

binding[2] *adj* ‹*promise/commitment*› que hay que cumplir; (Law) vinculante

binge /bɪndʒ/ *n* (infml): **to go on a ~** irse* de juerga (fam)

bingo /ˈbɪŋgəʊ/ *n* bingo *m*

binliner /ˈbɪn,laɪnər, BrE ˈbɪn,laɪnə(r)/ *n* (BrE) bolsa *f* de (la) basura

binoculars /bəˈnɑːkjələrz, BrE bɪˈnɒkjʊləz/ *pl n* gemelos *mpl*, prismáticos *mpl*, anteojos *mpl* de larga vista (esp AmL)

biochemistry /ˈbaɪəʊˈkeməstri, BrE ,baɪəʊˈkemɪstri/ *n* bioquímica *f*

biodegradable /ˈbaɪəʊdɪˈgreɪdəbəl/ *adj* biodegradable

biodiversity /baɪəʊdaɪˈvɜːsəti/ *n* biodiversidad *f*

biofuel /ˈbaɪəʊfjuːəl/ *n* biocombustible *m*

biographer /baɪˈɑːgrəfər, BrE baɪˈɒgrəfə(r)/ *n* biógrafo, -fa *m,f*

biographical /ˈbaɪəˈgræfɪkəl/ *adj* biográfico

biography /baɪˈɑːgrəfi, BrE baɪˈɒgrəfi/ *n* (*pl* **-phies**) biografía *f*

biological /ˈbaɪəˈlɑːdʒɪkəl, BrE ,baɪəˈlɒdʒɪkəl/ *adj* biológico

biologist /baɪˈɑːlədʒəst, BrE baɪˈɒlədʒɪst/ *n* biólogo, -ga *m,f*

biology /baɪˈɑːlədʒi, BrE baɪˈɒlədʒi/ *n* biología *f*

biometric /,baɪəʊˈmetrɪk/, **biometrical** /,baɪəʊˈmetrɪkəl/ *adj* biométrico

biopsy /ˈbaɪɑːpsi, BrE ˈbaɪɒpsi/ *n* (*pl* **-sies**) biopsia *f*

biotechnology /,baɪəʊtekˈnɑːlədʒi, BrE ,baɪəʊtekˈnɒlədʒi/ *n* biotecnología *f*

bipolar /baɪˈpəʊlər, BrE baɪˈpəʊlə(r)/ *adj* (Psych) bipolar; **~ disorder** trastorno *m* bipolar

birch /bɜːrtʃ, BrE bɜːtʃ/ *n*: **~ (tree)** abedul *m*

bird /bɜːrd, BrE bɜːd/ *n* (small) pájaro *m*; (large) ave *f*‡; ***to kill two ~s with one stone*** matar dos pájaros de un tiro

bird: **~cage** *n* jaula *f* de pájaros; (large) pajarera *f*; **~ flu** *n* gripe *f* aviar; **~ of prey** *n* (*pl* **~s of prey**) ave *f*‡ rapaz *or* de rapiña *or* de presa; **~'s-eye view** *n* vista *f* aérea; **~watcher** /ˈbɜːrdˈwɑːtʃər, BrE ˈbɜːd,wɒtʃə(r)/ *n* observador, -dora *m,f* de aves; **~watching** /ˈbɜːrd,wɑːtʃɪŋ, BrE ˈbɜːd,wɒtʃɪŋ/ *n* observación *f* de las aves (*como hobby*)

Biro®, **biro** /ˈbaɪrəʊ, BrE ˈbaɪərəʊ/ *n* (*pl* **Biros**) (BrE) bolígrafo *m*, birome *f* (RPl), esfero *m* (Col), lápiz *m* de pasta (Chi), boli *m* (Esp fam)

birth /bɜːrθ, BrE bɜːθ/ *n* nacimiento *m*; (childbirth) parto *m*; **at ~** al nacer; **date of ~** fecha *f* de nacimiento; **to give ~** dar* a luz, parir

birth: **~ certificate** *n* partida *f* or certificado *m* or (Méx) acta *f* de nacimiento; **~ control** *n* control *m* de la natalidad

birthday /ˈbɜːrθdeɪ, BrE ˈbɜːθdeɪ/ *n* cumpleaños *m*; (of institution) aniversario *m*; **it'll be his fifth ~** cumple cinco años; **happy ~!** ¡feliz cumpleaños!; (*before n*) ‹*cake/card/party*› de cumpleaños

birth: **~mark** *n* mancha *f* or marca *f* de nacimiento, antojo *m*; **~place** *n* (of person) lugar *m* de nacimiento; (of movement, fashion, idea) cuna *f*

biscuit /ˈbɪskɪt/ *n* (Culin) **(a)** (AmE) bollo *m*, panecillo *m*, bísquet *m* (Méx) **(b)** (cookie, cracker) (BrE) galleta *f*, galletita *f* (RPl)

bisect /baɪˈsekt/ *vt* bisecar*

bisexual /,baɪˈsekʃuəl/ *adj* bisexual

bishop /ˈbɪʃəp/ *n* **(a)** (Relig) obispo *m* **(b)** (in chess) alfil *m*

bison /ˈbaɪsn̩/ *n* (*pl* **~**) bisonte *m*

bit[1] /bɪt/ *past of* **bite**[1]

bit[2] *n* **1** (fragment, scrap) pedazo *m*, trozo *m*; **to smash sth to ~s** hacer* pedazos algo; ***~s and pieces*** (assorted items) cosas *fpl*; (belongings) cosas *fpl*; (broken fragments) pedazos *mpl* **2** (section, piece) parte *f* **3** **a bit of** (+ *uncount noun*) un poco de; **they have quite a ~ of work to do** tienen bastante trabajo que hacer **4** **a bit** (*as adv*) **(a)** (somewhat) un poco; **the town's changed a ~** la ciudad ha cambiado algo *or* un poco; **she hasn't changed a ~** no ha cambiado (para) nada **(b)** (a while) un momento *or* rato **5** (*in adv phrases*) **(a)** **bit by bit** poco a poco, de a poco (AmL) **(b)** **every bit: I'm every ~ as disappointed as you** estoy absolutamente tan decepcionado como tú **6** (Comput) bit *m* **7** (of bridle) freno *m*, bocado *m*

bitch /bɪtʃ/ *n* **1** (female dog) perra *f* **2** (spiteful woman) (sl) bruja *f* (fam), arpía *f* (fam)

bite[1] /baɪt/ (*past* **bit**; *past p* **bitten**) *vt* «*person/dog*» morder*; «*bug*» picar*; ***to ~ off more than one can chew*** tratar de abarcar más de lo que se puede; ***once bitten, twice shy*** el gato escaldado del agua fría huye ■ *vi* **1** **(a)** «*person/dog*» morder*; «*mosquito*» picar*; «*wind/frost*» cortar; **to ~ INTO sth** darle* un mordisco A algo **(b)** (take bait) «*fish*» picar* **2** «*law/recession*» hacerse* sentir

bite[2] *n* **1** (act) mordisco *m*; (fierce) tarascada *f* **2** (wound — from insect) picadura *f*; (— from dog, snake) mordedura *f* **3** (snack) (infml) (*no pl*) bocado *m*; **to have a ~ (to eat)** comer un bocado, comer algo

biting /ˈbaɪtɪŋ/ *adj* ‹*wind*› cortante; ‹*sarcasm/criticism*› mordaz

bit part *n* papel *m* pequeño

bitten /ˈbɪtn̩/ *past p of* **bite**[1]

bitter[1] /ˈbɪtər, BrE ˈbɪtə(r)/ *adj* **1** **(a)** (in taste) amargo **(b)** (very cold) ‹*weather*› glacial; ‹*wind/frost*› cortante **2** **(a)** (painful, hard) ‹*disappointment*› amargo; **they fought on to the ~ end** lucharon valientemente hasta el final **(b)** ‹*person*› resentido, amargado **(c)** ‹*enemies/hatred*› implacable; ‹*struggle*› enconado

bitter[2] *n* (BrE) *tipo de cerveza ligeramente amarga*

bitterly /ˈbɪtərli, BrE ˈbɪtəli/ *adv* **1** ‹*cold*› **it was ~ cold** hacía un frío glacial **2** **(a)** ‹*disappointed*› tremendamente; ‹*weep/complain/say*› amargamente **(b)** (implacably) implacablemente

bitterness /ˈbɪtərnəs, BrE ˈbɪtənɪs/ *n* **1** (of taste) amargor *m* **2** (of person, disappointment) amargura *f*

bittersweet /ˈbɪtərswiːt, BrE ,bɪtəˈswiːt/ *adj* agridulce; ‹*chocolate*› (AmE) amargo

bizarre /bɪˈzɑːr, BrE bɪˈzɑː(r)/ *adj* ‹*story/coincidence*› extraño; ‹*appearance/behavior*› estrambótico

b

✓ **black¹** /blæk/ *adj* **-er**, **-est** **1** ‹*dress/hair/ink*› negro; ‹*sky*› oscuro; ‹*coffee*› negro (AmL), solo (Esp), tinto (Col), puro (Chi); ‹*tea*› solo, sin leche, puro (Chi); ~ **cloud** nubarrón *m* **2** *also* **Black** ‹*person/community*› negro **3** (sad, hopeless) negro

black² *n* **1** (color) negro *m* **2** *also* **Black** (person) negro, -gra *m,f* **3** (freedom from debt): ***to be in the*** ~ no estar* en números rojos

● **black out** **1** [*v + adv*] (lose consciousness) perder* el conocimiento **2** [*v + o + adv, v + adv + o*] (in wartime) ‹*windows*› tapar; ‹*lights*› apagar*; (by accident) ‹*town/district*› dejar sin luz

black: ~ **and white** *n* (Cin, Phot, TV) blanco y negro *m*; **she sees things in ~ and white** para ella no hay términos medios; **~-and-white** /ˈblækənˈhwaɪt, BrE ˈblækənˈwaɪt/ *adj* (*pred* ~ **and white**) en blanco y negro; ~ **belt** *n* cinturón *m* negro, cinta *f* negra (Méx); (person) cinturón *mf* negro, cinta *mf* negra (Méx); **~berry** /blækˌberi, BrE ˈblækbəri/ *n* mora *f*; **~bird** *n* (European) mirlo *m*; (North American) totí *m*; **~board** *n* pizarra *f*, pizarrón *m* (AmL), tablero *m* (Col); ~ **box** *n* (Aviat) caja *f* negra; **~currant** /ˈblækˈkɜːrənt, BrE ˌblækˈkʌrənt/ *n* grosella *f* negra

blacken /ˈblækən/ *vt* **(a)** (make black) ennegrecer* **(b)** (defame) ‹*person*› deshonrar; ‹*reputation*› manchar

black: ~ **eye** *n* ojo *m* morado, ojo *m* a la funerala (Esp fam), ojo *m* en compota (CS fam), ojo *m* en tinta (Chi fam); **~head** *n* espinilla *f*; ~ **hole** *n* agujero *m* negro; ~ **ice** *n*: *capa fina de hielo en las carreteras*

blacklist¹ /ˈblæklɪst/ *n* lista *f* negra

blacklist² *vt* poner* en la lista negra

blackmail¹ /ˈblækmeɪl/ *n* chantaje *m*

blackmail² *vt* chantajear, hacerle* chantaje a

black: ~ **mark** *n* punto *m* en contra; ~ **market** *n* mercado *m* negro; **~out** /ˈblækaʊt/ *n* **1** (loss of consciousness) desvanecimiento *m*, desmayo *m* **2** (in wartime) *oscurecimiento de la ciudad para que esta no sea visible desde los aviones enemigos*; **B~ Sea** *n*: **the B~ Sea** el Mar Negro; ~ **sheep** *n* oveja *f* negra; **~smith** *n* herrero -ra *m,f*

bladder /ˈblædər, BrE ˈblædə(r)/ *n* (Anat) vejiga *f*

blade /bleɪd/ *n* **1** (of knife, razor) hoja *f* **2** (of propeller) pala *f*, paleta *f* **3** (Bot) (of grass) brizna *f*

✓ **blame¹** /bleɪm/ *vt* echarle la culpa a, culpar; **to ~ sb** FOR **sth** culpar a algn DE algo; echarle la culpa DE algo A algn; **to be to ~ for sth** tener* la culpa de algo; **to ~ sth** ON **sb/sth** echarle la culpa DE algo A algn/algo

blame² *n* culpa *f*; **it's always me that gets the ~** siempre me echan la culpa a mí

bland /blænd/ *adj* **-er**, **-est** **(a)** ‹*colors/music*› soso; ‹*food/taste*› insípido; ‹*statement/reply*› anodino; ‹*smile/manner*› insulso **(b)** (mild) ‹*food*› suave

blank¹ /blæŋk/ *adj* **(a)** (empty) ‹*page/space*› en blanco; ‹*tape*› virgen; **my mind went ~** me quedé en blanco; **a ~ expression** un rostro carente de expresión **(b)** (uncompromising) ‹*refusal/rejection*› rotundo **(c)** (Mil) ‹*ammunition*› de fogueo

blank² *n* **(a)** (empty space) espacio *m* en blanco; ***to draw a*** ~ no obtener* ningún resultado **(b)** (Mil) cartucho *m* de fogueo

blank check, (BrE) **cheque** *n* cheque *m* en blanco

blanket¹ /ˈblæŋkət, BrE ˈblæŋkɪt/ *n* manta *f*, cobija *f* (AmL), frazada *f* (AmL)

blanket² *adj* (*before n, no comp*) ‹*measure*› global

blare /bler, BrE bleə(r)/ *vi* atronar*

● **blare out**: [*v + adv + o*]: **the radio was blaring out music** el radio emitía música retumbante

blasphemous /ˈblæsfəməs/ *adj* blasfemo

blasphemy /ˈblæsfəmi/ *n* (*pl* **-mies**) blasfemia *f*

blast¹ /blæst, BrE blɑːst/ *n* **1** (of air, wind) ráfaga *f*; (of water) chorro *m* **2** (explosion) (journ) explosión *f* **3** (of sound) toque *m*; **he had the TV on full ~** tenía la tele a todo lo que daba (fam)

blast² *vt* **(a)** (blow) ‹*rock*› volar*; **they used dynamite to ~ the safe open** usaron dinamita para volar la caja fuerte **(b)** (attack) (journ) atacar*

● **blast off** [*v + adv*] despegar*

blast-off /ˈblæstɔːf, BrE ˈblɑːstɒf/ *n* despegue *m*

blatant /ˈbleɪtn̩t/ *adj* ‹*prejudice/disrespect*› descarado; ‹*lie*› flagrante; ‹*incompetence*› patente

blatantly /ˈbleɪtn̩tli/ *adv* descaradamente; **it's ~ obvious that ...** está clarísimo que ...

blaze¹ /bleɪz/ *n* **1** (in grate) fuego *m*; (bonfire) fogata *f*; (flames) llamaradas *fpl*; (dangerous fire) (journ) incendio *m* **2** (dazzling display) (*no pl*) **a ~ of color** un derroche de color; **in a ~ of glory** cubierto de gloria

blaze² *vi* «*fire*» arder; «*lights*» brillar; «*eyes*» centellear

blazer /ˈbleɪzər, BrE ˈbleɪzə(r)/ *n* blazer *m*

bleach¹ /bliːtʃ/ *n* lejía *f*, blanqueador *m* (Col, Méx), lavandina *f* (Arg), agua *f*‡ Jane® (Ur), cloro *m* (AmC, Chi)

bleach² *vt* ‹*cloth*› (in the sun) blanquear; (with bleach) poner* en lejía (*or* blanqueador *etc*)

bleachers /ˈbliːtʃərz, BrE ˈbliːtʃəz/ *pl n* (AmE) tribuna *f* descubierta

bleak /bliːk/ *adj* **-er**, **-est** **(a)** ‹*landscape*› inhóspito; ‹*room*› lóbrego **(b)** ‹*winter*› crudo; ‹*day*› gris y deprimente **(c)** (miserable, cheerless) ‹*prospects/news*› sombrío

bleary-eyed /ˈblɪriˈaɪd, BrE ˈblɪəriˈaɪd/ *adj* con cara de sueño

bleat /bliːt/ *vi* balar

bleed /bliːd/ (*past & past p* **bled** /bled/) *vi* sangrar; **he bled to death** murió desangrado ■ *vt* **(a)** (Med) sangrar; ***to ~ sb dry*** chuparle la sangre a algn (fam) **(b)** ‹*brakes/radiator*› purgar*

bleeding /ˈbliːdɪŋ/ *n* hemorragia *f*

bleep¹ /bliːp/ *n* pitido *m*

bleep² *vi* (BrE) emitir un pitido

blemish /ˈblemɪʃ/ *n* (on skin) imperfección *f*; (on reputation) mancha *f*

blend¹ /blend/ *n* combinación *f*, mezcla *f*

✓ palabra clave

blend² *vt* mezclar, combinar; (in blender) licuar*
■ *vi* «*flavors/colors*» armonizar*
● **blend in** **1** [*v + o + adv, v + adv + o*] ‹*ingredients*› añadir y mezclar **2** [*v + adv*] (merge, harmonize) armonizar*
blender /ˈblendər, BrE ˈblendə(r)/ *n* licuadora *f*
bless /bles/ *vt* (*past* **blessed**; *past p* **blessed** *or* arch **blest**) **(a)** (Relig) bendecir* **(b)** (*in interj phrases*) ~ **you!** (to sb who sneezes) ¡salud! *or* (Esp) ¡Jesús!; ~ **my soul!** (infml) ¡válgame Dios!
blessed /ˈblesəd, BrE ˈblesɪd/ *adj* bienaventurado
blessing /ˈblesɪŋ/ *n* **1** **(a)** (Relig — benediction) bendición *f*; (— of bread, wine) consagración *f* **(b)** (approval) aprobación *f* **2** (fortunate thing) bendición *f* (del cielo); ***to be a mixed*** ~ tener* sus pros y sus contras
blest /blest/ (arch) *past & past pt of* **bless**
blew /bluː/ *past of* **blow²**
blight¹ /blaɪt/ *n* **1** (Agr, Hort) añublo *m*; (loosely) peste *f* **2** (curse) plaga *f*
blight² *vt* ‹*crop/career/health*› arruinar; ‹*region*› asolar*; ‹*hopes*› malograr
blind¹ /blaɪnd/ *adj* **1** **(a)** (Med) ciego; **to go** ~ quedarse ciego; **to be** ~ TO **sth** no ver* algo **(b)** (Auto) ‹*corner*› de poca visibilidad **2** ‹*faith/fury*› ciego
blind² *vt* **(a)** (permanently) dejar ciego **(b)** «*ambition/passion*» cegar*, enceguecer* (AmL); «*light/wealth*» deslumbrar
blind³ *n* **1** (outside window) persiana *f*; (roller ~) persiana *f* (de enrollar), estor *m* (Esp); (venetian ~) persiana *f* veneciana **2** (sometimes considered offensive) (blind people) (+ *pl vb*) **the** ~ las personas ciegas *or* invidentes; los ciegos (puede resultar ofensivo)
blind date *n* cita *f* con un desconocido/una desconocida
blinders /ˈblaɪndərz, BrE ˈblaɪndəz/ *n pl* (AmE) (on horse) anteojeras *fpl*
blindfold¹ /ˈblaɪndfəʊld/ *vt* vendarle los ojos a
blindfold² *n* venda *f* (*para tapar los ojos*)
blindfold³ *adv* con los ojos vendados
blindly /ˈblaɪndli/ *adv* **(a)** (without seeing) ‹*grope*› a ciegas **(b)** (without reasoning) ‹*follow*› ciegamente
blindness /ˈblaɪndnəs, BrE ˈblaɪndnɪs/ *n* ceguera *f*
blind spot *n* **(a)** (weak point) punto *m* flaco **(b)** (Auto) punto *m* ciego
blink¹ /blɪŋk/ *n* parpadeo *m*, pestañeo *m*; ***to be on the*** ~ (infml) no marchar, no andar* bien (AmL)
blink² *vi* «*eye/person*» pestañear, parpadear; «*light*» parpadear
blinker /ˈblɪŋkər, BrE ˈblɪŋkə(r)/ *n* **1** **(a)** (Auto) (infml) intermitente *m*, direccional *f* (Col, Méx), señalizador *m* (de viraje) (Chi) **(b)** (AmE) (Transp) señal *f* intermitente **2** **blinkers** *pl* (on horse) anteojeras *fpl*
blinkered /ˈblɪŋkərd, BrE ˈblɪŋkəd/ *adj* ‹*attitude*› de miras estrechas; ‹*view/outlook*› estrecho
blip /blɪp/ *n* **(a)** (sound) bip *m*, pitidito *m* **(b)** (irregularity) accidente *m*; (problem) problema *m* pasajero
bliss /blɪs/ *n* dicha *f*
blissful /ˈblɪsfəl/ *adj* ‹*smile*› de gozo
blissfully /ˈblɪsfəli/ *adv* ‹*smile/sigh*› con gran felicidad

blister¹ /ˈblɪstər, BrE ˈblɪstə(r)/ *n* **(a)** (Med) ampolla *f* **(b)** (on paintwork) ampolla *f*, burbuja *f*
blister² *vi* ampollarse
blithely /ˈblaɪðli/ *adv* alegremente
blitz /blɪts/ *n* **(a)** (Aviat, Mil) bombardeo *m* aéreo **(b)** (intense attack): **this weekend we're going to have a** ~ **on the garden** (infml) este fin de semana vamos a atacar el jardín
blizzard /ˈblɪzərd, BrE ˈblɪzəd/ *n* ventisca *f*
bloated /ˈbləʊtəd, BrE ˈbləʊtɪd/ *adj* hinchado
blob /blɑːb, BrE blɒb/ *n* **(a)** (drip) gota *f* **(b)** (indistinct shape) mancha *f*
bloc /blɑːk, BrE blɒk/ *n* (Pol) bloque *m*
block¹ /blɑːk, BrE blɒk/ *n* **1** (of stone, wood) bloque *m*; (starting ~) (Sport) taco *m* de salida; (of paper) bloc *m* **2** **(a)** (space enclosed by streets) manzana *f*; (distance between two streets): **it's eight** ~**s from here** (AmE) está a ocho cuadras *or* (Esp) calles de aquí **(b)** (building): **a** ~ **of flats** (BrE) un edificio de apartamentos *or* de departamentos (AmL), una casa de pisos (Esp); **an office** ~ un edificio de oficinas **3** (section of text) sección *f*, bloque *m* **4** (Comput) bloque *m* **5** (blockage) obstrucción *f*, bloqueo *m*; **I have a mental** ~ **about physics** tengo un bloqueo mental con la física **6** (Sport) bloqueo *m*
block² *vt* **1** **(a)** (obstruct) ‹*road/entrance*› bloquear; **you're** ~**ing my way** me estás impidiendo el paso; **that fat man is** ~**ing my view** ese gordo no me deja ver **(b)** ‹*drain/sink*› atascar*, tapar (AmL); **my nose is** ~**ed** tengo la nariz tapada **2** **(a)** (prevent) ‹*progress*› obstaculizar*; ‹*funds/sale*› congelar **(b)** (Sport) bloquear
■ *vi* (Sport) bloquear
● **block in** [*v + o + adv, v + adv + o*] cerrarle* el paso a
● **block off** [*v + o + adv, v + adv + o*] ‹*street*› cortar
● **block out** [*v + o + adv, v + adv + o*] **(a)** (shut out) ‹*thought*› ahuyentar **(b)** (obstruct) ‹*light*› tapar
● **block up** [*v + o + adv, v + adv + o*] **(a)** (seal) ‹*entrance/window*› tapiar **(b)** (cause obstruction in) ‹*drain/sink*› atascar*, tapar (AmL); **my nose is** ~**ed up** tengo la nariz tapada
blockade¹ /blɑːˈkeɪd, BrE blɒˈkeɪd/ *n* bloqueo *m*
blockade² *vt* bloquear
blockage /ˈblɑːkɪdʒ, BrE ˈblɒkɪdʒ/ *n* (in pipe, road) obstrucción *f*; (Med) oclusión *f*
block capitals, **block letters** *pl n* (letras *fpl*) mayúsculas *fpl* de imprenta
blog /blɑːg, BrE blɒg/ *n* blog *m*, bitácora *f*
blogger /ˈblɑːgər, BrE ˈblɒgə(r)/ *n* blogger *mf*, bloguero, -ra *m,f*, bitacorero, -ra *m,f* (de Internet)
bloke /bləʊk/ *n* (BrE infml) tipo *m* (fam), tío *m* (Esp fam)
blond /blɑːnd, BrE blɒnd/ *adj* (*f* **blonde**) rubio *or* (Méx) güero *or* (Col) mono *or* (Ven) catire
blood /blʌd/ *n* sangre *f*; ***in cold*** ~ a sangre fría; (*before n*) ~ **donor** donante *mf* de sangre; ~ **group** grupo *m* sanguíneo; ~ **test** análisis *m* de sangre; ~ **transfusion** transfusión *f* de sangre
blood: ~ **bath** *n* masacre *f*; ~**curdling** /ˈblʌdˌkɜːrdlɪŋ, BrE ˈblʌdˌkɜːdlɪŋ/ *adj* espeluznante, aterrador
bloodless /ˈblʌdləs, BrE ˈblʌdlɪs/ *adj* ‹*coup*› sin derramamiento de sangre

b

blood: ~ **pressure** *n* tensión *f or* presión *f* (arterial); **~shed** *n* derramamiento *m* de sangre; **~shot** *adj* rojo, inyectado de sangre; ~ **sport** *n* deporte *m* sangriento; **~stain** *n* mancha *f* de sangre; **~-stained** /ˈblʌdsteɪnd/ *adj* manchado de sangre; **~stream** *n*: **the ~stream** el torrente sanguíneo; **~thirsty** *adj* **(a)** (cruel) sanguinario **(b)** ‹*story/description*› sangriento; ~ **transfusion** *n* transfusión *f* de sangre; ~ **vessel** *n* vaso *m* sanguíneo

bloody[1] /ˈblʌdi/ *adj* **-dier**, **-diest** **1** **(a)** ‹*hands/clothes*› ensangrentado; ‹*wound*› que sangra, sangrante **(b)** ‹*battle*› sangriento **2** (esp BrE vulg *or* infml) (*no comp*) (expressing annoyance, surprise, shock etc): **where's that ~ dog?** ¿dónde está ese maldito *or* (Méx) pinche perro? (fam); **~ hell!** ¡coño! (vulg), ¡chingado! (Méx vulg), ¡hostias! (Esp vulg)

bloody[2] *adv* (BrE vulg *or* infml) (*as intensifier*): **the weather was ~ awful!** ¡hizo un tiempo de mierda! (vulg)

bloom[1] /bluːm/ *n* **1** **(a)** (flower) flor *f* **(b)** **to be in ~** estar* en flor; **to be in full ~** estar* en plena floración **2** (on fruits, leaves) vello *m*

bloom[2] *vi* «*plant/garden*» florecer*; «*flower*» abrirse*

blossom[1] /ˈblɑːsəm, BrE ˈblɒsəm/ *n* **(a)** (mass of flowers) flores *fpl* **(b)** (by single bloom) flor *f*

blossom[2] *vi* **(a)** (flower) «*tree*» florecer* **(b)** (flourish) «*arts*» florecer*; «*person/relationship*» alcanzar* su plenitud

blot[1] /blɑːt, BrE blɒt/ *n* **(a)** (of ink) borrón *m* **(b)** (blemish): **the factory is a ~ on the landscape** la fábrica afea el paisaje

blot[2] **-tt-** *vt* **(a)** (stain, smear) ‹*page/word*› emborronar **(b)** (dry) ‹*ink*› secar* (*con papel secante*)

● **blot out** [*v + o + adv, v + adv + o*] ‹*word*› tachar; ‹*view*› tapar; ‹*memory*› borrar

blotchy /ˈblɑːtʃi, BrE ˈblɒtʃi/ *adj* **blotchier**, **blotchiest** ‹*skin*› lleno de manchas

blotting paper /ˈblɑːtɪŋ, BrE ˈblɒtɪŋ/ *n* papel *m* secante

blouse /blaʊs, BrE blaʊz/ *n* blusa *f*

blow[1] /bləʊ/ *n* golpe *m*; **to come to ~s** llegar* a las manos; **his death came as a ~ to us** su muerte fue un duro golpe para nosotros

blow[2] (*past* **blew**; *past p* **blown**) *vt* **1** (propel): **stop ~ing smoke in my face!** ¡no me eches el humo a la cara!; **a gust of wind blew the door shut** una ráfaga de viento cerró la puerta de golpe; **the plane was ~n off course** el viento sacó el avión de su rumbo **2** **(a)** (make by blowing): **to ~ bubbles** hacer* pompas de jabón **(b)** (clear): **to ~ one's nose** sonarse* la nariz **(c)** (play) ‹*note*› tocar*; ‹*signal*› dar*; **the referee blew the whistle** el árbitro tocó el silbato *or* pito **3** **(a)** (smash) ‹*bridge/safe*› volar* **(b)** (burn out) ‹*fuse*› hacer* saltar, quemar **(c)** (burst) ‹*gasket*› reventar* **4** (infml) **(a)** (squander) ‹*money*› despilfarrar **(b)** (spoil): **I blew it** la pifié (fam); **I blew the oral test** la pifié en el oral (fam), la regué en el oral (Méx fam)

■ *vi* **1** **(a)** «*wind*» soplar **(b)** «*person*» soplar; **she came up the stairs, puffing and ~ing** subió las escaleras bufando y resoplando **2** (be driven by wind): **litter was ~ing everywhere** volaba basura por todas partes; **his hat blew off** se le voló el sombrero; **the door blew open** la puerta se abrió con el viento **3** (produce sound) «*whistle*» sonar* **4** (burn out) «*fuse*» saltar, quemarse

● **blow down** **1** [*v + o + adv, v + adv + o*] tirar (abajo) **2** [*v + adv*] caerse* (*con el viento*)

● **blow out** **1** [*v + o + adv, v + adv + o*] ‹*match/flame*› apagar* (*soplando*); **to ~ sb's brains out** (infml) saltarle la tapa de los sesos a algn (fam) **2** [*v + adv*] «*candle*» apagarse*

● **blow over** [*v + adv*] «*trouble*» caer* en el olvido; «*storm*» pasar

● **blow up** **1** [*v + adv*] **(a)** (explode) «*bomb*» estallar; «*car*» saltar por los aires **(b)** (begin) «*wind/storm*» levantarse; «*conflict*» estallar; **the affair blew up into a major scandal** el caso terminó en un gran escándalo **2** [*v + o + adv, v + adv + o*] **(a)** ‹*mine/car*› volar* **(b)** ‹*balloon*› inflar **(c)** (infml) ‹*incident*› exagerar **(d)** ‹*photo*› ampliar*

blow: **~-by-~** /ˈbləʊbaɪˈbləʊ/ *adj* (*before n*) ‹*account*› con pelos y señales (fam); **~-dry** *vt* **-dries**, **-drying**, **-dries**: **to ~-dry one's hair** hacerse* un brushing (*secarse el pelo con secador de mano y cepillo*); **~gun** *n* (AmE) cerbatana *f*

blown /bləʊn/ *past p of* **blow[2]**

blow: **~out** *n* **(a)** (feast) (infml) comilona *f* (fam) **(b)** (burst tire) reventón *m*; **~pipe** *n* cerbatana *f*; **~torch** *n* soplete *m*

blubber[1] /ˈblʌbər, BrE ˈblʌbə(r)/ *n* grasa *f* de ballena

blubber[2] *vi* (infml & derog) lloriquear

bludgeon /ˈblʌdʒən/ *vt* aporrear

blue[1] /bluː/ *adj* **bluer**, **bluest** **1** ‹*dress/sea/sky*› azul **2** (pornographic) (infml) verde, porno *adj inv*, colorado (Méx) **3** (unhappy) (esp AmE) triste, deprimido

blue[2] *n* azul *m*; *out of the* ~ ‹*call/arrive*› cuando menos se (*or* me *etc*) lo esperaba

blue: **~bell** *n* jacinto *m* silvestre; **~berry** /ˈbluːˌberi, BrE ˈbluːbəri/ *n* arándano *m*; **~-blooded** /ˈbluːˈblʌdəd, BrE ˌbluːˈblʌdɪd/ *adj* de sangre azul; **~bottle** *n* mosca *f* azul; **~-collar** /ˈbluːˈkɑːlər, BrE ˌbluːˈkɒlə(r)/ *adj* ‹*union*› obrero; ‹*job*› manual; **~-collar workers** los obreros; **~print** *n* (technical drawing) plano *m*; (plan of action) programa *m*

blues /bluːz/ *pl n* **1** (depression) (infml): **the ~** la depre (fam) **2** (Mus) blues *m*

bluff[1] /blʌf/ *vi* hacer* un bluff *or* (Col, Méx) blof ■ *vt*: **he managed to ~ his way out of it** logró salir del apuro embaucándolos

bluff[2] *n* (pretense) bluff *m*, blof *m* (Col, Méx); **to call sb's ~** poner* a algn en evidencia

blunder[1] /ˈblʌndər, BrE ˈblʌndə(r)/ *vi* **1** (move clumsily, stumble): **I ~ed into the wrong office** me equivoqué de oficina por atolondrado; **he ~ed around in the dark** andaba dando tumbos en la oscuridad **2** (make mistake) cometer un error garrafal

blunder[2] *n* (mistake) error *m* garrafal; (faux pas) metedura *f or* (AmL tb) metida *f* de pata (fam)

blunt[1] /blʌnt/ *adj* **-er**, **-est** **(a)** (not sharp) ‹*pencil*› desafilado, mocho (esp AmL); ‹*tip/edge*› romo; **a ~ instrument** un objeto contundente **(b)** (straightforward) ‹*person/manner*› directo,

palabra clave

franco; ‹*refusal*› rotundo

blunt² *vt* **(a)** ‹*pencil*› despuntar; ‹*knife/scissors*› desafilar **(b)** (make dull) ‹*senses/intellect*› embotar

bluntly /ˈblʌntli/ *adv* ‹*say*› sin rodeos; ‹*refuse*› rotundamente

blur /blɜːr, BrE blɜː(r)/ **-rr-** *vt* ‹*outline*› desdibujar; ‹*distinction*› hacer* menos claro; ‹*memory*› hacer* borroso
■ *vi* «*outline*» desdibujarse

blurred /blɜːrd, BrE blɜːd/ *adj* ‹*outline/vision*› borroso

blurt out /blɜːrt, BrE blɜːt/ [*v* + *o* + *adv*, *v* + *adv* + *o*] espetar

blush /blʌʃ/ *vi* ruborizarse*, ponerse* colorado

blusher /ˈblʌʃər, BrE ˈblʌʃə(r)/ *n* colorete *m*, rubor *m* (Méx, RPl)

bluster¹ /ˈblʌstər, BrE ˈblʌstə(r)/ *vi* bravuconear

bluster² *n* bravatas *fpl*, bravuconería *f*

B-movie /ˈbiːˌmuːvi/ *n* película *f* de serie B *or* de bajo presupuesto

boa /ˈbəʊə/ *n* (Zool) boa *f*; **a ~ constrictor** una boa constríctor

boar /bɔːr, BrE bɔː(r)/ *n* (*pl* **~s** *or* **~**) **(a)** (male pig) cerdo *m* macho, verraco *m* **(b)** (wild **~**) jabalí *m*

board¹ /bɔːrd, BrE bɔːd/ *n* **1** (plank) tabla *f*, tablón *m* **2** **(a)** (diving **~**) trampolín *m* **(b)** (for surfing, windsurfing) tabla *f* (de surf) **(c)** (Games) tablero *m* **3** **(a)** (notice**~**) tablero *m or* (Esp) tablón *m* de anuncios, cartelera *f* (AmL), diario *m* mural (Chi) **(b)** (sign) letrero *m*, cartel *m* **(c)** (score**~**) marcador *m* **(d)** (black**~**) pizarra *f*, pizarrón *m* (AmL), tablero *m* (Col) **4** **(a)** (committee) junta *f*, consejo *m* **(b)** (administrative body): **the Water/Gas B~** la compañía del agua/gas **(c)** (**~** of directors) (Busn) junta *f* directiva, consejo *m* de administración **(d)** (of examiners) tribunal *m* **5** (provision of meals): **~ and lodging** comida y alojamiento; **full/half ~** pensión *f* completa/media pensión *f* **6** (*in phrases*) **across the board: they have promised to reduce taxation across the ~** han prometido una reducción general de impuestos; **on board** a bordo; **on ~ the ship/plane** a bordo del barco/avión

board² *vt* **1** (go aboard): **to ~ a ship** embarcar(se)*, abordar (Méx) **2** (accommodate) hospedar
■ *vi* **1** (go aboard) embarcar(se)*, abordar (Col, Méx) **2** (be accommodated) **to ~** WITH **sb** alojarse *or* hospedarse en casa de algn

● **board up** [*v* + *o* + *adv*, *v* + *adv* + *o*] cerrar* con tablas

boarder /ˈbɔːrdər, BrE ˈbɔːdə(r)/ *n* **(a)** (lodger) huésped *mf* **(b)** (at boarding school) (esp BrE) interno, -na *m,f*

board game *n* juego *m* de mesa

boarding /ˈbɔːrdɪŋ, BrE ˈbɔːdɪŋ/: **~ card** *n* ▸ **~ pass**; **~ house** *n* pensión *f*; **~ pass** *n* tarjeta *f* de embarque, pase *m* de abordar (Chi, Méx); **~ school** *n* internado *m*

board: **~room** *n* sala *f or* salón *m* de juntas; **~walk** *n* (AmE) *paseo marítimo entarimado*

boast¹ /bəʊst/ *vi* presumir, fanfarronear (fam); **to ~** ABOUT **sth** alardear *or* jactarse *or* vanagloriarse DE algo
■ *vt* **(a)** (brag): **I won, he ~ed** —gané yo —dijo vanagloriándose **(b)** (possess) contar* con

boast² *n* alarde *m*

boastful /ˈbəʊstfəl/ *adj* jactancioso

boat /bəʊt/ *n* barco *m*; (small, open) bote *m*, barca *f*; **by ~** en barco

boathouse *n* cobertizo *m* (*para botes*)

boating /ˈbəʊtɪŋ/ *n*: **to go ~** ir* a dar un paseo en bote *or* barca

boat: **~man** /ˈbəʊtmən/ *n* (*pl* **-men** /-mən/) barquero *m*; **~ race** *n* regata *f*; **~swain** /ˈbəʊsn̩/ *n* contramaestre *m*

bob¹ /bɑːb, BrE bɒb/ *n* **1** **(a)** (movement of head) inclinación *f* **(b)** (curtsy) reverencia *f* **2** (haircut) melena *f*

bob² *vi* **-bb-** (move abruptly): **the cork ~bed up and down on the water** el corcho cabeceaba en el agua

bobbin /ˈbɑːbən, BrE ˈbɒbɪn/ *n* bobina *f*

bobby /ˈbɑːbi, BrE ˈbɒbi/: **~ pin** *n* (AmE) horquilla *f*, pasador *m* (Méx), pinche *m* (Chi); **~ socks**, (AmE also) **~ sox** /sɑːks, BrE sɒks/ *pl n* calcetines *mpl* cortos

bode /bəʊd/ *vi* (liter): **to ~ well/ill** ser* buena/mala señal

bodice /ˈbɑːdəs, BrE ˈbɒdɪs/ *n* (of dress) canesú *m*; (undergarment) corpiño *m*

bodily¹ /ˈbɑːdli, BrE ˈbɒdɪli/ *adj* (*before n*) corporal; **~ functions** funciones *fpl* fisiológicas

bodily² *adv*: **they dragged him ~ into the car** lo agarraron y lo metieron en el coche a la fuerza

body /ˈbɑːdi, BrE ˈbɒdi/ *n* (*pl* **bodies**) **1** **(a)** (of human, animal) cuerpo *m*; (*before n*) **~ language** lenguaje *m* corporal **(b)** (trunk) cuerpo *m* **(c)** (dead) cadáver *m*; ***over my dead ~!*** ¡tendrán (*or* tendrá *etc*) que pasar por encima de mi cadáver! **2** (main part — of plane) fuselaje *m*; (— of ship) casco *m*; (Auto) carrocería *f* **3** **(a)** (organization) organismo *m* **(b)** (unit) (*no pl*) **they walked out in a ~** salieron en masa **(c)** (collection): **a ~ of evidence** un conjunto de pruebas; **a growing ~ of opinion** una creciente corriente de opinión **(d)** (of water) masa *f* **4** (object) cuerpo *m*; **heavenly ~** (poet) cuerpo *m* celeste **5** (density — of wine) cuerpo *m*; (— of hair) volumen *m*, cuerpo *m*

body: **~ builder** *n* fisiculturista *mf*; **~ building** *n* fisiculturismo *m*; **~guard** *n* guardaespaldas *mf*; (group) escolta *f*; **~ stocking** *n* body *m*; **~work** *n* carrocería *f*

bog /bɔːg, bɑːg, BrE bɒg/ *n* ciénaga *f*; (peat **~**) tremedal *m*

● **bog down**: **-gg-** [*v* + *o* + *adv*] (*usu pass*): **to be ~ged down with work** estar* inundado de trabajo; **don't get ~ged down in too much detail** no te enredes con demasiados detalles

boggle /ˈbɑːgəl, BrE ˈbɒgəl/ *vi*: **the mind ~s** (hum) uno se queda helado, uno alucina (Esp, Méx fam)

bogus /ˈbəʊgəs/ *adj* ‹*claim/name*› falso; ‹*argument*› falaz

Bohemian /bəʊˈhiːmiən/ *adj*, *also* **bohemian** (unconventional) bohemio

boil¹ /bɔɪl/ *n* **1** (Med) furúnculo *m* **2** (boiling point): **the vegetables are on the ~** las verduras se están haciendo; **bring the water to the ~** dejar que el agua rompa el hervor

boil² *vi* «*water/vegetables*» hervir*; **the rice has ~ed dry** el arroz se ha quedado sin agua
■ *vt* **1** (bring to boiling point) hervir*; (keep at boiling point) hervir*, dejar hervir; (cook in boiling water) cocer*, hervir* **2 boiled** *past p* ‹*potatoes/rice*› hervido; ‹*ham*› cocido; ‹*egg*› (soft) pasado por agua; (hard) duro

● **boil down to** [*v* + *adv* + *prep* + *o*] reducirse* a

● **boil over** [*v* + *adv*] «*milk*» irse* por el fuego; «*pan*» desbordarse; «*person*» perder* el control

boiler /ˈbɔɪlər, BrE ˈbɔɪlə(r)/ *n* caldera *f*

boiler suit *n* (BrE) overol *m* (AmL), mono *m* (Esp, Méx)

boiling /ˈbɔɪlɪŋ/ *adj* (infml): **this coffee is ~** este café está hirviendo; **I'm ~** estoy asado (fam); **it's ~ hot today/in here** (*as adv*) hace un calor espantoso hoy/aquí

boiling point *n* punto *m* de ebullición

boisterous /ˈbɔɪstərəs/ *adj* bullicioso

bold /bəʊld/ *adj* **-er, -est 1** (daring) audaz **2** (impudent) ‹*smile/advances*› descarado **3** ‹*pattern*› llamativo; ‹*color*› fuerte

boldly /ˈbəʊldli/ *adv* **1** (daringly) con audacia, audazmente **2** (impudently) descaradamente

Bolivia /bəˈlɪviə/ *n* Bolivia *f*

Bolivian¹ /bəˈlɪviən/ *adj* boliviano

Bolivian² *n* boliviano, -na *m,f*

bollard /ˈbɑːlərd, BrE ˈbɒlɑːd/ *n* **(a)** (on quay) noray *m*, bolardo *m* **(b)** (by road) (BrE) baliza *f*

bolster¹ /ˈbəʊlstər, BrE ˈbəʊlstə(r)/ *vt*: **to ~ (up)** ‹*popularity/economy*› reforzar*; ‹*argument*› reafirmar; ‹*morale*› levantar

bolster² *n* cabezal *m* (*almohada de forma cilíndrica*)

bolt¹ /bəʊlt/ *n* **1** (Tech) tornillo *m*, perno *m* **2 (a)** (on door) pestillo *m*, pasador *m*, cerrojo *m* **(b)** (on firearm) cerrojo *m*

bolt² *vt* **1** (fasten with bolt) atornillar, sujetar con un tornillo *or* perno **2** ‹*door*› echarle el pestillo *or* el pasador *or* el cerrojo a **3 ~ (down)** ‹*food/meal*› engullir*
■ *vi* «*horse*» desbocarse*; «*person*» salir* disparado

bolt³ *adv*: **~ upright** muy erguido; **he sat ~ upright in bed** se irguió en la cama

⚷ **bomb¹** /bɑːm, BrE bɒm/ *n* bomba *f*; (*before n*) **~ disposal** desactivación *f* de explosivas; **~ scare** amenaza *f* de bomba; **~ squad** (infml) brigada *f* antiexplosivos

bomb² *vt* (from air) bombardear; (plant bomb in) colocar* una bomba en

bombard /bɑːmˈbɑːrd, BrE bɒmˈbɑːd/ *vt* (Mil) bombardear; **she was ~ed with questions** la acribillaron a preguntas

bomber /ˈbɑːmər, BrE ˈbɒmə(r)/ *n* **(a)** (aircraft) bombardero *m* **(b)** (terrorist) terrorista *mf* (*que perpetra atentados colocando bombas*)

bomber jacket *n* chaqueta *f* *or* (Esp) cazadora *f* *or* (Méx) chamarra *f* *or* (RPl) campera *f* de aviador

bombing /ˈbɑːmɪŋ, BrE ˈbɒmɪŋ/ *n* **(a)** (from aircraft) bombardeo *m* **(b)** (by terrorists) atentado *m* (terrorista)

bombshell /ˈbɑːmʃel, BrE ˈbɒmʃel/ *n* (shocking news) bomba *f*

bona fide /ˈbəʊnəfaɪd, BrE ˌbəʊnəˈfaɪdi/ *adj* genuino, auténtico

bonanza /bəˈnænzə/ *n* **(a)** (piece of luck) filón *m* **(b)** (plentiful supply) superabundancia *f*

bond¹ /bɑːnd, BrE bɒnd/ *n* **1 (a)** (link) vínculo *m* **(b) bonds** *pl* (fetters) cadenas *fpl* **2** (adhesion) adherencia *f*

bond² *vi* **(a)** (stick) adherirse* **(b)** (form relationship) establecer* vínculos afectivos
■ *vt* (stick) **to ~ sth** TO **sth** adherir* *or* pegar* algo A algo

bondage /ˈbɑːndɪdʒ, BrE ˈbɒndɪdʒ/ *n* (enslavement) (liter) cautiverio *m* (liter)

⚷ **bone¹** /bəʊn/ *n* **(a)** (Anat) hueso *m*; ***to have a ~ to pick with sb*** tener* que ajustar cuentas con algn **(b)** (of fish) espina *f*

bone² *vt* ‹*meat*› deshuesar; ‹*fish*› quitarle las espinas a

bone: **~ china** *n* porcelana *f* fina; **~-dry** /ˈbəʊnˈdraɪ/ (*pred* **~ dry**) *adj* completamente seco

bonfire /ˈbɑːnfaɪr, BrE ˈbɒnfaɪə(r)/ *n* hoguera *f*

bonnet /ˈbɑːnət, BrE ˈbɒnɪt/ *n* **1** (Clothing) sombrero *m*; (for baby) gorrito *m* **2** (BrE) (Auto) capó *m*, capote *m* (Méx)

bonus /ˈbəʊnəs/ *n* **1** (payment to employee) plus *m*, prima *f* **2** (added advantage): **(added) ~** ventaja *f*

bony /ˈbəʊni/ *adj* **bonier, boniest (a)** ‹*knee*› huesudo **(b)** (made of bone) óseo

boo¹ /buː/ *interj* ¡bu!

boo² *n* ≈ silba *f*

boo³ *vt/i* **boos, booing, booed** abuchear

booby /ˈbuːbi/: **~ prize** *n* premio *m* al peor; **~ trap** *n* (Mil) trampa *f*; (bomb) bomba *f* trampa; **~-trap** *vt* **-pp-** (Mil): **his car was ~-trapped** le pusieron una bomba en el coche

⚷ **book¹** /bʊk/ *n* **1** (printed work) libro *m*; **to go by the ~** ceñirse* (estrictamente) a las normas *or* reglas; ***to throw the ~ at sb*** castigar* duramente a algn **2 (a)** (exercise ~) cuaderno *m* **(b)** (note~) libreta *f* *or* cuaderno *m* (de apuntes) **3** (set — of samples) muestrario *m*; (— of matches, stamps) librito *m* **4 books** *pl* (Busn, Fin): **the ~s** los libros

book² *vt* (esp BrE) **1 (a)** ‹*room/seat/flight*› reservar; ‹*appointment*› concertar*; **the hotel/flight is fully ~ed** el hotel/vuelo está completo; **I'm ~ed (up) all this week** tengo toda la semana ocupada **(b)** ‹*performer*› contratar **2** (record) ‹*order*› asentar* **3 (a)** (record charge against) multar **(b)** (in soccer) (BrE) amonestar
■ *vi* (esp BrE) hacer* una reserva

● **book in** [*v* + *o* + *adv*, *v* + *adv* + *o*] (reserve room for): **she'd ~ed us in at the Hilton** nos había reservado habitación en el Hilton

● **book up** [*v* + *o* + *adv*, *v* + *adv* + *o*] (reserve) (*often pass*): **the hotels are all ~ed up** los hoteles están todos completos; **tonight's performance is ~ed up** no quedan localidades para la función de esta noche

book: **~case** *n* biblioteca *f*, librería *f* (Esp), librero *m* (Méx); **~end** *n* sujetalibros *m*

booking /ˈbʊkɪŋ/ *n* (esp BrE) **(a)** (reservation) reserva *f*, reservación *f* (AmL) **(b)** (engagement) compromiso *m*

⚷ palabra clave

booking office *n* (BrE) (Theat) taquilla *f*, boletería *f* (AmL)

bookkeeping /ˈbʊkˌkiːpɪŋ/ *n* contabilidad *f*, teneduría *f* de libros

booklet /ˈbʊklət, BrE ˈbʊklɪt/ *n* folleto *m*

bookmaker *n* /ˈbʊkˌmeikər, BrE ˈbʊkˌmeikə(r)/ corredor, -dora *m,f* de apuestas

bookmark¹ /ˈbʊkmaːrk, BrE ˈbʊkmaːk/ *n* **(a)** (for book) señalador *m*, marcador *m* **(b)** (Comput) marcador *m*

bookmark² *vt* (Comput) marcar

book: **~seller** *n* librero, -ra *m,f*; **~shelf** *n* **(a)** (shelf) estante *m*, balda *f* (Esp) (*para libros*) **(b)** **~shelves** ▸ **bookcase**; **~shop** *n* librería *f*; **~store** *n* (AmE) librería *f*; **~ token** *n* (BrE) cheque *m* regalo, vale *m* (*canjeable por libros*)

boom¹ /buːm/ *n* **1** (Econ, Fin) boom *m* **2** (sound of guns, explosion) estruendo *m*

boom² *vi* **1** «*guns*» tronar*; «*voice/thunder*» retumbar **2** (*usu in -ing form*) «*market/industry*» vivir un boom

boomerang /ˈbuːməræŋ/ *n* bumerang *m*

booming /ˈbuːmɪŋ/ *adj* **(a)** ‹*sound*› retumbante **(b)** ‹*industry*› en auge

boon /buːn/ *n* gran ayuda *f*

boost¹ /buːst/ *n* (uplift): **to give a ~ to sth** dar* empuje a algo; **it was a tremendous ~ to her confidence** le dio mucha más confianza en sí misma

boost² *vt* ‹*economy/production*› estimular; ‹*sales*› aumentar; ‹*morale*› levantar

booster /ˈbuːstər, BrE ˈbuːstə(r)/ *n* **(a)** (Rad, Telec, TV) repetidor *m* **(b)** (Med): **~ (shot)** (vacuna *f* de) refuerzo *m*

booster cable *n* (AmE) cable *m* de arranque

boot¹ /buːt/ *n* **1** (Clothing) bota *f*; (short) botín *m* **2** (kick) (infml) (*no pl*) patada *f*, puntapié *m* **3** (BrE) (Auto) maletero *m*, portamaletas *m*, cajuela *f* (Méx), baúl *m* (Col, CS, Ven), maleta *f* (Chi), maletera *f* (Per) **4** **to boot** (*as linker*) para rematarla

boot² *vt* **(a)** (kick) (infml) darle* un puntapié a **(b)** (Comput) **~ (up)** cargar*

boot camp *n* (esp AmE) **1** (Mil) campamento *m* de reclutas **2** (for civilians) campamento *m* con régimen militar

booth /buːθ, BrE buːð, buːθ/ *n* **(a)** (cabin) cabina *f*; (photo **~**) fotomatón *m* **(b)** (polling **~**) cabina *f* de votación **(c)** (telephone **~**) cabina *f* (de teléfono) **(d)** (stall — at fair) barraca *f*, caseta *f*; (— at exhibition) stand *m*

bootleg /ˈbuːtleg/ *adj* (*before n*) ‹*liquor*› de contrabando; ‹*tape*› pirata *adj inv*

booty /ˈbuːti/ *n* botín *m*

booze¹ /buːz/ *n* (infml) bebida *f*, trago *m* (esp AmL fam)

booze² *vi* (infml) beber, tomar (esp AmL)

border¹ /ˈbɔːrdər, BrE ˈbɔːdə(r)/ *n* **1** (Pol) frontera *f*; (*before n*) ‹*dispute/town*› fronterizo **2** **(a)** (edge) borde *m* **(b)** (edging — on fabric, plate) cenefa *f*

border² *vt* **(a)** ‹*country/state*› limitar con; ‹*fields/lands*› lindar con **(b)** (edge — with ribbon, binding) ribetear

● **border on** [*v* + *prep* + *o*] **(a)** «*country*» limitar con **(b)** (verge on) rayar en, lindar con

borderline /ˈbɔːrdərlaɪn, BrE ˈbɔːdəlaɪn/ *adj* ‹*case/score*› dudoso; ‹*candidate*› en el límite entre el aprobado y el reprobado *or* (Esp) el suspenso

bore¹ /bɔːr, BrE bɔː(r)/ *past of* **bear¹**

bore² *vt* **1** ‹*shaft/tunnel*› hacer*, abrir* **2** (weary) aburrir

bore³ *n* **1** (person) pesado, -da *m,f* (fam); (thing) aburrimiento *m*, lata *f* (fam) **2** (of cylinder, gun barrel) calibre *m*

bored /bɔːrd, BrE bɔːd/ *adj* aburrido; **to be ~ WITH sth** estar* aburrido DE algo; **to get ~** aburrirse

boredom /ˈbɔːrdəm, BrE ˈbɔːdəm/ *n* aburrimiento *m*

boring /ˈbɔːrɪŋ/ *adj* aburrido, aburridor (AmL)

born¹ /bɔːrn, BrE bɔːn/ (*past p of* **bear¹**) **to be ~** nacer*

born² *adj* (*before n*) ‹*teacher/leader*› nato; **he's a ~ loser** siempre ha sido y será un perdedor

born-again /ˈbɔːrnəˈgen, BrE ˌbɔːnəˈgen/ *adj* (*before n*): **~ Christian** cristiano renacido

borne /bɔːrn, BrE bɔːn/ *past p of* **bear¹**

borough /ˈbɜːrəʊ, BrE ˈbʌrə/ *n* **(a)** (in US) distrito *m* municipal **(b)** (in UK) municipio *m*

borrow /ˈbaːrəʊ, BrE ˈbɒrəʊ/ *vt* **1** **(a)** (have on loan): **may I ~ your pencil?** ¿me prestas *or* (Esp tb) me dejas el lápiz?; **to ~ sth FROM sb** pedirle* prestado algo A algn; **I ~ed $5,000 from the bank** pedí un préstamo de 5.000 dólares al banco **(b)** (from library) sacar* **2** ‹*idea*› sacar*; ‹*word*› tomar

borrower /ˈbaːrəʊər, BrE ˈbɒrəʊə(r)/ *n* **(a)** (Fin) prestatario, -ria *m,f* **(b)** (from library) usuario, -ria *m,f*

borrowing /ˈbaːrəʊɪŋ, BrE ˈbɒrəʊɪŋ/ *n* (Fin) préstamos *mpl*

Bosnia Herzegovina /ˈbaːzniəˌhertsəgəʊˈviːnə, BrE ˌbɒzniəˌhɜːtsəgəʊˈviːnə/ *n* Bosnia Herzegovina *f*

Bosnian /ˈbaːzniən, BrE ˈbɒzniən/ *adj* bosnio

bosom /ˈbʊzəm/ *n* **(a)** (breast, chest) (liter) pecho *m*; (*before n*) ‹*friend*› del alma **(b)** (of woman — bust) pecho *m*, busto *m*; (— breast) pecho *m*, seno *m* **(c)** (heart, center) (liter) seno *m*

boss /baːs, BrE bɒs/ *n* (infml) **(a)** (superior) jefe, -fa *m,f*; (employer, factory owner) patrón, -trona *m,f* **(b)** (leader) dirigente *mf*

● **boss around**, (BrE also) **boss about** [*v* + *o* + *adv*] (infml) mandonear (fam)

bossy /ˈbaːsi, BrE ˈbɒsi/ *adj* **bossier**, **bossiest** (infml) mandón (fam)

bosun /ˈbəʊsn̩/ *n* ▸ **boatswain**

botanic /bəˈtænɪk/, **-ical** /-ɪkəl/ *adj* botánico

botanist /ˈbaːtn̩əst, BrE ˈbɒtənɪst/ *n* botánico, -ca *m,f*

botany /ˈbaːtn̩i, BrE ˈbɒtəni/ *n* botánica *f*

botch /baːtʃ, BrE bɒtʃ/ *vt* (infml) **~ (up)** ‹*repair*› hacer* una chapuza de (fam); ‹*plan*› estropear

both¹ /bəʊθ/ *adj* ambos, -bas, los dos, las dos

both² *pron* ambos, -bas, los dos, las dos; **we ~ like chess** a los dos nos gusta el ajedrez; **the coats are ~ too big** los dos abrigos son demasiado grandes

both³ *conj* **both ... and ...**: **~ Paul and John are in Italy** tanto Paul como John están en Italia,

b

Paul y John están los dos en Italia; **she ~ wrote and played the music** compuso y tocó la música ella misma

bother¹ /'bɑːðər, BrE 'bɒðə(r)/ *vt* **(a)** (irritate, pester) molestar; **sorry to ~ you** perdone (que lo moleste) **(b)** (trouble) preocupar; **she's very quiet, but don't let it ~ you** es muy callada, no te inquietes por ello **(c)** (make effort) **not to + ~ -ING**: **don't ~ writing a long letter** no hace falta que escribas una carta larga; **to ~ to + INF** tomarse la molestia DE + INF

■ *vi* **(a)** (make effort) molestarse **(b)** (worry) **to ~ ABOUT sth/sb** preocuparse POR algo/algn

bother² *n* molestia *f*; (work) trabajo *m*; (problems) problemas *mpl*

bothered /'bɑːðərd, BrE 'bɒðəd/ *adj* (*pred*): **I can't be ~ to go** me da pereza ir; **she yelled at him, but he wasn't a bit ~** le pegó un berrido, pero él ni se inmutó

✓ **bottle¹** /'bɑːtl, BrE 'bɒtl/ *n* (container, contents) botella *f*; (of perfume) frasco *m*; **baby's ~** biberón *m*, mamila *f* (Méx), mamadera *f* (CS, Per), tetero *m* (Col); (*before n*) **~ opener** abrebotellas *m*, destapador *m* (AmL)

bottle² *vt* **(a)** ‹*wine/milk*› embotellar; **~d milk** leche *f* en *or* de botella; **~d water** agua *f*‡ embotellada **(b)** (BrE) ‹*fruit/vegetables*› poner* en conserva

● **bottle up** [*v + o + adv, v + adv + o*] (infml) ‹*emotion*› reprimir

bottle: **~ bank** *n* contenedor *m* de recogida de vidrio; **~feed** *vt* (*past & past p* **-fed**) alimentar con biberón *or* (Méx) con mamila *or* (CS, Per) con mamadera *or* (Col) con tetero; **~neck** *n* (narrow stretch of road) cuello *m* de botella; (hold-up) embotellamiento *m*

✓ **bottom¹** /'bɑːtəm, BrE 'bɒtəm/ *n* **1** **(a)** (of box, bottle, drawer) fondo *m*; (of hill, stairs) pie *m*; (of page) final *m*, pie *m*; (of pile) parte *f* de abajo; ***to get to the ~ of sth*** llegar* al fondo de algo **(b)** (underneath — of box) parte *f* de abajo; (— of ship) fondo *m* **(c)** (of bed) pies *mpl*; (of garden) fondo *m*; (of road) final *m* **(d)** (of sea, river, lake) fondo *m* **2** (of hierarchy): **he is at the ~ of the class** es el último de la clase; **she started out at the ~** empezó desde abajo **3** **(a)** (of person) trasero *m* (fam), traste *m* (CS fam) **(b)** (of pyjamas, tracksuit) (*often pl*) pantalón *m*, pantalones *mpl*; (of bikini) parte *f* de abajo

bottom² *adj* (*before n*) ‹*shelf/layer*› de más abajo; ‹*grade*› más bajo; ‹*part/edge/lip*› inferior

bottomless /'bɑːtəmləs, BrE 'bɒtəmlɪs/ *adj* ‹*well/shaft*› sin fondo

bough /baʊ/ *n* rama *f*

bought /bɔːt/ *past & past p of* **buy¹**

boulder /'bəʊldər, BrE 'bəʊldə(r)/ *n* roca *f* (*grande, alisada por la erosión*)

boulevard /'bʊləvɑːrd, BrE 'buːləvɑːd/ *n* bulevar *m*

bounce¹ /baʊns/ *vi* **(a)** «*ball/object*» rebotar, picar* (AmL), botar (Esp, Méx); **the child was bouncing up and down on the sofa** el niño saltaba en el sofá **(b)** «*check*» (infml) ser* devuelto, rebotar (fam)

■ *vt* **(a)** ‹*ball/object*› hacer* rebotar, hacer* picar (AmL), (hacer*) botar (Esp, Méx) **(b)** ‹*check*› (infml) devolver*

● **bounce back** [*v + adv*] (infml) levantarse

bounce² *n* **(a)** (action) rebote *m*, pique *m* (AmL) **(b)** (springiness, vitality): **this shampoo puts the ~ back into your hair** este champú les da nueva vida a sus cabellos; **she's full of ~** es una persona llena de vida

bouncer /'baʊnsər, BrE 'baʊnsə(r)/ *n* (infml) gorila *m* (fam), sacabullas *m* (Méx fam)

bound¹ /baʊnd/ *n* **1** **bounds** *pl* (limits) límites *mpl*; **within the ~s of possibility** dentro de lo posible; **the shop is out of ~s to schoolchildren** los niños tienen prohibido entrar en la tienda **2** (jump) salto *m*, brinco *m*

bound² *vi* saltar; **to ~ in/out** entrar/salir* dando saltos

bound³ *past & past p of* **bind¹**

bound⁴ *adj* **1** **(a)** (tied up) atado, amarrado (AmL exc RPl) **(b)** (obliged): **they are ~ by law to supply the goods** están obligados por ley a suministrar los artículos; **I'm duty ~ to tell you the truth** es mi deber decirte la verdad **2** (*pred*) (certain): **it was ~ to happen sooner or later** tarde o temprano tenía que suceder; **it was ~ to go wrong** no cabía duda de que iba a salir mal **3** (headed) (*pred*): **the truck was ~ for Italy** el camión iba rumbo a Italia; **they are Moscow ~** van camino a Moscú

boundary /'baʊndri, -dəri/ *n* (*pl* **-ries**) límite *m*

bountiful /'baʊntɪfəl/ *adj* (liter) ‹*king/nature*› munificente (liter); ‹*harvest/gifts*› copioso

bounty /'baʊnti/ *n* (*pl* **-ties**) **1** (liter) (generosity) munificencia *f* (liter) **2** (reward) recompensa *f*; (*before n*) **~ hunter** cazador, -dora *m,f* de recompensas

bouquet /bəʊ'keɪ, buː'keɪ, BrE bʊ'keɪ, bəʊ'keɪ/ *n* **1** (of flowers) ramo *m*; (small) ramillete *m* **2** (of wine) bouquet *m*

bourbon /'bɜːrbən, BrE 'bɜːbən/ *n* bourbon *m*

bourgeois /'bʊrʒwɑː, BrE 'bɔːʒwɑː, 'bʊəʒ-/ *adj* burgués

bout /baʊt/ *n* **1** (period, spell): **I had a ~ of flu** tuve una gripe *or* (Col, Méx) una gripa muy mala; **a drinking ~** una borrachera **2** (in boxing, wrestling) combate *m*, encuentro *m*

boutique /buː'tiːk/ *n* boutique *f*

bow¹ /baʊ/ *n* **1** (movement) reverencia *f* **2** (of ship) (*often pl*) proa *f*

bow² /baʊ/ *vi* hacer* una reverencia; **they ~ed to government pressure** cedieron ante la presión del gobierno

■ *vt* ‹*head*› inclinar

● **bow out** [*v + adv*] retirarse

bow³ /bəʊ/ *n* **1** (knot) lazo *m*, moño *m* (esp AmL) **2** (weapon) arco *m* **3** (Mus) arco *m*

bow⁴ /bəʊ/ *vi* «*branch/plank*» arquearse, pandearse (esp AmL)

bowel /'baʊəl/ *n* (Anat) intestino *m* grueso; **in the ~s of the earth** (liter) en las entrañas de la tierra

bowl¹ /bəʊl/ *n* **1** **(a)** (container) (Culin) bol *m*, tazón *m*, cuenco *m*; (for washing etc) palangana *f*, barreño *m*; **fruit ~** frutero *m*, frutera *f* (CS); **soup ~** sopero *m* **(b)** (contents) bol *m*, tazón *m* **(c)** (of toilet) taza *f* **2** (in game of bowls) bola *f*, bocha *f*; *see also* **bowls**

bowl² *vt/i* lanzar*

● **bowl over** [*v + o + adv, v + adv + o*] derribar; **we were ~ed over by the beauty of the island** la belleza de la isla nos dejó pasmados

bowlegged /ˈbəʊˈlegd/ *adj* patizambo

bowler /ˈbəʊlər, BrE ˈbəʊlə(r)/ *n* **1** (in cricket) lanzador, -dora *m,f*; (in bowling, bowls) jugador, -dora *m,f* **2** ~ **(hat)** bombín *m*, sombrero *m* de hongo

bowling /ˈbəʊlɪŋ/ *n* **(a)** (in bowling alley) bolos *mpl* **(b)** (on grass) ▸ **bowls**

bowling: ~ **alley** *n* bolera *f*, bowling *m*; ~ **green** *n*: *pista donde se juega a los* **bowls**

bowls /bəʊlz/ *n* (+ *sing vb*) *juego semejante a la petanca que se juega sobre césped*

bow tie /bəʊ/ *n* corbata *f* de moño (AmL), pajarita *f* (Esp)

box¹ /bɑːks, BrE bɒks/ *n* **1** (container, contents) caja *f*; (large) cajón *m*; (for watch, pen) estuche *m* **2** (on form) casilla *f* **3** **(a)** (in theater) palco *m* **(b)** (booth) cabina *f*

box² *vi* boxear
■ *vt* poner* en una caja, embalar
● **box in** [*v + o + adv, v + adv + o*] **(a)** (restrict, surround) cerrarle* el paso a **(b)** (enclose) ‹*pipes*› esconder (*tapando con una tabla etc*)

boxer /ˈbɑːksər, BrE ˈbɒksə(r)/ *n* **(a)** (person) boxeador, -dora *m,f* **(b)** (dog) bóxer *mf*

boxer shorts *pl n* calzoncillos *mpl*, calzones *mpl* (Méx), interiores *mpl* (Col, Ven)

boxing /ˈbɑːksɪŋ, BrE ˈbɒksɪŋ/ *n* boxeo *m*; (*before n*) ~ **ring** ring *m*, cuadrilátero *m*

Boxing Day /ˈbɑːksɪŋ, BrE ˈbɒksɪŋ/ *n*: *el 26 de diciembre, día festivo en Gran Bretaña*

box: ~ **number** *n* (at post office) apartado *m* (de correos), apartado *m* postal (Méx), casilla *f* postal *or* de correo (CS); ~ **office** *n* taquilla *f*, boletería *f* (AmL)

boy /bɔɪ/ *n* **(a)** (baby, child) niño *m*, chico *m* **(b)** (son) hijo *m*, chico *m* **(c)** (young man) (infml) muchacho *m*, chico *m*

boy band *n* (infml) grupo *m* de pop de chicos

boycott¹ /ˈbɔɪkɑːt, BrE ˈbɔɪkɒt/ *n* boicot *m*

boycott² *vt* boicotear

boyfriend /ˈbɔɪfrend/ *n* novio *m*, pololo *m* (Chi fam)

boyish /ˈbɔɪɪʃ/ *adj* ‹*enthusiasm/smile*› de chico, de niño; (used of woman) de muchacho, de chico

boy scout *n* boy scout *m*, explorador *m*

bra /brɑː/ *n* sostén *m*, sujetador *m* (Esp), brasier *m* (Col, Méx), corpiño *m* (RPl), soutien *m* (Ur)

brace¹ /breɪs/ *n* **1** (support) abrazadera *f* **2** (Dent) ▸ **4 b** **3** (drill) berbiquí *m* **4** **braces** *pl* **(a)** (BrE) (Clothing) tirantes *mpl*, cargaderas *fpl* (Col), tiradores *mpl* (RPl), suspensores *mpl* (Chi) **(b)** (esp AmE) (Dent) aparato(s) *m(pl)*, frenos *mpl* (Méx), fierros *mpl* (Méx, Per), frenillos *mpl* (Chi) **5** (*pl* ~) (pair) (BrE) par *m*

brace² *vt* (support) apuntalar
■ *v refl*: **to ~ oneself for sth** prepararse para algo

bracelet /ˈbreɪslət, BrE ˈbreɪslɪt/ *n* pulsera *f*, brazalete *m*

bracing /ˈbreɪsɪŋ/ *adj* vigorizante

bracken /ˈbrækən/ *n* helechos *mpl*

bracket¹ /ˈbrækət, BrE ˈbrækɪt/ *n* **1** **(a)** (Print) (square bracket) corchete *m* **(b)** (parenthesis) (BrE) paréntesis *m* **2** (category): **income ~** nivel *m* de ingresos; **the 25-30 age ~** el grupo etario de entre 25 y 30 años **3** (support) soporte *m*; (for shelves) escuadra *f*

bracket² *vt* **(a)** ‹*word/phrase*› poner* entre corchetes; (in parentheses) (BrE) poner* entre paréntesis **(b)** (categorize) catalogar*

brag /bræg/ *vi/t* **-gg-** fanfarronear (fam)

braid¹ /breɪd/ *n* **(a)** (of hair) (esp AmE) trenza *f* **(b)** (Tex) galón *m*

braid² *vt* trenzar*

Braille /breɪl/ *n* braille *m*, Braille *m*

brain /breɪn/ *n* cerebro *m*; (*before n*) ~ **damage** lesión *f* cerebral; ~ **tumor** tumor *m* cerebral

brain: ~**child** *n* creación *m*; ~**-dead** *adj* clínicamente muerto

brains /breɪnz/ *n* **1** (+ *pl vb*) **(a)** (substance) sesos *mpl*; (Culin) sesos *mpl* **(b)** (intelligence) inteligencia *f* **2** (+ *sing vb*) (mastermind) cerebro *m*, autor, -tora *m,f* intelectual (AmL); **he's the ~ of the family** es la lumbrera de la familia

brain: ~**wash** *vt* hacerle* un lavado de cerebro a; ~**wave** *n* (infml) idea *f* genial, lamparazo *m* (Col fam)

braise /breɪz/ *vt* estofar

brake¹ /breɪk/ *n* (on vehicle) freno *m*; (*before n*) ~ **lights** luces *fpl* de freno

brake² *vi/t* frenar

bramble /ˈbræmbəl/ *n* zarza *f*

bran /bræn/ *n* salvado *m*, afrecho *m*

branch¹ /bræntʃ, BrE brɑːntʃ/ *n* (of tree) rama *f*; (of river, road, railway) ramal *m*; (of family, field of study) rama *f*; (of company, bank) sucursal *f*

branch² *vi* «*river/family*» ramificarse*; «*road*» bifurcarse*; **a path ~es (off) to the right** un sendero sale a la derecha
● **branch out** [*v + adv*] **(a)** (take on new activity) diversificar* sus (*or* nuestras *etc*) actividades; **the company has ~ed out into publishing** la compañía ha diversificado sus actividades lanzándose al campo editorial **(b)** (become independent): **he has ~ed out on his own** «*business partner*» se ha establecido por su cuenta

brand¹ /brænd/ *n* **1** **(a)** (Busn) marca *f* **(b)** (type) tipo *m*; (style) estilo *m* **2** (identification mark) marca *f* (*hecha a fuego*)

brand² *vt* **(a)** (mark) ‹*cattle*› marcar* (*con hierro candente*) **(b)** (label) **to ~ sb** AS **sth** tachar a algn DE algo

brandish /ˈbrændɪʃ/ *vt* blandir

brand: ~ **name** *n* marca *f*; ~**-new** /ˈbrændˈnuː, BrE ˌbrændˈnjuː/ *adj* nuevo

brandy /ˈbrændi/ *n* (*pl* **-dies**) coñac *m*, brandy *m*

brash /bræʃ/ *adj* **-er, -est** excesivamente desenvuelto

brass /bræs, BrE brɑːs/ *n* **(a)** (Metall) latón *m*; (*before n*) ‹*button*› dorado **(b)** (Mus) (+ *sing or pl vb*) bronces *mpl*, metales *mpl*

brass band *n* banda *f* de música, tambora *f* (Méx)

brassiere /brəˈzɪr, BrE ˈbræziə(r)/ *n* ▸ **bra**

brass knuckles *pl n* (AmE) nudilleras *fpl* de metal, manoplas *fpl* (AmL)

brat /bræt/ *n* (derog) mocoso, -sa *m,f* (pey)

bravado /brəˈvɑːdəʊ/ *n* bravuconadas *fpl*

brave¹ /breɪv/ *adj* **-ver, -vest** valiente

b

brave² *vt* ‹*peril*› afrontar; **to ~ the weather** hacerle frente al mal tiempo
brave³ *n* **1** (North American Indian) guerrero *m* **2** (liter) (+ *pl vb*) **the ~** los valientes
bravely /ˈbreɪvli/ *adv* valientemente
bravery /ˈbreɪvəri/ *n* valentía *f*, valor *m*
bravo /ˈbrɑːvəʊ, BrE brɑːˈvəʊ/ *interj* ¡bravo!
brawl¹ /brɔːl/ *n* pelea *f*
brawl² *vi* pelearse
brawny /ˈbrɔːni/ *adj* **-nier**, **-niest** musculoso
bray /breɪ/ *vi* «*donkey*» rebuznar; «*person*» cacarear
brazen /ˈbreɪzn̩, BrE ˈbreɪzən/ *adj* descarado
brazier /ˈbreɪʒər, ˈbreɪziər, BrE ˈbreɪziə(r)/ *n* brasero *m*
Brazil /brəˈzɪl/ *n* Brasil *m*
Brazilian /brəˈzɪliən/ *adj* brasileño
Brazil nut /brəˈzɪl/ *n* coquito *m* del Brasil, castaña *f* de Pará (RPl)
breach¹ /briːtʃ/ *n* **1** (of law) infracción *f*; **~ of contract** incumplimiento *m* de contrato; **she was arrested for ~ of the peace** la detuvieron por alterar el orden público **2** (gap, opening) (fml) brecha *f* **3** (break) (fml) ruptura *f*
breach² *vt* **(a)** ‹*rule*› infringir*, violar; ‹*security*› poner* en peligro **(b)** (fml) ‹*defenses*› abrir* una brecha en
bread /bred/ *n* pan *m*; **~ and butter** pan con mantequilla *or* (RPl) manteca
bread: **~bin** *n* (BrE) ▶ **~box**; **~board** *n* tabla *f* de cortar el pan; **~box** *n* (AmE) panera *f* (*para guardar el pan*); **~crumb** *n* miga *f* (de pan); **~crumbs** (Culin) pan *m* rallado *or* (Méx) molido; **~line** *n*: ***they're on the ~line*** (infml) apenas tienen para vivir; **~maker** *n* panificadora *f*
breadth /bredθ/ *n* **(a)** (width) anchura *f*, ancho *m* **(b)** (extent) amplitud *f*; **~ of vision** amplitud de miras
breadwinner /ˈbred,wɪnər, BrE ˈbred,wɪnə(r)/ *n*: **she's the ~ of the family** es la que mantiene a la familia
break¹ /breɪk/ (*past* **broke**; *past p* **broken**) *vt* **1** ‹*window/plate*› romper*; ‹*stick*› partir, quebrar* (AmL); **he broke his wrist** se rompió la muñeca **2** (render useless) ‹*machine*› romper*, descomponer* (AmL) **3** (violate) ‹*rule*› infringir*; ‹*promise*› no cumplir; ‹*contract*› incumplir; ‹*strike*› romper*; ▶ **law b** **4** (end) ‹*strike*› poner* fin a; ‹*drug ring*› desarticular; ‹*impasse*› salir* de; ‹*habit*› dejar **5** **(a)** (ruin) ‹*person/company*› arruinar a **(b)** (crush) ‹*person*› destrozar* **6** (impart): **Sue broke the news to him** Sue le dio la noticia; **they broke it to her gently** se lo dijeron con mucho tacto **7** (exceed) ‹*record*› batir **8** (disrupt) ‹*pattern/monotony*› romper* **9** (decipher) ‹*code*› descifrar
■ *vi* **1** «*window/plate*» romperse*; «*stick*» partirse, quebrarse* (AmL) **2** (give in) «*resistance*» desmoronarse; **she broke under constant interrogation** no resistió el constante interrogatorio **3** **(a)** (begin) «*storm*» estallar; «*day*» romper* **(b)** (change) «*weather*» cambiar; **his voice is ~ing** le está cambiando la voz; **his voice broke** (with emotion) se le entrecortó la voz **4** «*wave/surf*» romper*
● **break away**: [*v + adv*] **to ~ away (**FROM **sth)** «*piece*» desprenderse (DE algo); «*faction/region*» escindirse (DE algo)
● **break down** **1** [*v + adv*] **(a)** «*vehicle/machine*» estropearse, averiarse*, descomponerse* (AmL), quedarse en pana (Chi), quedarse varado (Col); «*system*» fallar; «*talks*» fracasar **(b)** (lose composure) perder* el control **2** [*v + o + adv, v + adv + o*] **(a)** ‹*door/barrier*› echar abajo **(b)** (divide up) ‹*expenditure*› desglosar; ‹*sentence*› descomponer*; **the process can be broken down into three steps** el proceso puede dividirse en tres pasos
● **break in** **1** [*v + adv*] «*intruder*» entrar (*para robar etc*) **2** [*v + o + adv, v + adv + o*] ‹*horse*› domar
● **break into** [*v + prep + o*] ‹*building*› entrar en (*para robar etc*)
● **break off** **1** [*v + o + adv, v + adv + o*] **(a)** (detach) partir **(b)** ‹*engagement/diplomatic relations*› romper* **2** [*v + adv*] (snap off, come free) «*piece of ice*» desprenderse; **the handle broke off** se le rompió el asa
● **break out** [*v + adv*] **1** (start) «*war/epidemic/rioting*» estallar **2** (escape) «*prisoner*» escaparse, fugarse*
● **break through** **1** [*v + adv*] (penetrate) (Mil) penetrar en las defensas enemigas; «*sun*» salir* **2** [*v + prep + o*] ‹*barrier*› atravesar*, romper*; **they broke through our defenses** penetraron en nuestras defensas
● **break up** [*v + o + adv, v + adv + o*] **1** (divide) ‹*land*› dividir; ‹*ship*› desaguazar*; ‹*sentence*› descomponer* **2** **(a)** ‹*demonstration*› disolver* **(b)** (wreck, ruin) ‹*home*› deshacer* [*v + adv*] **(a)** «*lovers/band*» separarse; **their marriage broke up** su matrimonio fracasó; **to ~ up** WITH **sb** romper* CON algn **(b)** «*meeting*» terminar; «*crowd*» dispersarse
break² *n* **1** **(a)** (Rad, TV) pausa *f* (comercial); (Theat) entreacto *m*, intermedio *m* **(b)** (rest period) descanso *m*; (at school) (BrE) recreo *m* **(c)** (short vacation) vacaciones *fpl* **(d)** (change, respite) cambio *m*; **I need a ~ from all this** necesito descansar de todo esto; (a holiday) necesito un cambio de aires **2** (gap) interrupción *f* **3** (fracture) fractura *f*, rotura *f*; **to make a clean ~** cortar por lo sano
breakable /ˈbreɪkəbəl/ *adj* frágil
breakage /ˈbreɪkɪdʒ/ *n* **(a)** (action) rotura *f* **(b)** **breakages** *pl* (objects broken) roturas *fpl*
break: **~away** *n* (separation) ruptura *f*, escisión *f*; (*before n*) ‹*faction*› disidente, escindido; **~down** *n* **1** **(a)** (failure — of car, machine) avería *f*, descompostura *f* (Méx), varada *f* (Col), pana *f* (Chi); (— of service, communications) interrupción *f*; (— of negotiations) fracaso *m*; (*before n*) **~down truck** grúa *f* **(b)** (nervous ~down) crisis *f* nerviosa **2** (analysis): **a ~down of expenditure** un desglose de los gastos
breaker /ˈbreɪkər, BrE ˈbreɪkə(r)/ *n* gran ola *f*
breakfast /ˈbrekfəst/ *n* desayuno *m*; **to have ~** desayunar, tomar el desayuno; (*before n*) **~ television** televisión *f* matinal
break-in /ˈbreɪkɪn/ *n* robo *m* (*con escalamiento*)
breaking /ˈbreɪkɪŋ/: **~ and entering** /ˈbreɪkɪŋəndentərɪŋ/ *n* allanamiento *m* de morada; **~ point** *n* límite *m*

palabra clave

break: **~through** *n* gran avance *m*; **~up** *n* (of structure, family) desintegración *f*; (of empire, company) desmembramiento *m*; (of political party) disolución *f*; (of talks) fracaso *m*; **the ~up of their marriage** su separación; **~water** *n* rompeolas *m*

breast /brest/ *n* **(a)** (of woman) pecho *m*, seno *m*; (*before n*) **~ cancer** cáncer *m* de mama *or* de pecho **(b)** (chest) (liter) pecho *m* **(c)** (Culin) (of chicken, turkey) pechuga *f*

breast: **~feed** (*past & past p* **-fed**) *vt* darle* el pecho a, darle* de mamar a
■ *vi* dar* el pecho, dar* de mamar; **~stroke** *n* (estilo) pecho *m* (AmL), braza *f* (Esp)

breath /breθ/ *n* aliento *m*; **to have bad ~** tener* mal aliento; **to take a ~** aspirar, inspirar; **take a deep ~** respire hondo; **out of ~** sin aliento; ***to hold one's ~*** contener* la respiración; ***to take sb's ~ away*** dejar a algn sin habla

Breathalyzer®, **Breathalyser®** /ˈbreθəlaɪzər, BrE ˈbreθəlaɪzə(r)/ *n* alcohómetro *m*, alcoholímetro *m*; (*before n*) **~ test** prueba *f* del alcohol *or* de la alcoholemia

breathe /bri:ð/ *vi* respirar
■ *vt* ‹*air/fumes*› aspirar, respirar

● **breathe in** **1** [*v + adv*] aspirar **2** [*v + o + adv, v + adv + o*] ‹*air/fumes*› aspirar, respirar

● **breathe out** **1** [*v + adv*] espirar **2** [*v + o + adv, v + adv + o*] ‹*smoke*› expeler; ‹*air*› exhalar

breathing /ˈbri:ðɪŋ/ *n* respiración *f*

breathing space *n* respiro *m*

breathless /ˈbreθləs, BrE ˈbreθlɪs/ *adj*: **the blow left me ~** el golpe me dejó sin aliento; **he arrived ~** llegó jadeando

breathtaking /ˈbreθˌteɪkɪŋ/ *adj* impresionante

bred /bred/ *past & past p of* **breed[2]**

breeches /ˈbrɪtʃəz, BrE ˈbrɪtʃɪz/ *pl n* (knee ~) (pantalones *mpl*) bombachos *mpl*; (riding ~) pantalones *mpl* de montar

breed[1] /bri:d/ *n* (of animals) raza *f*; (of plants) variedad *f*

breed[2] (*past & past p* **bred**) *vt* ‹*animals*› criar*; ‹*violence*› engendrar
■ *vi* reproducirse*

breeder /ˈbri:dər, BrE ˈbri:də(r)/ *n* (of animals) criador, -dora *m,f*; (of plants) cultivador, -dora *m,f*

breeding /ˈbri:dɪŋ/ *n* **(a)** (reproduction) reproducción *f* **(b)** (raising — of animals) cría *f*; (— of plants) cultivo *m* **(c)** (upbringing): **politeness is a sign of good ~** la cortesía es señal de buena educación

breeze[1] /bri:z/ *n* brisa *f*

breeze[2] *vi* (infml): **to ~ in/out** entrar/salir* tan campante (fam)

breezy /ˈbri:zi/ *adj* **-zier**, **-ziest** **1** (windy) ‹*spot*› ventoso; **it's a bit ~ today** hace un poco de vientecito hoy **2** (lively) (infml) ‹*person*› dinámico

brethren /ˈbreðrən/ *pl n* (arch *or* liter) hermanos *mpl*

brevity /ˈbrevəti/ *n* brevedad *f*

brew /bru:/ *vt* **(a)** ‹*beer*› fabricar* **(b)** ‹*tea*› preparar **(c)** ‹*mischief*› tramar
■ *vi* **(a)** (make beer) fabricar* cerveza **(b)** «*tea*» **the tea is ~ing** el té se está haciendo **(c)** «*storm*» avecinarse; «*trouble*» gestarse

brewer /ˈbru:ər, BrE ˈbru:ə(r)/ *n* cervecero, -ra *m,f*

brewery /ˈbru:əri/ *n* (*pl* **-ries**) fábrica *f* de cerveza, cervecería *f*

bribe[1] /braɪb/ *n* soborno *m*

bribe[2] *vt* sobornar

bribery /ˈbraɪbəri/ *n* soborno *m*

bric-a-brac /ˈbrɪkəbræk/ *n* baratijas *fpl*

brick /brɪk/ *n* ladrillo *m*

bricklayer /ˈbrɪkˌleɪər, BrE ˈbrɪkˌleɪə(r)/ *n* albañil *m*

bridal /ˈbraɪdl/ *adj* ‹*procession*› nupcial; ‹*shop*› para novias

bride /braɪd/ *n* novia *f*; **the ~ and groom** los novios; (after ceremony) los recién casados

bride: **~groom** *n* novio *m*; **~smaid** *n* dama *f* de honor; (child) *niña que acompaña a la novia*

bridge[1] /brɪdʒ/ *n* **1** **(a)** puente *m* **(b)** (on ship) puente *m* (de mando) **(c)** (of nose) caballete *m* **2** (Dent) puente *m* **3** (card game) bridge *m*

bridge[2] *vt* ‹*river*› tender* un puente sobre; ‹*differences*› salvar

bridle /ˈbraɪdl/ *n* brida *f*

brief[1] /bri:f/ *adj* breve; **in ~** en resumen

brief[2] *n* **(a)** (Law) *expediente entregado por el abogado al* **barrister** **(b)** (instructions) instrucciones *fpl* **(c)** (area of responsibility) competencia *f*

brief[3] *vt* ‹*lawyer*› instruir*; ‹*pilot/spy*› darle* instrucciones a; ‹*committee*› informar

briefcase /ˈbri:fkeɪs/ *n* maletín *m*, portafolio(s) *m* (esp AmL)

briefing /ˈbri:fɪŋ/ *n* **(a)** (~ session) sesión *f* para dar instrucciones **(b)** (press ~) reunión *f* informativa (para la prensa)

briefly /ˈbri:fli/ *adv* **(a)** ‹*visit/rule*› por poco tiempo **(b)** ‹*reply/speak*› brevemente **(c)** (*indep*) en resumen

briefs /bri:fs/ *pl n* (man's) calzoncillos *mpl*, slip *m*; (woman's) calzones *mpl* (esp AmL), bragas *fpl* (Esp), bombachas *fpl* (RPl), pantaletas *fpl* (AmC, Ven)

brigade /brɪˈgeɪd/ *n* brigada *f*

bright /braɪt/ *adj* **-er**, **-est** **1** **(a)** ‹*star/light*› brillante; ‹*room*› con mucha luz **(b)** ‹*color*› fuerte **2** **(a)** (cheerful) ‹*eyes*› lleno de vida **(b)** (hopeful) ‹*future*› prometedor; ***to look on the ~ side of sth*** mirar el lado bueno de algo **3** (intelligent) ‹*person*› inteligente; **whose ~ idea was it to ...?** (iro) ¿quién tuvo la brillante idea de ...? (iró)

brighten /ˈbraɪtn̩/ *vi* **(a)** (become brighter) «*light*» hacerse* más brillante **(b)** **~ (up)** (become cheerful, hopeful) «*person*» animarse; «*situation/prospects*» mejorar
■ *vt* **(a)** (make brighter) iluminar **(b)** **~ (up)** ‹*room*› alegrar; ‹*occasion/party*› animar

brightly /ˈbraɪtli/ *adv* **(a)** ‹*shine*› intensamente **(b)** ‹*say/smile*› alegremente

brights /braɪts/ *pl n* (AmE) (Auto) (infml) (luces *fpl*) largas *or* (Andes, Méx) altas *fpl*

brilliance /ˈbrɪljəns/ *n* **(a)** (brightness) resplandor *m* **(b)** (skill, intelligence) brillantez *f*

brilliant /ˈbrɪljənt/ *adj* **(a)** ‹*light*› brillante; ‹*sunshine*› radiante; ‹*red/green*› brillante **(b)** ‹*student/performance*› brillante

brilliantly /ˈbrɪljəntli/ *adv* **(a)** ‹*shine*› intensamente **(b)** ‹*write*› con brillantez

brim¹ /brɪm/ *n* **1** (of hat) ala *f*‡ **2** (of vessel) borde *m*

brim² *vi* **-mm-**: **her eyes were ~ming with tears** tenía los ojos llenos de lágrimas; **to ~ with confidence** rebosar seguridad

brine /braɪn/ *n* **(a)** (saltwater) salmuera *f* **(b)** (seawater) agua *f*‡ salada *or* de mar

🔑 **bring** /brɪŋ/ (*past & past p* **brought**) *vt* traer*; **I couldn't ~ myself to do it** no pude hacerlo; **it brought tears to my eyes** hizo que se me llenaran los ojos de lágrimas; ***to ~ sth to bear***: **to ~ pressure to bear on sb** ejercer* presión sobre algn

• **bring about** [*v + o + adv, v + adv + o*] dar* lugar a

• **bring along** [*v + o + adv, v + adv + o*] traer*

• **bring back** [*v + o + adv, v + adv + o*] **(a)** (return): **I'll ~ your book back tomorrow** te devolveré *or* (AmL exc CS) te regresaré el libro mañana; **to ~ sb back to life** devolverle* la vida a algn **(b)** ‹*gift/souvenir*› traer* **(c)** (reintroduce) ‹*custom*› volver* a introducir **(d)** (recall) recordar*; **it brought back memories** me (*or* le *etc*) trajo recuerdos

• **bring down** [*v + o + adv, v + adv + o*] **(a)** (lower) ‹*price*› reducir*; ‹*temperature*› hacer* bajar **(b)** (cause to fall) ‹*tree/wall*› tirar; ‹*player/opponent/plane*› derribar; ‹*government*› derrocar*

• **bring forward** [*v + o + adv, v + adv + o*] **(a)** (present) ‹*witness*› hacer* comparecer; ‹*evidence/idea*› presentar **(b)** (to earlier time) ‹*meeting/appointment*› adelantar

• **bring home**: [*v + o + adv, v + adv + o*]: **her letter brought home to me the seriousness of the situation** su carta me hizo dar cuenta cabal de la gravedad de la situación

• **bring off** [*v + o + adv, v + adv + o*] ‹*feat/victory*› conseguir*, lograr; ‹*plan*› llevar a cabo; ‹*deal*› conseguir*

• **bring on** [*v + o + adv, v + adv + o*] **1** ‹*attack/breakdown*› provocar*; **what brought this on?** ¿esto a qué se debe? **2** [*v + o + prep + o*] (cause to befall): **he brought it all on himself** él (mismo) se lo buscó

• **bring out** [*v + o + adv, v + adv + o*] **(a)** ‹*product/model*› sacar* (al mercado); ‹*edition/book*› publicar* **(b)** (accentuate): **children ~ out the best in her** el trato con niños hace resaltar sus mejores cualidades

• **bring together**: [*v + o + adv, v + adv + o*]: **the conference will ~ together scientists from all over the world** el congreso reunirá a científicos de todo el mundo; **a tragedy like this can ~ a family together** una tragedia así puede unir a una familia

• **bring up** [*v + o + adv, v + adv + o*] **(a)** (rear) ‹*child*› criar* **(b)** (mention) ‹*subject*› sacar* **(c)** (vomit) vomitar, devolver*

brink /brɪŋk/ *n* borde *m*; **to be on the ~ of** -ING estar* a punto de +INF

brisk /brɪsk/ *adj* **(a)** (lively, quick) ‹*pace*› rápido y enérgico; ‹*walk*› a paso ligero; **ice-cream sellers did a ~ trade** los vendedores de helados vendieron muchísimo **(b)** (efficient) ‹*person/manner*› enérgico *or* dinámico y eficiente

bristle¹ /'brɪsəl/ *n* (on animal) cerda *f*; (on person): **his face was covered in ~(s)** tenía la barba crecida

🔑 palabra clave

bristle² *vi* **(a)** (stand up) «*hair*» erizarse*, ponerse* de punta **(b)** (show annoyance) erizarse*

🔑 **Britain** /'brɪtn̩, BrE 'brɪtən/ *n* Gran Bretaña *f*

🔑 **British¹** /'brɪtɪʃ/ *adj* británico

🔑 **British²** *pl n*: **the ~** los británicos

Britisher /'brɪtɪʃər, BrE 'brɪtɪʃə(r)/ *n* (AmE) británico, -ca *m,f*

British: **~ Isles** *pl n*: **the ~ Isles** las Islas Británicas; **~ Summer Time** *n*: *hora de verano en Gran Bretaña, adelantada en una hora con respecto a la hora de Greenwich*

Briton /'brɪtn̩, BrE 'brɪtən/ *n* ciudadano británico, ciudadana británica *m,f*; **the ancient ~s** los antiguos britanos

Brittany /'brɪtn̩i, BrE 'brɪtəni/ *n* Bretaña *f*

brittle /'brɪtl/ *adj* quebradizo

broach /brəʊtʃ/ *vt* ‹*subject*› mencionar

🔑 **broad¹** /brɔːd/ *adj* **1** ‹*avenue*› ancho; ‹*valley*› grande; ‹*forehead*› despejado; ‹*grin*› de oreja a oreja **2** **(a)** (extensive) ‹*syllabus*› amplio; ‹*interests*› numeroso; **in its ~est sense** en su sentido más amplio **(b)** (general) ‹*guidelines/conclusions*› general **3** **(a)** **a ~ hint** una indirecta muy clara **(b)** ‹*accent*› cerrado

broad² *n* (woman) (AmE sl) tipa *f* (fam), vieja *f* (Col, Méx, Ven fam)

broadband¹ /'brɔːdbænd/ *n* (Electron) banda *f* ancha

broadband² *adj* de banda ancha

broad bean *n* haba *f*

broadcast¹ /'brɔːdkæst, BrE 'brɔːdkɑːst/ *vt/i* (*past & past p* **broadcast**) transmitir, emitir

broadcast² *n* programa *m*, emisión *f* (fml)

broadcaster /'brɔːdkæstər, BrE 'brɔːdkɑːstə(r)/ *n*: *presentador, locutor etc de radio o televisión*

broadcasting /'brɔːdkæstɪŋ, BrE 'brɔːdkɑːstɪŋ/ *n* (Rad) radiodifusión *f*; (TV) televisión *f*

broaden /'brɔːdn̩/ *vt* ‹*scope/horizons/interests*› ampliar*

broadly /'brɔːdli/ *adv*: **the two systems are ~ similar** en líneas generales, los dos sistemas son similares; **~ speaking** en líneas generales

broad: **~minded** /'brɔːd'maɪndəd, BrE ˌbrɔːdmaɪndɪd/ *adj* de criterio amplio; **~sheet** *n*: *periódico de formato grande*

brocade /brəʊ'keɪd, BrE brə'keɪd/ *n* brocado *m*

broccoli /'brɑːkəli, BrE 'brɒkəli/ *n* brócoli *m*, brécol *m*

brochure /brəʊ'ʃʊr, BrE 'brəʊʃə(r)/ *n* folleto *m*

brogue /brəʊg/ *n* **1** (shoe) *zapato bajo de cuero* **2** (Irish accent) (*no pl*) acento *m* irlandés

broil /brɔɪl/ *vt* (esp AmE) asar a la parrilla *or* al grill

broiler /'brɔɪlər, BrE 'brɔɪlə(r)/ *n* (AmE) parrilla *f*, grill *m*

broke¹ /brəʊk/ *past of* **break¹**

broke² *adj* (infml) (*pred*): **to be ~** estar* pelado; **to be flat ~** estar* pelado *or* (Esp) sin un duro *or* (Col) en la olla

broken¹ /'brəʊkən/ *past p of* **break¹**

broken² *adj* **1** **(a)** ‹*window/vase/chair/glass*› roto; ‹*bone*› roto, quebrado (AmL) **(b)** (not working) roto **2** ‹*voice*› quebrado; **to die of a ~ heart** morirse* de pena; **he's a ~ man** está destrozado **3** ‹*home/marriage*› deshecho **4** (imperfect): **in ~ English** en inglés chapurreado

broken-down /ˈbrəʊkənˈdaʊn/ *adj* ‹*car/machine*› averiado, descompuesto (AmL), en pana (Chi), varado (Col); ‹*shed/gate*› destartalado

broker /ˈbrəʊkər, BrE ˈbrəʊkə(r)/ *n* **(a)** (agent) agente *mf*; **insurance ~** agente *mf* de seguros **(b)** (stock~) corredor, -dora *m,f* de bolsa

bronchitis /brɑːŋˈkaɪtəs, BrE brɒŋˈkaɪtɪs/ *n* bronquitis *f*

bronze /brɑːnz, BrE brɒnz/ *n* (Metall) bronce *m*

brooch /brəʊtʃ/ *n* prendedor *m*, broche *m*

brood[1] /bruːd/ *n* (of birds) nidada *f*; (of mammals) camada *f*; (of children) (hum) prole *f* (fam & hum)

brood[2] *vi* (reflect): **she sat ~ing on the unfairness of life** rumiaba lo injusta que era la vida; **stop ~ing over it** deja de darle vueltas al asunto

brook /brʊk/ *n* arroyo *m*

broom /bruːm/ *n* **1** (brush) escoba *f* **2** (plant) retama *f*, hiniesta *f*

broomstick /ˈbruːmstɪk/ *n* palo *m* de escoba; (of a witch) escoba *f*

broth /brɔːθ, BrE brɒθ/ *n* caldo *m*

brothel /ˈbrɑːθəl, BrE ˈbrɒθəl/ *n* burdel *m*

brother /ˈbrʌðər, BrE ˈbrʌðə(r)/ *n* hermano *m*; **do you have any ~s and sisters?** ¿tienes hermanos?

brotherhood /ˈbrʌðərhʊd, BrE ˈbrʌðəhʊd/ *n* **(a)** (fellowship) fraternidad *f* **(b)** (association) hermandad *f*; (Relig) cofradía *f*

brother-in-law /ˈbrʌðərɪnˌlɔː/ *n* (*pl* **brothers-in-law**) cuñado *m*

brotherly /ˈbrʌðərli, BrE ˈbrʌðəli/ *adj* fraternal

brought /brɔːt/ *past & past p of* **bring**

brow /braʊ/ *n* **(a)** (forehead) (liter) frente *f* **(b)** (eye~) ceja *f* **(c)** (of hill) cima *f*

browbeat /ˈbraʊbiːt/ *vt* (*past* **browbeat**; *past p* **browbeaten** /ˈbraʊˌbiːtn̩/) intimidar

brown[1] /braʊn/ *adj* **-er, -est** ‹*shoe/dress/eyes*› marrón, café *adj inv* (AmC, Chi, Méx), carmelito (Col); ‹*hair*› castaño; ‹*skin/person*› (naturally) moreno; (suntanned) bronceado; **to get ~** broncearse

brown[2] *n* marrón *m*, café *m* (AmC, Chi, Méx), carmelito *m* (Col)

brown[3] *vt* **(a)** (Culin) dorar **(b)** (tan) broncear

brown bread *n* pan *m* negro *or* (Esp) moreno

brownie /ˈbraʊni/ *n* **1** (cake) *bizcocho de chocolate y nueces* **2** **Brownie**, BrE **Brownie (Guide)** alita *f*

brown: **~ paper** *n* papel *m* de estraza; **~ rice** *n* arroz *m* integral; **~ sugar** *n* azúcar *m* moreno, azúcar *f* morena

browse /braʊz/ *vi* (look) mirar (*en una tienda, catálogo etc*); **she was browsing through a magazine** estaba hojeando una revista

browser /ˈbraʊzər, BrE ˈbraʊzə(r)/ *n* (Comput) navegador *m*

bruise[1] /bruːz/ *n* moretón *m*, cardenal *m*, morado *m* (Esp, Ven)

bruise[2] *vt* ‹*body/arm*› contusionar (fml); ‹*fruit*› magullar, mallugar* (Méx, Ven)

brunch /brʌntʃ/ *n* (infml) brunch *m* (*combinación de desayuno y almuerzo*)

brunette /bruːˈnet/ *n* morena *f*, morocha *f* (CS)

brunt /brʌnt/ *n*: **to bear** o **take the ~ of sth** sufrir algo

brush[1] /brʌʃ/ *n* **1** (for cleaning) cepillo *m*; (for hair) cepillo *m*; (paint~) pincel *m*; (large) brocha *f* **2** (of fox) cola *f* **3** **(a)** (act): **I gave my hair a ~** me cepillé el pelo **(b)** (faint touch) roce *m* **(c)** (encounter): **~** WITH **sth/sb** (with the law/the police) roce *m* CON algo/algn **4** (scrub) maleza *f*

brush[2] *vt* **(a)** (clean, groom) ‹*jacket/hair*› cepillar; **to ~ one's teeth** lavarse los dientes **(b)** (sweep): **he ~ed the crumbs off the table** quitó las migas de la mesa **(c)** (touch lightly) rozar*

■ *vi* **to ~** AGAINST **sth/sb** rozar* algo/a algn

● **brush off** [*v + o + adv, v + adv + o*] **(a)** ‹*mud/hair*› quitar (*cepillando*) **(b)** ‹*advances/suggestions*› no hacer* caso de

● **brush up** **(a)** [*v + o + adv, v + adv + o*] (infml) darle* un repaso a **(b)** [*v + adv*] **to ~ up** ON **sth** darle* un repaso A algo

brusque /brʌsk, BrE brʊsk/ *adj* brusco

Brussels /ˈbrʌsəlz/ *n* Bruselas *f*

brussels sprout, **Brussels Sprout** *n* col *f* *or* (AmS) repollito *m* de Bruselas

brutal /ˈbruːtl/ *adj* brutal

brutality /bruːˈtæləti/ *n* (*pl* **-ties**) brutalidad *f*

brutally /ˈbruːtli/ *adv* **(a)** (cruelly) ‹*attack/treat*› brutalmente **(b)** (mercilessly) ‹*frank*› crudamente

brute[1] /bruːt/ *n* (infml) **(a)** (person) animal *mf* (fam) **(b)** (animal) bestia *f* (fam)

brute[2] *adj* (*before n*): **~ force** fuerza *f* bruta

BS *n* (AmE), **BSc** (BrE) *n* = **Bachelor of Science**

BST = **British Summer Time**

bubble[1] /ˈbʌbəl/ *n* (of air, gas) burbuja *f*; (of soap) pompa *f*

bubble[2] *vi* **1** (form bubbles) «*lava*» bullir*; «*champagne*» burbujear **2** «*person*» **she ~s with enthusiasm** rebosa (de) entusiasmo

bubble: **~ bath** *n* baño *m* de burbujas *or* espuma; **~ gum** *n* chicle *m* (de globos), chicle *m* de bomba (Col, Ven), chicle *m* globero (Ur); **~-wrapped** *adj* envuelto en plástico con burbujas

bubbly /ˈbʌbli/ *adj* **-lier**, **-liest** **(a)** ‹*person*› lleno de vida; ‹*personality*› efervescente **(b)** (full of bubbles) burbujeante

Bucharest /ˈbuːkərest, BrE ˌbuːkəˈrest/ *n* Bucarest *m*

buck[1] /bʌk/ *n* **1** (male deer) ciervo *m* (macho); (male rabbit) conejo *m* (macho) **2** (dollar) (esp AmE infml) dólar *m*, verde *m* (AmL fam) **3** (responsibility): ***to pass the ~*** (infml) pasar la pelota (fam); **the ~ stops here** la responsabilidad es mía (*or* nuestra *etc*)

buck[2] *vi* «*horse*» corcovear

■ *vt* ‹*trend*› resistirse a

● **buck up** (infml) **1** [*v + adv*] (become cheerful) levantar el ánimo **2** [*v + o + adv, v + adv + o*] (cheer up) ‹*person*› levantarle el ánimo a

bucket /ˈbʌkət, BrE ˈbʌkɪt/ *n* balde *m* *or* (Esp) cubo *m* *or* (Méx) cubeta *f* *or* (Ven) tobo *m*; ***to kick the ~*** (infml & hum) estirar la pata (fam & hum)

buckle[1] /ˈbʌkəl/ *n* hebilla *f*

buckle[2] *vt* abrochar

■ *vi* (bend, crumple) «*wheel/metal*» torcerse*; **his knees ~d beneath him** se le doblaron las rodillas

b

bud /bʌd/ *n* brote *m*, yema *f*; (of flower) capullo *m*

Budapest /'bu:dəpest, BrE ˌbu:də'pest/ *n* Budapest *m*

Buddha /'bu:də, BrE 'bʊdə/ *n* Buda *m*

Buddhism /'bu:dɪzəm, BrE 'bʊdɪzəm/ *n* budismo *m*

Buddhist[1] /'bu:dəst, BrE 'bʊdɪst/ *n* budista *mf*

Buddhist[2] *adj* budista

budding /'bʌdɪŋ/ *adj* (*before n*) ‹*artist/genius*› en ciernes

buddy /'bʌdi/ *n* (*pl* **-dies**) (AmE infml) amigo *m*, compinche *m* (fam), cuate *m* (Méx fam)

budge /bʌdʒ/ *vi* (*usu with neg*) **(a)** (move) moverse* **(b)** (change opinion) cambiar de opinión ■ *vt* **(a)** (move) correr **(b)** (persuade) convencer*

budgerigar /'bʌdʒərigɑ:r, BrE 'bʌdʒərigɑ:(r)/ *n* periquito *m*

✓ **budget**[1] /'bʌdʒət, BrE 'bʌdʒɪt/ *n* presupuesto *m*

budget[2] *vi* administrarse; **to learn to ~** aprender a administrar el dinero; **I hadn't ~ed for staying in a hotel** no había contado con gastos de hotel

budgie /'bʌdʒi/ *n* (BrE infml) periquito *m*

buff[1] /bʌf/ *n* (infml) aficionado, -da *m,f*; **film ~** cinéfilo, -la *m,f*

buff[2] *vt* ‹*metal*› pulir; ‹*shoes*› sacar* brillo a

buffalo /'bʌfələʊ/ *n* (*pl* **-loes** *or* **-los**) **(a)** (wild ox) búfalo *m*; (water ~) búfalo *m* de agua, carabao *m* **(b)** (bison) (AmE) bisonte *m*

buffer /'bʌfər, BrE 'bʌfə(r)/ *n* **1** **(a)** (AmE) (Auto) parachoques *m*, paragolpes *m* (RPl) **(b)** (BrE) (Rail) (on train) tope *m*; (in station) parachoques *m*; (*before n*) **~ state** estado *m* tapón **2** (Comput) memoria *f* intermedia

buffet[1] /bə'feɪ, BrE 'bʊfeɪ, 'bʌfeɪ/ *n* **1** (meal) buffet *m* **2** (BrE) **(a)** (in train) bar *m*; (*before n*) **~ car** (also AmE) coche *m* restaurante, coche *m* comedor **(b)** (cafeteria) bar *m* (*en una estación*)

buffet[2] /'bʌfət, BrE 'bʌfɪt/ *vt* zarandear, sacudir

bug[1] /bʌg/ *n* **1** (biting insect) chinche *f or m*; (any insect) (esp AmE) bicho *m* **2** (germ, disease) (infml): **he picked up a stomach ~** se agarró algo al estómago; **she got the travel ~** le entró la fiebre de los viajes **3** (listening device) (infml) micrófono *m* oculto

bug[2] *vt* **-gg-** (infml) **1** ‹*room/telephone*› colocar* micrófonos ocultos en **2** (bother, irritate) fastidiar

bugger /'bʌgər, BrE 'bʌgə(r)/ *n* (BrE vulg) hijo, -ja *m,f* de puta (vulg)

buggy /'bʌgi/ *n* (*pl* **-gies**) **1** (horse-drawn vehicle) calesa *f* **2** (baby ~) (baby carriage) (AmE) cochecito *m*; (pushchair) (BrE) sillita *f* de paseo (*plegable*)

bugle /'bju:gəl/ *n* clarín *m*

✓ **build**[1] /bɪld/ (*past & past p* **built**) *vt* ‹*house/road/ship/wall*› construir*; ‹*fire/nest*› hacer*

● **build up** **1** [*v + o + adv, v + adv + o*] **(a)** (make bigger, stronger) fortalecer* **(b)** (accumulate) ‹*supplies/experience*› acumular; ‹*reserves*› acrecentar* **(c)** (develop) ‹*reputation*› forjarse; **to ~ up one's hopes** hacerse* ilusiones; **he built the firm up from nothing** levantó la empresa de la nada **2** [*v + adv*] (increase) «*pressure/noise*» ir* en aumento; **the tension ~s up to a climax** la tensión va en aumento hasta llegar a un punto culminante

build[2] *n* complexión *f*

builder /'bɪldər, BrE 'bɪldə(r)/ *n* albañil *mf*; (contractor) contratista *mf*

✓ **building** /'bɪldɪŋ/ *n* **(a)** (edifice) edificio *m* **(b)** (construction) construcción *f*; (*before n*) **~ contractor** contratista *mf* (de obras); **~ site** obra *f*

building society *n* (in UK) sociedad *f* de crédito hipotecario

buildup /'bɪldʌp/ *n* **(a)** (accumulation) acumulación *f*; (of tension, pressure) aumento *m* **(b)** (of troops) concentración *f* **(c)** (publicity) propaganda *f*

built /bɪlt/ *past & past p of* **build**[1]

built: **~-in** /'bɪlt'ɪn/ *adj* (*before n*) ‹*bookcase/desk*› empotrado; ‹*equipment*› fijo; ‹*mechanism/feature*› incorporado; **~-up** /'bɪlt'ʌp/ *adj* (*before n*) ‹*area*› urbanizado

bulb /bʌlb/ *n* **1** (Bot, Hort) (of flower) bulbo *m*, papa *f* (Chi); (of garlic) cabeza *f* **2** (light ~) bombilla *f or* (Méx) foco *m or* (Col, Ven) bombillo *m or* (RPl) bombita *f or* lamparita *f or* (Chi) ampolleta *f or* (AmC) bujía *f*

bulbous /'bʌlbəs/ *adj* ‹*growth*› bulboso; ‹*nose*› protuberante

Bulgaria /bʌl'geriə, BrE bʌl'geəriə/ *n* Bulgaria *f*

Bulgarian[1] /bʌl'geriən, BrE bʌl'geəriən/ *adj* búlgaro

Bulgarian[2] *n* **(a)** (person) búlgaro, -ra *m,f* **(b)** (language) búlgaro *m*

bulge[1] /bʌldʒ/ *n* bulto *m*

bulge[2] *vi* **(a)** (protrude) sobresalir*; **the bag was bulging with books** la bolsa estaba repleta de libros **(b)** **bulging** *pres p* ‹*pocket/bag*› repleto; ‹*eyes*› saltón

bulimia (nervosa) /bju:'li:miə(nɜ:r'vəʊsə), BrE bju:'lɪmiə(nɜ:'vəʊsə)/ *n* bulimia *f* (nerviosa)

bulk /bʌlk/ *n* **1** **(a)** (Busn) (large quantity): **in ~** en grandes cantidades **(b)** (large mass) mole *f* **2** (largest part): **the ~ of sth** la mayor parte de algo

bulky /'bʌlki/ *adj* **-kier**, **-kiest** ‹*package*› voluminoso; ‹*person*› corpulento; ‹*sweater*› (AmE) grueso

bull /bʊl/ *n* toro *m*

bull: **~dog** *n* bul(l)dog *m*; **~doze** *vt* demoler*; **~dozer** /'bʊldəʊzər, BrE 'bʊldəʊzə(r)/ *n* bulldozer *m*, topadora *f* (Arg)

bullet /'bʊlət, BrE 'bʊlɪt/ *n* bala *f*

bulletin /'bʊlətn̩, BrE 'bʊlətɪn/ *n* (notice) anuncio *m*; (newsletter) boletín *m*; (report) (Journ) boletín *m* (informativo)

bulletin board *n* (AmE) tablero *m or* (Esp) tablón *m* de anuncios, cartelera *f* (AmL), diario *m* mural (Chi)

bulletproof /'bʊlətpru:f, BrE 'bʊlɪtpru:f/ *adj* ‹*vest*› antibalas *adj inv*; ‹*vehicle*› blindado

bull: **~fight** *n* corrida *f* de toros; **~fighter** *n* torero, -ra *m,f*; **~fighting** *n* (deporte *m* de) los toros; (art) tauromaquia *f*; **~frog** *n* rana *f* toro

bullion /'bʊljən, BrE 'bʊliən/ *n*: **gold/silver ~** oro/plata en lingotes

✓ palabra clave

bullock /'bʊlək/ *n* **(a)** (castrated bull) buey *m* **(b)** (young bull) (esp AmE) novillo *m*

bull: **~ring** *n* plaza *f* de toros; **~seye** *n* diana *f*; **~shit** /'bʊlʃɪt/ *n* (vulg) sandeces *fpl* (fam), pendejadas (AmL exc CS vulg), gilipolleces *fpl* (Esp arg), huevadas *fpl* (Andes, Ven vulg), boludeces *fpl* (Col, RPl vulg), mamadas *fpl* (Méx vulg)

bully[1] /'bʊli/ *n* (*pl* **-lies**) matón, -tona *m,f*

bully[2] *vt* **-lies**, **-lying**, **-lied** acosar, intimidar

bum /bʌm/ *n* (infml) **1** **(a)** (worthless person) vago, -ga *m,f* (fam) **(b)** (vagrant) (AmE) vagabundo, -da *m,f* **2** (buttocks) (BrE) trasero *m* (fam), culo *m* (fam *o* vulg), traste *m* (CS fam), poto *m* (Chi, Per fam)

bumblebee /'bʌmbəl,bi:/ *n* abejorro *m*

bumbling /'bʌmblɪŋ/ *adj* torpe

bump[1] /bʌmp/ *n* **1** (blow) golpe *m*; (jolt) sacudida *f*; (collision) topetazo *m* **2** (lump — in surface) bulto *m*; (— on head) chichón *m*; (— on road) bache *m*

bump[2] *vt*: **I ~ed my elbow on** o **against the door** me di en el codo con *or* contra la puerta; **I ~ed the post as I was reversing** choqué con *or* contra el poste al dar marcha atrás

■ *vi* (hit, knock) **to ~** (AGAINST sth) darse* *or* chocar* (CONTRA *or* CON algo)

● **bump into** [*v* + *prep* + *o*] **(a)** (collide with) darse* *or* chocar* contra **(b)** (meet by chance) (infml) toparse *or* tropezarse* con

bumper[1] /'bʌmpər, BrE 'bʌmpə(r)/ *n* (Auto) parachoques *m*, paragolpes *m* (AmL)

bumper[2] *adj* (*before n*) ‹*crop/year*› récord *adj inv*; ‹*edition*› extra; ‹*pack*› gigante

bumper car *n* coche *m* de choque, autito *m* chocador (RPl), carro *m* loco (Andes), carrito *m* chocón (Méx, Ven)

bumpkin /'bʌmpkɪn/ *n*: **(country) ~** pueblerino, -na *m,f*, paleto, -ta *m,f* (Esp fam), pajuerano, -na *m,f* (RPl fam)

bumpy /'bʌmpi/ *adj* **-pier**, **-piest** ‹*surface*› desigual; ‹*road*› lleno de baches; **we had a ~ flight** el avión se movió mucho

bun /bʌn/ *n* **1** **(a)** (sweetened) bollo *m* **(b)** (bread roll) panecillo *m*, pancito *m* (CS), bolillo *m* (Méx) **2** (hairstyle) moño *m*, rodete *m* (RPl), chongo *m* (Méx) **3** **buns** *pl* (AmE infml) trasero *m* (fam), culo *m* (fam *o* vulg), traste *m* (CS fam), poto *m* (Chi, Per fam)

bunch /bʌntʃ/ *n* **(a)** (of flowers) ramo *m*, bonche *m* (Méx); (small) ramillete *m*; (of bananas) racimo *m*, penca *f* (Méx), cacho *m* (RPl); (of grapes) racimo *m*; (of keys) manojo *m* **(b)** (group) grupo *m*; **they're an odd ~** son gente de lo más rara

bundle[1] /'bʌndl/ *n* (of clothes) lío *m*, fardo *m*, atado *m* (AmL); (of newspapers, letters) paquete *m*; (of money) fajo *m*; (of sticks) haz *m*, atado *m* (AmL)

bundle[2] *vt* **(a)** (make into a bundle) liar*, atar **(b)** (push) (+ *adv compl*): **she ~d them off to school** los despachó al colegio; **they ~d him into the car** lo metieron a empujones en el coche

bung /bʌŋ/ *n* tapón *m*

bungalow /'bʌŋgələʊ/ *n* casa *f* de una planta

bungee jumping *n* banyi *m*, bungee *m*; (from bridge) puenting *m*; **to go ~** hacer* banyi *or* bungee; (from a bridge) hacer* puenting

bungle /'bʌŋgəl/ *vt* echar a perder; **a ~d attempt** un intento fallido

bungling /'bʌŋglɪŋ/ *adj* (*before n, no comp*) torpe

bunion /'bʌnjən/ *n* juanete *m*

bunk /bʌŋk/ *n* litera *f*

● **bunk off** ▸ **skive off**

bunk bed *n* litera *f*

bunny /'bʌni/ (*pl* **-nies**), **bunny rabbit** *n* (used to or by children) conejito *m* (fam)

bunting /'bʌntɪŋ/ *n* (esp AmE) *tela usada para la confección de banderas*

buoy /bɔɪ, 'bu:i, BrE bɔɪ/ *n* boya *f*

● **buoy up** [*v* + *o* + *adv*, *v* + *adv* + *o*] **(a)** ‹*boat/person*› mantener* a flote **(b)** (keep cheerful) animar

buoyant /'bɔɪənt/ *adj* **(a)** (able to float) flotante **(b)** ‹*mood/spirits*› optimista **(c)** (Fin) ‹*currency*› fuerte; ‹*market*› alcista

burble /'bɜ:rbəl, BrE 'bɜ:bəl/ *vi* **(a)** «*stream/spring*» borbotar, borbotear **(b)** (talk meaninglessly) parlotear (fam), cotorrear (fam); (talk excitedly) hablar atropelladamente

burden[1] /'bɜ:rdn̩, BrE 'bɜ:dn̩/ *n* carga *f*

burden[2] *vt* cargar*; **I don't want to ~ you with my problems** no te quiero preocupar con mis problemas

bureau /'bjʊrəʊ, BrE 'bjʊərəʊ/ *n* (*pl* **bureaus** *or* **bureaux** /-z/) **1** **(a)** (agency) agencia *f* **(b)** (government department) (AmE) departamento *m* **2** **(a)** (chest of drawers) (AmE) cómoda *f* **(b)** (desk) (BrE) buró *m*, escritorio *m*

bureaucracy /bjʊ'rɑ:krəsi, BrE bjʊə'rɒkrəsi/ *n* (*pl* **-cies**) burocracia *f*

bureaucrat /'bjʊrəkræt, BrE 'bjʊərəkræt/ *n* burócrata *mf*

bureaucratic /'bjʊrə'krætɪk, BrE ˌbjʊərə'krætɪk/ *adj* burocrático

bureau de change /'bjʊrəʊdə'ʃɑ:nʒ, BrE 'bjʊərəʊdə'ʃɑ̃ʒ/ *n* (*pl* **bureaux de change**) (casa *f* de) cambio *m*

burgeon /'bɜ:rdʒən, BrE 'bɜ:dʒən/ *vi* (liter) florecer*

burglar /'bɜ:rglər, BrE 'bɜ:glə(r)/ *n* ladrón, -drona *m,f*; (*before n*) **~ alarm** alarma *f* antirrobo

burglarize /'bɜ:rgləraɪz, BrE 'bɜ:gləraɪz/ *vt* (AmE) robar

burglary /'bɜ:rgləri, BrE 'bɜ:gləri/ *n* (*pl* **-ries**) robo *m* (*con allanamiento de morada o escalamiento*)

burgle /'bɜ:rgəl, BrE 'bɜ:gəl/ *vt* robar

burial /'beriəl/ *n* entierro *m*

Burkina Faso /bɜ:r'ki:nə'fæsəʊ, BrE ˌbɜ:ki:nə'fæsəʊ/ *n* Burkina Faso *m*

burlesque /bɜ:r'lesk, BrE bɜ:'lesk/ *n* obra *f* burlesca

burly /'bɜ:rli, BrE 'bɜ:li/ *adj* **-lier**, **-liest** fornido

Burma /'bɜ:rmə, BrE 'bɜ:mə/ *n* Birmania *f*

Burmese[1] /'bɜ:r'mi:z, BrE bɜ:'mi:z/ *adj* birmano

Burmese[2] *n* (*pl* **~**) **(a)** (person) birmano, -na *m,f* **(b)** (language) birmano *m*

burn[1] /bɜ:rn, BrE bɜ:n/ (*past & past p* **burned** *or* **burnt**) *vi* **1** **(a)** «*fire/building/wood/coal*» arder; «*food*» quemarse **(b)** (in sun) «*skin*» quemarse **2** (sting) «*eyes/wound*» escocer*, arder (esp AmL); **a ~ing sensation** un escozor, un ardor (esp AmL)

■ *vt* **1** **(a)** ‹*letter/rubbish/food*› quemar;

b

‹*building/town*› incendiar; **I ~ed a hole in my sleeve** me quemé la manga (*con un cigarrillo etc*) **(b)** (injure) quemar **2** (Comput) ‹*CD*› quemar
● **burn down 1** [*v + o + adv, v + adv + o*] incendiar **2** [*v + adv*] incendiarse

burn² *n* quemadura *f*

burner /'bɜːrnər, BrE 'bɜːnə(r)/ *n* quemador *m*

burning /'bɜːrnɪŋ, BrE 'bɜːnɪŋ/ *adj* (*before n*) **(a)** (hot) ‹*sand*› ardiente; ‹*sun*› abrasador **(b)** (intense) ‹*desire*› ardiente; ‹*hatred*› violento

burnt /bɜːrnt, BrE bɜːnt/ *past & past p of* **burn¹**

burp *v* eructar

burrow¹ /'bərəʊ, BrE 'bʌrəʊ/ *n* madriguera *f*; (of rabbits) conejera *f*

burrow² *vi* cavar

bursar /'bɜːrsər, BrE 'bɜːsə(r)/ *n* administrador, -dora *m,f*

burst¹ /bɜːrst, BrE bɜːst/ (*past & past p* **burst**) *vi* **1** «*balloon/tire*» reventarse*; «*pipe*» reventar*, romperse*; «*dam*» romperse*; **to ~ open** abrirse* de golpe **2** (move suddenly) (+ *adv compl*): **he ~ into the room** entró de sopetón en la habitación; **they ~ through the police cordon** rompieron el cordón policial
■ *vt* ‹*balloon/bubble*› reventar*; **the river ~ its banks** el río se desbordó
● **burst into**: [*v + prep + o*]: **to ~ into tears** echarse a llorar; **to ~ into song** ponerse* a cantar; **to ~ into flames** estallar en llamas

burst² *n* **1** (of applause) salva *f*; (of activity) arrebato *m*; (of gunfire) ráfaga *f* **2** (of pipe) rotura *f*

bursting /'bɜːrstɪŋ, BrE 'bɜːstɪŋ/ *adj* (*pred, no comp*) **to be ~ (WITH sth)** estar* repleto (DE algo); **he was ~ with energy** rebosaba (de) energía

bury /'beri/ **buries, burying, buried** *vt* (inter) enterrar*; **the village was buried by the avalanche** el pueblo fue sepultado por la avalancha; **he buried his head in his hands** ocultó la cabeza entre las manos
■ *v refl* **to ~ oneself** IN **sth** (in one's work/one's books) enfrascarse* EN algo

✓ **bus** /bʌs/ *n* (*pl* **buses** *or* (AmE also) **busses**) (Transp) **(a)** (local) autobús *m*, bus *m* (AmL), camión *m* (AmC, Méx), colectivo *m* (Arg), ómnibus *m* (Per, Ur), micro *f* (Chi), guagua *f* (Cu); (*before n*) **~ conductor** cobrador, -dora *m,f*, guarda *mf* (RPl) de autobuses; **~ driver** conductor -tora *m,f or* chofer *mf or* (Esp) chófer *mf* de autobús, camionero, -ra *m,f* (AmC, Méx), colectivero, -ra *m,f* (Arg), microbusero, -ra *m,f* (Chi); **~ stop** parada *f or* (AmL exc RPl) paradero *m* de autobús (*or* bus *etc*) **(b)** (long-distance) autobús *m*, autocar *m* (Esp), pullman *m* (CS)

bush /bʊʃ/ *n* **1** (shrub) arbusto *m*; ***to beat about the ~*** andarse* con rodeos **2** (wild country): **the ~** el monte

bushy /'bʊʃi/ *adj* **bushier, bushiest** ‹*beard*› poblado; ‹*eyebrows*› tupido; ‹*undergrowth*› espeso

busily /'bɪzəli, BrE 'bɪzɪli/ *adv* ‹*work*› afanosamente

✓ **business** /'bɪznəs, BrE 'bɪznɪs/ *n* **1** (Busn) **(a)** (world of commerce, finance) negocios *mpl*; (*before n*) **~ studies** (ciencias *fpl*) empresariales *fpl* **(b)** (commercial activity, trading) comercio *m*; **the firm has been in ~ for 50 years** la empresa tiene 50 años de actividad comercial; **they went into ~ together** montaron un negocio juntos; **she's away on ~** está de viaje por negocios; **to go out of ~** cerrar*; ***to get down to ~*** ir* al grano; ***to mean ~*** decir* algo muy en serio; (*before n*) ‹*appointment/lunch*› de trabajo, de negocios; **~ card** tarjeta *f* de visita, tarjeta *f* de presentación; **~ hours** horas *fpl* de oficina; **~ letter** carta *f* comercial; **~ trip** viaje *m* de negocios **(c)** (custom, clients): **to lose ~** perder* clientes *or* clientela **2 (a)** (firm) negocio *m*, empresa *f* **(b)** (branch of commerce): **I'm in the antiques ~** trabajo en la compra y venta de antigüedades; **the music ~** la industria de la música **3** (rightful occupation, concern) asunto *m*; **mind your own ~!** ¡no te metas en lo que no te importa!; **that's none of your ~** eso no es asunto tuyo **4** (affair, situation, activity) (infml) (*no pl*) asunto *m*; **what's all this ~ about you leaving?** ¿qué es eso de que te vas?

business: **~like** *adj* ‹*person/manner*› (serious) formal; (efficient) eficiente; ‹*discussion*› serio; **~man** /'bɪznəsmæn, BrE 'bɪznɪsmən/ *n* (*pl* **-men** /-men, BrE -mən/) empresario *m*, hombre *m* de negocios; **~woman** *n* empresaria *f*, mujer *f* de negocios

busker /'bʌskər, BrE 'bʌskə(r)/ *n* (BrE) músico *m* callejero

bust¹ /'bʌst/ *vt* **(a)** (*past & past p* **busted** *or* (BrE also) **bust**) (break) (infml) romper* **(b)** (*past & past p* **busted**) (raid) (sl) ‹*person*› agarrar (fam), trincar* (Esp fam); ‹*premises*› hacer* una redada en

bust² *n* **(a)** (sculpture) busto *m* **(b)** (bosom) busto *m*, pecho *m*

bust³ *adj* (bankrupt) (infml): **to go ~** quebrar*, ir(se)* a la bancarrota, fundirse (Per, RPl fam)

bustle¹ /'bʌsəl/ *vi* **(a)** (move busily): **to ~ around** ir* de aquí para allá **(b)** (be crowded, lively) «*street/store*» **to ~ (WITH sth)** bullir* (DE algo)

bustle² *n* ajetreo *m*

bustling /'bʌslɪŋ/ *adj* ‹*street/shop*› animado

bust-up /'bʌstʌp/ *n* **(a)** (breakup) ruptura *f* **(b)** (quarrel) (BrE infml) pelea *f*, bronca *f* (fam)

✓ **busy¹** /'bɪzi/ *adj* **busier, busiest 1** ‹*person*› ocupado; **the children keep me very ~** los niños me tienen muy atareada **2** ‹*street/market*› concurrido; **I've had a ~ day** he tenido un día de mucho trabajo; **a ~ road** una carretera con mucho tráfico **3** (AmE) (Telec) ocupado (AmL), comunicando (Esp); **the ~ signal** la señal de ocupado *or* (Esp) de comunicando

busy² *v refl* **busies, busying, busied to ~ oneself** WITH **sth** entretenerse* CON algo

busybody /'bɪzi,bɑːdi, BrE 'bɪzi,bɒdi/ *n* (*pl* **-dies**) (infml) entrometido, -da *m,f*, metomentodo *mf* (fam)

✓ **but¹** /bʌt, *weak form* bət/ *conj* pero; **not ... ~ ...** no ... sino ...; **~ then you never were very ambitious, were you?** pero la verdad es que tú nunca fuiste muy ambicioso ¿no?; **not only did she hit him, ~ she also ...** no solo le pegó, sino que también ...

but² *prep*: **everyone ~ me** todos menos *or* excepto yo; **the last street ~ one** la penúltima calle; **~ for them, we'd have lost everything** de no haber sido por ellos, habríamos perdido todo

---
✓ palabra clave

but³ *adv* (fml): **we can ~ try** con intentarlo no se pierde nada

butane /'bju:teɪn/ *n* butano *m*

butcher¹ /'bʊtʃər, BrE 'bʊtʃə(r)/ *n* **(a)** (meat dealer) carnicero, -ra *m,f*; **~'s (shop)** carnicería *f* **(b)** (murderer) asesino, -na *m,f*

butcher² *vt* **(a)** ‹*cattle/pig*› matar, carnear (CS) **(b)** ‹*people*› masacrar

butler /'bʌtlər, BrE 'bʌtlə(r)/ *n* mayordomo *m*

butt¹ /bʌt/ *n* **1** **(a)** (of rifle) culata *f* **(b)** **~ (end)** (blunt end) extremo *m* **(c)** (of cigarette) colilla *f*, bacha *f* (Méx fam) **2** (target of jokes or criticism) blanco *m* **3** **(a)** (from goat) topetazo *m* **(b)** (head ~) cabezazo *m* **4** (buttocks) (AmE infml) trasero *m* (fam), culo *m* (fam *o* vulg), traste *m* (CS fam), poto *m* (Chi, Per fam)

butt² *vt* «*goat*» topetar

● **butt in** [*v + adv*] interrumpir

butter¹ /'bʌtər, BrE 'bʌtə(r)/ *n* mantequilla *f*, manteca *f* (RPl)

butter² *vt* ‹*bread*› untar con mantequilla *or* (RPl) manteca

butter: **~ bean** *n* **(a)** (dried bean) *tipo de frijol blanco*, poroto *m* de manteca (RPl) **(b)** (wax bean) (AmE) *tipo de frijol fresco con vaina amarilla*; **~cup** *n* ranúnculo *m*; **~fly** *n* **(a)** (Zool) mariposa *f*; **to have ~flies (in one's stomach)** estar* nervioso **(b)** (swimming stroke) estilo *m* mariposa

buttock /'bʌtək/ *n* nalga *f*

button¹ /'bʌtn̩/ *n* botón *m*

button² *vt* abotonar

■ *vi* abotonarse

● **button up** [*v + o + adv, v + adv + o*] abotonar

buttonhole /'bʌtn̩həʊl/ *n* **(a)** (Clothing) ojal *m* **(b)** (flower) (BrE) *flor que se lleva en el ojal*

buttress /'bʌtrəs, BrE 'bʌtrɪs/ *n* (Archit) contrafuerte *m*; **flying ~** arbotante *m*

buxom /'bʌksəm/ *adj* con mucho busto *or* pecho

buy¹ /baɪ/ (*past & past p* **bought**) *vt* comprar; **to ~ sb sth** comprarle algo a algn; **to ~ sth** FROM **sb** comprarle algo A algn; **to ~ sth** FOR **sb** comprar algo PARA algn

■ *vi* comprar; **to ~** FROM **sb** comprarle A algn

● **buy off** [*v + o + adv, v + adv + o*] sobornar

● **buy out** [*v + o + adv, v + adv + o*] ‹*partner/shareholder*› comprarle su parte a

● **buy up** [*v + adv + o*] comprarse todas las existencias de

buy² *n* compra *f*

buyer /'baɪər, BrE 'baɪə(r)/ *n* **(a)** (customer) comprador, -dora *m,f* **(b)** (buying agent) encargado, -da *m,f* de compras

buzz¹ /bʌz/ *n* (of insect) zumbido *m*; (of voices) rumor *m*; (as signal) zumbido *m*

buzz² *vi* «*insect*» zumbar; «*telephone/alarm clock*» sonar*; **my ears were ~ing** me zumbaban los oídos

buzzard /'bʌzərd, BrE 'bʌzəd/ *n* **(a)** (hawk) (esp BrE) águila *f*‡ ratonera **(b)** (vulture) (AmE) aura *f*‡, gallinazo *m*, zopilote *m* (AmC, Méx)

buzzer /'bʌzər, BrE 'bʌzə(r)/ *n* timbre *m*

by¹ /baɪ/ *prep* **1** (indicating agent, cause) (*with passive verbs*) por [*The passive voice is, however, less common in Spanish than it is in English*] **she was brought up ~ her grandmother** la crio su abuela; **a play ~ Shakespeare** una obra de Shakespeare **2** **(a)** (indicating means, method): **made ~ hand** hecho a mano; **to travel ~ car/train/plane** viajar en coche/tren/avión; **to pay ~ credit card** pagar* con tarjeta de crédito; **I'll begin ~ introducing myself** empezaré por presentarme **(b)** (owing to, from): **~ chance** por casualidad; **they have lost public support ~ being too extreme** han perdido apoyo popular por ser demasiado extremistas **3** **(a)** (at the side of, near to) al lado de; **it's right ~ the door** está justo al lado de la puerta **(b)** (to hand) (AmE): **I always keep some money ~ me** siempre llevo algo de dinero encima **4** **(a)** (past): **I said hello, but he walked right ~ me** lo saludé pero él pasó de largo **(b)** (via, through) por; **~ land/sea/air** por tierra/mar/avión **5** **(a)** (indicating rate) por; **we are paid ~ the hour** nos pagan por hora(s) **(b)** (indicating extent of difference): **she broke the record ~ several seconds** batió el récord en *or* por varios segundos **(c)** (indicating gradual progression): **one ~ one** uno por uno **6** **(a)** (not later than): **he told her to be home ~ 11** le dijo que volviera antes de las 11; **they should be there ~ now** ya deberían estar allí; **~ the time he arrived, Ann had left** cuando llegó, Ann se había ido **(b)** (during, at): **~ day/night** de día/noche **7** (according to): **~ that clock it's almost half past** según ese reloj son casi y media; **that's fine ~ me** por mí no hay problema **8** (Math) por; **multiply two ~ three** multiplica dos por tres; **a room 20 ft ~ 12 ft** una habitación de 20 pies por 12 **9** **by oneself** (alone, without assistance) solo

by² *adv* **(a)** (past): **she rushed ~ without seeing me** pasó corriendo y no me vio; **they watched the parade march ~** vieron pasar el desfile **(b)** (to sb's residence): **call** o **stop ~ on your way to work** pasa por casa de camino al trabajo **(c)** (*in phrases*) **by and by: ~ and ~ they came to the clearing** al poco rato llegaron al claro; **by and large** por lo general, en general

bye, (AmE) **'bye** /baɪ/ *interj* (infml) ¡adiós!, ¡chao *or* chau! (esp AmL fam)

bye-bye /'baɪ'baɪ/ *interj* (infml) ¡adiós!, ¡chaucito! (AmL fam), ¡chaíto! (Chi fam)

by: **~gone** *adj* (liter) (*before n*) ‹*age/days*› de antaño (liter); ***to let ~gones be ~gones*** olvidar el pasado; **~law** *n* (BrE) ordenanza *f* municipal

bypass¹ /'baɪpæs, BrE 'baɪpɑ:s/ *n* **(a)** (road) (BrE) carretera *f* de circunvalación **(b)** (Med) bypass *m*

bypass² *vt* **(a)** (circumvent) ‹*person/difficulty*› eludir **(b)** (Transp) «*road*» circunvalar; «*driver*» evitar entrar en

by: **~-product** *n* (in manufacture) subproducto *m*; (consequence) consecuencia *f*; **~road** *n* carretera *f* secundaria; **~stander** /'baɪ,stændər, BrE 'baɪ,stændə(r)/ *n*: **they opened fire, killing innocent ~standers** abrieron fuego y mataron a varias personas inocentes *or* a varios transeúntes

byte /baɪt/ *n* byte *m*, octeto *m*

by: **~way** *n* camino *m* (*apartado*); **~word** *n* **to be a ~word** FOR **sth** ser* sinónimo DE algo; **~-your-leave** /'baɪjər'li:v, BrE ˌbaɪjɔ:'li:v/ *n*: ***without so much as a ~-your-leave*** sin (ni) siquiera pedir permiso

Cc

C, c /siː/ *n* **(a)** (letter) C, c *f* **(b)** (Mus) do *m*
c (a) (Corresp) = **copy to (b)** (in US) (= **cent(s)**) centavo(s) *m(pl)* **(c)** = **circa**
C (= **Celsius** *or* **centigrade**) C
ca = **circa**
CA, Ca = **California**
cab /kæb/ *n* **1** (taxi) taxi *m*; (*before n*) ~ **driver** taxista *mf* **2** (driver's compartment) cabina *f*
cabaret /ˌkæbəˈreɪ, BrE ˈkæbəreɪ/ *n* cabaret *m*
cabbage /ˈkæbɪdʒ/ *n* repollo *m*, col *f*
cabin /ˈkæbən, BrE ˈkæbɪn/ *n* **(a)** (hut) cabaña *f* **(b)** (Naut) camarote *m* **(c)** (Aerosp, Auto, Aviat) cabina *f*
cabinet /ˈkæbənət, BrE ˈkæbɪnɪt/ *n* **1** (cupboard) armario *m*; (with glass front) vitrina *f* **2** *also* **Cabinet** (Govt) gabinete *m* (ministerial)
cable /ˈkeɪbəl/ *n* **(a)** (Elec, Naut) cable *m* **(b)** (Telec) cable *m* **(c)** ▸ **cable television**
cable: ~ **car** *n* (suspended) teleférico *m*; (funicular) funicular *m*; (streetcar) (AmE) tranvía *m*; ~ **television** *n* televisión *f* por cable, cablevisión *f* (esp AmL)
caboose /kəˈbuːs/ *n* (AmE) (Rail) furgón *m* de cola
cache /kæʃ/ *n* alijo *m*
cackle /ˈkækəl/ *vi* «*hen*» cacarear; «*person*» reírse* socarronamente
cactus /ˈkæktəs/ *n* (*pl* **-ti** /-taɪ/ *or* **-tuses**) cactus *m*
caddie, caddy /ˈkædi/ (*pl* **-dies**) *n* caddie *mf*
cadet /kəˈdet/ *n* cadete *mf*
cadge /kædʒ/ (infml) *vt* **to ~ sth** FROM *o* OFF **sb** gorronearle *or* gorrearle *or* (RPl) garronearle *or* (Chi) bolsearle algo A algn (fam)
Caesarean (section) /sɪˈzæriən, BrE sɪˈzeəriən/ *n* ▸ **Cesarean (section)**
cafe /kæˈfeɪ, BrE ˈkæfeɪ/ *n* (coffee bar) café *m*, cafetería *f*; (restaurant) *restaurante económico*
cafeteria /ˌkæfəˈtɪriə, BrE ˌkæfəˈtɪəriə/ *n* (in hospital, college) cantina *f*, cafetería *f*; (restaurant) restaurante *m* autoservicio, self-service *m*
caffeine /kæˈfiːn, BrE ˈkæfiːn/ *n* cafeína *f*
cage¹ /keɪdʒ/ *n* jaula *f*; (in basketball) canasta *f*, cesta *f*; (in ice hockey) portería *f*, meta *f*, arco *m* (Col, CS)
cage² *vt* (*usu pass*) enjaular
Cairo /ˈkaɪrəʊ, BrE ˈkaɪərəʊ/ *n* El Cairo
cajole /kəˈdʒəʊl/ *vt* convencer* con zalamerías
cake¹ /keɪk/ *n* (Culin) (large) pastel *m*, tarta *f* (Esp), torta *f* (esp CS); (small, individual) pastel *m*, masa *f* (RPl); ***to be a piece of ~*** (infml) ser* pan comido (fam)
cake² *vt* (*usu pass*): **our shoes were ~d with mud** teníamos los zapatos cubiertos de barro endurecido

cake tin *n* (BrE) (for baking) molde *m* (para pastel); (for storage) lata *f* (*para guardar pasteles*)
Cal = **California**
calamity /kəˈlæməti/ *n* (*pl* **-ties**) calamidad *f*
calcium /ˈkælsiəm/ *n* calcio *m*
calculate /ˈkælkjəleɪt, BrE ˈkælkjʊleɪt/ *vt* calcular
calculating /ˈkælkjəleɪtɪŋ, BrE ˈkælkjʊleɪtɪŋ/ *adj* calculador
calculation /ˈkælkjəˈleɪʃən, BrE ˌkælkjʊˈleɪʃən/ *n* cálculo *m*
calculator /ˈkælkjəleɪtər, BrE ˈkælkjʊleɪtə(r)/ *n* calculadora *f*
calendar /ˈkæləndər, BrE ˈkælɪndə(r)/ *n* calendario *m*, almanaque *m*; (*before n*) ~ **month** mes *m* (del calendario)
calf /kæf, BrE kɑːf/ *n* (*pl* **calves**) **1** (Zool) **(a)** (animal) ternero, -ra *m,f*, becerro, -rra *m,f* **(b)** (leather) (piel *f* *or* cuero *m* de) becerro *m* **2** (Anat) pantorrilla *f*
caliber, (BrE) **calibre** /ˈkæləbər, BrE ˈkælɪbə(r)/ *n* calibre *m*
Calif = **California**
calipers, (BrE) **callipers** /ˈkæləpərz, BrE ˈkælɪpəz/ *pl n* **(a)** (for measuring) calibrador *m* **(b)** (Med) aparato *m* ortopédico (*para la pierna*)
⚷ **call¹** /kɔːl/ *n* **1** (by telephone) llamada *f*; **to give sb a ~** llamar a algn (por teléfono); **~ sb** ON **their cell phone** (AmE) o (BrE) **mobile** llamar a alguien AL celular (AmL) *or* móvil (AmL Esp) **2 (a)** (of person — cry) llamada *f*, llamado *m* (AmL); (— shout) grito *m* **(b)** (of animal) grito *m*; (of bird) reclamo *m* **3** (summons): **to be on ~** estar* de guardia; **beyond the ~ of duty** más de lo que el deber exigía (*or* exige *etc*) (fml) **4** (demand) llamamiento *m*, llamado *m* (AmL); **there were ~s for his resignation** pidieron su dimisión **5** (*usu with neg*) **(a)** (reason) motivo *m* **(b)** (demand) demanda *f*; **there's not much ~ for this product** no hay mucha demanda para este producto **6** (visit) visita *f* **7** (Sport) decisión *f*, cobro *m* (Chi)
⚷ **call²** *vt* **(a)** (shout) llamar; **to ~ the roll** o **register** (Educ) pasar lista **(b)** ‹*police/taxi/doctor*› llamar; ‹*strike*› llamar a, convocar* **(c)** (by telephone) llamar **(d)** (name, describe as) llamar; **we ~ her Betty** la llamamos *or* (esp AmL) le decimos Betty; **what are you going to ~ the baby?** ¿qué nombre le van a poner al bebé?; **what's this ~ed in Italian?** ¿cómo se llama esto en italiano?
■ *vi* **(a)** «*person*» llamar **(b)** (by telephone) llamar; **who's ~ing, please?** ¿de parte de quién, por favor? **(c)** (visit) pasar
● **call around** [*v* + *adv*] **(a)** (Telec) llamar (*a varias personas*) **(b)** (visit) pasar (por casa)
● **call at** [*v* + *prep* + *o*] «*train*» parar en; **I ~ed at your place yesterday** ayer pasé por tu casa

⚷ palabra clave

• **call back** **1** (Telec) [*v* + *o* + *adv*] llamar más tarde **2** [*v* + *adv*] (Telec) volver* a llamar

• **call for** [*v* + *prep* + *o*] **(a)** (require) ‹*skill/courage*› requerir*, exigir* **(b)** (demand) pedir* **(c)** (collect) pasar a buscar *or* a recoger

• **call in** **1** [*v* + *o* + *adv*, *v* + *adv* + *o*] **(a)** ‹*expert/doctor*› llamar **(b)** ‹*coin/note*› retirar de circulación **2** [*v* + *adv*] **to ~ in (ON sb)** pasar a ver a algn

• **call off** [*v* + *o* + *adv*, *v* + *adv* + *o*] **(a)** (cancel) suspender **(b)** ‹*dog*› llamar

• **call on** [*v* + *prep* + *o*] **(a)** (visit) pasar a ver a **(b)** ▶ **call upon**

• **call out** [*v* + *o* + *adv*, *v* + *adv* + *o*] **(a)** ‹*fire brigade/doctor*› llamar **(b)** (utter): **he ~ed out her name** la llamó

• **call round** [*v* + *adv*] (BrE) ▶ **call around**

• **call up** [*v* + *o* + *adv*, *v* + *adv* + *o*] **(a)** ‹*spirits*› invocar* **(b)** (telephone) (esp AmE) llamar **(c)** (Mil) (*often pass*) llamar (a filas)

• **call upon** [*v* + *prep* + *o*] **(a)** (invite): **to ~ upon sb to speak** dar* la palabra a algn **(b)** (appeal to) apelar a

call: **~ box** *n* (BrE) cabina *f* telefónica; **~ center**, (BrE) **~ centre** *n* (Telec) centro *m* de llamadas

caller /'kɔːlər, BrE 'kɔːlə(r)/ *n*: **we didn't have many ~s** no vino mucha gente; (Telec) no tuvimos *or* no hubo muchas llamadas; **the ~ didn't leave her name** la persona que llamó no dejó su nombre

callipers *n* (BrE) ▶ **calipers**

callous /'kæləs/ *adj* insensible, cruel

callus /'kæləs/ *n* (*pl* **-luses**) (Med) callo *m*

calm¹ /kɑːm/ *adj* **-er, -est** ‹*sea*› en calma, calmo (esp AmL); ‹*person/voice*› tranquilo, calmo (esp AmL)

calm² *vt* tranquilizar*, calmar

• **calm down** **(a)** [*v* + *o* + *adv*, *v* + *adv* + *o*] tranquilizar*, calmar **(b)** [*v* + *adv*] tranquilizarse*; **~ down!** ¡tranquilízate!, ¡tranquilo!

calm³ *n* calma *f*

calmly /'kɑːmli/ *adv* con calma

Calor Gas® /'kælər, BrE 'kælə(r)/ *n* (BrE) (gas *m*) butano *m*, supergás® *m* (RPl)

calorie /'kæləri/ *n* (Culin) (kilo)caloría *f*

calves /kævz, BrE kɑːvz/ *pl of* **calf**

camcorder /'kæm,kɔːrdər, BrE 'kæm,kɔːdə(r)/ *n* videocámara *f*, camcórder *m*

came /keɪm/ *past of* **come**

camel /'kæməl/ *n* camello *m*

cameo /'kæmiəʊ/ *n* **1** (jewelry) camafeo *m* **2** (Cin, TV) actuación *f* especial

camera /'kæmərə/ *n* cámara *f* (fotográfica), máquina *f* fotográfica *or* de fotos

camera: **~man** /'kæmərəmæn/ *n* (*pl* **-men** /-men/) camarógrafo, -fa *m,f*, cameraman *mf* (esp AmL), cámara *mf* (Esp); **~ phone** *n* celular *m* (AmL) *or* móvil *m* (Esp) cámara; **~work** *n* fotografía *f*

Cameroon /'kæmə'ruːn/ *n* Camerún *m*

camomile /'kæməmaɪl/ *n* ▶ **chamomile**

camouflage¹ /'kæməflɑːʒ/ *n* camuflaje *m*

camouflage² *vt* camuflar, camuflajear (AmL)

camp¹ /kæmp/ *n* (collection of tents, huts) campamento *m*; **(summer) ~** (in US) campamento *m* de verano, colonia *f* de vacaciones *or* verano

camp² *vi* acampar; **to go ~ing** ir* de camping

camp³ *adj* **(a)** (effeminate) amanerado, afeminado **(b)** ‹*performance*› afectado, exagerado

campaign¹ /kæm'peɪn/ *n* campaña *f*

campaign² *vi* (Pol, Sociol) **to ~ FOR/AGAINST sth** hacer* una campaña A FAVOR DE/EN CONTRA DE algo

campaigner /kæm'peɪnər, BrE kæm'peɪnə(r)/ *n* (Pol, Sociol) defensor, -sora *m,f*

camper /'kæmpər, BrE 'kæmpə(r)/ *n* **(a)** (person) campista *mf* **(b)** (Transp) cámper *f*

campground /'kæmpgraʊnd/ (AmE), **campsite** /'kæmpsaɪt/ *n* camping *m*

camping /'kæmpɪŋ/ *n*: **I like ~** me gusta ir de camping

campus /'kæmpəs/ *n* (*pl* **-puses**) campus *m*

can¹ /kæn/ *n* **(a)** (container) lata *f*, bote *m* (Esp), tarro *m* (Chi); (*before n*) **~ opener** abrelatas *m* **(b)** (for petrol, water) bidón *m*; (for garbage) (AmE) cubo *m or* (CS) tacho *m or* (Col) caneca *f*, bote *m* (Méx), tobo *m* de la basura (Ven)

can² *vt* **-nn-** (put in cans) enlatar; (bottle) (AmE) ‹*fruit*› preparar conservas de

can³ /kæn, *weak form* kən/ *v mod* (*past* **could**)

> ■ **Note** When *can* means *to be capable of* or *to be allowed to*, it is translated by *poder*: *he can't eat* no puede comer; *can you come out tonight?* ¿puedes salir esta noche?
>
> When *can* means *to know how to*, it is translated by *saber*: *can you swim?* ¿sabes nadar?; *she can already read and write* ya sabe leer y escribir.
>
> When *can* is used with a verb of perception such as *see*, *hear*, or *feel*, it is often not translated: *can you see her from here?* ¿la ves desde aquí?; *she couldn't feel anything* no sentía nada.

1 (indicating ability) poder*; (referring to particular skills) saber*; **she couldn't answer the question** no pudo contestar la pregunta; **~ you swim?** ¿sabes nadar? **2** **(a)** (with verbs of perception): **I ~'t see very well** no veo muy bien; **~ you hear me?** ¿me oyes? **(b)** (with verbs of mental activity): **I ~'t understand it** no lo entiendo; **~'t you tell he's lying?** ¿no te das cuenta de que está mintiendo? **3** **(a)** (indicating, asking etc permission) poder*; **~ I come with you?** ¿puedo ir contigo? **(b)** (in requests) poder*; **~ you turn that music down, please?** ¿puedes bajar esa música, por favor? **(c)** (in offers): **~ I help you?** ¿me permite?; (in shop) ¿lo/la atienden?, ¿qué desea?; **~ I carry that for you?** ¿quieres que (te) lleve eso? **(d)** (in suggestions, advice): **~'t you give it another try?** ¿por qué no lo vuelves a intentar? **4** (indicating possibility) poder*; **it ~'t be true!** ¡no puede ser!, ¡no es posible!

Canada /'kænədə/ *n* (el) Canadá *m*

Canadian¹ /kə'neɪdiən/ *adj* canadiense

Canadian² *n* canadiense *mf*

canal /kə'næl/ *n* canal *m*

Canaries /kə'neriz, BrE kə'neəriz/ *pl n*: **the ~** (las) Canarias

canary /kə'neri, BrE kə'neəri/ *n* (*pl* **-ries**) canario *m*

Canary Islands *pl n*: **the ~** las Islas Canarias
cancel /'kænsəl/, (BrE **-ll-**) *vt* cancelar; ‹*check*› anular
● **cancel out** [*v + o + adv, v + adv + o*] ‹*deficit/loss*› compensar; ‹*debt*› cancelar
cancellation /'kænsə'leɪʃən/ *n* cancelación *f*; (Theat) devolución *f*
🔑 **cancer** /'kænsər, BrE 'kænsə(r)/ *n* **1** (disease) cáncer *m* **2** **Cancer** (Astrol) **(a)** (sign) (*no art*) Cáncer **(b)** (person) Cáncer *or* cáncer *mf*, canceriano, -na *m,f*
candid /'kændəd, BrE 'kændɪd/ *adj* franco
🔑 **candidate** /'kændədeɪt, BrE 'kændɪdət/ *n* candidato, -ta *m,f*
candle /'kændl/ *n* (for domestic use) vela *f*; (for altar) cirio *m*
candle: **~light** *n*: **by ~light** a la luz de una vela/de las velas; **~stick** *n* candelero *m*; (flat) palmatoria *f*
candy /'kændi/ *n* (*pl* **-dies**) (AmE) **(a)** (confectionery) golosinas *fpl*, dulces *mpl* (AmL exc RPl) **(b)** (individual piece) caramelo *m*, dulce *m* (AmL exc RPl)
cane[1] /keɪn/ *n* **1** (for wickerwork) mimbre *m* **2** (walking stick) bastón *m*; (for punishment) palmeta *f*; (for supporting plants) rodrigón *m*
cane[2] *vt* castigar* con la palmeta
canine[1] /'keɪnaɪn/ *n* **1** (Zool) canino *m*, cánido *m* **2** **~ (tooth)** (diente *m*) canino *m*, colmillo *m*
canine[2] *adj* canino
canister /'kænəstər, BrE 'kænɪstə(r)/ *n* **(a)** (for tea, coffee) lata *f*, bote *m* (Esp) **(b)** (Mil) bote *m* (*de humo, metralla etc*)
cannabis /'kænəbəs, BrE 'kænəbɪs/ *n* hachís *m*, cannabis *m*
canned /kænd/ *adj* **(a)** ‹*food*› enlatado, en *or* de lata, en conserva **(b)** (pre-recorded) (infml) ‹*music*› enlatado (fam); ‹*laughter*› grabado
cannibal /'kænəbəl, BrE 'kænɪbəl/ *n* caníbal *mf*, antropófago, -ga *m,f*
cannon /'kænən/ *n* (*pl also* **~**) cañón *m*
cannonball /'kænənbɔːl/ *n* (Mil) bala *f* de cañón
🔑 **cannot** /'kænɑːt, BrE 'kænɒt/ = **can not**
canoe[1] /kə'nuː/ *n* canoa *f*, piragua *f*
canoe[2] *vi* **-noes**, **-noeing**, **-noed** ir* en canoa *or* piragua
canoeing /kə'nuːɪŋ/ *n* piragüismo *m*, canotaje *m*
canopy /'kænəpi/ *n* (*pl* **-pies**) (over bed, throne) dosel *m*, baldaquín *m*, baldaquino *m*; (over person) palio *m*, dosel *m*
can't /kænt, BrE kɑːnt/ = **can not**
canteen /kæn'tiːn/ *n* **1** (dining hall) (BrE) cantina *f*, comedor *m*, casino *m* (Chi) (*en un lugar de trabajo, colegio etc*) **2** (water bottle) cantimplora *f*
canter /'kæntər, BrE 'kæntə(r)/ *vi* ir* a medio galope
canvas /'kænvəs/ *n* **1** (cloth) lona *f* **2** (Art) (for painting) lienzo *m*, tela *f*
canvass /'kænvəs/ *vt* **1** (Pol): **to ~ voters in an area** hacer* campaña entre los votantes de una zona **2** (scrutinize) (AmE): **to ~ the votes** hacer* el escrutinio de los votos
■ *vi* (Pol) **to ~ (FOR sb)** hacer* campaña (A *or* EN FAVOR DE algn)
canyon /'kænjən/ *n* cañón *m*
cap[1] /kæp/ *n* **1** (hat) gorra *f*; **swimming ~** gorro *m or* (esp AmL) gorra *f* de baño; **baseball/golf ~** gorra de béisbol/golf **2** (of bottle) tapa *f*, tapón *m*; (metal) chapa *f*, tapa *f*; (of pen) capuchón *m*, tapa *f* **3** (upper limit) tope *m*
cap[2] *vt* **-pp-** **1** ‹*bottle/tube*› tapar **2** (crown): **to ~ it all off** o (BrE) **to ~ it all ...** para colmo (de desgracias *or* de males) ..., para rematarla ... (fam) **3** ‹*expenditure*› poner* un tope a **4** (Dentistry): **to have a tooth ~ped** ponerse* una funda *or* una corona
CAP *n* (= **Common Agricultural Policy**) PAC *f*
capability /'keɪpə'bɪləti/ *n* (*pl* **-ties**) **(a)** (ability) capacidad *f* **(b)** **capabilities** *pl* aptitudes *fpl*
🔑 **capable** /'keɪpəbəl/ *adj* **(a)** (competent) capaz **(b)** (*pred*) (able) **to be ~** OF -ING ser* capaz DE + INF
🔑 **capacity** /kə'pæsəti/ *n* (*pl* **-ties**) **1** **(a)** (maximum content) capacidad *f*; (*before n*) **a ~ crowd** un lleno completo **(b)** (output) capacidad *f* **2** (ability) capacidad *f*; **~** FOR **sth** capacidad DE algo; **~ to** + INF capacidad PARA + INF; **the job was beyond her ~** el trabajo estaba por encima de su capacidad **3** (role) calidad *f*; **in his ~ as union delegate** en su calidad de delegado del sindicato
cape /keɪp/ *n* **1** (Clothing) capa *f* **2** (Geog) cabo *m*
caper[1] /'keɪpər, BrE 'keɪpə(r)/ *n* **1** (jump) salto *m* **2** (prank) travesura *f* **3** (Bot, Culin) alcaparra *f*
caper[2] *vi* correr y brincar*, dar* saltos *or* brincos
🔑 **capital**[1] /'kæpətl, BrE 'kæpɪtl/ *n* **(a)** (city) capital *f* **(b)** (letter) mayúscula *f* **(c)** (Fin) capital *m*
capital[2] *adj* **(a)** (Law): **~ punishment** pena *f* capital **(b)** (Geog, Pol): **~ (city)** capital *f* **(c)** (Print) ‹*letter*› mayúscula
capitalism /'kæpətlɪzəm, BrE 'kæpɪtəlɪzəm/ *n* capitalismo *m*
capitalist[1] /'kæpətləst, BrE 'kæpɪtəlɪst/ *n* capitalista *mf*
capitalist[2] *adj* capitalista
capitulate /kə'pɪtʃəleɪt, BrE kə'pɪtjʊleɪt/ *vi* capitular
Capricorn /'kæprɪkɔːrn, BrE 'kæprɪkɔːn/ *n* **(a)** (sign) (*no art*) Capricornio **(b)** (person) Capricornio *or* capricornio *mf*, capricorniano, -na *m,f*
caps = **capital letters**
capsicum /'kæpsɪkəm/ *n* pimiento *m*, pimentón *m* (AmS exc RPl), ají *m* (RPl)
capsize /'kæpsaɪz, BrE kæp'saɪz/ *vi* volcarse*
capsule /'kæpsəl, BrE 'kæpsjuːl/ *n* cápsula *f*
captain[1] /'kæptən, BrE 'kæptɪn/ *n* **(a)** (rank) capitán *m* **(b)** (person in command) capitán, -tana *m,f*; (of airline plane) comandante *mf*
captain[2] *vt* (Naut, Sport) capitanear
caption /'kæpʃən/ *n* (under picture) leyenda *f*, pie *m* de foto (*or* ilustración *etc*); (headline) título *m*
captivate /'kæptəveɪt, BrE 'kæptɪveɪt/ *vt* cautivar
captive[1] /'kæptɪv/ *n* (liter) cautivo, -va *m,f*
captive[2] *adj*: **to take/hold sb ~** tomar prisionero/mantener* cautivo a algn; **to have**

a ~ audience tener* un público que no tiene más remedio que escuchar

captivity /kæp'tɪvəti/ *n* cautiverio *m*, cautividad *f*

captor /'kæptər, BrE 'kæptə(r)/ *n* captor, -tora *m,f*

capture¹ /'kæptʃər, BrE 'kæptʃə(r)/ *vt* **1** ‹*person/animal*› capturar; ‹*city*› tomar **2** **(a)** ‹*attention/interest*› captar, atraer* **(b)** ‹*mood/atmosphere*› captar, reproducir*

capture² *n* (of person, animal) captura *f*; (of city) conquista *f*, toma *f*

car /kɑːr, BrE kɑː(r)/ *n* **(a)** (Auto) coche *m*, automóvil *m* (fml), carro *m* (AmL exc CS), auto *m* (esp CS) **(b)** (Rail, Transp) vagón *m*, coche *m*

caramel /'kɑːrml, BrE 'kærəmel, -məl/ *n* caramelo *m*

carat /'kærət/ *n* **(a)** (AmE also) **karat** (for gold) quilate *m*; (*before n*) **18-~ gold** oro *m* de 18 quilates **(b)** (for precious stones) quilate *m*

caravan /'kærəvæn/ *n* **(a)** (group) caravana *f* **(b)** (vehicle) (BrE) caravana *f*, rulot *f* (Esp), casa *f* rodante (CS), tráiler *m* (Andes, Méx); (*before n*) **~ park** o **site** camping *m* para caravanas

carbohydrate /'kɑːrbəʊ'haɪdreɪt, BrE ˌkɑːbə'haɪdreɪt/ *n* hidrato *m* de carbono

car bomb *n* coche *m* bomba

carbon /'kɑːrbən, BrE 'kɑːbən/ *n* carbono *m*

carbon: **~ copy** *n* copia *f* (*hecha con papel carbón*); **~ dating** /'deɪtɪŋ/ *n* datación *f* por radiocarbono; **~ dioxide** /daɪ'ɑːksaɪd, BrE daɪ'ɒksaɪd/ *n* anhídrido *m* carbónico; **~ emissions** *pl n* emisiones *fpl* de carbono; **~ fiber**, (BrE) **fibre** *n* fibra *f* de carbón *or* carbono; **~ footprint** *n* huella *f* de carbono; **~ monoxide** /mə'nɑːksaɪd, BrE mə'nɒksaɪd/ *n* monóxido *m* de carbono; **~ offsetting** /'ɔːfsetɪŋ, BrE 'ɒfsetɪŋ/ *n* (Ecol) compensación *f* (económica) por emisiones de carbono; **~ trading** *n* comercio *m* del carbono *or* de las emisiones de gases efecto invernadero

carburetor, (BrE) **carburettor** /ˌkɑːrbə'reɪtər, BrE ˌkɑːbə'retə(r)/ *n* carburador *m*

carcass, (BrE also) **carcase** /'kɑːrkəs, BrE 'kɑːkəs/ *n* (dead animal) *cuerpo de animal muerto*; (for meat) res *f* (*muerta*)

card /kɑːrd, BrE kɑːd/ *n* **1** **(a)** (for identification, access) tarjeta *f*; (business **~**) tarjeta (de visita); (credit **~**) tarjeta (de crédito) **(b)** (greeting **~**) tarjeta *f* (de felicitación) **(c)** (index **~**) ficha *f*; (*before n*) **~ index** fichero *m* **(d)** (post**~**) (tarjeta *f*) postal *f* **2** (thin cardboard) cartulina *f* **3** (playing card) carta *f*, naipe *m*, baraja *f* (AmC, Col, Méx, RPl); **to play ~s** jugar* a las cartas *or* (Col) jugar* cartas

cardamom /'kɑːrdəməm, BrE 'kɑːdəməm/ *n* cardamomo *m*

cardboard /'kɑːrdbɔːrd, BrE 'kɑːdbɔːd/ *n* (stiff) cartón *m*; (thin) cartulina *f*; (*before n*) **~ box** caja *f* de cartón

cardiac /'kɑːrdiæk, BrE 'kɑːdiæk/ *adj* cardíaco; **~ arrest** paro *m* cardíaco

cardigan /'kɑːrdɪgən, BrE 'kɑːdɪgən/ *n* cárdigan *m*, chaqueta *f* de punto, rebeca *f* (esp Esp), saco *m* (tejido) (RPl), chaleca *f* (Chi)

cardinal /'kɑːrdn̩əl, BrE 'kɑːdɪnl/ *n* **1** (Relig) cardenal *m* **2** **~ (number)** número *m* cardinal

care¹ /ker, BrE keə(r)/ *n* **1** (attention, carefulness) cuidado *m*, atención *f*; **to take ~** tener* cuidado; **take ~!** (saying goodbye) ¡cuídate!; (as a warning) ¡ten cuidado! **2** (of people): **medical ~** asistencia *f* médica; (of animals, things) cuidado *m*; **in ~ of** (AmE): **~ of** (BrE) (on letters) en casa de **3** **to take ~ of sb/sth** **(a)** (look after) (of patient) atender* a algn, cuidar de algn; (of children) cuidar a *or* de algn, ocuparse de algn; (of pet/plant/machine) cuidar algo; **I can take ~ of myself** yo sé cuidarme **(b)** (deal with) ocuparse *or* encargarse* de algn/algo **4** (worry) preocupación *f*

care² *vi* **to ~** (ABOUT **sth/sb**) preocuparse (POR algo/algn); **I don't ~** no me importa

■ *vt* **(a)** (feel concern) (*usu neg, interrog*): **I couldn't ~ less what he does** me tiene sin cuidado lo que haga **(b)** (wish) (fml) **to ~ to** + INF: **would you ~ to join us for dinner?** ¿le gustaría cenar con nosotros?

● **care for** [*v + prep + o*] **(a)** (look after) ‹*patient*› cuidar (de), atender* **(b)** (be fond of) querer*, sentir* afecto *or* cariño por

career¹ /kə'rɪr, BrE kə'rɪə(r)/ *n* carrera *f*

career² *vi* ir* a toda velocidad

carefree /'kerfriː, BrE 'keəfriː/ *adj* despreocupado

careful /'kerfəl, BrE 'keəfəl/ *adj* **1** (cautious) cuidadoso, prudente; **(be) ~** (ten) cuidado; **to be ~** OF/WITH **sth** tener* cuidado CON algo **2** (painstaking) ‹*planning*› cuidadoso; ‹*work*› cuidado, esmerado; ‹*worker*› meticuloso

carefully /'kerfli, BrE 'keəfəli/ *adv* ‹*handle/drive*› con cuidado; ‹*plan/examine*› cuidadosamente; ‹*designed/chosen*› con esmero

careless /'kerləs, BrE 'keəlɪs/ *adj* ‹*person*› descuidado; ‹*work*› poco cuidado; ‹*driving*› negligente; **you made some ~ mistakes** cometiste errores por descuido

carelessly /'kerləsli, BrE 'keəlɪsli/ *adv* sin cuidado, sin la debida atención

carelessness /'kerləsnəs, BrE 'keəlɪsnɪs/ *n* falta *f* de atención *or* de cuidado

carer /'kerər, BrE 'keərə(r)/ *n* (BrE) *persona que tiene a su cuidado a un incapacitado*, cuidador, -dora *m,f* (Esp)

caress¹ /kə'res/ *n* caricia *f*

caress² *vt* acariciar

caretaker /'ker,teɪkər, BrE 'keəˌteɪkə(r)/ *n* conserje *mf*

cargo /'kɑːrgəʊ, BrE 'kɑːgəʊ/ *n* (*pl* **-goes** *or* **-gos**) **(a)** (load) cargamento *m* **(b)** (goods) carga *f*

Caribbean¹ /ˌkærə'biːən, kə'rɪbiən, BrE ˌkærɪ'biːən/ *adj* caribeño, del Caribe

Caribbean² *n*: **the ~ (Sea)** el (mar) Caribe; **the ~** (region) el Caribe, las Antillas

caricature /'kærɪkətʃʊr, BrE 'kærɪkətʃʊə(r)/ *n* caricatura *f*

caring /'kerɪŋ, BrE 'keərɪŋ/ *adj* ‹*society/approach*› humanitario; ‹*person*› (kindly) bondadoso; (sympathetic) comprensivo

carnage /'kɑːrnɪdʒ, BrE 'kɑːnɪdʒ/ *n* carnicería *f*

carnation /kɑːr'neɪʃən, BrE kɑː'neɪʃən/ *n* clavel *m*

carnival /'kɑːrnəvəl, BrE 'kɑːnɪvəl/ *n* carnaval *m*

carnivorous /kɑːr'nɪvərəs, BrE kɑː'nɪvərəs/ *adj* carnívoro

carol /'kærəl/ *n* villancico *m*

carousel /ˈkærəˈsel/ *n* **(a)** (esp AmE) ▶ **merry-go-round (b)** (for baggage) cinta *f or* correa *f* transportadora **(c)** (in shops) (AmE) expositor *m* giratorio

car park *n* (BrE) (open space) ▶ **parking lot** (building) ▶ **parking garage**

carpenter /ˈkɑːrpəntər, BrE ˈkɑːpəntə(r)/ *n* carpintero, -ra *m,f*

carpentry /ˈkɑːrpəntri, BrE ˈkɑːpəntri/ *n* carpintería *f*

carpet /ˈkɑːrpət, BrE ˈkɑːpɪt/ *n* **1** (rug) alfombra *f*, tapete *m* (Col, Méx, Ven); ▶ **sweep**[2] *vt* **1 b** **2** (wall-to-wall) alfombra *f*, moqueta *f* (Esp), moquette *f* (RPl) **3** (of flowers, leaves, moss) (liter) alfombra *f* (liter)

carphone /ˈkɑːrfəʊn, BrE ˈkɑːfəʊn/ *n* teléfono *m* de automóvil

carriage /ˈkærɪdʒ/ *n* **1 (a)** (horse-drawn) carruaje *m*, coche *m* **(b)** (BrE) (Rail) vagón *m* **(c)** (baby ∼) (AmE) cochecito *m*, carriola *f* (Méx) **2** (transport) transporte *m* **3** (bearing) (fml) porte *m*

carrier /ˈkæriər, BrE ˈkæriə(r)/ *n* **1** (company) compañía *f or* empresa *f* de transportes; (Aviat) línea *f* aérea **2** (of disease, gene) portador, -dora *m,f*

carrier bag *n* (BrE) bolsa *f* (de plástico *or* papel)

carrion /ˈkæriən/ *n* carroña *f*

carrot /ˈkærət/ *n* zanahoria *f*

⚷ **carry** /ˈkæri/ **-ries, -rying, -ried** *vt* **1 (a)** (bear, take) llevar; **I can't ∼ this, it's too heavy** no puedo cargar con esto, pesa demasiado **(b)** (have with one) llevar encima **(c)** (be provided with) ‹*guarantee*› tener* **(d)** (be pregnant with) estar* embarazada *or* encinta de **2 (a)** (convey) ‹*goods/passengers*› llevar, transportar; **she was carried along by the crowd** fue arrastrada por la multitud **(b)** (channel, transmit) ‹*oil/water/sewage*› llevar **(c)** ‹*disease*› ser* portador de **3** (support) ‹*weight*› soportar **4** (involve, entail) ‹*responsibility*› conllevar **5** (gain support for) ‹*bill/motion*› aprobar* **6** (stock) ‹*model*› tener*, vender

■ *vi*: **sound carries further in the mountains** en la montaña los sonidos llegan más lejos; **her voice carries well** su voz tiene mucha proyección

● **carry away** [*v + o + adv, v + adv + o*] (*usu pass*): **I got carried away and painted the window as well** me entusiasmé y pinté la ventana también; **there's no need to get carried away** no te pases

● **carry off** [*v + o + adv, v + adv + o*] **1** (abduct) ‹*victim/hostage*› llevarse **2 (a)** (win) ‹*trophy/cup*› llevarse **(b)** (succeed with): **she tried to appear disinterested but failed to ∼ it off** intentó aparentar desinterés pero no lo logró

● **carry on 1 (a)** [*v + o + adv, v + adv + o*] ‹*practice*› seguir* *or* continuar* con **(b)** [*v + adv + o*] ‹*conversation/correspondence*› mantener* **2** [*v + adv*] **(a)** (continue) seguir*, continuar* **(b)** (make a fuss) (infml): **what a way to ∼ on!** ¡qué manera de hacer escándalo, por favor!

● **carry out** [*v + o + adv, v + adv + o*] ‹*work/repairs/investigation*› llevar a cabo; ‹*order*› cumplir; ‹*duty*› cumplir con

carry: **∼all** *n* (AmE) bolso *m* de viaje, bolsón *m* (RPl); **∼cot** *n* (BrE) cuna *f* portátil; **∼-on** *adj* (AmE) (*before n*) ‹*bag/baggage*› de mano; **∼out** *n* (esp AmE) *comida preparada o bebida que se vende para consumir fuera del lugar de venta*

car: **∼ seat** *n* asiento *m* del coche; (for infant) asiento *m* de bebé (*para el coche*); **∼sick** *adj* mareado (*por viajar en coche*)

cart[1] /kɑːrt, BrE kɑːt/ *n* **(a)** (waggon) carro *m*, carreta *f* **(b)** (in supermarket, airport) (AmE) carrito *m*

cart[2] *vt* (infml): **I had to ∼ the books around all day** tuve que cargar con los libros todo el día

cartel /kɑːrˈtel, BrE kɑːˈtel/ *n* cártel *m*

carthorse /ˈkɑːrthɔːrs, BrE ˈkɑːthɔːs/ *n* caballo *m* de tiro

cartilage /ˈkɑːrtlɪdʒ, BrE ˈkɑːtɪlɪdʒ/ *n* cartílago *m*

carton /ˈkɑːrtn̩, BrE ˈkɑːtn̩/ *n* (of cigarettes) cartón *m*; **a ∼ of milk** una leche en cartón

cartoon /kɑːrˈtuːn, BrE kɑːˈtuːn/ *n* **(a)** (humorous drawing) chiste *m* (*gráfico*), viñeta *f* (Esp), mono *m* (Chi) **(b)** (Cin) dibujos *mpl* animados

cartridge /ˈkɑːrtrɪdʒ, BrE ˈkɑːtrɪdʒ/ *n* (for gun, pen) cartucho *m*

cartwheel /ˈkɑːrthwiːl, BrE ˈkɑːtwiːl/ *n* voltereta *f* lateral, rueda *f*, rueda *f* de carro (Méx, RPl)

carve /kɑːrv, BrE kɑːv/ *vt* **1** (Art) ‹*wood/stone*› tallar; ‹*figure/bust*› esculpir, tallar **2** ‹*initials*› grabar **3** (Culin) ‹*meat*› cortar, trinchar

● **carve out** [*v + o + adv, v + adv + o*] ‹*reputation*› forjarse; ‹*name*› hacerse*

carving /ˈkɑːrvɪŋ, BrE ˈkɑːvɪŋ/ *n* talla *f*, escultura *f*

carving knife *n* trinchante *m*, cuchillo *m* de trinchar

car wash *n* túnel *m or* tren *m* de lavado

cascade[1] /kæsˈkeɪd/ *n* cascada *f*

cascade[2] *vi* caer* en cascada

⚷ **case** /keɪs/ *n* **1** (matter) caso *m*; **to lose/win a ∼** (Law) perder*/ganar un pleito *or* juicio **2 (a)** (Med, Soc Adm) caso *m* **(b)** (eccentric) (infml) caso *m* (fam) **3** (instance, situation) caso *m*; **if that's the ∼** si es así; **in that ∼, I'm not interested** en ese caso, no me interesa **4** (*in phrases*): **in any case** de todas maneras *or* formas; **in case** (*as conj*): **make a note in ∼ you forget** apúntalo por si te olvidas; **just in case** por si acaso **5** (argument): **she has a good ∼** sus argumentos son buenos; **there is a ∼ for doing nothing** hay razones para no hacer nada **6 (a)** (suit∼) maleta *f*, valija *f* (RPl) **(b)** (attaché ∼) maletín *m* **(c)** (crate) caja *f*, cajón *m*, jaba *f* (Chi, Per); (of wine, liquor) *caja de 12 botellas* **(d)** (hard container — for small objects) estuche *f*; (— for large objects) caja *f*; (soft container) funda *f*

case: **∼ history** *n* (Med) historial *m* clínico, historia *f* clínica (AmL); **∼ study** *n* estudio *m*

⚷ **cash**[1] /kæʃ/ *n* **(a)** (notes and coins) dinero *m* (en) efectivo; **(in) ∼** en efectivo; **∼ on delivery** entrega *f* contra reembolso; (*before n*) ‹*payment*› en efectivo; ‹*refund*› al contado **(b)** (funds) (infml) dinero *m*, lana *f* (AmL fam), plata *f* (AmS fam), tela *f* (Esp fam)

cash[2] *vt* ‹*check*› cobrar

● **cash in 1** [*v + o + adv, v + adv + o*] (exchange for money) canjear **2** [*v + adv*] (profit) **to ∼ in** (ON **sth**) aprovecharse (DE algo)

cash: **∼ and carry** *n*: *tienda de venta al por mayor*; **∼ crop** *n* cultivo *m* industrial *or* comercial; ~ **desk** *n* (BrE) caja *f*; ~ **dispenser** *n* (BrE) cajero *m* automático *or* permanente

cashew (nut) /'kæʃu:/ *n* anacardo *m*, castaña *f* de cajú (CS, Ven), nuez *f* de la India (Méx)

cash flow *n* flujo *m* de caja, cash-flow *m*

cashier /kæ'ʃɪr, BrE kæ'ʃɪə(r)/ *n* cajero, -ra *m,f*

cashier's check *n* (AmE) cheque *m* bancario *or* de caja *or* de gerencia

cashmere /'kæʒmɪr, BrE ˌkæʃ'mɪə(r)/ *n* cachemir *m*, cachemira *f*

cash: ~**point** *n* (BrE) cajero *m* automático *or* permanente; ~ **register** *n* caja *f* registradora

casing /'keɪsɪŋ/ *n* (cover) cubierta *f*; (case) caja *f*

casino /kə'si:nəʊ/ *n* (*pl* **-nos**) casino *m*

cask /kæsk, BrE kɑ:sk/ *n* barril *m*, tonel *m*

casket /'kæskət, BrE 'kɑ:skɪt/ *n* **(a)** (for jewels) cofre *m* **(b)** (coffin) (AmE) ataúd *m*, féretro, cajón (AmL)

casserole /'kæsərəʊl/ *n* **(a)** (dish) cazuela *f* **(b)** (food) guiso *m*, guisado *m* (Méx)

cassette /kə'set/ *n* (Audio) cassette *f or m*; (*before n*) ~ **player** pasacintas *m*, cassette *m* (Esp), pasacassettes *m* (RPl), tocacassettes *m* (Chi)

cast¹ /kæst, BrE kɑ:st/ *n* **1** **(a)** (molded object) (Art) vaciado *m*; (Metall) pieza *f* fundida **(b)** (mold) molde *m* **2** (Cin, Theat) (+ *sing or pl vb*) reparto *m*, elenco *m* (esp AmL)

cast² (*past & past p* **cast**) *vt* **1** **(a)** ‹*stone*› arrojar, lanzar*, tirar; ‹*line*› lanzar*; ‹*net*› echar **(b)** ‹*shadow/light*› proyectar; **to ~ doubt on sth** poner* algo en duda **(c)** ‹*vote*› emitir **2** «*snake*» ‹*skin*› mudar de, mudar **3** (Cin, Theat) ‹*role*› asignar; **she was ~ as the princess** le dieron el papel de la princesa

■ *vi* (in angling) lanzar*

● **cast away**: [*v* + *o* + *adv*]: **they were ~ away on a desert island** llegaron a una isla desierta tras naufragar

● **cast off** [*v* + *adv*] **1** **(a)** (in knitting) cerrar* **(b)** (Naut) soltar* amarras **2** [*v* + *o* + *adv*, *v* + *adv* + *o*] **(a)** (in knitting) ‹*stitch*› cerrar* **(b)** (abandon) ‹*friend/lover*› dejar

● **cast on** **1** [*v* + *adv*] (in knitting) poner* *or* montar los puntos **2** [*v* + *o* + *adv*, *v* + *adv* + *o*] ‹*stitch*› montar, poner*

● **cast out** [*v* + *o* + *adv*, *v* + *adv* + *o*] (liter) expulsar

castanets /'kæstə'nets/ *pl n* castañuelas *fpl*

castaway /'kæstəweɪ, BrE 'kɑ:stəweɪ/ *n* náufrago, -ga *m,f*

caste /kæst, BrE kɑ:st/ *n* casta *f*

caster /'kæstər, BrE 'kɑ:stə(r)/ *n* ruedecita *f*, ruedita *f* (esp AmL)

caster sugar *n* (BrE) *azúcar blanca de granulado muy fino*

Castile /kæs'ti:l, BrE kæ'sti:l/ *n* Castilla *f*

Castilian¹ /kæs'tɪljən, BrE kə'stɪliən/ *adj* castellano

Castilian² *n* **(a)** (person) castellano, -na *m,f* **(b)** (language) castellano *m*

cast: ~ **iron** *n* hierro *m* fundido *or* colado; ~**-iron** *adj* (*before n*) ‹*guarantee*› sólido; ‹*alibi*› a toda prueba

castle /'kæsəl, BrE 'kɑ:səl/ *n* **(a)** (Archit) castillo *m* **(b)** (in chess) torre *f*

castoff /'kæstɔ:f, BrE 'kɑ:stɒf/ *n*: **she gave me her ~s** me dio la ropa que ya no quería

castrate /'kæstreɪt, BrE kæ'streɪt/ *vt* castrar

casual /'kæʒuəl/ *adj* **1** **(a)** (superficial) (*before n*) ‹*inspection*› superficial; **a ~ acquaintance** un conocido, una conocida; ~ **sex** relaciones *fpl* sexuales promiscuas **(b)** (chance) (*before n*) ‹*visit/reader*› ocasional **(c)** (informal) ‹*chat*› informal; ‹*clothes*› de sport, informal **2** (unconcerned) ‹*attitude/tone*› despreocupado; ‹*remark*› hecho al pasar **3** (not regular) ‹*employment/labor*› eventual, ocasional

casually /'kæʒuəli/ *adv* **(a)** (informally) ‹*dressed*› de manera informal; ‹*chat*› informalmente **(b)** (with indifference) con indiferencia

casualty /kæʒuəlti/ *n* (*pl* **-ties**) **1** (injured person) herido, -da *m,f*; (dead person) víctima *f*; (Mil) baja *f* **2** (hospital department) (BrE) (*no art*) urgencias *fpl*

⚷ **cat** /kæt/ *n* gato, -ta *m,f*; ***to let the ~ out of the bag*** descubrir* el pastel, levantar la liebre *or* (RPl) la perdiz; ***to rain ~s and dogs*** llover* a cántaros

Catalan¹ /'kætlæn, BrE 'kætəlæn/ *adj* catalán

Catalan² *n* **(a)** (person) catalán, -lana *m,f* **(b)** (language) catalán *m*

catalog¹, **catalogue** /'kætlɔ:g, BrE 'kætəlɒg/ *n* catálogo *m*

catalog², **catalogue** *vt* catalogar*

Catalonia /'kætl'əʊniə, BrE ˌkætə'ləʊniə/ *n* Cataluña *f*

catalyst /'kætləst, BrE 'kætəlɪst/ *n* catalizador *m*

catalytic converter /ˌkætl'ɪtɪk kən'vɜ:rtər, BrE ˌkætə'lɪtɪk kən'vɜ:tə(r)/ *n* catalizador *m*

catapult¹ /'kætəpʊlt, BrE 'kætəpʌlt/ *n* (Aviat, Mil) catapulta *f*

catapult² *vt* catapultar

cataract /'kætərækt/ *n* **1** (over a precipice) catarata *f*; (in a river) rápido *m* **2** (Med) catarata *f*

catarrh /kə'tɑ:r, BrE kə'tɑ:(r)/ *n* catarro *m*

catastrophe /kə'tæstrəfi/ *n* catástrofe *f*

⚷ **catch¹** /kætʃ/ (*past & past p* **caught**) *vt* **1** ‹*ball/object*› agarrar, coger* (esp Esp) **2** (capture) ‹*mouse/lion*› atrapar, coger* (esp Esp); ‹*fish*› pescar*, coger* (esp Esp); ‹*thief*› atrapar **3** **(a)** (take by surprise) agarrar, pillar (fam), pescar* (fam); **we got caught in the rain** nos sorprendió la lluvia **(b)** (intercept) ‹*person*› alcanzar*; ~ **you later** (infml) nos vemos **4** **(a)** ‹*train/plane*› (take) tomar, coger* (esp Esp); (be in time for) alcanzar* **(b)** (manage to see, hear): **we'll just ~ the end of the game** todavía podemos pescar el final del partido (fam); **we could ~ a movie before dinner** (AmE) podríamos ir al cine antes de cenar **5** (entangle, trap): **I caught my skirt on a nail** se me enganchó *or* (Méx tb) se me atoró *or* (Chi) se me pescó la falda en un clavo; **I caught my finger in the drawer** me pillé *or* (AmL tb) me agarré el dedo en el cajón **6** (hear or understand clearly): **did you ~ what she said?** ¿oíste lo que dijo? **7** ‹*disease*› contagiarse de; **to ~ a cold** resfriarse*, agarrar *or* (esp Esp) coger* un resfriado **8** (hit): **he caught his head on the beam** se dio en la cabeza con la viga

■ *vi* **1** **(a)** (grasp) agarrar, coger* (esp Esp), cachar (Méx) **(b)** (become hooked) engancharse **2** (ignite) «*fire*» prender, agarrar (AmL)

C

● **catch on** [*v* + *adv*] (infml) **(a)** (become popular) «*fashion/idea*» imponerse*; «*game/style*» ponerse* de moda **(b)** (understand) caer* (fam)

● **catch out** [*v* + *o* + *adv*, *v* + *adv* + *o*] **(a) to ~ sb out** pillar *or* agarrar a algn desprevenido **(b)** (trick) pillar (fam), agarrar (CS fam)

● **catch up 1** [*v* + *adv*] (with work, studies) ponerse* al día; **to ~ up** WITH **sb/sth** (physically) alcanzar* a algn/algo; **she had to ~ up with the rest of the class** tuvo que ponerse al nivel del resto de la clase **2** [*v* + *o* + *adv*] (draw level with) (BrE) alcanzar* **3** (trap, involve): **to be/get caught up in sth** (in barbed wire/thorns) estar*/quedar enganchado/atrapado en algo; (in scandal/dispute) verse* envuelto en algo; (in excitement/enthusiasm) contagiarse de algo; **I got caught up in the traffic** me agarró *or* (esp Esp) me cogió el tráfico

catch² *n* **1 (a)** (Sport) atrapada *f*, atajada *f* (CS) **(b)** (of fish) pesca *f* **2** (on door) pestillo *m*, pasador *m* (AmL); (on window, box, necklace) cierre *m* **3** (hidden drawback) trampa *f*; **I knew there'd be a ~ in it somewhere** ya sabía yo que tenía que haber gato encerrado; **it's a C~-22 situation** es una situación sin salida

catcher /ˈkætʃər, BrE ˈkætʃə(r)/ *n* (in baseball) receptor, -tora *m,f*, catcher *mf*

catching /ˈkætʃɪŋ/ *adj* (*pred*) contagioso

catchment area /ˈkætʃmənt/ *n* zona *f* de captación (*distrito que corresponde a un hospital, colegio etc*)

catch: **~phrase** *n* (of person) latiguillo *m*; (of political party) eslogan *m*; **~word** *n* **(a)** (slogan) eslogan *m* **(b)** ▶ **~phrase**

catchy /ˈkætʃi/ *adj* **catchier**, **catchiest** pegadizo, pegajoso (AmL exc RPl)

categorical /ˈkætəˈgɔːrɪkəl, BrE ˌkætəˈgɒrɪkəl/ *adj* categórico; ‹*refusal*› rotundo

categorize /ˈkætəgəraɪz/ *vt* ‹*things*› clasificar*; ‹*people*› catalogar*

✎ **category** /ˈkætəgɔːri, BrE ˈkætəgəri/ *n* (*pl* **-ries**) categoría *f*

cater /ˈkeɪtər, BrE ˈkeɪtə(r)/ *vt* (AmE) encargarse* del buffet de

● **cater to**, (BrE) **cater for**: [*v* + *prep* + *o*]: **to ~ to** *o* **for people of all ages** ofrecer* servicios para gente de todas las edades; **we try to ~ to** *o* **for all needs** tratamos de satisfacer todas las necesidades

caterer /ˈkeɪtərər, BrE ˈkeɪtərə(r)/ *n*: *persona o firma que se encarga del servicio de comida y bebida para fiestas, cafeterías etc*

catering /ˈkeɪtərɪŋ/ *n* **(a)** (provision of food): **to do the ~** encargarse* del servicio de comida y bebida (*or* del buffet *etc*) **(b)** (trade, department) restauración *f*

caterpillar /ˈkætərpɪlər, BrE ˈkætəpɪlə(r)/ *n* oruga *f*, azotador *m* (Méx), cuncuna *f* (Chi)

cathedral /kəˈθiːdrəl/ *n* catedral *f*

Catholic¹ /ˈkæθəlɪk/ *n* católico, -ca *m,f*

Catholic² *adj* **1** (Relig) católico; **the Roman ~ Church** la iglesia católica (apostólica romana) **2 catholic** ‹*tastes/interests*› variado

Catholicism /kəˈθɑːləsɪzəm, BrE kəˈθɒlɪsɪzəm/ *n* catolicismo *m*

cat: **~nap** *n* siestecita *f*; **C~'s-eye®** *n* (Transp) catafaros *m*, ojo *m* de gato (CS), estoperol *m* (Col)

catsup /ˈkætsəp/ *n* (AmE) ▶ **ketchup**

cattle /ˈkætl/ *pl n* ganado *m*, reses *fpl*; (*before n*) **~ breeder** ganadero, -ra *m,f*

catwalk /ˈkætwɔːk/ *n* pasarela *f*

Caucasian /kɔːˈkeɪʒən/ *n* (Anthrop) caucásico, -ca *m,f*; **the suspect is a male ~** el sospechoso es un hombre de raza blanca

caught /kɔːt/ *past & past p of* **catch¹**

cauliflower /ˈkɑːlɪflaʊər, BrE ˈkɒlɪflaʊə(r)/ *n* coliflor *f*

✎ **cause¹** /kɔːz/ *n* **1 (a)** (of accident, event, death) causa *f* **(b)** (reason, grounds) motivo *m*, razón *f*; **there's no ~ for concern** no hay por qué preocuparse **2** (ideal, movement) causa *f*

✎ **cause²** *vt* causar; **to ~ sb problems** causarle problemas a algn; **to ~ sb/sth** TO + INF hacer* que algn/algo (+ *subj*)

causeway /ˈkɔːzweɪ/ *n* (path) paso *m* elevado; (road) carretera *f* elevada

caustic /ˈkɔːstɪk/ *adj* cáustico

caution¹ /ˈkɔːʃən/ *n* **(a)** (care, prudence) cautela *f*, prudencia *f* **(b)** (warning) advertencia *f*, aviso *m*; (Law, Sport) amonestación *f*

caution² *vt* **(a)** (warn) advertir* **(b)** (inform of rights) informar de sus derechos

cautious /ˈkɔːʃəs/ *adj* cauteloso, cauto

cautiously /ˈkɔːʃəsli/ *adv* cautelosamente

cavalry /ˈkævəlri/ *n* caballería *f*

cave /keɪv/ *n* cueva *f*; (*before n*) **~ painting** pintura *f* rupestre

● **cave in** [*v* + *adv*] derrumbarse

caveman /ˈkeɪvmæn/ *n* (*pl* **-men** /-men/) hombre *m* de las cavernas

cavern /ˈkævərn, BrE ˈkævən/ *n* caverna *f*

caviar, **caviare** /ˈkæviɑːr, BrE ˈkæviɑː(r)/ *n* caviar *m*

cavity /ˈkævəti/ *n* (*pl* **-ties**) cavidad *f*; (Dent) caries *f*

caw /kɔː/ *vi* graznar

CBS *n* (in US) (*no art*) (= **Columbia Broadcasting System**) la CBS

cc (= **cubic centimeter** *o* (BrE) **centimetre**) c.c.

CCTV *n* = **closed-circuit television**

CD *n* (= **compact disc** *or* (AmE also) **disk**) CD *m*

CD-ROM *n* (= **compact disc read-only memory**) CD-ROM *m*

cease /siːs/ *vt* **(a) to ~ to** + INF/ **to ~** -ING dejar DE + INF **(b)** ‹*production/publication*› interrumpir, suspender

■ *vi* «*noise*» cesar; «*production*» interrumpirse; «*work*» detenerse*

cease-fire /ˈsiːsˈfaɪr, BrE ˈsiːsfaɪə(r)/ *n* alto *m* el fuego, cese *m* del fuego (AmL)

ceaseless /ˈsiːsləs, BrE ˈsiːslɪs/ *adj* incesante

cedar /ˈsiːdər, BrE ˈsiːdə(r)/ *n* cedro *m*

cede /siːd/ *vt* **to ~ sth** (TO **sb**) ceder(le) algo (A algn)

ceiling /ˈsiːlɪŋ/ *n* (Const) techo *m*, cielo *m* raso; (upper limit) límite *m*, tope *m*

✎ **celebrate** /ˈseləbreɪt, BrE ˈselɪbreɪt/ *vt* celebrar

■ *vi*: **we won: let's ~!** ¡ganamos, vamos a celebrarlo!

✎ palabra clave

celebration /ˈseləˈbreɪʃən, BrE ˌselɪˈbreɪʃən/ *n* (event) fiesta *f*; **he attended the ~s** asistió a los festejos

celebrity /səˈlebrəti, BrE sɪˈlebrəti/ *n* (*pl* **-ties**) famoso, -sa *m,f*, celebridad *mf*

celery /ˈseləri/ *n* apio *m*, celeri *m* (Ven)

celibate /ˈseləbət, BrE ˈselɪbət/ *adj* célibe

cell /sel/ *n* **1** (in prison) celda *f* **2** (Biol, Elec) célula *f*

cellar /ˈselər, BrE ˈselə(r)/ *n* sótano *m*; (for coal) carbonera *f*; (for wine) bodega *f*

cello /ˈtʃeləʊ/ *n* (*pl* **-los**) violoncelo *m*, violonchelo *m*, chelo *m*

cellophane, (BrE) **Cellophane**® /ˈseləfeɪn/ *n* celofán *m*

cellphone /ˈselfəʊn/ *n* teléfono *m* celular (AmL), teléfono *m* móvil (Esp)

cellulite /ˈseljəlaɪt, BrE ˈseljʊlaɪt/ *n* celulitis *f*

celluloid /ˈseljəlɔɪd, BrE ˈseljʊlɔɪd/ *n* celuloide *m*

cellulose /ˈseljələʊs, BrE ˈseljʊləʊs/ *n* celulosa *f*

Celsius /ˈselsiəs/ *adj*: **20 degrees ~** 20 grados centígrados *or* Celsio(s)

Celt /kelt/ *n* celta *mf*

Celtic /ˈkeltɪk/ *adj* celta

cement[1] /sɪˈment/ *n* cemento *m*

cement[2] *vt* **(a)** (Const) unir con cemento **(b)** ‹*friendship/alliance*› consolidar, fortalecer*

cement mixer *n* hormigonera *f*

cemetery /ˈseməteri, BrE ˈsemətri/ *n* (*pl* **-ries**) cementerio *m*

censor[1] /ˈsensər, BrE ˈsensə(r)/ *n* censor, -sora *m,f*

censor[2] *vt* censurar

censorship /ˈsensərʃɪp, BrE ˈsensəʃɪp/ *n* censura *f*

censure /ˈsentʃər, BrE ˈsensjə(r)/ *vt* censurar

census /ˈsensəs/ *n* (*pl* **-suses**) censo *m*

cent /sent/ *n* (of dollar) centavo *m*; (of euro) céntimo *m*

centenary /senˈtenəri, BrE senˈtiːnəri/ *n* (*pl* **-ries**) centenario *m*

centennial /senˈteniəl/ *n* (esp AmE) centenario *m*

center[1], (BrE) **centre** /ˈsentər, BrE ˈsentə(r)/ *n* **1** (middle point, area) centro *m* **2** (site of activity) centro *m* **3** (Sport) (in US football, rugby) centro *mf*; (in basketball) pivot *mf*, pivote *mf* (AmL)

center[2], (BrE) **centre** *vt* centrar
■ *vi* **(a)** (focus on) **to ~ ON** *o* **UPON sth/sb** centrarse EN algo/algn **(b)** (revolve around) **to ~ ON** *o* AROUND **sth/sb** girar ALREDEDOR DE algo/algn

center: **~ forward** *n* delantero *mf* centro; **~ half** (*pl* **halfs** *or* **halves**) *n* medio *mf* centro; **~piece** *n* (decoration) centro *m* (de mesa); (main feature) eje *m*

centigrade /ˈsentɪgreɪd/ *adj* centígrado

centimeter, (BrE) **centimetre** /ˈsentəˌmiːtər, BrE ˈsentɪˌmiːtə(r)/ *n* centímetro *m*

centipede /ˈsentəpiːd, BrE ˈsentɪpiːd/ *n* ciempiés *m*

central /ˈsentrəl/ *adj* **(a)** (main) central; ‹*problem*› fundamental **(b)** (in the center) ‹*area/street*› céntrico; **in ~ Chicago** en el centro de Chicago

Central: **~ America** *n* Centroamérica *f*, América *f* Central; **~ American** *adj* centroamericano, de (la) América Central; **~ Europe** *n* Europa *f* Central; **c~ heating** *n* calefacción *f* central

centralize /ˈsentrəlaɪz/ *vt* centralizar*

central reservation *n* (BrE) mediana *f*, bandejón *m* (central) (Chi), camellón *m* (Méx)

centre *etc* (BrE) ▶ **center** *etc*

century /ˈsentʃəri/ *n* (*pl* **-ries**) siglo *m*; **in the 19th ~** en el siglo XIX

ceramic /səˈræmɪk, BrE sɪˈræmɪk/ *adj* ‹*pot*› de cerámica; **~ tile** (for walls) azulejo *m*; (for floors) baldosa *f* (de cerámica)

ceramics /səˈræmɪks, BrE sɪˈræmɪks/ *n* (+ *pl vb*) objetos *mpl* de cerámica, cerámicas *fpl*

cereal /ˈsɪriəl, BrE ˈsɪəriəl/ *n* **(a)** (plant, grain) cereal *m* **(b)** (breakfast ~) cereales *mpl*

cerebral palsy /səˈriːbrəl ˈpɔːlzi, BrE ˈserɪbrəl ˈpɔːlzi/ *n* parálisis *f* cerebral

ceremonial /ˌserəˈməʊniəl, BrE ˌserɪˈməʊniəl/ *adj* ‹*robes*› ceremonial; ‹*occasion*› solemne

ceremony /ˈserəməʊni, BrE ˈserɪməni/ *n* (*pl* **-nies**) ceremonia *f*

certain /ˈsɜːrtn̩, BrE ˈsɜːtn̩/ *adj* **1** **(a)** (definite) seguro; **to make ~ OF sth** asegurarse *or* cerciorarse DE algo; **for ~** con certeza **(b)** (convinced) (*pred*) **to be ~** (OF **sth**) estar* seguro (DE algo); **I checked the list to make ~ (that)** ... revisé la lista para asegurarme de que ... **2** (particular) (*before n*) cierto; **he has a ~ something** tiene un no sé qué *or* (un) algo especial

certainly /ˈsɜːrtn̩li, BrE ˈsɜːtn̩li/ *adv* **(a)** (definitely): **we're almost ~ going to win** es casi seguro que vamos a ganar; **do you see what I mean? — certainly** ¿te das cuenta de lo que quiero decir? — desde luego **(b)** (emphatic): **I ~ won't be buying anything there again!** por cierto que no voy a volver a comprar nada allí; **may I use your phone? — certainly!** ¿puedo llamar por teléfono? — pues claro ¡(no) faltaría más!; **~ not!** ¡de ninguna manera!

certainty /ˈsɜːrtn̩ti, BrE ˈsɜːtn̩ti/ *n* (*pl* **-ties**) certeza *f*, seguridad *f*; **defeat is now a ~** la derrota es algo seguro

certificate /sərˈtɪfɪkət, BrE səˈtɪfɪkət/ *n* certificado *m*

certify /ˈsɜːrtəfaɪ, BrE ˈsɜːtɪfaɪ/ *vt* **-fies**, **-fying**, **-fied** **(a)** ‹*facts/claim/death*› certificar*; **this is to ~ that ...** por la presente certifico que ... **(b)** (declare insane) (*usu pass*) declarar demente **(c)** (license) (AmE): **he isn't certified to teach in this state** no está habilitado para ejercer la docencia en este estado **(d) certified** *past p* (AmE) certificado; **certified public accountant** contador público, contadora pública *m,f* (AmL), censor jurado, censora jurada *m,f* de cuentas (Esp)

cervical /ˈsɜːrvɪkəl, BrE ˈsɜːvɪkəl, sɜːˈvaɪkəl/ *adj* del cuello del útero; **~ smear** (BrE) citología *f*, Papanicolau *m* (AmL)

cervix /ˈsɜːrvɪks, BrE ˈsɜːvɪks/ *n* (*pl* **-vixes** *or* **-vices** /-vəsiːz/) cuello *m* del útero

Cesarean (section), **Cesarian (section)** /sɪˈzæriən, BrE sɪˈzeəriən/ *n* (AmE) cesárea *f*

cesspit /ˈsespɪt/ *n* pozo *m* negro *or* séptico *or* ciego

cf (compare) cf.

CFC *n* = **chlorofluorocarbon**

ch *n* (*pl* **chs**) (= **chapter**) c.

chafe /tʃeɪf/ *vt/i* rozar*

chaff /tʃæf, BrE tʃɑːf/ *n* barcia *f*

chagrin /ʃəˈɡrɪn, BrE ˈʃæɡrɪn/ *n* (liter) disgusto *m*; **to his ~** para su disgusto

chain[1] /tʃeɪn/ *n* cadena *f*; **a ~ of events** una cadena de acontecimientos

chain[2] *vt* **to ~ sth/sb** TO **sth** encadenar algo/a algn A algo

chain: **~ reaction** *n* reacción *f* en cadena; **~smoke** *vi* fumar un cigarrillo tras otro; **~ store** *n* tienda *f* de una cadena

chair[1] /tʃer, BrE tʃeə(r)/ *n* **1** (seat) silla *f*; (arm~) sillón *m*, butaca *f* (esp Esp) **2** **(a)** (at university) cátedra *f* **(b)** (in meeting) presidencia *f*; **to take the ~** presidir

chair[2] *vt* ‹*meeting*› presidir

chair: **~lift** *n* telesilla *f or* (Esp), telesquí *m*; **~man** /ˈtʃermən, BrE ˈtʃeəmən/ *n* (*pl* **-men** /-mən/) presidente, -ta *m,f*; **~woman** *n* presidenta *f*

chalet /ˈʃæleɪ/ *n* **(a)** (cabin) chalet *m* (*de montaña*) **(b)** (in motel) (BrE) bungalow *m*

chalk /tʃɔːk/ *n* **1** (Geol) creta *f*, caliza *f* **2** (for writing) tiza *f*, gis *m* (Méx)

challenge[1] /ˈtʃæləndʒ, BrE ˈtʃælɪndʒ/ *vt* **1** **(a)** (summon) desafiar*, retar; **to ~ sb to** + INF desafiar* a algn A QUE (+ *subj*) **(b)** (question) ‹*authority/findings*› cuestionar **2** (stop) (Mil) darle* el alto a

challenge[2] *n* desafío *m*, reto *m*

challenger /ˈtʃæləndʒər, BrE ˈtʃælɪndʒə(r)/ *n* contendiente *mf*, rival *mf*

chamber /ˈtʃeɪmbər, BrE ˈtʃeɪmbə(r)/ *n* **1** (room) (arch) cámara *f* (arc) **2** (of gun) recámara *f*

chamber: **~maid** *n* camarera *f* (*en un hotel*); **~ music** *n* música *f* de cámara; **~ of commerce** *n* cámara *f* de comercio; **~ pot** *n* orinal *m or* (AmL exc RPl) bacinilla *f or* (CS) escupidera *f*

chameleon /kəˈmiːliən/ *n* camaleón *m*

chamois (leather) /ˈʃæmi/ *n* gamuza *f*

chamomile /ˈkæməmaɪl/ *n* manzanilla *f*, camomila *f*; **~ tea** manzanilla *f*

champagne /ʃæmˈpeɪn/ *n* champán *m*, champaña *f or m*

champion[1] /ˈtʃæmpiən/ *n* **(a)** (Sport) campeón, -peona *m,f* **(b)** (of cause) defensor, -sora *m,f*

champion[2] *vt* abogar* por, defender*

championship /ˈtʃæmpiənʃɪp/ *n* (Sport) (*often pl*) campeonato *m*

chance[1] /tʃæns, BrE tʃɑːns/ *n* **1** (fate) casualidad *f*, azar *m*; **by ~** por *or* de casualidad; (*before n*) ‹*meeting*› fortuito **2** (risk) riesgo *m*; **don't take any ~s** no te arriesgues **3** (opportunity) oportunidad *f* **4** (likelihood) posibilidad *f*, chance *f or m* (esp AmL); **(the) ~s are (that) ...** (infml) lo más probable es que ...

chance[2] *vt*: **to ~ it** arriesgarse*

chancellor /ˈtʃænslər, BrE ˈtʃɑːnsələ(r)/ *n* **(a) Chancellor (of the Exchequer)** (in UK) ≈ ministro, -tra *m,f* de Economía/Hacienda **(b)** (premier) canciller *mf* **(c)** (of university) rector, -tora *m,f*

chandelier /ˈʃændəˈlɪr, BrE ʃændəˈlɪə(r)/ *n* araña *f* (*de luces*)

change[1] /tʃeɪndʒ/ *n* **1** **(a)** cambio *m*; **a ~ in temperature** un cambio de temperatura; **for a ~** para variar **(b)** (of clothes) muda *f* **2** **(a)** (coins) cambio *m*, monedas *fpl*, sencillo *m* (AmL), menudo *m* (Col), dinero *m* suelto, plata *f* suelta (AmS) **(b)** (money returned) cambio *m*, vuelto *m* (AmL), vuelta *f* (Esp), vueltas *fpl* (Col)

change[2] *vt* cambiar; **the witch ~d her into a stone** la bruja la convirtió en una piedra; **to ~ one's clothes** cambiarse de ropa; **to ~ color** cambiar de color; **let's ~ the subject** cambiemos de tema; **I wouldn't want to ~ places with her** no quisiera estar en su lugar; **to change train(s)** hacer* transbordo, cambiar (de tren); **to ~ dollars into pesos** cambiar dólares a *or* (Esp tb) en pesos

■ *vi* **1** **(a)** (become different) cambiar; **to ~** INTO **sth** convertirse* EN algo **(b) changing** *pres p* ‹*needs/role/moods*› cambiante **2** **(a)** (put on different clothes) cambiarse; **she ~d into a black dress** se cambió y se puso un vestido negro; **to get ~d** cambiarse **(b)** (Transp) cambiar, hacer* transbordo

● **change over** [*v* + *adv*] cambiar

changeable /ˈtʃeɪndʒəbəl/ *adj* cambiante

change: **~over** *n* (transition) **~over (**FROM **sth) (**TO **sth)** cambio *m* (DE algo) (A algo); **~ purse** *n* (AmE) monedero *m*, portamonedas *m*

changing room /ˈtʃeɪndʒɪŋ/ *n* (BrE) **(a)** (Sport) vestuario *m*, vestidor *m* (Chi, Méx) **(b)** (in shop) probador *m*

channel[1] /ˈtʃænl/ *n* **1** (strait) canal *m*; (course of river) cauce *m*; (navigable course) canal *m*; **the (English) C~** el Canal de la Mancha **2** (for irrigation) canal *m*, acequia *f* **3** (system, method) vía *f*; **you must go through the official ~s** tiene que hacer el trámite por los conductos oficiales **4** (Comput, TV) canal *m*

channel[2] *vt*, (BrE **-ll-**) ‹*water/proposals/complaints*› canalizar*; ‹*efforts/energies*› encauzar*

channel: **C~ Islands** *pl n*: **the C~ Islands** las Islas Anglonormandas, las islas del Canal de la Mancha; **C~ Tunnel** *n*: **the C~ Tunnel** el Eurotúnel, el túnel del Canal de la Mancha

chant[1] /tʃænt, BrE tʃɑːnt/ *n* (of demonstrators) consigna *f*; (of sports fans) alirón *m*, canción *f*

chant[2] *vt/i* (Mus, Relig) salmodiar; «*crowd*» gritar

chaos /ˈkeɪɑːs, BrE ˈkeɪɒs/ *n* caos *m*

chaotic /keɪˈɑːtɪk, BrE keɪˈɒtɪk/ *adj* caótico

chap /tʃæp/ *n* (infml) tipo *m* (fam)

chap. *n* (*pl* **chaps**) (= **chapter**) c., cap.

chapel /ˈtʃæpəl/ *n* capilla *f*

chaperon, **chaperone** /ˈʃæpərəʊn/ *n* (of young lady) acompañante *f*, chaperona *f*; (for young people) (AmE) acompañante *mf*

chaplain /ˈtʃæplən, BrE ˈtʃæplɪn/ *n* capellán *m*

chapped /tʃæpt/ *adj* ‹*lips*› agrietado

chapter /ˈtʃæptər, BrE ˈtʃæptə(r)/ *n* capítulo *m*

char /tʃɑːr, BrE tʃɑː(r)/ *vt* **-rr-** carbonizar*

character /ˈkærəktər, BrE ˈkærəktə(r)/ *n* **1** (of person, thing) carácter *m*; **to be in/out of ~** ser*/no ser* típico; **her face is full of ~** tiene una cara con mucha personalidad **2** **(a)** (in

palabra clave

novel, play, movie) personaje *m* **(b)** (person) tipo *m* (fam) **(c)** (eccentric person) caso *m* **3** (symbol) carácter *m*

characteristic[1] /ˌkærəktəˈrɪstɪk/ *n* característica *f*

characteristic[2] *adj* característico

characterize /ˈkærəktəraɪz/ *vt* caracterizar*

charade /ʃəˈreɪd, BrE ʃəˈrɑːd/ *n* farsa *f*; **~s** (+ *sing vb*) (game) charada *f*

charcoal /ˈtʃɑːrkəʊl, BrE ˈtʃɑːkəʊl/ *n* carbón *m* (vegetal); (Art) carboncillo *m*, carbonilla *f* (RPl)

⚷ **charge**[1] /tʃɑːrdʒ, BrE tʃɑːdʒ/ *n* **1** (Law) cargo *m*, acusación *f*; **to bring** o **press ~s against sb** formular cargos contra algn **2** (price) precio *m*; (fee) honorario *m*; **free of ~** gratuitamente, gratis **3** (responsibility): **the person in ~** la persona responsable; **to be in ~ of sth/sb** tener* algo/a algn a su (*or* mi *etc*) cargo; **to take ~ of** (of situation) hacerse* cargo de; (of class, guests) hacerse* cargo de, encargarse* de; (of task) encargarse* de, ocuparse de **4** (Elec, Phys) carga *f* **5** (of explosive) carga *f* **6** (attack) carga *f*

⚷ **charge**[2] *vt* **1** (accuse) **to ~ sb** WITH **sth/-**ING acusar a algn DE algo/+ INF **2** (ask payment) cobrar **3** (obtain on credit) **to ~ sth** TO **sb** cargar* algo a la cuenta de algn **4** **(a)** (entrust) (fml) **to ~ sb** WITH **sth/-**ING encomendarle* A algn algo/QUE (+ *subj*) **(b)** (allege) (AmE) aducir* **5** (attack) (Mil) cargar* contra; «*animal*» embestir* *or* arremeter contra **6** (Elec) ‹*battery*› cargar*
■ *vi* **to ~** (AT **sth/sb**) (Mil) cargar* (CONTRA algo/algn); «*animal*» arremeter *or* embestir* (CONTRA algo/algn)

charge: **~ account** *n* cuenta *f* de crédito; **~ card** *n* tarjeta *f* de pago

charger /ˈtʃɑːrdʒər, BrE ˈtʃɑːdʒə(r)/ *n* (battery ~) cargador *m* de pilas; (Auto) cargador *m* de baterías

chariot /ˈtʃæriət/ *n* carro *m* (de guerra)

charisma /kəˈrɪzmə/ *n* carisma *m*

charismatic /ˈkærəzˈmætɪk, BrE ˌkærɪzˈmætɪk/ *adj* carismático

charitable /ˈtʃærətəbəl, BrE ˈtʃærɪtəbəl/ *adj* **(a)** (generous, giving) caritativo **(b)** (kind) ‹*person*› bueno; ‹*interpretation*› benévolo, generoso

⚷ **charity** /ˈtʃærəti/ *n* (*pl* **-ties**) **1** **(a)** (organization) organización *f* benéfica *or* de beneficencia **(b)** (relief) obras *fpl* de beneficencia; **to raise money for ~** recaudar dinero para un fin benéfico; (*before n*) ‹*work*› de beneficencia, benéfico **2** (generosity, kindness) caridad *f*

charm[1] /tʃɑːrm, BrE tʃɑːm/ *n* **1** **(a)** (attractiveness) encanto *m* **(b)** (attractive quality, feature) encanto *m* **2** (spell) hechizo *m* **3** (amulet) amuleto *m*, fetiche *m*; (on bracelet) dije *m*

charm[2] *vt* cautivar

charming /ˈtʃɑːrmɪŋ, BrE ˈtʃɑːmɪŋ/ *adj* ‹*person*› encantador; ‹*room/house*› precioso

chart[1] /tʃɑːrt, BrE tʃɑːt/ *n* **1** (Aviat, Naut) carta *f* de navegación; (diagram, graph) gráfico *m*; (table) tabla *f* **2** **charts** *pl* (best-selling records): **the ~s** la lista de éxitos

chart[2] *vt* ‹*course*› trazar*; ‹*progress/changes*› (follow closely) seguir* atentamente; (record) registrar gráficamente

charter[1] /ˈtʃɑːrtər, BrE ˈtʃɑːtə(r)/ *n* **1** **(a)** (constitution) carta *f* **(b)** (guarantee of rights) fuero *m*, privilegio *m* **2** (Transp) (*before n*) ‹*flight/plane*› chárter *adj inv*

charter[2] *vt* **1** ‹*plane/ship/bus*› fletar, alquilar **2** (BrE) **chartered** *past p* ‹*engineer/surveyor*› colegiado; **~ed accountant** contador público, contadora pública *m,f* (AmL), censor jurado, censora jurada *m,f* de cuentas (Esp)

chase[1] /tʃeɪs/ *n* persecución *f*

chase[2] *vt* perseguir*
■ *vi*: **we ~d after the thief** fuimos tras el ladrón; **to ~ after girls** ir* detrás de las chicas

● **chase up**: [*v* + *o* + *adv*, *v* + *adv* + *o*] (infml): **~ up this order for me, please** averíguame qué pasó con este pedido, por favor; **I'll have to ~ him up about the report** voy a tener que recordarle lo del informe

chasm /ˈkæzəm/ *n* sima *f*, abismo *m*

chassis /ˈtʃæsi, BrE ˈʃæsi/ *n* (*pl* **chassis** /ˈtʃæsiz, BrE ˈʃæ-/) (Auto) chasis *m*, bastidor *m* (Esp)

chastise /tʃæsˈtaɪz/ *vt* (fml) (verbally) reprender; (physically) castigar*

chastity /ˈtʃæstəti/ *n* castidad *f*

chat[1] /tʃæt/ *n* **(a)** (informal conversation) charla *f*, conversación *f* (esp AmL), plática *f* (AmC, Méx) **(b)** (Comput) chat *m*; **Internet ~** chat en *or* de internet

chat[2] *vi* **-tt-** **(a)** (talk informally) **to ~** (TO *o* WITH **sb**) charlar *or* (esp AmL) conversar *or* (AmC, Méx) platicar* (CON algn) **(b)** (Comput) chatear

chat: **~ line** *n* chat *m*; **~ room** *n* sala *f* de chat; **~ show** *n* (BrE) programa *m* de entrevistas

chatter /ˈtʃætər, BrE ˈtʃætə(r)/ *vi* «*person*» charlar; «*monkeys*» parlotear; «*birds*» cotorrear; **his teeth are ~ing** le castañetean los dientes

chatterbox /ˈtʃætərbɑːks, BrE ˈtʃætəbɒks/ *n* charlatán, -tana *m,f*

chatty /ˈtʃæti/ *adj* **-tier**, **-tiest** ‹*person*› conversador; ‹*letter*› simpático y lleno de noticias

chauffeur /ˈʃəʊfər, BrE ˈʃəʊfə(r)/ *n* chofer *mf or* (Esp) chófer *mf*

chauvinism /ˈʃəʊvənɪzəm, BrE ˈʃəʊvɪnɪzəm/ *n* chovinismo *m*; **male ~** machismo *m*

chauvinist /ˈʃəʊvənəst, BrE ˈʃəʊvɪnɪst/ *n* chovinista *mf*; **(male) ~** machista *m*

chav /tʃæv/ *n* (BrE infml & derog) chav *mf*, ≈ bakala *mf* (Esp)

⚷ **cheap** /tʃiːp/ *adj* **-er**, **-est** **1** **(a)** (inexpensive) barato; ‹*restaurant/hotel*› económico **(b)** (shoddy) ‹*merchandise/jewelry*› ordinario, de baratillo; ‹*mechanic/electrician*› (AmE) chapucero **2** **(a)** (vulgar, contemptible) ‹*joke/gimmick*› de mal gusto; ‹*trick/tactics*› bajo; ‹*liar/crook*› vil **(b)** (worthless) ‹*flattery/promises*› fácil

cheapen /ˈtʃiːpən/ *vt* quitarle valor a, degradar

cheaply /ˈtʃiːpli/ *adv* ‹*buy/sell/get*› barato; ‹*dress/eat/live*› con poco dinero

cheat[1] /tʃiːt/ *vt* estafar, engañar
■ *vi* **(a)** (act deceitfully) hacer* trampas **(b)** (be unfaithful) **to ~** ON **sb** engañar a algn

cheat[2] *n* (swindler) estafador, -dora *m,f*; (at cards, in exam) tramposo, -sa *m,f*

c

check¹ /tʃek/ *n* **1** (stop, restraint) control *m* **2** (inspection — of passport, documents) control *m*; (— of work) examen *m*, revisión *f*; (— of machine, product) inspección *f*; **to keep a ~ on sth** controlar algo **3** (*before n*) ‹*jacket/shirt*› a *or* de cuadros **4** (in chess) jaque *m* **5** (Fin) (BrE **cheque**) cheque *m*, talón *m* (Esp); **to pay by ~** pagar* con cheque *or* (Esp) con talón **6** (restaurant bill) (AmE) cuenta *f*, adición *f* (RPl) **7** (tick) (AmE) signo *m*, tic *m*, visto *m* (Esp), palomita *f* (Méx fam)

⚷ **check²** *vt* **1** (restrain) ‹*anger/impulse*› contener* **2** **(a)** (inspect) ‹*passport/ticket*› revisar, checar* (Méx); ‹*machine/product*› inspeccionar; ‹*quality*› controlar; ‹*temperature/pressure/volume*› comprobar*, checar* (Méx) **(b)** (verify) ‹*facts/information*› comprobar*, verificar*, checar* (Méx); ‹*accounts/bill*› revisar **3** (AmE) **(a)** (in cloakroom) dejar en el guardarropa; (in baggage office) dejar *or* (fml) depositar en consigna **(b)** (Aviat) ‹*baggage*› facturar, chequear (AmL) **4** (tick) (AmE) marcar*, hacer* un tic *or* (Méx fam) una palomita en, poner* un visto en (Esp)
■ *vi* comprobar*, verificar*, checar* (Méx)

● **check in** **1** [*v + adv*] (at airport) facturar *or* (AmL tb) chequear el equipaje; (at hotel) registrarse **2** [*v + o + adv, v + adv + o*] (Aviat) ‹*luggage*› facturar, chequear (AmL)

● **check out** **1** [*v + adv*] *dejar el hotel (or pensión etc) habiendo pagado la factura etc* **2** [*v + adv*] (tally) (AmE) «*story*» cuadrar **3** [*v + o + adv, v + adv + o*] **(a)** ‹*facts/story*› verificar*, comprobar*, checar* (Méx) **(b)** (esp AmE) ‹*shopping*› «*customer*» pagar*; «*cashier*» cobrar

● **check up**: [*v + adv*]: **we ~ed up and found out he was lying** hicimos averiguaciones y comprobamos que mentía; **can you ~ up on that?** ¿puedes comprobarlo?

checkbook, (BrE) **chequebook** /'tʃekbʊk/ *n* chequera *f*, talonario *m* de cheques (esp Esp)

checked /tʃekt/ *adj* (*no comp*) a *or* de cuadros

checker /'tʃekər, BrE 'tʃekə(r)/ *n* (AmE) (cashier) cajero, -ra *m,f*

checkered, (BrE) **chequered** /'tʃekərd, BrE 'tʃekəd/ *adj* ‹*career/history*› accidentado

checkers /'tʃekərz, BrE 'tʃekəz/ *n* (AmE) (+ *sing vb*) damas *fpl*

check-in /'tʃekɪn/ *n* facturación *f* de equipajes

checking account /'tʃekɪŋ/ *n* (AmE) cuenta *f* corriente

check: **~list** *n* lista *f* de control; **~mate** *n* (jaque *m*) mate *m*; **~out** *n* caja *f*; **~point** *n* control *m*; **~room** *n* (AmE) guardarropa *m*; **~up** *n* (Med) chequeo *m*, revisión *f*

cheek /tʃi:k/ *n* **1** (of the face) mejilla *f*, cachete *m* (AmL fam) **2** (infml) (impudence) descaro *m*, cara *f* (fam)

cheekbone /'tʃi:kbəʊn/ *n* pómulo *m*

cheeky /'tʃi:ki/ *adj* **-kier**, **-kiest** (esp BrE) ‹*boy/girl*› fresco, descarado; ‹*grin*› pícaro

cheep /tʃi:p/ *vi* piar*

cheer¹ /tʃɪr, BrE tʃɪə(r)/ *n* **1** (of encouragement, approval) ovación *f*, aclamación *f*; **three ~s for Fred!** ¡viva Fred! **2** **cheers** *pl* (*as interj*) (drinking toast) ¡salud!

cheer² *vt* **(a)** (shout in approval) aclamar, vitorear **(b)** **~ (on)** (shout encouragement at) animar
■ *vi* aplaudir

● **cheer up** **1** [*v + adv*] animarse **2** [*v + o + adv, v + adv + o*] ‹*person*› animar

cheerful /'tʃɪrfəl, BrE 'tʃɪəfəl/ *adj* alegre; ‹*news/prospect*› alentador

cheerleader /'tʃɪr,li:dər, BrE 'tʃɪə,li:də(r)/ *n* animador, -dora *m,f* (*en encuentros deportivos, mitines políticos*), porrista *mf* (Col, Méx)

cheese /tʃi:z/ *n* queso *m*

cheese: **~board** *n* tabla *f* de quesos; **~cake** *n* tarta *f* de queso; **~burger** *n* hamburguesa *f* con queso; **~cloth** *n* estopilla *f*, bambula *f*

cheetah /'tʃi:tə/ *n* guepardo *m*, chita *f*

chef /ʃef/ *n* chef *m*, jefe -fa *m,f* de cocina

chemical¹ /'kemɪkəl/ *n* sustancia *f* química, producto *m* químico

chemical² *adj* químico

chemist /'keməst, BrE 'kemɪst/ *n* **(a)** (scientist) químico, -ca *m,f* **(b)** (pharmacist) (BrE) farmacéutico, -ca *m,f*; **the ~'s** la farmacia

chemistry /'keməstri, BrE 'kemɪstri/ *n* química *f*

chemotherapy /'ki:məʊ'θerəpi/ *n* quimioterapia *f*

cheque /tʃek/ *n* (BrE) ▶ **check¹ 5**

chequebook /'tʃekbʊk/ *n* (BrE) ▶ **checkbook**

chequered /'tʃekərd, BrE 'tʃekəd/ *adj* (BrE) ▶ **checkered**

cherish /'tʃerɪʃ/ *vt* **(a)** (care for, value) apreciar **(b)** (cling to) ‹*memory/hope*› conservar

cherry /'tʃeri/ *n* (*pl* **-ries**) cereza *f*; (*before n*) **~ tree** cerezo *m*

chess /tʃes/ *n* ajedrez *m*

chessboard /'tʃesbɔ:rd, BrE 'tʃesbɔ:d/ *n* tablero *m* de ajedrez

chest /tʃest/ *n* **1** (Anat) pecho *m*; ***to get sth off one's ~*** desahogarse* contando/confesando algo **2** (box) arcón *m* **3** (AmE) (treasury) tesorería *f*; (funds) fondos *mpl*

chestnut¹ /'tʃesnʌt/ *n* castaña *f*; (*before n*) **~ tree**; castaño *m*

chestnut² *adj* castaño

chest of drawers *n* (*pl* **chests of drawers**) cómoda *f*

chew /tʃu:/ *vt* ‹*food*› mascar*, masticar*; ‹*gum*› mascar*

chewing gum /'tʃu:ɪŋ/ *n* chicle *m*

chick /tʃɪk/ *n* (young bird) polluelo, -la *m,f*; (young chicken) pollito, -ta *m,f*

chicken /'tʃɪkən, BrE 'tʃɪkɪn/ *n* **(a)** (hen) gallina *f*; (as generic term) pollo *m* **(b)** (Culin) pollo *m*

● **chicken out** [*v + adv*] (infml) acobardarse, achicarse* (fam), rajarse (fam)

chickenpox /'tʃɪkənpɑ:ks, BrE 'tʃɪkɪnpɒks/ *n* varicela *f*, peste *f* cristal (Chi)

chickpea /'tʃɪkpi:/ *n* garbanzo *m*

chicory /'tʃɪkəri/ *n* (Bot) endivia *f*; (in coffee) achicoria *f*

⚷ **chief¹** /tʃi:f/ *n* jefe, -fa *m,f*, líder *mf*; **~ of police** jefe de policía

⚷ **chief²** *adj* (*before n, no comp*) principal

chief: **~ constable** *n* jefe, -fa *m,f* de policía; **~ justice** *n* (in US) presidente, -ta *m,f* del tribunal

⚷ palabra clave

chilblain /'tʃɪlbleɪn/ *n* sabañón *m*

child /tʃaɪld/ *n* (*pl* **children** /'tʃɪldrən/) **(a)** (boy) niño *m*; (girl) niña *f* **(b)** (son) hijo *m*; (daughter) hija *f*

childbirth /'tʃaɪldbɜːrθ, BrE 'tʃaɪldbɜːθ/ *n* parto *m*

childhood /'tʃaɪldhʊd/ *n* niñez *f*, infancia *f*

childish /'tʃaɪldɪʃ/ *adj* infantil

childlike /'tʃaɪldlaɪk/ *adj* ingenuo, de niño

children /'tʃɪldrən/ *pl of* **child**

Chile /'tʃɪli/ *n* Chile *m*

Chilean[1] /'tʃɪliən/ *adj* chileno

Chilean[2] *n* chileno, -na *m,f*

chili, **chilli** /'tʃɪli/ *n* (*pl* **-lies**) ají *m*, chile *m*

chill[1] /tʃɪl/ *n* **(a)** (coldness — of weather) frío *m*, fresco *m* **(b)** (Med) enfriamiento *m*, resfriado *m*

chill[2] *vt* enfriar*; ‹*wine/food*› poner* a enfriar

chilli *n* (*pl* **-lies**) ▶ **chili**

chilly /'tʃɪli/ *adj* **-lier**, **-liest** frío

chime[1] /tʃaɪm/ *n* (of bells, clock) campanada *f*; (of doorbell) campanilla *f*

chime[2] *vi* «*bell*» sonar*; «*clock*» dar* la hora

chimney /'tʃɪmni/ *n* chimenea *f*

chimney sweep *n* deshollinador, -dora *m,f*

chimpanzee /'tʃɪmpæn'ziː, BrE ˌtʃɪmpən'ziː/ *n* chimpancé *m*

chin /tʃɪn/ *n* barbilla *f*, mentón *m*

china /'tʃaɪnə/ *n* loza *f*; (fine) porcelana *f*

China /'tʃaɪnə/ *n* China *f*

Chinese[1] /tʃaɪ'niːz/ *adj* chino

Chinese[2] *n* (*pl* ~) **(a)** (language) chino *m* **(b) the** ~ (+ *pl vb*) (Chinese people) los chinos

chink /tʃɪŋk/ *n* grieta *f*, abertura *f*

chip[1] /tʃɪp/ *n* **1** **(a)** (of wood) astilla *f*; (of stone) esquirla *f*; ***to have a ~ on one's shoulder*** ser* un resentido **(b)** (in cup) desportilladura *f* **2** (Culin) **(a)** (in packet) (AmE) papa *f* or (Esp) patata *f* frita, papa *f* chip (Ur) **(b)** (French fry) (BrE) papa *f* or (Esp) patata *f* frita **3** (Games) ficha *f* **4** (Comput, Electron) chip *m*

chip[2] **-pp-** *vt* ‹*crockery*› desportillar, cascar* (RPl), saltar (Chi); ‹*tooth*› romper* un trocito de ■ *vi* «*china/cup*» desportillarse, cascarse* (RPl), saltarse (Chi); «*paint/varnish*» saltarse, desconcharse

chipboard /'tʃɪpbɔːrd, BrE 'tʃɪpbɔːd/ *n* **(a)** (of wood) madera *f* prensada *or* aglomerada, aglomerado *m* **(b)** (of paper) (AmE) cartón *m* prensado

chipmunk /'tʃɪpmʌŋk/ *n* ardilla *f* listada

chiropodist /kə'rɑːpədəst, BrE kɪ'rɒpədɪst/ *n* pedicuro, -ra *m,f*, podólogo, -ga *m,f*, callista *mf*

chirp /tʃɜːrp, BrE tʃɜːp/ *vi* piar*

chisel[1] /'tʃɪzəl/ *n* (for stone) cincel *m*; (for wood) formón *m*, escoplo *m*

chisel[2] *vt*, (BrE **-ll-**) ‹*stone*› cincelar; ‹*wood*› labrar

chivalry /'ʃɪvəlri/ *n* caballerosidad *f*, cortesía *f*

chives /tʃaɪvz/ *pl n* cebollinos *mpl*, cebolletas *fpl*

chlorine /'klɔːriːn/ *n* cloro *m*

chlorofluorocarbon /'klɔːrəʊ'flʊrəʊ'kɑːrbən, BrE ˌklɔːrəʊˌflʊərəʊ'kɑːbən, -flɔːrə-/ *n* clorofluorocarbono *m*

chloroform /'klɔːrəfɔːrm, BrE 'klɒrəfɔːm/ *n* cloroformo *m*

chocolate /'tʃɑːklət, BrE 'tʃɒklət/ *n* **(a)** chocolate *m*; (candy, sweet) bombón *m* **(b)** (drinking ~) chocolate *m* en polvo; **a cup of hot ~** una taza de chocolate

choice[1] /tʃɔɪs/ *n* **(a)** (act, option) elección *f*; **I don't work here out of ~** no es por (mi) gusto que trabajo aquí **(b)** (person, thing chosen): **she's a possible ~ for the job** es una de las candidatas posibles para el puesto; **it was an unfortunate ~ of words** no fue la mejor manera de decirlo **(c)** (variety) (*no pl*) surtido *m*, selección *f*

choice[2] *adj* **choicer**, **choicest** ‹*fruit/wine*› selecto; ‹*beef/veal*› (in US) de primera

choir /kwaɪr, BrE 'kwaɪə(r)/ *n* coro *m*

choke[1] /tʃəʊk/ *vt* estrangular, ahogar*, asfixiar ■ *vi* ahogarse*, asfixiarse; **to ~ ON sth** atragantarse *or* (AmL tb) atorarse CON algo

choke[2] *n* (Auto) choke *m*, estárter *m*, cebador *m* (RPl), ahogador *m* (Chi, Méx)

cholera /'kɑːlərə, BrE 'kɒlərə/ *n* cólera *m*

cholesterol /kə'lestərəʊl, BrE kə'lestərɒl/ *n* colesterol *m*

choose /tʃuːz/ (*past* **chose**; *past p* **chosen**) *vt* **(a)** (select) elegir*, escoger*; ‹*candidate*› elegir* **(b)** (decide) **to ~ to** + INF decidir + INF, optar POR + INF ■ *vi* elegir*, escoger*

choosy /'tʃuːzi/ *adj* **-sier**, **-siest** (infml) exigente

chop[1] /tʃɑːp, BrE tʃɒp/ *n* **1** (with ax, cleaver) hachazo *m*; (with hand) manotazo *m*; (in karate) golpe *m* **2** (Culin) chuleta *f*, costilla *f* (AmS)

chop[2] **-pp-** *vt* **(a)** (cut) ‹*wood*› cortar; ‹*meat/apple*› cortar (*en trozos pequeños*); ‹*parsley/onion*› picar* **(b)** **chopped** *past p* ‹*onions/herbs*› picado; ‹*meat*› (AmE) molido *or* (Esp, RPl) picado

● **chop down** [*v + o + adv, v + adv + o*] cortar

● **chop off** [*v + o + adv, v + adv + o*] ‹*branch*› cortar

● **chop up** [*v + o + adv, v + adv + o*] ▶ **chop[2] a**

chopper /'tʃɑːpər, BrE 'tʃɒpə(r)/ *n* **(a)** (hatchet) hacha *f*‡ pequeña **(b)** (helicopter) (infml) helicóptero *m*

chopping board /'tʃɑːpɪŋ, BrE 'tʃɒpɪŋ/ *n* tabla *f* de picar

choppy /'tʃɑːpi, BrE 'tʃɒpi/ *adj* **-pier**, **-piest** ‹*sea*› picado

chopstick /'tʃɑːpstɪk, BrE 'tʃɒpstɪk/ *n* palillo *m* (*para comer comida oriental*)

chord /kɔːrd, BrE kɔːd/ *n* (Mus) acorde *m*

chore /tʃɔːr, BrE tʃɔː(r)/ *n* (routine task) tarea *f*; (tedious task) lata *f* (fam)

choreographer /'kɔːri'ɑːgrəfər, BrE ˌkɒri'ɒgrəfə(r)/ *n* coreógrafo, -fa *m,f*

choreography /'kɔːri'ɑːgrəfi, BrE ˌkɒri'ɒgrəfi/ *n* coreografía *f*

chortle /'tʃɔːrtl, BrE 'tʃɔːtl/ *vi* reírse* (*con satisfacción*)

chorus /'kɔːrəs/ *n* **1** (+ *sing o pl vb*) (in musical, opera) coro *m* **2** (refrain) estribillo *m*; (choral piece) coral *m*

chose /tʃəʊz/ *past of* **choose**

chosen /'tʃəʊzən/ *past p of* **choose**

Christ /kraɪst/ *n* **(a)** (Relig) Cristo **(b)** (*as interj*) (infml) ¡Jesús! (fam); **for ~'s sake!** ¡por amor de Dios!

christen /'krɪsn̩/ *vt* bautizar*

C

christening /ˈkrɪsn̩ɪŋ/ *n* bautismo *m*, bautizo *m*

✓ **Christian**[1] /ˈkrɪstʃən/ *n* cristiano, -na *m,f*

✓ **Christian**[2] *adj* cristiano

Christianity /ˈkrɪstiˈænəti, ˈkrɪstʃi-, BrE ˌkrɪstiˈænətɪ/ *n* (faith) cristianismo *m*; (believers) los cristianos

Christian name *n* nombre *m* de pila

✓ **Christmas** /ˈkrɪsməs/ *n* Navidad *f*, Pascua *f* (Chi, Per); (~time) las Navidades, la Navidad, la Pascua (Chi, Per); **merry** o (BrE also) **happy ~!** ¡Feliz Navidad!, ¡Felices Pascuas!; (*before n*) **~ cake** pastel *m* de Navidad (*pastel de frutas cubierto de mazapán y azúcar glaseado*); **~ card** tarjeta *f* de Navidad, tarjeta *f* de Pascua (Chi, Per), crismas *m* (Esp); **~ Day** día *m* de Navidad *or* (Chi, Per tb) de Pascua; **~ Eve** (day) la víspera de Navidad; (evening) Nochebuena *f*; **~ tree** árbol *m* de Navidad *or* (Chi, Per tb) de Pascua

chrome /krəʊm/ *n* cromo *m*

chromium /ˈkrəʊmiəm/ *n* cromo *m*

chromosome /ˈkrəʊməsəʊm/ *n* cromosoma *m*

chronic /ˈkrɑːnɪk, BrE ˈkrɒnɪk/ *adj* (Med) crónico; ‹*unemployment/shortages*› crónico; ‹*smoker/liar*› empedernido

chronicle /ˈkrɑːnɪkəl, BrE ˈkrɒnɪkəl/ *n* crónica *f*

chronological /ˌkrɑːnəˈlɑːdʒɪkəl, BrE ˌkrɒnəˈlɒdʒɪkəl/ *adj* cronológico

chrysalis /ˈkrɪsələs, BrE ˈkrɪsəlɪs/ *n* crisálida *f*

chubby /ˈtʃʌbi/ *adj* **-bier, -biest** (infml) ‹*legs/cheeks/face*› regordete (fam); ‹*person*› gordinflón (fam)

chuck /tʃʌk/ *vt* (infml) **(a)** (throw) tirar, aventar* (Méx) **(b)** (throw away) tirar, botar (AmL exc RPl) **(c)** (give up) (infml) ‹*job*› dejar, plantar (fam); ‹*boyfriend/girlfriend*› plantar (fam), botar (AmC, Chi fam), largar* (RPl fam)

chuckle /ˈtʃʌkəl/ *vi* reírse*

chum /tʃʌm/ *n* (infml) amigo, -ga *m,f*, compinche *mf* (fam), cuate *m* (Méx fam), pata *m* (Per fam), pana *mf* (Ven fam)

chunk /tʃʌŋk/ *n* pedazo *m*, trozo *m*

chunky /ˈtʃʌŋki/ *adj* **-kier, -kiest** ‹*person*› fornido; ‹*sweater*› grueso

✓ **church** /tʃɜːrtʃ, BrE tʃɜːtʃ/ *n* iglesia *f*

churchgoer /ˈtʃɜːrtʃˌgəʊər, BrE ˈtʃɜːtʃˌgəʊə(r)/ *n* practicante *mf*

churn[1] /tʃɜːrn, BrE tʃɜːn/ *n* mantequera *f*

churn[2] *vt* ‹*milk*› batir; ‹*butter*› hacer*

● **churn out** [*v + o + adv, v + adv + o*] (infml) producir* como salchichas (fam)

● **churn up** [*v + o + adv, v + adv + o*] revolver*

chute /ʃuːt/ *n* tolva *f*, vertedor *m*; (in swimming pool, amusement park) tobogán *m*, rodadero *m* (Col)

CIA *n* (= **Central Intelligence Agency**) CIA *f*

cider /ˈsaɪdər, BrE ˈsaɪdə(r)/ *n* **(a)** (alcoholic) sidra *f*; **hard ~** (AmE) sidra *f* fermentada **(b)** (non-alcoholic) (AmE): **(sweet) ~** jugo *m or* (Esp) zumo *m* de manzana

cigar /sɪˈgɑːr, BrE sɪˈgɑː(r)/ *n* cigarro *m*, puro *m*, tabaco *m* (Col)

cigarette /ˈsɪgəˈret/ *n* cigarrillo *m*; (*before n*) **~ end** colilla *f*; **~ holder** boquilla *f*; **~ lighter** encendedor *m*, mechero *m* (Esp)

cinch /sɪntʃ/ *n* (infml) (*no pl*) (easy task): **it's a ~** es pan comido (fam), es tirado (Esp fam), es una papa *or* un bollo (RPl fam), es botado (Chi fam)

cinder /ˈsɪndər, BrE ˈsɪndə(r)/ *n* **(a)** (ember) carbonilla *f*, carboncillo *m*; **the dinner was burnt to a ~** la cena estaba carbonizada **(b) cinders** *pl* (ashes) ceniza *f*, rescoldo *m*

cine camera /ˈsɪni ˌkæmərə/ *n* (BrE) filmadora *f* (AmL), tomavistas *m* (Esp); (large, professional) cámara *f* cinematográfica

cinema /ˈsɪnəmə, BrE ˈsɪnəmɑː/ *n* cine *m*

cinnamon /ˈsɪnəmən/ *n* canela *f*

cipher /ˈsaɪfər, BrE ˈsaɪfə(r)/ *n* clave *f*, cifra *f*

circa /ˈsɜːrkə, BrE ˈsɜːkə/ *prep* alrededor de, hacia

✓ **circle**[1] /ˈsɜːrkəl, BrE ˈsɜːkəl/ *n* círculo *m*; **their ~ of friends** su círculo de amigos; ***to come/go full ~*** volver* al punto de partida

circle[2] *vt* **1** (move around) dar* vueltas alrededor de; (be around) rodear, cercar* **2** (draw circle around) trazar* un círculo alrededor de ■ *vi* dar* vueltas; «*aircraft/bird*» volar* en círculos

circuit /ˈsɜːrkət, BrE ˈsɜːkɪt/ *n* **1** (passage around) recorrido *m*, vuelta *f* **2** (Elec) circuito *m*

circular[1] /ˈsɜːrkjələr, BrE ˈsɜːkjʊlə(r)/ *adj* circular

circular[2] *n* circular *f*

circulate /ˈsɜːrkjəleɪt, BrE ˈsɜːkjʊleɪt/ *vi* circular ■ *vt* ‹*report/news*› hacer* circular, divulgar*

circulation /ˈsɜːrkjəˈleɪʃən, BrE ˌsɜːkjʊˈleɪʃən/ *n* circulación *f*

circumcise /ˈsɜːrkəmsaɪz, BrE ˈsɜːkəmsaɪz/ *vt* circuncidar

circumference /sərˈkʌmfərəns, BrE səˈkʌmfərəns/ *n* circunferencia *f*

circumflex (accent) /ˈsɜːrkəmfleks, BrE ˈsɜːkəmfleks/ *n* (acento *m*) circunflejo *m*

✓ **circumstance** /ˈsɜːrkəmstæns, BrE ˈsɜːkəmstəns/ *n* **1** (condition, fact) circunstancia *f*; **in** o **under the ~s** dadas las circunstancias; **under no ~s** bajo ningún concepto, bajo ninguna circunstancia **2 circumstances** *pl* (financial position): **a person in my ~s** una persona en mi situación económica

circumstantial /ˌsɜːrkəmˈstæntʃəl, BrE ˌsɜːkəmˈstænʃəl/ *adj* ‹*evidence*› circunstancial

circus /ˈsɜːrkəs, BrE ˈsɜːkəs/ *n* circo *m*

cirrhosis /səˈrəʊsəs, BrE sɪˈrəʊsɪs/ *n* cirrosis *f*

CIS *n* (= **Commonwealth of Independent States**) CEI *f*

cistern /ˈsɪstərn, BrE ˈsɪstən/ *n* cisterna *f*

✓ **cite** /saɪt/ *vt* citar

✓ **citizen** /ˈsɪtəzən, BrE ˈsɪtɪzən/ *n* ciudadano, -na *m,f*

citizenship /ˈsɪtəzənʃɪp, BrE ˈsɪtɪzənʃɪp/ *n* ciudadanía *f*

citrus /ˈsɪtrəs/ *adj* (*before n*) cítrico

✓ **city** /ˈsɪti/ *n* (*pl* **cities**) ciudad *f*; (*before n*) **~ center** centro *m* de la ciudad

city: **~ hall** *n* (AmE) ayuntamiento *m*, municipio *m*; **~ planner** *n* (AmE) urbanista *mf*; **~ planning** *n* (AmE) urbanismo *m*

civic /ˈsɪvɪk/ *adj* ‹*authorities*› civil; ‹*leader*› de la ciudad; ‹*duty/virtues*› cívico; **~ center** edificios *mpl* municipales

✓ **civil** /ˈsɪvəl, BrE ˈsɪvl/ *adj* **(a)** (of society, citizens) civil **(b)** (polite) cortés

civilian /səˈvɪljən, BrE sɪˈvɪljən/ *n* civil *mf*

✓ palabra clave

civilization /ˈsɪvələˈzeɪʃən, BrE ˌsɪvəlaɪˈzeɪʃən/ *n* civilización *f*

civilized /ˈsɪvəlaɪzd/ *adj* ‹*society*› civilizado; ‹*person*› educado

civil: ∼ **liberties** *pl n* derechos *mpl* civiles; ∼ **partnership** *n* (in UK) unión *f* civil; ∼ **rights** *pl n* derechos *mpl* civiles; ∼ **servant** *n* funcionario, -ria *m,f* (del Estado); ∼ **service** *n*: **the** ∼ **service** la administración pública; (employees) el funcionariado (del Estado); ∼ **war** *n* guerra *f* civil; **the C**∼ **War** (in US) la guerra de Secesión

claim[1] /kleɪm/ *n* **1** (demand): **wage** o **pay** ∼ reivindicación *f* salarial; **insurance** ∼ reclamación *f* al seguro; **a** ∼ **for expenses** una solicitud de reembolso de gastos **2** (to right, title) ∼ **(**TO **sth)** derecho *m* (A algo) **3** (allegation) afirmación *f*

claim[2] *vt* **1** **(a)** ‹*throne/inheritance/land*› reclamar; ‹*right*› reivindicar*; ‹*diplomatic immunity*› alegar* **(b)** ‹*lost property*› reclamar **(c)** ‹*social security/benefits*› (apply for) solicitar; (receive) cobrar; **you can** ∼ **your expenses back** puedes pedir que te reembolsen los gastos **2** (allege, profess): **no one has** ∼**ed responsibility for the attack** nadie ha reivindicado el atentado; **he** ∼**ed (that) he knew nothing about it** aseguraba *or* afirmaba no saber nada de ello

claimant /ˈkleɪmənt/ *n* **(a)** (Soc Adm) solicitante *mf* **(b)** (to throne) pretendiente, -ta *m,f*

clairvoyant /klerˈvɔɪənt, BrE kleəˈvɔɪənt/ *n* clarividente *mf*

clam /klæm/ *n* almeja *f*

● **clam up** [*v* + *adv*] **-mm-** (infml) ponerse* muy poco comunicativo

clamber /ˈklæmbər, BrE ˈklæmbə(r)/ *vi* trepar; **they** ∼**ed over the wall** treparon al muro y saltaron

clammy /ˈklæmi/ *adj* **-mier**, **-miest** ‹*handshake*› húmedo; ‹*weather*› bochornoso

clamor, (BrE) **clamour** /ˈklæmər, BrE ˈklæmə(r)/ *vi* gritar; **to** ∼ FOR **sth** (for war/resignation) pedir* algo a gritos

clamp[1] /klæmp/ *n* **(a)** (Const) abrazadera *f*; (in carpentry) tornillo *m* de banco **(b)** (wheel ∼) (BrE) cepo *m*

clamp[2] *vt* **(a)** (join, fasten) sujetar con abrazaderas **(b)** (BrE) (Auto) (infml) ‹*car*› ponerle* el cepo a

● **clamp down**: [*v* + *adv*] **to** ∼ **down** ON **sth/sb** tomar medidas drásticas CONTRA algo/algn

clampdown /ˈklæmpdaʊn/ *n* (infml): **a** ∼ **on illegal immigrants** medidas *fpl* drásticas contra los inmigrantes ilegales; **there's been a** ∼ **on loans** se ha restringido severamente la concesión de créditos

clan /klæn/ *n* clan *m*

clandestine /klænˈdestən, BrE klænˈdestɪn/ *adj* clandestino

clang /klæŋ/ *vi* «*bells*» sonar*

clank /klæŋk/ *vi* hacer* ruido

clap[1] /klæp/ *n* **(a)** (applause): **to give sb a** ∼ aplaudir a algn **(b) a** ∼ **of thunder** un trueno

clap[2] **-pp-** *vt* (applaud) aplaudir; **to** ∼ **one's hands to the music** dar* palmadas al compás de la música

■ *vi* (applaud) aplaudir; (to music etc) dar* una palmada

clapping /ˈklæpɪŋ/ *n* aplausos *mpl*

clarify /ˈklærəfaɪ, BrE ˈklærɪfaɪ/ **-fies**, **-fying**, **-fied** *vt* **(a)** (explain, make clear) aclarar **(b)** (purify) ‹*butter/wine*› clarificar*

clarinet /ˈklærəˈnet/ *n* clarinete *m*

clarity /ˈklærəti/ *n* claridad *f*

clash[1] /klæʃ/ *n* **1** (of interests) conflicto *m*; (of cultures, personalities) choque *m*; (of opinions, views) disparidad *f* **2** (between armies, factions) enfrentamiento *m*, choque *m* **3** (noise): **the** ∼ **of the cymbals** el sonido de los platillos

clash[2] *vi* **(a)** «*personalities*» chocar*; «*colors/patterns*» desentonar **(b)** «*armies/factions/leaders*» chocar* **(c)** «*dates*» coincidir **(d)** «*cymbals/swords*» sonar* (*al entrechocarse*)

clasp[1] /klæsp, BrE klɑːsp/ *n* broche *m*, cierre *m*

clasp[2] *vt*: **she** ∼**ed her bag firmly** sujetó firmemente el bolso; **he** ∼**ed her in his arms** la estrechó entre sus brazos

class[1] /klæs, BrE klɑːs/ *n* **1** (social stratum) clase *f* **2** (group of students) clase *f*; (lesson) clase *f*; **the** ∼ **of '86** la promoción del 86 **3** (group, type) clase *f* **4** **(a)** (Transp) clase *f* **(b)** (in UK) (Post): **send the letter first/second** ∼ manda la carta por correo preferente/normal **5** (style) (infml) clase *f*

class[2] *vt* catalogar*

classic[1] /ˈklæsɪk/ *adj* clásico; ‹*scene/line*› memorable

classic[2] *n* clásico *m*; *see also* **classics**

classical /ˈklæsɪkəl/ *adj* (of Greece, Rome) clásico; ∼ **music** música *f* clásica

classics /ˈklæsɪks/ *n* (+ *sing vb*) clásicas *fpl*

classification /ˈklæsəfəˈkeɪʃən, BrE ˌklæsɪfɪˈkeɪʃən/ *n* clasificación *f*

classified /ˈklæsəfaɪd, BrE ˈklæsɪfaɪd/ *adj* **(a)** (categorized) clasificado; ∼ **advertising** anuncios *mpl* por palabras, avisos *mpl* clasificados (AmL) **(b)** (secret) ‹*information*› secreto

classify /ˈklæsəfaɪ, BrE ˈklæsɪfaɪ/ *vt* **-fies**, **-fying**, **-fied** ‹*books/data*› clasificar*

class: ∼**mate** *n* compañero, -ra *m,f* de clase; ∼**room** *n* aula *f*‡, clase *f*

clatter[1] /ˈklætər, BrE ˈklætə(r)/ *vi* «*pans*» hacer* ruido; «*typewriter*» repiquetear

clatter[2] *n* (of trains) traqueteo *m*; (of typewriters) repiqueteo *m*; (of hooves) chacoloteo *m*

clause /klɔːz/ *n* **(a)** (in contract) cláusula *f* **(b)** (Ling) oración *f*, cláusula *f*

claustrophobia /ˈklɔːstrəˈfəʊbiə, BrE ˌklɒstrəˈfəʊbiə/ *n* claustrofobia *f*

claustrophobic /ˈklɔːstrəˈfəʊbɪk, BrE ˌklɒstrəˈfəʊbɪk/ *adj* claustrofóbico

claw /klɔː/ *n* (of tiger, lion) zarpa *f*, garra *f*; (of eagle) garra *f*; (of crab, lobster) pinza *f*

clay /kleɪ/ *n* arcilla *f*; (for children) (AmE) plastilina® *f*, plasticina® *f* (CS)

clean[1] /kliːn/ *adj* **-er**, **-est** limpio; ‹*joke*› inocente; ‹*game/player*› limpio; ‹*driver's license*› donde no constan infracciones; ‹*stroke/features*› bien definido, nítido; **she made a** ∼ **break with the past** cortó radicalmente con el pasado

clean² *adv* (infml) **(a)** (completely): **I ~ forgot about it** se me olvidó por completo **(b)** (fairly) ‹*fight/play*› limpio, limpiamente

clean³ *vt* **(a)** limpiar; ‹*blackboard*› borrar; **to ~ one's teeth** lavarse los dientes; **you can ~ it off with a sponge** lo puedes quitar con una esponja **(b)** (dry-clean) limpiar en seco

● **clean out** [*v* + *o* + *adv*, *v* + *adv* + *o*] (clean thoroughly) vaciar* y limpiar (*a fondo*)

● **clean up** **1** [*v* + *o* + *adv*, *v* + *adv* + *o*] (physically, morally) limpiar **2** [*v* + *adv*] (do cleaning) limpiar

clean-cut /'kli:n'kʌt/ *adj* ‹*outline*› bien definido; ‹*appearance*› muy cuidado

cleaner /'kli:nər, BrE 'kli:nə(r)/ *n* **(a)** (person) limpiador, -dora *m,f* **(b)** (substance) producto *m* de limpieza

cleaning /'kli:nɪŋ/ *n* limpieza *f*; (*before n*) **~ fluid** líquido *m* limpiador; **the ~ lady** la señora de la limpieza

cleanliness /'klenlinəs, BrE 'klenlinɪs/ *n* limpieza *f*; **personal ~** el aseo personal

cleanse /klenz/ *vt* limpiar

cleanser /'klenzər, BrE 'klenzə(r)/ *n* (for household use) producto *m* de limpieza; (for skin) leche *f* (*or* crema *f etc*) limpiadora *or* de limpieza

clean-shaven /'kli:n'ʃeɪvən/ *adj* ‹*face*› bien afeitado *or* (esp Méx) rasurado

cleansing /'klenzɪŋ/ *adj* limpiador; **~ lotion** loción *f* limpiadora *or* de limpieza

clear¹ /klɪr, BrE klɪə(r)/ *adj* **-er, -est** **1** ‹*sky*› despejado; **she has very ~ skin** tiene muy buen cutis; **to keep a ~ head** mantener* la mente despejada **2** (distinct) ‹*outline/picture*› nítido, claro; ‹*voice*› claro **3** **(a)** (plain, evident): **it's a ~ case of suicide** es un caso evidente de suicidio; **it became ~ that ...** se hizo evidente que ... **(b)** ‹*explanation/instructions*› claro **4** (free, unobstructed) ‹*space/road*› despejado

clear² *adv*: **stand ~ of the doors** manténganse alejados de las puertas; **the curtains should hang ~ of the radiators** las cortinas no deben tocar los radiadores; **to keep** *o* **stay ~ (of sth)** mantenerse* alejado (de algo), no acercarse* (a algo)

clear³ *vt* **1** (make free, unobstructed) ‹*room*› vaciar*; ‹*surface*› despejar; ‹*drain/pipe*› desatascar*, destapar (AmL); ‹*building*› desalojar; ‹*land*› despoblar de árboles, desmontar; **to ~ the table** levantar *or* (Esp tb) quitar la mesa; **to ~ one's throat** carraspear **2** ‹*fence/ditch*› salvar; **to ~ customs** pasar por la aduana **3** (free from suspicion) ‹*name*› limpiar; **he was ~ed of all charges** lo absolvieron de todos los cargos **4** (authorize) autorizar* **5** ‹*debt/account*› liquidar, saldar

■ *vi* **1** «*sky/weather/traffic*» despejarse; «*water*» aclararse; «*fog/smoke*» levantarse **2** (Fin) «*check*» ser* compensado

● **clear off** [*v* + *adv*] (infml) largarse* (fam)

● **clear out** [*v* + *o* + *adv*, *v* + *adv* + *o*] ‹*cupboard/drawer*› vaciar* y ordenar

● **clear up** **1** [*v* + *o* + *adv*, *v* + *adv* + *o*] **(a)** ‹*crime*› esclarecer*; ‹*misunderstanding/doubts*› aclarar **(b)** ‹*rubbish/toys*› recoger* **2** [*v* + *adv*] **(a)** (tidy) ordenar **(b)** «*weather*» despejar **(c)** (get better) «*cough/cold*» mejorarse; **the rash has ~ed up** se le (*or* me *etc*) ha ido el sarpullido

clearance /'klɪrəns, BrE 'klɪərəns/ *n* **1** (authorization) autorización *f*; (from customs) despacho *m* de aduana **2** (of building land) desmonte *m*, despeje *m* **3** (of stock) liquidación *f*

clear-cut /'klɪr'kʌt, BrE ˌklɪə'kʌt/ *adj* claro, bien definido

clearing /'klɪrɪŋ, BrE 'klɪərɪŋ/ *n* (in forest) claro *m*

clearly /'klɪrli, BrE 'klɪəli/ *adv* ‹*visible/marked*› claramente; ‹*speak/write/think*› con claridad, claramente; **it's ~ impossible** es a todas luces imposible, está claro que es imposible

cleavage /'kli:vɪdʒ/ *n* escote *m*

cleaver /'kli:vər, BrE 'kli:və(r)/ *n* cuchilla *f* de carnicero

clef /klef/ *n* clave *f*

cleft¹ /kleft/ *adj* ‹*chin*› partido; **~ palate** paladar *m* hendido, fisura *f* del paladar

cleft² *n* hendidura *f*, grieta *f*

clench /klentʃ/ *vt* **(a)** ‹*fist/jaw*› apretar* **(b)** (grip) apretar*, agarrar

clergy /'klɜ:rdʒi, BrE 'klɜ:dʒi/ *n* (+ *sing or pl vb*) clero *m*

clerical /'klerɪkəl/ *adj* **1** (Relig) clerical **2** ‹*job/work*› de oficina; **~ assistant** oficinista *mf*

clerk /klɜ:rk, BrE klɑ:k/ *n* (in office) empleado (administrativo), empleada (administrativa) *m,f*, oficinista *mf*; (in bank) empleado, -da *m,f*, bancario, -ria *m,f* (CS); (sales ~) (AmE) vendedor, -dora *m,f*, dependiente, -ta *m,f*; (desk ~) (AmE) recepcionista *mf*

clever /'klevər, BrE 'klevə(r)/ *adj* **-verer, -verest** **(a)** (intelligent) inteligente, listo **(b)** (artful) (derog) listo **(c)** (skillful, adept) ‹*player/politician*› hábil; ‹*invention/solution*› ingenioso

cliché /kli:'ʃeɪ, BrE 'kli:ʃeɪ/ *n* lugar *m* común, cliché *m*

click¹ /klɪk/ *vt* **1** ‹*fingers*› chasquear, tronar* (Méx); ‹*tongue*› chasquear **2** (Comput) hacer* clic en, pinchar

■ *vi* hacer* un ruidito seco

click² *n* (of fingers, tongue) chasquido *m*; (of camera, switch, mouse) clic *m*

client /'klaɪənt/ *n* cliente, -ta *m,f*

clientele /'klaɪən'tel, BrE ˌkli:ɒn'tel, ˌkli:ən'tel/ *n* (+ *sing or pl vb*) clientela *f*

cliff /klɪf/ *n* acantilado *m*; (not by sea) precipicio *m*

cliffhanger /'klɪfˌhæŋər, BrE 'klɪfˌhæŋə(r)/ *n* situación *f* de suspenso *or* (Esp) de suspense

climate /'klaɪmət, BrE 'klaɪmɪt/ *n* clima *m*

climate change *n* cambio *m* climático

climatologist /ˌklaɪmə'tɑ:lədʒɪst, BrE ˌklaɪmə'tɒlədʒɪst/ *n* climatólogo, -ga *m,f*

climatology /ˌklaɪmə'tɑ:lədʒi, BrE ˌklaɪmə'tɒlədʒi/ *n* climatología *m*

climax /'klaɪmæks/ *n* (*pl* **-maxes**) clímax *m*; (orgasm) orgasmo *m*

climb¹ /klaɪm/ *vt* ‹*mountain*› escalar, subir a; ‹*tree*› trepar a, subirse a, treparse a (esp AmL); ‹*stairs*› subir

■ *vi* **(a)** (clamber) trepar, treparse; **she ~ed onto the table** se subió a la mesa, trepó *or* se trepó a la mesa **(b)** (rise) subir

● **climb down** **1** [*v* + *prep* + *o*] ‹*rope*› bajarse por; ‹*tree*› bajarse de **2** [*v* + *adv*] (concede)

palabra clave

(infml) ceder

climb[2] *n* **(a)** (ascent) subida *f* **(b)** (Aviat) ascenso *m*

climber /'klaɪmər, BrE 'klaɪmə(r)/ *n* **(a)** (rock ~) escalador, -dora *m,f*; (mountaineer) alpinista *mf*, andinista *mf* (AmL) **(b)** (Hort) enredadera *f*, trepadora *f*

climbing /'klaɪmɪŋ/ *n* (Sport) alpinismo *m*, andinismo *m* (AmL)

clinch /klɪntʃ/ *vt* ‹*deal*› cerrar*; ‹*title*› ganar; ‹*argument*› resolver* de forma contundente

cling /klɪŋ/ *vi* (*past & past p* **clung**) **1** **(a)** (hold fast) **to ~ TO sth/sb** estar* aferrado A algo/algn **(b)** (be dependent) (derog) **to ~ (TO sb)** pegársele* A algn **2** (stick) **to ~ (TO sth)** pegarse* (A algo)

clingfilm /'klɪŋfɪlm/ *n* (BrE) film *m* transparente (*para envolver alimentos*)

clinic /'klɪnɪk/ *n* (treatment center) centro *m* médico; (in state hospital) consultorio *m*; (private hospital) clínica *f*

clinical /'klɪnɪkəl/ *adj* **(a)** (Med) (*before n*) clínico **(b)** (unemotional) ‹*manner/detachment*› frío

clink /klɪŋk/ *vt* hacer* tintinear
■ *vi* tintinear

clip[1] /klɪp/ *n* **1** (device) clip *m*, gancho *m* **2** (from film) fragmento *m*, clip *m*

clip[2] *vt* **-pp-** **1** **(a)** (cut) ‹*hair/nails/grass/hedge*› cortar; ‹*sheep*› trasquilar; ‹*dog*› recortarle el pelo a **(b)** (punch) ‹*ticket*› picar*, perforar **2** (cut out) (AmE) recortar **3** (attach) sujetar (*con un clip*)

clip-on /'klɪpɑːn, BrE 'klɪpɒn/ *adj* (*before n*) ‹*sunglasses*› que se engancha; ‹*earrings*› de clip

clippers /'klɪpərz, BrE 'klɪpəz/ *pl n* (for nails) cortaúñas *m*; (for hair) maquinilla *f* (*para cortar el pelo*); (for hedge, lawn) podadera *f*, tijeras *fpl* de podar

clipping /'klɪpɪŋ/ *n* (from newspaper) recorte *m*

clique /kliːk/ *n* camarilla *f*

cloak[1] /kləʊk/ *n* capa *f*; (disguise) tapadera *f*

cloak[2] *vt* ‹*purpose/activities*› encubrir*; **~ed in secrecy** rodeado de un velo de misterio

cloakroom /'kləʊkruːm, -rʊm/ *n* guardarropa *m*

clock /klɑːk, BrE klɒk/ *n* **(a)** (timepiece) reloj *m*; **to work around** o **round the ~** trabajar las veinticuatro horas del día **(b)** (Auto) (milometer) cuentakilómetros *m*; (speedometer) velocímetro *m*

● **clock in**, (BrE) **clock on** [*v + adv*] fichar, marcar* *or* (Méx) checar* tarjeta (*al entrar al trabajo*)

● **clock out**, (BrE) **clock off** [*v + adv*] fichar, marcar* *or* (Méx) checar* tarjeta (*al salir del trabajo*)

clockwise[1] /'klɑːkwaɪz, BrE 'klɒkwaɪz/ *adj* ‹*direction*› de las agujas del reloj

clockwise[2] *adv* en el sentido de las agujas del reloj

clockwork /'klɑːkwɜːrk, BrE 'klɒkwɜːk/ *n* mecanismo *m* de relojería; **like/regular as ~** como un reloj; (*before n*) **~ toy** (esp BrE) juguete *m* de cuerda

clog[1] /klɑːg, BrE klɒg/ *n* zueco *m*

clog[2] **-gg-** **~ (up)** *vt* ‹*pipe/filter*› obstruir*, atascar*
■ *vi* «*pipe/filter*» obstruirse*, atascarse*

cloister /'klɔɪstər, BrE 'klɔɪstə(r)/ *n* claustro *m*

clone /kləʊn/ *vt* clonar

close[1] /kləʊs/ *adj* **closer**, **closest** **1** **(a)** (near) próximo, cercano **(b)** ‹*shave*› al ras, apurado; ***that was a ~ shave*** (infml) se salvó (*or* me salvé *etc*) por un pelo *or* por los pelos (fam) **2** ‹*link/connection*› estrecho; ‹*contact*› directo; ‹*relative*› cercano; **they are ~ friends** son muy amigos **3** (in similarity): **he bears a ~ resemblance to his brother** tiene un gran parecido a *or* con su hermano **4** ‹*fit*› ajustado **5** (careful) ‹*examination*› detenido; **to keep a ~ watch on sth/sb** vigilar algo/a algn de cerca **6** ‹*contest/finish*› reñido **7** ‹*weather/atmosphere*› pesado, bochornoso

close[2] /kləʊs/ *adv* **closer**, **closest** **1** (in position) cerca; **to draw/get/come ~** acercarse*; **~ TO sth/sb** cerca DE algo/algn **2** (in intimacy): **the tragedy brought them ~r together** la tragedia los acercó más **3** (in approximation): **the temperature is ~ to ...** la temperatura es de casi ...; **he was ~ to tears** estaba a punto de llorar **4** (*in phrases*) **close by** cerca; **close together** (physically) juntos; **close up** de cerca

close[3] /kləʊz/ *n* fin *m*; **to come/draw to a ~** llegar*/acercarse* a su fin

close[4] /kləʊz/ *vt* cerrar*
■ *vi* **1** «*door/window*» cerrar(se)*; «*gap/wound*» cerrarse* **2** «*shop/library/museum*» cerrar* **3** **(a)** (finish, end) «*lecture/book*» terminar, concluir* **(b)** **closing** *pres p* ‹*minutes*› último; ‹*speech*› de clausura

● **close down** **1** [*v + o + adv, v + adv + o*] ‹*shop/factory*› cerrar* **2** [*v + adv*] «*shop/factory*» cerrar*

● **close in** [*v + adv*] **(a)** «*pursuers/enemy*» acercarse*; **to ~ in ON sth/sb** cercar* algo/a algn **(b)** «*winter*» acercarse* **(c)** (get shorter) «*day*» acortarse

● **close off** [*v + o + adv, v + adv + o*] clausurar

● **close out** [*v + o + adv, v + adv + o*] (AmE) liquidar

● **close up** **1** [*v + adv*] «*shop/museum*» cerrar*; «*wound/gash*» cerrarse* **2** [*v + o + adv, v + adv + o*] ‹*shop/museum*› cerrar*

closed /kləʊzd/ *adj* cerrado

closed circuit *n* circuito *m* cerrado; (*before n*) **closed-circuit television** televisión *f* en circuito cerrado

close /kləʊs/: **~-fitting** *adj* ajustado, ceñido; **~-knit** *adj* unido

closely /'kləʊsli/ *adv* **1** ‹*connected/associated*› estrechamente; **they worked ~ with the French** trabajaron en estrecha colaboración con los franceses **2** **(a)** (at a short distance) ‹*follow/mark*› de cerca **(b)** (carefully) ‹*study/examine*› detenidamente; ‹*watch*› de cerca; ‹*question*› a fondo; **a ~ guarded secret** un secreto muy bien guardado **3** (in approximation): **somebody who resembled her ~** alguien que se le parecía mucho

closet /'klɑːzət, BrE 'klɒzɪt/ *n* (AmE) (cupboard) armario *m*, placard *m* (RPl); (for clothes) armario *m*, closet *m* (AmL exc RPl), placard *m* (RPl)

close-up /'kləʊsʌp/ *n* primer plano *m*

closing /'kləʊzɪŋ/: **~ date** *n* fecha *f* límite, fecha *f* tope; **~ time** *n* hora *f* de cierre

closure /'kləʊʒər, BrE 'kləʊʒə(r)/ *n* cierre *m*

C

clot¹ /klɑːt, BrE klɒt/ *n* (blood ~) coágulo *m*
clot² *vi* **-tt-** «*blood*» coagularse
cloth /klɔːθ, BrE klɒθ/ *n* **(a)** (fabric) tela *f*, género *m*; (thick, woolen) paño *m* **(b)** (for cleaning) trapo *m*
clothe /kləʊð/ *vt* vestir*
C ✓ **clothes** /kləʊðz/ *pl n* ropa *f*; **he had no ~ on** estaba desnudo; (*before n*) **~ brush** cepillo *m* para *or* de la ropa, escobilla *f* de ropa (Chi); **~ horse** tendedero *m* (*plegable*); **~ line** cuerda *f* de tender; **~ shop** tienda *f or* casa *f* de modas
clothespin /ˈkləʊðzpɪn/ (AmE), **clothes-peg** /ˈkləʊðzpeg/ (BrE) *n* pinza *f or* (Arg) broche *m or* (Chi) perrito *m or* (Ur) palillo *m* (de tender la ropa)
clothing /ˈkləʊðɪŋ/ *n* ropa *f*
cloud¹ /klaʊd/ *n* **(a)** (Meteo) (single) nube *f*; (mass) nubes *fpl*, nubosidad *f* **(b)** (of smoke, dust) nube *f*; (of suspicion) halo *m*, nube *f* **(c)** (Comput): **the ~** la nube
cloud² *vt* ‹*view/vision*› nublar
● **cloud over** [*v* + *adv*] nublarse
cloudiness /ˈklaʊdinəs, BrE ˈklaʊdinɪs/ *n* (of sky) lo nublado; (of liquid) lo turbio
cloudless /ˈklaʊdləs, BrE ˈklaʊdlɪs/ *adj* totalmente despejado, sin una nube
cloudy /ˈklaʊdi/ *adj* **-dier**, **-diest** ‹*day/sky*› nublado; ‹*liquid*› turbio; **it's ~** está nublado
clout¹ /klaʊt/ *n* (infml) **1** (blow) tortazo *m* (fam) **2** (power, influence) peso *m*, influencia *f*
clout² *vt* (infml) darle* un tortazo a (fam)
clove /kləʊv/ *n* **(a)** (spice) clavo *m* (de olor) **(b)** (of garlic) diente *m*
clover /ˈkləʊvər, BrE ˈkləʊvə(r)/ *n* trébol *m*
clown¹ /klaʊn/ *n* payaso, -sa *m,f*
clown² *vi* **~ (around *o* about)** hacer* payasadas, payasear (AmL fam), hacer* el payaso (Esp)
cloying /ˈklɔɪɪŋ/ *adj* empalagoso
✓ **club¹** /klʌb/ *n* **1** **(a)** (cudgel) garrote *m*, cachiporra *f* **(b)** (golf ~) palo *m* de golf **2** (society, association) club *m* **3** (Games) **clubs** *pl* (suit) (+ *sing or pl vb*) tréboles *mpl*; (in Spanish pack) bastos *mpl*
club² **-bb-** *vt* aporrear
■ *vi* (visit nightclubs): **to go ~bing** ir* de nightclubs
cluck /klʌk/ *vi* «*hen*» cloquear
clue /kluː/ *n* pista *f*; (in crosswords) clave *f*; ***not to have a ~*** (infml) no tener* ni (la más mínima *or* la menor) idea (fam)
clump /klʌmp/ *n* **(a)** (of trees) grupo *m*; (of flowers) macizo *m* **(b)** (of earth) terrón *m*
clumsily /ˈklʌmzəli, BrE ˈklʌmzɪli/ *adv* ‹*handle/apologize*› torpemente
clumsy /ˈklʌmzi/ *adj* **-sier**, **-siest** ‹*person/movement*› torpe; ‹*tool/shape*› tosco; ‹*translation*› burdo
clung /klʌŋ/ *past & past p of* **cling**
cluster¹ /ˈklʌstər, BrE ˈklʌstə(r)/ *n* (of people, buildings, stars) grupo *m*; (of berries, bananas) racimo *m*
cluster² *vi* apiñarse, agruparse
clutch¹ /klʌtʃ/ *n* **1** **clutches** *pl* garras *fpl*; **to be in/fall into sb's ~es** estar*/caer* en las garras de algn **2** (Auto) embrague *m*, clutch *m* (AmC, Col, Méx) **3** (of eggs) nidada *f*
clutch² *vt* tener* firmemente agarrado
■ *vi* **to ~ AT sth** tratar de agarrarse DE algo
clutter /ˈklʌtər, BrE ˈklʌtə(r)/ *vt* **~ (up)** abarrotar
cluttered /ˈklʌtərd, BrE ˈklʌtəd/ *adj* abarrotado de cosas
cm (= **centimeter(s)** *or* (BrE) **centimetre(s)**) cm.
Co **(a)** /kəʊ/ (= **company**) Cía. **(b)** (Geog) = **County**
CO **1** (Geog) = **Colorado** **2** (Mil) = **Commanding Officer**
c/o (= **in care of** *or* (BrE) **care of**): **John Smith, c/o Ana Mas** John Smith, en casa de Ana Mas
✓ **coach¹** /kəʊtʃ/ *n* **1** **(a)** (horse-drawn carriage) coche *m* (de caballos), carruaje *m* **(b)** (long-distance bus) (BrE) autobús *m*, autocar *m* (Esp), pullman *m* (CS) **2** (Rail) **(a)** (AmE) vagón *m* de tercera (clase) **(b)** (BrE) vagón *m* **3** **(a)** (tutor) profesor, -sora *m,f* particular **(b)** (team manager) entrenador, -dora *m,f*, director técnico, directora técnica *mf* (AmL)
coach² *vt* ‹*team/player*› entrenar; ‹*pupil/student/singer*› preparar
coal /kəʊl/ *n* carbón *m*; (*before n*) **~ fire** fuego *m* de *or* a carbón
coalition /ˌkəʊəˈlɪʃən/ *n* coalición *f*
coal: **~man** /ˈkəʊlmæn/ *n* (*pl* **-men** /-men/) carbonero *m*; **~mine** *n* mina *f* de carbón; **~miner** *n* minero, -ra *m,f* de carbón
coarse /kɔːrs, BrE kɔːs/ *adj* **coarser**, **coarsest** **(a)** ‹*sand/filter*› grueso; ‹*cloth*› basto, ordinario, burdo; ‹*features*› tosco **(b)** ‹*person/manners/language*› ordinario, basto
coast¹ /kəʊst/ *n* **(a)** (shoreline) costa *f*; ***the ~ is clear*** no hay moros en la costa **(b)** (region) costa *f*, litoral *m*
coast² *vi* «*car*» deslizarse* (*sin llevar el motor en marcha*)
coastal /ˈkəʊstl/ *adj* (*before n*) costero
coaster /ˈkəʊstər, BrE ˈkəʊstə(r)/ *n* **(a)** (ship) barco *m* de cabotaje **(b)** (drink mat) posavasos *m*
coast: **~guard** *n* guardacostas *mf*; **~line** *n* costa *f*, litoral *m*; **~ to ~** *adv* (AmE) a lo largo y ancho del país; **~-to-~** /ˈkəʊsttəˈkəʊst/ *adj* (AmE) de costa a costa
coat¹ /kəʊt/ *n* **1** (Clothing) (over~) (for men) abrigo *m or* (RPl) sobretodo *m*; (for women) abrigo *m or* (RPl) tapado *m*; (jacket) chaqueta *f*; (heavier) chaquetón *m*; (*before n*) **~ hanger** percha *f*; **~ stand** perchero *m* **2** (of animals) pelaje *m* **3** (layer) capa *f*; (of paint) capa *f*, mano *f*
coat² *vt* cubrir*
coating /ˈkəʊtɪŋ/ *n* capa *f*
coat of arms *n* (*pl* **coats of arms**) escudo *m* de armas
coax /kəʊks/ *vt*: **I ~ed the animal into the cage** con paciencia logré que el animal se metiera en la jaula; **I managed to ~ the information out of her** logré sonsacarle la información
cobbled /ˈkɑːbəld, BrE ˈkɒbəld/ *adj* adoquinado
cobbler /ˈkɑːblər, BrE ˈkɒblə(r)/ *n* zapatero *m* (remendón)
cobblestone /ˈkɑːbəlstəʊn, BrE ˈkɒbəlstəʊn/ *n* adoquín *m*

✓ palabra clave

cobra /ˈkəʊbrə/ *n* cobra *f*

cobweb /ˈkɑːbweb, BrE ˈkɒbweb/ *n* telaraña *f*

cocaine /kəʊˈkeɪn/ *n* cocaína *f*

cock¹ /kɑːk, BrE kɒk/ *n* (male fowl) gallo *m*; (male bird) macho *m*

cock² *vt* **1** ‹*gun*› montar **2** ‹*head*› ladear; ‹*ears*› levantar, parar (AmL)

cockerel /ˈkɑːkrəl, BrE ˈkɒkərəl/ *n* gallito *m*

cockeyed /ˈkɑːkaɪd, BrE ˈkɒkaɪd/ *adj* **(a)** (ridiculous) disparatado **(b)** (askew) torcido, chueco (AmL)

cockle /ˈkɑːkəl, BrE ˈkɒkəl/ *n* berberecho *m*

Cockney, cockney /ˈkɑːkni, BrE ˈkɒkni/ *n* (*pl* **-neys**) cockney *mf* (*persona nacida en el East End de Londres, tradicionalmente de clase obrera*)

cockpit /ˈkɑːkpɪt, BrE ˈkɒkpɪt/ *n* (Aviat) cabina *f* de mando

cockroach /ˈkɑːkrəʊtʃ, BrE ˈkɒkrəʊtʃ/ *n* cucaracha *f*

cocktail /ˈkɑːkteɪl, BrE ˈkɒkteɪl/ *n* **(a)** (drink) cóctel *m*, coctel *m*, combinado *m*; (*before n*) ~ **bar** bar *m*, coctelería *f*; ~ **cabinet** mueble-bar *m*; ~ **party** cóctel *m*, coctel *m*; ~ **stick** palillo *m*, mondadientes *m* **(b)** (food): **shrimp** o (BrE) **prawn** ~ cóctel *m* de camarones *or* (Esp) de gambas *or* (CS) de langostinos, langostinos *mpl* con salsa golf (RPl)

cocky /ˈkɑːki, BrE ˈkɒkɪ/ *adj* **cockier, cockiest** (infml) gallito (fam), chulo (Esp fam)

cocoa /ˈkəʊkəʊ/ *n* (powder) cacao *m*, cocoa *f* (AmL); (drink) chocolate *m*, cocoa *f* (AmL)

coconut /ˈkəʊkənʌt/ *n* coco *m*

cocoon /kəˈkuːn/ *n* capullo *m*

cod /kɑːd, BrE kɒd/ *n* (*pl* ~ *or* ~**s**) bacalao *m*

COD *adv* (= **cash** *or* (AmE also) **collect on delivery**) contra reembolso

code¹ /kəʊd/ *n* **1** **(a)** (cipher) clave *f*, código *m*; **in** ~ en clave, cifrado **(b)** (for identification) código *m* **(c)** (Comput) código *m* **(d)** (Telec) código *m*, prefijo *m* **2** (social, moral) código *m*

code² *vt* **(a)** (encipher) cifrar, poner* en clave **(b)** (give identifying number, mark) codificar*

coerce /kəʊˈɜːrs, BrE kəʊˈɜːs/ *vt* **to ~ sb** (INTO -ING) coaccionar a algn (PARA QUE (+ *subj*))

coexist /ˈkəʊɪgˈzɪst/ *vi* **to ~** (WITH **sb/sth**) coexistir (CON algn/algo)

coffee /ˈkɔːfi, BrE ˈkɒfi/ *n* (beans, granules, drink) café *m*; **black ~** café negro *or* (Esp) solo *or* (Chi) puro *or* (Col) tinto; **white ~** (BrE) café con leche; (*before n*) ~ **bean** grano *m* de café; ~ **break** pausa *f* del café; ~ **maker** cafetera *f*; ~ **mill** o **grinder** molinillo *m* de café

coffee: ~ **klatsch** /klætʃ, klɑːtʃ/ *n* (AmE) tertulia *f*; ~**pot** *n* cafetera *f*; ~ **table** *n* mesa *f* de centro, mesa *f* ratona (RPl)

coffin /ˈkɔːfən, BrE ˈkɒfɪn/ *n* ataúd *m*, féretro *m*, cajón *m* (AmL)

cog /kɑːg, BrE kɒg/ *n* **(a)** (tooth) diente *m* **(b)** (wheel) piñón *m*, rueda *f* dentada

cognac /ˈkɑːnjæk, BrE ˈkɒnjæk/ *n* coñac *m*, coñá *m*

cohabit /kəʊˈhæbət, BrE kəʊˈhæbɪt/ *vi* (fml) cohabitar (fml)

coherent /kəʊˈhɪrənt, BrE kəʊˈhɪərənt/ *adj* coherente

coil¹ /kɔɪl/ *n* **1** **(a)** (series of loops — of rope, wire) rollo *m*; (— of smoke) espiral *f*, volutas *fpl* **(b)** (single loop) lazada *f*, vuelta *f* **2** (contraceptive) (BrE) espiral *f*

coil² *vt* enrollar

coin¹ /kɔɪn/ *n* moneda *f*

coin² *vt* ‹*word/expression*› acuñar; **to ~ a phrase** (set phrase) como se suele decir

coin box *n* depósito *m* de monedas

coincide /ˈkəʊənˈsaɪd, BrE ˌkəʊɪnˈsaɪd/ *vi* **to ~** (WITH **sth**) coincidir (CON algo)

coincidence /kəʊˈɪnsədəns, BrE kəʊˈɪnsɪdəns/ *n* casualidad *f*, coincidencia *f*

coincidental /kəʊˈɪnsəˈdentl, BrE kəʊˈɪnsɪdentl/ *adj* casual, fortuito

coin-operated /ˈkɔɪnˈɑːpəreɪtəd, BrE ˈkɔɪnˌɒpəreɪtɪd/ *adj* que funciona con monedas

coke /kəʊk/ *n* **1** (fuel) (carbón *m* de) coque *m* **2** (cocaine) (infml) coca *f* (fam) **3** **Coke**® (infml) Coca-Cola® *f*

colander /ˈkʌləndər, BrE ˈkʌləndə(r)/ *n* colador *m*, escurridor *m* (*de pasta, verduras*)

cold¹ /kəʊld/ *adj* frío; **I'm ~** tengo frío; **my feet are ~** tengo los pies fríos, tengo frío en los pies; **it's ~ today** hoy hace frío; **your dinner's getting ~** se te está enfriando la comida; **I got a very ~ reception** me recibieron con mucha frialdad; **I came to the job ~** empecé el trabajo sin ninguna preparación

cold² *n* **1** (low temperature) frío *m*; **come in out of the ~** entra, que hace frío; **to feel the ~** ser* friolento *or* (Esp) friolero, sentir* el frío **2** (Med) resfriado *m*, constipado *m* (Esp), resfrío *m* (CS); **to have a ~** estar* resfriado

cold: ~**-blooded** /ˈkəʊldˈblʌdəd, BrE ˌkəʊldˈblʌdɪd/ *adj* **(a)** ‹*murder*› a sangre fría; ‹*killer*› despiadado, cruel **(b)** (Zool) de sangre fría; ~ **cream** *n* crema *f* limpiadora *or* de limpieza, cold cream *f*; ~ **cuts** *pl n* (AmE) fiambres *mpl*; ~**-hearted** /ˈkəʊldˈhɑːrtəd, BrE ˌkəʊldˈhɑːtɪd/ *adj* frío, insensible

coldly /ˈkəʊldli/ *adv* con frialdad, fríamente

cold: ~ **sore** *n* herpes *m* (labial), fuego *m* (AmL), pupa *f* (Esp fam); ~ **storage** *n* almacenamiento *m* en cámaras frigoríficas; ~ **war** *n* guerra *f* fría

coleslaw /ˈkəʊlslɔː/ *n*: *ensalada de repollo, zanahoria y cebolla con mayonesa*

collaborate /kəˈlæbəreɪt/ *vi* colaborar

collaboration /kəˈlæbəˈreɪʃən/ *n* (cooperation) colaboración *f*; (with enemy) colaboracionismo *m*

collaborator /kəˈlæbəreɪtər, BrE kəˈlæbəreɪtə(r)/ *n* (partner) colaborador, -dora *m,f*; (with enemy) colaboracionista *mf*

collapse¹ /kəˈlæps/ *vi* **1** «*building*» derrumbarse, desmoronarse **2** «*person*» desplomarse; (Med) sufrir un colapso **3** (fail) fracasar **4** (fold up) «*table/chair*» plegarse*

collapse² *n* **(a)** (of building) derrumbe *m*, desmoronamiento *m* **(b)** (Med) colapso *m* **(c)** (of company) quiebra *f*

collapsible /kəˈlæpsəbəl/ *adj* plegable

collar /ˈkɑːlər, BrE ˈkɒlə(r)/ *n* **(a)** (Clothing) cuello *m* **(b)** (for animal) collar *m*

collarbone /ˈkɑːlərbəʊn, BrE ˈkɒləbəʊn/ *n* clavícula *f*

C

🔑 **colleague** /ˈkɑːliːg, BrE ˈkɒliːg/ *n* colega *mf*

🔑 **collect**[1] /kəˈlekt/ *vt* **1** ‹*information/evidence/data*› reunir*; ‹*dust*› acumular **2** (as hobby) coleccionar, juntar (esp AmL) **3** (fetch, pick up) recoger* **4** (obtain payment) ‹*rent*› cobrar; ‹*taxes*› recaudar **5** (put in order): **give me some time to ~ my thoughts** déjame pensar un momento
■ *vi* **1** **(a)** (gather, assemble) «*people*» reunirse* **(b)** (accumulate) «*dust/water*» acumularse **2** (for charity etc) recaudar dinero

collect[2] *adj* (AmE) ‹*call*› a cobro revertido, por cobrar (Chi, Méx)

collect[3] *adv* (AmE) ‹*call*› a cobro revertido, por cobrar (Chi, Méx)

🔑 **collection** /kəˈlekʃən/ *n* **1** **(a)** (of evidence) recopilación *f*; (of rent, debts) cobro *m*; (of taxes) recaudación *f* **(b)** (act of fetching): **the goods are ready for ~** puede recoger *or* pasar a buscar las mercancías **(c)** (of mail, refuse) recogida *f* **2** (of money) colecta *f* **3** (group of objects) colección *f*

collective /kəˈlektɪv/ *adj* (*usu before n*) colectivo

collector /kəˈlektər, BrE kəˈlektə(r)/ *n* **(a)** coleccionista *mf*; **a ~'s item** una pieza de colección **(b)** (official) cobrador, -dora *m,f*

🔑 **college** /ˈkɑːlɪdʒ, BrE ˈkɒlɪdʒ/ *n* **(a)** (university) (esp AmE) universidad *f* **(b)** (for vocational training) escuela *f*, instituto *m*; *see also* **teachers college** **(c)** (department of university) facultad *f*, departamento *m*; (in Britain) colegio *m* universitario

collegiate /kəˈliːdʒət, -dʒiət/ *adj* (esp AmE) universitario

collide /kəˈlaɪd/ *vi* «*vehicle*» chocar*, colisionar (fml); **to ~** WITH **sth/sb** chocar* CON algo/algn; **we ~ed in the corridor** nos chocamos en el pasillo

collie /ˈkɑːli, BrE ˈkɒli/ *n* collie *mf*, pastor escocés, pastora escocesa *m,f*

collision /kəˈlɪʒən/ *n* (of cars, trains) choque *m*, colisión *f* (fml); (of boats) abordaje *m*, colisión *f* (fml)

colloquial /kəˈləʊkwiəl/ *adj* coloquial

collusion /kəˈluːʒən/ *n* colusión *f*

Colo = **Colorado**

cologne /kəˈləʊn/ *n* (eau de ~) colonia *f*

Colombia /kəˈlʌmbiə/ *n* Colombia *f*

Colombian /kəˈlʌmbiən/ *adj* colombiano

colon /ˈkəʊlən/ *n* **(a)** (Anat) colon *m* **(b)** (in punctuation) dos puntos *mpl*

colonel /ˈkɜːrnl, BrE ˈkɜːnl/ *n* coronel, -nela *m,f*

colonial /kəˈləʊniəl/ *adj* colonial

colonize /ˈkɑːlənaɪz, BrE ˈkɒlənaɪz/ *vt* colonizar*

colony /ˈkɑːləni, BrE ˈkɒləni/ *n* (*pl* **-nies**) colonia *f*

🔑 **color**[1], (BrE) **colour** /ˈkʌlər, BrE ˈkʌlə(r)/ *n* **1** color *m*; **what ~ is the ball?** ¿de qué color es la pelota?; (*before n*) ‹*photograph*› en colores *or* (Esp) en color; ‹*television*› a color(es) *or* en colores *or* (Esp) en color **2** **colors** *pl* **(a)** (flag) bandera *f*; ***with flying ~s***: **he passed his exams with flying ~s** le fue estupendamente en los exámenes **(b)** (BrE) (Sport): **the team ~s** los colores del equipo

color[2], (BrE) **colour** *vt* **(a)** (Art) pintar, colorear; **to ~ sth blue** colorear algo de azul **(b)** (dye) teñir* **(c)** (influence, bias) ‹*atmosphere*› empañar; **you shouldn't let that ~ your judgment** no deberías dejar que eso influya en tu opinión
■ *vi* (flush) ruborizarse*, sonrojarse, ponerse* colorado

color: **~-blind** *adj* daltónico, daltoniano; **~-coded** /ˈkʌlərˈkəʊdəd, BrE ˌkʌləˈkəʊdɪd/ *adj* codificado con colores

colored, (BrE) **coloured** /ˈkʌlərd, BrE ˈkʌləd/ *adj* ‹*walls/blouse*› de color

-colored, (BrE) **-coloured** /ˌkʌlərd, BrE ˈkʌləd/ *suff*: **slate~/coral~** de color pizarra/coral

colorful, (BrE) **colourful** /ˈkʌlərfəl, BrE ˈkʌləfəl/ *adj* ‹*clothes/plumage*› de colores muy vivos; ‹*parade/description*› lleno de color

coloring, (BrE) **colouring** /ˈkʌlərɪŋ/ *n* **1** (of skin) color *m*, tono *m*; (of fur, plumage) colorido *m* **2** (food ~) colorante *m*

colorless, (BrE) **colourless** /ˈkʌlərləs, BrE ˈkʌləlɪs/ *adj* incoloro, sin color; ‹*person/life*› anodino, gris

color: **~ scheme** *n* (combinación *f* de) colores *mpl*; **~ supplement** *n* suplemento *m* a todo color *or* en color

colossal /kəˈlɑːsəl, BrE kəˈlɒsəl/ *adj* (infml) colosal

colour *etc* (BrE) ▶ **color** *etc*

colt /kəʊlt/ *n* potro *m*

🔑 **column** /ˈkɑːləm, BrE ˈkɒləm/ *n* columna *f*

columnist /ˈkɑːləmnəst, ˈkɑːləməst, BrE ˈkɒləmnɪst, ˈkɒləmɪst/ *n* columnista *mf*

coma /ˈkəʊmə/ *n* (*pl* **~s**) (Med) coma *m*

comb[1] /kəʊm/ *n* (for hair) peine *m*, peinilla *f* (AmL), peineta *f* (Chi)

comb[2] *vt* **(a)** (pass a comb through): **to ~ one's hair** peinarse **(b)** (search) ‹*area/field*› peinar

combat[1] /kəmˈbæt, BrE ˈkɒmbæt/ *vt*, (BrE **-tt-**) combatir

combat[2] /ˈkɑːmbæt, BrE ˈkɒmbæt/ *n* combate *m*

🔑 **combination** /ˈkɑːmbəˈneɪʃən, BrE ˌkɒmbɪˈneɪʃən/ *n* combinación *f*

🔑 **combine** /kəmˈbaɪn/ *vt* ‹*elements*› combinar; ‹*ingredients*› (Culin) mezclar; ‹*efforts*› aunar*
■ *vi* «*elements*» combinarse; «*ingredients*» mezclarse; «*teams/forces*» unirse

combined /kəmˈbaɪnd/ *adj* conjunto; **our ~ efforts led to success** la suma de nuestros esfuerzos nos condujo al éxito

combine harvester /ˈkɑːmbaɪn ˈhɑːrvəstər, BrE ˈkɒmbaɪn ˈhɑːvɪstə(r)/ *n* cosechadora *f*

combustion /kəmˈbʌstʃən/ *n* combustión *f*; (*before n*) **~ engine** motor *m* de combustión

🔑 **come** /kʌm/ (*past* **came**; *past p* **come**) *vi* **1** **(a)** (advance, approach, travel) venir*; **~ here** ven (aquí); **we've ~ a long way since ...** (made much progress) hemos avanzado mucho desde que ...; **can I ~ with you?** ¿puedo ir contigo?, ¿te puedo acompañar?; **after a while, you'll ~ to a crossroads** al cabo de un rato, llegarás a un cruce; **I'm coming, I won't be a moment** enseguida voy **(b)** (originate): **where do you ~ from?** ¿de dónde eres?; **it ~s from Italy** viene de Italia **(c) to come and go** ir*

🔑 palabra clave

y venir*; **three o'clock came and went and he still hadn't arrived** pasaron las tres y no llegaba **2** **(a)** (occur in time, context): **Christmas is coming** ya llega la Navidad; **it came as a complete surprise** fue una sorpresa total; **to take life as it ~s** aceptar la vida tal (y) como se presenta; **~ what may** pase lo que pase **(b)** (*as prep*) para; **I'll be tired out ~ Friday** estaré agotado para el viernes **(c) coming** *pres p* **this coming Friday** este viernes que viene **(d) to come** (in the future) (*as adv*): **in years to ~** en años venideros; **a taste of things to ~** una muestra de lo que nos espera **3** (reach) (+ *adv compl*) llegar*; **the water came up to our knees** el agua nos llegaba a las rodillas **4** (be gained): **it'll ~, just keep practicing** ya te va a salir; sigue practicando; **driving didn't ~ easily to me** aprender a manejar *or* (Esp) conducir no me fue fácil **5** (be available, obtainable) (+ *adv compl*) venir*; **sugar ~s in half-pound bags** el azúcar viene en paquetes de media libra; **the car ~s with the job** el coche te lo dan con el trabajo **6** (+ *adv compl*) **(a)** (in sequence, list, structure): **Cancer ~s between Gemini and Leo** Cáncer está entre Géminis y Leo **(b)** (in race, competition) llegar*; **to ~ first** (in a race) llegar* el primero; (in an exam) quedar *or* salir* el primero **(c)** (be ranked) estar*; **my children ~ first** primero están mis hijos **7** **(a)** (become) (+ *adj compl*): **my dream has ~ true** mi sueño se ha hecho realidad **(b)** (reach certain state) **to ~ to** + INF llegar* a + INF; **~ to think of it ...** ahora que lo pienso ... **8** (*in phrases*): **come, come!** ¡vamos, vamos!, ¡dale! (CS fam); **how come?** (infml) ¿cómo?

● **come across** **1** [*v* + *prep* + *o*] (find) encontrar(se)*; (meet) ‹*person*› encontrarse* con **2** [*v* + *adv*] (communicate, be communicated) «*meaning*» ser* comprendido; «*feelings*» transmitirse; **he came across very well in the interview** hizo muy buena impresión en la entrevista

● **come along** [*v* + *adv*] **1** (*in imperative*) **(a)** (hurry up): **~ along, children** ¡vamos, niños!, ¡apúrense, niños! (AmL), ¡órale, niños! (Méx fam) **(b)** (as encouragement, rebuke): **~ along!** ¡vamos! **2** (accompany): **can I ~ along?** ¿puedo ir (yo) también?; **~ along with me** ven conmigo, acompáñame **3** (progress) ir*, marchar

● **come apart** [*v* + *adv*] **(a)** (fall apart) deshacerse* **(b)** (have detachable parts) desmontarse

● **come around**, (BrE also) **come round** **1** [*v* + *prep* + *o*] (turn) ‹*bend*› tomar; ‹*corner*› doblar **2** [*v* + *adv*] **(a)** (visit) (esp BrE) venir* (a casa) **(b)** (recover consciousness) volver* en sí **(c)** (change mind): **he'll ~ around eventually** ya se va a convencer

● **come away** [*v* + *adv*] **1** (leave, depart) **to ~ away (FROM sth)** (from meeting/stadium) salir* (DE algo) **2** (become detached) «*handle*» salirse*

● **come back** [*v* + *adv*] **(a)** (return) volver* **(b)** (be remembered): **it's all coming back (to me)** estoy volviendo a recordarlo todo

● **come down** [*v* + *adv*] **1** **(a)** (descend) bajar **(b)** (reach) llegar* **(c)** (collapse) «*ceiling/wall*» caerse* **(d)** «*plane*» aterrizar*; (in accident) caer* **2** (decrease) «*price*» bajar

● **come down to** [*v* + *adv* + *prep* + *o*] (*impers*) ser* cuestión de

● **come forward** [*v* + *adv*] «*witness*» presentarse; «*volunteer*» ofrecerse*; «*culprit*» darse* a conocer

● **come in** [*v* + *adv*] **1** (enter) entrar; **~ in!** ¡adelante! **2** **(a)** «*boat*» llegar* **(b)** «*tide*» subir **3** (be received) «*applications/reports/donations*» llegar* **4** (play useful role): **where do I ~ in?** ¿cuál es mi papel?; **that's where these boxes ~ in** para eso están las cajas

● **come in for** [*v* + *adv* + *prep* + *o*] ‹*criticism*› ser* objeto de

● **come into** [*v* + *prep* + *o*] **(a)** (enter into) entrar en, entrar a (AmL) **(b)** (inherit) heredar **(c)** (be, become relevant): **principles don't ~ into it** no es cuestión de principios

● **come off** **1** **(a)** [*v* + *adv*] (detach itself) «*handle*» soltarse*; «*button*» desprenderse; «*wallpaper*» despegarse*; «*dirt/grease*» quitarse **(b)** [*v* + *prep* + *o*] (fall off) ‹*horse/motorcycle*› caerse* de **2** [*v* + *adv*] (fare, acquit oneself): **he always ~s off worst** siempre sale perdiendo **3** [*v* + *prep* + *o*] **(a)** (stop taking) ‹*drug*› dejar de tomar **(b)** (be serious): **~ off it!** (infml) ¡anda! ¡no digas tonterías! (fam)

● **come on** [*v* + *adv*] **1** (urging sb) (*only in imperative*) **~ on!** ¡vamos! ¡date prisa! *or* (AmL tb) ¡apúrate!, ¡órale! (Méx fam) **2** **(a)** (begin) «*night/winter*» entrar **(b)** (begin to operate) «*heating/appliance*» encenderse*, ponerse* en funcionamiento; «*light*» encenderse*

● **come out** I [*v* + *adv* (+ *prep* + *o*)] **1** (from inside) salir* **2** «*tooth/hair*» caerse*; «*stain*» salir* II [*v* + *adv*] **1** (appear) «*sun/stars*» salir*; «*flowers*» florecer*, salir* **2** (be said, spoken) salir*; (be revealed, emphasized) «*secret/truth*» revelarse, salir* a la luz **3** **(a)** (declare oneself) declararse; **to ~ out on strike** declararse en huelga **(b)** (as being gay) destaparse (fam), declararse abiertamente homosexual **4** «*newspaper/record/product*» salir*

● **come over** **1** [*v* + *adv*] (to sb's home) venir* (a casa) **2** [*v* + *prep* + *o*] (affect, afflict): **I don't know what came over me** no sé qué me pasó

● **come round** (BrE) ▶ **come around**

● **come through** **1** «*message/news/supplies*» llegar*; **you're coming through loud and clear** te recibimos muy bien **2** [*v* + *prep* + *o*] ‹*ordeal/illness*› salir* de; ‹*war*› sobrevivir a

● **come to** I [*v* + *prep* + *o*] **1** **(a)** (reach) llegar* a; **what's the world coming to!** ¡hasta dónde vamos a llegar! **(b)** (occur) «*idea/answer/name*» ocurrirse; **it came to me in a flash** se me ocurrió de repente **(c)** (be a question of): **when it ~s to ...** cuando se trata de ... **2** (amount to) «*total*» ascender* a (fml); **it ~s to $15 exactly** son 15 dólares justos; **the plan never came to anything** el plan nunca llegó a nada II [*v* + *adv*] (recover consciousness) volver* en sí

● **come up** [*v* + *adv*] **1** **(a)** (ascend, rise) «*person*» subir; «*sun/moon*» salir* **(b)** (approach) acercarse*; **to ~ up TO sb** acercársele* A algn **2** **(a)** (occur, arise) «*problem*» surgir*; **something important has just ~ up** acaba de surgir algo importante **(b)** (be raised, mentioned) «*subject/point*» surgir*; «*name*» ser* mencionado

● **come up against** [*v* + *adv* + *prep* + *o*] ‹*opposition/prejudice*› enfrentarse a

● **come up for**: [*v* + *adv* + *prep* + *o*]: **the car is coming up for its annual service** dentro de poco hay que hacerle la revisión anual al coche; **I should ~ up for promotion next year** me deberían considerar para un ascenso el año que viene

● **come up to** [*v + adv + prep + o*] **(a)** (reach as far as) llegar* a *or* hasta **(b)** (attain) ‹*standard*› alcanzar*, llegar* a

● **come up with** [*v + adv + prep + o*] ‹*plan/scheme*› idear; ‹*proposal*› presentar; ‹*money*› conseguir*; **if you can ~ up with a better idea** si a ti se te ocurre algo mejor

C

comeback /ˈkʌmbæk/ *n* **1** (return, revival) vuelta *f*, retorno *m*; **to make a ~** volver* a la escena (*or* a la política *etc*) **2** (redress) (*no pl*): **the trouble is that you have no ~ at all** el problema es que no puedes hacer ninguna reclamación

comedian /kəˈmiːdiən/ *n* humorista *mf*, cómico, -ca *m,f*

comedy /ˈkɑːmədi, BrE ˈkɒmədi/ *n* (*pl* **-dies**) **(a)** (play, film) comedia *f* **(b)** (comic entertainment) humorismo *m*; (*before n*) ‹*show/program*› humorístico

comet /ˈkɑːmət, BrE ˈkɒmɪt/ *n* cometa *m*

comfort¹ /ˈkʌmfərt, BrE ˈkʌmfət/ *n* **1** **(a)** (physical, material) comodidad *f*, confort *m* **(b)** (sth pleasant, luxury) comodidad *f* **2** (mental) consuelo *m*; **to take ~ from sth** consolarse* con algo

comfort² *vt* ‹*child/bereaved person*› consolar*

⚷ **comfortable** /ˈkʌmftərbəl, BrE ˈkʌmftəbəl/ *adj* **1** ‹*chair/clothes*› cómodo; ‹*house/room*› confortable; **a ~ lifestyle** una vida desahogada **2** ‹*margin/majority*› amplio, holgado

comfortably /ˈkʌmftərbli, BrE ˈkʌmftəbli/ *adv* ‹*lie/sit*› cómodamente; ‹*live/win*› holgadamente

comforter /ˈkʌmfərtər, BrE ˈkʌmfətə(r)/ *n* **(a)** (bedcover) (AmE) edredón *m* **(b)** (for baby) (BrE) ▶ **pacifier**

comforting /ˈkʌmfərtɪŋ, BrE ˈkʌmfətɪŋ/ *adj* ‹*words*› de consuelo; **it's a ~ thought** es reconfortante pensarlo

comic¹ /ˈkɑːmɪk, BrE ˈkɒmɪk/ *adj* ‹*actor/scene*› cómico; ‹*writer*› humorístico

comic² *n* **1** (comedian) cómico, -ca *m,f*, humorista *mf* **2** **(a)** (BrE) (book) comic *m*, libro *m* de historietas; (magazine) ▶ **comic book** **(b) comics** *pl* (comic strips) (AmE) tiras *fpl* cómicas, historietas *fpl*, monitos *mpl* (Andes, Méx)

comical /ˈkɑːmɪkəl, BrE ˈkɒmɪkəl/ *adj* cómico

comic: **~ book** *n* (AmE) revista *f* de historietas, tebeo *m* (Esp), revista *f* de chistes (RPl); (for adults) comic *m*; **~ strip** *n* tira *f* cómica, historieta *f*

coming /ˈkʌmɪŋ/ *adj* (*before n*) ‹*week/year*› próximo; **this ~ Monday** este lunes, el lunes que viene

comma /ˈkɑːmə, BrE ˈkɒmə/ *n* coma *f*

command¹ /kəˈmænd, BrE kəˈmɑːnd/ *vt* **1** **(a)** (order) **to ~ sb to + INF** ordenarle A algn QUE (+ *subj*) **(b)** ‹*army/ship*› estar* al mando de **2** ‹*wealth/resources*› contar* con **3** ‹*respect*› imponer*; ‹*fee*› exigir*; ‹*price*› alcanzar*

⚷ **command²** *n* **1** **(a)** (order) orden *f* **(b)** (authority) mando *m*; **under sb's ~** bajo las órdenes *or* el mando de algn **2** (mastery) dominio *m* **3** (Comput) orden *f*, comando *m*

commandant /ˈkɑːməndænt, BrE ˈkɒməndænt/ *n* comandante *mf*

commandeer /ˈkɑːmənˈdɪr, BrE ˌkɒmənˈdɪə(r)/ *vt* (Mil) requisar

commander /kəˈmændər, BrE kəˈmɑːndə(r)/ *n* **(a)** (officer in command) comandante *mf* **(b)** (navy rank) ≈ capitán *m* de fragata

commanding /kəˈmændɪŋ, BrE kəˈmɑːndɪŋ/ *adj* **(a)** ‹*position*› de superioridad; ‹*lead*› considerable **(b)** ‹*presence*› que impone; ‹*tone*› autoritario

commanding officer *n* oficial *mf* al mando

commandment /kəˈmændmənt, BrE kəˈmɑːndmənt/ *n* precepto *m*; **the Ten C~s** los diez mandamientos

commando /kəˈmændəʊ, BrE kəˈmɑːndəʊ/ *n* (*pl* **-dos** *or* **-does**) comando *m*

commemorate /kəˈmeməreɪt/ *vt* conmemorar

commence /kəˈmens/ *vi* (fml) «*session/celebration*» dar* comienzo (fml); «*person*» comenzar*

■ *vt* (fml) ‹*work/discussion*› dar* comienzo a (fml)

commend /kəˈmend/ *vt* **1** **(a)** (praise) elogiar **(b)** (recommend) recomendar* **2** (fml) (entrust) **to ~ sb/sth TO sb** encomendar(le)* algn/algo A algn

commendable /kəˈmendəbəl/ *adj* loable, encomiable

commendation /ˈkɑːmənˈdeɪʃən, BrE ˌkɒmenˈdeɪʃən/ *n* **(a)** (praise) (fml) encomio *m* (fml), elogios *mpl* **(b)** (award) mención *f* de honor, accésit *m*

⚷ **comment¹** /ˈkɑːment, BrE ˈkɒment/ *n* **(a)** (remark) comentario *m* **(b)** (reaction) comentarios *mpl*; **no ~** sin comentarios

⚷ **comment²** *vi* **to ~ (ON sth)** hacer* comentarios (SOBRE algo)

■ *vt* comentar

commentary /ˈkɑːmənteri, BrE ˈkɒməntəri, -tri/ *n* (*pl* **-ries**) (Rad, Sport, TV) comentarios *mpl*, crónica *f*; (analysis) comentario *m*

commentate /ˈkɑːmənteɪt, BrE ˈkɒmənteɪt/ *vi* **to ~ (ON sth)** hacer* los comentarios *or* la crónica (DE algo)

commentator /ˈkɑːmənteɪtər, BrE ˈkɒmənteɪtə(r)/ *n* comentarista *mf*

commerce /ˈkɑːmərs, BrE ˈkɒmɜːs/ *n* comercio *m*

⚷ **commercial¹** /kəˈmɜːrʃəl, BrE kəˈmɜːʃəl/ *adj* comercial

commercial² *n* spot *m* publicitario, anuncio *m*, aviso *m* (AmL), comercial *m* (AmL)

commercialize /kəˈmɜːrʃəlaɪz, BrE kəˈmɜːʃəlaɪz/ *vt* comercializar*

commiserate /kəˈmɪzəreɪt/ *vi*: **I ~d with him about losing his job** le dije cuánto sentía que se hubiera quedado sin trabajo

commiseration /kəˈmɪzəˈreɪʃən/ *n* (*often pl*) conmiseración *f*

⚷ **commission¹** /kəˈmɪʃən/ *n* **1** (group) comisión *f* **2** (for sales) comisión *f* **3** **(a)** (for music, painting, building) encargo *m*, comisión *f* (esp AmL) **(b)** (office) (Govt) cargo *m*

commission² *vt* **1** **(a)** **to ~ sb to + INF** ‹*artist/writer/researcher*› encargarle* a algn que

⚷ palabra clave

(+ *subj*) **(b)** ‹*painting/novel/study*› encargar*, comisionar (esp AmL) **2** **(a)** (Mil) nombrar oficial; **~ed officer** oficial *mf* (del ejército) (*con grado de teniente o superior a teniente*) **(b)** (Naut) ‹*ship*› poner* en servicio

commissioner /kəˈmɪʃənər, BrE kəˈmɪʃənə(r)/ *n* **(a)** (commission member) comisionado, -da *m,f*, miembro *mf* de la comisión **(b)** (of police) (BrE) inspector, -tora *m,f* jefe

commit /kəˈmɪt/ **-tt-** *vt* **1** (perpetrate) ‹*crime/error/sin*› cometer **2** (assign) ‹*funds/time/resources*› asignar **3** (send): **to ~ sb to a psychiatric hospital** internar a algn en un hospital psiquiátrico
■ *v refl* **to ~ (oneself)** TO -ING/+ INF comprometerse A + INF

commitment /kəˈmɪtmənt/ *n* **1** **(a)** (responsibility) responsabilidad *f*; (obligation) obligación *f* **(b)** (engagement) compromiso *m* **2** (dedication) dedicación *f*

committed /kəˈmɪtəd, BrE kəˈmɪtɪd/ *adj* ‹*Christian/feminist*› comprometido; ‹*teacher/worker*› entregado a su trabajo

committee /kəˈmɪti/ *n* (of club, society) comité *m*, comisión *f*; (of parliament) comisión *f*

commodity /kəˈmɑːdəti, BrE kəˈmɒdəti/ *n* (*pl* **-ties**) **(a)** (product) artículo *m*, producto *m*, mercadería *f* (AmS) **(b)** (Fin) materia *f* prima

common¹ /ˈkɑːmən, BrE ˈkɒmən/ *adj* **1** **(a)** (widespread, prevalent) común; **the ~ cold** el resfriado común **(b)** (average, normal) ‹*soldier*› raso; **the ~ people** la gente común y corriente **(c)** (low-class, vulgar) ordinario **2** **(a)** (shared, mutual) común **(b)** (public): **it's ~ knowledge** todo el mundo lo sabe

common² *n* **1** (*in phrases*) **in common** en común; **to have sth in ~ (with sb)** tener* algo en común (con algn); *see also* **Commons** **2** (in UK) *terreno perteneciente al municipio*

common: **~ law** *n* derecho *m* consuetudinario; (*before n*) **common-law wife** concubina *f*, conviviente *f* (Chi); **C~ Market** *n*: **the C~ Market** el Mercado Común; **~-or-garden** /ˈkɑːmənɔːrˈgɑːrdn̩, BrE ˈkɒmənɔːˈgɑːdn̩/ *adj* (BrE infml) vulgar *or* común y corriente

commonplace /ˈkɑːmənpleɪs, BrE ˈkɒmənpleɪs/ *adj* (ordinary) común; (trite) banal

Commons /ˈkɑːmənz, BrE ˈkɒmənz/ *n* (in UK) (+ *sing or pl vb*) **the ~** la Cámara de los Comunes

common sense *n* sentido *m* común

Commonwealth /ˈkɑːmənwelθ, BrE ˈkɒmənwelθ/ *n*: **the ~** la *or* el Commonwealth

commotion /kəˈməʊʃən/ *n* (*no pl*) **(a)** (outrage) conmoción *f*; **to cause (a) ~** producir* una conmoción **(b)** (noise) alboroto *m*

communal /kəˈmjuːnl, BrE ˈkɒmjʊnl, kəˈmjuːnl/ *adj* **(a)** ‹*land/ownership*› comunal; ‹*kitchen/bathroom*› común; ‹*life*› comunitario **(b)** (between groups) ‹*violence*› interno

commune /ˈkɑːmjuːn, BrE ˈkɒmjuːn/ *n* comuna *f*

communicate /kəˈmjuːnɪkeɪt/ *vi* comunicarse*
■ *vt* comunicar*

communication /kəˈmjuːnəˈkeɪʃən, BrE kəˌmjuːnɪˈkeɪʃən/ *n* **1** (act) comunicación *f* **2** **communications** *pl* comunicaciones *fpl*

communicative /kəˈmjuːnəkeɪtɪv, BrE kəˈmjuːnɪkətɪv/ *adj* comunicativo

communion /kəˈmjuːnjən/ *n* **1** **Holy C~** la Santa *or* Sagrada Comunión **2** (exchange of ideas, fellowship) (fml) comunión *f*

communism, **Communism** /ˈkɑːmjənɪzəm, BrE ˈkɒmjʊnɪzəm/ *n* comunismo *m*

communist¹, **Communist** /ˈkɑːmjənəst, BrE ˈkɒmjʊnɪst/ *adj* comunista

communist², **Communist** *n* comunista *mf*

community /kəˈmjuːnəti/ *n* (*pl* **-ties**) comunidad *f*; **the city's black ~** la población *or* comunidad negra de la ciudad

community: **~ center**, (BrE) **~ centre** *n* centro *m* social; **~ chest** *n* (in US) *fondos reunidos voluntariamente por la comunidad, destinados a beneficencia y bienestar social*; **~ service** trabajo *m* comunitario (*prestado en lugar de cumplir una pena de prisión*)

commute /kəˈmjuːt/ *vi* viajar todos los días (*entre el lugar de residencia y el de trabajo*)
■ *vt* ‹*sentence/punishment*› conmutar

commuter /kəˈmjuːtər, BrE kəˈmjuːtə(r)/ *n*: *persona que viaja diariamente una distancia considerable entre su lugar de residencia y el de trabajo*

compact¹ /kəmˈpækt/ *adj* compacto

compact² /ˈkɑːmpækt, BrE ˈkɒmpækt/ *n* **1** **(powder) ~** polvera *f* **2** (agreement) (fml) pacto *m*

compact disc, **compact disk** /ˈkɑːmpækt, BrE ˈkɒmpækt/ *n* disco *m* compacto, compact-disc *m*; (*before n*) **~ player** (reproductor *m* de) compact-disc *m*

companion /kəmˈpænjən/ *n* compañero, -ra *m,f*

companionship /kəmˈpænjənʃɪp/ *n* compañía *f*

company /ˈkʌmpəni/ (*pl* **-nies**) *n* **1** (companionship, companions) compañía *f*; **to keep sb ~** hacerle* compañía a algn; **to part ~** separarse; **she's excellent ~** es muy agradable (*or* divertido *etc*) estar con ella; **we've got ~** tenemos visita **2** (Busn) compañía *f*, empresa *f*; (*before n*) ‹*car*› de la compañía *or* empresa **3** **(a)** (Theat) compañía *f* **(b)** (Mil) compañía *f* **(c)** (Naut): **ship's ~** tripulación *f*, dotación *f*

comparable /ˈkɑːmpərəbəl, BrE ˈkɒmpərəbəl/ *adj* comparable

comparative¹ /kəmˈpærətɪv/ *adj* relativo; ‹*literature/linguistics*› comparado; ‹*analysis/study*› comparativo

comparative² *n* (Ling) comparativo *m*

compare /kəmˈper, BrE kəmˈpeə(r)/ *vt* **(a)** (make comparison between) comparar; **to ~ sth/sb** TO *or* WITH **sth/sb** comparar algo/a algn CON algo/algn **(b)** (liken) **to ~ sth/sb** TO **sth/sb** comparar algo/a algn CON *or* A algo/algn
■ *vi*: **how do the two models ~ for speed?** en cuanto a velocidad ¿qué diferencia hay entre los dos modelos?; **this novel ~s favorably with the previous one** esta novela no desmerece de la anterior

comparison /kəmˈpærəsən, BrE kəmˈpærɪsən/ *n* comparación *f*

compartment /kəmˈpɑːrtmənt, BrE kəmˈpɑːtmənt/ *n* **(a)** (of bag, desk, refrigerator)

C

compartimento *m*, compartimiento *m* **(b)** (in train) (BrE) (Rail) compartimento *m*, compartimiento *m*

compass /ˈkʌmpəs/ *n* **(a)** (magnetic ~) brújula *f* **(b)** (Math) (*often pl*) compás *m*

compassion /kəmˈpæʃən/ *n* compasión *f*

compassionate /kəmˈpæʃənət/ *adj* compasivo

compatible /kəmˈpætəbəl/ *adj* **(a)** ‹*people/ideas/principles*› compatible **(b)** (Comput) compatible; **an IBM-~ computer** una computadora *or* (Esp tb) un ordenador compatible con IBM

compel /kəmˈpel/ *vt* **-ll-**: **to ~ sb to** + INF obligar* a algn A + INF

compelling /kəmˈpelɪŋ/ *adj* ‹*argument*› convincente; ‹*book*› absorbente

compendium /kəmˈpendiəm/ *n* (*pl* **-diums** *or* **-dia** /-dɪə/) (BrE) **(a)** (book) compendio *m* **(b)** (of games) juegos *mpl* reunidos

compensate /ˈkɑːmpənseɪt, BrE ˈkɒmpenseɪt/ *vt* indemnizar*, compensar; **to ~ sb** FOR **sth** indemnizar* *or* compensar a algn POR algo ■ *vi* **to ~** FOR **sth** compensar algo

compensation /ˈkɑːmpənˈseɪʃən, BrE ˌkɒmpenˈseɪʃən/ *n* **(a)** (recompense) indemnización *f*, compensación *f*; **I received $20,000 as o in ~ for the damage** me dieron 20.000 dólares de indemnización *or* en compensación por los daños **(b)** (remuneration) (AmE) remuneración *f*

⚷ **compete** /kəmˈpiːt/ *vi* competir*; **to ~** FOR **sth** competir* POR algo

competence /ˈkɑːmpətəns, BrE ˈkɒmpɪtəns/ *n* competencia *f*

competent /ˈkɑːmpətənt, BrE ˈkɒmpɪtənt/ *adj* competente

⚷ **competition** /ˈkɑːmpəˈtɪʃən, BrE ˌkɒmpəˈtɪʃən/ *n* **1** **(a)** (competing) competencia *f*; **to be in ~ with sb/sth** competir* con algn/algo **(b)** (opposition) competencia *f* **2** (contest) concurso *m*; (Sport) competencia *f* (AmL), competición *f* (Esp)

competitive /kəmˈpetətɪv, BrE kəmˈpetɪtɪv/ *adj* competitivo

competitiveness /kəmˈpetətɪvnəs, BrE kəmˈpetɪtɪvnɪs/ *n* **(a)** (of business, economy) competitividad *f* **(b)** (of person) espíritu *m* competitivo

competitor /kəmˈpetətər, BrE kəmˈpetɪtə(r)/ *n* **(a)** (contestant) participante *mf*, concursante *mf* **(b)** (rival) (Busn) competidor, -dora *m,f*, rival *mf*; (Sport) contrincante *mf*

compile /kəmˈpaɪl/ *vt* **(a)** ‹*dictionary/index*› compilar **(b)** ‹*information*› recopilar, reunir*

complacent /kəmˈpleɪsn̩t/ *adj* ‹*person*› satisfecho de sí mismo; ‹*attitude*› displicente

⚷ **complain** /kəmˈpleɪn/ *vi/t* quejarse

⚷ **complaint** /kəmˈpleɪnt/ *n* **(a)** (grievance) queja *f*, reclamo *m* (AmL); **to make a ~** quejarse **(b)** (ailment) dolencia *f* (fml)

complement¹ /ˈkɑːmpləmənt, BrE ˈkɒmplɪmənt/ *n* **1** ~ (TO sth) complemento *m* (DE algo) **2** (full number): **the orchestra had the full ~ of strings** la orquesta contaba con una sección de cuerdas completa

⚷ palabra clave

complement² *vt* complementar

complementary /ˈkɑːmpləˈmentri, BrE ˌkɒmplɪˈmentri/ *adj* complementario

⚷ **complete¹** /kəmˈpliːt/ *adj* **1** **(a)** (entire) completo **(b)** (finished) terminado, concluido **2** (thorough, absolute) (*as intensifier*) total, completo; **it came as a ~ surprise** fue una auténtica sorpresa

⚷ **complete²** *vt* **(a)** (finish) ‹*building/education*› acabar, terminar; ‹*sentence*› cumplir; ‹*investigations*› completar, concluir* **(b)** (make whole) ‹*set/collection*› completar **(c)** (fill in) (fml) ‹*form*› llenar, rellenar

⚷ **completely** /kəmˈpliːtli/ *adv* completamente, totalmente

completion /kəmˈpliːʃən/ *n* finalización *f*, terminación *f*

⚷ **complex¹** /ˈkɑːmpleks, BrE ˈkɒmpleks/ *adj* complejo

complex² *n* **1** (buildings) complejo *m* **2** (Psych) complejo *m*

complexion /kəmˈplekʃən/ *n* cutis *m*; (in terms of color) tez *f*

complexity /kəmˈpleksəti/ *n* (*pl* **-ties**) complejidad *f*

complicate /ˈkɑːmpləkeɪt, BrE ˈkɒmplɪkeɪt/ *vt* complicar*

complicated /ˈkɑːmpləkeɪtəd, BrE ˈkɒmplɪkeɪtɪd/ *adj* complicado

complication /ˈkɑːmpləˈkeɪʃən, BrE ˌkɒmplɪˈkeɪʃən/ *n* complicación *f*; **~s set in** (Med) surgieron complicaciones

compliment¹ /ˈkɑːmpləmənt, BrE ˈkɒmplɪmənt/ *n* **(a)** (expression of praise) cumplido *m*, halago *m*; **to pay sb a ~** hacerle* un cumplido a algn, halagar* a algn **(b)** **compliments** *pl* (best wishes) saludos *mpl*; **with the ~s of the management** gentileza de la casa

compliment² *vt* **to ~ sb** (ON **sth**) felicitar a algn (POR algo)

complimentary /ˈkɑːmpləˈmentəri, BrE ˌkɒmplɪˈmentri/ *adj* **(a)** (flattering) elogioso, halagüeño **(b)** (free) ‹*copy*› de obsequio *or* regalo; **~ ticket** invitación *f*

comply /kəmˈplaɪ/ *vi* **-plies**, **-plying**, **-plied**: **to ~ with a request/an order** acceder a una solicitud/cumplir una orden

⚷ **component¹** /kəmˈpəʊnənt/ *n* componente *m*; (Auto) pieza *f*; (Electron) componente *m*

component² *adj* componente; ‹*element*› constituyente; **~ part** componente *m*

compose /kəmˈpəʊz/ *vt* **1** (constitute) (*usu pass*) **to be ~d** OF **sth** estar* compuesto DE algo **2** ‹*music*› componer*; ‹*letter*› redactar **3** (calm, control) (liter): **to ~ oneself** serenarse, recobrar la compostura

composed /kəmˈpəʊzd/ *adj* sereno

composer /kəmˈpəʊzər, BrE kəmˈpəʊzə(r)/ *n* compositor, -tora *m,f*

composition /ˈkɑːmpəˈzɪʃən, BrE ˌkɒmpəˈzɪʃən/ *n* composición *f*

compost¹ /ˈkɑːmpəʊst, BrE ˈkɒmpɒst/ *n* abono *m* orgánico

compost² *vt* **(a)** (make into compost) convertir* en abono **(b)** (fertilize with compost) abonar

composure /kəm'pəʊʒər, BrE kəm'pəʊʒə(r)/ *n* compostura *f*

compound[1] /'kɑːmpaʊnd, BrE 'kɒmpaʊnd/ *adj* ‹*number/interest*› compuesto

compound[2] /'kɑːmpaʊnd, BrE 'kɒmpaʊnd/ *n* **1** **(a)** (Chem) compuesto *m* **(b)** (word) palabra *f* compuesta **2** (residence) complejo *m* habitacional; (for prisoners etc) barracones *mpl*

compound[3] /kɑː'mpaʊnd, BrE kəm'paʊnd/ *vt* ‹*problem*› agravar; ‹*risk/difficulties*› acrecentar*

comprehend /'kɑːmprɪ'hend, BrE ˌkɒmprɪ'hend/ *vt* comprender

comprehension /'kɑːmprɪ'hentʃən, BrE ˌkɒmprɪ'henʃən/ *n* **(a)** (understanding) comprensión *f* **(b)** (school exercise) (BrE) ejercicio *m* de comprensión

comprehensive /'kɑːmprɪ'hensɪv, BrE ˌkɒmprɪ'hensɪv/ *adj* **(a)** ‹*survey/report*› exhaustivo, global; ‹*view*› integral, de conjunto; ‹*list/range*› completo; ‹*insurance/cover*› contra todo riesgo **(b)** (Educ) (in UK) *relativo al sistema educativo en el cual no se separa a los alumnos según su nivel de aptitud*

comprehensive (school) *n* (in UK) *instituto de segunda enseñanza para alumnos de cualquier nivel de aptitud*

compress[1] /kəm'pres/ *vt* comprimir

compress[2] /'kɑːmpres, BrE 'kɒmpres/ *n* compresa *f*

comprise /kəm'praɪz/ *vt* **(a)** (consist of) comprender **(b)** (constitute, make up) componer*

compromise[1] /'kɑːmprəmaɪz, BrE 'kɒmprəmaɪz/ *n* acuerdo *m* mutuo, arreglo *m*, compromiso *m*

compromise[2] *vi* transigir*, transar (AmL) ■ *vt* **(a)** (discredit) comprometer; **to ~ oneself** ponerse* en una situación comprometida **(b)** (endanger) comprometer

compromising /'kɑːmprəmaɪzɪŋ, BrE 'kɒmprəmaɪzɪŋ/ *adj* ‹*evidence*› comprometedor; ‹*situation*› comprometido

compulsion /kəm'pʌlʃən/ *n* **(a)** (force, duress) coacción *f* **(b)** (obsession) compulsión *f*

compulsive /kəm'pʌlsɪv/ *adj* **(a)** (compelling): **the book is ~ reading** es uno de esos libros que se empiezan y no se pueden dejar **(b)** (obsessive) ‹*behavior*› compulsivo; **he's a ~ eater/liar** come/miente por compulsión

compulsory /kəm'pʌlsəri/ *adj* ‹*attendance*› obligatorio; ‹*retirement*› forzoso; **~ education** enseñanza *f* obligatoria

computer /kəm'pjuːtər, BrE kəm'pjuːtə(r)/ *n* computadora *f* (esp AmL), computador *m* (esp AmL), ordenador *m* (Esp); (*before n*) ‹*society/age/revolution*› de la informática; ‹*program/game*› de computadora (*or* ordenador *etc*)

computer: **~ crime** *n* delito *m* informático; **~ dating** *n* citas *fpl* por computadora *or* (Esp tb) ordenador

computerize /kəm'pjuːtəraɪz/ *vt* computarizar*, computerizar*; ‹*company/department*› informatizar*

computer: **~-literate** *adj* capacitado para operar un ordenador; **~ programmer** *n* programador, -dora *m,f*; **~ programming** *n* programación *f*; **~ science** *n* informática *f*; **~ studies** *n* informática *f*, computación *f*

computing /kəm'pjuːtɪŋ/ *n* informática *f*, computación *f*

comrade /'kɑːmræd, BrE 'kɒmreɪd/ *n* compañero, -ra *m,f*, camarada *mf*

con[1] /kɑːn, BrE kɒn/ *n* **1** (fraud) (infml) timo *m* (fam), estafa *f* **2** (convict) (sl) preso, -sa *m,f* **3** (infml) (objection) contra *m*; *see also* **pro 2**

con[2] *vt* **-nn-** (infml) timar (fam), estafar

concave /'kɑːnkeɪv, BrE 'kɒŋkeɪv/ *adj* cóncavo

conceal /kən'siːl/ *vt* ‹*object/facts*› ocultar; ‹*emotions*› disimular; **to ~ sth** FROM **sb** ocultar(le) algo A algn

concede /kən'siːd/ *vt* **(a)** (admit) reconocer* **(b)** (allow) ‹*right/privilege*› conceder **(c)** (give away) ‹*game/penalty*› conceder

conceit /kən'siːt/ *n* engreimiento *m*, presunción *f*

conceited /kən'siːtəd, BrE kən'siːtɪd/ *adj* engreído, presuntuoso

conceivable /kən'siːvəbəl/ *adj* imaginable

conceive /kən'siːv/ *vt* **1** **(a)** (devise) ‹*plan*› concebir* **(b)** (imagine) imaginar; (consider) considerar **2** ‹*child*› concebir* ■ *vi* concebir*

concentrate[1] /'kɑːnsəntreɪt, BrE 'kɒnsəntreɪt/ *vt* **to ~ sth (**ON **sth)** concentrar algo (EN algo) ■ *vi* «*person*» concentrarse; «*talks*» centrarse; **~ on getting this finished** concéntrate en terminar esto

concentrate[2] *n* concentrado *m*

concentrated /'kɑːnsəntreɪtəd, BrE 'kɒnsəntreɪtɪd/ *adj* **(a)** ‹*effort*› intenso y continuado **(b)** ‹*solution/juice*› concentrado

concentration /'kɑːnsən'treɪʃən, BrE ˌkɒnsən'treɪʃən/ *n* concentración *f*

concentration camp *n* campo *m* de concentración

concept /'kɑːnsept, BrE 'kɒnsept/ *n* concepto *m*

conception /kən'sepʃən/ *n* **1** (idea) noción *f* **2** (of baby, plan) concepción *f*

concern[1] /kən'sɜːrn, BrE kən'sɜːn/ *n* **1** (business, affair) asunto *m*; **that's no ~ of yours** eso no es asunto tuyo **2** **(a)** (anxiety) preocupación *f*, inquietud *f* **(b)** (interest) **~** FOR **sb/sth** interés *m* POR algn/algo; **to be of ~ to sb** importarle a algn **3** (firm) empresa *f*; ▶ **going[2]**

concern[2] *vt* **1** (affect, involve) concernir*, incumbir; **to be ~ed** WITH **sth** ocuparse DE algo; **as far as I'm ~ed** en lo que a mí respecta, por mi parte; **to whom it may ~** (fml) a quien corresponda (fml) **2** **(a)** (interest) interesar **(b)** (worry, bother) preocupar, inquietar **3** (relate to): **item one ~s the new office** el primer punto trata de la nueva oficina

concerned /kən'sɜːrnd, BrE kən'sɜːnd/ *adj* ‹*person*› preocupado; ‹*look*› de preocupación; **to be ~** ABOUT/FOR **sb/sth** estar* preocupado POR algn/algo

concerning /kən'sɜːrnɪŋ, BrE kən'sɜːnɪŋ/ *prep* sobre, acerca de, con respecto a

concert[1] /'kɑːnsərt, BrE 'kɒnsət/ *n* concierto *m*; **in ~** en vivo, en concierto; (*before n*) **~ hall** sala *f* de conciertos, auditorio *m*

concert[2] /kən'sɜːrt, BrE kən'sɜːt/ *vt* (fml) concertar*, coordinar; **we made a ~ed effort to ...** coordinamos *or* concertamos nuestros esfuerzos para ...

C

concerto /kən'tʃertəʊ, BrE kən'tʃɜːtəʊ, kən'tʃeətəʊ/ *n* (*pl* **-tos** *or* **-ti** /-ti/) concierto *m*

concession /kən'seʃən/ *n* concesión *f*

conciliation /kən'sɪli'eɪʃən/ *n* conciliación *f*

conciliatory /kən'sɪliətɔːri, BrE kən'sɪliətəri/ *adj* conciliador, conciliatorio

C

concise /kən'saɪs/ *adj* conciso

conclude /kən'kluːd/ *vt* **1** **(a)** (end) concluir* (fml), finalizar* **(b)** (settle) ‹*deal*› cerrar*; ‹*agreement*› llegar* a; ‹*treaty*› firmar; ‹*alliance*› pactar **2** (infer) concluir* (fml)
■ *vi* concluir* (fml), terminar

conclusion /kən'kluːʒən/ *n* **1** (end) conclusión *f*; **in ~** (*as linker*) para concluir **2** (decision, judgment) conclusión *f*; **to come to** o **reach a ~** llegar* a una conclusión; ***to jump to ~s*** precipitarse (a sacar conclusiones)

conclusive /kən'kluːsɪv/ *adj* ‹*evidence/argument*› concluyente; ‹*victory*› decisivo

concoct /kən'kɑːkt, BrE kən'kɒkt/ *vt* ‹*meal/drink*› preparar; ‹*excuse/story*› inventarse; ‹*plan*› tramar

concrete¹ /kɑːn'kriːt, 'kɑːnkriːt, BrE 'kɒnkriːt/ *adj* concreto

concrete² /'kɑːnkriːt, BrE 'kɒnkriːt/ *n* hormigón *m*, concreto *m* (AmL)

concur /kən'kɜːr, BrE kən'kɜː(r)/ *vi* **-rr-** (fml) **to ~ (WITH sb/sth)** coincidir (CON algn/algo)

concuss /kən'kʌs/ *vt* (*usu pass*): **to be ~ed** sufrir una conmoción (cerebral) *or* una concusión

concussion /kən'kʌʃən/ *n* conmoción *f* cerebral, concusión *f*

condemn /kən'dem/ *vt* **1** **(a)** (sentence) condenar **(b)** (censure) condenar **2** **(a)** (declare unusable) ‹*building*› declarar ruinoso **(b)** (in US: convert to public use) ‹*building*› expropiar (*por causa de utilidad pública*)

condemnation /'kɑːndem'neɪʃən, BrE ˌkɒndem'neɪʃən/ *n* condena *f*

condensation /'kɑːnden'seɪʃən, BrE ˌkɒnden'seɪʃən/ *n* **(a)** (process) condensación *f* **(b)** (on windows etc) vapor *m*, vaho *m*

condense /kən'dens/ *vt* **1** (abridge) ‹*book/article*› condensar **2** (Chem) condensar

condensed /kən'densd/ *adj* condensado; **~ milk** leche *f* condensada

condescend /'kɑːndɪ'send, BrE ˌkɒndɪ'send/ *vi* **to ~ to + INF** dignarse *or* condescender* A + INF

condescending /'kɑːndɪ'sendɪŋ, BrE ˌkɒndɪ'sendɪŋ/ *adj* ‹*tone/smile*› condescendiente

condiment /'kɑːndəmənt, BrE 'kɒndɪmənt/ *n* (seasoning) condimento *m*, aliño *m*; (relish) salsa *f* (*para condimentar*)

condition¹ /kən'dɪʃən/ *n* **1** (stipulation, requirement) condición *f*; **on ~ that** con la condición de que **2** **(a)** (state) (*no pl*) estado *m*, condiciones *fpl*; **in good ~** en buen estado **(b)** (state of fitness): **to be in/out of ~** estar*/no estar* en forma **(c)** (Med) afección *f* (fml), enfermedad *f* **3** **conditions** *pl* **(a)** (circumstances) condiciones *fpl*; **working/housing ~s** condiciones de trabajo/vivienda **(b)** (Meteo): **weather ~s are good** el estado del tiempo es bueno

condition² *vt* **(a)** (influence, determine) condicionar **(b)** ‹*hair*› acondicionar

conditional /kən'dɪʃn̩əl, BrE kən'dɪʃənl/ *adj* **(a)** (provisional) condicional **(b)** (Ling) condicional

conditioner /kən'dɪʃn̩ər, BrE kən'dɪʃn̩ə(r)/ *n* (hair ~) acondicionador *m*, enjuague *m* (AmL), suavizante *m* (Esp), bálsamo *m* (Chi); (fabric ~) suavizante *m*

conditioning /kən'dɪʃn̩ɪŋ/ *n* (Psych) condicionamiento *m*

condo /'kɑːndəʊ, BrE 'kɒndəʊ/ *n* (AmE infml) ▶ **condominium**

condolences /kən'dəʊlənsɪz/ *pl n* (fml) condolencias *fpl* (fml)

condom /'kɑːndəm, BrE 'kɒndɒm/ *n* preservativo *m*, condón *m*

condominium /'kɑːndə'mɪniəm, BrE ˌkɒndə'mɪniəm/ *n* (*pl* **~s**) (AmE) apartamento *m*, piso *m* (Esp) (*en régimen de propiedad horizontal*)

condone /kən'dəʊn/ *vt* aprobar*

conduct¹ /'kɑːndʌkt, BrE 'kɒndʌkt/ *n* conducta *f*

conduct² /kən'dʌkt/ *vt* **(a)** ‹*inquiry/experiment/business*› llevar a cabo, realizar*; ‹*conversation*› mantener* **(b)** (Mus) dirigir* **(c)** ‹*visitor/tour/party*› guiar* **(d)** ‹*heat/electricity*› conducir*

conductor /kən'dʌktər, BrE kən'dʌktə(r)/ *n* **1** (Mus) director, -tora *m,f* (de orquesta) **2** (on bus) cobrador, -dora *m,f*, guarda *mf* (RPl); (on train) (AmE) cobrador, -dora *m,f* **3** (Elec, Phys) conductor *m*

cone /kəʊn/ *n* **(a)** (Auto, Math) cono *m* **(b)** (ice-cream ~) cucurucho *m*, barquillo *m*, barquilla *f* (Ven), cono *m* (Col)

confectionery /kən'fekʃəneri, BrE kən'fekʃənəri/ *n* productos *mpl* de confitería

confer /kən'fɜːr, BrE kən'fɜː(r)/ **-rr-** *vt* (bestow) conceder, conferir* (fml); **to ~ sth ON** *o* **UPON sb/sth** concederle *or* (fml) conferirle* algo A algn/algo
■ *vi* (discuss) consultar

conference /'kɑːnfrəns, BrE 'kɒnfərəns/ *n* **(a)** (large assembly, convention) congreso *m*, conferencia *f*; (*before n*) **~ center** o (BrE) **centre** centro *m* de conferencias **(b)** (meeting, discussion) conferencia *f*; (*before n*) **~ room** sala *f* de juntas

confess /kən'fes/ *vt* confesar*
■ *vi* **(a)** (admit) confesar* **(b)** (Relig) confesarse*

confession /kən'feʃən/ *n* **(a)** (statement) confesión *f* **(b)** (Relig) confesión *f*

confetti /kən'feti/ *n* confeti *m*, chaya *f* (Chi), papel *m* picado (RPl), papelillos *mpl* (Ven)

confide /kən'faɪd/ *vi* (tell secrets) **to ~ IN sb** confiarse* A algn
■ *vt* **to ~ sth TO sb** confiarle* algo A algn

confidence /'kɑːnfədəns, BrE 'kɒnfɪdəns/ *n* **1** **(a)** (trust, faith) confianza *f* **(b)** (self-confidence) confianza *f* en sí mismo **2** (confidentiality): **he took her into his ~** se confió a ella; **in ~** en confianza

confidence game *n* (AmE), **confidence trick** *n* estafa *f*, timo *m* (fam)

palabra clave

confident /ˈkɑːnfədənt, BrE ˈkɒnfɪdənt/ *adj* **(a)** (sure) ‹*statement/forecast*› hecho con confianza; **to be ∼ OF sth** confiar* EN algo **(b)** (self-confident) ‹*person*› seguro de sí mismo

confidential /ˈkɑːnfəˈdentʃəl, BrE ˌkɒnfɪˈdenʃəl/ *adj* confidencial

confidentiality /ˈkɑːnfəˈdentʃiˈæləti, BrE ˌkɒnfɪdenʃɪˈæləti/ *n* confidencialidad *f*

configure /kənˈfɪgər/ *vt* configurar

confine /kənˈfaɪn/ *vt* **(a)** (limit, restrict) **to ∼ sth TO sth** limitar algo A algo **(b)** (shut in, imprison) ‹*person*› confinar, recluir*; ‹*animal*› encerrar*

confined /kənˈfaɪnd/ *adj* ‹*space*› limitado

confinement /kənˈfaɪnmənt/ *n* **(a)** (act, state) reclusión *f*, confinamiento *m* **(b)** (in childbirth) parto *m*

confines /ˈkɑːnfaɪnz, BrE ˈkɒnfaɪnz/ *pl n* confines *mpl*

confirm /kənˈfɜːrm, BrE kənˈfɜːm/ *vt* **1** **(a)** (substantiate) ‹*report/reservation*› confirmar **(b) confirmed** *past p* ‹*bachelor/liar*› empedernido **2** (Relig) confirmar

confirmation /ˈkɑːnfərˈmeɪʃən, BrE ˌkɒnfəˈmeɪʃən/ *n* **1** **(a)** (substantiation) confirmación *f* **(b)** (ratification) (fml) ratificación *f* **2** (Relig) confirmación *f*

confiscate /ˈkɑːnfəskeɪt, BrE ˈkɒnfɪskeɪt/ *vt* confiscar*

conflict¹ /ˈkɑːnflɪkt, BrE ˈkɒnflɪkt/ *n* conflicto *m*

conflict² /kənˈflɪkt/ *vi* discrepar

conflicting /kənˈflɪktɪŋ/ *adj* ‹*interests*› opuesto; ‹*views/accounts/emotions*› contradictorio

conform /kənˈfɔːrm, BrE kənˈfɔːm/ *vi* **(a)** (be in accordance) **to ∼ TO** *o* **WITH sth** ajustarse A *or* cumplir CON algo **(b)** (act in a conformist way) ser* conformista; **he usually ∼s to their wishes** por lo general se aviene a sus deseos

confound /kənˈfaʊnd/ *vt* **(a)** (perplex) ‹*person*› confundir **(b)** (thwart) ‹*attempt*› frustrar

confront /kənˈfrʌnt/ *vt* **(a)** (come face to face with) ‹*danger/problem*› afrontar, enfrentar; **police were ∼ed by a group of demonstrators** la policía se vio enfrentada a un grupo de manifestantes **(b)** (face up to) ‹*enemy/fear/crisis*› hacer* frente a

confrontation /ˈkɑːnfrʌnˈteɪʃən, BrE ˌkɒnfrʌnˈteɪʃən/ *n* **(a)** (conflict) enfrentamiento *m*, confrontación *f* **(b)** (encounter) confrontación *f*

confuse /kənˈfjuːz/ *vt* **1** **(a)** (bewilder) confundir **(b)** (blur) ‹*situation*› complicar* **2** (mix up, be unable to distinguish) ‹*ideas/sounds*› confundir

confused /kənˈfjuːzd/ *adj* **(a)** (perplexed) confundido; **to get ∼** confundirse **(b)** (unclear) ‹*argument*› confuso

confusing /kənˈfjuːzɪŋ/ *adj* confuso

confusion /kənˈfjuːʒən/ *n* **(a)** (turmoil) confusión *f* **(b)** (disorder) desorden *m*

congeal /kənˈdʒiːl/ *vi* «*fat*» solidificarse*; **∼ed blood** sangre *f* coagulada

congested /kənˈdʒestəd, BrE kənˈdʒestɪd/ *adj* **(a)** (with traffic) congestionado; (with people) abarrotado de gente **(b)** (Med) congestionado

congestion /kənˈdʒestʃən/ *n* **(a)** (with traffic) congestión *f*; (with people) abarrotamiento *m* **(b)** (Med) congestión *f*

Congo /ˈkɑːŋgəʊ, BrE ˈkɒŋgəʊ/ *n* el Congo

congratulate /kənˈgrætʃəleɪt, BrE kənˈgrætjʊleɪt/ *vt* felicitar; **to ∼ sb ON sth/-ING** felicitar *or* darle* la enhorabuena a algn POR algo/+ INF

congratulation /kənˈgrætʃəˈleɪʃən, BrE kənˌgrætjʊˈleɪʃən/ *n* **(a)** (praise) felicitación *f* **(b) congratulations** *pl* enhorabuena *f*, felicitaciones *fpl*; (*as interj*) **∼s!** ¡enhorabuena!, ¡felicitaciones! (AmL)

congregate /ˈkɑːŋgrɪgeɪt, BrE ˈkɒŋgrɪgeɪt/ *vi* congregarse*

congregation /ˈkɑːŋgrɪˈgeɪʃən, BrE ˌkɒŋgrɪˈgeɪʃən/ *n* (Relig) (attending service) fieles *mpl*; (parishioners) feligreses *mpl*

congress /ˈkɑːŋgrəs, BrE ˈkɒŋgres/ *n* **(a)** (conference) congreso *m* **(b) Congress** (in US) el Congreso (de los Estados Unidos)

congressional /kənˈgreʃnəl/ *adj* (in US) ‹*committee*› del Congreso; **∼ district** distrito *m* electoral; **∼ elections** elecciones *fpl* al Congreso

congress: ∼man /ˈkɑːŋgrəsmən, BrE ˈkɒŋgresmən/ *n* (*pl* **-men** /-mən/) (in US) miembro *m* del Congreso; **∼woman** *n* (in US) miembro *f* del Congreso

conifer /ˈkɑːnəfər, BrE ˈkɒnɪfə(r)/ *n* conífera *f*

conjecture¹ /kənˈdʒektʃər, BrE kənˈdʒektʃə(r)/ *n* **it's pure ∼** no son más que conjeturas

conjecture² *vt/i* (fml) conjeturar

conjugal /ˈkɑːndʒəgəl, BrE ˈkɒndʒʊgəl/ *adj* (fml) conyugal

conjugate /ˈkɑːndʒəgeɪt, BrE ˈkɒndʒʊgeɪt/ *vt* conjugar*
■ *vi* «*verb*» conjugarse*

conjugation /ˌkɑːndʒəˈgeɪʃən, BrE ˌkɒndʒʊˈgeɪʃən/ *n* conjugación *f*

conjunction /kənˈdʒʌŋkʃən/ conjunción *f*

conjunctivitis /kənˈdʒʌŋktɪˈvaɪtəs, BrE kənˌdʒʌŋktɪˈvaɪtɪs/ *n* conjuntivitis *f*

conjurer /ˈkɑːndʒərər, BrE ˈkʌndʒərə(r)/ *n* prestidigitador, -dora *m,f*, mago, -ga *m,f*

conjure up /ˈkɑːndʒər, BrE ˈkʌndʒə(r)/ [*v* + *o* + *adv*, *v* + *adv* + *o*] (evoke) evocar*; **it conjures up images of ...** hace pensar en ...

conjuror *n* ▸ **conjurer**

con man *n* estafador *m*, timador *m*

Conn = **Connecticut**

connect /kəˈnekt/ *vt* **1** **(a)** (attach) **to ∼ sth (TO sth)** conectar algo (A algo) **(b)** (link together) ‹*rooms/buildings*› comunicar*; ‹*towns*› conectar **(c)** (Telec): **I'm trying to ∼ you** un momento que lo comunico *or* (Esp) le pongo con el número **(d)** ‹*phone/gas*› conectar **2** (associate) ‹*people/ideas/events*› relacionar
■ *vi* **1** **(a)** (be joined together) «*rooms*» comunicarse*; «*pipes*» empalmar **(b)** (be fitted) **to ∼ (TO sth)** estar* conectado (a algo) **2** (Transp) **to ∼ WITH sth** «*train/flight*» enlazar* CON algo, conectar CON algo (AmL)
● **connect up** **1** [*v* + *o* + *adv*, *v* + *adv* + *o*] ‹*wires/apparatus*› conectar **2** [*v* + *adv*] «*wires*» conectarse; **it all ∼s up** todo está relacionado

connected /kəˈnektəd, BrE kəˈnektɪd/ *adj* ‹*ideas/events*› relacionado; **to be ∼ed WITH sth** estar* relacionado CON algo

connection /kəˈnekʃən/ *n* **1** **(a)** (link) **∼ (WITH sth)** enlace *m or* conexión *f* (CON algo) **(b)** (Elec) conexión *f* **2** (Transp) **∼ (WITH sth)**

conexión *f* *or* enlace *m* (CON algo) **3** (relation) relación *f* *or* conexión *f* **4** **connections** *pl* (links, ties) lazos *mpl*; (influential people) contactos *mpl*, conexiones *fpl* (AmL)

connive /kə'naɪv/ *vi* **(a)** (plot) **to ~ (WITH sb)** actuar* en complicidad (CON algn) **(b)** (cooperate) **to ~ AT sth** ser* cómplice EN algo

C

connoisseur /'kɑːnə'sɜːr, BrE ˌkɒnə'sɜː(r)/ *n* entendido, -da *m,f*

connotation /'kɑːnə'teɪʃən, BrE ˌkɒnə'teɪʃən/ *n* connotación *f*

conquer /'kɑːŋkər, BrE 'kɒŋkə(r)/ *vt* ‹*country/mountain*› conquistar; ‹*enemy/fear*› vencer

conqueror /'kɑːŋkərər, BrE 'kɒŋkərə(r)/ *n* conquistador, -dora *m,f*

conquest /'kɑːŋkwest, BrE 'kɒŋkwest/ *n* conquista *f*

conscience /'kɑːntʃəns, BrE 'kɒnʃəns/ *n* conciencia *f*; **to have a clear ~** tener* la conciencia tranquila

conscientious /'kɑːntʃi'entʃəs, BrE ˌkɒnʃi'enʃəs/ *adj* ‹*work*› concienzudo; ‹*student*› aplicado

conscientious objector *n* /əb'jektər, BrE əb'jektə(r)/ objetor, -tora *m,f* de conciencia

conscious /'kɑːntʃəs, BrE 'kɒnʃəs/ *adj* **1** **(a)** (awake, alert) (*no comp*) consciente **(b)** (aware) (*pred*) **to be ~ OF sth** ser* *or* (Chi, Méx tb) estar* consciente DE algo **2** (deliberate) ‹*decision*› deliberado; **she made a ~ effort to be nice** se esforzó por ser amable

consciousness /'kɑːntʃəsnəs, BrE 'kɒnʃəsnɪs/ *n* **(a)** (state of being awake, alert) conocimiento *m* **(b)** (awareness) conciencia *f*

conscript[1] /'kɑːnskrɪpt, BrE 'kɒnskrɪpt/ *n* recluta *mf*, conscripto, -ta *m,f* (AmL)

conscript[2] /kən'skrɪpt/ *vt* reclutar

conscription /kən'skrɪpʃən/ *n* conscripción *f* (esp AmL), reclutamiento *m* (*para el servicio militar obligatorio en casos de guerra*)

consecrate /'kɑːnsəkreɪt, BrE 'kɒnsɪkreɪt/ *vt* consagrar

consecutive /kən'sekjətɪv, BrE kən'sekjʊtɪv/ *adj* ‹*numbers*› consecutivo; **he was absent on three ~ days** faltó tres días seguidos

consensus /kən'sensəs/ *n* consenso *m*

consent[1] /kən'sent/ *vi* acceder; **to ~ TO sth** acceder A *or* consentir* EN algo

consent[2] *n* consentimiento *m* de común acuerdo; **age of ~** (Law) *edad a partir de la cual es válido el consentimiento que se da para tener relaciones sexuales*

⚷ **consequence** /'kɑːnsəkwens, BrE 'kɒnsɪkwəns/ *n* **1** (result) consecuencia *f* **2** (importance) trascendencia *f*

consequently /'kɑːnsəkwentli, BrE 'kɒnsɪkwəntli/ *adv* consiguientemente, por consiguiente

conservation /'kɑːnsər'veɪʃən, BrE ˌkɒnsə'veɪʃən/ *n* protección *f* *or* conservación *f* del medio ambiente

conservationist /'kɑːnsər'veɪʃənəst, BrE ˌkɒnsə'veɪʃənɪst/ *n* conservacionista *mf*

⚷ **conservative** /kən'sɜːrvətɪv, BrE kən'sɜːvətɪv/ *adj* **(a)** (traditional) conservador **(b)** **Conservative** (in UK) (*before n*) conservador **(c)** (cautious) cauteloso; **a ~ estimate** un cálculo por lo bajo

Conservative *n* (in UK) conservador, -dora *m,f*

conservatory /kən'sɜːrvətɔːri, BrE kən'sɜːvətri/ *n* (*pl* **-ries**) **(a)** (greenhouse) jardín *m* de invierno **(b)** (school of music) conservatorio *m*

conserve /kən'sɜːrv, BrE kən'sɜːv/ *vt* **(a)** (preserve) ‹*wildlife/rivers*› proteger*, conservar **(b)** (save) ‹*energy/resources*› conservar

⚷ **consider** /kən'sɪdər, BrE kən'sɪdə(r)/ *vt* **(a)** (think about, of) considerar; **we're ~ing moving house** estamos pensando en mudarnos; **~ yourself lucky** puedes darte por afortunado **(b)** (take into account) tener* en cuenta, considerar; **all things ~ed, I think that ...** bien considerado, creo que ...

⚷ **considerable** /kən'sɪdərəbəl/ *adj* ‹*achievement/risk*› considerable; ‹*sum*› importante; **with ~ difficulty** con bastante dificultad

considerably /kən'sɪdərəbli/ *adv* bastante, considerablemente

considerate /kən'sɪdərət/ *adj* atento, considerado

⚷ **consideration** /kən'sɪdə'reɪʃən/ *n* **1** **(a)** (attention, thought): **their case has been given careful ~** su caso ha sido estudiado *or* considerado detenidamente; **to take sth into ~** tener* algo en cuenta **(b)** (factor): **a major ~ is the cost** un factor muy a tener en cuenta es el costo **2** (thoughtfulness) consideración *f* **3** (importance): **of little/no ~** de poca/ninguna importancia

considering[1] /kən'sɪdərɪŋ/ *prep* teniendo en cuenta

considering[2] *conj*: **~ (that) she's only two years old** teniendo en cuenta que tiene solo dos años

consignment /kən'saɪnmənt/ *n* **(a)** (goods sent) envío *m*, remesa *f* **(b)** (sending) envío *m*

⚷ **consist** /kən'sɪst/ *vi* **to ~ OF sth** constar DE algo

consistency /kən'sɪstənsi/ *n* (*pl* **-cies**) **(a)** (regularity) regularidad *f* **(b)** (of mixture) consistencia *f*

⚷ **consistent** /kən'sɪstənt/ *adj* **(a)** (compatible) **to be ~ (WITH sth)** «*statements/beliefs*» concordar* (CON algo) **(b)** (constant) ‹*excellence/failure*› constante; ‹*denial*› sistemático

consistently /kən'sɪstəntli/ *adv* **(a)** (without change) ‹*argue*› coherentemente; ‹*behave*› consecuentemente **(b)** (constantly) ‹*claim/refuse*› sistemáticamente

consolation /'kɑːnsə'leɪʃən, BrE ˌkɒnsə'leɪʃən/ *n* consuelo *m*; (*before n*) **~ prize** premio *m* de consolación, premio *m* (de) consuelo (CS)

console[1] /'kɑːnsəʊl, BrE 'kɒnsəʊl/ *n* consola *f*

console[2] /kən'səʊl/ *vt* consolar*

consolidate /kən'sɑːlədeɪt, BrE kən'sɒlɪdeɪt/ *vt* **(a)** (reinforce) ‹*support/position*› consolidar **(b)** (combine) ‹*companies*› fusionar; ‹*debts*› consolidar

consonant /'kɑːnsənənt, BrE 'kɒnsənənt/ *n* consonante *f*

consort /'kɑːnsɔːrt, BrE 'kɒnsɔːt/ *n* (fml) consorte *mf* (fml)

⚷ palabra clave

consortium /kən'sɔːrʃiəm, BrE kən'sɔːtiəm/ *n* (*pl* **-tia** /-tiə/ *or* **-tiums**) consorcio *m*

conspicuous /kən'spɪkjuəs/ *adj* ‹*hat/badge*› llamativo; ‹*differences/omissions*› manifiesto, evidente; **to make oneself ~** llamar la atención; **to be ~ by one's absence** brillar por su (*or* mi *etc*) ausencia

conspiracy /kən'spɪrəsi/ *n* (*pl* **-cies**) conspiración *f*

conspirator /kən'spɪrətər, BrE kən'spɪrətə(r)/ *n* conspirador, -dora *m,f*

conspire /kən'spaɪr, BrE kən'spaɪə(r)/ *vi* conspirar; **to ~ to** + INF conspirar PARA + INF

constable /'kɑːnstəbəl, BrE 'kʌnstəbəl/ *n* (BrE) agente *mf* de policía

constant /'kɑːnstənt, BrE 'kɒnstənt/ *adj* **(a)** (continual) ‹*pain/complaints*› constante **(b)** (unchanging) ‹*temperature/speed*› constante **(c)** (loyal) (liter) fiel, leal

constantly /'kɑːnstəntli, BrE 'kɒnstəntli/ *adv* constantemente

constellation /ˌkɑːnstə'leɪʃən, BrE ˌkɒnstə'leɪʃən/ *n* constelación *f*

constipated /'kɑːnstəpeɪtəd, BrE 'kɒnstɪpeɪtɪd/ *adj* estreñido

constipation /ˌkɑːnstə'peɪʃən, BrE ˌkɒnstɪ'peɪʃən/ *n* estreñimiento *m*

constituency /kən'stɪtʃuənsi, BrE kən'stɪtjʊənsi/ *n* (*pl* **-cies**) (area) circunscripción *f or* distrito *m* electoral; (supporters) electores *mpl* potenciales (*de una circunscripción electoral*)

constituent[1] /kən'stɪtʃuənt, BrE kən'stɪtjʊənt/ *n* **1** (Pol) elector, -tora *m,f* **2** (component) (fml) componente *m*, elemento *m* constitutivo *or* constituyente

constituent[2] *adj* (*before n*) ‹*part/element*› constituyente, constitutivo

constitute /'kɑːnstətuːt, BrE 'kɒnstɪtjuːt/ *vt* (fml) constituir* (fml)

constitution /ˌkɑːnstə'tuːʃən, BrE ˌkɒnstɪ'tjuːʃən/ *n* **1** (of country) constitución *f*; (of association, party) estatutos *mpl* **2** (of person) constitución *f*

constitutional /ˌkɑːnstə'tuːʃn̩əl, BrE ˌkɒnstɪ'tjuːʃənl/ *adj* constitucional

constrain /kən'streɪn/ *vt* (*often pass*) obligar*

constraint /kən'streɪnt/ *n* **(a)** (compulsion) coacción *f* **(b)** (restriction) (*often pl*) restricción *f*, limitación *f*

constrict /kən'strɪkt/ *vt* ‹*opening/channel*› estrechar; ‹*flow/breathing*› dificultar; ‹*freedom*› coartar

construct /kən'strʌkt/ *vt* **(a)** (build) (fml) construir* **(b)** (put together) ‹*model*› armar, montar

construction /kən'ʃtrʌkʃən/ *n* **1** **(a)** (of building) construcción *f*; (*before n*) ‹*industry/worker*› de la construcción **(b)** (Ling, Math) construcción *f* **2** (structure) estructura *f*

constructive /kən'strʌktɪv/ *adj* constructivo

consul /'kɑːnsəl, BrE 'kɒnsəl/ *n* cónsul *mf*

consulate /'kɑːnsələt, BrE 'kɒnsjʊlət/ *n* consulado *m*

consult /kən'sʌlt/ *vt* consultar
■ *vi*: **I ought to ~ with my wife first** primero debería consultárselo a mi mujer

consultancy /kən'sʌltənsi/ *n* (*pl* **-cies**) (Busn) asesoría *f*, consultoría *f*

consultant /kən'sʌltənt/ *n* (adviser) asesor, -sora *m,f*, consultor, -tora *m,f*; (BrE) (Med) especialista *mf*

consultation /'kɑːnsəl'teɪʃən, BrE ˌkɒnsəl'teɪʃən/ *n* **(a)** (with doctor, lawyer) consulta *f* **(b)** (of dictionary, notes) consulta *f* **(c)** (discussion): **there was no ~ with the tenants** no se consultó a los inquilinos; **in ~ with sb** en conferencia con algn

consulting /kən'sʌltɪŋ/ *adj* (*before n*) (Med): **~ room** consultorio *m*, consulta *f*

consume /kən'suːm, BrE kən'sjuːm/ *vt* consumir; **he was ~d by** o **with jealousy** lo consumían los celos

consumer /kən'suːmər, BrE kən'sjuːmə(r)/ *n* consumidor, -dora *m,f*; (*before n*) **~ goods** artículos *mpl or* bienes *mpl* de consumo; **the ~ society** la sociedad de consumo

consummate[1] /'kɑːnˌsəmət, BrE 'kɒnsəmət/ *adj* (fml) (*before n*) ‹*actor/liar*› consumado

consummate[2] /'kɑːnsəmeɪt, BrE 'kɒnsəmeɪt/ *vt* consumar

consumption /kən'sʌmpʃən/ *n* consumo *m*

contact[1] /'kɑːntækt, BrE 'kɒntækt/ *n* **(a)** (physical) contacto *m*; **to come into ~ with sth** hacer* contacto con algo **(b)** (communication) contacto *m*; **to come in/into ~ with sb** tratar a algn; **to be/get in ~ with sb** estar*/ponerse* en contacto con algn

contact[2] *vt* ponerse* en contacto con

contact lens *n* lente *f or* (AmL) lente *m* de contacto, lentilla *f* (Esp)

contagious /kən'teɪdʒəs/ *adj* contagioso

contain /kən'teɪn/ *vt* **1** (hold) contener* **2** ‹*enemy/fire/epidemic*› contener*; ‹*anger/laughter*› contener*; **to ~ oneself** contenerse*

container /kən'teɪnər, BrE kən'teɪnə(r)/ *n* (receptacle) recipiente *m*; (as packaging) envase *m*; (Transp) contenedor *m*, contáiner *m*; (*before n*) **~ ship** buque *m* portacontenedores

contaminate /kən'tæməneɪt, BrE kən'tæmɪneɪt/ *vt* contaminar

contamination /kən'tæmə'neɪʃən, BrE kənˌtæmɪ'neɪʃən/ *n* contaminación *f*

contd (= **continued**) sigue

contemplate /'kɑːntəmpleɪt, BrE 'kɒntəmpleɪt/ *vt* contemplar; **I ~d phoning her** pensé (en) llamarla

contemporary[1] /kən'tempəreri, BrE kən'tempərəri/ *adj* **(a)** (of the same period) ‹*person*› contemporáneo, coetáneo; ‹*object*› de la época **(b)** (present-day) contemporáneo, actual

contemporary[2] *n* (*pl* **-ries**) **(a)** (sb living at same time) contemporáneo, -nea *m,f*, coetáneo, -na *m,f* **(b)** (sb of same age): **he looks older than his contemporaries** parece mayor que la gente de su edad

contempt /kən'tempt/ *n* **(a)** desprecio *m*; **to be beneath ~** ser* despreciable **(b) ~ (of court)** (Law) desacato *m* al tribunal

contemptible /kən'temptəbəl/ *adj* despreciable

contemptuous /kən'temptʃuəs, BrE kən'temptjʊəs/ *adj* despectivo

contend /kən'tend/ *vi* **(a)** (compete) **to ~** (**WITH sb**) (**FOR sth**) competir* (CON algn) (POR algo) **(b)** (face) **to ~ WITH sth** lidiar CON algo ■ *vt* argüir*

contender /kən'tendər, BrE kən'tendə(r)/ *n* ~ (FOR **sth**) aspirante *mf* (A algo)

⚷ **content¹** /'kɑːntent, BrE 'kɒntent/ *n* **1** **contents** *pl* (of box, bottle) contenido *m*; **~s** (of book) índice *m* de materias; (in magazine) sumario *m* **2** (amount contained) contenido *m*

content² /kən'tent/ *adj* (*pred*) contento

content³ /kən'tent/ *v refl* **to ~ oneself WITH sth/-ING** contentarse CON algo/+ INF

contented /kən'tentəd, BrE kən'tentɪd/ *adj* ‹*sigh/purr*› de satisfacción; ‹*person/workforce*› satisfecho; **to be ~ WITH sth** contentarse CON algo

contention /kən'tentʃən, BrE kən'tenʃən/ *n* **1** (dispute): **there is considerable ~ over ...** existe un gran desacuerdo sobre ... **2** (assertion) opinión *f*; **it is her ~ that ...** ella sostiene que ...

contentious /kən'tentʃəs, BrE kən'tenʃəs/ *adj* ‹*issue*› polémico

contentment /kən'tentmənt/ *n* satisfacción *f*

contest¹ /'kɑːntest, BrE 'kɒntest/ *n* **(a)** (competition) (Games) concurso *m*; (Sport) competencia *f* (AmL), competición *f* (Esp); (in boxing) combate *m* **(b)** (struggle) lucha *f*

contest² /kən'test/ *vt* **(a)** ‹*allegation*› refutar; ‹*will*› impugnar; ‹*decision*› protestar contra **(b)** ‹*election*› presentarse como candidato a

contestant /kən'testənt/ *n* concursante *mf*

⚷ **context** /'kɑːntekst, BrE 'kɒntekst/ *n* contexto *m*

continent /'kɑːntṇənt, BrE 'kɒntɪnənt/ *n* continente *m*; **the C~** Europa *f* (continental)

continental /'kɑːntṇ'entl, BrE ˌkɒntɪ'nentl/ *adj* continental; **C~** (European) de Europa (continental)

continental: **~ breakfast** *n* desayuno *m* continental (*desayuno de café o té y bollos con mantequilla y mermelada*); **~ quilt** *n* (BrE) ▶ **duvet**

contingency /kən'tɪndʒənsi/ *n* (*pl* **-cies**) (eventuality) contingencia *f*; (*before n*) ‹*fund*› (para casos) de emergencia; **a ~ plan** un plan de contingencia

continual /kən'tɪnjuəl/ *adj* continuo, constante

continually /kən'tɪnjuəli/ *adv* continuamente, constantemente

continuation /kən'tɪnju'eɪʃən/ *n* continuación *f*

⚷ **continue** /kən'tɪnjuː/ *vi* continuar*, seguir*; **we ~d on our way** reanudamos el camino ■ *vt* **(a)** (keep on) continuar*, seguir* con; **to ~ -ING/to + INF** continuar* *or* seguir* + GER **(b)** (resume) continuar*, seguir* con, proseguir* (fml); **to be ~d** continuará **(c)** (extend, prolong) prolongar*

continuity /'kɑːntṇ'uːəti, BrE ˌkɒntɪ'njuːɪti/ *n* continuidad *f*

continuous /kən'tɪnjuəs/ *adj* continuo; **~ assessment** (Educ) evaluación *f* continua

continuously /kən'tɪnjuəsli/ *adv* continuamente, sin interrupción

⚷ palabra clave

contort /kən'tɔːrt, BrE kən'tɔːt/ *vt* ‹*face*› contraer*; **to ~ oneself** contorsionarse ■ *vi* crisparse

contortion /kən'tɔːrʃən, BrE kən'tɔːʃən/ *n* contorsión *f*

contour /'kɑːntʊr, BrE 'kɒntʊə(r)/ *n* contorno *m*; (*before n*) **~ line** curva *f* de nivel, cota *f*

contraband /'kɑːntrəbænd, BrE 'kɒntrəbænd/ *n* contrabando *m*

contraception /'kɑːntrə'sepʃən, BrE ˌkɒntrə'sepʃən/ *n* anticoncepción *f*, contracepción *f*

contraceptive /'kɑːntrə'septɪv, BrE ˌkɒntrə'septɪv/ *n* anticonceptivo *m*, contraconceptivo *m*

⚷ **contract¹** /'kɑːntrækt, BrE 'kɒntrækt/ *n* (agreement, document) contrato *m*; (for public works) contrata *f*; **~ killer** asesino, -na *m,f* a sueldo, sicario, -ria *m,f*

contract² /kən'trækt/ *vt also* /'kɑːntrækt/ **(a)** (place under contract) ‹*person*› contratar **(b)** ‹*debt/disease*› contraer* (fml) **(c)** ‹*muscle*› contraer* ■ *vi* (become smaller, tighter) contraerse*

● **contract out** /'kɑːntrækt, BrE 'kɒntrækt/ [*v + o + adv, v + adv + o*] ‹*job/work*› subcontratar

contraction /kən'trækʃən/ *n* contracción *f*

contractor /kən'træktər, BrE kən'træktə(r)/ *n* contratista *mf*

contradict /'kɑːntrə'dɪkt, BrE ˌkɒntrə'dɪkt/ *vt* contradecir*

contradiction /'kɑːntrə'dɪkʃən, BrE ˌkɒntrə'dɪkʃən/ *n* contradicción *f*; **a ~ in terms** un contrasentido

contradictory /'kɑːntrə'dɪktəri, BrE ˌkɒntrə'dɪktəri/ *adj* contradictorio

contralto /kən'træltəʊ/ *n* (*pl* **~s**) contralto *f*

contraption /kən'træpʃən/ *n* (infml) artilugio *m*

contrary¹ *adj* **1** /'kɑːntreri, BrE 'kɒntrəri/ **(a)** (opposed, opposite) contrario **(b) ~ to** (*as prep*) contrariamente a, al contrario de **2** /'kɑːntreri, kən'treri, BrE kən'treəri/ (obstinate): **he's so ~** siempre tiene que llevar la contraria

contrary² /'kɑːntreri, BrE 'kɒntrəri/ *n* (*pl* **-ries**): **the ~** lo contrario; **on the ~** (*as linker*) al contrario

⚷ **contrast¹** /'kɑːntræst, BrE 'kɒntrɑːst/ *n* contraste *m*; **by ~** (*as linker*) por contraste; **in ~ to** o **with** (*as prep*) en contraste con

contrast² /kən'træst, BrE kən'trɑːst/ *vt* contrastar ■ *vi* **(a)** (differ) contrastar **(b) contrasting** *pres p* ‹*opinions/approaches*› contrastante

⚷ **contribute** /kən'trɪbjət, -bjuːt/ *vt* **(a)** ‹*money/time*› contribuir* con, aportar, hacer* una aportación *or* (esp AmL) un aporte de; ‹*suggestions/ideas*› aportar **(b)** ‹*article/poem/paper*› escribir* ■ *vi* **(a)** (play significant part) **to ~** (**TO sth**) contribuir* (A algo) **(b)** (give money) contribuir* **(c)** (participate) **to ~ TO sth** participar EN algo **(d)** (Journ) **to ~ TO sth** escribir* PARA algo

⚷ **contribution** /'kɑːntrə'bjuːʃən, BrE ˌkɒntrɪ'bjuːʃən/ *n* **(a)** (participation, part played) contribución *f* **(b)** (payment, donation) contribución *f*; (to a fund) aportación *f*, aporte *m* (esp AmL)

contributor /kən'trɪbjətər, BrE kən'trɪbjʊtə(r)/ *n* **(a)** (writer) colaborador, -dora *m,f* **(b)** (donor) donante *mf*

contrive /kən'traɪv/ *vt* **(a)** (manage) **to ~ to** + INF lograr + INF/QUE (+ *subj*), ingeniárselas *or* arreglárselas PARA + INF/PARA QUE (+ *subj*) **(b)** (create) ‹*method/device*› idear

contrived /kən'traɪvd/ *adj* artificioso

control¹ /kən'trəʊl/ *vt* **-ll-** controlar; ‹*traffic*› dirigir*; **to ~ oneself** controlarse

control² *n* **1** control *m*; **to be in ~ of sth** dominar algo; **to gain ~ of sth** hacerse* con; **circumstances beyond our ~** circunstancias ajenas a nuestra voluntad; **to be out of ~** estar* fuera de control; **to get out of ~** descontrolarse **2** **price ~(s)** control *m* de precios **3** **controls** *pl* (of vehicle) mandos *mpl* **4** (mastery) dominio *m*

controlled /kən'trəʊld/ *adj* ‹*voice/emotion*› contenido; ‹*response*› mesurado; ‹*conditions/experiment*› controlado

controller /kən'trəʊlər, BrE kən'trəʊlə(r)/ *n* director, -tora *m,f*

control: **~ room** *n* (Mil, Naut) centro *m* de operaciones; (Audio, Rad, TV) sala *f* de control; **~ tower** *n* torre *f* de control

controversial /'kɑːntrə'vɜːrʃəl, BrE ˌkɒntrə'vɜːʃəl/ *adj* controvertido

controversy /'kɑːntrəvɜːrsi, BrE 'kɒntrəvɜːsi, kən'trɒvəsi/ *n* (*pl* **-sies**) controversia *f*

conundrum /kə'nʌndrəm/ *n* adivinanza *f*

conurbation /'kɑːnɜːr'beɪʃən, BrE ˌkɒnɜː'beɪʃən/ *n* conurbación *f*

convalesce /'kɑːnvə'les, BrE ˌkɒnvə'les/ *vi* recuperarse, convalecer*

convene /kən'viːn/ *vi* reunirse*

convenience /kən'viːniəns/ *n* **(a)** (comfort, practicality) conveniencia *f*; **at your ~** cuando le resulte conveniente **(b)** (amenity, appliance): **with every modern ~** con todas las comodidades modernas

convenience food *n* comida *f* de preparación rápida

convenient /kən'viːniənt/ *adj* **(a)** (opportune, suitable) conveniente **(b)** (practical) práctico; **a very ~ way of storing things** una manera muy práctica de guardar las cosas **(c)** (handy, close): **it's very ~ having the school so near** resulta muy práctico tener la escuela tan cerca

conveniently /kən'viːniəntli/ *adv* **(a)** (handily) convenientemente **(b)** (expediently): **the government ~ forgets its election promises** le resulta muy cómodo al gobierno olvidarse de sus promesas electorales

convent /'kɑːnvənt, BrE 'kɒnvənt/ *n* convento *m*

convention /kən'ventʃən, BrE kən'venʃən/ *n* **1** **(a)** (social code) convenciónes *fpl*, convencionalismos *mpl* **(b)** (established practice) convención *f* **2** (agreement) convención *f* **3** (conference) convención *f*, congreso *m*

conventional /kən'ventʃn̩əl, BrE kən'venʃənl/ *adj* convencional

converge /kən'vɜːrdʒ, BrE kən'vɜːdʒ/ *vi* «*lines/roads*» converger*, convergir*; «*crowd/armies*» reunirse*

conversation /'kɑːnvər'seɪʃən, BrE ˌkɒnvə'seɪʃən/ *n* conversación *f*

conversational /'kɑːnvər'seɪʃn̩əl, BrE ˌkɒnvə'seɪʃənl/ *adj* familiar, coloquial

converse /kən'vɜːrs, BrE kən'vɜːs/ *vi* conversar

conversion /kən'vɜːrʒən, BrE kən'vɜːʃən/ *n* **1** **(a)** (change) conversión *f* **(b)** (of house): **to do a ~** transformar una casa **(c)** (Relig) conversión *f* **2** (in rugby) conversión *f*, transformación *f*

convert¹ /'kɑːnvɜːrt, BrE 'kɒnvɜːt/ *n* converso, -sa *m,f*

convert² /kən'vɜːrt, BrE kən'vɜːt/ *vt* **1** ‹*building*› remodelar; ‹*vehicle*› transformar; **to ~ sth** INTO **sth** convertir* algo EN algo **2** (cause to change view, religion) convertir* **3** (in rugby) transformar, convertir*
■ *vi* (Pol, Relig) convertirse*

convertible¹ /kən'vɜːrtəbəl, BrE kən'vɜːtəbəl/ *adj* convertible

convertible² *n* (Auto) descapotable *m*, convertible *m* (AmL)

convex /'kɑːnveks, BrE 'kɒnveks/ *adj* convexo

convey /kən'veɪ/ *vt* ‹*goods/people*› transportar; ‹*feeling*› expresar; ‹*thanks*› hacer* llegar

conveyor (belt) /kən'veɪər, BrE kən'veɪə(r)/ *n* cinta *f* *or* correa *f* transportadora, banda *f* transportadora (Méx)

convict¹ /'kɑːnvɪkt, BrE 'kɒnvɪkt/ *n* recluso, -sa *m,f*, presidiario, -ria *m,f*

convict² /kən'vɪkt/ *vt* (*often pass*) declarar culpable, condenar; **to be ~ed** OF **sth** ser* condenado POR algo

conviction /kən'vɪkʃən/ *n* **1** (Law) condena *f* **2** (certainty) convicción *f*

convince /kən'vɪns/ *vt* convencer*; **to ~ sb** THAT convencer* a algn DE QUE

convinced /kən'vɪnst/ *adj* (persuaded) (*pred*) **to be ~** OF **sth**/THAT estar* convencido DE algo/DE QUE

convincing /kən'vɪnsɪŋ/ *adj* convincente

convivial /kən'vɪviəl/ *adj* ‹*atmosphere*› cordial; ‹*person*› simpático

convoy /'kɑːnvɔɪ, BrE 'kɒnvɔɪ/ *n* convoy *m*

convulsion /kən'vʌlʃən/ *n* convulsión *f*

coo /kuː/ *vi* «*dove/pigeon*» arrullar

cook¹ /kʊk/ *n* cocinero, -ra *m,f*; **he's a good ~** cocina muy bien, es muy buen cocinero

cook² *vt* ‹*food/meal*› hacer*, preparar
■ *vi* **(a)** (prepare food) cocinar, guisar **(b)** (become ready) «*food*» hacerse*

cookbook /'kʊkbʊk/ *n* libro *m* de cocina *or* de recetas

cooker /'kʊkər, BrE 'kʊkə(r)/ *n* (BrE) (stove) cocina *f* *or* (Col, Méx) estufa *f*

cookery /'kʊkəri/ *n* cocina *f*; (*before n*) **~ book** (BrE) ▶ **cookbook**

cookie /'kʊki/ *n* (AmE) (Culin) galleta *f*, galletita *f* (RPl)

cooking /'kʊkɪŋ/ *n*: **to do the ~** cocinar; **it is used in ~** se usa para cocinar; **home ~** la comida casera; **Spanish ~** la cocina española

cool¹ /kuːl/ *adj* **-er, -est** **1** (cold) fresco; **it's ~ today** hace *or* está fresco hoy **2** (reserved, hostile) ‹*reception/behavior*› frío **3** (calm) sereno, tranquilo; **keep ~!** ¡tranquilo!, no te pongas nervioso; **he's a very ~ customer** tiene una sangre fría impresionante **4** (sl) (trendy, laid-back): **he's really ~** es muy en la onda (fam); (acceptable): **he's cool** es un tipo bien (fam)

cool² *n* **1** (low temperature): **let's stay here in the ~** quedémonos aquí al fresco **2** (composure)

C

calma *f*; **to keep/lose one's ~** mantener*/ perder* la calma

cool³ *vt* ‹*air/room*› refrigerar; ‹*engine/food/ enthusiasm*› enfriar*
■ *vi* «*air/room*» refrigerarse; «*engine/food/ enthusiasm*» enfriarse*

● **cool down** [*v* + *adv*] **(a)** (become cooler) «*food/ iron*» enfriarse*; «*person*» refrescarse* **(b)** (become calmer) calmarse

● **cool off** [*v* + *adv*] **(a)** (become cooler) «*person*» refrescarse* **(b)** (become calmer) calmarse

coolly /'ku:lli/ *adv* **(a)** (calmly) con serenidad *or* calma **(b)** (boldly) descaradamente, con la mayor frescura **(c)** (with reserve, hostility) fríamente, con frialdad

coop /ku:p/ *n*: **chicken/hen ~** gallinero *m*

● **coop up** [*v* + *o* + *adv*, *v* + *adv* + *o*] (*usu passive*) encerrar*

co-op /'kəʊɑ:p, BrE 'kəʊɒp/ *n* cooperativa *f*

cooperate /kəʊ'ɑ:pəreɪt, BrE kəʊ'ɒpəreɪt/ *vi* cooperar, colaborar

cooperation /kəʊ'ɑ:pə'reɪʃən, BrE kəʊˌɒpə'reɪʃən/ *n* cooperación *f*, colaboración *f*

cooperative¹ /kəʊ'ɑ:pərətɪv, BrE kəʊ'ɒpərətɪv/ *adj* **(a)** ‹*attitude*› de colaboración, cooperativo **(b)** ‹*effort/venture*› conjunto

cooperative² *n* cooperativa *f*

co-opt /kəʊ'ɑ:pt, BrE kəʊ'ɒpt/ *vt*: **to ~ sb onto a committee** invitar a algn a formar parte de una comisión

coordinate¹ /kəʊ'ɔ:rdn̩eɪt, BrE ˌkəʊ'ɔ:dɪneɪt/ *vt* coordinar

coordinate² /kəʊ'ɔ:rdn̩ət, BrE kəʊ'ɔ:dɪnət/ *n* **1** (Math) coordenada *f* **2** **coordinates** *pl* prendas *fpl* para combinar, coordinados *mpl*

coordination /kəʊ'ɔ:rdn̩'eɪʃən, BrE kəʊˌɔ:dɪ'neɪʃən/ *n* coordinación *f*

coordinator /kəʊ'ɔ:rdn̩eɪtər, BrE kəʊ'ɔ:dɪneɪtə(r)/ *n* coordinador, -dora *m,f*

co-owner /'kəʊ'əʊnər, BrE kəʊ'əʊnə(r)/ *n* copropietario, -ria *m,f*

cop /kɑ:p, BrE kɒp/ *n* (infml) poli *mf* (fam), tira *mf* (Méx fam), cana *mf* (RPl arg), cachaco, -ca *m,f* (Per fam), paco, -ca *m,f* (Chi fam)

cope /kəʊp/ *vi*: **I can't ~ with all this work** no doy abasto *or* no puedo con tanto trabajo; **how do you ~ without a washing machine?** ¿cómo te las arreglas sin lavadora?; **how is he coping on his own?** ¿qué tal se las arregla solo?; **these are some of the problems they have to ~ with** estos son algunos de los problemas a los que tienen que enfrentarse

Copenhagen /'kəʊpən'heɪgən/ *n* Copenhague *m*

copious /'kəʊpiəs/ *adj* copioso

copper /'kɑ:pər, BrE 'kɒpə(r)/ *n* **1** **(a)** (metal) cobre *m* **(b)** **coppers** *pl* (coins) (infml) peniques *mpl*, perras *fpl* (Esp fam), quintos *mpl* (Méx fam), chauchas *fpl* (Chi fam), vintenes *mpl* (Ur fam) **(c)** (color) color *m* cobre; (*before n*) cobrizo **2** (police officer) (infml) ▶ **cop**

co-production /'kəʊprəˌdʌkʃən/ *n* coproducción *f*

⚷ **copy¹** /'kɑ:pi, BrE 'kɒpi/ *n* (*pl* **copies**) **1** (of painting, document) copia *f* **2** (of newspaper, book) ejemplar *m* **3** (text): **he/she must be able to produce clear ~** debe saber redactar con claridad

copy² *vt* **copies, copying, copied**
1 **(a)** (reproduce, transcribe) copiar **(b)** (photocopy) fotocopiar **2** (imitate) ‹*painter/singer*› copiarle a; ‹*style/behavior*› copiar

copy: **~cat** *n* (infml) copión, -piona *m,f* (fam), imitamonos *mf* (Méx fam); **~right** *n* copyright *m*, derechos *mpl* de reproducción

coral /'kɔ:rəl, BrE 'kɒrəl/ *n* coral *m*

cord /kɔ:rd, BrE kɔ:d/ *n* **1** **(a)** (string, rope) cuerda *f*; (of pajamas, curtains) cordón *m* **(b)** (AmE) (Elec) cordón *m*, cable *m* **(c)** (Anat) ▶ **spinal cord, umbilical cord, vocal cords** **2** (Tex) pana *f*, corderoy *m* (AmS), cotelé *m* (Chi)

cordial¹ /'kɔ:rdʒəl, BrE 'kɔ:diəl/ *adj* cordial

cordial² *n* refresco *m* (*concentrado*)

cordless /'kɔ:rdləs, BrE 'kɔ:dlɪs/ *adj* inalámbrico

cordon /'kɔ:rdn̩, BrE 'kɔ:dn̩/ *n* cordón *m*

● **cordon off** [*v* + *o* + *adv*, *v* + *adv* + *o*] acordonar

corduroy /'kɔ:rdərɔɪ, BrE 'kɔ:dərɔɪ/ *n* pana *f*, corderoy *m* (AmS), cotelé *m* (Chi)

⚷ **core¹** /kɔ:r, BrE kɔ:(r)/ *n* (of apple, pear) corazón *m*; (of Earth) centro *m*; (of nuclear reactor) núcleo; (of problem) meollo *m*

core² *vt* ‹*apple*› quitarle el corazón a

coriander /'kɔ:riændər, BrE ˌkɒri'ændə(r)/ *n* cilantro *m*, culantro *m*

cork /kɔ:rk, BrE kɔ:k/ *n* corcho *m*

corkscrew /'kɔ:rkskru:, BrE 'kɔ:kskru:/ *n* sacacorchos *m*, tirabuzón *m*

corn /kɔ:rn, BrE kɔ:n/ *n* **1** **(a)** (cereal crop — in general) grano *m*; (maize) (AmE) maíz *m*; (wheat) (BrE) trigo *m*; (oats) (BrE) avena *f* **(b)** (foodstuff) maíz *m*, choclo *m* (AmS); **~ on the cob** mazorca *f* de maíz *or* (AmS) de choclo, elote *m* (Méx) **2** (on toe) callo *m*

⚷ **corner¹** /'kɔ:rnər, BrE 'kɔ:nə(r)/ *n* **1** **(a)** (inside angle — of room, cupboard) rincón *m*; (— of field) esquina *f*; (— of mouth) comisura *f*; (— of page) ángulo *m* **(b)** (outside angle — of street, page) esquina *f*; (— of table) esquina *f*, punta *f*; (bend in road) curva *f*; **I'll meet you on** o **at the ~** te veo en la esquina; ***to cut ~s*** (financially) hacer* economías; (in a process) simplificar*; (*before n*) **~ shop** (BrE) tienda *f* de la esquina; (local shop) tienda *f* de barrio **2** (in soccer) **~ kick** córner *m*, tiro *m or* saque *m* de esquina **3** (in boxing) esquina *f*

corner² *vt* **1** (trap) acorralar **2** (monopolize) acaparar
■ *vi* tomar una curva; **this car ~s well** este coche tiene buen agarre en las curvas

cornerstone /'kɔ:rnərstəʊn, BrE 'kɔ:nəstəʊn/ *n* piedra *f* angular

corn: **~flakes** *pl n* copos *mpl or* hojuelas *fpl* de maíz; **~flour** *n* (BrE) maizena® *f*

Cornish /'kɔ:rnɪʃ, BrE 'kɔ:nɪʃ/ *adj* de Cornualles

cornstarch /'kɔ:rnstɑ:rtʃ, BrE 'kɔ:nstɑ:tʃ/ *n* (AmE) maizena® *f*

Cornwall /'kɔ:rnwɔ:l, BrE 'kɔ:nwɔ:l/ *n* Cornualles *m*

corny /'kɔ:rni, BrE 'kɔ:ni/ *adj* **-nier**, **-niest** (infml) **(a)** ‹*song/movie*› cursi, sensiblero **(b)** (BrE) ‹*joke*› malo

coronary¹ /'kɔ:rəneri, BrE 'kɒrənri/ *adj* coronario

⚷ palabra clave

coronary² *n* (*pl* **-ries**) infarto *m* (de miocardio)

coronation /ˌkɔːrəˈneɪʃən, BrE ˌkɒrəˈneɪʃən/ *n* coronación *f*

coroner /ˈkɔːrənər, BrE ˈkɒrənə(r)/ *n*: *funcionario encargado de investigar las causas de muertes violentas, repentinas o sospechosas,* ≈ juez *mf* de instrucción

corporal /ˈkɔːrprəl, BrE ˈkɔːpərəl/ *n* cabo *m*

corporal punishment *n* castigos *mpl* corporales

corporate /ˈkɔːrpərət, BrE ˈkɔːpərət/ *adj* **1** **(a)** (of a company) ‹*headquarters/lawyer*› de la empresa *or* compañía **(b)** ‹*mentality/jargon*› empresarial **2** (joint, collective) ‹*action/decision*› colectivo

corporation /ˌkɔːrpəˈreɪʃən, BrE ˌkɔːpəˈreɪʃən/ *n* (company — in US) sociedad *f* anónima; (— in UK) compañía *f*, empresa *f*, corporación *f*

corpse /kɔːrps, BrE kɔːps/ *n* cadáver *m*

corpuscle /ˈkɔːrpʌsəl, BrE ˈkɔːpʌsəl/ *n* corpúsculo *m*

corral /kəˈræl, BrE kɒˈrɑːl/ *n* corral *m*

correct¹ /kəˈrekt/ *vt* corregir*

correct² *adj* correcto

correction /kəˈrekʃən/ *n* corrección *f*

correctly /kəˈrektli/ *adv* correctamente

correlate /ˈkɔːrəleɪt, BrE ˈkɒ-/ *vi* **to ~ (WITH sth)** estar* correlacionado (CON algo)

correlation /ˌkɔːrəˈleɪʃən, BrE ˌkɒrəˈleɪʃən/ *n* correlación *f* (fml)

correspond /ˈkɔːrəˈspɑːnd, BrE ˌkɒrəˈspɒnd/ *vi* **1** **(a)** (tally) **to ~ (WITH sth)** corresponderse *or* concordar* (CON algo) **(b)** (be equivalent) **to ~ (TO sth)** equivaler* *or* corresponder (A algo) **2** (communicate by letter) **to ~ (WITH sb)** mantener* correspondencia (CON algn)

correspondence /ˈkɔːrəˈspɑːndəns, BrE ˌkɒrəˈspɒndəns/ *n* **1** (agreement) correspondencia *f* **2** (letters, letter writing) correspondencia *f*

correspondence course *n* curso *m* por correspondencia

correspondent /ˈkɔːrəˈspɑːndənt, BrE ˌkɒrəˈspɒndənt/ *n* **(a)** (letter writer) corresponsal *mf* **(b)** (Journ) corresponsal *mf*

corridor /ˈkɔːrədər, BrE ˈkɒrɪdɔː(r)/ *n* pasillo *m*, corredor *m*

corroborate /kəˈrɑːbəreɪt, BrE kəˈrɒbəreɪt/ *vt* corroborar

corrode /kəˈrəʊd/ *vt* corroer*
■ *vi* corroerse*

corrosion /kəˈrəʊʒən/ *n* **(a)** (action) corrosión *f* **(b)** (substance) herrumbre *f*, orín *m*

corrosive /kəˈrəʊsɪv/ *adj* corrosivo

corrugated /ˈkɔːrəgeɪtəd, BrE ˈkɒrəgeɪtɪd/ *adj* ondulado; **~ cardboard** cartón *m* corrugado; **~ iron** chapa *f* de zinc, calamina *f* (Chi, Per)

corrupt¹ /kəˈrʌpt/ *vt* (deprave) corromper; (bribe) sobornar; (Comput) corromper

corrupt² *adj* ‹*person/government*› corrompido, corrupto

corruption /kəˈrʌpʃən/ *n* corrupción *f*

corset /ˈkɔːrsət, BrE ˈkɔːsɪt/ *n* (*often pl*) corsé *m*

cosmetic /kɑːzˈmetɪk, BrE kɒzˈmetɪk/ *adj* **(a)** (beautifying) (*before n*) ‹*powder/cream*› cosmético; **~ surgery** cirugía *f* estética **(b)** (superficial) ‹*reforms/changes*› superficial

cosmetics /kɑːzˈmetɪks, BrE kɒzˈmetɪks/ *pl n* cosméticos *mpl*

cosmic /ˈkɑːzmɪk, BrE ˈkɒzmɪk/ *adj* cósmico

cosmonaut /ˈkɑːzmənɔːt, BrE ˈkɒzmənɔːt/ *n* cosmonauta *mf*

cosmopolitan /ˈkɑːzməˈpɑːlətn̩, BrE ˌkɒzməˈpɒlɪtn̩/ *adj* cosmopolita

cosmos /ˈkɑːzməʊs, BrE ˈkɒzmɒs/ *n*: **the ~** el cosmos

cost¹ /kɔːst, BrE kɒst/ *n* **1** **(a)** (expense) (*often pl*) costo *m* (esp AmL), coste *m* (Esp); **to cut ~s** reducir* los gastos **(b)** **costs** *pl* (Law) costas *fpl* **2** (loss, sacrifice): **she helped me out, at great ~ to herself** sacrificó mucho al ayudarme; **at all ~s** a toda costa

cost² *vt* **1** (*past & past p* **cost**) **(a)** «*article/ service*» costar* **(b)** (cause to lose) costar*; **one slip ~ him the title** un error le costó el título **2** (*past & past p* **costed**) (calculate cost of) calcular el costo *or* (Esp) coste de

co-star /ˈkəʊstɑːr, BrE ˈkəʊstɑː(r)/ *n* coprotagonista *mf*

Costa Rica /ˈkɔːstəˈriːkə, BrE ˌkɒstəˈriːkə/ *n* Costa Rica *f*

Costa Rican¹ /ˈkɔːstəˈriːkən, BrE ˌkɒstəˈriːkən/ *adj* costarricense

Costa Rican² *n* costarricense *mf*

cost-effective /ˈkɔːstɪˈfektɪv, BrE ˌkɒstɪˈfektɪv/ *adj* rentable

costly /ˈkɔːstli, BrE ˈkɒstli/ *adj* **-lier, -liest** costoso

cost: **~ of living** *n* costo *m or* (Esp) coste *m* de (la) vida; **~ price** *n* precio *m* de costo *or* (Esp) de coste

costume /ˈkɑːstuːm, BrE ˈkɒstjuːm/ *n* **(a)** (style of dress) traje *m*; (for parties, disguise) disfraz *m* **(b)** (wardrobe) (Theat) vestuario *m*; (individual outfit) traje *m* **(c)** (swimming **~**) traje *m* de baño

costume jewelry, (BrE) **costume jewellery** *n* bisutería *f*, alhajas *fpl* de fantasía

cosy¹ /ˈkəʊzi/ *adj* **cosier**, **cosiest** (BrE) ▶ **cozy¹**

cosy² *n* (*pl* **cosies**) (BrE) ▶ **cozy²**

cot /kɑːt, BrE kɒt/ *n* **(a)** (campbed) (AmE) catre *m* **(b)** (for child) (BrE) cuna *f*, cama *f* (*con barandas*)

cottage /ˈkɑːtɪdʒ, BrE ˈkɒtɪdʒ/ *n* casita *f*

cottage cheese *n* requesón *m*

cotton /ˈkɑːtn̩, BrE ˈkɒtn̩/ *n* **(a)** (cloth) algodón *m*; (*before n*) ‹*dress/sheet/print*› de algodón **(b)** (thread) (BrE) hilo *m* (de coser) **(c)** (absorbent **~**) (AmE) algodón *m* (hidrófilo)

cotton wool *n* (BrE) algodón *m* (hidrófilo)

couch /kaʊtʃ/ *n* (sofa) sofá *m*; (doctor's, psychoanalyst's) diván *m*

couch potato /kaʊtʃ/ *n* (infml) teleadicto, -ta *m,f* (fam)

cough¹ /kɔːf, BrE kɒf/ *n* tos *f*; (*before n*) **~ mixture** jarabe *m* para la tos

cough² *vi* toser
■ *vt* **~ (up)** expectorar
● **cough up** **1** [*v + adv + o*] (pay) (infml) ‹*money*› soltar* (fam), aflojar (fam) **2** [*v + adv*] (pay) soltar* la plata *or* (Esp) la pasta *or* (AmL tb) la lana (fam)

could /kʊd/ *v mod* **1** *past of* **can³** **2** (indicating possibility) poder*; **I would help you if I ~** te ayudaría si pudiera; **you ~ have killed us all!** ¡podrías *or* podías habernos matado a todos!; **you ~ be right** puede (ser) que tengas razón **3** **(a)** (asking permission): **~ I use your bathroom?** ¿podría *or* me permitiría pasar al baño? **(b)** (in requests): **~ you sign here please?** ¿quiere firmar aquí, por favor? **4** **(a)** (in suggestions) poder*; **you ~ try doing it this way** podrías tratar de hacerlo de esta manera **(b)** (indicating strong desire) poder*; **I ~ have killed her** la hubiera matado, la podría *or* podía haber matado

couldn't /ˈkʊdn̩t/ = **could not**

C

council /ˈkaʊnsəl/ *n* **(a)** (advisory group) consejo *m* **(b)** (Govt) ayuntamiento *m*, municipio *m*; **~ housing** (BrE) *viviendas de alquiler subvencionadas por el ayuntamiento*

councillor *n* (BrE) ▶ **councilor**

Council of Europe *n*: **the ~** el Consejo de Europa

councilor, (BrE) **councillor** /ˈkaʊnsələr, BrE ˈkaʊnsələ(r)/ *n* concejal, -jala *m,f*

council tax *n* (in UK) ≈ contribución *f* (municipal *or* inmobiliaria)

counsel¹ /ˈkaʊnsəl/ *n* (*pl* **~**); (*no art*) (Law) abogado, -da *m,f*; **~ for the defense** abogado defensor, abogada defensora *m,f*; **~ for the prosecution** fiscal *mf*

counsel² *vt*, (BrE **-ll-**) (fml) aconsejar

counseling, (BrE) **counselling** /ˈkaʊnsəlɪŋ/ *n* (Educ, Psych) orientación *f* psicopedagógica

counselor, (BrE) **counsellor** /ˈkaʊnsələr, BrE ˈkaʊnsələ(r)/ *n* **(a)** (Educ, Psych) consejero, -ra *m,f*, orientador, -dora *m,f* **(b)** (AmE) (Law) abogado, -da *m,f*

count¹ /kaʊnt/ *n* **1** **(a)** (act of counting) recuento *m*, cómputo *m*; (of votes) escrutinio *m*, recuento *m*, cómputo *m*, conteo *m* (Andes, Ven); **to keep/lose ~ of sth** llevar/perder* la cuenta de algo **(b)** (total) total *m*; **the final ~** (of votes) el recuento *or* cómputo final **2** (point): **it has been criticized on several ~s** ha sido criticado por varios motivos **3** (rank) conde *m*

count² *vt* **1** (enumerate, add up) contar* **2** (include) contar*; **not ~ing the driver** sin contar al conductor **3** (consider) considerar; **to ~ oneself lucky** darse* por afortunado ■ *vi* **1** (enumerate) contar* **2** (be valid, matter) contar*; **that doesn't ~** eso no cuenta *or* no vale; **every minute ~s** cada minuto cuenta

● **count for** [*v* + *prep* + *o*] contar*; **your opinion ~s for a great deal/won't ~ for much** tu opinión importa mucho/no va a contar mucho

● **count on** [*v* + *prep* + *o*] **(a)** (rely on) ‹*friend/help*› contar* con **(b)** (expect) esperar; **we hadn't ~ed on that happening** no esperábamos que fuera a pasar eso

● **count out** **1** [*v* + *o* + *adv*]: **you can ~ me out** a mí no me incluyan, no cuenten conmigo **2** [*v* + *o* + *adv*, *v* + *adv* + *o*] ‹*money/objects*› contar* (*uno por uno*)

countdown /ˈkaʊntdaʊn/ *n* cuenta *f* atrás *or* regresiva, conteo *m* regresivo (Andes, Ven)

counter¹ /ˈkaʊntər, BrE ˈkaʊntə(r)/ *n* **1** (in shop) mostrador *m*; (in cafe) barra *f*; (in bank, post office) ventanilla *f*; (in kitchen) (AmE) encimera *f* **2** (Games) ficha *f*

counter² *vt* **(a)** (oppose) ‹*deficiency/trend*› contrarrestar **(b)** (in debate) ‹*idea/statement*› rebatir, refutar; **to ~** THAT responder *or* replicar* QUE

counter³ *adv*: **to run** o **go ~ to sth** ser* contrario a *or* oponerse* a algo

counteract /ˈkaʊntərˈækt/ *vt* contrarrestar

counterattack¹ /ˈkaʊntərəˈtæk/ *n* contraataque *m*

counterattack² *vi* contraatacar*

counterbalance /ˈkaʊntərˈbæləns, BrE ˈkaʊntəˌbæləns/ *n* contrapeso *m*

counterclockwise /ˈkaʊntərˈklɑːkwaɪz, BrE ˌkaʊntəˈklɒkwaɪz/ *adj/adv* (AmE) en sentido contrario a las agujas del reloj

counterdemonstrator /ˈkaʊntərˌdemənstreɪtər, BrE ˈkaʊntə(r)ˌdemənstreɪtər/ *n* contramanifestante *mf*

counterfeit¹ /ˈkaʊntərfɪt, BrE ˈkaʊntəfɪt/ *n* falsificación *f*

counterfeit² *adj* ‹*money*› falso

counter: **~foil** *n* talón *m* (AmL), matriz *f* (Esp); **~part** *n* (person) homólogo, -ga *m,f*; (thing) equivalente *m*; **~point** *n* (Mus) contrapunto *m*; **~productive** /ˈkaʊntərprəˈdʌktɪv, BrE ˌkaʊntəprəˈdʌktɪv/ *adj* contraproducente

countess /ˈkaʊntəs, BrE ˈkaʊntes/ *n* condesa *f*

countless /ˈkaʊntləs, BrE ˈkaʊntlɪs/ *adj* ‹*stars/hours*› incontables, innumerables

country /ˈkʌntri/ *n* (*pl* **-tries**) **1** (nation) país *m*; (people) pueblo *m*; (native land) patria *f* **2** (rural area): **the ~** el campo; (*before n*) ‹*people*› del campo; ‹*cottage*› de campo **3** (region) terreno *m* **4** (Mus) (música *f*) country *m*

country: **~-and-western** /ˈkʌntriənˈwestərn, BrE ˌkʌntriənˈwestən/ *n* (música *f*) country *m*; **~ dancing** *n* (esp BrE) danzas *fpl* folklóricas; **~ house** *n* casa *f* solariega; **~man** /ˈkʌntrimən/ *n* (*pl* **-men** /-mən/) (fellow **~man**) (liter) compatriota *m*; **~side** *n* campiña *f*, campo *m*; **~wide** /ˈkʌntriˈwaɪd/ *adj/adv* a escala nacional

county /ˈkaʊnti/ *n* (*pl* **-ties**) condado *m*

county: **~ council** *n* (in UK) *corporación de gobierno a nivel de condado*; **~ court** *n* (in US) juzgado *m* comarcal; (in UK) juzgado *m* comarcal (*que conoce de causas de derecho civil*)

coup /kuː/ *n* (*pl* **~s** /kuːz/) **1** (successful action) golpe *m* maestro **2** **~ (d'état)** /deɪtɑː/ (Pol) golpe *m* (de estado)

couple¹ /ˈkʌpəl/ *n* **1** (two people) (+ *sing o pl vb*) pareja *f*; **a married ~** un matrimonio **2** (two or small number): **a ~ (of sth)** (+ *pl vb*) un par (de algo)

couple² *vt* **(a)** (connect) (Rail) enganchar; ‹*theories/events*› asociar; **to ~ sth/sb** WITH **sth/sb** asociar algo/a algn CON algo/algn **(b)** (combine) (*often pass*): **the fall in demand, ~d with competition from abroad** el descenso de la demanda, unido a la competencia extranjera

coupon /ˈkuːpɑːn, BrE ˈkuːpɒn/ *n* **(a)** (voucher — for discount) vale *m*; (— in rationing) cupón *m* de racionamiento **(b)** (form — in advertisement) cupón *m*; (— for competition) boleto *m*

courage /ˈkɜrɪdʒ, BrE ˈkʌrɪdʒ/ *n* valor *m*, coraje *m*

palabra clave

courageous /kə'reɪdʒəs/ *adj* ‹*person*› valiente, corajudo; ‹*words*› valiente; ‹*act*› valeroso

courgette /kʊr'ʒet, BrE kɔː'ʒet/ *n* (BrE) ▶ **zucchini**

courier /'kʊriər, BrE 'kʊriə(r)/ *n* **(a)** (guide) guía *mf* **(b)** (messenger) (BrE) mensajero, -ra *m,f*, correo *mf*, rutero, -ra *m,f*

course /kɔːrs, BrE kɔːs/ *n* **1** **(a)** (of river) curso *m*; (of road) recorrido *m* **(b)** (way of proceeding): **the best ~ of action** las mejores medidas que se pueden tomar **(c)** (progress, direction) (*no pl*): **in the normal ~ of events** normalmente; **in due ~** a su debido tiempo; **it changed the ~ of history** cambió el curso de la historia **2** **of course** claro, desde luego, por supuesto; **of ~ not** claro *or* por supuesto que no **3** (Aviat, Naut) rumbo *m*; **to go off ~** desviarse* de rumbo; **to change ~** cambiar de rumbo **4** **(a)** (Educ) curso *m*; **~** IN/ON **sth** curso DE/SOBRE algo; **to take a ~** hacer* un curso **(b)** (Med): **a ~ of treatment** un tratamiento **5** (part of a meal) plato *m*; **main ~** plato principal *or* fuerte; **a three-~ meal** una comida de dos platos y postre **6** (Sport) (race~) hipódromo *m*, pista *f* (de carreras); (golf ~) campo *m or* (CS tb) cancha *f* (de golf)

court¹ /kɔːrt, BrE kɔːt/ *n* **1** (Law) **(a)** (tribunal) tribunal *m*; **to take sb to ~** demandar a algn, llevar a algn a juicio; (*before n*) **~ case** causa *f*, juicio *m* **(b)** (building) juzgado *m* **2** (of sovereign) corte *f* **3** (Sport) cancha *f* (AmL), pista *f* (Esp) **4** (courtyard) patio *m*

court² *vt* **(a)** ‹*girl*› (dated) cortejar (ant) hacerle* la corte a (ant) **(b)** (seek) ‹*danger/favor*› buscar*; ‹*danger*› exponerse* a

courteous /'kɜːrtiəs, BrE 'kɜːtiəs/ *adj* cortés

courtesy /'kɜːrtəsi, BrE 'kɜːtəsi/ *n* cortesía *f*; **~ of** por atención de

courthouse /'kɔːrthaʊs, BrE 'kɔːthaʊs/ *n* juzgado *m*

courtier /'kɔːrtiər, BrE 'kɔːtiə(r)/ *n* cortesano, -na *m,f*

court-martial¹ /'kɔːrt'mɑːrʃəl, BrE ˌkɔːt'mɑːʃəl/ *n* (*pl* **courts-martial** /'kɔːrts-/) consejo *m* de guerra

court-martial² *vt*, (BrE **-ll-**) formarle consejo de guerra a

court: **~room** *n* sala *f* (*de un tribunal*); **~ shoe** *n* (BrE) zapato *m* (de) salón; **~yard** *n* patio *m*

cousin /'kʌzn̩/ *n* primo, -ma *m,f*; **first ~** primo hermano *or* carnal, prima hermana *or* carnal; **second ~** primo segundo, prima segunda

cove /kəʊv/ *n* cala *f*, caleta *f*

covenant /'kʌvənənt/ *n* pacto *m*

cover¹ /'kʌvər, BrE 'kʌvə(r)/ *n* **1** **(a)** (lid, casing) tapa *f*, cubierta *f*; (for cushion, sofa, typewriter) funda *f*; (for book) forro *m* **(b)** **covers** *pl* (bedclothes): **the ~s** las mantas, las cobijas (AmL), las frazadas (AmL) **2** (of book) tapa *f*, cubierta *f*; (of magazine) portada *f*, carátula *f* (Andes); (front ~) portada *f*; **to read sth from ~ to ~** leer* algo de cabo a rabo **3** **(a)** (shelter, protection): **to take ~** guarecerse*, ponerse* a cubierto; **to run for ~** correr a guarecerse *or* a ponerse a cubierto; **under ~ of darkness** al abrigo de la oscuridad **(b)** (front, pretense) tapadera *f*, pantalla *f*; **to blow sb's ~** desenmascarar a algn **4** (insurance) (BrE) cobertura *f*

cover² *vt* **1** **(a)** (overlay) cubrir*; **to be ~ed** IN **sth** estar* cubierto DE algo **(b)** ‹*hole/saucepan*› tapar **(c)** ‹*cushion*› ponerle* una funda a; ‹*book*› forrar; ‹*sofa*› tapizar*, recubrir* **(d)** ‹*passage/terrace*› techar, cubrir* **2** **(a)** (extend over) ‹*area/floor*› cubrir*; ‹*page*› llenar **(b)** (travel) ‹*distance*› recorrer **3** **(a)** (deal with) ‹*syllabus*› cubrir*; ‹*topic*› tratar **(b)** (report on) (Journ) cubrir* **4** **(a)** (hide) tapar; **to ~ one's head** cubrirse* (la cabeza) **(b)** (mask) ‹*surprise/ignorance*› disimular; ‹*mistake*› ocultar **5** **(a)** (guard, protect) cubrir* **(b)** (point gun at) apuntarle a **(c)** (Sport) ‹*opponent*› marcar*; ‹*shot/base*› cubrir* **6** (Fin) **(a)** ‹*costs/expenses*› cubrir*; ‹*liabilities*› hacer* frente a; **will $100 ~ it?** ¿alcanzará con 100 dólares? **(b)** (insurance) cubrir* ■ *vi* **(a)** (deputize) **to ~** FOR **sb** sustituir* a algn **(b)** (conceal truth) **to ~** FOR **sb** encubrir* a algn

● **cover up** **1** [*v + o + adv, v + adv + o*] **(a)** (cover completely) cubrir*, tapar **(b)** (conceal) ‹*facts/truth*› ocultar; ‹*mistake*› disimular **2** [*v + adv*] (conceal error) disimular; (conceal truth) **to ~ up** FOR **sb** encubrir* a algn

coverage /'kʌvərɪdʒ/ *n* (by media, in telephony) cobertura *f*

cover-alls /'kʌvərɔːlz/ *pl n* (AmE) overol *m* (AmL), mono *m* (Esp, Méx)

covering letter /'kʌvərɪŋ/ *n* carta *f* adjunta

covert /'kəʊvərt, BrE 'kʌvət, 'kəʊ-/ *adj* encubierto

cover-up /'kʌvərʌp/ *n* (of crime) encubrimiento *m*

covet /'kʌvət/ *vt* codiciar

cow /kaʊ/ *n* **(a)** (Agr) vaca *f* **(b)** (female whale, elephant, seal) hembra *f*

coward /'kaʊərd, BrE 'kaʊəd/ *n* cobarde *mf*

cowardice /'kaʊərdəs, BrE 'kaʊədɪs/ *n* cobardía *f*

cowardly /'kaʊərdli, BrE 'kaʊədli/ *adj* cobarde

cowboy /'kaʊbɔɪ/ *n* (in Western US) vaquero *m*; (in Wild West) vaquero *m*, cowboy *m*

cower /'kaʊər, BrE 'kaʊə(r)/ *vi* encogerse* (de miedo)

coworker /'kəʊ'wɜːrkər, BrE kəʊ'wɜːkə(r)/ *n* (esp AmE) (workmate) colega *mf*, compañero, -ra *m,f* de trabajo; (collaborator) colaborador, -dora *m,f*

coy /kɔɪ/ *adj* **coyer**, **coyest** (shy) tímido; (evasive) evasivo

coyote /kaɪ'əʊti, BrE kɔɪ'əʊti/ *n* (*pl* **-otes** *or* **-ote**) coyote *m*

cozy¹, (BrE) **cosy** /'kəʊzi/ *adj* **cozier**, **coziest** **(a)** ‹*room*› acogedor **(b)** ‹*chat*› íntimo y agradable

cozy², (BrE) **cosy** *n* (*pl* **-ies**) (tea ~) cubreteteras *m*

CPA *n* (in US) = **Certified Public Accountant**

crab /kræb/ *n* (animal, meat) cangrejo *m*, jaiba *f* (AmL)

crack¹ /kræk/ *n* **1** **(a)** (in ice, wall, pavement) grieta *f*; (in glass, china) rajadura *f* **(b)** (chink, slit) rendija *f* **2** (sound — of whip, twig) chasquido *m*; (— of rifle shot) estallido *m*; (— of thunder) estruendo *m* **3** (blow) golpe *m* **4** (instant): **at the ~ of dawn** al amanecer **5** (attempt) (infml) intento *m*; **to have a ~ at sth** intentar algo **6** (infml) (wisecrack) comentario *m* socarrón **7** (drug) crack *m*

crack² *adj* (*before n*) ‹*shot/troops*› de primera

crack³ *vt* **1** ‹*cup/glass*› rajar; ‹*ground/earth/skin*› agrietar; **he ~ed a rib** se fracturó una costilla **2** **(a)** (break open) ‹*egg/nut*› cascar*; ‹*safe*› forzar*; ‹*drugs ring/spy ring*›

C

C

desmantelar **(b)** (decipher, solve) ‹*code*› descifrar; ‹*problem*› resolver* **3** (make cracking sound with) ‹*whip*› (hacer*) chasquear; ‹*finger/knuckle*› hacer* crujir **4** (hit sharply) pegar* **5** ‹*joke*› (infml) contar*

■ *vi* **1** **(a)** «*cup/glass*» rajarse; «*rock/paint/skin*» agrietarse **(b)** (make cracking sound) «*whip*» chasquear; «*bones/twigs*» crujir **(c)** «*voice*» quebrarse* **(d)** (break down): **she ~ed under the strain** sufrió una crisis nerviosa a causa de la tensión **2** (be active, busy): **to get ~ing** (infml) poner(se)* manos a la obra

● **crack down**: [*v* + *adv*] **to ~ down** ON **sb/sth** tomar medidas enérgicas CONTRA algn/algo

● **crack up** [*v* + *adv*] **(a)** (break down) (infml) «*person*» sufrir un ataque de nervios, sucumbir a la presión **(b)** (burst out laughing) (infml) soltar* una carcajada

cracked /krækt/ *adj* **(a)** ‹*cup/glass*› rajado; ‹*rib*› fracturado; ‹*wall/ceiling*› con grietas; ‹*lips*› partido; ‹*skin*› agrietado **(b)** (crazy) (infml) ‹*person*› loco, chiflado (fam) **(c)** ‹*voice*› cascado

cracker /ˈkrækər, BrE ˈkrækə(r)/ *n* **1** (biscuit) cracker *f*, galleta *f* (*salada*) **2** **(a)** (fire~) petardo *m* **(b)** (BrE) sorpresa *f* (*que estalla al abrirla*) **3** (Comput) (infml) intruso, -sa *m,f*

crackle¹ /ˈkrækəl/ *vi* «*fire*» crepitar; «*twigs/paper*» crujir

crackle² *n* (of twigs, paper) crujido *m*; (of fire) chisporroteo *m*

cradle¹ /ˈkreɪdl/ *n* cuna *f*

cradle² *vt* ‹*baby*› acunar, mecer*

craft /kræft, BrE krɑːft/ *n* **1** **(a)** (trade) oficio *m*; (skill) arte *m* **(b)** **crafts** *pl* artesanía *f*; *see also* **art 1 b** **2** (guile, deceit) (liter) artimañas *fpl* **3** (*pl* ~) (Naut) embarcación *f*; (Aerosp, Aviat) nave *f*

craftsman /ˈkræftsmən, BrE ˈkrɑːftsmən/ *n* (*pl* **-men** /mən/) artesano *m*, artífice *m*

crafty /ˈkræfti, BrE ˈkrɑːfti/ *adj* **-tier**, **-tiest** ‹*person*› astuto; ‹*methods/tactics*› hábil

craggy /ˈkrægi/ *adj* **-gier**, **-giest** escarpado; **he had a ~, weather-beaten face** tenía un rostro curtido y de facciones bien marcadas

cram /kræm/ **-mm-** *vt* (stuff) meter; **the room was ~med with books** la habitación estaba abarrotada de libros; **I ~med three meetings into one morning** logré asistir a tres reuniones en una mañana

■ *vi* (for exam) empollar (Esp fam), zambutir (Méx), tragar* (RPl fam), matearse (Chi fam), empacarse* (Col fam)

cramp¹ /kræmp/ *n* (in leg) calambre *m*, rampa *f* (Esp); **stomach ~s** retorcijones *mpl or* (Esp) retortijones *mpl* en el estómago

cramp² *vt* (limit) ‹*work/progress*› entorpecer*; ***to ~ sb's style*** cortarle los vuelos a algn

cramped /kræmpt/ *adj* ‹*handwriting*› apretado; **they work in ~ conditions** están muy estrechos en el trabajo; **they live in ~ conditions** viven hacinados

cranberry /ˈkrænˌberi, BrE ˈkrænbəri/ *n* (*pl* **-ries**) arándano *m* (*rojo y agrio*)

crane¹ /kreɪn/ *n* **1** (for lifting) grúa *f* **2** (Zool) grulla *f*

crane² *vt*: **to ~ one's neck** estirar el cuello

crank /kræŋk/ *n* **1** **(a)** (Mech Eng) cigüeñal *m* **(b)** **~ (handle)** (Auto) manivela *f* (de arranque) **2** (infml) **(a)** (eccentric) maniático, -ca *m,f* **(b)** (bad-tempered person) (AmE) cascarrabias *mf*

cranny /ˈkræni/ *n* (*pl* **-nies**) ranura *f*; ▶ **nook**

crap /kræp/ *n* **(a)** (excrement) (vulg) mierda *f* (vulg) **(b)** (nonsense) (sl) estupideces *fpl*, gilipolleces *fpl* (Esp fam *o* vulg), pendejadas *fpl* (AmL exc CS fam), huevadas *fpl* (Andes, Ven vulg), boludeces *fpl* (Col, RPl vulg)

crash¹ /kræʃ/ *n* **(a)** (loud noise) estrépito *m* **(b)** (collision, accident) accidente *m*, choque *m* **(c)** (financial failure) crac *m*, crack *m*

crash² *vt* **1** (smash): **he ~ed the car** tuvo un accidente con el coche, chocó **2** (infml): **to ~ a party** colarse* en una fiesta (fam)

■ *vi* **(a)** (collide) **to ~** (INTO **sth**) estrellarse *or* chocar* (CONTRA algo) **(b)** (make loud noise) «*thunder*» retumbar; **the dishes ~ed to the floor** los platos se cayeron al suelo estrepitosamente **(c)** (Fin) «*shares*» caer* a pique

● **crash out** [*v* + *adv*] **1** (go to sleep) quedarse dormido **2** (in competitions) quedar eliminado

crash³ *adj* (*before n*) ‹*program/course*› intensivo; **~ diet** régimen *m* muy estricto

crash: **~ barrier** *n* barrera *f* de protección; **~ helmet** *n* casco *m* (protector); **~-landing** /ˈkræʃlændɪŋ/ *n* aterrizaje *m* forzoso

crate /kreɪt/ *n* cajón *m* (de embalaje), jaba *f* (Chi)

crater /ˈkreɪtər, BrE ˈkreɪtə(r)/ *n* cráter *m*

cravat /krəˈvæt/ *n* pañuelo *m* de cuello (de caballero)

crave /kreɪv/ *vt* ‹*admiration*› ansiar*; ‹*affection*› tener* ansias de; ‹*food/drink*› morirse* por (fam)

craving /ˈkreɪvɪŋ/ *n* **(a)** (strong desire) ansias *fpl* **(b)** (in pregnancy) antojo *m*

crawfish /ˈkrɔːfɪʃ/ *n* (*pl* **-fish** *or* **-fishes**) ▶ **crayfish**

crawl¹ /krɔːl/ *vi* **1** **(a)** (creep) arrastrarse; «*baby*» gatear, ir* a gatas; «*insect*» andar* **(b)** (go slowly) «*traffic/train*» avanzar* muy lentamente **2** (teem): **the beach was ~ing with tourists** la playa estaba plagada de turistas **3** (demean oneself) (infml) arrastrarse

crawl² *n* **1** (slow pace) (*no pl*): **to go at a ~** avanzar* muy lentamente **2** (swimming stroke) crol *m*

crayfish /ˈkreɪfɪʃ/ *n* (*pl* **-fish** *or* **-fishes**) (freshwater) ástaco *m*, cangrejo *m* de río; (marine) langosta *f* (*pequeña*), cigala *f*

crayon /ˈkreɪɑːn, BrE ˈkreɪən/ *n* (pencil) lápiz *m* de color; (wax ~) crayola® *f*, crayón *m* (Méx, RPl), lápiz *m* de cera (Chi)

craze /kreɪz/ *n* (fashion) moda *f*; (fad) manía *f*

crazy /ˈkreɪzi/ *adj* **-zier**, **-ziest** loco; **to go ~** volverse* loco; **to be ~** ABOUT *o* (AmE) FOR *o* (AmE) OVER **sb** estar* loco POR algn (fam)

creak /kriːk/ *vi* «*door*» chirriar*; «*bedsprings/floorboards/joints*» crujir

cream¹ /kriːm/ *n* **1** (Culin) crema *f* (de leche) (esp AmL), nata *f* (Esp) **2** (lotion) crema *f* **3** (elite): **the ~ of society** la flor y nata de la sociedad **4** (color) color *m* crema

cream[2] *adj* color crema *adj inv*

cream[3] *vt* ‹*butter/sugar*› batir (*hasta obtener una consistencia cremosa*); **~ed potatoes** puré *m* de papas *or* (Esp) patatas

cream cheese *n* queso *m* crema (AmL), queso *m* para untar (Esp)

creamer /'kri:mər, BrE 'kri:mə(r)/ *n* **1** (jug) (AmE) jarrita *f* para crema **2** (powder) leche *f* en polvo

creamy /'kri:mi/ *adj* **-mier**, **-miest** (containing cream) con crema; (smooth) cremoso

crease[1] /kri:s/ *n* (in paper, clothes) arruga *f*; (in trousers) raya *f*, pliegue *m* (Méx, Ven)

crease[2] *vi* arrugarse*
■ *vt* ‹*clothes*› arrugar*; ‹*paper*› doblar, plegar*

create /kri'eɪt/ *vt* crear; ‹*impression*› producir*

creation /kri'eɪʃən/ *n* creación *f*

creative /kri'eɪtɪv/ *adj* creativo

creativity /'krieɪ'tɪvəti/ *n* creatividad *f*

creator /kri'eɪtər, BrE kri'eɪtə(r)/ *n* creador, -dora *m,f*

creature /'kri:tʃər, BrE 'kri:tʃə(r)/ *n* **(a)** (animate being) criatura *f*; **sea ~** animal *m* marino **(b)** (person) ser *m*, criatura *f*

crèche, **creche** /kreʃ/ *n* **(a)** (hospital for foundlings) (AmE) orfanato *m*, orfelinato *m*, orfanatorio *m* **(b)** (day nursery) (BrE) guardería *f* (infantil) (*puede ser en el lugar de trabajo para los empleados etc.*)

credentials /krɪ'dentʃəlz, BrE krɪ'denʃəlz/ *pl n* (of ambassador) cartas *fpl* credenciales; (references) referencias *fpl*; (identifying papers) documentos *mpl* (de identidad)

credibility /'kredə'bɪləti/ *n* credibilidad *f*

credible /'kredəbəl/ *adj* creíble

credit[1] /'kredət, BrE 'kredɪt/ *n* **1** (Fin) **(a)** (in store) crédito *m*; **on ~** a crédito **(b)** (in banking): **to keep one's account in ~** mantener* un saldo positivo; (*before n*) **~ balance** saldo *m* positivo; **~ limit** límite *m* de crédito **(c)** (on balance sheet) saldo *m* acreedor *or* a favor **2** (honor, recognition) mérito *m*; **Jim must take the ~ for the excellent organization** la excelente organización es obra de Jim; **your children are a ~ to you** puedes estar orgulloso de tus hijos **3** (Educ) **(a)** (for study) crédito *m* (*unidad de valor de una asignatura dentro de un programa de estudios*) **(b)** (grade) ≈ notable *m* **4** **credits** *pl* (Cin, TV, Video) créditos *mpl*

credit[2] *vt* **1** **to ~ money to an account** abonar *or* ingresar dinero en una cuenta **2** **(a)** (ascribe to): **please, ~ me with *some* intelligence** reconóceme algo de inteligencia, por favor; **they are ~ed with having invented the game** se les atribuye la invención del juego **(b)** (believe) creer*

credit: **~ card** *n* tarjeta *f* de crédito; **~ crunch** *n* crisis *f* de crédito, crisis *f* crediticia

creditor /'kredətər, BrE 'kredɪtə(r)/ *n* acreedor, -dora *m,f*

creed /kri:d/ *n* credo *m*

creek /kri:k/ *n* **(a)** (stream) (AmE) arroyo *m*, riachuelo *m* **(b)** (inlet) (BrE) cala *f*

creep[1] /kri:p/ (*past & past p* **crept**) *vi* (+ *adv compl*) **(a)** (crawl) arrastrarse **(b)** (move stealthily): **to ~ into a room** entrar en un cuarto sigilosamente; **a note of suspicion crept into his voice** se empezó a notar un elemento de sospecha en su voz

creep[2] *n* (infml) **(a)** (unpleasant person) asqueroso, -sa *m,f* **(b)** (favor-seeking person) adulador, -dora *m,f*, pelota *mf* (Esp fam), chupamedias *mf* (CS, Ven fam), lambiscón, -cona *m,f* (Méx fam), lambón, -bona *m,f* (Col fam)

creeper /'kri:pər, BrE 'kri:pə(r)/ *n* planta *f* trepadora

cremate /'kri:meɪt, BrE krɪ'meɪt/ *vt* incinerar, cremar

cremation /krɪ'meɪʃən/ *n* incineración *f*, cremación *f*

crematorium /'kri:mə'tɔ:riəm, BrE ˌkremə'tɔ:riəm/ *n* (*pl* **-riums** *or* **-ria** /-riə/) crematorio *m*

crepe, **crêpe** /kreɪp/ *n* **1** (fabric) crep *m*, crepé *m* **2** (pancake) (Culin) crep *m*, crêpe *f*, panqueque *m* (AmC, CS), crepa *f* (Méx)

crepe paper *n* papel *m* crepé *or* crep

crept /krept/ *past & past p of* **creep**[1]

crescendo /krə'ʃendəʊ, BrE krɪ'ʃendəʊ/ *n* (*pl* **-dos**) (Mus) crescendo *m*; (climax) punto *m* culminante

crescent /'kresn̩t/ *n* **1** (moon) creciente *m* **2** **(a)** (shape) media luna *f* **(b)** (street) *calle en forma de media luna*

cress /kres/ *n* mastuerzo *m*

crest /krest/ *n* **1** (Zool) (of skin) cresta *f*; (of feathers) penacho *m* **2** (in heraldry) emblema *m*, divisa *f* **3** (of wave) cresta *f*; (of mountain) cima *f*

crestfallen /'krestˌfɔ:lən/ *adj* alicaído

crevice /'krevəs, BrE 'krevɪs/ *n* grieta *f*

crew /kru:/ *n* **(a)** (Aviat, Naut) tripulación *f* **(b)** (team) equipo *m*; **film ~** (Cin) equipo *m* de rodaje **(c)** (gang, band) banda *f*, pandilla *f*

crew: **~ cut** *n* pelo *m* cortado al rape; **~ neck** *n* cuello *m* redondo

crib /krɪb/ *n* **1** **(a)** (child's bed) (AmE) cuna *f* **(b)** (Nativity scene) nacimiento *m*, pesebre *m*, belén *m* (Esp) **2** (Agr) **(a)** (manger) pesebre *m* **(b)** (for storing grain) (AmE) granero *m*

crick /krɪk/ *vt*: **to ~ one's neck** hacer* un mal movimiento con el cuello

cricket /'krɪkət, BrE 'krɪkɪt/ *n* **1** (Zool) grillo *m* **2** (Sport) críquet *m*

cricketer /'krɪkətər, BrE 'krɪkɪtə(r)/ *n* jugador, -dora *m,f* de críquet

crime /kraɪm/ *n* **(a)** (wrongful act) delito *m*; (murder) crimen *m* **(b)** (criminal activity) delincuencia *f*; **~ wave** ola *f* delictiva

criminal[1] /'krɪmənl, BrE 'krɪmɪnl/ *n* delincuente *mf*; (serious offender) criminal *mf*

criminal[2] *adj* ‹*act*› delictivo; ‹*organization/mind*› criminal; **~ court** juzgado *m* en lo penal; **~ law** derecho *m* penal; **~ offense** delito *m*

criminal record *n* antecedentes *mpl* penales, prontuario *m* (CS)

crimson[1] /'krɪmzən/ *n* carmesí *m*

crimson[2] *adj* carmesí *adj inv*

cringe /krɪndʒ/ *vi* **(a)** (shrink, cower) encogerse* **(b)** (grovel) arrastrarse

crinkle /'krɪŋkəl/ **~ (up)** *vt* arrugar*
■ *vi* arrugarse*

cripple[1] /'krɪpəl/ *n* (dated *or* offensive) lisiado, -da *m,f* (ant *u* ofensivo)

cripple[2] *vt* **(a)** (disable): **he was ~d for life** quedó lisiado de por vida (ant *u* ofensivo);

C

he's ~d with arthritis la artritis lo tiene casi inmovilizado **(b)** (make inactive, ineffective) ‹*ship/plane*› inutilizar*; ‹*industry*› paralizar*

crippling /'krɪplɪŋ/ *adj* ‹*costs/debts*› agobiante; ‹*losses/strike*› de consecuencias catastróficas; ‹*pain*› atroz

C

⚷ **crisis** /'kraɪsəs, BrE 'kraɪsɪs/ *n* (*pl* **-ses** /-si:z/) crisis *f*; (*before n*) **to reach ~ point** hacer* crisis

crisp¹ /krɪsp/ *adj* **-er, -est** **1** **(a)** (crunchy) ‹*toast/bacon*› crujiente, crocante (RPl); ‹*lettuce*› fresco; ‹*apple/snow*› crujiente **(b)** ‹*sheets*› limpio y almidonado **(c)** (cold) ‹*air*› frío y vigorizante **2** (brisk, concise) ‹*manner*› seco; ‹*style*› escueto

crisp² *n* (potato ~) (BrE) papa *f or* (Esp) patata *f* frita (*de bolsa*), papa *f* chip (Ur)

crisscross¹ /'krɪskrɔ:s, BrE 'krɪskrɒs/ *adj* entrecruzado

crisscross² *vt* entrecruzar*

criterion /kraɪ'tɪriən, BrE kraɪ'tɪəriən/ *n* (*pl* **-ria** /-riə/) criterio *m*

⚷ **critic** /'krɪtɪk/ *n* (Art, Theat, Lit) crítico, -ca *m,f*; (detractor) detractor, -tora *m,f*

⚷ **critical** /'krɪtɪkəl/ *adj* **1** ‹*remark/report*› crítico **2** **(a)** (very serious) ‹*condition/shortage*› crítico **(b)** (crucial) ‹*period*› crítico

critically /'krɪtɪkli/ *adv* **1** ‹*ill*› gravemente **2** **(a)** (as a critic): **she looked ~ at her reflection** miró con ojo crítico la imagen que le devolvía el espejo **(b)** (censoriously): **she spoke rather ~ of him** habló de él en tono de crítica

⚷ **criticism** /'krɪtəsɪzəm, BrE 'krɪtɪsɪzəm/ *n* crítica *f*

⚷ **criticize** /'krɪtəsaɪz, BrE 'krɪtɪsaɪz/ *vt* criticar*

croak¹ /krəʊk/ *n* (of frog) croar *m*; (of raven) graznido *m*; (of person) voz *f* ronca

croak² *vi* «*frog*» croar; «*raven*» graznar; «*person*» hablar con voz ronca
■ *vt* decir* con voz ronca

Croat /'krəʊæt/ *n* croata *mf*

Croatia /krəʊ'eɪʃə/ *n* Croacia *f*

Croatian /krəʊ'eɪʃən/ *adj* croata

crochet¹ /krəʊ'ʃeɪ, BrE 'krəʊʃeɪ/ *vt* tejer a crochet *or* a ganchillo; (*before n*) **~ hook** aguja *f* de crochet, ganchillo *m*, crochet *m* (Chi)

crochet² *n* crochet *m*, ganchillo *m*

crockery /'krɑ:kəri, BrE 'krɒkəri/ *n* vajilla *f*, loza *f*

crocodile /'krɑ:kədaɪl, BrE 'krɒkədaɪl/ *n* cocodrilo *m*

crocus /'krəʊkəs/ *n* (*pl* **-cuses**) azafrán *m* de primavera

crook /krʊk/ *n* sinvergüenza *mf*

crooked /'krʊkəd, BrE 'krʊkɪd/ *adj* **(a)** ‹*line/legs*› torcido, chueco (AmL); ‹*back*› encorvado; ‹*path*› sinuoso **(b)** (dishonest) (infml) ‹*person/deal*› deshonesto, chueco (Chi, Méx fam)

crop¹ /krɑ:p, BrE krɒp/ *n* **1** **(a)** (quantity of produce) cosecha *f* **(b)** (type of produce) cultivo *m* **2** (haircut) corte *m* de pelo muy corto **3** (riding ~) fusta *f*, fuete *m* (AmL exc CS)

crop² **-pp-** *vt* ‹*hair*› cortar muy corto
● **crop up** [*v* + *adv*] (infml) surgir*

crop circle *n* agrograma *m*

croquet /krəʊ'keɪ, BrE 'krəʊkeɪ/ *n* croquet *m*

croquette /krəʊ'ket/ *n* (potato ~) *rollito de puré de papa envuelto en pan rallado y frito*

cross¹ /krɔ:s, BrE krɒs/ *n* **1** **(a)** (Relig) cruz *f* **(b)** (mark, sign) cruz *f* **2** (hybrid) cruce *m*, cruza *f* (AmL) **3** (Sport) **(a)** (in soccer) pase *m* cruzado **(b)** (in boxing) cruzado *m*, cross *m*

⚷ **cross²** *vt* **1** (go across) ‹*road/river/desert*› cruzar*; **it ~ed my mind that ...** se me ocurrió que ... **2** ‹*arms/legs*› cruzar* **3** ‹*plants/breeds*› cruzar* **4** (go against) ‹*person*› contrariar*; ‹*plans*› frustrar
■ *vi* **(a)** (walk across road) cruzar* **(b)** «*paths/letters*» cruzarse*
■ *v refl*: **to ~ oneself** persignarse, santiguarse*
● **cross out** [*v* + *o* + *adv*, *v* + *adv* + *o*] tachar

cross³ *adj* **-er, -est** (esp BrE) enojado (esp AmL), enfadado (esp Esp); **to get ~** enojarse (esp AmL), enfadarse (esp Esp)

cross: **~bar** *n* (on bicycle) barra *f*; (of goal) larguero *m*; **~bow** /'krɔ:sbəʊ, BrE 'krɒsbəʊ/ *n* ballesta *f*; **~breed** *vt* (*past & past p* **-bred**) cruzar*; **~-Channel** /'krɔ:s'tʃænl, BrE ˌkrɒs'tʃænl/ *adj* (*before n*) ‹*ferry/traffic*› que cruza el Canal de la Mancha; **~-check** /'krɔ:s'tʃek, BrE ˌkrɒs'tʃek/ *vt* ‹*facts/references*› verificar* (*consultando otras fuentes*); **to ~-check sth** AGAINST **sth** cotejar algo CON algo; **~-country** /'krɔ:s'kʌntri, BrE krɒs'kʌntri/ *adj* ‹*route/drive*› campo a través; **~-examination** /'krɔ:sɪgˌzæmə'neɪʃən, BrE ˌkrɒsɪgˌzæmɪ'neɪʃən/ *n* repreguntas *fpl*, contrainterrogación *f* (Chi); **~-examine** /'krɔ:sɪg'zæmən, BrE 'krɒsɪg'zæmɪn/ *vt* ‹*witness*› repreguntar; **~-eyed** /'krɔ:s'aɪd, BrE 'krɒsaɪd/ *adj* bizco; **~fire** *n* fuego *m* cruzado

crossing /'krɔ:sɪŋ, BrE 'krɒsɪŋ/ *n* **1** (across sea) travesía *f*, cruce *m* (AmS) **2** (for pedestrians) cruce *m* peatonal *or* de peatones

cross: **~-legged** /'krɔ:s'legd, BrE ˌkrɒs'legd/ *adv* con las piernas cruzadas (*en el suelo*); **~-purposes** /'krɔ:s'pɜ:rpəsəz, BrE ˌkrɒs'pɜ:pəsɪz/ *pl n*: **we're (talking) at ~-purposes** estamos hablando de cosas distintas; **~-question** /'krɔ:s'kwestʃən, BrE ˌkrɒs'kwestʃən/ *vt* interrogar*; **~-reference** /'krɔ:s'refrəns, BrE ˌkrɒs'refrəns/ *n* remisión *f*; **~roads** *n* (*pl* **~roads**) cruce *m*, encrucijada *f* (liter); **~ section**, (BrE) **~-section** /'krɔ:s'sekʃən, BrE ˌkrɒs'sekʃən/ *n* (Biol, Eng) sección *f*, corte *m* transversal; **~walk** *n* (AmE) cruce *m* peatonal *or* de peatones; **~word (puzzle)** *n* crucigrama *f*, palabras *fpl* cruzadas (CS)

crotch /krɑ:tʃ, BrE krɒtʃ/ *n* entrepierna *f*

crotchet /'krɑ:tʃət, BrE 'krɒtʃɪt/ *n* (BrE) (Mus) negra *f*

crouch /kraʊtʃ/ *vi* agacharse, ponerse* en cuclillas

croupier /'kru:piər, BrE 'kru:piə(r)/ *n* crupier *mf*, croupier *mf*

crow¹ /krəʊ/ *n* cuervo *m*; ***as the ~ flies*** en línea recta

crow² *vi* **(a)** «*cock*» cacarear **(b)** (exult) alardear

crowbar /'krəʊbɑ:r, BrE 'krəʊbɑ:(r)/ *n* palanca *f*

⚷ **crowd¹** /kraʊd/ *n* **(a)** (gathering of people) muchedumbre *f*, multitud *f*; **the game attracted a good ~** el partido atrajo mucho público **(b)** (masses, average folk) (derog): ***to follow the ~*** seguir* (a) la manada; ***to stand out from the ~*** destacar(se)* **(c)** (group, set) (infml): **they**

⚷ palabra clave

are a nice ~ son gente simpática

crowd² *vi* aglomerarse ■ *vt* ‹*hall/entrance*› llenar, abarrotar

crowded /'kraʊdəd, BrE 'kraʊdɪd/ *adj* ‹*street/room/bus*› abarrotado, atestado; **the beach gets very ~** la playa se llena de gente

crown¹ /kraʊn/ *n* **1** (of monarch) corona *f* **2** (top — of hill) cima *f*; (— of tree) copa *f*; (— of tooth) corona *f*; (— of head) coronilla *f*; (— of hat) copa *f* **3** (Fin) corona *f*

crown² *vt* **1** (make monarch) coronar **2** (be culmination of) coronar; **to ~ it all, I lost my wallet** y para rematarla, perdí la billetera

crown court *n* (in UK) juzgado *m* (*que conoce de causas de derecho penal*)

crowning /'kraʊnɪŋ/ *adj* (*before n*) ‹*success/achievement*› supremo, mayor

crown: ~ **jewels** *pl n* joyas *fpl* de la corona; ~ **prince** *n* príncipe *m* heredero

crow's feet *pl n* patas *fpl* de gallo

⚷ **crucial** /'kru:ʃəl/ *adj* crucial, decisivo

crucifixion /'kru:sə'fɪkʃən, BrE ˌkru:sɪ'fɪkʃən/ *n* crucifixión *f*

crucify /'kru:səfaɪ, BrE 'kru:sɪfaɪ/ *vt* (*past & past p* **-fied**) crucificar*

crude /kru:d/ *adj* **-der**, **-dest** **(a)** (vulgar) ordinario, grosero **(b)** (unsophisticated) rudimentario, burdo **(c)** (containing impurities) (*before n*) ‹*oil*› crudo

cruel /'kru:əl/ *adj* **crueller**, **cruellest** cruel

cruelty /'kru:əlti/ *n* (*pl* **-ties**) crueldad *f*

cruet /'kru:ət, BrE 'kru:ɪt/ *n* (Culin) vinagrera *f*, aceitera *f*, alcuza *f* (Chi)

cruise¹ /kru:z/ *vi* **1** **(a)** (Naut) hacer* un crucero **(b)** «*police car*» patrullar **2** (travel at steady speed) «*plane*» volar*; «*car*» ir* (*a una velocidad constante*)

cruise² *n* crucero *m*

cruiser /'kru:zər, BrE 'kru:zə(r)/ *n* (warship) crucero *m*; (cabin ~) lancha *f*

crumb /krʌm/ *n* miga *f*

crumble /'krʌmbəl/ *vi* «*cake/soil*» desmenuzarse*; «*wall*» desmoronarse; «*democracy/resolve*» desmoronarse ■ *vt* ‹*earth/cake*› desmenuzar*; ‹*bread*› desmigajar

crummy /'krʌmi/ *adj* **-mier**, **-miest** (infml) malo, horrible

crumpet /'krʌmpət, BrE 'krʌmpɪt/ *n* (Culin) *panecillo de levadura que se come tostado*

crumple /'krʌmpəl/ *vt* ‹*paper/clothes*› arrugar*; ‹*metal*› abollar; **she ~d the sheet of paper into a ball** hizo una bola estrujando la hoja de papel

crunch¹ /krʌntʃ/ *vt* **(a)** (eat noisily) mascar*, ronchar **(b)** (crush) aplastar (*haciendo crujir*)

crunch² *n* **1** (noise) crujido *m* **2** (crisis): **when it comes to the ~** a la hora de la verdad

crunchy /'krʌntʃi/ *adj* **-chier**, **-chiest** crujiente

crusade /kru:'seɪd/ *n* **(a)** (Hist) *also* **Crusade** cruzada *f* **(b)** (campaign) cruzada *f*

crush¹ /krʌʃ/ *vt* **1** (squash) ‹*box/car/person/fingers*› aplastar; ‹*grapes*› prensar; ‹*dress/suit*› arrugar* **2** (subdue) ‹*resistance/enemy*› aplastar

crush² *n* **1** (crowd) (*no pl*) aglomeración *f* **2** (infatuation) (infml) enamoramiento *m*; **to have a ~ on sb** estar* chiflado por algn (fam)

crush barrier *n* valla *f* de protección

crushing /'krʌʃɪŋ/ *adj* ‹*defeat*› aplastante; ‹*reply/contempt*› apabullante

crust /krʌst/ *n* **(a)** (on bread) corteza *f* **(b)** (thin outer layer) costra *f*, corteza *f*; **the earth's ~** la corteza terrestre

crustacean /krʌ'steɪʃən/ *n* crustáceo *m*

crusty /'krʌsti/ *adj* **-tier**, **-tiest** **(a)** (crispy) ‹*bread*› crujiente **(b)** (irascible) malhumorado

crutch /krʌtʃ/ *n* **1** (walking aid) muleta *f* **2** (BrE) ▶ **crotch**

crux /krʌks/ *n* (*no pl*): **the ~ (of the matter)** el quid (de la cuestión)

cry¹ /kraɪ/ *n* (*pl* **cries**) **1** **(a)** (exclamation) grito *m*; ***to be a far ~ from sth*** ser* muy distinto de *or* a algo **(b)** (of street vendor) pregón *m* **(c)** (*no pl*) (call of seagull) chillido *m* **2** (weep) (infml) (*no pl*) llanto *m*; **to have a ~** llorar

⚷ **cry²** **cries**, **crying**, **cried** *vi* **1** (weep) llorar **2** (call) «*bird*» chillar; «*person*» gritar
● **cry out** [*v* + *adv*] **(a)** (call out) gritar **(b)** (need) **to ~ out** FOR **sth** pedir* algo a gritos

crypt /krɪpt/ *n* cripta *f*

cryptic /'krɪptɪk/ *adj* enigmático

crystal /'krɪstl/ *n* **(a)** (Chem) cristal *m* **(b)** **~ (glass)** cristal *m*

crystal: ~ **ball** *n* bola *f* de cristal; **~-clear** /'krɪstl'klɪr, BrE ˌkrɪstl'klɪə(r)/ *adj* ‹*water*› (liter) cristalino; ‹*sound/image*› nítido, claro

crystallize /'krɪstəlaɪz/ *vt* **(a)** (Chem, Geol) cristalizar*; ‹*idea/plan*› materializar* **(b)** (Culin) ‹*fruit*› confitar, escarchar, abrillantar (RPl), cristalizar* (Méx)

CS gas /'si:'es/ *n* gas *m* lacrimógeno

CST (in US) = **Central Standard Time**

CT = **Connecticut**

cub /kʌb/ *n* **(a)** (young animal) cachorro *m* **(b)** **Cub (Scout)** lobato *m*

Cuba /'kju:bə/ *n* Cuba *f*

Cuban¹ /'kju:bən/ *adj* cubano

Cuban² *n* cubano, -na *m,f*

cubbyhole /'kʌbihəʊl/ *n* cuchitril *m*

cube¹ /kju:b/ *n* (solid, shape) cubo *m*; (of meat, cheese) dado *m*, cubito *m*; (of sugar) terrón *m*

cube² *vt* (Math) elevar al cubo, cubicar*

cubic /'kju:bɪk/ *adj* (of measure, shape) cúbico; **~ capacity** volumen *m*; (of engine) cilindrada *f*, cubicaje *m*

cubicle /'kju:bɪkəl/ *n* (in dormitory, toilets) cubículo *m*; (booth) cabina *f*; (in store) probador *m*

cuckoo /'ku:ku:, BrE 'kʊku:/ *n* (*pl* **cuckoos**) cuco *m*, cucú *m*, cuclillo *m*

cuckoo clock *n* reloj *m* de cuco *or* cucú

cucumber /'kju:kʌmbər, BrE 'kju:kʌmbə(r)/ *n* pepino *m*

cud /kʌd/ *n*: ***to chew the ~*** (lit) «*cow*» rumiar; «*person*» rumiar el asunto

cuddle¹ /'kʌdl/ *vt* abrazar*

cuddle² *n* abrazo *m*

cuddly /'kʌdli/ *adj* **-dlier**, **-dliest** adorable; **~ toy** muñeco *m* de peluche

cudgel /'kʌdʒəl/ *n* garrote *m*, porra *f*

cue /kju:/ *n* **1** (Mus) entrada *f*; (Theat) pie *m*; **right on ~** en el momento justo **2** (in snooker) taco *m*

C

cuff¹ /kʌf/ *n* **1** **(a)** (of sleeve) puño *m*; (of pants) (AmE) vuelta *f* *or* (Chi) bastilla *f* *or* (Méx) valenciana *f* *or* (RPl) botamanga *f* **(b)** (*in phrases*) **off the cuff** (*as adv*) **he spoke off the ~** habló improvisando; (*as adj*) **an off-the-~ speech** un discurso improvisado **2** (blow — on side of head) cachete *m*, bofetón *m*, cachetada *f* (AmL); (— on head) coscorrón *m*

cuff² *vt* darle* un cachete (*or* coscorrón *etc*) a

cuff link *n* gemelo *m* *or* (Col) mancorna *f* *or* (Chi) collera *f* *or* (Méx) mancuernilla *or* mancuerna *f*

cuisine /kwɪˈziːn/ *n* cocina *f*

cul-de-sac /ˈkʌldɪsæk/ *n* calle *f* sin salida *or* (Col) ciega *or* (RPl) cortada

cull /kʌl/ *vt*: *sacrificar de forma selectiva*

culminate /ˈkʌlməneɪt, BrE ˈkʌlmɪneɪt/ *vi* (reach peak) **to ~ IN sth** culminar EN algo

culprit /ˈkʌlprət, BrE ˈkʌlprɪt/ *n* culpable *mf*

cult /kʌlt/ *n* (belief, worship) culto *m*; (sect) secta *f*; (*before n*) **~ figure** ídolo *m*

cultivate /ˈkʌltəveɪt, BrE ˈkʌltɪveɪt/ *vt* cultivar

🔑 **cultural** /ˈkʌltʃərəl/ *adj* cultural

🔑 **culture¹** /ˈkʌltʃər, BrE ˈkʌltʃə(r)/ *n* **1** (civilization) cultura *f*; (*before n*) **~ shock** choque *m* cultural *or* de culturas **2** (Agr, Biol) cultivo *m*

culture² *vt* cultivar

cultured /ˈkʌltʃərd, BrE ˈkʌltʃəd/ *adj* ‹*person/mind*› culto; ‹*tastes*› refinado

cumbersome /ˈkʌmbərsəm, BrE ˈkʌmbəsəm/ *adj* ‹*movements/gait*› pesado y torpe

cumin /ˈkʌmən, BrE ˈkʌmɪn/ *n* comino *m*

cumulative /ˈkjuːmjələtɪv, BrE ˈkjuːmjʊlətɪv/ *adj* acumulativo

cunning /ˈkʌnɪŋ/ *adj* **(a)** (clever, sly) astuto; ‹*smile*› malicioso **(b)** (ingenious) ‹*device*› ingenioso

cup¹ /kʌp/ *n* **1** **(a)** (container, contents, cupful) taza *f*; **paper ~** vaso *m* de papel **(b)** (goblet) copa *f* **2** (trophy) copa *f*

cup² *vt* **-pp-**: **to ~ one's hands** (to drink) ahuecar* las manos; (to shout) hacer* bocina (con las manos)

cupboard /ˈkʌbərd, BrE ˈkʌbəd/ *n* **(a)** (cabinet) armario *m*; (in dining room) aparador *m* **(b)** (full-length, built-in) (BrE) armario *m* *or* (AmL exc RPl) clóset *m* *or* (RPl) placard *m*

curable /ˈkjʊrəbəl, BrE ˈkjʊərəbəl/ *adj* curable

curate /ˈkjʊrət, BrE ˈkjʊərət/ *n* coadjutor *m*

curator /kjʊˈreɪtər, BrE kjʊəˈreɪtə(r)/ *n* (of museum, art gallery) conservador, -dora *m,f*; (of exhibition) comisario, -ria *m,f*

curb¹ /kɜːrb, BrE kɜːb/ *n* **1** (restraint) freno *m* **2** **curb**, (BrE) **kerb** (in street) bordillo *m* (de la acera), borde *m* de la banqueta (Méx), cuneta *f* (Chi), sardinel *m* (Col), cordón *m* de la vereda (RPl)

curb² *vt* (control) ‹*anger*› dominar, refrenar; ‹*spending/prices*› poner* freno a, frenar

curd /kɜːrd, BrE kɜːd/ *n* (*often pl*) cuajada *f*

curdle /ˈkɜːrdl, BrE ˈkɜːdl/ *vi* **(a)** (go bad, separate) «*milk/sauce*» cortarse **(b)** (form curds) «*milk*» cuajarse

🔑 palabra clave

cure¹ /kjʊr, BrE ˈkjʊə(r)/ *vt* **1** (Med) curar **2** ‹*meat*› curar

cure² *n* cura *f*

curfew /ˈkɜːrfjuː, BrE ˈkɜːfjuː/ *n* toque *m* de queda

curiosity /ˈkjʊriˈɑːsəti, BrE ˌkjʊəriˈɒsəti/ *n* (*pl* **-ties**) curiosidad *f*

curious /ˈkjʊriəs, BrE ˈkjʊəriəs/ *adj* **(a)** (inquisitive) curioso **(b)** (strange) curioso, extraño

curiously /ˈkjʊriəsli, BrE ˈkjʊəriəsli/ *adv* (with curiosity) con curiosidad; (strangely) curiosamente; **~ enough, ...** (*indep*) curiosamente, ...

curl¹ /kɜːrl, BrE kɜːl/ *n* rizo *m*, rulo *m* (CS), chino *m* (Méx); (ringlet) bucle *m*, tirabuzón *m*

curl² *vt* ‹*hair*› rizar*, encrespar (CS), enchinar (Méx), enrular (RPl)

■ *vi* «*hair*» rizarse*, encresparse (CS), enchinarse (Méx), enrularse (RPl); «*paper/leaf/edge*» ondularse

● **curl up** [*v* + *adv*] (twist) «*leaf/pages*» ondularse; «*cat*» hacerse* un ovillo; **to ~ up in a chair** acurrucarse* en un sillón

curler /ˈkɜːrlər, BrE ˈkɜːlə(r)/ *n* (for hair) rulo *m*, rulero *m* (RPl), marrón *m* (Col), tubo *m* (Chi, Méx)

curling irons, curling tongs /ˈkɜːrlɪŋ, BrE ˈkɜːlɪŋ/ *pl n* tenacillas *fpl* (*para rizar el pelo*)

curly /ˈkɜːrli, BrE ˈkɜːli/ *adj* **-lier, -liest** ‹*hair*› rizado, crespo (CS), chino (Méx); ‹*tail*› enroscado

currant /ˈkɜːrənt, BrE ˈkʌrənt/ *n* pasa *f* de Corinto

currency /ˈkɜːrənsi, BrE ˈkʌrənsi/ *n* (*pl* **-cies**) moneda *f*; **foreign ~** moneda *f* extranjera, divisas *fpl*

🔑 **current¹** /ˈkɜːrənt, BrE ˈkʌrənt/ *adj* **1** (*before n*) **(a)** (existing) ‹*situation/prices*› actual; ‹*year*› en curso **(b)** (most recent) ‹*issue*› último **2** **(a)** (valid) ‹*license/membership*› vigente **(b)** (prevailing) ‹*opinion/practice*› corriente

current² *n* (Elec) corriente *f*

current: **~ account** *n* (BrE) cuenta *f* corriente; **~ affairs** *pl n* sucesos *mpl* de actualidad

🔑 **currently** /ˈkɜːrəntli, BrE ˈkʌrəntli/ *adv* **(a)** (at present) actualmente **(b)** (commonly) comúnmente

curriculum /kəˈrɪkjələm, BrE kəˈrɪkjʊləm/ *n* (*pl* **-lums** *or* **-la** /-lə/) **(a)** (range of courses) plan *m* de estudios **(b)** (for single course) programa *m* (de estudio), currículo *m*, curriculum *m* (AmL)

curriculum vitae /ˈviːtaɪ/ *n* (*pl* **curricula vitae**) (BrE) currículum *m* (vitae), historial *m* personal

curry¹ /ˈkɜːri, BrE ˈkʌri/ *n* (*pl* **curries**) curry *m*

curry² *vt* **-ries, -rying, -ried** **1** (Culin) preparar al curry; **curried chicken** pollo *m* al curry **2** ▶ **favor¹**

curse¹ /kɜːrs, BrE kɜːs/ *n* **(a)** (evil spell) maldición *f* **(b)** (oath) maldición *f*, palabrota *f*

curse² *vt/i* maldecir*

cursor /ˈkɜːrsər, BrE ˈkɜːsə(r)/ *n* cursor *m*

cursory /ˈkɜːrsəri, BrE ˈkɜːsəri/ *adj* ‹*glance*› rápido; ‹*description*› somero; ‹*interest*› superficial

curt /kɜːrt, BrE kɜːt/ *adj* cortante, seco

curtail /kɜːrˈteɪl, BrE kɜːˈteɪl/ *vt* (cut short) abreviar; (restrict) restringir*; (reduce) reducir*

curtain /ˈkɜːrtn̩, BrE ˈkɜːtn̩/ *n* (at window) cortina *f*; (Theat) telón *m*

curtain call *n* salida *f* a escena (*para saludar*), telón *m* (Méx)

curtsey¹ *n* (*pl* **-seys**) (esp BrE) ▶ **curtsy¹**

curtsey² *vi* **-seys**, **-seying**, **-seyed** (BrE) ▶ **curtsy²**

curtsy¹ /ˈkɜːrtsi, BrE ˈkɜːtsi/ *n* (*pl* **-sies**) reverencia *f* (*que hacen las mujeres agachándose*)

curtsy² *vi* **-sies**, **-sying**, **-sied** hacer* una reverencia

curve¹ /kɜːrv, BrE kɜːv/ *n* curva *f*

curve² *vi* «*surface*» estar* curvado; «*river/ball*» describir* una curva

curved /kɜːrvd, BrE kɜːvd/ *adj* curvo

cushion¹ /ˈkʊʃən/ *n* almohadón *m*, cojín *m*; (*before n*) ~ **cover** funda *f* de almohadón

cushion² *vt* ‹*blow*› amortiguar*; (protect) **to ~ sb** AGAINST **sth** proteger* a algn CONTRA algo

cuss /kʌs/ (esp AmE infml) *vi* **(a)** (complain) despotricar* **(b)** (swear) maldecir*

custard /ˈkʌstərd, BrE ˈkʌstəd/ *n* **(a)** (sauce) (BrE) crema *f*; (cold, set) ≈ natillas *fpl* **(b)** (egg ~) *especie de flan*

custodian /kʌˈstəʊdiən/ *n* **(a)** (of morals, tradition) guardián, -diana *m,f*, custodio, -dia *m,f* **(b)** (of museum, library) conservador, -dora *m,f*

custody /ˈkʌstədi/ *n* **1** (detention): **to be in (police) ~** estar* detenido **2** (of child) custodia *f*

custom /ˈkʌstəm/ *n* **1** (convention, tradition, habit) costumbre *f* **2** (patronage) (esp BrE): **I'll take my ~ elsewhere** dejaré de ser su cliente **3** **customs** *pl* aduana *f*

customary /ˈkʌstəməri/ *adj* **(a)** (traditional) tradicional; **it is ~ to** + INF es la costumbre + INF **(b)** (habitual) habitual, acostumbrado

custom-built /ˈkʌstəmˈbɪlt/ *adj* ‹*car*› hecho de encargo; ‹*house*› construido según las especificaciones del cliente

customer /ˈkʌstəmər, BrE ˈkʌstəmə(r)/ *n* cliente, -ta *m,f*; (*before n*) Ⓢ **customer services** información y reclamaciones

customize /ˈkʌstəmaɪz/ *vt* ‹*car/program*› hacer* (*or* adaptar *etc*) según los requisitos del cliente

custom-made /ˈkʌstəmˈmeɪd/ *adj* hecho de encargo; ‹*suit/shoes*› a la medida

cut¹ /kʌt/ *n* **1** **(a)** (wound) tajo *m*, corte *m* **(b)** (incision) corte *m* **2** **(a)** (reduction): **to make ~s in essential services** hacer* recortes en los servicios esenciales **(b)** (in text, film) corte *m* **(c)** (power ~) apagón *m* **3** **(a)** (hair~) corte *m* de pelo **(b)** (of suit) corte *m* **4** (of meat — type) corte *m*; (— piece) trozo *m* **5** (share) (infml) tajada *f* (fam), parte *f* **6** (blow — with knife) cuchillada *f*

cut² (*pres p* **cutting**; *past & past p* **cut**) *vt* **1** ‹*wood/paper/wire/rope*› cortar; **to ~ sth in half** cortar algo por la mitad; **I ~ my finger** me corté el dedo; **to cut sb's throat** degollar* a algn; *see also* **short² 1** **2** **(a)** (trim) ‹*hair/nails*› cortar; ‹*grass/corn*› cortar, segar*; **to get one's hair ~** cortarse el pelo **(b)** (shape) ‹*glass/stone*› tallar; ‹*key*› hacer* **3** (reduce) ‹*level/number*› reducir*; ‹*budget*› recortar; ‹*price/rate*› rebajar; ‹*service/workforce*› hacer* recortes en **4** **(a)** (shorten) ‹*text*› acortar **(b)** (remove) ‹*scene*› cortar **(c)** ‹*film*› (edit) editar; «*censors*» hacer* cortes en **5** (in cards) ‹*deck*› cortar **6** (infml) (cease): **~ the jokes!** ¡basta ya de bromas!

■ *vi* **1** «*knife/scissors*» cortar; **the rope ~ into her wrists** la cuerda le estaba cortando las muñecas **2** (Cin, Rad): **~!** ¡corte(n)! **3** (in cards) cortar

● **cut across** [*v + prep + o*] **(a)** (take shortcut across) cortar por **(b)** (cross boundaries of) trascender*

● **cut back** **1** [*v + o + adv, v + adv + o*] **(a)** (prune) ‹*hedge*› podar **(b)** (reduce) ‹*spending*› recortar **2** [*v + adv*] (make reductions) hacer* economías; **to ~ back** ON **sth** reducir* algo

● **cut down** **1** [*v + o + adv, v + adv + o*] **(a)** (fell) ‹*tree*› cortar, talar **(b)** (kill) matar **2** [*v + adv*] (make reductions): **cigarette? — no, thanks, I'm trying to ~ down** ¿un cigarrillo? — no, gracias, estoy tratando de fumar menos; **you should ~ down on carbohydrates** debería reducir el consumo de hidratos de carbono

● **cut in** [*v + adv*] **(a)** (interrupt) interrumpir **(b)** (Auto) atravesarse*

● **cut off** **1** [*v + o + adv, v + adv + o*] (sever) ‹*branch/limb*› cortar **2** [*v + o + adv, v + adv + o*] (interrupt, block) ‹*supply/route*› cortar **3** [*v + o + adv*] **(a)** (isolate) aislar*; **to feel ~ off** sentirse* aislado; **the town was ~ off** la ciudad quedó sin comunicaciones **(b)** (on telephone): **we were ~ off** se cortó la comunicación

● **cut out** **1** [*v + o + adv, v + adv + o*] ‹*article/photograph*› recortar **2** [*v + o + adv, v + adv + o*] **(a)** ‹*dress/cookies*› cortar **(b)** (exclude) ‹*noise/carbohydrates*› eliminar; **he ~ me out of his will** me excluyó de su testamento; **~ it out!** (infml) ¡basta ya! **3** (suit) **to be ~ out** FOR **sth** estar* hecho para algo **4** [*v + adv*] «*engine*» pararse

● **cut up** [*v + o + adv, v + adv + o*] ‹*vegetables/wood*› cortar en pedazos

cut³ *adj* (*before n*) ‹*flowers*› cortado; ‹*glass*› tallado

cutback /ˈkʌtbæk/ *n* recorte *m*

cute /kjuːt/ *adj* **cuter**, **cutest** **(a)** (sweet) ‹*baby/face*› mono (fam), cuco (fam), rico (CS fam) **(b)** (attractive) (AmE) guapo

cut-glass /ˈkʌtglæs, BrE kʌtˈglɑːs/ *adj* de cristal tallado

cuticle /ˈkjuːtɪkəl/ *n* cutícula *f*

cutlery /ˈkʌtləri/ *n* cubiertos *mpl*, cubertería *f*, cuchillería *f* (Chi)

cutlet /ˈkʌtlət, BrE ˈkʌtlɪt/ *n* chuleta *f* (*pequeña*)

cut: **~off (point)** *n* límite *m*; **~-price** /ˈkʌtˈpraɪs/ *adj* (BrE) ▶ **~-rate**; **~-rate** /ˈkʌtˈreɪt/ *adj* (AmE) a precio rebajado; **~throat** *adj* ‹*competition*› feroz, salvaje

cutting¹ /ˈkʌtɪŋ/ *n* **1** **(a)** (from newspaper) (BrE) recorte *m* **(b)** (from plant) esqueje *m* **2** (for road, railway) (BrE) zanja *f*

cutting² *adj* **(a)** (*before n*) ‹*tool/blade*› cortante **(b)** (cold) ‹*wind*› cortante **(c)** (hurtful) ‹*remark*› hiriente

CV *n* = **curriculum vitae**

cwt *n* = **hundredweight**

cyanide /ˈsaɪənaɪd/ *n* cianuro *m*

cyberattack /ˈsaɪbərəˌtæk/ *n* ciberataque *m*

cyberbullying /ˈsaɪbərˌbʊlɪɪŋ, BrE ˈsaɪbəˌbʊlɪɪŋ/ *n* ciberacoso *m*

cybercafé /ˈsaɪbər,kæfeɪ, BrE ˈsaɪbə,kæfeɪ/ *n* cibercafé *m*

cyberspace /ˈsaɪbərspeɪs, BrE ˈsaɪbəspeɪs/ *n* ciberespacio *m*

cycle[1] /ˈsaɪkəl/ *n* **1** (process) ciclo *m* **2** (Elec, Comput) ciclo *m* **3** (bicycle) bicicleta *f*

cycle[2] *vi* ir* en bicicleta

cycling /ˈsaɪklɪŋ/ *n* ciclismo *m*

cyclist /ˈsaɪkləst, BrE ˈsaɪklɪst/ *n* ciclista *mf*

cyclone /ˈsaɪkləʊn/ *n* ciclón *m*

cylinder /ˈsɪləndər, BrE ˈsɪlɪndə(r)/ *n* **1** (Math) cilindro *m* **2** **(a)** (of engine) cilindro *m* **(b)** (container — for liquid gas) tanque *m*, bombona *f* (Esp), garrafa *f* (RPl), balón *m* (Chi)

cymbal /ˈsɪmbəl/ *n* platillo *m*, címbalo *m*

cynic /ˈsɪnɪk/ *n* cínico, -ca *m,f*

cynical /ˈsɪnɪkəl/ *adj* cínico

cynicism /ˈsɪnəsɪzəm/ *n* cinismo *m*

cypher *n* (esp BrE) ▶ **cipher**

cypress /ˈsaɪprəs/ *n* ciprés *m*

Cyprus /ˈsaɪprəs/ *n* Chipre *f*

cyst /sɪst/ *n* quiste *m*

cystic fibrosis /ˈsɪstɪkfaɪˈbrəʊsəs, BrE ˌsɪstɪkfaɪˈbrəʊsɪs/ *n* fibrosis *f* cística *or* pancreática

cystitis /sɪˈstaɪtəs, BrE sɪˈstaɪtɪs/ *n* cistitis *f*

czar /zɑːr, BrE zɑː(r)/ *n* (esp AmE) ▶ **tsar**

Czech[1] /tʃek/ *adj* checo

Czech[2] *n* **(a)** (person) checo, -ca *m,f* **(b)** (language) checo *m*

Czechoslovakia /ˈtʃekəsləˈvɑːkiə, BrE ˌtʃekəsləˈvækiə/ *n* (Hist) Checoslovaquia *f*

Czechoslovakian /ˈtʃekəsləˈvɑːkiən, BrE ˌtʃekəsləˈvækiən/ *adj* (Hist) checoslovaco

Czech Republic *n*: **the ~** la Républica Checa

Dd

D, d /diː/ *n* **(a)** (letter) D, d *f* **(b)** (Mus) re *m*

d' = **do**: **d'you go there often?** ¿vas ahí a menudo?

'd /d/ **(a)** = **had** **(b)** = **would** **(c)** = **did**

DA *n* (in US) = **district attorney**

dab /dæb/ *vt*: **~ the stain with a damp cloth** frote suavemente la mancha con un trapo húmedo; **~ antiseptic on the cut** dese unos toques de antiséptico en la herida

dabble /ˈdæbəl/ *vi*: **to ~ in politics/journalism** tener* escarceos con la política/el periodismo

dad /dæd/ *n* (infml) papá *m* (fam)

daddy /ˈdædi/ *n* papi *m* (fam)

daddy longlegs /ˈlɔːŋlegz, BrE ˈlɒŋlegz/ *n* (*pl* ~) (infml) **(a)** (harvestman) (AmE) segador *m*, falangio *m* **(b)** (cranefly) (BrE) típula *f*

daffodil /ˈdæfədɪl/ *n* narciso *m*

daft /dæft, BrE dɑːft/ *adj* **-er**, **-est** (esp BrE infml) tonto, bobo (fam)

dagger /ˈdægər, BrE ˈdægə(r)/ *n* daga *f*, puñal *m*

dahlia /ˈdæljə, BrE ˈdeɪliə/ *n* dalia *f*

daily[1] /ˈdeɪli/ *adj* (*before n*) ‹*newspaper/prayers*› diario; ‹*walk/visit*› diario, cotidiano

daily[2] *adv* a diario, diariamente

daily[3] *n* (*pl* **-lies**) diario *m*, periódico *m*

dainty /ˈdeɪnti/ *adj* **-tier**, **-tiest** ‹*flowers/vase*› delicado; ‹*appearance*› delicado, refinado

dairy /ˈderi, BrE ˈdeəri/ *n* (*pl* **-ries**) **(a)** (on farm) lechería *f*; (*before n*) ‹*produce*› lácteo; ‹*butter/cream*› de granja; ‹*cow/industry*› lechero **(b)** (shop) lechería *f*; (company) central *f* lechera

daisy /ˈdeɪzi/ *n* (*pl* **-sies**) (cultivated) margarita *f*; (wild) margarita *f* de los prados, maya *f*

dally /ˈdæli/ *vi* **-lies**, **-lying**, **-lied** perder* el tiempo

dam[1] /dæm/ *n* dique *m*, presa *f*, represa *f* (AmS)

dam[2] *vt* **-mm-** construir* una presa *or* (AmS) una represa en

damage[1] /ˈdæmɪdʒ/ *n* **1** (to object) daño *m*; (to reputation, cause) daño *m*, perjuicio *m* **2** **damages** *pl* (Law) daños y perjuicios *mpl*

damage[2] *vt* ‹*building/vehicle*› dañar; ‹*health*› perjudicar*, ser* perjudicial para; ‹*reputation/cause*› perjudicar*, dañar

damaging /ˈdæmɪdʒɪŋ/ *adj* perjudicial

dame /deɪm/ *n* **1** **Dame** (title in UK) Dame (*título honorífico*) **2** (woman) (AmE sl) tipa *f* (fam), tía *f* (Esp fam)

damn[1] /dæm/ *vt* **(a)** (Relig) condenar **(b)** (condemn) condenar

damn[2] *n* (infml) (*no pl*): ***not to give a ~***: **I don't give a ~ what they think** me importa un bledo lo que piensen (fam), me vale madres lo que piensen (Méx vulg)

damn[3] *interj* (infml) ¡caray! (fam & euf)

damn[4] *adj* (infml) (*before n*), (*as intensifier*) condenado (fam), maldito (fam), pinche (Méx fam)

damnation /dæmˈneɪʃən/ *n* condenación *f*

damned /dæmd/ ▶ **damn**[4]

damning /ˈdæmɪŋ/ *adj* **(a)** (condemnatory) ‹*evidence*› condenatorio **(b)** (critical) ‹*appraisal*› crítico

damp[1] /dæmp/ *adj* **-er**, **-est** húmedo; **to smell ~** oler* a humedad

damp[2] *n* humedad *f*

damp[3] *vt* **~ (down)** ‹*fire*› sofocar*; ‹*enthusiasm/excitement*› apagar*, enfriar*

---

palabra clave

damp course *n* membrana *f* aislante

dampen /'dæmpən/ *vt* **1** (moisten) humedecer*, mojar **2** (discourage) ‹*hopes*› hacer* perder; ‹*enthusiasm*› hacer* perder, apagar*

damper /'dæmpər, BrE 'dæmpə(r)/ *n* (of piano) sordina *f*; ***to put a ~ on sth***; (infml): **the bad news put a ~ on the celebrations** la mala noticia estropeó las fiestas

damp: **~-proof** *vt* proteger* contra la humedad; **~-proof course** *n* ▶ **damp course**

damson /'dæmzən/ *n* ciruela *f* damascena

dance¹ /dæns, BrE dɑːns/ *n* **(a)** (act, occasion) baile *m*; (*before n*) ‹*music*› de baile, bailable **(b)** (set of steps) baile *m*, danza *f* **(c)** (art form) danza *f*, baile *m*

dance² *vi* **1** **(a)** (to music) bailar **(b)** (skip) dar* saltos **2** «*eyes/flames*» (liter) bailar, danzar* (liter)
■ *vt* ‹*waltz/tango*› bailar

dancer /'dænsər, BrE 'dɑːnsə(r)/ *n* bailarín, -rina *m,f*

dancing /'dænsɪŋ, BrE 'dɑːnsɪŋ/ *n* baile *m*; (*before n*) ‹*lesson/shoes*› de baile

dandelion /'dændəlaɪən, BrE 'dændɪlaɪən/ *n* diente *m* de león

dandruff /'dændrʌf/ *n* caspa *f*; (*before n*) **~ shampoo** champú *m* anti-caspa

Dane /deɪn/ *n* danés, -nesa *m,f*, dinamarqués, -quesa *m,f*

danger /'deɪndʒər, BrE 'deɪndʒə(r)/ *n* peligro *m*; **in ~** en peligro *or* en riesgo; **to be in ~ of** -ING correr peligro *or* riesgo de + INF; (*before n*) **to be on the ~ list** encontrarse* en estado grave; **~ signal** señal *f* de peligro

dangerous /'deɪndʒərəs/ *adj* peligroso

dangerously /'deɪndʒərəsli/ *adv* peligrosamente

dangle /'dæŋgəl/ *vi* colgar*, pender
■ *vt* hacer* oscilar

Danish¹ /'deɪnɪʃ/ *adj* danés, dinamarqués

Danish² *n* danés *m*

Danish (pastry) *n*: *bollo cubierto de azúcar glaseado*

dank /dæŋk/ *adj* frío y húmedo

dapper /'dæpər, BrE 'dæpə(r)/ *adj* atildado, pulcro

dare¹ /der, BrE deə(r)/ *n* reto *m*, desafío *m*

dare² *v mod* atreverse a, osar (liter); **how ~ you!** ¡cómo te atreves!; **I ~ say you've had enough** estarás harto, me imagino
■ *vt* **1** (be so bold) **to ~ to** + INF atreverse a + INF, osar + INF (liter) **2** (challenge) **to ~ sb to** + INF retar *or* desafiar* a algn a + INF *or* A QUE (+ *subj*)

daredevil /'der,devl, BrE 'deə,devl/ *n* corajudo, -da *m,f* (fam); (*before n*) ‹*feat/exploit*› temerario

daring¹ /'derɪŋ, BrE 'deərɪŋ/ *adj* **(a)** ‹*explorer/pilot*› osado; ‹*plan*› audaz **(b)** ‹*dress/film*› atrevido

daring² *n* **(a)** (courage) arrojo *m*, coraje *m* **(b)** (audacity) audacia *f*

dark¹ /dɑːrk, BrE dɑːk/ *adj* **-er, -est** **1** (unlit) ‹*room/night*› oscuro; **it's getting ~** está oscureciendo, se está haciendo de noche **2** **(a)** (in color) oscuro; **~ chocolate** chocolate *m* sin leche; **~ glasses** anteojos *mpl* oscuros (esp AmL), gafas *fpl* negras (Esp) **(b)** (in complexion) moreno

dark² *n* (absence of light): **the ~** la oscuridad; **to wait until ~** esperar hasta que anochezca; ***to keep sb in the ~ about sth*** ocultarle algo a algn

Dark Ages *pl n*: **the ~** la Alta Edad Media, la Edad de las tinieblas

darken /'dɑːrkən, BrE 'dɑːkən/ *vt* **(a)** (make dark) oscurecer* **(b)** (make somber) ensombrecer*
■ *vi* **(a)** (grow dark) «*room/color/sky*» oscurecerse* **(b)** (grow somber) ensombrecerse*

darkness /'dɑːrknəs, BrE 'dɑːknɪs/ *n* oscuridad *f*

darkroom /'dɑːrkruːm, -rʊm, BrE 'dɑːkruːm, -rʊm/ *n* cuarto *m* oscuro

darling¹ /'dɑːrlɪŋ, BrE 'dɑːlɪŋ/ *n* (*as form of address*) cariño

darling² *adj* (*before n*) querido

darn¹ /dɑːrn, BrE dɑːn/ *vt* zurcir*

dart¹ /dɑːrt, BrE dɑːt/ *n* **(a)** (weapon) dardo *m* **(b)** (Games) dardo *m* **(c)** (Clothing) pinza *f*

dart² *vi*: **to ~ into/out of a room** entrar como una flecha en/salir* como una flecha de una habitación
■ *vt* ‹*look*› lanzar*

dartboard /'dɑːrtbɔːrd, BrE 'dɑːtbɔːd/ *n* diana *f*

darts /dɑːrts, BrE dɑːts/ *n* (+ *sing vb*) dardos *mpl*

dash¹ /dæʃ/ *n* **1** (small amount) poquito *m*; **a ~ of milk** un chorrito de leche **2** (punctuation mark) guion *m*

dash² *vt* **1** (hurl) tirar; **she ~ed the plate to pieces** hizo añicos *or* trizas el plato; **the ship was ~ed against the rocks** el barco se estrelló contra las rocas **2** (disappoint) ‹*hopes*› (*usu pass*) defraudar
■ *vi*: **I ~ed to the rescue** me lancé al rescate; **she ~ed out** salió disparada

● **dash off** **1** [*v* + *o* + *adv*, *v* + *adv* + *o*] (write hurriedly) escribir* corriendo **2** [*v* + *adv*] (leave hastily) irse* corriendo

dashboard /'dæʃbɔːrd, BrE 'dæʃbɔːd/ *n* tablero *m* de mandos, salpicadero *m* (Esp)

data /'deɪtə/ *n* **1** (facts, information) (+ *pl vb*) datos *mpl*, información *f* **2** (Comput) (+ *sing vb*) datos *mpl*

data: **~base** *n* base *f* de datos; **~ highway** *n* autopista *f* de datos; **~ processing** *n* procesamiento *m or* proceso *m* de datos; **~ protection** *n* protección *f* de datos *or* de la información; (*before n*) **Data Protection Act** *n* Ley *f* de Protección de Datos; **~ storage** *n* almacenamiento *m* de datos; (*before n*) **~ storage device/system** mecanismo *m*/sistema *m* de almacenamiento de datos

date¹ /deɪt/ *n* **1** (of appointment, battle) fecha *f*; **what's the ~ today?** ¿a qué fecha estamos?; **to ~** hasta la fecha, hasta el momento **2** (infml) (appointment) cita *f*; **Greg has a ~ with Ana on Sunday** Greg sale con Ana el domingo **3** (fruit) dátil *m*

date² *vt* **1** **(a)** (mark with date) fechar **(b)** (give date to) ‹*remains/pottery/fossil*› datar, determinar la antigüedad de **2** (betray age) (infml): **that really ~s you** eso delata tu edad, eso demuestra lo viejo que eres
■ *vi* **1** (originate in) datar; **it ~s from the 14th century** data del siglo XIV; **his title ~s**

back to the 14th century los orígines de su título se remontan al siglo XIV **2** (become old-fashioned) pasar de moda

dated /'deɪtəd, BrE 'deɪtɪd/ *adj* ‹*fashion/word*› anticuado; **his plays are ~** sus obras han perdido actualidad

date: **~ rape** *n* violación *f* (*cometida durante una cita*); **~ stamp** *n* (instrument) fechador *m*; (date) fecha *f*; **~-stamp** *vt* fechar

d

daub /dɔːb/ *vt* (smear) **to ~ sth** WITH **sth** embadurnar algo DE algo

daughter /'dɔːtər, BrE 'dɔːtə(r)/ *n* hija *f*

daughter-in-law /'dɔːtərɪnlɔː/ *n* (*pl* **daughters-in-law**) nuera *f*

daunt /dɔːnt/ *vt* (*usu pass*) amilanar, intimidar

daunting /'dɔːntɪŋ/ *adj* ‹*prospect*› desalentador, sobrecogedor; ‹*task*› de enormes proporciones

dawdle /'dɔːdl/ *vi* entretenerse*

dawn¹ /dɔːn/ *n* amanecer *m*; **at ~** al amanecer, al alba (liter)

dawn² *vi* (liter) «*day*» amanecer*, clarear, alborear (liter); «*new age*» alborear (liter), nacer*

● **dawn on**: [*v* + *prep* + *o*]: **it gradually ~ed on me that ...** fui cayendo en la cuenta de que ...

dawn chorus *n*: **the ~** el trino de los pájaros al amanecer

day /deɪ/ *n* **1** día *m*; (working day) jornada *f*, día *m*; **twice a ~** dos veces al día; **all ~** todo el día; **every ~** todos los días; **one of these ~s** un día de estos; **~ by ~** día a día, de día en día; **it's not my/his ~** no es mi/su día; **to take a ~ off (from work)** tomarse un día libre; **in this ~ and age** hoy (en) día, el día de hoy; **these ~s** hoy (en) día; **that'll be the ~** (infml & iro) cuando las ranas críen cola; **have a good** o **nice ~!** (AmE) ¡que le vaya bien!; ***to call it a ~*** (temporarily) dejarlo para otro día; (permanently) dejar de trabajar (*or* estudiar *etc*); ***to make someone's ~*** (infml) alegrarle la vida a algn **2** **days** (*as adv*) **to work ~s** trabajar durante el día

day: **~break** *n* alba *f*‡ (liter), amanecer *m*; **~-care center** *n* (AmE) guardería *f* infantil

daydream¹ /'deɪdriːm/ *n* ensueño *m*, ensoñación *f*

daydream² *vi* soñar* despierto, fantasear

day: **~light** *n* luz *f* (del día); **~light (saving) time** *n* (AmE) hora *f* de verano; **~ release** *n* (in UK) *sistema que permite a un empleado ausentarse regularmente de su trabajo para seguir estudios relacionados con el mismo*; **~room** *n*: *sala de estar comunal en hospitales, prisiones etc*; **~time** *n*: **in** o **during the ~time** de día *or* durante el día; **~-to-~** /'deɪtə'deɪ/ *adj* (*before n*) ‹*occurrence*› cotidiano, diario; ‹*chores/difficulties*› de cada día; ‹*existence*› diario; **~ trip** *n* excursión *f* de un día; **~ tripper** /ˌtrɪpər, BrE ˌtrɪpə(r)/ *n* excursionista *mf*

daze /deɪz/ *n* (*no pl*) aturdimiento *m*; **to go about in a ~** estar* en las nubes

dazed /deɪzd/ *adj* aturdido

dazzle /'dæzəl/ *vt* «*light*» deslumbrar, encandilar; «*beauty/wit*» deslumbrar

dazzling /'dæzlɪŋ/ *adj* (bright) ‹*light/glare*› deslumbrante, resplandeciente, que encandila; (impressive) ‹*wit/looks*› deslumbrante, deslumbrador

DC (a) (= **direct current**) CC **(b)** = **District of Columbia**

D-day /'diːdeɪ/ *n* **(a)** (in World War II) día *m* D (*día del desembarco aliado en Normandía*) **(b)** (important day) el día señalado

DE = **Delaware**

DEA *n* (= **Drug Enforcement Administration**) DEA *f*

deacon /'diːkən/ *n* diácono *m*

deaconess /'diːkənəs, BrE ˌdiːkə'nes, 'diːkənɪs/ *n* diaconisa *f*

dead¹ /ded/ *adj* **1** (no longer alive) muerto; **he's ~** está muerto; **to drop ~** caerse* muerto; **I wouldn't be seen ~ in that dress** (infml) yo no me pondría ese vestido ni muerta *or* ni loca; ▶ **body 1 c** **2** (numb) (*usu pred*) dormido; **to go ~** «*limb*» dormirse* **3** (very tired, ill) (infml) muerto (fam) **4** (obsolete) ‹*language*› muerto; ‹*custom*› en desuso **5** **(a)** (not functioning) ‹*wire/circuit*› desconectado; ‹*telephone*› desconectado, cortado; ‹*battery*› descargado **(b)** (not alight) ‹*fire/match*› apagado **(c)** (not busy) ‹*town/hotel/party*› muerto

dead² *adv* **1** **(a)** (exactly) justo **(b)** (directly) justo, directamente; **~ ahead** justo delante **(c)** (suddenly): **to stop ~** parar en seco **2** (infml) ‹*straight/level*› completamente; **~ slow** lentísimo; **to be ~ certain** estar* totalmente seguro; **it was ~ easy** estuvo regalado *or* tirado (fam)

dead³ *pl n*: **the ~** los muertos

deaden /'dedn̩/ *vt* ‹*impact*› amortiguar; ‹*noise/vibration*› reducir*; ‹*pain*› atenuar*, aliviar; ‹*nerve*› insensibilizar*; ‹*faculties*› entorpecer*

dead: **~ end** *n* callejón *m* sin salida; **~-end** /'ded'end/ *adj* ‹*street*› sin salida, ciego (Andes, Ven); **a ~-end job** (infml) un trabajo sin porvenir *or* futuro; **~line** *n* fecha *f* tope *or* límite, plazo *m* de entrega; **~lock** *n* (*no pl*) punto *m* muerto

deadly¹ /'dedli/ *adj* **-lier, -liest** **1** (fatal) ‹*disease/poison*› mortal; ‹*weapon*› mortífero **2** (dull) (infml) aburridísimo, terriblemente aburridor (AmL)

deadly² *adv* (*as intensifier*) ‹*dull*› terriblemente

dead: **~pan** *adj* ‹*expression*› de póquer *or* (fam) de palo; ‹*voice/delivery*› deliberadamente inexpresivo; **D~ Sea** *n*: **the D~ Sea** el Mar Muerto; **~ weight** *n* peso *m* muerto

deaf /def/ *adj* sordo; **to go ~** quedarse sordo; **~ and dumb** (dated *or* offensive) sordomudo (ant *u* ofensivo)

deaf aid /'defeɪd/ *n* (BrE) audífono *m*

deafen /'defən/ *vt* ensordecer*

deafening /'defənɪŋ/ *adj* ensordecedor

deaf-mute /'def'mjuːt/ *n* (dated or offensive) sordomudo, -da *m,f* (ant *u* ofensivo)

deafness /'defnəs, BrE 'defnɪs/ *n* sordera *f*

deal¹ /diːl/ *n* **1** (indicating amount): **it makes a great/good ~ of difference** cambia mucho/bastante las cosas; **we've seen a great ~ of her lately** la hemos visto mucho *or* muy a menudo últimamente **2** **(a)** (agreement) trato *m*,

palabra clave

acuerdo *m*; **to do a ~ with sb** llegar* a un acuerdo con algn, hacer* un trato *or* un pacto con algn; **it's no big ~** no es nada del otro mundo **(b)** (financial arrangement) acuerdo *m* **(c)** (bargain): **you'll get a better ~ if you shop around** lo conseguirás más barato si vas a otras tiendas **3** (treatment) trato *m*; **she's had a raw ~ in life** la vida la ha tratado muy mal

deal[2] (*past & past p* **dealt**) *vt/i* (Games) dar*, repartir

• **deal in** [*v + prep + o*] (Busn) dedicarse* a la compra y venta de, comerciar en

• **deal out** [*v + o + adv, v + adv + o*] ‹*gifts/money*› repartir, distribuir*

• **deal with** [*v + prep + o*] **1** (do business with) ‹*company*› tener* relaciones comerciales con; **I prefer to ~ with her** yo prefiero tratar con ella **2 (a)** (tackle, handle) ‹*complaint*› ocuparse de, atender*; ‹*situation*› manejar **(b)** (be responsible for) ocuparse *or* encargarse* de **3** ‹*issue*› (discuss, treat) tratar; (have as subject) tratar de

dealer /ˈdiːlər, BrE ˈdiːlə(r)/ *n* **1 (a)** (trader): **she's a car ~** se dedica a la compraventa de coches; **visit your local Hoover ~** visite a su representante Hoover más próximo; **drug ~** traficante *mf* de drogas **(b)** (Fin) corredor, -dora *m,f* de bolsa *or* de valores **2** (Games): **the ~** el que da *or* reparte las cartas

dealing /ˈdiːlɪŋ/ *n* **1 (a)** (business methods): **the company has a reputation for honest/shady ~** la empresa tiene fama de honradez en los negocios/de hacer negocios turbios **(b) dealings** *pl* (contacts, relations) relaciones *fpl*, trato *m* **2** (trafficking) tráfico *m*

dealt /delt/ *past & past p of* **deal**[2]

dean /diːn/ *n* **1** (Relig) deán *m* **2 (a)** (in university) decano, -na *m,f* **(b)** (in college, secondary school) (AmE) *docente a cargo del asesoramiento y de la disciplina de los estudiantes*

dear[1] /dɪr, BrE dɪə(r)/ *adj* **dearer**, **dearest** **1** (loved) querido **2** (in direct address) **(a)** (in speech): **my ~ Mrs Harper, I can assure you that ...** mi buena señora (Harper), le aseguro que ... **(b)** (in letter writing): **D~ Mr Jones** Estimado Sr. Jones; **D~ Sir or Madam** Estimado/a Señor(a), Muy señor mío/señora mía; **D~ Jimmy** Querido Jimmy **3** (lovable) adorable **4** (expensive) caro

dear[2] *interj*: **oh ~!** ¡ay!, ¡qué cosa!

dear[3] *n* (*as form of address*) querido, -da, cariño; **(you) poor ~!** ¡pobre ángel!, ¡pobrecito!

dearly /ˈdɪrli, BrE ˈdɪəli/ *adv* **1** (*as intensifier*): **I love him ~** lo quiero mucho *or* de verdad; **~ beloved** (fml) (Relig) (amados) hermanos **2** (at great cost) caro *adj*

death /deθ/ *n* muerte *f*, fallecimiento *m* (fml); **to put sb to ~** ejecutar a algn; **to be worried to ~** (infml) estar* preocupadísimo

death: **~bed** *n* lecho *m* de muerte; **~ certificate** *n* certificado *m* de defunción; **~ penalty** *n*: **the ~ penalty** la pena de muerte; **~ row** /rəʊ/ *n* (*no art*) pabellón *m* de los condenados a muerte, corredor *m* de la muerte; **~ sentence** *n*: **the ~ sentence** la pena de muerte; **~ squad** *n* escuadrón *m* de la muerte; **~ toll** *n* número *m* de víctimas (mortales) *or* de muertos; **~ trap** *n*: *edificio, vehículo etc muy poco seguro*; **~ warrant** *n* sentencia *f* de muerte; **~ wish** *n* (*no pl*) (Psych) pulsión *f* de muerte

debar /dɪˈbɑːr, BrE dɪˈbɑː(r)/ *vt* **-rr-** (fml): **the fact that she didn't have a degree ~red her from promotion** el hecho de no tener un título universitario le impedía ascender; **he was ~red from taking his final exam** se le prohibió hacer el examen final

debase /dɪˈbeɪs/ *vt* **(a)** (devalue) ‹*ideal/principle*› degradar, envilecer*; ‹*language*› corromper, viciar **(b)** (demean) ‹*person*› degradar, rebajar

debate[1] /dɪˈbeɪt/ *n* **(a)** (public, parliamentary) debate *m* **(b)** (discussion) debate *m*, discusión *f*

debate[2] *vt* **(a)** ‹*question/topic/motion*› debatir, discutir **(b)** (weigh up) ‹*idea/possibility*› darle* vueltas a, considerar

debauchery /dɪˈbɔːtʃəri/ *n* disipación *f*, libertinaje *m*

debenture /dɪˈbentʃər, BrE dɪˈbentʃə(r)/ *n*, **~ (bond)** (Fin) obligación *f*, bono *m*

debilitating /dɪˈbɪləteɪtɪŋ, BrE dɪˈbɪlɪteɪtɪŋ/ *adj* ‹*disease*› debilitante; ‹*climate*› extenuante

debit[1] /ˈdebət, BrE ˈdebɪt/ *n* débito *m*, cargo *m*; (*before n*) **~ card** tarjeta *f* de cobro automático

debit[2] *vt* (Fin) debitar, cargar*

debonair /ˌdebəˈner, BrE ˌdebəˈneə(r)/ *adj* (suave) elegante y desenvuelto; (courteous) cortés, afable

debriefing /ˈdiːˈbriːfɪŋ/ *n*: **they were sent for ~** los llamaron para que rindiesen informe *or* diesen parte de su misión

debris /dəˈbriː, BrE ˈdebriː, ˈdeɪbriː/ *n* **(a)** (rubble) escombros *mpl*; (of plane, ship) restos *mpl*; (rubbish) desechos *mpl* **(b)** (Geol) detritos *mpl*

debt /det/ *n* **(a)** (indebtedness) endeudamiento *m*; **I'm $200 in ~** debo 200 dólares, tengo deudas por 200 dólares; **to be in ~ to sb** (fml) estarle* en deuda a algn, estar* en deuda con algn; **to get into ~** endeudarse, llenarse *or* cargarse* de deudas **(b)** (money owing) deuda *f*; **bad ~s** deudas incobrables

debtor /ˈdetər, BrE ˈdetə(r)/ *n* deudor, -dora *m,f*

debunk /ˈdiːˈbʌŋk/ *vt* (infml) desacreditar

debut /ˈdeɪbjuː, ˈde-/ (*pl* **-buts** /-bjuːz/) *n* debut *m*

decade /ˈdekeɪd/ *n* década *f*

decadence /ˈdekədəns/ *n* decadencia *f*

decadent /ˈdekədənt/ *adj* decadente

decaffeinated /diːˈkæfəneɪtəd, BrE ˌdiːˈkæfɪneɪtɪd/ *adj* descafeinado

decanter /dɪˈkæntər, BrE dɪˈkæntə(r)/ *n* licorera *f*

decapitate /dɪˈkæpɪteɪt/ *vt* decapitar

decathlon /dɪˈkæθlən/ *n* decatlón *m*

decay[1] /dɪˈkeɪ/ *vi* «*foodstuffs/corpse*» descomponerse*, pudrirse*; «*wood*» pudrirse*; «*tooth*» cariarse, picarse*; «*building/machine*» deteriorarse; «*empire/culture/civilization*» decaer*, declinar

decay[2] *n* (of organic matter) descomposición *f*; (tooth ~) caries *f*; (of building) deterioro *m*; (of culture) decadencia *f*

deceased[1] /dɪˈsiːst/ *n* (*pl* ~) (fml): **the ~** el difunto, la difunta; (*pl*) los difuntos, las difuntas (fml)

deceased[2] *adj* (fml) difunto

d

deceit /dɪ'siːt/ *n* engaño *m*
deceitful /dɪ'siːtfəl/ *adj* ‹*person*› falso, embustero; ‹*action*› engañoso
deceive /dɪ'siːv/ *vt* engañar
deceiver /dɪ'siːvər, BrE dɪ'siːvə(r)/ *n* impostor, -tora *m,f*
decelerate /'diː'seləreɪt/ *vi* (fml) «*vehicle/driver*» reducir* *or* aminorar la velocidad

🔑 **December** /dɪ'sembər, BrE dɪ'sembə(r)/ *n* diciembre *m*
decency /'diːsṇsi/ *n* **(a)** (of dress, conduct) decencia *f*, decoro *m* **(b)** (propriety) buena educación *f*, consideración *f*; **she didn't even have the ~ to ask me** ni siquiera tuvo la consideración de preguntarme
decent /'diːsṇt/ *adj* **1** (appropriate, respectable) decente, decoroso **2** (acceptable) ‹*person*› pasable, aceptable; ‹*meal/housing*› decente, como es debido
decently /'diːsṇtli/ *adv* **1** (respectably) ‹*dress/behave*› decentemente, con decencia **2** (acceptably) ‹*perform/cook*› bastante bien
decentralize /diː'sentrəlaɪz/ *vt* descentralizar*
deception /dɪ'sepʃən/ *n* engaño *m*
decibel /'desəbel, BrE 'desɪbel/ *n* decibelio *m*, decibel *m*
🔑 **decide** /dɪ'saɪd/ *vt* **1** (make up one's mind) decidir; **to ~ to + INF** decidir *or* resolver + INF **2** (settle) ‹*question/issue*› decidir; ‹*outcome*› determinar
■ *vi* decidirse
decided /dɪ'saɪdəd, BrE dɪ'saɪdɪd/ *adj* **(a)** (definite) (*before n*) ‹*improvement/advantage*› claro, marcado **(b)** (determined) ‹*character/tone*› decidido
deciduous /dɪ'sɪdʒuəs, BrE dɪ'sɪdjʊəs/ *adj* de hoja caduca, caducifolio (téc)
decimal¹ /'desəməl, BrE 'desɪməl/ *adj* decimal
decimal² *n* decimal *m*
decimalization /desəmələ'zeɪʃən, BrE ˌdesɪməlaɪ'zeɪʃən/ *n* decimalización *f*, conversión *f* al sistema decimal
decimal point *n* ≈ coma *f* (*decimal o de los decimales*), punto *m* decimal
decimate /'desəmeɪt, BrE 'desɪmeɪt/ *vt* diezmar
decipher /dɪ'saɪfər, BrE dɪ'saɪfə(r)/ *vt* descifrar
🔑 **decision** /dɪ'sɪʒən/ *n* decisión *f*; **to make** o (BrE also) **take a ~** tomar una decisión
decision-making /dɪ'sɪʒənˌmeɪkɪŋ/ *n* toma *f* de decisiones; (*before n*) ‹*body/process*› decisorio
decisive /dɪ'saɪsɪv/ *adj* **1** (conclusive) ‹*battle/factor*› decisivo; ‹*victory*› contundente **2** (purposeful) ‹*person*› decidido, resuelto; ‹*leadership/answer*› firme
deck¹ /dek/ *n* **1** **(a)** (Naut) cubierta *f* **(b)** (of stadium) (AmE) nivel *m* **(c)** (sun ~) terraza *f* **(d)** (of bus) (BrE) piso *m* **2** (Audio) deck *m* (AmL), pletina *f* (Esp) **3** (AmE) (Games) **~ (of cards)** baraja *f*, mazo *m* (de naipes *or* cartas) (esp AmL)
deck² *vt* **1** (adorn) **to ~ sth (out)** WITH **sth** engalanar *or* adornar algo CON algo; **he was all ~ed out in his Sunday best** iba muy endomingado **2** (knock down) (AmE infml) tumbar (fam)
deckchair /'dektʃer, BrE 'dektʃeə(r)/ *n* silla *f* de playa, perezosa *f* (Col, Per), reposera *f* (RPl)
declaim /dɪ'kleɪm/ *vt/i* declamar
declaration /'deklə'reɪʃən/ *n* **1** (statement) declaración *f* **2** (Law) (finding) pronunciamiento *m* (oficial); (statement) declaración *f*
🔑 **declare** /dɪ'kler, BrE dɪ'kleə(r)/ *vt* **(a)** (state, announce) ‹*intention*› declarar; ‹*opinion*› manifestar*; **to ~ war** declarar la guerra; **to ~ war on sb/sth** declararle la guerra a algn/algo **(b)** (Tax) ‹*goods/income*› declarar
🔑 **decline¹** /dɪ'klaɪn/ *n* **(a)** (decrease) descenso *m*, disminución *f* **(b)** (downward trend) declive *m*, decadencia *f*, deterioro *m*; **to be in ~** estar* en declive *or* en decadencia
🔑 **decline²** *vi* **1** **(a)** (decrease) «*production/strength*» disminuir*, decrecer*; «*interest*» disminuir*, decaer* **(b)** (deteriorate) «*health*» deteriorarse; «*industry/region/standards*» decaer* **(c) declining** *pres p* ‹*industry/region/standards*› en declive, en decadencia **2** (refuse): **I invited him, but he ~d** lo invité, pero rehusó *or* declinó mi invitación
■ *vt* ‹*offer/invitation*› rehusar, declinar
decode /'diː'kəʊd/ *vt* ‹*signal*› descodificar*; ‹*message*› descifrar
decompose /'diːkəm'pəʊz/ *vi* descomponerse*, pudrirse*
decor, décor /deɪ'kɔːr, BrE 'deɪkɔː(r)/ *n* (furnishings) decoración *f*
decorate /'dekəreɪt/ *vt* **(a)** ‹*room/house*› (with paint) pintar; (with wallpaper) empapelar **(b)** ‹*Christmas tree*› adornar, decorar (AmL); ‹*cake*› decorar
decoration /'dekə'reɪʃən/ *n* **1** **(a)** (act) decoración *f* **(b)** (ornamentation) decoración *f* **(c)** (ornament) adorno *m* **2** (Mil) condecoración *f*
decorative /'dekərətɪv/ *adj* ‹*object*› ornamental, de adorno
decorator /'dekəreɪtər, BrE 'dekəreɪtə(r)/ *n* **(a)** (painter) pintor, -tora *m,f*; (paperhanger) empapelador, -dora *m,f* **(b)** (designer) decorador, -dora *m,f*, interiorista *mf*
decorous /'dekərəs/ *adj* (fml) decoroso
decorum /dɪ'kɔːrəm/ *n* decoro *m*
decoy /'diːkɔɪ/ *n* (lure) señuelo *m*; (in hunting) señuelo *m*, reclamo *m*
decrease¹ /dɪ'kriːs, 'diːkriːs/ *vi* **(a)** (in quantity) «*amount/numbers*» disminuir*, decrecer*; «*prices*» bajar; «*speed*» disminuir* **(b)** (in intensity) «*quality*» disminuir*, bajar; «*power/effectiveness*» disminuir*, decrecer*; «*interest*» disminuir*, decaer*
■ *vt* disminuir*, reducir*
decrease² /'diːkriːs, dɪ'kriːs/ *n* disminución *f*, descenso *m*
decree¹ /dɪ'kriː/ *n* decreto *m*
decree² *vt* decretar
decrepit /dɪ'krepət, BrE dɪ'krepɪt/ *adj* **(a)** (dilapidated) ‹*bus/furniture*› destartalado; ‹*house*› deteriorado, viejo y en mal estado **(b)** (infirm) ‹*person/animal*› decrépito
decriminalize /diː'krɪmɪnəlaɪz/ *vt* despenalizar*

🔑 palabra clave

dedicate /ˈdedɪkeɪt/ *vt* **(a)** (devote) **to ~ sth** TO sth/-ING dedicar* algo A algo/+ INF **(b)** ‹*poem/book*› dedicar*

dedicated /ˈdedɪkeɪtəd, BrE ˈdedɪkeɪtɪd/ *adj* **1** ‹*musician/nurse/teacher*› de gran dedicación, dedicado *or* entregado a su (*or* mi *etc*) trabajo; **to be ~** TO **sth** estar* dedicado *or* entregado A algo **2** (Comput) (*before n*) dedicado

dedication /ˈdedɪˈkeɪʃən/ *n* **1** (devotion) dedicación *f*, entrega *f* **2** (written message) dedicatoria *f*

deduce /dɪˈduːs, BrE dɪˈdjuːs/ *vt* deducir*, inferir*

deduct /dɪˈdʌkt/ *vt* deducir*, descontar*

deduction /dɪˈdʌkʃən/ *n* **1** (subtraction) deducción *f*, descuento *m* **2** (reasoning, conclusion) deducción *f*

deed /diːd/ *n* **1** (action) hecho *m* **2** (Law) escritura *f*

deed poll *n* (BrE): **to change one's name by ~** ≈ cambiarse el apellido oficialmente

deem /diːm/ *vt* (fml) considerar, juzgar*

deep¹ /diːp/ *adj* **-er, -est 1 (a)** ‹*water*› profundo; ‹*hole/pit*› profundo, hondo; ‹*gash*› profundo; ‹*dish*› hondo; ‹*pan*› alto; **the ditch is 6 ft ~** la zanja tiene 6 pies de profundidad **(b)** (horizontally) ‹*shelf*› profundo; **the soldiers were standing 12 ~** los soldados formaban columnas de 12 en fondo **2** ‹*sigh/groan*› profundo, hondo; **take a ~ breath** respire hondo **3 (a)** ‹*voice*› profundo, grave; ‹*note*› grave **(b)** ‹*color*› intenso, subido **4 (a)** (intense) ‹*sleep/love/impression*› profundo; **it is with ~ regret that ...** es con gran *or* profundo pesar que ... **(b)** ‹*thoughts*› profundo **(c)** ‹*mystery/secret*› profundo

deep² *adv* **-er, -est 1** (of penetration): **to dig ~** cavar hondo; **feelings run very ~ among the population** hay un sentir muy fuerte entre la población; **he looked ~ into her eyes** la miró fijamente a los ojos; **to go ~er (into sth)** ahondar *or* profundizar* más (en algo) **2** (situated far from edge): **~ in the forest** en lo profundo del bosque; **~ down you know I'm right** en el fondo sabes que tengo razón

deepen /ˈdiːpən/ *vt* **1** ‹*canal/well*› hacer* más profundo *or* hondo **2** ‹*knowledge*› profundizar* *or* ahondar en; ‹*concern*› aumentar; ‹*friendship*› estrechar
■ *vi* **1** «*gorge/river*» hacerse* *or* volverse* más hondo *or* profundo **2** «*concern/love*» hacerse* más profundo; «*friendship*» estrecharse; «*mystery*» crecer*, aumentar; «*crisis*» acentuarse*

deep: **~ end** *n*: **the ~ end** (of swimming pool) la parte honda, lo hondo (fam); ***to throw sb in (at) the ~ end*** meter a algn de lleno en lo más difícil; **~ freeze** *n* congelador *m*, freezer *m* (AmL); **~-fry** /ˈdiːpˈfraɪ/ *vt* **-fries, -frying, -fried** freír* (*en abundante aceite*)

deeply /ˈdiːpli/ *adv* **1** ‹*sigh*› profundamente; **to breathe ~** respirar hondo **2** ‹*think*› a fondo; ‹*concerned*› profundamente; ‹*interested*› sumamente

deep: **~-sea** /ˈdiːpˈsiː/ *adj* (*before n*): **~-sea diving** buceo *m* de altura *or* en alta mar; **~-sea fishing** pesca *f* de altura; **~-seated** /ˈdiːpˈsiːtəd, BrE ˌdiːpˈsiːtɪd/ *adj* ‹*prejudice/conviction*› profundamente arraigado; ‹*problem*› de raíces profundas; **~-set** /ˈdiːpˈset/ *adj* ‹*eyes*› hundido

deer /dɪr, BrE dɪə(r)/ *n* (*pl* **~**) ciervo *m*, venado *m*

deface /dɪˈfeɪs/ *vt* ‹*wall/notice*› pintarrajear

defamation /ˈdefəˈmeɪʃən/ *n* (fml) difamación *f*

default¹ /dɪˈfɔːlt/ *n* **1** (omission) omisión *f*; (on payments) mora *f*; (failure to appear) incomparecencia *f*; (Law) rebeldía *f* **2** (lack) falta *f*; **he was elected by ~** fue elegido por ausencia de otros candidatos; (*before n*) **~ option** (Comput) opción *f* por defecto

default² *vi* **(a)** (Fin) **to ~ (**ON **sth)** no pagar* (algo) **(b)** (Law) estar* en rebeldía **(c)** (Sport) no presentarse

defeat¹ /dɪˈfiːt/ *n* **1** (by opponent) derrota *f* **2** (of motion, bill) (Adm, Govt) rechazo *m*

defeat² *vt* **1** ‹*opponent*› derrotar, vencer* **2** ‹*hopes/plans*› frustrar; **that would ~ the object of the exercise** eso iría en contra de lo que se pretende lograr **3** (Adm, Govt) ‹*opposition*› derrotar; ‹*bill/motion*› rechazar* **4** (baffle) (infml): **it ~s me** no alcanzo a comprenderlo

defeatist /dɪˈfiːtəst, BrE dɪˈfiːtɪst/ *adj* derrotista

defect¹ /ˈdiːfekt/ *n* defecto *m*; **a speech ~** un defecto en el habla

defect² /dɪˈfekt/ *vi* (Pol) desertar*, defeccionar (period)

defective /dɪˈfektɪv/ *adj* defectuoso

defector /dɪˈfektər, BrE dɪˈfektə(r)/ *n* desertor, -tora *m,f*

defence *etc* (BrE) ▶ **defense** *etc*

defend /dɪˈfend/ *vt* defender*
■ *vi* **1** (Law) actuar* por la defensa **2** (Sport): **he's better at ~ing** juega mejor como defensa

defendant /dɪˈfendənt/ *n* (Law) (in civil case) demandado, -da *m,f*; (in criminal case) acusado, -da *m,f*

defender /dɪˈfendər, BrE dɪˈfendə(r)/ *n* **(a)** (of cause, course of action, opinion) defensor, -sora *m,f* **(b)** (Sport) defensa *mf*

defending /dɪˈfendɪŋ/ *adj*: **the ~ champion** el actual campeón (*que defiende su título*)

defense, (BrE) **defence** /dɪˈfens, ˈdiːfens, BrE dɪˈfens/ *n* **1 (a)** (Mil) defensa *f* **(b)** (on personal level) defensa *f* **2 (a)** (protection) defensa *f*, protección *f* **(b)** (apologia) defensa *f* **3 defenses** *pl* (Mil, Med, Psych) defensas *fpl* **4** (Law) defensa *f* **5 (a)** (Sport) defensa *f* **(b)** (in chess) defensa *f*

defenseless, (BrE) **defenceless** /dɪˈfensləs, BrE dɪˈfenslɪs/ *adj* indefenso

defensive /dɪˈfensɪv/ *adj* defensivo

defer /dɪˈfɜːr, BrE dɪˈfɜː(r)/ **-rr-** *vt* (fml) diferir* (fml), aplazar*, postergar* (esp AmL)
● **defer to** [*v* + *prep* + *o*] (fml) deferir* a (fml)

deference /ˈdefərəns/ *n* (fml) deferencia *f*

deferential /ˈdefəˈrentʃəl, BrE ˌdefəˈrenʃəl/ *adj* deferente

deferment /dɪˈfɜːrmənt, BrE dɪˈfɜːmənt/ *n* (fml) aplazamiento *m*

defiance /dɪˈfaɪəns/ *n*: **an act of ~** un desafío, un acto de rebeldía; **in ~ of her orders** haciendo caso omiso de sus órdenes

defiant /dɪˈfaɪənt/ *adj* ‹*attitude/tone*› desafiante; ‹*person*› rebelde

d

deficiency /dɪ'fɪʃənsi/ *n* (*pl* **-cies**) deficiencia *f*

deficient /dɪ'fɪʃənt/ *adj* (fml) deficiente, insuficiente

deficit /'defəsɪt, BrE 'defɪsɪt/ *n* déficit *m*

define /dɪ'faɪn/ *vt* **(a)** (state meaning of, describe) ‹*word/position*› definir **(b)** ‹*powers/duties*› delimitar **(c)** (characterize) distinguir*

definite /'defənət, 'defnət, BrE 'defɪnɪt/ *adj* **1** **(a)** (final) ‹*date/price/offer*› definitivo, en firme **(b)** (certain) seguro, confirmado **(c)** (firm, categorical) ‹*tone*› firme, terminante **(d)** (distinct): **it's a ~ advantage/possibility** es, sin duda, una ventaja/posibilidad **2** (Ling): **~ article** artículo *m* determinado *or* definido

definitely /'defənətli, 'defnətli, BrE 'defɪnɪtli/ *adv* **(a)** (without doubt): **it's ~ true** es indudablemente cierto; **he ~ said we should meet here** seguro que dijo que nos encontráramos aquí **(b)** (definitively) ‹*arrange/agree*› definitivamente

definition /'defə'nɪʃən, BrE ˌdefɪ'nɪʃən/ *n* **(a)** (statement of meaning) definición *f*; **by ~** por definición **(b)** (categorization) definición *f*, delimitación *f*

definitive /dɪ'fɪnətɪv/ *adj* (*no comp*) **(a)** (final) ‹*verdict/victory*› definitivo **(b)** (authoritative) ‹*biography/study*› de mayor autoridad

deflate /dɪ'fleɪt/ *vt* **(a)** ‹*balloon/tire*› desinflar **(b)** (humble): **to ~ sb** bajarle los humos a algn **(c)** (depress) deprimir; **I felt ~d** me sentí por los suelos

deflation /dɪ'fleɪʃən/ *n* deflación *f*

deflect /dɪ'flekt/ *vt* **to ~ sth (FROM sth)** desviar* algo (DE algo)
■ *vi* desviarse*

defogger /diː'fɔːgər, BrE ˌdiː'fɒgə(r)/ *n* (AmE) desempañador *m*

deforestation /diːˌfɔːrə'steɪʃən, BrE ˌdiːfɒrɪ'steɪʃən/ *n* deforestación *f*, despoblación *f* forestal (Esp)

deformed /dɪ'fɔːrmd, BrE dɪ'fɔːmd/ *adj* deforme

deformity /dɪ'fɔːrməti, BrE dɪ'fɔːməti/ *n* (*pl* **-ties**) deformidad *f*

defraud /dɪ'frɔːd/ *vt* ‹*person*› estafar

defray /dɪ'freɪ/ *vt* (fml) ‹*cost*› sufragar* (fml)

defrost /diː'frɔːst, BrE ˌdiː'frɒst/ *vt* ‹*food*› descongelar; ‹*refrigerator*› deshelar*, descongelar
■ *vi* «*meat*» descongelarse; «*refrigerator*» deshelarse*, descongelarse

deft /deft/ *adj* **-er**, **-est** ‹*movement*› hábil, diestro

deftly /'deftli/ *adv* hábilmente, con destreza

defunct /dɪ'fʌŋkt/ *adj* ‹*idea/theory*› caduco; ‹*institution*› desaparecido, extinto, fenecido (fml)

defuse /diː'fjuːz/ *vt* ‹*bomb*› desactivar; ‹*situation*› distender*; ‹*crisis*› calmar

defy /dɪ'faɪ/ *vt* **defies**, **defying**, **defied** **(a)** (disobey) ‹*order/authority*› desacatar, desobedecer* **(b)** (resist): **to ~ understanding/description** ser* incomprensible/indescriptible **(c)** (ignore) ‹*danger/death*› desafiar*

degenerate¹ /dɪ'dʒenəreɪt/ *vi* degenerar; «*health*» deteriorarse

degenerate² /dɪ'dʒenərət/ *adj* degenerado

degeneration /dɪ'dʒenə'reɪʃən/ *n* **(a)** (deterioration) degeneración *f*, deterioro *m* **(b)** (Med) (of tissue, organs) degeneración *f*

degrade /dɪ'greɪd/ *vt* degradar

degrading /dɪ'greɪdɪŋ/ *adj* degradante

degree /dɪ'griː/ *n* **1** (level, amount) grado *m*, nivel *m*; **there's a ~ of truth in what she says** hay cierta verdad en lo que dice; ***to a ~*** (extremely) en grado sumo; (to some extent) hasta cierto punto **2** (grade, step) grado *m*; **first/third ~ burns** quemaduras *fpl* de primer/tercer grado; **first/second ~ murder** (in US) homicidio *m* en primer/segundo grado; ***by ~s*** gradualmente, paulatinamente **3** (Math, Geog, Meteo, Phys) grado *m*; **12 ~s below zero** 12 grados bajo cero; **this wine is 12 ~s proof** este vino es de *or* tiene 12 grados **4** (Educ) título *m*; **first ~** licenciatura *f*; **he has** o (fml) **holds a ~ in chemistry** es licenciado en química

dehydrated /'diːhaɪ'dreɪtəd, BrE ˌdiːhaɪ'dreɪtɪd/ *adj* deshidratado; **to become ~** deshidratarse

dehydration /'diːhaɪ'dreɪʃən/ *n* deshidratación *f*

deign /deɪn/ *vi* **to ~ to** + INF dignarse (A) + INF

deity /'diːəti/ *n* (*pl* **-ties**) deidad *f*

dejected /dɪ'dʒektəd, BrE dɪ'dʒektɪd/ *adj* abatido, desalentado

Del = **Delaware**

delay¹ /dɪ'leɪ/ *vt* **1** (make late, hold up) retrasar, demorar (esp AmL) **2** (defer) ‹*decision/payment*› retrasar, demorar (esp AmL)
■ *vi* tardar, demorar (esp AmL)

delay² *n* **(a)** (waiting) tardanza *f*, dilación *f*, demora *f* (esp AmL) **(b)** (holdup) retraso *m*, demora *f* (esp AmL); **~s can be expected on major roads** se puede esperar embotellamientos en las principales carreteras

delayed action /dɪ'leɪd/ *n* acción *f* retardada

delectable /dɪ'lektəbəl/ *adj* **(a)** (delicious) delicioso, exquisito **(b)** (delightful) delicioso, encantador

delegate¹ /'delɪgeɪt/ *vt/i* delegar*

delegate² /'delɪgət/ *n* delegado, -da *m,f*

delegation /'delɪ'geɪʃən/ *n* delegación *f*

delete /dɪ'liːt/ *vt* suprimir, eliminar; (by crossing out) tachar; (Comput) borrar, suprimir

delete key *n* (Comput) tecla *f* de borrar, tecla *f* de borrado

deli /'deli/ *n* (infml) ▶ **delicatessen**

deliberate¹ /dɪ'lɪbərət, -brət/ *adj* **1** (intentional) ‹*act/attempt*› deliberado, intencionado **2** **(a)** (considered) reflexivo **(b)** (unhurried) pausado, lento

deliberate² /dɪ'lɪbəreɪt/ *vi* (fml) **to ~ (ABOUT/ON sth)** deliberar (SOBRE algo)
■ *vt* (fml) deliberar sobre

deliberately /dɪ'lɪbərətli, -brətli/ *adv* **1** (intentionally) adrede, a propósito **2** (unhurriedly) pausadamente, con parsimonia

deliberation /dɪ'lɪbə'reɪʃən/ *n* (fml) **(a)** (consideration) deliberación *f* **(b)** **deliberations** *pl* (decision-making) deliberaciones *fpl*

delicacy /'delɪkəsi/ *n* (*pl* **-cies**) **1** **(a)** (fineness, intricacy) delicadeza *f*, lo delicado; (fragility) fragilidad *f*, lo delicado **(b)** (tact) delicadeza *f* **(c)** (subtleness) lo delicado **2** (choice food) manjar *m*, exquisitez *f*

delicate /'delɪkət/ *adj* **1** **(a)** (fine, intricate) ‹*lace/features*› delicado; ‹*workmanship*› fino, esmerado **(b)** (fragile, needing care) delicado **2** **(a)** (needing skill, tact) delicado **(b)** (tactful) delicado, discreto **3** (subtle) ‹*shade/taste*› delicado

delicately /'delɪkətli/ *adv* **1** ‹*carve/paint*› con delicadeza, delicadamente **2** ‹*treat*› con delicadeza **3** ‹*patterned/perfumed*› delicadamente

delicatessen /'delɪkə'tesən/ *n* charcutería *f*, rotisería *f* (CS), salsamentaria *f* (Col), salchichonería *f* (Méx)

delicious /dɪ'lɪʃəs/ *adj* delicioso

delight[1] /dɪ'laɪt/ *n* **(a)** (joy) placer *m*, deleite *m*; **to take ~ in sth** disfrutar *or* gozar* con algo **(b)** (source of joy) placer *m*

delight[2] *vt* **(a)** (make very happy) llenar de alegría; **his success ~ed them** su éxito los llenó de alegría **(b)** (give pleasure to) deleitar; **the clown ~ed the children** el payaso hizo las delicias de *or* deleitó a los niños
■ *vi* **to ~** IN -ING deleitarse + GER

delighted /dɪ'laɪtəd, BrE dɪ'laɪtɪd/ *adj* ‹*grin/look*› de alegría; **I'm ~ (that) you can come** me alegra mucho que puedas venir; **to be ~** WITH **sth/sb** estar* encantado CON algo/algn

delightful /dɪ'laɪtfəl/ *adj* ‹*weather/evening*› muy agradable, delicioso; ‹*person*› encantador; ‹*dress*› precioso

delineate /dɪ'lɪnieɪt/ *vt* (fml) **(a)** (draw) trazar*, delinear **(b)** (describe) ‹*problem*› definir

delinquency /dɪ'lɪŋkwənsi/ *n* (Law, Sociol) delincuencia *f*

delinquent /dɪ'lɪŋkwənt/ *n* delincuente *mf*

delirious /dɪ'lɪriəs/ *adj* **(a)** (Med) delirante; **to be ~** delirar, desvariar* **(b)** (wildly excited, happy) (infml) loco de alegría (fam)

deliver /dɪ'lɪvər, BrE dɪ'lɪvə(r)/ *vt* **1** **(a)** (hand over) entregar* **(b)** (distribute) repartir (*a domicilio*) **2** **(a)** (administer) ‹*blow/punch*› propinar, asestar **(b)** (issue) ‹*ultimatum/lecture/sermon*› dar*; ‹*warning*› hacer*; ‹*speech*› pronunciar; ‹*judgment*› dictar, pronunciar, emitir **(c)** (produce, provide): **he promised much, but ~ed little** cumplió muy poco de lo mucho que había prometido **(d)** (Sport) ‹*ball*› lanzar* **(e)** (in elections) (AmE) ‹*state*› ganar **3** (Med): **her husband ~ed the baby** su marido la asistió en el parto
■ *vi* **1** (Busn): **we ~ free of charge** hacemos reparto(s) a domicilio gratuitamente **2** (produce the necessary) (infml) cumplir

delivery /dɪ'lɪvəri/ *n* (*pl* **-ries**) **1** **(a)** (act) entrega *f*; (*before n*) **~ charges** gastos *mpl* de envío *or* transporte; **~ man** repartidor *m*; **~ truck** o (BrE) **van** camioneta *f or* furgoneta *f* de los repartos **(b)** (occasion) reparto *m*; **is there a ~ on Saturdays?** ¿hay reparto los sábados? **(c)** (consignment) partida *f*, remesa *f* **2** (of baby) parto *m*, alumbramiento *m* (fml) **3** (manner of speaking) expresión *f* oral

delta /'deltə/ *n* delta *m*

delude /dɪ'lu:d/ *vt* engañar

deluge /'delju:dʒ/ *n* **1** **(a)** (flood) inundación *f* **(b)** (downpour) diluvio *m* **2** (of protests, questions, letters) aluvión *m*, avalancha *f*

delusion /dɪ'lu:ʒən/ *n* (mistaken idea) error *m*; (vain hope) falsa ilusión *f*

deluxe /də'lʊks/ *adj* de lujo

delve /delv/ *vi* (liter) **to ~** INTO **sth** ahondar EN algo; **to ~ into the past** hurgar* en el pasado

demand[1] /dɪ'mænd, BrE dɪ'mɑ:nd/ *vt* **1** «*person*» (call for, insist on) exigir*; **the unions are ~ing better conditions** los sindicatos reclaman mejores condiciones **2** (require) ‹*determination/perseverance*› exigir*, requerir*

demand[2] *n* **1** (claim) exigencia *f*; (Lab Rel, Pol) reivindicación *f*, reclamo *m*; (request) petición *f*, pedido *m* (AmL); **the ~s of the job** las exigencias del trabajo; **abortion on ~** libre aborto *m* **2** (requirement) demanda *f*; **he's in great ~** está muy solicitado, es popular

demanding /dɪ'mændɪŋ, BrE dɪ'mɑ:ndɪŋ/ *adj* ‹*job*› que exige mucho; ‹*book/music*› difícil; ‹*teacher*› exigente

demarcation /'di:mɑ:r'keɪʃən, BrE ˌdi:mɑ:'keɪʃən/ *n* demarcación *f*; (*before n*) **~ line** línea *f* de demarcación

demean /dɪ'mi:n/ *vt* (fml) degradar

demeaning /dɪ'mi:nɪŋ/ *adj* degradante

demeanor, (BrE) **demeanour** /dɪ'mi:nər, BrE dɪ'mi:nə(r)/ *n* (fml) **(a)** (behavior) comportamiento *m*, conducta *f* **(b)** (bearing) porte *m*

demented /dɪ'mentəd, BrE dɪ'mentɪd/ *adj* ‹*person*› demente; ‹*screams/mutterings*› enloquecido

dementia /dɪ'mentʃə, BrE dɪ'menʃə/ *n* demencia *f*

demerara (sugar) /'demə'rɑ:rə, BrE ˌdemə'reərə/ *n* (BrE) azúcar *f* morena, azúcar *m* moreno

demerit /di:'merət, BrE di:'merɪt/ *n* (fml) demérito *m* (fml)

demise /dɪ'maɪz/ *n* (*no pl*) (fml) **(a)** (death) fallecimiento *m* (fml), deceso *m* (AmL fml) **(b)** (end) desaparición *f*

demister /'di:'mɪstər, BrE ˌdi:'mɪstə(r)/ *n* (BrE) desempañador *m*

demo /'deməʊ/ *n* (*pl* **demos**) **1** (Mus) demostración *f*; (*before n*) **~ tape** cinta *f* de demostración **2** (protest) (BrE infml) manifestación *f*

demobilize /'dɪ'məʊbəlaɪz, BrE di:'məʊbɪlaɪz/ *vt* desmovilizar*

democracy /dɪ'mɑ:krəsi, BrE dɪ'mɒkrəsi/ *n* (*pl* **-cies**) democracia *f*

democrat /'deməkræt/ *n* **(a)** (believer in democracy) demócrata *mf* **(b) Democrat** (in US) demócrata *mf*

democratic /'demə'krætɪk/ *adj* **(a)** ‹*country/election*› democrático **(b) Democratic** (in US) demócrata

demographic /'demə'græfɪk/ *adj* demográfico

demography /dɪ'mɑ:grəfi, BrE dɪ'mɒgrəfi/ *n* demografía *f*

demolish /dɪ'mɑ:lɪʃ, BrE dɪ'mɒlɪʃ/ *vt* ‹*structure/building*› demoler*, derribar, echar abajo; ‹*argument/theory*› demoler*, echar por tierra

d

demolition /ˈdeməˈlɪʃən/ *n* (of building) demolición *f*, derribo *m*; (of theory) demolición *f*, destrucción *f*

demon /ˈdiːmən/ *n* demonio *m*

demonstrate /ˈdemənstreɪt/ *vt* **(a)** (show) ‹*need/ability*› demostrar* **(b)** (Marketing) hacer* una demostración de
■ *vi* (Pol) manifestarse*

demonstration /ˈdemənˈstreɪʃən/ *n* **1** **(a)** (expression) muestra *f*, demostración *f* **(b)** (display) demostración *f* **2** (Pol) manifestación *f*

demonstrative /dɪˈmɑːnstrətɪv, BrE dɪˈmɒnstrətɪv/ *adj* efusivo, expresivo, demostrativo (AmL)

demonstrator /ˈdemənstreɪtər, BrE ˈdemənstreɪtə(r)/ *n* manifestante *mf*

demoralize /dɪˈmɔːrəlaɪz, BrE dɪˈmɒrəlaɪz/ *vt* desmoralizar*

demoralizing /dɪˈmɔːrəlaɪzɪŋ, BrE dɪˈmɒrəlaɪzɪŋ/ *adj* desalentador, desmoralizante

demote /dɪˈməʊt, ˈdiː-/ *vt* (in organization) bajar de categoría; (Mil) degradar

demotion /dɪˈməʊʃən, diː-/ *n* (in organization) descenso *m* de categoría; (Mil) degradación *f*

demur /dɪˈmɜːr, BrE dɪˈmɜː(r)/ *vi* **-rr-** (fml) objetar

demure /dɪˈmjʊr, BrE dɪˈmjʊə(r)/ *adj* recatado

den /den/ *n* **1** (of animals, thieves) guarida *f* **2** (room) (infml) cuarto *m* de estar; (for study, work) estudio *m*

denial /dɪˈnaɪəl/ *n* **1** (of accusation, fact): **to issue a ~ of sth** desmentir* algo; **to be in ~** no querer reconocer algo **2** (of request, rights) denegación *f* **3** (repudiation) negación *f*, rechazo *m* **4** (abstinence) renuncia *f*

denier /ˈdenjər, BrE ˈdenɪə(r)/ *n* denier *m*

denigrate /ˈdenɪgreɪt/ *vt* (fml) ‹*character/person*› denigrar; ‹*effort*› menospreciar

denim /ˈdenəm, BrE ˈdenɪm/ *n* (Tex) tela *f* vaquera *or* de jeans, mezclilla *f* (Chi, Méx); (*before n*) ‹*jacket/skirt*› vaquero, tejano (Esp), de mezclilla (Chi, Méx)

Denmark /ˈdenmɑːrk, BrE ˈdenmɑːk/ *n* Dinamarca *f*

denomination /dɪnɑːməˈneɪʃən, BrE dɪˌnɒmɪˈneɪʃən/ *n* **1** (Relig) confesión *f* **2** (of currency) valor *m*, denominación *f* (AmL)

denominator /dɪˈnɑːməneɪtər, BrE dɪˈnɒmɪneɪtə(r)/ *n* (Math) denominador *m*

denote /dɪˈnəʊt/ *vt* denotar

denouement /ˌdeɪnuːˈmɑːn, BrE deɪˈnuːmɔːn/ *n* desenlace *m*

denounce /dɪˈnaʊns/ *vt* denunciar

dense /dens/ *adj* **denser**, **densest** **1** **(a)** (closely spaced) ‹*forest/jungle*› espeso; ‹*population/traffic*› denso; ‹*crowd*› compacto, apretado **(b)** (thick) ‹*fog/mist/smoke*› denso, espeso **(c)** (Phys) denso **(d)** (complicated) ‹*prose/article*› denso **2** (stupid) (infml) burro (fam), duro de entendederas (fam)

densely /ˈdensli/ *adv* ‹*populated/forested*› densamente; ‹*packed*› apretadamente

density /ˈdensəti/ *n* (*pl* **-ties**) densidad *f*; (of fog) lo espeso, densidad *f*

dent¹ /dent/ *n* (in metal) abolladura *f*, abollón *m*; (in wood) marca *f*

dent² *vt* ‹*metal*› abollar; ‹*wood*› hacer* una marca en; ‹*popularity*› afectar; ‹*pride*› hacer* mella en

dental /ˈdentl/ *adj* dental; ‹*school*› de odontología

dental floss /flɑːs, BrE flɒs/ *n* hilo *m or* seda *f* dental

dentist /ˈdentəst, BrE ˈdentɪst/ *n* dentista *mf*, odontólogo, -ga *m,f* (fml)

dentistry /ˈdentəstri, BrE ˈdentɪstri/ *n* odontología *f*

dentures /ˈdentʃərz, BrE ˈdentʃəz/ *pl n* dentadura *f* postiza

deny /dɪˈnaɪ/ *vt* **denies**, **denying**, **denied** **1** ‹*accusation/fact*› negar*; ‹*rumors*› desmentir* **2** (refuse) ‹*request*› denegar*

deodorant /diːˈəʊdərənt/ *n* desodorante *m*

depart /dɪˈpɑːrt, BrE dɪˈpɑːt/ *vi* (Transp) salir*, partir (fml); «*person*» (fml) partir (fml), salir*

department /dɪˈpɑːrtmənt, BrE dɪˈpɑːtmənt/ *n* **1** (of store) sección *f*; (of company) departamento *m*, sección *f* **2** **(a)** (Govt) ministerio *m*, secretaría *f* (Méx) **(b)** (AmE) (Adm): **the police/fire ~** el cuerpo de policía/bomberos **3** (Educ) departamento *m*

department store *n* (grandes) almacenes *mpl*, tienda *f* de departamentos (Méx)

departure /dɪˈpɑːrtʃər, BrE dɪˈpɑːtʃə(r)/ *n* (Transp) salida *f*, partida *f* (fml); (of person) (fml) partida *f* (fml), ida *f*; **point of ~** punto *m* de partida; **a ~ from the norm** una desviación de la norma; (*before n*) **~ gate/lounge** puerta *f*/sala *f* de embarque

depend /dɪˈpend/ *vi* **to ~ ON sb/sth** depender DE algn/algo

dependable /dɪˈpendəbəl/ *adj* ‹*person*› formal, digno de confianza; ‹*ally/workman*› digno de confianza

dependant /dɪˈpendənt/ *n* (BrE) carga *f* familiar, familiar *mf* a su (*or* mi *etc*) cargo

dependence /dɪˈpendəns/ *n* dependencia *f*

dependent¹ /dɪˈpendənt/ *adj* **(a)** (reliant) (*pred*) **to be ~ ON sth/sb** depender DE algo/algn **(b)** (conditional) (*pred*) **to be ~ ON sth** depender DE algo

dependent² *n* carga *f* familiar, familiar *mf* a su (*or* mi *etc*) cargo

depict /dɪˈpɪkt/ *vt* (fml) **(a)** (portray) representar **(b)** (describe) describir*, pintar

depiction /dɪˈpɪkʃən/ *n* (fml) **(a)** (representation) representación *f* **(b)** (description) descripción *f*

depilatory /dɪˈpɪlətɔːri, BrE dɪˈpɪlətri/ *n* (*pl* **-ries**) depilatorio *m*

deplete /dɪˈpliːt/ *vt* (reduce) ‹*supply/stock*› reducir*; (exhaust) ‹*energy source*› agotar

deplorable /dɪˈplɔːrəbəl/ *adj* **(a)** (disgraceful) deplorable, vergonzoso **(b)** (regrettable) lamentable

deplore /dɪˈplɔːr, BrE dɪˈplɔː(r)/ *vt* (fml) **(a)** (condemn) deplorar, condenar **(b)** (regret) deplorar, lamentar

deploy /dɪˈplɔɪ/ *vt* **1** (position) (Mil) desplegar* **2** (distribute, use) (fml) utilizar*, hacer* uso de

deport /dɪˈpɔːrt, BrE dɪˈpɔːt/ *vt* deportar

palabra clave

deportation /ˌdiːpɔːrˈteɪʃən, BrE ˌdiːpɔːˈteɪʃən/ *n* deportación *f*

deportment /dɪˈpɔːrtmənt, BrE dɪˈpɔːtmənt/ *n* (fml) **(a)** (carriage) porte *m* **(b)** (conduct) conducta *f*

depose /dɪˈpəʊz/ *vt* ‹*dictator/ruler*› deponer*, derrocar*; ‹*champion/king*› destronar

deposit[1] /dɪˈpɑːzət, BrE dɪˈpɒzɪt/ *vt* **1** **(a)** (set down) depositar, poner* **(b)** (Geol) ‹*silt*› depositar **2** **(a)** (leave) depositar **(b)** ‹*money*› depositar, ingresar (Esp)

deposit[2] *n* **1** **(a)** (payment into account) depósito *m*, ingreso *m* (Esp); (*before n*) **~ account** cuenta *f* de ahorros **(b)** (down payment — on large amounts) depósito *m*, entrega *f* inicial; (— on small amounts) depósito *m*, señal *f*, seña *f* (RPl) **(c)** (security) depósito *m*, fianza *f* **2** (accumulation — of silt, mud) depósito *m*; (— of dust) capa *f* **3** (Min) (of gas) depósito *m*; (of gold, copper) yacimiento *m*

depot /ˈdiːpəʊ, BrE ˈdepəʊ/ *n* **1** **(a)** (storehouse) depósito *m*, almacén *m* **(b)** (Mil) depósito *m* **2** (esp AmE) (bus station) terminal *f or* (Chi) *m*, estación *f* de autobuses; (train station) estación *f* **3** (esp BrE) (storage area) **(a)** (for buses) garage *m* (esp AmL), cochera *f* (Esp), depósito *m* (Chi) **(b)** (for trains) depósito *m* de locomotoras

depraved /dɪˈpreɪvd/ *adj* depravado

depravity /dɪˈprævəti/ *n* depravación *f*

deprecating /ˈdeprɪkeɪtɪŋ/ *adj* (fml) **(a)** (disapproving) ‹*remark*› de desaprobación, reprobatorio **(b)** (belittling) ‹*smile/laugh*› de desprecio

depreciate /dɪˈpriːʃieɪt/ *vt* (Fin) depreciar ■ *vi* (Fin) depreciarse

depress /dɪˈpres/ *vt* **1** (sadden) deprimir, abatir **2** (press down) (fml) ‹*lever*› bajar; ‹*button*› pulsar (fml) **3** (Econ) ‹*market*› deprimir; ‹*prices/wages*› reducir*, hacer* bajar

depressed /dɪˈprest/ *adj* **1** (dejected) deprimido, abatido; **to get ~** deprimirse, dejarse abatir **2** (Econ) ‹*economy/market/area*› deprimido

depressing /dɪˈpresɪŋ/ *adj* deprimente

depression /dɪˈpreʃən/ *n* **1** (despondency) depresión *f*, abatimiento *m* **2** (in flat surface) depresión *f* **3** (Econ) depresión *f*, crisis *f*

deprivation /ˈdeprəˈveɪʃən, BrE ˌdeprɪˈveɪʃən/ *n* (lack, loss) privación *f*; (hardship) privaciones *fpl*, penurias *fpl*

deprive /dɪˈpraɪv/ *vt* **to ~ sb** OF **sth** privar a algn DE algo

deprived /dɪˈpraɪvd/ *adj* ‹*child*› carenciado, desventajado; ‹*region*› carenciado

dept (= **department**) Dpto.

depth /depθ/ *n* **1** **(a)** (of hole, water) profundidad *f*; *out of one's* **~: when it comes to computers I'm out of my ~** estoy muy flojo en informática; **don't go out of your ~** (in water) no vayas donde no haces pie *or* no tocas fondo **(b)** (of shelf, cupboard) profundidad *f*, fondo *m*; (of hem) ancho *m* **2** (of emotion, knowledge) profundidad *f*; **to study sth in ~** estudiar algo a fondo *or* en profundidad **3** (of voice) profundidad *f*; (of sound) intensidad *f* **4** **depths** *pl n* **in the ~s of the ocean** en las profundidades del océano; **in the ~s of despair** en lo más hondo de la desesperación

deputation /ˈdepjəˈteɪʃən, BrE ˌdepjʊˈteɪʃən/ *n* delegación *f*

deputy /ˈdepjəti/ *n* (*pl* **-ties**) **1** **(a)** (second-in-command) segundo, -da *m,f*; (substitute) suplente *mf*, reemplazo *mf* **(b) ~ (sheriff)** (AmE) (Law) ayudante *mf* del sheriff **2** (Govt) diputado, -da *m,f*

derail /dɪˈreɪl/ *vt* **(a)** ‹*train*› hacer* descarrilar **(b)** (upset) ‹*plan*› desbaratar

deranged /dɪˈreɪndʒd/ *adj* trastornado

derby /ˈdɜːrbi, BrE ˈdɑːbi/ *n* (*pl* **derbies**) **1** (Sport): **the D~** (in UK) el Derby, el clásico de Epsom; **the Kentucky D~** el Derby de Kentucky **2** (hat) (AmE) bombín *m*, sombrero *m* de hongo

deregulate /ˈdiːˈregjəleɪt, BrE ˌdiːˈregjʊleɪt/ *vt* desregular, liberalizar*

deregulation /ˈdiːˈregjəˈleɪʃən, BrE diːˌregjʊˈleɪʃən/ *n* desregulación *f*, liberalización *f*

derelict /ˈderəlɪkt/ *adj* abandonado y en ruinas

deride /dɪˈraɪd/ *vt* (fml) ridiculizar*, burlarse de

derision /dɪˈrɪʒən/ *n* (fml) escarnio *m* (fml), irrisión *f* (fml)

derisive /dɪˈraɪsɪv/ *adj* ‹*smile/laughter*› burlón; ‹*attitude/remark*› desdeñoso y burlón

derisory /dɪˈraɪzəri/ *adj* ‹*sum/offer*› irrisorio

derivative[1] /dɪˈrɪvətɪv/ *adj* (unoriginal) ‹*novel*› carente de originalidad; ‹*plot/theme*› manido, trillado; ‹*artist/writer*› adocenado

derivative[2] *n* (in industry) derivado *m*

derive /dɪˈraɪv/ *vt*: **children can ~ great enjoyment from the simplest things** las cosas más simples pueden dar enorme placer a un niño; **the name is ~d from the Greek** el nombre viene *or* deriva del griego ■ *vi* **to ~** FROM **sth** «*attitude/problem*» provenir* DE algo; «*idea*» tener* su origen EN algo; (Ling) derivar(se) DE algo

dermatitis /ˈdɜːrməˈtaɪtəs, BrE ˌdɜːməˈtaɪtɪs/ *n* dermatitis *f*

derogatory /dɪˈrɑːgətɔːri, BrE dɪˈrɒgətri/ *adj* despectivo, peyorativo

descant /ˈdeskænt/ *n* contrapunto *m*

descend /dɪˈsend/ *vi* (move downwards) descender* (fml), bajar; **in ~ing order of importance** en orden decreciente *or* descendente de importancia; **don't ~ to his level** no te pongas a su nivel ■ *vt* descender*(fml), bajar

descendant /dɪˈsendənt/ *n* descendiente *mf*

descended /dɪˈsendəd, BrE dɪˈsendɪd/ *adj* (*pred*) **to be ~** FROM **sb** ser* descendiente DE algn, descender* DE algn

descendent *n* (AmE) ▶ **descendant**

descent /dɪˈsent/ *n* **1** **(a)** (by climbers, plane) descenso *m*, bajada *f* **(b)** (in terrain) pendiente *f*, bajada *f* **2** (decline) caída *f* **3** (lineage) ascendencia *f*

⚷ **describe** /dɪˈskraɪb/ *vt* describir*; **he ~s himself as a socialist** se define como socialista

⚷ **description** /dɪˈskrɪpʃən/ *n* descripción *f*; **of every ~** de todo tipo, de toda clase

descriptive /dɪˈskrɪptɪv/ *adj* descriptivo

desecrate /ˈdesɪkreɪt/ *vt* profanar

desert[1] /ˈdezərt, BrE ˈdezət/ *n* (Geog) desierto *m*; (*before n*) ‹*region/climate*› desértico; ‹*tribe/sand*› del desierto

desert[2] /dɪˈzɜːrt, BrE dɪˈzɜːt/ *vt* **(a)** (fml) ‹*place*› abandonar, huir* de **(b)** ‹*family*› abandonar; ‹*cause*› desertar de
■ *vi* (Mil) desertar

deserted /dɪˈzɜːrtəd, BrE dɪˈzɜːtɪd/ *adj* **(a)** ‹*streets/village*› desierto **(b)** ‹*husband/wife*› abandonado

deserter /dɪˈzɜːrtər, BrE dɪˈzɜːtə(r)/ *n* desertor, -tora *m,f*

desertion /dɪˈzɜːrʃən, BrE dɪˈzɜːʃən/ *n* **(a)** (Mil) deserción *f* **(b)** (of family, place) abandono *m*

desert island /ˈdezərt, BrE ˈdezət/ *n* isla *f* desierta

deserts /dɪˈzɜːrts, BrE dɪˈzɜːts/ *pl n*: ***to get one's just*** **~** recibir su (*or* tu *etc*) merecido

✎ **deserve** /dɪˈzɜːrv, BrE dɪˈzɜːv/ *vt* merecer(se)*; **they got what they ~d** se llevaron su merecido

deserving /dɪˈzɜːrvɪŋ, BrE dɪˈzɜːvɪŋ/ *adj* ‹*cause/case*› meritorio; **the ~ poor** los pobres dignos de ayuda

desiccated /ˈdesɪkeɪtəd, BrE ˈdesɪkeɪtɪd/ *adj* seco; **~ coconut** coco *m* rallado

✎ **design**[1] /dɪˈzaɪn/ *n* **1** **(a)** (of product, car, machine) diseño *m*; (drawing) diseño *m*, boceto *m* **(b)** (pattern, decoration) diseño *m*, motivo *m*, dibujo *m* **(c)** (product, model) modelo *m* **2** **(a)** (Art) diseño *m* **(b)** (style) estilo *m*, líneas *fpl* **3** **(a)** (plan) (liter) plan *m*; **by ~** deliberadamente **(b) designs** *pl n* (intentions) propósitos *mpl*, designios *mpl* (liter)

✎ **design**[2] *vt* ‹*house/garden*› diseñar, proyectar; ‹*dress/product*› diseñar; ‹*course/program*› planear, estructurar; **a statement ~ed to reassure the public** una declaración destinada a tranquilizar al público

designate[1] /ˈdezɪgneɪt/ *vt* **1** (name officially) nombrar, designar **2** (call) (fml) designar

designate[2] /ˈdezɪgneɪt, -nət, BrE ˈdezɪgnət/ *adj* (*after n*): **the governor ~** quien ha sido nombrado gobernador

designer /dɪˈzaɪnər, BrE dɪˈzaɪnə(r)/ *n* diseñador, -dora *m,f*; (*before n*) ‹*clothes/jeans*› de diseño exclusivo; ‹*furniture/pen*› de diseño

desirable /dɪˈzaɪrəbəl, BrE dɪˈzaɪərəbəl/ *adj* **(a)** ‹*property/location*› atractivo **(b)** (sexually) ‹*man/woman*› atractivo, deseable **(c)** ‹*outcome*› deseable, conveniente; ‹*option*› conveniente, aconsejable

✎ **desire**[1] /dɪˈzaɪr, BrE dɪˈzaɪə(r)/ *n* **1** (wish) deseo *m*, anhelo *m* (liter) **2** (lust) deseo *m*

desire[2] *vt* **(a)** (want) ‹*happiness/success*› desear; **to leave a lot to be ~d** dejar bastante que desear **(b)** (lust after) ‹*person*› desear

desirous /dɪˈzaɪrəs, BrE dɪˈzaɪərəs/ *adj* (fml) (*pred*): **we are ~ of your success** le deseamos éxito

desist /dɪˈzɪst/ *vi* (fml) **to ~** (FROM **sth**/-ING) (cease) desistir (DE algo/+ INF); (abstain) abstenerse* (DE algo/+ INF)

desk /desk/ *n* **(a)** (table) escritorio *m*, mesa *f* de trabajo; (in school) pupitre *m*; (*before n*) ‹*lamp*› de escritorio, de (sobre)mesa; **a ~ job** un trabajo de oficina **(b)** (service counter) mostrador *m* **(c)** (Journ) sección *f*

desktop /ˈdesktɑːp, BrE ˈdesktɒp/ *adj* (*before n*) ‹*calculator/computer*› de escritorio, de (sobre)mesa; **~ publishing** autoedición *f*, edición *f* electrónica

desolate /ˈdesələt/ *adj* **1** (deserted) ‹*place/landscape*› desierto, desolado **2** ‹*person*› desconsolado, desolado; ‹*outlook/existence*› sombrío, lúgubre

despair[1] /dɪˈsper, BrE dɪˈspeə(r)/ *n* desesperación *f*; **to be in ~** estar* desesperado

despair[2] *vi* perder* las esperanzas, desesperar(se); **honestly, I ~ of you!** ¡francamente, eres un caso perdido!

despairing /dɪˈsperɪŋ, BrE dɪˈspeərɪŋ/ *adj* ‹*look/cry*› de desesperación

despatch /dɪˈspætʃ/ *vt/n* ▶ **dispatch**[1,2]

desperate /ˈdespərət/ *adj* **1** (frantic) ‹*person/attempt*› desesperado; **to be ~** estar* desesperado **2** (critical) ‹*state/situation*› grave, desesperado; ‹*need*› apremiante

desperately /ˈdespərətli/ *adv* ‹*struggle*› desesperadamente; ‹*need*› urgentemente, con urgencia

desperation /ˈdespəˈreɪʃən/ *n* desesperación *f*

despicable /dɪˈspɪkəbəl/ *adj* vil, despreciable

despise /dɪˈspaɪz/ *vt* despreciar (profundamente)

✎ **despite** /dɪˈspaɪt/ *prep* a pesar de

despondent /dɪˈspɑːndənt, BrE dɪˈspɒndənt/ *adj* abatido, descorazonado

despot /ˈdespɑːt, BrE ˈdespɒt/ *n* déspota *mf*

dessert /dɪˈzɜːrt, BrE dɪˈzɜːt/ *n* postre *m*

dessertspoon /dɪˈzɜːrtspuːn, BrE dɪˈzɜːtspuːn/ *n* cuchara *f* de postre

destabilize /ˈdiːˈsteɪbəlaɪz/ *vt* desestabilizar*

destination /ˈdestəˈneɪʃən, BrE ˌdestɪˈneɪʃən/ *n* **(a)** (end of journey) destino *m* **(b)** (purpose) meta *f*

destined /ˈdestənd, BrE ˈdestɪnd/ *adj* (*pred*) **1** (fated) **to be ~ to** + INF estar* (pre)destinado A + INF **2** **(a)** (intended) **~** FOR **sth** destinado A algo **(b)** (bound, on way): **~ for the West Indies** con destino al Caribe

destiny /ˈdestəni, BrE ˈdestɪni/ *n* (*pl* **-nies**) destino *m*, sino *m* (liter)

destitute /ˈdestətuːt, BrE ˈdestɪtjuːt/ *adj* indigente

✎ **destroy** /dɪˈstrɔɪ/ *vt* **(a)** (ruin, wreck) ‹*building/forest*› destruir*; ‹*reputation/confidence*› acabar con; ‹*life*› arruinar **(b)** ‹*animal*› sacrificar* (euf)

destroyer /dɪˈstrɔɪər, BrE dɪˈstrɔɪə(r)/ *n* destructor *m*

✎ **destruction** /dɪˈstrʌkʃən/ *n* **1** (of city, books, forest) destrucción *f*; (of reputation, civilization) ruina *f*, destrucción *f*; (slaughter) exterminación *f* **2** (cause of downfall) (fml) ruina *f*, perdición *f* **3** (damage) destrucción *f*, estragos *mpl*, destrozos *mpl*

destructive /dɪˈstrʌktɪv/ *adj* ‹*storm/weapon*› destructor; ‹*tendency*› destructivo; ‹*child*› destrozón; ‹*criticism*› destructivo, negativo

desultory /ˈdesəltɔːri, BrE ˈdezəltəri/ *adj* ‹*effort/attempt*› desganado

✎ palabra clave

detach /dɪ'tætʃ/ *vt* (separate) separar, quitar; (unstick) despegar*; **the headrest can be ~ed** el apoyacabezas se puede desmontar *or* quitar

detachable /dɪ'tætʃəbəl/ *adj* ‹*cover*› de quita y pon, de quitar y poner; ‹*lining*› desmontable

detached /dɪ'tætʃt/ *adj* **1** ‹*person/manner*› (aloof) distante, indiferente; (objective) objetivo, imparcial **2** (BrE) ‹*house*› no adosado

detachment /dɪ'tætʃmənt/ *n* **1** (aloofness) distancia *f*, indiferencia *f*; (objectivity) objetividad *f*, imparcialidad *f* **2** (act of detaching) (fml) desprendimiento *m* **3** (Mil) destacamento *m*

detail[1] /dɪ'teɪl, 'diːteɪl, BrE 'diːteɪl/ *n* **1** **(a)** (particular) detalle *m*, pormenor *m*; **he asked for further ~s** pidió más información *or* información más detallada **(b)** (embellishment) detalle *m* **(c)** (insignificant matter) minucia *f*, detalle *m* (sin importancia) **2** (minutiae) detalles *mpl*; **to go into ~** entrar en detalles *or* pormenores; **to explain sth in ~** explicar* algo detalladamente *or* minuciosamente

detail[2] *vt* **1** (describe) exponer* en detalle, detallar **2** (Mil) destacar*

detailed /'diːteɪld/ *adj* ‹*description*› detallado, minucioso, pormenorizado; ‹*examination*› minucioso, detenido

detain /dɪ'teɪn/ *vt* **(a)** (delay) (fml): **don't let me ~ you** no quiero entretenerlo *or* demorarlo **(b)** (in custody) detener*

detect /dɪ'tekt/ *vt* ‹*object/substance*› detectar

detection /dɪ'tekʃən/ *n* **1** (of error) descubrimiento *m*; (of act, crime, criminal): **to escape ~** pasar desapercibido *or* inadvertido **2** (of substance) detección *f*

detective /dɪ'tektɪv/ *n* (private) detective *mf*; (in police force) agente *mf*, oficial *mf*; (*before n*) **~ story** novela *f* policíaca *or* policial

detector /dɪ'tektər, BrE dɪ'tektə(r)/ *n* detector *m*

detente /deɪ'tɑːnt/ *n* (Pol) distensión *f*

detention /dɪ'tentʃən, BrE dɪ'tenʃən/ *n* **1** (in custody) detención *f* **2** (Educ): **to be in ~** estar* castigado

deter /dɪ'tɜːr, BrE dɪ'tɜː(r)/ *vt* **-rr-** ‹*person*› disuadir, hacer* disuadir; ‹*crime/war*› impedir*; **to ~ sb** FROM **sth/**-ING disuadir a algn DE algo/ + INF

detergent /dɪ'tɜːrdʒənt, BrE dɪ'tɜːdʒənt/ *n* (Chem) detergente *m*; (for clothes) detergente *m*; (for dishes) lavavajillas *m*

deteriorate /dɪ'tɪriəreɪt, BrE dɪ'tɪəriəreɪt/ *vi* «*health/relationship/material*» deteriorarse; «*weather/work*» empeorar

deterioration /dɪ'tɪriə'reɪʃən, BrE dɪˌtɪəriə'reɪʃən/ *n* deterioro *m*

determination /dɪ'tɜːrmə'neɪʃən, BrE dɪˌtɜːmɪ'neɪʃən/ *n* determinación *f*, resolución *f*

determine /dɪ'tɜːrmən, BrE dɪ'tɜːmɪn/ *vt* **1** (ascertain) establecer*, determinar **2** **(a)** (influence) determinar, condicionar **(b)** (mark) ‹*boundary/limit*› definir, demarcar* **3** (liter) (resolve) decidir; **to ~ to** + INF decidir + INF, tomar la determinación DE + INF

determined /dɪ'tɜːrmənd, BrE dɪ'tɜːmɪnd/ *adj* ‹*mood/person*› decidido, resuelto; **to be ~ to** + INF estar* decidido A + INF, estar* empeñado EN + INF; **to be ~** THAT estar* resuelto *or* decidido A QUE (+ *subj*)

deterrent /dɪ'terənt/ *n*: **it may act as a ~ to thieves** puede servir para disuadir a los ladrones; **the nuclear ~** las armas nucleares como fuerza disuasoria

detest /dɪ'test/ *vt* detestar, odiar

dethrone /dɪ'θrəʊn/ *vt* destronar

detonate /'detəneɪt/ *vt* hacer* detonar

detour[1] /'diːtʊr, BrE 'diːtʊə(r)/ *n* **(a)** (deviation) rodeo *m*, vuelta *f*; **to make a ~** dar* un rodeo, desviarse* **(b)** (AmE) (Transp) desvío *m*, desviación *f*

detour[2] *vt* (AmE) ‹*traffic*› desviar*

detract /dɪ'trækt/ *vi*: **I didn't wish to ~ from her achievement** no quise quitarle méritos *or* restarle valor a su logro; **it ~s from the beauty of the painting** desmerece la belleza del cuadro

detractor /dɪ'træktər, BrE dɪ'træktə(r)/ *n* detractor, -tora *m,f*

detriment /'detrəmənt, BrE 'detrɪmənt/ *n* (fml) detrimento *m*, perjuicio *m*; **to the ~ of sb/sth** en detrimento *or* perjuicio de algn/algo

devalue /diː'væljuː/ *vt* (Fin) devaluar*

devastate /'devəsteɪt/ *vt* **(a)** (lay waste) devastar, asolar* **(b)** (overwhelm) ‹*opposition/argument*› aplastar, demoler*; **I was ~d when I heard** quedé deshecho *or* anonadado cuando me enteré

devastating /'devəsteɪtɪŋ/ *adj* **(a)** ‹*punch/shock*› devastador **(b)** ‹*accuracy/logic*› abrumador, apabullante; ‹*reply/defeat*› demoledor, aplastante; ‹*beauty*› irresistible

devastation /ˌdevə'steɪʃən/ *n* devastación *f*

develop /dɪ'veləp/ *vt* **1** **(a)** (elaborate, devise) desarrollar **(b)** (improve) ‹*skill/ability/quality*› desarrollar **(c)** (exploit) ‹*land/area*› urbanizar* **(d)** (expand) ‹*business/range*› ampliar* **(e)** (create) ‹*drug/engine*› crear **2** (acquire) ‹*immunity/resistance*› desarrollar; ‹*disease*› contraer* (fml); **the machine ~ed a fault** la máquina empezó a funcionar mal **3** (Phot) revelar

■ *vi* **1** **(a)** (grow) «*person/industry*» desarrollarse; «*interest*» crecer*, aumentar **(b)** (evolve) **to ~** INTO **sth** convertirse* *or* transformarse EN algo **2** (appear) «*problem/complication*» surgir*, aparecer*; «*crisis*» producirse*

developer /dɪ'veləpər, BrE dɪ'veləpə(r)/ *n* **1** (of land, property) promotor inmobiliario, promotora inmobiliaria *m,f* **2** (Phot) revelador *m*

developing /dɪ'veləpɪŋ/ *adj* ‹*country*› en vías de desarrollo

development /dɪ'veləpmənt/ *n* **1** (of person, idea, situation) desarrollo *m* **2** (of drug, engine) creación *f* **3** (of land, area) urbanización *f* **4** (housing ~) complejo *m* habitacional, fraccionamiento *m* (Méx), urbanización *f* (Esp) **5** (Econ) desarrollo *m* **6** (happening, event) acontecimiento *m*, suceso *m*

deviant /'diːviənt/ *adj* ‹*practices/conduct*› desviado, que se aparta de la norma; ‹*person/personality*› anormal

deviate /'diːvieɪt/ *vi* **to ~** FROM **sth** (from course) desviarse* DE algo; (from truth/norm) apartarse DE algo

deviation /'diːvi'eɪʃən/ *n* desviación *f*

d

device /dɪ'vaɪs/ *n* **1** (gadget, tool) artefacto *m*, dispositivo *m*, aparato *m*; (mechanism) dispositivo *m*, mecanismo *m* **2** (stratagem) recurso *m*, estratagema *f*; ***to leave sb to her/his own ~s*** dejar que algn se las arregle solo

devil /'devl/ *n* **1** **(a)** (Relig) diablo *m*, demonio *m* **(b)** (evil spirit) demonio *m* **2** (infml) (person): **he's a little ~!** ¡es un diablillo!; **poor ~!** ¡pobre diablo!

d

devious /'diːviəs/ *adj* **(a)** (underhand) ‹*person*› taimado, artero **(b)** (roundabout) ‹*route/path*› tortuoso, sinuoso

devise /dɪ'vaɪz/ *vt* ‹*plan/system*› idear, crear, concebir*; ‹*machine/tool*› inventar

devoid /dɪ'vɔɪd/ *adj* (*pred*) (fml) **to be ~** OF **sth** carecer* DE algo

devolution /'devə'luːʃən, BrE ˌdiːvə'luːʃən/ *n* **(a)** (delegation) delegación *f*, transferencia *f* **(b)** (BrE) (Govt) *transferencia de competencias del gobierno central a un gobierno regional*

devolve /dɪ'vɑːlv, BrE dɪ'vɒlv/ *vt* (fml) ‹*power*› delegar*, transferir*; ‹*privilege/right*› conceder

devote /dɪ'vəʊt/ *vt* **to ~ sth** TO **sth/**-ING dedicar* algo A algo/ + INF
■ *v refl*: **to ~ oneself** TO **sth/**-ING dedicarse* A algo/+ INF

devoted /dɪ'vəʊtəd, BrE dɪ'vəʊtɪd/ *adj* **(a)** (loving) ‹*couple/family*› unido; **to be ~** TO **sb** sentir* devoción POR algn **(b)** (dedicated) (*before n*) ‹*follower/admirer*› ferviente, devoto; ‹*service/friendship*› leal

devotion /dɪ'vəʊʃən/ *n* (love) devoción *f*; (loyalty) lealtad *f*

devour /dɪ'vaʊr, BrE dɪ'vaʊə(r)/ *vt* devorar

devout /dɪ'vaʊt/ *adj* **(a)** (Relig) devoto, piadoso **(b)** (earnest) (fml) (*before n*) ‹*supporter*› ferviente

dew /duː, BrE djuː/ *n* rocío *m*

dexterity /dek'sterəti/ *n* (manual) destreza *f*, habilidad *f*; (skill) habilidad *f*

diabetes /'daɪə'biːtiːz/ *n* diabetes *f*

diabetic¹ /'daɪə'betɪk/ *adj* diabético; ‹*jam/chocolate*› para diabéticos

diabetic² *n* diabético, -ca *m,f*

diabolical /'daɪə'bɑːlɪkəl, BrE ˌdaɪə'bɒlɪkəl/ *adj* ‹*machinations*› diabólico, satánico; ‹*cruelty*› perverso, satánico

diagnose /'daɪəgnəʊs, -əʊz, BrE 'daɪəgnəʊz/ *vt* ‹*illness*› diagnosticar*; ‹*cause/fault*› determinar

diagnosis /'daɪəg'nəʊsəs, BrE ˌdaɪəg'nəʊsɪs/ *n* (*pl* **-ses** /-siːz/) diagnóstico *m*

diagonal /daɪ'ægənl/ *adj* ‹*line*› diagonal; ‹*path*› en diagonal

diagram /'daɪəgræm/ *n* diagrama *m*, esquema *m*, gráfico *m*

dial¹ /'daɪl, BrE 'daɪəl/ *n* (on clock, watch) esfera *f*; (on measuring instrument) cuadrante *m*; (of telephone) disco *m*; (on radio) dial *m*

dial², (BrE **-ll-**) *vt/i* (Telec) marcar*, discar* (AmL)

dialect /'daɪəlekt/ *n* dialecto *m*

dialling tone /'daɪlɪŋ, BrE 'daɪəlɪŋ/ *n* (BrE) ▶ **dial tone**

dialogue, (AmE also) **dialog** /'daɪəlɔːg, BrE 'daɪəlɒg/ *n* diálogo *m*

dial tone *n* tono *m* de marcar *or* (AmL) de discado

diameter /daɪ'æmətər, BrE daɪ'æmɪtə(r)/ *n* diámetro *m*

diamond /'daɪəmənd/ *n* **1** (Min) diamante *m*; (cut) brillante *m*, diamante *m* **2** (shape) rombo *m* **3** (Games) **diamonds** (suit) (+ *sing or pl vb*) diamantes *mpl*

diaper /'daɪpər, BrE 'daɪəpə(r)/ *n* (AmE) pañal *m*

diaphragm /'daɪəfræm/ *n* **1** (Anat) diafragma *m* **2** (contraceptive) diafragma *m*

diarrhea, (BrE) **diarrhoea** /'daɪə'riːə, BrE ˌdaɪə'rɪə/ *n* diarrea *f*

diary /'daɪəri/ *n* (*pl* **-ries**) **1** (personal record) diario *m* **2** (book for appointments) agenda *f*

dice¹ /daɪs/ *n* (*pl* ~) dado *m*

dice² *pl of* **die²**, *and of* **dice¹**

dice³ *vt* (Culin) cortar en dados *or* cubitos

dictate /'dɪkteɪt, BrE dɪk'teɪt/ *vt* **1** (read out) dictar **2** (prescribe, lay down) «*law*» establecer*, dictar; «*common sense*» dictar

dictation /dɪk'teɪʃən/ *n* (Corresp, Educ) dictado *m*

dictator /'dɪkteɪtər, BrE dɪk'teɪtə(r)/ *n* dictador, -dora *m,f*

dictatorial /'dɪktə'tɔːriəl/ *adj* dictatorial

dictatorship /dɪk'teɪtərʃɪp, BrE dɪk'teɪtəʃɪp/ *n* dictadura *f*

diction /'dɪkʃən/ *n* dicción *f*

dictionary /'dɪkʃəneri, BrE 'dɪkʃənri, 'dɪkʃənəri/ *n* (*pl* **-ries**) diccionario *m*

did /dɪd/ *past of* **do¹**

didactic /daɪ'dæktɪk/ *adj* didáctico

diddle /'dɪdl/ *vt* (infml) estafar, timar (fam)

didn't /'dɪdn̩t/ = **did not**

die¹ /daɪ/ **dies, dying, died** *vi* **(a)** (stop living) morir*; (violently) matarse, morir*; **to be dying** FOR **sth** (infml) morirse* POR algo; **to be dying to** + INF (infml) morirse* POR + INF, morirse* de ganas de + INF **(b)** (stop functioning) «*engine/motor*» apagarse*, dejar de funcionar
■ *vt*: **to ~ a natural death** morir* de muerte natural; **to ~ a violent death** tener* *or* sufrir una muerte violenta

● **die away** [*v* + *adv*] «*storm/wind*» amainar; «*anger*» pasar

● **die down** [*v* + *adv*] «*fire/noise*» irse* apagando; «*storm/wind*» amainar; «*anger/excitement*» calmarse

● **die out** [*v* + *adv*] «*race/species*» extinguirse*; «*custom*» morir*, caer* en desuso

die² *n* (*pl* **dice**) (Games) dado *m*

diehard /'daɪhɑːrd, BrE 'daɪhɑːd/ *n* intransigente *mf*; (*before n*) intransigente, acérrimo

diesel¹ /'diːzəl/ *n* **(a)** (vehicle) coche *m* (*or* camión *m etc*) diesel, diesel *m* **(b)** (fuel) diesel *m*, gasóleo *m*, gas-oil *m*

diesel² *adj* (*before n*) diesel *adj inv*

diet¹ /'daɪət/ *n* **(a)** (special food) régimen *m*, dieta *f*; **to be/go on a ~** estar*/ponerse* a régimen *or* a dieta; (*before n*) ‹*cola*› light *adj inv* **(b)** (nourishment) alimentación *f*, dieta *f* (alimenticia); **they live on a ~ of rice and fish** se alimentan de arroz y pescado

diet² *vi* hacer* régimen *or* dieta

differ /'dɪfər, BrE 'dɪfə(r)/ *vi* **1** **(a)** (be at variance) diferir*; **how do they ~?** ¿en qué difieren?

(b) (be unlike) ser* distinto *or* diferente; **to ~ FROM sb/sth** diferenciarse *or* diferir* DE algn/algo **2** (disagree) discrepar, diferir* (fml)

difference /ˈdɪfrəns/ *n* diferencia *f*; **to tell the ~** notar *or* ver* la diferencia; **it could make a ~ in** o (BrE) **to the outcome** podría influir en el resultado; **it will make no ~ to you** a ti no te va a afectar

different /ˈdɪfrənt/ *adj* **(a)** (not the same) distinto, diferente; **~ FROM** *o* **TO** *o* (AmE also) **THAN sth/sb** distinto *or* diferente DE *or* A algo/algn **(b)** (unusual) diferente, original

differential /ˈdɪfəˈrentʃəl, BrE ˌdɪfəˈrenʃəl/ *n* diferencial *m*

differentiate /ˈdɪfəˈrentʃieɪt, BrE ˌdɪfəˈrenʃieɪt/ *vi* distinguir*
■ *vt* (fml) **to ~ sth (FROM sth)** diferenciar *or* distinguir* algo (DE algo)

differently /ˈdɪfrəntli/ *adv*: **they think ~** no piensan igual *or* del mismo modo; **I view things ~** yo veo las cosas de otra forma *or* otro modo

difficult /ˈdɪfɪkəlt/ *adj* difícil; **the ~ part is ...** lo difícil es ..., la dificultad está en ...; **he's finding it ~ to give up smoking** le está resultando difícil dejar de fumar, le está costando dejar de fumar

difficulty /ˈdɪfɪkəlti/ *n* (*pl* **-ties**) **(a)** (of situation, task) dificultad *f*; **she had great ~ walking** caminaba con mucha dificultad **(b)** (problem) dificultad *f*, problema *m*; **to get into difficulties** meterse en líos

diffident /ˈdɪfədənt, BrE ˈdɪfɪdənt/ *adj* ‹*person*› poco seguro de sí mismo; ‹*smile*› tímido

diffuse[1] /dɪˈfjuːz/ *vt* ‹*heat*› difundir, esparcir*; ‹*light*› tamizar*, difuminar; ‹*knowledge*› (fml) difundir

diffuse[2] /dɪˈfjuːs/ *adj* difuso

dig[1] /dɪg/ (*pres p* **digging**; *past & past p* **dug**) *vt* **1** ‹*ground*› cavar; ‹*hole/trench*› (by hand) cavar; (by machine) excavar **2** (jab, thrust) **to ~ sth INTO sth** clavar algo EN algo
■ *vi* **1** (excavate — by hand) cavar; (— by machine) excavar; «*dog*» escarbar; **to ~ for oil** hacer* prospecciones petrolíferas **2** (search) buscar*; **she dug in her pockets for the key** buscó la llave en los bolsillos

● **dig up** [*v + o + adv, v + adv + o*] **(a)** ‹*lawn*› levantar; ‹*weeds/tree*› arrancar* **(b)** ‹*body/treasure*› desenterrar* **(c)** ‹*facts*› (infml) sacar* a la luz

dig[2] *n* **1** (Archeol) excavación *f* **2** (jab — with elbow) codazo *m*; (— with pin) pinchazo *m* **3** (critical remark) (infml) pulla *f*; (hint) indirecta *f*; **to have a ~ at sb/sth** meterse con algn/algo

digest[1] /daɪˈdʒest, də-, BrE daɪˈdʒest, dɪ-/ *vt* ‹*food*› digerir*; (assimilate mentally) asimilar, digerir* (fam)

digest[2] /ˈdaɪdʒest/ *n* (summary) compendio *m*; (journal) boletín *m*, revista *f*

digestible /daɪˈdʒestəbəl, də-, BrE daɪˈdʒestəbəl, dɪ-/ *adj* (Physiol) digerible; (comprehensible) fácil de asimilar *or* (fam) digerir

digestion /daɪˈdʒestʃən, də-, BrE daɪˈdʒestʃən, dɪ-/ *n* digestión *f*

digestive /daɪˈdʒestɪv, də-, BrE daɪˈdʒestɪv, dɪ-/ *adj* digestivo

digger /ˈdɪgər, BrE ˈdɪgə(r)/ *n* (machine) excavadora *f*; (person) excavador, -dora *m,f*

digicam /ˈdɪdʒɪkæm/ *n* cámara *f* digital

digit /ˈdɪdʒət, BrE ˈdɪdʒɪt/ *n* **1** (Math) dígito *m* (fml) **2** (Anat) dedo *m*

digital /ˈdɪdʒətəl, BrE ˈdɪdʒɪtl/ *adj* digital

digital: **~ camera** *n* cámara *f* (fotográfica) digital; **~ television** *n* **(a)** (digital TV set) televisor *m* digital **(b)** (system) televisión *f* digital; **~ video disc** *n* videodisco *m* digital

dignified /ˈdɪgnəfaɪd, BrE ˈdɪgnɪfaɪd/ *adj* **(a)** ‹*person/reply*› digno, circunspecto; ‹*silence/attitude*› digno **(b)** (stately) majestuoso

dignity /ˈdɪgnəti/ *n* (of person) dignidad *f*; (of occasion) solemnidad *f*

digress /daɪˈgres/ *vi*: **but I ~** pero estoy divagando; **to ~ FROM sth** apartarse DE algo

digression /daɪˈgreʃən/ *n* digresión *f*

dike /daɪk/ *n* **1** **(a)** (to keep out water) dique *m* **(b)** (causeway) terraplén *m* **(c)** (ditch) acequia *f* **2** ▶ **dyke 2**

dilapidated /dəˈlæpədeɪtəd, BrE dɪˈlæpɪdeɪtɪd/ *adj* ‹*building*› ruinoso; ‹*car*› destartalado

dilate /daɪˈleɪt/ *vi* dilatarse

dilemma /dəˈlemə, daɪ-, BrE dɪˈlemə, daɪ-/ *n* dilema *m*

diligence /ˈdɪlədʒəns, BrE ˈdɪlɪdʒəns/ *n* diligencia *f*

diligent /ˈdɪlədʒənt, BrE ˈdɪlɪdʒənt/ *adj* ‹*worker*› diligente, cumplidor; ‹*student*› aplicado, diligente; ‹*work/study*› esmerado, concienzudo

dilute /daɪˈluːt, BrE daɪˈljuːt/ *vt* diluir*

dim[1] /dɪm/ *adj* **-mm-** **1** **(a)** (dark) ‹*room*› oscuro, poco iluminado; ‹*light*› débil, tenue **(b)** (indistinct) ‹*memory/shape*› borroso; ‹*idea*› vago **(c)** (gloomy) ‹*prospects*› nada halagüeño, nada prometedor **2** (stupid) (infml) corto (de luces) (fam), tonto (fam)

dim[2] *vt* **-mm-** ‹*lights*› atenuar*; **to ~ one's headlights** (AmE) poner* las (luces) cortas *or* de cruce *or* (AmL tb) las (luces) bajas

dime /daɪm/ *n* (AmE infml) *moneda de diez centavos*

dimension /deˈmentʃən, daɪ-, BrE dɪˈmenʃən, daɪ-/ *n* dimensión *f*

dime store *n* (AmE) *tienda que vende artículos de bajo precio*, ≈ baratillo *m*

diminish /dəˈmɪnɪʃ, BrE dɪˈmɪnɪʃ/ *vi* «*cost/number*» disminuir*, reducirse*; «*enthusiasm*» disminuir*, apagarse*
■ *vt* ‹*size/cost*› reducir*, disminuir*; ‹*enthusiasm*› disminuir*

diminutive /dəˈmɪnjətɪv, BrE dɪˈmɪnjʊtɪv/ *adj* diminuto, minúsculo

dimly /ˈdɪmli/ *adv* ‹*shine*› débilmente; **a ~ lit room** una habitación poco iluminada *or* iluminada por una luz tenue

dimmer /ˈdɪmər, BrE ˈdɪmə(r)/ *n* potenciómetro *m*, dimmer *m*

dimple /ˈdɪmpəl/ *n* (in cheeks, chin) hoyuelo *m*

dimwit /ˈdɪmwɪt/ *n* (infml) tarado, -da (mental) *m,f* (fam)

din /dɪn/ *n* (infml) (*no pl*) (of conversation, voices) barullo *m* (fam), bulla *f* (fam); (of drill, traffic) estruendo *m*, ruido *m*

d

dine /daɪn/ *vi* (fml) cenar

diner /'daɪnər, BrE 'daɪnə(r)/ *n* **1** (person) comensal *mf* **2** **(a)** (restaurant) (AmE) cafetería *f* **(b)** ▶ **dining car**

dinghy /'dɪŋgi, 'dɪŋi/ *n* (*pl* **-ghies**) (sailing boat) bote *m*; (inflatable *o* rubber ~) bote *m* neumático

dingy /'dɪndʒi/ *adj* **-gier**, **-giest** ‹*building/room*› lúgubre; ‹*furnishings*› deslucido; (dirty) sucio

d

dining /'daɪnɪŋ/: ~ **car** *n* coche *m* restaurante, coche *m* comedor; ~ **room** *n* comedor *m*; ~ **table** *n* mesa *f* (de comedor)

✔ **dinner** /'dɪnər, BrE 'dɪnə(r)/ *n* **(a)** (in evening) cena *f*, comida *f* (AmL); **to eat** o **have** ~ cenar, comer (AmL) **(b)** (formal) cena *f* (de gala) **(c)** (at midday) almuerzo *m*, comida *f* (esp Esp, Méx); **to eat** o (BrE) **have** ~ almorzar*, comer (esp Esp, Méx)

dinner: ~ **dance** *n* cena *f* con baile, comida *f* bailable (esp AmL), cena-baile *f* (Méx); ~ **jacket** *n* (esp BrE) esmoquin *m*, smoking *m*; ~ **party** *n* cena *f*, comida *f* (AmL); ~ **plate** *n* plato *m* llano *or* (Méx) plano *or* (RPl tb) playo *or* (Chi) bajo; ~ **service** *n* vajilla *f*; ~ **table** *n* mesa *f*; ~**time** *n* (in evening) hora *f* de cenar *or* (esp AmL) de comer; (at midday) hora *f* de almorzar *or* (esp Esp, Méx) de comer

dinosaur /'daɪnəsɔːr, BrE 'daɪnəsɔː(r)/ *n* dinosaurio *m*

dint /dɪnt/ *n*: **by** ~ **of sth** a fuerza de algo

diocese /'daɪəsəs, BrE 'daɪəsɪs/ *n* diócesis *f*

dip[1] /dɪp/ **-pp-** *vt* **1** **to** ~ **sth** IN(TO) **sth** meter algo EN algo; (into liquid) mojar algo EN algo **2** (Agr) ‹*sheep*› desinfectar (*haciendo pasar por un baño*) **3** **(a)** (lower) ‹*head*› agachar, bajar **(b)** (BrE) (Auto): **to** ~ **one's headlights** poner* las (luces) cortas *or* de cruce *or* (AmL tb) las (luces) bajas
■ *vi* **(a)** (decrease) «*sales/prices*» bajar **(b)** (move downward) «*aircraft/bird*» bajar en picada *or* (Esp) en picado

dip[2] *n* **1** (swim) (infml) (*no pl*) chapuzón *m* (fam) **2** (Agr) baño *m* desinfectante **3** (depression, hollow) hondonada *f* **4** (in sales, production) caída *f*, descenso *m* **5** (Culin) *salsa en la que se mojan diferentes bocaditos en una fiesta etc*

diphthong /'dɪfθɔːŋ, BrE 'dɪfθɒŋ/ *n* diptongo *m*

diploma /də'pləʊmə, BrE dɪ'pləʊmə/ *n* diploma *m*

diplomacy /də'pləʊməsi, BrE dɪ'pləʊməsi/ *n* diplomacia *f*

diplomat /'dɪpləmæt/ *n* diplomático, -ca *m,f*

diplomatic /'dɪplə'mætɪk/ *adj* **(a)** (Govt) (*before n*) diplomático; ~ **immunity** inmunidad *f* diplomática **(b)** (tactful) diplomático

dipstick /'dɪpstɪk/ *n* varilla *f* (medidora) del aceite

dire /daɪr, BrE 'daɪə(r)/ *adj* **direr**, **direst** **1** **(a)** ‹*news/consequences*› funesto, nefasto; **to be in** ~ **straits** estar* en una situación desesperada **(b)** (very bad) (BrE infml) espantoso (fam), atroz **2** (ominous) ‹*warning*› serio, grave **3** (desperate) ‹*need/misery*› extremo

✔ **direct**[1] /də'rekt, daɪ-, BrE daɪ'rekt, dɪ-/ *adj* **1** **(a)** ‹*route/flight*› directo; ‹*contact*› directo; ‹*cause/consequence*› directo **(b)** (Ling) (*before n*) ‹*question/command*› en estilo directo; ~ **discourse** o (BrE) **speech** estilo *m* directo **2** (frank, straightforward) ‹*person/manner*› franco, directo; ‹*question*› directo

direct[2] *adv* **1** ‹*write/phone*› directamente; ‹*go/travel*› (BrE) directo, directamente **2** (straight) directamente; ~ **from Paris** (Rad, TV) en directo desde París

✔ **direct**[3] *vt* **1** **(a)** (give directions to) indicarle* el camino a **(b)** (address) ‹*letter/parcel*› mandar, dirigir* **2** (aim) dirigir*; **it was** ~**ed at us** iba dirigido a nosotros **3** ‹*play/orchestra/traffic*› dirigir* **4** (order) (fml) ordenar; **to** ~ **sb to** + INF ordenarle A algn QUE (+ *subj*)
■ *vi* (Cin, Theat) dirigir*

direct: ~ **billing** /'bɪlɪŋ/ *n* (AmE) débito *m* bancario, domiciliación *f* de pagos (Esp); ~ **current** *n* corriente *f* continua; ~ **debit** *n* ▶ ~ **billing**; ~ **dialing**, (BrE) ~ **dialling** *n* discado *m* directo *or* automático

✔ **direction** /də'rekʃən, daɪ-, BrE daɪ'rekʃən, dɪ-/ *n* **1** (course, compass point) dirección *f*; **sense of** ~ sentido *m* de (la) orientación; **in the** ~ **of** en dirección a **2** (purpose): **he lacks** ~ no tiene un norte **3** (supervision) dirección *f* **4** **directions** *pl* (for route) indicaciones *fpl*; (for task, use, assembly) instrucciones *fpl*, indicaciones *fpl*

directive /də'rektɪv, daɪ-, BrE daɪ'rektɪv, dɪ-/ *n* directriz *f*, directiva *f* (esp AmL)

✔ **directly** /də'rektli, daɪ-, BrE daɪ'rektli, dɪ-/ *adv* **1** **(a)** (without stopping) ‹*go/drive/fly*› directamente, directo **(b)** (without intermediaries) ‹*report/deal*› directamente; **he's** ~ **responsible** es el responsable directo **(c)** (exactly) ‹*opposite/above*› justo **(d)** (in genealogy) ‹*related/descended*› por línea directa **2** (frankly, straightforwardly) ‹*ask*› directamente; ‹*speak*› con franqueza **3** (now, at once) inmediatamente, ahora mismo

✔ **director** /də'rektər, daɪ-, BrE daɪ'rektə(r), dɪ-/ *n* **1** (of company) directivo, -tiva *m,f*; (of department, project) director, -tora *m,f*; *see also* **managing director** **2** (Cin, Theat) director, -tora *m,f*; (esp AmE) (Mus) director, -tora *m,f*

directory /də'rektəri, daɪ-, BrE daɪ'rektəri, dɪ-/ *n* (*pl* **-ries**) **(a)** (telephone ~) guía *f* telefónica *or* de teléfonos, directorio *m* telefónico (Col, Méx) **(b)** (index, yearbook) directorio *m*, guía *f*

dirt /dɜːrt, BrE dɜːt/ *n* suciedad *f*, mugre *f*

dirty[1] /'dɜːrti, BrE 'dɜːti/ *adj* **-tier**, **-tiest** **1** (soiled) sucio; **to get** ~ ensuciarse **2** **(a)** (obscene) ‹*story/book*› cochino (fam), guarro (Esp fam); ‹*leer/grin*› lascivo; ‹*joke*› verde *or* (Méx) colorado; ‹*magazine*› porno *adj inv* **(b)** (shameful) ‹*job/work*› sucio; **to do sb's** ~ **work** hacerle* el trabajo sucio a algn

dirty[2] *vt* **dirties**, **dirtying**, **dirtied** ensuciar

dirty old man *n* (infml) viejo *m* verde (fam)

disability /'dɪsə'bɪləti/ *n* (*pl* **-ties**) **(a)** (state) discapacidad *f*; (*before n*) ‹*pension/allowance*› por invalidez, por discapacidad **(b)** (specific condition) problema *m*

disable /dɪs'eɪbəl/ *vt* **(a)** «*illness/accident/injury*» dejar con una discapacidad **(b)** ‹*machine/weapon*› (Mil) inutilizar*

disabled /dɪs'eɪbəld/ *adj* discapacitado, minusválido (ant *u* ofensivo)

disabuse /'dɪsə'bjuːz/ *vt* (fml) desengañar; **I tried to** ~ **him of the notion that …** intenté

✔ palabra clave

sacarlo del error de que ...

disadvantage /dɪsəd'væntɪdʒ, BrE ˌdɪsəd'vɑːntɪdʒ/ *n* desventaja *f*, inconveniente *m*; **to be at a ~** estar* en desventaja

disadvantageous /dɪs'ædvæn'teɪdʒəs, BrE dɪsˌædvən'teɪdʒəs/ *adj* desventajoso, desfavorable

disaffected /'dɪsə'fektəd, BrE ˌdɪsə'fektɪd/ *adj* desafecto

disagree /'dɪsə'griː/ *vi* **1** **(a)** (differ in opinion) **to ~ (WITH sb/sth)** no estar* de acuerdo (CON algn/algo), discrepar (DE algn/algo) (fml) **(b)** (conflict) «*figures/accounts*» no coincidir, discrepar **2** (cause discomfort) «*food*» **to ~ WITH sb** sentarle* *or* caerle* mal A algn

disagreeable /'dɪsə'griːəbəl/ *adj* ‹*smell/experience/person*› desagradable; ‹*task/job*› ingrato, desagradable

disagreement /'dɪsə'griːmənt/ *n* **(a)** (difference of opinion) desacuerdo *m*, disconformidad *f* **(b)** (quarrel) discusión *f* **(c)** (disparity) discrepancia *f*

disallow /'dɪsə'laʊ/ *vt* (fml) ‹*claim/evidence*› (Law) rechazar*, desestimar; ‹*goal*› anular

disappear /'dɪsə'pɪr, BrE ˌdɪsə'pɪə(r)/ *vi* **(a)** (become invisible) desaparecer* **(b)** (go away) «*pain/problems*» desaparecer*, irse*; «*worries/fears*» desvanecerse*

disappearance /'dɪsə'pɪrəns, BrE ˌdɪsə'pɪərəns/ *n* desaparición *f*

disappoint /'dɪsə'pɔɪnt/ *vt* ‹*person*› decepcionar; ‹*hopes/desires*› defraudar

disappointed /'dɪsə'pɔɪntəd, BrE ˌdɪsə'pɔɪntɪd/ *adj* (*pred*): **to be ~** estar* desilusionado *or* decepcionado; **I'm ~ with the results** los resultados me han decepcionado

disappointing /'dɪsə'pɔɪntɪŋ/ *adj* decepcionante

disappointment /'dɪsə'pɔɪntmənt/ *n* **(a)** (emotion) desilusión *f*, decepción *f* **(b)** (letdown) decepción *f*, chasco *m*

disapproval /'dɪsə'pruːvəl/ *n* desaprobación *f*

disapprove /'dɪsə'pruːv/ *vi*: **he ~s of smoking** está en contra del tabaco *or* del cigarrillo; **she ~s of her son's fiancée** no tiene buen concepto de la novia de su hijo

disapproving /'dɪsə'pruːvɪŋ/ *adj* ‹*tone/look*› de reproche

disarm /dɪs'ɑːrm, BrE dɪs'ɑːm/ *vt* **1** ‹*troops/opposition*› desarmar; ‹*bomb/mine*› desactivar; ‹*criticism*› desbaratar **2** (win confidence of) desarmar
■ *vi* desarmarse

disarmament /dɪs'ɑːrməmənt, BrE dɪs'ɑːməmənt/ *n* desarme *m*

disarming /dɪs'ɑːrmɪŋ, BrE dɪs'ɑːmɪŋ/ *adj* que desarma

disarray /'dɪsə'reɪ/ *n* (of political party) desorganización *f*; (of appearance) desaliño *m*; **her papers were in total ~** sus papeles estaban completamente desordenados

disassociate /'dɪsə'səʊʃieɪt, -sieɪt/ *vt* ▶ **dissociate**

disaster /dɪ'zæstər, BrE dɪ'zɑːstə(r)/ *n* **1** (flood, earthquake) catástrofe *f*, desastre *m*; (crash, sinking) siniestro *m*, desastre *m*; (*before n*) **~ fund** fondo *m* para los damnificados **2** **(a)** (fiasco) desastre *m* **(b)** (hopeless person) (infml) desastre *m* (fam) **3** (misfortune): **~ struck** ocurrió *or* se produjo una catástrofe

disaster area *n* zona *f* siniestrada, zona *f* de desastre; **my room is a real ~** (infml & hum) mi habitación está hecha un desastre (fam)

disastrous /dɪ'zæstrəs, BrE dɪ'zɑːstrəs/ *adj* desastroso, catastrófico

disband /dɪs'bænd/ *vt* ‹*organization*› disolver*; ‹*army*› licenciar
■ *vi* «*organization*» disolverse*; «*group*» desbandarse

disbelief /'dɪsbə'liːf/ *n* incredulidad *f*

disbelieve /'dɪsbə'liːv/ *vt* (fml) ‹*statement*› no creer*; ‹*person*› no creerle* a

disc /dɪsk/ *n* (esp BrE) ▶ **disk**

discard /dɪs'kɑːrd, BrE dɪs'kɑːd/ *vt* **(a)** (dispose of) desechar, deshacerse* de **(b)** ‹*idea/belief*› desechar **(c)** (shed) ‹*skin/leaves*› mudar **(d)** (take off) ‹*clothing*› desembarazarse* de

discern /dɪ'sɜːrn, BrE dɪ'sɜːn/ *vt* (fml) distinguir*, percibir

discerning /dɪ'sɜːrnɪŋ, BrE dɪ'sɜːnɪŋ/ *adj* ‹*reader/customer*› exigente, con criterio; ‹*palate/taste*› exigente, fino; ‹*ear/eye*› educado

discharge¹ /dɪs'tʃɑːrdʒ, BrE dɪs'tʃɑːdʒ/ *vt* **1** **(a)** (release) ‹*prisoner*› liberar, poner* en libertad; ‹*patient*› dar* de alta; ‹*juror*› dispensar; ‹*bankrupt*› rehabilitar **(b)** (dismiss) (fml) despedir* **2** **(a)** (send out) ‹*fumes*› despedir*; ‹*electricity*› descargar*; ‹*sewage/waste*› verter* **(b)** (unload) ‹*cargo*› descargar* **(c)** (shoot) ‹*volley/broadside*› descargar* **3** **(a)** ‹*duty*› cumplir con **(b)** ‹*debt*› saldar, liquidar

discharge² /'dɪstʃɑːrdʒ, BrE 'dɪstʃɑːdʒ/ *n* **1** (release — from army) baja *f*; (— from hospital) alta *f*‡; (— from prison) puesta *f* en libertad **2** **(a)** (Med) secreción *f*; (vaginal ~) flujo *m* (vaginal) **(b)** (of toxic fumes, gases) emisión *f*; (of sewage, waste) vertido *m* **(c)** (Elec) descarga *f* **3** (of debt, liabilities) liquidación *f*, pago *m*; (of duty) (fml) cumplimiento *m*

disciple /dɪ'saɪpəl/ *n* (Relig) discípulo, -la *m,f*; (adherent) seguidor, -dora *m,f*

disciplinary /'dɪsəpləneri, BrE ˌdɪsɪ'plɪnəri/ *adj* disciplinario

discipline¹ /'dɪsəplən, BrE 'dɪsɪplɪn/ *n* disciplina *f*

discipline² *vt* **(a)** (control) ‹*child/pupils*› disciplinar; ‹*emotions*› controlar **(b)** (punish) ‹*employee*› sancionar **(c)** (train) ‹*body/mind*› disciplinar

disc jockey *n* disc(-)jockey *mf*, pinchadiscos *mf* (Esp fam)

disclaim /dɪs'kleɪm/ *vt* (deny): **she ~ed all knowledge of his whereabouts** negó conocer su paradero; **he ~ed any connection with him** negó tener ninguna relación con él

disclaimer /dɪs'kleɪmər, BrE dɪs'kleɪmə(r)/ *n* (Law) descargo *m* de responsabilidad

disclose /dɪs'kləʊz/ *vt* revelar

disclosure /dɪs'kləʊʒər, BrE dɪs'kləʊʒə(r)/ *n* revelación *f*

disco /'dɪskəʊ/ *n* (*pl* **-cos**) discoteca *f*, disco *f* (fam)

discolor, (BrE) **discolour** /dɪs'kʌlər, BrE dɪs'kʌlə(r)/ *vt* (fade) decolorar; (stain) dejar amarillento, manchar

discomfort /dɪs'kʌmfərt, BrE dɪs'kʌmfət/ *n* **(a)** (lack of comfort) incomodidad *f*; (pain) molestia(s) *f(pl)*, malestar *m* **(b)** (emotional, mental) inquietud *f*, desasosiego *m*

disconcert /'dɪskən'sɜːrt, BrE ˌdɪskən'sɜːt/ *vt* desconcertar*

disconcerting /'dɪskən'sɜːrtɪŋ, BrE ˌdɪskən'sɜːtɪŋ/ *adj* desconcertante

disconnect /'dɪskə'nekt/ *vt* desconectar; **I didn't pay my bills, so I was ~ed** me cortaron el teléfono (*or* el gas *etc*) por no pagar

discontent /'dɪskən'tent/ *n* descontento *m*

discontented /'dɪskən'tentəd, BrE ˌdɪskən'tentɪd/ *adj* descontento

discontinue /'dɪskən'tɪnjuː/ *vt* ‹*production*› suspender; ‹*model*› discontinuar*, descontinuar*; ‹*action/suit*› (Law) desistir de

discord /'dɪskɔːrd, BrE 'dɪskɔːd/ *n* **1** (conflict) discordia *f* **2** (Mus) **(a)** (lack of harmony) discordancia *f*, disonancia *f* **(b)** (chord) acorde *m* disonante

discotheque /'dɪskətek/ *n* ▶ **disco**

discount¹ /'dɪskaʊnt/ *n* descuento *m*; **at a ~** ‹*sell*› con descuento, a precio reducido; (*before n*) ‹*store*› de saldos; ‹*goods*› de saldo

discount² /'dɪskaʊnt, dɪs'kaʊnt, BrE dɪs'kaʊnt/ *vt* **1** (Busn) **(a)** ‹*amount*› descontar* **(b)** ‹*goods*› rebajar **(c)** ‹*price*› reducir* **2** (disregard) ‹*possibility*› descartar; ‹*claim/criticism*› pasar por alto

discourage /dɪs'kɜːrɪdʒ, BrE dɪs'kʌrɪdʒ/ *vt* **(a)** (depress) desalentar*, desanimar **(b)** (deter) ‹*crime/speculation*› poner* freno a; ‹*burglar*› ahuyentar, disuadir **(c)** (dissuade) **to ~ sb** FROM -ING: **she ~d me from taking the exam** trató de convencerme de que no me presentara al examen

discouraging /dɪs'kɜːrɪdʒɪŋ, BrE dɪs'kʌrɪdʒɪŋ/ *adj* ‹*news/result*› desalentador, descorazonador

discourse /'dɪskɔːrs, BrE 'dɪskɔːs/ *n* (fml) **(a)** (dissertation) disertación *f* **(b)** (talk) conversación *f*

discourteous /dɪs'kɜːrtiəs/ *adj* descortés

🔑 **discover** /dɪs'kʌvər, BrE dɪs'kʌvə(r)/ *vt* descubrir*

discoverer /dɪs'kʌvərər, BrE dɪs'kʌvərə(r)/ *n* descubridor, -dora *m,f*

discovery /dɪs'kʌvəri/ *n* (*pl* **-ries**) descubrimiento *m*

discredit¹ /dɪs'kredət, BrE dɪs'kredɪt/ *vt* desacreditar

discredit² *n* descrédito *m*

discreet /dɪs'kriːt/ *adj* **(a)** (tactful) ‹*person/inquiries*› discreto **(b)** (restrained) ‹*elegance/colors*› discreto, sobrio

discreetly /dɪs'kriːtli/ *adv* discretamente, con discreción

discrepancy /dɪs'krepənsi/ *n* (*pl* **-cies**) discrepancia *f*

discretion /dɪs'kreʃən/ *n* **1** (tact) discreción *f* **2** (judgment) criterio *m*; **at the committee's ~** a criterio *or* a discreción de la comisión

discretionary /dɪs'kreʃəneri, BrE dɪs'kreʃənəri, -ənri/ *adj* discrecional

🔑 palabra clave

discriminate /dɪs'krɪməneɪt, BrE dɪ'skrɪmɪneɪt/ *vi* **1** (act with prejudice) hacer* discriminaciones, discriminar; **to ~** AGAINST **sb** discriminar a algn **2** **(a)** (distinguish) distinguir*, discriminar **(b)** (be discerning) discernir*, utilizar* el sentido crítico

discriminating /dɪs'krɪməneɪtɪŋ, BrE dɪ'skrɪmɪneɪtɪŋ/ *adj* (discerning) ‹*critic/customer*› exigente; ‹*judgment*› sagaz; ‹*taste*› refinado, educado

discrimination /dɪs'krɪmə'neɪʃən, BrE dɪˌskrɪmɪ'neɪʃən/ *n* **1** (unfair treatment) discriminación *f* **2** (discernment) criterio *m*, discernimiento *m*

discus /'dɪskəs/ *n* (*pl* **-cuses**) disco *m*

🔑 **discuss** /dɪs'kʌs/ *vt* (talk about) ‹*person*› hablar de; ‹*topic*› hablar de, tratar; (debate) debatir; ‹*plan/problem*› discutir

🔑 **discussion** /dɪs'kʌʃən/ *n* discusión *f*, debate *m*

discussion: **~ board** *n* (Internet) foro *m* de discusión, panel *m* de discusión; **~ group** *n* (in general) coloquio *m*, grupo *m* de debate; (Internet) foro *m*

disdain /dɪs'deɪn/ *n* desdén *m*

disdainful /dɪs'deɪnfəl/ *adj* ‹*manner/tone*› despectivo, desdeñoso

🔑 **disease** /dɪ'ziːz/ *n* enfermedad *f*, dolencia *f* (fml)

diseased /dɪ'ziːzd/ *adj* ‹*organ/tissue*› afectado; ‹*plant/animal*› enfermo

disembark /'dɪsəm'bɑːrk, BrE ˌdɪsɪm'bɑːk/ *vi* desembarcar*

disembodied /'dɪsəm'bɑːdid, BrE ˌdɪsɪm'bɒdid/ *adj* incorpóreo

disembowel /'dɪsəm'baʊəl, BrE ˌdɪsɪm'baʊəl/ *vt*, (BrE **-ll-**) destripar

disenchanted /'dɪsn̩'tʃæntəd, BrE ˌdɪsɪn'tʃɑːntɪd/ *adj* **to be ~** WITH **sb/sth** estar* desilusionado CON *or* DE algn/DE algo

disenfranchise /'dɪsn̩'fræntʃaɪz, BrE ˌdɪsɪn'fræntʃaɪz/ *vt* ‹*person*› privar del derecho al voto; ‹*place*› privar del derecho de representación

disengage /'dɪsn̩'geɪdʒ, BrE ˌdɪsɪn'geɪdʒ/ *vt* **1** **(a)** (extricate) soltar* **(b)** (Mil) ‹*troops/forces*› retirar **2** (Tech) ‹*gears/mechanism*› desconectar

disentangle /'dɪsn̩'tæŋgəl, BrE ˌdɪsɪn'tæŋgəl/ *vt* ‹*rope/hair/wool*› desenredar, desenmarañar; ‹*mystery*› esclarecer*, desentrañar

disfavor, (BrE) **disfavour** /dɪs'feɪvər, BrE dɪs'feɪvə(r)/ *n* (fml) desaprobación *f*

disfigure /dɪs'fɪgjər, BrE dɪs'fɪgə(r)/ *vt* ‹*face/person*› desfigurar; ‹*landscape/building*› afear, estropear

disgrace¹ /dɪs'greɪs/ *n* vergüenza *f*; **she was sent upstairs in ~** la mandaron arriba castigada

disgrace² *vt* **(a)** (bring shame on) ‹*person/family/school*› deshonrar **(b)** (destroy reputation of) ‹*enemy/politician*› desacreditar

disgraceful /dɪs'greɪsfəl/ *adj* vergonzoso

disgruntled /dɪs'grʌntld/ *adj* ‹*child/look*› contrariado; ‹*employee*› descontento

disguise¹ /dɪs'gaɪz/ *vt* **(a)** ‹*person*› disfrazar*; ‹*voice*› cambiar **(b)** (conceal) ‹*mistake*› ocultar; ‹*disapproval/contempt*› disimular

disguise² *n* disfraz *m*; **in ~** disfrazado

disgust[1] /dɪs'gʌst/ *vt* darle* asco a

disgust[2] *n* (revulsion) indignación *f*; (physical, stronger) asco *m*, repugnancia *f*; **she stormed out of the meeting in ~** salió indignada *or* furiosa de la reunión

disgusted /dɪs'gʌstəd, BrE dɪs'gʌstɪd/ *adj* indignado; (stronger) asqueado

disgusting /dɪs'gʌstɪŋ/ *adj* **(a)** ‹*smell/taste/food*› asqueroso, repugnante **(b)** ‹*conduct/attitude*› vergonzoso

dish /dɪʃ/ *n* **1** **(a)** (plate) plato *m*; (serving ~) fuente *f*; **to wash the ~es** lavar los platos **(b)** (amount) plato *m* **2** (Culin) plato *m* **3** (Telec, TV) antena *f* parabólica

● **dish up** [*v + o + adv, v + adv + o*], [*v + adv*] (Culin) servir*

dishcloth /'dɪʃklɔ:θ, BrE 'dɪʃklɒθ/ *n* **(a)** (for drying) paño *m* de cocina, repasador *m* (RPl), limpión *m* (Col) **(b)** (BrE) ▶ **dishrag**

disheartening /dɪs'hɑ:rtn̩ɪŋ, BrE dɪs'hɑ:tn̩ɪŋ/ *adj* descorazonador, desalentador

disheveled, (BrE) **dishevelled** /dɪ'ʃevəld/ *adj* despeinado

dishonest /dɪs'ɑ:nəst, BrE dɪs'ɒnɪst/ *adj* ‹*person/answer*› deshonesto; ‹*dealings/means*› fraudulento, deshonesto

dishonesty /dɪs'ɑ:nəsti, BrE dɪs'ɒnɪsti/ *n* deshonestidad *f*, falta *f* de honradez; (of statement) falsedad *f*; (of dealings) fraudulencia *f*

dishonor, (BrE) **dishonour** /dɪs'ɑ:nər, BrE dɪs'ɒnə(r)/ *n* deshonra *f*, deshonor *m*

dishonorable, (BrE) **dishonourable** /dɪs'ɑ:nərəbəl, BrE dɪs'ɒnərəbəl/ *adj* deshonroso

dish: **~rag** *n* (AmE) trapo *m*, bayeta *f*, fregón *m* (RPl); **~ soap** *n* (AmE) lavavajillas *m*, detergente *m*; **~towel** *n* ▶ **dishcloth a**; **~washer** /'dɪʃwɔ:ʃər, BrE 'dɪs,wɒʃə(r)/ *n* (machine) lavaplatos *m*, lavavajillas *m*; **~washing liquid** /'dɪʃ,wɔ:ʃɪŋ, BrE 'dɪʃ,wɒʃɪŋ/ *n* (AmE) ▶ **~ soap**; **~water** *n* agua *f*‡ de fregar *or* de lavar los platos

disillusion /'dɪsə'lu:ʒən, BrE ,dɪsɪ'lu:ʒən/ *vt* desilusionar

disillusionment /'dɪsə'lu:ʒənmənt, BrE ,dɪsɪ'lu:ʒənmənt/ *n* desilusión *f*

disinfect /'dɪsn̩'fekt, BrE ,dɪsɪn'fekt/ *vt* desinfectar

disinfectant /'dɪsn̩'fektənt, BrE ,dɪsɪn'fektənt/ *n* desinfectante *m*

disinformation /,dɪsɪnfər'meɪʃən, BrE ,dɪsɪnfə'meɪʃən/ *n* desinformación *f*

disinherit /'dɪsn̩'herət, BrE ,dɪsɪn'herɪt/ *vt* desheredar

disintegrate /dɪs'ɪntəgreɪt, BrE dɪs'ɪntɪgreɪt/ *vi* desintegrarse

disintegration /dɪs'ɪntə'greɪʃən, BrE dɪs,ɪntɪ'greɪʃən/ *n* desintegración *f*

disinterested /dɪs'ɪntrəstəd, BrE dɪs'ɪntrəstɪd/ *adj* ‹*decision/advice*› imparcial; ‹*action*› desinteresado

disjointed /dɪs'dʒɔɪntəd, BrE dɪs'dʒɔɪntɪd/ *adj* inconexo, deshilvanado

disk /dɪsk/ *n* **(a)** (flat, circular object) disco *m* **(b)** (Comput, Audio, Anat) disco *m*

disk drive *n* unidad *f* de disco

diskette /dɪs'ket/ *n* disquete *m*

dislike[1] /dɪs'laɪk/ *vt*: **I ~ dogs** no me gustan los perros; **he ~s wearing a tie** le desagrada *or* no le gusta llevar corbata

dislike[2] *n* **(a)** (emotion): **I have a strong ~ of dogs** no me gustan nada los perros, (les) tengo aversión a los perros; **to take a ~ to sb** tomarle antipatía a algn **(b)** (sth disliked): **you'll have to tell us all your likes and ~s** tendrás que decirnos lo que te gusta y lo que no te gusta

dislocate /'dɪsləkeɪt/ *vt* (Med) dislocarse*

dislodge /dɪs'lɑ:dʒ, BrE dɪs'lɒdʒ/ *vt* (shift, remove) sacar*; **the wind ~d some tiles** el viento causó que se soltaran varias tejas

disloyal /dɪs'lɔɪəl/ *adj* desleal

dismal /'dɪzməl/ *adj* **(a)** (gloomy) ‹*place/tone*› sombrío, deprimente, lúgubre **(b)** (very bad) ‹*news/prophecy*› funesto; ‹*future*› muy negro; ‹*weather*› malísimo; ‹*results/performance*› pésimo

dismantle /dɪs'mæntl/ *vt* ‹*machinery/furniture*› desmontar; ‹*organization*› desmantelar

dismay[1] /dɪs'meɪ/ *n* consternación *f*; **they looked at him in** o **with ~** lo miraron consternados; **much to my/his ~** para mi/su desgracia

dismay[2] *vt* consternar

dismember /dɪs'membər, BrE dɪs'membə(r)/ *vt* ‹*animal*› descuartizar*; ‹*corpse*› desmembrar*

dismiss /dɪs'mɪs/ *vt* **1** **(a)** ‹*employee*› despedir*; ‹*executive, minister*› destituir* **(b)** (send away) ‹*class*› dejar salir **2** ‹*possibility/suggestion*› descartar, desechar; ‹*request/petition/claim*› desestimar, rechazar* **3** (Law) ‹*charge/appeal*› desestimar; **to ~ a case** sobreseer* una causa

dismissal /dɪs'mɪsəl/ *n* **(a)** (of employee) despido *m*; (of executive, minister) destitución *f* **(b)** (sending away) autorización *f* para retirarse **(c)** (of theory, request) rechazo *m* **(d)** (Law) desestimación *f*

dismount /dɪs'maʊnt/ *vi* desmontar

disobedience /'dɪsə'bi:diəns/ *n* desobediencia *f*

disobedient /'dɪsə'bi:diənt/ *adj* desobediente

disobey /'dɪsə'beɪ/ *vt/i* desobedecer*

disorder /dɪs'ɔ:rdər, BrE dɪs'ɔ:də(r)/ *n* **1** **(a)** (confusion) desorden *m* **(b)** (unrest) desórdenes *mpl*, disturbios *mpl* **2** (Med) afección *f* (fml), problema *m*

disorderly /dɪs'ɔ:rdərli, BrE dɪs'ɔ:dəli/ *adj* **(a)** (untidy) desordenado **(b)** (unruly) ‹*crowd*› alborotado; ‹*person*› revoltoso; **~ conduct** alteración *f* del orden público

disorganized /dɪs'ɔ:rgənaɪzd, BrE dɪs'ɔ:gənaɪzd/ *adj* desorganizado

disorient /dɪs'ɔ:rient/, **disorientate** /dɪs'ɔ:riənteɪt/ *vt* desorientar

disown /dɪs'əʊn/ *vt* **(a)** (repudiate) renegar* de, repudiar **(b)** (deny responsibility for) no reconocer* como propio

disparaging /dɪs'pærədʒɪŋ/ *adj* desdeñoso, despreciativo

disparity /dɪs'pærəti/ *n* (inequality) disparidad *f*; (difference) discrepancia *f*

dispassionate /dɪs'pæʃənət/ *adj* ‹*account*› desapasionado, objetivo; ‹*adjudication/onlooker*› imparcial

d

dispatch[1] /dɪ'spætʃ/ *vt* **1** (send) despachar, enviar* **2** **(a)** (carry out) (fml) ‹*task/duty*› despachar **(b)** (kill) (euph) ‹*person/animal*› despachar (euf) **(c)** (consume) (hum) ‹*food/drink*› despacharse (hum)

dispatch[2] *n* **1** (message) despacho *m*; (Mil) parte *m* **2** (sending) despacho *m*, envío *m*, expedición *f*

dispel /dɪ'spel/ *vt* **-ll-** **(a)** ‹*doubts/fear*› disipar, hacer* desvanecer **(b)** ‹*fog*› disipar

dispensary /dɪ'spensəri/ *n* (*pl* **-ries**) (in hospital) dispensario *m*, farmacia *f*; (in school) enfermería *f*

dispensation /'dɪspən'seɪʃən/ *n* **1** **(a)** (exemption) exención *f* **(b)** (Relig) dispensa *f* **2** (of justice) administración *f*

dispense /dɪ'spens/ *vt* **1** **(a)** ‹*grants/alms*› dar*; ‹*advice*› ofrecer*, dar*; ‹*favors*› conceder* **(b)** «*machine*» ‹*coffee/soap*› expender **2** ‹*drugs/prescription*› despachar, preparar **3** (administer) ‹*justice*› administrar

● **dispense with** [*v* + *prep* + *o*] prescindir de

dispenser /dɪ'spensər, BrE dɪ'spensə(r)/ *n* (device): **a cash ~** un cajero automático; **a soap ~** un dispositivo que suministra jabón

disperse /dɪ'spɜːrs, BrE dɪ'spɜːs/ *vt* dispersar ■ *vi* dispersarse

dispirited /dɪ'spɪrətəd, BrE dɪ'spɪrɪtɪd/ *adj* ‹*person*› desanimado, abatido

displace /dɪs'pleɪs/ *vt* **(a)** (Phys) ‹*liquid/volume*› desplazar* **(b)** (replace) reemplazar* **(c)** (force from home) ‹*refugees/workers*› desplazar*

⚷ **display**[1] /dɪ'spleɪ/ *vt* **(a)** (put on show) ‹*exhibit*› exponer*; ‹*data/figures*› (Comput) visualizar* **(b)** (flaunt) ‹*finery/erudition*› hacer* despliegue *or* gala de; ‹*muscles*› lucir*, hacer* alarde de **(c)** (reveal) ‹*anger/interest*› demostrar*, manifestar*; ‹*feelings*› exteriorizar*, demostrar*; ‹*tendencies/symptoms*› presentar; ‹*skill/courage*› demostrar*

⚷ **display**[2] *n* **1** **(a)** (exhibition) exposición *f*, muestra *f*; (show) show *m*; **to be on ~** «*painting/wares*» estar* expuesto; (*before n*) **~ cabinet** vitrina *f* **(b)** (of feeling) exteriorización *f*, demostración *f*; (of courage, strength, knowledge) despliegue *m*; (of ignorance) demostración *f* **2** (Comput, Electron) display *m*, visualizador *m* **3** (Journ, Print) (*before n*) **~ advertising** anuncios *mpl* destacados

displease /dɪs'pliːz/ *vt* desagradar, contrariar*

displeasure /dɪs'pleʒər, BrE dɪs'pleʒə(r)/ *n* desagrado *m*

disposable /dɪ'spəʊzəbəl/ *adj* **1** ‹*cup/razor/pen*› desechable, de usar y tirar **2** ‹*income*› disponible

disposal /dɪ'spəʊzəl/ *n* **1** (removal, riddance): **the problem of the ~ of waste** el problema de cómo deshacerse de residuos; **arrangements were made for the ~ of the body** se hicieron arreglos para que el cadáver fuera inhumado (*or* trasladado al crematorio *etc*) **2** (power to use) disposición *f*; **to have sth at one's ~** disponer* de algo, tener* algo a su (*or* mi *etc*) disposición

disposed /dɪ'spəʊzd/ *adj* (*pred*) **(a)** (inclined) **to be ~ to + INF** estar* dispuesto A + INF **(b)** (liable) (fml) **to be ~ TO sth** ser* propenso A algo, tener* propensión A algo

dispose of /dɪ'spəʊz/ [*v* + *prep* + *o*] **1** **(a)** (get rid of) ‹*refuse/evidence*› deshacerse* de; ‹*rival/opponent*› deshacerse* de, liquidar (fam) **(b)** (sell) ‹*house/car/land*› vender, enajenar (fml) **(c)** (deal with) ‹*problem/question/objection*› despachar **2** (have use of) (fml) ‹*funds/resources*› disponer* de

disposition /'dɪspə'zɪʃən/ *n* **1** **(a)** (personality) manera *f* *or* modo *m* de ser, temperamento *m* **(b)** (inclination) (*no pl*) (fml) **~ TO sth** predisposición *f* A algo **2** (arrangement) disposición *f*

dispossess /'dɪspə'zes/ *vt* (fml) **to ~ sb OF sth** desposeer* *or* despojar a algn DE algo (fml)

disproportionate /'dɪsprə'pɔːrʃnət, BrE ˌdɪsprə'pɔːʃənət/ *adj* ‹*number/size*› desproporcionado

disprove /dɪs'pruːv/ *vt* ‹*claim/assertion/charge*› desmentir*; ‹*doctrine/theory*› rebatir, refutar

⚷ **dispute**[1] /dɪ'spjuːt/ *n* **(a)** (controversy, clash) polémica *f*, controversia *f* **(b)** (debate) discusión *f*; (quarrel) disputa *f* **(c)** (Lab Rel) conflicto *m* (laboral)

dispute[2] *vt* **1** **(a)** (contest) discutir, cuestionar **(b)** ‹*will/decision*› impugnar **(c)** (argue) ‹*point/question*› debatir, discutir **(d)** **disputed** *past p* ‹*decision*› discutido, polémico; ‹*territory*› en litigio **2** (fight for) ‹*possession/victory/territory*› disputarse

disqualify /dɪs'kwɑːləfaɪ, BrE dɪs'kwɒlɪfaɪ/ *vt* **-fies, -fying, -fied** **(a)** (make ineligible): **as a professional she was disqualified from entering the Olympics** el hecho de ser profesional le impedía participar en las Olimpíadas; **a criminal record disqualifies you from jury service** tener antecedentes penales inhabilita para ser miembro de un jurado **(b)** (debar) (Sport) descalificar*

disquiet /dɪs'kwaɪət/ *n* (fml) inquietud *f*, intranquilidad *f*, desasosiego *m*

disregard[1] /'dɪsrɪ'gɑːrd, BrE ˌdɪsrɪ'gɑːd/ *vt* ‹*danger/difficulty*› ignorar, despreciar; ‹*advice*› hacer* caso omiso de, no prestar atención a; ‹*feelings/wishes*› no tener* en cuenta

disregard[2] *n* **~ FOR sth/sb** indiferencia *f* HACIA algo/algn

disrepair /'dɪsrɪ'per, BrE ˌdɪsrɪ'peə(r)/ *n* mal estado *m*; **to be in (a state of) ~** estar* en mal estado

disreputable /dɪs'repjətəbəl, BrE dɪs'repjʊtəbəl/ *adj* ‹*person/firm*› de dudosa reputación, de mala fama; ‹*nightclub/district*› de mala fama; ‹*conduct/action*› vergonzoso

disrepute /'dɪsrɪ'pjuːt/ *n* (fml): **to fall into ~** caer* en descrédito; **to bring sth into ~** desacreditar algo

disrespect /'dɪsrɪ'spekt/ *n* **~ (FOR sth)** falta *f* de respeto (HACIA algo); **I meant no ~** no fue mi intención ofenderlo, no quise faltarle al *or* (CS) el respeto

disrespectful /'dɪsrɪ'spektfəl/ *adj* ‹*person*› irrespetuoso; ‹*attitude*› irreverente

⚷ palabra clave

disrupt /dɪs'rʌpt/ *vt* ‹*meeting/class*› perturbar el desarrollo de; ‹*traffic/communications*› crear problemas de, afectar a; ‹*plans*› desbaratar, trastocar*

disruption /dɪs'rʌpʃən/ *n* trastorno *m*

disruptive /dɪs'rʌptɪv/ *adj* ‹*influence*› perjudicial, negativo; **a ~ pupil** un alumno problema

dissatisfaction /'dɪs'sætəs'fækʃən, BrE dɪs,sætɪs'fækʃən/ *n* descontento *m*, insatisfacción *f*

dissatisfied /'dɪs'sætəsfaɪd, BrE dɪ'sætɪsfaɪd/ *adj* descontento, insatisfecho

dissect /dɪ'sekt, daɪ-/ *vt* ‹*animal/body*› diseccionar, hacer* la disección de

disseminate /dɪ'semənert, BrE dɪ'semɪneɪt/ *vt* (fml) diseminar

dissent /dɪ'sent/ *n* (fml) desacuerdo

dissertation /'dɪsər'teɪʃən, BrE ,dɪsə'teɪʃən/ *n* (in US: for PhD) tesis *f* (doctoral); (in UK: for lower degree) tesis *f*, tesina *f*

disservice /'dɪs'sɜːrvəs, BrE dɪs'sɜːvɪs/ *n* (fml): **this report does him a ~** este informe no le hace justicia

dissident /'dɪsədənt, BrE 'dɪsɪdənt/ *n* disidente *mf*

dissimilar /dɪ'sɪmələr, BrE dɪ'sɪmɪlə(r)/ *adj* distinto, diferente

dissipate /'dɪsəpeɪt, BrE 'dɪsɪpeɪt/ *vt* (fml) **(a)** (squander) ‹*inheritance*› disipar, dilapidar; ‹*energy/talents*› desperdiciar **(b)** (dispel) ‹*anxiety*› disipar, hacer* desvanecer
■ *vi* (fml) «*anger/doubts*» disiparse, desvanecerse*

dissociate /dɪ'səʊʃieɪt, -sieɪt/ *vt* **(a)** (separate) disociar **(b)** (distance) **to ~ oneself** FROM **sb/sth** desvincularse DE algn/algo

dissolute /'dɪsəluːt/ *adj* disoluto

dissolve /dɪ'zɑːlv, BrE dɪ'zɒlv/ *vt* disolver*
■ *vi* disolverse*

dissuade /dɪ'sweɪd/ *vt* **to ~ sb (FROM sth)** disuadir a algn (DE algo); **I managed to ~ her from leaving** logré convencerla de que no se fuera

distance[1] /'dɪstəns/ *n* distancia *f*; **in the (far) ~** en la distancia *or* lejanía, a lo lejos; ***to keep one's ~*** (remain aloof) guardar las distancias; (lit: keep away) no acercarse*

distance[2] *v refl* **to ~ oneself** (FROM **sb/sth)** (emotionally) distanciarse (DE algn/algo); (deny involvement) desvincularse (DE algn/algo)

distance learning *n* enseñanza *f* a distancia

distant /'dɪstənt/ *adj* ‹*spot/country*› distante, lejano; ‹*relative*› lejano; **in the ~ past** en el pasado remoto

distantly /'dɪstəntli/ *adv* ‹*hear/see*› en la lejanía; **we are ~ related** somos parientes lejanos

distaste /dɪs'teɪst/ *n* desagrado *m*

distasteful /dɪs'teɪstfəl/ *adj* **(a)** (unpleasant) ‹*task/chore*› desagradable **(b)** (offensive) ‹*remark/picture*› de mal gusto

distend /dɪ'stend/ *vt* dilatar, hinchar
■ *vi* dilatarse, hincharse

distill, (BrE) **distil** *vt* **-ll-** /dɪ'stɪl/ destilar

distillery /dɪ'stɪləri/ *n* (*pl* **-ries**) destilería *f*

distinct /dɪ'stɪŋkt/ *adj* **1** ‹*shape/outline*› definido, claro, nítido; ‹*likeness*› obvio, marcado; ‹*improvement*› decidido, marcado; ‹*possibility*› nada desdeñable **2** (different, separate) distinto, bien diferenciado; **we are talking about English people as ~ from British people** nos referimos a los ingleses en particular y no a los británicos

distinction /dɪ'stɪŋkʃən/ *n* **1** **(a)** (difference) distinción *f*; **we must make** *o* **draw a ~ between ...** debemos distinguir entre ... **(b)** (act of differentiating) distinción *f*; **without ~ of race or creed** sin distinción de raza o credo **2** **(a)** (merit, excellence): **a writer of ~** un distinguido *or* destacado escritor; **a car of ~** un coche de categoría **(b)** (distinguished appearance) distinción *f* **(c)** (mark of recognition) honor *m*, distinción *f* **(d)** (BrE) (Educ) mención *f* especial

distinctive /dɪ'stɪŋktɪv/ *adj* ‹*marking/plumage*› distintivo, característico; ‹*gesture/laugh*› personal, inconfundible; ‹*decor/dress*› particular

distinctly /dɪ'stɪŋktli/ *adv* **(a)** ‹*speak/enunciate*› con claridad **(b)** ‹*hear*› perfectamente, claramente; **I ~ remember telling you** me acuerdo perfectamente *or* muy bien de que te lo dije

distinguish /dɪ'stɪŋgwɪʃ/ *vt* **1** **(a)** (differentiate) distinguir*, diferenciar **(b) distinguishing** *pres p* ‹*feature/mark*› distintivo, característico **2** (make out) distinguir*
■ *vi* distinguir*

distinguished /dɪ'stɪŋgwɪʃt/ *adj* distinguido

distort /dɪ'stɔːrt, BrE dɪ'stɔːt/ *vt* **(a)** (deform) ‹*metal/object*› deformar **(b)** (Opt) ‹*image/reflection*› deformar, distorsionar **(c)** (Electron) ‹*signal/sound*› distorsionar **(d)** (misrepresent) ‹*facts/statement*› tergiversar, distorsionar

distortion /dɪ'stɔːrʃən, BrE dɪ'stɔːʃən/ *n* **(a)** (of metal, object) deformación *f*; (of features) distorsión *f* **(b)** (Opt) deformación *f*, distorsión *f* **(c)** (of facts, news) tergiversación *f*, distorsión *f*

distract /dɪ'strækt/ *vt* **(a)** (divert) ‹*person*› distraer* **(b)** (amuse) entretener*, distraer*

distraction /dɪ'strækʃən/ *n* **1** **(a)** (interruption) distracción *f* **(b)** (entertainment) (fml) entretenimiento *m*, distracción *f* **2** (madness): **to drive sb to ~** sacar* a algn de quicio

distraught /dɪ'strɔːt/ *adj* ‹*voice/person*› consternado, angustiado

distress[1] /dɪ'stres/ *n* angustia *f*, aflicción *f*; **he was in great ~** sufría mucho

distress[2] *vt* (upset) afligir*; (grieve) consternar

distressed /dɪ'strest/ *adj* afligido

distressing /dɪ'stresɪŋ/ *adj* ‹*news/circumstance*› penoso, angustiante

distribute /dɪ'strɪbjət, -bjuːt, BrE dɪ'strɪbjuːt/ *vt* distribuir*; ‹*profits*› repartir

distribution /'dɪstrɪ'bjuːʃən/ *n* distribución *f*, reparto *m*; (of dividends) reparto *m*

distributor /dɪ'strɪbjətər, BrE dɪ'strɪbjʊtə(r)/ *n* **1** (Busn) distribuidor *m*; (Cin) distribuidora *f* **2** (Auto, Elec) distribuidor *m* (del encendido)

district /'dɪstrɪkt/ *n* **1** **(a)** (region) zona *f*, región *f* **(b)** (locality) barrio *m* **2** (Govt) (in US: of state, city) distrito *m*

district: **~ attorney** *n* (in US) fiscal *mf* del distrito; **~ court** *n* (in US) tribunal *m* de distrito; **~ nurse** *n* (in UK) *enfermero que tiene a su cuidado a los pacientes de un distrito*

d

d

distrust[1] /dɪs'trʌst/ *vt* desconfiar* de, no fiarse* de

distrust[2] *n* desconfianza *f*, recelo *m*

distrustful /dɪs'trʌstfəl/ *adj* desconfiado, receloso

disturb /dɪ'stɜ:rb, BrE dɪ'stɜ:b/ *vt* **1** **(a)** (interrupt): **the noise ~ed my concentration** el ruido me hizo perder la concentración; **the calm was ~ed by the arrival of the tourists** la llegada de los turistas vino a perturbar la calma **(b)** (inconvenience) molestar **(c)** (burst in upon) ‹*thief*› sorprender **2** (disarrange): **she found that her papers had been ~ed** notó que alguien había tocado sus papeles **3** (trouble) perturbar, inquietar, llenar de inquietud

disturbance /dɪ'stɜ:rbəns, BrE dɪ'stɜ:bəns/ *n* **1** **(a)** (noisy disruption): **to cause/create a ~** provocar*/armar un alboroto **(b)** (interruption) interrupción *f* **2** (of routine) alteración *f* **3** (riot) disturbio *m*

disturbed /dɪ'stɜ:rbd, BrE dɪ'stɜ:bd/ *adj* **1** **(a)** (Psych) ‹*person/mind*› trastornado **(b)** (perturbed) (*pred*): **I was greatly ~ to hear of his misfortune** la noticia de su desgracia me impresionó *or* afectó muchísimo **2** (restless) ‹*sleep*› agitado, inquieto

disturbing /dɪ'stɜ:rbɪŋ, BrE dɪ'stɜ:bɪŋ/ *adj* (worrying, upsetting) inquietante, perturbador; (alarming) alarmante

disuse /dɪʃ'u:s, BrE dɪs'ju:s/ *n* desuso *m*

disused /dɪʃ'u:zd, BrE dɪs'ju:zd/ *adj* ‹*factory/quarry*› abandonado; ‹*machinery*› en desuso

ditch[1] /dɪtʃ/ *n* zanja *f*; (at roadside) cuneta *f*; (for irrigation) acequia *f*

ditch[2] *vt* **1** (abandon) (infml) ‹*girlfriend/boyfriend*› plantar (fam), botar (AmC, Chi fam); ‹*object*› deshacerse* de, botar (AmL exc RPl), tirar (Esp, RPl); ‹*plan*› abandonar, desechar **2** (Aviat): **to ~ a plane** hacer* un amaraje *or* amarizaje *or* amerizaje (forzoso)

dither /'dɪðər, BrE 'dɪðə(r)/ *vi* (infml) **(a)** (become agitated) (AmE) ponerse* muy nervioso **(b)** (be indecisive) titubear, vacilar

ditto /'dɪtəʊ/ *adv* (infml): **I'm fed up — ditto!** estoy harto — ¡y yo ídem de ídem! (fam)

divan /dɪ'væn/ *n* **(a)** (sofa) diván *m*, canapé *m* **(b)** **~ (bed)** cama *f* turca

dive[1] /daɪv/ *vi* (*past* **dived** *or* (AmE also) **dove**; *past p* **dived**) **(a)** (from height) zambullirse*, tirarse (al agua), tirarse *or* echarse un clavado (AmL) **(b)** (from surface) «*person/whale*» sumergirse*, zambullirse*; «*submarine*» sumergirse* **(c)** (swoop) «*plane/bird*» bajar en picada *or* (Esp) en picado

dive[2] *n* **1** **(a)** (into water) zambullida *f*, clavado *m* (AmL); (Sport) salto *m* (de trampolín), clavado *m* (AmL) **(b)** (of submarine, whale) inmersión *f* **(c)** (swoop) descenso *m* en picada *or* (Esp) en picado **2** (lunge, sudden movement) (infml): **he made a ~ for the gun** se abalanzó sobre la pistola **3** (disreputable club, bar) (infml) antro *m*

dive-bomb /'daɪvbɑ:m, BrE 'daɪvbɒm/ *vt* bombardear en picada *or* (Esp) en picado

diver /'daɪvər, BrE 'daɪvə(r)/ *n* **(a)** (from diving board *etc*) saltador, -dora *m,f*, clavadista *mf* **(b)** (deep-sea) buzo *mf*, submarinista *mf*

diverge /də'vɜ:rdʒ, BrE daɪ'vɜ:dʒ/ *vi* **(a)** «*lines/paths*» separarse **(b)** «*opinions/explanations*» divergir*

diverse /daɪ'vɜ:rs, BrE daɪ'vɜ:s/ *adj* **(a)** (varied) ‹*interests/tastes*› diversos, variados; **plant life in the area is extremely ~** la vegetación en la zona es muy variada **(b)** (unlike) diferentes, distintos

diversion /də'vɜ:rʒən, BrE daɪ'vɜ:ʃən/ *n* **1** **(a)** (of river) desviación *f* **(b)** (of funds) malversación *f* **(c)** (BrE) (Transp) desvío *m*, desviación *f* **2** (distraction) (Mil) diversión *f*, divertimiento *m* estratégico **3** (amusement) (fml) diversión *f*, entretenimiento *m*

diversity /də'vɜ:rsəti, BrE daɪ'vɜ:səti/ *n* diversidad *f*

divert /də'vɜ:rt, BrE daɪ'vɜ:t/ *vt* **1** **(a)** (redirect) ‹*stream/flow*› desviar*; ‹*traffic*› (BrE) desviar* **(b)** (ward off) ‹*blow/attack*› eludir, esquivar **2** (distract) ‹*attention/thoughts*› distraer* **3** (amuse) (fml) divertir*, entretener*

divest /daɪ'vest/ *vt* (fml) **to ~ sb** OF **sth** despojar a algn DE algo (fml)

⚷ **divide** /də'vaɪd, BrE dɪ'vaɪd/ *vt* **1** **(a)** (split up) dividir; **to ~ sth** INTO **sth** dividir algo EN algo **(b)** (separate) **to ~ sth** FROM **sth** separar algo DE algo **(c)** (share) ‹*cake/money/work*› repartir **2** (cause to disagree) dividir **3** (Math) dividir; ▶ **four**[1]

■ *vi* **1** **(a)** (fork) «*road/river*» dividirse **(b)** (split) «*group/particles/cells*» dividirse **2** (Math) dividir

● **divide up** **1** [*v* + *o* + *adv*, *v* + *adv* + *o*] dividir **2** [*v* + *adv*] dividirse

divided /də'vaɪdəd, BrE dɪ'vaɪdɪd/ *adj* ‹*opinion*› dividido

divided highway *n* (AmE) autovía *f*, carretera *f* de doble pista

dividend /'dɪvədend, BrE 'dɪvɪdend/ *n* dividendo *m*; ***to pay ~s*** dar* dividendos, reportar beneficios

divider /də'vaɪdər, BrE dɪ'vaɪdə(r)/ *n* **(a)** (screen) mampara *f*; (in filing system) separador *m* **(b)** **dividers** *pl* (Math) compás *m* de puntas fijas

dividing line /də'vaɪdɪŋ, BrE dɪ'vaɪdɪŋ/ *n* línea *f* divisoria

divine[1] /də'vaɪn, BrE dɪ'vaɪn/ *adj* **1** (*before n*) ‹*intervention/inspiration*› divino **2** (wonderful) divino, precioso

divine[2] *vt* **(a)** (discover, guess) (liter) adivinar **(b)** ‹*water/minerals*› descubrir* (*con una varita de zahorí*)

diving /'daɪvɪŋ/ *n* **(a)** (from height) saltos *mpl* de trampolín, clavados *mpl* (AmL) **(b)** (under water) submarinismo *m*, buceo *m*

diving: **~ board** *n* trampolín *m*; **~ suit** *n* escafandra *f*, traje *m* de buzo

divinity /də'vɪnəti, BrE dɪ'vɪnəti/ *n* (*pl* **-ties**) (fml) **(a)** (divine nature, being) divinidad *f* **(b)** (theology) teología *f*

⚷ **division** /də'vɪʒən, BrE dɪ'vɪʒən/ *n* **1** **(a)** (distribution) reparto *m*, división *f* **(b)** (boundary) división *f*; **class ~s** divisiones de clase **(c)** (part) división *f* **2** (disagreement) desacuerdo *m* **3** (department) división *f*, sección *f* **4** (Mil) división *f* **5** (Sport)

⚷ palabra clave

(a) (in boxing) categoría *f* **(b)** (in US: area) zona *f* **(c)** (in UK: by standard) división *f* **6** (Math) división *f*

divisive /də'vaɪsɪv, BrE dɪ'vaɪsɪv/ *adj* divisivo

divorce¹ /də'vɔːrs, BrE dɪ'vɔːs/ *n* divorcio *m*

divorce² *vt* (Law) divorciarse de; **to get ~d** divorciarse
■ *vi* divorciarse

divorcee /də'vɔːr'seɪ, BrE dɪ,vɔː'siː/ *n* divorciado, -da *m,f*

divulge /daɪ'vʌldʒ/ *vt* divulgar*; **to ~ sth TO sb** revelarle algo A algn

DIY *n* (BrE) (= **do-it-yourself**) bricolaje *m*

dizzy /'dɪzi/ *adj* **-zier, -ziest (a)** (giddy) ‹*sensation*› de mareo; **to feel ~** estar* mareado **(b)** (causing dizziness) ‹*speed*› vertiginoso; ‹*height*› de vértigo

DJ *n* = **disc jockey**

DNA *n* (= **deoxyribonucleic acid**) ADN *m*

do¹ /duː, *weak form* dʊ, də/ (*3rd pers sing pres* **does**; *pres p* **doing**; *past* **did**; *past p* **done**) *vt* **1** hacer*; **to have something/nothing to ~** tener* algo/no tener* nada que hacer; **it was a silly thing to ~** fue una estupidez; **can I ~ anything to help?** ¿puedo ayudar en algo? **2** (carry out) ‹*job/task*› hacer*; **to ~ the cooking** cocinar; **well done!** ¡muy bien! **3** (achieve, bring about): **she's done it: it's a new world record** lo ha logrado: es una nueva marca mundial; **it was climbing those stairs that did it** fue por subir esa escalera; **that mustache really does something for him** la verdad es que le queda muy bien el bigote **4 (a)** (fix, arrange, repair): **I have to ~ my nails** me tengo que arreglar las uñas; **she had her hair done** se hizo peinar **(b)** (clean) ‹*dishes*› lavar; ‹*brass/windows*› limpiar **5** (make, produce) ‹*meal*› preparar, hacer*; ‹*drawing/translation*› hacer* **6** (travel): **he was ~ing 100 mph** iba a 100 millas por hora; **the car has only done 4,000 miles** el coche solo tiene 4.000 millas
■ *vi* **1** (act, behave) hacer*; **~ as you're told!** ¡haz lo que se te dice!; **his concern to ~ well by his son** su preocupación por hacer todo lo posible por su hijo **2** (get along, manage): **how are you ~ing?** (infml) ¿qué tal estás *or* andas *or* te va?; **how do you ~?** (as greeting) mucho gusto, encantado; **how are we ~ing for time?** ¿cómo *or* qué tal vamos *or* andamos de tiempo?; **she did well in her exams** le fue bien en los exámenes; **he's done well for himself** ha sabido abrirse camino **3** (go on, happen) (infml) (*in -ing form*) **there's nothing ~ing in town** no pasa nada en el pueblo; **nothing ~ing!** ¡ni hablar!, ¡ni lo sueñes! **4** (be suitable, acceptable): **look, this won't ~!** ¡mira, esto no puede ser!; **it's not ideal, but it'll ~** no es lo ideal, pero sirve; **this box will ~ for** o **as a table** esta caja nos servirá de mesa **5** (be enough) ser* suficiente, alcanzar*, bastar; **that'll ~! shut up!** ¡basta! ¡cállate la boca!
■ *v aux* [*El verbo auxiliar* ▶ **do** *se usa para formar el negativo y el interrogativo* (▶ **1 a**), *para agregar énfasis* (▶ **1 b**) *o para sustituir a un verbo usado anteriormente* (▶ **2**)] **1 (a)** (*used to form negative, interrogative, exclamations*): **I ~ not** o **don't know** no sé; **not only does it cost more, it also ...** no solo cuesta más, sino que también ...; **did I frighten you?** ¿te asusté?; **doesn't it make you sick!** ¡dime si no es asqueante! **(b)** (emphasizing): **you ~ exaggerate!** ¡cómo exageras!; **you must admit, she did look ill** tienes que reconocer que tenía mala cara **2 (a)** (*in elliptical uses*): **~ you live here? — yes, I ~/no, I don't** ¿vives aquí? — sí/no; **she says she understands, but she doesn't** dice que comprende, pero no es así **(b)** (*in tag questions*): **you know Bob, don't you?** conoces a Bob, ¿no? *or* ¿verdad? *or* ¿no es cierto?; **I told you, didn't I?** te lo dije ¿no? *or* ¿no es cierto?

● **do away with** [*v* + *adv* + *prep* + *o*] **(a)** (abolish) ‹*privilege/tax*› abolir*, suprimir; ‹*need*› eliminar, acabar con **(b)** (kill) (infml) eliminar, liquidar (fam)

● **do up** [*v* + *o* + *adv*, *v* + *adv* + *o*] **(a)** (fasten) ‹*coat/necklace/button*› abrochar; ‹*zipper*› subir; **to ~ up one's shoes** atarse los cordones *or* (Méx) las agujetas *or* (Per) los pasadores (de los zapatos) **(b)** (wrap up) ‹*parcel*› envolver* **(c)** (dress up) (infml): **she was all done up** estaba muy elegante **(d)** (infml) ‹*house*› arreglar (*pintando, empapelando etc*)

● **do with** [*v* + *prep* + *o*] **1** (benefit from) (*with can, could*) **that door could ~ with a coat of paint** no le vendría mal una mano de pintura a esa puerta; **you could ~ with a change** te hace falta *or* te vendría bien un cambio **2** (expressing connection): **I don't want to have anything to ~ with him/this business** yo no quiero tener nada que ver con él/este asunto; **it's nothing to ~ with you!** no es nada que te concierna *or* que te importe a ti

● **do without 1** [*v* + *prep* + *o*] **to ~ without sth/sb** prescindir de *or* arreglárselas sin algo/algn **2** [*v* + *adv*] arreglárselas

do² /duː/ *n* (*pl* **dos**) **1** (party, gathering) (infml) fiesta *f*, reunión *f* **2 do's and don'ts** (rules) normas *fpl*

do³ /doʊ/ *n* (*pl* **dos**) (Mus) do *m*

docile /'dɑːsəl, BrE 'dəʊsaɪl/ *adj* dócil, sumiso

dock¹ /dɑːk, BrE dɒk/ *n* **1** (Naut) **(a)** (wharf, quay) muelle *m*; (for cargo ships) dársena *f*; (*before n*) ‹*worker/strike*› portuario **(b) docks** *pl* puerto *m* **2** (Law) (*no pl*) **the ~** el banquillo de los acusados **3** (Bot) acedera *f*

dock² *vt* **1 (a)** ‹*tail*› cortar **(b)** ‹*wages*› descontar* dinero de **2** ‹*vessel/ship*› fondear, atracar*
■ *vi* **(a)** (Naut) «*ship/vessel*» atracar*, fondear **(b)** (Aerosp) acoplarse

docker /'dɑːkər, BrE 'dɒkə(r)/ *n* (BrE) estibador, -dora *m,f*

dockyard /'dɑːkjɑːrd, BrE 'dɒkjɑːd/ *n* (*often pl*) astillero *m*

doctor¹ /'dɑːktər, BrE 'dɒktə(r)/ *n* **1** (Med) médico, -ca *m,f*, doctor, -tora *m,f*, facultativo, -va *m,f* (fml); **D~ Jones** el doctor Jones **2** (Educ) doctor, -tora *m,f*

doctor² *vt* (derog) **(a)** ‹*food/drink*› adulterar **(b)** ‹*text*› arreglar **(c)** ‹*results/evidence*› falsificar*

doctoral /'dɑːktərəl, BrE 'dɒktərəl/ *adj* ‹*thesis/dissertation*› doctoral

doctorate /'dɑːktərət, BrE 'dɒktərət/ *n* doctorado *m*

doctrine /'dɑːktrən, BrE 'dɒktrɪn/ *n* doctrina *f*

document¹ /'dɑːkjəmənt, BrE 'dɒkjʊmənt/ *n*

d

documento *m*
document² *vt* /'dɑ:kjəment, BrE 'dɒkjʊment/ documentar
documentary¹ /'dɑ:kjə'mentəri, BrE ˌdɒkjʊ'mentri/ *adj* documental
documentary² *n* (*pl* **-ries**) documental *m*
documentation /'dɑ:kjəmen'teɪʃən, BrE ˌdɒkjʊmen'teɪʃən/ *n* documentación *f*
dodge /dɑ:dʒ, BrE dɒdʒ/ *vt* **(a)** ‹*blow*› esquivar; ‹*pursuer*› eludir **(b)** ‹*question*› esquivar, soslayar; ‹*problem/issue*› soslayar; ‹*work/responsibility*› eludir; ‹*tax*› evadir
■ *vi* echarse a un lado, apartarse; **she ~d behind the car** se escondío rápidamente detrás del coche
dodgem (car) /'dɑ:dʒəm, BrE 'dɒdʒəm/ *n* ▶ **bumper car**
dodger /'dɑ:dʒər, BrE 'dɒdʒə(r)/ *n*: **tax ~** evasor, -sora *m,f* de impuestos; **fare ~** *persona que intenta viajar sin pagar en un medio de transporte público*
doe /dəʊ/ *n* (of deer) hembra *f* de gamo, gama *f*; (of rabbit) coneja *f*
does /dʌz, *weak form* dəz/ *3rd pers sing pres of* **do¹**
doesn't /'dʌzn̩t/ = **does not**
⚷ **dog¹** /dɔ:g, BrE dɒg/ *n* (Zool) perro, -rra *m,f*; (male canine) macho *m*; ***it's ~ eat ~*** hay una competencia brutal; ***to go to the ~s*** venirse* abajo; ***let sleeping ~s lie*** mejor no revolver el asunto; (*before n*) **~ show** exposición *f* canina
dog² *vt* **-gg-**; (*often pass*) perseguir*
dog-eared /'dɔ:gɪrd, BrE 'dɒgɪəd/ *adj* sobado y con las esquinas dobladas
dogged /'dɔ:gəd, BrE 'dɒgɪd/ *adj* obstinado
doggedly /'dɔ:gədli, BrE 'dɒgɪdli/ *adv* obstinadamente
doggerel /'dɔ:gərəl, BrE 'dɒgərəl/ *n* ripios *mpl*
doghouse /'dɔ:ghaʊs, BrE 'dɒghaʊs/ *n* (AmE) casa *f* *or* casilla *f* *or* (Esp) caseta *f* *or* (Chi) casucha *f* del perro, perrera *f* (Col); ***to be in the ~*** (infml) haber* caído en desgracia
dogma /'dɔ:gmə, BrE 'dɒgmə/ *n* dogma *m*
dogmatic /dɔ:g'mætɪk, BrE dɒg'mætɪk/ *adj* dogmático
do-gooder /'du:ˌgʊdər, BrE du:'gʊdə(r)/ *n* (derog) hacedor, -dora *m,f* de buenas obras (hum)
dog: **~ paddle** *n* estilo *m* perro *or* perrito; **~sbody** *n* (esp BrE infml): **I'm just the general ~sbody around here** yo aquí no soy más que el botones
doh /dəʊ/ *n* (Mus) do *m*
doily /'dɔɪli/ *n* (*pl* **-lies**) **(a)** (on plate) blonda *f* **(b)** (under plate, ornament) tapete *m*, pañito *m*, carpeta *f* (Col, CS)
doing /'du:ɪŋ/ *n* **1** (action): **that takes some ~** eso no es nada fácil; **it was none of our ~** nosotros no tuvimos nada que ver **2** **doings** *pl* (activities, events) actividades *fpl*
do-it-yourself /du:ətʃər'self, BrE ˌdu:ɪtjɔ:'self/ *n* bricolaje *m*
doldrums /'dəʊldrəmz, 'dɑ:l-, BrE 'dɒldrəmz/ *pl n*: ***to be in the ~*** estar* de capa caída
dole /dəʊl/ *n* (BrE): **to be on the ~** estar* cobrando subsidio de desempleo *or* (Chi tb) de cesantía, estar* en el paro (Esp)
● **dole out** [*v + o + adv, v + adv + o*] ‹*food/money*› dar*, repartir
doleful /'dəʊlfəl/ *adj* ‹*face/look*› compungido, triste; ‹*sound/voice*› plañidero, lúgubre
doll /dɑ:l, BrE dɒl/ *n* muñeca *f*
● **doll up**: [*v + o + adv*] (infml): **to get (all) ~ed up** emperifollarse (fam)
⚷ **dollar** /'dɑ:lər, BrE 'dɒlə(r)/ *n* dólar *m*; ***you can bet your bottom ~*** (infml) puedes estar seguro, te lo doy firmado (fam); (*before n*) **~ bill** billete *m* de un dólar; **~ sign** signo *m* *or* símbolo *m* del dólar
dollhouse /'dɑ:lhaʊs, BrE 'dɒlhaʊs/ (AmE) *n* casa *f* de muñecas
dollop /'dɑ:ləp, BrE 'dɒləp/ *n* (infml) (served with a spoon) cucharada *f*; (serving, measure) porción *f*
doll's house *n* (BrE) casa *f* de muñecas
dolly /'dɑ:li, BrE 'dɒli/ *n* (*pl* **-lies**) (used to or by children) muñequita *f*
dolphin /'dɑ:lfən, BrE 'dɒlfɪn/ *n* (*pl* **~s** *or* **~**) delfín *m*
domain /də'meɪn, dəʊ-/ *n* **(a)** (sphere of influence, activity) campo *m*, esfera *f*; **in the public ~** de(l) dominio público **(b)** (Comput) dominio *m*
dome /dəʊm/ *n* (Archit) cúpula *f*
⚷ **domestic** /də'mestɪk/ *adj* **1** **(a)** (of the home) ‹*life/problems*› doméstico; **~ violence** violencia *f* en el hogar **(b)** (home-loving) casero, hogareño **2** ‹*animal*› doméstico **3** (Econ, Pol) ‹*affairs/policy/market*› interno; ‹*produce/flight*› nacional
domesticated /də'mestɪkeɪtəd, BrE də'mestɪkeɪtɪd/ *adj* ‹*animal/species*› domesticado
domesticity /'dəʊmes'tɪsəti, BrE ˌdɒmes'tɪsəti, dəʊ-/ *n* (fml *or* hum) domesticidad *f*
domestic science *n* economía *f* doméstica, hogar *m* (Esp)
domicile /'dɑ:məsaɪl, BrE 'dɒmɪsaɪl/ *n* (fml) domicilio *m* (fml)
dominance /'dɑ:mənəns, BrE 'dɒmɪnəns/ *n* **(a)** (supremacy) dominio *m*, dominación *f* **(b)** (predominance) predominio *m*, preponderancia *f*
dominant /'dɑ:mənənt, BrE 'dɒmɪnənt/ *adj* **(a)** (more powerful) ‹*nation/influence*› dominante **(b)** (predominant) ‹*crop/industry*› predominante, preponderante **(c)** (Biol, Ecol) dominante
⚷ **dominate** /'dɑ:məneɪt, BrE 'dɒmɪneɪt/ *vt* dominar
domination /'dɑ:mə'neɪʃən, BrE ˌdɒmɪ'neɪʃən/ *n* dominación *f*
domineering /'dɑ:mə'nɪrɪŋ, BrE ˌdɒmɪ'nɪərɪŋ/ *adj* dominante
Dominican Republic /də'mɪnɪkən/ *n*: **the ~** la República Dominicana
dominion /də'mɪnjən/ *n* (liter) dominio *m*
domino /'dɑ:mənəʊ, BrE 'dɒmɪnəʊ/ *n* (*pl* **-noes**) **(a)** (counter) ficha *f* de dominó **(b)** **dominoes** (game) (+ *sing vb*) dominó *m*
don /dɑ:n, BrE dɒn/ *vt* **-nn-** (put on) (liter) ponerse*

⚷ palabra clave

donate /'dəʊneɪt, dəʊ'neɪt/ *vt* donar

donation /dəʊ'neɪʃən/ *n* **(a)** (gift) donativo *m*, donación *f* **(b)** (act) donación *f*

done[1] /dʌn/ *past p of* **do[1]**

done[2] *adj* (*no comp*) **1** (*pred*) **(a)** (finished) hecho; **I'm/we're ~** he/hemos terminado **(b)** (cooked) cocido **2** (accepted): **it's not ~** o **not the ~ thing** no está bien visto

donkey /'dɑːŋki, BrE 'dɒŋki/ *n* (*pl* **-keys**) burro *m*, asno *m*

donor /'dəʊnər, BrE 'dəʊnə(r)/ *n* donante *mf*

don't /dəʊnt/ = **do not**

doodle /'duːdl/ *vi/t* garabatear, garrapatear

doom[1] /duːm/ *vt* (*usu pass*) condenar

doom[2] *n* **(a)** (fate) sino *m* (liter); (death) muerte *f* **(b)** (ruin) fatalidad *f*

doomsday /'duːmzdeɪ/ *n* (arch) día *m* del Juicio Final

door /dɔːr, BrE dɔː(r)/ *n* puerta *f*; **double ~s** puerta de dos hojas; **there's someone at the ~** llaman a la puerta; **tickets are available at the ~** se pueden comprar las localidades en la puerta *or* a la entrada; **he's not allowed out of ~s** no le permiten salir; ***to show sb the ~*** mostrarle* *or* enseñarle la puerta a algn, echar a algn

door: **~bell** *n* timbre *m*; **~ knob** *n* pomo *m* (de la puerta); **~man** /'dɔːrmən, BrE 'dɔːmən/ *n* (*pl* **-men** /-mən/) portero *m*; **~mat** *n* felpudo *m*; **~step** *n* umbral *m*; **~stop** *n* cuña *f* (*para mantener la puerta abierta*); **~-to-~** /'dɔːrtə'dɔːr, BrE ˌdɔːtə'dɔː(r)/ *adj* ‹*delivery/service*› de puerta a puerta; **a ~-to-~ salesman** un vendedor ambulante (*que va de puerta a puerta*); **~way** *n* entrada *f*

dope[1] /dəʊp/ *n* **1** **(a)** (drugs) (sl) droga *f*, pichicata *f* (CS, Per fam); (cannabis) hachís *m*, chocolate *m* (Esp arg) **(b)** (Sport) estimulante *m*, droga *f*, doping *m*; (*before n*) ‹*test*› antidoping *adj inv* **2** (information) (sl) información *f* **3** (stupid person) (infml) imbécil *mf*, tarugo *mf* (fam)

dope[2] *vt* (infml) ‹*person/racehorse*› dopar (fam), drogar*; ‹*food/drink*› poner* droga en

dopey, **dopy** /'dəʊpi/ *adj* **dopier**, **dopiest** (infml) **(a)** (stupid) lelo (fam), bobo (fam) **(b)** (befuddled) atontado, grogui (fam)

dormant /'dɔːrmənt, BrE 'dɔːmənt/ *adj* **1** **(a)** ‹*animal/plant*› aletargado **(b)** ‹*volcano*› inactivo **2** (fml) ‹*idea/emotion*› latente

dormice /'dɔːrmaɪs, BrE 'dɔːmaɪs/ *pl of* **dormouse**

dormitory /'dɔːrmətɔːri, BrE 'dɔːmɪtri/ *n* (*pl* **-ries**) **(a)** (in school, hostel) dormitorio *m*; (*before n*) **~ town** (BrE) ciudad *f* dormitorio **(b)** (students' residence) (AmE) residencia *f* de estudiantes

dormouse /'dɔːrmaʊs, BrE 'dɔːmaʊs/ *n* (*pl* **-mice** /-maɪs/) lirón *m*

dorsal /'dɔːrsəl, BrE 'dɔːsəl/ *adj* dorsal

DOS /dɑːs, BrE dɒs/ *n* (= **disk-operating system**) DOS *m*

dosage /'dəʊsɪdʒ/ *n* dosis *f*

dose[1] /dəʊs/ *n* (of medication) dosis *f*; **a bad ~ of flu** (infml) una gripe *or* (Col, Méx) una gripa muy mala

dose[2] *vt*: **I'm all ~d up with painkillers** me he tomado no sé cuántos analgésicos

dossier /'dɔːsieɪ, BrE 'dɒsiə(r), -ieɪ/ *n* dossier *m*, expediente *m*

dot[1] /dɑːt, BrE dɒt/ *n* punto *m*; **~ ~ ~** puntos suspensivos; **on the ~** en punto

dot[2] *vt* **-tt-** **1** (add dot) puntuar*; **to sign on the ~ted line** firmar (en) la línea punteada *or* de puntos **2** (scatter) (*usu pass*) salpicar*; **her family is ~ted about all over Europe** su familia está desperdigada por toda Europa

dot.com /kɑːm, BrE kɒm/ *n* (Comput) punto *m* com; (*before n*) ‹*company*› punto com

dote /dəʊt/ *vi* **to ~ ON sb** adorar a algn

doting /'dəʊtɪŋ/ *adj*: **his ~ mother** su madre, que lo adora

dotty /'dɑːti, BrE 'dɒti/ *adj* **-tier**, **-tiest** (infml) ‹*person*› chiflado (fam); ‹*idea*› descabellada

double[1] /'dʌbəl/ *adj* doble; ‹*bed*› de matrimonio, de dos plazas (AmL); **it's ~ that** es el doble de eso; **my number is ~ three seven ~ four eight** (esp BrE) mi número es tres tres siete, cuatro cuatro ocho; **it's spelled with a ~ 't'** se escribe con dos tes; **~ bend** curva *f* en S (read as: curva en ese); **inflation reached ~ figures** la inflación alcanzó/rebasó el 10%

double[2] *adv* ‹*pay/earn/cost*› el doble; **she spends ~ what she earns** gasta el doble de lo que gana; **to see ~** ver* doble

double[3] *n* **1** **(a)** (hotel room) doble *f* **(b)** (of spirits): **I'll have a ~** (deme) uno doble **2** (lookalike) doble *mf* **3** (Sport) (double win) doblete *m* **4** (pace): **at** o **on the ~** (Mil) a paso ligero

double[4] *vt* **(a)** (increase twofold) ‹*earnings/profits*› doblar, duplicar*; ‹*efforts*› redoblar **(b)** (Games) ‹*stake/call/bid*› doblar

■ *vi* **1** (increase twofold) «*price/amount*» duplicarse*, doblarse **2** (have dual role): **the table ~s as a desk** la mesa también se usa como escritorio; **somebody ~d for him in the dangerous scenes** alguien lo doblaba en las escenas peligrosas

● **double back** [*v* + *adv*] «*person/animal*» volver* sobre sus pasos; **the path ~d back on itself** el camino doblaba sobre sí mismo

● **double up** [*v* + *adv* (+ *o*)] **(a)** (bend): **to ~ up with laughter** morirse* *or* desternillarse de risa; **he was ~d up with pain** se retorcía de dolor **(b)** (redouble) (AmE) doblar

double: **~ act** *n*: **they are a ~ act** actúan en pareja; **~-barreled**, (BrE) **~-barrelled** /'dʌbəl'bærəld/ *adj* **(a)** ‹*shotgun*› de dos cañones **(b)** (BrE) ‹*surname*› compuesto; **~ bass** *n* contrabajo *m*; **~-book** /'dʌbəl'bʊk/ *vt* (BrE): **the room had been ~-booked** la habitación había sido reservada para dos personas distintas; **~-breasted** /'dʌbəl'brestəd, BrE ˌdʌbəl'brestɪd/ *adj* cruzado; **~-check** /'dʌbəl'tʃek/ *vi* volver* a mirar, verificar* dos veces; *vt* ‹*facts/information*› volver* a revisar; **~ chin** *n* papada *f*; **~-click** /'dʌbəl'klɪk/ *vi* (Comput) hacer* doble click; **~ cream** *n* (BrE) crema *f* doble, nata *f* para montar (Esp), doble crema *f* (Méx); **~-cross** /ˌdʌbəl'krɒs 'dʌbəl'krɔːs/ *vt* traicionar; **~-decker** /'dʌbəl'dekər, BrE ˌdʌbəl'dekə(r)/, (esp BrE) **~-decker (bus)** *n* autobús *m* de dos pisos; **~-dip** /ˌdʌb(ə)l'dɪp/ *adj* (Econ): **~-dip recession** doble recesión *f*, recesión *f* de doble suelo; **~ Dutch** *n* (infml) chino *m* (fam); **~-edged** /'dʌbəl'edʒd/ *adj* ‹*knife/blade/scheme*› de doble filo; ‹*remark/comment*› de doble sentido; **~ glazing** /'gleɪzɪŋ/ *n* (BrE) doble ventana *f*; **~-jointed** /'dʌbəl'dʒɔɪntəd, BrE ˌdʌbəl'dʒɔɪntɪd/ *adj*: **he's ~-jointed** tiene articulaciones dobles

doubles /'dʌbəlz/ *pl n* dobles *mpl*

double standard *n*: **to have ~s** aplicar* una ley para unos y otra para otros

d

doubly /'dʌbli/ *adv* ‹*difficult/dangerous/interesting*› doblemente

doubt¹ /daʊt/ *n* (uncertainty) duda *f*; **no ~ she will phone** con seguridad que llama, seguro que llama; **if in ~, don't go** si estás en (la) duda, no vayas; **I have my ~s** tengo mis dudas

doubt² *vt* **(a)** ‹*fact/truth*› dudar de **(b)** (consider unlikely) dudar; **to ~** (THAT) *o* **if** *o* **whether** dudar QUE (+ *subj*)

doubtful /'daʊtfəl/ *adj* **(a)** (full of doubt) ‹*expression/tone*› de indecisión *or* duda, dubitativo; **I am ~ as to its value** tengo mis dudas acerca de su valor **(b)** (in doubt) dudoso; **the outcome remains ~** el resultado sigue siendo dudoso *or* incierto

doubtfully /'daʊtfəli/ *adv* ‹*say*› sin convicción; ‹*agree*› con reserva

doubtless /'daʊtləs, BrE 'daʊtlɪs/ *adv* sin duda, indudablemente

dough /dəʊ/ *n* **1** (Culin) masa *f* **2** (money) (sl) guita *f* (arg), lana *f* (AmL fam), plata *f* (AmS fam), pasta *f* (Esp fam)

doughnut /'dəʊnʌt/ *n* donut *m*, rosquilla *f*

dour /daʊr, dʊr, BrE dʊə(r)/ *adj* adusto

douse /daʊs/ *vt* ‹*flames*› sofocar*

dove¹ /dʌv/ *n* paloma *f*

dove² /dəʊv/ (AmE) *past of* **dive¹**

dovetail /'dʌvteɪl/ *vi* encajar

dowager /'daʊədʒər, BrE 'daʊədʒə(r)/ *n*: *viuda de un noble*

dowdy /'daʊdi/ *adj* **-dier, -diest** ‹*woman*› sin gracia, sin estilo

down¹ /daʊn/ *adv* **1 (a)** (in downward direction): **to go ~** bajar; **to look ~** mirar (hacia *or* para) abajo; **from the waist ~** desde la cintura para abajo; **~ with tyranny!** ¡abajo la tiranía! **(b)** (downstairs): **can you come ~?** ¿puedes bajar? **2 (a)** (of position) abajo; **two floors ~** dos pisos más abajo; **~ here/there** aquí/allí (abajo) **(b)** (downstairs): **I'm ~ in the cellar** estoy aquí abajo, en el sótano **(c)** (lowered, pointing downward) bajado; **face ~** boca abajo **(d)** (prostrate): **I was ~ with flu all last week** estuve con gripe toda la semana pasada **3** (of numbers, intensity): **my temperature is ~ to 38° C** la fiebre me ha bajado a 38° C; **they were two goals ~** iban perdiendo por dos goles **4 (a)** (in, toward the south): **to go/come ~ south** ir*/venir* al sur **(b)** (at, to another place) (esp BrE): **~ on the farm** en la granja; **I'm going ~ to the library** voy a la biblioteca **5 (a)** (dismantled, removed): **the room looks bare with the pictures ~** la habitación queda desnuda sin los cuadros; **once this wall is ~** una vez que hayan derribado esta pared **(b)** (out of action): **the telephone lines are ~** las líneas de teléfono están cortadas; **the system is ~** (Comput) el sistema no funciona **6 down to (a)** (as far as) hasta; **~ to the present day** hasta nuestros días **(b)** (reduced to): **we're ~ to our last can of tomatoes** nos queda solo una lata de tomates

down² *prep* **1** (in downward direction): **we ran ~ the slope** corrimos cuesta abajo; **it fell ~ a hole** se cayó por un agujero; **halfway ~ the page** hacia la mitad de la página **2** (along): **we drove on ~ the coast** seguimos por la costa; **the library is just ~ the street** la biblioteca está un poco más allá

down³ *adj* **1** (*before n*) (going downward): **the ~ escalator** la escalera mecánica de bajada *or* para bajar **2** (depressed) (infml) (*pred*) deprimido

down⁴ *n* **(a)** (on bird) plumón *m* **(b)** (on face, body) vello *m*, pelusilla *f* **(c)** (on plant, fruit) pelusa *f*

down⁵ *vt* **(a)** (drink) beberse *or* tomarse rápidamente **(b)** (knock down) ‹*person*› tumbar, derribar

down: **~ and out** *adj* (infml) (*pred*): **to be ~ and out** estar* en la miseria; **~cast** *adj* **(a)** (dejected) alicaído, abatido **(b)** (directed downward): **with ~cast eyes** con la mirada baja; **~fall** *n* (of person) perdición *f*, ruina *f*; (of king, dictator) caída *f*; **~grade** ‹*employee/hotel*› bajar de categoría; **~hearted** /'daʊn'hɑːrtəd, BrE ˌdaʊn'hɑːtɪd/ *adj* desanimado, desmoralizado; **~hill** /'daʊn'hɪl/ *adv* ‹*walk/run*› cuesta abajo; *to go ~hill* ir* cuesta abajo, ir* de mal en peor

Downing Street /'daʊnɪŋ/ *n* Downing Street (*calle de Londres donde se encuentra la residencia oficial del primer ministro británico*)

download /'daʊn'ləʊd/ *vt* (Comput) bajar, descargar*

downmarket¹ /'daʊn'mɑːrkət, BrE ˌdaʊn'mɑːkɪt/ *adv*: **the paper has gone ~** el diario ha perdido categoría; (deliberately) el diario se dirige ahora a un sector más popular del público

downmarket² *adj* ‹*newspaper*› popular; ‹*store*› barato

down: **~ payment** *n* cuota *f or* entrega *f* inicial, entrada *f* (Esp), pie *m* (Chi); **~pour** *n* aguacero *m*, chaparrón *m*

downright¹ /'daʊnraɪt/ *adj* ‹*lie/insolence*› descarado; ‹*crook/liar/rogue*› redomado, de tomo y lomo (fam); ‹*madness*› total y absoluto

downright² *adv*: **it was ~ dangerous!** ¡fue peligrosísimo!; **he was ~ rude!** ¡estuvo de lo más grosero!

downriver /'daʊn'rɪvər, BrE ˌdaʊn'rɪvə(r)/ *adv* río abajo

Down's syndrome /daʊnz/ *n* síndrome *m* de Down; (*before n*) ‹*child*› afectado por el síndrome de Down

downstairs¹ /'daʊn'sterz, BrE ˌdaʊn'steəz/ *adv* abajo; **he went ~ to open the door** bajó a abrir la puerta

downstairs² *n* planta *f* baja; (*before n*) ‹*neighbor/toilet*› (del piso) de abajo

down: **~stream** /'daʊn'striːm/ *adv* río abajo; **~-to-earth** /'daʊntʊ'ɜːrθ, BrE ˌdaʊntə'ɜːθ/ *adj* (*pred* **~ to earth**) realista, práctico

downtown¹ /'daʊn'taʊn/ *n* (AmE) centro *m* (*de la ciudad*); (*before n*) **~ New York** el centro de Nueva York

palabra clave

downtown² *adv* (AmE): **to go/live ~** ir* al/ vivir en el centro

downtrodden /daʊn'trɑːdn̩, BrE 'daʊnˌtrɒdn̩/ *adj* oprimido

downward¹ /'daʊnwərd, BrE 'daʊnwəd/ *adj* ‹*direction/pressure*› hacia abajo; ‹*movement/ spiral*› descendente; ‹*tendency*› (Fin) a la baja

downward² /'daʊnwərd, BrE 'daʊnwəd/, (esp BrE) **downwards** /-z/ *adv* hacia abajo

downwind /'daʊn'wɪnd/ *adv* en la dirección del viento

dowry /'daʊəri/ *n* (*pl* **-ries**) dote *f*

doze /dəʊz/ *vi* dormitar

● **doze off** [*v* + *adv*] quedarse dormido, dormirse*

dozen¹ /'dʌzn̩/ *n* (*pl* **~** *or* **~s**) docena *f*; **four dollars a** o **per ~** cuatro dólares la docena; **I got ~s of cards** recibí montones de tarjetas (fam)

dozen² *adj* docena *f* de; **a ~/two ~ eggs** una docena/dos docenas de huevos

dozy /'dəʊzi/ *adj* **dozier**, **doziest** amodorrado, adormilado

Dr /'dɑːktər, BrE 'dɒktə(r)/ (title) (= **Doctor**) Dr., Dra.

drab /dræb/ *adj* ‹*clothing/decor/appearance*› soso, sin gracia; ‹*life/occupation*› gris, monótono

draft¹ /dræft, BrE drɑːft/ *n* **1** (BrE) **draught** (cold air) corriente *f* de aire **2** (formulation) versión *f* **3** (Fin) cheque *m or* efecto *m* bancario **4** (AmE): **the ~** (Mil) el llamamiento *or* (AmL tb) llamado a filas

draft² *vt* **1** (formulate) ‹*document/contract/letter*› redactar el borrador de; ‹*speech*› preparar **2** (conscript) (AmE) reclutar, llamar a filas

draftproof /'dræftpruːf, BrE 'drɑːftpruːf/ *adj* hermético

draftsman, (BrE) **draughtsman** /'dræftsmən, BrE 'drɑːftsmən/ *n* (*pl* **-men** /-mən/) dibujante *mf*

drafty, (BrE) **draughty** /'dræfti, BrE 'drɑːfti/ *adj* **-tier**, **-tiest** con corrientes de aire

drag¹ /dræg/ **-gg-** *vt* **1** (haul) arrastrar, llevar a rastras; **I couldn't ~ myself away** (infml) no tenía fuerzas para irme **2** (allow to trail) ‹*tail/ garment/anchor*› arrastrar; ***to ~ one's feet*** o ***heels*** dar(le)* largas al asunto **3** (Comput): **~ (and drop)** arrastrar (y soltar)
■ *vi* **1** **(a)** (trail) «*anchor*» garrar; «*coat*» arrastrar **(b)** (lag) rezagarse* **2** (go on slowly) «*work/conversation*» hacerse* pesado; «*film/ play*» hacerse* largo

● **drag on** [*v* + *adv*] alargarse* (*interminablemente*)

drag² *n* (*no pl*) **1** (tiresome thing): **what a ~!** ¡qué lata! (fam) **2** (resistant force) resistencia *f* al avance **3** (women's clothes): **in ~** vestido de mujer

dragon /'drægən/ *n* dragón *m*

dragonfly /'drægənflaɪ/ *n* (*pl* **-flies**) libélula *f*, caballito *m* del diablo, matapiojos *m* (Andes)

drain¹ /dreɪn/ *n* **1** **(a)** (pipe) sumidero *m*, resumidero *m* (AmL); **the ~s** (of town) el alcantarillado; (of building) las tuberías de desagüe **(b)** (grid) (BrE) sumidero *m*, resumidero *m* (AmL) **2** (plughole) desagüe *m* **3** (*no pl*) (cause of depletion): **a ~ on the country's resources** una sangría para el país; **the extra work is an enormous ~ on my energy** el trabajo extra me está agotando

drain² *vt* **1** **(a)** ‹*container/tank*› vaciar*; ‹*land/ swamp*› drenar, avenar; ‹*blood*› drenar; ‹*sap/ water*› extraer* **(b)** (Culin) ‹*vegetables/pasta*› escurrir, colar* **(c)** (Med) drenar **2** (drink up) ‹*glass/cup*› vaciar*, apurar **3** (consume, exhaust) ‹*resources/strength*› agotar, consumir
■ *vi* **(a)** (dry) «*dishes*» escurrir(se) **(b)** (disappear): **all the strength seemed to ~ from my limbs** los brazos y las piernas se me quedaron como sin fuerzas **(c)** (discharge) «*pipes/river*» desaguar*

drainage /'dreɪnɪdʒ/ *n* **(a)** (of household waste) desagüe *m* (de aguas residuales); (of rainwater) canalización *f* (de agua de lluvia); (*before n*) **~ system** (red *f* de) alcantarillado *m* **(b)** (of fields, marshes) drenaje *m*, avenamiento *m*

drainboard /'dreɪnbɔːrd, BrE 'dreɪnbɔːd/ *n* (AmE) escurridero *m*

draining board /'dreɪnɪŋ/ *n* (BrE) escurridero *m*

drainpipe /'dreɪnpaɪp/ *n* tubo *m or* caño *m* del desagüe, bajante *f*

drake /dreɪk/ *n* pato *m* (macho)

drama /'drɑːmə/ *n* (*pl* **-mas**) **1** (Theat) **(a)** (play) obra *f* dramática, drama *m* **(b)** (plays collectively) teatro *m*, drama *m*; (dramatic art) arte *m* dramático **2** (excitement) dramatismo *m*

dramatic /drə'mætɪk/ *adj* **1** (Theat) (*before n*) dramático, teatral **2** **(a)** (striking) ‹*change/ improvement*› espectacular, drástico; ‹*increase*› espectacular **(b)** (momentous) ‹*events/ development*› dramático

dramatically /drə'mætɪkli/ *adv* **(a)** (exaggeratedly) ‹*pause/announce*› dramáticamente, de manera teatral *or* histriónica **(b)** (strikingly) ‹*change/improve/ increase*› de manera espectacular

dramatics /drə'mætɪks/ *n* (Theat) (+ *sing vb*) **amateur ~** teatro *m* amateur *or* de aficionados

dramatist /'dræmətɪst/ *n* dramaturgo, -ga *m,f*

dramatize /'dræmətaɪz/ *vt* **1** ‹*story/novel*› (Theat) dramatizar*, hacer* una adaptación teatral de; (Cin) llevar al cine **2** (exaggerate) ‹*situation/event*› dramatizar*, exagerar

drank /dræŋk/ *past of* **drink²**

drape /dreɪp/ *vt* **(a)** (arrange): **they ~d a flag over the tomb** colocaron una bandera formando pliegues sobre la tumba; **she ~d herself over the sofa** se tendió sobre el sofá **(b)** (cover) cubrir*

drapes /dreɪps/ *pl n* (AmE) cortinas *fpl*

drastic /'dræstɪk/ *adj* drástico, radical

drastically /'dræstɪkli/ *adv* drásticamente

draught /dræft, BrE drɑːft/ *n* **1** (storage under pressure): **beer on ~** cerveza *f* de barril; (*before n*) ‹*beer/cider*› de barril **2** (liter) (of water, beer) trago *m* **3** (BrE) ▶ **draft¹ 1**

draughtproof /'dræftpruːf, BrE 'drɑːftpruːf/ *adj* (BrE) ▶ **draftproof**

draughts /dræfts, BrE drɑːfts/ *n* (BrE) (+ *sing vb*) damas *fpl*

draughtsman /'dræftsmən, BrE 'drɑːftsmən/ *n* (BrE) ▶ **draftsman**

draughty /'dræfti, BrE 'drɑːfti/ *adj* (BrE) ▶ **drafty**

draw¹ /drɔː/ (*past* **drew**; *past p* **drawn**)

vt **1** **(a)** (move by pulling) ‹*curtains/bolt*› (open) descorrer; (shut) correr; **he drew her to one side** la llevó a un lado, la llevó aparte **(b)** (pull along) ‹*cart/sled*› tirar de, arrastrar **2** **(a)** (pull out) ‹*tooth/cork*› sacar*, extraer* (fml); ‹*gun*› desenfundar, sacar*; ‹*sword*› desenvainar, sacar* **(b)** (cause to flow) sacar*; **to ~ blood** sacar* sangre, hacer* sangrar; **to ~ breath** respirar **3** **(a)** (Fin) ‹*salary/pension*› cobrar, percibir (fml); ‹*check*› girar, librar **(b)** (derive) ‹*strength/lesson*› sacar* **4** (establish) ‹*distinction/parallel*› establecer* **5** **(a)** (attract) ‹*customers/crowd*› atraer*; **to be ~n to sb/sth** sentirse* atraído por algn/algo **(b)** (elicit) ‹*praise*› conseguir*; ‹*criticism/protest*› provocar*, suscitar **6** (sketch) ‹*flower/picture*› dibujar; ‹*line*› trazar* **7** (BrE) (Games, Sport) empatar

■ *vi* **1** (move): **to ~ close to sth/sb** acercarse* a algo/algn; **to ~ to a close** terminar, finalizar* (fml); **the train drew out of/into the station** el tren salió de/entró en la estación; **to ~ ahead of sb/sth** adelantarse a algn/algo **2** (Art) dibujar **3** (BrE) (Games, Sport) empatar; (in chess game) hacer* tablas

● **draw back** [*v + adv*] **(a)** (retreat) retirarse **(b)** (recoil) retroceder

● **draw in** **1** [*v + o + adv, v + adv + o*] **(a)** (retract) ‹*claws*› esconder, retraer* **(b)** (into quarrel, war) involucrar; (into conversation) darle* participación a **2** [*v + adv*] **(a)** (arrive) «*train*» llegar* **(b)** «*days/nights*» hacerse* más corto

● **draw on** [*v + prep + o*] (make use of) ‹*resources/reserves*› recurrir a, hacer* uso de; **she drew on her own experiences** se inspiró en sus propias experiencias

● **draw out** **1** [*v + adv*] **(a)** (depart) «*train*» salir* **(b)** (become longer) hacerse* más largo **2** [*v + o + adv, v + adv + o*] **(a)** (prolong) alargar*, estirar **(b)** (extract, remove) ‹*tooth/thorn*› sacar*, extraer* (fml); ‹*wallet/handkerchief*› sacar*; ‹*information*› sacar*, sonsacar*; ‹*confession*› arrancar* **(c)** (withdraw) ‹*money*› sacar*

● **draw up** **1** [*v + adv*] «*car*» detenerse*, parar **2** [*v + o + adv, v + adv + o*] **(a)** (prepare, draft) ‹*contract/treaty*› redactar, preparar; ‹*list/plan*› hacer* **(b)** (arrange in formation) ‹*troops/competitors*› alinear, formar **(c)** (bring near) ‹*chair*› acercar*, arrimar

draw² *n* **1** (raffle) sorteo *m* **2** (tie) (Games, Sport) empate *m*

draw: **~back** *n* inconveniente *m*, desventaja *f*; **~bridge** *n* puente *m* levadizo

drawer *n* /drɔːr, BrE 'drɔː(r)/ **1** (in furniture) cajón *m*, gaveta *f* (esp AmC, Méx) **2** **drawers** *pl* (Clothing) calzones *mpl*

drawing /'drɔːɪŋ/ *n* dibujo *m*

drawing: **~ pin** *n* (BrE) ▸ **thumbtack**; **~ room** *n* sala *f*, salón *m*

drawl /drɔːl/ *n*: *acento caracterizado por la longitud de las vocales*

drawn¹ /drɔːn/ *past p of* **draw¹**

drawn² *adj* ‹*features/face*› demacrado

drawstring /'drɔːstrɪŋ/ *n* cordón *m* (*del que se tira para cerrar algo*); (*before n*) ‹*bag/waist*› fruncido con un cordón o una cinta

dread¹ /dred/ *vt* tenerle* terror *or* pavor a

dread² *n* terror *m*

dreadful /'dredfəl/ *adj* ‹*news/experience/weather*› espantoso, terrible; **I feel ~** me siento pésimo

dreadfully /'dredfəli/ *adv* (*as intensifier*) ‹*upset/late*› terriblemente, enormemente

dream¹ /driːm/ *n* sueño *m*; **a ~ come true** un sueño hecho realidad; (*before n*) **he lives in a ~ world** vive de ilusiones, vive en las nubes

dream² (*past & past p* **dreamed** *or* (BrE also) **dreamt** /dremt/) *vi* soñar*; **to ~** ABOUT **sth/sb** soñar* CON algo/algn; **would you do that? — I wouldn't ~ of it!** ¿harías eso? — ¡ni pensarlo!

■ *vt* soñar*; **I never ~ed he'd be so rude** nunca (me) imaginé que iba a ser tan grosero

● **dream up** [*v + o + adv, v + adv + o*] ‹*plan*› idear

dreamer /'driːmər, BrE 'driːmə(r)/ *n* soñador, -dora *m,f*

dreamt /dremt/ (BrE) *past & past p of* **dream²**

dreamy /'driːmi/ *adj* **-mier**, **-miest** **(a)** (abstracted) ‹*person*› soñador, fantasioso; ‹*gaze*› distraído **(b)** ‹*music*› etéreo, sutil

dreary /'drɪri, BrE 'drɪəri/ *adj* **-rier**, **-riest** **(a)** ‹*room/landscape*› deprimente, lóbrego, sombrío; ‹*weather*› gris, deprimente **(b)** ‹*work/routine*› monótono, aburrido, aburridor (AmL)

dredge /dredʒ/ *vt* dragar*

● **dredge up** [*v + o + adv, v + adv + o*] ‹*mud/sand*› dragar*; ‹*story/scandal*› desenterrar*

dredger /'dredʒər, BrE 'dredʒə(r)/ *n* (machine) draga *f*; (vessel) dragador *m*, draga *f*

dregs /dregz/ *pl n* posos *mpl*, cunchos *mpl* (Col), conchos *mpl* (Chi); **the ~ of society** la escoria de la sociedad

drench /drentʃ/ *vt* (*usu pass*) empapar

dress¹ /dres/ *n* **1** (for woman, girl) vestido *m* **2** (style of dressing): **they adopted Western ~** adoptaron el modo de vestir *or* la vestimenta occidental; (*before n*) **she has no ~ sense** tiene mal gusto para vestirse

dress² *vt* **1** (put clothes on) vestir*; **to get ~ed** vestirse*; **he was ~ed in white** iba (vestido) de blanco **2** (Culin) **(a)** (prepare) ‹*chicken/fish*› preparar **(b)** (season) ‹*salad*› aliñar **3** (Med) ‹*wound*› vendar

■ *vi* vestirse*

● **dress up** [*v + adv*] **(a)** (dress smartly) ponerse* elegante **(b)** (in fancy dress) disfrazarse*; **to ~ up** AS **sth** disfrazarse* DE algo

dresser /'dresər, BrE 'dresə(r)/ *n* **1** (person): **he's a stylish ~** (se) viste con mucho estilo **2** **(a)** (in bedroom) (AmE) tocador *m* **(b)** (in kitchen) (BrE) aparador *m*

dressing /'dresɪŋ/ *n* **1** (Med) apósito *m*, gasa *f*; (bandage) vendaje *m* **2** (Culin) (for salad) aliño *m*, aderezo *m*; (stuffing) (AmE) relleno *m*

dressing: **~ gown** *n* bata *f*, salto *m* de cama (CS); **~ room** *n* (Theat) camerino *m*; (in house) vestidor *m*; **~ table** *n* tocador *m*

dress: **~maker** *n* modista *mf*; (designer) modisto, -ta *m,f*; **~ rehearsal** *n* ensayo *m* general; **~ suit** *n* traje *m* de etiqueta

dressy /'dresi/ *adj* **-sier**, **-siest** elegante

drew /druː/ *past of* **draw¹**

dribble /ˈdrɪbəl/ *vi* **1** (drool) babear **2** (Sport) driblar, driblear

dribs and drabs /ˈdrɪbzənˈdræbz/ *pl n*: **in ~** poquito a poco

dried /draɪd/ *adj* ‹*figs/flowers*› seco; ‹*fish*› salado, seco; ‹*milk/eggs*› en polvo

drier /ˈdraɪər, BrE ˈdraɪə(r)/ *n* ▶ **dryer**

drift[1] /drɪft/ *vi* **1** **(a)** (on water) *moverse empujado por la corriente* **(b)** (be adrift) «*boat/person*» ir* a la deriva **(c)** (in air) «*balloon*» *moverse empujado por el viento* **2** (proceed aimlessly): **the crowd began to ~ away** la muchedumbre comenzó a dispersarse; **to ~ apart** «*couple/friends*» distanciarse **3** (pile up) «*sand/snow*» amontonarse

drift[2] *n* **1** (of sand) montón *m*; (of snow) ventisquero *m* **2** (meaning) (*no pl*) sentido *m*; **I didn't quite catch your ~** no entendí *or* capté muy bien lo que querías decir **3** (movement): **the ~ from the land** el éxodo rural

driftwood /ˈdrɪftwʊd/ *n*: *madera, tablas etc que flotan en el mar a la deriva o que arrastra el mar hasta la playa*

drill[1] /drɪl/ *n* **1** (electric *o* power ~) taladradora *f*, taladro *m*; (hand ~) taladro *m* (manual); (Dent) torno *m*, fresa *f*; (Eng, Min) perforadora *f*, barreno *m*; (drill head) broca *f* **2** **(a)** (Mil) instrucción *f* **(b)** (Educ) ejercicio *m*

drill[2] *vt* **1** ‹*hole*› hacer*, perforar; ‹*wood/metal*› taladrar, perforar, barrenar; ‹*tooth*› trabajar *or* limpiar con la fresa **2** (Mil) ‹*soldiers*› instruir*

■ *vi* perforar, hacer* perforaciones; **to ~ for oil** perforar en busca de petróleo

drily /ˈdraɪli/ *adv* secamente, con sequedad

drink[1] /drɪŋk/ *n* **1** **(a)** (any liquid) bebida *f* **(b)** (alcohol) bebida *f* **2** **(a)** (amount drunk, served, sold): **have a ~ of water/milk** bebe *or* (esp AmL) toma un poco de agua/leche **(b)** (alcoholic) copa *f*, trago *m* (fam); **to have a ~** tomar una copa

drink[2] (*past* **drank**; *past p* **drunk**) *vt/i* beber, tomar (esp AmL)

● **drink up** **1** [*v + adv*] bebérselo *or* (esp AmL) tomárselo todo, terminar su (*or* mi *etc*) copa (*or* leche *etc*) **2** [*v + o + adv, v + adv + o*] beberse, tomarse (esp AmL)

drinkable /ˈdrɪŋkəbəl/ *adj* ‹*water*› potable

drink-driving /ˌdrɪŋkˈdraɪvɪŋ/ *n* (BrE) ▶ **drunk driving**

drinker /ˈdrɪŋkər, BrE ˈdrɪŋkə(r)/ *n*: **he's a heavy ~** es un gran bebedor *or* un bebedor empedernido; **I'm a beer ~ myself** yo prefiero la cerveza

drinking /ˈdrɪŋkɪŋ/ *n* **(a)** (of liquid) beber **(b)** (of alcohol): **his ~ is causing concern** lo mucho que bebe está causando preocupación

drinking: **~ chocolate** *n* chocolate *m* en polvo; **~ water** *n* agua *f*‡ potable

drip[1] /drɪp/ *vi* **-pp-** «*washing/hair*» chorrear, gotear; «*faucet/tap*» gotear; **water was ~ping from the ceiling** el techo goteaba, caían gotas del techo

drip[2] *n* **1** (of rainwater, tap) (*no pl*) goteo *m* **2** (Med) suero *m*, gota a gota *m* **3** (ineffectual person) (infml) soso, -sa *m,f* (fam)

drip-dry /ˈdrɪpˈdraɪ/ *adj* ‹*fabric/garment*› de lava y pon, de lavar y poner

dripping /ˈdrɪpɪŋ/ *adj* (infml) empapado; (*as intensifier*) **to be ~ wet** estar* chorreando *or* empapado

drive[1] /draɪv/ (*past* **drove**; *past p* **driven**) *vt* **1** (Transp) **(a)** ‹*car/bus/train*› manejar, conducir* (Esp) **(b)** (convey in vehicle) llevar en coche **2** **(a)** (cause to move) (+ *adv compl*): **the Indians were ~n off their land** los indios fueron expulsados de sus tierras; **we drove them away with sticks** los ahuyentamos con palos **(b)** (Sport) ‹*ball*› mandar, lanzar* **(c)** (provide power for, operate) hacer* funcionar, mover* **3** (make penetrate) ‹*nail*› clavar; ‹*stake*› hincar* **4** **(a)** (cause to become) volver*; **to ~ sb mad** volver* loco a algn; **he ~s me crazy with his incessant chatter** me saca de quicio con su constante cháchara **(b)** (compel to act) **to ~ sb to** + INF llevar *or* empujar a algn A + INF; **she is ~n by ambition** la impulsa *or* motiva la ambición **(c)** (overwork): **he drove them mercilessly** los hizo trabajar como esclavos; **she ~s herself too hard** se exige demasiado a sí misma

■ *vi* manejar, conducir* (Esp); **she ~s to work** va a trabajar en coche

● **drive out** [*v + o + adv, v + adv + o*] expulsar

drive[2] *n* **1** (in vehicle): **to go for a ~** ir* a dar un paseo *or* una vuelta en coche; **it's a three-hour ~** es un viaje de tres horas en coche **2** **(a)** (leading to house) camino *m*, avenida *f* (*que lleva hasta una casa*) **(b)** (in front of house) entrada *f* (*para coches*) **3** (in golf, tennis) golpe *m* fuerte **4** **(a)** (energy) empuje *m*, dinamismo *m* **(b)** (compulsion) (Psych) impulso *m*, instinto *m*; **the sex ~** el apetito sexual **5** **(a)** (organized effort) campaña *f* **(b)** (attacking move) (Mil) ofensiva *f*, avanzada *f* **(c)** (in US football) ataque *m* **6** **(a)** (propulsion system) transmisión *f*, propulsión *f* **(b)** (Auto): **front-wheel/rear-wheel ~** tracción *f* delantera/trasera

drive-in /ˈdraɪvɪn/ *n* (AmE) (cinema) autocine *m*; (restaurant) drive in *m* (*restaurante que sirve a los clientes en el propio automóvil*)

drivel /ˈdrɪvəl/ *n* tonterías *fpl*, estupideces *fpl*

driven /ˈdrɪvən/ *past p of* **drive**[1]

driver /ˈdraɪvər, BrE ˈdraɪvə(r)/ *n* (of car, truck, bus) conductor, -ra *m,f*, chofer *m*, chófer *mf* (Esp); (of racing car) piloto *mf*; **she's a good ~** maneja *or* (Esp) conduce bien

driver's license *n* (AmE) licencia *f or* (Esp) permiso *m* de conducción; (less formally) carné *m or* permiso *m* (de conducir) (Esp), carné *m* (Chi) *or* (Ur) libreta *f or* (AmC, Méx, Ven) licencia *f or* (Col) pase *m* (de manejar), registro *m* (Arg), brevete *m* (Per)

driving[1] /ˈdraɪvɪŋ/ *n* (Auto) conducción *f* (fml)

driving[2] *adj* **(a)** ‹*rain*› torrencial; ‹*wind*› azotador **(b)** (dynamic): **she's the ~ force behind the project** es el alma-máter *or* la impulsora del proyecto

driving: **~ instructor** *n* instructor, -tora *m,f* de autoescuela; **~ licence** *n* (BrE) ▶ **driver's license**; **~ test** *n* examen *m* de conducir *or* (AmL tb) de manejar

drizzle[1] /ˈdrɪzəl/ *n* llovizna *f*, garúa *f* (AmL)

drizzle[2] *v impers* lloviznar, garuar* (AmL)

droll /drəʊl/ *adj* **(a)** (comic) gracioso, con chispa **(b)** (quaint, curious) curioso

d

drone[1] /drəʊn/ *n* **1** (bee) zángano *m* **2** (sound — of bees, traffic, aircraft) zumbido *m*; (— of voice) cantinela *f* (fam), sonsonete *m*

drone[2] *vi* «*bee/engine/plane*» zumbar; **she ~d (on) for hours** estuvo horas con la misma perorata (fam)

drool /druːl/ *vi* «*dog/baby*» babear; **we ~ed at the sight of the cakes** se nos hizo la boca agua *or* agua la boca al ver los pasteles

d

droop /druːp/ *vi* **(a)** (sag) «*flowers*» ponerse* mustio; **his shoulders ~ed** se encorvó **(b)** (flag) «*spirits*» flaquear, decaer*; «*person*» desfallecer*, decaer* **(c) drooping** *pres p* ‹*head*› gacho; ‹*flowers*› mustio

drop[1] /drɑːp, BrE drɒp/ *n* **1** **(a)** (of liquid) gota *f*; **she's had a ~ too much** ha bebido más de la cuenta **(b) drops** *pl* (Med) gotas *fpl*; **nose ~s** gotas para la nariz **(c)** (candy): **acid ~s** caramelos *mpl* ácidos; **chocolate ~s** pastillas *fpl* de chocolate **2** (fall) (in temperature) descenso *m*; (in prices) caída *f*, baja *f*; **a sheer ~** una caída a plomo; ***at the ~ of a hat*** en cualquier momento

drop[2] **-pp-** *vt* **1** **(a)** (accidentally): **I/he ~ped the cup** se me/le cayó la taza; **don't ~ it!** ¡que no se te caiga! **(b)** (deliberately) ‹*cup/vase*› dejar caer, tirar; ‹*bomb/supplies*› lanzar*; **~ that gun!** ¡suelta ese revólver! **2** (lower) ‹*hem*› alargar*, bajar; ‹*eyes/voice*› bajar **3** **(a)** (set down) ‹*passenger/cargo*› dejar **(b)** (deliver) pasar a dejar **4** (send) (infml) ‹*card/letter*› mandar; **~ me a line** a ver si me mandas *or* me escribes unas líneas **5** (utter) ‹*hint/remark*› soltar*, dejar caer; **to let it ~ that ...** (inadvertently) dejar escapar que ...; (deliberately) dejar caer que ... **6** **(a)** (omit) ‹*letter/syllable/word*› omitir; **to ~ sb from a team** sacar* a algn de un equipo **(b)** (give up, abandon) ‹*case*› abandonar; ‹*charges*› retirar; ‹*plan/idea*› abandonar, renunciar a; ‹*friend/associate*› dejar de ver a; **to ~ the subject** dejar el tema

■ *vi* **1** **(a)** (fall) «*object*» caer(se)*; «*plane*» bajar, descender*; **he ~ped to the ground** (deliberately) se tiró al suelo; (fell) cayó de un golpe **(b)** (collapse) desplomarse **2** **(a)** (decrease) «*wind*» amainar; «*temperature*» bajar, descender*; «*prices*» bajar, experimentar un descenso (fml); «*voice*» bajar **(b)** (in height) «*terrain*» caer*

● **drop in** [*v* + *adv*] (infml) pasar; **to ~ in ON sb** pasar a ver a algn, caerle* a algn (fam)

● **drop off** **1** [*v* + *adv*] **(a)** (fall off) caerse* **(b)** (fall asleep) dormirse*, quedarse dormido **(c)** (decrease) «*sales/numbers*» disminuir* **2** [*v* + *o* + *adv*] ‹*person/goods*› dejar

● **drop out**: [*v* + *adv*]: **to ~ out of school** abandonar los estudios; **to ~ out (of a competition/race)** (before event) no presentarse (a un concurso/una carrera); (during event) abandonar (un concurso/una carrera); **to ~ out (of society)** marginarse, convertirse* en un marginado

drop: **~-dead** *adv*: **~-dead gorgeous** (infml) que te caes de espaldas de guapo (fam); **~-down** *adj* (*before n*) ‹*menu*› desplegable

droplet /ˈdrɑːplət, BrE ˈdrɒplɪt/ *n* gotita *f*

dropper /ˈdrɑːpər, BrE ˈdrɒpə(r)/ *n* cuentagotas *m*, gotero *m*

droppings /ˈdrɑːpɪŋz, BrE ˈdrɒpɪŋz/ *pl n* (of bird, flies) excremento *m* (fml), cagadas *fpl* (fam); (of rabbit, sheep) cagarrutas *fpl*

dross /drɑːs, BrE drɒs/ *n* **(a)** (waste) basura *f* **(b)** (Metall) escoria *f*

drought /draʊt/ *n* sequía *f*

drove[1] /drəʊv/ *past of* **drive**[1]

drove[2] *n* **(a)** (of animals) manada *f* **(b) droves** *pl* (of people) hordas *fpl*, manadas *fpl*

drown /draʊn/ *vt* **1** ‹*person/animal*› ahogar* **2** **~ (out)** (make inaudible) ‹*noise/cries/screams*› ahogar*

■ *vi* ahogarse*, morir* ahogado

drowsy /ˈdraʊzi/ *adj* **-sier**, **-siest** somnoliento, adormilado

drudge /drʌdʒ/ *n* esclavo, -va *m,f*

drudgery /ˈdrʌdʒəri/ *n*: **this job is sheer ~** este trabajo es una pesadez

drug[1] /drʌg/ *n* **(a)** (narcotic) droga *f*, estupefaciente *m* (fml); **to be on ~s** drogarse* **(b)** (medication) medicamento *m*, medicina *f*, fármaco *m* (fml)

drug[2] *vt* **-gg-** drogar*

drug: **~ addict** *n* drogadicto, -ta *m,f*; **~ baron** *n* capo *m* de la droga

druggist /ˈdrʌgɪst/ *n* (AmE) farmacéutico, -ca *m,f*

drug: **~store** *n* (AmE) *establecimiento que vende medicamentos, cosméticos, periódicos y una gran variedad de artículos*; **~-taker** /ˌteɪkər, BrE ˌteɪkə(r)/ *n* consumidor, -dora *m,f* de drogas; **~-taking** *n* consumo *m* de drogas

drum[1] /drʌm/ *n* **1** (Mus) **(a)** tambor *m* **(b) drums** *pl* (in band) batería *f* **2** **(a)** (container) bidón *m* **(b)** (machine part) tambor *m* **(c)** (spool) tambor *m*

drum[2] **-mm-** *vt* ‹*table/floor*› golpetear; **to ~ one's fingers** tamborilear con los dedos

■ *vi* **(a)** (Mus) tocar* el tambor **(b)** (beat, tap) «*person*» dar* golpecitos, tamborilear; «*rain/hail/hooves*» repiquetear

● **drum up** [*v* + *adv* + *o*] ‹*support*› conseguir*, obtener*

drum: **~beat** *n* son *m* del tambor; **~kit** *n* batería *f*

drummer /ˈdrʌmər, BrE ˈdrʌmə(r)/ *n* (pop, jazz) batería *mf*, baterista *mf* (AmL); (military) tambor *m*

drumstick /ˈdrʌmstɪk/ *n* **1** palillo *m* (de tambor), baqueta *f* **2** (Culin) muslo *m*, pata *f*

drunk[1] /drʌŋk/ *past p of* **drink**[2]

drunk[2] *adj* (*pred*) borracho; **to get ~** emborracharse; **~ and disorderly** (Law) en estado de embriaguez y alterando el orden público (fml)

drunk[3] *n* borracho, -cha *m,f*

drunkard /ˈdrʌŋkərd, BrE ˈdrʌŋkəd/ *n* (fml & derog) borracho, -cha *m,f*, beodo, -da *m,f* (fml)

drunk driving *n* (AmE) conducción *f* de un vehículo bajo los efectos del alcohol

drunken /ˈdrʌŋken/ *adj* (*before n*) ‹*person/mob*› borracho; ‹*orgy/brawl*› de borrachos

drunkenness /ˈdrʌŋkənnəs, BrE ˈdrʌŋkənnɪs/ *n* borrachera *f*, embriaguez *f* (fml)

palabra clave

dry[1] /draɪ/ *adj* **drier, driest** **1** **(a)** (not wet) ‹*ground/washing*› seco **(b)** (lacking natural moisture) ‹*leaves/skin/hair*› seco; ‹*cough*› seco **(c)** (dried-up) ‹*well/river*› seco; **to run ~** «*river/well*» secarse* **(d)** (not rainy, not humid) ‹*climate/weather/heat*› seco; **tomorrow will be ~** mañana no lloverá **2** (not sweet) ‹*wine/sherry*› seco **3** (ironic) ‹*humor/wit*› mordaz **4** (dull, boring) ‹*lecture/book*› árido

dry[2], **dries, drying, dried** *vt* secar*; **to ~ one's eyes** secarse* *or* (liter) enjugarse* las lágrimas
■ *vi* secarse*

● **dry up** [*v* + *adv*] **(a)** «*stream/pond*» secarse* (*completamente*) **(b)** «*funds/resources/inspiration*» agotarse

dry: **~-clean** *vt* limpiar en seco; **~-cleaner('s)** *n* tintorería *f*; **~ dock** *n* dique *m* seco

dryer /'draɪər, BrE 'draɪə(r)/ *n* **(a)** (for clothes — machine) secadora *f*; (— rack) tendedor *m*, tendedero *m*; (spin ~) secadora *f* (centrífuga); (tumble ~) secadora *f* (de aire caliente) **(b)** ▸ **hairdrier**

dry: **~ goods** *pl n* **(a)** (clothing) (AmE) artículos *mpl or* prendas *fpl* de confección; (*before n*) **~ goods store** tienda *f* de confecciones **(b)** (groceries) (BrE) comestibles *mpl* no perecederos; **~ ice** *n* hielo *m* seco

dryly *adv* ▸ **drily**

dryness /'draɪnəs, BrE 'draɪnɪs/ *n* **1** (of ground, hair, skin, climate) sequedad *f* **2** (of wine, sherry) lo seco **3** (of humor, wit) lo mordaz

dry: **~ rot** *n*: *putrefacción de la madera producida por un hongo*; **~ wall** (AmE) *n* muro *m*/tabique *m* hecho con placas de yeso

dual /'duːəl, BrE 'djuːəl/ *adj* (*before n*) ‹*role/function*› doble; ‹*nationality*› doble

dual: **~ carriageway** /'kærɪdʒweɪ/ *n* (BrE) autovía *f*, carretera *f* de doble pista; **~-control** /'duːəlkən'trəʊl, BrE ˌdjuːəlkən'trəʊl/ *adj* ‹*car/brakes*› de doble mando *or* control; **~-purpose** /'duːəl'pɜːrpəs, BrE ˌdjuːəl'pɜːpəs/ *adj* ‹*utensil*› de doble uso; ‹*cleaner*› de doble acción; ‹*furniture*› de doble función *or* uso

dub /dʌb/ *vt* **-bb-** **1** (nickname) apodar **2** **(a)** (Cin) ‹*film*› doblar **(b)** (Audio) mezclar

dubious /'duːbiəs, BrE 'djuːbiəs/ *adj* **(a)** (questionable) ‹*honor/achievement*› dudoso, discutible; ‹*past*› turbio; ‹*motives/person*› sospechoso **(b)** (doubtful) **to be ~** (ABOUT **sth/sb**) tener* reservas *or* dudas (SOBRE *or* ACERCA DE algo/algn)

duchess /'dʌtʃəs, BrE 'dʌtʃɪs/ *n* duquesa *f*

duchy /'dʌtʃi/ *n* (*pl* **duchies**) ducado *m*

duck[1] /dʌk/ *n* pato, -ta *m,f*

duck[2] *vi* (bow down) agacharse; (hide): **I ~ed behind a pillar** me escondí rápidamente detrás de una columna
■ *vt* **1** (lower) ‹*head*› agachar, bajar **2** (submerge) hundir **3** (dodge) ‹*question*› eludir, esquivar; ‹*responsibility*› evadir, eludir

duckling /'dʌklɪŋ/ *n* patito *m*, anadón *m*

duct /dʌkt/ *n* (Tech, Anat) conducto *m*

dud[1] /dʌd/ *n* (infml) **(a)** (useless thing) birria *f* (fam), porquería *f* (fam) **(b)** (useless person) calamidad *f*, inútil *mf*

dud[2] *adj* (infml) **(a)** (useless, valueless) ‹*note/coin*› falso; ‹*check*› sin fondos **(b)** (Mil) ‹*shell/bomb*› que no estalla

dude /duːd, BrE djuːd/ *n* (AmE sl) tipo *m* (fam), tío *m* (Esp fam)

dudgeon /'dʌdʒən/ *n*: **in high ~** indignadísimo, lleno de indignación

due[1] /duː, BrE djuː/ *adj* **1** (*pred*) **the rent is ~** hay que pagar el alquiler; **the respect ~ to one's elders** el respeto que se les debe a los mayores; **it's all ~ to you** es todo gracias a ti, te lo debemos todo a ti; **when is the next train ~?** ¿cuándo llega el próximo tren?; **she's ~ back tomorrow** vuelve mañana, su regreso está previsto para mañana **2** (*before n*) ‹*consideration/regard*› debido; **with all ~ respect** con el debido respeto **3** **due to** (*as prep*) (crit) debido a

due[2] *adv*: **the fort is ~ west of the town** el fuerte está justo *or* exactamente al oeste del pueblo; **we headed ~ north** nos dirigimos derecho hacia el norte

due[3] *n* **1** **to give him his ~, he is efficient** tienes que reconocer que es eficiente **2** **dues** *pl n* (subscription) cuota *f*

duel /'duːəl, BrE 'djuːəl/ *n* duelo *m*

duet /duː'et, BrE djuː'et/ *n* dúo *m*

duffel bag, (BrE) **duffle bag** /'dʌfəl/ *n* talego *m*, tula *f* (Col), bolso *m* marinero (RPl)

duffel coat, (BrE) **duffle coat** /'dʌfəl/ *n* trenca *f*, montgomery *m* (CS)

dug /dʌg/ *past & past p of* **dig**[1]

dugout /'dʌgaʊt/ *n* **1** (Mil) refugio *m* subterráneo **2** **~ (canoe)** piragua *f* **3** (in baseball) dogaut *m*, caseta *f*

duke /duːk, BrE djuːk/ *n* duque *m*

dull[1] /dʌl/ *adj* **1** **(a)** (not bright) ‹*color*› apagado; ‹*light/glow*› pálido; ‹*eyes/complexion*› sin brillo **(b)** (not shiny) ‹*finish*› mate; ‹*hair*› sin brillo **(c)** (overcast) ‹*day/morning*› gris, feo **2** (boring) ‹*speech/person*› aburrido **3** **(a)** ‹*faculties*› torpe, lerdo; ‹*pain/ache*› sordo; ‹*sound*› sordo, amortiguado **(b)** ‹*edge/blade*› romo, embotado

dull[2] *vt* **(a)** (make less bright) ‹*color/surface*› quitar el brillo a, opacar* **(b)** (make less sharp) ‹*pain*› aliviar, calmar; ‹*senses*› entorpecer*, embotar

dully /'dʌlli/ *adv* **(a)** (dimly) ‹*glow/shine*› débilmente, pálidamente **(b)** (boringly) ‹*talk/write*› de manera aburrida

duly /'duːli, BrE 'djuːli/ *adv* debidamente; **permission was ~ granted** el permiso fue concedido, como era de esperar

dumb /dʌm/ *adj* **1** (stupid) (infml) bobo (fam) **2** (dated or offensive) (unable to speak) mudo (ant *u* ofensivo); **to be struck ~** quedarse mudo *or* sin habla

● **dumb down** [*v* + *adv* + *o*, *v* + *o* + *adv*] bajar el nivel intelectual de

dumb: **~bell** *n* pesa *f*, mancuerna *f*; **~found** /'dʌm'faʊnd/ *vt* (*usu pass*) anonadar; **~struck** *adj* estupefacto; **~waiter** /'dʌm'weɪtər, BrE ˌdʌm'weɪtə(r)/ *n* (elevator) montaplatos *m*; (table) mesita *f* rodante

dummy[1] /'dʌmi/ *n* **1** **(a)** (in window display, for dressmaker) maniquí *m* **(b)** (in tests, stunts) muñeco *m* **(c)** (in US football) domi *m* **2** (for baby) (BrE)

▶ **pacifier** **3** (fool) (infml) bobo, -ba *m,f* (fam)

dummy² *adj* ‹*gun/telephone*› de juguete

dump¹ /dʌmp/ *n* **1** (place for waste) vertedero *m* (de basura), basural *m* (AmL), tiradero *m* (Méx) **2** (temporary store) (Mil) depósito *m* **3** (unpleasant place) (infml) lugar *m* de mala muerte **4** ***to be (down) in the ~s*** (infml) estar* *or* andar* con la depre (fam)

d

dump² *vt* **1** (get rid of) ‹*waste/refuse*› tirar, botar (AmL exc RPl); ‹*boyfriend/girlfriend*› (infml) plantar (fam), botar (AmS exc RPl fam), largar* (RPl fam) **2** **(a)** (set on ground) ‹*load/sand*› descargar*, verter*; **where can I ~ my things?** (infml) ¿dónde puedo dejar *or* poner mis cosas? **(b)** (Comput) ‹*data/disks*› volcar*

dumper (truck) /ˈdʌmpər, BrE ˈdʌmpə(r)/ *n* ▶ **dump truck**

dumpling /ˈdʌmplɪŋ/ *n*: *bola de masa que se come en sopas o guisos*

Dumpster® /ˈdʌmpstər, BrE ˈdʌmpstə(r)/ *n* (AmE) contenedor *m* (*para escombros*)

dump truck *n* volquete *m*, camión *m* volteador (RPl) *or* (Méx) de volteo, volqueta *f* (Col)

dumpy /ˈdʌmpi/ *adj* **-pier**, **-piest** regordete

dunce /dʌns/ *n* (derog) burro, -rra *m,f*

dune /duːn, BrE djuːn/ *n* duna *f*

dung /dʌŋ/ *n* **(a)** (feces) boñiga *f*, bosta *f* **(b)** (manure) (esp BrE) estiércol *m*

dungarees /ˈdʌŋgəˈriːz/ *pl n* (workman's) overol *m*; (fashion) pantalón *m* de peto *m*

dungeon /ˈdʌndʒən/ *n* mazmorra *f*, calabozo *m*

duo /ˈduːəʊ, BrE ˈdjuːəʊ/ *n* (*pl* **-os**) dúo *m*

dupe¹ /duːp, BrE djuːp/ *vt* engañar, embaucar*

dupe² *n* inocentón, -tona *m,f*, primo, -ma *m,f* (Esp fam)

duplex /ˈduːpleks, BrE ˈdjuːpleks/ *n* (AmE): **~ (apartment)** dúplex *m*; **~ (house)** *casa de dos viviendas adosadas*

duplicate¹ /ˈduːplɪkət, BrE ˈdjuːplɪkət/ *adj* (*before n*): **a ~ copy** un duplicado; **a ~ key** un duplicado *or* una copia de una llave

duplicate² /ˈduːplɪkət, BrE ˈdjuːplɪkət/ *n* duplicado *m*, copia *f*

duplicate³ /ˈduːplɪkeɪt, BrE ˈdjuːplɪkeɪt/ *vt* **(a)** (copy) ‹*letter/document*› hacer* copias de **(b)** (repeat) ‹*work/efforts*› repetir* (*en forma innecesaria*)

durable /ˈdʊrəbəl, BrE ˈdjʊərəbəl/ *adj* durable

duration /dʊˈreɪʃən, BrE ˈdjʊəˈreɪʃən/ *n* duración *f*

duress /dʊˈres, BrE djʊəˈres/ *n*: **under ~** bajo coacción

⚷ **during** /ˈdʊrɪŋ, BrE ˈdjʊərɪŋ/ *prep* durante

dusk /dʌsk/ *n* anochecer *m*

dust¹ /dʌst/ *n* polvo *m*; ***to bite the ~*** «*person*» morder* el polvo

dust² *vt* **1** (remove dust from): **to ~ the furniture** quitarles el polvo a los muebles, sacudir los muebles (CS, Méx) **2** (sprinkle) **to ~ sth** WITH **sth** espolvorear algo CON algo

dust: **~bin** /ˈdʌstbɪn, ˈdʌsbɪn/ *n* (BrE) cubo *m* *or* (CS, Per) tacho *m or* (Méx) tambo *m or* (Col) caneca *f or* (Ven) tobo *m* de la basura; **~cart** /ˈdʌstkɑːrt, ˈdʌskɑːrt, BrE ˈdʌstkɑːt, dʌskɑːt/ *n* (BrE) camión *m* de la basura; **~ cloth** *n* (AmE) trapo *m* del polvo, trapo *m* de sacudir (CS, Méx), sacudidor *m* (Méx)

duster /ˈdʌstər, BrE ˈdʌstə(r)/ *n* **1** (Clothing) (housecoat) (AmE) guardapolvo *m* **2** (BrE) **(a)** (for blackboard) borrador *m* **(b)** ▶ **dust cloth**

dust: **~ jacket** *n* sobrecubierta *f*; **~man** /ˈdʌstmən, ˈdʌsmən/ *n* (*pl* **-men** /-mən/) (BrE) basurero *m*; **~pan** /ˈdʌstpæn, ˈdʌspæn/ *n* pala *f*, recogedor *m*

dusty /ˈdʌsti/ *adj* **-tier**, **-tiest** ‹*furniture*› cubierto de polvo; ‹*road/plain*› polvoriento

Dutch¹ /dʌtʃ/ *adj* holandés; ***to go ~*** pagar* a escote (fam), pagar* *or* ir* a la americana (AmL), pagar* *or* ir* a la inglesa (Chi fam)

Dutch² *n* **(a)** (language) holandés *m* **(b)** (people) (+ *pl vb*) **the ~** los holandeses

Dutch: **~man** /ˈdʌtʃmən/ *n* (*pl* **-men** /-mən/) holandés *m*; **~woman** *n* holandesa *f*

dutiful /ˈduːtifəl, BrE ˈdjuːtifəl/ *adj* consciente de sus deberes

⚷ **duty** /ˈduːti, BrE ˈdjuːti/ *n* (*pl* **duties**) **1** (obligation) deber *m*, obligación *f* **2** **(a)** (service) servicio *m*; **to do ~ as sth** hacer* las veces de algo, servir* de algo **(b)** (in phrases): **to be on/off ~** «*nurse/doctor*» estar*/no estar* de turno *or* guardia; «*policeman/fireman*» estar*/no estar* de servicio **(c) duties** *pl n* (responsibilities) (fml) funciones *fpl*, responsabilidades *fpl* **3** (Tax) (*often pl*) impuesto *m*

duty: **~-free** /ˈduːtiˈfriː, BrE ˌdjuːtiˈfriː/ *adj* libre de impuestos; **~-free shop** *n* duty free *m*, tienda *f* libre de impuestos

duvet /ˈduːveɪ/ *n* (BrE) edredón *m* (nórdico)

DVD *n* = **digital video disc**

DVD: **~ burner/writer** *n* quemador *m* DVD; **~ player** *n* lector *m* DVD; **~ recorder** *n* grabadora *f* DVD, grabador *m* DVD

dwarf¹ /dwɔːrf, BrE dwɔːf/ *n pl* (**~s** *or* **dwarves** /dwɔːrvz/) **1** (sometimes considered offensive) enano, -na *m,f* (puede resultar ofensivo) **2** (*before n*) ‹*tree/species*› enano

dwarf² *vt* ‹*building*› hacer* parecer pequeño

dwell /dwel/ (*past & past p* **dwelt** *or* **dwelled**) *vi* (liter) morar (liter), vivir

● **dwell on**: [*v + prep + o*]: **try not to ~ on the past** trata de no pensar demasiado en el pasado; **the documentary ~s excessively on ...** el documental se detiene demasiado *or* hace demasiado hincapié en ...

dwelling /ˈdwelɪŋ/ *n* **(a)** (habitation) (liter) morada *f* (liter) **(b)** (house) (fml) vivienda *f*

dwelt /dwelt/ *past & past p of* **dwell**

dwindle /ˈdwɪndl/ *vi* **(a)** «*numbers/population*» disminuir*, menguar*, reducirse* **(b) dwindling** *pres p* **dwindling resources** recursos *mpl* cada vez más limitados

dye¹ /daɪ/ *n* tintura *f*, tinte *m*

dye² *vt* **dyes**, **dyeing**, **dyed** teñir*

dying /ˈdaɪɪŋ/ *adj* (*before n*) **(a)** (near death, extinction) ‹*person/animal*› moribundo, agonizante; ‹*race/art*› en vías de extinción **(b)** (related to time of death) ‹*wish/words/breath*› último, postrero (liter)

dyke /daɪk/ *n* **1** ▶ **dike 1** **2** (lesbian) (sl & often derog) tortillera *f* (arg)

dynamic /daɪˈnæmɪk/ *adj* dinámico

⚷ palabra clave

dynamism /ˈdaɪnəmɪzəm/ *n* dinamismo *m*

dynamite /ˈdaɪnəmaɪt/ *n* dinamita *f*

dynamo /ˈdaɪnəməʊ/ *n* (*pl* **-mos**) dínamo *m or* dinamo *m* (AmL), dinamo *f or* dínamo *f* (Esp)

dynasty /ˈdaɪnəsti, BrE ˈdɪnəsti/ *n* (*pl* **-ties**) dinastía *f*

dysentery /ˈdɪsn̩teri, BrE ˈdɪsəntri/ *n* disentería *f*

dysfunction /dɪsˈfʌŋkʃən/ *n* disfunción *f*

dysfunctional /dɪsˈfʌŋkʃn̩əl, BrE dɪsˈfʌŋkʃənl/ *adj* disfuncional

dyslexia /dɪsˈleksiə/ *n* dislexia *f*

dyslexic /dɪsˈleksɪk/ *adj* disléxico

Ee

E, e /iː/ *n* **(a)** (letter) E, e *f* **(b)** (Mus) mi *m*

E (= **east**) E

⚷ **each¹** /iːtʃ/ *adj* cada *adj inv*

⚷ **each²** *pron* **1** cada uno, cada una; **he questioned ~ of them in turn** les preguntó uno por uno **2** **each other: they are always criticizing ~ other** siempre se están criticando el uno al otro; (if more than two people) siempre se están criticando unos a otros; **their respect for ~ other** su mutuo respeto

⚷ **each³** *adv*: **we were paid $10 ~** nos pagaron 10 dólares a cada uno; **the apples are 20 cents ~** las manzanas valen 20 centavos por pieza *or* cada una

eager /ˈiːgər, BrE ˈiːgə(r)/ *adj* (excited, impatient) impaciente, ansioso; (keen) entusiasta; **he's ~ to please** está deseoso de complacer; **she is ~ for change** tiene muchos deseos de cambio

eagerly /ˈiːgərli, BrE ˈiːgəli/ *adv* ‹*accept/agree*› con entusiasmo; ‹*await*› ansiosamente, con ansiedad e impaciencia; ‹*listen/read*› con avidez

eagle /ˈiːgəl/ *n* águila *f*‡

⚷ **ear** /ɪr, BrE ɪə(r)/ *n* **1** **(a)** (Anat) oreja *f*; (organ) oído *m* **(b)** (sense of hearing) (*no pl*) oído *m*; **to play sth by ~** tocar* algo de oído **2** (of corn) espiga *f*

ear: **~ache** *n* dolor *m* de oído; **~drum** *n* tímpano *m*

earl /ɜːrl, BrE ɜːl/ *n* conde *m*

⚷ **early¹** /ˈɜːrli, BrE ˈɜːli/ *adj* **-lier, -liest** **1** (before expected time) ‹*arrival/elections*› anticipado; **to be ~** «*person*» llegar* temprano; **the bus was ~** el autobús pasó (*or* salió *etc*) antes de la hora **2** **(a)** (before normal time): **to have an ~ night** acostarse* temprano; **~ retirement** jubilación *f* anticipada **(b)** ‹*crop/variety*› temprano, tempranero **3** (far back in time): **~ man** el hombre primitivo; **his earliest memories** sus primeros recuerdos **4** (toward beginning of period): **it's too ~ to tell** es demasiado pronto para saber; **in ~ June** a principios de junio; **he was in his ~ twenties** tenía poco más de veinte años

⚷ **early²** *adv* **-lier, -liest** **1** (before expected time) temprano **2** (before usual time) temprano, pronto (Esp) **3** (toward beginning of period): **~ in the morning** por la mañana temprano; **~ in the year** a principios de año; **~ (on) in her career** en los comienzos de su carrera **4** (soon) pronto; **they won't be here till nine at the earliest** por temprano que lleguen no estarán aquí antes de las nueve

ear: **~mark** *vt* ‹*money/funds*› destinar; **~muffs** *pl n* orejeras *fpl*

⚷ **earn** /ɜːrn, BrE ɜːn/ *vt* **1** ‹*money/wages*› ganar; ‹*interest*› dar* **2** ‹*respect/gratitude*› ganarse; ‹*promotion*› ganar

earnest¹ /ˈɜːrnəst, BrE ˈɜːnɪst/ *adj* **(a)** (sincere) (fml) ‹*effort/attempt*› serio; ‹*wish*› ferviente **(b)** (serious) serio

earnest² *n*: **in ~** en serio

earnings /ˈɜːrnɪŋz, BrE ˈɜːnɪŋz/ *pl n* ingresos *mpl*

ear: **~plug** *n* tapón *m* para el oído; **~ring** *n* arete *m* (AmL), aro *m* (CS), pendiente *m* (Esp), caravana *f* (Ur); **~shot** *n*: **to be within/out of ~shot** estar*/no estar* lo suficientemente cerca como para oír

⚷ **earth** /ɜːrθ, BrE ɜːθ/ *n* **1** **(a)** (Astron, Relig) tierra *f*; **the ~** o **E~** la Tierra **(b)** (*as intensifier*): **why on ~ didn't you warn me?** ¿por qué diablos no me avisaste? **2** (land, soil) tierra *f* **3** (BrE) (Elec) tierra *f*

earthenware /ˈɜːrθənwer, BrE ˈɜːθənweə(r)/ *n* (material) barro *m* (cocido); (dishes) vajilla *f* de barro (cocido)

earth: **~quake** *n* terremoto *m*; **~worm** *n* lombriz *f* (de tierra)

earwig /ˈɪrwɪg, BrE ˈɪəwɪg/ *n* tijereta *f*, cortapicos *m*

ease¹ /iːz/ *n* **1** (facility) facilidad *f*; **~ of operation** facilidad de manejo; **for ~ of access** para facilitar el acceso; **with ~** fácilmente **2** **(a)** (freedom from constraint): **at ~** a gusto; **to put sb at his/her ~** hacer* que algn se sienta a gusto **(b)** (Mil): **(stand) at ~!** ¡descansen!

ease² *vt* **1** **(a)** (relieve) ‹*pain*› calmar, aliviar; ‹*tension*› hacer* disminuir, aliviar; ‹*burden*› aligerar; **to ~ sb's mind** tranquilizar* a algn **(b)** (make easier) ‹*situation*› paliar; ‹*transition*› facilitar; **to ~ the way for sth** preparar el terreno para algo **2** **(a)** ‹*rules/restrictions*› relajar **(b)** ‹*belt/rope*› aflojar **3** (move with care) (+ *adv compl*): **they ~d him into the wheelchair** lo sentaron con cuidado en la silla de ruedas; **he ~d the key into the lock** introdujo la llave en la cerradura con cuidado

■ *vi* «*pain*» aliviarse, calmarse; «*tension*»

disminuir*

- **ease off** [*v* + *adv*] «*rain*» amainar; «*pain*» aliviarse, calmarse; «*pressure/traffic*» disminuir*
- **ease up** [*v* + *adv*] (slacken pace — of life) tomarse las cosas con más calma; (— of work, activity) bajar el ritmo

easel /'i:zəl/ *n* caballete *m*

⚷ **easily** /'i:zəli, BrE 'i:zɪli/ *adv* **1** **(a)** (without difficulty) fácilmente, con facilidad **(b)** (readily) ‹*break/stain/cry*› con facilidad **2** (by far) con mucho, (de) lejos (AmL fam); **there's ~ enough for everybody** hay de sobra para todos

e

⚷ **east¹** /i:st/ *n* **1** (point of the compass, direction) este *m*; **the ~, the E~** (region) el este **2** **the East** (the Orient) (el) Oriente

east² *adj (before n)* este *adj inv*, oriental; ‹*wind*› del este

east³ *adv* al este

east: **~bound** *adj* que va (*or* iba *etc*) en dirección este *or* hacia el este; **E~ End** *n* (in UK): **the E~ End (of London)** *barrio del este de Londres de tradición obrera*

Easter /'i:stər, BrE 'i:stə(r)/ *n* Pascua *f* (de Resurrección); *(before n)* **~ Day** o **Sunday** (el) Domingo de Pascua *or* Resurrección; **~ egg** huevo *m* de Pascua

easterly /'i:stərli, BrE 'i:stəli/ *adj* ‹*wind*› del este; **in an ~ direction** hacia el este, en dirección este

⚷ **eastern** /'i:stərn, BrE 'i:stən/ *adj* **(a)** (Geog) *(before n)* oriental, este *adj inv*; **heavy rain over ~ England** fuertes lluvias en *or* sobre el este de Inglaterra; **the ~ states** los estados del este; **E~ Europe** Europa Oriental *or* del Este **(b)** (oriental) ‹*appearance/custom*› oriental

eastward¹ /'i:stwərd, BrE 'i:stwəd/ *adj (before n)*: **in an ~ direction** en dirección este, hacia el este

eastward², (BrE) **eastwards** /-z/ *adv* hacia el este

⚷ **easy¹** /'i:zi/ *adj* **easier, easiest** **1** (not difficult) fácil; **it's ~ to see that ...** es fácil ver que ...; **she was an ~ winner** ganó sin problemas **2** (undemanding) ‹*life*› fácil; **to be ~ on the eye** ser* agradable a la vista

easy² *adv* **1** (without difficulty): **money doesn't come ~** el dinero no es fácil de conseguir; ***~ come, ~ go*** así como viene se va **2** (slowly, calmly) despacio, con calma; **~ does it** despacito; **to take it ~** tomárselo con calma

easy: **~ chair** *n* sillón *m*, poltrona *f*, butaca *f*; **~going** /'i:zi'gəʊɪŋ/ *adj*: **she's very ~going** es una persona de trato fácil *or* sin complicaciones

⚷ **eat** /i:t/ (*past* **ate**; *past p* **eaten**) *vt/i* comer

- **eat away** [*v* + *o* + *adv*, *v* + *adv* + *o*] «*rats/mice*» roer*; «*moths*» picar*, comerse; «*acid*» corroer*
- **eat into** [*v* + *prep* + *o*] «*acid/rust*» corroer*; ‹*profits/savings*› comerse
- **eat up** **1** [*v* + *o* + *adv*, *v* + *adv* + *o*] (finish) ‹*meal/food*› comerse **2** [*v* + *adv*] (finish meal) terminar (de comer) **3** [*v* + *adv* + *o*] (consume) ‹*fuel/electricity*› consumir, gastar **4** [*v* + *o* + *adv*] «*curiosity/ambition*» consumir

eaten /'i:tn̩/ *past p of* **eat**

eater /'i:tər, BrE 'i:tə(r)/ *n*: **he's a big ~** come mucho, es muy comelón *or* (CS, Esp) comilón (fam); **we're big meat ~s** comemos mucha carne

eaves /i:vz/ *pl n* alero *m*

eavesdrop /'ivzdrɑ:p, BrE 'i:vzdrɒp/ *vi* **-pp-**: **to ~ (ON sth/sb)** escuchar (algo/a algn) a escondidas

e-banking *n* banca *f* electrónica

ebb¹ /eb/ *n* reflujo *m*; **the ~ and flow of the tide** el flujo y reflujo de la marea; ***to be at a low ~*** «*person*» estar* decaído; «*diplomatic relations*» estar* en un punto bajo

ebb² *vi* **(a)** «*tide*» bajar, retroceder; **to ~ and flow** fluir* y refluir* **(b)** (dwindle) decaer*

- **ebb away**: [*v* + *adv*]: **his life was ~ing away** se consumía poco a poco; **I felt my strength ~ing away** sentí que me abandonaban las fuerzas

ebb tide *n* reflujo *m*

ebony /'ebəni/ *n* **(a)** (wood) ébano *m* **(b)** (color) color *m* (de) ébano; *(before n)* ‹*hair/skin*› negro como el ébano

EC *n* **(a)** (= **European Commission**) CE *f* **(b)** (= **European Community**) CE *f*

eccentric¹ /ɪk'sentrɪk, ek-/ *adj* excéntrico

eccentric² *n* excéntrico, -ca *m,f*

eccentricity /'eksen'trɪsəti/ *n (pl* **-ties**) excentricidad *f*

ecclesiastical /ɪ'kli:zi'æstɪkəl/ *adj* eclesiástico

echo¹ /'ekəʊ/ *n (pl* **-oes**) eco *m*

echo² *vi* «*footsteps/voices*» hacer* eco

eclair /eɪ'kleə(r), ɪ'kleə(r)/ *n*: *pastel individual relleno de crema*

eclipse¹ /ɪ'klɪps/ *n* eclipse *m*

eclipse² *vt* eclipsar

eco-friendly /'i:kəʊ,frendli/ *adj* ecológico, que no daña el medio ambiente

eco-labeling, (BrE) **eco-labelling** /'i:kəʊ,leɪbəlɪŋ/ *n* etiquetado *m* ecológico, eco(-)etiquetado *m*

ecological /'i:kə'lɑ:dʒəkəl, BrE ,i:kə'lɒdʒɪkəl/ *adj* ecológico

ecologist /ɪ'kɑ:lədʒəst, BrE i:'kɒlədʒɪst/ *n* (student of ecology) ecólogo, -ga *m,f*; (conservationist) ecologista *mf*

ecology /ɪ'kɑ:lədʒi, BrE ɪ'kɒlədʒi/ *n* ecología *f*

e-commerce /i:'kɑ:mərs, BrE i:'kɒmɜ:s/ *n* comercio *m* electrónico, e-comercio *m*

⚷ **economic** /'ekə'nɑ:mɪk, 'i:k-, BrE ,i:kə'nɒmɪk, ,ek-/ *adj* económico; **~ refugee** refugiado, -da *m, f* económico -ca

economical /'ekə'nɑ:mɪkəl, 'i:k-, BrE ,i:kə'nɒmɪkəl, ,ek-/ *adj* económico

economics /'ekə'nɑ:mɪks, 'i:k-, BrE ,i:kə'nɒmɪks, ,ek-/ *n* **(a)** (+ *sing vb*) economía *f* **(b)** (financial aspect) (+ *pl vb*) aspecto *m* económico

economist /ɪ'kɑ:nəməst, BrE ɪ'kɒnəmɪst/ *n* economista *mf*

economize /ɪ'kɑ:nəmaɪz, BrE ɪ'kɒnəmaɪz/ *vi* economizar*; **to ~ ON sth** economizar* algo

⚷ **economy** /ɪ'kɑ:nəmi, i:-, BrE ɪ'kɒnəmi/ *n (pl* **-mies**) **1** (economic state or system of country) economía *f* **2** **(a)** (saving): **to make economies** economizar*, hacer* economía(s) **(b)** (thrift) economía *f*; *(before n)* ‹*pack/size*› familiar; **~ class** clase *f* turista; **~ class syndrome** síndrome *m* de la clase turista

ecosphere /'iːkəʊsfɪr, BrE 'iːkəʊsfɪə(r)/ *n* ecoesfera *f*

ecosystem /'iːkəʊˌsɪstəm/ *n* ecosistema *m*

ecotourism /'iːkəʊˌtʊrɪzəm, BrE 'iːkəʊˌtʊərɪzəm, BrE -ˌtɔːr-/ *n* ecoturismo *m*, turismo *m* ecológico

ecotourist /'iːkəʊˌtʊrəst, BrE 'iːkəʊˌtʊərɪst, BrE -ˌtɔːr-/ *n* ecoturista *mf*

ecstasy /'ekstəsi/ *n* (*pl* **-sies**) **(a)** (state) éxtasis *m* **(b)** (drug) éxtasis *m*

ecstatic /ɪk'stætɪk/ *adj* ‹*look/expression*› extasiado, extático; ‹*applause*› clamoroso

ECU /'iːkjuː, eɪ'kuː/ *n* (*pl* **ECUs**) ecu *m*

Ecuador /'ekwədɔːr, BrE 'ekwədɔː(r)/ *n* Ecuador *m*

Ecuadorean¹ /'ekwə'dɔːriən/ *adj* ecuatoriano

Ecuadorean² *n* ecuatoriano, -na *m,f*

ecumenical /'ekjə'menɪkəl, BrE ˌiːkjuː'menɪkəl, 'ek-/ *adj* ecuménico

eczema /ɪg'ziːmə, 'egzəmə, BrE 'eksɪmə/ *n* eczema *m*

eddy¹ /'edi/ *n* (*pl* **eddies**) remolino *m*, torbellino *m*

eddy² *vi* **eddies**, **eddying**, **eddied** «*water*» formar remolinos; «*smoke/dust*» arremolinarse

Eden /'iːdn̩/ *n* Edén *m*

edge¹ /edʒ/ *n* **1** **(a)** (*no pl*) (border, brink — of town) afueras *fpl*; (— of forest) lindero *m*, borde *m*; (— of river, lake) orilla *f*, margen *m*; (— of cliff) borde *m* **(b)** (of plate, table, chair) borde *m*; (of coin) canto *m*; (of page) margen *m* **2** (cutting part) filo *m*; ***to be on ~*** estar* nervioso, tener* los nervios de punta (fam)

edge² *vt*: **the collar was ~d with fur** el cuello estaba ribeteado de piel; **the paper was ~d in black** el papel tenía un borde negro
■ *vi* (+ *adv compl*): **to ~ forward/closer/away** ir* avanzando/acercándose/alejándose (poco a poco)

edging /'edʒɪŋ/ *n* borde *m*

edgy /'edʒi/ *adj* tenso, con los nervios de punta

edible /'edəbəl/ *adj* (safe to eat) comestible; (eatable) pasable, comible

edifying /'edəfaɪɪŋ, BrE 'edɪfaɪɪŋ/ *adj* edificante

Edinburgh /'edn̩ˌbɜːrə, -rəʊ, BrE 'edɪnbrə/ *n* Edimburgo *m*

edit /'edət, BrE 'edɪt/ *vt* **1** ‹*manuscript*› (correct) corregir*, editar; (cut) recortar, editar **2** ‹*movie/tape*› editar **3** (manage) ‹*newspaper/magazine*› dirigir*

edition /ɪ'dɪʃən/ *n* edición *f*

editor /'edətər, BrE 'edɪtə(r)/ *n* **1** (of text) redactor, -tora *m,f*, editor, -tora *m,f*; (of collected works, series) editor, -tora *m,f* **2** (of newspaper, magazine) director, -tora *m,f*, redactor, -tora *m,f* responsable **3** (of movie, radio show) editor, -tora *m,f* **4** (Comput) editor *m*

editorial¹ /'edə'tɔːriəl, BrE ˌedɪ'tɔːriəl/ *adj* **(a)** (Publ) ‹*assistant/director*› de redacción **(b)** (Journ) ‹*comment/decision/freedom*› editorial

editorial² *n* editorial *m*

EDT (in US) = **Eastern Daylight Time**

educate /'edʒəkeɪt, BrE 'edjʊkeɪt/ *vt* **(a)** (teach, school) educar* **(b)** (make aware) concientizar* *or* (Esp) concienciar

educated /'edʒəkeɪtəd, BrE 'edjʊkeɪtɪd/ *adj* ‹*person*› culto; **to make an ~ guess** hacer* una conjetura hecha con cierta base

education /'edʒə'keɪʃən, BrE ˌedjʊ'keɪʃən/ *n* educación *f*; (*before n*) ‹*system/policy*› educativo

educational /'edʒə'keɪʃn̩əl, BrE ˌedjʊ'keɪʃənl/ *adj* **(a)** ‹*establishment*› docente, de enseñanza; ‹*toy*› educativo **(b)** (instructive) instructivo

Edwardian /ed'wɔːrdiən, BrE ed'wɔːdiən/ *adj* eduardiano

EEA *n* (= **European Economic Area**) AEE *f*

EEC *n* (= **European Economic Community**) CEE *f*

eel /iːl/ *n* anguila *f*

e'er /er, BrE eə(r)/ *adv* (poet & arch) ▶ **ever**

eerie /'ɪri, BrE 'ɪəri/ *adj* **eerier**, **eeriest** ‹*atmosphere/silence/cry*› inquietante, espeluznante; ‹*glow/place*› fantasmagórico

efface /ɪ'feɪs/ *vt* (fml) borrar

effect¹ /ɪ'fekt/ *n* **1** **(a)** (consequence) efecto *m*; **to take ~** surtir efecto **(b) in effect** de hecho, realmente **(c)** (phenomenon) efecto *m* **2** (impression) impresión *f*; **he only did it for ~** lo hizo solo para llamar la atención **3** (applicability, operation): **to come into ~, to take ~** entrar en vigor *or* en vigencia **4** (meaning): **a statement was issued to the ~ that …** (fml) se hizo público un comunicado anunciando que …; **he said it wasn't true, or words to that ~** dijo que no era verdad o algo de ese tenor **5** **effects** *pl* **(a)** (special **~s**) (Cin, TV) efectos *mpl* especiales **(b)** (belongings) (fml) efectos *mpl* (fml)

effect² *vt* (fml) ‹*reconciliation/cure*› lograr; ‹*escape*› llevar a cabo; ‹*repairs/payment*› efectuar* (fml)

effective /ɪ'fektɪv/ *adj* **(a)** (producing the desired result) ‹*method/treatment*› eficaz, efectivo **(b)** (striking) ‹*design/contrast*› de mucho efecto **(c)** (real) (*before n*) ‹*control/leader*› efectivo

effectively /ɪ'fektɪvli/ *adv* **(a)** ‹*manage/spend*› con eficacia, eficazmente **(b)** ‹*contrast/decorate*› con mucho *or* gran efecto; ‹*speak*› convincentemente **(c)** (in effect) (*indep*) de hecho

effeminate /ə'femənət, BrE ɪ'femɪnət/ *adj* afeminado

effervescent /'efər'vesənt, BrE ˌefə'vesənt/ *adj* ‹*liquid/personality*› efervescente

efficiency /ɪ'fɪʃənsi/ *n* (*pl* **-cies**) (of person, system) eficiencia *f*; (Mech Eng, Phys) rendimiento *m*

efficient /ɪ'fɪʃənt/ *adj* ‹*person/system*› eficiente; ‹*machine/engine*› de buen rendimiento

efficiently /ɪ'fɪʃəntli/ *adv* eficientemente

effigy /'efədʒi, BrE 'efɪdʒi/ *n* (*pl* **-gies**) efigie *f*

effluent /'efluənt/ *n* (liquid waste) vertidos *mpl*; (sewage) aguas *fpl* residuales

effort /'efərt, BrE 'efət/ *n* esfuerzo *m*; **to make an ~** hacer* un esfuerzo, esforzarse*; **it's not worth the ~** no merece *or* vale la pena

effortless /'efərtləs, BrE 'efətlɪs/ *adj* ‹*grace*› natural; ‹*prose/style*› fluido

e.g. (for example) p. ej. *or* vg. *or* e.g.; (in speech) por ejemplo

egalitarian /ɪˈgælə'teriən, BrE ɪ,gælɪ'teəriən/ *adj* igualitario

egg /eg/ *n* huevo *m*

● **egg on** [*v + o + adv, v + adv + o*] incitar

egg: **~cup** *n* huevera *f*; **~plant** *n* (AmE) berenjena *f*; **~shell** *n* cáscara *f* de huevo; **~ timer** *n* (with sand) reloj *m* de arena (*de tres minutos*); (clockwork) avisador *m*; **~ white** *n* clara *f* de huevo; **~ yolk** *n* yema *f* de huevo

ego /'iːgəʊ, 'egəʊ/ *n* (*pl* **egos**) **(a)** (Psych): **the ~** el yo, el ego **(b)** (self-regard) amor *m* propio, ego *m*

ego trip *n* (infml): **his autobiography is simply an ~** su autobiografía es un regodeo ególatra

Egypt /'iːdʒəpt, BrE 'iːdʒɪpt/ *n* Egipto *m*

Egyptian[1] /ɪ'dʒɪpʃən/ *adj* egipcio

Egyptian[2] *n* egipcio, -cia *m,f*

EHIC *n* (= **European Health Insurance Certificate**) TSE *f*

eiderdown /'aɪdərdaʊn, BrE 'aɪdədaʊn/ *n* edredón *m*

eight /eɪt/ *adj/n* ocho *adj inv/m*; *see also* **four[1]**

eighteen /'eɪ'tiːn/ *adj/n* dieciocho *adj inv/m*; *see also* **four[1]**

eighteenth[1] /'eɪ'tiːnθ/ *adj* decimoctavo

eighteenth[2] *adv* en decimoctavo lugar

eighteenth[3] *n* **(a)** (Math) dieciochoavo *m*; (part) dieciochoava parte *f* **(b)** (birthday): **it's her ~ today** hoy cumple dieciocho años

eighth[1] /eɪtθ/ *adj* octavo

eighth[2] *adv* en octavo lugar

eighth[3] *n* (Math) octavo *m*; (part) octava parte *f*

eighth note *n* (AmE) corchea *f*

eightieth[1] /'eɪtiəθ/ *adj* octogésimo

eightieth[2] *adv* en octogésimo lugar

eightieth[3] *n* (Math) ochentavo *m*; (part) ochentava *or* octogésima parte *f*

eighty /'eɪti/ *adj/n* ochenta *adj inv/m*; *see also* **four[1]**

Eire /'erə, BrE 'eərə/ *n* Eire *m*, Irlanda *f*

either[1] /'iːðər, 'aɪðər, BrE 'iːðə(r), 'aɪðə(r)/ *conj*: **either ... or ...** o ... o ...

> ■ **Note** In the usual translation of *either ... or*, *o ... o*, *o* becomes *u* when it precedes a word beginning with *o* or *ho*.

either[2] *adj*: **you can take ~ route** puedes tomar cualquiera de las dos rutas; **on ~ side of the path** a ambos lados del camino

either[3] *pron* (esp BrE) cualquiera; (*with neg*) ninguno, -na; (*in questions*) alguno, -na

either[4] *adv* (*with neg*) tampoco; **she can't cook and he can't ~** ella no sabe cocinar y él tampoco

ejaculate /ɪ'dʒækjəleɪt, BrE ɪ'dʒækjʊleɪt/ *vi* (Physiol) eyacular

eject /ɪ'dʒekt/ *vt* ‹*troublemaker/cassette*› expulsar

■ *vi* (Aviat) eyectarse

eke out /iːk/ [*v + adv + o, v + o + adv*] **(a)** (make last) ‹*resources/funds*› estirar, hacer* alcanzar **(b)** (barely obtain): **to ~ out a living** ganarse la vida a duras penas

elaborate[1] /ɪ'læbərət/ *adj* ‹*decoration/design/hairstyle*› complicado; ‹*meal*› de mucho trabajo; ‹*plan*› minucioso

elaborate[2] /ɪ'læbəreɪt/ *vt* elaborar

■ *vi* dar* (más) detalles

elapse /ɪ'læps/ *vi* transcurrir

elastic[1] /ɪ'læstɪk/ *n* **(a)** (Tex) elástico *m* **(b)** (garter) (AmE) liga *f* **(c)** (AmE) ▶ **elastic band**

elastic[2] *adj* ‹*waistband/garter*› de elástico; ‹*stocking*› elastizado; ‹*fiber/properties*› elástico

elastic band *n* (esp BrE) goma *f* (elástica), gomita *f*, liga *f* (Méx), caucho *m* (Col), elástico *m* (Chi), banda *f* elástica (Ven)

elated /ɪ'leɪtəd, BrE ɪ'leɪtɪd/ *adj* eufórico

elbow[1] /'elbəʊ/ *n* codo *m*

elbow[2] *vt* darle* un codazo a; **they ~ed us out of the way** nos apartaron a empujones

elbow: **~ grease** *n* (infml): **put some ~ grease into it!** ¡dale con más fuerza! (fam); **~ room** *n* espacio *m*

elder[1] /'eldər, BrE 'eldə(r)/ *adj* mayor

elder[2] *n* **1** **(a)** (older person): **she's my ~ by two years** me lleva dos años, es dos años mayor que yo **(b)** (senior person): **the village/tribal ~s** los ancianos del pueblo/de la tribu **(c)** (Relig) miembro *m* del consejo **2** (Bot) saúco *m*

elderberry /'eldər,beri, BrE 'eldəberi/ *n* (*pl* **-ries**) baya *f* del saúco

elderly[1] /'eldərli, BrE 'eldəli/ *adj* mayor, de edad

elderly[2] *pl n*: **the ~** los ancianos

eldest /'eldəst, BrE 'eldɪst/ *adj* (*before n*) ‹*brother/sister/child*› mayor; **the ~** (*as pron*) el/la mayor, el/la de más edad

elect[1] /ɪ'lekt/ *vt* **1** (Adm, Govt) elegir* **2** (choose) (fml) **to ~ to + INF**, optar POR + INF

elect[2] *adj* (*after n*): **the president ~** el presidente electo, la presidenta electa

election /ɪ'lekʃən/ *n* **(a)** (event) elecciones *fpl*; **to call/hold an ~** convocar*/celebrar elecciones; (*before n*) ‹*campaign/speech*› electoral; ‹*day/results*› de las elecciones **(b)** (act) elección *f*

elector /ɪ'lektər, BrE ɪ'lektə(r)/ *n* elector, -tora *m,f*

electoral /ɪ'lektərəl/ *adj* (*usu before n*) ‹*system/reform*› electoral; **~ register** *o* **roll** padrón *m* (AmL) *or* (Esp) censo *m or* (Chi, Ven) registro *m or* (Col) planilla *f* electoral

electorate /ɪ'lektərət/ *n* (+ *sing or pl vb*) electorado *m*

electric /ɪ'lektrɪk/ *adj* eléctrico; ‹*fence*› electrificado; ‹*performance/atmosphere*› electrizante

electrical /ɪ'lektrɪkəl/ *adj* eléctrico

electric: **~ blanket** *n* manta *f or* (AmL exc CS) cobija *f or* (CS) frazada *f* eléctrica; **~ chair** *n* silla *f* eléctrica

electrician /ɪ,lek'trɪʃən/ *n* electricista *mf*

electricity /ɪ,lek'trɪsəti/ *n* electricidad *f*

electric shock *n* descarga *f* eléctrica

electrify /ɪ'lektrəfaɪ, BrE ɪ'lektrɪfaɪ/ *vt* **-fies, -fying, -fied** electrificar*; (excite, thrill) electrizar*

electrocute /ɪ'lektrəkjuːt/ *vt* electrocutar

electrode /ɪ'lektrəʊd/ *n* electrodo *m*

electrolysis /ɪ'lek'trɑ:ləsɪs, BrE ˌɪlek'trɒləsɪs/ *n* electrólisis *f*

electromagnetic /ɪˌlektrəʊmæg'netɪk/ *adj* electromagnético

electron /ɪ'lektrɑ:n, BrE ɪ'lektrɒn/ *n* electrón *m*

electronic /ɪ'lek'trɑ:nɪk, BrE ˌɪlek'trɒnɪk/ *adj* electrónico

electronic mail *n* correo *m* electrónico

electronics /ɪ'lek'trɑ:nɪks, BrE ˌɪlek'trɒnɪks/ *n* **(a)** (subject) (+ *sing vb*) electrónica *f*; (*before n*) ‹*industry*› electrónico **(b)** (circuitry) (+ *sing or pl vb*) sistema *m* electrónico

elegance /'elɪgəns/ *n* elegancia *f*

elegant /'elɪgənt/ *adj* elegante

element /'eləmənt, BrE 'elɪmənt/ *n* **1** **(a)** (part, group) elemento *m*; **an ~ of doubt** algo de duda; **extremist ~s in society** elementos extremistas de la sociedad **(b) elements** *pl* (rudiments): **the basic ~s of self-defense** los principios elementales de la defensa personal **2** (Chem) elemento *m* **3** **elements** *pl* (weather) (liter): **the ~s** los elementos **4** (preferred environment) elemento *m*; **to be in one's ~** estar* en su (*or* mi *etc*) elemento **5** (of kettle, heater) resistencia *f*, elemento *m* (CS)

elementary /elə'mentəri, BrE ˌelɪ'mentri/ *adj* elemental

elementary: **~ school** *n* (in US) escuela *f* (de enseñanza) primaria; **~ teacher** *n* (in US) maestro, -tra *m,f* de enseñanza primaria

elephant /'eləfənt, BrE 'elɪfənt/ *n* elefante, -ta *m,f*

elevate /'eləveɪt, BrE 'elɪveɪt/ *vt* **(a)** (promote): **to ~ sb to the peerage** concederle a algn el título de lord/lady; **he's been ~d to the position of manager** (hum) lo han ascendido a director **(b)** (fml) ‹*spirit*› elevar **(c)** ‹*load/platform*› elevar (fml), subir

elevated railroad /'eləveɪtəd, BrE 'elɪveɪtɪd/ *n* (AmE) ferrocarril *m* elevado

elevation /elə'veɪʃən, BrE ˌelɪ'veɪʃən/ *n* **1** (promotion) elevación *f* **2** (angle) elevación *f* **3** (altitude) altura *f*

elevator /'eləveɪtər, BrE 'elɪveɪtə(r)/ *n* **(a)** (for passengers) (AmE) ascensor *m*, elevador *m* (Méx) **(b)** (for goods) elevador *m*, montacargas *m*

eleven[1] /ɪ'levən/ *n* **(a)** (number) once *m*; *see also* **four**[1] **(b)** (in soccer, field hockey) equipo *m*, once *m* (period)

eleven[2] *adj* once *adj inv*

eleventh[1] /ɪ'levənθ/ *adj* undécimo

eleventh[2] *adv* en undécimo lugar

eleventh[3] *n* (Math) onceavo *m*; (part) onceava parte *f*

elf /elf/ *n* (*pl* **elves**) geniecillo *m*, elfo *m*

elicit /ɪ'lɪsət, BrE ɪ'lɪsɪt/ *vt* ‹*laughter/smile*› provocar*; **to ~ sth (FROM sb)** ‹*explanation/ reply*› obtener* algo (DE algn)

eligible /'elədʒəbəl, BrE 'elɪdʒəbəl/ *adj* **(a)** (qualified, suitable) ‹*applicant/candidate*› que reúne los requisitos necesarios; **he's ~ for a grant** tiene derecho a solicitar una beca; **he is not ~ to compete** no reúne los requisitos necesarios para competir **(b)** (marriageable): **an ~ bachelor** un buen partido

eliminate /ɪ'lɪməneɪt, BrE ɪ'lɪmɪneɪt/ *vt* eliminar; ‹*possibility/suspect*› descartar

elimination /ɪ'lɪmə'neɪʃən, BrE ɪˌlɪmɪ'neɪʃən/ *n* (getting rid of) eliminación *f*; (ruling out) descarte *m*; **by a process of ~** por (un proceso de) eliminación *or* descarte

elite[1] /eɪ'li:t, i-/ *n* (+ *sing or pl vb*) elite *f*, élite *f*

elite[2] *adj* (*before n*) selecto, de elite *or* élite

elitism /eɪ'li:tɪzəm, i-/ *n* elitismo *m*

elitist /eɪ'li:tɪst, i-/ *adj* elitista

elixir /ɪ'lɪksər, BrE ɪ'lɪksə(r)/ *n* elixir *m*

Elizabethan /ɪ'lɪzə'bi:θən/ *adj* isabelino

elk /elk/ *n* (*pl* **~s** *or* **~**) (European animal) alce *m*; (American animal) uapití *m*

elm /elm/ *n*, **~ (tree)** olmo *m*

elocution /elə'kju:ʃən/ *n* dicción *f*, elocución *f*

elongated /ɪ'lɔ:ŋgeɪtəd, BrE 'i:lɒŋgeɪtɪd/ *adj* alargado

elope /ɪ'ləʊp/ *vi* fugarse* (*con un amante, novio para casarse*)

eloquent /'eləkwənt/ *adj* elocuente

El Salvador /el'sælvədɔ:r, BrE ˌel'sælvədɔ:(r)/ *n* El Salvador

else /els/ *adv* **1** (*after pron*): **somebody** o **someone ~** otra persona; **everybody** o **everyone ~** todos los demás; **everything ~** todo lo demás; **there's not much ~ we can do** no podemos hacer mucho más; **nobody ~** nadie más; **they have nowhere ~ to go** no tienen ningún otro sitio *or* lugar adonde ir; **anything ~?** ¿algo más? **2** (with interrog): **what/who ~?** ¿qué/quién más?; **what ~ can you expect from her?** ¿qué otra cosa se puede esperar de ella? **3** **or else** (*as conj*) si no

elsewhere /'elshwer, BrE ˌels'weə(r)/ *adv*: **to go ~** ir* a otro sitio *or* lugar; **~ in Europe** en otras partes *or* otros lugares de Europa

elude /i:'lu:d, BrE ɪ'lu:d/ *vt* (avoid) eludir; (escape from) escaparse de

elusive /i:'lu:sɪv, BrE i'lu:sɪv/ *adj* ‹*enemy/prey*› escurridizo, difícil de aprehender; ‹*goal/ agreement*› difícil de alcanzar

elves /elvz/ *pl of* **elf**

emaciated /ɪ'meɪʃieɪtəd, BrE ɪ'meɪsieɪtɪd/ *adj* ‹*person/animal*› escuálido; ‹*body/face*› consumido

email, e-mail /'i:meɪl/ *n* correo *m* electrónico, email *m*; (*before n*) **~ address** dirección *f* de correo electrónico *or* de email

emanate /'eməneɪt/ *vi* **to ~ FROM sth** «*gas/ light/sound*» emanar DE algo; «*ideas/ suggestions*» provenir* DE algo

emancipate /ɪ'mænsəpeɪt, BrE ɪ'mænsɪpeɪt/ *vt* (fml) emancipar

emancipated /ɪ'mænsəpeɪtəd, BrE ɪ'mænsɪpeɪtɪd/ *adj* emancipado; ‹*viewpoint/ lifestyle*› independiente y progresista

emancipation /ɪˌmænsə'peɪʃən, BrE ɪˌmænsɪ'peɪʃən/ *n* (fml) emancipación *f*

embankment /ɪm'bæŋkmənt/ *n* (for road, railroad) terraplén *m*; (as protection) muro *m* de contención

embargo /ɪm'bɑ:rgəʊ, BrE ɪm'bɑ:gəʊ/ *n* (*pl* **-goes**) embargo *m*, prohibición *f*; **to put an ~ on sth** imponer* un embargo sobre algo

embark /ɪm'bɑ:rk, BrE ɪm'bɑ:k/ *vi* **(a)** (on ship, plane) embarcar(se)* **(b)** (start) **to ~ ON** *o* **UPON sth** (on career/new life) emprender algo; (on adventure/undertaking) embarcarse* EN algo

e

embarrass /ɪm'bærəs/ *vt* hacerle* pasar vergüenza a, avergonzar*

embarrassed /ɪm'bærəst/ *adj*: **an ~ silence** un silencio violento; **I'm ~** me da vergüenza, me da pena (AmL exc CS)

embarrassing /ɪm'bærəsɪŋ/ *adj* ‹*situation/question*› embarazoso; **how ~!** ¡qué vergüenza *or* (AmL exc CS) pena!

embarrassment /ɪm'bærəsmənt/ *n* **(a)** (shame) bochorno *m*, vergüenza *f*, pena *f* (AmL exc CS) **(b)** (cause of shame): **he's an ~ to his friends** les hace pasar vergüenza a sus amigos

embassy /'embəsi/ *n* (*pl* **-sies**) embajada *f*

embed /ɪm'bed/ *vt* **-dd-** (in rock, wood) enterrar*; **the bullet was ~ded in his arm** la bala quedó alojada en el brazo

ember /'embər, BrE 'embə(r)/ *n* brasa *f*, ascua *f*

embezzle /ɪm'bezəl/ *vt* desfalcar*, malversar

embittered /ɪm'bɪtərd, BrE ɪm'bɪtəd/ *adj* ‹*person*› amargado; ‹*fighting/rivalry*› enconado

emblem /'embləm/ *n* emblema *m*

embody /ɪm'bɑːdi, BrE ɪm'bɒdi/ *vt* **-dies, -dying, -died** **(a)** (personify) encarnar, personificar* **(b)** (express) ‹*thought/idea*› plasmar, expresar

emboss /ɪm'bɑːs, ɪm'bɔːs, BrE ɪm'bɒs/ *vt* **(a)** ‹*leather/metal*› repujar **(b) embossed** *past p* ‹*stationery*› con membrete en relieve; ‹*wallpaper*› estampado en relieve

embrace[1] /ɪm'breɪs/ *vt* **(a)** (hug) abrazar* **(b)** ‹*idea/principle*› abrazar*; ‹*lifestyle/religion*› adoptar
■ *vi* abrazarse*

embrace[2] *n* abrazo *m*

embrocation /'embrə'keɪʃən/ *n* linimento *m*, embrocación *f* (ant)

embroider /ɪm'brɔɪdər, BrE ɪm'brɔɪdə(r)/ *vt* ‹*cloth/design*› bordar; ‹*story*› adornar

embroidery /ɪm'brɔɪdəri/ *n* (*pl* **-ries**) bordado *m*

embroil /ɪm'brɔɪl/ *vt*: **to be/become ~ed in sth** estar*/verse* envuelto en algo

embryo /'embriəʊ/ *n* (*pl* **-os**) embrión *m*

emend /iː'mend, BrE ɪ'mend/ *vt* (fml) enmendar*

emerald /'emərəld/ *n* **(a)** (gem) esmeralda *f* **(b)** (color) verde *m* esmeralda

⚷ **emerge** /ɪ'mɜːrdʒ, BrE ɪ'mɜːdʒ/ *vi* **(a)** (come out) salir*, aparecer* **(b)** (become evident, known) «*problem*» surgir*; «*pattern*» dibujarse; «*truth*» revelarse; «*facts*» salir* a la luz

⚷ **emergency** /ɪ'mɜːrdʒənsi, BrE ɪ'mɜːdʒənsi/ *n* (*pl* **-cies**) **(a)** (serious situation) emergencia *f*; **in an ~** o **in case of ~** en una emergencia *or* en caso de emergencia **(b)** (Med) urgencia *f*; (*before n*) ‹*case/operation*› de urgencia **(c)** (Govt): **a state of ~ was declared** se declaró el estado de excepción

emergency: **~ exit** *n* salida *f* de emergencia; **~ landing** *n* aterrizaje *m* forzoso; **~ stop** *n* parada *f* de emergencia

emery /'eməri/: **~ board** *n* lima *f* de esmeril; **~ paper** *n* papel *m* de lija

⚷ palabra clave

emigrant /'eməgrənt, BrE 'emɪgrənt/ *n* emigrante *mf*

emigrate /'eməgreɪt, BrE 'emɪgreɪt/ *vi* emigrar

emigration /'emə'greɪʃən, BrE ˌemɪ'greɪʃən/ *n* emigración *f*

eminent /'emənənt, BrE 'emɪnənt/ *adj* eminente, ilustre

emission /iː'mɪʃən, BrE ɪ'mɪʃən/ *n* emisión *f*

emit /iː'mɪt, BrE i'mɪt/ *vt* **-tt-** ‹*gas/smell/vapor*› despedir*; ‹*heat/light/radiation/sound*› emitir

emoticon /ɪ'məʊtəkɑːn, BrE ɪ'mɒtɪkɒn/ *n* emoticono *m*

⚷ **emotion** /ɪ'məʊʃən/ *n* **(a)** (feeling) sentimiento *m* **(b)** (strength of feeling) emoción *f*

⚷ **emotional** /ɪ'məʊʃn̩əl, BrE ɪ'məʊʃənl/ *adj* **(a)** ‹*disorder*› emocional **(b)** (sensitive) ‹*person/nature*› emotivo **(c)** (upset) emocionado; **to get ~** emocionarse **(d)** (moving) ‹*speech/experience/scene*› emotivo

empathize /'empəθaɪz/ *vi* **to ~** WITH **sb** establecer* lazos de empatía CON algn, identificarse* CON algn

empathy /'empəθi/ *n* empatía *f*

emperor /'empərər, BrE 'empərə(r)/ *n* emperador *m*

emphasis /'emfəsəs, BrE 'emfəsɪs/ *n* (*pl* **-ses** /-siːz/) énfasis *m*; **to lay** o **put ~ on sth** hacer* hincapié *or* poner* énfasis en la importancia de algo

⚷ **emphasize** /'emfəsaɪz/ *vt* ‹*phrase/word*› enfatizar*; ‹*fact/point/warning*› recalcar*, hacer* hincapié en; ‹*fault/value*› poner* de relieve; ‹*shape/feature*› resaltar, hacer* resaltar

emphatic /ɪm'fætɪk/ *adj* ‹*gesture/tone*› enérgico, enfático; ‹*assertion/refusal*› categórico

empire /'empaɪr, BrE 'empaɪə(r)/ *n* imperio *m*

⚷ **employ** /ɪm'plɔɪ/ *vt* **(a)** ‹*person*› (take on) contratar, emplear; (have working) emplear, dar* empleo a **(b)** ‹*method/tactics/tool*› emplear

⚷ **employee** /ɪm'plɔɪ'iː/ *n* empleado, -da *m,f*

⚷ **employer** /ɪm'plɔɪər, BrE ɪm'plɔɪə(r)/ *n* empleador, -dora *m,f*; (of domestic worker etc) patrón, -trona *m,f*

⚷ **employment** /ɪm'plɔɪmənt/ *n* **(a)** (work) trabajo *m*; **to be in ~** tener* trabajo; (*before n*) **~ agency** agencia *f* de trabajo **(b)** (availability of work) empleo *m*; **full ~** pleno empleo *m*

empress /'emprəs, BrE 'emprɪs/ *n* emperatriz *f*

empty[1] /'empti/ *adj* **-tier, -tiest** ‹*container/table*› vacío; ‹*words/gesture/life*› vacío; ‹*threat/promise*› vano

empty[2] **-ties, -tying, -tied** *vt* ‹*container/warehouse*› vaciar*; **she emptied the contents all over the floor** vació la caja (*or* el bolso *etc*) en el suelo
■ *vi* «*room/street*» vaciarse*; «*river/stream*» **to ~** INTO **sth** desaguar* EN algo

● **empty out** [*v + o + adv, v + adv + o*] ‹*bag/drawer/pockets*› vaciar*; ‹*garbage*› tirar, botar (AmL exc RPl)

empty[3] *n* (*pl* **-ties**) (infml) (bottle) envase *m* (vacío), casco *m* (Esp, Méx)

empty-handed /'empti'hændəd, BrE ˌempti'hændɪd/ *adv* con las manos vacías

emu /ˈiːmjuː/ *n* emú *m*

emulate /ˈemjəleɪt, BrE ˈemjʊleɪt/ *vt* emular

emulsion /ɪˈmʌlʃən/ *n* **~ (paint)** pintura *f* al agua

enable /ɪnˈeɪbəl/ *vt* **(a)** (provide means for) **to ~ sb to + INF** permitir(le) A algn + INF **(b)** (make possible) posibilitar, permitir

enact /ɪnˈækt/ *vt* **1** (Govt, Law) ‹*law*› promulgar* **2** ‹*play/role*› representar

enamel /ɪˈnæməl/ *n* esmalte *m*

enamored, (BrE) **enamoured** /ɪˈnæmərd, BrE ɪˈnæməd/ *adj* (fml) **to be ~ OF sb** estar* enamorado *or* prendado DE algn; **I'm not very ~ of the idea** no estoy muy entusiasmado con la idea

enc (= **enclosed**) anexo

encampment /ɪnˈkæmpmənt/ *n* campamento *m*

encase /ɪnˈkeɪs/ *vt* revestir*, recubrir*; **~d IN sth** revestido *or* recubierto DE algo

enchant /ɪnˈtʃænt, BrE ɪnˈtʃɑːnt/ *vt* (delight, charm) cautivar; (Occult) hechizar*

enchanting /ɪnˈtʃæntɪŋ, BrE ɪnˈtʃɑːntɪŋ/ *adj* encantador

encircle /ɪnˈsɜːrkəl, BrE ɪnˈsɜːkəl/ *vt* ‹*camp/house*› rodear; ‹*waist/wrist*› ceñir*

enclave /ˈenkleɪv/ *n* enclave *m*

enclose /ɪnˈkləʊz/ *vt* **1 (a)** (surround) encerrar*; (fence in) cercar* **(b) enclosed** *past p* ‹*area/space*› cerrado **2** (in letter) adjuntar, acompañar

enclosure /ɪnˈkləʊʒər, BrE ɪnˈkləʊʒə(r)/ *n* recinto *m*; **a fenced ~** un cercado

encode /ɪnˈkəʊd, en-/ *vt* codificar*, cifrar

encompass /ɪnˈkʌmpəs/ *vt* (fml) abarcar*

encore /ˈɑːnkɔːr, BrE ˈɒŋkɔː(r)/ *n* bis *m*; (*as interj*) ¡otra!

encounter¹ /ɪnˈkaʊntər, BrE ɪnˈkaʊntə(r)/ *vt* **(a)** (be faced with) ‹*danger/difficulty/opposition*› encontrar*, encontrarse* con **(b)** (come across) tropezar* *or* toparse con

encounter² *n* encuentro *m*

encourage /ɪnˈkɜːrɪdʒ, BrE ɪnˈkʌrɪdʒ/ *vt* **(a)** (give hope, courage to) animar, alentar*; **she/it ~d me to carry on** me animó a seguir adelante **(b)** ‹*industry/competition/growth*› fomentar

encouragement /ɪnˈkɜːrɪdʒmənt, BrE ɪnˈkʌrɪdʒmənt/ *n* ánimo *m*

encouraging /ɪnˈkɜːrɪdʒɪŋ, BrE ɪnˈkʌrɪdʒɪŋ/ *adj* alentador

encroach /ɪnˈkrəʊtʃ/ *vi* **to ~ ON *o* UPON sth** (on land) invadir algo; (on rights) cercenar algo

encrypt /enˈkrɪpt/ *vt* (Comput) cifrar

encumber /ɪnˈkʌmbər, BrE ɪnˈkʌmbə(r)/ *vt* cargar*

encyclopedia, (BrE also) **encyclopaedia** /ɪnˈsaɪkləˈpiːdiə/ *n* enciclopedia *f*

end¹ /end/ *n* **1 (a)** (extremity — of rope, stick) extremo *m*, punta *f*; (— of nose) punta *f*; (— of street) final *m*; **for weeks on ~** durante semanas y semanas, durante semanas enteras; **it measures five feet (from) ~ to ~** mide cinco pies de un lado al otro *or* de punta a punta; ***to make ~s meet*** llegar* a fin de mes **(b)** (remaining part) final *m*, resto *m* **2 (a)** (finish, close) fin *m*, final *m*; **at the ~ of January** a fines *or* a finales de enero; **in the ~** al final; **to put an ~ to sth** poner* fin *or* poner* punto final a algo **(b)** (death, destruction) final *m*, fin *m* **(c)** (outcome) final *m* **3** (purpose) fin *m*; **to this ~** (fml) con este fin (fml)

end² *vt* **(a)** (stop) ‹*argument/discussion/fight*› terminar; ‹*gossip/speculation*› acabar *or* terminar con **(b)** (conclude) terminar
■ *vi* acabar, terminar

● **end up** [*v + adv*] terminar, acabar

endanger /ɪnˈdeɪndʒər, BrE ɪnˈdeɪndʒə(r)/ *vt* **(a)** ‹*life*› poner* en peligro; ‹*chances/reputation*› hacer* peligrar **(b) endangered** *past p* ‹*species*› en peligro

endear /ɪnˈdɪr, BrE ɪnˈdɪə(r)/ *vt* **to ~ oneself TO sb** granjearse el cariño de algn

endearing /ɪnˈdɪrɪŋ, BrE ɪnˈdɪərɪŋ/ *adj* atractivo

endearment /ɪnˈdɪrmənt, BrE ɪnˈdɪəmənt/ *n* expresión *f* de cariño

endeavor¹, (BrE) **endeavour** /ɪnˈdevər, BrE ɪnˈdevə(r)/ *n* (fml) esfuerzo *m*, intento *m*

endeavor², (BrE) **endeavour** *vt* (fml) **to ~ to + INF** intentar por todos los medios + INF, esforzarse* POR + INF

ending /ˈendɪŋ/ *n* **(a)** (conclusion) final *m*, desenlace *m* **(b)** (Ling) desinencia *f*, terminación *f*

endless /ˈendləs, BrE ˈendlɪs/ *adj* **(a)** ‹*journey/meeting*› interminable; ‹*plain/patience*› sin límites; ‹*chatter/complaining*› continuo **(b)** (innumerable) innumerable; **the possibilities are ~** las posibilidades son infinitas

endorse /ɪnˈdɔːrs, BrE ɪnˈdɔːs/ *vt* **1** (approve) ‹*statement/decision*› aprobar* **2** (sign) ‹*check/bill*› endosar

endorsement /ɪnˈdɔːrsmənt, BrE ɪnˈdɔːsmənt/ *n* **1 (a)** (approval) aval *m*, aprobación *f* **(b)** (Pol) refrendo *m* **2** (on driving licence) (BrE) anotación *f* (*de una infracción de tráfico*)

endow /ɪnˈdaʊ/ *vt* **(a)** (provide) (*usu pass*) **~ed WITH sth** dotado DE algo **(b)** (provide income for) ‹*college/school/hospital*› dotar (de fondos) a

endowment /ɪnˈdaʊmənt/ *n* (Fin) donación *f*

end product *n* producto *m* final

endurance /ɪnˈdʊrəns, BrE ɪnˈdjʊərəns/ *n* (physical) resistencia *f*; (mental) entereza *f*; (*before n*) **~ test** prueba *f* de resistencia

endure /ɪnˈdʊr, BrE ɪnˈdjʊə(r)/ *vt* soportar
■ *vi* «*fame/friendship/memories*» perdurar

enemy /ˈenəmi/ *n* (*pl* **-mies**) enemigo, -ga *m,f*

energetic /ˈenərˈdʒetɪk, BrE ˌenəˈdʒetɪk/ *adj* ‹*person*› lleno de energía; ‹*exercise*› enérgico

energy /ˈenərdʒi, BrE ˈenədʒi/ *n* energía *f*; (power, effort) energías *fpl*

energy drink *n* bebida *f* energizante *or* energética

enforce /ɪnˈfɔːrs, BrE ɪnˈfɔːs/ *vt* ‹*law/regulation*› hacer* respetar *or* cumplir; ‹*claim/right*› hacer* valer

engage /ɪnˈgeɪdʒ/ *vt* **1** ‹*attention/interest*› captar **2** ‹*cog/wheel*› engranar con; ‹*gear*› engranar **3** (hire) ‹*staff/performer*› contratar
■ *vi* (take part) **to ~ IN sth** (in politics/voluntary work/study) dedicarse* A algo; **they ~d in a variety of activities** participaron en una variedad de actividades

engaged /ɪn'geɪdʒd/ *adj* **1** (betrothed) prometido, comprometido (AmL); **to be ~ TO sb** estar* prometido A algn, estar* comprometido CON algn (AmL); **to get ~** prometerse, comprometerse (AmL) **2** (*pred*) **(a)** (occupied) (fml) ocupado; **I'm otherwise ~** tengo otro compromiso; **they are ~ in a new business venture** tienen un nuevo negocio entre manos **(b)** (BrE) ‹*toilet*› ocupado **(c)** (BrE) (Telec) ocupado, comunicando (Esp); **the ~ tone** o **signal** la señal de ocupado *or* (Esp) de comunicando

engagement /ɪn'geɪdʒmənt/ *n* **1** (pledge to marry) compromiso *m*; (period) noviazgo *m*; (*before n*) **~ ring** anillo *m* de compromiso **2** (appointment) compromiso *m*

🔑 **engine** /'endʒən, BrE 'endʒɪn/ *n* **(a)** (motor) motor *m* **(b)** (locomotive) locomotora *f*, máquina *f*

engine driver *n* (BrE) maquinista *mf*

engineer[1] /'endʒə'nɪr, BrE ˌendʒɪ'nɪə(r)/ *n* **1** **(a)** (graduate) ingeniero, -ra *m,f* **(b)** (for maintenance) (BrE) técnico *mf*, ingeniero, -ra *m,f* (Méx) **2** (AmE) (Rail) maquinista *mf*

engineer[2] *vt* ‹*plan*› urdir, tramar; ‹*defeat/downfall*› fraguar*

engineering /'endʒə'nɪrɪŋ, BrE ˌendʒɪ'nɪərɪŋ/ *n* ingeniería *f*

🔑 **England** /'ɪŋglənd/ *n* Inglaterra *f*

🔑 **English[1]** /'ɪŋglɪʃ/ *adj* inglés

🔑 **English[2]** *n* **(a)** (language) inglés *m*; (*before n*) ‹*lesson/teacher*› de inglés **(b)** (people) (+ *pl vb*) **the ~** los ingleses

English: **~ breakfast** *n* desayuno *m* inglés (*con huevos, salchichas, tocino, etc*); **~man** /'ɪŋglɪʃmən/ *n* (*pl* **-men** /-mən/) inglés *m*; **~woman** *n* inglesa *f*

engrave /ɪn'greɪv/ *vt* grabar

engraving /ɪn'greɪvɪŋ/ *n* grabado *m*

engross /ɪn'grəʊs/ *vt* absorber*; **to be ~ed IN sth** estar* absorto EN algo

engulf /ɪn'gʌlf/ *vt* «*flames/fire/waves*» envolver*; «*lava*» sepultar; «*feeling*» asaltar

🔑 **enhance** /ɪn'hæns, BrE ɪn'hɑːns/ *vt* ‹*beauty/taste*› realzar*; ‹*value*› aumentar; ‹*reputation/performance*› mejorar

enigma /ɪ'nɪgmə/ *n* (*pl* **-mas**) enigma *m*

enigmatic /'enɪg'mætɪk/ *adj* enigmático

🔑 **enjoy** /ɪn'dʒɔɪ/ *vt* **1** (like): **I ~ traveling/music** me gusta viajar/la música; **I ~ed the party** lo pasé bien en la fiesta **2** (have, experience) ‹*good health*› disfrutar de, gozar* de
■ *v refl*: **to ~ oneself** divertirse*, pasarlo *or* pasarla bien

enjoyable /ɪn'dʒɔɪəbəl/ *adj* agradable

enjoyment /ɪn'dʒɔɪmənt/ *n* placer *m*

enlarge /ɪn'lɑːrdʒ, BrE ɪn'lɑːdʒ/ *vt* ‹*hole/area*› agrandar; ‹*gland/heart*› dilatar; ‹*room/office*› ampliar*; ‹*print/photograph*› ampliar*

enlighten /ɪn'laɪtn̩/ *vt* ‹*people/population*› ilustrar (fml); **would you care to ~ me?** ¿te importaría explicarme?

enlightened /ɪn'laɪtn̩d/ *adj* ‹*person/view*› progresista; ‹*decision*› inteligente

Enlightenment /ɪn'laɪtn̩mənt/ *n* (Hist): **the (Age of) ~** la Ilustración, el Siglo de las Luces

enlist /ɪn'lɪst/ *vi* alistarse
■ *vt* ‹*soldiers/helpers/members*› reclutar, alistar; ‹*sailors*› enrolar; ‹*support/aid*› conseguir*

enlisted man /ɪn'lɪstəd, BrE ɪn'lɪstɪd/ *n* (AmE) soldado *m* raso

en masse /ɑːn'mæs, BrE ɒn'mæs/ *adv* en masa

enmity /'enməti/ *n* (*pl* **-ties**) (fml) enemistad *f*

enormous /ɪ'nɔːrməs, BrE ɪ'nɔːməs/ *adj* enorme, inmenso

enormously /ɪ'nɔːrməsli, BrE ɪ'nɔːməsli/ *adv* ‹*enjoy/benefit*› enormemente; **he's ~ fat** es gordísimo

🔑 **enough[1]** /ɪ'nʌf/ *adj* bastante, suficiente; (*pl*) bastantes, suficientes; **they had more than ~ time** tuvieron tiempo de sobra

🔑 **enough[2]** *pron*: **they don't pay us ~** no nos pagan bastante *or* lo suficiente; **I've had ~!** ¡ya estoy harto!

🔑 **enough[3]** *adv*: **you don't go out ~** no sales lo suficiente; **make sure it's big ~** asegúrate de que sea lo suficientemente grande; **curiously ~** curiosamente

> ■ **Note** Where the meaning ... *enough to* ... is being translated, the translation uses the structure *lo bastante* or *lo suficiente ... como para ...*: *you aren't eating enough (to stay healthy)* no estás comiendo lo suficiente *or* lo bastante (como para mantenerte saludable).

enquire *etc* (BrE) /ɪn'kwaɪr, BrE ɪn'kwaɪə(r)/
► **inquire** *etc*

enrage /ɪn'reɪdʒ/ *vt* enfurecer*

enrich /ɪn'rɪtʃ/ *vt* enriquecer*

enroll, (BrE) **enrol** /ɪn'rəʊl/ *vi* **-ll-** matricularse, inscribirse*
■ *vt* matricular, inscribir*

enrollment, (BrE) **enrolment** /ɪn'rəʊlmənt/ *n* inscripción *f*, matrícula *f*

en route /ɑːn'ruːt, BrE ɒn'ruːt/ *adv* por el camino, de camino

ensemble /ɑːn'sɑːmbəl, BrE ɒn'sɒmbəl/ *n* **1** (group of performers) conjunto *m* **2** (Clothing) conjunto *m*

enslave /ɪn'sleɪv/ *vt* esclavizar*

ensue /ɪn'suː, BrE ɪn'sjuː/ *vi* seguir*; **in the ensuing fight** en la pelea que tuvo lugar a continuación

en suite /ˌɑːn'swiːt, BrE ˌɒn'swiːt/ *adj* adjunto, en suite

🔑 **ensure** /ɪn'ʃʊr, BrE ɪn'ʃʊə(r), ɪn'ʃɔː(r)/ *vt* asegurar

entail /ɪn'teɪl/ *vt* ‹*risk*› implicar*, suponer*; ‹*expense*› acarrear, suponer*; ‹*responsibility*› conllevar

entangle /ɪn'tæŋgəl/ *vt* enredar

🔑 **enter** /'entər, BrE 'entə(r)/ *vt* **1** **(a)** ‹*room/house/country*› entrar en, entrar a (esp AmL) **(b)** (penetrate) entrar en **2** (begin) ‹*period/phase*› entrar en **3** **(a)** (join) ‹*army*› alistarse en, entrar en; ‹*firm/organization*› entrar en, incorporarse a **(b)** (begin to take part in) ‹*war/negotiations*› entrar en; ‹*debate/dispute*› sumarse a **(c)** ‹*student/candidate*› presentar **(d)** ‹*race*› inscribirse* (para tomar parte) en; **to ~ a competition** presentarse a un concurso **4** **(a)** (record — in register) inscribir*; (— in ledger, book) anotar **(b)** (Comput) dar* entrada a
■ *vi* **1** entrar **2** **to ~ (FOR sth)** (for competition/race) inscribirse* (EN algo); (for examination)

presentarse (A algo)

enterprise /ˈentərpraɪz, BrE ˈentəpraɪz/ *n* **1** **(a)** (project) empresa *f* **(b)** (initiative, daring) empuje *m* **2** **(a)** (company) empresa *f* **(b)** (business activity): **free ~** la libre empresa; **private ~** la iniciativa privada; (sector) el sector privado

entertain /ˈentərˈteɪn, BrE ˌentəˈteɪn/ *vt* **1** (amuse) ‹*audience*› entretener* **2** (fml) ‹*idea/suggestion*› contemplar; ‹*doubt/suspicions*› abrigar* (fml) ■ *vi* **1** (provide entertainment) entretener* **2** (have guests) recibir

entertainer /ˈentərˈteɪnər, BrE ˌentəˈteɪnə(r)/ *n* artista *mf* (*del mundo del espectáculo*); (presenter of program) (Rad, TV) animador, -dora *m,f*

entertaining /ˈentərˈteɪnɪŋ, BrE ˌentəˈteɪnɪŋ/ *adj* ‹*book/movie/anecdote*› entretenido; ‹*person*› divertido

entertainment /ˈentərˈteɪnmənt, BrE ˌentəˈteɪnmənt/ *n* **(a)** (amusement) entretenimiento *m* **(b)** (show) espectáculo *m*

enthrall, (BrE) **enthral** /ɪnˈθrɔːl/ *vt* **-ll-** cautivar

enthusiasm /ɪnˈθuːziæzəm, BrE ɪnˈθjuːziæzəm/ *n* entusiasmo *m*

enthusiast /ɪnˈθuːziæst, BrE ɪnˈθjuːziæst/ *n* entusiasta *mf*

enthusiastic /ɪnˈθuːziˈæstɪk, BrE ɪnˌθjuːziˈæstɪk/ *adj* entusiasta

entice /ɪnˈtaɪs/ *vt* atraer*

entire /ɪnˈtaɪr, BrE ɪnˈtaɪə(r)/ *adj* **(a)** (whole) (*before n*) entero **(b)** (intact) (*pred*) intacto

entirely /ɪnˈtaɪrli, BrE ɪnˈtaɪəli/ *adv* totalmente, completamente

entirety /ɪnˈtaɪrəti, BrE ɪnˈtaɪərəti/ *n*: **in its ~** íntegramente, en su totalidad

entitle /ɪnˈtaɪtl/ *vt* **1** (give right) **to ~ sb TO sth** darle* a algn derecho A algo; **to be ~d TO sth** tener* derecho A algo **2** (name) (fml) (*often pass*) titular

entity /ˈentəti/ *n* (*pl* **-ties**) entidad *f*

entourage /ˈɑːntʊˈrɑːʒ, BrE ˌɒntʊˈrɑːʒ/ *n* séquito *m*

entrails /ˈentreɪlz/ *pl n* (of person) entrañas *fpl*; (of animal) vísceras *fpl*

entrance¹ /ˈentrəns/ *n* **1** **(a)** (way in) entrada *f* **(b)** (foyer) hall *m*; (*before n*) **~ hall** hall *m*, vestíbulo *m* **(c)** (access) (fml) entrada *f* **2** (admission — to club, museum) entrada *f*; (— to school, university) ingreso *m*; (*before n*) **~ fee** (for entry) (precio *m* de) entrada *f*; (to join club) cuota *f* de ingreso *or* inscripción; (for exam, competition) cuota *f or* tasa *f* de inscripción **3** (act of entering) entrada *f*; (Theat) entrada *f* en escena

entrance² /ɪnˈtræns, BrE ɪnˈtrɑːns/ *vt* embelesar, extasiar*

entrant /ˈentrənt/ *n* (in competition) participante *mf*; (for exam) candidato, -ta *m,f*

entreat /ɪnˈtriːt/ *vt* (liter) suplicar*, rogar*

entreaty /ɪnˈtriːti/ *n* (*pl* **-ties**) (liter) súplica *f*, ruego *m*

entrepreneur /ˈɑːntrəprəˈnɜːr, BrE ˌɒntrəprəˈnɜː(r)/ *n* empresario, -ria *m,f*

entrust /ɪnˈtrʌst/ *vt* **to ~ sth TO sb** encomendarle* *or* confiarle* algo A algn

entry /ˈentri/ *n* (*pl* **entries**) **1** (coming, going in) entrada *f* **2** (access) entrada *f*, acceso *m*; ⊖ **no entry** (on door) prohibida la entrada; (on road sign) prohibido el paso **3** **(a)** (in accounts) entrada *f*, asiento *m* **(b)** (in diary) anotación *f*, entrada *f* **(c)** (in dictionary — headword) entrada *f*; (in encyclopedia — article) artículo *m* **4** (in contest): **the winning ~ in the painting competition** el ejemplar ganador del concurso de pintura; **there were 20 entries** hubo 20 inscripciones **5** (door, gate) (AmE) entrada *f*

entryphone /ˈentrifəʊn/ *n* (BrE) portero *m* eléctrico *or* (Esp) automático, interfón *m* (Méx), intercomunicador *m* (Ven)

entwine /ɪnˈtwaɪn/ *vt* (liter) entrelazar*

envelop /ɪnˈveləp/ *vt* envolver*

envelope /ˈenvələʊp/ *n* sobre *m*

enviable /ˈenviəbəl/ *adj* envidiable

envious /ˈenviəs/ *adj* envidioso; ‹*expression*› (lleno) de envidia

environment /ɪnˈvaɪrənmənt, BrE ɪnˈvaɪərənmənt/ *n* **(a)** (Ecol): **the ~** el medio ambiente **(b)** (surroundings): **she's studying gorillas in their natural ~** estudia a los gorilas en su entorno *or* hábitat natural; **the home ~** el ambiente del hogar

environmental /ɪnˈvaɪrənˈmentl, BrE ɪnˌvaɪərənˈmentl/ *adj* **(a)** (Ecol) ‹*factor*› ambiental; ‹*damage*› al medio ambiente, medioambiental; **~ groups** grupos *mpl* ecologistas **(b)** (of surroundings) ‹*factor*› ambiental; ‹*influence*› del ambiente *or* entorno

environmentalism /ɪnˌvaɪrənˈmentlɪzəm, BrE ɪnˌvaɪərənˈmentəlɪzəm/ *n* ecologismo *m*

environmentalist /ɪnˌvaɪrənˈmentləst, BrE ɪnˌvaɪərənˈmentəlɪst/ *n* ecologista *mf*; (*before n*) ‹*group/movement*› ecologista

environmentally /ɪnˌvaɪrənˈmentli, BrE ɪnˌvaɪərənˈmentəli/ *adv* (*indep*) desde el punto de vista ecológico, en lo que concierne al medio ambiente; **~-friendly products** productos *mpl* ecológicos, productos *mpl* que no dañan el medio ambiente

environment-friendly /ɪnˈvaɪrənməntˌfrendli, BrE ɪnˈvaɪərənməntˌfrendli/ *adj*: **~ products** productos *mpl* ecológicos, productos *mpl* que no dañan el medio ambiente

environs /ɪnˈvaɪrənz, BrE ɪnˈvaɪərənz/ *pl n* alrededores *mpl*, entorno *m*

envisage /ɪnˈvɪzɪdʒ/ *vt* **(a)** (foresee) prever* **(b)** (visualize) imaginarse

envision /ɪnˈvɪʒən/ *vt* (AmE) prever*

envoy /ˈenvɔɪ/ *n* enviado, -da *m,f*

envy¹ /ˈenvi/ *n* envidia *f*

envy² *vt* **envies**, **envying**, **envied** envidiar

enzyme /ˈenzaɪm/ *n* enzima *f*

epic¹ /ˈepɪk/ *adj* (*usu before n*) ‹*poem/poetry/film*› épico; ‹*achievement/struggle*› colosal, de epopeya

epic² *n* (poem) poema *m* épico; (film) superproducción *f*; (novel) epopeya *f*

epidemic /ˈepəˈdemɪk, BrE ˌepɪˈdemɪk/ *n* epidemia *f*

epigram /ˈepəgræm, BrE ˈepɪgræm/ *n* epigrama *m*

epilepsy /ˈepəlepsi, BrE ˈepɪlepsi/ *n* epilepsia *f*

epileptic /ˈepəˈleptɪk, BrE ˌepɪˈleptɪk/ *adj* ‹*fit/attack*› epiléptico, de epilepsia; **she's ~** es epiléptica

epilogue, (AmE also) **epilog** /'epəlɔ:g, BrE 'epɪlɒg/ *n* epílogo *m*

Epiphany /ɪ'pɪfəni/ *n*: **the ~** la Epifanía (del Señor)

episode /'epəsəʊd, BrE 'epɪsəʊd/ *n* episodio *m*

epistle /ɪ'pɪsəl/ *n* epístola *f*

epitaph /'epətæf, BrE 'epɪtɑ:f/ *n* epitafio *m*

epitome /ɪ'pɪtəmi/ *n* (embodiment) personificación *f*; (typical example) arquetipo *m*

epitomize /ɪ'pɪtəmaɪz/ *vt* tipificar*; «*person*» ser* la personificación de

e

epoch /'epək, BrE 'i:pɒk/ *n* era *f*, época *f*

equal¹ /'i:kwəl/ *adj* igual; **~ opportunities** igualdad *f* de oportunidades; **he doesn't feel ~ to the task** no se siente capaz de hacerlo

equal² *n* igual *mf*

equal³ *vt*, (BrE **-ll-**) **1** (Math) ser* igual a; **three times three ~s nine** tres por tres son nueve *or* es igual a nueve **2** ‹*record/time*› igualar

equality /ɪ'kwɑ:ləti, BrE ɪ'kwɒləti/ *n* igualdad *f*

equalize /'i:kwəlaɪz/ *vt* ‹*pressure/weight*› igualar; ‹*incomes*› equiparar
■ *vi* (Sport) empatar

equalizer /'i:kwəlaɪzər, BrE 'i:kwəlaɪzə(r)/ *n* (Sport) gol *m* de la igualada *or* del empate

equally /'i:kwəli/ *adv* **1** **(a)** (in equal amounts) ‹*divide/share*› por igual **(b)** (without bias) ‹*treat*› de la misma manera, (por) igual **2** (to an equal degree) igualmente; **~ easily** con igual *or* con la misma facilidad **3** (*indep*) **(a)** (just as possibly): **~ (well)** de igual modo **(b)** (at the same time) (*as linker*) al mismo tiempo

equate /ɪ'kweɪt/ *vt* (compare) equiparar; (identify) identificar*

equation /ɪ'kweɪʒən/ *n* ecuación *f*

equator /ɪ'kweɪtər, BrE ɪ'kweɪtə(r)/ *n*: **the ~** o **E~** el ecuador

equilibrium /'i:kwə'lɪbriəm, BrE ˌi:kwɪ'lɪbriəm/ *n* (*pl* **-riums** *or* **-ria** /-riə/) equilibrio *m*

equinox /'i:kwənɑ:ks, 'ek-, BrE 'i:kwɪnɒks, 'ek-/ *n* equinoccio *m*

equip /ɪ'kwɪp/ *vt* **-pp- (a)** (furnish, supply) ‹*troops/laboratory*› equipar; **to ~ sth/sb** WITH **sth** proveer* algo/a algn DE algo **(b)** (prepare, make capable) preparar

equipment /ɪ'kwɪpmənt/ *n* equipo *m*; **office ~** *mobiliario, máquinas y material de oficina*; **sports ~** artículos *mpl* deportivos

equity /'ekwəti/ *n* **1** (fairness) (fml) equidad *f* (fml) **2** (Busn, Fin) **(a)** (shareholders' interest in company) patrimonio *m* neto **(b) equities** *pl n* (shares) valores *mpl* de renta variable

equivalent¹ /ɪ'kwɪvələnt/ *adj* **(a)** (equal) ‹*size/value*› equivalente; **to be ~** TO **sth/**-ING equivaler* A algo/+ INF **(b)** (corresponding) ‹*position/term*› equivalente

equivalent² *n* equivalente *m*

era /'ɪrə, 'erə, BrE 'ɪərə/ *n* era *f*, época *f*

eradicate /ɪ'rædəkeɪt, BrE ɪ'rædɪkeɪt/ *vt* erradicar*

erase /ɪ'reɪs, BrE ɪ'reɪz/ *vt* borrar

eraser /ɪ'reɪsər, BrE ɪ'reɪzə(r)/ *n* goma *f* (de borrar)

palabra clave

erect¹ /ɪ'rekt/ *adj* **1** ‹*bearing/posture*› erguido **2** (Physiol) erecto

erect² *vt* ‹*altar/monument*› erigir* (fml), levantar; ‹*barricade/wall*› levantar; ‹*tent*› armar

erection /ɪ'rekʃən/ *n* **1** (fml) **(a)** (of building, monument) construcción *f*; (of barricade) levantamiento *m* **(b)** (building) construcción *f* **2** (Physiol) erección *f*

erode /ɪ'rəʊd/ *vt* «*water/wind/waves*» erosionar; «*acid*» corroer*; ‹*confidence/faith*› minar

erosion /ɪ'rəʊʒən/ *n* (by water, wind, waves) erosión *f*; (by acid) corrosión *f*; (of confidence, power, rights) menoscabo *m*

erotic /ɪ'rɑ:tɪk, BrE ɪ'rɒtɪk/ *adj* erótico

err /er, BrE ɜ:(r)/ *vi* (fml) **to ~** IN **sth** equivocarse* EN algo; **to ~ on the side of caution** pecar* de cauteloso

errand /'erənd/ *n* mandado *m* (esp AmL), recado *m* (Esp); **to run an ~ for sb** hacerle* un mandado *or* (Esp) recado a algn

erratic /ɪ'rætɪk/ *adj* ‹*performance/work*› desigual; ‹*person/moods*› imprevisible; ‹*course*› errático

erroneous /ɪ'rəʊniəs/ *adj* erróneo

error /'erər, BrE 'erə(r)/ *n* error *m*

error message *n* (Comput) mensaje *m* de error

erstwhile /'ɜ:rsthwaɪl, BrE 'ɜ:stwaɪl/ *adj* (liter) antiguo

erudite /'erjədaɪt, BrE 'eru:daɪt/ *adj* (fml) erudito

erupt /ɪ'rʌpt/ *vi* **(a)** «*volcano/geyser*» entrar en erupción **(b)** (break out) «*violence/fighting*» estallar

eruption /ɪ'rʌpʃən/ *n* **(a)** (of volcano) erupción *f* **(b)** (of violence) brote *m*; (of anger) estallido *m*

escalate /'eskəleɪt/ *vi* **(a)** «*fighting/violence/dispute*» intensificarse*; «*prices/claims*» aumentar **(b) escalating** *pres p* ‹*dispute/tension*› creciente

escalator /'eskəleɪtər, BrE 'eskəleɪtə(r)/ *n* escalera *f* mecánica

escapade /'eskəpeɪd/ *n* aventura *f*

escape¹ /ɪ'skeɪp/ *vi* **1** **(a)** (flee) escaparse; «*prisoner*» fugarse*; **to ~** FROM **sth** (from prison) fugarse* DE algo; (from cage/zoo) escaparse DE algo; (from danger/routine) escapar DE algo **(b)** «*air/gas/water*» escaparse **2** (from accident, danger) salvarse
■ *vt* ‹*pursuer/police*› escaparse de; ‹*capture*› salvarse de; ‹*responsibilities/consequences*› librarse de; **that detail had ~d my notice** se me había escapado ese detalle

escape² *n* **(a)** (from prison) fuga *f*, huida *f*; **to make one's ~** escaparse **(b)** (from accident, danger): **to have a miraculous ~** salvarse milagrosamente; **there's no ~** no hay escapatoria posible **(c)** (of gas, air, water) escape *m* **(d)** (from reality) evasión *f* **(e)** (Comput): **press ~** pulse la tecla de escape; (*before n*) **~ key** tecla *f* de escape

escapist /ɪ'skeɪpəst, BrE ɪ'skeɪpɪst/ *adj* escapista

escort¹ /'eskɔ:rt, BrE 'eskɔ:t/ *n* **1** (guard) escolta *f*; **under police ~** escoltado por la policía **2** (companion) acompañante *mf*; (male companion) (fml) acompañante *m*

escort² /ɪ'skɔːrt, BrE ɪ'skɔːt/ *vt* **(a)** (accompany) acompañar; ‹*prisoner/intruder*› llevar **(b)** (for protection) ‹*politician/procession/ship*› escoltar

Eskimo *n* (*pl* **-mos**) esquimal *mf*

esoteric /'esə'terɪk, BrE ˌiːsəʊ'terɪk, ˌesəʊ-/ *adj* esotérico

espadrille /ˌespə'drɪl/ *n* alpargata *f*

especially /ɪ'speʃli/ *adv* especialmente; **everyone was bored, ~ me** estaba todo el mundo aburrido, sobre todo *or* especialmente yo

espionage /'espiənɑːʒ/ *n* espionaje *m*

Esquire /ɪ'skwaɪr, BrE ɪ'skwaɪə(r)/ *n* (as title): **Frederick Saunders, ~** Sr. Frederick Saunders, Sr Don Frederick Saunders (esp Esp)

essay /'eseɪ/ *n* (literary composition) ensayo *m*; (academic composition) trabajo *m*, ensayo *m*; (language exercise) composición *f*, redacción *f*

essence /'esn̩s/ *n* **1** **(a)** (central feature, quality) esencia *f*; **in ~** en esencia **(b)** (personification) personificación *f* **2** (Culin): **vanilla ~** esencia *f* de vainilla

essential¹ /ɪ'sentʃəl, BrE ɪ'senʃəl/ *adj* esencial

essential² *n* **(a)** (sth indispensable) imperativo *m*, elemento *m* esencial **(b) essentials** *pl n* (fundamental features) puntos *mpl* esenciales

essentially /ɪ'sentʃəli, BrE ɪ'senʃəli/ *adv* esencialmente; (*indep*) en lo esencial

EST (in US) = **Eastern Standard Time**

establish /ɪ'stæblɪʃ/ *vt* **(a)** ‹*colony/company*› establecer*, fundar; ‹*committee/fund*› instituir*, crear **(b)** ‹*procedure/diplomatic relations*› establecer* **(c)** (prove) ‹*guilt/innocence*› establecer*; (ascertain) ‹*motive/fact/identity*› establecer*

established /ɪ'stæblɪʃt/ *adj* **1** ‹*expert/company*› de reconocido prestigio; ‹*star*› de renombre; ‹*reputation*› sólido; ‹*practice*› establecido; ‹*fact*› comprobado **2** ‹*church/religion*› oficial

establishment /ɪ'stæblɪʃmənt/ *n* **1** **(a)** (of colony, business) fundación *f*; (of committee) creación *f* **(b)** (of criteria, relations) establecimiento *m* **2** (club, hotel, shop) establecimiento *m* **3** **the Establishment** la clase dirigente, el establishment

estate /ɪ'steɪt/ *n* **1** **(a)** (land, property) finca *f*, propiedad *f* **(b)** (group of buildings): **a private ~** un complejo habitacional, una urbanización (Esp), un fraccionamiento (Méx) **2** (Law) patrimonio *m*; (of deceased person) sucesión *f* **3** **~ (car)** (BrE) ▶ **station wagon**

estate agent *n* (BrE) agente *mf* de la propiedad inmobiliaria

esteem /ɪ'stiːm/ *n* estima *f*; **I hold him in high ~** lo aprecio mucho

esthetic /es'θetɪk, BrE 'iːsθetɪk/ *adj* estético

estimate¹ /'estəmeɪt, BrE 'estɪmeɪt/ *vt* **(a)** (calculate approximately) ‹*price/number/age*› calcular **(b) estimated** *past p* ‹*cost/speed*› aproximado; **~d time of arrival** hora *f* de llegada previsto **(c)** (form judgment of) ‹*outcome/ability*› juzgar*, valorar

estimate² /'estəmət, BrE 'estɪmət/ *n* **(a)** (rough calculation) cálculo *m* aproximado **(b)** (of costs) (Busn) presupuesto *m*

estimation /'estə'meɪʃən, BrE ˌestɪ'meɪʃən/ *n* **(a)** (judgment, opinion) juicio *m*, valoración *f* **(b)** (esteem): **to go up/down in sb's ~** ganarse/perder* la estima de algn

Estonia /es'təʊniə/ *n* Estonia *f*

Estonian /es'təʊniən/ *adj* estonio

estrange /ɪ'streɪndʒ/ *vt*: **his ~d wife** su mujer, de quien está separado

estuary /'estʃueri, BrE 'estjʊəri/ *n* (*pl* **-ries**) estuario *m*

etc (= **et cetera**) etc.

et cetera /ɪt'setrə/ *adv* etcétera

etch /etʃ/ *vt* (Art, Print) grabar

etching /'etʃɪŋ/ *n* grabado *m*

eternal /ɪ'tɜːrnl, BrE ɪ'tɜːnl/ *adj* eterno; (infml) ‹*noise/complaints*› constante

eternity /ɪ'tɜːrnəti, BrE ɪ'tɜːnəti/ *n* (*pl* **-ties**) eternidad *f*

ethereal /ɪ'θɪriəl, BrE ɪ'θɪəriəl/ *adj* (liter) etéreo (liter)

ethical /'eθɪkəl/ *adj* ‹*dilemma*› ético; ‹*code*› de conducta

ethics /'eθɪks/ *n* **1** (Phil) (+ *sing vb*) ética *f* **2** (+ *pl vb*) (morality) ética *f*

Ethiopia /'iːθi'əʊpiə/ *n* Etiopía *f*

Ethiopian /'iːθi'əʊpiən/ *adj* etíope

ethnic /'eθnɪk/ *adj* ‹*origin/group*› étnico; ‹*culture/art/vote*› de las minorías étnicas; **an ~ minority** una minoría étnica; **~ cleansing** limpieza *f* étnica

e-ticket /'iːtɪkət, BrE 'iːtɪkɪt/ *n* boleto *m* (AmL), billete *m* electrónico (Esp)

etiquette /'etɪket/ *n* etiqueta *f*

etymology /'etə'mɑːlədʒi, BrE ˌetɪ'mɒlədʒi/ *n* (*pl* **-gies**) etimología *f*

EU *n* = **European Union**

eucalyptus /'juːkə'lɪptəs/ *n* (*pl* **-tuses**) eucalipto *m*

Eucharist /'juːkərəst, BrE 'juːkərɪst/ *n* Eucaristía *f*

eulogy /'juːlədʒi/ *n* (*pl* **-gies**) (liter) elogio *m*, loa *f* (liter)

eunuch /'juːnək/ *n* eunuco *m*

euphemism /'juːfəmɪzəm/ *n* eufemismo *m*

euphemistic /'juːfə'mɪstɪk/ *adj* eufemístico

euphoria /juː'fɔːriə/ *n* euforia *f*

euphoric /juː'fɔːrɪk, BrE juː'fɒrɪk/ *adj* eufórico

euro /'jʊrəʊ, BrE 'jʊərəʊ/ *n* (*pl* **~s** *o* **~**) euro *m*

eurocheque /'jʊrəʊtʃek, BrE 'jʊərəʊtʃek/ *n* (BrE) eurocheque *m*

Europe /'jʊrəp, BrE 'jʊərəp/ *n* **(a)** (Geog) Europa *f* **(b)** (the EU) (BrE) Europa *f*

European¹ /'jʊrə'piːən, BrE ˌjʊərə'piən/ *adj* europeo

European² *n* europeo, -pea *m,f*

European: **~ Commission** *n* Comisión *f* Europea, Comisión *f* de las Comunidades Europeas; **~ Currency Unit** *n* unidad *f* monetaria europea; **~ Community** *n* Comunidad *f* Europea; **~ Economic Area** *n* Área *f*‡ Económica Europea; **~ Health Insurance Certificate** *n* tarjeta *f* sanitaria europea; **~ Union** *n* Unión *f* Europea

Eurozone /'jʊrəʊʒəʊn/ *n* Eurozona *f*

euthanasia /'juːθə'neɪʒə, BrE ˌjuːθə'neɪziə/ *n* eutanasia *f*

evacuate /ɪ'vækjueɪt/ *vt* evacuar*

evacuation /ɪ'vækju'eɪʃən/ *n* evacuación *f*

evade /ɪ'veɪd/ *vt* ‹*arrest/enemy/responsibility*› eludir, evadir; ‹*question/issue*› eludir; ‹*regulations/military service*› eludir; ‹*taxes*› evadir

evaluate /ɪ'væljueɪt/ *vt* **(a)** ‹*ability/data*› evaluar* **(b)** (value) (AmE) valorar, tasar, avaluar* (AmL)

evangelical /ˌi:væn'dʒelɪkəl/ *adj* evangélico

evaporate /ɪ'væpəreɪt/ *vi* «*liquid/support/opposition*» evaporarse; «*hope/fear*» desvanecerse*; «*confidence*» esfumarse

evaporated milk /ɪ'væpəreɪtəd, BrE ɪ'væpəreɪtɪd/ *n* leche *f* evaporada, leche *f* condensada (*sin azúcar*)

evasion /ɪ'veɪʒən/ *n* evasión *f*

evasive /ɪ'veɪsɪv/ *adj* ‹*reply*› evasivo

eve /i:v/ *n* (day, night before) (liter *or* journ) víspera *f*

even¹ /'i:vən/ *adv* **1** **(a)** hasta, incluso **(b)** (*with neg*): **he can't ~ sew a button on** no sabe ni pegar un botón; **you're not ~ trying** ni siquiera lo estás intentando **(c)** (*with comparative*) aún, todavía **2** (*in phrases*) **even if** aunque (+ *subj*); **even so** aun así; **even though** aun cuando, a pesar de que

even² *adj* **1** **(a)** (flat, smooth) ‹*ground/surface*› plano; ‹*coat of paint*› uniforme **(b)** (regular, uniform) ‹*color/lighting*› uniforme, parejo (AmL); ‹*breathing*› acompasado; ‹*temperature*› constante **2** (equal) ‹*distribution*› equitativo; **to break ~** recuperar los gastos; ***to get ~*** desquitarse; **I'll get ~ with her** me las pagará **3** (divisible by two) ‹*number*› par

even³ *vt* **1** (level) ‹*surface*› allanar, nivelar **2** (make equal) ‹*score*› igualar; ‹*contest/situation*› equilibrar

● **even out** **1** [*v + o + adv, v + adv + o*] compensar, nivelar **2** [*v + adv*] compensarse, nivelarse

● **even up** [*v + o + adv, v + adv + o*] ‹*numbers/amounts*› equilibrar

evening /'i:vnɪŋ/ *n* **1** **(a)** (after dark) noche *f*; (before dark) tarde *f*; **good ~** (early on) buenas tardes; (later) buenas noches; (*before n*) **~ meal** cena *f* **(b)** (period of entertainment) velada *f* (fml), noche *f* **2** **evenings** (*as adv*) (before dark) por la tarde, en la tarde (AmL), a la tarde *or* de tarde (RPl); (after dark) por la noche, de noche, en la noche (AmL)

evening: **~ class** *n* clase *f* nocturna; **~ dress** *n* **(a)** (for woman) traje *m* de noche **(b)** (formal wear) traje *m* de etiqueta

evenly /'i:vənli/ *adv* **1** (equally) ‹*distribute/divide*› equitativamente; ‹*spread*› uniformemente **2** **(a)** (calmly) ‹*say/speak*› sin alterar la voz **(b)** (steadily) ‹*breathe*› con regularidad

event /ɪ'vent/ *n* **1** **(a)** (happening, incident) acontecimiento *m* **(b)** (Sport) prueba *f* **2** (*in phrases*) **in the event: in the ~ of the reactor becoming overheated** en caso de que el reactor se recalentara; **in any event** en todo caso; **at all events** de cualquier modo

eventful /ɪ'ventfəl/ *adj* ‹*week*› lleno de incidentes; ‹*life*› rico en experiencias

eventuality /ɪˌventʃu'æləti/ *n* (*pl* **-ties**) eventualidad *f*

eventually /ɪ'ventʃuəli/ *adv* finalmente, al final

ever /'evər, BrE 'evə(r)/ *adv* **1** (at any time): **have you ~ visited London?** ¿has estado en Londres (alguna vez)?; **nobody ~ comes to see me** nunca viene nadie a verme; **hardly ~** casi nunca **2** (*after comp or superl*): **these are our worst ~ results** estos son los peores resultados que hemos tenido hasta ahora; **the situation is worse than ~** la situación está peor que nunca **3** (always, constantly): **as ever** como siempre; **ever since: ~ since we first saw her** desde que la vimos por primera vez; **we've been friends ~ since** somos amigos desde entonces; **for ever** para siempre **4** (*as intensifier*): **when will you ~ learn?** ¿cuándo vas a aprender?; **thanks ~ so much** (esp BrE infml) muchísimas gracias

ever: **~green** *adj* ‹*tree/shrub*› de hoja perenne; **~lasting** /'evər'læstɪŋ, BrE ˌevə'lɑ:stɪŋ/ *adj* eterno

every /'evri/ *adj* **1** (each): **~ room was searched** se registraron todas las habitaciones; **~ minute is precious** cada minuto es precioso; **she comes ~ month** viene todos los meses **2** (indicating recurrence) cada; **~ three days, ~ third day** cada tres días; **~ other day** un día sí, otro no, día por medio (CS, Per); **~ so often** cada tanto, de vez en cuando **3** (very great, all possible): **they have ~ confidence in us** confían plenamente en nosotros; **she made ~ effort to satisfy him** hizo lo indecible por satisfacerlo

everybody /'evrɪˌbɑ:di, BrE 'evrɪˌbɒdi/ *pron* todos; **is that ~?** ¿están todos?, ¿está todo el mundo?

everyday /'evri'deɪ/ *adj* (*before n*) ‹*occurrence/problems/activities*› de todos los días, cotidiano; ‹*suit/clothes*› de diario; ‹*expression*› corriente, de todos los días; ‹*life*› diario, cotidiano

everyone /'evriwʌn/ *pron* ▶ **everybody**

everything /'evriθɪŋ/ *pron* todo

everywhere /'evrihwer, BrE 'evriweə(r)/ *adv* ‹*be*› en todas partes; **I've looked ~ for it** lo he buscado por todas partes *or* por todos lados; **they go ~ by car** van a todos lados *or* a todas partes en coche

evict /ɪ'vɪkt/ *vt* ‹*tenant/squatter*› desahuciar, desalojar; ‹*demonstrators*› desalojar

eviction /ɪ'vɪkʃən/ *n* (of tenant, squatter) desalojo *m*, desahucio *m*

evidence /'evədəns, BrE 'evɪdəns/ *n* **1** (Law) **(a)** (proof) pruebas *fpl* **(b)** (testimony) testimonio *m*; **to give ~** prestar declaración **2** (sign, indication) indicio *m*, señal *f*

evident /'evədənt, BrE 'evɪdənt/ *adj* evidente

evidently /'evədəntli, BrE 'evɪdəntli/ *adv* **(a)** ‹*embarrassed/unsuitable*› claramente, obviamente **(b)** (*indep*) aparentemente, según parece

evil¹ /'i:vəl/ *adj* ‹*demon/wizard*› malvado; ‹*deeds/thoughts/character*› de gran maldad; ‹*influence*› maléfico; ‹*plan/suggestion*› diabólico; ‹*spirit*› maligno

evil² *n* mal *m*

evildoer /'i:vəl'du:ər, BrE 'i:vəlˌdu:ə(r)/ *n* malhechor, -chora *m,f*

---

palabra clave

evocative /ɪ'vɑːkətɪv, BrE ɪ'vɒkətɪv/ *adj* evocador

evoke /ɪ'vəʊk/ *vt* ‹*response/admiration/sympathy*› provocar*; ‹*memories/associations*› evocar*

evolution /ˌevə'luːʃən, BrE ˌiːvə'luːʃən/ *n* evolución *f*

evolve /ɪ'vɑːlv, BrE ɪ'vɒlv/ *vi* evolucionar

ewe /juː/ *n* oveja *f* (*hembra*)

ex- /'eks/ *pref* ex-; **~wife** exesposa

exact¹ /ɪg'zækt/ *adj* **(a)** (precise) ‹*number/size/time/date*› exacto **(b)** (accurate) ‹*description/definition*› preciso

exact² *vt* ‹*promise*› arrancar*; **he ~ed his revenge** se vengó

exacting /ɪg'zæktɪŋ/ *adj* ‹*work/job*› que exige mucho; ‹*supervisor/employer*› exigente; ‹*standards/conditions*› riguroso

exactly /ɪg'zæktli/ *adv* ‹*measure/calculate*› exactamente; **at ~ six-thirty** a las seis y media en punto

exaggerate /ɪg'zædʒəreɪt/ *vi/t* exagerar

exaggeration /ɪg'zædʒə'reɪʃən/ *n* exageración *f*

exalt /ɪg'zɔːlt/ *vt* (fml) **(a)** (elevate) exaltar (fml), elevar **(b)** (praise) ensalzar*, exaltar (fml)

exam /ɪg'zæm/ *n* ▶ **examination 1**

examination /ɪg'zæmə'neɪʃən, BrE ɪgˌzæmɪ'neɪʃən/ *n* **1** (Educ) (fml) examen *m* **2** **(a)** (inspection — of accounts) revisión *f*, inspección *f*; (— of passports) control *m*; (— by doctor) reconocimiento *m*, examen *m*, revisación *f* (RPl) **(b)** (study, investigation) examen *m*; **on closer ~** al examinarlo más de cerca

examine /ɪg'zæmən, BrE ɪg'zæmɪn/ *vt* **1** **(a)** (inspect) examinar; ‹*accounts*› inspeccionar, revisar; ‹*baggage*› registrar, revisar (AmL) **(b)** (Med, Dent) examinar, revisar (AmL) **(c)** (study, investigate) examinar, estudiar **2** **(a)** (Educ) examinar **(b)** (Law) ‹*witness/accused*› interrogar*

examiner /ɪg'zæmənər, BrE ɪg'zæmɪnə(r)/ *n* examinador, -dora *m,f*

example /ɪg'zæmpəl, BrE ɪg'zɑːmpəl/ *n* **1** (specimen, sample) ejemplo *m*; **for ~** por ejemplo **2** **(a)** (model) ejemplo *m* **(b)** (warning): **to make an ~ of sb** darle* un castigo ejemplar a algn

exasperated /ɪg'zæspəreɪtəd, BrE ɪg'zæspəreɪtɪd/ *adj* exasperado

exasperating /ɪg'zæspəreɪtɪŋ/ *adj* exasperante

exasperation /ɪg'zæspə'reɪʃən/ *n* exasperación *f*

excavate /'ekskəveɪt/ *vt/i* excavar

excavation /'ekskə'veɪʃən/ *n* excavación *f*

exceed /ɪk'siːd/ *vt* **(a)** (be greater than) exceder de **(b)** (go beyond) ‹*limit/minimum*› rebasar; ‹*expectations/hopes*› superar; ‹*powers*› (fml) excederse en

excel /ɪk'sel/ **-ll-** *vi* **to ~ AT/IN sth** destacar* EN algo
■ *v refl*: **to ~ oneself** lucirse*

excellence /'eksələns/ *n* excelencia *f*

excellent /'eksələnt/ *adj* excelente; (Educ) sobresaliente

except /ɪk'sept/ *prep* **(a)** (apart from): **~ (for)** menos, excepto, salvo **(b)** **~ for** (if it weren't for) si no fuera por

exception /ɪk'sepʃən/ *n* **1** excepción *f* **2** (offense): **to take ~ to sth** ofenderse por algo

exceptional /ɪk'sepʃn̩əl, BrE ɪk'sepʃənl/ *adj* excepcional

excerpt /'eksɜːrpt, BrE 'eksɜːpt/ *n* pasaje *m*

excess¹ /ɪk'ses/ *n* **1** (*no pl*) exceso *m* **2** (surplus) excedente *m*; **in ~ of** superior a

excess² /ɪk'ses, BrE 'ekses/ *adj*: **~ baggage/weight** exceso *m* de equipaje/de peso

excessive /ɪk'sesɪv/ *adj* ‹*price/charges*› excesivo; ‹*demands/pressure/interest*› exagerado

exchange¹ /ɪks'tʃeɪndʒ/ *n* **1** **(a)** (of information, greetings, insults) intercambio *m*; (of prisoners, hostages) canje *m*; **in ~ for sth** a cambio de algo **(b)** (of students) intercambio *m* **(c)** (dialogue) intercambio *m* de palabras **(d)** (of currency) cambio *m* **2** (Telec) (telephone ~) central *f* telefónica

exchange² *vt* **(a)** (give in place of) **to ~ sth FOR sth** cambiar algo POR algo **(b)** ‹*information/addresses*› intercambiar(se); ‹*blows*› darse*; ‹*insults*› intercambiar; ‹*prisoners/hostages*› canjear

exchange rate *n* tasa *f* *or* (esp Esp) tipo *m* de cambio

Exchequer /'ekstʃekər, BrE ɪks'tʃekə(r)/ *n* (in UK): **the ~** el tesoro público, el erario público; *see also* **chancellor a**

excise /'eksaɪz/ *n* impuestos *mpl* internos

excitable /ɪk'saɪtəbəl/ *adj* excitable

excite /ɪk'saɪt/ *vt* **1** **(a)** (make happy, enthusiastic) entusiasmar; (make impatient, boisterous) ‹*children*› alborotar **(b)** (sexually) excitar **2** ‹*interest/admiration*› despertar*; ‹*envy/curiosity*› provocar*

excited /ɪk'saɪtəd, BrE ɪk'saɪtɪd/ *adj* **(a)** (happy, enthusiastic) ‹*person*› entusiasmado, excitado; ‹*shouts*› de excitación *or* entusiasmo; **to get ~** entusiasmarse **(b)** (nervous, worried) ‹*person*› excitado, agitado; ‹*voice/gesture*› vehemente, ansioso **(c)** (impatient, boisterous) ‹*children*› excitado, alborotado **(d)** (sexually) excitado

excitement /ɪk'saɪtmənt/ *n* (enthusiasm, happiness) excitación *f*, entusiasmo *m*; (agitation) agitación *f*, alboroto *m*

exciting /ɪk'saɪtɪŋ/ *adj* ‹*events/experience*› emocionante; ‹*film/story*› apasionante

exclaim /ɪk'skleɪm/ *vi/t* exclamar

exclamation /'ekskla'meɪʃən/ *n* exclamación *f*

exclamation point, (BrE) **exclamation mark** *n* signo *m* de admiración

exclude /ɪk'skluːd/ *vt* excluir*

excluding /ɪk'skluːdɪŋ/ *prep* sin incluir, excluyendo

exclusion /ɪk'skluːʒən/ *n* exclusión *f*

exclusive /ɪk'skluːsɪv/ *adj* **1** ‹*rights/ownership/privileges*› exclusivo; ‹*story/interview*› en exclusiva **2** ‹*club/gathering*› selecto, exclusivo

excommunicate /'ekskə'mjuːnəkeɪt, BrE ˌekskə'mjuːnɪkeɪt/ *vt* excomulgar*

excrement /'ekskrəmənt, BrE 'ekskrɪmənt/ *n* (fml) excremento *m* (fml)

excruciating /ɪk'skruːʃieɪtɪŋ/ *adj* ‹*pain*› atroz; ‹*boredom/embarrassment*› espantoso

excursion /ɪk'skɜːrʒən, BrE ɪk'skɜːʃən/ *n* excursión *f*

excuse¹ /ɪk'skjuːz/ *vt* **1** **(a)** (forgive) ‹*mistake/misconduct*› disculpar, perdonar; **~ me!** ¡perdón!; **~ me, please** (con) permiso **(b)** (justify) ‹*conduct/rudeness*› excusar, justificar* **2** (release from obligation) disculpar; **to ~ sb (FROM) sth** dispensar a algn DE algo

excuse² /ɪk'skjuːs/ *n* excusa *f*; **to make ~s** poner* excusas

ex-directory /'eksdaɪ'rektəri, -də-, BrE ˌeksdaɪ'rektəri, -dɪ-/ *adj* (BrE) (Telec) que no figura en la guía telefónica, privado (Méx)

e

execute /'eksɪkjuːt/ *vt* **1** (carry out, perform) ejecutar; ‹*duties*› desempeñar **2** (put to death) ejecutar

execution /'eksɪ'kjuːʃən/ *n* **1** (of order, plan) ejecución *f*; (of duties) desempeño *m* **2** (putting to death) ejecución *f*

executioner /'eksɪ'kjuːʃṇər, BrE ˌeksɪ'kjuːʃənə(r)/ *n* verdugo *m*

⚷ **executive¹** /ɪg'zekjətɪv, BrE ɪg'zekjʊtɪv/ *adj* **1** (Adm, Busn) (managerial) ejecutivo; ‹*washroom/suite/jet*› para ejecutivos; ‹*car/briefcase*› de ejecutivo **2** (Govt) ‹*powers/branch*› ejecutivo

⚷ **executive²** *n* **1** (manager) ejecutivo, -va *m,f* **2** **(a)** (branch of government): **the ~** el (poder) ejecutivo **(b)** (**~** committee) (esp BrE) comisión *f* directiva

executor /ɪg'zekjətər, BrE ɪg'zekjʊtə(r)/ *n* albacea *mf*, testamentario, -ria *m,f*

exemplify /ɪg'zempləfaɪ, BrE ɪg'zemplɪfaɪ/ *vt* **-fies, -fying, -fied** **(a)** (give example of) ejemplificar* **(b)** (be example of) demostrar*

exempt /ɪg'zempt/ *adj* **to be ~ FROM sth** estar* exento DE algo

exemption /ɪg'zempʃən/ *n* **~ FROM sth** exención *f* *or* exoneración *f* DE algo

⚷ **exercise¹** /'eksərsaɪz, BrE 'eksəsaɪz/ *n* **1** (physical) ejercicio *m*; **to take ~** hacer* ejercicio **2** (Sport, Educ) ejercicio *m*; (Mil) ejercicios *mpl*, maniobras *fpl* **3** (undertaking): **a public relations ~** una operación de relaciones públicas **4** (use — of rights, power) (fml) ejercicio *m*; (— of caution, patience) uso *m*

⚷ **exercise²** *vt* **1** ‹*body*› ejercitar; ‹*dog*› pasear; ‹*horse*› ejercitar **2** ‹*power/control/right*› ejercer*; ‹*patience/tact*› hacer* uso de
■ *vi* hacer* ejercicio

exercise book *n* cuaderno *m*

exert /ɪg'zɜːrt, BrE ɪg'zɜːt/ *vt* ejercer*; ‹*force*› emplear
■ *v refl*: **to ~ oneself** hacer* un (gran) esfuerzo

exertion /ɪg'zɜːrʃən, BrE ɪg'zɜːʃən/ *n* (*often pl*) esfuerzo *m*

exhale /eks'heɪl/ *vi* espirar

exhaust¹ /ɪg'zɔːst/ *n* **(a)** (**~** pipe) tubo *m* *or* (RPl) caño *m* de escape, mofle *m* (AmC, Méx), exhosto *m* (Col) **(b)** (system) escape *m*, exhosto *m* (Col) **(c)** (fumes) gases *mpl* del tubo de escape

exhaust² *vt* agotar

exhausted /ɪg'zɔːstəd, BrE ɪg'zɔːstɪd/ *adj* agotado

exhausting /ɪg'zɔːstɪŋ/ *adj* agotador

⚷ palabra clave

exhaustion /ɪg'zɔːstʃən/ *n* agotamiento *m*

exhaustive /ɪg'zɔːstɪv/ *adj* (fml) exhaustivo

exhibit¹ /ɪg'zɪbət, BrE ɪg'zɪbɪt/ *vt* **1** ‹*goods/paintings*› exponer* **2** (fml) ‹*skill/dexterity*› demostrar*; ‹*fear/courage*› mostrar*; ‹*symptoms*› presentar

exhibit² *n* **(a)** (in gallery, museum) *objeto en exposición* **(b)** (Law) *documento u objeto que se exhibe en un juicio como prueba* **(c)** (exhibition) (AmE) exposición *f*

⚷ **exhibition** /'eksə'bɪʃən, BrE ˌeksɪ'bɪʃən/ *n* (of paintings, goods) exposición *f*; **to make an ~ of oneself** dar* un espectáculo

exhilarate /ɪg'zɪləreɪt/ *vt* **(a)** (make happy) llenar de júbilo **(b)** (stimulate) tonificar*

exhilarating /ɪg'zɪləreɪtɪŋ/ *adj* ‹*experience*› excitante; ‹*climate*› tonificante

exile¹ /'eksaɪl/ *n* **(a)** (person — voluntary) exiliado, -da *m,f*, exilado, -da *m,f*; (— expelled) desterrado, -da *m,f*, exiliado, -da *m,f*, exilado, -da *m,f* **(b)** (state) exilio *m*, destierro *m*

exile² *vt* desterrar*, exiliar, exilar

⚷ **exist** /ɪg'zɪst/ *vi* **1** (be real) existir **2** (survive) subsistir

⚷ **existence** /ɪg'zɪstəns/ *n* **1** (being) existencia *f*; **this is the only copy in ~** este es el único ejemplar existente **2** (life) vida *f*, existencia *f*

existing /ɪg'zɪstɪŋ/ *adj* existente

exit /'egzət, BrE 'eksɪt/ *n* salida *f*

exodus /'eksədəs/ *n* (*no pl*) éxodo *m*

exorbitant /ɪg'zɔːrbətənt, BrE ɪg'zɔːbɪtənt/ *adj* (fml) ‹*price/rent*› exorbitante

exorcise /'eksɔːrsaɪz, BrE 'eksɔːsaɪz/ *vt* exorcizar*

exotic /ɪg'zɑːtɪk, BrE ɪg'zɒtɪk/ *adj* exótico

⚷ **expand** /ɪk'spænd/ *vt* **1** (enlarge) expandir; ‹*lungs*› ensanchar; ‹*chest*› desarrollar; ‹*horizons*› ampliar*; ‹*influence/role*› extender* **2** ‹*story/summary*› ampliar*
■ *vi* **(a)** «*metal/gas*» expandirse; «*elastic/rubber band*» estirarse **(b)** **expanding** *pres p* ‹*industry/market*› en expansión

expanse /ɪk'spæns/ *n* extensión *f*

expansion /ɪk'spæntʃən, BrE ɪk'spænʃən/ *n* expansión *f*

expatriate /eks'peɪtriət, BrE eks'pætriət/ *n* expatriado, -da *m,f*

⚷ **expect** /ɪk'spekt/ *vt* **1** (anticipate) esperar; **is he coming tonight? — I ~ so** ¿va a venir esta noche? — supongo que sí; **we're not ~ing any trouble** no creemos que vaya a haber problemas; **to ~ to + INF: she ~s to win the match** espera ganar el partido **2** (imagine) suponer*, imaginarse **3** (await) esperar; **I'll ~ you at eight** te espero a las ocho; **to be ~ing a baby** esperar un bebé **4** (require): **he ~ed me to pay** esperaba que yo pagara; **that's the least you'd ~** es lo menos que se puede esperar
■ *vi* (infml): **she's ~ing** está esperando (familia)

expectancy /ɪk'spektənsi/ *n* expectación *f*; **life ~** esperanza *f* *or* expectativas *fpl* de vida

expectant /ɪk'spektənt/ *adj* expectante

⚷ **expectation** /'ekspek'teɪʃən/ *n* **1** (anticipation): **in ~ of victory** previendo la victoria; **an atmosphere of great ~** un ambiente de gran expectación **2** **expectations** *pl* (of inheritance, promotion) expectativas *fpl*

expedient[1] /ɪk'spi:diənt/ *adj* (fml) (*usu pred*) conveniente

expedient[2] *n* (fml) recurso *m*, expediente *m* (fml)

expedition /'ekspə'dɪʃən, BrE ˌekspɪ'dɪʃən/ *n* expedición *f*

expel /ɪk'spel/ *vt* **-ll-** expulsar

expendable /ɪk'spendəbəl/ *adj* prescindible

expenditure /ɪk'spendɪtʃər, BrE ɪk'spendɪtʃə(r)/ *n* (amount) gastos *mpl*; (spending) gasto *m*

expense /ɪk'spens/ *n* **1** (cost, outlay) gasto *m*; **they had a good laugh at my ~** se partieron de risa a costa mía; **at the ~ of sth/sb** (with the loss of) a expensas de algo/algn **2** **expenses** *pl* (Busn) (incidental costs) gastos *mpl*

expense account *n* cuenta *f* de gastos de representación

expensive /ɪk'spensɪv/ *adj* caro

experience[1] /ɪk'spɪriəns, BrE ɪk'spɪəriəns/ *n* experiencia *f*

experience[2] *vt* ‹*loss/setback/delays*› sufrir; ‹*difficulty*› tener*; ‹*change/improvement/pleasure/pain*› experimentar

experienced /ɪk'spɪriənst, BrE ɪk'spɪəriənst/ *adj* ‹*secretary/chef*› con experiencia; ‹*driver*› experimentado

experiment[1] /ɪk'sperəmənt, BrE ɪk'sperɪmənt/ *n* experimento *m*

experiment[2] *vi* **to ~** ON **sth/sb** experimentar CON algo/algn; **to ~** WITH **sth** experimentar CON algo

experimental /ɪk'sperə'mentl, BrE ɪkˌsperɪ'mentl/ *adj* experimental

expert[1] /'ekspɜ:rt, BrE 'ekspɜ:t/ *n* experto, -ta *m,f*

expert[2] *adj* experto; **~ witness** perito, -ta *m,f*

expertise /'ekspɜ:r'ti:z, BrE ˌekspɜ:'ti:z/ *n* pericia *f*

expire /ɪk'spaɪr, BrE ɪk'spaɪə(r)/ *vi* (run out) «*visa/passport/ticket*» caducar*; «*lease/contract*» vencer*

expiry /ɪk'spaɪri, BrE ɪk'spaɪəri/ *n* vencimiento *m*, caducidad *f*

explain /ɪk'spleɪn/ *vt* explicar*
■ *v refl*: **to ~ oneself** explicarse*
● **explain away** [*v + o + adv, v + adv + o*] ‹*fact/result*› encontrar* una explicación convincente para

explanation /'eksplə'neɪʃən/ *n* explicación *f*

explanatory /ɪk'splænətɔ:ri, BrE ɪk'splænətri/ *adj* explicativo

explicit /ɪk'splɪsət, BrE ɪk'splɪsɪt/ *adj* explícito; ‹*denial/refutation*› categórico

explode /ɪk'spləʊd/ *vi* **(a)** «*gunpowder/bomb*» estallar, hacer* explosión, explotar; «*vehicle*» hacer* explosión; (with emotion) explotar, estallar **(b)** «*population/costs*» dispararse
■ *vt* **1** ‹*bomb/dynamite*› explosionar, hacer* explotar *or* estallar **2** (discredit) ‹*theory*› rebatir; ‹*myth*› destruir*

exploit[1] /ɪk'splɔɪt/ *vt* explotar; ‹*situation/relationship*› aprovecharse de

exploit[2] /'eksplɔɪt/ *n* hazaña *f*

exploitation /'eksplɔɪ'teɪʃən/ *n* explotación *f*

exploration /'eksplə'reɪʃən/ *n* exploración *f*

exploratory /ɪk'splɔ:rətɔ:ri, BrE ɪk'splɒrətəri/ *adj* ‹*talks*› preliminar; ‹*surgery*› exploratorio

explore /ɪk'splɔ:r, BrE ɪk'splɔ:(r)/ *vt* ‹*territory/town*› explorar; ‹*topic/possibility*› investigar*

explorer /ɪk'splɔ:rər, BrE ɪk'splɔ:rə(r)/ *n* **(a)** (traveler) explorador, -dora *m,f* **(b)** **Explorer** (in US) boy scout *m* (*mayor de 14 años*)

explosion /ɪk'spləʊʒən/ *n* (of bomb, gas) explosión *f*, estallido *m*; (of anger) estallido *m*, explosión *f*

explosive[1] /ɪk'spləʊsɪv/ *adj* explosivo

explosive[2] *n* explosivo *m*

exponent /ɪk'spəʊnənt/ *n* (of idea, theory) defensor, -sora *m,f*; (of art style) exponente *mf*

export[1] /ek'spɔ:rt, BrE ɪk'spɔ:t/ *vt* exportar

export[2] /'ekspɔ:rt, BrE 'ekspɔ:t/ *n* **(a)** (item exported) artículo *m or* producto *m* de exportación **(b)** (act of exporting) exportación *f*

exporter /ek'spɔ:rtər, BrE ɪk'spɔ:tə(r)/ *n* exportador, -dora *m,f*

expose /ɪk'spəʊz/ *vt* **1** (lay bare) ‹*nerve/wire/wound*› exponer*; **to ~ oneself to criticism** exponerse* a las críticas **2** (uncover) ‹*secret/scandal*› poner* al descubierto, sacar* a la luz; ‹*inefficiency/weaknesses*› poner* en evidencia; ‹*criminal*› desenmascarar **3** (Phot) exponer*

exposition /'ekspə'zɪʃən/ *n* exposición *f*

exposure /ɪk'spəʊʒər, BrE ɪk'spəʊʒə(r)/ *n* **1** **(a)** (contact) **~** TO **sth** exposición *f* A algo **(b)** (Med) congelación *f*; **to die from ~** morir* de frío **2** **(a)** (unmasking): **she was threatened with public ~** amenazaron con ponerla al descubierto **(b)** (publicity) publicidad *f* **3** (Phot) exposición *f*

expound /ɪk'spaʊnd/ *vt* (fml) exponer*

express[1] /ɪk'spres/ *vt* expresar

express[2] *n* (train) expreso *m*, rápido *m*; (bus) directo *m*

express[3] *adj* **1** (fast) ‹*train*› expreso, rápido; ‹*bus*› directo; ‹*delivery/letter*› exprés *adj inv* **2** (specific) (fml) ‹*intention/wish*› expreso

expression /ɪk'spreʃən/ *n* expresión *f*

expressive /ɪk'spresɪv/ *adj* expresivo

expressly /ɪk'spresli/ *adv* (fml) expresamente

expressway /ɪk'spresweɪ/ *n* (AmE) autopista *f*; (urban) vía *f* rápida

expropriate /eks'prəʊprieɪt/ *vt* expropiar

expulsion /ɪk'spʌlʃən/ *n* expulsión *f*

exquisite /ek'skwɪzət, BrE 'ekskwɪzɪt/ *adj* **(a)** ‹*dress/meal/taste*› exquisito; ‹*carving/brooch*› de exquisita factura; ‹*work/workmanship*› intrincado **(b)** ‹*pleasure*› infinito

ex-serviceman /'eks'sɜ:rvəsmən, BrE ˌeks'sɜ:vɪsmən/ *n* (*pl* **-men** /-mən/) soldado (*or* marinero *etc*) *m* retirado

extend /ɪk'stend/ *vt* **1** **(a)** (stretch out) ‹*limbs/wings/telescope*› extender*; ‹*rope/wire*› tender* **(b)** (lengthen) ‹*road/line/visit*› prolongar*; ‹*lease/contract/deadline*› prorrogar* **(c)** (enlarge) ‹*house/room*› ampliar*; ‹*range/scope/influence*› extender* **2** (offer) (fml): **to ~ an invitation to sb** invitar a algn; (of written invitations) cursarle invitación a algn (fml)
■ *vi* **(a)** (stretch) «*fence/property/influence*»

extenderse* **(b)** (in time) «*talks*» prolongarse* **(c)** (become extended) «*ladder/antenna*» extenderse*

extension /ɪk'stentʃən, BrE ɪk'stenʃən/ *n* **1** **(a)** (of power, meaning) extensión *f* **(b)** (lengthening) prolongación *f*; (of deadline) prórroga *f*, extensión *f* **2** (to building) ampliación *f* **3** (Telec) **(a)** (line) extensión *f*, interno *m* (RPl), anexo *m* (Chi) **(b)** (telephone) supletorio *m*

extension cord, (BrE) **extension lead** *n* extensión *f*, alargador *m*, alargue *m* (RPl)

extensive /ɪk'stensɪv/ *adj* ‹*area/field*› extenso; ‹*knowledge*› vasto; ‹*experience/coverage*› amplio; ‹*search/inquiries*› exhaustivo; ‹*damage/repairs*› de consideración

extensively /ɪk'stensɪvli/ *adv* **(a)** (widely): **he's traveled ~** ha viajado por todas partes; **this technique is used ~** esta técnica es de uso extendido **(b)** (thoroughly, at length) ‹*research/investigate*› exhaustivamente

🔑 **extent** /ɪk'stent/ *n* **1** (size, area) extensión *f* **2** (range, degree — of knowledge) amplitud *f*; (— of problem) alcance *m*; **to some ~** hasta cierto punto; **to a large ~** en gran parte

extenuate /ɪk'stenjueɪt/ *vt* (fml) atenuar*; **extenuating circumstances** circunstancias *fpl* atenuantes, atentuantes *mpl or fpl*

exterior¹ /ek'stɪriər, BrE ɪk'stɪəriə(r)/ *adj* ‹*wall/surface*› exterior

exterior² *n* exterior *m*

exterminate /ɪk'stɜːrməneɪt, BrE ɪk'stɜːmɪneɪt/ *vt* exterminar

external /ek'stɜːrnl, BrE ɪk'stɜːnl/ *adj* **(a)** (exterior) ‹*appearance/sign*› externo, exterior; ‹*wall*› exterior; ‹*wound/treatment*› externo **(b)** ‹*aid/influence*› del exterior; ‹*pressure/evidence*› externo **(c)** (foreign) ‹*affairs/trade/policy*› exterior

extinct /ɪk'stɪŋkt/ *adj* ‹*animal/species*› extinto, desaparecido; ‹*volcano*› extinto, apagado

extinction /ɪk'stɪŋkʃən/ *n* extinción *f*

extinguish /ɪk'stɪŋgwɪʃ/ *vt* **(a)** ‹*fire*› extinguir*; ‹*candle/cigar*› apagar* **(b)** (liter) ‹*hope/memory*› apagar* (liter); ‹*passion/life*› extinguir* (liter)

extinguisher /ɪk'stɪŋgwɪʃər, BrE ɪk'stɪŋgwɪʃə(r)/ *n* (fire ~) extinguidor *m* (AmL), extintor *m* (Esp)

extortion /ɪk'stɔːrʃən, BrE ɪk'stɔːʃən/ *n* extorsión *f*

extortionate /ɪk'stɔːrʃənət, BrE ɪk'stɔːʃənət/ *adj* ‹*fee/price*› abusivo; ‹*demand*› excesivo

🔑 **extra¹** /'ekstrə/ *adj* **(a)** (additional) (*before n*) de más; **we need ~ staff** necesitamos más personal; **at no ~ charge** sin cargo adicional; **they organized three ~ flights** organizaron tres vuelos adicionales; **~ time** (in soccer) prórroga *f* **(b)** (especial) (*before n*) ‹*care/caution*› especial

extra² *adv* **(a)** (*as intensifier*): **~ long** extralargo; **I worked ~ hard** trabajé más que nunca **(b)** (more): **to charge ~ for sth** cobrar algo aparte

extra³ *n* **1** (additional payment or expense) extra *m*; **optional ~s** (Auto) equipamiento *m* opcional, extras *mpl* **2** (Cin) extra *mf*

🔑 palabra clave

extract¹ /ɪk'strækt/ *vt* extraer*

extract² /'ekstrækt/ *n* **1** (excerpt) fragmento *m* **2** (concentrate) extracto *m*

extraction /ɪk'strækʃən/ *n* **1** **(a)** (Dent) extracción *f* **(b)** (of mineral, juice) extracción *f* **2** (ancestry) extracción *f*; **of Polish ~** de extracción polaca

extradite /'ekstrədaɪt/ *vt* extraditar

extradition /'ekstrə'dɪʃən/ *n* extradición *f*; (*before n*) ‹*order/treaty*› de extradición

extraordinary /ɪk'strɔːrdṇeri, BrE ɪk'strɔːdṇri/ *adj* **1** (exceptional) extraordinario; (very odd) ‹*sight/appearance*› insólito; (incredible) increíble **2** (fml) (Adm, Govt) ‹*powers/meeting*› extraordinario

extrapolate /ɪk'stræpəleɪt/ *vt* (fml) extrapolar

extrasensory /'ekstrə'sensəri/ *adj* extrasensorial; **~ perception** percepción *f* extrasensorial

extravagance /ɪk'strævəgəns/ *n* **1** **(a)** (lavishness, wastefulness) despilfarro *m*, derroche *m* **(b)** (luxury) lujo *m* **2** (of gestures, dress) extravagancia *f*; (of claim, story) lo insólito

extravagant /ɪk'strævəgənt/ *adj* **(a)** (lavish, wasteful) ‹*person*› derrochador, despilfarrador; ‹*lifestyle*› de lujo **(b)** ‹*claim/notions*› insólito; ‹*praise/compliments*› exagerado; ‹*behavior/dress/gesture*› extravagante

extravaganza /ɪk'strævə'gænzə/ *n* gran espectáculo *m* (*realizado con alarde de color, fantasía y dinero*)

extreme¹ /ɪk'striːm/ *adj* **(a)** (very great) ‹*poverty/caution/urgency*› extremo; ‹*annoyance/relief*› enorme; ‹*heat*› extremado **(b)** (not moderate) ‹*action/measure*› extremo; ‹*opinion*› extremista **(c)** (outermost) (*before n*) **in the ~ north/south** en la zona más septentrional/meridional

extreme² *n* extremo *m*; **~s of temperature** temperaturas *fpl* extremas

🔑 **extremely** /ɪk'striːmli/ *adv* (*as intensifier*) sumamente; **it's ~ difficult** es dificilísimo

extremist /ɪk'striːməst, BrE ɪk'striːmɪst/ *n* extremista *mf*

extremity /ɪk'streməti/ *n* (*pl* **-ties**) **1** **(a)** (farthest point) extremo *m* **(b)** **extremities** *pl* (Anat) extremidades *fpl* **2** (critical degree, situation) (fml) extremo *m*

extricate /'ekstrəkeɪt, BrE 'ekstrɪkeɪt/ *vt* sacar* (*con dificultad*)

extrovert¹ /'ekstrəvɜːrt, BrE 'ekstrəvɜːt/ *adj* extrovertido

extrovert² /'ekstrəvɜːrt, BrE 'ekstrəvɜːt/ *n* extrovertido, -da *m,f*

exude /ɪg'zuːd, BrE ɪg'zjuːd/ *vt* ‹*resin/fluid*› exudar; ‹*charm/confidence*› emanar

exult /ɪg'zʌlt/ *vi* (fml) exultar (fml)

exultation /'egzʌl'teɪʃən/ *n* (fml) exultación *f* (fml)

🔑 **eye¹** /aɪ/ *n* **1** **(a)** (Anat) ojo *m*; **as far as the ~ can/could see** hasta donde alcanza/alcanzaba la vista; **I can't believe my ~s** si no lo veo, no lo creo; ***to see ~ to ~ with sb*** (*usu with neg*) estar* de acuerdo con algn; ***to be up to one's ~s in sth*** estar* hasta aquí de algo (fam) **(b)** (look, gaze) mirada *f*; **before my very ~s** ante mis propios ojos; **nothing caught my ~ in the store** no vi nada que me llamara la atención en la tienda; ***to keep an ~ on sth/sb*** vigilar *or* cuidar algo/a algn **(c)** (attention): **the company has been in the public ~ a lot recently** últimamente se ha hablado mucho de la compañía; ***to have one's ~ on sth*** echarle el ojo a algo (fam) **(d)** (ability to judge) ojo *m*; **to have an ~ for design** tener* ojo para el diseño **2** **(a)** (of needle) ojo *m* **(b)** (of hurricane, storm) ojo *m* **(c)** (in potato) ojo *m*

eye[2] *vt* (*pres p* **eying** *or* (BrE) **eyeing**) mirar

eye: **~ball** /'aɪbɔːl/ *n* globo *m* ocular; **~brow** *n* ceja *f*; **to raise one's ~brows** arquear las cejas; ***to raise one's ~brows at sth*** asombrarse ante algo; **~-catching** *adj* llamativo; **~drops** *pl n* colirio *m*

eyeful /'aɪfʊl/ *n*: **I got an ~ of dust** se me llenó el ojo de polvo

eye: **~glasses** *pl n* (AmE) gafas *fpl*, anteojos *mpl* (esp AmL), lentes *mpl* (esp AmL); **~lash** *n* pestaña *f*

eyelet /'aɪlət, BrE 'aɪlɪt/ *n* ojete *m*

eye: **~lid** *n* párpado *m*; **~liner** *n* delineador *m* (de ojos); **~-opener** *n* (infml) (*no pl*) revelación *f*; **~ shadow** *n* sombra *f* de ojos; **~sight** *n* vista *f*; **~sore** *n* monstruosidad *f*, adefesio *m*; **~strain** *n* fatiga *f* visual; **~wash** *n* colirio *m*; **it's a lot of ~wash** (infml) es un cuento chino (fam); **~-watering** /'aɪ,wɔːtərɪŋ/ *adj* (Culin, Fin) que hace llorar; **~witness** /'aɪ'wɪtnəs, BrE 'aɪwɪtnɪs/ *n* testigo *mf* ocular

Ff

F, f /ef/ *n* **(a)** (letter) F, f *f* **(b)** (Mus) fa *m*

F (= **Fahrenheit**) F

fa /fɑː/ *n* (Mus) fa *m*

FA *n* (in UK) = **Football Association**

fable /'feɪbəl/ *n* fábula *f*

fabric /'fæbrɪk/ *n* **(a)** (Tex) tela *f* **(b)** (of building, society) estructura *f*

fabricate /'fæbrɪkeɪt/ *vt* **(a)** (invent) inventar(se) **(b)** (manufacture) fabricar*

fabulous /'fæbjələs, BrE 'fæbjʊləs/ *adj* **(a)** (wonderful) (infml) magnífico **(b)** (imaginary) fabuloso

facade, façade /fə'sɑːd/ *n* fachada *f*

face[1] /feɪs/ *n* **1** (of person, animal) cara *f*, rostro *m*; **a new ~** una cara nueva; **in the ~ of stiff opposition** en medio de una fuerte oposición; ***to fall flat on one's ~*** caerse* de bruces; ***to keep a straight ~***: **I could hardly keep a straight ~** casi no podía aguantarme (de) la risa; ***to make*** o (BrE also) ***pull a ~*** poner* mala cara; ***to put a brave ~ on it*** poner(le)* al mal tiempo buena cara; ***to sb's ~*** a *or* en la cara **2** **(a)** (appearance, nature) (*no pl*) fisonomía *f*; ***on the ~ of it*** aparentemente **(b)** (dignity): **to lose ~** desprestigiarse; **to save ~** guardar las apariencias **3** (of coin, medal, solid) cara *f*; (of clock, watch) esfera *f*, carátula *f* (Méx) **4** (of cliff) pared *f*; ***to disappear off the ~ of the earth*** desaparecer* de la faz de la tierra

face[2] *vt* **1** (be opposite): **she turned to ~ him** se volvió hacia él; **the hotel ~s the sea** el hotel está frente al mar **2** (confront) enfrentarse a; **to be ~d with sth** estar* *or* verse* frente a algo **3** **(a)** (be presented with) ‹*problem/increase*› enfrentarse a **(b)** (bear): **I can't ~ going through all that again** no podría volver a pasar por todo eso; **I can't ~ food first thing in the morning** no puedo ni oler la comida temprano por la mañana

■ *vi*: **the house ~s north** la casa está orientada al norte; **I was facing the other way** miraba para el otro lado

● **face up to** [*v* + *adv* + *prep* + *o*] afrontar

face: **~cloth**, (BrE also) **~ flannel** *n* toallita *f* (*para lavarse*); **~ lift** *n* lifting *m*, estiramiento *m* (facial); **the building was given a ~ lift** remozaron el edificio; **~ pack** *n* mascarilla *f* (*de belleza*)

facet /'fæsət, BrE 'fæsɪt/ *n* faceta *f*

facetious /fə'siːʃəs/ *adj* burlón

face: **~ to ~** *adv* cara a cara; **~ value** *n* valor *m* nominal; ***to take sb/sth at ~ value***: **I took her/what she said at ~ value** me fie de ella/yo me creí lo que dijo

facial /'feɪʃəl/ *adj* facial

facile /'fæsəl, BrE 'fæsaɪl/ *adj* superficial, simplista

facilitate /fə'sɪləteɪt, BrE fə'sɪlɪteɪt/ *vt* (fml) facilitar

facility /fə'sɪləti/ *n* (*pl* **-ties**) **1** **facilities** *pl*: **facilities for the disabled** instalaciones *fpl* para las personas con discapacidad; **the hotel has conference facilities** el hotel dispone de sala(s) de conferencia **2** (building) (AmE) complejo *m*, centro *m*

-facing /'feɪsɪŋ/ *suff*: **north/south~** que da al norte/sur

facsimile /fæk'sɪməli/ *n* facsímil(e) *m*

fact /fækt/ *n* **1** (sth true) hecho *m*; **hard ~s** datos *mpl* concretos; ***to face (the) ~s*** aceptar la realidad **2** (reality): **this novel is based on ~** esta novela está basada en hechos reales; **in ~** de hecho, en realidad; **the ~ of the matter is (that) ...** el hecho es que ...

fact: **~-finding** /'fækt,faɪndɪŋ/ *adj* (*before n*) de investigación, investigador; **~ sheet** *n* resumen *m* de datos esenciales

faction /'fækʃən/ *n* facción *f*

factor /'fæktər, BrE 'fæktə(r)/ *n* factor *m*

factory /'fæktri, -təri/ *n* (*pl* **-ries**) fábrica *f*

factory: **~ farming** *n* (BrE) cría *f* intensiva;

~ **ship** *n* buque *m* factoría

factual /'fæktʃuəl/ *adj* ‹*account*› que se atiene a los hechos

faculty /'fækəlti/ *n* (*pl* **-ties**) **1** (sense) facultad *f* **2** (Educ) **(a)** (of university, college) facultad *f* **(b)** (academic personnel) (AmE) cuerpo *m* docente

fad /fæd/ *n* moda *f* pasajera

fade /feɪd/ *vi* **1** «*color*» apagarse*; «*fabric*» perder* color, desteñirse* **2** **(a)** (disappear) «*hope/memories*» desvanecerse*; «*beauty*» marchitarse; «*interest*» decaer*; «*sound*» debilitarse **(b)** «*flower/plant*» ajarse
■ *vt* ‹*fabric*› desteñir*, hacer* perder el color a

• **fade away** [*v* + *adv*] irse* apagando

faded /'feɪdəd, BrE 'feɪdɪd/ *adj* ‹*color*› apagado; ‹*fabric*› desteñido

faeces /'fi:si:z/ *pl n* (BrE fml) ▸ **feces**

fag /fæg/ *n* **1** (male homosexual) (AmE sl & derog) maricón *m* (fam & pey) **2** (cigarette) (BrE infml) cigarrillo *m*, pitillo *m* (fam)

fah /fɑ:/ *n* (BrE) (Mus) fa *m*

Fahrenheit /'færənhaɪt/ *adj* Fahrenheit *adj inv*

⚷ **fail¹** /feɪl/ *vi* **1** (not succeed) «*marriage/business/plan*» fracasar; **if all else ~s** como último recurso; **he ~ed to live up to our expectations** no dio todo lo que se esperaba de él **2** **(a)** «*brakes/lights*» fallar **(b)** «*crop*» perderse*, malograrse **(c) failing** *pres p* **he could no longer read because of his ~ing eyesight** la vista se le había deteriorado tanto que ya no podía leer; **he retired because of ~ing health** se retiró porque su salud se había deteriorado mucho **3** (in exam) ser* reprobado (AmL), suspender (Esp)
■ *vt* **1** **(a)** ‹*exam*› no pasar, ser* reprobado en (AmL), suspender (Esp), reprobar* (Méx), perder* (Col, Ur), salir* mal en (Chi) **(b)** ‹*student*› reprobar* *or* (Esp) suspender **2** (let down): **his courage ~ed him** le faltó valor; **words ~ me!** ¡es el colmo!

fail² *n* **1** (in exam, test) (BrE) reprobado *m*, suspenso *m* (Esp), aplazo *m* (RPl) **2** **without ~** sin falta

failing¹ /'feɪlɪŋ/ *n* defecto *m*

failing² *prep*: **~ that, try bleach** si eso no resulta, prueba con lejía

fail-safe /'feɪlseɪf/ *adj* ‹*mechanism*› de seguridad

⚷ **failure** /'feɪljər, BrE 'feɪljə(r)/ *n* (unsuccessful thing, act, person) fracaso *m*; **engine ~** falla *f* mecánica, fallo *m* mecánico (Esp); **power ~** apagón *m*; **heart ~** insuficiencia *f* cardíaca; **~ to carry out orders** el incumplimiento de las órdenes

faint¹ /feɪnt/ *adj* **-er, -est** ‹*line*› apenas visible; ‹*light*› débil; ‹*noise*› apenas perceptible; ‹*hope/smile*› ligero; **I feel ~** estoy mareado; **I haven't the ~est (idea)** (infml) no tengo la más mínima idea

faint² *vi* desmayarse

faint³ *n* desmayo *m*

faintly /'feɪntli/ *adv* **(a)** (barely perceptibly) ‹*see/hear*› apenas; ‹*shine*› débilmente **(b)** (slightly) ‹*amused*› ligeramente; ‹*amusing/ridiculous*› algo

⚷ **fair¹** /fer, BrE feə(r)/ *adj* **-er, -est** **1** (just) ‹*person/decision*› justo; ‹*contest/election*› limpio; **~ enough** bueno, está bien; **I've had my ~ share of problems recently** ya he tenido bastantes problemas últimamente; **~ *and square*: he won ~ and square** ganó en buena ley **2** ‹*hair*› rubio, güero (Méx), mono (Col), catire (Ven); ‹*skin*› blanco **3** (beautiful) (liter) hermoso, bello **4** **(a)** (quite good) ‹*work*› pasable; **we have a ~ chance of winning** tenemos bastantes posibilidades de ganar **(b)** (considerable) (*before n*) ‹*number/amount*› bueno **5** (Meteo): **the weather tomorrow will be ~** mañana va a hacer buen tiempo

fair² *adv* (impartially) ‹*play*› limpio, limpiamente

fair³ *n* **1** (market) feria *f*; (trade ~) feria *f* industrial/comercial **2** (funfair) (BrE) feria *f*

fair: **~ground** *n* (funfair) (BrE) feria *f*; (permanent) parque *m* de diversiones *or* (Esp) atracciones; **~-haired** /'fer'herd, BrE ˌfeə'heəd/ *adj* (BrE) rubio, güero (Méx), mono (Col), catire (Ven)

⚷ **fairly** /'ferli, BrE 'feəli/ *adv* **1** (justly) ‹*play*› limpio; ‹*judge*› con imparcialidad; ‹*divide*› equitativamente **2** (moderately) bastante; **I'm ~ sure** estoy casi segura

fairness /'fernəs, BrE 'feənɪs/ *n* imparcialidad *f*; **in all ~** sinceramente

fair: **~ play** *n* juego *m* limpio; **~-sized** /'fer'saɪzd, BrE ˌfeə'saɪzd/ *adj* (*before n*) bastante grande

fairy /'feri, BrE 'feəri/ *n* (*pl* **-ries**) hada *f*‡

fairy: **~ godmother** *n* hada *f*‡ madrina; **~land** *n* el país de las hadas; **~ story**, **~ tale** *n* cuento *m* de hadas

⚷ **faith** /feɪθ/ *n* **1** (trust) confianza *f*; **to have ~ IN sb/sth** tener* confianza *or* fe EN algn/algo **2** (Relig) fe *f*

faithful /'feɪθfəl/ *adj* fiel

faithfully /'feɪθfəli/ *adv* **(a)** (in letters): **yours ~** (esp BrE) (le saluda) atentamente **(b)** ‹*serve/record*› fielmente

faith healer /'hi:lər, BrE 'hi:lə(r)/ *n* curandero, -ra *m,f*

fake¹ /feɪk/ *n* (object) falsificación *f*; (person) farsante *mf*

fake² *adj* ‹*jewel/document*› falso; ‹*fur*› sintético

fake³ *vt* ‹*document/signature*› falsificar*; ‹*results/evidence*› falsear
■ *vi* fingir*

falcon /'fælkən, BrE 'fɔ:lkən/ *n* halcón *m*

Falkland Islands /'fɔ:lklənd/, **Falklands** /'fɔ:lkləndz/ *pl n*: **the ~ the Falklands** las (Islas) Malvinas

⚷ **fall¹** /fɔ:l/ *n* **1** (tumble, collapse) caída *f* **2** (autumn) (AmE) otoño *m* **3** (decrease): **a ~ in temperature** un descenso de (las) temperaturas; **a ~ in prices** una bajada de precios **4** (of snow) nevada *f*; (of rocks) desprendimiento *m* **5** **falls** *pl* (waterfall) cascada *f*; (higher) catarata *f*

⚷ **fall²** (*past* **fell**; *past p* **fallen**) *vi* **1** **(a)** (tumble) caerse*; **I fell over a piece of wood** tropecé con un trozo de madera; **I fell down the stairs** me caí por la escalera **(b)** (descend) «*night/rain*» caer* **2** «*temperature/price*» bajar; **his face fell** puso cara larga **3** (be captured, defeated) **to ~ (TO sb)** «*city/country*» caer* (en manos de algn)

⚷ palabra clave

4 (pass into specified state): **to ~ ill** o (esp AmE) **sick** caer* *or* (Esp tb) ponerse* enfermo, enfermarse (AmL); **to ~ silent** callarse **5** (land): **Christmas ~s on a Thursday this year** este año Navidad cae en (un) jueves; **the burden will ~ on the poor** los pobres serán los que sufrirán la carga

● **fall apart** [*v + adv*] «*clothing*» deshacerse*; «*system*» venirse* abajo; «*relationship*» irse* a pique

● **fall back** [*v + adv*] «*troops*» replegarse*

● **fall back on** [*v + adv + prep + o*] ‹*one's parents*› recurrir a; ‹*resources*› echar mano de

● **fall behind** [*v + adv*], [*v + prep + o*] (in class, race) rezagarse*, quedarse atrás; **to ~ behind** WITH **sth** (with payments) atrasarse EN algo

● **fall down** [*v + adv*] «*person/tree*» caerse*; «*house/wall*» venirse* abajo

● **fall for** [*v + prep + o*] **(a)** (be attracted to) ‹*man/woman*› enamorarse de **(b)** (be deceived by) ‹*trick/story*› tragarse* (fam)

● **fall in** [*v + adv*] **(a)** (tumble in) caerse* (*a un pozo, al agua etc*) **(b)** (collapse) «*roof*» venirse* abajo **(c)** (form ranks) (Mil) formar filas

● **fall off** [*v + adv*] **(a)** (tumble down) caerse* (*de una bicicleta, un caballo etc*) **(b)** (break off) «*button/handle*» caerse* **(c)** (decline) «*production/attendance*» decaer*

● **fall out** [*v + adv*] **(a)** (drop out) caerse* **(b)** (break ranks) (Mil) romper* filas **(c)** (quarrel) «*friends*» pelearse

● **fall over** [*v + adv*] «*person/object*» caerse*

● **fall through** [*v + adv*] (fail) no salir* adelante

fallacy /'fæləsi/ *n* (*pl* **-cies**) falacia *f*

fallen /'fɔːlən/ *past p of* **fall**[2]

fallible /'fæləbəl/ *adj* falible

falling /'fɔːlɪŋ/: **~-off** /'fɔːlɪŋ'ɔːf, BrE ,fɔːlɪŋ'ɒf/ *n* ▶ **falloff**; **~-out** /'fɔːlɪŋ'aʊt/ *n* (AmE) pelea *f*

falloff /'fɔːlɔːf, BrE 'fɔːlɒf/ *n* (*no pl*) (in speed) disminución *f*

Fallopian tube /fə'ləʊpiən/ *n* trompa *f* de Falopio

fallout /'fɔːlaʊt/ *n* lluvia *f* radiactiva; (*before n*) **~ shelter** refugio *m* antinuclear

fallow /'fæləʊ/ *adj* ‹*land*› en barbecho

false /fɔːls/ *adj* ‹*statement/pride/name*› falso; ‹*belief*› erróneo; ‹*eyelashes/fingernails*› postizo; **true or ~?** ¿verdadero o falso?

false alarm *n* falsa alarma *f*

falsehood /'fɔːlshʊd/ *n* (fml) falsedad *f*

falsely /'fɔːlsli/ *adv* ‹*accuse*› falsamente

false: **~ start** *n* (Sport) salida *f* en falso; (to career, speech) intento *m* fallido; **~ teeth** *pl n* dentadura *f* postiza

falsify /'fɔːlsəfaɪ, BrE 'fɔːlsɪfai/ *vt* **-fies**, **-fying**, **-fied** ‹*accounts/evidence*› falsificar*; ‹*truth*› falsear

falter /'fɔːltər, BrE 'fɔːltə(r)/ *vi* **(a)** (speak hesitantly) titubear, balbucear **(b)** «*enthusiasm/interest*» decaer*; «*courage/resolve*» flaquear

fame /feɪm/ *n* fama *f*

familiar /fə'mɪljər, BrE fə'mɪlɪə(r)/ *adj* **(a)** (well-known) ‹*sound/face*› familiar, conocido; **the name sounds ~** el nombre me suena **(b)** (having knowledge of) **to be ~** WITH **sth/sb** estar* familiarizado CON algo/algn

familiarity /fə'mɪli'ærəti/ *n* (*pl* **-ties**) **(a)** (knowledge): **she claimed ~ with the method** dijo estar familiarizada con el método; **some ~ with computers would be an asset** se valorará la experiencia previa con computadoras **(b)** (of person, book, landscape) familiaridad *f*; **~ *breeds contempt*** lo que se tiene no se aprecia

familiarize /fə'mɪljəraɪz, BrE fə'mɪlɪəraɪz/ *vt*: **to ~ oneself** WITH **sth** familiarizarse* CON algo

family /'fæmli, 'fæməli, BrE 'fæmɪli, 'fæmli/ *n* (*pl* **-lies**) (relatives) familia *f*; (*before n*) ‹*business*› familiar; ‹*fortune*› de la familia

family: **~ planning** *n* planificación *f* familiar; **~ tree** *n* árbol *m* genealógico

famine /'fæmən, BrE 'fæmɪn/ *n* hambruna *f*

famished /'fæmɪʃt/ *adj* famélico; **I'm ~!** (infml) ¡estoy muerto de hambre! (fam)

famous /'feɪməs/ *adj* famoso

fan[1] /fæn/ *n* **1** (hand-held) abanico *m*; (mechanical) ventilador *m* **2** (of group, actor) fan *mf*; (of football team) hincha *mf*

fan[2] **-nn-** *vt* ‹*person*› abanicar*; ‹*interest/curiosity*› avivar

● **fan out** [*v + adv*] «*searchers*» abrirse* en abanico

fanatic /fə'nætɪk/ *n* fanático, -ca *m,f*

fanatical /fə'nætɪkəl/ *adj* ‹*believer*› fanático; ‹*belief*› ciego

fan belt *n* correa *f or* (Méx) banda *f* del ventilador

fanciful /'fænsɪfəl/ *adj* **(a)** (impractical) ‹*idea*› extravagante **(b)** (elaborate) ‹*design*› imaginativo

fan club *n* club *m* de fans

fancy[1] /'fænsi/ *vt* **fancies**, **fancying**, **fancied** (esp BrE) **1** (expressing surprise) (*in interj*): **(just) ~ that!** ¡pues mira tú!; **~ meeting them here!** ¡qué casualidad encontrarnos con ellos aquí! **2** (feel desire for) (infml): **I really ~ an ice-cream** ¡qué ganas de tomarme un helado!; **do you ~ going to see a movie?** ¿tienes ganas de ir al cine? **3** (be physically attracted to) (infml): **I ~ her/him** me gusta mucho **4** (imagine) (fml) **to ~** (THAT): **she fancied she saw his face in the crowd** creyó ver su cara entre la multitud

fancy[2] *adj* **-cier**, **-ciest** **(a)** (elaborate) elaborado **(b)** (superior) (derog) ‹*hotel*› de campanillas; ‹*car*› lujoso; ‹*ideas*› extravagante

fancy[3] *n* (*pl* **-cies**) **1** (liking) (*no pl*): **to take a ~ to sb: she seems to have taken a ~ to you** parece que le has caído en gracia; ***to tickle sb's ~*: the idea rather tickled my ~** la idea me resultó atractiva **2** (imagination) imaginación *f*

fancy: **~ dress** *n* (BrE) disfraz *m*; (*before n*) **~-dress party** fiesta *f* de disfraces; **~-free** /'fænsi'friː/ *adj* ▶ **footloose**; **~ goods** *pl n* (Busn) artículos *mpl* para regalo

fanfare /'fænfer, BrE 'fænfeə(r)/ *n* fanfarria *f*

fang /fæŋ/ *n* (of dog) colmillo *m*; (of snake) diente *m*

fan heater *n* electroconvector *m*

fanny /'fæni/ *n* (*pl* **-nies**) (buttocks) (AmE sl) culo *m* (fam: en algunas regiones vulg), traste *m* (CS fam), poto *m* (Chi, Per fam)

fantasize /'fæntəsaɪz/ *vi* fantasear

fantastic /fæn'tæstɪk/ *adj* **(a)** (wonderful) (infml) fantástico **(b)** (incredible) ‹*story*› absurdo

fantasy /ˈfæntəsi/ *n* (*pl* **-sies**) **(a)** (unreality) fantasía *f* **(b)** (daydream) sueño *m*

FAQ *pl n* (Comput) = **frequently asked questions**

✓ **far**[1] /fɑːr, BrE fɑː(r)/ *adv* **1** (*comp* **further** *or* **farther**; *superl* **furthest** *or* **farthest**) **(a)** (in distance) lejos; **how ~ is it?** ¿a qué distancia está?; **~ away in the distance** a lo lejos **(b)** (in progress): **the plans are now quite ~ advanced** los planes están ya muy avanzados; **that girl will go ~** esa chica va a llegar lejos **(c)** (in time): **Christmas isn't ~ away** o **off now** ya falta poco para Navidad; **I can't remember that ~ back** no recuerdo cosas tan lejanas **(d)** (in extent, degree): **the new legislation doesn't go ~ enough** la nueva legislación no tiene el alcance necesario; **his jokes went a bit too ~** se pasó un poco con esos chistes **2** (very much): **~ better** mucho mejor **3** (*in phrases*) **as** *o* **so far as: as** o **so ~ as I know** que yo sepa; **by far: their team was by ~ the worst** su equipo fue con mucho el peor; **so far: so ~, everything has gone according to plan** hasta ahora todo ha salido de acuerdo a lo planeado

far[2] *adj* (*comp* **farther**; *superl* **farthest**) **(a)** (distant) lejano **(b)** (most distant, extreme) (*before n, no comp*): **at the ~ end of the room** en el otro extremo de la habitación; **the ~ left/right** (Pol) la extrema izquierda/derecha

faraway /ˈfɑːrəˈweɪ/ *adj* (*before n*) ‹*lands*› lejano; ‹*look*› ausente

farce /fɑːrs, BrE fɑːs/ *n* farsa *f*

farcical /ˈfɑːrsɪkəl, BrE ˈfɑːsɪkəl/ *adj* ridículo

fare /fer, BrE feə(r)/ *n* **1** (cost of travel — by air) pasaje *m*, billete *m* (Esp); (— by bus, train) boleto *m*, billete *m* (esp Esp); **~s will rise again next year** las tarifas subirán de nuevo en el próximo año **2** (food and drink) comida *f*

Far East *n*: **the ~** el Lejano *or* Extremo Oriente

farewell[1] /ˈferˈwel, BrE ˌfeəˈwel/ *n* despedida *f*

farewell[2] *interj* (liter) adiós

far-fetched /ˈfɑːrˈfetʃt, BrE ˌfɑːˈfetʃt/ *adj* exagerado

✓ **farm**[1] /fɑːrm, BrE fɑːm/ *n* (small) granja *f*, chacra *f* (CS, Per); (large) hacienda *f*, cortijo *m* (Esp), rancho *m* (Méx), estancia *f* (RPl), fundo *m* (Chi); (*before n*) ‹*machinery/worker*› agrícola

farm[2] *vt* ‹*land*› cultivar

● **farm out** [*v + o + adv, v + adv + o*] ‹*work*› encargar* (*a terceros*)

✓ **farmer** /ˈfɑːrmər, BrE ˈfɑːmə(r)/ *n* agricultor, -tora *m,f*, granjero, -ra *m,f*, chacarero, -ra *m,f* (CS, Per); (owner of large farm) hacendado, -da *m,f*, ranchero, -ra *m,f* (Méx), estanciero, -ra *m,f* (RPl), dueño, -ña *m,f* de fundo (Chi); **~s' market** mercado de los agricultores locales

farm: **~hand** *n* peón *m or* (Esp) mozo *m* de labranza; **~house** *n* casa *f* de labranza, alquería *f* (*en Esp*), ≈ casco *m* de la estancia (*en RPl*)

farming /ˈfɑːrmɪŋ, BrE ˈfɑːmɪŋ/ *n* (of land) labranza *f*; (of animals) crianza *f*; (*before n*) ‹*community*› agrícola; ‹*methods*› de labranza

farm: **~land** *n* tierras *fpl* de labranza; **~yard** *n* corral *m*

far: **~-off** /ˈfɑːrˈɔːf, BrE ˈfɑːrɒf/ *adj* (*pred* **~ off**) (in space) remoto; (in time) distante; **~-reaching** /ˈfɑːrˈriːtʃɪŋ, BrE ˌfɑːˈriːtʃɪŋ/ *adj* de gran alcance; **~-sighted** /ˈfɑːrˈsaɪtəd, BrE ˌfɑːˈsaɪtɪd/ *adj* **(a)** (showing foresight) con visión de futuro **(b)** (AmE) (Med) hipermétrope

fart[1] /fɑːrt, BrE fɑːt/ *n* (sl) pedo *m* (fam)

fart[2] *vi* (sl) tirarse *or* echarse un pedo (fam)

farther[1] /ˈfɑːrðər, BrE ˈfɑːðə(r)/ *adv* *comp of* **far**[1] **1**

farther[2] *adj* *comp of* **far**[2]

farthest[1] /ˈfɑːrðəst, BrE ˈfɑːðɪst/ *adv* *superl of* **far**[1] **1**

farthest[2] *adj* *superl of* **far**[2]

fascinate /ˈfæsn̩eɪt, BrE ˈfæsɪneɪt/ *vt* fascinar

fascinated /ˈfæsn̩eɪtəd, BrE ˈfæsɪneɪtɪd/ *adj* fascinado

fascinating /ˈfæsn̩eɪtɪŋ, BrE ˈfæsɪneɪtɪŋ/ *adj* fascinante

fascination /ˈfæsn̩ˈeɪʃən, BrE ˌfæsɪˈneɪʃən/ *n* fascinación *f*

fascism /ˈfæʃɪzəm/ *n* fascismo *m*

fascist[1] /ˈfæʃəst, BrE ˈfæʃɪst/ *n* fascista *mf*

fascist[2] *adj* fascista

✓ **fashion**[1] /ˈfæʃən/ *n* **1** (vogue) moda *f*; **to be in/out of ~** estar* de moda/estar* pasado de moda; (*before n*) **~ designer** diseñador, -dora *m,f* de modas **2** (custom) costumbre *f* **3** (manner) manera *f*; ***after a ~*: can you swim? — well, after a ~** ¿sabes nadar? — bueno, a mi manera

fashion[2] *vt* crear

fashionable /ˈfæʃn̩əbəl/ *adj* ‹*clothes/designs*› a la moda; ‹*restaurant/people/idea*› de moda

fashionably /ˈfæʃn̩əbli/ *adv* a la moda

fashion show *n* desfile *m* de modas

✓ **fast**[1] /fæst, BrE fɑːst/ *adj* **-er, -est** **1** **(a)** (speedy) rápido **(b)** (of clock, watch) (*pred*): **my watch is five minutes ~** mi reloj (se) adelanta cinco minutos **2** (permanent) ‹*color*› inalterable

✓ **fast**[2] *adv* **1** (quickly) rápidamente, rápido **2** (firmly): **the car was stuck ~ in the mud** el coche estaba completamente atascado en el barro; **to be ~ asleep** estar* profundamente dormido

fast[3] *vi* ayunar

fast[4] *n* ayuno *m*

fasten /ˈfæsn̩, BrE ˈfɑːsn̩/ *vt* **(a)** (attach) sujetar; (tie) atar **(b)** (do up, close) ‹*case*› cerrar*; ‹*coat/seat belt*› abrochar

■ *vi* «*suitcase*» cerrar*; «*skirt/necklace*» abrocharse

fastener /ˈfæsn̩ər, BrE ˈfɑːsn̩ə(r)/ *n* cierre *m*

fast: **~ food** *n* comida *f* rápida; **~-forward** /ˈfæstˈfɔːrwərd, BrE ˌfɑːstˈfɔːwəd/ *vt/i* avanzar*

fastidious /fæsˈtɪdiəs/ *adj* **(a)** (demanding) muy exigente **(b)** (fussy) maniático, mañoso (AmL)

fast track *n* vía *f* rápida

fat[1] /fæt/ *adj* **-tt-** ‹*person/animal*› gordo; ‹*book/cigar*› grueso; **to get ~** engordar; **a ~ lot of good that'll do!** (iro) ¡para lo que va a servir!

fat[2] *n* grasa *f*

fatal /ˈfeɪtl/ *adj* **(a)** (causing death) mortal **(b)** (disastrous) ‹*decision/mistake*› fatídico

fatalistic /ˈfeɪtlˈɪstɪk, BrE ˌfeɪtəˈlɪstɪk/ *adj* fatalista

fatality /feɪ'tæləti, BrE fə'tæləti/ *n* (*pl* **-ties**) muerto *m*

fatally /'feɪtli, BrE 'feɪtəli/ *adv* mortalmente

fate /feɪt/ *n* **(a)** (destiny) destino *m* **(b)** (*no pl*) (one's lot, end) suerte *f*

fated /'feɪtəd, BrE 'feɪtɪd/ *adj* (destined) **to be ~ to** + INF (liter) estar* predestinado A + INF

fateful /'feɪtfəl/ *adj* **(a)** (momentous) ‹*day/decision*› fatídico **(b)** (prophetic) ‹*words*› profético

father¹ /'fɑːðər, BrE 'fɑːðə(r)/ *n* padre *m*

father² *vt* ‹*child*› engendrar, tener*

Father Christmas *n* (BrE) Papá *m* Noel, viejo *m* Pascuero (Chi)

fatherhood /'fɑːðərhʊd, BrE 'fɑːðəhʊd/ *n* paternidad *f*

father: **~-in-law** *n* (*pl* **~s-in-law**) suegro *m*; **~land** *n* patria *f*

fatherly /'fɑːðərli, BrE 'fɑːðəli/ *adj* paternal

fathom¹ /'fæðəm/ *n* braza *f*

fathom² *vt* **~ (out)** entender*

fatigue /fə'tiːg/ *n* fatiga *f*

fatten /'fætn̩/ *vt* **~ (up)** ‹*animal*› cebar

fattening /'fætn̩ɪŋ/ *adj*: **cakes are extremely ~** los pasteles engordan muchísimo

fatty /'fæti/ *adj* **-tier**, **-tiest** ‹*food/substance*› graso, grasoso (AmL)

faucet /'fɔːsət/ *n* (AmE) llave *f*, grifo *m* (Esp), canilla *f* (RPl), caño *m* (Per), paja *f* (AmC), chorro *m* (AmC, Ven)

fault¹ /fɔːlt/ *n* **1** (responsibility, blame) culpa *f*; **they're always finding ~ with me** todo lo que hago les parece mal **2** **(a)** (failing) defecto *m*; **she is generous to a ~** es generosa en extremo **(b)** (in machine) avería *f*; (in goods) defecto *m* **3** (Geol) falla *f* **4** (in tennis, show jumping) falta *f*

fault² *vt* encontrarle* defectos a

faultless /'fɔːltləs, BrE 'fɔːltlɪs/ *adj* impecable

faulty /'fɔːlti/ *adj* **-tier**, **-tiest** ‹*goods/design*› defectuoso; ‹*workmanship*› imperfecto

faux pas /'fəʊ'pɑː/ *n* (*pl* **~** /-z/) metedura *f or* (AmL tb) metida *f* de pata (fam)

favor¹, (BrE) **favour** /'feɪvər, BrE 'feɪvə(r)/ *n* **1** (approval): **to find ~ with sb** (fml) tener* buena acogida por parte de algn (fml); ***to curry ~ with sb*** tratar de congraciarse con algn **2** **in ~** a favor; **to be in ~ of sth** estar* a favor de algo **3** (act of kindness) favor *m*; **to do/ask sb a ~** hacerle*/pedirle* un favor a algn

favor², (BrE) **favour** *vt* **(a)** (be in favor of) estar* a favor de **(b)** (benefit) favorecer* **(c)** (treat preferentially) favorecer*

favorable, (BrE) **favourable** /'feɪvrəbəl/ *adj* favorable; **to be ~** TO **sth** favorecer* algo

favorite¹, (BrE) **favourite** /'feɪvrət, BrE 'feɪvərɪt/ *adj* preferido

favorite², (BrE) **favourite** *n* **(a)** (person, thing) preferido, -da *m,f*; (Sport) favorito, -ta *m,f* **(b)** (of teacher, ruler) favorito, -ta *m,f* **(c)** (Comput) favorito *m*; **add to ~s** agregar a favoritos

favoritism, (BrE) **favouritism** /'feɪvrətɪzəm, BrE 'feɪvərɪtɪzəm/ *n* favoritismo *m*

fawn¹ /fɔːn/ *n* **1** (young deer) cervato *m* **2** (color) beige *m*, beis *m* (Esp); (*before n*) ‹*sweater/coat*› beige *adj inv*, beis *adj inv* (Esp)

fawn² *vi* (flatter) **to ~** ON **sb** «*person*» (derog) adular a algn

fax¹ /fæks/ *n* fax *m*; (*before n*) **~ machine** fax *m*

fax² *vt* faxear

faze /feɪz/ *vt* (infml) perturbar

FBI *n* (in US) (= **Federal Bureau of Investigation**) FBI *m*

FDA *n* (in US) = **Food and Drug Administration**

fear¹ /fɪr, BrE fɪə(r)/ *n* miedo *m*, temor *m*; **~ of heights** miedo a las alturas; **no ~!** (*as interj*) (infml) ¡ni loco! *or* ¡ni muerto!

fear² *vt* **(a)** (dread) temer **(b)** (suspect) **to ~** (THAT) temerse QUE

■ *vi* temer; **to ~** FOR **sb/sth** temer POR algn/algo

fearful /'fɪrfəl, BrE 'fɪəfəl/ *adj* **1** (frightening) aterrador **2** (timid) miedoso

fearless /'fɪrləs, BrE 'fɪəlɪs/ *adj* intrépido

fearsome /'fɪrsəm, BrE 'fɪəsəm/ *adj* ‹*enemy*› aterrador; ‹*task*› tremendo

feasibility /'fiːzə'bɪləti/ *n* viabilidad *f*; (*before n*) **~ study** estudio *m* de viabilidad

feasible /'fiːzəbəl/ *adj* (practicable) viable; (possible) posible

feast¹ /fiːst/ *n* **1** (banquet) banquete *m* **2** (Relig) fiesta *f*; (*before n*) **~ day** día *m* festivo

feast² *vi* festejar

■ *vt* **to ~ one's eyes** ON **sth** regalarse los ojos CON algo

feat /fiːt/ *n* hazaña *f*

feather /'feðər, BrE 'feðə(r)/ *n* pluma *f*; ***as light as a ~*** ligero *or* (esp AmL) liviano como una pluma; (*before n*) **~ bed** colchón *m* de plumas; **~ duster** plumero *m*

feature¹ /'fiːtʃər, BrE 'fiːtʃə(r)/ *n* **1** **(a)** (of face) rasgo *m* **(b)** (of character, landscape, machine, style) característica *f* **2** **(a)** **~ (film)** película *f* **(b)** (Journ) artículo *m* **(c)** (Rad, TV) documental *m*

feature² *vt* **1** (Journ, Cin): **he was ~d in 'The Globe' recently** 'The Globe' publicó un artículo sobre él hace poco; **featuring John Ball** con la actuación de John Ball **2** **(a)** (have as feature) «*hotel/house*» ofrecer* **(b)** (depict) mostrar*

■ *vi* figurar; **rice ~s prominently in their diet** el arroz ocupa un lugar importante en su alimentación

February /'februeri, BrE 'februəri/ *n* febrero *m*

feces, (BrE) **faeces** /'fiːsiːz/ *pl n* (fml) heces *fpl* (fml)

fed /fed/ *past & past p of* **feed¹**

federal /'fedərəl/ *adj* federal

federal: **F~ Republic of Germany** *n*: **the F~ Republic of Germany** la República Federal de Alemania; **F~ Reserve Board** *n* (in US) Junta de Gobernadores de la Reserva Federal

federation /'fedə'reɪʃən/ *n* federación *f*

fed up *adj* (infml) (*usu pred*) **to be ~** (WITH **sb/sth**/-ING) estar* harto (DE algn/algo/+ INF)

fee /fiː/ *n* (*often pl*) **(a)** (payment — to doctor, lawyer) honorarios *mpl*; (— to actor, singer) caché *m* **(b)** (charge) **on payment of a small ~** por una módica suma; **membership ~(s)** cuota *f* (de socio)

feeble /'fiːbəl/ *adj* **-bler** /-blər, BrE -blə(r)/, **-blest** /-bləst, BrE -blɪst/ **(a)** (weak) débil

f

f

(b) (poor) ‹*joke*› flojo; ‹*excuse*› pobre

🔑 **feed¹** /fiːd/ (*past & past p* **fed**) *vt* **1** **(a)** (give food to) dar* de comer a; ‹*baby*› (breastfeed) darle* el pecho a; (with a bottle) darle* el biberón *or* (CS, Per) la mamadera *or* (Col, Ven) el tetero a **(b)** (provide food for) alimentar **(c)** (give as food) **to ~ sth** TO **sb** dar* algo (de comer) A algn **2** (insert) **to ~ sth** INTO **sth** (into a machine) introducir* algo EN algo **3** (sustain) ‹*imagination/rumor*› avivar; ‹*hope/fire*› alimentar

■ *vi* comer; **to ~** ON **sth** alimentarse DE algo

feed² *n* **(a)** (act of feeding): **it's time for the baby's ~** es hora de darle de comer al niño **(b)** (food) alimento *m*; (for cattle) pienso *m*

feedback /ˈfiːdbæk/ *n* (reaction) reacción *f*; (Audio, Electron) retroalimentación *f*

feeding bottle /ˈfiːdɪŋ/ *n* (BrE) biberón *m*, mamila *f* (Méx), mamadera *f* (CS, Per), tetero *m* (Col)

🔑 **feel¹** /fiːl/ (*past & past p* **felt**) *vi* **1** (physically, emotionally) sentirse*; **to ~ hot/cold/hungry/thirsty** tener* calor/frío/hambre/sed **2** (have opinion): **it's something I ~ strongly about** es algo que me parece muy importante; **how do you ~ about these changes?** ¿qué opinas de estos cambios? **3** **to ~ like** -ING (be in the mood for) tener* ganas DE + INF **4** (seem): **your hands ~ cold** tienes las manos frías; **how does that ~? — it's still too tight** ¿cómo lo sientes? — todavía me queda apretado **5** (grope) **to ~** FOR **sth** buscar* algo a tientas

■ *vt* **1** (touch) tocar*; ***to ~ one's way*** ir* a tientas **2** ‹*sensation/movement/shame*› sentir*; **I couldn't ~ my fingers** no sentía los dedos **3** (consider) considerar; **I ~ that ...** me parece que ...

feel² *n* (*no pl*) **1** **(a)** (sensation) sensación *f* **(b)** (sense of touch) tacto *m* **2** **(a)** (atmosphere — of house, room) ambiente *m* **(b)** (instinct): **to have a ~ for sth** tener* sensibilidad para algo; **to get the ~ of sth** acostumbrarse a algo

feeler /ˈfiːlər, BrE ˈfiːlə(r)/ *n* **(a)** (Zool) (antenna) antena *f*; (tentacle) tentáculo *m* **(b)** (tentative approach): **to put out ~s** tantear el terreno

🔑 **feeling** /ˈfiːlɪŋ/ *n* **1** **(a)** (physical sensitivity) sensibilidad *f* **(b)** (physical, emotional sensation) sensación *f* **2** **(a)** (sincere emotion) sentimiento *m* **(b)** **feelings** *pl* (sensitivity) sentimientos *mpl* **3** (opinion) opinión *f* **4** (*no pl*) (impression) impresión *f*; **I've a ~ that he knows already** tengo *or* me da la sensación de que ya lo sabe

feet /fiːt/ *n* *pl of* **foot¹**

feign /feɪn/ *vt* fingir*

feline /ˈfiːlaɪn/ *adj* felino

fell¹ /fel/ *past of* **fall²**

fell² *vt* ‹*tree*› talar; ‹*person*› derribar

🔑 **fellow¹** /ˈfeləʊ/ *n* **1** (man) tipo *m* (fam), hombre *m* **2** (member — of college) *miembro del cuerpo docente y de la junta rectora de una universidad*; (— of learned society) miembro *mf* de número

fellow² *adj* (*before n*): **~ worker/traveler** compañero, -ra *m,f* de trabajo/viaje; **~ citizen** conciudadano, -na *m,f*; **he has no love for his ~ men** no le tiene amor al prójimo

fellow feeling *n* camaradería *f*

fellowship /ˈfeləʊʃɪp/ *n* **1** (Educ) **(a)** (at university) título *m* de **fellow¹ 2 (b)** (endowment) beca *f* de investigación **2** **(a)** (companionship) (liter) hermandad *f* (liter) **(b)** (fraternity) fraternidad *f*

felon /ˈfelən/ *n* (in US law) delincuente *mf* (*que ha cometido un delito grave*)

felony /ˈfeləni/ *n* (*pl* **-nies**) (in US law) delito *m* grave

felt¹ /felt/ *n* fieltro *m*

felt² *past & past p of* **feel¹**

felt pen, **felt-tip (pen)** /ˈfelttɪp/ *n* rotulador *m*, marcador *m* (AmL)

🔑 **female¹** /ˈfiːmeɪl/ *adj* ‹*sex*› femenino; ‹*animal/plant*› hembra; **the victim was ~** la víctima era una mujer

🔑 **female²** *n* hembra *f*; (woman, girl) mujer *f*

feminine /ˈfemənən, BrE ˈfemɪnɪn/ *adj* femenino

femininity /ˌfeməˈnɪnəti, BrE ˌfemɪˈnɪnəti/ *n* femineidad *f*, feminidad *f*

feminism /ˈfemənəzəm, BrE ˈfemɪnɪzəm/ *n* feminismo *m*

feminist¹ /ˈfemənəst, BrE ˈfemɪnɪst/ *n* feminista *mf*

feminist² *adj* feminista

fence¹ /fens/ *n* **1** **(a)** (barrier) cerca *f*, cerco *m* (AmL); ***to sit on the ~*** nadar entre dos aguas **(b)** (in showjumping) valla *f* **2** (receiver of stolen goods) (infml) *persona que comercia con objetos robados*, reducidor, -dora *m,f* (AmS)

fence² *vt* cercar*

■ *vi* (Sport) practicar* la esgrima

● **fence in** [*v + adv + o, v + o + adv*] cercar*

● **fence off** [*v + adv + o, v + o + adv*] separar con una cerca

fencer /ˈfensər, BrE ˈfensə(r)/ *n* esgrimista *mf*

fencing /ˈfensɪŋ/ *n* **1** (Sport) esgrima *f* **2** **(a)** (material) *materiales para cercos o vallas* **(b)** (fence) cerca *f*

fend /fend/ *vi*: **to ~ for oneself** valerse* por sí mismo

● **fend off** [*v + o + adv, v + adv + o*] ‹*attack/enemy*› rechazar*; ‹*blow*› esquivar; ‹*questions*› eludir

fender /ˈfendər, BrE ˈfendə(r)/ *n* **1** (around fireplace) rejilla *f* **2** (on car) (AmE) guardabarros *m*, salpicadera *f* (Méx), tapabarro(s) *m* (Chi, Per); (on boat) defensa *f*

fennel /ˈfenl/ *n* hinojo *m*

ferment /fərˈment, BrE fəˈment/ *vi* fermentar

fern /fɜːrn, BrE fɜːn/ *n* helecho *m*

ferocious /fəˈrəʊʃəs/ *adj* feroz

ferocity /fəˈrɑːsəti, BrE fəˈrɒsəti/ *n* ferocidad *f*

ferret /ˈferət, BrE ˈferɪt/ *n* hurón *m*

● **ferret around**, **ferret about** [*v + adv*] husmear

● **ferret out** [*v + o + adv, v + adv + o*] (infml) descubrir*

ferry¹ /ˈferi/ *n* (*pl* **-ries**) (boat) transbordador *m*, ferry *m*; (smaller) balsa *f*

ferry² *vt* **-ries, -rying, -ried** llevar; **we ~ the children to and from school in the car** llevamos a los niños al colegio y los vamos a buscar en coche

fertile /ˈfɜːrtl, BrE ˈfɜːtaɪl/ *adj* ‹*woman/animal/plant/soil*› fértil; ‹*seed/egg*› fecundado;

‹*imagination*› fértil

fertility /fər'tɪləti, BrE fə'tɪləti/ *n* fertilidad *f*

fertilize /'fɜːrtlaɪz, BrE 'fɜːtɪlaɪz/ *vt* ‹*egg/plant/cell*› fecundar; ‹*soil/crop*› abonar

fertilizer /'fɜːrtlaɪzər, BrE 'fɜːtɪlaɪzə(r)/ *n* fertilizante *m*

fervent /'fɜːrvənt, BrE 'fɜːvənt/ *adj* ferviente

fervor, (BrE) **fervour** /'fɜːrvər, BrE 'fɜːvə(r)/ *n* fervor *m*

fester /'festər, BrE 'festə(r)/ *vi* enconarse

festival /'festəvəl, BrE 'festɪvəl/ *n* **(a)** (Relig) fiesta *f* **(b)** (Cin, Mus, Theat) festival *m* **(c)** (celebration) fiesta *f*

festive /'festɪv/ *adj* festivo; **the ~ season** (set phrase) las Navidades

festivity /fes'tɪvəti/ *n* (*usu pl*) celebración *f*

festoon /fe'stuːn/ *vt* **to ~ sth/sb (WITH sth)** adornar algo/a algn (CON algo)

fetch /fetʃ/ *vt* **1** (bring) traer*, ir* a por (Esp) **2** (sell for) (infml): **the car ~ed $4,000** el coche se vendió en 4.000 dólares
■ *vi*: ***to ~ and carry*** ser* el recadero/la recadera

fetching /'fetʃɪŋ/ *adj* ‹*smile*› atractivo; ‹*dress/hat*› sentador, que sienta bien (Esp)

fete, **fête** /feɪt/ *n* **(a)** (fund-raising event) (BrE) feria *f* (*benéfica*), kermesse *f* (CS, Méx), bazar *m* (Col) **(b)** (party) (AmE) fiesta *f* (*en un jardín*)

fetish /'fetɪʃ/ *n* fetiche *m*

fetter /'fetər, BrE 'fetə(r)/ *vt* (liter) encadenar; **he felt ~ed by convention** se sentía prisionero de los convencionalismos

fetters /'fetərz, BrE 'fetəz/ *pl n* (liter) grillos *mpl*

fettle /'fetl/ *n*: ***to be in fine ~*** estar* en (buena) forma

fetus, (BrE) **foetus** /'fiːtəs/ *n* feto *m*

feud[1] /fjuːd/ *n* contienda *f* (fml)

feud[2] *vi* contender* (fml)

feudal /'fjuːdl/ *adj* feudal

fever /'fiːvər, BrE 'fiːvə(r)/ *n* fiebre *f*

feverish /'fiːvərɪʃ/ *adj* (Med) con fiebre; (frantic) febril

fever pitch *n*: ***to reach ~*** llegar* al paroxismo

few[1] /fjuː/ *adj* **-er, -est** pocos, -cas; **the last ~ days have been difficult** estos últimos días han sido difíciles; **there were ~er people than usual** había menos gente que de costumbre; **I've been there a ~ times** he estado allí unas cuantas veces

few[2] *pron* **-er, -est** pocos, -cas; **the privileged ~** la minoría privilegiada; **a ~ of us complained** algunos (de nosotros) nos quejamos

fiancé /'fiːɑːn'seɪ, fiː'ɑːnseɪ, BrE fiː'ɒnseɪ/ *n* prometido *m*

fiancée /'fiːɑːn'seɪ, fiː'ɑːnseɪ, BrE fiː'ɒnseɪ/ *n* prometida *f*

fiasco /fi'æskəʊ/ *n* (*pl* **-cos** *or* **-coes**) fracaso *m*

fib[1] /fɪb/ *n* (infml) mentirilla *f*, bola *f* (fam)

fib[2] *vi* **-bb-** (infml) mentir*, decir* mentirillas *or* (fam) bolas

fiber, (BrE) **fibre** /'faɪbər, BrE 'faɪbə(r)/ *n* fibra *f*; **(dietary) ~** fibra *f*

fiberglass /'faɪbərglæs, BrE 'faɪbəglɑːs/ *n* fibra *f* de vidrio

fickle /'fɪkəl/ *adj* veleidoso

fiction /'fɪkʃən/ *n* ficción *f*

fictional /'fɪkʃn̩əl, BrE 'fɪkʃənl/ *adj* ficticio

fictitious /fɪk'tɪʃəs/ *adj* **(a)** (false) ‹*name*› ficticio **(b)** (imaginary) imaginario

fiddle[1] /'fɪdl/ *n* **1** (violin) violín *m*; ***as fit as a ~*** rebosante de salud **2** (cheat) (BrE infml) chanchullo *m* (fam)

fiddle[2] *vt* (BrE infml) ‹*accounts*› hacer* chanchullos con (fam); ‹*results*› amañar
■ *vi* (fidget) **to ~ WITH sth** juguetear CON algo

fiddler /'fɪdlər, BrE 'fɪdlə(r)/ *n* violinista *mf*

fidelity /fə'deləti, BrE fɪ'deləti/ *n* fidelidad *f*

fidget /'fɪdʒət, BrE 'fɪdʒɪt/ *vi*: **stop ~ing** ¡estate quieto!

field[1] /fiːld/ *n* **1** (Agr) campo *m* **2** (Sport) **(a)** (area of play) campo *m*, cancha *f* (AmL) **(b)** (competitors) (+ *sing o pl vb*) **to lead the ~** llevar la delantera; **our products lead the ~** nuestros productos son los líderes del mercado **3** (of study, work) campo *m*; (of activities) esfera *f* **4** (Opt, Phot, Phys) campo *m*; **~ of vision** campo visual

field[2] *vt* (Sport) fildear

field: **~ day** *n*: ***to have a ~ day*** hacer* su agosto; **~ glasses** *pl n* gemelos *mpl*, prismáticos *mpl*; **~ hockey** *n* (AmE) hockey *m* (sobre hierba); **~ marshal** *n* mariscal *m* de campo; **~ trip** *n* viaje *m* de estudio; **~work** *n* trabajo *m* de campo

fiend /fiːnd/ *n* **(a)** (demon) demonio *m* **(b)** (cruel person) (journ *or* hum) desalmado, -da *m,f*

fiendish /'fiːndɪʃ/ *adj* **(a)** (wicked) diabólico **(b)** (very difficult) (infml) endemoniado (fam)

fierce /fɪrs, BrE 'fɪəs/ *adj* **fiercer, fiercest** **(a)** ‹*dog/lion*› fiero; ‹*temper*› feroz **(b)** ‹*hatred/love*› intenso; ‹*fighting*› encarnizado; ‹*criticism/opposition*› violento **(c)** ‹*storm*› violento; ‹*wind*› fortísimo; **the ~ tropical sun** el implacable sol del trópico

fiercely /'fɪrsli, BrE 'fɪəsli/ *adv* **(a)** ‹*growl*› con ferocidad **(b)** ‹*fight*› con fiereza; ‹*criticize*› duramente; ‹*competitive/independent*› extremadamente

fiery /'faɪri, BrE 'faɪəri/ *adj* **-rier, -riest** ‹*glow*› ardiente; ‹*red*› encendido; ‹*heat/sun*› abrasador; ‹*liquor*› muy fuerte; ‹*temper*› exaltado; ‹*speech*› fogoso

FIFA /'fiːfə/ *n* (*no art*) la FIFA

fifteen /'fɪf'tiːn/ *adj/n* quince *adj inv/m*; *see also* **four**[1]

fifteenth[1] /'fɪf'tiːnθ/ *adj* decimoquinto

fifteenth[2] *adv* en decimoquinto lugar

fifteenth[3] *n* (Math) quinceavo *m*; (part) quinceava parte *f*

fifth[1] /fɪfθ/ *adj* quinto

fifth[2] *adv* en quinto lugar

fifth[3] *n* **1** **(a)** (Math) quinto *m*; (part) quinta parte *f*, quinto *m* **(b)** (Mus) quinta *f* **(c)** (in competition): **he finished a disappointing ~** llegó en un deslucido quinto lugar **2** **~ (gear)** (*no art*) quinta *f*

fiftieth[1] /'fɪftiəθ/ *adj* quincuagésimo

fiftieth[2] *adv* en quincuagésimo lugar

fiftieth[3] *n* (Math) cincuentavo *m*; (part) cincuentava *or* quincuagésima parte *f*

fifty /'fɪfti/ *adj/n* cincuenta *adj inv/m*; *see also* **four[1]**

fifty-fifty[1] /'fɪfti'fɪfti/ *adv* (infml) a medias

fifty-fifty[2] *adj* (infml): **a ~ chance** un 50% de posibilidades; **on a ~ basis** a medias

fig /fɪg/ *n* higo *m*; (*before n*) **~ tree** higuera *f*

fight[1] /faɪt/ (*past & past p* **fought**) *vi* «*army/country/animal*» luchar; «*person*» pelear; **to ~** FOR/AGAINST **sb/sth** luchar POR/CONTRA algn/algo; **to ~** OVER **sth** pelearse POR algo
■ *vt* **1** **(a)** ‹*army/country*› luchar contra **(b)** ‹*fire/disease/measure*› combatir **2** **(a)** (conduct): **they fought a long war against the rebels** lucharon contra los rebeldes durante largo tiempo **(b)** (contest) ‹*election*› presentarse a; **we intend to ~ the case** (Law) pensamos llevar el caso a los tribunales (*or* defendernos *etc*)
● **fight back** **1** [*v + adv*] defenderse*; **to ~ back** AGAINST **sb/sth** luchar CONTRA algn/algo **2** [*v + o + adv, v + adv + o*] ‹*tears*› contener*; ‹*anger*› reprimir
● **fight off** [*v + o + adv, v + adv + o*] ‹*attack/enemy*› rechazar*; ‹*cold*› combatir
● **fight out**: [*v + o + adv*]: **you'll have to ~ it out among yourselves** tendrán que resolverlo entre ustedes

fight[2] *n* **1** **(a)** (between persons) pelea *f*; (between armies, companies) lucha *f* **(b)** (boxing match) pelea *f* **2** **(a)** (struggle) lucha *f* **(b)** (quarrel) pelea *f*

fighter /'faɪtər, BrE 'faɪtə(r)/ *n* **1** **(a)** (person) luchador, -dora *m,f* **(b)** (boxer) boxeador, -dora *m,f* **2** (plane) caza *m*; (*before n*) **~ pilot** piloto *m,f* de caza

fighting /'faɪtɪŋ/ *n* (Mil) enfrentamientos *mpl*; (brawling, arguing) peleas *fpl*

figment /'fɪgmənt/ *n*: **a ~ of the imagination** (un) producto de la imaginación

figurative /'fɪgjərətɪv, BrE 'fɪgərətɪv/ *adj* figurado

figure[1] /'fɪgjər, BrE 'fɪgə(r)/ *n* **1** (digit) cifra *f*; **recent ~s show that ...** estadísticas recientes muestran que ... **2** **(a)** (person) figura *f*; **a public ~** un personaje público **(b)** (body shape) figura *f* **3** (Art, Math, Mus) figura *f*

figure[2] *vi* **1** (feature) figurar; **to ~ prominently** destacarse* **2** (make sense) (infml): **it just doesn't ~** no me lo explico
■ *vt* (reckon) (AmE infml) calcular
● **figure on** [*v + prep + o*] (AmE infml) contar* con
● **figure out** [*v + o + adv, v + adv + o*] **(a)** (understand) entender* **(b)** (calculate) ‹*sum/result*› calcular; ‹*problem*› resolver*

figure: **~head** *n* (Naut) mascarón *m* de proa; **he's merely a ~head** no es más que una figura decorativa; **~ of speech** *n* figura *f* retórica; **~ skating** *n* patinaje *m* artístico

Fiji /'fi:dʒi:/ *n* Fiji

filament /'fɪləmənt/ *n* filamento *m*

filch /fɪltʃ/ *vt* (infml) birlar (fam)

file[1] /faɪl/ *n* **1** (tool) lima *f* **2** **(a)** (folder) carpeta *f*; (box ~) clasificador *m*; (for card index) fichero *m* **(b)** (collection of documents) archivo *m*; (of a particular case) expediente *m* **(c)** (Comput) archivo *m*

file[2] *vt* **1** (sort) ‹*papers*› archivar **2** ‹*application/suit*› presentar **3** ‹*metal*› limar; **to ~ one's nails** limarse las uñas
■ *vi* **1** (walk in line) (+ *adv compl*): **they ~d into the room** entraron en la habitación en fila; **the crowd ~d past the tomb** la multitud desfiló ante la tumba **2** (Law): **to ~ for divorce** presentar una demanda de divorcio

file: **~ card** *n* (AmE) ficha *f*; **~ clerk** *n* (AmE) administrativo, -va *m,f* (*encargado de archivar*); **~ sharing** /'faɪlʃerɪŋ, BrE 'faɪlʃeərɪŋ/ *n* (Comput) intercambio *m* de archivos

filing /'faɪlɪŋ/ *n*: **there's a lot of ~ to do** hay mucho que archivar

filing: **~ cabinet** *n* archivador *m*; **~ clerk** *n* (BrE) ▶ **file clerk**

Filipino /'fɪlə'pi:nəʊ, BrE ˌfɪlɪ'pi:nəʊ/ *adj* filipino

fill[1] /fɪl/ *vt* **1** **(a)** (make full) **to ~ sth (**WITH **sth)** llenar algo (DE algo); ‹*cake/sandwich*› rellenar algo (DE algo) **(b)** (plug) ‹*hole/crack*› rellenar; ‹*tooth*› empastar, tapar (Andes), emplomar (RPl), calzar* (Col) **2** ‹*vacancy*› cubrir*
■ *vi* «*bath/auditorium*» **to ~ (**WITH **sth)** llenarse (DE algo)
● **fill in** **1** [*v + o + adv, v + adv + o*] **(a)** ‹*hole/outline*› rellenar **(b)** ‹*form*› rellenar **2** [*v + o + adv*] (inform) (infml) **to ~ sb in (**ON **sth)** poner* a algn al corriente (DE algo) **3** [*v + adv*] (deputize) **to ~ in** FOR **sb** sustituir* a algn
● **fill out** [*v + o + adv, v + adv + o*] ‹*form*› rellenar
● **fill up** **1** [*v + o + adv, v + adv + o*] **(a)** (make full) llenar **(b)** (Auto): **~ her up!** ¡llénelo! **2** [*v + adv*] **(a)** (become full) llenarse **(b)** (buy fuel) echar gasolina

fill[2] *n*: **to eat one's ~ of sth** (liter) comer algo hasta saciarse; **to have had one's ~ of sth** estar* harto de algo

filler /'fɪlər, BrE 'fɪlə(r)/ *n* (for cracks) masilla *f*

fillet[1] /'fɪlət, BrE 'fɪlɪt/ *n* (of beef) filete *m*, solomillo *m* (Esp), lomo *m* (AmS); (of pork) lomo *m*; (of fish) filete *m*; (*before n*) **a ~ steak** un filete, un solomillo de ternera (Esp), un bife de lomo (RPl)

fillet[2] *vt* ‹*meat*› cortar en filetes; ‹*fish*› quitarle la espina a

filling[1] /'fɪlɪŋ/ *n* **1** (Dent) empaste *m*, tapadura *f* (Chi, Méx), emplomadura *f* (RPl), calza *f* (Col) **2** (Culin) relleno *m*

filling[2] *adj*: **pasta's very ~** la pasta llena mucho

filling station *n* ▶ **gas station**

filly /'fɪli/ (*pl* **-lies**) *n* potra *f*

film[1] /fɪlm/ *n* **1** **(a)** (Phot) película *f* (fotográfica) **(b)** (movie) película *f*, film(e) *m* (period); (*before n*) **~ star** estrella *f* de cine **2** **(a)** (thin covering) película *f* **(b)** (wrap) film *m* transparente

film[2] *vt* ‹*scene*› filmar; ‹*novel/play*› llevar al cine
■ *vi* rodar*; **~ing starts tomorrow** el rodaje empieza mañana

filmstrip /'fɪlmstrɪp/ *n*: *película o serie de filminas para proyección fija*

Filofax® /'faɪləfæks/ *n* filofax® *m*

filter[1] /'fɪltər, BrE 'fɪltə(r)/ *n* **1** (device) filtro *m*; (*before n*) **~ coffee** café *m* americano **2** (BrE) (Transp) flecha *f* (*que autoriza el giro a derecha o izquierda en algunos semáforos*); (*before n*) **~ lane** carril *m* de giro

palabra clave

filter² *vt* filtrar
■ *vi* «*gas/light/sound*» filtrarse

filter-tipped /'fɪltər'tɪpt, BrE ˌfɪltə'tɪpt/ *adj* con filtro

filth /fɪlθ/ *n* mugre *f*

filthy /'fɪlθi/ *adj* **-thier, -thiest (a)** (dirty) mugriento **(b)** (obscene) ‹*language*› obsceno **(c)** (unpleasant) (BrE infml) ‹*weather/habit*› asqueroso (fam)

fin /fɪn/ *n* aleta *f*

final¹ /'faɪnl/ *adj* **1** (last) (*before n*) último; **a ~ demand (for payment)** (Busn) un último aviso de pago **2** (definitive) final; **the judges' decision is ~** (fml) la decisión del jurado es inapelable

final² *n* **1** (Games, Sport) (*often pl*) final *f* **2 finals** *pl* (Educ) exámenes *mpl* finales

finale /fə'næli, BrE fɪ'nɑːli/ *n* **(a)** (Mus) final *m* **(b)** (Theat) apoteosis *f*

finalist /'faɪnləst, BrE 'faɪnəlɪst/ *n* finalista *mf*

finalize /'faɪnlaɪz, BrE 'faɪnəlaɪz/ *vt* ultimar

finally /'faɪnli, BrE 'faɪnəli/ *adv* **(a)** (lastly) (*indep*) por último **(b)** (at last) por fin

finance¹ /fə'næns, faɪ-, BrE 'faɪnæns, faɪ'næns/ *n* **(a)** (banking, business) finanzas *fpl* **(b) finances** *pl* recursos *mpl* financieros **(c)** (funding) financiación *f*, financiamiento *m* (esp AmL)

finance² *vt* financiar

financial /fə'næntʃəl, BrE faɪ'nænʃəl/ *adj* ‹*system/risk*› financiero; ‹*difficulties/independence*› económico; ‹*news*› de economía, de negocios; **~ advice** asesoría *f* económica; **~ management** gestión *f* financiera

financial year *n* (BrE) (of company) ejercicio *m*; (of government) año *m* fiscal

financier /'fɪnən'sɪr, BrE faɪ'nænsɪə(r)/ *n* financiero, -ra *m,f*

find¹ /faɪnd/ (*past & past p* **found**) *vt* encontrar*; **I can't ~ it** no lo encuentro; **I found (that) it was easier to do it this way** descubrí que era más fácil hacerlo así; **I ~ that hard to believe!** ¡me cuesta creerlo!; **to ~ sb guilty/not guilty** (Law) declarar a algn culpable/inocente
■ *v refl*: **to ~ oneself** encontrarse* a sí (*or* mí *etc*) mismo

● **find out 1** [*v + o + adv, v + adv + o*] (discover) ‹*truth*› descubrir*; ‹*information*› (by making inquiries) averiguar* **2** [*v + adv*] **(a)** (learn) enterarse; **to ~ out** ABOUT **sth** enterarse DE algo **(b)** (make inquiries) averiguar*

find² *n* hallazgo *m*

findings /'faɪndɪŋz/ *pl n* conclusiones *fpl*

fine¹ /faɪn/ *adj* **finer, finest 1** (*usu before n*) **(a)** (excellent) ‹*house/speech/example*› magnífico; ‹*wine/ingredients*› de primera calidad **(b)** (fair) ‹*weather*› bueno **2** (infml) (*pred*) **(a)** (in good health) muy bien **(b)** (OK) bien; (perfect) perfecto **3** (thin, delicate) ‹*hair/china/point*› fino **4** (subtle) ‹*distinction/nuance*› sutil; ‹*balance*› delicado; ‹*adjustment*› preciso

fine² *adv* (adequately) bien; (very well) muy bien

fine³ *n* multa *f*

fine⁴ *vt* multar

fine art *n* arte *m*; **the ~s** las bellas artes; ***to have (got) sth down to a ~*** hacer* algo a la perfección

finely /'faɪnli/ *adv* **(a)** (in small pieces): **to chop sth ~** picar* algo muy fino **(b)** (subtly) ‹*adjust*› con precisión

fine print *n* (AmE): **the ~** la letra pequeña *or* menuda, la letra chica (AmL)

finery /'faɪnəri/ *n*: **in all their ~** con sus mejores galas

finesse /fə'nes, BrE fɪ'nes/ *n* **(a)** (refinement) finura *f* **(b)** (tact) diplomacia *f*

fine-tooth(ed) comb /'faɪn'tuːθ(t)/ *n*: ***to go over sth with a ~-tooth(ed) comb*** mirar algo con lupa

finger¹ /'fɪŋgər, BrE 'fɪŋgə(r)/ *n* (of hand, glove) dedo *m*; **index ~** (dedo) índice *m*; **middle ~** (dedo) corazón *m or* medio *m*; **ring ~** (dedo) anular *m*; **little ~** (dedo) meñique *m*; ***to cross one's ~s***: **I'll keep my ~s crossed for you** ojalá (que) tengas suerte; ***to snap one's ~s*** chasquear *or* (Méx) tronar* los dedos

finger² *vt* toquetear, tentalear (Méx)

finger: **~nail** *n* uña *f*; **~print** *n* huella *f* digital; **~tip** *n* yema *f* del dedo

finish¹ /'fɪnɪʃ/ *vt* **1 (a)** (complete) terminar, acabar; **we ~ work at four o'clock today** hoy salimos a las cuatro; **to ~** -ING terminar *or* acabar DE + INF **(b)** (consume) ‹*drink/rations*› terminar, acabar **2** ‹*cloth/porcelain*› terminar; ‹*wood*› pulir **3** (destroy) (infml) acabar con
■ *vi* terminar, acabar

● **finish off 1** [*v + o + adv, v + adv + o*] **(a)** (complete) terminar, acabar **(b)** (exhaust) dejar agotado **(c)** (consume) terminar **(d)** (kill) matar **2** [*v + adv*] (conclude) terminar, acabar

● **finish up 1** [*v + o + adv, v + adv + o*] ‹*food/paint*› terminar **2** [*v + adv*] (end up) acabar

finish² *n* **1** (*no pl*) (end) fin *m*, final *m*; (of race) llegada *f* **2** (surface texture) acabado *m*

finished /'fɪnɪʃt/ *adj* (*pred*) **(a)** (complete, achieved): **to get sth ~** terminar *or* acabar algo; **I'm ~ with the scissors** no necesito más la tijera **(b)** (ruined) acabado

finishing /'fɪnɪʃɪŋ/: **~ line** *n* (BrE) ▶ **finish line**; **~ school** *n*: *colegio privado para señoritas donde se aprende a comportarse en sociedad*; **~ touch** *n*: **to put the ~ touch(es) to sth** darle* los últimos toques a algo

finish line, (BrE) **finishing line** *n* meta *f*, línea *f* de llegada

finite /'faɪnaɪt/ *adj* finito

Finland /'fɪnlənd/ *n* Finlandia *f*

Finn /fɪn/ *n* finlandés, -desa *m,f*, finés, -nesa *m,f*

Finnish¹ /'fɪnɪʃ/ *adj* finlandés, finés

Finnish² *n* finlandés *m*

fiord /fi'ɔːrd, BrE fi'ɔːd/ *n* fiordo *m*

fir /fɜːr, BrE fɜː(r)/ *n* abeto *m*

fire¹ /faɪr, BrE 'faɪə(r)/ *n* **1 (a)** (flames) fuego *m*; **to be on ~** estar* en llamas; **to set sth on ~** *o* **to set ~ to sth** prenderle fuego a algo; **to catch ~** prender fuego **(b)** (outdoors) hoguera *f*; (in hearth) fuego *m* **2** (blaze which destroys a building) incendio *m*; (*as interj*) **~!** ¡fuego!; (*before n*) **~ curtain** telón *m* contra incendios; **this is a ~ hazard** esto podría causar un incendio **3** (heater) (BrE) estufa *f* **4** (of guns) fuego *m*; **to open ~ on sb/sth** abrir* fuego sobre algn/algo

fire² *vt* **1** ‹*gun/shot*› disparar; ‹*rocket*› lanzar*;

f

to ~ **questions at sb** hacerle* preguntas a algn **2** (dismiss) (infml) echar, despedir* **3** ‹*imagination*› avivar
■ *vi* (shoot) disparar; **to ~** AT **sb/sth** disparar CONTRA algn/algo; **ready, aim, ~!** apunten ¡fuego!

fire: ~ **alarm** *n* (apparatus) alarma *f* contra incendios; (signal) alarma *f*; **~arm** *n* arma *f*‡ de fuego; ~ **department**, (BrE) ~ **brigade** *n* cuerpo *m* de bomberos; ~ **door** *n* puerta *f* contra incendios; ~ **drill** *n* simulacro *m* de incendio; ~ **engine** *n* (BrE) ▶ ~ **truck**; ~ **escape** *n* escalera *f* de incendios; ~ **extinguisher** *n* extinguidor *m* (de incendios) (AmL), extintor *m* (Esp); **~fighter** *n* bombero *mf*; ~ **guard** *n* rejilla *f* (*de chimenea*); **~lighter** *n*: *líquido o pastilla utilizados para facilitar el encendido del fuego de leña o carbón*; **~man** /ˈfaɪrmən, BrE ˈfaɪəmən/ (*pl* **-men** /-mən/) *n* bombero *m*; **~place** *n* chimenea *f*; **~proof** *adj* incombustible; **~side** *n* hogar *m*; ~ **station** *n* estación *f or* (Esp) parque *m or* (RPl) cuartel *m* de bomberos, bomba *f* (Chi); ~ **truck** *n* (AmE) carro *m or* (Esp) coche *m or* (Méx) camión *m* de bomberos, autobomba *m* (RPl), bomba *f* (Chi); **~wall** *n* **1** (Comput) cortafuegos *m* **2** (in building) muro *m* cortafuego(s); **~wood** *n* leña *f*; **~works** *pl n* fuegos *mpl* artificiales

f

firing /ˈfaɪrɪŋ, BrE ˈfaɪərɪŋ/: ~ **line** *n*: **to be on** o (BrE) **in the ~ line** (exposed to criticism) estar* expuesto a las críticas; (Mil) estar* en la línea de combate; ~ **squad** *n* pelotón *m* de fusilamiento

firm¹ /fɜːrm, BrE fɜːm/ *adj* **1** **(a)** (secure) ‹*grasp*› firme **(b)** (not yielding) ‹*surface/muscles*› firme; ‹*mattress*› duro; ‹*foundation*› sólido **2** **(a)** (steadfast) ‹*friendship*› sólido; ‹*support*› firme **(b)** (strict) estricto **3** (definite) ‹*offer/date*› en firme

🔑 **firm²** *n* empresa *f*, firma *f*

firmly /ˈfɜːrmli, BrE ˈfɜːmli/ *adv* ‹*grasp/believe*› con firmeza; ‹*fixed/supported*› firmemente

🔑 **first¹** /fɜːrst, BrE fɜːst/ *adj*

> ■ **Note** The usual translation of *first*, *primero*, becomes *primer* when it precedes a masculine singular noun.

1 (initial) primero; **the ~ president of the USA** el primer presidente de los EE UU; **who's going to be ~?** ¿quién va a ser el primero?; ~ **things first** primero lo más importante **2** (elliptical use): **he'll be arriving on the ~ (of the month)** llegará el primero *or* (Esp tb) el uno (del mes); **she was the ~ to arrive** fue la primera en llegar **3** (*in phrases*) **at first** al principio; **from first to last** de(l) principio a(l) fin

🔑 **first²** *adv* **1** **(a)** (ahead of others) primero; **he came ~ in the exam** sacó la mejor nota en el examen; **I always put my children ~** para mí antes que nada están mis hijos; **ladies ~** primero las damas **(b)** (before other actions, events) primero **(c)** (beforehand) antes **(d)** (for the first time) por primera vez **2** (*in phrases*) **first and foremost** ante todo; **first and last** por encima de todo; **first of all** en primer lugar

first³ *n* **(a)** ~ **(gear)** (Auto) (*no art*) primera *f* **(b)** (original idea, accomplishment) primicia *f*

first: ~ **aid** *n* primeros auxilios *mpl*; (*before n*) **~-aid kit** botiquín *m* (de primeros auxilios); **~-aid station** o (BrE) **post** puesto *m* de primeros auxilios; ~ **class** *adv* ‹*travel*› en primera (clase); **~-class** /ˈfɜːrstˈklæs, BrE ˌfɜːstˈklɑːs/ *adj* (*pred* ~ **class**) **(a)** (of highest grade) ‹*hotel/ticket*› de primera clase; ‹*travel*› en primera (clase) **(b)** (excellent) de primera **(c)** (BrE) (Corresp): **~-class mail** *correspondencia enviada a una tarifa superior, que garantiza una rápida entrega*; **~-hand** /ˈfɜːrstˈhænd, BrE ˌfɜːstˈhænd/ *adj* ‹*news*› de primera mano; ~ **lady** *n* primera dama *f*

firstly /ˈfɜːrstli, BrE ˈfɜːstli/ *adv* (*as linker*) en primer lugar

first: ~ **name** *n* nombre *m* de pila; **~-rate** /ˈfɜːrstˈreɪt, BrE ˌfɜːstˈreɪt/ *adj* de primera; **~-time buyer** *n*: *persona que compra algo, gen una vivienda, por primera vez*

fiscal /ˈfɪskəl/ *adj* fiscal

fiscal year *n* (AmE) año *m* fiscal

🔑 **fish¹** /fɪʃ/ *n* (*pl* **fish** *or* **fishes**) **(a)** (Zool) pez *m*; (*before n*) ~ **pond** estanque *m*; ~ **tank** pecera *f* **(b)** (Culin) pescado *m*; ~ **and chips** (esp BrE) pescado *m* frito con papas *or* (Esp) patatas fritas

fish² *vi* pescar*; **to go ~ing** ir* de pesca; **to ~** FOR **sth** (for trout) pescar* algo; (for compliments) andar* a la caza de algo; **to ~ (around) in one's pockets/bag** rebuscar* en los bolsillos/la bolsa

● **fish out** [*v* + *o* + *adv*, *v* + *adv* + *o*] sacar*

fish: **~bone** *n* espina *f* (*de pez*); **~cake** *n* ≈ croqueta *f* (*de pescado y papas*)

fisherman /ˈfɪʃərmən, BrE ˈfɪʃəmən/ *n* (*pl* **-men** /-mən/) pescador *m*

fishery /ˈfɪʃəri/ *n* (*pl* **-eries**) **1** ▶ **fish farm** **2** **fisheries** *pl* (industry) industria *f* pesquera, pesca *f*

fish: ~ **farm** *n* piscifactoría *f*; ~ **finger** *n* (BrE) ▶ **fish stick**; **~hook** *n* anzuelo *m*

fishing /ˈfɪʃɪŋ/ *n* pesca *f*; (*before n*) ‹*industry/port/vessel/fleet*› pesquero

fishing: ~ **net** *n* red *f* de pesca; ~ **pole** (AmE), ~ **rod** *n* caña *f* de pescar

fish: **~monger** /ˈfɪʃˌmɑːŋgər, BrE ˈfɪʃˌmʌŋgə(r)/ *n* (BrE) pescadero, -ra *m,f*; **at the ~monger('s)** en la pescadería; **~net** *n* **(a)** (AmE) ▶ **fishing net** **(b)** (Tex) red *f*; (*before n*) ‹*stockings*› de malla gruesa *or* de red; ~ **slice** *n* (BrE) espumadera *f*; ~ **stick** *n* (AmE) palito *m* de bacalao (*or merluza etc*) (*trozo de pescado rebozado y frito*)

fishy /ˈfɪʃi/ *adj* **fishier**, **fishiest** **1** ‹*smell/taste*› a pescado **2** (suspicious) (infml) sospechoso

fission /ˈfɪʃən/ *n* fisión *f*

fist /fɪst/ *n* puño *m*

fistfight /ˈfɪstfaɪt/ *n* pelea *f* (*a puñetazos*)

fit¹ /fɪt/ *adj* **-tt-** **1** (healthy) en forma; **to keep ~** mantenerse* en forma; **to be ~ to** + INF (to play/travel) estar* en condiciones DE + INF **2** (suitable) ‹*person/conduct*› adecuado; **this isn't ~ to eat** (harmful) esto no está en buenas condiciones; (unappetizing) esto está incomible; **he's not ~**

to be a father no es digno de ser padre; **he did not see ~ to reply to our letter** ni se dignó contestar a nuestra carta

fit² **-tt-** *vt* **1** **(a)** (Clothing): **the dress ~s you perfectly** el vestido te queda perfecto; **the jacket doesn't ~ me** la chaqueta no me queda bien **(b)** (be right size, shape for) ‹*socket*› encajar en **(c)** (correspond to) ‹*theory*› concordar* con; **to ~ a description** responder a una descripción **2** (install) (esp BrE) ‹*carpet/lock*› poner*; ‹*double glazing*› instalar **3** (accommodate) **to ~ sth** INTO **sth** meter algo EN algo
■ *vi* **(a)** (Clothing): **these shoes don't ~** estos zapatos no me quedan bien; **to make sth ~** ajustar algo **(b)** (be right size, shape) «*lid*» ajustar; «*key/peg*» encajar **(c)** (correspond) «*facts/description*» encajar

● **fit in** **1** [*v + adv*] **(a)** (have enough room) caber* **(b)** (accord) «*detail/event*» **to ~ in** (WITH **sth**) concordar* (CON algo) **(c)** (belong): **she doesn't ~ in here** esto no es para ella **(d)** (conform to): **he'll have to ~ in with our plans** tendrá que amoldarse a nuestros planes **2** [*v + o + adv, v + adv + o*] **(a)** (find space for) acomodar **(b)** (find time for): **I can ~ you in at ten o'clock** puedo atenderla a las diez; **she hoped to ~ in some sightseeing** esperaba tener un poco de tiempo para salir a conocer el lugar

● **fit out** [*v + o + adv, v + adv + o*] equipar; **to ~ sb out** WITH **sth** (with boots/equipment) equipar a algn CON algo; (with uniform) proveer* a algn DE algo

fit³ *n* **1** **(a)** (attack) ataque *m*; **epileptic ~** ataque epiléptico; ***to have a ~***; (infml): **I nearly had a ~** casi me da un ataque (fam) **(b)** (short burst): **a ~ of coughing** un acceso de tos; ***in ~s and starts*** a los tropezones **2** (of clothes) (*no pl*): **my new jacket is a good ~** la chaqueta nueva me queda bien; **it's a tight ~** es muy entallado

fitful /'fɪtfəl/ *adj* ‹*progress/sunshine*› intermitente; ‹*sleep*› irregular

fitfully /'fɪtfəli/ *adv* de manera irregular

fitness /'fɪtnəs, BrE 'fɪtnɪs/ *n* **1** (healthiness) salud *f*; **(physical) ~** (buena) forma *f* física **2** (suitability) aptitud *f*

fitted /'fɪtəd, BrE 'fɪtɪd/ *adj* **(a)** ‹*cupboard*› empotrado; ‹*shelves*› hecho a medida; ‹*sheet*› ajustable, de cajón (Méx); **~ carpet** (esp BrE) alfombra *f* de pared a pared, moqueta *f* (Esp) **(b)** ‹*kitchen*› integral

fitter /'fɪtər, BrE 'fɪtə(r)/ *n* **1** (Clothing) probador, -dora *m,f* **2** (mechanic — in garage) mecánico, -ca *m,f*; (— in car industry, shipbuilding) operario, -ria *m,f*

fitting¹ /'fɪtɪŋ/ *adj* ‹*conclusion*› adecuado; ‹*tribute*› digno

fitting² *n* **1** (Clothing) **(a)** (trying on) prueba *f* **(b)** (BrE) (size — of clothes) medida *f*; (— of shoe) horma *f* **2** **(a)** (accessory) accesorio *m* **(b)** **fittings** *pl* (esp BrE) (Const) accesorios *mpl*; **electrical ~s** instalaciones *fpl* eléctricas; **bathroom ~s** grifería *f* y accesorios *mpl* de baño

fitting room *n* probador *m*

five /faɪv/ *adj/n* cinco *adj inv/m*; *see also* **four¹**

fiver /'faɪvər, BrE 'faɪvə(r)/ *n* **(a)** ($5) (AmE sl) cinco dólares *mpl* **(b)** (£5) (BrE infml) cinco libras *fpl*

fix¹ /fɪks/ *vt* **1** **(a)** ‹*plank/shelf*› sujetar; **to ~ a notice on a door** poner* un anuncio en una puerta; **to ~ sth in one's memory** grabar algo en la memoria **(b)** (direct steadily): **his eyes were ~ed on the road ahead** tenía la mirada fija en la carretera; **he ~ed her with a stony gaze** clavó en ella una mirada glacial **2** **(a)** ‹*date/time/price*› fijar **(b)** (repair) (infml) arreglar **(c)** (prepare) (esp AmE infml) preparar **(d)** (infml) ‹*election/contest*› amañar (fam)
■ *vi* (make plans) (AmE): **we're ~ing to go fishing on Sunday** estamos planeando ir de pesca el domingo

● **fix up** [*v + o + adv, v + adv + o*] **(a)** (provide for): **I need somewhere to stay: can you ~ me up?** necesito alojamiento ¿me lo puedes arreglar?; **she ~ed me up with a job** me encontró un trabajo **(b)** (repair) ‹*house/room*› (AmE) arreglar

fix² *n* (predicament) (infml) aprieto *m*, apuro *m*

fixation /fɪk'seɪʃən/ *n* obsesión *f*

fixed /fɪkst/ *adj* **1** ‹*price/rate/ideas*› fijo; ‹*principles/position*› rígido; **a ~-term contract** un contrato a plazo fijo **2** ‹*gaze*› fijo; ‹*smile*› petrificado

fixed: **~ assets** *pl n* activo *m* fijo; **~-rate** /'fɪkst'reɪt/ *adj* a una tasa de interés fija *or* (esp Esp) a tipo de interés fijo

fixture /'fɪkstʃər, BrE 'fɪkstʃə(r)/ *n* **1** **(a)** (in building) *elemento de la instalación, como los artefactos del baño, cocina etc* **(b)** (permanent feature) parte *f* integrante **2** (BrE) (Sport) encuentro *m*

fizz /fɪz/ *vi* «*champagne/cola*» burbujear

fizzle out /'fɪzəl/ [*v + adv*] «*fire/firework*» apagarse*; «*excitement*» esfumarse

fizzy /'fɪzi/ *adj* **-zier**, **-ziest** gaseoso, efervescente; **~ water** (infml) agua *f*‡ mineral con gas

fjord /fi'ɔːrd, BrE fɪ'ɔːd/ *n* fiordo *m*

FL, **Fla** = **Florida**

flabbergasted /'flæbər,gæstəd, BrE 'flæbə,gɑːstɪd/ *adj* estupefacto

flabby /'flæbi/ *adj* **-bier**, **-biest** ‹*stomach*› fofo; ‹*muscle*› flojo

flag¹ /flæg/ *n* bandera *f*

flag² **-gg-** *vi* «*person/animal*» desfallecer*; «*interest/conversation/spirits*» decaer*; «*attendance*» disminuir*
■ *vt* **(a)** (mark with flags) marcar* con banderas **(b)** (mark for special attention) marcar*

● **flag down** [*v + o + adv, v + adv + o*] parar (*haciendo señas*)

flagpole /'flægpəʊl/ *n* asta *f*‡ de (la) bandera

flagrant /'fleɪgrənt/ *adj* flagrante

flag: **~ship** *n* (Naut) buque *m* insignia; (showpiece) producto *m* (*or* programa *m etc*) bandera; **~stone** *n* losa *f*

flair /fler, BrE 'fleə(r)/ *n* **(a)** (natural aptitude) (*no pl*): **a ~ for languages/business** facilidad *f* para los idiomas/olfato *m* para los negocios **(b)** (stylishness) estilo *m*

flak /flæk/ *n* **(a)** (Aviat, Mil) fuego *m* antiaéreo **(b)** (criticism) críticas *fpl*

flake¹ /fleɪk/ *n* (of snow, cereals) copo *m*; (of paint, rust, skin) escama *f*

flake² *vi* «*paint/plaster*» descascararse

flaky, **flakey** /'fleɪki/ *adj* **-kier**, **-kiest** ‹*piecrust*› hojaldrado; ‹*paint/plaster*› que se desconcha; ~ **pastry** *masa tipo hojaldre*

flamboyant /flæm'bɔɪənt/ *adj* **(a)** (dashing) ‹*style/person*› exuberante; ‹*gesture*› ampuloso **(b)** (brilliant) ‹*color*› vistoso; ‹*hat/dress*› llamativo

flame /fleɪm/ *n* **(a)** llama *f*; **to be in ~s** estar* (envuelto) en llamas; **to go up in ~s** incendiarse **(b)** (lover): **he's an old ~ of mine** es un antiguo enamorado mío

flame: **~proof** *adj* ‹*fabric*› ininflamable; ‹*dish*› resistente al fuego; **~thrower** /'fleɪm'θrəʊər, BrE 'fleɪm,θrəʊə(r)/ *n* lanzallamas *m*

f

flamingo /flə'mɪŋgəʊ/ *n* (*pl* **-gos** *or* **-goes**) flamenco *m*

flammable /'flæməbəl/ *adj* inflamable, flamable (Méx)

flan /flæn/ *n* (sweet) tarta *f*, kuchen *m* (Chi); (individual) tartaleta *f*, tarteleta *f* (RPl)

flank[1] /flæŋk/ *n* **(a)** (of animal) ijada *f*, ijar *m*; (of person) costado *m* **(b)** (Mil, Sport) flanco *m*

flank[2] *vt* (*often pass*) flanquear

flannel /'flænl/ *n* **1** **(a)** (fabric) franela *f*; (*before n*) ‹*shirt/nightgown*› de franela **(b)** **flannels** *pl* (trousers) pantalón *m* de franela **2** (face ~) (BrE) toallita *f* (*para lavarse*)

flap[1] /flæp/ *n* **1** **(a)** (cover) tapa *f*; (of pocket, envelope) solapa *f*; (of table) hoja *f*; (of jacket, coat) faldón *m*; (of tent) portezuela *f*; (ear ~) orejera *f*; **a cat ~** una gatera **(b)** (Aviat) alerón *m* **2** (motion) aletazo *m* **3** (commotion, agitation) (infml): **to be in/get into a ~** estar*/ponerse* como loco (fam)

flap[2] **-pp-** *vi* «*sail/curtain*» agitarse; «*flag*» ondear

■ *vt* ‹*wings*› batir; ‹*arms*› agitar

flapjack /'flæpdʒæk/ *n* **1** (pancake) (esp AmE) *crepe o panqueque pequeño y grueso* **2** (cookie) (BrE) *tipo de galleta dulce de avena*

flare /fler, BrE fleə(r)/ *n* **1** **(a)** (marker light) bengala *f*; (on runway, road) baliza *f* **(b)** (sudden light) destello *m*; (flame) llamarada *f* **2** (Clothing) **(a)** (on jacket) vuelo *m* **(b)** **flares** (BrE) pantalones *mpl* acampanados

● **flare up** [*v* + *adv*] **(a)** «*fire*» llamear; «*fighting*» estallar **(b)** «*infection/disease*» recrudecer* **(c)** (lose temper) explotar

flared /flerd, BrE fleəd/ *adj* ‹*skirt*› con mucho vuelo, evasé (RPl); ‹*trousers*› acampanado

flare-up /'flerʌp, BrE 'fleərʌp/ *n* (of violence) brote *m*

flash[1] /flæʃ/ *n* **1** **(a)** (of light) destello *m*; (from explosion) fogonazo *m*; **a ~ of inspiration** un ramalazo de inspiración; ***(as) quick as a ~*** como un rayo; ***in a ~***: **it came to me in a ~** de repente lo vi claro **(b)** (Phot) flash *m* **2** (news ~) avance *m* informativo

flash[2] *vt* **1** (direct): **they ~ed a light in my face** me enfocaron la cara con una luz; **to ~ one's headlights at sb** hacerle* una señal con los faros a algn **2** (show) ‹*card*› mostrar*, enseñar (esp Esp); **she loves ~ing her money around** le encanta ir por ahí haciendo ostentación de su dinero

■ *vi* **1** **(a)** (emit sudden light) destellar **(b)** (Auto) hacer* una señal con los faros **(c)** **flashing** *pres p* ‹*sign/light*› intermitente; ‹*eyes/smile*› brillante **2** (move fast) (+ *adv compl*): **a message ~ed across the screen** un mensaje apareció fugazmente en la pantalla; **to ~ by** o **past** «*train/car/person*» pasar como una bala

flash: **~back** *n* (Cin, Lit) flashback *m*; **~bulb** *n* (Phot) lámpara *f* de flash; **~cube** *n* (Phot) cubo *m* (de) flash; **~ drive** *n* memoria *f* flash; **~ gun** *n* flash *m* electrónico; **~light** *n* (AmE) linterna *f*; **~ stick** *n* lápiz *m* de memoria

flashy /'flæʃi/ *adj* **-shier**, **-shiest** llamativo

flask /flæsk, BrE flɑːsk/ *n* (bottle) frasco *m*; (in laboratory) matraz *m*; (hip ~) petaca *f*, nalguera *f* (Méx); (vacuum ~) (BrE) termo *m*

flat[1] /flæt/ *adj* **-tt-** **1** **(a)** ‹*surface*› plano; ‹*countryside*› llano; **~ feet** pies *mpl* planos; **I was ~ on my back for two months** estuve en cama durante dos semanas **(b)** ‹*dish*› llano, bajo (Chi), playo (RPl); **~ shoes** zapatos *mpl* bajos, zapatillas *fpl* de piso (Méx) **(c)** (deflated) ‹*ball*› desinflado, ponchado (Méx); **you have a ~ tire** o (BrE) **tyre** tienes un neumático desinflado *or* (Méx) una llanta ponchada **2** **(a)** ‹*lemonade/beer*› sin efervescencia **(b)** ‹*battery*› descargado **3** (dull, uninteresting) ‹*conversation/party*› soso (fam); ‹*joke*› sin gracia; ‹*voice*› monótono; ***to fall ~*** «*play/project*» fracasar*; **the joke fell very ~** el chiste no hizo ni pizca de gracia **4** (total, firm) ‹*denial/refusal*› rotundo **5** (Mus) (referring to key) bemol; **A ~** la *m* bemol **6** (fixed) (*before n*) ‹*rate*› fijo

flat[2] *adv* **1** **(a)** ‹*refuse/turn down*› de plano **(b)** (exactly): **it took him two hours ~** tardó dos horas justas **2** (Mus) demasiado bajo

flat[3] *n* **1** (apartment) (BrE) apartamento *m*, departamento *m* (AmL), piso *m* (Esp) **2** **(a)** (surface — of sword) cara *f* de la hoja; (— of hand) palma *f* **(b)** (level ground) llano *m* **3** (Mus) bemol *m*

flatly /'flætli/ *adv* de plano

flatmate /'flætmeɪt/ *n* (BrE) compañero, -ra *m,f* de apartamento *or* (Esp) de piso

flat out[1] *adj* (infml) (*pred*) (prostrate) tirado

flat out[2] *adv* (at full speed) (infml) a toda máquina

flat-rate /'flæt'reɪt/ *adj* (BrE) a una tasa de interés fija *or* (esp Esp) a un tipo de interés fijo

flatten /'flætn̩/ *vt* ‹*surface*› aplanar; ‹*path/lawn*› allanar; ‹*city*› arrasar

flatter /'flætər, BrE 'flætə(r)/ *vt* **(a)** (gratify) halagar* **(b)** (show to advantage) favorecer*

flattering /'flætərɪŋ/ *adj* **(a)** ‹*words/speech*› halagador **(b)** ‹*clothes/hairstyle*› favorecedor

flattery /'flætəri/ *n* halagos *mpl*

flaunt /flɔːnt/ *vt* ‹*possessions*› hacer* ostentación de; ‹*knowledge*› alardear de

flavor[1], (BrE) **flavour** /'fleɪvər, BrE 'fleɪvə(r)/ *n* sabor *m*, gusto *m*

flavor[2], (BrE) **flavour** *vt* sazonar; **chocolate-~ed** con sabor *or* gusto a chocolate

flavoring, (BrE) **flavouring** /'fleɪvərɪŋ/ *n* condimento *m*

flaw /flɔː/ *n* (in material, character) defecto *m*; (in argument) error *m*

flawless /'flɔːləs, BrE 'flɔːlɪs/ *adj* ‹*performance/logic*› impecable; ‹*conduct*› intachable; ‹*complexion/gem*› perfecto

flax /flæks/ *n* lino *m*

flay /fleɪ/ *vt* desollar*

flea /fliː/ *n* pulga *f*; (*before n*) ‹*collar/powder*› antipulgas *adj inv*

flea market *n* mercado *m* de las pulgas *or* (CS) de pulgas, rastro *m* (Esp)

fleck[1] /flek/ *n* (of dust) mota *f*; (of paint, mud) salpicadura *f*

fleck[2] *vt* (with mud) salpicar*; **beige ~ed with brown** beige moteado de marrón

fled /fled/ *past & past p of* **flee**

fledgling, **fledgeling** /'fledʒlɪŋ/ *n* polluelo *m*; (*before n*) **a ~ democracy** una democracia en ciernes

flee /fliː/ (*past & past p* **fled**) *vi* huir*
■ *vt* huir* de

fleece[1] /fliːs/ *n* (on sheep) lana *f*; (from sheep) vellón *m*

fleece[2] *vt* (infml) desplumar (fam)

fleet /fliːt/ *n* **(a)** (naval unit, body of shipping) flota *f* **(b)** (navy) armada *f* **(c)** (of cars) parque *m* móvil, flota *f*

fleeting /'fliːtɪŋ/ *adj* (*usu before n*) fugaz

Flemish[1] /'flemɪʃ/ *adj* flamenco

Flemish[2] *n* flamenco *m*

flesh /fleʃ/ *n* carne *f*; **in the ~** en persona; **~ *and blood*: after all, I'm only ~ and blood** después de todo, soy de carne y hueso

fleshy /'fleʃi/ *adj* **-shier**, **-shiest** *adj* ‹*arms/person*› rollizo; ‹*plant/leaf*› carnoso

flew /fluː/ *past of* **fly**[2]

flex[1] /fleks/ *vt* ‹*arm/knees/body*› doblar; **to ~ one's muscles** (to warm up) hacer* ejercicios de calentamiento; (in body building) mostrar* los músculos; «*regime*» mostrar* su poderío

flex[2] *n* (BrE) cable *m* (eléctrico)

flexible /'fleksəbəl/ *adj* flexible

flextime /'flekstaɪm/, (BrE) **flexitime** /'fleksɪtaɪm/ *n* horario *m* flexible

flick[1] /flɪk/ *vt* **(a)** (strike lightly): **she ~ed a piece of bread at me** me tiró un pedazo de pan **(b)** (remove): **he ~ed the ash off his lapel** se sacudió la ceniza de la solapa
● **flick through** [*v + prep + o*] ‹*book*› hojear; ‹*pages*› pasar

flick[2] *n* (of tail) coletazo *m*; (of wrist) giro *m*

flicker[1] /'flɪkər, BrE 'flɪkə(r)/ *vi* parpadear

flicker[2] *n* parpadeo *m*

flier /'flaɪər, BrE 'flaɪə(r)/ *n* **1** **(a)** (pilot) aviador, -dora *m,f* **(b)** (passenger) usuario -ria *m,f* (regular) del avion **2** (handbill) (AmE) folleto *m* (publicitario), volante *m* (AmL)

flight /flaɪt/ *n* **1** **(a)** (of bird, aircraft) vuelo *m*; (of ball, projectile) trayectoria *f*; **in ~** en vuelo **(b)** (air journey) vuelo *m*; (*before n*) **~ path** ruta *f*; **~ recorder** caja *f* negra **2** (group of birds) bandada *f* **3** (of stairs) tramo *m* **4** (act of fleeing) huida *f*; **to take ~** darse* a la fuga

flight: **~ attendant** *n* auxiliar *mf* de vuelo; **~ deck** *n* (on plane) cabina *f* de mando; (on aircraft carrier) cubierta *f* de vuelo

flimsy /'flɪmzi/ *adj* **-sier**, **-siest** **(a)** ‹*material/garment*› ligerísimo **(b)** ‹*construction/object*› endeble **(c)** ‹*excuse*› pobre; ‹*argument/evidence*› poco sólido

flinch /flɪntʃ/ *vi* estremecerse*

fling[1] /flɪŋ/ *vt* (*past & past p* **flung**) lanzar*, aventar* (Col, Méx, Per)

fling[2] *n* (infml) **(a)** (love affair) aventura *f*; **to have a ~** tener* una aventurilla **(b)** (wild time) juerga *f* (fam); **to have a ~** irse* de juerga

flint /flɪnt/ *n* **(a)** (Geol) sílex *m*, pedernal *m*; (piece of stone) pedernal *m* **(b)** (for cigarette lighter) piedra *f*

flip /flɪp/ **-pp-** *vt* tirar, aventar* (Méx); **we'll ~ a coin to decide** vamos a echarlo a cara o cruz *or* (Andes, Ven) a cara o sello *or* (Arg) a cara o ceca, vamos a echar un volado (Méx)
■ *vi* (sl) (lose self-control) perder* la chaveta (fam)

flip-flop /'flɪpflɑːp, BrE 'flɪpflɒp/ *n* (BrE) ▶ **thong b**

flippant /'flɪpənt/ *adj* ‹*remark*› frívolo; ‹*attitude*› displicente

flipper /'flɪpər, BrE 'flɪpə(r)/ *n* aleta *f*

flip side *n*: **the ~** (Audio) la cara B; (of a situation) (infml) la otra cara de la moneda (fam)

flirt[1] /flɜːrt, BrE flɜːt/ *vi* flirtear

flirt[2] *n*: **he is a terrible ~** le encanta flirtear

flirtation /flɜːr'teɪʃən, BrE ˌflɜː'teɪʃən/ *n* **(a)** (relationship) flirt *m* **(b)** (coquetry) flirteo *m*

flit /flɪt/ *vi* **-tt-** «*bird/butterfly/bat*» revolotear

float[1] /fləʊt/ *vi* **(a)** (on water) flotar; **to ~ (up) to the surface** salir* a flote **(b)** «*cloud/smoke*» flotar en el aire
■ *vt* **1** ‹*ship/boat*› poner* a flote; ‹*raft/logs*› llevar **2** (Fin) **(a)** (establish): **to ~ a company** introducir* una compañía en Bolsa **(b)** ‹*shares/stock*› emitir **(c)** ‹*currency*› dejar flotar **3** (circulate) ‹*idea*› presentar

float[2] *n* **1** **(a)** (for fishing, for buoyancy) flotador *m* **(b)** (in cistern, carburetor) flotador *m* **(c)** (raft, platform) plataforma *f* (flotante) **2** **(a)** (in parade) carroza *f*, carro *m* alegórico (CS, Méx) **(b)** (milk ~) (BrE) furgoneta *f* (*del reparto de leche*) **3** (ready cash) caja *f* chica; (Busn, Fin) fondo *m* fijo

floating /'fləʊtɪŋ/ *adj* (*before n*) **1** ‹*harbor/restaurant*› flotante **2** (Fin) ‹*currency*› flotante; ‹*assets*› circulante **3** ‹*population*› flotante; ‹*voter*› (BrE) indeciso

flock[1] /flɑːk, BrE flɒk/ *n* (+ *sing or pl vb*) (of sheep) rebaño *m*; (of birds) bandada *f*; (of people) (*often pl*) tropel *m*, multitud *f*

flock[2] *vi* acudir (*en gran número, en masa*)

floe /fləʊ/ *n* témpano *m* de hielo

flog /flɑːg, BrE flɒg/ *vt* **-gg-** **1** (beat) azotar **2** (sell) (BrE sl) vender

flood[1] /flʌd/ *n* (of water) inundación *f*; (of complaints, calls) avalancha *f*; **she was in ~s of tears** estaba hecha un mar de lágrimas

flood[2] *vt* inundar; ‹*engine*› ahogar*; **to ~ the market with imports** (Busn) inundar el mercado de productos importados
■ *vi* «*river/sewers*» desbordarse; «*mine/basement*» inundarse; (Auto) ahogarse*; **to ~ in** «*sunshine*» entrar a raudales; **donations came ~ing in** llovieron los donativos

flooding /'flʌdɪŋ/ *n* inundación *f*

floodlight[1] /'flʌdlaɪt/ *n* reflector *m*, foco *m*

floodlight² *vt* (*past & past p* **floodlit** /ˈflʌdlɪt/) **(a)** iluminar (*con reflectores o focos*) **(b)** **floodlit** *past p* ‹*arena/building*› iluminado; ‹*game*› que se juega con luz artificial

flood: **~ tide** *n* pleamar *f*; **~water** *n* (*often pl*) crecida *f*

♂ **floor¹** /flɔːr, BrE flɔː(r)/ *n* **1** **(a)** (of room, vehicle) suelo *m*, piso *m* (AmL) **(b)** (for dancing) pista *f* (de baile) **(c)** (of ocean, valley, forest) fondo *m* **2** (of building) piso *m*; **we live on the first/second ~** (AmE) vivimos en la planta baja/el primer piso *or* (Chi) en el primer/segundo piso; (BrE) vivimos en el primer/segundo piso *or* (Chi) en el segundo/tercer piso

floor² *vt* **(a)** (knock down) derribar **(b)** (nonplus) (infml) dejar helado (fam)

floorboard /ˈflɔːrbɔːrd, BrE ˈflɔːbɔːd/ *n* tabla *f* del suelo, duela *f* (Méx)

flooring /ˈflɔːrɪŋ/ *n* revestimiento *m* para suelos

floor show *n* espectáculo *m* (*de cabaret*)

flop¹ /flɑːp, BrE flɒp/ *vi* **-pp-** **1** (fall, move slackly) (+ *adv compl*): **she ~ped down into a chair** se dejó caer en un sillón; **he ~ped down exhausted onto the bed** se desplomó en la cama muerto de cansancio **2** (fail) (infml) fracasar estrepitosamente

flop² *n* (infml) fracaso *m*

floppy¹ /ˈflɑːpi, BrE ˈflɒpi/ *adj* ‹*hat/bag*› flexible; ‹*ears/tail*› caído

floppy² *n* (*pl* **-pies**) (infml) ▶ **floppy disk**

floppy disk *n* disquete *m*, floppy (disk) *m*

floral /ˈflɔːrəl/ *adj* ‹*fabric/dress*› floreado; **a ~ print** un estampado de flores

florid /ˈflɔːrəd, BrE ˈflɒrɪd/ *adj* **(a)** (red) ‹*complexion*› rubicundo **(b)** (ornate) ‹*decoration/style*› recargado; ‹*language*› florido

florist /ˈflɔːrəst, BrE ˈflɒrɪst/ *n* (person) florista *mf*; **is there a ~'s near here?** ¿hay una floristería *or* (AmL tb) florería cerca de aquí?

flotation /fləʊˈteɪʃən/ *n* (of company) salida *f* a Bolsa; (of shares) emisión *f*

flotsam /ˈflɑːtsəm, BrE ˈflɒtsəm/ *n* restos *mpl* flotantes (*de un naufragio*); **~ and jetsam** desechos *mpl*

flounce¹ /flaʊns/ *vi* (+ *adv compl*): **to ~ in/out** entrar/salir* indignado (*or* airado *etc*)

flounce² *n* (ruffle) volante *m*, elán *m* (Méx), volado *m* (RPl), vuelo *m* (Chi)

flounder /ˈflaʊndər, BrE ˈflaʊndə(r)/ *vi* **(a)** (in water) luchar para mantenerse a flote **(b)** «*speaker*» quedarse sin saber qué decir

flour /flaʊər, BrE ˈflaʊə(r)/ *n* harina *f*

flourish¹ /ˈflɜːrɪʃ, BrE ˈflʌrɪʃ/ *vi* «*arts/trade*» florecer*; «*business*» prosperar; «*plant*» darse* *or* crecer* bien
■ *vt* ‹*stick/letter*› blandir

flourish² *n* **(a)** (showy gesture) floreo *m* **(b)** (embellishment) floritura *f*, firulete *m* (AmL); (in signature) rúbrica *f*

flourishing /ˈflɜːrɪʃɪŋ, BrE ˈflʌrɪʃɪŋ/ *adj* ‹*business*› próspero

flout /flaʊt/ *vt* desobedecer* abiertamente

♂ palabra clave

♂ **flow¹** /fləʊ/ *vi* **(a)** «*liquid/electric current*» fluir*; «*tide*» subir; «*blood*» correr; (from wound) manar **(b)** (run smoothly, continuously) «*traffic*» circular con fluidez; «*music/words*» fluir*

♂ **flow²** *n* **1** **(a)** (of liquid, current) flujo *m* **(b)** (of traffic, information) circulación *f*; (of capital, money) movimiento *m* **2** (stream — of water, lava) corriente *f*

flow chart, **flow diagram** *n* organigrama *m*

♂ **flower¹** /flaʊər, BrE ˈflaʊə(r)/ *n* flor *f*

flower² *vi* florecer*, florear (Chi, Méx)

flower: **~bed** *n* arriate *m* (Esp, Méx), parterre *m* (Esp), cantero *m* (Cu, RPl); **~pot** *n* maceta *f*, tiesto *m* (Esp), macetero *m* (AmS)

flowery /ˈflaʊri, BrE ˈflaʊəri/ *adj* ‹*pattern*› floreado; ‹*meadow*› florido; ‹*style/prose*› florido

flowing /ˈfləʊɪŋ/ *adj* **(a)** ‹*beard/robe*› largo y suelto **(b)** ‹*handwriting/movement*› fluido

flown /fləʊn/ *past p of* **fly²**

flu /fluː/ *n* gripe *f*, gripa *f* (Col, Méx)

fluctuate /ˈflʌktʃueɪt, BrE ˈflʌktjʊeɪt/ *vi* fluctuar*

fluctuation /ˈflʌktʃuˈeɪʃən, BrE ˌflʌktjʊˈeɪʃən/ *n* fluctuación *f*

flue /fluː/ *n* tiro *m*

fluency /ˈfluːənsi/ *n* fluidez *f*

fluent /ˈfluːənt/ *adj*: **to speak ~ Italian** hablar italiano con fluidez

fluently /ˈfluːəntli/ *adv* con fluidez

fluff /flʌf/ *n* pelusa *f*

fluffy /ˈflʌfi/ *adj* **-fier**, **-fiest** ‹*fabric/garment*› suave y esponjoso; ‹*fur/hair*› suave y sedoso

fluid¹ /ˈfluːəd, BrE ˈfluːɪd/ *n* fluido *m*

fluid² *adj* fluido

fluke /fluːk/ *n* (infml) chiripa *f* (fam)

flummox /ˈflʌməks/ *vt* (infml) desconcertar*

flung /flʌŋ/ *past & past p of* **fling¹**

fluorescent /flʊˈresənt, BrE flʊəˈresənt, flɔː-/ *adj* fluorescente; **~ light** tubo *m* fluorescente, tubolux® *m* (RPl)

fluoride /ˈflʊraɪd, BrE ˈflɔːraɪd/ *n* (Chem) fluoruro *m*; (Dent) flúor *m*; (*before n*) **~ toothpaste** dentífrico *m* con flúor

flurry /ˈflɜːri, BrE ˈflʌri/ *n* (*pl* **-ries**) **1** (of snow, wind) ráfaga *f*; (of rain) chaparrón *m* **2** (sudden burst): **a ~ of excitement/activity** una oleada de emoción/un frenesí de actividad

flush¹ /flʌʃ/ *n* **1** **(a)** (blush) rubor *m* **(b)** (of anger, passion) arrebato *m*; **in the first ~ of success** con la euforia del triunfo **2** (in cards) flor *f*

flush² *vt* **1** ‹*toilet*› **to ~ the toilet** tirar de la cadena, jalarle (a la cadena) (AmL exc CS) **2** (drive out) **~ (out)** ‹*person/criminal*› hacer* salir
■ *vi* **1** «*toilet*» funcionar **2** (blush) «*person/face*» (with anger) enrojecer*; (with embarrassment) ruborizarse*

flush³ *adj* alineado

flushed /flʌʃt/ *adj* ‹*cheeks*› colorado; **~ with success** exaltado por el éxito

fluster /ˈflʌstər, BrE ˈflʌstə(r)/ *vt* poner* nervioso; **to get ~ed** ponerse* nervioso

flute /fluːt/ *n* flauta *f*

flutter¹ /ˈflʌtər, BrE ˈflʌtə(r)/ *vi* «*bird/butterfly*» revolotear; «*flag*» ondear, agitarse; «*heart*»

latir con fuerza
■ *vt* ‹*wings*› batir, sacudir
flutter² *n*: ~ **(of wings)** (*no pl*) aleteo *m*
flux /flʌks/ *n*: **to be in (a state of)** ~ estar* en un estado de cambio
fly¹ /flaɪ/ *n* (*pl* **flies**) **1** (insect) mosca *f* **2** (on trousers) (*often pl in BrE*) bragueta *f*, marrueco *m* (Chi)
fly² (*3rd pers sing pres* **flies**; *pres p* **flying**; *past* **flew**; *past p* **flown**) *vi* **1** **(a)** volar*; «*passenger*» ir* en avión; **to ~ away** irse* volando; **to ~ in/out** «*bird/bee*» entrar/salir* volando; «*plane/pilot*» llegar*/salir* (*en avión*) **(b)** «*flag*» ondear **2** **(a)** (rush) «*person*» correr, ir* (*or* salir* *etc*) volando; **to ~** AT **sb** lanzarse* SOBRE algn; **to ~ into a rage** ponerse* hecho una furia **(b)** (move, be thrown) volar*; **I tripped and went ~ing** tropecé y salí volando **(c)** (pass quickly) «*time*» pasar volando
■ *vt* **1** **(a)** (control) ‹*plane/glider/balloon*› pilotar; ‹*kite*› hacer* volar *or* encumbrar (Andes), remontar (RPl) **(b)** (carry) ‹*cargo*› transportar (*en avión*); ‹*person*› llevar (*en avión*) **(c)** (travel over) ‹*distance*› recorrer (*en avión*) **2** ‹*flag*› izar*, enarbolar
flyer /ˈflaɪər, BrE ˈflaɪə(r)/ *n* ▶ **flier**
flying¹ /ˈflaɪɪŋ/ *adj* (*before n*) **(a)** (hurried): **a ~ visit** una visita relámpago **(b)** ‹*glass/debris*› que vuela (por los aires)
flying² *n* **(a)** (as pilot) pilotaje *m*; (*before n*) ‹*time/lesson*› de vuelo; ‹*helmet/jacket*› de piloto **(b)** (as passenger): **I hate ~** odio viajar en avión
flying: **~ saucer** *n* platillo *m* volador *or* (Esp) volante; **~ start** *n* salida *f* lanzada; ***to get off to a ~ start*** «*person/business*» empezar* con muy buen pie
fly: **~leaf** *n* guarda *f*; **~-on-the-wall** *adj* ‹*documentary*› en el que las cámaras son meras espectadoras de la accíon; **~over** *n* (BrE) (Transp) paso *m* elevado, paso *m* a desnivel (Méx); **~ spray** *n* insecticida *m* (*en aerosol*); **~swatter** /ˈflaɪˌswɑːtər, BrE ˈflaɪˌswɒtə(r)/ *n* matamoscas *m*; **~wheel** *n* volante *m*
FM *n* (= **frequency modulation**) FM *f*
foal /fəʊl/ *n* (male) potro *m*, potrillo *m*; (female) potranca *f*, potra *f*
foam¹ /fəʊm/ *n* espuma *f*
foam² *vi* «*sea/waves*» hacer* espuma; **to ~ at the mouth** echar espuma por la boca
foam rubber *n* goma espuma *f*, hule *m* espuma (Méx)
fob /fɑːb, BrE fɒb/ *n* (watch chain) leontina *f*; (*before n*) **~ watch** reloj *m* de bolsillo
● **fob off -bb-**; [*v + o + adv*] (placate) **to ~ sb off** (WITH **sth**) engatusar a algn (CON algo)
focal /ˈfəʊkəl/ *adj* (*before n*) **(a)** (Opt) focal **(b)** ‹*issue*› central
focal point *n* **(a)** (Opt) foco *m* **(b)** (of attention, activity) centro *m*
focus¹ /ˈfəʊkəs/ *n* (*pl* **-cuses** *or* **foci** /ˈfəʊsaɪ/) **1** (Opt, Phot) foco *m*; **to be in/out of ~** estar* enfocado/desenfocado **2** (central point) centro *m*
focus² **-s-** *or* **-ss-** *vt* **(a)** (Opt, Phot) enfocar* **(b)** (concentrate) **to ~ sth** (ON **sth**) ‹*attention*› centrar algo (EN algo)
■ *vi* **(a)** «*camera/eyes*» enfocar* **(b)** «*lecturer/chapter/attention*» **to ~** ON **sth/sb** centrarse EN algo/algn
focus group *n* grupo *m* analizado
fodder /ˈfɑːdər, BrE ˈfɒdə(r)/ *n* forraje *m*
foe /fəʊ/ *n* (liter) enemigo, -ga *m,f*
foetus /ˈfiːtəs/ *n* (BrE) ▶ **fetus**
fog /fɔːg, BrE fɒg/ *n* (Meteo) niebla *f*
fogbound /ˈfɔːgbaʊnd, BrE ˈfɒgbaʊnd/ *adj* ‹*airport/road*› afectado por la niebla; ‹*plane/ferry*› retenido a causa de la niebla
foggy /ˈfɔːgi, BrE ˈfɒgi/ *adj* **-gier**, **-giest** **(a)** ‹*day*› de niebla; ‹*weather*› nebuloso; **it's ~** hay niebla **(b)** (confused) confuso
fog: **~horn** *n* sirena *f* (*de niebla*); **~ light**, (BrE) **~ lamp** *n* faro *m* antiniebla
foible /ˈfɔɪbəl/ *n* debilidad *f*
foil¹ /fɔɪl/ *n* **(a)** (metal sheet) lámina *f* de metal **(b)** (Culin) (kitchen ~) papel *m* de aluminio *or* de plata
foil² *vt* ‹*plan/attempt*› frustrar
foist /fɔɪst/ *vt* **to ~ sth** (OFF) ON *o* ONTO **sb** endilgarle* algo a algn
fold¹ /fəʊld/ *vt* **1** (bend, bring together) ‹*paper/sheet*› doblar; **to ~ one's arms** cruzar* los brazos **2** (Culin) **to ~ sth** INTO **sth** incorporar algo A algo
■ *vi* **1** **(a)** «*chair/table*» plegarse*; «*map/poster*» doblarse **(b)** **folding** *pres p* ‹*chair/table*› plegable **2** (fail) «*project*» venirse* abajo; «*play*» bajar de cartel; «*business*» cerrar* (sus puertas)
● **fold up** [*v + o + adv*, *v + adv + o*] ‹*sheet/newspaper*› doblar; ‹*chair/table*› plegar*
fold² *n* **1** (crease) doblez *m* **2** (sheep pen) redil *m*
-fold /fəʊld/ *suff*: **his income increased five~** sus ingresos se multiplicaron por cinco *or* se quintuplicaron; **the problem is three~** el problema tiene tres aspectos
folder /ˈfəʊldər, BrE ˈfəʊldə(r)/ *n* **(a)** (for papers) carpeta *f* **(b)** (Comput) carpeta *f*
foliage /ˈfəʊliɪdʒ/ *n* follaje *m*
folio /ˈfəʊliəʊ/ *n* (*pl* **folios**) (sheet) pliego *m*; (numbered leaf) folio *m*
folk /fəʊk/ *n* **1** **(a)** *also* **folks** *pl* (people) (infml) gente *f* **(b)** **folks** *pl* (esp AmE infml) (relatives) familia *f*; (parents) padres *mpl*, viejos *mpl* (fam) **2** (+ *pl vb*) (Anthrop) pueblo *m*; (*before n*) ‹*art/medicine*› popular; ‹*dancing*› folklórico
folk: **~lore** *n* folklore *m*; **~ music** *n* (traditional) música *f* folklórica; (modern) música *f* folk; **~ song** *n* (traditional) canción *f* popular; (modern) canción *f* folk
follow /ˈfɑːləʊ, BrE ˈfɒləʊ/ *vt* **1** (go, come after) seguir*; **the lecture was ~ed by a discussion** después de la conferencia hubo un debate **2** (keep to, conform to) ‹*road*› seguir* (por); ‹*trail*› seguir*; ‹*instructions*› seguir*; ‹*order*› cumplir; ‹*fashion/example*› seguir* **3** (pay close attention to) ‹*movement/progress*› seguir* de cerca; ‹*news*› mantenerse* al tanto de; ‹*TV serial*› seguir* **4** ‹*argument/reasoning*› entender*
■ *vi* **1** (come after): **you go first, and I'll ~** tú ve delante que yo te sigo; **the winners were as ~s ...** los ganadores fueron ... **2** (be logical consequence) deducirse*; **that doesn't necessarily ~** una cosa no implica la otra **3** (understand)

entender*

● **follow up** [*v* + *o* + *adv*, *v* + *adv* + *o*] seguir*

follower /'fɑːləʊər, BrE 'fɒləʊə(r)/ *n* seguidor, -dora *m,f*

following¹ /'fɑːləʊɪŋ, BrE 'fɒləʊɪŋ/ *adj* (*before n*) (next) siguiente; **(on) the ~ day** al día siguiente

following² *n* **1** (followers) seguidores *mpl*; (admirers) admiradores *mpl* **2** (what, who comes next) **the ~: the ~ are to play in tomorrow's game ...** los siguientes jugarán en el partido de mañana ...; **the letter said the ~ ...** la carta decía lo siguiente ...

follow-up /'fɑːləʊʌp, BrE 'fɒləʊʌp/ *n* (sequel) continuación *f*; (*before n*) **she sent a ~ letter** mandó una segunda (*or* tercera *etc*) carta

folly /'fɑːli, BrE 'fɒli/ *n* (*pl* **-lies**) locura *f*

fond /fɑːnd, BrE fɒnd/ *adj* **-er, -est 1** (*pred*) **she's very ~ of Sue** le tiene mucho cariño a Sue; **he was ~ of chocolate** le gustaba el chocolate **2** (*before n*) (loving) ‹*gesture/look*› cariñoso

fondle /'fɑːndl, BrE 'fɒndl/ *vt* acariciar

fondly /'fɑːndli, BrE 'fɒndli/ *adv* **(a)** (lovingly) cariñosamente; ‹*remember*› con cariño **(b)** (foolishly) ingenuamente

fondness /'fɑːndnəs, BrE 'fɒndnɪs/ *n* (love) cariño *m*; (liking) afición *f*

font /fɑːnt, BrE fɒnt/ *n* **1** (baptismal) pila *f* bautismal **2 (a)** (Print) fuente *f* **(b)** (Comput) font *m*, fuente *f*, juego *m* de caracteres

✓ **food** /fuːd/ *n* **(a)** (in general) comida *f*; (*before n*) ‹*shortage/exports*› de alimentos **(b)** (specific kind) alimento *m*

food: **~ poisoning** *n* intoxicación *f* (*por alimentos*); **~ processor** /'prɑːsesər, 'prəʊ-, BrE 'prəʊsesə(r)/ *n* robot *m* de cocina; **~stuffs** *pl n* productos *mpl* alimenticios

fool¹ /fuːl/ *n* idiota *mf*; **to make a ~ of oneself** hacer* el ridículo

fool² *vt* engañar

● **fool around**, (BrE also) **fool about** [*v* + *adv*] hacer* payasadas, hacer* el tonto (Esp)

foolhardy /fuːl'hɑːrdi, BrE 'fuːlhɑːdi/ *adj* imprudente

foolish /'fuːlɪʃ/ *adj* ‹*person/prank*› tonto; ‹*look/grin*› de tonto; ‹*decision/plan*› insensato

fool: **~proof** *adj* ‹*idea/plan*› infalible; ‹*machine*› sencillo de manejar; **~scap** /'fuːlskæp/ *n*: *pliego de aprox 33 x 22 cm*

✓ **foot¹** /fʊt/ *n* (*pl* **feet**) **1** (of person) pie *m*; (of animal) pata *f*; (on sewing machine) pie *m*; **to be on one's feet** estar* de pie, estar* parado (AmL); **to go/come on ~** ir*/venir* a pie; ***to find one's feet***: **it didn't take him long to find his feet in his new school** no tardó en habituarse a la nueva escuela; ***to put one's ~ down*** (be firm) imponerse*; (accelerate vehicle) (infml) apretar* el acelerador, meterle (AmL fam); ***to put one's ~ in it*** (infml) meter la pata (fam); ***under sb's feet***: **the cat keeps getting under my feet** el gato siempre me anda alrededor **2** (lower end) (*no pl*) pie *m*; **the ~ of the bed** los pies de la cama **3** (measure) (*pl* **foot** *or* **feet**) pie *m*

foot² *vt*: **to ~ the bill** pagar*

✓ palabra clave

footage /'fʊtɪdʒ/ *n* (Cin) secuencias *fpl* (filmadas)

foot-and-mouth (disease) /'fʊtn̩'maʊθ/ *n* fiebre *f* aftosa, glosopeda *f*

✓ **football** /'fʊtbɔːl/ *n* **1 (a)** (American ~) fútbol *m or* (AmC, Méx) futbol *m* americano **(b)** (soccer) fútbol *m or* (AmC, Méx) futbol *m*; (*before n*) **~ match** partido *m* de fútbol *or* (AmC, Méx) futbol; **~ player** ► **footballer 2** (ball) balón *m or* (esp AmL) pelota *f* de fútbol *or* (AmC, Méx) futbol

footballer /'fʊtbɔːlər, BrE 'fʊtbɔːlə(r)/ *n* (BrE) futbolista *mf*, jugador, -dora *m,f* de fútbol *or* (AmC, Méx) futbol

football: **~ pool** *n* (AmE) apuesta *f* colectiva, polla *f* (AmL); **~ pools** *pl n* (BrE): **the ~ pools** *juego de apuestas en que se trata de acertar los resultados de los partidos de la liga de fútbol*, ≈ el pronóstico deportivo (*en Méx*), ≈ las quinielas (*en Esp*), ≈ el prode (*en Arg*), ≈ el totogol (*en Col*), ≈ la polla-gol (*en Chi*), ≈ la polla (*en Per*)

-footed /'fʊtəd, BrE 'fʊtɪd/ *suff*: **four~** de cuatro patas; **light~** ligero de pies

foot: **~hills** *pl n* estribaciones *fpl*; **~hold** *n* punto *m* de apoyo (*para el pie*); **to gain a ~hold** «*ideology*» prender*

footing /'fʊtɪŋ/ *n* (*no pl*) **1** (balance) equilibrio *m*; **to miss one's ~** resbalar **2** (basis): **on an equal ~** en igualdad de condiciones

foot: **~lights** *pl n* candilejas *fpl*; **~loose** *adj* libre y sin compromiso; **~loose and fancy-free** libre como el viento; **~man** /'fʊtmən/ *n* (*pl* **-men** /-mən/) lacayo *m*; **~note** *n* nota *f* a pie de página; **~path** *n* (path) sendero *m*; (pavement) (BrE) acera *f*, banqueta *f* (Méx), vereda *f* (CS, Per); **~print** *n* huella *f*; **~step** *n* paso *m*; **~wear** *n* calzado *m*

✓ **for¹** /fɔːr, BrE fɔː(r), *weak form* fər, BrE fə(r)/ *prep*
I 1 (intended for) para; **is there a letter ~ me?** ¿hay carta para mí?; **my love ~ her** mi amor por ella **2 (a)** (on behalf of, representing): **I did it ~ you** lo hice por ti; **he plays ~ England** forma parte de *or* juega en la selección inglesa; **D ~ David** D de David **(b)** (as): **we're having chicken ~ dinner** vamos a cenar pollo; **I can see him now ~ what he is** ahora me doy cuenta de cómo es en realidad **(c)** (in favor of) a favor de **3** (indicating purpose): **what's that ~?** ¿para qué es eso?; **it's ~ decoration** es de adorno; **it's ~ your own good!** ¡es por tu (propio) bien! **4** (giving reason) por; **~ that reason** por esa razón; **if it weren't ~ Joe ...** si no fuera por Joe ... **5** (in exchange for) por; **I bought the book ~ $10** compré el libro por 10 dólares; **she left him ~ somebody else** lo dejó por otro **6** (as concerns) para; **it's too cold ~ me here** aquí hace demasiado frío para mí **7 (a)** (in spite of): **~ all her faults, she's been very kind to us** tendrá sus defectos, pero con nosotros ha sido muy buena **(b)** (*with infinitive clause*) **it's unusual ~ me to forget a name** es raro que se me olvide un nombre; **it's not ~ me to decide** no me corresponde a mí decidir
II 1 (in the direction of) para; **the plane ~ New York** el avión para *or* de Nueva York **2 (a)** (indicating duration): **he spoke ~ half an hour** habló (durante) media hora; **I've only been here ~ a day** solo llevo un día aquí; **how long are you going ~?** ¿por cuánto tiempo vas? **(b)** (on the

occasion of) para; **he gave it to me ~ my birthday** me lo regaló para mi cumpleaños **(c)** (by, before) para; **we have to be there ~ six o'clock** tenemos que estar allí a las seis **3** (indicating distance): **we drove ~ 20 miles** hicimos 20 millas; **we could see ~ miles** se podía ver hasta muy lejos

for[2] *conj* (liter) pues (liter), puesto que (fml)

forage /'fɔːrɪdʒ, BrE 'fɒrɪdʒ/ *vi* **(a)** «*animal*» forrajear **(b)** (for supplies) **to ~** FOR **sth** buscar* algo

foray /'fɔːreɪ, BrE 'fɒreɪ/ *n* (Mil) incursión *f*

forbid /fər'bɪd, BrE fə'bɪd/ *vt* (*past* **forbad(e)** /fər'bæd, -'beɪd, BrE fə'bæd, -'beɪd/; *past p* **forbidden** /fər'bɪdn̩, BrE fəbɪdn̩/) (not allow) prohibir*; **to ~ sb to +** INF prohibirle* A algn + INF, prohibirle* A algn QUE (+ *subj*)

force[1] /fɔːrs, BrE fɔːs/ *n* fuerza *f*; **the (armed) ~s** las fuerzas armadas; **a ~ eight gale** vientos de fuerza ocho; **to join ~s with sb** unirse a algn; **to come into ~** entrar en vigor *or* vigencia; **to be in ~** estar* en vigor *or* vigencia

force[2] *vt* **1** (compel) **to ~ sb to +** INF obligar* a algn A + INF **2** (push, drive) ‹*door/link*› forzar*; **they ~d their way in** entraron por la fuerza

● **force down** [*v + o + adv, v + adv + o*] **(a)** ‹*aircraft/pilot*› obligar* a aterrizar **(b)** ‹*food*› tragar* (*a duras penas*)

forced /fɔːrst, BrE fɔːst/ *adj* (*before n*) ‹*labor/smile*› forzado; ‹*landing/stopover*› forzoso

force-feed /'fɔːrsfiːd, BrE 'fɔːsfiːd/ *vt* (*past & past p* **-fed**) alimentar por la fuerza

forceful /'fɔːrsfəl, BrE 'fɔːsfəl/ *adj* **(a)** (vigorous) ‹*person*› con carácter; ‹*personality*› fuerte **(b)** (persuasive) ‹*words/argument*› convincente

forceps /'fɔːrsəps, BrE 'fɔːseps/ *pl n* fórceps *m*

forcible /'fɔːrsəbəl, BrE 'fɔːsəbəl/ *adj* forzoso

ford /fɔːrd, BrE fɔːd/ *n* vado *m*

fore /fɔːr, BrE fɔː(r)/ *n*: **to come to the ~** «*issue*» saltar a primera plana

forearm /'fɔːrɑːrm, BrE 'fɔːrɑːm/ *n* antebrazo *m*

foreboding /fɔːr'bəʊdɪŋ, BrE fɔː'bəʊdɪŋ/ *n* **(a)** (apprehension) aprensión *f* **(b)** (presentiment) premonición *f*

forecast[1] /'fɔːrkæst, BrE 'fɔːkɑːst/ *n* (weather ~) pronóstico *m* del tiempo; (prediction) previsión *f*

forecast[2] *vt* (*past & past p* **forecast** *or* **forecasted**) ‹*weather*› pronosticar*; ‹*result/trend*› prever*

forecourt /'fɔːrkɔːrt, BrE 'fɔːkɔːt/ *n* patio *m* delantero

forefathers /'fɔːr,fɑːðərz, BrE 'fɔː,fɑːðəz/ *pl n* (liter) antepasados *mpl*

forefinger /'fɔːr,fɪŋgər, BrE 'fɔː,fɪŋgə(r)/ *n* índice *m*

forefront /'fɔːrfrʌnt, BrE 'fɔːfrʌnt/ *n*: **in** o **at the ~ of sth** al frente de algo; (in the vanguard) a la vanguardia de algo

forego /fɔːr'gəʊ, BrE fɔː'gəʊ/ *vt* (*3rd pers sing pres* **-goes**; *pres p* **-going**; *past* **-went**; *past p* **-gone**) ▸ **forgo**

foregone /'fɔːrgɑːn, BrE 'fɔːgɒn/ *adj*: **the result was a ~ conclusion** el resultado era de prever

foreground /'fɔːrgraʊnd, BrE 'fɔːgraʊnd/ *n*: **in the ~** en primer plano

forehand /'fɔːrhænd, BrE 'fɔːhænd/ *n* golpe *m* de derecho

forehead /'fɑːrəd, 'fɔːrhed, BrE 'fɒrɪd, 'fɔːhed/ *n* frente *f*

foreign /'fɔːrən, 'fɑː-, BrE 'fɒrən/ *adj* **1** **(a)** ‹*custom/country/language*› extranjero **(b)** ‹*policy/trade/relations*› exterior; **~ debt** deuda *f* externa **2** (Med) extraño; **a ~ body** un cuerpo extraño

foreigner /'fɔːrənər, 'fɑː-, BrE 'fɒrənə(r)/ *n* extranjero, -ra *m,f*

foreign: **~ exchange** *n* divisas *fpl*; **F~ Minister** *n* ministro, -tra *or* (Méx) secretario, -ria *m,f* de relaciones *or* (Esp) asuntos exteriores, canciller *mf* (AmS); **F~ Office** *n* (in UK): **the F~ Office** el Foreign Office, el ministerio de relaciones exteriores de Gran Bretaña; **F~ Secretary** *n* (in UK) ▸ **Foreign Minister**

foreleg /'fɔːrleg, BrE 'fɔːleg/ *n* pata *f* delantera

foreman /'fɔːrmən, BrE 'fɔːmən/ *n* (*pl* **-men** /-mən/) **(a)** (supervisor) capataz *m* **(b)** (of jury) presidente *m*

foremost[1] /'fɔːrməʊst, BrE 'fɔːməʊst/ *adj* más importante

foremost[2] *adv* en primer lugar

forename /'fɔːrneɪm, BrE 'fɔːneɪm/ *n* nombre *m* (de pila)

forensic /fə'rensɪk/ *adj* (*before n*) forense

forerunner /'fɔːr,rʌnər, BrE 'fɔː,rʌnə(r)/ *n* precursor, -sora *m,f*

foresee /fɔːr'siː, BrE fɔː'siː/ *vt* (*past* **foresaw**; *past p* **foreseen**) prever*

foreshore /'fɔːrʃɔːr, BrE 'fɔːʃɔː(r)/ *n*: *parte de la playa entre la pleamar y la bajamar*

foresight /'fɔːrsaɪt, BrE 'fɔːsaɪt/ *n* previsión *f*

foreskin /'fɔːrskɪn, BrE 'fɔːskɪn/ *n* prepucio *m*

forest /'fɔːrəst, BrE 'fɒrɪst/ *n* (wood) bosque *m*; (tropical) selva *f*; (*before n*) forestal

forestall /fɔːr'stɔːl, BrE fɔː'stɔːl/ *vt* **(a)** (prevent) prevenir* **(b)** (preempt) adelantarse a

forestry /'fɔːrəstri, BrE 'fɒrɪstri/ *n* silvicultura *f*

foretaste /'fɔːrteɪst, BrE 'fɔːteɪst/ *n* anticipo *m*

foretell /fɔːr'tel, BrE fɔː'tel/ *vt* (*past & past p* **foretold**) predecir*

forever /fə'revər, BrE fə'revə(r)/ *adv*: **those days are gone ~** esos días no volverán; **nothing lasts ~** nada dura eternamente

forewarn /fɔːr'wɔːrn, BrE fɔː'wɔːn/ *vt* **to ~ sb** OF **sth** advertir* A algn DE algo

forewent /fɔːr'went, BrE fɔː'went/ *past of* **forego**

foreword /'fɔːrwɜːrd, BrE 'fɔːwɜːd/ *n* prólogo *m*

forfeit[1] /'fɔːrfət, BrE 'fɔːfɪt/ *vt* ‹*property*› perder* el derecho a; ‹*rights/respect/game*› perder*

forfeit[2] *n* **(a)** (penalty) multa *f* **(b)** (Games) prenda *f*

forgave /fər'geɪv, BrE fə'geɪv/ *past of* **forgive**

forge[1] /fɔːrdʒ, BrE fɔːdʒ/ *vt* **1** ‹*metal/bond*› forjar **2** (counterfeit) falsificar*

forge[2] *n* **(a)** (smithy) forja *f* **(b)** (furnace) fragua *f*

forger /'fɔːrdʒər, BrE 'fɔːdʒə(r)/ *n* falsificador, -dora *m,f*

forgery /'fɔːrdʒəri, BrE 'fɔːdʒəri/ *n* (*pl* **-ries**) falsificación *f*

forget /fər'get, BrE fə'get/ (*pres p* **forgetting**; *past* **forgot**; *past p* **forgotten**) *vt* olvidarse de, olvidar

■ *vi* **to ~** (ABOUT **sth**) olvidarse (DE algo)

forgetful /fər'getfəl, BrE fə'getfəl/ *adj* olvidadizo

forget-me-not /fər'getmi'nɑːt, BrE fə'getminɒt/ *n* nomeolvides *f*

forgive /fər'gɪv, BrE fə'gɪv/ *vt* (*past* **forgave**; *past p* **forgiven**) perdonar; **to ~ sb** FOR **sth** perdonarle algo a algn

forgiveness /fər'gɪvnəs, BrE fə'gɪvnɪs/ *n* (quality) clemencia *f*; **to ask sb's ~ for sth** pedirle* perdón a algn por algo

forgo /fɔːr'gəʊ, BrE fɔː'gəʊ/ *vt* (*3rd pers sing pres* **-goes**; *pres p* **-going**; *past* **-went**; *past p* **-gone**) (fml) privarse de

forgot /fəːr'gɑːt, BrE fə'gɒt/ *past of* **forget**

forgotten /fəːr'gɑːtn̩, BrE fə'gɒtn̩/ *past p of* **forget**

fork[1] /fɔːrk, BrE fɔːk/ *n* (Culin) tenedor *m*; (for gardening) horca *f*

fork[2] *vi* **(a)** (split) «*branch/road/river*» bifurcarse* **(b)** (turn): **to ~ (to the) right** desviarse* a la derecha

forklift (truck) /'fɔːrk'lɪft, BrE 'fɔːklɪft/ *n* carretilla *f* elevadora (*de horquilla*)

forlorn /fər'lɔːrn, BrE fə'lɔːn/ *adj* **(a)** ‹*glance/smile*› triste; ‹*appearance*› de tristeza y desamparo **(b)** ‹*attempt*› desesperado

🔑 **form**[1] /fɔːrm, BrE fɔːm/ *n* **1** (shape, manner) forma *f* **2** (type, kind) tipo; **other ~s of life** otras formas de vida **3** (fitness, ability) forma *f*; **to be on ~** estar* en forma **4** (document) formulario *m*, forma *f* (Méx) **5** (BrE) (Educ) (class) clase *f*; (year) curso *m*

🔑 **form**[2] *vt* ‹*character/shape/company/basis*› formar; ‹*opinion*› formarse; ‹*habit*› adquirir* ■ *vi* «*idea/plan*» tomar forma; «*ice/fog*» formarse

formal /'fɔːrməl, BrE 'fɔːməl/ *adj* ‹*reception/dinner/language*› formal; ‹*manner/person*› ceremonioso; **~ dress** traje *m* de etiqueta

formality /fɔːr'mæləti, BrE fɔː'mæləti/ *n* (*pl* **-ties**) **1** (formal quality) ceremonia *f* **2** (convention) formalidad *f*

formalize /'fɔːrməlaɪz, BrE 'fɔːməlaɪz/ *vt* formalizar*

formally /'fɔːrməli, BrE 'fɔːməli/ *adv* ‹*invite/reprimand*› formalmente

format[1] /'fɔːrmæt, BrE 'fɔːmæt/ *n* formato *m*

format[2] *vt* **-tt-** formatear

formation /fɔːr'meɪʃən, BrE fɔː'meɪʃən/ *n* formación *f*

🔑 **former**[1] /'fɔːrmər, BrE 'fɔːmə(r)/ *adj* **1** (previous) antiguo **2** (first-mentioned) primero

former[2] *n*: **the ~** el primero, la primera; (*pl*) los primeros, las primeras

formerly /'fɔːrmərli, BrE 'fɔːməli/ *adv* antes

formidable /'fɔːrmədəbəl, BrE 'fɔːmɪdəbəl, fɔː'mɪdəbəl/ *adj* ‹*task*› imponente; ‹*problem/obstacle*› tremendo; ‹*opponent*› temible

formula /'fɔːrmjələ, BrE 'fɔːmjʊlə/ *n* (*pl* **-las** *o* fml **-lae** /-liː/) fórmula *f*; **~ one** (motor racing) fórmula uno

formulate /'fɔːrmjəleɪt, BrE 'fɔːmjʊleɪt/ *vt* formular

fornication /'fɔːrnə'keɪʃən, BrE ˌfɔːnɪ'keɪʃən/ *n* (fml) fornicación *f* (fml)

🔑 palabra clave

for-profit /fər'prɑːfət, BrE fə'prɒfɪt/ *adj* comercial, con fines de lucro

forsake /fər'seɪk, BrE fə'seɪk/ *vt* (*past* **forsook** /fər'sʊk, BrE fə'sʊk/; *past p* **forsaken** /fər'seɪkən, BrE fə'seɪkən/) (liter) **(a)** (abandon) abandonar **(b)** (relinquish) ‹*pleasure/habits*› renunciar a

fort /fɔːrt, BrE fɔːt/ *n* fuerte *m*; (small) fortín *m*

forte /'fɔːrteɪ, BrE 'fɔːteɪ/ *n* fuerte *m*

forth /fɔːrθ, BrE fɔːθ/ *adv* (liter) **(a)** (out): **~ he went to battle with his enemy** marchó a luchar con su enemigo **(b)** (in time): **from this day ~** de hoy en adelante

forthcoming /'fɔːrθ'kʌmɪŋ, BrE ˌfɔːθ'kʌmɪŋ/ *adj* **1** **(a)** (approaching) (*usu before n*) ‹*event*› próximo **(b)** (about to appear) ‹*article/record*› de próxima aparición; ‹*film*› a estrenarse próximamente **2** (available) (*pred*): **no explanation was ~** no dieron (*or* dio *etc*) ninguna explicación **3** (open, helpful): **he was not very ~** no estuvo muy comunicativo

forthright /'fɔːrθraɪt, BrE 'fɔːθraɪt/ *adj* directo

forthwith /'fɔːrθ'wɪð, BrE fɔːθ'wɪθ/ *adv* (fml *or* liter) inmediatamente

fortieth[1] /'fɔːrtiəθ, BrE 'fɔːtiəθ/ *adj* cuadragésimo

fortieth[2] *adv* en cuadragésimo lugar

fortieth[3] *n* (Math) cuarentavo *m*; (part) cuarentava *or* cuadragésima parte *f*

fortification /'fɔːrtəfə'keɪʃən, BrE ˌfɔːtɪfɪ'keɪʃən/ *n* (Mil) fortificación *f*

fortify /'fɔːrtəfaɪ, BrE 'fɔːtɪfaɪ/ *vt* **-fies**, **-fying**, **-fied** ‹*town/building*› fortificar*; ‹*person/determination*› fortalecer*; ‹*argument*› reforzar*; **fortified wine** vino *m* fortificado

fortnight /'fɔːrtnaɪt, BrE 'fɔːtnaɪt/ *n* (esp BrE) quince días, dos semanas

fortnightly[1] /'fɔːrtnaɪtli, BrE 'fɔːtnaɪtli/ *adv* (esp BrE) cada dos semanas

fortnightly[2] *adj* (esp BrE) quincenal

fortress /'fɔːrtrəs, BrE 'fɔːtrɪs/ *n* fortaleza *f*

fortuitous /fɔːr'tuːɪtəs, BrE fɔː'tjuːɪtəs/ *adj* fortuito

fortunate /'fɔːrtʃn̩ət, BrE 'fɔːtʃənət/ *adj* afortunado; **it was ~ that he came** fue una suerte que viniera

fortunately /'fɔːrtʃn̩ətli, BrE 'fɔːtʃənətli/ *adv* (*indep*) afortunadamente

fortune /'fɔːrtʃən, BrE 'fɔːtʃən, 'fɔːtʃuːn/ *n* **1** (money, prosperity) fortuna *f*; (a lot of money) (infml) (*no pl*) dineral *m*, platal *m* (AmL fam), pastón *m* (Esp fam) **2** (destiny) destino *m*; **to tell sb's ~** decirle* la buenaventura a algn **3** (luck): **good ~** suerte *f*

fortune-teller /'fɔːrtʃənˌtelər, BrE 'fɔːtʃənˌtelə(r), 'fɔːtʃuːn-/ *n* adivino, -na *m,f*

forty /'fɔːrti, BrE 'fɔːti/ *adj/n* cuarenta *adj inv/m*; *see also* **four**[1]

forum /'fɔːrəm/ *n* foro *m*

🔑 **forward**[1] /'fɔːrwərd, BrE 'fɔːwəd/, (esp BrE) **forwards** /'fɔːrwərdz, BrE 'fɔːwədz/ *adv* **(a)** ‹*bend/slope/lean*› hacia adelante **(b)** (in time) (fml) en adelante; **from this day ~** desde hoy en adelante

forward[2] *adj* **1** (*before n*) ‹*movement*› hacia adelante **2** (advance): **~ planning** planificación *f* **3** (assertive) atrevido

forward[3] *vt* (send) (Busn) enviar*; ⓢ **please forward** hacer* seguir

forward[4] *n* (Sport) delantero *mf*

forwent /fɔːr'went, BrE fɔː'went/ *past of* **forgo**

fossil /'fɑːsəl, BrE 'fɒsəl/ *n* fósil *m*

fossil fuel *n* combustible *m* fósil

foster[1] /'fɔːstər, BrE 'fɒstə(r)/ *vt* **1** ‹*child*› (BrE) *acoger en el hogar sin adoptarlo legalmente* **2** ‹*suspicion/talent*› fomentar; ‹*reconciliation*› promover*

foster[2] *adj* ‹*child*› ≈ adoptivo; ~ **home** casa *f* de acogida de menores

fought /fɔːt/ *past & past p of* **fight**[1]

foul[1] /faʊl/ *adj* **-er, -est** **1** (offensive) ‹*smell*› nauseabundo; ‹*taste*› repugnante **2** (horrible) (infml) ‹*person*› asqueroso (fam); ‹*weather*› pésimo **3** (obscene) ‹*language/gesture*› ordinario

foul[2] *n* falta *f*, faul *m or* foul *m* (AmL)

foul[3] *vt* **1** (pollute) contaminar **2** **(a)** (block) ‹*drain/chimney*› obstruir* **(b)** (entangle) ‹*rope/chain*› enredar **3** (Sport) cometer una falta *or* (AmL tb) un foul *or* faul contra, faulear (AmL)

foul: **~-mouthed** /'faʊl'maʊðd/ *adj* malhablado; ~ **play** *n* **(a)** (Law): **they suspect ~ play** sospechan que se trata de un crimen **(b)** (Sport) juego *m* sucio

found[1] /faʊnd/ *past & past p of* **find**[1]

found[2] *vt* **1** **(a)** (establish) fundar **(b)** **founding** *pres p* fundador **2** (base) **to ~ sth ON sth** fundar algo EN algo

foundation /faʊn'deɪʃən/ *n* **1** **(a)** (establishing) fundación *f* **(b)** (institution) fundación *f* **2** (*often pl*) **(a)** (Const) cimientos *mpl* **(b)** (groundwork, basis) fundamentos *mpl*; (*before n*) ~ **course** curso *m* preparatorio **3** (grounds) fundamento *m* **4** (cosmetic) base *f* de maquillaje

founder[1] /'faʊndər, BrE 'faʊndə(r)/ *n* fundador, -dora *m,f*

founder[2] *vi* «*ship*» hundirse; «*plan/project*» irse* a pique

foundry /'faʊndri/ *n* (*pl* **-ries**) fundición *f*

fountain /'faʊntn̩, BrE 'faʊntɪn/ *n* **(a)** (ornamental) fuente *f* **(b)** (drinking ~) fuente *f*, bebedero *m* (CS, Méx)

fountain pen *n* pluma *f* (estilográfica), pluma *f* fuente (AmL), estilográfica *f*, lapicera *f* fuente (CS)

four[1] /fɔːr, BrE fɔː(r)/ *n* cuatro *m*; **4 + 1 = 5** (*léase: four plus one equals o is five*) 4 + 1 = 5 (read as: cuatro más uno es igual a cinco); **4 - 1 = 3** (*léase: four minus one equals o is three*) 4 - 1 = 3 (read as: cuatro menos uno es igual a tres); **3 x 4 = 12** (*léase: three times four equals o is twelve, o three fours are twelve*) 3 x 4 = 12 (read as: tres (multiplicado) por cuatro (son) doce); **4 ÷ 2 = 2** (*léase: four divided by two equals o is two*) 4 ÷ 2 = 2 (read as: cuatro dividido por dos es (igual a) dos); *on all ~s* en *or* a cuatro patas, a gatas

four[2] *adj* cuatro *adj inv*

four: **~-by-~** *n* todoterreno *m*; **~-poster (bed)** /'fɔːr'pəʊstər, BrE ˌfɔː'pəʊstə(r)/ *n*: *cama con cuatro columnas, gen con dosel*; **~-seater** /'fɔːr'siːtər, BrE 'fɔːˌsiːtə(r)/ *n* coche *m*/avión *m* de cuatro plazas

foursome /'fɔːrsəm, BrE 'fɔːsəm/ *n*: *grupo de cuatro personas*

fourteen /'fɔːr'tiːn, BrE ˌfɔː'tiːn/ *adj/n* catorce *adj inv/m*; *see also* **four**[1]

fourteenth[1] /'fɔːr'tiːnθ, BrE ˌfɔː'tiːnθ/ *adj* decimocuarto

fourteenth[2] *adv* en decimocuarto lugar

fourteenth[3] *n* (Math) catorceavo *m*; (part) catorceava parte *f*

fourth[1] /fɔːrθ, BrE fɔːθ/ *adj* cuarto

fourth[2] *adv* **(a)** (in position, time, order) en cuarto lugar **(b)** (fourthly) en cuarto lugar

fourth[3] *n* **1** (part) cuarto *m* **2** ~ **(gear)** (Auto) (*no art*) cuarta *f*

fourthly /'fɔːrθli, BrE 'fɔːθli/ *adv* (*indep*) en cuarto lugar

four-wheel drive /'fɔːrhwiːl, BrE 'fɔːwiːl/ *n* tracción *f* integral

fowl /faʊl/ *n* (*pl* **~s** *or* ~) ave *f*‡ (de corral)

fox[1] /fɑːks, BrE fɒks/ *n* zorro *m*

fox[2] *vt* (infml) confundir

fox: **~glove** *n* dedalera *f*, digital *f*; **~-hunting** *n* caza *f* del zorro

foyer /'fɔɪeɪ/ *n* (of theatre) foyer *m*; (of hotel) vestíbulo *m*

fracas /'freɪkəs, 'frækəs, BrE 'frækɑː/ *n* (*pl* **fracases** *or* (BrE) **fracas** /-z/) (liter) altercado *m*

fracking /'frækɪŋ/ *n* fractura *f* hidráulica; fracking *m*

fraction /'frækʃən/ *n* fracción *f*

fracture[1] /'fræktʃər, BrE 'fræktʃə(r)/ *n* fractura *f*

fracture[2] *vt* fracturar

fragile /'frædʒəl, BrE 'frædʒaɪl/ *adj* **(a)** ‹*object/china/glass*› frágil; ‹*relationship/link/agreement*› precario **(b)** ‹*person*› débil; ‹*health*› delicado

fragment /'frægmənt/ *n* fragmento *m*

fragrance /'freɪgrəns/ *n* (smell) fragancia *f*; (perfume) perfume *m*

fragrant /'freɪgrənt/ *adj* fragante

frail /freɪl/ *adj* **-er, -est** **(a)** (physically delicate) ‹*person*› débil; ‹*health*› delicado **(b)** (morally weak) débil **(c)** (fragile) precario

frame[1] /freɪm/ *n* **(a)** (structure — of building, ship, plane) armazón *m or f*; (— of car, motorcycle, bed, door) bastidor *m*; (— of bicycle) cuadro *m*, marco *m* (Chi, Col) **(b)** (edge — of picture, window, door) marco *m* **(c)** **frames** *pl* (for spectacles) montura *f*

frame[2] *vt* **1** ‹*picture/photograph*› enmarcar*; ‹*plan/policy/question*› formular, elaborar **2** (incriminate unjustly) (infml): **I was ~d** me tendieron una trampa para incriminarme

frame: ~ **of mind** *n* (*pl* **~s of mind**) estado *m* de ánimo; **~work** *n* (basis) marco *m*; (plan) esquema *m*; (Eng) armazón *m or f*

franc /fræŋk/ *n* franco *m*

France /fræns, BrE frɑːns/ *n* Francia *f*

franchise /'fræntʃaɪz/ *n* **1** (Busn) **(a)** (right — to operate retail outlet) franquicia *f*; (— to market product, service) concesión *f* **(b)** (retail outlet) franquicia *f* **2** (Pol) (fml): **the ~** el derecho de *or* al voto

frank[1] /fræŋk/ *adj* **-er, -est** **(a)** (candid) sincero **(b)** (outspoken) franco

frank[2] *vt* **(a)** ‹*letter/parcel/envelope*› franquear **(b)** (postmark) ‹*stamp/letter*› matasellar

frankfurter /'fræŋkfɜːrtər, BrE 'fræŋkfɜːtə(r)/ *n* salchicha *f* de Frankfurt *or* (Arg, Col) de Viena, frankfurter *m* (Ur), vienesa *f* (Chi), salchicha *f* alemana (Ven)

frankincense /'fræŋkənsens, BrE 'fræŋkɪnsens/ *n* incienso *m*

frankly /'fræŋkli/ *adv* francamente

frantic /'fræntɪk/ *adj* **(a)** (very worried) desesperado **(b)** (frenzied) ‹*activity*› frenético

fraternal /frə'tɜːrnl, BrE frə'tɜːnl/ *adj* ‹*love*› fraternal, fraterno; ‹*jealousy*› entre hermanos

fraternity /frə'tɜːrnəti, BrE frə'tɜːnəti/ *n* (*pl* **-ties**) **1** (virtue of brotherhood) fraternidad *f* **2** **(a)** (Relig) hermandad *f* **(b)** (university club) asociación *f* estudiantil

f

fraternize /'frætərnaɪz, BrE 'frætənaɪz/ *vi* confraternizar*

fraud /frɔːd/ *n* **1** (deception) fraude *m* **2** (person) farsante *mf*

fraudulent /'frɔːdʒələnt, BrE 'frɔːdjʊlənt/ *adj* fraudulento

fraught /frɔːt/ *adj* **(a)** (*pred*) **to be ~** WITH **sth** (with danger/problems) estar* lleno DE algo **(b)** (tense) ‹*atmosphere/relationship*› tirante

fray[1] /freɪ/ *vi* «*cloth/collar/rope*» deshilacharse; «*wire*» pelarse

fray[2] *n* refriega *f*

frayed /freɪd/ *adj* **(a)** ‹*collar/cloth*› deshilachado; ‹*rope/wire*› desgastado **(b)** ‹*nerves*› crispado; **tempers were getting ~** se estaban exaltando los ánimos

freak[1] /friːk/ *n* **(a)** (abnormal specimen) fenómeno *m*; (monster) monstruo *m* **(b)** (unnatural event) fenómeno *m*

freak[2] *adj* (*before n*) ‹*weather*› inusitado; ‹*happening*› inesperado

● **freak out** (sl) **1** [*v + adv*] flipar (arg), friquear(se) (Méx arg) **2** [*v + o + adv*] alucinar (fam), friquear (Méx arg)

freckle /'frekəl/ *n* peca *f*

⚷ **free**[1] /friː/ *adj* **freer** /'friːər, BrE 'friːə(r)/, **freest** /'friːəst, BrE 'friːɪst/ **1** **(a)** (at liberty) (*usu pred*) libre; **to set sb ~** dejar *or* poner* a algn en libertad **(b)** ‹*country/people/press*› libre; **the right of ~ speech** la libertad de expresión **(c)** (loose) suelto; **to work ~** soltarse* **2** (*pred*) (without, rid of) **~** FROM *o* OF **sth** libre DE algo; **~ of** o **from additives** sin aditivos; **~ of charge** gratis **3** (costing nothing) ‹*ticket/sample*› gratis *adj inv*; ‹*schooling/health care*› gratuito **4** (not occupied) ‹*table/time*› libre

free[2] *adv* **(a)** (without payment) gratuitamente; **I got in for ~** (infml) entré gratis **(b)** (without restriction) ‹*roam/run*› a su (*or* mi *etc*) antojo

free[3] *vt* **1** (liberate) ‹*prisoner/hostage*› poner* *or* dejar en libertad; ‹*animal*› soltar*; ‹*nation/slave*› liberar **2** **(a)** (release) ‹*bound person*› soltar*; ‹*trapped person*› rescatar **(b)** (loose, clear) ‹*sth stuck or caught*› desenganchar

-free /friː/ *suff*: **trouble~** sin problemas; **nuclear~ zone** zona *f* desnuclearizada

⚷ **freedom** /'friːdəm/ *n* libertad *f*

freedom fighter *n* guerrillero, -ra *m,f*

free: **~-for-all** /'friːfər'ɔːl/ *n* gresca *f*; **~hold** *adj* (esp BrE): **~hold property** bien *m* raíz (*que se compra o vende en plena propiedad junto con el suelo sobre el que está edificado*); **~ kick** *n* (in soccer) tiro *m* libre; (in rugby) patada *f* libre

freelance[1] /'friːlæns, BrE 'friːlɑːns/ *adj* por cuenta propia, por libre (Esp)

freelance[2] *adv* por cuenta propia, por libre (Esp)

freely /'friːli/ *adv* **1** **(a)** (without restriction) libremente **(b)** (openly) ‹*speak/write*› con libertad **(c)** (willingly) ‹*offer*› de buen grado **2** **(a)** (generously) ‹*spend/give*› a manos llenas **(b)** (copiously) ‹*flow/pour*› profusamente

free: **F~mason** /'friː'meɪsən, BrE 'friːmeɪsən/ *n* masón, -sona *m,f*, francmasón, -sona *m,f*; **~-range** /'friː'reɪndʒ/ *adj* (BrE) ‹*chicken/eggs*› de granja; **~style** *n* estilo *m* libre; **~ trade** *n* libre comercio *m*; **~ware** *n* (Comput) programas *mpl* de libre distribución; **~way** *n* (AmE) autopista *f* (*sin peaje*); **~wheel** /'friː'hwiːl, BrE ˌfriː'wiːl/ *vi*: **he ~wheeled down the hill** (on bike) bajó la cuesta sin pedalear; (in car) bajó la cuesta en punto muerto; **~ will** *n*: **of one's own ~ will** por su (*or* mi *etc*) propia voluntad

free-to-air /ˌfriːtə'er, BrE ˌfriːtə'eə(r)/ *adj* ‹*channel/digital TV*› emitido en abierto

freeze[1] /friːz/ (*past* **froze**; *past p* **frozen**) *vi* **1** «*pipe/lock/ground/person*» helarse*; **I'm freezing!** ¡estoy helado! **2** (stand still) quedarse inmóvil

■ *vt* **1** ‹*water/stream/pipe*› helar*; ‹*food*› congelar **2** (Fin) ‹*assets/account/prices*› congelar

■ *v impers* helar*

● **freeze over** [*v + adv*] helarse*

● **freeze up** [*v + adv*] helarse*

freeze[2] *n* congelación *f*; **a wage/price ~** una congelación salarial/de precios

freezer /'friːzər, BrE 'friːzə(r)/ *n* (deep freeze) freezer *m*; (freezing compartment) congelador *m*

freezing[1] /'friːzɪŋ/ *adj* ‹*temperatures*› bajo cero; ‹*weather*› con temperaturas bajo cero; ‹*hands/feet*› helado; **it's ~ (cold) in here** aquí hace un frío que pela (fam)

freezing[2] *n* **1** **~ (point)** punto *m* de congelación; **three degrees below ~** tres grados bajo cero **2** (process) congelación *f*

freight /freɪt/ *n* **(a)** (goods transported) carga *f* **(b)** (transportation) transporte *m*, flete *m* (AmL)

freighter /'freɪtər, BrE 'freɪtə(r)/ *n* buque *m* de carga

freight train *n* tren *m* de carga

⚷ **French**[1] /frentʃ/ *adj* francés

⚷ **French**[2] *n* **(a)** (language) francés *m* **(b)** (people) (+ *pl vb*) **the ~** los franceses

French: **~ bean** *pl n* (BrE) ▶ **green bean**; **~ doors** *pl n* (AmE) ▶ **~ windows**; **~ dressing** *n*: *aliño para ensaladas a base de aceite, vinagre y mostaza*; (AmE) *aderezo* (*para ensaladas*) *a base de aceite, vinagre y tomate*; **~ fries** *pl n* papas *fpl or* (Esp) patatas *fpl* fritas, papas *fpl* a la francesa (Col, Méx); **~man** /'frentʃmən/ *n* (*pl* **-men** /-mən/) francés *m*; **~ windows** *pl n* puerta *f* ventana, cristalera *f* (Esp); **~woman** *n* francesa *f*

⚷ palabra clave

frenetic /frə'netɪk/ *adj* ‹*activity*› frenético; ‹*attempt*› desesperado

frenzy /'frenzi/ *n* (*no pl*) frenesí *m*

frequency /'fri:kwənsi/ *n* (*pl* **-cies**) frecuencia *f*

frequent¹ /'fri:kwənt/ *adj* ‹*attempts/journeys*› frecuente; ‹*visitor*› asiduo

frequent² /fri:'kwent/ *vt* frecuentar

frequently /'fri:kwəntli/ *adv* con frecuencia, a menudo

fresh /freʃ/ *adj* **-er**, **-est** **1** **(a)** (not stale, frozen or canned) ‹*food*› fresco; **to get some ~ air** tomar el fresco **(b)** (not tired) ‹*complexion/appearance*› fresco **2** (not salty): **~ water** agua *f*‡ dulce **3** **(a)** (new, clean) ‹*clothes/linen*› limpio **(b)** (new, additional) ‹*supplies/initiative*› nuevo

freshen /'freʃən/ *vt* refrescar*

• **freshen up** [*v* + *adv*] lavarse

fresher /'freʃər, BrE 'freʃə(r)/ *n* (BrE infml) ▸ **freshman**

freshly /'freʃli/ *adv* recién

freshman /'freʃmən/ *n* (*pl* **-men** /-mən/) (Educ) estudiante *mf* de primer año, mechón, -chona *m,f* (Chi fam)

freshness /'freʃnəs, BrE 'freʃnɪs/ *n* frescura *f*

freshwater /'freʃ'wɔ:tər, BrE 'freʃ,wɔ:tə(r)/ *adj* (*before n*) de agua dulce

fret /fret/ *vi* **-tt-** preocuparse

fretful /'fretfəl/ *adj* **(a)** (querulous) quejoso **(b)** (anxious) inquieto

friar /'fraɪər, BrE 'fraɪə(r)/ *n* fraile *m*

friction /'frɪkʃən/ *n* **1** (Phys, Tech) rozamiento *m*, fricción *f* **2** (discord) tirantez *f*

Friday /'fraɪdeɪ, -di/ *n* viernes *m*; *see also* **Monday**

fridge /frɪdʒ/ *n* (infml) nevera *f*, refrigerador *m*, frigorífico *m* (Esp), heladera *f* (RPl), refrigeradora *f* (Col, Per)

fried /fraɪd/ *adj* frito; **a ~ egg** un huevo frito *or* (Méx) estrellado

friend /frend/ *n* amigo, -ga *m,f*; **he soon made ~s with her** en poco tiempo se hizo amigo suyo

friendliness /'frendlinəs, BrE 'frendlɪnɪs/ *n* simpatía *f*

friendly /'frendli/ *adj* **-lier**, **-liest** **(a)** ‹*person/pet*› simpático; ‹*place/atmosphere*› agradable; ‹*welcome*› cordial; **to be ~ WITH sb** ser* amigo, -ga DE algn **(b)** (good-natured) ‹*rivalry/match*› amistoso

friendship /'frendʃɪp/ *n* amistad *f*

frieze /fri:z/ *n* (on building, wall) friso *m*; (on wallpaper) greca *f*

frigate /'frɪgət, BrE 'frɪgɪt/ *n* fragata *f*

fright /fraɪt/ *n* **(a)** (fear) miedo *m*; **to take ~ at sth** asustarse por algo **(b)** (shock) susto *m*

frighten /'fraɪtn̩/ *vt* asustar

• **frighten away**, **frighten off** [*v* + *o* + *adv*, *v* + *adv* + *o*] espantar

frightened /'fraɪtn̩d/ *adj* ‹*person/animal*› asustado; **to be ~ OF sb/sth** tenerle* miedo A algn/algo

frightening /'fraɪtn̩ɪŋ/ *adj* ‹*experience*› espantoso; (stronger) aterrador

frightful /'fraɪtfəl/ *adj* **1** (horrific) aterrador **2** (BrE infml) (very unpleasant) horroroso

frigid /'frɪdʒəd, BrE 'frɪdʒɪd/ *adj* frígido

frill /frɪl/ *n* volante *m or* (RPl) volado *m or* (Méx) olán *m or* (Chi) vuelo *m*; **a ceremony with no ~s** una ceremonia sencilla

frilly /'frɪli/ *adj* **-lier**, **-liest** ‹*dress/petticoat*› de volantes *or* (RPl) de volados *or* (Méx) de olanes *or* (Chi) de vuelos

fringe /frɪndʒ/ *n* **1** (on shawl, carpet, tablecloth) fleco *m* **2** (of hair) (BrE) flequillo *m*, cerquillo *m* (AmL), fleco *m* (Méx), chasquilla *f* (Chi), capul *m* (Col), pollina *f* (Ven) **3** (periphery) (*often pl*): **to live on the ~(s) of society** vivir al margen de la sociedad; (*before n*) ‹*area/group*› marginal; ‹*music/medicine*› alternativo

fringe benefit *n* **(a)** (Lab Rel) incentivo *m* **(b)** (incidental advantage) ventaja *f* adicional

frisk /frɪsk/ *vt* cachear, catear (Méx)

frisky /'frɪski/ *adj* **-kier**, **-kiest** retozón

fritter /'frɪtər, BrE 'frɪtə(r)/ *n* buñuelo *m*, fruta *f* de sartén (Esp)

• **fritter away** [*v* + *o* + *adv*, *v* + *adv* + *o*] ‹*money*› malgastar; ‹*fortune*› dilapidar; ‹*time*› desperdiciar

frivolous /'frɪvələs/ *adj* frívolo

frizzy /'frɪzi/ *adj* **-zier**, **-ziest** crespo, chino (Méx), como mota (CS)

frock /frɑ:k, BrE frɒk/ *n* vestido *m*

frog /frɔ:g, BrE frɒg/ *n* rana *f*; ***to have a ~ in the*** o ***one's throat*** tener* carraspera

frog: **~man** /'frɔ:gmən, BrE 'frɒgmən/ *n* (*pl* **-men** /-mən/) hombre *m* rana; **~spawn** *n* (BrE) huevos *mpl* de rana

frolic /'frɑ:lɪk, BrE 'frɒlɪk/ *vi* **-ck-** retozar*

from /frɑ:m, BrE frɒm, *weak form* frəm/ *prep* **1** (indicating starting point) desde; **~ the beginning** desde el principio **2** (indicating distance): **2 cm ~ the edge** a 2 cm del borde; **we're still three hours ~ Tulsa** todavía faltan tres horas para llegar a Tulsa **3** (after): **~ today** a partir de hoy; **50 years ~ now** dentro de 50 años **4** (indicating origin) de; **I'm ~ Texas** soy de Texas; **the flight ~ Madrid** el vuelo procedente de Madrid; **a letter ~ my lawyer** una carta de mi abogado **5** **from … to …**: **they flew ~ New York to Lima** volaron de Nueva York a Lima; **they stretch ~ Derbyshire to the borders of Scotland** se extienden desde el condado de Derbyshire hasta el sur de Escocia; **we work ~ nine to five** trabajamos de nueve a cinco; **~ $50 to $100** entre 50 y 100 dólares **6** (as a result of) de; **his eyes were red ~ crying** tenía los ojos rojos de tanto llorar; **~ experience I would say that …** según mi experiencia diría que … **7** (out of, off) de; **~ the cupboard/shelf** del armario/estante; **if you take 5 ~ 10** si le restas 5 a 10 **8** (with preps & advs): **~ above/below** desde arriba/abajo; **he crawled out ~ under the table** salió gateando de debajo de la mesa

frond /frɑ:nd, BrE frɒnd/ *n* (of fern) fronda *f*; (of palm) hoja *f*

front¹ /frʌnt/ *n* **1** (forward part) frente *m*; (of building) frente *m*, fachada *f*; (of dress) delantera *f*; **you sit in the ~** tú siéntate delante *or* (esp AmL) adelante **2** (*in phrases*) **in front** (*as adv*) delante, adelante (esp AmL); **in front of sb/sth** delante *or* (esp AmL) adelante de algn/algo; (facing) enfrente de algn/algo **3** (Meteo, Mil, Pol) frente *m* **4** (outward show) fachada *f*; (— for

f

illegal activity) pantalla *f* **5** (overlooking sea) paseo *m* marítimo, malecón *m* (AmL), rambla *f* (RPl)

front² *adj* (at front) ‹*seat/wheel/leg*› delantero, de delante *or* (esp AmL) de adelante; **the ~ door** la puerta de (la) calle; **the ~ yard** o (BrE) **garden** el jardín del frente; **a ~-row seat** un asiento en primera fila

frontbencher /'frʌnt'bentʃər, BrE ˌfrʌnt'bentʃə(r)/ *n* (BrE) *diputado con cargo ministerial en el gobierno o en el gabinete fantasma*

frontier /frʌn'tɪr, BrE 'frʌntɪə(r)/ *n* frontera *f*; (*before n*) ‹*guard/zone*› fronterizo

frontispiece /'frʌntɪspi:s/ *n* frontispicio *m*

front room *n* salón *m*, living *m* (esp AmL)

frost¹ /frɔ:st, BrE frɒst/ *n* **(a)** (sub-zero temperature) helada *f* **(b)** (frozen dew) escarcha *f*

frost² *vt* **1** (Meteo) helar*; ‹*plant*› quemar **2** (AmE) (Culin) bañar

frostbite /'frɔ:stbaɪt, BrE 'frɒstbaɪt/ *n* congelación *f*

frosting /'frɔ:stɪŋ, BrE 'frɒstɪŋ/ *n* (AmE) (Culin) baño *m*

frosty /'frɔ:sti, BrE 'frɒsti/ *adj* **-tier**, **-tiest** ‹*weather/air*› helado; ‹*night*› de helada; ‹*manner/reception*› glacial

froth /frɔ:θ, BrE frɒθ/ *n* espuma *f*

frothy /'frɔ:θi, BrE 'frɒθi/ *adj* **frothier**, **frothiest** espumoso

frown¹ /fraʊn/ *vi* fruncir* el ceño; **to ~** AT **sb** mirar a algn con el ceño fruncido

● **frown on**, **frown upon**: [*v* + *prep* + *o*]: **that sort of thing is ~ed upon** eso está muy mal visto

frown² *n* ceño *m* fruncido

froze /frəʊz/ *past of* **freeze¹**

frozen¹ /'frəʊzn̩/ *past p of* **freeze¹**

frozen² *adj* **1** **(a)** ‹*water/lock/pipe/food*› congelado; ‹*region*› helado; **my feet are ~** (infml) tengo los pies helados **(b)** (Fin) ‹*prices/incomes*› congelado **2** (motionless): **I stood there ~ (to the spot) with horror** me quedé allí clavado, paralizado por el terror

frugal /'fru:gəl/ *adj* frugal

✓ **fruit** /fru:t/ *n* **1** **(a)** (collectively) fruta *f*; **dried ~** (BrE) fruta *f* seca; (*before noun*) **~ juice** jugo *m or* (Esp) zumo *m* de frutas; **~ tree** árbol *m* frutal **(b)** (type — as food) fruta *f*; (Bot) fruto *m* **2** (product) fruto *m*; ***to bear ~*** dar* (su) fruto

fruit: **~cake** *n* plum-cake *m*, ponqué *m* de frutas (Col), fruit cake *m* (Méx), budín *m* inglés (RPl); **~ cocktail** *n* (dish) ensalada *f or* macedonia *f or* cóctel *m* de frutas; **~ cup** *n* (AmE) ▶ **~ cocktail**

fruitful /'fru:tfəl/ *adj* provechoso, fructífero

fruition /fru:'ɪʃən/ *n* (fml): **their plan never came to ~** su plan nunca cristalizó

fruitless /'fru:tləs, BrE 'fru:tlɪs/ *adj* infructuoso

fruit: **~ machine** *n* (BrE) máquina *f* tragamonedas *or* (Esp tb) tragaperras; **~ salad** *n* **(a)** (AmE) *ensalada de frutas, gen en gelatina* **(b)** (BrE) ▶ **fruit cocktail**

frustrate /'frʌstreɪt, BrE frʌs'treɪt/ *vt* frustrar

frustrated /'frʌstreɪtəd, BrE frʌs'treɪtɪd/ *adj* **(a)** (thwarted) frustrado **(b)** (dissatisfied) descontento; **(sexually) ~** sexualmente frustrado

frustrating /'frʌstreɪtɪŋ, BrE frʌs'treɪtɪŋ/ *adj* frustrante

frustration /frʌs'treɪʃən/ *n* frustración *f*

fry¹ /fraɪ/ **fries**, **frying**, **fried** *vt* freír*
■ *vi* freírse*

fry² *n* (*pl* **fries**) **1** **fries** *pl* (French fries) papas *or* (Esp) patatas fritas, papas *fpl* a la francesa (Col, Méx) **2** **(a)** (+ *pl vb*) (Zool) alevines *mpl*, majuga *f* (Ur) **(b)** (people): **small ~** gente *f* de poca monta

frying pan /'fraɪɪŋ/, (AmE also) **fry pan** *n* sartén *f*, sartén *m or f* (AmL)

FSA *n* (in UK) **1** = **Food Standards Agency** **2** = **Financial Services Authority**

ft = **foot/feet**

FTP *n* (Comput) (= **file transfer protocol**) FTP *m*

fuchsia /'fju:ʃə/ *n* (Bot) fucsia *f*, aljaba *f* (RPl)

fuck /fʌk/ *vt* (vulg) (copulate with) joder (vulg), tirarse (vulg), follarse (Esp vulg), coger* (Méx, RPl, Ven vulg)
■ *vi* (vulg) joder (vulg), tirar (vulg), coger* (Méx, RPl, Ven vulg), follar (Esp vulg), cachar (Chi, Per vulg)

● **fuck off**: [*v* + *adv*] (vulg): **~ off!** ¡vete a la mierda! (vulg), ¡vete a tomar por (el) culo! (Esp vulg), ¡vete a la chingada! (Méx vulg), ¡andá a cagar! (RPl vulg)

fucking /'fʌkɪŋ/ *adj* (vulg) (*before n*): **~ hell!** ¡puta madre! (vulg)

fudge¹ /fʌdʒ/ *n* (Culin) *especie de caramelo de dulce de leche*

fudge² *vt* (infml) **(a)** (falsify) ‹*figures*› amañar **(b)** (evade) ‹*issue*› esquivar

✓ **fuel¹** /'fju:əl/ *n* combustible *m*

fuel² *vt*, (BrE **-ll-**) **1** ‹*ship/plane*› abastecer* de combustible; ‹*stove/furnace*› alimentar **2** ‹*hope/passion*› alimentar; ‹*debate*› avivar; ‹*fear*› exacerbar

fuel oil *n* fuel-oil *m*

fugitive /'fju:dʒətɪv/ *n* fugitivo, -va *m,f*

fulfill, (BrE) **fulfil** /fʊl'fɪl/ **-ll-** *vt* **1** **(a)** (carry out) ‹*duty*› cumplir con; ‹*task*› llevar a cabo **(b)** (obey, keep) ‹*order/promise/contract*› cumplir **(c)** (serve) ‹*need*› satisfacer* **(d)** (meet) ‹*requirements*› satisfacer* **2** (realize) ‹*ambition*› hacer* realidad; ‹*potential*› alcanzar* **3** (make content) ‹*person*› satisfacer*
■ *v refl*: **to ~ oneself** realizarse*

fulfilled /fʊl'fɪld/ *adj* (*usu pred*) realizado

fulfillment, (BrE) **fulfilment** /fʊl'fɪlmənt/ *n* **(a)** (of duty, promise) cumplimiento *m* **(b)** (satisfaction): **her family gave her a sense of ~** su familia la hacía sentirse realizada

✓ **full¹** /fʊl/ *adj* **-er**, **-est** **1** (filled) lleno; **I'm ~ (up)** estoy lleno; **~** OF **sth** lleno DE algo **2** **(a)** (complete) ‹*report/description*› detallado; ‹*name/answer*› completo; **you have my ~ support** tienes todo mi apoyo; **to lead a very ~ life** llevar una vida muy activa **(b)** (maximum): **at ~ speed** a toda velocidad; **~ employment** (Econ) pleno empleo *m* **3** ‹*figure*› regordete

full² *adv* **1** (*as intensifier*): **~ well** muy bien **2** (directly): **the sun was shining ~ in my face** el sol me daba de lleno en la cara **3** **in full: write your name in ~** escriba su nombre completo; **it**

✓ palabra clave

will be paid in ~ será pagado en su totalidad

full: **~-blown** /'fʊl'bləʊn/ *adj* (*before n*) verdadero; **~-fledged** /'fʊl'fledʒd/ *adj* (AmE) **1** ‹*chick*› capaz de volar **2** ‹*lawyer/nurse*› hecho y derecho; **~-grown** /'fʊl'grəʊn/ *adj* (*before n*) totalmente desarrollado; **~ house** *n* (Cin, Theat) lleno *m*; **~-length** /'fʊl'leŋθ/ *adj* ‹*portrait/mirror*› de cuerpo entero; ‹*dress/skirt*› largo

fullness /'fʊlnəs, BrE 'fʊlnɪs/ *n* plenitud *f*; ***in the ~ of time*** con el tiempo

full: **~-scale** /'fʊl'skeɪl/ *adj* **1** (actual size) a escala natural **2** (major) ‹*work*› de envergadura; ‹*investigation*› a fondo; ‹*test*› a escala real; ‹*war*› declarado; **~-size** /'fʊl'saɪz/, **~-sized** /-d/ *adj* **(a)** (life-size) de tamaño natural **(b)** (of adult size) ‹*bicycle/bed*› de adulto; **~ stop** *n* (BrE) punto *m*

full-time[1] /'fʊltaɪm/ *adj* ‹*student/soldier*› de tiempo completo; ‹*employment/post*› de jornada completa

full-time[2] /fʊl'taɪm/ *adv* a tiempo completo

🔑 **fully** /'fʊli/ *adv* **1** **(a)** (completely): **I ~ understand** comprendo muy bien; **she's a ~ trained nurse** es una enfermera diplomada **(b)** (in full) enteramente **2** (at least) por lo menos, como poco

fully fledged *adj* (BrE) ▶ **full-fledged**

fulsome /'fʊlsəm/ *adj* ‹*praise*› empalagoso; ‹*manner*› excesivamente efusivo

fumble /'fʌmbəl/ *vi*: **she ~d in her pockets** revolvió en sus bolsillos; **he ~d for the right words** tartamudeó, tratando de encontrar las palabras adecuadas; **she ~d with her buttons** intentó torpemente abrocharse/desabrocharse

fume /fju:m/ *vi* **1** (smoke) (Chem) despedir* gases **2** (be angry) (infml): **she was absolutely fuming** estaba que echaba humo

fumes /fju:mz/ *pl n* gases *mpl*

fumigate /'fju:məgeɪt, BrE 'fju:mɪgeɪt/ *vt* fumigar*

🔑 **fun** /fʌn/ *n* diversión *f*; **to have ~** divertirse*; **he's good ~** es muy divertido; **to do sth for ~** hacer* algo por gusto; ***to make ~ of sb/sth*** reírse* de algn/algo

🔑 **function**[1] /'fʌŋkʃən/ *n* **1** (of tool, organ, person) función *f*; **to carry out/perform a ~** cumplir/desempeñar una función **2** (reception, party) recepción *f* **3** (Comput, Math) función *f*; (*before n*) **~ key** tecla *f* de función

function[2] *vi* **(a)** (operate) «*machine/organ*» funcionar **(b)** (serve) **to ~ AS sth** «*object/building*» hacer* (las veces) DE algo

functional /'fʌŋkʃn̩əl, BrE 'fʌŋkʃənl/ *adj* **(a)** (functioning) ‹*machine/part*› en buen estado (de funcionamiento) **(b)** (practical) ‹*furniture/design*› funcional

🔑 **fund**[1] /fʌnd/ *n* **(a)** (money reserve) fondo *m* **(b) funds** *pl* (resources, money) fondos *mpl*

🔑 **fund**[2] *vt* **(a)** (finance) ‹*research/organization*› financiar **(b)** (Fin) ‹*debt*› consolidar

fundamental /ˌfʌndə'mentl/ *adj* **(a)** (basic) ‹*principle/error/concept*› fundamental **(b)** (essential) ‹*skill/constituent*› esencial **(c)** (intrinsic, innate) ‹*absurdity/truth*› intrínseco

fundamentalism /ˌfʌndə'mentlɪzəm, BrE ˌfʌndə'mentəlɪzəm/ *n* integrismo *m*, fundamentalismo *m*

fundamentalist /ˌfʌndə'mentləst, BrE ˌfʌndə'mentəlɪst/ *n* integrista *mf*, fundamentalista *mf*

fundamentally /fʌndə'mentli, BrE ˌfʌndə'mentəli/ *adv* **(a)** (radically) ‹*different/mistaken*› fundamentalmente **(b)** (in essence) ‹*correct/justified*› esencialmente

fundamentals /fʌndə'mentlz/ *pl n* fundamentos *mpl*

🔑 **funding** /'fʌndɪŋ/ *n* (act) financiación *f*; (resources) fondos *mpl*

fund-raising /'fʌnd'reɪzɪŋ, BrE 'fʌndˌreɪzɪŋ/ *n* recaudación *f* de fondos

funeral /'fju:nərəl/ *n* funerales *mpl*

funeral: **~ director** *n* (fml) director, -tora *m,f* de una funeraria; **~ home** (AmE), **~ parlour** (BrE) *n* funeraria *f*

funfair /'fʌnfer, BrE 'fʌnfeə(r)/ *n* (BrE) (traveling) feria *f*; (permanent) parque *m* de diversiones *or* (Esp) de atracciones

fungus /'fʌŋgəs/ *n* (*pl* **fungi** /'fʌŋgaɪ/) hongo *m*

funnel /'fʌnl/ *n* **(a)** (for pouring) embudo *m* **(b)** (on steamship, steam engine) (BrE) chimenea *f*

funnily /'fʌnli, BrE 'fʌnɪli/ *adv* **(a)** (strangely) (esp BrE) de modo extraño **(b) ~ enough** (*indep*) casualmente

🔑 **funny** /'fʌni/ *adj* **-nier, -niest** **1** (amusing) ‹*joke*› gracioso; ‹*person*› divertido **2** (strange) raro; **(it's) ~ (that) you should mention it** es curioso que lo menciones; **to taste/smell ~** saber*/oler* raro **3** (infml) (unwell): **I feel a bit ~** me siento medio mal

fur /fɜ:r, BrE fɜ:(r)/ *n* **(a)** (of animal) (Zool) pelo *m*, pelaje *m*; (Clothing) piel *f*; (*before n*) **~ coat** abrigo *m* de piel *or* (Esp tb) de pieles **(b)** (pelt) piel *f*

furious /'fjʊriəs, BrE 'fjʊəriəs/ *adj* **(a)** (angry) furioso **(b)** (violent, intense) ‹*struggle*› feroz; ‹*speed*› vertiginoso; ‹*storm*› violento; ‹*activity*› febril

furiously /'fjʊriəsli, BrE 'fjʊəriəsli/ *adv* **(a)** (angrily) con furia **(b)** (violently, intensely) frenéticamente

furlough /'fɜ:rləʊ, BrE 'fɜ:ləʊ/ *n* (AmE) permiso *m*, licencia *f*; **on ~** de permiso, con licencia

furnace /'fɜ:rnəs, BrE 'fɜ:nɪs/ *n* (in industry) horno *m*; (for heating) caldera *f*

furnish /'fɜ:rnɪʃ, BrE 'fɜ:nɪʃ/ *vt* **1** **(a)** ‹*house/room*› amueblar, amoblar* (AmL) **(b) furnished** *past p* ‹*room/apartment*› amueblado, amoblado (AmL) **2** (supply) (fml) proporcionar; **to ~ sb WITH sth** (with information) proporcionarle algo a algn

furnishings /'fɜ:rnɪʃɪŋz, BrE 'fɜ:nɪʃɪŋz/ *pl n*: *mobiliario, cortinas, alfombras, etc*

furniture /'fɜ:rnɪtʃər, BrE 'fɜ:nɪtʃə(r)/ *n* (in home, office) muebles *mpl*, mobiliario *m*; **a piece of ~** un mueble; (*before n*) **~ mover** o (BrE) **remover** empresa *f* de mudanzas; **~ polish** cera *f* para muebles

furor /'fjʊrɔ:r, BrE 'fjʊərɔ:(r)/, (BrE) **furore** /fjʊ'rɔ:ri, BrE fjʊə'rɔ:ri/ *n* escándalo *m*

furrow /'fɜ:rəʊ, BrE 'fʌrəʊ/ *n* surco *m*

furry /'fɜ:ri/ *adj* **-rier, -riest** ‹*animal*› peludo; ‹*toy*› de peluche; ‹*covering/lining*› afelpado

further¹ /ˈfɜːrðər, BrE ˈfɜːðə(r)/ *adv* **1** *comp of* **far¹ 1 (a)** (in distance): **they live even ~ away** ellos viven aún más lejos; **how much ~ is it?** ¿cuánto camino nos queda por hacer?; **~ on, there's another set of traffic lights** más adelante, hay otro semáforo **(b)** (in progress): **the legislation should have gone ~** la legislación debería haber ido más lejos; **have you got any ~ with that essay?** ¿has adelantado ese trabajo? **(c)** (in time): **we must look back even ~** tenemos que retroceder aún más en el tiempo; **this vase dates back even ~** este jarrón es aún más antiguo **(d)** (in extent, degree): **I'll look ~ into that possibility** voy a estudiar esa posibilidad más a fondo; **the situation is ~ complicated by her absence** el hecho de que ella no esté complica aún más la situación **2 further to** (Corresp) (*as prep*): **~ to your letter of June 6, ...** con relación a su carta del 6 de junio, ... **3** (furthermore) (*as linker*) además

further² *adj* más; **have you any ~ questions?** ¿tienen más preguntas?; **until ~ notice** hasta nuevo aviso

further³ *vt* ‹*cause/aims*› promover*; ‹*career/interests*› favorecer*

further education *n* (BrE) *programa de cursos de extensión cultural para adultos*

furthermore /ˈfɜːrðərmɔːr, BrE ˌfɜːðəˈmɔː(r)/ *adv* además

furthest /ˈfɜːrðəst, BrE ˈfɜːðɪst/ *adv superl of* **far¹ 1**

furtive /ˈfɜːrtɪv, BrE ˈfɜːtɪv/ *adj* **(a)** (stealthy) ‹*movement/look*› furtivo; ‹*person*› solapado **(b)** (suspicious, shifty) ‹*appearance*› sospechoso; ‹*manner*› solapado

furtively /ˈfɜːrtɪvli, BrE ˈfɜːtɪvli/ *adv* ‹*creep*› sigilosamente; ‹*peep/listen*› a hurtadillas

fury /ˈfjʊri, BrE ˈfjʊəri/ *n* (*pl* **furies**) ira *f*

fuse¹ /fjuːz/ *n* **1** (Elec) fusible *m*, plomo *m* (Esp), tapón *m* (CS) **2** (for explosives) mecha *f*

fuse² *vt* **1** (Elec) **(a)** (short-circuit) (BrE): **to ~ the lights** hacer* saltar los fusibles *or* (CS tb) los tapones, fundir los plomos (Esp) **(b) fused** *past p* con fusible **2 (a)** (melt together) alear **(b)** (merge) fusionar

fuse box *n* caja *f* de fusibles *or* (Esp tb) de plomos *or* (CS tb) de tapones

fuselage /ˈfjuːzəlɑːʒ/ *n* fuselaje *m*

fusion /ˈfjuːʒən/ *n* fusión *f*

fuss¹ /fʌs/ *n* alboroto *m*; ***to kick up a ~*** armar un lío, montar un número (Esp fam); ***to make*** o (AmE also) ***raise a ~*** hacer* un escándalo

fuss² *vi* preocuparse

fussbudget /ˈfʌsˈbʌdʒɪt/, (BrE also) **fusspot** /ˈfʌspɑːt, BrE ˈfʌspɒt/ *n* maniático, -ca *m,f*, mañoso, -sa *m,f* (AmL)

fussy /ˈfʌsi/ *adj* **-sier, -siest** exigente; **I'm a ~ eater** soy muy maniático *or* (AmL tb) mañoso para comer

futile /ˈfjuːtl, BrE ˈfjuːtaɪl/ *adj* ‹*attempt*› inútil; ‹*suggestion/question*› trivial

futility /fjʊˈtɪləti/ *n* inutilidad *f*

future¹ /ˈfjuːtʃər, BrE ˈfjuːtʃə(r)/ *n* **1** (time ahead): **the ~** el futuro; **in ~** de ahora en adelante **2** (prospects) futuro *m*; **a job with a ~** un trabajo con futuro **3** (Ling) futuro *m* **4 futures** *pl* (Fin) futuros *mpl*

future² *adj* (*before n*) **(a)** ‹*husband/home*› futuro **(b)** (Ling): **the ~ tense** el futuro

futuristic /ˈfjuːtʃəˈrɪstɪk/ *adj* futurista

fuze /fjuːz/ *n* (AmE) ▶ **fuse¹ 2**

fuzzy /ˈfʌzi/ *adj* **-zier, -ziest 1** ‹*hair*› muy rizado; ‹*beard*› enmarañado **2** (blurred) ‹*sound*› confuso; ‹*picture/outline*› borroso

Gg

G, g /dʒiː/ *n* **(a)** (letter) G, g *f* **(b)** (Mus) sol *m*

g (= **gram(s)**) g., gr.

G (in US) (Cin) (= **general**) apta para todo público

GA, Ga = **Georgia**

gab /gæb/ *vi* **-bb-** (infml) charlar (fam)

gabble /ˈgæbəl/ *vi* (speak incoherently) hablar atropelladamente, farfullar; (speak quickly) parlotear (fam)

gable /ˈgeɪbəl/ *n* gablete *m* **~ (end)** hastial *m*

gadget /ˈgædʒət, BrE ˈgædʒɪt/ *n* (infml) aparato *m*, chisme *m* (Esp fam)

Gaelic /ˈgeɪlɪk/ *n* gaélico *m*

gaffe /gæf/ *n* metedura *f or* (AmL tb), metida *f* de pata (fam)

gag¹ /gæg/ *n* **1** (for mouth) mordaza *f* **2** (joke) (infml) chiste *m*, gag *m*

gag² **-gg-** *vt* amordazar*
■ *vi* hacer* arcadas

gage /geɪdʒ/ *vt/n* (AmE) ▶ **gauge¹,²**

gaggle /ˈgægəl/ *n* (of geese) bandada *f*

gain¹ /geɪn/ *vt* **1** (acquire) ‹*control*› conseguir*; ‹*experience*› adquirir*; ‹*recognition*› obtener* **2** (increase) ‹*strength/speed*› ganar **3** ‹*time*› ganar; **my watch is ~ing ten minutes a day** mi reloj (se) adelanta diez minutos por día
■ *vi* **1 (a)** (improve): **to ~ in value** subir *or* aumentar de valor; **she's gradually ~ing**

palabra clave

in confidence poco a poco va adquiriendo confianza en sí misma **(b)** (benefit) beneficiarse **2** **(a)** (go fast) «*clock/watch*» adelantar(se) **(b)** (move nearer) **to ~ ON sb** acortar (las) distancias con respecto a algn

gain[2] *n* **1** (profit) ganancia *f* **2** (increase) aumento *m*

gainful /'geɪnfəl/ *adj* retribuido

gait /geɪt/ *n* (*no pl*) modo *m* de andar

gala /'gælə, 'geɪlə, BrE 'gɑːlə/ *n* fiesta *f*

Galapagos Islands /gə'lɑːpəgəs, BrE gə'læpəgəs/ *pl n*: **the ~** las Islas Galápagos

galaxy /'gæləksi/ *n* (*pl* **-xies**) galaxia *f*

gale /geɪl/ *n* vendaval *f*; (*before n*) **~-force winds** vientos *mpl* (huracanados)

Galicia /gə'lɪʃiə, gə'lɪsiə/ *n* Galicia *f*

Galician[1] /gə'lɪʃiən, gə'lɪsiən/ *n* **(a)** (person) gallego, -ga *m,f* **(b)** (language) gallego *m*

Galician[2] *adj* gallego

gallant *adj* **(a)** /'gælənt/ (brave) (liter) aguerrido (liter) **(b)** /gə'lænt/ (chivalrous) galante

gall bladder /gɔːl/ *n* vesícula *f* (biliar)

galleon /'gæliən/ *n* galeón *m*

gallery /'gæləri/ *n* (*pl* **-ries**) **1** (Art) museo *m* (de Bellas Artes); (commercial) galería *f* (de arte) **2** (Archit) galería *f*; (for press, spectators) tribuna *f*

galley /'gæli/ *n* **1** (ship) galera *f* **2** (kitchen on boat, plane) cocina *f*

gallon /'gælən/ *n* galón *m* (*EEUU: 3,78 litros, RU: 4,55 litros*)

gallop[1] /'gæləp/ *n* galope *m*

gallop[2] *vi* galopar

gallows /'gæləʊz/ *n* (*pl* ~); (+ *sing o pl vb*) horca *f*

gallstone /'gɔːlstəʊn/ *n* cálculo *m* biliar

galore /gə'lɔːr, BrE gə'lɔː(r)/ *adj* (*after n*) en abundancia

galvanize /'gælvənaɪz/ *vt* **1** (rouse) **to ~ sb** (INTO **sth**/-ING) impulsar a algn (A algo /+ INF) **2** **galvanized** *past p* ‹*iron/steel*› galvanizado

Gambia /'gæmbiə/ *n* Gambia *f*

gambit /'gæmbət, BrE 'gæmbɪt/ *n* (stratagem) táctica *f*; (in chess) gambito *m*

gamble[1] /'gæmbəl/ *vi* jugar*; **to ~ on a horse** apostar* a un caballo
■ *vt* jugarse*

gamble[2] *n* (*no pl*) **(a)** (bet) apuesta *f* **(b)** (risk): **to take a ~** arriesgarse*

gambler /'gæmblər, BrE 'gæmblə(r)/ *n* jugador, -dora *m,f*

gambling /'gæmblɪŋ/ *n* juego *m*

gambol /'gæmbəl/ *vi*, (BrE **-ll-**) retozar*

game[1] /geɪm/ *n* **1** **(a)** (amusement) juego *m* **(b)** (type of sport) deporte *m* **2** **(a)** (complete match) (Sport) partido *m*; (in board games, cards) partida *f* **(b)** (part of tennis, squash match) juego *m* **3** (underhand scheme, ploy) juego *m* **4** (in hunting) caza *f*; **big ~** caza mayor **5** (Culin) caza *f*

game[2] *adj*: **we're going swimming, are you ~?** vamos a nadar ¿te apuntas?; **she's ~ for anything** se apunta a todo

game: **~keeper** *n* guardabosque(s) *mf*; **~ reserve** *n* coto *m* de caza; **~ show** *n* programa *m* concurso

gamer /'geɪmər, BrE 'geɪmə(r)/ *n* **1** (player) videojugador, -dora *m,f* **2** (AmE) (hard player) jugador, -dora *m,f* competitivo, -va

games console *n* consola *f* de videojuegos

gammon /'gæmən/ *n* (esp BrE) jamón *m* fresco

gamut /'gæmət/ *n* gama *f*; **to run the (whole) ~ of sth** cubrir* toda la gama de algo

gander /'gændər, BrE 'gændə(r)/ *n* (Zool) ganso *m* (*macho*)

gang /gæŋ/ *n* (of criminals) banda *f*; (of youths, children) pandilla *f*
● **gang up**: [*v* + *adv*] (infml) **to ~ up** AGAINST *o* ON **sb** ponerse*/estar* en contra de algn

gang: **~land** *n* (journ) hampa *f*‡, mundo *m* del crimen organizado; **~master** *n* (BrE) contratista *m* de mano de obra indocumentada; **~plank** *n* plancha *f*

gangrene /'gæŋgriːn/ *n* gangrena *f*

gangster /'gæŋstər, BrE 'gæŋstə(r)/ *n* gángster *mf*

gangway /'gæŋweɪ/ *n* **1** (walkway) pasarela *f* **2** (between rows of seats) (BrE) pasillo *m*

gantlet /'gɔːntlət/ *n* (AmE) ▶ **gauntlet**

gaol /dʒeɪl/ *n/vt* (esp BrE) ▶ **jail**[1,2]

gap /gæp/ *n* **1** (space) espacio *m*; (in fence, hedge) hueco *m* **2** **(a)** (in knowledge) laguna *f* **(b)** (in time) intervalo *m*, interrupción *f* **(c)** (disparity) distancia *f*, brecha *f* **(d)** (void) vacío *m*

gape /geɪp/ *vi* **1** (stare) mirar boquiabierto **2** (be open) estar* abierto

gaping /'geɪpɪŋ/ *adj* ‹*wound*› abierto; ‹*hole*› enorme

garage /gə'rɑːʒ, BrE 'gærɑːdʒ, -ɪdʒ/ *n* **1** (for parking) garaje *m*, garage *m* (esp AmL) **2** **(a)** (for repairs) taller *m* (mecánico), garaje *m*, garage *m* (esp AmL) **(b)** (for fuel) (BrE) ▶ **service station**

garb /gɑːrb, BrE gɑːb/ *n* (liter *or* hum) atuendo *m* (liter *o* hum)

garbage /'gɑːrbɪdʒ, BrE 'gɑːbɪdʒ/ *n* **(a)** (AmE) (refuse) basura *f*; (*before n*) **~ dump** vertedero *m* (de basuras), basurero *m*, basural *m* (AmL) **(b)** (junk) (infml) trastos *mpl*, cachivaches *mpl* (fam), porquerías *fpl* (fam); **this book is absolute ~** este libro es una auténtica porquería

garbage: **~ bag** *n* (AmE) bolsa *f* de la basura; **~ can** *n* (AmE) cubo *m or* (CS) tacho *m or* (Col) caneca *f or* (Méx) bote *m or* (Ven) tobo *m* de la basura; **~man** /'gɑːrbɪdʒ'mæn/ *n* (*pl* **-men** /-men/) (AmE) basurero *m*; **~ truck** *n* (AmE) camión *m* de la basura

garbled /'gɑːrbəld, BrE 'gɑːbəld/ *adj* ‹*account*› confuso; ‹*message*› incomprensible

garden[1] /'gɑːrdn̩, BrE 'gɑːdn̩/ *n* **(a)** (for ornamental plants) jardín *m*; (for vegetables) huerta *f*, huerto *m* **(b)** **gardens** *pl* (public, on private estate) jardines *mpl*, parque *m*

garden[2] *vi* trabajar en el jardín

garden center, (BrE) **garden centre** *n* vivero *m*, centro *m* de jardinería

gardener /'gɑːrdnər, BrE 'gɑːdnə(r)/ *n* jardinero, -ra *m,f*

gardening /'gɑːrdnɪŋ, BrE 'gɑːdnɪŋ/ *n* jardinería *f*; (vegetable growing) horticultura *f*; **he does the ~** él se encarga del jardín

garden: **~ party** *n* recepción *f* al aire libre; **~-variety** *adj* (AmE infml) (*before n*) vulgar *or*

g

común y corriente

gargle /ˈgɑːrgəl, BrE ˈgɑːgəl/ *vi* hacer* gárgaras

gargoyle /ˈgɑːrgɔɪl, BrE ˈgɑːgɔɪl/ *n* gárgola *f*

garish /ˈgerɪʃ, BrE ˈgeərɪʃ/ *adj* ‹*color*› chillón, charro (AmL fam); ‹*garment*› estridente, charro (AmL fam)

garland /ˈgɑːrlənd, BrE ˈgɑːlənd/ *n* guirnalda *f*

garlic /ˈgɑːrlɪk, BrE ˈgɑːlɪk/ *n* ajo *m*

garment /ˈgɑːrmənt, BrE ˈgɑːmənt/ *n* prenda *f* (de ropa)

garnet /ˈgɑːrnət, BrE ˈgɑːnɪt/ *n* granate *m*

garnish¹ /ˈgɑːrnɪʃ, BrE ˈgɑːnɪʃ/ *vt* adornar

garnish² *n* adorno *m*, aderezo *m*; (more substantial) guarnición *f*

garret /ˈgærət/ *n* buhardilla *f*

g

garrison /ˈgærəsən, BrE ˈgærɪsən/ *n* **(a)** (place) plaza *f* fuerte *or* de armas **(b)** (troops) guarnición *f*

garrulous /ˈgærələs/ *adj* charlatán

garter /ˈgɑːrtər, BrE ˈgɑːtə(r)/ *n* liga *f*

⚷ **gas¹** /gæs/ *n* (*pl* **gases** *or* **gasses**) **1** (Phys) gas *m* **2** **(a)** (fuel) gas *m*; (*before n*) ‹*ring/heater*› de *or* a gas **(b)** (anesthetic) gas *m* **3** (gasoline) (AmE) ▸ **gasoline** **4** (flatulence) (AmE) gases *mpl*

gas² *vt* **-ss-** (Mil) gasear; (kill) asfixiar con gas; (in gas chamber) ejecutar en la cámara de gas

gas chamber *n* cámara *f* de gas

gaseous /ˈgæsiəs/ *adj* gaseoso

gash¹ /gæʃ/ *n* tajo *m*, corte *m* profundo

gash² *vt* hacer* un tajo en, cortar (*profundamente*)

gasket /ˈgæskət, BrE ˈgæskɪt/ *n* junta *f*

gas: **~light** *n* (illumination) luz *f* de gas; **~ mask** *n* máscara *f* antigás

gasoline /ˈgæsəliːn/ *n* (AmE) gasolina *f*, nafta *f* (RPl), bencina *f* (Andes)

gasp¹ /gæsp, BrE gɑːsp/ *vi* **(a)** (inhale sharply) dar* un grito ahogado **(b)** (pant) respirar entrecortadamente, jadear

■ *vt* decir* jadeando

gasp² *n* exclamación *f*, grito *m* (*entrecortado o ahogado*)

gas: **~ pedal** *n* (esp AmE) acelerador *m*; **~ pump** *n* (AmE) (in service station) surtidor *m*, bomba *f* bencinera (Andes); **~ station** *n* (AmE) estación *f* de servicio *or* (RPl tb) de nafta, gasolinera *f*, bomba *f* (Andes, Ven), grifo *m* (Per); **~ tank** *n* (AmE) depósito *m or* tanque *m* de gasolina *or* (RPl) de nafta *or* (Andes) de bencina

gastric /ˈgæstrɪk/ *adj* gástrico

gastroenteritis /ˈgæstrəʊˌentəˈraɪtəs, BrE ˌgæstrəʊˌentəˈraɪtɪs/ *n* gastroenteritis *f*

gasworks /ˈgæswɜːrks, BrE ˈgæswɜːks/ *n* (*pl* ~); (+ *sing o pl vb*) fábrica *f* de gas

gate /geɪt/ *n* **(a)** (to garden — wooden) puerta *f* (del jardín); (— wrought-iron) verja *f*, cancela *f* (Esp); (to field) tranquera *f* (AmL), portillo *m* (Esp) **(b)** (to castle, city) (*usu pl*) puerta *f* **(c)** (controlling admission) entrada *f* **(d)** (at airport) puerta *f* (de embarque)

gate: **~crash** *vi* colarse*; **~way** *n* verja *f*, portalón *m*

⚷ **gather¹** /ˈgæðər, BrE ˈgæðə(r)/ *vi* congregarse*, reunirse*

■ *vt* **1** **(a)** (collect) ‹*wood/berries*› recoger*, coger* (esp Esp); ‹*information*› reunir*, juntar; ‹*people*› reunir*; **to ~ dust** juntar *or* acumular polvo **(b)** ‹*thoughts*› poner* en orden; ‹*strength*› juntar, hacer* acopio de **(c)** ‹*speed*› ir* adquiriendo **2** (conclude) deducir*; **I ~ you're moving** tengo entendido que te mudas (de casa) **3** (by sewing) fruncir*

● **gather in** [*v + o + adv, v + adv + o*] recoger*

gather² *n* fruncido *m*, frunce *m*

gathering¹ /ˈgæðərɪŋ/ *n* (meeting) reunión *f*; (group of people) concurrencia *f*

gathering² *adj* (*before n*) creciente; **the ~ storm** la tormenta que se avecinaba

gaudy /ˈgɔːdi/ *adj* chillón, charro (AmL fam)

gauge¹, (AmE also) **gage** /geɪdʒ/ *vt* **(a)** (estimate) ‹*size*› calcular **(b)** (judge) ‹*effects*› evaluar* **(c)** (measure) medir*

gauge², (AmE also) **gage** *n* **1** (instrument) indicador *m* **2** (measure, indication) indicio *m* **3** (Rail): **narrow ~** vía *f* estrecha, trocha *f* angosta (CS)

gaunt /gɔːnt/ *adj* ‹*person*› descarnado, delgado y adusto; (from illness, tiredness) demacrado

gauntlet /ˈgɔːntlət, BrE ˈgɔːntlɪt/ *n* guante *m* (*con el puño largo*); (of suit of armor) guantelete *m*, manopla *f*

gauze /gɔːz/ *n* (Tex, Med) gasa *f*; (fine mesh) malla *f*

gave /geɪv/ *past of* **give¹**

gavel /ˈgævəl/ *n* mazo *m or* martillo *m* (*usado por jueces, subastadores etc*)

⚷ **gay** /geɪ/ *adj* **1** (homosexual) gay *adj inv* **2** (dated) (merry) alegre

gay marriage *n* (infml) matrimonio *m* gay

gaze¹ /geɪz/ *vi* mirar (larga y fijamente); **to ~** AT **sth/sb** mirar algo/a algn

gaze² *n* mirada *f* (*larga y fija*)

gazelle /gəˈzel/ *n* (*pl* **~s** *or* **~**) gacela *f*

gazette /gəˈzet/ *n* gaceta *f*

gazetteer /ˈgæzəˈtɪr, BrE ˌgæzəˈtɪə(r)/ *n* índice *m* geográfico

GB = **Great Britain**

GCSE *n* (in UK) = **General Certificate of Secondary Education** ≈ bachillerato *m* elemental (*exámenes que se toman en diferentes asignaturas alrededor de los 16 años*)

gear¹ /gɪr, BrE gɪə(r)/ *n* **1** (Mech Eng) engranaje *m*; (Auto) marcha *f*, velocidad *f*, cambio *m*; **to shift** o (BrE) **change ~** cambiar de marcha, cambiar de velocidad, hacer* un cambio **2** **(a)** (equipment) equipo *m*; (tools) herramientas *fpl*; (fishing ~) aparejo(s) *m*(*pl*) de pesca **(b)** (miscellaneous items) (infml) cosas *fpl*

gear² *vt* orientar; **(to be) ~ed** TO/TOWARD **sth/sb** (estar*) dirigido A algo/algn

● **gear up** **1** [*v + adv*] (prepare) prepararse **2** [*v + o + adv, v + adv + o*] preparar

gear: **~box** *n* caja *f* de cambios *or* velocidades; **~ lever** *n* (BrE) ▸ **gearshift**; **~shift** *n* (AmE) palanca *f* de cambio *or* (Méx) de velocidades; **~ stick** *n* (BrE) ▸ **gearshift**

gee /dʒiː/ *interj* (AmE infml): **~, I'm sorry to hear that** oye, lo siento; **~, thanks!** ¡pero ... gracias!

geese /giːs/ *pl of* **goose**

⚷ palabra clave

gel[1] /dʒel/ *n* gel *m*

gel[2] *vi* **-ll-** **(a)** «*liquid*» gelificarse* **(b)** (BrE) «*plans/ideas*» cuajar

gelatin /'dʒelətn̩, BrE 'dʒelətɪn/, **gelatine** /'dʒeləti:n/ *n* gelatina *f*

gem /dʒem/ *n* **(a)** (stone) gema *f*, piedra *f* preciosa/semipreciosa; (jewel) joya *f*, alhaja *f* **(b)** (wonderful example) joya *f*

Gemini /'dʒemənaɪ, -ni:, BrE 'dʒemɪnaɪ, -ni:/ *n* **(a)** (sign) (*no art*) Géminis **(b)** (person) Géminis *or* géminis *mf*, geminiano, -na *m,f*

gender /'dʒendər, BrE 'dʒendə(r)/ *n* **(a)** (Ling) género *m* **(b)** (sex) sexo *m*

gene /dʒi:n/ *n* gen *m*, gene *m*

genealogy /'dʒi:ni'ælədʒi/ *n* genealogía *f*

general[1] /'dʒenrəl/ *adj* **1** (not detailed or specific) general; **in ~** en general **2** (widespread) ‹*tendency*› generalizado **3** (usual) general; **as a ~ rule** por lo general, por regla general **4** (chief) ‹*manager*› general **5** (Med) ‹*anesthetic*› general

general[2] *n* (Mil) general *mf*

general: **~ delivery** *n* (AmE) lista *f* de correos, poste *f* restante (AmL); **~ election** *n* elecciones *fpl* generales

generalization /'dʒenrələ'zeɪʃən, BrE ˌdʒenrəlaɪ'zeɪʃən/ *n* generalización *f*

generalize /'dʒenrəlaɪz/ *vi/t* generalizar*

general knowledge *n* cultura *f* general

generally /'dʒenrəli/ *adv* **(a)** (usually, as a rule) generalmente, por lo general **(b)** (broadly) (*indep*): **~ (speaking)** por lo general, en general **(c)** (as a whole) en general

general: **~ practitioner** *n* médico, -ca *m,f* de medicina general; **~ public** *n*: **the ~ public** el público en general, el gran público; **~-purpose** *adj* ‹*tool*› para todo uso; ‹*dictionary*› de uso general; **~ store** *n* (AmE) tienda *f* (*que vende todo tipo de artículos en una comunidad pequeña*), almacén *m* (CS); **~ strike** *n* huelga *f* general, paro *m* general (AmL)

generate /'dʒenəreɪt/ *vt* generar

generation /'dʒenə'reɪʃən/ *n* **1** generación *f*; **the older ~** la gente de más edad; **first-~ computers** computadoras *fpl or* (Esp tb) ordenadores *mpl* de primera generación **2** (act of generating) generación *f*

generation gap *n* brecha *f* generacional

generator /'dʒenəreɪtər, BrE 'dʒenəreɪtə(r)/ *n* generador *m*, grupo *m* electrógeno

generic /dʒə'nerɪk/ *adj* ‹*term*› genérico

generosity /'dʒenə'rɑ:səti, BrE ˌdʒenə'rɒsəti/ *n* generosidad *f*

generous /'dʒenrəs, BrE 'dʒenərəs/ *adj* **(a)** (open-handed) generoso **(b)** (ample, large) abundante, generoso

genetic /dʒə'netɪk, BrE dʒɪ'netɪk/ *adj* genético

genetically /dʒə'netɪkli/ *adv* genéticamente; **~ modified** transgénico, genéticamente modificado

genetics /dʒə'netɪks, BrE dʒɪ'netɪks/ *n* (+ *sing vb*) genética *f*

genial /'dʒi:njəl, BrE 'dʒi:niəl/ *adj* ‹*person*› simpático; ‹*welcome/smile*› cordial

genie /'dʒi:ni/ *n* genio *m*

genitals /'dʒenətlz, BrE 'dʒenɪtlz/ *pl n* genitales *mpl*

genius /'dʒi:niəs/ *n* **1** (clever person) genio *m* **2** (brilliance) genialidad *f*

genre /'ʒɑ:nrə, BrE ʒɒnrə/ *n* género *m*

gent /dʒent/ *n* (BrE infml) caballero *m*; Ⓢ **Gents** Caballeros

gentle /'dʒentl/ *adj* **gentler** /dʒentlər, BrE 'dʒentlə(r)/, **gentlest** /'dʒentləst, BrE 'dʒentlɪst/ **1** **(a)** ‹*person*› dulce; ‹*character*› suave **(b)** (of voice): **in a ~ voice** en un tono suave *or* dulce **2** ‹*murmur/breeze*› suave; ‹*exercise*› moderado; ‹*slope*› poco empinado; ‹*reminder*› discreto

gentleman /'dʒentlmən/ *n* (*pl* **-men** /-mən/) **(a)** (man) caballero *m*, señor *m* **(b)** (well-bred man) caballero *m*

gently /'dʒentli/ *adv* **(a)** (not roughly or violently) ‹*handle*› con cuidado; ‹*tap*› ligeramente; ‹*hint*› con tacto **(b)** (tenderly) dulcemente; (tactfully) con delicadeza

gentry /'dʒentri/ *n* (+ *sing o pl vb*) alta burguesía *f*, pequeña nobleza *f*

genuine /'dʒenjuən, BrE 'dʒenjʊɪn/ *adj* **(a)** ‹*interest/person*› genuino, sincero; ‹*inquiry/buyer/mistake*› serio; **it was a ~ mistake** fue realmente un error **(b)** ‹*antique*› auténtico; ‹*leather*› legítimo

genuinely /'dʒenjuənli, BrE 'dʒenjʊɪnli/ *adv* **(a)** (sincerely) sinceramente **(b)** (really) realmente

geographical /'dʒi:ə'græfɪkəl, BrE ˌdʒiə'græfɪkəl/ *adj* geográfico

geography /dʒi'ɑ:grəfi, BrE dʒɪ'ɒgrəfi/ *n* geografía *f*

geological /'dʒi:ə'lɑ:dʒɪkəl, BrE ˌdʒiə'lɒdʒɪkəl/ *adj* geológico

geologist /dʒi'ɑ:lədʒəst, BrE dʒi'ɒlədʒɪst/ *n* geólogo, -ga *m,f*

geology /dʒi'ɑ:lədʒi, BrE dʒi'ɒlədʒi/ *n* geología *f*

geometrical /'dʒi:ə'metrɪkəl, BrE ˌdʒiə'metrɪkəl/ *adj* geométrico

geometry /dʒi:'ɑ:mətri, BrE dʒi'ɒmətri/ *n* geometría *f*

Georgia /'dʒɔ:rdʒə, BrE 'dʒɔ:dʒə/ *n* **(a)** (republic in the Caucasus) Georgia *f* **(b)** (US state) Georgia *f*

Georgian[1] /'dʒɔ:rdʒən, BrE 'dʒɔ:dʒən/ *adj* **(a)** (of Georgia in the Caucasus) georgiano **(b)** (of Georgia in USA) georgiano **(c)** (in architecture, UK history) georgiano

Georgian[2] *n* **(a)** (from the Caucasus) georgiano, -na *m,f* **(b)** (language) georgiano *m* **(c)** (from USA) georgiano, -na *m,f*

geothermal /dʒiəʊ'θɜ:rməl, BrE dʒiəʊ'θɜ:məl/ *adj* geotermal

geriatric /'dʒeri'ætrɪk/ *adj* (Med) ‹*patient*› anciano; ‹*ward*› de geriatría

geriatrician /ˌdʒeriə'trɪʃən/ *n* geriatra *mf*

germ /dʒɜ:rm, BrE dʒɜ:m/ *n* **1** (Med) microbio *m*, germen *m* **2** (Biol, Bot) germen *m*

German[1] /'dʒɜ:rmən, BrE 'dʒɜ:mən/ *adj* alemán

German[2] *n* **(a)** (language) alemán *m* **(b)** (person) alemán, -mana *m,f*

German: **~ measles** *n* (+ *sing vb*) rubéola *f*, rubeola *f*; **~ shepherd (dog)** *n* pastor *m or* (CS) ovejero *m* alemán

g

Germany /'dʒɜːrməni, BrE 'dʒɜːməni/ *n* Alemania *f*
germinate /'dʒɜːrməneɪt, BrE 'dʒɜːmɪneɪt/ *vi* germinar
gerund /'dʒerənd/ *n* gerundio *m*
gestation /dʒe'steɪʃən/ *n* gestación *f*
gesticulate /dʒe'stɪkjəleɪt, BrE dʒe'stɪkjʊleɪt/ *vi* gesticular
gesture¹ /'dʒestʃər, BrE 'dʒestʃə(r)/ *n* **(a)** (of body) gesto *m*, ademán *m* **(b)** (token, expression) gesto *m*; **a ~ of good will** un gesto de buena voluntad; **it was a nice ~** fue todo un detalle
gesture² *vi* hacer* gestos
get /get/ (*pres p* **getting**; *past* **got**; *past p* **got** *or* (AmE also) **gotten**) *vt* I **1** **(a)** (obtain) conseguir*, obtener*; ‹*job/staff*› conseguir*; ‹*idea*› sacar*; **where did you ~ that beautiful rug?** ¿dónde conseguiste esa alfombra tan preciosa? **(b)** (buy) comprar; **I got it from Harrods** lo compré en Harrods **(c)** (achieve, win) ‹*prize/grade*› sacar*, obtener* (fml) **(d)** (on the telephone) ‹*person*› lograr comunicarse con; **you've got the wrong number** se ha equivocado de número **2** **(a)** (receive) ‹*letter/reward/reprimand*› recibir; **I got a stereo for my birthday** me regalaron un estéreo para mi cumpleaños **(b)** (be paid) ‹*salary/pay*› ganar; **I got £200 for the piano** me dieron 200 libras por el piano **(c)** (experience) ‹*shock/surprise*› llevarse; **I ~ the feeling that ...** tengo la sensación de que ... **(d)** (suffer): **how did you ~ that bump on your head?** ¿cómo te hiciste ese chichón en la cabeza? **3** (fetch) ‹*hammer/scissors*› traer*, ir* a buscar; ‹*doctor/plumber*› llamar; **~ your coat** anda *or* vete a buscar tu abrigo **4** **(a)** (take hold of) agarrar, coger* (esp Esp) **(b)** (catch, trap) pillar (fam), agarrar (AmL), coger* (esp Esp) **5** (contract) ‹*cold/flu*› agarrar, pescar* (fam), pillar (fam), coger* (esp Esp) **6** (catch) ‹*bus/train*› tomar, coger* (Esp) **7** (infml) **(a)** (irritate) fastidiar **(b)** (puzzle): **what ~s me is how ...** lo que no entiendo es cómo ... **8** **(a)** (understand) (infml) entender*; **don't ~ me wrong** no me malentiendas **(b)** (take note of): **did you ~ the number?** ¿tomaste nota del número? **9** (possess): **to have got** ▶ **have I 1**
II **1** (bring, move, put) (+ *adv compl*): **we'll ~ it there by two o'clock** lo tendremos allí antes de las dos; **they couldn't ~ it up the stairs** no lo pudieron subir por las escaleras **2** (cause to be) (+ *adj compl*): **he got the children ready** preparó a los niños; **I can't ~ the window open** no puedo abrir la ventana; **they got their feet wet** se mojaron los pies **3** **to ~ sb/sth + *pp*** **(a)** (with action carried out by subject): **we must ~ some work done** tenemos que trabajar un poco; **to ~ oneself organized** organizarse* **(b)** (with action carried out by somebody else): **he got the house painted** hizo pintar la casa; **I must ~ this watch fixed** tengo que llevar a *or* (AmL tb) mandar (a) arreglar este reloj **4** (arrange, persuade, force) **to ~ sb/sth to + INF**: **I'll ~ him to help you** (order) le diré que te ayude; (ask) le pediré que te ayude; (persuade) lo convenceré de que te ayude; **I can't ~ it to work** no puedo hacerlo funcionar

■ *vi* **1** (reach) (+ *adv compl*) llegar*; **can you ~ there by train?** ¿se puede ir en tren? **2** (become): **to ~ tired** cansarse; **to ~ dressed** vestirse*; **he got very angry** se puso furioso; ▶ **married, cold¹** **3** **to ~ to + INF** **(a)** (come to) llegar* a + INF; **I never really got to know him** nunca llegué a conocerlo de verdad **(b)** (have opportunity to): **in this job you ~ to meet many interesting people** en este trabajo uno tiene la oportunidad de conocer a mucha gente interesante; **when do we ~ to open the presents?** ¿cuándo podemos abrir los regalos? **4** (start) **to ~ -ING** empezar* a + INF, ponerse* a + INF

● **get about** [*v + adv*], [*v + prep + o*] (BrE) ▶ **get around I 1**
● **get above**: [*v + prep + o*]: ***to ~ above oneself*** llenarse de ínfulas
● **get across** **1** [*v + prep + o*], [*v + adv*] (cross) ‹*river*› atravesar*, cruzar*; ‹*road*› cruzar* **2** [*v + o + adv, v + adv + o*] ‹*meaning/concept*› hacer* entender **3** [*v + adv*] (be understood) «*teacher/speaker*» hacerse* entender
● **get ahead** [*v + adv*] **(a)** (get in front) «*student/worker*» adelantar **(b)** (progress, succeed) progresar
● **get along** [*v + adv*] **1** (manage, cope) arreglárselas **2** (progress) «*work/patient*» marchar, andar*; **he's ~ting along just fine at school** le va muy bien en el colegio **3** (be on good terms) **to ~ along (WITH sb)** llevarse bien (CON algn)
● **get around** I **1** [*v + adv*] **(a)** (walk, move about) caminar, andar*; (using transport, car) desplazarse* **(b)** (travel) viajar **(c)** (circulate): **it *o* word got around that ...** pronto corrió el rumor de que ... **2** [*v + prep + o*] (gather in circle): **we can't all ~ around this table** no cabemos todos alrededor de esta mesa
II [*v + prep + o*] **1** (avoid, circumvent) ‹*difficulty/obstacle*› sortear, evitar; ‹*rule/law*› eludir el cumplimiento de **2** (persuade) ‹*person*› engatusar
III [*v + adv*] (go) ir*; (come) venir*
● **get around to**: [*v + adv + prep + o*]: **I meant to write to you, I just never got around to it** tenía intenciones de escribirte pero nunca llegué a hacerlo; **I must ~ around to writing those letters** debo ponerme a escribir esas cartas
● **get at** [*v + prep + o*] **1** **(a)** (reach) ‹*pipe/wire*› llegar* a **(b)** (ascertain) ‹*facts/truth*› establecer* **2** (nag, criticize) (infml) criticar*, meterse con (fam) **3** (hint at, mean) (infml): **what are you ~ting at?** ¿qué quieres decir?
● **get away** [*v + adv*] **1** (escape) escaparse **2** **(a)** (leave) salir* **(b)** (go on vacation) irse* de vacaciones; ***to ~ away from it all*** alejarse del mundanal ruido
● **get away with** [*v + adv + prep + o*] **1** (make off with) llevarse, escaparse con **2** **(a)** (go unpunished for): **you won't ~ away with this** esto no va a quedar así; **don't let them ~ away with it** no dejes que se salgan con la suya **(b)** (be let off with) ‹*fine/warning*› escaparse *or* librarse con
● **get back** **1** [*v + adv*] **(a)** (return) volver*, regresar; (arrive home) llegar* (a casa) **(b)** (retreat): **~ back!** ¡atrás! **2** [*v + o + adv, v + adv + o*] (regain possession of) ‹*property*› recuperar; ‹*health*› recobrar; **we never got our money back** nunca nos devolvieron el dinero

● **get behind** **1** [*v* + *adv*] (fall behind) **to ~ behind** (WITH **sth**) atrasarse (CON algo) **2** [*v* + *prep* + *o*] (move to rear of) ponerse* detrás de; (fall behind) rezagarse*, quedarse atrás

● **get by** [*v* + *adv*] (manage) arreglárselas; **I speak enough French to ~ by** me defiendo en francés; **to ~ by** ON **sth** arreglárselas CON algo

● **get down** **1** [*v* + *adv*] **(a)** (descend) bajar **(b)** (crouch) agacharse **2** [*v* + *o* + *adv*, *v* + *adv* + *o*] **(a)** (take, lift, bring down) bajar **(b)** (write down) anotar, tomar nota de **3** [*v* + *o* + *adv*] **(a)** (reduce) ‹*costs/inflation*› reducir*; ‹*blood pressure*› bajar **(b)** (depress) deprimir **4** [*v* + *prep* + *o*] (descend) ‹*stairs*› bajar; ‹*ladder*› bajarse de; ‹*rope*› bajar por

● **get down to** [*v* + *adv* + *prep* + *o*] (start work on) ponerse* a

● **get in** **1** **(a)** [*v* + *adv*] (enter) entrar **(b)** [*v* + *prep* + *o*] ▶ **get into 1 a** **2** [*v* + *adv*] **(a)** (arrive) «*person/train*» llegar* **(b)** (gain admission to, be selected for) entrar, ser* admitido **(c)** (be elected) (Pol) ganar, resultar elegido **3** [*v* + *o* + *adv*, *v* + *adv* + *o*] **(a)** (bring in, collect up) ‹*washing/chairs*› entrar; ‹*harvest*› recoger* **(b)** (buy, obtain) (BrE) ‹*wood/coal/food*› aprovisionarse de **(c)** (call out) ‹*doctor/plumber*› llamar **(d)** (interpose) ‹*blow/kick*› dar*; ‹*remark*› hacer*

● **get into** **1** [*v* + *prep* + *o*] **(a)** (enter) ‹*house*› entrar en *or* (AmL tb) a; ‹*car*› subir a; ‹*hole*› meterse en **(b)** (arrive at) ‹*station/office*› llegar* a **(c)** (be selected for, elected to) ‹*college/club/Congress*› entrar en *or* (AmL tb) a **(d)** (put on) ‹*coat/robe*› ponerse*; (fit into): **I can't ~ into this dress any more** este vestido ya no me entra **(e)** (into a given state): **to ~ into a rage/a mess** ponerse* furioso/meterse en un lío **(f)** (affect): **I don't know what's got into him lately** no sé qué le pasa últimamente **2** [*v* + *o* + *prep* + *o*] **(a)** (bring, take, put in) meter **(b)** (involve): **you got me into this** tú me metiste en esto

● **get off** **1** [*v* + *adv*], [*v* + *prep* + *o*] **(a)** (alight, dismount) bajarse; **to ~ off a train/horse/bicycle** bajarse de un tren/de un caballo/de una bicicleta **(b)** (remove oneself from) ‹*flowerbed/lawn*› salir* de **(c)** (finish) ‹*work/school*› salir* de **2** [*v* + *adv*] **(a)** (leave) «*person/letter*» salir* **(b)** (escape unpunished) «*person accused*» salir* libre; **he got off lightly** *o* (AmE also) **easy** no recibió el castigo que se merecía; **he got off with a fine** se escapó con solo una multa **3** [*v* + *prep* + *o*] **(a)** (get up from) ‹*floor*› levantarse de **(b)** (deviate from) ‹*track/tourist routes*› salir* *or* alejarse de; ‹*point*› desviarse* *or* irse* de; **I tried to ~ him off the subject** intenté hacerlo cambiar de tema **(c)** (evade) ‹*duty*› librarse *or* salvarse de **4** [*v* + *o* + *adv*] (remove) ‹*lid/top/stain*› quitar **5** [*v* + *o* + *adv*] (send, see off): **we got the children off to school** mandamos a los niños a la escuela **6** (save from punishment) salvar

● **get on** I [*v* + *adv*] **1** (move on) seguir* adelante; **to ~ on** TO **sth** pasar A algo; **~ on with what you're doing** sigue con lo que estás haciendo **2** **(a)** (fare): **how's Joe ~ting on nowadays?** ¿qué tal anda Joe?; **how did he ~ on at the interview?** ¿cómo le fue en la entrevista? **(b)** (succeed) tener* éxito; **to ~ on in life** tener éxito en la vida **3** (be friends, agree) **to ~ on** (WITH **sb**) llevarse bien (CON algn) **4** (*in -ing form*) **(a)** (in time): **it's ~ting on** se está haciendo tarde **(b)** (in age): **she's ~ting on (in years)** está vieja, ya no es joven

II [*v* + *adv*], [*v* + *prep* + *o*] (climb on, board) subirse; **to ~ on the bus/a horse** subirse al autobús/subirse a un caballo

III [*v* + *o* + *adv*], [*v* + *o* + *prep* + *o*] (place, fix on) poner; **I can't ~ the top on (it)** no puedo ponerle la tapa

IV [*v* + *o* + *adv*] (put on) ‹*clothes*› ponerse*

● **get on for** [*v* + *adv* + *prep* + *o*] (approach) (BrE) (*usu in -ing form*): **it's ~ting on for six o'clock** van a ser las seis; **he must be ~ting on for 40** debe (de) andar rondando los 40

● **get onto** [*v* + *prep* + *o*] **1** **(a)** (contact) ‹*person/department*› ponerse* en contacto con **(b)** (begin discussing) ‹*subject*› empezar* a hablar de **2** (mount, board) ‹*table/bus/train*› subirse a; ‹*horse/bicycle*› montarse en

● **get out** I [*v* + *adv*] **1** **(a)** (of car, bus, train) bajar(se); (of hole) salir*; (of bath) salir*; **to ~ out of bed** levantarse (de la cama) **(b)** (of room, country) salir*; **~ out!** ¡fuera (de aquí)! **2** **(a)** (escape) «*animal/prisoner*» escaparse **(b)** (become known) «*news/truth*» saberse*

II [*v* + *o* + *adv*, *v* + *adv* + *o*] **1** (remove, extract) ‹*stopper/nail*› sacar*; ‹*stain*› quitar, sacar* (esp AmL) **2** (take out) ‹*knife/map*› sacar* **3** (withdraw) ‹*money*› sacar* **4** (borrow) ‹*library book*› sacar*

III [*v* + *o* + *adv*] **1** (remove) ‹*tenant*› echar; **~ that dog out of here!** ¡saquen (a) ese perro de aquí!; **I can't ~ you out of this mess** no te puedo sacar de este lío **2** (send for) ‹*doctor/repairman*› llamar

● **get out of** **1** [*v* + *adv* + *prep* + *o*] **(a)** (avoid) ‹*obligation*› librarse *or* salvarse de; **to ~ out of** -ING librarse *or* salvarse de + INF **(b)** (give up): **you must ~ out of that bad habit** tienes que sacarte esa mala costumbre; **I'd got out of the habit of setting my alarm clock** había perdido la costumbre de poner el despertador **2** [*v* + *o* + *adv* + *prep* + *o*] **(a)** (extract) ‹*information/truth*› sonsacar*, sacar* **(b)** (derive, gain) ‹*money/profit*› sacar*

● **get over** **1** [*v* + *prep* + *o*] ‹*river/chasm*› cruzar*; ‹*wall/fence*› pasar por encima de; ‹*hill/ridge*› atravesar*; ‹*obstacle*› superar **2** [*v* + *prep* + *o*] ‹*loss/tragedy/difficulty*› superar; ‹*illness/shock*› reponerse* de; **he's very disappointed — he'll ~ over it** ha quedado muy decepcionado — ya se le pasará **3** [*v* + *o* + *adv*] (cause to come, take): **~ those documents over to Wall Street right away** manda esos documentos a Wall Street enseguida; ***to ~ sth over with***: **I'd like to ~ it over with as quickly as possible** quisiera salir de eso *or* quitarme eso de encima lo más pronto posible **4** [*v* + *o* + *adv*] (communicate) ‹*emotion*› comunicar*

● **get past** **1** [*v* + *adv*] (move past) pasar **2** [*v* + *prep* + *o*] **(a)** (move past) ‹*vehicle*› pasar, adelantarse a; ‹*opponent/attacker*› eludir **(b)** (get beyond) ‹*obstacle*› superar; ‹*semifinals*› pasar

● **get round** (esp BrE) ▶ **get around**

● **get through** I [*v* + *prep* + *o*], [*v* + *adv*] **1** (pass through) ‹*gap/hole*› pasar por **2** ‹*ordeal*› superar; ‹*winter/difficult time*› pasar **3** (Sport) ‹*heat*› pasar

II [*v* + *adv*] **1** **(a)** (reach destination) «*supplies/messenger*» llegar* a destino; «*news/report*» llegar* **(b)** (on the telephone) **to ~ through** (TO

sb/sth) comunicarse* (CON algn/algo) **(c)** (make understand): **am I ~ting through to you?** ¿me entiendes?; **I can't ~ through to him** no logro hacerme entender con él **2** (finish) (AmE) terminar, acabar
III [*v + prep + o*] **1** (use up) (BrE) ‹*money*› gastarse; ‹*materials*› usar; ‹*shoes*› destrozar* **2** (deal with): **I've only got ten more pages to ~ through** me quedan solo diez páginas por leer (*or* estudiar *etc*)
IV [*v + o + adv*], [*v + o + prep + o*] (bring through) pasar; **to ~ sth through customs** pasar algo por la aduana
V [*v + o + adv*] **1** (send) ‹*supplies/message*› hacer* llegar **2** (make understood) hacer* entender

g

● **get together** **1** [*v + adv*] **(a)** (meet up) reunirse*, quedar (Esp); (have a family reunion) juntarse, reunirse* **(b)** (join forces) «*nations/unions*» unirse **(c)** (become couple, team) (infml) juntarse **2** [*v + o + adv, v + adv + o*] (assemble) ‹*people/money*› reunir*; **~ your things together** junta *or* recoge tus cosas

● **get up** **1** [*v + prep + o*], [*v + adv*] (climb up) subir; **to ~ up ON sth** subir(se) A algo **2** [*v + adv*] **(a)** (out of bed) levantarse **(b)** (stand up) levantarse **3** [*v + o + adv*] (raise, lift) ‹*person*› levantar **4** [*v + o + adv, v + adv + o*] (develop, arouse) ‹*appetite/enthusiasm*› despertar*; ‹*speed*› agarrar, coger* (esp Esp); **she didn't want to ~ their hopes up** no quería esperanzarlos

● **get up to** [*v + adv + prep + o*] **1** (reach): **when he got up to them ...** cuando los alcanzó ...; **we got up to page 161** llegamos hasta la página 161 **2** (be involved in) (infml) hacer*; **to ~ up to mischief** hacer* travesuras *or* de las suyas

get: **~away** *n* huida *f*, fuga *f*; **to make one's ~away** escaparse, huir*; **~-together** *n* (infml) reunión *f*

geyser /'gaɪzər, BrE 'giːzə(r)/ *n* (Geog) géiser *m*

Ghana /'gɑːnə/ *n* Ghana *f*

Ghanaian /gɑː'neɪən/ *adj* ghanés

ghastly /'gæstli, BrE 'gɑːstli/ *adj* **(a)** (very bad, awful) (infml) espantoso, horrendo (fam) **(b)** (horrible, hideous) horrible, espantoso

gherkin /'gɜːrkən, BrE 'gɜːkɪn/ *n* pepinillo *m*

ghetto /'getəʊ/ *n* (*pl* **-tos** *or* **-toes**) gueto *m*

ghost /gəʊst/ *n* fantasma *m*, espíritu *m*

ghostly /'gəʊstli/ *adj* **-lier**, **-liest** fantasmal, fantasmagórico

ghoul /guːl/ *n* **(a)** (person) morboso, -sa *m,f* **(b)** (evil spirit) demonio *m* necrófago

GI *n* (infml) soldado *m* estadounidense

giant¹ /'dʒaɪənt/ *n* gigante, -ta *m,f*

giant² *adj* (*before n*) ‹*organization*› gigantesco; ‹*insect*› gigante; ‹*stride*› gigantesco

gibber /'dʒɪbər, BrE 'dʒɪbə(r)/ *vi* farfullar

gibberish /'dʒɪbərɪʃ/ *n* galimatías *m*; **to talk ~** decir* sandeces (fam)

gibe /dʒaɪb/ *n* pulla *f*

giblets /'dʒɪbləts, BrE 'dʒɪblɪts/ *pl n* menudillos *mpl*, menudos *mpl*

Gibraltar /dʒə'brɔːltər, BrE dʒɪ'brɔːltə(r)/ *n* Gibraltar *m*

giddy /'gɪdi/ *adj* **-dier**, **-diest** ‹*sensation*› de mareo *or* aturdimiento; **to feel ~** sentirse* mareado

gift /gɪft/ *n* **1** (present) regalo *m*; **it was a ~** me lo regalaron, es un regalo **2** (talent) don *m*; **she has a ~ for poetry** tiene talento para la poesía

gift certificate *n* (AmE) vale *m* (*canjeable por artículos en una tienda*), cheque regalo *m*

gifted /'gɪftəd, BrE 'gɪftɪd/ *adj* ‹*person*› de talento, talentoso

gift: **~ token**, **~ voucher** *n* (BrE) ▶ **gift certificate**; **~-wrap** *vt* **-pp-** envolver* para regalo *or* (fml) obsequio

gig /gɪg/ *n* (sl) actuación *f*

gigabyte /'gɪgəbaɪt/ *n* gigabyte *m*

gigantic /dʒaɪ'gæntɪk/ *adj* gigantesco; ‹*success/appetite*› enorme; ‹*effort*› titánico

giggle¹ /'gɪgəl/ *vi* reírse* tontamente

giggle² *n* risita *f*

gild /gɪld/ *vt* dorar

gill *n* **1** /dʒɪl/ *medida para líquidos equivalente a la cuarta parte de una pinta o 0,142 l* **2** /gɪl/ (Zool) agalla *f*, branquia *f*

gilt /gɪlt/ *n* dorado *m*

gimmick /'gɪmɪk/ *n* **(a)** (ingenious idea, device) truco *m* **(b)** (catch, snag) (AmE) trampa *f*

gin /dʒɪn/ *n* ginebra *f*, gin *m*

ginger¹ /'dʒɪndʒər, BrE 'dʒɪndʒə(r)/ *n* jengibre *m*

ginger² *adj* ‹*hair*› color zanahoria; ‹*cat*› rojizo

ginger: **~ ale** *n* ginger ale *m*, refresco *m* de jengibre; **~ beer** *n* cerveza *f* de jengibre; **~bread** *n* (cake) pan *m* de jengibre; (cookie) galleta *f* de jengibre

gipsy, **Gipsy** /'dʒɪpsi/ *n* ▶ **gypsy**

giraffe /dʒə'ræf, BrE dʒɪ'rɑːf/ *n* jirafa *f*

girder /'gɜːrdər, BrE 'gɜːdə(r)/ *n* viga *f* (*de metal*)

girdle /'gɜːrdl, BrE 'gɜːdl/ *n* faja *f*

girl /gɜːrl, BrE gɜːl/ *n* **1** **(a)** (baby, child) niña *f*, nena *f* (esp RPl) **(b)** (young woman) chica *f*, muchacha *f* **2** (daughter) hija *f*, niña *f*

girl: **~friend** *n* **(a)** (of man) novia *f* **(b)** (of woman) (esp AmE) amiga *f*; (in lesbian couple) compañera *f*; **~ guide** (BrE) ▶ **girl scout**

girlish /'gɜːrlɪʃ, BrE 'gɜːlɪʃ/ *adj* de niña

girl scout *n* (AmE) guía *f* (*de los scouts*), exploradora *f*

giro /'dʒaɪrəʊ/ *n* (*pl* **-ros**) (in UK) (system) transferencia *f*, giro *m*

girth /gɜːrθ, BrE gɜːθ/ *n* **1** (of person, object) circunferencia *f* **2** (Equ) cincha *f*

gist /dʒɪst/ *n* lo esencial; **to get the ~ of sth** captar lo esencial de algo

give¹ /gɪv/ (*past* **gave**; *past p* **given**) *vt*
I **1** **(a)** (hand, pass) dar*; **~ her/me/them a glass of water** dale/dame/dales un vaso de agua **(b)** (as gift) regalar; **to ~ sb a present** hacerle* un regalo a algn, regalarle algo a algn **(c)** (donate) dar*, donar **(d)** (dedicate, devote) ‹*love/affection*› dar*; ‹*attention*› prestar; **I'll ~ it some thought** lo pensaré **(e)** (sacrifice) ‹*life*› dar*, entregar* **(f)** ‹*injection/sedative*› dar*, administrar (fml) **2** **(a)** (supply, grant) ‹*help*› dar*, brindar; ‹*idea*› dar* **(b)** (allow, concede) ‹*opportunity/permission*› dar*, conceder (fml) **3** **(a)** (cause) ‹*pleasure/shock*› dar*; ‹*cough*› dar* **(b)** (yield) ‹*results/fruit*›

palabra clave

dar* **4** **(a)** (award, allot) ‹*title/authority/right*› dar*, otorgar* (fml); ‹*contract*› dar*, adjudicar*; ‹*mark*› dar*, poner* **(b)** (entrust) ‹*task/responsibility*› dar*, confiar* **5** (pay, exchange) dar*; **I'd ~ anything for a cigarette** no sé qué daría por un cigarrillo **6** (care) (infml): **I don't ~ a damn** me importa un bledo (fam)
II **1** (convey, state) ‹*apologies/information*› dar*; **she gave a detailed description of the place** describió el lugar detalladamente **2** (make sound, movement) ‹*cry/jump*› dar*; ‹*laugh*› soltar* **3** (indicate) ‹*speed/temperature*› señalar **4** (hold) ‹*party/dinner*› dar*, ofrecer* (fml); ‹*concert*› dar*; ‹*speech*› decir*
■ *vi* **1** **(a)** (yield under pressure) ceder, dar* de sí **(b)** (break, give way) «*planks/branch*» romperse* **2** (make gift) dar*; **to ~ to charity** dar* dinero a organizaciones de caridad

● **give away** [*v + o + adv, v + adv + o*] **1** **(a)** (free of charge) regalar **(b)** ‹*prizes*› hacer* entrega de **2** **(a)** (disclose) revelar; **he didn't ~ anything away** no dejó entrever nada **(b)** (betray) delatar **3** ‹*bride*› entregar* en matrimonio

● **give back** [*v + o + adv, v + adv + o*] devolver*

● **give in** [*v + adv*] (surrender, succumb) ceder; (in guessing games) rendirse*; **we will not ~ in to terrorists** no vamos a ceder frente a los terroristas

● **give off** [*v + adv + o*] ‹*smell/fumes*› despedir*, largar* (RPl fam); ‹*heat*› dar*; ‹*radiation*› emitir

● **give out** **1** [*v + o + adv, v + adv + o*] ‹*leaflets*› repartir, distribuir* **2** [*v + adv + o*] **(a)** (let out) ‹*cry/yell*› dar* **(b)** (emit) ‹*heat*› dar*; ‹*signal*› emitir

● **give up** I [*v + o + adv, v + adv + o*] **1** **(a)** (renounce, cease from) ‹*alcohol*› dejar; ‹*fight*› abandonar; **to ~ up hope** perder* las esperanzas; **to ~ up** -ING dejar DE + INF **(b)** (relinquish, hand over) ‹*territory/position*› ceder; **to ~ up one's seat for sb** cederle el asiento a algn **2** (surrender): **to ~ oneself up** entregarse*
II [*v + adv*] **1** (cease fighting, trying) rendirse*; **I've ~n up on them** yo con ellos no insisto más, no pierdo más tiempo **2** (stop doing sth) dejar
III [*v + o + adv*] (abandon hope for): **to ~ sb up for lost** dar* a algn por desaparecido

give² *n* elasticidad *f*

give: **~-and-take** /ˈgɪvənˈteɪk/ *n* concesiones *fpl* mutuas, toma y daca *m*; **~away** *n* **1** (evidence): **her accent is a real ~away** el acento la delata *or* (fam) la vende **2** **(a)** (free gift) regalo *m*; (*before n*) **at ~away prices** a precio de regalo **(b)** (sth easily done, obtained): **the last question was a ~away** la última pregunta estaba regalada *or* tirada (fam)

given¹ /ˈgɪvən/ *past p of* **give¹**

given² *adj* ‹*amount/time*› determinado, dado

given³ *prep* **1** (in view of) dado **2** (*as conj*) ~ (THAT) dado que

given⁴ *n*: **to be a ~ that** ser* algo que se da por sentado

given name *n* (AmE) nombre *m* de pila

glacé /glæˈseɪ, BrE ˈglæseɪ/ *adj* (*before n*) glaseado

glacier /ˈgleɪʃər, BrE ˈglæsɪə(r), ˈgleɪsɪə(r)/ *n* glaciar *m*

glad /glæd/ *adj* **-dd-**; (*pred*) **to be ~ (ABOUT sth)** alegrarse DE algo; **to be ~ (THAT)** alegrarse DE QUE (+ *subj*); **I'm only too ~ to help** es un placer poder ser útil

gladden /ˈglædn̩/ *vt* (liter) llenar de alegría *or* (liter) de gozo

gladly /ˈglædli/ *adv* con mucho gusto

glamor /ˈglæmər, BrE ˈglæmə(r)/ *n* (AmE) ▶ **glamour**

glamorous /ˈglæmərəs/ *adj* ‹*person/dress*› glamoroso; ‹*lifestyle*› sofisticado; ‹*job*› rodeado de glamour

glamour, (AmE also) **glamor** /ˈglæmər, BrE ˈglæmə(r)/ *n* glamour *m*

glance¹ /glæns, BrE glɑːns/ *n* mirada *f*; **to take a ~ at sth** echarle un vistazo *or* una ojeada a algo; **at first ~** a primera vista

glance² *vi* mirar; **to ~ AT sth** echarle una ojeada *or* un vistazo A algo; **to ~ AT sb** echarle una mirada A algn

glancing /ˈglænsɪŋ, BrE ˈglɑːnsɪŋ/ *adj* (*before n*): **to strike sb a ~ blow** pegarle* a algn de refilón

gland /glænd/ *n* **(a)** (organ) glándula *f* **(b)** (lymph node) ganglio *m*

glandular fever /ˈglændjələr, BrE ˈglændjʊlə(r)/ *n* mononucleosis *f* (infecciosa)

glare¹ /gler, BrE gleə(r)/ *n* **1** (stare) mirada *f* (*hostil, feroz, de odio etc*) **2** (light) resplandor *m*

glare² *vi* **1** (stare) **to ~ AT sb** fulminar a algn con la mirada **2** (shine) brillar

glaring /ˈglerɪŋ, BrE ˈgleərɪŋ/ *adj* **(a)** ‹*light*› deslumbrante **(b)** (flagrant) (*before n*) ‹*error*› mayúsculo

⚷ **glass** /glæs, BrE glɑːs/ *n* **1** (material) vidrio *m*, cristal *m* (Esp) **2** (vessel) vaso *m*; (with stem) copa *f*; **a ~ of wine** una copa de vino **3** **glasses** *pl* (spectacles) gafas *fpl*, lentes *mpl* (esp AmL), anteojos *mpl* (esp AmL) **4** (magnifying ~) lupa *f*, lente *f* de aumento

glassblowing /ˈglæsˌbləʊɪŋ, BrE ˈglɑːsˌbləʊɪŋ/ *n* soplado *m* del vidrio

glassy /ˈglæsi, BrE ˈglɑːsi/ *adj* **(a)** (like glass) vítreo **(b)** (dull, lifeless) ‹*stare*› vidrioso

glaze¹ /gleɪz/ *n* **(a)** (on pottery) vidriado *m* **(b)** (Culin) glaseado *m*

glaze² *vt* **1** (fit with glass) ‹*window/door*› acristalar; **to ~ a window** ponerle* vidrio(s) *or* (Esp) cristal(es) a una ventana **2** (make shiny, glossy) **(a)** ‹*pottery*› vidriar **(b)** (Culin) glasear
■ *vi* **~ (over)** «*eyes*» vidriarse

glazed /gleɪzd/ *adj* **1** (fitted with glass) ‹*window/door*› con vidrio *or* (Esp) cristal **2** **(a)** (Culin) glaseado **(b)** ‹*expression*› vidrioso

glazier /ˈgleɪʒər, BrE ˈgleɪziə(r)/ *n* vidriero, -ra *m,f*, cristalero, -ra *m,f* (Esp)

gleam¹ /gliːm/ *vi* «*metal*» relucir*

gleam² *n* (on metal, water) reflejo *m*; **he had a wicked ~ in his eyes** sus ojos despedían un destello maleficioso

gleaming /ˈgliːmɪŋ/ *adj* reluciente

glean /gliːn/ *vt* ‹*information*› recoger*

glee /gliː/ *n* regocijo *m*

gleeful /ˈgliːfəl/ *adj* lleno de alegría

glen /glen/ *n* cañada *f*

glib /glɪb/ *adj* **-bb-** ‹*remark/answer*› simplista; ‹*salesman/politician*› con mucha labia

glide /glaɪd/ *vi* **1** (move smoothly over a surface) deslizarse* **2** «*bird/plane*» planear
glider /ˈglaɪdər, BrE ˈglaɪdə(r)/ *n* planeador *m*
glimmer[1] /ˈglɪmər, BrE ˈglɪmə(r)/ *vi* brillar con luz trémula
glimmer[2] *n* luz *f* débil; **a ~ of hope** un rayo de esperanza
glimpse[1] /glɪmps/ *n*: **I caught a ~ of the room** pude ver brevemente la habitación; **a ~ of life in rural England** una visión de la vida en la Inglaterra rural
glimpse[2] *vt* alcanzar* a ver
glint[1] /glɪnt/ *vi* destellar
glint[2] *n* (of metal, light) destello *m*; (in eye) (*no pl*) chispa *f*, brillo *m*
glisten /ˈglɪsən/ *vi* brillar
glitter[1] /ˈglɪtər, BrE ˈglɪtə(r)/ *vi* relumbrar
glitter[2] *n* **(a)** (sparkle) (*no pl*) destello *m* **(b)** (superficial attractiveness) oropel *m* **(c)** (decoration) purpurina *f*, brillantes *mpl* (Arg), brillantina *f* (Ur, Ven), brillo *m* (Chi)
gloat /gləʊt/ *vi* **to ~ (OVER sth)** regodearse (CON algo)
⚷ **global** /ˈgləʊbəl/ *adj* **(a)** (worldwide) a escala mundial, global; **~ warming** calentamiento *m* global **(b)** (overall, comprehensive) global
globe /gləʊb/ *n* **(a)** (world): **the ~** el globo **(b)** (model) globo *m* terráqueo
globe: **~ artichoke** *n* alcachofa *f*, alcuacil *m* (RPl); **~trotter** /ˈgləʊbˌtrɑːtər, BrE ˈgləʊbˌtrɒtə(r)/ *n* trotamundos *mf*
globule /ˈglɑːbjuːl, BrE ˈglɒbjuːl/ *n* glóbulo *m*
gloom /gluːm/ *n* **(a)** (darkness) penumbra *f*, oscuridad *f* **(b)** (melancholy) melancolía *f*
gloomily /ˈgluːməli, BrE ˈgluːmɪli/ *adv* ‹*sigh/stare*› tristemente; ‹*predict*› con pesimismo
gloomy /ˈgluːmi/ *adj* **-mier, -miest** **(a)** (dark) ‹*day/place*› sombrío **(b)** (dismal) ‹*person*› lúgubre, fúnebre; ‹*prospect*› nada halagüeño; ‹*prediction*› pesimista
glorify /ˈglɔːrəfaɪ, BrE ˈglɔːrɪfaɪ/ *vt* **-fies, -fying, -fied** ‹*person*› ensalzar*; ‹*violence/war*› exaltar
glorious /ˈglɔːriəs/ *adj* **(a)** (deserving glory) glorioso **(b)** (wonderful) ‹*view/weather*› maravilloso
glory[1] /ˈglɔːri/ *n* (*pl* **-ries**) **(a)** (fame) gloria *f* **(b)** (beauty, magnificence) esplendor *m*
glory[2] *vi* **-ries, -rying, -ried**: **to ~ IN sth** (take pleasure) disfrutar DE algo; (in unpleasant way) regodearse CON algo
gloss /glɑːs, BrE glɒs/ *n* **(a)** (shine) brillo *m*; (*before n*) **~ finish** acabado *m* brillante **(b)** **~ (paint)** (pintura *f* al *or* de) esmalte *m*
● **gloss over** [*v* + *adv* + *o*] (make light of) quitarle importancia a; (ignore) pasar por alto
glossary /ˈglɑːsəri, BrE ˈglɒsəri/ *n* (*pl* **-ries**) glosario *m*
glossy /ˈglɑːsi, BrE ˈglɒsi/ *adj* **-sier, -siest** ‹*coat of animal*› brillante, lustroso; ‹*hair*› brillante, brilloso (AmL); ‹*photograph*› brillante; **~ magazine** revista *f* ilustrada (*impresa en papel satinado*)
glove /glʌv/ *n* guante *m*
glove compartment *n* guantera *f*
glow[1] /gləʊ/ *vi* «*fire*» brillar; «*metal*» estar* al rojo vivo; **to ~ with health** rebosar (de) salud; **to be ~ing with happiness** estar* radiante de felicidad
glow[2] *n* (*no pl*) brillo *m*; **he felt a ~ of pride** sintió una oleada de orgullo
glower /ˈglaʊər, BrE ˈglaʊə(r)/ *vi* tener* el ceño fruncido; **to ~ AT sb** lanzarle* miradas fulminantes/una mirada fulminante A algn
glowing /ˈgləʊɪŋ/ *adj* **(a)** (shining) (*before n*) ‹*cheeks*› encendido; **the ~ embers** las brasas **(b)** (expressing praise) ‹*report*› elogioso
glucose /ˈgluːkəʊs, -kəʊz/ *n* glucosa *f*
glue[1] /gluː/ *n* goma *f* de pegar, pegamento *m*
glue[2] *vt* **glues, glueing, glued** **(a)** (stick) pegar* **(b)** (fix): **he was ~d to the television** estaba pegado a la televisión
glum /glʌm/ *adj* **-mm-** apesadumbrado
glut /glʌt/ *n* superabundancia *f*
glutton /ˈglʌtn̩/ *n* glotón, -tona *m,f*
gluttony /ˈglʌtn̩i, BrE ˈglʌtəni/ *n* glotonería *f*
glycerin /ˈglɪsərən, BrE ˈglɪsərɪn/, **glycerine** /ˈglɪsərən, BrE ˈglɪsəriːn/ *n* glicerina *f*
GM *adj* = **genetically modified**
GMO *n* (= **genetically modified organism**) OGM *m*
GMT (= **Greenwich Mean Time**) GMT
gnarled /nɑːrld, BrE nɑːld/ *adj* ‹*wood/fingers*› nudoso; ‹*tree*› retorcido
gnash /næʃ/ *vt*: **to ~ one's teeth** hacer* rechinar los dientes
gnat /næt/ *n* jején *m*; (general usage) mosquito *m*
gnaw /nɔː/ *vt* roer*
■ *vi* **to ~ AT sth** roer* algo
gnome /nəʊm/ *n* gnomo *m*
⚷ **go**[1] /gəʊ/ (*3rd pers sing pres* **goes**; *past* **went**; *past p* **gone**) *vi* **I** **1** **(a)** (move, travel) ir*; **where do we ~ from here?** ¿y ahora qué hacemos? **(b)** (start moving, acting): **ready, (get) set, ~!** preparados *or* en sus marcas, listos ¡ya!; **let's ~!** ¡vamos!; **here ~es!** ¡allá vamos (*or* voy *etc*)! **2** (*past p* **gone/been**) **(a)** (travel to) ir*; **she's gone to France** se ha ido a Francia; **I have never been abroad** no he estado nunca en el extranjero; **to ~ by car/bus** ir* en coche/autobús; **to ~ on foot** ir* a pie; **to ~ for a walk** ir* a dar un paseo; **~ and see what she wants** anda *or* vete a ver qué quiere **(b)** (attend) ir*; **to ~ on a course** hacer* un curso; **to ~ -ING** ir* A + INF; **to ~ swimming** ir* a nadar **3** (attempt, make as if to) **to ~ to + INF** ir* A + INF
II **1** (leave, depart) «*visitor*» irse*, marcharse (esp Esp); «*bus/train*» salir*; ► **let**[2] **2** **(a)** (pass) «*time*» pasar; **the time ~es quickly** el tiempo pasa volando **(b)** (disappear) «*headache/pain/fear*» pasarse *or* irse* (+ *me/te/le etc*) **(c)** «*money*» (be spent) irse*; (be used up) acabarse **3** **(a)** (be disposed of): **that sofa will have to ~** nos vamos (*or* se van *etc*) a tener que deshacer de ese sofá **(b)** (be sold) venderse; **the painting went for £1,000** el cuadro se vendió en 1.000 libras **4** **(a)** (cease to function, wear out) «*bulb/fuse*» fundirse; «*thermostat/fan/exhaust*» estropearse; **her memory/eyesight is ~ing** está fallándole la memoria/la vista; **my legs went (from under me)** me

⚷ palabra clave

fallaron las piernas **(b)** (die) (infml) morir* **5** **to go (a)** (remaining): **only two weeks to ~ till he comes** solo faltan dos semanas para que llegue; **I still have 50 pages to ~** todavía me faltan *or* me quedan 50 páginas **(b)** (take away) (AmE): **two burgers to ~** dos hamburguesas para llevar

III **1** **(a)** (lead) «*path/road*» ir*, llevar **(b)** (extend, range) «*road/railway line*» ir*; **it only ~es as far as Croydon** solo va hasta Croydon **2** (have place) ir*; (fit) caber*; *see also* **go in, go into**

IV **1** **(a)** (become): **to ~ blind** quedarse ciego; **to ~ crazy** volverse* loco; **her face went red** se puso colorada **(b)** (be, remain): **to ~ barefoot** ir* *or* andar* descalzo; **to ~ hungry** pasar hambre **2** (turn out, proceed, progress) ir*; **how are things ~ing?** ¿cómo van *or* andan las cosas? **3** **(a)** (be available) (*only in -ing form*): **I'll take any job that's ~ing** estoy dispuesto a aceptar el trabajo que sea **(b)** (be in general): **it's not expensive as dishwashers ~** no es caro, para lo que cuestan los lavavajillas

V **1** **(a)** (function, work) «*heater/engine/clock*» funcionar **(b)** **to get going: the car's OK once it gets ~ing** el coche marcha bien una vez que arranca; **we'd better get ~ing** más vale que nos vayamos; **we tried to get a fire ~ing** tratamos de hacer fuego **(c)** **to keep going** (continue to function) aguantar; (not stop) seguir*; **to keep a project ~ing** mantener* a flote un proyecto **2** (continue, last out) seguir*; **the club's been ~ing for 12 years now** el club lleva 12 años funcionando **3** **(a)** (sound) «*bell/siren*» sonar* **(b)** (make sound, movement) hacer* **4** **(a)** (contribute): **everything that ~es to make a good school** todo lo que contribuye a que una escuela sea buena; **it just ~es to show: we can't leave them on their own** está visto que no los podemos dejar solos **(b)** (be used): **all their savings are ~ing toward the trip** van a gastar todos sus ahorros en el viaje; **the money will ~ to pay the workmen** el dinero se usará para pagar a los obreros **5** (run, be worded) decir*; **how does the song ~?** ¿cómo es la (letra/música de la) canción? **6** **(a)** (be permitted): **anything ~es** todo vale **(b)** (be necessarily obeyed, believed): **what the boss says ~es** lo que dice el jefe, va a misa **(c)** (match, suit) pegar*, ir*

■ *v aux* (*only in -ing form*) **to be ~ing to** + INF (expressing intention, prediction) ir* A + INF

● **go about** [*v* + *prep* + *o*] **(a)** (tackle) ‹*task*› acometer; **how would you ~ about solving this equation?** ¿cómo harías para resolver esta ecuación? **(b)** (occupy oneself with): **to ~ about one's business** ocuparse de sus (*or* mis *etc*) cosas

● **go after** [*v* + *prep* + *o*] (pursue, chase) perseguir*, dar* caza a

● **go against** [*v* + *prep* + *o*] **(a)** (oppose, resist) ‹*instructions/policy/person*› oponerse* a, ir* en contra de **(b)** (be unfavorable to): **the decision went against them** la decisión les fue desfavorable

● **go ahead** [*v* + *adv*] (proceed, begin) **to ~ ahead** (WITH **sth**) seguir* adelante (CON algo); **may I ask you a question? — ~ ahead!** ¿le puedo hacer una pregunta? — por supuesto *or* (AmL tb) pregunte nomás

● **go along** [*v* + *adv*] **(a)** (accompany, be present) ir* **(b)** (proceed, progress) ir*; **I usually make corrections as I ~ along** normalmente hago correcciones sobre la marcha **(c)** (acquiesce): **to ~ along with a proposal** secundar una propuesta

● **go around**, (BrE also) **go round** **I** [*v* + *prep* + *o*] **1** **(a)** (turn) ‹*corner*› doblar, dar* la vuelta a, dar* vuelta (CS); ‹*bend*› tomar **(b)** (make detour) ‹*obstacle*› rodear **2** (visit, move through) ‹*country/city*› recorrer; ‹*museum/castle*› visitar; **to ~ around the world** dar* la vuelta al mundo

II [*v* + *adv*] **1** **(a)** (move, travel, be outdoors) andar*; **to ~ around** -ING ir* por ahí + GER **(b)** (circulate) «*joke/rumor*» correr **(c)** (be sufficient for everybody): **there aren't enough to ~ around** no alcanzan **2** (revolve) «*wheel/world*» dar* vueltas **3** (visit) ir*; **I'll ~ around and see him** iré a verlo

● **go away** [*v* + *adv*] **(a)** (depart, leave) irse* **(b)** (from home): **I'm ~ing away this weekend** voy a salir este fin de semana; **to ~ away on vacation** irse* de vacaciones **(c)** (disappear, fade away) «*smell*» irse*; «*pain*» pasarse *or* irse* (+ *me/te/le etc*)

● **go back** [*v* + *adv*] **1** (return) volver*; **~ back!** ¡vuelve atrás!, ¡retrocede! **2** **(a)** (date, originate) «*tradition/dynasty*» remontarse; **we ~ back a long way** (infml) nos conocemos desde hace mucho **(b)** «*clocks*» atrasarse

● **go back on** [*v* + *adv* + *prep* + *o*] ‹*one's promise*› dejar de cumplir; ‹*one's word*› faltar a

● **go before** [*v* + *prep* + *o*] ‹*court/committee*› presentarse ante

● **go by** **1** [*v* + *adv*] **(a)** (move past) pasar; **to let an opportunity ~ by** dejar pasar una oportunidad **(b)** (elapse) «*days/years*» pasar; **as time goes by** con el tiempo **2** [*v* + *prep* + *o*] **(a)** (be guided by) ‹*instinct*› dejarse llevar por; ‹*rules*› seguir* **(b)** (base judgment on) ‹*appearances*› guiarse* *or* dejarse llevar por; **if previous experience is anything to ~ by** a juzgar por lo que ha sucedido en otras ocasiones

● **go down** [*v* + *adv*] **1** **(a)** (descend) «*person*» bajar; «*sun*» ponerse*; «*curtain*» (Theat) caer* **(b)** (fall) «*boxer/horse*» caerse*; «*plane*» caer*, estrellarse **(c)** (sink) «*ship*» hundirse **(d)** «*computer*» dejar de funcionar, descomponerse* (AmL) **(e)** (be defeated) (Sport) perder*; **to ~ down fighting** caer* luchando **2** **(a)** (decrease) «*temperature/exchange rate*» bajar; «*population/unemployment*» disminuir*; **to ~ down in value** perder* valor **(b)** (decline) «*standard/quality*» empeorar **(c)** (abate) «*wind/storm*» amainar; «*floods/swelling*» bajar; **his temperature's gone down** le ha bajado la fiebre **(d)** (deflate) «*tire*» perder* aire **3** (extend): **this road ~es down to the beach** este camino baja a *or* hasta la playa; **the skirt ~es down to her ankles** la falda le llega a los tobillos **4** **(a)** (be swallowed): **it just won't ~ down** no lo puedo tragar; **it went down the wrong way** se me fue por el otro camino **(b)** «*present/proposal/remarks*» **how did the announcement ~ down?** ¿qué tipo de acogida tuvo el anuncio?; **that won't ~ down too well with your father** eso no le va a caer muy bien a tu padre **5** (be recorded, written): **all these absences will ~ down on your record** va a quedar constancia de estas faltas en tu ficha; **to ~ down in history as sth** pasar a la historia como algo

● **go down with**: [*v* + *adv* + *prep* + *o*] (BrE): **to ~**

down with flu/hepatitis caer* en cama con gripe/ caer* enfermo de hepatitis

● **go for** [*v + prep + o*] **1** **(a)** (head toward, reach for): **he went for his gun** fue a echar mano de la pistola **(b)** (attack): **he went for Bill** se le echó encima a Bill **2** (choose) decidirse por **3** (aim at): **~ for it!** ¡haz la tentativa!, ¡a por ello! (Esp)

● **go in** [*v + adv*] **1** **(a)** (enter) entrar **(b)** «*screw/key*» entrar; **the big case won't ~ in** la maleta grande no cabe **(c)** (go to work) ir* a trabajar **2** (be obscured) «*sun/moon*» ocultarse

● **go in for** [*v + adv + prep + o*] **(a)** (enter) ‹*competition*› participar en; ‹*exam/test*› presentarse a **(b)** (take up, practice): **he'd thought of ~ing in for teaching** había pensado dedicarse a la enseñanza

● **go into** [*v + prep + o*] **1** **(a)** (enter) ‹*room/building*› entrar en, entrar a (AmL) **(b)** (crash into) ‹*car/wall*› chocar* contra **(c)** (fit into) entrar en **2** **(a)** (start, embark on) ‹*phase/era*› entrar en **(b)** (enter certain state) ‹*coma/trance*› entrar en **(c)** (enter profession) ‹*television/Parliament*› entrar en **3** **(a)** (discuss, explain) entrar en; **I don't want to ~ into that** no quiero entrar en ese tema **(b)** (investigate, analyze) ‹*problem/motives*› analizar* **4** (be devoted to): **after all the money/work that has gone into this!** ¡después de todo el dinero/trabajo que se ha metido en esto!

● **go off** I [*v + adv*] **1** (depart) irse*, marcharse (esp Esp); **to ~ off** WITH **sth** llevarse algo **2** «*milk/meat/fish*» echarse a perder **3** **(a)** «*bomb/firework*» estallar; «*gun*» dispararse **(b)** «*alarm*» sonar* **4** (stop operating) «*heating/lights*» apagarse*

II [*v + prep + o*] (lose liking for) (BrE): **to ~ off one's food** perder* el apetito; **I've gone off the idea** ya no me atrae la idea

● **go on** [*v + adv*] **1** **(a)** (go further) seguir*; **I can't ~ on** no puedo más **(b)** (go ahead): **you ~ on, we'll follow** tú vete que nosotros ya iremos; **he went on ahead to look for a hotel** él fue antes para buscar hotel **2** (continue) «*fight/struggle*» continuar*; **we can't ~ on like this** no podemos seguir así; **the discussion went on for hours** la discusión duró horas; **to ~ on** -ING seguir* + GER; **he went on to become President** llegó a ser presidente; **to ~ on** WITH **sth** seguir* CON algo; **~ on!** (encouraging, urging) ¡dale!, ¡vamos!, ¡ándale! (Méx), ¡ándele! (Col), ¡venga! (Esp) **3** **(a)** (continue speaking) seguir*, continuar* **(b)** (talk irritatingly) (derog): **he went on and on** siguió dale que dale; **to ~ on** ABOUT **sth** hablar insistentemente DE algo **4** (happen): **what's ~ing on?** ¿qué pasa?; **is there anything ~ing on between them?** ¿hay algo entre ellos?; **how long has this been ~ing on?** ¿desde cuándo viene sucediendo esto? **5** **(a)** (onto stage) salir* a escena; (onto field of play) salir* al campo **(b)** (fit, be placed): **the lid won't ~ on** no le puedo (*or* podemos *etc*) poner la tapa

● **go out** [*v + adv*] **1** **(a)** (leave, exit) salir*; **to ~ out hunting/shopping** salir* de caza/de compras **(b)** (socially, for entertainment) salir*; **to ~ out for a meal** salir* a comer fuera **(c)** (as boyfriend, girlfriend) **to ~ out (**WITH **sb)** salir* (CON algn) **2** **(a)** (be broadcast) «*TV, radio program*» emitirse **(b)** (be issued, distributed): **a warrant has gone out for her arrest** se ha ordenado su detención; **the invitations have already gone out** ya se han mandado las invitaciones **3** (be extinguished) «*fire/cigarette/light*» apagarse* **4** «*tide*» bajar **5** (become outmoded) «*clothes/style*» pasar de moda

● **go over** **1** [*v + prep + o*] **(a)** (check) ‹*text/figures/work*› revisar; ‹*car*› revisar; ‹*house/premises*› inspeccionar **(b)** (revise, review) ‹*notes/chapter*› repasar

2 [*v + adv*] **(a)** (make one's way, travel) ir*; **she went over to Jack and took his hand** se acercó a Jack y le tomó la mano **(b)** (change sides) pasarse

● **go past** [*v + adv*], [*v + prep + o*] pasar

● **go round** (BrE) ▶ **go around**

● **go through** I [*v + prep + o*] **1** **(a)** (pass through) ‹*process/stage*› pasar por **(b)** (perform): **let's ~ through the procedure once more** repitamos otra vez todos los pasos del procedimiento **(c)** (endure) ‹*ordeal/hard times*› pasar por **2** **(a)** (search) ‹*attic/suitcase*› registrar, revisar (AmL); ‹*drawers/desk*› hurgar* en; **to ~ through sb's mail** abrirle* las cartas a algn **(b)** ▶ **go over 1 b** **3** (consume, use up) ‹*money/fortune*› gastarse; **he ~es through ten shirts a week** ensucia diez camisas por semana

II [*v + adv*] **1** (be carried out) «*changes/legislation*» ser* aprobado; «*business deal*» llevarse a cabo; **when his divorce ~es through** cuando obtenga el divorcio **2** (Sport): **to ~ through to the next round** pasar a la siguiente etapa

● **go through with** [*v + adv + prep + o*] ‹*threat/plans*› llevar a cabo

● **go together** [*v + adv*] «*colors/patterns*» combinar; **lamb and mint sauce ~ well together** el cordero queda muy bien con salsa de menta

● **go under** [*v + adv*] **(a)** (sink) «*ship*» hundirse; «*submarine/diver*» sumergirse* **(b)** (fail, go bankrupt) hundirse

● **go up** [*v + adv*] **1** **(a)** (ascend) «*person*» subir; «*balloon/plane*» subir; «*curtain*» (Theat) levantarse **(b)** (approach) **to ~ up** TO **sb/sth** acercarse* A algn/algo **2** **(a)** (increase) «*temperature/price/cost*» subir, aumentar; «*population/unemployment*» aumentar; **to ~ up in price** subir *or* aumentar de precio **(b)** (improve) «*standard*» mejorar **3** (burst into flames) prenderse fuego; (explode) estallar; **to ~ up in flames** incendiarse

● **go with** [*v + prep + o*] **(a)** (be compatible with): **this sauce ~es well with hamburgers** esta salsa queda muy bien con hamburguesas; **choose a tie to ~ with your shirt** elija una corbata que quede bien con su camisa **(b)** (accompany, be associated with): **the house ~es with the job** la casa va con el puesto

● **go without** **(a)** [*v + prep + o*] (do without) pasar sin; **she often went without food** a menudo pasaba sin comer; **they went without food/sleep for days** (not by choice) no comieron nada/no durmieron durante días **(b)** [*v + adv*] **in order to feed her children she herself often went without** para darles de comer a los niños a menudo pasaba privaciones; **there's no coffee left, you'll just have to ~ without** no queda café, así que tendrás que pasar sin él

go² *n* (*pl* **goes**) **1** **(a)** (attempt): **at one ~** (AmE): **in one ~** (BrE) ‹*empty/eat*› de un tirón (fam);

‹*drink*› de un trago; **she succeeded in lifting it at the third ~** consiguió levantarlo al tercer intento; **I want to have a ~ at learning Arabic** quiero intentar aprender árabe; **have a ~** prueba a ver, inténtalo; ***to have a ~ at sb***; (infml): **she had a ~ at me for not having told her** se la agarró conmigo por no habérselo dicho (fam) **(b)** (turn): **whose ~ is it?** ¿a quién le toca?; **it's my ~** me toca a mí **2** (energy, drive) empuje *m*; ***(to be) on the ~***: **I've been on the ~ all morning** no he parado en toda la mañana

goad /gəʊd/ *vt* ‹*person*› acosar; ‹*animal*› aguijonear

go-ahead /'gəʊəhed/ *n*: **to give sb/sth the ~** darle* luz verde a algn/algo

goal /gəʊl/ *n* **1** (Sport) **(a)** (structure) portería *f*, arco *m* (AmL) **(b)** (point) gol *m* **2** (aim) meta *f*

goal: **~keeper** *n* portero, -ra *m,f*, guardameta *mf*, arquero, -ra *m,f* (AmL); **~post** *n* poste *m* de la portería *or* (AmL tb) del arco; **~tender** *n* (AmE) ▶ **~keeper**

goat /gəʊt/ *n* (Zool) cabra *f*

gobble /'gɑːbəl, BrE 'gɒbəl/ *vt* engullirse*
● **gobble up** [*v + o + adv, v + adv + o*] tragarse*

gobbledygook /'gɑːbəldi'guːk, BrE 'gɒbəldi,guːk/ *n* (infml & derog) jerigonza *f*

go-between /'gəʊbɪtwiːn/ *n* (intermediary) intermediario, -ria *m,f*; (messenger) mensajero, -ra *m,f*

goblet /'gɑːblət, BrE 'gɒblɪt/ *n* copa *f*

goblin /'gɑːblən, BrE 'gɒblɪn/ *n* duende *m* travieso, trasgo *m*

god /gɑːd, BrE gɒd/ *n* **1** **God** Dios *m*; **G~ bless (you)** que Dios te bendiga; **G~!** ¡Dios (santo)! **2** (deity, idol) dios *m*

god: **~child** *n* ahijado, -da *m,f*; **~dam**, **~damn** *adj* (AmE sl) (*before n*) condenado (fam); **~daughter** /'gɑːd'dɔːtər, BrE 'gɒd,dɔːtə(r)/ *n* ahijada *f*

goddess /'gɑːdəs, BrE 'gɒdɪs/ *n* diosa *f*

god: **~father** /'gɑːd'fɑːðər, BrE 'gɒd,fɑːðə(r)/ *n* padrino *m*; **~mother** /'gɑːd'mʌðər, BrE 'gɒd,mʌðə(r)/ *n* madrina *f*; **~parent** /'gɑːd'perənt, BrE 'gɒd,peərənt/ *n* (man) padrino *m*; (woman) madrina *f*; **my ~parents** mis padrinos; **~send** *n* bendición *f* (del cielo); **~son** *n* ahijado *m*

goggle /'gɑːgəl, BrE 'gɒgəl/ *vi* (derog) **to ~** AT **sth/sb** mirar algo/a algn con los ojos desorbitados

goggles /'gɑːgəlz, BrE 'gɒgəlz/ *pl n* (Sport) gafas *fpl or* anteojos *mpl* (esp AmL) de esquí (*or* natación *etc*); (for welders) gafas *fpl* protectoras, anteojos *mpl* protectores (esp AmL)

going[1] /'gəʊɪŋ/ *n* (*no pl*) **1** (progress): **once at the top, the ~ was easier** una vez en la cima, la marcha fue más fácil; **I found that lecture hard ~** me resultó difícil seguir la conferencia; **the novel was heavy ~** la novela era pesada **2** (departure) partida *f* **3** (situation) situación *f*; **if I were you, I'd buy it while the ~ is good** yo que tú lo compraría ahora, aprovechando el buen momento; **when the ~ got tough** cuando las cosas se pusieron difíciles

going[2] *adj* (*before n*) **(a)** (in operation) en marcha; **a ~ concern** (Busn) un negocio *or* una empresa en marcha **(b)** (present, current): **that's the ~ rate** es lo que se suele cobrar/pagar

gold /gəʊld/ *n* **1** (metal) oro *m*; (money) (monedas *fpl* de) oro *m*; (*before n*) ‹*ring/medal*› de oro **2** (color) dorado *m*, color *m* (de) oro

gold dust *n* oro *m* en polvo

golden /'gəʊldən/ *adj* **1** **(a)** (made of gold) de oro **(b)** (in color) dorado **2** **(a)** (happy, prosperous) ‹*years*› dorado **(b)** (excellent): **a ~ opportunity** una excelente oportunidad

golden: **~ age** *n* época *f* dorada, edad *f* de oro; **~ wedding (anniversary)** *n* bodas *fpl* de oro

gold: **~fish** *n* (*pl* **-fish** *or* **-fishes**) pececito *m* (rojo); (plural) peces *mpl* de colores; **~ leaf** *n* oro *m* batido, pan *m* de oro; **~ mine** *n* mina *f* de oro; **~-plated** /gəʊld'pleɪtəd, BrE ,gəʊld'pleɪtɪd/ *adj* chapado en oro; **~ rush** *n* fiebre *f* del oro; **~smith** *n* orfebre *mf*

golf /gɑːlf, BrE gɒlf/ *n* golf *m*

golf: **~ ball** *n* (Sport) pelota *f* de golf; **~ club** *n* **(a)** (stick) palo *m* de golf **(b)** (place) club *m* de golf; **~ course** *n* campo *m or* (AmL tb) cancha *f* de golf

golfer /'gɑːlfər, BrE 'gɒlfə(r)/ *n* golfista *mf*

gone[1] /gɔːn, BrE gɒn/ *past p of* **go**[1]

gone[2] *adj* (*pred*) **(a)** (not here): **my briefcase is ~!** ¡me ha desaparecido la cartera!; **how long has she been ~?** ¿cuánto hace que se fue? **(b)** (past): **those days are (long) ~** de eso hace ya mucho, ha llovido mucho desde entonces **(c)** (used up): **the money is all ~** se ha acabado el dinero, no queda nada de dinero

gone[3] *prep* (BrE): **it's just ~ five** acaban de dar las cinco

gong /gɑːŋ, BrE gɒŋ/ *n* gong *m*

gonna /gənə, BrE 'gɒnə/ (infml) (= **going to**) ▶ **go**[1]

gonorrhea, (BrE) **gonorrhoea** /'gɑːnə'riːə, BrE ,gɒnə'rɪə/ *n* gonorrea *f*

goo /guː/ *n* (infml) mugre *f*

good[1] /gʊd/ *adj*

> ■ **Note** The usual translation of *good*, *bueno*, becomes *buen* when it precedes a masculine singular noun.

(*comp* **better**; *superl* **best**) **1** ‹*food/quality/book/work/reputation*› bueno; **it smells ~** huele bien; **her French is very ~** habla muy bien (el) francés; **is this a ~ time to phone?** ¿es buena hora para llamar?; **it's ~ to be back home** ¡qué alegría estar otra vez en casa!; **I had a ~ night's sleep** dormí bien **2** (advantageous, useful) ‹*deal/offer/advice*› bueno; **burn it; that's all it's ~ for** quémalo, no sirve para otra cosa; **~ idea!**, **~ thinking!** ¡buena idea! **3** (healthy) ‹*diet/habit/exercise*› bueno; **I'm not feeling too ~** (infml) no me siento bien; **spinach is ~ for you** las espinacas son buenas para la salud; **how are you? — I'm ~** ¿cómo estás? — estoy bien **4** (attractive): **it looks ~** tiene buen aspecto; **that dress looks really ~ on her** ese vestido le queda *or* le sienta muy bien **5** **(a)** (in interj phrases): **~! now to the next question** bien, pasemos ahora a la siguiente pregunta; **~ for you!** ¡bien hecho! **(b)** (for emphasis) (infml): **I'll do it when I'm ~ and ready** lo haré cuando me parezca; **the water's ~ and** hot el agua está bien caliente **(c) as good as: it's as ~ as new** está como nuevo; **he as ~ as admitted it** prácticamente lo admitió **6** (skilled, competent) bueno; **he's no ~ in emergencies** en situaciones de emergencia no sabe qué hacer; **to be ~ at languages** tener* facilidad para los idiomas; **he is ~ with children** tiene buena mano con los niños; **she is ~ with her hands** es muy habilidosa **7** (well-behaved, virtuous) bueno; **~ boy!** ¡muy bien! **8** (kind) bueno; **she was very ~ to me** fue muy amable conmigo **9** (valid) ‹*argument/excuse*› bueno; **this ticket is ~ for another week** este billete vale para una semana más; **it's simply not ~ enough!** ¡esto no puede ser! **10** (substantial, considerable) ‹*meal/salary/distance*› bueno; **there were a ~ many people there** había bastante gente allí **11** (not less than): **it'll take a ~ hour** va a llevar su buena hora *or* una hora larga; **a ~ half of all the people interviewed** más de la mitad de los entrevistados

g

✓ **good²** *n* **1** (moral right) bien *m*; **to do ~** hacer* el bien; **there is some ~ in everyone** todos tenemos algo bueno; **to be up to no ~** (infml) estar* tramando algo, traerse* algo entre manos **2 (a)** (benefit) bien *m*; **no ~ will come of it** nada bueno saldrá de ello; **to do sb ~** hacerle* bien a algn **(b)** (use): **this knife is no ~ (at all)** este cuchillo no sirve (para nada); **this book is no ~** este libro no vale nada **(c) for good** para siempre **3 goods** *pl* **(a)** (merchandise) artículos *mpl*, mercancías *fpl*, mercaderías *fpl* (AmS); **manufactured ~s** productos *mpl* manufacturados, manufacturas *fpl* **(b)** (property) (fml) bienes *mpl*

goodbye¹ /ˈgʊdˈbaɪ/ *interj* ¡adiós!, ¡chao! *or* ¡chau! (esp AmL)

goodbye² *n*: **to say ~ to sb** decirle* adiós a algn

good: **G~ Friday** *n* Viernes *m* Santo; **~-humored**, (BrE) **~-humoured** /ˈgʊdˈhjuːmərd, BrE ˌgʊdˈhjuːməd/ *adj* ‹*person*› (permanent characteristic) alegre, jovial; (in good mood) de buen humor; ‹*joke*› sin mala intención; **~-looking** /ˈgʊdˈlʊkɪŋ/ *adj* ‹*man*› buen mozo (esp AmL), guapo (esp Esp); **a ~looking woman** una mujer bonita *or* (esp Esp) guapa; **~-natured** /ˈgʊdˈneɪtʃərd, BrE ˌgʊdˈneɪtʃəd/ *adj* (as permanent characteristic) bueno, de natural bondadoso

goodness /ˈgʊdnəs, BrE ˈgʊdnɪs/ *n* **1 (a)** (moral worth) bondad *f* **(b)** (of food) valor *m* nutritivo **2** (*in interj phrases, as intensifier*) **(my) ~!** ¡Dios (mío)!; **~ me!** ¡Dios mío!, ¡válgame Dios!

goodwill /ˈgʊdˈwɪl/ *n* **(a)** (benevolence) buena voluntad *f* **(b)** (Busn, Fin) fondo *m* de comercio, llave *f* (CS)

goofy /ˈguːfi/ *adj* **-fier, -fiest** (AmE sl) ‹*person*› memo (fam); ‹*smile*› bobalicón (fam)

google /ˈguːgəl/ *vt/i* (infml) googlear

goose /guːs/ *n* (*pl* **geese**) **(a)** (Zool) oca *f*, ganso *m* **(b)** (Culin) ganso *m*

goose: **~berry** /ˈguːsˌberi, BrE ˈgʊzbəri/ *n* **1** (Bot) grosella *f* espinosa, uva *f* espina **2** (unwanted third person) (BrE infml) carabina *f* (fam), chaperón, -rona *m,f*, violinista *mf* (Chi fam); **to play ~berry** hacer* de carabina (Esp fam), tocar* el violín (Chi fam); **~ bumps** *pl n* (AmE infml), **~flesh** *n* (AmE infml), **~ pimples** *pl n* carne *f* de gallina

gore /gɔːr, BrE gɔː(r)/ *vt* cornear

gorge¹ /gɔːrdʒ, BrE gɔːdʒ/ *n* (Geog) desfiladero *m*, cañón *m*

gorge² *v refl*: **to ~ oneself** atiborrarse de comida

gorgeous /ˈgɔːrdʒəs, BrE ˈgɔːdʒəs/ *adj* **(a)** (lovely) (infml) ‹*girl*› precioso, guapísimo; ‹*dress*› precioso, divino; ‹*day*› maravilloso, espléndido **(b)** (splendid) ‹*color*› magnífico

gorilla /gəˈrɪlə/ *n* gorila *m*

gorse /gɔːrs, BrE ˈgɔːs/ *n* aulaga *f*, tojo *m*

gory /ˈgɔːri/ *adj* **gorier**, **goriest** (infml) sangriento

gosh /gɑːʃ, BrE gɒʃ/ *interj* (infml) ¡(mi) Dios!, ¡Dios mío!

gospel /ˈgɑːspəl, BrE ˈgɒspəl/ *n* **(a) Gospel** (in New Testament) evangelio *m* **(b)** (Christian teaching) (*no pl*) Evangelio *m*; (*before n*) **it's ~ (truth)** es la pura verdad **(c) ~ (music)** (Mus) gospel *m*

gossamer /ˈgɑːsəmər, BrE ˈgɒsəmə(r)/ *n* (liter) telaraña *f*; (*before n*) ‹*threads*› tenue

gossip¹ /ˈgɑːsəp, BrE ˈgɒsɪp/ *n* **(a)** (speculation, scandal) chismorreo *m* (fam), cotilleo *m* (Esp fam); **an interesting piece of ~** un chisme interesante; (*before n*) **~ column** crónica *f* de sociedad **(b)** (chat): **to have a ~ with sb** chismorrear (fam) *or* (Esp tb) cotillear con algn **(c)** (person) chismoso, -sa *m,f* (fam), cotilla *mf* (Esp fam)

gossip² *vi* **(a)** (chatter) chismorrear (fam), cotillear (Esp fam) **(b)** (spread tales) contar* chismes

got /gɑːt, BrE gɒt/ **1** *past & past p of* **get** **2** (crit) *pres of* **have**

Gothic /ˈgɑːθɪk, BrE ˈgɒθɪk/ *adj* (Archit, Lit) gótico

gotta /ˈgɑːtə, BrE ˈgɒtə/ (sl) = **have got to**

gotten /ˈgɑːtn̩, BrE ˈgɒtn̩/ (AmE) *past p of* **get**

gouge /gaʊdʒ/ *vt* ‹*hole*› abrir*

● **gouge out** [*v + o + adv, v + adv + o*] sacar*

gourd /gʊrd, gɔːrd, BrE gʊəd/ *n* (Bot) calabaza *f*, jícaro *m* (AmC, Col, Méx)

gourmet /ˈgʊrmeɪ, BrE ˈgʊəmeɪ/ *n* gourmet *mf*, gastrónomo, -ma *m,f*

gout /gaʊt/ *n* gota *f*

govern /ˈgʌvərn, BrE ˈgʌvən/ *vt* **(a)** (rule) gobernar* **(b)** (determine) determinar **(c) governing** *pres p* ‹*party*› de gobierno; ‹*principle*› rector; **~ing body** organismo *m* rector

■ *vi* gobernar*

governess /ˈgʌvərnəs, BrE ˈgʌvənɪs/ *n* institutriz *f*

✓ **government** /ˈgʌvərnmənt, BrE ˈgʌvənmənt/ *n* gobierno *m*; (*before n*) **~ policy** política *f* gubernamental

✓ **governor** /ˈgʌvənər, BrE ˈgʌvənə(r)/ *n* **1** (of state, province, colony) gobernador, -dora *m,f* **2** (of institution): **prison ~** (BrE) director, -tora *m,f* de una cárcel; **school ~** (BrE) *miembro de un consejo escolar*

gown /gaʊn/ *n* **1 (a)** (dress) vestido *m*; **evening ~** traje *m* de fiesta **(b)** (night~) (AmE) camisón *m* **2 (a)** (Educ, Law) toga *f* **(b)** (Med) bata *f*

✓ palabra clave

GP *n* (= **general practitioner**) médico, -ca *m,f* de medicina general; **my ~** mi médico de cabecera

GPS *n* (= **Global Positioning System**) GPS

gr (= **gram(s)**) gr., g.

grab /græb/ **-bb-** *vt* **(a)** (seize) ‹*rope/hand*› agarrar; ‹*chance*› aprovechar **(b)** (appropriate) ‹*land*› apropiarse de; ‹*money*› llevarse **(c)** (appeal to) (infml) «*idea*» atraer*; **how does that ~ you?** ¿qué te parece?
■ *vi* **to ~** AT **sth: she ~bed at the rope** trató de agarrar la cuerda

grace /greɪs/ *n* **1** (elegance — of movement) gracia *f*, garbo *m*; (— of expression, form) elegancia *f* **2** **(a)** (courtesy) cortesía *f*, gentileza *f* **(b)** (good nature): **to do sth with good/bad ~** hacer* algo de buen talante/a regañadientes **(c)** (good quality): **her saving ~ is her sense of humor** lo que la salva es que tiene sentido del humor; **social ~s** modales *mpl* **3** (Relig) **(a)** (mercy) gracia *f*; **by the ~ of God ...** gracias a Dios ... **(b)** (prayer): **to say ~** (before a meal) bendecir* la mesa **4** (respite) gracia *f*; **16 days' ~** (BrE) (Law) 16 días de gracia

graceful /'greɪsfəl/ *adj* ‹*dancer/movement*› lleno de gracia, grácil (liter); ‹*style*› elegante

gracefully /'greɪsfəli/ *adv* con gracia *or* garbo

gracious¹ /'greɪʃəs/ *adj* **(a)** ‹*smile/act*› gentil, cortés **(b)** (merciful) misericordioso

gracious² *interj*: **(good** o **goodness) ~!** (expressing surprise) ¡Dios Santo!; (expressing exasperation) ¡por favor!

graciously /'greɪʃəsli/ *adv* ‹*smile/apologize*› gentilmente

grade¹ /greɪd/ *n* **1** **(a)** (quality) calidad *f*; **~ A tomatoes** tomates *mpl* de la mejor calidad **(b)** (degree, level): **it divides hotels into four ~s** divide a los hoteles en cuatro categorías **(c)** (in seniority) grado *m* (*del escalafón*); (Mil) rango *m* **2** (Educ) **(a)** (class) (AmE) grado *m*, año *m*, curso *m* **(b)** (in exam) nota *f*

grade² *vt* **1** **(a)** (classify) clasificar* **(b)** (order in ascending scale) ‹*exercise/questions*› ordenar por grado de dificultad **(c)** (mark) (AmE) ‹*test/exercise*› corregir* y calificar* **(d) graded** *past p* ‹*produce*› clasificado **2** (make more level) ‹*surface/soil*› (AmE) nivelar

grade: **~ crossing** *n* (AmE) paso *m* a nivel, crucero *m* (Méx); **~ school** *n* (AmE) escuela *f* primaria

gradient /'greɪdiənt/ *n* (slope) pendiente *f*, gradiente *f* (AmL)

gradual /'grædʒuəl/ *adj* ‹*improvement*› gradual; ‹*slope*› no muy empinado

gradually /'grædʒuəli/ *adv* ‹*improve*› gradualmente, poco a poco; ‹*rise/slope*› suavemente

graduate¹ /'grædʒueɪt/ *vi* **1** (Educ) **(a)** (from a college, university) terminar la carrera, recibirse (AmL), graduarse*; (obtain bachelor's degree) licenciarse **(b)** (from high school) (AmE) terminar el bachillerato, recibirse de bachiller (AmL) **2** (progress) **to ~** (FROM **sth)** TO **sth** pasar (DE algo) A algo

graduate² /'grædʒuət/ *n* **(a)** (from higher education) *persona con título universitario*; (with a bachelor's degree) licenciado, -da *m,f*; (*before n*) ‹*course/student*› de posgrado *or* postgrado; **he went to ~ school** (AmE) hizo un curso de posgrado **(b)** (from high school) (AmE) bachiller *mf*

graduated /'grædʒueɪtəd, BrE 'grædʒueɪtɪd/ *adj* **(a)** (progressive) ‹*scale*› graduado; ‹*payments*› escalonado **(b)** (calibrated) ‹*flask/test tube*› graduado

graduation /'grædʒu'eɪʃən/ *n* (Educ) graduación *f*

graffiti /grə'fiːti/ *n* (+ *sing o pl vb*) graffiti *mpl*

graft¹ /græft, BrE grɑːft/ *vt* (Hort) injertar

graft² *n* **1** (Hort, Med) injerto *m* **2** (bribery, corruption) (AmE infml) chanchullos *mpl* (fam)

grain /greɪn/ *n* **1** (of cereal, salt, sugar, sand) grano *m* **2** (Agr) grano *m*, cereal *m* **3** (of wood — pattern) veta *f*, veteado *m*; (— texture) grano *m*; ***to go against the ~***: **it goes against the ~ for me to support them** apoyarlos va en contra de mis principios

gram, (BrE also) **gramme** /græm/ *n* gramo *m*

grammar /'græmər, BrE 'græmə(r)/ *n* gramática *f*

grammar school *n* **(a)** (in US) ▶ **elementary school** **(b)** (in UK) *colegio de enseñanza secundaria para ingresar al cual hay que aprobar un examen de aptitud*

grammatical /grə'mætɪkəl/ *adj* **(a)** (of grammar) gramatical **(b)** (correct) gramaticalmente correcto

gramme /græm/ *n* (BrE) ▶ **gram**

granary /'greɪnəri, 'grænəri, BrE 'grænəri/ *n* (*pl* **-ries**) granero *m*

grand /grænd/ *adj* **-er, -est** **1** **(a)** (impressive) magnífico **(b)** (ostentatious) ‹*gesture*› grandilocuente; ‹*entrance*› triunfal **(c)** (ambitious, lofty) ‹*vision*› grandioso; ‹*ideal*› elevado **(d)** (overall) (*before n, no comp*) global; **the ~ total** el total **2** (formal, ceremonial) ‹*opening/occasion*› solemne **3** (very good) (infml) ‹*day/weather*› espléndido

grandad /'grændæd/ *n* abuelo *m*

grand: **G~ Canyon** *n*: **the G~ Canyon** el Cañón del Colorado; **~child** /'græntʃaɪld/ *n* nieto, -ta *m,f*; **~dad** /'grændæd/ *n* abuelo *m*; **~daughter** /'græn,dɔːtər, BrE 'græn,dɔːtə(r)/ *n* nieta *f*

grandeur /'grændʒər, BrE 'grændʒə(r)/ *n* grandiosidad *f*

grandfather /'græn,fɑːðər, BrE 'græn,fɑːðə(r)/ *n* abuelo *m*; (*before n*) **~ clock** reloj *m* de pie

grandiose /'grændiəʊs/ *adj* ‹*claim/scheme/notion*› fatuo; ‹*speech*› altisonante

grand: **~ jury** *n* (in US) jurado *m* de acusación (*jurado que decide si hay suficientes pruebas para procesar*); **~ma** /'grænmɑː/ *n* (infml) abuela *f*; **~mother** /'græn,mʌðər, BrE 'græn,mʌðə(r)/ *n* abuela *f*; **~pa** /'grænpɑː/ *n* abuelo *m*; **~parent** /'græn,perənt, BrE 'græn,peərənt/ *n* abuelo, -la *m,f*; **my ~parents** mis abuelos; **~ piano** *n* piano *m* de cola; **~son** /'grænsʌn/ *n* nieto *m*; **~stand** *n* tribuna *f*; (*before n*) ‹*ticket/seat*› de tribuna

granite /'grænət, BrE 'grænɪt/ *n* granito *m*

granny, **grannie** /'græni/ *n* (*pl* **-nies**) abuelita *f* (fam)

grant¹ /grænt, BrE grɑːnt/ *vt* **1** **(a)** ‹*desire/request*› conceder **(b)** ‹*interview/asylum*› conceder **(c)** ‹*land/pension*› otorgar* **2** (admit)

g

reconocer* **3** **granted** *past p* (admittedly): **~ed, it's very expensive, but ...** de acuerdo, es muy caro, pero ...; ***to take sth for ~ed*** dar* algo por sentado

grant² *n* (subsidy — to body, individual) subvención *f*, subsidio *m* (AmL); (— to student) (esp BrE) beca *f*

granulated /'grænjəleɪtəd, BrE 'grænjʊleɪtɪd/ *adj*: **~ sugar** azúcar *f* granulada, azúcar *m* granulado

granule /'grænju:l/ *n* gránulo *m*

grape /greɪp/ *n* (fruit) uva *f*; **it's sour ~s** (set phrase) las uvas están verdes (fr hecha)

grape: **~fruit** *n* (*pl* **-fruit** *or* **-fruits**) toronja *f* (AmL exc CS), pomelo *m* (CS, Esp); **~vine** *n* **(a)** (Agr, Bot) parra *f* **(b)** (source of information) (infml): **I heard it on** o **through the ~vine** me lo dijo un pajarito (fam), lo he escuchado en radio macuto (Esp fam)

g

graph /græf, BrE grɑ:f/ *n* gráfico *m*, gráfica *f*

graphic /'græfɪk/ *adj* **1** (vivid) ‹*account/description*› muy gráfico; **in ~ detail** con todo lujo de detalles **2** (Art) gráfico; **~ design** diseño *m* gráfico

graphics /'græfɪks/ *pl n* **1** (graphic design) diseño *m* gráfico **2** (Comput) gráficos *mpl*

graphics card *n* tarjeta *f* gráfica

graph paper *n* papel *m* milimetrado *or* (Méx) cuadriculado

grapple /'græpl/ *vi* **to ~ (WITH sb/sth)** forcejear (CON algn/algo); **to ~ with one's conscience** tener* escrúpulos de conciencia

grasp¹ /græsp, BrE grɑ:sp/ *vt* **1** **(a)** (seize) ‹*object/person*› agarrar; ‹*opportunity/offer*› aprovechar **(b)** (hold tightly) tener* agarrado **2** (understand) ‹*concept*› captar
■ *vi* **to ~ AT sth** tratar de agarrar algo; ‹*opportunity*› aprovechar

grasp² *n* (*no pl*) **1** **(a)** (grip): **he tightened his ~ on my arm** me apretó más el brazo **(b)** (reach) alcance *m* **2** (understanding) comprensión *f*; (knowledge) conocimientos *mpl*

grasping /'græspɪŋ, BrE 'grɑ:spɪŋ/ *adj* avaricioso

grass /græs, BrE grɑ:s/ *n* **1** **(a)** (as pasture) pasto *m*, zacate *m* (Méx); (lawn) césped *m*, hierba *f*, pasto *m* (AmL), grama (AmC, Ven); ***the ~ is always greener on the other side*** nadie está contento con su suerte **(b)** (Bot) hierba *f* **2** (marijuana) (sl) maría *f* (arg), hierba *f* (arg), monte *m* (AmC, Col, Ven arg), mota *f* (Méx arg)

grass: **~hopper** /'græs,hɑ:pər, BrE 'grɑ:s,hɒpə(r)/ *n* saltamontes *m*; **~ roots** *pl n* (ordinary members) (*before n*) ‹*support/opinion*› de las bases

grassy /'græsi, BrE 'grɑ:si/ *adj* **-sier**, **-siest** cubierto de hierba

grate¹ /greɪt/ *vt* (Culin) rallar; **~d cheese** queso *m* rallado
■ *vi* **(a)** (irritate) ser* crispante **(b)** (make harsh noise) chirriar*

grate² *n* (metal frame in fireplace) rejilla *f*; (fireplace) chimenea *f*

grateful /'greɪtfəl/ *adj* agradecido; **I'm very ~ to you for your advice** le agradezco mucho sus consejos

grater /'greɪtər, BrE 'greɪtə(r)/ *n* rallador *m*

gratify /'grætəfaɪ, BrE 'grætɪfaɪ/ *vt* **-fies**, **-fying**, **-fied** **(a)** (fulfill) satisfacer* **(b)** (give satisfaction) complacer*

grating¹ /'greɪtɪŋ/ *adj* **(a)** (harsh) ‹*noise/sound*› chirriante **(b)** (irritating) crispante

grating² *n* rejilla *f*

gratitude /'grætətu:d, BrE 'grætɪtju:d/ *n* gratitud *f*

gratuitous /grə'tu:ətəs, BrE grə'tju:ɪtəs/ *adj* (derog) gratuito

grave¹ /greɪv/ *adj* **graver**, **gravest** **1** ‹*error/danger/voice*› grave **2** /grɑ:v/ (Ling) ‹*accent*› grave

grave² *n* tumba *f*, sepultura *f*

gravedigger /'greɪv,dɪgər, BrE 'greɪv,dɪgə(r)/ *n* sepulturero, -ra *m,f*

gravel /'grævəl/ *n* grava *f*; (finer) gravilla *f*

gravely /'greɪvli/ *adv* **(a)** (seriously) gravemente **(b)** (solemnly) con gravedad

grave: **~stone** *n* lápida *f*; **~yard** *n* cementerio *m*, panteón *m* (Méx)

gravitate /'grævəteɪt, BrE 'grævɪteɪt/ *vi*: **people of similar interests naturally ~ toward each other** uno tiende a acercarse a gente con intereses afines; **young people tend to ~ toward the big cities** las grandes ciudades son un polo de atracción para los jóvenes

gravity /'grævəti/ *n* **1** (Phys) gravedad *f* **2** (seriousness) gravedad *f*

gravy /'greɪvi/ *n* (Culin) *salsa hecha con el jugo de la carne asada*

gray¹, (BrE) **grey** /greɪ/ *adj* **-er**, **-est** gris; ‹*outlook/future*› poco prometedor; **a ~ hair** una cana; **she has ~ hair** es canosa

gray², (BrE) **grey** *n* gris *m*

graze¹ /greɪz/ *vt* **(a)** (cut, injure) rasguñarse **(b)** (touch, brush) rozar*
■ *vi* (Agr) pastar

graze² *n* rasguño *m*

grease¹ /gri:s/ *n* grasa *f*

grease² *vt* **(a)** (lubricate) ‹*machinery/hinge*› engrasar **(b)** (Culin): **to ~ (with butter)** enmantequillar, enmantecar* (RPl); **to ~ (with oil)** aceitar

grease: **~paint** *n* maquillaje *m* teatral; **~proof paper** *n* (BrE) papel *m* encerado *or* (Esp) parafinado, papel *m* manteca (RPl), papel *m* mantequilla (Chi)

greasy /'gri:si/ *adj* **-sier**, **-siest** **(a)** (soiled) ‹*hands*› grasiento; ‹*overalls*› cubierto de grasa **(b)** (containing grease) ‹*food*› graso; (derog) grasiento **(c)** ‹*hair/skin*› graso, grasoso (esp AmL)

great¹ /greɪt/ *adj* **1** (*before n*) (large in size, number, quantity) (*sing*) gran (*delante del n*); (*pl*) grandes (*delante del n*); **a ~ many people** muchísima gente **2** (*before n*) **(a)** (important) ‹*landowner/occasion*› (*sing*) gran (*delante del n*); (*pl*) grandes (*delante del n*); **Catherine the G~** Catalina la Grande **(b)** (genuine, real) ‹*friend/rival*› (*sing*) gran (*delante del n*); (*pl*) grandes (*delante del n*) **3** (excellent) (infml) ‹*goal/movie/meal*› sensacional; **he's a really ~ guy** es un tipo *or* (Esp tb) tío sensacional (fam); (*as interj*) **(that's) ~!** ¡fenomenal!, ¡estupendo! (fam)

great² *adv* (esp AmE infml) fenomenal (fam)

great: **~-aunt** /'greɪt'ænt, BrE ,greɪt'ɑ:nt/ *n* tía

---
palabra clave

f abuela; **G~ Britain** *n* Gran Bretaña *f*; **G~ Dane** *n* gran danés *m*; **~-granddaughter** /'greɪt'græn,dɔ:tər, BrE ,greɪt'græn,dɔ:tə(r)/ *n* bisnieta *f*, biznieta *f*; **~-grandfather** /'greɪt'græn,fɑ:ðer, BrE ,greɪt'græn,fɑ:ðə(r)/ *n* bisabuelo *m*; **~-grandmother** /'greɪt'græn,mʌðər, BrE ,greɪt'græn,mʌðə(r)/ *n* bisabuela *f*; **~-grandson** /'greɪt'grænsʌn/ *n* bisnieto *m*, biznieto *m*

greatly /'greɪtli/ *adv* (*as intensifier*) ‹*admire/improve*› enormemente

great-uncle /'greɪt'ʌŋkəl/ *n* tío *m* abuelo

Greece /gri:s/ *n* Grecia *f*

greed /gri:d/ *n* **(a)** (for food) gula *f*, angurria *f* (CS) **(b)** (for power, money) codicia *f*

greedy /'gri:di/ *adj* **-dier**, **-diest** **(a)** (for food, drink) glotón, angurriento (CS) **(b)** (for power, wealth) **to be ~ FOR sth** tener* ansias DE algo

Greek[1] /gri:k/ *adj* griego

Greek[2] *n* **(a)** (language) griego *m* **(b)** (person) griego, -ga *m,f*

green[1] /gri:n/ *adj* **-er**, **-est** **1** (in color) verde; **he was ~ with envy** se moría de envidia; ***to have a ~ thumb*** o (BrE) **~ *fingers*** tener* mano para las plantas **2** **(a)** (unripe) verde **(b)** (infml) (*pred*) (inexperienced) verde (fam) **3** (Pol) verde, ecologista

green[2] *n* **1** (color) verde *m* **2** (in village, town) ≈ plaza *f* (*con césped*) **3** **greens** *pl* (vegetables) verdura *f* (*de hoja verde*)

green: **~back** *n* (AmE infml) dólar *m*, verde *m* (esp AmL fam); **~ bean** *n* habichuela *f* *or* (Esp) judía *f* verde *or* (Méx) ejote *m* *or* (RPl) chaucha *f* *or* (Chi) poroto *m* verde *or* (Ven) vainita *f*; **~ belt** *n* (esp BrE) zona *f* verde; **~ card** *n* (in US) permiso *m* de residencia y trabajo; **~field site** *n*: *terreno en zona rural*; **~fly** *n* (*pl* **-flies** *or* **-fly**) (BrE) pulgón *m*; **~grocer** *n* (BrE) verdulero, -ra *m,f*; **the ~grocer('s)** la verdulería; **~house** *n* invernadero *m*; (*before n*) **the ~house effect** (Ecol) el efecto invernadero; **~house gas** *n* gas *m* invernadero; **G~land** /'gri:nlənd/ *n* Groenlandia *f*; **~ onion** *n* (AmE) cebolleta *f*, cebollino *m*; **~ pepper** *n* ▶ **pepper[1] 2**

Greenwich Mean Time /'grenɪdʒ, 'grenɪtʃ/ *n* hora *f* de Greenwich

greet /gri:t/ *vt* **1** **(a)** (welcome, receive) ‹*guest/client*› recibir **(b)** (say hello to) saludar **2** (react to) acoger* **3** (meet): **a strange sight ~ed our eyes** un extraño espectáculo se ofreció a nuestra vista

greeting /'gri:tɪŋ/ *n* **(a)** (spoken) saludo *m*; (*as interj*) **~s!** (arch *or* hum) ¡buenas! (fam) **(b)** (message) (*usu pl*) Ⓢ **birthday/Christmas greetings** feliz cumpleaños/Navidad; (*before n*) **a ~** o (BrE also) **~s card** una tarjeta de felicitación

gregarious /grɪ'geriəs, BrE grɪ'geəriəs/ *adj* ‹*person*› sociable; (Zool) gregario

Grenada /grə'neɪdə/ *n* Granada *f*

grenade /grə'neɪd/ *n* granada *f*

grew /gru:/ *past of* **grow**

grey *adj/n* (BrE) ▶ **gray[1,2]**

greyhound /'greɪhaʊnd/ *n* galgo *m*

grid /grɪd/ *n* **1** (grating over opening) rejilla *f* **2** (on map) (Geog) cuadriculado *m*; (*before n*) **~ reference** coordenadas *fpl* cartográficas

griddle /'grɪdl/ *n* plancha *f*

grid: **~iron** /'grɪd'aɪərn, BrE 'grɪdaɪən/ *n* **1** (Culin) parrilla *f* **2** (in US football) campo *m*, cancha *f* (AmL), emparrillado *m* (Méx); **~lock** *n* (esp AmE) paralización *f* total del tráfico; **~locked** /'grɪdlɑ:kt, BrE 'grɪdlɒkt/ *adj* colapsado, paralizado

grief /gri:f/ *n* dolor *m*, profunda pena *f*; ***to come to ~*** «*plans*» fracasar, irse* al traste (fam); **he'll come to ~ one day** va a acabar mal

grievance /'gri:vəns/ *n* **(a)** (ground for complaint) motivo *m* de queja; **to air one's ~s** quejarse **(b)** (Lab Rel) queja *f* formal; (*before n*) **~ procedure** procedimiento *m* conciliatorio

grieve /gri:v/ *vi* sufrir; **to ~ FOR sb** llorar a algn

■ *vt* apenar

grievous /'gri:vəs/ *adj* (liter) ‹*loss*› doloroso; ‹*wound/injury*› de extrema gravedad; **~ bodily harm** (Law) lesiones *fpl* (corporales) graves

grill[1] /grɪl/ *vt* **1** (BrE) (Culin) (in electric, gas grill) hacer* al grill; (over hot fire) hacer* a la parrilla **2** (interrogate) (infml) interrogar*

grill[2] *n* **(a)** (on stove) (esp BrE) grill *m*, gratinador *m* **(b)** (on barbecue) parrilla *f*

grille /grɪl/ *n* **(a)** (partition) reja *f* **(b)** (protective covering) (Tech) rejilla *f*; (Auto) calandra *f*

grim /grɪm/ *adj* **-mm-** ‹*person/expression*› adusto; (gloomy) ‹*outlook/situation*› nefasto; **she carried on with ~ determination** siguió adelante, resuelta a no dejarse vencer

grimace[1] /'grɪməs, grɪ'meɪs/ *n* mueca *f*

grimace[2] *vi* hacer* una mueca

grime /graɪm/ *n* mugre *f*

grimy /'graɪmi/ *adj* **-mier**, **-miest** mugriento

grin[1] /grɪn/ *vi* **-nn-** sonreír* (*abiertamente o burlonamente*); ***to ~ and bear it*** aguantarse

grin[2] *n* sonrisa *f*

grind[1] /graɪnd/ (*past & past p* **ground**) *vt* ‹*coffee/wheat*› moler*; (in mortar) machacar*; ‹*meat*› (AmE) moler* *or* (Esp, RPl) picar*; ‹*crystals/ore*› triturar; **he ~s his teeth in his sleep** le rechinan los dientes cuando duerme

■ *vi* (move with friction) rechinar, chirriar*; ***to ~ to a halt*** o ***standstill*** «*vehicle*» pararse *or* detenerse* con un chirrido; «*negotiations*» llegar* a un punto muerto

grind[2] *n* **(a)** (drudgery) (infml) (*no pl*) **the daily ~** el monótono trajín diario **(b)** (overconscientious worker) (AmE infml): **she's the office ~** es la niña aplicada de la oficina (iró)

grinder /'graɪndər, BrE 'graɪndə(r)/ *n* (machine) molinillo *m*; **a coffee ~** un molinillo de café

grindstone /'graɪnstəʊn, 'graɪndstəʊn, BrE 'graɪndstəʊn/ *n* muela *f*, piedra *f* de afilar; **back to the ~!** ¡de vuelta al yugo!

grip[1] /grɪp/ *n* **1** **(a)** (hold): **she held his arm in a strong ~** lo tenía agarrado *or* asido fuertemente del brazo; **he kept a firm ~ on expenses** llevaba un rígido control de los gastos; **get a ~ on yourself!** ¡contrólate!; **the region is in the ~ of an epidemic** una epidemia asola la región; ***to come to ~s with sth*** ‹*idea/situation*› aceptar *or* asumir algo; ***to get to ~s with sth*** ‹*subject*› entender* algo; ‹*new system*› aprender algo **(b)** (of tires) adherencia *f* **2** (on handle) empuñadura *f* **3** (hair ~) (BrE) horquilla *f*, pinche *m* (Chi), pasador *m* (Méx)

grip[2] *vt* **-pp-** **1** (take hold of) agarrar; (have hold of) tener* agarrado **2** (of feelings, attention): **the audience was ~ped by the play** la obra captó la atención del público

gripping /'grɪpɪŋ/ *adj* apasionante

grisly /'grɪzli/ *adj* **-lier, -liest** truculento

gristle /'grɪsəl/ *n* cartílago *m*

grit[1] /grɪt/ *n* **1** **(a)** (dirt) polvo *m* **(b)** (gravel) arenilla *f* **2** (courage) (infml) agallas *fpl* (fam) **3** **grits** *pl* (hominy ~s) (AmE) (Culin) sémola *f* de maíz

grit[2] *vt* **-tt-** **(a)** (BrE) ‹*road*› echar arenilla en **(b)** ▶ **tooth** **a**

grizzly /'grɪzli/ *n* (*pl* **-lies**), **grizzly bear** oso *m* pardo

g

groan[1] /grəʊn/ *vi* **1** **(a)** (with pain, suffering) gemir* **(b)** (with dismay) gruñir* **(c)** (creak) «*door/timber*» crujir **2** (grumble) (infml) refunfuñar (fam)

groan[2] *n* **(a)** (of pain, suffering) quejido *m* **(b)** (of dismay) gruñido *m* **(c)** (creak) crujido *m*

grocer /'grəʊsər, BrE 'grəʊsə(r)/ *n* tendero, -ra *m,f*, almacenero, -ra *m,f* (esp CS); **the ~'s** (BrE) la tienda de comestibles *or* de ultramarinos, la bodega (Cu, Per, Ven), la tienda de abarrotes (AmC, Andes, Méx), el almacén (esp CS)

grocery /'grəʊsəri/ *n* (*pl* **-ries**) **(a)** (shop) tienda *f* de comestibles *or* de ultramarinos, bodega *f* (Cu, Per, Ven), tienda *f* de abarrotes (AmC, Andes, Méx), almacén *m* (esp CS) **(b)** **groceries** *pl* (provisions) comestibles *mpl*, provisiones *fpl*

groggy /'grɑːgi, BrE 'grɒgi/ *adj* **-gier, -giest** (infml) grogui (fam)

groin /grɔɪn/ *n* (Anat) ingle *f*

groom[1] /gruːm/ *vt* **(a)** ‹*dog*› cepillar; ‹*horse*› cepillar, almohazar* **(b)** (make neat, attractive) (*usu pass*) **well ~ed** bien arreglado **(c)** (prepare) preparar; **to ~ sb for sth** preparar a algn para algo

groom[2] *n* **1** (Equ) mozo *m* de cuadra **2** (bride~) novio *m*

groove /gruːv/ *n* ranura *f*; (Audio) surco *m*

grope /grəʊp/ *vi* andar* a tientas; **to ~** FOR **sth** buscar* algo a tientas
■ *vt* ‹*person*› (infml) manosear, meterle mano a (fam)

gross[1] /grəʊs/ *adj* **1** (extreme, flagrant) (*before n*) ‹*disregard/injustice*› flagrante; ‹*exaggeration*› burdo **2** (total) ‹*weight/profit/income*› bruto; **~ national product** (Econ) producto *m* nacional bruto **3** **(a)** (fat) obeso **(b)** (disgusting) ‹*person*› asqueroso; ‹*language/joke*› soez

gross[2] *vt* «*worker/earner*» tener* una entrada bruta de; **their profits ~ed 2 million** tuvieron beneficios brutos de 2 millones

gross[3] *n* **1** (*pl* ~) (144) gruesa *f* **2** (*pl* **grosses**) (gross profit) (AmE) ingresos *mpl* brutos

grossly /'grəʊsli/ *adv* ‹*exaggerated/unfair*› terriblemente

grotesque /grəʊ'tesk/ *adj* grotesco

grotto /'grɑːtəʊ, BrE 'grɒtəʊ/ *n* (*pl* **-toes** *or* **-tos**) gruta *f*

✓ **ground**[1] /graʊnd/ *n* **1** (land, terrain) terreno *m*; ***to gain/lose ~*** ganar/perder* terreno; ***to stand one's ~*** (in argument) mantenerse* firme; (in battle) no ceder terreno **2** **grounds** *pl* (premises) terreno *m*; (gardens) jardines *mpl* **3** (surface of the earth) suelo *m*; (soil) tierra *f*; ***to break new ~*** abrir* nuevos caminos; ***to get off the ~*** «*plan/project*» llegar* a concretarse; «*talks*» empezar* a encaminarse; ***to get sth off the ~*** ‹*project*› poner* algo en marcha; ***to suit sb down to the ~*** (infml) «*arrangement*» venirle* de perlas a algn (fam); «*hat*» quedarle que ni pintado a algn (fam) **4** (matter, subject): **we covered a lot of ~ in our discussions** tratamos muchos puntos en nuestras conversaciones **5** (outdoor site): **football ~** (BrE) campo *m* de fútbol, cancha *f* de fútbol (AmL); **recreation ~** parque *m* (*donde se practican deportes*) **6** (AmE) (Elec) tierra *f* **7** (justification) (*usu pl*) motivo *m*; **~s for divorce** causal *f* de divorcio; **on ~s of ill health** por motivos de salud; **they refused, on the ~s that ...** se negaron, alegando que ... **8** **grounds** *pl* (dregs): **coffee ~s** posos *mpl* de café

ground[2] *vt* **1** (*usu pass*) **(a)** (base) ‹*argument/theory*› fundar **(b)** (instruct): **we were well ~ed in German** se nos dio una sólida base en alemán **2** **(a)** ‹*plane*› retirar del servicio **(b)** ‹*child/teenager*› (esp AmE infml): **I can't go out tonight; I'm ~ed** no puedo salir esta noche, estoy castigado *or* no me dejan **3** (Naut) ‹*ship*› hacer* encallar

ground[3] *past & past p of* **grind**[1]

ground[4] *adj* ‹*coffee/pepper*› molido; **~ beef** (AmE) carne *f* molida *or* (Esp, RPl) picada

ground: **~cloth**, (BrE) **~sheet** *n* suelo *m* impermeable (*de una tienda de campaña*); **~ control** *n* control *m* de tierra; **~ floor** *n* (BrE): **the ~ floor** la planta baja, el primer piso (Chi)

grounding /'graʊndɪŋ/ *n* (*no pl*) base *f*

groundless /'graʊndləs, BrE 'graʊndlɪs/ *adj* infundado

ground: **~ level** *n*: **at ~ level** a ras del suelo; **above ~ level** sobre el nivel del suelo; **below ~ level** bajo tierra; **~ rule** *n* **1** (guiding principle) directriz *f* **2** (AmE) (Sport) regla *f* de terreno *or* de campo, regla local (Ven); **~sheet** *n* (BrE) ▶ **groundcloth**; **~work** *n* trabajo *m* preliminar *or* de base; **~ zero** *n* (in New York) zona *f* cero; (in atomic warfare) hipocentro *m*

✓ **group**[1] /gruːp/ *n* **1** (+ *sing o pl vb*) **(a)** (of people) grupo *m*; **a women's/gay ~** una agrupación de mujeres/gay; (*before n*) ‹*discussion/visit*› en grupo; ‹*portrait*› de conjunto **(b)** (Mus) grupo *m*, conjunto *m* **2** (Busn, Chem, Math) grupo *m*

group[2] *vt* agrupar
■ *vi*: **to ~ together** agruparse

grouse[1] /graʊs/ *n* (*pl* ~) (bird) urogallo *m*

grouse[2] *vi* (infml) gruñir* (fam); **to ~** ABOUT **sb/sth** quejarse DE algn/algo

grout /graʊt/ *vt* ‹*tiles*› enlechar

grove /grəʊv/ *n* (of trees) bosquecillo *m*; **an orange ~** un naranjal

grovel /'grɑːvəl, BrE 'grɒvəl/ *vi*, (BrE **-ll-**) (physically) postrarse; (abase oneself) arrastrarse

✓ **grow** /grəʊ/ (*past* **grew**; *past p* **grown**) *vi* **1** (get bigger) crecer*; (develop emotionally) madurar; (expand, increase) «*city/company/*

✓ palabra clave

influence» crecer*; «*quantity/population/membership*» aumentar; **his hair has ~n** le creció el pelo; **the economy is ~ing again** la economía vuelve a experimentar un período de crecimiento *or* expansión **2** **(a)** (become): **to ~ careless** volverse* descuidado; **to ~ old** envejecer* **(b)** (get) **to ~ to** + INF: **she grew to love him** llegó a quererlo
■ *vt* ‹*flowers/plants/crops*› cultivar; **to ~ a beard** dejarse (crecer) la barba; **to ~ one's hair (long)** dejarse crecer el pelo
● **grow into** [*v* + *prep* + *o*] **(a)** (become) convertirse* en **(b)** (grow to fit): **she will soon ~ into these dresses** pronto podrá usar estos vestidos
● **grow on**: [*v* + *prep* + *o*] (infml): **it ~s on you** «*music/place*» llega a gustar con el tiempo
● **grow out of** [*v* + *adv* + *prep* + *o*] **(a)** ‹*habit*› perder*, quitarse (*con el tiempo o la edad*); **it's just a phase, she'll ~ out of it** son cosas de la edad, ya se le pasará **(b)** ‹*clothes*› **she's ~n out of those shoes already** esos zapatos ya le quedan chicos *or* (Esp) le están pequeños
● **grow up** [*v* + *adv*] **(a)** (spend childhood) criarse*, crecer* **(b)** (become adult) hacerse* mayor; **when I ~ up** cuando sea grande; **~ up!** ¡no seas infantil! **(c)** (arise) «*friendship/custom/feeling*» surgir*; «*settlement/town*» desarrollarse

grower /'grəʊər, BrE 'grəʊə(r)/ *n* cultivador, -dora *m,f*

growing /'grəʊɪŋ/ *adj* (*before n*) **(a)** ‹*quantity/reputation*› cada vez mayor; ‹*influence*› creciente **(b)** ‹*child*› **you need a lot to eat; you're a ~ boy** tienes que comer mucho, estás creciendo **(c)** ‹*plant/stem/vegetable*› que está creciendo

growl¹ /graʊl/ *vi* gruñir*

growl² *n* gruñido *m*

grown¹ /grəʊn/ *past p of* **grow**

grown² *adj*: **he's a ~ man** es un hombre hecho y derecho; **when the young are fully ~** (Zool) cuando las crías han alcanzado su pleno desarrollo

grown-up¹ /'grəʊnʌp/ *n* persona *f* mayor

grown-up² *adj* **(a)** (adult) mayor **(b)** (mature) (infml) maduro, adulto

growth /grəʊθ/ *n* **1** (of animals, plants, humans) crecimiento *m* **2** (of population, city, business) crecimiento *m*; (of quantity, profits) aumento *m*; (in popularity) aumento *m* **3** **(a)** (what grows): **new ~** brotes *mpl* nuevos; **several days' ~ of beard** una barba de varios días **(b)** (Med) bulto *m*, tumor *m*

growth industry *n* industria *f* en crecimiento *or* en expansión

grub /grʌb/ *n* **1** (Zool) larva *f* **2** (food) (infml) comida *f*, papeo *m* (Esp arg), morfe *m* (CS arg)

grubby /'grʌbi/ *adj* **-bier**, **-biest** mugriento

grudge¹ /grʌdʒ/ *n* rencilla *f*; **to bear sb a ~** tenerle* *or* guardarle rencor a algn

grudge² *vt* ▶ **begrudge**

grueling, (BrE) **gruelling** /'gru:əlɪŋ/ *adj* ‹*journey*› extenuante; ‹*experience/ordeal*› penoso

gruesome /'gru:səm/ *adj* truculento

gruff /grʌf/ *adj* **-er**, **-est** ‹*voice*› áspero; ‹*manner/reply*› brusco

grumble /'grʌmbəl/ *vi* refunfuñar (fam), rezongar*; **to ~** ABOUT **sth/sb** quejarse DE algo/algn

grumpy /'grʌmpi/ *adj* **-pier**, **-piest** ‹*person*› gruñón; ‹*remark/voice*› malhumorado

grunt¹ /grʌnt/ *vi* gruñir*

grunt² *n* gruñido *m*

guarantee¹ /'gærən'ti:/ *n* garantía *f*

guarantee² *vt* garantizar*

guarantor /'gærən'tɔ:r, BrE ˌgærən'tɔ:(r)/ *n* garante *mf*

guard¹ /gɑ:rd, BrE gɑ:d/ *vt* **(a)** ‹*building/prisoner*› vigilar; ‹*person/reputation*› proteger*; ‹*secret*› guardar **(b)** (AmE) (Sport) marcar*
● **guard against** [*v* + *prep* + *o*] ‹*injury/temptation*› evitar; ‹*risk*› protegerse* contra

guard² *n* **1** **(a)** (sentry, soldier) guardia *mf*; **security ~** guarda *mf* de seguridad; **prison ~** (AmE) carcelero, -ra *m,f*, oficial *mf* de prisiones **(b)** (squad) (*no pl*) guardia *f* **(c)** (Sport) (in US football) defensa *mf*; (in basketball) escolta *mf* **2** (surveillance) guardia *f*; **to be on ~** estar* de guardia; (*before n*) **~ duty** guardia *f*, posta *f* (AmC) **3** (in boxing, fencing) guardia *f*; ***to be on/off (one's)* ~** estar* alerta/desprevenido **4** **(a)** (fire ~) guardallama(s) *m* **(b)** (on machinery) cubierta *f* (*or* dispositivo *m etc*) de seguridad **5** (BrE) (Rail) jefe, -fa *m,f* de tren

guard dog *n* perro *m* guardián

guarded /'gɑ:rdəd, BrE 'gɑ:dɪd/ *adj* ‹*reply/admission*› cauteloso; ‹*optimism*› cauto

guardian /'gɑ:rdiən, BrE 'gɑ:diən/ *n* **(a)** (of child) tutor, -tora *m,f* **(b)** (protector) defensor, -sora *m,f*, custodio, -dia *m,f*

guardian angel *n* ángel *m* de la guarda, ángel *m* custodio

guard: **~rail** *n* (on staircase) barandilla *f*; (on roads etc) barrera *f* de seguridad; **~'s van** *n* (BrE) (Rail) furgón *m* de cola

Guatemala /'gwɑ:tə'mɑ:lə/ *n* Guatemala *f*

Guatemalan¹ /'gwɑ:tə'mɑ:lən/ *adj* guatemalteco

Guatemalan² *n* guatemalteco, -ca *m,f*

Guernsey /'gɜ:rnzi, BrE 'gɜ:nzi/ *n* Guernesey

guerrilla /gə'rɪlə/ *n* guerrillero, -ra *m,f*; (*before n*) ‹*tactics/leader*› guerrillero; **~ warfare** guerrilla *f*

guess¹ /ges/ *n*: **have a ~!** ¡a ver si adivinas!; **your ~ is as good as mine** quién sabe, vete tú a saber

guess² *vt* **(a)** (conjecture, estimate) adivinar; **~ what!** ¿sabes qué?; **you'll never ~ what he said** no te puedes imaginar lo que dijo **(b)** (suppose) (esp AmE infml) suponer*; **I ~ so** supongo (que sí)
■ *vi*: **how did you ~?** ¿cómo adivinaste? *or* (Esp) ¿cómo lo has adivinado?; **to ~ right** acertar*, adivinar, atinar(le) (Méx)

guesswork /'geswɜ:rk, BrE 'geswɜ:k/ *n* conjeturas *fpl*

guest /gest/ *n* (visitor) invitado, -da *m,f*; (in hotel) huésped *mf*, cliente, -ta *m,f*; (*before n*) **~ list** lista *f* de invitados; **~ speaker** conferenciante invitado, -da *m,f*; **~ star** estrella *f* invitada

guest: **~house** *n* **(a)** (in US, attached to mansion)

g

pabellón *m* de huéspedes **(b)** (Tourism) (in UK) casa *f* de huéspedes, pensión *f*; **~room** *n* cuarto *m* de huéspedes *or* (Chi) de alojados

guffaw[1] /gʌ'fɔː/ *n* risotada *f*

guffaw[2] *vi* reírse* a carcajadas

guidance /'gaɪdn̩s/ *n* orientación *f*; **he needs ~** necesita que lo orienten; (*before n*) **~ counselor** (AmE) orientador, -dora *m,f* vocacional

guide[1] /gaɪd/ *n* **1** **(a)** (Tourism) (person) guía *mf*; (publication) guía *f* **(b)** (adviser) consejero, -ra *m,f* **2** **Guide** (BrE) exploradora *f*, guía *f* **3** (indicator) guía *f*; **to use** o **take sth as a ~** guiarse* por algo

guide[2] *vt* **(a)** ‹*tourist/stranger*› guiar*; **a priest ~d them round the cathedral** un sacerdote les hizo de guía en la catedral **(b)** (help, advise) guiar*, aconsejar **(c)** (steer, manipulate) (+ *adv compl*): **the captain ~d the ship between the rocks** el capitán condujo *or* guió el barco por entre las rocas

guide: **~book** *n* guía *f*; **~ dog** *n* perro *m* guía, perro *m* lazarillo

guided tour /'gaɪdəd, BrE 'gaɪdɪd/ *n* visita *f* guiada

guideline /'gaɪdlaɪn/ *n* pauta *f*

guild /gɪld/ *n* **(a)** (of workers) gremio *m* **(b)** (club, society) asociación *f*

guile /gaɪl/ *n* astucia *f*

guillotine /'gɪlətiːn/ *n* guillotina *f*

guilt /gɪlt/ *n* **(a)** (blame) culpa *f*; (Law) culpabilidad *f* **(b)** (Psych) culpa *f*

⚷ **guilty** /'gɪlti/ *adj* **-tier**, **-tiest** **(a)** (Law) (*no comp*) culpable; **to be ~ OF sth** ser* culpable DE algo **(b)** (ashamed, remorseful) culpable **(c)** (shameful) (*before n*) ‹*secret*› vergonzoso

guinea /'gɪni/ *n* guinea *f*

guinea pig *n* **(a)** (Zool) cobayo *m*, cobaya *f*, conejillo *m* de Indias, cuy *m* (AmS) **(b)** (person) conejillo *m* de Indias

guise /gaɪz/ *n*: **under the ~ of friendship** bajo una apariencia de amistad; **in many different ~s** de muchas formas distintas

guitar /gə'tɑːr, BrE gɪ'tɑː(r)/ *n* guitarra *f*

guitarist /gə'tɑːrəst, BrE gɪ'tɑːrɪst/ *n* guitarrista *mf*

gulf /gʌlf/ *n* **(a)** (Geog) golfo *m* **(b)** (gap) abismo *m*

gull /gʌl/ *n* (Zool) gaviota *f*

gullet /'gʌlət, BrE 'gʌlɪt/ *n* garganta *f*

gulley /'gʌli/ *n* (*pl* **-leys**) ▸ **gully**

gullible /'gʌləbəl/ *adj* crédulo

gully /'gʌli/ *n* (*pl* **-lies**) **(a)** (small valley) barranco *m* **(b)** (channel) surco *m*, cauce *m*

gulp[1] /gʌlp/ *vi* tragar* saliva
■ *vt* **~ (down)** ‹*food*› engullir*; ‹*drink/medicine*› beberse de un trago

gulp[2] *n* (of liquid) trago *m*; (of air) bocanada *f*; **in one ~** de un trago

gum /gʌm/ *n* **1** (Anat) encía *f* **2** (chewing ~) chicle *m*, goma *f* de mascar **3** **(a)** (glue) (BrE) goma *f* de pegar **(b)** (from plant) resina *f*

⚷ **gun** /gʌn/ *n* (pistol) pistola *f*, revólver *m*; (shotgun, rifle) escopeta *f*, fusil *m*, rifle *m*; (artillery piece) cañón *m*
● **gun down** [*v + o + adv, v + adv + o*] abatir a tiros

gun: **~dog** *n* perro *m* de caza; **~fight** *n* tiroteo *m*, balacera *f* (AmL); **~fire** *n* disparos *mpl*; (from heavy artillery) cañoneo *m*, cañonazos *mpl*; **~man** /'gʌnmən/ *n* (*pl* **-men** /-mən/) pistolero *m*, gatillero *m* (Méx); **~point** *n*: **at ~point** a punta de pistola; **~powder** *n* pólvora *f*; **~running** *n* tráfico *m* de armas; **~shot** *n* disparo *m*; (*before n*) **~shot wound** herida *f* de bala; **~smith** *n* armero, -ra *m,f*

gurgle[1] /'gɜːrgəl, BrE 'gɜːgəl/ *vi* «*water/brook*» borbotar; «*baby*» gorjear

gurgle[2] *n* (of water, liquid) borboteo *m*; (of delight) gorjeo *m*

gush /gʌʃ/ *vi* «*liquid*» salir* a borbotones

gushing /'gʌʃɪŋ/ *adj* (derog) demasiado efusivo

gusset /'gʌsət, BrE 'gʌsɪt/ *n* entretela *f*

gust /gʌst/ *n* ráfaga *f*

gusto /'gʌstəʊ/ *n* entusiasmo *m*; **with ~** ‹*eat*› con ganas; ‹*sing/play*› con brío

gusty /'gʌsti/ *adj* **-tier**, **-tiest** ‹*wind*› racheado; ‹*weather/day*› ventoso

gut[1] /gʌt/ *n* **(a)** (intestine) intestino *m* **(b)** (belly) (infml) barriga *f* (fam); (*before n*) ‹*reaction*› instintivo

gut[2] *vt* **-tt-** **(a)** ‹*fish/chicken/rabbit*› limpiar **(b)** ‹*building*› destruir* el interior de

guts /gʌts/ *n* **1** (+ *pl vb*) (infml) (bowels) tripas *fpl* (fam) **2** (+ *sing o pl vb*) (courage) (infml) agallas *fpl* (fam)

gutter /'gʌtər, BrE 'gʌtə(r)/ *n* **(a)** (on roof) canaleta *f*, canalón *m* (Esp) **(b)** (in street) alcantarilla *f* **(c)** (lowest section of society): **the ~** el arroyo; (*before n*) **the ~ press** la prensa sensacionalista

guttural /'gʌtərəl/ *adj* gutural

⚷ **guy** /gaɪ/ *n* (infml) **(a)** (man) tipo *m* (fam), tío *m* (Esp fam), chavo *m* (Méx fam) **(b)** **guys** *pl* (people) (AmE) gente *f*

Guyana /gaɪ'ænə/ *n* Guyana *f*, Guayana *f*

Guyanese /ˌgaɪə'niːz/ *adj* guyanés, guayanés

guzzle /'gʌzəl/ *vt* **(a)** (drink greedily) chupar (fam) **(b)** (eat greedily) (BrE) engullirse*, tragarse*

gym /dʒɪm/ *n* **(a)** (gymnasium) gimnasio *m* **(b)** (gymnastics) gimnasia *f*

gymnasium /dʒɪm'neɪziəm/ *n* (*pl* **-siums** *or* **-sia** /-ziə/) gimnasio *m*

gymnast /'dʒɪmnæst/ *n* gimnasta *mf*

gymnastics /dʒɪm'næstɪks/ *n* **(a)** (activity) (+ *sing vb*) gimnasia *f* **(b)** (exercises) (+ *pl vb*) gimnasia *f*

gynecologist, (BrE) **gynaecologist** /'gaɪnə'kɑːlədʒəst, BrE ˌgaɪnə'kɒlədʒɪst/ *n* ginecólogo, -ga *m,f*

gynecology, (BrE) **gynaecology** /'gaɪnə'kɑːlədʒi, BrE ˌgaɪnə'kɒlədʒi/ *n* ginecología *f*

gypsy, **Gypsy** /'dʒɪpsi/ *n* (*pl* **-sies**) gitano, -na *m,f*

gyrate /'dʒaɪreɪt, BrE dʒaɪ'reɪt/ *vi* girar

⚷ palabra clave

Hh

H, h /eɪtʃ/ *n* H, h *f*

haberdashery /'hæbər,dæʃəri, BrE 'hæbə,dæʃəri/ *n* **(a)** (clothes) (AmE) ropa *f* y accesorios *mpl* para caballeros **(b)** (sewing materials) (BrE) (artículos *mpl* de) mercería *f*

habit /'hæbət, BrE 'hæbɪt/ *n* **1** **(a)** (usual piece of behavior) costumbre *f*, hábito *m*; (bad) vicio *m*, mala costumbre *f*, mal hábito *m*; **to get out of/into the ~ of doing sth** perder*/tomar la costumbre de hacer algo **(b)** (customary behavior) costumbre *f*; **by** *o* **out of** *o* **from force of ~** por fuerza de la costumbre **2** (Clothing) hábito *m*

habitat /'hæbətæt, BrE 'hæbɪtæt/ *n* hábitat *m*

habitation /'hæbə'teɪʃən, BrE ,hæbɪ'teɪʃən/ *n* (fml): **unfit for human ~** inhabitable

habitual /hə'bɪtʃuəl/ *adj* **(a)** (usual) habitual, acostumbrado **(b)** (compulsive) ‹*liar/gambler*› empedernido

hack[1] /hæk/ *vt* cortar a tajos, tajear (Andes)
■ *vi* **1** (to cut): **to ~ at sth** darle* (golpes) a algo; **we ~ed through the undergrowth** nos abrimos paso a machetazos (*or* hachazos *etc*) a través de la espesura **2** (Comput) (infml): **to ~ into** ‹*system*› piratear

hack[2] *n* **1** (derog *or* hum) (writer) escritorzuelo, -la *m,f* (pey); (journalist) gacetillero, -ra *m,f* (pey) **2** (horse — for hire) caballo *m* de alquiler; (— worn-out) jaco *m*, jamelgo *m* **3** (AmE infml) **(a)** (taxi driver) taxista *mf*, tachero, -ra *m,f* (RPl fam), ruletero, -ra *m,f* (Méx fam) **(b)** (taxi) taxi *m*, tacho *m* (RPl fam)

hacker /'hækər, BrE 'hækə(r)/ *n* (Comput) (infml) pirata informático, -ca *m,f*

hacking /'hækɪŋ/ *adj* ‹*cough*› áspero

hackles /'hækəlz/ *pl n*: **to make sb's ~ rise** poner* furioso a algn; **his ~ rose** se enfureció

hackneyed /'hæknid/ *adj* manido, trillado

hacksaw /'hæksɔː/ *n* sierra *f* de arco (*para metales*)

had /hæd, *weak form* həd, əd/ *past & past p of* **have**

haddock /'hædək/ *n* (*pl* **~**) **(a)** (Zool) eglefino *m* **(b)** (Culin) abadejo *m*

hadn't /'hædn̩t/ = **had not**

haem- *etc* (BrE) ▶ **hem-** *etc*

hag /hæg/ *n* bruja *f*, arpía *f*

haggard /'hægərd, BrE 'hægəd/ *adj* demacrado

haggis /'hægəs, BrE 'hægɪs/ *n* (*pl* **-gis** *or* **-gises**) *plato escocés hecho con vísceras de cordero y avena*

haggle /'hægəl/ *vi* regatear

Hague /heɪg/ *n*: **The ~** La Haya

hail[1] /heɪl/ *n* **(a)** (Meteo) granizo *m*, pedrisco *m* **(b)** (of bullets, insults) (*no pl*) lluvia *f*

hail[2] *v impers* (Meteo) granizar*
■ *vt* **1** (call to) ‹*person*› llamar; ‹*ship*› saludar; ‹*taxi*› hacerle* señas a **2** (acclaim, welcome) ‹*king/leader*› aclamar; **it was ~ed as a major breakthrough** fue acogido como un importantísimo avance
■ *vi* **to ~** FROM «*person*» ser* DE

hail: **H~ Mary** /'meri, BrE 'meəri/ *n* Avemaría *m*; **~stone** *n* granizo *m*, piedra *f* (de granizo)

hair /her, BrE heə(r)/ *n* **(a)** (on human head) pelo *m*, cabello *m* (fml *o* liter); **to have one's ~ done** peinarse (*en la peluquería*); (*before n*) ‹*gel/lacquer/oil*› para el pelo; ‹*transplant*› capilar **(b)** (on human body) vello *m*; (on animal, plant) pelo *m* **(c)** (single strand) pelo *m*

hair: **~band** *n* (elastic) cinta *f*, huincha *f* (Bol, Chi, Per), balaca *f* (Col), banda *f* (Méx), vincha *f* (RPl, Ven); (rigid) diadema *f*, cintillo *m*, vincha *f* (RPl, Ven); **~brush** *n* cepillo *m* (*del pelo*); **~clip** *n* (BrE) horquilla *f*, pinche *m* (Chi), pasador *m* (Méx); **~cut** *n* corte *m* de pelo; **~do** *n* (infml) peinado *m*; **~dresser** *n* peluquero, -ra *m,f*; **the ~dresser's** la peluquería; **~drier**, **~dryer** *n* secador *m*, secadora *f* (Méx); **~grip** *n* (BrE) horquilla *f*, pinche *m* (Chi), pasador *m* (Méx); **~line** *n* **(a)** (where hair begins) nacimiento *m* del pelo **(b)** (fine line) línea *f* delgada; (*before n*) **a ~line fracture** una pequeña fisura; **~net** *n* redecilla *f*; **~piece** *n* postizo *m*; **~pin** *n* horquilla *f* (de moño); (*before n*) **~pin turn** o (BrE) **bend** curva *f* muy cerrada; **~-raising** /'her,reɪzɪŋ, BrE 'heə,reɪzɪŋ/ *adj* espeluznante; **~'s breadth**, **~sbreadth** *n* (*no pl*): **by a ~'s breadth** por un pelo (fam); **~slide** *n* (BrE) ▶ **barrette**; **~spray** *n* laca *f*, fijador *m* (*para el pelo*); **~ straighteners** *pl n* alisador *m* de pelo, planchita *f* (RPl); **~style** *n* peinado *m*, corte *m* de pelo

hairy /'heri, BrE 'heəri/ *adj* **-rier**, **-riest** ‹*legs/chest*› peludo, velludo

Haiti /'heɪti/ *n* Haití *m*

Haitian /'heɪʃən/ *adj* haitiano

hake /heɪk/ *n* (*pl* **~**) merluza *f*

halal /hɑː'lɑːl/ *adj* (Culin) ‹*meat*› de animales faenados *or* (Esp) sacrificados según la ley musulmana

hale /heɪl/ *adj* (liter): **~ and hearty** (fuerte) como un roble

half[1] /hæf, BrE hɑːf/ *n* (*pl* **halves**) **1** **(a)** (part) mitad *f*; **to break sth in ~** romper* algo por la mitad *or* en dos; ***to go halves*** (infml) pagar* a medias **(b)** (Math) medio *m* **(c)** (elliptical use): **an hour and a ~** una hora y media; **it's ~ past ten** son las diez y media **2** (Sport) **(a)** (period) tiempo *m* **(b)** (of pitch) campo *m* **(c)** (interval) (AmE) descanso *m*, medio tiempo *m* (AmL)

half[2] *pron* la mitad

half[3] *adj* medio, -dia; **~ a pint of milk** media pinta de leche; **one and a ~ hours** una hora y media

half[4] *adv* medio; **she was ~ asleep** estaba

medio dormida *or* semidormida; **the work is only ~ done** el trabajo está a medio hacer; **she is ~ Italian, ~ Greek** es hija de italianos y griegos; **they are paid ~ as much as we are** les pagan la mitad que a nosotros

half- /ˈhæf, BrE hɑːf/ *pref*: **~closed/~open** entreabierto; **~starved** medio muerto de hambre

half: **~ a dozen** *n* (*no pl*) media docena *f*; **~ a dozen eggs** media docena de huevos; **~ an hour** *n* media hora *f*; **~ brother** *n* hermanastro *m*, medio hermano *m*; **~hearted** /ˈhæfˈhɑːrtəd, BrE ˌhɑːfˈhɑːtɪd/ *adj* poco entusiasta; **~-hour** /ˈhæfˈaʊr, BrE ˌhɑːfˈaʊə(r)/ *n* media hora *f*; **~-light** *n* penumbra *f*; **~-mast** /ˈhæfˈmæst, BrE ˌhɑːfˈmɑːst/ *n*: **at ~-mast** a media asta; **~ measures** *pl n* medias tintas *fpl*; **~-moon** /ˈhæfˈmuːn, BrE ˌhɑːfˈmuːn/ *n* media luna *f*; **~ note** *n* (AmE) blanca *f*; **~penny** /ˈheɪpni/ *n* (Hist) **(a)** (*pl* **-pennies**) (coin) medio penique *m* **(b)** (*pl* **-pence** /ˈheɪpəns/) (value) medio penique *m*; **~ price** *n* mitad *f* de precio; **it's ~ price** está a mitad de precio; **~ sister** *n* hermanastra *f*, media hermana *f*; **~-staff** *n* (AmE) ▶ **~-mast**; **~ term** *n* (in UK) vacaciones *fpl* de mitad de trimestre; **~-time** *n* **(a)** (Sport) descanso *m*, medio tiempo *m* (AmL) **(b)** (Busn, Lab Rel) media jornada *f*

half-way¹ /ˈhæfweɪ, BrE ˌhɑːfˈweɪ/ *adv* (at, to mid point) a mitad de camino; **I'm about ~ through** voy por la mitad; ***to meet sb ~*** (compromise) llegar* a una solución intermedia con algn; (lit: on journey) encontrarse* con algn a mitad de camino

half-way² *adj* (*before n*) ‹*point*› medio; ‹*stage*› intermedio; **the ~ mark** el punto medio, la mitad

half-yearly /ˈhæfˈjɪrli, BrE ˌhɑːfˈjɪəli/ *adj* semestral

hall /hɔːl/ *n* **1** **(a)** (vestibule) vestíbulo *m*, entrada *f* **(b)** (corridor) (AmE) pasillo *m*, corredor *m* **2** **(a)** (for gatherings) salón *m* **(b)** (in castle, mansion) sala *f* **3** (student residence) (BrE) residencia *f* universitaria *or* de estudiantes, colegio *m* mayor (Esp) **4** (large country house) (BrE) casa *f* solariega

hallelujah /ˈhæləˈluːjə, BrE ˌhælɪˈluːjə/ *interj* ¡aleluya!

hallmark /ˈhɔːlmɑːrk, BrE ˈhɔːlmɑːk/ *n* **(a)** (on gold, silver) contraste *m*, sello *m* (de contraste) **(b)** (distinguishing characteristic) distintivo *m*, sello *m*

hallo /həˈləʊ/ *interj* ▶ **hello**

hall of residence *n* (*pl* **~s of residence**) (BrE) ▶ **hall 3**

Halloween, Hallowe'en /ˈhæləʊˈiːn/ *n* víspera *f* del día de Todos los Santos

hallucination /həˈluːsn̩ˈeɪʃən, BrE həˈluːsɪˈneɪʃən/ *n* alucinación *f*

hallway /ˈhɔːlweɪ/ *n* ▶ **hall 1**

halo /ˈheɪləʊ/ *n* (*pl* **-los** *or* **-loes**) **(a)** (Art, Relig) aureola *f*, halo *m* **(b)** (Astron, Opt) halo *m*

halt¹ /hɔːlt, BrE hɒlt, hɔːlt/ *n*: **to come to a ~** pararse

halt² *vi* detenerse* (fml); **~!** (Mil) ¡alto!

■ *vt* ‹*vehicle/troops*› detener* (fml); ‹*process*› atajar, detener* (fml); ‹*work/production*› interrumpir

halter /ˈhɔːltər, BrE ˈhɒltə(r), ˈhɔː-/ *n* cabestro *m*, ronzal *m*

halve /hæv, BrE hɑːv/ *vt* **(a)** (reduce by half) ‹*expense/time/length*› reducir* a la mitad *or* en un 50%; ‹*number*› dividir por dos **(b)** (divide into halves) partir por la mitad

■ *vi* reducirse* a la mitad *or* en un 50%

halves /hævz, BrE hɑːvz/ *pl of* **half¹**

ham /hæm/ *n* **1** (Culin) (cured) jamón *m* (crudo), jamón *m* serrano (Esp); (cooked) jamón *m* (cocido), jamón *m* (de) York (Esp) **2** (Theat) *actor extravagantemente histriónico*

hamburger /ˈhæmbɜːrgər, BrE ˈhæmbɜːgə(r)/ *n* hamburguesa *f*

hamlet /ˈhæmlət, BrE ˈhæmlɪt/ *n* aldea *f*, caserío *m*

hammer¹ /ˈhæmər, BrE ˈhæmə(r)/ *n* martillo *m*

hammer² *vt* ‹*nail*› clavar (*con un martillo*); ‹*metal*› martillar, batir

■ *vi* (strike) dar* golpes; (with hammer) dar* martillazos; **to ~ at o on the door** golpear la puerta

● **hammer home** [*v* + *o* + *adv*, *v* + *adv* + *o*] ‹*nail*› remachar; ‹*point*› recalcar*, machacar*

● **hammer out** [*v* + *o* + *adv*, *v* + *adv* + *o*] ‹*metal/dent*› alisar a martillazos; ‹*compromise/deal*› negociar (*con mucho toma y daca*)

hammock /ˈhæmək/ *n* hamaca *f*, hamaca *f* paraguaya (RPl); (Naut) coy *m*

hamper¹ /ˈhæmpər, BrE ˈhæmpə(r)/ *vt* dificultar

hamper² *n* cesta *f*, canasta *f*

hamster /ˈhæmstər, BrE ˈhæmstə(r)/ *n* hámster *m*

hamstring /ˈhæmstrɪŋ/ *n* (of person) ligamento *m* de la corva; (of horse) tendón *m* del corvejón *or* jarrete

hand¹ /hænd/ *n* **1** (Anat) mano *f*; **~s off!** ¡quita las manos de ahí!; **~s up all those in favor** que levanten la mano los que estén a favor; **~s up!** ¡manos arriba! **2** (in phrases) **at hand: help was at ~** la ayuda estaba en camino; **by hand** ‹*make/write/wash*› a mano; ‹*deliver*› en mano; **hand in hand** (tomados *or* agarrados *or* (esp Esp) cogidos) de la mano; **poverty and disease go ~ in ~** la pobreza y la enfermedad van de la mano; **on hand: the police were on ~** la policía estaba cerca; **to have sth on ~** tener* algo a mano; **out of hand: the situation is getting out of ~** la situación se nos (*or* les *etc*) va de las manos; **to reject sth out of ~** rechazar* algo de plano; **to hand** (BrE) (within reach) al alcance de la mano, a (la) mano; (available) disponible; ***to beat sb/win ~s down*** ganarle a algn/ganar sin problemas; ***to get one's ~s on sb/sth*:** **just wait till I get my ~s on him!** ¡vas a ver cuando lo agarre!; **she can't wait to get her ~s on the new computer** se muere por usar la computadora nueva; ***to give sb/have a free ~*** darle* a algn/tener* carta blanca; ***to know a place like the back of one's ~*** conocer* un sitio al dedillo; ***to try one's ~ (at sth)*** probar* (a hacer algo) **3** **(a)** (agency) mano *f*; **to have a ~ in sth** tener* parte en algo; **the town had suffered at the ~s of invaders** la ciudad había sufrido a manos de los invasores **(b)** (assistance) (infml): **to give sb a ~** echarle *or* darle* una mano a algn; **if you need a ~** si necesitas ayuda **(c)** **hands** *pl* (possession, control, care) **to change ~s** cambiar de

palabra clave

dueño; **in good/capable ~s** en buenas manos; **my life is in your ~s** mi vida depende de ti; **we've got a problem on our ~s** tenemos un problema; **the matter is out of my ~s** el asunto no está en mis manos **4** (side): **on sb's right/left ~** a la derecha/izquierda de algn; **on the one ~ ... on the other (~) ...** por un lado ... por otro (lado) ... **5** (Games) **(a)** (set of cards) mano *f*, cartas *fpl* **(b)** (round of card game) mano *f* **6 (a)** (worker) obrero, -ra *m,f*; (farm ~) peón *m* **(b)** (Naut) marinero *m* **(c)** (experienced person): **an old ~** un veterano, una veterana **7** (applause) (infml) (*no pl*) **a big ~ for ...** un gran aplauso para ... **8** (handwriting) (liter) letra *f* **9** (on clock) manecilla *f*, aguja *f*, puntero *m* (Andes)

hand² *vt* **to ~ sb sth, to ~ sth TO sb** pasarle algo A algn

- **hand around**, (BrE also) **hand round** [*v + o + adv, v + adv + o*] (distribute) repartir, distribuir*; (offer round) ‹*cakes*› ofrecer*
- **hand down** [*v + o + adv, v + adv + o*] (pass down) ‹*custom/heirloom/story*› transmitir; ‹*clothes*› pasar
- **hand in** [*v + o + adv, v + adv + o*] ‹*homework/form/ticket*› entregar*; ‹*resignation*› presentar
- **hand on** [*v + o + adv, v + adv + o*] ‹*skills/knowledge*› transmitir, pasar; ‹*object/photograph*› pasar
- **hand out** [*v + o + adv, v + adv + o*] repartir, distribuir*; ‹*advice*› dar*
- **hand over** [*v + o + adv, v + adv + o*] **(a)** (relinquish) entregar* **(b)** (transfer) transferir*
- **hand round** (BrE) ▶ **hand around**

hand: **~bag** *n* (used by women) cartera *f* or (Esp) bolso *m* or (Méx) bolsa *f*; (small suitcase) (AmE) maletín *m*; **~ baggage**, (BrE) **~ luggage** *n* equipaje *m* de mano; **~ball** *n* **(a)** (game — in US) frontón *m*, pelota *f*; (— in Europe) balonmano *m*, handball *m* (AmL) **(b)** (in soccer) mano *f*; **~book** *n* manual *m*; **~brake** *n* (on bicycle) (AmE) freno *m* (de pastilla); (BrE) (Auto) freno *m* de mano; **~craft** *n* ▶ **handicraft**; **~ cream** *n* crema *f* de manos or para las manos; **~cuff** *vt* esposar, ponerle* esposas a; **~cuffs** *pl n* esposas *fpl*

handful /ˈhændfʊl/ *n* **(a)** (amount) puñado *m* **(b)** (small number) (+ *sing o pl vb*) puñado *m*; **a ~ of people** unas cuantas personas **(c)** (troublesome person or people) (*no pl*): **that child is a real ~** ese niño da mucho trabajo

hand grenade *n* granada *f* (de mano)

handicap¹ /ˈhændɪkæp/ *n* **1 (a)** (disability): **physical ~** discapacidad *f* física; **mental ~** discapacidad *f* mental, enfermedad *f* mental **(b)** (disadvantage) desventaja *f* **2** (Sport) (in golf, polo) hándicap *m*; (penalty) desventaja *f*

handicap² *vt* **-pp-** ‹*person/chances*› perjudicar*

handicapped /ˈhændɪkæpt/ *adj* discapacitado; **mentally/physically ~ children** niños con discapacidad psíquica/física

handicraft /ˈhændɪkræft, BrE ˈhændɪkrɑːft/, **handcraft** *n* **(a)** (skill) artesanía *f*, trabajo *m* artesanal **(b)** (product) producto *m* de artesanía

handiwork /ˈhændiwɜːrk, BrE ˈhændiwɜːk/ *n* **(a)** (craftsmanship) trabajo *m* **(b)** (product) artesanías *fpl*, objetos *mpl* artesanales **(c)** (doing) (derog) obra *f*; **it looks like Laura's ~ to me** a mí me parece obra de Laura

handkerchief /ˈhæŋkərtʃəf, -tʃiːf, BrE ˈhæŋkətʃɪf, -tʃiːf/ *n* (*pl* **-chieves** /-tʃiːvz/ or **-chiefs**) pañuelo *m*

handle¹ /ˈhændl/ *n* (of cup, jug, bag) asa *f*‡; (of door) picaporte *m*; (knob) pomo *m*; (of drawer) tirador *m*, manija *f*; (of broom, knife, spade) mango *m*; (of wheelbarrow) brazo *m*; (of pump) manivela *f*

handle² *vt* **1 (a)** (touch) tocar*; Ⓢ **handle with care** frágil **(b)** (manipulate, manage) ‹*vehicle/weapon*› manejar; ‹*chemicals*› manipular **2** (deal with) ‹*people*› tratar; ‹*situation/affair*› manejar; **he can't ~ the job** (infml) no puede con el trabajo **3 (a)** (be responsible for) ‹*business/financial matters*› encargarse* or ocuparse de, llevar **(b)** (do business in) ‹*goods/commodities*› comerciar con **(c)** «*computer*» ‹*data*› procesar

handlebar /ˈhændlbɑːr, BrE ˈhændlbɑː(r)/ *n* (*often pl*): **~(s)** manillar *m*, manubrio *m* (AmL)

handling /ˈhændlɪŋ/ *n* **1** (treatment — of situation) manejo *m*; (— of subject) tratamiento *m* **2 (a)** (Busn) porte *m* **(b)** (Aviat) handling *m* **(c)** (Auto) manejo *m*

handling charge *n* cargo *m* por tramitación

hand: **~ luggage** *n* (BrE) equipaje *m* de mano; **~made** /ˈhændˈmeɪd/ *adj* hecho a mano; **~-me-down** *n*: *prenda usada o heredada*; **~out** *n* **(a)** (of money, food) dádiva *f* **(b)** (advertising leaflet) folleto *m* **(c)** (at lecture, in class) notas *fpl* (*que se distribuyen a los asistentes*); **~-picked** /ˈhændˈpɪkt/ *adj* cuidadosamente seleccionado; **~rail** *n* (on stairs, slope) pasamanos *m*; (on bridge, ship) baranda *f*, barandilla *f*; **~set** *n* auricular *m*, tubo *m* (RPl); **~shake** *n* apretón *m* de manos; **~ signal** *n* (Auto) seña *f* (*hecha con la mano*); (by referee, coach) (AmE) señal *f*

handsome /ˈhænsəm/ **handsomer**, **handsomest** *adj* **(a)** (attractive) ‹*man*› apuesto, buen mozo (AmL), guapo (esp Esp, Méx) **(b)** ‹*gift/offer*› generoso

hand: **~s-on** /ˈhændzˈɑːn, BrE ˈhændzˌɒn/ *adj* (*before n*) **(a)** ‹*instruction/experience*› práctico **(b)** (Comput) manual; **~stand** *n*: **to do a ~stand** hacer* la vertical or (Esp) el pino, pararse de manos (AmL); **~-to-mouth** /ˈhændtəˈmaʊθ/ *adj* pobre, precario; **~-wash** /ˈhændˈwɔːʃ, BrE ˈhændˌwɒʃ/ *vt* lavar a mano; **~writing** *n* letra *f*; **~written** /ˈhændˈrɪtn̩/ *adj* manuscrito, escrito a mano

handy /ˈhændi/ *adj* **-dier**, **-diest** (infml) **1** (*pred*) **(a)** (readily accessible) a mano **(b)** (conveniently situated) cerca, a mano **2** (useful) práctico; **to come in ~** venir* bien, resultar útil **3** ‹*person*› hábil, habilidoso

handyman /ˈhændimæn/ *n* (*pl* **-men** /-men/) *hombre habilidoso para trabajos de carpintería, albañilería etc*, manitas *m* (Esp, Méx fam)

hang¹ /hæŋ/ *vt* **1** (*past & past p* **hung**) **(a)** (suspend) ‹*coat/picture*› colgar* **(b)** (put in position) ‹*door/gate*› colocar* **(c) to ~ one's head** bajar la cabeza **2** (*past & past p* **hanged** or **hung**) (execute) ahorcar*

■ *vi* **1** (*past p* **hung**) **(a)** (be suspended) colgar*, estar* colgado; **to ~ BY/FROM/ON sth** colgar* DE algo; **it's ~ing on the wall** está colgado en la pared **(b)** (hover) «*fog/smoke*» flotar; «*bird*» planear, cernerse*; **he still has the court case ~ing over him** todavía tiene el juicio pendiente **(c)** «*clothing/fabric*» caer* **2** (*past & past p* **hanged** *or* **hung**) (be executed): **he should ~ for his crime** debería ir a la horca por este crimen

- **hang about** [*v + adv*] ▶ **hang around**
- **hang around** (infml) [*v + adv*] **(a)** (wait) esperar **(b)** (stay) quedarse **(c)** (spend time idly): **they just ~ around on street corners** pasan el tiempo en la calle, holgazaneando; **to ~ around** WITH **sb** andar* *or* juntarse CON algn
- **hang on** **1** [*v + adv*] **(a)** (wait) esperar **(b)** (keep hold) **to ~ on** TO **sth**: **you ~ on to this end of the rope**; tú sostén esta punta de la cuerda **(c)** (keep) (infml) **to ~ on** TO **sth** conservar *or* guardar algo **(d)** (in a crisis) aguantar, resistir **2** [*v + prep + o*] (depend on) «*outcome/decision*» depender de
- **hang out** **1** [*v + o + adv, v + adv + o*] ‹*washing*› tender*, colgar*; ‹*flag*› poner* **2** [*v + adv*] (dangle) «*wires*» estar* suelto; **with his shirt/tongue ~ing out** con la camisa/la lengua afuera
- **hang up** **1** [*v + adv*] (put down receiver) colgar*, cortar (CS) **2** [*v + o + adv, v + adv + o*] ‹*coat*› colgar*

hang[2] *n* (*no pl*): ***to get the ~ of sth*** (infml) agarrarle la onda a algo (AmL fam), cogerle* el tranquillo a algo (Esp fam), agarrarle la mano a algo (CS fam)

hangar /'hæŋər, BrE 'hæŋə(r)/ *n* hangar *m*

hanger /'hæŋər, BrE 'hæŋə(r)/ *n* (clothes or coat ~) percha *f*, gancho *m* (para la ropa) (AmL)

hang: **~ glider** *n* ala *f*‡ delta, deslizador *m* (Méx); **~ gliding** /'glaɪdɪŋ/ *n* vuelo *m* con ala delta *or* (Méx) en deslizador

hanging /'hæŋɪŋ/ *n* **1** (execution) ejecución *f* (*en la horca*) **2** (wall ~) tapiz *m*

hanging basket *n*: *cesto colgante para plantas*

hang: **~man** *n* (*pl* **-men** /-mən/) verdugo *m*; **~over** *n* **(a)** (from drinking) resaca *f*, cruda *f* (AmC, Méx fam), guayabo *m* (Col fam), ratón *m* (Ven fam) **(b)** (something surviving) vestigio *m*, reliquia *f*; **~-up** *n* (infml) complejo *m*, trauma *m*

hanker /'hæŋkər, BrE 'hæŋkə(r)/ *vi* **to ~** AFTER *o* FOR **sth** anhelar *or* ansiar* algo

hanky, **hankie** /'hæŋki/ *n* (*pl* **-kies**) (infml) pañuelo *m*

Hanukkah, **Chanukkah** /'hɑːnəkə/ *n* Janucá *m*, Hanukkah *m* (*fiesta judía de la dedicación del Templo*)

haphazard /hæp'hæzərd, BrE ˌhæp'hæzəd/ *adj* **(a)** (random): **they promote people in a very ~ way** ascienden a la gente caprichosamente *or* al azar **(b)** (without order): **his approach is very ~** no es coherente en su enfoque

hapless /'hæpləs, BrE 'hæplɪs/ *adj* (*before n*) (liter *or* journ) desafortunado, desventurado (liter)

⚷ **happen** /'hæpən/ *vi* **1** **(a)** (occur) pasar, suceder, ocurrir **(b)** (befall, become of) **to ~** TO **sb** pasarle A algn **2** **to ~ to** + INF: **she ~ed to be there** dio la casualidad de que estaba ahí; **if you ~ to see her ...** si por casualidad la ves ... ■ *v impers*: **it (just) so ~s that ...** da la casualidad de que ...

happening /'hæpənɪŋ/ *n* suceso *m*

⚷ palabra clave

happily /'hæpəli, BrE 'hæpɪli/ *adv* **1** **(a)** ‹*smile/laugh*› alegremente; **to be ~ married** ser* feliz en el matrimonio **(b)** (gladly) (*usu before vb*) ‹*help*› con mucho gusto **2** (fortunately) (*indep*) por suerte, afortunadamente

happiness /'hæpines, BrE 'hæpinɪs/ *n* felicidad *f*

⚷ **happy** /'hæpi/ *adj* **-pier**, **-piest** **1** **(a)** (joyful, content) ‹*person/home*› feliz; ‹*smile*› de felicidad, alegre **(b)** (pleased) (*pred*): **to be ~** alegrarse **(c)** (satisfied) (*pred*) **to be ~** (WITH **sth**) estar* contento (CON algo) **2** ‹*days/occasion*› feliz; **~ birthday** feliz cumpleaños

happy-go-lucky /'hæpigəʊ'lʌki/ *adj* despreocupado

harangue /hə'ræŋ/ *vt* arengar*

harass /'hærəs, hə'ræs/ *vt* **(a)** (persistently annoy) acosar **(b)** (Mil) hostigar*

harassment /'hærəsmənt, hə'ræs-/ *n* acoso *m*; **racial ~** hostilidad *f* racial; **sexual ~** acoso *m* sexual

harbor[1], (BrE) **harbour** /'hɑːrbər, BrE 'hɑːbə(r)/ *n* puerto *m*

harbor[2], (BrE) **harbour** *vt* **(a)** (shelter) ‹*fugitive*› albergar*, dar* refugio a **(b)** ‹*desire/suspicion*› albergar* (liter); **to ~ a grudge** guardar rencor

⚷ **hard[1]** /hɑːrd, BrE hɑːd/ *adj* **-er**, **-est** **1** **(a)** (firm, solid) ‹*object/surface*› duro **(b)** (forceful) ‹*push/knock*› fuerte **2** **(a)** (difficult) ‹*question/subject*› difícil; ‹*task*› arduo; **I find that ~ to believe** me cuesta creerlo; **to learn sth the ~ way** aprender algo a base de cometer errores **(b)** (severe) ‹*winter/climate/master*› duro, severo; **to give sb a ~ time** hacérselas* pasar mal a algn; **don't be too ~ on him** no seas demasiado duro con él; **~ luck** mala suerte **(c)** (tough, cynical) ‹*person/attitude*› duro **3** (concentrated, strenuous) ‹*work*› duro; **children are very ~ work** los niños dan mucho trabajo; **he's a ~ worker** es muy trabajador **4** (definite) ‹*evidence*› concluyente **5** (sharp, harsh) ‹*light/voice*› fuerte **6** **(a)** (in strongest form): **~ drugs** drogas *fpl* duras; **~ liquor** bebidas *fpl* (alcohólicas) fuertes; **~ porn** porno *m* duro **(b)** ‹*water*› duro

⚷ **hard[2]** *adv* **-er**, **-est** **1** **(a)** (with force) ‹*pull/push*› con fuerza; ‹*hit*› fuerte **(b)** (strenuously) ‹*work*› mucho, duro **(c)** (intently) ‹*listen*› atentamente **2** (heavily) ‹*rain/snow*› fuerte, mucho; ‹*pant/breathe*› pesadamente **3** (severely): **to be ~ hit** ser* muy afectado; ***to feel ~ done by***: **she feels ~ done by** piensa que la han tratado injustamente

hard: **~-and-fast** /'hɑːrdn̩'fæst, BrE 'hɑːdən'fɑːst/ *adj* (*no comp, usu before n*) absoluto; **~back** *n* (book) libro *m* de tapa dura *or* en cartoné; **~ball** *n* (AmE) béisbol *m*; **~board** *n* cartón *m* madera; **~-boiled** /'hɑːrd'bɔɪld, BrE ˌhɑːd'bɔɪld/ *adj* **(a)** ‹*egg*› duro **(b)** (unsentimental) endurecido; **~ disk**, **~ drive** *n* disco *m* duro; **~-earned** /'hɑːrd'ɜːrnd, BrE 'hɑːdˌɜːnd/ *adj* (*usu before n*) ‹*cash*› ganado con el sudor de la frente

harden /'hɑːrdn̩, BrE 'hɑːdn̩/ *vt* **(a)** (make hard) ‹*clay/cement/skin*› endurecer*; ‹*steel/glass*› templar **(b)** (make tough, unfeeling) ‹*person*› endurecer*; **you must ~ your heart and tell him to go** tienes que hacerte fuerte y decirle que se vaya

■ *vi* **(a)** (become hard, rigid) endurecerse* **(b)** (become inflexible) «*attitude*» volverse* inflexible

hardened /'hɑːrdn̩d, BrE 'hɑːdn̩d/ *adj* (*before n*) ‹*sinner/drinker*› empedernido; ‹*criminal*› habitual

hard: **~ hat** *n* (Clothing, Const) casco *m*; **~-headed** /'hɑːrd'hedəd, BrE ˌhɑːd'hedɪd/ *adj* **(a)** (practical, realistic) práctico, realista **(b)** (stubborn) (AmE) testarudo, cabezota (fam); **~-hearted** /'hɑːrd'hɑːrtəd, BrE ˌhɑːd'hɑːtɪd/ *adj* duro de corazón; **~-hitting** /'hɑːrd'hɪtɪŋ, BrE ˌhɑːd'hɪtɪŋ/ *adj* implacable, feroz; **~ labor**, (BrE) **~ labour** *n* trabajos *mpl* forzados; **~-liner** /'hɑːrd'laɪnər, BrE ˌhɑːd'laɪnə(r)/ *n* partidario, -ria *m,f* de la línea dura

hardly /'hɑːrdli, BrE 'hɑːdli/ *adv* **(a)** (scarcely): **~ anyone/anything** casi nadie/nada; **~ ever** casi nunca; **he ~ knew her** apenas la conocía **(b)** (surely not): **it's ~ what you'd call a masterpiece** no es precisamente una obra maestra

hardness /'hɑːrdnəs, BrE 'hɑːdnɪs/ *n* dureza *f*

hard: **~ of hearing** *adj* duro de oído; **~-pressed** /'hɑːrd'prest, BrE ˌhɑːd'prest/ *adj* (*pred* **~ pressed**) ‹*industry/nation/staff*› en apuros; **~ sell** *n* (*no pl*) venta *f* agresiva

hardship /'hɑːrdʃɪp, BrE 'hɑːdʃɪp/ *n*: **to experience** o **suffer great ~** pasar muchos apuros; **the ~s of the journey** las penurias del viaje

hard: **~ shoulder** *n* (BrE) arcén *m*, berma *f* (Andes), acotamiento *m* (Méx), banquina *f* (RPl), hombrillo *m* (Ven); **~ up** *adj* (infml) (*pred*): **to be ~ up** estar* mal de dinero; **~ware** /'hɑːrdwer, BrE 'hɑːdweə(r)/ *n* **(a)** (ironmongery) ferretería *f*; (*before n*) **~ware store** ferretería *f* **(b)** (Mil): **military ~ware** armamento *m* **(c)** (Comput) hardware *m*, soporte *m* físico, equipo *m*; **~-wearing** /'hɑːrd'werɪŋ, BrE ˌhɑːd'weərɪŋ/ *adj* (BrE) resistente; **~-working** /'hɑːrd'wɜːrkɪŋ, BrE ˌhɑːd'wɜːkɪŋ/ *adj* trabajador

hardy /'hɑːrdi, BrE 'hɑːdi/ *adj* **-dier, -diest** ‹*person/animal*› fuerte; ‹*plant*› resistente (*a las heladas etc*)

hare /her, BrE heə(r)/ *n* liebre *f*

haricot (bean) /'hærɪkəʊ/ *n* frijol *m* *or* (Esp) alubia *f* *or* judía *f* *or* (CS) poroto *m* (*de color blanco*)

hark back /hɑːrk, BrE hɑːk/ *vi* **to ~ TO sth** «*person*» rememorar algo; «*book*» evocar* algo

harm¹ /hɑːrm, BrE hɑːm/ *n* daño *m*; **to do ~ to sb/sth** hacerle* daño a algn/algo; **there's no ~ in asking** con preguntar no se pierde nada; **he won't come to any ~** no le va a pasar nada; ***to be out of ~'s way*** estar* a salvo

harm² *vt* ‹*person/object*› hacerle* daño a; ‹*reputation/career*› perjudicar*

harmful /'hɑːrmfəl, BrE 'hɑːmfəl/ *adj* ‹*substance*› nocivo; ‹*influence*› pernicioso, dañino; ‹*effect*› perjudicial

harmless /'hɑːrmləs, BrE 'hɑːmlɪs/ *adj* ‹*animal/person*› inofensivo; ‹*substance*› inocuo; ‹*joke/suggestion/fun*› inocente

harmonica /hɑːr'mɑːnɪkə, BrE hɑː'mɒnɪkə/ *n* armónica *f*

harmonious /hɑːr'məʊniəs, BrE hɑː'məʊniəs/ *adj* armonioso

harmonize /'hɑːrmənaɪz, BrE 'hɑːmənaɪz/ *vi* (Mus) cantar en armonía; (be in accord) «*colors/ideas*» armonizar*

■ *vt* ‹*policies/plans*› armonizar

harmony /'hɑːrməni, BrE 'hɑːməni/ *n* (*pl* **-nies**) (Mus) armonía *f*; **in ~** en armonía

harness¹ /'hɑːrnəs, BrE 'hɑːnɪs/ *n* **(a)** (for horse) arnés *m*, arreos *mpl* **(b)** (for baby, on parachute) arnés *m* **(c)** (safety **~**) arnés *m* de seguridad

harness² *vt* **(a)** (put harness on) ‹*horse*› enjaezar*, ponerle* los arreos *or* el arnés a **(b)** (utilize) ‹*energy/resources*› aprovechar, utilizar*

harp /hɑːrp, BrE hɑːp/ *n* arpa *f*‡

● **harp on**: [*v* + *adv*] (infml) **to ~ on ABOUT sth** insistir SOBRE algo

harpoon¹ /hɑːr'puːn, BrE hɑː'puːn/ *n* arpón *m*

harpoon² *vt* arponear

harrowing /'hærəʊɪŋ/ *adj* ‹*experience*› angustioso, terrible; ‹*tale*› desgarrador

harry /'hæri/ *vt* **-ries, -rying, -ried** **(a)** (raid) ‹*enemy*› hostilizar* **(b)** (pester) hostigar*, acosar

harsh /hɑːrʃ, BrE hɑːʃ/ *adj* ‹*punishment*› duro, severo; ‹*words/conditions*› duro; ‹*light*› fuerte; ‹*climate*› riguroso; ‹*contrast*› violento; ‹*color*› chillón; ‹*sound*› discordante; ‹*tone/texture*› áspero

harshly /'hɑːrʃli, BrE 'hɑːʃli/ *adv* ‹*judge/punish/speak*› severamente, con severidad

harvest¹ /'hɑːrvəst, BrE 'hɑːvɪst/ *n* **(a)** (of grain) cosecha *f*, siega *f*; (of fruit, vegetables) cosecha *f*, recolección *f*; (of grapes) vendimia *f* **(b)** (yield) cosecha *f*

harvest² *vt* ‹*crop/wheat*› cosechar; ‹*grapes*› vendimiar; ‹*field*› realizar* la cosecha en

harvester /'hɑːrvəstər, BrE 'hɑːvɪstə(r)/ *n* **(a)** (machine) cosechadora *f* **(b)** (person) segador, -dora *m,f*

has /hæz, *weak form* həz, əz/ *3rd pers sing pres of* **have**

has-been /'hæzbɪn, BrE 'hæzbiːn/ *n* (infml & derog) nombre *m* del pasado

hash /hæʃ/ *n* **(a)** (Culin) *plato de carne y verduras picadas y doradas* **(b)** (muddle): **to make a ~ of sth** (infml) hacer* algo muy mal

hash browns *pl n* (AmE infml) *papas y cebolla doradas en la sartén*

hashish /'hæʃiːʃ/ *n* hachís *m*

hashtag /'hæʃtæg/ *n* hashtag *m*, etiqueta *f* de almohadilla

hasn't /'hæznt/ = **has not**

hassle¹ /'hæsəl/ *n* (infml) lío *m* (fam), rollo *m* (fam)

hassle² *vt* (infml) fastidiar, jorobar (fam)

haste /heɪst/ *n* prisa *f*, apuro *m* (AmL)

hasten /'heɪsn̩/ *vt* ‹*process*› acelerar; ‹*defeat/death*› adelantar

■ *vi* apresurarse, apurarse (AmL)

hastily /'heɪstəli, BrE 'heɪstɪli/ *adv* **(a)** (quickly) ‹*built/thought up*› a toda prisa, apresuradamente **(b)** (rashly) ‹*speak/act*› con precipitación, precipitadamente

hasty /'heɪsti/ *adj* **-tier, -tiest** **(a)** (quick) ‹*glance/meal*› rápido **(b)** (rash) ‹*move/decision/*

judgment› precipitado; **I think you're being rather ~** creo que te precipitas

hat /hæt/ *n* sombrero *m*

hatch¹ /hætʃ/ *vt* **(a)** ‹*egg*› incubar **(b) ~ (out)** ‹*chick*› empollar **(c)** (devise) (derog) ‹*plot/scheme*› tramar, urdir
■ *vi* **(a)** «*egg*» romperse* **(b) ~ (out)** «*chick*» salir* del cascarón, nacer*

hatch² *n* **(a)** (opening, cover) trampilla *f*; (Aviat, Naut) escotilla *f* **(b)** (serving ~) ventanilla *f* (*que comunica cocina y comedor*)

hatchback /'hætʃbæk/ *n* (car) coche *m* con tres/cinco puertas; (door) puerta *f* trasera

hatchet /'hætʃət, BrE 'hætʃɪt/ *n* hacha *f*‡, hachuela *f*; ***to bury the ~*** enterrar* el hacha de guerra

🔑 **hate¹** /heɪt/ *vt* odiar, detestar

hate² *n* **(a)** (hatred) odio *m* **(b)** (object of hatred) ▶ **pet² b**

hatred /'heɪtrəd, BrE 'heɪtrɪd/ *n* odio *m*

hat trick *n*: **to score a ~** marcar* tres goles (*or* tantos *etc*) en un partido

haughty /'hɔːti/ *adj* **-tier, -tiest** altivo, altanero

haul¹ /hɔːl/ *vt* **(a)** (drag) ‹*logs/load*› llevar arrastrando; **the fishermen ~ed in their nets** los pescadores cobraron las redes **(b)** (Transp) transportar

haul² *n* **1** (catch — of fish) redada *f*; (— of stolen goods) botín *m* **2** (distance) (Transp) recorrido *m*, trayecto *m*

haulage /'hɔːlɪdʒ/ *n* **(a)** (activity) transporte *m*; (*before n*) **~ contractor** transportista *mf* **(b)** (charge) (gastos *mpl* de) transporte *m*

hauler /'hɔːlər, BrE 'hɔːlə(r)/, (BrE) **haulier** /'hɔːljə(r)/ *n* (person) transportista *mf*; (business) empresa *f* de transportes

haunch /hɔːntʃ/ *n* (*usu pl*) (of animal) anca *f*‡; (of horse) grupa *f*, anca *f*‡; (of person) cadera *f*

haunt¹ /hɔːnt/ *vt* «*ghost*» rondar; «*memory/idea*» perseguir*

haunt² *n*: **we went to all her old ~s** fuimos a todos los sitios a los que solía ir

haunted /'hɔːntəd, BrE 'hɔːntɪd/ *adj* ‹*house*› embrujado; ‹*look*› angustiado

haunting /'hɔːntɪŋ/ *adj* evocador e inquietante

Havana /hə'vænə/ *n* La Habana

🔑 **have** /hæv, *weak forms* həv, əv/ (*3rd pers sing pres* **has**; *past & past p* **had**) *vt* **I 1** (possess) tener*; **I ~** o (esp BrE) **I've got two cats** tengo dos gatos **2** (hold, have at one's disposal) tener*; **can I ~ a sheet of paper?** ¿me das una hoja de papel?; **I've (got) a lot to do** tengo mucho que hacer **3 (a)** (receive) ‹*letter/news*› tener*, recibir; ***to ~ had it***; (infml): **I've had it** (I'm in trouble) estoy frito (AmL), me la he cargado (Esp fam); (I've lost my chance) la he fastidiado (fam); ***to ~ it in for sb*** (infml) tenerle* manía *or* tirria a algn (fam) **(b)** (obtain) conseguir*; **they were the only seats to be had** eran los únicos asientos que había **4** (consume) ‹*steak/spaghetti*› comer, tomar (Esp); ‹*champagne/beer*› tomar; ‹*cigarette*› fumar(se); **to ~ something to eat/drink** comer/beber algo; **to ~ breakfast** desayunar; **to ~ lunch** almorzar* *or* (esp Esp, Méx) comer; **to ~ dinner** cenar, comer (AmL) **5 (a)** (experience, undergo) ‹*accident*› tener*; **~ a nice day!** ¡adiós! ¡que le (*or* te *etc*) vaya bien!; **we had a very pleasant evening** pasamos una noche muy agradable; **she had a heart attack** le dio un ataque al corazón **(b)** (organize) ‹*party*› hacer*, dar*; ‹*meeting*› tener* **(c)** (suffer from) ‹*cancer/diabetes/flu*› tener*; **to ~ a cold** estar* resfriado **6** (give birth to) ‹*baby*› tener* **7** (infml) (swindle, dupe): **you've been had!** ¡te han timado *or* engañado!
II 1 (*causative use*): **we'll ~ it clean in no time** enseguida lo limpiamos *or* lo dejamos limpio; **he had them all in tears** los hizo llorar a todos; **you had me worried** me tenías preocupado; **to ~ sth + PAST P**: **we had it repaired** lo hicimos arreglar, lo mandamos (a) arreglar (AmL); **to ~ one's hair cut** cortarse el pelo **2** (indicating what happens to sb) **to have sth + PAST P**: **he had his bicycle stolen** le robaron la bicicleta **3 (a)** (allow) (*with neg*) tolerar, consentir*; **I won't ~ it!** ¡no lo consentiré *or* toleraré! **(b)** (accept, believe) aceptar, creer*; **she wouldn't ~ it** no lo quiso aceptar *or* creer **4** (indicating state, position) tener*; **I had the radio on** tenía la radio puesta
■ *v aux* **I 1** (*used to form perfect tenses*) haber*; **I ~/had seen her** la he/había visto; **~ you been waiting long?** ¿hace mucho que esperas?; **if I'd known that ...** si hubiera sabido que ...; **when he had finished, she ...** cuando terminó *or* (liter) cuando hubo terminado, ella ... **2 (a)** (in tags): **you've met Joe, ~n't you?** conoces a Joe ¿no? *or* ¿no es cierto? *or* ¿no es verdad?; **you ~n't lost the key, ~ you?** ¡no habrás perdido la llave ...! **(b)** (elliptical use): **you may ~ forgiven him, but I ~n't** puede que tú lo hayas perdonado, pero yo no; **the clock has stopped — so it has!** el reloj se ha parado — ¡es verdad! *or* ¡es cierto!; **you've forgotten something — ~ I?** te has olvidado de algo — ¿sí?
II (expressing obligation) **to ~ to + INF** tener* QUE + INF; **you don't ~ to be an expert to realize that** no hay que *or* no se necesita ser un experto para darse cuenta de eso

● **have back 1** [*v + o + adv, v + adv + o*] (receive back): **can I ~ the ring back?** ¿me devuelves el anillo? **2** [*v + o + adv*] ‹*guests*› **to ~ sb back** (invite again) volver* a invitar a algn; (reciprocate invitation) devolverle* a algn una invitación

● **have on** [*v + o + adv*] (tease) (infml): **to ~ sb on** tomarle el pelo a algn (fam)

● **have out** [*v + o + adv*] **(a)** (have removed): **to ~ a tooth out** sacarse* una muela; **she had her tonsils out** la operaron de las amígdalas **(b)** (discuss forcefully) **to ~ it out** WITH **sb** ponerle* las cosas claras A algn

haven /'heɪvən/ *n* **(a)** (refuge) refugio *m* **(b)** (port) (liter) puerto *m*

haven't /'hævənt/ = **have not**

haversack /'hævərsæk, BrE 'hævəsæk/ *n* mochila *f*, morral *m*

haves /hævz/ *pl n*: **the ~ and the have-nots** los ricos y los pobres *or* los desposeídos

havoc /'hævək/ *n*: **the accident caused ~** el accidente creó gran confusión; **the children created ~** los niños armaron un lío tremendo (fam); **to play ~ with sth** trastocar* *or* desbaratar algo

---

🔑 palabra clave

Hawaii /həˈwaiː/ *n* Hawai *m*
Hawaiian /həˈwaɪən/ *adj* hawaiano
hawk¹ /hɔːk/ *n* halcón *m*
hawk² *vt* ‹*goods/wares*› vocear, pregonar
hawthorn /ˈhɔːθɔːrn, BrE ˈhɔːθɔːn/ *n* espino *m*
hay /heɪ/ *n* heno *m*
hay: ~ **fever** *n* fiebre *f* del heno; ~**rick** /ˈheɪrɪk/ *n* almiar *m*; ~**seed** *n* (AmE sl) ▶ **yokel**; ~**stack** *n* almiar *m*; ~**wire** *adj* (infml) (*pred*): **to go ~wire** «*person*» perder* la chaveta (fam); «*machine*» estropearse, descomponerse* (AmL)
hazard¹ /ˈhæzərd, BrE ˈhæzəd/ *n* peligro *m*, riesgo *m*
hazard² *vt* (fml) ‹*remark/question*› aventurar; **to ~ a guess** aventurar una respuesta
hazard lights, (BrE also) **hazard warning lights** *pl n* (Auto) luces *fpl* de emergencia
hazardous /ˈhæzərdəs, BrE ˈhæzədəs/ *adj* peligroso, arriesgado
haze /heɪz/ *n* (*no pl*) (due to humidity) neblina *f*, bruma *f*; (due to heat) calima *f*
hazel /ˈheɪzəl/ *n* **(a)** (plant) avellano *m* **(b)** (wood) (madera *f* de) avellano *m* **(c)** (color) color *m* avellana; (*before n*) ‹*eyes*› color avellana *adj inv*
hazelnut /ˈheɪzəlnʌt/ *n* avellana *f*
hazy /ˈheɪzi/ *adj* **hazier**, **haziest** **(a)** ‹*day*› (due to humidity) neblinoso, brumoso; (due to heat) de calima **(b)** ‹*memory/idea/distinction*› vago, confuso
HD *adj* (= **high-definition**) ‹*television*› HD, AD
he /hiː, *weak form* i/ *pron* él

> ■ **Note** Although *él* is given as the main translation of *he*, it is in practice used only for emphasis, or to avoid ambiguity: *he went to the theater* fue al teatro; *she went to the theater, **he** went to the cinema* ella fue al teatro y él fue al cine; ***he** did it* él lo hizo.

head¹ /hed/ *n* **1** (Anat) cabeza *f*; **a fine ~ of hair** una buena cabellera; **from ~ to foot** o **toe** de pies a cabeza, de arriba (a) abajo; ~ ***over heels***: **she tripped and went ~ over heels down the steps** tropezó y cayó rodando escaleras abajo; **to be ~ over heels in love** estar* locamente enamorado; ***to go to sb's*** ~ subírsele a la cabeza a algn; ***to make ~ or tail*** o (AmE also) ***~s or tails of sth*** entender* algo **2** (mind, brain) cabeza *f*; **I said the first thing that came into my ~** dije lo primero que se me ocurrió; **she added it up in her ~** hizo la suma mentalmente; **she has a good ~ for business** tiene cabeza para los negocios; **I've no ~ for heights** sufro de vértigo; **it never entered my ~ that …** ni se me pasó por la cabeza que …; ***to keep/lose one's*** ~ mantener*/perder* la calma **3** **(a)** (of nail, tack, pin) cabeza *f*; (of spear, arrow) punta *f*; (of hammer) cabeza *f*; (on beer) espuma *f* **(b)** (top end — of bed, table) cabecera *f*; (— of page, letter) encabezamiento *m*; (— of procession, line) cabeza *f* **4** **(a)** (chief) director, -tora *m,f*; ~ **of state** jefe, -fa *m,f* de Estado; **the ~ of the household** el/la cabeza de familia; (*before n*) ~ **waiter** maître *m*, capitán *m* de meseros (Méx) **(b)** (~ teacher) (esp BrE) director, -tora *m,f* (de colegio) **5** (person): **$15 per ~** 15 dólares por cabeza *or* persona **6** (crisis): **to come to a ~** hacer* crisis **7** **(a)** (magnetic device) (Audio, Comput) cabeza *f*, cabezal *m* **(b)** (of drill) cabezal *m* **8** (Geog) cabo *m*
head² *vt* **1** **(a)** ‹*march/procession*› encabezar*, ir* a la cabeza de **(b)** ‹*revolt*› acaudillar; ‹*team*› capitanear; ‹*expedition/department*› dirigir* **2** (direct) (+ *adv compl*) ‹*vehicle/ship*› dirigir* **3** (in soccer) ‹*ball*› cabecear **4** ‹*page/chapter*› encabezar*
■ *vi*: **to ~ west/north** ir* en dirección oeste/norte
● **head for** [*v + prep + o*] **(a)** (go toward) «*ship*» ir* con rumbo a; **to ~ for home** ponerse* en camino a casa; **the car was ~ing straight for me** el coche venía derecho hacia mí **(b)** (be in danger of): **to be ~ed** *o* **~ing for sth** ir* camino de algo
● **head off** **1** [*v + adv*] (set out) salir* **2** [*v + o + adv, v + adv + o*] **(a)** (get in front of) atajar, cortarle el paso a **(b)** (prevent, forestall) ‹*criticism/threat*› prevenir*
head: ~**ache** *n* dolor *m* de cabeza; **I've got a ~ache** tengo dolor de cabeza, me duele la cabeza; ~**band** *n* cinta *f* del pelo, vincha *f* (AmS), huincha *f* (Bol, Chi, Per); ~**board** *n* cabecera *f*; ~**dress** *n* tocado *m*
headed /ˈhedəd, BrE ˈhedɪd/ *adj* ‹*notepaper*› con membrete, membretado, membreteado (Andes)
header /ˈhedər, BrE ˈhedə(r)/ *n* (in soccer) cabezazo *m*
head: ~**first** /ˈhedˈfɜːrst, BrE ˌhedˈfɜːst/ *adv* **(a)** (with head foremost) de cabeza **(b)** (overhastily) precipitadamente; ~**hunt** *vt* ofrecerle* un puesto a; ~**hunter** *n* (Busn) cazatalentos *m*
heading /ˈhedɪŋ/ *n* (title) encabezamiento *m*, título *m*, acápite *m* (AmL); (letterhead) membrete *m*
head: ~**lamp** *n* faro *m*; ~**land** /ˈhedlənd/ *n* cabo *m*; ~**light** *n* faro *m*; ~**line** *n* titular *m*; **the news ~lines** el resumen informativo *or* de noticias; ~**long** *adv* **(a)** (hastily) precipitadamente **(b)** (with head foremost) de cabeza; ~**master** /ˈhedˈmæstər, BrE ˌhedˈmɑːstə(r)/ *n* director *m* (de colegio); ~**mistress** /ˈhedˈmɪstrəs, BrE ˌhedˈmɪstrɪs/ *n* directora *f* (de colegio); ~ **office** *n* (oficina *f*) central *f*; ~**-on** /ˈhedˈɑːn, BrE ˌhedˈɒn/ *adj* ‹*crash/collision*› frontal, de frente; ~**phones** *pl n* auriculares *mpl*, cascos *mpl*; ~**quarters** /ˈhedˈkwɔːrtərz, BrE ˌhedˈkwɔːtəz/ *n* (*pl* **~quarters**); (+ *sing or pl vb*) oficina *f* central; (Mil) cuartel *m* general; ~**rest** *n* reposacabezas *m*, apoyacabezas *m*; ~**room** *n* altura *f*
heads /hedz/ *adv* (on coin) cara *f*, águila *f*‡ (Méx); **~ or tails?** ¿cara o cruz, ¿águila o sol? (Méx), ¿cara o sello? (Andes, Ven), ¿cara o ceca? (Arg)
head: ~**scarf** *n* pañuelo *m* (de cabeza); ~**set** *n* auriculares *mpl*, cascos *mpl*; ~**stand** *n*: **to do a ~stand** pararse de cabeza (AmL), hacer* el pino (Esp); ~ **start** *n* ventaja *f*; ~**stone** *n* lápida *f*; ~**strong** *adj* testarudo, obstinado; ~**teacher** /ˈhedˈtiːtʃər, BrE ˌhedˈtiːtʃə(r)/ *n* (BrE) director, -tora *m,f* (de colegio); ~**way** *n*: **to make ~way** hacer* progresos, avanzar*
heads-up /ˈhedzˈʌp/ *n* (infml) dato *m*; **to give sb the ~ on sth** poner* a algn al corriente de algo
heady /ˈhedi/ *adj* **-dier**, **-diest** ‹*scent*› embriagador; ‹*wine*› que se sube a la cabeza
heal /hiːl/ *vt* curar
■ *vi* cicatrizar*, cerrarse*
health /helθ/ *n* salud *f*; **to be in good/poor ~**

estar* bien/mal de salud; **your (good) ~!** (proposing a toast) ¡salud!; (*before n*) ‹*policy/services*› sanitario, de salud pública; ‹*inspector/regulations*› de sanidad; **~ hazard** riesgo *m or* peligro *m* para la salud

health: **~ care** *n* asistencia *f* sanitaria *or* médica; **~ centre** *n* (BrE) centro *m* médico *or* de salud; **~ food** *n* alimentos *mpl* naturales; **~ insurance** *n* seguro *m* de enfermedad; **~ service** *n* (in UK) ▶ **National Health (Service)**

⚷ **healthy** /'helθi/ *adj* **-thier**, **-thiest** **1** **(a)** (in good health) ‹*person/animal/complexion*› sano; **she has a ~ appetite** tiene buen apetito **(b)** (promoting good health) ‹*diet/living/environment*› sano, saludable **(c)** (sound) ‹*respect*› sano **2** ‹*economy/finances*› próspero

heap¹ /hi:p/ *n* **(a)** (pile) montón *m*, pila *f* **(b)** (car) (infml) cacharro *m* (fam)

heap² *vt* **(a)** (make pile) amontonar, apilar **(b)** (supply liberally): **she ~ed his plate with food** le llenó el plato de comida; **a ~ing** (AmE) o (BrE) **~ed spoonful** (Culin) una cucharada colmada

⚷ **hear** /hɪr, BrE hɪə(r)/ (*past & past p* **heard** /hɜ:rd, BrE hɜ:d/) *vt* **1** ‹*sound*› oír* **2** (get to know) oír*; **I've ~d so much about you** me han hablado tanto de ti, he oído hablar tanto de ti; **he's very ill, I ~** me han dicho que está muy enfermo **3** (listen to) **(a)** ‹*lecture/broadcast/views*› escuchar, oír* **(b)** (Law) ‹*case*› ver*; ‹*charge*› oír*

■ *vi* **1** (perceive) oír*; **~, ~!** ¡eso, eso!, ¡bien dicho! **2** (get news): **have you ~d?** ¿te has enterado?; **to ~** ABOUT **sth** enterarse DE algo; **I haven't ~d from them for months** hace meses que no sé nada de ellos *or* que no tengo noticias suyas

● **hear of** [*v + prep + o*] **(a)** (encounter, come to know of): **I've ~d of him** he oído hablar de él; **if you ~ of anything interesting, let me know** si te enteras de algo interesante, me lo dices **(b)** (have news of) tener* noticias *or* saber* de **(c)** (allow): **I won't ~ of it!** ¡ni hablar!

● **hear out** [*v + o + adv, v + adv + o*] escuchar (*hasta el final*)

⚷ **hearing** /'hɪrɪŋ, BrE 'hɪərɪŋ/ *n* **1** (sense) oído *m* **2** **(a)** (consideration): **to give sb a ~** escuchar a algn **(b)** (trial) vista *f*

hearing aid *n* audífono *m*

hearsay /'hɪrseɪ, BrE 'hɪəseɪ/ *n* habladurías *fpl*

hearse /hɜ:rs, BrE hɜ:s/ *n* coche *m* fúnebre

⚷ **heart** /hɑ:rt, BrE hɑ:t/ *n* **1** (Anat) corazón *m*; (*before n*) ‹*disease*› del corazón, cardíaco; ‹*operation*› de(l) corazón **2** (seat of emotions): **to have a kind ~** tener* buen corazón, ser* de buen corazón; **to have sb's interests at ~** preocuparse por algn; ***to learn/know sth by ~*** aprender/saber* algo de memoria; ***my/her/his ~ wasn't in it*** lo hacía sin ganas; ***to take sth to ~*** tomarse algo a pecho **3** (courage, morale) ánimos *mpl*; **to lose ~** descorazonarse, desanimarse; **to take ~** animarse; ***not to have the ~ to do sth***: **I didn't have the ~ to tell him** no tuve valor para decírselo **4** **(a)** (central part): **the ~ of the city/country** el corazón *or* centro de la ciudad/del país; **the ~ of the matter** el meollo del asunto **(b)** (of cabbage, lettuce) cogollo *m* **5** (Games) **hearts** (suit) (+ *sing or pl vb*) corazones *mpl*

heart: **~ache** *n* pena *f*, dolor *m*; **~ attack** *n* ataque *m* al corazón, infarto *m*; **~beat** *n* latido *m* (del corazón); **~break** *n* **(a)** (grief) congoja *f*, sufrimiento *m* **(b)** (cause of grief) desengaño *m*; **~breaking** *adj* desgarrador; **~broken** *adj* ‹*look/sobs*› desconsolado; **she was ~broken when he died** su muerte la dejó destrozada; **~burn** *n* ardor *m* de estómago; **~felt** *adj* sincero

hearth /hɑ:rθ, BrE hɑ:θ/ *n* chimenea *f*, hogar *m*

heartily /'hɑ:rtli, BrE 'hɑ:tɪli/ *adv* **(a)** (warmly) ‹*congratulate/greet*› efusivamente **(b)** (with enthusiasm) ‹*laugh/eat*› con ganas

heartless /'hɑ:rtləs, BrE 'hɑ:tlɪs/ *adj* ‹*person*› sin corazón; ‹*refusal*› cruel

heart: **~-shaped** *adj* ‹*card/cake*› con forma de corazón; ‹*face*› en forma de corazón; **~-to-~** *n* (infml) charla *f* íntima

hearty /'hɑ:rti, BrE 'hɑ:ti/ *adj* **-tier**, **-tiest** ‹*person*› campechano; ‹*welcome*› caluroso; ‹*appetite*› bueno

⚷ **heat¹** /hi:t/ *n* **1** **(a)** (warmth) calor *m* **(b)** (for cooking) fuego *m* **2** **in the ~ of the moment** en un momento de enojo (*or* exaltación *etc*) **3** (estrus) celo *m*; **to be in** o (BrE) **on ~** estar* en celo **4** (Sport) (prueba) eliminatoria *f*

heat² *vt* calentar*; ‹*house*› calentar*, calefaccionar (CS)

● **heat up** **1** [*v + adv*] calentarse* **2** [*v + o + adv, v + adv + o*] calentar*

heated /'hi:təd, BrE 'hi:tɪd/ *adj* **(a)** (warmed) ‹*pool*› climatizado; ‹*seat/rear window*› térmico **(b)** (impassioned) ‹*argument*› acalorado; **to get ~** acalorarse

heater /'hi:tər, BrE 'hi:tə(r)/ *n* calentador *m*, estufa *f*; (water **~**) calentador *m* (de agua)

heath /hi:θ/ *n* brezal *m*, monte *m*

heathen /'hi:ðən/ *n* pagano, -na *m,f*

heather /'heðər, BrE 'heðə(r)/ *n* brezo *m*

heating /'hi:tɪŋ/ *n* calefacción *f*

heat wave *n* ola *f* de calor

heave¹ /hi:v/ *vt* **1** **(a)** (move with effort): **we ~d the box onto the shelf** con esfuerzo logramos subir la caja al estante; **they ~d it into place** lo colocaron empujando/levantándolo **(b)** (throw) (infml) tirar **2** (utter): **to ~ a sigh** suspirar

■ *vi* **1** (pull) tirar, jalar (AmL exc CS) **2** (rise and fall): **his chest ~d** respiraba agitadamente

heave² *n* (pull) tirón *m*, jalón *m* (AmL exc CS); (push) empujón *m*

heaven /'hevən/ *n* cielo *m*; **(good) ~s!** ¡Dios mío!; **thank ~** gracias a Dios

heavenly /'hevənli/ *adj* **(a)** (Relig) celestial **(b)** (Astron) celeste **(c)** (superb) (infml) divino (fam)

heavily /'hevəli, BrE 'hevɪli/ *adv* **1** **(a)** ‹*tread/fall*› pesadamente; **to be ~ built** ser* corpulento; **to breathe ~** jadear **(b)** (thickly) ‹*underlined*› con trazo grueso; **she was ~ made-up** iba muy maquillada **2** **(a)** (copiously) ‹*rain/snow*› mucho **(b)** (immoderately) ‹*drink/smoke*› en exceso **(c)** (greatly): **to borrow ~** contraer* considerables deudas; **~ pregnant** en avanzado estado de gravidez (fml) *or* (period) de gestación

⚷ palabra clave

heavy[1] /ˈhevi/ *adj* **-vier, -viest** **1** **(a)** (weighty) ‹*load/suitcase/weight*› pesado; ‹*fabric/garment*› grueso, pesado; ‹*saucepan*› de fondo grueso; ‹*boots*› fuerte; ‹*work*› pesado; **it's very ~** es muy pesado, pesa mucho **(b)** (large-scale) (*before n*) ‹*artillery/machinery*› pesado **2** **(a)** (ponderous) ‹*tread/footstep/fall*› pesado; ‹*thud*› sordo **(b)** ‹*features*› tosco; ‹*irony*› poco sutil **3** **(a)** (oppressive) ‹*clouds/sky*› pesado **(b)** (loud) ‹*sigh*› profundo **4** **(a)** (bigger than usual) ‹*expenditure*› cuantioso **(b)** (intense) ‹*book*› pesado, denso; ‹*rain*› fuerte; ‹*traffic*› denso; ‹*schedule*› apretado; **to be a ~ drinker/smoker** beber/fumar mucho **(c)** (severe) ‹*sentence*› severo; ‹*casualties*› numeroso; ‹*blow*› duro, fuerte

heavy[2] *n* (*pl* **-vies**) (infml) matón *m* (fam)

heavy: **~ cream** *n* (AmE) crema *f* doble, nata *f* para montar (Esp), doble crema *f* (Méx); **~-duty** /ˈheviˈduːti, BrE ˌheviˈdjuːti/ *adj* ‹*material/sacks*› muy resistente; ‹*machine*› para uso industrial; ‹*clothing/overalls*› de trabajo; **~-handed** /ˈheviˈhændəd, BrE ˌheviˈhændɪd/ *adj* torpe; **~ metal** *n* (Mus) heavy *m* (metal), rock *m* duro

heavyweight[1] /ˈheviweɪt/ *n* (Sport) peso *mf* pesado; **a political ~** un peso pesado de la política

heavyweight[2] *adj* **(a)** (Sport) (*before n*) ‹*boxer/wrestler*› de la categoría de los pesos pesados; ‹*title*› de los pesos pesados **(b)** (Tex) ‹*cotton/denim*› grueso y resistente

Hebrew[1] /ˈhiːbruː/ *adj* hebreo

Hebrew[2] *n* hebreo *m*

Hebrides /ˈhebrədiːz, BrE ˈhebrɪdiːz/ *pl n*: **the ~** las (islas) Hébridas

heck /hek/ *n* (infml & euph): **~!** ¡caray! (fam & euf); **what the ~!** ¡qué diablos! (fam)

heckle /ˈhekl/ *vt* interrumpir (*con preguntas o comentarios molestos*)

heckler /ˈheklər, BrE ˈheklə(r)/ *n*: *persona que interrumpe a un orador para molestar*

hectare /ˈhekter, BrE ˈhekteə(r)/ *n* hectárea *f*

hectic /ˈhektɪk/ *adj* ‹*day/week*› ajetreado, agitado; ‹*journey/pace*› agotador; ‹*activity*› frenético, febril

he'd /hiːd/ **(a)** = **he had** **(b)** = **he would**

hedge[1] /hedʒ/ *n* seto *m* (verde *or* vivo)

hedge[2] *vt* ‹*field/garden*› cercar* (*con seto*)
■ *vi* (evade the issue) dar* rodeos

hedge: **~ fund** *n* (Fin) fondo *m* de inversión libre, hedge fund *m*; **~hog** /ˈhedʒhɔːg, BrE ˈhedʒhɒg/ *n* erizo *m*; **~row** /ˈhedʒrəʊ/ *n* (*usu pl*) seto *m* (verde *or* vivo)

hedonism /ˈhiːdn̩ɪzəm, BrE ˈhiːdənɪzəm/ *n* hedonismo *m*

hedonist /ˈhiːdn̩əst, BrE ˈhiːdənɪst/ *n* hedonista *mf*

heed[1] /hiːd/ *n*: **to take ~** tener* cuidado

heed[2] *vt* prestar atención a, hacer* caso de

heedless /ˈhiːdləs, BrE ˈhiːdlɪs/ *adj* (fml) **~** OF sth: **~ of the danger ...** haciendo caso omiso del peligro ...

heel[1] /hiːl/ *n* **(a)** (Anat) talón *m* **(b)** (of shoe) tacón *m*, taco *m* (CS)

heel[2] *vt* ‹*shoes*› ponerles* tacones *or* (CS) tacos nuevos a; ‹*high-heeled shoes*› ponerles* tapas *or* (Chi) tapillas a

hefty /ˈhefti/ *adj* **-tier, -tiest** (infml) **(a)** (large and heavy) ‹*person*› robusto, fornido, corpulento; ‹*load/case*› pesado **(b)** (strong) fuerte **(c)** (substantial) ‹*price/salary*› alto; ‹*fine*› considerable

heifer /ˈhefər, BrE ˈhefə(r)/ *n* vaquilla *f*, novilla *f*

height /haɪt/ *n* **1** **(a)** (tallness — of object) altura *f*; (— of person) estatura *f*, talla *f*; **what ~ are you?** ¿cuánto mides? **(b)** (Aviat) altura *f*; **to gain/lose ~** ganar/perder* altura **2** (peak) (*no pl*): **to be at the ~ of one's power** estar* en la cima *or* en la cumbre *or* en la cúspide de su (*or* mi *etc*) poder; **at the ~ of the season** en plena temporada; **it's the ~ of stupidity** es el colmo de la estupidez **3** **heights** *pl* **(a)** (high ground) cerros *mpl*, cumbres *fpl* **(b)** **to be afraid of ~s** sufrir de vértigo

heighten /ˈhaɪtn̩/ *vt* ‹*effect/impression*› destacar*, realzar*; ‹*suspense/admiration/respect*› aumentar

heinous /ˈheɪnəs/ *adj* (fml) atroz, abyecto

heir /er, BrE eə(r)/ *n* heredero, -ra *m,f*; **~** TO **sth** (to fortune, title) heredero DE algo; (to throne) heredero A algo

heiress /ˈerəs, BrE ˈeəres/ *n* heredera *f*

heirloom /ˈerluːm, BrE ˈeəluːm/ *n* reliquia *f*

heist /haɪst/ *n* (AmE infml) golpe *m* (fam), atraco *m*

held /held/ *past & past p of* **hold**[1]

helicopter /ˈheləkɑːptər, BrE ˈhelɪkɒptə(r)/ *n* helicóptero *m*

heliport /ˈheləpɔːrt, BrE ˈhelɪpɔːt/ *n* helipuerto *m*

helium /ˈhiːliəm/ *n* helio *m*

hell /hel/ *n* **1** (Relig) infierno *m*; **three months of sheer ~** tres meses infernales; ***to make sb's life ~*** (infml) hacerle* la vida imposible a algn **2** (infml) (*as intensifier*): **how/why the ~ ...?** ¿cómo/por qué demonios *or* diablos ...? (fam); **he's a o one ~ of a guy** es un tipo sensacional (fam); **to run like ~** correr como un loco (fam); **oh, well, what the ~!** bueno ¿qué importa? (fam)

he'll /hiːl/ **(a)** = **he will** **(b)** = **he shall**

hello /həˈləʊ/ *interj* **(a)** (greeting) ¡hola! **(b)** (answering the telephone) sí, aló (AmS), diga *or* dígame (Esp), bueno (Méx), olá (RPl)

helm /helm/ *n* (Naut) timón *m*

helmet /ˈhelmət, BrE ˈhelmɪt/ *n* (headgear) casco *m*; (armor) yelmo *m*

help[1] /help/ *vt* **1** (assist) ayudar; **to ~ sb (to)** + INF ayudar a algn A + INF **2** (avoid, prevent) (*usu neg or interrog*): **I can't ~ it** no lo puedo remediar; **they can't ~ being poor** no tienen la culpa de ser pobres
■ *vi* «*person/remark*» ayudar; «*tool*» servir*
■ *v refl* **to ~ oneself** **1** (assist) ayudarse (a sí mismo) **2** (resist impulse) (*usu neg*) controlarse; **I can't ~ myself** no me puedo controlar **3** (take) **to ~ oneself** (TO **sth**) (to food/a drink) servirse* (algo)
● **help out** **1** [*v + o + adv, v + adv + o*] ayudar **2** [*v + adv*] ayudar

help[2] *n* **(a)** (rescue) ayuda *f*; (*as interj*) **~!** ¡socorro!, ¡auxilio! **(b)** (assistance) ayuda *f*; **can I be of (any) ~ to you?** ¿la/lo puedo ayudar (en algo)?

help desk *n* servicio *m* de asistencia, ayuda *f* al usuario

h

helper /'helpər, BrE 'helpə(r)/ *n* ayudante, -ta *m,f*

helpful /'helpfəl/ *adj* **(a)** (obliging) ‹*person/attitude*› servicial, amable **(b)** (useful) ‹*advice*› útil

helping /'helpɪŋ/ *n* porción *f* (esp AmL), ración *f* (esp Esp)

helpless /'helpləs, BrE 'helplɪs/ *adj* **(a)** (defenseless) ‹*prey/victim*› indefenso **(b)** (powerless) ‹*look/expression*› de impotencia; **to be ~ to** + INF ser* incapaz DE + INF **(c)** (incapacitated): **to leave sb ~** dejar a algn sin recursos

helplessly /'helpləsli, BrE 'helplɪsli/ *adv* ‹*look on/stand by*› sin poder hacer nada; ‹*struggle/try*› en vano, inútilmente

helpline /'helplaɪn/ *n* servicio *m* telefónico de asistencia, línea *f* directa

helter-skelter /'heltər'skeltər, BrE ˌheltə'skeltə(r)/ *adv* atropelladamente, a la desbandada

h

hem /hem/ *n* dobladillo *m*, basta *f* (Chi)

● **hem in -mm-**; [*v + o + adv, v + adv + o*] encerrar*

hemisphere /'heməsfɪr, BrE 'hemɪsfɪə(r)/ *n* (Geog) hemisferio *m*

hemline /'hemlaɪn/ *n* bajo *m*, ruedo *m*

hemoglobin, (BrE) **haemoglobin** /'hiːməˌgləubən, BrE ˌhiːmə'gləubɪn/ *n* hemoglobina *f*

hemophilia, (BrE) **haemophilia** /'hiːmə'fɪliə/ *n* hemofilia *f*

hemophiliac, (BrE) **haemophiliac** /ˌhiːmə'fɪliæk/ *n* hemofílico, -ca *m,f*

hemorrhage[1], (BrE) **haemorrhage** /'hemərɪdʒ/ *n* (Med) hemorragia *f*

hemorrhage[2], (BrE) **haemorrhage** *vi* «*patient*» tener* *or* (fml) sufrir una hemorragia; «*wound/blood vessel*» sangrar mucho

hemorrhoids, (BrE) **haemorrhoids** /'hemərɔɪdz/ *pl n* hemorroides *fpl*, almorranas *fpl*

hemp /hemp/ *n* (fiber) cáñamo *m*; (drug) marihuana *f*, cannabis *m*; (plant) cannabis *m*, cáñamo *m* índico *or* de la India

hen /hen/ *n* (chicken) gallina *f*; (female bird) hembra *f*

hence /hens/ *adv* **1** **(a)** (that is the reason for) de ahí **(b)** (therefore) por lo tanto, por consiguiente **2** (from now) (fml): **a few years ~** dentro de algunos años

henceforth /'hens'fɔːrθ, BrE ˌhens'fɔːθ/ *adv* (liter) a partir de ahora, de ahora en adelante

henchman /'hentʃmən/ *n* (*pl* **-men** /-mən/) secuaz *m*

henna /'henə/ *n* henna *f*

hen: **~ night**, **hen party** *n* **(a)** (all-female celebration) fiesta *f* de mujeres **(b)** (before wedding) despedida *f* de soltera; **~pecked** /'henpekt/ *adj* (infml): **a ~pecked husband** un marido dominado por su mujer, un mandilón (Méx fam), un calzonazos (Esp fam)

hepatitis /'hepə'taɪtəs, BrE ˌhepə'taɪtɪs/ *n* hepatitis *f*

heptathlete /hɛp'taθliːt/ *n* (Sport) heptatleta *mf*

heptathlon /hep'tæθlən/ *n* heptatlón *m*

⚷ **her**[1] /hɜːr, BrE hɜː(r), *weak form* ər, BrE ə(r)/ *pron* **1** **(a)** (as direct object) la; **I can't stand ~** no la soporto; **call ~** llámala **(b)** (as indirect object) le; (with direct object pronoun present) se; **I wrote ~ a letter** le escribí una carta **(c)** (after preposition) ella **2** (emphatic use) ella; **it's ~** es ella

⚷ **her**[2] *adj*

> ■ **Note** The translation *su* agrees in number with the noun which it modifies; *her* is translated by *su, sus*, according to what follows: *her father/mother* su padre/madre; *her books/magazines* sus libros/revistas.

(*sing*) su; (*pl*) sus; **she took ~ hat off** se quitó el sombrero; **she broke ~ arm** se rompió el brazo

herald[1] /'herəld/ *n* (Hist) heraldo *m*

herald[2] *vt* anunciar

heraldry /'herəldri/ *n* heráldica *f*

herb /ɜːrb, hɜːrb, BrE hɜːb/ *n* hierba *f*, yuyo *m* (Per, RPl)

herbal /'ɜːrbəl, 'hɜːrbəl, BrE 'hɜːbəl/ *adj* ‹*shampoo*› de hierbas; **~ tea** (esp BrE) ▶ **herb tea**

herb tea *n* infusión *f*, agua *f*‡ (AmC, Andes), té *m* de yuyos (Per, RPl)

herd[1] /hɜːrd, BrE hɜːd/ *n* **(a)** (of cattle) manada *f*, vacada *f*; (of goats) rebaño *m*; (of pigs) piara *f*, manada *f*; (of wild animals) manada *f* **(b)** (of people) (derog) tropel *m*

herd[2] *vt* ‹*animals*› arrear, arriar (RPl); **the refugees were ~ed into trucks** metieron a los refugiados en camiones como si fueran ganado

⚷ **here** /hɪr, BrE hɪə(r)/ *adv* **1** **(a)** (at, to this place) aquí, acá (esp AmL); (less precise) acá **(b)** (*in phrases*) **here and there** aquí y allá; **here, there and everywhere** por todas partes **2** (calling attention to sth, sb): **~'s £20** toma 20 libras; **~ he is** aquí está **3** **(a)** (present): **he isn't ~ today** hoy no está **(b)** (arrived): **they're ~!** ¡ya llegaron!, ¡ya están aquí! **4** (*as interj*): **~, let me do it** trae, deja que lo haga yo

hereabouts /'hɪrə'bauts, BrE ˌhɪərə'bauts/ *adv* por aquí, por acá

hereafter /ˌhɪr'æftər, BrE ˌhɪər'ɑːftə(r)/ *adv* (fml: used esp in legal texts) (from now on) de aquí en adelante; (in the future) en el futuro, en lo sucesivo

hereditary /hə'redəteri, BrE hɪ'redɪtri/ *adj* hereditario

heredity /hə'redəti, BrE hɪ'redəti/ *n* herencia *f*

heresy /'herəsi/ *n* (*pl* **-sies**) herejía *f*

heretic /'herətɪk/ *n* hereje *mf*

heritage /'herətɪdʒ, BrE 'herɪtɪdʒ/ *n* (*no pl*) patrimonio *m*; *before n* ‹*tourism/tourist*› cultural

Her Majesty's Revenue and Customs *n* (in UK) ≈ Hacienda *f*, ≈ Dirección *f* General Impositiva (*en RPl*), ≈ Impuestos Internos *mpl* (*en Chi*)

hermetically /hɜːr'metɪkli, BrE hɜː'metɪkli/ *adv*: **~ sealed** herméticamente cerrado

hermit /'hɜːrmət, BrE 'hɜːmɪt/ *n* ermitaño, -ña *m,f*, eremita *mf*

hernia /'hɜːrniə, BrE 'hɜːniə/ *n* hernia *f*

⚷ **hero** /'hiːrəu, BrE 'hɪərəu/ *n* (*pl* **heroes**) héroe *m*;

(of novel, film) protagonista *mf*

heroic /hɪ'rəʊɪk/ *adj* heroico

heroin /'herəʊɪn/ *n* heroína *f*; (*before n*) ~ **addict** heroinómano, -na *m,f*

heroine /'herəʊɪn/ *n* (brave, admirable woman) heroína *f*; (of novel, film) protagonista *f*

heroism /'herəʊɪzəm/ *n* heroísmo *m*

heron /'herən/ *n* garza *f* (real)

hero worship *n* adoración *f* (*de alguien a quien se tiene como ídolo*)

herpes /'hɜːrpiːz, BrE 'hɜːpiːz/ *n* herpes *m*, herpe *f*

herring /'herɪŋ/ *n* (*pl* **herrings** *or* **herring**) arenque *m*

hers /hɜːrz, BrE hɜːz/ *pron*

> ■ **Note** The translation *suyo* reflects the gender and number of the noun it is standing for; *hers* is translated by *el suyo, la suya, los suyos, las suyas*, depending on what is being referred to.

(*sing*) suyo, -ya; (*pl*) suyos, -yas, de ella; **they're** ~ son suyos/suyas, son de ella; ~ **is blue** el suyo/la suya es azul, el/la de ella es azul; **a friend of** ~ un amigo suyo *or* de ella

herself /hər'self, BrE hə'self/ *pron* **(a)** (reflexive): **she cut** ~ se cortó; **she bought** ~ **a hat** se compró un sombrero; **she only thinks of** ~ solo piensa en sí misma; **by** ~ sola; **she was talking to** ~ estaba hablando sola **(b)** (emphatic use) ella misma; **she told me so** ~ me lo dijo ella misma **(c)** (normal self): **she's not** ~ no es la de siempre

he's /hiːz/ **(a)** = **he is (b)** = **he has**

hesitant /'hezətənt, BrE 'hezɪtənt/ *adj* ‹*voice*› vacilante; ‹*manner*› inseguro; ‹*steps*› vacilante; **he seemed a little** ~ parecía un poco indeciso

hesitate /'hezəteɪt, BrE 'hezɪteɪt/ *vi* vacilar, titubear

hesitation /'hezə'teɪʃən, BrE ˌhezɪ'teɪʃən/ *n* vacilación *f*

heterosexual¹ /'hetərəʊ'sekʃuəl/ *adj* heterosexual

heterosexual² *n* heterosexual *mf*

heterosexuality /'hetərəʊ'sekʃu'æləti/ *n* heterosexualidad *f*

hew /hjuː/ *vt* (*past* **hewed**; *past p* **hewed** *or* **hewn** /hjuːn/) (extract) extraer*; (fashion) ‹*stone*› labrar

hexagon /'heksəgɑːn, BrE 'heksəgən/ *n* hexágono *m*

hey /heɪ/ *interj* **(a)** (calling attention) ¡eh! **(b)** (expressing dismay, protest, indignation) ¡oye!, ¡oiga(n)!

heyday /'heɪdeɪ/ *n* apogeo *m*, auge *m*; **in his** ~ en sus buenos tiempos

HGV *n* (BrE) (= **heavy goods vehicle**) vehículo *m* pesado

hi /haɪ/ *interj* (infml) ¡hola! (fam)

HI = **Hawaii**

hiatus /haɪ'eɪtəs/ *n* (*pl* **-tuses**) (fml) paréntesis *m* (fml)

hibernate /'haɪbərneɪt, BrE 'haɪbəneɪt/ *vi* hibernar

hibernation /ˌhaɪbər'neɪʃən, BrE ˌhaɪbə'neɪʃən/ *n* hibernación *f*; **to go into** ~ entrar en estado de hibernación

hiccough /'hɪkʌp/ *n/vi* ▶ **hiccup¹·²**

hiccup¹ /'hɪkʌp/ *n* **(a)** hipo *m*; **to have (the)** ~**s** tener* hipo **(b)** (brief interruption) dificultad *f*

hiccup² *vi*, (BrE also **-pp-**) hipar

hick /hɪk/ *n* (AmE infml & derog) pueblerino, -na *m,f*, paleto, -ta *m,f* (Esp fam & pey), pajuerano, -na *m,f* (RPl fam & pey)

hid /hɪd/ **(a)** *past of* **hide¹ (b)** (arch) *past p of* **hide¹**

hidden¹ /'hɪdn̩/ *adj* ‹*entrance/camera/reserves*› oculto; ‹*cost*› no aparente

hidden² *past p of* **hide¹**

hide¹ /haɪd/ (*past* **hid** /hɪd/; *past p* **hidden** *or* arch **hid**) *vt* **(a)** (conceal) esconder; **she hid the money from the police** escondió el dinero para que no lo encontrara la policía; **to** ~ **oneself** esconderse **(b)** (keep secret) ‹*feelings/thoughts*› ocultar; **to** ~ **sth** FROM **sb** ocultarle algo A algn **(c)** (mask, screen) tapar

■ *vi* esconderse

● **hide away** **1** [*v* + *adv*] esconderse **2** [*v* + *o* + *adv*, *v* + *adv* + *o*] esconder

hide² *n* (raw) piel *f*; (tanned) cuero *m*

hide: **~-and-seek** /'haɪdn̩'siːk/, (AmE & Scot also) **~-and-go-seek** /'haɪdŋgəʊ'siːk/ *n*: **to play ~-and-seek** jugar* al escondite, jugar* a las escondidas (AmL); **~away** *n* **(a)** (hiding place) (AmE) escondite *m* **(b)** (secluded spot) rincón *m*

hideous /'hɪdiəs/ *adj* ‹*monster/sight*› horroroso, horrible; ‹*crime/fate*› espantoso; ‹*color/furniture*› (infml) horrendo, espantoso

hideout /'haɪdaʊt/ *n* guarida *f*

hiding /'haɪdɪŋ/ *n* **1** (concealment): **to be in ~/go into** ~ estar* escondido/esconderse; (*before n*) ~ **place** escondite *m*, escondrijo *m* **2** (beating) (infml) paliza *f*, tunda *f*

hierarchy /'haɪərɑːrki, BrE 'haɪərɑːki/ *n* (*pl* **-chies**) jerarquía *f*

hieroglyphics /'haɪərə'glɪfɪks/ *pl n* jeroglíficos *mpl*

hi-fi /'haɪfaɪ/ *n* **(a)** (equipment) alta fidelidad *f* **(b)** (set) equipo *m* de alta fidelidad, hi-fi *m*

higgledy-piggledy /'hɪgəldi'pɪgəldi/ *adv* (infml) sin orden ni concierto, de cualquier manera

high¹ /haɪ/ *adj* **-er, -est** **1** **(a)** (tall) ‹*wall/mountain*› alto; **how** ~ **is it?** ¿qué altura tiene?; **the tower is 40 m** ~ la torre tiene 40 m de alto *or* de altura **(b)** (high up) ‹*window/balcony*› alto; ‹*plateau*› elevado; **at a** ~ **altitude** a gran altitud; ~ **cheekbones** pómulos *mpl* salientes **(c)** (in status) ‹*office/rank*› alto; **he has friends in** ~ **places** tiene amigos muy bien situados; ~ **society** la alta sociedad **(d)** (morally, ethically) ‹*ideals/principles*› elevado **(e)** (in pitch) ‹*voice*› agudo; ‹*note*› alto **2** (greater than usual) ‹*temperature/speed/pressure*› alto; ‹*wind*› fuerte; **unemployment is very** ~ hay mucho desempleo; **to be** ~ **in vitamins** ser* rico en vitaminas **3** (climactic) culminante; **the** ~ **point** el punto culminante **4** **(a)** (happy, excited): **she was in** ~ **spirits** estaba muy animada **(b)** (intoxicated) (infml) drogado, colocado (Esp fam) **5** (of time): ~ **noon** mediodía *m*; **in** ~ **summer** en pleno verano **6** ‹*meat*› pasado; ‹*game*› que tiene un olor fuerte

high² *adv* **-er**, **-est** **1** ‹*fly*› alto; ~ **up** arriba, en lo alto; ***to search ~ and low (for sth)*** remover* cielo y tierra (para encontrar algo) **2** (in pitch) ‹*sing*› alto

high³ *n* **1** (level) récord *m* **2** (Meteo) (anticyclone) zona *f* de altas presiones; (high temperature) máxima *f* **3** (top gear) (AmE) (Auto) (*no art*) directa *f*

high- /haɪ/ *pref*: ~**quality** de alta calidad, de gran calidad; ~**speed** ‹*train*› de alta velocidad

high: ~**brow** *adj* (infml) ‹*tastes*› de intelectual; ‹*art/music*› para intelectuales; ~**chair** *n* silla *f* alta (*para niño*); ~**-class** /'haɪ'klæs, BrE ˌhaɪ'klɑːs/ *adj* ‹*restaurant/hotel*› de lujo; ‹*merchandise*› de primera calidad; **H~ Court** *n* (in England and Wales) *una de las dos ramas del Tribunal Supremo, con competencia para conocer de causas civiles cuyo coste excede cierta cuantía*

h

high-definition *adj* de alta definición; ~ **television** televisión *f* de alta definición

higher /'haɪər, BrE 'haɪə(r)/ *adj* **(a)** *comp of* **high¹** **(b)** (*before n*) ‹*mammals/organs*› superior

higher education *n* enseñanza *f* superior

high: ~ **finance** *n* altas finanzas *fpl*; ~**flier**, ~**flyer** /'haɪ'flaɪər, BrE ˌhaɪ'flaɪə(r)/ *n* persona *f* muy prometedora; ~**flown** *adj* altisonante; ~**-frequency** /'haɪ'friːkwənsi/ *adj* de alta frecuencia; ~**-grade** *adj* de calidad superior; ~**-handed** /'haɪ'hændəd, BrE ˌhaɪ'hændɪd/ *adj* arbitrario; ~**-heeled** /'haɪ'hiːld/ *adj* de tacón *or* (CS) de taco alto; ~ **jump** *n* salto *m* de altura, salto *m* alto (AmL); ~**lands** /'haɪləndz/ *pl n* **(a)** (uplands) tierras *fpl* altas, altiplanicie *f* **(b)** (in Scotland): **the H~lands** las *or* los Highlands, las tierras altas; ~**-level** /'haɪ'levəl/ *adj* **(a)** ‹*talks/delegation*› de alto nivel **(b)** ‹*bridge/road*› elevado **(c)** (Comput) de alto nivel

✓ **highlight¹** /'haɪlaɪt/ *vt* (*past & past p* **-lighted**) **1** (call attention to) ‹*problem/question*› destacar*, poner* de relieve **2** (Art, Phot) realzar*, dar* realce a

highlight² *n* **1** (most memorable part) lo más destacado; **her performance was the ~ of the evening** su actuación fue el plato fuerte de la velada **2** **(a)** (Art, Phot) toque *m* de luz **(b)** **highlights** *pl* (in hair) reflejos *mpl*, claritos *mpl* (RPl), visos *mpl* (Chi), luces *fpl* (Méx), mechones *mpl* (Col)

highlighter /'haɪlaɪtər, BrE 'haɪlaɪtə(r)/ *n* **(a)** (makeup) sombra *f* clara de ojos **(b)** (pen) rotulador *m*, marcador *m* (AmL)

✓ **highly** /'haɪli/ *adv* **(a)** (to a high degree): ~ **unlikely** muy poco probable; ~ **intelligent** inteligentísimo; ~ **trained** altamente capacitado **(b)** (favorably): **his boss speaks/thinks very ~ of him** su jefe habla muy bien/tiene muy buena opinión de él **(c)** (at a high rate): **a ~ paid job** un trabajo muy bien pagado

highly strung *adj* (BrE) ▶ **high-strung**

Highness /'haɪnəs, BrE 'haɪnɪs/ *n*: **Her/His/Your (Royal)** ~ Su Alteza (Real)

high: ~**-pitched** /'haɪ'pɪtʃt/ *adj* ‹*voice/sound*› agudo; ‹*instrument*› de tono agudo *or* alto; ~**-powered** /'haɪ'paʊərd, BrE ˌhaɪ'paʊəd/ *adj* ‹*car/machine*› muy potente, de gran potencia; ‹*executive/campaign*› dinámico, enérgico; ‹*job*› de alto(s) vuelo(s); ~**-profile** /'haɪ'prəʊfaɪl/ *adj* prominente; ~**-ranking** /'haɪ'ræŋkɪŋ/ *adj* ‹*officer*› de alto rango; ‹*official*› alto, de alta jerarquía; ~ **rise** *n* (esp AmE) torre *f* (de apartamentos *or* (Esp) pisos); ~**-rise** /'haɪ'raɪz/ *adj* (*before n*) ‹*building/block*› alto, de muchas plantas; ‹*apartment*› de una torre, de un edificio alto; ~**-risk** /'haɪ'rɪsk/ *adj* de alto riesgo; ~**road** *n* carretera *f*; ~ **school** *n* colegio *m* secundario, ≈ instituto *m* (*en Esp*), ≈ liceo *m* (*en CS, Ven*); ~ **season** *n* temporada *f* alta; ~**-spirited** /'haɪ'spɪrətəd, BrE ˌhaɪ'spɪrɪtɪd/ *adj* lleno de vida, brioso; ~ **street** *n* (BrE) calle *f* principal, calle *f* mayor (Esp); ~**-strung** /'haɪ'strʌŋ/, (BrE) **highly-strung** *adj* ‹*person*› nervioso; ‹*dog/horse*› muy excitable; ~**-tech** /'haɪ'tek/ *adj* de alta tecnología; ‹*era*› high tech *adj inv*; ~**-up** *n* (esp AmE infml) gerifalte *mf*, capo, -pa *m,f* (fam); ~**way** *n* (main road) carretera *f*; (public way) vía *f* pública; (*before n*) ‹*patrol/patrolman*› (AmE) de carretera; **H~way Code** *n* (in UK) Código *m* de la Circulación; ~**wayman** /'haɪweɪmən/ *n* (*pl* **-men** /-mən/) salteador *m* de caminos, bandolero *m*; ~ **wire** *n* cuerda *f* floja

hijack¹ /'haɪdʒæk/ *vt* secuestrar

hijack² *n* secuestro *m*

hijacker /'haɪdʒækər, BrE 'haɪdʒækə(r)/ *n* secuestrador, -dora *m,f*; (of planes) pirata aéreo, -rea *m,f*

hike¹ /haɪk/ *n* **1** (long walk) caminata *f*, excursión *f* **2** (increase) subida *f*

hike² *vi* (walk) ir* de caminata *or* de excursión; **to go hiking** hacer* excursionismo

hiker /'haɪkər, BrE 'haɪkə(r)/ *n* excursionista *mf*

hilarious /hɪ'leriəs, BrE hɪ'leəriəs/ *adj* divertidísimo, comiquísimo

hill /hɪl/ *n* (low) colina *f*, cerro *m*, collado *m*; (higher) montaña *f*; (slope, incline) cuesta *f*

hill: ~**billy** *n* (AmE infml) rústico, -ca *m,f*, paleto, -ta *m,f* (Esp fam & pey), pajuerano, -na *m,f* (RPl fam & pey); ~**side** *n* ladera *f*; ~**top** *n* cima *f*, cumbre *f*

hilly /'hɪli/ *adj* **-lier**, **-liest** accidentado

hilt /hɪlt/ *n* empuñadura *f*, puño *m*

✓ **him** /hɪm, *weak form* ɪm/ *pron* **1** **(a)** (as direct object) lo, le (Esp); **I saw ~** lo *or* (Esp tb) le vi; **call ~** llámalo, llámale (Esp) **(b)** (as indirect object) le; (with direct object pronoun present) se; **I sent ~ a card** le mandé una tarjeta **(c)** (after preposition) él **2** (emphatic use) él; **it's ~** es él

Himalayas /'hɪmə'leɪəz/ *pl n*: **the ~** el Himalaya

✓ **himself** /hɪm'self/ *pron* **(a)** (reflexive): **he cut/hurt ~** se cortó/lastimó; **he bought ~ a hat** se compró un sombrero; **he only thinks of ~** solo piensa en sí mismo; **by ~** solo; **he was talking to ~** estaba hablando solo **(b)** (emphatic use) él mismo; **he told me so ~** me lo dijo él mismo **(c)** (normal self): **he's not ~** no es el de siempre

hind /haɪnd/ *adj* (*before n, no comp*) ‹*legs*› trasero

hinder /'hɪndər, BrE 'hɪndə(r)/ *vt* dificultar

Hindi /'hɪndi/ *n* indi *m*, hindi *m*

✓ palabra clave

hindrance /'hɪndrəns/ *n* estorbo *m*
hindsight /'haɪndsaɪt/ *n*: **with (the benefit of) ~** a posteriori, en retrospectiva
Hindu¹ /'hɪnduː/ *n* hindú *mf*
Hindu² *adj* hindú
Hinduism /'hɪnduːɪzəm/ *n* hinduismo *m*
hinge¹ /hɪndʒ/ *n* (of door, window, gate) bisagra *f*, gozne *m*; (of box, lid) bisagra *f*
hinge² hinges, hinging, hinged *vi* **to ~** ON **sth** (turn) girar SOBRE algo; (be fixed) ir* asegurado con bisagras A algo; (depend) depender DE algo
hint¹ /hɪnt/ *n* **1** **(a)** (oblique reference) insinuación *f*, indirecta *f*; (clue) pista *f*; **to drop a ~ to sb** lanzarle* una indirecta a algn; **to take the ~** captar *or* (Esp tb) coger* la indirecta **(b)** (trace – of bitterness, sadness) dejo *m*; (– of color) toque *m*, matiz *m*; (– of garlic, lemon) dejo *m*, gusto *m* **2** (tip) consejo *m*
hint² *vt* insinuar*, dar* a entender
■ *vi* lanzar* indirectas; **to ~** AT **sth** insinuar* *or* dar* a entender algo
hip¹ /hɪp/ *n* cadera *f*
hip² *interj*: **~, ~, hooray** o **hurrah!** ¡hurra!, ¡viva!
hippie /'hɪpi/ *n* ▶ **hippy**
hippo /'hɪpəʊ/ *n* (*pl* **-pos**) (infml) hipopótamo *m*
hippopotamus /'hɪpə'pɑːtəməs, BrE ˌhɪpə'pɒtəməs/ *n* (*pl* **-muses** *or* **-mi** /-maɪ/) hipopótamo *m*
hippy, hippie /'hɪpi/ *n* (*pl* **-pies**) hippy *mf*
hire¹ /haɪr, BrE 'haɪə(r)/ *vt* **1** **(a)** ‹*hall/boat/suit*› alquilar, arrendar* **(b)** (Busn, Lab Rel) ‹*staff/person*› contratar **(c) hired** *past p* ‹*car*› alquilado **2** ▶ **hire out**
● **hire out** [*v + o + adv, v + adv + o*] (BrE) alquilar, arrendar*
hire² *n* **1** (of hall, car, suit) alquiler *m*, arriendo *m*; Ⓢ **for hire** se alquila *or* se arrienda; (on taxis) libre **2** (payment) alquiler *m*, arriendo *m*
hire purchase *n* (BrE) compra *f* a plazos; **to buy sth on ~** comprar algo a plazos, comprar algo en cuotas (esp AmL)
his¹ /hɪz, *weak form* ɪz/ *adj*

> ■ **Note** The translation *su* agrees in number with the noun which it modifies; *his* is translated by *su, sus*, according to what follows: *his father/mother* su padre/madre; *his books/magazines* sus libros/revistas.

(*sing*) su; (*pl*) sus; **he injured ~ knee** se lesionó la rodilla
his² *pron*

> ■ **Note** The translation *suyo* reflects the gender and number of the noun it is standing for; *his* is translated by *el suyo, la suya, los suyos, las suyas*, depending on what is being referred to.

(*sing*) suyo, -ya; (*pl*) suyos, -yas, de él; **they're ~** son suyos/suyas, son de él; **~ is blue** el suyo/la suya es azul, el/la de él es azul; **a friend of ~** un amigo suyo *or* de él
Hispanic¹ /hɪ'spænɪk/ *adj* hispánico, hispano; ‹*community/voter*› (in US) hispano
Hispanic² *n* (esp AmE) hispano, -na *m,f*
hiss¹ /hɪs/ *vi* silbar; «*cat*» bufar
■ *vt* decir* entre dientes
hiss² *n* (of snake, audience) silbido *m*; (of cat) bufido *m*
historian /hɪ'stɔːriən/ *n* historiador, -dora *m,f*
historic /hɪ'stɔːrɪk, BrE hɪ'stɒrɪk/ *adj* **(a)** (momentous) ‹*event/moment*› memorable **(b)** (old) ‹*house/building*› histórico
historical /hɪ'stɔːrɪkəl, BrE hɪ'stɒrɪkəl/ *adj* **(a)** (relating to history) histórico **(b)** (crit) ▶ **historic**
history /'hɪstəri/ *n* (*pl* **-ries**) **1** historia *f*; **the worst earthquake in ~** el peor terremoto de la historia **2** (record, background) historial *m*
hit¹ /hɪt/ (*pres p* **hitting**; *past & past p* **hit**) *vt* **1** **(a)** (deal blow to) ‹*door/table*› dar* un golpe en, golpear; ‹*person*› pegarle* a **(b)** (strike) golpear; **the truck ~ a tree** el camión chocó con *or* contra un árbol; **the house was ~ by a bomb** una bomba cayó sobre la casa; **the bullet ~ him in the leg** la bala le dio *or* lo alcanzó en la pierna; **to ~ one's head on sth** darse* un golpe en la cabeza contra algo; ***to ~ it off with sb*** congeniar con algn **2** **(a)** (strike accurately) ‹*target*› dar* en **(b)** (attack) ‹*opponent/enemy*› atacar* **(c)** (score) (Sport) anotarse, marcar* **3** (affect adversely) afectar (a) **4** **(a)** (meet with, run into) ‹*difficulty/problem*› toparse con **(b)** (reach) llegar* a, alcanzar* **5** (occur to): **suddenly it ~ me: why had he ... ?** de repente se me ocurrió: ¿por qué había ... ?
● **hit back** **(a)** [*v + adv*] (strike in return) devolver* el golpe; **she ~ back at her critics** arremetió contra sus detractores **(b)** [*v + o + adv*] devolverle* el golpe a
● **hit on** [*v + prep + o*] ‹*solution*› dar* con
● **hit out** [*v + adv*] **(a)** (strike) **to ~ out (**AT **sb)** (once) lanzar*(le) un golpe (A algn); (repeatedly) tirar(le) golpes (A algn) **(b)** (attack verbally) **to ~ out** AT *o* AGAINST **sth/sb** atacar* algo/a algn
● **hit upon** ▶ **hit on**
hit² *n* **1** **(a)** (blow, stroke) (Sport) golpe *m* **(b)** (in shooting) blanco *m* **2** (success) (infml) éxito *m* **3** (Comput) impacto *m*
hit: **~-and-miss** /'hɪtən'mɪs/ *adj* (*pred* **~ and miss**) ▶ **hit-or-miss**; **~-and-run** /'hɪtən'rʌn/ *adj* (*before n*) ‹*driver*› *que se da a la fuga tras atropellar a algn*
hitch¹ /hɪtʃ/ *n* **1** (difficulty) complicación *f*, problema *m*, pega *f* (Esp fam); **a technical ~** un problema técnico **2** (limp) (AmE) cojera *f*, renguera *f* (AmL)
hitch² *vt* **1** (attach) **to ~ sth** TO **sth** enganchar algo A algo **2** (thumb) (infml): **to ~ a ride** o (BrE also) **a lift** hacer* dedo (fam), hacer* autostop, ir* de aventón (Col, Méx fam), pedir* cola (Ven fam)
■ *vi* ▶ **hitchhike**
hitch: **~hike** *vi* hacer* autostop, hacer* dedo (fam), ir* de aventón (Col, Méx fam), pedir* cola (Ven fam); **~hiker** *n* autoestopista *mf*
hi-tech /'haɪ'tek/ *adj* ▶ **high-tech**
hitherto /'hɪðər'tuː, BrE ˌhɪðə'tuː/ *adv* (fml) hasta ahora, hasta la fecha
hit: **~ list** *n* (infml) (murder list) lista *f* de sentenciados; (blacklist) lista *f* negra; **~ man** *n* (infml) (assassin) asesino *m* a sueldo, sicario *m*; **~-or-miss** /'hɪtər'mɪs, BrE ˌhɪtɔː'mɪs/ *adj* (*pred* **~ or miss**) ‹*method/approach*› poco científico

hitter /ˈhɪtər, BrE ˈhɪtə(r)/ *n* (in baseball) bateador, -dora *m,f*; (in US football) liniero, -ra *m,f*

HIV *n* (= **Human Immunodeficiency Virus**) VIH *m*, virus *m* del sida; **he's ~ positive** es seropositivo

hive /haɪv/ *n* (home of bees) colmena *f*; (bee colony) enjambre *m*

hives /haɪvz/ *n* (Med) urticaria *f*

HM (= **Her/His Majesty**) S.M.

HMRC *n* (in UK) = **Her Majesty's Revenue and Customs**

HMS (in UK) = **Her/His Majesty's Ship**

hoard[1] /hɔːrd, BrE hɔːd/ *n* (of food) reserva *f*; **a ~ of treasure** un tesoro escondido

hoard[2] *vt* acumular, juntar; (anticipating a shortage) acaparar

hoarding /ˈhɔːrdɪŋ, BrE ˈhɔːdɪŋ/ *n* **1** (anticipating a shortage) acaparamiento *m* **2** (billboard) (BrE) valla *f* publicitaria, barda *f* de anuncios (Méx)

h

hoarse /hɔːrs, BrE hɔːs/ *adj* **hoarser**, **hoarsest** ronco

hoax /həʊks/ *n* (deception) engaño *m*; (joke) broma *f*; (tall story) patraña *f*

hob /hɑːb, BrE hɒb/ *n* **(a)** (beside open fire) placa *f* **(b)** (of cooker) (BrE) hornillas *fpl* (AmL exc CS), hornillos *mpl* (Esp), hornallas *fpl* (RPl), platos *mpl* (Chi)

hobble /ˈhɑːbəl, BrE ˈhɒbəl/ *vi* cojear, renguear (AmL)

hobby /ˈhɑːbi, BrE ˈhɒbi/ *n* (*pl* **-bies**) hobby *m*, pasatiempo *m*, afición *f*

hobnailed /ˈhɑːbneɪld, BrE ˈhɒbneɪld/ *adj* con tachuelas

hobo /ˈhəʊbəʊ/ *n* (*pl* **-boes** *or* **-bos**) (AmE infml) vagabundo, -da *m,f*, linyera *mf* (CS fam)

hockey /ˈhɑːki, BrE ˈhɒki/ *n* **(a)** (ice ~) (AmE) hockey *m* sobre hielo **(b)** (played on grass) (BrE) hockey *m* (sobre hierba)

hod /hɑːd, BrE hɒd/ *n* (for bricks) capacho *m* (*para acarrear ladrillos*)

hoe[1] /həʊ/ *n* azada *f*, azadón *m*

hoe[2] *vt* azadonar, pasar la azada por

hog[1] /hɔːg, BrE hɒg/ *n* **1** (AmE) (Agr, Zool) cerdo, -da *m,f*, puerco, -ca *m,f*, chancho, -cha *m,f* (AmL) **2** (person) (infml) tragón, -gona *m,f* (fam), angurriento, -ta *m,f* (CS fam)

hog[2] *vt* **-gg-** (infml) ‹*food/bathroom/limelight*› acaparar; ‹*discussion*› monopolizar*

Hogmanay /ˈhɑːgmənei, BrE ˈhɒgmənei/ *n* (Scot) Nochevieja *f*, noche *f* de fin de año

hoist[1] /hɔɪst/ *vt* (lift) levantar, alzar*; ‹*sail/flag*› izar*

hoist[2] *n* (elevator) montacargas *m*; (crane, derrick) grúa *f*

hokum /ˈhəʊkəm/ *n* (infml) **(a)** (nonsense) paparruchas *fpl* (fam) **(b)** (corny material) (AmE) *recursos efectistas de tipo melodramático o cómico*

⚷ **hold**[1] /həʊld/ (*past & past p* **held**) *vt* **1 (a)** (have in one's hand(s)) tener* (en la mano); **will you ~ this for me?** ¿me puedes tener *or* (esp AmL) agarrar esto por favor? **(b)** (clasp): **~ it with both hands** sujétalo *or* (esp AmL) agárralo con las dos manos; **he was ~ing her hand** la tenía agarrada *or* (esp Esp) cogida de la mano **(c)** (grip) (Auto) agarrar, adherirse* **2** (have room for) «*cup/jug*» tener* una capacidad de; «*stadium*» tener* capacidad *or* cabida para; **this report ~s all the answers to ...** este informe contiene todas las respuestas a ...; **who knows what the future ~s** quién sabe qué nos deparará el futuro **3 (a)** (keep in position) ‹*ladder*› sujetar, sostener* **(b)** (maintain) ‹*attention/interest*› mantener*; **she held the lead throughout the race** se mantuvo a la cabeza durante toda la carrera **4 (a)** (keep) ‹*tickets/room*› reservar, guardar **(b)** (detain, imprison): **she is being held at the police station for questioning** está detenida en la comisaría para ser interrogada **(c)** (restrain) detener* **(d)** (control) «*troops/rebels*» ocupar **5 (a)** (have) ‹*passport/permit*› tener*, estar* en posesión de (fml); ‹*degree/shares*› tener*; ‹*record*› ostentar, tener*; ‹*post/position*› tener*, ocupar; **he ~s the view that ...** sostiene *or* mantiene que ... **(b)** (consider) considerar; (assert) sostener*, mantener*; **to ~ sb responsible for sth** responsabilizar* a algn de algo **(c)** (conduct) ‹*meeting/elections*› celebrar; ‹*demonstration*› hacer*; ‹*party*› dar*; ‹*conversation*› mantener* **6** (stop): **~ it!** ¡espera!

■ *vi* **1** (clasp, grip): **~ tight!** ¡agárrate fuerte! **2 (a)** (stay firm) «*rope/door*» aguantar, resistir **(b)** (continue) «*weather*» seguir* *or* continuar* bueno; **if our luck ~s** si nos sigue acompañando la suerte

● **hold against**: [*v + o + prep + o*]: **I won't ~ that against him** no se lo voy a tomar en cuenta

● **hold back 1** [*v + o + adv, v + adv + o*] **(a)** (restrain) ‹*crowds/water/tears*› contener* **(b)** (withhold, delay) ‹*information*› no revelar; ‹*payment*› retrasar **2** [*v + adv*] (restrain oneself) contenerse*, frenarse

● **hold down** [*v + o + adv, v + adv + o*] **(a)** (force, press down) ‹*lid/papers*› sujetar; ‹*person*› inmovilizar **(b)** ‹*job*› **he can't ~ down a job** es incapaz de tener un trabajo y cumplir con él **(c)** (limit) ‹*price/increase*› moderar, contener*

● **hold in** [*v + o + adv, v + adv + o*] ‹*stomach*› meter; ‹*feelings/laughter*› contener*

● **hold off 1** [*v + o + adv, v + adv + o*] **(a)** (resist) ‹*attack/enemy*› resistir **(b)** (defeat) ‹*challenger/rival*› derrotar **2** [*v + adv*] (be delayed): **if the rain ~s off** si no empieza a llover

● **hold on** [*v + adv*] **(a)** (wait) esperar **(b)** (survive) resistir, aguantar **(c)** (clasp, grip) agarrarse; **to ~ on** TO **sth/sb** agarrarse A *or* DE algo/algn **(d)** (keep) **to ~ on** TO **sth** ‹*receipt/photo*› conservar *or* guardar algo

● **hold out 1** [*v + o + adv, v + adv + o*] (extend) ‹*hands/arms*› tender*, alargar* **2** [*v + adv + o*] **(a)** (offer) ‹*possibility*› ofrecer*; ‹*hope*› dar* **(b)** (have, retain) ‹*hope*› tener*; **I don't ~ out much hope of getting the job** no tengo muchas esperanzas de que me den el trabajo **3** [*v + adv*] **(a)** (survive, last) «*person*» aguantar **(b)** (resist, make a stand) «*army/town*» resistir

● **hold over** [*v + o + adv, v + adv + o*] (postpone) ‹*meeting/decision*› aplazar*, postergar* (esp AmL)

● **hold together 1** [*v + adv*] «*arguments*» tener* lógica *or* solidez; «*people*» mantenerse* unidos **2** [*v + o + adv*] (keep united) ‹*family/group*› mantener* unido

● **hold up** **1** [*v + o + adv, v + adv + o*] **(a)** (raise) ‹*hand/banner*› levantar; ‹*head*› mantener* erguido **(b)** (support) ‹*roof/walls*› sostener* **(c)** (delay) ‹*person/arrival*› retrasar; ‹*progress*› entorpecer* **(d)** (rob) atracar*, asaltar **2** [*v + adv*] «*theory/argument*» resultar válido

● **hold with** [*v + prep + o*] (*usu neg*) estar* de acuerdo con

hold² *n* **1** **(a)** (grip, grasp): **to catch** o **grab** o **take ~ of sth** agarrar *or* (esp Esp) coger* algo; (so as not to fall etc) agarrarse *or* asirse de *or* a algo; **to get ~ of sb** (find) localizar* *or* (AmL tb) ubicar* a algn; **to get ~ of sth** (manage to get) conseguir* algo **(b)** (control): **the ~ they have over the members of the sect** el dominio que ejercen sobre los miembros de la secta **2** **(a)** (in wrestling, judo) llave *f*; ***with no ~s barred*** sin ningún tipo de restricciones **(b)** (in mountaineering) asidero *m* **3** (delay, pause) demora *f*; **I've got Mr Brown on ~** (Telec) el Sr Brown está esperando para hablar con usted; **to put sth on ~** ‹*project*› dejar algo aparcado **4** (of ship, aircraft) bodega *f*

holdall /'həʊldɔːl/ *n* (BrE) bolso *m* de viaje, bolsón *m* (RPl)

holder /'həʊldər, BrE 'həʊldə(r)/ *n* **1** (of permit, passport, job) titular *mf*; (of ticket) poseedor, -dora *m,f*; (of bonds etc) titular *mf*, tenedor, -dora *m,f*; (of title, cup) poseedor, -dora *m,f* **2** (wallet) funda *f*

holdup /'həʊldʌp/ *n* **(a)** (delay) demora *f*, retraso *m*; (in traffic) atasco *m*, embotellamiento *m* **(b)** (armed robbery) atraco *m*

hole /həʊl/ *n* **1** **(a)** (in belt, material, clothing) agujero *m*; (in ground) hoyo *m*, agujero *m*; (in road) bache *m*; (in wall) boquete *m*; **to make a ~ in sth** hacer* un agujero en algo, agujerear algo **(b)** (in argument, proposal) punto *m* débil; ***to pick ~s in sth*** encontrarle* defectos *or* faltas a algo **(c)** (of animal) madriguera *f* **2** (in golf) hoyo *m* **3** (unpleasant place) (infml): **this town is a real ~!** ¡qué pueblo de mala muerte! (fam)

holiday /'hɑːlədeɪ, BrE 'hɒlədeɪ/ *n* **(a)** (day) fiesta *f*, día *m* festivo, (día *m*) feriado *m* (AmL) **(b)** (period away from work) (esp BrE) (*often pl*) vacaciones *fpl*, licencia *f* (Col, Méx, RPl); **to go/be on ~** irse*/estar* de vacaciones; (*before n*) ‹*mood/spirit*› festivo; ‹*cottage*› de vacaciones **(c)** (BrE) (Educ) (*often pl*) vacaciones *fpl*

holiday: **~ camp** *n* (BrE) colonia *f* de vacaciones; **~maker** *n* (BrE) turista *mf*; (on summer holidays) veraneante *mf*; **~ resort** *n* centro *m* turístico

Holland /'hɑːlənd, BrE 'hɒlənd/ *n* Holanda *f*

holler /'hɑːlər, BrE 'hɒlə(r)/ *vt/i* (AmE infml) gritar

hollow¹ /'hɑːləʊ, BrE 'hɒləʊ/ *adj* **1** ‹*tree/tooth/wall*› hueco; ‹*sound*› hueco; ‹*voice*› apagado; ‹*cheeks/eyes*› hundido **2** ‹*success/triumph*› vacío; ‹*person*› vacío, vacuo; ‹*promises/threats*› vano, falso; ‹*words*› hueco, vacío

hollow² *n* **(a)** (empty space) hueco *m*; (depression) hoyo *m*, depresión *f* **(b)** (dell, valley) hondonada *f*

● **hollow out** [*v + o + adv, v + adv + o*] vaciar*, ahuecar*

holly /'hɑːli, BrE 'hɒli/ *n* acebo *m*

holocaust /'həʊləkɔːst, 'hɑː-, BrE 'hɒləkɔːst/ *n* hecatombe *f*, desastre *m*; **nuclear ~** holocausto *m* nuclear; **the H~** el Holocausto

hologram /'həʊləgræm, 'hɑː-, BrE 'hɒləgræm/ *n* holograma *m*

holster /'həʊlstər, BrE 'həʊlstə(r)/ *n* pistolera *f*, funda *f* de pistola (*or* revólver *etc*)

holy /'həʊli/ *adj* **-lier**, **-liest** ‹*ground/place*› sagrado, santo; ‹*day*› de precepto, de guardar; ‹*water*› bendito; ‹*person/life/virtue*› santo; **the H~ Bible** la Sagrada *or* Santa Biblia; **H~ Week** Semana Santa

holy: **H~ Ghost** *n*: **the H~ Ghost** el Espíritu Santo; **H~ Spirit** *n*: **the H~ Spirit** el Espíritu Santo

homage /'hɑːmɪdʒ, BrE 'hɒmɪdʒ/ *n* (fml) homenaje *m*; **to pay ~ to sb/sth** rendir* homenaje a algn/algo

home¹ /həʊm/ *n* **1** (of person) **(a)** (dwelling) casa *f* **(b)** (in wider sense): **New York is my ~ now** Nueva York es donde vivo ahora; **~ sweet ~** hogar dulce hogar; **to leave ~** irse* de casa **(c)** (family environment) hogar *m* **2** (of animal, plant) (Bot, Zool) hábitat *m* **3** **at home** **(a)** (in house) en casa **(b)** (at ease): **make yourself at ~** ponte cómodo, estás en tu casa **(c)** (not abroad): **at ~ and abroad** dentro y fuera del país **(d)** (Sport) en casa **4** (institution) (for children) asilo *m* (AmL), orfanatorio *m* (Méx), centro *m* de acogida de menores (Esp); (for old people) residencia *f* de ancianos; **dogs' ~** (BrE) perrera *f*

● **home in**: [*v + adv*] **to ~ in** ON **sth** localizar* y dirigirse* HACIA algo

home² *adv* **1** (where one lives) ‹*come/arrive*› a casa; **I'll be ~ at five** estaré en casa a las cinco **2** (to desired place): **to hit ~** dar* en el blanco; ***to drive sth ~ (to sb)*** hacer(le)* entender algo (a algn)

home³ *adj* (*before n*) **(a)** ‹*address/telephone number*› particular; ‹*background/environment*› familiar; ‹*cooking/perm*› casero; **~ delivery** (of purchases) entrega *f* a domicilio; **~ visit** (by doctor) (BrE) visita *f* a domicilio **(b)** (of origin): **~ state** (in US) estado *m* natal *or* de procedencia **(c)** (not foreign) ‹*affairs/market*› nacional **(d)** (Sport) ‹*team*› de casa, local; ‹*game*› en casa

home: **~ base** *n* (AmE) **(a)** (Busn, Mil) base *f* de operaciones **(b)** (in baseball) ▶ **home plate**; **~boy** *n* (AmE sl) compinche *m* (fam), cuate *m* (Méx fam); **~ brew** *n*: *cerveza hecha en casa*; **~coming** *n* **(a)** (return home) regreso *m*, vuelta *f* (*a casa, a la patria etc*) **(b)** (at school, college) (AmE) *fiesta estudiantil al comienzo del año académico con asistencia de ex-alumnos*; **H~ Counties** *pl n* (in UK): **the H~ Counties** *los condados de los alrededores de Londres*; **~-grown** /'həʊm'grəʊn/ *adj* (from one's own garden) de la huerta propia; (not foreign) del país, local, nacional; **~ help** *n* (BrE) auxiliar *mf*

homeland /'həʊmland/ *n* patria *f*, tierra *f* natal; (*before n*); **~ security** seguridad *f* de las fronteras

homeless /'həʊmləs, BrE 'həʊmlɪs/ *adj* sin hogar, sin techo

homely /'həʊmli/ *adj* **-lier**, **-liest** **(a)** (characteristic of home) ‹*meal/food*› casero; ‹*atmosphere/room*› acogedor, hogareño **(b)** (plain) (AmE) feo

home: **~-made** /'həʊm'meɪd/ *adj* ‹*clothes*› hecho en casa; ‹*food*› casero; **~maker** *n* ama *f*‡ de casa; ~ **movie** *n* película *f* casera; ~ **office** *n* (AmE) oficina *f* central; **H~ Office** *n* (in UK): **the H~ Office** el Home Office, el Ministerio del Interior británico

homeopathic, (BrE) **homoeopathic** /ˈhəʊmiəˈpæθɪk/ *adj* homeopático

home: ~ **owner** *n* propietario, -ria *m,f* (*de una vivienda*); ~ **page** *n* (Internet) portada *f or* página *f* de inicio; ~ **plate** *n* home *m*, pentágono *m* (Méx)

homer /ˈhəʊmər, BrE ˈhəʊmə(r)/ *n* (AmE infml) ▶ **home run**

home: ~**room** *n* (AmE) (Educ) clase *f or* aula *f*‡ del curso; ~ **rule** *n* autogobierno *m*; ~ **run** *n* cuadrangular *m*, jonrón *m* (AmL); **H~ Secretary** *n* (in UK) ministro, -tra *m,f* del Interior; ~**sick** *adj*: **I am** o **feel ~sick** echo de menos *or* (AmL tb) extraño a mi familia (*or* mi país *etc*)

h

homestead /ˈhəʊmsted/ *n* (AmE) casa *f* (*en una granja, hacienda etc*)

home: ~ **straight**, ~ **stretch** *n* (Sport) recta *f* final *or* de llegada; ~**town** /ˈhəʊmˈtaʊn/ *n* ciudad *f* /pueblo *m* natal; ~ **truth** *n* (*usu pl*) verdad *f* (*desagradable*)

homeward¹ /ˈhəʊmwərd, BrE ˈhəʊmwəd/, (BrE also) **homewards** /-z/ *adv* **(a)** ‹*travel/journey/sail*› de vuelta a casa **(b) to be ~ bound** ir* de camino *or* de vuelta a casa

homeward² *adj* (*before n*) ‹*journey*› de vuelta *or* de regreso

homework /ˈhəʊmwɜːrk, BrE ˈhəʊmwɜːk/ *n* deberes *mpl*, tarea *f*

homey /ˈhəʊmi/ *adj* **homier**, **homiest** (AmE infml) ‹*atmosphere/place*› hogareño, acogedor; ‹*manner*› campechano

homicidal /ˈhɑːməˈsaɪdl, BrE ˌhɒmɪˈsaɪdl/ *adj* ‹*tendency*› homicida; ‹*rage*› asesino

homicide /ˈhɑːməsaɪd, BrE ˈhɒmɪsaɪd/ *n* **(a)** (crime, act) homicidio *m* **(b)** (murderer) (fml) homicida *mf*

homing /ˈhəʊmɪŋ/ *adj* (*before n*) ‹*instinct*› de volver al hogar; ‹*device/missile*› buscador; ~ **pigeon** paloma *f* mensajera

homoeopathic /ˈhəʊmiəˈpæθɪk/ *adj* (BrE) ▶ **homeopathic**

homogeneous /ˈhəʊməˈdʒiːniəs, BrE ˌhɒməˈdʒiːniəs/ *adj* homogéneo

homosexual¹ /ˈhəʊməˈsekʃuəl, BrE ˌhəʊməˈsekʃʊəl, ˌhɒmə-/ *adj* homosexual

homosexual² *n* homosexual *mf*

homosexuality /ˈhəʊməˈsekʃuˈæləti, BrE ˌhəʊməsekʃʊˈæləti, ˌhɒmə-/ *n* homosexualidad *f*

Hon /ɑːn, BrE ɒn/ (in UK) = **Honourable**

Honduran¹ /hɑːnˈdʊrən, BrE hɒnˈdjʊərən/ *adj* hondureño

Honduran² *n* hondureño, -ña *m,f*

Honduras /hɑːnˈdʊrəs, BrE hɒnˈdjʊərəs/ *n* Honduras *f*

hone /həʊn/ *vt* ‹*blade/edge*› afilar; ‹*style/skill*› afinar

honest /ˈɑːnəst, BrE ˈɒnɪst/ *adj* **(a)** (trustworthy, upright) ‹*person/action*› honrado, honesto; ‹*face*› de persona honrada *or* honesta **(b)** (sincere) ‹*appraisal/opinion*› sincero; **to be ~ with you ...** si quieres que te diga la verdad ...

honestly /ˈɑːnəstli, BrE ˈɒnɪstli/ *adv* **(a)** (sincerely) ‹*answer/say/think*› sinceramente, francamente **(b)** (*indep*) en serio, de verdad **(c)** (*as interj*) (expressing exasperation) ¡por favor! **(d)** (legitimately) ‹*act/earn*› con honradez, honradamente

honesty /ˈɑːnəsti, BrE ˈɒnɪsti/ *n* **(a)** (probity) honradez *f*, honestidad *f*, rectitud *f* **(b)** (truthfulness) franqueza *f*, sinceridad *f*; **in all ~ ...** para ser sincero ...

honey /ˈhʌni/ *n* (*pl* **honeys**) **1** miel *f* **2** (*as form of address*) (infml) cariño (fam)

honey: ~ **bee** *n* abeja *f*; ~**comb** *n* panal *m*; ~**moon** *n* luna *f* de miel; ~**suckle** *n* madreselva *f*

Hong Kong /ˈhɑːŋˈkɑːŋ, BrE ˌhɒŋˈkɒŋ/ *n* Hong-Kong *m*

honk *vi* (hoot) «*goose*» graznar; «*driver*» tocar* el claxon, pitar

⚷ **honor¹**, (BrE) **honour** /ˈɑːnər, BrE ˈɒnə(r)/ *n* **1** (good name) honor *m* **2** (privilege, mark of distinction) honor *m*; **to have the ~ to** + INF o **of** -ING (fml) tener* el honor DE + INF (fml); **a reception in ~ of the delegates** una recepción en honor de los delegados **3 Honor** (as title): **Your/His H~** Su Señoría **4 honors** *pl* **(a)** (special mention) (*before n*) ~**s list** (AmE) cuadro *m* de honor **(b)** (Educ): **to graduate with ~s** licenciarse con matrícula (de honor) *or* con honores; (*before n*) **an honours degree** (BrE) ≈ una licenciatura

honor², (BrE) **honour** *vt* **1** (show respect) honrar **2 (a)** (keep to) ‹*agreement/obligation*› cumplir (con) **(b)** (Fin) ‹*bill/debt*› satisfacer* (fml), pagar*; ‹*check/draft*› pagar*, aceptar

honorable, (BrE) **honourable** /ˈɑːnərəbəl, BrE ˈɒnərəbəl/ *adj* **1 (a)** (honest, respectable) ‹*person/action*› honorable **(b)** (creditable) ‹*peace/settlement*› honroso **2 Honourable** (in UK) *tratamiento dado a representantes parlamentarios y a hijos de vizcondes, barones y condes*

honorary /ˈɑːnəreri, BrE ˈɒnərəri/ *adj* honorario; ‹*doctorate*› honoris causa

honour *etc* (BrE) ▶ **honor** *etc*

hood /hʊd/ *n* **1** (on coat, jacket) capucha *f*; (pointed) capirote *m*; (of monk) capucha *f*, capuchón *m* **2 (a)** (on chimney, cooker) campana *f*; (on machine) cubierta *f* **(b)** (AmE) (Auto) capó *m* **(c)** (folding cover) (BrE) capota *f*

hoodie, **hoody** /ˈhʊdi/ *n* **1** (Clothing) hoodie *m*, sudadera *f* con capucha **2** (BrE) (youth) vándalo, -la *m,f*; gamberro, -rra *m,f* (Esp)

hoodlum /ˈhuːdləm/ *n* **(a)** (thug) (AmE) matón, -tona *m,f* (fam), gorila *mf* **(b)** (rowdy youth) vándalo, -la *m,f*, gamberro, -rra *m,f* (Esp)

hoodwink /ˈhʊdwɪŋk/ *vt* engañar; **to ~ sb** INTO -ING engañar a algn PARA QUE (+ *subj*)

hoof /hʊf, BrE huːf/ *n* (*pl* **hoofs** *or* **hooves**) (of horse) casco *m*, vaso *m* (RPl), pezuña *f* (Méx); (of cow) pezuña *f*

hoof-and-mouth disease /ˈhʊfənˈmaʊθ, BrE ˌhuːfənˈmaʊθ/ *n* (AmE) fiebre *f* aftosa, glosopeda *f* (téc)

⚷ palabra clave

hook¹ /hʊk/ *n* **1** **(a)** gancho *m*; (for hanging clothes) percha *f*, gancho *m*; (for fishing) anzuelo *m*; **to take the phone off the ~** descolgar* el teléfono; ***to let sb off the ~*** dejar salir a algn del atolladero **(b)** (Clothing) corchete *m*, ganchito *m*; **~s and eyes** corchetes (*macho y hembra*) **2** (in boxing) gancho *m*

hook² *vt* (grasp, secure) enganchar

● **hook up** **1** [*v + o + adv, v + adv + o*] **(a)** (fasten) ‹*dress/bra*› abrochar **(b)** (connect, link) enganchar **2** [*v + adv*] **(a)** (Rad, TV) conectarse, transmitir en cadena **(b)** (fasten) «*dress*» abrocharse

hooked /hʊkt/ *adj* **1** (hook-shaped) ‹*tool*› en forma de gancho; ‹*beak*› ganchudo; ‹*nose*› aguileño **2** (addicted) (infml) **to be/get ~** ON **sth** estar* enviciado/enviciarse CON algo, estar enganchado/engancharse A algo (Esp fam)

hooker /ˈhʊkər, BrE ˈhʊkə(r)/ *n* (esp AmE infml) prostituta *f*, puta *f* (vulg)

hooky, hookey /ˈhʊki/ *n*: **to play ~** (esp AmE infml) faltar a clase, hacer* novillos *or* (Méx) irse* de pinta *or* (RPl) hacerse* la rata *or* la rabona *or* (Per) la vaca *or* (Chi) hacer* la cimarra *or* (Col) capar clase *or* (Ven) jubilarse (fam)

hooligan /ˈhuːlɪgən/ *n* vándalo, -la *m,f*, gamberro, -rra *m,f* (Esp)

hoop /huːp/ *n* aro *m*

hooray /hʊˈreɪ/ *interj* ¡hurra!

hoot¹ /huːt/ *n* (of owl) grito *m*, ululato *m*; **~s of laughter** risotadas *fpl*, carcajadas *fpl*

hoot² *vi* «*owl*» ulular; «*car/driver*» tocar* el claxon, pitar

hooter /ˈhuːtər, BrE ˈhuːtə(r)/ *n* (BrE) **(a)** (siren) sirena *f* **(b)** (horn) claxon *m*, bocina *f*

hoover /ˈhuːvər, BrE ˈhuːvə(r)/ (BrE) *vt* pasar la aspiradora *or* el aspirador por, aspirar (AmL)

Hoover®, hoover /ˈhuːvər, BrE ˈhuːvə(r)/ *n* (BrE) aspiradora *f*, aspirador *m*

hooves /hʊvz, BrE huːvz/ *pl of* **hoof**

hop¹ /hɑːp, BrE hɒp/ *n* **1** (jump — of person) salto *m* a la pata coja, brinco *m* de cojito (Méx); (— of rabbit) salto *m*, brinco *m*; (— of bird) saltito *m* **2** (Bot, Culin) (*usu pl*) lúpulo *m*

hop² **-pp-** *vi* **(a)** «*frog/rabbit*» brincar*, saltar; «*bird*» dar* saltitos **(b)** «*person/child*» saltar a la pata coja, brincar* de cojito (Méx) **(c)** (move quickly) (infml): **~ in, I'll take you to the station** súbete, que te llevo a la estación; **to ~ on a bus** tomarse un autobús

■ *vt* (AmE infml) ‹*flight/train*› tomar, pillar (fam)

hope¹ /həʊp/ *n* esperanza *f*; **she did it in the ~ of a reward** lo hizo con la esperanza de obtener una recompensa

hope² *vi* esperar; **I ~ so/not** espero que sí/que no; **we're hoping for good weather** esperamos tener buen tiempo

■ *vt* **to ~** (THAT) esperar QUE (+ *subj*); **to ~ to** + INF esperar + INF

hope chest *n* (AmE) baúl *m or* arcón *m* del ajuar

hopeful¹ /ˈhəʊpfəl/ *adj* **(a)** ‹*person*› esperanzado, optimista **(b)** (promising) esperanzador, prometedor

hopeful² *n* aspirante *mf*, candidato, -ta *m,f*

hopefully /ˈhəʊpfəli/ *adv* **(a)** (in hopeful way): **can you pay me in dollars? she asked ~** —¿puedes pagarme en dólares? —preguntó esperanzada **(b)** (crit) (*indep*): **when do you leave? — ~, on Friday** ¿cuándo te vas? — el viernes, espero

hopeless /ˈhəʊpləs, BrE ˈhəʊplɪs/ *adj* **1** (allowing no hope) ‹*situation*› desesperado; ‹*task*› imposible; **he's a ~ case** «*patient*» está desahuciado; (infml) «*pupil*» no tiene remedio **2** (incompetent, inadequate) (infml): **you're ~!** ¡eres un inútil!; **the train service on this line is ~** el servicio de trenes en esta línea es desastroso *or* es un desastre; **to be ~** AT **sth** ser* negado PARA algo

hopelessly /ˈhəʊpləsli, BrE ˈhəʊplɪsli/ *adv* **(a)** (irredeemably) (*as intensifier*): **to be ~ lost/in love** estar* completamente perdido/perdidamente enamorado **(b)** (without hope) sin esperanzas

hopelessness /ˈhəʊpləsnəs, BrE ˈhəʊplɪsnɪs/ *n* **(a)** (of situation) lo desesperado **(b)** (despair) desesperanza *f*

hopping /ˈhɑːpɪŋ, BrE ˈhɒpɪŋ/ *adj*: ***to be ~ mad*** (infml) estar* furioso

hopscotch /ˈhɑːpskɑːtʃ, BrE ˈhɒpskɒtʃ/ *n*: **to play ~** jugar* al tejo *or* (Méx) al avión *or* (RPl) a la rayuela *or* (Col) a la golosa *or* (Chi) al luche

horde /hɔːrd, BrE hɔːd/ *n* (infml) multitud *f*, horda *f*

horizon /həˈraɪzən/ *n* (Geog): **the ~** el horizonte

horizontal /ˈhɔːrəˈzɑːntl, BrE ˌhɒrɪˈzɒntl/ *adj* horizontal

hormone /ˈhɔːrməʊn, BrE ˈhɔːməʊn/ *n* hormona *f*; (*before n*) **~ replacement therapy** terapia *f* hormonal sustitiva

horn /hɔːrn, BrE hɔːn/ *n* **1** (Zool) (of animal) cuerno *m*, asta *f*‡, cacho *m* (AmS), guampa *f* (CS) **2** (Mus) **(a)** (wind instrument) cuerno *m* **(b)** (French **~**) trompa *f* **3** (Auto) claxon *m*, bocina *f*; (Naut) sirena *f*

hornet /ˈhɔːrnət, BrE ˈhɔːnɪt/ *n* avispón *m*

horoscope /ˈhɔːrəskəʊp, BrE ˈhɒrəskəʊp/ *n* horóscopo *m*

horrendous /hɔːˈrendəs, BrE hɒˈrendəs/ *adj* **(a)** (horrifying) ‹*crime/account*› horrendo, horroroso **(b)** (dreadful) (infml) ‹*price/mistake*› terrible

horrible /ˈhɔːrəbəl, BrE ˈhɒrɪbəl/ *adj* horrible, horroroso

horrid /ˈhɔːrəd, BrE ˈhɒrɪd/ *adj* (esp BrE infml) ‹*weather/taste*› horroroso

horrific /hɔːˈrɪfɪk, BrE hɒˈrɪfɪk, hə-/ *adj* horroroso, espantoso

horrify /ˈhɔːrəfaɪ, BrE ˈhɒrɪfaɪ/ *vt* **-fies, -fying, -fied** horrorizar*

horrifying /ˈhɔːrəfaɪɪŋ, BrE ˈhɒrɪfaɪɪŋ/ *adj* horroroso, horrendo, horripilante

horror /ˈhɔːrər, BrE ˈhɒrə(r)/ *n* horror *m*; (*before n*) ‹*movie/story*› de terror

horror-struck /ˈhɔːrərstrʌk, BrE ˈhɒrəstrʌk/ *adj* horrorizado

hors d'oeuvre /ɔːrˈdɜːrv, BrE ɔːˈdɜːvrə/ *n* (*pl* **hors d'oeuvres** /-ˈdɜːrv, BrE -ˈdɜːvrə/) entremés *m*, botana *f* (Méx)

horse /hɔːrs, BrE hɔːs/ *n* **1** (Zool) caballo *m*; ***I could eat a ~*** tengo un hambre canina;

h

(*before n*) ~ **riding** (BrE) equitación *f* **2** (vaulting ~) potro *m*, caballo *m* (Méx)

horse: ~**back** *n*: **on ~back** a caballo; (*before n*) **~back riding** (AmE) equitación *f*; ~**box** *n* (BrE) ▶ ~car; ~**car** *n* (AmE) (for transporting horses) remolque *m or* trailer *m* (*para transportar caballos*); ~ **chestnut** *n* **(a)** (tree) castaño *m* de Indias **(b)** (fruit) castaña *f* de Indias; ~**-drawn** *adj* tirado por caballos; ~**fly** *n* tábano *m*; ~**man** /ˈhɔːrsmən, BrE ˈhɔːsmən/ *n* (*pl* **-men** /-mən/) jinete *m*; ~**power** *n* caballo *m* (de fuerza); ~ **racing** *n* carreras *fpl* de caballos, hípica *f*; ~**radish** /ˈhɔːrsˈrædɪʃ, BrE ˈhɔːsrædɪʃ/ *n* rábano *m* picante; ~**shoe** *n* herradura *f*; ~ **show** *n* concurso *m* hípico

horticulture /ˈhɔːrtəˌkʌltʃər, BrE ˈhɔːtɪˌkʌltʃə(r)/ *n* horticultura *f*

hose /həʊz/ *n* **1** (~pipe) manguera *f*, manga *f*; (Auto) manguito *m* **2** (Clothing) (+ *pl vb*) **(a)** (tights) (Hist, Theat) calzas *fpl*, malla *f* **(b)** (AmE) ▶ **pantyhose**

● **hose down** [*v + o + adv, v + adv + o*] lavar (*con manguera*)

hosepipe /ˈhəʊzpaɪp/ *n* (esp BrE) ▶ **hose 1**

hosiery /ˈhəʊʒəri, BrE ˈhəʊzɪəri/ *n* (fml) calcetería *f*

hospice /ˈhɑːspəs, BrE ˈhɒspɪs/ *n*: *residencia para enfermos desahuciados*

hospitable /hɑːˈspɪtəbəl, BrE hɒˈspɪtəbəl/ *adj* hospitalario

hospital /ˈhɑːspɪtl, BrE ˈhɒspɪtl/ *n* hospital *m*

hospitality /ˌhɑːspəˈtæləti, BrE ˌhɒspɪˈtæləti/ *n* hospitalidad *f*

hospitalize /ˈhɑːspɪtlaɪz, BrE ˈhɒspɪtlaɪz/ *vt* hospitalizar*, internar (CS, Méx)

host[1] /həʊst/ *n* **1** **(a)** (person dispensing hospitality) anfitrión, -triona *m,f*; (*before n*) ‹*country/government*› anfitrión **(b)** (Rad, TV) presentador, -dora *m,f* **2** (of parasite) huésped *m* **3** (multitude) gran cantidad *f* **4** **the Host** (Relig) la Sagrada Hostia

host[2] *vt* **(a)** (be the venue for) ‹*conference/event*› ser* la sede de **(b)** (Rad, TV) ‹*program*› presentar

hostage /ˈhɑːstɪdʒ, BrE ˈhɒstɪdʒ/ *n* rehén *m*

hostel /ˈhɑːstl, BrE ˈhɒstl/ *n* **(a)** (youth ~) albergue *m* juvenil *or* de juventud **(b)** (for students) (BrE) residencia *f*; (for homeless people, battered wives etc) hogar *m*

hostess /ˈhəʊstəs, BrE ˈhəʊstes/ *n* **(a)** (in private capacity) anfitriona *f* **(b)** (air ~) (esp BrE) ▶ **stewardess b** **(c)** (on TV show) (presenter) presentadora *f*; (assistant) azafata *f*

hostile /ˈhɑːstl, BrE ˈhɒstaɪl/ *adj* hostil

hostility /hɑːˈstɪləti, BrE hɒˈstɪləti/ *n* hostilidad *f*

hot /hɑːt, BrE hɒt/ *adj* **-tt-** **1** **(a)** ‹*food/water*› caliente; ‹*weather/day/country*› caluroso; ‹*climate*› cálido; **it's ~ today** hoy hace calor; **I'm ~** tengo calor; **to be ~** «*object*» estar* caliente; **to get ~** «*oven/iron/radiator*» calentarse* **(b)** (spicy) picante, picoso (Méx) **2** **(a)** (fresh) ‹*news/scent*› reciente, fresco **(b)** (current) ‹*story/issue*› de plena actualidad **(c)** (popular, in demand) ‹*product*› de gran aceptación; ‹*play/movie*› taquillero **3** (infml) (knowledgeable, keen): **he's very ~ on current affairs** está muy al tanto en temas de actualidad; **she's ~ on punctuality** le da mucha importancia a la puntualidad

hot: ~ **air** *n* palabrería *f*; ~**-air balloon** /ˈhɑːtˈer, BrE ˌhɒtˈeə/ *n* globo *m* de aire caliente; ~**bed** *n* (of crime, unrest) semillero *m*; ~**-blooded** /ˈhɑːtˈblʌdəd, BrE ˌhɒtˈblʌdɪd/ *adj* apasionado; ~ **dog** *n* perro *m or* perrito *m* caliente, pancho *m* (RPl)

hotel /həʊˈtel/ *n* hotel *m*

hotelier /həʊˈteljər, BrE həʊˈteliə(r)/ *n* hotelero, -ra *m,f*

hot: ~ **flush**, (AmE) ~ **flash** *n* sofoco *m*, bochorno *m*, calor *m* (RPl fam); ~**headed** /ˈhɑːtˈhedəd, BrE ˌhɒtˈhedɪd/ *adj* exaltado; ~**house** *n* invernadero *m*; (*before n*) ‹*plant/flowers*› de invernadero; ~ **line** *n* (Pol) teléfono *m* rojo; (for public) línea *f* directa

hotly /ˈhɑːtli, BrE ˈhɒtli/ *adv* ‹*dispute/deny*› con vehemencia; ‹*debated*› acaloradamente

hot: ~ **pepper** *n* (AmE) pimiento *m* picante, ají *m* picante (AmS), chile *m* (Méx); ~**plate** *n* (for cooking) placa *f*, hornilla *f* (AmL exc CS), hornalla *f* (RPl), plato *m* (Chi); (for keeping food warm) calientaplatos *m*; ~ **seat** *n* (infml): **to be in the ~ seat** estar* en la línea de fuego; ~**shot** *n* personaje *m*; ~ **spot** *n* (infml) **(a)** (Pol) punto *m* conflictivo **(b)** (night club) club *m* nocturno; ~ **spring** *n* fuente *f* termal; ~**-tempered** /ˈhɑːtˈtempərd, BrE ˌhɒtˈtempəd/ *adj* irascible; ~**-water bottle** /ˈhɑːtˈwɔːtər, BrE ˌhɒtˈwɔːtə/ *n* bolsa *f* de agua caliente

hound[1] /haʊnd/ *n* perro *m* de caza, sabueso *m*

hound[2] *vt* acosar

hour /aʊr, BrE aʊə(r)/ *n* **(a)** (60 minutes) hora *f* **(b)** (time of day) hora *f*; **on the ~** a la hora en punto; **at 1600 ~s** a las 16:00 horas **(c)** (particular moment) momento *m*; **her finest ~** su mejor momento

hourly[1] /ˈaʊrli, BrE ˈaʊəli/ *adj* ‹*rate/wage*› por hora

hourly[2] *adv* **(a)** (every hour) ‹*run/broadcast*› cada hora **(b)** (by the hour) ‹*pay/charge*› por hora(s)

house[1] /haʊs/ *n* (*pl* **houses** /ˈhaʊzəz, BrE ˈhaʊzɪz/) **1** (dwelling, household) casa *f*; ***to put one's (own) ~ in order*** poner* sus (*or* mis *etc*) asuntos en orden; ***to set up ~*** poner* casa **2** (Govt) Cámara *f*; **the H~ of Representatives** (in US) la Cámara de Representantes *or* de Diputados; **the H~ of Commons/of Lords** (in UK) la Cámara de los Comunes/de los Lores; **the H~s of Parliament** (in UK) el Parlamento **3** (Busn) casa *f*, empresa *f*; **publishing ~** editorial *f*; **drinks are on the ~** invita la casa; (*before n*) **~ wine** vino *m* de la casa **4** (Theat) **(a)** (auditorium) sala *f* **(b)** (audience) público *m*

house[2] /haʊz/ *vt* **(a)** (accommodate) ‹*person/family*› alojar **(b)** (contain) ‹*office/museum*› albergar*

house /haʊs/: ~ **arrest** *n* arresto *m* domiciliario; ~**boat** *n* casa *f* flotante; ~**bound** *adj*: **she's 85 and completely ~bound** tiene 85 años y está completamente confinada a su casa; ~**broken** *adj* (AmE) ‹*pet*› enseñado; ~**fly** *n* mosca *f* común *or* doméstica

household /ˈhaʊshəʊld/ *n* casa *f*; **~s with**

palabra clave

more than one wage earner las familias *or* (fml) los hogares donde trabajan dos o más personas; (*before n*) **a ~ name** un nombre muy conocido

householder /'haʊshəʊldər, BrE 'haʊshəʊldə(r)/ *n* dueño, -ña *m,f* de casa

house /haʊs/: **~-hunt** *vi* (*usu in -ing form*) buscar* casa (*para comprar o alquilar*); **~husband** *n* (hum) *hombre que se ocupa de la casa mientras su mujer sale a trabajar*, amo *m* de casa (hum); **~keeper** *n* (woman) ama *f*‡ de llaves; (in hotel) gobernanta *f*; (man) encargado *m* de la casa; **~keeping** *n* **(a)** (running of home) gobierno *m* de la casa **(b) ~keeping (money)** dinero *m* (para los gastos) de la casa; **~maid** *n* criada *f*, mucama *f* (AmL); **~plant** *n* planta *f* de interior; **~-proud** *adj* (esp BrE) muy meticuloso (*en la limpieza y el arreglo de la casa*); **~-to-~** /'haʊstə'haʊs/ *adj* ‹*inquiries/search*› puerta a puerta; **~-trained** *adj* (BrE) ‹*pet*› enseñado; **~warming (party)** /'haʊs,wɔːrmɪŋ, BrE 'haʊs,wɔːmɪŋ/ *n*: *fiesta de inauguración de una casa*; **~wife** *n* ama *f*‡ de casa; **~work** *n* tareas *fpl* domésticas, trabajo *m* de la casa

housing /'haʊzɪŋ/ *n* **(a)** (dwellings) viviendas *fpl* **(b)** (provision of houses): **the government's policy on ~** la política del gobierno en cuanto al problema de la vivienda

housing: **~ association** *n* (in UK) *asociación que construye o renueva viviendas para alquilarlas a precios módicos*; **~ development** *n* (AmE) complejo *m* habitacional, urbanización *f* (Esp), fraccionamiento *m* (Méx); **~ estate** *n* (BrE) **(a)** (council estate) *urbanización de viviendas de alquiler subvencionadas por el ayuntamiento* **(b)** (privately owned) ▶ **~ development**; **~ project** *n* (in US) complejo *m* de viviendas subvencionadas

hovel /'hʌvəl, BrE 'hɒvəl/ *n* casucha *f*, rancho *m* (RPl)

hover /'hʌvər, BrE 'hɒvə(r)/ *vi* «*helicopter*» sostenerse* en el aire (*sin avanzar*); «*bird*» cernerse*; **the temperature ~ed around 20°** la temperatura rondaba los 20°; **the waiter ~ed around, waiting for a tip** el mesero estuvo rondando la mesa, esperando una propina

hovercraft /'hʌvərkræft, BrE 'hɒvəkrɑːft/ *n* (*pl* **-craft** *or* **-crafts**) aerodeslizador *m*

how /haʊ/ *adv* **1** (in questions) cómo; **~ are you?** ¿cómo estás? **2** (*with adjs, advs*) **(a)** (in questions): **~ wide is it?** ¿cuánto mide *or* tiene de ancho?, ¿qué tan ancho es? (AmL exc CS); **~ heavy is it?** ¿cuánto pesa?; **~ often do you meet?** ¿con qué frecuencia se reúnen?; **~ old are you?** ¿cuántos años tienes? **(b)** (in exclamations) qué; **~ strange/rude!** ¡qué raro/grosero! **3** (*in phrases*) **how about** *o* (infml) **how's about sth: Thursday's no good; ~ about Friday?** el jueves no puede ser ¿qué te parece el viernes?; **I'd love to go; ~ about you?** me encantaría ir ¿y a ti?; **how come** (infml): **~ come the door's locked?** ¿cómo es que la puerta está cerrada con llave?

however /haʊ'evər, BrE haʊ'evə(r)/ *adv* **1** (*as linker*) sin embargo, no obstante (fml) **2** (*used before adj or adv*) (no matter how): **~ hard she tried ...** por más que trataba ... **3** (interrog) cómo

howl¹ /haʊl/ *vi* **(a)** «*dog/wolf*» aullar*; «*person*» dar* alaridos; «*wind/gale*» aullar*, bramar **(b)** (weep noisily) (infml) berrear (fam)

howl² *n* (of dog, wolf) aullido *m*; (of person) alarido *m*, aullido *m*

hp (= **horsepower**) CV, HP

HP *n* (BrE) = **hire purchase**

HQ *n* = **headquarters**

hr (= **hour**) h.

HR *n* **1** = **human resources** **2** (in US) = **House of Representatives**

HRH (in UK) (= **Her/His Royal Highness**) S.A.R.

HRT *n* = **hormone replacement therapy**

HTML *n* (Comput) (= **hypertext markup language**) HTML *m*

hub /hʌb/ *n* **(a)** (of wheel) cubo *m* **(b)** (focal point) centro *m*

hub cap *n* tapacubos *m*, taza *f* (RPl)

huddle¹ /'hʌdl/ *vi* **(a) ~ (together)** (crowd together) apiñarse **(b) ~ (up)** (curl up) acurrucarse*

huddle² *n* (tight group) grupo *m*, corrillo *m*; (in US football) timbac *m*, jol *m*

hue /hjuː/ *n* (liter) (color) color *m*; (shade) tono *m*

hue and cry *n* (*no pl*) revuelo *m*

huff /hʌf/ *n* (*no pl*): **to be in a ~** estar* enfurruñado, estar* con mufa (RPl fam)

hug¹ /hʌg/ *vt* **-gg- (a)** (embrace) abrazar* **(b)** (keep close to) ir* pegado a

hug² *n* abrazo *m*

huge /'hjuːdʒ/ *adj* enorme

hull /hʌl/ *n* (of ship, plane, tank) casco *m*

hullo /hə'ləʊ, BrE hʌ'ləʊ/ (esp BrE) ▶ **hello**

hum¹ /hʌm/ **-mm-** *vi* «*machinery/bee/wire*» zumbar; «*person*» tararear (*con la boca cerrada*)

■ *vt* ‹*tune*› tararear (*con la boca cerrada*)

hum² *n* (*no pl*) (of bees, machinery) zumbido *m*; (of voices, traffic) murmullo *m*

human¹ /'hjuːmən/ *adj* humano

human² *n* ser* *m* humano

human being *n* ser *m* humano

humane /hjuː'meɪn/ *adj* humanitario, humano

humanism /'hjuːmənɪzəm/ *n* humanismo *m*

humanist /'hjuːmənəst, BrE 'hjuːmənɪst/ *n* humanista *mf*

humanitarian /hjuː'mænə'teriən, BrE hjuː,mænɪ'teəriən/ *adj* humanitario

humanities /hjuː'mænətiz/ *n* **(a)** (+ *pl vb*) **the ~** las humanidades, las artes y las letras **(b)** (discipline) (+ *sing vb*) humanidades *fpl*

humanity /hjuː'mænəti/ *n* humanidad *f*

human: **~ nature** *n* naturaleza *f* humana; **~ rights** *pl n* derechos *mpl* humanos; **~ shield** *n* escudo *m* humano

human resources *pl n* recursos *mpl* humanos; (*before n*) **~ manager** director, -tora *m,f or* gerente *mf* de recursos humanos

humble /'hʌmbəl/ *adj* humilde

humbly /'hʌmbli/ *adv* humildemente

humdrum /'hʌmdrʌm/ *adj* monótono, rutinario

humid /'hju:məd, BrE 'hju:mɪd/ *adj* húmedo
humidity /hju:'mɪdəti/ *n* humedad *f*
humiliate /hju:'mɪlieɪt/ *vt* humillar
humiliating /hju:'mɪlieɪtɪŋ/ *adj* humillante
humiliation /hju:'mɪli'eɪʃən/ *n* humillación *f*
humility /hju:'mɪləti/ *n* humildad *f*
humor[1], (BrE) **humour** /'hju:mər, BrE 'hju:mə(r)/ *n* humor *m*
humor[2], (BrE) **humour** *vt* seguirle* la corriente a
humorless, (BrE) **humourless** /'hju:mərləs, BrE 'hju:məlɪs/ *adj* ‹*person*› sin sentido del humor
humorous /'hju:mərəs/ *adj* ‹*novel/play/speech*› humorístico; ‹*situation*› cómico, gracioso
humour *n/vt* (BrE) ▶ **humor**[1,2]
hump /hʌmp/ *n* **(a)** (of camel) joroba *f*, giba *f* **(b)** (dated *or* offensive) (of person) joroba *f* (ant *u* ofensivo) **(c)** (in ground) montículo *m*
hunch[1] /hʌntʃ/ *vt* ‹*back/shoulders*› encorvar
hunch[2] *n* (intuitive feeling) (infml) presentimiento *m*, pálpito *m*, corazonada *f*
hunch: **~back** *n* (dated *or* offensive) (person) jorobado, -da *m,f* (ant *u* ofensivo); (hump) joroba *f* (ant *u* ofensivo); **~backed** /'hʌntʃbækt/ *adj* (dated *or* offensive) jorobado (ant *u* ofensivo)
hundred /'hʌndrəd/ *n* cien *m*; **a/one ~** cien; **a/one ~ and one** ciento uno; **two ~** doscientos; **five ~** quinientos; **five ~ pages** quinientas páginas; **in (the year) fifteen ~** en el (año) mil quinientos; **she lived in the seventeen ~s** vivió en el siglo XVIII; **ten ~s are a thousand** diez centenas son un millar; **they are sold by the ~** o **in ~s** se venden de a cien *or* (Esp) de cien en cien; **a/one ~ thousand/million** cien mil/millones; **~s of times** cientos de veces
hundredfold /'hʌndrədfəʊld/ *adj/adv* ▶ **-fold**
hundredth[1] /'hʌndrədθ/ *adj* centésimo
hundredth[2] *adv* en centésimo lugar
hundredth[3] *n* (Math) centésimo *m*; (part) centésima parte *f*
hundredweight /'hʌndrədweɪt/ *n* (*pl* **~**) *unidad de peso equivalente a 45,36kg. en EEUU y a 50,80kg. en RU*
hung /hʌŋ/ *past & past p of* **hang**[1]
Hungarian[1] /hʌŋ'geriən, BrE hʌŋ'geəriən/ *adj* húngaro
Hungarian[2] *n* **(a)** (language) húngaro *m* **(b)** (person) húngaro, -ra *m,f*
Hungary /'hʌŋgəri/ *n* Hungría *f*
hunger /'hʌŋgər, BrE 'hʌŋgə(r)/ *n* **(a)** (physical) hambre *f*‡ **(b)** (strong desire) (*no pl*): **a ~ for adventure** un ansia *f*‡ *or* (liter) hambre *f*‡ de aventura
hunger strike *n* huelga *f* de hambre
hung: **~ jury** *n*: *jurado que se disuelve al no ponerse de acuerdo sus miembros*; **~over** /hʌŋ'əʊvər, BrE hʌŋ'əʊvə(r)/ *adj*: **to be ~over** tener* resaca *or* (Col fam) guayabo *or* (AmL, Méx fam) cruda *or* (Ven fam) ratón
hungrily /'hʌŋgrəli, BrE 'hʌŋgrɪli/ *adv* ávidamente
hungry /'hʌŋgri/ *adj* **-grier, -griest** hambriento; **to be ~** tener* hambre; **to be ~ FOR sth** estar* ávido DE algo

hunk /hʌŋk/ *n* **(a)** (chunk) trozo *m*, pedazo *m* **(b)** (man) (infml): **he's a real ~** está buenísimo (fam)
hunt[1] /hʌnt/ *vt* **1** ‹*game/fox*› cazar* **2** (search for) buscar*
■ *vi* **(a)** (pursue game) cazar*; **to go ~ing** ir* de caza *or* de cacería **(b)** (search) **to ~ (FOR sth)** buscar* (algo)
● **hunt down** [*v + o + adv, v + adv + o*] ‹*animal/fugitive*› darle* caza a
hunt[2] *n* **1** **(a)** (chase) caza *f*, cacería *f* **(b)** (hunters) partida *f* de caza, cacería *f* **2** (search) búsqueda *f*
hunter /'hʌntər, BrE 'hʌntə(r)/ *n* (person) cazador, -dora *m,f*; (horse) caballo *m* de caza
hunting /'hʌntɪŋ/ *n* (Sport) caza *f*, cacería *f*
hurdle /'hɜ:rdl, BrE 'hɜ:dl/ *n* **(a)** (Sport) (obstacle) obstáculo *m*, valla *f*; *see also* **hurdles** **(b)** (problem) obstáculo *m*
hurdles /'hɜ:rdlz, BrE 'hɜ:dlz/ *n* (+ *sing vb*) vallas *fpl*
hurl /hɜ:rl, BrE hɜ:l/ *vt* tirar, arrojar, lanzar*
hurrah /hʊ'rɑ:/, **hurray** /hʊ'reɪ/ *interj* ▶ **hooray**
hurricane /'hɜ:rəkeɪn, BrE 'hʌrɪkən, -keɪn/ *n* huracán *m*
hurry[1] /'hɜ:ri, BrE 'hʌri/ *n* (*no pl*) prisa *f*, apuro *m* (AmL); **I'm in a ~** tengo prisa, estoy apurado (AmL); **he wrote it in a ~** lo escribió deprisa (fam)
hurry[2], **-ries, -rying, -ried** *vi* **(a)** (make haste) darse* prisa, apurarse (AmL) **(b)** (move hastily) (+ *adv compl*): **she hurried after him** corrió tras él; **he hurried back/in/out** volvió/entró/salió corriendo
■ *vt* **(a)** ‹*person*› meterle prisa a, apurar (AmL) **(b)** ‹*work*› hacer* apresuradamente
● **hurry away**, **hurry off** [*v + adv*] alejarse rápidamente
● **hurry up** **1** [*v + adv*] darse* prisa, apurarse (AmL) **2** [*v + o + adv, v + adv + o*] ‹*person*› meterle prisa a, apurar (AmL); ‹*work*› acelerar, apurar (AmL)
hurt[1] /hɜ:rt, BrE hɜ:t/ (*past & past p* **hurt**) *vt* **1** **(a)** (cause pain): **you're ~ing her/me!** ¡le/me estás haciendo daño!, ¡la/me estás lastimando! (esp AmL) **(b)** (injure): **I ~ my ankle** me hice daño en el tobillo, me lastimé el tobillo (esp AmL); **to ~ oneself, to get ~** hacerse* daño, lastimarse (esp AmL) **2** (distress emotionally): **I've been ~ too often** me han hecho sufrir demasiadas veces; **to ~ sb's feelings** herir* los sentimientos de algn
■ *vi* **1** (be source of pain) doler*; **my leg ~s me** duele la pierna **2** (have adverse effects): **it won't ~ to postpone it for a while** no pasa nada si lo dejamos por el momento **3** (suffer adverse effects) (AmE infml): **to be ~ing** estar* pasándola *or* pasándolo mal (fam)
hurt[2] *n* (emotional) dolor *m*, pena *f*
hurt[3] *adj* **(a)** (physically) ‹*finger/foot*› lastimado; **she was badly ~** estaba gravemente herida **(b)** (emotionally) ‹*feelings/pride*› herido; ‹*tone/expression*› dolido; **to feel/be ~** sentirse*/estar* dolido
hurtful /'hɜ:rtfəl, BrE 'hɜ:tfəl/ *adj* hiriente
hurtle /'hɜ:rtl, BrE 'hɜ:tl/ *vi* (+ *adv compl*): **to ~ along/past** ir*/pasar volando *or* a toda velocidad

---
🔑 palabra clave (marks key words: hundred, hurt[1])

✓ **husband** /ˈhʌzbənd/ *n* marido *m*, esposo *m*
hush¹ /hʌʃ/ *n* (*no pl*) silencio *m*
hush² *vt* (quieten) hacer* callar; (calm down) calmar
● **hush up** **1** [*v + o + adv, v + adv + o*] ‹*scandal/story*› acallar **2** [*v + adv*] (be quiet) (AmE infml) callarse
hush³ *interj*: ~! ¡shh!, ¡chitón!
hushed /hʌʃt/ *adj* (*before n*) silencioso; **in ~ tones** en voz muy baja, en murmullos
hush-hush *adj* (infml) super secreto (fam)
husk /hʌsk/ *n* (of wheat, rice) cáscara *f*, cascarilla *f*; (of maize) chala *f* *or* (Esp) farfolla *f*
husky¹ /ˈhʌski/ *adj* **-kier**, **-kiest** ronco
husky² *n* (*pl* **-kies**) husky *mf*, perro, -rra *m,f* esquimal
hustings /ˈhʌstɪŋz/ *pl n*: **the ~** la campaña electoral
hustle¹ /ˈhʌsəl/ *vt* **1** **(a)** (move hurriedly) (+ *adv compl*): **she was ~d into the car** la metieron en el coche a empujones; **he was ~d away by his bodyguards** sus guardaespaldas se lo llevaron precipitadamente **(b)** (pressure) apremiar, meterle prisa a, apurar (AmL) **2** (AmE infml) **(a)** (obtain aggressively) hacerse* con **(b)** (hawk, sell) vender
hustle² *n* **1** (hurry) ajetreo *m*; **the ~ and bustle of the big city** el ajetreo y bullicio de la gran ciudad **2** (trick, swindle) (AmE infml) chanchullo *m* (fam)
hustler /ˈhʌslər, BrE ˈhʌslə(r)/ *n* (AmE) **(a)** (hard worker) (infml) persona *f* trabajadora **(b)** (swindler) (sl) estafador, -dora *m,f* **(c)** (prostitute) (sl) puto, -ta *m,f* (vulg)
hut /hʌt/ *n* **(a)** (cabin) cabaña *f*; (of mud, straw) choza *f* **(b)** (hovel) casucha *f*
hutch /hʌtʃ/ *n* (rabbit ~) conejera *f*
hyaena /haɪˈiːnə/ *n* ▶ **hyena**
hybrid /ˈhaɪbrəd, BrE ˈhaɪbrɪd/ *n* híbrido *m*
hydrant /ˈhaɪdrənt/ *n* boca *f* de riego, toma *f* de agua, hidrante *m* (AmC, Col); (fire ~) boca *f* de incendios *or* (Esp) de riego, toma *f* de agua, hidrante *m* de incendios (AmC, Col), grifo *m* (Chi)
hydraulic /haɪˈdrɔːlɪk, BrE haɪˈdrɔːlɪk, haɪˈdrɒlɪk/ *adj* hidráulico
hydrocarbon /ˌhaɪdrəʊˈkɑːrbən, BrE ˌhaɪdrəˈkɑːbən/ *n* hidrocarburo *m*
hydroelectric /ˈhaɪdrəʊɪˈlektrɪk/ *adj* hidroeléctrico
hydrofoil /ˈhaɪdrəfɔɪl/ *n* (vessel) hidrodeslizador *m*, aliscafo *m*
hydrogen /ˈhaɪdrədʒən/ *n* hidrógeno *m*
hyena /haɪˈiːnə/ *n* hiena *f*
hygiene /ˈhaɪdʒiːn/ *n* higiene *f*
hygienic /haɪˈdʒiːnɪk/ *adj* higiénico
hymn /hɪm/ *n* (Relig) cántico *m*, himno *m*
hype¹ /haɪp/ *n* (infml) despliegue *m* *or* bombo *m* publicitario
hype² *vt* (infml) promocionar con bombos y platillos *or* (Esp) a bombo y platillo
● **hype up** [*v + adv + o, v + o + adv*] (infml) ‹*movie*› promocionar con bombos y platillos *or* (Esp) a bombo y platillo; ‹*person*› poner* nervioso
hyperactive /ˈhaɪpərˈæktɪv/ *adj* hiperactivo
hypermarket /ˈhaɪpərˌmɑːrkət, BrE ˈhaɪpəmɑːkɪt/ *n* (BrE) hipermercado *m*
hypertension /ˈhaɪpərˈtentʃən, BrE ˌhaɪpəˈtenʃən/ *n* hipertensión *f*
hypertext markup language /ˈhaɪpərtekst, BrE ˈhaɪpətekst/ *n* (Comput) lenguaje *m* de marcado de hipertexto
hyperventilate /ˈhaɪpərˈventleɪt, BrE ˌhaɪpəˈventɪleɪt/ *vi* hiperventilarse
hyphen /ˈhaɪfən/ *n* guion *m*
hypnosis /hɪpˈnəʊsəs, BrE hɪpˈnəʊsɪs/ *n* hipnosis *f*
hypnotic /hɪpˈnɑːtɪk, BrE hɪpˈnɒtɪk/ *adj* ‹*suggestion/state*› hipnótico; ‹*voice/eyes/rhythm*› hipnotizador, hipnotizante
hypnotism /ˈhɪpnətɪzəm/ *n* hipnotismo *m*
hypnotist /ˈhɪpnətəst, BrE ˈhɪpnətɪst/ *n* hipnotizador, -dora *m,f*
hypnotize /ˈhɪpnətaɪz/ *vt* hipnotizar*
hypoallergenic /ˈhaɪpəʊˌælərˈdʒenɪk, BrE ˌhaɪpəʊˌæləˈdʒenɪk/ *adj* hipoalérgeno
hypochondriac /ˈhaɪpəˈkɑːndriæk, BrE ˌhaɪpəˈkɒndriæk/ *n* hipocondríaco, -ca *m,f*
hypocrisy /hɪˈpɑːkrəsi, BrE hɪˈpɒkrəsi/ *n* (*pl* **-sies**) hipocresía *f*
hypocrite /ˈhɪpəkrɪt/ *n* hipócrita *mf*
hypocritical /ˈhɪpəˈkrɪtɪkəl/ *adj* hipócrita
hypodermic¹ /ˈhaɪpəˈdɜːrmɪk, BrE ˌhaɪpəˈdɜːmɪk/ *adj* hipodérmico
hypodermic² *n* (aguja *f*) hipodérmica *f*
hypothermia /ˈhaɪpəˈθɜːrmiə, BrE ˌhaɪpəˈθɜːmiə/ *n* hipotermia *f*
hypothesis /ˈhaɪˈpɑːθəsəs, BrE haɪˈpɒθəsɪs/ *n* (*pl* **-ses** /-siːz/) hipótesis *f*
hypothetical /ˈhaɪpəˈθetɪkəl/ *adj* hipotético
hysterectomy /ˈhɪstəˈrektəmi/ *n* (*pl* **-mies**) histerectomía *f*
hysteria /hɪˈstɪriə, BrE hɪˈstɪəriə/ *n* histerismo *m*, histeria *f*
hysterical /hɪˈsterɪkəl/ *adj* **(a)** (Psych) histérico **(b)** (very funny) (infml) para morirse de (la) risa
hysterics /hɪˈsterɪks/ *pl n* **(a)** (nervous agitation) histeria *f*, histerismo *m*; **to go into** *o* **have ~** ponerse* histérico **(b)** (laughter) (infml): **to be in ~** estar* muerto de (la) risa

h

Ii

I, i /aɪ/ *n* I, i *f*

I /aɪ/ *pron* yo

> ■ **Note** Although *yo* is given as the main translation of *I*, it is in practice used only for emphasis, or to avoid ambiguity: *I went to the theater* fui al teatro; ***I** was singing, **he** was playing the piano* yo cantaba y él tocaba el piano; ***I** did it* yo lo hice

IA = **Iowa**

IBAN *n* (= **International Bank Account Number**) IBAN *m*

Iberian /aɪ'bɪriən, BrE aɪ'bɪəriən/ *adj* ibérico

ice¹ /aɪs/ *n* **1** (frozen water) hielo *m*; ***to break the ~*** (overcome reserve) romper* el hielo; (make a start) (AmE) dar* los primeros pasos **2** (sherbet) (AmE) sorbete *m*, helado *m* de agua (AmL), nieve *f* (Méx)

ice² *vt* ‹*cake*› bañar (*con fondant*)

Ice Age *n*: **the ~** la edad de hielo

iceberg /'aɪsbɜːrg, BrE 'aɪsbɜːg/ *n* iceberg *m*

ice: **~box** *n* **(a)** (refrigerator) (AmE infml & dated) refrigerador *m*, nevera *f*, heladera *f* (RPl) **(b)** (freezing compartment) (BrE) congelador *m*; **~ cream** *n* helado *m*; **~ cube** *n* cubito *m* de hielo

iced /aɪst/ *adj* **1** (chilled) helado **2** (Culin) glaseado

ice hockey *n* hockey *m* sobre hielo

Iceland /'aɪslənd/ *n* Islandia *f*

Icelandic¹ /aɪs'lændɪk/ *adj* islandés

Icelandic² *n* islandés *m*

ice: **~ lolly** *n* (BrE) paleta *f* helada *or* (Esp) polo *m or* (RPl) palito *m* helado *or* (CS) chupete *m* helado; **~ rink** *n* (BrE) pista *f* de (patinaje sobre) hielo; **~ skate** *n* patín *m* de cuchilla; **~-skate** *vi* patinar sobre hielo; **~ skating** *n* patinaje *m* sobre hielo

icicle /'aɪsɪkəl/ *n* carámbano *m* (de hielo)

icing /'aɪsɪŋ/ *n* (Culin) glaseado *m*

icing sugar *n* (BrE) azúcar *m or f* glas(é) *or* (RPl) impalpable *or* (Chi) flor *or* (Col) en polvo

icon /'aɪkɑːn, BrE 'aɪkɒn/ *n* icono *m*, ícono *m*

icy /'aɪsi/ *adj* **icier, iciest (a)** ‹*wind/rain*› helado, glacial; ‹*feet/hands*› helado; (*as adv*) **~ cold** helado **(b)** ‹*stare/reception*› glacial **(c)** ‹*roads/ground*› cubierto de hielo

ID (a) = **identification (b)** = **Idaho**

idea /aɪ'diːə, BrE aɪ'dɪə/ *n* idea *f*; **I had an ~** se me ocurrió una idea; **that's the general ~** de eso se trata; **that's not my ~ of fun** eso no es lo que yo entiendo por diversión; **where is he? — (I've) no ~!** ¿dónde está? — (no tengo) ni idea

ideal¹ /aɪ'diːəl/ *adj* ideal

ideal² *n* ideal *m*

idealism /aɪ'diːəlɪzəm/ *n* idealismo *m*

idealist /aɪ'diːələst, BrE aɪ'diːəlɪst/ *n* idealista *mf*

idealistic /aɪ'diːə'lɪstɪk, BrE ˌaɪdɪə'lɪstɪk/ *adj* idealista

idealize /aɪ'diːəlaɪz, BrE aɪ'dɪəlaɪz/ *vt* idealizar*

ideally /aɪ'diːəli, BrE aɪ'dɪəli/ *adv* ‹*located/placed/equipped*› inmejorablemente; **they are ~ suited** están hechos el uno para el otro; **~, no one would have to do it** (*indep*) lo ideal sería que nadie tuviera que hacerlo

identical /aɪ'dentɪkəl/ *adj* idéntico; **~ twins** gemelos *mpl* univitelinos (téc), gemelos *mpl* (AmL), gemelos *mpl* idénticos (Esp); **to be ~** TO *o* WITH **sth** ser* idéntico A algo

identification /aɪ'dentəfə'keɪʃən, BrE aɪˌdentɪfɪ'keɪʃən/ *n* **(a)** (act of identifying) identificación *f* **(b)** (evidence of identity): **have you got any ~?** ¿tiene algún documento que acredite su identidad?

identification parade *n* (BrE) rueda *f* de identificación *or* de sospechosos

identify /aɪ'dentəfaɪ, BrE aɪ'dentɪfaɪ/ **-fies, -fying, -fied** *vt* identificar*
■ *v refl* (reveal identity): **to ~ oneself** identificarse*
■ *vi* **to ~** WITH **sb/sth** identificarse* CON algn/algo

Identikit® /aɪ'dentəkɪt, BrE aɪ'dentɪkɪt/ *n*: **~ picture** Identikit® *m*, retrato *m* hablado (AmS) *or* (Méx) reconstruido *or* (Esp) robot

identity /aɪ'dentəti/ *n* (*pl* **-ties**) identidad *f*; (*before n*) **~ card** carné *m or* (AmL tb) cédula *f* de identidad; **~ theft** robo *m* de identidad

ideological /'aɪdiə'lɑːdʒɪkəl, BrE ˌaɪdɪə'lɒdʒɪkəl/ *adj* ideológico

ideology /'aɪdi'ɑːlədʒi, BrE ˌaɪdi'ɒlədʒi/ *n* (*pl* **-gies**) ideología *f*

idiom /'ɪdiəm/ *n* modismo *m*

idiomatic /'ɪdiə'mætɪk/ *adj* idiomático

idiosyncrasy /'ɪdiə'sɪŋkrəsi/ *n* (*pl* **-sies**) idiosincrasia *f*

idiosyncratic /'ɪdiəsɪn'krætɪk, BrE ˌɪdiəsɪŋ'krætɪk/ *adj* idiosincrásico

idiot /'ɪdiət/ *n* idiota *mf*

idiotic /'ɪdi'ɑːtɪk, BrE ˌɪdi'ɒtɪk/ *adj* idiota

idle¹ /'aɪdl/ *adj* **idler** /'aɪdlər, BrE 'aɪdlə(r)/, **idlest** /'aɪdləst, BrE 'aɪdlɪst/ **1 (a)** (not in use or employment): **to be ~** «*worker*» no tener* trabajo; «*machine/factory*» estar* parado **(b)** (unoccupied) ‹*hours/moment*› de ocio **2** (lazy) holgazán **3** (frivolous): **it was ~ curiosity** era pura curiosidad; **~ speculation** conjeturas *fpl* inútiles

idle² *vi* **(a)** (be lazy) holgazanear **(b)** (Auto) «*engine*» andar* al ralentí

idleness /'aɪdlnəs, BrE 'aɪdlnɪs/ *n* **(a)** (involuntary inactivity) inactividad *f* **(b)** (laziness) holgazanería *f*

idol /'aɪdl/ *n* ídolo *m*

idolize /'aɪdlaɪz/ *vt* idolatrar
idyll /'aɪdl, BrE 'ɪdɪl/ *n* idilio *m*
idyllic /aɪ'dɪlɪk, BrE ɪ'dɪlɪk/ *adj* idílico
i.e. /'aɪ'i:/ (that is) (in writing) i.e.; (in speech) esto es
if /ɪf/ *conj* **1** (on condition that) si; **~ I were you, I wouldn't do it** yo en tu lugar *or* yo que tú, no lo haría; **she was very offhand, ~ not downright rude** estuvo muy brusca, por no decir verdaderamente grosera; **~ nothing else** aunque no sea más que eso; **~ so** (*as linker*) si es así **2** (whether) si **3** (though) aunque, si bien
igloo /'ɪglu:/ *n* iglú *m*
ignite /ɪg'naɪt/ *vt* prenderle fuego a
■ *vi* «*fuel/paper*» prenderse fuego
ignition /ɪg'nɪʃən/ *n* **(a)** (act) encendido *m* **(b)** (mechanism) (Auto) encendido *m*; (*before n*) **~ key** llave *f* de contacto *or* (AmL tb) del arranque
ignorance /'ɪgnərəns/ *n* ignorancia *f*
ignorant /'ɪgnərənt/ *adj* (lacking knowledge) ignorante; **to be ~ OF sth** ignorar algo
ignore /ɪg'nɔ:r, BrE ɪg'nɔ:(r)/ *vt* ‹*person/remark*› ignorar; ‹*warning*› hacer* caso omiso de; **we can't ~ the fact that ...** no podemos dejar de tener en cuenta el hecho de que ...
IL = **Illinois**
ilk /ɪlk/ *n* tipo *m*
ill¹ /ɪl/ *adj* **1** **-er, -est** (unwell) enfermo; **to feel ~** sentirse* mal **2** (bad) (*before n*) **~ effects** efectos *mpl* negativos; **his ~ health** su mala salud
ill² *adv* (*no comp*) **(a)** (hardly): **I can ~ afford to buy a new car** mal puedo yo permitirme comprar un coche nuevo **(b)** (badly) (fml) mal; **to speak ~ of sb** hablar mal de algn
ill³ *n* mal *m*
Ill = **Illinois**
I'll /aɪl/ = **I will, I shall**
ill: **~-advised** /'ɪləd'vaɪzd/ *adj* ‹*action*› desacertado; **you would be ~-advised to go** no sería aconsejable que fueras; **~ at ease** *adj* (*pred*) (uncomfortable) incómodo; (anxious) inquieto; **~-bred** /'ɪl'bred/ *adj* sin educación
illegal /ɪ'li:gəl/ *adj* **(a)** (unlawful) ilegal **(b)** (AmE) (Sport) antirreglamentario
illegible /ɪ'ledʒəbəl/ *adj* ilegible
illegitimate /'ɪlɪ'dʒɪtəmət, BrE ˌɪlɪ'dʒɪtɪmət/ *adj* ilegítimo
ill: **~-fated** /'ɪl'feɪtəd, BrE ˌɪl'feɪtɪd/ *adj* infortunado; **~ feeling** *n* resentimiento *m*, rencor *m*; **~-gotten** /'ɪl'gɑ:tn̩, BrE ˌɪl'gɒtn̩/ *adj*: **~-gotten gains** dinero *m* mal habido
illicit /ɪ'lɪsət, BrE ɪ'lɪsɪt/ *adj* ilícito
ill-informed /'ɪlɪn'fɔ:rmd, BrE ˌɪlɪn'fɔ:md/ *adj* mal informado
illiteracy /ɪ'lɪtərəsi/ *n* analfabetismo *m*
illiterate /ɪ'lɪtərət/ *adj* analfabeto
illness /'ɪlnəs, BrE 'ɪlnɪs/ *n* enfermedad *f*
illogical /ɪ'lɑ:dʒɪkəl, BrE ɪ'lɒdʒɪkəl/ *adj* ilógico
ill: **~-treat** /'ɪl'tri:t/ *vt* maltratar; **~-treatment** /'ɪl'tri:tmənt/ *n* malos tratos *mpl*
illuminate /ɪ'lu:məneɪt, BrE ɪ'lu:mɪneɪt/ *vt* iluminar
illumination /ɪ'lu:mə'neɪʃən, BrE ɪˌlu:mɪ'neɪʃən/ *n* iluminación *f*
illusion /ɪ'lu:ʒən/ *n* **(a)** (false appearance): **to give** o **create an ~ of sth** dar* la impresión de algo; (Art) crear la ilusión de algo; **an optical ~** una ilusión óptica **(b)** (false idea) ilusión *f*
illustrate /'ɪləstreɪt/ *vt* **1** ‹*book/magazine*› ilustrar **2** **(a)** (explain by examples) ilustrar **(b)** (show) poner* de manifiesto
illustration /'ɪlə'streɪʃən/ *n* **1** (picture, technique) ilustración *f* **2** (example) ejemplo *m*
illustrator /'ɪləstreɪtər, BrE 'ɪləstreɪtə(r)/ *n* ilustrador, -dora *m,f*
illustrious /ɪ'lʌstriəs/ *adj* (liter) ilustre
ill will *n* **(a)** (hostility) animadversión *f* **(b)** (spite) rencor *m*
I'm /aɪm/ = **I am**
image /'ɪmɪdʒ/ *n* imagen *f*; ***to be the (spitting) ~*** o ***spit and ~ of sb*** ser* la viva imagen de algn
imagery /'ɪmɪdʒəri/ *n* imaginería *f*, imágenes *fpl*
imaginable /ɪ'mædʒənəbəl, BrE ɪ'mædʒɪnəbəl/ *adj* imaginable
imaginary /ɪ'mædʒəneri, BrE ɪ'mædʒɪnəri/ *adj* imaginario
imagination /ɪ'mædʒə'neɪʃən, BrE ɪˌmædʒɪ'neɪʃən/ *n* imaginación *f*
imaginative /ɪ'mædʒənətɪv, BrE ɪ'mædʒɪnətɪv/ *adj* imaginativo
imagine /ɪ'mædʒən, BrE ɪ'mædʒɪn/ *vt* **(a)** (picture to oneself) imaginarse; **I can just ~ her saying that** ya me la imagino diciendo eso **(b)** (fancy mistakenly): **you're imagining things** son imaginaciones *or* figuraciones tuyas **(c)** (assume) imaginarse; **I ~ she's very tired** me imagino que estará muy cansada
imbalance /ɪm'bæləns/ *n* desequilibrio *m*
imbecile /'ɪmbəsəl, BrE 'ɪmbəsi:l/ *n* imbécil *mf*
imbed /ɪm'bed/ *vt* **-dd-** (AmE) ▶ **embed**
IMF *n* (= **International Monetary Fund**) FMI *m*
imitate /'ɪməteɪt, BrE 'ɪmɪteɪt/ *vt* imitar
imitation¹ /'ɪmə'teɪʃən, BrE ˌɪmɪ'teɪʃən/ *n* imitación *f*
imitation² *adj* ‹*gold/pearls*› de imitación
immaculate /ɪ'mækjələt, BrE ɪ'mækjʊlət/ *adj* impecable
immaterial /'ɪmə'tɪriəl, BrE ˌɪmə'tɪəriəl/ *adj* irrelevante
immature /'ɪmə'tʊr, BrE ˌɪmə'tjʊə(r)/ *adj* **(a)** ‹*tree/animal*› joven; ‹*fruit*› verde, inmaduro **(b)** (childish) ‹*person/attitude*› inmaduro
immaturity /'ɪmə'tʊrəti, BrE ˌɪmə'tjʊərəti/ *n* inmadurez *f*
immediate /ɪ'mi:diət/ *adj* **1** **(a)** (instant, prompt) inmediato **(b)** ‹*problem/need*› urgente, apremiante **2** (*before n*) (close): **in the ~ future** en el futuro inmediato; **in the ~ vicinity** en las inmediaciones
immediately /ɪ'mi:diətli/ *adv* **1** (at once) inmediatamente **2** ‹*before/after/above/below*› justo
immemorial /'ɪmə'mɔ:riəl/ *adj* (liter) inmemorial (liter)
immense /ɪ'mens/ *adj* inmenso, enorme

immensely /ɪ'mensli/ *adv* ‹*enjoy/like*› enormemente; ‹*popular/powerful*› inmensamente

immerse /ɪ'mɜːrs, BrE ɪ'mɜːs/ *vt* **(a)** (submerge) **to ~ sth/sb (IN sth)** sumergir* algo/a algn (EN algo) **(b)** (absorb, involve) **to be ~d IN sth** estar* absorto EN algo

immersion heater /ɪ'mɜːrʒən, BrE ɪ'mɜːʃən/ *n* calentador *m* eléctrico (*de agua*), termo *m* (Chi), termofón *m* (RPl)

immigrant /'ɪməgrənt, BrE 'ɪmɪgrənt/ *n* inmigrante *mf*; (*before n*) ‹*worker/population*› inmigrante

immigration /'ɪmə'greɪʃən, BrE ˌɪmɪ'greɪʃən/ *n* inmigración *f*

imminent /'ɪmənənt, BrE 'ɪmɪnənt/ *adj* inminente

immobile /ɪ'məʊbəl, BrE ɪ'məʊbaɪl/ *adj* inmóvil

immobilize /ɪ'məʊbəlaɪz, BrE ɪ'məʊbɪlaɪz/ *vt* inmovilizar*

immoderate /ɪ'mɑːdərət, BrE ɪ'mɒdərət/ *adj* ‹*demands/appetite*› desmedido

immodest /ɪ'mɑːdəst, BrE ɪ'mɒdɪst/ *adj* **(a)** (conceited) presuntuoso, inmodesto **(b)** (indecent) ‹*behavior/suggestion*› impúdico, inmodesto

immoral /ɪ'mɔːrəl, BrE ɪ'mɒrəl/ *adj* inmoral

immorality /'ɪmɔː'ræləti, BrE ˌɪmə'ræləti/ *n* inmoralidad *f*

immortal /ɪ'mɔːrtl, BrE ɪ'mɔːtl/ *adj* inmortal

immortality /'ɪmɔːr'tæləti, BrE ˌɪmɔː'tæləti/ *n* inmortalidad *f*

immortalize /ɪ'mɔːrtlaɪz, BrE ɪ'mɔːtlaɪz/ *vt* inmortalizar*

immune /ɪ'mjuːn/ *adj* **(a)** (not susceptible) **to be ~ TO sth** ser* inmune A algo **(b)** (*before n*) ‹*system/response*› inmunológico

immunity /ɪ'mjuːnəti/ *n* inmunidad *f*

immunization /'ɪmjənə'zeɪʃən, BrE ˌɪmjʊnaɪ'zeɪʃən/ *n* inmunización *f*

immunize /'ɪmjənaɪz, BrE 'ɪmjʊnaɪz/ *vt* inmunizar*

imp /ɪmp/ *n* diablillo *m* (fam)

⚷ **impact** /'ɪmpækt/ *n* impacto *m*

impair /ɪm'per, BrE ɪm'peə(r)/ *vt* afectar; **~ed vision/hearing** problemas *mpl* de vista/audición

impale /ɪm'peɪl/ *vt* **to ~ sth/sb ON sth** atravesar* algo/a algn CON algo

impart /ɪm'pɑːrt, BrE ɪm'pɑːt/ *vt* (fml) ‹*news*› comunicar*; ‹*knowledge*› impartir; ‹*feeling/quality*› conferir* (fml)

impartial /ɪm'pɑːrʃəl, BrE ɪm'pɑːʃəl/ *adj* imparcial

impassable /ɪm'pæsəbəl, BrE ɪm'pɑːsəbəl/ *adj* ‹*river/barrier*› infranqueable; ‹*road*› intransitable

impasse /'ɪmpæs, BrE 'æmpæs/ *n* impasse *m*

impassioned /ɪm'pæʃənd/ *adj* apasionado

impassive /ɪm'pæsɪv/ *adj* impasible

impatience /ɪm'peɪʃəns/ *n* impaciencia *f*

impatient /ɪm'peɪʃənt/ *adj* ‹*person*› impaciente; ‹*gesture/voice*› de impaciencia

⚷ palabra clave

impatiently /ɪm'peɪʃəntli/ *adv* con impaciencia

impeach /ɪm'piːtʃ/ *vt* (Law) *acusar a un alto cargo de delitos cometidos en el desempeño de sus funciones*

impeccable /ɪm'pekəbəl/ *adj* impecable

impecunious /'ɪmpɪ'kjuːniəs/ *adj* (liter *or* hum) sin peculio (liter *o* hum)

impede /ɪm'piːd/ *vt* dificultar

impediment /ɪm'pedəmənt, BrE ɪm'pedɪmənt/ *n* **(a)** (hindrance) impedimento *m* **(b)** (physical defect) defecto *m*; **a speech ~** un defecto del habla

impel /ɪm'pel/ *vt* **-ll-** impeler

impending /ɪm'pendɪŋ/ *adj* (*before n*) inminente

impenetrable /ɪm'penətrəbəl/ *adj* impenetrable

imperative¹ /ɪm'perətɪv/ *adj* **1** **(a)** (essential) imprescindible, fundamental **(b)** ‹*need*› imperioso, imperativo **2** (Ling) ‹*mood*› imperativo; ‹*sentence*› en imperativo

imperative² *n* imperativo *m*

imperceptible /'ɪmpər'septəbəl, BrE ˌɪmpə'septəbəl/ *adj* imperceptible

imperfect¹ /ɪm'pɜːrfɪkt, BrE ɪm'pɜːfɪkt/ *adj* imperfecto

imperfect² *n* imperfecto *m*

imperfection /'ɪmpər'fekʃən, BrE ˌɪmpə'fekʃən/ *n* imperfección *f*

imperial /ɪm'pɪriəl, BrE ɪm'pɪəriəl/ *adj* (of empire) (*before n*) imperial, del imperio

imperialism /ɪm'pɪriəlɪzəm, BrE ɪm'pɪəriəlɪzəm/ *n* imperialismo *m*

imperialist /ɪm'pɪriələst, BrE ɪm'pɪəriəlɪst/ *n* imperialista *mf*

imperil /ɪm'perəl, BrE ɪm'perɪl, ɪm'perəl/ *vt*, (BrE **-ll-**) poner* en peligro

imperious /ɪm'pɪriəs, BrE ɪm'pɪəriəs/ *adj* imperioso

impermeable /ɪm'pɜːrmiəbəl, BrE ɪm'pɜːmiəbəl/ *adj* impermeable

impersonal /ɪm'pɜːrsn̩əl, BrE ɪm'pɜːsənl/ *adj* impersonal

impersonate /ɪm'pɜːrsəneɪt, BrE ɪm'pɜːsəneɪt/ *vt* **(a)** (pretend to be) hacerse* pasar por **(b)** (mimic) imitar, impersonar (Méx)

impersonator /ɪm'pɜːrsəneɪtər, BrE ɪm'pɜːsəneɪtə(r)/ *n* imitador, -dora *m,f*, impersonador, -dora *m,f* (Méx)

impertinent /ɪm'pɜːrtn̩ənt, BrE ɪm'pɜːtɪnənt/ *adj* impertinente

impervious /ɪm'pɜːrviəs, BrE ɪm'pɜːviəs/ *adj* **(a)** ‹*rock/material*› impermeable **(b)** (unaffected) **to be ~ TO sth** (to criticism/doubt) ser* impermeable A algo

impetuous /ɪm'petʃuəs/ *adj* ‹*person*› impetuoso; ‹*action/decision*› impulsivo

impetus /'ɪmpətəs, BrE 'ɪmpɪtəs/ *n* ímpetu *m*

impinge /ɪm'pɪndʒ/ *vi* **to ~ ON** *o* **UPON sth** ‹*privacy/freedom*› vulnerar algo

implacable /ɪm'plækəbəl/ *adj* implacable

implant /ɪm'plænt, BrE ɪm'plɑːnt/ *vt* **(a)** ‹*idea/ideal*› inculcar* **(b)** ‹*embryo/hair*› implantar

implausible /ɪm'plɔːzəbəl/ *adj* inverosímil

⚷ **implement¹** /'ɪmpləment, BrE 'ɪmplɪment/ *vt*

implementar

implement² /ˈɪmpləmənt, BrE ˈɪmplɪmənt/ *n* instrumento *m*, implemento *m* (AmL)

implementation /ˌɪmpləmenˈteɪʃən/ *n* implementación *f*, puesta *f* en marcha

implicate /ˈɪmpləkeɪt, BrE ˈɪmplɪkeɪt/ *vt* implicar*

implication /ˈɪmpləˈkeɪʃən, BrE ˌɪmplɪˈkeɪʃən/ *n* **1** (consequence, significance) repercusión *f*, implicación *f* **2** (involvement) implicación *f*

implicit /ɪmˈplɪsət, BrE ɪmˈplɪsɪt/ *adj* **(a)** ‹*threat*› implícito **(b)** ‹*confidence/trust*› incondicional, total

implode /ɪmˈpləʊd/ *vi* implosionar

implore /ɪmˈplɔːr, BrE ɪmˈplɔː(r)/ *vt* implorar

imply /ɪmˈplaɪ/ *vt* **implies, implying, implied** **1** (suggest, hint) dar* a entender, insinuar* **2** (involve) implicar*, suponer*

impolite /ˈɪmpəˈlaɪt/ *adj* maleducado, descortés

import¹ /ˈɪmpɔːrt, BrE ˈɪmpɔːt/ *n* **1** (Busn) **(a)** (act) importación *f* **(b)** (article): **a foreign ~** un artículo de importación **2** (significance) (fml) importancia *f*

import² /ɪmˈpɔːrt, BrE ɪmˈpɔːt/ *vt* importar

importance /ɪmˈpɔːrtn̩s, BrE ɪmˈpɔːtn̩s/ *n* importancia *f*

important /ɪmˈpɔːrtn̩t, BrE ɪmˈpɔːtn̩t/ *adj* importante

importer /ɪmˈpɔːrtər, BrE ɪmˈpɔːtə(r)/ *n* importador, -dora *m,f*

impose /ɪmˈpəʊz/ *vt* imponer*
■ *vi* molestar; **to ~ on sb's goodwill** abusar de la buena voluntad de algn

imposing /ɪmˈpəʊzɪŋ/ *adj* imponente

imposition /ˈɪmpəˈzɪʃən/ *n* **(a)** (enforcement) imposición *f* **(b)** (taking unfair advantage) abuso *m*

impossibility /ɪmˈpɑːsəˈbɪləti, BrE ɪmˌpɒsəˈbɪləti/ *n* imposibilidad *f*

impossible¹ /ɪmˈpɑːsəbəl, BrE ɪmˈpɒsəbəl/ *adj* **(a)** ‹*job/request*› imposible; **it's ~ for me to arrive by twelve** me es imposible llegar para las doce **(b)** (intolerable) intolerable

impossible² *n*: **to ask/attempt the ~** pedir*/intentar lo imposible

impostor /ɪmˈpɑːstər, BrE ɪmˈpɒstə(r)/ *n* impostor, -tora *m,f*

impotence /ˈɪmpətəns/ *n* impotencia *f*

impotent /ˈɪmpətənt/ *adj* impotente

impound /ɪmˈpaʊnd/ *vt* **(a)** ‹*possessions/assets*› incautar(se de) **(b)** ‹*vehicle*› llevar al depósito municipal

impoverished /ɪmˈpɑːvərɪʃt, BrE ɪmˈpɒvərɪʃt/ *adj* (financially, spiritually) empobrecido; ‹*soil/diet*› pobre

impractical /ɪmˈpræktɪkəl/ *adj* poco práctico

impregnable /ɪmˈpregnəbəl/ *adj* ‹*fortress*› inexpugnable; ‹*organization*› impenetrable

impregnate /ɪmˈpregneɪt, BrE ˈɪmpregneɪt/ *vt* **1** (saturate) **to ~ sth** WITH **sth** impregnar algo CON *or* DE algo **2** (make pregnant) (fml) fecundar

impresario /ˈɪmprəˈsɑːriəʊ, BrE ˌɪmprɪˈsɑːriəʊ/ (*pl* **-os**) *n* empresario, -ria *m,f* teatral

impress /ɪmˈpres/ *vt* **1** (make impression on): **we were ~ed by your work** tu trabajo nos causó muy buena impresión; **he only did it to ~ her** lo hizo solo para impactarla **2** (emphasize) **to ~ sth** ON *o* UPON **sb** recalcarle* algo a algn
■ *vi* impresionar

impression /ɪmˈpreʃən/ *n* **1** **(a)** (idea, image) impresión *f*; **to be under the ~ (that) ...** creer* *or* pensar* que ... **(b)** (effect) impresión *f*; **to make** o **create a good/bad ~ on sb** causarle a algn una buena/mala impresión **2** (imprint) impresión *f*, huella *f* **3** (impersonation) imitación *f*

impressionable /ɪmˈpreʃn̩əbəl/ *adj* **(a)** (easily influenced) influenciable **(b)** (easily frightened, upset) impresionable

impressionism /ɪmˈpreʃənɪzəm/ *n* impresionismo *m*

impressionist /ɪmˈpreʃənəst, BrE ɪmˈpreʃənɪst/ *n* **(a)** (Art) impresionista *mf* **(b)** (impersonator) imitador, -dora *m,f*

impressive /ɪmˈpresɪv/ *adj* ‹*record/work*› admirable; ‹*building/ceremony*› imponente

imprint¹ /ˈɪmprɪnt/ *n* marca *f*, huella *f*

imprint² /ɪmˈprɪnt/ *vt* (physically) imprimir*; (on mind) grabar

imprison /ɪmˈprɪzən/ *vt* (Law) encarcelar

imprisonment /ɪmˈprɪzənmənt/ *n* (act) encarcelamiento *m*; (state) prisión *f*; **life ~** cadena *f* perpetua

improbable /ɪmˈprɑːbəbəl, BrE ɪmˈprɒbəbəl/ *adj* **(a)** (unlikely) improbable **(b)** (implausible) inverosímil

impromptu /ɪmˈprɑːmptu, BrE ɪmˈprɒmptjuː/ *adj* improvisado

improper /ɪmˈprɑːpər, BrE ɪmˈprɒpə(r)/ *adj* **1** ‹*behavior/language*› indecoroso; ‹*suggestion*› deshonesto **2** (incorrect) (fml) ‹*use*› indebido; ‹*term*› incorrecto

improve /ɪmˈpruːv/ *vt* **(a)** ‹*design/results*› mejorar; ‹*chances*› aumentar; **to ~ one's mind** cultivarse **(b)** ‹*property*› hacer* mejoras en
■ *vi* «*situation/weather/health*» mejorar; «*chances*» aumentar

improvement /ɪmˈpruːvmənt/ *n* (in design, situation) mejora *f*; (in health) mejoría *f*

improvise /ˈɪmprəvaɪz/ *vi/t* improvisar

imprudent /ɪmˈpruːdn̩t/ *adj* (fml) imprudente

impudence /ˈɪmpjədəns, BrE ˈɪmpjʊdəns/ *n* insolencia *f*

impudent /ˈɪmpjədənt, BrE ˈɪmpjʊdənt/ *adj* insolente

impulse /ˈɪmpʌls/ *n* impulso *m*; **I did it on ~** lo hice sin pensarlo

impulsive /ɪmˈpʌlsɪv/ *adj* impulsivo

impunity /ɪmˈpjuːnəti/ *n* (fml) impunidad *f*

impure /ˈɪmˈpjʊr, BrE ɪmˈpjʊə(r)/ *adj* impuro

impurity /ɪmˈpjʊrəti, BrE ɪmˈpjʊərəti/ *n* (*pl* **-ties**) impureza *f*

in¹ /ɪn/ *prep* **1** **(a)** (indicating place, location) en; **~ Japan** en (el) Japón; **he went ~ the shop** entró en la tienda; **who's that ~ the photo?** ¿quién es ese de la foto?; **~ here/there** aquí/allí dentro *or* (esp AmL) adentro; **~ the rain** bajo la lluvia **(b)** (*with superl*) de; **the highest mountain ~ Italy** la montaña más alta de Italia; **the worst storm ~ living memory** la peor tormenta que se recuerda **2** (indicating time) en; **~ spring/January/1924** en primavera/enero/1924; **at four o'clock ~ the morning** a las cuatro de la mañana; **she did it ~ three hours** lo hizo en

i

tres horas; ~ **two months' time** dentro de dos meses **3** **(a)** (indicating manner) en; ~ **dollars** en dólares; ~ **French** en francés; ~ **twos** de dos en dos, de a dos (AmL); **cut it ~ half** córtalo por la mitad; **they came ~ their thousands** vinieron miles y miles **(b)** (wearing): **he turned up ~ a suit** apareció de traje; **are you going ~ that dress?** ¿vas a ir con ese vestido? **4** (indicating circumstances, state): **the company is ~ difficulties** la empresa está pasando dificultades; **to be ~ a good mood** estar* de buen humor; **he's ~ pain** está dolorido; **low ~ calories** bajo en calorías **5** (indicating ratio): **one ~ four** uno de cada cuatro; **she's one ~ a million** es única **6** **(a)** (+ *gerund*): **~ so doing, they set a precedent** al hacerlo, sentaron precedente **(b) in that** (*as conj*): **the case is unusual ~ that ...** el caso es poco común en el sentido de que ...

🔑 **in²** *adv* **1** **(a)** (inside): **is the cat ~?** ¿el gato está dentro *or* (esp AmL) adentro?; **~ you go!** ¡entra! **(b)** (at home, work): **is Lisa ~?** ¿está Lisa?; **there was nobody ~** no había nadie **2** **(a)** (in position): **she had her curlers ~** llevaba *or* tenía los rulos puestos **(b)** (at destination): **the train isn't ~ yet** el tren no ha llegado todavía; **application forms must be ~ by October 5** las solicitudes deben entregarse antes del 5 de octubre **3** (involved): **we were ~ on the planning stage** participamos en la planificación; ***to be ~ for sth***: **it looks like we're ~ for some rain** parece que va a llover; **you're ~ for a big surprise** te vas a llevar una buena sorpresa

in³ *adj* **1** **(a)** (fashionable) (infml) (*no comp*): **black is ~ this season** el negro está de moda esta temporada; **the ~ place** el lugar in (fam) **(b)** (exclusive, private) (*before n*): **an ~ joke** un chiste para iniciados **2** (*pred*) (in tennis, badminton, etc): **the ball was ~** la pelota fue buena *or* cayó dentro *or* (esp AmL) adentro

in⁴ *n*: **the ~s and outs (of sth)** los pormenores (de algo)

in⁵ (*pl* **in** *or* **ins**) = **inch(es)**

IN = **Indiana**

inability /ˈɪnəˈbɪləti/ *n* incapacidad *f*; **~ to +** INF incapacidad PARA + INF

inaccessible /ˈɪnəkˈsesəbəl, BrE ˌɪnækˈsesəbəl/ *adj* inaccesible

inaccurate /ɪnˈækjərət/ *adj* **(a)** ‹*translation/estimate*› inexacto **(b)** ‹*aim/shot*› impreciso

inactive /ɪnˈæktɪv/ *adj* inactivo

inactivity /ˈɪnækˈtɪvəti/ *n* inactividad *f*

inadequate /ɪnˈædɪkwət/ *adj* **(a)** ‹*resources/measures*› insuficiente **(b)** ‹*person*› inepto

inadvertently /ˈɪnədˈvɜːrtn̩tli, BrE ˌɪnədˈvɜːtn̩tli/ *adv* sin querer

inadvisable /ˈɪnədˈvaɪzəbəl/ *adj* desaconsejable

inane /ɪˈneɪn/ *adj* estúpido, idiota

inanimate /ɪnˈænəmət, BrE ɪnˈænɪmət/ *adj* inanimado

inapplicable /ɪnˈæplɪkəbəl, ˌɪnəˈplɪkəbəl/ *adj* inaplicable, no aplicable

inappropriate /ˈɪnəˈprəʊpriət/ *adj* ‹*measure/dress*› inadecuado; ‹*moment*› inoportuno

🔑 palabra clave

inarticulate /ˈɪnɑːrˈtɪkjələt, BrE ˌɪnɑːˈtɪkjʊlət/ *adj* ‹*babbling/grunt*› inarticulado; ‹*person*› con dificultad para expresarse

inasmuch as /ˈɪnəzˈmʌtʃ/ *conj* (fml) **(a)** (since, seeing that) ya que, puesto que **(b)** ▶ **insofar as**

inattentive /ˈɪnəˈtentɪv/ *adj* ‹*pupil/listener*› distraído, poco atento

inaudible /ɪnˈɔːdəbəl/ *adj* inaudible

inaugural /ɪnˈɔːgjərəl, BrE ɪˈnɔːgjʊrəl/ *adj* **(a)** ‹*speech/lecture*› inaugural **(b)** (of official) ‹*speech*› de toma de posesión; ‹*ceremony*› de investidura

inaugurate /ɪnˈɔːgjəreɪt, BrE ɪˈnɔːgjʊreɪt/ *vt* **(a)** (begin, open) inaugurar **(b)** (fml) ‹*president*› investir*

inauguration /ɪnˈɔːgjəˈreɪʃən, BrE ɪˌnɔːgjʊˈreɪʃən/ *n* **(a)** (investiture) investidura *f*; (*before n*) **I~ Day** (in US) *día de la toma de posesión del presidente de los EEUU* **(b)** (opening) inauguración *f*

inbreeding /ˈɪnˌbriːdɪŋ/ *n* endogamia *f*

Inc /ɪnk/ (AmE) = **Incorporated**

Inca¹ /ˈɪŋkə/ *adj* incaico, inca

Inca² *n* inca *mf*

incapable /ɪnˈkeɪpəbəl/ *adj* (*pred*) **(a)** (not able) **to be ~** OF -ING ser* incapaz DE + INF **(b)** (helpless) inútil, incapaz

incapacitate /ˈɪnkəˈpæsəteɪt, BrE ˌɪnkəˈpæsɪteɪt/ *vt* **(a)** (disable) incapacitar **(b)** (Law) inhabilitar

incarcerate /ɪnˈkɑːrsərəɪt, BrE ɪnˈkɑːsəreɪt/ *vt* encarcelar

incarnate /ɪnˈkɑːrnət, BrE ɪnˈkɑːnət/ *adj* (liter) (*usu pred*) encarnado

incarnation /ˈɪnkɑːrˈneɪʃən, BrE ˌɪnkɑːˈneɪʃən/ *n* encarnación *f*

incendiary /ɪnˈsendieri, BrE ɪnˈsendiəri/ *adj* incendiario

incense¹ /ˈɪnsens/ *n* incienso *m*

incense² /ɪnˈsens/ *vt* indignar

incentive /ɪnˈsentɪv/ *n* incentivo *m*

inception /ɪnˈsepʃən/ *n* (fml) inicio *m*

incessant /ɪnˈsesn̩t/ *adj* incesante

incessantly /ɪnˈsesn̩tli/ *adv* sin cesar

incest /ˈɪnsest/ *n* incesto *m*

incestuous /ɪnˈsestʃuəs, BrE ɪnˈsestjʊəs/ *adj* incestuoso

🔑 **inch¹** /ɪntʃ/ *n* pulgada *f* (*2,54 centímetros*); **I've searched every ~ of the house** he buscado hasta en el último rincón de la casa; **she wouldn't budge** o **give an ~** no cedió ni un ápice

inch² *vi*: **to ~ forward** avanzar* lentamente

incidence /ˈɪnsədəns, BrE ˈɪnsɪdəns/ *n* **1** (frequency) índice *m* **2** (Opt, Phys) incidencia *f*

🔑 **incident** /ˈɪnsədənt, BrE ˈɪnsɪdənt/ *n* incidente *m*

incidental /ˈɪnsəˈdentl, BrE ˌɪnsɪˈdentl/ *adj* **(a)** (accompanying) ‹*effect*› secundario; ‹*advantage/benefit*› adicional; ‹*expenses*› imprevisto **(b)** (minor) incidental

incidentally /ˈɪnsəˈdentli, BrE ˌɪnsɪˈdentəli/ *adv* (*indep*) a propósito

incinerate /ɪnˈsɪnəreɪt/ *vt* incinerar

incinerator /ɪnˈsɪnəreɪtər, BrE ɪnˈsɪnəreɪtə(r)/ *n* incinerador *m*

incision /ɪnˈsɪʒən/ *n* incisión *f*

incisor /ɪnˈsaɪzər, BrE ɪnˈsaɪzə(r)/ *n* incisivo *m*

incite /ɪn'saɪt/ *vt* ‹*hatred/violence*› instigar* a, incitar a; ‹*person*› **to ~ sb** TO **sth/+** INF instigar* *or* incitar a algn A algo/+ INF

inclination /'ɪnklə'neɪʃən, BrE ˌɪnklɪ'neɪʃən/ *n* **(a)** (leaning) tendencia *f* **(b)** (desire): **to have an/no ~ to +** INF tener*/no tener* deseos de + INF

incline¹ /ɪn'klaɪn/ *vt* (fml) ‹*head*› inclinar ■ *vi* (fml) **to ~** TO **sth: she ~s to the opposite view** se inclina a pensar lo contrario

incline² /'ɪnklaɪn/ *n* (fml) pendiente *f*

inclined /ɪn'klaɪnd/ *adj* (disposed) **~ to +** INF: **I'm ~ to agree** yo me inclino a pensar lo mismo; **she's ~ to be irritable in the morning** tiende a estar de mal humor por la mañana

include /ɪn'klu:d/ *vt* incluir*; (with letter) adjuntar; **service isn't ~d** el servicio no está incluido

including /ɪn'klu:dɪŋ/ *prep*: **up to and ~ page 25** hasta la página 25 inclusive; **not ~ insurance** sin incluir el seguro

inclusion /ɪn'klu:ʒən/ *n* inclusión *f*

inclusive /ɪn'klu:sɪv/ *adj* ‹*price/charge*› global; **to be ~** OF **sth** incluir* algo

incognito /ˌɪnkɑ:g'ni:təʊ, BrE ˌɪnkɒg'ni:təʊ/ *adv* de incógnito

incoherent /'ɪnkəʊ'hɪrənt, BrE ˌɪnkəʊ'hɪərənt/ *adj* incoherente

income /'ɪnkʌm/ *n* ingresos *mpl*

income: **~ support** *n* (in UK) *subsidio otorgado a personas de bajos ingresos*; **~ tax** *n* impuesto *m* sobre *or* a la renta, impuesto *m* a los réditos (Arg)

incoming /'ɪn'kʌmɪŋ/ *adj* (*before n*) **(a)** (inbound): **the area has been closed to ~ traffic** no se permite la entrada de vehículos a la zona; **the secretary takes all ~ calls** la secretaria atiende todas las llamadas **(b)** (about to take office) ‹*president*› entrante

incommunicado /'ɪnkə'mju:nə'kɑ:dəʊ, BrE ˌɪnkəˌmju:nɪ'kɑ:dəʊ/ *adj* (*pred*): **to be ~** estar* incomunicado

incomparable /ɪn'kɑ:mpərəbəl, BrE ɪn'kɒmpərəbəl/ *adj* (liter) incomparable

incompatibility /ˌɪnkəmpætə'bɪləti/ *n* incompatibilidad *f*

incompatible /'ɪnkəm'pætəbəl/ *adj* incompatible

incompetence /ɪn'kɑ:mpətəns, BrE ɪn'kɒmpɪtəns/ *n* incompetencia *f*

incompetent /ɪn'kɑ:mpətənt, BrE ɪn'kɒmpɪtənt/ *adj* ‹*person*› incompetente; ‹*work*› deficiente

incomplete /'ɪnkəm'pli:t/ *adj* **(a)** (with sth or sb missing) incompleto **(b)** (unfinished) inacabado

incomprehensible /ɪn'kɑ:mprə'hensəbəl, BrE ɪnˌkɒmprɪ'hensəbəl/ *adj* incomprensible

incomprehension /ɪn'kɑ:mprɪ'hentʃən, BrE ɪnˌkɒmprɪ'henʃən/ *n* incomprensión *f*

inconceivable /'ɪnkən'si:vəbəl/ *adj* inconcebible

inconclusive /'ɪnkən'klu:sɪv/ *adj* ‹*evidence/findings*› no concluyente

incongruous /ɪn'kɑ:ŋgruəs, BrE ɪn'kɒŋgrʊəs/ *adj* ‹*behavior/remark*› fuera de lugar, inapropiado; ‹*appearance*› extraño, raro

inconsequential /ɪn'kɑ:nsə'kwentʃəl, BrE ɪnˌkɒnsɪ'kwenʃəl/ *adj* intrascendente

inconsiderate /'ɪnkən'sɪdərət/ *adj* desconsiderado

inconsistent /'ɪnkən'sɪstənt/ *adj* **(a)** (contradictory) contradictorio; **to be ~** WITH **sth** no concordar* CON algo; (with principles/ideas) no compadecerse* CON algo **(b)** (changeable) ‹*person/attitude*› inconsecuente

inconspicuous /'ɪnkən'spɪkjuəs/ *adj* que no llama la atención

incontinent /ɪn'kɑ:ntn̩ənt, BrE ɪn'kɒntɪnənt/ *adj* (Med) incontinente

inconvenience¹ /'ɪnkən'vi:niəns/ *n* **(a)** (unsuitability, troublesomeness) inconveniencia *f* **(b)** (trouble) molestias *fpl* **(c)** (drawback, nuisance) inconveniente *m*

inconvenience² *vt* causarle molestias a

inconvenient /'ɪnkən'vi:niənt/ *adj* ‹*moment*› poco conveniente; ‹*position*› poco práctico

incorporate /ɪn'kɔ:rpəreɪt, BrE ɪn'kɔ:pəreɪt/ *vt* **1** **(a)** (take in) ‹*idea/plan*› incorporar; **to ~ sth** INTO **sth** incorporar algo A algo **(b)** (include, contain) incluir* **2** (Busn, Law) ‹*business/enterprise*› constituir* (en sociedad)

incorrect /'ɪnkə'rekt/ *adj* ‹*answer/spelling*› incorrecto; ‹*statement/belief*› equivocado

incorrigible /ɪn'kɔ:rədʒəbəl, BrE ɪn'kɒrɪdʒəbəl/ *adj* incorregible

increase¹ /ɪn'kri:s/ *vi* «*number/size/prices/output*» aumentar; «*influence/popularity*» crecer*; **to ~ in size** aumentar de tamaño; **to ~ in number** crecer* en número; **to ~ in value** aumentar de valor ■ *vt* aumentar

increase² /'ɪnkri:s/ *n* aumento *m*; **to be on the ~** estar* *or* ir* en aumento

increasing /ɪn'kri:sɪŋ/ *adj* (*before n*) creciente

increasingly /ɪn'kri:sɪŋli/ *adv*: **~ difficult** cada vez más difícil; **it is becoming ~ clear that ...** resulta cada vez más claro que ...

incredible /ɪn'kredəbəl/ *adj* increíble

incredibly /ɪn'kredəbli/ *adv* (infml) (*as intensifier*) increíblemente

incredulous /ɪn'kredʒələs, BrE ɪn'kredjʊləs/ *adj* de incredulidad

increment /'ɪŋkrəmənt/ *n* (in salary) incremento *m* (salarial) (fml)

incriminate /ɪn'krɪməneɪt, BrE ɪn'krɪmɪneɪt/ *vt* incriminar (fml)

incriminating /ɪn'krɪməneɪtɪŋ, BrE ɪn'krɪmɪneɪtɪŋ/ *adj* ‹*evidence/document*› comprometedor

incubate /'ɪŋkjəbeɪt, BrE 'ɪŋkjʊbeɪt/ *vt* incubar ■ *vi* «*bird*» empollar; «*egg/bacteria*» incubarse

incubation /'ɪŋkjə'beɪʃən, BrE ˌɪŋkjʊ'beɪʃən/ *n* incubación *f*

incubator /'ɪŋkjəbeɪtər, BrE 'ɪŋkjʊbeɪtə(r)/ *n* incubadora *f*

inculcate /'ɪnkʌlkeɪt/ *vt* (fml) **to ~ sth** IN(TO) **sb, to ~ sb** WITH **sth** inculcarle* algo A algn, inculcar* algo EN algn

incumbent¹ /ɪn'kʌmbənt/ *adj* (fml) **to be ~** ON *o* UPON **sb** incumbirle A algn

incumbent² *n* titular *mf* del cargo

incur /ɪn'kɜ:r, BrE ɪn'kɜ:(r)/ *vt* **-rr-** (fml) ‹*anger*› provocar*, incurrir en (fml); ‹*penalty*› acarrear; ‹*damage/loss*› sufrir; ‹*debt/liability*› contraer*;

‹*expense*› incurrir en (fml)

incurable /ɪn'kjʊrəbəl, BrE ɪn'kjʊərəbəl/ *adj* ‹*illness*› incurable; ‹*optimist/romantic*› empedernido

incursion /ɪn'kɜːrʒən, BrE ɪn'kɜːʃən/ *n* incursión *f*

Ind = **Indiana**

indebted /ɪn'detəd, BrE ɪn'detɪd/ *adj* **to be ~** TO **sb (**FOR **sth)** estar* en deuda CON algn (POR algo)

indecency /ɪn'diːsn̩si/ *n* indecencia *f*

indecent /ɪn'diːsn̩t/ *adj* indecente

indecent assault *n* abusos *mpl* deshonestos

indecipherable /'ɪndɪ'saɪfərəbəl/ *adj* indescifrable

indecision /'ɪndɪ'sɪʒən/ *n* indecisión *f*

indecisive /'ɪndɪ'saɪsɪv/ *adj* **(a)** (hesitant) indeciso **(b)** (inconclusive) no decisivo

indeed /ɪn'diːd/ *adv* **1** (*as intensifier*): **thank you very much ~** muchísimas gracias; **this is ~ a great privilege** este es un auténtico *or* verdadero privilegio **2** (in fact): **the wheel was ~ loose** en efecto, la rueda estaba suelta; **if ~ he is right** si es que tiene razón

indefensible /'ɪndɪ'fensəbəl/ *adj* inexcusable

indefinite /ɪn'defənət, BrE ɪn'defɪnət/ *adj* **1** ‹*number/period/outline*› indefinido **2** (Ling): **~ article** artículo *m* indefinido

indelible /ɪn'deləbəl/ *adj* indeleble

indelicate /ɪn'delәkәt, BrE ɪn'delɪkәt/ *adj* **(a)** (vulgar) indelicado **(b)** (tactless) indiscreto

indemnify /ɪn'demnəfaɪ, BrE ɪn'demnɪfaɪ/ *vt* **-fies, -fying, -fied (a)** (insure) asegurar **(b)** (compensate) indemnizar*

indemnity /ɪn'demnəti/ *n* (*pl* **-ties**) **(a)** (insurance) indemnidad *f* **(b)** (compensation) indemnización *f*

indent /ɪn'dent/ *vt* **(a)** ‹*line/paragraph*› sangrar **(b)** ‹*surface/edge*› marcar*

independence /'ɪndɪ'pendəns/ *n* independencia *f*

Independence Day *n* día *m* de la Independencia

independent /'ɪndɪ'pendənt/ *adj* independiente

in-depth /'ɪn'depθ/ *adj* (*before n*) a fondo

indescribable /'ɪndɪ'skraɪbəbəl/ *adj* indescriptible

indestructible /'ɪndɪ'strʌktəbəl/ *adj* indestructible

indeterminate /'ɪndɪ'tɜːrmənət, BrE ˌɪndɪ'tɜːmɪnət/ *adj* indeterminado

index[1] /'ɪndeks/ *n* **1** (*pl* **indexes**) **(a)** (in book, journal) índice *m* **(b)** (list) lista *f*; (*before n*) **~ card** ficha *f* **2** (*pl* **indexes** *o* **indices**) (Econ, Fin) índice *m* **3** (*pl* **indices**) (Math) índice *m*

index[2] *vt* **1** (Publ) **(a)** (provide with index) ponerle* un índice a **(b)** (enter in index) incluir* en un índice **2** (Econ, Fin) ‹*prices/wages*› indexar

index: **~ finger** *n* (dedo *m*) índice *m*; **~-linked** /'ɪndeks'lɪŋkt/ *adj* (esp BrE) indexado

India /'ɪndiə/ *n* la India

Indian[1] /'ɪndiən/ *adj* **1** (of India) indio **2** (of America) indígena, indio

Indian[2] *n* **1** (person from India) indio, -dia *m,f* **2** (American ~) indígena *mf*, indio, -dia *m,f*

Indian: **~ Ocean** *n*: **the ~ Ocean** el (Océano) Índico; **~ summer** *n* (in northern hemisphere) ≈ veranillo *m* de San Martín *or* de San Miguel; (in southern hemisphere) ≈ veranillo *m* de San Juan

indicate /'ɪndəkeɪt, BrE 'ɪndɪkeɪt/ *vt* **1 (a)** (point out) señalar **(b)** (Auto) indicar* **2 (a)** (show) ‹*change/condition*› ser* indicio de **(b)** (state) señalar

■ *vi* (BrE) (Auto) indicar*, señalizar*, poner* el intermitente *or* (Col, Méx) las direccionales *or* (Chi) el señalizador

indication /'ɪndə'keɪʃən, BrE ˌɪndɪ'keɪʃən/ *n* **(a)** (sign, hint) indicio *m* **(b)** (Med) indicación *f*

indicative[1] /ɪn'dɪkətɪv/ *adj* **1** (revealing) (fml) **to be ~** OF **sth** ser* indicio DE algo **2** (Ling) ‹*mood/form*› indicativo

indicative[2] *n* (Ling) indicativo *m*

indicator /'ɪndəkeɪtər, BrE 'ɪndɪkeɪtə(r)/ *n* **1 (a)** (pointer) indicador *m* **(b)** (instrument) indicador *m* **2** (Auto) intermitente *m*, direccional *f* (Col, Méx), señalizador *m* (de viraje) (Chi) **3** (sign) indicador *m*

indices /'ɪndəsiːz, BrE 'ɪndɪsiːz/ *pl of*, **index**[1] **2, 3**

indict /ɪn'daɪt/ *vt* (Law) acusar

indictment /ɪn'daɪtmənt/ *n* **1** (Law) acusación *f* **2** (criticism): **the report was an ~ of his management** el informe censuraba su gestión

indifference /ɪn'dɪfrəns/ *n* indiferencia *f*

indifferent /ɪn'dɪfrənt/ *adj* **1** (uninterested) indiferente **2** (mediocre) mediocre

indigenous /ɪn'dɪdʒənəs/ *adj* ‹*population/language*› indígena, autóctono; ‹*species*› autóctono

indigestible /'ɪndaɪ'dʒestəbəl, -də-, BrE ˌɪndɪ'dʒestəbəl/ *adj* (impossible to digest) no digerible; (hard to digest) indigesto

indigestion /'ɪndaɪ'dʒestʃən, -də-, BrE ˌɪndɪ'dʒestʃən/ *n* indigestión *f*

indignant /ɪn'dɪgnənt/ *adj* indignado

indignation /'ɪndɪg'neɪʃən/ *n* indignación *f*

indignity /ɪn'dɪgnəti/ *n* (*pl* **-ties**) humillación *f*

indigo /'ɪndɪgəʊ/ *n* índigo *m*, añil *m*; (*before n*) ‹*ink/sea*› color añil *adj inv*

indirect /'ɪndə'rekt, -daɪ-, BrE ˌɪndɪ'rekt, -daɪ-/ *adj* **1 (a)** ‹*route/method*› indirecto; ‹*result/benefit*› indirecto **(b)** (Ling) ‹*statement/question*› indirecto; **~ discourse** o (BrE) **speech** estilo *m* indirecto **2** (Fin) ‹*costs/taxes*› indirecto

indirectly /'ɪndə'rektli, -daɪ-, BrE ˌɪndɪ'rektli, -daɪ-/ *adv* indirectamente

indiscreet /'ɪndɪs'kriːt/ *adj* indiscreto

indiscretion /'ɪndɪs'kreʃən/ *n* indiscreción *f*

indiscriminate /'ɪndɪs'krɪmənət, BrE ˌɪndɪ'skrɪmɪnət/ *adj* indiscriminado

indispensable /'ɪndɪs'pensəbəl/ *adj* indispensable

indisposed /'ɪndɪ'spəʊzd/ *adj* (fml) (*pred*) (ill): **to be ~** estar* indispuesto (fml)

indisputable /'ɪndɪ'spjuːtəbəl/ *adj* ‹*evidence/proof*› irrefutable; ‹*leader/winner*› indiscutible

indistinct /'ɪndɪ'stɪŋkt/ *adj* ‹*sound/shape*› poco definido; ‹*speech*› poco claro

palabra clave

indistinguishable /ˈɪndɪˈstɪŋgwɪʃəbəl/ *adj* ~ (FROM sth) indistinguible (DE algo)

individual¹ /ˈɪndəˈvɪdʒuəl, BrE ˌɪndɪˈvɪdjʊəl/ *adj* **1** (*before n*) (*no comp*) **(a)** (for one person) ‹*portion*› individual; ‹*tuition*› personal **(b)** (single, separate): **you can purchase the whole set or ~ items** se puede comprar el juego o cada pieza por separado **(c)** (particular, personal) ‹*style*› personal **2** (distinctive) personal

individual² *n* **(a)** (single person, animal) individuo *m* **(b)** (person) (infml) individuo, -dua *m,f*

indivisible /ˈɪndəˈvɪzəbəl, BrE ˌɪndɪˈvɪzəbəl/ *adj* indivisible

indoctrinate /ɪnˈdɑːktrəneɪt, BrE ɪnˈdɒktrɪneɪt/ *vt* adoctrinar

indolent /ˈɪndələnt/ *adj* (fml) indolente

Indonesia /ˈɪndəˈniːʒə, BrE ˌɪndəˈniːziə/ *n* Indonesia *f*

Indonesian¹ /ˈɪndəˈniːʒən, BrE ˌɪndəˈniːziən/ *adj* indonesio

Indonesian² *n* **(a)** (person) indonesio, -sia *m,f* **(b)** (language) indonesio *m*

indoor /ˈɪndɔːr, BrE ˈɪndɔː(r)/ *adj* (*before n*) ‹*clothes/shoes*› para estar en casa; ‹*plants*› de interior(es); ‹*swimming pool*› cubierto, techado

indoors /ˈɪnˈdɔːrz, BrE ˌɪnˈdɔːz/ *adv* dentro, adentro (esp AmL)

induce /ɪnˈduːs, BrE ɪnˈdjuːs/ *vt* **1** (persuade) **to ~ sb to + INF** inducir* a algn A + INF **2** (Med) ‹*sleep/labor*› inducir*

inducement /ɪnˈduːsmənt, BrE ɪnˈdjuːsmənt/ *n* incentivo *m*

induction /ɪnˈdʌkʃən/ *n* **1** (introduction) ~ (INTO sth) iniciación *f* (EN algo); (*before n*) ‹*course/period*› introductorio **2** (Med) (of labor) inducción *f*

indulge /ɪnˈdʌldʒ/ *vt* ‹*child*› consentir*, mimar; ‹*desire*› satisfacer*; **it doesn't hurt to ~ oneself every now and again** es bueno darse algún gusto de vez en cuando
■ *vi* **to ~ IN sth** permitirse algo

indulgence /ɪnˈdʌldʒəns/ *n* **(a)** (extravagance): **an occasional cigar is my only ~** un puro de vez en cuando es el único lujo que me permito **(b)** (partaking): **too much ~ in anything is bad** es malo abusar de cualquier placer

indulgent /ɪnˈdʌldʒənt/ *adj* indulgente

industrial /ɪnˈdʌstriəl/ *adj* ‹*town/production/engineering*› industrial; **~ dispute** conflicto *m* laboral

industrial estate *n* (BrE) zona *f* industrial, polígono *m* industrial (Esp)

industrialist /ɪnˈdʌstriələst, BrE ɪnˈdʌstriəlɪst/ *n* industrial *mf*

industrialize /ɪnˈdʌstriəlaɪz/ *vt* industrializar*

industrial: **~ park** *n* (AmE) zona *f* industrial, polígono *m* industrial (Esp); **I~ Revolution** *n*: **the I~ Revolution** la Revolución Industrial

industrious /ɪnˈdʌstriəs/ *adj* ‹*worker*› trabajador; ‹*student*› aplicado

industry /ˈɪndəstri/ *n* (*pl* **-tries**) industria *f*; **the steel ~** la industria siderúrgica; **the tourist ~** el turismo

inebriated /ɪnˈiːbrieɪtəd, BrE ɪnˈiːbrieɪtɪd/ *adj* (fml) ‹*person*› beodo (fml), ebrio (fml); ‹*state*› de embriaguez (fml)

inedible /ɪnˈedəbəl/ *adj* (impossible to eat) no comestible; (unpalatable) incomible

ineffective /ˈɪnəˈfektɪv, BrE ˌɪnɪˈfektɪv/ *adj* ‹*measure*› ineficaz; ‹*attempt*› infructuoso; ‹*person*› incompetente

inefficiency /ˈɪnəˈfɪʃənsi, BrE ˌɪnɪˈfɪʃənsi/ *n* (of machinery) falta *f* de eficiencia; (of person, method) ineficiencia *f*

inefficient /ˈɪnəˈfɪʃənt, BrE ˌɪnɪˈfɪʃənt/ *adj* ineficiente

ineligible /ɪnˈelədʒəbəl, BrE ɪnˈelɪdʒəbəl/ *adj* (*usu pred*) ‹*candidate*› inelegible; **she was ~ to vote** no tenía derecho a votar

inept /ɪˈnept/ *adj* ‹*person*› inepto; ‹*conduct*› torpe

inequality /ˈɪnɪˈkwɑːləti, BrE ˌɪnɪˈkwɒləti/ *n* (*pl* **-ties**) desigualdad *f*

inert /ɪˈnɜːrt, BrE ɪˈnɜːt/ *adj* inerte

inertia /ɪˈnɜːrʃə, BrE ɪˈnɜːʃə/ *n* inercia *f*

inevitable¹ /ɪnˈevətəbəl, BrE ɪnˈevɪtəbəl/ *adj* inevitable

inevitable² *n*: **the ~** lo inevitable

inevitably /ɪnˈevətəbli, BrE ɪnˈevɪtəbli/ *adv* inevitablemente

inexact /ˈɪnɪgˈzækt/ *adj* inexacto

inexcusable /ˈɪnɪkˈskjuːzəbəl/ *adj* imperdonable

inexpensive /ˈɪnɪkˈspensɪv/ *adj* económico

inexperience /ˈɪnɪkˈspɪriəns, BrE ˌɪnɪkˈspɪəriəns/ *n* inexperiencia *f*, falta *f* de experiencia

inexperienced /ˈɪnɪkˈspɪriənst, BrE ˌɪnɪkˈspɪəriənst/ *adj* ‹*nurse/pilot*› sin experiencia; ‹*swimmer/driver*› inexperto, novato

inexpert /ɪnˈekspɜːrt, BrE ɪnˈekspɜːt/ *adj* inexperto

inexplicable /ˈɪnɪkˈsplɪkəbəl/ *adj* inexplicable

inextricably /ˈɪnɪkˈstrɪkəbli/ *adv* inextricablemente

infallibility /ɪnˌfæləˈbɪləti/ *n* infalibilidad *f*

infallible /ɪnˈfæləbəl/ *adj* infalible

infamous /ˈɪnfəməs/ *adj* **(a)** (notorious) de triste fama **(b)** (shameful) infame

infancy /ˈɪnfənsi/ *n* primera infancia *f*

infant /ˈɪnfənt/ *n* **(a)** (baby) bebé *m*, niño, -ña *m,f*; (*before n*) **~ mortality** mortalidad *f* infantil **(b)** (BrE) (Educ) niño, -ña *m,f* (*entre cinco y siete años de edad*); (*before n*) **~ school** (in UK) *escuela para niños de entre cinco y siete años de edad*

infantile /ˈɪnfəntaɪl/ *adj* pueril, infantil

infantry /ˈɪnfəntri/ *n* (+ *sing or pl vb*) infantería *f*

infatuated /ɪnˈfætʃueɪtəd, BrE ɪnˈfætjʊeɪtɪd/ *adj* **to be ~ WITH sb** estar* encaprichado CON *or* (Esp tb) DE algn

infatuation /ɪnˈfætʃuˈeɪʃən, BrE ɪnˌfætjʊˈeɪʃən/ *n* encaprichamiento *m*

infect /ɪnˈfekt/ *vt* ‹*wound/cut*› infectar; ‹*person/animal*› contagiar; **the wound became ~ed** la herida se infectó

infection /ɪnˈfekʃən/ *n* **(a)** (disease) infección *f* **(b)** (of wound) infección *f*; (of person) contagio *m*

infectious /ɪnˈfekʃəs/ *adj* ‹*disease*› infeccioso, contagioso; ‹*laughter/enthusiasm*› contagioso

infer /ɪnˈfɜːr, BrE ɪnˈfɜː(r)/ *vt* **-rr-** (deduce) **to ~ sth (FROM sth)** inferir* *or* deducir* algo (DE algo)

inferior¹ /ɪnˈfɪriər, BrE ɪnˈfɪəriə(r)/ *adj* (*no comp*) ‹*product*› (de calidad) inferior;

‹*workmanship/rank*› inferior

inferior[2] *n* inferior *mf*

inferiority /ɪnˈfɪriˈɔːrəti, BrE ɪnˌfɪərɪˈɒrəti/ *n* inferioridad *f*; (*before n*) ~ **complex** complejo *m* de inferioridad

inferno /ɪnˈfɜːrnəʊ, BrE ɪnˈfɜːnəʊ/ *n* (*pl* **-noes**) (journ): **the building was a blazing ~** el edificio estaba totalmente envuelto en llamas

infertile /ɪnˈfɜːrtl, BrE ɪnˈfɜːtaɪl/ *adj* ‹*land*› estéril, infecundo; ‹*woman/man/animal*› estéril

infertility /ˈɪnfərˈtɪləti, BrE ˌɪnfəˈtɪləti/ *n* (Agr) infecundidad *f*; (Biol) esterilidad *f*

infest /ɪnˈfest/ *vt* infestar

infidelity /ˈɪnfəˈdeləti, BrE ˌɪnfɪˈdeləti/ *n* (*pl* **-ties**) infidelidad *f*

infighting /ˈɪnˌfaɪtɪŋ/ *n* luchas *fpl* internas

infiltrate /ɪnˈfɪltreɪt, BrE ˈɪnfɪltreɪt/ *vt* infiltrarse en

infiltrator /ɪnˈfɪltreɪtər, BrE ˈɪnfɪltreɪtə(r)/ *n* infiltrado, -da *m,f*

infinite /ˈɪnfənət, BrE ˈɪnfɪnət/ *adj* infinito

infinitesimal /ˈɪnfɪnəˈtesɪml, BrE ˌɪnfɪnɪˈtesɪml/ *adj* infinitesimal

infinitive /ɪnˈfɪnətɪv/ *n* infinitivo *m*

infinity /ɪnˈfɪnəti/ *n* **(a)** (Math) infinito *m* **(b)** (endless space) infinito *m* **(c)** (vast number, quantity) (liter) (*no pl*) infinidad *f*

infinity pool *n* piscina *f* desbordante, piscina *f* infinita

infirm /ɪnˈfɜːrm, BrE ɪnˈfɜːm/ *adj* (weak) endeble; (ill) enfermo

infirmary /ɪnˈfɜːrməri, BrE ɪnˈfɜːməri/ *n* (*pl* **-ries**) (used in titles) hospital *m*

infirmity /ɪnˈfɜːrməti, BrE ɪnˈfɜːməti/ *n* (*pl* **-ties**) dolencia *f* (fml), padecimiento *m*

inflame /ɪnˈfleɪm/ *vt* ‹*person/passion*› encender*; ‹*situation*› exacerbar

inflamed /ɪnˈfleɪmd/ *adj* inflamado; **to become ~** inflamarse

inflammable /ɪnˈflæməbəl/ *adj* inflamable, flamable (Méx)

inflammation /ˈɪnfləˈmeɪʃən/ *n* inflamación *f*

inflate /ɪnˈfleɪt/ *vt* (with air, gas) inflar, hinchar (Esp)

inflation /ɪnˈfleɪʃən/ *n* inflación *f*

inflexible /ɪnˈfleksəbəl/ *adj* ‹*personality/regulations*› inflexible; ‹*material*› rígido

inflict /ɪnˈflɪkt/ *vt* ‹*pain/damage*› causar; ‹*punishment*› imponer*; **to ~ sth** ON **sb**: **the suffering which he ~ed on his family** el sufrimiento que le causó a su familia

✓ **influence**[1] /ˈɪnfluəns/ *n* influencia *f*; **to be under the ~ of sb/sth** estar* bajo la influencia de algn/algo; **she's a good/bad ~ on him** ejerce buena/mala influencia sobre él

✓ **influence**[2] *vt* influir* en, influenciar

influential /ˈɪnfluˈentʃəl, BrE ˌɪnfluˈenʃəl/ *adj* influyente

influenza /ˈɪnfluˈenzə/ *n* (Med) gripe *f* *or* (Chi tb) influenza *f* *or* (Col, Méx) gripa *f*

influx /ˈɪnflʌks/ *n* (of people) afluencia *f*; (of goods) entrada *f*; (of ideas) llegada *f*

✓ **inform** /ɪnˈfɔːrm, BrE ɪnˈfɔːm/ *vt* informar; **to keep sb ~ed** mantener* a algn informado *or* al corriente

■ *vi* **to ~** ON **sb** delatar *or* denunciar a algn

informal /ɪnˈfɔːrməl, BrE ɪnˈfɔːməl/ *adj* informal

informality /ˈɪnfɔːrˈmæləti, BrE ˌɪnfɔːˈmæləti/ *n* falta *f* de ceremonia, informalidad *f*

informally /ɪnˈfɔːrməli, BrE ɪnˈfɔːməli/ *adv* **(a)** (casually) ‹*talk/dress*› de manera informal **(b)** (unofficially) ‹*meet/discuss*› informalmente

informant /ɪnˈfɔːrmənt, BrE ɪnˈfɔːmənt/ *n* informante *mf*

✓ **information** /ˈɪnfərˈmeɪʃən, BrE ˌɪnfəˈmeɪʃən/ *n* información *f*; **a piece of ~** un dato; (*before n*) **~ desk** información *f*

information: **~ highway** *n* (Comput) autopista *f* de información, infovía *f*; **~ technology** *n* informática *f*

informative /ɪnˈfɔːrmətɪv, BrE ɪnˈfɔːmətɪv/ *adj* ‹*article/lecture*› instructivo, informativo; ‹*guidebook*› lleno de información, informativo

informed /ɪnˈfɔːrmd, BrE ɪnˈfɔːmd/ *adj* ‹*source*› bien informado; ‹*criticism/approach*› bien fundado

informer /ɪnˈfɔːrmər, BrE ɪnˈfɔːmə(r)/ *n* informante *mf*

infrared /ˈɪnfrəˈred/ *adj* infrarrojo

infrastructure /ˈɪnfrəˈstrʌktʃər, BrE ˈɪnfrəˌstrʌktʃə(r)/ *n* infraestructura *f*

infrequent /ɪnˈfriːkwənt/ *adj* poco frecuente

infringe /ɪnˈfrɪndʒ/ *vt* ‹*contract*› no cumplir (con); ‹*treaty/rule*› infringir*

■ *vi* **to ~** ON *o* UPON **sth** violar algo

infringement /ɪnˈfrɪndʒmənt/ *n* (of law) contravención *f*, violación *f*; (of contract) incumplimiento *m*; (Sport) falta *f*; (of rights) violación *f*

infuriate /ɪnˈfjʊrieɪt, BrE ɪnˈfjʊərieɪt/ *vt* enfurecer*

infuriating /ɪnˈfjʊrieɪtɪŋ, BrE ɪnˈfjʊərieɪtɪŋ/ *adj* exasperante

infuse /ɪnˈfjuːz/ *vt* ‹*tea/herb*› hacer* una infusión de

infusion /ɪnˈfjuːʒən/ *n* infusión *f*

ingenious /ɪnˈdʒiːnjəs, BrE ɪnˈdʒiːniəs/ *adj* ingenioso

ingenuity /ˌɪndʒəˈnuːəti, BrE ˌɪndʒəˈnjuːəti/ *n* (of person) ingenio *m*; (of gadget, idea) lo ingenioso

ingenuous /ɪnˈdʒenjuəs/ *adj* ingenuo

ingot /ˈɪŋgət/ *n* lingote *m*

ingrained /ˈɪnˈgreɪnd/ *adj* **(a)** ‹*belief/habit*› arraigado **(b)** ‹*dirt*› incrustado

ingratiate /ɪnˈgreɪʃieɪt/ *v refl* **to ~ oneself** (WITH **sb**) congraciarse (CON algn)

ingratitude /ɪnˈgrætətuːd, BrE ɪnˈgrætɪtjuːd/ *n* ingratitud *f*

ingredient /ɪnˈgriːdiənt/ *n* **(a)** (Culin) ingrediente *m* **(b)** (Pharm) componente *m* **(c)** (element) elemento *m*

ingrowing /ˈɪnˈgrəʊɪŋ/ *adj* (BrE) ‹*toenail*› encarnado

ingrown /ˈɪngrəʊn/ *adj* ‹*toenail*› encarnado

inhabit /ɪnˈhæbət, BrE ɪnˈhæbɪt/ *vt* habitar (fml), vivir en

inhabitant /ɪnˈhæbətənt, BrE ɪnˈhæbɪtənt/ *n* habitante *mf*

inhale /ɪnˈheɪl/ *vi* aspirar

inhaler /ɪnˈheɪlər, BrE ɪnˈheɪlə(r)/ *n* inhalador *m*

✓ palabra clave

inherent /ɪn'hɪrənt, -'her-, BrE ɪn'hɪərənt, -'her-/ *adj* inherente; **to be ~ IN sth** ser* inherente A algo

inherit /ɪn'herət, BrE ɪn'herɪt/ *vt* heredar

inheritance /ɪn'herətəns, BrE ɪn'herɪtəns/ *n* **(a)** (sth inherited) herencia *f* **(b)** (act) sucesión *f*

inhibit /ɪn'hɪbət, BrE ɪn'hɪbɪt/ *vt* (fml) inhibir

inhibited /ɪn'hɪbətəd, BrE ɪn'hɪbɪtɪd/ *adj* inhibido

inhibition /'ɪnə'bɪʃən, BrE ˌɪnhɪ'bɪʃən/ *n* inhibición *f*

inhospitable /ˌɪnhɑː'spɪtəbəl, BrE ˌɪnhɒ'spɪtəbəl/ *adj* ‹*person*› poco hospitalario; ‹*climate/region*› inhóspito

in-house /'ɪnhaʊs/ *adj* ‹*training*› en la empresa (*or* organización *etc*); ‹*staff*› interno

inhuman /ɪn'hjuːmən/ *adj* inhumano

inhumane /'ɪnhjuː'meɪn/ *adj* ‹*treatment*› inhumano; ‹*person*› cruel

inhumanity /'ɪnhjuː'mænəti/ *n* (*pl* **-ties**) **(a)** (cruelty) crueldad *f* **(b)** (cruel act) atrocidad *f*

inimitable /ɪn'ɪmətəbəl, BrE ɪ'nɪmɪtəbəl/ *adj* inimitable

🗝 **initial¹** /ɪ'nɪʃəl/ *adj* inicial

initial² *n* inicial *f*

initial³ *vt*, (BrE **-ll-**) inicialar

🗝 **initially** /ɪ'nɪʃəli/ *adv* inicialmente

initiate /ɪ'nɪʃieɪt/ *vt* **1** (start) (fml) ‹*talks*› iniciar (fml); ‹*reform/plan*› poner* en marcha **2** (admit, introduce) **to ~ sb (INTO sth)** iniciar a algn (EN algo)

initiation /ɪ'nɪʃi'eɪʃən/ *n* **1** (admission) iniciación *f*; (*before n*) **~ ceremony** ceremonia *f* iniciática **2** (of plan, talks) inicio *m* (fml)

🗝 **initiative** /ɪ'nɪʃətɪv/ *n* iniciativa *f*; **on one's own ~** por iniciativa propia; **to take the ~** tomar la iniciativa

inject /ɪn'dʒekt/ *vt* ‹*drug*› inyectar; **to ~ sth (INTO sth)** ‹*capital/resources*› inyectarle algo (A algo)

injection /ɪn'dʒekʃən/ *n* inyección *f*

injunction /ɪn'dʒʌŋkʃən/ *n* (Law) mandamiento *m* judicial

🗝 **injure** /'ɪndʒər, BrE 'ɪndʒə(r)/ *vt* **(a)** ‹*person/feelings*› herir* **(b) injured** *past p* **she gave me an ~d look** me miró con expresión ofendida; **I am the ~d party** soy yo quien sufrió el agravio

injurious /ɪn'dʒʊriəs, BrE ɪn'dʒʊəriəs/ *adj* (fml) perjudicial

🗝 **injury** /'ɪndʒəri/ *n* (*pl* **-ries**) herida *f*; (*before n*) **~ time** (BrE) (Sport) tiempo *m* de descuento

injustice /ɪn'dʒʌstəs, BrE ɪn'dʒʌstɪs/ *n* injusticia *f*; **to do sb an ~** cometer una injusticia con algn

ink /ɪŋk/ *n* tinta *f*

inkling /'ɪŋklɪŋ/ *n*: **I had an ~ something had gone wrong** tuve el presentimiento *or* (CS, Per tb) el pálpito de que algo había salido mal

inkwell /'ɪŋkwel/ *n* tintero *m* (*empotrado en un escritorio*)

inlaid¹ /ɪn'leɪd/ *past & past p of* **inlay²**

inlaid² *adj* ‹*design*› de marquetería; ‹*box/lid*› con incrustaciones

inland¹ /'ɪnlənd/ *adj* (*before n*) ‹*town*› del interior; ‹*sea*› interior

inland² /ɪn'lænd/ *adv* tierra adentro

Inland Revenue /'ɪnlənd/ *n* (formerly in UK) ▶ **Her Majesty's Revenue and Customs**

in-laws /'ɪnlɔːz/ *pl n* (infml) (spouse's parents) suegros *mpl*; (spouse's family) parientes *mpl* políticos

inlay¹ /'ɪnleɪ/ *n* (of wood, metal, ivory) incrustación *f*

inlay² /ɪn'leɪ/ *vt* (*past & past p* **inlaid**) **to ~ sth WITH sth** hacer* incrustaciones de algo EN algo

inlet /'ɪnlet/ *n* (in coastline) ensenada *f*, entrada *f*; (of river, sea) brazo *m*

inmate /'ɪnmeɪt/ *n* (of asylum) interno, -na *m,f*; (of prison) preso, -sa *m,f*; (of hospital) paciente hospitalizado, -da *m,f*

inmost /'ɪnməʊst/ *adj* ▶ **innermost**

inn /ɪn/ *n* (tavern) taberna *f*; (hotel) hostal *m*

innards /'ɪnərdz, BrE 'ɪnədz/ *pl n* tripas *fpl* (fam)

innate /ɪ'neɪt/ *adj* innato

inner /'ɪnər, BrE 'ɪnə(r)/ *adj* (*before n, no comp*) **(a)** ‹*room/part*› interior; **the ~ city** *la zona del centro urbano habitada por familias de escasos ingresos, caracterizada por problemas sociales etc* **(b)** (of person) ‹*life*› interior; ‹*thoughts*› íntimo

innermost /'ɪnərməʊst, BrE 'ɪnəməʊst/ *adj* ‹*part/chamber*› más recóndito; ‹*thoughts*› más íntimo

inner tube *n* cámara *f*

inning /'ɪnɪŋ/ *n* (in baseball) entrada *f*, manga *f*

innings /'ɪnɪŋz/ *n* (*pl* **~**) (in cricket) entrada *f*

innkeeper /'ɪnˌkiːpər, BrE 'ɪnˌkiːpə(r)/ *n* posadero, -ra *m,f*

innocence /'ɪnəsəns/ *n* inocencia *f*

innocent /'ɪnəsənt/ *adj* inocente

innocuous /ɪ'nɑːkjuəs, BrE ɪ'nɒkjʊəs/ *adj* ‹*drug*› inocuo; ‹*person/comment*› inofensivo

innovation /'ɪnə'veɪʃən/ *n* innovación *f*

innovative /'ɪnəveɪtɪv, BrE 'ɪnəvətɪv/ *adj* innovador

innuendo /'ɪnju'endəʊ/ *n* (*pl* **-dos** *or* **-does**) indirecta *f*, insinuación *f*

innumerable /ɪ'nuːmərəbəl, BrE ɪ'njuːmərəbəl/ *adj* innumerable

inoculate /ɪ'nɑːkjəleɪt, BrE ɪ'nɒkjʊleɪt/ *vt* inocular

inoculation /ɪ'nɑːkjə'leɪʃən, BrE ɪˌnɒkjʊ'leɪʃən/ *n* inoculación *f*

inoffensive /'ɪnə'fensɪv/ *adj* inofensivo

inordinate /ɪ'nɔːrdṇət, BrE ɪn'ɔːdɪnət/ *adj*: **an ~ amount of money** una cantidad exorbitante de dinero; **they are making ~ demands** lo que piden es excesivo

inpatient /'ɪnˌpeɪʃənt/ *n* paciente hospitalizado, -da *m,f*

input¹ /'ɪnpʊt/ *n* **1 (a)** (of resources) aportación *f*, aporte *m* (esp AmL) **(b)** (contribution) aportación *f*, aporte *m* (esp AmL) **2** (Comput) entrada *f*

input² *vt* (*pres p* **inputting**; *past & past p* **input** *or* **inputted**) ‹*data*› entrar

inquest /'ɪnkwest/ *n* investigación *f*

inquire, (BrE) **enquire** /ɪn'kwaɪr, BrE ɪn'kwaɪə(r)/ *vt* preguntar

■ *vi* preguntar; **to ~ ABOUT sth** informarse ACERCA DE algo

i

inquiring, (BrE) **enquiring** /ɪnˈkwaɪrɪŋ, BrE ɪnˈkwaɪərɪŋ/ *adj (before n)* ‹*mind*› curioso; ‹*look*› inquisitivo

inquiry, (BrE) **enquiry** /ɪnˈkwaɪri, ˈɪnkwəri, BrE ɪnˈkwaɪəri/ *n (pl* **-ries***)* **(a)** (question): **we made inquiries about** o **into his past** hicimos averiguaciones sobre su pasado; **all inquiries to ...** para cualquier información dirigirse a ...; ⊜ **inquiries** información **(b)** (investigation) investigación *f*

inquisition /ˈɪnkwəˈzɪʃən, BrE ˌɪnkwɪˈzɪʃən/ *n* **(a)** (severe questioning) interrogatorio *m* **(b) the Spanish I~** la (Santa) Inquisición, el Santo Oficio

inquisitive /ɪnˈkwɪzətɪv/ *adj* ‹*mind*› inquisitivo; ‹*person/animal*› muy curioso

inroads /ˈɪnrəʊdz/ *pl n*: **we are making ~ into the Japanese market** estamos haciendo avances en el mercado japonés; **this made substantial ~ into her savings** esto le comió buena parte de los ahorros

i

INS *n* (in US) = **Immigration and Naturalization Service**

insane /ɪnˈseɪn/ *adj* (mad) demente; (foolish) insensato

insanitary /ɪnˈsænəteri, BrE ɪnˈsænɪtəri/ *adj* malsano, insalubre

insanity /ɪnˈsænəti/ *n* demencia *f*

insatiable /ɪnˈseɪʃəbəl/ *adj* insaciable

inscribe /ɪnˈskraɪb/ *vt* **to ~ sth (ON sth)** ‹*letters*› inscribir* algo (EN algo); ‹*design*› grabar algo (EN algo)

inscription /ɪnˈskrɪpʃən/ *n* inscripción *f*

insect /ˈɪnsekt/ *n* insecto *m*

insecticide /ɪnˈsektəsaɪd, BrE ɪnˈsektɪsaɪd/ *n* insecticida *m*

insecure /ˈɪnsɪˈkjʊr, BrE ˌɪnsɪˈkjʊə(r)/ *adj* **(a)** (unsafe, exposed) inseguro **(b)** (not firmly fixed) poco seguro **(c)** (not confident) inseguro

insecurity /ˈɪnsɪˈkjʊrəti, BrE ˌɪnsɪˈkjʊərəti/ *n (pl* **-ties***)* inseguridad *f*

insemination /ɪnˈseməˈneɪʃən, BrE ɪnˌsemɪˈneɪʃən/ *n* inseminación *f*

insensible /ɪnˈsensəbəl/ *adj* (fml) **(a)** (unconscious) inconsciente **(b)** (without sensation) insensible

insensitive /ɪnˈsensətɪv/ *adj* ‹*person*› insensible; ‹*behavior*› falto de sensibilidad

insensitivity /ɪnˈsensəˈtɪvəti/ *n* falta *f* de sensibilidad

inseparable /ɪnˈseprəbəl/ *adj* inseparable

insert /ɪnˈsɜːrt, BrE ɪnˈsɜːt/ *vt* ‹*coin/token*› introducir*; ‹*zipper*› poner*; ‹*word/paragraph*› insertar

insertion /ɪnˈsɜːrʃən, BrE ɪnˈsɜːʃən/ *n* introducción *f*

inshore[1] /ˈɪnˈʃɔːr, BrE ˌɪnˈʃɔː(r)/ *adj* costero

inshore[2] *adv* hacia la costa

inside[1] /ɪnˈsaɪd/ *n* **1** (interior part) interior *m*; (inner side, surface) parte *f* de dentro *or* (esp AmL) de adentro **2** **insides** *pl* (internal organs) (infml) tripas *fpl* (fam) **3** **inside out** *adv*: **turn it ~ out** ponlo de adentro para fuera; **you've got your socks on ~ out** llevas los calcetines del *or* al revés

inside[2] *prep* **(a)** (within) dentro de; **we did the journey ~ 3 hours** (infml) hicimos el viaje en menos de 3 horas **(b)** (into): **he followed her ~ the bar** la siguió al interior del bar

inside[3] *adv* **(a)** (within, indoors) dentro, adentro (esp AmL); **come ~** entra, pasa **(b)** (in prison) (infml) entre rejas (fam), a la sombra (fam)

inside[4] *adj (before n)* **(a)** ‹*pages*› interior; ‹*pocket*› interior, de adentro (esp AmL) **(b) the ~ lane** (Auto) el carril de la derecha; (in UK etc) el carril de la izquierda; (Sport) el carril (AmL) *or* (Esp) la calle número uno **(c)** (from within group) ‹*information*› de dentro, de adentro (esp AmL)

insider /ɪnˈsaɪdər, BrE ɪnˈsaɪdə(r)/ *n*: *persona que pertenece a una organización determinada o que tiene acceso a información confidencial*

insider trading *n* abuso *m* de información privilegiada

insidious /ɪnˈsɪdiəs/ *adj* insidioso

insight /ˈɪnsaɪt/ *n* **(a)** (perceptiveness) perspicacia *f* **(b)** (comprehension): **to gain an ~ into sth** llegar* a comprender bien algo

insignia /ɪnˈsɪgniə/ *n (pl ~ or ~***s***)* insignia *f*

insignificant /ˈɪnsɪgˈnɪfɪkənt/ *adj* ‹*person/amount*› insignificante; ‹*detail*› nimio

insincere /ˈɪnsɪnˈsɪr, BrE ˌɪnsɪnˈsɪə(r)/ *adj* ‹*offer*› poco sincero; ‹*person/smile*› falso

insincerity /ˈɪnsɪnˈserəti/ *n* falta *f* de sinceridad

insinuate /ɪnˈsɪnjueɪt/ *vt* insinuar*

insinuation /ɪnˈsɪnjuˈeɪʃən/ *n* insinuación *f*

insipid /ɪnˈsɪpəd, BrE ɪnˈsɪpɪd/ *adj* ‹*food/drink*› insípido; ‹*person/novel*› insulso

insist /ɪnˈsɪst/ *vt* **(a)** (demand) **to ~ (THAT)** insistir EN QUE (+ *subj*) **(b)** (maintain) **to ~ (THAT)** insistir EN QUE

■ *vi* insistir

● **insist on**: [*v + prep + o*] **to ~ on** -ING insistir EN + INF/EN QUE (+ *subj*)

insistence /ɪnˈsɪstəns/ *n* insistencia *f*

insistent /ɪnˈsɪstənt/ *adj* **(a)** (persistent) insistente; **to be ~** THAT insistir EN QUE **(b)** (pressing) ‹*need*› apremiante

insofar as /ˈɪnsəˈfɑːr, BrE ˌɪnsəˈfɑː(r)/ *conj* (fml) en la medida en que

insole /ˈɪnsəʊl/ *n* plantilla *f*

insolence /ˈɪnsələns/ *n* insolencia *f*

insolent /ˈɪnsələnt/ *adj* insolente

insolvent /ɪnˈsɑːlvənt, BrE ɪnˈsɒlvənt/ *adj* insolvente

insomnia /ɪnˈsɑːmniə, BrE ɪnˈsɒmniə/ *n* insomnio *m*

insomniac /ɪnˈsɑːmniæk, BrE ɪnˈsɒmniæk/ *n* insomne *mf*

inspect /ɪnˈspekt/ *vt* **(a)** (look closely at) ‹*car/camera*› revisar, examinar; (examine officially) ‹*school/restaurant/equipment*› inspeccionar **(b)** ‹*troops*› pasar revista a

inspection /ɪnˈspekʃən/ *n* **(a)** (official examination) inspección *f* **(b)** (of troops) revista *f* **(c)** (scrutiny) examen *m*, revisión *f*

inspector /ɪnˈspektər, BrE ɪnˈspektə(r)/ *n* **(a)** (official) inspector, -tora *m,f* **(b)** (police officer) inspector, -tora *m,f* (de policía)

inspiration /ˈɪnspəˈreɪʃən/ *n* inspiración *f*

🔑 palabra clave

inspire /ɪn'spaɪr, BrE ɪn'spaɪə(r)/ *vt* inspirar; ‹*hope/courage*› infundir; **what ~d you to do that?** ¿qué te movió *or* te llevó a hacer eso?

inspired /ɪn'spaɪrd, BrE ɪn'spaɪəd/ *adj* inspirado

inspiring /ɪn'spaɪrɪŋ, BrE ɪn'spaɪərɪŋ/ *adj* inspirador

instability /'ɪnstə'bɪləti/ *n* inestabilidad *f*

install, instal /ɪn'stɔːl/ *vt* **-ll-** instalar

installation /'ɪnstə'leɪʃən/ *n* instalación *f*

installment, (BrE) **instalment** /ɪn'stɔːlmənt/ *n* **1** (payment) plazo *m*, cuota *f* (esp AmL); **to pay in** o **by ~s** pagar* a plazos, pagar* en cuotas (esp AmL) **2** (of publication) entrega *f*; (of TV, radio serial) episodio *m*

installment plan *n* (AmE) plan *m* de financiación; **to buy sth on an ~** comprar algo a plazos, comprar algo en cuotas (esp AmL)

instance /'ɪnstəns/ *n* **(a)** (example) ejemplo *m*; **for ~** por ejemplo **(b)** (case) caso *m*; **in this ~** en este caso

instant[1] /'ɪnstənt/ *adj* instantáneo

instant[2] *n* **(a)** (precise moment) instante *m* **(b)** (short time) momento *m*

instantaneous /'ɪnstən'teɪniəs/ *adj* instantáneo

instantly /'ɪnstəntli/ *adv* al instante

instant replay *n* repetición *f* (de la jugada)

instead /ɪn'sted/ *adv*: **I couldn't go, so she went ~** no pude ir, así que fue ella (en vez de mí); **~ of** (*as prep*) en vez de, en lugar de

instep /'ɪnstep/ *n* (of foot — arch) arco *m* (del pie); (— upper surface) empeine *m*

instigate /'ɪnstəgeɪt, BrE 'ɪnstɪgeɪt/ *vt* ‹*rebellion/mutiny*› instigar* a

instigation /'ɪnstə'geɪʃən, BrE ˌɪnstɪ'geɪʃən/ *n* instigación *f*; **it was carried out at the director's ~** se llevó a cabo a instancias del director

instill, instil /ɪn'stɪl/ *vt* **-ll- to ~ sth** IN/INTO **sb** ‹*habit/attitude*› inculcarle* algo A algn; ‹*courage/fear*› infundirle algo A algn

instinct /'ɪnstɪŋkt/ *n* instinto *m*

instinctive /ɪn'stɪŋktɪv/ *adj* instintivo

institute[1] /'ɪnstətuːt, BrE 'ɪnstɪtjuːt/ *vt* (fml) ‹*search/inquiry*› iniciar; ‹*proceedings*› entablar

institute[2] *n* instituto *m*

institution /'ɪnstə'tuːʃən, BrE ˌɪnstɪ'tjuːʃən/ *n* **1** (established practice) institución *f* **2 (a)** (organization) organismo *m*; (building) institución *f* **(b)** (hospital, asylum, home) *establecimiento sanitario, penitenciario o de asistencia social*

institutional /'ɪnstə'tuːʃn̩əl, BrE ˌɪnstɪ'tjuːʃən̩l/ *adj* institucional

instruct /ɪn'strʌkt/ *vt* **1** (command) **to ~ sb to +** INF ordenar a algn QUE (+ *subj*) **2** (fml) (teach) **to ~ sb** IN **sth** enseñarle algo a algn

instruction /ɪn'strʌkʃən/ *n* instrucción *f*; Ⓢ **instructions (for use)** instrucciones; **they were acting on the ~s of the chief of police** cumplían órdenes del jefe de policía

instructive /ɪn'strʌktɪv/ *adj* instructivo

instructor /ɪn'strʌktər, BrE ɪn'strʌktə(r)/ *n* **(a)** (teacher) (Mil) instructor, -tora *m,f* **(b)** (in US colleges) profesor, -sora *m,f* auxiliar

instrument /'ɪnstrəmənt, BrE 'ɪnstrʊmənt/ *n* **1** (musical ~) instrumento *m* (musical) **2 (a)** (piece of equipment) instrumento *m* **(b) instruments** *pl n* (Aviat) instrumentos *mpl*; (Auto) instrumentación *f*

instrumental /'ɪnstrə'mentl, BrE ˌɪnstrʊ'mentl/ *adj* **1** (serving as a means) **to be ~** IN **sth** jugar* un papel decisivo EN algo **2** (Mus) instrumental

instrument panel *n* (Auto) tablero *m* de mandos, salpicadero *m* (Esp); (Aviat) tablero *m* de mandos

insubordination /'ɪnsə'bɔːrdn̩'eɪʃən, BrE ˌɪnsəbɔːdɪ'neɪʃən/ *n* insubordinación *f*

insubstantial /'ɪnsəb'stæntʃəl, BrE ˌɪnsəb'stænʃəl/ *adj* ‹*structure/object*› frágil; ‹*evidence/argument*› inconsistente

insufferable /ɪn'sʌfrəbəl/ *adj* (fml) ‹*person/rudeness*› insufrible; ‹*heat/noise*› insoportable

insufficient /'ɪnsə'fɪʃənt/ *adj* insuficiente

insular /'ɪnsələr, BrE 'ɪnsjʊlə(r)/ *adj* ‹*mentality*› cerrado; ‹*person*› estrecho de miras

insulate /'ɪnsəleɪt, BrE 'ɪnsjʊleɪt/ *vt* aislar*

insulation /'ɪnsə'leɪʃən, BrE ˌɪnsjʊ'leɪʃən/ *n* aislamiento *m*

insulin /'ɪnsələn, BrE 'ɪnsjʊlɪn/ *n* insulina *f*

insult[1] /ɪn'sʌlt/ *vt* insultar

insult[2] /'ɪnsʌlt/ *n* insulto *m*

insulting /ɪn'sʌltɪŋ/ *adj* insultante

insurance /ɪn'ʃʊrəns, BrE ɪn'ʃʊərəns, ɪn'ʃɔːrəns/ *n* seguro *m*; **to take out ~** hacerse* un seguro; (*before n*) **~ company** compañía *f* de seguros

insure /ɪn'ʃʊr, BrE ɪn'ʃʊə(r), ɪn'ʃɔː(r)/ *vt* **1** (Fin) asegurar **2** (AmE) ▶ **ensure**

insurer /ɪn'ʃʊrər, BrE ɪn'ʃʊərə(r), ɪn'ʃɔːrə(r)/ *n* (company) compañía *f* de seguros; (person) asegurador, -dora *m,f*

insurgent /ɪn'sɜːrdʒənt, BrE ɪn'sɜːdʒənt/ *adj* (fml) insurgente (fml)

insurmountable /'ɪnsər'maʊntəbəl, BrE ˌɪnsə'maʊntəbəl/ *adj* (fml) ‹*difficulty*› insalvable

insurrection /'ɪnsə'rekʃən/ *n* (fml) insurrección *f* (fml)

intact /ɪn'tækt/ *adj* (*usu pred*) intacto

intake /'ɪnteɪk/ *n* **1** (of water, air) entrada *f*; (of calories, protein) consumo *m* **2** (Tech) (pipe, vent) toma *f* (de aire, agua *etc*)

intangible /ɪn'tændʒəbəl/ *adj* intangible

integral /'ɪntɪgrəl/ *adj* ‹*part/feature*› integral

integrate /'ɪntəgreɪt, BrE 'ɪntɪgreɪt/ *vt* integrar ▪ *vi* integrarse

integrated /'ɪntəgreɪtəd, BrE 'ɪntɪgreɪtɪd/ *adj* **(a)** ‹*system/network*› integrado **(b)** (not separate) ‹*component/feature*› incorporado **(c)** (nonsegregated) no segregacionista

integration /'ɪntə'greɪʃən, BrE ˌɪntɪ'greɪʃən/ *n* integración *f*

integrity /ɪn'tegrəti/ *n* integridad *f*

intellect /'ɪntlekt, BrE 'ɪntəlekt/ *n* intelecto *m*

intellectual[1] /'ɪntə'lektʃuəl/ *adj* intelectual

intellectual[2] *n* intelectual *mf*

intelligence /ɪn'telədʒəns, BrE ɪn'telɪdʒəns/ *n* **1** (mental capacity) inteligencia *f* **2** (Govt, Mil) **(a)** (information) inteligencia *f* **(b)** (department) servicio *m* de información

intelligent /ɪn'telədʒənt, BrE ɪn'telɪdʒənt/ *adj*

inteligente

intelligible /ɪn'teləd͡ʒəbəl, BrE ɪn'telɪd͡ʒəbəl/ *adj* inteligible

intemperate /ɪn'tempərət/ *adj* ‹*climate*› inclemente, riguroso

🔑 **intend** /ɪn'tend/ *vt*: **no insult was ~ed** no fue mi intención ofender; **to ~** -ING *o* **to ~ to** + INF pensar* + INF; **to ~ sb/sth to** + INF querer* QUE algn/algo (+ *subj*)

intense /ɪn'tens/ *adj* intenso

intensely /ɪn'tensli/ *adv* (*as intensifier*) ‹*moving*› profundamente, sumamente; **I dislike him ~** siento una profunda antipatía hacia él

intensify /ɪn'tensəfaɪ, BrE ɪn'tensɪfaɪ/ **-fies, -fying, -fied** *vt* ‹*search*› intensificar*; ‹*efforts*› redoblar
■ *vi* «*pain*» agudizarse*; «*search*» intensificarse*; «*fighting*» recrudecer*

intensity /ɪn'tensəti/ *n* intensidad *f*

intensive /ɪn'tensɪv/ *adj* intensivo

intensive care *n* cuidados *mpl* intensivos, terapia *f* intensiva (Méx, RPl)

intent¹ /ɪn'tent/ *adj* **(a)** (determined) (*pred*) **to be ~** ON **sth/**-ING estar* decidido *or* resuelto A + INF **(b)** (attentive, concentrated) ‹*expression*› de viva atención; ‹*look*› penetrante, fijo; **to be ~** ON **sth** estar* abstraído EN algo

intent² *n* propósito *m*; ***to all ~s and purposes*** a efectos prácticos

🔑 **intention** /ɪn'tentʃən, BrE ɪn'tenʃən/ *n* intención *f*; **I have every ~ of going** tengo la firme intención de ir

intentional /ɪn'tentʃn̩əl, BrE ɪn'tenʃənl/ *adj* ‹*destruction*› intencional; ‹*insult/cruelty*› deliberado

intently /ɪn'tentli/ *adv* ‹*listen*› atentamente; **he was staring ~ at them** tenía la mirada fija en ellos

inter /ɪn'tɜːr, BrE ɪn'tɜː(r)/ *vt* **-rr-** (fml *or* liter) inhumar (fml)

interact /ˌɪntər'ækt/ *vi* «*people/organizations*» relacionarse

interaction /ˌɪntər'ækʃən/ *n* interacción *f*

interactive /ˌɪntər'æktɪv/ *adj* interactivo

intercede /ˌɪntər'siːd, BrE ˌɪntə'siːd/ *vi* interceder

intercept /ˌɪntər'sept, BrE ˌɪntə'sept/ *vt* interceptar; **they were ~ed before they reached the building** les cerraron el paso antes de llegar al edificio

interchange¹ /ˌɪntər'tʃeɪnd͡ʒ, BrE ˌɪntə'tʃeɪnd͡ʒ/ *vt* intercambiar

interchange² /'ɪntərtʃeɪnd͡ʒ, BrE 'ɪntətʃeɪnd͡ʒ/ *n* **1** (exchange) intercambio *m* **2** (on road system) enlace *m*, intercambiador *m* (Esp)

interchangeable /ˌɪntər'tʃeɪnd͡ʒəbəl, BrE ˌɪntə'tʃeɪnd͡ʒəbəl/ *adj* intercambiable

intercity /ˌɪntər'sɪti, BrE ˌɪntə'sɪti/ *adj* ‹*train/bus*› interurbano

intercom /'ɪntərkɑːm, BrE 'ɪntəkɒm/ *n* **(a)** (on plane, ship, in office) interfono *m* **(b)** (at building entrance) (AmE) portero *m* eléctrico *or* (Esp) automático, interfón *m* (Méx), intercomunicador *m* (Ven)

intercourse /'ɪntərkɔːrs, BrE 'ɪntəkɔːs/ *n* (sexual ~) coito *m* (fml), acto *m* sexual; **to have ~ with sb** tener* relaciones sexuales con algn

🔑 **interest¹** /'ɪntrəst/ *n* **1** **(a)** (enthusiasm) interés *m*; **to take (an) ~** IN **sth/sb** interesarse POR algo/algn **(b)** (hobby) interés *m* **2** **(a)** (stake) participación *f*; **he has a number of business ~s abroad** tiene varios negocios en el extranjero **(b)** (advantage) (*often pl*) interés *m*; **it was not in our ~(s) to intervene** no nos convenía intervenir **3** (Fin) interés *m*; (*before n*) **~ rate** tasa *f or* (esp Esp) tipo *m* de interés

🔑 **interest²** *vt* interesar

interested /'ɪntrəstəd, BrE 'ɪntrəstɪd/ *adj* interesado; **I am ~ in astronomy** me interesa la astronomía; **~ party** parte *f* interesada

🔑 **interesting** /'ɪntrəstɪŋ/ *adj* interesante

interface /'ɪntərfeɪs, BrE 'ɪntəfeɪs/ *n* (Comput) interface *f or m*, interfaz *f or m*, interfase *f or m*

interfere /ˌɪntər'fɪr, BrE ˌɪntə'fɪə(r)/ *vi* **1** (get involved) **to ~** (IN **sth**) entrometerse (EN algo) **2** **(a)** (disrupt) **to ~** WITH **sth** afectar (A) algo **(b)** (tamper) **to ~** WITH **sth** tocar* algo

interference /ˌɪntər'fɪrəns, BrE ˌɪntə'fɪərəns/ *n* **(a)** (interfering) intromisión *f* **(b)** (Phys, Rad, Telec) interferencia *f*

interfering /ˌɪntər'fɪrɪŋ, BrE ˌɪntə'fɪərɪŋ/ *adj* entrometido

interim¹ /'ɪntərəm, BrE 'ɪntərɪm/ *adj* (*before n*) ‹*measure*› provisional, provisorio (AmS); **an ~ period** un período intermedio

interim² *n*: **in** o **during the ~** en el interín *or* ínterin

interior¹ /ɪn'tɪriər, BrE ɪn'tɪəriə(r)/ *n* **1** **(a)** (of building) interior *m* **(b)** (Cin) interior *m* **2** **(a)** (Geog): **the ~** el interior **(b)** (Govt): **the Ministry/Department of the I~** el Ministerio/Departamento del Interior

interior² *adj* **1** **(a)** (inside) ‹*walls*› interior **(b)** (mental) interior **2** (inland) del interior

interior: **~ decorator** *n* (painter) pintor, -tora *m,f*; (designer) interiorista *mf*, decorador, -dora *m,f* (de interiores); **~ design** *n* interiorismo *m*

interjection /ˌɪntər'd͡ʒekʃən, BrE ˌɪntə'd͡ʒekʃən/ *n* (Ling) interjección *f*; (exclamation) exclamación *f*

interloper /'ɪntərləupər, BrE 'ɪntələupə(r)/ *n* intruso, -sa *m,f*

interlude /'ɪntərluːd, BrE 'ɪntəluːd/ *n* **1** (intervening period) intervalo *m* **2** **(a)** (Theat) (intermission) entreacto *m* **(b)** (Mus) interludio *m*

intermediary /ˌɪntər'midieri, BrE ˌɪntə'miːdiəri/ *n* (*pl* **-ries**) (fml) intermediario, -ria *m,f*

intermediate /ˌɪntər'miːdiət, BrE ˌɪntə'miːdiət/ *adj* ‹*stage/step*› intermedio; ‹*size/weight/level*› medio; ‹*course*› de nivel medio *or* intermedio

intermediate school *n* (in US) **(a)** (secondary) *escuela donde se cursa el primer ciclo de la enseñanza secundaria* **(b)** (primary) *escuela donde se cursa el segundo ciclo de la enseñanza primaria*

interminable /ɪn'tɜːrmənəbəl, BrE ɪn'tɜːmɪnəbəl/ *adj* interminable

intermission /ˌɪntər'mɪʃən, BrE ˌɪntə'mɪʃən/ *n* intermedio *m*

intermittent /ˌɪntər'mɪtn̩t, BrE ˌɪntə'mɪtənt/ *adj* intermitente

intern¹ /ɪn'tɜːrn, BrE ɪn'tɜːn/ *vt* recluir*, confinar

🔑 palabra clave

intern² /'ɪntɜːrn, BrE 'ɪntɜːn/ *n* (AmE) **(a)** (Med) interno, -na *m,f* **(b)** (Educ) profesor, -sora *m,f* en prácticas

internal /ɪn'tɜːrnl, BrE ɪn'tɜːnl/ *adj* interno

Internal Revenue Service *n* (in US): **the ~** ≈ Hacienda, ≈ la Dirección General Impositiva (*en RPl*), ≈ Impuestos Internos (*en Chi*)

international¹ /'ɪntər'næʃn̩əl, BrE ˌɪntə'næʃənl/ *adj* internacional

international² *n* (Sport) **(a)** (event) partido *m* internacional **(b)** (player) internacional *mf*

internationally /'ɪntər'næʃn̩əli, BrE ˌɪntə'næʃn̩əli/ *adv* **(a)** ‹*expand/trade*› internacionalmente **(b)** ‹*famous/known*› mundialmente

International Monetary Fund *n*: **the ~** el Fondo Monetario Internacional

Internet /'ɪntərnet, BrE 'ɪntənet/ *n*: **on the ~** en Internet

Internet: **~ banking** *n* banca *f* por Internet; **~ phone** *n* teléfono *m* de Internet; **~ service provider** /prə'vaɪdər, BrE prə'vaɪdə(r)/ *n* proveedor *m* de servicios de Internet; **~ shopping** *n* compras *fpl* por Internet

internment /ɪn'tɜːrnmənt, BrE ɪn'tɜːnmənt/ *n* internamiento *m*

interpret /ɪn'tɜːrprət, BrE ɪn'tɜːprɪt/ *vt* interpretar
■ *vi* (Ling) (translate) traducir* (*oralmente*), interpretar

interpretation /ɪn'tɜːrprə'teɪʃən, BrE ɪnˌtɜːprɪ'teɪʃən/ *n* interpretación *f*

interpreter /ɪn'tɜːrprətər, BrE ɪn'tɜːprɪtə(r)/ *n* intérprete *mf*

interrogate /ɪn'terəgeɪt/ *vt* interrogar*

interrogation /ɪn'terə'geɪʃən/ *n* interrogatorio *m*

interrogation point *n* (AmE fml) signo *m* de interrogación

interrogative /'ɪntə'rɑːgətɪv, BrE ˌɪntə'rɒgətɪv/ *adj* interrogativo

interrupt /'ɪntə'rʌpt/ *vt/i* interrumpir

interruption /'ɪntə'rʌpʃən/ *n* interrupción *f*

intersect /'ɪntər'sekt, BrE ˌɪntə'sekt/ *vi* «*roads/paths*» cruzarse*

intersection /'ɪntər'sekʃən, BrE ˌɪntə'sekʃən/ *n* **(a)** (Transp) cruce *m* **(b)** (Geog, Math) intersección *f*

intersperse /'ɪntər'spɜːrs, BrE ˌɪntə'spɜːs/ *vt* intercalar

interstate (highway) /'ɪntərsteɪt, BrE 'ɪntəsteɪt/ *n* (AmE) carretera *f* interestatal

intertwine /'ɪntər'twaɪn, BrE ˌɪntə'twaɪn/ *vi* «*fingers/plants*» entrelazarse*; «*paths/destinies*» entrecruzarse*
■ *vt* ‹*fingers*› entrelazar*

interval /'ɪntərvəl, BrE 'ɪntəvəl/ *n* **1** (time, distance) intervalo *m* **2** (pause) (BrE) (Cin, Mus) intermedio *m*; (BrE) (Theat) entreacto *m*; (Sport) descanso *m*, entretiempo *m* (Chi) **3** (Mus) intervalo *m*

intervene /'ɪntər'viːn, BrE ˌɪntə'viːn/ *vi* **(a)** (interpose oneself) intervenir* **(b) intervening** *pres p* **in the intervening period** en el interín *or* ínterin

intervention /'ɪntər'ventʃən, BrE ˌɪntə'venʃən/ *n* intervención *f*

interview¹ /'ɪntərvjuː, BrE 'ɪntəvjuː/ *n* entrevista *f*

interview² *vt* entrevistar

interviewee /'ɪntərvjuː'iː, BrE ˌɪntəvjuː'iː/ *n* entrevistado, -da *m,f*

interviewer /'ɪntərvjuːər, BrE 'ɪntəvjuːə(r)/ *n* entrevistador, -dora *m,f*

interweave /'ɪntər'wiːv, BrE ˌɪntə'wiːv/ *vt* (*past* **-wove** *or* **-weaved**; *past p* **-woven** *or* **-weaved**) entretejer; **their lives were interwoven** sus vidas estaban inextricablemente unidas

intestate /ɪn'testeɪt/ *adj* intestado

intestine /ɪn'testən, BrE ɪn'testɪn/ *n* (*often pl*) intestino *m*; **the small/large ~** el intestino delgado/grueso

intimacy /'ɪntəməsi, BrE 'ɪntɪməsi/ *n* intimidad *f*

intimate /'ɪntəmət, BrE 'ɪntɪmət/ *adj* ‹*friend/atmosphere*› íntimo; ‹*talk*› de carácter íntimo; ‹*knowledge*› profundo; **to be on ~ terms with sb** ser* íntimo de algn

intimation /'ɪntə'meɪʃən, BrE ˌɪntɪ'meɪʃən/ *n* (sign) indicio *m*; (inkling) presentimiento *m*

intimidate /ɪn'tɪmədeɪt, BrE ɪn'tɪmɪdeɪt/ *vt* intimidar

intimidating /ɪn'tɪmədeɪtɪŋ, BrE ɪn'tɪmɪdeɪtɪŋ/ *adj* intimidante

intimidation /ɪn'tɪmə'deɪʃən, BrE ɪnˌtɪmɪ'deɪʃən/ *n* intimidación *f*

into /'ɪntu, *before consonant* 'ɪntə/ *prep* **1 (a)** (indicating motion, direction): **to walk ~ a building** entrar en *or* (esp AmL) a un edificio; **they helped him ~ the chair** lo ayudaron a sentarse en el sillón; **she sat staring ~ space** estaba sentada mirando al vacío; **to translate sth ~ Spanish** traducir* algo al español **(b)** (against): **she walked ~ a tree** se dio contra un árbol; **he drove ~ the other car** chocó con el otro coche **2** (in time, distance): **ten minutes ~ the game** a los diez minutos de empezar el partido; **they penetrated deep ~ the jungle** entraron en el corazón de la selva **3** (indicating result of action): **we split ~ two groups** nos dividimos en dos grupos; **roll the dough ~ a ball** haga una bola con la masa **4** (involved in) (infml): **they're ~ drugs** se drogan; **at two, children are ~ everything** a los dos años, los niños son muy inquietos

intolerable /ɪn'tɑːlərəbəl, BrE ɪn'tɒlərəbəl/ *adj* intolerable

intolerance /ɪn'tɑːlərəns, BrE ɪn'tɒlərəns/ *n* intolerancia *f*

intolerant /ɪn'tɑːlərənt, BrE ɪn'tɒlərənt/ *adj* intolerante

intonation /'ɪntə'neɪʃən/ *n* entonación *f*

intone /ɪn'təʊn/ *vt* ‹*psalm/Gloria*› entonar

intoxicated /ɪn'tɑːksəkeɪtəd, BrE ɪn'tɒksɪkeɪtɪd/ *adj* (fml) en estado de embriaguez (fml)

intoxicating /ɪn'tɑːksəkeɪtɪŋ, BrE ɪn'tɒksɪkeɪtɪŋ/ *adj* (fml) ‹*substance*› estupefaciente; **~ liquor** bebida *f* alcohólica

intractable /ɪn'træktəbəl/ *adj* (fml) **(a)** ‹*temperament*› obstinado; ‹*child*› incorregible **(b)** ‹*problem/dilemma*› inextricable (fml)

intransigent /ɪn'trænsədʒənt, BrE ɪn'trænsɪdʒənt/ *adj* intransigente

intransitive /'ɪn'trænsətɪv/ *adj* intransitivo

intrauterine device /ˌɪntrə'juːtərən, BrE ˌɪntrə'juːtəraɪn/ *n* dispositivo *m* intrauterino; (in the shape of a coil) espiral *f*

intravenous /'ɪntrə'viːnəs/ *adj* intravenoso

intrepid /ɪn'trepəd, BrE ɪn'trepɪd/ *adj* intrépido

intricacy /'ɪntrɪkəsi/ *n* **(a)** (of pattern, embroidery) lo intrincado **(b) intricacies** *pl* (complexities) complejidades *fpl*

intricate /'ɪntrɪkət/ *adj* complicado

intrigue[1] /'ɪntriːg/ *n* intriga *f*

intrigue[2] /ɪn'triːg/ *vt* intrigar*

intriguing /ɪn'triːgɪŋ/ *adj* ‹*problem/text*› intrigante; ‹*possibility*› fascinante; ‹*person*› interesante

intrinsic /ɪn'trɪnzɪk/ *adj* intrínseco

✓ **introduce** /'ɪntrə'duːs, BrE ˌɪntrə'djuːs/ *vt* **1 (a)** (acquaint) presentar; **allow me to ~ myself/my mother** (fml) permítame que me presente/le presente a mi madre; **to ~ sb** TO **sb** presentarle a algn A algn **(b)** (initiate) **to ~ sb** TO **sth** introducir* a algn A algo, iniciar a algn EN algo **(c)** (present) ‹*speaker/program*› presentar; ‹*meeting/article*› iniciar **2** (bring in) ‹*subject/custom/legislation*› introducir*; ‹*product*› lanzar*, sacar*

✓ **introduction** /'ɪntrə'dʌkʃən/ *n* **1 (a)** (to person) presentación *f* **(b)** (to activity, experience) ~ TO **sth** introducción *f* A algo **(c)** (of speaker, performer) presentación *f* **2** (of species, practice, legislation) introducción *f* **3** (insertion, entry) (fml) introducción *f* **4 (a)** (to meeting, lecture) presentación *f* **(b)** (in book) introducción *f* **(c)** (Mus) introducción *f* **5** (elementary instruction) introducción *f*, iniciación *f*

introductory /'ɪntrə'dʌktəri/ *adj* **(a)** (opening) ‹*notes/remarks*› preliminar; ‹*lecture/chapter*› de introducción; ‹*offer*› (Busn) de lanzamiento **(b)** (elementary) ‹*course/lesson*› de introducción

introspective /'ɪntrə'spektɪv/ *adj* introspectivo

introvert /'ɪntrəvɜːrt, BrE 'ɪntrəvɜːt/ *n* introvertido, -da *m,f*

introverted /'ɪntrəvɜːrtəd, BrE 'ɪntrəvɜːtɪd/ *adj* introvertido

intrude /ɪn'truːd/ *vi* (disturb) importunar; (interfere) inmiscuirse*; **to ~ on sb's privacy** inmiscuirse* en la vida privada de algn

intruder /ɪn'truːdər, BrE ɪn'truːdə(r)/ *n* intruso, -sa *m,f*

intrusion /ɪn'truːʒən/ *n* intrusión *f*

intrusive /ɪn'truːsɪv/ *adj* **(a)** ‹*noise/smell*› molesto **(b)** ‹*questioning/reporter*› impertinente

intuition /'ɪntuː'ɪʃən, BrE ˌɪntjuː'ɪʃən/ *n* intuición *f*

intuitive /ɪn'tuːətɪv, BrE ɪn'tjuːɪtɪv/ *adj* intuitivo

Inuit /'ɪnuɪt, BrE 'ɪnjuːɪt/ *n* (*pl* ~ *or* ~**s**) **(a)** (person) esquimal *mf* **(b)** (Ling) esquimal *m*

inundate /'ɪnʌndeɪt/ *vt* inundar

invade /ɪn'veɪd/ *vt/i* invadir

invader /ɪn'veɪdər, BrE ɪn'veɪdə(r)/ *n* invasor, -sora *m,f*

invalid[1] /ɪn'væləd, BrE ɪn'vælɪd/ *adj* **1** ‹*passport/vote*› no válido **2** (dated *or* offensive) (disabled) inválido (ant *u* ofensivo)

invalid[2] /'ɪnvələd, BrE 'ɪnvəliːd, 'ɪnvəlɪd/ *n* (dated *or* offensive) inválido, -da *m,f* (ant *u* ofensivo)

invalidate /ɪn'vælədeɪt, BrE ɪn'vælɪdeɪt/ *vt* (fml) invalidar

invalidity /'ɪnvə'lɪdəti/ *n* (dated *or* offensive) invalidez *f* (ant *u* ofensivo)

invaluable /ɪn'væljuəbəl/ *adj* inapreciable, invalorable (AmL)

invariable /ɪn'veriəbəl, BrE ɪn'veəriəbəl/ *adj* invariable

invariably /ɪn'veriəbli, BrE ɪn'veəriəbli/ *adv* invariablemente, siempre

invasion /ɪn'veɪʒən/ *n* invasión *f*

invective /ɪn'vektɪv/ *n* **(a)** (abuse) invectivas *fpl* (fml) **(b)** (condemnation) invectiva *f* (fml)

invent /ɪn'vent/ *vt* inventar

invention /ɪn'ventʃən, BrE ɪn'venʃən/ *n* **1 (a)** (device) invento *m* **(b)** (action) invención *f* **2** (imagination): **(powers of) ~** inventiva *f*

inventive /ɪn'ventɪv/ *adj* ingenioso

inventor /ɪn'ventər, BrE ɪn'ventə(r)/ *n* inventor, -tora *m,f*

inventory /'ɪnvəntɔːri, BrE 'ɪnventri/ *n* (*pl* **-ries**) inventario *m*

inverse /'ɪn'vɜːrs, 'ɪnvɜːrs, BrE ˌɪn'vɜːs, 'ɪnvɜːs/ *adj* (*usu before n*) inverso; **in ~ proportion to sth** en proporción inversa a algo

inversion /ɪn'vɜːrʒən, BrE ɪn'vɜːʃən/ *n* inversión *f*

invert /ɪn'vɜːrt, BrE ɪn'vɜːt/ *vt* invertir*

invertebrate /ɪn'vɜːrtəbrət, BrE ɪn'vɜːtɪbrət/ *n* invertebrado, -da *m,f*

inverted commas /ɪn'vɜːrtəd, BrE ɪn'vɜːtɪd/ *pl n* (BrE) comillas *fpl*

✓ **invest** /ɪn'vest/ *vt* **to ~ sth (**IN **sth)** ‹*money/time*› invertir* algo (EN algo)
■ *vi* **to ~ (**IN **sth)** invertir* (EN algo)

✓ **investigate** /ɪn'vestəgeɪt, BrE ɪn'vestɪgeɪt/ *vt* **(a)** ‹*crime/cause*› investigar*; ‹*complaint/possibility*› estudiar **(b)** (do research on) hacer* una investigación sobre
■ *vi* investigar*

✓ **investigation** /ɪn'vestə'geɪʃən, BrE ɪnˌvestɪ'geɪʃən/ *n* **(a)** (detailed examination) estudio *m* **(b)** (official, scientific) investigación *f*

investigator /ɪn'vestəgeɪtər, BrE ɪn'vestɪgeɪtə(r)/ *n* **(a)** (private ~) investigador privado, investigadora privada *m,f* **(b)** (official) inspector, -tora *m,f*

investiture /ɪn'vestətʃʊr, BrE ɪn'vestɪtʃə(r)/ *n* investidura *f*

✓ **investment** /ɪn'vestmənt/ *n* inversión *f*

✓ **investor** /ɪn'vestər, BrE ɪn'vestə(r)/ *n* inversor, -sora *m,f*, inversionista *mf*

inveterate /ɪn'vetərət/ *adj* (fml) (*usu before n*) ‹*thief/liar*› empedernido

invigorating /ɪn'vɪgəreɪtɪŋ/ *adj* ‹*weather/walk*› vigorizante; ‹*environment/change*› estimulante

invisible /ɪn'vɪzəbəl/ *adj* invisible

invitation /'ɪnvə'teɪʃən, BrE ˌɪnvɪ'teɪʃən/ *n* invitación *f*; **at the ~ of** invitado por, por invitación de

✓ **invite** /ɪn'vaɪt/ *vt* **to ~ sb (**TO **sth)/to +** INF

✓ palabra clave

invitar a algn (A algo)/A + INF *or* A QUE (+ *subj*); **to ~ sb in/out** invitar a algn a pasar/a salir; **his work ~s comparison with the classics** su obra sugiere comparación con los clásicos

inviting /ɪn'vaɪtɪŋ/ *adj* ‹*prospect/offer*› atractivo

in vitro /ɪn'vi:trəʊ/ *adj* in vitro *adj inv*

invoice¹ /'ɪnvɔɪs/ *n* factura *f*

invoice² *vt* **to ~ sb (**FOR **sth)** pasarle A algn factura (POR algo)

invoke /ɪn'vəʊk/ *vt* invocar*

involuntary /ɪn'vɑ:lənteri, BrE ɪn'vɒləntri/ *adj* involuntario

involve /ɪn'vɑ:lv, BrE ɪn'vɒlv/ *vt* **1** **(a)** (entail, comprise) suponer*; **what exactly does your work ~?** ¿en qué consiste exactamente tu trabajo? **(b)** (affect, concern): **where national security is ~d ...** cuando se trata de la seguridad nacional ...; **it's my reputation that's ~d here** es mi reputación lo que está en juego **2** **to ~ sb** IN **sth** (implicate) implicar* *or* involucrar a algn EN algo; (allow to participate) darle* participación a algn EN algo **3** **involved** *past p* **(a)** (implicated): **I was ~d in an accident last year** el año pasado me vi envuelto en un accidente; **several high-ranking officials were ~d in the affair** había varios oficiales de alto rango implicados en el asunto; **the people you're ~d with** la gente con la que andas metido **(b) to be ~d** IN **sth** (engrossed) estar* absorto EN algo; (busy) estar* ocupado CON algo **(c)** (emotionally): **she doesn't want to get too ~d with him** no quiere llegar a una relación muy seria con él

involved /ɪn'vɑ:lvd, BrE ɪn'vɒlvd/ *adj* enrevesado, complicado

involvement /ɪn'vɑ:lvmənt, BrE ɪn'vɒlvmənt/ *n* **(a)** (entanglement) participación *f*; **they deny any ~ in terrorist attacks** niegan estar implicados en ningún ataque terrorista **(b)** (relationship) relación *f* (sentimental)

inward¹ /'ɪnwərd, BrE 'ɪnwəd/ *adj* **(a)** (toward inside) ‹*curve*› hacia adentro **(b)** (private, mental) ‹*torment/serenity*› interior

inward², (BrE also) **inwards** *adv* **(a)** (toward inside) ‹*move/bend*› hacia adentro; ‹*travel*› hacia el interior **(b)** (toward mind, spirit): **meditation involves looking ~** la meditación exige introspección

iodine /'aɪədaɪn, BrE 'aɪədi:n/ *n* yodo *m*

ion /'aɪən, 'aɪɑ:n, BrE 'aɪən/ *n* ión *m*

iota /aɪ'əʊtə/ *n* (*usu with neg*) pizca *f*, ápice *m*

IOU *n* (= **I owe you**) pagaré *m*

iPod® /'aɪpɑ:d, BrE 'aɪpɒd/ *n* (Electron) iPod® *m*

IQ *n* (= **intelligence quotient**) CI *m*

IRA *n* (= **Irish Republican Army**) IRA *m*

Iran /ɪ'rɑ:n, ɪ'ræn/ *n* Irán *m*

Iranian¹ /ɪ'reɪniən/ *adj* iraní

Iranian² *n* iraní *mf*

Iraq /ɪ'rɑ:k, ɪ'ræk/ *n* Irak *m*

Iraqi¹ /ɪ'rɑ:ki, ɪ'ræki/ *adj* iraquí

Iraqi² *n* iraquí *mf*

irascible /ɪ'ræsəbəl/ *adj* irascible

irate /aɪ'reɪt/ *adj* airado

ire /aɪr, BrE 'aɪə(r)/ *n* (liter) ira *f*, cólera *f*

Ireland /'aɪrlənd, BrE 'aɪələnd/ *n* (the island) Irlanda *f*; (the Republic) Irlanda *f*, (el) Eire

iris /'aɪrəs, BrE 'aɪərɪs/ *n* (Bot) lirio *m*

Irish¹ /'aɪrɪʃ, BrE 'aɪərɪʃ/ *adj* irlandés; **the ~ Sea** el Mar de Irlanda

Irish² *n* **(a)** (people) (+ *pl vb*) **the ~** los irlandeses **(b)** (language) irlandés *m*

Irish: **~man** /'aɪrɪʃmən, BrE 'aɪərɪʃmən/ *n* (*pl* **-men** /-mən/) irlandés *m*; **~woman** *n* irlandesa *f*

irk /ɜ:rk, BrE ɜ:k/ *vt* fastidiar, irritar

iron¹ /'aɪərn, BrE 'aɪən/ *n* **1** **(a)** (metal) hierro *m*, fierro *m* (AmL) **(b)** (in food) hierro *m* **2** (for clothes) plancha *f* **3** (golf club) hierro *m* **4** **irons** *pl* (fetters) grilletes *mpl*, grillos *mpl*

iron² *adj* **(a)** (made of iron) de hierro **(b)** (strong) (*before n*) ‹*constitution*› de hierro; ‹*will/resolve*› férreo, de hierro

iron³ *vt/i* planchar

● **iron out** [*v + o + adv, v + adv + o*] ‹*problems*› resolver*; ‹*difficulties*› allanar

Iron Curtain *n*: **the ~** la cortina de hierro (AmL), el telón de acero (Esp)

ironic /aɪ'rɑ:nɪk, BrE aɪ'rɒnɪk/ *adj* irónico

ironically /aɪ'rɑ:nɪkli, BrE aɪ'rɒnɪkli/ *adv* irónicamente

ironing /'aɪərnɪŋ, BrE 'aɪənɪŋ/ *n*: **to do the ~** planchar

ironing board *n* tabla *f or* (Méx) burro *m* de planchar

ironmonger /'aɪərn,mɑ:ŋgər, BrE 'aɪən,mʌŋgə(r)/ *n* (BrE) ferretero, -ra *m,f*; **at the ~'s** en la ferretería

irony /'aɪrəni/ *n* (*pl* **-nies**) ironía *f*

irrational /ɪ'ræʃn̩əl, BrE ɪ'ræʃənl/ *adj* irracional

irreconcilable /ɪ'rekən'saɪləbəl/ *adj* irreconciliable

irrefutable /ɪ'refjətəbəl, 'ɪrɪ'fju:-, BrE ,ɪrɪ'fju:təbəl/ *adj* irrefutable

irregular /ɪ'regjələr, BrE ɪ'regjʊlə(r)/ *adj* **1** (in shape, positioning, time) irregular **2** (contrary to rules) inadmisible, contrario a las normas **3** (Ling) irregular

irregularity /ɪ'regjə'lærəti, BrE ɪ,regjʊ'lærəti/ *n* (*pl* **-ties**) **1** (in shape, positioning, time) irregularidad *f* **2** (of action) lo inadmisible; **several irregularities** varias contravenciones de las normas

irrelevant /ɪ'reləvənt/ *adj* ‹*fact/detail*› irrelevante; **to be ~** TO **sth** no tener* relación *or* no tener* que ver CON algo

irreparable /ɪ'reprəbəl/ *adj* irreparable

irreplaceable /'ɪrɪ'pleɪsəbəl/ *adj* irreemplazable

irrepressible /'ɪrɪ'presəbəl/ *adj* ‹*laughter*› incontenible; ‹*desire*› irreprimible

irresistible /'ɪrɪ'zɪstəbəl/ *adj* irresistible

irrespective /'ɪrɪ'spektɪv/ *adv* **~** OF **sth**: **~ of what you say** independientemente de lo que usted diga; **~ of age or sex** sin distinción de edad o sexo

irresponsible /'ɪrɪ'spɑ:nsəbəl, BrE ,ɪrɪ'spɒnsəbəl/ *adj* irresponsable

irreverent /ɪ'revrənt, ɪ'revərənt/ *adj* irreverente

irreversible /,ɪrɪ'vɜ:rsəbəl, BrE ,ɪrɪ'vɜ:səbəl/ *adj* ‹*decision*› irrevocable; ‹*process/event*› irreversible

irrigate /'ɪrəgeɪt, BrE 'ɪrɪgeɪt/ *vt* irrigar*, regar*

irrigation /ˈɪrəˈgeɪʃən, BrE ˌɪrɪˈgeɪʃən/ *n* irrigación *f*, riego *m*

irritable /ˈɪrətəbəl, BrE ˈɪrɪtəbəl/ *adj* **1** (bad-tempered) ‹*person/mood*› irritable; ‹*reply*› irritado **2** (sensitive) ‹*skin/scalp*› sensible

irritant /ˈɪrətənt, BrE ˈɪrɪtənt/ *n* **(a)** (Med) agente *m* irritante **(b)** (person, thing) fastidio *m*

irritate /ˈɪrəteɪt, BrE ˈɪrɪteɪt/ *vt* irritar

irritated /ˈɪrəteɪtəd, BrE ˈɪrɪteɪtɪd/ *adj* **1** ‹*look/frown*› de impaciencia; **to be ~** WITH *o* AT **sth/**WITH **sb** estar* irritado POR algo/CON algn **2** ‹*skin/hands*› irritado

irritating /ˈɪrəteɪtɪŋ, BrE ˈɪrɪteɪtɪŋ/ *adj* irritante

irritation /ˈɪrəˈteɪʃən, BrE ˌɪrɪˈteɪʃən/ *n* irritación *f*

IRS *n* (in US) = **Internal Revenue Service**

is /ɪz/ *3rd pers sing pres of* **be**

ISBN *n* (= **International Standard Book Number**) ISBN *m*

-ish /ɪʃ/ *suff*: **long~** más bien largo; **green~** verdoso; **tennish** a eso de las diez

Islam /ˈɪzlɑːm, ɪzˈlɑːm/ *n* el Islam

Islamic /ɪzˈlæmɪk, ɪzˈlɑːmɪk/ *adj* islámico

Islamist¹ /ˈɪzləmɪst/ *n* islamista *mf*

Islamist² *adj* islamista

⚷ **island** /ˈaɪlənd/ *n* isla *f*

islander /ˈaɪləndər, BrE ˈaɪləndə(r)/ *n* isleño, -ña *m,f*

isle /aɪl/ *n* **(a)** (poet) isla *f*, ínsula *f* (liter) **(b)** (in place names): **the I~ of Wight** la Isla de Wight

Isles of Scilly /ˈaɪlzəvˈsɪli/ *pl n*: **the ~** las islas Scilly *or* Sorlingas

isn't /ˈɪznt/ = **is not**

isolate /ˈaɪsəleɪt/ *vt* aislar*

isolated /ˈaɪsəleɪtəd, BrE ˈaɪsəleɪtɪd/ *adj* aislado

isolation /ˈaɪsəˈleɪʃən/ *n* aislamiento *m*

ISP *n* (= **Internet service provider**) ISP *m*

Israel /ˈɪzreɪəl/ *n* Israel *m*

Israeli¹ /ɪzˈreɪli/ *adj* israelí

Israeli² *n* israelí *mf*

⚷ **issue¹** /ˈɪʃuː, BrE ˈɪʃjuː, ɪsjuː/ *n* **1** (subject discussed) tema *m*, cuestión *f*, asunto *m*; ***to take ~ with sb/sth*** discrepar de *or* con algn/en *or* de algo **2 (a)** (of documents) expedición *f*; (of library books) préstamo *m*; (of tickets) venta *f* **(b)** (of stamps, shares, bank notes) emisión *f* **(c)** (of newspaper, magazine) número *m*

⚷ **issue²** *vt* (give out) ‹*statement/report*› hacer* público; ‹*instructions*› dar*; ‹*guidelines*› establecer*; ‹*tickets/visas*› expedir*; ‹*library books*› prestar; ‹*bank notes/stamps/shares*› emitir; ‹*summons*› dictar; **we can ~ you with the necessary documents** le podemos proporcionar los documentos necesarios ■ *vi* (fml) **1** (result) **to ~** FROM **sth** derivar(se) DE algo (fml) **2** (emerge) salir*; «*liquid*» fluir*

⚷ **it** /ɪt/ *pron* **1** (replacing noun — as direct object) lo, la; (— as indirect object) le; (— as subject, after prep) *gen not translated*; **~'s enormous** es enorme; **there's nothing behind ~** no hay nada detrás **2** (introducing person, thing, event): **who is ~?** ¿quién es?; **~'s me** soy yo; **I'll see to ~** yo me encargo (de ello); **~'s his attitude that I don't like** su actitud es lo que no me gusta; **a little higher up ... that's ~!** un poco más arriba ... ¡ahí está! *or* ¡eso es!; **one more and that's ~** uno más y ya está *or* se acabó **3** (in impersonal constructions): **~'s raining** está lloviendo; **~'s two o'clock** son las dos; **~ says here that ...** aquí dice que ...; **~ is known that ...** se sabe que ...

Italian¹ /ɪˈtæljən/ *adj* italiano

Italian² *n* **(a)** (person) italiano, -na *m,f* **(b)** (language) italiano *m*

italics /ɪˈtælɪks/ *pl n* (letra *f*) cursiva *f*

Italy /ˈɪtli, BrE ˈɪtəli/ *n* Italia *f*

itch¹ /ɪtʃ/ *vi* **1 (a)** «*scalp/toe*» picar* (+ *me/te/le etc*) **(b)** (be impatient, eager) (infml) **to be ~ing to + INF: he was ~ing to tell her** estaba que se moría por decírselo (fam) **2** «*wool/underwear*» (cause irritation) picar*

itch² *n* **(a)** (irritation) picor *m*, picazón *f* **(b)** (desire) ansia *f*‡

itchy /ˈɪtʃi/ *adj* **itchier, itchiest** **(a)** (feeling irritation): **I've got an ~ nose/scalp** me pica la nariz/la cabeza **(b)** (causing irritation) ‹*garment/material*› que pica

it'd /ˈɪtəd/ **(a)** = **it had (b)** = **it would**

⚷ **item** /ˈaɪtəm/ *n* **(a)** (article) (Busn) artículo *m*; (in collection) pieza *f*; (on agenda) punto *m*; **~s of clothing** prendas *fpl* de vestir **(b)** (in newspaper) artículo *m*; **news ~** noticia *f*

itemize /ˈaɪtəmaɪz/ *vt* (break down) detallar; (list) hacer* una lista de

itinerant /aɪˈtɪnərənt/ *adj* (fml) ‹*worker/judge*› itinerante (fml); ‹*salesman/musician*› ambulante

itinerary /aɪˈtɪnəreri, BrE aɪˈtɪnərəri/ *n* (*pl* **-ries**) itinerario *m*

it'll /ˈɪtl/ = **it will**

⚷ **its** /ɪts/ *adj* (*sing*) su; (*pl*) sus

> ■ **Note** The translation *su* agrees in number with the noun which it modifies; *its* is translated by *su, sus,* depending on what follows: *its snout/head* su hocico/cabeza; *its problems/difficulties* sus problemas/dificultades.

it's /ɪts/ **(a)** = **it is (b)** = **it has**

⚷ **itself** /ɪtˈself/ *pron* **(a)** (reflexive): **it has earned ~ a reputation** se ha hecho fama; **another problem presented ~** se presentó otro problema **(b)** (emphatic use): **the town ~ is small** la ciudad en sí *or* propiamente dicha es pequeña

ITV *n* (in UK) (*no art*) = **Independent Television**

IUD *n* (= **intrauterine device**) DIU *m*

I've /aɪv/ = **I have**

ivory /ˈaɪvəri/ *n* (*pl* **-ries**) **(a)** (material) marfil *m* **(b)** (color) (color *m*) marfil *m*

Ivory Coast *n* Costa *f* de Marfil

ivy /ˈaɪvi/ *n* hiedra *f*

Ivy League *n* (AmE): **the ~** *grupo de ocho universidades prestigiosas de EEUU*

⚷ palabra clave

Jj

J, j /dʒeɪ/ *n* J, j *f*

jab¹ /dʒæb/ *vt* **-bb-**: **I ~bed myself with the needle** me pinché con la aguja, me piqué con la aguja (Méx); **she ~bed me with her fork** me clavó el tenedor

jab² *n* **(a)** (prick) pinchazo *m*; (blow) golpe *m*; (with elbow) codazo *m* **(b)** (in boxing) jab *m*, corto *m* **(c)** (injection) (BrE infml) inyección *f*

jabber /'dʒæbər, BrE 'dʒæbə(r)/ *vi/t* farfullar

jack /dʒæk/ *n* **(a)** (lifting device) gato *m* **(b)** (socket) enchufe *m* hembra **(c)** (in French pack of cards) jota *f*, valet *m*; (in Spanish pack) sota *f*

● **jack up** [*v + o + adv, v + adv + o*] ‹*car*› levantar (*con el gato*)

jackal /'dʒækəl/ *n* chacal *m*

jackdaw /'dʒækdɔ:/ *n* grajilla *f*

jacket /'dʒækət, BrE 'dʒækɪt/ *n* **1** (Clothing) chaqueta *f*; (sports ~) americana *f*, saco *m* (sport) (AmL) **2** (of book) sobrecubierta *f*; (of record) (AmE) funda *f*, carátula *f* **3** (of potato) (BrE): **~ potatoes** papas *fpl* asadas (*con la cáscara*) (AmL), patatas *fpl* asadas (*con la piel*) (Esp)

jack: **~hammer** *n* martillo *m* neumático; **~-in-the-box** /'dʒækənðə'bɑ:ks, BrE 'dʒækɪnðə,bɒks/ *n* caja *f* de sorpresas (*con muñeco a resorte*); **~knife** *vi* «*truck*» plegarse*; **~ of all trades** /'dʒækəv'ɔ:ltreɪdz/ *n* (*pl* **~s of all trades**) hombre *m or* mujer *f* orquesta, manitas *mf* (Esp, Méx fam); **~pot** *n* (in bingo, lottery) bote *m*, pozo *m*; **~rabbit** *n*: *tipo de liebre de Norteamérica*

Jacuzzi®, jacuzzi /dʒə'ku:zi/ *n* Jacuzzi® *m*

jade /dʒeɪd/ *n* **(a)** (Min) jade *m* **(b)** (color) verde *m* jade

jaded /'dʒeɪdəd, BrE 'dʒeɪdɪd/ *adj* hastiado

jagged /'dʒægəd, BrE 'dʒægɪd/ *adj* ‹*edge/cut*› irregular; ‹*rock/cliff*› recortado, con picos

jaguar /'dʒægwɑ:r, BrE 'dʒægjʊə(r)/ *n* jaguar *m*

jail¹ /dʒeɪl/ *n* cárcel *f*, prisión *f*; **he went to ~** lo metieron preso

jail² *vt* encarcelar

jailer, jailor /'dʒeɪlər, BrE 'dʒeɪlə(r)/ *n* carcelero, -ra *m,f*

jailhouse /'dʒeɪlhaʊs/ *n* (AmE) cárcel *f*

jam¹ /dʒæm/ *n* **1** (Culin) mermelada *f*, dulce *m* (RPl) **2** (difficult situation) (infml) aprieto *m*

jam² **-mm-** *vt* **1** **(a)** (cram) **to ~ sth** INTO **sth** meter algo a la fuerza EN algo **(b)** (block) ‹*road*› atestar; **the switchboard was ~med with calls** la centralita estaba saturada de llamadas **2** (wedge firmly): **he ~med his foot in the door** metió el pie entre la puerta y el marco **3** (Rad) interferir*

■ *vi* «*brakes*» bloquearse; «*machine*» trancarse*; «*switch/lock*» trabarse; «*gun*» encasquillarse

● **jam on**: [*v + o + adv, v + adv + o*]: **to ~ on the brakes** dar* un frenazo

Jamaica /dʒə'meɪkə/ *n* Jamaica *f*

Jamaican /dʒə'meɪkən/ *adj* jamaicano

jamb /dʒæm/ *n* jamba *f*

jam: **~ jar** *n* (BrE) tarro *m or* bote *m* para mermelada; **~-packed** /'dʒæm'pækt/ *adj* (infml) repleto, atestado (de gente); **~ session** *n*: *sesión de un grupo de músicos de jazz o rock que se reúnen para improvisar*

jangle /'dʒæŋgəl/ *vi* hacer* ruido (*metálico*)

janitor /'dʒænətər, BrE 'dʒænɪtə(r)/ *n* conserje *m*

January /'dʒænjueri, BrE 'dʒænjʊəri/ *n* enero *m*

Japan /dʒə'pæn/ *n* (el) Japón *m*

Japanese¹ /'dʒæpə'ni:z/ *adj* japonés

Japanese² *n* **(a)** (language) japonés *m* **(b)** (people) (+ *pl vb*) **the ~** los japoneses

jar¹ /dʒɑ:r, BrE dʒɑ:(r)/ *n* **1** (container) tarro *m*, bote *m* **2** (jolt) sacudida *f*

jar² **-rr-** *vi* **(a)** (clash) desentonar **(b)** (irritate): **it ~s on my nerves** me crispa los nervios, me enerva

■ *vt* sacudir

jargon /'dʒɑ:rgən, BrE 'dʒɑ:gən/ *n* jerga *f*

jarring /'dʒɑ:rɪŋ/ *adj* ‹*sound*› discordante

jasmine /'dʒæzmən, BrE 'dʒæsmɪn/ *n* jazmín *m*

jaundice /'dʒɔ:ndəs, BrE 'dʒɔ:ndɪs/ *n* ictericia *f*

jaundiced /'dʒɔ:ndəst, BrE 'dʒɔ:ndɪst/ *adj* **(a)** (Med) ‹*skin/baby*› ictérico **(b)** ‹*view/opinion*› negativo

jaunt /dʒɔ:nt/ *n* excursión *f*

jaunty /'dʒɔ:nti/ *adj* **-tier**, **-tiest**; (*usu before n*) ‹*air*› garboso; ‹*tune*› alegre

javelin /'dʒævlən, BrE 'dʒævlɪn/ *n* jabalina *f*

jaw /dʒɔ:/ *n* **(a)** (of person, animal) mandíbula *f*; (esp of animal) quijada *f*; **his ~ dropped** se quedó boquiabierto **(b)** **jaws** *pl* fauces *fpl*

jawbone /'dʒɔ:bəʊn/ *n* mandíbula *f*, maxilar *m*; (of an animal) quijada *f*

jay /dʒeɪ/ *n* arrendajo *m*

jay: **~walk** *vi* cruzar* la calzada imprudentemente; **~walker** *n* peatón *m* imprudente

jazz /dʒæz/ *n* (Mus) jazz *m*

● **jazz up** [*v + o + adv, v + adv + o*] (infml) **(a)** ‹*music*› tocar* con ritmo sincopado **(b)** ‹*room*› alegrar, darle* vida a

jazzy /'dʒæzi/ *adj* **jazzier**, **jazziest** **1** (flashy) (infml) llamativo **2** (Mus) ‹*rhythm*› de jazz

jealous /'dʒeləs/ *adj* **(a)** ‹*husband/wife*› celoso; **to be ~** estar* celoso, tener* celos **(b)** (envious) envidioso; **to be ~** OF **sb** tenerle* envidia A algn

jealousy /'dʒeləsi/ *n* (*pl* **-sies**) **(a)** (fear of rivalry) celos *mpl* **(b)** (envy) envidia *f*

jeans /dʒi:nz/ *pl n* vaqueros *mpl*, jeans *mpl*, bluyines *mpl* (Andes)

Jeep®, jeep /dʒi:p/ *n* Jeep® *m*

jeer /dʒɪr, BrE dʒɪə(r)/ *vi* **to ~** AT **sth/sb** (boo) abuchear (algo/a algn); (mock) burlarse (DE algo/algn)

Jehovah /dʒə'həʊvə/ *n* Jehová

Jehovah's Witness *n* testigo *mf* de Jehová

jell /dʒel/ *vi* ▶ **gel²**

Jell-O® /'dʒeləʊ/ *n* (AmE) gelatina *f* (*con sabor a frutas*)

jelly /'dʒeli/ *n* (*pl* **-lies**) **1** (Culin) **(a)** (clear jam) jalea *f* **(b)** (as dessert) (BrE) gelatina *f* (*con sabor a frutas*) **2** (gelatinous substance) gelatina *f*

jellyfish /'dʒeli,fɪʃ/ *n* (*pl* **-fish** *or* **-fishes**) medusa *f*, malagua *f* (Per), aguaviva *f* (RPl), aguamala *f* (Col, Méx)

jeopardize /'dʒepərdaɪz, BrE 'dʒepədaɪz/ *vt* poner* en peligro, hacer* peligrar

jeopardy /'dʒepərdi, BrE 'dʒepədi/ *n*: **in ~** en peligro

jerk¹ /dʒɜ:rk, BrE dʒɜ:k/ *vi* «*leg/arm*» hacer* un movimiento brusco; (repeatedly) «*legs/arms*» agitarse; **the train ~ed to a stop** el tren se detuvo con una sacudida

■ *vt*: **the impact ~ed him forward** el impacto lo propulsó hacia adelante

jerk² *n* **1** **(a)** (tug) tirón *m* **(b)** (sudden movement) sacudida *f* **2** (contemptible person) (infml) estúpido, -da *m,f*, pendejo, -ja *m,f* (AmL exc CS fam), gilipollas *mf* (Esp fam), huevón, -ona *m,f* (Andes, Ven fam)

jerky /'dʒɜ:rki, BrE 'dʒɜ:ki/ *adj* **-kier**, **-kiest** ‹*speech*› entrecortado; **it was a ~ ride** fuimos (*or* fueron *etc*) dando botes por el camino

jerry /'dʒeri/: **~-built** *adj* mal construido; **~ can** *n* bidón *m*

jersey /'dʒərzi, BrE 'dʒɜ:zi/ *n* (*pl* **-seys**) **1** **(a)** (sports shirt) camiseta *f* **(b)** (Tex) jersey *m* **(c)** (BrE) ▶ **sweater** **2** **Jersey** (la isla de) Jersey

Jerusalem /dʒə'ru:sələm/ *n* Jerusalén *m*

jest /dʒest/ *n* (arch) broma *f*, chanza *f* (arc); **in ~** en broma

jester /'dʒestər, BrE 'dʒestə(r)/ *n* bufón *m*

Jesuit /'dʒeʒuət, BrE 'dʒezjʊɪt/ *n* jesuita *m*

Jesus /'dʒi:zəs/ *n* Jesús; **~ Christ** Jesucristo

jet¹ /dʒet/ *n* **1** (Aviat) avión *m* (*con motor a reacción*) **2** (of water, air, gas) chorro *m* **3** (Min) azabache *m*

jet² *vi* **-tt-** (fly) (infml) volar*

jet: **~-black** /'dʒet'blæk/ *adj* (*pred* **~ black**) negro azabache *adj inv*; **~ lag** *n* jet lag *m*, desfase *m* horario

jetsam /'dʒetsəm/ *n* echazón *f*; *see also* **flotsam**

jet set *n*: **the ~** el jet set (AmL), la jet set (Esp)

jettison /'dʒetəsən, BrE 'dʒetɪsən/ *vt* (Naut) echar por la borda; (Aviat) deshacerse* de

jetty /'dʒeti/ *n* (*pl* **-ties**) embarcadero *m*, malecón *m*

Jew /dʒu:/ *n* judío, -día *m,f*

jewel /'dʒu:əl/ *n* (gem) piedra *f* preciosa; (piece of jewelry) alhaja *f*, joya *f*; (in watch) rubí *m*; (sb, sth wonderful) joya *f*

jeweler, (BrE) **jeweller** /'dʒu:ələr, BrE 'dʒu:ələ(r)/ *n* joyero, -ra *m,f*; **a ~'s (shop)** una joyería

jewelry, (BrE) **jewellery** /'dʒu:əlri/ *n* joyas *fpl*, alhajas *fpl*; (*before n*) **~ box** joyero *m*; **~ store** (AmE) joyería *f*

⚷ **Jewish** /'dʒu:ɪʃ/ *adj* judío

jibe /dʒaɪb/ *n* pulla *f*

jiffy /'dʒɪfi/ *n* (infml) (*no pl*) segundo *m*

jig /dʒɪg/ *n* **1** (dance) giga *f* **2** (Tech) plantilla *f* de guía

jiggle /'dʒɪgəl/ *vt* mover*, sacudir

jigsaw /'dʒɪgsɔ:/ *n* **1** **~ (puzzle)** rompecabezas *m*, puzzle *m* **2** (saw) sierra *f* de vaivén *or* de puñal

jihadi /dʒɪ'hædi/, **jihadist** /dʒɪ'hædəst, BrE dʒɪ'hædɪst/ *n* yihadista *mf*

jilt /dʒɪlt/ *vt* dejar plantado

jingle¹ /'dʒɪŋgəl/ *n* **1** (sound) (*no pl*) tintineo *m*; (of harness bells) cascabeleo *m*, tintineo *m* **2** (Marketing) jingle *m* (publicitario)

jingle² *vi* tintinear

jingoism /'dʒɪŋgəʊɪzəm/ *n* patriotería *f*, jingoísmo *m*

jinx¹ /dʒɪŋks/ *n*: **there's a ~ on this project** a este proyecto le han echado una maldición

jinx² *vt* traer* mala suerte a

jitters /'dʒɪtərz, BrE 'dʒɪtəz/ *pl n* (infml): **he got the ~** se puso nervioso, le dio el tembleque (fam)

jittery /'dʒɪtəri/ *adj* nervioso

Jnr (BrE) (= **Junior**) (h), Jr.

⚷ **job** /dʒɑ:b, BrE dʒɒb/ *n* **1** **(a)** (occupation, post) trabajo *m*, empleo *m*; **is he the right person for the ~?** ¿es la persona idónea para el puesto?; (*before n*) **~ creation** creación *f* de empleo **(b)** (duty, responsibility): **it's your ~ to make the tea** tú eres el encargado de hacer el té; **I'm only doing my ~** solo cumplo con mi deber **2** **(a)** (task, piece of work) trabajo *m*; (Comput) trabajo *m*; **you're doing a fine ~** lo estás haciendo muy bien; ***a good ~*** (BrE infml) menos mal; **it's a good ~ I did it yesterday** menos mal que lo hice ayer; ***to give sth up as a bad ~*** dejar algo por imposible; ***to make the best of a bad ~*** apechugar* y hacer* lo que se pueda **(b)** (difficult task) (infml): **I had a (terrible) ~ getting that nail out** me dio mucho trabajo sacar ese clavo

job: **J~centre** *n* (in UK) agencia *f* de colocaciones, oficina *f* de empleo; **~ description** *n* descripción *f* del puesto; **~-hunt** *vi* (*usu in -ing form*) buscar* trabajo

jobless /'dʒɑ:bləs, BrE 'dʒɒblɪs/ *adj* (journ) desempleado, en paro (Esp), cesante (Chi)

job: **~ lot** *n* lote *m*; **~share** *n* puesto *m* de trabajo compartido (entre dos); **~ sharing** /'ʃerɪŋ, BrE 'ʃeərɪŋ/ *n*: *sistema en el cual dos personas comparten un puesto de trabajo*

jockey /'dʒɑ:ki, BrE 'dʒɒki/ *n* (*pl* **~s**) jockey *mf*, jinete *mf*

Jockey shorts® /'dʒɑ:ki, BrE 'dʒɒki/ *pl n* (AmE) calzoncillos *mpl*, calzones *mpl* (Méx), interiores *mpl* (Col, Ven)

jockstrap /'dʒɑ:kstræp, BrE 'dʒɒkstræp/ *n* suspensorio *m*, suspensor *m* (Per, RPl)

jocular /'dʒɑ:kjələr, BrE 'dʒɒkjʊlə(r)/ *adj* jocoso

⚷ palabra clave

jodhpurs /'dʒɑːdpərz, BrE 'dʒɒdpəz/ *pl n* pantalones *mpl* de montar, breeches *mpl* (Col, RPl)

jog¹ /dʒɑːg, BrE dʒɒg/ **-gg-** *vt* ‹*table*› mover*; **she ~ged his elbow** le dio en el codo; **to ~ sb's memory** refrescarle* la memoria a algn
■ *vi* **(a)** (run) correr **(b)** (Leisure) hacer* footing *or* jogging; **to go ~ging** salir* a hacer footing *or* jogging

jog² *n* (*no pl*) (Leisure): **to go for a ~** hacer* footing *or* jogging

jogger /'dʒɑːgər, BrE 'dʒɒgə(r)/ *n*: *persona que hace footing*

jogging /'dʒɑːgɪŋ, BrE 'dʒɒgɪŋ/ *n* footing *m*, jogging *m*

john /dʒɑːn, BrE dʒɒn/ *n* **1** (toilet) (AmE infml) baño *m*, váter *m* (Esp fam) **2** **John Doe** (AmE) (Law) persona *f* inidentificada; (infml) el típico americano

join¹ /dʒɔɪn/ *vt* **1** (fasten, link) ‹*ropes/wires*› unir; (put together) ‹*tables*› juntar; **to ~ two things together** unir dos cosas; **to ~ hands** tomarse *or* (esp Esp) cogerse* de la mano **2** (meet, keep company with): **we're going for a drink, will you ~ us?** vamos a tomar algo ¿nos acompañas?; **you go ahead, I'll ~ you later** ustedes vayan que ya iré yo luego; **may I ~ you?** ¿le importa si me siento aquí? **3** **(a)** (become part of) unirse a, sumarse a; **I ~ed the line** me puse en la cola **(b)** (become member of) ‹*club*› hacerse* socio de; ‹*union*› afiliarse a; ‹*army*› alistarse en; ‹*firm*› entrar en *or* (AmL tb) entrar a
■ *vi* **1** **to ~ (together)** «*parts/groups*» unirse **2** (merge) «*streams*» confluir*; «*roads*» empalmar

● **join in** **1** [*v + adv*] participar, tomar parte **2** [*v + adv + o*] ‹*celebrations*› participar *or* tomar parte en

● **join up** [*v + adv*] **(a)** (enlist) alistarse **(b)** (fit together) «*pieces/parts*» encajar **(c)** (team up) «*people*» unirse

join² *n* juntura *f*, unión *f*

joiner /'dʒɔɪnər, BrE 'dʒɔɪnə(r)/ *n* carpintero, -ra *m,f* (de obra)

joint¹ /dʒɔɪnt/ *n* **1** (Anat) articulación *f* **2** (Const) (point of joining) unión *f*, junta *f*; (in woodwork) ensambladura *f* **3** (Culin) trozo *m* de carne (*para asar*) **4** (of marijuana) (infml) porro *m* (Esp arg), canuto *m* (Esp arg), toque *m* (Méx arg), varillo *m* (Col arg), pito *m* (Chi arg)

joint² *adj* (*before n*) ‹*action*› conjunto; **~ owner** copropietario, -ria *m,f*; **it was a ~ effort** fue un trabajo realizado en conjunto

joint account *n* cuenta *f* conjunta

jointly /'dʒɔɪntli/ *adv* ‹*decide/act*› conjuntamente

joint: **~ stock company** *n* sociedad *f* por acciones; **~ venture** *n* empresa *f* conjunta

joist /dʒɔɪst/ *n* viga *f*

joke¹ /dʒəʊk/ *n* **(a)** (verbal) chiste *m*; (directed at sb) broma *f*; **he can't take a ~** no sabe aceptar una broma **(b)** (practical ~) broma *f*

joke² *vi* bromear; **you must be joking!** ¡tú debes estar loco!; **I was only joking** lo dije en broma

joker /'dʒəʊkər, BrE 'dʒəʊkə(r)/ *n* **1** (cards) comodín *m* **2** (prankster) bromista *mf*; (contemptible person) (infml) tipo, -pa *m,f* (fam)

jokey /'dʒəʊki/ *adj* ▶ **joky**

joky /'dʒəʊki/ *adj* **jokier**, **jokiest** jocoso

jolly¹ /'dʒɑːli, BrE 'dʒɒli/ *adj* **-lier**, **-liest** ‹*person*› jovial; ‹*laugh/tune*› alegre

jolly² *adv* (BrE infml) (*as intensifier*): **you were ~ lucky!** ¡qué suerte tuviste!; **~ good!** ¡muy bien!

jolly³ *vt* **-lies**, **-lying**, **-lied** (infml): **to ~ sb along** animar a algn

jolt¹ /dʒəʊlt/ *vi* «*train/bus*» dar* *or* pegar* una sacudida; (repeatedly) dar* tumbos
■ *vt*: **she ~ed his arm** le movió el brazo

jolt² *n* sacudida *f*

Jordan /'dʒɔːrdn̩, BrE 'dʒɔːdn̩/ *n* **(a)** (country) Jordania *f* **(b)** **the ~**, **the ~ River** (AmE), **the River ~** (BrE) el Jordán

Jordanian /dʒɔːr'deɪniən, BrE dʒɔː'deɪniən/ *adj* jordano

jostle /'dʒɑːsəl, BrE 'dʒɒsəl/ *vt* empujar
■ *vi*: **people were jostling trying to get out** la gente se empujaba tratando de salir

jot /dʒɑːt, BrE dʒɒt/ *n* (*no pl, usu with neg*): **it doesn't make a** o **one ~ of difference** da exactamente igual

● **jot down** **-tt-** [*v + o + adv, v + adv + o*] apuntar *or* anotar (*rápidamente*)

journal /'dʒɜːrnl, BrE 'dʒɜːnl/ *n* **(a)** (periodical) revista *f*, publicación *f*; (newspaper) periódico *m* **(b)** (diary) (fml) diario *m*

journalism /'dʒɜːrnlɪzəm, BrE 'dʒɜːnəlɪzəm/ *n* periodismo *m*

journalist /'dʒɜːrnləst, BrE 'dʒɜːnəlɪst/ *n* periodista *mf*

journey /'dʒɜːrni, BrE 'dʒɜːni/ *n* (*pl* **-neys**) viaje *m*; **to go on** o **to make a ~** hacer* un viaje

joust /dʒaʊst/ *vi* justar

jovial /'dʒəʊviəl/ *adj* jovial

jowls /dʒaʊlz/ *pl n* (*sometimes sing*) *parte inferior de los carrillos, que a veces cuelga de la mandíbula*

joy /dʒɔɪ/ *n* **(a)** (emotion) alegría *f*, dicha *f*; **to jump for ~** saltar de alegría **(b)** (source of pleasure): **she's a ~ to teach** es un verdadero placer *or* da gusto tenerla como alumna

joyful /'dʒɔɪfəl/ *adj* ‹*event*› feliz; ‹*dance/news*› alegre

joyless /'dʒɔɪləs, BrE 'dʒɔɪlɪs/ *adj* ‹*occasion*› falto de alegría; ‹*existence*› sombrío

joyous /'dʒɔɪəs/ *adj* ‹*expression*› de dicha; ‹*occasion*› feliz

joy: **~rider** *n*: *joven que roba un coche para dar una vuelta*; **~stick** *n* (Aviat) palanca *f* de mando; (Electron, Comput) mando *m*, joystick *m*

Jr (esp AmE) (= **Junior**) (h), Jr.

jubilant /'dʒuːbələnt, BrE 'dʒuːbɪlənt/ *adj* ‹*expression*› de júbilo (liter); ‹*speech*› exultante (liter); **to be ~** estar* radiante de alegría

jubilee /'dʒuːbəliː, BrE 'dʒuːbɪliː/ *n*: **the Queen's silver ~** el vigésimo quinto aniversario de la reina

Judaism /'dʒuːdəɪzəm, BrE 'dʒuːdeɪɪzəm/ *n* judaísmo *m*

judge¹ /dʒʌdʒ/ *n* **1** (Law) juez *mf*, juez, jueza *m,f*; (of competition) juez *mf*; (Sport) juez *mf* **2** (appraiser): **he's a good ~ of character** es muy buen psicólogo; **let me be the ~ of that**

eso lo decidiré yo

🔑 **judge²** *vt* **1** (Law) ‹*case/person*› juzgar*; ‹*contest*› ser* el juez de **2** **(a)** (estimate) ‹*size/speed*› calcular **(b)** (assess) ‹*situation/position*› evaluar*; ‹*person*› juzgar* **(c)** (deem) juzgar* **3** (censure, condemn) juzgar*
■ *vi* juzgar*; **judging by** a juzgar por

🔑 **judgment**, **judgement** /'dʒʌdʒmənt/ *n* **1** (Law) fallo *m*, sentencia *f*; (in arbitration) fallo *m*; **to pass ~ on sth/sb** juzgar* algo/a algn **2** **(a)** (estimation) cálculo *m* **(b)** (view) opinión *f* **3** (sense, discernment) criterio *m*; **an error of ~** una equivocación; **I lent him the money against my better ~** le presté el dinero sabiendo que era un error

judgmental, **judgemental** /dʒʌdʒ'mentl/ *adj* ‹*attitude/assessment*› sentencioso

judicial /dʒuː'dɪʃəl/ *adj* judicial

judiciary /dʒuː'dɪʃieri, BrE dʒuː'dɪʃəri/ *n* (judges) judicatura *f*; (arm of government) poder *m* judicial

judicious /dʒuː'dɪʃəs/ *adj* ‹*decision*› acertado; ‹*historian*› de criterio

judo /'dʒuːdəʊ/ *n* judo *m*

jug /dʒʌg/ *n* (large) jarra *f*; (for milk, cream) jarrita *f*

juggernaut /'dʒʌgərnɔːt, BrE 'dʒʌgənɔːt/ *n* (BrE) camión *m* grande

juggle /'dʒʌgəl/ *vi* hacer* malabarismos
■ *vt* hacer* malabarismos con

juggler /'dʒʌglər, BrE 'dʒʌglə(r)/ *n* malabarista *mf*

Jugoslavia /'juːgəʊ'slɑːviə, 'juːgə'slɑːviə/ *etc* (dated) ▶ **Yugoslavia** *etc*

jugular /'dʒʌgjələr, BrE 'dʒʌgjʊlə(r)/ *n* (vena *f*) yugular *f*

juice /dʒuːs/ *n* (fruit drink) jugo *m*, zumo *m*; (from fruit, meat) jugo *m*; (Physiol) jugo *m*

juicer /'dʒuːsər, BrE 'dʒuːsə(r)/ *n* exprimidor *m* (*gen eléctrico*), juguera *f* (CS)

juicy /'dʒuːsi/ *adj* **-cier**, **-ciest** **(a)** (Culin) jugoso **(b)** (infml) ‹*gossip/details*› sabroso (fam)

jukebox /'dʒuːkbɑːks, BrE 'dʒuːkbɒks/ *n* máquina *f* de discos, rocola *f* (AmL)

🔑 **July** /dʒʊ'laɪ/ *n* julio *m*

jumble¹ /'dʒʌmbəl/ *vt* **~ (up)** ‹*cards/pieces*› mezclar; **the clothes were all ~d up in the drawer** la ropa estaba toda revuelta en el cajón

jumble² *n* (*no pl*) (of clothes, papers) revoltijo *m*; (of facts, data) embrollo *m*

jumble sale *n* (BrE) *mercadillo de beneficencia donde se venden artículos de segunda mano*

jumbo /'dʒʌmbəʊ/ *adj* (*before n*) ‹*packet/size*› gigante

jumbo (jet) *n* jumbo *m*

🔑 **jump¹** /dʒʌmp/ *vi* **1** **(a)** (leap) saltar; **the horse ~ed over the gate** el caballo saltó la verja **(b)** (move quickly): **I ~ed out of bed** me levanté (de la cama) de un salto; **they'll ~ at the chance** no van a dejar pasar la oportunidad **2** **(a)** (change, skip) saltar **(b)** (increase, advance suddenly) subir de un golpe **3** **(a)** (jerk) saltar **(b)** (in alarm) sobresaltarse; **you made me ~!** ¡qué susto me diste!
■ *vt* **1** (leap over) ‹*hurdle*› saltar, brincar* (Méx); **to ~ rope** (AmE) saltar a la cuerda *or* (Esp tb) a la comba *or* (Chi) al cordel, brincar* la reata (Méx) **2** **(a)** (spring out of) ‹*rails/tracks*› salirse* de **(b)** (disregard) saltarse; **to ~ the lights** pasar el semáforo en rojo, pasarse el alto (Méx); **to ~ the line** *o* (BrE) **queue** colarse* **3** (ambush, attack) (infml) asaltar, atacar*

jump² *n* **1** **(a)** (leap) salto *m*; **I sat up with a ~** me incorporé sobresaltado **(b)** (fence) valla *f* **2** **(a)** (sudden transition) salto *m* **(b)** (increase, advance) aumento *m*

jumper /'dʒʌmpər, BrE 'dʒʌmpə(r)/ *n* **(a)** (dress) (AmE) jumper *m or f* (AmL), pichi *m* (Esp) **(b)** (BrE) ▶ **sweater**

jumper cables *pl n* (AmE) cables *mpl* de arranque

jump: **~ jet** *n* avión *m* de despegue vertical; **~ leads** /liːdz/ *pl n* (BrE) ▶ **jumper cables**; **~ rope** *n* (AmE) cuerda *f or* (Méx) reata *f or* (Chi) cordel *m* (de saltar), comba *f* (Esp); **~-start** *vt*: *hacer arrancar un coche ya sea empujándolo o haciendo un puente*; **~ suit** *n* mono *m*, enterito *m* (RPl)

jumpy /'dʒʌmpi/ *adj* **-pier**, **-piest** nervioso

junction /'dʒʌŋkʃən/ *n* **(a)** (meeting point — of roads, rails) cruce *m*; (— of rivers) confluencia *f* **(b)** (Elec) empalme *m*

juncture /'dʒʌŋktʃər, BrE 'dʒʌŋktʃə(r)/ *n* coyuntura *f*; **at this ~** en este momento

🔑 **June** /dʒuːn/ *n* junio *m*

jungle /'dʒʌŋgəl/ *n* selva *f*, jungla *f*

junior¹ /'dʒuːnjər, BrE 'dʒuːniə(r)/ *adj* **1** **(a)** (lower in rank) ‹*official*› subalterno; ‹*position*› de subalterno **(b)** (younger) más joven; **James D. Clark J~** (AmE) James D. Clark, hijo *or* junior **2** (AmE) (Educ) (*before n*) de tercer año

junior² *n* **1** **(a)** (younger person): **he is two years my ~** tiene dos años menos que yo **(b)** (person of lower rank) subalterno, -na *m,f* **2** (Educ) (in US) *estudiante de tercer año de colegio secundario o universidad*; (in UK) *alumno de primaria o de los primeros años de secundaria*

junior: **~ college** *n* (in US) *establecimiento universitario donde se estudian los dos primeros años de la carrera*; **~ high (school)** *n* (in US) *colegio en el que se imparten los dos o tres primeros años de la enseñanza secundaria*; **~ school** *n* (in UK) escuela *f* primaria (*para niños de 7 a 11 años*)

junk /dʒʌŋk/ *n* **1** **(a)** (discarded items) trastos *mpl* (viejos); (*before n*) **~ shop** tienda *f* de viejo **(b)** (worthless stuff) (infml) basura *f* (fam); (*before n*) **~ mail** propaganda *f* que se recibe por correo **2** (boat) junco *m*

junk food *n* comida *f* basura, alimento *m* chatarra (Méx)

junkie /'dʒʌŋki/ *n* (infml) yonqui *mf* (fam), drogadicto, -ta *m,f*, pichicatero, -ra (CS, Per fam)

junkyard /'dzʌŋkjɑːrd, BrE 'dʒʌŋkjɑːd/ *n* depósito *m* de chatarra, deshuesadero *m* (Méx)

junta /'hʊntə, BrE 'dʒʌntə/ *n* junta *f* militar

Jupiter /'dʒuːpətər, BrE 'dʒuːpɪtə(r)/ *n* Júpiter *m*

jurisdiction /'dʒʊrəs'dɪkʃən, BrE ˌdʒʊərɪs'dɪkʃən/ *n* jurisdicción *f*

juror /'dʒʊrər, BrE 'dʒʊərə(r)/ *n* jurado *mf*

jury /'dʒʊri, BrE 'dʒʊəri/ *n* (*pl* **-ries**) jurado *m*

just¹ /dʒʌst/ *adj* justo

🔑 **just²** *adv* **1** **(a)** (in recent past): **she's ~ left** se acaba de ir, recién se fue (AmL) **(b)** (at the moment):

I was ~ about to leave when he called estaba a punto de salir cuando llamó **2** **(a)** (barely) justo; **I arrived ~ in time** llegué justo a tiempo; **I ~ missed him** no lo vi por poco *or* por apenas unos minutos **(b)** (a little): **~ above the knee** justo *or* apenas encima de la rodilla **3** **(a)** (only) solo; **she was ~ three when her father died** tenía apenas *or* solo tres años cuando murió su padre; **would you like some more? — ~ a little, please** ¿quieres más? — bueno, un poquito **(b)** (simply): **I ~ stopped by to say hello** pasé para saludarte; **that's ~ gossip** no son más que chismes; **~ because he's famous doesn't mean he can be rude** (infml) el hecho de que sea famoso no le da derecho a ser grosero **4** **(a)** (exactly, precisely): **it's ~ what I wanted** es justo *or* precisamente *or* exactamente lo que quería; **the temperature was ~ right** la temperatura era la perfecta **(b)** (equally): **the desserts were ~ as good as the rest of the meal** los postres estuvieron tan buenos como el resto de la comida; **it's ~ as well you're leaving** menos mal que te vas **5** (emphatic use): **I ~ can't understand it** simplemente no lo entiendo; **~ leave it here** déjelo aquí, déjelo aquí nomás (AmL)

justice /ˈdʒʌstəs, BrE ˈdʒʌstɪs/ *n* justicia *f*; **to do sb/sth: ~ the photo doesn't do her ~** la foto no le hace justicia; **he couldn't do ~ to the meal** no pudo hacerle honor a la comida; **she didn't do herself ~ in the exam** no rindió a la altura de su capacidad en el examen

Justice of the Peace *n* (*pl* **Justices of the Peace**) juez *mf* de paz, juez, jueza *m,f* de paz

justifiable /ˈdʒʌstəfaɪəbəl, BrE ˈdʒʌstɪfaɪəbəl/ *adj* justificable

justification /ˈdʒʌstəfəˈkeɪʃən, BrE ˌdʒʌstɪfɪˈkeɪʃən/ *n* justificación *f*

justified /ˈdʒʌstəfaɪd, BrE ˈdʒʌstɪfaɪd/ *adj* justificado

justify /ˈdʒʌstəfaɪ, BrE ˈdʒʌstɪfaɪ/ *vt* **-fies, -fying, -fied** justificar*

jut /dʒʌt/ **-tt-** *vi* sobresalir*

● **jut out** [*v + adv*] sobresalir*

jute /dʒuːt/ *n* yute *m*

juvenile[1] /ˈdʒuːvənaɪl, -vənl, BrE ˈdʒuːvənaɪl/ *adj* **(a)** (Law) (*before n*) ‹*court*› de menores; ‹*delinquent*› juvenil **(b)** (childish) (derog) infantil **(c)** ‹*literature*› (AmE) infantil y juvenil

juvenile[2] *n* (Law) menor *mf*

juxtapose /ˈdʒʌkstəpəʊz, BrE ˌdʒʌkstəˈpəʊz/ *vt* yuxtaponer*

j

k

Kk

K, k /keɪ/ *n* K, k *f*

K (Comput) (= **kilobyte**) K

kale /keɪl/ *n* col *f* rizada

kaleidoscope /kəˈlaɪdəskəʊp/ *n* caleidoscopio *m*

Kampuchea /ˌkæmpuːˈtʃiə/ *n* Kampuchea *f*

kangaroo /ˈkæŋɡəˈruː/ *n* (*pl* **-roos**) canguro *m*

Kans = **Kansas**

karaoke /ˈkæriˈəʊki/ *n* karaoke *m*

karat *n* (AmE) ▶ **carat a**

karate /kəˈrɑːti/ *n* kárate *m*, karate *m* (AmL)

kayak /ˈkaɪæk/ *n* kayak *m*

Kazakhstan /ˌkɑːzɑːkˈstɑːn/ *n* Kazajstán *m*

kebab /ˈkəbɑːb, BrE kɪˈbæb/ *n* pincho *m*, anticucho *m* (Bol, Chi, Per), brocheta *f* (Esp, Méx)

keel /kiːl/ *n* quilla *f*

● **keel over** [*v + adv*] **(a)** (capsize) «*ship*» volcar(se)* **(b)** (collapse) (infml) «*person*» caer* redondo (fam)

keen /kiːn/ *adj* **-er, -est** **1** (enthusiastic) ‹*photographer*› entusiasta; ‹*student*› aplicado; **he was ~ to start work** tenía muchas ganas de empezar a trabajar; **he's ~ to take part** tiene mucho interés en participar; **to be ~ ON sth/sb/-ING** (BrE): **I'm ~ on golf** me encanta el golf; **she's very ~ on him** le gusta muchísimo; **they're ~ on joining the club** tienen muchas ganas de hacerse socios del club **2** **(a)** (sharp) ‹*blade*› afilado, filoso (AmL), filudo (Chi, Per) **(b)** (acute) ‹*hearing*› muy fino; ‹*sight/sense of smell/intelligence*› agudo **(c)** (intense) ‹*competition*› muy reñido; ‹*interest*› vivo

keep[1] /kiːp/ *n* **1** (living) sustento *m* **2** *for ~s* (infml) para siempre **3** (in castle, fortress) torre *f* del homenaje

keep[2] (*past & past p* **kept**) *vt* **1** **(a)** (not throw away) ‹*receipt/ticket*› guardar; (not give back) quedarse con; (not lose) conservar; **~ the change** quédese (con) el cambio **(b)** (look after, reserve) **to ~ sth** (FOR **sb**) guardar(le) algo (A algn) **2** (store) guardar; **I always ~ a first-aid kit in the car** me gusta tener un botiquín en el coche **3** (reserve for future use) guardar **4** **(a)** (raise) ‹*pigs/bees*› criar* **(b)** (manage, run) ‹*stall/guesthouse*› tener* **5** **(a)** (support) mantener* **(b)** (maintain): **I've kept a note** o **record of everything** he tomado nota de todo **6** **(a)** (cause to remain, continue) mantener*; **try and ~ it clean** trata de mantenerlo limpio; **the noise kept me awake** el ruido no me dejó dormir **(b)** (detain): **don't let me ~ you** no te quiero entretener; **what kept you?** ¿qué te retuvo?; **they kept her in hospital** la dejaron ingresada *or* (CS, Méx tb) internada **7** (adhere to, fulfill) ‹*promise/vow*› cumplir; ‹*secret*› guardar

■ *vi* **1** (remain) mantenerse*; **to ~ fit** mantenerse* en forma; **to ~ awake** mantenerse* despierto; **~ still!** ¡estate quieto! **2** **(a)** (continue) seguir*; **~ left** siga por la izquierda; **to ~** -ING seguir* + GER; **to ~ at it** seguir* dándole (fam) **(b)** (repeatedly): **he ~s interfering** está continuamente entrometiéndose; **I ~ forgetting to bring it** nunca me acuerdo de traerlo **3** «*food*» conservarse (fresco) **4** (be in certain state of health) (infml): **how are you ~ing?** ¿qué tal estás? (fam)

● **keep away**: [*v + adv*] **to ~ away (**FROM **sb/sth)** no acercarse* (A algn/algo)

● **keep back** I [*v + adv*] **~ back!** ¡atrás!; **~ well back from the edge** mantente bien alejado del borde
II [*v + o + adv, v + adv + o*] **1** **(a)** ‹*crowd/floodwaters*› contener* **(b)** ‹*tears/sobs*› contener* **2** (not reveal) ‹*information/facts*› ocultar

● **keep down** **1** [*v + o + adv*] **(a)** (not raise): **~ your head/voice down** no levantes la cabeza/la voz **(b)** ‹*food*› retener* **2** [*v + o + adv, v + adv + o*] (not allow to increase) ‹*prices*› mantener* al mismo nivel; ‹*weeds*› contener*

● **keep from** [*v + o + prep + o*] **1** (restrain, prevent): **I don't want to ~ you from your work** no quiero distraerte de tu trabajo; **I managed to ~ myself from laughing** pude aguantar la risa **2** (not reveal to) ocultar; **he kept vital information from them/us** les/nos ocultó información vital

● **keep in** [*v + o + adv, v + adv + o*] **(a)** (detain): **the teacher kept me in after school** el maestro me hizo quedar después de clase; **he was kept in for observation** lo dejaron ingresado *or* (CS, Méx tb) internado en observación **(b)** ‹*anger/feelings*› contener*

● **keep off** **1** [*v + prep + o*] **(a)** (stay away from) ‹*land/property*› mantenerse* alejado de; Ⓢ **keep off the grass** prohibido pisar el césped **(b)** (avoid) ‹*cigarettes/subject*› evitar **2** [*v + o + prep + o*]: **~ your hands off me!** ¡quítame las manos de encima!

● **keep on** **1** [*v + adv*] **(a)** (continue) seguir*; **to ~ on** -ING seguir* + GER **(b)** (repeatedly): **I ~ on forgetting to tell him** siempre me olvido de decírselo; **she kept on interrupting him** lo interrumpía constantemente **(c)** (talk incessantly): **she ~s on at me about my weight** me está siempre encima con que estoy muy gordo **2** [*v + o + adv, v + adv + o*] (continue to employ) no despedir* **3** [*v + o + adv*] (continue to wear): **~ your coat on** no te quites el abrigo

● **keep out** **1** [*v + adv*] (not enter): Ⓢ **keep out** prohibido el paso; **~ out of the kitchen** no entres en la cocina **2** [*v + o + adv, v + adv + o*] (prevent from entering, exclude) ‹*rain/sun*› impedir* que entre

● **keep out of** [*v + adv + prep + o*] ‹*danger*› no exponerse* a; ‹*trouble/argument*› no meterse en

● **keep to** **1** [*v + prep + o*] **(a)** (adhere to, fulfill) ‹*plan*› ceñirse* a; ‹*promise*› cumplir **(b)** (not deviate from) ‹*path*› seguir* por; ‹*script*› ceñirse* a **(c)** (stay on): **~ to the right** (Auto) mantenga su derecha **2** [*v + o + prep + o*] (not divulge): **to ~ sth to oneself** guardarse algo **3** [*v + prep + o*], [*v + o + prep + o*] **to ~ (oneself) to oneself** no ser* muy sociable

● **keep up** I [*v + adv*] **1** (not stop) «*rain/noise*» seguir*, continuar*; **to ~ up** WITH **sth** seguir* *or* continuar* CON algo **2** **(a)** (maintain pace) **to ~ up** WITH **sb** seguirle* el ritmo A algn; **he's finding it difficult to ~ up in class** le está resultando difícil mantenerse al nivel de la clase **(b)** (remain informed) **to ~ up** WITH **sth** mantenerse* al tanto *or* al corriente DE algo
II [*v + o + adv, v + adv + o*] **1** (maintain at present level) mantener* **2** (continue, not stop) ‹*payments*› mantenerse* al día con; ‹*friendship*› mantener*
III [*v + o + adv*] **1** ‹*trousers/socks*› sujetar **2** (prevent from sleeping): **I hope we're not ~ing you up** espero que no te estemos quitando el sueño; **the baby kept me up all night** el niño me tuvo toda la noche en vela

keeper /'ki:pər, BrE 'ki:pə(r)/ *n* (in zoo) guarda *mf*, cuidador, -dora *m,f*; (in museum) (BrE) conservador, -dora *m,f*

keep-fit /'ki:p'fɪt/ *n* (BrE) gimnasia *f* (de mantenimiento)

keeping /'ki:pɪŋ/ *n* **(a)** (conformity): **in ~ with** ‹*with law/tradition*› en conformidad con **(b)** (trust, care): **to leave sth in sb's ~** dejar algo al cuidado de algn

keepsake /'ki:pseɪk/ *n* recuerdo *m*

keg /keg/ *n* barril *m*

kennel /'kenl/ *n* **(a)** (AmE) (for boarding) residencia *f* canina; (for breeding) criadero *m* de perros **(b)** (BrE) (hut) casa *f* del perro

kennels /'kenlz/ *n* (*pl* ~) (BrE) (+ *sing vb*) ▶ **kennel a**

Kenya /'kenjə, 'ki:-/ *n* Kenia *f*

Kenyan /'kenjən, 'ki:-/ *adj* keniano

kept /kept/ *past & past p of* **keep²**

kerb /kɜ:rb, BrE kɜ:b/ *n* (BrE) ▶ **curb¹ 2**

kernel /'kɜ:rnl, BrE 'kɜ:nl/ *n* (of nut, fruit) almendra *f*; (of corn, wheat) grano *m*

kerosene /'kerəsi:n/ *n* queroseno *m*, kerosene *m*

kestrel /'kestrəl/ *n* cernícalo *m*

ketchup /'ketʃəp, BrE 'ketʃʌp/ *n* salsa *f* de tomate, ketchup *m*, catsup *m*

kettle /'ketl/ *n* pava *f or* (Bol, Ur) caldera *f or* (Andes, Méx) tetera *f*

kettledrum /'ketldrʌm/ *n* timbal *m*

🔑 **key¹** /ki:/ *n* (*pl* **~s**) **1** (for lock) llave *f*; (on can) llave *f*, abridor *m*; (*before n*) **~ ring** llavero *m* **2** **(a)** (to puzzle, code etc) clave *f* **(b)** (to map) explicación *f* de los signos convencionales **(c)** (answers) soluciones *fpl* **3** (crucial element) clave *f*; **patience is the ~** la paciencia es el factor clave *or* la clave **4** (of typewriter, piano) tecla *f*; (of wind instrument) llave *f* **5** (Mus) tono *m*; **to be off ~** no estar* en el tono

🔑 **key²** *adj* ‹*man/question*› clave *adj inv*

● **key in** [*v + o + adv, v + adv + o*] ‹*text/data*› teclear

key: **~board** *n* teclado *m*; **~boarder** *n* operador, -dora *m,f*, teclista *mf*; **~hole** *n* ojo *m* de la cerradura; (*before noun*) **~hole surgery** cirugía *f* no invasiva; **~note** *n* (Mus) tónica *f*; (central idea) tónica *f*; **~pad** *n* (Comput, Telec, TV) teclado *m* numérico; **~word** *n* palabra *f* clave; **~ worker** *n* trabajador, -dora *m,f* clave

kg (= **kilo(s)** *o* **kilogram(s)**) Kg.

🔑 palabra clave

khaki /'kæki, BrE 'kɑːki/ *adj* caqui *or* kaki *adj inv*

kibbutz /kɪ'bʊts/ *n* (*pl* **-butzim** /-bʊtsɪm/) kibbutz *m*

kick¹ /kɪk/ *n* **1** (by person) patada *f*, puntapié *m*; (by horse) coz *f* **2** (infml) (thrill, excitement): **to get a ~ out of doing sth** deleitarse haciendo algo; **just for ~s** nada más que por divertirse

kick² *vi* «*person*» dar* patadas; «*swimmer*» patalear; «*horse*» cocear

■ *vt* **1** ‹*ball*› patear, darle* una patada *or* un puntapié a; ‹*person*› pegarle* una patada a **2** (stop) (infml) ‹*habit*› dejar

● **kick around**, (BrE also) **kick about** (infml) [*v + o + adv*] **(a)** (treat badly) maltratar **(b)** ‹*idea*› estudiar **(c) to ~ a ball around** pelotear

● **kick down** [*v + o + adv, v + adv + o*] ‹*door*› echar abajo (*a patadas*)

● **kick off 1** [*v + adv*] **(a)** (in football): **they ~ off at three** el partido empieza a las tres **(b)** (begin) (infml) «*person/meeting*» empezar* **2** [*v + adv + o*] (begin) ‹*discussion*› iniciar, empezar*

● **kick out** [*v + o + adv*] echar

● **kick up 1** [*v + o + adv, v + adv + o*] ‹*leaves/dust*› levantar **2** [*v + adv + o*] **to ~ up a fuss** *o* **row** armar una bronca (fam); **to ~ up a din** armar un escándalo

kick: **~off** *n* (Sport) saque *m or* puntapié *m* inicial, patada *f* de inicio; **~start** *vt* ‹*engine*› arrancar* (*con el pedal de arranque*)

kid¹ /kɪd/ *n* **1** (infml) **(a)** (child) niño, -ña *m,f*, chaval, -vala *m,f* (Esp fam), chavalo, -vala *m,f* (AmC, Méx fam), escuincle, -cla (Méx fam), pibe, -ba *m,f* (RPl fam), cabro, -bra *m,f* (Chi fam) **(b)** (young person) chico, -ca *m,f* **2 (a)** (goat) cabrito, -ta *m,f*, choto, -ta *m,f* **(b)** (leather) cabritilla *f*

kid² **-dd-** *vi* (infml) bromear

■ *vt* **(a)** (tease) **to ~ sb (ABOUT sth)** tomarle el pelo a algn (CON algo) **(b)** (deceive) engañar; **don't ~ yourself!** ¡no te hagas ilusiones!

kidnap /'kɪdnæp/ *vt* **-pp-** *or* (AmE) **-p-** secuestrar, raptar

kidnapper /'kɪdnæpər, BrE 'kɪdnæpə(r)/ *n* secuestrador, -dora *m,f*, raptor, -tora *m,f*

kidnapping, (AmE also) **kidnaping** /'kɪdnæpɪŋ/ *n* secuestro *m*, rapto *m*

kidney /'kɪdni/ *n* (*pl* **-neys**) (Anat, Culin) riñón *m*; (*before n*) ‹*disease/stone*› renal; **~ machine** riñón *m* artificial

kidney bean *n* frijol *m or* (Esp) judía *f or* (CS) poroto *m* (*con forma de riñón*)

kill¹ /kɪl/ *vt* **1** (cause death of) ‹*person/animal*› matar; **she was ~ed in a car crash** se mató *or* murió en un accidente de coche **2 (a)** (destroy) ‹*hopes*› acabar con **(b)** (spoil) ‹*flavor/taste*› estropear **(c)** (deaden) ‹*pain*› calmar **(d)** (use up): **to ~ time** matar el tiempo

■ *vi* matar

● **kill off** [*v + o + adv, v + adv + o*] matar

kill² *n* **(a)** (act): **he went in for the ~** entró a matar **(b)** (animal, animals killed) presa *f*

killer /'kɪlər, BrE 'kɪlə(r)/ *n* (person) asesino, -na *m,f*; (*before n*) ‹*shark*› asesino; ‹*disease*› mortal

killer whale *n* orca *f*

killing /'kɪlɪŋ/ *n* (of person) asesinato *m*; (of animal) matanza *f*; ***to make a ~*** hacer* un gran negocio, forrarse (fam)

killjoy /'kɪldʒɔɪ/ *n* aguafiestas *mf*

kiln /kɪln/ *n* horno *m*

kilo /'kiːləʊ/ *n* (*pl* **-los**) kilo *m*

kilobyte /'kɪləbaɪt/ *n* kilobyte *m*, kiloocteto *m*

kilogram, (BrE also) **kilogramme** /'kɪləgræm/ *n* kilogramo *m*

kilometer, (BrE) **kilometre** /'kɪləmiːtər, BrE kɪ'lɒmɪtə(r), 'kɪləmiːtə(r)/ *n* kilómetro *m*

kilowatt /'kɪləwɑːt, BrE 'kɪləwɒt/ *n* kilovatio *m*

kilt /kɪlt/ *n* falda *f or* (CS) pollera *f* escocesa

kimono /kə'məʊnəʊ, BrE kɪ'məʊnəʊ/ *n* (*pl* **-nos**) kimono *m*, quimono *m*

kin /kɪn/ *n* (+ *pl vb*) familiares *mpl*, parientes *mpl*

kind¹ /kaɪnd/ *n* **1** (sort, type) **(a)** (of things) tipo *m*, clase *f*; **of all ~s** de todo tipo, de toda clase **(b)** (of people) clase *f*, tipo *m* **2** (sth approximating to) especie *f*; **she was overcome by a ~ of yearning** la invadió una especie de añoranza **3** (*in phrases*) **in kind** ‹*pay*› en especie; **kind of** (infml): **he seemed ~ of stupid** parecía como tonto (fam); **of a kind: they served a meal, of a ~** sirvieron una especie de comida, si se le puede llamar así; **they're two of a ~** son tal para cual

kind² *adj* **-er**, **-est** ‹*offer*› amable; **he's very ~** es muy buena persona; **she's always been ~ to me** siempre ha sido muy amable conmigo; **it's very ~ to your skin** no daña la piel; **would you be ~ enough to accompany me?** ¿tendría la amabilidad de acompañarme?

kindergarten /'kɪndərˌgɑːrtn̩, BrE 'kɪndəgɑːtn̩/ *n* jardín *m* de infancia *or* de niños

kind-hearted /'kaɪnd'hɑːrtəd, BrE ˌkaɪnd'hɑːtɪd/ *adj* de buen corazón

kindle /'kɪndl/ *vt* ‹*fire*› encender*; ‹*interest*› despertar*; ‹*passion*› encender*

kindly¹ /'kaɪndli/ *adv* **1 (a)** (generously) amablemente **(b)** (adding polite emphasis) (fml): **passengers are ~ requested to ...** se ruega a los pasajeros tengan la amabilidad de ... **2** (favorably): **they didn't take ~ to my suggestions** no recibieron demasiado bien mis sugerencias; **she doesn't take ~ to being contradicted** no le hace ninguna gracia que la contradigan

kindly² *adj* **-lier**, **-liest** bondadoso

kindness /'kaɪndnəs, BrE 'kaɪndnɪs/ *n* **(a)** (quality) **~ (TO** *o* **TOWARD sb)** amabilidad *f* (PARA CON algn) **(b)** (act) favor *m*

kindred /'kɪndrəd, BrE 'kɪndrɪd/ *adj* (*before n*) (similar) similar; **~ spirits** almas *fpl* gemelas

king /kɪŋ/ *n* rey *m*

kingdom /'kɪŋdəm/ *n* reino *m*; **the animal ~** el reino animal

king: **~fisher** /'kɪŋˌfɪʃər, BrE 'kɪŋˌfɪʃə(r)/ *n* martín *m* pescador; **~-size**, **~-sized** /'kɪŋsaɪzd/ *adj* ‹*cigarette*› extralargo; ‹*bed*› de matrimonio (*extragrande*)

kink /kɪŋk/ *n* (in rope, wire) vuelta *f*, curva *f*; (in hair) onda *f*

kinky /'kɪŋki/ *adj* **-kier**, **-kiest** (infml) pervertidillo (fam)

kinship /'kɪnʃɪp/ *n* parentesco *m*

kiosk /'kiːɑːsk, BrE 'kiːɒsk/ *n* (stall) quiosco *m*

k

kipper /'kɪpər, BrE 'kɪpə(r)/ *n* arenque *m* salado y ahumado

kiss¹ /kɪs/ *vt* ‹*person*› besar; **to ~ sb goodbye/goodnight** darle* un beso de despedida/de buenas noches a algn
■ *vi* besarse

kiss² *n* beso *m*; **to give sb a ~** darle* un beso a algn; **she gave him the ~ of life** le hizo (la) respiración artificial

kit /kɪt/ *n* **1** **(a)** (set of items): **first-aid ~** botiquín *m* de primeros auxilios; **tool ~** caja *f* de herramientas **(b)** (parts for assembly) kit *m*
2 **(a)** (personal effects) cosas *fpl*; (Mil) petate *m* **(b)** (Clothing) (esp BrE): **gym ~** (Sport) equipo *m* de gimnasia

kitchen /'kɪtʃən, BrE 'kɪtʃɪn/ *n* cocina *f*

kitchen garden *n* huerto *m*

kite /kaɪt/ *n* cometa *f* *or* (RPl tb) barrilete *m* *or* (AmC, Méx) papalote *m* *or* (Ven) papagayo *m* *or* (Chi) volantín *m*

kitten /'kɪtn̩/ *n* gatito, -ta *m,f*

kitty /'kɪti/ *n* (*pl* **-ties**) (infml) bote *m*, fondo *m* común

kiwi /'kiːwiː/ *n* **(a)** (Zool) kiwi *m* **(b)** **~ (fruit)** kiwi *m*

kleptomaniac /ˌkleptə'meɪniæk/ *n* cleptómano, -na *m,f*

klutz /klʌts/ *n* (AmE infml) torpe *mf*, patoso, -sa *m,f* (Esp fam)

km (= **kilometer(s)** *o* (BrE) **kilometre(s)**) Km.

knack /næk/ *n*: **there's a ~ to making omelettes** hacer tortillas tiene su truco *or* (Méx) su chiste; **I'll never get the ~ of this!** ¡nunca le voy a agarrar la onda (AmL fam) *or* (Esp) coger el tranquillo a esto!

knapsack /'næpsæk/ *n* mochila *f*

knave /neɪv/ *n* **(a)** (rogue) (arch) truhán *m* (ant) **(b)** (in French pack of cards) jota *f*; (in Spanish pack) sota *f*

knead /niːd/ *vt* (Culin) amasar

knee¹ /niː/ *n* (Anat, Clothing) rodilla *f*; **to be on one's ~s** estar* arrodillado; **to go** o **get down on one's ~s** ponerse* de rodillas

knee² *vt* darle* *or* pegarle* un rodillazo a

knee: **~cap** *n* rótula *f*; **~-deep** /ˌniː'diːp/ *adj* (*pred*): **the water is ~-deep** el agua llega hasta la(s) rodilla(s); **they were ~-deep in mud** estaban con el barro hasta las rodillas; **~-high** /ˌniː'haɪ/ *adj* ‹*sock*› largo

kneel /niːl/ *vi* (*past & past p* **kneeled** *or* **knelt**) (get down on one's knees) arrodillarse; (be on one's knees) estar* arrodillado; **to ~ down** arrodillarse

knee-length /'niːleŋθ/ *adj* ‹*sock*› largo; ‹*skirt*› hasta la rodilla; ‹*boot*› alto

knelt /nelt/ *past & past p of* **kneel**

knew /nuː, BrE njuː/ *past of* **know¹**

knickerbockers /'nɪkərbɑːkərz, BrE 'nɪkəbɒkəz/ *pl n* pantalones *mpl* bombachos

knickers /'nɪkərz, BrE 'nɪkəz/ *pl n* **1** (AmE) ▶ **knickerbockers** **2** (BrE) (undergarment) calzones *mpl* (AmS), bragas *fpl* (Esp), pantaletas *fpl* (AmC, Ven), bombacha *f* (RPl)

knickknack /'nɪknæk/ *n* chuchería *f*

knife¹ /naɪf/ *n* (*pl* **knives**) cuchillo *m*; (penknife) navaja *f*, cortaplumas *m or f*; (dagger) puñal *m*

knife² *vt* acuchillar

knife: **~ edge** *n* filo *m* (*de cuchillo, navaja etc*); ***to be on a ~ edge*** pender de un hilo; **~-point** *n*: **he was robbed at ~-point** le robaron amenazándolo con un cuchillo

knight¹ /naɪt/ *n* **(a)** (Hist) caballero *m* **(b)** (holder of title) sir *m* **(c)** (in chess) caballo *m*

knight² *vt* conceder el título de sir a

knighthood /'naɪthʊd/ *n* título *m* de sir

knit /nɪt/ (*pres p* **knitting**; *past & past p* **knitted** *or* **knit**) *vt* **1** **(a)** ‹*sweater*› (by hand) hacer*, tejer; (with machine) tejer, tricotar (Esp) **(b)** **knitted** *o* esp AmE **knit** *past p* ‹*jacket/cuffs*› de punto, tejido **2** (join, unite) ‹*bones*› soldar*; **a tightly ~ family** una familia muy unida
■ *vi* (by hand) tejer, hacer* punto *or* calceta (Esp); (with machine) tejer, tricotar (Esp)

knitting /'nɪtɪŋ/ *n* **(a)** (piece of work) tejido *m*, punto *m* (Esp) **(b)** (activity): **I like ~** me gusta tejer, me gusta hacer* punto *or* calceta (Esp)

knitting: **~ machine** *n* máquina *f* de tejer, tricotosa *f* (Esp); **~ needle** *n* aguja *f* de tejer *or* (Esp) de hacer punto, palillo *m* (Chi)

knives /naɪvz/ *pl of* **knife¹**

knob /nɑːb, BrE nɒb/ *n* **(a)** (on door) pomo *m*, perilla *f* (AmL); (on drawer) tirador *m*, perilla *f* (AmL); (on walking stick) puño *m*; (on radio, TV) botón *m* **(b)** (lump) bulto *m* **(c)** (small piece) (esp BrE): **a ~ of butter** un trocito *or* una nuez de mantequilla

knobbly /'nɑːbli, BrE 'nɒbli/ *adj* **-lier, -liest** ‹*tree/fingers*› nudoso; ‹*knees*› huesudo

knock¹ /nɑːk, BrE nɒk/ *n* (sound) golpe *m*; (blow to head, on door) golpe *m*

knock² *vt* **1** (strike, push): **to ~ one's head on/against sth** darse* (un golpe) en la cabeza con/contra algo; **she ~ed the vase off the shelf** tiró el jarrón de la repisa; **they ~ed a large hole in the wall** hicieron un gran boquete en la pared **2** (criticize) (infml) criticar*
■ *vi* **(a)** (on door) llamar, golpear (AmL), tocar* (AmL) **(b)** (collide) **to ~** AGAINST/INTO **sb/sth** darse* *or* chocar* CONTRA algn/algo

● **knock about, knock around** (infml) [*v + o + adv*] pegarle* a

● **knock back** [*v + o + adv, v + adv + o*] (infml) ‹*drink*› beberse, tomarse

● **knock down** [*v + o + adv, v + adv + o*] **1** **(a)** (cause to fall) ‹*door/fence*› tirar abajo; ‹*obstacle*› derribar; **he ran into her and ~ed her down** chocó con ella y la hizo caer **(b)** «*vehicle/driver*» atropellar **(c)** (demolish) echar abajo **2** (infml) (reduce) ‹*price/charge*› rebajar

● **knock off** **1** [*v + adv*], [*v + prep + o*] (stop work) (infml): **when do you ~ off (work)?** ¿a qué hora sales del trabajo?, ¿hasta qué hora trabajas?; **let's ~ off for lunch** vamos a parar para comer **2** [*v + o + adv, v + adv + o*] (stop) (infml) dejar de; **~ it off, will you!** ¡déjala ya! (fam) **3** [*v + o + adv, v + adv + o*] (deduct, eliminate) (infml) rebajar; **I'll ~ off 25% for you** le hago un descuento del 25%

● **knock out** **1** [*v + o + adv, v + adv + o*] (make unconscious) dejar sin sentido, hacer* perder el conocimiento; (in boxing) dejar K.O.,

palabra clave

noquear; **she hit her head and ~ed herself out** se dio un golpe en la cabeza y perdió el conocimiento **2** [*v + o + adv, v + adv + o*] (of competition) eliminar

● **knock over** [*v + o + adv, v + adv + o*] **(a)** (cause to fall) tirar **(b)** «*vehicle*» atropellar

● **knock up** [*v + o + adv, v + adv + o*] (infml) (assemble hurriedly) improvisar

knocker /'nɑːkər, BrE 'nɒkə(r)/ *n* aldaba *f*, llamador *m*

knocking /'nɑːkɪŋ, BrE 'nɒkɪŋ/ *n* **(a)** (noise) (*no pl*) golpes *mpl* **(b)** (Auto) golpeteo *m*, cascabeleo *m* (AmL)

knock: **~-kneed** /'nɑːk'niːd, BrE ˌnɒk'niːd/ *adj* patizambo; **~-on effect** /'nɑːk'ɑːn, BrE nɒk'ɒn/ *n* repercusiones *fpl*; **~out** *n* (in boxing) nocaut *m*, K.O. *m* (read as: nocaut *or* (Esp) cao)

knoll /nəʊl/ *n* loma *f*, montículo *m*

knot¹ /nɑːt, BrE nɒt/ *n* **1** (in string, hair, wood) nudo *m*; (in muscles) nódulo *m* **2** (measure of speed) nudo *m*

knot² *vt* **-tt-** hacer* un nudo en

know¹ /nəʊ/ (*past* **knew**; *past p* **known**) *vt* **1** **(a)** (have knowledge of, be aware of) saber*; **I don't ~ his name/how old he is** no sé cómo se llama/cuántos años tiene; **it is well ~n that ...** todo el mundo sabe que ...; **to let sb ~ sth** decirle* algo a algn; (warn) avisarle algo a algn; **without our ~ing it** sin saberlo nosotros; **there's no ~ing what he might do** quién sabe qué hará; **I ~ what: let's go skating!** ¡tengo una idea: vayamos a patinar!; ***to ~ sth backwards*** ‹*part/play*› saber* algo al dedillo *or* al revés y al derecho **(b)** (have skill, ability) **to ~ how to** + INF saber* + INF **2** (be acquainted with) ‹*person/place*› conocer*; **how did they get to ~ each other?** ¿cómo se conocieron?; **to get to ~ sth** ‹*subject/job*› familiarizarse* con algo **3** **(a)** (recognize, identify) reconocer*; **to ~ sth/sb** BY **sth** reconocer* algo/a algn POR algo **(b)** (distinguish) **to ~ sth/sb** FROM **sth/sb** distinguir* algo/a algn DE algo/algn

■ *vi* saber*; **how do you ~?** ¿cómo lo sabes?; **I ~!** ¡ya sé!, ¡tengo una idea!; **you never ~** nunca se sabe; **I'm not stupid, you ~!** oye, que no soy tonto ¿eh? *or* ¿sabes?; **did you ~ about John?** ¿sabías lo de John?; **to get to ~ about sth** enterarse de algo; **she knew of their activities** tenía conocimiento *or* estaba enterada de sus actividades; **not that I ~ of** que yo sepa, no; **do you ~ of a good carpenter?** ¿conoces a *or* sabes de algún carpintero bueno?

know² *n*: ***to be in the ~*** estar* enterado

know: **~-all** *n* (BrE) ▶ **know-it-all**; **~how** *n* know-how *m*, conocimientos *mpl* y experiencia

knowing /'nəʊɪŋ/ *adj* ‹*smile*› de complicidad; **she gave me a ~ look** me miró dándome a entender que ya lo sabía

knowingly /'nəʊɪŋli/ *adv* **(a)** ‹*smile/nod*› de manera cómplice **(b)** (deliberately) ‹*hurt/lie*› a sabiendas

know-it-all /'nəʊɪtɔːl/ *n* (infml) sabelotodo *mf* (fam)

knowledge /'nɑːlɪdʒ, BrE 'nɒlɪdʒ/ *n* **1** (awareness) conocimiento *m*; **to the best of my ~** que yo sepa; **it is common ~ that ...** todo el mundo sabe que ... **2** (facts known) saber *m*; (by particular person) conocimientos *mpl*

knowledgeable /'nɑːlɪdʒəbəl, BrE 'nɒlɪdʒəbəl/ *adj* (about current affairs) informado; (about given subject) entendido; (in general) culto

known¹ /nəʊn/ *past p of* **know¹**

known² *adj* ‹*fact*› conocido, sabido; **a little-~ artist** un artista poco conocido; **to be ~** AS **sth** (have reputation) tener* fama DE algo; **better ~ as ...** más conocido como ...; **for reasons best ~ to herself** por motivos que ella conocerá; **he's better ~ for his work in films** se le conoce mejor por su trabajo cinematográfico

knuckle /'nʌkəl/ *n* **(a)** (finger joint) nudillo *m* **(b)** (of pork) codillo *m*; (of veal) morcillo *m*, jarrete *m*

● **knuckle down** [*v + adv*] ponerse* a trabajar en serio

● **knuckle under** [*v + adv*] ceder*, pasar por el aro

knuckleduster /'nʌkəlˌdʌstər, BrE 'nʌkəlˌdʌstə(r)/ *n* (BrE) ▶ **brass knuckles**

koala /kəʊ'ɑːlə/ *n* **~ (bear)** koala *m*

kooky /'kuːki/ *adj* **-kier**, **-kiest** (AmE infml) chiflado (fam)

Koran /kə'rɑːn/ *n*: **the ~** el Corán

Korea /kə'riːə/ *n* Corea *f*

Korean¹ /kə'riːən/ *adj* coreano

Korean² *n* **(a)** (person) coreano, -na *m,f* **(b)** (language) coreano *m*

kosher /'kəʊʃər, BrE 'kəʊʃə(r)/ *adj* ‹*food/butcher*› kosher *adj inv*

Kosovo /'kɑːsəvəʊ, BrE 'kɒsəvəʊ/ *n* Kosovo *m*

kowtow /'kaʊ'taʊ/ *vi* **to ~** TO **sb** doblar la cerviz ANTE algn

kph (= **kilometers** *o* (BrE) **kilometres per hour**) Km/h.

KS = **Kansas**

kung fu /'kʌŋ'fuː/ *n* kung fu *m*

Kurd /kɜːrd, BrE kɜːd/ *n* kurdo, -da *m,f*

Kurdish /'kɜːrdɪʃ, BrE 'kɜːdɪʃ/ *adj* kurdo

Kuwait /kə'weɪt, BrE kʊ'weɪt/ *n* Kuwait *m*

Kuwaiti /kə'weɪti, BrE kʊ'weɪti/ *adj* kuwaití

KY, **Ky** = **Kentucky**

Kyrgyzstan /ˌkɪrgiː'stɑːn, BrE kɪəgɪ'stɑːn/ *n* Kirguizistán *m*

Ll

L, l /el/ *n* L, l *f*
l (= **liter(s)** *or* (BrE) **litre(s)**) l.
L (a) (BrE) (Auto): Ⓢ L (= **learner**) L (*conductor en aprendizaje*) **(b)** (Clothing) (= **large**) G (*talla grande*)
la /lɑː/ *n* (Mus) la *m*
La = **Louisiana**
LA (a) = **Los Angeles (b)** = **Louisiana**
lab /læb/ *n* (infml) laboratorio *m*
label¹ /'leɪbəl/ *n* etiqueta *f*
label² *vt*, (BrE **-ll-**) **(a)** ‹*bottle/luggage*› ponerle* una etiqueta a **(b)** (categorize) **to ~ sth/sb** (AS) **sth** catalogar* algo/a algn DE algo
labor¹, (BrE) **labour** /'leɪbər, BrE 'leɪbə(r)/ *n* **1** **(a)** (work) trabajo *m*; (*before n*) ‹*dispute/laws*› laboral **(b)** (workers) mano *f* de obra **2** **Labour** (in UK) (Pol) (*no art, + sing or pl vb*) los laboristas, el Partido Laborista **3** **(a)** (effort) esfuerzos *mpl*, trabajo *m* **(b)** (task) labor *f*, tarea *f* **4** (Med) parto *m*; **to be in ~** estar* de parto; (*before n*) **~ pains** dolores *mpl or* contracciones *fpl* del parto
labor², (BrE) **labour** *vt*: **to ~ a point** insistir excesivamente sobre un punto
■ *vi* (toil) trabajar; **he ~ed up the hill** subió trabajosamente *or* penosamente la cuesta
laboratory /'læbərətɔːri, BrE lə'bɒrətri/ *n* (*pl* **-ries**) laboratorio *m*
Labor Day *n* Día *m* del Trabajo *or* de los trabajadores
labored, (BrE) **laboured** /'leɪbərd, BrE 'leɪbəd/ *adj* ‹*breathing*› dificultoso, fatigoso; ‹*metaphor/joke*› forzado, torpe
laborer, (BrE) **labourer** /'leɪbərər, BrE 'leɪbərə(r)/ *n* peón *m*; **farm ~** peón *m*, trabajador *m* agrícola
laborious /lə'bɔːriəs/ *adj* ‹*task/process*› laborioso; ‹*style*› farragoso
labor union *n* (AmE) sindicato *m*
labour *etc* (BrE) ▶ **labor** *etc*
Labrador /'læbrədɔːr, BrE 'læbrədɔː(r)/ *n* labrador *m*
labyrinth /'læbərɪnθ/ *n* laberinto *m*
lace¹ /leɪs/ *n* **1** (fabric) encaje *m*; (as border) puntilla *f* **2** (shoe~) cordón *m* (de zapato), agujeta *f* (Méx), pasador *m* (Per)
lace² *vt* **1** ‹*shoes/boots*› ponerles* los cordones *or* (Méx) las agujetas *or* (Per) los pasadores a **2** (fortify): **he ~d my drink with vodka** me echó un chorro de vodka en la bebida
lacerate /'læsəreɪt/ *vt* lacerar
lack¹ /læk/ *n* **~** OF **sth** falta *f or* (fml) carencia *f* DE algo
lack² *vt* no tener*, carecer* de (fml); **it ~s originality** le falta *or* no tiene originalidad, carece de originalidad (fml)
lacking /'lækɪŋ/ *adj* (*pred*) **(a)** (absent): **the necessary resources are ~** faltan los recursos necesarios **(b)** (deficient) **to be ~** IN **sth** no tener* algo, carecer DE algo (fml)
lackluster, (BrE) **lacklustre** /'læk,lʌstər, BrE 'læk,lʌstə(r)/ *adj* **(a)** ‹*eyes*› apagado; ‹*hair*› opaco **(b)** (mediocre) ‹*performance/campaign*› deslucido; ‹*candidate*› mediocre
laconic /lə'kɑːnɪk, BrE lə'kɒnɪk/ *adj* lacónico
lacquer /'lækər, BrE 'lækə(r)/ *n* **(a)** (varnish) laca *f* **(b)** (hair ~) laca *f or* fijador *m* (para el pelo)
lad /læd/ *n* muchacho *m*, chaval *m* (Esp fam), pibe *m* (RPl fam), chavo *m* (Méx, Ven fam), chavalo *m* (AmC, Méx fam), cabro *m* (Chi fam)
ladder /'lædər, BrE 'lædə(r)/ *n* **1** (Const) escalera *f* (de mano) **2** (in stocking, tights) (BrE) carrera *f*
laden /'leɪdn̩/ *adj* **~** WITH **sth** cargado DE algo
ladies /'leɪdiz/ *n* (BrE) ▶ **ladies' room**
ladies' room /'leɪdiz/ *n* (AmE) baño *m or* (esp Esp) servicio *m* de señoras; Ⓢ **Ladies (Room)** Señoras, Damas
ladle /'leɪdl/ *n* cucharón *m*
lady /'leɪdi/ *n* (*pl* **ladies**) **1** **(a)** (woman) señora *f*; **ladies and gentlemen** señoras y señores, damas y caballeros **(b)** (refined woman) señora *f*, dama *f* **2** (noblewoman or wife of a knight) lady *f*
lady: **~bug** (AmE), **~bird** (BrE) *n* mariquita *f*, catarina *f* (Méx), petaca *f* (Col), chinita *f* (Chi), San Antonio *m* (Ur), vaca *f* de San Antón (Arg); **~-in-waiting** /'leɪdiɪn'weɪtɪŋ/ *n* (*pl* **ladies-in-waiting**) dama *f* de honor; **~like** *adj* fino
ladyship /'leɪdiʃɪp/ *n*: **Her/Your L~** la señora
lag¹ /læg/ *n* (interval) lapso *m*, intervalo *m*; (delay) retraso *m*, demora *f* (esp AmL)
lag² **-gg-** *vi*: **to ~ (behind)** quedarse atrás; **to ~ behind sb/sth** ir* a la zaga de algn/algo
■ *vt* ‹*pipes*› revestir* con aislantes
lager /'lɑːgər, BrE 'lɑːgə(r)/ *n* cerveza *f* (rubia)
lagoon /lə'guːn/ *n* laguna *f*
lah /lɑː/ *n* (BrE) (Mus) la *m*
laid /leɪd/ *past & past p of* **lay²**
laid-back /'leɪd'bæk/ *adj* (infml) ‹*person*› tranquilo y relajado; ‹*atmosphere*› relajado
lain /leɪn/ *past p of* **lie² II**
lair /ler, BrE leə(r)/ *n* guarida *f*
lake /leɪk/ *n* lago *m*
Lake District *n*: **the ~** el Lake District (*región de lagos al noroeste de Inglaterra*)
lamb /læm/ *n* cordero *m*; (*before n*) **~ chop** chuleta *f* de cordero
lame¹ /leɪm/ *adj* **1** (sometimes considered offensive) (in foot, leg) cojo (puede resultar ofensivo), rengo (AmL puede resultar ofensivo); **to go ~** quedarse cojo *or* (AmL tb) rengo **2** (weak) ‹*excuse*› pobre, malo
lame² *vt* (ant *u* ofensivo) lisiar (ant *u* ofensivo)

palabra clave

lament¹ /lə'ment/ *n* lamento *m*
lament² *vt* **(a)** ‹*misfortune/failure*› lamentar **(b)** (liter) ‹*death/loss*› llorar
lamentable /'læməntəbəl/ *adj* lamentable
lamp /læmp/ *n* lámpara *f*; (Auto) luz *f*
lamplight /'læmplaɪt/ *n* (of table lamp) luz *f* de (la) lámpara; (of streetlamp) luz *f* de(l) farol
lampoon /læm'pu:n/ *vt* satirizar*
lamp: **~post** *n* farol *m*; **~shade** *n* pantalla *f* (*de lámpara*)
lance¹ /læns, BrE lɑ:ns/ *n* lanza *f*
lance² *vt* abrir* con lanceta
lancet /'lænsət, BrE 'lɑ:nsɪt/ *n* lanceta *f*
land¹ /lænd/ *n* **1** (Geog, Agr) tierra *f*; (*before n*) ‹*animal/defenses*› de tierra; **~ reform** reforma *f* agraria **2** (country, realm) (liter) país *m*; (kingdom) reino *m*
land² *vi* **1** **(a)** (Aerosp, Aviat) aterrizar*; (on the moon) alunizar* **(b)** (fall) caer* **2** (arrive, end up) (infml) ir* a parar (fam) **3** (Naut) «*ship*» atracar*; «*traveler/troops*» desembarcar*
■ *vt* **1** **(a)** (from sea) ‹*passengers*› desembarcar*; ‹*cargo*› descargar* **(b)** (from air) ‹*plane*› hacer* aterrizar; ‹*troops*› desembarcar*; ‹*supplies*› descargar* **2** ‹*fish*› sacar* del agua; ‹*contract/job*› conseguir* **3** (burden) (infml) **to ~ sb** WITH **sth/sb, to ~ sth/sb** ON **sb** endilgarle* algo/a algn A algn (fam)
landing /'lændɪŋ/ *n* **1** **(a)** (Aerosp, Aviat) aterrizaje *m*; (on moon) alunizaje *m*; (*before n*) **~ strip** pista *f* de aterrizaje **(b)** (Mil, Naut) desembarco *m* **(c)** (of cargo) descarga *f*; (of troops) desembarco *m* **2** (on staircase) rellano *m*, descanso *m* (Col, CS)
land: **~lady** *n* **(a)** (of rented dwelling) casera *f* **(b)** (of small hotel) dueña *f* **(c)** (BrE) (of pub — owner) dueña *f*; (— manager) encargada *f*; **~locked** /'lændlɑ:kt, BrE 'lændlɒkt/ *adj* sin salida al mar; **~lord** *n* **(a)** (of landed estate) terrateniente *m* **(b)** (of rented dwelling) casero *m*, dueño *m* **(c)** (BrE) (of pub — owner) dueño *m*; (— manager) encargado *m*; **~mark** *n* monumento *m* (*or* edificio *m etc*) famoso; **~ mine** *n* mina *f* (de tierra); **~owner** *n* terrateniente *mf*; **~scape** /'lændskeɪp/ *n* paisaje *m*; (*before n*) **~scape gardener** jardinero, -ra *m,f* paisajista; **~slide** *n* **(a)** (Geog) derrumbamiento *m or* desprendimiento *m* de tierras **(b)** (Pol) victoria *f* aplastante
lane /leɪn/ *n* **1** (in countryside) camino *m*, sendero *m*; (alleyway) callejón *m* **2** (Transp) **(a)** (for road traffic) carril *m or* (Chi) pista *f or* (RPl) senda *f*; **bus/bicycle ~** carril *m* de autobuses/bicicletas **(b)** (for ships) ruta *f* **3** (in athletics) carril *m* (AmL), calle *f* (Esp)
language /'læŋgwɪdʒ/ *n* **1** (means of communication, style of speech) lenguaje *m*; **bad ~** palabrotas *fpl* **2** **(a)** (particular tongue) idioma *m*, lengua *f* **(b)** (Comput) lenguaje *m*
languid /'læŋgwəd, BrE 'læŋgwɪd/ *adj* lánguido
languish /'læŋgwɪʃ/ *vi* (liter) languidecer*; (in prison) pudrirse*
lank /læŋk/ *adj* lacio
lanky /'læŋki/ *adj* **-kier, -kiest** desgarbado
lantern /'læntərn, BrE 'læntən/ *n* farol *m*
Laos /laʊs, BrE 'lɑ:ɒs, laʊs/ *n* Laos *m*

lap¹ /læp/ *n* **1** (of body) rodillas *fpl* **2** **(a)** (Sport) vuelta *f* **(b)** (stage) etapa *f*
lap² **-pp-** *vt* **1** (Sport) sacarle* una vuelta de ventaja a **2** ‹*water/milk*› beber a lengüetazos
■ *vi* chapalear; **to ~** AGAINST **sth** lamer *or* besar algo (liter)
● **lap up** [*v + o + adv, v + adv + o*] beber a lengüetazos
lapel /lə'pel/ *n* solapa *f*
Lapland /'læplænd/ *n* Laponia *f*
lapse¹ /læps/ *n* **1** (fault, error) falla *f*, fallo *m* (Esp) **2** (interval) lapso *m*, período *m*
lapse² *vi* **1** (fall, slip): **standards have ~d** el nivel ha decaído; **to ~ into bad habits** adquirir* malos hábitos **2** **(a)** (cease) «*project*» cancelarse; «*practice*» perderse* **(b)** «*membership/contract*» caducar*, vencer* **3** «*time*» transcurrir
laptop /'læptɑ:p, BrE 'læptɒp/ *n* (**~** computer) portátil *m*, laptop *f or* (Esp) *m*
lapwing /'læpwɪŋ/ *n* avefría *f*‡
larceny /'lɑ:rsəni, BrE 'lɑ:səni/ *n* (in US) robo *m*
larch /lɑ:rtʃ, BrE lɑ:tʃ/ *n* alerce *m*
lard /lɑ:rd, BrE lɑ:d/ *n* manteca *f or* (RPl) grasa *f* de cerdo
larder /'lɑ:rdər, BrE 'lɑ:də(r)/ *n* despensa *f*
large¹ /lɑ:rdʒ, BrE lɑ:dʒ/ *adj*

> ■ **Note** The usual translation of *large*, *grande*, becomes *gran* when it precedes a singular noun.

larger, **largest** grande; **the ~st collection of stamps in the world** la mayor colección de sellos del mundo
large² *n*: **at large** **(a)** (as a whole) en general; **the public at ~** el público en general **(b)** (at liberty): **to be at ~** andar* suelto
largely /'lɑ:rdʒli, BrE 'lɑ:dʒli/ *adv* en gran parte
lark /lɑ:rk, BrE lɑ:k/ *n* alondra *f*
larva /'lɑ:rvə, BrE 'lɑ:və/ *n* (*pl* **-vae** /-vi:/) larva *f*
laryngitis /'lærən'dʒaɪtəs, BrE ˌlærɪn'dʒaɪtɪs/ *n* laringitis *f*
larynx /'lærɪŋks/ *n* (*pl* **larynxes** *or* **larynges** /lə'rɪndʒi:s/) laringe *f*
laser /'leɪzər, BrE 'leɪzə(r)/ *n* láser *m*; (*before n*) **~ beam** rayo *m* láser; **~ printer** impresora *f* láser
lash¹ /læʃ/ *n* **1** (eye~) pestaña *f* **2** (whip) látigo *m*
lash² *vt* **1** **(a)** (whip) ‹*person*› azotar; ‹*horse*› fustigar* **(b)** (beat against) azotar **2** (bind) **to ~ sth/sb** TO **sth** amarrar algo/a algn A algo
● **lash out** [*v + adv* (+ *prep + o*)] atacar*; **to ~ out** AT/AGAINST **sb** (physically) emprenderla a golpes (*or* patadas *etc*) CON algn; (verbally) arremeter CONTRA algn
lass /læs/ *n* (liter *or* dial) muchacha *f*
lasso /'læsəʊ, læ'su:, BrE læ'su:/ *n* (*pl* **-sos** *or* **-soes**) lazo *m*
last¹ /læst, BrE lɑ:st/ *adj* **1** **(a)** (in series) último; **the ~ door but one** la penúltima puerta; **to be ~** (in race, on arrival) ser* el último (en llegar); **to be ~ to** + INF ser* el último EN + INF **(b)** (final, ultimate) ‹*chance/day*› último; **at the very ~ minute** en el último momento, a última hora **(c)** (only remaining) último; **I'm down to my ~ few dollars** solo me quedan unos pocos dólares **2** (previous, most recent) (*before n*) **~ Tuesday** el martes pasado; **in my ~ letter** en

mi última carta **3** (least likely): **that was the ~ thing I expected to hear from you** es lo que menos me esperaba que me dijeras; **that's the ~ thing I'd do!** ¡no se me ocurriría hacer eso!

last[2] *pron* **1** **(a)** (in series) último, -ma *m,f*; **the ~ to** + INF el último/la última/los últimos/las últimas EN + INF; **the ~ I remember** lo último que recuerdo **(b)** (only remaining): **the ~ of its kind** el último de su clase; **that's the ~ of the jam** esa es toda la mermelada que queda **(c)** (*in phrases*) (liter): **at the last** al final; **to the last** hasta el último momento **2** (preceding one): **the night before ~** anteanoche, antenoche (AmL); **each hill seemed steeper than the ~** cada colina parecía más empinada que la anterior

🔑 **last**[3] *adv* **1** **(a)** (at the end): **I went in ~** fui el último en entrar; **our team finished ~** nuestro equipo quedó en último lugar **(b)** (finally): **~ of all** por último; **and ~ but not least** y por último, pero no por eso menos importante **(c)** (*in phrases*) **at last** por fin, al fin; **at long last** por fin, finalmente **2** (most recently): **she was ~ seen a year ago** la última vez que se la vio fue hace un año; **when did you ~ see him?** ¿cuándo fue la última vez que lo viste?

🔑 **last**[4] *vi/t* durar

last-ditch /'læst'dɪtʃ, BrE 'lɑːst'dɪtʃ/ *adj* (*before n*) desesperado

lasting /'læstɪŋ, BrE 'lɑːstɪŋ/ *adj* duradero

lastly /'læstli, BrE 'lɑːstli/ *adv* (*as linker*) por último

last-minute /'læst'mɪnət, BrE ˌlɑːst'mɪnɪt/ *adj* (*before n*) de última hora

latch /lætʃ/ *n* pasador *m*, pestillo *m*; (on lock) seguro *m*

• **latch on** [*v* + *adv* (+ *prep* + *o*)] (understand) (infml) agarrar *or* (Esp) coger* la onda; **to ~ on** TO **sth** entender* algo; (realize) darse* cuenta DE algo

🔑 **late**[1] /leɪt/ *adj* **later**, **latest** **1** (after correct, scheduled time): **the ~ arrival of the train** el retraso en la llegada del tren; **to be ~** ‹*person*› llegar* tarde; **the train was an hour ~** el tren llegó con una hora de retraso; **you'll be ~ for work** vas a llegar tarde al trabajo **2** **(a)** (after usual time): **to have a ~ night** acostarse* tarde; **Spring is ~ this year** la primavera se ha atrasado este año **(b)** ‹*chrysanthemum/potatoes*› tardío **3** **(a)** (far on in time): **it's ~** es tarde; **it's getting ~** se está haciendo tarde **(b)** (*before n*) ‹*shift/bus*› último; **at this ~ stage** a estas alturas; **in ~ April** a finales de abril; **she's in her ~ forties** tiene cerca de cincuenta años **4** (*before n*) (deceased) difunto (fml); **the ~ John Doe** el difunto John Doe

🔑 **late**[2] *adv* **later**, **latest** **1** (after correct, scheduled time) tarde; **the trains are running 20 minutes ~** los trenes llevan 20 minutos de retraso; ***better ~ than never*** más vale tarde que nunca **2** (after usual time) ‹*work/sleep*› hasta tarde; ‹*mature*› tarde **3** (recently): **as ~ as the thirteenth century** aún en el siglo trece; **of ~** últimamente **4** (toward end of period): **~ in the afternoon** a última hora de la tarde; **~ in the year** a finales del año; **~ in her career** hacia el final de su carrera **5** (far on in time) tarde; **don't leave it too ~** no lo dejes para muy tarde; **we stayed up ~** nos quedamos levantados hasta tarde

lately /'leɪtli/ *adv* últimamente

latent /'leɪtn̩t/ *adj* latente

later[1] /'leɪtər, BrE 'leɪtə(r)/ *adj* posterior

🔑 **later**[2] *adv* después, más tarde; **~ that day** más tarde *or* posteriormente ese día; **not** o **no ~ than May 14** a más tardar el 14 de mayo; **~ on** más tarde, después; **see you ~!** ¡hasta luego!

lateral /'lætərəl/ *adj* lateral

latest /'leɪtəst, BrE 'leɪtɪst/ *adj* **(a)** (*superl of* **late**[1]) último **(b)** (most up to date) (*before n*) último

latex /'leɪteks/ *n* látex *m*

lathe /leɪð/ *n* torno *m*

lather[1] /'læðər, BrE 'lɑːðə(r), læðə(r)/ *n* (*no pl*) espuma

lather[2] *vt* enjabonar

Latin[1] /'lætn̩, BrE 'lætɪn/ *adj* latino

Latin[2] *n* **(a)** (language) latín *m* **(b)** (person) latino, -na *m,f*

Latin America *n* América *f* Latina, Latinoamérica *f*

Latin American[1] *adj* latinoamericano

Latin American[2] *n* latinoamericano, -na *m,f*

latitude /'lætətuːd, BrE 'lætɪtjuːd/ *n* **(a)** (Geog) latitud *f* **(b)** (freedom to choose) libertad *f*

🔑 **latter**[1] /'lætər, BrE 'lætə(r)/ *n* (*pl* ~): **the ~** este, -ta; (*pl*) estos, -tas

latter[2] *adj* (*before n*) **(a)** (second of two) segundo, último **(b)** (later, last): **in the ~ part of the season** hacia el final de la temporada; **in his ~ years** (fml) en sus últimos años

lattice /'lætəs, BrE 'lætɪs/ *n* entramado *m*, enrejado *m*

Latvia /'lætviə/ *n* Letonia *f*

Latvian /'lætviən/ *adj* letón

laugh[1] /læf, BrE lɑːf/ *n* risa *f*; **she's a good ~** es muy divertida; **to do/say sth for a ~** hacer*/decir* algo por divertirse; **to have a ~ (about/at sth)** reírse* (de algo)

🔑 **laugh**[2] *vi* reír(se)*; **to burst out ~ing** soltar* una carcajada; **to ~** AT **sb/sth** reírse* DE algn/algo

• **laugh off** [*v* + *o* + *adv*, *v* + *adv* + *o*] tomar a broma

laughing /'læfɪŋ, BrE 'lɑːfɪŋ/ *adj* risueño; **this is no ~ matter** no es motivo de risa

laughingstock /'læfɪŋstɑːk, BrE 'lɑːfɪŋstɒk/ *n* hazmerreír *m*; **he made a ~ of his opponent** dejó *or* puso a su contrincante en ridículo

laughter /'læftər, BrE 'lɑːftə(r)/ *n* risas *fpl*

🔑 **launch**[1] /lɔːntʃ/ *vt* **1** **(a)** ‹*new vessel*› botar; ‹*lifeboat*› echar al agua **(b)** ‹*satellite/missile*› lanzar*; ‹*attack*› emprender **2** ‹*product/campaign*› lanzar*; ‹*company*› fundar*

launch[2] *n* **1** (motorboat) lancha *f* (a motor) **2** **(a)** (of new vessel) botadura *f*; (of lifeboat) lanzamiento *m* (*al agua*) **(b)** (of rocket, missile) lanzamiento *m* **3** (of product, campaign) lanzamiento *m*

launching pad /'lɔːntʃɪŋ/, **launchpad** /'lɔːntʃpæd/ *n* **(a)** (Aerosp) rampa *f* de lanzamiento **(b)** (for ideas, career) trampolín *m*

launder /'lɔːndər, BrE 'lɔːndə(r)/ *vt* **(a)** (wash and iron) (fml) lavar y planchar **(b)** ‹*money*›

🔑 palabra clave

blanquear, lavar (AmL)

launderette /lɔːndəˈret, BrE lɔːnˈdret/ *n* lavandería *f* automática

Laundromat®, **laundromat** /ˈlɔːndrəmæt/ *n* (AmE) lavandería *f* automática

laundry /ˈlɔːndri/ *n* (*pl* **-dries**) **(a)** (commercial) lavandería *f*, lavadero *m* (RPl); (in home) lavadero *m* **(b)** (dirty clothes) ropa *f* sucia *or* para lavar; (washed clothes) ropa *f* limpia *or* lavada; (*before n*) ~ **basket** canasto *m* *or* cesto *m* de la ropa sucia

laurel /ˈlɔːrəl, BrE ˈlɒrəl/ *n* laurel *m*

lava /ˈlɑːvə/ *n* lava *f*

lavatory /ˈlævətɔːri, BrE ˈlævətri/ *n* (*pl* **-ries**) **(a)** (room in house) (cuarto *m* de) baño *m* **(b)** (public) (*often pl*) baños *mpl*, servicios *mpl* (Esp) **(c)** (receptacle) taza *f*, inodoro *m*

lavender /ˈlævəndər, BrE ˈlævəndə(r)/ *n* lavanda *f*, espliego *m*

lavish[1] /ˈlævɪʃ/ *adj* ‹*lifestyle*› de derroche; ‹*gift/meal*› espléndido; ‹*production*› fastuoso

lavish[2] *vt* **to ~ sth** ON **sb** prodigar(le)* algo A algn

lavishly /ˈlævɪʃli/ *adv* ‹*give*› con esplendidez; ‹*decorated/illustrated*› magníficamente

law /lɔː/ *n* **(a)** (rule, principle) ley *f* **(b)** (collectively): **the ~** la ley; **to break the ~** violar *or* contravenir* *or* infringir* la ley; **it is against the ~** es ilegal; **under French ~** según la ley francesa; ***to lay down the ~*** dar* órdenes **(c)** (as field, discipline) derecho *m*; (profession) abogacía *f*; (*before n*) ~ **school** facultad *f* de Derecho

law: **~-abiding** /ˈlɔːəˌbaɪdɪŋ/ *adj* respetuoso de la ley; **~ and order** *n* (+ *sing o pl vb*) el orden público

lawful /ˈlɔːfəl/ *adj* ‹*ruler/heir*› legítimo; ‹*contract*› válido, legal; ‹*conduct*› lícito

lawless /ˈlɔːləs, BrE ˈlɔːlɪs/ *adj* ‹*mob*› desmandado; ‹*region*› anárquico, donde no rige la ley

lawn /lɔːn/ *n* césped *m*, pasto *m* (AmL), grama *f* (AmC, Ven)

lawnmower /ˈlɔːnˌməʊər, BrE ˈlɔːnˌməʊə(r)/ *n* máquina *f* de cortar el césped *or* (AmL tb) el pasto, cortadora *f* de césped *or* (AmL tb) de pasto, cortacésped *m* (Esp), cortagrama *m* (AmC, Ven)

lawsuit /ˈlɔːsuːt/ *n* pleito *m*, demanda *f*

lawyer /ˈlɔːjər, BrE ˈlɔːjə(r)/ *n* abogado, -da *m,f*

lax /læks/ *adj* ‹*discipline/supervision*› poco estricto; ‹*standards*› laxo

laxative /ˈlæksətɪv/ *n* laxante *m*

lay[1] /leɪ/ *past of* **lie**[2] **II**

lay[2] (*past & past p* **laid**) *vt* **1** (put) poner*; **~ the cloth flat on the table** extiende la tela sobre la mesa **2** (put in position) ‹*bricks/carpet*› poner*, colocar*; ‹*cable/pipes*› tender*; ‹*mines*› sembrar* **3** (prepare) ‹*trap*› tender*; ‹*plans*› hacer*; **to ~ the table** poner* la mesa **4** (cause to be): **one blow laid him flat on his back** de un golpe quedó tendido de espaldas en el suelo; ***to ~ sb low***: **he was laid low by malaria** estuvo postrado con malaria **5** (Zool): **to ~ eggs** «*bird/reptile*» poner* huevos; «*fish/insects*» desovar*

■ *vi* **1** «*hen*» poner* huevos **2** (crit) ▶ **lie**[2] **II**

● **lay down** [*v + o + adv, v + adv + o*] **(a)** ‹*tools/weapons*› dejar (a un lado) **(b)** ‹*guidelines/procedure*› establecer*

● **lay off** [*v + adv + o, v + o + adv*] (AmE) despedir*; (BrE) *suspender temporalmente por falta de trabajo*

● **lay on** [*v + adv + o, v + o + adv*] ‹*transport/food*› hacerse* cargo de; ‹*entertainment*› ofrecer*

● **lay out** [*v + o + adv, v + adv + o*] **1** **(a)** ‹*park/garden*› diseñar; ‹*town*› hacer* el trazado de; ‹*objects*› disponer* **(b)** ‹*page*› diseñar **2** (spend) gastar; (invest) invertir* **3** (knock unconscious) dejar sin sentido **4** ‹*dead body*› amortajar

lay[3] *adj* (*before n*) **(a)** (secular) laico; **~ preacher** predicador, -dora *m,f* seglar **(b)** (not expert): **the ~ reader** el lector profano en la materia

lay-by /ˈleɪbaɪ/ *n* (BrE) área *f*‡ de reposo

layer[1] /ˈleɪər, BrE ˈleɪə(r)/ *n* (of dust, paint, snow) capa *f*; (of rock, sediment) capa *f*, estrato *m*

layer[2] *vt*: **I had my hair ~ed** me corté el pelo en *or* (Esp) a capas, me rebajé el pelo (RPl)

lay: **~man** /ˈleɪmən/ *n* (*pl* **-men** /-mən/) (non-expert): **a book written for the ~man** un libro dirigido al gran público; **in ~man's terms** en lenguaje accesible; **~out** *n* **(a)** (of house) distribución *f*; (of town, garden) trazado *m* **(b)** (in magazine, newspaper) diseño *m*

laze /leɪz/ *vi* haraganear

lazily /ˈleɪzəli, BrE ˈleɪzɪli/ *adv* perezosamente

lazy /ˈleɪzi/ *adj* **lazier**, **laziest** perezoso

lazybones /ˈleɪzibəʊnz/ *n* (*pl* ~) (infml) haragán, -gana *m,f*

lb = **pound(s)**

LCD *n* = **liquid crystal display**

lead[1] *n* **I** /led/ **1** (metal) plomo *m*; (*before n*) **~ poisoning** intoxicación *f* por plomo; (chronic disease) saturnismo *m* **2** (in pencil) mina *f*
II /liːd/ **1** (in competition) (*no pl*) **to be in/take the ~** llevar/tomar la delantera **2** (example, leadership) (*no pl*) ejemplo *m*; **to follow sb's ~** seguir* el ejemplo de algn **3** (clue) pista *f* **4** **(a)** (for dog) (BrE) correa *f* **(b)** (Elec) cable *m* **5** **(a)** (main role) papel *m* principal **(b)** (Mus) solista *mf*; (*before n*) ‹*guitar/singer*› principal

lead[2] /liːd/ (*past & past p* **led**) *vt* **1** (conduct) ‹*person/animal*› llevar, guiar*; **to ~ sb** TO **sth/sb** conducir* *or* llevar a algn A algo/ANTE algn; **to ~ sb away** llevarse a algn; **I was led to believe that ...** me dieron a entender que ...; **he's easily led** se deja llevar fácilmente **2** (head, have charge of) ‹*discussion*› conducir*; **the expedition was led by Smith** la expedición iba al mando de Smith **3** **(a)** (be at front of) ‹*parade/attack*› encabezar* **(b)** (in race, competition) aventajar **4** ‹*life*› llevar

■ *vi* **1** **to ~** TO **sth** «*road/steps*» llevar *or* conducir* *or* dar* A algo; «*door*» dar* A algo **2** **(a)** (be leader): **you ~, we'll follow** ve delante *or* (esp AmL) adelante, que te seguimos **(b)** (in race, competition) ir* a la cabeza, puntear (AmL); **they are ~ing by three goals** van ganando por tres goles

● **lead on** **1** [*v + adv*] **~ on!** ¡adelante! (¡te seguimos!) **2** [*v + o + adv*] (raise false hopes) engañar

● **lead to** [*v + prep + o*] llevar *or* conducir* a

leaded /ˈledəd, BrE ˈledɪd/ *adj* ‹*fuel*› con plomo

leader /ˈliːdər, BrE ˈliːdə(r)/ *n* **(a)** (of group, political party) líder *mf*; (of expedition) jefe, -fa *m,f*; (of gang) cabecilla *mf* **(b)** (in race, competition) primero, -ra *m,f*; (in league) líder *m*

🔑 **leadership** /'li:dərʃɪp, BrE 'li:dəʃɪp/ *n* **(a)** (direction, control — of party) liderazgo *m*; (— of country) conducción *f* **(b)** (quality) autoridad *f*, dotes *fpl* de mando **(c)** (leaders) (+ *sing o pl vb*) dirigentes *mpl*

lead-free /'led'fri:/ *adj* ‹*fuel*› sin plomo

leading /'li:dɪŋ/ *adj* (*before n*) **(a)** (principal) ‹*scientist/playwright*› destacado; ‹*brand/company*› líder *adj inv* **(b)** (in front) ‹*runner/horse/driver*› que va a la cabeza

leading: ~ **lady** *n* (Cin) protagonista *f*; (Theat) primera actriz *f*; ~ **light** *n* estrella *f*

leaf /li:f/ *n* (*pl* **leaves**) **1** (of plant) hoja *f* **2** (page, sheet) hoja *f*; ***to turn (over) a new ~*** reformarse **3** (of table) ala *f*‡; (of door, shutter) hoja *f*

● **leaf through** [*v* + *prep* + *o*] hojear

leaflet /'li:flət, BrE 'li:flɪt/ *n* (Print) folleto *m*; (Pol) panfleto *m*

leafy /'li:fi/ *adj* **-fier**, **-fiest** ‹*boughs*› frondoso; ‹*lane*› arbolado

🔑 **league** /li:g/ *n* **1** (alliance) liga *f*; ***to be in ~ (with sb)*** estar* aliado (con algn) **2** **(a)** (Sport) liga *f* **(b)** (level, category): **not to be in the same ~ as sb/sth** no estar* a la misma altura que algn/algo **3** (measure of distance) legua *f*

leak[1] /li:k/ *vi* **(a)** «*bucket/tank*» gotear, perder* (RPl), salirse* (Chi, Méx); «*shoes/tent*» dejar pasar el agua; «*faucet*» gotear; «*pen*» perder* tinta; **the roof is ~ing** hay una gotera/hay goteras en el techo **(b)** (escape) «*liquid*» escaparse

■ *vt* **(a)** ‹*liquid/gas*› perder*, botar (AmL exc RPl) **(b)** ‹*information*› filtrar

leak[2] *n* **(a)** (in bucket, boat, pipe) agujero *m*; (in roof) gotera *f* **(b)** (escaping liquid, gas) escape *m* **(c)** (of information) filtración *f*

leakage /'li:kɪdʒ/ *n* escape *m*

leaky /'li:ki/ *adj* **-kier**, **-kiest** agujereado

lean[1] /li:n/ (*past & past p* **leaned** *or* (BrE also) **leant** /lent/) *vi* **(a)** (bend, incline): **she ~ed back in her chair** se echó hacia atrás en la silla; **don't ~ out of the window** no te asomes por la ventana **(b)** (support oneself) apoyarse; **to ~** AGAINST **sth** apoyarse CONTRA algo; **to ~** ON **sth/sb** apoyarse EN algo/algn

■ *vt* apoyar

lean[2] *adj* **(a)** ‹*person*› delgado; ‹*animal*› flaco **(b)** ‹*meat*› magro

leant /lent/ (BrE) *past & past p of* **lean**[1]

leap[1] /li:p/ *vi/t* (*past & past p* **leaped** *or* (BrE also) **leapt** /lept/) saltar

leap[2] *n* salto *m*, brinco *m*; ***by ~s and bounds*** a pasos agigantados

leapfrog /'li:pfrɔ:g, BrE 'li:pfrɒg/ *n*: **to play ~** jugar* a la pídola, brincar* al burro (Méx), jugar* al rango (RPl)

leapt /lept/ (BrE) *past & past p of* **leap**[1]

leap year *n* año *m* bisiesto

🔑 **learn** /lɜ:rn, BrE lɜ:n/ (*past & past p* **learned** *or* (BrE also) **learnt**) *vt* **1** **(a)** (gain knowledge of) aprender; **to ~ to** + INF aprender A + INF **(b)** (memorize) aprender de memoria **2** (become informed about) enterarse de

■ *vi* **1** (gain knowledge) aprender **2** (become informed) **to ~** ABOUT *o* OF **sth** enterarse DE algo

learned /'lɜ:rnəd, BrE 'lɜ:nɪd/ *adj* docto

learner /'lɜ:rnər, BrE 'lɜ:nə(r)/ *n*: **he's a fast/slow ~** aprende con mucha rapidez/tiene dificultades de aprendizaje; (*before n*) **~ (driver)** (esp BrE) *persona que está aprendiendo a conducir*

🔑 **learning** /'lɜ:rnɪŋ, BrE 'lɜ:nɪŋ/ *n* **(a)** (knowledge) saber *m*; (education) educación *f*; **a man of ~** un erudito **(b)** (act) aprendizaje *m*; (*before n*) **~ difficulties** dificultades *fpl* de aprendizaje

learnt /lɜ:rnt, BrE lɜ:nt/ (BrE) *past & past p of* **learn**

lease[1] /li:s/ *n* ≈ contrato *m* de arrendamiento; (of real estate) ≈ usufructo *m*

lease[2] *vt* **(a)** **~ (out)** (grant use of) arrendar*; ‹*real estate*› dar* en usufructo **(b)** (hold under lease) arrendar*; ‹*real estate*› tener* el usufructo de

leasehold /'li:shəʊld/ *n* arrendamiento *m*

leash /li:ʃ/ *n* correa *f*

least[1] /li:st/ *adj* **1** (*superl of* **little**[1] **2**) **she has the ~ money** es quien menos dinero tiene **2** (smallest, slightest) más mínimo; **that's the ~ of my worries** eso es lo que menos me preocupa

least[2] *pron* **1** (*superl of* **little**[2]) **to say the ~** por no decir más; **it's the ~ I can do** es lo menos que puedo hacer **2** (in adv phrases): **at least** por lo menos; **in the least** en lo más mínimo

least[3] *adv* **1** (*superl of* **little**[3]) **~ of all you** tú menos que nadie; **when you ~ expect it** cuando menos te lo esperas **2** (*before adj, adv*) menos

leather /'leðər, BrE 'leðə(r)/ *n* cuero *m*, piel *f* (Esp, Méx)

leave[1] /li:v/ *n* **1** (authorized absence) permiso *m*, licencia *f* (esp AmL); (Mil) licencia *f*; **to be/go on ~** estar*/salir* de permiso *or* (esp AmL) de licencia **2** (permission) (fml) permiso *m* **3** (departure) (fml): **to take ~ of sb** despedirse* de algn; **have you taken ~ of your senses?** ¿te has vuelto loco?

🔑 **leave**[2] (*past & past p* **left**) *vt* **1** **(a)** (go away from): **she ~s home at 6** sale de casa a las 6; **I left her reading a book** la dejé leyendo un libro; **to ~ school** terminar el colegio; **she left home at the age of 17** se fue de casa a los 17 años **(b)** (withdraw from) ‹*profession/organization/politics*› dejar **2** (abandon) dejar; **she left her husband for another man** dejó a su marido por otro (hombre) **3** **(a)** (deposit in specified place) dejar; **to ~ sth** FOR **sb** dejarle algo A algn **(b)** (not take — deliberately) dejar; (— inadvertently) olvidarse de, dejarse **(c)** (not eat) ‹*food*› dejar **4** (allow, cause to remain) dejar; **please ~ the window open** por favor dejen la ventana abierta **5** (have as aftereffect) ‹*stain/scar*› dejar **6** **(a)** (not attend to) dejar **(b)** (not disturb) dejar; **~ her to finish on her own** déjala terminar sola **7** (entrust): **~ it to me!** ¡déjalo por mi cuenta!; **we must ~ nothing to chance** no debemos dejar nada (librado) al azar **8** (after deduction, elimination): **6 from 10 ~s 4** si a 10 le quitamos 6, quedan 4;

🔑 palabra clave

there isn't much time left no queda mucho tiempo **9** (bequeath) **to ~ sth** TO **sb/sth** dejar(le) algo A algn/algo
■ *vi* irse*, marcharse (esp Esp); **the train ~s at 5 o'clock** el tren sale a las 5 en punto
● **leave behind** [*v + o + adv, v + adv + o*] **(a)** (not take or bring — deliberately) dejar; (— inadvertently) olvidarse de, dejarse **(b)** ‹*worries/cares*› dejar atrás
● **leave on** [*v + o + adv, v + adv + o*] **(a)** ‹*light/machine/television*› dejar encendido *or* (AmL tb) prendido **(b)** (keep wearing) no quitarse
● **leave out** **1** [*v + o + adv, v + adv + o*], [*v + o + adv (+ prep + o)*] **(a)** (omit) omitir **(b)** (exclude) excluir* **2** [*v + o + adv*] **(a)** (leave outside) dejar fuera *or* (esp AmL) afuera **(b)** (not put away) ‹*clothes/toys*› no guardar **(c)** (leave available) dejar preparado
● **leave over**: [*v + o + adv, v + adv + o*] (*usu pass*): **tomorrow we can eat what's left over** mañana podemos comer lo que sobre *or* quede

leaves /li:vz/ *pl of* **leaf**

leaving /'li:vɪŋ/ *adj* (*before n*) ‹*present*› de despedida; **~ party** despedida *f*

Lebanese /lebə'ni:z/ *adj* libanés

Lebanon /'lebənɑ:n, BrE 'lebənən/ *n* (el) Líbano

lecherous /'letʃərəs/ *adj* libidinoso

lectern /'lektərn, BrE 'lektɜ:n/ *n* atril *m*; (in church) facistol *m*

lecture¹ /'lektʃər, BrE 'lektʃə(r)/ *n* (public address) conferencia *f*; (Educ) clase *f*; (*before n*) **~ theater** auditorio *m*

lecture² *vi* (Educ) dar* clase, dictar clase (AmL fml), hacer* clase (Chi)
■ *vt* (scold) sermonear

lecturer /'lektʃərər, BrE 'lektʃərə(r)/ *n* **(a)** (speaker) conferenciante *mf*, conferencista *mf* (AmL) **(b)** (esp BrE) (Educ) profesor universitario, profesora universitaria *m,f*

led /led/ *past & past p of* **lead²**

LED *n* = **light-emitting diode**

ledge /ledʒ/ *n* **(a)** (on wall) cornisa *f*; (window **~**) (exterior) alféizar *m* (de la ventana); (interior) repisa *f* (de la ventana) **(b)** (on cliff) saliente *m or f*

ledger /'ledʒər, BrE 'ledʒə(r)/ *n* libro *m* de contabilidad

leech /li:tʃ/ *n* sanguijuela *f*

leek /li:k/ *n* puerro *m*

leer /lɪr, BrE lɪə(r)/ *vi* **to ~** AT **sb** lanzarle* una mirada lasciva A algn

leeway /'li:weɪ/ *n*: **I am given a lot of ~** me dan mucha libertad de acción; **there isn't much ~ in the budget** el presupuesto tiene poco margen de flexibilidad

left¹ /left/ *past & past p of* **leave²**

left² *n* **1** **(a)** (left side) izquierda *f*; **on the ~** a la izquierda; **to drive on the ~** manejar *or* (esp Esp) conducir* por la izquierda **(b)** (left turn): **to make** o (BrE) **take a ~** girar a la izquierda **(c)** (Sport) (hand) izquierda *f* **2** (Pol): **the ~** la izquierda

left³ *adj* (*before n*) izquierdo

left⁴ *adv* a *or* hacia la izquierda

left: **~-hand** *adj* (*before n*) de la izquierda; **on the ~-hand side** a mano izquierda; **~-handed** /'left'hændəd, BrE ˌleft'hændɪd/ *adj* ‹*person*› zurdo; ‹*tool*› para zurdos; **~-luggage (office)** /'left'lʌgɪdʒ/ *n* (BrE) consigna *f*; **~over** *adj* (*before n*) sobrante; **~overs** /'leftˌəʊvərz, BrE 'leftˌəʊvəz/ *pl n* sobras *fpl*; **~ wing** *n* **(a)** (Pol) (+ *sing or pl vb*) (ala *f*‡) izquierda *f* **(b)** (Sport) ala *f*‡ izquierda; **~-wing** /'left'wɪŋ/ *adj* (Pol) izquierdista; **~-winger** /'left'wɪŋər, BrE ˌleft'wɪŋə(r)/ *n* (Pol) izquierdista *mf*

leg /leg/ *n* **1** (Anat) (of person) pierna *f*; (of animal, bird) pata *f*; ***to pull sb's ~*** (infml) tomarle el pelo a algn (fam) **2** **(a)** (Culin) (of lamb, pork) pierna *f*; (of chicken) pata *f*, muslo *m* **(b)** (Clothing) pierna *f* **(c)** (of chair, table) pata *f* **3** (stage — of competition, race) manga *f*; (— of journey) etapa *f*

legacy /'legəsi/ *n* (*pl* **-cies**) legado *m*

legal /'li:gəl/ *adj* **1** **(a)** (allowed) legal; ‹*tackle/move*› reglamentario **(b)** (founded upon law) ‹*contract/requirement*› legal **2** (relating to legal system, profession) (*before n*) jurídico; **we will be forced to take ~ action** nos veremos obligados a poner el asunto en manos de nuestro(s) abogado(s)

legal holiday *n* (AmE) día *m* festivo oficial, feriado *m* oficial (esp AmL)

legalization /ˌli:gələ'zeɪʃən, BrE ˌli:gəlaɪ'zeɪʃən/ *n* legalización *f*

legalize /'li:gəlaɪz/ *vt* legalizar*

legally /'li:gəli/ *adv* legalmente

legal tender *n* moneda *f* de curso legal

legend /'ledʒənd/ *n* leyenda *f*

legendary /'ledʒənderi, BrE 'ledʒəndri/ *adj* legendario

leggings /'legɪŋz/ *pl n* **(a)** (pants, trousers) leggings *mpl*, mallas *fpl*, calzas *fpl* (RPl) **(b)** (for lower leg) polainas *fpl*

legible /'ledʒəbəl/ *adj* legible

legion /'li:dʒən/ *n* legión *f*

legionnaire /'li:dʒə'ner/ *n* legionario *m*; **~'s disease** legionela *f*

legislate /'ledʒəsleɪt, BrE 'ledʒɪsleɪt/ *vi* legislar

legislation /'ledʒəs'leɪʃən, BrE ˌledʒɪs'leɪʃən/ *n* legislación *f*

legislative /'ledʒəsleɪtɪv, BrE 'ledʒɪslətɪv/ *adj* (*before n*) legislativo

legislator /'ledʒəsleɪtər, BrE 'ledʒɪsleɪtə(r)/ *n* legislador, -dora *m,f*

legislature /'ledʒɪsleɪtʃər, BrE 'ledʒɪsleɪtʃə(r)/ *n* asamblea *f* legislativa

legitimate /lɪ'dʒɪtəmət, BrE lɪ'dʒɪtɪmət/ *adj* legítimo

legitimize /lɪ'dʒɪtəmaɪz, BrE lɪ'dʒɪtɪmaɪz/ *vt* legitimar

legroom /'legru:m, -rʊm/ *n* espacio *m* para las piernas

leisure /'li:ʒər, BrE 'leʒə(r)/ *n* tiempo *m* libre; **read it at your ~** léalo cuando le venga bien; (*before n*) ‹*activity*› de tiempo libre; **~ center** (AmE) centro *m* recreativo; **~ centre** (BrE) centro *m* deportivo

leisurely /'li:ʒərli, BrE 'leʒəli/ *adj* lento, pausado; **at a ~ pace** sin prisas

lemon /'lemən/ *n* **(a)** (fruit) limón *m*, limón *m* francés (Méx, Ven); (*before n*) **~ squeezer** (BrE) exprimelimones *m*, exprimidor *m*; **~ tea** té *m* con limón **(b)** **~ (tree)** limonero *m* **(c)** (color) amarillo *m* limón; (*before n*) amarillo limón *adj inv*

lemonade /ˈleməˈneɪd/ *n* **(a)** (with fresh lemons) limonada *f* **(b)** (fizzy drink) (BrE) (bebida *f*) gaseosa *f*

lemon cheese, **lemon curd** *n* crema *f* de limón (*en conserva*)

lend /lend/ *vt* (*past & past p* **lent**) prestar; **this ~s an air of mystery to the scene** esto le da un aire de misterio a la escena

lender /ˈlendər, BrE ˈlendə(r)/ *n* (institution) entidad *f* crediticia; (person) prestamista *mf*

✔ **length** /leŋθ/ *n* **1** **(a)** (of line, surface) longitud *f*; (of sleeve, coat) largo *m*; **it's 5m in ~** mide 5 metros de largo; **he traveled the ~ and breadth of the country** viajó a lo largo y (a lo) ancho del país; **he'd go to any ~s to get what he wants** es capaz de hacer cualquier cosa con tal de obtener lo que se propone **(b)** (of book, list) extensión *f* **2** **(a)** (duration) (of movie, play) duración *f*; **after a considerable ~ of time** después de mucho tiempo **(b) at length** (finally) finalmente; (for a long time) extensamente; (in detail) detenidamente; **to talk at ~** hablar largo y tendido **3** (section — of wood, pipe) trozo *m*; (— of river, road) tramo *m* **4** **(a)** (in swimming) largo *m* **(b)** (in horse, dog racing) cuerpo *m*; (in rowing) largo *m*

lengthen /ˈleŋθən/ *vt* ‹*skirt/novel*› alargar*; ‹*line/visit*› alargar*

lengthwise /ˈleŋθwaɪz/, (esp BrE) **lengthways** /-weɪz/ *adv* a lo largo

I

lengthy /ˈleŋθi/ *adj* **-thier -thiest** (long) largo; (tedious) largo y pesado

lenient /ˈliːniənt/ *adj* ‹*attitude/view*› indulgente; ‹*sentence*› poco severo

lens /lenz/ *n* (*pl* **lenses**) **(a)** (Opt) lente *f* **(b)** (for magnifying) lupa *f* **(c)** (in spectacles) cristal *m* **(d)** ▶ **contact lens (e)** (Phot) lente *f*

lent /lent/ *past & past p of* **lend**

Lent /lent/ *n* Cuaresma *f*

lentil /ˈlentl/ *n* lenteja *f*

Leo /ˈliːəʊ/ *n* (*pl* **-os**) **(a)** (sign) (*no art*) Leo **(b)** (person) Leo *or* leo *mf*

leopard /ˈlepərd, BrE ˈlepəd/ *n* leopardo *m*

leotard /ˈliːətɑːrd, BrE ˈliːətɑːd/ *n* malla *f*

leper /ˈlepər, BrE ˈlepə(r)/ *n* leproso, -sa *m,f*

leprosy /ˈleprəsi/ *n* lepra *f*

lesbian /ˈlezbiən/ *n* lesbiana *f*

lesion /ˈliːʒən/ *n* lesión *f*

✔ **less**[1] /les/ *adj* (*comp of* **little**[1] 2) menos; **~ and ~ money** cada vez menos dinero

✔ **less**[2] *pron* (*comp of* **little**[2]) menos; **a sum of ~ than $1,000** una suma inferior a los 1.000 dólares

✔ **less**[3] *adv* (*comp of* **little**[3]) menos; **the situation is no ~ serious than it was** la situación sigue siendo tan grave como antes

-less /ləs, BrE lɪs/ *suff* sin; **hat~** sin sombrero

lessen /ˈlesn̩/ *vt* ‹*pain*› aliviar; ‹*cost/risk*› reducir*
■ *vi* «*noise*» disminuir*; «*pain*» aliviarse; «*interest*» decrecer*

lesser /ˈlesər, BrE ˈlesə(r)/ *adj* (*before n*) menor; **to a ~ extent** en menor grado

✔ **lesson** /ˈlesn̩/ *n* **1** (Educ) **(a)** (class) clase *f* **(b)** (in textbook) lección *f* **2** (from experience) lección *f*; **to learn one's ~** aprender la lección

lest /lest/ *conj* (liter) no sea que (+ *subj*); **~ we forget** para que no olvidemos

✔ **let** /let/ (*pres p* **letting**; *past & past p* **let**) *vt* **1** (*no pass*) **(a)** (allow to) dejar; **he ~ his hair grow** se dejó crecer el pelo; **~ me help you** deja que te ayude; **~ me see** ¿a ver?; **don't ~ me catch you here again!** ¡que no te vuelva a pescar por aquí! **(b)** (cause to, make): **~ me know if there are any problems** avísame si hay algún problema; **he ~ it be known that ...** hizo saber que ... **(c) to ~ go** soltar*; **~ go of my hand!** ¡suéltame la mano!; ***to ~ oneself go*** (enjoy oneself) soltarse*; (neglect oneself) abandonarse **2** (+ *adv compl*): **to ~ sth/sb by** o **past** dejar pasar algo/a algn; **she ~ herself into the house** abrió la puerta y entró en la casa **3** [*Used to form 1st pers pl imperative*]: **~'s go** vamos, vámonos; **~'s ask Chris** vamos a preguntarle a Chris, preguntémosle a Chris; **don't ~'s** o **~'s not argue** no discutamos; **~ us pray** (fml) oremos **4** [*Used to form 3rd pers imperative, gen translated by* QUE + SUBJ *in Spanish*]: **~ that be a lesson to you** que te sirva de lección; **just ~ them try!** ¡que se atrevan! **5** (rent) (esp BrE) alquilar; ⓢ **to let** se alquila

● **let down** [*v + o + adv, v + adv + o*] **1** **(a)** (lower) ‹*rope/bucket*› bajar **(b)** (lengthen) ‹*skirt*› alargar*; (lower) ‹*hem*› bajar, sacar **(c)** ‹*tire/balloon*› desinflar **2** (disappoint) fallar; **her spelling ~s her down** su ortografía no le hace justicia a su trabajo

● **let in** [*v + o + adv, v + adv + o*] dejar entrar

● **let off** I **1** **(a)** [*v + o + adv*] (forgive, not punish) perdonar; **she was ~ off with a reprimand** solo le hicieron una amonestación **(b)** [*v + o + adv*], [*v + o + prep + o*] (excuse from) perdonar **2** [*v + o + adv*] (allow to go) dejar salir
II [*v + o + adv, v + adv + o*] ‹*fireworks*› hacer* estallar; ‹*rocket/cracker*› tirar

● **let on**: [*v + adv*], [*v + adv + o*]: **you mustn't ~ on about this to Jim** no le vayas a decir nada de esto a Jim; **don't ~ on (that) you know me!** no digas que me conoces

● **let out** **1** [*v + o + adv, v + adv + o*] **(a)** (disclose) ‹*secret*› revelar **(b)** (rent out) (esp BrE) alquilar **(c)** (make wider) ‹*skirt/dress*› ensanchar, agrandar **2** [*v + o + adv, v + adv + o*], [*v + o + adv* (+ *prep + o*)] (allow to leave) dejar salir; **someone ~ the air out of my tires** alguien me desinfló los neumáticos
3 [*v + adv + o*] ‹*scream/yell*› soltar*

● **let up** [*v + adv*] «*wind/storm*» amainar; «*pressure/work*» disminuir*

letdown /ˈletdaʊn/ *n* decepción *f*

lethal /ˈliːθəl/ *adj* mortal, letal; ‹*weapon*› mortífero

lethargic /ləˈθɑːrdʒɪk, BrE lɪˈθɑːdʒɪk/ *adj* aletargado

let's /lets/ (= **let us**) ▶ **let 3**

✔ **letter** /ˈletər, BrE ˈletə(r)/ *n* **1** (written message) carta *f* **2** (of alphabet) letra *f*

letter: **~ bomb** *n* carta *f* bomba; **~ box** *n* buzón *m*

lettuce /ˈletəs, BrE ˈletɪs/ *n* lechuga *f*

let-up /ˈletʌp/ *n* interrupción *f*

leukemia, (esp BrE) **leukaemia** /luːˈkiːmiə/ *n* leucemia *f*

✔ **level**[1] /ˈlevəl/ *n* nivel *m*; **at eye ~** a la altura de

✔ palabra clave

los ojos; **a top-~ meeting** una reunión de *or* a alto nivel

level² *adj* **1** ‹*ground/surface*› plano, llano; **a ~ spoonful** una cucharada rasa; **to do one's ~ best** hacer* todo lo posible **2** **(a)** (at same height) **to be ~ (WITH sth)** estar* al nivel (DE algo) **(b)** (abreast, equal): **the two teams were ~ at half-time** al medio tiempo los dos equipos iban empatados; **to draw ~ with sb** (in a race) alcanzar* a algn **3** (unemotional, calm) desapasionado

level³, (BrE **-ll-**) *vt* **1** **(a)** (make flat) ‹*ground/surface*› nivelar **(b)** (raze) ‹*building/town*› arrasar **2** (make equal) igualar **3** (direct) **to ~ sth** AT **sb/sth** ‹*weapon*› apuntarle A algn/A algo CON algo; **to ~ an accusation at sb** acusar a algn ■ *vi* (be honest) (infml) **to ~** WITH **sb** ser* franco CON algn

● **level off** [*v* + *adv*] **(a)** «*aircraft*» nivelarse, enderezarse* **(b)** «*prices/growth/inflation*» estabilizarse*

level: **~ crossing** *n* (BrE) paso *m* a nivel, crucero *m* (Méx); **~-headed** /'levəl'hedəd, BrE ˌlevəl'hedɪd/ *adj* sensato

lever¹ /'levər, BrE 'liːvə(r)/ *n* palanca *f*

lever² *vt* (+ *adv compl*): **to ~ sth open** abrir* algo haciendo palanca

levy¹ /'levi/ *vt* **levies**, **levying**, **levied** **(a)** ‹*tax/duty*› (impose) imponer*; (collect) recaudar **(b)** ‹*fee/charge*› cobrar **(c)** ‹*fine*› imponer*

levy² *n* (*pl* **levies**) **(a)** (raising of tax, contributions): **the strike was funded by a ~ on all members** la huelga se financió mediante el cobro de una cuota a todos los miembros **(b)** (tax) impuesto *m*

lewd /luːd, BrE ljuːd/ *adj* **-er**, **-est** lascivo

liability /ˌlaɪə'bɪləti/ *n* (*pl* **-ties**) **1** (responsibility) responsabilidad *f* **2** **liabilities** *pl* (debt) (Fin) pasivo *m* **3** (disadvantage) (*no pl*): **she's a positive ~** es un verdadero lastre; **the car turned out to be a ~** el coche terminó dándonos más problemas que otra cosa

liable /'laɪəbəl/ *adj* (*pred*) **1** (responsible) responsable; **to be ~** FOR **sth** ser* responsable DE algo **2** (likely): **I'm ~ to forget** es probable que me olvide; **the earlier model was ~ to overheat** el modelo anterior tenía tendencia a recalentarse

liaise /li'eɪz/ *vi* (esp BrE) **to ~ (WITH sb)** actuar* de enlace (CON algn); **the departments will ~ closely** los departamentos mantendrán un estrecho contacto

liaison /li'eɪzɑːn, BrE li'eɪzn̩/ *n* **1** (coordination) enlace *m* **2** (affair) (liter) affaire *m*

liar /'laɪər, BrE 'laɪə(r)/ *n* mentiroso, -sa *m,f*

libel¹ /'laɪbəl/ *n* (defamation) difamación *f*; (where a crime is implied) calumnia *f*

libel² *vt*, (BrE **-ll-**) (defame) difamar; (where a crime is implied) calumniar

liberal¹ /'lɪbərəl/ *adj* **1** **(a)** (tolerant) ‹*ideas*› liberal; ‹*interpretation*› libre **(b)** **Liberal** (Pol) del Partido Liberal; **L~ Democrat** (in UK) demócrata *mf* liberal **2** (generous) generoso

liberal² *n* **(a)** (progressive thinker) liberal *mf* **(b)** **Liberal** (party member) liberal *mf*

liberalism /'lɪbərəlɪzəm/ *n* liberalismo *m*

liberalize /'lɪbərəlaɪz/ *vt* liberalizar*

liberally /'lɪbərəli/ *adv* **(a)** (generously) generosamente **(b)** (not strictly) libremente

liberate /'lɪbəreɪt/ *vt* liberar

liberation /ˌlɪbə'reɪʃən/ *n* liberación *f*

Liberia /laɪ'bɪriə, BrE laɪ'bɪəriə/ *n* Liberia *f*

Liberian /laɪ'bɪriən, BrE laɪ'bɪəriən/ *adj* liberiano

liberty /'lɪbərti, BrE 'lɪbəti/ *n* (*pl* **-ties**) libertad *f*; **I'm not at ~ to tell you** no se lo puedo decir; **to take the ~ of** -ING (esp BrE) tomarse la libertad DE + INF

Libra /'liːbrə, 'laɪbrə, BrE 'liːbrə/ *n* **(a)** (sign) (*no art*) Libra **(b)** (person) Libra *or* libra *mf*

librarian /laɪ'breriən, BrE laɪ'breəriən/ *n* bibliotecario, -ria *m,f*

✓ **library** /'laɪbreri, BrE 'laɪbrəri/ *n* (*pl* **-ries**) biblioteca *f*

libretto /lə'bretəʊ, BrE lɪ'bretəʊ/ *n* (*pl* **-tos** *or* **-ti** /-tiː/) libreto *m*

Libya /'lɪbiə/ *n* Libia *f*

Libyan /'lɪbiən/ *adj* libio

lice /laɪs/ *pl of* **louse**

✓ **license¹**, (BrE) **licence** /'laɪsn̩s/ *n* **1** **(a)** (permit) permiso *m*; **import/export ~** permiso de importación/exportación; (*before n*) **~ number** (AmE) (Auto) número *m* de matrícula *or* (CS) de patente; **~ plate** matrícula *f*, placa *f* (AmL), patente *f* (CS), chapa *f* (RPl) **(b)** ▶ **driver's license** **2** **(a)** (freedom): **poetic ~** licencia *f* poética **(b)** (excessive freedom) (fml) libertinaje *m*

license² /'laɪsn̩s/ *vt* otorgarle* un permiso a

licensed /'laɪsn̩st/ *adj* ‹*practitioner*› autorizado para ejercer; ‹*premises*› (BrE) autorizado para vender bebidas alcohólicas

licentious /laɪ'sentʃəs, BrE laɪ'senʃəs/ *adj* licencioso

lichen /'laɪkən, 'lɪtʃən/ *n* liquen *m*

lick /lɪk/ *vt* lamer; ‹*stamp*› pasarle la lengua a

licorice, (BrE) **liquorice** /'lɪkərɪʃ, -ɪs/ *n* regaliz *f*, orozuz *m*

lid /lɪd/ *n* **1** (of container) tapa *f* **2** (eye ~) párpado *m*

lie¹ /laɪ/ *n* (untruth) mentira *f*; **to tell ~s** decir* mentiras, mentir*

✓ **lie²** *vi* **I** (*3rd pers sing pres* **lies**; *pres p* **lying**; *past & past p* **lied**) (tell untruths) mentir* **II** (*3rd pers sing pres* **lies**; *pres p* **lying**; *past* **lay**; *past p* **lain**) **1** **(a)** (lie down) echarse, tenderse* **(b)** (be in lying position) estar* tendido; **I lay awake for hours** estuve horas sin poder dormir **(c)** (be buried) yacer* (liter); Ⓢ **here lies John Brown** aquí yacen los restos de John Brown **2** (be) «*object*» estar*; **the snow lay two feet deep** la nieve tenía dos pies de espesor **3** (be located) «*building/city*» encontrarse*; **a group of islands lying off the west coast** un conjunto de islas situadas cerca de la costa occidental **4** «*problem/difference*» radicar*; «*answer*» estar*

● **lie down** [*v* + *adv*] **(a)** (adopt lying position) echarse, tenderse* **(b)** (be lying) estar* tendido

lie detector *n* detector *m* de mentiras

lieu /luː, BrE ljuː/ *n* (fml): **in ~ of** en lugar de, en vez de; **time off in ~** horas *fpl*/días *mpl* libres a cambio

lieutenant /luː'tenənt, BrE lef'tenənt/ *n* **(a)** (in navy) teniente *mf* de navío, teniente *mf* primero

l

(*en Chi*) **(b)** (in other services) teniente *mf*

🔑 **life** /laɪf/ *n* (*pl* **lives**) **1** vida *f*; **animal/plant ~** vida animal/vegetal; **in later ~** más tarde *or* más adelante; **it brings the history of this period to ~** hace cobrar vida a este período de la historia; **to bring sb back to ~** resucitar a algn; **to come to ~** «*party*» animarse; «*puppet*» cobrar vida; **he was fighting for his life** se debatía entre la vida y la muerte; **to have the time of one's ~** divertirse* como nunca; **run for your lives!** ¡sálvese quien pueda!; **to save sb's ~** salvarle la vida a algn; ***to be the ~*** o (esp BrE) ***the ~ and soul of the party*** ser* el alma de la fiesta; ***to live the ~ of Riley*** darse* la gran vida; ***to take one's ~ in one's hands*** jugarse* la vida; (*before n*) ‹*member/president*› vitalicio; **his ~ story** la historia de su vida **2** (duration — of battery) duración *f*; (— of agreement) vigencia *f* **3** (imprisonment) (infml) cadena *f* perpetua

life: **~ assurance** *n* (BrE) ▶ **~ insurance**; **~ belt** *n* (BrE) salvavidas *m*; **~boat** *n* (on ship) bote *m* salvavidas; (shore-based) lancha *f* de salvamento; **~ buoy** *n* salvavidas *m*; **~ cycle** *n* ciclo *m* vital; **~guard** *n* salvavidas *mf*, socorrista *mf*; **~ insurance** *n* seguro *m* de vida; **~ jacket** *n* chaleco *m* salvavidas

lifeless /ˈlaɪfləs, BrE ˈlaɪflɪs/ *adj* (dead) sin vida, inánime (fml), exánime (liter); (unconscious) inerte

life: **~like** *adj* verosímil; **~line** *n* (rope) cuerda *f* de salvamento; **his letters were my ~line** sus cartas eran lo único que me mantenía viva; **~long** *adj* (*before n*): **a ~long friend** un amigo de toda la vida; **~ preserver** /prɪˈzɜːrvər, BrE prɪˈzɜːvə(r)/ *n* (AmE) **(a)** ▶ **life buoy (b)** ▶ **life jacket**; **~ raft** *n* balsa *f* salvavidas; **~ ring** *n* (AmE) salvavidas *m*; **~saver** /ˈlaɪfˌseɪvər, BrE ˈlaɪfˌseɪvə(r)/ *n* **(a)** ▶ **lifeguard (b)** (from bad situation) salvación *f*; **~-saving** *adj* (*before n*) que salva vidas; **~-size** /ˈlaɪfsaɪz/, **~-sized** /-d/ *adj* (de) tamaño natural; **~ span** *n* (of living creature) vida *f*; (of project) duración *f*; (of equipment) vida *f* útil; **~style** *n* estilo *m* de vida; **~time** *n* vida *f*; **the chance of a ~time** la oportunidad de su (*or* mi *etc*) vida; (*before n*) ‹*appointment/post*› vitalicio; **~time guarantee** garantía *f* para toda la vida; **~ vest** *n* (AmE) chaleco *m* salvavidas

lift¹ /lɪft/ *n* **1** (boost) impulso *m* **2** (ride): **can I give you a ~?** ¿quieres que te lleve *or* (Per fam) jale?, ¿quieres que te dé un aventón (Méx) *or* (Col fam) una palomita? **3** (elevator) (BrE) ascensor *m*, elevador *m* (Méx)

lift² *vt* **1** (raise) levantar **2** (end) ‹*ban/siege*› levantar

■ *vi* **(a)** (rise) «*curtain*» levantarse **(b)** (clear) «*mist*» disiparse

● **lift off** [*v + adv*] «*rocket*» despegar*

● **lift up** [*v + o + adv, v + adv + o*] levantar

lift-off /ˈlɪftɔːf, BrE ˈlɪftɒf/ *n* (Aerosp) despegue *m*

ligament /ˈlɪgəmənt/ *n* ligamento *m*

ligature /ˈlɪgətʃʊr, BrE ˈlɪgətʃə(r)/ *n* ligadura *f*

🔑 **light¹** /laɪt/ *n* **1** luz *f*; **by the ~ of the moon** a la luz de la luna; ***to come to ~*** salir* a la luz; ***to see the ~*** abrir* los ojos **2** **(a)** (source of light) luz *f*; (lamp) lámpara *f*; (*before n*) **~ switch** interruptor *m* **(b)** (of car, bicycle) luz *f* **(c)** (traffic ~) semáforo *m* **3** **(a)** (aspect) (*no pl*): **to see sth/sb in a good/bad/new** o **different ~** ver* algo/a algn con buenos/malos/otros ojos **(b)** **in the ~ of** o (AmE also) **in ~ of** (*as prep*) a la luz de, en vista de **4** (for igniting): **have you got a ~?** ¿tienes fuego?; **to set ~ to sth** prender fuego a algo

🔑 **light²** *adj* **-er, -est** I **1** (not heavy) ligero, liviano (esp AmL); ‹*voice*› suave **2** **(a)** (Meteo) ‹*breeze/wind*› suave; **~ rain** llovizna *f* **(b)** (sparse): **the losses were fairly ~** las pérdidas fueron de poca consideración **(c)** (not strenuous) ‹*work/duties*› ligero, liviano (esp AmL) **3** (not serious) ‹*music/comedy/reading*› ligero; ***to make ~ of sth*** quitarle *or* restarle importancia a algo

II **1** (pale) ‹*green/brown*› claro **2** (bright): **it gets ~ very early these days** ahora amanece muy temprano; **it's already ~** ya es de día

light³ *adv*: **to travel ~** viajar con el mínimo de equipaje

🔑 **light⁴** *vt* **1** (*past & past p* **lighted** *or* **lit**) (set alight) encender* **2** (*past & past p* **lit**) (illuminate) iluminar

■ *vi* (*past & past p* **lighted** *or* **lit**) encenderse*

● **light up** (*past & past p* **lit**) **1** [*v + adv*] **(a)** «*eyes/face*» iluminarse **(b)** «*smoker*» encender* un cigarrillo (*or* un puro *etc*) **2** [*v + o + adv, v + adv + o*] **(a)** ‹*street/square*› iluminar **(b)** ‹*cigar/pipe*› encender*

light: **~ bulb** *n* ▶ **bulb 2**; **~ cream** *n* (AmE) crema *f* líquida, nata *f* líquida (Esp); **~-emitting diode** /ˈdaɪəʊd/ *n* diodo *m* emisor de luz

lighten /ˈlaɪtn̩/ *vt* **1** ‹*load/workload*› aligerar; ‹*responsibility/conscience*› descargar* **2** **(a)** ‹*room*› dar* más luz a; ‹*sky*› iluminar **(b)** ‹*color/hair*› aclarar

■ *vi* **1** «*load/weight*» hacerse* más ligero *or* (esp AmL) liviano, aligerarse **2** «*sky*» despejarse; «*face*» iluminarse; «*atmosphere*» relajarse

● **lighten up** [*v + adv*] (infml) relajarse

lighter /ˈlaɪtər, BrE ˈlaɪtə(r)/ *n* (cigarette ~) encendedor *m*, mechero *m* (Esp)

light: **~-fingered** /ˈlaɪtˈfɪŋgərd, BrE ˌlaɪtˈfɪŋgəd/ *adj* (infml): **to be ~-fingered** tener* (la) mano larga (fam); **~-hearted** /ˈlaɪtˈhɑːrtəd, BrE ˌlaɪtˈhɑːtɪd/ *adj* alegre, desenfadado; **~house** *n* faro *m*

lighting /ˈlaɪtɪŋ/ *n* iluminación *f*; (on streets) alumbrado *m*

lightly /ˈlaɪtli/ *adv* **1** **(a)** ‹*touch*› suavemente; ‹*snow*› ligeramente **(b)** ‹*grill/beat*› ligeramente **2** **(a)** (frivolously) a la ligera **(b)** (not severely): **they were let off ~** los trataron con indulgencia

lightning¹ /ˈlaɪtnɪŋ/ *n*: **a bolt of ~** un relámpago; **a flash of ~** un relámpago; **a streak of ~** un rayo; ***like greased ~*** como un relámpago; (*before n*) **~ conductor** o **rod** pararrayos *m*

lightning² *adj* relámpago *adj inv*; **with ~ speed** como un rayo

lightweight¹ /ˈlaɪtweɪt/ *adj* ligero, liviano (esp AmL); ‹*writer/performance*› de poco peso

🔑 palabra clave

lightweight² *n* (in boxing, wrestling) peso *m* ligero; (minor figure) persona *f* de poco peso

light year *n* año *m* luz

likable /'laɪkəbəl/ *adj* agradable, simpático

like¹ /laɪk/ *vt* **1** (enjoy, be fond of): **I ~ tennis** me gusta el tenis; **she ~s him, but she doesn't love him** le resulta simpático pero no lo quiere; **do as** o **what you ~** haz lo que quieras; **I ~ dancing** me gusta bailar; **I don't ~ to mention it, but ...** no me gusta (tener que) decírtelo pero ... **2** (in requests, wishes) querer*; **we would just ~ to say how grateful we are** queríamos decirle lo agradecidos que estamos; **would you ~ a cup of tea?** ¿quieres una taza de té? ■ *vi* querer*; **if you ~** si quieres

like² *n* **1** (sth liked): **her/his ~s and dislikes** sus preferencias **2** (similar thing, person) **the ~**: **judges, lawyers and the ~** jueces, abogados y (otra) gente por el estilo; **I've never heard the ~ (of this)** nunca he oído cosa igual

like³ *adj* (dated *or* fml) parecido

like⁴ *prep* **1** **(a)** (similar to) como; **what's she ~?** ¿cómo es?; **she's very ~ her mother** se parece mucho a su madre **(b)** (typical of): **that's not ~ her** es muy raro en ella; **it's just ~ you to think of food** ¡típico! *or* ¡cuándo no! ¡tú pensando en comida! **2** (indicating manner): **~ this/that** así; **to run ~ mad** correr como un loco **3** (such as, for example) como

like⁵ *conj* (crit) **(a)** (as if): **she looks ~ she knows what she's doing** parece que sabe lo que hace; **they stared at him ~ he was crazy** se quedaron mirándolo como si estuviera loco **(b)** (as, in same way) como

-like /laɪk/ *suff*: **prison~** parecido a una prisión; **snake~** ‹*appearance*› (como) de serpiente; ‹*movement*› serpenteante

likeable *adj* ▶ **likable**

likelihood /'laɪklihʊd/ *n* probabilidad *f*, posibilidad *f*; **there is every ~ that she'll agree** es muy probable que acepte

likely¹ /'laɪkli/ *adj* **-lier, -liest** **(a)** (probable) ‹*outcome/winner*› probable; **it's more than ~ that she's out** lo más seguro es que no esté; **a ~ story!** (iro) ¡cuéntame otra! (iró); **it is ~ to be a tough match** lo más probable es que sea un partido difícil **(b)** (promising): **she's the most ~ applicant** es la candidata con más posibilidades; **this is a ~ place to find a telephone** aquí tiene que haber un teléfono

likely² *adv*: **most ~ she'll forget** lo más probable es que se olvide; **not ~!** (infml) ¡ni hablar! (fam)

liken /'laɪkən/ *vt* **to ~ sth/sb** TO **sth/sb** comparar algo/a algn CON *or* A algo/algn

likeness /'laɪknəs, BrE 'laɪknɪs/ *n* **(a)** (resemblance) parecido *m* **(b)** (referring to a portrait): **it's a good ~** es un buen retrato

likewise /'laɪkwaɪz/ *adv* **(a)** (in the same way) asimismo **(b)** (the same): **to do ~** hacer* lo mismo

liking /'laɪkɪŋ/ *n* **(a)** (fondness) **~ (FOR sth)** afición *f* (A algo); **to take a ~ to sb/sth** tomarle *or* (esp Esp) cogerle* simpatía a algn/gusto a algo **(b)** (satisfaction) gusto *m*; **to be to sb's ~** ser* del gusto de algn

lilac /'laɪlək/ *n* **(a)** **~ (bush)** lila *f*, lilo *m*; (*before n*) **~ flower** lila *f* **(b)** (color) lila *m*; (*before n*) lila *adj inv*

lilt /lɪlt/ *n* (of song, tune) cadencia *f*; **to speak with a ~** hablar con un tono cantarín

lilting /'lɪltɪŋ/ *adj* ‹*voice*› cantarín, musical; ‹*melody*› cadencioso

lily /'lɪli/ *n* (*pl* **lilies**) (Bot) liliácea *f*; (white ~) azucena *f*, lirio *m* blanco

lily-of-the-valley /'lɪliəvðə'væli/ *n* (*pl* **lilies-of-the-valley**) lirio *m* de los valles, muguete *m*

limb /lɪm/ *n* **(a)** (Anat) miembro *m*; **to tear sb ~ from ~** despedazar* a algn **(b)** (of tree) rama *f* (*principal*); ***to go out on a ~*** aventurarse

limber up /'lɪmbər, BrE 'lɪmbə(r)/ [*v* + *adv*] hacer* ejercicios de calentamiento

lime /laɪm/ *n* **1** (calcium oxide) cal *f* **2** **(a)** (fruit) lima *f* **(b)** (tree) limero *m*, lima *f* **(c)** (color) verde *m* lima; (*before n*) verde lima *adj inv* **3** (linden) (BrE) tilo *m*

lime: **~-green** /'laɪm'griːn/ *adj* (*pred* **~ green**) verde lima *adj inv*; **~light** *n*: **to be in the ~light** estar* en primer plano; **to steal the ~light** acaparar la atención del público

limerick /'lɪmərɪk/ *n*: *poema humorístico de cinco versos*

limestone /'laɪmstəʊn/ *n* (piedra *f*) caliza *f*

limit¹ /'lɪmət, BrE 'lɪmɪt/ *n* **1** **(a)** (boundary) límite *m* **(b)** (furthest extent): **she pushes herself to the ~** se esfuerza al máximo; **that's the ~!** (infml) ¡es el colmo! (fam) **2** (restriction, maximum) límite *m*

limit² *vt* limitar; **to ~ oneself** TO **sth/-ING** limitarse A algo/+ INF

limitation /'lɪmə'teɪʃən, BrE ˌlɪmɪ'teɪʃən/ *n* limitación *f*

limited /'lɪmətəd, BrE 'lɪmɪtɪd/ *adj* **(a)** ‹*number/experience/scope*› limitado **(b)** (AmE) (Transp) ‹*express/train/bus*› semi-directo **(c)** (Busn) ‹*liability*› limitado; **public ~ company** (BrE) sociedad *f* anónima

limitless /'lɪmətləs, BrE 'lɪmɪtlɪs/ *adj* ilimitado, sin límites

limousine /'lɪməziːn, lɪmə'ziːn/ *n* limusina *f*

limp¹ /lɪmp/ *vi* cojear, renguear (AmL)

limp² *n* cojera *f*, renguera *f* (AmL); **she walks with a ~** cojea *or* (AmL tb) renguea

limp³ *adj* ‹*handshake*› flojo; ‹*lettuce*› mustio; ‹*hair*› lacio y sin vida

limpet /'lɪmpət, BrE 'lɪmpɪt/ *n* lapa *f*

linden /'lɪndən/ *n* (AmE) tilo *m*

line¹ /laɪn/ *n* **1** **(a)** (mark, trace) línea *f*; (Math) recta *f*; ***to be on the ~*** (infml) estar* en peligro, peligrar; (*before n*) **~ drawing** dibujo *m* lineal **(b)** (on face, palm) línea *f*; (wrinkle) arruga *f* **2** **(a)** (boundary, border) línea *f*; **the county/state ~** (AmE) (la línea de) la frontera del condado/estado **(b)** (Sport) línea *f*; (*before n*) **~ judge** juez *mf* de línea **(c)** (contour) línea *f* **3** **(a)** (cable, rope) cuerda *f*; (clothes *o* washing ~) cuerda (de tender la ropa); (fishing ~) sedal *m*; **power ~** cable *m* eléctrico **(b)** (Telec) línea *f*; **hold the ~, please** no cuelgue *or* (CS tb) no corte, por favor; **it's a very bad ~** se oye muy mal **4** (Transp) **(a)** (company, service) línea *f*; **shipping ~** línea de transportes marítimos **(b)** (Rail) línea *f*; (track) (BrE) vía *f*

5 **(a)** (path) línea *f*; **it was right in my ~ of vision** me obstruía la visual **(b)** (attitude, policy) postura *f*, línea *f*; **to take a hard ~ (with sb/on sth)** adoptar una postura *or* línea dura (con algn/con respecto a algo) **(c)** (method, style): **~ of inquiry** línea *f* de investigación; **I was thinking of something along the ~s of ...** pensaba en algo del tipo de ... **6** **(a)** (row) fila *f*; (queue) (AmE) cola *f*; **to wait in ~** (AmE) hacer* cola; **to get in ~** (AmE) ponerse* en la cola; **to cut in ~** (AmE) colarse* (fam), brincarse* *or* saltarse la cola (Méx fam); ***in/into ~ with sth***: **the new measures are in ~ with government policy** las nuevas medidas siguen la línea de la política del gobierno; **he needs to be brought into ~** hay que llamarlo al orden **(b)** (series) serie *f*; **he's the latest in a long ~ of radical leaders** es el último de una larga serie de dirigentes radicales **(c)** (succession) línea *f*; **he's next in ~ to the throne** es el siguiente en la línea de sucesión al trono **7** (Mil) línea *f* **8** **(a)** (of text) línea *f*, renglón *m*; (of poem) verso *m*; ***to read between the ~s*** leer* entre líneas **(b)** **lines** *pl* (Theat): **to learn one's ~s** aprenderse el papel; **he forgot his ~s** se olvidó de lo que le tocaba decir **(c)** (note): **to drop sb a ~** escribirle* a algn unas líneas

line² *vt* **1** **(a)** ‹*skirt/box*› forrar **(b)** (form lining along) cubrir* **2** (border): **the avenue is ~d with trees** la avenida está bordeada de árboles; **crowds ~d the route** cientos de personas estaban alineadas a ambos lados del camino

● **line up** **1** [*v + adv*] (form line, row) ponerse* en fila; (queue up) (AmE) hacer* cola **2** [*v + o + adv, v + adv + o*] **(a)** (form into line) ‹*soldiers/prisoners*› poner* en fila **(b)** (arrange): **we've a busy program ~d up for you** le tenemos preparada una apretada agenda **(c)** (align) alinear

lineage /'lɪniɪdʒ/ *n* linaje *m*

linear /'lɪniər, BrE 'lɪniə(r)/ *adj* lineal

lined /laɪnd/ *adj* **(a)** ‹*paper*› con renglones *or* (Chi) reglones **(b)** ‹*jacket/boots/curtains*› forrado **(c)** (Tech) revestido **(d)** ‹*face/skin*› arrugado

linen /'lɪnən/ *n* **1** (cloth) hilo *m*, lino *m* **2** (bed ~) ropa *f* blanca *or* de cama; (table ~) mantelerías *fpl*; (*before n*) **~ basket** canasto *m* *or* cesto *m* de la ropa sucia

liner /'laɪnər, BrE 'laɪnə(r)/ *n* **1** (ship) buque *m* (de pasaje *or* pasajeros); (ocean ~) transatlántico *m* **2** **(a)** (lining) forro *m*; **(dust)bin ~** (BrE) bolsa *f* de la basura **(b)** (of record) (AmE) funda *f*, carátula *f*

line: **~sman** /'laɪnzmən/ *n* (*pl* **-men** /-mən/) (Sport) juez *m* de línea; **~up** *n* **(a)** (Sport) alineación *f*; **the band's original ~up** la integración original del grupo **(b)** (of suspects) (AmE) rueda *f* de identificación *or* de sospechosos

linger /'lɪŋgər, BrE 'lɪŋgə(r)/ *vi* **(a)** (delay leaving) quedarse (un rato) **(b)** **~ (on)** «*aftertaste/smell*» persistir; «*tradition*» perdurar, sobrevivir **(c)** **lingering** *pres p* persistente, que no desaparece **(d)** (take one's time): **her eyes ~ed on the child** se quedó largo rato mirando al niño; **they ~ed over their coffee** se entretuvieron tomando el café

lingerie /'lɑːnʒə'reɪ, BrE 'lænʒəri/ *n* lencería *f*

linguist /'lɪŋgwəst, BrE 'lɪŋgwɪst/ *n* lingüista *mf*

linguistic /lɪŋ'gwɪstɪk/ *adj* lingüístico

linguistics /lɪŋ'gwɪstɪks/ *n* (+ *sing vb*) lingüística *f*

lining /'laɪnɪŋ/ *n* forro *m*

⚷ **link¹** /lɪŋk/ *n* **1** **(a)** (in chain) eslabón *m* **(b)** ▶ **cuff link** **2** **(a)** (connection) conexión *f* **(b)** (tie, bond) vínculo *m*, lazo *m* **(c)** (Telec, Transp) conexión *f*, enlace *m*

⚷ **link²** *vt* **(a)** ‹*components*› unir; ‹*terminals*› conectar; **to ~ arms** tomarse *or* (esp Esp) cogerse* del brazo **(b)** ‹*buildings/towns*› unir, conectar **(c)** ‹*facts/events*› relacionar

● **link up** **1** [*v + adv*] conectar; «*spacecraft*» acoplarse **2** [*v + o + adv, v + adv + o*] conectar

links /lɪŋks/ *n* (*pl* ~); (+ *sing o pl vb*) campo *m* de golf (*esp a orillas del mar*)

linkup /'lɪŋkʌp/ *n* **(a)** (connection) conexión *f*; (of spacecraft) acoplamiento *m* **(b)** (Rad, TV) conexión *f*, enlace *m*

linoleum /lɪ'nəʊliəm/ *n* linóleo *m*

linseed /'lɪnsiːd/ *n* linaza *f*; (*before n*) **~ oil** aceite *m* de linaza

lint /lɪnt/ *n* hilas *fpl*

lion /'laɪən/ *n* león *m*

lioness /'laɪənəs, BrE 'laɪənes/ *n* leona *f*

lion tamer /'teɪmər, BrE 'teɪmə(r)/ *n* domador, -dora *m,f* de leones

lip /lɪp/ *n* **(a)** (Anat) labio *m* **(b)** (of cup, tray) borde *m*

lip: **~ gloss** *n* brillo *m* de labios; **~read** (*past & past p* **-read** /-red/) *vi* leer* los labios; **~ salve** *n* bálsamo *m* labial; **~ service** *n*: **he just pays ~ service to feminism** es feminista de los dientes para afuera; **~stick** *n* **(a)** (stick) lápiz *m* *or* barra *f* de labios, lápiz *m* labial (AmL), pintalabios *m* (Esp fam) **(b)** (substance) rouge *m*

liquefy /'lɪkwəfaɪ, BrE 'lɪkwɪfaɪ/ **-fies, -fying, -fied** *vi* licuarse*

■ *vt* licuar*

liqueur /lɪ'kɜːr, BrE lɪ'kjʊə(r)/ *n* licor *m*

liquid¹ /'lɪkwəd, BrE 'lɪkwɪd/ *n* líquido *m*

liquid² *adj* líquido

liquidation /'lɪkwə'deɪʃən, BrE ˌlɪkwɪ'deɪʃən/ *n* liquidación *f*

liquid crystal display *n* pantalla *f* de cristal líquido

liquidize /'lɪkwədaɪz, BrE 'lɪkwɪdaɪz/ *vt* licuar*

liquidizer /'lɪkwədaɪzər, BrE 'lɪkwɪdaɪzə(r)/ *n* (BrE) licuadora *f*

liquor /'lɪkər, BrE 'lɪkə(r)/ *n* alcohol *m*, bebidas *fpl* alcohólicas; (*before n*) **~ cabinet** (AmE) mueble-bar *m*

liquorice (BrE) ▶ **licorice**

liquor store *n* (AmE) ≈ tienda *f* de vinos y licores, botillería *f* (Chi)

Lisbon /'lɪzbən/ *n* Lisboa *f*

lisp¹ /lɪsp/ *n* ceceo *m*

lisp² *vi* cecear

⚷ **list¹** /lɪst/ *n* lista *f*

⚷ **list²** *vt* **(a)** (enumerate) hacer* una lista de; (verbally) enumerar **(b)** ‹*securities/stocks*› cotizar*

■ *vi* (Naut) escorar

⚷ palabra clave

listen /ˈlɪsn̩/ *vi* escuchar; **to ~ TO sth/sb** escuchar algo/a algn

listener /ˈlɪsn̩ər, BrE ˈlɪsn̩ə(r)/ *n* **(a)** (Rad) oyente *mf*, radioyente *mf* **(b)** (in conversation): **he's a good ~** es una persona que sabe escuchar

listing /ˈlɪstɪŋ/ *n* lista *f*; **~s magazine** guía *f* de espectáculos, ≈ guía *f* del ocio (*en Esp*)

listless /ˈlɪstləs, BrE ˈlɪstlɪs/ *adj* (lacking enthusiasm) apático; (lacking energy) lánguido

lit /lɪt/ *past & past p of* **light**[4]

litany /ˈlɪtəni/ *n* (*pl* **-nies**) letanía *f*

liter, (BrE) **litre** /ˈliːtər, BrE ˈliːtə(r)/ *n* litro *m*

literacy /ˈlɪtərəsi/ *n* alfabetismo *m*

literal /ˈlɪtərəl/ *adj* literal

literally /ˈlɪtərəli/ *adv* literalmente; **I didn't mean it ~** no lo decía en sentido literal

literary /ˈlɪtəreri, BrE ˈlɪtərəri/ *adj* literario

literate /ˈlɪtərət/ *adj* alfabetizado

literature /ˈlɪtərətʃʊr, BrE ˈlɪtrətʃə(r)/ *n* **(a)** (art) literatura *f* **(b)** (promotional material) folletos *mpl*

lithe /laɪð/ *adj* **lither**, **lithest** ágil

lithograph /ˈlɪθəgræf, BrE ˈlɪθəgrɑːf/ *n* litografía *f*

Lithuania /ˈlɪθjuˈeɪniə/ *n* Lituania *f*

Lithuanian /ˈlɪθjuˈeɪniən/ *adj* lituano

litigation /ˈlɪtəˈgeɪʃən, BrE ˌlɪtɪˈgeɪʃən/ *n* litigio *m*

litmus /ˈlɪtməs/: **~ paper** *n* papel *m* (de) tornasol; **~ test** *n* (Chem) prueba *f* de acidez *or* de tornasol

litre /ˈliːtər, BrE ˈliːtə(r)/ *n* (BrE) ▸ **liter**

litter[1] /ˈlɪtər, BrE ˈlɪtə(r)/ *n* **1** (refuse) basura *f* **2** (offspring) (Zool) camada *f*, cría *f* **3** (for horses, cows) lecho *m* de paja; (for cats) arena *f* higiénica

litter[2] *vt*: **newspapers ~ed the floor** el suelo estaba cubierto de papeles; **to be ~ed WITH sth** estar* lleno DE algo

litter: **~ bin** *n* (BrE) papelera *f or* (AmL tb) papelero *m or* (Col) caneca *f*; **~bug** *n*: *persona que tira basura en lugares públicos*; **~ lout** *n* (BrE) ▸ **~bug**

little[1] /ˈlɪtl/ *adj* **1** (*comp* **littler** /ˈlɪtlər, BrE ˈlɪtlə(r)/; *superl* **littlest** /ˈlɪtləst, BrE ˈlɪtlɪst/) (small, young) pequeño, chico (esp AmL); **a ~ while** un ratito; **my ~ sister/brother** mi hermanita/hermanito
2 (*comp* **less**; *superl* **least**) **(a)** (not much) poco; **there is very ~ bread left** queda muy poco pan **(b) a little** (some) un poco de

little[2] *pron* (*comp* **less**; *superl* **least**) **(a)** (not much) poco, -ca; **~ by ~** poco a poco **(b) a little** (some) un poco, algo

little[3] *adv* (*comp* **less**; *superl* **least**) poco; **~ did he know that ...** lo que menos se imaginaba era que ...; **a little** (somewhat) un poco; **I'm feeling a ~ tired** estoy algo *or* un poco cansado

live[1] /lɪv/ *vi* vivir; **she ~d to be 100** llegó a cumplir 100 años; **she had three months to ~** le quedaban tres meses de vida; **where do you ~?** ¿donde vives?; **long ~ the king!** ¡viva el rey!; **~ and let ~** (set phrase) vive y deja vivir a los demás
■ *vt* vivir; **she ~s a happy life** lleva una vida feliz, vive feliz; **to ~ life to the full** vivir la vida al máximo

● **live down**: [*v + o + adv, v + adv + o*]: **if they see you wearing that, you'll never ~ it down** si te ven con eso no lo van a olvidar nunca

● **live for**: [*v + prep + o*]: **she ~s for her work** vive para su trabajo; **I've nothing left to ~ for** ya no tengo nada por lo que vivir

● **live off** [*v + prep + o*] **(a)** (be supported by) ‹*family/friends*› vivir a costa de; ‹*crime/the land*› vivir de **(b)** (feed on) ‹*fruits/seeds*› alimentarse de

● **live on 1** [*v + adv*] «*memory*» seguir* presente; «*tradition*» seguir* existiendo **2** [*v + prep + o*] **(a)** (feed on) alimentarse de **(b)** (support oneself with): **she ~s on $75 a week** vive con 75 dólares a la semana

● **live through** [*v + prep + o*] ‹*war/experience*› vivir

● **live together** [*v + adv*] **(a)** (cohabit) vivir juntos **(b)** (coexist) convivir

● **live up**: [*v + o + adv*]: ***to ~ it up*** (infml) darse* la gran vida (fam)

● **live up to**: [*v + adv + prep + o*]: **it didn't ~ up to its reputation** no estuvo a la altura de su reputación; **they ~ up to their name** hacen honor a su nombre

live[2] /laɪv/ *adj* **1** (alive) vivo **2** (of current interest) ‹*issue*› candente **3** (Rad, TV): **the show was ~** el programa era en directo; **the program is recorded before a ~ audience** el programa se graba con público en la sala

live[3] /laɪv/ *adv* ‹*broadcast*› en directo

live-in /ˈlɪvˈɪn/ *adj* (*before n*) ‹*staff*› residente; ‹*nanny/maid*› con cama, de planta (Méx), puertas adentro (Chi); **she has a ~ lover** su amante vive con ella

livelihood /ˈlaɪvlihʊd/ *n* (*no pl*): **farming is their ~** viven de la agricultura; **to earn one's ~** ganarse la vida

lively /ˈlaɪvli/ *adj* **-lier**, **-liest** ‹*place/debate*› animado; ‹*music*› alegre; ‹*account*› vívido

liven up /ˈlaɪvən/ **1** [*v + adv*] animarse **2** [*v + o + adv, v + adv + o*] animar

liver /ˈlɪvər, BrE ˈlɪvə(r)/ *n* hígado *m*; (*before n*) ‹*transplant*› de hígado; **~ disease** enfermedad *f* del hígado

lives /laɪvz/ *pl of* **life**

livestock /ˈlaɪvstɑːk, BrE ˈlaɪvstɒk/ *n* (+ *sing or pl vb*) animales *mpl* (de cría); (cattle) ganado *m*

livid /ˈlɪvəd, BrE ˈlɪvɪd/ *adj* **1** (furious) (infml) furioso **2** ‹*bruise*› amoratado; ‹*face*› lívido

living[1] /ˈlɪvɪŋ/ *n* **1** (livelihood) (*no pl*): **to earn** o **make one's/a ~** ganarse la vida; **to work for a ~** trabajar para vivir; **what does he do for a ~?** ¿en qué trabaja? **2** (style of life) vida *f*; (*before n*) ‹*space/area*› destinado a vivienda; **~ standards** nivel *m* de vida

living[2] *adj* (*before n*) vivo

living room *n* sala *f* (de estar), living *m* (esp AmS), salón *m* (esp Esp)

lizard /ˈlɪzərd, BrE ˈlɪzəd/ *n* lagarto *m*; (wall ~) lagartija *f*

'll /l/ **(a)** = **will (b)** = **shall**

llama /ˈlɑːmə/ *n* llama *f*

LLB *n* = **Bachelor of Laws**

lo /ləʊ/ *interj* (arch *or* hum): **~ and behold** ¡y quién lo iba a decir!

load[1] /ləʊd/ *n* **1** (cargo, burden) carga *f*; **four ~s of washing** cuatro lavados *or* (Esp) coladas **2** (*often pl*) (infml) (much, many)

l

cantidad *f*, montón *m* (fam); **the play is a ~ of rubbish** la obra es una porquería (fam) **3** (Civil Eng) carga *f*; Ⓢ **maximum load 15 tons** peso máximo: 15 toneladas

load² *vt/i* cargar*

● **load up** **1** [*v* + *o* + *adv*, *v* + *adv* + *o*] cargar* **2** [*v* + *adv*] cargar*

loaded /ˈləʊdəd, BrE ˈləʊdɪd/ *adj* **(a)** ‹*vehicle/gun/camera*› cargado **(b)** (richly provided) (*pred*) **to be ~ WITH sth** estar* repleto DE algo **(c)** (weighted) ‹*dice*› cargado; ‹*question*› tendencioso

loaf¹ /ləʊf/ *n* (*pl* **loaves**): **a ~ (of bread)** un pan; (of French bread) una barra de pan, una flauta (CS); (baked in tin) un pan de molde

loaf² *vi* (infml): **to ~ (around** o **about)** holgazanear

🔑 **loan¹** /ləʊn/ *n* préstamo *m*

loan² *vt* prestar

loath /ləʊθ/ *adj* (*pred*) **to be ~ to + INF** resistirse A + INF

loathe /ləʊð/ *vt* odiar, detestar

loathsome /ˈləʊðsəm/ *adj* repugnante

loaves /ləʊvz/ *pl of* **loaf¹**

lob¹ /lɑːb, BrE lɒb/ *vt* **-bb-** lanzar* por lo alto

lob² *n* globo *m*, lob *m*

lobby¹ /ˈlɑːbi, BrE ˈlɒbi/ *n* (*pl* **-bies**) **1** (entrance hall) vestíbulo *m*; (in theater) foyer *m* **2** (pressure group) grupo *m* de presión

lobby², **-bies**, **-bying**, **-bied** *vt* ejercer* presión sobre

■ *vi* **to ~ FOR sth** ejercer* presión para obtener algo

lobe /ləʊb/ *n* (ear~) lóbulo *m* (de la oreja)

lobster /ˈlɑːbstər, BrE ˈlɒbstə(r)/ *n* langosta *f*, bogavante *m* (Esp)

🔑 **local¹** /ˈləʊkəl/ *adj* **1** ‹*dialect/newspaper*› local; ‹*council/election*› ≈ municipal; **a ~ call** una llamada urbana; **he's a ~ man** es de aquí (*or* de allí) **2** (Med) ‹*anesthetic*› local; ‹*infection*› localizado

local² *n* **(a)** (inhabitant): **he's not a ~** no es de aquí (*or* de allí); **the ~s say it's true** los (vecinos) del lugar dicen que es verdad **(b)** (pub) (BrE infml): **our ~** el bar de nuestro barrio (*or* de nuestra zona *etc*)

locale /ləʊˈkæl, BrE ləʊˈkɑːl/ *n* escenario *m*

local government *n* ≈ administración *f* municipal; (*before n*) ‹*elections*› ≈ municipal

locality /ləʊˈkæləti/ *n* (*pl* **-ties**) (fml) localidad *f*

localization /ˈləʊkələrˈzeɪʃən/ *n* localización *f*

localize /ˈləʊkəlaɪz/ *vt* localizar*

locally /ˈləʊkəli/ *adv* ‹*live/work*› en la zona

🔑 **locate** /ˈləʊkeɪt, BrE ləʊˈkeɪt/ *vt* **1** (find) ‹*fault/leak*› localizar*, ubicar* (esp AmL) **2** (position) ‹*building/business*› situar*, ubicar* (esp AmL)

🔑 **location** /ləʊˈkeɪʃən/ *n* **1** (position) posición *f*, ubicación *f* (esp AmL) **2** (Cin) lugar *m* de filmación; **we were filming on ~ in Italy** estábamos rodando los exteriores en Italia

loch /lɑːk, lɑːx, BrE lɒk, lɒx/ *n* lago

lock¹ /lɑːk, BrE lɒk/ *n* **1** (device) cerradura *f*, chapa *f* (AmL) **2** (on canal) esclusa *f* **3** (of hair) mechón *m*

lock² *vt* ‹*door/car*› cerrar* (con llave); **to ~ sb in a room** encerrar* a algn en una habitación

● **lock in** [*v* + *o* + *adv*, *v* + *adv* + *o*] encerrar*

● **lock out**: [*v* + *o* + *adv*, *v* + *adv* + *o*]: **I ~ed myself out (of the house)** me quedé afuera sin llaves

● **lock up** [*v* + *o* + *adv*, *v* + *adv* + *o*] **(a)** ‹*valuables*› guardar bajo llave; ‹*person*› encerrar* **(b)** ‹*house/shop*› cerrar* con llave

locker /ˈlɑːkər, BrE ˈlɒkə(r)/ *n* armario *m*, locker *m* (AmL); (at bus, railway station) (casilla *f* de la) consigna *f* automática

locker room *n* (esp AmE) vestuario *m*

locket /ˈlɑːkət, BrE ˈlɒkɪt/ *n* relicario *m*

lock: **~out** *n* cierre *m* patronal, paro *m* patronal (AmL); **~smith** *n* cerrajero, -ra *m,f*

locomotive /ˈləʊkəˈməʊtɪv/ *n* locomotora *f*

locust /ˈləʊkəst/ *n* langosta *f*

lode /ləʊd/ *n* veta *f*, filón *m*

lodge¹ /lɑːdʒ, BrE lɒdʒ/ *n* **1** **(a)** (for gatekeeper) (BrE) casa *f* del guarda **(b)** (for porter) portería *f* **(c)** (on private estate) pabellón *m* **(d)** (at resort) (AmE) hotel *m* **2** (branch, meeting place) logia *f*

lodge² *vt* **1** ‹*appeal*› interponer*; ‹*complaint*› presentar **2** (deposit) depositar

■ *vi* **1** (become stuck): **the bullet had ~d in his spine** la bala se le había alojado en la columna **2** (live as lodger) alojarse, hospedarse

lodger /ˈlɑːdʒər, BrE ˈlɒdʒə(r)/ *n* inquilino, -na *m,f* (*de una habitación en una casa particular*)

lodging /ˈlɑːdʒɪŋ, BrE ˈlɒdʒɪŋ/ *n* **(a)** (accommodations) alojamiento *m* **(b)** **lodgings** *pl* (rented): **to live in ~s** vivir en una habitación alquilada (*or* en una pensión *etc*)

loft /lɔːft, BrE lɒft/ *n* (BrE) desván *m*, altillo *m* (esp AmL), zarzo *m* (Col)

loftily /ˈlɔːftəli, BrE ˈlɒftɪli/ *adv* con altivez, altaneramente

lofty /ˈlɔːfti, BrE ˈlɒfti/ *adj* **-tier**, **-tiest** **(a)** (elevated) ‹*ideals/sentiments*› noble, elevado **(b)** (haughty) altivo, altanero **(c)** (high) (liter) alto, majestuoso (liter)

log¹ /lɔːg, BrE lɒg/ *n* **1** (wood) tronco *m*; (as fuel) leño *m*; ***to sleep like a ~*** dormir* como un tronco (fam) **2** (record) diario *m* **3** (Math) logaritmo *m*

log² **-gg-** *vt* ‹*speed/position/time*› registrar, anotar; ‹*call*› registrar

● **log in**, **log on** [*v* + *adv*] (Comput) entrar (al sistema)

● **log off**, **log out** [*v* + *adv*] (Comput) salir* (del sistema)

loganberry /ˈləʊgənˌberi, BrE ˈləʊgənbəri/ *n* (*pl* **-ries**) frambuesa *f* de Logan

logarithm /ˈlɔːgərɪðəm, BrE ˈlɒgərɪðəm/ *n* logaritmo *m*

logbook /ˈlɔːgbʊk, BrE ˈlɒgbʊk/ *n* (register) diario *m*; (Naut) diario *m* de navegación *or* de a bordo; (Aviat) diario *m* de vuelo

loggerheads /ˈlɔːgərhedz, BrE ˈlɒgəhedz/ *pl n*: **they were constantly at ~** siempre estaban en desacuerdo

logic /ˈlɑːdʒɪk, BrE ˈlɒdʒɪk/ *n* lógica *f*

logical /ˈlɑːdʒɪkəl, BrE ˈlɒdʒɪkəl/ *adj* lógico

logistics /ləˈdʒɪstɪks/ *n* **(a)** (Mil) (+ *sing vb*) logística *f* **(b)** (practicalities) (+ *pl vb*) problemas *mpl* logísticos

logo /ˈləʊgəʊ, ˈlɑ:-, BrE ˈləʊgəʊ/ *n* (*pl* **logos**) logo *m*

loin /lɔɪn/ *n* **(a)** (meat) lomo *m* **(b) loins** *pl* (Anat) (liter) entrañas *fpl* (liter)

loincloth /ˈlɔɪnklɔ:θ, BrE ˈlɔɪnklɒθ/ *n* taparrabos *m*

loiter /ˈlɔɪtər, BrE ˈlɔɪtə(r)/ *vi* perder* el tiempo

lollipop /ˈlɑ:lipɑ:p, BrE ˈlɒlipɒp/ *n* piruleta *f* *or* (Esp), Chupa Chups®, chupachup(s) *m or* (Andes, Méx), paleta *f or* (RPl), chupetín *m or* (Col), colombina *f or* (Chi, Per), chupete *m*

lolly /ˈlɑ:li, BrE ˈlɒli/ *n* (*pl* **-lies**) (BrE) (ice ~) paleta *f* (helada) *or* (Esp) polo *m or* (RPl) palito *m or* (CS) chupete *m* helado

London /ˈlʌndən/ *n* Londres; (*before n*) londinense

lone /ləʊn/ *adj* solitario; ‹*explorer/sailor*› en solitario

loneliness /ˈləʊnlinəs, BrE ˈləʊnlinɪs/ *n* soledad *f*

lonely /ˈləʊnli/ *adj* **-lier**, **-liest** **(a)** (feeling alone): **to feel ~** sentirse* solo **(b)** (isolated) solitario, aislado

loner /ˈləʊnər, BrE ˈləʊnə(r)/ *n*: **she's a bit of a ~** le gusta estar sola

lonesome /ˈləʊnsəm/ *adj* (esp AmE) ▶ **lonely**

long¹ /lɔ:ŋ, BrE lɒŋ/ *adj* **longer** /ˈlɔ:ŋgər, BrE ˈlɒŋgə(r)/, **longest** /ˈlɔ:ŋgəst, BrE ˈlɒŋgɪst/ **1** (in space) ‹*distance/hair/list*› largo; **how ~ do you want the skirt?** ¿cómo quieres la falda de larga?; **the wall is 200 m ~** el muro mide 200 m de largo; **the book is over 300 pages ~** el libro tiene más de 300 páginas **2** (in time) largo; **two months isn't ~ enough** dos meses no son suficientes; **she's been gone a ~ time** hace tiempo que se fue

long² *adv* **-er**, **-est** **1** (in time): **how ~ have you been living here?** ¿cuánto hace que vives aquí?; **people live ~er now** ahora la gente vive más (años); **it won't be ~ before they get here** no tardarán en llegar; **not ~ afterwards** poco después; **not ~ ago** no hace mucho **2 (a)** (*in phrases*) **before long: you'll be an aunt before ~** dentro de poco serás tía; **for long: she wasn't gone for ~** no estuvo fuera mucho tiempo; **no longer, not any longer: I can't stand it any ~er** ya no aguanto más; **they no ~er live here** ya no viven aquí **(b) as long as, so long as** (*as conj*) (for the period) mientras; (providing that) con tal de que (+ *subj*); **for as ~ as I can remember** desde que tengo memoria

long³ *vi* **to ~ to** + INF estar* deseando + INF

● **long for** [*v + prep + o*] ‹*mother/friend*› echar de menos, extrañar (esp AmL); **she ~ed for Friday to arrive** estaba deseando que llegara el viernes

long-distance¹ /ˈlɔ:ŋˈdɪstəns, BrE ˌlɒŋˈdɪstəns/ *adj* ‹*truck driver*› que hace largos recorridos; ‹*train*› de largo recorrido; ‹*race/runner*› de fondo; **a ~ telephone call** una llamada de larga distancia, una conferencia (interurbana) (Esp)

long-distance² *adv* (esp AmE): **to call ~** hacer* una llamada de larga distancia, poner* una conferencia (Esp)

longevity /lɑ:nˈdʒevəti, BrE lɒnˈdʒevəti/ *n* (fml) longevidad *f*

long: **~-haired** /ˈlɔ:ŋˈherd, BrE ˌlɒŋˈheəd/ *adj* de pelo largo; **~hand** *n*: **in ~hand** en escritura normal (*no en taquigrafía*); **~-haul** /ˈlɔ:ŋˈhɔ:l, BrE ˌlɒŋˈhɔ:l/ *adj* (*before n*) de larga distancia

longing /ˈlɔ:ŋɪŋ, BrE ˈlɒŋɪŋ/ *n* (nostalgia) añoranza *f*; (desire) vivo deseo *m*

longitude /ˈlɑ:ndʒətu:d, BrE ˈlɒŋgɪtju:d, ˈlɒndʒɪtju:d/ *n* longitud *f*

long: **~ johns** /dʒɑ:nz, BrE dʒɒnz/ *pl n* calzoncillos *mpl* largos; **~ jump** *n* salto *m* de longitud, salto *m* (en) largo (AmL); **~-lost** /ˈlɔ:ŋˈlɔ:st, BrE ˈlɒŋlɒst/ *adj* (*before n*): **she had a ~-lost uncle in Australia** tenía un tío en Australia a quien había perdido de vista hacía mucho tiempo; **~-playing record** /ˈlɔ:ŋˈpleɪɪŋ, BrE ˈlɒŋˌpleɪɪŋ/ *n* disco *m* de larga duración; **~-range** /ˈlɔ:ŋˈreɪndʒ, BrE ˈlɒŋreɪndʒ/ *adj* (*before n*) ‹*missile*› de largo alcance; ‹*aircraft*› para vuelos largos; **~-running** /ˈlɔ:ŋˈrʌnɪŋ, BrE ˈlɒŋˌrʌnɪŋ/ *adj* ‹*musical/farce*› que lleva tiempo en cartelera; ‹*feud/controversy*› que viene (*or* venía *etc*) de largo; **~shoreman** /ˈlɔ:ŋˈʃɔ:rmən, BrE ˈlɒŋʃɔ:mən/ *n* (*pl* **-men** /-mən/) (AmE) estibador *m*, changador *m* (RPl); **~sighted** /ˈlɔ:ŋˈsaɪtəd, BrE ˌlɒŋˈsaɪtɪd/ *adj* hipermétrope; **~-sleeved** /ˈlɔ:ŋˈsli:vd, BrE ˈlɒŋsli:vd/ *adj* de manga larga; **~standing** /ˈlɔ:ŋˈstændɪŋ, BrE ˌlɒŋˈstændɪŋ/ *adj* antiguo, que viene (*or* venía *etc*) de largo; **~-suffering** /ˈlɔ:ŋˈsʌfərɪŋ, BrE ˌlɒŋˈsʌfərɪŋ/ *adj* sufrido; **~-term** /ˈlɔ:ŋˈtɜ:rm, BrE ˈlɒŋtɜ:m/ *adj* (*usu before n*) **(a)** (in the future) ‹*effects/benefits*› a largo plazo **(b)** (for a long period) ‹*solution*› duradero; ‹*effects*› prolongado; ‹*unemployment*› de larga duración; **~ wave** *n* onda *f* larga; **~-winded** /ˈlɔ:ŋˈwɪndəd, BrE ˌlɒŋˈwɪndɪd/ *adj* ‹*speech/article*› denso, prolijo

loo /lu:/ *n* (BrE infml) baño *m* (esp AmL), váter *m* (Esp fam)

look¹ /lʊk/ *n* **1** (glance) mirada *f*; **to have o take a ~ at sth/sb** echarle un vistazo a algo/algn **2** (search, examination): **have a ~ for my pipe, will you?** mira a ver si me encuentras la pipa, por favor; **do you mind if I take a ~ around?** ¿le importa si echo un vistazo? **3 (a)** (expression) cara *f* **(b)** (appearance) aire *m*; **I don't like the ~ of his friend** no me gusta el aspecto *or* (fam) la pinta de su amigo **(c)** (Clothing) moda *f*, look *m* **(d) looks** *pl* (beauty) belleza *f*; **she was attracted by his good ~s** la atrajo lo guapo *or* (AmL tb) lo buen mozo que era

look² *vi* **1 (a)** (see, glance) mirar; **I ~ed around** (behind) me volví a mirar *or* miré hacia atrás; (all around) miré a mi alrededor; **to ~ away** apartar la vista; **to ~ down** (lower eyes) bajar la vista; (from tower, clifftop) mirar hacia abajo; **~ out (of) the window** mira por la ventana; **to ~ up** (raise eyes) levantar la vista; (toward ceiling, sky) mirar hacia arriba; ***to ~ on the bright side of sth*** ver* el lado bueno *or* positivo de algo **(b)** (search, investigate) mirar, buscar* **2** (seem, appear): **he ~s well** tiene buena cara; **he ~s like his father** se parece a su padre; **I wanted to ~ my best** quería estar lo mejor posible

■ *vt* mirar; **to ~ sb up and down** mirar a algn de arriba (a) abajo; **~ where you're going!** ¡mira por dónde vas!

● **look after** [*v + prep + o*] **(a)** (care for) ‹*invalid/child/animal*› cuidar (de); ‹*guest*› atender* **(b)** (keep watch on) cuidar **(c)** (be responsible for)

l

encargarse* de

● **look ahead** [*v* + *adv*] (in space) mirar hacia adelante; (into the future) mirar hacia el futuro

● **look at** [*v* + *prep* + *o*] **1** ‹*person/picture*› mirar **2** (consider) considerar; ~ **at it from my point of view** míralo desde mi punto de vista; **the program ~s at university life** el programa enfoca la vida universitaria **3** (check) ‹*patient/arm*› examinar; ‹*car/pump*› revisar

● **look back** [*v* + *adv*] **(a)** (in space) mirar (hacia) atrás **(b)** (into the past): **~ing back, it seems foolish** mirándolo ahora, parece una locura; **the program ~s back over the last 20 years** el programa es una retrospectiva de los últimos veinte años

● **look down on** [*v* + *adv* + *prep* + *o*] mirar por encima del hombro a

● **look for** [*v* + *prep* + *o*] buscar*

● **look forward to**: [*v* + *adv* + *prep* + *o*]: **I'm ~ing forward to my birthday** estoy deseando que llegue mi cumpleaños; **I'm really ~ing forward to the trip** tengo muchas ganas de hacer el viaje; **I ~ forward to hearing from you soon** (Corresp) esperando tener pronto noticias suyas

● **look into** [*v* + *prep* + *o*] ‹*matter/case*› investigar*; ‹*possibility*› estudiar

● **look on** [*v* + *adv*] mirar

● **look out** [*v* + *adv*] **(a)** (be careful) tener* cuidado; ~ **out!** ¡cuidado! **(b)** (overlook) **to ~ out** ON *o* OVER **sth** dar* A algo

● **look out for**: [*v* + *adv* + *prep* + *o*]: ~ **out for her at the station** fíjate a ver si la ves en la estación; **we were warned to ~ out for thieves** nos advirtieron que tuviéramos cuidado con los ladrones

● **look over** [*v* + *o* + *adv*, *v* + *adv* + *o*] ‹*work/contract*› revisar; ‹*building*› inspeccionar

● **look to** [*v* + *prep* + *o*] (rely on): **they are ~ing to you for guidance** esperan que tú los guíes

● **look up** **1** [*v* + *o* + *adv*, *v* + *adv* + *o*] **(a)** ‹*word*› buscar* (*en el diccionario*) **(b)** ‹*person*› ir* a ver **2** [*v* + *adv*] (improve) mejorar

● **look up to** [*v* + *adv* + *prep* + *o*] admirar

look-alike /ˈlʊkəˌlaɪk/ *n* (infml) (person) doble *mf*

looking glass /ˈlʊkɪŋˌglæs, BrE ˈlʊkɪŋˌglɑːs/ *n* (dated) espejo *m*

lookout /ˈlʊkaʊt/ *n* **(a)** (watch) (*no pl*): **to be on the ~ for sth/sb** andar* a la caza de algo/algn **(b)** (person) (Mil) vigía *mf*

loom¹ /luːm/ *n* telar *m*

loom² *vi* **(a)** (be imminent) avecinarse **(b)** (look threatening): **the mountain ~ed high above them** la montaña surgió imponente ante ellos; **the problem ~ed large in his mind** el problema dominaba sus pensamientos

● **loom up**: [*v* + *adv*]: **a figure ~ed up in the darkness** una figura surgió de entre las tinieblas

loop¹ /luːp/ *n* **1** **(a)** (shape) curva *f*; (in river) meandro *m* **(b)** (in string) lazada *f* **(c)** (in sewing) presilla *f* **(d)** (Aviat): **to loop the ~** rizar* el rizo **2** **(a)** (circuit) circuito *m* cerrado **(b)** (Comput) bucle *m*; ***to be in/out of the ~*** estar* dentro/fuera del círculo de información

loop² *vt*: ~ **the wool** haz una lazada con la lana; **I ~ed the dog's lead over the post** enganché la correa del perro en el poste

■ *vi* «*road*» serpentear

loophole /ˈluːphəʊl/ *n*: **a legal ~** una laguna jurídica (*que se presta a trampas*)

loose¹ /luːs/ *adj* **looser, loosest** **1** **(a)** (not tight) ‹*garment*› suelto **(b)** (not secure) ‹*screw/knot*› flojo; ‹*thread/end*› suelto; ‹*hair*› suelto; ***to be at a ~ end*** no tener* nada que hacer **(c)** (separate, not packaged) ‹*cigarettes*› suelto; ‹*tea/lentils*› a granel, suelto; ~ **change** calderilla *f* **2** (free) (*pred*) suelto; **to let** o **set** o **turn sb ~** soltar* a algn; ***to be on the ~*** andar* suelto **3** ‹*definition*› poco preciso; ‹*translation*› libre

loose² *vt* (liter) **(a)** ‹*prisoner*› poner* en libertad; ‹*horse*› soltar* **(b)** ‹*arrow*› lanzar*; ‹*violence/wrath*› desatar

loose: **~-fitting** /ˈluːsˈfɪtɪŋ/ *adj* suelto; ‹*clothes*› holgado; **~-leaf** /ˈluːsˈliːf/ *adj* ‹*binder*› de anillas

loosely /ˈluːsli/ *adv* **1** (not tightly) ‹*tie/bandage*› sin apretar; **the dress fits ~** el vestido no es entallado **2** (not precisely) ‹*define*› sin excesivo rigor; ‹*translate*› libremente; ~ **speaking** (*indep*) (hablando) en términos generales

loosen /ˈluːsn̩/ *vt* **(a)** ‹*tooth*› aflojar **(b)** ‹*collar/knot/bolt*› aflojar, soltar*; **she ~ed her grip on the steering wheel** dejó de apretar con tanta fuerza el volante

■ *vi* «*knot/bolt*» aflojarse

loot¹ /luːt/ *n* **(a)** (plunder) botín *m* **(b)** (money) (sl) guita *f* (arg), lana *f* (AmL fam), pasta *f* (Esp fam)

loot² *vt/i* saquear

looter /ˈluːtər, BrE ˈluːtə(r)/ *n* saqueador, -dora *m,f*

looting /ˈluːtɪŋ/ *n* saqueo *m*

lop /lɑːp, BrE lɒp/ *vt* **-pp-** **(a)** ‹*tree*› podar **(b)** ~ **(off)** ‹*branch*› cortar

lope /ləʊp/ *vi* «*wolf/dog*» trotar

lopsided /ˈlɑːpˈsaɪdəd, BrE ˌlɒpˈsaɪdɪd/ *adj* **(a)** (not straight) torcido, chueco (AmL) **(b)** (asymmetric) ‹*face/smile*› torcido; ‹*shape*› asimétrico

lord /lɔːrd, BrE lɔːd/ *n* **1** **(a)** (nobleman) señor *m*, noble *m* **(b)** **Lord** (in UK) lord *m*; **the (House of) L~s** la cámara de los lores **(c)** **my L~** (addressing judge) (BrE) (su) señoría **2** **Lord** (God): **the L~** el Señor; **the L~'s Prayer** el Padrenuestro

lordship /ˈlɔːrdʃɪp, BrE ˈlɔːdʃɪp/ *n*: **His/Your L~** (of or to peers, judges) (su) señoría; (of or to bishops) (su) Ilustrísima

lore /lɔːr, BrE lɔː(r)/ *n*: **French peasant ~** las tradiciones rurales francesas

lorry /ˈlɔːri, BrE ˈlɒri/ *n* (*pl* **-ries**) (BrE) camión *m*; (*before n*) ~ **driver** camionero, -ra *m,f*

⚷ **lose** /luːz/ *vt* (*past & past p* **lost**) **1** **(a)** (mislay) perder* **(b)** (be deprived of) ‹*sight/territory/right*› perder*; **to ~ one's voice** quedarse afónico **(c)** (rid oneself of) ‹*inhibitions*› perder*; **to ~ weight** adelgazar*, perder* peso **(d)** (cause to lose) costar*; **their hesitation lost them the contract** la falta de decisión les costó *or* les hizo perder el contrato **(e)** (let pass) ‹*time/opportunity*› perder*; **my watch ~s three minutes every day** mi reloj (se) atrasa tres minutos por día **2** (fail to win) ‹*game/battle/election*› perder*

■ *vi* **1** **(a)** (be beaten) «*team/contestant/party*» perder*; **they're losing 3-1** van perdiendo 3 a 1; **to ~ TO sb** perder* FRENTE A algn **(b)** **losing** *pres p* ‹*team/party*› perdedor **2** (suffer losses)

⚷ palabra clave

perder* **3** «*watch/clock*» atrasar, atrasarse

loser /ˈluːzər, BrE ˈluːzə(r)/ *n* perdedor, -dora *m,f*

loss /lɔːs, BrE lɒs/ *n* pérdida *f*; ***to be a dead ~*** (infml): **this typewriter is a dead ~** esta máquina de escribir no sirve para nada *or* (fam) es una porquería; ***to be at a ~***: **I was at a ~ for words** no supe qué decir; ***to cut one's ~es*** cortar por lo sano; (Fin) reducir* las pérdidas

lost¹ /lɔːst, BrE lɒst/ *past & past p of* **lose**

lost² *adj* **1** **(a)** (mislaid, missing) perdido; **to get ~** perderse*, extraviarse* (fml); **get ~!** (sl) ¡vete al diablo! (fam), ¡andá a pasear! (RPl fam) **(b)** (wasted) ‹*time*› perdido; ‹*opportunity*› desperdiciado, perdido; ***to be ~ on sb***: **these subtleties are ~ on him** se le escapan estas sutilezas **(c)** (*pred*) (absorbed) **to be ~** IN **sth** estar* ensimismado EN algo; **to be ~ in thought** estar* absorto *or* ensimismado **2** (not won) ‹*battle/election*› perdido

lost: **~ and found** /ˈlɔːstənˈfaʊnd, BrE ˌlɒstənˈfaʊnd/ *n* (AmE) objetos *mpl* perdidos; **~ property** *n* (esp BrE) objetos *mpl* perdidos

lot /lɑːt, BrE lɒt/ *n* **1** (large number, quantity) **(a)** (*no pl*): **a ~ of wine** mucho vino; **I've seen a ~ of her recently** la he visto mucho últimamente; **what a ~ of books you've got!** ¡cuántos libros tienes! **(b)** **a ~** (*as adv*) mucho **(c)** **lots** *pl* (infml): **how many seats are there left? — lots** ¿cuántos asientos quedan? — muchos *or* (fam) montones; **~s of people liked it** a mucha gente le gustó **2** **(a)** (group, mass of things) montón *m*, pila *f* **(b)** (group of people) (infml): **they're a funny ~** son raros, son gente rara; **come on, you ~!** ¡vamos, ustedes *or* (Esp) vosotros! **(c)** **the ~** (esp BrE): **they ate the ~** se lo comieron todo (*or* se las comieron todas *etc*) **3** (at auction) lote *m*

loth /ləʊθ/ *adj* ▶ **loath**

lotion /ˈləʊʃən/ *n* loción *f*

lottery /ˈlɑːtəri, BrE ˈlɒtəri/ *n* (*pl* **-ries**) lotería *f*; **~ ticket** billete *m* de lotería

lotus /ˈləʊtəs/ *n* (*pl* **~es**) loto *m*

loud¹ /laʊd/ *adj* **-er**, **-est** **(a)** ‹*noise*› fuerte; **he said it in a ~ voice** lo dijo en voz alta **(b)** (vigorous) ‹*protests*› enérgico **(c)** (ostentatious) ‹*color*› llamativo, chillón

loud² *adv* **-er**, **-est** ‹*speak*› alto; **she laughed (the) ~est of all** fue la que se rio más fuerte

loudly /ˈlaʊdli/ *adv* **(a)** ‹*shout*› fuerte; ‹*speak*› alto, en voz alta **(b)** ‹*complain*› a voz en grito

loud: **~mouth** *n* (infml) gritón, -tona *m,f*; **~speaker** /ˈlaʊdˈspiːkər, BrE ˌlaʊdˈspiːkə(r)/ *n* altavoz *m*, altoparlante *m* (AmL)

lounge¹ /laʊndʒ/ *n* (on ship, in hotel) salón *m*; (in house) (BrE) sala *f* (de estar), living *m* (esp AmS), salón *m* (esp Esp)

lounge² *vi*: **to ~ around** o **about** no hacer* nada

louse /laʊs/ *n* (*pl* **lice**) (Zool) piojo *m*

lousy /ˈlaʊzi/ *adj* **-sier**, **-siest** (infml) ‹*food/weather*› asqueroso (fam); **a ~ movie** una película malísima

lout /laʊt/ *n* patán *m* (fam), gandalla *m* (Méx fam), jallán *m* (AmC)

louver, (BrE) **louvre** /ˈluːvər, BrE ˈluːvə(r)/ *n* lama *f*, listón *m* (*de persiana*); (*before n*) ‹*door/window*› de lamas, tipo persiana

lovable /ˈlʌvəbəl/ *adj* adorable, amoroso (AmL)

love¹ /lʌv/ *n* **1** **(a)** (emotional attachment) amor *m*; **to fall/be in ~ with sb/sth** enamorarse/estar* enamorado de algn/algo; **to make ~ to sb** hacer* el amor con algn **(b)** (enthusiasm, interest) **~** OF **sth** amor *m* A *or* POR algo **2** **(a)** (greetings, regards): **give my ~ to your parents** (dale) recuerdos a tus padres (de mi parte) **(b)** (in letters): **~ from John** o **~, John** un abrazo, John **3** (person loved) amor *m*; (thing loved) pasión *f* **4** (infml) (*as form of address*) cariño **5** (in tennis) cero *m*

love² *vt* querer*, amar (liter); **I ~ music/reading** me encanta la música/leer; **I'd ~ a cup of tea** una taza de té me vendría de maravilla

loveable *adj* ▶ **lovable**

loved one *n* ser *m* querido

loveless /ˈlʌvləs, BrE ˈlʌvlɪs/ *adj* sin amor

lovely /ˈlʌvli/ *adj* **-lier**, **liest** ‹*appearance*› precioso, lindo (esp AmL); ‹*person/nature*› encantador, amoroso (AmL); ‹*meal/taste*› (BrE) riquísimo; **the weather was ~** hacía un tiempo buenísimo

lover /ˈlʌvər, BrE ˈlʌvə(r)/ *n* **1** (partner in love) amante *mf* **2** (fan) **~** OF **sth** amante *mf* DE algo

loving /ˈlʌvɪŋ/ *adj* cariñoso; **with ~ care** con tierno cuidado

lovingly /ˈlʌvɪŋli/ *adv* ‹*gaze/whisper*› tiernamente; ‹*handwritten/prepared*› con amor *or* cariño; ‹*restored*› con el mayor cuidado

low¹ /ləʊ/ *adj* **-er**, **-est** **1** (in height) bajo; **the dress had a very ~ back** el vestido era muy escotado por la espalda **2** **(a)** (in volume) ‹*voice*› bajo; ‹*sound/whisper*› débil; **turn the radio down ~** bájale al radio (AmL exc CS), baja la radio (CS, Esp) **(b)** ‹*key/note/pitch*› grave **3** (in intensity, amount, quality) bajo; ‹*proportion*› pequeño; **cook on a ~ flame** o **heat** cocinar a fuego lento; **he has a ~ opinion of doctors** no tiene muy buena opinión de los médicos; **a ~ point in his career** un momento bajo en su carrera **4** (in short supply): **stocks are running ~** se están agotando las existencias

low² *adv* **-er**, **-est** **1** bajo; **to fly ~** volar* bajo *or* a poca altura **2** (in volume, pitch) bajo

low³ *n* punto *m* más bajo; **relations between the two countries are at an all-time ~** las relaciones entre los dos países nunca han sido peores

low⁴ *vi* mugir*

low- /ləʊ/ *pref*: **~priced** de bajo precio; **~income** de bajos ingresos

low: **~-alcohol** /ˈlɛʊˈælkəhɔːl, BrE ˈləʊˌælkəhɒl/ *adj* de baja graduación alcohólica; **~-calorie** /ˈləʊˈkæləri/ *adj* bajo en calorías; **~-carb** /ˈləʊkɑːrb, BrE ˈləʊkɑːb/ *adj* (infml) ‹*food/diet*› bajo en carbohidratos *or* hidratos de carbono; **~-class** /ˈləʊˈklæs, BrE ˌləʊˈklɑːs/ *adj* ‹*place*› de mala muerte (fam); ‹*clientele*› de poca categoría; **~-cut** /ˈləʊˈkʌt/ *adj* escotado; **~down** *n* (infml): **to give sb the ~down (on sth)** poner* a algn al tanto (de algo)

lower¹ /ˈləʊər, BrE ˈləʊə(r)/ *adj* **1** **(a)** (spatially, numerically) ‹*jaw/lip*› inferior; **~ age limit** edad *f* mínima **(b)** (in rank, importance) inferior, más bajo **(c)** ‹*life form*› inferior **2** (Geog) bajo; **the ~ reaches of the Nile** el curso bajo del Nilo

lower² /'ləʊər, BrE 'ləʊə(r)/ *vt* **1** ‹*blind/flag*› bajar **2** ‹*temperature/volume/price/voice*› bajar
■ *v refl*: **to ~ oneself** rebajarse; **he ~ed himself into his chair** se sentó en el sillón

lower: **~ class** *n* (*often pl*) clase *f* baja; **~-class** /ˌləʊər'klæs, BrE ˌləʊə'klɑːs/ *adj* de clase baja

lowest common denominator /'ləʊəst, BrE 'ləʊɪst/ *n* (Math) mínimo común denominador *m*; **a series aimed at the ~** una serie dirigida al público de nivel más bajo

low: **~-fat** /'ləʊ'fæt/ *adj* de bajo contenido graso; **~-flying** /'ləʊ'flaɪɪŋ/ *adj* ‹*aircraft*› que vuela bajo; **~-grade** /'ləʊ'greɪd/ *adj* ‹*oil*› de baja calidad; ‹*ore*› pobre; **~-key** /'ləʊ'kiː/ *adj* ‹*speech*› mesurado; ‹*ceremony*› sencillo; **~land** /'ləʊlənd/ *adj* (*before n*) de las tierras bajas; (in tropical countries) de tierra caliente; **~lands** /'ləʊləndz/ *pl n* tierras *fpl* bajas; (in tropical countries) tierras *fpl* calientes; **~-level** /'ləʊ'levəl/ *adj* **(a)** ‹*talks*› a bajo nivel **(b)** ‹*radiation*› de baja intensidad **(c)** (Comput): **~-level language** lenguaje *m* de bajo nivel

lowly /'ləʊli/ *adj* **-lier**, **-liest** humilde

low: **~-lying** /'ləʊ'laɪɪŋ/ *adj* bajo; **~-necked** /'ləʊ'nekt/ *adj* escotado; **~-paid** /'ləʊ'peɪd/ *adj* mal remunerado; **~-profile** /'ləʊ'prəʊfaɪl/ *adj* poco prominente; **~-rise** /'ləʊ'raɪz/ *adj* de poca altura; **~-risk** /'ləʊ'rɪsk/ *adj* ‹*business*› poco arriesgado; ‹*investment*› de poco *or* bajo riesgo; **~ season** *n* (BrE) temporada *f* baja

loyal /'lɔɪəl/ *adj* ‹*friend/customer*› fiel; **to be ~ TO sth** (to the state/party) ser* leal A algo; (to one's ideals) ser* fiel A algo; **he is ~ to his friends** es un amigo leal *or* fiel

loyalist /'lɔɪələst, BrE 'lɔɪəlɪst/ *n* partidario, -ria *m,f* del régimen

loyalty /'lɔɪəlti/ *n* (*pl* **-ties**) lealtad *f*

loyalty card *n* tarjeta *f* de cliente *or* de puntos

lozenge /'lɑːzn̩dʒ, BrE 'lɒzɪndʒ/ *n* (Med) pastilla *f*

LP *n* (= **long-playing record**) LP *m*, elepé *m*

L-plate /'elpleɪt/ *n* (in UK) placa *f* de la L *or* de prácticas (*placa que se debe exhibir en el coche cuando se aprende a conducir*)

LSD *n* (= **lysergic acid diethylamide**) LSD *m*

LST (in US) = **Local Standard Time**

Ltd (= **Limited**) Ltda., S.A.

lubricant /'luːbrɪkənt/ *n* lubricante *m*

lubricate /'luːbrɪkeɪt/ *vt* lubricar*

lucid /'luːsəd, BrE 'luːsɪd/ *adj* lúcido

luck /lʌk/ *n* suerte *f*; **good ~!** ¡buena suerte!; **a piece** o **stroke of ~** un golpe de suerte; ***to be down on one's ~*** estar* de mala racha; ***to push one's ~*** desafiar* a la suerte

luckily /'lʌkəli, BrE 'lʌkɪli/ *adv* (*indep*) por suerte

⚷ **lucky** /'lʌki/ *adj* **luckier**, **luckiest** **(a)** ‹*person*› con suerte, suertudo (AmL fam); **he's ~ to be alive** tuvo suerte de no matarse; **~ you!** (infml) ¡qué suerte (tienes)! **(b)** (fortuitous): **he had a ~ escape** se salvó de milagro; **it was ~ you were there** fue una suerte que estuvieras ahí **(c)** (bringing luck): **~ charm** amuleto *m* (de la suerte); **seven is my ~ number** el siete es mi número de la suerte

lucrative /'luːkrətɪv/ *adj* lucrativo

ludicrous /'luːdɪkrəs/ *adj* ridículo

lug /lʌg/ *vt* **-gg-** (infml) arrastrar

luggage /'lʌgɪdʒ/ *n* equipaje *m*

luggage: **~ checkroom** *n* (AmE) consigna *f* (de equipajes); **~ rack** *n* **(a)** (Rail) rejilla *f* (portaequipajes) **(b)** (Auto) baca *f*, parrilla *f* (Andes)

lugubrious /lʊ'guːbriəs/ *adj* lúgubre

lukewarm /'luːk'wɔːrm, BrE ˌluːk'wɔːm/ *adj* **(a)** ‹*water/milk*› tibio **(b)** ‹*support/reaction*› poco entusiasta

lull¹ /lʌl/ *vt* **(a)** ‹*baby*›: **to ~ a baby to sleep** arrullar a un niño hasta dormirlo **(b)** ‹*fears*› calmar; ‹*suspicions*› desvanecer **(c)** (deceive): **we were ~ed into a false sense of security** nos confiamos demasiado

lull² *n* (in activity) período *m* de calma; (in fighting) tregua *f*; (in conversation) pausa *f*

lullaby /'lʌləbaɪ/ *n* (*pl* **-bies**) canción *f* de cuna

lumbago /lʌm'beɪgəʊ/ *n* lumbago *m*

lumber¹ /'lʌmbər, BrE 'lʌmbə(r)/ *n* **(a)** (timber) (AmE) madera *f* **(b)** (junk) cachivaches *mpl*

lumber² *vt* (infml) **to ~ sb WITH sth** enjaretarle algo A algn (fam)
■ *vi* **(a)** (move awkwardly) avanzar* pesadamente **(b)** **lumbering** *pres p* ‹*gait*› torpe

lumber: **~jack** *n* leñador *m*; **~yard** *n* (AmE) almacén *m* de maderas, barraca *f* (CS)

luminous /'luːmənəs, BrE 'luːmɪnəs/ *adj* luminoso

lump¹ /lʌmp/ *n* **1** (swelling, protuberance) bulto *m*; (as result of knock) chichón *m*; ***a ~ in one's throat*** un nudo en la garganta **2** (piece — of coal, iron, clay, cheese) trozo *m*, pedazo *m*; (— of sugar) terrón *m*

lump² *vt* **(a)** (put up with) (infml): ***to ~ it*** aguantarse (fam); **if you don't like it, (you can) ~ it** si no te gusta, te aguantas **(b)** (place together): **to ~ sth together: you can ~ all those items together under one heading** todo eso puede ir junto bajo el mismo epígrafe; **they can't all be ~ed together as reactionaries** no se puede tachar a todos indiscriminadamente de reaccionarios

lump sum *n* cantidad *f* global (*que se paga o recibe para saldar totalmente una obligación*)

lumpy /'lʌmpi/ *adj* **-pier**, **-piest** **(a)** ‹*sauce*› lleno de grumos **(b)** ‹*mattress/cushion*› lleno de bultos

lunacy /'luːnəsi/ *n* (*pl* **-cies**) locura *f*

lunar /'luːnər, BrE 'luːnə(r)/ *adj* lunar

lunatic /'luːnətɪk/ *n* (dated *or* offensive) lunático, -ca *m,f* (ant *u* ofensivo); loco, -ca *m,f* (fam & pey)

⚷ **lunch** /lʌntʃ/ *n* almuerzo *m*, comida *f* (esp Esp, Méx); **to have ~** almorzar*, comer (esp Esp, Méx)

lunchbox /'lʌntʃbɑːks, BrE 'lʌntʃbɒks/ *n* lonchera *f* (AmL), fiambrera *f* (Esp)

luncheon /'lʌntʃən/ *n* (fml) almuerzo *m*

lunchtime /'lʌntʃtaɪm/ *n* hora *f* de almorzar, hora *f* de comer (esp Esp, Méx)

lung /lʌŋ/ *n* (*often pl*) pulmón *m*; (*before n*) **~ cancer** cáncer *m* de pulmón

lunge¹ /lʌndʒ/ *vi* embestir*; **to ~ AT sb/sth** arremeter CONTRA algn/algo

l

lunge² *n* arremetida *f*

lurch¹ /lɜːrtʃ, BrE lɜːtʃ/ *vi* «*vehicle*» dar* bandazos; «*person*» tambalearse

lurch² *n* bandazo *m*; ***to leave sb in the ~*** (infml) dejar a algn plantado

lure /lʊr, BrE ljʊə(r), lʊə(r)/ *vt* atraer*

lurid /'lʊrəd, BrE 'lʊərɪd/ *adj* **(a)** (sensational) ‹*details/imagination*› morboso **(b)** (garish) ‹*color/garment*› chillón

lurk /lɜːrk, BrE lɜːk/ *vi* merodear

luscious /'lʌʃəs/ *adj* **(a)** ‹*girl*› seductora **(b)** ‹*scent/sweetness*› exquisito

lush /lʌʃ/ *adj* **-er, -est** ‹*vegetation*› exuberante

lust¹ /lʌst/ *n* **(a)** (sexual) lujuria *f* **(b)** (craving) deseo *m*

lust² *vi* **to ~ AFTER sb** desear a algn; **to ~ AFTER sth** codiciar algo

luster, (BrE) **lustre** /'lʌstər, BrE 'lʌstə(r)/ *n* (liter) lustre *m*

lustful /'lʌstfəl/ *adj* lujurioso

lustre /'lʌstər, BrE 'lʌstə(r)/ *n* (BrE) ▶ **luster**

lusty /'lʌsti/ *adj* **-tier, tiest** sano

Luxembourg, Luxemburg /'lʌksəmbɜːrg, BrE 'lʌksəmbɜːg/ *n* Luxemburgo *m*

luxuriant /lʌg'ʒʊriənt, BrE lʌg'zjʊəriənt/ *adj* ‹*vegetation/growth*› exuberante; ‹*hair*› hermoso y abundante

luxuriate /lʌg'ʒʊrieɪt, BrE lʌg'zjʊərieɪt/ *vi* (revel) **to ~ IN sth** deleitarse CON algo

luxurious /lʌg'ʒʊriəs, BrE lʌg'zjʊəriəs/ *adj* lujoso

luxury /'lʌkʃəri/ *n* (*pl* **-ries**) lujo *m*; (*before n*) ‹*car/hotel*› de lujo

lying¹ /'laɪɪŋ/ *n* mentiras *fpl*

lying² *adj* (*before n*) mentiroso

lymph /lɪmf/ *n* linfa *f*; (*before n*) **~ gland** glándula *f* linfática

lynch /lɪntʃ/ *vt* linchar

lynx /lɪŋks/ *n* (*pl* **~es** *or* **~**) lince *m*

lyre /'laɪr, BrE 'laɪə(r)/ *n* lira *f*

lyric /'lɪrɪk/ *n* **(a)** (poem) poema *m* lírico **(b) lyrics** *pl n* (Mus) letra *f*

lyrical /'lɪrɪkəl/ *adj* (Lit) lleno de lirismo

Mm

M, m /em/ *n* M, m *f*

m (a) (= **million(s)**) m **(b)** (= **meter(s)** *o* (BrE) **metre(s)**) m **(c)** (= **male**) de sexo masculino **(d)** (Ling) (= **masculine**) m

M (a) (Clothing) (= **medium**) M, talla *f* mediana *or* (RPl) talle *m* mediano **(b)** (in UK) (Transp) (= **motorway**) *indicador de autopista*

ma /mɑː/ *n* (infml) mamá *f*

MA /'em'eɪ/ *n* **(a)** = **Master of Arts (b)** = **Massachusetts**

macabre /mə'kɑːbrə/ *adj* macabro

macaroni /'mækə'rəʊni/ *n* macarrones *mpl*

mace /meɪs/ *n* **1** (Art, Hist, Mil) maza *f* **2** (Culin) macis *f* **3 Mace®** (tear gas) (AmE) *gas en spray para defensa personal*

Macedonia /ˌmæsə'dəʊniə/ *n* Macedonia *f*

machete /mə'ʃeti, mə'tʃeti/ *n* machete *m*

machinations /mækə'neɪʃənz, 'mæʃ-, BrE ˌmækɪ'neɪʃənz, 'mæʃ-/ *pl n* (liter) maquinaciones *fpl*

⚷ **machine** /mə'ʃiːn/ *n* máquina *f*; (washing **~**) lavadora *f*, máquina *f* (de lavar), lavarropas *m* (RPl)

machine gun *n* ametralladora *f*

machinery /mə'ʃiːnəri/ *n* (machines) maquinaria *f*; (working parts) mecanismo *m*

macho /'mɑːtʃəʊ, BrE 'mætʃəʊ/ *adj* ‹*behavior/attitude*› machista; ‹*image*› de macho

macintosh *n* ▶ **mackintosh**

mackerel /'mækrəl/ *n* (*pl* **~** *or* **~s**) caballa *f*

mackintosh /'mækəntɑːʃ, BrE 'mækɪntɒʃ/ *n* impermeable *m*

macro /'mækrəʊ/ *n* (*pl* **-ros**) (Comput) macro *m*

mad /mæd/ *adj* **-dd- 1 (a)** (insane) loco; **to go ~** volverse* loco; **to work/run like ~** trabajar/correr como un loco **(b)** ‹*rush*› loco; **we made a ~ dash for the airport** salimos como locos para el aeropuerto **(c)** ‹*scheme/idea*› disparatado **2** (angry) (esp AmE) (*pred*) **to be ~ (WITH/AT sb)** estar* furioso *or* (esp AmL) enojadísimo *or* (esp Esp) enfadadísimo (CON algn); **to get ~** ponerse* furioso **3** (very enthusiastic) (infml) (*pred*) **to be ~ ABOUT sb** estar* loco POR algn; **she's ~ about** o **on African music** la música africana la vuelve loca

Madagascar /'mædə'gæskər, BrE ˌmædə'gæskə(r)/ *n* Madagascar *m*

madam /'mædəm/ *n* (as title) señora *f*

madden /'mædn̩/ *vt* (make angry) enfurecer*; (drive mad) enloquecer*

made¹ /meɪd/ *past & past p of* **make¹**

made² *adj* (*pred*) **(a)** (assured of success): ***to have it ~*** tener* el éxito asegurado **(b)** (ideally suited): **they were ~ for each other** estaban hechos el uno para el otro

Madeira /mə'dɪrə, BrE mə'dɪərə/ *n* Madeira *f*, Madera *f*

made-to-measure /'meɪdtə'meʒər, BrE ˌmeɪdtə'meʒə(r)/ *adj* (*pred* **made to measure**) hecho a (la) medida

madly /'mædli/ *adv* **(a)** (frantically) ‹*rush/work*› como un loco; ‹*love*› locamente **(b)** (very) (*as intensifier*) **~ in love** locamente enamorado

madman /'mædmən/ *n* (*pl* **-men** /-mən/) loco *m*

madness /'mædnəs, BrE 'mædnɪs/ *n* locura *f*
Madrid /mə'drɪd/ *n* Madrid *m*; (*before n*) madrileño
Mafia /'mɑːfiə, 'mæ-, BrE 'mæfiə/ *n* Mafia *f*
✍ **magazine** /'mægə'ziːn/ *n* **1** **(a)** (Publ) revista *f*; (*before n*) ~ **rack** revistero *m* **(b)** ~ **(program)** (Rad, TV) programa *m* de entrevistas y variedades **2** (on gun — compartment) recámara *f*; (— bullet case) cargador *m*
maggot /'mægət/ *n* gusano *m*
magic[1] /'mædʒɪk/ *n* magia *f*
magic[2] *adj* **(a)** ‹*power/potion*› mágico; ‹*trick*› de magia **(b)** (enchanting) ‹*moment/beauty*› mágico
magical /'mædʒɪkəl/ *adj* mágico
magician /mə'dʒɪʃən/ *n* (sorcerer) mago *m*; (conjurer) mago, -ga *m,f*, prestidigitador, -dora *m,f*
magistrate /'mædʒəstreɪt, BrE 'mædʒɪstreɪt/ *n* (in UK) *juez que conoce de faltas y asuntos civiles de menor importancia*
magnanimous /mæg'nænəməs, BrE mæg'nænɪməs/ *adj* magnánimo
magnesium /mæg'niːziəm/ *n* magnesio *m*
magnet /'mægnət, BrE 'mægnɪt/ *n* imán *m*
magnetic /mæg'netɪk/ *adj* magnético; ‹*personality*› lleno de magnetismo
magnetism /'mægnətɪzəm, BrE 'mægnɪtɪzəm/ *n* magnetismo *m*
magnificent /mæg'nɪfəsənt, BrE mæg'nɪfɪsənt/ *adj* magnífico
magnify /'mægnəfaɪ, BrE 'mægnɪfaɪ/ *vt* **-fies**, **-fying**, **-fied** ‹*image*› ampliar*, aumentar de tamaño; ‹*problem/difficulty*› exagerar
magnifying glass /'mægnəfaɪɪŋ, BrE 'mægnɪfaɪɪŋ/ *n* lupa *f*
magnitude /'mægnətuːd, BrE 'mægnɪtjuːd/ *n* (size) magnitud *f*; (importance) envergadura *f*
magpie /'mægpaɪ/ *n* urraca *f*, picaza *f*
mahogany /mə'hɑːgəni, BrE mə'hɒgəni/ *n* caoba *f*
maid /meɪd/ *n* **1** **(a)** (servant) sirvienta *f*, criada *f*, mucama *f* (AmL); (parlor/lady's ~) (primera) doncella *f* **(b)** (in hotel) camarera *f*, mucama *f* (AmL) **(c)** (occasional housekeeper) (AmE) señora *f* de la limpieza, limpiadora *f* **2** (young woman) (arch *or* liter) doncella *f* (arc *o* liter)
maiden[1] /'meɪdn̩/ *n* (arch *or* liter) doncella *f* (arc *o* liter)
maiden[2] *adj* (*before n*) ‹*flight/speech*› inaugural
maiden name *n* apellido *m* de soltera
mail[1] /meɪl/ *n* **1** **(a)** (system) correo *m*; **by** ~ por correo **(b)** (letters, parcels) correspondencia *f*, correo *m* **2** (armor) malla *f*
mail[2] *vt* (esp AmE) ‹*letter/parcel*› echar al correo; (drop in mailbox) echar al buzón; **to ~ sth** TO **sb** mandarle *or* enviarle* algo por correo A algn
mail: **~box** *n* **(a)** (for receiving mail) (AmE) buzón *m*, casillero *m* (Ven) **(b)** (for sending mail) (AmE) buzón *m* (de correos) **(c)** (electronic) buzón *m*; ~ **carrier** *n* (AmE) cartero, -ra *m,f*
mailing list /'meɪlɪŋ/ *n* (Marketing) banco *m or* lista *f* de direcciones
mail: **~man** /'meɪlmæn/ *n* (*pl* **-men** /-men/) (AmE) cartero *m*; ~ **order** *n* venta *f* por correo; (*before n*) **~-order catalog** catálogo *m* de venta por correo
maim /meɪm/ *vt* (disable) lisiar; (mutilate) mutilar
✍ **main**[1] /meɪn/ *adj* (*before n, no comp*) principal; **the ~ thing** lo principal; ~ **course** plato *m* principal *or* fuerte; ~ **street** calle *f* principal
main[2] *n* **(a)** (pipe) cañería *f or* tubería *f* principal; (cable) cable *m* principal **(b)** (supply): **the ~** o (BrE) **the ~s** la red de suministro; **to turn the water/gas off at the ~** o (BrE) **the ~s** cerrar la llave (principal) del agua/del gas
main: **~frame** *n* unidad *f* central, computadora *f or* (Esp tb) ordenador *m* central; **~land** /'meɪnlənd, -lænd/ *n*: **the ~land** *la masa territorial de un país o continente excluyendo sus islas*; (*before n*) **~land China** (la) China continental; ~ **line** *n* (Rail) línea *f* principal
✍ **mainly** /'meɪnli/ *adv* principalmente
main: ~ **road** *n* (BrE) carretera *f* principal; **~stream** *adj* ‹*culture*› establecido; **~stream politics** la política a nivel de los partidos mayoritarios
✍ **maintain** /meɪn'teɪn/ *vt* **1** **(a)** ‹*speed/lead*› mantener*; ‹*silence*› guardar **(b)** ‹*house/machine*› ocuparse del mantenimiento de; ‹*aircraft*› mantener* **(c)** ‹*family/dependents*› mantener* **2** (claim) mantener*
maintenance /'meɪntn̩əns, BrE 'meɪntənəns/ *n* **1** (repairs) mantenimiento *m* **2** (money) (BrE) (Law) pensión *f* alimenticia
maisonette /'meɪzn̩'et, BrE ˌmeɪzə'net/ *n* (BrE) (apartment) dúplex *m*; (house) *vivienda independiente de dos pisos que forma parte de una casa*
maize /meɪz/ *n* **(a)** (plant) maíz *m* **(b)** (grains) maíz *m*, choclo *m* (CS, Per), elote *m* (Méx)
majestic /mə'dʒestɪk/ *adj* majestuoso
majesty /'mædʒəsti/ *n* (*pl* **-ties**) **(a)** (of appearance, landscape) majestuosidad *f* **(b)** (as title): **Her/Your M~** su Majestad
✍ **major**[1] /'meɪdʒər, BrE 'meɪdʒə(r)/ *adj* **1** ‹*change/client*› muy importante; ‹*setback*› serio; ‹*revision*› a fondo **2** (Mus) mayor
major[2] *n* **1** (Mil) mayor *mf* (*en AmL*), comandante *mf* (*en Esp*) **2** (AmE) (Educ) asignatura *f* principal
major[3] *vi* (AmE) (Educ) **to ~** IN **sth** especializarse* EN algo
Majorca /mə'jɔːrkə, BrE mə'jɔːkə, mə'dʒɔːkə/ *n* Mallorca *f*
✍ **majority** /mə'dʒɔːrəti, BrE mə'dʒɒrəti/ *n* (*pl* **-ties**) (greater number) (+ *sing o pl vb*) mayoría *f*; (*before n*) ‹*decision/party*› mayoritario
major league *n* (Sport) liga *f* nacional
✍ **make**[1] /meɪk/ (*past & past p* **made**) *vt* **I** **1** (create, produce) hacer*; **to ~ a note of sth** anotar algo; **she made the dress out of an old sheet** se hizo el vestido con una sábana vieja; **it's made of wood** es de madera; *see also* **difference**, **fuss**[1], **mess 1** **2** **(a)** (carry out) ‹*repairs/payment/journey*› hacer*; **~ a left (turn) here** (AmE) dobla a la izquierda aquí **(b)** ‹*remark/announcement*› hacer*
II **1** (cause to be): **I'll ~ you happy** te haré feliz; **that made me sad** eso me entristeció;

the work made me thirsty el trabajo me dio sed; **what ∼s me angry is ...** lo que me da rabia es ...; **they've made him supervisor** lo han nombrado supervisor; **if nine o'clock is too early, ∼ it later** si las nueve es muy temprano, podemos reunirnos (*or* encontrarnos *etc*) más tarde **2** **(a)** (cause to) hacer*; **whatever made you do it?** ¿por qué lo hiciste? **(b)** (compel) obligar* a, hacer*; **she was made to apologize** la obligaron a *or* la hicieron pedir perdón **(c)** (*in phrases*) **to make believe: you can't just ∼ believe it never happened** no puedes hacer como si no hubiera sucedido; **to make do** (WITH **sth**) arreglárselas (CON algo)

III **1** **(a)** (constitute, be) ser*; **it would ∼ a nice change** sería un cambio agradable; **they ∼ a nice couple** hacen buena pareja **(b)** (amount to) ser*; **five plus five ∼s ten** cinco más cinco son diez **2** (calculate): **I ∼ it 253** (a mí) me da 253; **what time do you ∼ it?** ¿qué hora tienes? **3** **(a)** (understand): **I could ∼ nothing of the message** no entendí el mensaje; **∼ of that what you will** tú saca tus propias conclusiones **(b)** (think) **to ∼ sth** OF **sb/sth: what did you ∼ of him?** ¿qué te pareció?; **I don't know what to ∼ of it** no sé qué pensar

IV **1** **(a)** (gain, earn) ‹*money*› hacer* **(b)** (acquire) ‹*friends*› hacer*; **to ∼ a name for oneself** hacerse* un nombre **2** (infml) (manage to attend, reach): **we just made the 3 o'clock train** llegamos justo a tiempo para el tren de las tres; ***to ∼ it*: he'll never ∼ it as a doctor** nunca será un buen médico **3** (assure success of): ***to ∼ or break sth/sb*** ser* el éxito o la ruina de algo/algn

● **make for** [*v + prep + o*] **1** (head toward) dirigirse* hacia/a **2** (encourage, promote) contribuir* a

● **make out** I [*v + o + adv, v + adv + o*] **1** **(a)** (discern) ‹*object/outline*› distinguir*; (from a distance) divisar; ‹*sound*› distinguir*; ‹*writing*› descifrar **(b)** (figure out) (infml) entender* **2** (write) ‹*list/invoice/receipt*› hacer*; **∼ the check out to P. Jones** haga el cheque pagadero a P. Jones

II [*v + adv + o*] (claim, pretend): **she made out it was her own work** dio a entender que lo había hecho ella misma; **you're not as ill as you ∼ out** no estás tan enfermo como pretendes

● **make up** [*v + o + adv, v + adv + o*] **1** ‹*story/excuse*› inventar **2** (prepare) ‹*prescription/food parcel*› preparar; ‹*agenda/list*› hacer* **3** **(a)** (complete, add) completar; **she came along to ∼ up the numbers** vino para completar el grupo **(b)** (compensate for): **I'll take the afternoon off, and ∼ up the time later** me tomaré la tarde libre y ya recuperaré el tiempo más tarde

1 [*v + adv + o*] (constitute) formar; **it is made up of three parts** está compuesto de tres partes **2** [*v + adv, v + o + adv*] (achieve reconciliation) **to ∼ (it) up** (WITH **sb**) hacer* las paces (CON algn)

make² *n* marca *f*

make: **∼-believe** *n* fantasía *f*; **don't be frightened, it's only ∼-believe** no te asustes, es de mentira; **∼over** *n* (AmE) maquillaje *m*; **to have a (cosmetic) ∼over** maquillarse

maker /'meɪkər, BrE 'meɪkə(r)/ *n* fabricante *mf*

make: **∼shift** *adj* ‹*repair*› provisional, provisorio (AmS); ‹*bed*› improvisado; **∼up** *n* **1** (cosmetics) maquillaje *m*; **to put on one's ∼up** maquillarse, pintarse; (*before n*) **∼up remover** desmaquillador *m* **2** (*no pl*) (of person) carácter *m* **3** (AmE) (Educ) examen *m* de recuperación

making /'meɪkɪŋ/ *n* **(a)** (production, creation): **a book about the ∼ of the TV series** un libro que trata de cómo se hizo la serie de televisión; **this is history in the ∼** esto va a pasar a la historia **(b) makings** *pl*: **you have the ∼s of a good story there** allí tienes material para una buena historia; **she has the ∼s of a great actress** es una gran actriz en ciernes

maladjusted /ˌmælə'dʒʌstəd, BrE ˌmælə'dʒʌstɪd/ *adj* (Psych) inadaptado

maladjustment /ˌmælə'dʒʌstmənt/ *n* (Psych) inadaptación *f*

malaria /mə'leriə, BrE mə'leəriə/ *n* malaria *f*, paludismo *m*

Malawi /mə'lɑːwi/ *n* Malaui *m*, Malawi *m*

Malawian /mə'lɑːwiən/ *adj* malauiano

Malaysia /mə'leɪʒə, BrE mə'leɪziə/ *n* Malaisia *f*; (continental part) Malasia *f*

Malaysian¹ /mə'leɪʒən, BrE mə'leɪziən/ *adj* malaisio; (from continental part) malasio

Malaysian² *n* malaisio, -sia *m,f*; (from continental part) malasio, -sia *m,f*

Maldive Islands /'mɔːldiːv, -daɪv/, **Maldives** /-z/ *pl n*: **the ∼** las (islas) Maldivas

⚷ **male¹** /meɪl/ *adj* ‹*animal/plant*› macho; ‹*attitude*› masculino; **there were several ∼ applicants** se presentaron varios candidatos varones

⚷ **male²** *n* (animal) macho *m*; (person) varón *m*

malevolent /mə'levələnt/ *adj* ‹*grin*› malévolo; ‹*deity*› maligno

malformation /ˌmælfɔːr'meɪʃən, BrE ˌmælfɔː'meɪʃən/ *n* deformación *f* (*esp congénita*), malformación *f*

malfunction¹ /'mæl'fʌŋkʃən/ *n* **(a)** (defective functioning) mal funcionamiento *m* **(b)** (failure) falla *f or* (Esp) fallo *m*

malfunction² *vi* (Med, Tech) fallar, funcionar mal

malice /'mæləs, BrE 'mælɪs/ *n* mala intención *f*

malicious /mə'lɪʃəs/ *adj* ‹*person/gossip*› malicioso; ‹*damage*› doloso

malignant /mə'lɪgnənt/ *adj* maligno

malinger /mə'lɪŋgər, BrE mə'lɪŋgə(r)/ *vi* hacerse* el enfermo

mall /mɔːl, BrE mæl, mɔːl/ *n* **(a)** (for shopping) centro *m* comercial **(b)** (avenue) paseo *m*

mallet /'mælət, BrE 'mælɪt/ *n* mazo *m*

malnutrition /'mælnuː'trɪʃən, BrE ˌmælnjuː'trɪʃən/ *n* desnutrición *f*

malpractice /'mæl'præktəs, BrE ˌmæl'præktɪs/ *n* mala práctica *f* (*en el ejercicio de la profesión*)

malt /mɔːlt/ *n* **(a)** (grain) malta *f* **(b) ∼ (whisky)** whisky *m* de malta

Malta /'mɔːltə/ *n* Malta *f*

Maltese¹ /'mɔːl'tiːz/ *adj* maltés

Maltese² *n* (*pl* ∼) **(a)** (person) maltés, -tesa *m,f* **(b)** (language) maltés *m*

maltreat /mæl'triːt/ *vt* maltratar, tratar mal

mamma /'mæmə, BrE 'mʌmə/ *n* ▶ **momma**

mammal /'mæməl/ *n* mamífero *m*

mammoth¹ /'mæməθ/ *n* mamut *m*

mammoth² *adj* ‹*building/cost*› gigantesco; ‹*task*› de titanes

man¹ /mæn/ *n* (*pl* **men** /men/) **1** **(a)** (adult male) hombre *m* **(b)** (husband, boyfriend): **her new ~** su nueva pareja (*or* su nuevo compañero *etc*); **to live together as ~ and wife** vivir como marido y mujer **(c)** (type): **he's a local ~** es del lugar; **he's a family ~** es un padre de familia **2** **(a)** (person) persona *f*; **every ~ for himself** (set phrase) sálvese quien pueda (fr hecha) **(b)** *also* **Man** (mankind) (*no art*) el hombre **3** **men** *pl*: **the ~** (troops) los soldados; (employees) los trabajadores **4** (in chess) pieza *f*; (in draughts) ficha *f* **5** (*as form of address*) (infml): **hey, ~!** ¡oiga, amigo!, ¡oye, tío (Esp) *or* (AmL exc CS) mano *or* (Chi) gallo! (fam), ¡oíme, che! (RPl fam)

man² *vt* **-nn-** ‹*switchboard*› encargarse* de; ‹*ship*› tripular; **soldiers ~ned the barricades** había soldados apostados en las barricadas

manacles /'mænəkəlz/ *pl n* (for wrists) esposas *fpl*; (for legs) grillos *mpl*

manage /'mænɪdʒ/ *vt* **1** (Busn) ‹*company/bank*› dirigir*, administrar, gerenciar (AmL); ‹*staff/team*› dirigir*; ‹*land/finances*› administrar **2** (handle, cope with) ‹*children*› manejar; ‹*household*› llevar; **she can't ~ the stairs** no puede subir la escalera **3** (achieve): **he ~d a smile** esbozó una sonrisa forzada; **I can't ~ the meeting** no puedo ir a la reunión; **to ~ to** + INF lograr + INF

■ *vi* **1** (Busn) dirigir*, administrar **2** (cope): **can I help you? — thank you, I can ~** ¿me permite que la ayude? — gracias, yo puedo sola; **they have to ~ on $300 a week** tienen que arreglarse con 300 dólares a la semana

manageable /'mænɪdʒəbəl/ *adj* ‹*child/animal/hair*› dócil; ‹*task/goal*› posible de alcanzar; ‹*size/amount*› razonable

management /'mænɪdʒmənt/ *n* **1** (act) **(a)** (Busn) dirección *f*, administración *f* **(b)** (handling, control) manejo *m* **2** (managers) **(a)** (as group) (*no art*, + *sing o pl vb*) directivos *mpl*; **senior ~** altos cargos *mpl* **(b)** (of particular company) dirección *f*, gerencia *f*

manager /'mænɪdʒər, BrE 'mænɪdʒə(r)/ *n* (Busn) (of company, department) director, -tora *m,f*, gerente *mf*; (of store, restaurant) gerente *mf*, encargado, -da *m,f*; (of estate, fund) administrador, -dora *m,f*; (of pop group, boxer) manager *mf*; (Sport) agente *mf*; (in soccer) entrenador, -dora *m,f*, director técnico, directora técnica *m,f* (AmL)

manageress /'mænɪdʒərəs, BrE ˌmænɪdʒə'res/ *n* (esp BrE) encargada *f*

managerial /'mænə'dʒɪriəl, BrE ˌmænɪ'dʒɪəriəl/ *adj* directivo, gerencial (AmL)

managing director /'mænədʒɪŋ, BrE 'mænɪdʒɪŋ/ *n* (esp BrE) director ejecutivo, directora ejecutiva *m,f*

mandarin /'mændərən, BrE 'mændərɪn/ *n* **~ (orange)** mandarina *f*

mandate /'mændeɪt/ *n* mandato *m*

mandatory /'mændətɔːri, BrE 'mændətəri/ *adj* (fml) obligatorio

mane /meɪn/ *n* (of horse) crin(es) *f(pl)*; (of lion) melena *f*

maneuver¹, (BrE) **manoeuvre** /mə'nuːvər, BrE mə'nuːvə(r)/ *n* maniobra *f*

maneuver², (BrE) **manoeuvre** *vt*: **they ~ed the piano up the stairs** subieron trabajosamente el piano por la escalera; **she ~ed the car out of the garage** sacó el coche del garaje maniobrando

■ *vi* «*vehicle/driver*» maniobrar, hacer* una maniobra; **to have room to ~** «*driver*» tener* espacio para maniobrar; «*diplomat*» tener* libertad de acción

manger /'meɪndʒər, BrE 'meɪndʒə(r)/ *n* pesebre *m*

mangle¹ /'mæŋgəl/ *vt* destrozar*

mangle² *n* rodillo *m* (escurridor)

mango /'mæŋgəʊ/ *n* (*pl* **-goes** *or* **-gos**) mango *m*

mangy /'meɪndʒi/ *adj* **-gier**, **-giest** ‹*cat*› sarnoso

man: **~handle** *vt* (move by hand) mover* a pulso; (treat roughly) maltratar; **~hole** *n* registro *m*, pozo *m* de inspección; (into sewer) boca *f* de alcantarilla

manhood /'mænhʊd/ *n* **(a)** (adulthood) madurez *f* **(b)** (virility) hombría *f*

man: **~-hour** *n* hora *f* hombre; **~hunt** *n* persecución *f*

mania /'meɪniə/ *n* (*pl* **-nias**) manía *f*

maniac /'meɪniæk/ *n* maniaco, -ca *m,f*, maníaco, -ca *m,f*

manic /'mænɪk/ *adj* ‹*behavior*› maniaco, maníaco; ‹*activity*› frenético

manic-depressive /'mænɪkdɪ'presɪv/ *n* maniacodepresivo, -va *m,f*

manicure¹ /'mænəkjʊr, BrE 'mænɪkjʊə(r)/ *n* manicura *f*, manicure *f* (AmL exc RPl)

manicure² *vt* arreglarle las manos *or* las uñas a

manifest¹ /'mænəfest, BrE 'mænɪfest/ *v refl* (fml): **to ~ itself** «*ghost*» aparecerse*; «*disease/fear*» manifestarse*

■ *vt* (express) manifestar*

manifest² *adj* manifiesto

manifestation /'mænəfə'steɪʃən, BrE ˌmænɪfə'steɪʃən/ *n* manifestación *f*; (of ghost) aparición *f*

manifesto /'mænə'festəʊ, BrE ˌmænɪ'festəʊ/ *n* (*pl* **-toes** *or* **-tos**) manifiesto *m*; (for a specific election) (esp BrE) plataforma *f* electoral

manifold¹ /'mænəfəʊld, BrE 'mænɪfəʊld/ *adj* (fml) múltiples

manifold² *n* colector *m*

manipulate /mə'nɪpjəleɪt, BrE mə'nɪpjʊleɪt/ *vt* manipular

manipulative /mə'nɪpjələtɪv, BrE mə'nɪpjʊlətɪv/ *adj* manipulador

mankind /mæn'kaɪnd/ *n* humanidad *f*, género *m* humano

manly /'mænli/ *adj* **-lier**, **-liest** ‹*physique/pursuits*› varonil, masculino

man-made /'mæn'meɪd/ *adj* ‹*lake*› artificial; ‹*material*› sintético

manna /'mænə/ *n* maná *m*

manner /'mænər, BrE 'mænə(r)/ *n* **1** (way, fashion)

palabra clave

forma *f*, modo *m*, manera *f*; **in a ~ of speaking** en cierto modo **2** (bearing, demeanor) actitud *f*; **a good telephone ~ is essential** es imprescindible tener buen trato por teléfono **3** (variety) tipo *m*, suerte *f*, clase *f*; **all ~ of things** todo tipo *or* toda suerte *or* toda clase de cosas **4 manners** *pl* (personal conduct) modales *mpl*, educación *f*

mannerism /ˈmænərɪzəm/ *n* (peculiarity, habit) peculiaridad *f*; (gesture) gesto *m*

manoeuvre *n/vt/vi* (BrE) ▶ **maneuver**[1,2]

manor /ˈmænər, BrE ˈmænə(r)/ *n*, **~ (house)** casa *f* solariega

manpower /ˈmænpaʊər, BrE ˈmænpaʊə(r)/ *n* (workers) personal *m*; (blue-collar) mano *f* de obra

mansion /ˈmænʃən/ *n* mansión *f*

manslaughter /ˈmænˌslɔːtər, BrE ˈmænˌslɔːtə(r)/ *n* homicidio *m* sin premeditación

mantelpiece /ˈmæntlpiːs/ *n* repisa *f* de la chimenea

mantle /ˈmæntl/ *n* **1** (covering) (liter) manto *m* (liter) **2** (Geol) manto *m*, sima *f*

manual[1] /ˈmænjuəl/ *adj* manual

manual[2] *n* manual *m*

manufacture[1] /ˈmænjəˈfæktʃər, BrE ˌmænjʊˈfæktʃə(r)/ *vt* ‹*cars/toys*› fabricar*; ‹*clothes*› confeccionar; ‹*foodstuffs*› elaborar

manufacture[2] *n* (act) fabricación *f*; (of clothes) confección *f*; (of foodstuffs) elaboración *f*

manufacturer /ˈmænjəˈfæktʃərər, BrE ˌmænjʊˈfæktʃərə(r)/ *n* fabricante *mf*

manufacturing /ˈmænjəˈfæktʃərɪŋ, BrE ˌmænjʊˈfæktʃərɪŋ/ *adj* ‹*sector/town*› manufacturero; ‹*output/capacity*› industrial; **~ industry** industria *f* manufacturera

manure /məˈnʊr, BrE məˈnjʊə(r)/ *n* estiércol *m*

manuscript /ˈmænjəskrɪpt, BrE ˈmænjʊskrɪpt/ *n* manuscrito *m*

Manx /mæŋks/ *adj* manés, de la isla de Man

many[1] /ˈmeni/ *adj* muchos, -chas; **how ~ plates/cups?** ¿cuántos platos/cuántas tazas?; **I've had as ~ jobs as you** he tenido tantos trabajos como tú; **too ~ problems** demasiados problemas

many[2] *pron* muchos, -chas; **how ~ of you smoke?** ¿cuántos/cuántas de ustedes fuman?; **would ten be too ~?** ¿diez serían demasiados?

Maori /ˈmaʊri/ *n* maorí *mf*

map[1] /mæp/ *n* (of country, region) mapa *m*; (of town, subway, building) plano *m*

map[2] **-pp-** *vt* trazar* el mapa de

● **map out** [*v + o + adv, v + adv + o*] ‹*itinerary/holiday*› planear

maple /ˈmeɪpəl/ *n*, **~ (tree)** arce *m*; (*before n*) **~ syrup** jarabe *m or* sirope *m* de arce

mar /mɑːr, BrE mɑː(r)/ *vt* **-rr-** estropear

marathon /ˈmærəθɑːn, BrE ˈmærəθən/ *n* maratón *m or f*

marauder /məˈrɔːdər, BrE məˈrɔːdə(r)/ *n* (criminal) maleante *mf*; (prowler) merodeador, -dora *m,f*

marble /ˈmɑːrbəl, BrE ˈmɑːbəl/ *n* **1** (Min) mármol *m* **2** (Games) canica *f or* (AmS) bolita *f*

march[1] /mɑːrtʃ, BrE mɑːtʃ/ *n* **1** **(a)** (Mil, Mus) marcha *f* **(b)** (demonstration) marcha *f* (de protesta) **2** (of time) paso *m*; (of science, technology) avance *m*

march[2] *vi* «*troops*» marchar; **when Saddam ~ed on Kuwait** cuando Saddam invadió Kuwait; **she ~ed into the office** entró con paso firme en *or* (esp AmL) a la oficina

■ *vt* hacer* marchar; **the prisoner was ~ed in** hicieron entrar al prisionero

March /mɑːrtʃ, BrE mɑːtʃ/ *n* marzo *m*

mare /mer, BrE meə(r)/ *n* yegua *f*

margarine /ˈmɑːrdʒərən, BrE ˌmɑːdʒəˈriːn/ *n* margarina *f*

margin /ˈmɑːrdʒən, BrE ˈmɑːdʒɪn/ *n* **1** (on page, typewriter) margen *m* **2** **(a)** (leeway) margen *m* **(b)** (Busn) (of profit) margen *m* (de ganancia) **3** (fringe — of lake) (*often pl*) margen *f*; (— of society) margen *m*

marginal /ˈmɑːrdʒn̩əl, BrE ˈmɑːdʒɪnl/ *adj* ‹*difference*› mínimo; ‹*role*› menor

marginally /ˈmɑːrdʒn̩əli, BrE ˈmɑːdʒɪnəli/ *adv* ligeramente

marigold /ˈmærəgəʊld, BrE ˈmærɪgəʊld/ *n* caléndula *f*, maravilla *f*

marijuana, **marihuana** /ˈmærəˈwɑːnə, -ˈhwɑː-, BrE ˌmæriˈwɑːnə/ *n* marihuana *f*

marinade, **marinate** /ˈmærəneɪd, -eɪt, BrE ˈmærɪneɪd, -eɪt/ *vt* dejar en adobo

marine[1] /məˈriːn/ *n also* **Marine** (Mil) ≈ infante *m* de marina

marine[2] *adj* (*before n*) ‹*biology*› marino; ‹*engineering*› naval; ‹*insurance*› marítimo

marital /ˈmærətl, BrE ˈmærɪtl/ *adj* ‹*problems*› matrimonial; ‹*bliss*› conyugal; **~ status** estado *m* civil

marjoram /ˈmɑːrdʒərəm, BrE ˈmɑːdʒərəm/ *n* mejorana *f*

mark[1] /mɑːrk, BrE mɑːk/ *n* **1** (sign, symbol) marca *f*; (stain) mancha *f*; (imprint) huella *f*; (on body) marca *f*; **as a ~ of respect** en señal de respeto; ***to make one's ~*** dejar su impronta **2** (Educ) nota *f*; (Sport) punto *m*; **to get a good ~** sacar* una buena nota **3** **(a)** (indicator): **the cost has reached the $100,000 ~** el costo ha llegado a los 100.000 dólares; ***to overstep the ~*** pasarse de la raya **(b)** (for race) línea *f* de salida; **on your ~s!** ¡a sus marcas! **4** (target) blanco *m*; ***to be wide of the ~***: **his estimate was wide of the ~** erró por mucho en su cálculo **5** *also* **Mark** (type, version) modelo *m* **6** (Fin) marco *m*

mark[2] *vt* **1** (stain, scar) manchar **2** (indicate) señalar, marcar* **3** ‹*anniversary*› celebrar; ‹*beginning*› marcar*, señalar **4** ‹*exam*› (make corrections in) corregir*; (grade) poner(le)* nota a **5** (BrE) (Sport) ‹*opponent*› marcar*

● **mark down** [*v + o + adv, v + adv + o*] **(a)** (Busn) ‹*goods*› rebajar **(b)** (BrE) (Educ) ‹*person/work*› bajarle la nota a

● **mark out** [*v + o + adv, v + adv + o*] **(a)** ‹*sports ground*› marcar* **(b)** (select) señalar **(c)** (distinguish) distinguir*

marked /mɑːrkt, BrE mɑːkt/ *adj* ‹*improvement*› marcado; ‹*contrast*› acusado

marker /ˈmɑːrkər, BrE ˈmɑːkə(r)/ *n* **(a)** (to show position) indicador *m* **(b)** **~ (pen)** rotulador *m*

market[1] /ˈmɑːrkət, BrE ˈmɑːkɪt/ *n* **1** mercado *m*; (street **~**) mercado *m or* mercadillo *m or* (CS, Per) feria *f*; **to come on (to) the ~** salir* a la venta; **we put the house on the ~ at $320,000**

pusimos la casa en venta en $320.000; (*before n*) ~ **forces** fuerzas *fpl* del mercado **2** (Fin) (stock ~) bolsa *f* (de valores); ***to corner the ~ (in sth)*** hacerse* con el mercado (de algo)

market² *vt* comercializar*

market garden *n* (BrE) huerta *f*

✓ **marketing** /'mɑːrkətɪŋ, BrE 'mɑːkɪtɪŋ/ *n* marketing *m*

market: ~**place** *n* (in town) mercado *m*, plaza *f* del mercado; (Busn) mercado *m*; ~ **research** *n* estudio *m or* investigación *f* de mercado

marking /'mɑːrkɪŋ, BrE 'mɑːkɪŋ/ *n* **(a)** (on animal, plant) mancha *f* **(b)** (manmade) marca *f*; **road** ~**s** líneas *fpl* de señalización vial

marksman /'mɑːrksmən, BrE 'mɑːksmən/ *n* (*pl* **-men** /-mən/) tirador *m*

marmalade /'mɑːrməleɪd, BrE 'mɑːməleɪd/ *n* mermelada *f* (*de cítricos*)

maroon¹ /mə'ruːn/ *adj* granate *adj inv*

maroon² *vt* (*usu pass*) ‹*castaway*› abandonar (*en una isla desierta*)

marquee /mɑːr'kiː, BrE mɑː'kiː/ *n* **(a)** (canopy) (AmE) marquesina *f* **(b)** (tent) (BrE) entoldado *m*

✓ **marriage** /'mærɪdʒ/ *n* **1** **(a)** (act) casamiento *m*, matrimonio *m*; (*before n*) ~ **certificate** certificado *m* de matrimonio **(b)** (relationship) matrimonio *m*; **her ~ to the poet lasted two years** estuvo dos años casada con el poeta **2** (union) (liter) (*no pl*) maridaje *m*, unión *f*

married /'mærid/ *adj* ‹*man/woman*› casado; **a ~ couple** un matrimonio; **they have been ~ for two years** llevan dos años casados; **to get ~ (to sb)** casarse (con algn)

m

marrow /'mærəʊ/ *n* **1** (bone ~) médula *f* **2** ~ **squash** o (BrE) ~ (Culin) *tipo de calabaza alargada y de cáscara verde*

✓ **marry** /'mæri/ **-ries**, **-rying**, **-ried** *vt* **(a)** (get married to) casarse con **(b)** (perform ceremony) casar **(c)** (unite, combine) unir
■ *vi* casarse

● **marry off** [*v + o + adv, v + adv + o*] casar

Mars /mɑːrz, BrE mɑːz/ *n* Marte *m*

marsh /mɑːrʃ, BrE mɑːʃ/ *n* (*often pl*) pantano *m*; (on coast) marisma *f*

marshal¹ /'mɑːrʃəl, BrE 'mɑːʃəl/ *n* **1** (as title) (Mil) mariscal *m* **2** (as title) (AmE) **(a)** (police chief) jefe, -fa *m,f* de policía **(b)** (Law) *supervisor de los tribunales de un distrito judicial* **3** (at public gathering) miembro *m* del servicio de vigilancia

marshal² *vt*, (BrE **-ll-**) ‹*troops/crowd*› reunir*; ‹*thoughts*› poner* en orden; ‹*evidence*› reunir*

martial /'mɑːrʃəl, BrE 'mɑːʃəl/ *adj* marcial

martial: ~ **arts** *pl n* artes *fpl* marciales; ~ **law** *n* ley *f* marcial

martyr /'mɑːrtər, BrE 'mɑːtə(r)/ *n* mártir *mf*

martyrdom /'mɑːrtərdəm, BrE 'mɑːtədəm/ *n* martirio *m*

marvel¹ /'mɑːrvəl, BrE 'mɑːvəl/ *n* maravilla *f*

marvel², (BrE **-ll-**) *vi* **to ~ (AT sth)** maravillarse (DE algo)

marvelous, (BrE) **marvellous** /'mɑːrvləs, BrE 'mɑːvələs/ *adj* maravilloso

Marxism /'mɑːrksɪzəm, BrE 'mɑːksɪzəm/ *n* marxismo *m*

Marxist¹ /'mɑːrksəst, BrE 'mɑːksɪst/ *n* marxista *mf*

Marxist² *adj* marxista

marzipan /'mɑːrzəpɑːn, BrE 'mɑːzɪpæn, ˌmɑːzɪ'pæn/ *n* mazapán *m*

mascara /mæ'skærə, BrE mæ'skɑːrə/ *n* rímel® *m*

mascot /'mæskɑːt, BrE 'mæskət, -skɒt/ *n* mascota *f*

masculine /'mæskjələn, BrE 'mæskjʊlɪn/ *adj* masculino

mash¹ /mæʃ/ *n* (BrE infml) puré *m* de papas *or* (Esp) de patatas

mash² *vt* hacer* puré de, moler*(Chi, Méx), pisar (RPl, Ven), espichar (Col); ~**ed potato(es)** puré *m* de papas *or* (Esp) de patatas

mask¹ /mæsk, BrE mɑːsk/ *n* (for disguise, ritual) máscara *f*; (in fencing, ice hockey) careta *f*; (used by doctors) mascarilla *f*, barbijo *m*; (for diving) gafas *fpl or* anteojos *mpl* de bucear; (against dust, fumes) mascarilla *f*

mask² *vt* **(a)** (conceal) ocultar **(b)** (cover) cubrir*

masking tape /'mæskɪŋ, BrE 'mɑːskɪŋ/ *n* cinta *f* adhesiva protectora, cinta *f* de enmascarar (Col), tirro *m* (Ven)

masochist /'mæsəkəst, BrE 'mæsəkɪst/ *n* masoquista *mf*

mason /'meɪsn̩/ *n* **(a)** (Const) albañil *mf*; (stone ~) mampostero *m* **(b)** *also* **Mason** (Free~) masón *m*, francmasón *m*

masquerade¹ /'mæskə'reɪd, BrE ˌmɑːskə'reɪd, ˌmæ-/ *n* mascarada *f*

masquerade² *vi* **to ~ AS sb** hacerse* pasar POR algn

✓ **mass¹** /mæs/ *n* **1** (bulk, body) masa *f*; **her hair was a ~ of curls** tenía la cabeza cubierta de rizos **2** **masses** *pl* **(a)** (great quantity) (BrE infml): **we received ~es of complaints** recibimos montones de quejas (fam) **(b)** **the ~es** las masas **3** (Phys) masa *f* **4** *also* **Mass** (Mus, Relig) misa *f*

mass² *vi* «*crowd/clouds*» concentrarse

mass³ *adj* (*before n*) ‹*culture/market*› de masas; ‹*hysteria/suicide*› colectivo; ‹*protest*› masivo; ‹*unemployment*› generalizado; **a ~ meeting** una reunión de todo el personal (*or* el estudiantado *etc*); ~ **transit** (AmE) transporte *m* público

Mass = **Massachusetts**

massacre¹ /'mæsəkər, BrE 'mæsəkə(r)/ *vt* masacrar

massacre² *n* matanza *f*, masacre *f*

massage¹ /mə'sɑːʒ, BrE 'mæsɑːʒ/ *vt* masajear

massage² *n* masaje *m*

✓ **massive** /'mæsɪv/ *adj* ‹*wall*› sólido; ‹*support/task*› enorme; ‹*heart attack/overdose*› masivo

mass: ~ **media** *pl n*: **the ~ media** los medios de comunicación (de masas); ~**-produce** /'mæsprə'duːs, BrE ˌmæsprə'djuːs/ *vt* fabricar* en serie

mast /mæst, BrE mɑːst/ *n* **(a)** (Naut) mástil *m* **(b)** (flagpole) mástil *m* **(c)** (relay ~) antena *f* repetidora, repetidor *m*

mastectomy /mæ'stektəmi/ *n* (*pl* **-mies**) mastectomía *f*

✓ **master¹** /'mæstər, BrE 'mɑːstə(r)/ *n* **1** (of household) señor *m*, amo *m*; (of animal) amo *m*, dueño *m*; (of servant) amo *m*, patrón *m* **2** (expert) ~ OF **sth** maestro, -tra *m,f* DE algo **3** (Educ) **(a)** (degree): ~**'s (degree)** master *m*,

✓ palabra clave

maestría *f*; **M~ of Arts/Science** *poseedor de una maestría en Humanidades/Ciencias* **(b)** (BrE) (in secondary school) profesor *m* **4** (Naut) capitán *m* **5** (~ copy) (Audio, Comput, Print) original *m*

master[2] *vt* ‹*technique/subject*› llegar* a dominar

master[3] *adj* (*before n, no comp*) **(a)** (expert): ~ **baker/builder** maestro *m* panadero/de obras **(b)** (main) ‹*switch/key*› maestro **(c)** (original) ‹*tape*› original, matriz; ~ **plan** plan *m* general

mastermind[1] /ˈmæstərmaɪnd, BrE ˈmɑːstəmaɪnd/ *n* cerebro *m*

mastermind[2] *vt* planear y organizar*

master: ~ **of ceremonies** *n* maestro, -tra *m,f* de ceremonias; ~**piece** *n* obra *f* maestra

mastery /ˈmæstəri, BrE ˈmɑːstəri/ *n* **(a)** (expertise, skill) maestría *f*; (of language, technique) dominio *m* **(b)** (control) dominio *m*

masturbate /ˈmæstərbeɪt, BrE ˈmæstəbeɪt/ *vi* masturbarse

mat[1] /mæt/ *n* (of rushes, straw) estera *f*, esterilla *f*; (door ~) felpudo *m*, tapete *m* (Col, Méx); (table~) (individual) (mantel *m*) individual *m*; (in center of table) salvamanteles *m*, posafuentes *m* (CS)

mat[2] *adj* (AmE) ▶ **matt**

match[1] /mætʃ/ *n* **1** (for fire) fósforo *m*, cerilla *f* (Esp), cerillo *m* (AmC, Méx) **2** (Sport): **boxing** ~ combate *m* de boxeo; **tennis** ~ partido *m* de tenis; **football** ~ (BrE) partido *m* de fútbol **3** (equal) (*no pl*): **to be a/no ~ for sb** estar*/no estar* a la altura de algn

match[2] *vt* **1** (equal) igualar **2** **(a)** (correspond to) ‹*description*› ajustarse a, corresponder a **(b)** (harmonize with) hacer* juego con **(c)** (make correspond, find equivalent for): ~ **the words with the pictures** encuentra la palabra que corresponda a cada dibujo; **to be well ~ed** «*competitors*» ser* del mismo nivel, ser* muy parejos (esp AmL); «*couple*» hacer* buena pareja **(d) matching** *pres p* haciendo juego, a juego (Esp)

■ *vi* **(a)** (go together) «*clothes/colors*» hacer* juego; **a demanding job with a salary to** ~ un trabajo que exige mucho con un salario acorde **(b)** (tally) coincidir

match: ~**book** *n* (AmE) librito *m* de fósforos *or* (Esp) de cerillas *or* (AmC, Méx tb) de cerillos; ~**box** *n* caja *f* de fósforos *or* (Esp) de cerillas *or* (AmC, Méx tb) de cerillos; ~**maker** *n* casamentero, -ra *m,f*; ~ **point** *n* punto *m* de partido; ~**stick** *n* **(a)** ▶ **match[1] 1 (b)** (stick) palillo *m*

mate[1] /meɪt/ *n* **1** **(a)** (assistant) ayudante *mf* **(b)** (Naut) oficial *mf* de cubierta; **first** ~ primer oficial *m* **2** **(a)** (Zool) (male) macho *m*; (female) hembra *f* **(b)** (of person) pareja *f* **3** (BrE infml) amigo, -ga *m,f*, cuate, -ta *m,f* (Méx fam) **4** (check~) (jaque *m*) mate *m*

mate[2] *vi* aparearse

material[1] /məˈtɪriəl, BrE məˈtɪəriəl/ *n* **1** **(a)** (used in manufacturing etc) material *m* **(b) materials** *pl* (equipment) material *m* **2** (cloth) tela *f*, género *m*, tejido *m* **3** **(a)** (for book, show etc) material *m* **(b)** (potential, quality): **this is bestseller** ~ este es un bestseller en potencia; **she's champion** ~ tiene madera de campeona

material[2] *adj* material

materialistic /məˈtɪriəˈlɪstɪk, BrE məˌtɪəriəˈlɪstɪk/ *adj* materialista

materialize /məˈtɪriəlaɪz, BrE məˈtɪəriəlaɪz/ *vi* «*object/ghost*» aparecer*; «*hope/idea*» hacerse* realidad

maternal /məˈtɜːrnl, BrE məˈtɜːnl/ *adj* **(a)** (motherly) maternal **(b)** (on mother's side) (*before n*) materno

maternity /məˈtɜːrnəti, BrE məˈtɜːnəti/ *n* maternidad *f*; (*before n*) ‹*clinic/ward*› de obstetricia; ‹*dress/clothes*› de embarazada, premamá *adj inv* (Esp); ‹*pay/leave*› por maternidad; ~ **hospital** maternidad *f*

math /mæθ/ *n* (AmE) matemática(s) *f(pl)*

mathematical /ˈmæθəˈmætɪkəl/ *adj* matemático

mathematician /ˈmæθəməˈtɪʃən/ *n* matemático, -ca *m,f*

mathematics /ˈmæθəˈmætɪks/ *n* (+ *sing vb*) matemática(s) *f(pl)*

maths /mæθs/ *n* (BrE) (+ *sing vb*) matemática(s) *f(pl)*

matinee, matinée /mætn̩ˈeɪ, BrE ˈmætɪneɪ/ *n* (Cin) primera sesión *f* (*de la tarde*), matiné(e) *f* (AmS); (Theat) función *f* de tarde, matiné(e) *f* (AmS)

matrices /ˈmeɪtrəsiːz, ˈmæt-, BrE ˈmeɪtrɪsiːz/ *pl of* **matrix**

matriculate /məˈtrɪkjəleɪt, BrE məˈtrɪkjʊleɪt/ *vi* (fml) matricularse

matrimony /ˈmætrəməʊni, BrE ˈmætrɪməni/ *n* (fml) matrimonio *m*

matrix /ˈmeɪtrɪks/ *n* (*pl* **matrices** *or* ~**es**) matriz *f*

matron /ˈmeɪtrən/ *n* **(a)** (dignified woman) matrona *f* **(b)** (in prison) (AmE) matrona *f* **(c)** (in hospital) (BrE dated) enfermera *f* jefe *or* jefa **(d)** (in school) ≈ enfermera *f*

matt, (AmE also) **matte, mat** /mæt/ *adj* mate; **a ~ finish** un acabado mate

matted /ˈmætəd, BrE ˈmætɪd/ *adj* enmarañado y apelmazado

matter[1] /ˈmætər, BrE ˈmætə(r)/ *n* **1** **(a)** (substance) (Phil, Phys) materia *f* **(b)** (discharge) (Med) pus *m*, materia *f* **(c)** (subject ~) temática *f*, tema *m* **(d)** (written, printed material): **printed** ~ impresos *mpl*; **reading** ~ material *m* de lectura **2** **(a)** (question, affair) asunto *m*, cuestión *f*; **it's only a ~ of time** solo es cuestión de tiempo; **that's a ~ of opinion** eso es discutible **(b) matters** *pl*: **to make ~s worse** para colmo (de males); **that didn't help ~s** aquello no ayudó a mejorar la situación **(c)** (*in phrases*) **as a matter of fact: as a ~ of fact, I've never been to Spain** la verdad es que nunca he estado en España; **for that matter** en realidad; **no matter** (*as interj*) no importa; (*as conj*) **no ~ how hard I try** por mucho que me esfuerce **3** (problem, trouble): **what's the ~?** ¿qué pasa?; **what's the ~ with Jane?** ¿qué le pasa a Jane?

matter[2] *vi* importar

matter-of-fact /ˈmætərəvˈfækt/ *adj* ‹*person*› práctico; **he explained it in a very ~ way** lo explicó con total naturalidad

mattress /ˈmætrəs, BrE ˈmætrɪs/ *n* colchón *m*

mature[1] /məˈtʊr, BrE məˈtjʊə(r)/ *adj* **(a)** (developed) ‹*animal/tree*› adulto; ‹*fruit/*

artist/ideas› maduro **(b)** (sensible) maduro

mature[2] *vi* **(a)** (develop) «*plant/animal/person*» desarrollarse; «*artist/work*» madurar; «*wine*» añejarse **(b)** (become sensible) madurar **(c)** (Fin) «*bond/policy*» vencer*

maturity /mə'tʊrəti, BrE mə'tjʊərəti/ *n* (of person) madurez *f*; (of bond, security) vencimiento *m*

maudlin /'mɔːdlən, BrE 'mɔːdlɪn/ *adj* llorón

maul /mɔːl/ *vt* atacar* (y herir*)

mausoleum /'mɔːsə'liːəm/ *n* (*pl* **-ums**) mausoleo *m*

mauve /məʊv/ *adj* malva *adj inv*

maverick /'mævərɪk/ *n* inconformista *mf*; (Pol) disidente *mf*

maxim /'mæksəm, BrE 'mæksɪm/ *n* máxima *f*

maximize /'mæksəmaɪz, BrE 'mæksɪmaɪz/ *vt* maximizar*

maximum[1] /'mæksəməm, BrE 'mæksɪməm/ *n* máximo *m*

maximum[2] *adj* (*before n*) máximo

🔑 **may** /meɪ/ *v mod* (*past* **might**) **1** (asking, granting permission) poder*; **~ I smoke?** ¿puedo fumar?; **~ I have your name and address, please?** ¿quiere darme su nombre y dirección, por favor? **2** (indicating probability) [*El grado de probabilidad que indica* **may** *es mayor que el que expresan* **might**[1] *o* **could**] **we ~ increase the price** quizás aumentemos el precio; **it ~ or ~ not be true** puede o no ser cierto **3** (indicating sth is natural): **you ~ well ask!** ¡buena pregunta! **4** (conceding): **he ~ not be clever, but he's very hard-working** no será inteligente, pero es muy trabajador; **that's as ~ be** puede ser

🔑 **May** /meɪ/ *n* mayo *m*

🔑 **maybe** /'meɪbiː/ *adv* quizá(s), tal vez; **~ I'll come later** quizá(s) *or* tal vez venga luego

May: **~ Day** *n* el primero de mayo; (in some countries) el día del trabajo; **m~fly** *n* efímera *f*, cachipolla *f*

mayhem /'meɪhem/ *n* caos *m*

mayonnaise /'meɪə'neɪz, 'meɪəneɪz, BrE ˌmeɪə'neɪz/ *n* mayonesa *f*, mahonesa *f*

mayor /'meɪər, BrE meə(r)/ *n* alcalde, -desa *m,f*, intendente *mf* (municipal) (RPl)

mayoress /'meɪərəs, BrE 'meəres/ *n* (BrE) (female mayor) alcaldesa *f*, intendente *f* (RPl); (mayor's wife) alcaldesa *f*

maze /meɪz/ *n* laberinto *m*

MB (= **megabyte(s)**) MB.

MBA *n* = **Master of Business Administration**

MC *n* = **master of ceremonies**

Md = **Maryland**

🔑 **me**[1] /miː, *weak form* mi/ *pron* **1** **(a)** (as direct object) me; **she helped ~** me ayudó; **help ~** ayúdame **(b)** (as indirect object) me; **he bought ~ flowers** me compró flores **(c)** (after prep) mí; **for/behind ~** para mí/detrás de mí; **come with ~** ven conmigo; **she's older than ~** es mayor que yo **2** (emphatic use) yo; **it's ~** soy yo

me[2] /miː/ *n* (Mus) mi *m*

ME **1** (Geog) = **Maine** **2** = **myalgic encephalomyelitis**

meadow /'medəʊ/ *n* prado *m*, pradera *f*

meager, (BrE) **meagre** /'miːgər, BrE 'miːgə(r)/ *adj* ‹*portion/salary*› escaso; ‹*existence*› precario

🔑 **meal** /miːl/ *n* **1** (Culin) comida *f* **2** (Agr, Culin) harina *f* (*de avena, maíz etc*)

mealtime /'miːltaɪm/ *n* hora *f* de comer

🔑 **mean**[1] /miːn/ *vt* (*past & past p* **meant**) **1** (represent, signify) «*word/symbol*» significar*, querer* decir; **that ~s trouble** eso quiere decir que va a haber problemas; **does the number 0296 ~ anything to you?** ¿el número 0296 te dice algo?; **fame ~s nothing to her** la fama la tiene sin cuidado **2** **(a)** (refer to, intend to say) «*person*» querer* decir; **what do you ~?** ¿qué quieres decir (con eso)?; **do you know what I ~?** ¿me entiendes?; **I know who you ~** ya sé de quién hablas **(b)** (be serious about) decir* en serio **3** (equal, entail) significar*; **that would ~ repainting the kitchen** eso supondría volver a pintar la cocina **4** **(a)** (intend): **he didn't ~ (you) any harm** no quiso hacerte daño; **to ~ to** + INF: **I ~ to succeed** mi intención es triunfar; **I ~t to do it but I forgot** tenía toda la intención de hacerlo pero me olvidé **(b) to be ~t to** + INF (supposed, intended): **you weren't ~t to hear that** no pensaron (*or* pensé *etc*) que tú estarías escuchando; **I was never ~t to be a teacher** yo no estoy hecho para enseñar

mean[2] *adj* **1** (miserly) ‹*person*› tacaño; ‹*portion*› mezquino **2** **(a)** (unkind, nasty) malo; **it was really ~ of you** fue una maldad (de tu parte) **(b)** (excellent) (esp AmE sl) genial **3** (inferior, humble) (liter) humilde; **that's no ~ feat** no es poca cosa **4** (Math) (*before n*) medio

🔑 **mean**[3] *n* media *f*, promedio *m*; *see also* **means**

meander /mi'ændər, BrE mi'ændə(r)/ *vi* «*river*» serpentear; «*person*» deambular, vagar*

🔑 **meaning** /'miːnɪŋ/ *n* significado *m*

meaningful /'miːnɪŋfəl/ *adj* ‹*look/experience/relationship*› significativo; ‹*explanation*› con sentido; ‹*discussions*› positivo

meaningless /'miːnɪŋləs, BrE 'miːnɪŋlɪs/ *adj* sin sentido

means /miːnz/ *n* (*pl* **~**) **1** (+ *sing vb*) **(a)** (method) medio *m*; **a ~ to an end** un medio para lograr un fin; **~ of transport** medio de transporte; *see also* **ways and means** **(b)** (*in phrases*) **by all means** por supuesto, ¡cómo no! (esp AmL); **by no means, not by any means: we are by no ~ rich** no somos ricos ni mucho menos; **it's not a perfect film by any ~** de ninguna manera es una película perfecta; **by means of** (*as prep*) por medio de, mediante **2** (fml) (+ *pl vb*) (wealth) medios *mpl* (económicos); (income) ingresos *mpl*

means test *n*: *investigación de los ingresos de una persona para determinar si tiene derecho o no a ciertas prestaciones*

meant /ment/ *past & past p of* **mean**[1]

meantime /'miːntaɪm/ *n*: **in the ~** (while sth else happens) mientras tanto, entretanto; (in the intervening period) en el ínterin *or* interín; **for the ~** por ahora

🔑 **meanwhile** /'miːnhwaɪl, BrE 'miːnwaɪl/ *adv* mientras tanto, entretanto

measles /'miːzəlz/ *n* (+ *sing or pl vb*) (Med) sarampión *m*

🔑 palabra clave

measure[1] /'meʒər, BrE 'meʒə(r)/ *n* **1** **(a)** (system) medida *f* **(b)** (unit) medida *f* **(c)** (amount) cantidad *f*; **with a (certain) ~ of success** con cierto éxito **2** (device) medida *f* **3** (step) medida *f*; **to take ~s to + INF** tomar medidas para + INF **4** (AmE) (Mus) compás *m*

measure[2] *vt* **1** ‹*length/speed/waist*› medir*; ‹*weight*› pesar **2** (assess) calcular; **to ~ sth** AGAINST **sth** comparar algo CON algo
■ *vi* medir*
● **measure out** [*v* + *o* + *adv*, *v* + *adv* + *o*] ‹*length*› medir*; ‹*weight*› pesar
● **measure up** [*v* + *adv*] estar* a la altura de las circunstancias; **to ~ up** TO **sth** estar* a la altura DE algo

measurement /'meʒərmənt, BrE 'meʒəmənt/ *n* **(a)** (act) medición *f* **(b)** (dimension) medida *f*

measuring /'meʒərɪŋ/: **~ cup**, (BrE) **~ jug** *n* jarra *f* graduada; **~ spoon** *n* cuchara *f* de medir

meat /mi:t/ *n* **(a)** carne *f*; (*before n*) ‹*product*› cárnico **(b)** (substance) sustancia *f*

meat: **~ball** *n* albóndiga *f*; **~loaf** *n* pan *m* de carne

meaty /'mi:ti/ *adj* **-tier**, **-tiest** ‹*taste/smell*› a carne; ‹*soup/stew*› con mucha carne

Mecca /'mekə/ *n* **(a)** (Geog) La Meca **(b)** (center of attraction) meca *f*

mechanic /mə'kænɪk, BrE mɪ'kænɪk/ *n* mecánico, -ca *m,f*; *see also* **mechanics**

mechanical /mə'kænɪkəl, BrE mɪ'kænɪkəl/ *adj* mecánico, maquinal; ‹*action/reply*› mecánico

mechanics /mə'kænɪks, BrE mɪ'kænɪks/ *n* **1** (+ *sing vb*) (Phys, Mech Eng) mecánica *f* **2** (+ *pl vb*) **the ~** (practical details) los aspectos prácticos; (mechanical parts) el mecanismo

mechanism /'mekənɪzəm/ *n* mecanismo *m*

mechanize /'mekənaɪz/ *vt* mecanizar*

medal /'medl/ *n* medalla *f*

medalist, (BrE) **medallist** /'medləst, BrE 'medəlɪst/ *n* medallista *mf*; **gold/silver ~** medalla *mf* de oro/plata

medallion /mə'dæljən/ *n* medallón *m*

medallist (BrE) ▶ **medalist**

meddle /'medl/ *vi* **(a)** (interfere) **to ~** (IN/WITH **sth**) meterse *or* entrometerse (EN algo) **(b)** (tamper) **to ~** WITH **sth** toquetear algo

media[1] /'mi:diə/ *n*: **the ~** (+ *pl or* (crit) *sing vb*) los medios de comunicación

media[2] *pl of* **medium[2] 1, 2**

mediaeval /'mi:di'i:vəl, 'me-, BrE ˌmedi'i:vəl/ ▶ **medieval**

median[1] /'mi:diən/ *adj* (Math) medio

median[2] *n* **1** (Math) mediana *f* **2** **~ (strip)** (AmE) mediana *f*, bandejón *m* (central) (Chi), camellón *m* (Méx)

mediate /'mi:dieɪt/ *vi* mediar

mediator /'mi:dieɪtər, BrE 'mi:dieɪtə(r)/ *n* mediador, -dora *m,f*

Medicaid /'medɪkeɪd/ *n* (in US) *organismo y programa estatal de asistencia sanitaria a personas de bajos ingresos*

medical[1] /'medɪkəl/ *adj* ‹*care/examination/insurance*› médico; ‹*student*› de medicina; **~ school** facultad *f* de medicina

medical[2] *n* revisión *f* médica

Medicare /'medɪker, BrE 'medɪkeə(r)/ *n* (in US) *organismo y programa estatal de asistencia sanitaria a personas mayores de 65 años*

medicated /'medəkeɪtəd, BrE 'medɪkeɪtɪd/ *adj* medicinal

medication /'medə'keɪʃən, BrE ˌmedɪ'keɪʃən/ *n* **(a)** (substance) medicamento *m* **(b)** (drugs) medicación *f*

medicinal /mə'dɪsn̩əl, BrE mɪ'dɪsɪnl/ *adj* medicinal

medicine /'medəsən, BrE 'medsən, 'medəsən/ *n* **1** (substance) medicamento *m*, medicina *f*, remedio *m* (esp AmL) **2** (science) medicina *f*

medieval /'mi:di'i:vəl, 'me-, BrE ˌmedi'i:vəl/ *adj* medieval, medioeval

mediocre /'mi:di'əʊkər, BrE ˌmi:dɪ'əʊkə(r)/ *adj* mediocre

mediocrity /'mi:di'ɑ:krəti, BrE ˌmi:di'ɒkrəti/ *n* (*pl* **-ties**) **(a)** (quality) mediocridad *f* **(b)** (person) mediocre *mf*

meditate /'medəteɪt, BrE 'medɪteɪt/ *vi* meditar

meditation /'medə'teɪʃən, BrE ˌmedɪ'teɪʃən/ *n* meditación *f*

Mediterranean[1] /'medətə'reɪniən, BrE ˌmedɪtə'reɪniən/ *adj* mediterráneo

Mediterranean[2] *n*: **the ~ (Sea)** el (mar) Mediterráneo

medium[1] /'mi:diəm/ *adj* **1** (intermediate) ‹*size*› mediano **2** (Culin) **(a)** ‹*steak*› a punto, término medio (Méx) **(b)** (*as adv*) **~ rare** ‹*steak*› poco hecho, a la inglesa (Méx); **~ dry** ‹*wine*› semiseco

medium[2] *n* **1** (*pl* **media**) (means, vehicle) medio *m* **2** (*pl* **media**) (environment) medio *m* (ambiente) **3** (middle position) (*no pl*) punto *m* medio; **to strike a happy ~** lograr un término medio **4** (*pl* **mediums**) (Occult) médium *mf*

medium: **~-size** /'mi:diəm'saɪz/, (BrE also) **~-sized** /-d/ *adj* ‹*book/house*› de tamaño mediano; ‹*person*› de talla media *or* mediana; **~-term** /'mi:diəm'tɜ:rm, BrE ˌmi:diəm'tɜ:m/ *adj* (*before n*) a medio plazo; **~ wave** *n* (BrE) (*no pl*) onda *f* media

medley /'medli/ *n* **(a)** (mixture) mezcla *f* **(b)** (Mus) popurrí *m*

meek /mi:k/ *adj* **-er**, **-est** dócil, sumiso

meet[1] /mi:t/ (*past & past p* **met**) *vt* **1** **(a)** (encounter) encontrarse* con **(b)** (welcome) recibir; (collect on arrival) ir* a buscar; **she ran to ~ me** corrió a mi encuentro **2** (make acquaintance of) conocer*; **pleased to ~ you** encantado de conocerlo **3** (come up against, experience) encontrar*; **there's more to this than ~s the eye** esto es más complicado de lo que parece **4** ‹*demands/wishes/debt*› satisfacer*; ‹*deadline/quota/obligation*› cumplir con; ‹*requirements*› reunir*; ‹*cost*› hacerse* cargo de
■ *vi* **1** **(a)** (encounter each other) encontrarse*; **we arranged to ~ at three** quedamos en *or* (AmL tb) quedamos de encontrarnos a las tres, quedamos a las tres (esp Esp) **(b)** (hold meeting) «*club*» reunirse*; «*heads of state/ministers*» entrevistarse **(c)** (make acquaintance) conocerse*; **have you two already met?** ¿ya se conocen? **2** (come into contact): **the vehicles met head on** los vehículos chocaron de frente; **their**

eyes met sus miradas se cruzaron

● **meet up**: [*v* + *adv*] **to ~ up (WITH sb)** encontrarse* (CON algn)

● **meet with** [*v* + *prep* + *o*] **(a)** ‹*opposition/hostility*› ser* recibido con; **she met with an unfortunate accident** le ocurrió un lamentable accidente **(b)** (meet) (AmE) encontrarse* con

meet² *n* **(a)** (AmE) (Sport) encuentro *m* **(b)** (in hunting) partida *f* (de caza)

⚷ **meeting** /'mi:tɪŋ/ *n* **1** (assembly) reunión *f*; **to call/hold a ~** convocar*/celebrar una reunión; **political ~** mitin *m*, mítin *m* **2** (encounter) encuentro *m*; (between presidents) entrevista *f* **3** (BrE) (Sport) encuentro *m*

megabyte /'megəbaɪt/ *n* megabyte *m*, megaocteto *m*

megalomaniac /'megələʊ'meɪniæk/ *n* megalómano, -na *m,f*

megaphone /'megəfəʊn/ *n* megáfono *m*

megapixel /'megəpɪksəl/ *n* megapixel *m*

melancholy /'melənkɑ:li, BrE 'melənkəli/ *adj* ‹*person/mood*› melancólico; ‹*sound*› triste

mellow¹ /'meləʊ/ *adj* **-er**, **-est** **(a)** ‹*fruit*› maduro; ‹*wine*› añejo; ‹*sound/voice*› dulce; ‹*light/color*› tenue **(b)** ‹*person/mood*› apacible

mellow² *vt* suavizar*

■ *vi* «*color/voice*» suavizarse*; **he has ~ed with age** se le ha suavizado el carácter con los años

melodrama /'melədrɑ:mə/ *n* melodrama *m*

melodramatic /'melədrə'mætɪk/ *adj* melodramático

m

melody /'melədi/ *n* (*pl* **-dies**) melodía *f*

melon /'melən/ *n* melón *m*

melt /melt/ *vi* «*ice/butter*» derretirse*; «*metal/wax*» fundirse; «*anger*» desaparecer*; **they ~ed into the crowd** se perdieron en la muchedumbre

■ *vt* ‹*snow/butter*› derretir*; **their cries ~ed her heart** su llanto la conmovió

● **melt away** [*v* + *adv*] «*ice/snow*» derretirse*; «*mist/fog*» levantarse; «*fear/suspicion*» disiparse; «*confidence*» desvanecerse*; «*resistance/opposition*» desaparecer*; **they ~ed away into the woods** desaparecieron ocultándose en el bosque

● **melt down** [*v* + *o* + *adv*, *v* + *adv* + *o*] ‹*gold/coins*› fundir

⚷ **member** /'membər, BrE 'membə(r)/ *n* **1** (of committee, board) miembro *mf*; (of club) socio, -cia *m,f*; **~ of staff** empleado, -da *m,f*; **a ~ of the audience** un espectador; **the offer is open to any ~ of the public** la oferta está abierta al público en general; (*before n*) **~ states** países *mpl* miembros **2** (limb) (arch) miembro *m*

Member: **~ of Congress** *n* (in US) miembro *mf* del Congreso; **~ of Parliament** *n* (in UK etc) diputado, -da *m,f*, parlamentario, -ria *m,f*

membership /'membərʃɪp, BrE 'membəʃɪp/ *n* **(a)** (being a member): **~ of the club is restricted to residents** solo los residentes pueden hacerse socios del club; **to apply for ~** solicitar el ingreso en un club (*or* partido *etc*); (*before n*) **~ card** carné *m* de socio **(b)** (members) (+ *sing or pl vb*) socios *mpl* (*or* afiliados *mpl etc*); (number of members) número *m* de socios (*or* afiliados *etc*)

membrane /'membreɪn/ *n* membrana *f*

memento /mə'mentəʊ, BrE mɪ'mentəʊ/ *n* (*pl* **-tos** *or* **-toes**) recuerdo *m*

memo /'meməʊ/ *n* (*pl* **-os**) memorándum *m*

memoirs /'memwɑ:rz, BrE 'memwɑ:z/ *pl n* memorias *fpl*

memorabilia /'memərə'bɪliə/ *pl n* objetos *mpl* de interés

memorable /'memərəbəl/ *adj* memorable

memorandum /'memə'rændəm/ *n* (*pl* **-dums** *or* **-da** /-də/) memorándum *m*

memorial¹ /mə'mɔ:riəl/ *n* monumento *m*

memorial² *adj* conmemorativo

Memorial Day *n* (in US) *el último lunes de mayo, día en que se recuerda a los caídos en la guerra*

memorize /'meməraɪz/ *vt* memorizar*

⚷ **memory** /'meməri/ *n* (*pl* **-ries**) **1** **(a)** (faculty) memoria *f* **(b)** (period): **the worst storm in living ~** la peor tormenta que se recuerde **2** **(a)** (recollection) recuerdo *m*; **his ~ will live on** su recuerdo permanecerá vivo **(b)** (remembrance) memoria *f*; **in ~ of sb/sth** a la memoria de algn/en conmemoración de algo **3** (Comput) memoria *f*

memory stick *n* lápiz *m* de memoria

men /men/ *pl of* **man¹**

menace /'menəs, BrE 'menɪs/ *n* **1** **(a)** (threatening quality): **the ~ in his voice** el tono amenazador de su voz **(b)** (threat) amenaza *f* **2** (danger) amenaza *f*

menacing /'menəsɪŋ, BrE 'menɪsɪŋ/ *adj* amenazador

menagerie /mə'nædʒəri/ *n* colección *f* de animales salvajes

mend¹ /mend/ *vt* ‹*garment*› coser; ‹*shoe/clock/roof*› arreglar, reparar; **to ~ one's ways** enmendarse*

■ *vi* (heal) «*injury*» curarse; «*fracture/bone*» soldarse*

mend² *n* remiendo *m*; ***to be on the ~*** (infml) ir* mejorando

menial /'mi:niəl/ *adj* de ínfima importancia

meningitis /'menən'dʒaɪtəs, BrE ˌmenɪn'dʒaɪtɪs/ *n* meningitis *f*

menopause /'menəpɔ:z/ *n*: **the ~** la menopausia

men's room *n* (AmE) baño *m or* servicios *mpl* de caballeros

menstruate /'menstrueɪt/ *vi* menstruar*

menswear /'menzwer, BrE 'menzweə(r)/ *n* ropa *f* de caballero

⚷ **mental** /'mentl/ *adj* (*before n*) ‹*powers/illness*› mental; ‹*hospital/patient*› psiquiátrico

mental arithmetic *n* cálculos *mpl* mentales

mentality /men'tæləti/ *n* (*pl* **-ties**) mentalidad *f*

mentally /'mentəli/ *adv* mentalmente

menthol /'menθɔ:l, BrE 'menθɒl/ *n* mentol *m*; (*before n*) ‹*cigarettes*› mentolado

mentholated /'menθəleɪtəd, BrE 'menθəleɪtɪd/ *adj* mentolado

⚷ **mention¹** /'mentʃən, BrE 'menʃən/ *vt* mencionar; **I won't ~ any names** no daré

⚷ palabra clave

nombres; **there's the problem of time, not to ~ the cost** está el problema del tiempo y no digamos ya el costo; **don't ~ it** (on being thanked) no hay de qué, de nada

mention² *n* mención *f*

mentor /'mentɔːr, BrE 'mentɔː(r)/ *n* (liter) mentor, -tora *m,f* (liter)

menu /'menjuː/ *n* **(a)** (in restaurant) carta *f*, menú *m* (esp AmL) **(b)** (Comput) menú *m*

menu bar *n* barra *f* de menú

meow¹ /mi'aʊ/ *n* maullido *m*

meow² *vi* maullar*

MEP *n* (= **Member of the European Parliament**) eurodiputado, -da *m,f*

mercenary /'mɜːrsn̩eri, BrE 'mɜːsɪnəri/ *n* (*pl* **-ries**) mercenario, -ria *m,f*

merchandise /'mɜːrtʃəndaɪz, BrE 'mɜːtʃəndaɪz/ *n* mercancía *f*, mercadería *f* (AmS)

merchant /'mɜːrtʃənt, BrE 'mɜːtʃənt/ *n* **(a)** (retailer) comerciante *mf* **(b)** (Hist) mercader *m*

merchant marine, (BrE also) **merchant navy** *n* marina *f* mercante

merciful /'mɜːrsɪfəl, BrE 'mɜːsɪfəl/ *adj* misericordioso

merciless /'mɜːrsɪləs, BrE 'mɜːsɪlɪs/ *adj* despiadado

mercury /'mɜːrkjəri, BrE 'mɜːkjʊri/ *n* mercurio *m*

Mercury /'mɜːrkjəri, BrE 'mɜːkjʊri/ *n* Mercurio *m*

mercy /'mɜːrsi, BrE 'mɜːsi/ *n* (*pl* **-cies**) **(a)** (clemency) misericordia *f*; **to have ~ (on sb)** tener* misericordia (de algn), apiadarse (de algn); **at the ~ of the elements** a merced de los elementos **(b)** (blessing) bendición *f*; **it's a ~ that ...** (infml) es una suerte que ...; **let's be thankful for small mercies** (set phrase) seamos positivos, podría haber sido peor

mere /mɪr, BrE mɪə(r)/ *adj* (*superl* **merest**); (*before n*) simple, mero

⚷ **merely** /'mɪrli, BrE 'mɪəli/ *adv* simplemente

merge /mɜːrdʒ, BrE mɜːdʒ/ *vi* «*roads/rivers*» confluir*; «*colors*» fundirse; «*companies*» fusionarse; **he ~d into the crowd** se perdió entre el gentío
■ *vt* ‹*companies/organizations*› fusionar; ‹*colors*› combinar

merger /'mɜːrdʒər, BrE 'mɜːdʒə(r)/ *n* **(a)** (Busn) fusión *f* **(b)** (of organizations etc) fusión *f*

meringue /mə'ræŋ/ *n* merengue *m*

merit¹ /'merət, BrE 'merɪt/ *n* mérito *m*; **each case is judged on its (own) ~s** se juzga cada caso individualmente

merit² *vt* merecer*

mermaid /'mɜːrmeɪd, BrE 'mɜːmeɪd/ *n* sirena *f*

merrily /'merəli, BrE 'merɪli/ *adv* **(a)** (joyfully) alegremente **(b)** (unconcernedly) tranquilamente

merriment /'merɪmənt/ *n* (joy) alegría *f*; (laughter) risas *fpl*

merry /'meri/ *adj* **-rier**, **-riest** alegre; **~ Christmas!** ¡feliz Navidad!, ¡felices Pascuas!

merry-go-round /'merigəʊ,raʊnd/ *n* carrusel *m*, tiovivo *m* (Esp), calesita *f* (Per, RPl)

mesh /meʃ/ *n* malla *f*

mesmerize /'mezməraɪz/ *vt* **(a)** (fascinate) cautivar **(b)** (hypnotize) (dated) hipnotizar*

mess /mes/ *n* **1** **(a)** (*no pl*) (untidiness) desorden *m*; **the bedroom was (in) a ~** el dormitorio estaba todo desordenado; **my hair is a ~** (infml) tengo el pelo hecho un desastre **(b)** (dirt): **what a ~!** ¡qué desastre *or* (RPl tb) enchastre! (fam); **they made a ~ on the carpet** dejaron la alfombra hecha un asco (fam) **2** (*no pl*) (confused, troubled state): **the country is (in) a complete ~** la situación del país es caótica; **my life's a ~** mi vida es un desastre; **to make a ~ of sth: you made a real ~ of this job** hiciste muy mal este trabajo **3** (Mil): **officers' ~** casino *m or* comedor *m* de oficiales

● **mess around**, (BrE also) **mess about** (infml) [*v + adv*] **(a)** (misbehave) «*children*» hacer* travesuras **(b)** (interfere): **stop ~ing around with my things!** ¡deja mis cosas tranquilas!; **don't ~ around with me** no juegues conmigo

● **mess up** [*v + o + adv, v + adv + o*] **(a)** (make untidy) desordenar **(b)** (make dirty) ensuciar **(c)** (spoil) ‹*plans*› estropear

⚷ **message** /'mesɪdʒ/ *n* mensaje *m*; **would you like to leave a ~?** ¿quiere dejar algún recado *or* (esp AmL) mensaje?, ¿quiere dejar algo dicho? (CS); ***to get the ~*** (infml) entender*, darse* cuenta

messenger /'mesn̩dʒər, BrE 'mesɪndʒə(r)/ *n* mensajero, -ra *m,f*

Messiah /mə'saɪə/ *n* Mesías *m*

Messrs /'mesərz, BrE 'mesəz/ *pl of* **Mr** Sres.

messy /'mesi/ *adj* **-sier**, **-siest** **(a)** (untidy) ‹*room*› desordenado; ‹*writing*› sucio y descuidado, desprolijo (CS) **(b)** (dirty) sucio; **he's a ~ eater** no sabe comer **(c)** (unpleasant, confused) ‹*business*› turbio

met /met/ *past & past p of* **meet¹**

metabolism /mə'tæbəlɪzəm, BrE mə'tæbəlɪzəm/ *n* metabolismo *m*

⚷ **metal** /'metl/ *n* (Chem, Metall) metal *m*; (*before n*) ‹*box*› metálico

metallic /mə'tælɪk/ *adj* metálico

metamorphosis /'metə'mɔːrfəsəs, BrE ,metə'mɔːfəsɪs/ *n* (*pl* **-phoses** /-fəsiːz/) metamorfosis *f*

metaphor /'metəfɔːr, -fər, BrE 'metəfɔː(r), -fə(r)/ *n* metáfora *f*

metaphorical /'metə'fɔːrɪkəl, BrE ,metə'fɒrɪkəl/ *adj* metafórico

mete /miːt/ ▶ **mete out**

meteor /'miːtiər, -ɔːr, BrE 'miːtiə(r), -ɔː(r)/ *n* meteorito *m*

meteoric /'miːti'ɔːrɪk, BrE ,miːti'ɒrɪk/ *adj* ‹*rise/progress*› meteórico; **~ rock** piedra *f* meteórica

meteorite /'miːtiəraɪt/ *n* meteorito *m*

meteorology /'miːtiə'rɑːlədʒi, BrE ,miːtiə'rɒlədʒi/ *n* meteorología *f*

mete out [*v + o + adv, v + adv + o*] ‹*fine/punishment*› imponer*

⚷ **meter¹** /'miːtər, BrE 'miːtə(r)/ *n* **1** **(a)** (measuring device): **gas/electricity/water ~** contador *m or* (AmL tb) medidor *m* de gas/electricidad/agua **(b)** (parking ~) parquímetro *m* **2** (AmE) (Mus) compás *m* **3** (BrE) **metre** (measure) metro *m*

meter² *vt* medir* (*con contador*)

methane /'meθeɪn, BrE 'miːθeɪn/ *n* metano *m*

⚷ **method** /'meθəd/ *n* método *m*

methodical /mə'θɑːdɪkəl, BrE mɪ'θɒdɪkəl/ *adj* metódico

Methodism /'meθədɪzəm/ *n* metodismo *m*

Methodist /ˈmeθədəst, BrE ˈmeθədɪst/ *n* metodista *mf*

methylated spirit(s) /ˈmeθəleɪtəd, BrE ˈmeθəleɪtɪd/ *n* (+ *sing vb*) alcohol *m* desnaturalizado

meticulous /məˈtɪkjələs, BrE məˈtɪkjʊləs/ *adj* meticuloso

metre (BrE) ▶ **meter¹ 3**

metric /ˈmetrɪk/ *adj* métrico

metro /ˈmetrəʊ/ *n* (*pl* **-ros**) (Rail, Transp) metro *m*, subterráneo *m* (RPl)

metropolitan /ˌmetrəˈpɑːlətn̩, BrE ˌmetrəˈpɒlɪtən/ *adj* metropolitano

mettle /ˈmetl/ *n* temple *m*; ***to be on one's ~*** estar* dispuesto a dar lo mejor de sí

mew /mjuː/ *vi* maullar*

Mexican¹ /ˈmeksɪkən/ *adj* mexicano, mejicano

Mexican² *n* mexicano, -na *m,f*, mejicano, -na *m,f*

Mexico /ˈmeksɪkəʊ/ *n* México *m*, Méjico *m*

Mexico City *n* (ciudad *f* de) México *m or* Méjico *m*

mezzanine /ˈmezəniːn/ *n* **(a)** ~ **(floor)** entresuelo *m*, mezzanine *f or m* (AmL) **(b)** (AmE) (Theat) platea *f* alta

mi /miː/ *n* (Mus) mi *m*

MI = **Michigan**

miaow /miˈaʊ/ *n/vi* ▶ **meow¹,²**

mice /maɪs/ *pl of* **mouse**

Mich = **Michigan**

m

microbe /ˈmaɪkrəʊb/ *n* microbio *m*

microchip /ˈmaɪkrəʊtʃɪp/ *n* (micro)chip *m*, pastilla *f* de silicio

microcomputer /ˈmaɪkrəʊkəmˌpjuːtər, BrE ˌmaɪkrəʊkəmˈpjuːtə(r)/ *n* microcomputadora *f* (esp AmL), microordenador *m* (Esp)

microfilm /ˈmaɪkrəʊfɪlm/ *n* microfilm *m*, microfilme *m*

microfinance /ˈmaɪkrəʊfəˌnæns -faɪ-, BrE ˈmaɪkrəʊˌfaɪnæns/ *n* microfinanzas *fpl*

microlight /ˈmaɪkrəʊlaɪt/ *n* (esp BrE) aeroligero *m*

microphone /ˈmaɪkrəfəʊn/ *n* micrófono *m*

microprocessor /ˈmaɪkrəʊˈprɑːsesər, BrE ˈmaɪkrəʊˌprəʊsesə(r)/ *n* microprocesador *m*

microscope /ˈmaɪkrəskəʊp/ *n* microscopio *m*

microscopic /ˈmaɪkrəˈskɑːpɪk, BrE ˌmaɪkrəˈskɒpɪk/ *adj* microscópico, al microscopio

microwave /ˈmaɪkrəʊweɪv, ˈmaɪkrə-/ *n*, ~ **(oven)** (horno *m* de) microondas *m*

mid- /mɪd/ *pref*: **in ~January** a mediados de enero; **~morning** a media mañana; **she was in her ~forties** tenía alrededor de 45 años

midair /ˈmɪdˈer, BrE ˌmɪdˈeə(r)/ *n*: **in ~** en el aire

midday /ˈmɪdˈdeɪ/ *n* mediodía *m*

⚷ **middle¹** /ˈmɪdl/ *n* **1** (of object, place — center) centro *m*, medio *m*; (— half-way line) mitad *f*; **it stood in the ~ of the room** estaba en el centro *or* en (el) medio de la habitación; **in the ~ of nowhere** quién sabe dónde, en el quinto pino (Esp fam), donde el diablo perdió el poncho (AmS fam) **2** (of period, activity): **in the ~ of the week/January** a mediados de semana/de enero; **it's the ~ of winter** estamos en pleno invierno; **in the ~ of the night** en la mitad de la noche; **I'm in the ~ of a really exciting novel at the moment** en este momento estoy leyendo una novela muy interesante; **I'm in the ~ of cooking dinner** estoy preparando la cena **3** (waist) cintura *f*

middle² *adj* (*before n*): **the ~ house of the three** de las tres, la casa de en medio *or* del medio

middle: **~-aged** /ˈmɪdlˈeɪdʒd/ *adj* de mediana edad; **M~ Ages** *pl n*: **the M~ Ages** la Edad Media; **~ class** *n* (*often pl*) clase *f* media; **~-class** /ˈmɪdlˈklæs, BrE ˌmɪdlˈklɑːs/ *adj* de clase media; **~-distance** /ˈmɪdlˈdɪstəns/ *adj* (*before n*) ‹*running/race*› de medio fondo; **~-distance runner** mediofondista *mf*; **M~ East** *n*: **the M~ East** el Oriente Medio, el Medio Oriente; **~man** /ˈmɪdlmæn/ *n* (*pl* **-men** /-men/) intermediario *m*; **~ management** *n* mandos *mpl* (inter)medios; **~ name** *n* segundo nombre *m*; **~-of-the-road** /ˈmɪdləvðəˈrəʊd/ *adj* ‹*politician/views*› moderado; ‹*artist*› del montón; **~ school** *n* (in US) *colegio para niños de 12 a 14 años*; (in UK) *colegio para niños de 9 a 13 años*

midge /mɪdʒ/ *n*: *especie de mosquito pequeño*

midget /ˈmɪdʒət, BrE ˈmɪdʒɪt/ *n* (offensive) enano, -na *m,f* (*de proporciones normales*) (puede resultar ofensivo)

midnight /ˈmɪdnaɪt/ *n* medianoche *f*

midst /mɪdst/ *n*: **in the ~ of sth** en medio de algo; **in our ~** entre nosotros

midsummer /ˈmɪdˈsʌmər, BrE ˌmɪdˈsʌmə(r)/ *n* pleno verano *m*; **M~'s Day** el solsticio estival *or* vernal; (in the Northern hemisphere) el día de San Juan

midtown /ˈmɪdˈtaʊn/ *n* casco *m*, centro *m*; (*before n*) ‹*apartment/hotel*› de la periferia del centro

midway /ˈmɪdˈweɪ/ *adv* ‹*stop*› a mitad de camino; **~ through the morning** a media mañana

midweek¹ /ˈmɪdˈwiːk/ *n*: **around ~** a mediados de semana; (*before n*) ‹*concert/flight*› de entre semana

midweek² *adv* entre semana

Midwest /ˈmɪdˈwest/ *n*: **the ~** *la región central de los EEUU*

midwife /ˈmɪdwaɪf/ *n* (*pl* **-wives**) partera *f*

midwinter /ˈmɪdˈwɪntər, BrE ˌmɪdˈwɪntə(r)/ *n* pleno invierno *m*

⚷ **might¹** /maɪt/ *v mod* **1** *past of* **may** **2** **(a)** (asking permission) (esp BrE) podría (*or* podríamos *etc*); **~ I make a suggestion?** si se me permite (hacer) una sugerencia ... **(b)** (in suggestions, expressing annoyance, regret) poder*; **you ~ at least listen** al menos podrías escuchar **3** (indicating possibility) [*La posibilidad que indica* ***might*** *es más remota que la que expresan* **may** *o* **could**]: **somebody ~ have found it** pudiera ser que alguien lo hubiera encontrado; **it ~ (well) have been disastrous if the police hadn't arrived** podría haber sido catastrófico si no hubiera llegado la policía **4** (indicating sth is natural): **he rang to apologize — and well he ~!** llamó para pedir perdón — ¡era lo menos que podía hacer! **5** (conceding): **the house ~ not be big,**

⚷ palabra clave

but ... la casa no será grande pero ...

might² *n* poder *m*

mighty¹ /'maɪti/ *adj* **-tier, -tiest** **(a)** (powerful) ‹*empire/ruler*› poderoso; ‹*kick/blow*› fortísimo **(b)** (imposing) ‹*ocean/river*› imponente

mighty² *adv* (infml) (*as intensifier*) muy

migraine /'maɪgreɪn, BrE 'mi:greɪn, 'maɪ-/ *n* jaqueca *f*, migraña *f*

migrant¹ /'maɪgrənt/ *n* **(a)** (Zool) (species) especie *f* migratoria; (bird) ave *f*‡ migratoria **(b)** (person) trabajador, -dora *m,f* itinerante

migrant² *adj* **(a)** (Zool) migratorio **(b)** (*before n*) ‹*worker*› itinerante; (foreign) extranjero

migrate /'maɪgreɪt, BrE maɪ'greɪt/ *vi* emigrar

migration /maɪ'greɪʃən/ *n* migración *f*

mike /maɪk/ *n* (infml) micro *m* (fam)

milage *n* ▶ **mileage**

mild /maɪld/ *adj* **-er, -est** **1** **(a)** (gentle) ‹*person*› afable; ‹*manner/criticism*› suave **(b)** (not serious or potent) ‹*attack/form*› ligero, leve; ‹*discomfort*› ligero **2** ‹*climate*› templado; ‹*winter*› no muy frío; **it's very ~ today** hoy no hace nada de frío **3** ‹*cheese/tobacco/detergent/sedative*› suave

mildew /'mɪldu:, BrE 'mɪldju:/ *n* (on plants) mildeu *m*, mildiu *m*; (on wall, fabric) moho *m*

mildly /maɪldli/ *adv* **(a)** (gently) ‹*rebuke*› suavemente; **to put it ~** por no decir algo peor **(b)** (slightly) ligeramente

⚷ **mile** /maɪl/ *n* milla *f* (*1.609 metros*); **that's ~s away from here** (infml) eso está lejísimos de aquí; ***it sticks*** o ***stands out a ~*** se ve a la legua

mileage /'maɪlɪdʒ/ *n* **1** (Auto) distancia *f* recorrida (*en millas*), ≈ kilometraje *m* **2** (advantage, profit): **they want to extract maximum ~ from the Pope's visit** quieren explotar al máximo la visita del Papa

mileometer /maɪ'lɑ:mətər, BrE maɪ'lɒmɪtə(r)/ *n* ▶ **milometer**

milestone /'maɪlstəʊn/ *n* (on road) mojón *m*; (significant event) hito *m*, jalón *m*

militant¹ /'mɪlɪtənt/ *adj* militante

militant² *n* militante *mf*

⚷ **military¹** /'mɪləteri, BrE 'mɪlɪtri/ *adj* militar; **~ academy** (in US) escuela *f* militar; **to do ~ service** hacer* el servicio militar

⚷ **military²** *n*: **the ~** los militares

military police *n* policía *f* militar

militia /mə'lɪʃə, BrE mɪ'lɪʃə/ *n* (+ *sing or pl vb*) milicia *f*

milk¹ /mɪlk/ *n* **(a)** leche *f*; (*before n*) ‹*production/bottle*› de leche; ‹*product*› lácteo; **~ chocolate** chocolate *m* con leche **(b)** (lotion) (BrE) leche *f*

milk² *vt* **(a)** ‹*cow/herd*› ordeñar **(b)** (exploit) explotar

milk: **~man** /'mɪlkmən/ *n* (*pl* **-men** /-mən/) lechero *m*; **~ shake** *n* batido *m*, (leche *f*) malteada *f* (AmL), licuado *m* con leche (AmL)

milky /'mɪlki/ *adj* **-kier, -kiest** lechoso; ‹*coffee/tea*› con mucha leche

Milky Way *n*: **the ~** la Vía Láctea

mill¹ /mɪl/ *n* **1** **(a)** (building, machine) molino *m* **(b)** (for pepper etc) molinillo *m* **2** (cotton ~) fábrica *f* de tejidos de algodón

mill² *vt* ‹*flour*› moler*

● **mill about, mill around** [*v* + *adv*] «*crowd*» dar* vueltas

millennium /mɪ'leniəm/ *n* (*pl* **-niums** *or* **-nia** /-niə/) milenio *m*

millennium bug *n* efecto *m* dos mil

miller /'mɪlər, BrE 'mɪlə(r)/ *n* molinero, -ra *m,f*

milligram /'mɪləgræm, BrE 'mɪlɪgræm/ *n* miligramo *m*

millimeter, (BrE) **millimetre** /'mɪlə,mi:tər, BrE 'mɪlɪmi:tə(r)/ *n* milímetro *m*

milliner /'mɪlənər, BrE 'mɪlɪnə(r)/ *n* sombrerero, -ra *m,f* de señoras

⚷ **million** /'mɪljən/ *n* millón *m*; **a ~ people** un millón de personas

millionaire /'mɪljə'ner, BrE ,mɪljə'neə(r)/ *n* millonario, -ria *m,f*

milometer /maɪ'lɑ:mətər, BrE maɪ'lɒmɪtə(r)/ *n* (BrE) ≈ cuentakilómetros *m*

mime¹ /maɪm/ *n* **(a)** (technique) mímica *f* **(b) ~ (artist)** mimo *mf* **(c)** (performance) pantomima *f*

mime² *vt* imitar, hacer* la mímica de
■ *vi* hacer* la mímica

mimic /'mɪmɪk/ *vt* **-ck-** imitar

mince¹ /mɪns/ *vt* ‹*onions*› picar* (*en trozos menudos*); ‹*meat*› moler* *or* (Esp, RPl) picar*; ***not to ~ (one's) words*** no andar(se)* con rodeos
■ *vi* caminar con afectación

mince² *n* (BrE) carne *f* molida *or* (Esp, RPl) picada

mincemeat /'mɪnsmi:t/ *n*: *picadillo de frutos secos, grasa y especias usado en pastelería*

⚷ **mind¹** /maɪnd/ *n* **1** **(a)** (Psych) mente *f*; **to bear** o **keep sth/sb in ~** tener* algo/a algn en cuenta; **to bring** o **call sth to ~** recordar(le)* algo (a algn); **to have sth/sb in ~** tener* algo/a algn en mente; **with that in ~** pensando en eso; **what's on your ~?** ¿qué es lo que te preocupa?; **that put my ~ at rest** con eso me tranquilicé; **put it out of your ~!** ¡no pienses más en eso!; **I can't get him/the thought out of my ~** no puedo quitármelo de la cabeza; ***to read sb's ~*** adivinarle *or* leerle* el pensamiento a algn **(b)** (mentality) mentalidad *f* **2** (attention): **my ~ was on other things** tenía la cabeza en otras cosas; **he needs something to take his ~ off it** necesita algo que lo distraiga **3** **(a)** (opinion): **to change one's ~** cambiar de opinión; **to make up one's ~** decidirse; **to my ~** a mi parecer **(b)** (will, intention): **he has a ~ of his own** (he is obstinate) es muy empecinado; (he knows his own mind) sabe muy bien lo que quiere; **I've a good ~ to complain to the manager** tengo ganas de ir a quejarme al gerente **4** (mental faculties) juicio *m*, razón *f*; **to be/go out of one's ~** estar*/volverse* loco

⚷ **mind²** *vt* **1** (look after) ‹*children*› cuidar, cuidar de; ‹*seat/place*› guardar; ‹*shop/office*› atender* **2** (*usu in imperative*) **(a)** (be careful about): **~ your head!** ¡ojo *or* cuidado con la cabeza!; **~ (that) you don't forget!** procura no olvidarte **(b)** (concern oneself about) preocuparse por; **never ~ him!** ¡no le hagas caso! **3** (object to) (*usu neg or interrog*) **I don't ~ the noise** no me molesta *or* no me importa el ruido; **I don't ~ him, but I can't stand her** él no me disgusta,

m

pero a ella no la soporto; **I don't ~ what you do** me da igual lo que hagas; **would you ~ waiting?** ¿le importaría esperar?
■ *vi* **1** (*in imperative*) (concern oneself): **never ~** no importa, no te preocupes (*or* no se preocupen *etc*); **never you ~!** ¡(a ti) qué te importa! **2** (object) (*usu neg or interrog*) **I don't ~** me da igual; **do you ~ if I open the window?** ¿le importa *or* le molesta si abro la ventana?; **do you ~ if I smoke? — yes, I do ~!** ¿te importa si fumo? — ¡sí que me importa!

-minded /'maındəd, BrE 'maındıd/ *suff*: **business~** con mentalidad para los negocios; **liberal~** liberal

mindless /'maındləs, BrE 'maındlıs/ *adj* ‹*activity*› mecánico; ‹*violence/obedience*› ciego

mine[1] /maın/ *n* **1** (Min) mina *f*; ***to be a ~ of information*** ser* una mina de información **2** (Mil) mina *f*

🔑 **mine**[2] *pron*

> ■ **Note** The translation *mío* reflects the gender and number of the noun it is standing for; *mine* is translated by *el mío, la mía, los míos, las mías*, depending on what is being referred to.

(*sing*) mío, mía; (*pl*) míos, mías; **~ is here** el mío/la mía está aquí; **a friend of ~** un amigo mío; **it's a hobby of ~** es uno de mis hobbies

mine[3] *vt* **1** (Min) ‹*gold/coal*› extraer* **2** (Mil) minar

minefield /'maınfi:ld/ *n* campo *m* minado

miner /'maınər, BrE 'maınə(r)/ *n* minero, -ra *m,f*

mineral /'mınərəl/ *n* mineral *m*

mineral water *n* agua *f*‡ mineral

mingle /'mıŋgəl/ *vi* **(a)** «*people*» mezclarse; (at a party etc) circular **(b)** «*liquids*» mezclarse; «*sounds*» fundirse
■ *vt* **to ~ sth** WITH **sth** mezclar algo CON algo

miniature[1] /'mınıtʃʊr, BrE 'mınıtʃə(r)/ *n* miniatura *f*

miniature[2] *adj* (*before n*) ‹*portrait*› en miniatura; ‹*poodle*› enano

minibus /'mınibʌs/ *n* microbús *m*, micro *m*

minicab /'mınikæb/ *n* (BrE) taxi *m* (*que se pide por teléfono*)

mini laptop *n* miniportátil *m*

minim /'mınəm, BrE 'mınım/ *n* (BrE) blanca *f*

minimal /'mınəməl, BrE 'mınıməl/ *adj* mínimo

minimize /'mınəmaız, BrE 'mınımaız/ *vt* ‹*risk/cost*› reducir* (al mínimo)

minimum[1] /'mınəməm, BrE 'mınıməm/ *n* mínimo *m*

minimum[2] *adj* (*before n*) mínimo

mining /'maınıŋ/ *n* minería *f*; (*before n*) ‹*company/town*› minero

miniskirt /'mınisk3:rt, BrE 'mınisk3:t/ *n* minifalda *f*

🔑 **minister**[1] /'mınəstər, BrE 'mınıstə(r)/ *n* **1** (Relig) pastor, -tora *m,f* **2** (Pol) ministro, -tra *m,f*, secretario, -ria *m,f* (Méx)

minister[2] *vi* **to ~** TO **sb** cuidar DE algn

ministry /'mınəstri, BrE 'mınıstri/ *n* (*pl* **-tries**) (Pol) ministerio *m*, secretaría *f* (Méx)

mink /mıŋk/ *n* (*pl* **~s** *or* **~**) **(a)** (animal) visón *m* **(b)** (fur) visón *m*

Minn = **Minnesota**

🔑 **minor**[1] /'maınər, BrE 'maınə(r)/ *adj* **1** (unimportant) ‹*poet/work*› menor; ‹*role*› secundario; ‹*operation*› de poca importancia *or* gravedad **2** (Mus) menor

minor[2] *n* **1** (Law) menor *mf* (de edad) **2** (AmE) (Educ) asignatura *f* secundaria

Minorca /mə'nɔ:rkə, BrE mı'nɔ:kə/ *n* Menorca *f*

🔑 **minority** /mə'nɔ:rəti, BrE maı'nɒrıti/ *n* (*pl* **-ties**) **(a)** (smaller number) (+ *sing o pl vb*) minoría *f*; (*before n*) ‹*group/vote*› minoritario **(b)** (in US) (Govt) oposición *f*

minor league *n* (in US) (Sport) liga *f* menor

minstrel /'mınstrəl/ *n* trovador *m*

mint[1] /mınt/ *n* **1** (Bot, Culin) **(a)** (spear**~**) menta *f* (verde) **(b)** (pepper**~**) menta *f*, hierbabuena *f* **(c)** (confection) pastilla *f* de menta **2** (Fin) casa *f* de la moneda

mint[2] *vt* ‹*coin*› acuñar

mint[3] *adj* (*before n*) ‹*coin/stamp*› sin usar; **in ~ condition** en perfecto estado

minus[1] /'maınəs/ *n* (*pl* **-nuses** *or* **-nusses**) **(a) ~ (sign)** (signo *m* de) menos *m* **(b)** (disadvantage) (infml) desventaja *f*

minus[2] *adj* **(a)** (disadvantageous) (infml) (*before n*) **on the ~ side, ...** un factor negativo es que ... **(b)** (negative) (*before n*) ‹*number*› negativo

minus[3] *prep* **(a)** (Math) menos; ▶ **four**[1] **(b)** (without, missing) (infml) sin

minuscule /'mınəskju:l/ *adj* minúsculo

🔑 **minute**[1] /'mınət, BrE 'mınıt/ *n* **1** **(a)** (unit of time) minuto *m*; (*before n*) **~ hand** minutero *m* **(b)** (short period) minuto *m*, momento *m* **(c)** (instant) minuto *m*; **any ~ (now)** de un momento a otro **2** **(a)** (memorandum) acta *f* **(b)** (of meeting): **the ~s** el acta

minute[2] /maı'nu:t, BrE maı'nju:t/ *adj* ‹*amount*› mínimo; ‹*object*› diminuto

miracle /'mırıkəl, BrE 'mırəkəl/ *n* milagro *m*; (*before n*) ‹*drug/cure*› milagroso

miraculous /mə'rækjələs, BrE mı'rækjʊləs/ *adj* milagroso

mirage /mə'rɑ:ʒ, BrE 'mırɑ:ʒ, mı'rɑ:ʒ/ *n* espejismo *m*

mirror[1] /'mırər, BrE 'mırə(r)/ *n* espejo *m*; (driving **~**) (espejo *m*) retrovisor *m*

mirror[2] *vt* reflejar

mirth /m3:rθ, BrE m3:θ/ *n* (liter) regocijo *m* (liter)

misadventure /'mısəd'ventʃər, BrE ˌmısəd'ventʃə(r)/ *n* desventura *f*

misapprehension /mıs'æprı'hentʃən, BrE ˌmısæprı'henʃən/ *n* (fml) malentendido *m*

misappropriate /'mısə'prəʊprieıt/ *vt* malversar

misbehave /'mısbı'heıv/ *vi* portarse mal

misbehavior, (BrE) **misbehaviour** /ˌmısbı'heıvjər, BrE ˌmısbı'heıvıə(r)/ *n* mala conducta *f*

miscalculation /'mıskælkjə'leıʃən, BrE ˌmıskælkjʊ'leıʃən/ *n* error *m* de cálculo

miscarriage /'mıs'kærıdʒ/ *n* **1** (Med) aborto *m* espontáneo *or* no provocado; **to have a ~** tener* un aborto **2** **a ~ of justice** una injusticia

🔑 palabra clave

miscarry /mɪs'kæri/ *vi* **-ries**, **-rying**, **-ried** **(a)** (Med) abortar (*espontáneamente*), tener* un aborto **(b)** (liter) «*plan*» malograrse (liter)

miscellaneous /mɪsə'leɪniəs/ *adj* ‹*collection/crowd*› heterogéneo; ‹*assortment*› variado

mischance /'mɪs'tʃæns, BrE ˌmɪs'tʃɑːns/ *n* infortunio *m*

mischief /'mɪstʃəf, BrE 'mɪstʃɪf/ *n* **(a)** (naughtiness): **to get up to ~** hacer* travesuras **(b)** (trouble, harm) daño *m*; **to make ~** causar daños

mischievous /'mɪstʃəvəs, BrE 'mɪstʃɪvəs/ *adj* ‹*child*› travieso; ‹*grin*› pícaro

misconception /'mɪskən'sepʃən/ *n* error *m*

misconduct /'mɪs'kɑːndʌkt, BrE ˌmɪs'kɒndʌkt/ *n* (fml) mala conducta *f*

misconstrue /'mɪskən'struː/ *vt* (fml) malinterpretar

misdemeanor, (BrE) **misdemeanour** /'mɪsdɪ'miːnər, BrE ˌmɪsdɪ'miːnə(r)/ *n* (Law) delito *m* menor

miser /'maɪzər, BrE 'maɪzə(r)/ *n* avaro, -ra *m,f*

miserable /'mɪzərəbəl/ *adj* **1** **(a)** (in low spirits) abatido **(b)** (depressing) ‹*weather*› deprimente; ‹*prospect*› triste **2** **(a)** (mean-spirited) miserable **(b)** (wretched, poor) mísero **(c)** ‹*episode/failure*› lamentable

miserably /'mɪzərəbli/ *adv* **(a)** (unhappily) con abatimiento **(b)** ‹*fail*› de manera lamentable

miserly /'maɪzərli, BrE 'maɪzəli/ *adj* mezquino

misery /'mɪzəri/ *n* sufrimiento *m*; **to make sb's life a ~** amargarle* la vida a algn

misfire /'mɪs'faɪr, BrE ˌmɪs'faɪə(r)/ *vi* «*gun/engine/plan*» fallar

misfit /'mɪsfɪt/ *n*: **a social ~** un inadaptado social

misfortune /mɪs'fɔːrtʃən, BrE ˌmɪs'fɔːtʃən, ˌmɪs'fɔːtʃuːn/ *n* (fml) desgracia *f*; **to have the ~ to + INF** tener* la desgracia DE + INF

misgiving /mɪs'gɪvɪŋ/ *n* recelo *m*

misguided /'mɪs'gaɪdəd, BrE ˌmɪs'gaɪdɪd/ *adj* equivocado

mishandle /'mɪs'hændl/ *vt* (deal with ineptly) llevar mal

mishap /'mɪshæp/ *n* percance *m*

mishear /'mɪs'hɪr, BrE ˌmɪs'hɪə(r)/ (*past & past p* **-heard**) *vt/i* entender* mal

misinform /'mɪsn̩'fɔːrm, BrE ˌmɪsɪn'fɔːm/ *vt* (fml) informar mal, malinformar (CS fml)

misinterpret /'mɪsn̩'tɜːrprət, BrE ˌmɪsɪn'tɜːprɪt/ *vt* ‹*statement/action*› interpretar mal; (deliberately) tergiversar

misjudge /'mɪs'dʒʌdʒ/ *vt* **(a)** (judge unfairly) juzgar* mal **(b)** (miscalculate) calcular mal

mislay /'mɪs'leɪ/ *vt* (*past & past p* **-laid**) perder* (*momentáneamente*)

mislead /'mɪs'liːd/ *vt* (*past & past p* **-led**) engañar; ‹*court/parliament*› inducir* a error

mismanage /'mɪs'mænɪdʒ/ *vt* ‹*affair*› llevar mal; ‹*company*› administrar mal

misogynist /mɪ'sɑːdʒənəst, BrE mɪ'sɒdʒɪnɪst/ *n* misógino *m*

misplace /'mɪs'pleɪs/ *vt* perder* (*momentáneamente*)

misprint /'mɪsprɪnt/ *n* errata *f*

misrepresent /'mɪsreprɪ'zent/ *vt* ‹*event*› deformar; ‹*remarks/views*› tergiversar

miss¹ /mɪs/ *n* **1** **Miss** (as title) señorita *f*; **M~ Jane Smith** la señorita Jane Smith; (in correspondence) Sra Jane Smith **2** (failure to hit) fallo *m*; *to give sth a ~*; (infml): **I think I'll give swimming a ~ this afternoon** creo que esta tarde no voy a ir a nadar

miss² *vt* **I** **1** **(a)** (fail to hit): **the bomb ~ed its target** la bomba no cayó en el blanco; **the bullet just ~ed him** la bala le pasó rozando **(b)** (overlook, fail to notice): **you ~ed three mistakes** se te pasaron (por alto) tres errores; **you can't ~ it** lo va a ver enseguida, no tiene pérdida (Esp) **(c)** (fail to hear, understand) no oír*; **he's ~ed the point** no ha entendido **(d)** ‹*chance*› perder* **2** (fail to catch) ‹*bus/flight*› perder*; **sorry, you've just ~ed him** lo siento, acaba de irse **3** **(a)** (fail to experience) perderse*; **you didn't ~ much** no te perdiste nada **(b)** (fail to attend) ‹*meeting*› faltar a; ‹*party/show*› perderse*

II **1** (regret absence of) ‹*friend/country/activity*› echar de menos, extrañar (esp AmL) **2** (notice absence of) echar en falta; **when did you first ~ the necklace?** ¿cuándo echaste en falta el collar?

■ *vi* «*marksman*» errar* el tiro, fallar; «*bullet*» no dar* en el blanco

● **miss out** **1** [*v + o + adv, v + adv + o*] ‹*line/paragraph*› saltarse **2** [*v + adv*] **to ~ out** ON **sth** perderse* algo

Miss = **Mississippi**

misshapen /'mɪs'ʃeɪpən/ *adj* deforme

missile /'mɪsəl, BrE 'mɪsaɪl/ *n* (Mil) misil *m*; (sth thrown) proyectil *m*

missing /'mɪsɪŋ/ *adj*: **the ~ papers** los papeles que faltan; **~ person** desaparecido, -da *m,f*; **to be ~** faltar; **to go ~** (BrE) desaparecer*

mission /'mɪʃən/ *n* misión *f*

missionary /'mɪʃəneri, BrE 'mɪʃənəri/ *n* misionero, -ra *m,f*

misspell /mɪs'spel/ *vt* (*past & past p* **-spelled** *or* BrE also **-spelt**) escribir* mal; (orally) deletrear mal

misspent /'mɪs'spent/ *adj* (*before n*) ‹*money*› malgastado; ‹*hours*› perdido; **a ~ youth** (set phrase) una juventud disipada

mist /mɪst/ *n* **(a)** (Meteo) neblina *f*; **sea ~** bruma *f* **(b)** (condensation) vaho *m* **(c)** (spray) vaporización *f*

● **mist over** [*v + adv*] «*eyes*» empañarse; «*glass/mirror*» empañarse

● **mist up** [*v + adv*] «*glass/mirror*» empañarse

mistake¹ /mə'steɪk, BrE mɪ'steɪk/ *n* error *m*; **to make a ~** cometer un error; **by ~** por equivocación, por error

mistake² *vt* (*past* **-took**; *past p* **-taken**) confundir; **to ~ sth/sb** FOR **sth/sb** confundir algo/a algn CON algo/algn

mistaken /mə'steɪkən, BrE mɪ'steɪkən/ *adj* ‹*impression/idea*› equivocado; **unless I'm (very) much ~** si no me equivoco

mistletoe /'mɪsəltəʊ/ *n* muérdago *m*

mistook /mɪ'stʊk/ *past of* **mistake²**

mistreat /'mɪs'triːt/ *vt* maltratar

mistress /'mɪstrəs, BrE 'mɪstrɪs/ *n* **(a)** (of dog) dueña *f*, ama *f*‡; (of servant) señora *f* **(b)** (lover) amante *f*

m

mistrust[1] /ˈmɪsˈtrʌst/ *vt* desconfiar* de, recelar de

mistrust[2] *n* desconfianza *f*, recelo *m*

mistrustful /ˈmɪsˈtrʌstfəl/ *adj* desconfiado, receloso

misty /ˈmɪsti/ *adj* **-tier**, **-tiest** ‹*day/morning*› neblinoso; **it's ~** hay neblina; (it's drizzling) (AmE) está lloviznando

misunderstand /ˈmɪsʌndərˈstænd, BrE ˌmɪsˌʌndəˈstænd/ (*past & past p* **-stood**) *vt* ‹*idea/instructions*› entender* *or* comprender mal; ‹*remark/motives*› malinterpretar; ‹*artist/work*› interpretar mal

misunderstanding /ˈmɪsʌndərˈstændɪŋ, BrE ˌmɪsˌʌndəˈstændɪŋ/ *n* malentendido *m*

misunderstood /ˈmɪsʌndərˈstʊd, BrE ˌmɪsˌʌndəˈstʊd/ *past & past p of* **misunderstand**

misuse[1] /ˈmɪsˈjuːs/ *n* (of word) mal uso *m*; (of power) abuso *m*; (of funds) malversación *f*; (of resources) despilfarro *m*

misuse[2] /ˈmɪsˈjuːz/ *vt* ‹*language/tool*› utilizar* *or* emplear mal; ‹*resources*› despilfarrar; ‹*funds*› malversar

mite /maɪt/ *n* (Zool) ácaro *m*

miter, (BrE) **mitre** /ˈmaɪtər, BrE ˈmaɪtə(r)/ *n* mitra *f*

mitigate /ˈmɪtəgeɪt, BrE ˈmɪtɪgeɪt/ *vt* (fml) **(a)** (soften, lessen) mitigar* (fml) **(b) mitigating** *pres p* ‹*factor*› atenuante; **mitigating circumstances** (circunstancias *fpl*) atenuantes *fpl or mpl*

m

mitre /ˈmaɪtər, BrE ˈmaɪtə(r)/ *n* (BrE) ▸ **miter**

mitt /mɪt/ *n* **(a)** (mitten) mitón *m* **(b)** (in baseball) manopla *f*, guante *m* (de béisbol)

mitten /ˈmɪtn̩/ *n* mitón *m*

mix[1] /mɪks/ *n* **(a)** (mixture, ingredients) mezcla *f*; **cake ~** *preparado comercial para hacer pasteles* **(b)** (Audio) mezcla *f*

mix[2] *vt* **(a)** ‹*ingredients/paint*› mezclar; ‹*cocktail*› preparar **(b)** (Audio) mezclar ■ *vi* **(a)** (combine) «*substances*» mezclarse **(b)** (go together) «*foods/colors*» combinar (bien) **(c)** (socially): **she doesn't ~ well at parties** le cuesta entablar conversación con la gente en una fiesta; **to ~ WITH sb** tratarse CON algn

● **mix up** **1** [*v + o + adv, v + adv + o*] **(a)** (throw into confusion) desordenar **(b)** (confuse) confundir **2** (*usu pass*) **(a)** (involve) **to get ~ed up IN sth** meterse EN algo **(b)** (confuse): **to get ~ed up** confundirse

mixed /mɪkst/ *adj* **(a)** (various) mezclado; **~ spice** mezcla *f* de especias **(b)** (male and female) ‹*sauna/bathing*› mixto **(c)** (ambivalent) ‹*fortunes*› desigual; **I have ~ feelings about it** no sé muy bien qué pensar sobre el asunto

mixer /ˈmɪksər, BrE ˈmɪksə(r)/ *n* **(a)** (Culin) batidora *f* **(b)** (Audio, Cin, TV) (person) operador, -dora *m,f* de sonido; (machine) mezcladora *f* **(c)** (sociable person) persona *f* sociable **(d)** (dance) (AmE) baile *m* **(e)** (drink) refresco *m* (*para mezclar con alcohol*)

mixing bowl /ˈmɪksɪŋ/ *n* bol *m* (*grande, para mezclar ingredientes*)

mixture /ˈmɪkstʃər, BrE ˈmɪkstʃə(r)/ *n* mezcla *f*

mix-up /ˈmɪksʌp/ *n* (infml) lío *m* (fam)

mm (= **millimeter(s)** *o* (BrE) **millimetre(s)**) mm.

MN = **Minnesota**

MO = **Missouri**

moan[1] /məʊn/ *vi* **(a)** (make sound) «*person/wind*» gemir* **(b)** (complain) (infml) **to ~ (ABOUT sth)** quejarse (DE algo)

moan[2] *n* **(a)** (sound) gemido *m* **(b)** (complaint) (infml) (*no pl*) queja *f*

moat /məʊt/ *n* foso *m*

mob[1] /mɑːb, BrE mɒb/ *n* turba *f*; (*before n*) **~ rule** la ley de la calle

mob[2] *vt* **-bb-** atacar* en grupo

mobile[1] /ˈməʊbəl, BrE ˈməʊbaɪl/ *adj* **(a)** ‹*library/shop*› ambulante; **~ Internet** Internet móvil **(b)** (able to move): **we try and get the patient ~ as soon as possible** tratamos de que el paciente recupere su movilidad lo más pronto posible

mobile[2] *n* **1** (phone) ▸ **mobile phone** **2** (hanging) móvil *m*

mobile: **~ home** *n* trailer *m* (AmL), caravana *f* fija (Esp); **~ phone** *n* (teléfono *m*) celular *m* (AmL), (teléfono *m*) móvil *m* (Esp)

mobilize /ˈməʊbəlaɪz, BrE ˈməʊbɪlaɪz/ *vt* movilizar*

mock[1] /mɑːk, BrE mɒk/ *vt* burlarse de

mock[2] *adj* (*before n*) ‹*examination/interview*› de práctica; ‹*anger/outrage*› fingido

mockery /ˈmɑːkəri, BrE ˈmɒkəri/ *n* **(a)** (ridicule) burla *f* **(b)** (travesty) (*no pl*) farsa *f*; **to make a ~ of sth** ridiculizar* algo

mocking /ˈmɑːkɪŋ, BrE ˈmɒkɪŋ/ *adj* burlón

mod cons /ˈmɑːdˈkɑːnz, BrE ˌmɒdˈkɒnz/ *pl n* (= **modern conveniences**) (BrE infml & journ) comodidades *fpl*

mode /məʊd/ *n* **1** **(a)** (means) medio *m*; (kind) modo *m* **(b)** (operating method) (Comput, Tech) modalidad *f* **2** (Math) modo *m* **3** (Clothing) moda *f*

model[1] /ˈmɑːdl, BrE ˈmɒdl/ *n* **1** (reproduction) maqueta *f*, modelo *m* **2** (paragon, example) modelo *m* **3** (design) modelo *m* **4** (person) modelo *mf*

model[2], (BrE **-ll-**) *vt* **1** ‹*clay/shape*› modelar **2** (base): **their education system was ~ed on that of France** su sistema educativo se inspiró en el francés; **to ~ oneself on sb** tomar a algn como modelo **3** ‹*garment*› **she ~s sportswear** es modelo de ropa sport

model[3] *adj* (*before n, no comp*) **1** (miniature) ‹*railway/village*› en miniatura **2** (ideal) ‹*citizen/husband/pupil*› modelo *adj inv*; ‹*answer*› tipo *adj inv*

modem /ˈməʊdem/ *n* módem *m*

moderate[1] /ˈmɑːdərət, BrE ˈmɒdərət/ *adj* moderado

moderate[2] /ˈmɑːdəreɪt, BrE ˈmɒdəreɪt/ *vt* moderar

moderate[3] /ˈmɑːdərət, BrE ˈmɒdərət/ *n* moderado, -da *m,f*

moderation /ˌmɑːdəˈreɪʃən, BrE ˌmɒdəˈreɪʃən/ *n* moderación *f*; **drinking is not harmful, in ~** beber no es nocivo, si se hace con moderación

modern /ˈmɑːdərn, BrE ˈmɒdn̩/ *adj* moderno

modernization /ˌmɑːdərnəˈzeɪʃən, BrE ˌmɒdənaɪˈzeɪʃən/ *n* modernización *f*

---

palabra clave

modernize /'mɑːdərnaɪz, BrE 'mɒdənaɪz/ *vt* modernizar*

modest /'mɑːdəst, BrE 'mɒdɪst/ *adj* **(a)** (not boastful) ‹*person/remark*› modesto **(b)** ‹*income/gift*› modesto; ‹*improvement/success*› moderado **(c)** (chaste) pudoroso

modesty /'mɑːdəsti, BrE 'mɒdɪsti/ *n* **(a)** (absence of conceit) modestia *f* **(b)** (propriety) recato *m*, pudor *m*

modicum /'mɑːdɪkəm, BrE 'mɒdɪkəm/ *n* (*no pl*) (fml) **a ~ OF sth** un atisbo DE algo (fml), un mínimo DE algo

modification /'mɑːdəfə'keɪʃən, BrE ˌmɒdɪfɪ'keɪʃən/ *n* modificación *f*

modify /'mɑːdəfaɪ, BrE 'mɒdɪfaɪ/ *vt* **-fies, -fying, -fied** modificar*

modular /'mɑːdʒələr, BrE 'mɒdjʊlə(r)/ *adj* ‹*design/furniture*› modular; ‹*degree/course*› dividido en módulos

modulate /'mɑːdʒəleɪt, BrE 'mɒdjʊleɪt/ *vt* modular

modulation /'mɑːdʒə'leɪʃən, BrE ˌmɒdjʊ'leɪʃən/ *n* modulación *f*; **frequency ~** frecuencia *f* modulada

module /'mɑːdʒuːl, BrE 'mɒdjuːl/ *n* módulo *m*

Mohammed /məʊ'hæməd, BrE məʊ'hæmɪd/ *n* Mahoma

moist /mɔɪst/ *adj* ‹*climate/soil*› húmedo; ‹*cake*› no seco

moisten /'mɔɪsn̩/ *vt* humedecer*

moisture /'mɔɪstʃər, BrE 'mɔɪstʃə(r)/ *n* humedad *f*

moisturize /'mɔɪstʃəraɪz/ *vt* hidratar

moisturizer /'mɔɪstʃəraɪzər, BrE 'mɔɪstʃəraɪzə(r)/, **moisturizing cream** /'mɔɪstʃəraɪzɪŋ/ *n* crema *f* hidratante

molar /'məʊlər, BrE 'məʊlə(r)/ *n* muela *f*

molasses /mə'læsəz, BrE mə'læsɪz/ *n* (+ *sing vb*) melaza *f*

mold[1], (BrE) **mould** /məʊld/ *n* **1** **(a)** (hollow vessel) molde *m* **(b)** (dish) timbal *m* **2** (fungus) moho *m*

mold[2], (BrE) **mould** *vt* ‹*steel/plastic*› moldear; ‹*character/attitudes*› formar

Moldavia /mɑːl'deɪvjə, BrE mɒl'deɪviə/ *n* Moldavia *f*

Moldova /mɑːl'dəʊvə, BrE mɒl'dəʊvə/ *n* Moldova *f*

moldy, (BrE) **mouldy** /'məʊldi/ *adj* mohoso; **to become** o (BrE) **go ~** enmohecerse*

mole /məʊl/ *n* **1** (Zool) topo *m* **2** (on skin) lunar *m*

molecule /'mɑːlɪkjuːl, BrE 'mɒlɪkjuːl/ *n* molécula *f*

molest /mə'lest/ *vt* **(a)** (sexually) abusar (sexualmente) de **(b)** (harass) importunar

mollusk, **mollusc** /'mɑːləsk, BrE 'mɒləsk/ *n* molusco *m*

mollycoddle /'mɑːlikɑːdl, BrE 'mɒlɪkɒdl/ *vt* (infml & derog) mimar

molt, (BrE) **moult** /məʊlt/ *vi* «*snake*» mudar de piel; «*bird*» mudar de plumas; «*dog/cat*» pelechar, mudar de pelo

molten /'məʊltən/ *adj* ‹*rock/metal*› fundido; ‹*lava*› líquido

mom /mɑːm, BrE mɒm/ *n* (AmE infml) mamá *f* (fam)

moment /'məʊmənt/ *n* momento *m*; **at the ~** en este momento; **for the ~** de momento; ***to have one's ~s*** tener* sus (*or* mis *etc*) buenos momentos

momentary /'məʊmənteri, BrE 'məʊməntri/ *adj* ‹*feeling/glimpse*› momentáneo

momentous /məʊ'mentəs/ *adj* ‹*occasion/decision*› trascendental; ‹*day*› memorable

momentum /məʊ'mentəm/ *n* (*pl* **-ta** /-tə/ *or* **-tums**) **(a)** (Phys) momento *m* **(b)** (speed) velocidad *f*; **to gather ~** ir* adquiriendo velocidad

momma /'mɑːmə, BrE 'mɒmə/ *n* (AmE infml) mamá *f* (fam)

mommy /'mɑːmi, BrE 'mɒmi/ *n* (*pl* **-mies**) (AmE infml) mami *f* (fam), mamita *f* (fam)

Monaco /'mɑːnəkəʊ, mə'nɑː-, BrE 'mɒnəkəʊ/ *n* Mónaco *m*

monarch /'mɑːnərk, BrE 'mɒnək/ *n* monarca *mf*

monarchist /'mɑːnərkəst, BrE 'mɒnəkɪst/ *n* monárquico, -ca *m,f*

monarchy /'mɑːnərki, BrE 'mɒnəki/ *n* monarquía *f*

monastery /'mɑːnəsteri, BrE 'mɒnəstri/ *n* (*pl* **-ries**) monasterio *m*

Monday /'mʌndeɪ, -di/ *n* **1** (day) lunes *m*; **on ~** el lunes; **next ~** el próximo lunes *or* el lunes que viene; **(on) ~s** los lunes; **the ~ after next** el lunes que viene no, el siguiente; (*before n*) **~ afternoon/morning** el lunes por la tarde/mañana, la tarde/mañana del lunes **2** **Mondays** (*as adv*) los lunes

monetarism /'mɑːnətərɪzəm, BrE 'mʌnɪtərɪzəm/ *n* monetarismo *m*

monetary /'mɑːnəteri, BrE 'mʌnɪtəri/ *adj* monetario

money /'mʌni/ *n* (*pl* **-nies** *or* **-neys**) dinero *m*; (currency) moneda *f*, dinero *m*; **their European operation is making a lot of ~** su operación europea está dando mucho dinero; **to put ~ into sth** invertir* dinero en algo; **~ *talks*** poderoso caballero es don Dinero

money: **~ belt** *n* faltriquera *f*; **~box** *n* alcancía *f* (AmL), hucha *f* (Esp); **~lender** *n* prestamista *mf*; **~-making** *adj* lucrativo; **~ order** *n* ≈ giro *m* postal; **~ supply** *n*: **the ~ supply** la masa monetaria

Mongolia /mɑːn'gəʊliə, BrE mɒŋ'gəʊliə/ *n* Mongolia *f*

Mongolian /mɑːn'gəʊliən, BrE mɒŋ'gəʊliən/ *adj* mongol

mongrel /'mɑːŋgrəl, BrE 'mʌŋgrəl/ *n*: *perro mestizo*, chucho, -cha *m,f* (fam), gozque *mf* (Col), quiltro, -tra *m,f* (Chi fam)

monitor[1] /'mɑːnətər, BrE 'mɒnɪtə(r)/ *n* **1** **(a)** (screen) monitor *m* **(b)** (for measuring) monitor *m* **2** (listener) escucha *mf* **3** (Educ) encargado, -da *m,f*, monitor, -tora *m,f* (CS)

monitor[2] *vt* **(a)** ‹*elections*› observar; ‹*process/progress*› seguir*; (esp electronically) monitorizar* **(b)** ‹*radio station*› escuchar

monk /mʌŋk/ *n* monje *m*

monkey /'mʌŋki/ *n* mono, -na *m,f*

monkey wrench *n* llave *f* inglesa; ***to throw a ~ in the works*** o ***the machinery*** (AmE) fastidiarlo todo

m

mono /'mɑːnəʊ, BrE 'mɒnəʊ/ *n* (Audio) monofonía *f*
monochrome /'mɑːnəkrəʊm, BrE 'mɒnəkrəʊm/ *adj* ‹*picture*› monocromático, monocromo
monogamy /mə'nɑːgəmi, BrE mə'nɒgəmi/ *n* monogamía *f*
monologue /'mɑːnəlɔːg, BrE 'mɒnəlɒg/ *n* monólogo *m*
monopolize /mə'nɑːpəlaɪz, BrE mə'nɒpəlaɪz/ *vt* ‹*market/industry*› monopolizar*; ‹*conversation/television*› acaparar
monopoly /mə'nɑːpəli, BrE mə'nɒpəli/ *n* (*pl* **-lies**) monopolio *m*
monosyllable /'mɑːnə,sɪləbəl, BrE 'mɒnəsɪləbəl/ *n* monosílabo *m*
monotone /'mɑːnətəʊn, BrE 'mɒnətəʊn/ *n* tono *m* monocorde
monotonous /mə'nɑːtn̩əs, BrE mə'nɒtənəs/ *adj* monótono
monotony /mə'nɑːtn̩i, BrE mə'nɒtəni/ *n* monotonía *f*
monsoon /mɑːn'suːn, BrE mɒn'suːn/ *n* monzón *m*
monster /'mɑːnstər, BrE 'mɒnstə(r)/ *n* monstruo *m*
monstrous /'mɑːnstrəs, BrE 'mɒnstrəs/ *adj* **(a)** (huge) gigantesco **(b)** (shocking) monstruoso
Mont = **Montana**
⚷ **month** /mʌnθ/ *n* mes *m*; **$900 a ~** 900 dólares mensuales *or* por mes *or* al mes; **in a ~'s time** dentro de un mes

m

monthly¹ /'mʌnθli/ *adj* ‹*journal/event*› mensual; **~ payment** mensualidad *f*, cuota *f* mensual (esp AmL)
monthly² *adv* mensualmente, una vez al *or* por mes
monthly³ *n* (*pl* **-lies**) publicación *f* mensual
monument /'mɑːnjəmənt, BrE 'mɒnjʊmənt/ *n* monumento *m*
monumental /'mɑːnjə'mentl, BrE ,mɒnjʊ'mentl/ *adj* monumental
moo /muː/ *vi* **moos, mooing, mooed** mugir*
mood /muːd/ *n* **1** **(a)** (state of mind) humor *m*; **to be in a good/bad ~** estar* de buen/de mal humor; **I'm not in the ~** no tengo ganas; **I'm not in the ~ for dancing** no tengo ganas de bailar **(b)** (atmosphere) atmósfera *f* **2** (Ling) modo *m*
moody /'muːdi/ *adj* **-dier, -diest** **(a)** (irritable, sulky) de mal humor; (gloomy) deprimido **(b)** (changeable) ‹*person*› temperamental
moon /muːn/ *n* luna *f*; ***once in a blue ~*** muy de vez en cuando
moonbeam /'muːnbiːm/ *n* rayo *m* de luna
moonlight¹ /'muːnlaɪt/ *n* luz *f* de la luna
moonlight² *vi* tener* un segundo empleo; **he ~s as a cab driver** trabaja además como taxista
moon: **~lighting** *n* pluriempleo *m*; **~lit** *adj* iluminado por la luna
moor¹ /mʊr, BrE mʊə(r), mɔː(r)/ *n* **(a)** (boggy area) llanura *f* anegadiza **(b)** (high exposed area) (esp BrE) páramo *m*; (covered with heather) brezal *m*
moor² *vt* amarrar
■ *vi* echar amarras

⚷ palabra clave

mooring /'mʊrɪŋ, BrE 'mʊərɪŋ, 'mɔːrɪŋ/ *n* **(a)** (place) amarradero *m* **(b)** **moorings** *pl* (ropes) amarras *fpl*
moose /muːs/ *n* (*pl* **moose**) alce *m* americano *or* de América
mop¹ /mɑːp, BrE mɒp/ *n* **(a)** (for floor) trapeador *m* (AmL), fregona *f* (Esp) **(b)** **~ of hair** mata *f* de pelo
mop² **-pp-** *vt* ‹*floor/room*› limpiar, trapear (AmL), pasarle la fregona a (Esp); **to ~ one's brow** secarse* la frente
● **mop up** [*v* + *o* + *adv*, *v* + *adv* + *o*] ‹*water*› secar*; ‹*mess*› limpiar
mope /məʊp/ *vi* (infml) estar* deprimido
moped /'məʊped/ *n* ciclomotor *m*
⚷ **moral¹** /'mɔːrəl, BrE 'mɒrəl/ *adj* moral
moral² *n* **1** (message) moraleja *f* **2** **morals** *pl* (principles) moralidad *f*
morale /mə'ræl, BrE mə'rɑːl/ *n* moral *f*
morality /mə'ræləti/ *n* (*pl* **-ties**) moralidad *f*
morally /'mɔːrəli, BrE 'mɒrəli/ *adv* moralmente
morbid /'mɔːrbəd, BrE 'mɔːbɪd/ *adj* morboso
⚷ **more¹** /mɔːr, BrE mɔː(r)/ *adj* más; **there'll be no ~ talking** se acabó la charla; **how much ~ flour?** ¿cuánta harina más?; **for ~ information call 387351** para mayor información llamar al 38-73-51; **~ and ~ people** cada vez más gente; **I eat ~ meat than you** yo como más carne que tú
⚷ **more²** *pron* más; **let's say no ~ about it** no hablemos más del asunto; **the ~ she eats, the thinner she gets** cuanto más come, más adelgaza; **you eat ~ than me** tú comes más que yo
⚷ **more³** *adv* más; **you watch television ~ than I do** tú ves más televisión que yo; **~ or less** más o menos; **could you please speak ~ clearly?** ¿podría hacer el favor de hablar más claro?; **~ often** con más frecuencia; **I don't eat meat any ~** ya no como carne
moreover /mɔːr'əʊvər, BrE mɔː'rəʊvə(r)/ *adv* (fml) (*as linker*) además
morgue /mɔːrg, BrE mɔːg/ *n* depósito *m* de cadáveres, morgue *f* (AmL)
Mormon /'mɔːrmən, BrE 'mɔːmən/ *n* mormón, -mona *m,f*
⚷ **morning** /'mɔːrnɪŋ, BrE 'mɔːnɪŋ/ *n* **1** (time of day) mañana *f*; **yesterday/tomorrow ~** ayer/mañana por la mañana *or* (AmL tb) en la mañana *or* (RPl tb) a la mañana *or* de mañana; **we'll do it first thing in the ~** lo haremos por la mañana a primera hora; **(good) ~!** ¡buenos días!, ¡buen día! (RPl) **2** **mornings** (*as adv*) por las mañanas, en las mañanas (AmL), a la *or* de mañana (RPl)
morning: **~ after pill** *n* píldora *f* del día siguiente; **~ coat** *n* chaqué *m*, frac *m*; **~ sickness** *n* náuseas *fpl* (matinales) (*del embarazo*)
Moroccan /mə'rɑːkən, BrE mə'rɒkən/ *adj* marroquí
Morocco /mə'rɑːkəʊ, BrE mə'rɒkəʊ/ *n* Marruecos *m*
moron /'mɔːrɑːn, BrE 'mɔːrɒn/ *n* (infml & derog) imbécil *mf* (fam & pey), cretino, -na *m,f* (fam & pey)
morose /mə'rəʊs/ *adj* taciturno

morphine /ˈmɔːrfiːn, BrE ˈmɔːfiːn/ *n* morfina *f*
Morse /mɔːrs, BrE mɔːs/ *n* morse *m*; **in ~ (code)** en (código) morse
morsel /ˈmɔːrsəl, BrE ˈmɔːsəl/ *n* bocado *m*
mortal[1] /ˈmɔːrtl, BrE ˈmɔːtl/ *adj* **(a)** (subject to death) mortal **(b)** (liter) ‹*blow/injury/sin*› mortal
mortal[2] *n* mortal *mf*
mortality /mɔːrˈtæləti, BrE mɔːˈtæləti/ *n* **(a)** (death rate) mortalidad *f* **(b)** (loss of life) mortandad *f* **(c)** (condition) mortalidad *f*
mortar /ˈmɔːrtər, BrE ˈmɔːtə(r)/ *n* **1** (cement) argamasa *f*, mortero *m* **2** (weapon) mortero *m* **3** (bowl) mortero *m*, molcajete *m* (Méx)
mortgage[1] /ˈmɔːrgɪdʒ, BrE ˈmɔːgɪdʒ/ *n* (charge) hipoteca *f*; (loan) préstamo *m* hipotecario, hipoteca *f*; **to take out a ~ on a property** hipotecar* una propiedad
mortgage[2] *vt* hipotecar*
mortician /mɔːrˈtɪʃən, BrE mɔːˈtɪʃən/ *n* (AmE) (employee) *persona que trabaja en una funeraria*; (funeral director) director, -tora *m,f* de pompas fúnebres
mortified /ˈmɔːrtəfaɪd, BrE ˈmɔːtɪfaɪd/ *adj*: **I was ~** me dio mucha vergüenza, me dio mucha pena (AmL exc CS)
mortuary /ˈmɔːrtʃueri, BrE ˈmɔːtjʊəri/ *n* (*pl* **-ries**) depósito *m* de cadáveres, morgue *f* (AmL)
mosaic /məʊˈzeɪɪk/ *n* mosaico *m*
Moscow /ˈmɑːskaʊ, BrE ˈmɒskəʊ/ *n* Moscú *m*
Moslem /ˈmɑːzləm, BrE ˈmɒzləm/ *n/adj* ▶ **Muslim[1,2]**
mosque /mɑːsk, BrE mɒsk/ *n* mezquita *f*
mosquito /məˈskiːtəʊ, BrE mɒsˈkiːtəʊ/ *n* (*pl* **-toes** *or* **-tos**) mosquito *m*, zancudo *m* (AmL)
moss /mɔːs, BrE mɒs/ *n* musgo *m*
most[1] /məʊst/ *adj* **(a)** (nearly all) la mayoría de, la mayor parte de; **~ days** casi todos los días **(b)** (*as superl*) más; **who eats (the) ~ meat in your family?** ¿quién es el que come más carne de tu familia?
most[2] *pron* **(a)** (nearly all) la mayoría, la mayor parte; **I read ~ of it** lo leí casi todo **(b)** (*as superl*): **she ate the ~** fue la que más comió; **at (the) ~** como máximo; ***to make the ~ of sth*** sacar* el mejor provecho posible de algo **(c)** (people) la mayoría
most[3] *adv* **1 (a)** (to greatest extent) más; **I enjoyed the last act ~ of all** el último acto fue el que más me gustó **(b)** (*before adj, adv*) más; **which is the ~ expensive?** ¿cuál es el más caro? **2** (*as intensifier*): **what happened was ~ interesting** lo que sucedió fue de lo más interesante; **~ likely** muy probablemente **3** (almost) (AmE infml) casi
mostly /ˈməʊstli/ *adv*: **her friends are ~ students** la mayoría de sus amigos son estudiantes; **the land is ~ flat** el terreno es en su mayor parte llano
motel /məʊˈtel/ *n* motel *m*
moth /mɔːθ, BrE mɒθ/ *n* mariposa *f* de la luz, palomilla *f*; (clothes ~) polilla *f*
mother[1] /ˈmʌðər, BrE ˈmʌðə(r)/ *n* madre *f*; (*before n*) **~ country** madre patria *f*
mother[2] *vt* mimar
motherhood /ˈmʌðərhʊd, BrE ˈmʌðəhʊd/ *n* maternidad *f*
Mothering Sunday /ˈmʌðərɪŋ/ *n* (BrE) ▶ **Mother's Day**
mother: **~-in-law** *n* (*pl* **~s-in-law**) suegra *f*; **~land** *n* patria *f*
motherly /ˈmʌðərli, BrE ˈmʌðəli/ *adj* maternal
mother: **~-of-pearl** /ˈmʌðərəvˈpɜːrl, BrE ˌmʌðərəvˈpɜːl/ *n* nácar *m*, madreperla *f*, concha *f* nácar (Méx), concha *f* de perla (Chi); **M~'s Day** *n* el día de la Madre (*el segundo domingo de mayo en EEUU y el cuarto domingo de Cuaresma en GB*); **M~ Superior** *n* Madre *f* Superiora; **~-to-be** /ˈmʌðərtəˈbiː, BrE ˌmʌðətəˈbiː/ *n* (*pl* **~s-to-be**) futura madre *f*, futura mamá *f*; **~ tongue** *n* lengua *f* materna
motif /məʊˈtiːf/ *n* **(a)** (theme) tema *m* **(b)** (design) motivo *m*
motion[1] /ˈməʊʃən/ *n* **1 (a)** (movement) movimiento *m*; **to be in ~** estar* en movimiento; **to set o put sth in ~** ‹*wheel*› poner* algo en movimiento; ‹*project/plan*› poner* algo en marcha **(b)** (action, gesture) gesto *m*; ***to go through the ~s***: **he went through the ~s of interviewing them** los entrevistó por pura fórmula **2** (for vote) moción *f*
motion[2] *vi*: **she ~ed to her assistant** le hizo una señal a su ayudante; **they ~ed to us to sit down** nos hicieron señas para que nos sentáramos
motionless /ˈməʊʃənləs, BrE ˈməʊʃənlɪs/ *adj* inmóvil
motion picture *n* película *f*
motivate /ˈməʊtəveɪt, BrE ˈməʊtɪveɪt/ *vt* motivar
motivation /ˈməʊtəˈveɪʃən, BrE ˌməʊtɪˈveɪʃən/ *n* **(a)** (drive) motivación *f* **(b)** (motive) motivo *m*
motive /ˈməʊtɪv/ *n* motivo *m*
motley /ˈmɑːtli, BrE ˈmɒtli/ *adj* variopinto
motor[1] /ˈməʊtər, BrE ˈməʊtə(r)/ *n* motor *m*
motor[2] *adj* (*before n*) **1** (Auto, Mech Eng) ‹*parts*› de automóvil; ‹*mechanic*› de automóviles; **~ show** salón *m* del automóvil; **~ vehicle** (vehículo *m*) automóvil *m* (fml) **2** (Physiol) ‹*neuron/nerve*› motor [*The feminine of* ***motor*** *is* ***motriz*** *or* ***motora***]
motor: **~bike** *n* moto *f*; **~boat** *n* lancha *f* a motor; **~car** *n* (fml) automóvil *m* (fml); **~cycle** *n* motocicleta *f*; **~cyclist** *n* motociclista *mf*, motorista *mf*
motoring /ˈməʊtərɪŋ/ *n* automovilismo *m*
motorist /ˈməʊtərəst, BrE ˈməʊtərɪst/ *n* automovilista *mf*, conductor, -tora *m,f*
motorway /ˈməʊtərweɪ, BrE ˈməʊtəweɪ/ *n* (BrE) autopista *f*
mottled /ˈmɑːtld, BrE ˈmɒtld/ *adj* ‹*skin*› manchado; ‹*marble*› veteado
motto /ˈmɑːtəʊ, BrE ˈmɒtəʊ/ *n* (*pl* **-toes**) (of family, school) lema *m*
mould *etc* (BrE) ▶ **mold** *etc*
moult *vi* (BrE) ▶ **molt**
mound /maʊnd/ *n* **(a)** (hillock) montículo *m* **(b)** (man-made) túmulo *m*; **burial ~** túmulo funerario **(c)** (heap) montón *m*
mount[1] /maʊnt/ *n* **1** (mountain) (liter) monte *m* **2** (Equ) montura *f* **3** (for machine, gun) soporte *m*; (for picture — surround) paspartú *m*, maríaluisa *f* (Méx); (— backing) fondo *m*; (for slide) marco *m*; (for stamp) fijasellos *m*; (for jewel) montura *f*,

m

engaste *m*

mount² *vt* **1** **(a)** ‹*horse*› montar, montarse en **(b)** ‹*platform/throne*› subir a **2** ‹*gun/picture*› montar; ‹*stamp/butterfly*› fijar; ‹*gem*› engarzar*, montar **3** ‹*attack/offensive*› preparar; ‹*campaign/event*› organizar*
■ *vi* **1** **(a)** «*cost/temperature*» subir; «*excitement/alarm*» crecer* **(b) mounting** *pres p* ‹*cost/fears/tension*› cada vez mayor, creciente **2** (climb onto horse) montar

● **mount up** [*v* + *adv*] «*bills*» irse* acumulando

mountain /ˈmaʊntn̩, BrE ˈmaʊntɪn/ *n* (Geog) montaña *f*; (*before n*) ‹*stream/path*› de montaña; ‹*scenery*› montañoso; ~ **range** cordillera *f*; (shorter) sierra *f*

mountain bike *n* bicicleta *f* de montaña

mountaineer /ˈmaʊntn̩ˈɪr, BrE ˌmaʊntɪˈnɪə(r)/ *n* alpinista *mf*, andinista *mf* (AmL)

mountaineering /ˈmaʊntn̩ˈɪrɪŋ, BrE ˌmaʊntɪˈnɪərɪŋ/ *n* alpinismo *m*, andinismo *m* (AmL)

mountainous /ˈmaʊntn̩əs, BrE ˈmaʊntɪnəs/ *adj* montañoso

mountaintop /ˈmaʊntn̩ˌtɑːp, BrE ˈmaʊntɪnˌtɒp/ *n* cima *f* *or* cumbre *f* (de la montaña)

mounted /ˈmaʊntəd, BrE ˈmaʊntɪd/ *adj* montado; ~ **police** policía *f* montada

mourn /mɔːrn, BrE mɔːn/ *vt* ‹*loss/tragedy*› llorar
■ *vi* **to ~** FOR **sb** llorar a algn

mourner /ˈmɔːrnər, BrE ˈmɔːnə(r)/ *n* doliente *mf*

mournful /ˈmɔːrnfəl, BrE ˈmɔːnfəl/ *adj* ‹*expression/glance*› de profunda tristeza; ‹*sigh/cry*› lastimero

mourning /ˈmɔːrnɪŋ, BrE ˈmɔːnɪŋ/ *n* (action, period) duelo *m*, luto *m*; **to be in ~ for sb** estar* de luto por algn

mouse /maʊs/ *n* (*pl* **mice**) **1** (animal) ratón *m*, laucha *f* (CS) **2** (Comput) ratón *m*; (*before n*) ~ **mat** alfombrilla *f* para ratón

mouseover /ˈmaʊsəʊvər, BrE ˈmaʊsəʊvə(r)/ *n* mouseover *m*

mousey *adj* ▶ **mousy**

mousse /muːs/ *n* **(a)** (Culin) mousse *f* *or* *m* **(b)** (for hair) mousse *f*

moustache *n* (BrE) ▶ **mustache**

mousy /ˈmaʊsi/ *adj* **-sier**, **-siest** ‹*hair*› castaño desvaído *adj inv*

mouth¹ /maʊθ/ *n* (*pl* **mouths** /maʊðz/) **1** (of person, animal) boca *f*; ***down in the ~*** alicaído; ***to make sb's ~ water***: **it made my ~ water** se me hizo agua la boca *or* (Esp) se me hizo la boca agua **2** (of bottle) boca *f*; (of tunnel, cave) entrada *f*; (of river) desembocadura *f*

mouth² /maʊð/ *vt* (silently): **it's him, she ~ed** — es él — me/le dijo articulando para que le leyera los labios

mouthful /ˈmaʊθfʊl/ *n* (of food) bocado *m*; (of drink) trago *m*; (of air) bocanada *f*

mouth: **~ organ** *n* armónica *f*; **~piece** *n* **1** (of telephone) micrófono *m*; (Mus) boquilla *f* **2** (spokesperson) portavoz *mf*; **~-to-~** /ˈmaʊθtəˈmaʊθ/ *adj* (*before n*) boca a boca; **~wash** *n* enjuague *m* (bucal); **~-watering** /ˈmaʊθˌwɔːtərɪŋ/ *adj* delicioso

move¹ /muːv/ *n* **1** (movement) movimiento *m*; ***on the ~***: **she's always on the ~** siempre está de un lado para otro **2** (change — of residence) mudanza *f*, trasteo *m* (Col); (— of premises) traslado *m* **3** **(a)** (action, step) paso *m*; (measure) medida *f*; **what's the next ~?** ¿cuál es el siguiente paso? **(b)** (in profession, occupation): **it would be a good career ~** sería un cambio muy provechoso para mi (*or* su *etc*) carrera profesional **4** (Games) movimiento *m*; **whose ~ is it?** ¿a quién le toca mover?

move² *vi* **1** **(a)** (change place): **he ~d nearer the fire** se acercó al fuego; **to ~ to a new job** cambiar de trabajo **(b)** (change location, residence) mudarse **2** (change position) moverse* **3** (proceed, go): **the vehicle began to ~** el vehículo se puso en marcha; **the police kept the crowds moving** la policía hacía circular a la multitud; **the earth ~s around the sun** la Tierra gira alrededor del sol; **we ~d to one side** nos apartamos, nos hicimos a un lado **4** (advance, develop): **events ~d rapidly** los acontecimientos se desarrollaron rápidamente; **to ~ with the times** mantenerse* al día; **to ~ into the lead** pasar a ocupar el primer lugar **5** (carry oneself) moverse* **6** (go fast) (infml) correr **7** (take steps, act): **we must ~ now** tenemos que actuar ahora; **she ~d quickly to scotch rumors** inmediatamente tomó medidas para acallar los rumores
■ *vt* **1** (transfer, shift position of): **~ your chair a little** corre un poco la silla; **ask him to ~ the boxes out of the way** dile que quite las cajas de en medio; **I can't ~ my leg** no puedo mover la pierna **2** **(a)** (transport) transportar **(b)** (relocate, transfer) trasladar **(c)** (change residence, location): **the firm that ~d us** la compañía que nos hizo la mudanza; **to ~ house** (BrE) mudarse de casa **3** **(a)** (arouse emotionally) conmover*; **to ~ sb to tears** hacer* llorar a algn de la emoción **(b)** (prompt) **to ~ sb to +** INF: **this ~d her to remonstrate** esto la indujo a protestar **4** (propose) (Adm, Govt) proponer*

● **move along** **1** [*v* + *adv*] **(a)** (go further along) correrse **(b)** (disperse) circular **2** [*v* + *o* + *adv*] (cause to disperse) hacer* circular

● **move around**, (BrE also) **move about** [*v* + *adv*] **(a)** (walk) andar* **(b)** (change residence) mudarse (*a menudo*); (change job) cambiar de trabajo (*a menudo*)

● **move away** [*v* + *adv*] **(a)** (move house) mudarse (*de la ciudad, el barrio etc*) **(b)** ▶ **move off**

● **move down** **1** [*v* + *adv*] bajar **2** [*v* + *o* + *adv*] bajar

● **move in** [*v* + *adv*] **(a)** (set up home) mudarse (*a una casa etc*); **to ~ in** WITH **sb** irse* a vivir CON algn **(b)** (draw closer) acercarse* **(c)** (go into action) «*police*» intervenir*; (Mil) atacar*

● **move off** [*v* + *adv*] «*procession*» ponerse* en marcha; «*car*» arrancar*

● **move on** I [*v* + *adv*] **1** (walk further) seguir* adelante; (continue journey) continuar* el viaje **2** **(a)** (proceed) pasar **(b)** (progress) progresar
II [*v* + *o* + *adv*] (cause to disperse) hacer* circular

● **move out** [*v* + *adv*] irse* (*de una casa etc*)

● **move over** [*v* + *adv*] (make room) correrse

● **move up** **1** [*v* + *adv*] **(a)** (rise) subir **(b)** (make room) correrse **2** [*v* + *o* + *adv*] ‹*picture/shelf*› subir; **they ~d him up a class** lo pusieron en la clase inmediatamente superior

movement /ˈmuːvmənt/ *n* **1** **(a)** (motion)

movimiento *m* **(b) movements** *pl* (activities, whereabouts) desplazamientos *mpl*, movimientos *mpl* **2** **(a)** (transportation) movimiento *m* **(b)** (travel) desplazamiento *m* **3** (Art, Pol, Relig) movimiento *m*

mover /'mu:vər, BrE 'mu:və(r)/ *n* (of furniture, belongings) (AmE): **a firm of ∼s** una compañía de mudanzas

movie /'mu:vi/ *n* (esp AmE) **1** (film) película *f*, film(e) *m* (period); (*before n*) ‹*actor/director*› de cine **2** **movies** *pl* (esp AmE): **the ∼s** el cine

movie camera *n* (esp AmE) filmadora *f or* (Esp) tomavistas *m*; (large, professional) cámara *f* cinematográfica

moving /'mu:vɪŋ/ *adj* **1** (emotionally) emotivo, conmovedor **2** (in motion) (*before n*) ∼ **part** pieza *f* movible **3** (AmE) (*before n*) ‹*van/company*› de mudanzas

mow /məʊ/ *vt* (*past* **mowed**; *past p* **mown** *or* **mowed**) ‹*hay*› segar*; ‹*lawn*› cortar

● **mow down** [*v* + *o* + *adv*, *v* + *adv* + *o*] acribillar

mower /'məʊər, BrE 'məʊə(r)/ *n* **(a)** (Hort) ▸ **lawnmower (b)** (on farm) segadora *f*

mown /məʊn/ *past p of* **mow**

Mozambique /'məʊzəm'bi:k, BrE ˌməʊzæm'bi:k/ *n* Mozambique *m*

MP *n* **(a)** (in UK) (Govt) = **Member of Parliament (b)** (= **military police**) PM *f*

MP3 (file) *n* (archivo *m*) MP3 *m*, (archivo *m*) emepetres *m*

mph = **miles per hour**

Mr /'mɪstər, BrE 'mɪstə(r)/ (= **Mister**) Sr.

MRI *n* (= **Magnetic Resonance Imaging**) IRM *f*

Mrs /'mɪsəs, BrE 'mɪsɪz/ Sra.

MRSA *n* (= **Methicillin-Resistant Staphylococcus Aureus**) SARM *m*

Ms /mɪz, BrE məz/ ≈ Sra. (*tratamiento que se da a las mujeres y que no indica su estado civil*)

MS *n* **(a)** *also* **ms** (*pl* **MSS** *or* **mss**) (= **manuscript**) ms. **(b)** (= **multiple sclerosis**) E.M. *f* **(c)** (AmE) = **Master of Science (d)** = **Mississippi**

MSc *n* (BrE) = **Master of Science**

MST (in US) = **Mountain Standard Time**

Mt (= **Mount**): ∼ **Rushmore** el monte Rushmore

MT = **Montana**

much¹ /mʌtʃ/ *adj* mucho, -cha; **how ∼ coffee/milk?** ¿cuánto café/cuánta leche?; **I do as ∼ work as anybody** trabajo tanto como cualquiera; **too ∼ coffee** demasiado café

much² *pron* mucho, -cha; **do you see ∼ of the Smiths?** ¿ves mucho a los Smith?; **how ∼ does it cost?** ¿cuánto cuesta?; **I've done as ∼ as I can** he hecho todo lo que he podido; **and as ∼ again** y otro tanto; **you've drunk too ∼** has bebido demasiado

much³ *adv* mucho; **I'd very ∼ like to meet her** me gustaría mucho conocerla; **you deserve the prize just as ∼ as I do** te mereces el premio tanto como yo; **so ∼ the better** tanto mejor; **you talk too ∼** hablas demasiado; **this church is ∼ the larger of the two** de las dos iglesias esta es, con mucho, la más grande; **I'm ∼ too busy to do it** estoy demasiado ocupada para hacerlo

muck /mʌk/ *n* (dung) estiércol *m*; (dirt) mugre *f*

● **muck out** [*v* + *o* + *adv*, *v* + *adv* + *o*] limpiar

mucus /'mju:kəs/ *n* mucosidad *f*

mud /mʌd/ *n* barro *m*, fango *m*, lodo *m*; (*before n*) ‹*brick/hut*› de barro, de adobe

muddle¹ /'mʌdl/ *n* lío *m*, follón *m* (Esp fam); **to be in a ∼** «*papers*» estar* (todo) revuelto; «*person*» estar* liado *or* hecho un lío (fam)

muddle² *vt* ▸ **muddle up**

● **muddle up** [*v* + *o* + *adv*, *v* + *adv* + *o*] **(a)** ‹*papers*› entreverar **(b)** (mix up) confundir **(c)** (bewilder) confundir; **to get ∼d up** confundirse

muddled /'mʌdld/ *adj* confuso; **to get ∼** hacerse* un lío (fam)

muddy /'mʌdi/ *adj* **-dier**, **-diest** ‹*boots/hands/road*› lleno *or* cubierto de barro *or* de lodo; ‹*water*› turbio

mudguard /'mʌdgɑ:rd, BrE 'mʌdgɑ:d/ *n* guardabarros *m*, salpicadera *f* (Méx), tapabarros *m* (Chi, Per)

muesli /'mju:zli, 'mu:-, BrE 'mju:zli/ *n* (esp BrE) musli *m*, muesli *m*

muff¹ /mʌf/ *vt* (infml) ‹*shot*› errar*; ‹*chance*› desperdiciar

muff² *n* (Clothing) manguito *m*

muffin /'mʌfən, BrE 'mʌfɪn/ *n* (AmE) mollete *m* (*bollo dulce hecho con huevos*); (BrE) *bollo de pan que suele servirse tostado*

muffle /'mʌfl/ *vt* **1** ‹*sound*› amortiguar* **2** ∼ **(up): her face was ∼d (up) in a scarf** una bufanda casi le tapaba la cara

muffler /'mʌflər, BrE 'mʌflə(r)/ *n* **1** (scarf) bufanda *f* **2** **(a)** (Mus) sordina *f* **(b)** (AmE) (Auto) silenciador *m*, mofle *m* (AmC, Méx)

mug¹ /mʌg/ *n* **1** (cup) taza *f* (*alta y sin platillo*), tarro *m* (Méx, Ven) **2** (gullible person) (BrE infml) idiota *mf* **3** (face) (sl) cara *f*, jeta *f* (arg), careto *m* (Esp arg)

mug² *vt* **-gg-** atracar*

mugger /'mʌgər, BrE 'mʌgə(r)/ *n* atracador, -dora *m,f*

mugging /'mʌgɪŋ/ *n* atraco *m*

muggy /'mʌgi/ *adj* **-gier**, **-giest** ‹*weather/day*› pesado

mug shot *n* (infml) foto *f* (*de archivo policial*)

Muhammad /mə'hæməd, BrE mə'hæmɪd/ *n* Mahoma

mulberry /'mʌlˌberi, BrE 'mʌlbəri/ *n* (*pl* **-ries**) (tree) morera *f*; (fruit) mora *f* (de morera)

mule /mju:l/ *n* mula *f* (*cruce de burro y yegua*); ***stubborn as a*** ∼ más terco que una mula

mull /mʌl/ *vt* **(a)** (Culin): **∼ed wine** *ponche caliente de vino y especias* **(b)** (AmE) ▸ **mull over**

● **mull over** [*v* + *o* + *adv*, *v* + *adv* + *o*] reflexionar sobre

multicolored, (BrE) **multicoloured** /'mʌltiˌkʌlərd, BrE ˌmʌltɪ'kʌləd/ *adj* multicolor

multicultural /ˌmʌlti'kʌltʃərəl/ *adj* multicultural

multilevel /'mʌlti'levl/ *adj* (AmE) de varias plantas, de varios pisos

multimedia /ˌmʌlti'mi:diə/ *adj* (*before n*) multimedia *adj inv*

multinational¹ /'mʌlti'næʃn̩əl, BrE ˌmʌlti'næʃənl/ *adj* multinacional

multinational² *n* multinacional *f*

multiple¹ /'mʌltəpəl, BrE 'mʌltɪpəl/ *adj* **(a)** (involving many elements) múltiple

m

(b) (many) múltiples
multiple² *n* múltiplo *m*
multiple: **~-choice** /'mʌltəpəl'tʃɔɪs, BrE ˌmʌltɪpəl'tʃɔɪs/ *adj* de opción múltiple, tipo test; **~ sclerosis** /sklə'rəʊsəs/ *n* esclerosis *f* múltiple
multiplication /'mʌltəplə'keɪʃən, BrE ˌmʌltɪplɪ'keɪʃən/ *n* multiplicación *f*
multiply /'mʌltəplaɪ, BrE 'mʌltɪplaɪ/ **-plies, -plying, -plied** *vt* **(a)** (Math) **to ~ sth (BY sth)** multiplicar* algo (POR algo) **(b)** (increase) multiplicar*
■ *vi* **(a)** (Math) multiplicar* **(b)** (increase, reproduce) multiplicarse*
multipurpose /'mʌlti'pɜːrpəs, BrE ˌmʌlti'pɜːpəs/ *adj* ‹*tool/appliance*› multiuso *adj inv*
multistory, (BrE) **multistorey** /'mʌlti'stɔːri/ *adj* de varias plantas, de varios pisos
multitude /'mʌltətuːd, BrE 'mʌltɪtjuːd/ *n* **(a)** (large number) (fml) (*no pl*) **a ~ OF sth: a ~ of problems** innumerables *or* múltiples problemas **(b)** (crowd) (arch *or* liter) multitud *f*
mum /mʌm/ *n* **1** (mother) (BrE infml) mamá *f* (fam) **2** (silence) (infml): ***~'s the word*** ¡punto en boca! (fam); ***to keep ~*** no decir* ni pío (fam)
mumble /'mʌmbəl/ *vi* hablar entre dientes
■ *vt* mascullar
mumbo jumbo /'mʌmbəʊ'dʒʌmbəʊ/ *n* (derog): **religion, he said, was a lot of ~** dijo que la religión no era más que supercherías
mummy /'mʌmi/ *n* (*pl* **-mies**) **1** (mother) (BrE infml: esp used by children) mami *f* (fam), mamita *f* (fam) **2** (Archeol) momia *f*
mumps /mʌmps/ *n* paperas *fpl*
munch /mʌntʃ/ *vt/i* mascar*
mundane /mʌn'deɪn/ *adj* ‹*existence*› prosaico; ‹*activity*› rutinario
municipal /mjʊ'nɪsəpəl, BrE mjuː'nɪsɪpəl/ *adj* (*usu before n*) municipal
munitions /mjʊ'nɪʃənz, BrE mjuː'nɪʃənz/ *pl n* municiones *fpl*
mural /'mjʊrəl, BrE 'mjʊərəl/ *n* mural *m*
✓ **murder¹** /'mɜːrdər, BrE 'mɜːdə(r)/ *n* asesinato *m*; (Law) homicidio *m*; ***to get away with ~***: **she lets them get away with ~** les permite cualquier cosa
✓ **murder²** *vt* **(a)** (kill) asesinar **(b)** (ruin) ‹*music/play*› destrozar*
■ *vi* matar
murderer /'mɜːrdərər, BrE 'mɜːdərə(r)/ *n* asesino, -na *m,f*
murderous /'mɜːrdərəs, BrE 'mɜːdərəs/ *adj* ‹*instinct/look*› asesino; ‹*individual*› de instintos asesinos
murky /'mɜːrki, BrE 'mɜːki/ *adj* **-kier, -kiest** ‹*water*› turbio; ‹*green/brown*› sucio; ‹*past*› turbio
murmur¹ /'mɜːrmər, BrE 'mɜːmə(r)/ *n* murmullo *m*
murmur² *vt* murmurar
✓ **muscle** /'mʌsəl/ *n* **(a)** (Anat) músculo *m* **(b)** (power) fuerza *f*
● **muscle in** [*v* + *adv*] (infml) meterse por medio (*con prepotencia*); **a rival company ~d in on their market** una compañía de la competencia se introdujo en su sector del mercado
muscular /'mʌskjələr, BrE 'mʌskjʊlə(r)/ *adj* **(a)** ‹*arms/build*› musculoso **(b)** ‹*strain/contraction*› muscular
muscular dystrophy /'dɪstrəfi/ *n* distrofia *f* muscular
muse¹ /mjuːz/ *vi* **to ~ (ON *o* UPON sth)** cavilar *or* reflexionar (SOBRE algo)
muse², **Muse** *n* musa *f*
✓ **museum** /mjʊ'ziːəm/ *n* museo *m*
mush /mʌʃ/ *n* papilla *f*, pasta *f*
mushroom¹ /'mʌʃrʊm, -ruːm/ *n* hongo *m* (esp AmL), seta *f* (esp Esp), callampa *f* (Chi); (rounded, white) champiñón *m*
mushroom² *vi* «*town/population*» crecer* rápidamente; «*companies/buildings*» aparecer* como hongos *or* (Chi) como callampas, multiplicarse*
mushy /'mʌʃi/ *adj* **mushier, mushiest** ‹*vegetables/fruit*› blando
✓ **music** /'mjuːzɪk/ *n* **(a)** (art form) música *f*; ***to face the ~*** afrontar las consecuencias **(b)** (written notes) partitura *f*, música *f*
✓ **musical¹** /'mjuːzɪkəl/ *adj* **(a)** (Mus) (*before n*) ‹*ability/tradition*› musical **(b)** (musically gifted) con aptitudes para la música **(c)** (melodious) ‹*voice/laugh*› musical
musical² *n* musical *m*
musical chairs *n* (+ *sing vb*): **to play ~** jugar* a las sillitas
music: **~ box** *n* caja *f* de música; **~ hall** *n* **(a)** (entertainment) music hall *m*, ≈ revista *f* de variedades **(b)** (building) teatro *m* de variedades
musician /mjʊ'zɪʃən/ *n* músico, -ca *m,f*
musk /mʌsk/ *n* almizcle *m*
musket /'mʌskət, BrE 'mʌskɪt/ *n* mosquete *m*
Muslim¹ /'mʊzləm, BrE 'mʊzlɪm/ *n* musulmán, -mana *m,f*
Muslim² *adj* musulmán
muslin /'mʌzlən, BrE 'mʌzlɪn/ *n* muselina *f* (*de algodón*)
muss /mʌs/ *vt* **~ (up)** (AmE infml) ‹*room*› desordenar; **she ~ed her hair** se despeinó
mussel /'mʌsəl/ *n* mejillón *m*
✓ **must¹** /mʌst, *weak form* məst/ *v mod* **1** (expressing obligation) tener* que *or* deber; **it ~ be remembered that ...** hay que recordar que ..., tenemos que *or* debemos recordar que ...; **she ~ not know that I am here** no debe enterarse de que estoy aquí, que no se entere de que estoy aquí; **I ~ say, everywhere looks very tidy** tengo que reconocer que está todo muy ordenado **2** (expressing certainty, supposition) deber (de) *or* (esp AmL) haber* de; **it ~ be six o'clock** deben (de) ser *or* (esp AmL) han de ser las seis, serán las seis
must² /mʌst/ *n* (essential thing, activity): **a car is a ~ here** aquí es indispensable tener coche; **this book is a ~** este es un libro que hay que leer
mustache /'mʌstæʃ/, (BrE) **moustache** /mə'stɑːʃ/ *n* bigote(s) *m*(*pl*); **to grow a ~** dejarse bigote(s) *or* el bigote
mustard /'mʌstərd, BrE 'mʌstəd/ *n* mostaza *f*
muster /'mʌstər, BrE 'mʌstə(r)/ *vt* **(a)** (Mil) ‹*soldiers*› reunir*, llamar a asamblea

✓ palabra clave

(b) (succeed in raising): **to ~ (up)** ‹*team/army*› lograr formar; **if they can ~ enough support** si logran el apoyo que necesitan

mustn't /'mʌsn̩t/ = **must not**

musty /'mʌsti/ *adj* **-tier, tiest** que huele a humedad *or* a moho

mutate /'mjuːteɪt, BrE mjuː'teɪt/ *vi* **(a)** (Biol, Ling) mutar **(b)** (change) (fml) sufrir una transformación/transformaciones

mutation /mjuː'teɪʃən/ *n* **(a)** (Biol, Ling) mutación *f* **(b)** (change) (fml) transformación *f*

mute /mjuːt/ *adj* (dated or offensive) mudo (ant *u* ofensivo)

muted /'mjuːtəd, BrE 'mjuːtɪd/ *adj* ‹*sound*› sordo; ‹*voice*› apagado; ‹*trumpet*› con sordina; ‹*shade*› apagado; ‹*protest/reaction*› débil

mutilate /'mjuːtleɪt, BrE 'mjuːtɪleɪt/ *vt* mutilar

mutiny¹ /'mjuːtn̩i, BrE 'mjuːtɪni/ *n* (*pl* **-nies**) **(a)** (instance) motín *m*, amotinamiento *m* **(b)** (offense) amotinamiento *m*

mutiny² *vi* **-nies, -nying, -nied** amotinarse

mutt /mʌt/ *n* (AmE infml) (dog) chucho *m* (fam), gozque *m* (Col fam), quiltro *m* (Chi fam), pichicho *m* (RPl fam)

mutter /'mʌtər, BrE 'mʌtə(r)/ *vi* hablar entre dientes

■ *vt* mascullar

mutton /'mʌtn̩/ *n* carne *f* de ovino (*de más de un año*), añojo *m* (Esp), capón *m* (RPl)

mutual /'mjuːtʃuəl/ *adj* **(a)** (reciprocal) mutuo **(b)** (shared, common) (*before n*) ‹*friend/enemy*› común

muzzle /'mʌzəl/ *n* **(a)** (snout) hocico *m* **(b)** (for dog) bozal *m* **(c)** (of gun) boca *f*

my /maɪ/ *adj*

> ■ **Note** The translation *mi* agrees in number with the noun which it modifies; *my* is translated by *mi, mis* according to what follows: *my father/mother* mi padre/madre; *my books/magazines* mis libros/revistas.

(*sing*) mi; (*pl*) mis; **I put ~ hat on** me puse el sombrero; **I broke ~ arm** me rompí el brazo

myalgic encephalomyelitis /maɪ'ældʒɪken,sefələʊmaɪə'laɪtəs, BrE maɪ,ældʒɪken,sefələʊ,maɪə'laɪtɪs/ *n* encefalomielitis *f* miálgica

myriad /'mɪriəd/ *adj* (liter): **the ~ varieties of butterfly** los miles de tipos de mariposas

myrrh /mɜːr, BrE mɜː(r)/ *n* mirra *f*

myself /maɪ'self/ *pron* **(a)** (reflexive): **I cut/hurt ~** me corté/lastimé; **I was talking to ~** estaba hablando solo/sola; **I was by ~** estaba solo/sola **(b)** (*emphatic use*) yo mismo, yo misma; **I made it ~** lo hice yo mismo/misma **(c)** (normal self): **I haven't been feeling ~ lately** no me encuentro muy bien últimamente

mysterious /mɪ'stɪriəs, BrE mɪ'stɪəriəs/ *adj* misterioso

mystery /'mɪstəri/ *n* (*pl* **-ries**) **1** **(a)** (puzzle) misterio *m* **(b)** (quality) misterio *m*; (*before n*) ‹*guest/tour*› sorpresa *adj inv* **2** (Cin, Lit, Theat) película *f* (*or* novela *f etc*) de misterio *or* de suspenso *or* (Esp) de suspense

mystical /'mɪstɪkəl/ *adj* místico

mystify /'mɪstəfaɪ, BrE 'mɪstɪfaɪ/ *vt* **-fies, -fying, -fied** desconcertar*

myth /mɪθ/ *n* mito *m*

mythology /mɪ'θɑːlədʒi, BrE mɪ'θɒlədʒi/ *n* (*pl* **-gies**) mitología *f*

Nn

N, n /en/ *n* **(a)** (letter) N, n *f* **(b)** (indeterminate number) (Math) (número *m*) n

'n' /ən/ = **and**

N (= **north**) N

NAACP /'endʌbəl'eɪsiː'piː/ *n* (in US) = **National Association for the Advancement of Colored People**

nab /næb/ *vt* **-bb-** (infml) **(a)** (catch) ‹*person*› pescar* (fam) **(b)** (snatch) agarrar *or* (esp Esp) coger*

nadir /'neɪdɪr, BrE 'neɪdɪə(r)/ *n* (Astron) nadir *m*; (lowest point) punto *m* más bajo

nag /næg/ **-gg-** *vt* **(a)** (pester) fastidiar **(b)** (criticize): **he's always ~ging her for being untidy** siempre le está encima con que es desordenada

■ *vi* **1** **(a)** (pester) fastidiar **(b)** (criticize) rezongar* **2** **nagging** *pres p* ‹*doubt/worry*› persistente; ‹*husband/wife*› rezongón (fam)

nail¹ /neɪl/ *n* **1** (Const) clavo *m*; (smaller) puntilla *f*; ***to be as hard as ~s*** ser* muy duro (de corazón) **2** (Anat) uña *f*; (*before n*) **~ polish** o (BrE also) **varnish** esmalte *m* de uñas

nail² *vt* **1** (fix) clavar **2** (infml) (apprehend) agarrar *or* (esp Esp) coger*

● **nail down** [*v + o + adv, v + adv + o*] clavar, asegurar con clavos

nail: **~brush** *n* cepillo *m* de uñas; **~ clippers** *pl n* cortaúñas *m*; **~ file** *n* lima *f* (de uñas)

naive, naïve /nɑː'iːv, naɪ'iːv/ *adj* ingenuo

naked /'neɪkəd, BrE 'neɪkɪd/ *adj* **(a)** (unclothed) desnudo **(b)** ‹*sword/blade*› desenvainado; **visible/invisible to the ~ eye** que se puede ver/invisible a simple vista

name¹ /neɪm/ *n* **1** (of person, thing) nombre *m*; (surname) apellido *m*; **what's your ~?** ¿cómo te llamas?, ¿cómo se llama (Ud)?; **my ~ is John Baker** me llamo John Baker; **he knows them all by ~** los conoce a todos por su nombre;

in ~ only solo de nombre; **mentioning no ~s** sin mencionar a nadie; ***to call sb ~s*** insultar a algn; (*before n*) **~ tag** etiqueta *f* de identificación **2** **(a)** (reputation) fama *f*; **to give sb/sth a bad ~** darle* mala fama a algn/algo **(b)** (person) figura *f*; (company) nombre *m*; ***to drop ~s*** mencionar a gente importante (*para darse tono*)

name² *vt* **1** (give name to) ‹*company/town*› ponerle* nombre a; ‹*boat*› bautizar*; **a man ~d Smith** un hombre llamado Smith; **they ~d her after** o (AmE also) **for Ann's mother** le pusieron el nombre de la madre de Ann **2** (identify, mention): **police have ~d the suspect** la policía ha dado el nombre del sospechoso; **to ~ but a few** por mencionar a unos pocos; **you ~ it, she's done it** ha hecho de todo lo habido y por haber **3** (appoint) nombrar

nameless /ˈneɪmləs, BrE ˈneɪmlɪs/ *adj* **1** (not specified) anónimo **2** ‹*fear/yearning*› indescriptible

namely /ˈneɪmli/ *adv* (fml) a saber (fml)

namesake /ˈneɪmseɪk/ *n* tocayo, -ya *m,f*

nanny /ˈnæni/ *n* (*pl* **-nies**) **1** (nursemaid) (esp BrE) niñera *f* **2** (granny) (used to or by children) abuelita *f* (fam) **3** **~ goat** cabra *f*

nanoparticle /ˈnænəʊˌpɑːrtɪk(ə)l, BrE ˈnænəʊˌpɑːtɪk(ə)l/ *n* nanopartícula *f*

nanotechnology /ˌnænəʊtekˈnɑːlədʒi, BrE ˌnænəʊtekˈnɒlədʒi/ *n* nanotecnología *f*

nap /næp/ *n* sueñecito *m* (fam), sueñito *m* (esp AmL fam); (esp in the afternoon) siesta *f*

nape /neɪp/ *n* nuca *f*

napkin /ˈnæpkɪn/ *n* servilleta *f*

nappy /ˈnæpi/ *n* (*pl* **-pies**) (BrE) pañal *m*

narcotic /nɑːrˈkɑːtɪk, BrE nɑːˈkɒtɪk/ *n* estupefaciente *m*, narcótico *m*

narrate /ˈnæreɪt, BrE nəˈreɪt/ *vt* **(a)** (Lit) (fml) ‹*story/events*› narrar **(b)** ‹*film/documentary*› hacer* el comentario de

narrative¹ /ˈnærətɪv/ *adj* narrativo

narrative² *n* **(a)** (story) (fml) narración *f* **(b)** (Lit) (narrated part) narración *f*

narrator /ˈnæreɪtər, BrE nəˈreɪtə(r)/ *n* **(a)** (Lit) narrador, -dora *m,f* **(b)** (Cin, Theat, TV) comentarista *mf*

narrow¹ /ˈnærəʊ/ *adj* **1** **(a)** (not wide) ‹*path/opening/hips*› estrecho, angosto (esp AmL) **(b)** (slender) ‹*margin*› escaso; ‹*win/victory*› conseguido por un escaso margen; **to have a ~ escape** salvarse de milagro **2** (restricted) ‹*range/view*› limitado; ‹*attitude/ideas*› cerrado

narrow² *vt* **(a)** (reduce width of) estrechar, angostar (esp AmL) **(b)** (restrict) ‹*range/field*› restringir*

■ *vi* **(a)** «*road/river/valley*» estrecharse, angostarse (esp AmL) **(b)** «*options/odds*» reducirse*

● **narrow down**: [*v + o + adv, v + adv + o*]: **they've ~ed their investigation down to this area** han restringido su investigación a esta área; **we ~ed it down to only three candidates** fuimos descartando candidatos hasta quedar con solo tres

narrowly /ˈnærəʊli/ *adv* por poco

narrow-minded /ˈnærəʊˈmaɪndəd, BrE ˌnærəʊˈmaɪndɪd/ *adj* de mentalidad cerrada

NASA /ˈnæsə/ *n* (in US) (*no art*) (= **National Aeronautics and Space Administration**) la NASA

nasal /ˈneɪzəl/ *adj* (Anat, Ling) nasal; ‹*voice/accent*› gangoso, de timbre nasal

nasty /ˈnæsti, BrE ˈnɑːsti/ *adj* **-tier, -tiest** **1** ‹*taste/smell/medicine*› asqueroso; ‹*habit*› feo **2** (spiteful) ‹*person*› malo **3** **(a)** (severe) ‹*cut/injury/cough*› feo; ‹*accident*› serio; (stronger) horrible **(b)** (unpleasant) ‹*situation/experience*› desagradable

nation /ˈneɪʃn̩/ *n* nación *f*

national¹ /ˈnæʃn̩əl, BrE ˈnæʃənl/ *adj* nacional

national² *n* ciudadano, -na *m,f*

national: **N~ Health (Service)** *n* (in UK): **the N~ Health (Service)** *servicio de asistencia sanitaria de la Seguridad Social*; **N~ Insurance** *n* (in UK) Seguridad *f* Social

nationalism /ˈnæʃn̩əlɪzəm/ *n* nacionalismo *m*

nationalist¹ /ˈnæʃn̩ələst, BrE ˈnæʃn̩əlɪst/ *adj* nacionalista

nationalist² *n* nacionalista *mf*

nationality /ˈnæʃəˈnæləti/ *n* (*pl* **-ties**) nacionalidad *f*; **what's your ~?, what ~ are you?** ¿de qué nacionalidad eres?

nationalize /ˈnæʃn̩əlaɪz/ *vt* nacionalizar*

nationally /ˈnæʃn̩əli/ *adv* a escala nacional

national park *n* parque *m* nacional

nationwide¹ /ˈneɪʃənwaɪd/ *adj* ‹*campaign*› a escala nacional; ‹*appeal*› a toda la nación

nationwide² *adv* ‹*distribute/operate*› a escala nacional

native¹ /ˈneɪtɪv/ *adj* **1** **(a)** (of or by birth) ‹*country/town*› natal; ‹*customs*› nativo; ‹*language*› materno; **his ~ land** su patria, su tierra natal; **a ~ speaker of ...** un hablante nativo de ... **(b)** (innate) ‹*ability/wit/charm*› innato **2** (indigenous) ‹*plant/animal*› autóctono

native² *n* **(a)** (Anthrop) nativo, -va *m,f*, indígena *mf* **(b)** (plant, animal): **the dingo is a ~ of Australia** el dingo es originario de Australia

Native American *n* indio americano, india americana *m,f*

nativity /nəˈtɪvəti/ *n*: **The N~** (Relig) la Natividad

NATO /ˈneɪtəʊ/ *n* (*no art*) (= **North Atlantic Treaty Organization**) la OTAN

natural /ˈnætʃrəl/ *adj* **1** (as in nature) natural **2** **(a)** ‹*talent/propensity*› innato; ‹*leader*› nato **(b)** ‹*reaction/response*› natural; ‹*successor*› lógico **3** (not forced) ‹*warmth/style*› natural

natural history *n* historia *f* natural

naturalist /ˈnætʃrələst, BrE ˈnætʃrəlɪst/ *n* naturalista *mf*

naturalization /ˌnætʃrələˈzeɪʃən, BrE ˌnætʃrəlaɪˈzeɪʃən/ *n* naturalización *f*

naturalized /ˈnætʃrəlaɪzd/ *adj* **(a)** ‹*citizen/American*› naturalizado **(b)** (Bot, Zool) aclimatado

naturally /ˈnætʃrəli/ *adv* **1** **(a)** (inherently) ‹*shy/tidy*› por naturaleza **(b)** (unaffectedly) ‹*smile/behave/speak*› con naturalidad **2** (without artifice) ‹*form/heal*› de manera natural **3** (*indep*) (of course) naturalmente, por supuesto

nature /ˈneɪtʃər, BrE ˈneɪtʃə(r)/ *n* **1** (universe, way of things) naturaleza *f* **2** **(a)** (of people) carácter *m*; **by ~** por naturaleza **(b)** (of things, concepts) naturaleza *f*

nature reserve *n* reserva *f* natural

naturist /ˈneɪtʃərəst, BrE ˈneɪtʃərɪst/ *n* (esp BrE) nudista *mf*; (*before n*) ‹*beach/camp*› nudista

naught /nɔːt/ *n* (esp AmE) cero *m*

naughty /ˈnɔːti/ *adj* **-tier**, **-tiest** malo, travieso

nausea /ˈnɔːsiə, -ziə/ *n* náusea *f*

nauseating /ˈnɔːsieɪtɪŋ, ˈnɔːz-/ *adj* ‹*violence/brutality*› repugnante; ‹*smell*› nauseabundo

nauseous /ˈnɔːʃəs, ˈnɔːziəs, BrE ˈnɔːsiəs, nɔːz-/ *adj* (bilious): **to feel ~** sentir* náuseas

nautical /ˈnɔːtɪkl, BrE ˈnɔːtɪkəl/ *adj* náutico, marítimo; **~ mile** milla *f* marina

naval /ˈneɪvəl/ *adj* naval; ‹*officer*› de marina

nave /neɪv/ *n* nave *f*

navel /ˈneɪvəl/ *n* ombligo *m*

navigable /ˈnævɪgəbəl/ *adj* navegable

navigate /ˈnævəgeɪt, BrE ˈnævɪgeɪt/ *vi* **(a)** (Aviat, Naut) navegar* **(b)** (in car) hacer* de copiloto

■ *vt* **(a)** (steer) ‹*ship/plane*› conducir*, llevar **(b)** (travel across, along) ‹*sea/river*› navegar* por

navigation /ˌnævəˈgeɪʃən, BrE ˌnævɪˈgeɪʃən/ *n* navegación *f*; (in car) dirección *f*

navigator /ˈnævəgeɪtər, BrE ˈnævɪgeɪtə(r)/ *n* **1** (crew member) (Naut) oficial *mf* de derrota; (Aviat) navegante *mf* **2** (explorer) navegante *m*

navy¹ /ˈneɪvi/ *n* (*pl* **navies**) **1** (Mil, Naut) marina *f* de guerra **2** **~ (blue)** azul *m* marino

navy², **navy-blue** /ˈneɪviˈbluː/ (*pred* **navy blue**) *adj* azul marino *adj inv*

Nazi¹ /ˈnɑːtsi/ *n* nazi *mf*, nazista *mf*

Nazi² *adj* nazi, nazista

NB (= **nota bene**) NB

NBC *n* (in US) (*no art*) (= **National Broadcasting Company**) la NBC

NC = **North Carolina**

NCO *n* = **noncommissioned officer**

ND, **N Dak** = **North Dakota**

NE **(a)** (= **northeast**) NE **(b)** = **Nebraska**

near¹ /nɪr, BrE nɪə(r)/ *adj* **-er**, **-est** **1** **(a)** (in position, time) cercano, próximo **(b)** ‹*relative*› cercano **2** (virtual) (*before n*): **there was ~ panic when the alarms sounded** casi se produjo el pánico cuando sonaron las alarmas; **in a state of ~ exhaustion** prácticamente en estado de agotamiento

near² *adv* **-er**, **-est** **1** (in position) cerca; **from ~ and far** de todas partes **2** (nearly) casi

near³ *prep* **-er**, **-est** **(a)** (in position) cerca de; **don't go too ~ the fire** no te acerques demasiado al fuego **(b)** (in time): **we're getting very ~ Christmas** falta muy poco para Navidad **(c)** (in approximation): **I'd say he's ~er 70 than 60** yo diría que está más cerca de los 70 que de los 60

near⁴ *vt* acercarse* a; **the project is ~ing completion** el proyecto se está por acabar

near- /nɪr, BrE ˈnɪə(r)/ *pref* casi

nearby¹ /ˈnɪrbaɪ, BrE nɪəˈbaɪ/ *adj* cercano

nearby² *adv* cerca

nearly /ˈnɪrli, BrE ˈnɪəli/ *adv* casi; **she very ~ died** por poco *or* casi se muere

nearsighted /ˈnɪrˈsaɪtəd, BrE ˌnɪəˈsaɪtɪd/ *adj* miope, corto de vista

neat /niːt/ *adj* **-er**, **-est** **1** (tidy, orderly) ‹*appearance*› arreglado, cuidado, prolijo (RPl); ‹*person*› pulcro, prolijo (RPl); ‹*garden*› muy cuidado **2** (good, nice) (AmE infml) fantástico (fam), padre (Méx fam), chévere (AmL exc CS fam), chulo (Esp fam), encachado (Chi fam) **3** (BrE) ‹*brandy/alcohol*› solo

neatly /ˈniːtli/ *adv* **(a)** (tidily): **the papers were ~ organized into piles** los papeles estaban cuidadosamente apilados; **she was ~ dressed** iba bien arreglada **(b)** (snugly): **the table fits ~ into the alcove** la mesa cabe perfectamente en el hueco **(c)** ‹*explain/evade*› hábilmente

Neb, **Nebr** = **Nebraska**

necessarily /ˈnesəˈserəli, BrE ˌnesəˈserɪli/ *adv* forzosamente, necesariamente

necessary /ˈnesəseri, BrE ˈnesəsəri/ *adj* necesario

necessitate /nəˈsesɪteɪt, BrE nɪˈsesɪteɪt/ *vt* (fml) exigir*

necessity /nəˈsesəti, BrE nɪˈsesəti/ *n* (*pl* **-ties**) **1** (imperative need) (*no pl*) necesidad *f*; **~ FOR sth** necesidad DE algo; **out of ~** por necesidad **2** (necessary item): **the bare necessities** lo indispensable; **a car is a ~ for me** para mí tener coche es una necesidad

neck /nek/ *n* **1** (Anat) (of person) cuello *m*; (of animal) cuello *m*, pescuezo *m*; **they were ~ and ~** iban a la par, iban parejos (esp AmL); ***to be up to one's ~ in sth*** (infml): **she's up to her ~ in work** está hasta aquí de trabajo (fam); **they're up to their ~s in debt** deben hasta la camisa (fam) **2** (Clothing) cuello *m*, escote *m*; (measurement) cuello *m* **3** (of pork, beef, lamb) (esp BrE) cuello *m* **4** (of bottle, vase) cuello *m*; (of guitar, violin) mástil *m*; **a ~ of land** un istmo

necklace /ˈnekləs, BrE ˈneklɪs/ *n* collar *m*

neck: **~line** *n* escote *m*; **~tie** *n* (AmE) corbata *f*

nectar /ˈnektər, BrE ˈnektə(r)/ *n* néctar *m*

nectarine /ˈnektəriːn, BrE ˈnektərɪn, -riːn/ *n* nectarina *f*, pelón *m* (RPl), durazno *m* pelado (Chi)

née /neɪ/ *adj* de soltera

need¹ /niːd/ *n* **1** (requirement, necessity) necesidad *f*; **~ FOR sth/to + INF** necesidad DE algo/DE + INF; **there's no ~ to tell her** no hay ninguna necesidad de decírselo; **if ~ be** si hace falta; **the house is badly in ~ of renovation** a la casa le hacen muchísima falta unos arreglos **2** **(a)** (emergency): **he abandoned them in their hour of ~** los abandonó cuando más falta les hacía **(b)** (poverty) necesidad *f*; **those in ~** los necesitados

need² *vt* necesitar; **the plants ~ watering** hay que regar las plantas; **to ~ to + INF** tener* QUE + INF

■ *v mod* (*usu with neg or interrog*) (be obliged to): **you ~n't come if you don't want to** no hay necesidad de que vengas si no tienes ganas; **that ~n't mean that ...** eso no significa necesariamente que ...

needle¹ /ˈniːdl/ *n* **(a)** (for sewing, on syringe) aguja *f*; (on record player) aguja *f*, púa *f* (RPl); (knitting ~) aguja *f* de tejer *or* (Esp) de hacer punto, palillo *m* (Chi); ***to look for a ~ in a haystack*** buscar* una aguja en un pajar **(b)** (on gauge) aguja *f* **(c)** (Bot) aguja *f*

needle² *vt* pinchar (fam)

needless /'ni:dləs, BrE 'ni:dlɪs/ *adj* innecesario; **~ to say, no one asked me** de más está decir que nadie me preguntó

needlework /'ni:dlwɜ:rk, BrE 'ni:dlwɜ:k/ *n* (activity, skill) labores *fpl* de aguja

needn't /'ni:dn̩t/ = **need not**

needy¹ /'ni:di/ *adj* **-dier**, **-diest** necesitado

needy² *pl n*: **the ~** los necesitados

⚷ **negative¹** /'negətɪv/ *adj* negativo

negative² *n* **1** **(a)** (word, particle) negación *f* **(b)** (no) negativa *f* **2** (Phot) negativo *m*

neglect¹ /nɪ'glekt/ *vt* **(a)** (leave uncared-for) ‹*family/child*› desatender*; ‹*house/health*› descuidar **(b)** (not carry out) ‹*duty/obligations*› desatender*; ‹*studies/business*› descuidar

neglect² *n* (lack of care) abandono *m*; (negligence) negligencia *f*

neglected /nɪ'glektəd, BrE nɪ'glektɪd/ *adj* ‹*building/garden*› abandonado, descuidado; ‹*appearance*› dejado, abandonado

neglectful /nɪ'glektfəl/ *adj* negligente

negligee /neglə'ʒeɪ, BrE 'neglɪʒeɪ/ *n* negligé *m*

negligence /'neglɪdʒəns/ *n* negligencia *f*

negligent /'neglɪdʒənt/ *adj* negligente

negligible /'neglɪdʒəbəl/ *adj* insignificante

negotiable /nɪ'gəʊʃəbəl/ *adj* **(a)** (subject to negotiation) ‹*contract/claim/salary*› negociable **(b)** (passable) ‹*road*› transitable; ‹*obstacle*› superable

negotiate /nɪ'gəʊʃieɪt/ *vi* negociar ■ *vt* **1** (obtain by discussion) ‹*contract/treaty*› negociar; ‹*loan*› gestionar **2** (pass, deal with) ‹*obstacle*› sortear; ‹*difficulty*› superar

negotiation /nɪ'gəʊʃi'eɪʃən/ *n* (*sometimes pl*) negociación *f*

negotiator /nɪ'gəʊʃieɪtər, BrE nɪ'gəʊʃieɪtə(r)/ *n* negociador, -dora *m,f*

Negro /'ni:grəʊ/ *n* (*pl* **Negroes**) (dated or offensive) negro, -gra *m,f*

neigh /neɪ/ *vi* relinchar

⚷ **neighbor**, (BrE) **neighbour** /'neɪbər, BrE 'neɪbə(r)/ *n* vecino, -na *m,f*

⚷ **neighborhood**, (BrE) **neighbourhood** /'neɪbərhʊd, BrE 'neɪbəhʊd/ *n* **(a)** (residential area) barrio *m*; (*before n*) ‹*school/policeman*› del barrio **(b)** (inhabitants) vecindario *m* **(c)** (vicinity) zona *f*; **in the ~** en los alrededores

neighboring, (BrE) **neighbouring** /'neɪbərɪŋ/ *adj* ‹*country*› vecino; **the town and the ~ villages** la ciudad y los pueblos de los alrededores

⚷ **neither¹** /'ni:ðər, 'naɪ-, BrE 'naɪðə(r), 'ni:ð-/ *conj* **1** **neither ... nor ...** ni ... ni ... **2** (nor) tampoco; **I don't want to go — ~ do I** o (infml) **me ~** no quiero ir — yo tampoco *or* ni yo

⚷ **neither²** *adj*: **~ proposal was accepted** no se aceptó ninguna de las (dos) propuestas

neither³ *pron* ninguno, -na

neo- /'ni:əʊ/ *pref* neo-

neon /'ni:ɑ:n, BrE 'ni:ɒn/ *n* neón *m*; (*before n*) ‹*glow/lighting/sign*› de neón

⚷ palabra clave

Nepal /nə'pɔ:l, BrE nɪ'pɔ:l/ *n* Nepal *m*

Nepalese /,nepə'li:z/ *adj* nepalés

nephew /'nefju:, BrE 'nevju:, 'nef-/ *n* sobrino *m*

nepotism /'nepətɪzəm/ *n* nepotismo *m*

Neptune /'neptu:n, BrE 'neptju:n/ *n* Neptuno *m*

nerve /nɜ:rv, BrE nɜ:v/ *n* **1** (Anat, Bot) nervio *m*; (*before n*) ‹*fiber/ending*› nervioso **2** **nerves** *pl* **(a)** (emotional constitution) nervios *mpl*; ***to get on sb's ~s*** (infml) ponerle* los nervios de punta a algn **(b)** (anxiety) nervios *mpl* **3** **(a)** (resolve) valor *m*; **to lose one's ~** perder* el valor **(b)** (effrontery) (infml) (*no pl*) frescura *f* (fam); **to have the ~ to + INF** tener* la frescura de + INF (fam)

nerve-racking /'nɜ:rv'rækɪŋ, BrE 'nɜ:v,rækɪŋ/ *adj* que destroza los nervios

nervous /'nɜ:rvəs, BrE 'nɜ:vəs/ *adj* **1** (apprehensive, tense) nervioso; **to feel/get ~** estar*/ponerse* nervioso; **to make sb ~** poner* nervioso a algn **2** ‹*system/tissue/tension*› nervioso; **she's a ~ wreck** (infml) es un manojo de nervios

nervously /'nɜ:rvəsli, BrE 'nɜ:vəsli/ *adv* nerviosamente

nest¹ /nest/ *n* nido *m*

nest² *vi* anidar

nest egg *n* (infml) ahorros *mpl*

nestle /'nesəl/ *vi* (snuggle) acurrucarse*; **the village ~s at the foot of the hill** el pueblo está enclavado al pie de la montaña

net¹ /net/ *n* **1** red *f* **2** (Sport) red *f* **3** (fabric) tela *f* de visillos; (*before n*) **~ curtains** visillos *mpl*

net² *vt* **-tt-** **1** (catch) ‹*butterfly*› cazar* (*con red*); ‹*fish*› pescar* (*con red*) **2** (earn) «*company/sale*» producir*; **he ~ted $50,000** se embolsó 50.000 dólares limpios (fam)

net³ *adj* ‹*income/profit*› neto; ‹*effect/result*› global

netball /'netbɔ:l/ *n* (in UK) *deporte similar al baloncesto jugado esp por mujeres*

Netherlands /'neðərləndz, BrE 'neðələndz/ *n* (+ *sing or pl vb*): **the ~** los Países Bajos

nett *adj* (BrE) ► **net³**

netting /'netɪŋ/ *n* redes *fpl*; **wire ~** tela *f* metálica, tejido *m* metálico (RPl), anjeo *m* (Col)

nettle /'netl/ *n* ortiga *f*; (stinging ~) ortiga *f* (romana)

⚷ **network¹** /'netwɜ:rk, BrE 'netwɜ:k/ *n* **(a)** (system) red *f* **(b)** (Elec) red *f* **(c)** (Rad, TV) cadena *f*; (*before*) **~ television** (in US) emisiones *fpl* televisivas en cadena

network² *vt* **1** (BrE) (Rad, TV) transmitir en cadena **2** (link together) (Comput) interconectar

neuralgia /nʊ'rældʒə, BrE njʊə'rældʒə/ *n* neuralgia *f*

neurosis /nʊ'rəʊsəs, BrE njʊə'rəʊsɪs/ *n* (*pl* **-roses** /-'rəʊsi:z/) neurosis *f*

neurotic /nʊ'rɑ:tɪk, BrE njʊə'rɒtɪk/ *adj* neurótico

neuter¹ /'nu:tər, BrE 'nju:tə(r)/ *adj* neutro

neuter² *vt* castrar

neutral¹ /'nu:trəl, BrE 'nju:trəl/ *adj* **(a)** (impartial) neutral **(b)** (not bright) ‹*shade/tone*› neutro **(c)** (Chem, Elec, Ling) neutro

neutral² *n* (Auto): **to be in ~** estar* en punto muerto

neutralize /ˈnuːtrəlaɪz, BrE ˈnjuːtrəlaɪz/ *vt* neutralizar*

neutron /ˈnuːtrɑːn, BrE ˈnjuːtrɒn/ *n* neutrón *m*

Nev = **Nevada**

never /ˈnevər, BrE ˈnevə(r)/ *adv* nunca; (more emphatic) jamás; **as ~ before** como nunca; **she said she'd call but she ~ did** dijo que llamaría pero no llamó; **this will ~ do!** ¡esto no puede ser!

never: **~-ending** /ˈneverˈendɪŋ/ *adj* (*pred* **~ ending**) ‹*dispute/saga*› interminable; ‹*devotion/supply*› inagotable; **~theless** /ˌnevərðəˈles, BrE ˌnevəðəˈles/ *adv* sin embargo, no obstante (fml)

new¹ /nuː, BrE njuː/ *adj* **-er, -est** nuevo; **after the shower I felt like a ~ man** la ducha me dejó como nuevo

new² *adv* recién

new: **N~ Age** *adj* New Age, de la Nueva Era; **~born** /ˈnuːbɔːrn, BrE ˈnjuːbɔːn/ *adj* recién nacido; **~comer** /ˈnuːkʌmər, BrE ˈnjuːkʌmə(r)/ *n* recién llegado, -da *m,f*; **~fangled** /ˈnuːˈfæŋgəld, BrE ˈnjuːˈfæŋgəld/ *adj* (*before n*) (derog) moderno; **~found** /ˈnuːfaʊnd, BrE ˈnjuːfaʊnd/ *adj* nuevo, recién descubierto

newlyweds /ˈnuːliwedz, BrE ˈnjuːliwedz/ *pl n* recién casados *mpl*

news /nuːz, BrE njuːz/ *n* **1** (fresh information): **a piece of ~** una noticia; **I have (some) good/bad ~** tengo buenas/malas noticias **2** (Journ, Rad, TV) noticias *fpl*; (*before n*) **~ bulletin** boletín *m* informativo

news: **~agent** *n* (BrE) *dueño o empleado de una tienda que vende prensa, caramelos etc*; **~caster** *n* locutor, -tora *m,f*, presentador, -dora *m,f* (*de un informativo*); **~ flash** *n* (BrE) información *f* de última hora; **~ group** *n* grupo *m* de noticias; **~letter** *n* boletín *m* informativo

newspaper /ˈnuːzˌpeɪpər, BrE ˈnjuːsˌpeɪpə(r)/ *n* periódico *m*, diario *m*

news: **~print** *n* papel *m* de prensa; **~reel** *n* noticiario *m or* (AmL tb) noticiero *m* (cinematográfico), nodo *m* (Esp); **~stand** *n* kiosco *m* de periódicos

newt /nuːt, BrE njuːt/ *n* tritón *m*

new: **N~ Year** *n* Año *m* Nuevo; **N~ Year's Day** *n* día *m* de Año Nuevo; **N~ Year's Eve** *n* la noche de Fin de Año, la Nochevieja (Esp); **N~ York** /jɔːrk, BrE jɔːk/ *n* Nueva York *f*; (*before n*) neoyorquino; **N~ Zealand** /ˈziːlənd/ *n* Nueva Zelanda; (*before n*) neocelandés

next¹ /nekst/ *adj* **(a)** (in time — talking about the future) próximo; (— talking about the past) siguiente; **I'll see you ~ Thursday** nos vemos el jueves que viene *or* el jueves próximo; **the matter was discussed at the ~ meeting** el asunto se trató en la reunión siguiente; **the week after ~** la semana que viene no, la otra *or* la siguiente **(b)** (in position) siguiente; **take the ~ turning on the right** tome la próxima *or* la siguiente a la derecha **(c)** (in sequence): **who's ~?** ¿quién sigue?; **you're the ~ to speak** luego te toca a ti hablar

next² *adv* **1** **(a)** (then) luego, después **(b)** (now): **what shall we do ~?** ¿y ahora qué hacemos?; **what comes ~?** ¿qué sigue (ahora)?; **whatever ~!** ¡adónde vamos (a ir) a parar! **2** (second): **Tom is the tallest in the class, Bob the ~ tallest** Tom es el más alto de la clase y (a Tom) le sigue Bob; **it's the ~ best thing to champagne** después del champán, es lo mejor que hay **3** **next to (a)** (beside) al lado de; **come and sit ~ to me** ven y siéntate a mi lado **(b)** (compared with) al lado de **(c)** (second): **the ~ to last page** la penúltima página **(d)** (almost, virtually): **I bought it for ~ to nothing** lo compré por poquísimo dinero; **I'll have it ready in ~ to no time** lo termino en un segundo

next: **~ door** *adv* al lado; **~ door** TO **sb/sth** al lado DE algn/algo; **~-door** /ˈneksˈdɔːr, BrE ˈneksˈdɔː(r)/ *adj* (*before n*) de al lado; **~ of kin** *n* (*pl* **~ of kin**) familiar(es) *m(pl)* más cercano(s)

NGO *n* (= **Non-Governmental Organization**) ONG *f*

NH = **New Hampshire**

NHS *n* (in UK) = **National Health Service**

nib /nɪb/ *n* plumín *m*, pluma *f*

nibble /ˈnɪbəl/ *vt* **(a)** (bite) mordisquear **(b)** (eat, pick at) picar*

■ *vi* **(a)** (bite, gnaw) **to ~** AT/ON **sth** mordisquear algo **(b)** (eat) picar*

Nicaragua /ˈnɪkəˈrɑːgwə, BrE ˌnɪkəˈrægjʊə/ *n* Nicaragua *f*

Nicaraguan¹ /ˈnɪkəˈrɑːgwən, BrE ˌnɪkəˈrægjʊən/ *adj* nicaragüense

Nicaraguan² *n* nicaragüense *mf*

nice /naɪs/ *adj* **nicer**, **nicest** **1** **(a)** (kind, amiable) amable; (kind-hearted) bueno; (friendly) simpático; **to be ~** TO **sb** ser* amable CON algn **(b)** (attractive, appealing) ‹*place/dress/face*› bonito, lindo (esp AmL); ‹*food*› bueno, rico; **the soup smells ~** la sopa huele bien **(c)** (enjoyable) ‹*walk/surprise*› agradable, lindo (esp AmL) **2** (*as intensifier*): **I had a ~ hot shower** me di una buena ducha caliente; **her apartment is ~ and sunny** tiene un apartamento muy *or* de lo más soleado **3** (respectable, decent): **he seemed such a ~ boy** parecía tan buen chico; **it isn't a very ~ area** es un barrio bastante feo

nicely /ˈnaɪsli/ *adv* **1** **(a)** (amiably) ‹*treat/smile*› amablemente **(b)** (politely, respectably) con buenos modales **2** (attractively) ‹*presented/dressed*› bien

niceties /ˈnaɪsətiz/ *pl n* sutilezas *fpl*

niche /nɪtʃ, niːʃ/ *n* nicho *m*, hornacina *f*

nick¹ /nɪk/ *n* (in wood) muesca *f*; (in blade) mella *f*; **did you cut yourself? — it's just a little ~** ¿te cortaste? — es solo un rasguño; ***in the ~ of time*** justo a tiempo

nick² *vt* **1** (notch) hacer* una muesca en; **I ~ed myself shaving** me corté al afeitarme **2** (steal) (BrE infml) afanar (arg), volar* (Méx, Ven fam), robar

nickel /ˈnɪkəl/ *n* **1** (Chem, Metall) níquel *m* **2** (US coin) *moneda de cinco centavos*

nickname¹ /ˈnɪkneɪm/ *n* apodo *m*; (relating to personal characteristics) mote *m*

nickname² *vt* apodar

nicotine /ˈnɪkətiːn/ *n* nicotina *f*

nicotine patch *n* parche *m* de nicotina

niece /niːs/ *n* sobrina *f*

Nigeria /naɪˈdʒɪriə, BrE naɪˈdʒɪəriə/ *n* Nigeria *f*

n

Nigerian /naɪˈdʒɪriən, BrE naɪˈdʒɪəriən/ *adj* nigeriano

niggle /ˈnɪgəl/ *vt*: **something's niggling him** algo le preocupa

niggling /ˈnɪglɪŋ/ *adj* ‹*doubt/worry*› constante

✓ **night** /naɪt/ *n* **1** noche *f*; **at ~** por la noche, de noche; **~ and day** día y noche; **last ~** anoche; **the ~ before last** anteanoche, antenoche (AmL); **we stayed (for) the ~** nos quedamos a dormir; **we haven't had a ~ out for ages** hace muchísimo que no salimos por la noche; **good ~** buenas noches; (*before n*) ‹*flight/patrol*› nocturno **2 nights** (*as adv*) por las noches

night: **~cap** *n* **(a)** (Clothing) gorro *m* de dormir **(b)** (drink) *bebida alcohólica o caliente tomada antes de acostarse*; **~clothes** *pl n* ropa *f* de dormir; **~club** *n* club *m* nocturno; **~dress** *n* camisón *m*; **~fall** *n* anochecer *m*; **at ~fall** al anochecer; **~gown** *n* camisón *m*

nightingale /ˈnaɪtŋgeɪl, BrE ˈnaɪtɪŋgeɪl/ *n* ruiseñor *m*

nightlife /ˈnaɪtlaɪf/ *n* vida *f* nocturna

nightly¹ /ˈnaɪtli/ *adj* diario, de todas las noches

nightly² *adv* todas las noches

nightmare /ˈnaɪtmer, BrE ˈnaɪtmeə(r)/ *n* pesadilla *f*

night: **~ school** *n* clases *fpl* nocturnas; **~time** *n* noche *f*; **~ watchman** *n* sereno *m*

nil /nɪl/ *n* **(a)** (nothing): **its food value is virtually ~** su valor nutritivo es casi nulo **(b)** (BrE) (Sport) cero *m*

Nile /naɪl/ *n*: **the ~** el Nilo

nimble /ˈnɪmbəl/ *adj* **-bler** /-blər/, **-blest** /-bləst/ ‹*person/step/mind*› ágil; ‹*fingers*› diestro

✓ **nine¹** /naɪn/ *n* nueve *m*; *see also* **four¹**

✓ **nine²** *adj* nueve *adj inv*; **~ times out of ten he's late/right** casi siempre llega tarde/tiene razón

ninefold /ˈnaɪnfəʊld/ *adj/adv* ▶ **-fold**

nineteen /ˈnaɪnˈtiːn/ *adj/n* diecinueve *adj inv/m*; *to talk ~ to the dozen* hablar (hasta) por los codos *or* como una cotorra (fam); *see also* **four¹**

nineteenth¹ /ˈnaɪnˈtiːnθ/ *adj* decimonoveno

nineteenth² *adv* en decimonoveno lugar

nineteenth³ *n* (Math) diecinueveavo *m*; (part) diecinueveava parte *f*

ninetieth¹ /ˈnaɪntiəθ/ *adj* nonagésimo

ninetieth² *adv* en nonagésimo lugar

ninetieth³ *n* (Math) noventavo *m*; (part) noventava *or* nonagésima parte *f*

nine-to-five /ˈnaɪntəˈfaɪv/ *adj* ‹*job/worker*› de oficina (*con horario de nueve a cinco*)

ninety /ˈnaɪnti/ *adj/n* noventa *adj inv/m*; *see also* **four¹**

ninth¹ /naɪnθ/ *adj* noveno

ninth² *adv* en noveno lugar

ninth³ *n* (Math) noveno *m*; (part) novena parte *f*

nip¹ /nɪp/ *n* **(a)** (pinch) pellizco *m*; (bite) mordisco *m* **(b)** (chill): **there's a ~ in the air** hace bastante fresco

nip² *vt* **-pp-** (pinch) pellizcar*; (bite) mordisquear

nipple /ˈnɪpəl/ *n* **(a)** (on breast — of woman) pezón *m*; (— of man) tetilla *f* **(b)** (on bottle) (AmE) tetina *f*, chupón *m* (Méx)

nippy /ˈnɪpi/ *adj* **-pier**, **-piest** (infml) frío; **it's ~** hace frío

nit /nɪt/ *n* (Zool) liendre *f*

nit: **~pick** *vi* encontrarle* defectos a todo; **~picking** *adj* quisquilloso

nitrate /ˈnaɪtreɪt/ *n* nitrato *m*

nitrogen /ˈnaɪtrədʒən/ *n* nitrógeno *m*

NJ = **New Jersey**

NM, **N Mex** = **New Mexico**

no¹ /nəʊ/ *adj* **1** **(a)** (+ *pl n*): **they have ~ children** no tienen hijos; **the room has ~ windows** la habitación no tiene ninguna ventana *or* no tiene ventanas **(b)** (+ *uncount n*): **there's ~ food left** no queda nada de comida; **there's ~ time for that now** no tenemos tiempo para eso ahora; **I'll be finished in ~ time (at all)** termino enseguida **(c)** (+ *sing count n*): **this cup has ~ handle** esta taza no tiene asa; **~ intelligent person would do that** ninguna persona inteligente haría eso **2** (in understatements): **I'm ~ expert, but ...** no soy ningún experto, pero ...; **she told him what she thought in ~ uncertain terms** le dijo lo que pensaba muy claramente **3** **(a)** (prohibiting, demanding): Ⓢ **no smoking** prohibido fumar **(b)** (*with -ing form*): **there's ~ pleasing some people** no hay manera de complacer a cierta gente; **there'll be ~ stopping them now** ahora no hay quien los pare

✓ **no²** *adv* (*before adj or adv*): **my house is ~ larger than yours** mi casa no es más grande que la tuya; **~ fewer than 200 guests are expected** se espera nada menos que a unos 200 invitados

✓ **no³** *interj* no; **to say ~** decir* que no; **have you seen John? — ~, I haven't** ¿has visto a John? — no

no⁴ *n* (*pl* **noes**) no *m*

no⁵ (*pl* **nos**) (= **number**) nº, Nº

Nobel Prize /nəʊˈbel/ *n*: **the ~** el Premio Nobel

nobility /nəʊˈbɪləti/ *n* nobleza *f*; **the ~** la nobleza

noble¹ /ˈnəʊbəl/ *adj* **nobler** /-blər/, **noblest** /-bləst/ noble

noble² *n* noble *mf*

nobleman /ˈnəʊbəlmən/ *n* (*pl* **-men** /-mən/) noble *m*

✓ **nobody¹** /ˈnəʊˌbɑːdi, BrE ˈnəʊbədi/ *pron* nadie

nobody² *n* (*pl* **-dies**): **to be (a) ~** ser* un don nadie

nocturnal /nɑːkˈtɜːrnl, BrE nɒkˈtɜːnl/ *adj* nocturno

nod¹ /nɑːd, BrE nɒd/ *n*: **he greeted her with a ~** la saludó con un movimiento de cabeza; ***to give sb/sth the ~*** darle* luz verde a algn/algo

nod² **-dd-** *vt*: **he ~ded his head (in agreement)** asintió con la cabeza

■ *vi*: **she smiled at me and I ~ed to her** me sonrió y la saludé con la cabeza; **they ~ded in assent** asintieron con la cabeza

● **nod off** [*v* + *adv*] (infml) dormirse*

✓ palabra clave

nodule /'nɑːdʒuːl, BrE 'nɒdjuːl/ *n* nódulo *m*

no-fly /nəʊ'flaɪ/ *adj* (Aviat) (*before n*) ‹*list*› de pasajeros prohibidos; **~ zone** zona de exclusión aérea

no-good /'nəʊ'gʊd/ *adj* (AmE infml) maldito (fam)

noise /nɔɪz/ *n* ruido *m*

noisily /'nɔɪzəli, BrE 'nɔɪzɪli/ *adv* ruidosamente

noisy /'nɔɪzi/ *adj* **-sier**, **-siest** ‹*machine/office/street*› ruidoso; ‹*person/child/party*› bullicioso

nomad /'nəʊmæd/ *n* nómada *mf*, nómade *mf* (CS)

no-man's land /'nəʊmænzlænd/ *n* tierra *f* de nadie

nominal /'nɑːmənl, BrE 'nɒmɪnl/ *adj* **(a)** (in name) nominal **(b)** (token) ‹*fee/rent*› simbólico

nominate /'nɑːməneɪt, BrE 'nɒmɪneɪt/ *vt* **(a)** (propose) **to ~ sb (FOR sth)** (for a post) proponer* *or* (AmL tb) postular a algn (PARA algo) **(b)** (appoint, choose) nombrar; ‹*candidate*› (AmE) (Pol) proclamar

nomination /'nɑːmə'neɪʃən, BrE ˌnɒmɪ'neɪʃən/ *n* **(a)** (choice, appointment) nombramiento *m*; (of candidate) (AmE) (Pol) proclamación *f* **(b)** (proposal) propuesta *f*, postulación *f* (AmL)

nominee /'nɑːmə'niː, BrE ˌnɒmɪ'niː/ *n* **(a)** (person proposed) candidato, -ta *m,f* **(b)** (person appointed) persona *f* nombrada; (candidate) (AmE) (Pol) candidato, -ta *m,f*

non- /nɑːn, BrE nɒn/ *pref* no; **~swimmers must ...** las personas que no saben nadar deben ...

nonchalant /nɑːnʃə'lɑːnt, BrE 'nɒnʃələnt/ *adj* (casual) despreocupado; (indifferent) indiferente

noncommissioned officer /ˌnɑːnkə'mɪʃənd, BrE ˌnɒnkə'mɪʃənd/ *n* ≈ suboficial *mf*

noncommittal /ˌnɑːnkə'mɪtl, BrE ˌnɒnkə'mɪtl/ *adj* ‹*reply*› evasivo

nondescript /'nɑːndɪ'skrɪpt, BrE 'nɒndɪskrɪpt/ *adj* (not unusual or outstanding) anodino; (dull) insulso

none[1] /nʌn/ *pron* **1** (not any, not one) (*referring to count n*) ninguno, ninguna; **I tried to get tickets, but there were ~ left** traté de comprar entradas pero no quedaba ninguna *or* ni una; **~ of us know** o **knows her** ninguno de nosotros la conoce **2** (no amount or part) (*referring to uncount n*): **did you buy any milk? there's ~ left** ¿compraste leche? no hay más

none[2] *adv* **(a) none the** (not, in no way) (*with comp*): **I was ~ the wiser after his explanation** su explicación no me aclaró nada **(b) none too** (not very) (*with adj or adv*) **she was ~ too pleased to see me** no le hizo demasiada gracia verme

nonentity /nɑː'nentəti, BrE nɒ'nentəti/ *n* (*pl* **-ties**) persona *f* insignificante

nonetheless /'nʌnðə'les/ *adv* ▶ **nevertheless**

non-existent /ˌnɑːnɪg'zɪstənt, BrE ˌnɒnɪg'zɪstənt/ *adj* inexistente

nonfiction /'nɑːn'fɪkʃən, BrE ˌnɒn'fɪkʃən/ *n* no ficción *f* (*ensayos, biografías, obras de divulgación etc*)

no-nonsense /'nəʊ'nɑːnsens, BrE ˌnəʊ'nɒnsəns/ *adj* (*before n*) ‹*approach/attitude*› sensato

nonplussed, **nonplused** /nɑːn'plʌst, BrE ˌnɒn'plʌst/ *adj* desconcertado

nonprofit /'nɑːn'prɑːfət, BrE ˌnɒn'prɒfɪt/, (BrE) **non-profit-making** /'nɑːn'prɑːfətˌmeɪkɪŋ, BrE ˌnɒn'prɒfɪtmeɪkɪŋ/ *adj* sin fines lucrativos

nonsense /'nɑːnsens, BrE 'nɒnsəns/ *n* tonterías *fpl*

nonsensical /nɑːn'sensɪkəl, BrE nɒn'sensɪkəl/ *adj* disparatado

nonsmoker /'nɑːn'sməʊkər, BrE ˌnɒn'sməʊkə(r)/ *n* no fumador, -dora *m,f*

nonsmoking /nɑːn'sməʊkɪŋ, BrE nɒn'sməʊkɪŋ/ *adj* para no fumadores

nonstick /'nɑːn'stɪk, BrE ˌnɒn'stɪk/ *adj* antiadherente, de teflón®, de tefal®

nonstop /'nɑːn'stɑːp, BrE ˌnɒn'stɒp/ *adv* **(a)** ‹*work/talk*› sin parar **(b)** ‹*sail/fly*› sin hacer escalas

noodle /'nuːdl/ *n* fideo *m*

nook /nʊk/ *n* rincón *m*; ***to search every ~ and cranny*** mirar/buscar* hasta en el último rincón

noon /nuːn/ *n* mediodía *m*; **at ~** a mediodía

no one *pron* ▶ **nobody[1]**

noose /nuːs/ *n* soga *f*, dogal *m*

nor /nər, nɔːr, BrE nɔː(r)/ *conj* **(a) neither ... nor ...** ▶ **neither[1] 1 (b)** (*usu with neg*) tampoco

norm /nɔːrm, BrE nɔːm/ *n* norma *f*

normal /'nɔːrməl, BrE 'nɔːməl/ *adj* normal; **when things get back to ~** cuando todo vuelva a la normalidad

normality /nɔːr'mæləti, BrE nɔː'mæləti/ *n* normalidad *f*

normally /'nɔːrməli, BrE 'nɔːməli/ *adv* normalmente

north[1] /nɔːrθ, BrE nɔːθ/ *n* (point of the compass, direction) norte *m*; **the ~ the N~** (region) el norte

north[2] *adj* (*before n*) norte *adj inv*, septentrional; ‹*wind*› norte *adj inv*

north[3] *adv* al norte

north: **N~ America** *n* Norteamérica *f*, América *f* del Norte; **N~ American** *adj* de América del Norte, norteamericano; **~bound** *adj* ‹*traffic/train*› que va (*or* iba *etc*) en dirección norte

northeast[1], **Northeast** /'nɔːrθ'iːst, BrE ˌnɔːθ'iːst/ *n*: **the ~** el nor(d)este *or* Nor(d)este

northeast[2] *adj* nor(d)este *adj inv*, del nor(d)este, nororiental

northeast[3] *adv* hacia el nor(d)este, en dirección nor(d)este

northeasterly /'nɔːrθ'iːstərli, BrE ˌnɔːθ'iːstəli/ *adj* ‹*wind*› del nor(d)este

northeastern /'nɔːrθ'iːstərn, BrE ˌnɔːθ'iːstən/ *adj* nor(d)este *adj inv*, del nor(d)este, nororiental

northerly /'nɔːrðərli, BrE 'nɔːðəli/ *adj* ‹*wind*› del norte; ‹*latitude*› norte *adj inv*; **in a ~ direction** hacia el *or* en dirección norte

northern /'nɔːrðərn, BrE 'nɔːðən/ *adj* ‹*region/country*› del norte, septentrional, norteño, nortino (Chi, Per); **~ England** el norte de Inglaterra; **the ~ states** (in US) los estados del norte

Northern Ireland *n* Irlanda *f* del Norte

north: **N~ Sea** *n* Mar *m* del Norte; **N~ Star** *n* estrella *f* polar

northward[1] /'nɔːrθwərd, BrE 'nɔːθwəd/ *adj* (*before n*): **in a ~ direction** en dirección norte, hacia el norte

northward[2], (BrE) **northwards** /-z/ *adv* hacia el norte

northwest[1], **Northwest** /ˈnɔːrθˈwest, BrE ˌnɔːθˈwest/ *n*: **the ~** el noroeste *or* Noroeste

northwest[2] *adj* noroeste *adj inv*, del noroeste

northwest[3] *adv* hacia el noroeste, en dirección noroeste

northwesterly /ˈnɔːrθˈwestərli, BrE ˌnɔːθˈwestəli/ *adj* ‹*wind*› del noroeste

northwestern /ˈnɔːrθˈwestərn, BrE ˌnɔːθˈwestən/ *adj* noroccidental, noroeste *adj inv*, del noroeste

Norway /ˈnɔːrweɪ, BrE ˈnɔːweɪ/ *n* Noruega *f*

Norwegian[1] /nɔːrˈwiːdʒən, BrE nɔːˈwiːdʒən/ *adj* noruego

Norwegian[2] *n* **(a)** (person) noruego, -ga *m,f* **(b)** (language) noruego *m*

nose[1] /nəʊz/ *n* **1** (of person, animal) nariz *f*; ***to look down one's ~ at sb*** mirar a algn por encima del hombro; ***to poke*** o ***stick one's ~ in*** (infml) meter las narices en algo (fam); ***to turn one's ~ up at sth/sb*** (infml) despreciar algo/a algn **2** (of plane, car) parte *f* delantera, trompa *f* (RPl)

nose[2] *vi* (rummage, pry) entrometerse; **to ~ around** o **about in sth** husmear en algo

nose: **~bleed** *n* hemorragia *f* nasal (fml); **I've got a ~bleed** me sangra la nariz; **~dive** *vi* **(a)** (Aviat) «*plane/pilot*» descender* *or* bajar en picada *or* (Esp) en picado **(b)** (drop sharply) «*prices*» caer* en picada *or* (Esp) en picado

nosey /ˈnəʊzi/ *adj* (BrE) ▶ **nosy**

no-smoking /ˈnəʊˈsməʊkɪŋ/ *adj* ‹*compartment/section*› para no fumadores

nostalgia /nɑːˈstældʒə, BrE nɒˈstældʒə/ *n* nostalgia *f*

nostalgic /nɑːˈstældʒɪk, BrE nɒˈstældʒɪk/ *adj* nostálgico

nostril /ˈnɑːstrəl, BrE ˈnɒstrɪl/ *n* ventana *f* de la nariz

nosy, (BrE also) **nosey** /ˈnəʊzi/ *adj* **nosier**, **nosiest** (infml) ‹*person*› entrometido, metiche (AmL fam), metido (AmL fam); ‹*question*› impertinente

⚷ **not** /nɑːt, BrE nɒt/ *adv* **(a)** no; **I asked them ~ to tell anyone** les pedí que no se lo dijeran a nadie **(b) not that** (*as conj*): **I'm going to London, ~ that it's any business of yours** voy a Londres, no es que a ti te importe, pero ... **(c)** (emphatic) ni; **~ a penny more** ni un penique más **(d)** (replacing clause): **I hope ~** espero que no; **are you going to help me or ~?** ¿me vas a ayudar o no?

notable /ˈnəʊtəbəl/ *adj* ‹*author/actor*› distinguido; ‹*success*› señalado; ‹*improvement/difference*› notable

notably /ˈnəʊtəbli/ *adv* **(a)** (noticeably) notablemente **(b)** (in particular) particularmente, en particular

notch /nɑːtʃ, BrE nɒtʃ/ *n* (in wood, metal) muesca *f*; (on belt) agujero *m*

● **notch up** [*v* + *adv* + *o*] (infml) apuntarse

⚷ **note**[1] /nəʊt/ *n* **1** (record, reminder) nota *f*; **to make a ~ of sth** anotar *or* apuntar algo; **to make ~s** hacer* anotaciones; **to take ~s** tomar apuntes *or* notas; **to compare ~s** cambiar impresiones **2** (message) nota *f* **3** **(a)** (Mus) nota *f* **(b)** (tone): **I detected a ~ of sarcasm in his voice** percibí un tono de sarcasmo en su voz; **the evening ended on a sad ~** la velada terminó con una nota triste **4** (esp BrE) (bank~) billete *m* **5** (attention): **take ~ of what he says** toma nota de *or* presta atención a lo que dice

⚷ **note**[2] *vt* **(a)** (observe, notice) observar **(b)** (record) ‹*information*› apuntar, anotar

● **note down** [*v* + *adv* + *o*, *v* + *o* + *adv*] apuntar

notebook /ˈnəʊtbʊk/ *n* cuaderno *m*

noted /ˈnəʊtəd, BrE ˈnəʊtɪd/ *adj* ‹*historian/surgeon*› renombrado, de nota

note: **~pad** *n* bloc *m*; **~paper** *n* papel *m* de carta(s)

⚷ **nothing** /ˈnʌθɪŋ/ *pron* **1** nada; **there's ~ to eat** no hay nada de comer **2** (*in phrases*) **for nothing: she gave it to me for ~** me lo dio gratis; **it was all for ~** todo fue en vano; **if nothing else** al menos, por lo menos; **nothing but: she's caused ~ but trouble** no ha causado (nada) más que problemas; **nothing like: there's ~ like a shower to freshen you up** no hay (nada) como una ducha para refrescarse; **nothing much: ~ much happened** no pasó gran cosa

⚷ **notice**[1] /ˈnəʊtəs, BrE ˈnəʊtɪs/ *n* **1** **(a)** (written sign) letrero *m* **(b)** (item of information) anuncio *m* **2** (attention): **it has come/been brought to my ~ that ...** (fml) ha llegado a mi conocimiento que .../se me ha señalado que ... (fml); **she took no ~** no hizo caso; **don't take any ~ of him** no le hagas caso **3** **(a)** (notification) aviso *m*; **until further ~** hasta nuevo aviso; **it's impossible to do it at such short ~** es imposible hacerlo a tan corto plazo **(b)** (of termination of employment) preaviso *m*; **I have to give (the company) a month's ~** tengo que dar un mes de preaviso; **to give** o **hand in one's ~** presentar su (*or* mi *etc*) renuncia

⚷ **notice**[2] *vt* notar; **nobody ~d him put it in his pocket** nadie lo vio ponérselo en el bolsillo ■ *vi* (realize, observe) darse* cuenta

noticeable /ˈnəʊtəsəbəl, BrE ˈnəʊtɪsəbəl/ *adj* perceptible

noticeboard /ˈnəʊtəsbɔːrd, BrE ˈnəʊtɪsbɔːd/ *n* (esp BrE) tablero *m* *or* (Esp) tablón *m* de anuncios, cartelera *f* (AmL), diario *m* mural (Chi)

notification /ˈnəʊtəfəˈkeɪʃən, BrE ˌnəʊtɪfɪˈkeɪʃən/ *n* notificación *f*

notify /ˈnəʊtəfaɪ, BrE ˈnəʊtɪfaɪ/ *vt* **-fies**, **-fying**, **-fied** (inform) informar; (in writing) notificar*; **to ~ sb** OF **sth** comunicarle* algo A algn

⚷ **notion** /ˈnəʊʃən/ *n* **1** (idea) idea *f* **2** (concept) concepto *m* **3** **notions** *pl* **(a)** (in sewing) artículos *mpl* de mercería **(b)** (AmE): **household/gift ~s** artículos *mpl* para el hogar/de regalo

notorious /nəʊˈtɔːriəs/ *adj* ‹*thief/womanizer/gossip*› (bien) conocido; ‹*place*› de mala fama

notwithstanding[1] /ˈnɑːtwɪðˈstændɪŋ, BrE ˌnɒtwɪθˈstændɪŋ/ *prep* (fml) a pesar de, no obstante (fml)

notwithstanding[2] *adv* (fml) no obstante (fml)

nougat /ˈnuːgət, BrE ˈnuːgɑː, ˈnʌgət/ *n* ≈ turrón *m*

nought /nɔːt/ *n* (esp BrE) cero *m*

noun /naʊn/ *n* sustantivo *m*, nombre *m*
nourish /ˈnɜːrɪʃ, BrE ˈnʌrɪʃ/ *vt* nutrir
nourishing /ˈnɜːrɪʃɪŋ, BrE ˈnʌrɪʃɪŋ/ *adj* nutritivo
nourishment /ˈnɜːrɪʃmənt, BrE ˈnʌrɪʃmənt/ *n* alimento *m*
nouveau riche /ˈnuːvəʊˈriːʃ/ *n* (*pl* **~x ~s** /ˈnuːvəʊˈriːʃ/) (derog) nuevo rico, nueva rica *m,f* (pey)
novel¹ /ˈnɑːvəl, BrE ˈnɒvəl/ *n* novela *f*
novel² *adj* original, novedoso (esp AmL)
novelist /ˈnɑːvələst, BrE ˈnɒvəlɪst/ *n* novelista *mf*
novelty /ˈnɑːvəlti, BrE ˈnɒvəlti/ *n* (*pl* **-ties**) **(a)** (newness): **the ~ will soon wear off** pronto dejará de ser novedad *or* (esp AmL) novedoso **(b)** (new thing, situation) novedad *f*
November /nəʊˈvembər, BrE nəʊˈvembə(r)/ *n* noviembre *m*
novice /ˈnɑːvəs, BrE ˈnɒvɪs/ *n* principiante *mf*, novato, -ta *m,f*
now¹ /naʊ/ *adv* **1** **(a)** (at this time) ahora; **you can come in ~** ya puedes entrar; **any minute ~** en cualquier momento; **~'s your chance** esta es tu oportunidad **(b)** (at that time): **it was ~ time to say goodbye** había llegado el momento de decir adiós **(c)** (nowadays) hoy en día, actualmente **(d)** (*in phrases*) **(every) now and then** o **again** de vez en cuando; **for now** por ahora **2** **(a)** (at once, immediately) ahora (mismo); **it's ~ or never!** ¡ahora o nunca! **(b)** (*in phrases*) **just now: he's talking to a client just ~** en este momento está hablando con un cliente; **right now** (immediately) ahora mismo, inmediatamente; (at present) ahora mismo, en este momento **3** **(a)** (showing length of time) ya; **we've been living here for 40 years ~** ya hace 40 años que vivimos aquí **(b)** (*after prep*) **between ~ and Friday** de aquí al viernes; **she should be here by ~** ya debería estar aquí; **(up) until** o **till ~, up to ~** hasta ahora **4** **(a)** (indicating pause, transition): **~, who's next?** bueno ¿(ahora) a quién le toca? **(b)** (emphasizing command, request, warning, advice): **~ look here!** ¡espera un momento! **(c)** (*in phrases*) **now, now** ¡vamos, vamos!; **now then** ... a ver ...
now² *conj*: **~ (that)** ahora que
nowadays /ˈnaʊədeɪz/ *adv* hoy (en) día, actualmente
nowhere¹ /ˈnəʊhwer, BrE ˈnəʊweə(r)/ *adv* **1** **where did you go last night? — ~** ¿adónde fuiste anoche? — a ningún lado *or* a ninguna parte; **she was ~ to be found/seen** no se la encontraba/se la veía por ningún lado *or* por ninguna parte; ***to get* ~** no conseguir* nada **2** **nowhere near: Warsaw is ~ near Moscow** Varsovia está lejísimos de Moscú; **I'm ~ near finished** me falta mucho para terminar
nowhere² *pron*: **he had ~ to go** no tenía dónde ir; **the car just appeared from ~** el coche apareció de la nada
noxious /ˈnɑːkʃəs, BrE ˈnɒkʃəs/ *adj* (fml) nocivo
nozzle /ˈnɑːzəl, BrE ˈnɒzəl/ *n* (on hose) boca *f*; (on fire extinguisher) boquilla *f*
NSPCC *n* (in UK) (= **National Society for the Prevention of Cruelty to Children**) ≈ Asociación *f* de protección a la infancia
nuance /ˈnuːɑːns, BrE ˈnjuːɑːns/ *n* matiz *m*
nuclear /ˈnuːkliər, BrE ˈnjuːkliə(r)/ *adj* nuclear; **~ power** energía *f* nuclear; **~ power station** central *f* nuclear
nuclear: **~ family** *n* familia *f* nuclear; **~-powered** /ˈnuːkliərˈpaʊərd, BrE ˈnjuːklɪəˈpaʊəd/ *adj* nuclear
nucleus /ˈnuːkliəs, BrE ˈnjuːkliəs/ *n* (*pl* **-clei** /-kliaɪ/) núcleo *m*
nude¹ /nuːd, BrE njuːd/ *n* (Art) desnudo *m*; **in the ~** desnudo
nude² *adj* desnudo
nudge¹ /nʌdʒ/ *vt* codear (ligeramente)
nudge² *n* golpe *m* (suave) con el codo
nudist /ˈnuːdəst, BrE ˈnjuːdɪst/ *n* nudista *mf*; (*before n*) ‹*beach/camp*› nudista
nudity /ˈnuːdəti, BrE ˈnjuːdəti/ *n* desnudez *f*
nugget /ˈnʌgət, BrE ˈnʌgɪt/ *n* (Min) pepita *f*
nuisance /ˈnuːsn̩s, BrE ˈnjuːsn̩s/ *n* **(a)** (occurrence, thing): **to be a ~** ser* una molestia, ser* un incordio (Esp) **(b)** (person) pesado, -da *m,f*, incordio *m* (Esp fam); **he's always making a ~ of himself** siempre está dando la lata (fam)
null /nʌl/ *adj* (Law): **to declare sth ~ and void** declarar nulo algo
numb¹ /nʌm/ *adj* **-er, -est** (with cold) entumecido; **the injection made my gums go ~** la inyección me durmió las encías
numb² *vt* «*cold*» entumecer*; «*drug*» dormir*
number¹ /ˈnʌmbər, BrE ˈnʌmbə(r)/ *n* número *m*; (telephone **~**) número de teléfono; **wrong ~** número equivocado; **student ~s** el número de estudiantes; **on a ~ of occasions** en varias ocasiones
number² *vt* **(a)** (assign number to) ‹*houses/pages/items*› numerar **(b)** (amount to): **the spectators ~ed 50,000** había (un total de) 50.000 espectadores **(c)** (count) contar*; **his days are ~ed** tiene los días contados
number: **~plate** /ˈnʌmbərpleɪt ˈnʌmbəpleɪt/ *n* (BrE) matrícula *f*, placa *f* (AmL), patente *f* (CS), chapa *f* (RPl); **~ sign** *n* (AmE) tecla *f* numeral, tecla *f* (del signo) de número
numeral /ˈnuːmərəl, BrE ˈnjuːmərəl/ *n* número *m*
numerical /nʊˈmerɪkəl, BrE njuːˈmerɪkəl/ *adj* numérico
numerous /ˈnuːmərəs, BrE ˈnjuːmərəs/ *adj* numeroso
nun /nʌn/ *n* monja *f*, religiosa *f* (fml)
nurse¹ /nɜːrs, BrE nɜːs/ *n* **(a)** (Med) enfermero, -ra *m,f* **(b)** (nanny) niñera *f*
nurse² *vt* **1** (Med) ‹*patient*› atender*; **he ~d her back to health** la atendió hasta que se repuso **2** (cradle) ‹*baby*› arrullar **3** (suckle) ‹*baby*› amamantar
nursery /ˈnɜːrsri, BrE ˈnɜːsəri/ *n* (*pl* **-ries**) **(a)** (day **~**) guardería *f* **(b)** (room in house) cuarto *m or* habitación *f* de los niños **(c)** (Agr, Hort) vivero *m*
nursery: **~ rhyme** *n* canción *f* infantil; **~ school** *n* jardín *m* de infancia, jardín *m* infantil (AmL), kindergarten *m* (AmL); (preschool) pre-escolar *m*
nursing /ˈnɜːrsɪŋ, BrE ˈnɜːsɪŋ/ *n* **(a)** (profession) enfermería *f* **(b)** (care) atención *f*
nursing home *n* (for the aged) residencia *f* de ancianos (*con mayor nivel de asistencia médica*); (for convalescence) clínica *f*, casa *f* de

reposo *or* (Ur) de salud

nurture /'nɜːrtʃər, BrE 'nɜːtʃə(r)/ *vt* ‹*child/person*› criar*; ‹*plant/crop*› cuidar; ‹*friendship*› cultivar

nut /nʌt/ *n* **1** (Agr, Bot, Culin) fruto *m* seco (*nuez, almendra, avellana etc*) **2** (Tech) tuerca *f*

nut: **~case** *n* (infml) chiflado, -da *m,f* (fam); **~crackers** *pl n* (BrE) cascanueces *m*

nutmeg /'nʌtmeg/ *n* nuez *f* moscada

nutrient /'nuːtriənt, BrE 'njuːtriənt/ *n* nutriente *m*

nutrition /nʊ'trɪʃən, BrE njuː'trɪʃən/ *n* nutrición *f*

nutritious /nʊ'trɪʃəs, BrE njuː'trɪʃəs/ *adj* nutritivo

nuts /nʌts/ *adj* (infml) (*pred*) chiflado (fam)

nutshell /'nʌtʃel/ *n* cáscara *f* de nuez; ***in a ~*** en dos *or* en pocas palabras

nutty /'nʌti/ *adj* **-tier**, **-tiest** **1** ‹*taste*› a nueces (*or* almendras *etc*) **2** (infml) (eccentric) ‹*professor*› chiflado (fam); ‹*idea*› de loco

NVQ *n* (in UK) = **National Vocational Qualification**

NW (= **northwest**) NO

NY = **New York**

nylon /'naɪlɑːn, BrE 'naɪlɒn/ *n* nylon *m*

nymph /nɪmf/ *n* (Myth, Zool) ninfa *f*

Oo

O, o /əʊ/ *n* O, o *f*

oaf /əʊf/ *n* zoquete *mf* (fam)

oak /əʊk/ *n* **(a)** ~ **(tree)** roble *m* **(b)** (wood) roble *m*

OAP *n* (BrE) = **old age pensioner**

oar /ɔːr, BrE ɔː(r)/ *n* remo *m*

OAS *n* (= **Organization of American States**) OEA *f*

oasis /əʊ'eɪsɪs/ *n* (*pl* **oases** /əʊ'eɪsiːz/) oasis *m*

oat /əʊt/ *n* **(a)** (plant) avena *f* **(b) oats** *pl* (cereal) avena *f*, copos *mpl* de avena

oath /əʊθ/ *n* (*pl* **~s** /əʊðz/) **(a)** (promise) juramento *m*; **under** o (BrE also) **on ~** (Law) bajo juramento **(b)** (curse) (liter) juramento *m* (liter)

oatmeal /'əʊtmiːl/ *n* (Culin) (flour) harina *f* de avena; (flakes) (AmE) avena *f* (*en copos*)

obedience /ə'biːdiəns, əʊ-/ *n* obediencia *f*

obedient /ə'biːdiənt, əʊ-/ *adj* obediente

obese /əʊ'biːs/ *adj* obeso

obesity /əʊ'biːsəti/ *n* obesidad *f*

obey /ə'beɪ, əʊ-/ *vt/i* obedecer*

obituary /ə'bɪtʃueri, BrE ə'bɪtʃʊəri/ *n* (*pl* **-ries**) obituario *m*, nota *f* necrológica

✔ **object¹** /'ɑːbdʒɪkt, BrE 'ɒbdʒɪkt/ *n* **1** **(a)** (thing) objeto *m* **(b)** ***no ~***: **money's no ~ for them** el dinero no les preocupa **(c)** (of actions, feelings) objeto *m* **2** (aim, purpose) objetivo *m* **3** (Ling) complemento *m*

object² /əb'dʒekt/ *vi* **to ~ (TO sth)** oponerse* (A algo); **I ~!** ¡protesto!; **if you don't ~** si no le molesta
▪ *vt* objetar

objection /əb'dʒekʃən/ *n* **(a)** (argument against) objeción *f* **(b)** (Law) protesta *f*; **~!** ¡protesto! **(c)** (disapproval, dislike): **I have no ~ to her** no tengo nada en contra de ella

objectionable /əb'dʒekʃṇəbəl/ *adj* ‹*attitude/remark*› censurable; ‹*person/tone*› desagradable

objective¹ /ɑːb'dʒektɪv, BrE əb'dʒektɪv/ *adj* objetivo

objective² *n* objetivo *m*

objectively /ɑːb'dʒektɪvli, BrE əb'dʒektɪvli/ *adv* objetivamente

obligate /'ɑːbləgeɪt, BrE 'ɒblɪgeɪt/ *vt* (esp AmE fml) **to ~ sb to + INF** obligar* a algn A + INF; **to be/feel ~d (to + INF)** estar*/sentirse* obligado (A + INF)

obligation /'ɑːblə'geɪʃən, BrE ˌɒblɪ'geɪʃən/ *n* obligación *f*; **~ to + INF** obligación DE + INF; **I understand that I am under no ~** entiendo que no contraigo ninguna obligación

obligatory /ə'blɪgətɔːri, BrE ə'blɪgətri/ *adj* obligatorio

oblige /ə'blaɪdʒ/ *vt* **1** (require, compel) **to ~ sb to + INF** obligar* a algn A + INF; **to be ~d to + INF** estar* obligado A + INF **2** (do favor for): **I'd be much ~d if you could help me** le quedaría muy agradecido si pudiera ayudarme
▪ *vi*: **he's always willing to ~** siempre está dispuesto a hacer un favor

obliging /ə'blaɪdʒɪŋ/ *adj* atento

oblique /ə'bliːk, əʊ-, BrE ə'bliːk/ *adj* ‹*line/angle*› oblicuo; ‹*reply/reference*› indirecto

obliterate /ə'blɪtəreɪt/ *vt* **(a)** (destroy) arrasar **(b)** (obscure, erase) borrar

oblivion /ə'blɪviən/ *n* **(a)** (obscurity) olvido *m* **(b)** (unconsciousness) inconsciencia *f*

oblivious /ə'blɪviəs/ *adj* (*pred*): **she was quite ~ of** o **to her surroundings** estaba totalmente ajena a lo que la rodeaba; **~ of** o **to the danger** (unaware of) ignorante del peligro; (not mindful of) haciendo caso omiso del peligro

oblong¹ /'ɑːblɔːŋ, BrE 'ɒblɒŋ/ *adj* alargado

oblong² *n* rectángulo *m*

obnoxious /ɑːb'nɑːkʃəs, BrE əb'nɒkʃəs/ *adj* detestable

oboe /'əʊbəʊ/ *n* oboe *m*

obscene /ɑːb'siːn, BrE əb'siːn/ *adj* obsceno

✔ palabra clave

obscenity /ɑːb'senəti, BrE əb'senəti/ *n* (*pl* **-ties**) obscenidad *f*

obscure¹ /əb'skjʊr, BrE əb'skjʊə(r)/ *adj* **obscurer, obscurest (a)** (not easily understood) ‹*meaning*› oscuro; ‹*message/reference*› críptico **(b)** (little known) ‹*writer/journal*› oscuro

obscure² *vt* ‹*object/beauty/sun*› ocultar; ‹*sky*› oscurecer*; ‹*issue*› impedir* ver claramente

obscurity /əb'skjʊrəti, BrE əb'skjʊərəti/ *n* (*pl* **-ties**) oscuridad *f*

obsequious /əb'siːkwiəs/ *adj* servil

observant /əb'zɜːrvənt, BrE əb'zɜːvənt/ *adj* observador

observation /'ɑːbzər'veɪʃən, BrE ˌɒbzə'veɪʃən/ *n* (all senses) observación *f*

observatory /əb'zɜːrvətɔːri, BrE əb'zɜːvətri/ *n* (*pl* **-ries**) observatorio *m*

observe /əb'zɜːrv, BrE əb'zɜːv/ *vt* **1** (watch, notice) observar; ‹*patient*› observar **2** (comment) (liter) observar

observer /əb'zɜːrvər, BrE əb'zɜːvə(r)/ *n* observador, -dora *m,f*

obsess /əb'ses/ *vt* obsesionar

obsessed /əb'sest/ *adj* (*pred*) obsesionado

obsession /əb'seʃən/ *n* obsesión *f*

obsessive /əb'sesɪv/ *adj* obsesivo

obsolete /'ɑːbsəliːt, BrE 'ɒbsəliːt/ *adj* obsoleto

obstacle /'ɑːbstɪkəl, BrE 'ɒbstəkəl/ *n* obstáculo *m*

obstetrics /əb'stetrɪks/ *n* (+ *sing vb*) obstetricia *f*, tocología *f*

obstinate /'ɑːbstənət, BrE 'ɒbstɪnət/ *adj* obstinado

obstinately /'ɑːbstənətli, BrE 'ɒbstɪnətli/ *adv* (stubbornly) obstinadamente; (determinedly) tenazmente

obstruct /əb'strʌkt/ *vt* **(a)** (block) obstruir* **(b)** (impede, hinder) ‹*traffic*› bloquear **(c)** (Sport) obstruir*

obstruction /əb'strʌkʃən/ *n* **(a)** (in traffic, pipeline) obstrucción *f*; (Med) obstrucción *f*, oclusión *f* **(b)** (Sport) obstrucción *f*

obtain /əb'teɪn/ *vt* conseguir*, obtener* (fml)

obtrusive /əb'truːsɪv/ *adj* ‹*presence/building*› demasiado prominente; ‹*noise*› molesto; ‹*smell*› penetrante

obtuse /ɑːb'tuːs, BrE ɒb'tjuːs/ *adj* **1** (Math) ‹*angle*› obtuso **2** (stupid) obtuso

obvious /'ɑːbviəs, BrE 'ɒbviəs/ *adj* **(a)** (evident) ‹*answer/advantage/difference*› obvio **(b)** (unmistakable) (*before n*) ‹*candidate/choice*› indiscutible

obviously /'ɑːbviəsli, BrE 'ɒbviəsli/ *adv* obviamente; **they're ~ not coming** está visto que no van a venir; **the two ideas are ~ not related** es evidente que las dos ideas no tienen relación; **~, I'm sad, but what can I do?** (*indep*) como es lógico estoy triste pero ¿qué puedo hacer?

OCAS (= **Organization of Central American States**) *n* ODECA *f*

occasion /ə'keɪʒən/ *n* ocasión *f*

occasional /ə'keɪʒn̩əl, BrE ə'keɪʒənl/ *adj* ‹*showers/sunny spells*› aislado; **I like an o the ~ glass of wine** de tanto en tanto me gusta tomarme un vaso de vino

occasionally /ə'keɪʒn̩əli/ *adv* de vez en cuando

occult¹ /ə'kʌlt, BrE ɒ'kʌlt/ *n*: **the ~** las ciencias ocultas

occult² *adj* ‹*arts/powers*› oculto; ‹*ritual*› ocultista

occupant /'ɑːkjəpənt, BrE 'ɒkjʊpənt/ *n* (of building, room, vehicle) ocupante *mf*; (tenant) inquilino, -na *m,f*

occupation /'ɑːkjə'peɪʃən, BrE ˌɒkjʊ'peɪʃən/ *n* **(a)** (profession, activity) ocupación *f* **(b)** (Mil) ocupación *f* **(c)** (of accommodations) ocupación *f*

occupational /'ɑːkjə'peɪʃn̩əl, BrE ˌɒkjʊ'peɪʃənl/ *adj* ‹*training*› ocupacional; ‹*disease*› profesional; **it's an ~ hazard** son riesgos de la profesión/del oficio

occupational therapy *n* terapia *f* ocupacional

occupier /'ɑːkjəpaɪər, BrE 'ɒkjʊpaɪə(r)/ *n* (BrE) ocupante *mf*

occupy /'ɑːkjəpaɪ, BrE 'ɒkjʊpaɪ/ *vt* **-pies, -pying, -pied** ocupar; **to keep sb occupied** mantener* a algn ocupado

occur /ə'kɜːr, BrE ə'kɜː(r)/ *vi* **-rr- 1 (a)** (take place) (fml) «*event/incident*» tener* lugar (fml); «*change*» producirse* (fml) **(b)** (appear, be found) «*disease/species*» darse*, encontrarse* **2** (come to mind) **to ~ TO sb (to + INF)** ocurrírsele A algn (+ INF)

occurrence /ə'kɜːrəns, BrE ə'kʌrəns/ *n* **(a)** (event, instance): **it is a rare ~** no es algo frecuente **(b)** (incidence) incidencia *f*

ocean /'əʊʃən/ *n* océano *m*

ocean-going /'əʊʃənˌgəʊɪŋ/ *adj* ‹*vessel*› transatlántico

o'clock /ə'klɑːk, BrE ə'klɒk/ *adv*: **it's four ~** son las cuatro; **it's one ~** es la una; **at ten ~** a las diez

octagon /'ɑːktəgɑːn, BrE 'ɒktəgən/ *n* octágono *m*, octógono *m*

octane /'ɑːkteɪn, BrE 'ɒkteɪn/ *n* octano *m*

octave /'ɑːktɪv, BrE 'ɒktɪv/ *n* (Lit, Mus) octava *f*

October /ɑːk'təʊbər, BrE ɒk'təʊbə(r)/ *n* octubre *m*

octopus /'ɑːktəpəs, BrE 'ɒktəpəs/ *n* (*pl* **-puses**) pulpo *m*

odd /ɑːd, BrE ɒd/ *adj* **-er, -est 1** (strange) raro, extraño **2** (occasional, random) (*no comp*): **she smokes the ~ cigarette** se fuma algún *or* alguno que otro cigarrillo **3** (*no comp*) **(a)** (unmatched, single) desparejado, sin pareja; **the ~ one out** la excepción **(b)** (Math) ‹*number*› impar

oddball /'ɑːdbɔːl, BrE 'ɒdbɔːl/ *n* (infml) bicho *m* raro (fam)

oddity /'ɑːdəti, BrE 'ɒdɪti/ *n* (*pl* **-ties**) rareza *f*

odd-job man /ɑːd'dʒɑːbmæn, BrE ˌɒd'dʒɒbmæn/ *n* (*pl* **-men** /-men/) *hombre que hace pequeños trabajos o arreglos*

oddly /'ɑːdli, BrE 'ɒdli/ *adv* ‹*dress/behave*› de una manera rara *or* extraña

oddment /'ɑːdmənt, BrE 'ɒdmənt/ *n*: **~s of fabric** o **material** retazos *mpl or* (Esp) retales *mpl*

odds /ɑːdz, BrE ɒdz/ *pl n* **1** (in betting) *proporción en que se ofrece pagar una apuesta, que refleja las posibilidades de acierto de la misma* **2** (likelihood,

O

chances) probabilidades *fpl*, posibilidades *fpl*; **the ~ are against her winning** tiene pocas probabilidades *or* posibilidades de ganar; **the pilot survived against all (the) ~** aunque parezca increíble, el piloto sobrevivió **3** (variance): **those two are always at ~ with each other** esos dos siempre están en desacuerdo; **that's at ~ with the official version** eso no concuerda con la versión oficial

odds and ends /'ɑdzən'endz, BrE ˌɒdzən'endz/ *pl n* (infml) cosas *fpl* sueltas; (trinkets) chucherías *fpl*; (junk) cachivaches *mpl*

odious /'əʊdiəs/ *adj* (fml) detestable

odometer /əʊ'dɑːmətər, BrE ɒ'dɒmɪtə(r), əʊ-/ *n* (AmE) cuentarrevoluciones *m*

odor, (BrE) **odour** /'əʊdər, BrE 'əʊdə(r)/ *n* olor *m*; (pleasant) aroma *m*

⚷ **of** /ɑːv, BrE ɒv, *weak form* əv/ *prep* **1** (indicating relationship, material, content) de; **it's made ~ wood** es de madera; **a colleague ~ mine/his** un colega mío/suyo **2** (descriptive use): **a boy ~ ten** un niño de diez años; **a woman ~ courage** una mujer valiente **3** **(a)** (partitive use): **there were eight ~ us** éramos ocho; **six ~ them survived** seis de ellos sobrevivieron **(b)** (with superl) de; **the wisest ~ men** el más sabio de los hombres; **most ~ all** más que nada **4** **(a)** (indicating date) de; **the sixth ~ October** el seis de octubre **(b)** (indicating time): **it's ten (minutes) ~ five** (AmE) son las cinco menos diez, son diez para las cinco (AmL exc RPl); **Jane, his wife ~ six months ...** Jane, con la que lleva/llevaba casado seis meses ... **5** (on the part of): **it was very kind ~ you** fue muy amable de su parte **6** (indicating cause): **it's a problem ~ their own making** es un problema que ellos mismos se han creado; **what did he die ~?** ¿de qué murió?

⚷ **off**[1] /ɔːf, BrE ɒf/ *prep* **1** (from) de; **she picked it up ~** o (crit) **~ of the floor** lo recogió del suelo; **he bought it ~ a friend** (infml) se lo compró a un amigo **2** **(a)** (distant from): **3 ft ~ the ground** a 3 pies del suelo; **just ~ the coast of Florida** a poca distancia de la costa de Florida **(b)** (leading from): **it's just ~ Oxford Street** está en una bocacalle de Oxford Street; **the bathroom's ~ the bedroom** el baño da al dormitorio **3** **(a)** (absent from): **I've been ~ work for a week** hace una semana que no voy a trabajar **(b)** (indicating dislike, abstinence) (BrE): **he's ~ his food** anda sin apetito; **is he ~ drugs now?** ¿ha dejado las drogas?

⚷ **off**[2] *adv* **1** **(a)** (removed): **the lid was ~** la tapa no estaba puesta; **20% ~** 20% de descuento **(b)** **off and on** ▶ **on**[2] **2 c** **2** (indicating departure): **I must be ~** me tengo que ir **3** (distant): **some way ~** a cierta distancia; **my birthday is a long way ~** falta mucho para mi cumpleaños

off[3] *adj* **1** (*pred*) **(a)** (not turned on): **to be ~** «*TV/light*» estar* apagado **(b)** (canceled): **the game/wedding is ~** el partido/la boda se ha suspendido; **the deal is ~** ya no hay trato **2** (absent, not on duty) libre; **a day ~** o (AmE also) **an ~ day** un día libre **3** (poor, unsatisfactory) (*before n*) malo; **to have an ~ day** tener* un mal día **4** (Culin) (*pred*) **to be ~** «*meat/fish*» estar* malo *or* pasado; «*milk*» estar* cortado; «*butter/cheese*» estar* rancio

⚷ palabra clave

offal /'ɔːfəl, BrE 'ɒfəl/ *n* (Culin) despojos *mpl*, achuras *fpl* (RPl), interiores *mpl* (Chi)

off: **~beat** *adj* poco convencional; **~-chance** *n*: **on the ~-chance** por si acaso; **~-color**, (BrE) **~-colour** /'ɔːf'kʌlər, BrE ˌɒf'kʌlə(r)/ *adj* (*pred* **~ color**) **(a)** (unwell) (*pred*) **to feel ~ color** no encontrarse* muy bien **(b)** (risqué) (esp AmE) ‹*joke*› subido de tono; **~cut** *n* (of leather, fabric, paper, wood) recorte *m*; (of meat) resto *m*

offence /ə'fens/ *n* (BrE) ▶ **offense**

offend /ə'fend/ *vt* ofender
■ *vi* **(a)** (cause displeasure) «*person/action/remark*» ofender **(b)** **offending** *pres p* **he rewrote it omitting the ~ing paragraph** volvió a escribirlo omitiendo el párrafo que había causado controversia **(c)** (Law) (fml) infringir* la ley (*or* el reglamento *etc*); (criminally) cometer un delito

offender /ə'fendər, BrE ə'fendə(r)/ *n* (against regulations) infractor, -tora *m,f*; (criminal) delincuente *mf*; **young ~** menor *mf* (*que ha cometido un delito*)

⚷ **offense**, (BrE) **offence** /ə'fens/ *n* **1** (breach of law, regulations) infracción *f*; (criminal ~) delito *m* **2** **(a)** (cause of outrage) (*no pl*) atentado *m* **(b)** (resentment, displeasure): **to take ~ at sth** ofenderse *or* sentirse* ofendido por algo **3** (AmE) *also* /'ɑːfens/ **(a)** (attack) ataque *m* **(b)** (Sport) (línea *f* de) ataque *m*

offensive[1] /ə'fensɪv/ *adj* **1** ‹*language/gesture*› ofensivo; ‹*sight/smell*› desagradable **2** **(a)** ‹*strategy*› ofensivo **(b)** (AmE) (Sport) ‹*play/tactics*› de ataque

offensive[2] *n* ofensiva *f*

⚷ **offer**[1] /'ɔːfər, BrE 'ɒfə(r)/ *vt* **1** **(a)** (proffer) ofrecer* **(b)** (show willingness) **to ~ to** + INF ofrecerse* A + INF **2** (put forward) ‹*idea/solution*› proponer* **3** (provide) ‹*reward*› ofrecer*; ‹*opportunity*› brindar
■ *vi* (show willingness) ofrecerse*

⚷ **offer**[2] *n* **1** **(a)** (proposal — of job, money) oferta *f*; (— of help, mediation) ofrecimiento *m* **(b)** (bid) oferta *f*; **$650 or nearest ~** 650 dólares negociables **2** (bargain, reduced price) oferta *f*; **on ~** (BrE) (at reduced price) de oferta

offering /'ɔːfərɪŋ, BrE 'ɒfərɪŋ/ *n* ofrenda *f*

offhand[1] /'ɔːf'hænd, BrE ˌɒf'hænd/ *adj*: **to say sth in a very ~ way** o **manner** decir* algo muy a la ligera; **she was very ~ with me** estuvo muy brusca conmigo

offhand[2] *adv* así de pronto, en este momento

⚷ **office** /'ɑːfəs, BrE 'ɒfɪs/ *n* **1** (room) oficina *f*, despacho *m*; (building, set of rooms) oficina *f*, oficinas *fpl*; (staff) oficina *f*; (doctor's ~) (AmE) consultorio *m*, consulta *f*; (*before n*) ‹*work/furniture*› de oficina; ‹*block/building*› de oficinas; **during ~ hours** en horas de oficina; **~ worker** oficinista *mf*, empleado, -da *m,f* de oficina **2** (post, position) cargo *m*; **he was in ~ for three years** ocupó el cargo durante tres años

⚷ **officer** /'ɑːfəsər, BrE 'ɒfɪsə(r)/ *n* **(a)** (Mil, Naut) oficial *mf* **(b)** (police ~) policía *mf*, agente *mf* de policía; (*as form of address*) agente

⚷ **official**[1] /ə'fɪʃəl/ *adj* oficial

⚷ **official**[2] *n* (government ~) funcionario, -ria *m,f* del Estado *or* gobierno; (party/union ~)

dirigente *mf* (del partido/sindicato)

officially /əˈfɪʃəli/ *adv* oficialmente

officiate /əˈfɪʃieɪt/ *vi* **to ~ AT sth** (at mass/at a wedding) oficiar (EN) *or* celebrar algo

officious /əˈfɪʃəs/ *adj* oficioso

offing /ˈɔːfɪŋ, BrE ˈɒfɪŋ/ *n*: **in the ~** en perspectiva

off: **~ key** *adv*: **to play/sing ~ key** desafinar; **~-licence** *n* (in UK) ≈ tienda *f* de vinos y licores, botillería *f* (Chi); **~ limits** /ˈlɪməts, BrE ˈlɪmɪts/ *adv*: **to go/be ~ limits** entrar/estar* en zona prohibida; **~-line** /ˈɔːflaɪn, BrE ˌɒfˈlaɪn/ *adj* (*pred* **~ line**) ‹*storage/printer*› autónomo; **~-peak** /ˈpiːk/ *adj* (*before noun*) ‹*travel/fare/tariffs*› fuera de las horas pico *or* (Esp) punta; (Elec) fuera de (las) horas pico *or* (Esp) punta; **~-putting** /ˈɔːfpʊtɪŋ, BrE ˌɒfˈpʊtɪŋ/ *adj* (BrE) (disagreeable) desagradable; (discouraging) desmoralizador; **~road** *adj*: **~road vehicle** todoterreno *m*; **~set** /ˈɔːfset, BrE ˈɒfset/ *vt* (*pres* **-sets**; *pres p* **-setting**; *past & past p* **-set**) compensar; **~shoot** *n* **(a)** (of plant, tree) retoño *m* **(b)** (of company, organization) filial *f*; **~shore** /ˈɔːfʃɔːr, BrE ˌɒfˈʃɔː(r)/ *adj* ‹*oilfield/pipeline*› submarino; ‹*exploration/drilling*› off-shore *adj inv*; ‹*company/bank account*› ubicado en un paraíso fiscal

offside[1] /ˌɔːfˈsaɪd, BrE ˌɒfˈsaɪd/ *adj* (Sport) ‹*player*› en fuera de juego *or* (AmL tb) de lugar

offside[2] *adv* (Sport) fuera de juego *or* (AmL tb) de lugar

off: **~spring** *n* (*pl* **~spring**) **(a)** (animal) cría *f* **(b)** (hum) (child) hijo, -ja *m,f*, crío, cría *m,f* (fam); (children) prole *f* (fam & hum), críos *mpl* (fam); **~stage** /ˈɔːfsteɪdʒ, BrE ˌɒfˈsteɪdʒ/ *adv* fuera del escenario; **~-the-peg** /ˈɔːfðəˈpeg, BrE ˌɒfðəˈpeg/ (*pred* **~ the peg**) (esp BrE), **~-the-rack** /ˈɔːfðəˈræk, BrE ˌɒfðəˈræk/ *adj* (*pred* **~ the rack**) (AmE) ‹*suit*› de confección; **~-white** /ˈɔːfˈhwaɪt, BrE ˌɒfˈwaɪt/ *adj* color hueso *adj inv*

🔑 **often** /ˈɔːfən, ˈɔːftən, BrE ˈɒfən, ˈɒftən/ *adv* a menudo; **how ~ do you see her?** ¿con qué frecuencia la ves?

ogle /ˈəʊgəl/ *vt* comerse con los ojos

ogre /ˈəʊgər, BrE ˈəʊgə(r)/ *n* ogro *m*

🔑 **oh** /əʊ/ *interj*: **~, it's you** ah, eres tú; **~ no, not him again!** ¡ay no, es él otra vez!

OH = **Ohio**

🔑 **oil[1]** /ɔɪl/ *n* **1** **(a)** (petroleum) petróleo *m*; (*before n*) **~ refinery** refinería *f* de petróleo; **~ tanker** (ship) petrolero *m*; (truck) camión *m* cisterna (*para petróleo*) **(b)** (lubricant) aceite *m* **(c)** (fuel **~**) fuel-oil *m* **2** (Culin) aceite *m* **3** **oils** *pl* (paints): **he paints in ~s** pinta al óleo

oil[2] *vt* lubricar*, aceitar

oil: **~can** *n* aceitera *f*; **~cloth** *n* hule *m*; **~field** *n* yacimiento *m* petrolífero; **~ paint** *n* óleo *m*; **~ painting** *n* óleo *m*; **~ rig** *n* plataforma *f* petrolífera; (derrick) torre *f* de perforación; **~ slick** *n* marea *f* negra; **~ well** *n* pozo *m* petrolero

oily /ˈɔɪli/ *adj* **oilier, oiliest** ‹*substance*› oleaginoso; ‹*food*› aceitoso; ‹*skin/hair*› graso (AmL)

ointment /ˈɔɪntmənt/ *n* pomada *f*

OK[1], **okay** /ˈəʊˈkeɪ/ *interj* (infml) ¡bueno!, ¡okey! (esp AmL fam), ¡vale! (Esp fam), ¡vaya (pues)! (AmC)

OK[2], **okay** *adj* (all right) (infml) (*pred*) **how are you? — ~, thanks** ¿qué tal estás? — bien, gracias; **the job's ~, but ...** el trabajo no está mal, pero ...

OK[3], **okay** *vt* (*pres* **OK's**; *pres p* **OK'ing**; *past & past p* **OK'd**) (infml) darle* el visto bueno a

OK[4], **Okla** = **Oklahoma**

🔑 **old** /əʊld/ *adj* **1** (of certain age): **he's 10 years ~** tiene 10 años; **how ~ are you?** ¿cuántos años tienes?; **she's two years ~er than me** me lleva dos años **2** (not young) mayor; (less polite) viejo; **~** o **~er people** los ancianos, las personas mayores *or* de edad; **to get** o **grow ~/~er** envejecer* **3** **(a)** (not new) ‹*clothes/car/custom*› viejo; ‹*city/civilization*› antiguo **(b)** (longstanding, familiar) (*before n*) ‹*friend/enemy/rivalry*› viejo; ‹*injury/problem*› antiguo **4** (former, previous) (*before n*) antiguo **5** (infml) (*before n*), (*as intensifier*) **just wear any ~ thing** ponte cualquier cosa; **this book is a load of ~ rubbish** este libro es una porquería (fam)

old: **~ age** *n* vejez *f*; **~ age pensioner** *n* (BrE) pensionista *mf* (de la tercera edad)

olden /ˈəʊldən/ *adj* (liter): **in ~ days** o **times** antaño (liter)

old: **~-fashioned** /ˈəʊldˈfæʃənd/ *adj* (outdated) anticuado; (traditional) tradicional; **~ people's home** *n* residencia *f* de ancianos; **~ wives' tale** *n* cuento *m* de viejas

olive[1] /ˈɑːlɪv, BrE ˈɒlɪv/ *n* **(a)** (Culin) aceituna *f*; (*before n*) **~ oil** aceite *m* de oliva **(b)** **~ tree** olivo *m*

olive[2] *adj* color aceituna *adj inv*; ‹*skin*› aceitunado

Olympic /əˈlɪmpɪk/ *adj* olímpico

Olympic Games *pl n*: **the ~** los juegos Olímpicos

Olympics /əˈlɪmpɪks/ *pl n*: **the ~** las Olimpíadas *or* Olimpiadas

ombudsman /ˈɑːmbʊdzmən, BrE ˈɒmbʊdzmən/ *n* (*pl* **-men** /-mən/) defensor *m* del pueblo, ombudsman *m*

omelet, (BrE) **omelette** /ˈɑːmlət, BrE ˈɒmlɪt/ *n* omelette *f or* (Esp) tortilla *f* francesa

omen /ˈəʊmən/ *n* presagio *m*; **it's a good/bad ~** es un buen/mal augurio

ominous /ˈɑːmənəs, BrE ˈɒmɪnəs/ *adj*: **there was an ~ silence** se hizo un silencio que no presagiaba nada bueno; **there are some ~ clouds on the horizon** hay nubes que no auguran nada bueno

omission /əʊˈmɪʃən, BrE əˈmɪʃən/ *n* omisión *f*

omit /əʊˈmɪt, BrE əˈmɪt/ *vt* **-tt-** (leave out) omitir; (accidentally) olvidar incluir

omnibus /ˈɑːmnɪbəs, BrE ˈɒmnɪbəs/ *n* (*pl* **-buses**) **1** (Publ) antología *f* **2** (Transp) (dated) ómnibus *m* (ant exc en Per y RPl)

omnipotent /ɑːmˈnɪpətənt, BrE ɒmˈnɪpətənt/ *adj* (fml) omnipotente

omnivorous /ɑːmˈnɪvərəs, BrE ɒmˈnɪvərəs/ *adj* omnívoro

🔑 **on[1]** /ɑːn, BrE ɒn/ *prep* **1** **(a)** (indicating position) en; **put it ~ the table** ponlo en *or* sobre la mesa; **~ the ground** en el suelo; **he hung it ~ a hook** lo colgó de un gancho **(b)** (belonging to) de; **the handle ~ the cup** el asa de la taza

O

(c) (against): **I hit my head ~ the shelf** me di con la cabeza contra el estante; **he cut his hand ~ the glass** se cortó la mano con el vidrio **2** **(a)** (of clothing): **it looks better ~ you than me** te queda mejor a ti que a mí **(b)** (about one's person): **I didn't have any cash ~ me** no llevaba dinero encima **3** (indicating means of transport): **I went ~ the bus** fui en autobús; **~ a bicycle/horse** en bicicleta/a caballo; **~ foot** a pie **4** **(a)** (playing instrument) a; **George Smith ~ drums** George Smith a la *or* en la batería **(b)** (Rad, TV): **I heard it ~ the radio** lo oí por la radio; **I was ~ TV last night** anoche salí por televisión; **the play's ~ channel 4** la obra la dan en el canal 4 **5** **(a)** (using equipment): **who's ~ the computer?** ¿quién está usando la computadora?; **you've been ~ the phone an hour!** ¡hace una hora que estás hablando por teléfono! **(b)** (contactable via): **call us ~ 800 7777** llámenos al 800 7777 **6** (a member of): **she's ~ the committee** está en la comisión; **~ a team** (AmE) en un equipo **7** (indicating time): **~ Monday** el lunes; **~ Wednesdays** los miércoles; ~ -ING al + INF; **~ hearing the news** al enterarse de la noticia **8** (about, concerning) sobre **9** (working on, studying): **we're ~ page 45** vamos por la página 45; **I'm still ~ question 1** todavía estoy con la pregunta número 1 **10** (taking, consuming): **she's ~ antibiotics** está tomando antibióticos; **he's ~ heroin** es heroinómano **11** (talking about income, available funds): **I manage ~ less than that** yo me las arreglo con menos de eso **12** (at the expense of): **this round's ~ me** a esta ronda invito yo **13** (in comparison with): **profits are up ~ last year** los beneficios han aumentado respecto al año pasado

on² *adv* **1** **(a)** (worn): **she had a blue dress ~** llevaba (puesto) un vestido azul; **I had nothing ~** estaba desnudo **(b)** (in place): **the lid's not ~ properly** la tapa no está bien puesta **2** (indicating progression) **(a)** (in space): **further ~** un poco más allá; **go ~ up; I'll follow in a minute** tú ve subiendo que yo ya voy **(b)** (in time, activity): **from then ~** a partir de ese momento; **from now ~** de ahora en adelante **(c) on and off, off and on: we still see each other ~ and off** todavía nos vemos de vez en cuando; **it rained ~ and off** o **off and ~ all week** estuvo lloviendo y parando toda la semana

O

on³ *adj* **1** (*pred*) **(a)** (functioning): **to be ~** «*light/TV/radio*» estar* encendido, estar* prendido (AmL); «*faucet*» estar* abierto; **the electricity/water isn't ~ yet** la electricidad/el agua todavía no está conectada **(b)** (on duty): **we work four hours ~, four hours off** trabajamos cuatro horas y tenemos otras cuatro de descanso **2** (*pred*) **(a)** (taking place): **there's a lecture ~ in there** hay una conferencia allí; **while the conference is ~** mientras dure el congreso **(b)** (due to take place): **the party's definitely ~ for Friday** la fiesta es el viernes seguro; **I don't have anything ~ that day** no tengo ningún compromiso ese día **(c)** (being presented): **what's ~ at the Renoir?** (Cin, Rad, Theat, TV) ¿qué dan *or* (Esp tb) ponen en el Renoir?; **the exhibition is still ~** la exposición sigue abierta **3** (indicating agreement, acceptance) (infml): **you teach me Spanish and I'll teach you French — you're ~!** tú me enseñas español y yo te enseño francés — ¡trato hecho!; **that sort of thing just isn't ~** (esp BrE) ese tipo de cosa no se puede tolerar

once¹ /wʌns/ *adv* **1** **(a)** (one time, on one occasion) una vez; **~ a week** una vez por semana **(b)** (formerly): **a health care system which was ~ the pride of the nation** un sistema de asistencia sanitaria que antes era el orgullo de la nación; **~ upon a time there was ...** érase una vez ... **2** (*in phrases*) **at once: come here at ~!** ¡ven aquí inmediatamente!; **don't all shout at ~** no griten todos al mismo tiempo; **for once** por una vez; **once again** o **once more** otra vez; **once (and) for all** de una vez por todas; **(every) once in a while** de vez en cuando; **once or twice** una o dos veces

once² *conj* una vez que; (with verb omitted) una vez

once- /ˈwʌns/ *pref* otrora (liter)

oncoming /ˈɑːn,kʌmɪŋ, BrE ˈɒnkʌmɪŋ/ *adj* (*before n*) ‹*vehicle*› que viene (*or* venía) en dirección contraria

one¹ /wʌn/ *n* **1** **(a)** (number) uno *m*; *see also* **four¹** **(b)** (elliptical use): **he's nearly ~** tiene casi un año; **it was interesting in more ways than ~** fue interesante en más de un sentido/en muchos sentidos **2** (*in phrases*) **as one: they rose as ~** se pusieron de pie todos a la vez; **for one** por lo pronto; **one by one** uno a *or* por uno

one² *adj* **1** (stating number) un, una; **~ button/pear** un botón/una pera; **~ window looks out over the park** una de las ventanas da al parque **2** (single): **she was the ~ person I trusted** era la única persona en quien confiaba; **there is not ~ shred of evidence** no existe ni la más mínima prueba; **the ~ and only Frank Sinatra** el incomparable Frank Sinatra **3** (unspecified) un, una; **you must come over ~ evening** tienes que venir una noche **4** (with names): **in the name of ~ John Smith/Sarah Brown** a nombre de un tal John Smith/una tal Sarah Brown

one³ *pron* **1** (thing): **this ~** este/esta; **that ~** ese/esa; **which ~?** ¿cuál?; **the ~ on the right/left** el/la de la derecha/izquierda; **the ~s on the table** los/las que están en la mesa; **the blue ~s** los/las azules; **I want the big ~** quiero el/la grande; **~ of the oldest cities in Europe** una de las ciudades más antiguas de Europa **2** (person): **the ~ on the right's my cousin** el/la de la derecha es mi primo/prima; **I'm not ~ to gossip, but ...** no me gustan los chismes pero ...; **~ after another** o **the other** uno tras otro *or* detrás de otro

one⁴ *pron* uno, una; **~ simply never knows** realmente nunca se sabe; **~ another = each other ▶ each² 2**

one: **~-armed** /ˈwʌnˈɑːrmd, BrE ˈwʌn,ɑːmd/ *adj* manco; **~-man** /ˈwʌnˈmæn/ *adj* (*before n*) ‹*business*› unipersonal; ‹*operation*› dirigido por una sola persona; **~-off** /ˈwʌnˈɔːf, BrE ,wʌnˈɒf/ *n* (BrE infml): **this payment is strictly a ~-off** este pago es una excepción; **~ on ~** *adv* (AmE) uno a uno; **~-piece** /ˈwʌnpiːs/ *adj* ‹*swimsuit*› entero

onerous /ˈəʊnərəs/ *adj* ‹*task*› pesado

one: **~self** /wʌnˈself/ *pron* (fml) (reflexive) se;

(after prep) sí mismo; (emphatic use) uno mismo; **to cut ~self** cortarse; **~-sided** /'wʌn'saɪdəd, BrE ˌwʌn'saɪdɪd/ *adj* ‹*account/version*› parcial; ‹*game/contest*› desigual; **~-stop shopping** *n* compras *fpl* en un mismo sitio; **~-time** *adj* antiguo; **~-to-~** /'wʌntə'wʌn/ *adj* ‹*teaching/attention*› individualizado; ‹*discussion*› mano a mano; **on a ~-to-~ basis** de uno a uno

one-upmanship /'wʌn'ʌpmənʃɪp/ *n* (infml) *arte de colocarse siempre en una situación de superioridad con respecto a los demás*

one-way /'wʌn'weɪ/ *adj* **(a)** ‹*street*› de sentido único **(b)** (for one journey): **~ or round trip?** ¿ida solo o ida y vuelta?, ¿sencillo o redondo? (Méx)

ongoing /'ɑːnˌgəʊɪŋ, BrE 'ɒngəʊɪŋ/ *adj*: **the ~ talks** las conversaciones en curso; **the investigations have been ~ for several months** se están llevando a cabo investigaciones desde hace meses

onion /'ʌnjən/ *n* cebolla *f*

on: **~line** (Comput) *adv*: **to edit/work ~line** editar/trabajar en línea; *adj* en línea; **~line dating** citas *fpl* por Internet *or* en línea; **~ banking** banca en línea; **~looker** /'ɑːnlʊkər, BrE 'ɒnlʊkə(r)/ *n* espectador, -dora *m,f*

only¹ /'əʊnli/ *adv* **(a)** (merely, no more than) solo, solamente; **you'll ~ make matters worse** lo único que vas a lograr es empeorar las cosas **(b)** (exclusively) solo, solamente, únicamente **(c)** (no longer ago than): **~ last week the very same problem came up** la semana pasada, sin ir más lejos, surgió el mismo problema **(d)** (*in phrases*) **if only: if ~ I were rich!** ¡ojalá fuera rico!; **if ~ I'd known** si lo hubiera sabido; **only just: they've ~ just arrived** ahora mismo acaban de llegar; **will it fit in? — ~ just** ¿cabrá? — apenas *or* (fam) justito; **not only ..., but also ...** no solo ..., sino también ...

only² *adj* (*before n*) único; **she's an ~ child** es hija única

only³ *conj* (infml) pero

-only /'əʊnli/ *suff*: **a men~/women~ session** una sesión solo *or* exclusivamente para hombres/mujeres

on: **~set** *n* (of winter, rains) llegada *f*; (of disease) aparición *f*; **~shore** /'ɑːn'ʃɔːr, BrE 'ɒnʃɔː(r)/ *adj* **(a)** ‹*wind*› que sopla desde el mar **(b)** (on land) ‹*oil terminal/location*› en tierra

onslaught /'ɑːnslɔːt, BrE 'ɒnslɔːt/ *n* ataque *m*

onstage /'ɑːn'steɪdʒ, BrE ˌɒn'steɪdʒ/ *adv*: **to come ~** salir* a escena

onto /'ɑːntuː, BrE 'ɒntuː, *before consonant* 'ɑːntə, BrE 'ɒntə/ *prep* **1** (on): **it fell ~ the table** cayó sobre la mesa; **he climbed ~ the cart** se subió al carro **2** (aware of) (infml): **the police are ~ her** la policía anda tras ella; **I think we're ~ something big** creo que hemos dado con algo gordo (fam)

onus /'əʊnəs/ *n* (fml) responsabilidad *f*; **the ~ is on him to prove his theory** le corresponde a él probar su teoría

onward¹ /'ɑːnwərd, BrE 'ɒnwəd/ *adj* (*before n*) hacia adelante

onward², (BrE also) **onwards** /-z/ *adv* (hacia) adelante; **from now ~** de ahora en adelante

ooh /uː/ *interj*: **~, what a beautiful sunset!** ¡ah, qué puesta de sol tan bonita!; **~, that hurt** ¡ay, eso me dolió!

oops /ʊps, BrE uːps/ *interj* (infml) ¡uy! (fam)

ooze /uːz/ *vi*: **blood ~d from his wound** le salía sangre de la herida; **to ~ WITH sth: the walls were oozing with damp** las paredes rezumaban humedad

■ *vt*: **the wound ~d pus** la herida (le) supuraba; **he ~s charm** irradia simpatía

opal /'əʊpəl/ *n* ópalo *m*

opaque /əʊ'peɪk/ *adj* opaco

OPEC /'əʊpek/ *n* (*no art*) (= **Organization of Petroleum Exporting Countries**) la OPEC *or* la OPEP

open¹ /'əʊpən/ *adj* **1** **(a)** (not shut, sealed, fastened) abierto; **he pushed the door ~** abrió la puerta de un empujón **(b)** (not folded) ‹*flower/newspaper/book*› abierto **2** (not enclosed) abierto; **~ prison** cárcel *f* en régimen abierto; **on the ~ seas** en alta mar **3** **(a)** (not covered) ‹*carriage*› abierto; ‹*sewer*› a cielo abierto; **an ~ fire** una chimenea, un hogar **(b)** (exposed, vulnerable) **~ TO sth** (to elements/enemy attack) expuesto A algo **4** (*pred*) (ready for business): **to be ~** «*shop/museum*» estar* abierto **5** (unrestricted) ‹*membership*› abierto al público en general; ‹*meeting*› a puertas abiertas; ‹*ticket/reservation*› abierto **6** (not decided): **let's leave things ~ for the time being** no descartemos ninguna posibilidad de momento; **~ verdict** *veredicto que se emite cuando no se puede establecer la causa de la muerte de una persona* **7** **(a)** (receptive) abierto; **I'm ~ to suggestions** estoy abierto a todo tipo de sugerencias **(b)** (frank, candid) **to be ~ WITH sb** ser* sincero *or* franco CON algn **8** (not concealed) ‹*resentment/hostility*› abierto

open² *vt* **1** **(a)** ‹*door/box/bottle*› abrir*; **to ~ one's mouth/eyes** abrir* la boca/los ojos **(b)** (unfold) ‹*newspaper/book*› abrir* **2** (clear) ‹*road/channel*› abrir* **3** (set up, start) ‹*shop*› abrir* **4** (begin) ‹*debate/meeting*› abrir*; ‹*bidding*› iniciar; ‹*talks*› entablar

■ *vi* **1** **(a)** «*door/window/wound*» abrirse* **(b)** (unfold) «*flower/parachute*» abrirse* **2** (give access) **to ~ ONTO/INTO sth** dar* A algo **3** (for business) «*shop/museum*» abrir* **4** (begin) «*play/book*» comenzar*, empezar*

● **open up** **1** [*v + o + adv, v + adv + o*] abrir* **2** [*v + adv*] **(a)** (become open) abrirse* **(b)** (become accessible, available) «*country/market*» abrirse* **(c)** (start up) «*business/factory/store*» abrir*

open³ *n*: **in the ~** (in open space or country) al aire libre; (Mil) al descubierto; **I feel better now it's all out in the ~** me siento mejor ahora que todo el mundo lo sabe

open: **~ air** *n*: **in the ~ air** al aire libre; **~-and-shut** /'əʊpənən'ʃʌt/ *adj*: **an ~-and-shut case** un caso clarísimo; **~ day** *n* (BrE) *día en que un establecimiento educativo, científico etc puede ser visitado por el público*; **~-ended** /'əʊpən'endəd, BrE ˌəʊpən'endɪd/ *adj* ‹*contract/lease*› de duración indefinida; ‹*discussion*› abierto

opener /'əʊpn̩ər, BrE 'əʊpn̩ə(r)/ *n* (for bottle) abridor *m*, abrebotellas *m*, destapador *m* (AmL); (for can) abrelatas *m*

open house *n* **1** (*no art*) **to keep ~** tener* las puertas siempre abiertas a todos **2** (AmE) *día* *en que un establecimiento educativo, científico etc puede ser visitado por el público*

✓ **opening** /'əʊpn̩ɪŋ/ *n* **1** (in hedge, fence) abertura *f* **2** (beginning, initial stage) apertura *f* **3** (of exhibition, building) inauguración *f*; (Cin, Theat) estreno *m*; (*before n*) ‹*speech*› inaugural; **~ night** noche *f* del estreno **4** (period when open): **hours of ~** (of shop) horario *m* comercial; (of bank, office) horario *m* de atención al público **5** (favorable opportunity) oportunidad *f*

openly /'əʊpənli/ *adv* abiertamente

open: **~-minded** /'əʊpən'maɪndəd, BrE ˌəʊpən'maɪndɪd/ *adj* ‹*person*› de actitud abierta; ‹*approach*› imparcial; **~-mouthed** /'əʊpən'maʊðd/ *adj* boquiabierto; **~-plan** /'əʊpən'plæn/ *adj* abierto, de planta abierta; **~-source** *adj* ‹*software*› de código abierto; **~ university** *n* universidad *f* a distancia, universidad *f* abierta (Méx); **the O~ University** (in UK) *la universidad a distancia del Reino Unido*

opera /'ɑːprə, BrE 'ɒprə/ *n* (*pl* **-ras**) ópera *f*

✓ **operate** /'ɑːpəreɪt, BrE 'ɒpəreɪt/ *vi* **1** «*machine/mechanism*» funcionar **2** (be applicable) «*rules/laws*» regir* **3** (pursue one's business) «*company/airline/gang*» operar **4** (Med) operar, intervenir* (fml); **to ~** ON **sb (**FOR **sth)** operar A algn (DE algo)

■ *vt* **1** ‹*machine/controls*› manejar **2** (manage, run) ‹*business*› llevar; ‹*bus service*› tener*

operatic /ˌɑːpə'rætɪk, BrE ˌɒpə'rætɪk/ *adj* operístico

operating /'ɑːpəreɪtɪŋ, BrE 'ɒpəreɪtɪŋ/ *adj* (*before n*) **1** (Busn) ‹*profit/loss/costs*› de explotación **2** (Med): **~ room** o (BrE) **theatre** quirófano *m*, sala *f* de operaciones; **~ table** mesa *f* de operaciones

✓ **operation** /ˌɑːpə'reɪʃən, BrE ˌɒpə'reɪʃən/ *n* **1** (functioning) funcionamiento *m*; **to be in ~** «*machine*» estar* en funcionamiento; «*system*» regir* **2** (using, running of machine) manejo *m* **3** (activity, series of activities) operación *f* **4** (Med) operación *f*, intervención *f* quirúrgica (fml)

operative /'ɑːpərətɪv, BrE 'ɒpərətɪv/ *adj*: **to be ~** «*rules/measures*» estar* en vigor; **the ~ word** la palabra clave

operator /'ɑːpəreɪtər, BrE 'ɒpəreɪtə(r)/ *n* **(a)** (Telec) operador, -dora *m,f* **(b)** (of equipment) operario, -ria *m,f*; (Comput) operador, -dora *m,f*

ophthalmic optician /ɑːp'θælmɪk, ɑːf-, BrE ɒf'θælmɪk/ *n* ≈ oculista *mf*

✓ **opinion** /ə'pɪnjən/ *n* opinión *f*; **what's your ~?** ¿qué opinas?, ¿qué te parece?; **in my ~** en mi opinión, a mi parecer; **I'd like a second ~** me gustaría consultarlo con otro especialista

opinionated /ə'pɪnjəneɪtəd, BrE ə'pɪnjəˌneɪtɪd/ *adj* dogmático, aferrado a sus (*or* tus *etc*) opiniones

opinion poll *n* sondeo *m or* encuesta *f* de opinión

opium /'əʊpiəm/ *n* opio *m*

✓ **opponent** /ə'pəʊnənt/ *n* **(a)** (of a regime, policy) opositor, -tora *m,f*; (in debate) adversario, -ria *m,f* **(b)** (Games, Sport) contrincante *mf*, rival *mf*

opportune /ˌɑːpər'tuːn, BrE 'ɒpətjuːn/ *adj* (fml) oportuno

opportunist[1] /ˌɑːpər'tuːnəst, BrE ˌɒpə'tjuːnɪst/ *n* oportunista *mf*

opportunist[2], opportunistic /-tuː'nɪstɪk, BrE -tjuː-/ *adj* oportunista

✓ **opportunity** /ˌɑːpər'tuːnəti, BrE ˌɒpə'tjuːnəti/ *n* (*pl* **-ties**) oportunidad *f*, ocasión *f*; **~ to +** INF/OF -ING oportunidad DE + INF; **there was little ~ for sightseeing** hubo poco tiempo para hacer turismo

✓ **oppose** /ə'pəʊz/ *vt* **(a)** (be against) ‹*measure/policy/actions*› oponerse* a **(b)** (resist) ‹*decision/plan*› combatir

opposed /ə'pəʊzd/ *adj* **1** (against, in disagreement with) (*pred*) **to be ~** TO **sth** oponerse* A algo **2** **as opposed to** a diferencia de

opposing /ə'pəʊzɪŋ/ *adj* (*before n*) ‹*viewpoint/faction/team*› contrario; ‹*army*› enemigo

opposite[1] /'ɑːpəzət, BrE 'ɒpəzɪt/ *adj* **1** (facing) ‹*side/wall/page*› de enfrente **2** (contrary) ‹*opinions/news*› opuesto; **we set off in ~ directions** partimos en direcciones opuestas; **it was coming in the ~ direction** venía en dirección contraria; **the ~ sex** el sexo opuesto

opposite[2] *adv* enfrente

opposite[3] *prep* enfrente de, frente a

opposite[4] *n*: **the ~** lo contrario

opposite number *n* homólogo, -ga *m,f*

✓ **opposition** /ˌɑːpə'zɪʃən, BrE ˌɒpə'zɪʃən/ *n* **1** (antagonism, resistance) oposición *f* **2** (+ *sing or pl vb*) **(a)** (rivals, competitors) (Busn) competencia *f*; (Sport) adversarios *mpl* **(b)** (Pol) oposición *f*

oppress /ə'pres/ *vt* oprimir

oppression /ə'preʃən/ *n* (Pol) opresión *f*; (feeling) agobio *m*

oppressive /ə'presɪv/ *adj* (Pol) opresivo; ‹*heat/humidity*› agobiante

opt /ɑːpt, BrE ɒpt/ *vi* optar; **to ~** FOR **sth** optar POR algo; **to ~ to +** INF optar POR + INF

● **opt out**: [*v* + *adv*] **to ~ out (**OF **sth)** decidir no tomar parte (EN algo); (when already involved) dejar de tomar parte (EN algo)

optical /'ɑːptɪkəl, BrE 'ɒptɪkəl/ *adj* óptico

optician /ɑːp'tɪʃən, BrE ɒp'tɪʃən/ *n* óptico, -ca *m,f*; (esp in UK) ≈ oculista *mf*

optics /'ɑːptɪks, BrE 'ɒptɪks/ *n* (+ *sing vb*) óptica *f*

optimism /'ɑːptəmɪzəm, BrE 'ɒptɪmɪzəm/ *n* optimismo *m*

optimist /'ɑːptəməst, BrE 'ɒptɪmɪst/ *n* optimista *mf*

optimistic /ˌɑːptə'mɪstɪk, BrE ˌɒptɪ'mɪstɪk/ *adj* optimista

optimum /'ɑːptəməm, BrE 'ɒptɪməm/ *adj* (*before n*) óptimo

✓ **option** /'ɑːpʃən, BrE 'ɒpʃən/ *n* opción *f*; (Educ) (asignatura *f*) optativa *f*

optional /'ɑːpʃənl, BrE 'ɒpʃənl/ *adj* ‹*accessories/features*› opcional; ‹*course/subject*› optativo

opulence /'ɑːpjələns, BrE 'ɒpjʊləns/ *n* opulencia *f*

opulent /'ɑːpjələnt, BrE 'ɒpjʊlənt/ *adj* opulento

opus /'əʊpəs/ *n* obra *f*; (Mus) opus *m*

✓ **or** /ər, ɔːr, BrE ɔː(r)/ *conj*

■ **Note** The usual translation of *or*, *o*, becomes *u* when it precedes a word beginning with *o* or *ho*.

✓ palabra clave

o; **either ... or ...** ▸ **either**[1]: **five minutes ~ so** unos cinco minutos; **do as I say, ~ else!** ¡haz lo que digo o vas a ver!

OR = **Oregon**

oracle /ˈɔːrəkəl, BrE ˈɒrəkəl/ *n* oráculo *m*

oral[1] /ˈɔːrəl/ *adj (usu before n)* oral

oral[2] *n* (examen *m*) oral *m*

orange[1] /ˈɑːrɪndʒ, BrE ˈɒrɪndʒ/ *n* **(a)** (fruit) naranja *f*; *(before n)* **~ juice** jugo *m or* (Esp) zumo *m* de naranja **(b)** **~ (tree)** naranjo *m* **(c)** (color) naranja *m*

orange[2] *adj* naranja *adj inv*, de color naranja

orangeade /ˈɑːrɪndʒˈeɪd, BrE ˌɒrɪndʒˈeɪd/ *n* naranjada *f*

orator /ˈɔːrətər, BrE ˈɒrətə(r)/ *n* orador, -dora *m,f*

orbit[1] /ˈɔːrbət, BrE ˈɔːbɪt/ *n* órbita *f*

orbit[2] *vt* girar *or* orbitar alrededor de ■ *vi* orbitar

orchard /ˈɔːrtʃərd, BrE ˈɔːtʃəd/ *n* huerto *m (de árboles frutales)*

orchestra /ˈɔːrkəstrə, BrE ˈɔːkɪstrə/ *n* **1** (Mus) orquesta *f* **2** (AmE) (Theat) platea *f*, patio *m* de butacas

orchestral /ɔːrˈkestrəl, BrE ɔːˈkestrəl/ *adj* ‹*music*› orquestal; ‹*piece*› para orquesta

orchestrate /ˈɔːrkəstreɪt, BrE ˈɔːkɪstreɪt/ *vt* orquestar

orchid /ˈɔːrkəd, BrE ˈɔːkɪd/ *n* orquídea *f*

ordain /ɔːrˈdeɪn, BrE ɔːˈdeɪn/ *vt* **1** (Relig) ordenar **2** **(a)** (decree) (fml) **to ~** THAT decretar QUE (+ *subj*) **(b)** (predestine) predestinar

ordeal /ɔːrˈdiːl, BrE ɔːˈdiːl/ *n* terrible experiencia *f*

order[1] /ˈɔːrdər, BrE ˈɔːdə(r)/ *n* **I** **1** (command) orden *f*; **~ to** + INF orden DE + inf **2** (request, goods requested) pedido *m*; **the books are on ~** los libros están pedidos; **we make them to ~** los hacemos por encargo; **the waiter took my ~** el camarero tomó nota de lo que quería **II** **1** (sequence) orden *m*; **to put sth in(to) ~** poner* algo en orden **2** (satisfactory condition) orden *m*; **I'm trying to put my affairs in ~** estoy tratando de poner mis asuntos en orden; **the car was in perfect working ~** el coche funcionaba perfectamente bien **3** (harmony, discipline) orden *m*; **to keep ~** mantener* el orden **4** (in phrases) **(a) in order: are her papers in ~?** ¿tiene los papeles en regla?; **an apology would seem to be in ~** parecería que lo indicado sería disculparse **(b) in order to** para **(c) in order that** para que (+ *subj*) **(d) out of order** (not in sequence) desordenado; (not working) averiado, descompuesto (AmL); Ⓢ **out of order** no funciona **III** **1** (Biol) orden *m* **2** (of monks, nuns) orden *f*

order[2] *vt* **1** **(a)** (command) ordenar; **to ~ sb to** + INF ordenarle a algn QUE (+ *subj*) **(b)** (Med) mandar **2** (request) pedir*; ‹*goods*› encargar* **3** (put in order) ordenar ■ *vi* (in restaurant): **are you ready to ~?** ¿ya han decidido qué van a tomar?

order book *n* libro *m* de pedidos

ordered /ˈɔːrdərd, BrE ˈɔːdəd/ *adj* ordenado

orderly[1] /ˈɔːrdərli, BrE ˈɔːdəli/ *adj* **(a)** ‹*life/mind*› ordenado **(b)** ‹*crowd*› disciplinado

orderly[2] *n (pl* **-lies***)* **(a)** (in hospital) camillero *m* **(b)** (Mil) ordenanza *m*

ordinal (number) /ˈɔːrdṇəl, BrE ˈɔːdɪnəl/ *n* (número *m*) ordinal *m*

ordinarily /ˈɔːrdṇˈerəli, BrE ˈɔːdənrəli/ *adv* **(a)** (usually) normalmente **(b)** (averagely) medianamente

ordinary[1] /ˈɔːrdṇeri, BrE ˈɔːdənri/ *adj* **(a)** (average, normal) normal, corriente **(b)** (usual) normal

ordinary[2] *n* (average): **out of the ~** fuera de lo común

ore /ɔːr, BrE ɔː(r)/ *n* mena *f*, mineral *m* metalífero

Ore, **Oreg** = **Oregon**

oregano /əˈregənəʊ, BrE ˌɒrɪˈgɑːnəʊ/ *n* orégano *m*

organ /ˈɔːrgən, BrE ˈɔːgən/ *n* **1** (Anat) órgano *m* **2** (Mus) órgano *m*

organic /ɔːrˈgænɪk, BrE ɔːˈgænɪk/ *adj* orgánico; ‹*farming*› ecológico; ‹*vegetable*› biológico, cultivado sin pesticidas ni fertilizantes artificiales

organism /ˈɔːrgənɪzəm, BrE ˈɔːgənɪzəm/ *n* organismo *m*

organization /ˈɔːrgənəˈzeɪʃən, BrE ˌɔːgənaɪˈzeɪʃən/ *n* **(a)** (group) organización *f*; *(before n)* **~ chart** organigrama *m* **(b)** (organizing) organización *f*

organize /ˈɔːrgənaɪz, BrE ˈɔːgənaɪz/ *vt* **1** (arrange, set up) organizar* **2** (systematize) ‹*ideas/life*› ordenar; **to get oneself ~d** organizarse* **3** (Lab Rels) sindicalizar* (esp AmL), sindicar* (esp Esp)

organized /ˈɔːrgənaɪzd, BrE ˈɔːgənaɪzd/ *adj* **1** (methodical) organizado **2** (Lab Rels) sindicalizado (esp AmL), sindicado (esp Esp) **3** ‹*crime*› organizado

organizer /ˈɔːrgənaɪzər, BrE ˈɔːgənaɪzə(r)/ *n* organizador, -dora *m,f*

orgasm /ˈɔːrgæzəm, BrE ˈɔːgæzəm/ *n* orgasmo *m*

orgy /ˈɔːrdʒi, BrE ˈɔːdʒi/ *n (pl* **orgies***)* orgía *f*

orient[1], **Orient** /ˈɔːriənt/ *n*: **the ~** (el) Oriente

orient[2] *vt* (esp AmE) orientar

oriental /ˈɔːriˈentl/ *adj* oriental

orientate /ˈɔːrienteɪt/ *vt* (esp BrE) ▸ **orient**[2]

orientation /ˈɔːrienˈteɪʃən/ *n* **(a)** (leanings, preference) tendencia *f* **(b)** (guidance) orientación *f*

orienteering /ˈɔːrienˈtɪrɪŋ, BrE ˌɔːriənˈtɪərɪŋ/ *n* orientación *f*

orifice /ˈɔːrəfəs, BrE ˈɒrɪfɪs/ *n* orificio *m*

origin /ˈɔːrədʒən, BrE ˈɒrɪdʒɪn/ *n* origen *m*

original[1] /əˈrɪdʒənl/ *adj* **1** (first) original; **the ~ inhabitants** los primeros habitantes **2** **(a)** (not copied) original **(b)** (unusual) original

original[2] *n* (document, painting) original *m*

originality /əˈrɪdʒəˈnæləti/ *n* originalidad *f*

originally /əˈrɪdʒənli/ *adv* **(a)** (in the beginning) originariamente **(b)** (unusually) con originalidad

originate /əˈrɪdʒəneɪt, BrE əˈrɪdʒɪneɪt/ *vi* **(a)** (begin) «*custom*» originarse; «*fire*» empezar* **(b) to ~ from sth** (develop from) tener* su origen en algo **(c)** (AmE) (Transp) salir* de

originator /əˈrɪdʒəneɪtər, BrE əˈrɪdʒɪneɪtə(r)/ *n* creador, -dora *m,f*

Orkney Islands /ˈɔːrkni, BrE ˈɔːkni/, **Orkneys** /-z/ *pl n* (Islas *fpl*) Órcadas *fpl*

ornament /ˈɔːrnəmənt, BrE ˈɔːnəmənt/ *n* adorno *m*

ornamental /ˈɔːrnəˈmentl, BrE ˌɔːnəˈmentl/ *adj* ornamental

ornate /ɔːrˈneɪt, BrE ɔːˈneɪt/ *adj* ornamentado; (derog) recargado

ornithologist /'ɔ:rnə'θɑ:lədʒəst, BrE ˌɔ:nɪ'θɒlədʒɪst/ *n* ornitólogo, -ga *m,f*

ornithology /'ɔ:rnə'θɑ:lədʒi, BrE ˌɔ:nɪ'θɒlədʒi/ *n* ornitología *f*

orphan¹ /'ɔ:rfən, BrE 'ɔ:fən/ *n* huérfano, -na *m,f*

orphan² *vt* (*usu pass*): **she was ∼ed at the age of two** quedó huérfana a los dos años

orphanage /'ɔ:rfənɪdʒ, BrE 'ɔ:fənɪdʒ/ *n* orfanato *m*

orthodox /'ɔ:rθədɑ:ks, BrE 'ɔ:θədɒks/ *adj* ortodoxo

orthopedic, (BrE) **orthopaedic** /'ɔ:rθə'pi:dɪk, BrE ˌɔ:θə'pi:dɪk/ *adj* ortopédico

Oscar /'ɑ:skər, BrE 'ɒskə(r)/ *n* oscar *m*

oscillate /'ɑ:səleɪt, BrE 'ɒsɪleɪt/ *vi* (Elec, Phys) oscilar

ostensible /ɑ:s'tensəbəl, BrE ɒ'stensəbəl/ *adj* aparente

ostensibly /ɑ:s'tensəbli, BrE ɒ'stensəbli/ *adv* aparentemente

ostentatious /'ɑ:stən'teɪʃəs, BrE ˌɒsten'teɪʃəs/ *adj* ostentoso

osteopath /'ɑ:stiəpæθ, BrE 'ɒstiəpæθ/ *n* osteópata *mf*

ostracize /'ɑ:strəsaɪz, BrE 'ɒstrəsaɪz/ *vt* hacerle* el vacío a

ostrich /'ɑ:strɪtʃ, BrE 'ɒstrɪtʃ/ *n* avestruz *m*

⚷ **other¹** /'ʌðər, BrE 'ʌðə(r)/ *adj* otro, otra; (*pl*) otros, otras; **he doesn't relate easily to ∼ people** no se relaciona fácilmente con los demás; **the ∼ day** el otro día

⚷ **other²** *pron* (*pl* **others**) **1** **(a)** (different, alternative one or ones) otro, otra; **∼s** otros, otras; **I'll think of some excuse or ∼** ya me inventaré alguna excusa (u otra); **he was called Richard something or ∼** se llamaba Richard no sé cuánto (fam) **(b)** (the remaining one or ones) otro, otra; **∼s** otros, otras; **what do the ∼s think?** ¿qué piensan los demás? **(c)** (additional one or ones) otro, otra; **∼s** otros, otras; **answer the first three questions and one ∼** conteste las tres primeras preguntas y otra más **2** **other than** (apart from) aparte de; (different from) distinto (*or* distinta *etc*) de *or* a; **it was none ∼ than Bob** no era ni más ni menos que Bob

other³ *adv*: **somehow or ∼** de alguna manera; **somewhere or ∼** en algún sitio; **where would you like to live? — anywhere ∼ than London** ¿dónde te gustaría vivir? — en cualquier (otro) sitio menos en Londres

⚷ **otherwise** /'ʌðərwaɪz, BrE 'ʌðəwaɪz/ *adv* **1** (if not) (*as linker*) si no **2** (in other respects) por lo demás **3** **(a)** (in a different way): **he could not have done ∼** no podía haber hecho otra cosa; **unless ∼ agreed, payments ...** a menos que se convenga otra cosa, los pagos ... **(b)** (other, different): **there are many problems, legal and ∼** hay muchos problemas, legales y de otro tipo

otter /'ɑ:tər, BrE 'ɒtə(r)/ *n* nutria *f*

ouch /aʊtʃ/ *interj* (infml) ¡ay!

ought /ɔ:t/ *v mod* **∼ to** + INF debería (*or* deberías *etc*) + INF, debiera (*or* debieras *etc*) + INF; **she ∼ not to have said that** no debería haber dicho eso

ounce /aʊns/ *n* **(a)** (unit) onza *f* (*28,35 gramos*) **(b)** (small quantity) (*no pl*) **if you had an ∼ of decency/sense ...** si tuvieras una pizca de vergüenza/sentido común ...

⚷ **our** /aʊr, BrE 'aʊə(r)/ *adj*

> ■ **Note** The translation *nuestro* agrees in number and gender with the noun which it modifies; *our* is translated by *nuestro, nuestra, nuestros, nuestras,* according to what follows: *our father/mother* nuestro padre/nuestra madre; *our books/magazines* nuestros libros/ nuestras revistas.

(*sing*) nuestro, -tra; (*pl*) nuestros, -tras; **we were washing ∼ hair** nos lavábamos el pelo

ours /aʊrz, BrE 'aʊəz/ *pron*

> ■ **Note** The translation *nuestro* reflects the gender and number of the noun it is standing for; *ours* is translated by *el nuestro, la nuestra, los nuestros, las nuestras,* depending on what is being referred to.

(*sing*) nuestro, -tra; (*pl*) nuestros, -tras; **∼ is blue** el nuestro/la nuestra es azul; **a friend of ∼** un amigo nuestro

⚷ **ourselves** /aʊr'selvz, BrE aʊə'selvz, ɑ:-/ *pron* **(a)** (reflexive): **we behaved ∼** nos portamos bien; **we thought only of ∼** solo pensamos en nosotros mismos/nosotras mismas; **we were by ∼** estábamos solos/solas **(b)** (emphatic use): **we did it ∼** lo hicimos nosotros mismos/ nosotras mismas

oust /aʊst/ *vt* ‹*rival/leader*› desbancar*; ‹*government*› derrocar*

⚷ **out¹** /aʊt/ *adv* **I** **1** **(a)** (outside) fuera, afuera (esp AmL) **(b)** (not at home, work): **tell him I'm ∼** dile que no estoy; **I was ∼ most of the day** estuve (a)fuera casi todo el día; **to eat ∼** cenar/ comer fuera *or* (esp AmL) afuera; **∼ and about: you must get ∼ and about more** tienes que salir más **2** (removed): **I'm having my stitches ∼ next week** la semana que viene me sacan los puntos **3** **(a)** (indicating movement, direction): **∼!** ¡fuera!; Ⓢ **out** salida; **she went over to the window and looked ∼** se acercó a la ventana y miró para afuera **(b)** (outstretched, projecting): **the dog had its tongue ∼** el perro tenía la lengua fuera *or* (esp AmL) afuera **4** (indicating distance): **∼ here in Japan** aquí en Japón; **we live ∼ Brampton way** vivimos en la dirección de Brampton **5** (from hospital, jail): **he's been ∼ for a month now** ya hace un mes que salió **6** (in phrases) **out for: Lewis was ∼ for revenge** Lewis quería vengarse; **out to** + INF: **she's ∼ to beat the record** está decidida a batir el récord; **they're only ∼ to make money** su único objetivo es hacer dinero; *see also* **out of**

II **1** **(a)** (displayed, not put away): **are the plates ∼ yet?** ¿están puestos ya los platos? **(b)** (in blossom) en flor **(c)** (shining): **when the sun's ∼** cuando hay *or* hace sol **2** (published, produced): **a report ∼ today points out that ...** un informe publicado hoy señala que ...; **their new album will be ∼ by April** sacarán el nuevo disco para abril

out² *adj* **1** (*pred*) **(a)** (extinguished): **to be ∼** «*fire/light/pipe*» estar* apagado **(b)** (unconscious) inconsciente **2** (*pred*) **(a)** (at an end): **before the month/year is ∼** antes de

⚷ palabra clave

que acabe el mes/año **(b)** (out of fashion) pasado de moda **3** (Sport) **(a)** (eliminated): **to be ~** ‹*batter/batsman*› quedar out; ‹*team*› quedar eliminado **(b)** (outside limit) (*pred*) fuera; **~!** (call) ¡out!

out³ *prep*: **he looked ~ the window** miró (hacia afuera) por la ventana; *see also* **out of 1**

out: **~-and-~** /'aʊtn̩'aʊt/ *adj* (*as intensifier*) ‹*villain/liar*› consumado; ‹*radical/feminist*› acérrimo; ‹*defeat/disgrace*› total; **~back** *n*: **the ~back** el interior (*zona despoblada de Australia*); **~bid** /'aʊt'bɪd/ *vt* (*pres p* **-bidding**; *past* **-bid**; *past p* **-bid** *or* AmE also **-bidden**) **to ~bid sb (FOR sth)** pujar más que algn (POR algo); **~board (motor)** *n* motor *m* fuera de borda, fueraborda *m*; **~break** *n* (of war) estallido *m*; (of hostilities) comienzo *m*; (of cholera, influenza, violence) brote *m*; **~building** *n* edificación *f* anexa; **~burst** *n* (of emotion) arrebato *m*; **~cast** *n* paria *mf*; **~come** *n* (result) resultado *m*; (consequences) consecuencias *fpl*; **~crop** *n* afloramiento *m*; **~cry** *n* protesta *f* (*enérgica*); **there was a public ~cry** hubo protestas generalizadas; **~dated** /'aʊt'deɪtəd, BrE ˌaʊt'deɪtɪd/ *adj* ‹*style/custom*› pasado de moda; ‹*idea/theory*› anticuado; **~did** /'aʊt'dɪd/ *past of* **outdo**; **~distance** /'aʊt'dɪstəns/ *vt* dejar atrás; **~do** /'aʊt'duː/ *vt* (*3rd pers sing pres* **-does**; *past* **-did**; *past p* **-done**) ‹*person/team*› superar; ‹*result/achievement*› mejorar; **~door** /'aʊtdɔːr, BrE 'aʊtdɔː(r)/ *adj* (*before n*) ‹*clothes*› de calle; ‹*plants*› de exterior; ‹*swimming pool*› descubierto; **~doors** /'aʊt'dɔːrz, BrE ˌaʊt'dɔːz/ *adv* al aire libre

outer /'aʊtər, BrE 'aʊtə(r)/ *adj* (*before n*) exterior; **~ space** el espacio sideral

out: **~fit** *n* **(a)** (clothes) conjunto *m*, tenida *f* (Chi) **(b)** (equipment) equipo *m*; **~flow** *n* (of water) desagüe *m*, flujo *m*; **~go** *n* (AmE) salida *f*; **~going** *adj* **1** (sociable) sociable **2** ‹*president/administration*› saliente; **~goings** *pl n* (esp BrE) gastos *mpl*; **~grow** /'aʊt'grəʊ/ *vt* (*past* **-grew**; *past p* **-grown**): **he's already ~grown his new shoes** los zapatos nuevos ya le han quedado chicos *or* (Esp) ya se le han quedado pequeños; **she's ~grown these toys** ya está grande para jugar con esos juguetes; **~house** *n* **(a)** (building) (BrE) edificación *f* anexa **(b)** (outdoor privy) (AmE) excusado *m* exterior

outing /'aʊtɪŋ/ *n* excursión *f*

outlandish /aʊt'lændɪʃ/ *adj* ‹*clothes*› extravagante; ‹*idea/suggestion*› descabellado

outlast /'aʊt'læst, BrE ˌaʊt'lɑːst/ *vt* **(a)** (last longer than) durar más que **(b)** (survive) sobrevivir a

outlaw¹ /'aʊtlɔː/ *n* forajido, -da *m,f*, bandido, -da *m,f*

outlaw² *vt* ‹*activity/product*› prohibir*, declarar ilegal; ‹*organization*› proscribir*; ‹*person*› declarar fuera de la ley

out: **~lay** *n* desembolso *m*; **~let** *n* **1** **(a)** (for liquid, gas) salida *f* **(b)** (AmE) (Elec) toma *f* de corriente, tomacorriente *m* (AmL) **2** (means of expression): **she found an ~let for her feelings** encontró una manera de canalizar sus sentimientos **3** (Busn, Marketing) punto *m* de venta; **retail ~let** tienda *f* al por menor

outline¹ /'aʊtlaɪn/ *n* **1** **(a)** (contour) contorno *m* **(b)** (shape) perfil *m* **2** (summary) resumen *m*; (plan of project, article) esquema *m*

outline² *vt* **(a)** (sketch) ‹*shape*› bosquejar; ‹*map*› trazar* **(b)** (summarize) esbozar*

out: **~live** /'aʊt'lɪv/ *vt* sobrevivir a; **~look** *n* **(a)** (attitude) punto *m* de vista **(b)** (prospects) perspectivas *fpl*; **~lying** *adj* (*before n*) ‹*villages/islands*› alejado; ‹*area/hills/suburbs*› de la periferia; **~number** /'aʊt'nʌmbər, BrE ˌaʊt'nʌmbə(r)/ *vt* superar en número a

out of *prep* **1** (from inside): **it fell ~ her hand** se le cayó de la mano; **(come) ~ there!** ¡salgan de ahí!; **to look ~ the window** mirar (hacia afuera) por la ventana **2** (outside): **I was ~ the room for two minutes** estuve dos minutos fuera *or* (AmL tb) afuera de la habitación **3** (eliminated, excluded): **Korea is ~ the tournament** Corea ha quedado eliminada; **he was left ~ the team** no lo incluyeron en el equipo **4** **(a)** (indicating substance, makeup) de; **made ~ steel** hecho de acero **(b)** (indicating motive) por; **~ charity** por caridad **5** (from among) de; **eight ~ ten people** ocho de cada diez personas **6** (indicating lack): **we're ~ bread** nos hemos quedado sin pan

out: **~-of-date** /'aʊtəv'deɪt/ *adj* (*pred* **~ of date**) ‹*ideas/technology*› desfasado, perimido (RPl); ‹*ticket/check*› caducado, vencido (AmL); ‹*clothes*› pasado de moda; **~-of-the-way** /'aʊtəvðə'weɪ/ *adj* ‹*place*› apartado; **~patient** *n* paciente externo, -na *m,f*; **~post** *n* **(a)** (Mil) avanzada *f* **(b)** (settlement) puesto *m* de avanzada; **~put** *n* (of factory, writer, artist) producción *f*; (of worker, machine) rendimiento *m*; (Comput) salida *f*; (Elec) salida *f*

outrage¹ /'aʊtreɪdʒ/ *n* **(a)** (cruel act) atrocidad *f* **(b)** (scandal) escándalo *m* **(c)** (feeling) **~ (AT sth)** indignación *f* (ANTE algo)

outrage² *vt* **(a)** (offend) indignar **(b)** (scandalize) escandalizar*

outrageous /aʊt'reɪdʒəs/ *adj* **(a)** (scandalous) ‹*behavior/state of affairs*› vergonzoso; ‹*demands/price*› escandaloso; **how dare you! this is ~!** ¡cómo te atreves! ¡esto es intolerable! **(b)** (unconventional) ‹*clothes*› extravagante

outran /'aʊt'ræn/ *past of* **outrun**

outright¹ /'aʊtraɪt/ *adj* (*before n*) ‹*refusal/opposition*› rotundo; ‹*hostility*› declarado; ‹*winner*› indiscutido; ‹*lie*› descarado

outright² *adv* **(a)** (completely) ‹*refuse/reject*› rotundamente; ‹*win*› indiscutiblemente **(b)** (directly, frankly) ‹*ask/say*› abiertamente **(c)** (instantly) ‹*kill*› en el acto

out: **~run** /'aʊt'rʌn/ *vt* (*pres p* **-running**; *past* **-ran**; *past p* **-run**) dejar atrás; **~set** *n*: **from the ~set** desde el principio; **~shine** /'aʊt'ʃaɪn/ *vt* (*past & past p* **-shone**) eclipsar

outside¹ /'aʊt'saɪd/ *n* (exterior part) exterior *m*; (surface) parte *f* de fuera *or* (esp AmL) de afuera; **at the (very) ~** como máximo

outside² *adv* fuera, afuera (esp AmL); **to run ~** salir* corriendo

outside³ *prep* fuera de; **it's just ~ London** está en las afueras de Londres; **it's ~ my responsibilities** no está dentro de mis responsabilidades

outside⁴ *adj* (*before n*) **(a)** (exterior, outward) exterior **(b)** (outdoor) ‹*toilet*› fuera de la vivienda, exterior **(c)** (outer) exterior; **the ~**

lane (Auto) el carril de la izquierda; (in UK etc) el carril de la derecha; (Sport) el carril (AmL) *or* (Esp) la calle número ocho (*or* seis *etc*) **(d)** (external) ‹*interference/pressure*› externo

outsider /'aʊt'saɪdər, BrE ˌaʊt'saɪdə(r)/ *n* **(a)** (person not belonging) persona *f* de fuera, afuerano, -na *m,f* **(b)** (in competition): **he was beaten by an ~** fue derrotado por un desconocido (*un competidor que se consideraba tenía pocas probabilidades de ganar*)

out: **~size** /'aʊt'saɪz/, (esp AmE) **~-sized** /-d/ *adj* (Clothing) de talla *or* (RPl) talle gigante; (very large) gigantesco; **~skirts** *pl n* afueras *fpl*, alrededores *mpl*; **~smart** /'aʊt'smɑːrt, BrE ˌaʊt'smɑːt/ *vt* (esp AmE infml) burlar; **~source** *vt* externalizar*; **~spoken** /'aʊt'spəʊkən/ *adj* directo, franco; **~spread** /'aʊt'spred/ *adj* ‹*wings*› extendido; **~standing** /aʊt'stændɪŋ/ *adj* **1** **(a)** (excellent) ‹*ability/beauty*› extraordinario; ‹*achievement/performer*› destacado **(b)** (prominent) (*before n*) ‹*feature*› destacado **2** ‹*debt*› pendiente (de pago); **~stay** /'aʊt'steɪ/ *vt*: **I think we've ~stayed our welcome** creo que nos hemos quedado más de la cuenta; **~stretched** /'aʊt'stretʃt/ *adj* extendido; **~strip** /'aʊt'strɪp/ *vt* **-pp-** (run faster than) tomarle la delantera a; (exceed) sobrepasar; **~vote** /'aʊt'vəʊt/ *vt*: **to be ~voted** perder* la votación

outward[1] /'aʊtwərd, BrE 'aʊtwəd/ *adj* (*before n*) **(a)** ‹*appearance*› exterior; ‹*sign*› externo **(b)** ‹*journey/flight*› de ida

outward[2], (BrE also) **outwards** /-z/ *adv* hacia afuera

outwardly /'aʊtwərdli, BrE 'aʊtwədli/ *adv* en apariencia

out: **~weigh** /'aʊt'weɪ/ *vt* ser* mayor que; **~wit** /'aʊt'wɪt/ *vt* **-tt-** burlar

oval[1] /'əʊvəl/ *n* óvalo *m*

oval[2] *adj* ovalado, oval

ovary /'əʊvəri/ *n* (*pl* **-ries**) ovario *m*

ovation /əʊ'veɪʃən/ *n* (fml) ovación *f* (fml); **he got a standing ~** los delegados se pusieron de pie para aplaudirlo

oven /'ʌvən/ *n* horno *m*; (*before n*) **~ glove** guante *m* para el horno

oven: **~proof** *adj* refractario; **~-ready** /'ʌvən'redi/ *adj* listo para el horno

over[1] /'əʊvər, BrE 'əʊvə(r)/ *adv* **I** **1** **(a)** (across): **come ~ here!** ¡ven aquí!; **look ~ there!** ¡mira allí!; **she called me ~** me llamó (desde el otro lado); **he reached ~ and took the money** se estiró y tomó el dinero **(b)** (overhead) por encima **2** **(a)** (in another place): **she was sitting ~ there** estaba sentada allí; **how long are you ~ (here) for?** ¿cuánto tiempo te vas a quedar (aquí)? **(b)** (on other page, TV station etc): **see ~** véase al dorso; **for the latest news, ~ to New York** para las últimas noticias, conectamos ahora con Nueva York **(c)** (Rad, Telec) corto; **~ and out!** corto y fuera **3** (out of upright position): **to knock sth ~** tirar *or* (AmL exc RPl) botar algo (de un golpe); **to tip sth ~** volcar* algo
II **1** (finished): **the film was ~ by 11 o'clock** la película terminó antes de las 11; **it's all ~ between us** lo nuestro se ha acabado; *to be ~ (and done) with* haber* terminado **2** (remaining): **if you have any material ~** si te sobra tela; **3 into 10 goes 3 and 1 ~** 10 dividido (por) 3 cabe a 3 y sobra 1 **3** **(a)** (*as intensifier*): **twice/ten times ~** dos/diez veces **(b)** (again) (AmE) otra vez; **we had to start ~** tuvimos que volver a empezar **4** (more) más **5** (excessively) demasiado
III (*in phrases*) **1** **all over** (everywhere) por todas partes; **I'm aching all ~** me duele todo (el cuerpo); **that's her all ~** (infml) eso es típico de ella **2** **(all) over again to start (all) ~ again** volver* a empezar (desde cero) **3** **over and over** (repeatedly) una y otra vez

over[2] *prep* **I** **1** (across): **he jumped ~ the fence** saltó (por encima de) la valla; **they built a bridge ~ the river** construyeron un puente sobre el río; **she peered ~ his shoulder** atisbó por encima de su hombro **2** (above) encima de **3** (covering, on): **snow was falling ~ the countryside** nevaba sobre la campiña; **my room looks out ~ the square** mi habitación da a la plaza; **he put a coat on ~ his pajamas** se puso un abrigo encima del pijama; **she hit me ~ the head with her stick** me dio con el bastón en la cabeza **4** **(a)** (through, all around): **~ an area of 50km²** en un área de 50km²; **I've been ~ the details with her** he repasado los detalles con ella **(b)** (referring to experiences, illnesses): **is she ~ her measles yet?** ¿ya se ha repuesto del sarampión?; **we're ~ the worst now** ya hemos pasado lo peor **5** (during, in the course of): **~ the past/next few years** en los últimos/próximos años; **we can discuss it ~ lunch** podemos hablarlo mientras comemos **6** (by the medium of) por; **~ the loudspeaker** por el altavoz **7** (about, on account of): **to cry ~ sth** llorar por algo; **they argued ~ money** discutieron por asuntos de dinero **8** **all over: there are black marks all ~ the floor** hay marcas negras por todo el suelo; **all ~ town** por toda la ciudad
II **1** **(a)** (more than) más de **(b)** **over and above** (in addition to) además de **2** **(a)** (senior to) por encima de **(b)** (indicating superiority) sobre; **to have control ~ sb/sth** tener* control sobre algn/algo

over[3] *n* (in cricket) over *m* (*serie de seis lanzamientos*)

over- /'əʊvər, BrE 'əʊvə(r)/ *pref* **(a)** (excessively) demasiado **(b)** (in deliberate understatement): **she wasn't ~enthusiastic** no demostró mucho entusiasmo que digamos

overact /'əʊvər'ækt/ *vi* sobreactuar*

overall[1] /'əʊvərɔːl/ *adj* (*before n*) ‹*length*› total; ‹*result/cost*› global; **the ~ impression** la impresión general

overall[2] *n* **1** (protective garment) (esp BrE) bata *f* **2** **overalls** *pl* **(a)** (dungarees) (AmE) overol *m* (AmL), (pantalones *mpl* de) peto *m* (Esp), mameluco *m* (CS) **(b)** (boiler suit) (BrE) overol *m* (AmL), mono *m* (Esp, Méx)

over: **~arm** *adv* (esp BrE) por encima de la cabeza; **~ate** /'əʊvər'et/ *past of* **overeat**; **~awe** /'əʊvər'ɔː/ *vt* intimidar; **~balance** /'əʊvər'bæləns, BrE ˌəʊvə'bæləns/ *vi* perder* el equilibrio; **~board** *adv*: **they threw him ~board** lo echaron por la borda; *to go ~board* (infml) (exaggerate) exagerar; (be excessively enthusiastic, generous) pasarse (fam); **~came**

/ˈəʊvərˈkeɪm, BrE ˌəʊvəˈkeɪm/ *past of* **overcome**; **~cast** *adj* ‹*sky*› cubierto; ‹*day*› nublado; **it's ~cast** está nublado *or* cubierto; **~charge** /ˈəʊvərˈtʃɑːrdʒ, BrE ˌəʊvəˈtʃɑːdʒ/ *vt* **to ~charge sb (FOR sth)** cobrarle de más a algn (POR algo); **~coat** *n* abrigo *m*, sobretodo *m* (esp RPl); **~come** /ˈəʊvərˈkʌm, BrE ˌəʊvəˈkʌm/ (*past* **-came**; *past p* **-come**) *vt* **(a)** ‹*opponent*› reducir*; ‹*fear*› superar; ‹*inhibitions*› vencer* **(b)** (overwhelm) invadir; **he was ~come by fatigue** lo venció la fatiga; **to be ~come** WITH **sth** (with guilt/remorse) sentirse* abrumado POR algo
■ *vi*: **we shall ~come** venceremos; **~crowded** /ˈəʊvərˈkraʊdəd, BrE ˌəʊvəˈkraʊdɪd/ *adj* abarrotado (de gente); ‹*country*› superpoblado; **~crowding** /ˈəʊvərˈkraʊdɪŋ, BrE ˌəʊvəˈkraʊdɪŋ/ *n*: **they complained about the ~crowding on the trains** se quejaron de lo aborrotados que iban los trenes; **the severe ~crowding in our prisons** el hacinamiento en nuestras cárceles; **~do** /ˈəʊvərˈduː, BrE ˌəʊvəˈduː/ *vt* (*3rd pers sing pres* **-does**; *past* **-did**; *past p* **-done**) **1** (exaggerate) exagerar; *to ~do it* (go too far) írsele la mano a algn; (overexert oneself) exigir* demasiado **2** (Culin) cocinar demasiado, recocer*; **~dose** *n* sobredosis *f*; **~draft** *n* descubierto *m*; **~draw** /ˈəʊvərˈdrɔː, BrE ˌəʊvəˈdrɔː/ *vt* (*past* **-drew**; *past p* **-drawn**) (Fin): **I'm ~drawn** tengo un descubierto; **~drive** /ˈəʊvərdraɪv, BrE ˈəʊvədraɪv/ *n* superdirecta *f*; **~due** /ˈəʊvərˈduː, BrE ˌəʊvəˈdjuː/ *adj*: **the book is a month ~due** el plazo de devolución del libro venció hace un mes; **such measures are long ~due** tales medidas deberían haberse adoptado mucho antes; **~eat** /ˈəʊvərˈiːt/ *vi* (*past* **-ate**; *past p* **-eaten**) comer demasiado; **~excited** /ˈəʊvərɪkˈsaɪtəd, BrE ˌəʊvərɪkˈsaɪtɪd/ *adj* sobreexcitado; **~feed** /ˈəʊvərˈfiːd, BrE ˌəʊvəˈfiːd/ *vt* (*past & past p* **-fed**) sobrealimentar

overflow¹ /ˈəʊvərˈfləʊ, BrE ˌəʊvəˈfləʊ/ *vi* «*liquid*» derramarse; «*bucket/bath/river*» desbordarse; **the house is ~ing with junk** la casa está hasta el techo de cachivaches

overflow² /ˈəʊverfləʊ, BrE ˈəʊvəfləʊ/ *n* **(a)** (excess): **we put a bowl there to catch the ~** pusimos un bol para recoger el líquido que se derramaba **(b)** (outlet) rebosadero *m*; (*before n*) **~ car park** (BrE) aparcamiento *m* disuasorio

over: **~grown** /ˈəʊvərˈgrəʊn, BrE ˌəʊvəˈgrəʊn/ *adj* **(a)** ‹*garden*› lleno de maleza **(b)** (too big) demasiado grande; **~hand** *adv* (AmE) por encima de la cabeza; **~hang** /ˈəʊvərˈhæŋ, BrE ˌəʊvəˈhæŋ/ (*past & past p* **-hung**) *vt* sobresalir* por encima de
■ *vi* sobresalir*

overhaul¹ /ˈəʊvərˈhɔːl, BrE ˌəʊvəˈhɔːl/ *vt* revisar

overhaul² /ˈəʊvərhɔːl, BrE ˈəʊvəhɔːl/ *n* revisión *f* (general), overjol *m* (AmC)

overhead¹ /ˈəʊvərˈhed, BrE ˌəʊvəˈhed/ *adv*: **the sun was directly ~** el sol caía de pleno; **a plane flew ~** pasó un avión

overhead² /ˈəʊvərhed, BrE ˈəʊvəhed/ *adj* ‹*cable*› aéreo; ‹*railway*› elevado

overhead³ /ˈəʊvərhed, BrE ˈəʊvəhed/ *n* (AmE) gastos *mpl* indirectos

over: **~heads** /ˈəʊvərhedz, BrE ˈəʊvəhedz/ *pl n* (BrE) ▶ **overhead³**; **~hear** /ˈəʊvərˈhɪr, BrE ˌəʊvəˈhɪə(r)/ *vt* (*past & past p* **-heard**) oír* (*por casualidad*); **~heat** /ˈəʊvərˈhiːt, BrE ˌəʊvəˈhiːt/ *vi* recalentarse*; **~hung** *past & past p of* **overhang**; **~joyed** /ˈəʊvərˈdʒɔɪd, BrE ˌəʊvəˈdʒɔɪd/ *adj* encantado; **~kill** *n* exageración *f*; **~land** *adj/adv* por tierra; **~lap** /ˈəʊvərˈlæp, BrE ˌəʊvəˈlæp/ *vi* **-pp-** **(a)** «*tiles/planks*» estar* montados unos sobre otros, traslaparse **(b)** «*responsibilities*» coincidir en parte; **~leaf** /ˈəʊvərˈliːf, BrE ˌəʊvəˈliːf/ *adv* al dorso; **~load** /ˈəʊvərˈləʊd, BrE ˌəʊvəˈləʊd/ *vt* sobrecargar*; **~look** /ˈəʊvərˈlʊk, BrE ˌəʊvəˈlʊk/ *vt* **1** **(a)** (not notice) pasar por alto **(b)** (disregard) disculpar **2** (have view over): **a room ~looking the sea** una habitación con vista al mar *or* que da al mar

overly /ˈəʊvərli, BrE ˈəʊvəli/ *adv* demasiado

overnight¹ /ˈəʊvərˈnaɪt, BrE ˌəʊvəˈnaɪt/ *adv* **(a)** (through the night): **to stay ~** quedarse a pasar la noche; **there had been a heavy fall of snow ~** durante la noche había nevado mucho; **soak the chickpeas ~** ponga los garbanzos en remojo la noche anterior **(b)** (suddenly) ‹*change/disappear*› de la noche a la mañana

overnight² /ˈəʊvərnaɪt, BrE ˈəʊvənaɪt/ *adj* **(a)** (through the night) ‹*journey*› de noche; ‹*stay*› de una noche **(b)** (sudden) ‹*change/success*› repentino

over: **~paid** /ˈəʊvərˈpeɪd, BrE ˌəʊvəˈpeɪd/ *adj*: **she's ~paid** le pagan demasiado; **~pass** *n* paso *m* elevado, paso *m* a desnivel (Méx); **~population** /ˌəʊvərˌpɑːpjəˈleɪʃən, BrE ˌəʊvəˌpɒpjʊˈleɪʃən/ *n* superpoblación *f*, sobrepoblación *f* (AmL); **~power** /ˈəʊvərˈpaʊər, BrE ˌəʊvəˈpaʊə(r)/ *vt* **(a)** (render helpless) dominar **(b)** (affect greatly) «*smell*» marear; «*heat*» sofocar*; «*emotion*» abrumar; **~powering** /ˈəʊvərˈpaʊrɪŋ, BrE ˌəʊvəˈpaʊərɪŋ/ *adj* **(a)** ‹*smell*› muy fuerte; ‹*heat*› aplastante; ‹*desire*› irresistible **(b)** ‹*personality*› apabullante; **~priced** /ˈəʊvərˈpraɪst, BrE ˌəʊvəˈpraɪst/ *vt*: **it's ~priced** es caro para lo que es; **~ran** /ˈəʊvərˈræn, BrE ˌəʊvəˈræn/ *past of* **overrun**; **~rated** /ˈəʊvərˈreɪtəd, BrE ˌəʊvəˈreɪtɪd/ *adj* sobrevalorado; **~reach** /ˈəʊvərˈriːtʃ, BrE ˌəʊvəˈriːtʃ/ *v refl* **to ~reach oneself** intentar hacer demasiado; **~react** /ˈəʊvərriˈækt, BrE ˌəʊvəriˈækt/ *vi* reaccionar en forma exagerada; **~ride** /ˈəʊvərˈraɪd, BrE ˌəʊvəˈraɪd/ *vt* (*past* **-rode**; *past p* **-ridden**) ‹*decision/recommendation*› invalidar; ‹*wishes/advice*› hacer* caso omiso de; **~ripe** /ˈəʊvərˈraɪp, BrE ˌəʊvəˈraɪp/ *adj* demasiado maduro; **~rode** /ˈəʊvərˈrəʊd, BrE ˌəʊvəˈrəʊd/ *past of* **override**; **~rule** /ˈəʊvərˈruːl, BrE ˌəʊvəˈruːl/ *vt* ‹*decision/verdict*› anular; ‹*objection*› rechazar*; **~run** /ˈəʊvərˈrʌn, BrE ˌəʊvəˈrʌn/ *vt* (*past* **-ran**; *past p* **-run**) **(a)** (invade, swarm over) invadir; **to be ~run** WITH **sth** estar* plagado DE algo **(b)** (exceed) exceder; **~saw** /ˈəʊvərˈsɔː, BrE ˌəʊvəˈsɔː/ *past of* **oversee**

overseas¹ /ˈəʊvərˈsiːz, BrE ˈəʊvəˌsiːz/ *adj* (*before n*) ‹*trade*› exterior; ‹*investments/branches*› en el exterior; ‹*student/visitor*› extranjero; ‹*news*› del exterior

overseas² /ˈəʊvərˈsiːz, BrE ˌəʊvəˈsiːz/ *adv* ‹*live*› en el extranjero; ‹*travel/send*› al extranjero

over: **~see** /ˈəʊvərˈsiː, BrE ˌəʊvəˈsiː/ *vt* (*past* **-saw**; *past p* **-seen**) supervisar; **~seer** /ˈəʊvərˈsɪr, -ˈsiːər, BrE ˈəʊvəsiːə(r)/ *n* capataz *mf*;

O

~shadow /ˈəʊvərˈʃædəʊ, BrE ˌəʊvəˈʃædəʊ/ *vt* eclipsar; **~shoot** /ˈəʊvərˈʃuːt, BrE ˌəʊvəˈʃuːt/ *vt* (*past & past p* **-shot**) ‹*runway*› salirse* de; ‹*turning*› pasarse de; ‹*target/budget*› exceder; **~sight** /ˈəʊvərsaɪt, BrE ˈəʊvəsaɪt/ *n* descuido *m*; **~sleep** /ˈəʊvərˈsliːp, BrE ˌəʊvəˈsliːp/ *vi* (*past & past p* **-slept**) quedarse dormido; **~spend** /ˈəʊvərˈspend, BrE ˌəʊvəˈspend/ *vi* (*past & past p* **-spent**) gastar más de la cuenta; **~spill** *n* excedente *m* de población; **~staffed** /ˈəʊvərˈstæft, BrE ˌəʊvəˈstɑːft/ *adj* con exceso de personal *or* (Esp tb) de plantilla; **~state** /ˈəʊvərˈsteɪt, BrE ˌəʊvəˈsteɪt/ *vt* exagerar; **~stay** /ˈəʊvərˈsteɪ, BrE ˌəʊvəˈsteɪ/ *vt* ▶ **outstay**; **~step** /ˈəʊvərˈstep, BrE ˌəʊvəˈstep/ *vt* **-pp-** sobrepasar

overt /əʊˈvɜːrt, BrE ˈəʊvɜːt/ *adj* ‹*hostility*› declarado; ‹*criticism*› abierto

over: **~take** /ˈəʊvərˈteɪk, BrE ˌəʊvəˈteɪk/ (*past* **-took**; *past p* **-taken**) *vt* **(a)** (go past) adelantar, rebasar (Méx) **(b)** (surpass) superar ■ *vi* (BrE) adelantar, rebasar (Méx); **~tax** /ˈəʊvərˈtæks, BrE ˌəʊvəˈtæks/ *vt* **(a)** (strain) poner* a prueba **(b)** (Tax) gravar en exceso (*con impuestos*); **~throw** /ˈəʊvərˈθrəʊ, BrE ˌəʊvəˈθrəʊ/ *vt* (*past* **-threw**; *past p* **-thrown**) ‹*government*› derrocar*; **~time** *n* **1** (extra work hours) horas *fpl* extra(s), sobretiempo *m* (Chi, Per) **2** (AmE) (Sport) prórroga *f*; **~tone** *n* (suggestion, hint) (*usu pl*) dejo *m*, deje *m* (Esp); **~took** /ˈəʊvərˈtʊk, BrE ˌəʊvəˈtʊk/ *past of* **overtake**

overture /ˈəʊvərtʃʊr, BrE ˈəʊvətjʊə(r)/ *n* **1** (Mus) obertura *f* **2 overtures** *pl* (approaches) (fml) intento *m* de acercamiento; (sexual) insinuación *f*

over: **~turn** /ˈəʊvərˈtɜːrn, BrE ˌəʊvəˈtɜːn/ *vt* **(a)** (tip over) ‹*table/boat*› darle* la vuelta a, dar* vuelta (CS) **(b)** (depose) ‹*government*› derrocar* ■ *vi* «*vehicle*» volcar*

O

overuse¹ /ˌəʊvərˈjuːz, BrE ˌəʊvəˈjuːz/ *vt* abusar de, usar demasiado

overuse² /ˌəʊvərˈjuːs, BrE ˌəʊvəˈjuːs/ *n* uso *m* excesivo

overweight /ˈəʊvərˈweɪt, BrE ˌəʊvəˈweɪt/ *adj* ‹*person*› demasiado gordo; **I am 10lb ~** peso 10 libras de más, tengo un sobrepeso de 10 libras (Chi, Méx)

overwhelm /ˈəʊvərˈhwelm, BrE ˌəʊvəˈwelm/ *vt* **(a)** (emotionally) abrumar **(b)** (defeat) aplastar **(c)** (swamp): **they've been ~ed with applications/complaints** han recibido infinidad de solicitudes/quejas

overwhelming /ˈəʊvərˈhwelmɪŋ, BrE ˌəʊvəˈwelmɪŋ/ *adj* ‹*grief*› inconsolable; ‹*urge*› irresistible; ‹*anger*› incontenible; ‹*boredom*› insoportable; ‹*defeat*› aplastante

overwind /ˈəʊvərˈwaɪnd, BrE ˌəʊvəˈwaɪnd/ *vt* (*past & past p* **-wound** /-waʊnd/) dar* demasiada cuerda a

overwork¹ /ˈəʊvərˈwɜːrk, BrE ˌəʊvəˈwɜːk/ *vt* hacer* trabajar demasiado

overwork² *n* agotamiento *m*

ovulate /ˈɑːvjəleɪt, BrE ˈɒvjʊleɪt/ *vi* ovular

ovulation /ˈɑːvjəˈleɪʃən, BrE ˌɒvjʊˈleɪʃən/ *n* ovulación *f*

owe /əʊ/ *vt* **(a)** (financially) deber; **to ~ sb sth, ~ sth** TO **sb** deberle algo A algn **(b)** (be obliged to give, do) ‹*explanation/apology/favor*› deber

owing /ˈəʊɪŋ/ *adj* **1** (*pred*): **the money still ~** el dinero que aún se debe **2 owing to** (*as prep*) debido a

owl /aʊl/ *n* búho *m*, tecolote *m* (Méx); (barn ~) lechuza *f*

⚷ **own¹** /əʊn/ *vt* ‹*property*› tener*
● **own up**: [*v* + *adv*]: **no one ~ed up** nadie reconoció tener la culpa; **no one would ~ up to having left the window open** nadie quiso reconocer que había sido quien dejó la ventana abierta

⚷ **own²** *adj* **my/her/your** *etc*: **~ in our ~ house** en nuestra propia casa; **she makes her ~ clothes** se hace la ropa ella misma

⚷ **own³** *pron* **my/her/your** *etc*: **~ it isn't a company car, it's her ~** no es un coche de la empresa, es suyo (propio); **she wanted a room of her ~** quería una habitación para ella sola; **on one's ~** solo; ***to get one's ~ back*** (BrE infml) desquitarse

⚷ **owner** /ˈəʊnər, BrE ˈəʊnə(r)/ *n* (of house, car) dueño, -ña *m,f*, propietario, -ria *m,f*; (of pet) dueño, -ña *m,f*

ownership /ˈəʊnərʃɪp, BrE ˈəʊnəʃɪp/ *n* propiedad *f*

own goal *n* autogol *m*, gol *m* en contra (CS)

ox /ɑːks, BrE ɒks/ *n* (*pl* **oxen**) buey *m*

oxen /ˈɑːksən, BrE ˈɒksən/ *pl of* **ox**

oxide /ˈɑːksaɪd, BrE ˈɒksaɪd/ *n* óxido *m*

oxtail /ˈɑːksteɪl, BrE ˈɒksteɪl/ *n* rabo *m* de buey

oxygen /ˈɑːksədʒən, BrE ˈɒksɪdʒən/ *n* oxígeno *m*; (*before n*) **~ mask** (Aviat, Med) mascarilla *f* de oxígeno

oyster /ˈɔɪstər, BrE ˈɔɪstə(r)/ *n* ostra *f*, ostión *m* (Méx)

oz = **ounce(s)**

ozone /ˈəʊzəʊn/ *n* (Chem) ozono *m*; (*before n*) **the ~ layer** la capa de ozono

⚷ palabra clave

Pp

P, p /piː/ *n* P, p *f*

p. (*pl* **pp.**) (= **page**) pág., p.; **pp. 12-48** págs. 12 a 48

p (in UK) (= **penny/pence**) penique(s) *m(pl)*

pa[1] /pɑː/ *n* (infml) papá *m*

pa[2], **p.a.** /'piː'eɪ/ = **per annum**

PA *n* **(a)** /'piː'eɪ/ ~ (system) = **public-address system** **(b)** /piː'eɪ/ (BrE) = **personal assistant** **(c)** *also* **Pa** = **Pennsylvania**

pace[1] /peɪs/ *n* **1** (stride) paso *m*; ***to put sb through her/his ~s*** poner* a algn a prueba **2** (speed) (*no pl*) ritmo *m*; **to keep ~ with sb** seguirle* el ritmo lento a algn; **to set the ~** marcar* la pauta

pace[2] *vi*: **to ~ up and down** caminar *or* (esp Esp) andar de un lado para otro

pace: **~maker** *n* (Sport) liebre *f*; (Med) marcapasos *m*; **~setter** /'peɪs'setə(r), BrE 'peɪs,setə(r)/ *n* (Sport) liebre *f*; (pioneer) líder *mf*

Pacific /pə'sɪfɪk/ *n*: **the ~ (Ocean)** el (Océano) Pacífico

pacifier /'pæsəfaɪər, BrE 'pæsɪfaɪə(r)/ *n* (AmE) chupete *m*, chupón *m* (AmL exc CS), chupo *m* (Col), chupa *f* (Ven)

pacifism /'pæsəfɪzəm, BrE 'pæsɪfɪzəm/ *n* pacifismo *m*

pacifist /'pæsəfəst, BrE 'pæsɪfɪst/ *n* pacifista *mf*

pacify /'pæsəfaɪ, BrE 'pæsɪfaɪ/ *vt* **-fies, -fying, -fied** **(a)** (calm, satisfy) apaciguar* **(b)** (restore to peace) pacificar*

pack[1] /pæk/ *n* **1** (bundle, load) fardo *m*; (rucksack) mochila *f* **2** **(a)** (package) paquete *m*; (of cigarettes) paquete *m*, cajetilla *f* **(b)** (of cards) (BrE) baraja *f*, mazo *m* (esp AmL) **3** **(a)** (of wolves) manada *f*; **a ~ of hounds** (Sport) una jauría **(b)** (in race) pelotón *m* **4** (of thieves, fools) (derog) partida *f* (pey); **a ~ of lies** una sarta de mentiras

pack[2] *vt* **1** **(a)** (Busn) ‹*goods/products*› (put into container) envasar; (make packets with) empaquetar; (for transport) embalar **(b)** (put into suitcase, bag): **have you ~ed your toothbrush?** ¿llevas el cepillo de dientes?; **to ~ one's suitcase** hacer* la maleta *or* (RPl) la valija, empacar (AmL); **she takes a ~ed lunch to work** se lleva el almuerzo *or* (esp Esp, Méx) la comida al trabajo **2** **(a)** (press tightly together): **~ the soil (down) firmly** apisone bien la tierra **(b)** (cram): **the book is ~ed with useful information** el libro está lleno de información útil; **we ~ed a lot into a short time** hicimos un montón de cosas en poco tiempo (fam)

■ *vi* (fill suitcase) hacer* la(s) maleta(s) *or* (RPl) la(s) valija(s), empacar* (AmL)

● **pack in** [*v* + *o* + *adv*, *v* + *adv* + *o*] **1** (quit) (infml) ‹*job/course*› dejar **2** (cram in): **we managed to ~ in 50 people** pudimos meter a 50 personas

● **pack off** [*v* + *o* + *adv*, *v* + *adv* + *o*] despachar, mandar; **she ~ed the children off to school** mandó a los niños al colegio

● **pack up** **1** [*v* + *adv*] **(a)** (assemble belongings) liar* el petate, hacer* su itacate (Méx) **(b)** (stop) (infml): **let's ~ up for the day** dejémoslo por hoy **(c)** (break down) (infml) «*motor/radio*» dejar de funcionar, descomponerse* (esp AmL), tronarse* (Méx fam) **2** [*v* + *o* + *adv*, *v* + *adv* + *o*] **(a)** ‹*tools/belongings*› recoger* **(b)** ▶ **pack in 1**

package /'pækɪdʒ/ *n* paquete *m*

package: **~ holiday** (BrE) ▶ **~ vacation**; **~ store** *n* (AmE) tienda *f* de bebidas alcohólicas; **~ tour** *n* viaje *m* organizado (*en el que se recorren diferentes localidades*); **~ vacation** *n* (AmE) vacaciones *fpl* organizadas

packaging /'pækɪdʒɪŋ/ *n* **(a)** (packing) embalaje *m* **(b)** (wrapping) envoltorio *m* **(c)** (Marketing) presentación *f*

packed /pækt/ *adj* ‹*hall/restaurant*› lleno de gente, repleto

packet /'pækət, BrE 'pækɪt/ *n* (esp BrE) paquete *m*; (*before n*) ‹*soup/cake mix*› de sobre

packing /'pækɪŋ/ *n* **(a)** (of suitcase): **to do one's ~** hacer* la(s) maleta(s) *or* (RPl) la(s) valija(s), empacar* (AmL) **(b)** (in factory) embalaje *m*

packing case *n* caja *f* de embalaje

pact /pækt/ *n* pacto *m*

pad[1] /pæd/ *n* **1** (cushioning) almohadilla *f*; **shoulder ~s** hombreras *fpl*; **knee ~s** rodilleras *fpl* **2** (of paper) bloc *m*

pad[2] *vt* **-dd-** **1** **(a)** (line) ‹*seat/panel*› acolchar, enguatar (Esp) **(b)** **padded** *past p* ‹*jacket*› acolchado, enguatado (Esp); ‹*bra*› con relleno; ‹*envelope*› acolchado; **~ded cell** celda *f* de aislamiento **2** **~ (out)** ‹*essay*› rellenar, meter* paja en (fam)

padding /'pædɪŋ/ *n* (material) relleno *m*, guata *f* (Esp); (for protection) almohadillas *fpl*

paddle[1] /'pædl/ *n* **1** (oar) zagual *m*, pala *f* **2** (*no pl*) **to go for a ~** ir* a mojarse los pies

paddle[2] *vi* **1** (wet feet) mojarse los pies (*en la orilla*) **2** **(a)** (in canoe) remar (*con pala or zagual*) **(b)** (swim) «*duck/dog*» chapotear

■ *vt* ‹*boat/canoe*› llevar (*remando con pala or zagual*)

paddling pool /'pædlɪŋ/ *n* (BrE) (in park) estanque *m*; (inflatable) piscina *f* *or* (Méx) alberca *f* inflable (*para niños*)

paddock /'pædək/ *n* prado *m*

paddy /'pædi/ *n* (*pl* **-dies**) **~ (field)** arrozal *m*

padlock[1] /'pædlɑːk, BrE 'pædlɒk/ *n* candado *m*

padlock[2] *vt* cerrar* con candado

paediatric *etc* (BrE) ▶ **pediatric** *etc*

paedophile *n* (BrE) ▶ **pedophile**

pagan[1] /'peɪgən/ *n* pagano, -na *m,f*

p

pagan² *adj* pagano

page¹ /peɪdʒ/ *n* **1** (of book, newspaper) página *f*; **on ~ four** en la página cuatro **2** (attendant) paje *m*; (in hotel) botones *m*

page² *vt* (over loudspeaker) llamar por megafonía; (by beeper) llamar por buscapersonas *or* (Méx) bip *or* (Chi) bíper

pageant /ˈpædʒənt/ *n* **(a)** (show, ceremony) festividades *fpl* **(b)** (historical show) *espectáculo histórico al aire libre*

pageboy /ˈpeɪdʒbɔɪ/ *n* ▸ **page¹ 2**

pager /ˈpeɪdʒər, BrE ˈpeɪdʒə(r)/ *n* buscapersonas *m*, bip *m* (Méx), bíper *m* (Chi)

paid¹ /peɪd/ *past & past p of* **pay¹**

paid² *adj* ‹*employment*› remunerado; ‹*worker*› asalariado; ‹*vacation*› pagado; ‹*leave*› con goce de sueldo

pail /peɪl/ *n* balde *m*, cubo *m* (Esp), cubeta *f* (Méx)

pain /peɪn/ *n* **1 (a)** (physical) dolor *m*; **she was in great ~** estaba muy dolorida *or* (AmL tb) adolorida; ***to be a ~ in the neck*** ser* un pesado **(b)** (annoying person or thing) (infml) lata *f* (fam) **2 pains** *pl* (effort): **that's all you get for your ~s** así te pagan la molestia; **I went to great ~s to explain it to them carefully** puse mucho esmero en explicárselo

painful /ˈpeɪnfəl/ *adj* **(a)** (physically) doloroso; **it's very ~** duele mucho **(b)** (mentally) ‹*task*› desagradable; ‹*reminder*› doloroso

painfully /ˈpeɪnfəli/ *adv*: **she dragged herself ~ along** se iba arrastrando con mucho dolor; **she's ~ shy** es tan tímida que da pena

painkiller /ˈpeɪnˌkɪlər, BrE ˈpeɪnˌkɪlə(r)/ *n* analgésico *m*

painless /ˈpeɪnləs, BrE ˈpeɪnlɪs/ *adj* **(a)** (causing no pain) indoloro; **~ childbirth** parto *m* sin dolor **(b)** (easy, pleasant) (infml) ‹*method*› sencillo

painstaking /ˈpeɪnzˌteɪkɪŋ/ *adj* ‹*research/efforts*› concienzudo; ‹*person/personality*› meticuloso

paint¹ /peɪnt/ *n* pintura *f*

paint² *vt/i* pintar

paint: **~box** *n* caja *f* de acuarelas; **~brush** *n* pincel *m*; (large, for walls) brocha *f*

painter /ˈpeɪntər, BrE ˈpeɪntə(r)/ *n* (Art, Const) pintor, -tora *m,f*

painting /ˈpeɪntɪŋ/ *n* **(a)** (picture) cuadro *m*, pintura *f* **(b)** (Art) pintura *f*

paintwork /ˈpeɪntwɜːrk, BrE ˈpeɪntwɜːk/ *n* pintura *f*

pair /per, BrE peə(r)/ *n* **1 (a)** (of shoes, socks, gloves) par *m*; **a ~ of trousers** unos pantalones; **a ~ of scissors** unas tijeras **(b)** (in cards) pareja *f*, par *m* **2** (couple) pareja *f*

● **pair up** [*v + adv*] formar parejas

pajamas, (BrE) **pyjamas** /pəˈdʒɑːməz/ *pl n* pijama *m*, piyama *m or f* (AmL)

Pakistan /ˈpækɪˈstæn, BrE ˌpɑːkɪˈstɑːn, ˌpækɪ-/ *n* Pakistán *m*, Paquistán *m*

Pakistani¹ /ˈpækɪˈstæni, BrE ˌpɑːkɪˈstɑːnɪ, ˌpækɪ-/ *adj* pakistaní, paquistaní

Pakistani² *n* pakistaní *mf*, paquistaní *mf*

pal /pæl/ *n* (infml) amigo *m*, compinche *m* (fam), cuate *m* (Méx fam)

palace /ˈpæləs, BrE ˈpælɪs/ *n* palacio *m*

palatable /ˈpælətəbəl/ *adj* agradable

palate /ˈpælət/ *n* paladar *m*

pale¹ /peɪl/ *adj* **(a)** ‹*skin/person*› (naturally) blanco; (pallid) pálido **(b)** ‹*blue/pink*› pálido

pale² *vi* **(a)** «*person*» palidecer* **(b)** (seem minor) **to ~** BESIDE *o* BEFORE **sb/sth** palidecer* JUNTO A algn/algo

pale³ *n*: ***to be beyond the ~*** ser* intolerable

Palestine /ˈpæləstaɪn/ *n* Palestina *f*

Palestinian¹ /ˈpæləˈstɪniən/ *adj* palestino

Palestinian² *n* palestino, -na *m,f*

palette /ˈpælət, BrE ˈpælɪt/ *n* paleta *f*

pall¹ /pɔːl/ *n*: ***to cast a ~ on*** o ***over sth*** empañar algo

pall² *vi* hacerse* pesado

palliative care /ˈpælieɪtɪv, BrE ˈpæliətɪv/ *n* tanatología *f*

pallid /ˈpæləd, BrE ˈpælɪd/ *adj* pálido

palm /pɑːm/ *n* **1 (a) ~ (tree)** palmera *f* **(b)** (leaf, branch) palma *f* **2** (Anat) palma *f*

● **palm off**: [*v + o + adv*] **to ~ sth off** ON *o* ONTO **sb** encajarle algo a algn (fam); **to ~ sb off** WITH **sth** quitarse a algn de encima CON algo

palmistry /ˈpɑːməstri, BrE ˈpɑːmɪstri/ *n* quiromancia *f*

Palm Sunday *n* Domingo *m* de Ramos

palpable /ˈpælpəbəl/ *adj* (fml) palmario, palpable

palpitate /ˈpælpəteɪt, BrE ˈpælpɪteɪt/ *vi* palpitar

palpitation /ˈpælpəˈteɪʃən, BrE ˌpælpɪˈteɪʃən/ *n* (Med) palpitación *f*

paltry /ˈpɔːltri/ *adj* **-trier -triest** ‹*sum/amount*› mísero; ‹*excuse*› malo

pamper /ˈpæmpər, BrE ˈpæmpə(r)/ *vt* mimar

pamphlet /ˈpæmflət, BrE ˈpæmflɪt/ *n* (informative) folleto *m*; (political) panfleto *m*

pan¹ /pæn/ *n* **1** (Culin) cacerola *f*; (large, with two handles) olla *f*; (small) cacerola *f*, cazo *m* (Esp); (frying ~) sartén *f* **2** (of toilet) (BrE) taza *f*

pan² *vi* **-nn- 1** (Min): **to ~ for gold** lavar oro **2** (Cin): **the camera ~s across to the two figures** la cámara recorre hasta enfocar en las dos figuras

panacea /ˈpænəˈsiːə/ *n* (fml) panacea *f*

panache /pəˈnæʃ/ *n* garbo *m*

Panama /ˈpænəmɑː/ *n* Panamá *m*; (*before n*) **the ~ Canal** el Canal de Panamá

Panamanian¹ /ˈpænəˈmeɪniən/ *adj* panameño

Panamanian² *n* panameño, -ña *m,f*

pancake /ˈpænkeɪk/ *n* (Culin) crep(e) *m*, panqueque *m* (AmL), crepa *f* (Méx), panqué *m* (AmC, Col), panqueca *f* (Ven)

pancreas /ˈpæŋkriəs/ *n* páncreas *m*

panda /ˈpændə/ *n* (oso, osa *m,f*) panda *mf*

pandemonium /ˈpændəˈməʊniəm/ *n* pandemonio *m*, pandemónium *m*

pander /ˈpændər, BrE ˈpændə(r)/ *vi*: **to ~ to sb's whims** consentirle* los caprichos a algn

pane /peɪn/ *n* (hoja *f* de) vidrio *m*, cristal *m* (Esp)

palabra clave

panel¹ /'pænl/ *n* **1** **(a)** (of door, car body, plane wing) panel *m*; (of garment) pieza *f* **(b)** (instrument ~) tablero *m* (de instrumentos); (control ~) tablero *m* (de control) **2** (in discussion, interview) panel *m or* (Col, Ven) pánel *m*; (in quiz, contest) equipo *m*; (in exam) mesa *f*, comisión *f* (Chi)

panel² *vt*, (BrE **-ll-**) **(a)** ‹*room/wall*› revestir* con paneles **(b) paneled**, BrE **panelled** *past p* ‹*door*› de paneles

pang /pæŋ/ *n* punzada *f*; **~s of hunger** retorcijones *mpl or* (Esp) retortijones *mpl* de hambre

panhandler /'pæn,hændlər, BrE 'pæn,hændlə(r)/ *n* (AmE infml) mendigo *m*

panic¹ /'pænɪk/ *n* (fear, anxiety) pánico *m*; (*before n*) **~ button** botón *m* de alarma

panic² *vi* **-ck-** dejarse llevar por el pánico; **don't ~!** ¡tranquilo!

panicky /'pænɪki/ *adj* ‹*person*› muy nervioso; ‹*behavior/decision*› precipitado

panic-stricken /'pænɪk,strɪkən/ *adj* aterrorizado

pannier /'pæniər, BrE 'pæniə(r)/ *n* alforja *f*; (on cycle) maletero *m*

panorama /'pænə'ræmə, BrE ,pænə'rɑːmə/ *n* panorama *m*

panoramic /'pænə'ræmɪk/ *adj* panorámico

pansy /'pænzi/ *n* (*pl* **-sies**) (Bot) pensamiento *m*

pant¹ /pænt/ *vi* jadear

pant² *n* jadeo *m*; *see also* **pants**

pantheon /'pænθiːɑːn, BrE 'pænθiən/ *n* panteón *m*

panther /'pænθər, BrE 'pænθə(r)/ *n* pantera *f*

panties /'pæntiz/ *pl n* calzones *mpl* (AmL), bragas *fpl* (Esp), pantaletas *fpl* (Méx, Ven), bombacha *f* (RPl), calzoneta *f* (AmC)

pantihose /'pæntihəʊz/ *pl n* ▶ **pantyhose**

pantomime /'pæntəmaɪm/ *n* **(a)** (mime) pantomima *f* **(b)** (in UK) *comedia musical navideña, basada en cuentos de hadas*

pantry /'pæntri/ *n* (*pl* **-tries**) despensa *f*

pants /pænts/ *pl n* **1** (trousers) (AmE) pantalón *m*, pantalones *mpl* **2** (underwear) (BrE) **(a)** (men's) calzoncillos *mpl*, calzones *mpl* (Méx), interiores *mpl* (Col, Ven) **(b)** (women's) ▶ **panties**

pantsuit /'pæntsuːt/, **pants suit** *n* (AmE) traje *m* pantalón

pantyhose /'pæntihəʊz/ *pl n* (AmE) medias *fpl*, pantimedias *fpl* (Méx), medias *fpl* bombacha (RPl) *or* (Col) pantalón *or* (Ven) panty

papa *n* **(a)** /'pɑːpə/ (AmE) papá *m* **(b)** /pə'pɑː/ (BrE dated) padre *m* (ant)

paper¹ /'peɪpər, BrE 'peɪpə(r)/ *n* **1** **(a)** (material) papel *m*; (*before n*) ‹*towel/handkerchief/bag*› de papel **(b)** (wrapper) (esp BrE) envoltorio *m* **2** (newspaper) diario *m*, periódico *m* **3** (for journal) trabajo *m*; (at conference) ponencia *f* **4** (exam ~) (BrE) examen *m*; (part) parte *f* **5** **papers** *pl* (documents) documentos *mpl*

paper² *vt* ‹*wall/room*› empapelar *or* (Méx tb) tapizar*

paper: **~back** *n* libro *m* en rústica *or* (Méx) de pasta blanda; **~clip** *n* clip *m*, sujetapapeles *m*; **~weight** *n* pisapapeles *m*; **~work** *n* papeleo *m* (fam), trabajo *m* administrativo

paprika /pə'priːkə, BrE 'pæprɪkə/ *n* pimentón *m* dulce, paprika *f*

Pap smear, **Pap test** /pæp/ *n* (AmE) citología *f*, frotis *m*, Papanicolau *m* (AmL)

Papua New Guinea /'pɑːpuə, BrE 'pæpjʊə/ *n* Papua Nueva Guinea *f*

papyrus /pə'paɪrəs/ *n* (*pl* **-ruses** *or* **-ri** /-raɪ/) papiro *m*

par /pɑːr, BrE pɑː(r)/ *n* **1** **(a)** (equal level) **on a ~: the two athletes are on a ~** los dos atletas son del mismo nivel; **this puts us on a ~ with workers in other countries** esto nos pone en igualdad de condiciones con los trabajadores de otros países **(b)** (accepted standard): **your work is below** o **not up to ~** tu trabajo no está a la altura de lo que se esperaba; **to feel below** o **under~** no sentirse* del todo bien **2** (in golf) par *m*

parable /'pærəbəl/ *n* parábola *f*

parachute¹ /'pærəʃuːt/ *n* paracaídas *m*

parachute² *vi* saltar en *or* con paracaídas

parachutist /'pærəʃuːtəst, BrE 'pærəʃuːtɪst/ *n* paracaidista *mf*

parade¹ /pə'reɪd/ *n* **(a)** (procession) desfile *m* **(b)** (assembly) (Mil) formación *f*

parade² *vt* **(a)** (display) ‹*wealth*› hacer* ostentación de **(b)** (march, walk) ‹*streets*› desfilar por **(c)** (assemble) ‹*troops*› hacer* formar

■ *vi* **(a)** (march, walk) desfilar **(b)** (assemble) (Mil) formar

paradise /'pærədaɪs/ *n* **(a)** (heaven) paraíso *m* **(b) Paradise** (Garden of Eden) Paraíso *m* (Terrenal)

paradox /'pærədɑːks, BrE 'pærədɒks/ *n* paradoja *f*

paraffin /'pærəfən, BrE 'pærəfɪn/ *n* **(a) ~ (wax)** parafina **(b) ~ (oil)** (BrE) queroseno *m*, kerosene *m*, parafina *f* (Chi)

paragliding /'pærə,glaɪdɪŋ/ *n* parapente *m*

paragon /'pærəgɑːn, BrE 'pærəgən/ *n*: **a ~ of virtue** (set phrase) un dechado de virtudes (fr hecha)

paragraph /'pærəgræf, BrE 'pærəgrɑːf/ *n* párrafo *m*

Paraguay /'pærəgwaɪ/ *n* Paraguay *m*

Paraguayan¹ /'pærə'gwaɪən/ *adj* paraguayo

Paraguayan² *n* paraguayo, -ya *m,f*

parallel¹ /'pærəlel/ *adj* paralelo

parallel² *n* **1** (Math) (line) paralela *f* **2** (similarity) paralelismo *m*, paralelo *m*; **without ~** sin parangón

parallel³ *vt*, **-l-** *or* (BrE also) **-ll-** (fml) ser* análogo *or* paralelo a

parallel bars *pl n* (barras *fpl*) paralelas *fpl*

Paralympics /'pærə'lɪmpɪks/: **the ~** los Juegos Paralímpicos

paralysis /pə'ræləsəs, BrE pə'ræləsɪs/ *n* (*pl* **-ses** /-siːz/) (Med) parálisis *f*

paralyze /'pærəlaɪz/ *vt* paralizar*

paramedic /'pærə'medɪk/ *n*: *profesional conectado con la medicina, como enfermero, kinesiólogo etc*

parameter /pə'ræmətər, BrE pə'ræmɪtə(r)/ *n* parámetro *m*

p

paramilitary /'pærə'mɪləteri, BrE ˌpærə'mɪlɪtəri/ *adj* paramilitar

paramount /'pærəmaʊnt/ *adj* (fml) primordial

paranoia /'pærə'nɔɪə/ *n* paranoia *f*

paranoid /'pærənɔɪd/ *adj* paranoico

parapet /'pærəpət, BrE 'pærəpɪt/ *n* parapeto *m*

paraphernalia /'pærəfər'neɪljə, BrE ˌpærəfə'neɪliə/ *n* parafernalia *f*

paraphrase /'pærəfreɪz/ *vt* parafrasear

paraplegic /ˌpærə'pliːdʒɪk/ *n* parapléjico, -ca *m,f*

parasailing /'pærəseɪlɪŋ/ *n* parasailing *m*

parasite /'pærəsaɪt/ *n* parásito *m*

parasol /'pærəsɔːl, BrE 'pærəsɒl/ *n* sombrilla *f*, quitasol *m*

paratrooper /'pærəˌtruːpər, BrE 'pærəˌtruːpə(r)/ *n* (Mil) paracaidista *mf* (*del ejército*)

parcel /'pɑːrsəl, BrE 'pɑːsəl/ *n* (BrE) paquete *m*

parched /pɑːrtʃt, BrE pɑːtʃt/ *adj* **(a)** (very dry) reseco **(b)** (very thirsty) (infml) (*pred*) muerto de sed (fam)

parchment /'pɑːrtʃmənt, BrE 'pɑːtʃmənt/ *n* pergamino *m*

pardon¹ /'pɑːrdn̩, BrE 'pɑːdn̩/ *n* **1** **(a)** (forgiveness) perdón *m* **(b)** (*as interj*) **~?** o (fml) **I beg your ~?** (requesting repetition) ¿cómo?, ¿mande? (Méx); **I beg your ~** (apologizing) perdón **2** (Law) indulto *m*

pardon² *vt* **1** (forgive) perdonar; **~ me!** (apologizing) ¡perdón!; **~ me?** (requesting repetition) (esp AmE) ¿cómo? **2** (Law) ‹*offender*› indultar

pare /per, BrE peə(r)/ *vt* **(a)** (peel) pelar **(b)** ‹*nails*› cortar

• **pare down** [*v + o + adv, v + adv + o*] reducir*

🔑 **parent** /'perənt, BrE 'peərənt/ *n*: **my/his ~s** mis/sus padres; **the responsibility of being a ~** las responsabilidades que conlleva el ser padre/madre; (*before n*) **~ company** sociedad *f* matriz

parental /pə'rentl/ *adj* de los padres

parenthesis /pə'renθəsəs, BrE pə'renθəsɪs/ *n* (*pl* **-theses** /-θəsiːz/) paréntesis *m*; **in parentheses** entre paréntesis

parenthood /'perənthʊd, BrE 'peərənthʊd/ *n* el ser padre/madre

parenting /'perəntɪŋ, BrE 'peərəntɪŋ/ *n* crianza *f* de los hijos

Paris /'pærəs, BrE 'pærɪs/ *n* París *m*

parish /'pærɪʃ/ *n* **1** (Relig) parroquia *f*; (*before n*) **~ church** parroquia *f*, iglesia *f* parroquial **2** (Govt) distrito *m*

parishioner /pə'rɪʃənər, BrE pə'rɪʃənə(r)/ *n* feligrés, -gresa *m,f* (*de una parroquia*)

Parisian /pə'rɪʒən, BrE pə'rɪziən/ *n* parisino, -na *m,f*, parisiense *mf*, parisién *mf*

parity /'pærəti/ *n* (equality) (fml) igualdad *f*, paridad *f*

🔑 **park¹** /pɑːrk, BrE pɑːk/ *n* parque *m*; (*before n*) **~ bench** banco *m or* (Méx) banca *f* (de plaza)

park² *vt* ‹*car*› estacionar (esp AmL), aparcar* (Esp), parquear (AmL)
■ *vi* (Auto) estacionar (esp AmL), aparcar* (Esp), parquear (AmL), estacionarse(Chi, Méx)

parking /'pɑːrkɪŋ, BrE 'pɑːkɪŋ/ *n* estacionamiento *m* (esp AmL), aparcamiento *m* (Esp); ⊖ **no parking** prohibido estacionar (esp AmL) *or* (Esp) aparcar *or* (AmL) parquear; (*before n*) **a ~ place** o **space** un lugar para estacionar (*or* aparcar *etc*); **~ ticket** multa *f* (por estacionamiento indebido)

parking: **~ garage** *n* (AmE) estacionamiento *m* (esp AmL), aparcamiento *m* (Esp), parking *m* (Esp); **~ lot** *n* (AmE) estacionamiento *m* (esp AmL), aparcamiento *m* (Esp), parking *m* (Esp), parqueadero *m* (Col); **~ meter** *n* parquímetro *m*

Parkinson's Disease /'pɑːrkənsənz, BrE 'pɑːkɪnsənz/ *n* enfermedad *f* de Parkinson, Parkinson *m*

parkway /'pɑːrkweɪ, BrE 'pɑːkweɪ/ *n* (AmE) carretera *f* /avenida *f* ajardinada

parliament /'pɑːrləmənt, BrE 'pɑːləmənt/ *n* **(a)** (assembly) parlamento *m* **(b) Parliament** (in UK etc) Parlamento *m*

parliamentary /'pɑːrlə'mentəri, BrE ˌpɑːlə'mentri/ *adj* parlamentario

parlor, (BrE) **parlour** /'pɑːrlər, BrE 'pɑːlə(r)/ *n* **1** (dated in BrE) (in house) salón *m* (esp Esp), sala *f* (de estar) **2** (for business) (AmE) sala *f*; **ice-cream ~** heladería *f*

Parmesan (cheese) /'pɑːrməzɑːn, BrE 'pɑːmɪzæn/ *n* (queso *m*) parmesano *m*

parochial /pə'rəʊkiəl/ *adj* **(a)** (derog) ‹*person/attitude/outlook*› provinciano **(b)** (Relig) parroquial

parody¹ /'pærədi/ *n* (*pl* **-dies**) parodia *f*

parody² *vt* **-dies**, **-dying**, **-died** parodiar

parole /pə'rəʊl/ *n* libertad *f* condicional

paroxysm /'pærəksɪzəm/ *n* (Med) paroxismo *m*; **the news sent them into ~s of laughter** la noticia los hizo desternillarse de risa

parquet /pɑːr'keɪ, BrE 'pɑːkeɪ/ *n* **1** (Const) parqué *m*, parquet *m* **2** (AmE) (Theat) platea *f*

parrot /'pærət/ *n* loro *m*, papagayo *m*

parry /'pæri/ *vt* **-ries**, **-rying**, **-ried** ‹*blow/thrust*› parar; ‹*attack*› rechazar*; ‹*question*› eludir

parsley /'pɑːrsli, BrE 'pɑːsli/ *n* perejil *m*

parsnip /'pɑːrsnəp, BrE 'pɑːsnɪp/ *n* chirivía *f*, pastinaca *f*

parson /'pɑːrsn̩, BrE 'pɑːsn̩/ *n* clérigo *m*; (vicar) ≈ (cura *m*) párroco *m*

🔑 **part¹** /pɑːrt, BrE pɑːt/ *n* **1** **(a)** (section) parte *f* **(b)** (*in phrases*) **in part** en parte; **for the most part** en su mayor parte; **for my part** por mi parte, por mi lado **2** (component) pieza *f*; (spare **~**) repuesto *m or* (Méx), refacción *f* **3** **(a)** (in play) papel *m* **(b)** (role, share) papel *m*; **she had** o **played a major ~ in ...** tuvo *or* desempeñó un papel fundamental en ...; **to take ~ in sth** tomar parte en algo **4** (episode of TV, radio serial) episodio *m*; (Publ) fascículo *m* **5** (Mus) (vocal, instrumental line) parte *f* **6** (in hair) (AmE) raya *f*, carrera *f* (Col, Ven), partidura *f* (Chi) **7** **parts** *pl* (area): **in/around these ~s** por aquí; **in foreign ~s** en el extranjero

part² *vt* (separate) separar
■ *vi* **(a)** (separate) «*lovers*» separarse; **they ~ed on bad terms** quedaron disgustados **(b)** «*curtains/lips*» (open up) abrirse*

• **part with** [*v + prep + o*] desprenderse de

part³ *adv* en parte

part⁴ *adj* (*before n*) ‹*payment*› parcial

🔑 palabra clave

p

part exchange *n* (esp BrE): **in ~** a cuenta *or* como parte del pago

partial /ˈpɑːrʃəl, BrE ˈpɑːʃəl/ *adj* **1** (not complete) parcial **2 (a)** (fond) (*pred*) **to be ~ TO sth** tener* debilidad POR algo **(b)** (biased) (fml) parcial

partially /ˈpɑːrʃəli, BrE ˈpɑːʃəli/ *adv* **(a)** (partly) parcialmente **(b)** (with bias) con parcialidad

participant /pərˈtɪsəpənt, pɑːr-, BrE pɑːˈtɪsɪpənt/ *n* participante *mf*

participate /pərˈtɪsəpeɪt, pɑːr-, BrE pɑːˈtɪsɪpeɪt/ *vi* **to ~ (IN sth)** participar (EN algo)

participation /pərˈtɪsəˈpeɪʃən, pɑːr-, BrE pɑːˌtɪsɪˈpeɪʃən/ *n* participación *f*

participle /ˈpɑːrtəsɪpəl, BrE ˈpɑːtɪsɪpəl/ *n* participio *m*

particle /ˈpɑːrtɪkəl, BrE ˈpɑːtɪkəl/ *n* partícula *f*

particular¹ /pərˈtɪkjələr, BrE pəˈtɪkjʊlə(r)/ *adj* **1** (specific, precise): **this ~ one** este en especial; **is there any ~ style you'd prefer?** ¿tiene preferencia por algún estilo determinado?; **for no ~ reason** por nada en especial **2** (special) ‹*interest/concern*› especial **3** (fastidious) (*pred*) **to be ~ (ABOUT sth): she's very ~ about what she eats** es muy especial con la comida

particular² *n* **1 in particular** en particular **2** (detail) (fml) (*usu pl*) detalle *m*

particularly /pərˈtɪkjələrli, BrE pəˈtɪkjʊləli/ *adv* **(a)** (specifically) específicamente **(b)** (especially) particularmente

parting¹ /ˈpɑːrtɪŋ, BrE ˈpɑːtɪŋ/ *n* **1** (separation) despedida *f* **2** (in hair) (BrE) raya *f*, carrera *f* (Col, Ven), partidura *f* (Chi)

parting² *adj* (*before n*) ‹*kiss/words*› de despedida

partisan¹ /ˈpɑːrtəzən, BrE ˈpɑːtɪzæn/ *n* **(a)** (guerrilla) partisano, -na *m,f* **(b)** (supporter) partidario, -ria *m,f*

partisan² *adj* ‹*crowd/decision*› partidista

partition¹ /pərˈtɪʃən, pɑːr-, BrE pɑːˈtɪʃən/ *n* **1 (a)** (screen) tabique *m*; **a glass ~** una mampara de vidrio *or* (Esp) de cristal **(b)** (divider) separador *m* **2** (of country, territory) división *f*

partition² *vt* **(a)** ‹*country/territory*› dividir **(b)** ‹*room*› dividir con un tabique/con una mampara

partly /ˈpɑːrtli, BrE ˈpɑːtli/ *adv* en parte

partner¹ /ˈpɑːrtnər, BrE ˈpɑːtnə(r)/ *n* **(a)** (in an activity) compañero, -ra *m,f*; (in dancing, tennis) pareja *f* **(b)** (Busn) socio, -cia *m,f*; **~s in crime** cómplices *mpl or fpl* **(c)** (in personal relationship) pareja *f*, compañero, -ra *m,f*

partner² *vt* bailar (*or* jugar* etc) en pareja con

partnership /ˈpɑːrtnərʃɪp, BrE ˈpɑːtnəʃɪp/ *n* **(a)** (relationship) asociación *f* **(b)** (Busn) sociedad *f* (colectiva)

part of speech *n* (*pl* **parts of speech**) categoría *f* gramatical

partridge /ˈpɑːrtrɪdʒ, BrE ˈpɑːtrɪdʒ/ *n* (*pl* **~s** *or* **~**) perdiz *f*

part-time¹ /ˈpɑːrtˈtaɪm, BrE ˌpɑːtˈtaɪm/ *adj* de medio tiempo (AmL), a tiempo parcial (Esp)

part-time² *adv* de medio tiempo (AmL), a tiempo parcial (Esp)

party¹ /ˈpɑːrti, BrE ˈpɑːti/ *n* **1** (event) fiesta *f*; **I was invited to a tea ~** me invitaron a un té **2** (Pol) partido *m* **3** (group) grupo *m*; (in hunting) partida *f* **4** (person or body involved) parte *f*; **the guilty/innocent ~** el culpable/inocente

party² *vi* (infml) (go to parties) ir* a fiestas; (have fun) divertirse*

party line *n* (Pol): **the ~** la línea del partido

pass¹ /pæs, BrE pɑːs/ *n* **1** (document, permit) pase *m*; (ticket) abono *m* **2** (Geog) paso *m*; (narrow) desfiladero *m* **3** (in test, examination) (BrE) aprobado *m* **4** (Sport) pase *m* **5** (sexual advance): **to make a ~ at sb** intentar besar a algn

pass² *vt* **I 1 (a)** (go by, past) ‹*shop/house*› pasar por; **I ~ed him in the street** me crucé con él en la calle **(b)** (overtake) pasar, rebasar (Méx) **2 (a)** (cross, go beyond) ‹*limit*› pasar; ‹*frontier*› pasar, cruzar* **(b)** (surpass) sobrepasar **3** (spend) ‹*time*› pasar; **to ~ the time** pasar el rato

II 1 (convey, hand over) **to ~ sb sth, to ~ sth TO sb** pasarle algo A algn **2** (Sport) ‹*ball*› pasar

III 1 (succeed in) ‹*exam/test*› aprobar*, salvar (Ur) **2** (approve) ‹*candidate/work*› aprobar* **3** ‹*law/motion*› aprobar*

■ *vi* **I 1** (move, travel) pasar **2 (a)** (go, move past) pasar; **I was just ~ing** pasaba por aquí; **they ~ed on the stairs** se cruzaron en la escalera **(b)** (overtake) adelantarse, rebasar (Méx) **3 (a)** (elapse) «*time*» pasar **(b)** (disappear) «*feeling/pain*» pasarse **4** (be transferred) «*title/estate/crown*» pasar **5** (decline chance to play) pasar; (*as interj*) ¡paso! **6** (Sport) **to ~ (TO sb)** pasar(le) la pelota (*or* el balón *etc*) (A algn)

II 1 (be acceptable) pasar **2** (in an exam) aprobar*

● **pass away** [*v + adv*] (fml & euph) fallecer* (fml)

● **pass by 1** [*v + adv*] (go past) pasar **2** [*v + o + adv*] (not affect): **he felt life had ~ed him by** sentía que no había vivido

● **pass down** [*v + o + adv, v + adv + o*], (*often pass*) ‹*heirloom*› pasar; ‹*story/tradition*› transmitir

● **pass for** [*v + prep + o*] pasar por

● **pass off** [*v + o + adv, v + adv + o*] (represent falsely) hacer* pasar; **she ~ed herself off as a journalist** se hizo pasar por periodista

● **pass on 1** [*v + o + adv, v + adv + o*] ‹*information*› pasar; ‹*infection*› contagiar **2** [*v + adv*] **(a) to ~ on TO sth** pasar A algo **(b)** ▸ **pass away**

● **pass out 1** [*v + adv*] (become unconscious) desmayarse, perder* el conocimiento **2** [*v + o + adv, v + adv + o*] (distribute) repartir

● **pass over 1** [*v + adv + o*] (omit) ‹*fact/detail*› pasar por alto **2** [*v + o + adv*] (disregard for promotion) (*usu pass*) pasarle por encima a

● **pass through (a)** [*v + adv*] pasar; **we're just ~ing through** estamos solo de paso **(b)** [*v + prep + o*] ‹*town/area*› pasar por

● **pass up** [*v + o + adv, v + adv + o*] ‹*opportunity*› dejar pasar

passable /ˈpæsəbəl, BrE ˈpɑːsəbəl/ *adj* **(a)** (adequate) pasable **(b)** ‹*road/route*› transitable

passage /ˈpæsɪdʒ/ *n* **1 (a)** (alleyway) callejón *m*, pasaje *m*; (narrow) pasadizo *m* **(b)** (corridor) (esp BrE) pasillo *m* **(c)** (Anat) conducto *m* **2** (lapse): **the ~ of time** el paso del tiempo **3** (voyage) viaje *m*; (fare) pasaje *m* **4** (extract) pasaje *m*

passageway /ˈpæsɪdʒweɪ/ *n* pasillo *m*

p

✐ **passenger** /'pæsn̩dʒər, BrE 'pæsɪndʒə(r)/ *n* pasajero, -ra *m,f*

passer-by /'pæsər'baɪ, BrE ˌpɑːsə'baɪ/ *n* (*pl* **passers-by**) transeúnte *mf*

passing¹ /'pæsɪŋ, BrE 'pɑːsɪŋ/ *adj* (*before n*) **1** (going past): **she hailed a ~ taxi** llamó a un taxi que pasaba **2** **(a)** ‹*fad/fashion*› pasajero; ‹*glance*› rápido **(b)** (casual): **it was only a ~ thought** simplemente fue algo que se me ocurrió

passing² *n*: **in passing** al pasar, de pasada

passing lane *n* (AmE) carril *m* de adelantamiento

passion /'pæʃən/ *n* pasión *f*

passionate /'pæʃənət/ *adj* ‹*love*› apasionado; ‹*hatred*› mortal; ‹*admirer*› ardiente; ‹*speech*› vehemente

passionately /'pæʃənətli/ *adv* ‹*love*› apasionadamente; ‹*believe*› fervientemente; ‹*desire*› ardientemente

passion fruit *n* granadilla *f*, maracuyá *m*, parchita *f* (Ven)

passive¹ /'pæsɪv/ *adj* pasivo

passive² *n* voz *f* pasiva

pass: **~ key** *n* llave *f* maestra; **P~over** *n* Pascua *f* (*judía*); **~port** *n* pasaporte *m*; **~word** *n* **(a)** (secret word or phrase) contraseña *f* **(b)** (Comput) clave *f* de acceso

✐ **past¹** /pæst, BrE pɑːst/ *adj* **1** **(a)** (former) anterior; ‹*life*› pasado; (old) antiguo **(b)** (most recent) ‹*week/month/year*› último **(c)** (finished, gone) (*pred*) **what's ~ is ~** lo pasado, pasado **2** (Ling): **the ~ tense** el pasado, el pretérito

✐ **past²** *n* **1** **(a)** (former times) pasado *m*; **steam trains are a thing of the ~** las locomotoras de vapor han pasado a la historia; **in the ~, women ...** antes *or* antiguamente las mujeres ...; **that's all in the ~** eso forma parte del pasado **(b)** (of person) pasado *m*; (of place) historia *f* **2** (Ling) pasado *m*, pretérito *m*

P

✐ **past³** *prep* **1** **(a)** (by the side of): **I go ~ their house every morning** paso por (delante de) su casa todas las mañanas; **she walked straight ~ him** pasó de largo por su lado **(b)** (beyond): **it's just ~ the school** queda un poco más allá de la escuela **2** **(a)** (after) (esp BrE): **it's ten ~ six/half ~ two** son las seis y diez/las dos y media; **it was ~ eleven** eran las once pasadas; **it's ~ your bedtime** ya deberías estar acostado **(b)** (older than): **I'm ~ the age/stage when ...** ya he pasado la edad/superado la etapa en que ... **3** (outside, beyond) **to be ~** -ING: **I'm ~ caring** ya no me importa; **I wouldn't put it ~ her** no me extrañaría que lo hiciera; ***to be ~ it*** (infml) estar* para el arrastre (fam)

past⁴ *adv* **(a)** (with verbs of motion): **to fly/cycle/drive ~** pasar volando/en bicicleta/en coche; **he hurried ~** pasó a toda prisa **(b)** (giving time) (esp BrE): **it's twenty-five ~** son y veinticinco

pasta /'pɑːstə, BrE 'pæstə/ *n* pasta(s) *f(pl)*

paste /peɪst/ *n* **(a)** (thick mixture) pasta *f* **(b)** (glue) engrudo *m*; (wallpaper ~) pegamento *m*, cola *f* **(c)** (imitation gem) estrás *m*

pastel /pæs'tel, BrE 'pæstl/ *n* **(a)** (Art) (crayon) pastel *m* **(b)** (pale shade) tono *m* pastel; (*before n*) ‹*shades/color*› pastel *adj inv*

pasteurize /'pæstʃəraɪz, BrE 'pɑːstʃəraɪz/ *vt* pasteurizar*, pasterizar*

pastille /pæs'tiːl, BrE 'pæstɪl/ *n* pastilla *f*

pastime /'pæstaɪm, BrE 'pɑːstaɪm/ *n* pasatiempo *m*

pastor /'pæstər, BrE 'pɑːstə(r)/ *n* pastor, -tora *m,f*

pastoral /'pæstərəl, BrE 'pɑːstərəl/ *adj* **(a)** ‹*painting/scene*› pastoril **(b)** (Relig) ‹*care/duties*› pastoral

pastry /'peɪstri/ *n* (*pl* **-tries**) **(a)** (substance) masa *f* **(b)** (cake) pastelito *m* *or* (RPl) masa *f*

pasture¹ /'pæstʃər, BrE 'pɑːstʃə(r)/ *n* **(a)** (grazing land) pastos *mpl* **(b)** (grass) pasto *m*, pastura *f*

pasture² *vt* apacentar*, pastar

pasty /'pæsti/ *n* (*pl* **-ties**) (esp BrE) empanada *f* (AmL), empanadilla *f* (Esp)

pat¹ /pæt/ *vt* **-tt-** darle* palmaditas a

pat² *n* **1** (tap) palmadita *f*; (touch) toque *m* **2** (of butter) porción *f*

pat³ *adj* (derog) ‹*answer*› fácil

pat⁴ *adv* (by heart): **to have** o **know sth down** (AmE) o (BrE) **off ~** saberse* algo al dedillo

patch¹ /pætʃ/ *n* **1** **(a)** (for mending clothes) remiendo *m*, parche *m*; (for reinforcing) refuerzo *m*; (on knee) rodillera *f*; (on elbow) codera *f* **(b)** (eye ~) parche *m* (*en el ojo*) **2** **(a)** (area): **she slipped on a ~ of ice/oil** resbaló en el hielo/en una mancha de aceite; **a damp ~** una mancha de humedad; ***to go through a bad*** o ***rough*** o ***sticky ~*** (BrE) pasar por una mala racha **(b)** (of land): **a ~ of ground** un área de terreno; **a vegetable ~** un huerto **(c)** (territory) (BrE infml): **my/his ~** mi/su territorio

patch² *vt* remendar*, parchar (esp AmL)

• **patch up** [*v* + *o* + *adv*, *v* + *adv* + *o*] **(a)** (mend) ‹*roof/furniture*› hacerle* un arreglo a (*provisionalmente*); ‹*clothes*› remendar*, parchar (esp AmL); ‹*hole*› ponerle* un parche a **(b)** (resolve, settle): **I tried to help ~ things up between them** quise ayudar para que hicieran las paces

patchwork /'pætʃwɜːrk, BrE 'pætʃwɜːk/ *n* patchwork *m*, labor *f* de retazos *or* (Esp) retales; (*before n*) ‹*quilt*› de patchwork, de retazos *or* (Esp) retales

patchy /'pætʃi/ *adj* **-chier**, **-chiest** ‹*paintwork/color*› disparejo; ‹*coverage*› incompleto; ‹*description*› fragmentario; ‹*performance/work*› irregular; **~ fog** zonas *fpl* de niebla

pâté /pɑː'teɪ, BrE 'pæteɪ/ *n* paté *m*

patent¹ /'pætn̩t, BrE 'peɪtn̩t, 'pætn̩t/ *n* patente *f*

patent² /'pætn̩t, BrE 'peɪtn̩t, 'pætn̩t/ *vt* patentar

patent³ *adj* /'peɪtn̩t, 'pæt-, BrE 'peɪtn̩t/ (fml) patente

patent leather /'pætn̩t, BrE 'peɪtn̩t, 'pæt-/ *n* charol *m*

patently /'peɪtn̩tli, 'pæt-, BrE 'peɪtntli/ *adv*: **it's ~ clear** o **obvious that ...** salta a la vista que ...

paternal /pə'tɜːrnl, BrE pə'tɜːnl/ *adj* **(a)** (fatherly) ‹*affection*› paternal; ‹*pride*› de padre; ‹*trait/inheritance*› paterno **(b)** (on father's side) (*before n*) por parte de padre

paternity /pə'tɜːrnəti, BrE pə'tɜːnəti/ *n* (fml) paternidad *f*

paternity leave *n* permiso *m* *or* (Esp) licencia *f* *or* (esp Esp) baja *f* por paternidad

✐ **path** /pæθ, BrE pɑːθ/ *n* **(a)** (track, walkway) sendero *m*,

✐ palabra clave

senda *f* **(b)** (of missile) trayectoria *f*; (of the sun) recorrido *m*

pathetic /pə'θetɪk/ *adj* **(a)** (pitiful) patético **(b)** (feeble) (infml): **what a ~ excuse!** ¡qué excusa más pobre!; **don't be so ~** no seas tan pusilánime

pathological /'pæθə'lɑːdʒɪkəl, BrE ˌpæθə'lɒdʒɪkəl/ *adj* patológico

pathologist /pə'θɑːlədʒəst, BrE pə'θɒlədʒɪst/ *n* patólogo, -ga *m,f*

pathology /pə'θɑːlədʒi, BrE pə'θɒlədʒi/ *n* patología *f*

pathos /'peɪθɑːs, BrE 'peɪθɒs/ *n* patetismo *m*

pathway /'pæθweɪ, BrE 'pɑːθweɪ/ *n* camino *m*, sendero *m*

patience /'peɪʃəns/ *n* **(a)** (quality) paciencia *f* **(b)** (cards) (BrE) solitario *m*

patient[1] /'peɪʃənt/ *adj* paciente; **to be ~** WITH **sb** tener* paciencia CON algn

patient[2] *n* paciente *mf*

patiently /'peɪʃəntli/ *adv* pacientemente

patio /'pætiəʊ/ *n* patio *m*

patriot /'peɪtriət, BrE 'pætriət, 'peɪ-/ *n* patriota *mf*

patriotic /'peɪtri'ɑːtɪk, BrE ˌpætri'ɒtɪk, 'peɪ-/ *adj* patriótico

patriotism /'peɪtriətɪzəm, BrE 'pætriətɪzəm, 'peɪ-/ *n* patriotismo *m*

patrol[1] /pə'trəʊl/ *n* **(a)** (act) patrulla *f*; **to be on ~** estar* patrullando, estar* de patrulla; (*before n*) **~ car** coche *m* patrulla, patrullero *m* (RPl), auto *m* patrulla (Chi) **(b)** (group) patrulla *f*

patrol[2] *vt/i* **-ll-** patrullar

patron /'peɪtrən/ *n* **(a)** (sponsor) patrocinador, -dora *m,f*; **a ~ of the arts** un mecenas **(b)** (customer) (fml) cliente, -ta *m,f*

patronize /'peɪtrənaɪz, BrE 'pætrənaɪz/ *vt* **1** (condescend to) tratar con condescendencia **2** (frequent) (fml) ‹*shop/hotel*› ser* cliente de; ‹*theater/cinema*› frecuentar

patronizing /'peɪtrənaɪzɪŋ, BrE 'pætrənaɪzɪŋ/ *adj* condescendiente

patter[1] /'pætər, BrE 'pætə(r)/ *vi* golpetear

patter[2] *n* **1** (of rain) golpeteo *m* **2** (talk): **he has a good sales ~** tiene mucha labia para vender

pattern /'pætərn, BrE 'pætən/ *n* **1** **(a)** (decoration) diseño *m*, dibujo *m*; (on fabric) diseño *m*, estampado *m* **(b)** (order, arrangement): **it follows the normal ~** sigue las pautas normales; **the murders all seem to follow a ~** todos los asesinatos parecen responder al mismo patrón **2** **(a)** (model) modelo *m* **(b)** (in dressmaking) patrón *m*, molde *m* (CS) **(c)** (sample) muestra *f*

patterned /'pætərnd, BrE 'pætənd/ *adj* con dibujos; ‹*fabric*› estampado

paunch /pɔːntʃ/ *n* panza *f* (fam)

pauper /'pɔːpər, BrE 'pɔːpə(r)/ *n* pobre *mf*

pause[1] /pɔːz/ *n* pausa *f*; **without ~** sin interrupción

pause[2] *vi* (in speech) hacer* una pausa; (in movement) detenerse*

pave /peɪv/ *vt* (with concrete) pavimentar; (with flagstones) enlosar; (with stones) empedrar*

pavement /'peɪvmənt/ *n* **(a)** (paved area) pavimento *m* **(b)** (beside road) (BrE) ▶ **sidewalk**

pavilion /pə'vɪljən/ *n* **(a)** (tent, stand) pabellón *m* **(b)** (BrE) (Sport) caseta *f*

paving /'peɪvɪŋ/ *n* pavimento *m*; (of flagstones) enlosado *m*, (of stones) empedrado *m*; (*before n*); **~ stone** losa *f*

paw[1] /pɔː/ *n* pata *f*

paw[2] *vt* «*animal*» tocar* con la pata; **to ~ the ground** «*horse*» piafar

pawn[1] /pɔːn/ *n* **(a)** (in chess) peón *m* **(b)** (manipulated person) títere *m*

pawn[2] *vt* empeñar

pawnbroker /'pɔːnˌbrəʊkər, BrE 'pɔːnˌbrəʊkə(r)/ *n* prestamista *mf*

pay[1] /peɪ/ (*past & past p* **paid**) *vt* **1** **(a)** ‹*tax/rent/sum/debt*› pagar*; **how much did you ~ for the painting?** ¿cuánto te costó el cuadro? **(b)** ‹*employee/creditor/tradesperson*› pagarle* a; **to ~ sb** FOR **sth** pagarle* algo A algn **2** ‹*respects*› presentar; ‹*attention*› prestar

■ *vi* **1** **(a)** «*person*» pagar* **(b)** «*work/activity*» pagarse*; **teaching doesn't ~ very well** la enseñanza no está muy bien pagada **2** (suffer): **to ~ for sth** pagar* algo; **he paid for the mistake with his life** el error le costó la vida

■ *v impers* convenir*

● **pay back** [*v + o + adv, v + adv + o*] **1** (repay) ‹*money*› devolver*, regresar (AmL exc CS); ‹*loan/mortgage*› pagar*; **to ~ sb back** devolverle *or* (AmL exc CS) regresarle el dinero a algn **2** (take revenge on): **I'll ~ you back!** ¡ya me las vas a pagar!

● **pay in** [*v + o + adv, v + adv + o*] (BrE) ‹*money*› depositar *or* (Esp) ingresar *or* (Col) consignar

● **pay off** **1** [*v + o + adv, v + adv + o*] ‹*debt*› cancelar, saldar; ‹*worker*› liquidarle el sueldo (*or* jornal *etc*) a (*al despedirlo*) **2** [*v + adv*] (prove worthwhile) valer* la pena; «*gamble*» resultar

● **pay out** [*v + o + adv, v + adv + o*] pagar*

● **pay up** [*v + adv*] pagar*

pay[2] *n* (of manual worker) paga *f*; (of employee) sueldo *m*; **equal ~** igualdad *f* salarial; (*before n*) **~ increase** aumento *m* salarial

payable /'peɪəbəl/ *adj* (fml) (*pred*) pagadero; **the rent becomes ~ on the first of the month** el alquiler vence el primero de mes; **make the check ~ to ...** extienda el cheque a nombre de ...

pay: **~check**, (BrE) **~ cheque** *n* cheque *m* del sueldo; (salary) sueldo *m*; **~day** *n* día *m* de paga

payee /peɪ'iː/ *n* beneficiario, -ria *m,f*

payment /'peɪmənt/ *n* **(a)** (of debt, money, wage) pago *m*; **he received no ~ for what he did** no recibió remuneración por lo que hizo (fml) **(b)** (installment) plazo *m*, cuota *f* (AmL)

pay: **~ phone** *n* teléfono *m* público, monedero *m* (público) (Ur); **~roll** *n* **(a)** (list) nómina *f*, planilla *f* (de sueldos) (AmL), plantilla *f* (Esp) **(b)** (wages) nómina *f*; **~ slip** *n* nómina *f*, recibo *m* del sueldo; **~wall** *n* muro *m* de paga, paywall *m* (*herramienta utilizada por ciertos sitios en Internet para cobrar por los contenidos que allí se ofrecen*)

PC[1] *n* **1** = **personal computer** **2** (in UK) = **police constable**

PC[2] *adj* = **politically correct**

PD *n* (in US) = **Police Department**

PE *n* = **physical education**

pea /piː/ *n* arveja *f* *or* (Esp) guisante *m* *or* (AmC, Méx) chícharo *m*

peace /piːs/ *n* **1** paz *f*; **in** o **at ~** en paz; (*before n*) para la paz; ‹*proposal/initiative/treaty*› de paz; ‹*talks/march/campaign*› por la paz; **the ~ movement** el movimiento pacifista; **as a ~ offering** en señal de reconciliación **2** (Law): **to keep the ~** mantener* el orden **3** (tranquillity) paz *f*; **I went to the library for some ~ and quiet** me fui a la biblioteca para poder estar tranquilo; **I turned off the gas for my own ~ of mind** apagué el gas para quedarme tranquilo

peaceful /'pi:sfəl/ *adj* **(a)** (calm, quiet) ‹*place*› tranquilo **(b)** (non-violent) ‹*protest*› pacífico; **they are a ~ people** son un pueblo amante de la paz

peacefully /'pi:sfəli/ *adv* ‹*sleep*› plácidamente; ‹*read/sit*› tranquilamente

peace: **~keeping** *adj* (*before n*): **~keeping forces** fuerzas *fpl* de paz; **~maker** *n* conciliador, -dora *m,f*; **~time** *n* época *f* de paz

peach /pi:tʃ/ *n* durazno *m* (esp AmL), melocotón *m* (Esp); (*before n*) **~ tree** duraznero *m* (esp AmL), melocotonero *m* (Esp)

peacock /pi:kɑ:k, BrE 'pi:kɒk/ *n* pavo *m* real

peak¹ /pi:k/ *n* **(a)** (of mountain) cima *f*, cumbre *f*; (mountain) pico *m*; (of cap) visera *f* **(b)** (highest point): **at the ~ of her career** en el apogeo de su carrera

peak² *adj* (*before n*) **(a)** (maximum) ‹*level/power*› máximo; **to be in ~ condition** «*athlete/horse*» estar* en plena forma **(b)** (busiest): **during ~ hours** durante las horas de mayor demanda (*or* consumo *etc*); **~ rate** tarifa *f* alta

peal /pi:l/ *n*: **~ of bells** (sound) repique *m* de campanas; (set) carillón *m*; **~s of laughter** carcajadas *fpl*; **a ~ of thunder** un trueno

peanut /'pi:nʌt/ *n* **(a)** (Agr, Culin) maní *m or* (Esp) cacahuete *m or* (Méx) cacahuate *m* **(b) peanuts** *pl* (small sum) (infml) una miseria (fam)

peanut butter *n* mantequilla *f* de maní *or* (Esp) de cacahuete *or* (Méx) de cacahuate, manteca *f* de maní (RPl)

pear /per, BrE peə(r)/ *n* pera *f*; **~ (tree)** peral *m*

pearl /pɜ:rl, BrE pɜ:l/ *n* **(a)** perla *f*; **~s of wisdom** sabias palabras *fpl*; (iro) joyitas *fpl* (iró) **(b)** (mother-of-~) nácar *m*, madreperla *f*, concha *f* nácar (Méx), concha *f* de perla (Chi)

peasant /'peznt/ *n* campesino, -na *m,f*

peat /pi:t/ *n* turba *f*

pebble /'pebəl/ *n* guijarro *m*

pecan /pɪ'kæn, BrE 'pi:kən/ *n* pacana *f*, nuez *f* (Méx)

peck¹ /pek/ *n* **(a)** (of bird) picotazo *m* **(b)** (kiss) beso *m*

peck² *vt* picotear

pecking order /'pekɪŋ/ *n* jerarquía *f*

peckish /'pekɪʃ/ *adj* (esp BrE infml) (*pred*): **to be** o **feel ~** tener* un poco de hambre

peculiar /pɪ'kju:ljər, BrE pɪ'kju:liə(r)/ *adj* **(a)** (strange) raro, extraño **(b)** (particular, exclusive) peculiar, característico

peculiarity /pɪ'kju:l'jærəti, BrE pɪˌkju:li'ærəti/ *n* (*pl* **-ties**) (sth unusual) rasgo *m* singular; (oddity) rareza *f*

pedal¹ /'pedl/ *n* pedal *m*

pedal² *vi* BrE **-ll-** pedalear

pedal bin *n* (BrE) cubo *m or* (Méx) bote *m or* (CS) tacho *m or* (Ven) tobo *m or* (Col) caneca *f* de la basura (*con pedal*)

pedantic /pɪ'dæntɪk/ *adj* pedante

peddle /'pedl/ *vt* vender (*en las calles o de puerta en puerta*); **to ~ drugs** traficar* con drogas

peddler /'pedlər, BrE 'pedlə(r)/ *n* vendedor, -dora ambulante *m,f*; (in former times) buhonero *m*; **a drug ~** un traficante de drogas

pedestal /'pedəstl, BrE 'pedɪstl/ *n* pedestal *m*

pedestrian¹ /pə'destriən, BrE pɪ'destriən/ *n* peatón, -tona *m,f*; (*before n*) **~ crossing** cruce *m* peatonal *or* de peatones; **~ mall** o (BrE) **precinct** zona *f* peatonal

pedestrian² *adj* pedestre

pediatric, (BrE also) **paediatric** /pi:di'ætrɪk/ *adj* ‹*hospital*› pediátrico; ‹*specialist*› en pediatría

pediatrician, (BrE also) **paediatrician** /'pi:diə'trɪʃən/ *n* pediatra *mf*

pedicure /'pedɪkjʊr, BrE 'pedɪkjʊə(r)/ *n*: **to have a ~** arreglarse/hacerse* arreglar los pies

pedigree /'pedəgri:, BrE 'pedɪgri:/ *n* **(a)** (ancestry — of animal) pedigrí *m*; (— of person) linaje *m*; (*before n*) ‹*bull/dog*› de raza **(b)** (certificate, document) pedigrí *m*

pedlar /'pedlər, BrE 'pedlə(r)/ *n* (BrE) ▶ **peddler**

pedophile, (BrE) **paedophile** /'pedəfaɪl, BrE 'pi:dəfaɪl/ *n* pedófilo, -la *m,f*

pee¹ /pi:/ *vi* (*past & past p* **peed**) (infml) hacer* pis *or* pipí (fam), hacer* del uno (Méx, Per fam & euf)

pee² *n* (infml) (*no pl*) pis *m* (fam), pipí *m* (fam)

peek¹ /pi:k/ *vi* **~** (AT **sth/sb**) mirar (algo/a algn) (*a hurtadillas*), vichar (algo/a algn) (RPl fam)

peek² *n*: **to take** o **have a ~ at sth** echar(le) una miradita a algo, vichar algo (RPl fam)

peel¹ /pi:l/ *vt* ‹*apple/potato*› pelar
■ *vi* «*person*» pelarse; «*paint*» desconcharse; «*wallpaper*» despegarse*

• **peel off** **1** [*v + adv*] «*wallpaper/label*» despegarse*; ‹*paint*› desconcharse **2** [*v + o + adv, v + adv + o*] ‹*stamp/sticker*› despegar*; ‹*paint/bark*› quitar

peel² *n* (of potato, apple) piel *f*, cáscara *f* (esp AmL); (of orange, lemon) cáscara *f*

peelings /'pi:lɪŋz/ *pl n* cáscaras *fpl*, peladuras *fpl*

peep¹ /pi:p/ *vi* **(a)** (watch) espiar*, vichar (RPl fam); (look quickly) mirar (*a hurtadillas*), vichar (RPl fam) **(b)** (show, stick out) **~ (out)** asomar
■ *vt* (infml): **I ~ed the horn** toqué la bocina *or* el claxon

peep² *n* **1** (quick or furtive look) vistazo *m*; **to have a ~** AT **sth** echarle un vistazo A algo **2** (of bird) pío *m*; (of car horn) pitido *m*

peephole /'pi:phəʊl/ *n* mirilla *f*

peer¹ /pɪr, BrE pɪə(r)/ *n* **1** **(a)** (equal) par *mf* **(b)** (contemporary) coetáneo, -nea *m,f* **2** (lord) (in UK) par *m*

peer² *vi* **to ~** AT **sth/sb** (with difficulty) mirar algo/a algn con ojos de miope; (closely) mirar algo/a algn detenidamente

peerage /'pɪrɪdʒ, BrE 'pɪərɪdʒ/ *n*: **the ~** la nobleza

P

peer group *n* grupo *m* paritario (fml)

peeved /piːvd/ *adj* ‹*expression/look*› de fastidio; **to be** o **feel** ~ estar* molesto

peevish /'piːvɪʃ/ *adj* ‹*remark*› desagradable, malhumorado; **to be** ~ estar* fastidioso

peg¹ /peg/ *n* **1** **(a)** (in ground) estaca *f*; (on violin, guitar) clavija *f*; (tent ~) estaquilla *f*; (on board game) *pieza o ficha que encaja en un tablero* **(b)** (clothes-~) (BrE) ▶ **clothespin** **2** (hook, hanger) colgador *m*, perchero *m*, gancho *m*

peg² *vt* **-gg-** (attach, secure) sujetar, asegurar (*con estaquillas etc*)

pejorative /pɪ'dʒɔːrətɪv, BrE pɪ'dʒɒrətɪv/ *adj* peyorativo

Peking /'piː'kɪŋ/ *n* Pekín *m*

pelican /'pelɪkən/ *n* pelícano *m*

pellet /'pelət, BrE 'pelɪt/ *n* **(a)** (of bread, paper) bolita *f* **(b)** (ammunition) perdigón *m*

pelt¹ /pelt/ *vt*: **to ~ sb with tomatoes** lanzarle* tomates a algn

■ *vi* (infml) **1** (rush): **they came ~ing down the hill** bajaron la cuesta (corriendo) a toda velocidad **2** (fall heavily): **it was ~ing with rain** llovía a cántaros

pelt² *n* (animal skin) piel *f*; (stripped) cuero *m*

pelvis /'pelvəs, BrE 'pelvɪs/ *n* (*pl* **-vises**) pelvis *f*

pen /pen/ *n* **1** (fountain ~) pluma *f* estilográfica, pluma *f* fuente (AmL); (ballpoint ~) bolígrafo *m*, boli *m* (Esp fam), birome *f* (RPl), pluma *f* atómica (Méx), lápiz *m* de pasta (Chi); (felt ~) rotulador *m* **2** (Agr) (sheep ~) redil *m*; (cattle ~) corral *m*

penal /'piːnl/ *adj* penal

penalize /'piːnlaɪz, BrE 'piːnəlaɪz/ *vt* **(a)** (punish) ‹*player*› sancionar **(b)** (make punishable, illegal) penalizar*

penalty /'penlti/ *n* (*pl* **-ties**) **1** (punishment) pena *f*; (fine) multa *f*; **to pay the ~** pagar* las consecuencias **2** (Sport) (in rugby) penalty *m*; (in US football) castigo *m*; **~ (kick)** (in soccer) penalty *m*, penalti *m*, penal *m* (AmL), pénal *m* (Andes); (*before n*) **~ area** (in soccer) área *f*‡ de penalty

penance /'penəns/ *n* **(a)** (Relig) penitencia *f* **(b)** (punishment) (hum) castigo *m*

pence /pens/ *n* *pl of* **penny 1 a**

penchant /'pentʃənt, BrE 'pɒŋʃɒŋ/ *n* (fml) ~ (FOR sth) inclinación *f* (POR algo)

pencil /'pensəl/ *n* lápiz *m*; **in ~** con lápiz

pencil: **~ case** *n* estuche *m* (para lápices), plumier *m* (Esp), chuspa *f* (Col), cartuchera *f* (RPl); **~ sharpener** *n* sacapuntas *m*, tajalápiz *m* (Col)

pendant /'pendənt/ *n* colgante *m*

pending¹ /'pendɪŋ/ *adj* **(a)** (awaiting action) (*pred*) **to be ~** estar* pendiente **(b)** (imminent) próximo

pending² *prep* (fml) en espera de

pendrive *n* lápiz *m* de memoria

pendulum /'pendʒələm, BrE 'pendjʊləm/ *n* (*pl* **-lums**) péndulo *m*

penetrate /'penətreɪt, BrE 'penɪtreɪt/ *vt* **(a)** ‹*membrane/defenses*› penetrar (en); ‹*armor*› atravesar*; ‹*enemy lines*› adentrarse en; ‹*territory*› penetrar en; ‹*organization*› infiltrarse en; ‹*market*› introducirse* en **(b)** «*liquid*» penetrar (en)

■ *vi* **(a)** «*arrow/water/light*» penetrar **(b)** (sink in mentally): **it took a long time to ~** tardé (*or* tardó *etc*) en entenderlo

penetrating /'penətreɪtɪŋ, BrE 'penɪtreɪtɪŋ/ *adj* penetrante

penetration /'penə'treɪʃən, BrE ˌpenɪ'treɪʃən/ *n* penetración *f*

pen friend *n* (esp BrE) ▶ **pen pal**

penguin /'peŋgwən, BrE 'peŋgwɪn/ *n* pingüino *m*

penicillin /'penə'sɪlən, BrE ˌpenɪ'sɪlɪn/ *n* penicilina *f*

peninsula /pə'nɪnsələ, BrE pə'nɪnsjʊlə/ *n* península *f*

penis /'piːnəs, BrE 'piːnɪs/ *n* pene *m*

penitent /'penətənt, BrE 'penɪtənt/ *adj* arrepentido

penitentiary /'penə'tentʃəri, BrE ˌpenɪ'tenʃəri/ *n* (*pl* **-ries**) (AmE) prisión *f*

penknife /'pennaɪf/ *n* (*pl* **-knives**) navaja *f*

Penn, Penna = **Pennsylvania**

pen name *n* seudónimo *m*

penniless /'penɪləs, BrE 'penɪlɪs/ *adj* pobre, sin un céntimo

penny /'peni/ *n* **1** (in UK) **(a)** (*pl* **pence**) penique *m* **(b)** (*pl* **pennies**) (coin) penique *m* **2** (*pl* **pennies**) (cent coin) (in US, Canada) (infml) (moneda *f* de un) centavo *m*

penny-pinching /'peni,pɪntʃɪŋ/ *adj* cicatero (fam)

pen pal /'penpæl/ *n* (esp AmE) amigo, -ga *m,f* por correspondencia

pension /'pentʃən, BrE 'penʃən/ *n* pensión *f*; (retirement ~) pensión de jubilación

pensioner /'pentʃənər, BrE 'penʃənə(r)/ *n* pensionado, -da *m,f*, pensionista *mf*; (retired person) jubilado, -da *m,f*

pensive /'pensɪv/ *adj* pensativo

pentagon /'pentəgɑːn, BrE 'pentəgən/ *n* **(a)** (Math) pentágono *m* **(b)** (in US): **the Pentagon** el Pentágono

pentathlon /pen'tæθlən/ *n* pentatlón *m*

Pentecost /'pentəkɔːst, BrE 'pentɪkɒst/ *n* Pentecostés *m*

penthouse /'penthaʊs/ *n* penthouse *m*

pent-up /'pent'ʌp/ *adj* (*pred* **pent up**) ‹*emotions*› contenido; ‹*energy*› acumulado

penultimate /pɪ'nʌltəmət, BrE pen'ʌltɪmət/ *adj* (*before n*) penúltimo

people¹ /'piːpəl/ *n* **1** (+ *pl vb, no art*) **(a)** (in general) gente *f*; **~ say that ...** dicen que ..., se dice que ...; **some ~ don't like it** a algunos no les gusta **(b)** (individuals) personas *fpl* **(c)** (specific group): **tall/rich ~** la gente alta/rica, los altos/ricos; **young ~** los jóvenes **2** **(a)** (inhabitants) (+ *pl vb*): **the ~ of this country** la gente de este país; **the country and its ~** el país y su(s) gente(s) **(b)** (citizens, nation) (+ *pl vb*) **the ~** el pueblo **(c)** (race) (+ *sing vb*) pueblo *m*

people² *vt* poblar*

people: **~ carrier** *n* monovolumen *m*; **~ trafficker** *n* traficante *mf* de personas

pepper¹ /'pepər, BrE 'pepə(r)/ *n* **1** (spice) pimienta *f*; **black/white ~** pimienta negra/blanca **2** (capsicum fruit, plant) pimiento *m*, pimentón *m* (AmS exc RPl), ají *m* (RPl); **green ~** pimiento (*or* pimentón *etc*) verde; **red ~** pimiento (*or* pimentón *etc*) rojo *or* colorado, ají *m* morrón (RPl)

pepper² *vt* (intersperse) **to ~ sth** WITH **sth** salpicar* algo DE algo

pepper: **~box** *n* (AmE) pimentero *m*; **~mint** *n* **(a)** (plant) menta *f*; (*before n*) ‹*tea/oil*› de menta; ‹*flavor*› a menta **(b)** (sweet) caramelo *m* de menta; **~pot** *n* (BrE) pimentero *m*

pep /pep/: **~ talk** *n*: **he gave them a ~ talk** les habló para levantarles la moral/infundirles ánimo; **~ up -pp-**; [*v + o + adv, v + adv + o*] (infml) ‹*person*› animar; (physically) darle* energía a

per /pɜːr, BrE pɜː(r)/ *prep* (for each) por; **£10 ~ head** 10 libras por cabeza; **at $25 ~ kilo** a 25 dólares el kilo; **30 miles ~ hour** 30 millas por hora

per: **~ annum** /pər'ænəm/ *adv* al año, por año; **~ capita** /pər'kæpətə, BrE pə'kæpɪtə/ *adv* per cápita

perceive /pər'siːv, BrE pə'siːv/ *vt* **(a)** ‹*object/sound*› percibir **(b)** (realize) percatarse de **(c)** (regard) ver*

percent¹, per cent /pər'sent, BrE pə'sent/ *n* (*no pl*) porcentaje *m*

percent², per cent *adv* por ciento

percentage /pər'sentɪdʒ, BrE pə'sentɪdʒ/ *n* porcentaje *m*

perceptible /pər'septəbəl, BrE pə'septəbəl/ *adj* perceptible

perception /pər'sepʃən, BrE pə'sepʃən/ *n* **(a)** (faculty) percepción *f* **(b)** (idea) idea *f*; (image) imagen *f* **(c)** (insight) perspicacia *f*

perceptive /pər'septɪv, BrE pə'septɪv/ *adj* perspicaz

perch¹ /pɜːrtʃ, BrE pɜːtʃ/ *n* **1** (in birdcage) percha *f* **2** (*pl* **~** *or* **~es**) (fish) perca *f*

perch² *vi* «*bird*» posarse; **he ~ed on the edge of the table** se sentó en el borde de la mesa

percolate /'pɜːrkəleɪt, BrE 'pɜːkəleɪt/ *vi* **(a)** (filter) filtrarse **(b)** (Culin) «*coffee*» hacerse*

percolator /'pɜːrkəleɪtər, BrE 'pɜːkəleɪtə(r)/ *n* cafetera *f* eléctrica

percussion /pər'kʌʃən, BrE pə'kʌʃən/ *n* percusión *f*

perennial¹ /pə'reniəl/ *adj* **(a)** (Bot) perenne **(b)** (recurring) perenne, perpetuo

perennial² *n* planta *f* perenne *or* vivaz

perfect¹ /'pɜːrfɪkt, BrE 'pɜːfɪkt/ *adj* **1** (flawless, ideal) perfecto; ‹*day/opportunity*› ideal; **he speaks ~ French** habla francés perfectamente **2** (complete) (*before n*) **he's a ~ stranger to me** me es totalmente desconocido

perfect² /pər'fekt, BrE pə'fekt/ *vt* perfeccionar

perfect³ /'pɜːrfɪkt, BrE 'pɜːfɪkt/ *n*: **the future/present ~** el futuro/pretérito perfecto; **the past ~** el pluscuamperfecto

perfection /pər'fekʃən, BrE pə'fekʃən/ *n* **(a)** (state, quality) perfección *f* **(b)** (act) perfeccionamiento *m*

perfectionist /pər'fekʃənəst, BrE pə'fekʃənɪst/ *n* perfeccionista *mf*

perfectly /'pɜːrfɪktli, BrE 'pɜːfɪktli/ *adv* **1** **(a)** (exactly) ‹*round/straight*› totalmente; ‹*fit/match*› perfectamente **(b)** (faultlessly, ideally) perfectamente **2** (completely, utterly) ‹*safe/ridiculous*› totalmente; **he knows ~ well that …** sabe perfectamente que …

perforate /'pɜːrfəreɪt, BrE 'pɜːfəreɪt/ *vt* perforar

perforation /'pɜːrfə'reɪʃən, BrE ˌpɜːfə'reɪʃən/ *n* perforación *f*; **~s** (on sheet of stamps etc) perforado *m*

perform /pər'fɔːrm, BrE pə'fɔːm/ *vi* **1** (Mus, Theat) «*actor/comedian*» actuar*; «*singer*» cantar; «*musician*» tocar*; «*dancer*» bailar **2** (work, produce results) «*student/worker*» rendir*, trabajar; «*team/athlete/vehicle*» responder; «*company/stocks*» rendir*
■ *vt* **1** (Mus, Theat) ‹*play*› representar; ‹*symphony*› tocar* **2** (carry out, fulfill) ‹*function*› desempeñar; ‹*role*› desempeñar; ‹*task*› ejecutar; ‹*experiment*› realizar*; ‹*ceremony*› celebrar; ‹*rites*› practicar*

performance /pər'fɔːrməns, BrE pə'fɔːməns/ *n* **1** (Cin, Mus, Theat) **(a)** (session) (Theat) representación *f*, función *f*; (Cin) función *f* **(b)** (of symphony, song) interpretación *f*; (of play) representación *f* **(c)** (of actor) interpretación *f*; (of pianist, tenor) interpretación *f*; (of entertainer) actuación *f* **2** (of employee) rendimiento *m*, desempeño *m* (AmL); (of student) rendimiento *m*; (of team, athlete) actuación *f*, performance *f* (AmL period); (of machine, vehicle) comportamiento *m*, performance *f* (AmL); (of company) resultados *mpl*

performer /pər'fɔːrmər, BrE pə'fɔːmə(r)/ *n* (Theat, Cin) actor, -triz *m,f*; (entertainer) artista *mf*

performing /pər'fɔːrmɪŋ, BrE pə'fɔːmɪŋ/ *adj* (*before n*) **(a)** (Mus, Theat): **the ~ arts** las artes interpretativas **(b)** ‹*seal/dog*› amaestrado

perfume¹ /'pɜːrfjuːm, BrE 'pɜːfjuːm/ *n* perfume *m*

perfume² /pər'fjuːm, BrE 'pɜːfjuːm/ *vt* perfumar

perfunctory /pər'fʌŋktəri, BrE pə'fʌŋktəri/ *adj* ‹*inspection/description*› somero; ‹*greeting*› mecánico

perhaps /pər'hæps, BrE pə'hæps/ *adv* quizá(s), tal vez; **~ they'll come later** tal vez *or* quizá(s) vengan más tarde

peril /'perəl, BrE 'perɪl, 'perəl/ *n* peligro *m*

perilous /'perələs, BrE 'perɪləs, 'perələs/ *adj* peligroso

perimeter /pə'rɪmətər, BrE pə'rɪmɪtə(r)/ *n* perímetro *m*

period¹ /'pɪriəd, BrE 'pɪəriəd/ *n* [*the forms **período** and **periodo** are equally acceptable in Spanish where this translation applies*] **1** **(a)** (interval, length of time) período *m*; (when specifying a time limit) plazo *m*; **for a ~ of five hours/12 months** por un espacio de cinco horas/período de 12 meses **(b)** (epoch) época *f* **2** (menstruation) periodo *m*, regla *f* **3** (in school) hora *f* (*de clase*) **4** (in punctuation) (AmE) punto *m*

period² *adj* ‹*costume/furniture*› de época

periodic /'pɪri'ɑːdɪk, BrE ˌpɪəri'ɒdɪk/ *adj* periódico

periodical¹ /'pɪri'ɑːdɪkəl, BrE ˌpɪəri'ɒdɪkəl/ *n* publicación *f* periódica

periodical² *adj* ▸ **periodic**

peripheral /pə'rɪfərəl/ *adj* **(a)** (minor, secondary) secundario **(b)** (Comput) ‹*device/unit*› periférico

periphery /pəˈrɪfəri/ *n* (*pl* **-ries**) (fml) (of city) periferia *f*; (of society) margen *m*

periscope /ˈperəskəʊp, BrE ˈperɪskəʊp/ *n* periscopio *m*

perish /ˈperɪʃ/ *vi* **(a)** (die) (liter) perecer* (liter) **(b)** (decay) «*rubber/leather*» deteriorarse; «*foodstuffs*» echarse a perder

perishable /ˈperɪʃəbəl/ *adj* perecedero

perjure /ˈpɜːrdʒər, BrE ˈpɜːdʒə(r)/ *v refl* (Law) **to ~ oneself** perjurar(se), cometer perjurio

perjury /ˈpɜːrdʒəri, BrE ˈpɜːdʒəri/ *n* perjurio *m*

perk /pɜːrk, BrE pɜːk/ *n* (infml) (of job) (beneficio *m*) extra *m*; (particular advantage) ventaja *f*

● **perk up** [*v + adv*] «*person*» animarse; «*business/weather*» mejorar

perky /ˈpɜːrki, BrE ˈpɜːki/ *adj* **-kier**, **-kiest** alegre

perm¹ /pɜːrm, BrE pɜːm/ *n* permanente *f or* (Méx) *m*

perm² *vt*: **to have one's hair ~ed** hacerse* la *or* (Méx) un permanente

permanent¹ /ˈpɜːrmənənt, BrE ˈpɜːmənənt/ *adj* permanente; ‹*address/job*› fijo, permanente; ‹*dye/ink*› indeleble

permanent² *n* (AmE) ▸ **perm¹**

permanently /ˈpɜːrmənəntli, BrE ˈpɜːmənəntli/ *adv* ‹*work/settle*› permanentemente; ‹*marked/disfigured*› para siempre

permeate /ˈpɜːrmieɪt, BrE ˈpɜːmieɪt/ *vt* «*liquid*» calar; «*smoke/smell*» impregnar

permissible /pərˈmɪsəbəl, BrE pəˈmɪsəbəl/ *adj* (permitted) permisible; (acceptable) tolerable

permission /pərˈmɪʃən, BrE pəˈmɪʃən/ *n* permiso *m*; **she gave me ~** me dio (su) permiso

permissive /pərˈmɪsɪv, BrE pəˈmɪsɪv/ *adj* permisivo

permit¹ /pərˈmɪt, BrE pəˈmɪt/ **-tt-** *vt* permitir; **photography is not ~ted** no se permite tomar fotografías; **to ~ sb to + INF** permitirle a algn que (+ *subj*)
■ *vi*: **weather ~ting** si hace buen tiempo

permit² /ˈpɜːrmɪt, BrE ˈpɜːmɪt/ *n* permiso *m* (*por escrito*); **work/residence ~** permiso de trabajo/de residencia; **gun ~** (AmE) licencia *f* de armas

permutation /ˈpɜːrmjʊˈteɪʃən, BrE ˌpɜːmjʊˈteɪʃən/ *n* **(a)** (arrangement) variante *f* **(b)** (Math) permutación *f*

peroxide /pərˈɑːksaɪd, BrE pəˈrɒksaɪd/ *n* peróxido *m*

perpendicular /ˈpɜːrpənˈdɪkjələr, BrE ˌpɜːpənˈdɪkjʊlə(r)/ *adj* **(a)** (vertical) ‹*wall/surface*› perpendicular al horizonte **(b)** (Math) **~ TO sth** perpendicular A algo

perpetrate /ˈpɜːrpətreɪt, BrE ˈpɜːpɪtreɪt/ *vt* (fml) perpetrar

perpetrator /ˈpɜːrpətreɪtər, BrE ˈpɜːpɪtreɪtə(r)/ *n* (fml *or* hum) autor, -tora *m,f* (*de un crimen etc*)

perpetual /pərˈpetʃuəl, BrE pəˈpetjʊəl/ *adj* eterno, perpetuo

perpetuate /pərˈpetʃueɪt, BrE pəˈpetjʊeɪt/ *vt* perpetuar*

perplex /pərˈpleks, BrE pəˈpleks/ *vt* dejar perplejo

perplexed /pərˈplekst, BrE pəˈplekst/ *adj* perplejo

per se /ˈpɜːrˈseɪ, BrE ˌpɜːˈseɪ/ *adv* en sí, per se

persecute /ˈpɜːrsɪkjuːt, BrE ˈpɜːsɪkjuːt/ *vt* perseguir*

persecution /ˈpɜːrsɪˈkjuːʃən, BrE ˌpɜːsɪˈkjuːʃən/ *n* persecución *f*

perseverance /ˈpɜːrsəˈvɪrəns, BrE ˌpɜːsɪˈvɪərəns/ *n* perseverancia *f*

persevere /ˈpɜːrsəˈvɪr, BrE ˌpɜːsɪˈvɪə(r)/ *vi* perseverar

Persia /ˈpɜːrʒə, BrE ˈpɜːʃə/ *n* Persia *f*

Persian /ˈpɜːrʒən, BrE ˈpɜːʃən/ *adj* persa; **the ~ Gulf** el Golfo Pérsico

persist /pərˈsɪst, BrE pəˈsɪst/ *vi* persistir; **to ~ IN sth/-ING: they ~ed in the belief** o **in believing that ...** persistieron en la creencia de que ...

persistence /pərˈsɪstəns, BrE pəˈsɪstəns/ *n* perseverancia *f*

persistent /pərˈsɪstənt, BrE pəˈsɪstənt/ *adj* **(a)** (unceasing) ‹*demands/warnings*› continuo, constante; ‹*cough/fog*› persistente; ‹*rain*› continuo **(b)** (undaunted) ‹*salesman/suitor*› insistente

person /ˈpɜːrsn̩, BrE ˈpɜːsn̩/ *n* **1** (*pl* **people** *o* fml **persons**) persona *f*; **Sue's the ~ to ask** a quien hay que preguntarle es a Sue; **in ~** en persona **2** (Ling) (*pl* **persons**) persona *f*

personable /ˈpɜːrsn̩əbəl, BrE ˈpɜːsn̩əbəl/ *adj* agradable

personal /ˈpɜːrsn̩əl, BrE ˈpɜːsənl/ *adj* **1 (a)** (own) ‹*experience/preference*› personal; ‹*property*› privado **(b)** (private) personal; **a ~ call** una llamada particular; **don't ask ~ questions** no hagas preguntas indiscretas **(c)** (individual) ‹*account/loan*› personal **2 (a)** (in person) ‹*appearance*› en persona **(b)** (physical) ‹*hygiene*› íntimo; ‹*appearance*› personal **(c)** (directed against individual): **it's nothing ~, but ...** no tengo nada contra ti (*or* ella *etc*), pero ...

personal: **~ assistant** *n* (Busn) secretario, -ria *m,f* personal; **~ computer** *n* computadora *f or* (Esp tb) ordenador *m* personal

personality /ˈpɜːrsn̩ˈæləti, BrE ˌpɜːsəˈnæləti/ *n* (*pl* **-ties**) personalidad *f*

personally /ˈpɜːrsn̩əli, BrE ˈpɜːsn̩əli/ *adv* personalmente

personal: **~ organizer** *n* agenda *f* de uso múltiple, Filofax® *m*; (electronic) agenda *f* personal electrónica; **~ shopper** *n* **(a)** (representative, adviser) comprador -dora *m,f* personal, auxiliar *mf* de compras **(b)** (purchaser in person) comprador -dora *m,f* en persona

personification /pərˈsɑːnəfəˈkeɪʃən, BrE pəˌsɒnɪfɪˈkeɪʃən/ *n* personificación *f*

personify /pərˈsɑːnəfaɪ, BrE pəˈsɒnɪfaɪ/ *vt* **-fies**, **-fying**, **-fied** personificar*

personnel /ˈpɜːrsn̩ˈel, BrE ˌpɜːsəˈnel/ *n* **(a)** (staff) (+ *pl vb*) personal *m*; (*before n*) **~ manager** jefe *m,f* de personal **(b) Personnel** (department) (+ *sing vb*) sección *f* de personal

perspective /pərˈspektɪv, BrE pəˈspektɪv/ *n* perspectiva *f*; **you have to keep things in ~** no tienes que perder de vista la verdadera dimensión de las cosas

Perspex® /ˈpɜːrspeks, BrE ˈpɜːspeks/ *n* (BrE) acrílico *m*, plexiglás® *m* (Esp)

perspiration /ˈpɜːrspəˈreɪʃən, BrE ˌpɜːspɪˈreɪʃən/ *n* transpiración *f*

perspire /pərˈspaɪr, BrE pəˈspaɪə(r)/ *vi* transpirar

p

persuade /pər'sweɪd, BrE pə'sweɪd/ *vt* ‹*person*› convencer*, persuadir; **to ~ sb to + INF** convencer* *or* persuadir a algn DE QUE *or* PARA QUE (+ *subj*)

persuasion /pər'sweɪʒən, BrE pə'sweɪʒən/ *n* **(a)** (act) persuasión *f* **(b)** (Relig) (fml): **people of all ~s** gente de todas las creencias

persuasive /pər'sweɪsɪv, BrE pə'sweɪsɪv/ *adj* ‹*person/manner*› persuasivo; ‹*argument*› convincente

pert /pɜːrt, BrE pɜːt/ *adj* ‹*reply*› descarado; ‹*hat*› coqueto

pertinent /'pɜːrtn̩ənt, BrE 'pɜːtɪnənt/ *adj* (fml) pertinente; **to be ~ TO sth** guardar relación CON algo

perturb /pər'tɜːrb, BrE pə'tɜːb/ *vt* (*usu pass*) perturbar

Peru /pə'ruː/ *n* (el) Perú *m*

peruse /pə'ruːz/ *vt* **(a)** (read through) (fml or hum) leer* detenidamente **(b)** (examine, study) (fml) examinar

Peruvian¹ /pə'ruːviən/ *adj* peruano

Peruvian² *n* peruano, -na *m,f*

pervade /pər'veɪd, BrE pə'veɪd/ *vt* «*idea/mood*» dominar; «*smell*» llenar

pervasive /pər'veɪsɪv, BrE pə'veɪsɪv/ *adj* ‹*smell*› penetrante; ‹*idea/mood*› dominante; ‹*influence*› omnipresente

perverse /pər'vɜːrs, BrE pə'vɜːs/ *adj* (stubborn) obstinado; (wayward, contrary) retorcido

perversion /pər'vɜːrʒən, BrE pə'vɜːʃən/ *n* **(a)** (distortion): **a ~ of justice** una deformación de la justicia **(b)** (Psych) perversión *f*

pervert¹ /pər'vɜːrt, BrE pə'vɜːt/ *vt* pervertir*

pervert² /'pɜːrvɜːrt, BrE 'pɜːvɜːt/ *n* pervertido, -da *m,f*

peseta /pə'seɪtə/ *n* peseta *f*

pesky /'peski/ *adj* **-kier**, **-kiest** (AmE infml) latoso (fam)

p

peso /'peɪsəʊ/ *n* (*pl* **~s**) peso *m*

pessimism /'pesəmɪzəm, BrE 'pesɪmɪzəm/ *n* pesimismo *m*

pessimist /'pesəməst, BrE 'pesɪmɪst/ *n* pesimista *mf*

pessimistic /'pesə'mɪstɪk, BrE ˌpesɪ'mɪstɪk/ *adj* pesimista

pest /pest/ *n* **(a)** (Agr, Hort) plaga *f* **(b)** (person, thing) (infml) peste *f* (fam)

pester /'pestər, BrE 'pestə(r)/ *vt* molestar

pesticide /'pestəsaɪd, BrE 'pestɪsaɪd/ *n* pesticida *m*

pestle /'pesəl/ *n* mano *f* de mortero

pet¹ /pet/ *n* **(a)** (animal) animal *m* doméstico *or* de compañía; (*before n*) **~ food** comida *f* para animales; **~ shop** ≈ pajarería *f* **(b)** (favorite): **he's teacher's ~** es el niño mimado de la maestra

pet² *adj* (*before n*) **(a)** (kept as pet): **his ~ budgie** su periquito **(b)** (favorite) ‹*subject/theory*› favorito; **my ~ hate** lo que más odio

pet³ **-tt-** *vt* ‹*animal*› acariciar
■ *vi* acariciarse, manosearse (pey)

petal /'petl/ *n* pétalo *m*

peter out /'piːtər/ [*v* + *adv*] «*supplies*» irse* agotando; «*conversation*» apagarse*

petition /pə'tɪʃən/ *n* **(a)** (written document) petición *f* **(b)** (Law) demanda *f*

pet name *n* apodo *m*

petrified /'petrɪfaɪd/ *adj* **(a)** (terrified) muerto de miedo **(b)** (Geol) petrificado

petrochemical /'petrəʊ'kemɪkəl/ *n* producto *m* petroquímico; (*before n*) ‹*industry/plant*› petroquímico

petrol /'petrəl/ *n* (BrE) gasolina *f*, bencina *f* (Andes), nafta *f* (RPl); (*before n*) **~ pump** surtidor *m*; **~ station** estación *f* de servicio, gasolinera *f*, bomba *f* (Andes, Ven), estación *f* de nafta (RPl), bencinera *f* (Andes), grifo *m* (Per)

petroleum /pə'trəʊliəm/ *n* petróleo *m*; (*before n*) **~ jelly** vaselina *f*

petticoat /'petikəʊt/ *n* **(a)** (underskirt) enagua *f* *or* (Méx) fondo *m* **(b)** (slip) (BrE) combinación *f*, viso *m*

petty /'peti/ *adj* **-tier**, **-tiest** **(a)** (unimportant) ‹*details*› insignificante, nimio; **~ thief** ladronzuelo, -la *m,f* **(b)** (small-minded) mezquino

petty cash *n* caja *f* chica, dinero *m* para gastos menores

petulant /'petʃələnt, BrE 'petjʊlənt/ *adj* de mal genio

pew /pjuː/ *n* banco *m* (*de iglesia*)

pewter /'pjuːtər, BrE 'pjuːtə(r)/ *n* peltre *m*

PG (= **parental guidance**) menores acompañados

PG-13 (in US) mayores de 13 años o menores acompañados

phantom¹ /'fæntəm/ *n* (liter) fantasma *m*

phantom² *adj* **(a)** (ghostly) (liter) (*before n*) ‹*shape*› fantasmal; ‹*horseman*› fantasma *adj inv* **(b)** (imaginary) ilusorio

Pharaoh /'ferəʊ, BrE 'feərəʊ/ *n* faraón *m*

pharmaceutical /'fɑːrmə'suːtɪkəl, BrE ˌfɑːmə'sjuːtɪkəl/ *adj* farmacéutico

pharmacist /'fɑːrməsəst, BrE 'fɑːməsɪst/ *n* farmacéutico, -ca *m,f*, farmaceuta *mf* (Col, Ven)

pharmacy /'fɑːrməsi, BrE 'fɑːməsi/ *n* (*pl* **-cies**) **(a)** (discipline) química *f* farmacéutica, farmacia *f* **(b)** (dispensary) farmacia *f*

phase /feɪz/ *n* fase *f*
● **phase out** [*v* + *o* + *adv*, *v* + *adv* + *o*] ‹*service*› retirar paulatinamente; ‹*old model*› dejar de producir

PhD *n* (= **Doctor of Philosophy**) (award) doctorado *m*; (person) Dr., Dra.

pheasant /'feznt/ *n* (*pl* **~s** *or* **~**) faisán *m*

phenomena /fɪ'nɑːmənə, BrE fə'nɒmɪnə/ *pl of* **phenomenon**

phenomenal /fɪ'nɑːmənl, BrE fə'nɒmɪnl/ *adj* (infml) ‹*success/achievement*› espectacular; ‹*strength*› increíble

phenomenon /fɪ'nɑːmənɑːn, BrE fə'nɒmɪnən/ *n* (*pl* **-mena**) fenómeno *m*

phew /fjuː/ *interj* (infml) ¡uf!

philanderer /fə'lændərər, BrE fɪ'lændərə(r)/ *n* (derog) mujeriego *m* (pey)

philanthropic /'fɪlən'θɑːpɪk, BrE ˌfɪlən'θrɒpɪk/ *adj* filantrópico

philanthropist /fə'lænθrəpəst, BrE fɪ'lænθrəpɪst/ *n* filántropo, -pa *m,f*

philately /fə'lætli, BrE fɪ'lætəli/ *n* (fml) filatelia *f*

palabra clave

Philippine /ˈfɪləpiːn, BrE ˈfɪlɪpiːn/ *adj* filipino

Philippines /ˈfɪləpiːnz, BrE ˈfɪlɪpiːnz/ *pl n*: **the ~** (las) Filipinas

philistine /ˈfɪləstiːn, -aɪn, BrE ˈfɪlɪstaɪn/ *n* ignorante *mf*

philosopher /fəˈlɑːsəfər, BrE fɪˈlɒsəfə(r)/ *n* filósofo, -fa *m,f*

philosophic /ˈfɪləˈsɑːfɪk, BrE ˌfɪləˈsɒfɪk/, **-ical** /-ɪkəl/ *adj* filosófico; **to be ~ ABOUT sth** tomarse algo con filosofía

philosophy /fəˈlɑːsəfi, BrE fɪˈlɒsəfi/ *n* filosofía *f*

phishing /ˈfɪʃɪŋ/ *n* phishing *m* (*modalidad de estafa por correo electrónico concebida para robar datos personales*)

phlegm /flem/ *n* flema *f*

phobia /ˈfəʊbiə/ *n* fobia *f*

phoenix /ˈfiːnɪks/ *n* Ave *f*‡ Fénix, fénix *m or f*

phone¹ /fəʊn/ *n* teléfono *m*; **to be on the ~** (be speaking) estar* hablando por teléfono; (subscribe) (BrE) tener* teléfono; (*before n*) **~ call** llamada *f* (telefónica); **~ number** (número *m* de) teléfono *m*

phone² *vt* ‹*person*› llamar (por teléfono), telefonear, hablar (Méx); ‹*place/number*› llamar (por teléfono) a

● **phone up** [*v + adv + o, v + o + adv*] llamar, telefonear

phone: **~ book** *n* (infml) guía *f* (telefónica *or* de teléfonos), directorio *m* (Col, Méx); **~ booth**, (BrE) **~ box** *n* cabina *f* telefónica; **~card** *n* tarjeta *f* telefónica; **~ hacking** *n* (Law, Telec) escuchas *fpl* telefónicas

phonetics /fəˈnetɪks/ *n* (+ *sing vb*) fonética *f*

phoney¹, (AmE also) **phony** /ˈfəʊni/ *adj* **-nier**, **-niest** (infml & derog) falso

phoney², (AmE also) **phony** *n* (*pl* **-neys** *or* **-nies**) (infml & derog) (person) farsante *mf* (fam); (thing) falsificación *f*

phosphate /ˈfɑːsfeɪt, BrE ˈfɒsfeɪt/ *n* fosfato *m*

phosphorus /ˈfɑːsfərəs, BrE ˈfɒsfərəs/ *n* fósforo *m*

photo /ˈfəʊtəʊ/ *n* (*pl* **-tos**) (infml) foto *f*; **to take a ~ (of sb/sth)** sacar(le)* *or* (Esp tb) hacer(le)* una foto (a algn/algo)

photocopier /ˈfəʊtəʊˌkɑːpiər, BrE ˈfəʊtəʊˌkɒpiə(r)/ *n* fotocopiadora *f*

photocopy¹ /ˈfəʊtəʊˌkɑːpi, BrE ˈfəʊtəʊˌkɒpi/ *n* (*pl* **-copies**) fotocopia *f*

photocopy² *vt* **-copies**, **-copying**, **-copied** fotocopiar

photo: **~ finish** *n* foto(-)finish *f*; **P~fit**®, (BrE) **P~fit (picture)** *n* retrato *m* hablado (AmS) *or* (Esp) robot *or* (Méx) reconstruido

photogenic /ˈfəʊtəˈdʒenɪk/ *adj* fotogénico

photograph¹ /ˈfəʊtəgræf, BrE ˈfəʊtəgrɑːf/ *n* fotografía *f*, foto *f*; **to take a ~ (of sb/sth)** sacar(le)* *or* (Esp tb) hacer(le)* una foto *or* una fotografía (a algn/algo)

photograph² *vt* fotografiar*, sacarle* *or* (Esp tb) hacerle* una foto *or* una fotografía a

photographer /fəˈtɑːgrəfər, BrE fəˈtɒgrəfə(r)/ *n* fotógrafo, -fa *m,f*

photographic /ˈfəʊtəˈgræfɪk/ *adj* ‹*copy/evidence/memory*› fotográfico; ‹*shop/equipment*› de fotografía

photography /fəˈtɑːgrəfi, BrE fəˈtɒgrəfi/ *n* fotografía *f*

photosynthesis /ˈfəʊtəʊˈsɪnθəsəs, BrE ˌfəʊtəʊˈsɪnθəsɪs/ *n* fotosíntesis *f*

phrasal verb /ˈfreɪzl/ *n* verbo *m* con partícula(s)

phrase¹ /freɪz/ *n* frase *f*

phrase² *vt* expresar

phrase book *n* manual *m* de conversación, ≈ guía *m* de bolsillo para el viajero

physical¹ /ˈfɪzɪkəl/ *adj* **1** (bodily) físico; ‹*illness*› orgánico; **~ education** educación *f* física **2** (material) ‹*world*› material

physical² *n* reconocimiento *m* médico

physically /ˈfɪzɪkli/ *adv* ‹*attractive*› físicamente; ‹*demanding*› desde el punto de vista físico; **it's ~ impossible** es materialmente imposible

physical therapist *n* (AmE) ▶ **physiotherapist**

physical therapy *n* (AmE) ▶ **physiotherapy**

physician /fəˈzɪʃən, BrE fɪˈzɪʃən/ *n* (fml) médico, -ca *m,f*

physicist /ˈfɪzəsəst, BrE ˈfɪzɪsɪst/ *n* físico, -ca *m,f*

physics /ˈfɪzɪks/ *n* (+ *sing vb*) física *f*

physiological /ˈfɪziəˈlɑːdʒɪkəl, BrE ˌfɪziəˈlɒdʒɪkəl/ *adj* fisiológico

physiology /ˈfɪziˈɑːlədʒi, BrE ˌfɪziˈɒlədʒi/ *n* fisiología *f*

physiotherapist /ˌfɪziəʊˈθerəpəst, BrE ˌfɪziəʊˈθerəpɪst/ *n* fisioterapeuta *mf*, kinesiólogo, -ga *m,f*

physiotherapy /ˈfɪziəʊˈθerəpi/ *n* (discipline) kinesiología *f*; (treatment) fisioterapia *f*, kinesiterapia *f*

physique /fəˈziːk, BrE fɪˈziːk/ *n* físico *m*

pianist /piˈænəst, BrE ˈpiənɪst/ *n* pianista *mf*

piano /piˈænəʊ/ *n* (*pl* **-os**) piano *m*

pick¹ /pɪk/ *n* **1** **(a)** ▶ **pickax** **(b)** (ice ~) piolet *m* **(c)** (plectrum) púa *f*, plectro *m*, uñeta *f* (CS), uña *f* (Méx, Ven) **2** (choice) (*no pl*) **take your ~** elige *or* escoge el (*or* los *etc*) que quieras

pick² *vt* **1** **(a)** (choose, select) ‹*number/color*› elegir*, escoger*; ‹*team/crew*› seleccionar **(b)** (provoke): **to ~ a fight with sb** meterse con algn **2** (gather) ‹*flower*› cortar, coger* (esp Esp); ‹*fruit/cotton/tea*› recoger*, coger* (esp Esp), pizcar* (Méx) **3** **(a)** (remove matter from): **to ~ one's nose** meterse el dedo en la nariz, hurgarse* la nariz; **don't ~ your spots** no te toques los granitos; **to ~ sb's pocket** robarle la billetera (*or* las llaves *etc*) a algn del bolsillo, bolsear a algn (Mex fam), carterear a algn (Chi fam) **(b)** (open) ‹*lock*› abrir* con una ganzúa (*or* una horquilla *etc*)

■ *vi* **(a) to ~ and choose** ser exigente **(b)** (take bits): **he was ~ing at his dinner** comía desganado

● **pick on** [*v + prep + o*] (infml) meterse con, agarrársela(s) con (AmL fam)

● **pick out** [*v + o + adv, v + adv + o*] **1** (choose, select) elegir*, escoger* **2** **(a)** (recognize, identify) reconocer* **(b)** (discern) distinguir*

● **pick up** I [*v + o + adv, v + adv + o*] **1** (gather off floor, ground) recoger*; (take) tomar, agarrar (esp AmL), coger* (esp Esp); (lift up) levantar **2** (learn) ‹*language*› aprender; ‹*habit*› adquirir, agarrar (esp AmL), coger* (esp Esp) **3** **(a)** (collect, fetch) recoger* **(b)** (take on board) ‹*passenger*› recoger* **(c)** (infml) ‹*man/woman*› ligarse* (fam), levantar

P

(AmS fam) **4** (receive) ‹*signal*› captar
II [*v* + *adv* + *o*] (gain) ‹*speed*› agarrar, coger* (esp Esp)
III [*v* + *o* + *adv*] **1** (revive) reanimar **2** (correct) corregir*
IV [*v* + *adv*] (improve) «*prices/sales*» subir; «*economy/business*» repuntar; «*invalid*» mejorar; «*weather*» mejorar

pickax, (BrE) **pickaxe** /'pɪkæks/ *n* pico *m*, piqueta *f*

picket¹ /'pɪkət, BrE 'pɪkɪt/ *n* (group) piquete *m*; (*before n*) **~ line** piquete *m*

picket² *vt* ‹*factory/workplace*› formar un piquete frente a, piquetear (esp AmL)

pickings /'pɪkɪŋz/ *pl n* **(a)** (profits) ganancias *fpl* **(b)** (food) sobras *fpl*

pickle¹ /'pɪkəl/ *n* **(a)** (dill ~) (AmE) pepinillo *m* en vinagre al eneldo **(b)** **~s** (vegetables) encurtidos *mpl*, pickles *mpl* (CS) **(c)** (relish) (BrE) *condimento a base de encurtidos en una salsa*

pickle² *vt* conservar en vinagre *or* (Chi tb) en escabeche, encurtir

pick: **~-me-up** *n* (infml) estimulante *m*; **~pocket** *n* carterista *mf*, bolsista *mf* (Méx); **~up (truck)** *n* camioneta *f* (de reparto)

picky /'pɪki/ *adj* **pickier**, **pickiest** (infml) quisquilloso

picnic /'pɪknɪk/ *n* picnic *m*; **to go for** o **on a ~** ir* de picnic

pictorial /pɪk'tɔːriəl/ *adj* ‹*representation*› pictórico; ‹*account/history*› en imágenes; ‹*magazine*› ilustrado

⚷ **picture¹** /'pɪktʃər, BrE 'pɪktʃə(r)/ *n* **1** **(a)** (illustration) ilustración *f*; (drawing) dibujo *m*; (painting) cuadro *m*, pintura *f*; (print) cuadro *m*, lámina *f*; (portrait) retrato *m* **(b)** (photo) foto *f*; **to take a ~ of sth/sb** sacarle* *or* (Esp tb) hacerle* una foto a algo/algn **2** (situation) panorama *m*; ***to put sb in the ~*** poner* a algn al tanto (de la situación) **3** (idea) idea *f* **4** (TV) imagen *f* **5** (Cin) **(a)** (movie) película *f* **(b)** **pictures** *pl* (cinema) (BrE dated): **the ~s** el cine

picture² *vt* imaginarse

picturesque /'pɪktʃə'resk/ *adj* pintoresco

pie /paɪ/ *n* (savory) empanada *f*; (sweet) pastel *m*, pay *m* (AmC, Méx)

⚷ **piece** /piːs/ *n* **1** **(a)** (part of sth broken, torn, cut, divided) pedazo *m*, trozo *m*; **she ripped the letter into ~s** rompió la carta en pedacitos; **to come** o **fall to ~s** hacerse* pedazos; **a ~ of land** un terreno, una parcela; ***in one ~*** (safe) sano y salvo; (unbroken) intacto; ***to go to ~s*** perder* el control; ***to pull sth/sb to ~s*** destrozar* algo/algn; ***to say one's ~*** dar* su (*or* mi *etc*) opinión **(b)** (component) pieza *f*, parte *f*; **to take sth to ~s** desarmar algo **2** (item): **a ~ of advice** un consejo; **a ~ of furniture** un mueble; **a ~ of paper** un papel; **an excellent ~ of work** un trabajo excelente; ***to give sb a ~ of one's mind*** cantarle las cuarenta a algn **3** **(a)** (Mus): **a ~ (of music)** una pieza (de música) **(b)** (Journ) artículo *m* **4** (coin) moneda *f* **5** (in board games) ficha *f*; (in chess) figura *f*

• **piece together** [*v* + *o* + *adv*, *v* + *adv* + *o*] ‹*fragments*› juntar*; ‹*events/facts*› reconstruir*

piecemeal¹ /'piːsmiːl/ *adj* poco sistemático

piecemeal² *adv* (gradually) poco a poco; (unsystematically) de manera poco sistemática

piecework /'piːswɜːrk, BrE 'piːswɜːk/ *n* trabajo *m* a destajo

pier /pɪr, BrE pɪə(r)/ *n* **(a)** (landing place) embarcadero *m*, muelle *m* **(b)** (with amusements) *paseo con juegos y atracciones sobre un muelle*

pierce /pɪrs, BrE pɪəs/ *vt* **(a)** (make a hole in) agujerear; (go through) atravesar*; **she's had her ears ~d** se ha hecho hacer agujeros en las orejas **(b)** «*sound/light*» (liter) rasgar* (liter)

piercing /'pɪrsɪŋ, BrE 'pɪəsɪŋ/ *adj* ‹*eyes/look*› penetrante; ‹*scream*› desgarrador

piety /'paɪəti/ *n* piedad *f*

pig¹ /pɪg/ *n* **1** (Agr, Zool) cerdo *m*, chancho *m* (AmL) **2** **(a)** (obnoxious person) (infml) cerdo, -da *m,f* (fam) **(b)** (glutton) (infml) glotón, -tona *m,f*, angurriento, -ta *m,f* (CS fam)

pigeon /'pɪdʒən, BrE 'pɪdʒɪn, 'pɪdʒən/ *n* (Zool) paloma *f*; (Culin) pichón *m*

pigeonhole /'pɪdʒənhəʊl, BrE 'pɪdʒɪnhəʊl, 'pɪdʒən-/ *n* **(a)** (on wall, desk) casillero *m* **(b)** (category) casilla *f*

piggy /'pɪgi/ *n* (*pl* **-gies**) (used to or by children) cerdito *m*, chanchito *m* (AmL)

piggy: **~back** *n*: **to give sb a ~back** llevar a algn a caballo; **~bank** *n* alcancía *f* (AmL), hucha *f* (Esp) (*en forma de cerdito*)

pigheaded /'pɪg'hedəd, BrE ˌpɪg'hedɪd/ *adj* terco

piglet /'pɪglət, BrE 'pɪglɪt/ *n* cochinillo *m*, lechón *m*, chanchito *m* (AmL)

pigment /'pɪgmənt/ *n* pigmento *m*

pigmy /'pɪgmi/ *n* ▶ **pygmy**

pig: **~pen** (AmE), **~sty** *n* pocilga *f*, chiquero *m* (AmL); **~tail** *n* (bunch) coleta *f*, chape *m* (Chi); (plait) trenza *f*

pike /paɪk/ *n* **(a)** (*pl* ~) (Zool) lucio *m* **(b)** (turn~) (AmE) carretera *f*

Pilates /pɪ'lɑːtiːz/ *n* Pilates *m*; **to go to ~** hacer* Pilates

pilchard /'pɪltʃərd, BrE 'pɪltʃəd/ *n* sardina *f* (*grande*)

pile¹ /paɪl/ *n* **1** (stack, heap) montón *m* **2** (Tex) pelo *m* **3** **piles** *pl* (BrE) (Med) hemorroides *fpl*, almorranas *fpl*

pile² *vt* amontonar

• **pile in** [*v* + *adv*] (infml) meterse

• **pile into** [*v* + *prep* + *o*] (infml) **(a)** (squeeze into) ‹*car*› meterse en **(b)** (attack) arremeter contra **(c)** (crash into) «*vehicle*» estrellarse contra

• **pile up** **1** [*v* + *adv*] (accumulate) amontonarse **2** [*v* + *o* + *adv*, *v* + *adv* + *o*] (form into pile) apilar

pileup /'paɪlʌp/ *n* choque *m* múltiple

pilfering /'pɪlfərɪŋ/ *n* robos *mpl*, hurtos *mpl*

pilgrim /'pɪlgrəm, BrE 'pɪlgrɪm/ *n* peregrino, -na *m,f*; (*before n*) **the P~ Fathers** *los primeros colonizadores de Nueva Inglaterra*

pilgrimage /'pɪlgrəmɪdʒ, BrE 'pɪlgrɪmɪdʒ/ *n* peregrinación *f*

pill /pɪl/ *n* **(a)** (tablet) pastilla *f*, píldora *f* **(b)** (contraceptive): **the P~** la píldora (anticonceptiva); **to be on the P~** tomar la píldora

pillage¹ /'pɪlɪdʒ/ *n* pillaje *m*

⚷ palabra clave

pillage² *vt/i* saquear

pillar /'pɪlər, BrE 'pɪlə(r)/ *n* pilar *m*; **he is a ~ of the community** es uno de los pilares *or* baluartes de la comunidad

pillar box *n* (BrE) buzón *m*

pillion¹ /'pɪljən, BrE 'pɪliən/ *n* (Auto) asiento *m* trasero (*de una moto*)

pillion² *adv* ‹*ride*› en el asiento trasero

pillory /'pɪləri/ *n* (*pl* **-ries**) picota *f*

pillow /'pɪləʊ/ *n* almohada *f*

pillowcase /'pɪləʊkeɪs/, (BrE also) **pillow slip** *n* funda *f*, almohadón *m* (Esp)

pilot¹ /'paɪlət/ *n* **1** (Aerosp, Aviat) piloto *mf* **2** (Naut) práctico *mf* (de puerto) **3** (Rad, TV) programa *m* piloto

pilot² *adj* (*before n*) piloto *adj inv*

pilot³ *vt* **1** (Aviat, Naut) pilotar, pilotear (AmL) **2** (test) poner* a prueba

pilot light *n* piloto *m*

pimple /'pɪmpəl/ *n* grano *m*, espinilla *f* (AmL)

pin¹ /pɪn/ *n* **1** (for cloth, paper) alfiler *m* **2** (brooch, badge) (AmE) insignia *f* **3** **(a)** (on plug) (BrE) (Elec) clavija *f*, borne *m* **(b)** (peg) (Tech) perno *m*

pin² **-nn-** *vt* **1** (fasten, attach) ‹*dress/seam*› prender con alfileres; **I ~ned the papers together** sujeté los papeles con un alfiler; **she had ~ned her hopes on getting a scholarship** había depositado sus esperanzas en conseguir una beca; **they tried to ~ the blame on him** trataron de hacerle cargar con la culpa **2** (hold motionless) inmovilizar*

● **pin down** [*v + o + adv, v + adv + o*] **1** (prevent from moving): **they ~ned him down** (se echaron sobre él y) lo inmovilizaron **2** **(a)** (define) ‹*cause/identity*› definir; **something's wrong with me, but I can't ~ it down** algo tengo, pero no sabría decir exactamente qué **(b)** (force to state position): **I managed to ~ him down to a definite date** conseguí que se comprometiera para una fecha concreta

PIN /pɪn/ *n* (= **personal identification number**) PIN *m*

pinafore /'pɪnəfɔːr, BrE 'pɪnəfɔː(r)/ *n* **(a)** **~ (dress)** (sleeveless dress) jumper *m or* (Esp) pichi *m* **(b)** (apron) (BrE) delantal *m or* (esp Méx) mandil *m* (*con peto*) **(c)** (protective overdress) delantal *m*

pinball /'pɪnbɔːl/ *n* (*before n*): **~ machine** flipper *m*

pincer /'pɪnsər, BrE 'pɪnsə(r)/ *n* **(a)** (Zool) pinza *f* **(b)** **pincers** *pl* (tool) tenaza(s) *f(pl)*

pinch¹ /pɪntʃ/ *n* **(a)** (act) pellizco *m*; *in* o (BrE) *at a* **~** si fuera necesario **(b)** (small quantity) pizca *f*

pinch² *vt* **1** «*person*» pellizcar*; «*shoes*» apretar* **2** (BrE infml) (steal) robar

pinched /pɪntʃt/ *adj*: **faces ~ with grief** caras transidas de dolor

pincushion /'pɪn,kʊʃən/ *n* alfiletero *m*

pine¹ /paɪn/ *n* **(a)** **~ (tree)** pino *m*; (*before n*) **~ cone** piña *f*; **~ needle** hoja *f* de pino **(b)** (wood) (madera *f* de) pino *m*

pine² *vi* estar* triste; **to ~** FOR **sth** suspirar POR algo

● **pine away** [*v + adv*] languidecer* de añoranza

pineapple /'paɪn,æpəl/ *n* piña *f or* (esp RPl) ananá *f*

Ping-Pong®, **ping-pong** /'pɪŋpɑːŋ, BrE 'pɪŋpɒŋ/ *n* ping-pong *m*

pinion /'pɪnjən/ *vt* ‹*person*› inmovilizar* (*esp sujetándole los brazos*)

pink¹ /pɪŋk/ *adj* **-er, -est** rosa *adj inv*, rosado (AmL); ‹*cheeks*› sonrosado

pink² *n* rosa *m*, rosado *m* (AmL)

pinking shears /'pɪŋkɪŋ/ *pl n* tijeras *fpl* dentadas

pin money *n*: *dinero para gastos personales*

pinnacle /'pɪnɪkəl, BrE 'pɪnəkəl/ *n* **(a)** (Archit) pináculo *m* **(b)** (mountain peak) cumbre *f*, cima *f*

pin: **~point** *vt* ‹*position*› localizar* *or* (AmL tb) ubicar* con exactitud; **to ~point the causes of the problem** establecer* con exactitud cuáles son las causas del problema; **~prick** *n* pinchazo *m*; **~s and needles** *pl n* hormigueo *m*; **~stripe**, **~striped** *adj*: **~stripe(d) suit** traje *m* oscuro de raya diplomática

pint /paɪnt/ *n* pinta *f* (*EEUU: 0,47 litros, RU: 0,57 litros*)

pinup /'pɪnʌp/ *n* foto *f* (*de chica atractiva, actor famoso etc*); (person) pin-up *mf*

pioneer¹ /'paɪə'nɪr, BrE ,paɪə'nɪə(r)/ *n* pionero, -ra *m,f*

pioneer² *vt* **(a)** ‹*policy*› promover*; ‹*technique*› ser* el primero (*or* la primera *etc*) en aplicar **(b)** **pioneering** *pres p* ‹*research*› pionero

pious /'paɪəs/ *adj* piadoso; (sanctimonious) beato

pip /pɪp/ *n* **1** (seed) pepita *f* **2** (BrE) (Rad, Telec) pitido *m*

pipe¹ /paɪp/ *n* **1** (for liquid, gas) caño *m* **2** (for tobacco) pipa *f* **3** (Mus) **(a)** (wind instrument) caramillo *m* **(b)** (of organ) tubo *m* **(c)** **pipes** *pl* gaita *f*

pipe² *vt* (transport by pipe) (+ *adv compl*) llevar (*por tuberías, gasoducto, oleoducto*)

● **pipe down** [*v + adv*] (infml) (*usu in imperative*) callarse la boca (fam)

piped music /paɪpt/ *n* música *f* ambiental, hilo *m* musical (Esp)

pipe: **~ dream** *n* quimera *f*, sueño *m* guajiro (Méx); **~line** *n* conducto *m*, ducto *m* (Méx); ***it's in the ~line*** está proyectado

piper /'paɪpər, BrE 'paɪpə(r)/ *n* gaitero, -ra *m,f*

piping¹ /'paɪpɪŋ/ *n* cañería *f*, tubería *f*

piping² *adv* (*as intensifier*): **~ hot** bien caliente

pique¹ /piːk/ *n* despecho *m*

pique² *vt*: **he was ~d by her lack of interest** se resintió por su falta de interés

piracy /'paɪrəsi/ *n* piratería *f*

pirate /'paɪrət/ *n* **(a)** (at sea) pirata *mf* **(b)** (*before n*) ‹*tape/video/radio station*› pirata *adj inv*

pirouette¹ /'pɪru'et/ *n* giro *m*; (in ballet) pirueta *f*

pirouette² *vi* girar

Pisces /'paɪsiːz/ *n* **(a)** (sign) (*no art*) Piscis **(b)** (person) Piscis *or* piscis *mf*

piss¹ /pɪs/ *n* (sl) **(a)** (act) (*no pl*) meada *f* (vulg) **(b)** (urine) meados *mpl* (vulg)

piss² *vi* (sl) mear (vulg)

● **piss off** (sl) **1** [*v + adv*] (go away) (BrE): **~ off!** ¡vete a la mierda! (vulg) **2** [*v + o + adv*] (anger):

it ~es me off me revienta (fam), me encabrona (Esp, Méx vulg)

pissed /pɪst/ *adj* (sl) **(a)** (AmE) (fed up) cabreado (fam), encabronado (Esp, Méx vulg), choreado (Chi fam) **(b)** (drunk) (BrE) como una cuba (fam), tomado (AmL fam)

pistachio /pɪ'stæʃiəʊ/ *n*, **~ (nut)** pistacho *m*, pistache *m* (Méx)

pistol /'pɪstl/ *n* pistola *f*

piston /'pɪstən/ *n* émbolo *m*, pistón *m*

pit¹ /pɪt/ *n* **1** (hole — in ground) hoyo *m*; (— for burying) fosa *f*; (— as trap) trampa *f*; **(inspection) ~** (Auto) foso *m or* (RPl) fosa *f* **2** (coal mine) mina *f* (*de carbón*); (quarry) cantera *f* **3** (orchestra ~) foso *m* orquestal *or* de la orquesta **4** **pits** *pl* (the very worst) (sl): **the ~s** lo peor que hay (fam) **5** (in fruit) (AmE) hueso *m*, carozo *m* (CS), pepa *f* (Col)

pit² **-tt-** *vt* ‹*surface/metal*› picar*

● **pit against** [*v + o + prep + o*] enfrentar a; **to ~ oneself against sb** enfrentarse a algn

pitch¹ /pɪtʃ/ *n* **(a)** (level, degree) (*no pl*) punto *m*, extremo *m* **(b)** (Mus) tono *m* **(c)** (in baseball) lanzamiento *m* **(d)** (Sport) (playing area) (BrE) campo *m*, cancha *f* (AmL) **(e)** (position, site) (BrE) lugar *m*, sitio *m*; (in market, fair) puesto *m* **(f)** (substance) brea *f*

pitch² *vt* **1** (set up) ‹*tent*› armar, montar; ‹*camp*› montar, hacer* **2** (Sport) ‹*ball*› lanzar*, pichear **3** (aim, set, address): **she doesn't know at what level to ~ her talk** no sabe qué nivel darle a la charla

■ *vi* **(a)** (fall) (+ *adv compl*) caerse* **(b)** (lurch) «*ship/plane*» cabecear

● **pitch in** [*v + adv*] (infml) arrimar el hombro

pitch-black /'pɪtʃ'blæk/, **pitch-dark** /'pɪtʃ'dɑːrk, BrE ˌpɪtʃ'dɑːk/ *adj* ‹*night*› (oscuro) como boca de lobo (fam), muy oscuro; ‹*surface*› negro como el azabache

pitched battle /pɪtʃt/ *n* batalla *f* campal

pitcher /'pɪtʃər, BrE 'pɪtʃə(r)/ *n* **1** (for pouring) jarra *f*, pichel *m* (AmC); (of clay) (BrE) cántaro *m* **2** (in baseball) lanzador, -dora *m,f*, pítcher *mf*

pitchfork /'pɪtʃfɔːrk, BrE 'pɪtʃfɔːk/ *n* horca *f*, horquilla *f*, horqueta *f* (Chi)

pitfall /'pɪtfɔːl/ *n* (difficulty) dificultad *f*; (risk) riesgo *m*

pith /pɪθ/ *n*: *tejido blanco fibroso que recubre el interior de la cáscara de los cítricos*

pithy /'pɪθi/ *adj* **pithier**, **pithiest** ‹*remark/reply*› sucinto *or* conciso y expresivo

pitiful /'pɪtɪfəl/ *adj* **(a)** (arousing pity) ‹*cry/moan*› lastimero; ‹*sight*› lastimoso **(b)** (wretched, inadequate) lamentable

pittance /'pɪtn̩s/ *n* miseria *f*

pituitary gland /pə'tuːəteri, BrE pɪ'tjuːɪtəri/ *n* glándula pituitaria *f*

pity¹ /'pɪti/ *n* **1** (*no pl*) (cause of regret) lástima *f*, pena *f*; **it's a ~ (THAT)** es una lástima *or* una pena QUE (+ *subj*); **what a ~!** ¡qué lástima!, ¡que pena! **2** (compassion) piedad *f*; **to take ~ on sb/sth** apiadarse de algn/algo

pity² *vt* **pities**, **pitying**, **pitied** tenerle* lástima a

pivot /'pɪvət/ *vi* (Mech Eng) pivotar; **he ~ed on his heel** giró sobre sus talones

pixel /'pɪksel -səl/ *n* punto *m*, pixel *m* (*de imagen digital*)

pixie /'pɪksi/ *n* (elf) duendecillo *m*; (fairy) hadita *f*

pizza /'piːtsə/ *n* pizza *f*

pizzeria /'piːtsə'riːə/ *n* pizzería *f*

placard /'plækɑːrd, BrE 'plækɑːd/ *n* letrero *m*; (at demonstration) pancarta *f*

placate /'pleɪkeɪt, BrE plə'keɪt/ *vt* apaciguar*

✓ **place¹** /pleɪs/ *n* **1** **(a)** (spot, position, area) lugar *m*, sitio *m*; **to have friends in high ~s** tener* amigos influyentes; ***all over the ~*** por todas partes; ***to fall into ~*** aclararse **(b)** (specific location) lugar *m*; **~ of birth** lugar de nacimiento **(c)** (*in phrases*) **in place: to hold sth in ~** sujetar algo; **out of place: to look out of ~** «*furniture*» quedar mal; **to feel out of ~** sentirse* fuera de lugar **2** **(a)** (building, shop, restaurant etc) sitio *m*, lugar *m* **(b)** (home): **my/his ~** mi/su casa **3** **(a)** (position, role) lugar *m*; **I wouldn't change ~s with her for anything** no me cambiaría por ella por nada; **nobody can ever take your ~** nadie podrá jamás ocupar tu lugar **(b) in place of** (*as prep*) en lugar de **(c) to take place** (occur) ocurrir; «*meeting/concert/wedding*» tener* lugar **4** (seat): **save me a ~** guárdame un asiento **5** (at table) cubierto *m*; **to lay/set a ~ for sb** poner* un cubierto para algn **6** (in contest, league) puesto *m*; **your social life will have to take second ~** tu vida social va a tener que pasar a un segundo plano **7** (in book, sequence): **you've made me lose my ~** me has hecho perder la página (*or* la línea *etc*) por donde iba **8** **(a)** (job) puesto *m* **(b)** (BrE) (Educ) plaza *f* **(c)** (on team) puesto *m* **9** (in argument) lugar *m*; **in the first/second ~** en primer/segundo lugar

✓ **place²** *vt* **1** (put, position) ‹*object*› poner*; (carefully, precisely) colocar* **2** (in race): **this victory ~s her among the top three** este triunfo la sitúa entre las tres primeras **3** **(a)** (find a home, job for) colocar* **(b)** ‹*advertisement*› poner*; ‹*phone call*› pedir*; **we ~d an order with Acme Corp** hicimos un pedido a Acme Corp **4** (identify) ‹*tune*› identificar*, ubicar* (AmL); **her face is familiar, but I can't quite ~ her** su cara me resulta conocida pero no sé de dónde *or* (AmL tb) pero no la ubico

placebo /plə'siːbəʊ/ *n* (*pl* **~s** *or* **~es**) placebo *m*

place mat *n* (mantel *m*) individual *m*

placement /'pleɪsmənt/ *n* **(a)** (in employment) colocación *f* **(b)** (positioning) colocación *f*, ubicación *f* (esp AmL)

place name *n* topónimo *m*

placenta /plə'sentə/ *n* (*pl* **~s** *or* **~e** /-tiː/) placenta *f*

placid /'plæsəd, BrE 'plæsɪd/ *adj* plácido

plagiarism /'pleɪdʒərɪzəm/ *n* plagio *m*

plagiarize /'pleɪdʒəraɪz/ *vt* plagiar

plague¹ /pleɪg/ *n* **(a)** (disease) peste *f* **(b)** (of locusts, tourists) plaga *f*

plague² *vt* **(a)** (afflict): **a country ~d by strikes** un país asolado por constantes huelgas; **~d with problems** plagado de problemas **(b)** (pester) acosar

✓ palabra clave

P

plaice /pleɪs/ *n* (*pl* ~) platija *f*
plaid /plæd/ *n* (pattern) cuadros *mpl* escoceses; (material) tela *f* escocesa
plain¹ /pleɪn/ *adj* **-er**, **-est** **1** **(a)** (unadorned) ‹*decor/cooking/language*› sencillo; ‹*fabric*› liso **(b)** (Culin): ~ **chocolate** (BrE) chocolate *m* sin leche; ~ **flour** harina *f* común **2** **(a)** (clear) claro; **the reasons are** ~ **to see** las razones saltan a la vista **(b)** (blunt): **the** ~ **truth** la pura verdad **3** (not good-looking) feo, poco agraciado
plain² *adv* (*as intensifier*) totalmente; **that's just** ~ **stupid** eso es una completa estupidez
plain³ *n* llanura *f*
plain clothes *pl n*: **in** ~ de civil *or* (Esp tb) de paisano
plainly /'pleɪnli/ *adv* **(a)** (obviously, visibly) claramente **(b)** (clearly) ‹*explain*› claramente; ‹*remember*› perfectamente **(c)** (bluntly) ‹*speak*› claramente **(d)** ‹*dress*› con sencillez
plaintiff /'pleɪntəf, BrE 'pleɪntɪf/ *n* demandante *mf*
plaintive /'pleɪntɪv/ *adj* lastimero
plait¹ /plæt/ *n* trenza *f*
plait² *vt* trenzar*
plan¹ /plæn/ *n* **1** **(a)** (diagram, map) plano *m* **(b)** (of book, essay) esquema *m* **2** (arrangement, scheme) plan *m*; **do you have any** ~**s for tonight?** ¿tienes algún plan para esta noche?
plan² **-nn-** *vt* ‹*journey/raid*› planear; ‹*garden/house*› diseñar; ‹*economy/strategies*› planificar*; ‹*essay*› hacer* un esquema de; ‹*surprise*› preparar; **as** ~**ned** según lo planeado; **to** ~ **to** + INF: **where are you** ~**ning to spend Christmas?** ¿dónde tienes pensado pasar las Navidades?
■ *vi*: **to** ~ **ahead** planear las cosas de antemano
● **plan on** [*v* + *prep* + *o*] **(a)** (intend) pensar* **(b)** (expect, count on) contar* con
plane¹ /pleɪn/ *n* **1** (aircraft) avión *m* **2** ~ **(tree)** plátano *m* **3** (tool) cepillo *m* de carpintero; (longer) garlopa *f* **4** (surface) plano *m*
plane² *vt* ‹*wood/surface*› cepillar
planet /'plænət, BrE 'plænɪt/ *n* planeta *m*
planetary /'plænəteri, BrE 'plænɪtəri/ *adj* (*before n*) planetario
plank /plæŋk/ *n* tabla *f*, tablón *m*
plankton /'plæŋktən/ *n* plancton *m*
planned /plænd/ *adj* planeado; ~ **parenthood** (AmE) planificación *f* familiar
planner /'plænər, BrE 'plænə(r)/ *n* **(a)** (of project) planificador, -dora *m,f* **(b)** (town ~) urbanista *mf*
planning /'plænɪŋ/ *n* **(a)** (of project) planificación *f* **(b)** (town ~) urbanismo *m*; (*before n*) ~ **permission** (BrE) permiso *m* de obras
plant¹ /plænt, BrE plɑːnt/ *n* **1** (Bot) planta *f* **2** **(a)** (factory, installation) planta *f* **(b)** (equipment) maquinaria *f*
plant² *vt* **1** ‹*flower/trees*› plantar; ‹*seeds*› sembrar* **2** (place) ‹*bomb*› colocar*; ‹*kiss*› dar*, plantar (fam); **she** ~**ed herself right next to me** se me plantó justo al lado (fam) **3** ‹*drugs/evidence*› colocar*; ‹*agent/informer*› infiltrar
plantain /'plæntn̩, BrE 'plæntɪn/ *n* plátano *m* grande (*para cocinar*), plátano *m* (Col, Ven), plátano *m* macho (Méx)
plantation /plæn'teɪʃən, BrE plæn'teɪʃən, plɑːn-/ *n* plantación *f*
plaque /plæk/ *n* **1** (tablet) placa *f* **2** (Dent) sarro *m*, placa *f* (dental)
plasma /'plæzmə/ *n* plasma *m*
plasma TV *n* (TV) TV *f* plasma
plaster¹ /'plæstər, BrE 'plɑːstə(r)/ *n* **1** **(a)** (Const) (powder, mixture) yeso *m*; (on walls) revoque *m* **(b)** ~ **(of Paris)** (Art, Med) yeso *m*; escayola *f* (Esp); **to have one's leg in** ~ tener* la pierna enyesada *or* (Esp) escayolada **2** (sticking ~) (BrE) ▶ **Band-Aid**
plaster² *vt* (Const) ‹*wall/room*› revocar*; ‹*cracks*› rellenar con yeso
plaster cast *n* **(a)** (Med) yeso *m* *or* (Esp) escayola *f* **(b)** (Art) molde *m* de yeso, escayola *f* (Esp)
plastic¹ /'plæstɪk/ *n* plástico *m*; (*before n*) de plástico
plastic² *adj* **1** (artificial) (derog) ‹*smile/people*› de plástico (pey) **2** **(a)** (malleable) (Tech) plástico, moldeable **(b)** (Art) plástico
plastic: ~ **bullet** *n* bala *f* de plástico; ~ **explosive** *n* explosivo *m* plástico, goma dos *f*
Plasticine® /'plæstəsiːn/ *n* plastilina® *f*, plasticina® *f* (CS)
plastic: ~ **surgeon** *n* cirujano plástico, cirujana plástica *m,f* (AmL), especialista *mf* en cirugía estética *or* plástica; ~ **surgery** *n* cirugía *f* estética *or* plástica
plate¹ /pleɪt/ *n* **1** (dish) plato *m* **2** (of metal) chapa *f*; (thin) lámina *f*; (of glass) placa *f* **3** **(a)** (Phot) placa *f* **(b)** (Art, Print) plancha *f* **(c)** (illustration) ilustración *f*, lámina *f*
plate² *vt* (Metall) **to** ~ **sth** WITH **sth** recubrir* algo DE algo
plateau /plæ'təʊ, BrE 'plætəʊ/ *n* (*pl* **-teaus** *or* **-teaux** /-z/) meseta *f*
platform /'plætfɔːrm, BrE 'plætfɔːm/ *n* **(a)** (raised structure) plataforma *f*; (for orator) estrado *m*, tribuna *f* **(b)** (Rail) andén *m* **(c)** (Pol) (opportunity to air views) plataforma *f*, tribuna *f*
platinum /'plætn̩əm, BrE 'plætɪnəm/ *n* platino *m*
platitude /'plætətuːd, BrE 'plætɪtjuːd/ *n* lugar *m* común
platonic /plə'tɑːnɪk, BrE plə'tɒnɪk/ *adj* platónico
platoon /plə'tuːn/ *n* (Mil) sección *f*
platter /'plætər, BrE 'plætə(r)/ *n* fuente *f*
platypus /'plætɪpəs/ *n* (*pl* ~**es**) (duck-billed ~) ornitorrinco *m*
plausible /'plɔːzəbəl/ *adj* ‹*argument/story*› verosímil; ‹*liar*› convincente
play¹ /pleɪ/ *n* **1** **(a)** (recreation) juego *m* **(b)** (Sport) juego *m* **2** (interplay) juego *m* **3** (slack) (Tech) juego *m* **4** (Theat) obra *f* (de teatro), pieza *f* (teatral), comedia *f* **5** (pun): **a** ~ **on words** un juego de palabras, un albur (Méx)
play² *vt* **I** **1** **(a)** ‹*cards/hopscotch*› jugar* a; **to** ~ **a joke/trick on sb** hacerle* *or* gastarle una broma/una jugarreta a algn **(b)** ‹*football/chess*› jugar* (AmL exc RPl), jugar* a (Esp, RPl) **2** **(a)** (compete

p

against) ‹*opponent*› jugar* contra **(b)** ‹*card*› tirar, jugar*; ‹*piece*› mover* **(c)** (in particular position) jugar* de
II **1** (Theat) **(a)** ‹*villain/Hamlet*› representar el papel de; **to ~ the innocent** hacerse* el inocente **(b)** ‹*theater/town*› actuar* en **2** (Mus) ‹*instrument/note/piece*› tocar* **3** (Audio) ‹*tape/record*› poner*
■ *vi* **I** **1** (amuse oneself) «*children*» jugar*; **to ~** AT **sth** jugar* A algo **2** (Games, Sport) jugar*
II **1** **(a)** (Theat) «*cast*» actuar*; «*show*» ser* representado **(b)** (pretend): **to ~ dead** hacerse* el muerto; ***to ~ hard to get*** hacerse* el (*or* la *etc*) interesante **2** (Mus) «*musician*» tocar*; **music was ~ing in the background** se escuchaba una música de fondo

● **play along** **1** [*v + adv*] (cooperate): **I refuse to ~ along with him/his schemes** me niego a hacerle el juego/a tener nada que ver con sus enjuagues (fam) **2** [*v + o + adv*] (deceive, manipulate) manipular

● **play around** [*v + adv*] jugar*, juguetear (fam & pey)

● **play back** [*v + o + adv, v + adv + o*] poner* (*una grabación*)

● **play down** [*v + o + adv, v + adv + o*] ‹*importance*› minimizar*; ‹*risk/achievement*› quitarle importancia a

● **play off** [*v + o + adv*] oponer*; ***to ~ sb off against sb***: **she ~s her parents off against each other** hace pelear a sus padres para lograr sus propósitos

● **play up** **1** [*v + adv*] (BrE) (cause trouble) (infml) «*child*» dar* guerra (fam); «*car/TV*» no funcionar bien **2** [*v + o + adv*] (cause trouble) (BrE infml) «*child*» darle* guerra a (fam); «*shoulder/back*» darle* problemas a (fam)

play: **~back** *n* play-back *m*; **~boy** *n* playboy *m*; **~-by-~** /ˈpleɪbaɪˈpleɪ/ *adj* (AmE) (Sport) (*before n*) jugada a jugada

⚷ **player** /ˈpleɪər, BrE ˈpleɪə(r)/ *n* **1** (Games, Sport) jugador, -dora *m,f* **2** (Mus) músico *mf*, músico, -ca *m,f*

playful /ˈpleɪfəl/ *adj* **(a)** (boisterous) juguetón **(b)** (not serious) pícaro

playfully /ˈpleɪfəli/ *adv* **(a)** (boisterously) juguetonamente **(b)** (humorously) ‹*remark/slap*› en broma

play: **~ground** *n* (BrE) patio *m* (de recreo); **~group** *n*: *grupo de actividades lúdico-educativas para niños de edad preescolar*

playing /ˈpleɪɪŋ/: **~ card** *n* naipe *m*, carta *f*; **~ field** *n* (BrE) (*often pl*) campo *m* de juego, cancha *f* de deportes (esp AmL)

play: **~list** *n* (Mus) lista *f* de reproducción; **~mate** *n* compañero, -ra *m,f* de juegos; **~off** *n* desempate *m*; **~pen** *n* corral *m*, parque *m* (Esp); **~room** *n* cuarto *m* de los juguetes; **~thing** *n* juguete *m*; **~time** *n* (*no art*) (BrE) recreo *m*; **~wright** /ˈpleɪraɪt/ *n* dramaturgo, -ga *m,f*

plaza /ˈplæzə, BrE ˈplɑːzə/ *n* **(a)** (square) plaza *f*; (in front of large building) explanada *f* **(b)** (complex) (AmE) centro *m* comercial

plc, Plc (in UK) (= **public limited company**) ≈ S.A.

⚷ palabra clave

plea /pliː/ *n* **1** (appeal) (fml) petición *f*; (in supplication) ruego *m* **2** (Law): **to enter a ~ of guilty/not guilty** declararse culpable/inocente

plead /pliːd/ (*past & past p* **pleaded** *or* (AmE also) **pled**) *vt* alegar*; **she's not coming, she ~ed poverty** no viene, dijo que no tenía dinero
■ *vi* **(a)** (implore, beg) suplicar*; **to ~** FOR **sth** suplicar* algo; **to ~** WITH **sb to** + INF suplicarle* a algn QUE (+ *subj*) **(b)** (Law): **to ~ guilty/not guilty** declararse culpable/inocente

pleasant /ˈplezn̩t/ *adj* **-er, -est** agradable; ‹*person*› simpático, agradable

pleasantly /ˈplezn̩tli/ *adv* ‹*say/speak*› en tono agradable; ‹*smile*› con simpatía; **I was ~ surprised by the changes** los cambios me causaron una grata sorpresa

pleasantry /ˈplezn̩tri/ *n* (*pl* **-ries**) cortesía *f*

⚷ **please¹** /pliːz/ *interj* por favor; **yes, ~** sí, gracias

⚷ **please²** *vt* (make happy) complacer*; (satisfy) contentar
■ *vi* **(a)** (satisfy): **we do our best to ~** hacemos todo lo posible por complacer al cliente (*or* a todo el mundo *etc*) **(b)** (choose) querer*; **do as you ~** haz lo que quieras
■ *v refl* **to ~ oneself: ~ yourself** haz lo que quieras

pleased /pliːzd/ *adj* (satisfied) satisfecho; (happy) contento; **I'm very ~ for you!** me alegro mucho por ti; **she was very ~ with herself** estaba muy ufana; **I am ~ to inform you that ...** (fml) tengo el placer de comunicarle que ... (fml); **~ to meet you** encantado (de conocerlo), mucho gusto

pleasing /ˈpliːzɪŋ/ *adj* **(a)** (pleasant) agradable **(b)** (gratifying) ‹*news*› grato

pleasurable /ˈpleʒərəbəl/ *adj* placentero

pleasure /ˈpleʒər, BrE ˈpleʒə(r)/ *n* **1** (happiness, satisfaction) placer *m*; **it's a ~ to listen to her** es un placer escucharla; **it gives me great ~ to introduce ...** es un placer para mí presentarles ...; **to take ~ in sth** disfrutar con algo **2** **(a)** (recreation) placer *m*; **I play just for ~** toco solo porque me gusta **(b)** (source of happiness) placer *m*; **Jane is a real ~ to teach** da gusto darle clases a Jane

pleasure boat *n* (steamer) barco *m* de recreo; (small craft) bote *m* de recreo

pleat /pliːt/ *n* pliegue *m*; (wide) tabla *f*

plectrum /ˈplektrəm/ *n* (*pl* **-trums** *or* **-tra** /-trə/) púa *f*, plectro *m*, uñeta *f* (CS), uña *f* (Méx, Ven)

pled /pled/ (AmE) *past & past p of* **plead**

pledge¹ /pledʒ/ *vt* ‹*support/funds*› prometer

pledge² *n* **(a)** (promise) promesa *f*; **to make a ~ to** + INF prometer + INF **(b)** (of money) cantidad *f* prometida

plentiful /ˈplentɪfəl/ *adj* abundante

plenty¹ /ˈplenti/ *n* abundancia *f*

⚷ **plenty²** *pron* **1** **(a)** (large, sufficient number) muchos, -chas **(b)** **plenty of** muchos, -chas **2** **(a)** (large, sufficient quantity) mucho, -cha; **$50 is ~** 50 dólares es más que suficiente **(b)** **plenty of** mucho, -cha; **~ of time** tiempo de sobra

plethora /ˈpleθərə/ *n* (*no pl*) **a ~** OF **sth** una plétora DE algo

Plexiglas® /'pleksɪglæs, BrE 'pleksɪglɑːs/ *n* (AmE) acrílico *m*, plexiglás® *m* (Esp)

pliable /'plaɪəbəl/, **pliant** /'plaɪənt/ *adj* ‹*material/substance*› maleable; ‹*person/attitude*› flexible

pliers /'plaɪərz, BrE 'plaɪəz/ *pl n* alicate(s) *m(pl)*, pinza(s) *f(pl)* (Méx, RPl)

plight /plaɪt/ *n* (*no pl*) situación *f* difícil

plimsoll /'plɪmsəl/ *n* (BrE) zapatilla *f* de lona, tenis *m*, playera *f* (Esp)

plinth /plɪnθ/ *n* (of pillar, column) plinto *m*; (of statue) pedestal *m*

plod /plɑːd, BrE plɒd/ *vi* **-dd- (a)** (walk) caminar lenta y pesadamente **(b)** (work): **she's still ~ding away at her thesis** sigue lidiando con la tesis

plonk¹ /plɑːŋk, BrE plɒŋk/ *vt* (BrE infml) ▶ **plunk**

plonk² *n* (infml) vino *m* peleón (fam)

plot¹ /plɑːt, BrE plɒt/ *n* **1** (conspiracy) complot *m* **2** (story) argumento *m* **3** (piece of land) terreno *m*, solar *m*, parcela *f*

plot² **-tt-** *vt* **1** (mark out) ‹*curve/graph*› trazar*; ‹*position*› determinar **2** (plan) ‹*rebellion/revenge*› tramar
■ *vi* **to ~ (AGAINST sb)** conspirar (CONTRA algn)

plotter /'plɑːtər, BrE 'plɒtə(r)/ *n* **1** (conspirator) conspirador, -dora *m,f* **2** (Comput, Tech) trazador *m* de gráficos

plough *etc* /plaʊ/ (BrE) ▶ **plow** *etc*

plow¹, (BrE) **plough** /plaʊ/ *n* (Agr) arado *m*

plow², (BrE) **plough** *vt* arar
■ *vi* arar la tierra

● **plow back**, (BrE) **plough back** [*v + o + adv, v + adv + o*] ‹*profits*› reinvertir*

● **plow into**, (BrE) **plough into** [*v + prep + o*] ‹*vehicle/wall*› estrellarse contra

● **plow through**, (BrE) **plough through** [*v + prep + o*] ‹*mud/snow*› abrirse* camino a través de; **I'm still ~ing through the book** todavía estoy tratanto de leer el libro, pero me cuesta

plowman, (BrE) **ploughman** /'plaʊmən/ *n* (*pl* **-men**) /-mən/ labrador *m*

ploy /plɔɪ/ *n* treta *f*

pluck¹ /plʌk/ *vt* **(a)** ‹*chicken*› desplumar; **to ~ one's eyebrows** depilarse las cejas **(b)** ‹*fruit/flower*› arrancar*; **to ~ up (the) courage to** + INF armarse de valor para + INF **(c)** (Mus) ‹*string/guitar*› puntear

pluck² *n* valor *m*

plucky /'plʌki/ *adj* **pluckier**, **pluckiest** valiente

plug¹ /plʌg/ *n* **1** (stopper) tapón *m* **2** (Elec) **(a)** (attached to lead) enchufe *m*; (socket) toma *f* de corriente, enchufe *m*, tomacorriente(s) *m* (AmL) **(b)** (spark ~) bujía *f*

plug² **-gg-** *vt* **1** ‹*hole/gap*› tapar **2** (promote) ‹*record/book*› hacerle* propaganda a

● **plug in** **1** [*v + o + adv, v + adv + o*] enchufar **2** [*v + adv*] enchufarse

plughole /'plʌghəʊl/ *n* (BrE) desagüe *m*

plum /plʌm/ *n* ciruela *f*

plumage /'pluːmɪdʒ/ *n* plumaje *m*

plumb¹ /plʌm/ *adv* (infml) justo

plumb² *vt* **1** (fathom) ‹*mystery*› dilucidar **2** (Naut) sondar, sondear

plumber /'plʌmər, BrE 'plʌmə(r)/ *n* plomero -ra *m,f* or (AmC, Esp) fontanero -ra *m,f* or (Per) gasfitero -ra *m,f* or (Chi) gásfiter *mf*

plumbing /'plʌmɪŋ/ *n* (pipes) cañerías *fpl*, tuberías *fpl*; (installation) instalación *f* de agua

plume /pluːm/ *n* pluma *f*; (cluster of feathers) penacho *m*

plummet /'plʌmət, BrE 'plʌmɪt/ *vi* caer* en picada *or* (Esp) en picado

plump /plʌmp/ *adj* **-er**, **-est** ‹*person/face*› (re)llenito; ‹*chicken/rabbit*› gordo

● **plump for** [*v + prep + o*] (infml) decidirse por

● **plump up** [*v + o + adv, v + adv + o*] ‹*pillow/cushion*› ahuecar*

plunder¹ /'plʌndər, BrE 'plʌndə(r)/ *vt* **(a)** (steal from) ‹*village*› saquear **(b)** (steal) ‹*treasure/wealth*› robar

plunder² *n* **(a)** (objects) botín *m* **(b)** (action) saqueo *m*

plunge¹ /plʌndʒ/ *vt* **to ~ sth INTO sth** **(a)** (immerse, thrust) (into liquid) sumergir* algo EN algo; **she ~d the knife into his heart** le hundió el cuchillo en el corazón **(b)** (into state, condition) sumir algo/a algn EN algo
■ *vi* **1** (dive) zambullirse*; (fall) caer* **2** **(a)** (slope downward steeply) «*road/path*» descender* bruscamente **(b)** (drop) «*price/temperature/popularity*» caer* en picada *or* (Esp) en picado

plunge² *n* (in water) zambullida *f*; ***to take the ~*** (take a risk) arriesgarse*, jugarse* el todo por todo; (get married) casarse, darse* el paso

plunger /'plʌndʒər, BrE 'plʌndʒə(r)/ *n* **(a)** (for unblocking drain) desatascador *m*, chupona *f* (Esp), destapador *m* (de caño) (Méx), sopapa *f* (RPl), sopapo *m* (Chi), chupa *f* (Col), goma *f* (Ven) **(b)** (in syringe) émbolo *m*

plunk /plʌŋk/ *vt* (AmE infml) poner*, plantificar* (fam)

pluperfect /pluː'pɜːrfɪkt, BrE ˌpluː'pɜːfɪkt/ *n* pluscuamperfecto *m*

plural¹ /'plʊrəl, BrE 'plʊərəl/ *adj* (Ling) en plural

plural² *n* plural *m*; **in the ~** en plural

plus¹ /plʌs/ *n* (*pl* **~es** *or* **~ses**) **(a) ~ (sign)** (signo *m* de) más *m* **(b)** (advantage, bonus) (infml) ventaja *f*

plus² *adj* **(a)** (advantageous) (infml) (*before n*) ‹*point*› positivo **(b)** (and more) (*pred*) **children aged 13 ~** niños de 13 años para arriba

plus³ *prep* más; **~ the fact that ...** aparte de que ...; ▶ **four¹**

plush /plʌʃ/ *adj* lujoso

Pluto /'pluːtəʊ/ *n* Plutón *m*

plutonium /pluː'təʊniəm/ *n* plutonio *m*

ply¹ /plaɪ/ *n* (*pl* **plies**) **(a)** (of wood) chapa *f* **(b)** (of wool, yarn) cabo *m*; **three-~ wool** lana *f* de tres cabos

ply² **plies**, **plying**, **plied** *vt* **(a)** (carry out): **to ~ one's trade** ejercer* su oficio **(b)** ‹*oar*› mover*; ‹*tools*› manejar **(c)** «*ship*» ‹*sea*› navegar* por
■ *vi* (fml) «*ship/plane/bus*» hacer* el trayecto

● **ply with**: [*v + o + prep + o*]: **he kept ~ing me with whiskey** estaba constantemente sirviéndome whisky

plywood /'plaɪwʊd/ *n* contrachapado *m* (*tablero en varias capas*)

pm (after midday) p.m.; **at 2 ~** a las 2 de la tarde,

a las 2 p.m.

PM (BrE) *n* = **prime minister**

PMS *n* = **premenstrual syndrome**

PMT *n* (BrE) = **premenstrual tension**

pneumatic drill /nʊ'mætɪk, BrE njuː'mætɪk/ *n* martillo *m* neumático

pneumonia /nʊ'məʊnjə, BrE njuː'məʊniə/ *n* pulmonía *f*, neumonía *f*

poach /pəʊtʃ/ *vt* **1** (Culin) ‹*egg*› escalfar; ‹*fish*› cocer* a fuego lento **2** (steal) ‹*game*› cazar* furtivamente; ‹*staff/ideas*› robar
■ *vi* (hunt game) cazar* furtivamente

poacher /'pəʊtʃər, BrE 'pəʊtʃə(r)/ *n* cazador furtivo, cazadora furtiva *m,f*

PO box *n* Apdo. postal, Apdo. de correos, C.C. (CS)

pocket¹ /'pɑːkət, BrE 'pɒkɪt/ *n* **1 (a)** (in garment) bolsillo *m* **(b)** (on billiard, snooker, pool table) tronera *f* **2** (small area) bolsa *f*; **~s of resistance** bolsas *fpl* de resistencia

pocket² *vt* **(a)** (put in pocket) meterse en el bolsillo **(b)** (steal, gain) (infml) embolsarse (fam)

pocket³ *adj* (*before n*) de bolsillo

pocket: **~book** /'pɑːkətbʊk, BrE 'pɒkɪtbʊk/ *n* **(a)** (handbag) (AmE) cartera *f*, bolso *m* (Esp), bolsa *f* (Méx) **(b)** (wallet) (AmE) cartera *f*, billetera *f* **(c)** (paperback) (AmE) libro *m* en rústica **(d)** (notebook) (BrE) cuaderno *m*; **~ money** *n* (spending money) dinero *m* para gastos personales; (for children) (BrE) dinero *m* de bolsillo, ≈ mesada *f* (AmL), domingo *m* (Méx), propina *f* (Per)

pod /pɑːd, BrE pɒd/ *n* (of peas, beans) vaina *f*

podcast¹ /'pɑːdkæst, BrE 'pɒdkɑːst/ *n* podcast *m* (*archivo de sonido que se distribuye a través de la tecnología RSS*)

podcast² *vt* hacer* un podcast de, podcastear

podiatrist /pə'daɪətrəst, BrE pə'daɪətrɪst/ *n* (AmE) pedicuro, -ra *m,f*, podólogo, -ga, *m,f* (fml)

P

podium /'pəʊdiəm/ *n* estrado *m*

poem /'pəʊəm, BrE 'pəʊɪm/ *n* poema *m*

poet /'pəʊət, BrE 'pəʊɪt/ *n* poeta *mf*

poetic /pəʊ'etɪk/ *adj* poético

poet laureate, **Poet Laureate** /'lɔːriət, BrE 'lɒriət/ *n* (*pl* **~s ~**) poeta laureado, poeta laureada *m,f*

poetry /'pəʊətri, BrE 'pəʊɪtri/ *n* poesía *f*

poignant /'pɔɪnjənt/ *adj* ‹*story/moment*› conmovedor; ‹*look/plea*› patético; ‹*reminder*› doloroso

point¹ /pɔɪnt/ *n* I **1 (a)** (dot) punto *m* **(b)** (decimal ~) ≈ coma *f*, punto *m* decimal (AmL) (the point is used instead of the comma in some Latin American countries) **2 (a)** (in space) punto *m*; **the ~s of the compass** los puntos cardinales; ***the ~ of no return***: **we've reached the ~ of no return** ahora ya no nos podemos echar atrás **(b)** (on scale) punto *m*; **you're right, up to a ~** hasta cierto punto tienes razón **3** (in time) momento *m*; **at this ~ in time** en este momento; **to be on the ~ of** -ING estar* a punto de + INF **4** (in contest, exam) punto *m*
II **1 (a)** (item, matter) punto *m*; **to bring up** o **raise a ~** plantear una cuestión; ***to make a ~ of*** -ING: **I'll make a ~ of watching them closely** me encargaré de vigilarlos de cerca **(b)** (argument): **yes, that's a ~** sí, ese es un punto interesante; **to make a ~**: **that was a very interesting ~ you made** lo que señalaste es muy interesante; **all right, you've made your ~!** sí, bueno, ya has dicho lo que querías decir; **~ taken** de acuerdo **2** (*no pl*) (central issue, meaning): **to come/get to the ~** ir* al grano; **she was brief and to the ~** fue breve y concisa; **that's beside the ~** eso no tiene nada que ver, eso no viene al caso; **the ~ is that** ... el hecho es que ...; **that's not the ~** no se trata de eso **3** (purpose): **what's the ~ of going on?** ¿qué sentido tiene seguir?; **there's no ~** o **there isn't any ~ (in) feeling sorry for yourself** no sirve de nada compadecerse **4** (feature, quality): **strong ~** fuerte *m*; **bad ~s** defectos *mpl*; **he has many good ~s** tiene muchos puntos a su favor
III **1 (a)** (sharp end, tip) punta *f* **(b)** (promontory) (Geog) punta *f* **2 points** *pl* (BrE) (Rail) agujas *fpl* **3** (socket) (BrE): **(electrical** o **power) ~** toma *f* de corriente, enchufe *m*, tomacorriente *m* (AmL)

point² *vt* (aim, direct) señalar, indicar*; **to ~ sth** AT **sb/sth**: **he ~ed his finger at me** me señaló con el dedo; **she ~ed the gun at him** le apuntó con la pistola
■ *vi* **(a)** (with finger, stick etc) señalar; **it's rude to ~** es de mala educación señalar con el dedo; **to ~** AT/TO **sth/sb** señalar algo/a algn **(b)** (call attention) **to ~** TO **sth** señalar algo **(c)** (indicate) **to ~** TO **sth** «*facts/symptoms*» indicar* algo
● **point out** [*v + o + adv, v + adv + o*] **1** (show) señalar; **I'll ~ it/her out to you** te lo/la señalaré **2** (make aware of) ‹*problem/advantage*› señalar

point: **~ blank** *adv* ‹*shoot*› a quemarropa; **~-blank** /'pɔɪnt'blæŋk/ *adj*: **at ~-blank range** a quemarropa

pointed /'pɔɪntəd, BrE 'pɔɪntɪd/ *adj* **1** (with a point) ‹*stick/leaf*› acabado en punta, puntudo (Andes); ‹*arch*› ojival; ‹*chin/nose*› puntiagudo, puntudo (Andes); ‹*shoe*› de punta, puntudo (Andes); ‹*hat*› de pico **2** (deliberate) ‹*remark/comment*› mordaz

pointer /'pɔɪntər, BrE 'pɔɪntə(r)/ *n* **1** (on dial, gage) aguja *f* **2 (a)** (clue, signal) pista *f*; **~** TO **sth** indicador *m* DE algo **(b)** (tip) idea *f*

pointless /'pɔɪntləs, BrE 'pɔɪntlɪs/ *adj* ‹*attempt*› vano, inútil; ‹*existence*› sin sentido; **it's ~ arguing with him** no tiene sentido discutir con él

point of view *n* (*pl* **points of view**) punto *m* de vista

poise /pɔɪz/ *n* **(a)** (bearing) porte *m* **(b)** (composure) desenvoltura *f*

poised /pɔɪzd/ *adj* **1 (a)** (balanced, suspended): **~ in the air** suspendido en el aire; **they were waiting with pencils ~** esperaban, lápiz en mano **(b)** (ready) listo **2** (self-assured): **she is very ~** tiene mucho aplomo

poison¹ /'pɔɪzn̩/ *n* veneno *m*

poison² *vt* **(a)** (with poison) envenenar; (make ill) intoxicar*; ‹*river/soil*› contaminar **(b)** (corrupt) ‹*mind/society*› corromper; ‹*relationship/atmosphere*› dañar

poisoning /'pɔɪzn̩ɪŋ/ *n* envenenamiento *m*

poisonous /'pɔɪzn̩əs/ *adj* venenoso

palabra clave

poison-pen letter /'pɔɪzn̩'pen/ *n* anónimo *m* ponzoñoso

poke¹ /pəʊk/ *vt* **(a)** (jab): **to ~ sb's eye out** sacarle* un ojo a algn; **she ~d him in the ribs** le dio en el costado; (with elbow) le dio un codazo en el costado **(b)** (thrust): **she ~d her head around the door** asomó la cabeza por la puerta; **he ~d his finger through the crack** metió el dedo por la ranura

■ *vi* (project) asomar; **her feet were poking out of the sheets** los pies le asomaban por entre las sábanas; **a few shoots were poking up out of the soil** unos cuantos brotes asomaban en la tierra

● **poke about, poke around** [*v* + *adv*] fisgonear

poke² *n* golpe *m*; (with elbow) codazo *m*

poker /'pəʊkər, BrE 'pəʊkə(r)/ *n* **1** (for fire) atizador *m* **2** (game) póker *m*, póquer *m*

poky /'pəʊki/ *adj* **pokier, pokiest** (infml) **(a)** (cramped) diminuto **(b)** (slow) (AmE) lerdo

Poland /'pəʊlənd/ *n* Polonia *f*

polar /'pəʊlər, BrE 'pəʊlə(r)/ *adj* polar

polar bear *n* oso *m* polar

polarize /'pəʊləraɪz/ *vt* polarizar*

pole /pəʊl/ *n* **1** (fixed support) poste *m*; (flag~) mástil *m*; (tent ~) palo *m* **2** **(a)** (Geog) polo *m*; **the North/South P~** el Polo Norte/Sur **(b)** (Phys) polo *m*

Pole *n* polaco, -ca *m,f*

polecat *n* **(a)** (of weasel family) turón *m* **(b)** (AmE) ▶ **skunk**

polemical /pə'lemɪkəl/ *adj* polémico

pole: **~star**, (BrE) **P~ Star** *n* estrella *f* polar; **~-vault** *n* salto *m* con garrocha *or* (Esp) con pértiga

police¹ /pə'li:s/ *n* (force) (+ *sing or pl vb*) **the ~** la policía; (*before n*) ‹*escort/patrol*› policial; **~ car** coche *m* patrulla *or* de policía; **~ constable** (in UK) agente *mf*; **~ department** (in US) distrito *m* policial; **the ~ force** la policía; **~ officer** agente *mf*, policía *mf*; **to have a ~ record** estar* fichado *or* (CS tb) prontuariado

police² *vt* (keep order in) ‹*streets*› patrullar; ‹*region/area*› mantener* una fuerza policial en

police: **~ dog** *n* perro *m* policía; **~man** /pə'li:smən/ *n* (*pl* **-men** /-mən/) policía *m*, agente *m*; **~ state** *n* estado *m* policía; **~ station** *n* comisaría *f*; **~woman** *n* agente *f*, policía *f*, mujer *f* policía

policy /'pɑ:ləsi, BrE 'pɒləsi/ *n* (*pl* **-cies**) **1** **(a)** (Pol) política *f* **(b)** (standard practice, plan) (Busn) política *f*; **it is good/bad ~** es/no es recomendable **2** (insurance ~) (contract) seguro *m*; (document) póliza *f* de seguros

policyholder /'pɑ:ləsi'həʊldər, BrE 'pɔləsi,həʊldə(r)/ *n* asegurado, -da *m,f*

polio /'pəʊliəʊ/ *n* polio *f*

poliomyelitis /'pəʊliəʊ'maɪə'laɪtəs, BrE ,pəʊliəʊ,maɪə'laɪtɪs/ *n* poliomielitis *f*

polish¹ /'pɑ:lɪʃ, BrE 'pɒlɪʃ/ *n* **(a)** (shoe ~) betún *m*, pomada *f* (RPl), pasta *f* (Chi); (furniture ~) cera *f* para muebles, lustramuebles *m* (CS); (metal ~) limpiametales *m*; (floor ~) (esp BrE) abrillantador *m* (de suelos); (wax ~) cera *f* (abrillantadora) **(b)** (sheen) brillo *m* **(c)** (refinement): **he lacks ~** tiene que pulir su estilo

polish² *vt* **(a)** ‹*floor/table/car/brass*› darle* *or* sacarle* brillo a; ‹*shoes*› limpiar, lustrar (esp AmL), bolear (Méx), embolar (Col); ‹*lens/mirror*› limpiar; ‹*stone*› (by abrasion) pulir **(b)** (refine) pulir

● **polish off** [*v* + *o* + *adv*, *v* + *adv* + *o*] (infml) ‹*food*› liquidarse (fam)

Polish¹ /'pəʊlɪʃ/ *adj* polaco

Polish² *n* polaco *m*

polished /'pɑ:lɪʃt, BrE 'pɒlɪʃt/ *adj* **(a)** (shiny) ‹*metal/marble*› pulido; ‹*wood*› brillante, lustrado (esp AmL) **(b)** (refined) ‹*manners/accent*› refinado; ‹*performance/translation*› pulido

polite /pə'laɪt/ *adj* **politer, politest** ‹*manner/person*› cortés; **they were making ~ conversation** conversaban tratando de ser agradables; **it's not ~ to shout** gritar es una falta de educación

politely /pə'laɪtli/ *adv* ‹*behave*› correctamente; ‹*ask/refuse*› con buenos modales

politeness /pə'laɪtnəs, BrE pə'laɪtnɪs/ *n* cortesía *f*

political /pə'lɪtɪkəl/ *adj* político

politically correct /pə'lɪtɪkli/ *adj* ‹*term*› usado por gente de ideología progresista

politician /'pɑ:lə'tɪʃən, BrE ,pɒlɪ'tɪʃən/ *n* político, -ca *m,f*

politics /'pɑ:lətɪks, BrE 'pɒlətɪks/ *n* **1** (+ *sing vb*) (science, activity) política *f* **2** (+ *pl vb*) (political relations) política *f*

polka /'pəʊlkə, BrE 'pɒlkə, 'pəʊlkə/ *n* polca *f*, polka *f*

polka dot /'pəʊkə, pəʊlkə, BrE 'pɒlkə, 'pəʊlkə/ *n* lunar *m*, topo *m* (Esp)

poll¹ /pəʊl/ *n* **1** **(a)** (ballot) votación *f* **(b)** (opinion ~) encuesta *f* *or* sondeo *m* (de opinión) **2** **polls** *pl* (polling stations) **the ~s: to go to the ~s** ir* *or* acudir a las urnas

poll² *vt* (Pol) ‹*votes*› (obtain) obtener*; (cast) emitir

pollen /'pɑ:lən, BrE 'pɒlən/ *n* polen *m*

pollinate /'pɑ:ləneɪt, BrE 'pɒləneɪt/ *vt* polinizar*

polling /'pəʊlɪŋ/ *n* votación *f*; (*before n*); **~ place** o (BrE) **station** centro *m* electoral

pollutant /pə'lu:tn̩t/ *n* (agente *m*) contaminante *m*

pollute /pə'lu:t/ *vt* (Ecol) contaminar

pollution /pə'lu:ʃən/ *n* contaminación *f*

polo /'pəʊləʊ/ *n* polo *m*

polo: **~ neck** *n* (BrE) **(a)** (style of neck) cuello *m* alto **(b)** **~ neck (sweater)** *n* (BrE) suéter *m* de cuello alto, polera *f* (RPl)

poly- /'pɑ:li, BrE 'pɒli/ *pref* poli-

polyester /'pɑ:li'estər, BrE ,pɒli'estə(r)/ *n* poliéster *m*

polyethylene /'pɑ:li'eθəli:n, BrE ,pɒli'eθəli:n/ *n* (esp AmE) polietileno *m*

polygamy /pə'lɪgəmi/ *n* poligamia *f*

Polynesia /'pɑ:lə'ni:ʒə, BrE ,pɒlɪ'ni:ʒə/ *n* (la) Polinesia

Polynesian /'pɑ:lə'ni:ʒən, BrE ,pɒlɪ'ni:ʒən/ *adj* polinesio

polystyrene /'pɑ:li'staɪri:n, BrE ,pɒli'staɪri:n/ *n* poliestireno *m*

polythene /'pɑːləθiːn, BrE 'pɒlɪθiːn/ *n* (BrE) plástico *m*, polietileno *m* (téc)
pomegranate /'pɑːməgrænət, BrE 'pɒmɪgrænɪt/ *n* granada *f*
pomp /pɑːmp, BrE pɒmp/ *n* pompa *f*, fausto *m*
pompom /'pɑːmpɑːm, BrE 'pɒmpɒm/ *n* (on hat) borla *f*, pompón *m*
pompous /'pɑːmpəs, BrE 'pɒmpəs/ *adj* pomposo
pond /pɑːnd, BrE pɒnd/ *n* (man-made) estanque *m*; (natural) laguna *f*
ponder /'pɑːndər, BrE 'pɒndə(r)/ *vt* considerar
ponderous /'pɑːndərəs, BrE 'pɒndərəs/ *adj* ‹*movement*› lento y pesado; ‹*explanation/speech*› pesado
pong¹ /pɑːŋ, BrE pɒŋ/ *n* (BrE infml) peste *f* (fam)
pong² *vi* (BrE infml) apestar (fam)
pontiff /'pɑːntəf, BrE 'pɒntɪf/ *n* pontífice *m*
pony /'pəʊni/ *n* (*pl* **ponies**) poni *m*
ponytail /'pəʊniteɪl/ *n* cola *f* de caballo
poodle /'puːdl/ *n* caniche *m*
pooh-pooh /'puː'puː/ *vt* (infml) reírse* de
✓ **pool¹** /puːl/ *n* **1** **(a)** (collection of water) charca *f* **(b)** (swimming ~) piscina *f*, pileta *f* (RPl), alberca *f* (esp Méx) **(c)** (puddle) charco *m* **2** (common reserve of money) fondo *m* común **3** **pools** *pl* BrE ▶ **football pools** **4** (billiards) billar *m* americano, pool *m*
pool² *vt* hacer* un fondo común de
pooped (out) /puːpt/ *adj* (AmE sl) (*pred*) reventado (fam)
✓ **poor** /pɔːr, BrE pɔːr, pʊə(r)/ *adj* **-er, -est** **1** (not wealthy) pobre **2** (unsatisfactory, bad) ‹*harvest*› pobre, escaso; ‹*diet/quality*› malo; ‹*imitation*› burdo **3** (unfortunate) (*before n*) pobre; **you ~ thing!** ¡pobrecito!
poorly¹ /'pʊrli, BrE 'pɔːli, 'pʊəli/ *adj* (*pred*) (esp BrE) mal
poorly² *adv* ‹*perform/play*› mal
pop¹ /pɑːp, BrE pɒp/ *n* **1** (noise): **to go ~** hacer 'pum'; (burst) reventar* **2** (Mus) música *f* pop **3** (Culin) gaseosa *f* **4** (father) (AmE infml) papá *m* (fam)
pop² **-pp-** *vi* **1** «*balloon*» estallar, reventar(se)*; «*cork*» saltar; **my ears ~ped** se me destaparon los oídos **2** (spring) saltar; **his eyes were ~ping (out of his head)** los ojos se le salían de las órbitas **3** (go casually) (infml): **to ~ out** salir* un momento; **he just ~ped in to say hello** pasó un minuto a saludar
■ *vt* **1** (burst) ‹*balloon*› reventar*, hacer* estallar **2** (put quickly, casually): **she ~ped her head around the door** asomó la cabeza por la puerta; **~ it into your pocket** métetelo en el bolsillo
● **pop up** [*v* + *adv*] (infml) **(a)** (rise) «*toast*» saltar; **his head ~ped up from behind the wall** asomó la cabeza por encima del muro **(b)** (appear) aparecer*
pop³ *adj* **(a)** (popular) ‹*sociology/culture*› popular; ‹*music/singer*› (AmE) popular **(b)** (BrE) (Mus) pop *adj inv*
popcorn /'pɑːpkɔːrn, BrE 'pɒpkɔːn/ *n* palomitas *fpl* (de maíz), cabritas *fpl* (de maíz) (Chi), pororó *m* (RPl), maíz *m* pira *or* tote (Col)
pope /pəʊp/ *n* papa *m*

✓ palabra clave

poplar /'pɑːplər, BrE 'pɒplə(r)/ *n* álamo *m* (blanco)
poppa /'pɑːpə, BrE 'pɒpə/ *n* (AmE) papá *m* (fam)
poppy /'pɑːpi, BrE 'pɒpi/ *n* (*pl* **-pies**) amapola *f*, adormidera *f*
Popsicle® /'pɑːpsɪkəl, BrE 'pɒpsɪkəl/ *n* (AmE) paleta *f* (helada), polo *m* (Esp), palito *m* (RPl), chupete *m* helado (CS)
populace /'pɑːpjələs, BrE 'pɒpjʊləs/ *n* (+ *sing o pl vb*): **the ~** (common people) el pueblo; (population) la población
✓ **popular** /'pɑːpjʊlər, BrE 'pɒpjʊlə(r)/ *adj* **1** **(a)** (well-liked) popular; **she is ~ with her students** goza de popularidad entre sus alumnos **(b)** ‹*resort/restaurant*› muy frecuentado; ‹*brand/product*› popular **2** **(a)** (not highbrow, specialist) ‹*music/literature*› popular **(b)** (of populace) ‹*feeling*› popular; ‹*rebellion*› del pueblo, popular; **by ~ demand/request** a petición *or* (AmL tb) a pedido del público **(c)** (widespread) ‹*belief/notion*› generalizado
popularity /'pɑːpjə'lærəti, BrE ˌpɒpjʊ'lærəti/ *n* popularidad *f*
popularize /'pɑːpjələraɪz, BrE 'pɒpjʊləraɪz/ *vt* **(a)** (make popular) popularizar* **(b)** (make accessible) divulgar*
populate /'pɑːpjəleɪt, BrE 'pɒpjʊleit/ *vt* poblar*
✓ **population** /'pɑːpjə'leɪʃən, BrE ˌpɒpjʊ'leɪʃən/ *n* población *f*; (*before n*) **~ explosion** explosión *f* demográfica
pop-up /'pɑːpʌp/ *n* popup *m*, ventana *f* emergente
porcelain /'pɔːrsələn, BrE 'pɔːsəlɪn/ *n* porcelana *f*
porch /pɔːrtʃ, BrE pɔːtʃ/ *n* **(a)** (covered entrance) porche *m* **(b)** (veranda) (AmE) porche *m*, galería *f*
porcupine /'pɔːrkjəpaɪn, BrE 'pɔːkjʊpaɪn/ *n* puercoespín *m*
pore /pɔːr, BrE pɔː(r)/ *n* poro *m*
● **pore over** [*v* + *prep* + *o*] estudiar minuciosamente
pork /pɔːrk, BrE pɔːk/ *n* (carne *f* de) cerdo *m*, (carne *f* de) puerco *m* (Méx), chancho *m* (Chi, Per), marrano *m* (Col); (*before n*) **~ chop** chuleta *f* de cerdo (*or* de chancho *etc*), costilla *f* de cerdo (RPl)
pornographic /'pɔːrnə'græfɪk, BrE ˌpɔːnə'græfɪk/ *adj* pornográfico
pornography /pɔːr'nɑːgrəfi, BrE pɔː'nɒgrəfi/ *n* pornografía *f*
porous /'pɔːrəs/ *adj* poroso
porpoise /'pɔːrpəs, BrE 'pɔːpəs/ *n* marsopa *f*
porridge /'pɔːrɪdʒ, BrE 'pɒrɪdʒ/ *n* avena *f* (*cocida*), gachas *fpl* (*de avena*) (Esp); (*before n*) **~ oats** copos *mpl* de avena
port¹ /pɔːrt, BrE pɔːt/ *n* **1** (for ships) puerto *m*; (*before n*) ‹*authority/tax/regulation*› portuario **2** (left side) babor *m* **3** **(a)** (for loading) (Aviat, Naut) porta *f* **(b)** (Comput) puerto *m* **4** (Culin) oporto *m*, vino *m* de Oporto
port² *adj* (*before n*) ‹*lights*› de babor
portable /'pɔːrtəbəl, BrE 'pɔːtəbəl/ *adj* portátil
portcullis /pɔːrt'kʌləs, BrE ˌpɔːt'kʌlɪs/ *n* rastrillo *m*
portend /pɔːr'tend, BrE pɔː'tend/ *vt* (liter) augurar
portent /'pɔːrtent, BrE 'pɔːtent/ *n* augurio *m*, presagio *m*

porter /'pɔːrtər, BrE 'pɔːtə(r)/ *n* **1** (at station, airport) maletero *m*, changador *m* (RPl); (on expedition) porteador *m*; (in hospital) (BrE) camillero *m* **2** (in hotel, apartment block) portero *m*

portfolio /pɔːrt'fəʊliəʊ, BrE pɔːt'fəʊliəʊ/ *n* (*pl* **-lios**) **1** **(a)** (case) portafolio(s) *m* **(b)** (samples of work) carpeta *f* de trabajos **2** (Pol) cartera *f*

porthole /'pɔːrthəʊl, BrE 'pɔːthəʊl/ *n* (Naut) ojo *m* de buey, portilla *f*

portion /'pɔːrʃən, BrE 'pɔːʃən/ *n* **(a)** (of food) porción *f* (esp AmL), ración *f* (esp Esp) **(b)** (share, part) parte *f*

portrait /'pɔːrtrət, -treɪt, BrE 'pɔːtrɪt, -treɪt/ *n* retrato *m*

portray /pɔːr'treɪ, BrE pɔː'treɪ/ *vt* **(a)** (depict) «*picture*» representar **(b)** (describe, represent) ‹*person/scene*› describir*

portrayal /pɔːr'treɪəl, BrE pɔː'treɪəl/ *n* (Art) representación *f*; (Lit) descripción *f*; (Theat) interpretación *f*

Portugal /'pɔːrtʃɪgəl, BrE 'pɔːtjʊgl/ *n* Portugal *m*

Portuguese¹ /'pɔːrtʃə'giːz, BrE ˌpɔːtjʊ'giːz/ *adj* portugués

Portuguese² *n* (*pl* ~) **(a)** (language) portugués *m* **(b)** (person) portugués, -guesa *m,f*

pose¹ /pəʊz/ *vt* ‹*threat*› representar; ‹*problem/question*› plantear
■ *vi* **(a)** (Art, Phot) posar **(b)** (put on an act) hacerse* el interesante **(c)** (pretend to be) **to ~** AS **sb/sth** hacerse* pasar POR algn/algo

pose² *n* **(a)** (position of body) pose *f*, postura *f* **(b)** (assumed manner) pose *f*, afectación *f*

poser /'pəʊzər, BrE 'pəʊzə(r)/ *n* **(a)** (question) pregunta *f* difícil; (problem) dilema *m* **(b)** (person) (BrE infml) ▶ **poseur**

poseur /pəʊ'zɜːr, BrE pəʊ'zɜː(r)/ *n*: **he's a real ~** todo en él es pura pose *or* afectación

posh /pɑːʃ, BrE pɒʃ/ *adj* **-er**, **-est** (esp BrE infml) elegante, pijo (Esp fam), posudo (Col fam), pituco (CS fam), cheto (RPl fam), sifrino (Ven fam), popoff (Méx fam)

position¹ /pə'zɪʃən/ *n* **1** **(a)** (location) posición *f*, ubicación *f* (esp AmL) **(b)** (Sport) posición *f* **2** **(a)** (posture) posición *f* **(b)** (stance, point of view) postura *f* **3** **(a)** (in league) puesto *m* **(b)** (job, post) (fml) puesto *m* **4** (situation, circumstances) situación *f*; **I'm not in a ~ to help them** no estoy en condiciones de prestarles ayuda

position² *vt* colocar*, poner*

positive /'pɑːzətɪv, BrE 'pɒzətɪv/ *adj* **1** ‹*number/quantity*› positivo; ‹*electrode*› positivo; **the test was ~** (Med) el análisis dio positivo **2** (constructive) ‹*attitude*› positivo; ‹*criticism*› constructivo **3** (definite): **there is no ~ evidence** no hay pruebas concluyentes **4** (absolute) (*before n*) ‹*disgrace/outrage*› auténtico **5** (sure) (infml) (*pred*) **are you sure? — positive** ¿estás seguro? — segurísimo

positively /'pɑːzətɪvli, BrE 'pɒzətɪvli/ *adv* **1** (constructively): **to think ~** ser* positivo; **they reacted ~** tuvieron una reacción/respuesta positiva **2** **(a)** (definitely) ‹*prove*› de forma concluyente **(b)** (absolutely) ‹*delighted/furious*› verdaderamente

posse /'pɑːsi, BrE 'pɒsi/ *n* (in US) partida *f* (*al mando de un sheriff*)

possess /pə'zes/ *vt* **1** (own) tener*, poseer* (fml) **2** (influence) «*anger/fear*» apoderarse de; **whatever can have ~ed him to say such a thing?** ¿qué lo habrá llevado a decir semejante cosa?

possessed /pə'zest/ *adj* (*pred*): **to be ~ (by the devil)** estar* endemoniado

possession /pə'zeʃən/ *n* **(a)** (sth owned) bien *m* **(b)** (ownership) posesión *f*; (of arms) tenencia *f*

possessive /pə'zesɪv/ *adj* posesivo

possessor /pə'zesər, BrE pə'zesə(r)/ *n* dueño, -ña *m,f*, poseedor, -dora *m,f*

possibility /'pɑːsə'bɪləti, BrE ˌpɒsə'bɪləti/ *n* posibilidad *f*

possible /'pɑːsəbəl, BrE 'pɒsəbəl/ *adj* posible; **get here by eight if ~** llega antes de las ocho, si es posible; **as little as ~** lo menos posible

possibly /'pɑːsəbli, BrE 'pɒsəbli/ *adv* **(a)** (conceivably): **I couldn't ~ eat any more** me es totalmente imposible comer nada más; **could you ~ give me a hand with this?** ¿sería tan amable de ayudarme con esto? **(b)** (perhaps) (*indep*) posiblemente

post¹ /pəʊst/ *n* **1** (pole) poste *m* **2** (mail) (esp BrE) correo *m*; **to send sth by ~** o **through the ~** mandar *or* enviar* algo por correo; **it's in the ~** ya ha sido enviado; **the first/second ~** (delivery) el primer/segundo reparto; (collection) la primera/segunda recogida **3** (job) puesto *m*

post² *vt* **1** **(a)** (position) ‹*policeman/soldier*› apostar **(b)** (send) ‹*employee/diplomat*› destinar **2** (mail) (esp BrE) ‹*letter/parcel*› echar al correo; (drop in postbox) echar al buzón; **to ~ sth to sb** mandarle *or* enviarle* algo a algn (por correo)

post- /pəʊst/ *pref* post-, pos-

postage /'pəʊstɪdʒ/ *n* franqueo *m*; **~ and handling** (AmE), **~ and packing** (BrE) gastos *mpl* de envío

postage: **~ paid** *adv* con franqueo pagado; **~ stamp** *n* (fml) sello *m* (de correos), estampilla *f* (AmL), timbre *m* (Méx)

postal /'pəʊstl/ *adj* (*before n*) postal

postal order *n* (BrE) ≈ giro *m* postal

post: **~box** *n* (BrE) buzón *m*; **~card** *n* tarjeta *f* postal, postal *f*; **~code** *n* (BrE) código *m* postal

postdate /'pəʊst'deɪt/ *vt* ‹*contract/check*› posfechar, diferir* (RPl)

poster /'pəʊstər, BrE 'pəʊstə(r)/ *n* cartel *m*, póster *m*

posterity /pɑː'sterəti, BrE pɒ'sterəti/ *n* posteridad *f*

postgraduate /pəʊst'grædʒuət/ *n* estudiante *mf* de postgrado; (*before n*) ‹*student/research*› de postgrado

posthumous /'pɑːstʃəməs, BrE 'pɒstjʊməs/ *adj* póstumo

posting /'pəʊstɪŋ/ *n* destino *m*

postman /'pəʊstmən/ *n* (*pl* **-men** /-mən/) (esp BrE) cartero *m*

postmark¹ /'pəʊstmɑːrk, BrE 'pəʊstmɑːk/ *n* matasellos *m*

postmark² *vt* matasellar

postmortem /'pəʊst'mɔːrtəm, BrE ˌpəʊst'mɔːtəm/ *n* (esp BrE) (Med) autopsia *f*

postnatal /'pəʊst'neɪtl/ *adj* postnatal

p

post office *n* oficina *f* de correos, correo *m* (AmL), estafeta *f* de correos (Esp)

postpone /pəʊs'pəʊn, BrE pə'spəʊn/ *vt* aplazar*, posponer*, postergar* (esp AmL)

postponement /pəʊs'pəʊnmənt, BrE pə'spəʊnmənt/ *n* aplazamiento *m*, postergación *f* (esp AmL)

postscript /'pəʊstskrɪpt/ *n* (to letter) postdata *f*; (to book) epílogo *m*

posture /'pɑːstʃər, BrE 'pɒstʃə(r)/ *n* postura *f*

postwar /'pəʊst'wɔːr, BrE ˌpəʊst'wɔː(r)/ *adj* (*before n*) de la posguerra

posy /'pəʊzi/ *n* (*pl* **posies**) ramillete *m*

pot¹ /pɑːt, BrE pɒt/ *n* **1** **(a)** (cooking ~) olla *f*; **~s and pans** cacharros *mpl* (fam), trastes *mpl* (Méx); ***to go to ~*** (infml) echarse a perder **(b)** (for jam, honey etc) tarro *m*, bote *m* (Esp) **(c)** (tea~) tetera *f*; (coffee~) cafetera *f* **(d)** (in pottery) vasija *f* **2** (flower~) maceta *f*, tiesto *m* (Esp)

pot² *vt* **-tt-** ‹*plant*› plantar (*en una maceta*)

potash /'pɑːtæʃ, BrE 'pɒtæʃ/ *n* potasa *f*

potassium /pə'tæsiəm/ *n* potasio *m*

potato /pə'teɪtəʊ/ *n* (*pl* **-toes**) papa *f* *or* (Esp) patata *f*; (*before n*) **~ chips** o (BrE) **crisps** papas *fpl* *or* (Esp) patatas *fpl* fritas; **~ peeler** pelapapas *m* *or* (Esp) pelapatatas *m*

potbelly /'pɑːt'beli, BrE ˌpɒt'beli/ *n* barriga *f* (fam), panza *f* (fam), guata *f* (Chi fam)

potency /'pəʊtn̩si/ *n* **(a)** (of drink) lo fuerte **(b)** (sexual ~) potencia *f* sexual

potent /'pəʊtn̩t/ *adj* **1** ‹*drink/drug/medicine*› fuerte **2** (Physiol) potente

⚷ **potential¹** /pə'tentʃəl, BrE pə'tenʃəl/ *n* (capacity) potencial *m*; (possibilities) posibilidades *fpl*

⚷ **potential²** *adj* (*before n*) ‹*danger*› potencial; ‹*leader*› en potencia

potentially /pə'tentʃəli, BrE pə'tenʃəli/ *adv* potencialmente

P

pot: **~hole** *n* **(a)** (cave) cueva *f* subterránea; (hole) sima *f* **(b)** (in road) bache *m*; **~holing** /'pɑːtˌhəʊlɪŋ, BrE 'pɒtˌhəʊlɪŋ/ *n* (BrE) espeleología *f*

potion /'pəʊʃən/ *n* poción *f*, pócima *f*

pot: **~luck** /'pɑːt'lʌk, BrE ˌpɒt'lʌk/ *n*: **to take ~luck** conformarse con lo que haya; **~ plant** *n* planta *f* (*cultivada en una maceta*), mata *f* (Col, Ven); **~shot** *n* (Sport) tiro *m* al azar

potted /'pɑːtəd, BrE 'pɒtɪd/ *adj* (*before n*) **(a)** ‹*plant*› en maceta *or* tiesto **(b)** ‹*account/version*› resumido

potter¹ /'pɑːtər, BrE 'pɒtə(r)/ *n* alfarero, -ra *m,f*

potter² *vi* (BrE) (+ *adv compl*) ▶ **putter²**

pottery /'pɑːtəri, BrE 'pɒtəri/ *n* (*pl* **-ries**) **(a)** (vessels) cerámica *f* **(b)** (workshop) alfarería *f* **(c)** (craft) alfarería *f*

potty¹ /'pɑːti, BrE 'pɒti/ *n* (*pl* **-ties**) (infml) orinal *m* (*para niños*) (fam), bacinica *f* (AmL exc RPl), pelela *f* (CS fam); **he's ~-trained** ya no usa pañales

potty² *adj* **-tier**, **-tiest** (BrE infml) chiflado (fam)

pouch /paʊtʃ/ *n* **1** **(a)** (small bag) bolsa *f* **(b)** (for correspondence) (AmE) valija *f* **2** (Anat, Zool) bolsa *f*

poultice /'pəʊltəs, BrE 'pəʊltɪs/ *n* cataplasma *f*

poultry /'pəʊltri/ *n* **(a)** (birds) (+ *pl vb*) aves *fpl* de corral **(b)** (meat) carne *f* de ave

pounce /paʊns/ *vi* saltar; **to ~** ON/UPON **sb/sth** abalanzarse* SOBRE algn/algo

⚷ **pound¹** /paʊnd/ *n* **1** (measure) libra *f* (*454 gramos*) **2** (Fin) libra *f*; (*before n*) **a ~ coin** una moneda de (una) libra **3** (enclosure — for cars) depósito *m*; (— for dogs) perrera *f*

pound² *vt* **(a)** ‹*corn/spices*› machacar*; ‹*garlic/chili*› majar **(b)** ‹*table/door*› aporrear; **the waves ~ed the wall** las olas batían contra el muro

■ *vi* **(a)** (strike, beat) aporrear **(b)** «*heart*» palpitar; «*sound*» retumbar; **my head is ~ing** tengo la cabeza a punto de reventar

pound sign *n* **1** (AmE) (key) tecla *f* (del signo) de número, tecla *f* numeral, tecla *f* de almohadilla (Esp) **2** (for currency) *signo de la libra esterlina* (£)

pour /pɔːr, BrE pɔː(r)/ *vt* **1** (+ *adv compl*) ‹*liquid*› verter*, echar; ‹*salt/powder*› echar; **he ~ed the tea down the sink** tiró el té por el fregadero **2** **~ (out)** (serve) ‹*drink*› servir*

■ *vi* (+ *adv compl*) «*blood*» manar; «*water/sweat*» salir*

■ *v impers* diluviar, llover* a cántaros

● **pour out** **1** [*v + o + adv, v + adv + o*] **(a)** ▶ **pour** *vt* 2 **(b)** (emotionally): **he ~ed out his feelings** reveló sus sentimientos; **she ~ed her heart out to him** se desahogó con él **2** [*v + adv*] salir*

pouring /'pɔːrɪŋ/ *adj*: **he went out in the ~ rain** salió en medio de una lluvia torrencial

pout /paʊt/ *vi* hacer* un mohín

poverty /'pɑːvərti, BrE 'pɒvəti/ *n* pobreza *f*

poverty-stricken /'pɑːvərtiˌstrɪkən, BrE 'pɒvətiˌstrɪkən/ *adj* pobrísimo

POW *n* = **prisoner of war**

powder¹ /'paʊdər, BrE 'paʊdə(r)/ *n* **(a)** polvo *m* **(b)** (face ~) polvo(s) *m(pl)* (de tocador); (*before n*) **~ puff** borla *f*, cisne *m* (RPl)

powder² *vt* **1** (cover) empolvar; **to ~ one's nose** retocarse* el maquillaje; (euph) lavarse las manos (euf) **2** **powdered** *past p* ‹*milk/eggs*› en polvo; **~ed sugar** (AmE) azúcar *m or f* glas, azúcar *m or f* flor (Chi), azúcar *m or f* impalpable (RPl), azúcar *m or f* en polvo (Col)

powdery /'paʊdəri/ *adj* como polvo

⚷ **power¹** /'paʊər, BrE 'paʊə(r)/ *n* **1** **(a)** (control, influence) poder *m*; (of country) poderío *m*, poder *m*; **to be in ~** estar* en el poder **(b)** (official authority) poder *m*; **~ to** + INF poder PARA + INF **2** **(a)** (nation) potencia *f* **(b)** (person, group): **the ~s that be** los que mandan; **the ~s of darkness** las fuerzas del mal **3** **(a)** (physical strength, force) fuerza *f* **(b)** (of engine, loudspeaker, transmitter) potencia *f* **4** **(a)** (ability, capacity): **I did everything in my ~** hice todo lo que estaba en mi(s) mano(s) **(b)** (specific faculty) (*often pl*): **he lost the ~ of speech** perdió el habla; **~(s) of concentration** capacidad *f* de concentración **5** **(a)** (Eng, Phys) potencia *f*; (particular source of energy) energía *f* **(b)** (electricity) electricidad *f*; (*before n*) **~ lines** cables *mpl* de alta tensión; **~ point** (BrE) toma *f* de corriente, enchufe *m*, tomacorriente *m* (AmL) **6** (a lot) (infml): **to do sb a ~ of good** hacerle* a algn mucho bien

power² *vt*: **the plane is ~ed by four engines** el avión está propulsado por cuatro motores

---

⚷ palabra clave

power: **~boat** *n* lancha *f* de motor, lancha *f* motora (Esp); **~ cut** *n* apagón *m*

powerful /'paʊərfəl, BrE 'paʊəfəl/ *adj* **(a)** ‹*country*› poderoso **(b)** ‹*shoulders/arms*› fuerte **(c)** ‹*performance/image*› impactante; ‹*argument*› poderoso; ‹*incentive*› poderoso **(d)** ‹*engine/weapon/drug*› potente; ‹*smell/current*› fuerte

powerless /'paʊərləs, BrE 'paʊəlɪs/ *adj* impotente; **they were ~ to prevent it** no pudieron hacer nada para impedirlo

power: **~ of attorney** *n* (*pl* **~s of attorney**) (Law) poder *m* (notarial); **~ plant** *n* (AmE), **~ station** *n* central *f* eléctrica, usina *f* eléctrica (AmS)

pp. (= **pages**) págs.

PR[1] *n* **(a)** = **public relations** **(b)** = **proportional representation**

PR[2] = **Puerto Rico**

practicable /'præktɪkəbəl/ *adj* factible

practical[1] /'præktɪkəl/ *adj* **(a)** práctico; **for all ~ purposes** a efectos prácticos **(b)** (feasible) factible

practical[2] *n* (Educ) práctica *f*

practicality /'præktɪ'kæləti/ *n* **1** (of scheme/idea) lo práctico **2** **practicalities** *pl* aspectos *mpl* prácticos

practical joke *n* broma *f*

practically /'præktɪkli/ *adv* **1** (virtually) casi, prácticamente **2** (in a practical way) ‹*consider/think*› con sentido práctico

practice[1] /'præktəs, BrE 'præktɪs/ *n* **1** (training, repetition) práctica *f*; **he's out of ~** le falta práctica; **piano ~** ejercicios *mpl* de piano; **~ teaching** o (BrE) **teaching ~** prácticas *fpl* de magisterio; ***~ makes perfect*** la práctica hace al maestro **2** **(a)** (carrying out, implementing) práctica *f*; **to put sth into ~** llevar algo a la práctica; **in ~** en la práctica **(b)** (exercise of profession) ejercicio *m* **3** (custom, procedure) costumbre *f* **4** (Med) consultorio *m*

practice[2], (BrE) **practise** *vt* **1** (rehearse) practicar*; ‹*song/act*› ensayar **2** «*doctor/lawyer*» ejercer* **3** **practicing** *pres p* **(a)** ‹*doctor/lawyer*› en ejercicio (de su profesión) **(b)** ‹*Catholic*› practicante
■ *vi* **1** (rehearse, train) practicar* **2** (professionally) ejercer*

practitioner /præk'tɪʃn̩ər, BrE præk'tɪʃn̩ə(r)/ *n* médico, -ca *m,f*

pragmatic /præg'mætɪk/ *adj* pragmático

pragmatism /'prægmətɪzəm/ *n* pragmatismo *m*

Prague /prɑːg/ *n* Praga *f*

prairie /'preri, BrE 'preəri/ *n* pradera *f*; **the ~(s)** (in US) la Pradera

prairie dog *n* perro *m* de las praderas

praise[1] /preɪz/ *n* **(a)** (credit, applause) elogios *mpl*; ***to sing sth's/sb's ~s*** poner* algo/a algn por las nubes **(b)** (Relig) alabanza *f*

praise[2] *vt* **(a)** (compliment) elogiar **(b)** (Relig) alabar

praiseworthy /'preɪz,wɜːrði, BrE 'preɪz,wɜːði/ *adj* digno de elogio

pram /præm/ *n* (BrE) cochecito *m*

prance /præns, BrE prɑːns/ *vi* **(a)** «*horse*» brincar* **(b)** (derog) «*person*» **she ~d into the room wearing her new dress** entró meneándose con el vestido nuevo
● **prance about** [*v* + *adv*] brincar*

prank /præŋk/ *n* broma *f*; (of child) travesura *f*

prat /præt/ *n* (BrE sl) imbécil *mf*

prattle /'prætl/ *vi* «*adult*» cotorrear (fam); «*child*» balbucear

prawn /prɔːn/ *n* (large) langostino *m*, camarón *m* (AmL); (medium) camarón *m* (AmL), gamba *f* (esp Esp), langostino *m* (CS); (small) camarón *m*, quisquilla *f* (Esp)

pray /preɪ/ *vi* rezar*, orar (fml)

prayer /prer, BrE preə(r)/ *n* oración *f*

pre- /'priː/ *pref* **(a)** (in advance): **~planned** planeado de antemano **(b)** (before): **a ~dinner drink** una copa antes de cenar

preach /priːtʃ/ *vt* **(a)** (Relig) predicar*; ‹*sermon*› dar* **(b)** (advocate) ‹*doctrine/ideas*› preconizar*
■ *vi* predicar*

preacher /'priːtʃər, BrE 'priːtʃə(r)/ *n* **(a)** (one who preaches) predicador, -dora *m,f* **(b)** (minister) (AmE) pastor, -tora *m,f*

prearrange /'priːə'reɪndʒ/ *vt* **(a)** (arrange in advance) concertar* de antemano **(b)** **prearranged** *past p* ‹*meeting*› concertado de antemano; ‹*signal/place/time*› convenido

precarious /prɪ'keriəs, BrE prɪ'keəriəs/ *adj* precario

precaution /prɪ'kɔːʃən/ *n* precaución *f*; **as a ~** por *or* como precaución

precautionary /prɪ'kɔːʃəneri, BrE prɪ'kɔːʃənəri/ *adj* preventivo

precede /prɪ'siːd/ *vt* (fml) preceder a
■ *vi* **(a)** (come before) preceder **(b)** **preceding** *pres p* anterior

precedence /'presədəns/ *n* precedencia *f*

precedent /'presədənt/ *n* precedente *m*; **to set a ~ (for sth)** sentar* precedente (para algo)

precept /'priːsept/ *n* precepto *m*

precinct /'priːsɪŋkt/ *n* **1** **(a)** (delimited zone) (BrE): **shopping ~** centro *m* /zona *f* comercial **(b)** (AmE) (police district) distrito *m* policial; (police station) comisaría *f* **(c)** (voting district) (AmE) circunscripción *f*, distrito *m* electoral **2** **precincts** *pl* (of city) límites *mpl*; (of cathedral, castle, hospital) recinto *m*, predio(s) *m(pl)* (esp AmL)

precious[1] /'preʃəs/ *adj* **1** **(a)** (valuable) ‹*jewel/object*› precioso; **~ metal** metal *m* precioso; **~ stone** piedra *f* preciosa **(b)** (dear) querido **(c)** (iro): **her ~ son** su queridísimo hijo (iró) **2** (affected) preciosista

precious[2] *adv* (infml) (*as intensifier*): **~ few** muy pocos; **she's done ~ little to help** bien poco ha hecho para ayudar

precipice /'presəpəs, BrE 'presɪpɪs/ *n* precipicio *m*

precipitate /prɪ'sɪpəteɪt, BrE prɪ'sɪpɪteɪt/ *vt* (fml) precipitar

precipitation /prɪ'sɪpə'teɪʃən, BrE prɪ,sɪpɪ'teɪʃən/ *n* **(a)** (Meteo) precipitaciones *fpl* **(b)** (Chem) precipitación *f*

précis, precis /preɪ'siː, 'preɪsiː, BrE 'preɪsiː/ *n* (*pl* **~** /-z/) resumen *m*

precise /prɪ'saɪs/ *adj* **(a)** (accurate) ‹*calculations/measurements*› exacto; ‹*description/*

P

instructions› preciso **(b)** (specific) preciso; **there were about 60, 59 to be ~** había unos 60, 59 para ser exacto *or* preciso **(c)** (meticulous) minucioso

precisely /prɪˈsaɪsli/ *adv* **(a)** (accurately) *‹calculate/measure/describe›* con precisión **(b)** (exactly): **we have ~ one hour** tenemos exactamente una hora; **at two o'clock ~** a las dos en punto; **precisely!** ¡exacto!, ¡justamente!

precision /prɪˈsɪʒən/ *n* precisión *f*; *(before n) ‹instrument/tool›* de precisión

preclude /prɪˈkluːd/ *vt* (fml) *‹possibility›* excluir*

precocious /prɪˈkəʊʃəs/ *adj* precoz

preconceived /ˈpriːkənˈsiːvd/ *adj (before n)* preconcebido

preconception /ˈpriːkənˈsepʃən/ *n* idea *f* preconcebida

precondition /ˈpriːkənˈdɪʃən/ *n* condición *f* previa

precursor /prɪˈkɜːrsər, BrE prɪˈkɜːsə(r)/ *n* (fml) precursor, -sora *m,f*

predate /ˈpriːˈdeɪt/ *vt* (fml) **(a)** (precede) ser* anterior a **(b)** *‹document/letter›* antedatar (fml)

predator /ˈpredətər, BrE ˈpredətə(r)/ *n* depredador *m*, predador *m*

predatory /ˈpredətɔːri, BrE ˈpredətri/ *adj ‹animal›* predador, depredador; *‹person›* rapaz

predecessor /ˈpredəsesər, BrE ˈpriːdɪsesə(r)/ *n* predecesor, -sora *m,f*

predestine /ˈpriːˈdestən, BrE ˌpriːˈdestɪn/ *vt* predestinar

predetermine /ˈpriːdɪˈtɜːrmən, BrE ˌpriːdɪˈtɜːmɪn/ *vt* predeterminar

predicament /prɪˈdɪkəmənt/ *n* aprieto *m*

predicative /prɪˈdɪkətɪv/ *adj* predicativo

⚷ **predict** /prɪˈdɪkt/ *vt* predecir*

predictable /prɪˈdɪktəbəl/ *adj ‹result/outcome›* previsible; **you're so ~** siempre sales con lo mismo

predictably /prɪˈdɪktəbli/ *adv* de manera previsible

prediction /prɪˈdɪkʃən/ *n* (forecast) pronóstico *m*, predicción *f*; (prophecy) profecía *f*

predispose /ˈpriːdɪsˈpəʊz/ *vt* (fml) predisponer*

predominance /prɪˈdɑːmənəns, BrE prɪˈdɒmɪnəns/ *n* predominio *m*

predominant /prɪˈdɑːmənənt, BrE prɪˈdɒmɪnənt/ *adj* predominante

predominantly /prɪˈdɑːmənəntli, BrE prɪˈdɒmɪnəntli/ *adv* predominantemente

predominate /prɪˈdɑːməneɪt, BrE prɪˈdɒmɪneɪt/ *vi* predominar

pre-eminent /priːˈemənənt, BrE priːˈemɪnənt/ *adj* (fml) preeminente

pre-empt /priːˈempt/ *vt ‹attack/move›* adelantarse a

pre-emptive /priːˈemptɪv/ *adj ‹strike/attack›* preventivo

preen /priːn/ *vt ‹feathers›* arreglar con el pico ■ *v refl* **to ~ oneself** *«bird»* arreglarse las plumas con el pico; *«person»* acicalarse

⚷ palabra clave

pre-exist /ˈpriːɪgˈzɪst/ *vi* (fml) **(a)** preexistir **(b) pre-existing** *pres p* preexistente

prefab /ˈpriːfæb/ *n* (infml) vivienda *f* prefabricada

prefabricated /ˈpriːˈfæbrɪkeɪtəd, BrE ˌpriːˈfæbrɪkeɪtɪd/ *adj* prefabricado

preface /ˈprefəs, BrE ˈprefɪs/ *n* (to book, speech) prefacio *m*; (to event) prólogo *m*

prefect /ˈpriːfekt/ *n* **1** (BrE) (Educ) *alumno encargado de la disciplina*, ≈ monitor, -tora *m,f* **2** (official) prefecto *m*

⚷ **prefer** /prɪˈfɜːr, BrE prɪˈfɜː(r)/ *vt* **-rr-** preferir*; **to ~ sth** TO **sth** preferir* algo A algo; **to ~ to** + INF preferir* + INF

preferable /ˈprefərəbəl/ *adj* preferible

preferably /ˈprefərəbli/ *adv (indep)* preferentemente; **I'd like a size 10, ~ in red** quisiera la talla 10, de ser posible en rojo

preference /ˈprefərəns/ *n* preferencia *f*; **~** FOR **sth** preferencia POR algo

preferential /ˈprefəˈrentʃəl, BrE ˌprefəˈrenʃəl/ *adj (before n)* preferente, preferencial; **to give ~ treatment to sb** dar* trato preferente *or* preferencial a algn

prefix /ˈpriːfɪks/ *n* prefijo *m*

pregnancy /ˈpregnənsi/ *n (pl* **-cies***)* (of woman) embarazo *m*; (of animal) preñez *f*

pregnant /ˈpregnənt/ *adj* **1** *‹woman›* embarazada; *‹cow/mare›* preñada **2** (liter) (meaningful) *‹pause/silence›* elocuente, preñado de significado (liter)

preheat /ˈpriːˈhiːt/ *vt* precalentar*

prehistoric /ˈpriːhɪˈstɔːrɪk, BrE ˌpriːhɪˈstɒrɪk/ *adj* prehistórico

prejudge /ˈpriːˈdʒʌdʒ/ *vt* prejuzgar*

prejudice¹ /ˈpredʒədəs, BrE ˈpredʒʊdɪs/ *n* prejuicio *m*

prejudice² *vt* **1** (influence) predisponer* **2** (harm) *‹case/claim›* perjudicar*

prejudiced /ˈpredʒədəst, BrE ˈpredʒʊdɪst/ *adj* lleno de prejuicios, prejuiciado (AmL)

preliminary¹ /prɪˈlɪməneri, BrE prɪˈlɪmɪnəri/ *adj* preliminar

preliminary² *n (pl* **-ries***)* **(a)** (preamble) prolegómeno *m* **(b) preliminaries** *pl* (Sport) etapa *f* de clasificación previa, preliminares *mpl or fpl*

prelude /ˈpreljuːd/ *n* **(a)** (introduction) **~** (TO **sth**) preludio *m* (DE algo) **(b)** (Mus) preludio *m*

premature /ˈpriːməˈtʊr, BrE ˈpremətjʊə(r)/ *adj* prematuro

prematurely /ˈpriːməˈtʊrli, BrE ˈpremətjʊəli/ *adv* prematuramente

premeditated /priːˈmedəteɪtəd, BrE priːˈmedɪteɪtɪd/ *adj* premeditado

premenstrual /ˈpriːˈmenstruəl/ *adj* premenstrual; **~ syndrome/tension** síndrome *m* /tensión *f* premenstrual

premier /prɪˈmɪr, BrE ˈpremiə(r)/ *n* primer ministro, primera ministra *m,f*, premier *mf*

premiere¹ /prɪˈmɪr, BrE ˈpremɪeə(r)/ *n* estreno *m*

premiere² *vt ‹play/film›* estrenar ■ *vi «play/film»* estrenarse

premise /ˈpreməs, BrE ˈpremɪs/ *n* **1** (Phil) premisa *f* **2 premises** *pl* (building, site) local *m*; **they've moved to new ~s** se han mudado a un nuevo local (*or* a nuevas oficinas *etc*); **meals are cooked on the ~s** las comidas se preparan en el mismo establecimiento

premium /'pri:miəm/ *n* (Fin) **(a)** (insurance ~) prima *f* (de seguro) **(b)** (surcharge) recargo *m*; ***to be at a ~*** (in short supply) escasear; (lit: above par) estar* por encima de la par **(c)** (bonus) prima *f*

Premium Bond *n* (in UK) *bono del Estado que permite ganar dinero participando en sorteos mensuales*

premonition /'pri:mə'nɪʃən, 'prem-/ *n* premonición *f*

prenatal /'pri:'neɪtl/ *adj* (esp AmE) ▶ **antenatal**

preoccupation /pri:'ɑ:kjə'peɪʃən, BrE ˌpri:ɒkjʊ'peɪʃən/ *n* **1** (obsession) obsesión *f* **2** (concern): **my main ~ was not to offend my parents** mi mayor preocupación/lo que más me importaba era no ofender a mis padres

preoccupied /pri:'ɑ:kjəpaɪd, BrE ˌpri:'ɒkjʊpaɪd/ *adj* (absorbed) absorto; (worried) preocupado

preoccupy /pri:'ɑ:kjəpaɪ, BrE ˌpri:'ɒkjʊpaɪ/ *vt* **-pies, -pying, -pied** preocupar

prepaid /'pri:'peɪd/ *adj* ‹*envelope*› con franqueo pagado; ‹*advertisement/insertion*› pagado por adelantado

preparation /'prepə'reɪʃən/ *n* **1** **(a)** (act) preparación *f* **(b) preparations** *pl* (arrangements) preparativos *mpl* **2** (substance) preparado *m*

preparatory /prɪ'pærətɔ:ri, BrE prɪ'pærətri/ *adj* preparatorio

preparatory school *n* (fml) **(a)** (in US) *colegio secundario privado* **(b)** (in UK) *colegio primario privado*

✓ **prepare** /prɪ'per, BrE prɪ'peə(r)/ *vt* preparar ■ *vi* **to ~** (FOR **sth**) prepararse (PARA algo)

✓ **prepared** /prɪ'perd, BrE prɪ'peəd/ *adj* **(a)** (ready in advance) ‹*speech/statement*› preparado; **I wasn't ~ for this** no contaba con esto **(b)** (willing) (*pred*) **to be ~ to + INF** estar* dispuesto A + INF

preposition /'prepə'zɪʃən/ *n* preposición *f*

prepossessing /'pri:pə'zesɪŋ/ *adj* (fml) (*usu neg*) atractivo

preposterous /prɪ'pɑ:stərəs, BrE prɪ'pɒstərəs/ *adj* absurdo

prep school /prep/ *n* ▶ **preparatory school b**

prerequisite /'pri:'rekwəzət, BrE ˌpri:'rekwɪzɪt/ *n* requisito *m* esencial

prerogative /prɪ'rɑ:gətɪv, BrE prɪ'rɒgətɪv/ *n* prerrogativa *f*; **that's your ~** estás en todo tu derecho

Pres (title) = **President**

Presbyterian¹ /'prezbə'tɪriən, BrE ˌprezbɪ'tɪəriən/ *n* presbiteriano, -na *m,f*

Presbyterian² *adj* presbiteriano

preschool¹ /'pri:'sku:l/ *adj* (*before n*) ‹*child*› de edad preescolar; ‹*education*› preescolar

preschool² *n* (AmE) jardín *m* de infancia, kindergarten *m* (AmL), jardín *m* de niños (Méx), jardín *m* de infantes (RPl), jardín *m* infantil (Chi)

prescribe /prɪ'skraɪb/ *vt* **(a)** ‹*drug*› recetar; ‹*rest*› recomendar* **(b)** (order) (fml) prescribir* (fml); **~d reading** libros *mpl* de lectura obligatoria

prescription /prɪ'skrɪpʃən/ *n* receta *f*; **available on ~ only** en venta solamente bajo receta

✓ **presence** /'prezn̩s/ *n* presencia *f*; **to make one's ~ felt** hacerse* sentir

presence of mind *n* presencia *f* de ánimo

✓ **present¹** /prɪ'zent/ *vt* **1** **(a)** (give, hand over) **to ~ sth** TO **sb** entregarle* algo A algn; **to ~ sb** WITH **sth** obsequiar a algn CON algo (fml), obsequiarle algo A algn (esp AmL fml) **(b)** (confront): **we were ~ed with a very difficult situation** nos vimos frente a una situación muy difícil **2** ‹*ticket/passport/account/ideas*› presentar **3** (Cin, Theat, Rad, TV) presentar **4** (introduce) (fml) presentar

✓ **present²** /'prezn̩t/ *adj* **1** (at scene) (*pred*) **to be ~** estar* presente **2** (*before n*) **(a)** (current) actual; **at the ~ time** en este momento **(b)** (Ling): **the ~ tense** el presente

✓ **present³** /'prezn̩t/ *n* **1** **(a)** (current time): **the ~** el presente; **at ~** en este momento **(b)** (Ling): **the ~** el presente **2** (gift) regalo *m*

presentable /prɪ'zentəbəl/ *adj* presentable

✓ **presentation** /'pri:zen'teɪʃən, 'prezən'teɪʃən, BrE ˌprezən'teɪʃən/ *n* **1** (of gift, prize) entrega *f* **2** **(a)** (of document, bill, proposal) presentación *f* **(b)** (display) (Busn) presentación *f* **3** (manner of presenting) presentación *f*

present-day /'prezn̩t'deɪ/ *adj* (*before n*) actual

presenter /prɪ'zentər, BrE prɪ'zentə(r)/ *n* (BrE) presentador, -dora *m,f*

presently /'prezn̩tli/ *adv* **(a)** (now) en este momento **(b)** (soon afterwards, in past) pronto **(c)** (soon, in future) poco después

preservation /'prezər'veɪʃən, BrE ˌprezə'veɪʃən/ *n* conservación *f*

preservative /prɪ'zɜ:rvətɪv, BrE prɪ'zɜ:vətɪv/ *n* conservante *m*

preserve¹ /prɪ'zɜ:rv, BrE prɪ'zɜ:v/ *vt* **(a)** ‹*food/specimen*› conservar **(b)** (Culin) ‹*fruit/vegetables*› hacer* conserva de **(c)** ‹*building/traditions*› conservar

preserve² *n* **1** **(a)** (exclusive privilege, sphere): **to be a male ~** ser* terreno exclusivamente masculino **(b)** (restricted area): **game ~** coto *m* de caza; **wildlife ~** (AmE) reserva *f* de animales **2** (Culin) (jam, jelly) confitura *f*, mermelada *f*

preside /prɪ'zaɪd/ *vi* presidir; **to ~ over a meeting** presidir una reunión

presidency /'prezədənsi, BrE 'prezɪdənsi/ *n* presidencia *f*

✓ **president** /'prezədənt, BrE 'prezɪdənt/ *n* **(a)** (of state, society) presidente, -ta *m,f* **(b)** (of bank, corporation) (esp AmE) director, -tora *m,f*, presidente, -ta *m,f* **(c)** (of university) (AmE) rector, -tora *m,f*

✓ **presidential** /'prezə'dentʃəl, BrE ˌprezɪ'denʃəl/ *adj* (*before n*) presidencial

✓ **press¹** /pres/ *n* **1** (newspapers, journalists) prensa *f*; **the ~** la prensa; (*before n*) **~ agency** (BrE) agencia *f* de prensa; **~ photographer** reportero gráfico, reportera gráfica *m,f*; **~ release** comunicado *m* de prensa **2** **(a)** (printing ~) prensa *f*, imprenta *f*; **to go to ~** entrar en prensa **(b)** (publishing house) editorial *f* **3** (for pressing — grapes, flowers, machine parts) prensa *f*; (— trousers) prensa *f* plancha-pantalones

✓ **press²** *vt* **1** (push) ‹*button/doorbell*› apretar*; ‹*pedal/footbrake*› pisar **2** **(a)** (squeeze) apretar* **(b)** (in press) ‹*grapes/olives/flowers*› prensar

(c) ‹*disk/album*› imprimir* **(d)** ‹*clothes*› planchar **3** **(a)** (put pressure on) presionar **(b)** (pursue): **to ~ charges against sb** presentar cargos en contra de algn
■ *vi* **1** (exert pressure): **~ firmly** presione con fuerza **2** (urge, pressurize) presionar
● **press on**: [*v* + *adv*] **to ~ on** (WITH **sth**) seguir* adelante (CON algo)

press conference *n* rueda *f* de prensa

pressed /prest/ *adj* (*pred*): **to be ~ for time** estar* *or* andar* escaso de tiempo

pressing /'presɪŋ/ *adj* ‹*engagements/concerns*› urgente; ‹*need/desire*› apremiante

press: **~ stud** *n* (BrE) broche *m or* botón *m* de presión (AmL), (cierre *m*) automático *m* (Esp); **~-up** *n* (BrE) flexión *f* (de brazos *or* de pecho), fondo *m*, lagartija *f* (Méx)

pressure¹ /'preʃər, BrE 'preʃə(r)/ *n* presión *f*; **to put ~ on sth/sb** hacer* presión sobre algo/presionar a algn; **the ~s of city life** las presiones a las que somete la vida urbana; **I've been under a lot of ~ recently** últimamente he estado muy agobiado

pressure² *vt* presionar; **to ~ sb to** + INF presionar a algn PARA QUE (+ *subj*)

pressure: **~ cooker** *n* olla *f* a presión *or* (Esp tb) olla *f* exprés *or* (Méx) olla *f* presto; **~ group** *n* grupo *m* de presión; **~ pan** *n* (AmE) ▶ **~ cooker**

pressurize /'preʃəraɪz/ *vt* **(a)** (Aerosp, Aviat) presurizar* **(b)** (urge) (BrE) ▶ **pressure²**

prestige /pre'stiːʒ/ *n* prestigio *m*

prestigious /pre'stɪdʒəs/ *adj* prestigioso

presumably /prɪ'zuːməbli, BrE prɪ'zjuːməbli/ *adv* (*indep*): **you've taken the necessary steps, ~** supongo *or* me imagino que habrás tomado las medidas pertinentes

presume /prɪ'zuːm, BrE prɪ'zjuːm/ *vt* **(a)** (assume) suponer*; **I ~ so** supongo *or* me imagino que sí **(b)** (dare) **to ~ to** + INF atreverse A + INF

presumption /prɪ'zʌmpʃən/ *n* **(a)** (boldness) atrevimiento *m* **(b)** (assumption) suposición *f*

presumptuous /prɪ'zʌmptʃəs, BrE prɪ'zʌmptʃʊəs/ *adj* impertinente

presuppose /priːsə'pəʊz/ *vt* presuponer*

pretence *n* (BrE) ▶ **pretense**

pretend¹ /prɪ'tend/ *vt/i* fingir*

pretend² *adj* (*used to or by children*) ‹*money/gun*› de mentira (fam)

pretender /prɪ'tendər, BrE prɪ'tendə(r)/ *n* **~** (TO **sth**) pretendiente *mf* (A algo)

pretense, (BrE) **pretence** /'priːtens, prɪ'tens, BrE prɪ'tens/ *n*: **her air of confidence is a ~** ese aire de seguridad suyo es fingido; **let's drop this ~!** ¡vamos a dejarnos de fingir!; **under false ~s** de manera fraudulenta

pretension /prɪ'tentʃən, BrE prɪ'tenʃən/ *n* (*often pl*) pretensión *f*

pretentious /prɪ'tentʃəs, BrE prɪ'tenʃəs/ *adj* ‹*person/language/film*› pretencioso; ‹*house/decor*› presuntuoso

pretext /'priːtekst/ *n* pretexto *m*; **on** o **under the ~ of** con el pretexto de

pretty¹ /'prɪti/ *adj* **-tier**, **-tiest** bonito, lindo (AmL)

palabra clave

pretty² *adv* (rather, quite) bastante; (emphatic) bien

prevail /prɪ'veɪl/ *vi* **1** (triumph) «*justice/common sense*» prevalecer*; «*enemy*» imponerse* **2** (predominate) «*attitude/pessimism*» preponderar; «*situation*» reinar

prevailing /prɪ'veɪlɪŋ/ *adj* (*before n*) ‹*wind*› preponderante; ‹*trend/view*› imperante; ‹*uncertainty*› reinante

prevalence /'prevələns/ *n* **(a)** (widespread occurrence) preponderancia *f* **(b)** (predominance) predominio *m*

prevalent /'prevələnt/ *adj* frecuente, corriente; ‹*disease*› común

prevaricate /prɪ'værəkeɪt, BrE prɪ'værɪkeɪt/ *vi* **(a)** (not answer directly) andarse* con rodeos **(b)** (lie) (AmE) mentir*

prevent /prɪ'vent/ *vt* **(a)** (hinder) impedir*; **to ~ sb/sth** (FROM) -ING impedir* QUE algn/algo (+ *subj*) **(b)** (forestall) ‹*crime/disease/accident*› prevenir*, evitar

preventative /prɪ'ventətɪv/ *adj* ▶ **preventive**

prevention /prɪ'ventʃən, BrE prɪ'venʃən/ *n* prevención *f*

preventive /prɪ'ventɪv/ *adj* preventivo

preview /'priːvjuː/ *n* **(a)** (advance showing) preestreno *m* **(b)** (trailer) avance *m*, trailer *m* (Esp), sinopsis *f* (CS)

previous /'priːviəs/ *adj* (earlier) (*before n*) ‹*occasion/attempt/page*› anterior; ‹*experience/knowledge*› previo; **on the ~ day** el día anterior; **I had a ~ engagement** ya tenía un compromiso

previously /'priːviəsli/ *adv* antes

prewar /'priː'wɔːr, BrE ˌpriː'wɔː(r)/ *adj* de antes de la guerra

prey /preɪ/ *n* presa *f*
● **prey on, prey upon** [*v* + *prep* + *o*] **(a)** ‹*animal*› (hunt) cazar*; (feed on) alimentarse de; **it's been ~ing on my mind** me ha estado preocupando **(b)** (exploit) explotar

price¹ /praɪs/ *n* **1** (cost) precio *m*; **to go up/down in ~** subir/bajar de precio; ***to pay a/the ~ for sth*** pagar* algo caro; (*before n*) **~ list** lista *f* de precios; **it's out of my ~ range** cuesta más de lo que puedo pagar **2** (value) (liter) precio *m*; **one cannot put a ~ on freedom** la libertad no tiene precio

price² *vt* **(a)** (fix price of) (*often pass*): **their products are reasonably ~d** sus productos tienen precios razonables; **they have ~d themselves out of the market** han subido tanto los precios que se han quedado sin compradores (*or* clientes *etc*) **(b)** (mark price on) ponerle* el precio a

priceless /'praɪsləs, BrE 'praɪslɪs/ *adj* inestimable, invalorable (CS)

price tag *n* etiqueta *f* (*del precio*), precio *m*

pricey, **pricy** /'praɪsi/ *adj* **pricier**, **priciest** (infml) ‹*item*› carito (fam); ‹*store*› carero (fam)

prick¹ /prɪk/ *vt* **1** (pierce, wound) pinchar, picar* (Méx); **that ~ed his conscience** eso hizo que le remordiera la conciencia **2** **~ (up)** ‹*ears*› «*dog*» levantar, parar (AmL); **she ~ed up her ears at the mention of France** aguzó el oído *or* (AmL fam) paró la oreja al oír hablar de Francia
■ *vi* pinchar

prick² *n* **(a)** (act) pinchazo *m*, piquete *m* (Méx) **(b)** (mark) agujero *m*

prickle¹ /'prɪkəl/ *n* **(a)** (thorn) espina *f* **(b)** (sensation) picor *m*

prickle² *vi* «*wool*» picar*; «*beard*» pinchar, picar* (Méx); «*skin/scalp*» picar*

prickly /'prɪkli/ *adj* **-lier, -liest (a)** (with prickles) ‹*plant*› espinoso; ‹*animal*› con púas **(b)** (scratchy) ‹*wool*› que pica; ‹*beard*› que pincha *or* (Méx) pica

pride¹ /praɪd/ *n* **1** **(a)** (self-respect) orgullo *m*; **false ~** vanidad *f*; **she takes great ~ in her work** se toma muy en serio su trabajo; ***to swallow one's ~*** tragarse* el orgullo **(b)** (conceit) orgullo *m* **2** (source of pride) orgullo *m*; **she is her mother's ~ and joy** es el orgullo de su madre **3** (of lions) manada *f*

pride² *v refl* **to ~ oneself** ON sth/-ING enorgullecerse* DE algo/+ INF

priest /priːst/ *n* sacerdote *m*; (parish ~) cura *m* (párroco), párroco *m*

priestess /'priːstəs, BrE 'priːstes/ *n* sacerdotisa *f*

priesthood /'priːsthʊd/ *n* **(a)** (office) sacerdocio *m* **(b)** (clergy) clero *m*

prig /prɪg/ *n* mojigato, -ta *m,f*

prim /prɪm/ *adj* **-mer, -mest (a)** (prudish) mojigato; (affected) remilgado, repipi (Esp fam); **she's so ~ and proper!** es tan correcta y formal **(b)** (neat) cuidado

prima ballerina /'priːmə/ *n* primera bailarina *f*

primaeval *adj* (BrE) ▶ **primeval**

primarily /praɪ'merəli, BrE 'praɪmərɪli/ *adv* fundamentalmente

primary¹ /'praɪmeri, BrE 'praɪməri/ *adj* **1** (principal) ‹*purpose/role/aim*› primordial **2** **(a)** (first, basic) ‹*source/energy*› primario; ‹*industry*› de base **(b)** ‹*education*› primario

primary² *n* (*pl* **-ries**) (in US) (Govt) primaria *f*

primary: **~ color**, (BrE) **colour** *n* color *m* primario; **~ school** *n* escuela *f* (de enseñanza) primaria

primate *n* **1** /'praɪmeɪt/ (Zool) primate *m* **2** /'praɪmeɪt, -ət/ (Relig) primado *m*

prime¹ /praɪm/ *adj* (*no comp*) **(a)** (major) principal **(b)** (first-rate) ‹*example/location*› excelente; ‹*cut*› de primera (calidad)

prime² *n* (best time): **to be in one's ~** *o* **in the ~ of life** estar* en la flor de la vida

prime³ *vt* **(a)** (prepare for painting) ‹*wood/metal*› aplicar* una capa de imprimación a; ‹*canvas*› preparar **(b)** ‹*pump/gun*› cebar **(c)** (brief) preparar

prime minister *n* primer ministro, primera ministra *m,f*

primer /'praɪmər, BrE 'praɪmə(r)/ *n* **1** **(a)** (paint) imprimación *f* **(b)** (explosive) cebo *m* **2** (textbook) manual *m*

prime time *n* horas *fpl* de máxima audiencia

primeval, (BrE) **primaeval** /praɪ'miːvəl/ *adj* primigenio

primitive /'prɪmətɪv, BrE 'prɪmɪtɪv/ *adj* primitivo; ‹*urges/instincts*› primario

primrose /'prɪmrəʊz/ *n* primavera *f*, prímula *f*

Primus® (stove) /'praɪməs/ *n* hornillo *m* de queroseno, Primus® *m*

prince /prɪns/ *n* príncipe *m*

princess /'prɪnsəs, BrE 'prɪnses/ *n* princesa *f*

principal¹ /'prɪnsəpəl/ *adj* (*before n*) principal

principal² *n* (of school) director, -tora *m,f*; (of university) rector, -tora *m,f*

principally /'prɪnsəpli/ *adv* principalmente

principle /'prɪnsəpəl/ *n* **1** (basic fact, law) principio *m*; **in ~** en principio **2** (rule of conduct) principio *m*; **I never borrow money, on ~** nunca pido dinero prestado, por principio; **it is against my ~s** va contra mis principios

print¹ /prɪnt/ *n* **1** (Print) **(a)** (lettering) letra *f* **(b)** (text): **in ~** (published) publicado; (available) a la venta; **out of ~** agotado **2** **(a)** (Art, Print) grabado *m* **(b)** (Phot) copia *f* **3** (of foot, finger) huella *f* **4** (fabric) estampado *m*

print² *vt* **1** **(a)** ‹*letter/text/design*› imprimir* **(b)** ‹*fabric*› estampar **(c)** (publish) publicar* **(d) printed** *past p* impreso **2** (write clearly) escribir* con letra de imprenta **3** (Phot) ‹*negative*› imprimir*

■ *vi* **(a)** (Print) imprimir* **(b)** (write without joining the letters) escribir* con letra de imprenta *or* de molde

● **print out** [*v + adv + o, v + o + adv*] imprimir*

printer /'prɪntər, BrE 'prɪntə(r)/ *n* **(a)** (worker) tipógrafo, -fa *m,f*, impresor, -sora *m,f* **(b)** (business) imprenta *f* **(c)** (machine) impresora *f*

printing /'prɪntɪŋ/ *n* **(a)** (act, process, result) impresión *f* **(b)** (quantity printed) edición *f* **(c)** (trade) imprenta *f*

printing press *n* imprenta *f*, prensa *f*

print: **~out** *n* listado *m*; **~ run** *n* tirada *f*

prior¹ /'praɪər, BrE 'praɪə(r)/ *adj* (*before n*) ‹*knowledge/warning*› previo; **I had a ~ engagement** ya tenía un compromiso; **prior to** (*as prep*) antes de

prior² *n* prior *m*

priority /praɪ'ɔːrəti, BrE praɪ'ɒrɪti/ *n* (*pl* **-ties**) **(a)** (precedence) prioridad *f*; **to have/take ~ (over sth)** tener* prioridad (sobre algo) **(b)** (important matter, aim): **you have to get your priorities right** tienes que saber decidir qué es lo más importante **(c)** (in traffic) (BrE) preferencia *f*

priory /'praɪəri/ *n* (*pl* **-ries**) priorato *m*

prise /praɪz/ *vt* (BrE) ▶ **prize³ 2**

prism /'prɪzəm/ *n* prisma *m*

prison /'prɪzn̩/ *n* prisión *f*, cárcel *f*; (*before n*) ‹*system/reform*› carcelario, penitenciario; **~ officer** (BrE) funcionario, -ria *m,f* de prisiones

prison camp *n* campo *m* de prisioneros

prisoner /'prɪzn̩ər, BrE 'prɪzn̩ə(r)/ *n* **(a)** (captive) prisionero, -ra *m,f*; **to take sb ~** tomar *or* (esp Esp) coger* a algn prisionero **(b)** (in jail) preso, -sa *m,f* **(c)** (person arrested) detenido, -da *m,f* **(d)** (accused) reo *mf*, acusado, -da *m,f*

prisoner of war *n* (*pl* **prisoners of war**) prisionero, -ra *m,f* de guerra

prissy /'prɪsi/ *adj* **-sier, -siest** (infml) remilgado, repipi (Esp fam)

pristine /'prɪstiːn, -taɪn/ *adj* (fml & liter) inmaculado, prístino (liter)

privacy /'praɪvəsi, BrE 'prɪvəsi/ *n* privacidad *f*

private¹ /'praɪvət, BrE 'praɪvɪt/ *adj* **1** **(a)** (confidential) ‹*conversation/matter*› privado; ‹*letter*› personal **(b) in private: she told me in ~** me lo dijo confidencialmente; **can we talk in ~?** ¿podemos hablar en privado? **2** (for own use, in own possession) ‹*road/lesson/secretary*› particular; ‹*income*› personal; **~ property** propiedad *f* privada; **~ income** rentas *fpl* **3 (a)** (not official) ‹*visit/correspondence*› privado; **their ~ life** su vida privada **(b)** (unconnected to the state) ‹*school*› privado, de pago (Esp); ‹*ward*› reservado; ‹*patient*› particular; **~ enterprise** la empresa privada; **the ~ sector** el sector privado **4 (a)** ‹*thoughts/doubts*› íntimo; **it's a ~ joke** es un chiste que los dos entendemos/entienden **(b)** ‹*person*› reservado

private² *n* soldado *mf* raso

private: **~ detective** *n* detective *mf* privado; **~ equity** *n* capital *m* de riesgo privado; (*before n*) **~ equity firm** fondo de capital de riesgo privado; **~ eye** *n* (esp AmE infml) sabueso *mf*

privately /'praɪvətli, BrE 'praɪvɪtli/ *adv* **1** (in private) en privado **2** (not by state): **she had the operation done ~** (BrE) la operaron en una clínica privada; **this land is ~ owned** esta tierra es de particulares

private parts *pl n* (euph & hum) partes *fpl* pudendas (euf & hum)

privation /praɪ'veɪʃən/ *n* (fml) privación *f*

privatization /'praɪvətə'zeɪʃən, BrE ˌpraɪvɪtaɪ'zeɪʃən/ *n* privatización *f*

privatize /'praɪvətaɪz, BrE 'praɪvɪtaɪz/ *vt* privatizar*

privilege /'prɪvəlɪdʒ/ *n* privilegio *m*

privileged /'prɪvəlɪdʒd/ *adj* **(a)** (having advantages) ‹*position*› privilegiado **(b)** (honored) (*pred*) **to be ~ to** + INF tener* el privilegio *or* el honor DE + INF

privy /'prɪvi/ *adj* (fml) (*pred*) **to be ~** TO **sth** tener* conocimiento DE algo

⚷ **prize¹** /praɪz/ *n* premio *m*

prize² *adj* (*before n*) premiado

prize³ *vt* **1** (value) valorar (mucho) **2** (BrE) **prise: to ~ information out of sb** arrancarle* información a algn; **he ~d the lid off the crate** le arrancó la tapa a la caja haciendo palanca

prize: **~ money** *n* premio *m* (*en metálico*); **~winner** *n* ganador, -dora *m,f* (*de un premio*)

pro /prəʊ/ *n* **1** (professional) (infml) profesional *mf* **2 pros** *pl* (advantages): **the ~s and cons** los pros y los contras

pro- /'prəʊ/ *pref* pro(-)

proactive /prəʊ'æktɪv/ *adj* proactivo

probability /'prɑːbə'bɪləti, BrE ˌprɒbə'bɪlɪti/ *n* (*pl* **-ties**) probabilidad *f*

probable /'prɑːbəbəl, BrE 'prɒbəbəl/ *adj* probable; ‹*reason*› posible

⚷ **probably** /'prɑːbəbli, BrE 'prɒbəbli/ *adv* (*indep*) probablemente (+ *subj*)

probation /prəʊ'beɪʃən, BrE prə'beɪʃən/ *n* **1** (Law) libertad *f* condicional; **to be on ~** estar* en libertad condicional **2** (trial period) período *m* de prueba

probationary /ˌprəʊ'beɪʃəneri, BrE prə'beɪʃənəri/ *adj* ‹*period*› de prueba

⚷ palabra clave

probe¹ /prəʊb/ *vt* **(a)** (physically) sondar **(b)** (investigate) investigar*; ‹*mind/subconscious*› explorar
■ *vi* investigar*

probe² *n* **(a)** (Med, Elec) sonda *f* **(b)** (investigation) investigación *f*

probing /'prəʊbɪŋ/ *adj* ‹*question*› sagaz; ‹*study*› a fondo

⚷ **problem** /'prɑːbləm, BrE 'prɒbləm/ *n* problema *m*; **no ~!** (infml) ¡no hay problema!; **what's the ~?** ¿qué pasa?; (*before n*) ‹*family/child*› difícil

problematic /'prɑːblə'mætɪk, BrE ˌprɒblə'mætɪk/, **-ical** /-ɪkəl/ *adj* problemático

⚷ **procedure** /prə'siːdʒər, BrE prə'siːdjə(r), prə'siːdʒə(r)/ *n* (practice) procedimiento *m*; (step) trámite *m*

⚷ **proceed** /prəʊ'siːd, prə-, BrE prə'siːd, prəʊ-/ *vi* **(a)** (move forward) (fml) «*person/vehicle*» avanzar* **(b)** (continue) continuar*; **to ~ to** + INF: **she ~ed to tell us why** pasó a explicarnos por qué **(c)** (act) (fml) proceder **(d)** (progress) marchar

proceedings /prəʊ'siːdɪŋz, prə-/ *pl n* **(a)** (events): **~ began late** la reunión (*or* el acto *etc*) empezó tarde **(b)** (measures) medidas *fpl*; (Law) juicio *m*

proceeds /'prəʊsiːdz/ *pl n*: **the ~** (from charity sale, function) lo recaudado

⚷ **process¹** /'prɑːses, 'prəʊ-, BrE 'prəʊses/ *n* **(a)** (series of actions, changes) proceso *m*; **the ~ of obtaining a permit** el trámite para obtener un permiso; **I am in the ~ of writing to him right now** en este preciso momento le estoy escribiendo **(b)** (method) proceso *m*, procedimiento *m*

process² *vt* ‹*raw materials/waste*› procesar, tratar; ‹*film*› revelar; ‹*applications*› dar* curso a; ‹*order*› tramitar; ‹*data*› procesar

process cheese (AmE), **processed cheese** /'prɑːsest, BrE 'prəʊsest/ (BrE) *n* queso *m* fundido

processing /'prɑːsesɪŋ, 'prəʊ-, BrE 'prəʊsesɪŋ/ *n* **(a)** (of materials, waste) tratamiento *m*, procesamiento *m*; (of film) revelado *m* **(b)** (of an order, an application) tramitación *f* **(c)** (Comput) procesamiento *m*

procession /prə'seʃən/ *n* desfile *m*; (Relig) procesión *f*; **a funeral ~** un cortejo fúnebre

processor /'prɑːsesər, BrE 'prəʊses(r)/ *n* **1** (for food) robot *m* de cocina, multiusos *m* **2** (Computing) procesador *m*

proclaim /prəʊ'kleɪm, prə-, BrE prə'kleɪm/ *vt* (fml) ‹*independence*› proclamar; ‹*love*› declarar

proclamation /'prɑːklə'meɪʃən, BrE ˌprɒklə'meɪʃən/ *n* (fml) proclamación *f*

procrastinate /prəʊ'kræstəneɪt, BrE prəʊ'kræstɪneɪt/ *vi* dejar las cosas para más tarde

procreation /'prəʊkri'eɪʃən/ *n* (fml) procreación *f*

procure /prə'kjʊr, BrE prə'kjʊə(r)/ *vt* (fml) procurar (fml)

prod¹ /prɑːd, BrE prɒd/ *vt* **-dd-** (with elbow) darle* un codazo a; (with sth sharp) pinchar

prod² *n* (with elbow) codazo *m*; (with sth sharp) pinchazo *m*

prodigal /'prɑːdɪgəl, BrE 'prɒdɪgəl/ *adj* pródigo

prodigious /prə'dɪdʒəs/ *adj* ‹*amount/cost*› enorme; ‹*efforts/strength*› prodigioso

prodigy /'prɑːdədʒi, BrE 'prɒdɪdʒi/ *n* (*pl* **-gies**) prodigio *m*; **child ~** niño, -ña *m,f* prodigio

produce¹ /prə'duːs, BrE prə'djuːs/ *vt* **1** **(a)** (manufacture, yield) ‹*cars/cloth*› producir*, fabricar*; ‹*coal/grain/beef*› producir*; ‹*fruit*› «*country/region*» producir*; «*tree/bush*» dar*, producir* **(b)** (create, give) ‹*energy/sound*› producir* **(c)** (cause) ‹*effect*› surtir, producir* **(d)** (give birth to) ‹*young*› tener* **2** (show, bring out) ‹*ticket/document/evidence*› presentar, aportar; ‹*gun/knife*› sacar* **3** **(a)** (Cin, TV) producir*; (Theat) ‹*play*› poner* en escena; ‹*show*› montar **(b)** (Rad, Theat) (direct) dirigir*

produce² /'prɑːduːs, BrE 'prɒdjuːs/ *n* productos *mpl* (alimenticios)

producer /prə'duːsər, BrE prə'djuːsə(r)/ *n* **1** (manufacturer) fabricante *mf* **2** **(a)** (Cin, TV, Theat) productor, -tora *m,f* **(b)** (Rad, Theat) (director) director, -tora *m,f*

product /'prɑːdəkt, BrE 'prɒdʌkt/ *n* producto *m*

production /prə'dʌkʃən/ *n* **1** **(a)** (manufacture) fabricación *f* **(b)** (output) producción *f* **2** (showing) presentación *f* **3** (staging, version) (Theat, Cin) producción *f* **4** **(a)** (act of producing) (Cin, TV) producción *f*; (Theat) puesta *f* en escena **(b)** (direction) (Rad, Theat) dirección *f*

production line *n* cadena *f* de fabricación

productive /prə'dʌktɪv/ *adj* ‹*land/factory/mine*› productivo; ‹*meeting*› fructífero

productively /prə'dʌktɪvli/ *adv* productivamente; **I didn't spend my time very ~** no saqué buen partido del tiempo

productivity /'prəʊdʌk'tɪvəti, BrE ˌprɒdʌk'tɪvəti/ *n* productividad *f*

profane /prə'feɪn/ *adj* **(a)** (blasphemous) irreverente **(b)** (secular) profano

profanity /prə'fænəti/ *n* (*pl* **-ties**) **(a)** (blasphemy, vulgarity) irreverencia *f* **(b)** (swearword) blasfemia *f*

profess /prə'fes/ *vt* **(a)** (claim) (fml) ‹*desire/belief*› manifestar*; **he ~ed to be an expert** se preciaba de ser un experto **(b)** (Relig) profesar

profession /prə'feʃən/ *n* **1** **(a)** (occupation) profesión *f*; **by ~** de profesión **(b)** (members) (*no pl*) **the medical ~** el cuerpo médico; **the teaching ~** la enseñanza **2** (declaration) (fml) profesión *f*

professional¹ /prə'feʃn̩əl, BrE prə'feʃənl/ *adj* (*before n*) ‹*musician/golfer*› profesional; ‹*soldier*› de carrera; **to take ~ advice** asesorarse con un profesional (*or* un experto, técnico *etc*)

professional² *n* profesional *mf*; (competent person) experto, -ta *m,f*

professionalism /prə'feʃn̩əlɪzəm, BrE prə'feʃənəlɪzəm/ *n* profesionalidad *f*

professionally /prə'feʃn̩əli/ *adv* **(a)** (as livelihood) ‹*sing/act*› profesionalmente **(b)** (by qualified person): **we had the job done ~** hicimos hacer el trabajo por un experto (*or* por un pintor, albañil *etc*) **(c)** (in a professional way) con profesionalidad

professor /prə'fesər, BrE prə'fesə(r)/ *n* (of the highest academic rank) catedrático, -ca *m,f*; (any university teacher) (AmE) profesor universitario, profesora universitaria *m,f*

proffer /'prɑːfər, BrE 'prɒfə(r)/ *vt* (fml) ofrecer*

proficiency /prə'fɪʃənsi/ *n* competencia *f*

proficient /prə'fɪʃənt/ *adj* muy competente

profile¹ /'prəʊfaɪl/ *n* perfil *m*; ***to keep a low ~*** tratar de pasar desapercibido

profile² *vt* ‹*situation*› hacer* un esbozo de; **to ~ sb's life** hacer* una reseña biográfica de algn

profit¹ /'prɑːfət, BrE 'prɒfɪt/ *n* (Busn, Econ) ganancias *fpl*, utilidades *fpl* (AmL); **to sell sth at a ~** vender algo con ganancia

profit² *vi* **to ~** FROM **sth** sacar* provecho DE algo

profitable /'prɑːfətəbəl, BrE 'prɒfɪtəbəl/ *adj* **(a)** (Busn) ‹*company/investment/crop*› rentable **(b)** ‹*day/journey*› provechoso

profitably /'prɑːfətəbli, BrE 'prɒfɪtəbli/ *adv* **(a)** (Busn) ‹*trade/operate*› de manera rentable; ‹*sell*› con ganancia **(b)** (fruitfully) provechosamente

profiteer /'prɑːfə'tɪr, BrE ˌprɒfɪ'tɪə(r)/ *n* especulador, -dora *m,f*

profiteering /'prɑːfə'tɪrɪŋ, BrE ˌprɒfɪ'tɪərɪŋ/ *n* especulación *f*

profit-making /'prɑːfətˌmeɪkɪŋ, BrE 'prɒfɪtˌmeɪkɪŋ/ *adj* (profitable) rentable; (which aims to make a profit) con fines lucrativos

profound /prə'faʊnd/ *adj* **-er**, **-est** profundo

profoundly /prə'faʊndli/ *adv* profundamente

profuse /prə'fjuːs/ *adj* abundante; ‹*bleeding*› intenso

profusely /prə'fjuːsli/ *adv* ‹*bleed*› profusamente; ‹*thank*› efusivamente; **he apologized ~** se deshizo en disculpas

profusion /prə'fjuːʒən/ *n* profusión *f*

prognosis /prɑːg'nəʊsəs, BrE prɒg'nəʊsɪs/ *n* (*pl* **-ses** /-siːz/) pronóstico *m*

program¹, (BrE) **programme** /'prəʊgræm/ *n* **1** **(a)** (schedule, plan) programa *m* **(b)** (for concert, performance) programa *m* **(c)** (esp AmE) (Educ) (course) curso *m* **2** (Rad, TV) programa *m* **3** **program** (Comput) programa *m*

program² *vt* **-mm-** *or* **-m-** **1** (BrE also) **programme** **(a)** (schedule) ‹*activities*› programar, planear **(b)** (instruct) programar **2** (Comput) programar

programmer, (AmE also) **programer** /'prəʊgræmər, BrE 'prəʊgræmə(r)/ *n* (Comput) programador, -dora *m,f*

progress¹ /'prɑːgrəs, BrE 'prəʊgres/ *n* **1** (advancement) progreso *m*; (of situation, events) desarrollo *m*; **to make ~** «*pupil*» adelantar, hacer* progresos; «*patient*» mejorar **2** **in progress: talks are in ~ between the two parties** los dos partidos están manteniendo conversaciones; **while the examination is in ~** mientras dure el examen **3** (forward movement) avance *m*

progress² /prə'gres/ *vi* «*work/science/technology*» progresar; «*patient*» mejorar

progression /prə'greʃən/ *n* **(a)** (advance) evolución *f* **(b)** (Math, Mus) progresión *f*

progressive /prə'gresɪv/ *adj* **1** ‹*attitude/thinker/measure*› progresista **2** ‹*illness/deterioration/improvement*› progresivo

prohibit /prəʊˈhɪbɪt, BrE prəˈhɪbɪt/ *vt* **(a)** (forbid) prohibir* **(b)** (prevent) impedir*

prohibition /ˈprəʊəˈbɪʃən, BrE ˌprəʊhɪˈbɪʃən/ *n* **(a)** prohibición *f* **(b) Prohibition** (in US history) (*no art*) la Ley seca, la Prohibición

prohibitive /prəʊˈhɪbətɪv, BrE prəˈhɪbətɪv/ *adj* ‹*price/cost*› prohibitivo

✓ **project¹** /ˈprɑːdʒekt, BrE ˈprɒdʒekt/ *n* **(a)** (scheme) proyecto *m* **(b)** (Educ) trabajo *m* **(c)** (housing ~) (in US) complejo *m* de viviendas subvencionadas

project² /prəˈdʒekt/ *vt* **1** **(a)** ‹*beam/shadow/image*› proyectar **(b)** (convey) ‹*personality/image/voice*› proyectar **2** (fml) ‹*missile*› lanzar* **3** (forecast) pronosticar*; ‹*costs/trends*› hacer* una proyección de; **the ~ed figure** la cifra prevista
■ *vi* (jut out) sobresalir*

projection /prəˈdʒekʃən/ *n* **1** (of image, slide) proyección *f* **2** (forecast) proyección *f*, pronóstico *m* **3** (protuberance) saliente *f or m*

projector /prəˈdʒektər, BrE prəˈdʒektə(r)/ *n* proyector *m*

proletarian /ˈprəʊləˈteriən, BrE ˌprəʊləˈteəriən/ *adj* proletario

pro-life *adj* pro-vida

proliferate /prəˈlɪfəreɪt/ *vi* proliferar

prolific /prəˈlɪfɪk/ *adj* prolífico

prologue, (AmE also) **prolog** /ˈprəʊlɔːg, BrE ˈprəʊlɒg/ *n* prólogo *m*

prolong /prəˈlɔːŋ, BrE prəˈlɒŋ/ *vt* prolongar*

prom /prɑːm, BrE prɒm/ *n* **(a)** (ball) (infml) baile *m* del colegio (*or* de la facultad *etc*) **(b)** (esplanade) (BrE infml) ▶ **promenade¹**

promenade¹ /prɑːməˈneɪd, BrE ˈprɒmənɑːd/ *n* (at seaside) (esp BrE) paseo *m* marítimo, malecón *m* (AmL), costanera *f* (CS)

promenade² *vi* (fml) pasear(se)

prominence /ˈprɑːmənəns, BrE ˈprɒmɪnəns/ *n* (conspicuousness) prominencia *f*; (eminence, importance) importancia *f*

prominent /ˈprɑːmənənt, BrE ˈprɒmɪnənt/ *adj* **(a)** ‹*position*› destacado; ‹*role/politician*› prominente, destacado **(b)** ‹*jaw/nose*› prominente

prominently /ˈprɑːmənəntli, BrE ˈprɒmɪnəntli/ *adv*: **it was ~ displayed** ocupaba un lugar prominente *or* destacado; **he figured ~ in the negotiations** desempeñó un papel prominente *or* destacado en las negociaciones

promiscuity /ˈprɑːməsˈkjuːəti, BrE ˌprɒmɪˈskjuːəti/ *n* promiscuidad *f*

promiscuous /prəˈmɪskjuəs/ *adj* promiscuo

✓ **promise¹** /ˈprɑːməs, BrE ˈprɒmɪs/ *n* **1** (pledge) promesa *f* **2** (potential): **his work showed great** o **a lot of ~** su trabajo prometía mucho

✓ **promise²** *vt/i* prometer; **to ~ to + INF** prometer + INF

promising /ˈprɑːməsɪŋ, BrE ˈprɒmɪsɪŋ/ *adj* ‹*pupil/writer/career*› prometedor; ‹*future*› halagüeño

✓ **promote** /prəˈməʊt/ *vt* **1** **(a)** (raise in rank) ‹*employee*› ascender* **(b)** (AmE) (Educ) promover* **2** **(a)** (encourage) promover*; ‹*growth*› estimular **(b)** (advocate) promover* **3** ‹*product/service*› promocionar

promoter /prəˈməʊtər, BrE prəˈməʊtə(r)/ *n* **(a)** (Busn) promotor, -tora *m,f* **(b)** (Sport) empresario, -ria *m,f*

promotion /prəˈməʊʃən/ *n* **1** (advancement in rank) ascenso *m*; **she got (a) ~** la ascendieron **2** **(a)** (of research, peace, trade) promoción *f* **(b)** (advocacy) promoción *f* **3** (publicity) promoción *f*

promotional /prəˈməʊʃn̩əl, BrE prəˈməʊʃənl/ *adj* de promoción, promocional

prompt¹ /prɑːmpt, BrE prɒmpt/ *vt* **1** ‹*response/outcry*› provocar*; **to ~ sb to + INF** mover* a algn A + INF **2** ‹*actor/orator*› apuntarle a

prompt² *adj* **-er, -est** rápido

prompt³ *adv* (BrE): **at ten o'clock ~** a las diez en punto

prompt⁴ *n* **(a)** (reminder) apunte *m* **(b)** (Comput) presto *m*

prompter /ˈprɑːmptər, BrE ˈprɒmptə(r)/ *n* apuntador, -dora *m,f*

promptly /ˈprɑːmptli, BrE ˈprɒmptli/ *adv* **(a)** (on time) puntualmente **(b)** (speedily) ‹*pay/deliver*› sin demora **(c)** (instantly) de inmediato

prone /prəʊn/ *adj* **1** (liable, disposed) (*pred*) **to be ~ TO sth** ser* propenso A algo; **to be ~ to + INF** ser* propenso a + INF **2** (face downward) (tendido) boca abajo

prong /prɔːŋ, BrE prɒŋ/ *n* diente *m*

pronoun /ˈprəʊnaʊn/ *n* pronombre *m*

pronounce /prəˈnaʊns/ *vt* **(a)** ‹*sound/word/syllable*› pronunciar **(b)** ‹*judgment/sentence*› pronunciar **(c)** (declare) (fml): **the doctor ~d him dead** el médico dictaminó que estaba muerto

pronounced /prəˈnaʊnst/ *adj* pronunciado

pronouncement /prəˈnaʊnsmənt/ *n* declaración *f*

pronunciation /prəˈnʌnsiˈeɪʃən/ *n* pronunciación *f*

proof¹ /pruːf/ *n* **1** (conclusive evidence) prueba *f* **2** (Print) prueba *f* (de imprenta) **3** (alcoholic strength) graduación *f* alcohólica

proof² *adj* (*pred*) **to be ~ AGAINST sth** ser* a prueba DE algo

proof: **~read** (*past & past p* **-read** /-red/) *vt* corregir*
■ *vi* corregir* pruebas; **~reader** *n* corrector, -tora *m,f* de pruebas

prop¹ /prɑːp, BrE prɒp/ *n* **1** (holding up roof etc) puntal *m* **2** (Cin, Theat) accesorio *m*, objeto *m* de utilería *or* (Esp, Méx) del attrezzo

prop² **-pp-** *vt* **to ~ sth AGAINST sth** apoyar algo EN *or* CONTRA algo

● **prop up** [*v + o + adv, v + adv + o*] **(a)** (support) ‹*wall/building*› sostener* **(b)** (lean) apoyar

propaganda /ˈprɑːpəˈgændə, BrE ˌprɒpəˈgændə/ *n* propaganda *f*

propagate /ˈprɑːpəgeɪt, BrE ˈprɒpəgeɪt/ *vt* propagar*

propel /prəˈpel/ *vt* **-ll-** ‹*plane/ship*› propulsar

propeller /prəˈpelər, BrE prəˈpelə(r)/ *n* hélice *f*

✓ **proper** /ˈprɑːpər, BrE ˈprɒpə(r)/ *adj* **1** (*before n, no comp*) (correct) ‹*treatment/procedure*› apropiado; ‹*pronunciation*› correcto **2** (*before n, no comp*) (genuine) ‹*chance*› verdadero; ‹*meal*›

✓ palabra clave

como Dios manda; ‹*vacation*› de verdad **3** **(a)** ‹*behavior/person*› correcto **(b)** (overly decorous) recatado **4** (in the strict sense) (*after n*) propiamente dicho

properly /'prɑ:pərlı, BrE 'prɒpəli/ *adv* **(a)** ‹*write/spell/fit*› correctamente; ‹*work/concentrate/eat*› bien **(b)** (appropriately) apropiadamente

proper name, **proper noun** *n* nombre *m* propio

property /'prɑ:pərti, BrE 'prɒpəti/ *n* (*pl* **-ties**) **1** (possessions) propiedad *f* **2** **(a)** (buildings, land) propiedades *fpl*, bienes *mpl* raíces (fml); (*before n*) ~ **developer** promotor inmobiliario, promotora inmobiliaria *m,f*; ~ **tax** (in US) impuesto *m* sobre la propiedad inmobiliaria **(b)** (building) inmueble *m* (fml); (piece of land) terreno *m*, solar *m*, parcela *f* **3** (quality) propiedad *f*

prophecy /'prɑ:fəsi, BrE 'prɒfəsi/ *n* (*pl* **-cies**) profecía *f*

prophesy /'prɑ:fəsaı, BrE 'prɒfəsaı/ *vt* **-sies**, **-sying**, **-sied** predecir*; (Relig) profetizar*

prophet /'prɑ:fət, BrE 'prɒfıt/ *n* profeta, -tisa *m,f*

prophetic /prə'fetık/ *adj* profético

proportion /prə'pɔ:rʃən, BrE prə'pɔ:ʃən/ *n* **1** (part) (*no pl*) parte *f* **2** (ratio) proporción *f*; **in equal ~s** por partes iguales; **in ~ to sth** en proporción a algo **3** (proper relation) proporción *f*; **let's keep things in ~** no exageremos; **to blow sth up out of all ~** exagerar algo desmesuradamente **4** **proportions** *pl* (size) proporciones *fpl*

proportional /prə'pɔ:rʃṇəl, BrE prə'pɔ:ʃənl/ *adj* proporcional; ~ **representation** representación *f* proporcional

proportionate /prə'pɔ:rʃṇət, BrE prə'pɔ:ʃənət/ *adj* proporcional

proposal /prə'pəʊzəl/ *n* **(a)** (suggestion) propuesta *f* **(b)** (of marriage) proposición *f* matrimonial

propose /prə'pəʊz/ *vt* **1** **(a)** (suggest) proponer*; **to ~** -ING/(THAT) proponer* QUE (+ *subj*) **(b)** **proposed** *past p* **the ~d cuts** los recortes que se proponen implementar **(c)** (in meeting) ‹*amendment*› proponer*; ‹*motion*› presentar **2** (intend) **to ~ to** + INF, **to ~** -ING pensar* + INF ■ *vi* **to ~** TO **sb** proponerle* matrimonio a algn

proposition[1] /'prɑ:pə'zıʃən, BrE ˌprɒpə'zıʃən/ *n* **1** (suggestion) propuesta *f*; (offer) oferta *f* **2** (prospect): **it's not a viable ~** no es viable

proposition[2] *vt* hacerle* proposiciones deshonestas a (euf)

proprietary /prə'praıəteri, BrE prə'praıətri/ *adj* ‹*device/software/drug*› de marca registrada

proprietor /prə'praıətər, BrE prə'praıətə(r)/ *n* propietario, -ria *m,f*, dueño, -ña *m,f*

propulsion /prə'pʌlʃən/ *n* propulsión *f*

pro rata /'prəʊ'rɑ:tə/ *adv* a prorrata

prosaic /prəʊ'zeıık/ *adj* prosaico

proscribe /prəʊ'skraıb, BrE prə'skraıb/ *vt* proscribir*

prose /prəʊz/ *n* (Lit) prosa *f*

prosecute /'prɑ:sıkju:t, BrE 'prɒsıkju:t/ *vt* (Law) **to ~ sb** FOR **sth** procesar a algn POR algo ■ *vi* iniciar procedimiento criminal; **prosecuting attorney** (in US) fiscal *mf*

prosecution /'prɑ:sı'kju:ʃən, BrE ˌprɒsı'kju:ʃən/ *n* (Law) **(a)** (bringing to trial) interposición *f* de una acción judicial **(b)** (prosecuting side): **the ~** la acusación

prosecutor /'prɑ:sıkju:tər, BrE 'prɒsıkju:tə(r)/ *n* fiscal *mf*; (in private prosecutions) abogado, -da *m,f* de *or* por la acusación

prospect[1] /'prɑ:spekt, BrE 'prɒspekt/ *n* **1** **(a)** (possibility) posibilidad *f*; ~ OF **sth** posibilidades *fpl* DE algo **(b)** (situation envisaged) perspectiva *f* **(c)** **prospects** *pl* (chances) perspectivas *fpl*; **a job with no ~s** un trabajo sin futuro **2** (potential customer) posible cliente, -ta *m,f*

prospect[2] /'prɑ:spekt, BrE prə'spekt/ *vi* **to ~** FOR **sth** buscar* algo

prospective /prə'spektıv/ *adj* (*before n*) ‹*customer*› posible; ‹*husband*› futuro

prospector /'prɑ:spektər, BrE prə'spektə(r)/ *n* prospector, -tora *m,f*, cateador, -dora *m,f* (AmS)

prospectus /prə'spektəs/ *n* (*pl* **~es**) (Educ) folleto *m* informativo

prosper /'prɑ:spər, BrE 'prɒspə(r)/ *vi* prosperar

prosperity /prɑ:'sperəti, BrE prɒ'sperəti/ *n* prosperidad *f*

prosperous /'prɑ:spərəs, BrE 'prɒspərəs/ *adj* próspero

prostate (gland) /'prɑ:steıt, BrE 'prɒsteıt/ *n* próstata *f*

prostitute[1] /'prɑ:stətu:t, BrE 'prɒstıtju:t/ *n* prostituta *f*; **male ~** prostituto *m*

prostitute[2] *vt* prostituir*; **to ~ oneself** prostituirse*

prostitution /'prɑ:stə'tu:ʃən, BrE ˌprɒstı'tju:ʃən/ *n* prostitución *f*

prostrate /'prɑ:streıt, BrE 'prɒstreıt/ *adj* postrado

protagonist /prəʊ'tægənəst, BrE prə'tægənıst/ *n* (Lit) protagonista *mf*

protect /prə'tekt/ *vt* proteger*

protection /prə'tekʃən/ *n* protección *f*; (*before n*) ~ **racket** chantaje *m* (*que se practica a propietarios de comercios*)

protectionism /prə'tekʃənızəm/ *n* proteccionismo *m*

protective /prə'tektıv/ *adj* **(a)** ‹*headgear/covering*› protector; ‹*clothing*› de protección **(b)** ‹*attitude/feelings*› protector

protector /prə'tektər, BrE prə'tektə(r)/ *n* protector, -tora *m,f*

protein /'prəʊti:n/ *n* proteína *f*

protest[1] /'prəʊtest/ *n* **(a)** (expression of disagreement) protesta *f*; **in ~ (against sth)** en señal de protesta (contra algo); **under ~** bajo protesta **(b)** (complaint) protesta *f* **(c)** (demonstration) manifestación *f* de protesta

protest[2] /prə'test/ *vi* protestar; **to ~** AGAINST/ABOUT **sth** protestar CONTRA/ACERCA DE algo ■ *vt* **1** **(a)** (complain) **to ~** THAT quejarse DE QUE, protestar QUE **(b)** (object to) (AmE) ‹*decision/action*› protestar (contra) **2** (assert) ‹*love*› declarar; ‹*innocence/loyalty*› hacer* protestas de

Protestant[1] /'prɑ:təstənt, BrE 'prɒtıstənt/ *n* protestante *mf*

Protestant² *adj* protestante

Protestantism /'prɑːtəstəntɪzəm, BrE 'prɒtɪstəntɪzəm/ *n* protestantismo *m*

protester /prə'testər, BrE prə'testə(r)/ *n* manifestante *mf*

protocol /'prəʊtəkɔːl, BrE 'prəʊtəkɒl/ *n* protocolo *m*

prototype /'prəʊtətaɪp/ *n* prototipo *m*

protracted /prə'træktəd, BrE prə'træktɪd/ *adj* prolongado

protrude /prə'truːd/ *vi* (fml) **(a)** «*nail/ledge*» sobresalir* **(b) protruding** *pres p* ‹*chin*› prominente; ‹*teeth*› salido; ‹*nail*› que sobresale; **protruding eyes** ojos *mpl* saltones

proud /praʊd/ *adj* **-er, -est (a)** (pleased) ‹*parent/winner*› orgulloso; ‹*smile/moment*› de orgullo; **to be ~ OF sb/sth** estar* orgulloso DE algn/algo **(b)** (having self-respect) ‹*nation/race*› digno **(c)** (arrogant, haughty) orgulloso

proudly /'praʊdli/ *adv* **(a)** (with pleasure, satisfaction) con orgullo **(b)** (arrogantly) orgullosamente

prove /pruːv/ (*past* **proved**; *past p* **proved** *or* **proven**) *vt* ‹*theory/statement/innocence*› probar*, demostrar*; ‹*loyalty/courage*› demostrar*
■ *v refl* **to ~ oneself: he was given three months to ~ himself** le dieron tres meses para que demostrara su valía; **to ~ oneself to be sth** demostrarse* ser algo
■ *vi* resultar

proven /'pruːvən/ *adj* ‹*experience/ability*› probado; ‹*method*› de probada eficacia

proverb /'prɑːvɜːrb, BrE 'prɒvɜːb/ *n* refrán *m*, proverbio *m*

proverbial /prə'vɜːrbiəl, BrE prə'vɜːbiəl/ *adj* proverbial

provide /prə'vaɪd/ *vt* (supply) proporcionar; ‹*accommodation*› dar*; **to ~ sb WITH sth** proveer* a algn DE algo
● **provide for** [*v + prep + o*] **(a)** (support) ‹*family*› mantener* **(b)** (make arrangements for): **I have to ~ for my old age** tengo que asegurarme el bienestar en la vejez

provided /prə'vaɪdəd, BrE prə'vaɪdɪd/ *conj*: **~ (that)** siempre que (+ *subj*)

providence /'prɑːvədəns, BrE 'prɒvɪdəns/ *n* **(a)** (Relig) providencia *f* **(b)** (fate, chance): **it was sheer ~ that ...** fue providencial que ...

providing /prə'vaɪdɪŋ/ *conj* ▸ **provided**

province /'prɑːvəns, BrE 'prɒvɪns/ *n* **1** (administrative unit) provincia *f* **2 (a)** (area of knowledge, activity) terreno *m* **(b)** (area of responsibility) competencia *f*

provincial /prə'vɪntʃəl, BrE prə'vɪnʃəl/ *adj* **1** (Govt) provincial **2 (a)** ‹*town*› de provincia(s) **(b)** (derog) ‹*outlook*› provinciano

provision /prə'vɪʒən/ *n* **1** (of funding) provisión *f*; (of food, supplies) suministro *m* **2** (preparatory arrangements) previsiones *fpl* **3** (stipulation) (Govt, Law) disposición *f* **4 provisions** *pl* provisiones *fpl*, víveres *mpl*

provisional /prə'vɪʒn̩əl, BrE prə'vɪʒənl/ *adj* provisional, provisorio (AmS)

proviso /prə'vaɪzəʊ/ *n* (*pl* **-sos**) condición *f*

provocation /'prɑːvə'keɪʃən, BrE ˌprɒvə'keɪʃən/ *n* provocación *f*

provocative /prə'vɑːkətɪv, BrE prə'vɒkətɪv/ *adj* **1** (causing trouble) provocador **2** (seductive) provocativo

provoke /prə'vəʊk/ *vt* **1** ‹*person/animal*› provocar*; **I was ~d into hitting him** tanto me provocó, que le pegué **2** ‹*argument/revolt/criticism*› provocar*; ‹*discussion/debate*› motivar; ‹*interest/curiosity*› despertar*

prow /praʊ/ *n* proa *f*

prowess /'praʊəs, BrE 'praʊɪs/ *n* destreza *f*

prowl /praʊl/ *vi* merodear

proximity /prɑːk'sɪməti, BrE prɒk'sɪməti/ *n* (fml) proximidad *f*

proxy /'prɑːksi, BrE 'prɒksi/ *n* (*pl* **-xies**) **(a)** (person) representante *mf* **(b)** (authorization) poder *m*; **by ~** por poder *or* (Esp) por poderes

prude /pruːd/ *n* mojigato, -ta *m,f*

prudence /'pruːdn̩s/ *n* prudencia *f*

prudent /'pruːdn̩t/ *adj* prudente

prudish /'pruːdɪʃ/ *adj* mojigato

prune¹ /pruːn/ *n* ciruela *f* pasa *or* (CS) seca

prune² *vt* **(a)** (Hort) podar **(b)** ‹*costs/workforce*› reducir*

pry /praɪ/ **pries, prying, pried** *vi* curiosear; **to ~ INTO sth** entrometerse EN algo
■ *vt* (esp AmE) (+ *adv compl*): **she pried the lid off** levantó la tapa (haciendo palanca)

PS *n* (postscript) P.D.

psalm /sɑːm/ *n* salmo *m*

pseudonym /'suːdn̩ɪm, BrE 'sjuːdənɪm/ *n* (p)seudónimo *m*

PST (in US) = **Pacific Standard Time**

psychiatric /'saɪki'ætrɪk/ *adj* (p)siquiátrico

psychiatrist /sə'kaɪətrəst, BrE saɪ'kaɪətrɪst/ *n* (p)siquiatra *mf*

psychiatry /sə'kaɪətri, BrE saɪ'kaɪətri/ *n* (p)siquiatría *f*

psychic /'saɪkɪk/ *adj* **(a)** (Occult) para(p)sicológico **(b)** (Psych) (p)síquico

psychoanalysis /'saɪkəʊə'næləsəs, BrE ˌsaɪkəʊə'næləsɪs/ *n* (p)sicoanálisis *m*

psychological /'saɪkə'lɑːdʒɪkəl, BrE ˌsaɪkə'lɒdʒɪkəl/ *adj* (p)sicológico

psychologist /saɪ'kɑːlədʒəst, BrE saɪ'kɒlədʒɪst/ *n* (p)sicólogo, -ga *m,f*

psychology /saɪ'kɑːlədʒi, BrE saɪ'kɒlədʒi/ *n* (*pl* **-gies**) (p)sicología *f*

psychopath /'saɪkəpæθ, BrE 'saɪkəʊpæθ/ *n* (p)sicópata *mf*

psychosis /saɪ'kəʊsəs, BrE saɪ'kəʊsɪs/ *n* (*pl* **-ses** /-siːz/) (p)sicosis *f*

psychosomatic /'saɪkəsə'mætɪk, BrE ˌsaɪkəʊsə'mætɪk/ *adj* (p)sicosomático

psychotherapy /'saɪkəʊ'θerəpi/ *n* (p)sicoterapia *f*

psychotic /saɪ'kɑːtɪk, BrE saɪ'kɒtɪk/ *adj* (p)sicótico

PTO (= **please turn over**) sigue al dorso

pub /pʌb/ *n* (BrE) ≈ bar *m*; (*before n*) **to go on a ~ crawl** ir* de bar en bar tomando copas

puberty /'pjuːbərti, BrE 'pjuːbəti/ *n* pubertad *f*

pubic /'pjuːbɪk/ *adj* ‹*hair*› púbico, pubiano; ‹*region/bone*› pubiano

palabra clave

⚷ **public¹** /ˈpʌblɪk/ *adj* público; **it is ~ knowledge** es de dominio público; **at ~ expense** con fondos públicos; **the ~ sector** el sector público; **~ speaking** oratoria *f*

⚷ **public²** *n* (+ *sing or pl vb*) **(a)** (people in general): **the ~** el público **(b)** (audience) público *m* **(c) in public** en público

public-address system /ˈpʌblɪkəˈdres/ *n* (sistema *m* de) megafonía *f*, altoparlantes *mpl* (AmL)

publican /ˈpʌblɪkən/ *n* (BrE) dueño, -ña *m,f* de un bar

public assistance *n* (AmE) *ayuda estatal a los sectores más necesitados de la población*; **to be on ~** recibir ayuda estatal

⚷ **publication** /ˈpʌbləˈkeɪʃən, BrE ˌpʌblɪˈkeɪʃən/ *n* publicación *f*

public: **~ health** *n* salud *f or* sanidad *f* pública; **~ holiday** *n* fiesta *f* oficial, (día *m*) feriado *m* (AmL); **~ house** *n* (BrE) ≈ bar *m*

publicity /pʌbˈlɪsəti/ *n* publicidad *f*

publicize /ˈpʌbləsaɪz, BrE ˈpʌblɪsaɪz/ *vt* hacer* público

publicly /ˈpʌblɪkli/ *adv* **(a)** públicamente **(b)** (Govt) ‹*funded/maintained*› con fondos públicos

public: **~ relations** *n* relaciones *fpl* públicas; **~ school** *n* (in US) escuela *f* pública; (in UK) colegio *m* privado; (— boarding school) internado *m* privado; **~ service** *n* (communal provision) servicio *m* público; **~-spirited** /ˈpʌblɪkˈspɪrətəd, BrE ˌpʌblɪkˈspɪrɪtɪd/ *adj* solidario; **~ transportation** (AmE), **~ transport** (BrE) *n* transporte *m* público

⚷ **publish** /ˈpʌblɪʃ/ *vt* **(a)** ‹*book/newspaper/article*› publicar* **(b)** (make known) hacer* público

publisher /ˈpʌblɪʃər, BrE ˈpʌblɪʃə(r)/ *n* **(a)** (company) editorial *f* **(b)** (job title) editor, -tora *m,f*

publishing /ˈpʌblɪʃɪŋ/ *n* mundo *m* editorial; (*before n*) **~ house** editorial *f*

pucker /ˈpʌkər, BrE ˈpʌkə(r)/ *vt* fruncir*

pudding /ˈpʊdɪŋ/ *n* **(a)** (baked, steamed) budín *m*, pudín *m* **(b)** (dessert) (BrE) postre *m*

puddle /ˈpʌdl/ *n* charco *m*

Puerto Rican¹ /ˈpwertəˈriːkən, BrE ˌpwɜːtəʊˈriːkən/ *adj* portorriqueño, puertorriqueño

Puerto Rican² *n* portorriqueño, -ña *m,f*, puertorriqueño, -ña *m,f*

Puerto Rico /ˈpwertəˈriːkəʊ, BrE ˌpwɜːtəʊˈriːkəʊ/ *n* Puerto Rico *m*

puff¹ /pʌf/ *n* **(a)** (of wind, air) ráfaga *f*; **a ~ of smoke** una nube de humo **(b)** (action) soplo *m*; (on cigarette) chupada *f*, pitada *f* (AmL), calada *f* (Esp) **(c)** (sound) resoplido *m*

puff² *vt* **(a)** (blow) soplar **(b)** (smoke) ‹*cigarette/cigar/pipe*› dar* chupadas *or* (AmL tb) pitadas *or* (Esp tb) caladas a
■ *vi* **1** **(a)** (blow) soplar **(b)** (smoke) **to ~** ON *o* AT **sth** (on cigarette/cigar/pipe) dar* chupadas *or* (AmL tb) pitadas *or* (Esp tb) caladas A algo **2** (pant) resoplar

● **puff out** [*v* + *o* + *adv*, *v* + *adv* + *o*] ‹*cheeks*› inflar, hinchar (Esp); ‹*feathers*› erizar*

● **puff up** [*v* + *adv*] hincharse

puffed /pʌft/ *adj* ‹*sleeve*› abombado

puffed-up /ˈpʌftˈʌp/ *adj* (*pred* **puffed up**) **(a)** (swollen) hinchado **(b)** (conceited) engreído

puffin /ˈpʌfən, BrE ˈpʌfɪn/ *n* frailecillo *m*

puff paste, (BrE) **puff pastry** *n* hojaldre *m*

puffy /ˈpʌfi/ *adj* **-fier, -fiest** hinchado

puke /pjuːk/ *vi* (infml) vomitar, devolver*

⚷ **pull¹** /pʊl/ *vt* **1** **(a)** (draw) tirar de, jalar (AmL exc CS); (drag) arrastrar **(b)** (in specified direction) (+ *adv compl*): **he was ~ed from the rubble alive** lo sacaron vivo de entre los escombros; **the current ~ed him under** la corriente lo arrastró al fondo **2** **(a)** (tug) tirar de, jalar (AmL exc CS) **(b)** (tear, detach): **he ~ed the toy to bits** rompió el juguete **3** **(a)** ‹*tooth*› sacar* **(b)** ‹*gun*› sacar* **4** (infml) ‹*crowd/audience*› atraer* **5** (Med) ‹*muscle/tendon*› desgarrarse
■ *vi* **1** (drag, tug) tirar, jalar (AmL exc CS) **2** «*vehicle*» (move) (+ *adv compl*) **to ~ off the road** salir* de la carretera; **to ~ into the station** entrar en la estación

● **pull apart** [*v* + *o* + *adv*] **(a)** (separate) separar **(b)** (pull to pieces) destrozar*, hacer* pedazos

● **pull away** [*v* + *adv*] **(a)** (free oneself) soltarse* **(b)** (move off) «*train/bus*» arrancar*

● **pull back** [*v* + *adv*] **(a)** (retreat) «*troops/enemy*» retirarse **(b)** (withdraw) echarse atrás

● **pull down** [*v* + *o* + *adv*, *v* + *adv* + *o*] **(a)** (lower) ‹*blind*› bajar **(b)** (demolish) ‹*building*› echar, tumbar (Méx)

● **pull in** I [*v* + *o* + *adv*, *v* + *adv* + *o*] **1** (draw in) ‹*nets/rope*› recoger*; ‹*claws*› retraer* **2** (attract) ‹*customers*› atraer*
II [*v* + *adv*] **1** (arrive) «*train/bus*» llegar* **2** **(a)** (move over) «*ship/car*» arrimarse **(b)** (stop) (BrE) «*car/truck*» parar

● **pull off** [*v* + *o* + *adv*, *v* + *adv* + *o*] **1** (remove) ‹*cover/lid*› quitar **2** (achieve) (infml) conseguir*

● **pull out** I [*v* + *adv*] **1** «*vehicle/driver*» **(a)** (depart) arrancar* **(b)** (enter traffic): **he ~ed out right in front of me** se me metió justo delante **2** (withdraw) «*troops/partner*» retirarse
II [*v* + *o* + *adv*, *v* + *adv* + *o*] **1** **(a)** (extract, remove) ‹*tooth/nail/plug*› sacar*; ‹*weeds/page*› arrancar* **(b)** (produce) ‹*wallet/gun*› sacar* **2** (withdraw) ‹*team/troops*› retirar

● **pull over** **(a)** [*v* + *adv*] «*driver/car*» hacerse* a un lado; (to stop) acercarse* a la acera (*or* al arcén *etc*) y parar **(b)** [*v* + *o* + *adv*] parar

● **pull through** [*v* + *adv*] **(a)** (recover) reponerse* **(b)** (survive) salir* adelante

● **pull together** **1** [*v* + *adv*] (cooperate) trabajar codo con codo **2** [*v* + *o* + *adv*] (control oneself): **to ~ oneself together** calmarse

● **pull up** **1** [*v* + *o* + *adv*, *v* + *adv* + *o*] **(a)** (draw up) levantar, subir; **to ~ one's socks up** subirse los calcetines **(b)** (uproot) ‹*plant*› arrancar* **2** [*v* + *o* + *adv*] (reprimand) **to ~ sb up** (ON **sth**) regañar *or* (CS) retar a algn (POR algo) **3** [*v* + *adv*] (stop) «*car/driver*» parar

pull² *n* **1** (tug) tirón *m*, jalón *m* (AmL exc CS) **2** **(a)** (pulling force) fuerza *f* **(b)** (influence) influencia *f*

pull-down /ˈpʊldaʊn/ *adj*: **~ menu** menú *m* desplegable

pulley /ˈpʊli/ *n* (*pl* **~s**) polea *f*

pull: **~-out** *n* **(a)** (withdrawal) retirada *f* **(b)** (Journ) suplemento *m*; **~over**, (AmE also)

~**over sweater** *n* ▶ **sweater**

pulp /pʌlp/ *n* **(a)** (of fruit, vegetable) pulpa *f*, carne *f*; (of wood, paper) pasta *f* (de papel) **(b)** (crushed material) pasta *f*

pulpit /'pʊlpɪt/ *n* púlpito *m*

pulsate /'pʌlseɪt, BrE pʌl'seɪt/ *vi* «*heart*» latir; «*light/current*» oscilar

pulse[1] /pʌls/ *n* **1** **(a)** (Physiol) pulso *m*; (*before n*) ~ **rate** número *m* de pulsaciones **(b)** (throbbing) cadencia *f* **(c)** (Phys) pulsación *f* **2** (Agr, Culin) legumbre *f* (*como los garbanzos, las lentejas etc*)

pulse[2] *vi* latir

pulverize /'pʌlvəraɪz/ *vt* pulverizar*

puma /'puːmə, BrE 'pjuːmə/ *n* puma *m*, león *m* (Chi, Méx)

pummel /'pʌməl/ *vt*, (BrE **-ll-**) darle* una paliza a

pump[1] /pʌmp/ *n* **1** bomba *f*; (gasoline *o* BrE petrol ~) surtidor *m* **2** (AmE) (Clothing) zapato *m* (de) salón

pump[2] *vt* **(a)** (supply) bombear; **to ~ sth** INTO **sth** ‹*water/oil*› bombear algo A algo **(b)** (drain) **to ~ sth** OUT OF **sth** sacar* algo de algo con una bomba; **to ~ sb's stomach out** hacerle* un lavado de estómago a algn **(c)** (ask) (infml): **he was ~ing me for information** me estaba tratando de (son)sacar información
■ *vi* «*machine/heart*» bombear

● **pump up** [*v* + *o* + *adv*, *v* + *adv* + *o*] (inflate) ‹*tire*› inflar, hinchar (Esp)

pumpkin /'pʌmpkən, BrE 'pʌmpkɪn/ *n* calabaza *f*, zapallo *m* (CS, Per)

pun /pʌn/ *n* juego *m* de palabras, albur *m* (Méx)

punch[1] /pʌntʃ/ *n* **1** **(a)** (blow) puñetazo *m* **(b)** (vigor) garra *f* (fam), fuerza *f* **2** (for paper) perforadora *f*; (for metal, leather) sacabocados *m* **3** (Culin) **(a)** ponche *m*; (*before n*) ~ **bowl** ponchera *f* **(b)** (in US) refresco *m* de frutas

punch[2] *vt* **1** (hit) pegarle* a **2** (perforate) ‹*ticket*› picar*, ponchar (Méx); ‹*leather/metal*› perforar; **to ~ a hole in sth** hacerle* un agujero a algo

● **punch in** [*v* + *adv*] (AmE) fichar, marcar* *or* (Méx) checar* tarjeta (*al entrar al trabajo*)

● **punch out** [*v* + *adv*] (AmE) fichar, marcar* *or* (Méx) checar* tarjeta (*al salir del trabajo*)

punch: ~**-drunk** *adj* grogui (fam), atontado; ~ **line** *n* remate *m* (*de un chiste*); ~**-up** *n* (BrE infml) bronca *f* (fam)

punctual /'pʌŋktʃuəl, BrE 'pʌŋktjʊəl, 'pʌŋktʃʊəl/ *adj* puntual

punctuality /'pʌŋktʃu'æləti, BrE ˌpʌŋktjʊ'æləti, ˌpʌŋktʃʊ'æləti/ *n* puntualidad *f*

punctually /'pʌŋktʃuəli, BrE 'pʌŋktjʊəli, 'pʌŋktʃʊəli/ *adv* puntualmente

punctuate /'pʌŋktʃueɪt, BrE 'pʌŋktjʊeɪt, 'pʌŋktʃʊeɪt/ *vt* **(a)** ‹*writing/text*› puntuar* **(b)** (intersperse) salpicar*

punctuation /'pʌŋktʃu'eɪʃən, BrE ˌpʌŋktjʊ'eɪʃən, ˌpʌŋktʃʊ'eɪʃən/ *n* puntuación *f*; (*before n*) ~ **mark** signo *m* de puntuación

puncture[1] /'pʌŋktʃər, BrE 'pʌŋktʃə(r)/ *n* (in tire, ball) pinchazo *m*, pinchadura *f* (AmL), ponchadura *f* (Méx); **we had a ~ on the way there** pinchamos por el camino, se nos ponchó una llanta en el camino (Méx)

puncture[2] *vt* ‹*tire/ball*› pinchar, ponchar (Méx)

pungent /'pʌndʒənt/ *adj* ‹*taste/smell*› acre

punish /'pʌnɪʃ/ *vt* castigar*

punishable /'pʌnɪʃəbəl/ *adj* punible; ~ BY **sth** penado CON algo

punishing /'pʌnɪʃɪŋ/ *adj* ‹*schedule/treatment*› duro; ‹*pace*› agotador, extenuante

punishment /'pʌnɪʃmənt/ *n* **(a)** (chastisement) castigo *m* **(b)** (rough treatment): **it's taken a lot of ~** ha sido muy maltratado

punk /pʌŋk/ *n* **1** **(a)** (person) ~ **(rocker)** punk *mf*, punki *mf* **(b)** ~ **(rock)** punk *m* **2** (young hoodlum) (AmE infml) vándalo, -la *m,f*, gamberro, -rra *m,f* (Esp)

punt[1] /pʊnt/ *n* (Fin) libra *f* (irlandesa)

punt[2] /pʌnt/ *vi* (in boat): **to go ~ing** salir* de paseo en batea

puny /'pjuːni/ *adj* **punier**, **puniest** (derog) ‹*person*› enclenque; ‹*effort*› lastimoso

pup /pʌp/ *n* cría *f*; (of dog) cachorro, -rra *m,f*

🔑 **pupil** /'pjuːpəl, BrE 'pjuːpɪl/ *n* **1** (Educ) alumno, -na *m,f*, educando, -da *m,f* (fml) **2** (of eye) pupila *f*

puppet /'pʌpət, BrE 'pʌpɪt/ *n* **1** **(a)** (marionette) marioneta *f*, títere *m* **(b)** (glove puppet) títere *m* **2** (stooge) títere *m*; (*before n*) ‹*regime/leader*› títere

puppy /'pʌpi/ *n* (*pl* **-pies**) cachorro, -rra *m,f*

🔑 **purchase**[1] /'pɜːrtʃəs, BrE 'pɜːtʃəs/ *n* (fml) adquisición *f* (fml)

🔑 **purchase**[2] *vt* (fml) adquirir (fml)

purchaser /'pɜːrtʃəsər, BrE 'pɜːtʃəsə(r)/ *n* (fml) comprador, -dora *m,f*

pure /pjʊr, BrE pjʊə(r)/ *adj* **purer**, **purest** puro

purée /pjʊ'reɪ, BrE 'pjʊəreɪ/ *n* puré *m*; **tomato ~** concentrado *m* de tomate

purely /'pjʊrli, BrE 'pjʊəli/ *adv* ‹*decorative*› puramente; ~ **by chance** por pura casualidad

purgatory /'pɜːrgətɔːri, BrE 'pɜːgətəri/ *n* purgatorio *m*

purge[1] /pɜːrdʒ, BrE pɜːdʒ/ *vt* **(a)** (cleanse) purgar* **(b)** (Pol) ‹*party/government/committee*› hacer* una purga en

purge[2] *n* (Med, Pol) purga *f*

purify /'pjʊrəfaɪ, BrE 'pjʊərɪfaɪ/ *vt* **-fies**, **-fying**, **-fied** purificar*; ‹*water*› depurar

purist /'pjʊrəst, BrE 'pjʊərɪst/ *n* purista *mf*

puritan /'pjʊrətn̩, BrE 'pjʊərɪtən/ *n* puritano, -na *m,f*

puritanical /'pjʊrə'tænɪkəl, BrE ˌpjʊərɪ'tænɪkəl/ *adj* puritano

purity /'pjʊrəti, BrE 'pjʊərəti/ *n* pureza *f*

purl[1] /pɜːrl, BrE pɜːl/ *n* punto *m* (al *or* del) revés

purl[2] *vt* tejer al *or* del revés

purple[1] /'pɜːrpəl, BrE 'pɜːpəl/ *adj* (bluish) morado; (reddish) púrpura

purple[2] *n* (bluish) morado *m*, violeta *m*; (reddish) púrpura *m*

purport /pər'pɔːrt, BrE pə'pɔːt/ *vt* (fml) **to ~ to +** INF pretender + INF

🔑 **purpose** /'pɜːrpəs, BrE 'pɜːpəs/ *n* **1** **(a)** (intention, reason) propósito *m*; **for one's own ~s** por su (*or* mi *etc*) propio interés; **the machine is good**

🔑 palabra clave

P

enough for our ~s la máquina sirve para lo que nos proponemos hacer con ella; **on ~** a propósito **(b)** (use): **to serve a (useful) ~** servir* de algo **2** (resolution) determinación *f*

purposeful /'pɜːrpəsfəl, BrE 'pɜːpəsfəl/ *adj* ‹*person/stride*› resuelto; ‹*expression*› de determinación

purposely /'pɜːrpəsli, BrE 'pɜːpəsli/ *adv* ‹*facetious/hurtful*› deliberadamente; ‹*say/do*› a propósito

purr¹ /pɜːr, BrE pɜː(r)/ *vi* ronronear

purr² *n* ronroneo *m*

purse¹ /pɜːrs, BrE pɜːs/ *n* **1** **(a)** (for money) monedero *m*, portamonedas *m* **(b)** (funds) fondos *mpl* **2** (handbag) (AmE) cartera *f or* (Esp) bolso *m or* (Méx) bolsa *f*

purse² *vt*: **to ~ one's lips** fruncir* la boca

purser /'pɜːrsər, BrE 'pɜːsə(r)/ *n* sobrecargo *mf*

pursue /pər'suː, BrE pə'sjuː/ *vt* **1** (chase) perseguir*; ‹*pleasure/happiness*› buscar* **2** ‹*policy/course of action*› continuar* con; ‹*research/study*› continuar* con; ‹*profession*› ejercer*

pursuer /pər'suːər, BrE pə'sjuːə(r)/ *n* perseguidor, -dora *m,f*

pursuit /pər'suːt, BrE pə'sjuːt/ *n* **1** (chase) persecución *f*; **she set off in ~ of the thief** salió en persecución del ladrón; **the ~ of happiness** la búsqueda de la felicidad **2** (pastime) actividad *f*

pus /pʌs/ *n* pus *m*

push¹ /pʊʃ/ *n* empujoncito *m*; (violent) empujón *m*; **she gave the door a ~** empujó la puerta; **at the ~ of a button** con solo apretar un botón; ***at a ~*** (infml): **at a ~, I could finish it by Friday** si me apuras, podría terminarlo para el viernes

push² *vt* **1** **(a)** ‹*person/car/table*› empujar; **I ~ed the door to** o **shut** cerré la puerta empujándola **(b)** (press) ‹*button*› apretar* **(c)** (force): **to ~ prices up/down** hacer* que suban/bajen los precios; **I tried to ~ the thought to the back of my mind** traté de no pensar en ello **2** (put pressure on): **you're ~ing him/yourself too hard** le/te exiges demasiado; **to be ~ed for time/money** (infml) andar* corto de tiempo/de dinero (fam) **3** **(a)** (promote) promocionar **(b)** (sell) (infml) ‹*drugs*› pasar (fam), transar (CS arg) **4** (approach) (infml) (*only in -ing form*) **to be ~ing forty** rondar los cuarenta

■ *vi* **1** (give a push) empujar **2** (apply pressure) presionar

● **push back** [*v + o + adv, v + adv + o*] **(a)** (force back) ‹*person/object*› empujar hacia atrás; ‹*crowd/army*› hacer* retroceder **(b)** (extend) ‹*limits*› ampliar*

● **push in** [*v + adv*] colarse* (fam)

● **push off** [*v + adv*] **(a)** (in boat) desatracar* **(b)** (leave, go) (infml) largarse* (fam)

● **push on** [*v + adv*] **(a)** (continue journey) seguir* el viaje **(b)** (continue working) seguir* adelante

● **push through** [*v + o + adv, v + adv + o*] ‹*legislation*› hacer* aprobar

push: **~-bike** *n* (BrE) bicicleta *f*; **~-button** *adj* (*before n*) ‹*controls/telephone*› de botones; **~chair** *n* (BrE) sillita *f* (*de paseo*), carreola *f* (Méx)

pusher /'pʊʃər, BrE 'pʊʃə(r)/ *n* (infml) camello *mf* (arg), jíbaro *mf* (Col, Ven arg), conecte *m,f* (Mex arg)

push: **~over** *n*: **to be a ~over** «*task/game*» ser* pan comido (fam), estar* chupado (Esp fam); «*person*» ser* un incauto; **~-start** /'pʊʃstaːrt, BrE ˌpʊʃ'staːt/ *vt* ‹*car*› arrancar* empujando; **~-up** *n* flexión *f* (de brazos *or* de pecho), fondo *m*, lagartija *f* (Méx)

pushy /'pʊʃi/ *adj* **pushier**, **pushiest** (infml) prepotente

pussy /'pʊsi/ (*pl* **-sies**), **pussycat** /'pʊsikæt/ *n* (infml) minino, -na *m,f* (fam), gatito, -ta *m,f* (fam)

put /pʊt/ (*pres p* **putting**; *past & past p* **put**) *vt* **I** **1** (place) poner*; (with care, precision etc) colocar*; (inside sth) meter; **he ~ it in his mouth** se lo puso en la boca **2** **(a)** (thrust): **he ~ his arms around her** la abrazó; **she ~ her head out of the window** asomó la cabeza por la ventana **(b)** (Sport): **to ~ the shot** lanzar* el peso **3** **(a)** (rank) poner*; **she ~s herself first** se pone ella primero; **he ~s his art before everything else** antepone su arte a todo **(b)** (in competition, league): **this victory ~s them in** o **into the lead** con esta victoria pasan a ocupar la delantera

II **1** (cause to be) poner*; **the doctor ~ me on a diet** el doctor me puso a régimen **2** (make undergo) **to ~ sb** TO **sth: I don't want to ~ you to any trouble** no quiero causarle ninguna molestia

III **1** **(a)** (attribute, assign): **I ~ a high value on our friendship** valoro mucho nuestra amistad **(b)** (impose) **to ~ sth** ON **sth/sb: to ~ the blame on sb** echarle la culpa a algn; **it ~ a great strain on their relationship** eso sometió su relación a una gran tensión **2** **(a)** (invest) **to ~ sth** INTO **sth** ‹*money*› invertir* algo EN algo; **she had ~ a lot of thought into it** lo había pensado mucho **(b)** (bet, stake) **to ~ sth** ON **sth** ‹*money*› apostar* algo A algo **(c)** (contribute) **to ~ sth** TOWARD **sth** contribuir* CON algo A algo

IV **1** (present) ‹*views/case*› exponer*; ‹*proposal*› presentar **2** (write, indicate, mark) poner* **3** (express) decir*; **~ it this way: I wouldn't invite him again** te digo lo siguiente: no lo volvería a invitar; **to ~ sth well/badly** expresar algo bien/mal

● **put about** [*v + o + adv*] (infml) ‹*story/rumor*› hacer* correr

● **put across** [*v + o + adv, v + adv + o*] ‹*idea/message*› comunicar*

● **put aside** [*v + o + adv, v + adv + o*] **(a)** (lay to one side) dejar a un lado **(b)** (reserve) ‹*money*› guardar; ‹*goods/time*› reservar **(c)** ‹*differences*› dejar de lado

● **put away** [*v + o + adv, v + adv + o*] **(a)** (put in cupboard, drawer) ‹*dishes/tools/clothes*› guardar **(b)** (save) ‹*money*› guardar, ahorrar **(c)** (consume) (infml) ‹*food/drink*› zamparse (fam) **(d)** (confine) (infml) ‹*criminal/lunatic*› encerrar* **(e)** (destroy) (AmE euph) ‹*animal*› sacrificar* (euf)

● **put back** [*v + o + adv, v + adv + o*] **(a)** (replace) volver* a poner **(b)** (reset) ‹*clocks*› atrasar **(c)** (delay) ‹*project*› retrasar **(d)** (postpone) posponer*, aplazar*, postergar* (AmL)

● **put by** [*v + o + adv, v + adv + o*] ‹*money*› ahorrar

● **put down** **I** [*v + o + adv, v + adv + o*] **1** **(a)** (set down) ‹*bag/pen*› dejar; ‹*telephone*› colgar*

(b) (lay) ‹*tiles/carpet*› poner*, colocar* **(c)** (lower) bajar **(d)** ‹*passenger*› dejar **2** **(a)** (suppress) ‹*rebellion*› sofocar* **(b)** (destroy) (BrE euph) ‹*animal*› sacrificar* (euf) **3** **(a)** (write down) ‹*thoughts*› anotar, escribir*; ‹*name*› poner*, escribir* **(b)** (attribute) **to ~ sth down** TO **sth** atribuirle* algo A algo **4** (in part payment) ‹*sum*› entregar*; ‹*deposit*› dejar
II [*v + o + adv*] (belittle) rebajar

• **put forward** [*v + o + adv, v + adv + o*] **1** **(a)** ‹*theory/plan*› presentar; ‹*suggestion*› hacer* **(b)** ‹*candidate*› proponer*, postular (AmL) **2** **(a)** ‹*clocks*› adelantar **(b)** ‹*trip/meeting*› adelantar

• **put in** **1** [*v + o + adv, v + adv + o*] **(a)** (install) ‹*central heating/shower unit*› poner*, instalar **(b)** (enter, submit) ‹*claim/request/tender*› presentar **(c)** (invest): **how much time can you put in?** ¿cuánto tiempo puedes dedicarle? **(d)** (insert, add) ‹*word/chapter/scene*› poner* **2** [*v + adv*] **(a)** (Naut) hacer* escala **(b)** (apply) **to ~ in** FOR **sth** solicitar algo

• **put off** I [*v + o + adv, v + adv + o*] **1** **(a)** (postpone) ‹*meeting/visit/decision*› aplazar*, posponer*, postergar* (AmL); **I keep ~ting off going to the dentist** siempre estoy aplazando ir al dentista **(b)** (stall) ‹*visitor/creditor*› **if Saturday isn't convenient, I can ~ them off** si el sábado no es conveniente, puedo decirles que lo dejen para más adelante **2** (turn off) (BrE) ‹*light*› apagar*
II [*v + o + adv, v + adv + o*] **1** (discourage): **the thought of the journey ~s me off going to see them** pensar en el viaje me quita las ganas de ir a visitarlos **2** (distract) distraer*; (disconcert) desconcertar*

• **put on** I [*v + o + adv, v + adv + o*] **1** ‹*jacket/sweater*› ponerse*; **to put one's clothes on** vestirse*, ponerse* la ropa; **to ~ one's shoes on** ponerse* los zapatos, calzarse* **2** ‹*light/radio/oven*› encender*, prender (AmL); ‹*music*› poner* **3** (gain): **I've ~ on four pounds** he engordado cuatro libras; **to ~ on weight** engordar **4** ‹*exhibition*› organizar*; ‹*play/show*› presentar **5** (assume) ‹*expression*› adoptar; **he's just ~ting it on** está haciendo teatro
II [*v + o + adv*] **1** **(a)** (alert) **to ~ sb on** TO **sb: somebody had ~ the police on to them** alguien había puesto a la policía sobre su pista **(b)** (introduce) **to ~ sb on** TO **sb: I can ~ you on to someone who ...** puedo ponerte en contacto con una persona que ... **2** (tease) (AmE infml) tomarle el pelo a (fam)

• **put out** I [*v + o + adv, v + adv + o*] **1** **(a)** (put outside) ‹*washing/cat*› sacar* **(b)** (set out) disponer* **(c)** (extend) ‹*arm/tongue*› sacar* **(d)** (dislocate) dislocarse*, zafarse (Chi, Méx) **2** **(a)** (extinguish) ‹*fire/light/cigarette*› apagar* **(b)** (anesthetize) (infml) dormir* **3** (offend, inconvenience) molestar **4** **(a)** (issue, publish) ‹*statement*› publicar* **(b)** (broadcast) transmitir
II [*v + adv*] (Naut) salir*; **to ~ out to sea** hacerse* a la mar

• **put over** **(a)** ▶ **put across** **(b)** (AmE) ▶ **put off I 1 a**

• **put past** [*v + o + prep + o*]: ***not to ~ it past sb***: **I wouldn't ~ it past her** no me extrañaría nada *or* la creo muy capaz

• **put through** **1** [*v + o + prep + o*] (make undergo) someter a **2** [*v + o + adv, v + adv + o*] (Telec) **to ~ sb through (**TO **sb)** pasar *or* (AmL) comunicar* *or* (Esp) poner* a algn CON algn

• **put together** [*v + o + adv, v + adv + o*] **1** **(a)** (assemble) armar; ‹*collection*› reunir* **(b)** (create) ‹*team*› formar; ‹*magazine*› producir*; ‹*meal*› preparar; (quickly) improvisar **2** (combine) juntar, reunir*; **more than everything else ~ together** más que todo lo demás junto

• **put up** I [*v + o + adv, v + adv + o*] **1** **(a)** ‹*hotel*› levantar; ‹*tent*› armar **(b)** ‹*decorations/curtains/notice*› poner* **(c)** ‹*umbrella*› abrir* **(d)** ‹*hand*› levantar **2** ‹*price/fare*› aumentar **3** ‹*candidate*› proponer*, postular (AmL) **4** (in accommodation) alojar; **they ~ us up for the night** nos quedamos a dormir en su casa
II [*v + adv + o*] **1** (present): **to ~ up resistance/a struggle/a fight** ofrecer* resistencia **2** ‹*money/capital*› poner*
III [*v + adv*] (stay) quedarse

• **put up to** [*v + o + adv + prep + o*]: **somebody must have ~ them up to it** alguien debe haberlos empujado a ello

• **put up with** [*v + adv + prep + o*] aguantar

put: **~-down** *n* (infml) desprecio *m*; **~ out** *adj* (*pred*): **to be ~ out** estar* molesto

putrid /ˈpjuːtrəd, BrE ˈpjuːtrɪd/ *adj* putrefacto, pútrido

putt /pʌt/ *vi* golpear la bola, potear (AmL) ■ *vt* golpear

putter¹ /ˈpʌtər, BrE ˈpʌtə(r)/ *n* (club) putter *m*

putter² *vi* (AmE) (+ *adv compl*): **to ~ around** o **about in the garden** entretenerse trabajando en el jardín; **I've been ~ing around the house all day** me he pasado el día haciendo un poco de esto y un poco de aquello en la casa

putting green /ˈpʌtɪŋ/ *n* putting green *m*

putty /ˈpʌti/ *n* masilla *f*

puzzle¹ /ˈpʌzəl/ *n* **(a)** (game, toy) rompecabezas *m*; (riddle) adivinanza *f* **(b)** (mystery) misterio *m*

puzzle² *vt*: **one thing ~s me** hay algo que no entiendo

puzzled /ˈpʌzəld/ *adj* ‹*expression/tone*› de desconcierto; **I'm ~ about it** me tiene perplejo

PVC *n* PVC *m*

pygmy /ˈpɪgmi/ *n* (*pl* **-mies**) **(a)** (Anthrop) *also* **Pygmy** pigmeo, -mea *m,f* **(b)** (Zool) (*before n*) enano

pyjamas /pəˈdʒɑːməz/ *n* (BrE) ▶ **pajamas**

pylon /ˈpaɪlɑːn, -lən, BrE ˈpaɪlɒn, -lən/ *n* torre *f* de alta tensión

pyramid /ˈpɪrəmɪd/ *n* pirámide *f*

pyre /paɪr, BrE ˈpaɪə(r)/ *n* pira *f*

Pyrenees /ˈpɪrəˈniːz, BrE ˌpɪrəˈniːz/ *pl n*: **the ~** los Pirineos

Pyrex® /ˈpaɪreks/ *n* pyrex® *m*, arcopal® *m*

python /ˈpaɪθɑːn, BrE ˈpaɪθən/ *n* (serpiente *f*) pitón *f*

p

Qq

Q, q /kjuː/ *n* Q, q *f*

QC *n* (in UK) (= **Queen's Counsel**) *título conferido a ciertos abogados de prestigio*

QE *n* = **quantitative easing** FC *f*

QED (= **quod erat demonstrandum**) Q.E.D. (fml), que es lo que había que demostrar

quack¹ /kwæk/ *vi* graznar

quack² *n* (derog) **1** (charlatan) charlatán, -tana *m,f*; (professing medical skill) (~ **doctor**) curandero -ra *m,f* **2** (of duck) graznido *m*

quad /kwɑːd, BrE kwɒd/ *n* (infml) **1** (quadruplet) cuatrillizo, -za *m,f* **2** (of college) ▶ **quadrangle 1**

quadrangle /ˈkwɑːdræŋɡəl, BrE ˈkwɒdræŋɡəl/ *n* **1** (BrE) (Archit) patio *m* interior **2** (Math) ▶ **quadrilateral**

quadrant /ˈkwɑːdrənt, BrE ˈkwɒdrənt/ *n* cuadrante *m*

quadrilateral /ˈkwɑːdrəˈlætərəl, BrE ˌkwɒdrɪˈlætərəl/ *n* cuadrilátero *m*

quadruped /ˈkwɑːdrəped, BrE ˈkwɒdrʊped/ *n* cuadrúpedo *m*

quadruple¹ /kwɑːˈdruːpl, BrE ˈkwɒdrʊpl/ *adj* cuádruple, cuádruplo

quadruple² /kwɑːˈdruːpl, BrE kwɒˈdruːpl/ *vi* cuadruplicarse*

quadruplet /kwɑːˈdruːplət, BrE ˈkwɒdrʊplət/ *n* cuatrillizo, -za *m,f*

quaff /kwɑːf, BrE kwɒf/ *vt* (hum) beberse, zamparse (fam)

quagmire /ˈkwæɡmaɪr, ˈkwɑːɡ-, BrE ˈkwɒɡmaɪə(r), ˈkwæɡ-/ *n* **(a)** (bog) lodazal *m*, barrial *m* (AmL) **(b)** (situation) atolladero *m*

quail¹ /kweɪl/ *vi* (liter) temblar*; **she ~ed at the idea** la idea le daba pavor

quail² *n* (*pl* **quails** *or* **quail**) codorniz *f*

quaint /kweɪnt/ *adj* **-er**, **-est** **(a)** (charming, picturesque) pintoresco **(b)** (odd) extraño

quake¹ /kweɪk/ *vi* temblar*

quake² *n* (infml) (earthquake) terremoto *m*

Quaker /ˈkweɪkər, BrE ˈkweɪkə(r)/ *n* cuáquero, -ra *m,f*

qualification /ˈkwɑːləfəˈkeɪʃən, BrE ˌkwɒlɪfɪˈkeɪʃən/ *n* **1** **(a)** (Educ): **she has a teaching ~** tiene título de maestra/profesora; **his ~s are very good** está muy bien calificado *or* (Esp) cualificado **(b)** (skill, necessary attribute) requisito *m* **2** **(a)** (eligibility) derecho *m* **(b)** (being accepted) clasificación *f* **3** (reservation) reserva *f*

qualified /ˈkwɑːləfaɪd, BrE ˈkwɒlɪfaɪd/ *adj* **(a)** (trained) titulado; **to be ~ to + INF** tener* la titulación necesaria PARA + INF **(b)** (competent) (*pred*) capacitado; **to be ~ to + INF** estar* capacitado PARA + INF **(c)** (eligible) (*pred*) **to be ~ to + INF** reunir* los requisitos necesarios PARA + INF

⚷ **qualify** /ˈkwɑːləfaɪ, BrE ˈkwɒlɪfaɪ/ **-fies**, **-fying**, **-fied** *vt* **1** (equip, entitle): **this degree qualifies you to practice anywhere in Europe** este título te habilita para ejercer en cualquier parte de Europa; **their low income qualifies them for some benefits** sus bajos ingresos les dan derecho a recibir ciertas prestaciones **2** **(a)** (limit): **I'd like to ~ the statement I made earlier** quisiera matizar lo que expresé anteriormente haciendo algunas salvedades (*or* puntualizaciones *etc*) **(b)** (Ling) calificar*

■ *vi* **(a)** (gain professional qualification) titularse, recibirse (AmL) **(b)** (Sport) clasificarse* **(c)** (be entitled) **to ~** (FOR **sth**) tener* derecho (A algo)

⚷ **quality** /ˈkwɑːləti, BrE ˈkwɒləti/ *n* (*pl* **-ties**) calidad *f*

qualm /kwɑːm/ *n* (*often pl*) **(a)** (scruple) reparo *m*; **to have no ~s about sth** no tener* ningún reparo en algo **(b)** (misgiving) duda *f*

quandary /ˈkwɑːndri, BrE ˈkwɒndri/ *n* (*pl* **-ries**); (*usu sing*) dilema *m*

quango /ˈkwæŋɡəʊ/ *n* (*pl* **-gos**) (BrE) (= **quasi-autonomous non-governmental organization**) organismo *m or* ente *m* semi-autónomo

quantify /ˈkwɑːntəfaɪ, BrE ˈkwɒntɪfaɪ/ *vt* **-fies**, **-fying**, **-fied** cuantificar*

quantitative easing /ˌkwɒntɪtətɪv ˈiːzɪŋ/ *n* flexibilización *f* cuantitativa (*ampliación de la masa monetaria por parte del banco central con el fin de estimular la economía*)

quantity /ˈkwɑːntəti, BrE ˈkwɒntəti/ *n* (*pl* **-ties**) cantidad *f*

quantity surveyor *n*: *ingeniero o técnico que se ocupa de mediciones y cálculo de materiales*

quarantine¹ /ˈkwɔːrəntiːn, BrE ˈkwɒrəntiːn/ *n* cuarentena *f*

quarantine² *vt* poner* en cuarentena

quarrel¹ /ˈkwɔːrəl, BrE ˈkwɒrəl/ *n* **(a)** (argument) pelea *f*, riña *f*; **to have a ~ with sb** pelearse con algn **(b)** (disagreement) discrepancia *f*

quarrel² *vi*, (BrE **-ll-**) (argue) pelearse, discutir

quarrelsome /ˈkwɔːrəlsəm, BrE ˈkwɒrəlsəm/ *adj* peleador, peleón (Esp fam)

quarry¹ /ˈkwɔːri, BrE ˈkwɒri/ *n* (*pl* **-ries**) **1** (excavation) cantera *f* **2** (prey) presa *f*

quarry² *vt* **-ries**, **-rying**, **-ried** ‹*stone/slate*› extraer* (*de una cantera*); ‹*land/hillside*› abrir* una cantera en

quart /kwɔːrt, BrE kwɔːt/ *n* cuarto *m* de galón (*EEUU: 0,94 litros, RU: 1,14 litros*)

⚷ **quarter** /ˈkwɔːrtər, BrE ˈkwɔːtə(r)/ *n* **1** (fourth part) cuarta parte *f*, cuarto *m*; **a ~ of a mile** un cuarto de milla **2** (US, Canadian coin) moneda *f* de 25 centavos **3** **(a)** (in telling time) cuarto *m*; **a ~ of an hour** un cuarto de hora; **it's a ~ of** o

q

(BrE) **to one** es la una menos cuarto *or* (AmL exc RPl) un cuarto para la una; **a ~ after** o (BrE) **past one** la una y cuarto **(b)** (three months) trimestre *m* **4** **(a)** (district of town) barrio *m* **(b)** (area) parte *f*; ***at close ~s*** de cerca **5** **quarters** *pl* (accommodations): **the servants' ~s** las habitaciones de la servidumbre

quarterfinal /ˈkwɔːrtərˈfaɪnl, BrE ˌkwɔːtəˈfaɪnl/ *n* cuarto *m* de final

quarterly¹ /ˈkwɔːrtərli, BrE ˈkwɔːtəli/ *adj* trimestral

quarterly² *adv* trimestralmente

quarter note *n* (AmE) negra *f*

quartet /kwɔːrˈtet, BrE kwɔːˈtet/ *n* cuarteto *m*

quartz /kwɔːrts, BrE kwɔːts/ *n* cuarzo *m*

quash /ˈkwɑːʃ, BrE kwɒʃ/ *vt* **(a)** (Law) ‹*verdict/sentence*› anular **(b)** (suppress) ‹*revolt*› sofocar*; ‹*protest*› acallar

quaver¹ /ˈkweɪvər, BrE ˈkweɪvə(r)/ *n* **(a)** (in voice) temblor *m* **(b)** (BrE) (Mus) corchea *f*

quaver² *vi* «*voice*» (in singing) vibrar; (in speech) temblar*

quay /kiː/ *n* muelle *m*

quayside /ˈkiːsaɪd/ *n* muelle *m*

queasy /ˈkwiːzi/ *adj* **-sier**, **-siest** mareado

queen /kwiːn/ *n* reina *f*

queen: **~ bee** *n* (Zool) abeja *f* reina; **~ mother** *n* reina *f* madre

queer¹ /kwɪr, BrE kwɪə(r)/ *adj* **1** (odd) raro, extraño **2** (male homosexual) (infml offensive) maricón (fam & pey), gay

queer² *n* (infml offensive) maricón *m* (fam & pey), gay *m*

quell /kwel/ *vt* ‹*revolt*› sofocar*; ‹*criticism*› acallar

quench /kwentʃ/ *vt* **(a)** ‹*thirst*› quitar, saciar (liter) **(b)** ‹*flames*› sofocar*

querulous /ˈkwerələs, BrE ˈkwerʊləs/ *adj* quejumbroso

query¹ /ˈkwɪri, BrE ˈkwɪəri/ *n* (*pl* **-ries**) (doubt) duda *f*; (question) pregunta *f*

query² *vt* **-ries**, **-rying**, **-ried** cuestionar

quest /kwest/ *n* búsqueda *f*; **~ FOR sth** búsqueda DE algo

⚷ **question¹** /ˈkwestʃən/ *n* **(a)** (inquiry) pregunta *f*; **to ask a ~** hacer* una pregunta **(b)** (in quiz, exam) pregunta *f* **(c)** (issue, problem) cuestión *f*, asunto *m*; **the person in ~** la persona en cuestión; **if it's a ~ of money ...** si es cuestión *or* se trata de dinero ... **(d)** (doubt) duda *f*; **beyond ~** fuera de duda **(e)** (possibility) posibilidad *f*; **it is completely out of the ~** es totalmente imposible

⚷ **question²** *vt* **(a)** ‹*person*› hacerle* preguntas a; ‹*suspect/student*› interrogar* **(b)** (doubt) ‹*integrity/motives*› poner* en duda

questionable /ˈkwestʃənəbəl/ *adj* cuestionable

questioner /ˈkwestʃənər, BrE ˈkwestʃənə(r)/ *n* interrogador, -dora *m,f*

questioning¹ /ˈkwestʃənɪŋ/ *adj* ‹*expression/voice*› inquisidor; ‹*mind*› inquisitivo

questioning² *n* interrogatorio *m*

question mark *n* signo *m* de interrogación

questionnaire /ˈkwestʃəˈner, BrE ˌkwestʃəˈneə(r)/ *n* cuestionario *m*

queue¹ /kjuː/ *n* (BrE) cola *f*; **to form a ~** hacer* cola; **to jump the ~** colarse* (fam), brincarse* *or* saltarse la cola (Méx fam)

queue² *vi* **queues**, **queueing**, **queued**: **~ (up)** (BrE) hacer* cola

quibble¹ /ˈkwɪbəl/ *n* objeción *f* (*de poca monta*)

quibble² *vi* hacer* problemas por nimiedades

⚷ **quick¹** /kwɪk/ *adj* **quicker**, **quickest** **(a)** (speedy) ‹*action/movement*› rápido; **I'll be as ~ as I can** volveré (*or* lo haré *etc*) lo más rápido que pueda; **that was ~!** ¡qué rapidez! **(b)** (brief) (*before n, no comp*) ‹*calculation/question*› rápido; ‹*nod*› breve; **he'd like a ~ word with you** quiere hablar contigo un momento **(c)** (easily roused): **she has a ~ temper** tiene mucho genio **(d)** (prompt): **he's ~ to take offense** se ofende por lo más mínimo

quick² *adv* **quicker**, **quickest** rápido, rápidamente

quick³ *n* **the ~**: **her nails were bitten to the ~** tenía las uñas en carne viva de mordérselas; ***to cut sb to the ~*** herir* a algn en lo más vivo

quicken /ˈkwɪkən/ *vt* acelerar
■ *vi* acelerarse

⚷ **quickly** /ˈkwɪkli/ *adv* **(a)** (speedily) ‹*move/recover*› rápidamente, rápido **(b)** (promptly) ‹*understand/reply*› pronto

quickness /ˈkwɪknəs, BrE ˈkwɪknɪs/ *n* rapidez *f*

quick: **~sand** *n* (*often pl*) arenas *fpl* movedizas; **~-tempered** /ˈkwɪkˈtempərd, BrE ˌkwɪkˈtempəd/ *adj* ‹*person*› de genio vivo, irascible; **~-witted** /ˈkwɪkˈwɪtəd, BrE ˌkwɪkˈwɪtɪd/ *adj* agudo

quid /kwɪd/ *n* (*pl* **~**) (pound) (BrE infml) libra *f*

⚷ **quiet¹** /ˈkwaɪət/ *adj* **1** **(a)** (silent) ‹*street*› silencioso; **be ~!** (to one person) ¡cállate!; (to more than one person) ¡cállense! *or* (Esp tb) ¡callaros *or* callaos!, ¡silencio!; **I kept ~ about the bill** no dije nada de lo de la factura **(b)** (not loud) ‹*engine*› silencioso; **he has a very ~ voice** habla muy bajo **(c)** (not boisterous) ‹*manner*› tranquilo; **you're very ~ today** hoy estás muy callada **2** **(a)** (peaceful) tranquilo; **they had a ~ wedding** la boda se celebró en la intimidad **(b)** (not busy) ‹*day*› tranquilo

quiet² *n* **(a)** (silence) silencio *m* **(b)** (peace, tranquillity) tranquilidad *f*

quiet³ (AmE) *vt* **(a)** (silence) ‹*uproar/protests*› acallar; ‹*class*› hacer* callar **(b)** (calm) ‹*horse/person*› tranquilizar*; ‹*fear/suspicion*› disipar

● **quiet down** (AmE) ▸ **quieten down**

quieten /ˈkwaɪətn̩/ *vt* (esp BrE) ▸ **quiet³**

● **quieten down** **1** [*v* + *o* + *adv*, *v* + *adv* + *o*] ‹*person*› calmar; ‹*rumors/clamor*› acallar **2** [*v* + *adv*] «*person*» calmarse; (with maturity) sentar* la cabeza; «*rumors*» acallarse

quietly /ˈkwaɪətli/ *adv* **1** (silently, not loudly) ‹*move*› silenciosamente; ‹*say/speak*› en voz baja **2** **(a)** (peacefully) ‹*sleep/rest*› tranquilamente **(b)** (unobtrusively) ‹*dress/mention/slip away*› discretamente

quill /kwɪl/ *n* pluma *f* (de oca *or* ganso)

quilt /kwɪlt/ *n* edredón *m*, acolchado *m* (RPl), cobija *f* (Méx)

⚷ palabra clave

quilted /ˈkwɪltəd, BrE ˈkwɪltɪd/ *adj* acolchado, guateado (Esp)

quin /kwɪn/ *n* (BrE infml) ▶ **quintuplet**

quince /kwɪns/ *n* membrillo *m*

quint /kwɪnt/ *n* (AmE infml) ▶ **quintuplet**

quintessential /ˈkwɪntəˈsentʃəl, BrE ˌkwɪntɪˈsenʃəl/ *adj* (*usu before n*) por excelencia

quintet /kwɪnˈtet/ *n* quinteto *m*

quintuplet /kwɪnˈtuːplət, BrE ˈkwɪntjʊplət/ *n* quintillizo, -za *m,f*, quíntuple *mf* (Chi, Ven)

quip¹ /kwɪp/ *n* ocurrencia *f*, salida *f*

quip² *vt* **-pp-** decir* bromeando

quirk /kwɜːrk, BrE kwɜːk/ *n* **(a)** (of circumstance) singularidad *f* **(b)** (of person) rareza *f*

quit /kwɪt/ (*pres p* **quitting**; *past & past p* **quit** *or* **quitted**) *vt* (esp AmE) ‹*job/habit*› dejar; ‹*contest*› abandonar; **to ~ -ING** dejar DE + INF ■ *vi* **(a)** (stop) (esp AmE) parar **(b)** (give in) abandonar **(c)** (leave): **notice to ~** notificación *f* de desahucio

quite /kwaɪt/ *adv* **1** **(a)** (completely, absolutely) completamente, totalmente; **is this what you wanted? — not ~** ¿es esto lo que buscaba? — no exactamente; **there isn't ~ enough** falta un poquito; **there's nothing ~ like champagne** realmente no hay como el champán; **~ the opposite** todo lo contrario **(b)** (*as intensifier*): **it makes ~ a difference** hace bastante diferencia; **~ a few of them** muchos de ellos; **that was ~ a game!** ¡fue un partidazo! (fam), ¡fue flor de partido! (CS fam) **2** (fairly) (BrE) bastante; **it's ~ warm today** hoy hace bastante calor; **there were ~ a few** había bastantes, había unos cuantos

quits /kwɪts/ *adj*: **to be ~** estar* en paz *or* (AmL) a mano; ***to call it ~***: **take the money and call it ~** toma el dinero y dejémoslo de una vez

quiver¹ /ˈkwɪvər, BrE ˈkwɪvə(r)/ *vi* «*person/lips*» temblar*; «*leaves*» agitarse

quiver² *n* **1** (for arrows) carcaj *m*, aljaba *f* **2** (movement) temblor *m*

quiz¹ /kwɪz/ *n* (*pl* **~es**) **(a)** (competition) concurso *m*; (*before n*) **~ show** programa *m* concurso **(b)** (test) (AmE) prueba *f*

quiz² *vt* **-zz-** **(a)** (question) ‹*suspect*› interrogar* **(b)** (test) (AmE) ‹*students*› poner* *or* hacer* una prueba a

quizzical /ˈkwɪzɪkəl/ *adj* socarrón, burlón

quorum /ˈkwɔːrəm/ *n* cuórum *m*

quota /ˈkwəʊtə/ *n* (*pl* **~s**) (EC, Econ) cuota *f*

quotation /kwəʊˈteɪʃən/ *n* **1** (passage) cita *f* **2** (estimate) presupuesto *m*

quotation marks *pl n* comillas *fpl*

quote¹ /kwəʊt/ *vt* **1** **(a)** ‹*writer/passage*› citar; ‹*reference number*› indicar* **(b)** ‹*example*› dar*; ‹*instance*› citar **2** **(a)** (Busn) ‹*price*› dar*, ofrecer* **(b)** (Fin) cotizar* ■ *vi* (repeat, recite): **he was quoting from the Bible** citaba de la Biblia; **she said, and I ~ ...** dijo, y lo repito textualmente ..., sus palabras textuales fueron ...

quote² *n* (infml) **1** (passage) cita *f* **2** (estimate) presupuesto *m*

quotient /ˈkwəʊʃənt/ *n* (Math) cociente *m*

Rr

R, r /ɑːr, BrE ɑː(r)/ *n* R, r *f*

R (in US) (Cin) (= **restricted**) menores acompañados

rabbi /ˈræbaɪ/ *n* (*pl* **-bis**) rabino, -na *m,f*; (as title) rabí *mf*

rabbit /ˈræbət, BrE ˈræbɪt/ *n* **(a)** (Zool) conejo, -ja *m,f* **(b)** (meat) conejo *m*

rabble /ˈræbəl/ *n* **(a)** (mob) muchedumbre *f* **(b)** (common people) (derog): **the ~** la chusma (pey)

rabid /ˈræbəd, BrE ˈræbɪd/ *adj* rabioso

rabies /ˈreɪbiːz/ *n* rabia *f*

RAC *n* (in UK) = **Royal Automobile Club**

raccoon /ræˈkuːn, BrE rəˈkuːn/ *n* mapache *m*

race¹ /reɪs/ *n* **1** (contest) carrera *f* **2** (Anthrop) raza *f*; **the human ~** el género humano; (*before n*) **~ relations** *pl n* relaciones *fpl* raciales

race² *vi* **(a)** (rush) (+ *adv compl*): **she ~d down the hill on her bike** bajó la cuesta en bicicleta a toda velocidad **(b)** (in competition) correr, competir* **(c)** «*pulse/heart*» latir aceleradamente ■ *vt* ‹*person*› echarle *or* (RPl) jugarle* una carrera a

race: **~course** *n* (stadium) hipódromo *m*; (track) pista *f* (de carreras); **~horse** *n* caballo *m* de carrera(s)

racial /ˈreɪʃəl/ *adj* racial

racially /ˈreɪʃəli/ *adv* ‹*pure/mixed/motivated/prejudiced*› racialmente

racing¹ /ˈreɪsɪŋ/ *n* **(a)** (horse **~**) carreras *fpl* de caballos **(b)** (sport, pastime) carreras *fpl*

racing² *adj* (*before n*) ‹*bicycle/car*› de carrera(s)

racism /ˈreɪsɪzəm/ *n* racismo *m*

racist¹ /ˈreɪsəst, BrE ˈreɪsɪst/ *n* racista *mf*

racist² *adj* racista

rack¹ /ræk/ *n* **1** (shelf) estante *m*; (for baggage) rejilla *f*; (clothes **~**) perchero *m*; (drying **~**) tendedero *m* **2** (for torture) potro *m* (de tortura); ***to go to ~ and ruin*** venirse* abajo

rack² *vt* (shake): **to be ~ed with pain** sufrir dolores atroces; **to be ~ed with guilt** estar* atormentado por el remordimiento

racket /'rækət, BrE 'rækɪt/ *n* **1** (Sport) raqueta *f* **2** (noise) (infml) jaleo *m* (fam) **3** (business) (infml) tinglado *m* (fam)

racketeer /'rækə'tɪr, BrE ˌrækə'tiə(r)/ *n* mafioso, -sa *m,f*

racquet /'rækət, BrE 'rækɪt/ *n* ▶ **racket 1**

racy /'reɪsi/ *adj* **racier**, **raciest** **(a)** (lively) animado **(b)** (risqué) ‹*story/joke*› subido de tono

radar /'reɪdɑːr, BrE 'reɪdɑː(r)/ *n* radar *m*

radiant /'reɪdiənt/ *adj* ‹*smile/look*› radiante; ‹*sun/blue*› resplandeciente

radiate /'reɪdieɪt/ *vt* irradiar

radiation /'reɪdi'eɪʃən/ *n* radiación *f*; (*before n*) **~ sickness** radiotoxemia *f*

radiator /'reɪdieɪtər, BrE 'reɪdieɪtə(r)/ *n* radiador *m*

radical /'rædɪkəl/ *adj* radical; ‹*writer*› de ideas radicales

radically /'rædɪkli/ *adv* radicalmente

radii /'reɪdiaɪ/ *pl of* **radius**

radio¹ /'reɪdiəʊ/ *n* (*pl* **-os**) **(a)** (receiver) radio *m* (AmL exc CS), radio *f* (CS, Esp); **I heard it on the ~** lo oí por el *or* (CS, Esp) la radio **(b)** (medium) radio *f*

radio² (*3rd pers sing pres* **radios**; *pres p* **radioing**; *past & past p* **radioed**) *vt* ‹*person*› llamar por radio; ‹*message*› transmitir por radio

radio: **~active** /'reɪdiəʊ'æktɪv/ *adj* radiactivo; **~activity** /'reɪdiəʊæk'tɪvəti/ *n* radiactividad *f*; **~-controlled** /'reɪdiəʊkən'trəʊld/ *adj* teledirigido

radiographer /'reɪdi'ɑːgrəfər, BrE ˌreɪdi'ɒgrəfə(r)/ *n* radiógrafo, -fa *m,f*

radiologist /'reɪdi'ɑːlədʒəst, BrE ˌreɪdi'ɒlədʒɪst/ *n* radiólogo, -ga *m,f*

radiotherapy /'reɪdiəʊ'θerəpi/ *n* radioterapia *f*

radish /'rædɪʃ/ *n* rabanito *m*, rábano *m*

radius /'reɪdiəs/ *n* (*pl* **radiuses** *or* **radii**) radio *m*

RAF /'ɑːreɪ'ef/ (in UK) (= **Royal Air Force**): **the ~** la Fuerza Aérea británica

raffle¹ /'ræfəl/ *n* rifa *f*

raffle² *vt* rifar, sortear

raft /ræft, BrE rɑːft/ *n* balsa *f*

rafter /'ræftər, BrE 'rɑːftə(r)/ *n* viga *f*

rag /ræg/ *n* **1** **(a)** (piece of cloth) trapo *m* **(b)** **rags** *pl* (tattered clothes) harapos *mpl*, andrajos *mpl*; **dressed in ~s** harapiento, andrajoso **2** (newspaper) (infml & derog) periodicucho *m* (pey)

ragamuffin /'rægəˌmʌfən, BrE 'rægəˌmʌfɪn/ *n* pilluelo, -la *m,f*

rag doll *n* muñeca *f* de trapo

rage¹ /reɪdʒ/ *n* **1** **(a)** (violent anger) furia *f* **(b)** (fit of fury): **to be in a ~** estar* furioso **2** (fashion) (infml): **to be (all) the ~** hacer* furor

rage² *vi* **(a)** «*storm/sea*» rugir*; «*fire*» arder furiosamente **(b)** «*person*» rabiar **(c)** **raging** *pres p* ‹*storm*› rugiente; ‹*sea*› embravecido; ‹*headache*› enloquecedor; ‹*argument*› enconado

ragged /'rægəd, BrE 'rægɪd/ *adj* ‹*clothes/appearance*› harapiento, andrajoso; ‹*edge*› irregular

raid¹ /reɪd/ *n* **(a)** (Mil) asalto *m* **(b)** (air ~) bombardeo *m* aéreo **(c)** (by thieves) atraco *m* **(d)** (by police) redada *f*, allanamiento *m* (AmL)

raid² *vt* **(a)** (Mil) asaltar **(b)** ‹*bank*› asaltar **(c)** «*police*» ‹*house/building*› hacer* una redada en, allanar (AmL)

raider /'reɪdər, BrE 'reɪdə(r)/ *n* asaltante *mf*

rail /reɪl/ *n* **1** **(a)** (bar) riel *m* **(b)** (hand ~) pasamanos *m* **(c)** (barrier) baranda *f* **2** **(a)** (for trains, trams) riel *m*, raíl *m* (Esp) **(b)** (railroad) ferrocarril *m*; **by ~** en *or* por ferrocarril

railing /'reɪlɪŋ/ *n* (*often pl*) reja *f*

rail: **~road** *n* (AmE) **(a)** (system) ferrocarril *m* **(b)** (track) vía *f* férrea; **~way** *n* (BrE) ▶ **~road**

rain¹ /reɪn/ *n* lluvia *f*

rain² *v impers* llover*; **it's ~ing** está lloviendo, llueve

rainbow /'reɪnbəʊ/ *n* arco *m* iris

rain: **~coat** *n* impermeable *m*; **~drop** *n* gota *f* de lluvia; **~fall** *n* precipitaciones *fpl*, lluvia *f*; **~ forest** *n* selva *f* tropical (húmeda); **~water** *n* agua *f*‡ de lluvia

rainy /'reɪni/ *adj* **-nier**, **-niest** lluvioso

raise¹ /reɪz/ *vt* **I** **1** **(a)** ‹*head/hand*› levantar, alzar*; ‹*eyebrows*› arquear; ‹*flag*› izar* **(b)** (make higher) ‹*shelf/level*› subir **2** **(a)** (set upright) levantar **(b)** (erect) ‹*monument/building*› levantar, erigir* (fml) **3** **(a)** ‹*pressure/temperature*› aumentar, elevar; ‹*price/salary*› subir, aumentar; **to ~ one's voice** levantar la voz **(b)** ‹*consciousness*› aumentar

II **1** **(a)** ‹*money/funds*› recaudar **(b)** ‹*army*› reclutar **2** ‹*fears/doubt*› suscitar; **he managed to ~ a smile** pudo sonreír; **to ~ the alarm** dar* la alarma **3** ‹*subject*› sacar*; ‹*question*› formular; **to ~ an objection** poner* una objeción **4** **(a)** ‹*family*› criar* **(b)** ‹*cattle*› dedicarse* a la cría de

raise² *n* (AmE) aumento *m or* subida *f* de sueldo

raisin /'reɪzn̩/ *n* (uva *f*) pasa *f*, pasa *f* (de uva)

rake¹ /reɪk/ *n* (tool) rastrillo *m*

rake² *vt* rastrillar

rakish /'reɪkɪʃ/ *adj* (casual, jaunty) desenfadado

rally¹ /'ræli/ *n* (*pl* **-lies**) **1** (mass meeting) concentración *f*; **political ~** mitin *m*, mítin *m* **2** (Auto) rally *m* **3** (in tennis, badminton) peloteo *m*

rally² **-lies**, **-lying**, **-lied** *vi* **1** (unite) unirse; (gather) congregarse* **2** **(a)** (recover) «*person*» recuperarse, reponerse* **(b)** (Fin) «*currency/price*» repuntar, recuperarse

■ *vt* **1** ‹*support/vote*› conseguir* **2** ‹*strength/spirits*› recobrar

● **rally round**: [*v + adv*]: **all the neighbors rallied round to help** todos los vecinos se juntaron para ayudar

ram¹ /ræm/ *n* (Zool) carnero *m*

ram² **-mm-** *vt* **(a)** (force) (+ *adv compl*) **he ~med the stake into the ground** hincó la estaca en la tierra; **he ~med his fist through the door** atravesó la puerta de un puñetazo **(b)** (crash into) chocar* con; (deliberately) embestir* contra

● **ram home** [*v + o + adv, v + adv + o*] ‹*point/message*› hacer* entender a la fuerza

RAM /ræm/ *n* (Comput) (= **random access memory**) RAM *f*

r

palabra clave

Ramadan /ˈrɑːmədɑːn, BrE ˌræməˈdæn/ *n* Ramadán *m*

ramble[1] /ˈræmbəl/ *n* paseo *m*; (BrE) (Sport) excursión *f* (*a pie*)

ramble[2] *vi* **(a)** (walk) pasear; **to go rambling** (BrE) hacer* excursionismo **(b)** (in speech, writing) irse* por las ramas

● **ramble on** [*v + adv*] divagar*

rambler /ˈræmblər, BrE ˈræmblə(r)/ *n* excursionista *mf*

rambling /ˈræmblɪŋ/ *adj* **(a)** ‹*essay/lecture*› que se va por las ramas **(b)** ‹*streets*› laberíntico; **a ~ old house** una vieja casona llena de recovecos **(c)** ‹*rose*› trepador

ramp /ræmp/ *n* **(a)** (slope) rampa *f*; **entrance** o **on ~** (AmE) vía *f* de acceso; **exit** o **off ~** (AmE) vía *f* de salida **(b)** (on ship, aircraft) (for passengers) escalerilla *f*; (for vehicles) rampa *f* **(c)** (platform) elevador *m* **(d)** (hump) (BrE) desnivel *m*

rampage /ˈræmpeɪdʒ/ *n*: **to be/go on the ~** empezar* a arrasarlo todo

rampant /ˈræmpənt/ *adj* ‹*inflation*› galopante; ‹*growth*› desenfrenado; ‹*crime*› endémico

rampart /ˈræmpɑːrt, BrE ˈræmpɑːt/ *n* (bank) terraplén *m*; (wall) muralla *f*

ram raid *n* asalto (rompiendo el escaparate con un vehículo)

ram-raid *vt* asaltar (rompiendo el escaparate con un vehículo)

ramshackle /ˈræmˌʃækəl/ *adj* destartalado

ran /ræn/ *past of* **run[1]**

ranch /ræntʃ, BrE rɑːntʃ/ *n*: **cattle ~** finca *f* (ganadera), hacienda *f* (ganadera) (esp AmL), rancho *m* ganadero (Méx), estancia *f* (CS)

rancher /ˈræntʃər, BrE ˈrɑːntʃə(r)/ *n* hacendado, -da *m,f*, estanciero, -ra *m,f* (CS), ranchero, -ra *m,f* (Méx); **cattle ~** ganadero, -ra *m,f*

rancid /ˈrænsəd, BrE ˈrænsɪd/ *adj* rancio

rancor, (BrE) **rancour** /ˈræŋkər, BrE ˈræŋkə(r)/ *n* rencor *m*

rand /rænd/ *n* (*pl* **~**) rand *m*

random /ˈrændəm/ *adj* **(a)** ‹*testing/choice*› al azar; ‹*sample*› aleatorio **(b) at random** (*as adv*) al azar

rang /ræŋ/ *past of* **ring[2]**

range[1] /reɪndʒ/ *n* **1** **(a)** (scope) ámbito *m* **(b)** (Mus) registro *m* **(c)** (bracket): **within/out of our price ~** dentro de/fuera de nuestras posibilidades **2** **(a)** (variety) gama *f* **(b)** (selection) línea *f* **3** **(a)** (of gun, transmitter) alcance *m*; **at close/long ~** de cerca/lejos; **to be within ~** ponerse*/estar* a tiro **(b)** (of vehicle, missile) autonomía *f* **(c)** (in telephony): **to be out of ~** estar* fuera de cobertura; **to be in ~** tener* cobertura **4** (for shooting) campo *m* de tiro **5** (chain) cadena *f*; **a mountain ~** una cordillera **6** (stove) cocina *f* económica, estufa *f* (Col, Méx)

range[2] *vi*: **their ages ~ from 12 to 20** tienen entre 12 y 20 años

ranger /ˈreɪndʒər, BrE ˈreɪndʒə(r)/ *n* guarda *mf* forestal, guardabosques *mf*

rank[1] /ræŋk/ *n* **1** (line) fila *f* **2** (status) categoría *f*; (Mil) grado *m*, rango *m* **3** (taxi ~) (BrE) parada *f* de taxis, sitio *m* (Méx)

rank[2] *vt*: **he's ~ed fourth** está clasificado cuarto

■ *vi* **(a)** (be classed) estar*; **it ~s among the best** está entre los mejores **(b)** (hold rank): **to ~ above/below sb** estar* por encima/por debajo de algn

rank[3] *adj* **1** (*before n*) (complete) ‹*beginner*› absoluto; ‹*injustice*› flagrante **2** ‹*smell*› fétido

rank and file *n* (Mil) (+ *pl vb*) tropa *f*; **the ~ of the union** las bases del sindicato

rankle /ˈræŋkəl/ *vi* doler*

ransack /ˈrænsæk/ *vt* ‹*room/drawer*› revolver*; ‹*house/premises*› (search) registrar (*de arriba a abajo*); (pillage) saquear

ransom /ˈrænsəm/ *n* rescate *m*; **to hold sb to** o (AmE also) **for ~** exigir* un rescate por algn

rant /rænt/ *vi* despotricar*

rap[1] /ræp/ *n* **1** (blow) golpe *m* **2** **to take the ~ for sth** (esp AmE infml) cargar* con la culpa de algo **3** **(a)** (chat) (infml) cháchara *f* (fam) **(b)** (Mus) rap *m*

rap[2] **-pp-** *vi* dar* un golpe

■ *vt*: **he ~ped my knuckles** me pegó en los nudillos

rape[1] /reɪp/ *n* **1** **(a)** (sexual violation) violación *f*; (of a minor) estupro *m* **(b)** (of the countryside) (liter) expoliación *f* (liter) **2** (plant) colza *f*

rape[2] *vt* ‹*person*› violar

rapid /ˈræpəd, BrE ˈræpɪd/ *adj* rápido

rapidly /ˈræpədli, BrE ˈræpɪdli/ *adv* rápidamente

rapids /ˈræpədz, BrE ˈræpɪdz/ *pl n* rápidos *mpl*

rapist /ˈreɪpəst, BrE ˈreɪpɪst/ *n* violador, -dora *m,f*

rapport /ræˈpɔːr, BrE ræˈpɔː(r)/ *n* relación *f* de comunicación

rapt /ræpt/ *adj* (liter) ‹*expression/smile*› embelesado

rapture /ˈræptʃər, BrE ˈræptʃə(r)/ *n* éxtasis *m*, arrobamiento *m* (liter)

rapturous /ˈræptʃərəs/ *adj* ‹*applause/welcome*› calurosísimo

rare /rer, BrE reə(r)/ *adj* **rarer** /ˈrerər, BrE ˈreərər/, **rarest** /ˈrerəst, BrE ˈreərɪst/ **1** **(a)** (uncommon) raro **(b)** (liter) ‹*talent/beauty*› excepcional **2** (Culin) ‹*steak*› vuelta y vuelta

rarely /ˈrerli, BrE ˈreəli/ *adv* rara vez

raring /ˈrerɪŋ, BrE ˈreərɪŋ/ *adj*: ***to be ~ to go***: **he's ~ to go** está que ya no se aguanta

rarity /ˈrerəti, BrE ˈreərɪti/ *n* (*pl* **-ties**) algo poco común

rascal /ˈræskəl, BrE ˈrɑːskəl/ *n* granuja *mf*

rash[1] /ræʃ/ *n* sarpullido *m*

rash[2] *adj* **-er, -est** precipitado

rasher /ˈræʃər, BrE ˈræʃə(r)/ *n* loncha *f*, lonja *f*

rashly /ˈræʃli/ *adv* ‹*act*› precipitadamente

rasp[1] /ræsp, BrE rɑːsp/ *n* escofina *f*

rasp[2] *vt* ‹*wood*› raspar, escofinar

raspberry /ˈræzˌberi, BrE ˈrɑːzbəri/ *n* (*pl* **-ries**) frambuesa *f*

rasping /ˈræspɪŋ, BrE ˈrɑːspɪŋ/ *adj* ‹*sound/voice*› áspero

Rastafarian /ˌræstəˈferiən, BrE ˌræstəˈfeəriən/ *n* rastafari *mf*

rat /ræt/ *n* **(a)** (Zool) rata *f*; (*before n*) **~ poison** raticida *m* **(b)** (person) (infml) rata *f* de alcantarilla (fam)

rate[1] /reɪt/ *n* **1** **(a)** (speed) velocidad; (rhythm) ritmo *m*; **at this ~** a este paso; ***at any ~***

r

(at least) por lo menos; (in any case) en todo caso **(b)** (level, ratio): **birth ~** índice *m* de natalidad; **death ~** mortalidad *f*; **~ of inflation** tasa *f* de inflación; **interest ~** tasa *f or* (esp Esp) tipo *m* de interés; **~ of exchange** tipo *m* de cambio **(c)** (price, charge) tarifa *f*; **that's the going ~** eso es lo que se suele pagar **2** (local tax) (formerly, in UK) (*often pl*) ≈ contribución *f* (municipal *or* inmobiliaria)

rate[2] *vt* **1** (rank, consider): **I ~ her work very highly** tengo una excelente opinión de su trabajo; **I ~ her as the best woman tennis player** yo la considero la mejor tenista **2** (deserve) merecer*

⚷ **rather** /'ræðər, BrE 'rɑːðə(r)/ *adv* **1** **(a)** (stating preference): **I'd ~ walk than go by bus** prefiero andar a ir en autobús; **~ you than me!** ¡menos mal que eres tú y no yo! **(b)** (more precisely): **or ~** o mejor dicho **2** (fairly) bastante; (somewhat) algo

ratification /ˌrætəfə'keɪʃən, BrE ˌrætɪfɪ'keɪʃən/ *n* (fml) ratificación *f*

ratify /'rætəfaɪ, BrE 'rætɪfaɪ/ *vt* **-fies**, **-fying**, **-fied** (fml) ratificar*

rating /'reɪtɪŋ/ *n* **(a)** (evaluation): **credit ~** clasificación *f* crediticia **(b) ratings** *pl* (Rad, TV) índice *m* de audiencia

ratio /'reɪʃəʊ, -ʃiəʊ, BrE 'reɪʃiəʊ/ *n* (*pl* **ratios**) proporción *f*, ratio *m* (téc); **in a ~ of two to one** en una proporción de dos a uno

ration[1] /'ræʃən/ *n* **(a)** (allowance) ración *f* **(b) rations** *pl* víveres *mpl*

ration[2] *vt* racionar

rational /'ræʃn̩əl, BrE 'ræʃənl/ *adj* **(a)** (able to reason) ‹*being*› racional **(b)** (sane, lucid): **to be ~** estar* en su (*or* mi *etc*) sano juicio **(c)** (sensible) ‹*suggestion*› razonable

rationale /'ræʃə'næl, BrE ˌræʃə'nɑːl/ *n* (*no pl*) base *f*, razones *fpl*

rationalize /'ræʃn̩əlaɪz/ *vt* racionalizar*

rationally /'ræʃn̩əli/ *adv* ‹*think*› racionalmente; ‹*behave*› con sensatez

rationing /'ræʃənɪŋ/ *n* racionamiento *m*

rat run *n* (Auto) atajo *m* (*para evitar el tráfico de una calle principal en horas punta*)

rattle[1] /'rætl/ *n* **1** (*no pl*) (noise) ruido *m*; (of train, carriage) traqueteo *m* **2** **(baby's) ~** sonajero *m*, sonaja *f* (Méx)

rattle[2] *vi* **(a)** (make noise) «*chains/bottles/keys*» repiquetear; «*window/engine*» vibrar **(b)** (move) (+ *adv compl*) traquetear

■ *vt* ‹*keys/chain*› hacer* repiquetear; ‹*door/window*› «*wind*» hacer* vibrar

● **rattle off** [*v* + *o* + *adv*, *v* + *adv* + *o*] recitar

● **rattle on** [*v* + *adv*] hablar *or* (fam) parlotear sin parar

rattlesnake /'rætlsneɪk/ *n* serpiente *f* (de) cascabel, cascabel *f*

raucous /'rɔːkəs/ *adj* (loud) estentóreo; (shrill) estridente

raunchy /'rɔːntʃi/ *adj* **-chier**, **-chiest** (infml) ‹*humor*› picante; ‹*joke*› escabroso

ravage /'rævɪdʒ/ *vt* (plunder) saquear; **a country ~d by war** un país asolado por la guerra

ravages /'rævɪdʒəz, BrE 'rævɪdʒɪz/ *pl n* estragos *mpl*

rave[1] /reɪv/ *vi* **(a)** (talk deliriously) delirar **(b)** (talk, write enthusiastically): **to ~ about sth** poner* a algo por las nubes **(c)** (talk angrily) despotricar*

rave[2] *n* (infml) **1** (*before n*) (full of praise): **~ reviews** críticas *fpl* muy favorables **2** (BrE) (party) *fiesta con música acid*

raven /'reɪvən/ *n* cuervo *m*

ravenous /'rævənəs/ *adj* hambriento; **to be ~** (infml) tener* un hambre canina (fam)

ravine /rə'viːn/ *n* barranco *m*, quebrada *f*

raving[1] /'reɪvɪŋ/ *adj* (infml) (*before n, as intensifier*): **he's a ~ lunatic** está loco de atar (fam); (*as adv*) **he's ~ mad** está como una cabra (fam)

raving[2] *n* (*often pl*) desvarío *m*

ravish /'rævɪʃ/ *vt* (liter) violar

ravishing /'rævɪʃɪŋ/ *adj* deslumbrante

raw /rɔː/ *adj* **1** **(a)** ‹*meat/vegetables*› crudo **(b)** ‹*silk*› crudo; ‹*sugar*› sin refinar; ‹*sewage*› sin tratar **2** (sore): **my fingers were ~** tenía los dedos en carne viva **3** (inexperienced) verde (fam); ‹*recruit*› novato

raw material *n* materia *f* prima

ray /reɪ/ *n* **1** (beam) rayo *m* **2** (Mus) re *m* **3** (Zool) raya *f*

rayon /'reɪɑːn, BrE 'reɪɒn/ *n* rayón *m*

raze /reɪz/ *vt*: **to ~ sth (to the ground)** arrasar algo

razor /'reɪzər, BrE 'reɪzə(r)/ *n* **(a)** (safety ~) cuchilla *f or* máquina *f or* maquinilla *f* de afeitar, rastrillo *m* (Méx); (*before n*) **~ blade** cuchilla *f*, hoja *f* de afeitar **(b)** (electric) máquina *f or* maquinilla *f* de afeitar, máquina *f* de rasurar (esp Méx)

razzmatazz /'ræzmə'tæz/ *n* (infml) bulla *f*; (publicity) alarde *m* publicitario

Rd = **Road**

re[1] /reɪ/ *n* (Mus) re *m*

re[2] /riː/ *prep* con relación a, con referencia a

RE *n* (BrE) (= **religious education**) religión *f*

re- /'riː/ *pref* re-

reach[1] /riːtʃ/ *n* **1** **(a)** (distance) alcance *m* **(b)** (*in phrases*) **within reach** a mi (*or* tu *etc*) alcance; **out of reach** fuera de su (*or* mi *etc*) alcance **2** (of river) tramo *m*

⚷ **reach**[2] *vt* **1** **(a)** (with hand) alcanzar* **(b)** (extend to) llegar* a **2** ‹*destination/limit/age*› llegar* a; ‹*stage/agreement*› llegar* a, alcanzar* **3** (contact) ponerse* en contacto con

■ *vi* **(a)** (extend hand, arm): **he ~ed for his gun** echó mano a la pistola; **she ~ed across the table for the salt** agarró *or* (esp Esp) cogió la sal, que estaba al otro lado de la mesa **(b)** (stretch far enough) alcanzar*; **I can't ~!** ¡no alcanzo! **(c)** (extend) extenderse*

● **reach out** [*v* + *adv*] alargar* la mano

react /ri'ækt/ *vi* reaccionar

⚷ **reaction** /ri'ækʃən/ *n* reacción *f*

reactionary /ri'ækʃəneri, BrE ri'ækʃənri/ *adj* (derog) reaccionario (pey)

reactor /ri'æktər, BrE ri'æktə(r)/ *n* (nuclear ~) reactor *m* (nuclear)

⚷ **read**[1] /riːd/ (*past & past p* **read** /red/) *vt* **1** **(a)** ‹*book/map/music/meter*› leer* **(b)** (interpret) ‹*sign/mood/situation*› interpretar **2** **(a)** «*sign/notice*» decir* **(b)** (indicate)

⚷ palabra clave

«*thermometer/gauge*» marcar*
■ *vi* leer*
● **read out** [*v + o + adv, v + adv + o*] leer* (*en voz alta*)
● **read over, read through** [*v + o + adv*] leer* (*por entero*)
● **read up**: [*v + adv*] **to ~ up (ON sth)** estudiar (algo)

read² /red/ *adj*: **to be well ~** ser* muy leído

readable /ˈriːdəbəl/ *adj* ‹*book/style*› ameno; ‹*writing*› legible

reader /ˈriːdər, BrE ˈriːdə(r)/ *n* **1** (person) lector, -tora *m,f*; **she's a fast/slow ~** lee muy rápido/lento **2** (Educ, Publ) libro *m* de lectura

readership /ˈriːdərʃɪp, BrE ˈriːdəʃɪp/ *n* lectores *mpl*; **it has a ~ of over 10 million** tiene una tirada de 10 millones

readily /ˈredli, BrE ˈredɪli/ *adv* **(a)** (willingly): **she ~ agreed** accedió de buena gana **(b)** (easily) ‹*understand*› fácilmente; **they are ~ available** se pueden conseguir fácilmente

reading /ˈriːdɪŋ/ *n* **1** **(a)** (activity, skill) lectura *f*; (*before n*) ‹*glasses*› para leer; **~ list** lista *f* de lecturas recomendadas; **~ room** sala *f* de lectura **(b)** (event): **poetry ~** recital *m* de poesía **2** (on dial, gauge) lectura *f*

readjust /ˈriːəˈdʒʌst/ *vt* reajustar
■ *vi* «*person*» **to ~ (TO sth)** readaptarse (A algo)

ready¹ /ˈredi/ *adj* **-dier, -diest** **1** **(a)** (having completed preparations) (*pred*) **to be ~** estar* listo, estar* pronto (RPl); **to be ~ to + INF** estar* listo PARA + INF; **to get ~** (prepare oneself) prepararse, aprontarse (CS); (get dressed, made up etc) arreglarse, aprontarse (CS) **(b)** (mentally prepared) (*pred*) **to be ~ FOR sth/to + INF** estar* preparado PARA algo/PARA + INF **2** (willing) dispuesto **3** (easy, available): **~ money** O **cash** dinero *m* (en efectivo)

ready² *n*: **at the ~** listo

ready³ *vt* **-dies, -dying, -died** preparar

ready: **~-made** /ˈrediˈmeɪd/ *adj* ‹*suit*› de confección; ‹*soup/sauce*› preparado; **~-to-wear** /ˈreditəˈwer, BrE ˌreditəˈweə(r)/ *adj* (*before n*) ‹*clothes*› de confección

reaffirm /ˌriːəˈfɜːrm, BrE ˌriːəˈfɜːm/ *vt* reiterar, reafirmar

real¹ /riːl, rɪl, BrE riːl, rɪəl/ *adj* **(a)** (actual, not imaginary) real, verdadero **(b)** (actual, true) (*before n*) ‹*reason/name*› verdadero **(c)** (genuine, not fake) ‹*fur/leather*› auténtico; ‹*gold*› de ley **(d)** (*as intensifier*) auténtico

real² *adv* (AmE infml) (*as intensifier*) muy

real estate *n* (esp AmE) bienes *mpl* raíces *or* inmuebles, propiedad *f* inmobiliaria; (*before n*) **~ agent** ▶ **realtor**

realism /ˈriːəlɪzəm/ *n* realismo *m*

realist /ˈriːələst, BrE ˈriːəlɪst/ *n* realista *mf*

realistic /ˈriːəˈlɪstɪk, BrE ˌrɪəˈlɪstɪk/ *adj* realista

reality /riˈæləti/ *n* (*pl* **-ties**) realidad *f*; **in ~** en realidad; (*before n*) **~ TV** telerealidad *f*

realization /ˈriːələˈzeɪʃən, BrE ˌrɪəlaɪˈzeɪʃən/ *n* **1** (understanding) comprensión *f* **2** (of plan) realización *f*

realize /ˈriːəlaɪz/ *vt* **1** **(a)** (become aware of) darse* cuenta de, comprender, caer* en la cuenta de **(b)** (know, be aware of) saber* **2** (achieve) ‹*ambition*› hacer* realidad; ‹*potential*› desarrollar
■ *vi* darse* cuenta

really /ˈriːəli, BrE ˈriːəli, ˈrɪəli/ *adv* **(a)** (in fact): **I ~ did see him!** ¡de verdad que lo vi!; **the tomato is ~ a fruit** el tomate en realidad es una fruta **(b)** (*as intensifier*): **it's ~ good/old** es buenísimo/viejísimo **(c)** (*as interj*): **(oh,) ~?** (expressing interest) ¿ah sí?; **really?** (expressing surprise) ¿de verdad?

realm /relm/ *n* **(a)** (kingdom) (fml) reino *m* **(b)** (sphere) (*often pl*) mundo *m*

realtor /ˈriːəltər, BrE ˈrɪəltə(r)/ *n* (AmE) agente inmobiliario, -ria *m,f*

ream /riːm/ *n* (Print) resma *f*

reamer /ˈriːmər, BrE ˈriːmə(r)/ *n* (AmE) exprimelimones *m*, exprimidor *m*

reap /riːp/ *vt* (Agr) cosechar, recoger*; **to ~ the benefits of sth** cosechar los beneficios de algo

reappear /ˈriəˈpɪr, BrE ˌriəˈpɪə(r)/ *vi* volver* a aparecer

rear¹ /rɪr, BrE rɪə(r)/ *n* **(a)** (back part) (*no pl*) parte *f* trasera *or* de atrás **(b)** (of column, procession) (*no pl*) **the ~** la retaguardia **(c)** (buttocks) (infml) trasero *m* (fam)

rear² *adj* ‹*window/wheel*› de atrás, trasero

rear³ *vt* ‹*child/cattle*› criar*
■ *vi* **~ (up)** «*horse*» encabritarse

rearguard /ˈrɪrgɑːrd, BrE ˈrɪəgɑːd/ *n* retaguardia *f*

rearm /ˈriːˈɑːrm, BrE ˌriːˈɑːm/ *vt* rearmar
■ *vi* rearmarse

rearrange /ˈriːəˈreɪndʒ/ *vt* **(a)** ‹*furniture*› cambiar de lugar **(b)** (change time of) ‹*appointment*› cambiar la fecha/la hora de

rear-view mirror /ˈrɪrvjuː, BrE ˈrɪəvjuː/ *n* (espejo *m*) retrovisor *m*

reason¹ /ˈriːzn̩/ *n* **1** (cause) razón *f*, motivo *m*; **~ FOR sth** razón *or* motivo DE algo; **I left it there for a ~** por algo lo dejé ahí **2** (faculty) razón *f* **3** (good sense): **to listen to ~** atender* a razones; ***it stands to ~*** es lógico

reason² *vt* pensar*
■ *vi* razonar, discurrir

reasonable /ˈriːzn̩əbəl/ *adj* **(a)** ‹*offer/request/person*› razonable **(b)** ‹*price/sum*› razonable, moderado

reasonably /ˈriːzn̩əbli/ *adv* **(a)** ‹*behave/argue*› razonablemente **(b)** (fairly): **I'm ~ certain** estoy casi seguro

reasoning /ˈriːzn̩ɪŋ/ *n* razonamiento *m*

reassemble /ˈriːəˈsembəl/ *vt* **(a)** ‹*people/group*› volver* a reunir, reunir* **(b)** ‹*parts/engine*› reensamblar
■ *vi* «*meeting/group*» volverse* a reunir, reunirse*

reassurance /ˈriːəˈʃʊrəns, BrE ˌriːəˈʃʊərəns, ˌriːəˈʃɔːrəns/ *n* **(a)** (feeling): **he drew ~ from his wife's words** lo que le dijo su mujer lo confortó *or* lo tranquilizó **(b)** (words, support): **he gave us countless ~s that ...** nos tranquilizó asegurándonos repetidamente que ...

reassure /ˈriːəˈʃʊr, BrE ˌriːəˈʃʊə(r), ˌriːəˈʃɔː(r)/ *vt* tranquilizar*

reassuring /ˈriːəˈʃʊrɪŋ, BrE ˌriːəˈʃʊərɪŋ, ˌriːəˈʃɔːrɪŋ/ *adj* ‹*voice/manner/answer*› tranquilizador; **it's ~ to know that ...** tranquiliza saber que ...

rebate /ˈriːbeɪt/ *n* (repayment) reembolso *m*; (discount) descuento *m*

r

rebel¹ /ˈrebəl/ *n* rebelde *mf*
rebel² /rɪˈbel/ *vi* **-ll-** rebelarse, sublevarse
rebellion /rɪˈbeljən/ *n* rebelión *f*
rebellious /rɪˈbeljəs/ *adj* rebelde
rebirth /ˈriːbɜːrθ, BrE ˌriːˈbɜːθ/ *n* renacimiento *m*
reboot /riːˈbuːt/ *vt* (Comput) reiniciar
rebound¹ /ˈriːbaʊnd/ *n*: **she married him on the ~** se casó con él por despecho
rebound² /rɪˈbaʊnd/ *vi* «*ball*» rebotar
rebuff¹ /rɪˈbʌf/ *n*: **to meet with/receive a ~** ser* rechazado
rebuff² *vt* rechazar*
rebuild /riːˈbɪld/ *vt* (*past & past p* **rebuilt**) ‹*building/economy*› reconstruir*; **he tried to ~ his life** intentó rehacer su vida
rebuke¹ /rɪˈbjuːk/ *vt* reprender
rebuke² *n* reprimenda *f*
rebut /rɪˈbʌt/ *vt* **-tt-** (fml) rebatir
recall¹ /rɪˈkɔːl, ˈriːkɔːl/ *n* **1** (memory) memoria *f*; **to have total ~** tener* una memoria excelente **2** (of goods, ambassador) retirada *f*
recall² /rɪˈkɔːl/ *vt* **1** (remember) recordar* **2** **(a)** ‹*faulty goods*› retirar (*del mercado*) **(b)** ‹*ambassador*› retirar; (temporarily) llamar; ‹*troops*› llamar
recant /rɪˈkænt/ *vi* retractarse; (Relig) abjurar
recap¹ /ˈriːkæp/ *n* (infml) resumen *m*
recap² /ˈriːˈkæp/ **-pp-** *vt* **1** (summarize) (infml) resumir, recapitular **2** (AmE) (Auto) ▶ **retread¹**
■ *vi* (infml) resumir
recapitulate /ˈriːkəˈpɪtʃəleɪt, BrE ˌriːkəˈpɪtjʊleɪt/ *vt/i* (fml) recapitular, resumir
recapture /riːˈkæptʃər, BrE riːˈkæptʃə(r)/ *vt* ‹*convict/animal*› capturar; ‹*youth/beauty*› recuperar
recede /rɪˈsiːd/ *vi* **(a)** (move back) «*tide*» retirarse; **to ~ into the distance** perderse en la distancia **(b)** «*danger*» alejarse; «*prospect*» desvanecerse* **(c) receding** *pres p* ‹*chin*› hundido; **he has a receding hairline** tiene entradas
receipt /rɪˈsiːt/ *n* **(a)** (paper) recibo *m* **(b)** (act) recibo *m*, recepción *f*
receive /rɪˈsiːv/ *vt* **1** **(a)** ‹*letter/award/visit*› recibir; ‹*payment*› recibir, cobrar, percibir (fml); ‹*stolen goods*› comerciar con, reducir* (AmS); ‹*serve/ball*› recibir; ‹*injuries*› sufrir; ‹*blow*› recibir **(b)** (react to) ‹*news/idea*› recibir **2** (welcome, admit) (fml) ‹*person*› recibir, acoger* **3** (Rad, TV) ‹*signal*› recibir, captar
receiver /rɪˈsiːvər, BrE rɪˈsiːvə(r)/ *n* **1** (Telec) auricular *m* **2** (Rad, TV) receptor *m* **3** (of stolen goods) comerciante *mf* de mercancía robada
receivership /rɪˈsiːvərʃɪp, BrE rɪˈsiːvəʃɪp/ *n*: **to go into/be in ~** ≈ ser* declarado/estar* en suspensión *or* en cesación de pagos
recent /ˈriːsn̩t/ *adj* reciente; **in ~ years/months** en los últimos años/meses; **in the ~ past** en los últimos tiempos
recently /ˈriːsn̩tli/ *adv* recientemente; **until quite ~** hasta hace bien poco
receptacle /rɪˈseptɪkəl/ *n* (fml) recipiente *m*, receptáculo *m*

palabra clave

reception /rɪˈsepʃən/ *n* **(a)** (reaction) (*no pl*) recibimiento *m*, acogida *f* **(b)** (in hotel, office) (*no art*) recepción *f*; (*before n*) **~ desk** recepción *f* **(c)** (social event) recepción *f* **(d)** (Rad, TV) recepción *f*
receptionist /rɪˈsepʃənəst, BrE rɪˈsepʃənɪst/ *n* recepcionista *mf*
receptive /rɪˈseptɪv/ *adj* receptivo
recess /ˈriːses/ *n* **1** **(a)** (of legislative body) receso *m* (AmL), suspensión *f* de actividades (Esp); (of committee etc) intermedio *m* **(b)** (AmE) (Educ) recreo *m* **2** (alcove) hueco *m*, entrada *f*
recession /rɪˈseʃn̩, BrE rɪˈseʃən/ *n* (Econ) recesión *f*
recharge /riːˈtʃɑːrdʒ, BrE ˌriːˈtʃɑːdʒ/ *vt* volver* a cargar, recargar*
rechargeable /riːˈtʃɑːrdʒəbəl, BrE ˌriːˈtʃɑːdʒəbəl/ *adj* recargable
recipe /ˈresəpi/ *n* receta *f*; (*before n*) **~ book** libro *m* de cocina; (personal) cuaderno *m* de recetas (de cocina)
recipient /rɪˈsɪpiənt/ *n* (fml) (of letter) destinatario, -ria *m,f*; (of an organ) (Med) receptor, -tora *m,f*
reciprocal /rɪˈsɪprəkəl/ *adj* recíproco
reciprocate /rɪˈsɪprəkeɪt/ *vt* corresponder a, reciprocar* (AmL)
■ *vi* corresponder, reciprocar* (AmL)
recital /rɪˈsaɪtl/ *n* (Mus) recital *m*
recite /rɪˈsaɪt/ *vt* **(a)** (declaim) ‹*poem*› recitar **(b)** (list) ‹*names*› enumerar
reckless /ˈrekləs, BrE ˈreklɪs/ *adj* imprudente, temerario
reckon /ˈrekən/ *vt* **(a)** (calculate) calcular **(b)** (consider) considerar **(c)** (think) (infml) creer*; **what do you ~?** ¿tú qué opinas?, ¿y a ti qué te parece?
● **reckon on** [*v + prep + o*] contar con
reckoning /ˈrekənɪŋ/ *n* cálculos *mpl*
reclaim /rɪˈkleɪm/ *vt* **(a)** (claim back): **I filled in a form to ~ tax** llené un formulario para que me devolvieran parte de los impuestos; **to ~ one's luggage** (Aviat) recoger* el equipaje; (at left luggage) (pasar a) retirar el equipaje **(b)** (recover) recuperar; **~ed land** terreno *m* ganado al mar
recline /rɪˈklaɪn/ *vi* **(a)** (lean back) recostarse*, reclinarse; (rest) apoyarse **(b)** «*chair*» reclinarse **(c) reclining** *pres p* ‹*chair/seat*› reclinable, abatible; ‹*figure*› yacente (liter), recostado
recluse /rɪˈkluːs/ *n* ermitaño, -ña *m,f*
reclusive /rɪˈkluːsɪv/ *adj* dado a recluirse
recognition /ˈrekəgˈnɪʃən/ *n* reconocimiento *m*; **in ~ of** (fml) en reconocimiento a *or* por (fml)
recognizable /ˈrekəgnaɪzəbəl/ *adj* reconocible; ‹*difference*› apreciable
recognize /ˈrekəgnaɪz/ *vt* **(a)** ‹*voice/person*› reconocer* **(b)** (acknowledge) reconocer*, admitir
recoil¹ /rɪˈkɔɪl/ *vi* (shrink back) retroceder; **to ~ FROM sth** rehuir* algo
recoil² /ˈriːkɔɪl/ *n* retroceso *m*
recollect /ˈrekəˈlekt/ *vt* recordar*
recollection /ˈrekəˈlekʃən/ *n* recuerdo *m*

recommend /'rekə'mend/ *vt* **(a)** (praise, declare acceptable) recomendar* **(b)** (advise) **to ~ sth/**-ING aconsejar *or* recomendar* algo/+ INF; **~ed (retail) price** precio *m* de venta recomendado

recommendation /'rekəmen'deɪʃən/ *n* recomendación *f*

recompense /'rekəmpens/ *n* (fml) recompensa *f*

reconcile /'rekənsaɪl/ *vt* **(a)** ‹*enemies*› reconciliar **(b)** ‹*theories/ideals*› conciliar **(c) to become ~d** TO **sth** resignarse A algo

reconciliation /'rekənsɪli'eɪʃən/ *n* reconciliación *f*

recondition /'riːkən'dɪʃən/ *vt* reacondicionar

reconnaissance /rə'kɑːnəzens, -səns, BrE rɪ'kɒnɪsəns/ *n* (Mil) reconocimiento *m*

reconnoiter, (BrE) **reconnoitre** /'riːkə'nɔɪtər, 're-, BrE ˌrekə'nɔɪtə(r)/ *vt* reconocer*

reconquer /'riː'kɑːŋkər, BrE ˌriː'kɒŋkə(r)/ *vt* reconquistar

reconsider /'riːkən'sɪdər, BrE ˌriːkən'sɪdə(r)/ *vt* reconsiderar

reconstruct /'riːkən'strʌkt/ *vt* reconstruir*

reconstruction /'riːkən'strʌkʃən/ *n* **(a)** (rebuilding) reconstrucción *f* **(b)** (re-creation) reconstitución *f*

record¹ /'rekərd, BrE 'rekɔːd/ *n* **1** **(a)** (document) documento *m*; (of attendances etc) registro *m*; (file) archivo *m*; (minutes) acta *f*‡; (note) nota *f*; **medical ~s** historial *m* médico; **keep a ~ of your expenses** anote sus gastos; **according to our ~s** según nuestros datos **(b)** (*in phrases*) **off the record** extraoficialmente; **on record: the hottest summer on ~** el verano más caluroso del que se tienen datos **2** **(a)** (of performance, behavior): **he has a good academic ~** tiene un buen currículum académico; **our products have an excellent safety ~** nuestros productos son de probada seguridad **(b)** (criminal ~) antecedentes *mpl* (penales) **3** (highest, lowest, best, worst) récord *m*, marca *f* **4** (Audio, Mus) disco *m*; (*before n*) **~ store** disquería *f*, tienda *f* de discos

record² /rɪ'kɔːrd, BrE rɪ'kɔːd/ *vt* **1** **(a)** «*person*» (write down) anotar; (in minutes) hacer* constar **(b)** (register) «*instrument*» registrar **2** ‹*song/program/album*› grabar

record³ /'rekərd, BrE 'rekɔːd/ *adj* (*before n, no comp*) récord *adj inv*

record card *n* ficha *f*

recorded /rɪ'kɔːrdəd, BrE rɪ'kɔːdɪd/ *adj* **(a)** ‹*music*› grabado **(b)** ‹*history*› escrito, documentado

recorder /rɪ'kɔːrdər, BrE rɪ'kɔːdə(r)/ *n* (Mus) flauta *f* dulce

recording /rɪ'kɔːrdɪŋ, BrE rɪ'kɔːdɪŋ/ *n* grabación *f*

record player *n* tocadiscos *m*

recount /rɪ'kaʊnt/ *vt* narrar, contar*

re-count /'riː'kaʊnt/ *vt* volver* a contar; ‹*votes*› hacer* un segundo escrutinio de, recontar*

recoup /rɪ'kuːp/ *vt* ‹*costs*› recuperar; ‹*losses*› resarcirse* de

recourse /'riːkɔːrs, BrE rɪ'kɔːs/ *n*: **to have ~ to sth/sb** recurrir a algo/algn

recover /rɪ'kʌvər, BrE rɪ'kʌvə(r)/ *vt* **(a)** ‹*consciousness/strength*› recuperar, recobrar; ‹*investment/lead*› recuperar **(b)** (retrieve) rescatar ■ *vi* **(a)** «*person*» reponerse*, restablecerse*, recuperarse **(b)** «*economy*» recuperarse, repuntar

recovery /rɪ'kʌvəri/ *n* (*pl* **-ries**) **1** **(a)** (return to health) recuperación *f*, restablecimiento *m* **(b)** (of economy) recuperación *f* **2** (of stolen goods, missing documents) recuperación *f*; (retrieval) rescate *m*

re-create /'riːkri'eɪt/ *vt* recrear

recreation /'rekri'eɪʃən/ *n* **(a)** (leisure) esparcimiento *m* **(b)** (in school, prison) (BrE) recreo *m*

recreational /'rekri'eɪʃn̩əl, BrE ˌrekri'eɪʃənl/ *adj* recreativo; **~ drug** droga *f* recreativa

recrimination /rɪ'krɪmə'neɪʃən/ *n* (*often pl*) recriminación *f*

recruit¹ /rɪ'kruːt/ *n* (Mil) recluta *mf*

recruit² *vt* reclutar; ‹*staff*› contratar

recruitment /rɪ'kruːtmənt/ *n* reclutamiento *m*

rectangle /'rektæŋgəl/ *n* rectángulo *m*

rectangular /rek'tæŋgjələr, BrE rek'tæŋgjʊlə(r)/ *adj* rectangular

rectify /'rektəfaɪ, BrE 'rektɪfaɪ/ *vt* **-fies**, **-fying**, **-fied** rectificar*

rector /'rektər, BrE 'rektə(r)/ *n* **(a)** (Relig) rector, -tora *m,f*, ≈ párroco *m* **(b)** (in US) (Educ) rector, -ra *m,f*

rectum /'rektəm/ *n* (*pl* **rectums** *or* **recta** /'rektə/) recto *m*

recuperate /rɪ'kuːpəreɪt/ *vi* recuperarse, reponerse*

recuperation /rɪ'kuːpə'reɪʃən/ *n* recuperación *f*, restablecimiento *m*

recur /rɪ'kɜːr, BrE rɪ'kɜː(r)/ *vi* **-rr-** **(a)** «*phenomenon*» volver* a ocurrir *or* a suceder, repetirse*; «*symptom*» volver* a presentarse **(b) recurring** *pres p* recurrente

recurrence /rɪ'kɜːrəns, BrE rɪ'kʌrəns/ *n* (of symptoms) reaparición *f*; (of incident) repetición *f*

recurrent /rɪ'kɜːrənt, BrE rɪ'kʌrənt/ *adj* recurrente

recycle /'riː'saɪkəl/ *vt* reciclar

recycling /'riː'saɪklɪŋ/ *n* reciclaje *m*

red¹ /red/ *adj* **redder**, **reddest** ‹*rose/dress*› rojo, colorado; ‹*flag/signal*› rojo; ‹*meat*› rojo; ‹*wine*› tinto; **her eyes were ~** tenía los ojos enrojecidos *or* rojos

red² *n* rojo *m*, colorado *m*; ***to see ~*** ponerse* hecho una furia *or* un basilisco; ***to be in the ~*** estar* en números rojos

red: **~ admiral** *n* vanesa *f* roja; **~ carpet** *n*: **to roll out the ~ carpet for sb** recibir* a algn con bombos y platillos *or* (Esp) a bombo y platillo; **R~ Crescent** *n* Media Luna *f* Roja; **R~ Cross** *n* Cruz *f* Roja

redden /'redn̩/ *vi* enrojecerse*

redecorate /'riː'dekəreɪt/ *vt/i* pintar (y empapelar)

redeem /rɪ'diːm/ *vt* **1** **(a)** ‹*good name*› rescatar **(b)** ‹*sinners*› redimir **(c) redeeming** *pres p* **he has no ~ing features** no tiene ningún punto a su favor **2** (from pawnshop) desempeñar

redefine /'riːdɪ'faɪn/ *vt* redefinir

redemption /rɪ'dempʃən/ *n* (saving) salvación *f*; (Relig) redención *f*

redeploy /riːdɪ'plɔɪ/ *vt* ‹*resources*› reorientar; ‹*staff*› asignar un nuevo destino a, reubicar* (AmL); ‹*troops*› cambiar la disposición de

redevelop /riːdɪ'veləp/ *vt* reurbanizar*

red: **∼-haired** /'red'herd, BrE ˌred'heəd/ *adj* pelirrojo; **∼-handed** /'red'hændəd, BrE ˌred'hændɪd/ *adj*: ***to catch sb ∼-handed*** agarrar *or* (esp Esp) coger* a algn con las manos en la masa; **∼head** *n* pelirrojo, -ja *m,f*; **∼ herring** *n* (in detective story) pista *f* falsa; **∼-hot** /'red'hɑːt, BrE ˌred'hɒt/ *adj* (*pred* **∼ hot**) al rojo vivo

redial /riː'daɪl, BrE ˌriː'daɪəl/ *vi/t*, (BrE **-ll-**) volver* a marcar *or* (AmS tb) a discar

redirect /riːdə'rekt, -daɪ-, BrE ˌriːdaɪ'rekt, -də-/ *vt* (*often pass*) ‹*mail*› enviar* a una nueva dirección; ‹*traffic*› desviar*

rediscover /riːdɪ'skʌvər, BrE ˌriːdɪ'skʌvə(r)/ *vt* redescubrir*, volver* a descubrir

redistribute /riːdɪ'strɪbjət, BrE ˌriːdɪ'strɪbjuːt/ *vt* redistribuir*

red: **∼ light** *n* luz *f* roja, semáforo *m* en rojo, alto *m* (Méx); **∼-light district** /'red'laɪt/ *n* zona *f* de tolerancia, zona *f* roja (AmL); **∼neck** *n* (in US) (derog) *sureño reaccionario de la clase baja rural*

redo /riː'duː/ *vt* (*3rd pers sing pres* **redoes**; *past* **redid**; *past p* **redone**) rehacer*, volver* a hacer

redouble /riː'dʌbəl/ *vt* ‹*efforts*› redoblar

red pepper *n* (capsicum) ▶ **pepper**[1] **2**

redraft /riː'dræft, BrE riː'drɑːft/ *vt* volver* a redactar

redress[1] /rɪ'dres/ *n* reparación *f*

redress[2] *vt* ‹*wrong*› reparar; ‹*imbalance*› corregir*

red: **R∼ Sea** *n*: **the R∼ Sea** el Mar Rojo; **∼ tape** *n* (bureaucracy) trámites *mpl* burocráticos, papeleo *m* (fam)

reduce /rɪ'duːs, BrE rɪ'djuːs/ *vt* **1** ‹*number/amount*› reducir*; ‹*pressure/speed*› disminuir*, reducir*; ‹*price/taxes*› reducir*, rebajar; ‹*pain*› aliviar; **reduce speed now** disminuya la velocidad **2** (break down, simplify) **to ∼ sth** TO **sth** reducir* algo A algo **3** **to ∼ sb to tears** hacer* llorar a algn

reduced /rɪ'duːst, BrE rɪ'djuːst/ *adj* reducido

reduction /rɪ'dʌkʃən/ *n* reducción *f*; (in prices, charges) rebaja *f*

redundancy /rɪ'dʌndənsi/ *n* (*pl* **-cies**) (BrE) (Lab Rel) despido *m*, cese *m*; (*before n*) **∼ money** o **pay** indemnización *f* (por despido *or* cese)

redundant /rɪ'dʌndənt/ *adj* **(a)** (superfluous) superfluo **(b)** (esp BrE) (Lab Rel): **she was made ∼** la despidieron por reducción de planilla *or* (Esp) de plantilla

reed /riːd/ *n* **(a)** (Bot) carrizo *m*, junco *m* **(b)** (Mus) lengüeta *f*

reeducate /riː'edʒəkeɪt, BrE ˌriː'edjʊkeɪt/ *vt* reeducar*

reef /riːf/ *n* (Geog) arrecife *m*; (seen as hazard) escollo *m*, arrecife *m*

reek /riːk/ *vi* **(a)** (stink) **to ∼** (OF **sth**) apestar *or* heder* (A algo) **(b)** (have air of) **to ∼** OF **sth** (of corruption/fraud) oler* A algo

reel[1] /riːl/ *n* **(a)** (for wire, thread, tape) carrete *m* **(b)** (of film) rollo *m*, carrete *m* (esp Esp) **(c)** (fishing) carrete *m*, carretel *m*

reel[2] *vi* tambalearse; **my head was ∼ing** todo me daba vueltas

● **reel in** [*v + o + adv, v + adv + o*] ‹*line*› enrollar

● **reel off** [*v + o + adv, v + adv + o*] recitar de un tirón

reelect /riːə'lekt, BrE ˌriːɪ'lekt/ *vt* reelegir*

reemerge /riːə'mɜːrdʒ, BrE ˌriːɪ'mɜːdʒ/ *vi* **(a)** (reappear) volver* a salir **(b)** (regain prominence) resurgir*

reenact /riːə'nækt, BrE ˌriːɪ'nækt/ *vt* ‹*historical event*› recrear; ‹*crime*› reconstruir*

reenter /riː'entər, BrE ˌriː'entə(r)/ *vt* volver* a entrar en *or* (esp AmL) a

reexamine /riːɪg'zæmən, BrE ˌriːɪg'zæmɪn/ *vt* volver* a examinar

ref[1] /ref/ *n* (infml) (= **referee**) árbitro, -tra *m,f*, réferi *mf* (AmL)

ref[2] /ref/ (= **reference**) ref.

refectory /rɪ'fektəri/ *n* (*pl* **-ries**) comedor *m*

refer /rɪ'fɜːr, BrE rɪ'fɜː(r)/ **-rr-** *vt* remitir; **to ∼ sb to a specialist** (Med) mandar *or* (AmL) derivar a algn a un especialista

● **refer to** [*v + prep + o*] **(a)** (mention) hacer* referencia a, aludir a **(b)** (allude to) referirse* a **(c)** ‹*dictionary/notes*› consultar

referee[1] /refə'riː/ *n* **1** **(a)** (Sport) árbitro, -tra *m,f*, réferi *mf* (AmL) **(b)** (in dispute) árbitro, -tra *m,f* **2** (for job candidate) (BrE): **you need two ∼s** necesitas el aval de dos personas

referee[2] *vt/i* arbitrar

reference /'refrəns, 'refərəns/ *n* **1** (allusion) alusión *f*, referencia *f*; **with ∼ to** con referencia *or* relación a **2** **(a)** (consultation) consulta *f*; (*before n*) **∼ book/library** obra *f* /biblioteca *f* de consulta *or* de referencia **(b)** (indicator) referencia *f*; (*before n*) **∼ number** número *m* de referencia **3** (for job candidate — testimonial) referencia *f*, informe *m*; (— person giving testimonial) (AmE): **you need two ∼s** necesitas el aval de dos personas

referendum /'refə'rendəm/ *n* (*pl* **-dums** *or* **-da** /-də/) referéndum *m*, referendo *m*

refill[1] /'riːfɪl/ *n* (for pen) repuesto *m*, recambio *m*; (for lighter) carga *f*

refill[2] /'riː'fɪl/ *vt* volver* a llenar, rellenar

refine /rɪ'faɪn/ *vt* **(a)** ‹*sugar/oil*› refinar **(b)** (improve) ‹*design/style*› pulir, perfeccionar

refined /rɪ'faɪnd/ *adj* **(a)** ‹*person/manners*› refinado, fino **(b)** ‹*sugar/oil*› refinado

refinement /rɪ'faɪnmənt/ *n* **(a)** (gentility, elegance) refinamiento *m*, finura *f* **(b)** (improvement) mejora *f*

refinery /rɪ'faɪnəri/ *n* (*pl* **-ries**) refinería *f*

reflect /rɪ'flekt/ *vt* reflejar
■ *vi* **1** (think) **to ∼** (ON **sth**) reflexionar *or* meditar (SOBRE algo) **2** «*light/heat*» reflejarse

● **reflect on**, **reflect upon** [*v + prep + o*] repercutir en; **to ∼ badly on sth/sb** perjudicar* algo/a algn

reflection /rɪ'flekʃən/ *n* **1** **(a)** (Opt, Phys) reflexión *f* **(b)** (image) reflejo *m*; (of situation, feeling) reflejo *m* **2** **(a)** (contemplation) reflexión

palabra clave

f; **on** o **upon ~ ...** pensándolo bien ... **(b)** (comment) observación *f*

reflector /rɪ'flektər, BrE rɪ'flektə(r)/ *n* (of light, heat) reflector *m*; (Auto) catafaros *m*

reflex /'ri:fleks/ *n* reflejo *m*

reflexive /rɪ'fleksɪv/ *adj* reflexivo

reform¹ /rɪ'fɔ:rm, BrE rɪ'fɔ:m/ *n* reforma *f*

reform² *vt* reformar

reformation /'refər'meɪʃən, BrE ˌrefə'meɪʃən/ *n* reforma *f*; **the Reformation** (Relig) la Reforma

reformatory /rɪ'fɔ:rmətɔ:ri, BrE rɪ'fɔ:mətəri/ *n* (*pl* **-ries**) (in US) reformatorio *m*

refrain¹ /rɪ'freɪn/ *vi* (fml) **to ~ (FROM sth/-ING)** abstenerse* (DE algo/+ INF)

refrain² *n* (Lit, Mus) estribillo *m*

refresh /rɪ'freʃ/ *vt* refrescar*

refreshing /rɪ'freʃɪŋ/ *adj* ‹*drink/bath*› refrescante; ‹*sleep*› reparador; ‹*enthusiasm*› reconfortante

refreshments /rɪ'freʃmənts/ *pl n* refrigerio *m*

refrigerate /rɪ'frɪdʒəreɪt/ *vt* refrigerar

refrigerator /rɪ'frɪdʒəreɪtər, BrE rɪ'frɪdʒəreɪtə(r)/ *n* nevera *f*, refrigerador *m*, frigorífico *m* (Esp), heladera *f* (RPl), refrigeradora *f* (Col, Per)

refuel /'ri:'fju:əl/ (BrE **-ll-**) *vt* reabastecer* de combustible
■ *vi* repostar, reabastecerse* de combustible

refuge /'refju:dʒ/ *n* refugio *m*; **to take ~** refugiarse

refugee /'refjʊ'dʒi:/ *n* refugiado, -da *m,f*; (*before n*) **~ camp** campamento *m* de refugiados

refund¹ /rɪ'fʌnd/ *vt* ‹*expenses/postage*› reembolsar

refund² /'ri:fʌnd/ *n* reembolso *m*

refurbish /rɪ:'fɜ:rbɪʃ, BrE ˌri:'fɜ:bɪʃ/ *vt* renovar*, hacer* reformas en; (restore) restaurar

refusal /rɪ'fju:zəl/ *n* (of permission, request) denegación *f*; (of offer) rechazo *m*; (to do sth) negativa *f*

refuse¹ /rɪ'fju:z/ *vt* ‹*offer/gift*› rechazar*, no aceptar, rehusar*; **to ~ to** + INF negarse* A + INF
■ *vi* negarse*

refuse² /'refju:s/ *n* residuos *mpl*

refute /rɪ'fju:t/ *vt* refutar, rebatir

regain /rɪ'geɪn, 'ri:-/ *vt* recuperar, recobrar

regal /'ri:gəl/ *adj* majestuoso, regio

regalia /rɪ'geɪljə, BrE rɪ'geɪliə/ *pl n* ropajes *mpl*

regard¹ /rɪ'gɑ:rd, BrE rɪ'gɑ:d/ *vt* **1** **(a)** (consider) considerar; **he is very highly ~ed within the profession** está muy bien considerado en esa profesión **(b) as regards** en lo que se refiere a, en lo que atañe a **2** (look at) (liter) contemplar

regard² *n* **1** **(a)** (esteem): **to have a high ~ for sb** tener* muy buena opinión de algn, tener* a algn en gran estima **(b)** (consideration) consideración *f* **2** **regards** *pl* (greeting) saludos *mpl*, recuerdos *mpl* **3** (*in phrases*) **with regard to** (con) respecto a, con relación a, en relación con

regarding /rɪ'gɑ:rdɪŋ, BrE rɪ'gɑ:dɪŋ/ *prep* (fml) en lo que concierne *or* respecta a, en lo que se refiere a

regardless /rɪ'gɑ:rdləs, BrE rɪ'gɑ:dlɪs/ *adv* **(a)** (in spite of everything): **to carry on ~** seguir* como si no pasara nada *or* (fam) como si tal cosa **(b) regardless of** (*as prep*) **~ of the cost** cueste lo que cueste

regatta /rɪ'gætə/ *n* regata *f*

regenerate /rɪ'dʒenəreɪt/ *vt* (revive) revitalizar*; (Biol) regenerar

regent /'ri:dʒənt/ *n* (ruler) regente *mf*

reggae /'regeɪ/ *n* reggae *m*

regime, régime /reɪ'ʒi:m/ *n* **(a)** (rule) régimen *m* **(b)** (system) sistema *m*

regiment /'redʒəmənt, BrE 'redʒɪmənt/ *n* regimiento *m*

regimental /'redʒə'mentl, BrE ˌredʒɪ'mentl/ *adj* (*before n*) ‹*mascot/band*› del regimiento

region /'ri:dʒən/ *n* **(a)** (Anat, Geog) (area) región *f*, zona *f* **(b) in the region of** alrededor de

regional /'ri:dʒənl/ *adj* regional

register¹ /'redʒəstər, BrE 'redʒɪstə(r)/ *n* **(a)** (record, list) registro *m*; (in school) (BrE) lista *f*; **to take** o **call the ~** (BrE) (Educ) pasar lista **(b)** (Mus) registro *m*

register² *vt* **1** (record) ‹*death/birth*› inscribir*, registrar; ‹*ship/car*› matricular **2** (Post) mandar certificado *or* (Méx) registrado **3** **registered** *past p* **(a)** (Fin, Adm): **~ed trademark** marca *f* registrada; **~ed nurse** enfermero titulado, enfermera titulada *m,f* **(b)** (Post) certificado *or* (Méx) registrado **4** **(a)** (make known) ‹*complaint*› presentar **(b)** «*dial*» registrar, marcar*
■ *vi* **1** (enroll) inscribirse*; (Educ) matricularse, inscribirse*; (at a hotel) registrarse **2** (show, be revealed) ser* detectado **3** (be understood, remembered): **eventually it ~ed who he was** al final caí en la cuenta de quién era

registrar /'redʒəstrɑ:r, BrE ˌredʒɪs'trɑ:(r), 'redʒɪstrɑ:(r)/ *n* **(a)** (Soc Adm) *funcionario encargado de llevar los registros de nacimientos, defunciones, etc* **(b)** (in university, college) secretario, -ria *m,f* de admisiones

registration /'redʒə'streɪʃən, BrE ˌredʒɪs'treɪʃən/ *n* **(a)** (enrollment) inscripción *f*, matrícula *f*; (Educ) inscripción *f*, matriculación *f* **(b)** (BrE) (Auto) (*before n*) **~ number** (número *m* de) matrícula *f*

registry /'redʒəstri, BrE 'redʒɪstri/ *n* (*pl* **-tries**) registro *m*; (at university) secretaría *f*; (at church) ≈ sacristía *f*

registry office *n* (in UK) ≈ juzgado *m* (de paz)

regret¹ /rɪ'gret/ *vt* **-tt-** arrepentirse* de, lamentar; **we ~ to inform you that ...** lamentamos comunicarle *or* informarle que ...

regret² *n* (sadness) pesar *m*; (remorse) arrepentimiento *m*

regretful /rɪ'gretfəl/ *adj* ‹*expression*› de pesar

regretfully /rɪ'gretfəli/ *adv* con pesar; (*indep*) muy a mi (*or* nuestro *etc*) pesar, lamentablemente

regrettable /rɪ'gretəbəl/ *adj* lamentable

regrettably /rɪ'gretəbli/ *adv* lamentablemente

regroup /'ri:'gru:p/ *vi* reagruparse

regular¹ /'regjələr, BrE 'regjʊlə(r)/ *adj* **1** **(a)** ‹*pulse*› regular; ‹*breathing*› acompasado; **at ~ intervals** (in time) con regularidad; (in space) a intervalos regulares **(b)** ‹*customer/reader*› habitual, asiduo; **a ~ income** una fuente regular de ingresos; **on a ~ basis** con regularidad **(c)** (customary) habitual

2 (even, symmetrical) ‹*shape*› regular **3** (Ling) ‹*verb/plural*› regular **4** (infml) (*as intensifier*) verdadero

regular² *n* cliente *mf* habitual, asiduo, -dua *m,f*

regularity /ˈregjəˈlærəti, BrE ˌregjʊˈlærəti/ *n* regularidad *f*

regularly /ˈregjələrli, BrE ˈregjʊləli/ *adv* con regularidad, regularmente; (frequently) con frecuencia

regulate /ˈregjəleɪt, BrE ˈregjʊleɪt/ *vt* regular

⚷ **regulation** /ˈregjəˈleɪʃən, BrE ˌregjʊˈleɪʃən/ *n* **1** (rule) norma *f*, regla *f*; (*before n*) ‹*dress/haircut*› reglamentario **2** (control, adjustment) regulación *f*

regurgitate /rɪˈgɜːrdʒəteɪt, BrE rɪˈgɜːdʒɪteɪt/ *vt* ‹*food*› regurgitar; ‹*information*› repetir* mecánicamente

rehabilitate /ˈriːhəˈbɪləteɪt, ˈriːə-, BrE ˌriːhəˈbɪlɪteɪt, ˌriːə-/ *vt* rehabilitar

rehabilitation /ˈriːhəˈbɪləˈteɪʃən, ˈriːə-, BrE ˌriːhəˌbɪlɪˈteɪʃən, ˌriːə-/ *n* rehabilitación *f*

rehearsal /rɪˈhɜːrsəl, BrE rɪˈhɜːsəl/ *n* ensayo *m*

rehearse /rɪˈhɜːrs, BrE rɪˈhɜːs/ *vt/i* ensayar

reheat /ˈriːˈhiːt/ *vt* recalentar*

rehouse /ˈriːˈhaʊz/ *vt* realojar

reign¹ /reɪn/ *n* reinado *m*

reign² *vi* **(a)** «*monarch*» reinar **(b) reigning** *pres p* ‹*monarch*› reinante; ‹*champion*› actual

reimburse /ˈriːɪmˈbɜːrs, BrE ˌriːɪmˈbɜːs/ *vt* reembolsar

rein /reɪn/ *n* (Equ) rienda *f*; ***to give free ~ to sb*** darle* carta blanca a algn

reincarnation /ˈriːɪnkɑːrˈneɪʃən, BrE ˌriːɪnkɑːˈneɪʃən/ *n* reencarnación *f*

reindeer /ˈreɪndɪr, BrE ˈreɪndɪə(r)/ *n* (*pl* ~) reno *m*

reinforce /ˈriːɪnˈfɔːrs, BrE ˌriːɪnˈfɔːs/ *vt* reforzar*

reinforcement /ˈriːɪnˈfɔːrsmənt, BrE ˌriːɪnˈfɔːsmənt/ *n* **(a)** (strengthening) refuerzo *m* **(b) reinforcements** *pl* refuerzos *mpl*

reinstate /ˈriːɪnˈsteɪt/ *vt* ‹*worker*› reintegrar, reincorporar; ‹*official*› restituir* en el cargo

reintegrate /riːˈɪntəgreɪt/ *vt* reintegrar; **they must be ~d into society** es preciso reinsertarlos en la sociedad

r

reintegration /riːˌɪntəˈgreɪʃən/ *n* reintegración *f*; (into society) reinserción *f* social

reissue /ˈriːˈɪʃuː/ *vt* ‹*book/record*› reeditar; ‹*document*› reexpedir*

reiterate /riːˈɪtəreɪt/ *vt* (fml) reiterar, repetir*

⚷ **reject¹** /rɪˈdʒekt/ *vt* rechazar*

reject² /ˈriːdʒekt/ *n* (flawed product) artículo *m* (*or* producto *m etc*) defectuoso

rejection /rɪˈdʒekʃən/ *n* rechazo *m*; (following job application) respuesta *f* negativa

rejoice /rɪˈdʒɔɪs/ *vi* alegrarse mucho, regocijarse (liter)

rejoin /ˈriːˈdʒɔɪn/ *vt* ‹*regiment/team*› reincorporarse a; ‹*firm*› reincorporarse a, reintegrarse a

rejuvenate /rɪˈdʒuːvəneɪt/ *vt* rejuvenecer*

rekindle /ˈriːˈkɪndl/ *vt* ‹*fire*› reavivar; ‹*desire*› reavivar

relapse¹ /ˈriːlæps/ *n* recaída *f*

relapse² /rɪˈlæps/ *vi* recaer*, tener* *or* sufrir una recaída

⚷ **relate** /rɪˈleɪt/ *vt* **1** (link) **to ~ sth** TO **sth;** relacionar algo CON algo **2** (tell) (fml) ‹*story*› relatar, referir* (liter)

■ *vi* **1 (a)** (be connected with) **to ~** TO **sth** estar* relacionado CON algo **(b) relating to** (*as prep*) relativo a, relacionado con **2** (understand, sympathize with) **to ~** TO **sb** sintonizar* CON algn; **to ~** TO **sth** identificarse* CON algo

⚷ **related** /rɪˈleɪtəd, BrE rɪˈleɪtɪd/ *adj* **(a)** (of same family) (*pred*) **to be ~ (**TO **sb)** ser* pariente (DE algn), estar* emparentado (CON algn) **(b)** ‹*ideas/questions/subjects*› relacionado, afín

⚷ **relation** /rɪˈleɪʃən/ *n* **1** (relative) pariente *mf*, pariente, -ta *m,f*, familiar *m* **2 (a)** (connection) relación *f* **(b) in relation to** (*as prep*) en relación con, con relación a **3 relations** *pl* relaciones *fpl*; **sexual ~s** relaciones sexuales

⚷ **relationship** /rɪˈleɪʃənʃɪp/ *n* **1** (between people) relación *f* **2** (between things, events) relación *f* **3** (kinship) **~ (**TO **sb)** parentesco *m* (CON algn)

⚷ **relative¹** /ˈrelətɪv/ *n* pariente *mf*, pariente, -ta *m,f*, familiar *m*

⚷ **relative²** *adj* **(a)** (comparative): **the ~ merits of** los pros y los contras de **(b)** (not absolute) relativo; **it's all ~** (set phrase) todo es relativo (fr hecha) **(c) relative to** (compared to) en comparación con

⚷ **relatively** /ˈrelətɪvli/ *adv* relativamente

relax /rɪˈlæks/ *vi* relajarse

■ *vt* relajar; **she ~ed her grip** sujetó con menos fuerza

relaxation /ˈriːlækˈseɪʃən/ *n* (rest) relax *m*; (recreation) esparcimiento *m*, distracción *f*

relaxed /rɪˈlækst/ *adj* ‹*manner/person*› relajado; ‹*atmosphere/party*› informal

relaxing /rɪˈlæksɪŋ/ *adj* relajante

relay¹ /ˈriːleɪ/ *n* **(a)** (team) relevo *m*; **to work in ~s** trabajar en *or* por relevos **(b) ~ (race)** (Sport) carrera *f* de relevos *or* (AmL) de postas

relay² /ˈriːleɪ, rɪˈleɪ/ *vt* transmitir

⚷ **release¹** /rɪˈliːs/ *vt* **1** ‹*prisoner/hostage*› poner* en libertad, liberar **2** ‹*information*› hacer* público; ‹*record/book*› sacar* (a la venta); ‹*movie*› estrenar **3** (emit) ‹*gas*› despedir* **4** ‹*brake/clutch*› soltar*

⚷ **release²** *n* **1** (from prison, captivity) puesta *f* en libertad, liberación *f* **2** (of record) salida *f* al mercado; (of movie) estreno *m*; **in** o (BrE) **on general ~** en todos los cines

relegate /ˈreləgeɪt, BrE ˈrelɪgeɪt/ *vt* **(a)** (consign, demote) relegar* **(b)** (BrE) (Sport) (*usu pass*): **the team was ~d to the third division** el equipo descendió *or* bajó a tercera división

relent /rɪˈlent/ *vi* «*person*» transigir*, ceder

relentless /rɪˈlentləs, BrE rɪˈlentlɪs/ *adj* ‹*enemy/pursuer*› implacable; ‹*pursuit*› incesante

relentlessly /rɪˈlentləsli, BrE rɪˈlentlɪsli/ *adv* implacablemente

relevance /ˈreləvəns/ *n* (connection) relación *f*; (importance) relevancia *f*

⚷ **relevant** /ˈreləvənt/ *adj* ‹*document/facts*› pertinente, relevante

reliability /rɪˈlaɪəˈbɪləti/ *n* (of worker) formalidad *f*, responsabilidad *f*; (of sources) fiabilidad *f*; (of vehicle) fiabilidad *f*

⚷ palabra clave

reliable /rɪˈlaɪəbəl/ *adj* **(a)** ‹*information/source*› fidedigno; ‹*witness*› fiable, confiable (esp AmL) **(b)** ‹*worker*› responsable, de confianza; ‹*vehicle*› fiable

reliably /rɪˈlaɪəbli/ *adv*: **I am ~ informed that ...** sé de fuentes fidedignas que ..., sé de buena fuente que ...

reliant /rɪˈlaɪənt/ *adj* (*pred*) **to be ~** ON **sth/sb** depender DE algo/algn

relic /ˈrelɪk/ *n* reliquia *f*

relief /rɪˈliːf/ *n* **1** (from worry, pain) alivio *m*; **it's a ~ that the rain's stopped at last** menos mal que ha parado de llover **2** (aid) ayuda *f*, auxilio *m* (*de emergencia*); **to be on ~** (AmE) recibir prestaciones de la seguridad social **3** (replacement) relevo *m* **4** (Art, Geog) relieve *m*

relieve /rɪˈliːv/ *vt* **(a)** ‹*pain*› calmar, aliviar; ‹*suffering*› mitigar*, aliviar; ‹*tension*› aliviar; **to ~ sb of his/her duties** relevar a algn de su cargo **(b)** ‹*town/fortress*› liberar **(c)** ‹*guard/driver*› relevar
■ *v refl* **to ~ oneself** (euph) orinar

relieved /rɪˈliːvd/ *adj* aliviado; **to feel ~** sentir* un gran alivio, sentirse* aliviado

religion /rɪˈlɪdʒən/ *n* religión *f*

religious /rɪˈlɪdʒəs/ *adj* religioso

religiously /rɪˈlɪdʒəsli/ *adv* religiosamente

relinquish /rɪˈlɪŋkwɪʃ/ *vt* renunciar a

relish[1] /ˈrelɪʃ/ *vt* ‹*meal/joke/success*› saborear; **I don't ~ the prospect of ...** no me entusiasma *or* no me hace ninguna gracia la perspectiva de ...

relish[2] *n* **1** (Culin) *salsa o conserva que se come con carnes* **2** (enjoyment): **with ~** ‹*eat/drink*› con gusto, con fruición; ‹*read/listen to*› con placer, con deleite

relive /ˈriːˈlɪv/ *vt* revivir

relocate /ˈriːləʊˈkeɪt/ *vt* **1** (in same labor market) trasladar **2** (to cheaper labor market) deslocalizar*
■ *vi* «*company*» trasladarse; «*employee*» mudarse *or* trasladarse de domicilio

reluctance /rɪˈlʌktəns/ *n* renuencia *f* (fml)

reluctant /rɪˈlʌktənt/ *adj* reacio, renuente

reluctantly /rɪˈlʌktəntli/ *adv* a su (*or* mi *etc*) pesar, a regañadientes

rely /rɪˈlaɪ/ *vi* **relies, relying, relied** **(a)** (have confidence) **to ~** ON *or* UPON **sb/sth** contar* CON algn/algo; **you can ~ on me** puedes contar conmigo; **she can't be relied (up)on to help** no se puede contar con *or* confiar en que vaya a ayudar **(b)** (be dependent) **to ~** ON **sb/sth** FOR **sth** depender* DE algn/algo (PARA algo)

remain /rɪˈmeɪn/ *vi* **1** **(a)** (+ *adj or adv compl*) (continue to be) seguir*, continuar*; **her condition ~s critical** su estado sigue siendo crítico; **he ~ed silent** se mantuvo en silencio **(b)** (stay) quedarse, permanecer* (fml); **to ~ behind** quedarse **2** **(a)** (be left) quedar; **what still ~s to be done?** ¿qué queda por hacer?; **that ~s to be seen** eso está por verse **(b)** **remaining** *pres p* **the ~ing ten pounds** las diez libras restantes *or* que quedan

remainder /rɪˈmeɪndər, BrE rɪˈmeɪndə(r)/ *n*: **the ~** el resto

remains /rɪˈmeɪnz/ *pl n* restos *mpl*; (of meal) sobras *fpl*, restos *mpl*

remake[1] /ˈriːmeɪk/ *n* nueva versión *f*

remake[2] /ˈriːˈmeɪk/ *vt* (*past & past p* **remade**) volver* a hacer, rehacer*

remand[1] /rɪˈmænd, BrE rɪˈmɑːnd/ *vt*: **to be ~ed on bail** quedar en libertad bajo fianza; **he was ~ed in custody** se decretó su prisión preventiva

remand[2] *n*: **to be on ~** (in detention) estar* en prisión preventiva

remand centre, remand home *n* (in UK) *centro para menores en prisión preventiva*

remark[1] /rɪˈmɑːrk, BrE rɪˈmɑːk/ *n* comentario *m*, observación *f*

remark[2] *vi* **to ~** ON *o* UPON **sth** hacer* un comentario/comentarios ACERCA DE algo
■ *vt* observar, comentar

remarkable /rɪˈmɑːrkəbəl, BrE rɪˈmɑːkəbəl/ *adj* ‹*ability/likeness*› notable; ‹*achievement*› sorprendente; ‹*coincidence*› extraordinario; ‹*person*› excepcional

remarkably /rɪˈmɑːrkəbli, BrE rɪˈmɑːkəbli/ *adv* **(a)** (surprisingly) sorprendentemente **(b)** (exceptionally) ‹*stupid*› increíblemente

remarry /ˈriːˈmæri/ *vi* **-ries, -rying, -ried** volver* a casarse

remedial /rɪˈmiːdiəl/ *adj* de recuperación

remedy[1] /ˈremədi/ *n* (*pl* **-dies**) remedio *m*

remedy[2] *vt* **-dies, -dying, -died** ‹*mistake/situation*› remediar; ‹*injustice/evil*› reparar

remember /rɪˈmembər, BrE rɪˈmembə(r)/ *vt* **1** (recall) acordarse* de, recordar*; **I ~ him saying something about ...** me acuerdo de *or* recuerdo que dijo algo de ... **2** **(a)** (be mindful of, not forget) **to ~ to** + INF acordarse* DE + INF **(b)** (commemorate) ‹*dead*› recordar* **(c)** (send regards): **~ me to your mother** dale recuerdos *or* saludos a tu madre (de mi parte)
■ *vi* **(a)** (recall) acordarse*, recordar*; **try to ~!** ¡haz memoria! **(b)** (be mindful, not forget) no olvidarse

remembrance /rɪˈmembrəns/ *n* (liter *or* fml) recuerdo *m*, remembranza *f* (liter); **in ~ of sth/sb** en memoria de algo/algn; (*before n*) **R~ Sunday** (in UK) *domingo de noviembre en que se conmemora a los caídos en las dos guerras mundiales y otros conflictos*

remind /rɪˈmaɪnd/ *vt* recordarle* a; **oh, that ~s me** ¡ah! por cierto ..., y a propósito ...; **to ~ sb to** + INF recordarle* A algn QUE (+ *subj*); **he ~s me of my grandfather** me recuerda a mi abuelo

reminder /rɪˈmaɪndər, BrE rɪˈmaɪndə(r)/ *n* **(a)** **to serve as a ~ of sth** recordar* algo **(b)** (requesting payment) recordatorio *m* de pago

reminisce /ˈreməˈnɪs, BrE ˌremɪˈnɪs/ *vi* rememorar los viejos tiempos; **to ~** ABOUT **sth** rememorar algo

reminiscences /ˈreməˈnɪsn̩sɪz, BrE ˌremɪˈnɪsn̩sɪz/ *pl n* recuerdos *mpl*, memorias *fpl*

reminiscent /ˈreməˈnɪsn̩t, BrE ˌremɪˈnɪsn̩t/ *adj* (*pred*) **to be ~** OF **sb/sth** recordar* a algn/(a) algo

remiss /rɪˈmɪs/ *adj* (fml) (*pred*) negligente

remission /rɪˈmɪʃən/ *n* remisión *f*

remit /rɪˈmɪt/ *vt* **-tt-** (fml) **1** (send) remitir (fml) **2** (Law) ‹*sentence*› perdonar, condonar (fml)

remnant /ˈremnənt/ *n* **(a)** (leftover): **a ~ of the past** una reliquia del pasado; **the ~s of a meal** los restos de una comida **(b)** (Tex) retazo *m*,

r

retal *m* (Esp)

remonstrate /rɪ'mɑːnstreɪt, 'remən-, BrE 'remənstreɪt/ *vi* protestar, quejarse; **to ~ with sb about sth** reprocharle algo a algn

remorse /rɪ'mɔːrs, BrE rɪ'mɔːs/ *n* remordimiento *m*

remorseful /rɪ'mɔːrsfəl, BrE rɪ'mɔːsfəl/ *adj* arrepentido

remorseless /rɪ'mɔːrsləs, BrE rɪ'mɔːslɪs/ *adj* despiadado

remote /rɪ'məʊt/ *adj* **-ter, -test** remoto

remote: ~ control *n* mando *m* a distancia, control *m* remoto; **~-controlled** /rɪ'məʊtkən'trəʊld/ *adj* (*pred* **~ controlled**) ‹*TV/hi-fi*› con mando a distancia *or* con control remoto; ‹*model/toy*› de control remoto

remotely /rɪ'məʊtli/ *adv* (at all, in the least) (*usu with neg*) remotamente

remould[1] /'riː'məʊld/ *vt* (BrE) (Auto) ▶ **retread**[1]

remould[2] /'riːməʊld/ *n* (BrE) (Auto) ▶ **retread**[2]

removable /rɪ'muːvəbəl/ *adj* ‹*hood/lining*› de quita y pon; ‹*handle/shelf*› desmontable

removal /rɪ'muːvəl/ *n* **1** (of contents) extracción *f*; (of appendix, tonsils) extirpación *f* **2** (of stain, unwanted hair) eliminación *f* **3** **(a)** (moving, taking away) traslado *m* **(b)** (from house to house) (BrE) mudanza *f*

⚷ **remove** /rɪ'muːv/ *vt* **1** **(a)** (take off) quitar, sacar* **(b)** (take out) ‹*contents*› sacar*; ‹*tonsils/appendix*› extirpar (fml); ‹*bullet*› extraer* (fml) **2** **(a)** (get rid of) ‹*stain/grease*› quitar; ‹*unwanted hair*› eliminar **(b)** ‹*doubt*› disipar; ‹*threat*› eliminar **3** (take away, move) ‹*object*› quitar; ‹*person*› sacar* **4** (dismiss from post, position) destituir*

remover /rɪ'muːvər, BrE rɪ'muːvə(r)/ *n* (substance): **makeup ~** desmaquillador *m*; **nail polish** o (BrE also) **nail varnish ~** quitaesmalte *m*

remuneration /rɪ'mjuːnə'reɪʃən/ *n* (fml) remuneración *f*

renaissance /'renə'sɑːns, BrE rɪ'neɪsəns/ *n* **(a) Renaissance** Renacimiento *m* **(b)** (revival) (liter) renacimiento *m*

rename /'riː'neɪm/ *vt* dar* un nuevo nombre a

render /'rendər, BrE 'rendə(r)/ *vt* **1** (make): **to ~ sth useless** hacer* que algo resulte inútil **2** (give, proffer) (fml) ‹*thanks*› dar*; ‹*assistance*› prestar; **for services ~ed** por servicios prestados **3** (translate) traducir*

rendezvous /'rɑːndeɪvuː, BrE 'rɒndɪvuː, -deɪvuː/ *n* (*pl* **~** /-z/) (meeting) encuentro *m*, cita *f*; (place) lugar *m* señalado para un encuentro *or* una cita

rendition /ren'dɪʃən/ *n* interpretación *f*

renegade /'renɪgeɪd/ *n* renegado, -da *m,f*

renew /rɪ'nuː, BrE rɪ'njuː/ *vt* **(a)** ‹*hope/promise*› renovar*; ‹*efforts/friendship*› reanudar; ‹*library book*› renovar* **(b) renewed** *past p* renovado

renewal /rɪ'nuːəl, BrE rɪ'njuːəl/ *n* renovación *f*

renminbi /'renmɪnbi/ *n* renminbi *m*

renounce /rɪ'naʊns/ *vt* **(a)** (cede) (fml) ‹*claim/title*› renunciar a **(b)** (reject) ‹*religion*› renunciar a

renovate /'renəveɪt/ *vt* renovar*

renovation /'renə'veɪʃən/ *n* renovación *f*

renown /rɪ'naʊn/ *n* renombre *m*, fama *f*

renowned /rɪ'naʊnd/ *adj* de renombre

rent[1] /rent/ *n* **(a)** (for accommodations, office) alquiler *m*, arrendamiento *m*, arriendo *m*, renta *f* (esp Méx) **(b)** (for boat, suit) (esp AmE) alquiler *m*, arriendo *m* (esp Andes), renta *f* (Méx)

rent[2] *vt* **(a)** (pay for) **to ~ sth (FROM sb)** alquilarle *or* arrendarle* *or* (Méx tb) rentarle algo (A algn) **(b)** ▶ **rent out**

● **rent out** [*v + o + adv, v + adv + o*] alquilar, arrendar*

rental /'rentl/ *n* **(a)** (act of renting) alquiler *m*, arriendo *m* **(b)** (charge) alquiler *m*, renta *f* (Méx), arriendo *m* (esp Andes)

renunciation /rɪ'nʌnsi'eɪʃən/ *n* (fml) **(a)** (of faith) rechazo *m* **(b)** (of claim, right, title) renuncia *f*

reopen /'riː'əʊpən, BrE ˌriː'əʊpən/ *vt* ‹*book/road*› volver* a abrir; ‹*negotiations/hostilities*› reanudar; ‹*criminal case*› reabrir*

■ *vi* abrir* de nuevo

reorganize /'riː'ɔːrgənaɪz, BrE ˌriː'ɔːgənaɪz/ *vt* reorganizar*

rep /rep/ *n* (sales **~**) representante *mf or* agente *mf* (comercial); **a union ~** un/una representante *or* (Esp) un/una enlace sindical

repair[1] /rɪ'per, BrE rɪ'peə(r)/ *vt* ‹*machinery/roof*› arreglar, reparar; ‹*shoes/clothes*› arreglar

repair[2] *n* arreglo *m*, reparación *f*; **the museum is closed for ~s** el museo está cerrado por obras; **in a good/bad state of ~, in good/bad ~** en buen/mal estado

repairer /rɪ'perər, BrE rɪ'peərə(r)/ *n* técnico, -ca *m,f*; **watch ~** (BrE) relojero, -ra *m,f*

repairman /rɪ'permæn, BrE rɪ'peəmæn/ *n* (*pl* **-men** /-men/) técnico *m*

repatriate /'riː'peɪtrieɪt, BrE ˌriː'pætrɪeɪt/ *vt* repatriar

repay /'riː'peɪ/ *vt* (*past & past p* **repaid**) **(a)** ‹*money/loan*› devolver*; ‹*debt*› pagar*, cancelar **(b)** ‹*kindness/favor*› pagar*, corresponder a

repayment /'riː'peɪmənt/ *n* **(a)** (act of repaying) pago *m* **(b)** (installment) plazo *m*, cuota *f* (AmL)

repeal[1] /rɪ'piːl/ *vt* (Govt, Law) revocar*

repeal[2] *n* revocación *f*

⚷ **repeat**[1] /rɪ'piːt/ *vt* **1** **(a)** (say again) repetir* **(b)** (divulge) contar* **2** (do again) repetir*

■ *v refl* **to ~ oneself** repetirse*

■ *vi* repetir*

repeat[2] *n* repetición *f*

repeated /rɪ'piːtəd, BrE rɪ'piːtɪd/ *adj* (*before n*) ‹*attempts*› repetido, reiterado; ‹*requests*› reiterado

repeatedly /rɪ'piːtədli, BrE rɪ'piːtɪdli/ *adv* repetidamente, reiteradamente

repel /rɪ'pel/ *vt* **-ll-** **(a)** ‹*enemy/army*› repeler; ‹*attack*› repeler, rechazar* **(b)** ‹*insects*› repeler, ahuyentar **(c)** (disgust) repeler, repugnar

repellant /rɪ'pelənt/ *n*: **insect ~** repelente *m* para insectos

repellent /rɪ'pelənt/ *adj* repelente

repent /rɪ'pent/ *vi* arrepentirse*

repentance /rɪ'pentn̩s/ *n* arrepentimiento *m*

repentant /rɪ'pentn̩t/ *adj* arrepentido

⚷ palabra clave

repercussions /ˈriːpərˈkʌʃənz, BrE ˌriːpəˈkʌʃənz/ *pl n* repercusiones *fpl*

repertoire /ˈrepərtwɑːr, BrE ˈrepətwɑː(r)/ *n* repertorio *m*

repertory /ˈrepərtɔːri, BrE ˈrepətəri/ *n*: **to be/act/work in ~** trabajar en una compañía de repertorio

repetition /ˈrepəˈtɪʃən/ *n* repetición *f*

repetitious /ˈrepəˈtɪʃəs/ *adj* repetitivo

repetitive /rɪˈpetətɪv/ *adj* repetitivo

repetitive strain injury *n* lesión *f* por fatiga crónica

rephrase /riːˈfreɪz/ *vt* expresar de otra manera

✓ **replace** /rɪˈpleɪs/ *vt* **1** **(a)** (take the place of) sustituir*, reemplazar* **(b)** ‹*lost item*› reponer*; ‹*broken window/battery*› cambiar **2** (put back in its place) volver* a poner *or* colocar; ‹*lid*› volver* a poner; ‹*receiver*› colgar*

replacement /rɪˈpleɪsmənt/ *n* **(a)** (act) sustitución *f*, reemplazo *m* **(b)** (person) sustituto, -ta *m,f* **(c)** (object): **I'll buy you a ~** te compraré uno nuevo

replay¹ /riːˈpleɪ/ *vt* **(a)** (Sport) ‹*game/match*› volver* a jugar, repetir* **(b)** (Audio, Video) volver* a poner

replay² /ˈriːpleɪ/ *n* (Sport) repetición *f* (de la jugada)

replenish /rɪˈplenɪʃ/ *vt* ‹*stock*› reponer*

replete /rɪˈpliːt/ *adj* (liter) **~** WITH **sth** repleto DE algo

replica /ˈreplɪkə/ *n* (*pl* **-cas**) réplica *f*, reproducción *f*

reply¹ /rɪˈplaɪ/ *n* (*pl* **replies**) (spoken, written) respuesta *f*, contestación *f*; **in ~ to your letter** en respuesta a su carta

✓ **reply²** *vi/t* **replies**, **replying**, **replied** responder, contestar

✓ **report¹** /rɪˈpɔːrt, BrE rɪˈpɔːt/ *n* **1** **(a)** (account) informe *m*; (piece of news) noticia *f*; (in newspaper) reportaje *m*, crónica *f* **(b)** (evaluation) informe *m*, reporte *m* (Méx); **medical ~** parte *m* médico; **(school) ~** boletín *m or* (Méx) boleta *f* de calificaciones **2** (sound) estallido *m*

✓ **report²** *vt* **1** **(a)** (relate, announce): **several people ~ed seeing the tiger** varias personas dijeron haber visto al tigre; **he is ~ed to be very rich** se dice que es muy rico **(b)** (Journ) «*reporter/media*» informar sobre **2** **(a)** (notify) ‹*accident*› informar de, dar* parte de; ‹*crime*› denunciar, dar* parte de, reportar (AmL); **to ~ sth** TO **sb** dar* parte DE algo A algn **(b)** (denounce) denunciar, reportar (AmL)

■ *vi* **1** (Journ) «*reporter*» informar **2** (present oneself) presentarse, reportarse (AmL); **to ~ sick** dar* parte de enfermo

● **report back** [*v* + *adv*] **(a)** (return): **to ~ back (to base)** regresar a la base **(b)** (give report) **to ~ back** (TO **sb**) presentar un informe (A algn)

report card *n* (AmE) (Educ) boletín *m or* (Méx) boleta *f* de calificaciones

reported speech /rɪˈpɔːrtəd, BrE rɪˈpɔːtɪd/ *n* estilo *m* indirecto

✓ **reporter** /rɪˈpɔːrtər, BrE rɪˈpɔːtə(r)/ *n* periodista *mf*, reportero, -tera *m,f*

repose /rɪˈpəʊz/ *n* (liter) reposo *m*

repossess /ˈriːpəˈzes/ *vt* ‹*car/house*› recuperar la posesión de (*por falta de pago*)

reprehensible /ˈreprɪˈhensəbəl/ *adj* reprensible

✓ **represent** /ˈreprɪˈzent/ *vt* **1** **(a)** (stand for) representar **(b)** (constitute) representar, constituir* **2** (act as representative for) ‹*client*› representar **3** (fml) (describe) presentar

representation /ˈreprɪzenˈteɪʃən/ *n* representación *f*

✓ **representative¹** /ˈreprɪˈzentətɪv/ *n* **(a)** representante *mf* **(b)** (in US) (Govt) representante *mf*, diputado, -da *m,f* **(c)** (sales ~) representante *mf or* agente *mf* comercial

representative² *adj* representativo

repress /rɪˈpres/ *vt* reprimir

repression /rɪˈpreʃən/ *n* represión *f*

repressive /rɪˈpresɪv/ *adj* represivo

reprieve¹ /rɪˈpriːv/ *n* (Law) indulto *m*

reprieve² *vt* indultar

reprimand¹ /ˈreprəmænd, BrE ˈreprɪmɑːnd/ *n* reprimenda *f*

reprimand² *vt* reprender

reprint¹ /ˈriːprɪnt/ *n* (Publ) reimpresión *f*; (Phot) copia *f*

reprint² /ˈriːˈprɪnt/ *vt* (Publ) reimprimir*

reprisal /rɪˈpraɪzəl/ *n* represalia *f*

reproach¹ /rɪˈprəʊtʃ/ *vt* **to ~ sb** FOR -ING: **he ~ed her for not having written to him** le reprochó que no le hubiera escrito

reproach² *n* reproche *m*; **above** o **beyond ~** irreprochable, intachable

reproachful /rɪˈprəʊtʃfəl/ *adj* (lleno) de reproche

reproduce /ˈriːprəˈduːs, BrE ˌriːprəˈdjuːs/ *vt* reproducir*

■ *vi* (Biol) reproducirse*

reproduction /ˈriːprəˈdʌkʃən/ *n* reproducción *f*

reproductive /ˈriːprəˈdʌktɪv/ *adj* reproductor

reproof /rɪˈpruːf/ *n* (fml) reprobación *f*

reprove /rɪˈpruːv/ *vt* (fml) **to ~ sb (**FOR **sth)** reprender *or* (fml) reconvenir* a algn (POR algo)

reptile /ˈreptl, -taɪl, BrE ˈreptaɪl/ *n* reptil *m*

republic /rɪˈpʌblɪk/ *n* república *f*

republican¹ /rɪˈpʌblɪkən/ *adj* **(a)** (of a republic) republicano **(b) Republican** (in US) republicano

republican² *n* **(a)** (supporter of republic) republicano, -na *m,f* **(b) Republican** (in US) republicano, -na *m,f*

repudiate /rɪˈpjuːdieɪt/ *vt* **(a)** (deny) ‹*accusation*› rechazar*, negar* **(b)** ‹*violence/family*› repudiar

repugnance /rɪˈpʌgnəns/ *n* repugnancia *f*

repugnant /rɪˈpʌgnənt/ *adj* repugnante

repulse /rɪˈpʌls/ *vt* repeler, rechazar*

repulsion /rɪˈpʌlʃən/ *n* (fml) repulsión *f*

repulsive /rɪˈpʌlsɪv/ *adj* repulsivo, repugnante

reputable /ˈrepjətəbəl, BrE ˈrepjʊtəbəl/ *adj* acreditado (fml), reputado (fml)

✓ **reputation** /ˈrepjəˈteɪʃən, BrE ˈrepjʊˈteɪʃən/ *n* reputación *f*; **good/bad ~** buena/mala reputación *or* fama; **a ~** FOR **sth** fama DE algo

repute /rɪˈpjuːt/ *n* (fml) reputación *f*, fama *f*; **of ~** de renombre

r

reputed /rɪ'pju:təd, BrE rɪ'pju:tɪd/ *adj* presunto, supuesto; **she is ~ to be the best in the world** está considerada como la mejor del mundo

reputedly /rɪ'pju:tədli, BrE rɪ'pjʊtɪdli/ *adv* (*indep*) según se dice *or* cree

request¹ /rɪ'kwest/ *n* **(a)** (polite demand) petición *f*, pedido *m* (esp AmL), solicitud *f* (fml); **~** FOR **sth** petición (*or* pedido *etc*) DE algo **(b)** (for song) petición *f*, pedido *m* (esp AmL)

request² *vt* pedir*, solicitar (fml)

requiem /'rekwiəm/ *n* réquiem *m*

require /rɪ'kwaɪr, BrE rɪ'kwaɪə(r)/ *vt* **1** **(a)** (need) necesitar; (call for) ‹*patience/dedication*› requerir*, exigir* **(b)** (demand) **to ~ sb/sth to** + INF requerir* que algn/algo (+ *subj*); **I shall do all that is ~d of me** haré todo lo que me corresponda **2** **required** *past p* **(a)** ‹*dose/amount*› necesario **(b)** (compulsory) ‹*reading/viewing*› obligado

requirement /rɪ'kwaɪrmənt, BrE rɪ'kwaɪəmənt/ *n* **(a)** (*usu pl*) (need) necesidad *f* **(b)** (condition) requisito *m*

requisite /'rekwəzət, BrE 'rekwɪzɪt/ *adj* (fml) necesario, requerido

requisition /'rekwə'zɪʃən, BrE ˌrekwɪ'zɪʃən/ *vt* requisar

reroute /'ri:'ru:t/ *vt* desviar*

reschedule /'ri:'skedʒu:l, BrE ˌri:'ʃedju:l/ *vt* ‹*meeting*› cambiar la hora/fecha de

rescind /rɪ'sɪnd/ *vt* (fml) ‹*contract*› rescindir; ‹*order/ruling*› revocar*; ‹*law*› derogar*

rescue¹ /'reskju:/ *n* rescate *m*; **they went to his ~** acudieron a socorrerlo (liter), fueron *or* (liter) acudieron en su auxilio

rescue² *vt* rescatar, salvar

rescuer /'reskjuər, BrE 'reskju:ə(r)/ *n* salvador, -dora *m,f*

research¹ /rɪ'sɜ:rtʃ, 'ri:sɜ:rtʃ, BrE rɪ'sɜ:tʃ/ *n* investigación *f*; **~** INTO/ON **sth** investigación SOBRE algo

research² *vi* investigar*
■ *vt* ‹*causes/problem*› investigar*, estudiar; **this article is well ~ed** este artículo está bien documentado

researcher /rɪ'sɜ:rtʃər, BrE rɪ'sɜ:tʃə(r)/ *n* investigador, -dora *m,f*

resemblance /rɪ'zembləns/ *n* parecido *m*, semejanza *f*; **~** TO **sb/sth** parecido CON algn/algo

resemble /rɪ'zembəl/ *vt* parecerse* a

resent /rɪ'zent/ *vt* ‹*person*› guardarle rencor a; **he ~ed her success** le molestaba que ella tuviera éxito; **I ~ having to help him** me molesta tener que ayudarle

resentful /rɪ'zentfəl/ *adj* ‹*person*› resentido, rencoroso; ‹*air/look*› de resentimiento

resentment /rɪ'zentmənt/ *n* resentimiento *m*, rencor *m*

reservation /'rezər'veɪʃən, BrE ˌrezə'veɪʃən/ *n* **(a)** (booking) reserva *f*, reservación *f* (AmL) **(b)** (doubt, qualification) reserva *f*; **without ~** sin reservas **(c)** (land) (in US) reserva *f*, reservación *f* (AmL)

reserve¹ /rɪ'zɜ:rv, BrE rɪ'zɜ:v/ *n* **1** (stock) reserva *f*; **to keep sth in ~** ‹*money/food*› tener* algo reservado **2** (Sport) reserva *mf* **3** **reserves** *pl* (Mil) reservas *fpl* **4** (land) coto *m*, reserva *f* **5** (self-restraint) reserva *f*, cautela *f*

reserve² *vt* **(a)** (book) ‹*room/table*› reservar **(b)** (keep, save) reservar, guardar; **to ~ (one's) judgment** reservarse la opinión

reserved /rɪ'zɜ:rvd, BrE rɪ'zɜ:vd/ *adj* reservado

reservoir /'rezərvwɑ:r, BrE 'rezəvwɑ:(r)/ *n* embalse *m*, presa *f*, represa *f* (AmS)

reset /'ri:'set/ *vt* (*pres p* **resetting**; *past & past p* **reset**) **(a)** ‹*alarm clock*› (volver* a) poner*; ‹*counter/dial*› volver* a cero **(b)** (Med) ‹*bone*› colocar*

reshuffle /'ri:'ʃʌfəl/ *n* reorganización *f*; **cabinet ~** remodelación *f* del gabinete

reside /rɪ'zaɪd/ *vi* (fml) residir (fml)

residence /'rezədəns, BrE 'rezɪdəns/ *n* **1** **(a)** (in a country) residencia *f* **(b)** (in building) (fml) residencia *f*; **to take up ~** instalarse **(c) ~ hall** (AmE) residencia *f* universitaria *or* de estudiantes, colegio *m* mayor (Esp) **2** (home) residencia *f*

resident¹ /'rezədənt, BrE 'rezɪdənt/ *n* **(a)** (in country) residente *mf* **(b)** (of district) vecino, -na *m,f*

resident² *adj* residente

residential /'rezə'dentʃəl, BrE ˌrezɪ'denʃəl/ *adj* ‹*area/suburb*› residencial; ‹*course*› con alojamiento para los asistentes

residue /'rezədu:, BrE 'rezɪdju:/ *n* residuo *m*

resign /rɪ'zaɪn/ *vi* renunciar, dimitir; **to ~** FROM **sth** renunciar A algo, dimitir algo
■ *v refl* **to ~ oneself (**TO **sth/-**ING**)** resignarse (A algo/+ INF)

resignation /'rezɪg'neɪʃən/ *n* **1** (from job, position) renuncia *f*, dimisión *f* **2** (acceptance, submission) resignación *f*

resigned /rɪ'zaɪnd/ *adj* resignado

resilience /rɪ'zɪljəns, BrE rɪ'zɪliəns/ *n* **(a)** (of person) capacidad *f* de recuperación, resistencia *f* **(b)** (of material) elasticidad *f*

resilient /rɪ'zɪljənt, BrE rɪ'zɪliənt/ *adj* **(a)** ‹*person*› fuerte, con capacidad de recuperación **(b)** ‹*material*› elástico

resin /'rezn̩, BrE 'rezɪn/ *n* resina *f*

resist /rɪ'zɪst/ *vt* resistir; ‹*change/plan*› oponer* resistencia a; **I can't ~ chocolate** el chocolate me vuelve loco; **to ~ -**ING resistirse A + INF

resistance /rɪ'zɪstəns/ *n* resistencia *f*; **the ~** la resistencia

resistant /rɪ'zɪstənt/ *adj* resistente

resit¹ /'ri:'sɪt/ *vt* (*pres p* **resitting**; *past & past p* **resat** /'ri:'sæt/) (BrE) ‹*examination*› volver* a presentarse a

resit² /'ri:sɪt/ *n* (BrE): **to do a ~** volver* a examinarse

resolute /'rezəlu:t/ *adj* resuelto, decidido

resolution /'rezə'lu:ʃən/ *n* **(a)** (decision) determinación *f*, propósito *m*; **New Year's ~s** buenos propósitos de Año Nuevo **(b)** (in US, passed by legislature) resolución *f*

resolve¹ /rɪ'zɑ:lv, BrE rɪ'zɒlv/ *n* resolución *f*

resolve² *vt* **(a)** (clear up) ‹*difficulty*› resolver*; ‹*differences*› saldar, resolver **(b)** (decide) **to ~**

r

palabra clave

(**to** + INF) resolver* *or* decidir (+ INF)

resonance /ˈreznəns, BrE ˈrezənəns/ *n* resonancia *f*

resonant /ˈreznənt, BrE ˈrezənənt/ *adj* resonante

resort /rɪˈzɔːrt, BrE rɪˈzɔːt/ *n* **1** (for vacations) centro *m* turístico *or* vacacional; **a seaside ~** un centro turístico costero, un balneario (AmL); **a ski ~** una estación de esquí **2** (recourse) recurso *m*; **as a/the last ~** como último recurso

● **resort to**: [*v* + *prep* + *o*]: **to ~ to force/violence** recurrir a la fuerza/violencia; **they had to ~ to strike action** no les quedó más remedio que ir a la huelga

resound /rɪˈzaʊnd/ *vi* retumbar, resonar*

resounding /rɪˈzaʊndɪŋ/ *adj* (*before n*) **(a)** ‹*cheers/explosion*› retumbante, resonante **(b)** ‹*success/failure*› rotundo

⚷ **resource** /ˈriːsɔːrs, BrE rɪˈsɔːs/ *n* recurso *m*; **natural/human ~s** recursos naturales/ humanos

resourceful /rɪˈsɔːrsfəl, BrE rɪˈsɔːsfəl/ *adj* de recursos

⚷ **respect¹** /rɪˈspekt/ *n* **1** **(a)** (esteem) respeto *m*; **to have ~ for sb** respetar algn **(b)** (consideration) consideración *f*, respeto *m* **(c) respects** *pl* respetos *mpl* **2** **(a)** (way, aspect) sentido *m*, respecto *m*; **in this ~** en cuanto a esto, en este sentido **(b) with respect to** (fml) (introducing subject) en lo que concierne a (fml); (in relation to) con respecto a

⚷ **respect²** *vt* respetar

respectable /rɪˈspektəbəl/ *adj* **1** (socially acceptable) ‹*person/conduct*› decente, respetable **2** **(a)** (quite large) ‹*amount/salary*› respetable **(b)** (reasonably good) ‹*performance/ score*› digno, aceptable

respected /rɪˈspektəd, BrE rɪˈspektɪd/ *adj* respetado

respectful /rɪˈspektfəl/ *adj* respetuoso

respecting /rɪˈspektɪŋ/ *prep* (fml) en lo que concierne a (fml)

respective /rɪˈspektɪv/ *adj* (*before n*) respectivo

respiration /ˈrespəˈreɪʃən, BrE ˌrespɪˈreɪʃən/ *n* respiración *f*

respirator /ˈrespəreɪtər, BrE ˈrespɪreɪtə(r)/ *n* **(a)** (Med) respirador *m* **(b)** (mask) máscara *f* de oxígeno

respiratory /ˈrespərətɔːri, BrE rɪˈspɪrətəri/ *adj* respiratorio

respite /ˈrespət, BrE ˈrespaɪt/ *n* (*no pl*) respiro *m*, descanso *m*; **without ~** sin respiro

resplendent /rɪˈsplendənt/ *adj* resplandeciente

⚷ **respond** /rɪˈspɑːnd, BrE rɪˈspɒnd/ *vi* **(a)** (reply) responder, contestar **(b)** (react) responder, reaccionar

⚷ **response** /rɪˈspɑːns, BrE rɪˈspɒns/ *n* **(a)** (reply) respuesta *f* **(b)** (reaction) respuesta *f*; (to news) reacción *f*

⚷ **responsibility** /rɪˈspɑːnsəˈbɪləti, BrE rɪˌspɒnsəˈbɪləti/ *n* (*pl* **-ties**) **(a)** (task, duty) responsabilidad *f* **(b)** (authority, accountability) responsabilidad *f*; **to take ~ for sth** responsabilizarse* *or* encargarse* de algo **(c)** (liability, blame) responsabilidad *f*; **they took full ~ for the disaster** aceptaron ser responsables del desastre

⚷ **responsible** /rɪˈspɑːnsəbəl, BrE rɪˈspɒnsəbəl/ *adj* **(a)** (accountable) (*pred*) **to be ~** (FOR **sth**): **who's ~?** ¿quién es el responsable?; **a build-up of gas was ~ for the explosion** una acumulación de gas fue la causa de la explosión; **to hold sb ~ for sth** responsabilizar* *or* hacer* responsable a algn de algo **(b)** (in charge) (*pred*) **to be ~** FOR **sth** ser* responsable DE algo **(c)** (trustworthy) responsable, formal **(d)** (*before n*) ‹*post*› de responsabilidad

responsibly /rɪˈspɑːnsəbli, BrE rɪˈspɒnsɪbli/ *adv* con responsabilidad, responsablemente

responsive /rɪˈspɑːnsɪv, BrE rɪˈspɒnsɪv/ *adj* ‹*brakes/engine*› sensible; ‹*person/audience*› receptivo

⚷ **rest¹** /rest/ *n* I **1** **(a)** (break) descanso *m*; **to have a ~** tomarse un descanso **(b)** (relaxation) descanso *m*, reposo *m*; **try to get some ~** trata de descansar un poco **2** (motionlessness): **to come to ~** detenerse* **3** (support) apoyo *m* **4** (Mus) silencio *m*

II (remainder) **the ~**: **the ~ of the money** el resto del dinero; **the ~ of the children** los demás niños

⚷ **rest²** *vi* **1** (relax) descansar **2** **(a)** (be supported) **to ~** ON **sth** (Const) descansar *or* apoyarse EN *or* SOBRE algo **(b)** (be based, depend) **to ~** ON **sth** «*argument/theory*» descansar SOBRE algo **(c)** (stop) **to ~** ON **sth/sb** «*eyes/gaze*» detenerse* SOBRE algo/algn **3** (be responsibility of) **to ~** WITH **sb** «*responsibility*» recaer* SOBRE algn

■ *vt* **1** (relax) descansar **2** (place for support) apoyar

● **rest up** [*v* + *adv*] (AmE) descansar

rest area *n* (AmE) área *f*‡ de reposo

⚷ **restaurant** /ˈrestərɑːnt, BrE ˈrestrɒnt/ *n* restaurante *m*, restorán *m*

restaurant car *n* (BrE) coche-comedor *m*, vagón *m* restaurante

restful /ˈrestfəl/ *adj* tranquilo, apacible

restless /ˈrestləs, BrE ˈrestlɪs/ *adj* ‹*person/manner*› inquieto; ‹*waves/wind*› (liter) agitado

restoration /ˈrestəˈreɪʃən/ *n* **1** **(a)** (of order, peace) restablecimiento *m* **(b)** (to throne, power) restauración *f*, reinstauración *f* **2** (of building, painting) restauración *f*

⚷ **restore** /rɪˈstɔːr, BrE rɪˈstɔː(r)/ *vt* **1** **(a)** (re-establish) ‹*order/peace*› restablecer*; ‹*confidence/health/energy*› devolver*; ‹*monarchy/king*› restaurar, reinstaurar **(b)** (give back) (fml) restituir* (fml) **2** ‹*building/ painting*› restaurar

restrain /rɪˈstreɪn/ *vt* contener*

■ *v refl* **to ~ oneself** contenerse*, refrenarse

restrained /rɪˈstreɪnd/ *adj* ‹*person/behavior*› moderado, comedido; ‹*colors/style*› sobrio

restraint /rɪˈstreɪnt/ *n* **(a)** (self-control) compostura *f*, circunspección *f* **(b)** (restriction) limitación *f*, restricción *f*

restrict /rɪˈstrɪkt/ *vt* ‹*power/freedom/access*› restringir*, limitar; ‹*imports/movements*› restringir*

restricted /rɪˈstrɪktəd, BrE rɪˈstrɪktɪd/ *adj* **(a)** ‹*number/space*› limitado **(b)** ‹*information*› confidencial; **~ area** (Mil) zona *f* restringida

restriction /rɪ'strɪkʃən/ *n* restricción *f*
restrictive /rɪ'strɪktɪv/ *adj* restrictivo
rest room *n* (AmE) baño *m*, servicio(s) *m(pl)*
restructure /'riː'strʌktʃər, BrE ˌriː'strʌktʃə(r)/ *vt* reestructurar
rest stop *n* (AmE) ▶ **rest area**
✔ **result¹** /rɪ'zʌlt/ *n* **1** **(a)** (consequence) resultado *m*; **the company collapsed, with the ~ that ...** la compañía quebró, y como consecuencia ... **(b)** (of calculation, exam, contest) resultado *m* **2** **(a) as a result** (*as linker*) por consiguiente, por ende (fml) **(b) as a result of** (*as prep*) a raíz de
✔ **result²** *vi*: **to ~ in** traer* como consecuencia, resultar en; **it could ~ in his dismissal** podría ocasionar *or* acarrear su despido
resultant /rɪ'zʌltənt/, **resulting** /rɪ'zʌltɪŋ/ *adj* (*before n*) consiguiente, resultante
resume /rɪ'zuːm, BrE rɪ'zjuːm/ *vt* ‹*work/journey*› reanudar
▪ *vi* «*negotiations/work*» reanudarse, continuar*
résumé /'rezəmeɪ, 'rezə'meɪ, BrE 'rezjʊmeɪ/ *n* **(a)** (summary) resumen *m* **(b)** (of career) (AmE) currículum *m* (vitae), historial *m* personal
resurgence /rɪ'sɜːrdʒəns, BrE rɪ'sɜːdʒəns/ *n* resurgimiento *m*, renacer *m*
resurrect /'rezə'rekt/ *vt* desenterrar*, resucitar
resurrection /'rezə'rekʃən/ *n* resurrección *f*
resuscitate /rɪ'sʌsəteɪt, BrE rɪ'sʌsɪteɪt/ *vt* (Med) resucitar
resuscitation /rɪ'sʌsə'teɪʃən, BrE rɪˌsʌsɪ'teɪʃən/ *n* (Med) resucitación *f*
retail¹ /'riːteɪl/ *vt* vender al por menor *or* al detalle
▪ *vi* venderse al por menor
retail² *n* venta *f* al por menor *or* al detalle; (*before n*) **~ price** precio *m* de venta al público, precio *m* al por menor
retailer /'riːteɪlər, BrE 'riːteɪlə(r)/ *n* minorista *mf*, detallista *mf*
retail price index *n* (BrE) índice *m* de precios al consumo
✔ **retain** /rɪ'teɪn/ *vt* ‹*property/money*› quedarse con; ‹*authority/power*› retener*; ‹*heat*› conservar; ‹*moisture/water*› retener*; ‹*information*› retener*
retake¹ /'riː'teɪk/ *vt* (*past* **retook**; *past p* **retaken**) (Educ) volver* a presentarse a, volver* a presentar
retake² /'riːteɪk/ *n* (of exam): **to do a ~** volver* a examinarse
retaliate /rɪ'tælieɪt/ *vi* (Mil) tomar represalias
retaliation /rɪ'tæli'eɪʃən/ *n* represalias *fpl*
retarded /rɪ'tɑːrdəd, BrE rɪ'tɑːdɪd/ *adj* (dated or offensive) retrasado (ant *u* ofensivo), retardado (ant *u* ofensivo)
retch /retʃ/ *vi* hacer* arcadas
retention /rɪ'tentʃən, BrE rɪ'tenʃən/ *n* retención *f*
retentive /rɪ'tentɪv/ *adj* ‹*memory*› retentivo
rethink /'riː'θɪŋk/ *vt* (*past & past p* **rethought**) reconsiderar, replantearse
reticence /'retəsəns, BrE 'retɪsəns/ *n* reticencia *f*
reticent /'retəsənt, BrE 'retɪsənt/ *adj* reticente

✔ palabra clave

retina /'retnə, BrE 'retɪnə/ *n* (*pl* **-nas** *or* **-nae** /-niː/) retina *f*
retinue /'retnuː, BrE 'retɪnjuː/ *n* séquito *m*, comitiva *f*
retire /rɪ'taɪr, BrE rɪ'taɪə(r)/ *vi* **1** (from occupation) jubilarse, retirarse; «*soldier/athlete*» retirarse **2** **(a)** (retreat, withdraw) (fml) retirarse **(b)** (go to bed) (fml *or* hum) retirarse a sus (*or* mis *etc*) aposentos (fml *o* hum)
retired /rɪ'taɪrd, BrE rɪ'taɪəd/ *adj* jubilado, retirado
retirement /rɪ'taɪrmənt, BrE rɪ'taɪəmənt/ *n* (from job) jubilación *f*, retiro *m*
retiring /rɪ'taɪrɪŋ, BrE rɪ'taɪərɪŋ/ *adj* (shy) retraído
retort¹ /rɪ'tɔːrt, BrE rɪ'tɔːt/ *vt* replicar* (liter), contestar
retort² *n* réplica *f* (liter), contestación *f*
retrace /'riː'treɪs/ *vt*: **to ~ one's steps** volver* sobre sus (*or* mis *etc*) pasos
retract /rɪ'trækt/ *vt* **(a)** ‹*allegation/statement*› retirar **(b)** ‹*undercarriage*› replegar*, levantar
retrain /'riː'treɪn/ *vi* hacer* un curso de reciclaje *or* recapacitación
retread¹ /'riː'tred/ *vt* (*past and past p* **~ed**) ‹*tire*› recauchutar, recauchar, reencauchar (AmC, Ven)
retread² /'riːtred/ *n* neumático *m* recauchutado *or* recauchado *or* (AmC, Ven) reencauchado, llanta *f* vulcanizada (AmL)
retreat¹ /rɪ'triːt/ *vi* retirarse
retreat² *n* **1** (Mil) retirada *f*, repliegue *m* **2** **(a)** (place) refugio *m* **(b)** (Relig) retiro *m* espiritual
retrial /'riː'traɪəl/ *n* nuevo juicio *m*
retribution /'retrə'bjuːʃən, BrE ˌretrɪ'bjuːʃən/ *n* castigo *m*
retrieve /rɪ'triːv/ *vt* ‹*object/data*› recuperar
retriever /rɪ'triːvər, BrE rɪ'triːvə(r)/ *n* perro *m* cobrador
retrograde /'retrəgreɪd/ *adj* retrógrado
retrospect /'retrəspekt/ *n*: **in ~** mirando hacia atrás, en retrospectiva
retrospective¹ /'retrə'spektɪv/ *adj* retrospectivo
retrospective² *n* (exposición *f*) retrospectiva *f*
✔ **return¹** /rɪ'tɜːrn, BrE rɪ'tɜːn/ *vi* **(a)** (to place) volver*, regresar; **to ~ TO sth** (to former activity, state) volver* A algo **(b)** (reappear) «*symptom*» volver* a aparecer; «*doubts/suspicions*» resurgir*
▪ *vt* **1** **(a)** (give back) devolver*, regresar (AmL exc CS), restituir* (fml) **(b)** (reciprocate) ‹*affection*› corresponder a; ‹*blow/favor*› devolver*; ‹*greeting*› devolver*, corresponder a; **to ~ sb's call** devolverle* la llamada a algn **(c)** (Sport) ‹*ball*› devolver* **2** (Law) ‹*verdict*› emitir
✔ **return²** *n* **1** **(a)** (to place) regreso *m*, vuelta *f*, retorno *m* (fml *o* liter) **(b)** (reappearance) reaparición *f*; **many happy ~s of the day!** ¡que cumplas muchos más! **2** (to owner) devolución *f*, regreso *m* (AmL) **3** **in ~** (FOR sth) a cambio (DE algo) **4** (profit) rendimiento *m* **5** (tax ~) declaración *f* (de la renta *or* de impuestos) **6** (ticket) (BrE) boleto *m or* (Esp)

r

billete *m* de ida y vuelta, boleto *m* de viaje redondo (Méx)

return³ *adj* (*before n*) ‹*journey/flight*› de vuelta, de regreso; ‹*ticket/fare*› (BrE) de ida y vuelta, de viaje redondo (Méx)

returnable /rɪ'tɜːrnəbəl, BrE rɪ'tɜːnəbəl/ *adj* ‹*deposit*› reembolsable, reintegrable; ‹*bottle*› retornable

reunion /riː'juːnjən/ *n* reunión *f*, reencuentro *m*; **a family ~** una reunión familiar

reunite /'riːjʊ'naɪt/ *vt* ‹*family/party*› volver* a unir; **to be ~d with sb** reencontrarse* con algn

reusable /riː'juːzəbəl/ *adj* reutilizable

reuse /'riː'juːz/ *vt* reutilizar*, volver* a usar

rev¹ /rev/ *n* revolución *f*

rev² *vt* **-vv-** **~ (up)** ‹*engine/car*› acelerar (*sin desplazarse*)

revalue /'riː'væljuː/ *vt* ‹*currency*› revalorizar*, revaluar* (esp AmL); ‹*house*› reevaluar*, revalorar

revamp /'riː'væmp/ *vt* ‹*kitchen/interior*› reformar; (modernize) modernizar*; ‹*image*› cambiar; ‹*organization*› modernizar*

reveal /rɪ'viːl/ *vt* **(a)** (disclose) revelar, develar (AmL), desvelar (Esp) **(b)** (bring to view) dejar ver

revealing /rɪ'viːlɪŋ/ *adj* revelador

revel /'revəl/ *vi*, (BrE **-ll-**) (enjoy greatly) **to ~ IN sth** deleitarse CON *or* EN algo

revelation /'revə'leɪʃən/ *n* **(a)** (disclosure) revelación *f* **(b)** (Bib): **(the Book of) Revelations** el Apocalipsis

reveler, (BrE) **reveller** /'revələr, BrE 'revələ(r)/ *n* (liter) juerguista *mf* (fam)

revelry /'revəlri/ *n* (*pl* **-ries**) jolgorio *m*

revenge¹ /rɪ'vendʒ/ *n* venganza *f*; **to take ~** vengarse*, desquitarse

revenge² *vt* vengar*

revenue /'revənuː, BrE 'revənjuː/ *n* **(a)** (Tax) rentas *fpl* públicas **(b) revenues** *pl* ingresos *mpl*

reverberate /rɪ'vɜːrbəreɪt, BrE rɪ'vɜːbəreɪt/ *vi* retumbar

revere /rɪ'vɪr, BrE rɪ'vɪə(r)/ *vt* (fml) reverenciar (fml)

reverence /'revrəns, 'revərəns/ *n* reverencia *f*

Reverend *adj* (in titles) reverendo

reverent /'revrənt, 'revərənt/ *adj* reverente

reverie /'revəri/ *n* ensueño *m*

reversal /rɪ'vɜːrsəl, BrE rɪ'vɜːsəl/ *n* **(a)** (inversion) inversión *f* **(b)** (of trend, policy) cambio *m* completo *or* total **(c)** (setback) (fml) revés *m*

reverse¹ /rɪ'vɜːrs, BrE rɪ'vɜːs/ *n* **1** (of picture, paper) reverso *m*, dorso *m*; (of cloth, garment) revés *m*; (of coin) reverso *m* **2** (*no pl*) (opposite): **the ~** lo contrario **3** **~ (gear)** (*no art*) marcha *f* atrás, reversa *f* (Col, Méx) **4** (setback) (fml) revés *m*

reverse² *vt* **1** **(a)** (transpose) ‹*roles/positions*› invertir*; **to ~ the charges** (BrE) (Telec) llamar a cobro revertido *or* (Chi, Méx) por cobrar **(b)** (invert) ‹*order/process*› invertir* **2** (undo, negate) ‹*policy*› cambiar radicalmente; ‹*trend*› invertir* el sentido de; ‹*ruling*› revocar* **3** ‹*vehicle*› **she ~d her car around the corner** dobló la esquina dando marcha atrás *or* (Col, Méx) en reversa

■ *vi* «*vehicle/driver*» dar* marcha atrás, meter reversa (Col, Méx)

reverse³ *adj* (*before n*) **(a)** (backward, opposite) ‹*movement/direction/trend*› contrario, inverso; **in ~ order** en orden inverso **(b)** (back): **the ~ side** (of cloth) el revés; (of paper) el reverso, el dorso

reverse-charge call /rɪ'vɜːrs'tʃɑːrdʒ, BrE rɪ,vɜːs'tʃɑːdʒ/ *n* (BrE) llamada *f* a cobro revertido *or* (Chi, Méx) por cobrar

reversible /rɪ'vɜːrsəbəl, BrE rɪ'vɜːsəbəl/ *adj* reversible

reversion /rɪ'vɜːrʒən, BrE rɪ'vɜːʃən/ *n* (to former state, practice) vuelta *f*, reversión *f* (fml)

revert /rɪ'vɜːrt, BrE rɪ'vɜːt/ *vi*: **to ~ to** volver* a

review¹ /rɪ'vjuː/ *n* **1** **(a)** (of book, film) crítica *f*, reseña *f* **(b)** (report, summary) resumen *m*, reseña *f* **2** **(a)** (reconsideration) revisión *f* **(b)** (for exam) (AmE) repaso *m*

review² *vt* **1** **(a)** (consider) ‹*situation*› examinar, estudiar **(b)** (reconsider) ‹*policy/case*› reconsiderar; ‹*salary*› reajustar **2** **(a)** (summarize) ‹*news/events*› resumir, reseñar **(b)** ‹*book/play*› hacer* (*or* escribir* *etc*) la crítica de, reseñar **3** (for exam) (AmE) repasar

revise /rɪ'vaɪz/ *vt* **(a)** (alter) modificar* **(b)** (for exam) (BrE) repasar

■ *vi* (BrE) repasar

revision /rɪ'vɪʒən/ *n* **1** **(a)** (alteration) modificación *f* **(b)** (text) edición *f* corregida **2** (for exam) (BrE) repaso *m*

revitalize /'riː'vaɪtlaɪz/ *vt* vigorizar*, darle* vitalidad a; ‹*economy*› estimular, reactivar

revival /rɪ'vaɪvəl/ *n* **(a)** (renewal, upsurge): **a ~ of interest in ...** un renovado interés por ...; **economic ~** reactivación *f* económica; **a religious ~** un renacer *or* un renacimiento religioso **(b)** (Med) reanimación *f*

revive /rɪ'vaɪv/ *vt* **(a)** (Med) reanimar, resucitar **(b)** (revitalize) ‹*economy*› reactivar, estimular; ‹*interest/friendship*› hacer* renacer, reavivar **(c)** ‹*custom/practice*› restablecer*

■ *vi* «*trade*» reactivarse, repuntar; «*hope/interest*» renacer*, resurgir*; «*patient*» reanimarse; «*plant*» revivir

revoke /rɪ'vəʊk/ *vt* revocar*

revolt¹ /rɪ'vəʊlt/ *n* revuelta *f*, sublevación *f*

revolt² *vi* sublevarse

■ *vt* darle* asco a

revolting /rɪ'vəʊltɪŋ/ *adj* (nauseating) repugnante; (horrible) (infml) asqueroso, horrible

revolution /'revə'luːʃən/ *n* revolución *f*

revolutionary¹ /'revə'luːʃəneri, BrE ,revə'luːʃənəri/ *adj* revolucionario

revolutionary² *n* (*pl* **-ries**) revolucionario, -ria *m,f*

revolutionize /'revə'luːʃənaɪz/ *vt* revolucionar

revolve /rɪ'vɑːlv, BrE rɪ'vɒlv/ *vi* **(a)** (rotate) girar **(b) revolving** *pres p* ‹*chair/door*› giratorio

revolver /rɪ'vɑːlvər, BrE rɪ'vɒlvə(r)/ *n* revólver *m*

revue /rɪ'vjuː/ *n* revista *f*

revulsion /rɪ'vʌlʃən/ *n* repugnancia *f*, asco *m*

reward¹ /rɪ'wɔːrd, BrE rɪ'wɔːd/ *n* recompensa *f*

reward² *vt* premiar, recompensar

rewarding /rɪ'wɔːrdɪŋ, BrE rɪ'wɔːdɪŋ/ *adj* gratificante

rewind /riː'waɪnd/ *vt* (*past & past p* **rewound**) rebobinar

rewire /riː'waɪr, BrE ˌriː'waɪə(r)/ *vt* ‹*house*› renovar* la instalación eléctrica de

reword /riː'wɜːrd, BrE ˌriː'wɜːd/ *vt* ‹*question*› formular de otra manera; ‹*statement*› volver* a redactar

rewound /riː'waʊnd/ *past & past p of* **rewind**

rewrite /riː'raɪt/ *vt* (*past* **rewrote**; *past p* **rewritten**) volver* a escribir *or* redactar

rhapsody /'ræpsədi/ *n* (*pl* **-dies**) rapsodia *f*

rhetoric /'retərɪk/ *n* retórica *f*

rhetorical /rɪ'tɔːrɪkəl, BrE rɪ'tɒrɪkəl/ *adj* retórico

rheumatic /ruː'mætɪk/ *adj* reumático

rheumatism /'ruːmətɪzəm/ *n* reumatismo *m*

Rhine /raɪn/ *n*: **the ~** el Rin

rhino /'raɪnəʊ/ *n* (*pl* **~** *or* **~s**) rinoceronte *m*

rhinoceros /raɪ'nɑːsrəs, -sərəs, BrE raɪ'nɒsərəs, -srəs/ *n* (*pl* **-oses** *or* **~**) rinoceronte *m*

rhubarb /'ruːbɑːrb, BrE 'ruːbɑːb/ *n* ruibarbo *m*

rhyme¹ /raɪm/ *n* **(a)** (correspondence of sound) rima *f* **(b)** (poem) rima *f*, poema *m*

rhyme² *vi/t* rimar

rhythm /'rɪðəm/ *n* ritmo *m*

rhythmic /'rɪðmɪk/, **-mical** /-mɪkəl/ *adj* rítmico

RI = **Rhode Island**

rib /rɪb/ *n* (Anat, Culin) costilla *f*

ribald /'rɪbəld/ *adj* ‹*comments/humor*› procaz, picaresco

ribbed /rɪbd/ *adj* ‹*neck/sleeves*› en punto elástico, en canalé, en resorte (AmC, Col, Méx)

ribbon /'rɪbən/ *n* **(a)** (strip of fabric) cinta *f*, listón *m* (Méx) **(b)** (as insignia, award) galón *m* **(c)** (of typewriter, printer etc) cinta *f* **(d) ribbons** *pl* (shreds) jirones *mpl*

ribcage /'rɪbkeɪdʒ/ *n* caja *f* torácica

rice /raɪs/ *n* arroz *m*; (*before n*) **~ pudding** arroz con leche

rice: **~field** *n* arrozal *m*; **~ paper** *n* papel *m* de arroz

r ✎ **rich** /rɪtʃ/ *adj* **-er, -est** **1** **(a)** (wealthy) rico **(b)** (opulent) ‹*banquet*› suntuoso; ‹*furnishings*› lujoso, suntuoso **(c)** (abundant) ‹*harvest/supply*› abundante; ‹*reward*› generoso; ‹*history/experience*› rico **2** **(a)** ‹*food*› *con alto contenido de grasas, huevos, azúcar etc* **(b)** ‹*soil*› rico; ‹*color*› cálido e intenso

riches /'rɪtʃəz, BrE 'rɪtʃɪz/ *pl n* riquezas *fpl*

richness /'rɪtʃnəs, BrE 'rɪtʃnɪs/ *n* riqueza *f*

rickety /'rɪkəti/ *adj* desvencijado

rickshaw /'rɪkʃɔː/ *n*: *calesa oriental de dos ruedas tirada por un hombre*

ricochet /'rɪkəʃeɪ/ *vi* **-chets** /-ʃeɪz/, **-cheting** /-ʃeɪɪŋ/, **-cheted** /-ʃeɪd/ **to ~** (OFF **sth**) rebotar (EN algo)

rid /rɪd/ *vt* (*pres p* **ridding**; *past & past p* **rid**): **they ~ the country of corruption** libraron al país de la corrupción; **to get ~ of** ‹*unwanted object*› deshacerse* de; ‹*person, cold*› quitarse de encima; ‹*smell*› quitar

riddance /'rɪdn̩s/ *n*: **good ~!** (infml) ¡adiós y buen viaje! (fam & iró)

ridden /'rɪdn̩/ *past p of* **ride¹**

riddle¹ /'rɪdl/ *n* **(a)** (puzzle) adivinanza *f*, acertijo *m* **(b)** (mystery) enigma *m*, misterio *m*

riddle² *vt* (perforate) (*often pass*) **to be ~d** WITH **sth**: **his body was ~d with bullets** lo habían acribillado a balazos; **she was ~d with cancer** tenía cáncer por todo el cuerpo

✎ **ride¹** /raɪd/ (*past* **rode**; *past p* **ridden**) *vt* **1** **(a) to ~ a horse** montar a caballo; **to ~ a bicycle/motorbike** montar *or* (AmL tb) andar* en bicicleta/moto **(b)** (AmE) ‹*bus/subway/train*› ir* en **2** (be carried upon) ‹*waves/wind*› dejarse llevar por

■ *vi* **(a)** (on horse) montar *or* (AmL tb) andar* a caballo; **to go riding** ir* a montar *or* (AmL tb) a andar a caballo **(b)** (on bicycle, in vehicle) ir*; **we rode into town** fuimos al centro en bicicleta (*or* en moto *etc*)

● **ride out** [*v + o + adv, v + adv + o*] aguantar, sobrellevar

● **ride up** [*v + adv*] subirse

ride² *n* (on horse, in vehicle etc): **let's go for a ~ on our bikes/in your car** vamos a dar una vuelta *or* un paseo en bicicleta/en tu coche; **it was a long ~** fue un viaje largo; **to give sb a ~** (esp AmE) llevar a algn en coche, darle* un aventón (Méx) *or* (Col fam) una palomita a algn; ***to take sb for a ~*** (infml) tomarle el pelo a algn (fam)

rider /'raɪdər, BrE 'raɪdə(r)/ *n* **1** **(a)** (on horseback) jinete *mf*; (on bicycle) ciclista *mf*; (on motorbike) motociclista *mf*, motorista *mf* **(b)** (of subway, bus) (AmE) pasajero, -ra *m,f* **2** (appended statement) cláusula *f* adicional; (condition) condición *f*

ridge /rɪdʒ/ *n* (of hills) cadena *f*; (hilltop) cresta *f*

ridicule¹ /'rɪdəkjuːl, BrE 'rɪdɪkjuːl/ *n* burlas *fpl*

ridicule² *vt* ridiculizar*, burlarse de

ridiculous /rɪ'dɪkjələs, BrE rɪ'dɪkjʊləs/ *adj* ridículo

riding /'raɪdɪŋ/ *n* equitación *f*; (*before n*) ‹*school/lesson*› de equitación; ‹*breeches/boots*› de montar

rife /raɪf/ *adj* (*pred*) extendido; **disease is ~** cunden las enfermedades; **corruption is ~** reina la corrupción

riffraff /'rɪfræf/ *n* (+ *sing or pl vb*) chusma *f*

rifle¹ /'raɪfəl/ *n* rifle *m*, fusil *m*

rifle² *vi* **to ~** THROUGH **sth** hojear algo

rift /rɪft/ *n* **(a)** (in rock) fisura *f* **(b)** (within party) escisión *f*; (between people) distanciamiento *m*; (between countries) ruptura *f*

rig¹ /rɪg/ *n* (oil **~**) plataforma *f* petrolífera *or* petrolera; (derrick) torre *f* de perforación

rig² **-gg-** *vt* ‹*election/contest*› amañar; ‹*fight*› arreglar

● **rig out** [*v + o + adv, v + adv + o*] (infml) equipar

● **rig up** [*v + o + adv, v + adv + o*] (set up) instalar

rigging /'rɪgɪŋ/ *n* (Naut) jarcia(s) *f(pl)*

✎ **right¹** /raɪt/ *adj* **1** (correct) ‹*answer/interpretation*› correcto; **are we going in the ~ direction?** ¿vamos bien?; **did you press the ~ button?** ¿apretaste el botón que debías?; **do you have the ~ change?** ¿tienes el cambio justo?; **do you have the ~ time?** ¿tienes hora (buena)? **2** (not mistaken): **to be ~** «*person*»

✎ palabra clave

tener* razón, estar* en lo cierto; «*clock*» estar* bien; **you got two answers ~** acertaste dos respuestas; **to be ~ to +** INF hacer* bien en + INF **3** (good, suitable) adecuado, apropiado; **if the price is ~** si está bien de precio; **just ~** perfecto; **the ~ person for the job** la persona indicada para el puesto **4** (just, moral) (*pred*) **to be ~** ser* justo **5** (*pred*) (in order): **to put sth ~** arreglar algo **6** (opposite of left) (*before n*) ‹*side/ear/shoe*› derecho

right[2] *adv* **1** (correctly, well) bien, correctamente; **nothing goes ~ for them** todo les sale mal, nada les sale bien; ▶ **serve**[1] *vt* 2 **2** **(a)** (all the way, completely): **the road goes ~ along the coast** la carretera bordea toda la costa; **~ from the start** desde el principio **(b)** (directly): **it's ~ in front of you** lo tienes allí delante; **he was ~ here/there** estaba aquí mismo/allí mismo; **~ now** ahora mismo **(c)** (immediately): **~ after lunch** inmediatamente después de comer; **I'll be ~ back** vuelvo enseguida **3** ‹*turn/look*› a la derecha

right[3] *n* **1** **(a)** (entitlement) derecho *m*; **~ to sth/+** INF derecho A algo/+ INF; **the title is his by ~** el título le corresponde a él **(b) rights** *pl* derechos *mpl* **2** (what is morally correct): **to know ~ from wrong** saber* distinguir entre el bien y el mal; **to be in the ~** tener* razón, llevar la razón, estar* en lo cierto; **to put** o **set sth to ~s** (esp BrE) arreglar algo **3** **(a)** (opposite the left) derecha *f*; **on the ~** a la derecha; **to drive on the ~** manejar *or* (Esp) conducir* por la derecha **(b)** (right turn): **to make** o (BrE) **take a ~** girar a la derecha **(c)** (Sport) (hand) derecha *f* **4** (Pol): **the ~** la derecha

right[4] *vt* **(a)** (set upright) enderezar* **(b)** (redress) reparar; **to ~ a wrong** reparar un daño

right[5] *interj* (infml) ¡bueno!, ¡vale! (Esp fam)

right: **~ angle** *n* ángulo *m* recto; **~ away** *adv* enseguida

righteous /ˈraɪtʃəs/ *adj* **(a)** ‹*indignation*› justificado **(b)** ‹*person*› recto, honrado

rightful /ˈraɪtfəl/ *adj* (*before n*) ‹*owner/heir*› legítimo; ‹*share/reward*› justo

right: **~-hand** /ˈraɪtˈhænd/ *adj* (*before n*) de la derecha; **on the ~-hand side** a la derecha, a mano derecha; **~-handed** /ˈraɪtˈhændəd, BrE ˌraɪtˈhændɪd/ *adj* ‹*person*› diestro; **~-hand man** /ˈraɪtˈhænd/ *n* brazo *m* derecho

rightly /ˈraɪtli/ *adv* **(a)** (correctly, accurately): **if I remember ~** si mal no recuerdo; **I can't ~ say** (infml) no sabría decir exactamente **(b)** (justly) con toda la razón; **~ or wrongly** justa o injustamente

right: **~ of way** *n* (precedence in traffic) preferencia *f*; **~ on** *adj* (AmE infml) (*pred*): **his analysis was ~ on** su análisis era muy acertado *or* (fam) daba justo en el clavo; **~-on** /ˈraɪtˈɑːn, BrE ˌraɪtˈɒn/ *adj* (BrE infml & hum) progre (fam); **~ wing** *n* **(a)** (Pol) (ala *f*‡) derecha *f* **(b)** (Sport) ala *f*‡ derecha; **~-wing** /ˈraɪtˈwɪŋ/ *adj* derechista; **~-winger** /ˈraɪtˌwɪŋər, BrE ˈraɪtˌwɪŋə(r)/ *n* (Pol) derechista *mf*

rigid /ˈrɪdʒəd, BrE ˈrɪdʒɪd/ *adj* **(a)** (stiff) rígido **(b)** ‹*discipline*› estricto; ‹*person/principles*› inflexible

rigmarole /ˈrɪgmərəʊl/ *n* (infml) lío *m* (fam)

rigor, (BrE) **rigour** /ˈrɪgər, BrE ˈrɪgə(r)/ *n* rigor *m*

rigor mortis /ˈrɪgərˈmɔːrtəs, BrE ˌrɪgəˈmɔːtɪs/ *n* rigidez *f* cadavérica; **~ had set in** el cuerpo ya estaba rígido

rigorous /ˈrɪgərəs/ *adj* riguroso

rigour *n* (BrE) ▶ **rigor**

rile /raɪl/ *vt* (infml) irritar

rim /rɪm/ *n* (of cup, bowl) borde *m*; (of spectacles) montura *f*, armazón *m or f*; (of wheel) (Auto) llanta *f*, rin *m* (Col, Méx); (of bicycle wheel) aro *m*

rind /raɪnd/ *n* (of lemon, orange) cáscara *f*, corteza *f*; (of cheese) corteza *f*; (of bacon) piel *f*

ring[1] /rɪŋ/ *n* **1** **(a)** (on finger) anillo *m*; (woman's) anillo *m*, sortija *f* **(b)** (circle) círculo *m*; **to stand in a ~** hacer* un corro, formar un círculo **(c)** (burner) (BrE) quemador *m*, hornilla *f* (AmL exc CS), hornillo *m* (Esp) **2** **(a)** (in boxing, wrestling) cuadrilátero *m*, ring *m* **(b)** (in circus) pista *f* **(c)** (bull ~) ruedo *m* **3** (of criminals) red *f*, banda *f* **4** **(a)** (sound of bell) (of phone) timbrazo *m*; **there was a ~ at the door** sonó el timbre de la puerta **(b)** (telephone call) (BrE) (*no pl*) **to give sb a ~** llamar (por teléfono) a algn

ring[2] (*past* **rang**; *past p* **rung**) *vi* **1** **(a)** (make sound) sonar* **(b)** (operate bell) «*person*» tocar* el timbre, llamar al timbre **2** (telephone) (BrE) llamar (por teléfono), telefonear **3** **(a)** (resound) resonar*; **to ~ true** ser* *or* sonar* convincente **(b)** «*ears*» zumbar

■ *vt* **1** **(a)** ‹*bell*› tocar* **(b)** (telephone) ‹*person*› (BrE) llamar (por teléfono) **2** (*past & past p* **ringed**) **(a)** (surround) cercar*, rodear **(b)** (with pen, pencil) marcar* con un círculo

● **ring back** (BrE) **1** [*v + adv*] volver* a llamar **2** [*v + o + adv*] (ring again) volver* a llamar; (return call) llamar

● **ring off** [*v + adv*] (BrE) colgar*, cortar (CS)

● **ring out** [*v + adv*] «*shot/voice*» oírse*, resonar*; «*bells*» sonar*, resonar*

● **ring up** **1** [*v + o + adv, v + adv + o*] (BrE) ▶ **ring**[2] *vt* **1b** **2** [*v + adv*] (BrE) ▶ **ring**[2] *vi* **2**

ring binder *n* archivador *m*, carpeta *f* de anillos *or* (Esp) de anillas

ringing /ˈrɪŋɪŋ/ *n* **(a)** (of bell) repique *m*, toque *m* **(b)** (of doorbell, telephone) timbre *m* **(c)** (in ears) zumbido *m*

ringleader /ˈrɪŋˌliːdər, BrE ˈrɪŋˌliːdə(r)/ *n* cabecilla *mf*

ringlet /ˈrɪŋlət/ *n* tirabuzón *m*, rizo *m*

ring road *n* (BrE) carretera *f* de circunvalación

rink /rɪŋk/ *n* (ice ~) pista *f* de hielo; (skating ~) pista *f* de patinaje

rinse[1] /rɪns/ *vt* **(a)** (wash) ‹*cutlery/hands*› enjuagar*; ‹*rice/mushrooms*› lavar **(b)** (to remove soap) ‹*clothes/hair*› enjuagar*, aclarar (Esp); ‹*dishes*› enjuagar*

rinse[2] *n* **(a)** (wash) enjuague *m* **(b)** (to remove soap — from clothes) enjuague *m*, aclarado *m* (Esp); (— from dishes) enjuague *m* **(c)** (tint) tintura *f* (*no permanente*)

riot[1] /ˈraɪət/ *n* **(a)** (disorder) disturbio *m*; (mutiny) motín *m*; *to run* **~** «*fans*» descontrolarse, desmadrarse (fam); **she let her imagination run ~** dio rienda suelta a su imaginación; (*before n*) ‹*gear/shield*› antidisturbios *adj inv*; **the ~ squad** la brigada antidisturbios **(b)** (profusion): **a ~ of color** un derroche *or* una profusión de color

riot² *vi* causar disturbios *or* desórdenes; «*prisoners*» amotinarse

rioter /'raɪətər, BrE 'raɪətə(r)/ *n* alborotador, -dora *m,f*

rioting /'raɪətɪŋ/ *n* disturbios *mpl*

riotous /'raɪətəs/ *adj* **(a)** ‹*crowd/behavior*› descontrolado, desenfrenado **(b)** ‹*occasion*› desenfrenado

rip¹ /rɪp/ **-pp-** *vt* ‹*cloth*› rasgar*, romper*; ‹*skirt/trousers*› hacerse* un rasgón en; **she ~ped the letter open** abrió la carta de un rasgón
■ *vi* rasgarse*

● **rip off** [*v + o + adv, v + adv + o*] **1** (remove) arrancar* **2** (sl) **(a)** (cheat) timar, estafar, tracalear (Méx, Ven fam) **(b)** (steal) afanar (arg), robar

● **rip up** [*v + o + adv, v + adv + o*] romper*, hacer* pedazos

rip² *n* rasgón *m*, desgarrón *m*

RIP (= **rest in peace**) R.I.P.

rip cord *n* cordón *m* de apertura

ripe /raɪp/ *adj* ‹*fruit*› maduro; ‹*cheese*› a punto

ripen /'raɪpən/ *vi* madurar
■ *vt* hacer* madurar

rip-off /'rɪpɔːf, BrE 'rɪpɒf/ *n* (infml) (con) timo *m*, estafa *f*; (theft) robo *m*; (copy) plagio *m*

ripple¹ /'rɪpəl/ *n* (on water) onda *f*; **a ~ of applause** un breve aplauso

ripple² *vi* **(a)** «*water*» rizarse*; «*wheat/grass*» mecerse* **(b)** **rippling** *pres p* ‹*muscles*› tensado

⚷ **rise¹** /raɪz/ *n* **1** **(a)** (upward movement — of tide, level) subida *f*; (— in pitch) elevación *f* **(b)** (increase — in prices, interest rates) subida *f*, aumento *m*, alza *f*‡ (fml); (— in pressure, temperature) aumento *m*, subida *f*; (— in number, amount) aumento *m* **(c)** (in pay) (BrE) aumento *m*, incremento *m* (fml); **a pay ~** un aumento *or* (fml) un incremento salarial **2** (advance) (to fame, power) ascenso *m*, ascensión *f*; (of movement, ideology) surgimiento *m*; ***to give ~ to sth*** (to belief) dar* origen *or* lugar a algo; (to dispute) ocasionar *or* causar algo; (to ideas) suscitar algo **3** (slope) subida *f*, cuesta *f*

r ⚷ **rise²** (*past* **rose**; *past p* **risen** /'rɪzn̩/) *vi* **1** **(a)** (come, go up) subir; «*sun/moon*» salir*; «*river*» crecer*; «*cake*» subir; **to ~ to the surface** salir* *or* subir a la superficie **(b)** (increase) «*price/temperature/pressure*» subir, aumentar; «*wind*» arreciar; «*wage/amount*» aumentar; «*tension*» crecer*, aumentar **(c)** «*sound*» (become louder) aumentar de volumen; (become higher) subir de tono **(d)** (improve) «*standard*» mejorar; **their spirits rose** se les levantó el ánimo, se animaron **2** **(a)** (slope upward) «*ground/land*» elevarse **(b)** (extend upwards) «*building/hill*» levantarse, alzarse* **3** **(a)** (stand up) «*person/audience*» (fml) ponerse* de pie, levantarse, pararse (AmL) **(b)** (out of bed) levantarse **4** (in rank): **she has ~n in my estimation** ha ganado en mi estima **5** (revolt): **to ~ (up)** levantarse, alzarse* **6** (originate) «*river*» (fml) nacer*

● **rise above** [*v + prep + o*] ‹*disability*› sobreponerse* a; ‹*difficulty*› superar

● **rise to** [*v + prep + o*] (respond to): **to ~ to the challenge** aceptar el reto; **to ~ to the occasion** estar* a la altura de las circunstancias

rising¹ /'raɪzɪŋ/ *n* (rebellion) levantamiento *m*

rising² *adj* (*before n*) **(a)** ‹*tide/level*› creciente; **the ~ sun** el sol naciente **(b)** (increasing) ‹*number*› creciente; ‹*temperature*› creciente, en aumento; ‹*prices/interest rates*› en alza *or* en aumento **(c)** (sloping) en pendiente

rising damp *n* humedad *f* (*que sube de los cimientos por las paredes*)

⚷ **risk¹** /rɪsk/ *n* riesgo *m*; **those most at ~ from the disease** los que corren mayor riesgo *or* peligro de contraer la enfermedad; **at the ~ of** -ING a riesgo de + INF; **to take a ~** correr un riesgo; **to take ~s** arriesgarse, correr riesgos

risk² *vt* **(a)** (put in danger) arriesgar*, poner* en peligro **(b)** (expose oneself to) arriesgarse* a; **to ~** -ING arriesgarse* A *or* correr el riesgo DE + INF

risky /'rɪski/ *adj* **-kier**, **-kiest** arriesgado, riesgoso (AmL)

risqué /rɪ'skeɪ, 'rɪskeɪ/ *adj* atrevido, subido de tono

rite /raɪt/ *n* rito *m*

ritual¹ /'rɪtʃuəl/ *n* ritual *m*

ritual² *adj* ritual

rival¹ /'raɪvəl/ *n* rival *mf*

rival² *adj* (*before n*) ‹*company*› rival, competidor

rival³ *vt*, (BrE **-ll-**): **his voice ~s that of the lead singer** su voz no tiene nada que envidiarle a la del cantante principal

rivalry /'raɪvəlri/ *n* (*pl* **-ries**) rivalidad *f*, competencia *f*

⚷ **river** /'rɪvər, BrE 'rɪvə(r)/ *n* río *m*; (*before n*) ‹*traffic/port*› fluvial; ‹*mouth/basin*› del río

river: **~bank** *n* ribera *f*, margen *f* (*de un río*); **~bed** *n* lecho *m* (*de un río*); **R~ Plate** *n* Río *m* de la Plata; **~side** *n* ribera *f*, margen *f* (*de un río*); (*before n*) ‹*café*› a orillas del río

rivet¹ /'rɪvət, BrE 'rɪvɪt/ *n* remache *m*, roblón *m*

rivet² *vt* **(a)** (attach) remachar **(b)** (fix) (*usu pass*) **my eyes were ~ed to the screen** estaba absorto, con los ojos clavados en la pantalla; **their eyes were ~ed on her** no le quitaban los ojos de encima **(c)** (fascinate) (*usu pass*) fascinar

riveting /'rɪvətɪŋ/ *adj* fascinante

Riviera /rɪvi'erə, BrE ˌrɪvi'eərə/ *n*: **the (French) ~** la Costa Azul; **the Italian ~** la Riviera

RN *n* (in UK) = **Royal Navy**

RNA *n* (= **ribonucleic acid**) RNA *m*, ARN *m*

⚷ **road** /rəʊd/ *n* **1** (for vehicles — in town) calle *f*; (— out of town) carretera *f*; (— minor) camino *m*; **by ~** por carretera, por tierra; (*before n*) ‹*accident*› de tráfico *or* (AmL tb) de tránsito; **~ safety** seguridad *f* en la carretera; **~ sign** señal *f* vial *or* de tráfico *or* (AmL tb) de tránsito; **~ tax** impuesto *m* de rodaje **2** (route, way) camino *m*; **the economy is on the ~ to recovery** la economía está en vías de recuperación **3** **to be on the road** «*car*» estar* en circulación; **we've been on the ~ for four days** llevamos cuatro días viajando

road: **~block** *n* control *m* (de carretera); **~ hog** *n* (infml) loco, -ca *m,f* del volante;

⚷ palabra clave

~ **hump** *n* badén *m*, tope *m* (Méx), lomo *m* de burro (RPl); ~**map** *n* (Geog) mapa *m* de carreteras; (Pol) hoja *f* de ruta; ~ **rage** *n* (Auto) agresión *f* (*provocada por el estrés que supone conducir en condiciones difíciles*); ~**side** *n* borde *m* de la carretera/del camino; ~ **sweeper** *n* (person) barrendero, -ra *m,f*; (machine) barredera *f*, barredora *f*; ~**works** *pl n* (BrE) obras *fpl* (de vialidad); ~**worthy** *adj* **-thier, -thiest** apto para circular

roam /rəʊm/ *vt* vagar* *or* deambular por ■ *vi* vagar*, errar* (liter)

roar[1] /rɔːr, BrE rɔː(r)/ *vi* «*lion/engine*» rugir*; «*sea/wind/fire*» bramar, rugir*; **to ~ with laughter** reírse* a carcajadas

roar[2] *n* (of lion, tiger) rugido *m*; (of person) rugido *m*, bramido *m*; (of thunder) estruendo *m*; (of traffic, engine, guns) estruendo *m*; (of crowd) clamor *m*

roaring /ˈrɔːrɪŋ/ *adj* (*before n*) ‹*waves*› rugiente; ‹*traffic*› estruendoso

roast[1] /rəʊst/ *adj* asado; ~ **beef** rosbif *m*, rosbeef *m*

roast[2] *n* asado *m* (*al horno*)

roast[3] *vt* ‹*meat/potatoes*› asar; ‹*coffee beans*› tostar*, torrefaccionar; ‹*peanuts*› tostar* ■ *vi* asarse

roasting /ˈrəʊstɪŋ/ *adj* (infml): **it's absolutely ~** hace un calor que te asas (fam)

rob /rɑːb, BrE rɒb/ *vt* **-bb-** **(a)** (steal from) ‹*person*› robarle a; ‹*bank*› asaltar, atracar*, robar **(b)** (deprive) **to ~ sb/sth** OF **sth** privar a algn/algo DE algo

robber /ˈrɑːbər, BrE ˈrɒbə(r)/ *n* ladrón, -drona *m,f*; **bank ~** atracador, -dora *m,f* *or* asaltante *mf* de bancos

robbery /ˈrɑːbəri, BrE ˈrɒbəri/ *n* (*pl* **-ries**) robo *m*, asalto *m*; **bank ~** asalto *m* *or* atraco *m* a un banco

robe /rəʊb/ *n* **(a)** (worn by magistrates) (*often pl*) toga *f* **(b)** (worn in house) bata *f*, salto *m* de cama (CS)

robin /ˈrɑːbən, BrE ˈrɒbɪn/ *n* (European) petirrojo *m*; (N. American) ceón *m*, tordo *m* norteamericano

robot /ˈrəʊbɑːt, BrE ˈrəʊbɒt/ *n* robot *m*

robust /rəʊˈbʌst/ *adj* ‹*person/animal*› robusto; ‹*health*› de hierro; ‹*material*› resistente, sólido

rock[1] /rɑːk, BrE rɒk/ *n* **1** (substance) roca *f* **2** **(a)** (crag, cliff) peñasco *m*, peñón *m* **(b)** (in sea) roca *f*, escollo *m*; ***on the ~s*** ‹*whisky*› con hielo; **their marriage is on the ~s** su matrimonio anda muy mal **(c)** (boulder) roca *f* **(d)** (stone) (esp AmE) piedra *f* **3** (music) rock *m*

rock[2] *vt* **(a)** (gently) ‹*cradle*› mecer*; ‹*child*› acunar **(b)** (violently) sacudir, estremecer*; «*scandal*» convulsionar, conmocionar ■ *vi* (gently) mecerse*, balancearse

rock: ~ **and roll** *n* ▶ **rock 'n' roll**; ~**bottom** /ˈrɑːkˈbɑːtəm, BrE ˌrɒkˈbɒtəm/ *n*: **to hit/reach ~bottom** tocar* fondo; ~ **climbing** /ˈrɑːkˈklaɪmɪŋ, BrE ˈrɒkˌklaɪmɪŋ/ *n* escalada *f* en roca

rocket[1] /ˈrɑːkət, BrE ˈrɒkɪt/ *n* **(a)** (spacecraft) cohete *m* espacial **(b)** (missile) cohete *m*, misil *m*; (*before n*) ~ **launcher** lanzacohetes *m*, lanzamisiles *m*

rocket[2] *vi* «*price*» dispararse, ponerse* por las nubes

rock: ~**face** *n* pared *f* rocosa; ~**-hard** /ˈrɑːkˈhɑːrd, BrE ˌrɒkˈhɑːd/ *adj* (duro) como una piedra

rocking /ˈrɑːkɪŋ, BrE ˈrɒkɪŋ/: ~ **chair** *n* mecedora *f*; ~ **horse** *n* caballito *m* mecedor *or* de balancín

rock 'n' roll /ˈrɑːkənˈrəʊl, BrE ˌrɒkənˈrəʊl/ *n* rocanrol *m*, rock and roll *m*

rocky /ˈrɑːki, BrE ˈrɒki/ *adj* **rockier, rockiest** **1** ‹*ground*› rocoso; ‹*path*› pedregoso **2** (unsteady) ‹*period*› de incertidumbre; ‹*base*› nada sólido, tambaleante

Rocky Mountains *pl n*: **the ~** las Montañas Rocallosas *or* Rocosas

rod /rɑːd, BrE rɒd/ *n* **(a)** (bar) varilla *f*, barra *f* **(b)** (fishing ~) caña *f* (de pescar) **(c)** (for punishment) vara *f*

rode /rəʊd/ *past of* **ride**[1]

rodent /ˈrəʊdn̩t/ *n* roedor *m*

rodeo /ˈrəʊdiəʊ, rəˈdeɪəʊ/ *n* (*pl* **-os**) rodeo *m*

roe /rəʊ/ *n* **1** (of fish) hueva *f* **2** ~ **deer** corzo, -za *m,f*

rogue /rəʊg/ *n* pícaro, -ra *m,f*, pillo, -lla *m,f*

roguish /ˈrəʊgɪʃ/ *adj* pícaro

role, rôle /rəʊl/ *n* **(a)** (Cin, Theat) papel *m* **(b)** (function) papel *m*, rol *m*; (*before n*) ~ **model** modelo *m* de conducta

role-play /ˈrəʊlpleɪ/ *n* teatro *m* improvisado; (Psych) psicodrama *m*

roll[1] /rəʊl/ *n* **1** (Culin) **(bread)** ~ pancito *m*, panecillo *m* (Esp), bolillo *m* (Méx) **2** (of paper, wire, fabric) rollo *m*; (of banknotes) fajo *m*; **a ~ of film** un rollo *or* un carrete (de fotos) **3** (sound — of drum) redoble *m*; (— of thunder) retumbo *m* **4** (list) lista *f*; **to call the ~** pasar lista

roll[2] *vi* **1** **(a)** (rotate) «*ball/barrel*» rodar* **(b)** (turn over): **the car ~ed over three times** el coche dio tres vueltas de campana; ~ **(over) onto your back** ponte boca arriba, date la vuelta *or* (CS) date vuelta; ***to be ~ing in money*** o ***in it*** (infml) estar* forrado (de oro) (fam) **(c)** (sway) «*ship*» bambolearse **2** (move) (+ *adv compl*): **the car began to ~ down the hill** el coche empezó a deslizarse cuesta abajo; **tears ~ed down his cheeks** las lágrimas le corrían por las mejillas **3** (begin operating) «*camera*» empezar* a rodar **4** (make noise) «*drum*» redoblar; «*thunder*» retumbar **5** **rolling** *pres p* ‹*countryside/hills*› ondulado ■ *vt* **1** **(a)** ‹*ball/barrel*› hacer* rodar; ‹*dice*› tirar **(b) to ~ one's eyes** poner* los ojos en blanco **2** ‹*cigarette*› liar*; **it ~ed itself into a ball** se hizo un ovillo; **to ~ up one's sleeves** arremangarse **3** ‹*dough/pastry*› estirar **4** (Ling): **to ~ one's 'r's** hacer* vibrar las erres

● **roll in** [*v* + *adv*] (arrive in large quantities) llover*

● **roll on** [*v* + *adv*] **(a)** (pass) «*time/months*» pasar **(b)** (arrive) (infml): **~ on vacation time!** ¡que lleguen pronto las vacaciones!

● **roll out** [*v* + *o* + *adv*, *v* + *adv* + *o*] ‹*dough/pastry*› estirar

● **roll up** [*v* + *adv*] (arrive) (infml) aparecer*

roll call *n* **(a)** (calling of roll): **~ is 9 a.m.** pasan lista a las nueve de la mañana **(b)** (list) lista *f*

rolled gold /rəʊld/ *n* metal *m* (en)chapado en oro

roller /'rəʊlər, BrE 'rəʊlə(r)/ *n* **1** (for lawn, in machine, for applying paint) rodillo *m* **2** (for hair) rulo *m* **3** (caster) ruedecita *f*, ruedita *f* (esp AmL) **4** (wave) ola *f* grande

roller: **R~blade**® *n* patín *m* en línea; ~ **blind** *n* persiana *f or* cortina *f* de enrollar; ~ **coaster** *n* montaña *f* rusa; ~ **skate** *n* patín *m* (de ruedas); **~-skate** /'rəʊlərskeɪt, BrE 'rəʊləskeɪt/ *vi* patinar (*sobre ruedas*)

rolling pin /'rəʊlɪŋ/ *n* rodillo *m*, rollo *m* pastelero (Esp)

roll-on /'rəʊlɑːn, BrE 'rəʊlɒn/ *adj* (*before n*) ‹*deodorant*› de bola

ROM /rɑːm, BrE rɒm/ *n* (= **read-only memory**) ROM *f*

Roman[1] /'rəʊmən/ *adj* **(a)** (of, from Rome) romano **(b) roman** ‹*numeral*› romano; ‹*alphabet*› latino

Roman[2] *n* romano, -na *m,f*

Roman Catholic[1] *n* católico, -ca *m,f*

Roman Catholic[2] *adj* católico

romance /rə'mæns, 'rəʊmæns, BrE rəʊ'mæns/ *n* **1 (a)** (affair) romance *m*, idilio *m* **(b)** (feeling) romanticismo *m* **2** (Lit) (love story) novela *f* romántica

Romance /rə'mæns, 'rəʊmæns, BrE rəʊ'mæns/ *adj* ‹*languages*› romance, románico

Romania /rəʊ'meɪniə/ *n* Rumania *f*, Rumanía *f*

Romanian[1] /rəʊ'meɪniən/ *adj* rumano

Romanian[2] *n* **(a)** (language) rumano *m* **(b)** (person) rumano, -na *m,f*

romantic[1] /rəʊ'mæntɪk, rə-/ *adj* romántico

romantic[2] *n* romántico, -ca *m,f*

romanticize /rəʊ'mæntəsaɪz, rə-, BrE rəʊ'mæntɪsaɪz/ *vt* idealizar*

Romany /'rɑːməni, 'rəʊ-, BrE 'rɒməni, 'rəʊ-/ *n* (*pl* **-nies**) **(a)** (person) gitano, -na *m,f* **(b)** (language) romaní *m*

Rome /rəʊm/ *n* Roma *f*

romp[1] /rɑːmp, BrE rɒmp/ *n* **(a)** (frolic) retozo *m* **(b)** (sexual) revolcón *m* (fam)

romp[2] *vi* (frolic) retozar*

rompers /'rɑːmpərz, BrE 'rɒmpəz/ *pl n*, (BrE also) **romper suit** /'rɑːmpər, BrE 'rɒmpə(r)/ *n* mameluco *m* (AmL), pelele *m* (Esp)

roof[1] /ruːf/ *n* (*pl* **~s** /ruːfs/) **(a)** (of building) tejado *m*, techo *m* (AmL); (*before n*) ~ **garden** terraza *f or* azotea *f* ajardinada **(b)** (of car) techo *m*; (*before n*) ~ **rack** baca *f*, portaequipajes *m*, parrilla *f* (AmL) **(c) the ~ of the mouth** el paladar

roof[2] *vt* techar

roofing /'ruːfɪŋ/ *n* materiales *mpl* para techar

rooftop /ruːftɑːp, BrE 'ruːftɒp/ *n* tejado *m*, techo *m* (AmL)

rook /rʊk/ *n* **(a)** (Zool) grajo *m* **(b)** (in chess) torre *f*

rookie /'rʊki/ *n* (infml) **(a)** (novice) novato, -ta *m,f* **(b)** (military recruit) recluta *m*

✓ **room** /ruːm, rʊm/ *n* **1** (in house, building) habitación *f*, pieza *f* (esp AmL); (bedroom) habitación *f*, dormitorio *m*, cuarto *m*, pieza *f* (esp AmL), recámara *f* (Méx); (for meeting) sala *f*; (*before n*) ~ **temperature** temperatura *f* ambiente **2** (space) espacio *m*, lugar *m*; **there's ~ for improvement** se puede mejorar

room: ~ **clerk** *n* (AmE) recepcionista *mf*; **~mate** *n* (sharing apartment) compañero, -ra *m,f* de apartamento *or* (Esp) de piso; ~ **service** *n* servicio *m* a las habitaciones

roomy /'ruːmi, 'rʊmi/ *adj* **-mier**, **-miest** amplio

roost /ruːst/ *vi* posarse (*para pasar la noche*)

rooster /'ruːstər, BrE 'ruːstə(r)/ *n* (esp AmE) gallo *m*

✓ **root**[1] /ruːt/ *n* **(a)** raíz *f*; **to take ~** «*plant*» echar raíces, arraigar*; «*idea*» arraigarse* **(b) roots** *pl* (background) raíces *fpl*

root[2] *vi* **1** «*pig*» hozar* **2** (Bot) echar raíces, arraigar*

● **root for** [*v* + *prep* + *o*] (encourage) animar, alentar; (support) apoyar

● **root out** [*v* + *o* + *adv*, *v* + *adv* + *o*] (remove) arrancar* de raíz, erradicar*

root beer *n*: *refresco hecho con distintas raíces*

rooted /'ruːtəd, BrE 'ruːtɪd/ *adj*: **a deeply ~ prejudice** un prejuicio profundamente arraigado; **he stood ~ to the spot** se quedó como clavado donde estaba

rope[1] /rəʊp/ *n* cuerda *f*, soga *f*; (Naut) cabo *m*; ***to show sb the ~s***: **Mike will show you the ~s** Mike te enseñará cómo funciona todo

rope[2] *vt* **(a)** (tie) atar, amarrar (AmL exc RPl) (*con una cuerda*) **(b)** (lasso) (AmE) ‹*steer/cattle*› enlazar* *or* (Méx) lazar* *or* (CS) lacear

● **rope in** [*v* + *o* + *adv*, *v* + *adv* + *o*] (infml) (*usu pass*) agarrar (fam)

rope ladder *n* escala *f or* escalera *f* de cuerda *or* de soga

ropey, **ropy** /'rəʊpi/ *adj* **ropier**, **ropiest** (BrE infml) ‹*wine*› malo, chungo (Esp arg); **I feel a bit ~** me siento bastante mal, estoy bastante pachucho (Esp fam)

rosary /'rəʊzəri/ *n* (*pl* **-ries**) rosario *m*

rose[1] /rəʊz/ *past of* **rise**[2]

rose[2] *n* **1** (Bot) (flower) rosa *f*; (plant) rosal *m*; (*before n*) ~ **bush** rosal *m* **2** (on watering can) roseta *f*

rosé /rəʊ'zeɪ, BrE 'rəʊzeɪ/ *n* (vino *m*) rosado *m*

rose: **~bud** *n* capullo *m or* pimpollo *m* de rosa; **~hip** *n* escaramujo *m*

rosemary /'rəʊz,meri, BrE 'rəʊzməri/ *n* romero *m*

rosette /rəʊ'zet/ *n* escarapela *f*

roster /'rɑːstər, BrE 'rɒstə(r)/ *n* **(a)** (duty ~) lista *f* de turnos **(b)** (list) lista *f*

rostrum /'rɑːstrəm, BrE 'rɒstrəm/ *n* (*pl* **-trums** *or* **-tra** /-trə/) (for public speaking) tribuna *f*, estrado *m*; (for orchestra conductor) podio *m*

rosy /'rəʊzi/ *adj* **rosier**, **rosiest** ‹*cheeks*› sonrosado; ‹*outlook*› halagüeño, optimista

rot[1] /rɑːt, BrE rɒt/ *n* (Biol) podredumbre *f*, putrefacción *f*; **the ~ set in** las cosas empezaron a decaer *or* a venirse abajo

rot[2] **-tt-** *vi* pudrirse*; **to ~ away** pudrirse* ■ *vt* ‹*wood/tree*› pudrir*; ‹*teeth*› picar*

rota /'rəʊtə/ *n* (BrE) lista *f* (de turnos)

rotary /'rəʊtəri/ *adj* rotatorio, rotativo

rotate /'rəʊteɪt, BrE rəʊ'teɪt/ *vi* girar, rotar ■ *vt* **(a)** (turn, spin) (hacer*) girar, dar* vueltas a

✓ palabra clave

(b) (alternate) ‹*crops*› alternar, rotar

rotation /rəʊ'teɪʃən/ *n* rotación *f*

rote /rəʊt/ *n*: **by ~** de memoria

rotten /'rɑːtn̩, BrE 'rɒtn̩/ *adj* **(a)** (decayed) podrido; ‹*tooth*› picado **(b)** (bad) (infml) ‹*weather*› horrible; ‹*food*› pésimo; **to feel ~** (ill) sentirse* mal *or* pésimo *or* (Esp fam) fatal

rotund /rəʊ'tʌnd/ *adj* (hum & euph) voluminoso

rouble /'ruːbəl/ *n* (BrE) rublo *m*

rouge /ruːʒ/ *n* colorete *m*

rough¹ /rʌf/ *adj* **-er**, **-est** **1** **(a)** (not smooth) ‹*surface/texture/skin*› áspero, rugoso; ‹*cloth*› basto; ‹*hands*› áspero, basto **(b)** (uneven) ‹*ground/road*› desigual; ‹*terrain*› agreste, escabroso **(c)** ‹*sea*› agitado, picado **2** (infml) **(a)** (unpleasant, hard) ‹*life*› duro **(b)** (ill): **I feel a bit ~** no estoy muy bien, me siento bastante mal **3** (not gentle) brusco; ‹*neighborhood*› peligroso **4** **(a)** (crude, unpolished) tosco, rudo; **a ~ draft** un borrador **(b)** (approximate) aproximado

rough² *adv* ‹*sleep*› a la intemperie

rough³ *vt*: ***to ~ it*** (infml) pasar sin comodidades

roughage /'rʌfɪdʒ/ *n* fibra *f* (*de los alimentos*)

rough-and-ready /'rʌfən'redi/ *adj* improvisado

roughen /'rʌfən/ *vt* poner* áspero

roughly /'rʌfli/ *adv* **(a)** (approximately) aproximadamente **(b)** (not gently) ‹*play*› bruscamente, de manera violenta **(c)** (crudely) toscamente

roughshod /'rʌfʃɑːd, BrE 'rʌfʃɒd/ *adv*: ***to ride ~ over sth***: **he rides ~ over other people's feelings** no tiene la menor consideración para con los sentimientos de los demás; ***to ride ~ over sb*** llevarse por delante a algn

roulette /ruː'let/ *n* ruleta *f*

Roumania /ruː'meɪniə, *etc* (dated) ▶ **Romania**

round¹ /raʊnd/ *adj* redondo

round² *n* **1** (circle) círculo *m*, redondel *m* **2** **(a)** (series) serie *f*; **~ of talks** ronda *f* de conversaciones **(b)** (burst): **let's have a ~ of applause for ...** un aplauso para ... **3** (Sport, Games) (of tournament, quiz) vuelta *f*; (in boxing, wrestling) round *m*, asalto *m*; (in golf) vuelta *f*, recorrido *m*; (in showjumping) recorrido *m*; (in card games) partida *f* **4** **(a)** (of visits) (*often pl*): **the doctor is off making his ~s** o (BrE) **is on his ~s** el doctor está haciendo visitas a domicilio *or* visitando pacientes **(b)** (of watchman) ronda *f*; (of postman, milkman) (BrE) recorrido *m* **5** (of drinks) ronda *f*, vuelta *f* **6** (shot) disparo *m*; (bullet) bala *f* **7** (of bread) (BrE): **a ~ of toast** una tostada, un pan tostado (Méx); **a ~ of sandwiches** un sándwich **8** (Mus) canon *m*

round³ *vt* ‹*corner*› doblar

● **round off** **1** [*v + o + adv, v + adv + o*] **(a)** ‹*sharp edge*› redondear **(b)** (end suitably) ‹*day/meal*› terminar, rematar **(c)** ‹*number*› redondear **2** [*v + adv*] concluir*, terminar

● **round on** [*v + prep + o*] volverse* contra

● **round up** [*v + o + adv, v + adv + o*] ‹*sheep/cattle*› rodear; ‹*criminals*› hacer* una redada de

round⁴ *adv* (esp BrE) **1** **(a)** (in a circle): **we walked all the way ~** dimos toda la vuelta; **all year ~** durante todo el año **(b)** (so as to face in different direction): **she spun ~** dio media vuelta; *see also* **turn round** **(c)** (on all sides) alrededor **2** **(a)** (from one place, person to another): **the curator took us ~** el conservador nos mostró *or* nos enseñó el museo (*or* la colección *etc*); **a list was handed ~** se hizo circular una lista **(b) all round** (in every respect) en todos los sentidos; (for everybody) a todos

round⁵ *prep* (esp BrE) **1** (encircling) alrededor de; **the wall ~ the garden** el muro que rodea el jardín; **~ the corner** a la vuelta (de la esquina) **2** **(a)** (in the vicinity of) cerca de, en los alrededores de; **she lives ~ here** vive por aquí **(b)** (within, through): **he does odd jobs ~ the house** hace arreglitos en la casa; **we had a look ~ the cathedral** (le) echamos un vistazo a la catedral

round- /'raʊnd/ *pref*: **~faced** de cara redonda; **~shouldered** cargado de espaldas, encorvado

roundabout¹ /'raʊndəbaʊt/ *n* (BrE) **(a)** ▶ **merry-go-round** **(b)** (Transp) rotonda *f*, glorieta *f*

roundabout² *adj* ‹*route*› indirecto; **he said it in a very ~ way** lo dijo con muchos rodeos *or* circunloquios

rounded /'raʊndəd, BrE 'raʊndɪd/ *adj* redondeado

rounders /'raʊndərz, BrE 'raʊndəz/ *n* (in UK) (+ *sing vb*) *juego parecido al béisbol*

round: **~ table** *n* mesa *f* redonda; **~ the clock** *adv* las 24 horas, día y noche; **~ trip** *n* **(a)** (there and back) (viaje *m* de) ida *f* y vuelta, viaje *m* redondo (Méx) **(b)** (return fare) (AmE) tarifa *f* de ida y vuelta *or* (Méx) de viaje redondo; (*before n*) **round-trip ticket** pasaje *m or* (Esp) billete *m* de ida y vuelta, boleto *m* redondo (Méx); **~-up** *n* **(a)** (of livestock) rodeo *m* **(b)** (summary) resumen *m*

rouse /raʊz/ *vt* despertar*

rousing /'raʊzɪŋ/ *adj* ‹*speech*› enardecedor

rout¹ /raʊt/ *n* derrota *f* aplastante

rout² *vt* (defeat) derrotar *or* vencer* de forma aplastante; (put to flight) poner* en fuga

route /ruːt, raʊt, BrE ruːt/ *n* **(a)** (way) camino *m*, ruta *f*; (of bus) ruta *f*, recorrido *m*; **air/sea ~** ruta aérea/marítima **(b)** (highway) (AmE) carretera *f*

router /'raʊtər 'ruːtə/ *n* **1** (Comput) router *m*, encaminador *m* **2** (in carpentry) avanalador *m*

routine¹ /ruː'tiːn/ *n* **1** (regular pattern) rutina *f* **2** (of skater, comedian) número *m*

routine² *adj* **(a)** (usual) ‹*procedure/inquiries*› de rutina **(b)** (ordinary, dull) rutinario

routing number *n* (Fin) (in US) código *m* de sucursal y banco

roving /'rəʊvɪŋ/ *adj* (*before n*) errante

row¹ *n* I /rəʊ/ **1** **(a)** (straight line) hilera *f*; (of people, seats) fila *f* **(b)** (in knitting) vuelta *f* **2** (succession) serie *f*; **four times in a ~** cuatro veces seguidas

II /raʊ/ **1** (noisy argument) pelea *f*, riña *f*; **to have a ~ with sb** pelearse *or* reñir* con algn **2** (about a public matter) disputa *f* **3** (noise) (*no pl*) bulla *f* (fam)

row² *vt* /rəʊ/: **he ~ed the boat towards the shore** remó hacia la orilla

■ *vi* **1** /rəʊ/ remar; **to go ~ing** salir* *or* ir* a remar

r

2 /raʊ/ pelearse, reñir*

rowboat /'rəʊbəʊt/, (BrE) **rowing boat** /'rəʊɪŋ/ *n* bote *m* a remo *or* de remos

rowdy /'raʊdi/ *adj* **-dier**, **-diest** ‹*person*› escandaloso, alborotador; (quarrelsome) pendenciero

row house /'rəʊ/ *n* (AmE) *casa adosada en una hilera de casas idénticas*

rowing /'rəʊɪŋ/ *n* (Sport) remo *m*

rowing boat /'rəʊɪŋ/ *n* (BrE) ▶ **rowboat**

royal /'rɔɪəl/ *adj* **(a)** (monarchic) real **(b)** (magnificent) espléndido, regio

royal: **~-blue** /'rɔɪəl'bluː/ *adj* (*pred* **~ blue**) azul real *adj inv*; **R~ Highness** *n*: **Her/Your R~ Highness** Su/Vuestra Alteza Real

royalist /'rɔɪəlɪst/ *adj* monárquico

royalty /'rɔɪəlti/ *n* (*pl* **-ties**) **1** (status) realeza *f* **2** **royalties** derechos *mpl* de autor, regalías *fpl*

rpm (= **revolutions per minute**) r.p.m.

RSI *n* = **repetitive strain injury**

RSPCA *n* (in UK) (= **Royal Society for the Prevention of Cruelty to Animals**) ≈ Asociación *f* protectora de animales

RSVP (please reply) s.r.c., se ruega contestación

rub /rʌb/ **-bb-** *vt* **(a)** (with hand, finger) frotar; (firmly) restregar*; (massage) masajear, friccionar; **to ~ one's eyes** restregarse* *or* refregarse* *or* (Méx) tallarse los ojos **(b)** (with a cloth) frotar

● **rub down** [*v + o + adv, v + adv + o*] **(a)** ‹*horse*› almohazar* **(b)** (using sandpaper) lijar

● **rub in** [*v + o + adv, v + adv + o*] ‹*cream/lotion*› aplicar* frotando

● **rub off** [*v + o + adv, v + adv + o*] ‹*dirt/marks*› quitar frotando *or* restregando *or* refregando; (from blackboard) (BrE) borrar

● **rub out** [*v + o + adv, v + adv + o*] borrar

● **rub up**: [*v + o + adv, v + adv + o*]: ***to ~ sb up the wrong way*** caerle* mal a algn

rubber /'rʌbər, BrE 'rʌbə(r)/ *n* **(a)** (substance) goma *f*, caucho *m*, hule *m* (Méx); (*before n*) **~ ring** flotador *m* **(b)** (eraser) (BrE) goma *f* (de borrar)

r

rubber: **~ band** *n* goma *f* (elástica), gomita *f* (RPl); **~ bullet** *n* bala *f* de goma *or* caucho; **~ plant** *n* ficus *m*, gomero *m* (CS); **~ stamp** *n* (device) sello *m*; (approval) visto *m* bueno; **~ tree** *n* árbol *m* del caucho, hule *m* (Méx)

rubbery /'rʌbəri/ *adj* ‹*texture*› gomoso; ‹*material*› parecido a la goma *or* al caucho *or* (Méx) al hule

rubbish /'rʌbɪʃ/ *n* **(a)** (refuse) basura *f*; (*before n*) **~ bag** bolsa *f* de la basura; **~ bin** (BrE) cubo *m or* (CS) tacho *m or* (Méx) bote *m or* (Col) caneca *f or* (Ven) tobo *m* de la basura **(b)** (junk) (infml) porquerías *fpl* (fam) **(c)** (nonsense) (infml) tonterías *fpl*

rubble /rʌbəl/ *n* escombros *mpl*

ruble, (BrE) **rouble** /'ruːbəl/ *n* rublo *m*

ruby /'ruːbi/ *n* (*pl* **rubies**) rubí *m*

rucksack /'rʌksæk, 'rʊk-/ *n* mochila *f*, morral *m*

ructions /'rʌkʃənz/ *pl n* (infml) jaleo *m* (fam)

rudder /'rʌdər, BrE 'rʌdə(r)/ *n* timón *m*

ruddy /'rʌdi/ *adj* **-dier**, **-diest** ‹*cheeks*› rubicundo

rude /ruːd/ *adj* **(a)** (bad-mannered) ‹*person*› maleducado, grosero; ‹*remark*› grosero, descortés; **to be ~ TO sb** ser* grosero CON algn **(b)** (vulgar) (esp BrE) grosero

rudely /'ruːdli/ *adv* groseramente

rudeness /'ruːdnəs, BrE 'ruːdnɪs/ *n* grosería *f*, mala educación *f*

rudimentary /'ruːdə'mentri, BrE ˌruːdɪ'mentri/ *adj* rudimentario

rudiments /'ruːdəmənts, BrE 'ruːdɪmənts/ *pl n* rudimentos *mpl*, nociones *fpl* elementales

rue /ruː/ *vt* lamentar, arrepentirse* de

rueful /'ruːfəl/ *adj* atribulado, compungido

ruff /rʌf/ *n* (collar) gorguera *f*; (on animal, bird) collar *m*

ruffian /'rʌfiən/ *n* rufián *m*, villano *m*

ruffle¹ /'rʌfəl/ *n* (frill) volante *m or* (RPl) volado *m or* (Chi) vuelo *m*

ruffle² *vt* **(a)** ‹*hair*› alborotar; ‹*feathers*› erizar*; ‹*clothes*› arrugar* **(b)** ‹*person*› alterar, contrariar

rug /rʌg/ *n* **(a)** (small carpet) alfombra *f*, alfombrilla *f*, tapete *m* (Col, Méx) **(b)** (blanket) manta *f* de viaje

rugby /'rʌgbi/ *n* rugby *m*

rugby shirt *n* camiseta *f* de rugby

rugged /'rʌgəd, BrE 'rʌgɪd/ *adj* **(a)** ‹*rocks/coast*› escarpado; ‹*terrain*› escabroso **(b)** ‹*face*› de facciones duras

ruin¹ /'ruːən, BrE 'ruːɪn/ *n* **(a)** (sth ruined) (*often pl*) ruina *f*; **his career was in ~s** su carrera estaba arruinada **(b)** (cause) (*no pl*) ruina *f*, perdición *f* **(c)** (state) ruina *f*

ruin² *vt* **1** (destroy) ‹*city/building*› destruir*; ‹*career/plans*› arruinar; ‹*person*› (financially) arruinar **2** (spoil) ‹*dress/carpet/toy*› estropear; ‹*party/surprise*› echar a perder, estropear, arruinar

🔑 **rule¹** /ruːl/ *n* **1** (regulation, principle) regla *f*, norma *f*; **it's against the ~s** está prohibido; **~s and regulations** reglamento *m*; **to work to ~** (Lab Rel) hacer* huelga de celo **2** **as a ~** por lo general, generalmente **3** (government) gobierno *m*; (of monarch) reinado *m*; **to be under foreign ~** estar* bajo dominio extranjero

🔑 **rule²** *vt* **1** (govern, control) ‹*country*› gobernar*, administrar; ‹*person*› dominar **2** (pronounce) dictaminar **3** (draw) ‹*line*› trazar* con una regla

■ *vi* **1** (govern) gobernar*; «*monarch*» reinar **2** (pronounce) **to ~ (ON sth)** fallar *or* resolver* (EN algo)

● **rule out** [*v + o + adv, v + adv + o*] ‹*possibility*› descartar; ‹*course of action*› hacer* imposible

ruler /'ruːlər, BrE 'ruːlə(r)/ *n* **1** (leader) gobernante *mf*; (sovereign) soberano, -na *m,f* **2** (measure) regla *f*

ruling¹ /'ruːlɪŋ/ *n* fallo *m*, resolución *f*

ruling² *adj* (*before n*) ‹*monarch*› reinante; **the ~ classes** las clases dirigentes

rum /rʌm/ *n* ron *m*

Rumania /ruː'meɪniə/ *etc* ▶ **Romania** *etc*

rumble¹ /'rʌmbəl/ *n* (sound) ruido *m* sordo; (of thunder) estruendo *m*; (of stomach) ruido *m* de

🔑 palabra clave

tripas (fam)

rumble² *vi* «*guns/drums*» hacer* un ruido sordo; «*thunder*» retumbar; **my stomach's rumbling** me suenan las tripas (fam)

ruminate /ˈruːməneɪt, BrE ˈruːmɪneɪt/ *vi* **(a)** (Zool) rumiar **(b)** (ponder) **to ~** ON/ABOUT **sth** cavilar SOBRE algo, rumiar algo

rummage /ˈrʌmɪdʒ/ *vi* hurgar*

rumor¹, (BrE) **rumour** /ˈruːmər, BrE ˈruːmə(r)/ *n* rumor *m*

rumor², (BrE) **rumour** *vt* (*usu pass*) rumorear; **it is ~ed that ...** se rumorea que ...

rump /rʌmp/ *n* **(a)** (Culin) cadera *f*; (*before n*) **~ steak** filete *m* de cadera, churrasco *m* de cuadril (RPl) **(b)** (bottom) (infml & hum) traste *m* (fam)

rumpus /ˈrʌmpəs/ *n* (*pl* **~es**) lío *m*, escándalo *m*

run¹ /rʌn/ (*pres p* **running**; *past* **ran**; *past p* **run**) *vi* I **1** correr; **he ran downstairs/indoors** bajó/entró corriendo **2** (infml) (drive) ir* (*en coche*) **3** (Transp): **the trains ~ every half hour** hay trenes cada media hora **4** (flow) «*water/oil*» correr; **she left the water ~ning** dejó la llave abierta (AmL) *or* (Esp) el grifo abierto; **my nose is ~ning** me gotea la nariz **5** (Pol) «*candidate*» presentarse, postularse (AmL)
II (operate, function): **with the engine ~ning** con el motor encendido *or* en marcha *or* (AmL tb) prendido; **it ~s off batteries** funciona con pilas *or* a pila(s)
III **1** (extend) **(a)** (in space): **the streets ~ parallel to each other** las calles corren paralelas; **the path ~s across the field** el sendero atraviesa el campo **(b)** «*show*» estar* en cartel **2** **(a)** (be, stand): **feelings are ~ning high** los ánimos están caldeados; **inflation is ~ning at 4%** la tasa de inflación es del 4%; **it ~s in the family** es de familia **(b)** (become): **stocks are ~ning low** se están agotando las existencias; *see also* **dry¹ 1 c** **3** (melt, merge) «*paint/makeup*» correrse; «*color*» desteñir*, despintarse (Méx)
■ *vt* I **1** ‹*race/marathon*› correr, tomar parte en **2** **(a)** (push, move) pasar **(b)** (drive) ‹*person*› (infml) llevar (*en coche*) **3** **to ~ a bath** preparar un baño **4** **(a)** (extend) ‹*cable/wire*› tender* **(b)** (pass) (hacer*) pasar
II **1** (operate) ‹*engine*› hacer* funcionar; ‹*program*› (Comput) pasar, ejecutar **2** (manage) ‹*business*› dirigir*, llevar **3** ‹*course*› organizar*; ‹*article*› publicar*; ▶ **temperature b**

- **run about** ▶ **run around**
- **run across** [*v + prep + o*] **(a)** (meet) ‹*person*› encontrarse* *or* toparse con **(b)** (find) ‹*object*› encontrar*
- **run after** [*v + prep + o*] (pursue) correr detrás de *or* tras; (romantically) andar* detrás de, perseguir*
- **run along** [*v + adv*] irse*
- **run around** [*v + adv*] «*children*» corretear
- **run away** [*v + adv*] huir*, escaparse, fugarse*; (run off) salir* corriendo; **she ran away from home** se escapó de casa
- **run away with** [*v + adv + prep + o*] **1** **(a)** ‹*race/contest*› ganar fácilmente **(b)** (take over): **she lets her imagination ~ away with her** se deja llevar por la imaginación **2** (elope with) escaparse *or* fugarse* *or* irse* con
- **run down** **1** [*v + o + adv, v + adv + o*] **(a)** (disparage) (infml) criticar*, hablar mal de **(b)** ‹*pedestrian*› atropellar **2** [*v + adv*] **(a)** «*battery*» (Auto) descargarse* **(b)** «*business/factory*» venirse* abajo **(c)** «*stocks*» agotarse
- **run in** [*v + o + adv*] (BrE) (Auto) ‹*car/engine*› hacer* el rodaje de
- **run into** [*v + prep + o*] **(a)** ‹*vehicle*› chocar* con **(b)** ‹*person/table*› toparse con
- **run off** **1** [*v + o + adv, v + adv + o*] (produce) ‹*copies*› tirar; ‹*photocopies*› sacar* **2** [*v + adv*] (depart) salir* corriendo
- **run off with** [*v + adv + prep + o*] ▶ **run away with 2**
- **run out** [*v + adv*] **(a)** (exhaust supplies) **to ~ out** OF **sth** quedarse SIN algo **(b)** «*money*» acabarse; «*supplies/stock*» acabarse, agotarse; «*lease/policy*» vencer*, caducar*
- **run over** **1** [*v + o + adv, v + adv + o*] ‹*pedestrian*› atropellar **2** [*v + prep + o*] (review) ‹*details/plan*› repasar; (rehearse) ‹*scene*› ensayar
- **run through** [*v + prep + o*] ▶ **run over 2**
- **run up** **1** [*v + adv + o*] **(a)** ‹*total/debts*› ir* acumulando **(b)** ‹*flag*› izar* **2** [*v + o + adv, v + adv + o*] ‹*dress*› hacer* (*rápidamente*)
- **run up against** [*v + adv + prep + o*] ‹*difficulty/obstacle*› toparse *or* tropezar* con

run² *n* **1** (on foot): **to go for a ~** salir* a correr; *on the* **~**: **he's on the ~** está prófugo; **after seven years on the ~** después de estar siete años huyendo de la justicia; ***to make a ~ for it*** escaparse **2** **(a)** (trip, outing) vuelta *f*, paseo *m* (*en coche*) **(b)** (journey): **it's only a short ~** está muy cerca **3** **(a)** (sequence): **a ~ of good/bad luck** una racha de buena/mala suerte, una buena/mala racha **(b)** (period of time): **in the long ~** a la larga **4** (heavy demand) **~** ON **sth**: **there's been a ~ on these watches** estos relojes han estado muy solicitados **5** (Cin, Theat) temporada *f* **6** (track) pista *f*; **ski ~** pista de esquí **7** (in stocking, knitted garment) carrera *f* **8** (in baseball, cricket) carrera *f*

runaway¹ /ˈrʌnəweɪ/ *n* fugitivo, -va *m,f*

runaway² *adj* (*before n*) ‹*slave/prisoner*› fugitivo

run: **~down** *n* resumen *m*; **~-down** /ˈrʌnˈdaʊn/ *adj* (*pred* **~ down**) **(a)** (tired, sickly) (*usu pred*) **to be/feel ~ down** estar*/sentirse* cansado *or* débil **(b)** (dilapidated) ‹*district/hotel*› venido a menos

rung¹ /rʌŋ/ *past p of* **ring²**

rung² *n* **(a)** (of ladder, chair) travesaño *m* **(b)** (in career, organization) peldaño *m*

runner /ˈrʌnər, BrE ˈrʌnə(r)/ *n* **1** (in race, baseball) corredor, -dora *m,f*; (taking messages) mensajero, -ra *m,f* **2** **(a)** (on sled) patín *m* **(b)** (for drawer) riel *m*, guía *f*

runner: **~ bean** *n* (esp BrE) habichuela *f* (Col) *or* (Esp) judía *f* verde *or* (Chi) poroto *m* verde *or* (RPl) chaucha *f* *or* (Ven) vainita *f* *or* (Méx) ejote *m*; **~-up** /ˈrʌnərˈʌp/ *n* (*pl* **~s-up**): **to be ~-up** quedar en segundo lugar *or* puesto

running¹ /ˈrʌnɪŋ/ *n* **(a)** (exercise): **~ is a good form of exercise** correr es muy buen ejercicio; **there are five candidates in the ~ for the post** hay cinco candidatos compitiendo *or* en liza por el puesto **(b)** (of machine) funcionamiento *m*, marcha *f* **(c)** (management) gestión *f*

running² *adj* (*before n, no comp*) **1** **(a)** **to take a ~ jump** saltar tomando carrera *or* (Esp) carrerilla **(b)** (continuous) ‹*joke*› continuo; **~ water** agua *f*‡ corriente **2** (discharging) ‹*sore*› supurante

running[3] *adv*: **the third day ~** el tercer día consecutivo *or* seguido

running costs *pl n* (of car) gastos *mpl* de mantenimiento; (of company) costos *mpl or* (Esp) costes *mpl* corrientes

runny /'rʌni/ *adj* **-nier**, **-niest** **(a)** ‹*eyes*› lloroso; **I've got a ~ nose** me gotea la nariz **(b)** ‹*sauce*› líquido

run-of-the-mill /'rʌnəvðə'mɪl/ *adj* (*pred* **run of the mill**) ‹*job/car*› común *or* normal y corriente

runt /rʌnt/ *n* (Agr) *animal más pequeño de una camada*

run: **~-up** *n* (preparatory period) **~-up TO sth** período *m* previo A algo; **~way** *n* (Aviat) pista *f*; (at fashion show) (AmE) pasarela *f*

rupee /'ruːpiː, ruː'piː/ *n* rupia *f*

rupture[1] /'rʌptʃər, BrE 'rʌptʃə(r)/ *n* ruptura *f*

rupture[2] *vt* romper*

⚷ **rural** /'rʊrəl, BrE 'rʊərəl/ *adj* rural

ruse /ruːs, ruːz, BrE ruːz/ *n* artimaña *f*, treta *f*

rush[1] /rʌʃ/ *n* **1** **(a)** (haste) (*no pl*) prisa *f*, apuro *m* (AmL); **I'm in a ~** tengo prisa, ando *or* estoy apurado (AmL) **(b)** (movement): **a ~ of air** una ráfaga de aire; **there was a ~ for the exit** todo el mundo se precipitó hacia la salida **2** (Bot) junco *m*

rush[2] *vi* **(a)** (hurry) darse* prisa, apurarse (AmL); **she ~ed through the first course** se comió el primer plato a todo correr *or* a la carrera **(b)** (run) (+ *adv compl*) **he ~ed in/out** entró/salió corriendo; **to ~ around** ir* de acá para allá, correr de un lado para otro **(c)** (surge, flow): **blood ~ed to his face** (from anger) se le subió la sangre a la cabeza

■ *vt* **(a)** ‹*job*› hacer* a todo correr *or* a la carrera, hacer* deprisa y corriendo; ‹*person*› meterle prisa a, apurar (AmL) **(b)** (take hastily): **she was ~ed to hospital** la llevaron rápidamente al hospital

● **rush into**: [*v* + *prep* + *o*]: **she ~ed into marriage** se precipitó al casarse; **don't ~ into anything** no te precipites

rush: **~ hour** *n* hora *f* pico (AmL), hora *f* punta (Esp); **~ job** *n* (infml) (urgent) trabajo *m* urgente; (hastily done): **it was a ~ job** se hizo a todo correr *or* deprisa y corriendo *or* a la(s) carrera(s)

rusk /rʌsk/ *n* galleta *f* (*dura, para bebés*)

Russia /'rʌʃə/ *n* Rusia *f*

Russian[1] /'rʌʃən/ *adj* ruso

Russian[2] *n* **(a)** (language) ruso *m* **(b)** (person) ruso, -sa *m,f*

Russian roulette *n* ruleta *f* rusa

rust[1] /rʌst/ *n* óxido *m*, herrumbre *f*, orín *m*

rust[2] *vi* oxidarse, herrumbrarse

rustic /'rʌstɪk/ *adj* rústico

rustle[1] /rʌsəl/ *vi* «*leaves*» susurrar; «*paper*» crujir

■ *vt* **1** «*wind*» ‹*leaves*› hacer* susurrar **2** (steal) ‹*cattle/horses*› robar

rustle[2] *n* (of leaves) susurro *m*; (of paper) crujido *m*; (of silk) frufrú *m*

rustler /'rʌslər, BrE 'rʌslə(r)/ *n* ladrón, -drona *m,f* de ganado

rustproof /'rʌstpruːf/ *adj* ‹*surface/metal*› inoxidable; ‹*coating*› anticorrosivo, antioxidante

rusty /'rʌsti/ *adj* **-tier**, **-tiest** oxidado, herrumbrado; **to get** o (BrE also) **go ~** oxidarse, herrumbrarse; **my German is a bit ~** tengo muy olvidado el alemán

rut /rʌt/ *n* **1** (groove) surco *m*, rodada *f*; ***to be in a ~*** estar* anquilosado; ***to get into a ~*** anquilosarse **2** (Zool) celo *m*

rutabaga /'ruːtə'beɪgə, BrE ˌruːtə'beɪgə/ *n* (AmE) nabo *m* sueco

ruthless /'ruːθləs, BrE 'ruːθlɪs/ *adj* ‹*person*› despiadado; ‹*persecution*› implacable, inexorable

Rwanda /rʊ'ændə/ *n* Ruanda *f*

Rwandan /rʊ'ændən/ *adj* ruandés

rye /raɪ/ *n* **(a)** (plant, grain) centeno *m* **(b)** **~ (bread)** pan *m* de centeno

Ss

S, **s** /es/ *n* S, s *f*

S **(a)** (Geog) (= **south**) S **(b)** (Clothing) (= **small**) P

Sabbath /'sæbəθ/ *n* (Jewish) sábado *m*; (Christian) domingo *m*

sabbatical /sə'bætɪkəl/ *n* (year) año *m* sabático; (period) período *m* sabático

saber, (BrE) **sabre** /'seɪbər, BrE 'seɪbə(r)/ *n* sable *m*

sabotage[1] /'sæbətɑːʒ/ *n* sabotaje *m*

⚷ palabra clave

sabotage[2] *vt* sabotear

saboteur /'sæbə'tɜːr, BrE ˌsæbə'tɜː(r)/ *n* saboteador, -dora *m,f*

sabre *n* (BrE) ▶ **saber**

saccharin /'sækərən, BrE 'sækərɪn/ *n* sacarina *f*

sachet /sæ'ʃeɪ, BrE 'sæʃeɪ/ *n* (of shampoo, cream) sachet *m*; (of powder, sugar) (BrE) sobrecito *m*

sack[1] /sæk/ *n* **1** **(a)** (large bag) saco *m* **(b)** (paper bag) (AmE) bolsa *f* (de papel) **2** (dismissal) (BrE infml): **to give sb the ~** echar a algn (del trabajo), botar a algn (del trabajo) (AmL fam)

sack² *vt* **1** (dismiss) (BrE infml) ‹*person/employee*› echar (del trabajo), botar (del trabajo) (AmL fam) **2** (destroy) ‹*town/city*› saquear

sacrament /'sækrəmənt/ *n* sacramento *m*

sacred /'seɪkrəd, BrE 'seɪkrɪd/ *adj* sagrado

sacrifice¹ /'sækrəfaɪs, BrE 'sækrɪfaɪs/ *n* **1** (Occult, Relig) **(a)** (practice, act) sacrificio *m* **(b)** (offering) ofrenda *f* **2** (giving up) sacrificio *m*; **to make ~s** sacrificarse*

sacrifice² *vt* sacrificar*

sacrilege /'sækrəlɪdʒ, BrE 'sækrɪlɪdʒ/ *n* sacrilegio *m*

🔑 **sad** /sæd/ *adj* **-dd-** triste; **~ to say** lamentablemente

sadden /'sædn̩/ *vt* entristecer*

saddle¹ /'sædl/ *n* (on horse) silla *f* (de montar); (on bicycle) sillín *m*

saddle² *vt* **(a)** ~ (up) ‹*horse*› ensillar **(b)** (burden) (infml) **to ~ sb WITH sth** endilgarle* *or* (esp AmL) encajarle algo A algn

saddle-bag /'sædlbæg/ *n* (on horse) alforja *f*; (on bicycle) maletero *m*

sadist /'seɪdəst, BrE 'seɪdɪst/ *n* sádico, -ca *m,f*

sadly /'sædli/ *adv* **(a)** (sorrowfully) ‹*smile/speak*› tristemente, con tristeza **(b)** (regrettably): **you are ~ mistaken** estás totalmente equivocado **(c)** (unfortunately) (*indep*) lamentablemente

sadness /'sædnəs, BrE 'sædnɪs/ *n* tristeza *f*

sae, SAE *n* (BrE) (= **stamped, addressed envelope**) ▶ **SASE**

safari /sə'fɑːri/ *n* safari *m*; (*before n*) **~ park** safari-park *m*

🔑 **safe¹** /seɪf/ *adj* **safer, safest** **1** (secure from danger) seguro; ‹*haven/place*› seguro; **you are not ~ here** corres peligro aquí; **keep these documents ~** guarda estos documentos en un lugar seguro; **they're ~** están a salvo; **they were found ~ and well** o **~ and sound** los encontraron sanos y salvos **2** (not dangerous) ‹*ladder*› seguro **3** (not risky) ‹*investment/sex/method*› seguro; **to be on the ~ side** por si acaso; ***better (to be) ~ than sorry*** más vale prevenir que curar

safe² *n* caja *f* fuerte, caja *f* de caudales

safe: **~-conduct** /'seɪf'kɑːndʌkt, BrE ˌseɪf'kɒndʌkt/ *n* protección *f*; **~-deposit (box)** /'seɪfdɪ'pɑːzət, BrE 'seɪfdɪ'pɒzɪt/ *n* caja *f* de seguridad

safeguard¹ /'seɪfgɑːrd, BrE 'seɪfgɑːd/ *n* salvaguarda *f*

safeguard² *vt* salvaguardar

safe: **~ harbor** *n* (AmE) horario *m* de protección; **~ house** *n* piso *m* franco; **~keeping** *n*: **he gave her the watch for ~keeping** le dio el reloj para que lo guardara en lugar seguro *or* (esp Esp fml) para que lo pusiera a buen recaudo

safely /'seɪfli/ *adv* **1** **(a)** (without mishap, unharmed): **we got home ~** llegamos a casa sin novedad **(b)** (without danger) sin peligro; **drive ~** conduzca con prudencia *or* cuidado **2** (with certainty) ‹*say/assume*› sin temor a equivocarse (*or* equivocarnos *etc*)

🔑 **safety** /'seɪfti/ *n* (*pl* **-ties**) (security, freedom from risk) seguridad *f*; (*before n*) ‹*device/precautions/regulations*› de seguridad

safety: **~ belt** *n* cinturón *m* de seguridad; **~ catch** *n* (on gun) seguro *m*; **~ net** *n* (for acrobats) red *f* de seguridad; (protection) protección *f*; **~ pin** *n* imperdible *m*, gancho *m* (Andes), alfiler *m* de gancho (CS, Ven), gancho *m* de nodriza (Col), seguro *m* (Méx)

saffron /'sæfrən/ *n* azafrán *m*

sag /sæg/ *vi* **-gg-** **(a)** «*beams/ceiling*» combarse; «*bed*» hundirse **(b)** (hang down, droop): **~ging breasts** pechos *mpl* caídos

saga /'sɑːgə/ *n* (Lit) saga *f*; (long story) historia *f*, saga *f*

sage /seɪdʒ/ *n* **1** (Bot, Culin) salvia *f* **2** (wise man) sabio *m*

Sagittarius /'sædʒə'teriəs, BrE ˌsædʒɪ'teəriəs/ *n* **(a)** (sign) (*no art*) Sagitario **(b)** (person) Sagitario *or* sagitario *mf*, sagitariano, -na *m,f*

Sahara /sə'hærə, BrE sə'hɑːrə/ *n*: **the ~** el Sahara *or* (Esp) el Sáhara

said /sed/ *past & past p of* **say¹**

sail¹ /seɪl/ *n* (of ship, boat) vela *f*; **to set ~** (start journey) zarpar, hacerse* a la mar; «*yacht/galleon*» hacerse* a la vela

sail² *vt* ‹*boat/ship*› gobernar*

■ *vi* **(a)** (travel) «*ship/boat*» navegar*; «*person/passenger*» ir* en barco; **to go ~ing** salir a navegar **(b)** (depart) «*person/ship*» zarpar, salir*

● **sail through**: [*v + prep + o*]: **you'll ~ through the exam** aprobarás el examen con los ojos cerrados

sailboat /'seɪlbəʊt/ *n* (AmE) velero *m*, barco *m* de vela

sailing /'seɪlɪŋ/ *n* **(a)** (skill) navegación *f* **(b)** (Sport) vela *f*

sailing: **~ boat** *n* (BrE) ▶ **sailboat**; **~ ship** *n* velero *m*, barco *m* de vela

sailor /'seɪlər, BrE 'seɪlə(r)/ *n* **(a)** (seaman) marinero *m* **(b)** (Sport) navegante *mf*

saint /seɪnt/ *n*

> ■ **Note** Although the usual translation for *saint* as a title is *san* for a man or *santa* for a woman, *santo* is used before *Domingo, Tomás, Tomé*, and *Toribio*.

(a) (canonized person) santo, -ta *m,f* **(b)** **Saint** /seɪnt, BrE sənt/; (*before name*) san, santa

sake /seɪk/ *n* **(a)** (benefit, account): **for my/their ~** por mí/ellos; **for your own ~** por tu propio bien **(b)** (purpose, end): **art for art's ~** el arte por el arte; **for argument's ~** pongamos por caso **(c)** (*in interj phrases*) **for goodness'** o **heaven's ~!** ¡por Dios!; **for God's ~!** ¡por el amor de Dios!

salad /'sæləd/ *n* ensalada *f*; (*before n*) **~ bowl** ensaladera *f*; **~ dressing** aliño *m* para ensalada

salad cream *n* (BrE) *aliño para ensalada parecido a la mayonesa*

salami /sə'lɑːmi/ *n* (*pl* **-mis**) salami *or* (CS) salame *m*

salary /'sæləri/ *n* (*pl* **-ries**) sueldo *m*

🔑 **sale** /seɪl/ *n* **1** **(a)** (act of selling) venta *f* **(b)** (individual transaction) venta *f* **(c)** (auction) subasta *f*, remate *m* (AmL) **2** (*in phrases*) Ⓢ **for sale** se vende; **on sale** (at reduced price) (AmE): **toys are on ~ this week** esta semana los juguetes están rebajados; (offered for sale) (BrE): **on ~ now at leading stores** ya está a la venta en los principales comercios **3** (clearance) liquidación *f*; (seasonal reductions) rebajas *fpl*; (*before n*) ‹*price*› de liquidación **4** **sales**

S

(a) *pl* (volume sold) (*sometimes sing*) (volumen *m* de) ventas *fpl* (b) (department) (+ *sing o pl vb*) ventas (+ *sing vb*)

saleroom /'seɪlru:m, -rʊm/ *n* (BrE) ▶ **salesroom**

sales /seɪlz/: **~clerk** *n* (AmE) vendedor, -dora *m,f*, dependiente, -ta *m,f*; **~man** /'seɪlzmən/ *n* (*pl* **-men** /-mən/) (in shop) vendedor *m*; (representative) representante *m*, corredor *m* (RPl); **~room** *n* (AmE) (a) (for auctions) sala *f* de subastas, sala *f* de remates (AmL) (b) (showroom) salón *m* de exposición (y ventas); **~ slip** *n* (AmE) recibo *m*; **~woman** *n* (in shop) vendedora *f*; (representative) representante *f*, corredora *f* (RPl)

saliva /sə'laɪvə/ *n* saliva *f*

sallow /'sæləʊ/ *adj* **-er**, **-est** cetrino

salmon /'sæmən/ *n* (*pl* **~**) salmón *m*

salon /sə'lɑ:n, BrE 'sælɒn/ *n* (business): **hairdressing ~** peluquería *f*; **beauty ~** salón *m* de belleza

saloon /sə'lu:n/ *n* **1** (bar) (AmE) bar *m* (*del Lejano Oeste*) **2** **~ (car)** (BrE) sedán *m*

salt¹ /sɔ:lt/ *n* sal *f*

salt² *vt* (a) (put salt on) ‹*vegetables/meat*› salar, ponerle* *or* echarle sal a; ‹*road*› echar sal en (b) **salted** *past p* salado

salt: **~ cellar** *n* salero *m*; **~water** *adj* ‹*lake*› de agua salada; ‹*fish*› de mar, de agua salada

salty /'sɔ:lti/ *adj* **-tier**, **-tiest** salado

salubrious /sə'lu:briəs/ *adj* (a) (healthy) (fml) saludable, salubre (b) (wholesome) (*usu neg*) **not a very ~ district** un barrio muy poco recomendable

salutary /'sæljəteri, BrE 'sæljʊtri/ *adj* saludable

salute¹ /sə'lu:t/ *n* (a) (gesture) saludo *m*, venia *f* (RPl) (b) (firing of guns) salva *f* (c) (tribute) homenaje *m*

salute² *vt* (a) (Mil) ‹*officer*› saludar (b) (acknowledge, pay tribute) (fml) ‹*courage/achievement*› rendir* homenaje a
■ *vi* (Mil) **to ~** (TO sb) hacerle* el saludo *or* (RPl) la venia (A algn)

Salvadorean¹ /'sælvə'dɔ:riən/ *adj* salvadoreño

Salvadorean² *n* salvadoreño, -ña *m,f*

salvage /'sælvɪdʒ/ *vt* rescatar

salvation /sæl'veɪʃən/ *n* salvación *f*

Salvation Army *n* Ejército *m* de Salvación

S

salve¹ /sæv, BrE sælv/ *n* (ointment) bálsamo *m*, ungüento *m*

salve² *vt*: **to ~ one's conscience** acallar la voz de su (*or* mi *etc*) conciencia

Samaritan /sə'mærətn̩, BrE sə'mærɪtən/ *n* (Bib) samaritano, -na *m,f*; **the good ~** el buen samaritano

✓ **same¹** /seɪm/ *adj* (*before n*) mismo, misma; **the ~ address/mistake** la misma dirección/el mismo error; **the two boxes are exactly the ~** las dos cajas son exactamente iguales; **that dress is the ~ as mine** ese vestido es igual al mío; **the ~ thing happened to me** a mí me pasó lo mismo; **on that very ~ day** ese mismísimo día

same² *pron* (a) **the ~** lo mismo; **have a nice vacation! — ~ to you!** ¡felices vacaciones! — ¡igualmente! (b) **all the same, just the same** igual; (*as linker*) de todas formas *or* maneras; ***it's all the ~ to me/you/them*** me/te/les da lo mismo, me/te/les da igual

same³ *adv*: **the ~** igual

✓ **sample¹** /'sæmpəl, BrE 'sɑ:mpəl/ *n* muestra *f*

sample² *vt* ‹*food*› degustar

sanatorium /'sænə'tɔ:riəm/ *n* (*pl* **-riums** *or* **-ria** /-riə/) sanatorio *m* (*para convalecientes*)

sanctify /'sæŋktəfaɪ, BrE 'sæŋktɪfaɪ/ *vt* **-fies**, **-fying**, **-fied** santificar*

sanctimonious /'sæŋktə'məʊniəs, BrE ˌsæŋktɪ'məʊniəs/ *adj* (fml) moralista, gazmoño, mojigato

sanction¹ /'sæŋkʃən/ *n* **1** (authorization) autorización *f*, sanción *f* **2** **sanctions** *pl* (coercive measures) sanciones *fpl*

sanction² *vt* ‹*act/initiative*› sancionar (fml), aprobar*; ‹*injustice*› consentir*

sanctity /'sæŋktəti/ *n* (a) (inviolability) inviolabilidad *f* (b) (holiness) santidad *f*

sanctuary /'sæŋktʃueri, BrE 'sæŋktjʊəri/ *n* (*pl* **-ries**) (a) (protection, safety) asilo *m*, refugio *m* (b) (place of refuge) santuario *m*

sand¹ /sænd/ *n* arena *f*

sand² *vt* **~ (down)** ‹*wood/furniture*› lijar; ‹*floor*› pulir

sandal /'sændl/ *n* sandalia *f*

sand: **~bank** *n* banco *m* de arena; **~box** *n* (AmE) cajón *m* de arena (*en parques y jardines*); **~castle** *n* castillo *m* de arena; **~paper** *n* papel *m* de lija; **~pit** *n* (BrE) ▶ **~box**; **~stone** *n* arenisca *f*; **~storm** *n* tormenta *f* de arena

sandwich¹ /'sænwɪtʃ, BrE 'sændwɪdʒ/ *n* (*pl* **-es**) sándwich *m*, emparedado *m*, ≈ bocadillo *m* (Esp)

sandwich² *vt* (*usu pass*): **I was ~ed between two fat men** estaba apretujado entre dos gordos

sandy /'sændi/ *adj* **-dier**, **-diest** (a) ‹*beach/path*› de arena; ‹*soil*› arenoso (b) (in color) ‹*hair*› rubio rojizo *adj inv*

sane /seɪn/ *adj* **saner**, **sanest** (a) (not mad) cuerdo (b) (sensible) sensato

sang /sæŋ/ *past of* **sing**

sanitarium /'sænə'teriəm, BrE ˌsænɪ'teəriəm/ *n* (AmE) ▶ **sanatorium**

sanitary /'sænəteri, BrE 'sænɪtri/ *adj* (a) (concerning health) (*before n*) ‹*conditions/regulations*› sanitario; ‹*inspector*› de sanidad (b) (hygienic) higiénico

sanitary napkin, (BrE) **sanitary towel** *n* compresa *f*, paño *m* higiénico

sanitation /'sænə'teɪʃən, BrE ˌsænɪ'teɪʃən/ *n* (a) (hygiene) condiciones *fpl* de salubridad (b) (waste disposal system) servicios *mpl* sanitarios

sanitize /'sænətaɪz, BrE 'sænɪtaɪz/ *vt* (a) (disinfect) desinfectar (b) (make inoffensive) (derog) hacer* potable; **a ~d version** una versión aséptica

sanity /'sænəti/ *n* (a) (mental health) razón *f*, cordura *f* (b) (good sense) sensatez *f*

sank /sæŋk/ *past of* **sink¹**

Santa Claus /'sæntəklɔ:z/ *n* Papá Noel, San Nicolás, Santa Claus, Viejo *m* Pascuero (Chi)

sap¹ /sæp/ *n* savia *f*

sap² *vt* **-pp-** minar

sapling /'sæplɪŋ/ *n* árbol *m* joven

sapphire /'sæfaɪr, BrE 'sæfaɪə(r)/ *n* zafiro *m*

sarcasm /'sɑ:rkæzəm, BrE 'sɑ:kæzəm/ *n* sarcasmo *m*

✓ palabra clave

sarcastic /sɑːr'kæstɪk, BrE sɑː'kæstɪk/ *adj* sarcástico

sardine /sɑːr'diːn, BrE sɑː'diːn/ *n* sardina *f*

sardonic /sɑːr'dɑːnɪk, BrE sɑː'dɒnɪk/ *adj* sardónico

sari /'sɑːri/ *n* (*pl* **~s**) sari *m*

SARS /sɑːrz/ *n* (= **Severe Acute Respiratory Syndrome**) SRAS *m*, SRAG *m*

SASE *n* (AmE) (= **self-addressed stamped envelope**): **I enclose an ~** adjunto sobre franqueado (a mi nombre)

sash /sæʃ/ *n* **1** (on dress) faja *f*; (on uniform — around waist) fajín *m*; (— over shoulder) banda *f* **2** (of window) marco *m*

sassy /'sæsi/ *adj* **-sier**, **-siest** (AmE infml) **(a)** (impertinent) caradura (fam) **(b)** (brash) ‹*hat/style*› llamativo y atrevido

sat /sæt/ *past & past p of* **sit**

Satan /'seɪtn̩/ *n* Satanás

satanic /sə'tænɪk/ *adj* satánico

satchel /'sætʃəl/ *n* cartera *f* (*de colegial*)

sate /seɪt/ *vt* (liter) (*usu pass*) ‹*appetite/lust*› saciar (liter)

satellite /'sætlaɪt, BrE 'sætəlaɪt/ *n* **1** **(a)** (Aerosp) satélite *m* (artificial); (*before n*) **~ dish** antena *f* parabólica; **~ TV** televisión *f* por *or* vía satélite **(b)** (Astron) satélite *m* **2** (dependent body, state) satélite *m*; (*before n*) **a ~ town** una ciudad satélite

satin /'sætn̩, BrE 'sætɪn/ *n* satén *m*, satín *m* (AmL)

satire /'sætaɪr, BrE 'sætaɪə(r)/ *n* sátira *f*

satirical /sə'tɪrɪkəl/ *adj* satírico

satirize /'sætəraɪz/ *vt* satirizar*

satisfaction /'sætəs'fækʃən, BrE ˌsætɪs'fækʃən/ *n* satisfacción *f*

satisfactory /'sætəs'fæktri, BrE ˌsætɪs'fæktəri/ *adj* satisfactorio

satisfied /'sætəsfaɪd, BrE 'sætɪsfaɪd/ *adj* ‹*expression/customer*› satisfecho; ‹*smile*› de satisfacción

satisfy /'sætəsfaɪ, BrE 'sætɪsfaɪ/ *vt* **-fies**, **-fying**, **-fied** **1** **(a)** (please) satisfacer* **(b)** (meet) ‹*requirements*› llenar; ‹*demand*› satisfacer* **2** (convince) (*often pass*) **to ~ sb** OF **sth** convencer* a algn DE algo

satisfying /'sætəsfaɪɪŋ, BrE 'sætɪsfaɪɪŋ/ *adj* **(a)** (pleasing) ‹*result/job*› satisfactorio **(b)** (filling) ‹*meal*› que llena

satphone /'sætfəʊn/ *n* teléfono *m* satélite

satsuma /sæt'suːmə/ *n* satsuma *f* (*tipo de mandarina*)

saturate /'sætʃəreɪt/ *vt* **1** (drench) empapar **2** (fill) ‹*market/mind/place*› saturar **3** (Chem, Phys) saturar

saturation /'sætʃə'reɪʃən/ *n* **1** (Busn, Marketing) saturación *f* **2** (Chem, Phys) saturación *f*

Saturday /'sætərdeɪ, -di, BrE 'sætədeɪ, -di/ *n* sábado *m*; *see also* **Monday**

Saturn /'sætərn, BrE 'sætən/ *n* Saturno *m*

sauce /sɔːs/ *n* salsa *f*

saucepan /'sɔːspæn, BrE 'sɔːspən/ *n* cacerola *f*, cazo *m* (Esp); (large) olla *f*

saucer /'sɔːsər, BrE 'sɔːsə(r)/ *n* platillo *m*

saucy /'sæsi, 'sɔːsi, BrE 'sɔːsi/ *adj* **-cier**, **-ciest** insolente, fresco (fam)

Saudi¹ /'saʊdi/ *adj* saudita, saudí

Saudi² *n* saudita *mf*, saudí *mf*

Saudi Arabia /ə'reɪbiə/ *n* Arabia *f* Saudita, Arabia *f* Saudí

sauna /'sɔːnə/ *n* sauna *f*, sauna *m* (AmL)

saunter /'sɔːntər, BrE 'sɔːntə(r)/ *vi* pasear; **she ~ed in/out** entró/salió andando despacio

sausage /'sɔːsɪdʒ, BrE 'sɒsɪdʒ/ *n* (for cooking) salchicha *f*; (cold, cured) embutido *m*

sauté /sɔː'teɪ, BrE 'səʊteɪ/ *vt* **-tés**, **-téeing** *or* **-téing**, **-téed** *or* **-téd** saltear

savage¹ /'sævɪdʒ/ *adj* **(a)** (fierce, wild) ‹*beast/attack*› salvaje; ‹*blow*› violento **(b)** (uncivilized) ‹*tribe/people*› salvaje

savage² *n* salvaje *mf*

savage³ *vt* atacar* salvajemente a

savagely /'sævɪdʒli/ *adv* salvajemente

savagery /'sævɪdʒri/ *n* ferocidad *f*

save¹ /seɪv/ *vt* **1** **(a)** (preserve) ‹*life/person/job*› salvar; ‹*possessions*› rescatar; **firefighters ~d 20 people** bomberos rescataron a 20 personas **(b)** (redeem) ‹*soul/sinner*› salvar **2** **(a)** (be economical with) ‹*money/fuel/space/time*› ahorrar **(b)** (spare, avoid) ‹*trouble/expense/embarrassment*› ahorrar, evitar **3** **(a)** (keep, put aside) guardar; ‹*money*› ahorrar; **don't eat it now; ~ it for later** no te lo comas ahora; déjalo para luego; **to ~ one's energy** guardarse las energías **(b)** (Comput) guardar **4** (Sport) ‹*shot/penalty*› detener*, salvar

■ *vi* ahorrar

● **save up** **1** [*v + adv*] ahorrar **2** [*v + o + adv, v + adv + o*] ahorrar

save² *n* parada *f*

save³ *prep* (fml) (apart from): **~ (for)** salvo, excepto

saving¹ /'seɪvɪŋ/ *n* **(a)** (economy) ahorro *m* **(b)** **savings** *pl* ahorros *mpl*; (*before n*) **~s account** cuenta *f* de ahorros

saving² *adj* (*before n*) ▶ **grace**

savings /'seɪvɪŋz/: **~ and loan** *n*: **~ and loan (association/company)** (AmE) sociedad *f* de ahorro y préstamos; **~ bank** *n* caja *f* de ahorros

savior, (BrE) **saviour** /'seɪvjər, BrE 'seɪvjə(r)/ *n* salvador, -dora *m,f*

savor¹, (BrE) **savour** /'seɪvər, BrE 'seɪvə(r)/ *vt* saborear

savor², (BrE) **savour** *n* (taste) sabor *m*; (hint, trace) dejo *m*

savory, (BrE) **savoury** /'seɪvəri/ *adj* (tasty) sabroso; (wholesome) (*usu with neg*) limpio

savour *vt/n* (BrE) ▶ **savor¹,²**

savoury /'seɪvəri/ *adj* (BrE) **(a)** ▶ **savory** **(b)** (not sweet) salado

saw¹ /sɔː/ *past of* **see**

saw² *n* (manual) sierra *f*; (— with one handle) serrucho *m*; (power-driven) sierra *f* mecánica

saw³ *vt* (*past p* **sawed** *or* (esp BrE) **sawn**) (with handsaw) cortar (*con serrucho*), serruchar (AmL); (with a larger saw) cortar (*con sierra*), serrar*, aserrar*

sawdust /'sɔːdʌst/ *n* serrín *m*, aserrín *m* (esp AmL)

sawed-off /'sɔːd'ɔːf, BrE 'sɔːdɒf/, (BrE) **sawn-off** /'sɔːnɔːf, BrE 'sɔːnɒf/ *adj*: **~ shotgun** escopeta *f* recortada

sawn /sɔːn/ *past p of* **saw³**

sawn-off *adj* (BrE) ▶ **sawed-off**

saxophone /'sæksəfəʊn/ *n* saxofón *m*, saxófono *m*

✓ **say¹** /seɪ/ (*pres* **says** /sez/; *past & past p* **said** /sed/) *vt* **1** (utter, express in speech) ‹*word/sentence*› decir*; ‹*prayer*› rezar*; **I said yes/no** dije que sí/no; **to ~ sth** TO **sb** decirle* algo A algn; **why didn't you ~ so before?** haberlo dicho antes; **that's to ~** es decir; **to ~ the least** como mínimo; **what have you got to ~ for yourself?** a ver, explícate; **~ no more** no me digas más; **you can ~ that again!** ¡y que lo digas!; **it goes without ~ing that ...** huelga decir que ...; **that's easier said than done** del dicho al hecho hay mucho trecho; **no sooner said than done** dicho y hecho; **when all's said and done** al fin y al cabo **2** «*watch/dial*» marcar* **3** (suppose) (infml) suponer*; **(let's) ~ that ...** supongamos que ... **4** (allege) decir*; **..., or so he ~s ...**, al menos eso es lo que dice ■ *vi* decir*; **I'd rather not ~** prefiero no decirlo; **it's hard to ~** es difícil decirlo

say² *interj* (AmE infml) ¡oye! (fam)

say³ *n* (*no pl*) **(a)** (statement of view): **to have one's ~** dar* su (*or* mi *etc*) opinión **(b)** (power): **I have no ~ in the matter** yo no tengo ni voz ni voto en el asunto

saying /'seɪɪŋ/ *n* refrán *m*, dicho *m*

SC = **South Carolina**

scab /skæb/ *n* **1** (on wound) costra *f* **2** (strikebreaker) (derog) esquirol *mf* (pey), carnero, -ra *m,f* (RPl fam & pey)

scaffold /'skæfəld, -fəʊld/ *n* (for execution) patíbulo *m*, cadalso *m*

scaffolding /'skæfəldɪŋ, '-fəʊldɪŋ/ *n* andamiaje *m*

scald /skɔːld/ *vt* escaldar

✓ **scale¹** /skeɪl/ *n* I **1** (*no pl*) **(a)** (extent, size) escala *f*; **on a large/small ~** en gran/pequeña escala **(b)** (of map, diagram) escala *f*; (*before n*) ‹*model/drawing*› a escala **2** (on measuring instrument) escala *f* **3** (Mus) escala *f* **4** (for weighing) (*usu pl*) balanza *f*, pesa *f*; **bathroom ~s** una báscula *or* pesa (de baño)
II **1** (on fish) escama *f* **2** (deposit in kettle, pipes) sarro *m*

scale² *vt* ‹*mountain/wall*› escalar; ‹*ladder*› subir
● **scale down** [*v* + *o* + *adv*, *v* + *adv* + *o*] ‹*drawing*› reducir* (a escala); ‹*operation*› recortar

S

scallion /'skæljən/ *n* (AmE) **(a)** (young onion) cebolleta *f*, cebollino *m* **(b)** (shallot) chalote *m*, chalota *f*

scallop /'skæləp/ *n* vieira *f*, ostión *m* (CS)

scalp¹ /skælp/ *n* (Anat) cuero *m* cabelludo

scalp² *vt*: **to ~ sb** arrancarle* la cabellera a algn

scalpel /'skælpəl/ *n* bisturí *m*, escalpelo *m*

scaly /'skeɪli/ *adj* **-lier**, **-liest** ‹*skin*› escamoso

scamper /'skæmpər, BrE 'skæmpə(r)/ *vi* corretear; **she ~ed off** se fue correteando

scampi /'skæmpi/ *pl n* langostinos *mpl* (*gen rebozados*)

scan¹ /skæn/ *vt* **-nn-** **1** **(a)** ‹*horizon*› escudriñar **(b)** ‹*noticeboard/newspaper*› recorrer con la vista; ‹*report*› echarle un vistazo a **2** (Med) ‹*body/brain*› hacer* un escáner de; (with ultrasound scanner) hacer* una ecografía de

scan² *n* (Med) escáner *m*; (ultrasound) ecografía *f*

scandal /'skændl/ *n* **(a)** (outrage) escándalo *m* **(b)** (gossip) chismorreo *m*

scandalize /'skændlaɪz/ *vt* escandalizar*

scandalous /'skændləs/ *adj* escandaloso

Scandinavia /'skændə'neɪviə, BrE ˌskændɪ'neɪviə/ *n* Escandinavia *f*

Scandinavian¹ /'skændə'neɪviən, BrE ˌskændɪ'neɪviən/ *adj* escandinavo

Scandinavian² *n* escandinavo, -va *m,f*

scanner /'skænər, BrE 'skænə(r)/ *n* (Med) escáner *m*, scanner *m*

scanty /'skænti/ *adj* **-tier**, **-tiest** ‹*information*› insuficiente; ‹*meal*› poco abundante, frugal; ‹*costume*› breve

scapegoat /'skeɪpgəʊt/ *n* chivo *m* expiatorio

scar¹ /skɑːr, BrE skɑː(r)/ *n* cicatriz *f*

scar² *vt* **-rr-**: **his face was badly ~red** le quedó una enorme cicatriz en el rostro; **she'll be ~red for life** (physically) le va a quedar (la) cicatriz; (emotionally) va a quedar marcada

scarce /skers, BrE skeəs/ *adj* escaso; **to be ~** escasear

scarcely /'skersli, BrE 'skeəsli/ *adv* apenas

scarcity /'skersəti, BrE 'skeəsəti/ *n* (*pl* **-ties**) escasez *f*

scare¹ /sker, BrE skeə(r)/ *vt* asustar
● **scare away**, **scare off** [*v* + *o* + *adv*, *v* + *adv* + *o*] espantar

scare² *n* **(a)** (fright, shock) susto *m* **(b)** (panic) (Journ): **bomb ~** amenaza *f* de bomba

scarecrow /'skerkrəʊ, BrE 'skeəkrəʊ/ *n* espantapájaros *m*

scared /skerd, BrE skeəd/ *adj* asustado; **I'm ~** tengo miedo; **to be ~** OF **sth/sb** tenerle* miedo A algo/algn

scarf /skɑːrf, BrE skɑːf/ *n* (*pl* **~s** *or* **scarves**) **(a)** (muffler) bufanda *f* **(b)** (square) pañuelo *m*

scarlet /'skɑːrlət, BrE 'skɑːlət/ *adj* (rojo) escarlata *adj inv*

scarlet fever *n* escarlatina *f*

scarves /skɑːrvz, BrE skɑːvz/ *pl of* **scarf**

scathing /'skeɪðɪŋ/ *adj* mordaz

scatter /'skætər, BrE 'skætə(r)/ *vt* **1** ‹*salt/grit*› esparcir*; ‹*seeds*› sembrar* (a voleo) **2** (disperse) ‹*crowd/group*› dispersar; **they are ~ed all over the country** están desperdigados por todo el país
■ *vi* «*crowd/light*» dispersarse

scatterbrained /'skætər'breɪnd, BrE 'skætəbreɪnd/ *adj* atolondrado, despistado

scattered /'skætərd, BrE 'skætəd/ *adj* (*before n*) ‹*fighting/applause/outbreak*› aislado; ‹*community*› diseminado; **~ showers** chubascos *mpl* aislados

scavenge /'skævəndʒ, BrE 'skævɪndʒ/ *vi* **to ~** FOR **sth** escarbar *or* hurgar* en busca de algo

scavenger /'skævəndʒər, BrE 'skævɪndʒə(r)/ *n* **(a)** (animal, bird) carroñero, -ra *m,f* **(b)** (person) *persona que busca comida etc hurgando en los desperdicios*

scenario /sə'neriəʊ, -'næ-, BrE sɪ'nɑːriəʊ/ *n* (*pl* **-os**) **(a)** (Cin, TV) guion *m* **(b)** (of future) perspectiva *f*, escenario *m* (period)

✓ **scene** /siːn/ *n* **1** **(a)** (view, situation) escena *f* **(b)** (of incident, crime) escena *f*; **it was the ~ of violent**

✓ palabra clave

demonstrations fue el escenario de violentas manifestaciones; **to appear on the ~** aparecer*; **to set the ~ (for sth)** situar* la escena (de algo) **2** (in play, book etc) escena *f* **3** (stage setting) decorado *m*; ***behind the ~s*** entre bastidores **4** (fuss, row) escena *f* **5** (sphere) ámbito *m*; **it's not my ~** (infml) no es lo mío

scenery /'siːnəri/ *n* **(a)** (surroundings) paisaje *m* **(b)** (Theat) escenografía *f*

scenic /'siːnɪk/ *adj* pintoresco

scent¹ /sent/ *n* **(a)** (fragrance) perfume *m* **(b)** (perfume) (BrE) perfume *m* **(c)** (trail) rastro *m*; **to put** o **throw sb off the ~** despistar a algn

scent² *vt* **(a)** (sense) ‹*danger/victory*› intuir* **(b)** (perfume) ‹*air/room/skin*› perfumar **(c) scented** *past p* ‹*writing paper*› perfumado; ‹*rose*› fragante

scepter, (BrE) **sceptre** /'septər, BrE 'septə(r)/ *n* cetro *m*

sceptic *etc* (BrE) ▶ **skeptic** *etc*

sceptre *n* (BrE) ▶ **scepter**

schedule¹ /'skedʒuːl, BrE 'ʃedjuːl/ *n* **1** (plan) programa *m*; **the flight is due to arrive on ~** el vuelo llegará a la hora prevista; **to be ahead of/behind ~** estar* adelantado/atrasado con respecto al programa **2 (a)** (list) (fml) lista *f* **(b)** (AmE) (timetable — for transport) horario *m*; (— for classes) horario *m* (de clases)

schedule² *vt* (timetable, plan) (*usu pass*) programar; **the conference is ~d to take place in August** la conferencia está planeada para el mes de agosto

scheduled /'skedʒuːld, BrE 'ʃedjuːld/ *adj* (*before n*) **(a)** (planned) ‹*meeting/visit*› previsto, programado **(b)** ‹*flight/service*› regular

scheme¹ /skiːm/ *n* (plan) plan *m*; (underhand) ardid *m*; (plot) confabulación *f*, conspiración *f*

scheme² *vi* intrigar*; (plot) conspirar

scheming¹ /'skiːmɪŋ/ *adj* intrigante

scheming² *n* maquinaciones *fpl*, intrigas *fpl*

schism /'sɪzəm, 'skɪzəm/ *n* cisma *m*

schizophrenia /'skɪtsə'friːniə, BrE ˌskɪtsə'friːniə/ *n* esquizofrenia *f*

schizophrenic /'skɪtsə'frenɪk, -'friːnɪk, BrE ˌskɪtsəʊ'frenɪk, -friːnɪk/ *adj* esquizofrénico

schmaltz /ʃmɔːlts/ *n* (infml) sensiblería *f*

schmaltzy /'ʃmɔːltsi/ *adj* **-zier, -ziest** (infml) sensiblero

scholar /'skɑːlər, BrE 'skɒlə(r)/ *n* **(a)** (learned person) erudito, -ta *m,f* **(b)** (holder of scholarship) becario, -ria *m,f*

scholarly /'skɑːlərli, BrE 'skɒləli/ *adj* ‹*person*› erudito, docto; ‹*attainments*› en el campo académico

scholarship /'skɑːlərʃɪp, BrE 'skɒləʃɪp/ *n* **1** (grant) beca *f* **2** (scholarliness) erudición *f*

school¹ /skuːl/ *n* **1 (a)** (in primary, secondary education) colegio *m*, escuela *f*; **to go to ~** ir* al colegio *or* a la escuela; (*before n*) ‹*uniform/rules*› del colegio; ‹*bus*› escolar; **~ fees** *cuotas que se pagan en un colegio particular*, colegiatura *f* (Méx); **~ year** año *m* escolar *or* lectivo **(b)** (college, university) (AmE) universidad *f* **(c)** (department) facultad *f* **2** (other training establishment) academia *f*, escuela *f* **3** (of fish) cardumen *m*, banco *m*; (of dolphins, whales) grupo *m*

school² *vt* ‹*person*› instruir*; (train) capacitar

school: **~boy** *n* colegial *m*, escolar *m*; **~child** *n* colegial, -giala *m,f*, escolar *mf*; **~girl** *n* colegiala *f*, escolar *f*

schooling /'skuːlɪŋ/ *n* educación *f*, estudios *mpl*

school: **~-leaver** /'liːvər, BrE 'liːvə(r)/ *n* (BrE) joven *mf* que termina el colegio; **~master** *n* (BrE fml) (in primary school) maestro *m*; (in secondary school) profesor *m*; **~mistress** *n* (BrE fml) (in primary school) maestra; (in secondary school) profesora *f*; **~teacher** *n* (in primary school) maestro, -tra *m,f*; (in secondary school) profesor, -sora *m,f*

science /'saɪəns/ *n* ciencia *f*

science fiction *n* ciencia ficción *f*

scientific /'saɪən'tɪfɪk/ *adj* científico

scientist /'saɪəntəst, BrE 'saɪəntɪst/ *n* científico, -ca *m,f*

sci-fi /'saɪ'faɪ/ *n* (infml) ciencia ficción *f*

Scillies /'sɪliz/ *pl n* ▶ **Isles of Scilly**

scintillating /'sɪntleɪtɪŋ, BrE 'sɪntɪleɪtɪŋ/ *adj* ‹*wit/conversation*› chispeante

scissors /'sɪzərz, BrE 'sɪzəz/ *n* (+ *pl vb*) tijeras *fpl*, tijera *f*

scoff /skɑːf, BrE skɒf/ *vi* **to ~** (AT **sb/sth**) burlarse (DE algn/algo)
■ *vt* (eat greedily) (BrE infml) engullirse*

scold /skəʊld/ *vt* reprender, regañar, retar (CS)

scone /skəʊn, skɑːn, BrE skɒn, skəʊn/ *n* (in UK) *bollito que se come untado de mantequilla, mermelada etc*, scone *m* (CS), bísquet *m* (Méx)

scoop /skuːp/ *n* **1 (a)** (for grain, ice cream) pala *f* **(b)** (measure — of ice cream) bola *f* **2** (Journ) primicia *f*

● **scoop out 1** [*v + o + adv, v + adv + o*] ‹*flour/rice/soil*› sacar* (*con pala, cuchara etc*) **2** [*v + adv + o*] (hollow) ‹*hole/tunnel*› excavar

● **scoop up** [*v + o + adv, v + adv + o*] recoger* (*con pala, cuchara etc*)

scooter /'skuːtər, BrE 'skuːtə(r)/ *n* **(a)** (motor ~) escúter *m*, Vespa® *f* **(b)** (toy) patinete *m*

scope /skəʊp/ *n* (of law, regulations) alcance *m*; (of influence) ámbito *m*; (of investigation) campo *m*

scorch /skɔːrtʃ, BrE skɔːtʃ/ *vt* ‹*fabric*› chamuscar*; «*sun*» ‹*plant*› quemar, abrasar

score¹ /skɔːr, BrE skɔː(r)/ *n* **1 (a)** (in game): **the final ~** el resultado final; **what's the ~?** ¿cómo van? **(b)** (in competition, test etc) puntuación *f*, puntaje *m* (AmL) **2 (a)** (account): **I have no worries on that ~** en lo que a eso se refiere, no me preocupo; **to have a ~ to settle with sb** tener* que arreglar cuentas con algn **(b)** (situation) (infml): **to know the ~** saber cómo son las cosas **3** (Mus) **(a)** (notation) partitura *f* **(b)** (music for show, movie) música *f* **4** (twenty) veintena *f*; **there were ~s of people there** había muchísima gente

score² *vt* **1 (a)** (Sport) ‹*goal*› marcar*, anotar(se) (AmL); **you ~ 20 points for that** eso te da *or* (AmL tb) con eso te anotas 20 puntos **(b)** (in competition, test) «*person*» sacar* **(c)** (win) ‹*success*› lograr, conseguir* **2** (cut, mark) ‹*surface/paper*› marcar*
■ *vi* (Sport) marcar*, anotar(se) un tanto (AmL)

scoreboard /'skɔːrbɔːrd, BrE 'skɔːbɔːd/ *n* marcador *m*

scorn¹ /skɔːrn, BrE 'skɔːn/ *n* desdén *m*; **to pour ~ on sth** desdeñar algo

scorn² *vt* (reject, despise) desdeñar

scornful /'skɔːrnfəl, BrE 'skɔːnfəl/ *adj* desdeñoso; **to be ~ of sth** desdeñar algo
Scorpio /'skɔːrpiəʊ, BrE 'skɔːpiəʊ/ *n* (*pl* **-os**) **(a)** (sign) (*no art*) Escorpio, Escorpión **(b)** (person) Escorpio *or* escorpio *mf*, Escorpión *or* escorpión(*mf*), escorpión, -na *m,f*
scorpion /'skɔːrpiən, BrE 'skɔːpiən/ *n* escorpión *m*, alacrán *m*
Scot /skɑːt, BrE skɒt/ *n* escocés, -cesa *m,f*
scotch[1] /skɑːtʃ, BrE skɒtʃ/ *vt* ‹*plan/efforts*› echar por tierra; ‹*rumors*› acallar
scotch[2], **Scotch** *n* whisky *m or* güisqui *m* (escocés)
Scotch: **~ egg** *n*: *huevo duro envuelto en carne de salchicha y rebozado*; **~ tape**® *n* (AmE) cinta *f* Scotch®, cel(l)o® *m* (Esp), (cinta *f*) durex® *m* (AmL)
scot-free /'skɑːt'friː, BrE ˌskɒt'friː/ *adj* (*pred*): **to get away ~** quedar impune
Scotland /'skɑːtlənd, BrE 'skɒtlənd/ *n* Escocia *f*
Scots /skɑːts, BrE skɒts/ *adj* (*before n*) escocés
Scots: **~man** /'skɑːtsmən, BrE 'skɒtsmən/ *n* (*pl* **-men** /-mən/) escocés *m*; **~woman** *n* escocesa *f*
Scottish /'skɑːtɪʃ, BrE 'skɒtɪʃ/ *adj* escocés
scoundrel /'skaʊndrəl/ *n* (dated) sinvergüenza *mf*
scour /skaʊr, BrE 'skaʊə(r)/ *vt* **1** (rub hard) fregar* **2** (search thoroughly) registrar
scourge /skɜːrdʒ, BrE skɜːdʒ/ *n* azote *m*
scouring powder /'skaʊrɪŋ, BrE 'skaʊərɪŋ/ *n* polvo *m* limpiador, limpiador *m* en polvo, pulidor *m* (RPl)
scout /skaʊt/ *n* **1** (person) explorador, -dora *m,f* **2** *also* **Scout** (boy ~) explorador *m*, (boy) scout *m*; (girl ~) exploradora *f*, (girl) scout *f*
● **scout around**: [*v + adv*] **to ~ around** (FOR **sth**) buscar* (algo)
scowl[1] /skaʊl/ *n* ceño *m* fruncido
scowl[2] *vi* fruncir* el ceño; **to ~** AT **sb** mirar a algn con el ceño fruncido
scrabble /'skræbəl/ *vi* «*dog/chicken*» escarbar; **he was scrabbling about in the drawers of the desk** estaba hurgando en los cajones del escritorio
scraggy /'skrægi/ *adj* **-gier**, **-giest** **(a)** (scrawny) esmirriado **(b)** (tough) ‹*meat*› duro
scram /skræm/ *vi* **-mm-** (infml): **go on, ~!** ¡fuera *or* largo de aquí! (fam)
scramble[1] /'skræmbəl/ *n* (*no pl*) **(a)** (chaotic rush): barullo *m*; **there was a last-minute ~ for tickets** a último momento hubo una rebatiña para conseguir entradas **(b)** (difficult climb) subida *f* difícil
scramble[2] *vi* (+ *adv compl*): **we ~d through the bushes** nos abrimos paso con dificultad a través de los arbustos
■ *vt* **(a)** (mix) mezclar **(b)** ‹*message*› codificar*
scrambled egg /'skræmbəld/ *n* (Culin) huevos *mpl* revueltos
scrap[1] /skræp/ *n* **1** **(a)** (of paper, cloth, leather) pedacito *m*, trocito *m* **(b)** (single bit) (*with neg, no pl*): **it doesn't make a ~ of difference what you think** lo que tú pienses no importa en lo más mínimo **2** **scraps** *pl* sobras *fpl*, sobros *mpl* (AmC) **3** (reusable waste) chatarra *f*; (*before n*) **~ paper** papel *m* para borrador
scrap[2] *vt* **-pp-** **(a)** (abandon) ‹*idea*› desechar; ‹*plan*› abandonar **(b)** (throw away) tirar a la basura, botar (AmL exc RPl)
scrapbook /'skræpbʊk/ *n* álbum *m* de recortes
scrape[1] /skreɪp/ *n* (infml) lío *m* (fam)
scrape[2] *vt* **1** **(a)** (rub against) rozar*; (grate against) rascar* **(b)** (damage, graze) ‹*paintwork*› rayar; ‹*knee/elbow*› rasparse, rasguñarse **2** **(a)** (clean) ‹*carrot/potato*› pelar; ‹*woodwork*› raspar, rascar*; **to ~ sth off** ‹*paint/wallpaper*› quitar algo (*con una rasqueta/un cuchillo*); **~ the mud off your boots** quítales el barro a las botas (*con un cuchillo, contra una piedra etc*) **(b)** ‹*bowl/pan*› fregar*
● **scrape through** [*v + adv*], [*v + prep + o*] ‹*exam*› aprobar* raspando *or* (fam) por los pelos
scraper /'skreɪpər, BrE 'skreɪpə(r)/ *n* (tool) rasqueta *f*, espátula *f*
scrap: **~heap** *n*: **to throw sth on the ~heap** desechar algo; **at 50 he found himself on the ~heap** a los 50 años se vio sin trabajo y sin perspectivas de futuro; **~yard** *n* chatarrería *f*; (for cars) cementerio *m* de automóviles, desguace *m or* (Méx) deshuesadero *m*
scratch[1] /skrætʃ/ *n* **1** rasguño *m*, arañazo *m*; (on paint, record, furniture) rayón *m* **2** (*in phrases*) **from scratch**: **to start from ~** empezar* desde cero; **to be up to ~** (infml) dar* la talla
scratch[2] *vt* **(a)** ‹*paint/record/furniture*› rayar **(b)** (with claws, nails) arañar **(c)** ‹*name/initials*› marcar* **(d)** (to relieve itch) rascarse*
■ *vi* **(a)** (damage, wound) arañar **(b)** (to relieve itching) rascarse*
● **scratch out** [*v + o + adv, v + adv + o*] **(a)** (gouge): **to ~ sb's eyes out** sacarle* los ojos a algn **(b)** (strike out) ‹*name/sentence*› tachar; (on ticket) rascar*
scratch: **~ card** *n* número *m* de la lotería (*con sección que se raspa*); **~ pad** *n* (AmE) bloc *m* (*para borrador o apuntes*)
scrawl[1] /skrɔːl/ *n* garabatos *mpl*
scrawl[2] *vt/i* garabatear
scrawny /'skrɔːni/ *adj* **-nier**, **-niest** ‹*person*› escuálido; ‹*arms/legs*› esquelético
scream[1] /skriːm/ *n* grito *m*, chillido *m*; (louder) alarido *m*
scream[2] *vi* gritar, chillar; «*baby*» llorar a gritos
■ *vt* ‹*insult*› gritar, soltar*; ‹*command*› dar* a voces *or* a gritos
screech[1] /skriːtʃ/ *n* (of terror, pain) alarido *m*; (of joy) chillido *m*; (of brakes) chirrido *m*; (of bird) chillido *m*
screech[2] *vi* «*person/animal*» chillar; «*brakes/tires*» chirriar*
⚷ **screen**[1] /skriːn/ *n* **1** (folding) biombo *m*; (as partition) mampara *f*; (protective, defensive) cortina *f* **2** (Cin, Comput, Phot, TV) pantalla *f*
screen[2] *vt* **1** **(a)** (conceal) ocultar, tapar **(b)** (protect) proteger* **2** ‹*TV program*› emitir; ‹*film*› proyectar **3** (check, examine) ‹*blood donor*› someter a una revisión (médica); ‹*applicants*› someter a una investigación de antecedentes
● **screen off** [*v + o + adv, v + adv + o*] aislar*, separar (*con un biombo o una mampara*)
screen: **~ door** *n* puerta *f* mosquitera; **~play** *n* guion *m*; **~ saver** /'seɪvar, BrE 'seɪva(r)/ *n*

⚷ palabra clave

(Comput) protector *m* de pantalla, salvapantalla *m*; ~ **test** *n* prueba *f* (cinematográfica)

screw[1] /skru:/ *n* (Const, Tech) tornillo *m*; ***to have a ~ loose***; (infml & hum): **he's/you've got a ~ loose** le/te falta un tornillo (fam & hum)

screw[2] *vt* (Const, Tech) atornillar; **to ~ sth down (securely)** atornillar (bien) algo; **~ the lid on tight** enrosca bien la tapa

● **screw up** [*v + o + adv, v + adv + o*] **1** (tighten) ‹*bolt*› apretar* **2** (crumple) ‹*letter/paper*› arrugar* **3** (spoil, botch) (sl) fastidiar (fam)

screw: **~ball** *n* (eccentric person) (AmE infml) excéntrico, -ca *mf*, chiflado, -da *m,f* (fam); **~driver** *n* destornillador *m*, desarmador *m* (Méx), desatornillador *m* (AmC, Chi); **~-top** *adj* ‹*bottle*› con tapón de rosca; ‹*jar*› con tapa de rosca

scribble[1] /'skrɪbəl/ *n* garabato *m*

scribble[2] *vt* garabatear; **to ~ sth down** anotar algo rápidamente
■ *vi* garabatear

scrimp /skrɪmp/ *vi* **to ~ ON sth** escatimar EN algo; **to ~ and save** cuidar mucho el dinero

script /skrɪpt/ *n* **1** **(a)** (handwriting) letra *f* **(b)** (style of writing) caligrafía *f* **(c)** (alphabet) escritura *f* **2** (text of film, broadcast) guion *m*

scripture /'skrɪptʃər, BrE 'skrɪptʃə(r)/ *n*: **the (Holy) S~s** las (Sagradas) Escrituras

scriptwriter /'skrɪpt,raɪtər, BrE 'skrɪpt,raɪtə(r)/ *n* guionista *mf*

scroll[1] /skrəʊl/ *n* rollo *m*

scroll[2] *vi* (Comput): **to ~ up/down** hacer* avanzar/retroceder el texto que aparece en pantalla

scroll bar *n* (Comput) barra *f* de enrollar

scrounge /skraʊndʒ/ (infml) *vt* **to ~ sth** FROM/OFF **sb** gorronearle *or* gorrearle *or* (RPl) garronearle *or* (Chi) bolsearle algo A algn (fam)
■ *vi* gorronear *or* gorrear *or* (RPl) garronear *or* (Chi) bolsear (fam)

scrub[1] /skrʌb/ *n* **1** (vegetation) matorrales *mpl* **2** (act) (*no pl*) **to give sth a good ~** fregar* *or* (Méx) tallar algo bien (*con cepillo*); (*before n*) **~ brush** (AmE) cepillo *m* de fregar

scrub[2] *vt* **-bb-** ‹*floor/table*› fregar*; ‹*knees/hands*› restregar*

scrubbing brush /'skrʌbɪŋ/ *n* cepillo *m* de fregar

scruff /skrʌf/ *n*: **by the ~ of the neck** por el pescuezo

scruffy /'skrʌfi/ *adj* **-fier, -fiest** (infml) ‹*person*› dejado, desaliñado; **a ~-looking building** un edificio de aspecto destartalado

scrum /skrʌm/, **scrummage** /'skrʌmɪdz/ *n* (in rugby) melé *f* (ordenada), scrum *m*

scrumptious /'skrʌmpʃəs/ *adj* (infml) ‹*meal*› para chuparse los dedos (fam)

scruple /'skru:pəl/ *n* (*usu pl*) escrúpulo *m*

scrupulous /'skru:pjələs, BrE 'skru:pjʊləs/ *adj* escrupuloso

scrupulously /'skru:pjələsli, BrE 'skru:pjʊləsli/ *adv* escrupulosamente; **~ clean** impecable

scrutinize /'skru:tṇaɪz, BrE 'skru:tɪnaɪz/ *vt* ‹*document*› inspeccionar; ‹*face*› escudriñar

scrutiny /'skru:tṇi, BrE 'skru:tɪni/ *n* (*pl* **-nies**) examen *m*

scuba diving /'sku:bə/ *n* buceo *m*, submarinismo *m*

scuff /skʌf/ *vt* ‹*floor*› dejar marcas en; ‹*leather*› raspar

scuffle /'skʌfəl/ *n* refriega *f*

scullery /'skʌləri/ *n* (*pl* **-ries**) *habitación anexa a la cocina donde se fregaba, se preparaban las verduras etc*

sculpt /skʌlpt/ *vt/i* esculpir

sculptor /'skʌlptər, BrE 'skʌlptə(r)/ *n* escultor, -tora *m,f*

sculpture[1] /'skʌlptʃər, BrE 'skʌlptʃə(r)/ *n* escultura *f*

sculpture[2] *vt* esculpir

scum /skʌm/ *n* **1** (on liquid) capa *f* de suciedad **2** (infml) (people) escoria *f*; **the ~ of the earth** la escoria de la sociedad

scupper /'skʌpər, BrE 'skʌpə(r)/ *vt* (BrE) ‹*ship*› hundir; ‹*plan/talks*› echar por tierra

scurry /'skɜ:ri, BrE 'skʌri/ *vi*: **he scurried away** o **off** salió disparado; **to ~ around** «*mice*» corretear

scuttle[1] /'skʌtl/ *n* (coal ~) cubo *m* para el carbón

scuttle[2] *vt* ‹*ship*› hundir; ‹*plans/talks*› echar por tierra
■ *vi*: **the children ~d away** o **off** los niños se escabulleron rápidamente

scythe /saɪð/ *n* guadaña *f*

SD, S Dak = **South Dakota**

SE (= **southeast**) SE

sea /si:/ *n* **1** (*often pl*) (ocean) mar *m* [*The noun* **mar** *is feminine in literary language and in some set idiomatic expressions*] **to go/travel by ~** ir*/viajar en barco; (*before n*) ‹*route/transport*› marítimo; ‹*battle*› naval; **the ~ breeze** la brisa del mar; **~ crossing** travesía *f* **2** (large mass, quantity) (*no pl*) **a ~ of faces** una multitud de rostros

sea: **~ anemone** *n* anémona *f or* ortiga *f* de mar; **~bed** *n*: **the ~bed** el lecho marino; **~ bird** *n* ave *f*‡ marina; **~food** *n* mariscos *mpl*, marisco *m* (Esp); **~front** *n* paseo *m* marítimo, malecón *m* (AmL), costanera *f* (CS); **~gull** *n* gaviota *f*; **~horse** *n* caballito *m* de mar

seal[1] /si:l/ *n* **1** (implement, impression) sello *m*; **he gave the plan his ~ of approval** dio su aprobación al plan **2** **(a)** (security device) precinto *m* **(b)** (airtight closure) cierre *m* hermético; (on glass jar) aro *m* de goma **3** (Zool) foca *f*

seal[2] *vt* **1** **(a)** ‹*envelope/parcel*› cerrar*; (with tape) precintar; (with wax) lacrar; **my lips are ~ed** (set phrase) soy una tumba **(b)** ‹*jar/container*› cerrar* herméticamente; ‹*tomb/door*› precintar; ‹*wood*› sellar **2** (affix seal to) ‹*document/treaty*› sellar **3** (decide, determine) ‹*victory/outcome*› decidir; **their fate was ~ed** su destino estaba escrito

● **seal off** [*v + o + adv, v + adv + o*] ‹*area/road/building*› acordonar; ‹*exit*› cerrar*

sea level *n* nivel *m* del mar

sealing wax /'si:lɪŋ/ *n* lacre *m*

sea lion *n* león *m* marino

seam /si:m/ *n* **1** (stitching) costura *f* **2** (of coal, gold) veta *f*, filón *m*

seaman /'si:mən/ *n* (*pl* **-men** /-mən/) (sailor) marinero *m*; (officer) marino *m*

S

seamy /ˈsiːmi/ *adj* **-mier, -miest** sórdido
seance /ˈseɪɑːns/ *n* sesión *f* de espiritismo
sear /sɪr, BrE sɪə(r)/ *vt* **(a)** ‹*flesh*› quemar; ‹*meat*› (Culin) *dorar rápidamente a fuego muy vivo* **(b)** (wither) «*heat*» secar*, abrasar
🔑 **search[1]** /sɜːrtʃ, BrE sɜːtʃ/ *vt* ‹*building*› registrar, esculcar* (AmL exc CS); ‹*person*› registrar, cachear, catear (Méx); ‹*luggage*› registrar, revisar (AmL), esculcar* (AmL exc CS); ‹*records/files*› buscar* en ■ *vi* buscar*; **to ~ FOR sth/sb** buscar* algo/a algn
🔑 **search[2]** *n* **(a)** (hunt, quest) **~ (FOR sth/sb)** búsqueda *f* (DE algo/algn) **(b)** (of building, pockets) registro *m*, esculque *m* (Col, Méx); (of records, documents) inspección *f* **(c)** (Comput) búsqueda *f*
search engine *n* (Comput) buscador *m*
searching /ˈsɜːrtʃɪŋ, BrE ˈsɜːtʃɪŋ/ *adj* ‹*look*› inquisitivo; ‹*question*› perspicaz
search: **~light** *n* reflector *m*; **~ party** *n* partida *f* de rescate
sea: **~scape** /ˈsiːskeɪp/ *n* marina *f*; **~shell** *n* concha *f* (de mar); **~shore** *n* orilla *f* del mar; **~sick** *adj* mareado; **~sickness** *n* mareo *m* (*en los viajes por mar*); **~side** *n* costa *f*, playa *f*; **we spent two weeks at the ~side** pasamos dos semanas en la costa *or* en la playa
🔑 **season[1]** /ˈsiːzn̩/ *n* **1** (division of year) estación *f* **2** (for specific activity, event, crop) temporada *f* **3** (*in phrases*) **in season** (of female animal) en celo; (of fresh food, game): **cherries are in ~** es época *or* temporada de cerezas; **out of season** fuera de temporada
season[2] *vt* **1** (Culin) condimentar, sazonar; (with salt and pepper) salpimentar* **2** ‹*wood*› secar*, curar
seasonal /ˈsiːzn̩əl, BrE ˈsiːzənl/ *adj* ‹*variations/fluctuations*› estacional; ‹*vegetables*› del tiempo; ‹*demand*› de estación
seasoned /ˈsiːzn̩d/ *adj* **1** (experienced) ‹*troops/traveler*› avezado, experimentado **2** ‹*food*› condimentado, sazonado **3** ‹*wood*› seco, curado
seasoning /ˈsiːzn̩ɪŋ/ *n* (Culin) condimento *m*, sazón *f*
season ticket *n* abono *m* (de temporada)
🔑 **seat[1]** /siːt/ *n* **1** (place to sit) asiento *m*; **please have** o **take a ~** tome asiento, por favor (fml), siéntese, por favor; **there aren't any ~s left** (in cinema) no quedan localidades **2** (of chair) asiento *m* **3 (a)** (Govt) escaño *m*, banca *f* (RPl), curul *m* (Col, Méx) **(b)** (constituency) (BrE) distrito *m* electoral **4** (center) sede *f*; **the ~ of government** la sede del gobierno
seat[2] *vt* **(a)** ‹*child*› sentar*; **to remain ~ed** permanecer* sentado **(b)** (have room for) «*auditorium*» tener* cabida *or* capacidad para
seat belt *n* cinturón *m* de seguridad
seating /ˈsiːtɪŋ/ *n* número *m* de asientos; (*before n*) **~ capacity** aforo *m*
sea: **~ urchin** *n* erizo *m* de mar; **~water** *n* agua *f*‡ de mar, agua *f*‡ salada; **~way** *n* ruta *f* marítima; **~weed** *n* alga *f*‡ marina; **~worthy** *adj* ‹*ship*› en condiciones de navegar
secluded /sɪˈkluːdəd, BrE sɪˈkluːdɪd/ *adj* ‹*house/area*› apartado, aislado; ‹*life/existence*› solitario

🔑 palabra clave

seclusion /sɪˈkluːʒən/ *n* aislamiento *m*
🔑 **second[1]** /ˈsekənd/ *adj* **1** segundo; **~ language** segundo idioma *m*; **our service is ~ to none** nuestro servicio es insuperable **2** (elliptical use): **I leave on the ~ (of the month)** me voy el (día) dos
🔑 **second[2]** *adv* **(a)** (in position, time, order) en segundo lugar **(b)** (secondly) en segundo lugar **(c)** (with superl): **the ~ highest building** el segundo edificio en altura
🔑 **second[3]** *n* **1** (of time) segundo *m*; **it doesn't take a ~** no lleva ni un segundo; (*before n*) **~ hand** segundero *m* **2 (a) ~ (gear)** (Auto) (*no art*) segunda *f* **(b)** (in competition): **he finished a good/poor ~** quedó en un honroso/deslucido segundo lugar **3** (substandard product) artículo *m* con defectos de fábrica **4 seconds** *pl* (second helping) (infml): **to have ~s** repetir*
second[4] *vt* **1** (support) ‹*motion/candidate*› secundar **2** /sɪˈkɒnd/ (attach) (BrE) **to ~ sb** (TO **sth)** trasladar a algn temporalmente (A algo)
secondary /ˈsekənderi, BrE ˈsekəndri/ *adj* **1 (a)** (subordinate) ‹*matter*› de interés secundario; ‹*road*› secundario **(b)** (not primary, original) ‹*source*› de segunda mano; ‹*industry*› derivado **2** ‹*teacher/pupils*› de enseñanza secundaria
secondary school *n* instituto *m or* colegio *m* de enseñanza secundaria, liceo *m* (CS, Ven)
second: **~ best** *n*: **he won't accept ~ best** solo se conforma con lo mejor; **~ class** *adv* ‹*travel/go*› en segunda (clase); **~-class** /ˈsekəndˈklæs, BrE ˌsekəndˈklɑːs/ *adj* (*pred* **~ class**) **(a)** (inferior) ‹*goods/service*› de segunda (clase *or* categoría), de calidad inferior **(b)** (Post): **~-class mail** (in UK) *servicio regular de correos, que tarda más en llegar a destino que el de primera clase* **(c)** (in UK) (Transp) ‹*travel/ticket/compartment*› de segunda (clase)
second-hand[1] /ˈsekəndˈhænd/ *adj* (*pred* **second hand**) ‹*car/clothes*› de segunda mano, usado; ‹*bookstore*› de viejo; ‹*shop*› de artículos de segunda mano; ‹*information*› de segunda mano
second-hand[2] *adv*: **to buy sth ~** comprar algo de segunda mano
second-in-command /ˈsekəndɪnkəˈmænd, BrE ˌsekəndɪnkəˈmɑːnd/ *n* (*pl* **seconds-in-command**) número dos *mf* (*persona directamente por debajo de la autoridad máxima de una organización, departamento etc*)
secondly /ˈsekəndli/ *adv* (*indep*) en segundo lugar
second-rate /ˈsekəndˈreɪt/ *adj* mediocre
secrecy /ˈsiːkrəsi/ *n* secreto *m*
secret[1] /ˈsiːkrət, BrE ˈsiːkrɪt/ *n* secreto *m*; **in ~** en secreto; **to make no ~ of sth** no esconder algo
🔑 **secret[2]** *adj* secreto
secretarial /ˈsekrəˈteriəl, BrE ˌsekrəˈteəriəl/ *adj* ‹*job*› de oficina, de secretaria/secretario; ‹*course*› de secretariado
🔑 **secretary** /ˈsekrəteri, BrE ˈsekrətri/ *n* (*pl* **-ries**) **1** (in office, of committee, of society) secretario, -ria *m,f* **2** (Govt) ministro, -tra *m,f*,

S

secretario, -ria *m,f* (Méx)

Secretary of State *n* (*pl* **Secretaries of State**) (Govt) **(a)** (in US) secretario, -ria *m,f* de Estado (de los Estados Unidos) **(b)** (in UK) ministro, -tra *m,f*, secretario, -ria *m,f* (Méx)

secrete /sɪ'kriːt/ *vt* **1** (Biol, Physiol) segregar*, secretar **2** (hide) (fml) ocultar

secretive /'siːkrətɪv/ *adj* reservado

secret: ~ **police** *n* policía *f* secreta; ~ **service** *n* (intelligence service) servicio *m* secreto

sect /sekt/ *n* secta *f*

sectarian /sek'teriən, BrE sek'teəriən/ *adj* ‹*views/violence*› sectario; ‹*schooling/school*› confesional

section /'sekʃən/ *n* **1** (of object, newspaper, orchestra) sección *f*; (of machine, piece of furniture) parte *f*; (of road) tramo *m*; (of city, population) sector *m* **2** (department) sección *f* **3** (in geometry, drawing) sección *f*

sector /'sektər, BrE 'sektə(r)/ *n* sector *m*

secular /'sekjələr, BrE 'sekjʊlə(r)/ *adj* ‹*education*› laico; ‹*society/art*› secular

secure¹ /sɪ'kjʊr, BrE sɪ'kjʊə(r)/ *adj* **1** **(a)** (safe) ‹*fortress/hideaway*› seguro **(b)** (emotionally) ‹*childhood/home*› estable **(c)** (assured) ‹*job/investment*› seguro **2** ‹*foothold/shelf*› firme; ‹*foundation*› sólido

secure² *vt* **1** (obtain) ‹*job/votes/support*› conseguir* **2** (fasten, fix firmly) ‹*door/shelf*› asegurar

security /sɪ'kjʊrəti, BrE sɪ'kjʊərəti/ *n* (*pl* **-ties**) **1** (against crime, espionage etc) seguridad *f*; (*before n*) ~ **guard** guarda jurado, guarda jurada *m,f* **2** **(a)** (safety, certainty) seguridad *f* **(b)** (protection) seguro *m* **3** (Fin) **(a)** (guarantee) garantía *f* **(b)** **securities** *pl* (Fin) valores *mpl*, títulos *mpl*

Security Council *n*: **the (United Nations)** ~ el Consejo de Seguridad (de las Naciones Unidas)

sedan /sɪ'dæn/ *n* **1** (car) (AmE) sedán *m* **2** ~ **(chair)** palanquín *m*, silla *f* de manos

sedate¹ /sɪ'deɪt/ *adj* reposado, tranquilo

sedate² *vt* (Med) sedar

sedation /sɪ'deɪʃən/ *n* sedación *f*; **to be under** ~ estar* bajo el efecto de los sedantes

sedative /'sedətɪv/ *n* sedante *m*

sediment /'sedəmənt, BrE 'sedɪmənt/ *n* **(a)** (in wine, coffee) poso *m*, asiento *m* **(b)** (Geol) sedimento *m*

seduce /sɪ'duːs, BrE sɪ'djuːs/ *vt* seducir*

seduction /sɪ'dʌkʃən/ *n* seducción *f*

seductive /sɪ'dʌktɪv/ *adj* seductor

see /siː/ (*past* **saw**; *past p* **seen**) *vt* **1** (regard, perceive) ver*; **I can't ~ a thing!** ¡no veo nada!; **I saw her cross the street** la vi cruzar la calle; **I thought I was ~ing things** pensé que estaba viendo visiones; ~ **page 20** ver página 20; **I don't know what she ~s in him** no sé qué es lo que le ve; **anyone can ~ she's upset** cualquiera se da cuenta de que está disgustada; **the way I ~ it, as I ~ it** a mi modo de ver; **can you ~ him as a teacher?** ¿te lo imaginas de profesor?; **I'll ~ what I can do** veré qué puedo hacer; **that remains to be ~n** eso está por verse **2** (understand) ver*; **do you ~ what I mean?** ¿entiendes? **3** (ensure) **to** ~ THAT asegurarse DE QUE; ~ **that it doesn't happen again** que no vuelva a suceder **4** **(a)** (meet, visit) ver*; **I'm ~ing him on Tuesday** lo voy a ver el martes **(b)** (go out with) (infml) salir* con **(c)** (saying goodbye) (infml): ~ **you!** ¡hasta luego!, ¡hasta la vista!; ~ **you later/soon!** ¡hasta luego/pronto! **5** **(a)** (consult) ‹*doctor/manager*› ver* **(b)** (receive) ver*, atender*; **the doctor will ~ you now** el doctor lo verá *or* lo atenderá ahora **6** (escort, accompany) acompañar; **to ~ sb to the door** acompañar a algn a la puerta

■ *vi* ver*; ~ **for yourself!** ¡compruébalo tú mismo!; **as far as I can** ~ por lo que yo veo; **I** ~ (expressing realization) ya veo; (accepting explanation) entiendo; **let's** ~ vamos a ver, veamos; **will it work? — try it and** ~ ¿funcionará? — prueba a ver; *~ing is believing* ver para creer

● **see off** [*v + o + adv, v + adv + o*] **1** (say goodbye to) despedir*, despedirse* de **2** (get rid of) deshacerse* de

● **see out** [*v + o + adv, v + adv + o*] ‹*person*› acompañar (hasta la puerta); **I can ~ myself out** no hace falta que me acompañes

● **see through** **1** [*v + prep + o*] (not be deceived by) calar **2** [*v + o + adv*], [*v + o + prep + o*] (last): **make sure this ~s you through** con esto te tienes que alcanzar; **$20 should ~ me through the week** con 20 dólares me alcanza hasta el fin de semana **3** [*v + o + adv*] (carry to completion) terminar

● **see to** [*v + prep + o*] (attend to) ocuparse de

seed /siːd/ *n* **1** (of plant) semilla *f*; (of orange, grape) (AmE) pepita *f*, semilla *f*; ***to go to ~*** estar* en decadencia **2** (Sport) cabeza *mf* de serie, sembrado, -da *m,f* (Méx)

seedless /'siːdləs, BrE 'siːdlɪs/ *adj* sin pepitas *or* semillas

seedling /'siːdlɪŋ/ *n* planta *f* de semillero

seedy /'siːdi/ *adj* **-dier**, **-diest** ‹*nightclub/bar*› sórdido, de mala muerte (fam), cutre (Esp fam); ‹*appearance*› desastrado

seeing /'siːɪŋ/ *conj* (infml): ~ **(that)** o ~ **as** ya que

seek /siːk/ (*past & past p* **sought**) *vt* **(a)** (search for) (fml) ‹*person/object*› buscar* **(b)** (try to obtain) ‹*work/companionship*› buscar*; ‹*solution/explanation*› tratar de encontrar **(c)** (request) ‹*approval/help*› pedir* **(d)** (try to bring about) (fml) ‹*reconciliation*› buscar*

● **seek out** [*v + o + adv, v + adv + o*] ‹*person*› buscar*; ‹*opinion*› pedir*

seem /siːm/ *vi* parecer*; **strange as it may** ~ por raro que parezca; **she ~s to like you** parece que le caes bien; **so it ~s so it would** ~ eso parece, así parece; **I ~ to remember that you ...** creo recordar que tú ...; **it ~s to me/him/them that ...** me/le/les parece que ...; **I can't ~ to remember where I put it** no logro acordarme de dónde lo puse

seen /siːn/ *past p of* **see**

seep /siːp/ *vi* «*liquid/moisture*» filtrarse

seesaw /'siːsɔː/ *n* balancín *m*, subibaja *m*

seethe /siːð/ *vi* **(a)** (be agitated) bullir*; **the town was seething with tourists** la ciudad estaba plagada de turistas **(b)** (be angry) estar* furioso; **I was absolutely seething** me hervía la sangre

see-through /'siːθruː/ *adj* transparente

segment /'segmənt/ *n* **(a)** (Math) (of circle, sphere, line) segmento *m* **(b)** (of citrus fruit) gajo *m* **(c)** (section) sector *m*

segregate /ˈsegrɪgeɪt/ *vt* ‹*races/sexes*› segregar*; ‹*rival groups*› mantener* aparte

segregation /ˈsegrɪˈgeɪʃən/ *n* segregación *f*

seize /siːz/ *vt* **1** (grab, snatch) ‹*hand/object*› agarrar; ‹*opportunity*› aprovechar; ‹*power*› tomar **2** **(a)** (capture) ‹*town/fortress*› tomar; ‹*person*› detener* **(b)** ‹*assets/property*› (confiscate) confiscar*; (impound) embargar*; ‹*cargo/contraband*› confiscar*; ‹*drugs/arms*› incautar

- **seize on, seize upon** [*v + prep + o*] ‹*chance*› aprovechar
- **seize up** [*v + adv*] «*engine*» agarrotarse, fundirse (AmL); «*muscles*» agarrotarse; «*traffic*» paralizarse*

seizure /ˈsiːʒər, BrE ˈsiːʒə(r)/ *n* **1** (of property, contraband) confiscación *f* **2** (Med) ataque *m*

seldom /ˈseldəm/ *adv* rara vez, pocas veces

⚷ **select¹** /sɪˈlekt/ *vt* ‹*gift/book/wine*› elegir*, escoger*; ‹*candidate/team member*› seleccionar

select² *adj* **(a)** (exclusive) ‹*school*› de élite; ‹*district*› distinguido **(b)** (choice) ‹*fruit/wine*› selecto **(c)** (especially chosen) ‹*group*› selecto

⚷ **selection** /sɪˈlekʃən/ *n* **1** (act, thing chosen) selección *f* **2** (Busn) (of chocolates, buttons, yarns) surtido *m*; **a wide ~ of new and used cars** una amplia gama de coches nuevos y usados

selective /sɪˈlektɪv/ *adj* **(a)** ‹*control/recruitment*› selectivo; ‹*reporting*› parcial **(b)** (discriminating): **he's fairly ~ about who he mixes with** elige *or* escoge mucho sus amistades

⚷ **self** /self/ *n* (*pl* **selves**): **she's her old ~ again** vuelve a ser la de antes; **you're not your usual cheerful ~** no estás tan alegre como de costumbre

self- /ˈself/ *pref* **(a)** (concerning the self): **~doubt** duda *f* de sí mismo **(b)** (with no outside agency) auto; **~financing** autofinanciado

self: **~-addressed** /ˈselfəˈdrest/ *adj*: *con el nombre y la dirección del remitente*; **send a ~-addressed envelope to ...** envíe un sobre con su nombre y dirección a ...; **~-adhesive** /ˈselfədˈhiːsɪv/ *adj* autoadhesivo; **~-assured** /ˈselfəˈʃʊrd, BrE ˌselfəˈʃʊəd, ˌselfəˈʃɔːd/ *adj* seguro de sí mismo; **~-catering** /ˈselfˈkeɪtərɪŋ/ *adj* (BrE) ‹*accommodation*› equipado con cocina; **~-centered**, (BrE) **~-centred** /ˈselfˈsentərd, BrE ˌselfˈsentəd/ *adj* egocéntrico; **~-confessed** /ˈselfkənˈfest/ *adj* (*before n*) confeso; **~-confidence** /ˈselfˈkɑːnfədəns, BrE ˌselfˈkɒnfɪdəns/ *n* confianza *f* en sí mismo; **~-confident** /ˈselfˈkɑːnfədənt, BrE ˌselfˈkɒnfɪdənt/ *adj* seguro de sí mismo; **~-conscious** /ˈselfˈkɑːntʃəs, BrE ˌselfˈkɒnʃəs/ *adj* **1** (shy, embarrassed) ‹*person/manner*› tímido; **to feel ~-conscious** sentirse* cohibido **2** (unspontaneous, unnatural) (derog) afectado; **~-contained** /selfkənˈteɪnd/ *adj* **(a)** ‹*flat*› (BrE) *con cocina y cuarto de baño propios* **(b)** ‹*person*› independiente; **~-control** /ˈselfkənˈtrəʊl/ *n* dominio *m* de sí mismo; **~-defense**, (BrE) **~-defence** /ˈselfdɪˈfens/ *n* **(a)** (Law): **to act in ~-defense** actuar* en defensa propia **(b)** (fighting technique) defensa *f* personal; **~-destruct** /ˈselfdɪˈstrʌkt/ *vi* autodestruirse*; **~-destructive** /ˈselfdɪˈstrʌktɪv/ *adj* autodestructivo; **~-determination** /ˌselfdɪˌtɜːrməˈneɪʃən, BrE ˌselfdɪˌtɜːmɪˈneɪʃən/ *n* autodeterminación *f*; **~-discipline** /ˈselfˈdɪsəplɪn, BrE ˌselfˈdɪsɪplɪn/ *n* autodisciplina *f*; **~-employed** /ˈselfɪmˈplɔɪd/ *adj* autónomo; **~-esteem** /ˈselfɪˈstiːm/ *n* autoestima *f*; **~-evident** /ˈselfˈevədənt, BrE ˌselfˈevɪdənt/ *adj* ‹*truth*› manifiesto; ‹*conclusion*› evidente; **~-explanatory** /ˈselfɪkˈsplænətɔːri, BrE ˌselfɪkˈsplænətri/ *adj* autoexplicativo; **the instructions are ~-explanatory** las instrucciones son autoexplicativas; **~-government** /ˌselfˈgʌvərnmənt, BrE ˌselfˈgʌvənmənt/ *n* autogobierno *m*, autonomía *f*; **~-help** /ˈselfˈhelp/ *n* autoayuda *f*; **~-image** /ˈselfˈɪmɪdʒ/ *n* imagen *f* de sí mismo; **~-important** /ˈselfɪmˈpɔːrtnt, BrE ˌselfɪmˈpɔːtnt/ *adj* engreído, presumido; **~-imposed** /ˈselfɪmˈpəʊzd/ *adj* voluntario, autoimpuesto; **~-indulgent** /ˈselfɪnˈdʌldʒənt/ *adj* demasiado indulgente consigo mismo; **~-interest** /ˈselfˈɪntrəst, BrE ˌselfˈɪntrɪst/ *n* interés *m* (personal)

selfish /ˈselfɪʃ/ *adj* egoísta

selfishly /ˈselfɪʃli/ *adv* egoístamente

selfishness /ˈselfɪʃnəs, BrE ˈselfɪʃnɪs/ *n* egoísmo *m*

self: **~-made** /ˈselfˈmeɪd/ *adj* (*before n*) ‹*man/woman*› que ha alcanzado su posición gracias a sus propios esfuerzos; **~-pity** /ˈselfˈpɪti/ *n* autocompasión *f*; **~-portrait** /ˈselfˈpɔːrtrət, BrE ˌselfˈpɔːtrɪt/ *n* autorretrato *m*; **~-preservation** /ˈselfˈprezərˈveɪʃən, BrE ˌselfprezəˈveɪʃən/ *n*: **the instinct of ~-preservation** el instinto de conservación; **~-raising** /ˈselfˈreɪzɪŋ/ *adj* (BrE) ▶ **~-rising**; **~-reliant** /ˈselfrɪˈlaɪənt/ *adj* independiente; **~-respect** /ˈselfrɪˈspekt/ *n* dignidad *f*, amor *m* propio; **~-respecting** /ˈselfrɪˈspektɪŋ/ *adj* (*before n*): **no ~-respecting editor would work for them** ningún editor que se precie trabajaría para ellos; **~-righteous** /ˈselfˈraɪtʃəs/ *adj* ‹*person*› con pretensiones de superioridad moral; **~-rising** /ˈselfˈraɪzɪŋ/ *adj* (AmE) ‹*flour*› con polvos de hornear (AmL), con levadura (Esp), leudante (RPl); **~same** *adj* (*before n*) mismísimo; **~-satisfied** /ˈselfˈsætəsfaɪd, BrE ˌselfˈsætɪsfaɪd/ *adj* ufano, satisfecho de sí mismo; ‹*expression/grin*› de (auto)suficiencia; **~-service** /ˈselfˈsɜːrvəs, BrE ˌselfˈsɜːvɪs/ (esp AmE) **self-serve** /-ˈsɜːrv/ *adj*: **~-service restaurant** autoservicio *m*, self-service *m*; **~-sufficiency** /ˌselfsəˈfɪʃənsi/ *n* independencia *f*; (Econ) autosuficiencia *f*; **~-sufficient** /ˈselfsəˈfɪʃənt/ *adj* ‹*person*› independiente; ‹*country*› autosuficiente; **~-taught** /ˈselfˈtɔːt/ *adj* autodidacta, autodidacto

⚷ **sell** /sel/ (*past & past p* **sold**) *vt* vender; **to ~ sth** TO **sb, to ~ sb sth** venderle algo A algn; **to ~ sth** FOR **sth** vender algo EN *or* POR algo ■ *vi* **(a)** «*person/company*» vender **(b)** (be sold) «*product*» venderse; **to ~** AT/FOR **sth** venderse A/POR algo

- **sell off** [*v + o + adv, v + adv + o*] vender; (cheaply) liquidar
- **sell out** **1** [*v + adv + o*] (sell all of) ‹*stock*› agotar; ‹*article*› agotar las existencias de **2** [*v + adv*] **(a)** (sell all stock) «*shop*» **to ~ out** (OF **sth**): **we've** *o* **we're sold out of umbrellas** los paraguas están agotados, se agotaron los paraguas **(b)** (be sold) «*stock/tickets*» agotarse **(c)** (be traitor) «*leader/artist*» venderse

⚷ palabra clave

sell-by date /ˈselbaɪ/ *n* (BrE) fecha *f* límite de venta

seller /ˈselər, BrE ˈselə(r)/ *n* vendedor, -dora *m,f*

selling /ˈselɪŋ/ *n* ventas *fpl*; (*before n*) ~ **price** precio *m* de venta

Sellotape® /ˈseləteɪp/ *n* (BrE) ▶ **Scotch tape**

sell-out /ˈselaʊt/ *n* **1** (performance) éxito *m* de taquilla **2** (betrayal) capitulación *f*

selves /selvz/ *pl of* **self**

semaphore /ˈseməfɔːr, BrE ˈseməfɔː(r)/ *n* código *m* de señales

semblance /ˈsembləns/ *n* (fml) ~ OF **sth** apariencia *f* DE algo

semen /ˈsiːmən/ *n* semen *m*

semester /səˈmestər, BrE sɪˈmestə(r)/ *n* (in US) semestre *m* (*lectivo*)

semi- /ˈsemi, ˈsemaɪ, BrE ˈsemi/ *pref* semi-

semibreve /ˈsemibriːv/ *n* (BrE) semibreve *f*, redonda *f*

semicircle /ˈsemiˌsɜːrkəl, BrE ˈsemiˌsɜːkəl/ *n* semicírculo *m*

semicolon /ˈsemiˈkəʊlən/ *n* punto y coma *m*

semiconscious /ˈsemiˈkɑːntʃəs, BrE ˌsemiˈkɒnʃəs/ *adj* semiconsciente

semidetached /ˈsemidɪˈtætʃt/ *adj*: **a ~ house** una casa pareada *or* adosada

semifinal /ˈsemiˈfaɪnl/ *n* semifinal *f*

seminar /ˈsemənɑːr, BrE ˈsemɪnɑː(r)/ *n* seminario *m*

semiquaver /ˈsemiˌkweɪvər, BrE ˈsemiˌkweɪvə(r)/ *n* (BrE) semicorchea *f*

semiskilled /ˈsemiˈskɪld/ *adj* semicalificado *or* (Esp) semicualificado

semitone /ˈsemitəʊn/ *n* semitono *m*

semitrailer /ˈsemiˌtreɪlər, BrE ˈsemiˌtreɪlə(r)/ *n* (AmE) camión *m* con remolque *or* (CS tb) con acoplado, tráiler *m* (Esp), trailer *m* (Méx)

senate /ˈsenət, BrE ˈsenɪt/ *n*: **the Senate** (Govt) el senado *or* Senado

senator /ˈsenətər, BrE ˈsenətə(r)/ *n* senador, -dora *m,f*

send /send/ (*past & past p* **sent**) *vt* mandar, enviar*; **to ~ sb to prison** mandar a algn a la cárcel; **the blow sent him reeling** el golpe lo dejó tambaleándose; **she sent everything flying** lo hizo saltar todo por los aires; **to ~ sb to sleep** dormir* a algn

● **send away** **1** [*v + o + adv, v + adv + o*] **(a)** (dismiss) despachar; **don't ~ me away** no me digas que me vaya **(b)** (send elsewhere) mandar, enviar* **2** [*v + adv*] ▶ **send off 3**

● **send for** [*v + prep + o*] **(a)** (ask to come) ‹*doctor/ambulance*› mandar a buscar, mandar llamar (AmL) **(b)** (order) ‹*catalog/application form*› pedir*; ‹*books/tapes/clothes*› encargar*

● **send in** [*v + o + adv, v + adv + o*] **(a)** ‹*troops*› enviar*, mandar **(b)** (by post) ‹*entry/coupon/application*› mandar, enviar* **(c)** (into room) ‹*person*› hacer* pasar; **~ him in** hágalo pasar

● **send off** **1** [*v + o + adv, v + adv + o*] (dispatch) ‹*letter/parcel/goods*› despachar, mandar; ‹*person*› mandar **2** [*v + o + adv, v + adv + o*] (BrE) (Sport) expulsar **3** [*v + adv*] **to ~ off** FOR **sth**: **I sent off for a brochure** escribí pidiendo un folleto, mandé pedir un folleto (AmL)

● **send on** [*v + o + adv, v + adv + o*] ‹*luggage*› enviar* *or* mandar por adelantado; ‹*mail*› hacer* seguir

● **send out** [*v + o + adv, v + adv + o*] **(a)** (emit) ‹*heat*› despedir*, irradiar; ‹*signal/radio waves*› emitir **(b)** (on errand) mandar **(c)** ‹*invitations*› mandar, enviar*

● **send up** [*v + o + adv, v + adv + o*] **1** (to prison) (AmE) meter preso **2** (satirize) (BrE infml) parodiar

sender /ˈsendər, BrE ˈsendə(r)/ *n* remitente *mf*

send: **~-off** *n* (infml) despedida *f*; **~-up** *n* (esp BrE infml) parodia *f*

Senegal /ˈsenɪˈgɔːl/ *n* (el) Senegal

Senegalese /ˈsenɪgəˈliːz/ *adj* senegalés

senile /ˈsiːnaɪl/ *adj* senil

senile dementia *n* demencia *f* senil

senior[1] /ˈsiːnjər, BrE ˈsiːniə(r)/ *adj* **(a)** (superior in rank): **a ~ officer in the Army** un oficial de alto rango del Ejército; **~ lecturer** (BrE) ≈ profesor adjunto, profesora adjunta *m,f*; **she's ~ to him** es su superior **(b)** (older): **the ~ members of a club** los socios más antiguos de un club; **Robert King, S~** (esp AmE) Robert King, padre *or* sénior

senior[2] *n* **1** **(a)** (older person): **he's five years my ~** me lleva cinco años **(b)** (person of higher rank) superior *m* **(c)** (AmE) ▶ **senior citizen** **2** (Educ) estudiante *mf* del último año *or* curso

senior: **~ citizen** *n* persona *f* de la tercera edad; **~ high (school)** *n* (in US) *colegio donde se imparten los tres últimos años de la enseñanza secundaria*

seniority /siːnˈjɔːrəti, BrE ˌsiːniˈɒrəti/ *n* **(a)** (in rank) jerarquía *f* **(b)** (in length of service) antigüedad *f*

sensation /senˈseɪʃən/ *n* **1** (feeling, impression) sensación *f* **2** **(a)** (furor) sensación *f* **(b)** (success): **to be a ~** «*play/show*» ser* todo un éxito

sensational /senˈseɪʃn̩əl, BrE senˈseɪʃənl/ *adj* **(a)** (causing furor) que causa sensación **(b)** (sensationalist) sensacionalista **(c)** (very good) (infml) sensacional (fam)

sensationalist /senˈseɪʃənələst, BrE senˈseɪʃənəlɪst/ *adj* sensacionalista

sense[1] /sens/ *n* **1** **(a)** (physical faculty) sentido *m*; **the ~ of hearing/smell/taste/touch** el (sentido del) oído/olfato/gusto/tacto **(b)** **senses** *pl* (rational state): **to come to one's ~s** entrar en razón **2** **(a)** (impression) (*no pl*) sensación *f* **(b)** (awareness) sentido *m*; **~ of direction/humor** sentido de la orientación/del humor; **I lost all ~ of time** perdí completamente la noción del tiempo **3** (common ~) sentido *m* común; **she had the (good) ~ to leave her phone number** tuvo la sensatez de dejar su número de teléfono; **I can't make him see ~** no puedo hacerlo entrar en razón **4** **(a)** (meaning) sentido *m*; **in every ~ of the word** en todo sentido **(b)** (aspect, way): **in a ~ they're both correct** en cierto modo ambos tienen razón **5** **to make ~** **(a)** (be comprehensible) tener* sentido **(b)** (be sensible): **what he said made a lot of ~** lo que dijo era muy razonable; ***to make ~ of sth*** entender* algo

sense[2] *vt* **(a)** (be aware of) sentir*, notar **(b)** (detect) (Tech) detectar

senseless /ˈsensləs, BrE ˈsenslɪs/ *adj* **1** (pointless) ‹*act/destruction*› sin sentido **2** (unconscious) inconsciente

S

sensible /ˈsensəbəl/ *adj* ‹*person/approach*› sensato; ‹*decision*› prudente; ‹*clothes/shoes*› cómodo y práctico

sensitive /ˈsensətɪv/ *adj* **1** **(a)** (emotionally responsive) ‹*person*› sensible; ‹*performance*› lleno de sensibilidad **(b)** (touchy) ‹*person*› susceptible **2** (physically responsive) ‹*skin/instrument*› sensible **3** (requiring tact) ‹*topic/issue*› delicado

sensor /ˈsensər, BrE ˈsensə(r)/ *n* sensor *m*

sensual /ˈsentʃuəl, BrE ˈsenʃʊəl/ *adj* sensual

sensuous /ˈsentʃuəs, BrE ˈsensjʊəs/ *adj* sensual

sent /sent/ *past & past p of* **send**

🔑 **sentence**[1] /ˈsentn̩s, BrE ˈsentəns/ *n* **1** (Ling) oración *f*, frase *f* **2** (Law) (judgment) sentencia *f*; (punishment) pena *f*; **to pass ∼ (on sb)** dictar *or* pronunciar sentencia (contra algn); **a life ∼** una condena a cadena perpetua

sentence[2] *vt* **to ∼ sb (TO sth)** condenar *or* sentenciar a algn (A algo)

sentiment /ˈsentɪmənt/ *n* **(a)** (feeling) sentir *m*, sentimiento *m* **(b)** (view) opinión *f*; **my ∼s exactly** o **entirely** estoy totalmente de acuerdo

sentimental /ˈsentɪˈmentl/ *adj* sentimental

sentry /ˈsentri/ *n* (*pl* **-tries**) centinela *m*

Seoul /səʊl/ *n* Seúl *m*

🔑 **separate**[1] /ˈsepərət/ *adj* **(a)** (individual) separado **(b)** (physically apart) aparte *adj inv*; **∼ FROM sth** separado DE algo **(c)** (distinct, different): **it has three ∼ meanings** tiene tres significados distintos; **answer each question on a ∼ sheet of paper** conteste cada pregunta en una hoja aparte

🔑 **separate**[2] /ˈsepəreɪt/ *vt* **(a)** (set apart) separar **(b)** (distinguish) distinguir*; **to ∼ sth FROM sth** distinguir* algo DE algo
■ *vi* separarse

separately /ˈseprətli, ˈsepərətli/ *adv* **(a)** (apart) por separado **(b)** (individually) separadamente

separation /ˈsepəˈreɪʃən/ *n* separación *f*

separatism /ˈseprətɪzəm, ˈsepərətɪzəm/ *n* separatismo *m*

separatist /ˈseprətəst, ˈsepə-, BrE ˈsepərətɪst, ˈseprə-/ *n* separatista *mf*; (*before n*) ‹*group/movement*› separatista

🔑 **September** /sepˈtembər, BrE sepˈtembə(r)/ *n* septiembre *m*, setiembre *m*

septic /ˈseptɪk/ *adj* séptico; **to go ∼** infectarse

sequel /ˈsiːkwəl/ *n* **(a)** (Cin, Lit, TV) continuación *f* **(b)** (later events) secuela *f*

sequence /ˈsiːkwəns/ *n* **1** (order): **the police established the ∼ of events** la policía estableció cómo se sucedieron los hechos; **it's better to look at the pictures in ∼** es mejor ver las fotos en *or* por orden **2** **(a)** (series) serie *f* **(b)** (Math, Mus) secuencia *f* **3** (Cin, TV) secuencia *f*

sequin /ˈsiːkwən, BrE ˈsiːkwɪn/ *n* lentejuela *f*

Serb /sɜːrb, BrE sɜːb/ *adj/n* ▸ **Serbian**[1,2]

Serbia /ˈsɜːrbiə, BrE ˈsɜːbiə/ *n* Serbia *f*, Servia *f*

Serbian[1] /ˈsɜːrbiən, BrE ˈsɜːbiən/ *adj* serbio, servio

Serbian[2] *n* serbio, -bia *m,f*, servio, -via *m,f*

Serbo-Croat /ˈsɜːrbəʊˈkrəʊæt, BrE ˌsɜːbəʊˈkrəʊæt/ *n* serbocroata *m*

serenade[1] /ˈserəˈneɪd/ *n* serenata *f*

serenade[2] *vt* darle* (una) serenata a

🔑 palabra clave

serene /səˈriːn, BrE sɪˈriːn/ *adj* sereno

sergeant /ˈsɑːrdʒənt, BrE ˈsɑːdʒənt/ *n* sargento *mf*

sergeant major *n* ≈ brigada *mf*

serial /ˈsɪriəl, BrE ˈsɪəriəl/ *n* **(a)** (Rad, TV) serie *f*, serial *m or* (CS) serial *f* **(b)** (Publ): **it was published as a ∼** se publicó por entregas

serialize /ˈsɪriəlaɪz, BrE ˈsɪəriəlaɪz/ *vt* serializar*

serial: **∼ killer** *n* asesino, -na *m,f* en serie; **∼ number** *n* número *m* de serie

🔑 **series** /ˈsɪriːz, BrE ˈsɪəriːz/ *n* (*pl* **∼**) **(a)** (succession) serie *f* **(b)** (TV, Rad) serie *f*, serial *m or* (CS) *f*

🔑 **serious** /ˈsɪriəs, BrE ˈsɪəriəs/ *adj* **1** **(a)** (in earnest, sincere) serio; **I'm ∼** lo digo en serio **(b)** (committed) (*before n*) ‹*student/worker*› dedicado **(c)** (not lightweight) (*before n*) ‹*newspaper/play/music*› serio **2** (grave) ‹*injury/illness*› grave; **I have ∼ doubts about him** tengo mis serias dudas acerca de él

🔑 **seriously** /ˈsɪriəsli, BrE ˈsɪəriəsli/ *adv* **1** **(a)** (not frivolously) seriamente; **to take sth/sb ∼** tomar(se) algo/a algn en serio **(b)** (genuinely, sincerely): **you can't ∼ mean that** no lo puedes estar diciendo en serio **2** (gravely) ‹*ill/injured*› gravemente

seriousness /ˈsɪriəsnəs, BrE ˈsɪəriəsnɪs/ *n* seriedad *f*; **he said it in all ∼** lo dijo muy en serio

sermon /ˈsɜːrmən, BrE ˈsɜːmən/ *n* sermón *m*

serpent /ˈsɜːrpənt, BrE ˈsɜːpənt/ *n* (liter) sierpe *f* (liter)

serrated /ˈsəreɪtəd, BrE səˈreɪtɪd/ *adj* ‹*edge/knife*› serrado

serum /ˈsɪrəm, BrE ˈsɪərəm/ *n* suero *m*

servant /ˈsɜːrvənt, BrE ˈsɜːvənt/ *n* criado, -da *m,f*, sirviente, -ta *m,f*

🔑 **serve**[1] /sɜːrv, BrE sɜːv/ *vt* **1** (work for) ‹*God/country*› servir* a **2** (help, be useful to) servir*; **it ∼s no useful purpose** no sirve para nada (útil); ***to ∼ sb right***; (infml): **it ∼s her right!** ¡se lo merece!, ¡le está bien empleado! (Esp) **3** **(a)** (Culin) ‹*food/drink*› servir* **(b)** (in shop) (BrE) atender* **4** (Law) ‹*summons/notice/order*› entregar* **5** (complete) ‹*apprenticeship*› hacer*; ‹*sentence*› cumplir
■ *vi* **1** **(a)** (be servant) (liter) servir* **(b)** (in shop) (BrE) atender* **(c)** (distribute food) servir* **2** (spend time, do duty): **to ∼ in the army** servir* en el ejército **3** (have effect, function) **to ∼ to** + INF servir* PARA + INF **4** (Sport) sacar*, servir*

serve[2] *n* servicio *m*, saque *m*

server /ˈsɜːrvər, BrE ˈsɜːvə(r)/ *n* **1** (Sport) *jugador que tiene el saque* **2** (Comput) servidor *m*

🔑 **service**[1] /ˈsɜːrvəs, BrE ˈsɜːvɪs/ *n* **1** **(a)** (duty, work) servicio *m* **(b)** (given by a tool, machine): **you'll get years of ∼ from this iron** esta plancha le durará años **2** (of professional, tradesman, company) servicio *m*; **we no longer require your ∼s** ya no precisamos sus servicios **3** (assistance) servicio *m*; **she has done us all a ∼** nos ha hecho a todos un favor *or* servicio; **how can I be of ∼ to you?** ¿en qué puedo ayudarlo *or* servirlo? **4** (organization, system) servicio *m*; **telephone/postal ∼** servicio telefónico/postal **5** (Mil): **the ∼s** las fuerzas armadas **6** (in shop, restaurant) servicio *m* **7** (overhaul, maintenance) revisión *f*, servicio *m* (AmL), service *m* (RPl) **8** (Relig) oficio *m* religioso **9** (in tennis) servicio *m*, saque *m* **10** (dinner ~) vajilla *f*

service² *vt* ‹*car*› hacerle* una revisión *or* (AmL) un servicio a; ‹*machine/appliance*› hacerle* el mantenimiento a

service: ~ **charge** *n* **(a)** (in restaurant) servicio *m* **(b)** (for maintenance — of apartment) gastos *mpl* comunes *or* (Esp) de comunidad; (— of office) gastos *mpl* de mantenimiento; ~ **industry** *n* sector *m* (de) servicios; ~**man** /'sɜːrvəsmən, BrE 'sɜːvɪsmən/ *n* (*pl* **-men** /-mən/) militar *m*, soldado *m*; ~ **station** *n* estación *f* de servicio

serviette /'sɜːrvi'et, BrE ˌsɜːvi'et/ *n* (BrE) servilleta *f*

serving /'sɜːrvɪŋ, BrE 'sɜːvɪŋ/ *n* porción *f*, ración *f*; (*before n*) ~ **dish** fuente *f*; ~ **spoon** cuchara *f* de servir

✓ **session** /'seʃən/ *n* **1** (Adm, Govt, Law) (single meeting) sesión *f*; **to be in ~** estar* en sesión, estar* sesionando (esp AmL) **2** (period of time) sesión *f*; **a recording ~** una sesión de grabación

✓ **set¹** /set/ *n* **1** (of tools, golf clubs, pens, keys) juego *m*; (of books, records) colección *f*; (of stamps) serie *f*; **a matching ~ of sheets and pillowcases** un juego de cama **2** (TV) aparato *m*, televisor *m*; (Rad) aparato *m*, receptor *m* **3** (in tennis, squash) set *m* **4** **(a)** (Theat) (stage) escenario *m*; (scenery) decorado *m* **(b)** (Cin) plató *m* **5** (in hairdressing) marcado *m*

set² *adj* **1** (established, prescribed) ‹*wage/price*› fijo; **there are no ~ times for visiting** no hay horas de visita establecidas; **a ~ phrase** una frase hecha; **we ordered the ~ menu** (BrE) pedimos el menú del día **2** (*pred*) **(a)** (ready, prepared): **to be ~** estar* listo, estar* pronto (RPl) **(b)** (likely, about to) (journ) **to be ~ to + INF** llevar camino de + INF **(c)** (determined, resolute): **she's absolutely ~ on that bicycle** está empeñada en que tiene que ser esa bicicleta; **he's dead ~ on going to college** está resuelto a ir a la universidad sea como sea **3** (rigid, inflexible): **to be ~ in one's ways** tener* costumbres muy arraigadas

✓ **set³** (*pres p* **setting**; *past & past p* **set**) *vt* **1** (put, place) poner*, colocar* **2** (cause to be, become): **to ~ sb free** poner* en libertad a algn; **to ~ fire to sth, to ~ sth on fire** prenderle fuego a algo **3** **(a)** (prepare) ‹*trap*› tender*; ‹*table*› poner* **(b)** (Med) ‹*bone*› encajar, componer* (AmL) **(c)** ‹*hair*› marcar* **4** (adjust) ‹*oven/alarm clock/watch*› poner* **5** **(a)** (arrange, agree on) ‹*date/time*› fijar **(b)** (impose, prescribe) ‹*target*› establecer* **(c)** (allot) ‹*task*› asignar; ‹*homework*› mandar; ‹*exam/test/problem*› poner*; ‹*text*› prescribir* **(d)** (establish) ‹*precedent*› sentar*; ‹*record/standard*› establecer*; **to ~ a good example** dar* buen ejemplo **6** (cause to do, start): **she ~ them to work in the garden** los puso a trabajar en el jardín; **to ~ sth going** poner* algo en marcha **7** (*usu pass*) ‹*book/film*› ambientar; **the novel is ~ in Japan** la novela está ambientada en el Japón **8** (mount, insert) ‹*gem*› engarzar*, engastar; ‹*stake*› hincar*, clavar; **the posts are ~ in concrete** los postes están puestos en hormigón

■ *vi* **1** (go down) «*sun/moon*» ponerse* **2** **(a)** (become solid, rigid) «*jelly*» cuajar(se); «*cement*» fraguar* **(b)** «*bone*» soldarse*

● **set about** [*v + prep + o*] **(a)** ‹*task*› (begin) emprender; (tackle) acometer **(b)** **to ~ about** -ING ponerse* a + INF **(c)** (attack) atacar*

● **set apart** [*v + o + adv*] distinguir*

● **set aside** [*v + o + adv, v + adv + o*] **(a)** (save, reserve) ‹*food/goods*› guardar, apartar; ‹*time*› dejar; ‹*money*› guardar, ahorrar **(b)** (put to one side, shelve) ‹*book/project*› dejar (de lado) **(c)** (disregard) ‹*hostility*› dejar de lado; ‹*rules/formality*› prescindir de

● **set back** [*v + o + adv, v + adv + o*] ‹*progress*› retrasar, atrasar; ‹*clock*› atrasar

● **set in** [*v + adv*] «*infection*» declararse

● **set off** **1** [*v + adv*] (begin journey) salir* **2** [*v + o + adv, v + adv + o*] **(a)** (activate) ‹*bomb/mine*› hacer* explotar; ‹*alarm*› hacer* sonar; ‹*firework*› lanzar*, tirar **(b)** (enhance) hacer* resaltar

● **set out** **1** [*v + adv*] **(a)** (begin journey) salir* **(b)** (begin, intend): **I didn't ~ out with that intention** no empecé con esa intención; **she had failed in what she had ~ out to achieve** no había logrado lo que se había propuesto **2** [*v + o + adv, v + adv + o*] **(a)** ‹*argument/theory*› exponer* **(b)** ‹*goods*› exponer*; ‹*chess pieces*› colocar*

● **set to** [*v + adv*] ponerse* a trabajar

● **set up** [*v + o + adv, v + adv + o*] **1** **(a)** (erect, assemble) ‹*monument*› levantar; ‹*machine/tent*› montar, armar; **they ~ up camp near the river** acamparon cerca del río **(b)** (arrange, plan) ‹*meeting*› convocar* a **2** (institute, found) ‹*committee/commission*› crear; ‹*inquiry*› abrir*; ‹*business*› montar **3** (establish): **she ~ herself up as a photographer** se estableció como fotógrafa **4** (infml) **(a)** (frame) tenderle* una trampa a **(b)** (rig) arreglar

set: ~**back** *n* revés *m*; ~ **square** *n* escuadra *f*; (with two equal sides) cartabón *m*

settee /se'tiː/ *n* sofá *m*

✓ **setting** /'setɪŋ/ *n* **1** (of dial, switch) posición *f* **2** **(a)** (of novel, movie) escenario *m* **(b)** (surroundings) marco *m*, entorno *m* **(c)** (for gem) engarce *m*, engaste *m*, montura *f* **3** (place ~) cubierto *m*

✓ **settle** /'setl/ *vt* **1** **(a)** ‹*price/terms/time*› acordar*; **it's all been ~d, we're going to Miami** ya está (todo) decidido, nos vamos a Miami; **that ~s it: I never want to see him again** ya no me cabe duda: no lo quiero volver a ver **(b)** (resolve) ‹*dispute/differences*› resolver* **2** ‹*bill/account*› pagar*; ‹*debt*› saldar, liquidar **3** ‹*country/region*› colonizar* **4** (make comfortable) ‹*patient/child*› poner* cómodo **5** (make calm) ‹*child*› calmar; ‹*doubts*› disipar; ‹*stomach*› asentar*

■ *vi* **1** (come to live) establecerse* **2** (become calm) «*person*» tranquilizarse* **3** **(a)** (make oneself comfortable) ponerse* cómodo **(b)** «*bird*» posarse **4** **(a)** «*dust*» asentarse*; «*snow*» cuajar **(b)** (sink) «*soil/foundations*» asentarse*; «*sediment*» depositarse **5** **(a)** (pay) saldar la cuenta (*or* la deuda *etc*) **(b)** (Law): **to ~ out of court** resolver* una disputa extrajudicialmente

● **settle down** **1** [*v + adv*] **(a)** (become calm): **things have ~d down now** las cosas ya se han apaciguado; **~ down please, children** niños, por favor, tranquilos **(b)** (get comfortable): **we ~d down for the night** nos acomodamos para pasar la noche **(c)** (in place, activity): **she's settling down well in her new school** se está adaptando bien a su nueva escuela; **you should get a job and ~ down** deberías conseguirte un trabajo y establecerte *or* echar raíces en algún sitio **(d)** (become more responsible) sentar* (la) cabeza **2** [*v + o + adv*] (make calm) calmar, tranquilizar*

- **settle for** [*v + prep + o*] conformarse con
- **settle in**: [*v + adv*]: **I'll come and see you when you've ∼d in** te vendré a ver cuando estés instalado; **she's settling in well in her new job** se está adaptando bien a su nuevo trabajo
- **settle into** [*v + prep + o*] ‹*school/job*› adaptarse a; ‹*routine*› acostumbrarse a
- **settle on** [*v + prep + o*] ‹*date/place*› decidirse por
- **settle up** [*v + adv*] (infml) arreglar (las) cuentas

settled /'setld/ *adj* **(a)** (established) ‹*habits/life*› ordenado; ‹*order*› estable **(b)** ‹*weather*› estable

settlement /'setlmənt/ *n* **1** (agreement) acuerdo *m*, convenio *m*; **wage ∼** (agreement) convenio *m* (laboral), acuerdo *m* salarial; (increase) aumento *m* (salarial) **2** **(a)** (of account, bill) pago *m*; (of debt) liquidación *f*, satisfacción *f* **(b)** (payment) pago *m* **3** (of dispute) resolución *f* **4** (village) asentamiento *m*

settler /'setlər, BrE 'setlə(r)/ *n* colono, -na *m,f*

set-top box /'set'tɑːp, BrE 'set'tɒp/ *n* decodificador *m* de señal digital, set-top box *m*

set-up /'setʌp/ *n* (infml) (situation, arrangement) sistema *f*; (derog) tinglado *m* (fam & pey)

🔑 **seven** /'sevən/ *adj/n* siete *adj inv/m*; *see also* **four**[1]

sevenfold /'sevənfəʊld/ *adj/adv* ▸ **-fold**

seventeen /'sevən'tiːn/ *adj/n* diecisiete *adj inv/m*; *see also* **four**[1]

seventeenth[1] /'sevən'tiːnθ/ *adj* decimoséptimo

seventeenth[2] *adv* en decimoséptimo lugar

seventeenth[3] *n* (Math) diecisieteavo *m*; (part) diecisieteava parte *f*

seventh[1] /'sevənθ/ *adj* séptimo

seventh[2] *adv* en séptimo lugar

seventh[3] *n* (Math) séptimo *m*; (part) séptima parte *f*

seventieth[1] /'sevəntiəθ/ *adj* septuagésimo

seventieth[2] *adv* en septuagésimo lugar

seventieth[3] *n* (Math) setentavo *m*; (part) setentava *or* septuagésima parte *f*

seventy /'sevənti/ *adj/n* setenta *adj inv/m*; *see also* **four**[1]

S

sever /'sevər, BrE 'sevə(r)/ *vt* **(a)** (cut) ‹*rope/chain*› cortar; **the saw ∼ed his finger** la sierra le cortó *or* le amputó el dedo **(b)** (break off) ‹*communications*› cortar; ‹*relations*› romper*

🔑 **several**[1] /'sevrəl/ *adj* varios, -rias

🔑 **several**[2] *pron* varios, varias

severance /'sevərəns/ *n* **(a)** (of relations, links) ruptura *f* **(b)** (Lab Rel) cese *m*; (*before n*) **∼ pay** indemnización *f* por cese

🔑 **severe** /sə'vɪr, BrE sɪ'vɪə(r)/ *adj* **severer**, **severest** **1** **(a)** (strict, harsh) ‹*punishment/judge*› severo; ‹*discipline*› riguroso **(b)** (austere) ‹*style/colors*› austero **2** **(a)** (serious, bad) ‹*illness/injury*› grave; ‹*pain*› fuerte; ‹*winter*› severo; ‹*weather conditions*› muy malo **(b)** (difficult, rigorous) ‹*conditions*› estricto

severely /sə'vɪrli, BrE sɪ'vɪəli/ *adv* con severidad, severamente

severity /sə'verəti, BrE sɪ'verəti/ *n* severidad *f*; (of illness, injury) gravedad *f*; (of pain) intensidad *f*

sew /səʊ/ (*past* **sewed**; *past p* **sewn** *or* **sewed**) *vt* coser; ‹*seam/hem*› hacer*; **to ∼ sth on** coser algo

■ *vi* coser

- **sew up** [*v + o + adv, v + adv + o*] coser

sewage /'suːɪdʒ, BrE 'suːɪdʒ, 'sjuːɪdʒ/ *n* aguas *fpl* negras *or* residuales, aguas *fpl* servidas (CS)

sewer /'suːər, BrE 'suːə(r), 'sjuːə(r)/ *n* **(a)** (underground) alcantarilla *f*, cloaca *f* **(b)** (drain) (AmE) boca *f* de (la) alcantarilla, sumidero *m*

sewing /'səʊɪŋ/ *n* costura *f*

sewing machine *n* máquina *f* de coser

sewn /səʊn/ *past p of* **sew**

🔑 **sex** /seks/ *n* **1** **(a)** (sexual matters) sexo *m*; (*before n*) **∼ education** educación *f* sexual; **∼ symbol** sex symbol *mf* **(b)** (intercourse) relaciones *fpl* sexuales **2** **(a)** (gender) sexo *m* **(b)** (men, women collectively) sexo *m*; (*before n*) **∼ discrimination** discriminación *f* sexual

sexism /'seksɪzəm/ *n* sexismo *m*

sexist[1] /'seksəst, BrE 'seksɪst/ *n* sexista *mf*

sexist[2] *adj* sexista

sextet /seks'tet/ *n* sexteto *m*

🔑 **sexual** /'sekʃuəl/ *adj* sexual

sexuality /'sekʃu'æləti/ *n* sexualidad *f*

sexually /'sekʃuəli/ *adv* sexualmente; **a ∼ transmitted disease** una enfermedad de transmisión sexual

sexy /'seksi/ *adj* **sexier**, **sexiest** **(a)** (sexually attractive) sexy **(b)** (erotic) ‹*book/film/talk*› erótico

sh /ʃ/ *interj* ¡sh!

shabby /'ʃæbi/ *adj* **-bier**, **-biest** **(a)** ‹*carpet/sofa/jacket*› gastado; (threadbare) raído **(b)** (bad, unfair): **what a ∼ way to treat him** qué manera más fea de tratarlo

shack /ʃæk/ *n* choza *f*, casucha *f*, rancho *m* (AmL), jacal *m* (Méx), bohío *m* (AmC, Col)

shackles /'ʃækəlz/ *pl n* grilletes *mpl*

shade[1] /ʃeɪd/ *n* **1** (dark place) sombra *f*; **in the ∼** a la sombra **2** (over window) (AmE) persiana *f*, estor *m* (Esp) **3** **(a)** (of color) tono *m* **(b)** (degree of difference, nuance) matiz *m*

shade[2] *vt* ‹*eyes/face*› proteger* del sol/de la luz; **her seat was ∼d from the sun** su asiento estaba resguardado del sol

shadow[1] /'ʃædəʊ/ *n* sombra *f*; **she was a ∼ of her former self** no era ni sombra de lo que había sido; **without a ∼ of (a) doubt** sin la más mínima duda

shadow[2] *vt* seguir* de cerca a

shadowy /'ʃædəʊi/ *adj* **(a)** (indistinct) ‹*form*› impreciso **(b)** (full of shadows) ‹*place/forest*› oscuro

shady /'ʃeɪdi/ *adj* **-dier**, **-diest** **(a)** (giving shade) ‹*place/garden*› sombreado; ‹*tree*› que da mucha sombra **(b)** (disreputable) (infml) ‹*deal/business*› turbio; ‹*character*› sospechoso

shaft /ʃæft, BrE ʃɑːft/ *n* **1** **(a)** (of arrow, spear) asta *f*‡, astil *m*; (of hammer, ax) mango *m* **(b)** (of light) rayo *m* **2** (Mech Eng) eje *m* **3** (of elevator) hueco *m*; (of mine) pozo *m*, tiro *m*

shaggy /'ʃægi/ *adj* **-gier**, **-giest** ‹*dog*› lanudo, peludo; ‹*beard/hair*› enmarañado, greñudo

---

🔑 palabra clave

shake[1] /ʃeɪk/ (*past* **shook**; *past p* **shaken**) *vt* **1** **(a)** (cause to move, agitate) ‹*bottle/cocktail*› agitar; ‹*person/building*› sacudir; ‹*dice*› agitar, revolver* (AmL); **she shook the sand out of the towel** sacudió la toalla para quitarle la arena; **to ~ hands with sb to ~ sb's hand** darle* *or* estrecharle la mano a algn; **they shook hands** se dieron la mano; **to ~ one's head** negar* con la cabeza; (meaning yes) (AmE) asentir* con la cabeza **(b)** (brandish) ‹*sword/stick*› agitar; **to ~ one's fist at sb** amenazar* a algn con el puño **2** **(a)** (undermine, impair) ‹*courage/nerve*› hacer* flaquear; ‹*faith*› debilitar **(b)** (shock, surprise) ‹*person*› impresionar

■ *vi* **1** (move, tremble) «*earth/hand/voice*» temblar*; **he was shaking with fear/cold/rage** estaba temblando de miedo/frío/rabia **2** (shake hands) (infml): **they shook on it** sellaron el acuerdo con un apretón de manos

● **shake off** [*v + o + adv, v + adv + o*] ‹*pursuer/reporter*› deshacerse* de; ‹*habit*› quitarse; ‹*cold*› quitarse de encima

● **shake up** [*v + o + adv, v + adv + o*] **1** ‹*liquid*› agitar **2** (infml) ‹*industry/personnel*› reorganizar* totalmente **3** (disturb, shock) (infml): **he's a bit ~n up** está un poco alterado

shake[2] *n* **1** (act) sacudida *f*; (violent) sacudida *f* violenta, sacudón *m* (AmL); **he replied with a ~ of the head** contestó negando con la cabeza **2** (milk ~) (AmE) batido *m*, (leche *f*) malteada *f* (AmL), licuado *m* con leche (AmL)

shaken /'ʃeɪkən/ *past p of* **shake**[1]

shaker /'ʃeɪkər, BrE 'ʃeɪkə(r)/ *n* **(a)** (for cocktails) coctelera *f* **(b)** (for salt) salero *m*; (for pepper) pimentero *m*; (for sugar) azucarero *m* **(c)** (for dice) cubilete *m*, cacho *m* (Andes)

shaky /'ʃeɪki/ *adj* **-kier**, **-kiest** **(a)** (trembling) ‹*hands/voice*› tembloroso; ‹*writing*› de trazo poco firme **(b)** (unsteady) ‹*table*› poco firme; ‹*structure*› tambaleante; ‹*health*› delicado; ‹*currency/government*› débil; ‹*theory/start*› flojo

shale /ʃeɪl/ *n* esquisto *m*, pizarra *f*

shall /ʃæl, *weak forms* ʃl, ʃəl/ *v mod* (*past* **should**) **1** (*with 1st person*) **(a)** (in statements about the future): **I ~ be very interested to see what happens** tendré mucho interés en ver qué sucede; **we shan't be able to come** (BrE) no podremos venir **(b)** (making suggestions, asking for assent) [*The present tense is used in this type of question in Spanish*] **~ I open the window?** ¿abro la ventana?; **~ we go out tonight?** ¿qué te (*or* le *etc*) parece si salimos esta noche? **2** (*with 2nd and 3rd persons*) (in commands, promises etc): **they ~ not pass** no pasarán

shallot /ʃə'lɑːt, BrE ʃə'lɒt/ *n* chalote *m*, chalota *f*

shallow /'ʃæləʊ/ *adj* **-er**, **-est** **(a)** (not deep) ‹*water/pond/river*› poco profundo; ‹*dish*› llano, plano; ‹*breathing*› superficial **(b)** (superficial) ‹*person*› superficial

shallows /'ʃæləʊz/ *pl n* bajío *m*

sham[1] /ʃæm/ *n* farsa *f*

sham[2] *adj* (derog) (*no comp*) fingido

sham[3] *vt/i* **-mm-** fingir*

shambles /'ʃæmbəlz/ *n* (+ *sing vb*) caos *m*, desquicio *m* (RPl); (fiasco) desastre *m*

shame[1] /ʃeɪm/ *n* **1** (feeling) vergüenza *f*, pena *f* (AmL exc CS); **~ on you!** ¡qué vergüenza!; *to put sb to* **~: she's such a good hostess, she puts me to ~** es tan buena anfitriona que me hace sentir culpable **2** (pity) (*no pl*) lástima *f*, pena *f*; **what a ~!** ¡qué lástima!; **it's a ~ you can't go** es una pena que no puedas ir

shame[2] *vt* avergonzar*, apenar (AmL exc CS); **they ~d us into paying** nos hicieron avergonzarnos de tal manera que al final pagamos

shamefaced /'ʃeɪm'feɪst/ *adj* avergonzado

shameful /'ʃeɪmfəl/ *adj* vergonzoso

shameless /'ʃeɪmləs, BrE 'ʃeɪmlɪs/ *adj* ‹*lie/exploitation*› descarado; ‹*liar/cheat*› desvergonzado

shampoo[1] /ʃæm'puː/ *n* (*pl* **-poos**) champú *m*

shampoo[2] *vt* **-poos**, **-pooing**, **-pooed** ‹*hair*› lavar; ‹*carpet/upholstery*› limpiar

shan't /ʃænt, BrE ʃɑːnt/ = **shall not**

shanty /'ʃænti/ *n* (*pl* **-ties**) **1** (hut) casucha *f*, rancho *m* (AmL), chabola *f* (Esp) **2** (sea ~) (BrE) canción *f* de marineros

shantytown /'ʃænti,taʊn/ *n* barriada *f* (AmL), chabolas *fpl* (Esp), población *f* callampa (Chi), villa *f* miseria (Arg), ciudad *f* perdida (Méx), cantegril *m* (Ur), ranchos *mpl* (Ven)

shape[1] /ʃeɪp/ *n* **1** **(a)** (visible form) forma *f*; **it is triangular in ~** tiene forma triangular; **in the ~ of a cross** en forma de cruz; **to take ~** tomar forma **(b)** (general nature, outline) conformación *f*; **the ~ of things to come** lo que nos espera **2** (guise): **assistance in the ~ of food stamps** ayuda consistente en vales canjeables por comida; **I won't tolerate bribery in any ~ or form** no pienso tolerar sobornos de ningún tipo **3** (condition, order): **she's in pretty good/bad ~** está bastante bien/mal (de salud); **to keep in ~** mantenerse* en forma

shape[2] *vt* **1** ‹*object/material*› darle* forma a **2** (influence) ‹*events*› determinar; ‹*character/ideas*› formar

■ *vi* «*project*» tomar forma; «*plan*» desarrollarse

● **shape up** [*v + adv*] **1** ▸ **shape**[2] *vi* **2** (improve, pull oneself together) entrar en vereda (fam)

-shaped /ʃeɪpt/ *suff*: **L~/heart~** con *or* en forma de L/corazón

shapeless /'ʃeɪpləs, BrE 'ʃeɪplɪs/ *adj* informe, sin forma

shapely /'ʃeɪpli/ *adj* **-lier**, **-liest** ‹*figure*› bien modulado, hermoso; ‹*legs*› torneado

share[1] /ʃer, BrE ʃeə(r)/ *n* **1** (portion) parte *f*; **she must take her ~ of the blame** debe aceptar que tiene parte de la culpa **2** (Busn, Fin) **(a)** (held by partner) (*no pl*) participación *f* **(b)** (held by shareholder) acción *f*

share[2] *vt* **1** **(a)** (use jointly) **to ~ sth** (WITH **sb**) compartir algo (CON algn) **(b)** (have in common) ‹*interest/opinion*› compartir; ‹*characteristics*› tener* en común **2** **(a)** (divide) dividir **(b)** (communicate) ‹*experience/knowledge*› intercambiar

■ *vi* **(a)** (use jointly) compartir; **to ~ and ~ alike** compartir las cosas **(b)** (have a part) **to ~** IN **sth** compartir algo, participar DE algo

● **share out** [*v + o + adv, v + adv + o*] repartir, distribuir*

shareholder /'ʃerhəʊldər, BrE 'ʃeəhəʊldə(r)/ *n* accionista *mf*

S

shark /ʃɑːrk, BrE ʃɑːk/ *n* (Zool) tiburón *m*

⚷ **sharp**[1] /ʃɑːrp, BrE ʃɑːp/ *adj* **-er**, **-est** **1** **(a)** ‹*knife/edge/scissors*› afilado, filoso (AmL), filudo (Chi, Per); ‹*features*› anguloso; ‹*pencil*› con punta; **it has a ∼ point** es muy puntiagudo **(b)** ‹*pain*› agudo **(c)** ‹*wind*› cortante; ‹*frost*› crudo, fuerte **(d)** ‹*taste*› ácido **2** **(a)** (abrupt, steep) ‹*bend/angle*› cerrado; ‹*turn*› brusco; ‹*rise/fall*› brusco **(b)** (sudden) repentino, súbito **3** **(a)** (keen) ‹*eyesight*› agudo; ‹*hearing*› fino, agudo **(b)** (acute) ‹*wit/mind*› agudo **4** (clear, unblurred) ‹*photo/TV picture*› nítido; ‹*outline*› definido; ‹*contrast*› marcado **5** (harsh) ‹*retort*› cortante; **to have a ∼ tongue** ser* muy mordaz, tener* una lengua muy afilada **6** (clever, shrewd) ‹*person*› listo, astuto; ‹*move*› astuto **7** (Mus) (referring to key) sostenido; **C ∼** do *m* sostenido

sharp[2] *adv* **1** (exactly): **at six o'clock ∼** a las seis en punto **2** (abruptly): **turn ∼ right** gire a la derecha en curva cerrada **3** (Mus) ‹*play*› demasiado alto

sharp[3] *n* (Mus) sostenido *m*

sharpen /ˈʃɑːrpən, BrE ˈʃɑːpən/ *vt* ‹*knife/claws*› afilar; ‹*pencil*› sacarle* punta a

sharpener /ˈʃɑːrpṇər, BrE ˈʃɑːpṇə(r)/ *n* (knife ∼) afilador *m*; (pencil ∼) sacapuntas *m*

sharply /ˈʃɑːrpli, BrE ˈʃɑːpli/ *adv* **1** **(a)** (steeply, abruptly) ‹*drop/fall/increase*› bruscamente; ‹*bend*› repentinamente **(b)** (suddenly, swiftly) de repente **2** ‹*outlined/defined*› claramente, nítidamente **3** (harshly) ‹*answer*› con dureza

shat /ʃæt/ *past & past p of* **shit**[2]

shatter /ˈʃætər, BrE ˈʃætə(r)/ *vt* ‹*window/plate*› hacer* añicos *or* pedazos; ‹*health/nerves*› destrozar*; ‹*confidence/hopes*› destruir*; ‹*silence*› romper*; **she was ∼ed by the news** la noticia la dejó destrozada
■ *vi* hacerse* añicos *or* pedazos

shave[1] /ʃeɪv/ *vt* **1** ‹*person*› afeitar *or* (esp Méx) rasurar **2** (touch in passing) rozar*
■ *vi* «*person*» afeitarse *or* (esp Méx) rasurarse

shave[2] *n* afeitada *f or* (esp Méx) rasurada *f*; **to have a ∼** afeitarse *or* (esp Méx) rasurarse; ***a close ∼***; (infml): **we won in the end, but it was a pretty close ∼** al final ganamos, pero por los pelos *or* por un pelo (fam)

shaven /ˈʃeɪvən/ *adj* ‹*head*› rapado

shaver /ˈʃeɪvər, BrE ˈʃeɪvə(r)/ *n* (electric ∼) máquina *f* de afeitar, afeitadora *f or* (esp Méx) rasuradora *f*

shaving /ˈʃeɪvɪŋ/ *n* **(a)** (*before n*) ‹*cream/soap*› de afeitar *or* (esp Méx) de rasurar; **∼ brush** brocha *f* de afeitar **(b)** **shavings** *pl* (pieces) virutas *fpl*

shawl /ʃɔːl/ *n* chal *m*

⚷ **she** /ʃiː, *weak form* ʃi/ *pron* ella

> ■ **Note** Although *ella* is given as the main translation of *she*, it is in practice used only for emphasis, or to avoid ambiguity: *she went to the theater* fue al teatro; ***she** went to the theater, **he** went to the cinema* ella fue al teatro y él fue al cine; *she did it* ella lo hizo.

∼'s a writer/my sister es escritora/mi hermana; **∼ didn't say it, I did** no fue ella quien lo dijo, sino yo

⚷ palabra clave

sheaf /ʃiːf/ *n* (*pl* **sheaves**) **(a)** (Agr) gavilla *f* **(b)** (of notes) fajo *m*; (of arrows) haz *m*

shear /ʃɪr, BrE ʃɪə(r)/ *vt* (*past* **sheared**; *past p* **shorn**) ‹*sheep*› esquilar

shears /ʃɪrz, BrE ʃɪəz/ *pl n* (for grass, hedge) tijeras *fpl*; (for shearing sheep) tijeras *fpl* de esquilar

sheath /ʃiːθ/ *n* (*pl* **∼s** /ʃiːðz/) (for sword, knife) funda *f*, vaina *f*

sheaves /ʃiːvz/ *pl of* **sheaf**

shed[1] /ʃed/ *vt* (*pres p* **shedding**; *past & past p* **shed**) **1** **(a)** ‹*tears/blood*› derramar **(b)** ‹*leaves/skin*› mudar; ‹*clothing*› despojarse de (fml) **2** (send out) ‹*light*› emitir

shed[2] *n* **(a)** (hut) cabaña *f*; (garden ∼) cobertizo *m* **(b)** (larger building) nave *f*

she'd /ʃiːd/ **(a)** = **she would** **(b)** = **she had**

sheen /ʃiːn/ *n* brillo *m*, lustre *m*

sheep /ʃiːp/ *n* (*pl* ∼) oveja *f*

sheepdog /ˈʃiːpdɔːg, BrE ˈʃiːpdɒg/ *n* perro *m* pastor

sheepish /ˈʃiːpɪʃ/ *adj* avergonzado

sheepskin /ˈʃiːpskɪn/ *n* piel *f* de borrego *or* de cordero

sheer /ʃɪr, BrE ʃɪə(r)/ *adj* **sheerer**, **sheerest** **1** (pure, absolute) (*as intensifier*) puro; **the ∼ size of the problem** la mera magnitud del problema **2** (vertical) ‹*drop*› a pique; ‹*cliff*› escarpado **3** (fine) ‹*stockings/fabric*› muy fino

sheet /ʃiːt/ *n* **1** (on bed) sábana *f* **2** (of paper) hoja *f*; (of wrapping paper) pliego *m*, hoja *f*; (of stamps) pliego *m* **3** **(a)** (of metal) chapa *f*, plancha *f*, lámina *f*; **a ∼ of glass** un vidrio **(b)** (of ice) capa *f*; (*before n*) **∼ lightning** relámpagos *mpl* difusos

sheet: **∼ metal** *n* metal *m* en planchas *or* chapas; **∼ music** *n* partituras *fpl*

sheik, **sheikh** /ʃiːk, BrE ʃeɪk/ *n* jeque *m*

shelf /ʃelf/ *n* (*pl* **shelves**) **1** (in cupboard, bookcase) estante *m*, balda *f* (Esp); **a set of shelves** unos estantes, una estantería **2** (Geol): **continental ∼** plataforma *f* continental

shell[1] /ʃel/ *n* **1** **(a)** (of egg, nut) cáscara *f*; (of sea mollusk) concha *f*; (of tortoise, turtle, snail, crustacean) caparazón *m or f* **(b)** (of building, vehicle) armazón *m or f* **2** (Mil) proyectil *m*, obús *m*

shell[2] *vt* **1** (Culin) ‹*peas/nuts/eggs*› pelar; ‹*mussel/clam*› quitarle la concha a **2** (Mil) ‹*position/troops/city*› bombardear

she'll /ʃiːl, *weak form* ʃɪl/ = **she will**

shell: **∼fish** *n* (*pl* **∼fish**) **(a)** (creature) marisco *m* **(b)** (collectively) mariscos *mpl*, marisco *m* (Esp); **∼shock** *n* neurosis *f* de guerra

shelter[1] /ˈʃeltər, BrE ˈʃeltə(r)/ *n* **1** (building) refugio *m* **2** **(a)** (protection): **to take ∼** refugiarse **(b)** (accommodations): **they need food and ∼** necesitan alimentos y albergue

shelter[2] *vt* **(a)** (protect from weather) resguardar **(b)** ‹*criminal/fugitive*› darle* cobijo a
■ *vi* **to ∼ (FROM sth)** refugiarse *or* resguardarse (DE algo)

sheltered /ˈʃeltərd, BrE ˈʃeltəd/ *adj* ‹*valley/harbor*› abrigado; ‹*life*› protegido

shelve /ʃelv/ *vt* ‹*plan/project*› archivar

shelves /ʃelvz/ *pl of* **shelf**

shelving /ˈʃelvɪŋ/ *n* estantería *f*

S

shepherd /ˈʃepərd, BrE ˈʃepəd/ *n* pastor *m*

sherbet /ˈʃɜːrbət, BrE ˈʃɜːbət/ *n* **(a)** (sorbet) (AmE) sorbete *m* **(b)** (powder) (BrE) *polvos efervescentes con sabor a frutas*, sidral® *m* (Esp)

sheriff /ˈʃerəf, BrE ˈʃerɪf/ *n* (in US) sheriff *mf*

sherry /ˈʃeri/ *n* (*pl* **-ries**) jerez *m*

she's /ʃiːz, *weak form* ʃɪz/ **(a)** = **she is (b)** = **she has**

shield¹ /ʃiːld/ *n* **1** (Hist, Mil) escudo *m* **2** (protective cover on machine) revestimiento *m*

shield² *vt* **to ~ sth/sb (FROM sb/sth)** proteger* algo/a algn (DE algn/algo)

shift¹ /ʃɪft/ *vt* **(a)** (change position of) ‹*object/furniture*› correr, mover* **(b)** (transfer): **they tried to ~ the responsibility onto us** trataron de cargarnos la responsabilidad
■ *vi* **1** (change position, direction) «*cargo*» correrse; «*wind*» cambiar; **he ~ed uneasily in his chair** se movía intranquilo en la silla; **the focus of attention has ~ed to Europe** el foco de atención ha pasado a Europa **2** (change gear) (AmE) cambiar de marcha *or* de velocidad

shift² *n* **1** (change in position) cambio *m* **2** (work period) turno *m*; **to work the day/night ~** hacer* el turno de día/de noche; (*before n*) **~ work** trabajo *m* por turnos **3** (AmE) (Auto) palanca *m* de cambio *or* (Méx) de velocidades

shift key *n* tecla *f* de las mayúsculas

shifty /ˈʃɪfti/ *adj* **-tier**, **-tiest** ‹*expression/eyes*› furtivo; ‹*appearance*› sospechoso

Shiite¹, **Shi'ite** /ˈʃiːaɪt/ *n* chiíta *mf*, shií *mf*

Shiite², **Shi'ite** *adj* chiíta, shií

shilling /ˈʃɪlɪŋ/ *n* chelín *m*

shimmer /ˈʃɪmər, BrE ˈʃɪmə(r)/ *vi* «*water/silk*» brillar; «*lights*» titilar; (in water) rielar (liter)

shin /ʃɪn/ *n* espinilla *f*, canilla *f*

shine¹ /ʃaɪn/ *n* brillo *m*

shine² (*past & past p* **shone**) *vi* **(a)** (gleam, glow) «*star/sun/eyes*» brillar; «*metal/shoes*» relucir*, brillar **(b)** (excel) **to ~ (AT sth)** destacar(se*) (EN algo)
■ *vt* (+ *adv compl*): **to ~ a light on sth** alumbrar algo con una luz

shingle /ˈʃɪŋgəl/ *n* guijarros *mpl*

shingles /ˈʃɪŋgəlz/ *n* (Med) (+ *sing vb*) herpes *m*, culebrilla *f*

shining /ˈʃaɪnɪŋ/ *adj* ‹*eyes*› brillante, luminoso; ‹*hair/metal*› brillante, reluciente

shiny /ˈʃaɪni/ *adj* **-nier**, **-niest** ‹*hair/fabric/shoe*› brillante; ‹*coin*› reluciente

ship¹ /ʃɪp/ *n* barco *m*, buque *m*

ship² *vt* **-pp-** **(a)** (send by sea) enviar* *or* mandar por barco **(b)** (send) enviar*, despachar

ship: **~building** *n* construcción *f* naval; **~load** *n* cargamento *m*

shipment /ˈʃɪpmənt/ *n* (goods) envío *m*, remesa *f*

shipping /ˈʃɪpɪŋ/ *n* **(a)** (ships) barcos *mpl*, embarcaciones *fpl* (fml); (*before n*) ‹*lane/route*› de navegación **(b)** (transportation of freight) transporte *m*

shipshape /ˈʃɪpʃeɪp/ *adj* (*pred*) limpio y ordenado

shipwreck¹ /ˈʃɪprek/ *n* naufragio *m*

shipwreck² *vt* (*usu pass*): **to be ~ed** naufragar*

shipyard /ˈʃɪpjɑːrd, BrE ˈʃɪpjɑːd/ *n* (*often pl*) astillero *m*

shirk /ʃɜːrk, BrE ʃɜːk/ *vt* ‹*task/duty*› eludir, rehuir*

shirt /ʃɜːrt, BrE ʃɜːt/ *n* camisa *f*

shirtsleeve /ˈʃɜːrtsliːv, BrE ˈʃɜːtsliːv/ *n* manga *f* de camisa; **in (one's) ~s** en mangas de camisa

shit¹ /ʃɪt/ *n* (vulg) mierda *f* (vulg)

shit² *vi* (*pres p* **shitting**; *past & past p* **shit** *or* **shat**) (vulg) cagar* (vulg)

shit³ *interj* (vulg) ¡carajo! (vulg), ¡mierda! (vulg)

shiver¹ /ˈʃɪvər, BrE ˈʃɪvə(r)/ *n* escalofrío *m*; **the scream sent ~s** o **a ~ down my spine** el grito me produjo escalofríos

shiver² *vi* (with cold) temblar*; (with fear) temblar*; (with anticipation) estremecerse*

shivery /ˈʃɪvəri/ *adj*: **to feel ~** tener* escalofríos

shmaltz, **shmalz** *etc* ▶ **schmaltz** *etc*

shoal /ʃəʊl/ *n* **1** (of fish) cardumen *m*, banco *m* **2** (sandbank) bajío *m*, banco *m* de arena

shock¹ /ʃɑːk, BrE ʃɒk/ *n* **1** **(a)** (of impact) choque *m*; (of earthquake, explosion) sacudida *f* **(b)** (electric ~) descarga *f* (eléctrica) **2** **(a)** (Med) shock *m*; **to be in (a state of) ~** estar* en estado de shock **(b)** (distress, surprise) shock *m*; **to get a ~** llevarse un shock; **the news came as a great ~ to us** la noticia nos conmocionó **(c)** (scare) susto *m*; **to get a ~** llevarse un susto **3** (bushy mass): **a ~ of hair** una mata de pelo

shock² *vt* (stun, appall) horrorizar*; (scandalize) escandalizar*

shock absorber /əbˈsɔːrbər, BrE əbˈzɔːbə(r)/ *n* amortiguador *m*

shocked /ʃɑːkt, BrE ʃɒkt/ *adj* **(a)** (appalled) horrorizado **(b)** (scandalized): **I was ~ to hear that ...** me indigné cuando me enteré de que ...

shocking /ˈʃɑːkɪŋ, BrE ˈʃɒkɪŋ/ *adj* **(a)** ‹*news/report*› espeluznante **(b)** ‹*behavior/language*› escandaloso

shock wave *n* (Phys) onda *f* expansiva

shod /ʃɑːd, BrE ʃɒd/ *past & past p of* **shoe²**

shoddy /ˈʃɑːdi, BrE ˈʃɒdi/ *adj* **-dier**, **-diest** ‹*goods/workmanship*› de muy mala calidad

shoe¹ /ʃuː/ *n* **(a)** (Clothing) zapato *m*; (*before n*) (**~** polish) betún *m*; **~ repairer** zapatero, -ra *m,f* **(b)** (for horse) herradura *f* **(c)** (brake **~**) zapata *f*

shoe² *vt* (*pres* **shoes**; *pres p* **shoeing**; *past & past p* **shod**) ‹*horse*› herrar*

shoe: **~brush** *n* cepillo *m* de los zapatos; **~horn** *n* calzador *m*; **~lace** *n* cordón *m* (de zapato), agujeta *f* (Méx), pasador *m* (Per)

shone /ʃəʊn, ʃɑːn, BrE ʃɒn/ *past & past p of* **shine²**

shoo¹ /ʃuː/ *interj* ¡fuera!, ¡úscale! (Méx)

shoo² *vt* **shoos**, **shooing**, **shooed**: **I ~ed the birds off** o **away** espanté a los pájaros

shook /ʃʊk/ *past of* **shake¹**

shoot¹ /ʃuːt/ *n* **1** (Bot) brote *m* **2** (shooting expedition) cacería *f* **3** (Cin) rodaje *m*

shoot² (*past & past p* **shot**) *vt* **1** **(a)** ‹*person/animal*› pegarle* un tiro a; **they shot him dead they shot him to death** (AmE) lo mataron a tiros/de un tiro; **to ~ oneself** pegarse* un tiro **(b)** (hunt) ‹*duck/deer*› cazar* **2** (fire) ‹*bullet*› disparar, tirar; ‹*arrow/missile*› lanzar*, arrojar; ‹*glance*› lanzar* **3** (pass swiftly): **to ~ the rapids** salvar los rápidos **4** (Cin) rodar*
■ *vi* **1** **(a)** (fire weapon) disparar; **to ~** AT

S

sb/sth dispararle A algn/A algo **(b)** (hunt) cazar* **2** (move swiftly): **she ~ past** pasó como una bala (fam); **he shot out of his seat** saltó del asiento **3** (Sport) tirar, disparar

- **shoot down** [*v + o + adv, v + adv + o*] ‹*plane*› derribar, abatir
- **shoot out** [*v + adv*] (emerge quickly) salir* disparado *or* (fam) como un bólido
- **shoot up** [*v + adv*] **(a)** (grow tall) crecer* mucho **(b)** (go up quickly) «*prices/temperature*» dispararse; «*flames*» alzarse*

shoot[3] *interj* (AmE infml) ¡miércoles! (fam & euf)

shooting /'ʃu:tɪŋ/ *n* **(a)** (exchange of fire) tiroteo *m*, balacera *f* (AmL); (shots) tiros *mpl*, disparos *mpl* **(b)** (killing) asesinato *m*

shooting star *n* estrella *f* fugaz

shoot-out /'ʃu:taʊt/ *n* tiroteo *m*, balacera *f* (AmL), baleo *m* (Chi)

⚷ **shop[1]** /ʃɑ:p, BrE ʃɒp/ *n* **(a)** (retail outlet) tienda *f*, negocio *m* (CS), comercio *m* (fml); **to go to the ~s** ir* de compras **(b)** (business) (infml): ***to talk* ~** hablar del trabajo

shop[2] *vi* **-pp-** hacer* compras; **to go ~ping** ir* de compras

shopaholic /ʃɑ:pə'hɔ:lɪk, BrE ʃɒpə'hɒlɪk/ *n* (infml) persona *f* adicta a las compras

shop: **~ assistant** *n* (BrE) dependiente, -ta *m,f*, empleado -da *m,f* (de tienda) (AmL), vendedor, -dora *m,f* (CS); **~ floor** *n* (part of factory) taller *m*; (workers) obreros *mpl*, trabajadores *mpl*; (as union members) bases *fpl* sindicales; **~keeper** *n* comerciante *mf*, tendero, -ra *m,f*; **~lifter** /'ʃɑ:p,lɪftər, BrE 'ʃɒp,lɪftə(r)/ *n* ladrón, -drona *m,f* (*que roba en las tiendas*); **~lifting** /'ʃɑ:p,lɪftɪŋ, BrE 'ʃɒp,lɪftɪŋ/ *n* hurto *m* (*en las tiendas*)

shopper /'ʃɑ:pər, BrE 'ʃɒpə(r)/ *n* comprador, -dora *m,f*

shopping /'ʃɑ:pɪŋ, BrE 'ʃɒpɪŋ/ *n* **(a)** (act): **to do the ~** hacer* la compra *or* (AmS) las compras, hacer* el mercado (Col, Ven), hacer* el mandado (Méx); (*before n*) ‹*basket*› de la compra *or* (AmS) de las compras **(b)** (purchases) compras *fpl*

shopping: **~ bag** *n* **(a)** (given by store) (AmE) bolsa *f* (*de plástico, papel etc*) **(b)** (owned by customer) (BrE) bolsa *f* (de la compra *or* (AmS) de las compras); **~ basket** *n* ▸ **shopping cart 2**; **~ cart** *n* (AmE) **1** (in supermarket) carrito *m* (de la compra) **2** (Internet) cesta *f or* cesto *m* de la compra; **~ center**, (BrE) **~ centre** ▸ **shopping mall**; **~ list** *n* lista *f* de la compra *or* (AmS) de las compras *or* (Col, Ven) del mercado *or* (Méx) del mandado; **~ mall** *n* (esp AmE) centro *m* comercial, mall *m* (Chi); **~ trolley** *n* (BrE) **(a)** ▸ **~ cart 1 (b)** (bag on wheels) carrito *m*, changuito *m* (RPl)

shop: **~-soiled** *adj* ‹*goods*› deteriorado; **~ window** *n* escaparate *m*, vitrina *f* (AmL), aparador *m* (AmC, Col, Méx); **~worn** *adj* (AmE) ‹*goods*› deteriorado

shore /ʃɔ:r, BrE ʃɔ:(r)/ *n* **1** **(a)** (of sea, lake) orilla *f* **(b)** (coast) costa *f*, ribera *f* **2** (land): **to go on ~** bajar a tierra (firme)

- **shore up** [*v + o + adv, v + adv + o*] apuntalar

shorn /ʃɔ:rn, BrE ʃɔ:n/ *past p of* **shear**

⚷ **short[1]** /ʃɔ:rt, BrE ʃɔ:t/ *adj* **-er, -est** **1** (of length, height, distance) corto; ‹*person*› bajo **2** **(a)** (brief) ‹*visit/trip*› corto; **the days are getting ~er** los días van acortándose; **a ~ time ago** hace poco (tiempo); **we call him Rob for ~** lo llamamos Rob para abreviar **(b) in short** (briefly) (*as linker*) en resumen **3** (brusque) ‹*manner*› brusco; **she has a ~ temper** tiene muy mal genio **4** (inadequate, deficient) escaso; **to be in ~ supply** escasear; **we're six people ~** todavía nos faltan seis personas; **(to be) ~** OF **sth/sb**: **we're very ~ of time** estamos muy cortos de tiempo; **they were ~ of staff** no tenían suficiente personal

short[2] *adv* **1** (suddenly, abruptly): **he cut ~ his vacation** interrumpió sus vacaciones; **he stopped ~ when he saw me** se paró en seco cuando me vio **2** (below target, requirement): **to fall ~** «*shell/arrow*» quedarse corto; **we never went ~ of food** nunca nos faltó la comida

short[3] *n* **1** (Cin) cortometraje *m*, corto *m* **2** (drink) (BrE) *copa de bebida alcohólica de las que se sirven en pequeñas cantidades, como el whisky o el coñac* **3** **shorts** *pl* **(a)** (short trousers) shorts *mpl*, pantalones *mpl* cortos **(b)** (men's underwear) (AmE) calzoncillos *mpl*

short[4] *vi* (Elec) hacer* un cortocircuito

- **short out** (AmE) (Elec) [*v + adv*] «*fuse*» fundirse; «*iron/hairdryer*» hacer* (un) cortocircuito

shortage /'ʃɔ:rtɪdʒ, BrE 'ʃɔ:tɪdʒ/ *n* **~** (OF **sth/sb**) falta *f or* escasez *f* (DE algo/algn)

short: **~bread** *n*: *galleta dulce de mantequilla*; **~-change** /ʃɔ:rt'tʃeɪndʒ, BrE ʃɔ:t'tʃeɪndʒ/ *vt* (in shop): **he ~-changed me** me dio mal el cambio *or* (AmL tb) el vuelto; **~ circuit** *n* cortocircuito *m*; **~-circuit** /ʃɔ:rt'sɜ:rkət, BrE ʃɔ:t'sɜ:kɪt/ *vt* (Elec) provocar* un cortocircuito en ■ *vi* (Elec) hacer* (un) cortocircuito; **~coming** *n* defecto *m*, deficiencia *f*; **~crust (pastry)** *n* (BrE) pasta *f* quebradiza (*tipo de masa para empanadas, tartas etc*); **~ cut** *n* atajo *m*; **there are no ~ cuts to success** no hay fórmulas mágicas para el éxito; (Comput) acceso (*m*) directo (*before n*) **~-cut key** atajo *m* de teclado

shorten /'ʃɔ:rtn̩, BrE 'ʃɔ:tn̩/ *vt* ‹*skirt/sleeves*› acortar; ‹*text/report*› acortar, abreviar

short: **~fall** *n* **~fall** (IN **sth**): **a ~fall of 7% in revenues** un déficit de 7% en los ingresos; **~-haired** /ʃɔ:rtherd, BrE ʃɔ:t'heəd/ *adj* de pelo corto; **~hand** *n* taquigrafía *f*; **~ list** *n* lista *f* de candidatos preseleccionados; **~-list** *vt* preseleccionar; **~-lived** /ʃɔ:rt'lɪvd, BrE ʃɔ:t'lɪvd/ *adj* ‹*success/enthusiasm*› efímero; ‹*recovery*› pasajero

⚷ **shortly** /'ʃɔ:rtli, BrE 'ʃɔ:tli/ *adv* dentro de poco; **~ before/after midnight** poco antes/después de la medianoche

short: **~sighted** /ʃɔ:rt'saɪtəd, BrE ʃɔ:t'saɪtɪd/ *adj* **(a)** (esp BrE) (Med) miope, corto de vista **(b)** ‹*attitude/policy*› corto de miras; **~-sleeved** /ʃɔ:rt'sli:vd, BrE ʃɔ:t'sli:vd/ *adj* de manga corta; **~-staffed** /ʃɔ:rt'stæft, BrE ʃɔ:t'stɑ:ft/ *adj*: **they/we were ~-staffed** les/nos faltaba personal; **~ story** *n* cuento *m*, relato *m* breve; **~-tempered** /ʃɔ:rt'tempərd, BrE ʃɔ:t'tempəd/ *adj* de mal genio; **~-term** /'ʃɔ:rt'tɜ:rm, BrE ʃɔ:t'tɜ:m/ *adj* a corto plazo; **~wave** /ʃɔ:rt'weɪv, BrE ʃɔ:t'weɪv/ *n* onda *f* corta

shot[1] /ʃɑ:t, BrE ʃɒt/ *past & past p of* **shoot[2]**

S

⚷ palabra clave

shot[2] *n* **1** **(a)** (from gun, rifle) disparo *m*, tiro *m*; (from cannon) cañonazo *m*; **she fired three ~s** disparó tres veces; **she was off like a ~** salió disparada **(b)** (marksman): **a good/poor ~** un buen/mal tirador **2** (infml) (attempt, try): **it costs $50 a ~** son 50 dólares por vez; **I'd like another ~ at it** me gustaría volver a intentarlo **3** (Phot) foto *f*; (Cin) toma *f* **4** (pellets): **(lead) ~** perdigones *mpl* **5** (used in shotput) bala *f*, peso *m* (Esp) **6** (in soccer) disparo *m*, tiro *m*; (in basketball) tiro *m*, tirada *f*; (in golf, tennis) tiro *m* **7** (injection) inyección *f*

shot: **~gun** *n* escopeta *f*; **~put** *n* (event) lanzamiento *m* de bala *or* (Esp) de peso

should[1] /ʃʊd/ *past of* **shall**

should[2] *v mod* **1** (expressing desirability) debería (*or* deberías *etc*), debiera (*or* debieras *etc*); **you ~ have thought of that before** deberías *or* debieras haber pensado en eso antes **2** (indicating probability, logical expectation) debería (*or* deberías *etc*) (de), debiera (*or* debieras *etc*) (de); **it ~ add up to 100** debería (de) *or* debiera (de) dar 100 **3** (*with first person only*) **(a)** (conditional use) (BrE fml): **I ~ like to see her** me gustaría verla **(b)** (venturing a guess) (BrE): **I ~ think she must be over 80** yo diría que debe tener más de 80 **(c)** (expressing indignation): **I ~ think so too!** ¡(no) faltaría más! **4** (subjunctive use) (*with all persons*): **it's natural that he ~ want to go with her** es natural que quiera ir con ella; **if you ~ happen to pass a bookshop ...** si pasaras por una librería ...

shoulder[1] /ˈʃəʊldər, BrE ˈʃəʊldə(r)/ *n* **1** (Anat, Clothing) hombro *m* **2** (of road) arcén *m*, berma *f* (Andes), acotamiento *m* (Méx), banquina *f* (RPl), hombrillo *m* (Ven)

shoulder[2] *vt* ‹*knapsack*› ponerse* *or* echarse al hombro; ‹*blame/responsibility*› cargar* con

shoulder: **~ bag** *n* bolso *m or* (CS) cartera *f or* (Méx) bolsa *f* (*con correa larga para colgar del hombro*); **~ blade** *n* omóplato *m*; **~-length** /ˈʃəʊldərˈleŋθ, BrE ʃəʊldəˈleŋθ/ *adj*: **~-length hair** pelo *m* hasta los hombros; **~ strap** *n* (of garment) tirante *m or* (CS) bretel *m*; (of bag) correa *f*

shouldn't /ˈʃʊdn̩t/ = **should not**

shout[1] /ʃaʊt/ *n* grito *m*

shout[2] *vi* gritar; **to ~ AT sb** gritarle A algn

■ *vt* gritar

● **shout out** **1** [*v + o + adv, v + adv + o*] ‹*answer*› gritar **2** [*v + adv*] dar* un grito

shouting /ˈʃaʊtɪŋ/ *n* griterío *m*

shove[1] /ʃʌv/ *vt* **(a)** (push roughly) empujar; **they ~d her out of the way** la quitaron de en medio a empellones *or* a empujones **(b)** (put) (infml) poner*, meter

■ *vi* empujar

shove[2] *n* empujón *m*, empellón *m*

shovel[1] /ˈʃʌvəl/ *n* pala *f*

shovel[2] *vt*, (BrE **-ll-**) ‹*coal*› palear; ‹*snow*› espalar

show[1] /ʃəʊ/ (*past* **showed**; *past p* **shown** *or* **showed**) *vt* **1** **(a)** ‹*photograph/passport*› mostrar*, enseñar; **to ~ sb sth, to ~ sth TO sb** mostrarle* algo A algn **(b)** ‹*feelings*› demostrar*; ‹*interest/enthusiasm*› demostrar*, mostrar*; ‹*courage*› demostrar* (tener); **could you ~ me the way?** ¿me podría indicar el camino? **(c)** (allow to be seen): **this carpet ~s every mark** en esta alfombra se notan todas las marcas; **he's started to ~ his age** se le han empezado a notar los años **2** (record, register) «*barometer/dial/indicator*» marcar*, señalar, indicar*; ‹*profit/loss*› arrojar **3** **(a)** (demonstrate) ‹*truth/importance*› demostrar*; **it just goes to ~ how wrong you can be** eso te demuestra lo equivocado que puedes estar **(b)** (teach) enseñar; **I ~ed her how to do it** le enseñé cómo se hacía **4** (by accompanying) (+ *adv compl*) **he ~ed us to our seats** nos llevó hasta nuestros asientos; **to ~ sb in** hacer* pasar a algn; **to ~ sb out** acompañar a algn a la puerta **5** **(a)** (screen) ‹*movie*› dar*, pasar, poner* (Esp); ‹*program*› dar*, poner* (Esp); ‹*slides*› pasar **(b)** (exhibit) ‹*paintings/sculpture*› exponer*; ‹*horse/dog*› presentar

■ *vi* **1** (be visible) «*dirt/stain*» verse*; «*emotion/scar*» notarse; **your petticoat is ~ing** se te ve la enagua **2** (be screened) (Cin): **it's ~ing at the Trocadero** la están dando en el Trocadero, la ponen en el Trocadero (Esp)

■ *v refl* **1** **to ~ oneself** **2** **(a)** (become visible) «*person*» asomarse **(b)** (prove to be) demostrar* ser; (turn out to be) resultar ser

● **show off** **1** [*v + adv*] lucirse*; **stop ~ing off** déjate de hacer tonterías **2** [*v + o + adv, v + adv + o*] **(a)** (display for admiration) ‹*car/girlfriend*› lucir*, presumir de (Esp); ‹*wealth/knowledge*› presumir de **(b)** (display to advantage) ‹*beauty/complexion*› hacer* resaltar

● **show up** **1** [*v + o + adv, v + adv + o*] **(a)** (reveal) ‹*mistake/deception*› poner* de manifiesto (fml) **(b)** (embarrass) ‹*parents/friends*› hacer* quedar mal **2** [*v + adv*] **(a)** (be visible) «*imperfection*» notarse **(b)** (arrive) (infml) aparecer* (fam)

show[2] *n* **1** (exhibition) (Art) exposición *f*; **to be on ~** estar* expuesto; **to put sth on ~** exponer* algo **2** **(a)** (stage production) espectáculo *m*; ***to steal the ~*** robarse el espectáculo **(b)** (on television, radio) programa *m* **3** (*no pl*) **(a)** (display) muestra *f*, demostración *f*; **a ~ of force** un despliegue de fuerza **(b)** (outward appearance): **I made a ~ of enthusiasm** fingí estar entusiasmado; **their plush office is simply for ~** su elegante oficina es solo para darse tono **4** (infml) (*no pl*) (activity, organization) asunto *m*; **to run the ~** llevar la voz cantante (fam)

show: **~ business** (infml) *n* mundo *m* del espectáculo; **~case** *n* **(a)** (cabinet) vitrina *f* **(b)** (for products, ideologies) escaparate *m*; **~down** *n* enfrentamiento *m*

shower[1] /ˈʃaʊər, BrE ˈʃaʊə(r)/ *n* **1** (in bathroom) ducha *f*, regadera *f* (Méx); **to take** o (BrE) **have a ~** ducharse; (*before n*) **~ cap** gorro *m* de ducha **2** (Meteo) chaparrón *m*, chubasco *m* **3** (party) (AmE) *fiesta en la que los invitados obsequian a la homenajeada con motivo de su próxima boda, el nacimiento de su niño etc*

shower[2] *vt* **(a)** (spray) regar*; **to ~ sb WITH sth** tirarle algo A algn **(b)** (bestow lavishly) **to ~ sb WITH sth: he ~ed her with gifts** la llenó de regalos; **the country ~ed him with honors** el país lo colmó de honores

■ *vi* **(a)** (wash) ducharse **(b)** (be sprayed) «*water/leaves/stones*» caer*; «*letters/congratulations/protests*» llover*

show jumping /ˌdʒʌmpɪŋ/ *n* concursos *mpl* hípicos

S

shown /ʃəʊn/ *past p of* **show¹**

show: **~-off** *n* (infml) fanfarrón, -rrona *m,f*, fantasma *mf* (Esp fam); **~room** *n* (*often pl*) salón *m* de exposición (y ventas)

showy /'ʃəʊi/ *adj* **showier**, **showiest** **(a)** (gaudy) llamativo **(b)** (attractive) vistoso

shrank /ʃræŋk/ *past of* **shrink**

shrapnel /'ʃræpnl/ *n* metralla *f*

shred¹ /ʃred/ *n* (of paper, fabric) tira *f*, trozo *m*; **not a (single) ~ of evidence** ni una (sola) prueba; **not a ~ of truth** ni pizca de verdad; **to be in ~s** «*clothes/fabric*» estar* hecho jirones *or* tiras; «*argument/reputation*» estar* destrozado

shred² *vt* **-dd-** cortar en tiras; ‹*documents*› destruir*, triturar

shredder /'ʃredər, BrE 'ʃredə(r)/ *n* (for paper) trituradora *f*; (for vegetables) cortadora *f*

shrew /ʃru:/ *n* (Zool) musaraña *f*

shrewd /ʃru:d/ *adj* **-er**, **-est** ‹*person*› astuto; ‹*move/investment/assessment*› hábil

shriek¹ /ʃri:k/ *n* (of delight, terror) grito *m*, chillido *m*; (of pain) grito *m*, alarido *m*; **we could hear ~s of laughter** oíamos risotadas

shriek² *vi/t* gritar, chillar

shrift /ʃrɪft/ *n*: **to give sth short ~** ‹*idea/suggestion*› desestimar algo de plano; **to give sb short ~** echar a algn con cajas destempladas

shrill /ʃrɪl/ *adj* **-er**, **-est** ‹*whistle/laugh*› agudo, estridente; ‹*voice*› agudo, chillón

shrimp /ʃrɪmp/ *n* (*pl* **~** *or* BrE also **~s**) (large) (AmE) langostino *m*; (medium) camarón *m* (AmL), gamba *f* (esp Esp); (small) (BrE) camarón *m*, quisquilla *f* (Esp)

shrine /ʃraɪn/ *n* (holy place) santuario *m*; (in out-of-the-way place) ermita *f*

shrink /ʃrɪŋk/ (*past* **shrank** *or* **shrunk**; *past p* **shrunk** *or* **shrunken**) *vi* **1** (diminish in size) «*clothes/fabric*» encoger(se)*; «*meat*» achicarse*; «*wood*» contraerse*; «*area/amount*» reducirse* **2** (recoil) retroceder; **to ~ back** o **away from sth/sb** echarse atrás *or* retroceder ante algo/algn
■ *vt* ‹*clothes/fabric*› encoger*

shrinkage /'ʃrɪŋkɪdʒ/ *n* (of clothes, fabric) encogimiento *m*; (of wood, metal) contracción *f*

shrivel /'ʃrɪvəl/ (BrE **-ll-**) **~ (up)** *vi* «*leaf/plant*» marchitarse, secarse*; «*fruit/vegetables*» resecarse* y arrugarse*; «*skin*» ajarse
■ *vt* ‹*leaf/plant*› secar*, marchitar

shroud¹ /ʃraʊd/ *n* mortaja *f*

shroud² *vt* envolver*; **a case ~ed in mystery** (journ) un caso envuelto en un velo de misterio

Shrove Tuesday /ʃrəʊv/ *n* martes *m* de Carnaval

shrub /ʃrʌb/ *n* arbusto *m*, mata *f*

shrubbery /'ʃrʌbəri/ *n* arbustos *mpl*, matas *fpl*

shrug¹ /ʃrʌg/ *n*: **with a ~ (of her shoulders)** encogiéndose de hombros

shrug² **-gg-** *vi* encogerse* de hombros
■ *vt*: **to ~ one's shoulders** encogerse* de hombros

● **shrug off** [*v + o + adv, v + adv + o*] ‹*misfortune/disappointment*› superar; ‹*criticism*› hacer* caso omiso de

shrunk /ʃrʌŋk/ *past & past p of* **shrink**

shrunken¹ /'ʃrʌnkən/ *past p of* **shrink**

shrunken² *adj* ‹*body*› consumido

shudder¹ /'ʃʌdər, BrE 'ʃʌdə(r)/ *vi* **(a)** «*person*» estremecerse* **(b)** «*bus/train/plane*» dar* sacudidas; **to ~ to a halt** pararse abruptamente

shudder² *n* **(a)** (of person) estremecimiento *m* **(b)** (of vehicle, engine) sacudida *f*

shuffle /'ʃʌfəl/ *vt* **1** **to ~ one's feet** arrastrar los pies **2** ‹*cards/papers*› barajar
■ *vi* caminar *or* andar* arrastrando los pies

shun /ʃʌn/ *vt* **-nn-** ‹*person/society*› rechazar*, rehuir*; ‹*publicity/limelight*› evitar, rehuir*

shunt /ʃʌnt/ *vt* (Rail) cambiar de vía

shush¹ /ʃʊʃ/ *vt* acallar

shush² *interj*: **~!** ¡chitón!, ¡silencio!

⚷ **shut¹** /ʃʌt/ (*pres p* **shutting**; *past & past p* **shut**) *vt* **1** **(a)** ‹*window/book/eyes*› cerrar* **(b)** ‹*store/business*› cerrar* **2** (confine) **to ~ sb IN sth** encerrar* a algn EN algo; **he ~ himself in his room** se encerró en su cuarto
■ *vi* **1** «*door/window*» cerrar(se)* **2** (esp BrE) (cease business — for day) cerrar*; (— permanently) cerrar* (sus puertas)

● **shut down** **1** [*v + adv*] «*factory/business*» cerrar*; «*machinery*» apagarse* **2** [*v + o + adv, v + adv + o*] ‹*factory/business*› cerrar*; ‹*machinery*› apagar*

● **shut in** [*v + o + adv, v + adv + o*] encerrar*

● **shut off** [*v + o + adv, v + adv + o*] **(a)** ‹*water/electricity*› cortar; ‹*engine*› apagar* **(b)** (isolate) (*often pass*) ‹*place/person*› aislar*

● **shut out** [*v + o + adv, v + adv + o*] **(a)** ‹*person/animal*› dejar (a)fuera; ‹*light/heat*› no dejar entrar; **to ~ oneself out** quedarse (a)fuera **(b)** (AmE) (Sport) ‹*team/pitcher*› ganarle a (*sin conceder ni un gol o carrera etc*)

● **shut up** **1** [*v + o + adv, v + adv + o*] **(a)** (close) ‹*house/office*› cerrar* **(b)** (confine) ‹*dog*› encerrar* **2** [*v + o + adv*] (silence) (infml) hacer* callar **3** [*v + adv*] **(a)** (close business) cerrar* **(b)** (stop talking) (infml) callarse

shut² *adj* (*pred*) cerrado

shutdown /'ʃʌtdaʊn/ *n* (of hospital, college) cierre *m*; (of power) corte *m*; (of services) paralización *f*

shutter /'ʃʌtər, BrE 'ʃʌtə(r)/ *n* **1** (on window) postigo *m* **2** (Phot) obturador *m*

shuttle¹ /'ʃʌtl/ *n* **1** (in loom, sewing machine) lanzadera *f* **2** **(a)** (Aviat) puente *m* aéreo; (bus, train service) servicio *m* (regular) de enlace **(b)** (space **~**) transbordador *m or* lanzadera *f* espacial

shuttle² *vi*: **to ~ back and forth** ir* y venir*
■ *vt* ‹*passengers*› transportar, llevar

shuttlecock /'ʃʌtlkɑ:k, BrE 'ʃʌtlkɒk/ *n* volante *m*, plumilla *f*, rehilete *m*, gallito *m* (Col, Méx)

shy¹ /ʃaɪ/ *adj* **shyer**, **shyest** ‹*person*› tímido; ‹*animal*› huraño

shy² *vi* **shies**, **shying**, **shied** «*horse*» respingar*

shyly /'ʃaɪli/ *adv* tímidamente, con timidez

shyness /'ʃaməs, BrE 'ʃaɪnɪs/ *n* timidez *f*

Siamese /'saɪə'mi:z/ *n* (*pl* **~**), **~ (cat)** gato *m* siamés

⚷ palabra clave

S

Siamese twins *pl n* (hermanos) siameses *mpl* (hermanas) siamesas *fpl*

sibling /'sɪblɪŋ/ *n* (fml) (brother) hermano *m*; (sister) hermana *f*

sick /sɪk/ *adj* **-er**, **-est** **1** (ill) enfermo; **to be off ~** estar* ausente por enfermedad **2** (nauseated) (*pred*) **to feel ~** (dizzy, unwell) estar* mareado; (about to vomit) tener* ganas de vomitar; **to be ~** vomitar; **he makes me ~** me da asco **3** **(a)** (disturbed, sickened) (*pred*) **to be ~ with fear/worry** estar* muerto de miedo/preocupación **(b)** (weary, fed up) **to be ~** OF **sth/-**ING estar* harto DE algo/+ INF; **I'm ~ and tired of hearing that** estoy absolutamente harto de oír eso **4** (gruesome) ‹*person/mind*› morboso; ‹*humor/joke*› de muy mal gusto

sick: **~ bay** *n* enfermería *f*; **~bed** *n* (liter) lecho *m* de enfermo (liter)

sicken /'sɪkən/ *vt* dar* rabia, enfermar (AmL); (stronger) asquear
■ *vi* (BrE) **to be ~ing** FOR **sth** estar* incubando algo

sickening /'sɪkənɪŋ/ *adj* **(a)** (appalling): **it's ~, isn't it?** da mucha rabia ¿no?; (stronger) da asco ¿no? **(b)** ‹*smell/sight*› nauseabundo

sickle /'sɪkəl/ *n* hoz *f*

sick leave *n* permiso *m or* (Esp) baja *f or* (RPl) licencia *f* por enfermedad

sickly¹ /'sɪkli/ *adj* **-lier**, **-liest** **(a)** ‹*complexion/child*› enfermizo **(b)** ‹*taste/smell*› empalagoso; ‹*color*› horrible, asqueroso

sickly² *adv*: **~ sweet** demasiado empalagoso

sickness /'sɪknəs, BrE 'sɪknɪs/ *n* **(a)** (disease) (liter) enfermedad *f* **(b)** (nausea) náuseas *fpl*; (vomiting) vómitos *mpl*

sick pay *n*: *salario que se percibe mientras se está con permiso por enfermedad*

side¹ /saɪd/ *n* **1** (surface — of cube, record, coin, piece of paper) lado *m*, cara *f*; (— of building, cupboard) lado *m*, costado *m*; (— of mountain, hill) ladera *f*, falda *f* **2** (boundary, edge): **they were playing by the ~ of the pool** estaban jugando junto a *or* al lado de la piscina **3** **(a)** (of person) costado *m*; (of animal) ijada *f*, ijar *m*; **Roy stood at her ~** Roy estaba a su lado; **they sat ~ by ~** estaban sentados uno junto al otro **(b)** (Culin): **a ~ of beef** media res *f* **4** (contrasted area, part, half) lado *m*; **from ~ to ~** de un lado al otro; ***on the ~***: **he repairs cars on the ~** arregla coches como trabajo extra **5** **(a)** (faction) **to take ~s** tomar partido; **whose ~ are you on?** ¿tú de parte de quién estás? **(b)** (Sport) equipo *m* **6** (area, aspect) lado *m*, aspecto *m*; **you must listen to both ~s of the story** hay que oír las dos versiones; **it's a little on the short ~** es un poco corto
● **side with** [*v + prep + o*] ponerse* de parte de

side² *adj* (*before n, no comp*) **(a)** ‹*door/entrance/wall*› lateral; **a ~ street** una calle lateral, una lateral **(b)** (incidental, secondary) ‹*issue*› secundario **(c)** (Culin): **~ dish** acompañamiento *m*; **a ~ salad** una ensalada (*como acompañamiento*)

side: **~board** *n* **1** (piece of furniture) aparador *m*, seibó *m* (Ven) **2** **~boards**, (BrE) **~burns** *pl n* patillas *fpl*; **~car** *n* sidecar *m*; **~ effect** *n* (of drug, treatment) efecto *m* secundario; (incidental result) consecuencia *f* indirecta; **~kick** *n* (infml) adlátere *mf*; **~line** *n* **1** (Sport) línea *f* de banda **2** (subsidiary activity) actividad *f* suplementaria; **~long** *adj* (*before n*) ‹*glance*› de reojo, de soslayo; **~saddle** *adv* a mujeriegas (*con las dos piernas hacia el mismo lado*); **~show** *n* (at fair) puesto *m*; **~step** *vt* **-pp-** ‹*blow/opponent*› esquivar; ‹*problem/question*› eludir; **~track** *vt* **(a)** (from subject) hacer* desviar del tema **(b)** (from purpose): **sorry, I got ~tracked** perdón, me entretuve haciendo otra cosa; **~walk** *n* (AmE) acera *f*, banqueta *f* (Méx), andén *m* (AmC, Col), vereda *f* (CS, Per)

sideways¹ /'saɪdweɪz/ *adv* **(a)** ‹*glance*› de reojo, de soslayo; ‹*walk*› de lado, de costado **(b)** (with side part forward) de lado

sideways² *adj* ‹*look*› de reojo, de soslayo; ‹*movement*› lateral, de lado

siding /'saɪdɪŋ/ *n* (Rail) apartadero *m*

sidle /'saɪdl/ *vi*: **to ~ up to sb** acercársele* sigilosamente a algn

siege /si:dʒ/ *n* sitio *m*; **the city was under ~** la ciudad estaba sitiada

Sierra Leone /si'erəli'əʊn/ *n* Sierra Leona *f*

siesta /si'estə/ *n* siesta *f*; **to have a ~** dormir* *or* echarse una siesta

sieve¹ /sɪv/ *n* (Culin) (for flour etc) tamiz *m*, cedazo *m*, cernidor *m*

sieve² *vt* ‹*flour*› (BrE) tamizar*, cernir*, cerner*

sift /sɪft/ *vt* **(a)** ‹*sugar/flour*› tamizar*, cernir*, cerner*; (sprinkle) espolvorear **(b)** ‹*facts/evidence*› pasar por el tamiz *or* la criba

sigh¹ /saɪ/ *vi* suspirar; **he ~ed with relief/contentment** suspiró aliviado/satisfecho

sigh² *n* suspiro *m*; **she breathed** o **heaved a ~ of relief** dio un suspiro de alivio

sight¹ /saɪt/ *n* **1** (eye~) vista *f* **2** (range of vision): **to come into ~** aparecer*; **to lose ~ of sth/sb** perder* algo/a algn de vista; **the finishing line was now in ~** ya se veía la meta; **she watched until they were out of ~** los siguió con la mirada hasta que los perdió de vista **3** (act of seeing, view) (*no pl*) **at first ~** a primera vista; **it was love at first ~** fue amor a primera vista; **to catch ~ of sth/sb** ver* algo/a algn; (in distance) avistar algo/a algn; **to know sb by ~** conocer* a algn de vista; **to play at** o **by ~** (Mus) tocar* a primera vista; **I can't stand the ~ of him** (infml) no lo puedo ver (fam) **4** **(a)** (thing seen): **the sparrow is a familiar ~ in our gardens** el gorrión se ve con frecuencia en nuestros jardines; **it's not a pretty ~** (infml) no es muy agradable de ver **(b)** **sights** *pl* (famous places): **to see the ~s** visitar los lugares de interés **5** **(a)** (of gun) mira *f* **(b)** **sights** *pl* (ambition): **to have sth in one's ~s** tener* la mira puesta en algo

sight² *vt* ‹*land/ship*› divisar; ‹*person/animal*› ver*

sighted /'saɪtəd, BrE 'saɪtɪd/ *adj* vidente; **he's partially ~** tiene visión parcial

sight: **~-read** /'saɪt,ri:d/ (*past & past p* **-read** /-red/) *vt & vi* repentizar*; **~seeing** /'saɪt,si:ɪŋ/ *n*: **to go ~seeing** ir* a visitar los lugares de interés; **~seer** /'saɪt,si:ər/ *n* turista *mf*, visitante *mf*

sign¹ /saɪn/ *n* **1** **(a)** (indication) señal *f*, indicio *m*; **it's a ~ of the times** es un indicio de los tiempos que corren **(b)** (omen) presagio *m* **2** (gesture) seña *f*, señal *f* **3** **(a)** (notice, board) letrero *m*, cartel *m*; (in demonstration) pancarta *f* **(b)** (road ~) señal *f* (vial) **4** **(a)** (symbol) símbolo *m*; (Math) signo *m* **(b)** (Astrol) signo *m*

🔑 **sign**[2] *vt* **(a)** (write signature on) firmar **(b)** (hire) ‹*actor*› contratar; ‹*player*› fichar
■ *vi* firmar
● **sign for** [*v* + *prep* + *o*] ‹*goods/parcel*› firmar el recibo de
● **sign on** [*v* + *adv*] **(a)** (enlist) «*recruit*» alistarse, enlistarse (AmC, Col, Ven) **(b)** (in UK) (Soc Adm) *anotarse para recibir el seguro de desempleo*, apuntarse al paro (Esp)
● **sign up** **1** [*v* + *adv*] (for a course) inscribirse*, matricularse; (to join the army) alistarse, enlistarse (AmC, Col, Ven) **2** [*v* + *o* + *adv*, *v* + *adv* + *o*] ‹*soldiers*› reclutar; ‹*player*› fichar

🔑 **signal**[1] /ˈsɪgnl/ *n* señal *f*

signal[2] (BrE **-ll-**) *vt* señalar
■ *vi* **(a)** (gesture) **to ~ (TO sb)** hacer(le)* señas/ una seña (a algn) **(b)** (Auto) señalizar*, poner* el intermitente *or* (Col, Méx) la direccional *or* (CS) el señalizador

signature /ˈsɪgnətʃʊr, BrE ˈsɪgnətʃə(r)/ *n* **1** (written name) firma *f* **2** (Mus): **time ~** compás *m*, tiempo *m*

signature tune *n* (BrE) sintonía *f* (del programa), cortina *f* musical (CS)

significance /sɪgˈnɪfɪkəns/ *n* importancia *f*

🔑 **significant** /sɪgˈnɪfɪkənt/ *adj* **(a)** (important) importante **(b)** (meaningful) ‹*look/smile*› expresivo; ‹*fact/remark*› significativo

🔑 **significantly** /sɪgˈnɪfɪkəntli/ *adv* considerablemente

signify /ˈsɪgnəfaɪ, BrE ˈsɪgnɪfaɪ/ *vt* **-fies, -fying, -fied** significar*

signing /ˈsaɪnɪŋ/ *n* **(a)** (act of signing) firma *f* **(b)** (Sport) fichaje *m*

sign language *n* lenguaje *m* gestual

signpost[1] /ˈsaɪnpəʊst/ *n* señal *f*, poste *m* indicador

signpost[2] *vt* (BrE) (Auto) ‹*way/route*› señalizar*

Sikh[1] /siːk/ *n* sij *mf*

Sikh[2] *adj* sij *adj inv*

silage /ˈsaɪlɪdʒ/ *n* ensilaje *m*, ensilado *m* (*forraje fermentado en silos*)

silence[1] /ˈsaɪləns/ *n* silencio *m*; **in ~** en silencio

silence[2] *vt* ‹*cries/voice*› acallar; ‹*child/animal*› hacer* callar; ‹*opposition/criticism*› silenciar

silencer /ˈsaɪlənsər, BrE ˈsaɪlənsə(r)/ *n* **(a)** (on gun) silenciador *m* **(b)** (on car) (BrE) silenciador *m*, mofle *m* (AmC, Méx)

silent /ˈsaɪlənt/ *adj* **(a)** (noiseless, still) ‹*night/ forest*› silencioso **(b)** (not speaking) ‹*gesture/ protest*› mudo; **the 'h' is ~** la hache es muda; **a ~ movie** una película muda

silently /ˈsaɪləntli/ *adv* **(a)** (noiselessly) ‹*creep/ glide/enter*› silenciosamente **(b)** (without speaking) ‹*pray/stand/listen*› en silencio, calladamente

silent partner *n* socio, -cia *m,f* capitalista

silhouette /ˈsɪluˈet/ *n* silueta *f*

silicon /ˈsɪləkən, BrE ˈsɪlɪkən/ *n* silicio *m*; (*before n*) **~ chip** (Comput) pastilla *f* de silicio

silk /sɪlk/ *n* seda *f*

silky /ˈsɪlki/ **-kier, -kiest** *adj* ‹*fabric/fur*› sedoso

sill /sɪl/ *n* (window ~) alféizar *m*, antepecho *m*

silly /ˈsɪli/ *adj* **-lier, -liest** ‹*person/idea/ mistake*› tonto; ‹*name/hat*› ridículo

silo /ˈsaɪləʊ/ *n* (*pl* **-los**) silo *m*

silt /sɪlt/ *n* cieno *m*, limo *m*

silver[1] /ˈsɪlvər, BrE ˈsɪlvə(r)/ *n* **1** (metal) plata *f* **2** **(a)** (household items) platería *f*, plata *f* **(b)** (coins) monedas *fpl* (*de plata, aluminio etc*)

silver[2] *adj* **(a)** (made of silver) de plata **(b)** (in color) plateado **(c)** (representing 25 years) (*before n*) **~ jubilee** el vigésimo quinto aniversario; **~ wedding** (BrE) bodas *fpl* de plata

silver: **~ foil** *n* (BrE) (Culin) papel *m* de aluminio *or* de plata; **~-plate** /ˈsɪlvərˈpleɪt, BrE ˌsɪlvəˈpleɪt/ *vt* dar*(le) un baño de plata a, platear; **~smith** *n* platero, -ra *m,f*, orfebre *mf*; **~ware** /ˈsɪlvərwer, BrE ˈsɪlvəweə(r)/ *n* platería *f*, plata *f*

🔑 **similar** /ˈsɪmələr, BrE ˈsɪmɪlə(r)/ *adj* similar, parecido, semejante; **to be ~ TO sth** parecerse* A algo

similarity /ˈsɪməˈlærəti, BrE ˌsɪmɪˈlærəti/ *n* (*pl* **-ties**) **(a)** (likeness — between things) similitud *f*, parecido *m*, semejanza *f*; (— between persons) parecido *m* **(b)** (common feature) semejanza *f*, similitud *f*

similarly /ˈsɪmələrli, BrE ˈsɪmɪləli/ *adv* **(a)** (in a similar way) de modo parecido *or* similar **(b)** (equally) igualmente **(c)** (*as linker*) asimismo

simile /ˈsɪməli, BrE ˈsɪmɪli/ *n* símil *m*

simmer /ˈsɪmər, BrE ˈsɪmə(r)/ *vt/i* hervir* a fuego lento

🔑 **simple** /ˈsɪmpəl/ *adj* **simpler** /-plər/, **simplest** /-pləst/ **1** (uncomplicated) ‹*task/problem*› sencillo, simple **2** (plain, unpretentious) ‹*dress/ food*› sencillo, simple **3** **(a)** (unsophisticated, humble) simple **(b)** (dated or offensive) (of low intelligence) simple (puede resultar ofensivo)

simplicity /sɪmˈplɪsəti/ *n* simplicidad *f*, sencillez *f*

simplify /ˈsɪmpləfaɪ, BrE ˈsɪmplɪfaɪ/ *vt* **-fies, -fying, -fied** simplificar*

simplistic /sɪmˈplɪstɪk/ *adj* simplista

🔑 **simply** /ˈsɪmpli/ *adv* **1** (only, merely) simplemente, sencillamente **2** **(a)** (plainly) con sencillez, sencillamente **(b)** (in simple language) simplemente, sencillamente

simulate /ˈsɪmjəleɪt, BrE ˈsɪmjʊleɪt/ *vt* simular

simultaneous /ˈsaɪməlˈteɪniəs, BrE ˌsɪməlˈteɪniəs/ *adj* simultáneo

simultaneously /ˈsaɪməlˈteɪniəsli, BrE ˌsɪməlˈteɪniəsli/ *adv* simultáneamente, a la vez

sin[1] /sɪn/ *n* pecado *m*

sin[2] *vi* **-nn-** pecar*

🔑 **since**[1] /sɪns/ *conj* **1** (in time) desde que; **~ coming to London** desde que vino (*or* vine *etc*) a Londres **2** (introducing a reason) ya que; **~ you can't go, can I have your ticket?** ya que no puedes ir ¿me das tu entrada?

🔑 **since**[2] *prep* desde; **they've worked there ~ 1970** han trabajado allí desde 1970; **how long is it ~ your operation?** ¿cuánto (tiempo) hace de tu operación?

🔑 **since**[3] *adv* desde entonces; **she has lived here**

🔑 palabra clave

S

ever ~ desde entonces que vive aquí

sincere /sɪn'sɪr, BrE sɪn'sɪə(r)/ **sincerer**, **sincerest** *adj* sincero

sincerely /sɪn'sɪrli, BrE sɪn'sɪəli/ *adv* sinceramente; **~ (yours)** o (BrE) **yours ~** (in letters) (saluda) a usted atentamente

sincerity /sɪn'serəti/ *n* sinceridad *f*

sinew /'sɪnju:/ *n* tendón *m*; (in meat) nervio *m*

sinful /'sɪnfəl/ *adj* ‹*person*› pecador; ‹*act*› pecaminoso

sing /sɪŋ/ (*past* **sang**; *past p* **sung**) *vt/i* cantar

● **sing along**: [*v* + *adv*] **to ~ along (WITH sb)** cantar (CON algn)

Singapore /'sɪŋgə'pɔ:r, BrE ˌsɪŋə'pɔ:(r)/ *n* Singapur *m*

singe /sɪndʒ/ *vt* **singes**, **singeing**, **singed** chamuscar*

singer /'sɪŋər, BrE 'sɪŋə(r)/ *n* cantante *mf*

singing /'sɪŋɪŋ/ *n* canto *m*; (*before n*) **a good ~ voice** una buena voz (para el canto)

single¹ /'sɪŋgəl/ *adj* **1** (just one) (*before n*) solo; **the largest ~ shareholder** el mayor accionista individual; **every ~ day** todos los días sin excepción; (*with neg*) **not a ~ house was left standing** no quedó ni una sola casa en pie **2** (*before n*) **(a)** (for one person) ‹*room*› individual; ‹*bed/sheet*› individual, de una plaza (AmL) **(b)** (not double): **in ~ file** en fila india **(c)** (BrE) (Transp) ‹*fare/ticket*› de ida, sencillo **3** (unmarried) soltero

● **single out**: [*v* + *o* + *adv*, *v* + *adv* + *o*]: **to ~ sb out** (select) escoger* a algn en particular; (identify) señalar a algn en particular; **she was ~d out for criticism/praise** se la criticó/elogió a ella en particular

single² *n* **1** (Mus) single *m*, (disco *m*) sencillo *m* **2** (ticket) (BrE) boleto *m or* (Esp) billete *m* de ida

single: **~-breasted** /'sɪŋgəl'brestəd, BrE ˌsɪŋgəl'brestɪd/ *adj* de una fila de botones, derecho (AmL); **~ cream** *n* (BrE) crema *f* líquida, nata *f* líquida (Esp); **~-handed** /'sɪŋgəl'hændəd, BrE ˌsɪŋgəl'hændɪd/ *adv* sin (la) ayuda de nadie; **~ market** *n* mercado *m* único; **~-minded** /'sɪŋgəl'maɪndəd, BrE ˌsɪŋgəl'maɪndɪd/ *adj* decidido, resuelto; **~ parent** *n*: **he's/she's a ~ parent** es un padre/una madre que cría a su(s) hijo(s) sin pareja

singles /'sɪŋgəlz/ *pl n* (Sport) individuales *mpl*, singles *mpl* (AmL)

singsong /'sɪŋsɔ:ŋ, BrE 'sɪŋsɒŋ/ *adj* ‹*voice/accent*› cantarín

singular¹ /'sɪŋgjələr, BrE 'sɪŋgjʊlə(r)/ *adj* singular

singular² *n* singular *m*; **in the ~** en singular

sinister /'sɪnɪstər, BrE 'sɪnɪstə(r)/ *adj* siniestro

sink¹ /sɪŋk/ (*past* **sank**; *past p* **sunk**) *vi* **1 (a)** «*ship/stone*» hundirse **(b)** (subside) **to ~ (INTO sth)** «*building/foundations*» hundirse (EN algo); **he sank back into the chair** se arrellanó en el sillón **2** (fall, drop) «*water/level*» descender*, bajar; «*price/value*» caer* a pique; «*attendance/output*» decaer*; **my heart sank** se me cayó el alma a los pies **3** (degenerate) degradarse; **I'd never ~ so low** nunca caería tan bajo

■ *vt* **1** ‹*ship*› hundir **2** (bury, hide) ‹*pipe/cable*› enterrar* **3 (a)** (drive in): **the dog sank its teeth into my thigh** el perro me clavó los dientes en el muslo **(b)** (excavate) ‹*shaft*› abrir*; ‹*well*› perforar

● **sink in**: [*v* + *adv*] (infml): **it finally sank in that ...** finalmente nos dimos cuenta de que ...

sink² *n* **(a)** (in kitchen) fregadero *m*, lavaplatos *m* (Andes) **(b)** (washbasin) (AmE) lavabo *m*, lavamanos *m*, lavatorio *m* (CS), pileta *f* (RPl)

sinner /'sɪnər, BrE 'sɪnə(r)/ *n* pecador, -dora *m,f*

sinus /'saɪnəs/ *n* (*pl* **-nuses**) seno *m* (nasal)

sip¹ /sɪp/ *vt* **-pp-** sorber, beber *or* tomar a sorbos

sip² *n* sorbo *m*

siphon /'saɪfən/ *n* sifón *m*

● **siphon off** [*v* + *o* + *adv*, *v* + *adv* + *o*] ‹*liquid/fuel*› sacar* con sifón; ‹*money*› desviar*

sir /sɜ:r, BrE sɜ:(r)/ *n* **1 (a)** (as form of address — to male customer) señor, caballero; (— to male teacher) (BrE) profesor, señor **(b)** (Corresp): **Dear Sir** De mi mayor consideración:, Muy señor mío: **2 Sir** (as title) sir *m*

siren /'saɪrən/ *n* sirena *f*

sirloin /'sɜ:rlɔɪn, BrE 'sɜ:lɔɪn/ *n*: *preciado corte de carne vacuna del cuarto trasero*

sirup *n* (AmE) ▶ **syrup**

sister /'sɪstər, BrE 'sɪstə(r)/ *n* **1** (sibling) hermana *f*; (*before n*) ‹*company*› afiliado; **~ ship** buque *m* gemelo **2 (a)** (nun) hermana *f*, monja *f* **(b)** (nurse) (BrE) enfermera *f* jefe *or* jefa (*a cargo de una o más salas*)

sisterhood /'sɪstərhʊd, BrE 'sɪstəhʊd/ *n* **(a)** (association of women) asociación *f* de mujeres **(b)** (Relig) congregación *f* **(c)** (sisterly relationship) solidaridad *f* (*entre mujeres*)

sister-in-law /'sɪstərənlɔ:, BrE 'sɪstərɪnlɔ:/ *n* (*pl* **sisters-in-law**) cuñada *f*

sisterly /'sɪstərli, BrE 'sɪstəli/ *adj* (propio) de hermana

sit /sɪt/ (*pres p* **sitting**; *past & past p* **sat**) *vi* **1 (a)** (sit down) sentarse* **(b)** (be seated) estar* sentado **2** (be in session) «*committee/court*» reunirse* en sesión, sesionar (esp AmL) **3 sitting** *pres p* ‹*figure*› sentado

■ *vt* **1** (cause to be seated) ‹*person*› sentar*; ‹*object*› poner*, colocar* (*en posición vertical*) **2** (BrE) (Educ): **to ~ an exam** hacer* *or* dar* *or* (CS) rendir* *or* (Méx) tomar un examen, examinarse

● **sit around**: [*v* + *adv*]: **he ~s around all day doing nothing** se pasa el día sentado sin hacer nada

● **sit back** [*v* + *adv*] (infml) recostarse*

● **sit down** [*v* + *adv*] sentarse*

● **sit in**: [*v* + *adv*]: **to ~ in on a class** asistir a una clase como oyente (*or* observador *etc*)

● **sit out** [*v* + *o* + *adv*, *v* + *adv* + *o*] **(a)** (wait until end of) ‹*siege*› aguantar; ***to ~ it out*** aguantarse **(b)** (not participate in) ‹*dance*› no bailar; ‹*game*› no tomar parte en

● **sit up** [*v* + *adv*] **(a)** (in upright position) «*person/patient*» incorporarse; «*dog*» sentarse* sobre las patas traseras; **that should make them ~ up and take notice** eso debería alertarlos **(b)** (with straight back) ponerse* derecho, enderezarse* **(c)** (not go to bed): **we sat up talking** nos quedamos (levantados) conversando

sitcom /'sɪtkɑ:m, BrE 'sɪtkɒm/ *n* (infml) ▶ **situation comedy**

site /saɪt/ *n* **(a)** (location) emplazamiento *m* (fml);

(piece of land) terreno *m*, solar *m* **(b)** (building ~) obra *f* **(c)** (archeological ~) yacimiento *m* (arqueológico) **(d)** (camp~) camping *m*

sit-in /'sɪtɪn/ *n* (demonstration) sentada *f*, sitin *m* (Méx); (strike) encierro *m*, ocupación *f or* toma *f* (*del lugar de trabajo*)

sitting /'sɪtɪŋ/ *n* **(a)** (for meal etc) turno *m*; **I watched three movies in a single ~** vi tres películas de una sentada (fam) **(b)** (of committee, parliament) sesión *f*

sitting: **~ duck** *n* (infml) presa *f* fácil, blanco *m* seguro; **~ room** *n* (BrE) sala *f* de estar, living *m* (esp AmL), salón *m* (esp Esp)

situate /'sɪtʃueɪt, BrE 'sɪtjʊeɪt/ *vt* (locate) (*often pass*) ‹*building/town*› situar*, ubicar* (esp AmL)

⚷ **situation** /'sɪtʃu'eɪʃən, BrE ˌsɪtjʊ'eɪʃən/ *n* **1** (circumstances, position) situación *f* **2** (job) (fml) empleo *m*; ⊜ **situations vacant** ofertas de empleo

situation comedy *n* comedia *f* (*acerca de situaciones de la vida diaria*)

sit-up /'sɪtʌp/ *n* (ejercicio *m*) abdominal *m* (*levantando el torso del suelo*)

⚷ **six¹** /sɪks/ *n* seis *m*; ***it's ~ of one and half a dozen of the other*** (infml) (it makes no difference) da lo mismo; (both parties are to blame) los dos tienen parte de la culpa; *see also* **four¹**

⚷ **six²** *adj* seis *adj inv*

sixteen /'sɪks'tiːn/ *adj/n* dieciséis *adj inv/m*; *see also* **four¹**

sixteenth¹ /'sɪks'tiːnθ/ *adj* decimosexto

sixteenth² *adv* en decimosexto lugar

sixteenth³ *n* dieciseisavo *m*; (part) dieciseisava parte *f*

sixteenth note *n* (AmE) semicorchea *f*

sixth¹ /sɪksθ/ *adj* sexto

sixth² *adv* en sexto lugar

sixth³ *n* (Math) sexto *m*; (part) sexta parte *f*, sexto *m*

sixth: **~ form** *n* (in UK) *los dos últimos años de la enseñanza secundaria*; **~ sense** *n* sexto sentido *m*

sixtieth¹ /'sɪkstiəθ/ *adj* sexagésimo

sixtieth² *adv* en sexagésimo lugar

sixtieth³ *n* (Math) sesentavo *m*; (part) sesentava *or* sexagésima parte *f*

sixty /'sɪksti/ *adj/n* sesenta *adj inv/m*; *see also* **four¹**

sizable /'saɪzəbəl/ *adj* ‹*fortune*› considerable; ‹*property*› de proporciones considerables

⚷ **size** /saɪz/ *n* **1** (dimensions) tamaño *m*; (of problem, task) magnitud *f*; **what ~ is it?** ¿de qué tamaño es?; ***to cut sb down to ~*** poner* a algn en su sitio, bajarle los humos a algn (fam) **2** (of clothes) talla *f or* (RPl) talle *m*; (of shoes, gloves) número *m*; **what ~ do you take?** ¿qué talla *or* (RPl) talle tiene *or* usa?; **I take (a) ~ 10 in shoes** calzo *or* (Esp tb) gasto el número 10

● **size up** [*v* + *o* + *adv*, *v* + *adv* + *o*] (infml) ‹*problem*› evaluar*; **she ~d him up immediately** enseguida lo caló

sizeable *adj* ▶ **sizable**

sizzle /'sɪzəl/ *vi* chisporrotear

skate¹ /skeɪt/ *n* **1** (ice ~) patín *m* (*para patinaje sobre hielo*); (roller ~) patín *m* (*de ruedas*) **2** (*pl* ~ *or* **~s**) (Culin, Zool) raya *f*

skate² *vi* patinar

skate: **~board** *n* monopatín *m or* (CS, Méx, Ven) patineta *f*; **~boarding** *n* deporte *m* del monopatín *or* (CS, Méx, Ven) de la patineta

skater /'skeɪtər, BrE 'skeɪtə(r)/ *n* patinador, -dora *m,f*

skating /'skeɪtɪŋ/ *n* (ice ~) patinaje *m* sobre hielo; (roller ~) patinaje *m* sobre ruedas; (*before n*) **~ rink** pista *f* de patinaje

skeleton /'skelətn̩, BrE 'skelɪtn̩/ *n* **(a)** (Anat) esqueleto *m* **(b)** (of building, vehicle) armazón *m or f*

skeleton key *n* llave *f* maestra

skeptic, (BrE) **sceptic** /'skeptɪk/ *n* escéptico, -ca *m,f*

skeptical, (BrE) **sceptical** /'skeptɪkəl/ *adj* ‹*person/attitude*› escéptico

skepticism, (BrE) **scepticism** /'skeptɪsɪzəm/ *n* escepticismo *m*

sketch¹ /sketʃ/ *n* **1** (drawing) bosquejo *m*, esbozo *m* **2** (Theat, TV) sketch *m*, apunte *m*

sketch² *vt* hacer* un bosquejo de, bosquejar ■ *vi* hacer* bosquejos *or* bocetos

sketch: **~book** *n* cuaderno *m* de bocetos; **~pad** *n* bloc *m* de dibujo

sketchy /'sketʃi/ *adj* **-chier**, **-chiest** ‹*account/treatment*› muy superficial; ‹*knowledge*› muy básico

skewer /'skjuːər, BrE 'skjuːə(r)/ *n* pincho *m*, brocheta *f*

ski¹ /skiː/ *n* esquí *m*

ski² *vi* **skis**, **skiing**, **skied** esquiar*; **to go ~ing** ir* a esquiar

skid¹ /skɪd/ *n* (Auto) patinazo *m*, patinada *f* (AmL)

skid² *vi* **-dd-** «*car/plane/wheels*» patinar; «*person*» resbalarse; «*object*» deslizarse*

skier /'skiːər, BrE 'skiə(r)/ *n* esquiador, -dora *m,f*

skiing /'skiːɪŋ/ *n* esquí *m*

skilful *adj* (BrE) ▶ **skillful**

ski lift *n* telesquí *m*

⚷ **skill** /skɪl/ *n* **(a)** (ability) habilidad *f*; **technical ~** destreza *f* **(b)** (technique): **typing is a very useful ~ to have** saber escribir a máquina es muy útil; **social ~s** don *m* de gente

skilled /skɪld/ *adj* ‹*negotiator*› hábil; ‹*pilot*› diestro; ‹*worker/labor*› calificado *or* (Esp) cualificado; ‹*work*› de especialista

skillful, (BrE) **skilful** /'skɪlfəl/ *adj* ‹*liar/play*› hábil; ‹*surgeon/mechanic*› diestro; (at sewing, craftwork) habilidoso

skim /skɪm/ **-mm-** *vt* **1** (Culin) ‹*milk*› descremar, desnatar (Esp); ‹*soup*› espumar **2** **(a)** ‹*water/treetops*› pasar casi rozando **(b)** (throw): **to ~ stones** hacer* cabrillas **3** (read quickly) leer* por encima ■ *vi* **1** (glide): **the speedboat ~med over the sea** la lancha apenas rozaba la superficie del mar **2** (read quickly) leer* por encima

skim milk, (BrE) **skimmed milk** /skɪmd/ *n* leche *f* descremada *or* (Esp tb) desnatada

skimp /skɪmp/ *vi* (infml) **to ~ (ON sth)** escatimar (algo)

skimpy /'skɪmpi/ *adj* **-pier**, **-piest** ‹*meal/portion*› mezquino, pobre; ‹*funds*› escaso;

S

⚷ palabra clave

‹*nightdress/bikini*› brevísimo

skin¹ /skɪn/ *n* **(a)** (of person) piel *f*; (esp of face; in terms of quality, condition) cutis *m*, piel *f*; (in terms of color) tez *f*, piel *f*; ***to have a thick/thin ~*** ser* insensible/muy sensible a las críticas **(b)** (of animal, bird, fish) piel *f* **(c)** (of tomatoes, plums, sausage) piel *f*; (of potatoes, bananas) piel *f*, cáscara *f* **(d)** (on milk, custard) nata *f*; (on paint) capa *f* dura

skin² *vt* **-nn-** ‹*animal*› despellejar, desollar*

skin: **~deep** /'skɪn'di:p/ *adj* (*pred*) superficial; **~dive** /'skɪndaɪv/ *vi* hacer* submarinismo, bucear; **to go ~diving** ir* a hacer submarinismo, ir* a bucear; **~diver** *n* buzo *m*, submarinista *mf*; **~diving** *n* submarinismo *m*, buceo *m*; **~head** *n* cabeza *mf* rapada

skinny /'skɪni/ *adj* **-nier**, **-niest** flaco, flacucho (fam)

skintight /'skɪn'taɪt/ *adj* muy ceñido, muy ajustado

skip¹ /skɪp/ *n* **1** (jump) brinco *m*, saltito *m* **2** (BrE) (container) contenedor *m* (*para escombros, basura etc*)

skip² **-pp-** *vi* **1** (move lightly and quickly) brincar, dar* saltitos **2** (with rope) (BrE) ▶ **vt 2**
■ *vt* **1** **(a)** (omit) ‹*page/chapter*› saltarse **(b)** (not attend) ‹*class/meeting*› faltar a **2** (jump) (AmE): **to ~ rope** saltar a la cuerda *or* (Esp tb) a la comba

skipper /'skɪpər, BrE 'skɪpə(r)/ *n* (infml) **(a)** (of boat) patrón, -trona *m,f*, capitán, -tana *m,f*; (of plane) capitán, -tana *m,f* **(b)** (Sport) (coach) entrenador, -dora *m,f*; (captain) capitán, -tana *m,f*

skip rope, (BrE) **skipping rope** /'skɪpɪŋ/ *n* ▶ **jump rope**

skirmish /'skɜ:rmɪʃ, BrE 'skɜ:mɪʃ/ *n* escaramuza *f*

skirt¹ /skɜ:rt, BrE skɜ:t/ *n* falda *f*, pollera *f* (CS)

skirt² *vt* **(a)** (run alongside) bordear **(b)** ▶ **skirt around**

● **skirt around**, (BrE also) **skirt round** [*v* + *prep* + *o*] **(a)** ‹*mountain/lake*› bordear **(b)** ‹*issue/problem*› eludir

skittle /'skɪtl/ *n* bolo *m*

skittles /'skɪtlz/ *n* (+ *sing vb*) bolos *mpl*

skive off /skaɪv/ [*v* + *adv*] (BrE infml) **(a)** (disappear) escurrir el bulto (fam), escaparse, pirarse (Esp fam) **(b)** (stay away — from school) hacer* novillos (fam); (— from work) no ir* a trabajar, capear (Chi) *or* (Col) capar trabajo (fam)

skulk /skʌlk/ *vi*: **I saw him ~ing in the background** lo vi al fondo, tratando de pasar desapercibido; **to ~ around** merodear

skull /skʌl/ *n* cráneo *m*

skullcap /'skʌlkæp/ *n* casquete *m*; (Relig) solideo *m*

skunk /skʌŋk/ *n* mofeta *f*, zorrillo *m* (AmL), zorrino *m* (CS), mapurite *m* (AmC, Ven)

sky /skaɪ/ *n* (*pl* **skies**) cielo *m*

sky: **~diving** *n* paracaidismo *m* (*en la modalidad de caída libre*); **~high** /'skaɪ'haɪ/ *adj*: **prices are ~high** los precios están por las nubes; **~lark** *n* alondra *f*; **~light** *n* tragaluz *m*, claraboya *f*; **~line** *n* **(a)** (horizon) (línea *f* del) horizonte *m* **(b)** (of city): **the Manhattan ~line** los edificios de Manhattan recortados contra el horizonte; **~scraper** *n* rascacielos *m*

slab /slæb/ *n* (of stone) losa *f*; (of concrete) bloque *m*; (of wood) tabla *f*; (of cake, bread) pedazo *m*, trozo *m* (*grueso*)

slack¹ /slæk/ *adj* **-er**, **-est** **1** (loose) ‹*rope/cable*› flojo **2** (lax, negligent) ‹*student*› poco aplicado; ‹*piece of work*› flojo **3** (not busy) ‹*period*› de poca actividad

slack² *n* **there's too much ~ in the rope** la cuerda está demasiado floja; ***to take up the ~ in sth*** tensar algo

slack³ *vi* (infml) haraganear, flojear (fam)

slacken /'slækən/ *vi* **(a)** (become looser) «*rope/wire*» aflojarse **(b)** (diminish) ▶ **slacken off 1**
■ *vt* **(a)** (loosen) ▶ **slacken off 2** **(b)** (reduce) ‹*speed*› reducir*; ‹*pace*› aflojar

● **slacken off** **1** [*v* + *adv*] «*wind*» amainar, aflojar; «*student*» aflojar el ritmo de trabajo; «*speed/rate*» disminuir*; «*trade/demand*» decaer*, disminuir* **2** [*v* + *o* + *adv*, *v* + *adv* + *o*] ‹*rope/wire*› aflojar

slacks /slæks/ *n* pantalones *mpl* (de sport)

slag /slæg/ *n* (Metall) escoria *f*; (Min) escombro *m*, escoria *f*; (*before n*) **~ heap** escorial *m*, escombrera *f*

slain /sleɪn/ *past p of* **slay**

slake /sleɪk/ *vt* (liter) ‹*thirst*› saciar

slalom /'slɑ:ləm/ *n* slalom *m*

slam /slæm/ **-mm-** *vt* **1** **(a)** (close violently): **to ~ the door** dar* un portazo **(b)** (put with force): **he ~med the book down on the table** tiró el libro sobre la mesa **2** (criticize) (journ) atacar* violentamente
■ *vi* «*door*» cerrarse* de un portazo

slander¹ /'slændər, BrE 'slɑ:ndə(r)/ *n* calumnia *f*, difamación *f*

slander² *vt* calumniar, difamar

slang /slæŋ/ *n* argot *m*

slant¹ /slænt, BrE slɑ:nt/ *n* **1** (slope) inclinación *f*; (of roof, floor) pendiente *f* **2** (point of view) enfoque *m*; (bias) sesgo *m*

slant² *vi* **(a)** inclinarse **(b)** **slanting** *pres p* inclinado; ‹*eyes*› rasgado

slap¹ /slæp/ *vt* **-pp-** **1** (hit): **to ~ sb** (on face) pegarle* *or* darle* una bofetada *or* (AmL tb) una cachetada a algn; (on arm, leg) pegarle* *or* darle* una palmada a algn **2** **(a)** (put with force) tirar **(b)** (put, apply carelessly): **he ~ped some paint on it** le dio una mano de pintura rápidamente; **she ~ped on some makeup** se maquilló de cualquier manera

slap² *n* (on face) bofetada *f*, cachetada *f* (AmL); (on back, leg) palmada *f*

slap: **~dash** *adj* ‹*work*› chapucero (fam); **~stick** *n* bufonadas *fpl*; (*before n*) **~stick comedy** astracanada *f*

slash¹ /slæʃ/ *n* **1** (cut — on body) cuchillada *f*, tajo *m*; (— in tire, cloth) raja *f*, corte *m* **2** (oblique) barra *f* (oblicua)

slash² *vt* **1** ‹*person/face*› acuchillar, tajear (AmL); ‹*tires/coat*› rajar; **he ~ed his wrists** se cortó las venas **2** (reduce) ‹*prices/taxes*› rebajar drásticamente

slat /slæt/ *n* (of wood) listón *m*, tablilla *f*; (of other material) tira *f*

slate¹ /sleɪt/ *n* pizarra *f*

slate² *vt* **1** ‹*roof*› empizarrar **2** (criticize) ‹*book/film/writer*› poner* por los suelos

slaughter¹ /'slɔ:tər, BrE 'slɔ:tə(r)/ *n* (of animals) matanza *f*; (massacre) matanza *f*, carnicería *f*

slaughter[2] *vt* ‹*animal*› matar, carnear (CS); ‹*people*› matar salvajemente

slaughterhouse /'slɔːtərhaʊs, BrE 'slɔːtəhaʊs/ *n* matadero *m*

Slav /slɑːv/ *n* eslavo, -va *m,f*

slave[1] /sleɪv/ *n* esclavo, -va *m,f*

slave[2] *vi* (infml): **I've been slaving away all day** he estado trabajando como un negro todo el día (fam)

slave: ~ **driver** *n* (infml) negrero, -ra *m,f* (fam); ~ **labor**, (BrE) ~ **labour** *n* el trabajo de los esclavos

slaver /'slævər, BrE 'slævə(r)/ *vi* babear

slavery /'sleɪvəri/ *n* esclavitud *f*

slaw /slɔː/ *n* (AmE) *ensalada de repollo, zanahoria y cebolla con mayonesa*

slay /sleɪ/ *vt* (*past* **slew**; *past p* **slain**) (liter *or* journ) dar* muerte a

sleazy /'sliːzi/ *adj* **-zier**, **-ziest** ‹*district/bar*› sórdido; ‹*character/type*› de mala pinta

sled[1] /sled/ *n* (AmE) trineo *m*

sled[2] *vi* **-dd-** (AmE) ir* en trineo

sledge /sledʒ/ *n/vi* ▸ **sled**[1,2]

sledgehammer /'sledʒˌhæmər, BrE 'sledʒˌhæmə(r)/ *n* mazo *m*, almádena *f*

sleek /sliːk/ *adj* **-er**, **-est** **(a)** (glossy) ‹*hair/fur*› lacio y brillante **(b)** (well-groomed) acicalado

⚷ **sleep**[1] /sliːp/ *n* **1** sueño *m*; **to go to ~** dormirse*; **my foot has gone to ~** se me ha dormido el pie; **the cat had to be put to ~** (euph) hubo que sacrificar al gato (euf); **to talk in one's ~** hablar dormido **2** (in eyes) lagañas *fpl*, legañas *fpl*

⚷ **sleep**[2] (*past & past p* **slept**) *vi* dormir*
■ *vt*: **the hotel ~s 200 guests** el hotel tiene 200 camas
● **sleep around** [*v* + *adv*] (infml & derog) acostarse* con cualquiera
● **sleep in** [*v* + *adv*] **(a)** (sleep late) dormir* hasta tarde **(b)** «*servant/nurse*» vivir en (la) casa (*or* hospital *etc*)
● **sleep on** [*v* + *prep* + *o*] ‹*decision/problem*› consultar con la almohada
● **sleep through**: [*v* + *prep* + *o*]: **he slept through the alarm clock** no oyó el despertador y siguió durmiendo; **she slept through the whole film** durmió durante toda la película
● **sleep together** [*v* + *adv*] (euph) tener* relaciones (sexuales)
● **sleep with** [*v* + *prep* + *o*] (euph) acostarse* con (euf)

sleeper /'sliːpər, BrE 'sliːpə(r)/ *n* **1** (person): **to be a heavy/light ~** tener* el sueño pesado/ligero **2** (Rail) **(a)** (berth) litera *f* **(b)** (train) tren *m* con coches camas *or* (CS) coches dormitorio **3** (on track) (Rail) durmiente *m or* (Esp) traviesa *f*

sleeping /'sliːpɪŋ/: ~ **bag** *n* saco *m* de dormir; ~ **car** *n* (Rail) coche *m* cama, coche *m* dormitorio (CS); ~ **partner** *n* (BrE) socio, -cia *m,f* capitalista; ~ **pill**, ~ **tablet** (BrE) *n* somnífero *m*

sleepless /'sliːpləs, BrE 'sliːplɪs/ *adj*: **to have a ~ night** pasar la noche en blanco

sleepwalk /'sliːpwɔːk/ *vi* caminar dormido

sleepy /'sliːpi/ *adj* **-pier**, **-piest** ‹*expression*› adormilado, somnoliento; **to be/feel ~** tener* sueño

sleet /sliːt/ *n* aguanieve *f*

sleeve /sliːv/ *n* **(a)** (of garment) manga *f*; ***to have sth up one's ~*** (infml) tener* algo planeado **(b)** (of record) (BrE) funda *f*, carátula *f*

sleeveless /'sliːvləs, BrE 'sliːvlɪs/ *adj* sin mangas

sleigh /sleɪ/ *n* trineo *m*

sleight of hand /slaɪt/ *n* prestidigitación *f*

slender /'slendər, BrE 'slendə(r)/ *adj* **-derer**, **-derest** **(a)** ‹*person/figure*› delgado, esbelto; ‹*waist/neck*› fino, delgado **(b)** ‹*means*› escaso; ‹*majority*› estrecho

slept /slept/ *past & past p of* **sleep**[2]

sleuth /sluːθ/ *n* sabueso *mf*

slew /sluː/ *past of* **slay**

slice[1] /slaɪs/ *n* (piece — of bread, cheese) rebanada *f*; (— of cake) trozo *m*; (— of lemon, cucumber) rodaja *f*; (— of meat) tajada *f*; (— of ham) loncha *f*, lonja *f*; (— of melon) raja *f*

slice[2] *vt* ‹*bread*› cortar (en rebanadas); ‹*meat*› cortar (en tajadas); ‹*cake*› cortar (en trozos); ‹*lemon/cucumber*› cortar (en rodajas); ‹*ham*› cortar (en lonchas)

slick[1] /slɪk/ *adj* **-er**, **-est** **1** **(a)** ‹*book/program*› ingenioso pero insustancial **(b)** ‹*person*› (glib) de mucha labia; (clever) hábil; ‹*reply*› fácil **(c)** ‹*performance/production*› muy logrado *or* pulido **2** (slippery) (AmE) ‹*surface*› resbaladizo

slick[2] *n* (oil ~) marea *f* negra

slide[1] /slaɪd/ (*past & past p* **slid** /slɪd/) *vi* deslizarse*
■ *vt* (+ *adv compl*): **she slid the book across the table to him** le pasó el libro deslizándolo por la mesa; **to ~ the bolt back** correr el cerrojo

slide[2] *n* **1** (in playground) tobogán *m* **2** (action — accidental) resbalón *m*, resbalada *f*; (— deliberate) deslizamiento *m* **3** **(a)** (Phot) diapositiva *f*; (*before n*) ~ **projector** proyector *m* de diapositivas **(b)** (for microscope — glass plate) portaobjetos *m*; (— specimen) muestra *f* **4** (for hair) (BrE) ▸ **barrette**

slide rule *n* regla *f* de cálculo

sliding /'slaɪdɪŋ/: ~ **door** puerta *f* corrediza; ~ **scale** *n* escala *f* móvil

slight[1] /slaɪt/ *adj* **-er**, **-est** **1** **(a)** ‹*improvement/accent*› ligero, leve; **she has a ~ temperature** tiene un poco de fiebre; **I haven't the ~est idea** no tengo (ni) la menor idea; **he's not the ~est bit interested** no le interesa en lo más mínimo **(b)** (minimal) ‹*chance/hope*› escaso **2** (slim) delgado, menudo

slight[2] *vt* (fml) desairar

slight[3] *n* (fml) desaire *m*

⚷ **slightly** /'slaɪtli/ *adv* ligeramente

slim[1] /slɪm/ *adj* **-mm-** ‹*person/figure*› esbelto, delgado; ‹*waist*› fino; ‹*chance*› escaso; ‹*majority*› estrecho

slim[2] *vi* **-mm-** **(a)** (become slimmer) adelgazar*, bajar de peso **(b)** (BrE) (diet) hacer* régimen

slime /slaɪm/ *n* (thin mud) limo *m*, cieno *m*; (of snail, slug etc) baba *f*

slimmer /'slɪmər, BrE 'slɪmə(r)/ *n* (BrE) *persona que está a régimen*

S

⚷ palabra clave

slimy /'slaɪmi/ *adj* **-mier**, **-miest** **(a)** ‹*substance/surface*› viscoso **(b)** ‹*person*› excesivamente obsequioso, falso

sling¹ /slɪŋ/ *n* **(a)** (Med) cabestrillo *m* **(b)** (for carrying a baby) canguro *m* **(c)** (for lifting) eslinga *f*

sling² *vt* (*past & past p* **slung**) (infml) tirar, lanzar*, aventar* (Col, Méx, Per)

slink /slɪŋk/ *vi* (*past & past p* **slunk**) (+ *adv compl*): **to ~ off** o **away** escabullirse*

slip¹ /slɪp/ *n* **1** (slide) resbalón *m*, resbalada *f* (AmL); ***to give sb the ~*** (infml) lograr zafarse de algn **2** (mistake) error *m*; **a ~ of the tongue/pen** un lapsus (linguae/cálami) **3** **a ~ of paper** un papelito, un papel **4** (undergarment) (full-length) combinación *f*; (half-length) enagua *f*, fondo *m* (Méx)

slip² **-pp-** *vi* **1** **(a)** (slide, shift position) «*person*» resbalar(se); «*clutch*» patinar; **it just ~ped out of my hands** se me resbaló de las manos **(b)** «*standards/service*» decaer* **2** **(a)** (move unobtrusively) (+ *adv compl*): **he ~ped out the back door** se deslizó por la puerta trasera; **we managed to ~ past the guards** logramos pasar sin que nos vieran las guardias **(b)** (escape, be lost): **to let ~ an opportunity** dejar escapar una oportunidad; **to ~ through one's fingers** escapársele a algn de las manos; **I didn't mean to say that: it just ~ped out** no quería decirlo, pero se me escapó

■ *vt* **1** **(a)** (put unobtrusively) (+ *adv compl*) poner*, meter, deslizar*; **she ~ped a coin into his hand** le pasó disimuladamente una moneda **(b)** (pass) **to ~ sth** TO **sb** pasarle algo A algn con disimulo **2** ***to ~ sb's mind***: **it ~ped my mind** me olvidé, se me olvidó

● **slip away** «*person/opportunity*» escabullirse*; «*hours/time*» pasar

● **slip in** [*v + o + adv, v + adv + o*] ‹*comment/reference*› incluir*

● **slip off** **1** [*v + o + adv, v + adv + o*] ‹*clothes/shoes*› quitarse **2** [*v + adv*] escabullirse*

● **slip on** [*v + o + adv, v + adv + o*] ‹*clothes/shoes*› ponerse*

● **slip up** [*v + adv*] equivocarse*

slipped disc /slɪpt/ *n* hernia *f* de disco

slipper /'slɪpər, BrE 'slɪpə(r)/ *n* zapatilla *f*, pantufla *f* (esp AmL)

slippery /'slɪpəri/ *adj* **(a)** ‹*surface/soap*› resbaladizo, resbaloso (AmL) **(b)** ‹*person*› (elusive) escurridizo; (untrustworthy) que no es de fiar

slip: **~-road** *n* (BrE) vía *f* de acceso; **~-up** *n* error *m*

slit¹ /slɪt/ *n* (opening) rendija *f*; (cut) raja *f*

slit² *vt* (*pres p* **slitting**; *past & past p* **slit**) cortar, rajar (Méx); **to ~ sb's throat** degollar a algn

slither /'slɪðər, BrE 'slɪðə(r)/ *vi* «*snake*» deslizarse*

sliver /'slɪvər, BrE 'slɪvə(r)/ *n* **(a)** (of glass, wood) astilla *f* **(b)** (thin slice) tajada *f* (*or* rodaja *f etc*) fina; *see also* **slice¹**

slob /slɑːb, BrE slɒb/ *n* (infml) vago, -ga *m,f* (fam)

slobber /'slɑːbər, BrE 'slɒbə(r)/ *vi* babear

slog /slɑːg, BrE slɒg/ *n* (infml) (*no pl*): **we've got a long ~ ahead of us** tenemos un largo y arduo camino por delante

● **slog away**: **-gg-** [*v + adv*] (BrE infml) sudar tinta (fam), trabajar duro (esp AmL)

slogan /'sləʊgən/ *n* (Busn) slogan *m*, eslogan *m*; (Pol) lema *m*, consigna *f*

slop /slɑːp, BrE slɒp/ *vi* **-pp-** (infml) (spill) derramarse, volcarse*

slope¹ /sləʊp/ *n* **(a)** (sloping ground) cuesta *f*, pendiente *f*, barranca *f* (RPl) **(b)** (of mountain) ladera *f*, falda *f* **(c)** (for skiing) pista *f* de esquí, cancha *f* de esquí (CS)

slope² *vi*: **to ~ down** «*hill/road*» tener* un declive; **her handwriting ~s backward/forward** tiene la letra inclinada hacia atrás/adelante

sloping /'sləʊpɪŋ/ *adj* ‹*field/floor*› en declive; ‹*roof/handwriting*› inclinado

sloppy /'slɑːpi, BrE 'slɒpi/ *adj* **-pier**, **-piest** **1** (careless) ‹*manners/work*› descuidado; ‹*presentation*› descuidado, desprolijo (CS) **2** ‹*kiss*› baboso

slosh /slɑːʃ, BrE slɒʃ/ *vt* (splash) echar

■ *vi*: **to ~ around** o **about** «*person*» chapotear; «*liquid*» agitarse haciendo ruido

slot¹ /slɑːt, BrE slɒt/ *n* **1** (opening, groove) ranura *f* **2** (Rad, TV) espacio *m*

slot² **-tt-** *vt* (insert) **to ~ sth** INTO **sth** encajar algo EN algo

● **slot in** **1** [*v + adv*] «*shelf/part*» encajar **2** [*v + o + adv, v + adv + o*] ‹*component*› hacer* encajar

sloth /sləʊθ/ *n* (Zool) perezoso *m*

slot machine *n* **(a)** (vending machine) distribuidor *m* automático, máquina *f* expendedora **(b)** (for gambling) máquina *f* tragamonedas *or* (Esp tb) tragaperras

slouch /slaʊtʃ/ *vi* **(a)** (droop shoulders) encorvarse; **don't ~!** ¡ponte derecho! **(b)** (walk) (+ *adv compl*) **he ~ed out of the room** salió de la habitación arrastrando los pies

Slovak /'sləʊvæk/ *n* **(a)** (person) eslovaco, -ca *m,f* **(b)** (language) eslovaco *m*

Slovakia /sləʊ'vɑːkiːə, BrE sləʊ'vækiə/ *n* Eslovaquia *f*

Slovene /'sləʊviːn/ *n* **(a)** (person) esloveno, -na *m,f* **(b)** (language) esloveno *m*

Slovenia /sləʊ'viːnjə/ *n* Eslovenia *f*

slovenly /'slʌvənli/ *adj* **-lier**, **-liest** ‹*work*› descuidado; ‹*person*› desaliñado

slow¹ /sləʊ/ *adj* **-er**, **-est** **1** ‹*speed/rate/reactions*› lento; **to be ~ to + INF** tardar EN + INF **2** **(a)** (not lively) ‹*novel/plot*› lento **(b)** (stupid) (euph) poco despierto (euf) **3** (of clock, watch) (*pred*) **my watch is five minutes ~** mi reloj está cinco minutos atrasado

slow² *vi*: **the train ~ed to a stop** el tren fue disminuyendo la velocidad hasta detenerse

■ *vt*: **bad weather ~ed their progress** el mal tiempo los retrasó

● **slow down** **1** [*v + adv*] **(a)** (go more slowly) «*runner*» aflojar el paso; «*vehicle/driver*» reducir* la velocidad; «*speaker*» hablar más despacio **(b)** (be less active) (infml) tomarse las cosas con más calma **2** [*v + o + adv, v + adv + o*] **(a)** ‹*process*› hacer* más lento **(b)** ‹*vehicle/engine*› reducir* la velocidad de

● **slow up** ▶ slow down

slow³ *adv* lentamente, despacio

slowly /'sləʊli/ *adv* lentamente, despacio

slow motion *n* cámara *f* lenta; **in ~** en *or* (Esp) a cámara lenta

sludge /slʌdʒ/ *n* lodo *m*, fango *m*

slug /slʌg/ *n* (Zool) babosa *f*

sluggish /'slʌgɪʃ/ *adj* **(a)** (slow-moving) lento; ‹*stream/river*› de aguas mansas **(b)** ‹*growth*› lento

sluice /slu:s/ *n* **(a)** (channel) canal *m*, conducto *m* (de esclusa) **(b)** (sluice gate) compuerta *f*

sluice gate /'slu:sgeɪt/ *n* compuerta *f* (de esclusa)

slum /slʌm/ *n* **(a)** (poor urban area) (*often pl*) barrio *m* bajo, barriada *f* (AmL exc CS), barrio *m* de conventillos (CS) **(b)** (filthy place) (infml & derog) pocilga *f*

slumber¹ /'slʌmbər, BrE 'slʌmbə(r)/ *n* (liter) (*often pl*) sueño *m*

slumber² *vi* (liter) dormir*

slump¹ /slʌmp/ *n* **(a)** (economic depression) depresión *f* **(b)** (in prices, sales) caída *f or* baja *f* repentina; (in attendance, interest) disminución *f*

slump² *vi* **1** (collapse) (+ *adv compl*) desplomarse; **they found her ~ed over her desk** la encontraron desplomada sobre su escritorio **2** «*prices/output/sales*» caer* *or* bajar repentinamente

slung /slʌŋ/ *past & past p of* **sling²**

slunk /slʌŋk/ *past & past p of* **slink**

slur¹ /slɜ:r, BrE slɜ:(r)/ *n* **1** (insult): **a racist ~** un comentario racista; **to cast a ~ on sb** injuriar a algn **2** (Mus) ligado *m*

slur² *vt* **-rr- 1** (pronounce unclearly): **to ~ one's words** arrastrar las palabras **2** (Mus) ligar*

slurp /slɜ:rp, BrE slɜ:p/ *vt* sorber (*haciendo ruido*)

slurred /slɜ:rd, BrE slɜ:d/ *adj*: **her speech was ~** arrastraba las palabras

slush /slʌʃ/ *n* **(a)** (snow) nieve *f* fangosa *or* medio derretida **(b)** (sentimental trash) sensiblería *f*

sly /slaɪ/ *adj* **-er, -est** ‹*person*› astuto; ‹*look/grin*› malicioso; *on the* ~ a hurtadillas

smack¹ /smæk/ *n* manotazo *m*, palmada *f* (AmL)

smack² *vt* **(a)** (slap) ‹*child*› pegarle* a (*con la mano*) **(b) to ~ one's lips** relamerse
▪ *vi* **to ~** OF **sth** oler* A algo

smack³ *adv* (infml): **~ in the middle** justo en el medio; **he went ~ into a tree** se dio contra un árbol

✓ **small¹** /smɔ:l/ *adj* **-er, -est** pequeño, chico (esp AmL); ‹*sum/price*› módico, reducido; ‹*mistake/problem*› pequeño, de poca importancia; **to feel ~** sentirse* insignificante

small² *n*: **the ~ of the back** *región baja de la espalda, que corresponde al segmento dorsal de la columna vertebral*

small: **~ ad** *n* (BrE) anuncio *m* (clasificado), aviso *m* (clasificado) (AmL); **~ change** *n* cambio *m*, (dinero *m*) suelto *m*, sencillo *m* (AmL), feria *f* (Méx fam); **~ hours** *pl n*: **the ~ hours (of the morning)** la madrugada; **~-minded** /'smɔ:l'maɪndəd, BrE ˌsmɔ:l'maɪndɪd/ *adj* cerrado, de miras estrechas; **~pox** /'smɔ:lpɑ:ks, BrE 'smɔ:lpɒks/ *n* viruela *f*; **~ print** *n* (BrE): **the ~ print** la letra pequeña *or* menuda, la letra chica (esp AmL); **~ talk** *n* charla *f* sobre temas triviales; **~-time** /'smɔ:l'taɪm/ *adj* de poca monta; **~-town** /'smɔ:l'taʊn/ *adj* pueblerino

✓ **smart¹** /smɑ:rt, BrE smɑ:t/ *adj* **-er, -est 1** (esp BrE) (neat, stylish) ‹*appearance/dress/hotel/neighborhood*› elegante **2** (clever, shrewd) ‹*child*› listo; ‹*answer*› inteligente **3 (a)** (brisk, prompt) ‹*pace*› rápido **(b)** (forceful) ‹*blow/tap*› seco, fuerte

smart² *vi* «*eyes/wound*» escocer*

smarten up /'smɑ:rtən, BrE 'smɑ:tən/ **(a)** [*v + o + adv, v + adv + o*] ‹*house/town*› arreglar **(b)** [*v + adv*] «*person*» mejorar su (*or* mi *etc*) aspecto

smartphone *n* teléfono *m* inteligente

smash¹ /smæʃ/ *n* **1 (a)** (sound) estrépito *m*, estruendo *m* **(b)** (collision) (BrE) choque *m* **2 (a)** (blow) golpe *m* **(b)** (Sport) smash *m*, remate *m*, remache *m* **3** (success) (infml) exitazo *m* (fam)

smash² *vt* **1** (break) ‹*furniture*› romper*; ‹*car*› destrozar*; ‹*glass*› romper*; (into small pieces) hacer* añicos **2** (destroy) ‹*rebellion*› aplastar; ‹*drug racket/spy ring*› acabar con **3** (Sport) rematar, remachar
▪ *vi* (shatter) hacerse* pedazos

● **smash up** [*v + o + adv*] (infml) destrozar*

smash: **~ hit** *n* (infml) exitazo *m* (fam); **~up** *n* (infml) choque *m* violento

smattering /'smætərɪŋ/ *n* (*no pl*) nociones *fpl*

smear¹ /smɪr, BrE smɪə(r)/ *n* **1** (stain) mancha *f* **2** (slander, slur) calumnia *f*; (*before n*) **~ campaign** campaña *f* difamatoria **3** (Med): **~ (test)** citología *f*, frotis *m* cervical, Papanicolau *m* (AmL)

smear² *vt* **1 to ~ sth** ON(TO)/OVER **sth** ‹*paint/grease*› embadurnar algo de algo; ‹*butter*› untar algo con algo **2** (slander, libel) difamar
▪ *vi* «*ink/lipstick*» correrse

smell¹ /smel/ *n* **(a)** (odor) olor *m* **(b)** (sense of smell) olfato *m*

smell² (*past & past p* **smelled** *or* BrE also **smelt**) *vt* **(a)** (sense) oler*; **we could ~ gas/burning** olía a gas/quemado; **to ~ danger** olfatear el peligro **(b)** (sniff at) «*person*» oler*; «*animal*» olfatear
▪ *vi* oler*; **to ~** OF **sth** oler* A algo

smelling salts /'smelɪŋ/ *pl n* sales *fpl* (aromáticas)

smelly /'smeli/ *adj* **-lier, -liest** que huele mal

smelt¹ /smelt/ (BrE) *past & past p of* **smell²**

smelt² *vt* fundir

✓ **smile¹** /smaɪl/ *n* sonrisa *f*

✓ **smile²** *vi* sonreír*; **to ~** AT **sb** sonreírle* A algn

smirk¹ /smɜ:rk, BrE smɜ:k/ *n* sonrisita *f* (*de suficiencia, de complicidad, etc*)

smirk² *vi* sonreírse* (*con suficiencia, complicidad etc*)

smith /smɪθ/ *n* herrero, -ra *m,f*

smithereens /'smɪðə'ri:nz/ *pl n*: **to smash sth to ~** hacer* algo pedazos *or* añicos

smock /smɑ:k, BrE smɒk/ *n* **(a)** (of fisherman, artist) blusón *m*, bata *f* **(b)** (dress) vestido *m* amplio

smog /smɑ:g, BrE smɒg/ *n* smog *m*

smoke¹ /sməʊk/ *n* humo *m*; **to go up in ~** «*books/papers*» quemarse; «*hopes*» esfumarse; «*ambitions/plans*» quedar en agua de borrajas

smoke² *vi* **1** «*person*» fumar **2** (give off smoke) echar humo
▪ *vt* **1** ‹*cigarettes/tobacco*› fumar; **he ~s a pipe** fuma en pipa **2** (cure) ‹*fish/cheese*› ahumar*

✓ palabra clave

S

smoke bomb /ˈsmәʊkbɑːm, BrE ˈsmәʊkbɒm/ *n* bomba *f* de humo

smoked /smәʊkt/ *adj* ahumado

smoke detector *n* detector *m* de humo

smokeless /ˈsmәʊklәs, BrE ˈsmәʊklɪs/ *adj* ‹*fuel*› que arde sin humo; ~ **zone** (in UK) *zona donde está prohibido usar combustibles que produzcan humo*

smoker /ˈsmәʊkәr, BrE ˈsmәʊkә(r)/ *n* fumador, -dora *m,f*; **he's a heavy ~** fuma mucho

smoke: **~screen** *n* cortina *f* de humo; ~ **signal** *n* señal *f* de humo

smoking /ˈsmәʊkɪŋ/ *n*: ⊗ **no smoking** prohibido fumar; **to give up ~** dejar de fumar

smoking: ~ **car** *n* (AmE) vagón *m* or (Chi, Méx) carro *m* de fumadores; ~ **compartment** *n* compartimento *m* de fumadores

smoky /ˈsmәʊki/ *adj* **-kier**, **-kiest** ‹*fire/chimney*› que echa humo; ‹*room*› lleno de humo; ‹*atmosphere*› cargado de humo

smolder, (BrE) **smoulder** /ˈsmәʊldәr, BrE ˈsmәʊldә(r)/ *vi* «*fire*» arder (*sin llama*); «*eyes*» arder

smooth[1] /smuːð/ *adj* **-er**, **-est** **1** **(a)** ‹*texture/stone*› liso, suave; ‹*skin*› suave, terso; ‹*sea*› tranquilo **(b)** (of consistency) ‹*sauce*› sin grumos **(c)** (of taste) ‹*wine*› suave **2** **(a)** (of movement) ‹*take-off*› suave; ‹*flight*› cómodo **(b)** (trouble-free) ‹*journey*› sin complicaciones **3** **(a)** (easy, polished) ‹*performance*› fluido **(b)** (glib, suave) (derog) poco sincero, falso; **he's a ~ talker** tiene mucha labia

smooth[2] *vt* **(a)** ‹*dress/sheets/hair*› alisar, arreglar **(b)** (polish) pulir

● **smooth out** [*v + o + adv, v + adv + o*] **(a)** ‹*sheets/creases*› alisar **(b)** ‹*difficulties/problems*› allanar

● **smooth over** [*v + o + adv, v + adv + o*] ‹*differences*› dejar de lado

smoothie /ˈsmuːði/ *n* (fruit drink) smoothie *m*

smoothly /ˈsmuːðli/ *adv* **1** **(a)** (of movement) ‹*take off/drive*› suavemente **(b)** (without problems) sin problemas **2** (glibly, suavely) (derog) ‹*talk*› con mucha labia

smother /ˈsmʌðәr, BrE ˈsmʌðә(r)/ *vt* **(a)** (stifle) ‹*person*› asfixiar, ahogar*; ‹*flames*› sofocar* **(b)** (suppress) ‹*yawn/giggle*› reprimir **(c)** (cover profusely): **she ~ed him with kisses** lo cubrió de besos

smoulder *vi* (BrE) ▸ **smolder**

SMS *n* (= **Short Message Service, Short Messaging Service**) SMS *m*

smudge[1] /smʌdʒ/ *n* mancha *f*

smudge[2] *vt* correr; (deliberately) difuminar

smug /smʌg/ *adj* **-gg-** ‹*expression*› de suficiencia, petulante; ‹*person*› pagado de sí mismo, petulante

smuggle /ˈsmʌgәl/ *vt* ‹*tobacco/drugs*› contrabandear, pasar de contrabando; **I ~d her into my room** la hice entrar a mi habitación a escondidas

smuggler /ˈsmʌglәr, BrE ˈsmʌglә(r)/ *n* contrabandista *mf*

smuggling /ˈsmʌglɪŋ/ *n* contrabando *m*

snack /snæk/ *n* tentempié *m*; **to have a ~** comer algo ligero *or* (esp AmL) liviano, tomar(se) un tentempié

snack bar *n* bar *m*, cafetería *f*

snag[1] /snæg/ *n* **(a)** (difficulty) inconveniente *m*, pega *f* (Esp fam) **(b)** (in fabric, stocking) enganchón *m*

snag[2] *vt* **-gg-** enganchar

snail /sneɪl/ *n* caracol *m*; **at a ~'s pace** a paso de tortuga

snake /sneɪk/ *n* culebra *f*, serpiente *f*; (poisonous) víbora *f*

snake: **~bite** *n* mordedura *f* de serpiente; ~ **charmer** /ˈtʃɑːrmәr, BrE ˈtʃɑːmә(r)/ *n* encantador, -dora *m,f* de serpientes

snap[1] /snæp/ *n* **1** (sound) chasquido *m* **2** ~ **(fastener)** (AmE); (on clothes) broche *m* or botón *m* de presión (AmL), (cierre *m*) automático *m* (Esp) **3** (photo) (infml) foto *f*, instantánea *f* **4** (Meteo): **a cold ~** una ola de frío

snap[2] **-pp-** *vt* **1** **(a)** (break) partir **(b)** (cause to make sharp sound): **she ~ped the lid/book shut** cerró la tapa/el libro de un golpe; ▸ **finger**[1] **2** (utter sharply) decir* bruscamente **3** (photograph) ‹*person/thing*› sacarle* una foto a

■ *vi* **1** (bite) **to ~** AT **sth** intentar morder algo **2** **(a)** (break) «*twigs/branch*» romperse*, quebrarse* (esp AmL); «*elastic*» romperse* **(b)** (click): **to ~ shut** cerrarse* (con un clic) **3** (speak sharply) hablar con brusquedad **4** (move quickly): ***to ~ out of it*** (of depression) animarse; (of lethargy, inertia) espabilarse

● **snap up** [*v + o + adv, v + adv + o*] ‹*offer*› no dejar escapar

snap[3] *adj* ‹*decision*› precipitado, repentino

snappy /ˈsnæpi/ *adj* **-pier**, **-piest** **(a)** ‹*person*› irascible; ‹*retort*› brusco **(b)** ‹*pace*› (infml) ágil

snapshot /ˈsnæpʃɑːt, BrE ˈsnæpʃɒt/ *n* foto *f*, instantánea *f*

snare[1] /sner, BrE sneә(r)/ *n* trampa *f*

snare[2] *vt* atrapar

snarl[1] /snɑːrl, BrE snɑːl/ *n* gruñido *m*

snarl[2] *vi/t* gruñir*

● **snarl up** [*v + adv + o*], (*usu pass*) ‹*ball of wool*› enmarañar, enredar; ‹*traffic*› atascar*

snatch[1] /snætʃ/ *vt* **1** **(a)** (grab) **to ~ sth** FROM **sb** arrebatarle algo A algn; **she ~ed the letter out of my hand** me arrancó la carta de las manos **(b)** (steal) (infml & journ) robar (*arrebatando*) **(c)** (kidnap) (journ) secuestrar, raptar **2** (take hurriedly) ‹*opportunity*› no dejar pasar

snatch[2] *n* **1** (robbery) (BrE journ) robo *m* **2** **(a)** (fragment) fragmento *m* **(b)** (brief spell) rato *m*; **to sleep in ~es** dormir* (de) a ratos

sneak /sniːk/ (*past & past p* **sneaked** *or* AmE also **snuck**) *vt* **(a)** (smuggle) (+ *adv compl*): **he ~ed the files out of the office** sacó los archivos de la oficina a escondidas; **she tried to ~ him in without paying** trató de colarlo sin pagar **(b)** (take furtively): **to ~ a look at sth/sb** mirar algo/a algn con disimulo

■ *vi* (+ *adv compl*): **to ~ in** entrar a hurtadillas; **to ~ away** escabullirse*

● **sneak up**: [*v + adv*] **to ~ up (**ON **sb)** acercarse* sigilosamente (A algn)

sneakers /ˈsniːkәrz, BrE ˈsniːkәz/ *pl n* zapatillas *fpl* (de deporte), tenis *mpl*, playeras *fpl* (Esp)

sneak: ~ **preview** *n* (Cin, TV) preestreno *m*; ~ **thief** *n* ratero, -ra *m,f*

S

sneaky /'sni:ki/ *adj* **-kier, -kiest** (infml) ‹*person*› artero, taimado; ‹*behavior*› solapado

sneer¹ /snɪr, BrE snɪə(r)/ *vi* adoptar un aire despectivo; (with facial expression) hacer* una mueca de desprecio

sneer² *n* expresión *f* desdeñosa

sneeze¹ /sni:z/ *vi* estornudar

sneeze² *n* estornudo *m*

snide /snaɪd/ *adj* insidioso

sniff /snɪf/ *vt* **(a)** (smell) «*person*» oler*; «*animal*» olfatear **(b)** ‹*glue*› inhalar, esnifar ■ *vi* «*animal*» husmear, olfatear; «*person*» sorberse la nariz

sniffer dog /'snɪfər, BrE 'snɪfə(r)/ *n* (BrE) perro *m* rastreador

sniffle /'snɪfəl/ *vi* (due to cold) sorberse la nariz; (when crying) gimotear

snigger¹ /'snɪgər, BrE 'snɪgə(r)/ *n* risilla *f*, risita *f*

snigger² *vi* reírse* (*por lo bajo*)

snip¹ /snɪp/ *n* (act) tijeretazo *m*; (sound) tijereteo *m*

snip² *vt* **-pp-** cortar (*con tijera*)

sniper /'snaɪpər, BrE 'snaɪpə(r)/ *n* francotirador, -dora *m,f*

snippet /'snɪpət, BrE 'snɪpɪt/ *n* (of conversation) trozo *m*; **~s of information** (algunos) datos aislados

snivel /'snɪvəl/ *vi*, (BrE **-ll-**) lloriquear

snob /snɑ:b, BrE snɒb/ *n* (e)snob *mf*

snobbery /'snɑ:bəri, BrE 'snɒbəri/ *n* (e)snobismo *m*

snobbish /'snɑ:bɪʃ, BrE 'snɒbɪʃ/ *adj* (e)snob

snooker /'snʊkər, BrE 'snu:kə(r)/ *n* snooker *m* (*modalidad de billar que se juega con 15 bolas rojas y 6 de otro color*)

snoop /snu:p/ *vi* (infml) husmear, fisgonear

snooper /'snu:pər, BrE 'snu:pə(r)/ *n* (infml) fisgón, -gona *m,f*

snooze¹ /snu:z/ *vi* (infml) dormitar

snooze² *n* (infml) sueñecito *m* (fam), sueñito *m* (esp AmL fam); **to have a ~** echar una cabezada (fam)

snore¹ /snɔ:r, BrE snɔ:(r)/ *vi* roncar*

snore² *n* ronquido *m*

snoring /'snɔ:rɪŋ/ *n* ronquidos *mpl*

snorkel /'snɔ:rkəl, BrE 'snɔ:kəl/ *n* esnórkel *m*

snort¹ /snɔ:rt, BrE snɔ:t/ *vi* bufar, resoplar ■ *vt* (utter) bramar, gruñir*

snort² *n* bufido *m*, resoplido *m*

snout /snaʊt/ *n* hocico *m*, morro *m*

snow¹ /snəʊ/ *n* **(a)** nieve *f* **(b)** (snowfall) nevada *f*

snow² *v impers* nevar*

● **snow in**: [*v* + *o* + *adv*]: **to be ~ed in** estar* aislado por la nieve

● **snow under**: [*v* + *o* + *adv*]: **I'm ~ed under with work** estoy agobiada *or* desbordada de trabajo

snowball¹ /'snəʊbɔ:l/ *n* (Meteo) bola *f* de nieve

snowball² *vi* «*problems*» agravarse

snow: **~board** *n* snowboard *m*; **~boarding** *n* snowboard *m*; **~bound** *adj* bloqueado por la nieve; **~drift** *n*: *nieve acumulada durante una ventisca*; **~drop** *n* campanilla *f* de invierno; **~fall** *n* nevada *f*; **~flake** *n* copo *m* de nieve; **~man** /'snəʊmæn/ *n* (*pl* **-men** /-men/) muñeco *m* de nieve; **~plow**, (BrE) **~plough** *n* quitanieves *m*; **~shoe** *n* raqueta *f*; **~storm** *n* tormenta *f* de nieve

snowy /'snəʊi/ *adj* **snowier, snowiest** nevoso

snub¹ /snʌb/ *vt* **-bb- (a)** ‹*person*› desairar; (ignore) ignorar; (treat coldly) tratar fríamente (CS) **(b)** (reject) ‹*offer*› desdeñar, rechazar*

snub² *n* desaire *m*

snub³ *adj* ‹*nose*› respingón, respingado (AmL)

snub-nosed /'snʌb'nəʊzd/ *adj* de nariz respingona *or* (AmL tb) respingada

snuck /snək/ (AmE infml) *past & past p of* **sneak**

snuff /snʌf/ *n* rapé *m*

● **snuff out** [*v* + *o* + *adv*, *v* + *adv* + *o*] ‹*candle*› apagar*

snuffbox /'snʌfbɑ:ks, BrE 'snʌfbɒks/ *n* caja *f* de rapé

snug /snʌg/ *adj* **(a)** (cosy) cómodo y acogedor **(b)** (close-fitting) ceñido, ajustado

snuggle /'snʌgəl/ *vi* acurrucarse*; **he ~d up against her** se le arrimó

⚷ **so¹** /səʊ/ *adv* **1** **(a)** (very) tan; **she's ~ tall** es tan alta; **he did it ~ quickly** lo hizo tan rápido; **thank you ~ much** muchísimas gracias **(b) so much/many** (*as adj*) tanto, -ta /tantos, -tas; **~ much space/food** tanto espacio/tanta comida; **~ many things** tantas cosas **(c) so much** (*as pronoun*) tanto; **he eats ~ much** come tanto **2** **or so** más o menos **3** (with clauses of result or purpose) **~ ... (that)** tan ... que; **he was ~ rude (that) she slapped him** fue tan grosero, que le dio una bofetada **4** **(a)** (thus, in this way): **the street was ~ named because ...** se le puso ese nombre a la calle porque ...; **hold the bat like ~** agarra el bate así **(b)** (as stated) así; **that is ~** (fml) así es; **if ~, they're lying** si es así *or* de ser así, están mintiendo **(c) and so on (and so forth)** etcétera (etcétera) **5** (*replacing clause, phrase, word*): **I expect ~** me imagino que sí; **I got a bit dirty — ~ I see** me ensucié un poco — sí, ya veo; **I told you ~** ¿no te lo dije? **6** (*with v aux*) **(a)** (also, equally): **Peter agrees and ~ does Bill** Peter está de acuerdo y Bill también **(b)** (indeed): **you promised — ~ I did!** lo prometiste — ¡es verdad! *or* ¡tienes razón! **7** **(a)** (indicating pause or transition) bueno; **~ here we are again** bueno, aquí estamos otra vez **(b)** (querying, eliciting information): **~ now what do we do?** ¿y ahora qué hacemos? **(c)** (summarizing, concluding) así que; **~ now you know** así que ya sabes **(d)** (expressing surprised reaction) así que, conque; **~ that's what he's after!** ¡así que *or* conque eso es lo que quiere! **(e)** (challenging): **~ what?** ¿y qué?

⚷ **so²** *conj* **1** (*in clauses of purpose or result*) **(a) so (that)** (expressing purpose) para que (+ *subj*); (expressing result) así que *or* de manera que (+ *indic*); **she said it slowly, ~ (that) we'd all understand** lo dijo despacio, para que todos entendiéramos; **she said it slowly, ~ (that) we all understood** lo dijo despacio, así que *or* de manera que todos entendimos **(b) so as to** + INF para + INF **2** (therefore, consequently) así que, de manera que

⚷ **so³** *n* (Mus) sol *m*

soak /səʊk/ *vt* **(a)** ‹*lentils/clothes*› (immerse) poner* en *or* a remojo; (leave immersed) dejar en

S

⚷ palabra clave

or a remojo **(b)** (drench) empapar; **to be ~ed (to the skin)** estar* empapado, estar* calado hasta los huesos

■ *vi* **(a)** (lie in liquid): **to leave sth to ~** dejar algo en *or* a remojo **(b)** (penetrate) (+ *adv compl*) **to ~ into/through sth** calar algo

● **soak up** [*v + o + adv, v + adv + o*] ‹*liquid/information*› absorber; ‹*sun*› empaparse de

soaking /'səʊkɪŋ/ *adj* empapado; (*as adv*) **it's ~ wet** está empapado

so-and-so /'səʊənsəʊ/ *n* (infml) (unspecified person) (*no art*) fulano, -na *m,f*

soap /səʊp/ *n* **1** jabón *m*; (*before n*) **~ dish** jabonera *f* **2** ▶ **soap opera**

soap: **~flakes** *pl n* jabón *m* en escamas; **~ opera** *n* (TV) telenovela *f*, culebrón *m*; (Rad) radionovela *f*, comedia *f* (AmL); **~ powder** *n* (BrE) jabón *m* en polvo, detergente *m* (*en polvo*); **~suds** *pl n* espuma *f* (*de jabón*)

soapy /'səʊpi/ *adj* **-pier**, **-piest** **(a)** ‹*water*› jabonoso; ‹*cloth/hands*› enjabonado **(b)** ‹*smell/taste*› a jabón

soar /sɔːr, BrE sɔː(r)/ *vi* **1** **(a)** (fly) «*bird/glider*» planear **(b)** (rise) «*bird/kite*» elevarse; «*prices/costs*» dispararse; «*hopes*» aumentar; «*popularity*» aumentar **(c)** (tower) «*skyscraper/mountain*» alzarse* **2** **soaring** *pres p* ‹*inflation*› galopante, de ritmo vertiginoso; ‹*popularity*› en alza; **caused by ~ temperatures** causado por una subida vertiginosa de las temperaturas

sob[1] /sɑːb, BrE sɒb/ *vi* **-bb-** sollozar*

sob[2] *n* sollozo *m*

sober /'səʊbər, BrE 'səʊbə(r)/ *adj* **1** (not drunk) sobrio **2** **(a)** (serious) ‹*expression*› grave; ‹*young man*› serio; ‹*occasion*› formal **(b)** (subdued) ‹*dress/colors*› sobrio

● **sober up** **1** [*v + adv*]: **he's ~ed up now** ya está sobrio **2** [*v + o + adv, v + adv + o*] despejar

sobriety /səʊ'braɪəti, sə-, BrE sə'braɪəti/ *n* seriedad *f*, sensatez *f*; (*before n*) **~ test** (AmE) prueba *f* del alcohol *or* de la alcoholemia

so-called /'səʊ'kɔːld/ *adj* (*usu before n*) **(a)** (commonly named) (así) llamado **(b)** (indicating skeptical attitude) ‹*expert*› supuesto, presunto

soccer /'sɑːkər, BrE 'sɒkə(r)/ *n* fútbol *m or* (AmC, Méx) futbol *m*

sociable /'səʊʃəbəl/ *adj* sociable

social /'səʊʃəl/ *adj* social; **he has no ~ graces** no sabe cómo comportarse; **~ life** vida *f* social

social democrat *n* socialdemócrata *mf*

socialism /'səʊʃəlɪzəm/ *n* socialismo *m*

socialist[1], **Socialist** /'səʊʃələst, BrE 'səʊʃəlɪst/ *adj* socialista

socialist[2], **Socialist** *n* socialista *mf*

socialize /'səʊʃəlaɪz/ *vi* alternar; (at party) circular

socially /'səʊʃəli/ *adv* **(a)** (relating to the community) ‹*divisive/useful*› socialmente; (*indep*) desde el punto de vista social **(b)** (in social situations): **it's not ~ acceptable** está mal visto, no se considera correcto

social: **~ media** *n sing or pl* medios *mpl* de comunicación social *or* interactiva; **~ network** *n* red *f* social; **~ science** *n* ciencia *f* social; **~ security** *n* (BrE) seguridad *f* social; **~ service** *n* **(a)** (welfare work) (AmE) asistencia *f or* trabajo *m* social **(b)** (in UK) servicio *m* social; **~ work** *n* asistencia *f* social; **~ worker** *n* (Soc Adm) asistente, -ta *m,f* social, trabajador, -dora *m,f* social (Méx), visitador, -dora *m,f* social (Chi)

society /sə'saɪəti/ *n* (*pl* **-ties**) **1** **(a)** (community) sociedad *f*; **in polite ~** entre la gente educada **(b)** (fashionable elite) (alta) sociedad *f* **2** (association, club) sociedad *f*

sociologist /'səʊsi'ɑːlədʒəst, -ʃi-, BrE ˌsəʊsi'ɒlədʒɪst, -ʃi-/ *n* sociólogo, -ga *m,f*

sociology /'səʊsi'ɑːlədʒi, -ʃi-, BrE ˌsəʊsi'ɒlədʒi, -ʃi-/ *n* sociología *f*

sociopath /'səʊsiəpæθ, -ʃi-/ *n* (p)sicópata *mf*

sock /sɑːk, BrE sɒk/ *n* calcetín *m*, media *f* (AmL)

socket /'sɑːkət, BrE 'sɒkɪt/ *n* **(a)** (Anat) (of eye) cuenca *f*, órbita *f*; (of joint) fosa *f*, hueco *m* **(b)** (Elec) (for plug) enchufe *m*, toma *f* de corriente, tomacorriente *m* (AmL) **(c)** (Tech) encaje *m*

sod /sɑːd, BrE sɒd/ *n* **1** (piece of turf) tepe *m*, champa *f* (Andes) **2** (BrE vulg) (obnoxious person) cabrón, -brona *m,f* (vulg)

soda /'səʊdə/ *n* **1** **(a)** (soda water) soda *f*, agua *f*‡ de seltz **(b)** (flavored) (AmE) refresco *m*, fresco *m* (AmL) **(c)** (ice-cream soda) (AmE) ice-cream soda *m* (AmL) (*refresco con helado*) **2** (Chem) soda *f*, sosa *f*

soda: **~ pop** *n* (AmE) refresco *m*; **~ water** *n* soda *f*, agua *f*‡ de seltz

sodden /'sɑːdn̩, BrE 'sɒdn̩/ *adj* empapado

sodium /'səʊdiəm/ *n* sodio *m*

sodium bicarbonate *n* bicarbonato *m* sódico *or* de sodio

sofa /'səʊfə/ *n* sofá *m*

soft /sɔːft, BrE sɒft/ *adj* **-er**, **-est** **1** **(a)** (not hard) blando; ‹*metal*› maleable; **to go ~** ablandarse **(b)** (smooth) ‹*fur/fabric/skin*› suave **2** (mild, subdued) ‹*light/color/music*› suave **3** (lenient) blando, indulgente **4** ‹*drugs/pornography*› blando **5** (Chem) ‹*water*› blando

soft: **~ball** *n* softball *m* (*especie de béisbol que se juega con pelota blanda*); **~ drink** *n* refresco *m* (*bebida no alcohólica*)

soften /'sɔːfən, BrE 'sɒfən/ *vt* **(a)** ‹*butter/leather*› ablandar; ‹*skin*› suavizar*; ‹*light/color*› suavizar*; ‹*contours*› difuminar **(b)** (mitigate) ‹*effect*› atenuar*, mitigar*; **to ~ the blow** suavizar* el golpe **(c)** ‹*water*› ablandar, descalcificar*

■ *vi* **(a)** «*butter/leather*» ablandarse; «*skin*» suavizarse* **(b)** (become gentler) ablandarse; (become more moderate) volverse* menos intransigente

● **soften up** [*v + o + adv, v + adv + o*] ablandar

softener /'sɔːfn̩ər, BrE 'sɒfn̩ə(r)/ *n* **(a)** (for water) descalcificador *m* **(b)** (for fabric) suavizante *m*

softly /'sɔːftli, BrE 'sɒftli/ *adv* **(a)** (gently) ‹*touch*› suavemente **(b)** (quietly) ‹*speak*› bajito

soft: **~-spoken** /'sɔːft'spəʊkən, BrE ˌsɒft'spəʊkən/ *adj* de voz suave; **~ top** *n* (AmE) (car) descapotable *m*, convertible *m* (AmL); (roof) capota *f*; **~ware** /'sɔːftwer, BrE 'sɒftweə(r)/ *n* software *m*; **~ developer** desarrollador *m* (de software)

soggy /'sɑːgi, BrE 'sɒgi/ *adj* **-gier**, **-giest** ‹*ground/grass*› empapado; ‹*vegetables*› pasado

soh /səʊ/ *n* (Mus) sol *m*

soil[1] /sɔɪl/ *n* **(a)** (earth) tierra *f* **(b)** (filth, dirt)

(AmE) suciedad *f*

soil[2] *vt* ensuciar

soiled /sɔɪld/ *adj* ‹*linen*› sucio; ‹*goods*› dañado

sol /səʊl, BrE sɒl/ *n* (Mus) sol *m*

solace /'sɑːləs, BrE 'sɒlɪs/ *n* (liter) consuelo *m*

solar /'səʊlər, BrE 'səʊlə(r)/ *adj* solar

solar: ~ **energy** *n* energía *f* solar; ~ **farm** *n* huerta *f* solar; ~ **panel** *n* placa *f* solar, panel *m* solar; ~ **system** *n*: **the** ~ el sistema solar

sold /səʊld/ *past & past p of* **sell**

solder /'sɑːdər, BrE 'səʊldə(r)/ *vt* soldar*

soldier /'səʊldʒər, BrE 'səʊldʒə(r)/ *n* soldado *mf*; (officer) militar *mf*

● **soldier on** [*v* + *adv*] (BrE infml) seguir* al pie del cañon

sole[1] /səʊl/ *n* **1** (of foot) planta *f*; (of shoe) suela *f* **2** (fish) (*pl* ~ *or* ~**s**) lenguado *m*

sole[2] *adj* (*before n*) **(a)** (only) único **(b)** (exclusive) ‹*rights*› exclusivo

sole[3] *vt* (*usu pass*): **to have one's shoes ~d and heeled** hacerles* poner suelas y tacones *or* (CS, Per) tacos a los zapatos

solely /'səʊlli/ *adv* **(a)** (wholly) únicamente, exclusivamente **(b)** (only, simply) solo, solamente, únicamente

solemn /'sɑːləm, BrE 'sɒləm/ *adj* **(a)** (serious, formal) ‹*occasion/silence*› solemne **(b)** (grave) ‹*person*› serio; ‹*face*› solemne

sol-fa /'səʊl'fɑː, BrE 'sɒl'fɑː/ *n* solfa *f*

solicit /sə'lɪsət, BrE sə'lɪsɪt/ *vt* (fml) ‹*information/help*› solicitar (fml)

■ *vi* «*prostitute*» ejercer la prostitución callejera (*abordando a posibles clientes*)

solicitor /sə'lɪsətər, BrE sə'lɪsɪtə(r)/ *n* **(a)** (in US and in UK) *abogado responsable de los asuntos legales de un municipio o de un departamento gubernamental* **(b)** (in UK) abogado, -da *m,f* (*que prepara causas legales y desempeña también funciones de notario*)

solid[1] /'sɑːləd, BrE 'sɒlɪd/ *adj* **-er**, **-est** **1** **(a)** (not liquid or gaseous) sólido **(b)** (not hollow) ‹*rubber ball/tire*› macizo **2** **(a)** (unbroken) ‹*line/row*› continuo, ininterrumpido **(b)** (continuous) (infml) ‹*month/year*› seguido **3** **(a)** (physically sturdy) ‹*furniture/house*› sólido; ‹*meal*› consistente **(b)** (substantial) ‹*reason*› sólido **4** (pure) ‹*metal/wood*› macizo, puro; ‹*rock*› vivo

solid[2] *n* **1** (Chem, Phys) sólido *m* **2** **solids** *pl* (food) alimentos *mpl* sólidos

solid[3] *adv*: **to be packed/jammed** ~ estar* lleno hasta el tope *or* hasta los topes

solidarity /'sɑːlə'dærəti, BrE ˌsɒlɪ'dærəti/ *n* solidaridad *f*

solidify /sə'lɪdəfaɪ/ *vi* **-fies**, **-fying**, **-fied** solidificarse*

solidly /'sɑːlədli, BrE 'sɒlɪdli/ *adv* **(a)** (sturdily) ‹*fixed/grounded*› firmemente; ‹*made*› sólidamente **(b)** (unanimously) unánimemente

solitaire /'sɑːləˌter, BrE 'sɒlɪˌteə(r)/ *n* **1** ~ **(diamond)** solitario *m* **2** (Games) solitario *m*

solitary /'sɑːləteri, BrE 'sɒlɪtəri/ *adj* **(a)** (alone) ‹*person/life/place*› solitario **(b)** (single) (*before n*) solo

solitary confinement *n* incomunicación *f*; **he's in** ~ lo han incomunicado

solitude /'sɑːlətuːd, BrE 'sɒlɪtjuːd/ *n* soledad *f*

solo[1] /'səʊləʊ/ *n* (*pl* **-los**) solo *m*

solo[2] *adj* **(a)** (Mus) ‹*violin/voices*› solista; ‹*album*› en solitario **(b)** ‹*flight*› en solitario

solo[3] *adv* en solitario

soloist /'səʊləʊəst, BrE 'səʊləʊɪst/ *n* solista *mf*

so long *interj* (infml) hasta luego, hasta la vista

solstice /'sɑːlstəs, BrE 'sɒlstɪs/ *n* solsticio *m*

soluble /'sɑːljəbəl, BrE 'sɒljʊbəl/ *adj* soluble

solution /sə'luːʃən/ *n* solución *f*

solve /sɑːlv, BrE sɒlv/ *vt* ‹*mystery/equation*› resolver*; ‹*crossword puzzle*› sacar*; ‹*crime*› esclarecer*; ‹*riddle*› encontrar* la solución a

solvent[1] /'sɑːlvənt, BrE 'sɒlvənt/ *adj* solvente

solvent[2] *n* disolvente *m*, solvente *m*

Somali /sə'mɑːli/ *adj* somalí

Somalia /sə'mɑːliə/ *n* Somalia *f*

somber, (BrE) **sombre** /'sɑːmbər, BrE 'sɒmbə(r)/ *adj* **(a)** (dark) sombrío **(b)** (melancholy) ‹*mood/thought*› sombrío; ‹*music*› lúgubre

some[1] /sʌm, *weak form* səm/ *adj* **1** **(a)** (unstated number or type) (+ *pl n*) unos, unas; **there were ~ children in the park** había unos niños en el parque; **would you like ~ cherries?** ¿quieres (unas) cerezas? **(b)** (unstated quantity or type) (+ *uncount n*): ~ **paint fell on my head** me cayó (un poco de) pintura en la cabeza; **would you like ~ coffee?** ¿quieres café? **2** (a, one) (+ *sing count noun*) algún, -guna; ~ **day I'll get my revenge** ya me vengaré algún día **3** (particular, not all) (+ *pl n*) algunos, -nas; **I like ~ modern artists** algunos artistas modernos me gustan; **in ~ ways** en cierto modo **4** **(a)** (not many, a few) ‹*lemons/apples*› algunos, -nas **(b)** (not much, a little) ‹*meat/rice*› un poco de **5** **(a)** (several, many): **she's been bedridden for ~ years now** hace algunos años que está postrada en cama **(b)** (large amount of): **we've known each other for quite ~ time now** ya hace mucho (tiempo) que nos conocemos **6** (infml) **(a)** (expressing appreciation): **that's ~ car you've got!** ¡vaya coche que tienes! **(b)** (stressing remarkable, ridiculous nature): **that was ~ exam!** ¡vaya examen! **(c)** (expressing irony): ~ **friend you are!** ¡qué buen amigo eres! (iró)

some[2] *pron* **1** **(a)** (a number of things or people) algunos, -nas **(b)** (an amount): **there's no salt left; we'll have to buy** ~ no queda sal; vamos a tener que comprar; **the coffee's ready: would you like ~?** el café está listo: ¿quieres? **2** (certain people) algunos, -nas; ~ **say that ...** algunos dicen que ...

some[3] *adv* (approximately) unos, unas, alrededor de

somebody[1] /'sʌmˌbɑːdi, BrE 'sʌmbədi/ *pron* alguien; **~'s coming** viene alguien; **who was it? — John ~** ¿quién era? — John algo *or* John no sé cuánto (fam)

somebody[2] *n* (*no pl*): **to be** ~ ser* alguien

somehow /'sʌmhaʊ/ *adv* **(a)** (by some means) de algún modo, de alguna manera; ~ **or other** de algún modo u otro **(b)** (in some way, for some reason): **it isn't the same,** ~ no sé por qué, pero no es lo mismo

someone /'sʌmwʌn/ *pron* ▶ **somebody**[1]

someplace /'sʌmpleɪs/ *adv* (AmE) ▶ **somewhere**[1] **1**

somersault[1] /'sʌmərsɔːlt, BrE 'sʌməsɒlt, -sɔːlt/ *n* (on ground) voltereta *f*, vuelta *f* (de) carnero (CS); (in air) (salto *m*) mortal *m*

somersault[2] *vi* (on ground) hacer* volteretas, dar* vueltas (de) carnero (CS); (in air) dar* un (salto) mortal

something /'sʌmθɪŋ/ *pron* **1** algo; **have ~ to eat/drink** come/bebe algo; **it's not ~ to be proud of** no es como para estar orgulloso; **that was ~ I hadn't expected** eso no me lo esperaba; **is it ~ I said?** ¿qué pasa? ¿qué he dicho? **2** **(a)** (in vague statements or approximations): **she's 30 ~** tiene treinta y pico años (fam); **he said it was because of the traffic or ~** dijo que era por el tráfico o qué se yo **(b) something like:** **~ like 200 spectators** alrededor de *or* unos 200 espectadores **(c) something of** (rather): **she's ~ of an eccentric** es algo excéntrica; **it came as ~ of a surprise** me (*or* nos *etc*) sorprendió un poco **3** (sth special): **it was quite ~ for him to reach that position** era todo un logro que él alcanzara esa posición

sometime[1] /'sʌmtaɪm/ *adv* (at unspecified time): **I'll get around to it ~** ya lo haré en algún momento; **we'll have to finish it ~ or another** algún día habrá que terminarlo; **~ next week** un día de la semana que viene

sometime[2] *adj* (*before n*) (fml) ex-, antiguo

sometimes /'sʌmtaɪmz/ *adv* a veces, algunas veces

someway /'sʌmweɪ/ *adv* (AmE) ▶ **somehow**

somewhat /'sʌmhwɑːt, BrE 'sʌmwɒt/ *adv* algo, un tanto

somewhere[1] /'sʌmhwer, BrE 'sʌmweə(r)/ *adv* **1** (in, at a place) en algún lado *or* sitio *or* lugar; (to a place) a algún lado *or* sitio *or* lugar; ***to get ~*** avanzar*, adelantar **2** (in approximations): **~ around $10,000** cerca de *or* alrededor de 10.000 dólares

somewhere[2] *pron*: **will there be ~ open?** ¿habrá algo (*or* algún sitio *etc*) abierto?; **she's found ~ to live** ha encontrado casa (*or* habitación *etc*)

son /sʌn/ *n* hijo *m*

sonata /sə'nɑːtə/ *n* (*pl* **-tas**) (Mus) sonata *f*

song /sɔːŋ, BrE sɒŋ/ *n* **(a)** (piece) canción *f* **(b)** (of bird) canto *m*

song: **~bird** *n* pájaro *m* cantor; **~writer** *n* compositor, -tora *m,f* (*de canciones*)

sonic /'sɑːnɪk, BrE 'sɒnɪk/ *adj* sónico

son-in-law /'sʌnɪnlɔː/ *n* (*pl* **sons-in-law**) yerno *m*, hijo *m* político

sonnet /'sɑːnət, BrE 'sɒnɪt/ *n* soneto *m*

son of a bitch *n* (*pl* **sons of bitches**) (esp AmE sl) hijo *m* de puta, hijo *m* de la chingada (Méx vulg)

soon /suːn/ *adv* **-er, -est** **1** (shortly, after a while) pronto, dentro de poco; **~ afterward** poco después; **it'll ~ be spring** ya falta poco para (que empiece) la primavera; **~er or later** tarde o temprano **2** **(a)** (early, quickly) pronto; **how ~ can you be here?** ¿cuándo puedes llegar?, ¿qué tan pronto puedes llegar? (AmL); **I finished ~er than I expected** terminé antes de lo que esperaba; **not a minute o moment too ~** no antes de tiempo; **to speak too ~** hablar antes de tiempo; **as ~ as possible** lo antes posible, cuanto antes; **the ~er the better** cuanto antes mejor **(b)** (*as conj*) **as ~ as** en cuanto, tan pronto como; **as ~ as you've finished, you can go** en cuanto hayas terminado *or* tan pronto como hayas terminado, te puedes ir; **no ~er had we set out than it began to rain** apenas nos habíamos puesto en camino cuando empezó a llover; **no ~er said than done** dicho y hecho **3** (*in phrases*) **as soon ... (as): I'd just as ~ stay at home (as go out)** no me importaría quedarme en casa, tanto me da quedarme en casa (como salir)

soot /sʊt/ *n* hollín *m*

soothe /suːð/ *vt* ‹*person/nerves*› calmar; ‹*pain/cough*› aliviar

soothing /'suːðɪŋ/ *adj* **(a)** ‹*voice/words*› tranquilizador; ‹*music/bath*› relajante **(b)** ‹*ointment/syrup*› balsámico; ‹*medicine*› calmante

sophisticated /sə'fɪstəkeɪtəd, BrE sə'fɪstɪkeɪtɪd/ *adj* **(a)** ‹*appearance/person*› sofisticado **(b)** ‹*machine/technique*› complejo, altamente desarrollado

sophomore /'sɑːfəmɔːr, BrE 'sɒfəmɔː(r)/ *n* (AmE) estudiante *mf* de segundo curso (*en una universidad o colegio secundario estadounidense*)

sopping[1] /'sɑːpɪŋ, BrE 'sɒpɪŋ/ *adj* empapado

sopping[2] *adv* (*as intensifier*): **~ wet** (of people) calado hasta los huesos; (of clothes) chorreando

soprano[1] /sə'prænəʊ, BrE sə'prɑːnəʊ/ *n* (*pl* **-nos**) soprano *mf*

soprano[2] *adj* ‹*voice/recorder*› soprano; ‹*part/role*› de soprano

sorbet /sɔːr'beɪ, 'sɔːrbət, BrE 'sɔːbeɪ/ *n* sorbete *m*

sorcerer /'sɔːrsərər, BrE 'sɔːsərə(r)/ *n* (liter) hechicero *m*, brujo *m*

sordid /'sɔːrdəd, BrE 'sɔːdɪd/ *adj* **(a)** (base) ‹*method/deal*› vergonzoso **(b)** (squalid) ‹*hotel/conditions*› sórdido

sore[1] /sɔːr, BrE sɔː(r)/ *adj* **sorer** /'sɔːrər, BrE 'sɔːrə(r)/, **sorest** /'sɔːrəst, BrE 'sɔːrɪst/ **(a)** (painful) ‹*finger/foot*› dolorido; ‹*eye*› irritado; ‹*lips*› reseco; **she has a ~ throat** le duele la garganta; ***a ~ point/subject*** un punto/tema delicado **(b)** (angry) (AmE infml) **to be ~** AT *o* WITH **sb** estar* picado CON algn (fam)

sore[2] *n* llaga *f*, úlcera *f*

sorority /sə'rɔːrəti, BrE sə'rɒrəti/ *n* (*pl* **-ties**) (in US) hermandad *f* femenina de estudiantes (*en universidades norteamericanas*)

sorrow /'sɑːrəʊ, BrE 'sɒrəʊ/ *n* pesar *m*, pena *f*

sorrowful /'sɑːrəʊfəl, BrE 'sɒrəʊfəl/ *adj* afligido, triste

sorry /'sɑːri, BrE 'sɒri/ *adj* **-rier, -riest** **1** (*pred*) **(a)** (grieved, sad): **I'm ~** lo siento; **I'm very ~, but I can't help you** lo siento mucho, pero no te puedo ayudar; **to feel** *o* **be ~** FOR **sb**: **I feel so ~ for you/him** te/lo compadezco; **to feel ~ for oneself** lamentarse de su (*or* tu *etc*) suerte; **I'm ~ to have to tell you that ...** siento tener que decirte que ...; **to be ~** (THAT) sentir* QUE (+ *subj*) **(b)** (apologetic, repentant): **to say ~** pedir* perdón, disculparse; **I'm ~, I didn't mean to ...** perdóname *or* lo siento *or* disculpa, no fue mi intención ...; **I'm very sorry, but I can't help you** lo siento mucho, pero no te

S

puedo ayuda; **to be ~** ABOUT **sth** arrepentirse* DE algo; **I'm ~ I didn't make it to your party** siento no haber podido ir a tu fiesta **2** (*as interj*) perdón, lo siento **3** (pitiful, miserable) (*before n*) ‹*tale*› lamentable; **he was a ~ sight** tenía un aspecto lamentable

sort[1] /sɔːrt, BrE sɔːt/ *n* **1** (kind, type) tipo *m*, clase *f*; **what ~ of car is it?** ¿qué tipo *or* clase de coche es?; **she's not the ~ to let you down** no es de las que te fallan; **a ~ of** o **~ of a** una especie de; **I didn't say anything of the ~** no dije nada semejante **2** (*in phrases*) **sort of** (infml): **it's ~ of sad to think of him all alone** da como pena pensar que está solo (fam); **do you want to go? — well, ~ of** ¿quieres ir? — bueno, en cierto modo sí

sort[2] *vt* **(a)** (classify) ‹*papers/letters*› clasificar* **(b)** (mend) arreglar

● **sort out** [*v + o + adv, v + adv + o*] **1 (a)** (put in order) ‹*books/photos/desk/room*› ordenar; ‹*finances*› organizar* **(b)** (separate out) separar **2 (a)** (arrange) (BrE) ‹*date*› fijar; ‹*deal*› llegar* a **(b)** (resolve) ‹*problem/dispute*› solucionar; ‹*misunderstanding*› aclarar

● **sort through** [*v + prep + o*] ‹*papers/files*› revisar

sort code *n* (in UK) código *m* de sucursal y banco

SOS *n* S.O.S. *m*

so-so /'səʊsəʊ/ *adj* (infml) así así (fam)

soufflé /suː'fleɪ, BrE 'suːfleɪ/ *n* suflé *m*

sought /sɔːt/ *past & past p of* **seek**

sought-after /'sɔːt'æftər, BrE 'sɔːt,ɑːftə(r)/ *adj* (*pred* **sought after**) ‹*product*› solicitado, en demanda; ‹*prize*› codiciado; ‹*area*› en demanda

soul /səʊl/ *n* **1** (Relig) alma *f*‡ **2** (person): **I won't tell a (living) ~** no se lo diré a nadie; **poor old ~!** ¡pobrecilla!, ¡pobrecita! **3 ~ (music)** soul *m*

soul-destroying /'səʊldɪ'strɔɪɪŋ/ *adj* desmoralizador

soulful /'səʊlfəl/ *adj* enternecedor, conmovedor

soul: **~mate** *n* alma *f*‡ gemela; **~-searching** /'səʊl'sɜːrtʃɪŋ, BrE 'səʊl,sɜːtʃɪŋ/ *n* introspección *f*

sound[1] /saʊnd/ *n* **1** (noise) sonido *m*; (unpleasant, disturbing) ruido *m*; (*before n*) **the ~ barrier** la barrera del sonido; **~ effects** efectos *mpl* sonoros **2** (impression conveyed) (infml) (*no pl*) **I don't like the ~ of that at all** eso no me huele nada bien; **by** o **from the ~ of it, everything's going very well** parece que *or* por lo visto todo marcha muy bien

sound[2] *vi* **1 (a)** (give impression) sonar*; **you ~ as if** o **as though you could do with a rest** me da la impresión de que no te vendría mal un descanso; **that ~s like Susan now** esa debe (de) ser Susan **(b)** (seem) parecer*; **how does that ~ to you?** ¿qué te parece?; **it ~s as if** o **as though you had a great time** parece que lo pasaste fenomenal **2** (make noise, resound) «*bell/alarm*» sonar*

■ *vt* ‹*trumpet/horn*› tocar*, hacer* sonar

● **sound out** [*v + o + adv, v + adv + o*] tantear, sondear

sound[3] *adj* **-er, -est 1 (a)** (healthy) sano; **being of ~ mind** (estando) en pleno uso de sus facultades **(b)** (in good condition) ‹*basis/foundation*› sólido, firme; ‹*timber*› en buenas condiciones **2** (valid) ‹*reasoning/knowledge*› sólido; ‹*advice/decision*› sensato

sound[4] *adv* **-er, -est**: **~ asleep** profundamente dormido

sound: **~ bite** *n* (Journ, Pol) frase *f* corta (*que suena bien en los titulares y en los discursos*); **~ card** *n* tarjeta *f* de sonido

soundly /'saʊndli/ *adv* **1** ‹*sleep*› profundamente **2** (solidly, validly) sólidamente

soundproof[1] /'saʊndpruːf/ *adj* insonorizado

soundproof[2] *vt* insonorizar*

sound: **~ system** *n* equipo *m* de sonido; **~track** *n* banda *f* sonora

soup /suːp/ *n* sopa *f*; **clear ~** caldo *m*, consomé *m*

sour[1] /'saʊər, BrE 'saʊə(r)/ *adj* **sourer, sourest (a)** (sharp, acid) ácido, agrio **(b)** (spoiled) ‹*milk*› agrio, cortado **(c)** (bad-tempered, disagreeable) agrio, avinagrado

sour[2] *vt* ‹*relationship/occasion*› amargar*

source /sɔːrs, BrE sɔːs/ *n* **1** (origin, supply) fuente *f*; (of river) nacimiento *m*; **~ of income** fuente de ingresos **2** (providing information) **(a)** (person) (journ) fuente *f* **(b)** (text, document) fuente *f*

sourdough /'saʊərdəʊ, BrE 'saʊədəʊ/ *n* masa *f* fermentada (*para hacer pan*)

south[1] /saʊθ/ *n* (point of the compass, direction) sur *m*; **the ~ the S~** (region) el sur

south[2] *adj* (*before n*) sur *adj inv*, meridional; ‹*wind*› del sur

south[3] *adv* al sur

South Africa *n* Sudáfrica *f*, Suráfrica *f*

South African *adj* sudafricano, surafricano

South America *n* América *f* del Sur *or* del Sud, Sudamérica *f*, Suramérica *f*

South American[1] *adj* sudamericano, suramericano

South American[2] *n* sudamericano, -na *m,f*, suramericano, -na *m,f*

southbound /'saʊθbaʊnd/ *adj* ‹*traffic/train*› que va (*or* iba *etc*) hacia el sur *or* en dirección sur

southeast[1], **Southeast** /'saʊθ'iːst/ *n*: **the ~** el sudeste *or* Sudeste, el sureste *or* Sureste

southeast[2] *adj* sudeste *adj inv*, sureste *adj inv*, del sudeste *or* sureste, sudoriental

southeast[3] *adv* hacia el sudeste *or* sureste, en dirección sudeste *or* sureste

south: **~easterly** /'saʊθ'iːstərli, BrE ˌsaʊθ'iːstəli/ *adj* ‹*wind*› del sudeste *or* sureste; **~eastern** /'saʊθ'iːstərn, BrE ˌsaʊθ'iːstən/ *adj* sudeste *adj inv*, sureste *adj inv*, del sudeste *or* sureste, sudoriental

southerly /'sʌðərli, BrE 'sʌðəli/ *adj* ‹*wind*› del sur; ‹*latitude*› sur *adj inv*; **in a ~ direction** hacia el sur, en dirección sur

southern /'sʌðərn, BrE 'sʌðən/ *adj* ‹*region*› del sur, meridional, sur *adj inv*; ‹*country*› del sur, meridional; **~ Italy** el sur de Italia; **the ~ states** (in US) los estados del sur

southward[1] /'saʊθwərd, BrE 'saʊθwəd/ *adj* (*before n*): **in a ~ direction** hacia el sur, en dirección sur

southward[2], (BrE also) **southwards** /-z/ *adv* hacia el sur

southwest[1], **Southwest** /'saʊθ'west/ *n*: **the ~** el sudoeste *or* Sudoeste, el suroeste

palabra clave

or Suroeste
southwest² *adj* sudoeste *adj inv*, suroeste *adj inv*, del sudoeste *or* suroeste
southwest³ *adv* hacia el sudoeste *or* suroeste, en dirección sudoeste *or* suroeste
south: **~westerly** /ˈsaʊθˈwestərli, BrE ˌsaʊθˈwestəli/ *adj* ‹*wind*› del sudoeste *or* suroeste; **~western** /ˈsaʊθˈwestərn, BrE ˌsaʊθˈwestən/ *adj* sudoccidental, sudoeste *adj inv*, suroeste *adj inv*, del sudoeste *or* suroeste
souvenir /ˈsuːvənɪr, BrE ˌsuːvəˈnɪə(r)/ *n* recuerdo *m*, souvenir *m*
sovereign¹ /ˈsɑːvrən, BrE ˈsɒvrɪn/ *n* **1** (monarch) soberano, -na *m,f* **2** (coin) soberano *m*, libra *f* (de oro)
sovereign² *adj* soberano
sovereignty /ˈsɑːvrənti, BrE ˈsɒvrənti/ *n* soberanía *f*
sovereign wealth fund *n* fondo *m* soberano de inversión
Soviet /ˈsəʊviet, ˈsɑːviət, BrE ˈsəʊviət/ *adj* (Hist) soviético
Soviet Union *n* (Hist): **the ~** la Unión Soviética
sow¹ /səʊ/ *vt/i* (*past* **sowed**; *past p* **sowed** *or* **sown**) sembrar*
sow² /saʊ/ *n* cerda *f*, puerca *f*
sown /səʊn/ *past p of* **sow¹**
soy /sɔɪ/, (BrE) **soya** /ˈsɔɪə/ *n* soya *f* (AmL), soja *f* (Esp)
soy: **~ bean**, (BrE) **soya bean** *n* soya *f* (AmL), soja *f* (Esp); **~ sauce** *n* salsa *f* de soya (AmL) *or* (Esp) soja
spa /spɑː/ *n* **(a)** (resort) balneario *m* **(b)** (spring) manantial *m* (*de agua mineral*) **(c)** (health club) (AmE) gimnasio *m*
space¹ /speɪs/ *n* **1** **(a)** (Phys) espacio *m* **(b)** (Aerosp) espacio *m*; (*before n*) ‹*station/program*› espacial **2** **(a)** (room) espacio *m*, lugar *m* **(b)** (empty area) espacio *m*; **let's clear a ~ for it first** hagámosle (un) sitio primero **3** (of time) (*no pl*) espacio *m*; **in the ~ of one hour** en el espacio *or* lapso de una hora **4** (Print) espacio *m*
space² *vt* **~ (out)** espaciar
space: **~-age** *adj* ‹*technology*› futurista, espacial; **~craft** *n* (*pl* **~craft**) nave *f* espacial; **~man** /ˈspeɪsmæn/ *n* (*pl* **-men** /-men/) astronauta *m*, cosmonauta *m*; **~ship** *n* nave *f* espacial, astronave *f*
spacing /ˈspeɪsɪŋ/ *n* (Print) espaciado *m*
spacious /ˈspeɪʃəs/ *adj* ‹*house/room*› amplio, espacioso; ‹*park*› grande, extenso
spade /speɪd/ *n* **1** (tool) pala *f*; ***to call a ~ a ~*** llamar al pan, pan y al vino, vino **2** (Games) **spades** *pl* (suit) (+ *sing or pl vb*) picas *fpl*
spaghetti /spəˈgeti/ *n* espaguetis *mpl*, spaghetti *mpl*
Spain /speɪn/ *n* España *f*
spam /spæm/ *n* spam *m*, correo *m* basura
span¹ /spæn/ *n* **(a)** (of hand) palmo *m*; (of wing) envergadura *f*; (of bridge, arch) luz *f* **(b)** (part of bridge) arco *m* **(c)** (of time) lapso *m*; ▸ **life span**
span² *vt* **-nn-** **(a)** (extend over) abarcar* **(b)** (cross) «*bridge*» ‹*river*› extenderse* sobre
Spaniard /ˈspænjərd, BrE ˈspænjəd/ *n* español, -ñola *m,f*
spaniel /ˈspænjəl/ *n* spaniel *m*
Spanish¹ /ˈspænɪʃ/ *adj* español; ‹*language*› castellano, español
Spanish² *n* **(a)** (language) castellano *m*, español *m* **(b)** (people) (+ *pl vb*) **the ~** los españoles
Spanish omelet, (BrE) **Spanish omelette** *n* tortilla *f* de papas *or* (Esp) patatas, tortilla *f* española
spank /spæŋk/ *vt* pegarle* a (*en las nalgas*)
spanner /ˈspænər, BrE ˈspænə(r)/ *n* (BrE) (adjustable ~) llave *f* inglesa; (box ~) llave *f* de tubo; ***to throw a ~ in the works*** fastidiarlo todo
spar¹ /spɑːr, BrE spɑː(r)/ *n* (Naut) palo *m*
spar² *vi* **-rr-** (in boxing) entrenarse; (argue) discutir
spare¹ /sper, BrE speə(r)/ *adj* **(a)** (not in use) ‹*umbrella/pen*› de más; **have you got any ~ paper?** ¿tienes un poco de papel que no te haga falta? **(b)** (*before n*) ‹*key/cartridge*› de repuesto **(c)** (free) libre; **if you've got a ~ minute** si tienes un minuto (libre)
spare² *n*: **I'll take a ~ just in case** llevaré uno de repuesto por si acaso
spare³ *vt* **1** **(a)** (do without): **can you ~ your dictionary for a moment?** ¿me permites el diccionario un momento, si no lo necesitas?; **if you can ~ the time** si tienes *or* dispones de tiempo **(b)** (give) **to ~ (sb) sth: can you ~ me a pound?** ¿tienes una libra que me prestes/des?; **can you ~ me a few minutes?** ¿tienes unos minutos? **(c) to spare** (*as adj*) **there's food to ~** hay comida de sobra; **have you got a few minutes to ~?** ¿tienes unos minutos? **2** **(a)** (keep from using, stint) (*usu neg*) **to ~ no effort** no escatimar esfuerzos; **to ~ no expense** no reparar en gastos **(b)** (save, relieve) **to ~ sb sth** ‹*trouble/embarrassment*› ahorrarle algo A algn **(c)** (show mercy, consideration toward) perdonar
spare: **~ part** *n* repuesto *m or* (Méx) refacción *f*; **~ room** *n* cuarto *m* de huéspedes *or* (Esp) de los invitados, recámara *f* de visitas (Méx); **~ time** *n* tiempo *m* libre; **~ tire**, (BrE) **~ tyre** *n* rueda *f* de repuesto *or* (Esp tb) de recambio, llanta *f* de refacción (Méx)
sparingly /ˈsperɪŋli, BrE ˈspeərɪŋli/ *adv* ‹*use*› con moderación
spark¹ /spɑːrk, BrE spɑːk/ *n* chispa *f*
spark² *vt*, (BrE also) **spark off** ‹*rioting/revolution*› hacer* estallar; ‹*interest*› suscitar; ‹*criticism*› provocar*
sparking plug /ˈspɑːrkɪŋ, BrE ˈspɑːkɪŋ/ *n* (BrE) ▸ **spark plug**
sparkle¹ /ˈspɑːrkəl, BrE ˈspɑːkəl/ *vi* «*gem/glass*» centellear, destellar, brillar; «*eyes*» brillar
sparkle² *n* **(a)** (*no pl*) (of gem, glass) destello *m*, brillo *m*; (of eyes) brillo *m* **(b)** (animation) chispa *f*, brillo *m*
sparkler /ˈspɑːrklər, BrE ˈspɑːklə(r)/ *n* (firework) luz *f* de Bengala, bengala *f*
sparkling /ˈspɑːrklɪŋ, BrE ˈspɑːklɪŋ/ *adj* **(a)** (shining) ‹*gems/stars*› centelleante; ‹*eyes*› chispeante **(b)** ‹*wit/conversation*› chispeante **(c)** (effervescent) ‹*wine*› espumoso
spark plug *n* bujía *f*, chispero *m* (AmC)
sparrow /ˈspærəʊ/ *n* gorrión *m*
sparse /spɑːrs, BrE spɑːs/ *adj* ‹*population/vegetation/furniture*› escaso; ‹*beard/hair*› ralo
sparsely /ˈspɑːrsli, BrE ˈspɑːsli/ *adv*: **the area was ~ populated** la zona estaba escasamente

poblada; **the room is ~ furnished** la habitación tiene pocos muebles

spartan /'spɑːrtn̩, BrE 'spɑːtn̩/ *adj* espartano

spasm /'spæzəm/ *n* espasmo *m*

spasmodic /spæz'mɑːdɪk, BrE spæz'mɒdɪk/ *adj* **(a)** ‹*growth/activity*› irregular **(b)** (Med) ‹*pain/cough*› espasmódico

spat /spæt/ *past & past p of* **spit²**

spate /speɪt/ *n* racha *f*, serie *f*; ***to be in (full) ~*** (BrE) «*river*» estar* crecido

spatial /'speɪʃəl/ *adj* (*before n*) espacial

spatter /'spætər, BrE 'spætə(r)/ *vt/i* salpicar*

spatula /'spætʃələ, BrE 'spætjʊlə/ *n* **(a)** (Culin) (for turning, serving) pala *f* (de servir); (for scraping out bowls) espátula *f* **(b)** (Pharm, Med) espátula *f*

spawn¹ /spɔːn/ *n* (of fish) hueva(s) *f(pl)*; (of frogs) huevas *fpl*

spawn² *vt* (journ) generar, producir*
■ *vi* «*frogs/fish*» desovar

SPCA *n* (in US) (= **Society for the Prevention of Cruelty to Animals**) ≈ Asociación *f* protectora de animales

SPCC *n* (in US) (= **Society for the Prevention of Cruelty to Children**) ≈ Asociación *f* de proteccíon a la infancia

⚷ **speak** /spiːk/ (*past* **spoke**; *past p* **spoken**) *vi* **1** **(a)** (say sth) hablar; **to ~** TO *o* (esp AmE) WITH **sb** hablar CON algn, hablarle A algn; **they are not ~ing (to each other)** no se hablan; **to ~** OF **sth/sb/**-ING hablar DE algo/algn/+ INF; **so to ~** por así decirlo **(b)** (on telephone): **hello, Barbara Mason ~ing ...** buenas tardes, habla *or* (Esp tb) soy Barbara Mason; **could I ~ to Mrs Hodges, please? — ~ing!** ¿podría hablar con la Sra. Hodges, por favor? — con ella (habla) *or* (Esp tb) soy yo **2** (make speech) hablar; **to ~** ON *o* ABOUT **sth** hablar ACERCA DE *or* SOBRE algo
■ *vt* **(a)** (say, declare): **nobody spoke a word** nadie dijo nada; **to ~ one's mind** hablar claro; **to ~ the truth** decir* la verdad **(b)** ‹*language*› hablar
● **speak for** [*v + prep + o*] hablar por; **we'd love to meet him — ~ for yourself!** nos encantaría conocerlo — ¡eso lo dirás por ti!; **the facts ~ for themselves** los hechos son elocuentes
● **speak out** [*v + adv*] **to ~ out** AGAINST **sth** denunciar algo
● **speak up** [*v + adv*] **(a)** (speak loudly, clearly) hablar más fuerte *or* más alto **(b)** (speak boldly) decir* lo que se piensa; **to ~ up** FOR **sb** defender* a algn

⚷ **speaker** /'spiːkər, BrE 'spiːkə(r)/ *n* **1** **(a)** (in public) orador, -dora *m,f* **(b)** (of language) hablante *mf* **(c)** (Govt) presidente, -ta *m,f* **2** (Audio) **(a)** (loudspeaker) altavoz *m*, (alto)parlante *m* (AmS) **(b)** (of hi-fi) baf(f)le *m*, parlante *m* (AmS)

speaking /'spiːkɪŋ/ *n* (*before n*): **a good ~ voice** una voz muy clara (*or* potente *etc*); **to be on ~ terms with sb** estar* en buenas relaciones con algn

-speaking /ˌspiːkɪŋ/ *suff* -hablante, -parlante; **Spanish~** hispanohablante, hispanoparlante; **French~** francófono; **English~** de habla inglesa

spear¹ /spɪr, BrE 'spɪə(r)/ *n* **(a)** (weapon) lanza *f* **(b)** (for fishing) arpón *m*

spear² *vt* ‹*fish*› arponear

spear: **~head** *vt* (Mil) encabezar*; **~mint** *n* menta *f* verde

spec /spek/ *n*: **on ~** (infml) por si acaso

⚷ **special** /'speʃəl/ *adj* **(a)** (exceptional) (*before n*) ‹*favor/request*› especial **(b)** (for specific purpose) (*before n*) ‹*arrangements/fund*› especial **(c)** (particular, individual) especial, particular; **children with ~ needs** (Educ) niños que requieren una atención diferenciada

special: **~ delivery** *n* correo *m* exprés *or* expreso; **~ effects** *pl n* efectos *mpl* especiales

specialist /'speʃələst, BrE 'speʃəlɪst/ *n* especialista *mf*; (*before n*) ‹*knowledge/shop*› especializado

speciality /'speʃi'æləti/ *n* (*pl* **-ties**) (BrE) ▸ **specialty¹**

specialize /'speʃəlaɪz/ *vi* **to ~** (IN **sth**) especializarse* (EN algo)

specialized /'speʃəlaɪzd/ *adj* especializado

specially /'speʃəli/ *adv* **(a)** (specifically) especialmente, expresamente **(b)** (especially) ‹*long/difficult*› particularmente

specialty¹ /'speʃəlti/ *n* (*pl* **-ties**) (AmE) especialidad *f*

specialty² *adj* (AmE) (*before n: no comp*) ‹*merchandise/store*› especializado

⚷ **species** /'spiːʃiːz/ *n* (*pl* ~) especie *f*

⚷ **specific** /spɪ'sɪfɪk, BrE spə'sɪfɪk/ *adj* **(a)** (particular, individual) específico; ‹*example*› concreto **(b)** (exact, precise) preciso

⚷ **specifically** /spɪ'sɪfɪkli, BrE spə'sɪfɪkli/ *adv* **(a)** (explicitly) ‹*state/mention*› explícitamente **(b)** (specially, particularly) ‹*built/designed*› específicamente

specification /'spesəfə'keɪʃən, BrE ˌspesɪfɪ'keɪʃən/ *n* (*often pl*) especificación *f*

specify /'spesəfaɪ, BrE 'spesɪfaɪ/ *vt* **-fies**, **-fying**, **-fied** especificar*

specimen /'spesəmən, BrE 'spesɪmən/ *n* **(a)** (sample — of rock, plant, tissue) muestra *f*, espécimen *m*; (— of blood, urine) muestra *f*; (— of work, handwriting) muestra *f* **(b)** (individual example) ejemplar *m*, espécimen *m*

speck /spek/ *n* (of dust) mota *f*; (in distance) punto *m*; (dirt stain) manchita *f*

speckle /'spekəl/ *vt* (*usu pass*) motear; **a ~d hen** una gallina pinta *or* (RPl) bataraza

spectacle /'spektɪkəl, BrE 'spektəkəl/ *n* **1** (show, sight) espectáculo *m* **2** **spectacles** *pl* gafas *fpl*, anteojos *mpl* (esp AmL), lentes *mpl* (esp AmL)

spectacular /spek'tækjələr, BrE spek'tækjʊlə(r)/ *adj* espectacular

spectator /'spekteɪtər, BrE spek'teɪtə(r)/ *n* espectador, -dora *m,f*

specter, (BrE) **spectre** /'spektər, BrE 'spektə(r)/ *n* (liter) espectro *m*

spectra /'spektrə/ *pl of* **spectrum**

spectre /'spektər/ *n* (BrE) ▸ **specter**

spectrum /'spektrəm/ *n* (*pl* **-tra**) **1** (Opt, Phys) espectro *m* **2** (range) espectro *m*, gama *f*; **the political ~** el espectro político

speculate /'spekjəleɪt, BrE 'spekjʊleɪt/ *vi* **1** (Fin) especular **2** (guess, conjecture) **to ~** (ON *o* ABOUT **sth**) hacer* conjeturas *or* especular (SOBRE algo)

speculation /'spekjə'leɪʃən, BrE ˌspekjʊ'leɪʃən/ *n* especulación *f*

⚷ palabra clave

S

speculative /'spekjələtɪv, BrE 'spekjʊlətɪv/ *adj* especulativo

sped /sped/ *past & past p of* **speed² a**

speech /spiːtʃ/ *n* **1** **(a)** (act, faculty) habla *f*‡ **(b)** (manner of speaking) forma *f* de hablar **(c)** (language, dialect) habla *f*‡ **2** **(a)** (oration) discurso *m*; **to make a ~** dar* un discurso **(b)** (Theat) parlamento *m*

speechless /'spiːtʃləs, BrE 'spiːtʃlɪs/ *adj*: **she was ~ with rage** enmudeció de rabia; **I'm ~!** no sé qué decir

speech therapy *n* foniatría *f*, logopedia *f*

speed¹ /spiːd/ *n* **1** **(a)** (rate of movement, progress) velocidad *f* **(b)** (relative quickness) rapidez *f* **2** (Phot): **film ~** sensibilidad *f* de la película; **shutter ~** tiempo *m* de exposición **3** (gear) velocidad *f*, marcha *f* **4** (amphetamine) (sl) anfetas *fpl* (fam)

speed² *vi* **(a)** (*past & past p* **sped**) (go, pass quickly) (+ *adv compl*) **to ~ off** o **away** alejarse a toda velocidad; **he sped by** o **past in his new sports car** nos pasó a toda velocidad con su nuevo coche deportivo; **the hours sped by** las horas pasaron volando **(b)** (*past & past p* **speeded**) (drive too fast) ir* a velocidad excesiva
■ *vt* (*past & past p* **speeded**) (hasten) acelerar

● **speed up** (*past & past p* **speeded**) **1** [*v* + *adv*] **(a)** (move faster) «*vehicle/driver*» acelerar; «*walker*» apretar* el paso **(b)** «*process/production*» acelerarse **2** [*v* + *o* + *adv*, *v* + *adv* + *o*] **(a)** ‹*vehicle*› acelerar **(b)** ‹*work/production*› acelerar

speed: **~boat** *n* (lancha *f*) motora *f*; **~ bump** *n* badén *m*, guardia *m* tumbado (Esp), tope *m* (Méx), policía *m* acostado (Col), lomo *m* de burro (RPl), baden *m* (Chi); **~ camera** *n* radar *m* (fijo); **~ dating** *n* citas *fpl* rápidas, speed dating *m*; **~ limit** *n* velocidad *f* máxima, límite *m* de velocidad

speedometer /spɪ'dɑːmətər, BrE spiː'dɒmɪtə(r)/ *n* velocímetro *m*, indicador *m* de velocidad

speedway /'spiːdweɪ/ *n* **(a)** (sport) carreras *fpl* de motocicletas **(b)** (AmE) (Transp) autopista *f*

speedy /'spiːdi/ *adj* **-dier**, **-diest** ‹*reply/delivery*› rápido; ‹*solution*› pronto, rápido

spell¹ /spel/ *n* **1** (magic ~) encanto *m*, hechizo *m*, encantamiento *m*; **evil ~** maleficio *m*; **to cast a ~ over** o **to put a ~ on sth/sb** hechizar* *or* embrujar algo/a algn **2** **(a)** (of weather) período *m* **(b)** (of work, activity) período *m*, temporada *f*; **a bad ~** una mala racha

spell² (*past & past p* **spelled** *or* BrE also **spelt**) *vt* **1** (write) escribir*; (orally) deletrear; **how do you ~ Zimbabwe?** ¿cómo se escribe Zimbabwe?; **could you ~ it for me?** ¿me lo deletrea? **2** (mean) significar*; (foretell) anunciar, augurar
■ *vi*: **he can't ~** tiene mala ortografía

● **spell out** [*v* + *o* + *adv*, *v* + *adv* + *o*] **(a)** ‹*word*› deletrear **(b)** (explain) explicar* en detalle

spell: **~binding** *adj* ‹*speech/film*› fascinante; **~bound** *adj* embelesado, maravillado; **~checker** *n* (Comput) corrector *m* ortográfico

spelling /'spelɪŋ/ *n* **(a)** (system, ability) ortografía *f*; **to be good/bad at ~** tener* buena/mala ortografía; (*before n*) **~ mistake** falta *f* de ortografía, error *m* ortográfico **(b)** (of a word) grafía *f*, ortografía *f*

spelt /spelt/ (BrE) *past & past p of* **spell²**

spelunking /spɪ'lʌŋkɪŋ/ *n* (AmE) espeleología *f*

spend /spend/ *vt* (*past & past p* **spent**) **1** **(a)** ‹*money*› gastar **(b)** (expend) **to ~ sth** (ON sth) dedicarle* algo A algo; **don't ~ too long on each question** no le dediquen mucho tiempo a cada pregunta **2** (pass) ‹*period of time*› pasar **3** (exhaust) agotar

spending /'spendɪŋ/ *n* gastos *mpl*; **public ~** el gasto público; (*before n*) **~ power** poder *m* adquisitivo

spending money *n* dinero *m* para gastos personales

spendthrift /'spendθrɪft/ *n* despilfarrador, -dora *m,f*

spent /spent/ *past & past p of* **spend**

sperm /spɜːrm, BrE spɜːm/ *n* (*pl* **~** *or* **~s**) **(a)** (seminal liquid) esperma *m or f* **(b)** (gamete) espermatozoide *m*, espermatozoo *m*

spew /spjuː/ *vi* **(a)** «*water*» salir* a borbotones **(b)** (vomit) (BrE sl) vomitar, lanzar* (fam)
■ *vt* ‹*lava/flames*› arrojar

sphere /sfɪr, BrE sfɪə(r)/ *n* esfera *f*

spherical /'sfɪrɪkəl, BrE 'sferɪkəl/ *adj* esférico

Sphinx /sfɪŋks/ *n*: **the ~** la Esfinge

spice¹ /spaɪs/ *n* **(a)** (seasoning) especia *f* **(b)** (zest, interest) sabor *m*

spice² *vt* **(a)** (Culin) (*often pass*) condimentar, sazonar* **(b)** (add excitement to): **to ~ up a story** darle* más sabor a un relato

spick-and-span /'spɪkən'spæn/ *adj* (infml) (*pred*) limpio y ordenado

spicy /'spaɪsi/ *adj* **-cier**, **-ciest** **(a)** ‹*sauce/food*› (with spices) con muchas especias; (hot, peppery) picante **(b)** (racy) ‹*story/account*› sabroso; (with sexual connotations) picante

spider /'spaɪdər, BrE 'spaɪdə(r)/ *n* araña *f*

spike¹ /spaɪk/ *n* **1** (pointed object) punta *f*, púa *f*, pincho *m or* (Arg) pinche *m*; (on track shoes) clavo *m or* (Chi, Ven) púa *f or* (Col) carramplón *m* **2** **spikes** *pl* (running shoes) zapatillas *fpl* de clavos *or* (Chi, Ven) de púas *or* (Col) con carramplones, picos *mpl* (Méx)

spike² *vt* **1** (pierce) pinchar, clavar **2** (add sth to) (infml): **they ~d his lemonade with vodka** le echaron vodka en la limonada

spiky /'spaɪki/ *adj* **-kier**, **-kiest** **(a)** (having spikes) con puntas *or* púas *or* pinchos **(b)** (sharp, pointed) puntiagudo, puntudo (Col, CS) **(c)** ‹*hair*› de punta

spill /spɪl/ (*past & past p* **spilled** *or* **spilt** /spɪlt/) *vt* ‹*liquid*› derramar, verter*; (knock over) volcar*
■ *vi* «*liquid*» derramarse; **people ~ed (out) into the streets** la gente se volcó *or* se echó a las calles

● **spill over** [*v* + *adv*] «*container*» desbordarse; «*liquid*» rebosar; «*fighting/conflict*» extenderse*

spillage /'spɪlɪdʒ/ *n* vertido *m*, derrame *m*

spilt /spɪlt/ *past & past p of* **spill**

spin¹ /spɪn/ *n* **1** (on ball) (Sport) efecto *m*, chanfle *m* (AmL) **2** **(a)** (of aircraft) barrena *f* **(b)** (Auto) trompo *m* **3** (ride) (infml): **to go for a ~** ir* a dar un paseo en coche (*or* en moto *etc*), ir* a dar un garbeo (Esp fam)

S

spin[2] (*pres p* **spinning**; *past & past p* **spun**) *vt* **1** ‹*wheel/top*› hacer* girar **2** **(a)** ‹*wool/cotton*› hilar **(b)** ‹*web*› tejer
■ *vi* **1** **(a)** (rotate) «*wheel/top*» girar; **my head is ~ning** la cabeza me da vueltas **(b)** «*washing machine*» centrifugar* **(c)** (move rapidly) (+ *adv compl*) **the car spun out of control** el coche giró fuera de control **2** (Tex) hilar
● **spin out** [*v + o + adv, v + adv + o*] ‹*money*› estirar; ‹*vacation/story*› alargar*, prolongar*

spina bifida /'spaɪnə'bɪfədə, BrE ˌspaɪnə'bɪfɪdə/ *n* espina *f* bífida

spinach /'spɪnɪtʃ, BrE 'spɪnɪdʒ, -ɪtʃ/ *n* (Bot) espinaca *f*; (Culin) espinaca(s) *f(pl)*

spinal /'spaɪnl/ *adj* de la columna vertebral

spinal: ~ **column** *n* columna *f* vertebral; ~ **cord** *n* médula *f* espinal

spindle /'spɪndl/ *n* **(a)** (Mech Eng) eje *m* **(b)** (Tex) huso *m*

spindly /'spɪndli/ *adj* **-dlier**, **-dliest** ‹*legs*› largo y flaco; ‹*plant*› alto y débil

spin: ~ **doctor** *n* (esp Pol) portavoz *mf* (*contratado para dar a la prensa, TV, etc, una interpretación favorable de los hechos*); ~ **drier** *n* centrifugadora *f* (*de ropa*); **~-dry** /'spɪn'draɪ/ *vt* **-dries**, **-drying**, **-dried** centrifugar*; ~ **dryer** *n* ▸ **~ drier**

spine /spaɪn/ *n* **1** **(a)** (Anat) columna *f* (vertebral) **(b)** (of book) lomo *m* **2** (on animal) púa *f*; (on plant) espina *f*

spine-chilling /'spaɪnˌtʃɪlɪŋ/ *adj* espeluznante

spineless /'spaɪnləs, BrE 'spaɪnlɪs/ *adj* **(a)** (cowardly, weak) débil, sin carácter **(b)** (Zool) invertebrado

spinning /'spɪnɪŋ/ *n* (Tex) hilado *m*

spinning wheel *n* rueca *f*

spin-off /'spɪnɔːf, BrE 'spɪnɒf/ *n* (product) producto *m* derivado; (result) resultado *m* indirecto

spinster /'spɪnstər, BrE 'spɪnstə(r)/ *n* soltera *f*

spiral[1] /'spaɪrəl, BrE 'spaɪərəl/ *n* **(a)** (shape, movement) espiral *f* **(b)** (of smoke) voluta *f*, espiral *f*

spiral[2] *adj* ‹*shape*› de espiral, acaracolado; ~ **staircase** escalera *f* de caracol

spiral[3] *vi*, (BrE **-ll-**) «*unemployment*» escalar; «*prices*» dispararse

spire /spaɪr, BrE 'spaɪə(r)/ *n* aguja *f*, chapitel *m*

S

⚷ **spirit** /'spɪrət, BrE 'spɪrɪt/ *n* **1** **(a)** (life force, soul) espíritu *m* **(b)** (Occult) espíritu *m* **2** (vigor, courage) espíritu *m*, temple *m*; **to break sb's ~** quebrantarle el espíritu a algn **3** (mental attitude, mood) (*no pl*) espíritu *m*; **the party/Christmas ~** el espíritu festivo/navideño **4** **spirits** *pl* (emotional state): **to be in good ~s** estar* animado; **keep your ~s up** ¡arriba ese ánimo! **5** **spirits** *pl* (alcohol) bebidas *fpl* alcohólicas (*de alta graduación*), licores *mpl*

spirited /'spɪrətəd, BrE 'spɪrɪtɪd/ *adj* ‹*horse/child*› brioso; ‹*reply*› enérgico; ‹*defense*› ardiente

spirit level *n* nivel *m* (de burbuja *or* de aire)

spiritual[1] /'spɪrɪtʃuəl, BrE 'spɪrɪtjʊəl/ *adj* espiritual

spiritual[2] *n* (Negro ~) espiritual *m* (negro)

spiritualism /'spɪrɪtʃuəlɪzəm, BrE 'spɪrɪtjʊəlɪzəm/ *n* (Occult) espiritismo *m*; (Phil) espiritualismo *m*

spit[1] /spɪt/ *n* **1** (saliva) saliva *f* **2** (for roasting) asador *m* (*en forma de varilla*), espetón *m*

⚷ palabra clave

spit[2] *vi* (*pres p* **spitting**; *past & past p* **spat** *or* AmE esp **spit**) **(a)** «*person/animal*» escupir; **to ~ AT sb** escupirle A algn; ▸ **image** **(b)** «*fire/fat*» chisporrotear **(c)** «*cat*» bufar
■ *vt* (*past & past p* **spat**) ‹*food/blood*› escupir
■ *v impers* (infml): **it's ~ting** caen algunas gotas (de lluvia), está chispeando (fam)
● **spit out** [*v + o + adv, v + adv + o*] escupir

spite[1] /spaɪt/ *n* **1** (malice) maldad *f*; (resentment) rencor *m*, resentimiento *m* **2** **in spite of** (*as prep*) a pesar de

spite[2] *vt* molestar, fastidiar

spiteful /'spaɪtfəl/ *adj* ‹*remark*› malicioso; ‹*person*› malo; (resentful) rencoroso

spittle /'spɪtl/ *n* baba *f*

splash[1] /splæʃ/ *n* **1** **(a)** (spray) salpicadura *f* **(b)** (sound): **we heard a ~** oímos el ruido de algo al caer al agua **(c)** (paddle, swim) (*no pl*) chapuzón *m* **2** **(a)** (of milk, paint) (*no pl*) **a ~** un poco **(b)** (mark, patch) salpicadura *f*, manchón *m*

splash[2] *vt* salpicar*; **to ~ sth/sb WITH sth** salpicar* algo/a algn DE algo
■ *vi* **(a)** «*water/paint*» salpicar* **(b)** «*person/animal*» chapotear
● **splash out** (BrE infml) [*v + adv*] darse* un lujo; **to ~ out ON sth** gastar(se) un dineral EN algo (fam)

splashguard /'splæʃgɑːrd, BrE 'splæʃgɑːd/ *n* (AmE) guardabarros *m*, salpicadera *f* (Méx), tapabarros *m* (Chi, Per)

splatter /'splætər, BrE 'splætə(r)/ *vt/i* ▸ **spatter**

splay /spleɪ/ *vt* ~ **(out)** ‹*fingers*› abrir*, separar; **to ~ one's legs** abrirse* de piernas

spleen /spliːn/ *n* (Anat) bazo *m*

splendid /'splendəd, BrE 'splendɪd/ *adj* **(a)** (very good) ‹*idea/opportunity/meal*› espléndido **(b)** (imposing) ‹*clothes/building*› magnífico; ‹*ceremony*› lleno de esplendor

splendor, (BrE) **splendour** /'splendər, BrE 'splendə(r)/ *n* esplendor *m*

splice /splaɪs/ *vt* ~ **(together)** ‹*ropes*› coser; ‹*tape/film*› unir

splint /splɪnt/ *n* tablilla *f*

splinter[1] /'splɪntər, BrE 'splɪntə(r)/ *n* (of wood) astilla *f*; (of glass, bone, metal) esquirla *f*, astilla *f*; (*before n*) ~ **group** grupo *m* escindido

splinter[2] *vi* **(a)** (break into pieces) «*wood/bone*» astillarse **(b)** «*political party/society*» escindirse
■ *vt* ‹*wood/bone*› astillar

split[1] /splɪt/ *n* **1** **(a)** (in garment, cloth — in seam) descosido *m*; (— part of design) abertura *f*, raja *f* **(b)** (in wood, glass) rajadura *f*, grieta *f* **2** **(a)** (Pol) escisión *f*; (Relig) cisma *m*, escisión *f* **(b)** (breakup) ruptura *f*, separación *f* **3** **splits** *pl* **to do the ~s** abrirse* completamente de piernas, hacer* el spagat (Esp)

split[2] *adj* **1** (damaged) ‹*wood*› rajado, partido; ‹*lip*› partido **2** **(a)** (divided): ~ **personality** doble personalidad *f*; ~ **shift** horario *m* (de trabajo) partido **(b)** (in factions) dividido

split[3] (*pres p* **splitting**; *past & past p* **split**) *vt* **1** **(a)** (break) ‹*wood/stone*› partir; **to ~ the atom** fisionar el átomo **(b)** (burst) ‹*pants/trousers*› reventar* **(c)** (divide into factions) ‹*nation/church*› dividir **2** (divide, share) ‹*cost/food*› dividir

■ *vi* **1** (crack, burst) «*wood/rock*» partirse, rajarse; «*leather/seam*» abrirse*, romperse*; **I've got a ~ting headache** tengo un dolor de cabeza espantoso **2** «*political party/church*» dividirse, escindirse **3** (leave) (sl) abrirse* (arg), largarse* (fam)

● **split away, split off**: [*v* + *adv*] **to ~ away** *o* **off** FROM **sth** escindirse *or* separarse DE algo

● **split up** **1** [*v* + *adv*] «*couple/band*» separarse; «*crowd*» dispersarse **2** [*v* + *o* + *adv*, *v* + *adv* + *o*] ‹*wrestlers/boxers*› separar; ‹*lovers*› hacer* que se separen; **~ them up into groups** divídelos en grupos

split: **~ end** *n* (of hair): **I've got ~ ends** tengo las puntas abiertas *or* (CS) florecidas, tengo horquillas (Col) *or* (Méx) orzuela *or* (Ven) horquetillas; **~-level** /'splɪt'levəl/ *adj* ‹*apartment*› en dos niveles; **~ second** *n* fracción *f* de segundo; (*before n*) **~-second timing** sincronización *f* perfecta

splutter /'splʌtər, BrE 'splʌtə(r)/ *vi* **(a)** «*fire/fat*» chisporrotear; «*engine*» resoplar **(b)** «*person*» resoplar; (in anger, embarrassment etc) farfullar

spoil /spɔɪl/ (*past & past p* **spoiled** *or* BrE also **spoilt**) *vt* **1** ‹*party/surprise*› echar a perder, estropear; **I don't want to ~ your fun but ...** no les quiero aguar la fiesta pero ...; **it will ~ your appetite** te quitará el apetito **2** (overindulge) ‹*child*› consentir*, malcriar*; **to be ~ed for choice** tener* mucho de donde elegir

■ *vi* **1** «*food/meal*» echarse a perder, estropearse **2** (be eager) (infml): **to be ~ing for a fight** estar* *or* andar* buscando pelea

spoiled /spɔɪld/, (BrE also) **spoilt** /spɔɪlt/ *adj* mimado

spoils /spɔɪlz/ *pl n* botín *m*

spoilsport /'spɔɪlspɔːrt, BrE 'spɔɪlspɔːt/ *n* (infml) aguafiestas *mf* (fam)

spoilt¹ /spɔɪlt/ (BrE) *past & past p of* **spoil**

spoilt² *adj* (BrE) ▶ **spoiled**

spoke¹ /spəʊk/ *n* radio *m* (*de una rueda*)

spoke² *past of* **speak**

spoken¹ /'spəʊkən/ *past p of* **speak**

spoken² *adj* (*before n*) hablado, oral

spokesman /'spəʊksmən/ *n* (*pl* **-men** /-mən/) portavoz *m*, vocero *m* (esp AmL)

spokesperson /'spəʊks,pɜːrsn̩, BrE 'spəʊks,pɜːsn̩/ *n* portavoz *mf*, vocero, -ra *m,f* (esp AmL)

spokeswoman /'spəʊks,wʊmən/ (*pl* **-women**) *n* portavoz *f*, vocera *f* (esp AmL)

sponge¹ /spʌndʒ/ *n* **1** **(a)** (Zool) esponja *f* **(b)** (for bath) esponja *f* **2** (Culin): **~ (cake)** bizcocho *m*, bizcochuelo *m* (CS)

sponge² *vt* pasar una esponja por

■ *vi*: **he lives by sponging on** o **off his relatives** vive a costillas de sus parientes

sponsor¹ /'spɑːnsər, BrE 'spɒnsə(r)/ *n* **(a)** (of program, show, sporting event) patrocinador, -dora *m,f*, espónsor *mf*; (for the arts) mecenas *mf* **(b)** (for membership): **you need two members to act as ~s** te tienen que presentar dos socios **(c)** (of bill, motion) proponente *mf*

sponsor² *vt* **(a)** ‹*event/festival*› patrocinar; ‹*research/expedition*› subvencionar **(b)** ‹*applicant/application*› apoyar **(c)** ‹*bill/motion*› (present) presentar, proponer*; (support) apoyar

sponsorship /'spɑːnsərʃɪp, BrE 'spɒnsəʃɪp/ *n* patrocinio *m*; (of the arts) mecenazgo *m*

spontaneous /spɑːn'teɪniəs, BrE spɒn'teɪniəs/ *adj* espontáneo

spontaneously /spɑːn'teɪniəsli, BrE spɒn'teɪniəsli/ *adv* espontáneamente

spoof /spuːf/ *n* (infml) parodia *f*, burla *f*

spooky /'spuːki/ *adj* **-kier**, **-kiest** (infml) espeluznante

spool /spuːl/ *n* carrete *m*, carretel *m* (AmL)

spoon /spuːn/ *n* cuchara *f*; (small) cucharita *f*

spoonfeed /'spuːnfiːd/ *vt* (*past & past p* **-fed**) ‹*baby*› darle* de comer en la boca a; **she ~s her students** se lo da todo mascado a sus alumnos

spoonful /'spuːnfʊl/ *n* cucharada *f*; (small) cucharadita *f*

sporadic /spə'rædɪk/ *adj* esporádico

sport¹ /spɔːrt, BrE spɔːt/ *n* **1** deporte *m* **2** (person): **to be a good ~** (to be sporting) tener* espíritu deportivo; (to be understanding) ser* comprensivo

sport² *vt* ‹*clothes/hairstyle*› lucir*

sport³ *adj* (AmE) **(a)** (Sport) ‹*equipment*› de deportes **(b)** (casual) ‹*clothes*› sport *adj inv*, de sport

sporting /'spɔːrtɪŋ, BrE 'spɔːtɪŋ/ *adj* **1** (fair) ‹*spirit*› deportivo; **it's very ~ of you** es muy amable de tu parte **2** (*no comp*) (relating to sport) ‹*press/interests*› deportivo

sports /spɔːrts, BrE spɔːts/ *adj* **(a)** (Sport) (page/program) de deportes; **~ complex** polideportivo *m* **(b)** (casual) ‹*clothes/shirt*› sport *adj inv*

sports: **~ car** *n* coche *m* deportivo, carro *m* sport (AmL exc CS), auto *m* sport *or* deportivo (CS); **~man** /'spɔːrtsmən, BrE 'spɔːtsmən/ *n* (*pl* **-men** /-mən/) deportista *m*

sportsmanship /'spɔːrtsmənʃɪp, BrE 'spɔːtsmənʃɪp/ *n* espíritu *m* deportivo

sportswoman /'spɔːrtswʊmən, BrE 'spɔːtswʊmən/ *n* deportista *f*

sporty /'spɔːrti, BrE 'spɔːti/ *adj* **-tier**, **-tiest** **(a)** ‹*person*› deportista **(b)** (Auto) deportivo

spot¹ /spɑːt, BrE spɒt/ *n* **1** **(a)** (dot — on material) lunar *m*, mota *f*; (— on animal's skin) mancha *f* **(b)** (blemish, stain) mancha *f* **(c)** (pimple) (BrE) grano *m*, espinilla *f* (AmL) **2** **(a)** (location, place) lugar *m*, sitio *m*; ***on the ~***: **he had to decide on the ~** tuvo que decidir en ese mismo momento; **they were killed on the ~** los mataron allí mismo; **on-the-~ fine** *multa que se paga en el acto* **(b)** (difficult situation): **to be in a (tight) ~** estar* en apuros **3** **(a)** (drop) gota *f* **(b)** (small amount) (BrE infml) (*no pl*) **do you fancy a ~ of supper?** ¿quieres cenar algo?

spot² *vt* **-tt-** **1** ‹*error*› descubrir*; ‹*bargain*› encontrar*; **he ~ted her in the crowd** la vio *or* (AmL tb) la ubicó entre el gentío **2** (mark) (*usu pass*) manchar

spot check *n*: *control o inspección realizada al azar*

spotless /'spɑːtləs, BrE 'spɒtlɪs/ *adj* ‹*clothes*› impecable; ‹*house*› limpísimo; ‹*reputation/record*› intachable

spotlight /'spɑːtlaɪt, BrE 'spɒtlaɪt/ *n* (in theater) foco *m*; (on building) reflector *m*

spotted /'spɑːtəd, BrE 'spɒtɪd/ *adj* ‹*tie/material*› de *or* a lunares *or* motas

spotty /'spɑːti, BrE 'spɒti/ *adj* **-tier**, **-tiest** (BrE) ‹*skin*› lleno de granos; ‹*youth*› con la cara llena de granos

spouse /spaʊs/ *n* (fml *or* hum) cónyuge *mf* (fml)

spout¹ /spaʊt/ *n* **(a)** (of teapot, kettle) pico *m*, pitorro *m* (Esp) **(b)** (pipe — on gutter) canalón *m*; (— on fountain, gargoyle) caño *m* **(c)** (jet) chorro *m*

spout² *vt* ‹*oil/liquid*› arrojar *or* expulsar chorros de
■ *vi* «*liquid*» salir* a chorros; «*whale*» expulsar chorros de agua

sprain¹ /spreɪn/ *n* esguince *m*, distensión *f*

sprain² *vt* hacerse* un esguince en, distenderse*

sprang /spræŋ/ *past of* **spring¹**

sprawl¹ /sprɔːl/ *vi* «*person*» sentarse* (*or* tumbarse *etc*) de forma poco elegante

sprawl² *n* (of built-up area) expansión *f*

spray¹ /spreɪ/ *vt* **(a)** ‹*liquid*› pulverizar*, aplicar* con atomizador; ‹*paint*› aplicar* con pistola pulverizadora **(b)** ‹*plants*› rociar* (*con atomizador*)

spray² *n* **1** **(a)** (fine drops) rocío *m* **(b)** (liquid in spray form) espray *m*; (*before n*) ‹*deodorant/polish*› en aerosol, en espray, en atomizador **(c)** (implement) rociador *m* **2** (bunch) ramillete *m*

spread¹ /spred/ (*past & past p* **spread**) *vt* **1** (extend) ‹*arms/legs*› extender*; ‹*map/sails/wings*› desplegar*; **you can ~ the cost over five years** se puede pagar el costo a lo largo de cinco años **2** **(a)** ‹*paint/glue*› extender*; ‹*seeds/sand*› esparcir*; **to ~ butter on a piece of toast** untar una tostada con mantequilla **(b)** ‹*knowledge/news*› difundir; ‹*influence*› extender*; ‹*rumor*› hacer* correr; ‹*disease*› propagar*; ‹*fear*› sembrar*; ‹*ideas/culture*› diseminar
■ *vi* **1** «*disease*» propagarse*; «*liquid/fire*» extenderse*; «*ideas/culture*» diseminarse; «*panic/fear*» cundir; «*influence/revolt*» extenderse* **2** (extend in space, time) extenderse* **3** «*paint*» extenderse*; «*butter*» untarse
• **spread out** [*v + adv*] **(a)** (move apart) «*troops*» desplegarse* **(b)** (extend) extenderse*

spread² *n* **1** (diffusion — of disease) propagación *f*; (— of ideas) difusión *f*, diseminación *f*; (— of fire) propagación *f* **2** (of wings, sails) envergadura *f* **3** (Culin) **(a)** (meal) (infml) festín *m*, banquete *m* **(b)** (paste) *pasta para extender sobre pan, tostadas etc* **4** (Journ, Print): **it was advertised in a full-page ~** venía anunciado a plana entera

spread: **~ betting** *n* *modalidad de apuesta en que lo que se gana o pierde depende de la cantidad en que difiere lo apostado de los resultados en algún acontecimiento deportivo*; **~-eagled** /'spred'iːgəld/ *adj* con los brazos y piernas abiertos; **~sheet** *n* hoja *f* de cálculo; (*before n*) **~sheet program** hoja *f* electrónica

spree /spriː/ *n*: **to go on a shopping ~** ir* de expedición a las tiendas

sprig /sprɪg/ *n* ramito *m*

sprightly /'spraɪtli/ *adj* **-lier**, **-liest** ‹*person*› lleno de brío; ‹*walk/step*› ágil

spring¹ /sprɪŋ/ (*past* **sprang** *or* esp AmE **sprung**; *past p* **sprung**) *vi* **1** (leap) saltar; **to ~ into action** entrar en acción **2** **(a)** (liter) «*stream*» surgir*, nacer*; «*shoots*» brotar **(b)** **to ~ FROM sth** «*ideas/doubts*» surgir* DE algo; «*problem*» provenir* DE algo
■ *vt* **(a)** (produce suddenly): **to ~ a surprise on sb** darle* una sorpresa a algn **(b)** **to ~ a leak** empezar* a hacer agua
• **spring up** [*v + adv*] «*stores/housing estates*» surgir*; «*plant*» brotar; «*wind*» levantarse

spring² *n* **1** (season) primavera *f*; **in (the) ~** en primavera; (*before n*) ‹*weather/showers*› primaveral **2** (Geog) manantial *m*, fuente *f* **3** (jump) salto *m*, brinco *m* **4** **(a)** (in watch, toy) resorte *m*; (in mattress) muelle *m*, resorte *m* (AmL) **(b)** (elasticity) (*no pl*) elasticidad *f*

spring: **~board** *n* trampolín *m*; **~clean** /'sprɪŋ'kliːn/ *vi* hacer* limpieza general; **~cleaning** /'sprɪŋ'kliːnɪŋ/ *n* (*no pl*) limpieza *f* general; **~ onion** *n* (BrE) cebolleta *f*, cebollino *m*; **~time** *n* primavera *f*

springy /'sprɪŋi/ *adj* **-gier**, **-giest** ‹*mattress/grass*› mullido; ‹*floor*› elástico

sprinkle /'sprɪŋkəl/ *vt* **(a)** (scatter) **to ~ sth ON sth**: **to ~ water on the plants** rociar* las plantas con agua; **to ~ sugar on sth** espolvorear algo con azúcar **(b)** (cover) **to ~ sth WITH sth**: **~ the board with flour** espolvoree la tabla con harina

sprinkler /'sprɪŋklər, BrE 'sprɪŋklə(r)/ *n* **(a)** (garden ~) aspersor *m* **(b)** (for firefighting) (*usu pl*) rociador *m*; (*before n*) **~ system** sistema *m* de rociadores

sprint¹ /sprɪnt/ *n* **(a)** (fast run) (e)sprint *m* **(b)** (short race) (Sport) carrera *f* corta

sprint² *vi* **(a)** (Sport) (e)sprintar **(b)** (run fast): **I ~ed after him** salí corriendo tras él a toda velocidad

sprout¹ /spraʊt/ *vt* ‹*leaves/shoots*› echar
■ *vi* «*plant*» echar retoños, retoñar; «*leaf*» brotar, salir*; «*seeds*» germinar

sprout² *n* **(a)** (Brussels ~) col *f or* (AmS) repollito *m* de Bruselas **(b)** (shoot) brote *m*

spruce¹ /spruːs/ *n* (tree) picea *f*, abeto *m* falso

spruce² *adj* **sprucer**, **sprucest** ‹*appearance*› cuidado, acicalado; ‹*garden*› cuidado, arreglado
• **spruce up** [*v + o + adv, v + adv + o*] ‹*garden/room*› arreglar

sprung /sprʌŋ/ *past p* & (esp AmE) *past of* **spring¹**

spry /spraɪ/ *adj* **-er**, **-est** lleno de vida, dinámico

spud /spʌd/ *n* (infml) papa *f or* (Esp) patata *f*

spun¹ /spʌn/ *past & past p of* **spin²**

spun² *adj* ‹*silk/cotton*› hilado

spur¹ /spɜːr, BrE spɜː(r)/ *n* **(a)** (Equ) espuela *f*; ***on the ~ of the moment*** sin pensarlo **(b)** (stimulus) acicate *m*

spur² *vt* **-rr-** **(a)** (Equ) ‹*horse*› espolear **(b)** **~ (on)** ‹*person/team*› estimular

spurious /'spjʊriəs, BrE 'spjʊəriəs/ *adj* ‹*document*› falso, espurio; ‹*argument*› falaz, espurio

spurn /spɜːrn, BrE spɜːn/ *vt* desdeñar, rechazar*

spurt¹ /spɜːrt, BrE spɜːt/ *n* **(a)** (of speed, activity) racha *f*; **to put on a ~** acelerar **(b)** (jet) chorro *m*

spurt² *vi* «*liquid/steam*» salir* a chorros

palabra clave

S

spy¹ /spaɪ/ *n* (*pl* **spies**) espía *mf*; (*before n*) ‹*story*› de espías, de espionaje; ~ **ring** red *f* de espionaje

spy² **spies**, **spying**, **spied** *vi* espiar*; **to ~** ON **sb** espiar* a algn
■ *vt* descubrir*, ver*

sq *adj* (= **square**): **220 ~ m** 220 m²

Sq (= **Square**) Pza.

squabble /ˈskwɑːbəl, BrE ˈskwɒbəl/ *vi* pelear(se), reñir*

squad /skwɑːd, BrE skwɒd/ *n* **(a)** (Mil) pelotón *m*; (of workmen) cuadrilla *f* **(b)** (of policemen) brigada *f*; **drug ~** brigada *f* antidroga **(c)** (Sport) equipo *m*

squad car *n* (AmE) coche *m or* (AmL tb) auto *m* patrulla, patrullero *m* (CS, Per)

squadron /ˈskwɑːdrən, BrE ˈskwɒdrən/ *n* (Mil, Aviat) escuadrón *m*; (Naut) escuadra *f*

squalid /ˈskwɑːləd, BrE ˈskwɒlɪd/ *adj* **(a)** (dirty) ‹*existence/house*› miserable **(b)** (sordid) ‹*story/business*› sórdido

squall /skwɔːl/ *n* borrasca *f*, turbión *m*

squalor /ˈskwɑːlər, BrE ˈskwɒlə(r)/ *n* miseria *f*

squander /ˈskwɑːndər, BrE ˈskwɒndə(r)/ *vt* ‹*money*› despilfarrar; ‹*opportunity*› desaprovechar

square¹ /skwer, BrE skweə(r)/ *n* **1** **(a)** (shape) cuadrado *m*; (in fabric design) cuadro *m* **(b)** (on chessboard) casilla *f*, escaque *m*; (in crossword) casilla *f*; ***to go back to ~ one*** volver* a empezar desde cero **2** (in town, city) plaza *f* **3** (Math) cuadrado *m*

square² *adj* **squarer**, **squarest** **1** **(a)** ‹*box/table/block*› cuadrado; **the room is 15 feet ~** la habitación mide 15 (pies) por 15 (pies) **(b)** (having right angles) ‹*corner/edges*› en ángulo recto **(c)** ‹*face*› cuadrado; ‹*jaw*› angular **2** (Math) (*before n*) ‹*yard/mile*› cuadrado **3** **(a)** (fair, honest): **he'll give you a ~ deal** no te va a engañar **(b)** (large and wholesome) (*before n*) ‹*meal*› decente

square³ *vt* **1** (make square) ‹*angle/side*› cuadrar **2** (Math) elevar al cuadrado **3** **(a)** (settle, make even) ‹*debts/accounts*› pagar*, saldar **(b)** (reconcile) ‹*facts/principles*› conciliar
■ *vi* «*ideas/arguments*» concordar*

● **square up** [*v* + *adv*] (settle debts) (infml) **to ~ up** (WITH **sb)** arreglar cuentas (CON algn)

square root *n* raíz *f* cuadrada

squash¹ /skwɑːʃ, BrE skwɒʃ/ *n* **1** (Sport) squash *m* **2** (drink) (BrE) *refresco a base de extractos*; **orange ~** naranjada *f* **3** (Bot, Culin) *nombre genérico de varios tipos de calabaza y zapallo*

squash² *vt* **1** **(a)** (crush) ‹*fruit/insect*› aplastar **(b)** (squeeze) **to ~ sth/sb in** meter algo/a algn (*apretando*) **2** (suppress, silence) (infml) ‹*protests/rumors*› acallar
■ *vi* (+ *adv compl*): **we all ~ed into his study** nos metimos todos en su despacho

squashy /ˈskwɑːʃi, BrE ˈskwɒʃi/ *adj* **-shier**, **-shiest** ‹*fruit*› blando; ‹*ground*› húmedo y mullido

squat¹ /skwɑːt, BrE skwɒt/ *vi* **-tt-** **1** (crouch) agacharse, ponerse* en cuclillas **2** (in building, on land) *ocupar un inmueble ajeno sin autorización*

squat² *adj* **-tt-** ‹*person*› rechoncho y bajo; ‹*building/church*› achaparrado

squatter /ˈskwɑːtər, BrE ˈskwɒtə(r)/ *n* (in building) ocupante *mf* ilegal, ocupa *or* okupa *mf* (Esp), paracaidista *mf* (Méx)

squawk¹ /skwɔːk/ *n* (of bird) graznido *m*

squawk² *vi* «*bird*» graznar; «*person*» chillar

squeak¹ /skwiːk/ *n* (of animal, person) chillido *m*; (of hinge) chirrido *m*; (of shoes) crujido *m*

squeak² *vi* «*animal/person*» chillar; «*hinge*» chirriar*; «*shoes*» crujir

squeaky /ˈskwiːki/ *adj* **-kier**, **kiest** ‹*hinge/pen*› chirriante; ‹*voice*› chillón, de pito

squeal¹ /skwiːl/ *vi* **(a)** (make noise) «*person/animal*» chillar; «*brakes/tires*» chirriar* **(b)** (inform) (infml) cantar (fam), chivarse (Esp fam), sapear (Ven fam)

squeal² *n* (of animal) chillido *m*; (of person) grito *m*, chillido *m*; (of brakes, tires) chirrido *m*

squeamish /ˈskwiːmɪʃ/ *adj* impresionable, aprensivo

squeeze¹ /skwiːz/ *n* **1** **(a)** (application of pressure) apretón *m*; **he gave her hand a ~** le dio un apretón de manos **(b)** (restrictions): **a credit ~** una restricción crediticia **(c)** (hug) apretón *m* **2** (confined, restricted condition) (infml) (*no pl*) **it will be a (tight) ~** vamos (*or* van *etc*) a estar apretados

squeeze² *vt* **(a)** (press) ‹*tube/pimple*› apretar*, espichar (Col); ‹*lemon*› exprimir; **to ~ a cloth (out)** retorcer* un trapo **(b)** (extract) ‹*liquid/juice*› extraer*, sacar*; **he tried to ~ more money out of them** trató de sacarles más dinero **(c)** (force, fit) meter; **I can ~ you in tomorrow morning** le puedo hacer un huequito mañana por la mañana
■ *vi*: **he ~d in through the hole** se metió por el agujero

squelch /skweltʃ/ *vi* «*shoes/hooves*» *hacer* un ruido como de succión*

squid /skwɪd/ *n* (*pl* ~) calamar *m*

squiggle /ˈskwɪgəl/ *n* garabato *m*

squint¹ /skwɪnt/ *n* bizquera *f*, estrabismo *m*

squint² *vi* **(a)** (attempting to see) entrecerrar* los ojos **(b)** (be cross-eyed) bizquear, torcer* la vista

squire /skwaɪr, BrE ˈskwaɪə(r)/ *n* **(a)** (Hist, Mil) escudero *m* **(b)** (in UK: landowner) señor *m*

squirm /skwɜːrm, BrE skwɜːm/ *vi* retorcerse*; **she ~ed with embarrassment** le dio mucha vergüenza, no sabía dónde meterse de la vergüenza

squirrel /skwɜːrl, BrE ˈskwɪrəl/ *n* ardilla *f*

squirt¹ /skwɜːrt, BrE skwɜːt/ *n* **1** (stream) chorrito *m* **2** (person) (infml) mequetrefe *m* (fam)

squirt² *vt* ‹*liquid*› echar un chorro de
■ *vi* «*liquid*» salir* a chorros

Sr (= **Senior**) Sr.

Sri Lanka /sriːˈlɑːŋkə, ʃriː-, BrE srɪˈlæŋkə, ʃrɪ-/ *n* Sri Lanka *m*

St **(a)** (= **Saint**) S(an), Sta.; **~ Thomas** Sto. Tomás **(b)** (= **Street**) c/

stab¹ /stæb/ *n* **(a)** (with knife) puñalada *f*, cuchillada *f*; ***to have a ~ at sth*** intentar algo **(b)** (sudden sensation): **a ~ of pain** una punzada de dolor

stab² *vt* **-bb-** apuñalar, acuchillar; **he had been ~bed to death** había muerto apuñalado *or* acuchillado

S

stabbing¹ /'stæbɪŋ/ *n* apuñalamiento *m*
stabbing² *adj* ‹*pain/sensation*› punzante
stability /stə'bɪləti/ *n* estabilidad *f*
stabilize /'steɪbəlaɪz/ *vt* estabilizar*
■ *vi* estabilizarse*
stable¹ /'steɪbəl/ *adj* **-bler**, **-blest** **(a)** (firm, steady) estable **(b)** (Psych) equilibrado
stable² *n* (*often pl*) (for horses) caballeriza *f*, cuadra *f*; (for other livestock) establo *m*
staccato /stə'kɑːtəʊ/ *adj* (Mus) staccato
stack¹ /stæk/ *n* **(a)** (pile) montón *m*, pila *f* **(b)** (many, much) (infml) (*often pl*) montón *m* (fam), pila *f* (AmS fam)
stack² *vt* ~ **(up)** amontonar, apilar
stadium /'steɪdiəm/ *n* (*pl* **-diums** *or* **-dia** /-diə/) estadio *m*
✓ **staff¹** /stæf, BrE stɑːf/ *n* **1** **(a)** (as group) (+ *sing o pl vb*) personal *m*; **the teaching** ~ el personal docente; **a member of** ~ un empleado **(b)** (as individuals) (BrE) (*pl* ~); (+ *pl vb*) empleados *mpl* **2** (*pl* **staffs** *or* **staves** /steɪvz/) (stick) bastón *m*; (of bishop) báculo *m*, cayado *m* **3** (Mus) ▶ **stave 2**
staff² *vt* proveer* de personal
staffroom /'stæfrʊm, -ruːm, BrE 'stɑːfruːm, -rʊm/ *n* (BrE) sala *f* de profesores
stag /stæg/ *n* ciervo *m*, venado *m*
✓ **stage¹** /steɪdʒ/ *n* **1** **(a)** (platform) tablado *m*; (in theater) escenario *m*; (*before n*) ~ **door** entrada *f* de artistas **(b)** (medium, profession): **the** ~ el teatro; (*before n*) ~ **name** nombre *m* artístico **2** (in development, activity) fase *f*, etapa *f*; **at some** ~ en algún momento
stage² *vt* **1** **(a)** ‹*event*› organizar*, montar; ‹*strike/demonstration*› hacer*; ‹*attack*› llevar a cabo; ‹*coup*› dar* **(b)** (engineer, arrange) arreglar, orquestar **2** (Theat) ‹*play*› poner* en escena
stage: ~**coach** *n* diligencia *f*; ~ **fright** *n* miedo *m* a salir a escena; ~**hand** *n* tramoyista *mf*; ~**manage** *vt* ‹*event*› orquestar, arreglar; ~ **manager** *n* director, -tora *m,f* de escena
stagger /'stægər, BrE 'stægə(r)/ *vi* tambalearse
■ *vt* **1** (amaze) dejar estupefacto **2** ‹*shifts/payments*› escalonar
staggering /'stægərɪŋ/ *adj* asombroso
stagnant /'stægnənt/ *adj* estancado
stagnate /'stægneɪt, BrE stæg'neɪt/ *vi* «*water/economy*» estancarse*; «*person*» anquilosarse
stag: ~ **night** *n* (for men only) ▶ ~ **party** ; ~ **party** *n* **(a)** (before wedding) despedida *f* de soltero **(b)** (all-male celebration) fiesta *f* para hombres, noche *f* de cuates (Méx)
staid /steɪd/ *adj* **-er**, **-est** serio, formal; ‹*clothes*› serio, sobrio; (derog) aburrido
stain¹ /steɪn/ *n* **(a)** (dirty mark) mancha *f* **(b)** (dye) tintura *f*, tinte *m* **(c)** (on character) mancha *f*
stain² *vt* **(a)** ‹*clothes/skin*› manchar **(b)** (dye) ‹*wood*› teñir*
■ *vi* manchar
stained glass /steɪnd/ *n* vidrio *m* *or* cristal *m* de colores; (*before n*) ~ **window** vitral *m*, vidriera *f* (de colores)
stainless steel /'steɪnləs, BrE 'steɪnlɪs/ *n* acero *m* inoxidable
stain remover *n* quitamanchas *m*

✓ palabra clave

stair /ster, BrE steə(r)/ *n* **(a)** **stairs** *pl* (flight of stairs, stairway) escalera(s) *f(pl)* **(b)** (single step) escalón *m*, peldaño *m*
stair: ~**case**, ~**way** *n* escalera(s) *f(pl)*; ~**well** *n* caja *f* *or* hueco *m* *or* (Méx) cubo *m* de la escalera
stake¹ /steɪk/ *n* **1** (pole) estaca *f* **2** **(a)** (bet) apuesta *f*; **to be at** ~ estar* en juego **(b)** (interest): **to have a** ~ **in a company** tener* participación *or* intereses en una compañía
stake² *vt* **1** (risk) ‹*money/reputation*› jugarse* **2** **(a)** (mark with stakes) marcar* con estacas, estacar*; **the government was quick to** ~ **its claim** el gobierno se apresuró a reclamar su parte **(b)** ‹*tree/plant*› arrodrigar*
stalactite /stə'læktaɪt, BrE 'stæləktaɪt/ *n* estalactita *f*
stalagmite /stə'lægmaɪt, BrE 'stæləgmaɪt/ *n* estalagmita *f*
stale /steɪl/ *adj* **staler**, **stalest** ‹*bread*› no fresco; ‹*butter/cheese*› rancio; ‹*beer*› pasado; ‹*air*› viciado; ‹*joke*› añejo, viejo; ‹*ideas*› trasnochado
stalemate /'steɪlmeɪt/ *n* (in chess) tablas *fpl* (*por ahogar al rey*); **to be at a** ~ estar* en un punto muerto
stalk¹ /stɔːk/ *n* (of plant) tallo *m*; (of leaf, flower) pedúnculo *m*, tallo *m*; (of fruit) rabillo *m*
stalk² *vt* acechar
■ *vi*: **to** ~ **off** irse* ofendido/indignado
stall¹ /stɔːl/ *n* **1** (in market) puesto *m*, tenderete *m* **2** **stalls** *pl* (in theater, movie house) (BrE) platea *f*, patio *m* de butacas **3** (in stable) compartimiento *m*
stall² *vi* **1** «*engine/car*» pararse, calarse (Esp), atascarse* (Méx) **2** (play for time) (infml): **quit** ~**ing** no andes con rodeos *or* con evasivas
■ *vt* **1** ‹*engine/car*› parar, calar (Esp), atascar* (Méx) **2** (delay) (infml) entretener*
stallion /'stæljən/ *n* semental *m*
stalwart /'stɔːlwərt, BrE 'stɔːlwət/ *adj* ‹*supporter*› incondicional, fiel
stamina /'stæmənə, BrE 'stæmɪnə/ *n* resistencia *f*
stammer¹ /'stæmər, BrE 'stæmə(r)/ *n* tartamudeo *m*
stammer² *vi* tartamudear
stamp¹ /stæmp/ *n* **1** (postage ~) sello *m*, estampilla *f* (AmL), timbre *m* (Méx); (*before n*) ~ **collecting** filatelia *f*; ~ **collector** coleccionista *mf* de sellos (*or* estampillas *etc*), filatelista *mf* **2** **(a)** (instrument) sello *m* **(b)** (printed mark) sello *m* **3** (character) impronta *f*; **she left her** ~ **on the institute** dejó su impronta en el instituto
stamp² *vt* **1** (with foot) ‹*ground*› dar* una patada en; **to** ~ **one's foot** dar* una patada en el suelo **2** ‹*letter/parcel*› franquear, ponerle* sellos (*or* estampillas *etc*) a, estampillar (AmL), timbrar (Méx); **a** ~**ed addressed envelope** un sobre franqueado *or* (AmL tb) estampillado *or* (Méx) timbrado con su dirección **3** **(a)** ‹*passport/ticket*› sellar **(b)** ‹*coin*› acuñar
■ *vi* «*person*» dar* patadas en el suelo; «*horse*» piafar; **he** ~**ed on the spider** le dio un pisotón a la araña
● **stamp out** [*v* + *o* + *adv*, *v* + *adv* + *o*] **(a)** ‹*fire*› apagar* (con los pies) **(b)** (suppress) ‹*resistance*›

aplastar; ‹*rebellion*› sofocar*; ‹*crime*› erradicar*

stampede¹ /stæm'piːd/ *n* estampida *f*

stampede² *vi* salir* en estampida

stance /stæns, BrE stɑːns/ *n* postura *f*

stand¹ /stænd/ *n* **1** **(a)** (position) lugar *m* **(b)** (attitude) postura *f* **(c)** (resistance) resistencia *f*; **to make a ~ against sth** oponer* resistencia a algo **2** **(a)** (base) pie *m*, base *f* **(b)** (for coats, hats) perchero *m* **3** (at fair, exhibition) stand *m*, caseta *f*; **newspaper ~** puesto *m* de periódicos; **a hot-dog ~** (esp AmE) un puesto de perritos calientes **4** (for spectators) (*often pl*) tribuna *f* **5** (witness box) (AmE) estrado *m*

stand² (*past & past p* **stood**) *vi* **1** **(a)** (be, remain upright) «*person*» estar* de pie, estar* parado (AmL) **(b)** (rise) levantarse, ponerse* de pie, pararse (AmL); **her hair stood on end** se le pusieron los pelos de punta, se le pararon los pelos (AmL); *see also* **stand up 1** **2** (move, take up position) ponerse*, pararse (AmL); **~ over there** ponte *or* (AmL tb) párate allí; **to ~ aside** hacerse* a un lado; **to ~ on one's head** pararse de cabeza (AmL), hacer el pino (Esp) **3** **(a)** (be situated, located): **a church stood here long ago** hace mucho tiempo aquí había una iglesia; **I won't ~ in your way** no seré yo quien te lo impida **(b)** (hold position): **where do you ~ on this issue?** ¿cuál es tu posición en cuanto a este problema?; **you never know where you ~ with him** con él uno nunca sabe a qué atenerse **(c)** (be mounted, fixed): **a hut ~ing on wooden piles** una choza construida sobre pilotes de madera **4** **(a)** (stop, remain still) «*person*» **they stood and stared** se quedaron mirando; **time stood still** el tiempo se detuvo **(b)** (Culin) «*batter/water*» **leave to ~** dejar reposar **(c)** (survive, last): **the tower is still ~ing** la torre sigue en pie **5** (remain unchanged, valid) «*law/agreement*» seguir* vigente; **the offer still ~s** la oferta sigue en pie **6** **(a)** (be currently): **as things ~** tal (y) como están las cosas **(b)** (be likely to) **to ~ to** + INF: **he ~s to lose a fortune** puede llegar a perder una fortuna; **what does she ~ to gain out of this?** ¿qué es lo que puede ganar con esto ? **7** (for office, election) (BrE) presentarse (como candidato)

■ *vt* **1** (place) poner*; (carefully, precisely) colocar* **2** **(a)** (tolerate, bear) (*with* CAN, CAN'T, WON'T) ‹*pain/noise*› aguantar, soportar; **I can't ~ him** no lo aguanto *or* soporto; **I can't ~ it any longer!** ¡no puedo más!; **she can't ~ being interrupted** no soporta que la interrumpan **(b)** (withstand) ‹*heat/strain*› soportar

● **stand back** [*v* + *adv*] (move away) **to ~ back (**FROM **sth)** apartarse (DE algo)

● **stand by** **1** [*v* + *adv*] **(a)** (remain uninvolved) mantenerse* al margen; **people just stood by and did nothing** la gente estaba allí mirando sin hacer nada **(b)** (be at readiness) «*army/troops*» estar* en estado de alerta **2** [*v* + *prep* + *o*] **(a)** ‹*promise*› mantener*; ‹*decision*› atenerse* a **(b)** (support) ‹*friend*› apoyar

● **stand down** [*v* + *adv*] (relinquish position) retirarse; (resign) renunciar, dimitir

● **stand for** [*v* + *prep* + *o*] **(a)** (represent) «*initials/symbol*» significar*; **CTI ~s for ...** CTI son las siglas de ...; **he has betrayed everything he once stood for** ha traicionado todo aquello con lo que solía identificar **(b)** (put up with) (*usu with neg*) consentir*

● **stand in**: [*v* + *adv*] **to ~ in** FOR **sb** sustituir* a algn

● **stand out** [*v* + *adv*] **(a)** (project) **to ~ out (**FROM **sth)** sobresalir* (DE algo) **(b)** (be conspicuous, contrast) sobresalir*, destacar(se)*; «*color*» resaltar

● **stand up** **1** [*v* + *adv*] **(a)** (get up) ponerse* de pie, levantarse, pararse (AmL) **(b)** (be, remain standing): **~ up straight** ponte derecho **(c)** (endure, withstand wear) resistir; **to ~ up** TO **sth** (to cold/pressure) resistir *or* soportar algo; *see also* **stand up to** **2** [*v* + *o* + *adv*] **(a)** (set upright) poner* de pie, levantar **(b)** (not keep appointment with) (infml) dejar plantado a (fam)

● **stand up for** [*v* + *adv* + *prep* + *o*] defender*; **I can ~ up for myself** me puedo defender solo

● **stand up to** [*v* + *adv* + *prep* + *o*] ‹*person/threats*› hacerle* frente a; *see also* **stand up 1 c**

standard¹ /'stændərd, BrE 'stændəd/ *n* **1** **(a)** (level) nivel *m*; (quality) calidad *f*; **~ of living** nivel *m* *or* estándar *m* de vida **(b)** (norm): **she sets very high ~s** exige un estándar *or* nivel muy alto; **the product was below ~** el producto no era de la calidad requerida **(c)** (official measure) estándar *m* **2** **(a)** (yardstick) criterio *m*, parámetro *m* **(b) standards** *pl* (moral principles) principios *mpl* **3** (flag, emblem) estandarte *m*

standard² *adj* **1** (normal) ‹*size*› estándar *adj inv*, normal; ‹*model*› (Auto) estándar *adj inv*, de serie; ‹*procedure*› habitual; ‹*reaction*› típico; **~ rate** tarifa *f* normal **2** (officially established) ‹*weight/measure*› estándar *adj inv*, oficial; **~ time** hora *f* oficial

standardization /ˌstændərdə'zeɪʃən, BrE ˌstædədaɪ'zeɪʃən/ *n* estandarización *f*

standardize /'stændərdaɪz, BrE 'stændədaɪz/ *vt* estandarizar*

standard lamp *n* (BrE) lámpara *f* de pie

standby¹ /'stændbaɪ/ *n* (*pl* **-bys**) **(a)** (thing one can turn to): **frozen meals are a useful ~** las comidas congeladas son muy socorridas **(b)** (state of readiness): **to be on ~** «*police/squadron*» estar* en estado de alerta **(c)** (Aviat) stand-by *m*

standby² *adj* (*before n*) **(a)** (ready for emergency) de emergencia; **to be on ~ duty** estar* de guardia **(b)** (Aviat) ‹*passenger/ticket/fare*› stand-by *adj inv*

stand-in /'stændɪn/ *n* suplente *mf*; (Cin) doble *mf*

standing¹ /'stændɪŋ/ *n* **(a)** (position) posición *f*; (prestige) prestigio *m* **(b)** (duration): **friends of more than 20 years' ~** amigos desde hace más de 20 años

standing² *adj* (*before n, no comp*) **(a)** (permanent) permanente; **~ charge** cuota *f* fija; (for utilities) cuota *f* abono; **it's a ~ joke that he never pays for a single drink** tiene fama de no invitar nunca a una copa **(b)** (upright, not seated) ‹*passenger*› de pie, parado (AmL)

standing order *n* **(a)** (with bank) (BrE) orden *f* permanente de pago **(b)** (with supplier) pedido *m* fijo

stand: **~off** *n* (AmE) **(a)** (tie, draw) empate *m* **(b)** (deadlock) callejón *m* sin salida; **~point** *n* punto *m* de vista; **~still** *n* (*no pl*): **to be at a ~still** «*traffic*» estar* paralizado; **to come to a ~still** «*vehicle*» parar; «*city/factory*» quedar paralizado

stank /stæŋk/ *past of* **stink²**

staple¹ /ˈsteɪpəl/ *n* **1** (for fastening paper, cloth etc) grapa *f*, ganchito *m*, corchete *m* (Chi) **2** **(a)** (basic food) alimento *m* básico **(b)** (principal product) producto *m* principal

staple² *adj* ‹*food/ingredient*› básico; ‹*industry*› principal; **rice is their ~ diet** se alimentan principalmente a base de arroz

staple³ *vt* grapar, engrapar (AmL), corchetear (Chi)

stapler /ˈsteɪplər, BrE ˈsteɪplə(r)/ *n* grapadora *f*, engrapadora *f* (AmL), corchetera *f* (Chi)

🔑 **star¹** /stɑːr, BrE stɑː(r)/ *n* **1** (in sky) estrella *f*; (Astrol, Astron) astro *m*; (*before n*) **~ sign** signo *m* del zodíaco **2** (symbol) estrella *f*; (asterisk) asterisco *m*; **a four-~ hotel** un hotel de cuatro estrellas; **four-~ petrol** (BrE) gasolina *f or* (RPl) nafta *f* súper, bencina *f* especial (Andes) **3** (celebrity) estrella *f*

star² **-rr-** *vt*: **the famous film which ~red Bogart and Bergman** la famosa película que tuvo como protagonistas a Bogart y Bergman; **'2005', ~ring Mike Kirnon** '2005', con (la actuación estelar de) Mike Kirnon
■ *vi*: **to ~ in a film** protagonizar* una película

starboard¹ /ˈstɑːrbərd, BrE ˈstɑːbəd/ *n* estribor *m*

starboard² *adj* (*before n*) de estribor

starch /stɑːrtʃ, BrE stɑːtʃ/ *n* **(a)** (in food, for clothes) almidón *m* **(b)** (starchy food) fécula *f*, almidón *m*

starchy /ˈstɑːrtʃi, BrE ˈstɑːtʃi/ *adj* **-chier, -chiest** ‹*diet*› a base de féculas *or* de almidones

stardom /ˈstɑːrdəm, BrE ˈstɑːdəm/ *n* estrellato *m*

stare¹ /ster, BrE steə(r)/ *vi* mirar (*fijamente*); **to ~** AT **sth/sb** mirar algo/a algn fijamente

stare² *n* mirada *f* (*fija*)

starfish /ˈstɑːrfɪʃ, BrE ˈstɑːfɪʃ/ *n* (*pl* **-fish**) estrella *f* de mar

stark¹ /stɑːrk, BrE stɑːk/ *adj* **-er, -est** ‹*landscape*› agreste; ‹*truth*› escueto; ‹*realism*› descarnado

stark² *adv*: **~ naked** completamente desnudo

starlet /ˈstɑːrlət, BrE ˈstɑːlɪt/ *n* starlet(te) *f* (*joven actriz que aspira al estrellato*)

starling /ˈstɑːrlɪŋ, BrE ˈstɑːlɪŋ/ *n* estornino *m*

starry /ˈstɑːri/ *adj* **-rier, -riest** estrellado

starry-eyed /ˈstɑːriˈaɪd/ *adj* **(a)** (full of illusions) ‹*person*› iluso, soñador **(b)** (dreamy): **she gazed at him all ~** lo miraba arrobada

star: **S~s and Stripes** *n*: **the S~s and Stripes** la bandera de las barras y las estrellas; **~-spangled** /ˈstɑːrˌspæŋgəld, BrE ˈstɑːˌspæŋgəld/ *adj* (liter) ‹*sky/heavens*› tachonado de estrellas (liter); **S~-Spangled Banner** *n*: **the S~ Spangled Banner** el himno de las barras y las estrellas (*himno nacional de EEUU*)

🔑 **start¹** /stɑːrt, BrE stɑːt/ *n* **1** **(a)** (beginning) principio *m*, comienzo *m*; **from ~ to finish** del principio al fin; **to make a ~ (**ON **sth)** empezar* (algo); **to make an early ~** empezar* temprano; (on a journey) salir* temprano **(b)** **for a ~** (*as linker*) para empezar **2** (Sport) **(a)** (of race) salida *f* **(b)** (lead, advantage) ventaja *f* **3** (jump): **to give sb a ~** darle* *or* pegarle* un susto a algn; **I woke up with a ~** me desperté sobresaltado

🔑 **start²** *vt* **1** (begin) empezar*, comenzar*; **I ~ work at eight** empiezo a trabajar a las ocho; **to ~** -ING **to ~ to** + INF empezar* A + INF **2** (cause to begin) ‹*race*› dar* comienzo a, largar* (CS, Méx); ‹*fire/epidemic*› provocar*; ‹*argument/fight*› empezar*; ‹*war*› «*incident*» desencadenar **3** (establish) ‹*business*› abrir*; ‹*organization*› fundar **4** (cause to operate) ‹*engine/dishwasher*› encender*, prender (AmL); ‹*car*› arrancar*
■ *vi* I **1** **(a)** (begin) empezar*, comenzar*; **to get ~ed** empezar*, comenzar*; **to ~** BY -ING empezar* POR + INF; **~ing (from) next January** a partir del próximo mes de enero **(b)** **to ~ with** (*as linker*) primero, para empezar **2** (originate) empezar*, originarse **3** (set out) (+ *adv compl*) **to ~ back** emprender el regreso; **we ~ from the hotel at six** salimos del hotel a las seis **4** (begin to operate) «*car*» arrancar*
II (move suddenly) dar* un respingo; (be frightened) asustarse, sobresaltarse

● **start off** **1** [*v* + *adv*] **(a)** ▶ **start out 1** **(b)** (begin moving) arrancar* **(c)** (begin) empezar* **2** [*v* + *o* + *adv*, *v* + *adv* + *o*] (begin) ‹*discussion/concert*› empezar* **3** [*v* + *o* + *adv*] (get sb started): **I'll do the first one, just to ~ you off** yo haré el primero, para ayudarte a empezar

● **start out** [*v* + *adv*] **1** (set out) salir* **2** (in life, career) empezar* **3** (begin) **to ~ out (**BY**)** -ING: **we ~ed out (by) thinking it would be easy** empezamos pensando que sería fácil

● **start over** (AmE) [*v* + *adv*], [*v* + *o* + *adv*] volver* a empezar

● **start up** **1** [*v* + *adv*] **(a)** ▶ **start²** I *vi* **4** **(b)** (begin business) empezar* **2** [*v* + *o* + *adv*, *v* + *adv* + *o*] **(a)** ‹*engine/car/machinery*› arrancar*, poner* en marcha **(b)** ‹*business*› montar **(c)** ‹*conversation*› entablar; ‹*discussion*› empezar*

starter /ˈstɑːrtər, BrE ˈstɑːtə(r)/ *n* **1** (Culin) entrada *f*, primer plato *m*, entrante *m* (Esp) **2** (Auto) (~ motor) motor *m* de arranque

starting /ˈstɑːrtɪŋ, BrE ˈstɑːtɪŋ/: **~ line** *n* línea *f* de salida; **~ point** *n* **~ point (**FOR **sth)** punto *m* de partida (DE/PARA algo)

startle /ˈstɑːrtl, BrE ˈstɑːtl/ *vt* sobresaltar, asustar

startling /ˈstɑːrtlɪŋ, BrE ˈstɑːtlɪŋ/ *adj* **(a)** (surprising) asombroso; ‹*similarity/coincidence*› extraordinario **(b)** (alarming) ‹*report/increase*› alarmante

starvation /stɑːrˈveɪʃən, BrE stɑːˈveɪʃən/ *n* hambre *f*‡, inanición *f*

starve /stɑːrv, BrE stɑːv/ *vt* **(a)** (deny food) privar de comida a; **I'm ~d** (AmE infml) me muero de hambre **(b)** (deprive) **to ~ sth/sb** OF **sth** privar algo/A algn DE algo
■ *vi* (die) morirse* de hambre *or* de inanición; (feel hungry) pasar hambre; **I'm starving** (BrE infml) me muero de hambre

starving /ˈstɑːrvɪŋ, BrE ˈstɑːvɪŋ/ *adj* hambriento, famélico

stash /stæʃ/ *vt* **~ (away)** (infml) (hide) esconder; (save) ir* ahorrando

🔑 **state¹** /steɪt/ *n* I **1** **(a)** (nation) estado *m*; (*before n*) **~ visit** visita *f* oficial **(b)** (division of country) estado *m*; **the S~s** los Estados Unidos **2** (Govt) estado *m*; (*before n*) (esp BrE) ‹*control/funding*› estatal; **~ school** escuela *f* pública *or* estatal **3** (pomp): **to lie in ~** yacer* en capilla ardiente
II (condition) estado *m*; **~ of war/emergency** estado de guerra/emergencia; **~ of mind**

🔑 palabra clave

estado de ánimo; **I was in no (fit) ~ to make a decision** no estaba en condiciones de tomar una decisión; **the kitchen is in a ~** (infml) la cocina está hecha un asco (fam)

state² *vt* «*person*» ‹*facts/case*› exponer*; ‹*problem*› plantear; ‹*name/address*› (in writing) escribir*; (orally) decir*; «*law/document*» establecer*; **he ~d that he had seen her there earlier** afirmó haberla visto antes allí

State Department *n* (in US): **the ~** el Departamento de Estado de los EEUU, ≈ el Ministerio de Asuntos Exteriores *or* de Relaciones Exteriores

stately /'steɪtli/ *adj* **-lier**, **-liest** majestuoso

stately home *n* (in UK) casa *f* solariega

statement /'steɪtmənt/ *n* **1** **(a)** (declaration) declaración *f*, afirmación *f*; **official ~** comunicado *m* oficial **(b)** (to police, in court) declaración *f* **2** (bank **~**) estado *m or* extracto *m* de cuenta

state: **~-of-the-art** /'steɪtəvðiˈɑːrt, BrE ˌsteɪtəvðiˈɑːt/ *adj* último modelo *adj inv*; **~side**, **S~side** *adv* (AmE infml) en/a/hacia los Estados Unidos

statesman /'steɪtsmən/ *n* (*pl* **-men** /-mən/) estadista *m*, hombre *m* de estado

static¹ /'stætɪk/ *adj* **1** ‹*situation*› estacionario **2** ‹*electricity*› estático

static² *n* **(a)** (electricity) electricidad *f* estática **(b)** (interference) estática *f*

station¹ /'steɪʃən/ *n* **1** **(a)** (Rail) estación *f* **(b)** (bus **~**) estación *f or* terminal *f* de autobuses **2** (place of operations): **research ~** centro *m* de investigación; *see also* **police station, fire station** **3** (TV) canal *m*; (Rad) emisora *f or* (AmL tb) estación *f* (de radio)

station² *vt* **(a)** (position) ‹*sentries*› apostar* **(b)** (post) (*usu pass*) ‹*personnel*› destinar; ‹*fleet/troops*› emplazar*

stationary /'steɪʃəneri, BrE 'steɪʃənri/ *adj* ‹*object/vehicle*› estacionario

stationery /'steɪʃəneri, BrE 'steɪʃənəri/ *n* **(a)** (writing materials) artículos *mpl* de papelería *or* de escritorio **(b)** (writing paper) papel *m* y sobres *mpl* de carta

station: **~ house** *n* (AmE) **(a)** (police station) comisaría *f* **(b)** ▶ **fire station**; **~master** *n* jefe, -fa *m,f* de estación; **~ wagon** *n* (AmE) ranchera *f*, (coche *m*) familiar *m*, camioneta *f* (AmL)

statistic /stə'tɪstɪk/ *n* estadística *f*; **the ~s show that ...** las estadísticas demuestran que ...

statistical /stə'tɪstɪkəl/ *adj* estadístico

statistics /stə'tɪstɪks/ *n* (+ *sing vb*) estadística *f*

statue /'stætʃuː, BrE 'stætjuː, 'stætʃuː/ *n* estatua *f*

stature /'stætʃər, BrE 'stætʃə(r)/ *n* **(a)** (status) talla *f* **(b)** (height) (fml) estatura *f*, talla *f*

status /'stætəs, BrE 'steɪtəs/ *n* (*pl* **-tuses**) **(a)** (category, situation): **the group has no official ~** el grupo no está oficialmente reconocido como tal; **financial ~** situación *f* económica **(b)** (social **~**) posición *f* social, estatus *m* **(c)** (kudos) estatus *m*; (*before n*) **~ symbol** símbolo *m* de estatus

status quo /kwəʊ/ *n* statu quo *m*

statute /'stætʃuːt, BrE 'stætjuːt, 'stætʃuːt/ *n* ley *f*

statutory /'stætʃuːtɔːri, BrE 'stætjʊtəri, 'stætʃuːtəri/ *adj* ‹*right/obligation*› legal; ‹*penalty*› establecido por la ley

staunch /stɔːntʃ/ *adj* **-er**, **-est** ‹*supporter*› incondicional; ‹*Protestant*› acérrimo

stave /steɪv/ *n* **1** (of barrel, hull) duela *f* **2** (Mus) pentagrama *m*

● **stave off** [*v* + *o* + *adv*, *v* + *adv* + *o*] ‹*defeat/disaster*› evitar; ‹*danger*› conjurar

staves **(a)** *pl of* **staff¹ 2** **(b)** *pl of* **stave**

stay¹ /steɪ/ *vi* **1** **(a)** (in specified place, position) quedarse; **~ there** quédate ahí; ***to ~ put*** quedarse **(b)** (in specified state): **~ still** quédate quieto; **we ~ed friends** seguimos siendo amigos **2** **(a)** (remain, not leave) quedarse **(b)** (reside temporarily) quedarse; (in a hotel etc) hospedarse, alojarse, quedarse; **he's ~ing with us over Easter** va a pasar la Semana Santa con nosotros

● **stay away**: [*v* + *adv*] **to ~ away** FROM **sth/sb** no acercarse* A algo/algn

● **stay in** [*v* + *adv*] (remain in position) quedarse en su sitio; (remain indoors) quedarse en casa

● **stay on** [*v* + *adv*] **(a)** (remain in position) «*hat/top*» quedarse en su sitio **(b)** (at school, in job) quedarse

● **stay out** [*v* + *adv*] **(a)** (not come home): **to ~ out late** quedarse fuera hasta tarde; **he usually ~s out late** normalmente no vuelve hasta tarde **(b)** (out of doors) quedarse fuera

● **stay out of** [*v* + *adv* + *prep* + *o*] **(a)** (avoid) ‹*trouble*› no meterse en; **~ out of the sun** quédate a la sombra **(b)** (not get involved in) ‹*argument*› no meterse en

● **stay up** [*v* + *adv*] **(a)** (not fall or sink) «*tent/pole*» sostenerse* **(b)** (not go to bed) quedarse levantado

stay² *n* **1** (time) estadía *f* (AmL), estancia *f* (Esp, Méx); **during her ~ in hospital** mientras estuvo en el hospital **2** (Law): **~ of execution** suspensión *f* del cumplimiento de la sentencia

staying power /'steɪɪŋ/ *n* resistencia *f*, aguante *m*

stead /sted/ *n*: **in sb's ~** (liter) en lugar de algn; ***to stand sb in good ~*** resultarle muy útil a algn

steadfast /'stedfæst, BrE 'stedfɑːst/ *adj* (liter) ‹*refusal*› firme, categórico; ‹*resolve*› inquebrantable

steadily /'stedli, BrE 'stedɪli/ *adv* **(a)** (constantly, gradually) ‹*breathe/beat/work*› regularmente **(b)** (incessantly) ‹*rain/work*› sin cesar, sin parar **(c)** (not shaking) ‹*gaze*› fijamente; ‹*walk*› con paso seguro

steady¹ /'stedi/ *adj* **-dier**, **-diest** **1** (not shaky) ‹*gaze*› fijo; ‹*chair/table/ladder*› firme, seguro; **with a ~ hand** con pulso firme; **hold the camera ~** no muevas la cámara **2** **(a)** (constant) ‹*rain/speed/pace*› constante; ‹*flow/stream*› continuo **(b)** (regular) (*before n*) ‹*job*› fijo; ‹*income*› regular; **~ boyfriend** novio *m*; **~ girlfriend** novia *f* **(c)** (dependable) ‹*person/worker*› serio, formal

steady² *vt* **-dies**, **-dying**, **-died** **(a)** (make stable) ‹*table/ladder*› (by holding) sujetar (para que no se mueva) **(b)** (make calm) calmar, tranquilizar*

steak /steɪk/ *n* **(a)** bistec *m*, filete *m*, churrasco *m* (CS), bife *m* (RPl, Bol) **(b)** (cut) carne *f* para filete (*or* bistec *etc*)

steal /stiːl/ (*past* **stole**; *past p* **stolen**) *vt* **1** ‹*object/idea*› robar; **to ~ sth** FROM **sb** robarle algo A algn; **to ~ a glance at sth/sb** (liter) echar una mirada furtiva a algo/algn **2** **stolen** *past p* ‹*money/property*› robado ■ *vi* **1** robar **2** (go stealthily) (+ *adv compl*) **to**

S

~ **away** o **off** escabullirse*; **they stole into the room** entraron en la habitación a hurtadillas

stealth /stelθ/ *n* sigilo *m*

stealthy /ˈstelθi/ *adj* **-thier, -thiest** ‹*movement/departure*› furtivo; ‹*footsteps*› sigiloso

steam[1] /stiːm/ *n* vapor *m*; ***to let off*** ~ desahogarse*; ***to run out of*** ~ perder* ímpetu

steam[2] *vt* (Culin) ‹*vegetables/rice*› cocinar *or* cocer* al vapor; ‹*pudding*› cocinar *or* cocer* al baño (de) María
■ *vi* (give off steam) echar vapor; «*hot food*» humear

● **steam up** [*v + adv*] «*window/glass*» empañarse

steam: ~**boat** *n* vapor *m*, barco *m* de *or* a vapor; ~ **engine** *n* **(a)** (Mech Eng) motor *m* de *or* a vapor **(b)** (esp BrE) (Rail) locomotora *f or* máquina *f* de *or* a vapor

steamer /ˈstiːmər, BrE ˈstiːmə(r)/ *n* **1** (Naut) vapor *m*, buque *m or* barco *m* de *or* a vapor **2** (cooking vessel) vaporera *f*

steam: ~**roller** *n* apisonadora *f*, aplanadora *f* (AmL); ~**ship** *n* ▶ **steamer 1**

steamy /ˈstiːmi/ *adj* **-mier, -miest** ‹*room/atmosphere*› lleno de vapor; ‹*window/glass*› empañado

steel[1] /stiːl/ *n* (Metall) acero *m*

steel[2] *v refl* **to** ~ **oneself** FOR **sth/to** + INF armarse de valor PARA algo/PARA + INF

steel wool *n* lana *f* de acero, virulana® *f* (Arg), fibra *f* metálica (Méx)

steely /ˈstiːli/ *adj* **-lier, -liest** ‹*gaze/expression*› duro; ‹*determination*› férreo

steep[1] /stiːp/ *adj* **-er, -est 1 (a)** ‹*slope*› empinado; ‹*drop*› brusco; ‹*descent*› en picada *or* (Esp) en picado **(b)** (large) ‹*increase/decline*› considerable **2** (infml) ‹*prices*› alto, excesivo

steep[2] *vt* (to soften, clean) remojar; (to flavor) macerar

steeple /ˈstiːpəl/ *n* aguja *f*, campanario *m*

steeple: ~**chase** *n* carrera *f* de obstáculos; ~**jack** *n*: *persona que repara chimeneas, torres etc*

steeply /ˈstiːpli/ *adv* **(a)** ‹*slope/rise/fall*› abruptamente **(b)** ‹*increase/decline*› considerablemente

steer[1] /stɪr, BrE stɪə(r)/ *n* **(a)** (castrated bull) buey *m* **(b)** (young bull) novillo *m*

steer[2] *vt* **(a)** ‹*vehicle/plane*› dirigir*, conducir*; ‹*ship*› gobernar* **(b)** (guide) llevar, conducir*
■ *vi* (Naut) estar* *or* ir* al timón; (Auto) ir* al volante; ***to*** ~ ***clear of sth/sb*** evitar algo/a algn

steering /ˈstɪrɪŋ, BrE ˈstɪərɪŋ/ *n* dirección *f*

steering wheel *n* (Auto) volante *m*

stem[1] /stem/ *n* **1** (of plant) tallo *m*; (of leaf) peciolo *m*, pecíolo *m*; (of fruit) pedúnculo *m* **2** (of glass) pie *m*

stem[2] **-mm-** *vt* ‹*flow/bleeding*› contener*; ‹*outbreak/decline*› detener*
■ *vi* **to** ~ FROM **sth** provenir* DE algo

stem cell *n* célula *f* madre *or* primordial

stench /stentʃ/ *n* fetidez *f*

stencil[1] /ˈstensəl, BrE ˈstensɪl/ *n* **(a)** (for lettering, decoration) plantilla *f*, troquel *m* **(b)** (for duplicating) stencil *m*, cliché *m* (Esp)

stencil[2] *vt*, (BrE **-ll-**) ‹*design/pattern*› *escribir, dibujar o pintar utilizando una plantilla*

stenographer /stəˈnɑːgrəfər, BrE steˈnɒgrəfə(r)/ *n* (esp AmE) taquígrafo, -fa *m,f*, estenógrafo, -fa *m,f*

stenography /stəˈnɑːgrəfi, BrE steˈnɒgrəfi/ *n* (AmE) taquigrafía *f*, estenografía *f*

⚷ **step[1]** /step/ *n* **1** (footstep, pace) paso *m*; **to take a** ~ **forward** dar* un paso adelante; ***to watch one's*** ~ andarse* con cuidado **2 (a)** (of dance) paso *m* **(b)** (in marching, walking) paso *m*; **to be in/out of** ~ llevar/no llevar el paso **3** (measure) medida *f*; **to take** ~**s (to** + INF**)** tomar medidas (PARA + INF) **4** (on stair) escalón *m*, peldaño *m*; (on ladder) travesaño *m*, escalón *m* **5** (AmE) (Mus): **whole** ~ tono *m*; **half** ~ semitono *m*

⚷ **step[2]** **-pp-** *vi*: **would you** ~ **inside/outside for a moment?** ¿quiere pasar/salir un momento?; **to** ~ **off a plane** bajarse de un avión; **to** ~ IN/ON **sth** pisar algo

● **step aside** [*v + adv*] hacerse* a un lado

● **step back** [*v + adv*] **(a)** (move back) dar* un paso atrás **(b)** (become detached) **to** ~ **back (**FROM **sth)** distanciarse (DE algo)

● **step down** [*v + adv*] **(a)** (get down) bajar **(b)** (resign) renunciar, dimitir

● **step forward** [*v + adv*] **(a)** (move forward) dar* un paso adelante **(b)** (present oneself) ofrecerse*

● **step in** [*v + adv*] intervenir*

● **step up** [*v + o + adv, v + adv + o*] ‹*production/campaign*› intensificar*; ‹*efforts/security/attacks*› redoblar

step: ~**brother** *n* hermanastro *m*; ~ **by** ~ *adv* (one stage at a time) paso a paso; (gradually) poco a poco; ~**-by-**~ /ˈstepbaɪˈstep/ *adj* ‹*instructions*› detallado, paso a paso; ~**child** *n* (son) hijastro *m*; (daughter) hijastra *f*; ~**daughter** *n* hijastra *f*; ~**father** *n* padrastro *m*; ~**ladder** *n* escalera *f* de mano *or* de tijera; ~**mother** *n* madrastra *f*

stepping-stone /ˈstepɪŋstəʊn/ *n*: *cada una de las piedras que se colocan para cruzar un arroyo, un pantano etc*; **a** ~ **to success** un peldaño en el camino del éxito

step: ~**sister** *n* hermanastra *f*; ~**son** *n* hijastro *m*

stereo[1] /ˈsteriəʊ/ *n* (*pl* **-os**) **(a)** (player) estéreo *m* **(b)** (sound) estéreo *m*

stereo[2] *adj* estéreo *adj inv*

stereotype[1] /ˈsteriətaɪp/ *n* estereotipo *m*

stereotype[2] *vt* catalogar*, estereotipar

sterile /ˈsterəl, BrE ˈsteraɪl/ *adj* estéril

sterility /stəˈrɪləti/ *n* esterilidad *f*

sterilize /ˈsterəlaɪz/ *vt* esterilizar*

sterling[1] /ˈstɜːrlɪŋ, BrE ˈstɜːlɪŋ/ *n* la libra (esterlina)

sterling[2] *adj*: **the pound** ~ la libra esterlina

stern[1] /stɜːrn, BrE stɜːn/ *n* popa *f*

stern[2] *adj* **-er, -est** severo

steroid /ˈstɪrɔɪd, ˈste-, BrE ˈstɪərɔɪd, ˈste-/ *n* esteroide *m*

stethoscope /ˈsteθəskəʊp/ *n* estetoscopio *m*

stevedore /ˈstiːvədɔːr, BrE ˈstiːvədɔː(r)/ *n* estibador, -dora *m,f*

stew[1] /stuː, BrE stjuː/ *n* estofado *m*, guiso *m*

stew[2] *vt* ‹*meat*› estofar, guisar; ‹*fruit*› hacer* compota de

⚷ palabra clave

steward /'stu:ərd, BrE 'stju:əd/ *n* **1** **(a)** (on ship) camarero *m* **(b)** (on plane) auxiliar *m* de vuelo, sobrecargo *m*, aeromozo *m* (AmL) **2** **(a)** (manager of estate) administrador, -dora *m,f* **(b)** (at public gatherings) (BrE) *persona encargada de supervisar al público en manifestaciones*

stewardess /'stu:ərdəs, BrE 'stju:ədes/ *n* **(a)** (on ship) camarera *f* **(b)** (on plane) auxiliar *f* de vuelo, azafata *f*, sobrecargo *f*, aeromoza *f* (AmL)

stick¹ /stɪk/ *n* **1** (of wood) palo *m*, vara *f*; (twig) ramita *f*; (for fire) astilla *f* **2** **(a)** (walking ~) bastón *m* **(b)** (hockey ~) palo *m* **3** (of celery, rhubarb) rama *f*, penca *f*; (of dynamite) cartucho *m*; (of rock, candy) palo *m*; **a ~ of chalk** una tiza; **a ~ of chewing gum** un chicle **4** **sticks** *pl* **the ~s** (infml): **to live out in the ~s** vivir en la Cochinchina *or* (Esp tb) en las Batuecas

stick² (*past & past p* **stuck**) *vt* **1** (attach, glue) pegar* **2** **(a)** (thrust) ‹*needle/knife/sword*› clavar **(b)** (impale) **to ~ sth** ON **sth** clavar algo EN algo **3** (put, place) (infml) poner* **4** (tolerate) (esp BrE infml) aguantar, soportar

■ *vi* **1** (adhere) «*glue*» pegar*; «*food*» pegarse*; **to ~** TO **sth** pegarse* *or* (fml) adherirse* A algo; **the two pages have stuck together** las dos páginas se han pegado; **the song stuck in my mind** la canción se me quedó grabada **2** (become jammed) atascarse*; *see also* **stuck²**

● **stick at** [*v + prep + o*] (infml) seguir* con; **~ at it** sigue así

● **stick by** [*v + prep + o*] ‹*friend*› no abandonar; ‹*promise*› mantener* en pie

● **stick out** **1** [*v + adv*] **(a)** (protrude) sobresalir* **(b)** (be obvious) resaltar; **he really ~s out in a crowd** uno enseguida lo nota en un grupo de gente **2** [*v + o + adv, v + adv + o*] (stretch out) (infml) ‹*hand*› extender*; ‹*tongue*› sacar*

● **stick to** [*v + prep + o*] **(a)** (hold to) ‹*road/path*› seguir* por; ‹*principles*› mantener*; ‹*rules*› ceñirse* a, atenerse* a; **I'll ~ to my original plan** seguiré con mi plan original **(b)** (not digress from) ‹*subject/facts*› ceñirse* a **(c)** (restrict oneself to) limitarse a

● **stick together** [*v + adv*] no separarse; (support each other) mantenerse* unidos

● **stick up** **1** [*v + o + adv, v + adv + o*] **(a)** (on wall) ‹*notice*› colocar*, poner* **(b)** (raise) ‹*hand*› levantar **2** [*v + adv*] (project): **something was ~ing up out of the ground** algo sobresalía del suelo; **her hair was ~ing up** tenía el pelo de punta, tenía el pelo parado (AmL)

● **stick up for** [*v + adv + prep + o*] ‹*person*› sacar* la cara por, defender*; **to ~ up for oneself** hacerse* valer

sticker /'stɪkər, BrE 'stɪkə(r)/ *n* (label) etiqueta *f*; (with slogan etc) pegatina *f*, adhesivo *m*

sticking plaster /'stɪkɪŋ/ *n* (BrE) **(a)** (individual strip) curita® *f* (AmL), tirita® *f* (Esp) **(b)** (tape) esparadrapo *m*, cinta *f* adhesiva

stick: **~ insect** *n* insecto *m* palo; **~-in-the-mud** *n* (infml): **don't be such a ~-in-the-mud** no seas tan rutinario e inflexible

stickler /'stɪklər, BrE 'stɪklə(r)/ *n*: **he's a ~ for discipline** insiste mucho en la disciplina

stick: **~-on** *adj* adhesivo; **~ shift** *n* (AmE) **(a)** (lever) palanca *f* de cambio(s) *or* (Méx) de velocidades **(b)** (car) coche *m* (de transmisión) estándar *or* manual; **~up** *n* (infml) atraco *m*, asalto *m*

sticky /'stɪki/ *adj* **stickier, stickiest** **1** **(a)** ‹*label*› engomado, autoadhesivo; ‹*surface*› pegajoso **(b)** ‹*weather*› bochornoso **2** (difficult) (infml) ‹*problem/issue*› peliagudo; ‹*situation*› violento

stiff¹ /stɪf/ *adj* **-er, -est** **1** **(a)** ‹*collar/bristles*› duro; ‹*fabric*› tieso, duro; ‹*corpse*› rígido; ‹*muscles*› entumecido, agarrotado; **to have a ~ neck** tener* tortícolis; **I'm ~ after that walk** estoy dolorido *or* (esp AmL) adolorido despues de la caminata **(b)** ‹*paste/dough*› consistente; ‹*egg white*› firme **2** ‹*test/climb*› difícil, duro; ‹*resistance*› férreo; ‹*penalty*› fuerte; ‹*breeze/drink*› fuerte **3** ‹*person/manner*› estirado; ‹*bow/smile*› forzado

stiff² *adv* (infml): **I'm frozen ~** estoy helado hasta los huesos (fam); **we were bored ~** nos aburrimos como ostras (fam); **scared ~** muerto de miedo

stiffen /'stɪfən/ *vt* **(a)** (with starch) almidonar; (with fabric underneath) armar **(b)** **~** (up) ‹*resolve*› fortalecer*

■ *vi* **(a)** **~ (up)** (become rigid) «*person/muscles/joint*» agarrotarse **(b)** (become firm) endurecerse* **(c)** (in manner, reaction) ponerse* tenso

stiffly /'stɪfli/ *adv* **(a)** ‹*walk/move*› rígidamente, con rigidez **(b)** ‹*greet*› fríamente; ‹*bow*› con fría formalidad

stifle /'staɪfəl/ *vt* **1** (suffocate) (*often pass*) ‹*person*› sofocar* **2** (suppress) ‹*flames*› sofocar*; ‹*yawn/anger*› contener*; ‹*noise*› ahogar*

stifling /'staɪflɪŋ/ *adj* ‹*heat*› sofocante

stigma /'stɪgmə/ *n* (*pl* **-mas**) estigma *m*

stile /staɪl/ *n*: *escalones que permiten pasar por encima de una cerca*

stiletto /stɪ'letəʊ/ *n* (*pl* **-tos** *or* **-toes**), **~ (heel)** tacón *m* de aguja, taco *m* aguja *or* alfiler (CS)

still¹ /stɪl/ *adv*

> ■ **Note** Spanish has two words for *still*: *todavía* and *aún*. Both can go at the beginning or end of the sentence: *I still haven't seen him* todavía *or* aún no lo he visto *or* no lo he visto todavía *or* aún.
>
> The distinction in English between *he hasn't arrived yet* and *he still hasn't arrived* is not expressed verbally in Spanish. Both can be translated by *todavía* or *aún no ha llegado*, or *no ha llegado todavía* or *aún*. The degree of intensity, surprise, or annoyance is often expressed by intonation.
>
> Note that the verb *seguir* can be used to express continuation: *I still don't understand why* sigo sin entender por qué; *he's still looking for a job* sigue buscando trabajo.

1 (even now, even then) todavía, aún; **there's ~ plenty left** todavía *or* aún queda mucho; **are we ~ friends?** ¿seguimos siendo amigos? **2** (*as intensifier*) aún, todavía; **the risk is greater ~** el riesgo es aún *or* todavía mayor **3** (*as linker*) **they say it's safe, but I'm ~ scared** dicen que no hay peligro pero igual *or* aun así tengo miedo; **~, it could have been worse** de todos modos, podría haber sido peor

still² *adj* **(a)** (motionless) ‹*lake/air*› en calma, quieto, tranquilo; **sit/stand ~** quédate quieto; **her heart stood ~ for a moment** el corazón se le paró un momento **(b)** ‹*drink*› sin gas, no efervescente

still³ *n* **1** (Cin, Phot) fotograma *m* **2** (distillery) destilería *f*; (distilling apparatus) alambique *m*

still: **~born** /'stɪl'bɔːrn, BrE 'stɪlbɔːn/ *adj* nacido muerto; **~ life** *n* (*pl* **~ lifes**) naturaleza *f* muerta

stilt /stɪlt/ *n* zanco *m*

stilted /'stɪltəd, BrE 'stɪltɪd/ *adj* **(a)** ‹*conversation/manner*› forzado **(b)** ‹*language/writing*› rebuscado; ‹*acting*› acartonado

stimulant /'stɪmjələnt, BrE 'stɪmjʊlənt/ *n* (Pharm) estimulante (*m*)

stimulate /'stɪmjəleɪt, BrE 'stɪmjʊleɪt/ *vt* estimular

stimulating /'stɪmjəleɪtɪŋ, BrE 'stɪmjʊleɪtɪŋ/ *adj* estimulante

stimulation /'stɪmjə'leɪʃən, BrE ˌstɪmjʊ'leɪʃən/ *n* estímulo *m*

stimulus /'stɪmjələs, BrE 'stɪmjʊləs/ *n* (*pl* **-li** /-laɪ/) estímulo *m*

sting¹ /stɪŋ/ *n* **1** **(a)** (of bee, wasp) aguijón *m* **(b)** (action, wound) picadura *f* **2** (*no pl*) (pain) escozor *m*, ardor *m* (CS)

sting² (*past & past p* **stung**) *vt* **1** «*bee/nettle*» picar* **2** (cause pain) hacer* escocer, hacer* arder (CS)

■ *vi* **1** «*insect/nettle*» picar* **2** (hurt physically) «*ointment*» hacer* escocer, hacer* arder (CS); «*cut*» escocer*, arder (CS)

stinging nettle /'stɪŋɪŋ/ *n* ortiga *f*

stingy /'stɪndʒi/ *adj* **-gier -giest** ‹*person*› tacaño; ‹*portion*› mezquino

stink¹ /stɪŋk/ *n* **(a)** (bad smell) hediondez *f*, mal olor *m*, peste *f* (fam) **(b)** (fuss) (infml) escándalo *m*, lío *m* (fam), follón *m* (Esp fam); **to make** o **kick up a ~** armar un lío (*or* un escándalo *etc*)

stink² *vi* (*past* **stank** *or* **stunk**; *past p* **stunk**) «*person/place/breath*» apestar; **the whole business ~s** (infml) todo el asunto da asco

stink bomb *n* bomba *f* fétida

stinking /'stɪŋkɪŋ/ *adj* (*before n*) hediondo, fétido, apestoso; **I've got a ~ cold** (infml) tengo un resfriado espantoso

stint¹ /stɪnt/ *n* **(a)** (fixed amount, share): **I've done my ~ for today** hoy ya he hecho mi parte **(b)** (period) período *m*; **he did a five-year ~ in the army** pasó (un período de) cinco años en el ejército

S

stint² *vi* **to ~** ON **sth** escatimar algo

stipulate /'stɪpjəleɪt, BrE 'stɪpjʊleɪt/ *vt* estipular

stipulation /'stɪpjə'leɪʃən, BrE ˌstɪpjʊ'leɪʃən/ *n* condición *f*, estipulación *f*

stir¹ /stɜːr, BrE stɜː(r)/ *n* **(a)** (action): **to give sth a ~** revolver* *or* (Esp) remover* algo **(b)** (excitement) revuelo *m*, conmoción *f*

stir² *vt* **-rr-** **1** (mix) ‹*liquid/mixture*› revolver*, remover* (Esp) **2** **(a)** (move slightly) agitar, mover* **(b)** (get moving) (infml) mover* **(c)** (waken) despertar* **3** **(a)** (arouse) ‹*imagination*› estimular **(b)** (move, affect) conmover* **(c)** (provoke, incite): **to ~ sb into action** empujar *or* incitar a algn a la acción

■ *vi* **(a)** (change position) moverse*, agitarse **(b)** (venture out) moverse*, salir* **(c)** (wake up) despertarse*; (get up) levantarse

● **stir up** [*v + o + adv, v + adv + o*] ‹*mud/waters*› revolver*, remover* (Esp); ‹*hatred/unrest/revolt*› provocar*; ‹*discontent*› promover*; **to ~ up trouble** armar lío (fam)

stir-fry /'stɜːr'fraɪ, BrE 'stɜːfraɪ/ *vt* **-fries**, **-frying**, **-fried** *freír en poco aceite y revolviendo constantemente*

stirring /'stɜːrɪŋ/ *adj* conmovedor

stirrup /'stərəp, BrE 'stɪrəp/ *n* estribo *m*

stitch¹ /stɪtʃ/ *n* **1** **(a)** (in sewing) puntada *f* **(b)** (in knitting) punto *m* **(c)** (Med) punto *m* **2** (pain) (*no pl*) punzada *f or* (CS) puntada *f* (en el costado), flato *m* (Esp)

stitch² *vt* **(a)** (sew) coser **(b)** (embroider) bordar **(c)** (Med) suturar

stoat /stəʊt/ *n* armiño *m*

⚷ **stock¹** /stɑːk, BrE stɒk/ *n* **1** **(a)** (supply) (*often pl*) reserva *f* **(b)** (of shop, business) existencias *fpl*, estoc *m*; **we're out of ~ of green ones** las verdes se han agotado; **to take ~ of sth** hacer* un balance de algo **2** (Fin) **(a)** (shares) acciones *fpl*, valores *mpl*; (government securities) bonos *mpl or* papel *m* del Estado **(b)**: **~s and bonds** o (BrE) **~s and shares** acciones *fpl* **3** (livestock) ganado *m* **4** (descent) linaje *m*, estirpe *f* **5** (Culin) caldo *m* **6** **stocks** *pl* (Hist): **the ~s** el cepo **7** (Am) (Theat) repertorio *m*

stock² *vt* **1** (Busn) vender **2** (fill) ‹*store*› surtir, abastecer*; ‹*larder/freezer*› llenar

● **stock up** [*v + adv*] abastecerse*; (Busn) hacer* un estoc; **we'd better ~ up on coffee before it goes up** más vale que compremos bastante café antes de que suba

stock³ *adj* (*before n*) ‹*size*› estándar *adj inv*; ‹*model*› de serie

stock: **~broker** *n* corredor, -dora *m,f* de valores *or* de Bolsa, agente *mf* de Bolsa; **~ company** *n* (AmE) **(a)** (Fin) sociedad *f* anónima **(b)** (Theat) compañía *f* de repertorio; **~ cube** *n* cubito *m* de caldo; **~ exchange** *n* bolsa *f* (de valores), Bolsa *f*; **~holder** *n* accionista *mf*

Stockholm /'stɑːkhəʊlm, BrE 'stɒkhəʊm/ *n* Estocolmo

stocking /'stɑːkɪŋ, BrE 'stɒkɪŋ/ *n* media *f*

stock-in-trade /'stɑːkɪn'treɪd, BrE ˌstɒkɪn'treɪd/ *n* especialidad *f*

stockist /'stɑːkəst, BrE 'stɒkɪst/ *n* (BrE) proveedor, -dora *m,f*, distribuidor, -dora *m,f*

stock market *n* mercado *m* de valores, mercado *m* (bursátil)

stockpile¹ /'stɑːkpaɪl, BrE 'stɒkpaɪl/ *n* reservas *fpl*

stockpile² *vt* almacenar

stock: **~room** *n* almacén *m*, depósito *m*, bodega *f* (Méx); **~-still** /'stɑːk'stɪl, BrE ˌstɒk'stɪl/ *adj* inmóvil; **~taking** /'stɑːkˌteɪkɪŋ, BrE 'stɒkˌteɪkɪŋ/ *n* (esp BrE) (Busn): Ⓢ **closed for stocktaking** cerrado por inventario

stocky /'stɑːki, BrE 'stɒki/ *adj* **stockier**, **stockiest** bajo y fornido

stockyard /'stɑːkjɑːrd, BrE 'stɒkjɑːd/ *n* (AmE) corral *m*

stodgy /'stɑːdʒi, BrE 'stɒdʒi/ *adj* **-dgier**, **-dgiest** (BrE) ‹*food*› feculento, pesado

stoical /'stəʊɪkəl/ *adj* estoico

stoke /stəʊk/ *vt* echarle carbón (*or* leña *etc*) a

stole¹ /stəʊl/ *past of* **steal**

stole² *n* estola *f*

⚷ palabra clave

stolen /'stəʊlən/ *past p of* **steal**

stolid /'stɑːləd, BrE 'stɒlɪd/ *adj* impasible

stomach¹ /'stʌmək/ *n* **(a)** (organ) estómago *m*; **on an empty ~** con el estómago vacío, en ayunas **(b)** (belly) barriga (fam), panza *f* (fam)

stomach² *vt* (*usu neg*) ‹*insults/insolence/person*› soportar, aguantar

stomach: **~ache** *n* dolor *m* de estómago; (in lower abdomen) dolor *m* de barriga *or* (fml) de vientre; **~ pump** *n* bomba *f* estomacal

stomp /stɑːmp, BrE stɒmp/ *vi* (+ *adv compl*): **to ~ in/out** entrar/salir* pisando fuerte

stone¹ /stəʊn/ *n* **1** piedra *f* **2** **(a)** (substance, piece) piedra *f* **(b)** (in kidney) cálculo *m*, piedra *f* **(c)** (of fruit) hueso *m*, cuesco *m* **3** (*pl* **~** *or* **~s**) (in UK) *unidad de peso equivalente a 14 libras o 6,35kg*

stone² *vt* apedrear, lapidar

stone: **S~ Age** *n* Edad *f* de Piedra; **~-cold** /'stəʊn'kəʊld/ *adj* (infml) helado

stoned /stəʊnd/ *adj* (infml) (*usu pred*) (from drugs) volado, pacheco (Méx), colocado (Esp fam); **to get ~** volarse*, ponerse* pacheco (Méx),colocarse* (Esp fam)

stone: **~-deaf** /'stəʊn'def/ *adj* (infml) sordo como una tapia (fam); **~mason** *n* picapedrero *m*, cantero *m*; **~wall** /'stəʊn'wɔːl/ *vi* (be evasive) andarse* con evasivas; (be obstructive) utilizar* tácticas obstruccionistas

stony /'stəʊni/ *adj* **-nier**, **-niest** **1** ‹*ground/path*› pedregoso **2** ‹*look/person*› frío, glacial; ‹*silence*› sepulcral

stood /stʊd/ *past & past p of* **stand²**

stool /stuːl/ *n* taburete *m*, banco *m*

stoop¹ /stuːp/ *vi* **1** (have a stoop): **he ~s a little** es un poco cargado de espaldas *or* encorvado **2** (bend over) agacharse **3** (demean oneself): **how could he ~ so low?** ¿cómo pudo llegar tan bajo?; **to ~ TO sth** rebajarse A algo

stoop² *n* (*no pl*): **she walks with a ~** camina encorvada

stop¹ /stɑːp, BrE stɒp/ *n* **1** (halt): **to come to a ~** «*vehicle/aircraft*» detenerse*; «*production/conversation*» interrumpirse; **to put a ~ to sth** (to mischief/malpractice) poner* fin a algo **2** **(a)** (break on journey) parada *f* **(b)** (stopping place) parada *f*, paradero *m* (AmL exc RPl)

stop² **-pp-** *vt* **1** **(a)** (halt) ‹*taxi/bus*› parar; ‹*person*› parar, detener* **(b)** (switch off) ‹*machine/engine*› parar **2** **(a)** (bring to an end, interrupt) ‹*decline/inflation*› detener*, parar; ‹*discussion/abuse*› poner* fin a, acabar con; **~ that noise!** ¡deja de hacer ruido! **(b)** (cease): **~ what you're doing and listen to me** deja lo que estás haciendo y escúchame; **~ it!** ¡basta ya!; **to ~ -ING** dejar DE + INF **3** (prevent): **what's ~ping you?** ¿qué te lo impide?; **I had to tell him, I couldn't ~ myself** tuve que decírselo, no pude contenerme; **to ~ sb (FROM) -ING** (esp BrE) impedirle* a algn + INF, impedir* QUE algn (+ *subj*); **to ~ sth happening** impedir* que ocurra algo **4** (cancel, withhold) ‹*subscription*› cancelar; ‹*payment*› suspender **5** (block) ‹*hole*› tapar; ‹*gap*› rellenar **6** (parry) ‹*blow/punch*› parar, detener*

■ *vi* **1** **(a)** (halt) «*vehicle/driver*» parar, detenerse*; **~ or I'll shoot!** ¡alto o disparo! **(b)** (interrupt journey) «*train/bus*» parar **(c)** (cease operating) «*watch/clock/machine*» pararse **2** **(a)** (cease): **the rain has ~ped** ha dejado *or* parado de llover, ya no llueve; **the pain/bleeding has ~ped** ya no le (*or* me *etc*) duele/sale sangre **(b)** (interrupt activity) parar; **I didn't ~ to think** no me detuve a pensar **3** (infml) (stay) quedarse

● **stop by**: [*v* + *adv*], [*v* + *prep* + *o*]: **I ~ped by (at) the store for some milk** pasé por la tienda para comprar leche

● **stop off**: [*v* + *adv*]: **I ~ped off at home to change** pasé por casa para cambiarme; **we ~ped off in San Juan for a few hours** paramos unas horas en San Juan

● **stop over** [*v* + *adv*] **(a)** (overnight) hacer* noche **(b)** (Aviat) «*plane*» hacer* escala

● **stop up** [*v* + *o* + *adv*, *v* + *adv* + *o*] (fill) ‹*hole/crack*› tapar, rellenar

stop: **~gap** *n* recurso *m* provisional *or* (AmS tb) provisorio; **~over** *n* (break in journey) parada *f*; (Aviat) escala *f*

stoppage /'stɑːpɪdʒ, BrE 'stɒpɪdʒ/ *n* **1** **(a)** (in play, production) interrupción *f* **(b)** (strike) huelga *f*, paro *m* (AmL) **(c)** (cancellation) suspensión *f* **2** (blockage) obstrucción *f*

stopper /'stɑːpər, BrE 'stɒpə(r)/ *n* tapón *m*

stopping train /'stɑːpɪŋ, BrE 'stɒpɪŋ/ *n* (BrE) *tren con parada en todas las estaciones*

stop: **~ press** *n* noticias *fpl* de última hora; **~watch** *n* cronómetro *m*

storage /'stɔːrɪdʒ/ *n* **(a)** (of goods) depósito *m*, almacenamiento *m*, almacenaje *m*; (*before n*) **~ space** lugar *m or* espacio *m* para guardar cosas **(b)** (Comput) almacenamiento *m*

store¹ /stɔːr, BrE stɔː(r)/ *n* **1** **(a)** (stock, supply) reserva *f*, provisión *f*; *in* **~**: **there's a surprise in ~ for her** la espera una sorpresa; **who knows what the future has in ~?** ¿quién sabe lo que nos deparará el futuro?; ***to set great/little ~ by sth*** dar* mucho/poco valor a algo **(b)** **stores**; *pl* (Mil, Naut) pertrechos *mpl* **2** (warehouse, storage place) (*often pl*) almacén *m*, depósito *m*, bodega *f* (Méx) **3** **(a)** (shop) (esp AmE) tienda *f* **(b)** (department **~**) grandes almacenes *mpl*, tienda *f*

store² *vt* **(a)** (keep) ‹*food/drink/supplies*› guardar; (Busn) almacenar; ‹*information*› almacenar; ‹*electricity*› acumular **(b)** (Comput) ‹*data/program*› almacenar

● **store up** [*v* + *o* + *adv*, *v* + *adv* + *o*] **(a)** ‹*supplies*› almacenar **(b)** ‹*resentment*› ir* acumulando

store: **~house** *n* **(a)** (warehouse) almacén *m*, depósito *m*, bodega *f* (Méx) **(b)** (source) mina *f*; **~keeper** *n* tendero, -ra *m,f*; **~room** *n* almacén *m*, depósito *m*, bodega *f* (Méx); (for food) despensa *f*

storey /'stɔːri/ *n* (BrE) ▶ **story II**

stork /stɔːrk, BrE stɔːk/ *n* cigüeña *f*

storm¹ /stɔːrm, BrE stɔːm/ *n* **1** (Meteo) tormenta *f*; **a ~ at sea** una tempestad; ***to take sth by ~*** ‹*city/fortress*› tomar algo por asalto; **she took New York's audiences by ~** cautivó al público neoyorquino **2** (of protest) ola *f*, tempestad *f*

storm² *vi* **1** (move violently) (+ *adv compl*): **she ~ed into the office** irrumpió en la oficina **2** (express anger) despotricar*, vociferar

■ *vt* ‹*city/fortress*› tomar por asalto; ‹*house*› irrumpir en

S

stormy /'stɔːrmi, BrE 'stɔːmi/ *adj* **-mier**, **-miest** **(a)** (Meteo) tormentoso; ‹*sea*› tempestuoso **(b)** (turbulent) ‹*relationship*› tempestuoso

story /'stɔːri/ *n* (*pl* **-ries**) I **1** **(a)** (account) historia *f*, relato *m*; (genre) cuento *m*; **to cut a long ~ short** en pocas palabras **(b)** (anecdote) anécdota *f* **2** (plot) argumento *m*, trama *f* **3** (Journ) artículo *m* **4** (lie) (infml) cuento *m* (fam), mentira *f*
II (BrE) **storey** (of building) piso *m*, planta *f*

story: **~book** *n* libro *m* de cuentos; **~ line** *n* argumento *m*; **~teller** *n* narrador, -dora *m,f*

stout¹ /staʊt/ *adj* **-er**, **-est** ‹*person/figure*› robusto, corpulento; ‹*door*› sólido

stout² *n* cerveza *f* negra

stove /stəʊv/ *n* **(a)** (for cooking) cocina *f*, estufa *f* (Col, Méx) **(b)** (for warmth) estufa *f*

stow /stəʊ/ *vt* (put away) guardar, poner*; (hide) esconder; (Naut) estibar

● **stow away** [*v* + *adv*] viajar de polizón

stowaway /'stəʊəˌweɪ/ *n* polizón *mf*

straddle /'strædl/ *vt* ‹*horse*› sentarse* a horcajadas sobre; **he ~d the chair** se sentó a caballo *or* a horcajadas en la silla

straggle /'strægəl/ *vi* **1** (spread untidily) «*plant*» crecer* desordenadamente **2** (lag behind, fall away) rezagarse*

straggler /'stræglər, BrE 'strægləә(r)/ *n* rezagado, -da *m,f*

straggly /'strægli/ *adj* **-glier**, **-gliest** ‹*hair*› desordenado, desgreñado; ‹*beard*› descuidado

straight¹ /streɪt/ *adj* **-er**, **-est** **1** **(a)** (not curved or wavy) recto; ‹*hair*› lacio, liso **(b)** (level, upright, vertical) (*pred*) **to be ~** estar* derecho; **is my tie ~?** ¿tengo la corbata derecha *or* bien puesta? **2** (in order) (*pred*) **I have to put my room ~** tengo que ordenar mi cuarto; **let's get this ~** a ver si nos entendemos; **to set the record ~** dejar las cosas en claro **3** **(a)** (direct, clear) ‹*denial/refusal*› rotundo, categórico **(b)** (unmixed) ‹*gin/vodka*› solo **4** (honest, frank) ‹*question*› directo; ‹*answer*› claro **5** (successive): **he won in ~ sets** (Sport) ganó sin conceder *or* sin perder ningún set; **she's had five ~ wins** ha ganado cinco veces seguidas **6** **(a)** (serious) ‹*play/actor*› dramático, serio **(b)** (conventional) (infml) convencional **(c)** (heterosexual) (infml) heterosexual

straight² *adv* **1** **(a)** (in a straight line) ‹*walk*› en línea recta; **she looked ~ ahead** miró al frente; **the truck was coming ~ at me** el camión venía derecho hacia mí; **he made ~ for the bar** se fue derecho al bar; **keep ~ on until you come to the lights** sigue derecho hasta llegar al semáforo **(b)** (erect) ‹*sit/stand*› derecho; **sit up ~** ponte derecho **2** **(a)** (directly) directamente; **I came ~ home from work** vine directamente *or* derecho a casa después del trabajo **(b)** (immediately): **~ after dinner** inmediatamente después de cenar; **I'll bring it ~ back** enseguida lo devuelvo; **I'll come ~ to the point** iré derecho al grano; **~ away** ▶ **straightaway** **3** (infml) (frankly) con franqueza; **she told him ~ out** se lo dijo sin rodeos **4** (clearly) ‹*see/think*› con claridad

straight: **~ and narrow** *n*: **the ~ and narrow** el buen camino, el camino recto; **~away** /'streɪtə'weɪ/ **~ away** *adv* enseguida, inmediatamente

straighten /'streɪtn̩/ *vt* **(a)** ‹*nail/wire/picture*› enderezar*; ‹*hair*› alisar; **he ~ed his tie** se enderezó la corbata **(b)** (tidy) ‹*room/papers*› arreglar, ordenar

● **straighten out** [*v* + *o* + *adv*, *v* + *adv* + *o*] ‹*confusion/misunderstanding*› aclarar; ‹*problem*› resolver*

● **straighten up** **1** [*v* + *o* + *adv*, *v* + *adv* + *o*] (tidy) ‹*room/papers*› ordenar, arreglar; ‹*bed*› arreglar **2** [*v* + *adv*] (stand up straight) ponerse* derecho

straight: **~faced** /'streɪt'feɪst/ *adj*: **he said it completely ~faced** lo dijo muy serio; **~forward** /'streɪt'fɔːrwərd, BrE ˌstreɪt'fɔːwəd/ *adj* **(a)** (honest, frank) ‹*person/answer*› franco **(b)** (uncomplicated) ‹*problem/question*› sencillo; **~jacket** *n* ▶ **straitjacket**

strain¹ /streɪn/ *n* **1** (tension) tensión *f*; (pressure) presión *f*; **it puts ~ on the spine** ejerce presión sobre la columna vertebral; **the incident put a ~ on Franco-German relations** las relaciones franco-alemanes se volvieron tirantes a raíz del incidente **2** (Med) (resulting from wrench, twist) torcedura *f*; (on a muscle) esguince *m* **3** **strains** *pl* (tune): **the ~s of** el sonido de; **to the ~s of the violin** al son del violín **4** **(a)** (type — of plant) variedad *f*; (— of virus) cepa *f*; (— of animal) raza *f* **(b)** (streak) (*no pl*) veta *f*

strain² *vt* **1** (exert): **to ~ one's eyes/voice** forzar* la vista/voz; **he ~ed every muscle to lift the weight** usó todas sus fuerzas para levantar el peso **2** **(a)** (overburden) ‹*beam/support*› ejercer* demasiada presión sobre **(b)** (injure): **to ~ one's back** hacerse* daño en la espalda; **to ~ a muscle** hacerse* un esguince **(c)** (overtax, stretch) ‹*relations*› someter a demasiada tensión; ‹*patience*› poner* a prueba **3** (filter) filtrar; (Culin) colar*; ‹*vegetables/rice*› escurrir
■ *vi* **to ~ AT sth** tirar DE algo; **to ~ to + INF** hacer* un gran esfuerzo PARA + INF

strained /streɪnd/ *adj* **1** (tense) ‹*relations/atmosphere*› tenso, tirante; ‹*expression*› tenso, crispado; ‹*voice*› forzado **2** (Med): **a ~ muscle** un esguince

strainer /'streɪnər, BrE 'streɪnə(r)/ *n* (Culin) colador *m*

strait /streɪt/ *n* **1** (Geog) (*often pl*) estrecho *m* **2** **straits** *pl* (difficulties, difficult position): **to be in dire ~s** estar* en grandes apuros

strait: **~jacket** *n* camisa *f* de fuerza, chaleco *m* de fuerza (CS); **~laced** /'streɪt'leɪst/ *adj* puritano

strand¹ /strænd/ *n* (of rope, string) ramal *m*; (of thread, wool) hebra *f*; (of wire) filamento *m*; **a ~ of hair** un pelo

strand² *vt* (*usu pass*): **to be ~ed** «*ship*» quedar encallado; «*whale*» quedar varado; **they left me ~ed** me abandonaron a mi suerte, me dejaron tirado *or* (AmL exc RPl) botado (fam)

strange /streɪndʒ/ *adj* **stranger**, **strangest** **1** (odd) raro, extraño; **it is ~ (THAT)** es raro QUE (+ *subj*) **2** **(a)** (unfamiliar, unaccustomed) ‹*faces/handwriting*› desconocido **(b)** (alien) (liter): **in a ~ land** en tierras extrañas

strangely /'streɪndʒli/ *adv* ‹*behave/act*› de una manera rara *or* extraña; **~ enough** (*indep*) aunque parezca mentira

S

palabra clave

stranger /ˈstreɪndʒər, BrE ˈstreɪndʒə(r)/ *n* desconocido, -da *m,f*; (from another place) forastero, -ra *m,f*; **I'm a ~ here myself** yo tampoco soy de aquí

strangle /ˈstræŋgəl/ *vt* **(a)** ‹*person*› estrangular **(b) strangled** *past p* ‹*cry/voice*› ahogado

stranglehold /ˈstræŋgəlhəʊld/ *n* **(a)** (Sport) llave *f* al cuello **(b)** (absolute control) poder *m*, dominio *m*

strap[1] /stræp/ *n* **(a)** (of leather) correa *f*; (of canvas) asa *f*‡ **(b)** (shoulder ~) tirante *m*, bretel *m* (CS)

strap[2] *vt* **-pp-** (tie) atar *or* sujetar con una correa, amarrar con una correa (AmL exc RPl)

strapless /ˈstræpləs, BrE ˈstræplɪs/ *adj* sin tirantes, sin breteles (CS)

strapping /ˈstræpɪŋ/ *adj* robusto, fornido

Strasbourg /ˈstrɑːsbʊrg, BrE ˈstræzbɜːg/ *n* Estrasburgo *m*

strata /ˈstreɪtə, ˈstrætə, BrE ˈstrɑːtə, ˈstreɪtə/ *pl of* **stratum**

stratagem /ˈstrætədʒəm/ *n* estratagema *f*

strategic /strəˈtiːdʒɪk/ *adj* estratégico

strategy /ˈstrætədʒi/ *n* (*pl* **-gies**) estrategia *f*

stratify /ˈstrætəfaɪ, BrE ˈstrætɪfaɪ/ *vt* **-fies**, **-fying**, **-fied**; (*usu pass*) estratificar*

stratum /ˈstreɪtəm, ˈstræ-, BrE ˈstrɑːtəm, ˈstreɪ-/ *n* (*pl* **-ta**) estrato *m*

straw /strɔː/ *n* **(a)** (material, single stem) paja *f*; ***to be the last*** o ***final ~*** ser* el colmo; ***to clutch*** o ***grasp at ~s*** aferrarse desesperadamente a una esperanza **(b)** (for drinking) pajita *f*, paja *f*, caña *f* (Esp), pitillo *m* (Col), popote *m* (Méx)

strawberry /ˈstrɔːˌberi, BrE ˈstrɔːbəri/ *n* (*pl* **-ries**) fresa *f*, frutilla *f* (Bol, CS); (large) fresón *m*

stray[1] /streɪ/ *vi* **(a)** (wander away) apartarse, alejarse; (get lost) extraviarse*, perderse* **(b)** (digress) apartarse, desviarse*

stray[2] *adj* **(a)** ‹*dog*› (ownerless) callejero; (lost) perdido; ‹*sheep*› descarriado **(b)** (random, scattered) ‹*bullet*› perdido; ‹*hair*› suelto

stray[3] *n* (ownerless animal) perro *m* /gato *m* callejero; (lost animal) perro *m* /gato *m* perdido

streak[1] /striːk/ *n* **1** **(a)** (line, band) lista *f*, raya *f*; (in hair) reflejo *m*, mechón *m*; (in marble) veta *f*; (of ore) veta *f*, filón *m* **(b)** (in personality) veta *f* **2** (spell) racha *f*; **to be on a winning ~** tener* una buena racha

streak[2] *vi* (+ *adv compl*): **to ~ past** pasar como una centella
■ *vt*: **tears ~ed her face** tenía el rostro surcado de lágrimas; **to have one's hair ~ed** hacerse* mechas *or* reflejos *or* (RPl) claritos *or* (Méx) luces *or* (Chi) visos (en el pelo)

streaky /ˈstriːki/ *adj* **-kier**, **-kiest** **(a)** (uneven) ‹*paint*› no uniforme, disparejo (AmL) **(b)** (BrE) (Culin): **~ bacon** tocino *m or* (Esp) bacon *m or* (RPl) panceta *f*

stream[1] /striːm/ *n* **1** **(a)** (small river) arroyo *m*, riachuelo *m* **(b)** (current) corriente *f* **2** (flow): **a thin ~ of water** un chorrito de agua; **a ~ of abuse** una sarta de insultos; **there is a continuous ~ of traffic** pasan vehículos continuamente

stream[2] *vi* **1** (flow) (+ *adv compl*): **blood ~ed from the wound** salía *or* manaba mucha sangre de la herida; **tears were ~ing down her cheeks** lloraba a lágrima viva; **the sunlight was ~ing in through the window** el sol entraba a raudales por la ventana; **I've got a ~ing cold** tengo un resfriado muy fuerte **2** (wave) «*flag/hair*» ondear
■ *vt* **1** (BrE) (Educ) *dividir* (*a los alumnos*) *en grupos según su aptitud para una asignatura* **2** (Comput) ver en *or* por streaming

streamer /ˈstriːmər, BrE ˈstriːmə(r)/ *n* **(a)** (banner) banderín *m* **(b)** (of paper) serpentina *f*

streaming /ˈstriːmɪŋ/ *n* **1** (BrE) (Educ) *división del alumnado en grupos según sus aptitudes* **2** (Comput) streaming *m* (*acceso a archivos de audio y video sin descarga*)

stream: **~line** *vt* ‹*car/plane*› hacer* más aerodinámico el diseño de, aerodinamizar*; ‹*organization/production*› racionalizar*; **~lined** *adj* ‹*car/plane*› aerodinámico; ‹*methods/production*› racionalizado

street /striːt/ *n* calle *f*; **it's on** o (BrE) **in Elm S~** queda en la calle Elm; (*before n*) ‹*musician/theater*› callejero; **~ corner** esquina *f*; **~ map** o **plan** plano *m* de la ciudad, callejero *m* (Esp); **~ market** mercado *m* al aire libre, feria *f* (CS)

street: **~car** *n* (AmE) tranvía *m*; **~ cleaner** *n* (AmE) barrendero, -ra *m,f*; **~ lamp** *n* farol *m*; **~ level** *n*: **at ~ level** a nivel de la calle; **~ light** *n* ▶ **~ lamp**; **~ sweeper** *n* (person) barrendero, -ra *m,f*; (machine) (máquina *f*) barredora *f*

strength /streŋθ/ *n* **1** (of persons) **(a)** (physical energy) fuerza(s) *f*(*pl*); (health) fortaleza *f* física; **to get one's ~ back** recobrar las fuerzas **(b)** (emotional, mental) fortaleza *f* **2** (of economy, currency) solidez *f* **3** **(a)** (of materials) resistencia *f*; (of wind, current) fuerza *f*; (of drug, solution) concentración *f*; (of alcoholic drink) graduación *f* **(b)** (of sound, light) potencia *f*; (of emotions) intensidad *f* **(c)** (of argument, evidence) lo convincente; (of protests) lo enérgico **4** (strong point) virtud *f*, punto *m* fuerte **5** (force in numbers): **their fans were there in ~** sus hinchas estaban allí en bloque *or* en masa

strengthen /ˈstreŋθən/ *vt* ‹*muscle/limb*› fortalecer*; ‹*wall/furniture/glass*› reforzar*; ‹*support*› aumentar
■ *vi* «*limb/muscle*» fortalecerse*; «*opposition/support*» aumentar

strenuous /ˈstrenjuəs/ *adj* **(a)** ‹*activity*› agotador **(b)** ‹*denial*› vigoroso; ‹*opposition*› tenaz

stress[1] /stres/ *n* **1** **(a)** (tension) tensión *f*; (Med) estrés *m*, tensión *f*; **she's under a lot of ~** está sometida a muchas presiones **(b)** (Phys, Tech) tensión *f* **2** **(a)** (emphasis) énfasis *m*, hincapié *m* **(b)** (Ling, Lit) acento *m* (tónico)

stress[2] *vt* **(a)** (emphasize) poner* enfásis *or* hacer* hincapié en, enfatizar* **(b)** (Ling) acentuar*

stressful /ˈstresfəl/ *adj* ‹*life/job*› estresante

stretch[1] /stretʃ/ *vt* **1** ‹*arm/leg*› estirar, extender*; ‹*wing*› extender*, desplegar* **2** ‹*sheet/canvas*› extender* **3** (eke out) ‹*money/resources*› estirar **4** **(a)** (make demands on) exigirle* a; **she's not being ~ed at school** en el colegio no le exigen de acuerdo a su capacidad **(b)** (strain): **our resources are ~ed to the limit** nuestros recursos están empleados al máximo **5** ‹*truth/meaning*› forzar*; ‹*rules*› apartarse un poco de

■ *vi* **1** «*person*» estirarse; (when sleepy) desperezarse* **2** **(a)** (reach, extend) «*sea/influence/power*» extenderse* **(b)** (in time): **to ~ over a period** alargarse* *or* prolongarse* durante un período **3** **(a)** (be elastic) «*elastic/rope*» estirarse **(b)** (become loose, longer) «*garment*» estirarse **4** (be enough) «*money/resources/supply*» alcanzar*, llegar*

■ *v refl* **to ~ oneself** (physically) estirarse; (when sleepy) desperezarse*

● **stretch out** **1** [*v* + *o* + *adv*, *v* + *adv* + *o*] (extend) estirar **2** [*v* + *adv*] **(a)** (lie full length) tenderse* **(b)** (extend — in space) extenderse*; (— in time) alargarse*

stretch² *n* **1** (act of stretching) (*no pl*) **to have a ~** estirarse; (when sleepy) desperezarse* **2** **(a)** (expanse — of road, river) tramo *m*, trecho *m* **(b)** (period) período *m*; ***at a ~*** (without a break) sin parar **3** (elasticity) elasticidad *f*

stretch³ *adj* (*before n, no comp*) ‹*fabric/pants*› elástico; **~ limo** (infml) limusina *f* (*grande*)

stretcher /ˈstretʃər, BrE ˈstretʃə(r)/ *n* (Med) camilla *f*

stretch marks *pl n* estrías *fpl*

stretchy /ˈstretʃi/ *adj* **-chier**, **-chiest** elástico

strew /struː/ *vt* (*past* **strewed** /struːd/; *past p* **strewn** *or* **strewed** /-d/) ‹*gravel/seeds*› esparcir*; ‹*objects*› (untidily) desparramar

stricken /ˈstrɪkən/ *adj* **(a)** (afflicted) **~** WITH **sth**: **a country ~ with famine** un país asolado por el hambre; **I was suddenly ~ with remorse** de pronto me empezó a remorder la conciencia **(b)** ‹*vessel*› siniestrado (fml), dañado; ‹*area*› damnificado, afectado

strict /strɪkt/ *adj* **-er**, **-est** **(a)** (severe) estricto, severo **(b)** (rigorous) ‹*vegetarian*› estricto, riguroso **(c)** (exact) (*before n*) estricto, riguroso; **in the ~ sense of the word** en el sentido estricto *or* riguroso de la palabra **(d)** (complete) (*before n*) absoluto; **in ~est secrecy** en el más absoluto secreto

strictly /ˈstrɪktli/ *adv* **(a)** (severely) con severidad, severamente, rigurosamente **(b)** (rigorously): **smoking is ~ prohibited** fumar está terminantemente prohibido; **~ (speaking)** (*indep*) en rigor, en sentido estricto **(c)** (exactly) totalmente; **that's not ~ true** eso no es totalmente cierto **(d)** (exclusively) exclusivamente; **this is ~ between ourselves** que quede entre nosotros

stride¹ /straɪd/ *vi* (*past* **strode**; *past p* **stridden** /ˈstrɪdn̩/); (+ *adv compl*): **he strode across the room** cruzó la habitación a grandes zancadas

stride² *n* zancada *f*, tranco *m*; ***to take sth in one's ~*** tomarse algo con calma

strident /ˈstraɪdn̩t/ *adj* estridente

strife /straɪf/ *n* (journ *or* fml) conflictos *mpl*; (armed) luchas *fpl*

✓ **strike¹** /straɪk/ (*past & past p* **struck**) *vt* **1** **(a)** (hit) ‹*person*› pegarle* a, golpear; ‹*blow*› dar*, pegar*; ‹*key*› pulsar **(b)** (collide with, fall on) «*vehicle*» chocar* *or* dar* contra; «*stone/ball*» pegar* *or* dar* contra; «*lightning/bullet*» alcanzar*; **I struck my head on the beam** me di (un golpe) en la cabeza contra la viga; **he was struck by lightning** le cayó un rayo **2** **(a)** (cause to become): **to be struck blind/dumb** quedarse ciego/mudo; **to ~ sb dead** matar a algn **(b)** (introduce): **to ~ fear into sb** infundirle miedo a algn **3** **(a)** (occur to) ocurrirse (+ *me/te/le etc*); **it ~s me (that) ...** me da la impresión de que ..., se me ocurre que ... **(b)** (impress) parecerle* a; **it ~s me as odd** me parece raro; **I was struck by his changed appearance** me llamó la atención lo cambiado que estaba **4** ‹*oil/gold*› encontrar*, dar* con **5** ‹*match/light*› encender* **6** **(a)** (Mus) ‹*note*› dar* **(b)** «*clock*» dar*; **the clock struck five** el reloj dio las cinco **7** (enter into, arrive at): **to ~ a deal** llegar* a un acuerdo, cerrar* un trato; **to ~ a balance between ...** encontrar* el justo equilibrio entre ... **8** (adopt) ‹*pose/attitude*› adoptar **9** (delete) suprimir; **his name was struck off the register** se borró su nombre del registro; *see also* **strike off**

■ *vi* **1** (hit) «*person*» golpear; «*lightning*» caer* **2** **(a)** (attack) atacar* **(b)** (happen suddenly) «*illness/misfortune*» sobrevenir*; «*disaster*» ocurrir **3** (withdraw labor) hacer* huelga, declararse en huelga *or* (esp AmL) en paro **4** «*clock*» dar* la hora

● **strike back** [*v* + *adv*] (Mil) contraatacar*; **he struck back at his critics** devolvió el golpe a sus detractores

● **strike down**: [*v* + *o* + *adv*, *v* + *adv* + *o*] (liter): **she was struck down with cholera** fue abatida por el cólera (liter)

● **strike off** [*v* + *o* + *adv*, *v* + *adv* + *o*] **(a)** (delete) tachar **(b)** (disqualify) (BrE) ‹*doctor/lawyer*› prohibirle* el ejercicio de la profesión a

● **strike out** **1** [*v* + *adv*] **to ~ out** (AT **sb/sth**) arremeter (CONTRA algn/algo) **2** [*v* + *o* + *adv*, *v* + *adv* + *o*] (remove from list) tachar

● **strike up** **1** [*v* + *adv* + *o*] **(a)** (begin) ‹*conversation*› entablar; ‹*friendship*› trabar, entablar **(b)** (start to play) ‹*tune*› empezar* a tocar **2** [*v* + *adv*] «*band*» empezar* a tocar

✓ **strike²** *n* **1** (stoppage) huelga *f*, paro *m* (esp AmL); **to be on ~** estar* en *or* de huelga, estar* en *or* de paro (esp AmL); **to come out** o **go (out) on ~** ir* a la huelga, declararse en huelga, ir* al paro (esp AmL), declararse en paro (esp AmL); **hunger ~** huelga de hambre **2** (find) descubrimiento *m* **3** (attack) ataque *m*

strikebreaker /ˈstraɪkˌbreɪkər, BrE ˈstraɪkˌbreɪkə(r)/ *n* rompehuelgas *mf*

striker /ˈstraɪkər, BrE ˈstraɪkə(r)/ *n* **1** (Lab Rel) huelguista *mf* **2** (in soccer) artillero, -ra *m,f*, ariete *mf*

striking /ˈstraɪkɪŋ/ *adj* ‹*resemblance/similarity*› sorprendente, asombroso; ‹*color*› llamativo; **a ~ woman** una mujer muy atractiva

string¹ /strɪŋ/ *n* **1** **(a)** (cord, length of cord) cordel *m*, bramante *m* (Esp), mecate *m* (AmC, Méx, Ven), pita *f* (Andes), cáñamo *m* (Andes), piolín *m* (RPl) **(b)** (on apron) cinta *f*; (on puppet) hilo *m*; ***no ~s attached*** sin compromisos, sin condiciones **2** **(a)** (on instrument) cuerda *f* **(b)** (on racket) cuerda *f* **(c) strings** *pl* (Mus) cuerdas *fpl* **3** **(a)** (set — of pearls, beads) sarta *f*, hilo *m*; (— of onions, garlic) ristra *f* **(b)** (series — of people) sucesión *f*; (— of vehicles) fila *f*; (— of events) serie *f*; (— of curses, complaints, lies) sarta *f*

string² (*past & past p* **strung**) *vt* **1** (suspend) colgar* **2** ‹*guitar/racket/bow*› encordar*,

✓ palabra clave

S

ponerle* (las) cuerdas a; ‹*beads/pearls*› ensartar, enhebrar

● **string along** (infml) [*v + o + adv*] (mislead) tomarle el pelo a (fam) (*dando esperanzas falsas*)

● **string together** [*v + o + adv, v + adv + o*] ‹*thoughts*› coordinar, hilar; **she could barely ~ a sentence together** apenas podía hilar una frase

string bean *n* ▸ **runner bean**

stringed /strɪŋd/ *adj* ‹*instrument*› de cuerda

stringent /'strɪndʒənt/ *adj* riguroso, estricto

strip¹ /strɪp/ **-pp-** *vt* **1** **(a)** (remove covering from) ‹*bed*› deshacer*, quitar la ropa de; ‹*wood/furniture*› quitarle la pintura (*or* el barniz *etc*) a, decapar; **to ~ sb (naked)** desnudar a algn **(b)** (remove contents from) ‹*room/house*› vaciar* **2** (Auto, Tech) **~ (down)** desmontar ■ *vi* desnudarse, desvestirse*

● **strip off** [*v + o + adv, v + adv + o*] ‹*wallpaper/paint*› quitar; ‹*leaves*› arrancar*

strip² *n* **1** (of leather, cloth, paper) tira *f*; (of metal) tira *f*, cinta *f*; (of land) franja *f* **2** (BrE) (Sport) (*no pl*) equipo *m*

strip cartoon *n* (BrE) historieta *f*, tira *f* cómica

stripe /straɪp/ *n* raya *f*, lista *f*

striped /straɪpt/ *adj* a *or* de rayas, rayado, listado

strip: **~ lighting** *n* (BrE) luz *f* fluorescente; **~-search** /'strɪp'sɜːrtʃ, BrE 'strɪpˌsɜːtʃ/ *vt* hacer* desnudar y registrar

strive /straɪv/ *vi* (*past* **strove** *or* **strived**; *past p* **striven** /'strɪvən/) **to ~** FOR *o* AFTER **sth** luchar *or* esforzarse* por alcanzar algo; **to ~ to +** INF esforzarse* POR + INF

strobe (light) /strəʊb/ *n* luz *f* estroboscópica

strode /strəʊd/ *past of* **stride¹**

stroke¹ /strəʊk/ *n* **1** (Sport) **(a)** (in ball games) golpe *m* **(b)** (in swimming — movement) brazada *f*; (— style) estilo *m* **(c)** (in rowing — movement) palada *f*, remada *f* **2** **(a)** (blow) golpe *m* **(b)** (of clock) campanada *f* **3** **(a)** (of thin brush) pincelada *f*; (of thick brush) brochazo *m*; (of pen, pencil) trazo *m* **(b)** (oblique, slash) barra *f*, diagonal *f* **4** **(a)** (action, feat) golpe *m*; ***not to do a ~ of work*** no hacer* absolutamente nada **(b)** (instance): **a ~ of luck** un golpe de suerte **5** (Med) ataque *m* de apoplejía, derrame *m* cerebral **6** (caress) caricia *f*

stroke² *vt* acariciar

stroll¹ /strəʊl/ *vi* pasear(se), dar* un paseo

stroll² *n* paseo *m*; **to have** *o* **go for a ~** dar* un paseo

stroller /'strəʊlər, BrE 'strəʊlə(r)/ *n* **1** (person) paseante *mf* **2** (pushchair) (esp AmE) sillita *f* (de paseo), cochecito *m*, carreola *f* (Méx)

strong¹ /strɔːŋ, BrE strɒŋ/ *adj* **stronger** /'strɔːŋgər, BrE 'strɒŋgə(r)/, **strongest** /'strɔːŋgəst, BrE 'strɒŋgɪst/ **1** **(a)** (physically powerful) ‹*person/arm*› fuerte **(b)** (healthy, sound) ‹*heart/lungs*› fuerte, sano; ‹*constitution*› robusto **(c)** (firm) ‹*character/leader*› fuerte **2** **(a)** (solid) ‹*material/construction*› fuerte **(b)** (powerful) ‹*army/economy*› fuerte **(c)** ‹*current/wind*› fuerte **3** **(a)** (deeply held) ‹*views/faith/support*› firme **(b)** (forceful) ‹*protest*› enérgico; ‹*argument/evidence*› de peso **4** (definite) **(a)** ‹*tendency/resemblance*› marcado; ‹*candidate*› con muchas posibilidades **(b)** ‹*features*› marcado **5** (good) ‹*team*› fuerte; ‹*cast*› sólido; **~ point** punto *m* fuerte; **she's a ~ swimmer** es una buena nadadora **6** **(a)** (concentrated) ‹*color/light*› fuerte, intenso; ‹*tea/coffee*› cargado; ‹*solution*› concentrado **(b)** (pungent) ‹*smell/flavor*› fuerte **(c)** (unacceptable) ‹*language*› fuerte **7** (in number) (*no comp*) **an army ten thousand ~** un ejército de diez mil hombres

strong² *adv*: **to be going ~** «*car/machine*» marchar bien; «*organization*» ir* *or* marchar viento en popa; **he's still going ~** «*old person*» sigue (estando) en plena forma

strong: **~box** *n* caja *f* fuerte *or* de caudales; **~hold** *n* (fortress) fortaleza *f*, bastión *m*; (center of support) bastión *m*, baluarte *m*

strongly /'strɔːŋli, BrE 'strɒŋli/ *adv* **1** **(a)** (powerfully) fuerte, con fuerza **(b)** (sturdily) ‹*made/welded*› sólidamente **2** **(a)** (deeply, ardently) totalmente; **it's something I feel very ~ about** es algo que me parece sumamente importante **(b)** (forcefully) ‹*protest/criticize*› enérgicamente; **I ~ advise you not to sell** te recomiendo con insistencia que no vendas

strong: **~ room** *n* cámara *f* acorazada; **~-willed** /'strɔːŋ'wɪld, BrE ˌstrɒŋ'wɪld/ *adj* (determined) tenaz; (obstinate) terco, tozudo

strove /strəʊv/ *past of* **strive**

struck /strʌk/ *past & past p of* **strike¹**

structural /'strʌktʃərəl/ *adj* estructural

structure¹ /'strʌktʃər, BrE 'strʌktʃə(r)/ *n* **(a)** (composition, organization) estructura *f* **(b)** (thing constructed) construcción *f*

structure² *vt* estructurar

struggle¹ /'strʌgəl/ *n* **(a)** (against opponent) lucha *f*; (physical) refriega *f*; **to put up a ~** luchar, oponer* resistencia **(b)** (against difficulties) lucha *f*; **it's a ~ to make ends meet** cuesta mucho llegar a fin de mes

struggle² *vi* **1** **(a)** (thrash around) forcejear **(b)** (contend, strive) luchar; **she had to ~ to support her family** tuvo que luchar para mantener a su familia; **to ~ (**AGAINST/WITH **sth)** luchar (CONTRA algo); **to ~** FOR **sth** luchar POR algo **(c)** (be in difficulties) pasar apuros **2** (move with difficulty) (+ *adv compl*): **he ~d up the hill** subió penosamente la cuesta; **he ~d to his feet** se levantó con gran dificultad

strum /strʌm/ *vt* **-mm-** ‹*guitar/tune*› rasguear

strung /strʌŋ/ *past & past p of* **string²**

strut¹ /strʌt/ *vi* **-tt-** (+ *adv compl*): **to ~ around** *o* **about** pavonearse

strut² *n* (Const) tornapunta *f*, puntal *m*

stub¹ /stʌb/ *n* **(a)** (of candle, pencil) cabo *m*; (of cigarette) colilla *f*, pucho *m* (AmL fam) **(b)** (of check) talón *m* (AmL), matriz *f* (Esp); (of ticket) contraseña *f*, resguardo *m* (Esp)

stub² **-bb-** *vt*: **to ~ one's toe** darse* en el dedo (*del pie*)

● **stub out** [*v + o + adv, v + adv + o*] ‹*cigarette*› apagar*

stubble /'stʌbəl/ *n* **(a)** (Agr) rastrojo *m* **(b)** (of beard): **he had three days' ~ on his chin** tenía una barba de tres días

stubborn /'stʌbərn, BrE 'stʌbən/ *adj* **(a)** ‹*person/nature*› (obstinate) terco, testarudo; (resolute) tenaz, tesonero; ‹*refusal/insistence*› pertinaz **(b)** ‹*cold/weeds*› pertinaz, persistente; ‹*stain*› rebelde

stuck¹ /stʌk/ *past & past p of* **stick²**

stuck² *adj* (*pred*) **(a)** (unable to move): **the drawer is ~** el cajón se ha atascado; **the door is ~** la puerta se ha atrancado; **she's ~ at home with the kids all day** está todo el día metida en la casa con los niños **(b)** (at a loss) atascado; **I got ~ on the second question** me quedé atascado en la segunda pregunta **(c)** (burdened) (infml): **I was ~ with the bill** me tocó pagar la cuenta, me cargaron el muerto (fam); **I got ~ with Bob all evening** tuve que aguantar a Bob toda la noche

stuck-up /'stʌk'ʌp/ *adj* (infml) estirado (fam)

stud¹ /stʌd/ *n* **1** **(a)** (nail, knob) tachuela *f* **(b)** (earring) arete *m or* (Esp) pendiente *m* (*en forma de bolita*) **(c)** (for collar, shirtfront) gemelo *m* (*para cuello o pechera de camisa*) **2** (male animal) semental *m*

stud² *vt* **-dd-** (*usu pass*) (with studs) tachonar; **the sky was ~ded with stars** el cielo estaba tachonado de estrellas (liter)

⚷ **student** /'stu:dn̩t, BrE 'stju:dn̩t/ *n* (at university) estudiante *mf*; (at school) (esp AmE) alumno, -na *m,f*; **a medical ~** un/una estudiante de medicina; (*before n*) **~ driver** (AmE) *persona que está aprendiendo a conducir*; **~ nurse** estudiante *mf* de enfermería

student union *n* (association) asociación *f* de estudiantes; (building) *centro estudiantil en el campus*

⚷ **studio** /'stu:diəʊ, BrE 'stju:diəʊ/ *n* **(a)** (Art, Mus, Phot) estudio *m* **(b)** (Cin, Rad, TV) estudio *m* **(c) ~ (apartment** o (BrE also) **flat)** estudio *m*

studious /'stu:diəs, BrE 'stju:diəs/ *adj* estudioso, aplicado

⚷ **study¹** /'stʌdi/ *n* (*pl* **-dies**) **1** (act, process of learning) estudio *m* **2** **studies** *pl* **(a)** (work of student) estudios *mpl* **(b)** (academic discipline): **business studies** empresariado *m or* (Esp) empresariales *fpl*; **social studies** *estudios vinculados a las relaciones sociales que comprenden cursos de historia, sociología y otras asignaturas afines* **3** (room) estudio *m* **4** (investigation, examination) estudio *m* **5** (Art, Liter, Mus) estudio *m*

S ⚷ **study²** **-dies, -dying, -died** *vt* **(a)** (at school, university) estudiar **(b)** (investigate, research into) estudiar **(c)** (examine, scrutinize) estudiar

■ *vi* estudiar; **she's ~ing to be a doctor/lawyer** estudia medicina/derecho

⚷ **stuff¹** /stʌf/ *n* **1** (infml) **(a)** (substance, matter): **what's this ~ called?** ¿cómo se llama esto *or* (fam) esta cosa? **(b)** (miscellaneous items) cosas *fpl*; (personal items) cosas *fpl*, bártulos *mpl*; (junk, rubbish) cachivaches *mpl*; **and ~ like that** y cosas de esas; **what sort of ~ does he write?** ¿qué tipo de cosa(s) escribe? **2** (nonsense, excuse) (infml): **surely you don't believe all that ~ he tells you?** tú no te creerás todo lo que te cuenta ¿no?

stuff² *vt* **1** **(a)** (fill) ‹*quilt/mattress/toy*› rellenar; ‹*hole*› tapar; **the drawer was ~ed with clothes** el cajón estaba atiborrado de ropa; *to* **~ oneself/one's face** (infml) darse* un atracón (fam), ponerse* morado *or* ciego (Esp fam) **(b)** (Culin) rellenar **(c)** (in taxidermy) disecar* **2** **(a)** (thrust) **to ~ sth INTO sth** meter algo EN algo **(b)** (put) (infml) poner*

stuffed /stʌft/ *adj* **(a)** (in taxidermy) disecado; (toy) de peluche **(b)** ‹*pepper/tomatoes*› relleno

stuffing /'stʌfɪŋ/ *n* relleno *m*

stuffy /'stʌfi/ *adj* **-fier**, **-fiest** **1** **(a)** ‹*air*› viciado; **it's ~ in here** está muy cargado el ambiente **(b)** ‹*nose*› tapado **2** (staid) (infml) ‹*person*› acartonado, estirado (fam); ‹*organization*› convencional

stumble /'stʌmbəl/ *vi* **(a)** (trip) tropezar*, dar* un traspié **(b)** (in speech) atrancarse*; **he ~d over the long words** se atrancaba la lengua con las palabras largas

● **stumble across** ▶ **stumble on**

● **stumble on, stumble upon** [*v + prep + o*] dar* con, encontrar*

stumbling block /'stʌmblɪŋ/ *n* escollo *m*

stump¹ /stʌmp/ *n* (of tree) tocón *m*, cepa *f*; (of limb) muñón *m*; (of pencil, candle) cabo *m*

stump² *vt* (infml) (*often pass*): **the problem has me ~ed** el problema me tiene perplejo; **to be ~ed for an answer** no saber qué contestar

stun /stʌn/ *vt* **-nn-** **(a)** (make unconscious) dejar sin sentido; (daze) aturdir **(b)** (amaze) dejar atónito *or* (fam) helado; (shock) dejar anonadado

stung /stʌŋ/ *past & past p of* **sting²**

stunk /stʌŋk/ *past p of* **stink²**

stunned /stʌnd/ *adj* **(a)** (unconscious) sin sentido; (dazed) aturdido **(b)** (shocked, amazed) ‹*expression*› de asombro; **he was ~ when they told him** se quedó atónito *or* (fam) helado cuando se lo dijeron

stunning /'stʌnɪŋ/ *adj* ‹*success/performance*› sensacional; ‹*person/dress*› despampanante

stunt¹ /stʌnt/ *n* **1** (feat of daring) proeza *f*; **she does all her own ~s** (Cin, TV) hace todas las escenas peligrosas ella misma; (*before n*) **~ man/woman** especialista *mf* **2** (hoax, trick) truco *m*, maniobra *f*; (publicity **~**) ardid *m* publicitario

stunt² *vt* detener*, atrofiar

stunted /'stʌntəd, BrE 'stʌntɪd/ *adj* ‹*growth/development*› atrofiado; ‹*tree/body*› raquítico

stupefy /'stu:pəfaɪ, BrE 'stju:pɪfaɪ/ *vt* **-fies**, **-fying**, **-fied**; (*usu pass*) dejar estupefacto

stupendous /stu:'pendəs, BrE stju:'pendəs/ *adj* (infml) ‹*effort/strength*› tremendo; ‹*success*› formidable

stupid /'stu:pəd, BrE 'stju:pɪd/ *adj* (foolish) tonto (fam); (unintelligent) estúpido

stupidity /stu:'pɪdəti, BrE stju:'pɪdəti/ *n* estupidez *f*, tontería *f*

stupor /'stu:pər, BrE 'stju:pə(r)/ *n* (Med) estupor *m*; (lethargy) aletargamiento *m*; **in a drunken ~** en un sopor etílico (fml o hum)

sturdy /'stɜ:rdi, BrE 'stɜ:di/ *adj* **-dier**, **-diest** ‹*build/legs/figure*› robusto, macizo; ‹*furniture/bicycle*› sólido y resistente

stutter¹ /'stʌtər, BrE 'stʌtə(r)/ *n* tartamudeo *m*

stutter² *vi* tartamudear

■ *vt* balbucear, decir* tartamudeando

St Valentine's Day ▶ **Valentine's Day**

⚷ palabra clave

sty /staɪ/ *n* (*pl* **sties**) **(a)** (pig~) pocilga *f*, chiquero *m* (AmL) **(b)** ▶ **stye**

stye /staɪ/ *n* (*pl* **sties** *or* **styes**) orzuelo *m*

style /staɪl/ *n* **1** **(a)** (manner of acting) estilo *m*; **telling lies is not my ~** decir mentiras no va conmigo **(b)** (Art, Lit, Mus) estilo *m* **2** (elegance) estilo *m*; **to live/travel in ~** vivir/viajar a lo grande **3** **(a)** (type, model) diseño *m*, modelo *m* **(b)** (fashion) moda *f*; **to be in ~** estar* de moda **(c)** (hair ~) peinado *m*

-style /staɪl/ *suff*: **American~** al estilo americano, a la americana

stylish /'staɪlɪʃ/ *adj* ‹*furniture/clothes/decor*› con mucho estilo; ‹*person*› con clase *or* estilo, estiloso (AmL fam); ‹*resort/restaurant*› elegante

stylist /'staɪləst, BrE 'staɪlɪst/ *n* (hair ~) estilista *mf*

stylistic /staɪ'lɪstɪk/ *adj* estilístico

stylized /'staɪlaɪzd/ *adj* estilizado

stylus /'staɪləs/ *n* (*pl* **-li** *or* **-luses**) aguja *f*, púa *f* (RPl)

Styrofoam® /'staɪrəfəʊm/ *n* (AmE) espuma *f* de poliestireno

suave /swɑːv/ *adj* **suaver**, **suavest** ‹*voice*› engolado; ‹*man*› elegante y desenvuelto

sub /sʌb/ *n* (infml) **(a)** (substitute) suplente *mf*, sustituto, -ta *m,f* **(b)** (submarine) submarino *m* **(c) subs** *pl* (subscription) cuota *f*

subconscious¹ /'sʌb'kɑːntʃəs, BrE sʌb'kɒnʃəs/ *adj* subconsciente

subconscious² *n*: **the ~** el subconsciente

subcontract /ˌsʌb'kɑːntrækt, BrE ˌsʌbkən'trækt/ *vt* subcontratar

subcontractor /sʌb'kɑːntræktər, BrE ˌsʌbkən'træktə(r)/ *n* subcontratista *mf*

subdivide /'sʌbdə'vaɪd, BrE ˌsʌbdɪ'vaɪd/ *vt* subdividir

subdivision /'sʌbdə'vɪʒən, BrE ˌsʌbdɪ'vɪʒən/ *n* subdivisión *f*

subdue /səb'duː, BrE səb'djuː/ *vt* **(a)** (bring under control) ‹*person*› someter, dominar **(b)** (vanquish) (liter) sojuzgar* (liter)

subdued /səb'duːd, BrE səb'djuːd/ *adj* ‹*lighting/color*› tenue, apagado; ‹*person/atmosphere*› apagado

subheading /'sʌbˌhedɪŋ/ *n* subtítulo *m*

subject¹ /'sʌbdʒɪkt/ *n* **1** (topic) tema *m*; **to change the ~** cambiar de tema **2** (discipline) asignatura *f*, materia *f* (esp AmL), ramo *m* (Chi) **3** (Pol) súbdito, -ta *m,f* **4** (Ling) sujeto *m*

subject² /'sʌbdʒɪkt/ *adj* **1** (owing obedience) ‹*people/nation*› sometido **2** **(a)** (liable, prone) **to be ~** TO **sth** (to change/delay) estar* sujeto A algo, ser* susceptible DE algo; (to flooding) estar* expuesto A algo **(b)** (conditional upon) **to be ~** TO **sth** estar* sujeto A algo

subject³ /səb'dʒekt/ *vt* **to ~ sth/sb** TO **sth** someter algo/a algn A algo

subject index *n* índice *m* de materias

subjective /səb'dʒektɪv/ *adj* subjetivo

subject matter *n* (theme) tema *m*; (content) contenido *m*

subjugate /'sʌbdʒəgeɪt, BrE 'sʌbdʒʊgeɪt/ *vt* subyugar*

subjunctive¹ /səb'dʒʌŋktɪv/ *n* subjuntivo *m*

subjunctive² *adj* subjuntivo

sublet /'sʌb'let/ *vt/i* (*pres p* **-letting**; *past & past p* **-let**) subarrendar*

sublime /sə'blaɪm/ *adj* sublime

submachine gun /'sʌbmə'ʃiːn/ *n* metralleta *f*

submarine /'sʌbmə'riːn/ *n* submarino *m*

submerge /səb'mɜːrdʒ, BrE səb'mɜːdʒ/ *vt* **(a)** (cover, flood) sumergir* **(b)** (plunge) **to ~ sth** IN **sth** sumergir* algo EN algo
■ *vi* sumergirse*

submission /səb'mɪʃən/ *n* **1** (surrender) sumisión *f* **2** (plan, proposal) propuesta *f*

submissive /səb'mɪsɪv/ *adj* sumiso

submit /səb'mɪt/ **-tt-** *vt* **1** ‹*claim/report/application*› presentar **2** (subject) **to ~ sb** TO **sth** someter a algn A algo **3** (contend) sostener*
■ *vi* rendirse*

subnormal /'sʌb'nɔːrməl, BrE sʌb'nɔːməl/ *adj* **1** ‹*temperature*› por debajo de lo normal **2** (dated *or* offensive) ‹*person*› subnormal (ant *u* ofensivo)

subordinate¹ /sə'bɔːrdn̩ət, BrE sə'bɔːdɪnət/ *adj* subordinado

subordinate² *n* subordinado, -da *m,f*

subprime /sʌb'praɪm/ *adj* sub prime (*dirigido a clientes de bajos recursos o con un historial de crédito deficiente*)

subscribe /səb'skraɪb/ *vi* **1** (buy) **to ~** (TO **sth)** (to magazine/newspaper) suscribirse* (A algo) **2** (support) **to ~** TO **sth** suscribir* algo (fml); **I ~ to the view that ...** yo soy de la opinión de que ...

subscriber /səb'skraɪbər, BrE səb'skraɪbə(r)/ *n* (to paper, magazine) suscriptor, -tora *m,f*

subscription /səb'skrɪpʃən/ *n* **(a)** (to magazine) suscripción *f*; (for theatrical events) abono *m* **(b)** (membership fees) (BrE) cuota *f*

subsequent /'sʌbsɪkwənt/ *adj* (*before n*) posterior, subsiguiente

subsequently /'sʌbsɪkwəntli/ *adv* posteriormente

subservient /səb'sɜːrviənt, BrE səb'sɜːviənt/ *adj* servil

subside /səb'saɪd/ *vi* **1** «*land/road/foundations*» hundirse **2** (abate) «*storm/wind*» amainar; «*floods/swelling*» decrecer*, bajar; «*excitement*» decaer*; «*anger*» calmarse, pasarse

subsidence /səb'saɪdn̩s, 'sʌbsədn̩s, BrE səb'saɪdn̩s, 'sʌbsɪdəns/ *n* hundimiento *m*

subsidiary¹ /səb'sɪdieri, BrE səb'sɪdiəri/ *adj* ‹*role/interest*› secundario; **~ subject** materia *f* complementaria

subsidiary² *n* (*pl* **-ries**) (Busn) filial *f*

subsidize /'sʌbsədaɪz, BrE 'sʌbsɪdaɪz/ *vt* subvencionar, subsidiar (AmL)

subsidy /'sʌbsədi, BrE 'sʌbsɪdi/ *n* (*pl* **-dies**) subvención *f*, subsidio *m*

subsist /səb'sɪst/ *vi* subsistir

subsistence /səb'sɪstəns/ *n* subsistencia *f*; (*before n*) ‹*farming*› de subsistencia; **~ wage** sueldo *m* de hambre; **to live at ~ level** vivir con lo justo para subsistir

substance /'sʌbstəns/ *n* **1** (type of matter) sustancia *f* **2** **(a)** (solid quality, content) sustancia *f*; (of book) enjundia *f*, sustancia *f* **(b)** (foundation) fundamento *m* **(c) in ~** en lo esencial

S

substandard /'sʌb'stændərd, BrE ˌsʌb'stændəd/ *adj* ‹*goods/clothes*› de calidad inferior

substantial /səb'stæntʃəl, BrE səb'stænʃəl/ *adj* **1** **(a)** ‹*amount/income/loan*› considerable, importante **(b)** ‹*changes/difference*› sustancial; ‹*contribution*› importante **2** **(a)** (sturdy, solid) ‹*furniture/building*› sólido **(b)** (nourishing, filling) ‹*meal*› sustancioso

substantiate /səb'stæntʃieɪt, BrE səb'stænʃieɪt/ *vt* ‹*rumors/story/statement*› confirmar, corroborar; **can you ~ these accusations?** ¿puede probar estas acusaciones?

substation /'sʌbsteɪʃən/ *n* (AmE) estafeta *f* de correos

substitute¹ /'sʌbstətu:t, BrE 'sʌbstɪtju:t/ *n* **(a)** (thing) **~ (FOR sth)** sucedáneo *m* (DE algo); **sugar ~** sucedáneo *m* del azúcar; **there's no ~ for experience** nada puede sustituir a la experiencia **(b)** (person) sustituto, -ta *m,f*, reemplazo *m*, suplente *mf*

substitute² *vt* sustituir*, reemplazar*

substitute teacher *n* (AmE) (profesor, -sora *m,f*) suplente *mf*

substitution /'sʌbstə'tu:ʃən, BrE ˌsʌbstɪ'tju:ʃən/ *n* sustitución *f*

subterfuge /'sʌbtərfju:dʒ, BrE 'sʌbtəfju:dʒ/ *n* subterfugio *m*

subterranean /'sʌbtə'reɪniən/ *adj* subterráneo

subtitle¹ /'sʌbˌtaɪtl/ *n* subtítulo *m*

subtitle² *vt* (*usu pass*) subtitular

subtle /'sʌtl/ *adj* **subtler** /'sʌtlər, BrE 'sʌtlə(r)/, **subtlest** /'sʌtləst, BrE 'sʌtlɪst/ **(a)** (delicate, elusive) ‹*fragrance*› sutil **(b)** (not obvious) ‹*difference/distinction/hint*› sutil; ‹*change*› imperceptible **(c)** (tactful) (infml) delicado

subtlety /'sʌtlti/ *n* (*pl* **-ties**) **(a)** (delicacy, elusiveness) sutileza *f* **(b)** (tact, finesse) delicadeza *f*; **to lack ~** ser* poco delicado

subtly /'sʌtli/ *adv* **(a)** (delicately, elusively) sutilmente **(b)** (tactfully) con delicadeza

subtotal /'sʌbtəʊtl/ *n* subtotal *m*, total *m* parcial

subtract /səb'trækt/ *vt* **to ~ sth (FROM sth)** restar algo (DE algo)

subtraction /səb'trækʃən/ *n* resta *f*, sustracción *f* (fml)

subtropical /sʌb'trɑ:pɪkəl, BrE sʌb'trɒpɪkəl/ *adj* subtropical

S

suburb /'sʌbɜ:rb, BrE 'sʌbɜ:b/ *n* barrio *m or* (Méx) colonia *f* residencial de las afueras; **the ~s** los barrios periféricos *or* de las afueras (de la ciudad)

suburban /sə'bɜ:rbən, BrE sə'bɜ:bən/ *adj* ‹*area*› suburbano; ‹*shopping mall*› de las afueras

suburbia /sə'bɜ:rbiə, BrE sə'bɜ:biə/ *n*: *zonas residenciales de las afueras de una ciudad*

subversive /səb'vɜ:rsɪv, BrE səb'vɜ:sɪv/ *adj* subversivo

subway /'sʌbweɪ/ *n* **1** (AmE) (Rail) metro *m*, subterráneo *m* (RPl) **2** (BrE) (for pedestrians) pasaje *m* subterráneo

succeed /sək'si:d/ *vi* **1** (have success) «*plan*» dar* resultado, surtir efecto; **she tried to persuade him, but did not ~** intentó convencerlo pero no lo consiguió; **he's ~ed in all that he's done** ha tenido éxito en todo lo que ha hecho; **to ~ in life** triunfar en la vida; **he finally ~ed in passing the exam** al final logró aprobar el examen **2** **to ~ (TO sth): he ~ed to the throne** subió al trono; **to ~ to a title** heredar un título

■ *vt* suceder; **who ~ed him?** ¿quién lo sucedió?

succeeding /sək'si:dɪŋ/ *adj* (*before n*) subsiguiente

success /sək'ses/ *n* éxito *m*; **to be a ~** ser* un éxito; **without ~** sin (ningún) éxito

successful /sək'sesfəl/ *adj* ‹*person*› de éxito, exitoso (AmL); **the ~ applicant for the job** el candidato que obtenga el puesto; **to be ~ in life** triunfar en la vida

successfully /sək'sesfəli/ *adv* satisfactoriamente

succession /sək'seʃən/ *n* **1** **(a)** (act of following) sucesión *f*; **for 6 years in ~** durante seis años consecutivos; **in rapid ~** uno tras otro **(b)** (series) sucesión *f* **2** (to office, rank) sucesión *f*

successive /sək'sesɪv/ *adj* (*before n*) consecutivo

successor /sək'sesər, BrE sək'sesə(r)/ *n* sucesor, -sora *m,f*

succinct /sək'sɪŋkt/ *adj* sucinto, conciso

succulent /'sʌkjələnt, BrE 'sʌkjʊlənt/ *adj* suculento

succumb /sə'kʌm/ *vi* **to ~ (TO sth)** sucumbir (A algo)

such¹ /sʌtʃ/ *adj* **1** **(a)** (emphasizing degree, extent) tal (+ *noun*); tan (+ *adj*); **I woke up with ~ a headache** me levanté con tal dolor de cabeza ...; **I've got ~ a lot of work to do** tengo tanto (trabajo) que hacer; **I've never heard ~ nonsense** nunca he oído semejante estupidez **(b)** (*with clauses of result or purpose*) **such ... (that)** tal/tan ... que **(c)** (*in comparisons*) **such ... as** tan ... como **2** **(a)** (of this, that kind) tal; **~ children are known as ...** a dichos *or* a tales niños se los conoce como ...; **there's no ~ thing as the perfect crime** el crimen perfecto no existe; **I said no ~ thing!** ¡yo no dije tal cosa! **(b)** (unspecified) tal; **the letter tells you to go to ~ a house on ~ a date** la carta te dice que vayas a tal casa en tal fecha

such² *pron* **1** **(a)** (of the indicated kind) tal; **~ were her last words** tales fueron sus últimas palabras **(b) such as** como; **many modern inventions, ~ as radar ...** muchos inventos modernos, (tales) como el radar ... **(c) as such** como tal/tales **2** (indicating lack of quantity, quality): **the evidence, ~ as it is, seems to ...** las pocas pruebas que hay parecen ... **3** (of such a kind, extent, degree): **such that** tal ... que

such: **~-and-~** *adj* tal (o cual); **we were told to get ~-and-~ a book** nos dijeron que compráramos tal (o cual) libro; **~like** *pron* (infml) (of things) cosas por el estilo; (of people) gente por el estilo

suck /sʌk/ *vt* **(a)** «*person*» ‹*thumb/candy*› chupar; ‹*liquid*› (through a straw) sorber; «*vacuum cleaner*» aspirar; «*pump*» succionar, aspirar; «*insect*» ‹*blood/nectar*› chupar **(b)** (pull, draw) (+ *adv compl*) arrastrar; **she was ~ed under by the current** la corriente se la tragó

■ *vi* **1** «*person*» chupar; **to ~ AT/ON sth** chupar algo **2** (be objectionable) (AmE sl): **the movie really ~s** la película es una mierda (vulg)

palabra clave

● **suck in** [*v* + *o* + *adv*, *v* + *adv* + *o*] ‹*air/breath*› tomar

sucker /'sʌkər, BrE 'sʌkə(r)/ *n* **1** (infml) (fool) (derog) imbécil *mf*; ***to be a ~ for punishment*** ser* un masoquista **2** (suction device — on animal, plant) ventosa *f*; (— made of rubber) (BrE) ventosa *f* **3** (Bot) (shoot) chupón *m*, mamón *m*

suckle /'sʌkəl/ *vt* amamantar, darle* de mamar a ■ *vi* mamar

suction /'sʌkʃən/ *n* succión *f*; (*before n*) **~ cup** ventosa *f*

Sudan /suː'dɑːn/ *n*: **(the) ~** (el) Sudán

Sudanese /'suːdn̩'iːz, BrE ˌsuːdə'niːz/ *adj* sudanés

sudden /'sʌdn̩/ *adj* **(a)** (rushed) repentino, súbito; (unexpected) imprevisto, inesperado; ***all of a ~*** de repente, de pronto **(b)** (abrupt) ‹*movement*› brusco

suddenly /'sʌdn̩li/ *adv* **(a)** (unexpectedly) de repente, de pronto **(b)** (abruptly) bruscamente

suds /sʌdz/ *pl n* espuma *f* de jabón

sue /suː, BrE suː, sjuː/ *vt* **to ~ sb (FOR sth)** demandar a algn (POR algo)
■ *vi* (Law) entablar una demanda, poner* pleito (Esp)

suede /sweɪd/ *n* ante *m*, gamuza *f*

suet /'suːət, BrE 'suːɪt, 'sjuːɪt/ *n* sebo *m*, grasa *f* de pella

suffer /'sʌfər, BrE 'sʌfə(r)/ *vt* **(a)** (undergo) ‹*injury/damage/loss*› sufrir; ‹*pain*› padecer*, sufrir **(b)** (endure) aguantar, tolerar
■ *vi* **(a)** (experience pain, difficulty) sufrir **(b)** (be affected, deteriorate) «*health/eyesight*» resentirse*; «*business/relationship*» verse* afectado, resentirse* **(c)** (be afflicted) **to ~ FROM sth** sufrir *or* (fml) padecer* DE algo

sufferer /'sʌfərər, BrE 'sʌfərə(r)/ *n*: **~s from arthritis arthritis ~s** quienes sufren de artritis, los artríticos

suffering /'sʌfərɪŋ/ *n* sufrimiento *m*

suffice /sə'faɪs/ *vi* (fml) bastar, ser* suficiente

sufficient /sə'fɪʃənt/ *adj* suficiente, bastante

sufficiently /sə'fɪʃəntli/ *adv* lo suficientemente

suffix /'sʌfɪks/ *n* sufijo *m*

suffocate /'sʌfəkeɪt/ *vt* asfixiar, ahogar*
■ *vi* asfixiarse, ahogarse*

suffocating /'sʌfəkeɪtɪŋ/ *adj* ‹*smoke/routine*› asfixiante; ‹*heat*› sofocante

suffocation /'sʌfə'keɪʃən/ *n* asfixia *f*

suffrage /'sʌfrɪdʒ/ *n* sufragio *m*

sugar /'ʃʊgər, BrE 'ʃʊgə(r)/ *n* azúcar *m or f*; (*before n*) **~ bowl** azucarero *m*, azucarera *f* (esp AmL); **~ cube** o **lump** terrón *m* de azúcar

sugar: **~ beet** *n* remolacha *f* azucarera *or* (Méx) betabel *m* blanco; **~ cane** *n* caña *f* de azúcar

sugary /'ʃʊgəri/ *adj* **(a)** ‹*drink/taste*› dulce, azucarado **(b)** ‹*tones/smile*› meloso, almibarado

suggest /səg'dʒest, BrE sə'dʒest/ *vt* **1** **(a)** (propose) sugerir*; **to ~ sth TO sb** sugerirle* algo A algn; **to ~ -ING** sugerir* + INF, sugerir* QUE (+ *subj*); **to ~ TO sb THAT** sugerirle* a algn QUE (+ *subj*) **(b)** (offer for consideration): **can you ~ a possible source for this rumor?** ¿se le ocurre quién puede haber empezado este rumor? **(c)** (imply, insinuate) insinuar*; **are you ~ing (that) my son is a thief?** ¿insinúa usted que mi hijo es un ladrón? **2** (indicate, point to) indicar* **3** (evoke, bring to mind) sugerir*

suggestion /səg'dʒestʃən, BrE sə'dʒestʃən/ *n* **1** **(a)** (proposal) sugerencia *f*; **to make a ~** hacer* una sugerencia; **have you any ~s for speeding up the process?** ¿se le ocurre algo para acelerar el proceso? **(b)** (explanation, theory) teoría *f* **(c)** (insinuation) insinuación *f* **2** (indication, hint) indicio *m* **3** (Psych) sugestión *f*

suggestive /səg'dʒestɪv, BrE sə'dʒestɪv/ *adj* **1** ‹*gesture/laugh*› insinuante, provocativo **2** (*pred*) **to be ~ OF sth (a)** (indicative) parecer* indicar algo **(b)** (reminiscent) hacer* pensar EN algo, evocar* algo

suicidal /'suːə'saɪdl, BrE ˌsuːɪ'saɪdl, ˌsjuː-/ *adj* suicida

suicide /'suːəsaɪd, BrE 'suːɪsaɪd, 'sjuː-/ *n* (act) suicidio *m*; **to commit ~** suicidarse; (*before n*) ‹*attempt/pact*› de suicidio; ‹*mission*› suicida; **~ bomber** terrorista *mf* suicida, kamikaze *m*; **~ note** carta *f* de despedida de un suicida; **~ pilot** (in Pacific War) kamikaze *m*

suit[1] /suːt, BrE suːt, sjuːt/ *n* **1** (Clothing) (male) traje *m*, terno (AmS); (female) traje *m* (de chaqueta), traje *m* sastre **2** (Law) juicio *m*, pleito *m* **3** (in cards) palo *m*; ***to follow ~*** seguir* su (*or* nuestro *etc*) ejemplo

suit[2] *vt* **1** (be convenient to, please) venirle* bien a, convenirle* a; ***to ~ oneself*** hacer* lo que uno quiere; **~ yourself!** ¡haz lo que quieras! **2** **(a)** (be appropriate, good for): **the job doesn't ~ him** el trabajo no es para él *or* no le va **(b)** (look good on) «*hairstyle/dress*» quedarle *or* (esp Esp) irle* bien a; *see also* **suited** **3** (adapt) **to ~ sth TO sth/sb** adaptar algo A algo/algn

suitable /'suːtəbəl, BrE 'suːtəbəl, 'sjuː-/ *adj* **(a)** (appropriate) apropiado, adecuado; **(to be) ~ FOR sb/sth/-ING** (ser*) apropiado *or* adecuado PARA algn/algo/+ INF **(b)** (acceptable, proper) apropiado **(c)** (convenient) conveniente

suitably /'suːtəbli, BrE 'suːtəbli, 'sjuː-/ *adv* ‹*qualified*› adecuadamente; ‹*dressed/equipped*› apropiadamente

suitcase /'suːtkeɪs, BrE 'suːtkeɪs, 'sjuː-/ *n* maleta *f*, valija *f* (RPl), petaca *f* (Méx)

suite /swiːt/ *n* **(a)** (of rooms) suite *f* **(b)** (of furniture) juego *m* **(c)** (Mus) suite *f*

suited /'suːtəd, BrE 'suːtɪd, 'sjuː/ *adj* (*pred*) **to be ~ TO sth** «*thing*» ser* apropiado *or* adecuado PARA algo; **I'm not ~ to this type of work** no sirvo para este tipo de trabajo; **they are very well ~ (to each other)** están hechos el uno para el otro

suitor /'suːtər, BrE 'suːtə(r), 'sjuː-/ *n* (dated) pretendiente *m*

sulfur, (BrE) **sulphur** /'sʌlfər, BrE 'sʌlfə(r)/ *n* azufre *m*

sulk /sʌlk/ *vi* enfurruñarse

sulky /'sʌlki/ *adj* **-kier, -kiest** ‹*child*› con tendencia a enfurruñarse; ‹*look/reply*› malhumorado

sullen /'sʌlən/ *adj* hosco, huraño

sultan /'sʌltn̩/ *n* sultán *m*

sultana /sʌl'tænə, BrE sʌl'tɑːnə/ *n* (Culin) pasa *f* sultana *or* de Esmirna

sultry /'sʌltri/ *adj* **-trier, -triest** **(a)** ‹*climate/day*› bochornoso **(b)** ‹*voice/smile/person*› seductor

sum /sʌm/ *n* **1** (calculation — in general) cuenta *f*; (— addition) suma *f*, adición *f* (fml) **2** (total, aggregate) suma *f*, total *m* **3** (of money) suma *f* *or* cantidad *f* (de dinero)

• **sum up**: **-mm-** **1** [*v + o + adv, v + adv + o*] **(a)** (summarize) ‹*discussion/report*› resumir **(b)** (assess) ‹*person*› catalogar*; **she quickly ~med up the situation** enseguida se hizo una composición de lugar **2** [*v + adv*] **(a)** (summarize) recapitular; **to ~ up** (*as linker*) resumiendo, en resumen **(b)** (Law) recapitular

summarize /'sʌməraɪz/ *vt* resumir

summary¹ /'sʌməri/ *n* (*pl* **-ries**) resumen *m*

summary² *adj* ‹*dismissal*› inmediato; ‹*trial/judgment*› sumario

summer /'sʌmər, BrE 'sʌmə(r)/ *n* verano *m*; **in (the) ~** en (el) verano; (*before n*) ‹*weather/clothes/vacation*› de verano; **~ camp** (in US) colonia *f* de vacaciones

summer: **~house** *n* cenador *m*; **~ school** *n* (in US) clases *fpl* de verano (*gen de repaso*); (in UK) curso *m* de verano; **~time** *n* verano *m*, estío *m* (liter); **~ time** *n* (BrE) horario *m* de verano

summery /'sʌməri/ *adj* veraniego, de verano

summing-up /'sʌmɪŋ'ʌp/ *n* (*pl* **summings-up**) recapitulación *f*

summit /'sʌmət, BrE 'sʌmɪt/ *n* **1** (of mountain, career) cumbre *f*, cima *f* **2** **~ (conference)** (conferencia *f*) cumbre *f*

summon /'sʌmən/ *vt* **(a)** (send for) ‹*servant/waiter*› llamar, mandar llamar (AmL); ‹*police/doctor*› llamar; ‹*help/reinforcements*› pedir*; ‹*meeting/parliament*› convocar* **(b)** (Law) ‹*witness/defendant*› citar, emplazar* **(c)** ▶ **summon up**

• **summon up** [*v + adv + o*] **(a)** (gather): **he ~ed up the courage to ask her** se armó de valor para preguntárselo; **I couldn't even ~ up the strength to get up the stairs** ni siquiera pude reunir fuerzas para subir la escalera **(b)** (call up) ‹*thoughts/memories*› evocar*

summons¹ /'sʌmənz/ *n* (*pl* **-monses**) **(a)** (Law) citación *f*, citatorio *m* (Méx) **(b)** (for help etc) llamamiento *m*, llamado *m* (AmL)

summons² *vt* (Law) citar, emplazar*

sumptuous /'sʌmptʃuəs, BrE 'sʌmptjʊəs/ *adj* ‹*fabric/color*› suntuoso; ‹*mansion/decor*› lujoso

sun¹ /sʌn/ *n* sol *m*; ***under the ~***: **I've tried everything under the ~** he probado de todo

sun² *v refl* **-nn- to ~ oneself** tomar el sol *or* (CS tb) tomar sol, asolearse (AmL)

sun: **~bathe** *vi* tomar el sol *or* (CS tb) tomar sol, asolearse (AmL); **~beam** *n* rayo *m* de sol; **~bed** *n* cama *f* solar; **~block** *n* filtro *m* solar; **~burn** *n* quemadura *f* de sol; **~burned** /'sʌnbɜːrnd, BrE 'sʌnbɜːnd/, (BrE also) **~burnt** /'sʌnbɜːrnt, BrE 'sʌnbɜːnt/ *adj* **(a)** (painfully) quemado por el sol **(b)** (brown) bronceado, tostado, quemado (AmL), moreno (Esp), asoleado (Méx)

sundae /'sʌndeɪ/ *n* sundae *m* (*helado con fruta, crema, jarabe etc*)

palabra clave

Sunday /'sʌndeɪ, '-di/ *n* domingo *m*; (*before n*) **~ school** *sesiones dominicales de catequesis para niños*; *see also* **Monday**

sun: **~dial** *n* reloj *m* de sol; **~down** *n* (*no art*) puesta *f* de(l) sol; **~dress** *n* vestido *m* de tirantes, solera *f* (CS)

sundries /'sʌndriz/ *pl n* **(a)** (goods) artículos *mpl* diversos **(b)** (expenses) gastos *mpl* varios

sundry¹ /'sʌndri/ *adj* varios, diversos

sundry² *pron*: **all and ~** todos sin excepción, todo el mundo

sunflower /'sʌnflaʊr, BrE 'sʌnflaʊə(r)/ *n* girasol *m*; (*before n*) **~ oil** aceite *m* de girasol; **~ seed** semilla *f* de girasol, pipa *f* (Esp)

sung /sʌŋ/ *past p of* **sing**

sunglasses /'sʌn,glæsəz, BrE 'sʌn,glɑːsɪz/ *pl n* gafas *fpl* *or* (esp AmL) lentes *mpl* *or* anteojos *mpl* de sol

sunk¹ /sʌŋk/ *past p of* **sink¹**

sunk² *adj* (*pred*) **(a)** (in trouble) (infml): **to be ~** estar* perdido **(b)** (immersed) **to be ~ IN sth** (in depression/gloom) estar* sumido EN algo (liter)

sunken /'sʌŋkən/ *adj* **(a)** (*before n*) ‹*ship/treasure*› hundido, sumergido **(b)** (*before n*) ‹*garden/patio*› a nivel más bajo **(c)** (hollow) ‹*eyes/cheeks*› hundido

sun: **~ lamp** *n* lámpara *f* de rayos ultravioletas; **~light** *n* sol *m*, luz *f* del sol; **~lit** *adj* soleado

Sunni¹ /'sʊni, BrE 'sʌni/ *n* sunía *mf*, sunita *mf*

Sunni² *adj* sunía, sunita

sunny /'sʌni/ *adj* **-nier**, **-niest** **(a)** ‹*day*› de sol; ‹*room/garden*› soleado; **it's ~ today** hoy hace sol **(b)** (good-humored) alegre

sun: **~rise** *n* salida *f* del sol; **~roof** *n* techo *m* corredizo; **~screen** *n* filtro *m* solar; **~set** *n* puesta *f* de(l) sol; **at ~set** al atardecer, a la caída de la tarde; **~shine** *n* sol *m*; **~spot** *n* **(a)** (Astron) mancha *f* solar **(b)** (resort) (infml) *lugar de veraneo con mucho sol*; **~stroke** *n* insolación *f*; **~tan** *n* bronceado *m*, moreno *m* (Esp); **to get a ~tan** broncearse, tostarse*, quemarse (AmL); (*before n*) ‹*lotion*› bronceador; **~trap** *n*: *lugar muy soleado y resguardado*

super /'suːpər, BrE 'suːpə(r)/ *adj* (infml) genial (fam), súper *adj inv* (fam)

superb /sʊ'pɜːrb, BrE suː'pɜːb/ *adj* magnífico, espléndido

superbug /'suːpərbʌg, BrE 'suːpəbʌg/ *n* microbio *m* multiresistente

supercilious /'suːpər'sɪliəs, BrE ,suːpə'sɪliəs/ *adj* desdeñoso

superficial /'suːpər'fɪʃəl, BrE ,suːpə'fɪʃəl/ *adj* superficial

superfluous /suː'pɜːrfluəs, BrE suː'pɜːflʊəs/ *adj* superfluo

superglue¹ /'suːpərgluː, BrE 'suːpəgluː/ *n* cola *f* de contacto, superglue *m* (Esp)

superglue² *vt* pegar* con cola de contacto, pegar con superglue (Esp)

superhighway /'suːpər'haɪweɪ, BrE 'suːpə,haɪweɪ/ *n* **(a)** (AmE) (Auto) autopista *f* **(b)** (Comput): **the information ~** la autopista de la comunicación

superhuman /'suːpər'hjuːmən, BrE ,suːpə'hjuːmən/ *adj* sobrehumano

superimpose /ˈsuːpərɪmˈpəʊz/ *vt* superponer*
superintend /ˈsuːpərɪnˈtend/ *vt* supervisar
superintendent /ˈsuːpərɪnˈtendənt/ *n* **(a)** (person in charge — of maintenance, hostel, swimming pool) encargado, -da *m,f*; (— of building) (AmE) portero, -ra *m,f*; (— of institution) director, -tora *m,f* **(b)** (police officer) (in US) superintendente *mf* (*jefe de un departamento de policía*); (in UK) comisario, -ria *m,f* de policía
superior¹ /sʊˈpɪriər, BrE suːˈpɪəriə(r)/ *adj* **1** **(a)** (better) **to be ~ (TO sth/sb)** ser* superior (A algo/algn), ser* mejor (QUE algo/algn) **(b)** (above average) ‹*workmanship/writer*› de gran calidad **2** (arrogant) ‹*tone/smile*› de superioridad; **he's so ~** se da unos aires de superioridad **3** ‹*rank*› superior; **his ~ officer** su superior
superior² *n* superior *m*
superiority /sʊˈpɪriˈɔːrəti, BrE suːˌpɪəriˈɒrəti/ *n* superioridad *f*
superlative¹ /sʊˈpɜːrlətɪv, BrE suːˈpɜːlətɪv/ *adj* inigualable, excepcional
superlative² *n* superlativo *m*
superman /ˈsuːpərmæn, BrE ˈsuːpəmæn/ *n* (*pl* **-men** /-men/) superhombre *m*
supermarket /ˈsuːpərˌmɑːrkət, BrE ˈsuːpəˌmɑːkɪt/ *n* supermercado *m*, autoservicio *m*
supernatural /ˈsuːpərˈnætʃərəl, BrE ˌsuːpəˈnætʃərəl/ *adj* sobrenatural
superpower /ˈsuːpərpaʊər, BrE ˈsuːpəpaʊə(r)/ *n* superpotencia *f*
supersede /ˈsuːpərˈsiːd, BrE ˌsuːpəˈsiːd/ *vt* (*often pass*) reemplazar*, sustituir*
supersonic /ˈsuːpərˈsɑːnɪk, BrE ˌsuːpəˈsɒnɪk/ *adj* supersónico
superstar /ˈsuːpərstɑːr, BrE ˈsuːpəstɑː(r)/ *n* superestrella *f*, gran estrella *f*
superstition /ˈsuːpərˈstɪʃən, BrE ˌsuːpəˈstɪʃən/ *n* superstición *f*
superstitious /ˈsuːpərˈstɪʃəs, BrE ˌsuːpəˈstɪʃəs/ *adj* supersticioso
superstore /ˈsuːpərstɔːr, BrE ˈsuːpəstɔː(r)/ *n* (BrE) hipermercado *m*
supervise /ˈsuːpərvaɪz, BrE ˈsuːpəvaɪz/ *vt* **(a)** ‹*project/staff*› supervisar **(b)** (watch over) vigilar
supervision /ˈsuːpərˈvɪʒən, BrE ˌsuːpəˈvɪʒən/ *n* supervisión *f*
supervisor /ˈsuːpərvaɪzər, BrE ˈsuːpəvaɪzə(r)/ *n* supervisor, -sora *m,f*
supper /ˈsʌpər, BrE ˈsʌpə(r)/ *n* cena *f*, comida *f* (esp AmL); **to have ~** cenar, comer (esp AmL)
supplant /səˈplænt, BrE səˈplɑːnt/ *vt* sustituir*, reemplazar*
supple /ˈsʌpəl/ *adj* **-pler** /-plər, BrE -plə(r)/, **-plest** /-pləst, BrE -plɪst/ ‹*body/fingers*› ágil; ‹*leather*› fino y flexible, suave
supplement¹ /ˈsʌpləmənt, BrE ˈsʌplɪmənt/ *n* **1** (addition to diet, income) complemento *m* **2** **(a)** (additional part published separately) suplemento *m* **(b)** (section of newspaper — separate) suplemento *m*; (— inserted) separata *f*
supplement² /ˈsʌpləment, BrE ˈsʌplɪment/ *vt* ‹*diet/income*› complementar; ‹*report*› completar
supplementary /ˈsʌpləˈmentəri, BrE ˌsʌplɪˈmentəri/ *adj* suplementario
supplier /səˈplaɪər, BrE səˈplaɪə(r)/ *n* (Busn) proveedor, -dora *m,f*, abastecedor, -dora *m,f*
supply¹ /səˈplaɪ/ *n* (*pl* **-plies**) **1** (provision) suministro *m*; **the water/electricity ~** el suministro de agua/electricidad; **the law of ~ and demand** la ley de la oferta y la demanda **2** (stock, store): **food supplies are running low** se están agotando las provisiones *or* los víveres *or* (Mil) los pertrechos; **we only have a month's ~ of coal left** solo nos queda carbón para un mes; (Busn) las existencias de carbón solo van a durar un mes; **to be in short ~** escasear
supply² *vt* **-plies, -plying, -plied** **1** **(a)** (provide, furnish) ‹*electricity/gas*› suministrar; ‹*goods*› suministrar, abastecer* *or* proveer* de; ‹*evidence/information*› proporcionar, facilitar **(b)** ‹*retailer/manufacturer*› abastecer*; **to ~ sb WITH sth** (with equipment) proveer* a algn DE algo; (Busn) abastecer* a algn DE algo, suministrarle algo A algn; (with information) facilitarle *or* proporcionarle algo A algn **2** (meet) (fml) ‹*demand/need*› satisfacer*
supply teacher *n* (BrE) (profesor, -sora *m,f*) suplente *mf*
support¹ /səˈpɔːrt, BrE səˈpɔːt/ *vt* **1** (hold up) ‹*bridge/structure*› sostener*; **the chair couldn't ~ his weight** la silla no pudo aguantar *or* resistir su peso **2** **(a)** (maintain, sustain) ‹*family*› mantener*; **to ~ oneself** ganarse la vida **(b)** (Comput) admitir **3** **(a)** (back) ‹*cause/motion*› apoyar; **what team do you ~?** ¿de qué equipo eres (hincha)? **(b)** (back up) apoyar **4** (corroborate) ‹*theory*› respaldar, confirmar
support² *n* **1** **(a)** (of structure) soporte *m* **(b)** (physical): **to lean on sb for ~** apoyarse en algn (para sostenerse) **2** **(a)** (financial) ayuda *f* (económica), apoyo *m* (económico) **(b)** (person) sostén *m* **3** (backing, encouragement) apoyo *m* **4** (Mil) apoyo *m*, refuerzo *m* **5** **in support of** (*as prep*) en apoyo de
support band *n* grupo *m* telonero
supporter /səˈpɔːrtər, BrE səˈpɔːtə(r)/ *n* **(a)** (adherent) partidario, -ria *m,f* **(b)** (Sport) hincha *mf*
supporting /səˈpɔːrtɪŋ, BrE səˈpɔːtɪŋ/ *adj* (*before n*) ‹*role/actor*› secundario; **~ act** número *m* telonero
supportive /səˈpɔːrtɪv, BrE səˈpɔːtɪv/ *adj*: **she's been very ~** me (*or* lo *etc*) ha apoyado mucho
suppose /səˈpəʊz/ *vt* **1** **(a)** (assume, imagine) suponer*, imaginarse; **~ he phones and you're not in** ¿y si llama y tú no estás?; **I ~ so** supongo *or* me imagino que sí; **I ~ not** supongo que no *or* no creo **(b)** (believe, think) creer*; **what do you ~ he'll do?** ¿tú qué crees que hará? **2** **to be supposed to + INF** **(a)** (indicating obligation, expectation): **I'm ~d to start work at nine** se supone que tengo que empezar a trabajar a las nueve; **aren't you ~d to be at home?** ¿tú no tendrías que estar en casa? **(b)** (indicating intention): **what's that ~d to be?** ¿y eso qué se supone que es?; **what's that ~d to mean?** ¿y qué quieres (*or* quieren *etc*) decir con eso, (si se puede saber)? **(c)** (indicating general opinion): **it's ~d to be a very interesting book** dicen que es

S

un libro muy interesante

supposing /sə'pəʊzɪŋ/ *conj* **(a)** (expressing hypothesis) suponiendo que; **~ she agrees, will they let us go?** suponiendo que ella esté de acuerdo ¿nos dejarán ir? **(b)** (introducing suggestion) ¿y si ... ?

supposition /'sʌpə'zɪʃən/ *n* suposición *f*

suppress /sə'pres/ *vt* **(a)** ‹*anger/laughter*› contener*; ‹*feelings*› reprimir **(b)** ‹*facts/evidence/truth*› ocultar **(c)** ‹*revolt*› sofocar*; ‹*organization*› suprimir

suppression /sə'preʃən/ *n* **(a)** (of feelings) represión *f* **(b)** (of evidence) ocultación *f* **(c)** (of revolt) represión *f*

supremacy /sə'preməsi, BrE su:'preməsi, sju:-/ *n* supremacía *f*

supreme /su:'pri:m, BrE su:'pri:m, sju:-/ *adj* supremo

Supreme Court *n*: **the ~** el Tribunal Supremo *or* (esp AmL) la Corte Suprema (de Justicia)

surcharge /'sɜ:rtʃɑ:rdʒ, BrE 'sɜ:tʃɑ:dʒ/ *n* recargo *m*

🔑 **sure[1]** /ʃʊr, BrE ʃʊə(r), ʃɔ:(r)/ *adj* **surer, surest** **1** (convinced) (*pred*) seguro; **to be ~ ABOUT sth** estar* seguro DE algo; **I'm not ~ I agree with you** no sé si estoy de acuerdo contigo; **I'm not ~ who/why/what ...** no sé muy bien quién/por qué/qué ...; **to be ~ OF sth/sb** estar* seguro DE algo/algn; **I want to be ~ of getting there on time** quiero asegurarme de que voy a llegar a tiempo; **to be ~ of oneself** (convinced one is right) estar* seguro; (self-confident) ser* seguro de sí mismo **2** (certain): **one thing is ~: he's lying** lo que está claro *or* lo que es seguro es que está mintiendo; **it's ~ to rain** seguro que llueve; **to make ~ of sth** asegurarse de algo; **make ~ (that) you're not late** no vayas a llegar tarde **3** (accurate, reliable) ‹*remedy/method*› seguro; ‹*judgment/aim*› certero; ‹*indication*› claro; ‹*ground*› seguro **4** (*in phrases*) **for sure**: **we don't know anything for ~** no sabemos nada seguro *or* con seguridad; **we'll win for ~** seguro que ganamos; **to be sure** (admittedly) (*indep*) por cierto

sure[2] *adv* **1** (infml) (*as intensifier*) **she ~ is clever, she's ~ clever** ¡qué lista es!, ¡si será lista!; **do you like it? — I ~ do!** ¿te gusta? — ¡ya lo creo! **2** (of course) por supuesto, claro **3** **sure enough** efectivamente, en efecto

sure: **~fire** *adj* (*before n*) ‹*method*› segurísimo, infalible; **~footed** /'ʃʊr'fʊtəd, BrE ʃʊə'fʊtɪd, ʃɔ:'fʊtɪd/ *adj* ‹*goat/cat*› de pie firme

🔑 **surely** /'ʃʊrli, BrE 'ʃʊəli, 'ʃɔ:li/ *adv* **1** **(a)** (expressing conviction): **~ the real problem is ...** el verdadero problema, digo yo *or* me parece a mí, es ...; **~ she doesn't mean that!** ¡no puede ser que lo diga en serio! **(b)** (expressing uncertainty): **he must be mistaken, ~?** tiene que estar equivocado ¿no? **(c)** (expressing disbelief): **~ you don't believe that!** ¡no te creerás eso!; **~ not!** ¡no es posible! *or* ¡no puede ser! **2** (undoubtedly, certainly) seguramente, sin duda **3** (gladly, willingly) por supuesto, desde luego

surf[1] /sɜ:rf, BrE sɜ:f/ *n* **(a)** (waves) olas *fpl* (*rompientes*); (swell) oleaje *m* **(b)** (foam) espuma *f*

surf[2] *vi* hacer* surf *or* surfing

■ *vt* (Comput) explorar, navegar* en

🔑 **surface[1]** /'sɜ:rfəs, BrE 'sɜ:fəs/ *n* **1** **(a)** (of solid, land) superficie *f*; (*before n*) ‹*wound/mark*› superficial; ‹*resemblance*› superficial **(b)** (of liquid, sea) superficie *f* **(c)** **on the surface** (superficially) en apariencia **2** (Math): **~ (area)** superficie *f*, área *f*‡

surface[2] *vi* «*diver/submarine*» salir* a la superficie; «*problems/difficulties*» aflorar, aparecer*

■ *vt* ‹*road*› revestir*, recubrir*; (with asphalt) asfaltar

surfboard /'sɜ:rfbɔ:rd, BrE 'sɜ:fbɔ:d/ *n* tabla *f* de surf *or* de surfing

surfeit /'sɜ:rfət, BrE 'sɜ:fɪt/ *n* (liter) **a ~ OF sth** un exceso *or* (liter) una plétora DE algo

surfer /'sɜ:rfər, BrE 'sɜ:fə(r)/ *n* surfista *mf*

surfing /'sɜ:rfɪŋ, BrE 'sɜ:fɪŋ/ *n* surf *m*, surfing *m*

surge[1] /sɜ:rdʒ, BrE sɜ:dʒ/ *n* (in demand, sales) aumento *m*; **a ~ of people** una oleada de gente; **we felt a new ~ of hope** sentimos renacer nuestras esperanzas

surge[2] *vi* «*wave*» levantarse; «*sea*» hincharse; **the crowd ~d out through the gates** la gente salió en tropel por las puertas; **anger/hatred ~d up inside her** la ira/el odio la invadió; **to ~ ahead of sb** adelantársele a algn

surgeon /'sɜ:rdʒən, BrE 'sɜ:dʒən/ *n* cirujano, -na *m,f*

🔑 **surgery** /'sɜ:rdʒəri, BrE 'sɜ:dʒəri/ *n* (*pl* **-ries**) **1** (science) cirugía *f* **2** (BrE) **(a)** (room) consultorio *m*, consulta *f* **(b)** (consultation period of doctor) consulta *f*; (*before n*) ‹*times/hours*› de consulta

surgical /'sɜ:rdʒɪkəl, BrE 'sɜ:dʒɪkəl/ *adj* ‹*instruments/treatment*› quirúrgico; ‹*stocking/appliance*› ortopédico

surgical spirit *n* (BrE) alcohol *m* (*de 90°*)

surly /'sɜ:rli, BrE 'sɜ:li/ *adj* **-lier, -liest** hosco

surmise /sər'maɪz, BrE sə'maɪz/ *vt* (fml) conjeturar (fml)

surmount /sər'maʊnt, BrE sə'maʊnt/ *vt* superar

surname /'sɜ:rneɪm, BrE 'sɜ:neɪm/ *n* apellido *m*

surpass /sər'pæs, BrE sə'pɑ:s/ *vt* superar

surplus[1] /'sɜ:rpləs, BrE 'sɜ:pləs/ *n* (*pl* **~es**) (of produce, stock) excedente *m*; (of funds) superávit *m*

surplus[2] *adj* ‹*goods/stocks*› excedente

🔑 **surprise[1]** /sə'praɪz/ *n* sorpresa *f*; **to my ~** para mi sorpresa; **to take sb by ~** sorprender a algn, pillar *or* (esp Esp) coger* a algn desprevenido; (*before n*) ‹*gift/visit/attack*› sorpresa *adj inv*

🔑 **surprise[2]** *vt* **(a)** (astonish) sorprender **(b)** (catch unawares) sorprender, pillar *or* agarrar *or* (esp Esp) coger* desprevenido

surprised /sə'praɪzd/ *adj* ‹*look*› sorprendido, de sorpresa; **I was so ~** me quedé tan sorprendido; **I'm ~ about** o **at that** eso me sorprende mucho; **I'm ~ (THAT) ...** me sorprende *or* me extraña QUE ... (+ *subj*)

surprising /sə'praɪzɪŋ/ *adj* sorprendente

surprisingly /sə'praɪzɪŋli/ *adv* **(a)** ‹*quiet/near/good*› sorprendentemente **(b)** (*indep*) **~, she feels no resentment** no está resentida, lo cual es sorprendente

surreal /sə'ri:əl/ *adj* surrealista

surrealism /sə'ri:əlɪzəm/ *n* surrealismo *m*

surrealist /sə'ri:ələst, BrE sə'ri:əlɪst/ *n* surrealista *mf*; (*before n*) ‹*painter/poem*› surrealista

surrender[1] /sə'rendər, BrE sə'rendə(r)/ *vt* **(a)** (Mil) rendir*, entregar* **(b)** (fml) ‹*document/ticket*› entregar* **(c)** (relinquish) ‹*right/claim*› renunciar a
■ *vi* rendirse*; **to ~** TO **sb** entregarse* A algn

surrender[2] *n* **(a)** (capitulation) rendición *f*, capitulación *f* **(b)** (fml) (*no pl*) (of passport, document) entrega *f*

surreptitious /'sʌrəp'tɪʃəs/ *adj* furtivo, subrepticio

surrogate[1] /'sʌrəgət/ *n* (fml) sustituto *m*

surrogate[2] *adj* ‹*material*› sucedáneo; **~ mother** madre *f* suplente *or* de alquiler

surround[1] /sə'raʊnd/ *vt* **(a)** (encircle) ‹*place/person*› rodear; **the house is ~ed by trees** la casa está rodeada de árboles **(b)** (Mil) rodear, cercar*

surround[2] *n* marco *m*

surrounding /sə'raʊndɪŋ/ *adj* (*before n*) ‹*countryside/area*› de alrededor

surroundings /sə'raʊndɪŋz/ *pl n* **(a)** (of town, village) alrededores *mpl* **(b)** (environment) ambiente *m*

surveillance /sər'veɪləns, BrE sə'veɪləns/ *n* vigilancia *f*

survey[1] /'sɜ:rveɪ, BrE 'sɜ:veɪ/ *n* **1** **(a)** (of land) inspección *f*, reconocimiento *m*; (for mapping) medición *f* **(b)** (of building) inspección *f*, peritaje *m*, peritación *f*; (written report) informe *m* del perito, peritaje *m*, peritación *f* **2** (overall view) visión *f* general **3** (investigation) estudio *m*; (poll) encuesta *f*, sondeo *m*

survey[2] /sər'veɪ, BrE sə'veɪ/ *vt* **1** **(a)** ‹*land/region*› (measure) medir*; (inspect) inspeccionar, reconocer* **(b)** ‹*building*› inspeccionar, llevar a cabo un peritaje de **2** **(a)** (look at) contemplar, mirar **(b)** (view, consider) ‹*situation/plan/prospects*› examinar, analizar* **3** (question) ‹*group*› encuestar, hacer* un sondeo de

surveyor /sər'veɪər, BrE sə'veɪə(r)/ *n* **(a)** (of land) agrimensor, -sora *m,f*, topógrafo, -fa *m,f* **(b)** (of building) perito, -ta *m,f*

survival /sər'vaɪvəl, BrE sə'vaɪvəl/ *n* (continued existence) sobrevivencia *f*, supervivencia *f*

survive /sər'vaɪv, BrE sə'vaɪv/ *vi* sobrevivir; **her last surviving descendant** su último descendiente vivo; **I can just ~ on $100 a week** con 100 dólares semanales apenas me alcanza para vivir
■ *vt* **1** ‹*accident/crash*› salir* con vida de; ‹*war/earthquake*› sobrevivir a; ‹*experience*› superar **2** (outlive) ‹*person*› sobrevivir

survivor /sər'vaɪvər, BrE sə'vaɪvə(r)/ *n* superviviente *mf*, sobreviviente *mf*

susceptible /sə'septəbəl/ *adj* **~** TO **sth** (to colds/infections) propenso A algo; **he's ~ to a bit of flattery** se le puede persuadir halagándolo

suspect[1] /sə'spekt/ *vt* **1** **(a)** (believe guilty) ‹*person*› sospechar de; **we ~ him of lying** sospechamos que miente **(b)** (doubt, mistrust) ‹*sincerity/probity*› dudar de, tener* dudas acerca de **2** **(a)** (believe to exist): **they ~ nothing** no sospechan nada; **arson is not ~ed** no existen sospechas de que el incendio haya sido provocado **(b)** **suspected** *past p* **a ~ed fracture** una posible fractura; **the ~ed murderer** el presunto asesino **3** (think probable) **to ~** (THAT) imaginarse QUE

suspect[2] /'sʌspekt/ *n* sospechoso, -sa *m,f*

suspect[3] /'sʌspekt/ *adj* ‹*package/behavior*› sospechoso; ‹*document/evidence*› de dudosa autenticidad

suspend /sə'spend/ *vt* **1** ‹*payment/work*› suspender **2** (debar, ban) suspender; ‹*student*› expulsar temporariamente, suspender (AmL) **3** (hang) (*often pass*) suspender

suspended sentence *n*: *pena de prisión que no se cumple a menos que el delincuente reincida*

suspenders /sə'spendərz, BrE sə'spendəz/ *pl n* (*sometimes sing*) **1** (braces) (AmE) tirantes *mpl or* (RPl) tiradores *mpl or* (Chi) suspensores *mpl or* (Col) cargaderas *fpl* **2** (for stockings, socks) (BrE) ligas *fpl*

suspense /sə'spens/ *n* (in literary work, movie) suspenso *m or* (Esp) suspense *m*; **to keep sb in ~** mantener* a algn sobre ascuas

suspension /sə'spenʃən/ *n* **1** (cessation) suspensión *f* **2** (banning, withdrawal) suspensión *f*; (of student) expulsión *f* temporaria, suspensión *f* (AmL) **3** (hanging, being hung) suspensión *f* **4** (Auto) suspensión *f*

suspension: **~ bridge** *n* puente *m* colgante; **~ points** *pl n* (AmE) puntos *mpl* suspensivos

suspicion /sə'spɪʃən/ *n* (belief) sospecha *f*; (mistrust) desconfianza *f*, recelo *m*; **he's under ~** está bajo sospecha

suspicious /sə'spɪʃəs/ *adj* **(a)** (mistrustful) desconfiado, suspicaz; **to be ~** OF/ABOUT **sb/sth** desconfiar* DE algn/algo **(b)** (arousing suspicion) ‹*actions/movements*› sospechoso

suspiciously /sə'spɪʃəsli/ *adv* **(a)** (mistrustfully) ‹*regard/watch*› con desconfianza, con recelo **(b)** (arousing suspicion) ‹*act*› sospechosamente

sustain /sə'steɪn/ *vt* **(a)** ‹*life*› preservar, sustentar; ‹*hope/interest*› mantener*; ‹*pretense/conversation*› mantener*; ‹*effort*› sostener* **(b)** (suffer) ‹*injury/loss/defeat*› sufrir

sustainable /sə'steɪnəbəl/ *adj* sostenible

sustained /sə'steɪnd/ *adj* ‹*efforts*› sostenido

sustenance /'sʌstənəns/ *n* alimento *m*, sustento *m*

SUV *n* (= **Sports Utility Vehicle**) SUV *m*

SW (= **southwest**) SO

swab[1] /swɑ:b, BrE swɒb/ *n* **(a)** (of cotton, gauze) hisopo *m* húmedo **(b)** (specimen) muestra *f*, frotis *m*

swab[2] *vt* **-bb-**: **to ~ (down)** ‹*deck*› lavar, limpiar

swagger /'swægər, BrE 'swægə(r)/ *vi* caminar *or* andar* con aire arrogante

Swahili /swɑ:'hi:li, BrE swə'hi:li/ *n* swahili *m*, suajili *m*

swallow[1] /'swɑ:ləʊ, BrE 'swɒləʊ/ *n* **1** (Zool) golondrina *f* **2** (gulp) trago *m*

swallow[2] *vt* **1** ‹*food/drink*› tragar* **2** ‹*insult/taunts*› tragarse* (fam); **that's a bit hard to ~** eso no hay quien se lo trague (fam) **3** ▶ **swallow up**
■ *vi* tragar*

● **swallow up** [*v + o + adv, v + adv + o*] **(a)** (use up) ‹*money/time*› consumir, tragarse* (fam), comerse (fam) **(b)** (cause to disappear) tragarse*

swam /swæm/ *past of* **swim[1]**

S

swamp[1] /swɑːmp, BrE swɒmp/ *n* pantano *m*, ciénaga *f*; (of sea water) marisma *f*, ciénaga *f*

swamp[2] *vt* **(a)** (with water) ‹*land*› anegar*, inundar **(b)** (overwhelm) (*often pass*) **they were ~ed by offers of help** los abrumaron con ofertas de ayuda; **I'm absolutely ~ed with work** estoy inundada de trabajo

swan /swɑːn, BrE swɒn/ *n* cisne *m*

swanky /'swæŋki/ *adj* **-kier, -kiest** (infml) **(a)** (boastful) (derog) ‹*person*› fanfarrón (fam) **(b)** (classy) chic *adj inv*, pijo (Esp fam), pituco (CS fam), posudo (Col fam), popoff *adj inv* (Méx fam)

swap[1] /swɑːp, BrE swɒp/ *n* (infml) cambio *m*, trueque *m*

swap[2] *vt* **-pp-** ‹*possessions/ideas*› intercambiar; **to ~ sth** FOR **sth** cambiar algo POR algo

swarm[1] /swɔːrm, BrE swɔːm/ *n* enjambre *m*

swarm[2] *vi* «*bees*» enjambrar; **the flies ~ed around the meat** las moscas revoloteaban alrededor de la carne; **the beaches were ~ing with tourists** las playas eran un hormiguero de turistas

swarthy /'swɔːrði, BrE 'swɔːði/ *adj* **-thier, -thiest** moreno

swastika /'swɑːstɪkə, BrE 'swɒstɪkə/ *n* svástica *f*, esvástica *f*, suástica *f*, cruz *f* gamada

swat /swɑːt, BrE swɒt/ *vt* **-tt-** ‹*insect*› matar (*con matamoscas, periódico etc*)

sway[1] /sweɪ/ *n*: **to hold ~** «*ideas*» prevalecer*; «*leader*» ejercer* dominio

sway[2] *vi* «*branch/tree*» balancearse; (gently) mecerse*; «*tower/building*» bambolearse
■ *vt* **1** (influence) ‹*person/crowd*› influir* en **2** (move) ‹*hips*› menear, bambolear

swear /swer, BrE sweə(r)/ (*past* **swore**; *past p* **sworn**) *vt* ‹*allegiance/fidelity/revenge*› jurar; **I could have sworn I left it there** hubiera jurado que lo dejé ahí
■ *vi* **(a)** (vow) jurar; **but I couldn't ~ to it** pero no podría jurarlo **(b)** (curse) decir* palabrotas, soltar* tacos (Esp fam), mentar* madres (Méx fam); **to ~** AT **sb** insultar a algn (*usando palabrotas*)

● **swear by** [*v + prep + o*] ‹*gadget*› ser* un entusiasta de; ‹*remedy*› tenerle* una fe ciega a

● **swear in** [*v + o + adv, v + adv + o*] ‹*jury/witness/president*› tomarle juramento a, juramentar

S

swearword /'swerwɜːrd, BrE 'sweəwɜːd/ *n* palabrota *f*, mala palabra *f*, taco *m* (Esp)

sweat[1] /swet/ *n* (perspiration) sudor *m*, transpiración *f*; **I broke out in a cold ~** me vino un sudor frío

sweat[2] *vi* (*past & past p* **sweated** *or* AmE also **sweat**) sudar, transpirar

sweater /'swetər, BrE 'swetə(r)/ *n* suéter *m*, pulóver *m*, jersey *m* (Esp), chompa *f* (Per)

sweat: **~shirt** *n* sudadera *f*, camiseta *f* gruesa; **~shop** *n*: *fábrica donde se explota a los trabajadores*; **~suit** *n* (AmE) equipo *m* (de deportes), chándal *m* (Esp), pants *mpl* (Méx)

sweaty /'sweti/ *adj* **-tier, -tiest** sudado, transpirado

swede /swiːd/ *n* (esp BrE) nabo *m* sueco

Swede /swiːd/ *n* sueco, -ca *m,f*

⚷ palabra clave

Sweden /'swiːdn̩/ *n* Suecia *f*

Swedish[1] /'swiːdɪʃ/ *adj* sueco

Swedish[2] *n* **(a)** (language) sueco *m* **(b)** (people) (+ *pl vb*) **the ~** los suecos

sweep[1] /swiːp/ *n* **1 (a)** (movement): **with a ~ of his arm** con un amplio movimiento del brazo **(b)** (curve — of road, river) curva *f* **(c)** (range) (*no pl*) alcance *m*, extensión *f* **2** (chimney ~) deshollinador, -dora *m,f*

sweep[2] (*past & pp* **swept**) *vt* **1 (a)** (clean) ‹*floor/path*› barrer; ‹*chimney*› deshollinar **(b)** (remove) ‹*leaves/dirt*› barrer; ‹*mines*› barrer; ***to ~ sth under the rug*** o (BrE) ***carpet*** correr un velo sobre algo **2** (touch lightly, brush) ‹*surface*› rozar* **3 (a)** (pass over, across) «*storm*» azotar, barrer; **the epidemic is ~ing the country** la epidemia se extiende como un reguero de pólvora por el país **(b)** (remove by force) «*sea/tide*» arrastrar **4 (a)** (scan) recorrer **(b)** (search) ‹*area*› peinar
■ *vi* **1** (+ *adv compl*) (move proudly): **she swept into the room** entró majestuosamente en la habitación **2** (+ *adv compl*) **(a)** (spread): **fire swept through the hotel** el fuego se propagó por todo el hotel **(b)** (extend): **the path ~s down to the road** el sendero baja describiendo una curva hasta la carretera

● **sweep aside** [*v + o + adv, v + adv + o*] ‹*object*› apartar; ‹*opposition/doubts*› desechar

● **sweep away** [*v + o + adv, v + adv + o*] **(a)** (carry away) «*flood/storm*» arrastrar **(b)** (abolish) erradicar*

● **sweep up 1** [*v + adv*] (clear up) barrer, limpiar **2** [*v + o + adv, v + adv + o*] **(a)** (clear up) ‹*dust/leaves*› barrer y recoger* **(b)** (gather up) ‹*belongings/bags*› recoger*

sweeper /'swiːpər, BrE 'swiːpə(r)/ *n* **(a)** (road~) barrendero, -ra *m,f*, barredor, -dora *m,f* (Per) **(b)** (carpet ~) cepillo *m* mecánico

sweeping /'swiːpɪŋ/ *adj* **(a)** ‹*movement*› amplio; ‹*gesture*› dramático, histriónico **(b)** (indiscriminate) (derog): **that's rather a ~ statement, isn't it?** ¿no estás generalizando demasiado? **(c)** (far-reaching) ‹*reforms/changes*› radical; ‹*powers*› amplio

⚷ **sweet**[1] /swiːt/ *adj* **-er, -est 1** ‹*taste*› dulce **2** ‹*wine/sherry*› dulce **3** (fresh, wholesome) ‹*smell*› agradable **4 (a)** (pleasant, gratifying) ‹*sounds/voice/music*› dulce, melodioso **(b)** (kind, lovable) ‹*nature/temper/smile*› dulce; **she's a very ~ person** es un encanto (de persona); **it was very ~ of her to offer** fue un detalle que se ofreciese **(c)** (attractive) ‹*baby/puppy*› rico (fam), mono (fam), amoroso (AmL fam)

sweet[2] *n* **1** (item of confectionery) (BrE) caramelo *m* or (AmL exc RPl) dulce *m* **2** (dessert) (BrE) postre *m* **3 sweets** *pl* (sugary food) (AmE) dulces *mpl*

sweet: **~-and-sour** /'swiːtn̩'saʊr, BrE ˌswiːtn̩'saʊə(r)/ *adj* (*before n*) agridulce; **~corn** *n* maíz *m* tierno, elote *m* (Méx), choclo *m* (AmS), jojoto *m* (Ven)

sweeten /'swiːtn̩/ *vt* **(a)** ‹*drink/dish*› endulzar* **(b)** ‹*air/breath*› refrescar*

sweetener /'swiːtn̩ər, BrE 'swiːtn̩ə(r)/ *n* (Culin) endulzante *m*; (artificial) edulcorante *m*

sweet: **~heart** /'swiːthɑːrt, BrE 'swiːthɑːt/ *n* **(a)** (lover, darling) novio, -via *m,f*, enamorado, -da *m,f* **(b)** (infml) (*as form of address*) (mi) amor; ~ **potato** *n* boniato *m*, batata *f*, camote *m* (Andes, Méx); ~**shop** *n* (BrE) tienda *f* de golosinas; ~**-talk** *vt* (infml) engatusar (fam), camelar (Esp fam)

swell¹ /swel/ (*past p* **swollen** *or* AmE esp **swelled**) *vi* **1** «*wood/sails/ankles*» hincharse; «*river/stream*» crecer*, subir **2** (increase) «*population/crowd*» crecer*, aumentar
■ *vt* **1** (increase in size) ‹*body/joint/features*› hinchar; ‹*sails*› hinchar; ‹*river*› hacer* crecer *or* subir **2** (increase in number, volume) ‹*population/total/funds*› aumentar
● **swell up** [*v* + *adv*] hincharse

swell² *n* **(a)** (of sea) oleaje *m* **(b)** (surge, movement) oleada *f*

swell³ *adj* (fine, excellent) (AmE infml) fenomenal (fam), bárbaro (fam)

swelling /ˈswelɪŋ/ *n* hinchazón *f*

sweltering /ˈsweltərɪŋ/ *adj* sofocante

swept /swept/ *past & past p of* **sweep²**

swerve /swɜːrv, BrE swɜːv/ *vi* «*vehicle/driver/horse*» virar bruscamente

swift¹ /swɪft/ *adj* **-er, -est** ‹*runner/movement/animal*› veloz, rápido; ‹*reply/reaction/denial*› rápido

swift² *n* vencejo *m*

swiftly /ˈswɪftli/ *adv* (rapidly) rápidamente, con rapidez; (promptly) con prontitud *or* rapidez

swig¹ /swɪg/ *n* (infml) trago *m*

swig² *vt* **-gg-** (infml) tomar, beber

swill¹ /swɪl/ *n* comida *f* para cerdos

swill² *vt* **1** (wash, rinse): **to ~ sth out** ‹*cups/pans*› lavar/enjuagar* algo **2** (drink) (infml & derog) ‹*beer*› tomar *or* beber (*a grandes tragos*)

swim¹ /swɪm/ (*pres p* **swimming**; *past* **swam**; *past p* **swum**) *vi* **1** «*person/animal/fish*» nadar; **to go ~ming** ir* a nadar; **he swam across the river** cruzó el río nadando *or* a nado **2** (be immersed, overflowing) (*usu in -ing form*) **to ~** IN **sth** nadar *or* flotar EN algo **3** (of blurred, confused perceptions) dar* vueltas; **my head was ~ming** la cabeza me daba vueltas
■ *vt* ‹*length*› nadar, hacer*; ‹*river*› cruzar* a nado

swim² *n*: **to go for a ~** ir* a nadar; **to have a ~** nadar, bañarse, darse* un baño

swimmer /ˈswɪmər, BrE ˈswɪmə(r)/ *n* nadador, -dora *m,f*

swimming /ˈswɪmɪŋ/ *n* natación *f*; (*before n*) ~ **cap** gorro *m or* gorra *f* (de baño)

swimming: ~ **bath** *n*, ~ **baths** *pl n* (BrE) piscina *f* cubierta, alberca *f* techada (Méx), pileta *f* cubierta (RPl); ~ **costume** *n* (BrE) ▶ **swimsuit**; ~ **pool** *n* piscina *f*, alberca *f* (Méx), pileta *f* (RPl); ~ **trunks** *pl n* ▶ **trunk**

swimsuit /ˈswɪmsuːt, BrE ˈswɪmsuːt, -sjuːt/ *n* traje *m* de baño, bañador *m* (Esp), malla *f* (de baño) (RPl)

swindle¹ /ˈswɪndl/ *n* estafa *f*, timo *m* (fam)

swindle² *vt* estafar, timar

swindler /ˈswɪndlər, BrE ˈswɪndlə(r)/ *n* estafador, -dora *m,f*, timador, -dora *m,f*

swine /swaɪn/ *n* **(a)** (*pl* ~) (pig, hog) cerdo *m* **(b)** (*pl* ~**s**) (contemptible person) (infml) cerdo, -da *m,f* (fam), canalla *mf*

swine flu *n* gripe *f* A *or* AH1N1 *or* porcina

swing¹ /swɪŋ/ (*past & past p* **swung**) *vi* **1** (hang, dangle) balancearse; (on a swing) columpiarse *or* (RPl) hamacarse*; «*pendulum*» oscilar **2 (a)** (move on pivot) mecerse*; **the door swung open/shut** la puerta se abrió/se cerró **(b)** (turn) girar *or* doblar (*describiendo una curva*); **the ball swung away** la pelota salió desviada **3** (shift, change) «*opinion/mood*» cambiar, oscilar
■ *vt* **1** (move to and fro) ‹*arms/legs*› balancear; ‹*object on rope*› hacer* oscilar; **to ~ one's hips** contonearse, contonear *or* menear las caderas **2** (wave, brandish) ‹*club/hammer*› blandir **3** (shift) ‹*vote*› inclinar
● **swing around**, (BrE also) **swing round 1** [*v* + *adv*] «*vehicle*» dar* un viraje, girar *or* virar (en redondo); **she swung around to face me** giró sobre sus talones para darme la cara **2** [*v* + *o* + *adv*] ‹*car/boat*› hacer* girar en redondo

swing² *n* **1 (a)** (movement) oscilación *f*, vaivén *m* **(b)** (blow, stroke) golpe *m*; (in golf, boxing) swing *m*; **to take a ~ at sb/sth** intentar darle a algn/algo **2 (a)** (shift) cambio *m*; **a ~ in public opinion** un cambio en la opinión pública **(b)** (Pol) viraje *m* **3 (a)** (rhythm, vitality): ***to be in full ~*** estar* en pleno desarrollo; **the party was in full ~** la fiesta estaba ya muy animada; ***to get into the ~ of sth*** agarrarle el ritmo *or* (Esp) cogerle* el tranquillo a algo **(b)** (Mus) swing *m* **4** (Leisure) columpio *m or* (RPl) hamaca *f*

swing: ~ **bin** *n* cubo *m or* (CS) tacho *m or* (Méx) bote *m or* (Col) caneca *f or* (Ven) tobo *m* de la basura (*con tapa de vaivén*); ~ **bridge** *n* puente *m* giratorio; ~ **door** *n* puerta *f* (de) vaivén

swinging door /ˈswɪŋɪŋ/ *n* (AmE) ▶ **swing door**

swipe¹ /swaɪp/ *n* (infml) golpe *m*

swipe² *vt* (infml) **1** (hit) darle* (un golpe) a **2** (steal) afanarse (arg), volarse* (Méx fam)

swipe card *n* tarjeta *f* de plástico con banda magnética

swirl¹ /swɜːrl, BrE swɜːl/ *n* (of water, dust, people) remolino *m*; (of smoke) voluta *f*, espiral *f*

swirl² *vi* «*water/dust/paper*» arremolinarse; «*dancers/skirts*» girar

swish /swɪʃ/ *n* **(a)** (of cane) silbido *m* **(b)** (of water) rumor *m*, susurro *m* **(c)** (of skirt) frufrú *m*

Swiss¹ /swɪs/ *adj* suizo

Swiss² *n* (*pl* ~) suizo, -za *m,f*

switch¹ /swɪtʃ/ *vt* **1 (a)** (change) cambiar de; **to ~ channels** cambiar de canal; **my appointment has been ~ed to Tuesday** me cambiaron la cita al martes **(b)** (exchange) ‹*suitcases/roles*› intercambiar **2** (shunt) (AmE) (Rail) cambiar de vía
■ *vi* cambiar; **I ~ed to Channel Four** cambié al Canal Cuatro; **we've ~ed from electricity to gas** hemos empezado a usar gas en lugar de electricidad
● **switch off 1** [*v* + *o* + *adv*, *v* + *adv* + *o*] ‹*light/TV/heating*› apagar*; ‹*gas/electricity/water*› cortar, desconectar **2** [*v* + *adv*] «*light/machine/heating*» apagarse*
● **switch on 1** [*v* + *o* + *adv*, *v* + *adv* + *o*] (esp BrE) ‹*light/heating/television*› encender*, prender (AmL) **2** [*v* + *adv*] «*light/heating/machine*» encenderse*, prenderse (AmL)
● **switch over** [*v* + *adv*] **(a)** (change) **to ~ over** TO

S

sth cambiar A algo **(b)** (change channels) cambiar de canal **(c)** (exchange positions, roles) cambiar

switch[2] *n* **1** **(a)** (Elec) interruptor *m*, llave *f* (de encendido/de la luz) **(b)** (AmE) (Rail) agujas *fpl* **2** (exchange) intercambio *m*, trueque *m*

switchboard *n* centralita *f*, conmutador *m* (AmL); (*before n*) **~ operator** telefonista *mf*

Switzerland /'swɪtsərlənd, BrE 'swɪtsələnd/ *n* Suiza *f*

swivel /'swɪvəl/, (BrE **-ll-**) *vi* girar ■ *vt* hacer* girar

swivel chair *n* silla *f* giratoria

swollen[1] /'swəʊlən/ *past p of* **swell[1]**

swollen[2] *adj* ‹*ankle/knee/joints*› hinchado; ‹*gland*› inflamado; **~ with pride** henchido de orgullo; **the river was ~** el río iba crecido

swoon /swu:n/ *vi* **(a)** (show rapture) **to ~ (OVER sb)** derretirse* (POR algn) **(b)** (faint) (arch *or* liter) desvanecerse*

swoop[1] /swu:p/ *vi* «*bird of prey*» abatirse; «*police*» llevar a cabo una redada

swoop[2] *n* (of bird, aircraft) descenso *m* en picada *or* (Esp) en picado; (by police) redada *f*; ***in one fell ~*** de una sola vez, de un tirón (fam)

swop /swɑ:p, BrE swɒp/ *vt/n* ▶ **swap[1,2]**

sword /sɔ:rd, BrE sɔ:d/ *n* espada *f*

sword: **~fish** *n* (*pl* **~fish** *or* **~fishes**) pez *m* espada; **~sman** /'sɔ:rdzmən, BrE 'sɔ:dzmən/ *n* (*pl* **-men** /-mən/) espadachín *m*, espada *m*

swore /swɔ:r, BrE swɔ:(r)/ *past of* **swear**

sworn[1] /swɔ:rn, BrE swɔ:n/ *past p of* **swear**

sworn[2] *adj* (*before n*) **1** ‹*enemy*› declarado, acérrimo **2** ‹*statement*› jurado

swot[1] /swɑ:t, BrE swɒt/ *n* (BrE infml & derog) matado, -da *m,f or* (Col) pilo, -la *m,f or* (Chi) mateo, -tea *m,f or* (Per) chancón, -cona *m,f or* (RPl) traga *mf or* (Esp) empollón, -llona *m,f* (fam & pey)

swot[2] *vi* **-tt-** (BrE infml) estudiar como loco (fam), empollar (Esp fam), matearse (Chi fam), chancar* (Per arg), tragar* (RPl fam)

swum /swʌm/ *past p of* **swim[1]**

swung /swʌŋ/ *past & past p of* **swing[1]**

sycamore /'sɪkəmɔ:r, BrE 'sɪkəmɔ:(r)/ *n* **~ (maple)** plátano *m* (falso), sicómoro *m*, sicomoro *m*

S

sycophantic /'sɪkə'fæntɪk/ *adj* adulador

syllable /'sɪləbəl/ *n* sílaba *f*

syllabus /'sɪləbəs/ *n* (*pl* **-buses**) plan *m* de estudios; (of a particular subject) programa *m*

symbol /'sɪmbəl/ *n* símbolo *m*

symbolic /sɪm'bɑ:lɪk, BrE sɪm'bɒlɪk/ *adj* simbólico; **to be ~ OF sth** simbolizar* algo

symbolism /'sɪmbəlɪzəm/ *n* simbolismo *m*

symbolize /'sɪmbəlaɪz/ *vt* simbolizar*

symmetrical /sə'metrɪkəl, BrE sɪ'metrɪkəl/ *adj* simétrico

symmetry /'sɪmətri/ *n* simetría *f*

sympathetic /'sɪmpə'θetɪk/ *adj* **1** (understanding) comprensivo; **he was most ~ to** o **toward me when my wife died** me dio todo su apoyo y comprensión cuando murió mi mujer **2** (approving) ‹*response/view*› favorable; ‹*audience*› bien dispuesto, receptivo

sympathetically /'sɪmpə'θetɪkli/ *adv* **(a)** (with understanding) ‹*listen/consider/respond*› con comprensión **(b)** (showing pity) con compasión

sympathize /'sɪmpəθaɪz/ *vi* **(a)** (commiserate): **I ~ with him** lo compadezco **(b)** (understand) **to ~ (WITH sth/sb)** comprender *or* entender* (algo/a algn)

sympathizer /'sɪmpəθaɪzər, BrE 'sɪmpəθaɪzə(r)/ *n* simpatizante *m,f*, partidario, -ria *mf*

sympathy /'sɪmpəθi/ *n* (*pl* **-thies**) **1** **(a)** (pity) compasión *f*, lástima *f* **(b)** (condolences) (*often pl*) **you have my deepest ~** lo acompaño en el sentimiento (fr hecha), mi más sentido pésame (fr hecha) **2** **(a)** (support, approval): **to come out in ~ with sb** (Lab Rel) declararse en huelga en solidaridad con algn **(b) sympathies** *pl* (loyalty, leanings) simpatías *fpl*

symphony /'sɪmfəni/ *n* (*pl* **-nies**) sinfonía *f*; (*before n*) **~ orchestra** orquesta *f* sinfónica

🔑 **symptom** /'sɪmptəm/ *n* síntoma *m*

symptomatic /'sɪmptə'mætɪk/ *adj* **~ (OF sth)** sintomático (DE algo)

synagogue /'sɪnəgɑ:g, BrE 'sɪnəgɒg/ *n* sinagoga *f*

synchronize /'sɪŋkrənaɪz/ *vt* sincronizar*

syndicate /'sɪndəkət, BrE 'sɪndɪkət/ *n* **(a)** (group, cartel) agrupación *f*; **a crime ~** una organización mafiosa **(b)** (in US) (Journ, TV) agencia *f* de distribución periodística

syndrome /'sɪndrəʊm/ *n* síndrome *m*

synonymous /sə'nɑ:nəməs, BrE sɪ'nɒnɪməs/ *adj* ‹*terms/phrases*› sinónimo; ‹*ideas*› análogo; **to be ~ WITH sth** ser* sinónimo DE algo

synopsis /sə'nɑ:psəs, BrE sɪ'nɒpsɪs/ *n* (*pl* **-opses** /-si:z/) sinopsis *f*

syntactic /sɪn'tæktɪk/, **-tical** /-tɪkəl/ *adj* sintáctico

syntax /'sɪntæks/ *n* sintaxis *f*

synthesis /'sɪnθəsəs, BrE 'sɪnθəsɪs/ *n* (*pl* **-theses** /-θəsi:z/) síntesis *f*

synthesize /'sɪnθəsaɪz/ *vt* sintetizar*

synthesizer /'sɪnθəsaɪzər, BrE 'sɪnθəsaɪzə(r)/ *n* sintetizador *m*

synthetic[1] /sɪn'θetɪk/ *adj* sintético

synthetic[2] *n* fibra *f* sintética, tejido *m* sintético

syphilis /'sɪfələs, BrE 'sɪfɪlɪs/ *n* sífilis *f*

syphon *n/vt* /'saɪfən/ ▶ **siphon**

Syria /'sɪriə/ *n* Siria *f*

Syrian /'sɪriən/ *adj* sirio

syringe /sə'rɪndʒ, BrE sɪ'rɪndʒ/ *n* jeringa *f*, jeringuilla *f*

syrup /'sɜ:rəp, 'sɪ-, BrE 'sɪrəp/ *n* **(a)** (Culin) (sugar solution) almíbar *m*; (with other ingredients) jarabe *m*, sirope *m* **(b)** (medicine) jarabe *m*

🔑 **system** /'sɪstəm/ *n* **1** (ordered structure) sistema *m*, método *m* **2** **(a)** (technical, mechanical) sistema *m* **(b)** (Comput) sistema *m* **3** (Anat, Physiol): **the digestive ~** el aparato digestivo; **the nervous ~** el sistema nervioso; ***to get sth out of one's ~*** desahogarse* **4** (establishment, status quo): **the ~** el sistema

systematic /'sɪstə'mætɪk/ *adj* sistemático

systematically /'sɪstə'mætɪkli/ *adv* sistemáticamente

systems analyst *n* analista *mf* de sistemas

🔑 palabra clave

Tt

T, t /tiː/ *n* T, t *f*

tab /tæb/ *n* **1** **(a)** (flap) lengüeta *f* **(b)** (label on clothing) etiqueta *f* **2** (account, bill) (infml) cuenta *f*; ***to keep ~s on sth/sb*** tener* algo/a algn controlado **3** (on typewriter, word processor) tabulador *m*

tabby /'tæbi/ (*pl* **-bies**), **tabby cat** *n* gato atigrado, gata atigrada *m,f*

tab key *n* tecla *f* de tabulación

table /'teɪbəl/ *n* **1** (piece of furniture) mesa *f*; (*before n*) **~ football** (BrE) futbolín *m*, taca-taca *m* (Chi), metegol *m* (Arg), futbolito *m* (Ur); **~ mat** (mantelito *m*) individual *m* **2** (list) tabla *f*; **multiplication** o (used by children) **times ~s** tablas de multiplicar

table: **~cloth** *n* mantel *m*; **~spoon** *n* (utensil) cuchara *f* grande *or* de servir; (measure) cucharada *f* (grande)

tablet /'tæblət, BrE 'tæblɪt/ *n* **(a)** (pill) pastilla *f*, comprimido *m* **(b)** (commemorative, of stone) lápida *f* **(c)** (Comput): **~ (PC)** tableta *f*

table tennis *n* ping-pong *m*, tenis *m* de mesa

tabloid /'tæblɔɪd/ *n* tabloide *m* (*formato de periódicos utilizado por la prensa popular*)

taboo /tə'buː/ *adj* tabú *adj inv*

tabulate /'tæbjəleɪt, BrE 'tæbjʊleɪt/ *vt* tabular

tacit /'tæsət, BrE 'tæsɪt/ *adj* tácito

taciturn /'tæsətɜːrn, BrE 'tæsɪtɜːn/ *adj* taciturno

tack¹ /tæk/ *n* **(a)** (nail) tachuela *f* **(b)** (Naut) bordada *f* **(c)** (stitch) (BrE) puntada *f*; (seam) hilván *m* **(d)** (Equ) arreos *mpl*, aperos *mpl* (AmL)

tack² *vt* **1** (nail) ‹*carpet*› **~ down** clavar con tachuelas **2** (stitch) (BrE) hilvanar
■ *vi* (Naut) dar* bordadas

● **tack on** [*v* + *o* + *adv*, *v* + *adv* + *o*] agregar*, añadir

tackle¹ /'tækəl/ *n* **1** (equipment): **sports ~** equipo *m* de deporte; **fishing ~** aparejo *m or* avíos *mpl* de pesca **2** (Sport) (in rugby, US football) placaje *m*, tacle *m* (AmL); (in soccer) entrada *f* fuerte **3** (Naut) aparejo *m*, polea *f*

tackle² *vt* **1** **(a)** (come to grips with) ‹*problem*› enfrentar, abordar; ‹*subject*› tratar; ‹*task*› abordar **(b)** (confront) ‹*intruder/colleague*› enfrentar, enfrentarse con **2** (Sport) (in rugby, US football) placar*, taclear (AmL); (in soccer) entrarle a

tacky /'tæki/ *adj* **tackier**, **tackiest** **1** (cheap, tawdry) chabacano, hortera (Esp fam), naco (Méx fam), lobo (Col fam), rasca (Chi fam), mersa (RPl fam) **2** (sticky) pegajoso

tact /tækt/ *n* tacto *m*

tactful /'tæktfəl/ *adj* ‹*person*› de mucho tacto; ‹*question/reply*› diplomático

tactfully /'tæktfəli/ *adv* con mucho tacto

tactic /'tæktɪk/ *n* táctica *f*

tactical /'tæktɪkəl/ *adj* táctico

tactics /'tæktɪks/ *n* (Mil) (+ *sing or pl vb*) táctica *f*

tactless /'tæktləs, BrE 'tæktlɪs/ *adj* poco diplomático

tadpole /'tædpəʊl/ *n* renacuajo *m*

Tadzhikistan /tɑː,dʒiːkɪ'stɑːn/ *n* Tayiquistán *m*

taffeta /'tæfətə, BrE 'tæfɪtə/ *n* tafetán *m*

taffy /'tæfi/ *n* (AmE) caramelo *m* masticable

tag /tæg/ *n* **1** (label) etiqueta *f* (*atada*) **2** (Ling) coletilla *f*; (*before n*) **~ question** coletilla interrogativa

● **tag on**: **-gg-** [*v* + *o* + *adv*, *v* + *adv* + *o*] agregar*, añadir

Tahiti /tə'hiːti/ *n* Tahití *m*

tail¹ /teɪl/ *n* **(a)** (of horse, fish, bird) cola *f*; (of dog, pig) rabo *m*, cola *f* **(b)** (of plane, kite) cola *f*; (of shirt, coat) faldón *m*; *see also* **tails 1**

tail² *vt* (follow) ‹*suspect*› seguir*

● **tail off** [*v* + *adv*] **(a)** «*demand*» disminuir*, mermar **(b)** «*sound/words*» apagarse*

tail: **~back** *n* (BrE) caravana *f*, cola *f* (*debido a un embotellamiento*); **~coat** *n* frac *m*; **~ end** *n*: **the ~ end** (of film, concert) el final, los últimos minutos; (of procession) la cola; **~light** *n* luz *f* trasera

tailor¹ /'teɪlər, BrE 'teɪlə(r)/ *n* sastre *m*

tailor² *vt* **1** (Clothing) **(a)** (make) confeccionar **(b)** **tailored** *past p*, (*before n*) (fitted) entallado; (lined, structured etc) armado **2** (adapt) adaptar

tailor-made /'teɪlər'meɪd, BrE ,teɪlə'meɪd/ *adj* **(a)** ‹*suit*› hecho a (la) medida **(b)** ‹*product/plan*› a la medida de sus (*or* nuestras *etc*) necesidades

tailpipe /'teɪlpaɪp/ *n* (AmE) (Auto) tubo *m or* (RPl) caño *m* de escape

tails /teɪlz/ *n* **1** (tailcoat) (+ *pl vb*) frac *m* **2** (on coin) (+ *sing vb*) cruz *f*, sello *m* (Andes, Ven), sol *m* (Méx), ceca *f* (Arg)

taint /teɪnt/ *vt* **(a)** ‹*meat/water*› contaminar **(b)** ‹*name/reputation*› mancillar (liter), deshonrar

Taiwan /'taɪ'wɑːn/ *n* Taiwan *m*

take¹ /teɪk/ (*past* **took**; *past p* **taken**) *vt*
I (carry, lead, drive) llevar; **~ an umbrella** lleva un paraguas
II **1** **(a)** ‹*train/plane/bus/taxi/elevator*› tomar, coger* (esp Esp) **(b)** ‹*road/turning*› tomar, agarrar (esp AmL), coger* (esp Esp); **~ a left (turn)** (BrE) dobla a la izquierda **(c)** ‹*bend*› tomar, coger* (esp Esp); ‹*fence*› saltar **2** **(a)** (grasp, seize) tomar, agarrar (esp AmL), coger* (esp Esp); ‹*opportunity*› aprovechar; **she took the knife from him** le quitó el cuchillo **(b)** (take charge of): **may I ~ your coat?** ¿me permite el abrigo? **(c)** (occupy): **~ a seat** siéntese, tome asiento (fml); **this chair is ~n** esta silla está ocupada **3** (remove, steal) ‹*wallet/purse*› llevarse **4** **to be ~n ill** caer* enfermo **5** **(a)** (capture) ‹*town/position*› tomar; ‹*pawn/piece*› comer **(b)** (win) ‹*prize/*

t

title› llevarse, hacerse* con; ‹*game/set*› ganar **(c)** (receive as profit) hacer*, sacar* **6** ‹*medicine/drugs*› tomar; **I don't ~ sugar in my coffee** no le pongo azúcar al café **7** **(a)** (buy, order) llevar(se); **I'll ~ this pair** (me) llevo este par **(b)** (rent) alquilar, coger* (Esp)
III **1** (of time) «*job/task*» llevar; «*process*» tardar; «*person/letter*» tardar, demorar(se) (AmL); **the flight ~s two hours** el vuelo dura dos horas; **it took me a long time to do it** me llevó mucho tiempo hacerlo **2** (need): **it ~s courage to do a thing like that** hay que tener *or* hace falta valor para hacer algo así; **it took four men to lift it** se necesitaron cuatro hombres para levantarlo **3** **(a)** (wear): **what size shoes do you ~?** ¿qué número calzas?; **she ~s a 14** usa la talla *or* (RPl) el talle 14 **(b)** (Ling) construirse* con, regir*
IV **1** (accept) ‹*money/bribes/job*› aceptar; **do you ~ checks?** ¿aceptan cheques?; **~ it from me** hazme caso **2** **(a)** (hold, accommodate): **it ~s/will ~ 42 liters** tiene una capacidad de 42 litros; **we can ~ up to 50 passengers** tenemos cabida para un máximo de 50 pasajeros **(b)** ‹*patients/pupils*› admitir, tomar **3** **(a)** (withstand, suffer) ‹*strain/weight*› aguantar; ‹*beating*› recibir **(b)** (tolerate, endure) aguantar; **he can't ~ a joke** no sabe aceptar una broma **(c)** (bear): **she's ~n it very badly/well** lo lleva muy mal/bien; *see also* **heart** **4** **(a)** (understand, interpret) tomarse; **don't ~ it personally** no te lo tomes como algo personal; **I ~ it you didn't like him much** por lo que veo no te cayó muy bien **(b)** (consider) (*in imperative*) mirar; **~ Japan, for example** mira el caso del Japón, por ejemplo
V **1** ‹*steps/measures*› tomar; ‹*exercise*› hacer*; **to ~ a step forward** dar* un paso adelante **2** (Educ) **(a)** (teach) (BrE) darle* clase a **(b)** (learn) ‹*subject*› estudiar, hacer*; ‹*course*› hacer*; **to ~ an exam** hacer* *or* dar* *or* (CS) rendir* *or* (Méx) tomar un examen, examinarse (Esp) **3** **(a)** (record) ‹*measurements/temperature*› tomar **(b)** (write down) ‹*notes*› tomar **4** (adopt): **he ~s the view that ...** opina que ..., es de la opinión de que ...; *see also* **liking**, **offense**, **shape**[1] *etc*
■ *vi* **(a)** «*cutting*» prender **(b)** «*dye*» agarrar (esp AmL), coger* (esp Esp)

• **take aback** [*v + o + adv*], (*usu pass*) sorprender
• **take after** [*v + prep + o*] salir* a, parecerse* a; **he ~s after his father** salió a su padre, se parece a su padre
• **take along** [*v + o + adv, v + adv + o*] llevar
• **take apart** [*v + o + adv*] **(a)** (dismantle) desmontar **(b)** (show weakness of) ‹*argument*› desbaratar
• **take around**, (BrE) **take round** [*v + o + prep + o*] ‹*house/estate*› mostrar*, enseñar (esp Esp)
• **take aside** [*v + o + adv*] llevar aparte *or* a un lado
• **take away** **1** [*v + o + adv, v + adv + o*] **(a)** (carry, lead away) ‹*person/object*› llevarse **(b)** (remove, confiscate) ‹*possession*› quitar; **to ~ sth away** FROM **sb** quitarle algo A algn **(c)** (erase, obliterate): **this will ~ the pain away** con esto se te pasará el dolor; **this will ~ the taste away** esto te quitará el sabor de la boca **2** [*v + adv + o*] (BrE) ‹*food*› llevar
• **take back** **1** [*v + o + adv, v + adv + o*] **(a)** (return) devolver* **(b)** (repossess) llevarse **(c)** (accept back): **she wouldn't ~ back the money she'd lent me** no quiso que le devolviera el dinero que me había prestado **(d)** (withdraw, retract) ‹*statement*› retirar **2** [*v + o + adv*] (in time): **it ~s me back to my childhood** me transporta a mi niñez
• **take down** [*v + o + adv, v + adv + o*] **(a)** ‹*decorations/notice*› quitar **(b)** (dismantle) desmontar **(c)** ‹*name/address*› apuntar, anotar
• **take home**: [*v + adv + o*]: **she ~s home less than £600** su sueldo neto *or* líquido es de menos de 600 libras
• **take in** **1** [*v + o + adv, v + adv + o*] **(a)** (move indoors) meter (dentro), entrar (esp AmS) **(b)** (give home to) ‹*orphan*› recoger*; ‹*lodger*› alojar **(c)** (grasp) ‹*information*› asimilar **(d)** (make narrower) ‹*dress/waist*› meterle *or* tomarle a **2** [*v + o + adv*] (deceive) engañar **3** [*v + adv + o*] **(a)** (include) ‹*areas/topics*› incluir*, abarcar* **(b)** (visit) visitar, incluir* (*en el recorrido*)
• **take off** I [*v + o + adv, v + adv + o*], [*v + o + prep + o*] **1** (detach, remove) quitar, sacar*; **to ~ off one's clothes** quitarse *or* (esp AmL) sacarse* la ropa **2** **(a)** (cut off) cortar **(b)** (deduct) descontar* **3** (have free): **she's ~n the morning off (from) work** se ha tomado la mañana libre
II [*v + adv*] **1** «*aircraft/pilot*» despegar*, decolar (AmL); «*flight*» salir* **2** (succeed) «*career*» tomar vuelo **3** (depart) largarse* (fam), irse*
III [*v + o + adv*], [*v + o + prep + o*] **1** (remove) quitar, sacar* (esp AmL); **~ your hands off me!** ¡quítame las manos de encima! **2** (take away from) (infml) quitar, sacar* (CS)
• **take on** **1** [*v + o + adv, v + adv + o*] **(a)** (employ) ‹*staff*› contratar, tomar (esp AmL) **(b)** (undertake) ‹*work*› encargarse* de, hacerse* cargo de; ‹*responsibility*› asumir **(c)** (tackle) ‹*opponent*› enfrentarse a **2** [*v + adv + o*] (acquire) ‹*expression*› adoptar; ‹*appearance*› adquirir*
• **take out** I [*v + o + adv, v + adv + o*] **1** **(a)** (remove physically) sacar*; ***to ~ it out of sb*** «*fight/race*» dejar a algn rendido **(b)** (exclude) eliminar **(c)** (transport) sacar* **(d)** (AmE) ‹*food*› llevar **2** (withdraw) ‹*money*› sacar* **3** (produce) ‹*gun/wallet*› sacar*
II [*v + o + adv, v + adv + o*] **1** (extract) ‹*tooth/appendix*› sacar* **2** (obtain) ‹*insurance/permit*› sacar*
III [*v + o + adv*] (accompany, conduct): **he'd like to ~ her out** le gustaría invitarla a salir; **she took me out to dinner** me invitó a cenar
• **take out on**: [*v + o + adv + prep + o*]: **to ~ it out on sb** desquitarse con algn
• **take over** **1** [*v + adv*] **(a)** (assume control) «*political party*» asumir el poder; **he will ~ over as managing director** asumirá el cargo de director ejecutivo; **to ~ over** FROM **sb** sustituir* a algn; (in shift work) relevar a algn **(b)** (seize control) hacerse* con el poder **2** [*v + o + adv, v + adv + o*] ‹*responsibility/role*› asumir; ‹*job*› hacerse* cargo de; ‹*company*› absorber
• **take round** (BrE) ▶ **take around**
• **take to** [*v + prep + o*] **(a)** (develop liking for): **she took to teaching immediately** enseguida le tomó gusto a la enseñanza; **I didn't ~ to him** no me cayó muy bien **(b)** (form habit of): **to ~ to drink** darse* a la bebida; **to ~ to** -ING darle* a algn POR + INF

t

● **take up** I [*v + o + adv, v + adv + o*] **1** **(a)** (pick up) tomar **(b)** (accept) ‹*offer/challenge*› aceptar **(c)** (adopt) ‹*cause*› hacer* suyo (*or* mío *etc*) **(d)** (begin): **he's ~n up pottery** ha empezado a hacer cerámica **2** (lift) ‹*carpet/floorboards*› levantar **3** **(a)** (continue) ‹*story*› seguir*, continuar*; ‹*conversation*› reanudar **(b)** ‹*issue/point*› tratar; (pursue) volver* a **4** (shorten) ‹*skirt*› acortar; ‹*hem*› subir
II [*v + adv + o*] **1** (use up) ‹*time*› llevar; ‹*space*› ocupar **2** (move into) ‹*position*› tomar

● **take up on** [*v + o + adv + prep + o*] **(a)** (take person at word): **I may well ~ you up on that** a lo mejor te tomo la palabra *or* te acepto el ofrecimiento **(b)** (challenge): **I must ~ you up on that** sobre eso discrepo con usted

take[2] *n* (Cin) toma *f*

takeaway[1] /'teɪkəweɪ/ *adj* (BrE) ‹*meal/pizza*› para llevar; ‹*restaurant*› de comida para llevar

takeaway[2] *n* (BrE) **(a)** (restaurant) restaurante *m* de comida para llevar **(b)** (meal) comida *f* preparada

take-home pay /'teɪkhəʊm/ *n* sueldo *m* neto

taken[1] /'teɪkən/ *past p of* **take**[1]

taken[2] *adj* (*pred*) **to be ~** WITH **sth/sb: I was quite ~ with him** me cayó muy bien; **they were very ~ with the house** quedaron encantados con la casa

takeoff /'teɪkɔːf, BrE 'teɪkɒf/ *n* **(a)** (Aviat) despegue *m*, decolaje *m* (AmL) **(b)** (imitation) (infml) parodia *f*

takeout[1] /'teɪkaʊt/ *adj* (AmE) ‹*meal*› para llevar; ‹*restaurant*› de comida para llevar

takeout[2] *n* (AmE) comida *f* preparada

takeover /'teɪkəʊvər, BrE 'teɪkəʊvə(r)/ *n* **(a)** (Govt) toma *f* del poder **(b)** (Busn) absorción *f*, adquisición *f* (*de una empresa por otra*); (*before n*) **~ bid** oferta *f* pública de adquisición, OPA *f*; **to make a ~ bid** FOR **a company** lanzar* una oferta pública de adquisición *or* una opa SOBRE una empresa

takings /'teɪkɪŋz/ *pl n* (BrE) (Busn) recaudación *f*; (at box office) taquilla *f*, entrada *f*

talc /tælk/ *n* polvos *mpl* de talco, talco *m* (AmL)

talcum powder /'tælkəm/ *n* polvos *mpl* de talco

tale /teɪl/ *n* cuento *m*, relato *m*; ***to tell ~s*** contar* chismes *or* cuentos

talent /'tælənt/ *n* **(a)** (aptitude, skill) talento *m* **(b)** (talented people) gente *f* con talento

talented /'tæləntəd, BrE 'tæləntɪd/ *adj* talentoso, de talento

talisman /'tæləsmən, BrE 'tælɪzmən/ *n* (*pl* **~s**) talismán *m*

talk[1] /tɔːk/ *vi* **1** (speak) hablar; (converse) hablar, platicar* (esp AmC, Méx); **to ~** ABOUT **sb/sth** hablar DE algn/algo; **to ~** OF **sth/**-ING hablar DE algo/DE + INF; **to ~** TO **sb** hablar CON algn; **he was ~ing to Jane** estaba hablando con Jane; **are you ~ing to me ?** ¿me hablas a mí?; **we're not ~ing to each other** no nos hablamos; **to ~** WITH **sb** hablar CON algn **2** **(a)** (have discussion) hablar; **we need to ~** tenemos que hablar; **to ~** ABOUT **sth** discutir algo **(b)** (give talk) **to ~** ABOUT/ON **sth** hablar DE/SOBRE algo
■ *vt* **1** (speak) (infml): **to ~ business** hablar de negocios; **don't ~ nonsense!** ¡no digas tonterías! **2** (argue, persuade) **to ~ sb** INTO/OUT OF **sth/**-ING convencer* a algn DE QUE/DE QUE NO(+ *subj*)

● **talk down to** [*v + adv + prep + o*] hablarle en tono condescendiente a

● **talk over** [*v + o + adv, v + adv + o*] discutir

talk[2] *n* **1** **(a)** (conversation) conversación *f*; **I had a long ~ with him** estuve hablando *or* (AmC, Méx tb) platicando un rato largo con él **(b)** (lecture) charla *f* **(c)** **talks** *pl* (negotiations) conversaciones *fpl* **2** (words) (infml & derog) palabrería *f* (fam & pey)

talkative /'tɔːkətɪv/ *adj* conversador, hablador

talker /'tɔːkər, BrE 'tɔːkə(r)/ *n* hablador, -dora *m,f*

talking /'tɔːkɪŋ/: **~ point** *n* tema *m* de conversación; **~-to** *n* (*pl* **-tos**) (infml): **to give sb a good ~-to** leerle* la cartilla a algn (fam)

talk show *n* programa *m* de entrevistas

tall /tɔːl/ *adj* **-er**, **-est** alto; **how ~ are you?** ¿cuánto mides?; **he's nearly 6 feet ~** mide casi 6 pies

tall story, **tall tale** *n* cuento *m* chino (fam)

tally[1] /'tæli/ *n* (*pl* **-lies**) cuenta *f*

tally[2] *vi* **-lies**, **-lying**, **-lied** coincidir, cuadrar

Talmud /'tælmʊd/ *n*: **the ~** el Talmud

talon /'tælən/ *n* garra *f*

tambourine /'tæmbə'riːn/ *n* pandereta *f*

tame[1] /teɪm/ *adj* **tamer**, **tamest** **(a)** ‹*animal*› (by nature) manso, dócil; (tamed) domado, domesticado **(b)** (unexciting) ‹*show/story*› insulso, insípido

tame[2] *vt* ‹*wild animal*› domar; ‹*stray*› domesticar*

Tamil /'tæməl, BrE 'tæmɪl/ *n* **(a)** (person) tamil *mf*, tamul *mf* **(b)** (language) tamul *m*

tamper with /'tæmpər, BrE 'tæmpə(r)/ *v + o + adv, v + adv + o* ‹*engine/controls*› tocar*; ‹*figures*› alterar

tampon /'tæmpɑːn, BrE 'tæmpɒn/ *n* tampón *m*

tan[1] /tæn/ **-nn-** *vt* **1** ‹*leather/hide*› curtir **2** «*sun*» ‹*body/skin*› broncear, tostar*
■ *vi* broncearse, quemarse (AmL)

tan[2] *n* (on skin) bronceado *m*, moreno *m* (esp Esp)

tan[3] *adj* habano

tandem /'tændəm/ *n* tándem *m*

tang /tæŋ/ *n* (strong taste) sabor *m* fuerte; (sharp taste) acidez *f*; (smell) olor *m* penetrante

tangent /'tændʒənt/ *n* tangente *f*; ***to go*** o ***fly off at*** o ***on a ~*** irse* por las ramas

tangerine /'tændʒə'riːn/ *n* mandarina *f*, tangerina *f*

tangible /'tændʒəbəl/ *adj* tangible

tangle[1] /'tæŋgəl/ *vt* enredar, enmarañar; **to get ~d (up)** enredarse

● **tangle up** [*v + o + adv, v + adv + o*] enredar, enmarañar

tangle[2] *n* (of threads, hair) enredo *m*, maraña *f*, embrollo *m*; (of weeds) maraña *f*

tangled /'tæŋgəld/ *adj* enredado

tango /'tæŋgəʊ/ *n* (*pl* **-gos**) tango *m*

tank /tæŋk/ *n* **1** (for liquid, gas) depósito *m*, tanque *m*; (on trucks, rail wagons) cisterna *f*; (Auto) tanque *m*, depósito *m* **2** (Mil) tanque *m*, carro *m* de combate

tankard /'tæŋkərd, BrE 'tæŋkəd/ *n* jarra *f*

tanker /'tæŋkər, BrE 'tæŋkə(r)/ *n* **(a)** (ship) buque *m* cisterna *or* tanque **(b)** (truck) camión *m* cisterna

tanned /tænd/ *adj* bronceado, moreno

Tannoy® /'tænɔɪ/ *n* (BrE) sistema *m* de megafonía

tantalizing /'tæntlaɪzɪŋ, BrE 'tæntəlaɪzɪŋ/ *adj* tentador

tantamount /'tæntəmaʊnt/ *adj* **to be ~** TO **sth** equivaler* A algo

tantrum /'tæntrəm/ *n* berrinche *m*, rabieta *f*; **Jack had** o **threw a ~** a Jack le dio un berrinche, Jack hizo un berrinche (Méx)

Tanzania /'tænzə'ni:ə/ *n* Tanzania *f*, Tanzanía *f*

Tanzanian /'tænzə'ni:ən/ *adj* tanzano

tap¹ /tæp/ *n* **1** **(a)** (for water) (BrE) llave *f or* (Esp) grifo *m or* (RPl) canilla *f or* (Per) caño *m or* (AmC) paja *f or* (AmC, Ven), chorro *m* **(b)** (gas ~) llave *f* del gas **(c)** (on barrel) espita *f* **2** (light blow) toque *m*, golpecito *m* **3** ▶ **tap dancing**

tap² **-pp-** *vt* **1** (strike lightly) dar* un toque *or* golpecito en **2** **(a)** ‹*tree*› sangrar **(b)** ‹*resources/reserves*› explotar **3** ‹*telephone*› intervenir*, pinchar (fam); ‹*conversation*› interceptar

■ *vi* **(a)** (strike lightly) **to ~** AT/ON **sth** dar* toques *or* golpecitos EN algo **(b)** (make tapping sound) dar* golpecitos, tamborilear

tap dancing *n* claqué *m*

tape¹ /teɪp/ *n* **1** **(a)** (of paper, cloth) cinta *f* **(b)** (adhesive) cinta *f* adhesiva; (Med) esparadrapo *m*; *see also* **masking tape Scotch tape** **(c)** (Sport) cinta *f* de llegada **(d)** ▶ **tape measure** **2** (Audio, Comput, Video) cinta *f*

tape² *vt* (record) grabar

tape: **~ deck** *n* platina *f*, pletina *f*; **~ measure** *n* cinta *f* métrica, metro *m*

taper *vi* afilarse, estrecharse

■ *vt* afilar, estrechar

● **taper off** [*v* + *adv*] **(a)** «*enthusiasm*» decaer*; «*demand/sales*» disminuir* **(b)** ▶ **taper**

tape: **~-record** /'teɪprɪ'kɔ:rd, BrE 'teɪprɪkɔ:d/ *vt* grabar; **~ recorder** *n* grabador *m*, grabadora *f*; (for cassette format) grabador *m*, grabadora *f*, casete *m* (Esp)

tapestry /'tæpəstri/ *n* (*pl* **-tries**) **(a)** (wall hanging) tapiz *m* **(b)** (art form) tapicería *f*

tapeworm /'teɪpwɜ:rm, BrE 'teɪpwɜ:m/ *n* (lombriz *f*) solitaria *f*, tenia *f*

tar¹ /tɑ:r, BrE tɑ:(r)/ *n* alquitrán *m*

tar² *vt* **-rr-** ‹*road/fence*› alquitranar; ‹*roof*› impermeabilizar* (*con alquitrán*)

⚷ **target¹** /'tɑ:rgət, BrE 'tɑ:gɪt/ *n* **1** **(a)** (thing aimed at) blanco *m*; (Mil) objetivo *m*; (board) (Sport) diana *f* **(b)** (of criticism) blanco *m* **2** (objective, goal) objetivo *m*; **to be on ~** ir* de acuerdo a lo previsto (*or* al plan de trabajo *etc*); (*before n*) ‹*date/figure*› fijado; ‹*market*› objetivo *adj inv*

⚷ **target²** *vt* **(a)** (select as target): **the company is ~ing the small investor** la empresa está intentando captar al pequeño inversor **(b)** (direct) ‹*advertising*› dirigir*; **to ~ benefits at those most in need** concentrar la ayuda a los más necesitados

target practice *n* prácticas *fpl* del tiro

tariff /'tærəf, BrE 'tærɪf/ *n* **1** (price list) (BrE) tarifa *f* **2** (Tax) arancel *m* (aduanero)

tarmac /'tɑ:rmæk, BrE 'tɑ:mæk/ *n* **(a)** **tarmac**® (AmE) (tar mixture) asfalto *m* **(b)** (surface — in airport, racetrack) pista *f*; (— on road) asfalto *m*

Tarmac® *n* (BrE) ▶ **tarmac¹**

tarnish /'tɑ:rnɪʃ, BrE 'tɑ:nɪʃ/ *vt* **(a)** ‹*silver*› deslustrar **(b)** ‹*reputation/name*› empañar

tarot card /'tærəʊ/ *n* carta *f* de tarot

tarpaulin /tɑ:r'pɔ:lən, BrE tɑ:'pɔ:lɪn/ *n* **(a)** (sheet) lona *f* **(b)** (material) lona *f* impermeabilizada

tarragon /'tærəgən/ *n* estragón *m*

tart¹ /tɑ:rt, BrE tɑ:t/ *n* **1** (Culin) (large) tarta *f*; (individual) tartaleta *f* **2** (promiscuous woman) (infml) fulana *f* (fam), puta *f* (vulg)

tart² *adj* **(a)** ‹*taste/apple*› ácido, agrio **(b)** ‹*remark*› cortante, áspero

tartan /'tɑ:rtn̩, BrE 'tɑ:tn̩/ *n* **(a)** (cloth) tela *f* escocesa *or* de cuadros escoceses **(b)** (pattern) tartán *m*

tartar /'tɑ:rtər, BrE 'tɑ:tə(r)/ *n* (Dent) sarro *m*

⚷ **task** /tæsk, BrE tɑ:sk/ *n* tarea *f*; ***to take sb to ~*** llamarle la atención *or* leerle* la cartilla a algn

task bar *n* barra *f* de trabajo

tassel /'tæsəl/ *n* borla *f*

⚷ **taste¹** /teɪst/ *n* **1** **(a)** (flavor) sabor *m*, gusto *m* **(b)** (sense) gusto *m* **2** (*no pl*) (sample, small amount): **can I have a ~ of your ice cream?** ¿me dejas probar tu helado?; **we got a ~ of what was to come** fue un anticipo de lo que nos esperaba **3** (liking) gusto *m*; **to be to one's ~** ser* de su (*or* mi *etc*) gusto **4** (judgment) gusto *m*; **in good/bad ~** de buen/mal gusto

taste² *vt* **(a)** (test flavor of) ‹*food/wine*› probar* **(b)** (test quality of) ‹*food*› degustar; ‹*wine*› catar **(c)** (perceive flavor): **you can ~ the sherry in it** sabe a jerez, le siento gusto a jerez (AmL) **(d)** (experience) ‹*freedom*› conocer*

■ *vi* saber*; **to ~** OF **sth** saber* A algo

taste bud *n* papila *f* gustativa

tasteful /'teɪstfəl/ *adj* de buen gusto

tastefully /'teɪstfəli/ *adv* con (buen) gusto

tasteless /'teɪstləs, BrE 'teɪstlɪs/ *adj* **(a)** (flavorless) insípido, soso, desabrido **(b)** (in bad taste) de mal gusto

tasty /'teɪsti/ *adj* **-tier**, **-tiest** sabroso, apetitoso

tattered /'tætərd, BrE 'tætəd/ *adj* ‹*clothes*› hecho jirones; ‹*pride/image*› destrozado

tatters /'tætərz, BrE 'tætəz/ *pl n*: **to be in ~** «*clothes*» estar* hecho jirones

tattoo¹ /tæ'tu:/ *n* (*pl* **-toos**) **1** (picture) tatuaje *m* **2** (display) *espectáculo militar con música*

tattoo² *vt* **-toos**, **-tooing**, **-tooed** tatuar*

tatty /'tæti/ *adj* **-tier**, **-tiest** (BrE infml) ‹*clothes/shoes*› gastado, estropeado; ‹*furniture*› estropeado

taught /tɔ:t/ *past & past p of* **teach**

taunt¹ /tɔ:nt/ *vt* provocar* mediante burlas

taunt² *n* (insult) insulto *m*; (jibe) pulla *f*

Taurus /'tɔ:rəs/ *n* **(a)** (sign) (*no art*) Tauro **(b)** (person) Tauro *or* tauro *mf*, taurino, -na *m,f*

taut /tɔ:t/ *adj* ‹*rope/sail*› tenso, tirante; ‹*skin*› tirante

tavern /'tævərn, BrE 'tævən/ *n* taberna *f*

t

⚷ palabra clave

tawdry /'tɔːdri/ *adj* **-drier, -driest** ‹*jewelry/ decorations*› de oropel; ‹*decor*› de mal gusto

tawny /'tɔːni/ *adj* **-nier, -niest** leonado, pardo rojizo *adj inv*

tawny owl *n* cárabo *m*, antillo *m*

tax¹ /tæks/ *n* (individual charge) impuesto *m*, tributo *m* (fml); (in general) impuestos *mpl*; (*before n*) **the ~ year** (in UK) el año *or* ejercicio fiscal

tax² *vt* **1** ‹*company/goods/earnings*› gravar; **we're being ~ed too highly** nos están cobrando demasiado en impuestos **2** (strain) ‹*resources/health*› poner* a prueba

taxable /'tæksəbəl/ *adj* ‹*goods*› sujeto a impuestos; **~ income** ingresos *mpl* gravables, ≈ base *f* imponible

taxation /tæk'seɪʃən/ *n* (taxes) impuestos *mpl*, cargas *fpl* fiscales; (system) sistema *m or* régimen *m* tributario *or* fiscal

tax: **~ collector** *n* recaudador, -dora *m,f* de impuestos; **~ evasion** *n* evasión *f* fiscal *or* de impuestos; (large scale) fraude *m* fiscal; **~-free** /'tæks'friː/ *adj* libre de impuestos; **~ haven** *n* paraíso *m* fiscal

taxi¹ /'tæksi/ *n* (*pl* **~s**) taxi *m*; (*before n*) **~ driver** taxista *mf*

taxi² *vi* **taxies, taxiing, taxied** (Aviat) rodar* por la pista de despegue/de aterrizaje, carretear (AmL)

taxidermy /'tæksə'dɜːrmi, BrE 'tæksɪˌdɜːmi/ *n* taxidermia *f*

taxing /'tæksɪŋ/ *adj* ‹*problem*› difícil, complicado; ‹*job*› (mentally) que exige mucho

tax: **~man** /'tæksmæn/ (*pl* **-men** /-men/) *n* (infml): **the ~man** Hacienda *f*, el fisco; **~payer** /'peɪər, BrE 'peɪə(r)/ *n* contribuyente *mf*; **~ return** *n* declaración *f* de la renta *or* (esp AmL) de impuestos

TB *n* = **tuberculosis**

tbs, tbsp = **tablespoon(s)**

te /tiː/ *n* (BrE) (Mus) si *m*

tea /tiː/ *n* **1** (drink, leaves, plant) té *m* **2** (meal) **(a)** (in the afternoon) té *m*, merienda *f* **(b)** (evening) (BrE) cena *f*, comida *f* (AmL)

tea bag *n* bolsita *f* de té

teach /tiːtʃ/ (*past & past p* **taught**) *vt* ‹*subject*› dar* clases de, enseñar; ‹*course*› dar*, impartir (fml); **to ~ sb to + INF** enseñarle a algn a + INF; **who ~es you?** ¿quien te da clase?; **to ~ school** (AmE) dar* clase(s) en un colegio ■ *vi* dar* clase(s)

teacher /'tiːtʃər, BrE 'tiːtʃə(r)/ *n* profesor, -sora *m,f*, docente *mf* (fml), enseñante *mf* (period); (primary school ~) maestro, -tra *m,f*

teacher: **~s college** *n* (AmE) (for primary education) escuela *f* normal; (for secondary education) instituto *m* de profesorado; **~ training** *n* formación *f* pedagógica *or* de profesorado; (*before n*) **~ training college** (BrE) ▶ **~s college**

tea chest *n* caja *f* de embalaje (*utilizada en mudanzas*)

teaching /'tiːtʃɪŋ/ *n* **1** (profession) enseñanza *f*, docencia *f* **2** (doctrine) (*often pl*) enseñanza *f*

teaching practice *n* (BrE) práctica *f* docente

tea: **~ cloth** *n* (BrE) ▶ **tea towel**; **~ cozy**, (BrE) **~ cosy** *n* cubretetera *m*; **~cup** *n* taza *f* de té

teak /tiːk/ *n* (madera *f* de) teca *f*

tealeaf /'tiːliːf/ *n* (*pl* **-leaves**) hoja *f* de té

team /tiːm/ *n* **(a)** (of players, workers) equipo *m*; (*before n*) **it was a ~ effort** fue un trabajo de equipo **(b)** (of horses) tiro *m*; (of oxen) yunta *f*

team: **~mate** *n* compañero, -ra *m,f* de equipo; **~ player** *n* trabajador, -dora *m,f* en equipo; **~ spirit** *n* espíritu *m* de equipo

teamster /'tiːmstər, BrE 'tiːmstə(r)/ *n* (AmE) camionero, -ra *m,f*

teamwork /'tiːmwɜːrk, BrE 'tiːmwɜːk/ *n* trabajo *m or* labor *f* de equipo

tea: **~ party** *n* té *m*; **~pot** *n* tetera *f*

tear¹ *n* **1** /tɪr, BrE tɪə(r)/ lágrima *f*; **to be in ~s** estar* llorando **2** /ter, BrE teə(r)/ rotura *f*; (rip, slash) desgarrón *m*, rasgón *m*; *see also* **wear¹ 1 b**

tear² /ter, BrE teə(r)/ (*past* **tore**; *past p* **torn**) *vt* **(a)** ‹*cloth/paper*› romper*, rasgar*; **I tore open the letter** abrí la carta (*rasgando el sobre*); **to ~ sth to pieces** o **bits** o **shreds** ‹*cloth/paper*› hacer* algo pedazos; ‹*play/essay*› hacer* algo pedazos *or* trizas *or* (fam) polvo; ‹*argument*› echar algo por tierra **(b)** (divide) (*usu pass*) dividir; **he was torn between ... and ...** se debatía entre ... y ... **(c)** (remove forcibly) **to ~ sth** FROM **sth** arrancar* algo DE algo ■ *vi* **1** «*cloth/paper*» romperse*, rasgarse* **2** (rush) (+ *adv compl*) **to ~ along** ir* a toda velocidad

● **tear apart** [*v + o + adv*] desgarrar

● **tear down** [*v + o + adv, v + adv + o*] tirar abajo

● **tear off** [*v + o + adv, v + adv + o*] arrancar*

● **tear out** [*v + o + adv, v + adv + o*] arrancar*

● **tear up** [*v + o + adv, v + adv + o*] romper*

teardrop /'tɪrdrɑːp, BrE 'tɪədrɒp/ *n* lágrima *f*

tearful /'tɪrfəl, BrE 'tɪəfəl/ *adj* ‹*look/expression*› lloroso; ‹*farewell*› triste, emotivo

tear gas /'tɪrgæs, BrE 'tɪəgæs/ *n* gas *m* lacrimógeno

tearoom /'tiːruːm, -rʊm/ *n* salón *m* de té

tease /tiːz/ *vt* tomarle el pelo a (fam); (cruelly) burlarse *or* reírse de

tea: **~ service**, **~ set** *n* juego *m* de té; **~shop** *n* (esp BrE) ▶ **tearoom**; **~spoon** *n* **(a)** (spoon) cucharita *f*, cucharilla *f* **(b)** (quantity) cucharadita *f*; **~ strainer** *n* colador *m* (*pequeño*)

teat /tiːt/ *n* **(a)** (Zool) tetilla *f* **(b)** (of feeding bottle) (BrE) ▶ **nipple b**

tea: **~time** *n* (of afternoon snack) la hora del té, ≈ la hora de merendar; (of evening meal) (BrE) la hora de cenar *or* (AmL tb) de comer; **~ towel** *n* (BrE) paño *m or* trapo *m* de cocina

technical /'teknɪkəl/ *adj* técnico

technical college *n* (in UK) escuela *f* politécnica, ≈ instituto *m* de formación profesional (*en Esp*)

technicality /'teknɪ'kæləti/ *n* (*pl* **-ties**) (detail) detalle *m* técnico

technically /'teknɪkli/ *adv* técnicamente; (*indep*) desde el punto de vista técnico

technician /tek'nɪʃən/ *n* técnico *mf*, técnico, -ca *m,f*

technique /tek'niːk/ *n* técnica *f*

technological /'teknə'lɑːdʒɪkəl, BrE ˌteknə'lɒdʒɪkəl/ *adj* tecnológico

technology /tek'nɑːlədʒi, BrE tek'nɒlədʒi/ *n*

(*pl* **-gies**) tecnología *f*
technology: ~ **park** *n* parque *m* tecnológico; ~ **transfer** *n* transferencia *f* de tecnología
teddy bear /'tedi/ *n* osito *m* de peluche
tedious /'ti:diəs/ *adj* tedioso
tedium /'ti:diəm/ *n* tedio *m*
teem /ti:m/ *vi* **to ~ WITH sth: the forest is ~ing with birds** el bosque está repleto de pájaros; **the streets were ~ing with people** las calles hervían de gente
teenage /'ti:neɪdʒ/ *adj* ‹*girl/boy*› adolescente; ‹*fashions*› juvenil, para adolescentes
teenager /'ti:neɪdʒər, BrE 'ti:neɪdʒə(r)/ *n* adolescente *mf*
teens /ti:nz/ *pl n* adolescencia *f*
tee shirt /ti:/ *n* ▶ **T-shirt**
teeter /'ti:tər, BrE 'ti:tə(r)/ *vi* «*person*» tambalearse
teeth /ti:θ/ *pl of* **tooth**
teethe /ti:ð/ *vi*: **she's teething** le están saliendo los dientes
teething troubles /'ti:ðɪŋ/ *pl n* problemas *mpl* iniciales
teetotal /'ti:'təʊtl/ *adj* abstemio
teetotaler, (BrE) **teetotaller** /'ti:'təʊtlər, BrE ti:'təʊtlə(r)/ *n* abstemio, -mia *m,f*
TEFL /'tefəl/ *n* (BrE) (= **teaching English as a foreign language**) *enseñanza del inglés como lengua extranjera*
tel (= **telephone number**) Tel., fono (CS)
telebanking /'teli,bæŋkɪŋ/ *n* telebanca *f*
telecommunications /'telikə'mju:nə'keɪʃənz, BrE ,telikə,mju:nɪ'keɪʃənz/ *n* telecomunicaciones *fpl*
telegram /'teləgræm, BrE 'telɪgræm/ *n* telegrama *m*
telegraph /'teləgræf, BrE 'telɪgrɑ:f/ *n* **(a)** (method) telégrafo *m*; (*before n*) ‹*wire/cable*› telegráfico; ~ **pole** poste *m* telegráfico **(b)** (message) telegrama *m*, despacho *m* telegráfico
telemarketing /'teli,mɑ:rkətɪŋ, BrE 'teli,mɑ:kɪtɪŋ/ *n* telemarketing *m*, teletienda *f*
telepathic /'telə'pæθɪk, BrE ,telɪ'pæθɪk/ *adj* ‹*message*› telepático; ‹*person*› con telepatía, telépata
telepathy /tə'lepəθi/ *n* telepatía *f*
telephone¹ /'teləfəʊn, BrE 'telɪfəʊn/ *n* teléfono *m*; (*before n*) ‹*call/message/line*› telefónico; ~ **number** (número *m* de) teléfono *m*; ~ **operator** telefonista *mf*; *see also* **phone¹**
telephone² *vt* telefonear, llamar por teléfono a
telephone: ~ **booth**, (BrE) ~ **box** *n* cabina *f* telefónica *or* de teléfonos; ~ **directory** *n* guía *f* telefónica *or* de teléfonos; ~ **exchange** *n* central *f* telefónica *or* de teléfonos
telephonist /tə'lefənəst, BrE tə'lefənɪst/ *n* (BrE) telefonista *mf*
telesales /'teliseɪlz/ *pl n* televentas *fpl*
telescope /'teləskəʊp, BrE 'telɪskəʊp/ *n* telescopio *m*
telescopic /'telə'skɑ:pɪk, BrE ,telɪs'kɒpɪk/ *adj* telescópico
teleshopping /'teliʃɑ:pɪŋ, BrE 'teliʃɒpɪŋ/ *n* compra(s) *f(pl)* por teléfono

---

⚷ palabra clave

t

teletext /'telitekst/ *n* teletex(to) *m*, videotex(to) *m*
televise /'teləvaɪz, BrE 'telɪvaɪz/ *vt* televisar
⚷ **television** /'teləvɪʒən, BrE 'telɪvɪʒən/ *n* **(a)** (medium, industry) televisión *f*; **on ~** en *or* por (la) televisión; (*before n*) ~ **licence** (in UK) *impuesto y licencia que debe obtenerse para poder usar un receptor de televisión* **(b)** ~ **(set)** televisor *m*
telex /'teleks/ *n* télex *m*
⚷ **tell** /tel/ (*past & past p* **told**) *vt* **1** (inform, reveal) decir*; **he was told that ...** le dijeron que ...; **could you ~ me the way to the station?** ¿me podría decir cómo se llega a la estación? **2** (recount, relate) ‹*joke/story*› contar*; **she's told me all about you** me ha hablado mucho de ti; ~ **us about Lima** cuéntanos cómo es Lima (*or* qué tal se fue en Lima *etc*) **3** (instruct, warn) decir*; **to ~ sb to + INF** decirle* a algn QUE (+ *subj*) **4** **(a)** (ascertain, know): **I could ~ from her voice that ...** noté por la voz que ...; **to ~ the time** decir la hora **(b)** (distinguish) **to ~ sth/sb (FROM sth/sb)** distinguir* algo/a algn (DE algo/algn); **I can't ~ the difference** yo no veo *or* no noto ninguna diferencia **5** **all told** en total
■ *vi* **1** (reveal): **promise you won't ~?** ¿prometes que no se lo vas a contar *or* decir a nadie?; **to ~ ON sb (TO sb)** (infml) acusar a algn (A *or* CON algn) **2** (know) saber*; **you never can ~** nunca se sabe **3** (count, have an effect): **her age is beginning to ~** se le está empezando a notar la edad
● **tell apart** [*v + o + adv*] distinguir*
● **tell off** [*v + o + adv, v + adv + o*] (infml) regañar, reñir* (esp Esp), retar (CS), resondrar (Per), rezongar* (AmC, Ur)
teller /'telər, BrE 'telə(r)/ *n* (in bank) cajero, -ra *m,f*
telling /'telɪŋ/ *adj* ‹*sign/remark*› revelador
telltale¹ /'telteɪl/ *adj* (*before n*) revelador
telltale² *n* (person) (infml) soplón, -plona *m,f* (fam), acusete *mf* (fam)
temp /temp/ *n* empleado, -da *m,f* eventual *or* temporal
temper¹ /'tempər, BrE 'tempə(r)/ *n* **(a)** (*no pl*) (mood) humor *m*; (temperament, disposition) carácter *m*, genio *m*; **to have a bad ~** tener* mal genio **(b)** (rage): **to be in a ~** estar* furioso *or* hecho una furia **(c)** (composure): **to lose one's ~** perder* los estribos
temper² *vt* **(a)** (moderate) ‹*criticism*› atenuar* **(b)** (Metall) templar
temperament /'temprəmənt/ *n* temperamento *m*
temperamental /'temprə'mentl/ *adj* ‹*person*› temperamental
temperance /'tempərəns/ *n* **(a)** (moderation) (fml) templanza *f* (fml), moderación *f* **(b)** (alcohol avoidance) abstinencia *f* de bebidas; (*before n*) ‹*movement*› antialcohólico
temperate /'tempərət/ *adj* templado
⚷ **temperature** /'temprətʃər, BrE 'temprətʃə(r)/ *n* **(a)** (Phys) temperatura *f* **(b)** (Med) (reading on thermometer) temperatura *f*; (abnormally high reading) fiebre *f*, temperatura *f* (CS); **to have** o **run a ~** tener* fiebre *or* (CS) temperatura; **to**

take sb's ~ tomarle la temperatura a algn

tempest /'tempəst, BrE 'tempɪst/ *n* (liter) tempestad *f* (liter)

tempestuous /tem'pestʃuəs, BrE tem'pestjʊəs/ *adj* **(a)** ‹*relationship*› tempestuoso **(b)** ‹*sea*› (liter) tempestuoso (liter)

temple /'tempəl/ *n* **1** (Relig) templo *m* **2** (Anat) sien *f*

tempo /'tempəʊ/ *n* (*pl* **-pos** *or* **-pi** /-pi/) ritmo *m*; (Mus) tempo *m*

temporal /'tempərəl/ *adj* temporal

temporarily /tempə'rerəli, BrE 'tempərərɪli/ *adj* temporalmente, temporariamente (AmL)

temporary /'tempəreri, BrE 'temprəri/ *adj* ‹*accommodation/arrangement*› temporal, provisional; ‹*job/work/worker*› eventual, temporal

tempt /tempt/ *vt* (*often pass*) tentar*

temptation /temp'teɪʃən/ *n* tentación *f*

tempting /'temptɪŋ/ *adj* tentador

ten¹ /ten/ *n* diez *m*; *see also* **four¹**

ten² *adj* diez *adj inv*

tenable /'tenəbəl/ *adj* defendible

tenacious /tə'neɪʃəs, BrE tɪ'neɪʃəs/ *adj* tenaz

tenacity /tə'næsəti, BrE tɪ'næsəti/ *n* tenacidad *f*

tenancy /'tenənsi/ *n* (*pl* **-cies**) (holding, possession) tenencia *f*

tenant /'tenənt/ *n* inquilino, -na *m,f*, arrendatario, -ria *m,f*

tend /tend/ *vi* **1** (have tendency, be inclined) tender*; **to ~ to** + INF tender* A + INF **2** (attend): **to ~** TO **sth/sb** ocuparse DE algo/algn
■ *vt* ‹*sheep*› cuidar (de), ocuparse de; ‹*victims*› cuidar (de), atender*; ‹*garden/grave*› ocuparse de

tendency /'tendənsi/ *n* (*pl* **-cies**) tendencia *f*; (Med) propensión *f*, tendencia *f*

tender¹ /'tendər, BrE 'tendə(r)/ *adj* **(a)** (sensitive) ‹*spot*› sensible; ‹*age*› tierno **(b)** ‹*meat*› tierno **(c)** (loving) tierno

tender² *n* **(a)** (Busn) (offer) propuesta *f*, oferta *f* **(b)** (legal ~) moneda *f* de curso legal

tender³ *vt* (fml) ‹*resignation*› presentar, ofrecer*

tenderize /'tendəraɪz/ *vt* ‹*meat*› ablandar

tenderly /'tendərli, BrE 'tendəli/ *adv* tiernamente, con ternura

tendon /'tendən/ *n* tendón *m*

tendril /'tendrəl, BrE 'tendrɪl/ *n* zarcillo *m*

tenet /'tenət, BrE 'tenɪt/ *n* principio *m*

tenfold /'tenfəʊld/ *adj/adv* ▶ **-fold**

Tenn = **Tennessee**

tennis /'tenəs, BrE 'tenɪs/ *n* tenis *m*; (*before n*) **~ court** cancha *f or* (Esp) pista *f* de tenis; **~ player** tenista *mf*; **~ racket** raqueta *f* de tenis

tenor¹ /'tenər, BrE 'tenə(r)/ *n* **1** (Mus) tenor *m* **2** (fml) (sense) tenor *m*

tenor² *adj* (*before n*) ‹*voice*› de tenor; ‹*saxophone*› tenor

ten: **~pin bowling** *n* (BrE), **~pins** *n* (+ *sing vb*) (AmE) bolos *mpl*, bowling *m*

tense¹ /tens/ *adj* **(a)** ‹*situation/person*› tenso **(b)** (taut) tenso, tirante

tense² *vt* ‹*muscles*› poner* tenso, tensar
● **tense up** [*v* + *adv*] (infml) ponerse* tenso

tense³ *n* (Ling) tiempo *m*

tension /'tentʃən, BrE 'tenʃən/ *n* **1** **(a)** (of situation) tensión *f*, tirantez *f* **(b)** (felt by person) tensión *f* **(c)** (between two parties) conflicto *m* **2** (tautness) tensión *f* **3** (Elec) tensión *f*

tent /tent/ *n* tienda *f* (de campaña), carpa *f* (AmL)

tentacle /'tentɪkəl, BrE 'tentəkəl/ *n* tentáculo *m*

tentative /'tentətɪv/ *adj* **(a)** ‹*plan*› provisional, provisorio (AmS); ‹*offer*› tentativo **(b)** ‹*person*› indeciso

tenterhooks /'tentərhʊks, BrE 'tentəhʊks/ *pl n*: ***to be on* ~** estar* en *or* sobre ascuas

tenth¹ /tenθ/ *adj* décimo

tenth² *adv* en décimo lugar

tenth³ *n* (Math) décimo *m*; (part) décima parte *f*

tenuous /'tenjuəs/ *adj* ‹*claim*› poco fundado; ‹*link*› indirecto

tenure /'tenjər, BrE 'tenjə(r)/ *n* **(a)** (of property, land) tenencia *f* **(b)** (period of office) ejercicio *m*, ocupación *f*

tepid /'tepəd, BrE 'tepɪd/ *adj* tibio

term¹ /tɜːrm, BrE tɜːm/ *n* **I** **1** (word) término *m* **2** **(a)** (period) período *m*, periodo *m*; **~ of** o (AmE also) **in office** mandato *m*; **in the short/long ~** a corto/largo plazo **(b)** (Educ) trimestre *m*
II terms *pl* **1** (conditions) condiciones *fpl*; ***to come to* ~*s with sth*** aceptar algo **2** (relations): **to be on good/bad ~s with sb** estar* en buenas/malas relaciones con algn **3** **(a)** (sense): **in financial ~s** desde el punto de vista financiero; **in real ~s** en términos reales **(b) in terms of: in ~s of efficiency** en cuanto a eficiencia

term² *vt* calificar* de

terminal¹ /'tɜːrmənl, BrE 'tɜːmɪnl/ *adj* ‹*illness*› terminal; ‹*patient*› (en fase) terminal, desahuciado

terminal² *n* **(a)** (Transp) (at airport) terminal *f*; **bus ~** terminal *f* de autobuses **(b)** (Comput) terminal *m* **(c)** (Elec) terminal *m*

terminally /'tɜːrmənəli, BrE 'tɜːmɪnəli/ *adv*: **he's ~ ill** está en fase terminal, está desahuciado

terminate /'tɜːrməneɪt, BrE 'tɜːmɪneɪt/ *vt* (fml) ‹*relationship*› poner* fin a; ‹*contract*› poner* término a; ‹*employee*› (AmE) despedir*, cesar (fml *or* period); ‹*pregnancy*› interrumpir
■ *vi* «*lease/relationship*» terminarse; **this train ~s here** este es el final del recorrido de este tren

termination /'tɜːrmə'neɪʃən, BrE ˌtɜːmɪ'neɪʃən/ *n* **(a)** (of contract) (fml) terminación *f* **(b)** (Med): **~ of pregnancy** interrupción *f* del embarazo

terminology /tɜːrmə'nɑːlədʒi, BrE ˌtɜːmɪ'nɒlədʒi/ *n* (*pl* **-gies**) terminología *f*

terminus /'tɜːrmənəs, BrE 'tɜːmɪnəs/ *n* (*pl* **-nuses** *or* **-ni** /-niː, -naɪ, BrE -naɪ/) (of buses) terminal *f*; (of trains) estación *f* terminal

termite /'tɜːrmaɪt, BrE 'tɜːmaɪt/ *n* termita *f*

terrace /'terəs, BrE 'terəs, 'terɪs/ *n* **(a)** (patio) terraza *f* **(b)** (balcony) (AmE) terraza *f* **(c)** (on hillside) terraza *f* **(d)** (row of houses) (BrE) *hilera de casas adosadas*

terraced /'terəst, BrE 'terəst, 'terɪst/ *adj* **(a)** ‹*hillside/slope*› en terrazas *or* bancales **(b)** ‹*house*› (BrE) adosado (*en una hilera de casas uniformes*)

terrain /te'reɪn/ *n* terreno *m*

terrestrial /tə'restriəl/ *adj* terrestre

terrible /'terəbəl/ *adj* espantoso, atroz

terribly /'terəbli/ *adv* ‹*suffer*› terriblemente; ‹*sing/act*› terriblemente mal

terrier /'teriər, BrE 'teriə(r)/ *n* terrier *mf*

terrific /tə'rɪfɪk/ *adj* **(a)** (enormous) (infml) tremendo, increíble; ‹*argument*› espantoso **(b)** (very good) (infml) estupendo, genial (fam)

terrified /'terəfaɪd, BrE 'terɪfaɪd/ *adj* ‹*crowd*› aterrorizado, aterrado; **to be ~** OF **sth/sb** tenerle* terror *or* pánico A algo/algn

terrify /'terəfaɪ, BrE 'terɪfaɪ/ *vt* **-fies**, **-fying**, **-fied** aterrorizar*

terrifying /'terəfaɪɪŋ, BrE 'terɪfaɪɪŋ/ *adj* aterrador

territorial /'terə'tɔ:riəl, BrE ˌterɪ'tɔ:riəl/ *adj* territorial

⚷ **territory** /'terətɔ:ri, BrE 'terɪtəri, -tri/ *n* (*pl* **-ries**) territorio *m*

terror /'terər, BrE 'terə(r)/ *n* terror *m*; **they fled in ~** huyeron aterrorizados *or* despavoridos

⚷ **terrorism** /'terərɪzəm/ *n* terrorismo *m*

⚷ **terrorist** /'terərəst, BrE 'terərɪst/ *n* terrorista *mf*

terrorize /'terəraɪz/ *vt* aterrorizar*, tener* atemorizado

terse /tɜ:rs, BrE tɜ:s/ *adj* seco, lacónico

⚷ **test[1]** /test/ *n* **(a)** (Educ) prueba *f*; (multiple-choice type) test *m* **(b)** (of machine, drug) prueba *f*; (*before n*) ‹*run/flight*› experimental, de prueba **(c)** (of blood, urine) análisis *m*; (for hearing, eyes) examen *m*

⚷ **test[2]** *vt* **(a)** ‹*student/class*› examinar, hacerle* una prueba a; ‹*knowledge/skill*› evaluar* **(b)** ‹*product*› probar*, poner* a prueba **(c)** ‹*friendship/endurance*› poner* a prueba **(d)** ‹*blood/urine*› analizar*; ‹*sight/hearing*› examinar; ‹*hypothesis*› comprobar*

testament /'testəmənt/ *n* **1** (will) testamento *m* **2** **Testament** (Bib): **the Old/New T~** el Antiguo/Nuevo Testamento

test: **~ case** *n*: *caso que sienta jurisprudencia*; **~ drive** *n* (Auto) prueba *f* de circulación en carretera

testicle /'testɪkəl/ *n* testículo *m*

testify /'testəfaɪ, BrE 'testɪfaɪ/ *vi* **-fies**, **-fying**, **-fied** (Law) (fml) prestar declaración, testificar*; **to ~** TO **sth** declarar *or* testificar* algo

testimonial /'testə'məʊniəl, BrE ˌtestɪ'məʊniəl/ *n* recomendación *f*

testimony /'testəməʊni, BrE 'testɪməni/ *n* (*pl* **-nies**) (Law) declaración *f*, testimonio *m*

testing[1] /'testɪŋ/ *n* pruebas *fpl*

testing[2] *adj* duro, arduo

test: **~ match** *n* (Sport) partido *m* internacional; **~ paper** *n* (Educ) examen *m*, prueba *f*; **~ pilot** *n* piloto *mf* de pruebas; **~ tube** *n* probeta *f*, tubo *m* de ensayo; (*before n*) **~-tube baby** niño, -ña *m,f* probeta

tetanus /'tetṇəs/ *n* tétano(s) *m*

tether[1] /'teðər, BrE 'teðə(r)/ *n* soga *f*

tether[2] *vt* atar, amarrar

Tex = **Texas**

⚷ **text[1]** /tekst/ *n* texto *m*

text[2] *vt*: **to ~ sb** mandar un SMS *or* mensaje de texto a algn

⚷ palabra clave

text: **~book** *n* libro *m* de texto; **~ message** *n* mensaje *m* de texto, SMS *m*; **~ phone** *n* teléfono *m* de texto

textile /'tekstaɪl/ *n* textil *m*

textual /'tekstʃuəl, BrE 'tekstjʊəl/ *adj* textual

texture /'tekstʃər, BrE 'tekstʃə(r)/ *n* textura *f*

Thai[1] /taɪ/ *adj* tailandés

Thai[2] *n* **(a)** (person) tailandés, -desa *m,f* **(b)** (language) tailandés *m*

Thailand /'taɪlænd/ *n* Tailandia *f*

Thames /temz/ *n*: **the ~** el Támesis

⚷ **than[1]** /ðæn, *weak form* ðən/ *conj* **(a)** (in comparisons) que; (with quantity) de; **I'm feeling better ~ I was** me siento mejor que antes; **the situation is worse ~ we thought** la situación es peor de lo que pensábamos **(b)** (with alternatives): **I'd rather walk ~ go by bus** prefiero ir a pie a tomar el autobús **(c)** (when) cuando; **no sooner had I sat down ~ the bell rang** apenas me había sentado cuando sonó el timbre

⚷ **than[2]** *prep* (in comparisons) que; (with quantity) de; **more ~ $25** más de 25 dólares

⚷ **thank** /θæŋk/ *vt* **to ~ sb** (FOR **sth)** darle* las gracias a algn (POR algo); **~ God/heaven(s)** menos mal, gracias a Dios; *see also* **thank you**

thankful /'θæŋkfəl/ *adj* ‹*look/smile*› de agradecimiento, agradecido

thankfully /'θæŋkfəli/ *adv* (*indep*) menos mal, gracias a Dios

thankless /'θæŋkləs, BrE 'θæŋklɪs/ *adj* ingrato

⚷ **thanks** /θæŋks/ *pl n* **(a)** (expression of gratitude) agradecimiento *m* **(b)** (*as interj*) **~!** ¡gracias!; **~ very much** o **a lot!** ¡muchas gracias!; **many ~** muchas gracias **(c) thanks to** gracias a

Thanksgiving (Day) /'θæŋks'gɪvɪŋ/ *n* (in US) el día de Acción de Gracias

thank you *interj* ¡gracias!; **~ very much** muchas gracias; **to say ~** dar* las gracias; **~ for coming/your help** gracias por venir/tu ayuda

⚷ **that[1]** /ðæt/ *pron* **1** (*pl* **those**) (demonstrative) ese, esa; (*neuter*) eso; **those** esos, esas; (*to refer to sth more distant or to the remote past*) aquel, aquella; (*neuter*) aquello; **those** aquellos, aquellas; **~'s wonderful!** ¡es maravilloso!; **those who have been less fortunate** los que no han tenido tanta suerte **2** (*in phrases*) **at that** (moreover) además; (thereupon): **at ~ they all burst out laughing** al oír (*or* ver *etc*) eso, todos se echaron a reír; **that is** es decir; **that's it**: **~'s it for today** eso es todo por hoy; **now lift your left arm: ~'s it!** ahora levanta el brazo izquierdo ¡eso es! *or* ¡ahí está!; **~'s it: I've had enough!** ¡se acabó! ¡ya no aguanto más! **3** /ðət, *strong form* ðæt/ (relative) que; **it wasn't Helen (~) you saw** no fue a Helen a quien viste, no fue a Helen que viste (AmL)

⚷ **that[2]** /ðæt/ *adj* (*pl* **those**) ese, esa; **those** esos, esas; (*to refer to sth more distant, to the remote past*) aquel, aquella; **those** aquellos, aquellas

⚷ **that[3]** /ðət, *strong form* ðæt/ *conj* que; **she said (~)** ... dijo que ...; **the news ~ our team had won** la noticia de que nuestro equipo había ganado

that[4] /ðæt/ *adv* tan; **he can't be all ~ stupid** no es posible que sea tan tonto

thatched /θætʃt/ *adj* ‹*roof*› de paja (*or* de juncos *etc*) *or* (AmS) de quincha; ‹*cottage*› con el tejado de paja (*or* de juncos *etc*), quinchado (AmS)

thaw[1] /θɔː/ *vi* «*snow/ice*» derretirse*, fundirse; «*frozen food*» descongelarse; «*relations*» hacerse* más cordial ■ *vt* ‹*frozen food*› descongelar

thaw[2] *n* (Meteo, Pol) deshielo *m*

the[1] *before vowel* /ði, ðɪ/, *before consonant* /ðə, *strong form* ðiː/ *def art* **1** (*sing*) el, la; (*pl*) los, las **2** **(a)** (with names): **Henry ~ First** Enrique primero; **~ Smiths** los Smith **(b)** (in abstractions, generalizations) (+ *sing vb*) **~ impossible** lo imposible; **~ young** los jóvenes **3** (per): **they sell it by ~ square foot** lo venden por pie cuadrado; **I get paid by ~ hour** me pagan por hora

the[2] *before vowel* /ði/, *before consonant* /ðə/ *adv* (+ *comp*), (*as conj*) cuanto; **~ more you have, ~ more you want** cuanto más tienes, más quieres; **~ sooner, ~ better** cuanto antes, mejor

theater, (BrE) **theatre** /'θiːətər, BrE 'θɪətə(r)/ *n* **1** **(a)** (building) teatro *m* **(b)** (theatrical world): **the ~** el teatro **2** (movie **~**) (AmE) cine *m*

theatrical /θi'ætrɪkəl/ *adj* teatral

theft /θeft/ *n* robo *m*

their /ðer, BrE ðeə(r)/ *adj*

> ■ **Note** The translation *su* agrees in number with the noun which it modifies; *their* is translated by *su, sus*, depending on what follows: *their father/mother* su padre/madre; *their books/magazines* sus libros/revistas.

(a) (*sing*) su; (*pl*) sus; **he cut off ~ heads** les cortó la cabeza **(b)** (belonging to indefinite person) (*sing*) su; (*pl*) sus; **whoever called didn't leave ~ number** la persona que ha llamado no dejó su teléfono

theirs /ðerz, BrE ðeəz/ *pron*

> ■ **Note** The translation *suyo* reflects the gender and number of the noun it is standing for; *theirs* is translated by *el suyo, la suya, los suyos, las suyas*, depending on what is being referred to.

(*sing*) suyo, -ya; (*pl*) suyos, -yas; **~ is blue** el suyo/la suya *or* el/la de ellos es azul; **a friend of ~** un amigo suyo *or* de ellos

them /ðem, *weak form* ðəm/ *pron* **1** **(a)** (as direct object) los, las; (referring to people) los *or* (Esp tb) les, las; **where did you buy ~?** ¿dónde los/las compraste?; **he has two sons, do you know ~?** tiene dos hijos ¿los *or* (Esp tb) les conoces? **(b)** (as indirect object) les; (with direct object pronoun present) se; **I lent ~ some money** les presté dinero **(c)** (after preposition) ellos, ellas **2** (emphatic use) ellos, ellas; **that'll be ~** deben de ser ellos **3** (indefinite person): **if anyone calls, tell ~ that ...** si llama alguien, dile que ...

theme /θiːm/ *n* tema *m*; (*before n*) **~ park** parque *m* temático; **~ song** tema *m* musical; (of TV program) (AmE) música *f* de un programa

themselves /ðəm'selvz/ *pron* **(a)** (reflexive): **they bought ~ a new car** se compraron otro coche; **they only think of ~** solo piensan en sí mismos; **they were by ~** estaban solos/solas **(b)** (emphatic) ellos mismos, ellas mismas **(c)** (normal selves): **the children aren't ~** los niños no son los de siempre **(d)** (indefinite person or persons): **if anyone's interested they can find out for ~** si a alguien le interesa, puede averiguarlo por sí mismo

then[1] /ðen/ *adv* **1** **(a)** (at that time) entonces **(b)** (in those days) en aquel entonces **2** (*after prep*) **by ~** para entonces; **from ~ on** a partir de ese momento, desde entonces; **(up) until** o **till ~** hasta entonces **3** **(a)** (next, afterward) después, luego **(b)** (in those circumstances) entonces **(c)** (besides, in addition) además **4** (in that case) entonces; *you* **do it, ~!** ¡hazlo tú, entonces! **5** **then again** (*as linker*) también

then[2] *adj* (*before n*) entonces; **the ~ leader** el entonces líder

theologian /θiə'ləʊdʒən/ *n* teólogo, -ga *m,f*

theological /'θiə'lɑːdʒɪkəl, BrE ˌθiə'lɒdʒɪkəl/ *adj* teológico

theology /θi'ɑːlədʒi, BrE θi'ɒlədʒi/ *n* (*pl* **-gies**) teología *f*

theorem /'θiərəm/ *n* teorema *m*

theoretical /'θiə'retɪkəl/ *adj* teórico

theorize /'θiəraɪz/ *vi* especular, teorizar*

theory /'θiəri/ *n* (*pl* **-ries**) teoría *f*

therapeutic /'θerə'pjuːtɪk/ *adj* terapéutico

therapist /'θerəpəst, BrE 'θerəpɪst/ *n* terapeuta *mf*

therapy /'θerəpi/ *n* (*pl* **-pies**) terapia *f*

there[1] /ðer, BrE ðeə(r)/ *adv* **1** **(a)** (close to person being addressed) ahí; (further away) allí, ahí (esp AmL); (less precise, further) allá; **up/down ~** ahí arriba/abajo **(b) there and then** ‹*decide*› en ese mismo momento; **they mended it for me ~ and then** me lo arreglaron en el acto **2** (calling attention to sth): **~ you are** (giving sth) aquí tiene; **~ go my chances of promotion!** ¡adiós ascenso! **3** (present): **all his friends were ~** estaban todos sus amigos; **is Tony ~?** ¿está Tony?; **who's ~?** (at the door) ¿quién es?; (in the dark) ¿quién anda ahí? **4** (*as interj*): **~! that's the last of the boxes** ¡listo! esa es la última caja; **~, ~, don't cry!** vamos, no llores

there[2] /ðer, *weak form* ðər, BrE ðeə(r), *weak form* ðə(r)/ *pron*: **there is/are** hay; **there was** había/hubo; **there will be** habrá

there: **~about** /'ðerəbaʊt, BrE 'ðeərəbaʊt/ (AmE), **~abouts** /'ðerəbaʊts, BrE 'ðeərəbaʊts/ *adv* **(a)** (near that figure, time) por ahí **(b)** (in that vicinity) por allí; **~after** /ðer'æftər, BrE ðeər'ɑːftə(r)/ *adv* (fml) a partir de entonces; **~by** /'ðer'baɪ, BrE ðeə'baɪ, 'ðeəbaɪ/ *adv* (fml) de ese modo, así; **~fore** /'ðerfɔːr, BrE 'ðeəfɔː(r)/ *adv* por lo tanto, por consiguiente

there's /ðerz, *weak form* ðərz, BrE ðeəz, *weak form* ðəz/ **(a)** = **there is** **(b)** = **there has**

thermal /'θɜːrməl, BrE 'θɜːməl/ *adj* **(a)** ‹*stream/bath*› termal **(b)** ‹*underwear/glove*› térmico

thermometer /θər'mɑːmətər, BrE θə'mɒmɪtə(r)/ *n* termómetro *m*

Thermos® (flask) /'θɜːrməs, BrE 'θɜːməs/, (AmE also) **thermos (bottle)** *n* termo *m*

thermostat /'θɜːrməstæt, BrE 'θɜːməstæt/ *n* termostato *m*

thesaurus /θɪ'sɔːrəs/ *n* (*pl* **-ruses** *or* **-ri** /-raɪ/) diccionario *m* ideológico *or* de ideas afines, tesauro *m*

these /ðiːz/ *pl of* **this[1]**, **this[2]**

thesis /'θiːsəs, BrE 'θiːsɪs/ *n* (*pl* **-ses** /-siːz/) tesis *f*; (shorter) tesina *f*

🔑 **they** /ðeɪ/ *pron*

> ■ **Note** Although *ellos* and *ellas* are given as translations of *they*, they are in practice used only for emphasis, or to avoid ambiguity: *they went to the theater* fueron al teatro; *they did it* ellos *or* ellas lo hicieron.

(a) (pl of he, she, it) ellos, ellas **(b)** (indefinite person or persons): **~'ve dug up the road** han levantado la calle

they'd /ðeɪd/ **(a)** = **they would (b)** = **they had**

they'll /ðeɪl/ = **they will**

they're /ðer, *weak form* ðər, BrE ðeə(r), *weak form* ðə(r)/ = **they are**

they've /ðeɪv/ = **they have**

thick /θɪk/ *adj* **-er, -est** **1** **(a)** ‹*layer/book/sweater*› grueso, gordo (fam); ‹*line*› grueso; **it's 5cm ~** tiene 5cm de espesor *or* de grosor **(b)** ‹*sauce/paint*› espeso **(c)** ‹*fog/smoke*› espeso, denso; ‹*fur*› tupido; ‹*beard/eyebrows*› poblado; ***through ~ and thin*** tanto en las duras como en las maduras **2** (infml) (stupid) burro (fam), corto (fam)

thicken /'θɪkən/ *vt* ‹*sauce/paint*› espesar ■ *vi* «*sauce/paint*» espesar(se); «*fog*» hacerse* más espeso *or* denso

thicket /'θɪkət, BrE 'θɪkɪt/ *n* matorral *m*

thickly /'θɪkli/ *adv* **(a)** (in a thick layer): **spread the jam ~** pon una capa gruesa de mermelada **(b)** (densely) ‹*populated*› densamente

thickness /'θɪknəs, BrE 'θɪknɪs/ *n* (of fabric, wire) grosor *m*; (of paper, wood, wall) espesor *m*, grosor *m*

thick: **~set** /'θɪk'set/ *adj* fornido; **~-skinned** /'θɪk'skɪnd/ *adj* insensible

thief /θiːf/ *n* (*pl* **thieves** /θiːvz/) ladrón, -drona *m,f*

thigh /θaɪ/ *n* muslo *m*

thimble /'θɪmbəl/ *n* dedal *m*

thin¹ /θɪn/ *adj* **-nn-** **1** **(a)** ‹*layer/slice*› delgado, fino **(b)** ‹*person*› delgado, flaco; ‹*waist*› delgado **2** **(a)** ‹*soup/sauce*› claro, poco espeso **(b)** ‹*hair*› ralo

thin² *vt* **-nn-** ‹*paint*› diluir*, rebajar; ‹*sauce*› aclarar, hacer* menos espeso ■ *vi*: **his hair is ~ning** está perdiendo pelo

🔑 **thing** /θɪŋ/ *n* **1** (physical object) cosa *f* **2** (non-material) cosa *f*; **the same ~ happened to me** a mí me pasó lo mismo; **it's a good ~ (that) ...** menos mal que ...; **the last ~ I expected** lo que menos me imaginaba; **he hadn't done a ~** no había hecho absolutamente nada; ***it's just one of those ~s*** son cosas que pasan **3** (affair, matter) asunto *m*; **I'm fed up with the whole ~** estoy harto del asunto **4** **the thing (a)** (that which, what) lo que **(b)** (what is needed): **I've got just the ~ for you** tengo exactamente lo que necesitas *or* lo que te hace falta **(c)** (crucial point, factor): **the ~ is, ...** resulta que *or* el caso es que *or* lo que pasa es que ... **5** **things** *pl* **(a)** (belongings, equipment) cosas *fpl* **(b)** (matters, the situation) cosas *fpl*; **if ~s don't improve** si las cosas no mejoran; **how's ~s?** (infml) ¿qué tal? (fam) **6** (person, creature): **you poor ~!** ¡pobrecito!; **you lucky ~!** ¡qué suerte tienes! **7** (preference, fad) (infml): **it's not my ~** no es lo mío **8** (in expressions of time): **first ~ (in the morning)** a primera hora (de la mañana)

thingamabob /'θɪŋəməbɑːb, BrE 'θɪŋəməbɒb/, **thingamajig** /-dʒɪg/ *n* (infml) cosa *f*, chisme *m* (Esp, Méx fam), coso *m* (AmS fam), vaina *f* (Col, Per, Ven fam)

🔑 **think** /θɪŋk/ (*past & past p* **thought**) *vi* **1** (use one's mind) pensar*; **to ~** ABOUT **sth** pensar* EN algo; (consider) pensar* algo; **to ~** OF **sth/sb** pensar* EN algo/algn; **I hadn't thought of that** no se me había ocurrido eso **2** (intend, plan) **to ~** OF -ING pensar* + INF **3** **(a)** (find, come up with): **can you ~ of anything better?** ¿se te ocurre algo mejor? **(b)** (remember) **to ~** OF **sth** acordarse* DE algo; **I can't ~ of his name** no me puedo acordar de su nombre **4** (have opinion): **to ~ highly of sb** tener* muy buena opinión de algn; **he ~s a lot of you** te aprecia mucho

■ *vt* **1** (reflect, ponder) pensar*; **~ what that would cost** piensa (en) lo que costaría; **that's wrong, I thought to myself** eso está mal — pensé para mí *or* para mis adentros; **I didn't ~ to look there** no se me ocurrió mirar allí **2** **(a)** (suppose, imagine, expect) pensar*; **I thought you knew** pensé que lo sabías; **I can't ~ why he refused** no me explico por qué se negó **(b)** (indicating intention): **we thought we'd eat out tonight** esta noche tenemos pensado salir a cenar **3** (believe) creer*; **I ~ so** creo que sí *or* me parece que sí; **I don't ~ so** creo que no *or* me parece que no; **I thought as much** ya me parecía *or* ya me lo imaginaba

● **think ahead**: [*v + adv*]: **you have to ~ ahead** hay que ser previsor

● **think back** [*v + adv*] (reflect) recordar*; **~ back** haz memoria; **to ~ back** TO **sth** recordar* algo, acordarse* DE algo

● **think out** [*v + o + adv, v + adv + o*] pensar *or* planear cuidadosamente; **a well thought-out proposal** una propuesta bien elaborada

● **think over** [*v + o + adv*] pensar*

● **think through** [*v + o + adv, v + adv + o*] ‹*project*› planear detenidamente; ‹*idea*› considerar detenidamente

● **think up** [*v + o + adv, v + adv + o*] ‹*excuse*› inventar; ‹*slogan*› idear

thinker /'θɪŋkər, BrE 'θɪŋkə(r)/ *n* pensador, -dora *m,f*

thinking /'θɪŋkɪŋ/ *n* ideas *fpl*, pensamiento *m*; **to my (way of) ~** a mi modo de ver, en mi opinión; **good ~!** ¡buena idea!

think tank *n* gabinete *m* estratégico

thinly /'θɪnli/ *adv* **(a)** ‹*slice*› en rebanadas finas **(b)** (sparsely): **~ populated** poco poblado

thinner /'θɪnər, BrE 'θɪnə(r)/ *n* disolvente *m*, diluyente *m*

🔑 **third¹** /θɜːrd, BrE θɜːd/ *adj* tercero

> ■ **Note** The usual translation of *third*, *tercero*, becomes *tercer* when it precedes a masculine singular noun.

third² *adv* **(a)** (in position, time, order) en tercer lugar **(b)** (thirdly) en tercer lugar **(c)** (*with superl*) **the ~ highest mountain** la tercera montaña en altura

third³ *n* **1** **(a)** (Math) tercio *m* **(b)** (part) tercera parte *f*, tercio *m* **(c)** (Mus) tercera *f* **2** **~ (gear)** (Auto) (*no art*) tercera *f*

🔑 palabra clave

third-class /ˈθɜːrdˈklæs, BrE ˌθɜːdˈklɑːs/ *adj* (*pred* ~ **class**) **(a)** (inferior) de tercera **(b)** ‹*mail*› (in US) de franqueo económico

thirdly /ˈθɜːrdli, BrE ˈθɜːdli/ *adv* (*indep*) en tercer lugar

third: ~ **party insurance** *n* seguro *m* contra terceros; **T~ World** *n*: **the ~ World** el Tercer Mundo; (*before n*) ‹*nation*› tercermundista

thirst /θɜːrst, BrE θɜːst/ *n* sed *f*

thirsty /ˈθɜːrsti, BrE ˈθɜːsti/ *adj* **-tier, -tiest** ‹*person/animal*› que tiene sed; **to be ~** tener* sed

thirteen /ˈθɜːrˈtiːn, BrE ˌθɜːˈtiːn/ *adj/n* trece *adj inv/m*; *see also* **four**[1]

thirteenth[1] /ˈθɜːrˈtiːnθ, BrE ˌθɜːˈtiːnθ/ *adj* decimotercero; (before masculine singular nouns) decimotercer

thirteenth[2] *adv* en decimotercer lugar

thirteenth[3] *n* (Math) treceavo *m*; (part) treceava parte *f*

thirtieth[1] /ˈθɜːrtiəθ, BrE ˈθɜːtiəθ/ *adj* trigésimo

thirtieth[2] *adv* en trigésimo lugar

thirtieth[3] *n* (Math) treintavo *m*; (part) treintava *or* trigésima parte *f*

thirty /ˈθɜːrti, BrE ˈθɜːti/ *adj/n* treinta *adj inv/m*; *see also* **four**[1]

this[1] /ðɪs/ *pron* (*pl* **these**) este, -ta; (*neuter*) esto; **these** estos, -tas; **what is ~?** ¿qué es esto?; **~ is John** (on photo) este es John; (introducing) te presento a John; **is ~ where you work?** ¿aquí es donde trabajas?; **~ is Jack Smith** (on telephone) habla Jack Smith, soy Jack Smith

this[2] *adj* (*pl* **these**) este, -ta; (*pl*) estos, -tas; **look at ~ tree/house** mira este árbol/esta casa; **I like these ones** me gustan estos/estas

this[3] *adv*: **it's ~ big** es así de grande; **now we've come ~ far ...** ya que hemos venido hasta aquí ...

thistle /ˈθɪsəl/ *n* cardo *m*

thong /θɔːŋ, BrE θɒŋ/ *n* **(a)** (leather strip) correa *f* **(b)** (sandal) (AmE) chancla *f*, chancleta *f*

thorn /θɔːrn, BrE θɔːn/ *n* espina *f*

thorny /ˈθɔːrni, BrE ˈθɔːni/ *adj* **-nier, -niest** ‹*plant*› espinoso; ‹*problem/issue*› espinoso, peliagudo

thorough /ˈθɜːrəʊ, BrE ˈθʌrə/ *adj* ‹*person*› concienzudo, cuidadoso; ‹*search/investigation*› riguroso

thoroughbred /ˈθɜːrəbred, BrE ˈθʌrəbred/ *adj* ‹*horse*› de pura sangre, de raza

thoroughfare /ˈθərəˈfer, BrE ˈθʌrəfeə(r)/ *n* **(a)** (street) (liter) calle *f*, vía *f* **(b)** (public road) vía *f* pública

thoroughly /ˈθɜːrəʊli, BrE ˈθʌrəli/ *adv* **(a)** ‹*wash/clean*› a fondo, a conciencia; ‹*research*› rigurosamente; ‹*examine*› minuciosamente **(b)** (completely) ‹*understand*› perfectamente; **we ~ enjoyed ourselves** nos divertimos muchísimo

those /ðəʊz/ *pl of* **that**[1] **1**, **that**[2]

though[1] /ðəʊ/ *conj* aunque

though[2] *adv*: **it's easy, ~, to understand their feelings** sin embargo, es fácil comprender sus sentimientos; **the course is difficult; it's interesting, ~** el curso es difícil, pero es interesante

thought[1] /θɔːt/ *past & past p of* **think**

thought[2] *n* **1** **(a)** (intellectual activity) pensamiento *m* **(b)** (deliberation): **after much ~** tras mucho pensarlo **2** **(a)** (reflection) pensamiento *m*; **what are your ~s on the matter?** ¿tú qué opinas al respecto?; **on second ~(s)** pensándolo bien **(b)** (idea) idea *f*; **I've just had a ~** se me acaba de ocurrir una idea; **the ~ never even entered my head** ni se me pasó por la cabeza

thoughtful /ˈθɔːtfəl/ *adj* **(a)** (kind) atento, amable; (considerate) considerado **(b)** (pensive) pensativo, meditabundo

thoughtfully /ˈθɔːtfəli/ *adv* pensativamente

thoughtless /ˈθɔːtləs, BrE ˈθɔːtlɪs/ *adj* desconsiderado

thought-provoking /ˈθɔːtprəˌvəʊkɪŋ/ *adj* que hace pensar *or* reflexionar

thousand /ˈθaʊzn̩d/ *n* mil *m*

thousandth[1] /ˈθaʊzəndθ/ *adj* milésimo

thousandth[2] *adv* en milésimo lugar

thousandth[3] *n* (Math) milésimo *m*; (part) milésima parte *f*

thrash /θræʃ/ *vt* golpear; (as punishment) azotar; darle* una paliza a

■ *vi* ~ **(around o about)** revolverse*, retorcerse*; (in mud, water) revolcarse*

● **thrash out** [*v + o + adv, v + adv + o*] ‹*problem*› discutir, tratar de resolver

thrashing /ˈθræʃɪŋ/ *n* paliza *f*, zurra *f*

thread[1] /θred/ *n* **(a)** (filament) hilo *m*; (of plot, conversation) hilo *m* **(b)** (of screw) rosca *f*, filete *m*

thread[2] *vt* ‹*needle*› enhebrar; ‹*bead*› ensartar

threadbare /ˈθredber, BrE ˈθredbeə(r)/ *adj* gastado, raído

threat /θret/ *n* amenaza *f*; **to be under ~** «*way of life*» verse* amenazado; «*factory*» estar* bajo amenaza de cierre

threaten /ˈθretn̩/ *vt* **(a)** ‹*person/stability*› amenazar*; **to ~ sb WITH sth** amenazar* a algn CON algo **(b)** (give warning of) ‹*action/violence*› amenazar* con

■ *vi* amenazar*

threatening /ˈθretn̩ɪŋ/ *adj* amenazador

three /θriː/ *adj/n* tres *adj inv/m*; *see also* **four**[1]

three: **~-dimensional** /ˈθriːdəˈmentʃn̩əl, -daɪ-, BrE ˌθriːdaɪˈmenʃənl, -dɪ-/ *adj* tridimensional; **~fold** *adj/adv* ▸ **-fold**; **~-piece** /ˈθriːˈpiːs/ *adj* (*before n*): **~-piece suit** traje *m* con chaleco, terno *m*; **~-piece suite** juego *m* de living (*de sofá y dos sillones*) (AmL), tresillo *m* (Esp)

three-quarters[1] /ˈθriːˈkwɔːrtərz, BrE ˌθriːˈkwɔːtəz/ *pron* las tres cuartas partes

three-quarters[2] *adv*: **it's ~ full** contiene el 75% *or* las tres cuartas partes de su capacidad

threshold /ˈθreʃhəʊld/ *n* **(a)** (doorway) umbral *m*; *to be on the ~ of sth* estar* en el umbral *or* a las puertas de algo **(b)** (of pain) umbral *m*

threw /θruː/ *past of* **throw**[1]

thrift /θrɪft/ *n* economía *f*, ahorro *m*; (*before n*) **~ shop** (esp AmE) *tienda que vende artículos de segunda mano con fines benéficos*

thrifty /ˈθrɪfti/ *adj* **-tier, -tiest** económico, ahorrativo

thrill[1] /θrɪl/ *n* (excitement) emoción *f*; **it was a real ~** fue verdaderamente emocionante

thrill[2] *vt* emocionar

thrilled /θrɪld/ *adj* (*pred*) **to be ~** (ABOUT/WITH **sth**) estar* contentísimo *or* (fam) chocho (CON algo); **to be ~ to** + INF: **she was really ~ to meet him** le encantó *or* (Esp tb) le hizo muchísima ilusión conocerlo

thriller /'θrɪlər, BrE 'θrɪlə(r)/ *n* novela *f* /película *f* de misterio *or* de suspenso *or* (Esp) de suspense

thrilling /'θrɪlɪŋ/ *adj* emocionante

thrive /θraɪv/ *vi* (*past* **thrived** *or* liter **throve**; *past p* **thrived**) «*business/town*» prosperar; «*plant*» crecer* con fuerza

thriving /'θraɪvɪŋ/ *adj* (*before n*) ‹*business/town*› próspero

throat /θrəʊt/ *n* garganta *f*; (neck) cuello *m*

throb /θrɑ:b, BrE θrɒb/ *vi* **-bb-** **(a)** «*heart/pulse*» latir con fuerza; «*engine*» vibrar **(b)** (with pain): **his leg was ~bing** tenía un dolor punzante en la pierna

throes /θrəʊz/ *pl n* (death ~) agonía *f*; **to be in one's death ~** agonizar*, estar agonizando

thrombosis /θrɑ:m'bəʊsəs, BrE θrɒm'bəʊsɪs/ *n* (*pl* **-ses** /-si:z/) trombosis *f*

throne /θrəʊn/ *n* trono *m*

throng /θrɔ:ŋ, BrE θrɒŋ/ *n* muchedumbre *f*

throttle[1] /'θrɑ:tl, BrE 'θrɒtl/ *vt* ahogar*, estrangular

throttle[2] *n* **(a)** (Auto) acelerador *m* (*que se acciona con la mano*) **(b)** (pedal) acelerador *m*

through[1] /θru:/ *prep* **1** **(a)** (from one side to the other) por; **it went right ~ the wall** atravesó la pared de lado a lado; **to hear sth ~ sth** oír* algo a través de algo; **we drove ~ Munich** atravesamos Munich (*en coche*) **(b)** (past, beyond): **to be ~ sth** haber* pasado algo **2** **(a)** (in time): **we worked ~ the night** trabajamos durante toda la noche; **half-way ~ his speech** en medio de su discurso; **~ the centuries** a través de los siglos **(b)** (until and including) (AmE): **Tuesday ~ Thursday** de martes a jueves; **October ~ December** desde octubre hasta diciembre inclusive **3** (by): **she spoke ~ an interpreter** habló a través de un intérprete; **I heard about it ~ a friend** me enteré a través de *or* por un amigo

through[2] *adv* **1** (from one side to the other): **it sped ~ without stopping** pasó a toda velocidad sin parar; **the red paint shows ~** se nota la pintura roja que hay debajo **2** (completely): **wet ~** mojado hasta los huesos

through[3] *adj* **1** (Transp) (*before n*) ‹*train/route*› directo; **~ traffic** tráfico *m* de paso; Ⓢ **no through road** calle sin salida **2** (finished) (infml) (*pred*) **to be ~** WITH **sb/sth** haber* terminado CON algn/algo

throughout[1] /θru:'aʊt/ *prep* **1** (all over): **~ Europe** en toda Europa **2** (in time): **~ the weekend** (durante) todo el fin de semana; **~ his career** a lo largo de toda su carrera

throughout[2] *adv* **(a)** ‹*decorated/carpeted*› totalmente **(b)** (in time) desde el principio hasta el fin

throughway /'θru:weɪ/ *n* (AmE) autopista *f*

throve /θrəʊv/ *past of* **thrive**

throw[1] /θrəʊ/ (*past* **threw**; *past p* **thrown**) *vt* **1** **(a)** ‹*ball/stone*› tirar, aventar* (Col, Méx, Per); ‹*grenade/javelin*› lanzar* **(b)** ‹*dice*› echar, tirar **2** (send, propel) (+ *adv compl*) **to ~ sb into jail** meter a algn preso *or* en la cárcel; **to ~ oneself into a task** meterse de lleno en una tarea **3** «*horse*» ‹*rider*› desmontar, tirar **4** (disconcert) desconcertar* **5** (have, hold) ‹*party*› hacer*, dar*

- **throw away** [*v + o + adv, v + adv + o*] **(a)** (discard) ‹*can/paper*› tirar (a la basura), botar (a la basura) (AmL exc RPl) **(b)** (waste) ‹*money*› tirar, botar (AmL exc RPl)
- **throw back** [*v + o + adv, v + adv + o*] **(a)** ‹*ball*› devolver* **(b)** (pull back) ‹*curtains*› (des)correr; ‹*bedclothes*› echar atrás
- **throw off** [*v + o + adv, v + adv + o*] **(a)** ‹*jacket/hat*› quitarse (*rápidamente*) **(b)** ‹*illness/habit*› quitarse; ‹*pursuer*› despistar
- **throw out** [*v + o + adv, v + adv + o*] **(a)** (discard) tirar (a la basura), botar (a la basura) (AmL exc RPl) **(b)** ‹*bill/proposal*› rechazar **(c)** ‹*person*› echar
- **throw together** [*v + o + adv, v + adv + o*] ‹*meal/plan*› improvisar
- **throw up** **1** [*v + adv + o*] **(a)** (raise) ‹*hands*› levantar *or* alzar* (*rápidamente*) **(b)** (bring to light) ‹*facts*› revelar (la existencia de) **2** [*v + adv*] (vomit) (infml) devolver*, arrojar

throw[2] *n* **1** (of ball) tiro *m*; (of javelin, discus) lanzamiento *m* **2** (of dice) tirada *f*, lance *m* **3** (AmE) **(a)** (bedspread) cubrecama *m* **(b)** (shawl) chal *m*, echarpe *m*

thrown /θrəʊn/ *past p of* **throw**[1]

thrush /θrʌʃ/ *n* **1** (bird) tordo *m*, zorzal *m* **2** (Med) aftas *fpl*

thrust[1] /θrʌst/ *vt* (*past & past p* **thrust**) (push) empujar; (push out) sacar*; **to ~ out one's chest** sacar* pecho; **she ~ the book at me** me tendió el libro bruscamente; **he ~ his hands into his pockets** se metió las manos en los bolsillos; **to ~ sth** INTO **sth** ‹*knife/sword*› clavar algo EN algo

thrust[2] *n* **1** **(a)** (with sword) estocada *f* **(b)** (push) empujón *m* **(c)** (attack, advance) ofensiva *f* **2** (impetus) empuje *m*, fuerza *f*

thruway /'θru:weɪ/ *n* (AmE) autopista *f*

thud /θʌd/ *n* ruido *m* sordo

thug /θʌg/ *n* matón *m*

thumb[1] /θʌm/ *n* pulgar *m*

thumb[2] *vt*: **I ~ed a lift home** me fui a casa a dedo (fam)

thumbtack /'θʌmtæk/ *n* (AmE) tachuela *f*, chinche *m* (Andes), chinche *f* (AmC, Méx, RPl), chincheta *f* (Esp)

thump[1] /θʌmp/ *n* (sound, blow) golpazo *m*

thump[2] *vt* golpear

thunder[1] /'θʌndər, BrE 'θʌndə(r)/ *n* **(a)** (Meteo) truenos *mpl* **(b)** (*no pl*) (sound — of traffic) estruendo *m*

thunder[2] *vi* (move loudly): **the train ~ed through the station** el tren pasó por la estación con gran estruendo

■ *vt* (shout): **get out! he ~ed** — ¡fuera de aquí! — bramó *or* rugió

thunder: **~bolt** *n* rayo *m*; **~storm** *n* tormenta *f* eléctrica

thundery /'θʌndəri/ *adj* tormentoso

palabra clave

Thursday /'θɜːrzdeɪ, -di, BrE 'θɜːzdeɪ, -di/ *n* jueves *m*; *see also* **Monday**

thus /ðʌs/ *adv* **1** (in this way) (fml) así, de este modo **2** (consequently) (*as linker*) por lo tanto, por consiguiente (fml)

thwart /θwɔːrt, BrE θwɔːt/ *vt* ‹*plan/attempt*› frustrar

thyme /taɪm/ *n* tomillo *m*

thyroid (gland) /'θaɪrɔɪd/ *n* tiroides *f*, glándula *f* tiroidea

ti /tiː/ *n* (Mus) si *m*

tiara /ti'ɑːrə/ *n* diadema *f*

Tibet /tɪ'bet/ *n* el Tíbet

Tibetan[1] /tɪ'betn̩/ *adj* tibetano

Tibetan[2] *n* **(a)** (person) tibetano, -na *m,f* **(b)** (language) tibetano *m*

tic /tɪk/ *n* tic *m*

tick[1] /tɪk/ *n* **1** (sound) tic *m* **2** (Zool) garrapata *f* **3** (mark) (BrE) marca *f*, tic *m*, palomita *f* (Méx), visto *m* (Esp)

tick[2] *vi* «*clock/watch*» hacer* tictac
■ *vt* (BrE) marcar* (*con un visto or una palomita etc*)

● **tick over** [*v* + *adv*] «*engine*» marchar al ralentí

ticket /'tɪkət, BrE 'tɪkɪt/ *n* **1** (for bus, train) boleto *m or* (Esp) billete *m*; (for plane) pasaje *m or* (Esp) billete *m*; (for theater, museum) entrada *f*; (for baggage, coat) ticket *m*; (*before n*) ~ **collector** revisor, -sora *m,f*; ~ **office** (Transp) mostrador *m* (*or* ventanilla *f etc*) de venta de pasajes (*or* billetes *etc*); (Theat) taquilla *f*, boletería *f* (AmL) **2** (label) etiqueta *f*

tickle /'tɪkəl/ *vt* hacerle* cosquillas a
■ *vi* «*wool/beard*» picar*

ticklish /'tɪklɪʃ/ *adj*: **to be ~** tener* cosquillas, ser* cosquilloso *or* (Méx) cosquilludo

tidal /'taɪdl/ *adj* con régimen de marea

tidal wave *n* maremoto *m*

tidbit /'tɪdbɪt/ *n* (AmE) ▶ **titbit**

tide /taɪd/ *n* **1** (Geog) marea *f*; **the ~ is in/out** la marea está alta/baja; **high/low ~** marea alta/baja **2** (movement) corriente *f*; (of violence) oleada *f*

● **tide over**: [*v* + *o* + *adv*]: **this should ~ us over until next month** nos arreglaremos con esto hasta el próximo mes

tidily /'taɪdli, BrE 'taɪdɪli/ *adv* ordenadamente, prolijamente (RPl)

tidiness /'taɪdinəs, BrE 'taɪdinɪs/ *n* orden *m*, prolijidad *f* (RPl)

tidy[1] /'taɪdi/ *adj* **tidier**, **tidiest** ordenado, prolijo (RPl)

tidy[2] **tidies**, **tidying**, **tidied** *vt* arreglar, ordenar

● **tidy up** **1** [*v* + *o* + *adv*, *v* + *adv* + *o*] ‹*room/desk*› ordenar, arreglar; ‹*toys*› ordenar, recoger* **2** [*v* + *adv*] ordenar

tie[1] /taɪ/ *n* **1** (Clothing) corbata *f* **2** **(a)** (bond) lazo *m*, vínculo *m* **(b)** (obligation, constraint) atadura *f*; **family ~s** obligaciones *fpl* familiares **3** (Sport) (equal score) empate *m*

tie[2] **ties**, **tying**, **tied** *vt* **1** **(a)** (make) ‹*knot/bow*› hacer* **(b)** (fasten) atar, amarrar (AmL exc RPl) **2** (restrict) ‹*person*› atar **3** (Games, Sport) ‹*game*› empatar
■ *vi* **1** (fasten) atarse **2** (draw) «*teams*» empatar

● **tie in**: [*v* + *adv*] **to ~ in (WITH sth)** concordar* *or* cuadrar (CON algo)

● **tie up** [*v* + *o* + *adv*, *v* + *adv* + *o*] **(a)** ‹*parcel/animal*› atar, amarrar (AmL exc RPl) **(b) to be ~d up** (busy) estar* ocupado **(c) to be ~d up WITH sth** (connected) estar* ligado A *or* relacionado CON algo

tie: **~break**, **~breaker** *n* **(a)** (in tennis) muerte *f* súbita **(b)** (in quiz game) pregunta *f* de desempate; **~pin** *n* alfiler *m* de corbata

tier /tɪr, BrE tɪə(r)/ *n* **(a)** (layer) hilera *f* superpuesta **(b)** (of cake) piso *m* **(c)** (in hierarchy) escalón *m*

tiger /'taɪgər, BrE 'taɪgə(r)/ *n* (*pl* **~s** *or* **~**) tigre *m*

tight[1] /taɪt/ *adj* **-er**, **-est** **1** **(a)** (fitting closely) ‹*dress/skirt*› ajustado, ceñido; (if uncomfortable) apretado **(b)** ‹*knot*› apretado **(c)** (stiff) ‹*screw/lid*› apretado, duro **(d)** ‹*schedule*› apretado; ‹*budget*› limitado **2** (strict) ‹*security/control*› estricto **3** (taut) ‹*cord/thread*› tirante, tenso **4** (infml) **(a)** (mean) ▶ **tightfisted** **(b)** (drunk) (*pred*) borracho, como una cuba (fam)

tight[2] *adv*: **hold ~!** ¡agárrate bien *or* fuerte!; **screw the lid on ~** aprieta bien el tapón; **sleep ~!** ¡que duermas bien!

tighten /'taɪtn̩/ *vt* **(a)** ‹*nut/bolt/knot*› apretar*; ‹*rope*› tensar; **to ~ one's belt** apretarse* el cinturón **(b)** ‹*regulations*› hacer* más estricto *or* rígido

● **tighten up** [*v* + *o* + *adv*, *v* + *adv* + *o*] ‹*laws/rules*› hacer* más estricto; **to ~ up security** reforzar* las medidas de seguridad

tight: **~fisted** /'taɪt'fɪstəd, BrE ˌtaɪt'fɪstɪd/ *adj* (infml) agarrado (fam), amarrete (AmS fam); **~fitting** /'taɪt'fɪtɪŋ/ *adj* ‹*jeans*› ajustado, ceñido

tightly /'taɪtli/ *adv* ‹*hold/grip*› fuerte; **~ fastened** fuertemente atado

tightrope /'taɪtrəʊp/ *n* cuerda *f* floja; (*before n*) **~ walker** funámbulo, -la *m,f*, equilibrista *mf*

tights /taɪts/ *pl n* **(a)** (for ballet etc) malla(s) *f(pl)*, leotardo(s) *m(pl)* **(b)** (BrE) ▶ **pantyhose**

tile[1] /taɪl/ *n* **(a)** (for floor) baldosa *f*, losa *f*; (for wall) azulejo *m* **(b)** (for roof) teja *f*

tile[2] *vt* ‹*floor*› embaldosar; ‹*wall*› revestir* de azulejos, azulejar, alicatar (Esp); ‹*roof*› tejar

till[1] /tɪl/ *conj/prep* ▶ **until**[1,2]

till[2] *n* caja *f* (registradora)

till[3] *vt* cultivar, labrar

tiller /'tɪlər, BrE 'tɪlə(r)/ *n* (Naut) caña *f or* barra *f* del timón

tilt[1] /tɪlt/ *vt* inclinar
■ *vi* inclinarse

tilt[2] *n* inclinación *f*

timber /'tɪmbər, BrE 'tɪmbə(r)/ *n* **(a)** (material) madera *f* (*para construcción*) **(b)** (trees) árboles *mpl* (madereros) **(c)** (beam) viga *f*, madero *m*

time[1] /taɪm/ *n* **I** **1** (past, present, future) tiempo *m*; **at this point** o **moment in ~** en este momento, en el momento presente; (*before n*) ‹*travel*› en el tiempo; **~ machine** máquina *f* del tiempo **2** (time available, necessary for sth) tiempo *m*; **to make ~ for sth** hacer(se)* *or* encontrar* tiempo para algo; **just take your ~** tómate todo el tiempo que necesites *or* quieras **3** (*no pl*) (period — of days, months, years) tiempo *m*; (— of hours) rato *m*; **that was a long ~ ago** eso fue hace mucho (tiempo); **in an hour's/ten years' ~** dentro de una hora/diez años; ***for the ~ being***

t

por el momento, de momento **4** (*in phrases*) **all the time** (constantly) constantemente; (the whole period) todo el tiempo; **in time** (early enough) a tiempo; (eventually) con el tiempo; **in good time** con tiempo; **in no time (at all)** rapidísimo, en un abrir y cerrar de ojos **5** (with respect to work): **to take** o (BrE also) **have ~ off** tomarse tiempo libre **6** (epoch, age) (*often pl*) época *f*, tiempo *m*; **in former ~s** antiguamente; **in ~s to come** en el futuro, en tiempos venideros; ***to be behind the ~s*** ser* anticuado, estar* desfasado

II **1** **(a)** (by clock) hora *f*; **what ~ is it?** o **what's the ~?** ¿qué hora es? **(b)** (of event) hora *f*; **we have to arrange a ~ for the next meeting** tenemos que fijar una fecha y hora para la próxima reunión; **it's ~ you left** o **you were leaving** es hora de que te vayas **2** (point in time): **at this ~ of (the) year** en esta época del año; **at this ~ of night** a estas horas de la noche; **at all ~s** siempre; **it'll be dark by the ~ we get there** (para) cuando lleguemos ya estará oscuro **3** (instance, occasion) vez *f*; **let's try one more ~** probemos otra vez *or* una vez más; **nine ~s out of ten** en el noventa por ciento de los casos **4** (*in phrases*) **about time: it's about ~ someone told him** ya es hora *or* ya va siendo hora de que alguien se lo diga; **about ~ (too)!** ¡ya era hora!; **at a time: four at a ~** de cuatro en cuatro, de a cuatro (AmL); **I can only do one thing at a ~** solo puedo hacer una cosa a la *or* por vez; **at the same time** (simultaneously) al mismo tiempo; (however) (*as linker*) al mismo tiempo, de todas formas; **at times** a veces; **every** o **each time** (*as conj*) (whenever) cada vez; **from time to time** de vez en cuando; **on time** (on schedule): **the buses never run on ~** los autobuses casi nunca pasan a su hora *or* puntualmente; **she's never on ~** nunca llega temprano, siempre llega tarde **5** (experience) **to have a good/bad/hard ~** pasarlo bien/mal/muy mal; **have a good ~!** ¡que te diviertas (*or* que se diviertan *etc*)!, ¡que lo pases (*or* pasen *etc*) bien! **6** (Mus) compás *m*; (*before n*) **~ signature** llave *f* de tiempo **7** **times** *pl* (Math): **it's four ~s bigger** es cuatro veces más grande

time² *vt* (Sport) cronometrar; **I've ~d how long it takes me** he calculado cuánto tiempo me lleva

time: **~ bomb** *n* bomba *f* de tiempo *or* de relojería; **~-consuming** /kən'suːmɪŋ, BrE kən'sjuːmɪŋ/ *adj* que lleva mucho tiempo; **~keeper** *n* **(a)** (Sport) cronometrador, -dora *m,f* **(b)** (worker) (BrE): **to be a good/bad ~keeper** ser* puntual/impuntual

timeless /'taɪmləs, BrE 'taɪmlɪs/ *adj* (liter) eterno

time limit *n* plazo *m*

timely /'taɪmli/ *adj* **-lier**, **-liest** oportuno

timer /'taɪmər, BrE 'taɪmə(r)/ *n* temporizador *m*; (of oven, video etc) reloj *m* (automático)

times /taɪmz/ *prep*: **3 ~ 4 is 12** 3 (multiplicado) por 4 son 12; ▶ **four¹**

time: **~saving** *adj* que ahorra tiempo; **~scale** *n* escala *f* de tiempo; **~share** *n* (property) multipropiedad *f*; **~sheet** *n* hoja *f* de asistencia; **~table** *n* **(a)** (Transp) horario *m* **(b)** (esp BrE) (Educ) horario *m* **(c)** (schedule, programme) agenda *f*

timid /'tɪməd, BrE 'tɪmɪd/ *adj* tímido; ‹*animal*› huraño

timidly /'tɪmədli, BrE 'tɪmɪdli/ *adv* tímidamente, con timidez

timing /'taɪmɪŋ/ *n* (choice of time): **the ~ of the action was disastrous** la acción fue de lo más inoportuna; **that was good ~: we've just arrived** calculaste muy bien el tiempo: acabamos de llegar

tin /tɪn/ *n* **1** **(a)** (metal) estaño *m* **(b)** (tinplate) (hoja)lata *f*; (*before n*) ‹*soldier*› de plomo **2** (can) (esp BrE) lata *f or* (Esp tb) bote *m* (*de conservas, bebidas etc*)

tinfoil /'tɪnfɔɪl/ *n* (made of tin) papel *m* de estaño; (made of aluminium) papel *m* de aluminio

tinge¹ /tɪndʒ/ *n* **(a)** (of color) tinte *m*, matiz *m* **(b)** (hint, trace) dejo *m*, matiz *m*

tinge² *vt* (*usu pass*) (color) **to be ~d** WITH **sth** estar* matizado DE algo

tingle /'tɪŋgəl/ *vi*: **it makes your skin ~** te hace sentir un cosquilleo *or* hormigueo en la piel

tingling /'tɪŋglɪŋ/ *n* cosquilleo *m*, hormigueo *m*

tinker /'tɪŋkər, BrE 'tɪŋkə(r)/ *vi* **to ~** WITH **sth** hacerle* pequeños ajustes A algo; (derog) juguetear CON algo

tinkle *vi* «*bell/glass*» tintinear

tinned /tɪnd/ *adj* (BrE) enlatado, en *or* de lata

tin: **~ opener** *n* (BrE) abrelatas *m*; **~plate** *n* hojalata *f*

tint¹ /tɪnt/ *n* **(a)** (of color) tinte *m*, matiz *m*; (color) tono *m* **(b)** (for hair) tintura *f*, tinte *m*

tint² *vt* teñir*

tinted /'tɪntəd, BrE 'tɪntɪd/ *adj* ‹*glass*› coloreado; ‹*lenses*› con un tinte; ‹*hair*› teñido

⚷ **tiny** /'taɪni/ *adj* **tinier**, **tiniest** minúsculo, diminuto

tip¹ /tɪp/ *n* **1** (end, extremity) punta *f*; (of stick, umbrella) contera *f*, regatón *m*; (filter ~) filtro *m*; **to be standing on the ~s of one's toes** estar* de puntillas *or* (CS) en puntas de pie; ***on the ~ of one's tongue*** en la punta de la lengua **2** (helpful hint) consejo *m* (práctico) **3** (gratuity) propina *f* **4** (BrE) (rubbish dump) vertedero *m* (de basuras)

tip² **-pp-** *vt* **1** (give gratuity to) darle* (una) propina a **2** **(a)** (tilt) inclinar **(b)** (pour, throw) tirar

● **tip off** [*v* + *o* + *adv*, *v* + *adv* + *o*] ‹*police/criminal*› avisar(le a), pasarle el dato a ,darle* un chivatazo a (Esp fam)

● **tip over** **1** [*v* + *o* + *adv*, *v* + *adv* + *o*] volcar* **2** [*v* + *adv*] caerse*

tipped /tɪpt/ *adj* ‹*cigarette*› con filtro

tiptoe¹ /'tɪptəʊ/ *vi* **-toes**, **-toeing**, **-toed** caminar *or* (esp Esp) andar* de puntillas

tiptoe² *n*: **on ~** de puntillas

tiptop /'tɪp'tɑːp, BrE ˌtɪp'tɒp/ *adj* de primera, excelente; **in ~ condition** en excelente estado

tirade /taɪ'reɪd/ *n* diatriba *f*

tire¹ /taɪr, BrE 'taɪə(r)/ *vt* cansar

■ *vi* **(a)** (become weary) cansarse **(b)** (become bored) **to ~** OF **sth/sb/**-ING cansarse DE algo/algn/+ INF

● **tire out** [*v* + *o* + *adv*, *v* + *adv* + *o*] agotar

tire², (BrE) **tyre** /taɪr, BrE 'taɪə(r)/ *n* neumático *m*, llanta *f* (AmL)

tired /taɪrd, BrE 'taɪəd/ *adj* **(a)** (weary) cansado; **to get ~** cansarse **(b)** (fed up) **to be ~** OF

t

⚷ palabra clave

sth/sb/-ING estar* cansado DE algo/algn /+ INF

tiredness /'taɪrdnəs, BrE 'taɪədnɪs/ *n* cansancio *m*

tireless /'taɪrləs, BrE 'taɪəlɪs/ *adj* ‹*person*› infatigable, incansable; ‹*patience/efforts*› inagotable

tiresome /'taɪrsəm, BrE 'taɪəsəm/ *adj* ‹*person*› pesado; ‹*task*› tedioso

tiring /'taɪrɪŋ, BrE 'taɪərɪŋ/ *adj* cansador (AmS), cansado (AmC, Esp, Méx)

tissue /'tɪʃuː, BrE 'tɪʃuː, 'tɪsjuː/ *n* **1** (Anat, Bot) tejido *m* **2** **(a)** (paper handkerchief) pañuelo *m* de papel, Kleenex® *m* **(b)** (~ paper) papel *m* de seda

tit /tɪt/ *n* **1** (Zool) paro *m* **2** (sl) (breast) teta *f* (fam)

titbit /'tɪtbɪt/ *n* **(a)** (of food) exquisitez *f* **(b)** (of gossip) chisme *m*

tit for tat /tæt/ *n*: **it was ~** fue ojo por ojo, diente por diente

title /'taɪtl/ *n* **1** (of creative work) título *m* **2** **(a)** (status) tratamiento *m* (*como Sr, Sra, Dr etc*) **(b)** (noble rank) título *m* (nobiliario *or* de nobleza) **(c)** (Sport) título *m* **3** (Law) (right of ownership) derecho *m*

title: **~ deed** *n* (*usu pl*) título *m* de propiedad; **~holder** *n* campeón, -peona *m,f*; **~ page** *n* portada *f*, carátula *f*

titter /'tɪtər, BrE 'tɪtə(r)/ *vi* reírse* disimuladamente

tittle-tattle /'tɪtl,tætl/ *n* (infml) chismes *mpl*

titular /'tɪtʃələr, BrE 'tɪtjʊlə(r)/ *adj* nominal

T-junction /'tiː,dʒʌŋkʃən/ *n* (BrE) cruce *m* (*en forma de T*)

TN = **Tennessee**

to¹ /tuː, *weak form* tə/ *prep* **1** **(a)** (indicating destination) a; **you can wear it ~ the wedding** puedes ponértelo para la boda **(b)** (indicating direction) hacia; **move a little ~ the right** córrete un poco hacia la derecha **(c)** (indicating position) a; **~ the left/right of sth** a la izquierda/derecha de algo **2** **(a)** (as far as) hasta; **she can count ~ 10** sabe contar hasta 10 **(b)** (until) hasta; **I can't stay ~ the end** no puedo quedarme hasta el final; *see also* **from 5** **3** **(a)** (showing indirect object): **give it ~ me** dámelo; **I gave it ~ Rachel** se lo di a Rachel; **what did you say ~ him/them?** ¿qué le/les dijiste?; **I was talking ~ myself** estaba hablando solo **(b)** (in dedications): **~ Paul with love from Jane** para Paul, con cariño de Jane **4** (indicating proportion, relation): **how many ounces are there ~ the pound?** ¿cuántas onzas hay en una libra?; **Barcelona won by two goals ~ one** Barcelona ganó por dos (goles) a uno; **there's a 10 ~ 1 chance of ...** hay una probabilidad de uno en 10 de ... **5** (producing): **~ my horror ...** para mi horror ... **6** (indicating belonging) de; **the key ~ the front door** la llave de la puerta principal **7** (telling time) (BrE): **ten ~ three** las tres menos diez, diez para las tres (AmL exc RPl)

to² /tə/ (*in infinitives*) **1** **(a)** **~ sing/fear/leave** cantar/temer/partir **(b)** (in order to) para; **I do it ~ save money** lo hago para ahorrar dinero **2** (*after adj or n*): **it's easy ~ do** es fácil de hacer; **you're too young ~ drink wine** eres demasiado joven para beber vino; **she was the first ~ arrive** fue la primera en llegar; **she has a lot ~ do** tiene mucho que hacer

to³ /tuː/ *adv* (shut): **I pulled the door ~** cerré la puerta

toad /təʊd/ *n* sapo *m*

toadstool /'təʊdstuːl/ *n* hongo *m* (*no comestible*)

to and fro /frəʊ/ *adv* de un lado a otro

toast¹ /təʊst/ *n* **1** (bread) tostadas *fpl*, pan *m* tostado; **a piece of ~** una tostada *or* (Chi, Méx) un pan tostado; (*before n*) **~ rack** portatostadas *m* **2** (tribute) brindis *m*; **we drank a ~ to him** brindamos por él

toast² *vt* **1** (Culin) tostar* **2** (drink tribute to) ‹*person/success*› brindar por

toaster /'təʊstər, BrE 'təʊstə(r)/ *n* tostadora *f* (eléctrica), tostador *m*

tobacco /tə'bækəʊ/ *n* (*pl* **-cos** *or* **-coes**) tabaco *m*

tobacconist /tə'bækənəst, BrE tə'bækənɪst/ *n*: *expendedor de tabaco, cigarrillos y artículos para el fumador*, ≈ estanquero, -ra *m,f* (*en Esp*); **~'s (shop)** tabaquería *f*, tienda *f* de artículos para fumador, ≈ estanco *m* (*en Esp*)

-to-be /tə'biː/ *suff*: **father~/husband~** futuro padre/esposo

toboggan /tə'bɑːgən, BrE tə'bɒgən/ *n* trineo *m*, tobogán *m*

today¹ /tə'deɪ/ *adv* **(a)** (this day) hoy **(b)** (nowadays) hoy (en) día, actualmente

today² *n* (*no art*) **(a)** (this day) hoy *adv*; **(as) from ~** a partir de hoy *or* del día de hoy **(b)** (present age) hoy *adv*, hoy (en) día

toddler /'tɑːdlər, BrE 'tɒdlə(r)/ *n* niño pequeño, niña pequeña *m,f* (*entre un año y dos años y medio de edad*)

to-do /tə'duː/ *n* (infml) (*no pl*) lío *m*, jaleo *m*

toe¹ /təʊ/ *n* dedo *m* (*del pie*); **big ~** dedo *m* gordo (del pie); ***to be on one's ~s*** estar* *or* mantenerse* alerta

toe² *vt*: ***to ~ the line*** acatar la disciplina

toenail *n* uña *f* (*del pie*)

toffee /'tɑːfi, BrE 'tɒfi/ *n* toffee *m* (*golosina hecha con azúcar y mantequilla*)

toffee-nosed /'tɑːfi'nəʊzd, BrE 'tɒfi,nəʊzd/ *adj* (BrE infml) estirado (fam)

tofu /'təʊfuː/ *n* tofu *m*, queso *m* de soya (AmL) *or* (Esp) soja

toga /'təʊgə/ *n* toga *f*

together /tə'geðər, BrE tə'geðə(r)/ *adv* **(a)** **they went ~** fueron juntos/juntas; **we left them alone ~** los dejamos solos a los dos; **all ~ now!** ¡todos (juntos *or* a la vez)! **(b)** **together with** junto con

toil¹ /tɔɪl/ *n* (liter) trabajo *m* duro

toil² *vi* (liter) trabajar duro

toilet /'tɔɪlət, BrE 'tɔɪlɪt/ *n* **1** (room) baño *m* (esp AmL), servicio *m* (esp Esp), váter *m* (Esp); (bowl) water *m or* (Esp) váter *m*, inodoro *m*; (*before n*) **~ paper** papel *m* higiénico; **~ roll** rollo *m* de papel higiénico **2** (washing and dressing) (*before n*) **~ soap** jabón *m* de tocador; **~ water** agua *f*‡ de colonia

toiletries /'tɔɪlətriz, BrE 'tɔɪlɪtriz/ *pl n* artículos *mpl* de tocador *or* de perfumería

token¹ /'təʊkən/ *n* **1** (expression, indication): **a small ~ of gratitude** un pequeño obsequio como muestra *or* prueba de agradecimiento;

as a ~ of respect en señal de respeto; ***by the same*** ~ de igual modo **2** **(a)** (coin) ficha *f* **(b)** (voucher) (BrE) vale *m*; (given as present) vale *m*, cheque-regalo *m*

token² *adj (before n, no comp)* ‹*fine/gesture*› simbólico

told /təʊld/ *past & past p of* **tell**

tolerable /'tɑːlərəbəl, BrE 'tɒlərəbəl/ *adj* **(a)** (endurable) tolerable **(b)** (passable) pasable

tolerance /'tɑːlərəns, BrE 'tɒlərəns/ *n* tolerancia *f*

tolerant /'tɑːlərənt, BrE 'tɒlərənt/ *adj* tolerante

tolerate /'tɑːləreɪt, BrE 'tɒləreɪt/ *vt* **(a)** ‹*attitude/behavior*› tolerar **(b)** ‹*person/pain/noise*› soportar, aguantar

toleration /'tɑːlə'reɪʃən, BrE ˌtɒlə'reɪʃən/ *n* tolerancia *f*

toll¹ /təʊl/ *n* **(a)** (Transp) peaje *m*, cuota *f* (Méx); *(before n)* ~ **call** (AmE) llamada *f* interurbana, conferencia *f* (Esp); ~ **road** carretera *f* de peaje *or* (Méx) de cuota **(b)** (cost, damage): **the climate took a ~ on his health** el clima le afectó la salud

toll² *vi* tocar*, doblar

toll: **~booth** *n* cabina *f* de peaje; **~bridge** *n* puente *m* de peaje *or* (Méx) de cuota; **~-free** /'təʊl'friː/ *adj* (AmE) gratuito

tomato /tə'meɪtəʊ, BrE tə'mɑːtəʊ/ *n (pl* **-toes***)* tomate *m* *or* (Méx) jitomate *m*

tomb /tuːm/ *n* tumba *f*, sepulcro *m*

tomboy /'tɑːmbɔɪ, BrE 'tɒmbɔɪ/ *n* niña *f* poco femenina, machona *f* (RPl), machetona *f* (Méx), varonera *f* (Arg)

tombstone /'tuːmstəʊn/ *n* lápida *f*

tomcat /'tɑːmkæt, BrE 'tɒmkæt/ *n* gato *m* (macho)

tome /təʊm/ *n* (hum) libro *m*, librote *m*

🔑 **tomorrow¹** /tə'mɔːrəʊ, tə'mɑːrəʊ, BrE tə'mɒrəʊ/ *adv* mañana; ~ **morning** mañana por la mañana, mañana en la mañana (AmL); **the day after** ~ pasado mañana

tomorrow² *n (no art)* **(a)** (day after today) mañana *adv* **(b)** (future) mañana *m*

tom-tom /'tɑːmtɑːm, BrE 'tɒmtɒm/ *n* tam-tam *m*

ton /tʌn/ *n* **1** (unit of weight) tonelada *f (EEUU: 907kg., RU: 1.016kg.)*; **this suitcase weighs a ~** (infml) esta maleta pesa una tonelada (fam) **2** (large amount) (infml) *(usually pl)* **~s of people/work** montones *mpl* de gente/trabajo (fam)

🔑 **tone¹** /təʊn/ *n* **1** **(a)** (quality of sound, voice) tono *m* **(b)** **tones** *pl* (sound) sonido *m*; (voice) voz *f* **(c)** (Telec) señal *f* (sonora) **2** (shade) tono *m*, tonalidad *f* **3** **(a)** (mood, style) tono *m* **(b)** (standard, level) nivel *m* **4** (Mus) (interval) tono *m*

tone² *vt* ‹*muscles/skin*› tonificar*

● **tone down** *[v + o + adv, v + adv + o]* ‹*language*› moderar; ‹*color*› atenuar*

tone-deaf /'təʊn'def/ *adj*: **to be ~** no tener* oído (musical)

tongs /tɑːŋz, tɔːŋz, BrE tɒŋz/ *pl n* tenacillas *fpl*

tongue /tʌŋ/ *n* **(a)** (Anat) lengua *f*; ***to say sth ~ in cheek*** decir* algo medio burlándose *or* medio en broma **(b)** (language) lengua *f*

tongue: **~-tied** /taɪd/ *adj* tímido, cohibido; **~ twister** *n* trabalenguas *m*

tonic /'tɑːnɪk, BrE 'tɒnɪk/ *n* **(a)** (pick-me-up) tónico *m* **(b)** **~ (water)** (agua *f*‡) tónica *f*

🔑 palabra clave

🔑 **tonight¹** /tə'naɪt/ *adv* esta noche

tonight² *n (no art)* esta noche *f*

tonne /tʌn/ *n* tonelada *f (métrica)*

tonsil /'tɑːnsəl, BrE 'tɒnsəl/ *n* amígdala *f*

tonsillitis /'tɑːnsə'laɪtəs, BrE ˌtɒnsɪ'laɪtɪs/ *n* amigdalitis *f*

🔑 **too** /tuː/ *adv* **1** (excessively) demasiado; **there were ~ many people/cars** había demasiada gente/demasiados coches; **that's ~ difficult for her to understand** es demasiado difícil para que lo entienda **2** (as well) también **3** (very) muy; **I'm not ~ sure** no estoy muy seguro

took /tʊk/ *past of* **take¹**

🔑 **tool** /tuːl/ *n* (instrument) instrumento *m*; (workman's etc) herramienta *f*; **garden ~s** herramientas *fpl* *or* utensilios *mpl* de jardinería

tool: **~bar** *n* (Comput) barra *f* de herramientas; **~box** *n* caja *f* de herramientas; **~kit** *n* juego *m* de herramientas; **~shed** *n* cobertizo *m* *(para herramientas)*

toot¹ /tuːt/ *n* bocinazo *m*

toot² *vi* «*driver*» tocar* la bocina *or* el claxon, pitar

■ *vt* ‹*car horn*› tocar*

tooth /tuːθ/ *n (pl* **teeth***)* **(a)** (of person, animal) diente *m*; (molar) muela *f*; **front teeth** dientes *mpl* de adelante; **back teeth** muelas *fpl*; ***to grit one's teeth*** aguantarse; (lit) apretar* los dientes; ***to have a sweet ~*** ser* goloso; ***to lie through one's teeth*** mentir* descaradamente; *(before n)* ~ **decay** caries *f* dental **(b)** (of zip, saw, gear) diente *m*; (of comb) púa *f*, diente *m*

tooth: **~ache** *n* dolor *m* de muelas; **~brush** *n* cepillo *m* de dientes; **~paste** *n* dentífrico *m*, pasta *f* dentífrica *or* de dientes; **~pick** *n* palillo *m* (de dientes), escarbadientes *m*, mondadientes *m*

🔑 **top¹** /tɑːp, BrE tɒp/ *n* **1** **(a)** (highest part) parte *f* superior *or* de arriba; (of mountain) cima *f*, cumbre *f*; (of tree) copa *f*; (of page) parte *f* superior; **from ~ to bottom** de arriba abajo; ***at the ~ of one's voice*** a voz en cuello *or* en grito, a grito pelado (fam) **(b)** (BrE) (of road) final *m* **2** (highest rank, position): **she came ~ of the class** sacó la mejor nota de la clase; **at the ~ of the league** (Dep) a la cabeza de la liga **3** **(table) ~** tablero *m* **4** (Clothing): **a blue ~** una blusa (*or* un suéter *or* un top *etc*) azul **5** **on top** *(as adv)* encima, arriba; ***to come out on ~*** salir* ganando **6** **on top of** *(as prep)* encima de; **and on ~ of it all** o **on ~ of all that, ...** y encima *or* para colmo, ... **7** (of jar, box) tapa *f*, tapón *m* (Esp); (of pen) capuchón *m*; ***to blow one's ~*** (infml) explotar (fam) **8** (spinning ~) trompo *m*, peonza *f*

top² *adj (before n)* **1** **(a)** ‹*layer/shelf*› de arriba, superior; ‹*note*› más alto; **on the ~ floor** en el último piso; **the ~ left-hand corner of the page** la esquina superior izquierda de la página **(b)** ‹*speed/temperature*› máximo, tope **2** **(a)** (best): **to be ~ quality** ser* de primera calidad; **the service is ~ class** el servicio es de primera **(b)** (in ranked order): **our ~ priority** nuestra prioridad absoluta **(c)** (leading, senior) ‹*scientists/chefs*› más destacado; **the ~ jobs** los mejores puestos

top³ **-pp-** *vt* **1** (exceed, surpass) superar; ***to ~ it all*** para coronarlo, para colmo **2** (cover): **~ped**

with cheese con queso por encima

● **top up** [*v + o + adv, v + adv + o*] ‹*glass*› llenar; ‹*battery, SIM card*› recargar*; ‹*income*› suplementar

topaz /'təʊpæz/ *n* topacio *m*

top: ~ **hat** *n* sombrero *m* de copa; ~**-heavy** /'tɑ:p'hevi, BrE ˌtɒp'hevi/ *adj* ‹*structure*› inestable (*por ser muy pesado en su parte superior*)

topic /'tɑ:pɪk, BrE 'tɒpɪk/ *n* tema *m*

topical /'tɑ:pɪkəl, BrE 'tɒpɪkəl/ *adj* de interés actual, de actualidad

topless /'tɑ:pləs, BrE 'tɒplɪs/ *adj* topless

top-level /'tɑ:p'levəl, BrE ˌtɒp'levəl/ *adj* (*before n*) ‹*talks*› de alto nivel

topography /tə'pɑ:grəfi, BrE tə'pɒgrəfi/ *n* topografía *f*

topping /'tɑ:pɪŋ, BrE 'tɒpɪŋ/ *n*: **ice-cream with chocolate** ~ helado con (salsa de) chocolate por encima

topple /'tɑ:pəl, BrE 'tɒpəl/ *vi* caerse*
■ *vt* **(a)** ‹*government/dictator*› derrocar*, derribar **(b)** (overturn) volcar*

top: ~**-ranking** /'tɑ:p'ræŋkɪŋ, BrE ˌtɒp'ræŋkɪŋ/ *adj* (*before n*) de alto nivel; ~**-secret** /'tɑ:p'si:krət, BrE ˌtɒp'si:krɪt/ *adj* (*pred* ~ **secret**) secreto, reservado; ~**soil** *n* *capa superior del suelo*

topsy-turvy /'tɑ:psi'tɜ:rvi, BrE ˌtɒpsi'tɜ:vi/ *adj* (infml) ‹*room*› desordenado, patas (para) arriba (fam)

top-up /'tɑ:pʌp, BrE 'tɒpʌp/ *n* (BrE): **can I give you a** ~? ¿te sirvo más?; (*before n*) ~ **card** tarjeta *f* (de) prepago; ~ **fees** (BrE) *pago adicional de matrícula para cubrir la diferencia existente entre los fondos de la universidad y el costo de educar al estudiante*; ~ **payment** pago *m* adicional

Torah /'tɔ:rə/ *n*: **the** ~ la *or* el Torá

torch /tɔ:rtʃ, BrE tɔ:tʃ/ *n* **(a)** (flame) antorcha *f*, tea *f* **(b)** (electric) (BrE) linterna *f*

torchlight /'tɔ:rtʃlaɪt, BrE 'tɔ:tʃlaɪt/ *n*: **by** ~ a la luz de la(s) antorcha(s); (*before n*) ‹*procession*› con antorchas

tore /tɔ:r, BrE tɔ:(r)/ *past of* **tear**[2]

torment[1] /'tɔ:rment, BrE 'tɔ:ment/ *n* tormento *m*

torment[2] /tɔ:r'ment, BrE tɔ:'ment/ *vt* atormentar, torturar; (tease) martirizar*

torn /tɔ:rn, BrE tɔ:n/ *past p of* **tear**[2]

tornado /tɔ:r'neɪdəʊ, BrE tɔ:'neɪdəʊ/ *n* (*pl* **-does** *or* **-dos**) tornado *m*

torpedo[1] /tɔ:r'pi:dəʊ, BrE tɔ:'pi:dəʊ/ *n* (*pl* **-does**) (Mil) torpedo *m*

torpedo[2] *vt* **-does, -doing, -doed** torpedear

torpor /'tɔ:rpər, BrE 'tɔ:pə(r)/ *n* (fml) letargo *m*, sopor *m*

torrent /'tɔ:rənt, BrE 'tɒrənt/ *n* torrente *m*

torrential /tɔ:'rentʃəl, BrE tə'renʃəl/ *adj* torrencial

torrid /'tɔ:rəd, BrE 'tɒrɪd/ *adj* ‹*heat*› tórrido; ‹*affair*› apasionado

torso /'tɔ:rsəʊ, BrE 'tɔ:səʊ/ *n* (*pl* **-sos**) torso *m*

tortoise /'tɔ:rtəs, BrE 'tɔ:təs/ *n* tortuga *f*

tortoiseshell[1] /'tɔ:rtəʃel, -təsʃəl, BrE 'tɔ:təsʃel, 'tɔ:təʃəl/ *n* (material) carey *m*, concha *f*

tortoiseshell[2] *adj* (color) de color carey; ‹*cat*› pardo

tortuous /'tɔ:rtʃuəs, BrE 'tɔ:tjʊəs/ *adj* tortuoso, sinuoso

torture[1] /'tɔ:rtʃər, BrE 'tɔ:tʃə(r)/ *n* tortura *f*

torture[2] *vt* ‹*person/animal*› torturar; **she was** ~**d by doubts** las dudas la atormentaban

Tory /'tɔ:ri/ *n* (*pl* **Tories**) (in UK) tory *mf*

toss[1] /tɔ:s, BrE tɒs/ *n* **(a)** (throw) lanzamiento *m*; **with a** ~ **of his head** con un movimiento brusco de la cabeza **(b)** (of coin): **to win/lose the** ~ ganar/perder* jugándoselo a cara o cruz (*or* sello *etc*)

toss[2] *vt* **(a)** (throw) ‹*ball*› tirar, lanzar*, aventar* (Col, Méx, Per); ‹*pancake*› darle* la vuelta a (*lanzándolo al aire*); **let's** ~ **a coin** echémoslo a cara o cruz *or* (Andes, Ven) a cara o sello *or* (Arg) a cara o ceca *or* (Méx) a águila o sol **(b)** (agitate) ‹*boat*› sacudir, zarandear **(c)** ‹*salad*› mezclar
■ *vi* «*boat*» dar* bandazos; **to** ~ **and turn** dar* vueltas (*en la cama*)

tot /tɑ:t, BrE tɒt/ *n* **(a)** (young child) pequeño, -ña *m,f*, chiquito, -ta *m,f* (esp AmL) **(b)** (of alcohol) copita *f*

● **tot up -tt-**; [*v + o + adv, v + adv + o*] (infml) sumar

total[1] /'təʊtl/ *adj* total; ‹*failure*› rotundo

total[2] *n* total *m*

total[3] *vt*, (BrE **-ll-**) **(a)** (amount to) ascender* *or* elevarse a un total de **(b)** (add up) totalizar*

totalitarian /təʊ'tælə'teriən, BrE ˌtəʊtælɪ'teəriən/ *adj* totalitario

totally /'təʊtli, BrE 'təʊtəli/ *adv* totalmente, completamente

tote /təʊt/ *vt* (esp AmE infml) ‹*weapons*› llevar

totem pole /'təʊtəm/ *n* tótem *m*

totter /'tɑ:tər, BrE 'tɒtə(r)/ *vi* tambalearse

touch[1] /tʌtʃ/ *n* **1** **(a)** (sense) tacto *m* **(b)** (physical contact): **at the** ~ **of a button** con solo tocar un botón **2** (small amount, degree — of humor, irony) dejo *m*, toque *m*; (— of paint) toque *m*; (— of salt) pizca *f* **3** (detail) detalle *m*; **to add** o **put the final** o **finishing** ~**es to sth** darle* los últimos toques a algo **4** (communication): **to get/keep** o **stay in** ~ **with sb** ponerse*/mantenerse* en contacto con algn; **I lost** ~ **with her** perdí el contacto con ella

touch[2] *vt* **1** **(a)** (be in physical contact with) tocar*; **my feet don't** ~ **the bottom** (of pool) no hago pie, no toco fondo **(b)** (brush, graze) rozar*, tocar* **2** **(a)** (affect, concern) afectar **(b)** (move emotionally): **he was** ~**ed by her kindness** su amabilidad lo enterneció *or* le llegó al alma; **I was very** ~**ed** me emocioné
■ *vi* **(a)** (with finger, hand) tocar* **(b)** «*hands*» rozarse*; «*wires*» tocarse*

● **touch down** [*v + adv*] (on land) aterrizar*, tomar tierra; (on moon) alunizar*

● **touch on** [*v + prep + o*] ‹*subject*› tocar*, mencionar

● **touch up** [*v + o + adv, v + adv + o*] ‹*photograph/painting*› retocar*

touch: ~**-and-go** /'tʌtʃən'gəʊ/ *adj*: **I passed the exam, but it was** ~**-and-go** aprobé el examen, pero por poco; **how is the patient? — it's** ~**-and-go at the moment** ¿cómo está el paciente? — en situación crítica; ~**down** *n* (on land) aterrizaje *m*; (on moon) alunizaje *m*

touching /'tʌtʃɪŋ/ *adj* enternecedor, conmovedor

t

touch: **∼line** *n* línea *f* de banda; **∼-type** *vi* mecanografiar* al tacto

touchy /ˈtʌtʃi/ *adj* **-chier**, **-chiest** ‹*person*› susceptible; ‹*subject*› delicado

tough /tʌf/ *adj* **-er**, **-est** **1** **(a)** (strong, hard-wearing) ‹*fabric/clothing*› resistente, fuerte **(b)** ‹*meat*› duro **2** ‹*person*› **(a)** (resilient) fuerte **(b)** (aggressive, violent) bravucón **3** **(a)** (strict) ‹*boss/teacher*› severo; ‹*policy/discipline*› duro **(b)** ‹*exam/decision*› difícil

toughen /ˈtʌfən/ ∼ **(up)** *vt* **(a)** ‹*muscles*› endurecer*; ‹*material*› hacer* más fuerte *or* resistente **(b)** ‹*person*› hacer* más fuerte

toupee /tuːˈpeɪ, BrE ˈtuːpeɪ/ *n* peluquín *m*, tupé *m*

tour[1] /tʊr, BrE tʊə(r), tɔː(r)/ *n* **(a)** (by bus, car) viaje *m*, gira *f*; (of castle, museum) visita *f*; (of town) visita *f* turística, recorrido *m* turístico; (*before n*) ∼ **guide** guía *mf* de turismo *or* (Méx) de turistas **(b)** (official visit) (to country, region) gira *f*, viaje *m*; (of factory, hospital) visita *f* **(c)** (Mus, Sport, Theat) gira *f*, tournée *f*; **to be/go on** ∼ estar*/ir* de gira

tour[2] *vt* **(a)** ‹*country/area*› recorrer, viajar por **(b)** (visit officially) visitar **(c)** (Mus, Sport, Theat) ir* de gira *or* hacer* una gira por

tourism /ˈtʊrɪzəm, BrE ˈtʊərɪzəm, ˈtɔːr-/ *n* turismo *m*

tourist /ˈtʊrəst, BrE ˈtʊərɪst, ˈtɔːr-/ *n* turista *mf*; (*before n*) ∼ **guide** (book) guía *f* turística; (person) guía *mf* de turismo *or* (Méx) de turistas; **the** ∼ **industry** el turismo, la industria del turismo; ∼ **office** oficina *f* de (información y) turismo

tournament /ˈtʊrnəmənt, BrE ˈtɔːnəmənt/ *n* torneo *m*

tourniquet /ˈtʊrnɪkət, BrE ˈtʊənɪkeɪ/ *n* torniquete *m*

tousled /ˈtaʊzəld/ *adj* despeinado, alborotado

tout /taʊt/ *vi*: **to** ∼ **for customers** andar* a la caza de clientes

tow[1] /təʊ/ *n* remolque *m*; **to give sb a** ∼ remolcar* a algn

tow[2] *vt* remolcar*, llevar a remolque; **they** ∼**ed the car away** se llevaron el coche a remolque

toward /tɔːrd, BrE təˈwɔːd/, (esp BrE) **towards** /tɔːrdz, BrE təˈwɔːdz/ *prep* **1** (in the direction of) hacia **2** (as contribution): **she gave us $100** ∼ **it** nos dio 100 dólares como contribución **3** (regarding) para con, hacia; **your attitude** ∼ **them** tu actitud para con *or* hacia ellos

towel[1] /ˈtaʊəl/ *n* toalla *f*; (*before n*) ∼ **bar** o (BrE) **rail** toallero *m* (*de barra*)

towel[2] *vt*, (BrE **-ll-**) secar* con toalla

toweling, (BrE) **towelling** /ˈtaʊəlɪŋ/ *n* (tela *f* de) toalla *f*, felpa *f*

tower /ˈtaʊər, BrE ˈtaʊə(r)/ *n* torre *f*

● **tower above**, **tower over** [*v* + *prep* + *o*] ‹*building*› descollar* sobre; ‹*person*› destacar* sobre

tower block *n* (BrE) (residential) edificio *m* *or* bloque *m* de apartamentos *or* (AmL tb) de departamentos *or* (Esp tb) de pisos, torre *f*

towering /ˈtaʊərɪŋ/ *adj* (*before n*) **(a)** ‹*building*› altísimo **(b)** ‹*genius*› destacado

town /taʊn/ *n* (in general) ciudad *f*; (smaller) pueblo *m*, población *f*; ***to go to*** ∼ ***on sth*** tirar la casa por la ventana; (*before n*) ∼ **center** o (BrE) **centre** centro *m* de la ciudad

town: ∼ **clerk** *n* (in US) *funcionario encargado de llevar los registros de nacimientos, defunciones etc*; ∼ **council** *n* (in UK) ayuntamiento *m*, municipio *m*, municipalidad *f*; ∼ **crier** /ˈkraɪər, BrE ˈkraɪə(r)/ *n* pregonero *m*; ∼ **hall** *n* ayuntamiento *m*, municipio *m*; ∼ **planner** *n* urbanista *mf*; ∼ **planning** *n* urbanismo *m*

township /ˈtaʊnʃɪp/ *n* **(a)** (in US) (Govt) municipio *m*, municipalidad *m*, ayuntamiento *m* **(b)** (in South Africa) distrito *m* segregado

tow: ∼**path** *n* camino *m* de sirga; ∼**rope** *n* (Naut) sirga *f*; (Auto) cuerda *f or* cable *m* de remolque; ∼ **truck** *n* grúa *f*

toxic /ˈtɑːksɪk, BrE ˈtɒksɪk/ *adj* tóxico

toxin /ˈtɑːksən, BrE ˈtɒksɪn/ *n* toxina *f*

toy[1] /tɔɪ/ *n* juguete *m*

● **toy with** [*v* + *prep* + *o*] ‹*pen/food*› juguetear con; ‹*idea/possibility*› darle* vueltas a

toy[2] *adj* **(a)** ‹*car/gun*› de juguete **(b)** (miniature) enano

toyshop /ˈtɔɪʃɑːp, BrE ˈtɔɪʃɒp/ *n* juguetería *f*

trace[1] /treɪs/ *n* **(a)** (indication) señal *f*, indicio *m*, rastro *m* **(b)** (small amount): ∼**s of poison** rastros de veneno

trace[2] *vt* **1** **(a)** ‹*criminal/witness*› localizar*, ubicar* (AmL) **(b)** ‹*fault/malfunction*› descubrir* **2** **(a)** (on tracing paper) calcar* **(b)** ‹*line/outline*› trazar*

tracing paper /ˈtreɪsɪŋ/ *n* papel *m* de calco *or* de calcar

track[1] /træk/ *n* **1** (mark) pista *f*, huellas *fpl*; **to throw sb off the** ∼ despistar a algn; **to keep/lose** ∼ **of the conversation** seguir*/perder* el hilo de la conversación; **I lost all** ∼ **of the time** no me di cuenta de la hora **2** **(a)** (road, path) camino *m*, sendero *m* **(b)** **to be on the right/wrong** ∼ estar* bien/mal encaminado, ir* por buen/mal camino **3** (race ∼) pista *f*; (*before n*) ∼ **events** atletismo *m* en pista **4** (track events) (AmE) atletismo *m* en pista **5** (Rail) **(a)** (way) vía *f* (férrea) **(b)** (rails etc) vías *fpl* **6** (song, piece of music) tema *m*, pieza *f*

track[2] *vt* seguirle* la pista a, rastrear

● **track down** [*v* + *o* + *adv*, *v* + *adv* + *o*] ‹*criminal/lost object*› localizar*

trackball /ˈtrælbɔːl/ *n* (Comput) ratón *m* de bola

tracker /ˈtrækər, BrE ˈtrækə(r)/ *n* rastreador, -dora *m,f*; (*before n*) ∼ **dog** perro *m* rastreador

tracking /ˈtrækɪŋ/ *n* (AmE) (Educ) *división del alumnado en grupos de acuerdo al nivel académico*

track: ∼ **record** *n* historial *m*, antecedentes *mpl*; ∼**suit** *n* equipo *m* (de deportes), chándal *m* (Esp), pants *mpl* (Méx), buzo *m* (Chi, Per), sudadera *f* (Col)

tract /trækt/ *n* **1** (of land, sea) extensión *f* **2** (Anat) tracto *m* **3** (short treatise) tratado *m* breve

traction /ˈtrækʃən/ *n* **(a)** (Mech Eng, Med) tracción *f* **(b)** (grip) agarre *m*, adherencia *f*

tractor /ˈtræktər, BrE ˈtræktə(r)/ *n* (Agr) tractor *m*

trade[1] /treɪd/ *n* **(a)** (buying, selling) comercio *m* **(b)** (business, industry) industria *f* **(c)** (skilled

palabra clave

occupation) oficio *m* **(d)** (people in particular trade): **the ~** el gremio

trade[2] *vi* (buy, sell) comerciar
■ *vt* ‹*blows/insults*› intercambiar; **to ~ sth** FOR **sth** cambiar *or* canjear algo POR algo
● **trade in** [*v* + *o* + *adv*, *v* + *adv* + *o*] entregar* como parte del pago

trade: **~mark** *n* **(a)** (symbol, name) marca *f* (de fábrica) **(b)** (distinctive characteristic) sello *m* característico; **~ name** *n* nombre *m* comercial

trader /'treɪdər, BrE 'treɪdə(r)/ *n* comerciante *mf*

trade: **~ secret** *n* secreto *m* comercial; **~sman** /'treɪdzmən/ *n* (*pl* **-men** /-mən/) **(a)** (shopkeeper) (dated) comerciante *m*, tendero *m* **(b)** (deliveryman) proveedor *m*; **~ union** *n* sindicato *m*, gremio *m* (CS, Per); (*before n*) ‹*leader*› sindical, sindicalista, gremial (AmL)

trading /'treɪdɪŋ/ *n* **(a)** (in goods) comercio *m*, actividad *f or* movimiento *m* comercial **(b)** (on stock exchange) contratación *f*, operaciones *fpl* (bursátiles)

tradition /trə'dɪʃən/ *n* tradición *f*

traditional /trə'dɪʃn̩əl, BrE trə'dɪʃənl/ *adj* tradicional

traffic /'træfɪk/ *n* **1** (vehicles) tráfico *m*, circulación *f*, tránsito *m* (esp AmL) **2** (goods, people transported) tránsito *m* **3** (trafficking) tráfico *m*
● **traffic in -ck-**; [*v* + *prep* + *o*] traficar* en

traffic: **~ calming** /'kɑːmɪŋ/ *n* (*before n*): **~ calming measures** medidas *fpl* para reducir la velocidad del tráfico; **~ circle** *n* (AmE) rotonda *f*, glorieta *f*; **~ island** *n* isla *f* peatonal; **~ jam** *n* embotellamiento *m*, atasco *m*

trafficker /'træfɪkər, BrE 'træfɪkə(r)/ *n* traficante *mf*

traffic: **~ light** *n* (*often pl*) semáforo *m*; **~ warden** *n* (in UK) *persona que controla el estacionamiento de vehículos en las ciudades*

tragedy /'trædʒədi/ *n* (*pl* **-dies**) tragedia *f*

tragic /'trædʒɪk/ *adj* trágico

tragicomedy /ˌtrædʒɪ'kɑːmədi, BrE ˌtrædʒɪ'kɒmədi/ *n* tragicomedia *f*

trail[1] /treɪl/ *n* **(a)** (left by animal, person) huellas *fpl*, rastro *m*; **to be on the ~ of sb/sth** seguir* la pista de algn/algo, seguirle* la pista a algn/algo **(b)** (path) sendero *m*, senda *f*

trail[2] *vt* **1** (drag) arrastrar **2** (follow) seguir* la pista de, seguirle* la pista a, rastrear
■ *vi* **1** (drag) arrastrar **2** (lag behind) ir* a la zaga **3** «*plant*» trepar
● **trail away, trail off** [*v* + *adv*] irse* apagando

trailer /'treɪlər, BrE 'treɪlə(r)/ *n* **1** **(a)** (for boats, equipment) remolque *m* **(b)** (house ~) (AmE) caravana *f*, tráiler *m* (AmL), casa *f* rodante (CS, Ven), cámper *f* (Chi, Méx), rulot *f* (Esp); **~ park** camping (*m*) para caravanas (*or* tráilers *etc*) **2** (Cin, TV) avance(s) *m(pl) or* (Esp tb) tráiler *m or* (CS) sinopsis *f*

train[1] /treɪn/ *n* **1** (Rail) tren *m*; (*before n*) **~ driver** (BrE) maquinista *mf*; **~ set** ferrocarril *m* de juguete **2** **(a)** (of servants) séquito *m* **(b)** (of events) serie *f*; **to lose one's ~ of thought** perder* el hilo (de las ideas) **3** (of dress, robe) cola *f*

train[2] *vt* **1** **(a)** (instruct) ‹*athlete*› entrenar; ‹*soldier*› adiestrar; ‹*animal*› (to perform tricks etc) amaestrar, adiestrar; ‹*employee*› capacitar; ‹*teacher*› formar **(b)** ‹*voice/ear*› educar* **(c)** ‹*plant*› guiar* **2** (aim) **to ~ sth** ON **sth/sb** ‹*gun*› apuntarle A algo/algn con algo
■ *vi* **(a)** «*nurse/musician*» estudiar **(b)** (Sport) entrenar(se)

trained /treɪnd/ *adj* **(a)** ‹*worker*› calificado (esp AmL), cualificado (Esp); ‹*teacher*› titulado, diplomado; **a highly ~ army** un ejército muy bien adiestrado **(b)** ‹*dog*› entrenado **(c)** ‹*voice*› educado

trainee /'treɪ'niː/ *n* **(a)** (in a trade) aprendiz, -diza *m,f*; (*before n*) **~ manager** *empleado que está haciendo prácticas de gerencia* **(b)** (AmE) (Mil) recluta *mf*

trainer /'treɪnər, BrE 'treɪnə(r)/ *n* **1** (of athletes) entrenador, -dora *m,f*; (of performing animals) amaestrador, -dora *m,f*, adiestrador, -dora *m,f* **2** (training shoe) (BrE infml) zapatilla *f* de deporte, tenis *m*

training /'treɪnɪŋ/ *n* **(a)** (instruction) capacitación *f* **(b)** (Sport) entrenamiento *m*

traipse /treɪps/ *vi* (infml) (+ *adv compl*): **I ~d all over town** me pateé (fam) toda la ciudad

trait /treɪt/ *n* rasgo *m*

traitor /'treɪtər, BrE 'treɪtə(r)/ *n* traidor, -dora *m,f*

tram /træm/ *n* (BrE) (Transp) tranvía *m*

tramp[1] /træmp/ *vi* (+ *adv compl*): **to ~ (along)** caminar *or* marchar (pesadamente)

tramp[2] *n* vagabundo, -da *m,f*

trample /'træmpəl/ *vt* pisotear; **they were ~d to death** murieron aplastados
■ *vi* **to ~** ON **sth** pisotear algo

trampoline /'træmpəliːn/ *n* trampolín *m*, cama *f* elástica

trance /træns, BrE trɑːns/ *n* trance *m*

tranquil /'træŋkwəl, BrE 'træŋkwɪl/ *adj* tranquilo

tranquility, (BrE) **tranquillity** /træŋ'kwɪləti/ *n* (of place, atmosphere) paz *f*, tranquilidad *f*; (of person) calma *f*, serenidad *f*

tranquilize, (BrE) **tranquillize** /'træŋkwəlaɪz, BrE 'træŋkwɪlaɪz/ *vt* sedar, dar* un sedante a

tranquilizer, (BrE) **tranquillizer** /'træŋkwəlaɪzər, BrE 'træŋkwɪlaɪzə(r)/ *n* sedante *m*, tranquilizante *m*

transaction /trænz'ækʃən/ *n* transacción *f*, operación *f*

transatlantic /'trænzət'læntɪk/ *adj* transatlántico

transcend /træn'send/ *vt* (fml) **(a)** (go beyond) ‹*boundaries*› ir* más allá de, trascender* **(b)** (overcome) superar

transcribe /træn'skraɪb/ *vt* transcribir*

transcript /'trænskrɪpt/ *n* transcripción *f*

transcription /træn'skrɪpʃən/ *n* transcripción *f*

transfer[1] /træns'fɜːr, BrE træns'fɜː(r)/ *vt* **-rr-** **(a)** ‹*funds/account*› transferir* **(b)** ‹*property/right*› transferir*, traspasar, transmitir **(c)** ‹*call*› pasar **(d)** ‹*employee/prisoner*› trasladar; ‹*player*› (esp BrE) traspasar

transfer[2] /'trænsfɜːr, BrE 'trænsfɜː(r)/ *n* **1** **(a)** (Fin, Law) transferencia *f* **(b)** (of employee) traslado *m*; (of player) (esp BrE) traspaso *m* **(c)** (of passengers) transbordo *m* **2** (design) calcomanía *f*

transferable /træns'fɜːrəbəl/ *adj* transferible; **not ~** intransferible

transferral /træns'fɜːrəl/ *n* (AmE) ▶ **transfer**[2]

t

transfix /træns'fɪks/ *vt* (*usu pass*) paralizar*

🔑 **transform** /træns'fɔːrm, BrE træns'fɔːm/ *vt* transformar

transformation /'trænsfər'meɪʃən, BrE ˌtrænsfə'meɪʃən/ *n* transformación *f*

transformer /træns'fɔːrmər, BrE træns'fɔːmə(r)/ *n* transformador *m*

transfusion /træns'fjuːʒən/ *n* transfusión *f*

transgress /træns'gres, BrE trænz'gres/ *vt* (fml) **(a)** ‹*law*› transgredir (fml) **(b)** (go beyond) exceder, sobrepasar
■ *vi* pecar*

transient /'trænziənt, 'trænʃənt, BrE 'trænziənt/ *adj* pasajero, fugaz

transistor /træn'zɪstər, -'sɪstər, BrE træn'zɪstə(r), -'sɪstə(r)/ *n* **(a)** transistor *m* **(b)** (~ (radio)) (esp BrE) transistor*m*, radio *f or* (AmL exc CS) radio *m* a transistores

transit /'trænsət, -zət, BrE 'trænzɪt, -sɪt/ *n* tránsito *m*; **passengers in ~** pasajeros *mpl* en *or* de tránsito; **it was lost in ~** se perdió en el viaje; **~ lounge** sala *f* de tránsito

transition /træn'zɪʃən/ *n* transición *f*

transitional /træn'zɪʃn̩əl, BrE træn'zɪʃənl/ *adj* ‹*stage/period*› de transición

transitive /'trænsətɪv/ *adj* transitivo

translate /træns'leɪt/ *vt/i* traducir*

translation /træns'leɪʃən/ *n* traducción *f*

translator /træns'leɪtər, BrE træns'leɪtə(r)/ *n* traductor, -tora *m,f*

transmission /trænz'mɪʃən/ *n* transmisión *f*

transmit /trænz'mɪt/ *vt* **-tt-** transmitir

transmitter /'trænzmɪtər, BrE trænz'mɪtə(r)/ *n* transmisor *m*

transparency /træns'pærənsi/ *n* (*pl* **-cies**) (Phot) transparencia *f*, diapositiva *f*

transparent /træns'pærənt/ *adj* transparente

transpire /træn'spaɪr, BrE træn'spaɪə(r)/ *vi* **1** **(a)** (become apparent): **it ~d that ...** resultó que ... **(b)** (happen) ocurrir, suceder **2** (Biol, Bot) transpirar

transplant¹ /træns'plænt, BrE træns'plɑːnt/ *vt* (Hort, Med) trasplantar

transplant² /'trænsplænt, BrE 'trænsplɑːnt/ *n* (Med) trasplante *m*

🔑 **transport¹** /'trænspɔːrt, BrE 'trænspɔːt/ *n* transporte *m*

transport² /træns'pɔːrt, BrE træns'pɔːt/ *vt* transportar

transportation /'trænspər'teɪʃən, BrE ˌtrænspɔː'teɪʃən/ *n* transporte *m*

transpose /træns'pəʊz/ *vt* trasponer*, transponer*

transvestite /trænz'vestaɪt/ *n* travestido *m*, travesti *m*, travestí *m*

trap¹ /træp/ *n* trampa *f*

trap² *vt* **-pp-** **(a)** ‹*animal*› cazar* (*con trampa*) **(b)** (cut off, catch) (*often pass*) atrapar; **he was ~ped in the car** quedó atrapado en el coche

trapdoor, **trap door** /træp'dɔːr, BrE 'træpdɔː(r)/ *n* trampilla *f*

trapeze /træ'piːz, trə-, BrE trə'piːz/ *n* trapecio *m*

trapper /'træpər, BrE 'træpə(r)/ *n* trampero, -ra *m,f*

trappings /'træpɪŋz/ *pl n* **(a)** (paraphernalia): **all the ~ of success** los símbolos del éxito **(b)** (of horse) arreos *mpl*, jaeces *mpl*

trash¹ /træʃ/ *n* **(a)** (refuse) (AmE) basura *f*; (*before n*) **~ bag** bolsa *f* de la basura; **~ can** cubo *m or* (CS, Per) tacho *m or* (Méx) bote *m or* (Col) caneca *f or* (Ven) tobo *m* de la basura **(b)** (worthless stuff) basura *f* **(c)** (worthless people) (AmE infml) escoria *f*

trash² *vt* (AmE) **(a)** (dispose of) botar (a la basura) (AmL exc RPl), tirar (a la basura) (Esp, RPl) **(b)** (criticize) (infml) ‹*movie/book*› poner* por los suelos *or* por el suelo; ‹*person*› despellejar (fam)

trashman /'træʃmæn/ *n* (*pl* **-men** /-men/) (AmE) basurero *m*

trashy /'træʃi/ *adj* **-shier**, **-shiest** ‹*souvenir*› barato, de porquería (fam); ‹*movie/magazine*› malo

trauma /'trɔːmə/ *n* (*pl* **-mas**) trauma *m*

traumatic /trɔː'mætɪk/ *adj* traumático, traumatizante

🔑 **travel¹** /'trævəl/ (BrE **-ll-**) *vi* **1** (make journey) viajar **2** (move, go) «*vehicle*» desplazarse*, ir*; «*light/waves*» propagarse*
■ *vt* ‹*country/world*› viajar por, recorrer; ‹*road/distance*› recorrer

🔑 **travel²** *n* viajes *mpl*; (*before n*) ‹*company/brochure*› de viajes; **~ expenses** gastos *mpl* de viaje *or* desplazamiento; **~ insurance** seguro *m* de viaje

travel: **~ agency** *n* agencia *f* de viajes; **~ agent** *n* agente *mf* de viajes; **~ agent's** agencia *f* de viajes

traveler, (BrE **-ll-**) /'trævlər, BrE 'trævlə(r)/ *n* **(a)** viajero, -ra *m,f* **(b)** (itinerant person) (BrE) *persona que ha adoptado el estilo de vida errante de los gitanos*

traveler's check, (BrE) **traveller's cheque** *n* cheque *m* de viaje *or* de viajero

traveling¹, (BrE **-ll-**) /'trævlɪŋ/ *n* (*before n*): **~ expenses** gastos *mpl* de viaje

traveling², (BrE **-ll-**) *adj* **(a)** ‹*clothes/companion*› de viaje **(b)** (itinerant) ambulante; **~ salesman** viajante *m*

travel: **~-sick** /'trævəlsɪk/ *adj* (BrE) mareado; **to get ~** marearse; **~ sickness** *n* (BrE) mareo *m*; (*before n*) ‹*pills*› para el mareo

trawl /trɔːl/ *vi* hacer* pesca de arrastre

trawler /'trɔːlər, BrE 'trɔːlə(r)/ *n* barca *f* pesquera (*utilizada para hacer pesca de arrastre*), bou *m*

tray /treɪ/ *n* bandeja *f*

treacherous /'tretʃərəs/ *adj* ‹*person*› traicionero, traidor; ‹*sea/current*› traicionero

treachery /'tretʃəri/ *n* (*pl* **-ries**) traición *f*

treacle /'triːkəl/ *n* (esp BrE) melaza *f*

tread¹ /tred/ (*past* **trod**; *past p* **trodden** *or* **trod**) *vi* pisar; **to ~ in sth** pisar algo; **to ~ carefully** o **warily** andarse* con cuidado *or* con pie(s) de plomo
■ *vt*: **she trod the earth down** apisonó la tierra; **to ~ grapes** pisar uvas; **to ~ water** flotar (*en posición vertical*)
● **tread on** [*v + prep + o*] (esp BrE) pisar

tread² *n* **1** (step, footfall) paso *m*; (steps) pasos *mpl* **2** (on tire) banda *f* de rodamiento

treadle /'tredl/ *n* pedal *m*

🔑 palabra clave

t

treadmill /'tredmɪl/ *n* (in gym) cinta *f* de andar *or* correr

treason /'triːzn̩/ *n* traición *f*

treasure¹ /'treʒər, BrE 'treʒə(r)/ *n* **(a)** (hoard of wealth) tesoros *mpl* **(b)** (sth valuable, prized) tesoro *m*; (*before n*) ~ **hunt** (Games) búsqueda *f* del tesoro

treasure² *vt* **(a)** (value greatly): **thank you for the book, I shall always ~ it** gracias por el libro, lo guardaré como algo muy especial **(b) treasured** *adj* ‹*possession*› preciado

treasurer /'treʒərər, BrE 'treʒərə(r)/ *n* tesorero, -ra *m,f*

treasury /'treʒəri/ *n* (*pl* **-ries**) **(a)** (public funds) erario *m*, tesoro *m* **(b) the T~** o **the treasury** el fisco, la hacienda pública, el tesoro (público); **Department of the T~** (in US) Departamento *m* del Tesoro (*de los Estados Unidos*), ≈ ministerio *m* de Hacienda

treat¹ /triːt/ *vt* **(a)** (+ *adv compl*) ‹*person/animal*› tratar; **you seem to ~ this whole thing as a joke** pareces tomarte a broma todo esto **(b)** (process) tratar **(c)** (deal with) (fml) ‹*subject*› tratar **(d)** (Med) ‹*patient/disease*› tratar **(e)** (entertain): **I'm ~ing you** te invito yo; **I ~ed myself to a new dress** me di el gusto de comprarme un vestido nuevo

treat² *n* gusto *m*; **I bought myself an ice cream as** o **for a ~** me compré un helado para darme (un) gusto

treatise /'triːtəs, BrE 'triːtɪs, -ɪz/ *n* tratado *m*

treatment /'triːtmənt/ *n* **(a)** (of person, animal, object) trato *m*; (of subject) tratamiento *m* **(b)** (of waste) tratamiento *m* **(c)** (Med) tratamiento *m*

treaty /'triːti/ *n* (*pl* **-ties**) tratado *m*

treble¹ /'trebəl/ *n* **(a)** (singer) tiple *mf*; (voice) voz *f* de tiple **(b)** (Audio) agudos *mpl*

treble² *vt* triplicar*
■ *vi* triplicarse*

treble³ *adj* **1** (threefold) triple **2** (*before n*) (Mus) de tiple *or* soprano

treble clef *n* clave *f* de sol

tree /triː/ *n* árbol *m*; (*before n*) ~ **trunk** tronco *m*

tree: **~-lined** *adj* (*before n*) bordeado de árboles, arbolado; **~top** *n* copa *f* de árbol

trek¹ /trek/ *n* (hike) caminata *f*; **it's quite a ~ to the shops** hay un buen paseo hasta llegar a las tiendas

trek² *vi* **-kk-** caminar; **to go ~king** hacer* senderismo

trellis /'treləs, BrE 'trelɪs/ *n* enrejado *m*, espaldera *f*

tremble /'trembəl/ *vi* temblar*

tremendous /trɪ'mendəs/ *adj* **(a)** (great, huge) tremendo **(b)** (very good) formidable

tremendously /trɪ'mendəsli/ *adv* tremendamente

tremor /'tremər, BrE 'tremə(r)/ *n* **(a)** (quiver) temblor *m* **(b)** (earth ~) temblor *m* (de tierra), seísmo *m*, sismo *m* (AmL)

trench /trentʃ/ *n* zanja *f*; (Mil) trinchera *f*

trench coat *n* trinchera *f*

trend¹ /trend/ *n* **(a)** (pattern, tendency) tendencia *f* **(b)** (fashion) moda *f*

trend² *vi* (in social networking) ser tendencia

trendy /'trendi/ *adj* **-dier**, **-diest** moderno

trepidation /'trepə'deɪʃən, BrE ˌtrepɪ'deɪʃən/ *n* (fml) (fear) temor *m* (fml); (anxiety) inquietud *f*

trespass /'trespəs/ *vi* (Law) *entrar sin autorización en propiedad ajena*

trespasser /'trespəsər, BrE 'trespəsə(r)/ *n* intruso, -sa *m,f*; ⓢ **trespassers will be prosecuted** ≈ prohibido el paso

tress /tres/ *n* (liter) **(a)** (lock of hair) mechón *m* **(b) tresses** *pl* (hair) cabellera *f* (liter), cabellos *mpl*

trestle /'tresəl/ *n* caballete *m*

trial¹ /'traɪəl/ *n* **1** (Law) **(a)** (court hearing) proceso *m*, juicio *m* **(b)** (judgment) juicio *m*; **a fair ~** un juicio imparcial; **to be on ~ for murder** estar* siendo procesado por asesinato **2** (test) prueba *f*; **clinical ~** ensayo *m* clínico; **on ~** a prueba; **by ~ and error** por ensayo y error **3** (trouble): **~s and tribulations** tribulaciones *fpl* **4** (Sport) (*usu pl*) prueba *f* de selección

trial² *adj* ‹*period/flight*› de prueba; **~ offer** oferta *f* especial (*para promover un producto nuevo*); **~ run** prueba *f*

triangle /'traɪˌæŋgəl/ *n* (Math, Mus) triángulo *m*

triangular /traɪ'æŋgjələr, BrE traɪ'æŋgjʊlə(r)/ *adj* triangular

tribal /'traɪbəl/ *adj* tribal

tribe /traɪb/ *n* tribu *f*

tribesman /'traɪbzmən/ *n* (*pl* **-men** /-mən/) miembro *m* de una tribu

tribunal /traɪ'bjuːnl/ *n* (court) tribunal *m*

tributary /'trɪbjəteri, BrE 'trɪbjʊtəri/ *n* (*pl* **-ries**) afluente *m*, río *m* tributario

tribute /'trɪbjuːt/ *n* **1** (acknowledgment) homenaje *m*, tributo *m* (AmL); **to pay ~ to sb/sth** rendir* homenaje *or* (AmL tb) tributo a algn/algo **2** (payment) tributo *m*

triceps /'traɪseps/ *n* (*pl* ~) tríceps *m*

trick¹ /trɪk/ *n* **1** **(a)** (ruse) trampa *f*, ardid *m*; (*before n*) **~ photography** trucaje *m*; **a ~ question** una pregunta con trampa **(b)** (prank, joke) broma *f*, jugarreta *f* **2** (feat, skilful act) truco *m*; **to do card ~s** hacer* trucos con las cartas **3** (in card games) baza *f*

trick² *vt* engañar

trickle¹ /'trɪkəl/ *vi* (+ *adv compl*) **(a)** «*liquid*» **sweat ~d down his forehead** le corrían gotas de sudor por la frente **(b)** (arrive, go): **letters are still trickling in** todavía se está recibiendo alguna que otra carta

trickle² *n* hilo *m*

trickster /'trɪkstər, BrE 'trɪkstə(r)/ *n* embaucador, -dora *m,f*

tricky /'trɪki/ *adj* **trickier**, **trickiest** **(a)** (difficult) ‹*task/problem*› difícil, peliagudo, que tiene sus bemoles **(b)** (sensitive) ‹*matter/problem*› delicado

tricycle /'traɪsɪkəl/ *n* triciclo *m*

trifle /'traɪfəl/ *n* **1** **(a)** (trivial thing) nimiedad *f* **(b)** (small amount) (*no pl*) insignificancia *f* **2** (Culin) *postre de bizcocho, jerez, crema y frutas*

● **trifle with** [*v* + *prep* + *o*] jugar* con

trifling /'traɪflɪŋ/ *adj* insignificante, sin importancia

trigger¹ /'trɪgər, BrE 'trɪgə(r)/ *n* gatillo *m*

trigger² *vt* ~ **(off)** ‹*reaction/response*› provocar*

t

trill /trɪl/ *n* **(a)** (in music, of birdsong) trino *m* **(b)** (Ling) vibración *f*

trilogy /ˈtrɪlədʒi/ *n* (*pl* **-gies**) trilogía *f*

trim¹ /trɪm/ *adj* **-mm- (a)** (slim) esbelto, estilizado **(b)** (neat) ‹*uniform/suit*› elegante

trim² *n* **1** (good condition): ***to be in (good)* ~** estar* en buen estado *or* en buenas condiciones **2** (cut) recorte *m*

trim³ *vt* **-mm- 1** (cut) recortar **2** (decorate): **~med with velvet** con adornos de terciopelo; (round edge) ribeteado de terciopelo

trimester /traɪˈmestər, BrE traɪˈmestə(r)/ *n* (AmE) trimestre *m*

trimming /ˈtrɪmɪŋ/ *n* **1** (on clothes) adorno *m*; (along edges) ribete *m* **2 trimmings** *pl* (offcuts) recortes *mpl*

Trinidad /ˈtrɪnədæd, BrE ˈtrɪnɪdæd/ *n* Trinidad *f*; **~ and Tobago** Trinidad y Tobago

Trinity /ˈtrɪnəti/ *n*: **the (Holy) ~** la (Santísima) Trinidad

trinket /ˈtrɪŋkət, BrE ˈtrɪŋkɪt/ *n* chuchería *f*, baratija *f*

trio /ˈtriːəʊ/ *n* trío *m*

🔑 **trip¹** /trɪp/ *n* **1** (journey) viaje *m*; (excursion) excursión *f*; (outing) salida *f*; **she's going on a ~ to Japan** se va de viaje al Japón; **a ~ to the zoo** una visita al zoológico **2** (stumble, fall) tropezón *m*, traspié *m*

trip² **-pp-** *vi* tropezar*
▪ *vt* **~ (up)** hacerle* una zancadilla a
● **trip over** [*v* + *adv*] tropezar* y caerse*

tripe /traɪp/ *n* **(a)** (Culin) mondongo *m* (AmS), callos *mpl* (Esp), pancita *f* (Méx) **(b)** (nonsense) (infml) paparruchas *fpl* (fam)

triple¹ /ˈtrɪpəl/ *adj* triple

triple² *adv*: **~ the amount** el triple

triple³ *vt* triplicar*
▪ *vi* triplicarse*

triple jump *n* triple salto *m* (de longitud)

triplet /ˈtrɪplət, BrE ˈtrɪplɪt/ *n* trillizo, -za *m,f*

triplicate /ˈtrɪpləkət, BrE ˈtrɪplɪkət/ *n*: **in ~** por triplicado

tripod /ˈtraɪpɑːd, BrE ˈtraɪpɒd/ *n* trípode *m*

trite /traɪt/ *adj* **triter, tritest** trillado

triumph¹ /ˈtraɪəmf, BrE ˈtraɪʌmf/ *n* triunfo *m*

triumph² *vi* triunfar

triumphal /traɪˈʌmfəl/ *adj* triunfal

triumphant /traɪˈʌmfənt/ *adj* ‹*troops/team*› triunfador; ‹*moment/entry*› triunfal; ‹*smile*› de triunfo, triunfal

trivia /ˈtrɪviə/ *pl n* trivialidades *fpl*, nimiedades *fpl*

trivial /ˈtrɪviəl/ *adj* ‹*events/concerns*› trivial; ‹*sum/details*› insignificante, nimio

triviality /ˌtrɪviˈæləti/ *n* (*pl* **-ties**) trivialidad *f*

trivialize /ˈtrɪviəlaɪz/ *vt* trivializar*

trod /trɑːd, BrE trɒd/ *past and past p of* **tread¹**

trodden /ˈtrɑːdn̩, BrE ˈtrɒdn̩/ *past p of* **tread¹**

trolley /ˈtrɑːli, BrE ˈtrɒli/ *n* **1 (a) ~ (bus)** trolebús *m* **(b) ~ (car)** (AmE) tranvía *m* **2** (BrE) (for food, drink) carrito *m*, mesa *f* rodante; (at airport, in supermarket, in hospital) carrito *m*

trombone /trɑːmˈbəʊn, BrE trɒmˈbəʊn/ *n* trombón *m*

🔑 **troop¹** /truːp/ *n* **1** (unit) compañía *f*; (of cavalry) escuadrón *m* **2 troops** *pl* **our ~s** nuestras tropas; **500 ~s** 500 soldados

troop² *vi* (+ *adv compl*): **to ~ in/out** entrar/salir* en tropel *or* en masa

trooper /ˈtruːpər, BrE ˈtruːpə(r)/ *n* **(a)** (cavalryman) soldado *m* de caballería **(b)** (state police officer) (AmE) agente *mf*

trophy /ˈtrəʊfi/ *n* (*pl* **-phies**) trofeo *m*

tropic /ˈtrɑːpɪk, BrE ˈtrɒpɪk/ *n* **(a)** (line) trópico *m*; **the T~ of Cancer/Capricorn** el trópico de Cáncer/Capricornio **(b) tropics** *pl* (area): **the ~s** el trópico

tropical /ˈtrɑːpɪkəl, BrE ˈtrɒpɪkəl/ *adj* tropical

trot¹ /trɑːt, BrE trɒt/ *n* (*no pl*) trote *m*; ***on the ~***; (BrE infml): **four nights on the ~** cuatro noches seguidas

trot² **-tt-** *vi* trotar
● **trot out** [*v* + *o* + *adv*, *v* + *adv* + *o*] ‹*excuses/clichés*› salir* con; ‹*facts*› recitar de memoria

🔑 **trouble¹** /ˈtrʌbəl/ *n* **1** (problems, difficulties) problemas *mpl*; (particular problem) problema *m*; **to get into ~** meterse en problemas *or* en líos; **to have ~ with sb/sth** tener* problemas con algn/algo; **what's the ~?** ¿qué pasa? **2** (effort) molestia *f*; **I don't want to put you to any ~** no quiero ocasionarle ninguna molestia; **to go to the ~ of doing sth, to take the ~ to do sth** molestarse en hacer algo **3** (strife, unrest) (*often pl*): **the ~s in Northern Ireland** los disturbios de Irlanda del Norte; **to look for ~** buscar* camorra; (*before n*) **~ spot** punto *m* conflictivo

trouble² *vt* **(a)** (worry) preocupar **(b)** (bother) molestar; **I'm sorry to ~ you** perdone *or* disculpe la molestia

troubled /ˈtrʌbəld/ *adj* **(a)** ‹*person*› preocupado, atribulado; ‹*look*› de preocupación **(b)** (strife-torn) (journ) aquejado de problemas

trouble: **~maker** *n* alborotador, -dora *m,f*; **~shooter** /ʃuːtər, BrE ˈʃuːtə(r)/ *n* (within company) *persona que se envía a resolver problemas, crisis etc*; (mediator) mediador, -dora *m,f*

troublesome /ˈtrʌbəlsəm/ *adj* problemático

trough /trɔːf, BrE trɒf/ *n* **1** (for water) abrevadero *m*, bebedero *m*; (for feed) comedero *m* **2** (Geog) hoya *f*, depresión *f*

troupe /truːp/ *n* (Theat) compañía *f* teatral; (in circus) troupe *f*

trousers /ˈtraʊzərz, BrE ˈtraʊzəz/ *pl n* pantalón *m*, pantalones *mpl*; **a pair of ~** un pantalón, unos pantalones, un par de pantalones

trouser suit *n* (BrE) traje *m* pantalón, traje *m* de chaqueta y pantalón

trousseau /ˈtruːsəʊ/ *n* (*pl* **-x** *or* **-s** /-z/) ajuar *m*

trout /traʊt/ *n* (*pl* **trout** *or* (Zool) **trouts**) trucha *f*

trowel /ˈtraʊəl/ *n* (Const) paleta *f*, llana *f*; (for gardening) desplantador *m*, palita *f*

truancy /ˈtruːənsi/ *n* ausentismo *m or* (Esp) absentismo *m* escolar

truant /ˈtruːənt/ *n*: **to play ~** faltar a clase, hacer* novillos *or* (Méx) irse* de pinta *or* (RPl) hacerse* la rata *or* la rabona *or* (Per) la vaca *or* (Chi) hacer* la cimarra *or* (Col) capar clase (fam)

🔑 palabra clave

truce /tru:s/ *n* tregua *f*

truck /trʌk/ *n* **1** **(a)** (vehicle) camión *m*; (*before n*) **~ driver** camionero, -ra *m,f* **(b)** (BrE) (Rail) furgón *m*, vagón *m* **2** (vegetables, fruit) (AmE) productos *mpl* de la huerta; (*before n*) **~ farm** huerta *f*

trucker /'trʌkər, BrE 'trʌkə(r)/ *n* (AmE) camionero, -ra *m,f*, transportista *mf*

trucking /'trʌkıŋ/ *n* (AmE) transporte *m* por carretera

truculent /'trʌkjələnt, BrE 'trʌkjʊlənt/ *adj* malhumorado y agresivo

trudge /trʌdʒ/ *vi* caminar con dificultad

true[1] /tru:/ *adj* **truer**, **truest** **1** **(a)** (consistent with fact, reality) ‹*story*› verídico; **to be ~** ser* cierto, ser* verdad; **to come ~** hacerse* realidad; **to hold ~** ser* válido **(b)** (accurate) (*before n*) ‹*account*› verídico **2** (real, actual, genuine) (*before n*) ‹*purpose/courage*› verdadero; ‹*friend*› auténtico, de verdad; **~ north** el norte geográfico; **it's ~ love** es amor de verdad **3** (faithful) fiel; **~** TO **sth/sb** fiel A algo/algn **4** (Tech) (*pred*) **to be ~** «*wall*» estar* a plomo; «*beam*» estar* a nivel

true[2] *n*: **to be out of ~** no estar* a plomo

true: **~-life** /'tru:'laıf/ *adj* (journ) (*before n*) ‹*story*› verídico; **~-to-life** /'tru:tə'laıf/ *adj* (*pred* **~ to life**) ‹*novel/film*› realista; ‹*situation*› verosímil

truffle /'trʌfəl/ *n* trufa *f*

truly /'tru:li/ *adv* verdaderamente, realmente; ‹*grateful*› sinceramente, verdaderamente; **yours ~** (Corresp) cordiales saludos

trump /trʌmp/ *n* **(a) ~ (card)** (Games) triunfo *m*; (resource, weapon) baza *f* **(b) trumps** *pl* (suit) triunfo *m*

trumped-up /'trʌmpt'ʌp/ *adj* (*before n*) falso, fabricado

trumpet /'trʌmpət, BrE 'trʌmpıt/ *n* trompeta *f*

trumpeter /'trʌmpətər, BrE 'trʌmpıtə(r)/ *n* trompetista *mf*, trompeta *mf*

truncheon /'trʌntʃən/ *n* (esp BrE) porra *f*, cachiporra *f*

trunk /trʌŋk/ *n* **1** **(a)** (of tree) tronco *m* **(b)** (torso) tronco *m* **2** (of elephant) trompa *f* **3** **(a)** (box) baúl *m* **(b)** (of car) (AmE) maletero *m* **4** **trunks** *pl* (Clothing) (for swimming) traje *m* de baño *or* (Esp tb) bañador *m* (*de hombre*)

truss /trʌs/ *vt* atar

● **truss up** [*v* + *o* + *adv*, *v* + *adv* + *o*] atar

trust[1] /trʌst/ *n* **1** **(a)** (confidence, faith) confianza *f* **(b)** (responsibility): **a position of ~** un puesto de confianza *or* responsabilidad **2** (Fin) **(a)** (money, property) fondo *m* de inversiones **(b)** (institution) fundación *f* **(c)** (custody) (Law) fideicomiso *m*

trust[2] *vt* **1** (have confidence in) ‹*person*› confiar* en, tener* confianza en; (in negative sentences) fiarse* de; **he can't be ~ed** no es de fiar; **to ~ sb** WITH **sth** confiarle* algo A algn **2** (hope, assume) (fml) esperar

■ *vi* **to ~** IN **sb/sth** confiar* *or* tener* confianza EN algn/algo

trusted /'trʌstəd, BrE 'trʌstıd/ *adj* (*before n*) leal, de confianza

trustee /'trʌs'ti:/ *n* **(a)** (of money, property) fideicomisario, -ria *m,f*, fiduciario, -ria *m,f* **(b)** (of institution) miembro *m* del consejo de administración

trust fund *n* fondo *m* fiduciario *or* de fideicomiso

trusting /'trʌstıŋ/ *adj* confiado

trustworthy /'trʌst,wɜ:rði, BrE 'trʌst,wɜ:ði/ *adj* ‹*colleague/child*› digno de confianza; ‹*account/witness*› fidedigno

truth /tru:θ/ *n* (*pl* **~s** /tru:ðz/) **(a)** verdad *f*; (of account, story) veracidad *f* **(b)** (fact) verdad *f*

truthful /'tru:θfəl/ *adj* ‹*person*› que dice la verdad, veraz; ‹*answer*› veraz

try[1] /traı/ *n* (*pl* **tries**) **1** (attempt) intento *m*, tentativa *f* **2** (in rugby) ensayo *m*

try[2] **tries**, **trying**, **tried** *vt* **1** **(a)** (attempt) intentar; **to ~ to** + INF tratar DE + INF, intentar + INF; **~ not to forget** procura no olvidarte **(b)** (attempt to operate): **he tried all the windows** probó a abrir todas las ventanas **2** **(a)** ‹*product/technique/food*› probar*; **~ some** pruébalo, prueba un poquito **(b)** (have recourse to): **I'll ~ his work number** voy a probar a llamarlo al trabajo **3** (test, strain) ‹*courage/patience*› poner* a prueba **4** **to ~ one's luck at sth** probar* suerte con algo **5** (Law) ‹*person*› procesar, juzgar*; **to ~ sb** FOR **sth** juzgar* a algn POR algo

■ *vi* (make attempt) intentar, probar; (make effort) esforzarse*; **you must ~ harder** tienes que esforzarte más

● **try on** [*v* + *o* + *adv*, *v* + *adv* + *o*] probarse*

● **try out** [*v* + *o* + *adv*, *v* + *adv* + *o*] ‹*product/method*› probar*; ‹*employee/player*› probar*, poner* a prueba; **to ~ sth out** ON **sb** probar* algo CON algn

trying /'traııŋ/ *adj* ‹*day/experience*› duro

tsar /zɑ:r, BrE zɑ:(r)/ *n* zar *m*

T-shirt /'ti:ʃɜ:rt, BrE 'ti:ʃɜ:t/ *n* camiseta *f*

tsp = **teaspoon(s)**

tub /tʌb/ *n* **(a)** (for holding liquids) cuba *f*; (for washing clothes) tina *f* **(b)** (bath~) bañera *f*, tina *f* (AmL) **(c)** (for ice cream) envase *m* (*gen de plástico*), tarrina *f* (Esp)

tuba /'tu:bə, BrE 'tju:bə/ *n* tuba *f*

tubby /'tʌbi/ *adj* **-bier**, **-biest** (infml) rechoncho (fam)

tube /tu:b, BrE tju:b/ *n* **1** (pipe, container) tubo *m* **2** (television) (esp AmE infml): **the ~** la tele (fam) **3** (BrE) (Transp) (infml): **the ~** el metro, el subte (Arg)

tuber /'tu:bər, BrE 'tju:bə(r)/ *n* (Bot) tubérculo *m*

tuberculosis /tʊ'bɜ:rkjə'ləʊsəs, BrE tjʊ,bɜ:kjʊ'ləʊsıs/ *n* tuberculosis *f*

tubing /'tu:bıŋ, BrE 'tju:bıŋ/ *n* tubería *f*

tubular /'tu:bjələr, BrE 'tju:bjʊlə(r)/ *adj* tubular

TUC *n* (in UK) = **Trades Union Congress**

tuck[1] /tʌk/ *n* (fold, pleat) jareta *f*, alforza *f* (CS)

tuck[2] *vt* meter; **he ~ed the blanket under the mattress** metió bien la manta debajo del colchón

● **tuck in** **1** [*v* + *adv*] (eat) (infml) ponerse* a comer, atacar* (fam) **2** [*v* + *o* + *adv*, *v* + *adv* + *o*] **(a)** ‹*sheet*› meter; **~ your shirt in** métete la camisa por dentro (de los pantalones) **(b)** ‹*child*› arropar

● **tuck up**: [*v* + *o* + *adv*]: **to ~ sb up (in bed)** arropar a algn (en la cama)

tuckered out /'tʌkərd, BrE 'tʌkəd/ *adj* (AmE infml) (*pred*) molido (fam), hecho polvo (fam)

t

Tuesday /'tu:zdeɪ, -di, BrE 'tju:zdeɪ, -di/ *n* martes *m*; *see also* **Monday**

tuft /tʌft/ *n* **(a)** (of hair) mechón *m*; (on top of head) copete *m* **(b)** (of grass) mata *f*

tug¹ /tʌg/ **-gg-** *vt* tirar de, jalar (de) (AmL exc CS) ■ *vi* **to ~ AT sth** tirar DE algo, jalar (DE) algo (AmL exc CS)

tug² *n* **1** (pull) tirón *m*, jalón *m* (AmL exc CS) **2** (Naut) remolcador *m*

tug of war *n*: *juego de tira y afloja con una cuerda*

tuition /tʊ'ɪʃən, BrE tju:'ɪʃən/ *n* **(a)** (instruction) (fml) **~ (IN sth)** clases *fpl* (DE algo); **private ~** clases *fpl* particulares **(b)** (fees) matrícula *f*

tulip /'tu:ləp, BrE 'tju:lɪp/ *n* tulipán *m*

tumble¹ /'tʌmbəl/ *n* (fall) caída *f*

tumble² *vi* **1** (fall) caerse* **2** (roll, turn) «*acrobat*» dar* volteretas

tumble: **~down** *adj* (*before n*) en ruinas; **~ dryer** /'tʌmbəl'draɪər, BrE 'tʌmbəl,draɪə(r)/ *n* secadora *f*

tumbler /'tʌmblər, BrE 'tʌmblə(r)/ *n* (glass) vaso *m* (*de lados rectos*)

tummy /'tʌmi/ *n* (*pl* **-mies**) (used to or by children) barriga *f* (fam), pancita *f* (fam), tripita *f* (fam)

tumor, (BrE) **tumour** /'tu:mər, BrE 'tju:mə(r)/ *n* tumor *m*

tumult /'tu:mʌlt, BrE 'tju:mʌlt/ *n* tumulto *m*

tumultuous /tʊ'mʌltʃuəs, BrE tjʊ'mʌltjʊəs/ *adj* ‹*applause*› apoteósico; ‹*protest*› tumultuoso

tuna /'tu:nə, BrE 'tju:nə/ *n* (*pl* **~** *or* **~s**) atún *m*

tundra /'tʌndrə/ *n* tundra *f*

tune¹ /tu:n, BrE tju:n/ *n* **(a)** (melody) melodía *f*; (piece) canción *f*, tonada *f*; ***to change one's ~*** cambiar de parecer **(b)** (correct pitch): **to be in/out of ~** estar* afinado/desafinado

tune² *vt* **(a)** (Mus) afinar **(b)** (Auto) poner* a punto, afinar **(c)** (Rad, TV) sintonizar*

● **tune in**: [*v* + *adv*] **to ~ in TO sth** sintonizar* (CON) algo

tuneful /'tu:nfəl, BrE 'tju:nfəl/ *adj* melódico

tuner /'tu:nər, BrE 'tju:nə(r)/ *n* **(a)** (piano ~) (Mus) afinador, -dora *m,f* de pianos **(b)** (Rad) sintonizador *m*

tunic /'tu:nɪk, BrE 'tju:nɪk/ *n* **(a)** (of military uniform) guerrera *f* **(b)** (in ancient Rome) túnica *f*

tuning fork /'tu:nɪŋ, BrE 'tju:nɪŋ/ *n* diapasón *m*

Tunisia /tu:'ni:ʒə, BrE tju:'nɪziə/ *n* Túnez *m*

Tunisian /tu:'ni:ʒən, BrE tju:'nɪziən/ *adj* tunecino

tunnel¹ /'tʌnl/ *n* túnel *m*; (in mine) galería *f*, socavón *m*

tunnel² *vi*, (BrE **-ll-**) abrir* *or* hacer* un túnel

turban /'tɜ:rbən, BrE 'tɜ:bən/ *n* turbante *m*

turbid /'tɜ:rbəd, BrE 'tɜ:bɪd/ *adj* turbio

turbine /'tɜ:rbən, -baɪn, BrE 'tɜ:baɪn/ *n* turbina *f*

turbo /'tɜ:rbəʊ, BrE 'tɜ:bəʊ/ *n* turbocompresor *m*, turbo *m*

turbulence /'tɜ:rbjələns, BrE 'tɜ:bjʊləns/ *n* turbulencia *f*

turbulent /'tɜ:rbjələnt, BrE 'tɜ:bjʊlənt/ *adj* turbulento

tureen /tjʊ'ri:n, tə-, BrE tjʊə'ri:n/ *n* sopera *f*

turf¹ /tɜ:rf, BrE tɜ:f/ *n* (*pl* **~s** *or* **turves**) **(a)** (grass) césped *m* **(b)** (square of grass) (esp BrE) tepe *m*

turf² *vt* ‹*garden*› encespedar, colocar* tepes en

turgid /'tɜ:rdʒəd, BrE 'tɜ:dʒɪd/ *adj* ‹*prose*› ampuloso

Turk /tɜ:rk, BrE tɜ:k/ *n* turco, -ca *m,f*

turkey /'tɜ:rki, BrE 'tɜ:ki/ *n* (*pl* **~s**) pavo *m*, guajolote *m* (Méx)

Turkey /'tɜ:rki, BrE 'tɜ:ki/ *n* Turquía *f*

Turkish¹ /'tɜ:rkɪʃ, BrE 'tɜ:kɪʃ/ *adj* turco

Turkish² *n* turco *m*

Turkish: **~ bath** *n* baño *m* turco; **~ delight** *n* delicia *f* turca (*dulce gelatinoso recubierto de azúcar*)

Turkmenistan /,tɜ:rkmenɪ'stɑ:n, BrE ,tɜ:kmenɪ'stɑ:n/ *n* Turkmenistán *m*

turmeric /'tɜ:rmərɪk, BrE 'tɜ:mərɪk/ *n* cúrcuma *f*

turmoil /'tɜ:rmɔɪl, BrE 'tɜ:mɔɪl/ *n* confusión *f*

turn¹ /tɜ:rn, BrE tɜ:n/ *n* **1** **(a)** (rotation) vuelta; **the meat was done to a ~** la carne estaba hecha a la perfección, la carne estaba en su punto justo **(b)** (change of direction) vuelta *f*, giro *m* **(c)** (bend) curva *f* **(d)** (change, alteration): **this dramatic ~ of events** este dramático giro de los acontecimientos; **to take a ~ for the better** empezar* a mejorar; **to take a ~ for the worse** empeorar, ponerse* peor; **the ~ of the century** el final del siglo (*y el principio del siguiente*) **2** (place in sequence): **whose ~ is it?** ¿a quién le toca?; **I think it's my ~** creo que me toca (el turno) a mí; ***to take ~s*** o ***to take it in ~(s)*** turnarse **3** (service): **to do sb a good ~** hacerle* un favor a algn **4** (bout of illness): **he had a funny ~** le dio un ataque (*or* un mareo *etc*)

turn² *vt* **1** (rotate) ‹*knob/wheel/key*› (hacer*) girar **2** (change position, direction of) ‹*head*› volver*, voltear (AmL exc RPl); **she ~ed her back on them** les volvió *or* les dio la espalda, les volteó la espalda (AmL exc RPl); **the nurse ~ed her onto her side** la enfermera la puso de lado **3** (reverse) ‹*mattress/omelette*› darle* la vuelta a, voltear (AmL exc CS), dar* vuelta (CS); ‹*page*› pasar, volver*, dar* vuelta (CS) **4** **(a)** (go around) ‹*corner*› dar* la vuelta a, dar* vuelta (CS) **(b)** (pass): **she's just ~ed 16** acaba de cumplir (los) 16 **5** (change, transform) volver*; **to ~ sth TO/INTO sth** transformar *or* convertir* algo EN algo **6** (shape — on lathe) tornear; (— on potter's wheel) hacer* ■ *vi* **1** (rotate) «*handle/wheel*» girar, dar* vuelta(s) **2** **(a)** (to face in different direction) «*person*» volverse*, darse* la vuelta, voltearse (AmL exc CS), darse* vuelta (CS); «*car*» dar* la vuelta, dar* vuelta (CS); **he ~ed onto his side** se volvió *or* se puso de lado **(b)** (change course, direction): **to ~ into a side street** meterse en una calle lateral; **to ~ left/right** girar *or* doblar *or* torcer* a la izquierda/derecha **(c)** (curve) «*road/river*» torcer* **3** **(a)** (focus on): **to ~ to another subject** pasar a otro tema; **his mind ~ed to thoughts of escape** se puso a pensar en escaparse **(b)** (have recourse to): **to ~ to sb** (for protection, advice) recurrir a algn; **to ~ to drink** darse* a la bebida **4** **(a)** (become): **his face ~ed red** se le puso la cara colorada; **her hair had ~ed gray** había encanecido **(b)** (be transformed) **to ~ INTO/TO sth** convertirse* EN algo **(c)** (change) «*luck/weather/tide*» cambiar

palabra clave

(d) (go sour) «*milk*» agriarse* **5** (when reading): **~ to page 19** vayan a la página 19

● **turn against**: [*v + o + prep + o*]: **she ~ed them against me** los puso en mi contra

● **turn around**, (BrE also) **turn round** **1** [*v + adv*] darse* la vuelta, volverse*, voltearse (AmL exc CS), darse* vuelta (CS) **2** [*v + o + adv*] darle* la vuelta a, voltear (AmL exc CS), dar* vuelta (CS)

● **turn aside** [*v + adv*] darse* la vuelta, voltearse (AmL exc CS), darse* vuelta (CS)

● **turn away** **1** [*v + adv*] apartarse **2** [*v + o + adv, v + adv + o*] **(a)** ‹*head/face*› volver*, voltear (AmL exc RPl), dar* vuelta (CS); **he ~ed his eyes away** apartó la mirada **(b)** (send away) ‹*business*› no aceptar; **the doorman ~ed them away** el portero no los dejó entrar

● **turn back** **1** [*v + adv*] (go back) volver*, regresar **2** [*v + o + adv, v + adv + o*] **he was ~ed back at the border** en la frontera lo hicieron regresar

● **turn down** [*v + o + adv, v + adv + o*] **(a)** (fold back) doblar **(b)** (diminish) ‹*heating/volume/temperature*› bajar **(c)** (reject) ‹*offer/candidate*› rechazar*

● **turn in** **1** [*v + adv*] (go to bed) (infml) acostarse* **2** [*v + o + adv, v + adv + o*] (hand in, over) entregar*

● **turn off** **1** [*v + o + adv, v + adv + o*] ‹*light/radio/heating*› apagar*; ‹*faucet*› cerrar*; ‹*water*› cortar **2** [*v + adv*] **(a)** (from road) doblar **(b)** (switch off) apagarse*

● **turn on** **1** [*v + o + adv, v + adv + o*] **(a)** ‹*light/television/oven*› encender*, prender (AmL); ‹*faucet*› abrir* **(b)** (excite) (infml) gustar; (sexually) excitar **2** [*v + prep + o*] (attack) atacar*

● **turn out** **1** [*v + o + adv, v + adv + o*] **(a)** (switch off) ‹*light*› apagar* **(b)** (empty) ‹*pockets/cupboard*› vaciar* **2** [*v + adv + o*] (produce) sacar* **3** [*v + o + adv, v + adv + o*] (force to leave) echar **4** [*v + adv*] **(a)** (attend): **several thousand ~ed out to welcome the Pope** varios miles de personas acudieron *or* fueron/vinieron a recibir al Papa **(b)** (result, prove): **everything ~ed out well** todo salió bien

● **turn over** **1** [*v + o + adv*] **(a)** (flip, reverse) darle* la vuelta a, voltear (AmL exc CS), dar* vuelta (CS); ‹*soil*› remover*; ‹*idea*› darle* vueltas a **(b)** (Auto) ‹*engine*› hacer* funcionar **2** [*v + o + adv, v + adv + o*] (hand over) entregar* **3** [*v + adv + o*] ‹*page*› pasar, volver*, dar* vuelta (CS) **4** [*v + adv*] (onto other side) darse* la vuelta, darse* vuelta (CS); «*car*» volcarse*

● **turn round** (esp BrE) ▶ **turn around**

● **turn up** **1** [*v + o + adv, v + adv + o*] **(a)** ‹*collar*› levantarse, subirse **(b)** (shorten) ‹*trousers*› acortar; ‹*hem*› subir **(c)** (increase) ‹*oven/volume*› subir; ‹*radio*› subir el volumen de **2** [*v + adv*] (infml) **(a)** (be found) «*sth lost*» aparecer* **(b)** (arrive) (BrE) llegar*; **she didn't ~ up** no apareció

turn: **~about**, **~around** *n* giro *m*, cambio *m*; **~coat** *n* renegado, -da *m,f*

turned-up /ˈtɜːrndˈʌp, BrE ˌtɜːndˈʌp/ *adj* ‹*nose*› respingón, respingado (AmL)

turning /ˈtɜːrnɪŋ, BrE ˈtɜːnɪŋ/ *n* (in town) bocacalle *f*; **we've missed the ~** nos hemos pasado la calle (*or* carretera *etc*)

turning point *n* momento *m* decisivo *or* crucial

turnip /ˈtɜːrnəp, BrE ˈtɜːnɪp/ *n* nabo *m*

turn: **~out** *n* (at election) número *m* de votantes; (at public spectacle) número *m* de asistentes; **~over** *n* **1** **(a)** (volume of business, sales) facturación *f* **(b)** (of stock) rotación *f* **(c)** (of staff) movimiento *m* **2** (Culin) empanada *f* (esp AmL), empanadilla *f* (esp Esp); **~pike** *n* (AmE) autopista *f* de peaje *or* (Méx) de cuota; **~ signal** *n* (AmE) intermitente *m* direccional *f* (Col, Méx), señalizador *m* (de viraje) (Chi); **~stile** *n* torniquete *m*; **~table** *n* (Audio) (platter) plato *m*; (deck) platina *f*, tornamesa *f or m* (AmL); **~up** *n* **(a)** (hem) dobladillo *m* **(b)** (on trousers) (BrE) vuelta *f or* (RPl) botamanga *f or* (Chi) bastilla *f or* (Méx) valenciana *f*

turpentine /ˈtɜːrpəntaɪn, BrE ˈtɜːpəntaɪn/ *n* aguarrás *m*, trementina *f*

turquoise /ˈtɜːrkwɔɪz, BrE ˈtɜːkwɔɪz/ *adj* (azul) turquesa *adj inv*

turret /ˈtɜːrət, BrE ˈtʌrɪt/ *n* torrecilla *f*

turtle /ˈtɜːrtl, BrE ˈtɜːtl/ *n* **(a)** (marine reptile) tortuga *f* marina *or* de mar **(b)** (AmE) (tortoise) tortuga *f*

turtleneck /ˈtɜːrtlnek, BrE ˈtɜːtlnek/ *n* **(a) ~ (collar)** cuello *m* alto **(b) ~ (sweater)** suéter *m* de cuello vuelto

turves /tɜːrvz, BrE tɜːvz/ *pl of* **turf**[1]

tusk /tʌsk/ *n* colmillo *m*

tussle /ˈtʌsəl/ *n* pelea *f*, lucha *f*

tut /tʌt/ *vi* **-tt-** chasquear la lengua

tutor /ˈtuːtər, BrE ˈtjuːtə(r)/ *n* profesor, -sora *m,f* particular

tutorial /tuːˈtɔːriəl, BrE tjuːˈtɔːriəl/ *n*: *clase individual o con un pequeño número de estudiantes*

tutu /ˈtuːtuː/ *n* (*pl* **~s**) tutú *m*

tuxedo /tʌkˈsiːdəʊ/ *n* (*pl* **-dos** *or* **-does**) (AmE) esmoquin *m*, smoking *m*

TV *n* (= **television**) televisión *f*, tele *f* (fam), TV *f*

twang /twæŋ/ *n* (of guitar) tañido *m*; (of voice, accent): **his voice has a nasal ~** tiene la voz gangosa

tweak /twiːk/ *vt* pellizcar* (*retorciendo*)

twee /twiː/ *adj* (BrE) cursi

tweed /twiːd/ *n* (Tex) tweed *m*

tweet[1] /twiːt/ *n* **1** (Zool) (bird sound) gorjeo *m*, pío *m* (pío) **2** (Telec) tuit *m*

tweet[2] /twiːt/ *vi* **1** (Zool) (to make a sound) piar*, gorjear **2** (Telec) (esp Esp) tuitear, (esp AmL) twittear

tweezers /ˈtwiːzərz, BrE ˈtwiːzəz/ *pl n* pinza(s) *f(pl)*

twelfth[1] /twelfθ/ *adj* duodécimo

twelfth[2] *adv* en duodécimo lugar

twelfth[3] *n* (Math) doceavo *m*; (part) doceava parte *f*

Twelfth Night *n* Noche *f* de Reyes

twelve /twelv/ *adj/n* doce *adj inv/m*; **~ (o'clock) midnight/noon** las doce de la noche/del mediodía; *see also* **four**[1]

twentieth[1] /ˈtwentiəθ/ *adj* vigésimo

twentieth[2] *adv* en vigésimo lugar

twentieth[3] *n* (Math) veinteavo *m*; (part) veinteava *or* vigésima parte *f*

twenty /ˈtwenti/ *adj/n* veinte *adj inv/m*; *see also* **four**[1]

t

twenty-first[1] /'twenti'fɜ:rst, BrE ˌtwenti'fɜ:st/ *adj* vigesimoprimero

twenty-first[2] *adv* en vigesimoprimer lugar

✓ **twice** /twaɪs/ *adv* dos veces; ~ **a year** dos veces por año; ***to think*** ~ pensarlo* dos veces; ~ **three is six** dos por tres es (igual a) seis; **I've got ~ as many as you** yo tengo el doble que tú

twiddle /'twɪdl/ *vt* (hacer*) girar
■ *vi* **to ~** WITH **sth** juguetear CON algo

twig /twɪg/ *n* ramita *f*

twilight /'twaɪlaɪt/ *n* **(a)** (dusk) crepúsculo *m* **(b)** (half-light) penumbra *f* **(c)** (period of decline) (liter) crepúsculo *m* (liter)

twin[1] /twɪn/ *n* mellizo, -za *m,f*, gemelo, -la *m,f* (esp Esp); **identical ~s** gemelos idénticos *or* (téc) univitelinos, gemelos (AmL)

twin[2] *adj* **(a)** ‹*brother/sister*› mellizo, gemelo (esp Esp) **(b)** (paired): ~ **beds** camas *fpl* gemelas

twin[3] *vt* **-nn-** (BrE) (*usu pass*) **to be ~ned** WITH **sth** estar* hermanado CON algo

twine[1] /twaɪn/ *n* cordel *m*, bramante *m* (Esp), cáñamo *m* (Andes), mecate *m* (AmC, Méx, Ven)

twine[2] *vi* **to ~** AROUND **sth** enroscarse* ALREDEDOR DE algo

twinge /twɪndʒ/ *n* (of pain) punzada *f*, puntada *f* (CS); (of remorse) puntada *f*

twinkle[1] /'twɪŋkəl/ *n* **(a)** (of lights, stars) centelleo *m*, titilar *m* **(b)** (in eye) brillo *m*

twinkle[2] *vi* **(a)** «*light/star*» titilar, centellear **(b)** «*eyes*» brillar

twinkling /'twɪŋklɪŋ/ *n*: ***in the ~ of an eye*** en un abrir y cerrar de ojos

twirl /twɜ:rl, BrE twɜ:l/ *vt* ‹*cane/baton*› (hacer*) girar
■ *vi* «*baton*» girar; **to ~ around** girar

twist[1] /twɪst/ *vt* **1** **(a)** (screw, coil) retorcer*; **to ~ sth** AROUND **sth** enrollar *or* enroscar* algo ALREDEDOR DE algo **(b)** (turn) ‹*handle/knob*› girar **2** **(a)** (distort) retorcer* **(b)** (sprain) torcer* **(c)** (alter, pervert) ‹*words*› tergiversar; ‹*meaning*› torcer*
■ *vi* **(a)** (wind, coil) «*rope/wire*» enrollarse, enroscarse*; «*road/river*» serpentear **(b)** (turn, rotate) girar

twist[2] *n* **1** **(a)** (bend — in wire, rope) vuelta *f*, onda *f*; (— in road) recodo *m*, vuelta *f* **(b)** (turning movement) giro *m* **(c)** **a ~ of lemon** una rodajita de limón (*retorcida*) **2** (in story, events) giro *m* inesperado **3** (dance) twist *m*

twisted /'twɪstəd, BrE 'twɪstɪd/ *adj* retorcido

twister /'twɪstər, BrE 'twɪstə(r)/ *n* (AmE infml) tornado *m*

twit /twɪt/ *n* (BrE infml) imbécil *mf*

twitch[1] /twɪtʃ/ *vi* «*tail/nose*» moverse*

twitch[2] *n* tic *m*

twitter /'twɪtər, BrE 'twɪtə(r)/ *vi* **(a)** «*birds*» gorjear **(b)** (in social networking) tuitear, twittear (crit) **(c)** «*person*» parlotear, cotorrear (fam)

✓ **two**[1] /tu:/ *n* dos *m*; ~ **by** ~ (liter) de dos en dos, de a dos (AmL); ***to put ~ and ~ together*** atar cabos; *see also* **four**[1]

✓ **two**[2] *adj* dos *adj inv*

two: **~-bit** *adj* (AmE) (*before n*) (infml) de tres al cuarto (fam); **~-dimensional** /'tu:də'mentʃnəl, -daɪ-, BrE ˌtu:dɪ'menʃənl, -daɪ-/ *adj* bidimensional; **~-edged** /'tu:'edʒd/ *adj* de doble filo; **~-faced** /'tu:'feɪst/ *adj* (infml) falso, doble (Andes, Ven fam); **~fold** *adj/adv* ▶ **-fold**; **~pence** /'tʌpəns/ *n* dos peniques *mpl*; **~-piece** *adj* ‹*swimsuit*› de dos piezas; **~-piece suit** traje *m or* (Col) vestido *m* de dos piezas, ambo *m* (CS); **~-seater** /'tu:'si:tər, BrE ˌtu:'si:tə(r)/ *n* biplaza

twosome /'tu:səm/ *n* (pair) pareja *f*

two: **~-time** *vt* (infml) (be unfaithful to) ponerle* *or* meterle los cuernos a (fam); (double-cross) engañar; **~-tone** *adj* de dos tonos; **~-way** /'tu:'weɪ/ *adj* ‹*traffic/street*› de doble sentido *or* dirección; ‹*agreement*› bilateral; **~-way radio** aparato *m* emisor y receptor

TX = **Texas**

tycoon /taɪ'ku:n/ *n* magnate *mf*

tympani /'tɪmpəni/ *pl n* timbales *mpl*

✓ **type**[1] /taɪp/ *n* **1** **(a)** (sort, kind) tipo *m*; **it's a ~ of ...** (in descriptions, definitions) es una especie de ... **(b)** (typical example) tipo *m*, ejemplo *m* típico; (stereotype) estereotipo *m* **2** (Print) (characters) tipo *m* (de imprenta)

type[2] *vt/i* escribir* a máquina, tipear (AmS)

type: **~cast** *vt* (*past & past p* **-cast**) ‹*actor*› encasillar (*en cierto tipo de papel*); **~face** *n* tipo *m* (de imprenta), (tipo *m* de) caracteres *mpl*, (tipo *m* de) letra *f*; **~script** *n* texto *m* mecanografiado, manuscrito *m* (*de una obra, novela etc*); **~set** *vt* (*pres p* **-setting**; *past & past p* **-set**) componer*; **~setter** /'taɪpsetər, BrE 'taɪpsetə(r)/ *n* (person) cajista *mf*, componedor, -dora *m,f*; **~write** (*past* **-wrote**; *past p* **-written**) *vt* (*usu pass*) escribir* a máquina, mecanografiar*; **~writer** *n* máquina *f* de escribir

typhoid (fever) /'taɪfɔɪd/ *n* (fiebre *f*) tifoidea *f*

typhoon /taɪ'fu:n/ *n* tifón *m*

✓ **typical** /'tɪpɪkəl/ *adj* típico

typically /'tɪpɪkli/ *adv* típicamente

typify /'tɪpəfaɪ, BrE 'tɪpɪfaɪ/ *vt* **-fies**, **-fying**, **-fied** tipificar*

typing /'taɪpɪŋ/ *n* mecanografía *f*; (*before n*) ‹*error*› de máquina; ‹*lesson*› de mecanografía

typist /'taɪpəst, BrE 'taɪpɪst/ *n* mecanógrafo, -fa *m,f*, dactilógrafo, -fa *m,f*

typography /taɪ'pɑ:grəfi, BrE taɪ'pɒgrəfi/ *n* tipografía *f*

tyrannical /tə'rænɪkəl, BrE tɪ'rænɪkəl/ *adj* tiránico

tyranny /'tɪrəni/ *n* tiranía *f*

tyrant /'taɪrənt/ *n* tirano, -na *m,f*

tyre /taɪr, BrE 'taɪə(r)/ *n* (BrE) ▶ **tire**[2]

t

✓ palabra clave

Uu

U, u /juː/ *n* U, u *f*

U (in UK) (Cin) (= **universal**) apta para todo público (AmL), todos los públicos (Esp)

ubiquitous /juːˈbɪkwətəs, BrE juːˈbɪkwɪtəs/ *adj* omnipresente (fml), ubicuo (liter)

udder /ˈʌdər, BrE ˈʌdə(r)/ *n* ubre *f*

UFO *n* (= **unidentified flying object**) ovni *m*, OVNI *m*

Uganda /juːˈgændə/ *n* Uganda *f*

Ugandan /juːˈgændən/ *adj* ugandés

ugly /ˈʌgli/ *adj* **uglier**, **ugliest** feo

UHT *adj* (BrE) (= **ultra high temperature**) UHT, UAT (AmL), uperizado (Esp)

UK *n* (= **United Kingdom**) RU *m*

Ukraine /juːˈkreɪn/ *n* Ucrania *f*

Ukrainian¹ /juːˈkreɪniən/ *adj* ucraniano, ucranio

Ukrainian² *n* **(a)** (person) ucraniano, -na *m,f*, ucranio, -nia *m,f* **(b)** (language) ucraniano *m*, ucranio *m*

ulcer /ˈʌlsər, BrE ˈʌlsə(r)/ *n* (internal) úlcera *f*; (external) llaga *f*; **a mouth ~** una llaga en la boca

ulterior /ʌlˈtɪriər, BrE ʌlˈtɪəriə(r)/ *adj* oculto; **~ motive** segunda intención *f*, motivo *m* oculto

ultimata /ˌʌltəˈmeɪtə, BrE ˌʌltɪˈmeɪtə/ *pl of* **ultimatum**

ultimate¹ /ˈʌltəmət, BrE ˈʌltɪmət/ *adj* **1** (eventual) ‹*aim/destination*› final **2** **(a)** (utmost, supreme) ‹*sacrifice*› máximo, supremo **(b)** (most sophisticated) (journ): **the ~ sound system** lo último en sistemas de sonido, el no va más en sistemas de sonido (fam)

ultimate² *n*: **the ~ in sth** lo último en algo, el no va más en algo (fam)

⚷ **ultimately** /ˈʌltəmətli, BrE ˈʌltɪmətli/ *adv* **(a)** (finally) en última instancia **(b)** (in the long run) a la larga

ultimatum /ˌʌltəˈmeɪtəm, BrE ˌʌltɪˈmeɪtəm/ *n* (*pl* **-tums** *or* **-ta**) ultimátum *m*

ultra- /ˈʌltrə/ *pref* ultra-, super- (fam)

ultrasonic /ˈʌltrəˈsɑːnɪk, BrE ˌʌltrəˈsɒnɪk/ *adj* ultrasónico

ultrasound /ˈʌltrəsaʊnd/ *n* **(a)** (Phys) ultrasonido *m* **(b)** (Med) ecografía *f*

ultraviolet /ˈʌltrəˈvaɪələt/ *adj* ultravioleta *adj inv*

umbilical cord /əmˈbɪlɪkəl, BrE ʌmˈbɪlɪkəl/ *n* cordón *m* umbilical

umbrage /ˈʌmbrɪdʒ/ *n*: **to take ~ (AT sth)** ofenderse *or* sentirse* agraviado (POR algo)

umbrella /ʌmˈbrelə/ *n* (*pl* **-las**) paraguas *m*

umpire /ˈʌmpaɪr, BrE ˈʌmpaɪə(r)/ *n* árbitro, -tra *m,f*; (in baseball) umpire *mf*

umpteen /ˈʌmpˈtiːn/ *adj* (infml) tropecientos (fam), miles *or* un millón de

umpteenth /ˈʌmpˈtiːnθ/ *adj* (infml) enésimo; **for the ~ time** por enésima vez

UN *n* (= **United Nations**) ONU *f*

un- /ˈʌn/ *pref* in-, des-, no, sin, poco *see individual words*

⚷ **unable** /ʌnˈeɪbəl/ *adj* (*pred*) **to be ~ to + INF** no poder* + INF

unabridged /ˈʌnəˈbrɪdʒd/ *adj* íntegro

unacceptable /ˈʌnəkˈseptəbəl/ *adj* ‹*conduct/standard*› inaceptable, inadmisible; ‹*terms/conditions*› inadmisible

unaccompanied /ˈʌnəˈkʌmpənid/ *adj* **(a)** ‹*luggage*› no acompañado; ‹*person*› solo **(b)** (Mus) ‹*singing*› sin acompañamiento; ‹*instrument*› solo

unaccounted for /ˈʌnəˈkaʊntəd, BrE ˌʌnəˈkaʊntɪd/ *adj* (*pred*): **the rest of the money is ~** no se han dado explicaciones sobre qué sucedió con el resto del dinero; **the others are still ~** los otros siguen su aparecer

unaccustomed /ˈʌnəˈkʌstəmd/ *adj* **(a)** (unusual) desacostumbrado, poco habitual **(b)** (unused) **to be ~ TO sth/-ING** no estar* acostumbrado A algo/+ INF

unadventurous /ˈʌnədˈventʃərəs/ *adj* poco atrevido *or* audaz

unaffected /ˈʌnəˈfektəd, BrE ˌʌnəˈfektɪd/ *adj* **(a)** (sincere, natural) ‹*person*› natural, sencillo **(b)** (not damaged, hurt) no afectado

unaided /ˈʌnˈeɪdəd, BrE ʌnˈeɪdɪd/ *adj* sin ayuda

unambitious /ˈʌnæmˈbɪʃəs/ *adj* poco ambicioso

unanimous /juːˈnænəməs, BrE juːˈnænɪməs/ *adj* unánime

unanimously /juːˈnænəməsli, BrE juːˈnænɪməsli/ *adv* ‹*vote/state*› unánimemente; ‹*elect*› por unanimidad

unanswered /ˈʌnˈænsərd, BrE ʌnˈɑːnsəd/ *adj* ‹*question/letter*› sin contestar

unappetizing /ˈʌnˈæpətaɪzɪŋ/ *adj* ‹*dish/smell*› poco apetitoso; ‹*prospect*› poco apetecible

unappreciative /ˈʌnəˈpriːʃətɪv/ *adj* ‹*person*› ingrato, desagradecido

unapproachable /ˈʌnəˈprəʊtʃəbəl/ *adj* ‹*person*› inabordable, poco accesible *or* asequible

unarmed /ˈʌnˈɑːrmd, BrE ʌnˈɑːmd/ *adj* ‹*person*› desarmado; ‹*combat*› sin armas

unassisted /ˈʌnəˈsɪstəd, BrE ˌʌnəˈsɪstɪd/ *adj* sin ayuda

unassuming /ˈʌnəˈsuːmɪŋ, BrE ˌʌnəˈsjuːmɪŋ/ *adj* sencillo, sin pretensiones

unattached /ˈʌnəˈtætʃt/ *adj* **(a)** (not affiliated) independiente **(b)** (not married) sin ataduras

unattended /ˈʌnəˈtendəd, BrE ˌʌnəˈtendɪd/ *adj* (*usu pred*) **(a)** (unwatched, unsupervised): **to leave sb ~** dejar a algn solo; **don't leave your luggage ~** vigile su equipaje en todo momento **(b)** (not dealt with) desatendido

unattractive /ˈʌnəˈtræktɪv/ *adj* poco atractivo

u

unauthorized /ˈʌnˈɔːθəraɪzd/ *adj* no autorizado

unavailable /ˈʌnəˈveɪləbəl/ *adj*: **that number is ~** ese número está desconectado (*or* averiado *etc*); **he is ~ for comment** no desea hacer ningún comentario

unavoidable /ˈʌnəˈvɔɪdəbəl/ *adj* inevitable

unavoidably /ˈʌnəˈvɔɪdəbli/ *adv*: **I was ~ delayed** no pude evitar llegar retrasado

unaware /ˈʌnəˈwer, BrE ˌʌnəˈweə(r)/ *adj* **(a)** (not conscious) (*pred*) **to be ~** OF **sth** ignorar algo, no ser* consciente DE algo **(b)** (naive): **politically ~** sin conciencia política

unawares /ˈʌnəˈwerz, BrE ˌʌnəˈweəz/ *adv*: **to catch** o **take sb ~** agarrar *or* (esp Esp) coger* a algn desprevenido

unbalanced /ˈʌnˈbælənst/ *adj* **(a)** ‹*diet/composition*› desequilibrado **(b)** (mentally) desequilibrado, trastornado

unbearable /ˈʌnˈberəbəl, BrE ʌnˈbeərəbəl/ *adj* insoportable, inaguantable

unbeatable /ˈʌnˈbiːtəbəl/ *adj* ‹*team*› invencible; ‹*quality/value*› insuperable; ‹*price*› imbatible

unbeaten /ˈʌnˈbiːtn̩/ *adj* ‹*champion/army*› invicto; ‹*record*› insuperado

unbeknown /ˈʌnbɪˈnəʊn/, **unbeknownst** /-ˈnəʊnst/ *adv* (liter): **~ to me/her** sin saberlo yo/ella

unbelievable /ˈʌnbəˈliːvəbəl, BrE ˌʌnbɪˈliːvəbəl/ *adj* increíble

unbelievably /ˈʌnbəˈliːvəbli, BrE ˌʌnbɪˈliːvəbli/ *adv* increíblemente

unbelieving /ˈʌnbəˈliːvɪŋ, BrE ˌʌnbɪˈliːvɪŋ/ *adj* ‹*smile/look*› de incredulidad

unbending /ˈʌnˈbendɪŋ/ *adj* ‹*person/attitude*› inflexible; ‹*determination*› firme

unbiased /ˈʌnˈbaɪəst/ *adj* imparcial, objetivo

unblock /ˈʌnˈblɑːk, BrE ʌnˈblɒk/ *vt* desatascar*, destapar (AmL)

unbolt /ˈʌnˈbəʊlt/ *vt* ‹*gate/door*› descorrer el pestillo *or* cerrojo de

unborn /ˈʌnˈbɔːrn, BrE ʌnˈbɔːn/ *adj* ‹*child*› que todavía no ha nacido

unbreakable /ˈʌnˈbreɪkəbəl/ *adj* irrompible

unbridled /ˈʌnˈbraɪdld/ *adj* desenfrenado

unbroken /ˈʌnˈbrəʊkən/ *adj* intacto, en perfecto estado; ‹*silence/run*› ininterrumpido

unbuckle /ˈʌnˈbʌkəl/ *vt* desabrochar

unbutton /ˈʌnˈbʌtn̩/ *vt* desabotonar, desabrochar

u

uncalled-for /ˈʌnˈkɔːldfɔːr, BrE ʌnˈkɔːldfɔː(r)/ *adj* ‹*criticism/remark*› fuera de lugar

uncanny /ˈʌnˈkæni/ *adj* raro, extraño

uncaring /ˈʌnˈkerɪŋ, BrE ʌnˈkeərɪŋ/ *adj* indiferente

unceremonious /ˈʌnˈserəˈməʊniəs, BrE ˌʌnˌserɪˈməʊniəs/ *adj* brusco, poco ceremonioso

uncertain /ˈʌnˈsɜːrtn̩, BrE ʌnˈsɜːtn̩/ *adj* **1** **(a)** (unsure) (*pred*) **to be ~** ABOUT/OF **sth** no estar* seguro DE algo **(b)** (hesitant) vacilante **2** ‹*prospects/future*› incierto **3** (vague): **in no ~ terms** muy claramente, inequívocamente

uncertainty /ˈʌnˈsɜːrtn̩ti, BrE ʌnˈsɜːtn̩ti/ *n* incertidumbre *f*

unchanged /ˈʌnˈtʃeɪndʒd/ *adj* (*usu pred*): **she was quite ~** no había cambiado para nada; **the ceremony has remained ~ for centuries** la ceremonia se ha celebrado de la misma forma durante siglos

uncharacteristic /ˈʌnˈkærəktəˈrɪstɪk/ *adj* desacostumbrado, inusitado

uncharitable /ˈʌnˈtʃærətəbəl, BrE ʌnˈtʃærɪtəbəl/ *adj* ‹*act/remark*› poco caritativo

unchecked /ˈʌnˈtʃekt/ *adj* libre, sin obstáculos

uncivilized /ˈʌnˈsɪvəlaɪzd, BrE ʌnˈsɪvɪlaɪzd/ *adj* incivilizado

uncle /ˈʌŋkəl/ *n* tío *m*

unclean /ˈʌnˈkliːn/ *adj* impuro

unclear /ˈʌnˈklɪr, BrE ʌnˈklɪə(r)/ *adj* poco claro, confuso; **he was ~ about his reasons for doing it** no dio una explicación muy clara de sus motivos

uncoil /ˈʌnˈkɔɪl/ *vi* desenroscarse*

uncomfortable /ˈʌnˈkʌmfərtəbəl, BrE ʌnˈkʌmftəbəl/ *adj* incómodo

uncommon /ʌnˈkɑːmən, BrE ʌnˈkɒmən/ *adj* poco común *or* frecuente

uncommunicative /ˈʌnkəˈmjuːnəkeɪtɪv, BrE ˌʌnkəˈmjuːnɪkətɪv/ *adj* poco comunicativo

uncomplaining /ˈʌnkəmˈpleɪnɪŋ/ *adj* resignado

uncomplicated /ˈʌnˈkɑːmpləkeɪtəd, BrE ʌnˈkɒmplɪkeɪtɪd/ *adj* sin complicaciones; ‹*character/style*› poco complicado

uncompromising /ʌnˈkɑːmprəmaɪzɪŋ, BrE ʌnˈkɒmprəmaɪzɪŋ/ *adj* inflexible, intransigente

unconcerned /ˈʌnkənˈsɜːrnd, BrE ˌʌnkənˈsɜːnd/ *adj* indiferente

unconditional /ˈʌnkənˈdɪʃn̩əl, BrE ˌʌnkənˈdɪʃənl/ *adj* incondicional

unconnected /ˈʌnkəˈnektəd, BrE ˌʌnkəˈnektɪd/ *adj* (unrelated) sin conexión; **these incidents are completely ~** estos incidentes no guardan ninguna relación (entre sí)

unconscious[1] /ˈʌnˈkɑːntʃəs, BrE ʌnˈkɒnʃəs/ *adj* **1** (Med) inconsciente **2** (unaware) (*pred*) **to be ~** OF **sth** no ser* consciente DE algo **3** (Psych) inconsciente

unconscious[2] *n*: **the ~** el inconsciente

unconsciously /ˈʌnˈkɑːntʃəsli, BrE ʌnˈkɒnʃəsli/ *adv* inconscientemente

uncontested /ˈʌnkənˈtestəd, BrE ˌʌnkənˈtestɪd/ *adj* ‹*will*› no impugnado; ‹*leader*› indiscutible

uncontrollable /ˈʌnkənˈtrəʊləbəl/ *adj* ‹*trembling*› incontrolable; ‹*urge*› irresistible, irrefrenable; ‹*laughter*› incontenible

uncontrolled /ˈʌnkənˈtrəʊld/ *adj* incontrolado

unconventional /ˈʌnkənˈventʃn̩əl, BrE ˌʌnkənˈvenʃənl/ *adj* poco convencional

unconvinced /ˈʌnkənˈvɪnst/ *adj*: **I'm still ~** aún no estoy muy convencida

unconvincing /ˈʌnkənˈvɪnsɪŋ/ *adj* poco convincente

uncoordinated /ˈʌnkəʊˈɔːrdn̩eɪtəd, BrE ˌʌnkəʊˈɔːdɪneɪtɪd/ *adj* ‹*person*› falto de coordinación; ‹*movements*› no coordinado

uncork /ˈʌnˈkɔːrk, BrE ʌnˈkɔːk/ *vt* descorchar

uncorroborated /ˈʌnkəˈrɑːbəreɪtəd, BrE ˌʌnkəˈrɒbəreɪtɪd/ *adj* no confirmado, no corroborado

uncouth /ʌnˈkuːθ/ *adj* zafio, burdo

uncover /ˈʌnˈkʌvər, BrE ʌnˈkʌvə(r)/ *vt* **(a)** (remove covering of) destapar **(b)** (expose) ‹*scandal/plot*› revelar, sacar* a la luz

unctuous /ˈʌŋktʃuəs, BrE ˈʌŋktjʊəs/ *adj* empalagoso

uncultivated /ˈʌnˈkʌltəveɪtəd, BrE ʌnˈkʌltɪveɪtɪd/ *adj* ‹*land/mind*› sin cultivar

uncurl /ˈʌnˈkɜːrl, BrE ʌnˈkɜːl/ *vt* desenrollar ■ *vi* «*snake*» desenroscarse*

uncut /ˈʌnˈkʌt/ *adj* **1** **(a)** ‹*grass/hedge*› sin cortar **(b)** ‹*diamond/gem*› sin tallar, en bruto; ‹*stone/marble*› sin labrar **2** (unabridged) íntegro, completo

undamaged /ˈʌnˈdæmɪdʒd/ *adj* intacto

undaunted /ˈʌnˈdɔːntəd, BrE ʌnˈdɔːntɪd/ *adj* impertérrito

undecided /ˈʌndɪˈsaɪdəd, BrE ˌʌndɪˈsaɪdɪd/ *adj* **(a)** (wavering) (*usu pred*) indeciso **(b)** ‹*matter*› pendiente, no resuelto

undefeated /ˈʌndɪˈfiːtəd, BrE ˌʌndɪˈfiːtɪd/ *adj* invicto

undemanding /ˈʌndɪˈmændɪŋ, BrE ˌʌndɪˈmɑːndɪŋ/ *adj* ‹*job*› cómodo, que exige poco; ‹*person*› poco exigente

undeniable /ˈʌndɪˈnaɪəbəl/ *adj* innegable

undeniably /ˈʌndɪˈnaɪəbli/ *adv* sin lugar a dudas

under[1] /ˈʌndər, BrE ˈʌndə(r)/ *prep* **(a)** (beneath) debajo de, abajo de (AmL) **(b)** (less than) menos de **(c)** (name/heading) bajo **(d)** (government/authority) bajo; **he has 20 people ~ him** tiene 20 personas a su mando **(e)** (according to) según

under[2] *adv* **1** (less) menos; **it will cost $10 or ~** costará 10 dólares como mucho **2** (under water): **they pushed him ~** lo empujaron debajo del agua

under- /ˈʌndər/ *pref* **(a)** (below, lower): **the ~mentioned** los abajo mencionados **(b)** (less than proper): **they are ~represented on the committee** no tienen la representación que les corresponde en la comisión **(c)** (of lesser rank) sub-; **~manager** subgerente *m*

under: **~age** /ˈʌndərˈeɪdʒ/ *adj* (*before n*) ‹*person*› menor de edad; **~arm** *adj* (*before n*) (Sport) sin levantar el brazo por encima del hombro; **~carriage** *n* tren *m* de aterrizaje; **~charge** /ˈʌndərˈtʃɑːrdʒ, BrE ˌʌndəˈtʃɑːdʒ/ *vt* cobrarle de menos a; **~coat** (AmE also) **~coating** *n* **1** **(a)** (paint) pintura *f* base **(b)** (coating) primera mano *f* de pintura **2** (AmE) (Auto) tratamiento *m* anticorrosivo del chasis; **~cover** /ˈʌndərˈkʌvər, BrE ˌʌndəˈkʌvə(r)/ *adj* secreto; **~current** *n* **(a)** (of discontent) trasfondo *m*, corriente *f* subyacente **(b)** (of water) contracorriente *f*; **~cut** /ˈʌndərˈkʌt, BrE ˌʌndəˈkʌt/ *vt* (*pres p* **-cutting**; *past & past p* **-cut**) ‹*competitor*› vender más barato que; **~developed** /ˌʌndərdɪˈveləpt, BrE ˌʌndədɪˈveləpt/ *adj* poco desarrollado; ‹*nation*› subdesarrollado; **~done** /ˈʌndərˈdʌn, BrE ˌʌndəˈdʌn/ *adj* ‹*meat*› poco cocido, poco hecho (Esp); **~estimate** /ˈʌndərˈestəmeɪt, BrE ˌʌndərˈestɪmeɪt/ *vt* **(a)** (guess too low): **they ~estimated the cost** calcularon el costo en menos de lo que correspondía **(b)** (underrate) subestimar; **~fed** /ˈʌndərˈfed, BrE ˌʌndəˈfed/ *adj* subalimentado; **~foot** /ˈʌndərˈfʊt, BrE ˌʌndəˈfʊt/ *adv* debajo de los pies; **~go** /ˈʌndərˈgəʊ, BrE ˌʌndəˈgəʊ/ *vt* (*3rd pers sing pres* **-goes**; *pres p* **-going**; *past* **-went**; *past p* **-gone**) ‹*change/hardship*› sufrir; **he is ~going treatment** está en tratamiento; **~graduate** /ˈʌndərˈgrædʒuət, BrE ˌʌndəˈgrædʒʊət/ *n* estudiante universitario, -ria *m,f* (*de licenciatura*); (*before n*) ‹*course/student*› universitario

underground[1] /ˈʌndərgraʊnd, BrE ˈʌndəgraʊnd/ *adj* (*before n*) subterráneo; ‹*organization*› clandestino

underground[2] /ˈʌndərˈgraʊnd, BrE ˌʌndəˈgraʊnd/ *adv* bajo tierra

underground[3] /ˈʌndərgraʊnd, BrE ˈʌndəgraʊnd/ *n* **1** *also* **Underground** (BrE) (Transp) metro *m*, subterráneo *m* (RPl) **2** (secret organization) movimiento *m* clandestino

under: **~growth** *n* maleza *f*, monte *m* bajo; **~hand** /ˈʌndərˈhænd, BrE ˌʌndəˈhænd/, **~handed** /ˈʌndərˈhændəd, BrE ˌʌndəˈhændɪd/ *adj* ‹*person*› solapado; ‹*method/dealings*› poco limpio; **~lie** /ˈʌndərˈlaɪ, BrE ˌʌndəˈlaɪ/ *vt* (*3rd pers sing pres* **-lies**; *pres p* **-lying**; *past* **-lay**; *past p* **-lain**) subyacer* a; **~line** *vt* subrayar; **~lying** /ˈʌndərˈlaɪɪŋ, BrE ˌʌndəˈlaɪɪŋ/ *adj* (*before n*) subyacente; **~manned** /ˈʌndərˈmænd, BrE ˌʌndəˈmænd/ *adj* ‹*factory*› con personal *or* con mano de obra insuficiente; **~mine** /ˈʌndərˈmaɪn, BrE ˌʌndəˈmaɪn/ *vt* ‹*health/strength*› minar; ‹*authority*› quitar

underneath[1] /ˈʌndərˈniːθ, BrE ˌʌndəˈniːθ/ *prep* debajo de, abajo de (AmL)

underneath[2] *adv* debajo, abajo; ‹*dig/crawl*› por debajo, por abajo

under: **~nourished** /ˈʌndərˈnɜːrɪʃt, BrE ˌʌndəˈnʌrɪʃt/ *adj* desnutrido; **~paid** /ˈʌndərˈpeɪd, BrE ˌʌndəˈpeɪd/ *adj* mal pagado; **~pants** *pl n* calzoncillos *mpl*, calzones *mpl* (Méx); **~pass** *n* (for traffic) paso *m* inferior; **pedestrian ~pass** pasaje *m* subterráneo; **~privileged** /ˈʌndərˈprɪvəlɪdʒd, BrE ˌʌndəˈprɪvəlɪdʒd/ *adj* desfavorecido; **~rate** /ˈʌndərˈreɪt, BrE ˌʌndəˈreɪt/ *vt* **(a)** ‹*ability/opponent*› subestimar **(b)** **~rated** *past p* ‹*writer/play*› no debidamente apreciado *or* valorado; **~secretary** /ˈʌndərˈsekrəteri, BrE ˌʌndəˈsekrətri/ *n* subsecretario, -ria *m,f*; **~sell** *vt* (*past & past p* **-sold**) ‹*competitor*› vender más barato que; **~shirt** *n* (AmE) camiseta *f* (interior); **~shorts** *pl n* (AmE) calzoncillos *mpl* (*en forma de pantalón corto*); **~side** *n* parte *f* inferior *or* de abajo; **~skirt** *n* enagua(s) *f(pl)*, viso *m*, fondo *m* (Méx); **~sold** /ˈʌndərˈsəʊld, BrE ˌʌndəˈsəʊld/ *past and past p of* **undersell**; **~staffed** /ˈʌndərˈstæft, BrE ˌʌndəˈstɑːft/ *adj*: **to be ~staffed** estar* muy escaso *or* falto de personal

understand /ˈʌndərˈstænd, BrE ˌʌndəˈstænd/ (*past & past p* **-stood**) *vt* **1** **(a)** (grasp meaning of) entender* **(b)** (sympathize, empathize with) comprender, entender* **2** (believe, infer): **I ~ you play tennis** tengo entendido que juega al tenis
■ *vi* entender*, comprender

understandable /ˈʌndərˈstændəbəl, BrE ˌʌndəˈstændəbəl/ *adj* comprensible

understanding[1] /ˈʌndərˈstændɪŋ,

BrE ˌʌndəˈstændɪŋ/ *n* **1** **(a)** (grasp) entendimiento *m* **(b)** (interpretation) interpretación *f* **(c)** (sympathy) comprensión *f* **2** (agreement, arrangement) acuerdo *m*; **we had an ~ that ...** habíamos convenido que ... **3** **on the ~ that** bien entendido que

understanding² *adj* comprensivo

understatement /ˈʌndərˈsteɪtmənt, BrE ˈʌndəsteɪtmənt/ *n*: **to say it wasn't well attended is an ~** decir que no estuvo muy concurrido es quedarse corto

understood¹ /ˈʌndərˈstʊd, BrE ˌʌndəˈstʊd/ *past & past p of* **understand**

understood² *adj* (assumed): **expenses will be paid, that's ~** se sobreentiende que nos (*or* les *etc*) pagarán los gastos

under: **~study** *n* suplente *mf*, sobresaliente *mf*; **~take** /ˈʌndərˈteɪk, BrE ˌʌndəˈteɪk/ *vt* (*past* **-took**; *past p* **-taken**) **(a)** ‹*responsibility*› asumir; ‹*obligation*› contraer*; ‹*task*› emprender **(b)** **to ~take to + INF** comprometerse A + INF; **~taker** /ˈʌndərˈteɪkər, BrE ˈʌndəˌteɪkə(r)/ *n* ▶ **mortician**; **~taking** /ˈʌndərˈteɪkɪŋ, BrE ˌʌndəˈteɪkɪŋ/ *n* **(a)** (task) empresa *f*, tarea *f* **(b)** (promise) promesa *f*; **~tone** *n* **(a)** (low voice): **to speak in an ~tone** hablar en voz baja **(b)** (hint) trasfondo *m*; **~took** /ˈʌndərˈtʊk, BrE ˌʌndəˈtʊk/ *past of* **undertake**; **~value** /ˈʌndərˈvæljuː, BrE ˌʌndəˈvæljuː/ *vt* ‹*goods*› subvalorar; ‹*person/skill*› subvalorar

underwater¹ /ˈʌndərˈwɔːtər, BrE ˌʌndəˈwɔːtə(r)/ *adj* submarino

underwater² *adv* debajo del agua

under: **~wear** *n* ropa *f* interior; **~weight** /ˈʌndərˈweɪt, BrE ˌʌndəˈweɪt/ *adj* ‹*person/baby*› de peso más bajo que el normal; **~went** /ˈʌndərˈwent, BrE ˌʌndəˈwent/ *past of* **undergo**; **~world** *n* **(a)** (Myth): **the U~world** el infierno, el averno (liter) **(b)** (criminals): **the ~world** el hampa, los bajos fondos; **~write** /ˈʌndərˈraɪt, BrE ˌʌndəˈraɪt/ *vt* (*past* **-wrote**; *past p* **-written**) **(a)** (in insurance) asegurar **(b)** (guarantee financially) ‹*project/venture*› financiar

undeserving /ˈʌndɪˈzɜːrvɪŋ, BrE ˌʌndɪˈzɜːvɪŋ/ *adj* ‹*person*› de poco mérito; ‹*cause*› poco meritorio

undesirable /ˈʌndɪˈzaɪrəbəl, BrE ˌʌndɪˈzaɪərəbəl/ *adj* ‹*consequence*› no deseado; ‹*person*› indeseable

undeveloped /ˈʌndɪˈveləpt/ *adj* ‹*resources/region*› sin explotar

undid /ˈʌnˈdɪd/ *past of* **undo**

u

undignified /ˈʌnˈdɪgnəfaɪd, BrE ʌnˈdɪgnɪfaɪd/ *adj* **(a)** (lacking modesty) indecoroso **(b)** (inappropriate to status) poco digno

undisciplined /ˈʌnˈdɪsəplənd, BrE ˌʌnˈdɪsɪplɪnd/ *adj* indisciplinado

undiscovered /ˈʌndɪsˈkʌvərd, BrE ˌʌndɪsˈkʌvəd/ *adj* (not found) no descubierto; (unknown) desconocido

undisguised /ˈʌndɪsˈgaɪzd/ *adj* manifiesto, abierto

undisputed /ˈʌndɪˈspjuːtəd, BrE ˌʌndɪˈspjuːtɪd/ *adj* ‹*champion/leader*› indiscutido; ‹*facts*› innegable

undivided /ˈʌndɪˈvaɪdəd, BrE ˌʌndɪˈvaɪdɪd/ *adj*: **you have my ~ attention** tienes toda mi atención

undo /ˈʌnˈduː/ *vt* (*3rd pers sing pres* **-does**; *pres p* **-doing**; *past* **-did**; *past p* **-done**) ‹*button/jacket*› desabrochar; ‹*zipper*› abrir*; ‹*knot/parcel*› desatar, deshacer*; ‹*shoelaces*› desatar, desamarrar (AmL exc RPl)

undone /ˈʌnˈdʌn/ *adj* (*pred*) **(a)** (unfastened) desatado, desamarrado (AmL exc RPl) **(b)** (not started) sin empezar; (unfinished) sin terminar

undoubtedly /ʌnˈdaʊtədli, BrE ʌnˈdaʊtɪdli/ *adv* indudablemente, sin duda

undress /ˈʌnˈdres/ *vt* desvestir*, desnudar; **to get ~ed** desvestirse*, desnudarse

undue /ˈʌnˈduː, BrE ʌnˈdjuː/ *adj* (*before n*) excesivo, demasiado

unduly /ˈʌnˈduːli, BrE ʌnˈdjuːli/ *adv* excesivamente, demasiado

unearth /ˈʌnˈɜːrθ, BrE ʌnˈɜːθ/ *vt* **(a)** ‹*remains*› desenterrar* **(b)** ‹*fact/document*› descubrir*

unearthly /ˈʌnˈɜːrθli, BrE ʌnˈɜːθli/ *adj* **-lier**, **-liest** sobrenatural; **at this ~ hour** a estas horas (intempestivas)

unease /ˈʌnˈiːz/ *n* (nervousness) inquietud *f*; (tension, discontent) malestar *m*

uneasy /ˈʌnˈiːzi/ *adj* **-sier**, **-siest** **(a)** (anxious, troubled) inquieto, preocupado **(b)** (awkward, constrained) ‹*laugh/silence*› incómodo, molesto

uneconomical /ˈʌnˈekəˈnɑːmɪkl, -ˈiːkə-, BrE ˌʌnˌiːkəˈnɒmɪkəl, -ˌek-/ *adj* poco económico

uneducated /ˈʌnˈedʒəkeɪtəd, BrE ˌʌnˈedjʊkeɪtɪd/ *adj* sin educación, inculto

unemotional /ˈʌnɪˈməʊʃn̩əl, BrE ˌʌnɪˈməʊʃənl/ *adj* ‹*person*› indiferente; ‹*account/report*› objetivo

unemployable /ˈʌnɪmˈplɔɪəbəl/ *adj* inempleable

unemployed /ˈʌnɪmˈplɔɪd/ *adj* ‹*person*› desempleado, parado (Esp), en paro (Esp), cesante (Chi)

unemployment /ˈʌnɪmˈplɔɪmənt/ *n* (being out of work) desempleo *m*, paro *m* (Esp), cesantía *f* (Chi); (*before n*) **~ benefit** o (AmE also) **compensation** subsidio *m* de desempleo, paro *m* (Esp), subsidio *m* de cesantía (Chi)

unending /ˈʌnˈendɪŋ/ *adj* interminable, sin fin

unenthusiastic /ˈʌnɪnˈθuːziˈæstɪk, BrE ˌʌnɪnθjuːziˈæstɪk/ *adj* poco entusiasta

unenviable /ˈʌnˈenviəbəl/ *adj* nada envidiable

unequal /ˈʌnˈiːkwəl/ *adj* desigual

UNESCO /juːˈneskəʊ/ *n* (*no art*) (= **United Nations Educational, Scientific and Cultural Organization**) la UNESCO

unethical /ʌnˈeθɪkəl/ *adj* inmoral, poco ético

uneven /ˈʌnˈiːvən/ *adj* **1** **(a)** (not straight) torcido **(b)** (not level) ‹*surface*› desigual, irregular, disparejo (AmL); ‹*ground*› desnivelado, desigual, disparejo (AmL) **2** ‹*color/paint*› poco uniforme, disparejo (AmL) **3** (unequal) ‹*widths/lengths/contest*› desigual

uneventful /ˈʌnɪˈventfəl/ *adj* ‹*journey*› sin incidentes; ‹*day*› tranquilo; ‹*life*› sin acontecimientos de nota

unexciting /ˈʌnɪkˈsaɪtɪŋ/ *adj* ‹*prospect/job*› poco estimulante; ‹*food*› insulso, poco apetitoso

unexpected /ˈʌnɪkˈspektəd, BrE ˌʌnɪkˈspektɪd/ *adj* ‹*reaction/visitor*› inesperado; ‹*result/delay*› imprevisto

unexpectedly /ˈʌnɪkˈspektədli, BrE ˌʌnɪkˈspektɪdli/ *adv* ‹*arrive*› de improviso; ‹*happen*› de forma imprevista

unexploded /ˈʌnɪkˈspləʊdəd/ *adj* sin detonar

unexplored /ˈʌnɪkˈsplɔːrd, BrE ˌʌnɪksˈplɔːd/ *adj* inexplorado

unfailing /ʌnˈfeɪlɪŋ/ *adj* ‹*optimism*› indefectible, a toda prueba; ‹*interest/support*› constante

unfair /ˈʌnˈfer, BrE ʌnˈfeə(r)/ *adj* ‹*treatment/decision*› injusto; ‹*competition*› desleal; ‹*dismissal*› improcedente, injustificado; **it was ~ of him to blame you** fue injusto que te echara la culpa a ti

unfairly /ˈʌnˈferli, BrE ʌnˈfeəli/ *adj* injustamente

unfaithful /ˈʌnˈfeɪθfəl/ *adj* ‹*spouse/lover*› infiel; ‹*follower*› desleal

unfamiliar /ˈʌnfəˈmɪljər, BrE ˌʌnfəˈmɪliə(r)/ *adj* ‹*face/surroundings*› desconocido, nuevo

unfashionable /ˈʌnˈfæʃn̩əbəl/ *adj* fuera de moda

unfasten /ˈʌnˈfæsn̩, BrE ʌnˈfɑːsn̩/ *vt* ‹*seat belt/button*› desabrochar; ‹*knot*› deshacer*, desatar

unfavorable, (BrE) **unfavourable** /ˈʌnˈfeɪvrəbəl/ *adj* desfavorable

unfinished /ˈʌnˈfɪnɪʃt/ *adj* sin terminar, inacabado

unfit /ˈʌnˈfɪt/ *adj* **(a)** (unsuitable) ‹*mother*› inepto, incapaz; **he was ~ for the job** no estaba capacitado para el trabajo; **~ for human consumption** no apto para el consumo **(b)** (physically): **I'm ~** no estoy en forma, estoy fuera de forma

unflagging /ˈʌnˈflægɪŋ/ *adj* ‹*energy/enthusiasm*› inagotable; ‹*interest*› sostenido

unflattering /ˈʌnˈflætərɪŋ/ *adj* ‹*remark/description*› poco halagüeño; ‹*dress*› poco favorecedor

unfold /ˈʌnˈfəʊld/ *vt* ‹*tablecloth/map*› desdoblar, extender*; ‹*wings*› desplegar* ■ *vi* **(a)** «*flower/leaf*» abrirse*; «*wings*» desplegarse* **(b)** «*story/events*» desarrollarse; «*scene*» extenderse*

unforeseen /ˈʌnfɔːrˈsiːn, BrE ˌʌnfɔːˈsiːn/ *adj* imprevisto

unforgettable /ˈʌnfərˈgetəbəl, BrE ˌʌnfəˈgetəbəl/ *adj* inolvidable

unforgivable /ˈʌnfərˈgɪvəbəl, BrE ˌʌnfəˈgɪvəbəl/ *adj* imperdonable

unfortunate /ʌnˈfɔːrtʃn̩ət, BrE ʌnˈfɔːtʃənət/ *adj* desafortunado; **he has been very ~** ha tenido muy mala suerte

unfortunately /ʌnˈfɔːrtʃn̩ətli, BrE ʌnˈfɔːtʃənətli/ *adv* (*indep*) lamentablemente, desafortunadamente; (stronger) desgraciadamente, por desgracia

unfounded /ˈʌnˈfaʊndəd, BrE ʌnˈfaʊndɪd/ *adj* infundado

unfriendly /ˈʌnˈfrendli/ *adj* **-lier**, **-liest** poco amistoso; (stronger) antipático

unfulfilled /ˈʌnfʊlˈfɪld/ *adj* ‹*ambition/hope*› frustrado; ‹*prophecy*› no cumplido

unfurl /ˈʌnˈfɜːrl, BrE ʌnˈfɜːl/ *vt* desplegar*

unfurnished /ˈʌnˈfɜːrnɪʃt, BrE ʌnˈfɜːnɪʃt/ *adj* sin amueblar

ungainly /ʌnˈgeɪnli/ *adj* desgarbado

ungracious /ˈʌnˈgreɪʃəs/ *adj* descortés

ungrateful /ˈʌnˈgreɪtfəl/ *adj* desagradecido, ingrato, malagradecido

unguarded /ˈʌnˈgɑːrdəd, BrE ʌnˈgɑːdɪd/ *adj* (incautious): **in an ~ moment** en un momento de descuido

unhappily /ˈʌnˈhæpəli, BrE ʌnˈhæpɪli/ *adv* **(a)** ‹*sigh*› tristemente, con tristeza **(b)** (unfortunately) (*indep*) lamentablemente

unhappiness /ˈʌnˈhæpinəs, BrE ʌnˈhæpinɪs/ *n* infelicidad *f*; (stronger) desdicha *f*; (sadness) tristeza *f*

unhappy /ˈʌnˈhæpi/ *adj* **-pier**, **-piest** **(a)** (sad) ‹*childhood*› infeliz; (stronger) desgraciado, desdichado **(b)** (worried) (*pred*): **I was ~ about the children being left alone** me preocupaba *or* inquietaba que los niños se quedaran solos **(c)** (discontented) (*pred*) **to be ~ ABOUT sth** no estar* contento CON algo

unharmed /ˈʌnˈhɑːrmd, BrE ʌnˈhɑːmd/ *adj*: **he escaped ~** salió *or* resultó ileso

unhealthy /ˈʌnˈhelθi/ *adj* **-thier**, **-thiest** **(a)** ‹*person*› de mala salud; ‹*complexion*› enfermizo; ‹*climate*› poco saludable, insalubre, malsano **(b)** ‹*interest/obsession*› malsano

unheard of /ˈʌnˈhɜːrdɑːv, BrE ʌnˈhɜːdɒv/ *adj* insólito

unhelpful /ˈʌnˈhelpfəl/ *adj* ‹*assistant/secretary*› poco servicial; **he was most ~** no se mostró nada dispuesto a ayudar

unhinge /ˈʌnˈhɪndʒ/ *vt* ‹*person/mind*› trastornar

unhurt /ˈʌnˈhɜːrt, BrE ʌnˈhɜːt/ *adj* ileso; **to escape ~** salir* *or* resultar ileso

unhygienic /ˈʌnhaɪˈdʒiːnɪk/ *adj* antihigiénico

UNICEF /ˈjuːnɪsef/ *n* (*no art*) (= **United Nations International Children's Emergency Fund**) UNICEF *m or f*

unicorn /ˈjuːnəkɔːrn, BrE ˈjuːnɪkɔːn/ *n* unicornio *m*

unidentified /ˈʌnaɪˈdentəfaɪd, BrE ˌʌnaɪˈdentɪfaɪd/ *adj* no identificado; **~ flying object** objeto *m* volador *or* (Esp) volante no identificado

unification /ˈjuːnəfəˈkeɪʃən, BrE ˌjuːnɪfɪˈkeɪʃən/ *n* unificación *f*

uniform¹ /ˈjuːnəfɔːrm, BrE ˈjuːnɪfɔːm/ *n* uniforme *m*

uniform² *adj* ‹*color/length*› uniforme; ‹*temperature/speed*› constante

uniformity /ˈjuːnəˈfɔːrməti, BrE ˌjuːnɪˈfɔːməti/ *n* uniformidad *f*

unify /ˈjuːnəfaɪ, BrE ˈjuːnɪfaɪ/ *vt* **-fies**, **-fying**, **-fied** unir

unilateral /ˈjuːnɪˈlætərəl/ *adj* unilateral

unimaginable /ˈʌnəˈmædʒənəbəl, BrE ˌʌnɪˈmædʒɪnəbəl/ *adj* inimaginable

unimaginative /ˈʌnəˈmædʒənətɪv, BrE ˌʌnɪˈmædʒɪnətɪv/ *adj* ‹*person*› poco imaginativo; ‹*story/design*› falto de imaginación

unimportant /ˈʌnɪmˈpɔːrtn̩t, BrE ˌʌnɪmˈpɔːtn̩t/ *adj* ‹*matter/detail*› sin importancia

uninhabited /ˈʌnɪnˈhæbətəd, BrE ˌʌnɪnˈhæbɪtɪd/ *adj* ‹*house*› deshabitado; ‹*region/island*› despoblado

uninhibited /ˈʌnɪnˈhɪbətəd, BrE ˌʌnɪnˈhɪbɪtɪd/ *adj* desinhibido, desenfadado

unintelligent /ˈʌnɪnˈtelədʒənt, BrE ˌʌnɪnˈtelɪdʒənt/ *adj* poco inteligente

unintelligible /ˈʌnɪnˈtelədʒəbəl, BrE ˌʌnɪnˈtelɪdʒəbəl/ *adj* ininteligible

unintentional /ˈʌnɪnˈtentʃn̩əl, BrE ˌʌnɪnˈtenʃənl/ *adj* involuntario, no deliberado

unintentionally /ˈʌnɪnˈtentʃn̩əli, BrE ˌʌnɪnˈtenʃn̩əli/ *adv* involuntariamente, sin querer

uninterested /ˈʌnˈɪntrəstəd, BrE ʌnˈɪntrestɪd/ *adj* indiferente

uninteresting /ˈʌnˈɪntrəstɪŋ/ *adj* ‹*topic*› sin interés; ‹*person*› poco interesante

uninvited /ˈʌnɪnˈvaɪtəd, BrE ˌʌnɪnˈvaɪtɪd/ *adj*: **they came ~** vinieron sin que nadie los invitara

uninviting /ˈʌnɪnˈvaɪtɪŋ/ *adj* ‹*appearance*› poco atractivo; ‹*food*› poco apetitoso

union /ˈjuːnjən/ *n* **1** (act, state) unión *f* **2** (Lab Rel) sindicato *m*, gremio *m* (CS, Per); (*before n*) ‹*official/movement*› sindical, gremial (CS, Per); **~ card** carné *m* de afiliado **3** (at college, university) asociación *f or* federación *f* de estudiantes

unionize /ˈjuːnjənaɪz/ *vt* sindicalizar* (esp AmL), sindicar* (esp Esp)

Union Jack *n* bandera *f* del Reino Unido

unique /jʊˈniːk/ *adj* (*no comp*) único

unisex /ˈjuːnəseks, BrE ˈjuːnɪseks/ *adj* unisex *adj inv*

unison /ˈjuːnəsən, BrE ˈjuːnɪsən/ *n*: **in ~** al unísono

unit /ˈjuːnət, BrE ˈjuːnɪt/ *n* **1** **(a)** (item) (Busn) unidad *f* **(b)** (of furniture) módulo *m* **2** (group) (Mil) unidad *f* **3** (of measurement) unidad *f* **4** (Educ) (in course) módulo *m*

unite /jʊˈnaɪt, BrE juːˈnaɪt/ *vt* unir ■ *vi* unirse

united /jʊˈnaɪtəd, BrE juːˈnaɪtɪd/ *adj* unido

united: **U~ Arab Emirates** /ˈemɪrəts, BrE ˈemɪərəts/ *pl n*: **the U~ Arab Emirates** los Emiratos Árabes Unidos; **U~ Kingdom** *n*: **the U~ Kingdom** el Reino Unido; **U~ Nations (Organization)** *n* (+ *sing o pl vb*): **the U~ Nations (organization)** (la Organización de) las Naciones Unidas; **U~ States** *n* (*usu* + *sing vb*): **the U~ States** los Estados Unidos; **U~ States of America** *n* (*usu* + *sing vb*): **the U~ States of America** los Estados Unidos de América

unity /ˈjuːnəti/ *n* (*pl* **-ties**) unidad *f*

universal /ˈjuːnəˈvɜːrsəl, BrE ˌjuːnɪˈvɜːsəl/ *adj* **(a)** (general) general **(b)** (worldwide) universal **(c)** (all-purpose, versatile) ‹*adaptor*› universal

universally /ˈjuːnəˈvɜːrsəli, BrE ˌjuːnɪˈvɜːsəli/ *adv* ‹*known/admired*› mundialmente, universalmente

universe /ˈjuːnəvɜːrs, BrE ˈjuːnɪvɜːs/ *n* universo *m*

university /ˈjuːnəˈvɜːrsəti, BrE ˌjuːnɪˈvɜːsəti/ *n* (*pl* **-ties**) universidad *f*; (*before n*) ‹*town/life*› universitario

unjust /ˈʌnˈdʒʌst/ *adj* injusto

unjustified /ˈʌnˈdʒʌstəfaɪd, BrE ʌnˈdʒʌstɪfaɪd/ *adj* injustificado

unkempt /ˈʌnˈkempt/ *adj* (fml) ‹*appearance*› descuidado, desarreglado; ‹*hair*› despeinado

unkind /ˈʌnˈkaɪnd/ *adj* **-er, -est** (unpleasant) poco amable; (cruel) cruel, malo; ‹*remark*› hiriente

unknown[1] /ˈʌnˈnəʊn/ *adj* desconocido

unknown[2] *n* **(a)** (phenomenon): **the ~** lo desconocido **(b)** (person) desconocida, -da *m,f*

unknown[3] *adv*: **~ to her** sin ella saberlo

unlawful /ˈʌnˈlɔːfəl/ *adj* ‹*conduct*› ilegal; ‹*possession*› ilícito

unleaded /ˈʌnˈledəd, BrE ʌnˈledɪd/ *adj* sin plomo

unleash /ˈʌnˈliːʃ/ *vt* ‹*dog*› soltar*, desatar; ‹*anger/imagination*› dar(le)* rienda suelta a; ‹*war*› desencadenar

unless /ʌnˈles, ən-/ *conj* a no ser que (+ *subj*), a menos que (+ *subj*)

unlike /ˈʌnˈlaɪk/ *prep* **(a)** (not similar to) diferente *or* distinto de **(b)** (untypical of): **it's ~ you to be so optimistic** tú no sueles ser tan optimista **(c)** (in contrast to) a diferencia de

unlikely /ˈʌnˈlaɪkli/ *adj* **-lier, liest** **(a)** (improbable) ‹*outcome/victory*› improbable, poco probable **(b)** (far-fetched) ‹*story/explanation*› inverosímil **(c)** (odd, unexpected) insólito

unlimited /ˈʌnˈlɪmətəd, BrE ʌnˈlɪmɪtɪd/ *adj* ilimitado

unlined /ˈʌnˈlaɪnd/ *adj* **(a)** ‹*paper*› sin pautar **(b)** ‹*dress/jacket*› sin forro

unlisted /ˈʌnˈlɪstəd, BrE ʌnˈlɪstɪd/ *adj* (AmE) (Telec) que no figura en la guía telefónica

unlit /ˈʌnˈlɪt/ *adj* ‹*road*› sin luz, sin alumbrado

unload /ˈʌnˈləʊd/ *vt/i* descargar*

unlock /ˈʌnˈlɑːk, BrE ʌnˈlɒk/ *vt* abrir* (*algo que está cerrado con llave*)

unlucky /ˈʌnˈlʌki/ *adj* **unluckier, unluckiest** ‹*person*› sin suerte, desafortunado; ‹*day*› funesto, de mala suerte; ‹*object*› que trae mala suerte; **to be ~** tener* mala suerte

unmanageable /ˈʌnˈmænɪdʒəbəl/ *adj* ‹*child/horse*› rebelde; ‹*hair*› rebelde

unmanned /ˈʌnˈmænd/ *adj* ‹*vehicle/rocket*› sin tripulación; ‹*space flight*› no tripulado

unmarried /ˈʌnˈmærid/ *adj* soltero

unmask /ˈʌnˈmæsk, BrE ʌnˈmɑːsk/ *vt* desenmascarar

unmentionable /ˈʌnˈmentʃn̩əbəl, BrE ʌnˈmenʃənəbəl/ *adj* inmencionable, innombrable

unmistakable /ˈʌnməˈsteɪkəbəl, BrE ˌʌnmɪˈsteɪkəbəl/ *adj* inconfundible; ‹*proof*› inequívoco

unnamed /ˈʌnˈneɪmd/ *adj* no identificado

unnatural /ˈʌnˈnætʃərəl/ *adj* **(a)** (unusual) poco natural *or* normal **(b)** (awkward, affected) ‹*smile*› poco natural **(c)** (against nature) (fml) antinatural

unnecessarily /ˈʌnnesəˈserəli, BrE ˌʌnnesəˈserɪli, ˌʌnˈnesəsərɪli/ *adv* innecesariamente

unnecessary /ʌnˈnesəseri, BrE ʌnˈnesəsəri/ *adj* innecesario

unnerve /ˈʌnˈnɜːrv, BrE ʌnˈnɜːv/ *vt* poner* nervioso, turbar (liter)

unnerving /ˈʌnˈnɜːrvɪŋ, BrE ʌnˈnɜːvɪŋ/ *adj* desconcertante, que pone nervioso

unnoticed /ˈʌnˈnəʊtəst, BrE ʌnˈnəʊtɪst/ *adj* (*pred*): **to go ~** pasar desapercibido *or* inadvertido

palabra clave

unobtainable /ˈʌnəbˈteɪnəbəl/ *adj* imposible de conseguir
unobtrusive /ˈʌnəbˈtruːsɪv/ *adj* discreto
unoccupied /ˈʌnˈɑːkjəpaɪd, BrE ʌnˈɒkjʊpaɪd/ *adj* **(a)** ‹*seat/toilet*› desocupado, libre; ‹*house*› deshabitado, desocupado **(b)** (Mil) no ocupado
unofficial /ˈʌnəˈfɪʃəl/ *adj* no oficial
unofficially /ˈʌnəˈfɪʃəli/ *adv* extraoficialmente
unopened /ˈʌnˈəʊpənd/ *adj* sin abrir
unopposed /ˈʌnəˈpəʊzd/ *adj* sin oposición
unoriginal /ˈʌnəˈrɪdʒənl/ *adj* poco original, sin originalidad
unorthodox /ʌnˈɔːrθədɑːks, BrE ʌnˈɔːθədɒks/ *adj* poco ortodoxo
unpack /ˈʌnˈpæk/ *vt* ‹*bags*› sacar* las cosas de, desempacar* (AmL); ‹*suitcase*› deshacer*, desempacar* (AmL)
▪ *vi* deshacer* las maletas, desempacar* (AmL)
unpaid /ˈʌnˈpeɪd/ *adj* ‹*work*› no retribuido, no remunerado; ‹*leave*› sin sueldo; ‹*debt*› pendiente, no liquidado
unpalatable /ˈʌnˈpælətəbəl/ *adj* **(a)** ‹*food/drink*› de sabor desagradable **(b)** ‹*fact/truth*› desagradable, difícil de digerir
unparalleled /ˈʌnˈpærəleld/ *adj* ‹*success/achievement*› sin paralelo, sin parangón; ‹*disaster*› sin precedentes; ‹*beauty*› incomparable
unperturbed /ˈʌnpərˈtɜːrbd, BrE ˌʌnpəˈtɜːbd/ *adj* impasible, impertérrito; **she carried on ~** siguió sin inmutarse
unpleasant /ˈʌnˈplezn̩t/ *adj* desagradable
unplug /ˈʌnˈplʌg/ *vt* **-gg-** desenchufar, desconectar
unpopular /ˈʌnˈpɑːpjələr, BrE ʌnˈpɒpjʊlə(r)/ *adj* impopular; **he is ~ with everybody** le cae muy mal a todo el mundo
unprecedented /ˈʌnˈpresədentəd, BrE ʌnˈpresɪdentɪd/ *adj* ‹*success/hostility*› sin precedentes; ‹*decision*› inaudito
unpredictable /ˈʌnprɪˈdɪktəbəl/ *adj* ‹*result/weather*› imprevisible; **she's very ~** nunca se sabe cómo va a reaccionar
unprepared /ˈʌnprɪˈperd, BrE ˌʌnprɪˈpeəd/ *adj* **(a)** (not ready) (*pred*) **to be ~** no estar* preparado **(b)** (not expecting) (*pred*) **to be ~** FOR **sth** no esperar algo
unprepossessing /ˈʌnpriːpəˈzesɪŋ/ *adj* poco atractivo
unprincipled /ˈʌnˈprɪnsəpəld/ *adj* sin escrúpulos *or* principios
unproductive /ˈʌnprəˈdʌktɪv/ *adj* ‹*meeting*› infructuoso
unprofessional /ˈʌnprəˈfeʃn̩əl, BrE ˌʌnprəˈfeʃənl/ *adj* poco profesional
unprofitable /ˈʌnˈprɑːfətəbəl, BrE ʌnˈprɒfɪtəbəl/ *adj* no rentable
unprotected /ˈʌnprəˈtektəd, BrE ˌʌnprəˈtektɪd/ *adj* sin protección; ‹*sex*› sin el uso de preservativos
unproven /ˈʌnˈpruːvən/ *adj* ‹*theory*› (que está) por demostrar *or* probar
unpublished /ˈʌnˈpʌblɪʃt/ *adj* inédito, no publicado
unpunished /ˈʌnˈpʌnɪʃt/ *adj*: **to go ~** «*person*» quedar sin castigo; «*crime*» quedar impune
unqualified /ˈʌnˈkwɑːləfaɪd, BrE ʌnˈkwɒlɪfaɪd/ *adj* **1** (complete, total) ‹*approval*› incondicional; ‹*disaster*› absoluto; ‹*success/failure*› rotundo **2** (without qualifications) ‹*teacher/nurse*› sin titulación *or* título, no titulado; ‹*staff*› no calificado *or* (Esp) cualificado
unquestionable /ˈʌnˈkwestʃənəbəl/ *adj* ‹*sincerity/loyalty*› incuestionable, innegable
unquestioning /ˈʌnˈkwestʃənɪŋ/ *adj* ‹*obedience/faith*› ciego; ‹*loyalty*› incondicional
unravel /ˈʌnˈrævəl/ *vt*, (BrE **-ll-**) **(a)** ‹*threads/string*› desenredar **(b)** ‹*mystery*› desentrañar
unreadable /ˈʌnˈriːdəbəl/ *adj* **(a)** ‹*handwriting*› ilegible **(b)** ‹*novel*› muy difícil de leer
unrealistic /ˈʌnriːəˈlɪstɪk, BrE ˌʌnrɪəˈlɪstɪk/ *adj* ‹*expectations*› poco realista; **it's ~ to expect that** no es realista esperar eso
unreasonable /ˈʌnˈriːzn̩əbəl/ *adj* ‹*person*› poco razonable, irrazonable; ‹*demand/price*› excesivo, poco razonable
unrecognizable /ˈʌnˈrekəgnaɪzəbəl/ *adj* irreconocible
unrefined /ˈʌnrɪˈfaɪnd/ *adj* ‹*flour/sugar*› sin refinar, no refinado; ‹*gold*› en estado bruto; ‹*person*› poco refinado; **~ oil** crudo *m*
unrelated /ˈʌnrɪˈleɪtəd, BrE ˌʌnrɪˈleɪtɪd/ *adj* ‹*facts/events*› no relacionados (entre sí)
unreliable /ˈʌnrɪˈlaɪəbəl/ *adj* ‹*person*› informal; ‹*information*› poco fidedigno; ‹*weather*› variable
unrepeatable /ˈʌnrɪˈpiːtəbəl/ *adj* irrepetible
unrepentant /ˈʌnrɪˈpentn̩t/ *adj* impenitente
unreported /ˈʌnrɪˈpɔːrtəd, BrE ˌʌnrɪˈpɔːtɪd/ *adj* ‹*crime*› no denunciado
unrepresentative /ˈʌnreprəˈzentətɪv/ *adj* poco representativo
unrequited /ˈʌnrɪˈkwaɪtəd, BrE ˌʌnrɪˈkwaɪtɪd/ *adj* ‹*love*› no correspondido
unresolved /ˈʌnrɪˈzɑːlvd, BrE ˌʌnrɪˈzɒlvd/ *adj* no resuelto
unresponsive /ˈʌnrɪˈspɑːnsɪv, BrE ˌʌnrɪˈspɒnsɪv/ *adj* ‹*audience/expression*› indiferente; ‹*pupil*› que no responde
unrest /ˈʌnˈrest/ *n* (Pol) descontento *m*, malestar *m*; (active) disturbios *mpl*
unrestricted /ˈʌnrɪˈstrɪktəd, BrE ˌʌnrɪˈstrɪktɪd/ *adj* ilimitado
unrewarded /ˈʌnrɪˈwɔːrdəd, BrE ˌʌnrɪˈwɔːdɪd/ *adj* no recompensado
unripe /ˈʌnˈraɪp/ *adj* verde, que no está maduro
unrivaled, (BrE) **unrivalled** /ˈʌnˈraɪvəld/ *adj* incomparable, inigualable
unroll /ˈʌnˈrəʊl/ *vt* desenrollar
unruffled /ˈʌnˈrʌfəld/ *adj* **(a)** (undisturbed) ‹*manner*› sereno **(b)** (smooth) liso
unruly /ˈʌnˈruːli/ *adj* **-lier, -liest** ‹*class*› indisciplinado, difícil de controlar; ‹*conduct*› rebelde; ‹*child*› revoltoso
unsafe /ˈʌnˈseɪf/ *adj* inseguro
unsaid /ˈʌnˈsed/ *adj*: **to leave sth ~** callar(se) algo, no decir* algo
unsalted /ˈʌnˈsɔːltəd, BrE ʌnˈsɔːltɪd/ *adj* sin sal

unsatisfactory /ˈʌnˈsætəsˈfæktri, BrE ˌʌnsætɪsˈfæktəri/ *adj* insatisfactorio; ‹*explanation*› poco convincente

unsatisfying /ˈʌnˈsætəsfaɪɪŋ, BrE ʌnˈsætɪsfaɪɪŋ/ *adj* ‹*meal*› que no llena *or* satisface; ‹*job*› poco gratificante; ‹*ending*› decepcionante

unsavory, (BrE) **unsavoury** /ˈʌnˈseɪvəri/ *adj* desagradable

unscathed /ˈʌnˈskeɪðd/ *adj* (*pred*) (unhurt) ileso; (of reputation etc) indemne

unscented /ˈʌnˈsentəd, BrE ʌnˈsentɪd/ *adj* sin perfume

unscheduled /ˈʌnˈskedʒuːld, BrE ʌnˈʃedjuːld/ *adj* no programado, no previsto

unscientific /ˈʌnˈsaɪənˈtɪfɪk/ *adj* falto de rigor científico

unscrew /ˈʌnˈskruː/ *vt* ‹*screw/panel*› destornillar, desatornillar; ‹*lid*› desenroscar*

unscrupulous /ˈʌnˈskruːpjələs, BrE ʌnˈskruːpjʊləs/ *adj* inescrupuloso

unseat /ˈʌnˈsiːt/ *vt* **(a)** ‹*rider*› desmontar **(b)** ‹*government*› derribar

unseen /ˈʌnˈsiːn/ *adj* **(a)** (invisible) ‹*danger/obstacle*› oculto **(b)** (unnoticed) sin ser visto

unselfish /ˈʌnˈselfɪʃ/ *adj* ‹*person*› nada egoísta; ‹*act*› desinteresado

unsentimental /ˈʌnˈsentəˈmentl, BrE ˌʌnsentɪˈmentl/ *adj* ‹*person/outlook*› poco sentimental

unsettle /ˈʌnˈsetl/ *vt* ‹*plans*› alterar; ‹*situation*› desestabilizar*; **the question clearly ~d him** la pregunta lo desconcertó visiblemente

unsettled /ˈʌnˈsetld/ *adj* **1** **(a)** (troubled) ‹*period*› agitado; ‹*childhood*› poco estable **(b)** ‹*weather*› inestable **2** (undecided) ‹*issue/dispute*› pendiente (de resolución), sin resolver; ‹*future*› incierto

unsettling /ˈʌnˈsetlɪŋ/ *adj* inquietante; ‹*effect*› desestabilizador

unshakable, **unshakeable** /ˈʌnˈʃeɪkəbəl/ *adj* inquebrantable

unshaven /ˈʌnˈʃeɪvən/ *adj* sin afeitar, sin rasurar (esp Méx)

unsightly /ʌnˈsaɪtli/ *adj* **-lier**, **-liest** feo, antiestético

unsigned /ˈʌnˈsaɪnd/ *adj* sin firmar

unskilled /ˈʌnˈskɪld/ *adj* ‹*worker*› no calificado *or* (Esp) cualificado; ‹*work*› no especializado

unsociable /ˈʌnˈsəʊʃəbəl/ *adj* insociable, poco sociable

unsold /ˈʌnˈsəʊld/ *adj* no vendido

unsolicited /ˈʌnsəˈlɪsətəd, BrE ˌʌnsəˈlɪsɪtɪd/ *adj* que no se ha pedido *or* solicitado

unsolved /ˈʌnˈsɑːlvd, BrE ʌnˈsɒlvd/ *adj* no resuelto

unsophisticated /ˈʌnsəˈfɪstəkeɪtəd, BrE ˌʌnsəˈfɪstɪkeɪtɪd/ *adj* ‹*person*› sencillo; ‹*tastes/technology*› simple, poco sofisticado

unspeakable /ˈʌnˈspiːkəbəl/ *adj* ‹*evil*› incalificable, atroz; ‹*joy*› indescriptible

unspecified /ˈʌnˈspesəfaɪd, BrE ʌnˈspesɪfaɪd/ *adj* no especificado

unspoiled /ˈʌnˈspɔɪld/, (BrE also) **unspoilt** /ˈʌnˈspɔɪlt/ *adj* ‹*countryside*› que conserva su belleza natural

unspoken /ˈʌnˈspəʊkən/ *adj* ‹*agreement*› tácito; ‹*wish*› no expresado

unstable /ˈʌnˈsteɪbəl/ *adj* inestable; ‹*prices*› variable

unsteadily /ˈʌnˈstedli, BrE ʌnˈstedɪli/ *adv* de modo inseguro *or* vacilante

unsteady /ˈʌnˈstedi/ *adj* ‹*chair/ladder*› inestable, poco firme; ‹*walk/step*› vacilante, inseguro

unstick /ˈʌnˈstɪk/ *vt* (*past & past p* **unstuck**) despegar*, quitar

unstuck /ˈʌnˈstʌk/ *adj* despegado; **to come ~** despegarse*

unsubscribe /ˌʌnsəbˈskraɪb/ *vi* (at web site) darse* de baja

unsuccessful /ˈʌnsəkˈsesfəl/ *adj* ‹*attempt*› infructuoso, fallido; **they were ~ in their attempt** fracasaron en su intento

unsuccessfully /ˈʌnsəkˈsesfəli/ *adv* en vano, sin éxito

unsuitable /ˈʌnˈsuːtəbəl/ *adj* ‹*clothing*› poco apropiado *or* adecuado; ‹*candidate*› poco idóneo; ‹*time*› inconveniente

unsuited /ˈʌnˈsuːtəd, BrE ʌnˈsuːtɪd/ *adj* (*pred*): **she is ~ to this work** no sirve para este trabajo; **they are completely ~** son totalmente incompatibles

unsure /ˈʌnˈʃʊr, BrE ʌnˈʃʊə(r), ʌnˈʃɔː(r)/ *adj* inseguro, indeciso; **to be ~ of oneself** estar* *or* sentirse* inseguro de sí mismo

unsurpassed /ˈʌnsərˈpæst, BrE ˌʌnsəˈpɑːst/ *adj* ‹*beauty/mastery*› sin igual, sin par (liter)

unsuspecting /ˈʌnsəˈspektɪŋ/ *adj* desprevenido; **to be ~** no sospechar nada

unsweetened /ˈʌnˈswiːtn̩d/ *adj* (without sugar) sin azúcar; (without sweeteners) sin edulcorantes

unsympathetic /ˈʌnˈsɪmpəˈθetɪk/ *adj* **(a)** (showing no sympathy) ‹*person/attitude*› indiferente, poco comprensivo **(b)** (unfavorable) ‹*account*› adverso, desfavorable; **she was ~ to our cause** no veía nuestra causa con simpatía

unsystematic /ˈʌnˈsɪstəˈmætɪk/ *adj* poco sistemático

untamed /ˈʌnˈteɪmd/ *adj* ‹*animal*› sin domar; ‹*wilderness/forests*› virgen, agreste

untangle /ˈʌnˈtæŋgəl/ *vt* desenredar, desenmarañar; ‹*mystery*› desentrañar

untapped /ˈʌnˈtæpt/ *adj* sin explotar

untenable /ˈʌnˈtenəbəl/ *adj* (fml) insostenible

untended /ˈʌnˈtendəd, BrE ʌnˈtendɪd/ *adj* ‹*garden*› descuidado; ‹*patient*› desatendido

unthinkable /ˈʌnˈθɪŋkəbəl/ *adj* inconcebible, inimaginable

untidy /ˈʌnˈtaɪdi/ *adj* **-dier**, **-diest** ‹*room/desk/person*› desordenado; ‹*appearance*› descuidado, desprolijo (RPl); ‹*writing/schoolwork*› descuidado, desprolijo (RPl)

untie /ˈʌnˈtaɪ/ *vt* **unties**, **untying**, **untied** ‹*knot*› desatar; ‹*shoelaces*› desatar, desamarrar (AmL exc RPl); ‹*animal*› soltar*, desatar, desamarrar (AmL exc RPl)

✓ **until¹** /ʌn'tɪl, ən'tɪl/ *conj* hasta que

■ **Note** When used as a conjunction in positive sentences expressing the future, *until* is translated by *hasta que + subjunctive*: *we'll stay here until Carol comes back* nos quedaremos aquí hasta que llegue Carol.
In negative sentences *no* is used optionally before the verb: *he won't be satisfied until they give him his money back* no estará satisfecho hasta que (no) le devuelvan su dinero.

✓ **until²** *prep* hasta

untimely /'ʌn'taɪmli/ *adj* **(a)** ‹*death/end*› prematuro **(b)** ‹*arrival*› inoportuno, intempestivo

untold /'ʌn'təʊld/ *adj* (*before n*) ‹*wealth/sums*› incalculable; ‹*misery/pleasures*› indecible, inenarrable

untouched /'ʌn'tʌtʃt/ *adj* **(a)** (not handled) intacto, sin tocar; **he left his food ~** no probó la comida **(b)** (safe, unharmed) intacto

untoward /'ʌn'tɔːrd, ˌʌntə'wɔːrd, BrE ˈʌntə'wɔːd/ *adj* (fml) perjudicial, adverso; **I hope nothing ~ has happened** espero que no haya pasado nada (que haya que lamentar)

untrained /'ʌn'treɪnd/ *adj* falto de formación *or* capacitación; ‹*teacher*› sin título; **to the ~ eye/ear ...** para (el ojo/oído de) quien no es experto ...

untreated /'ʌn'triːtəd, BrE ʌn'triːtɪd/ *adj* ‹*sewage/waste*› sin tratar *or* procesar

untried /'ʌn'traɪd/ *adj* **(a)** (not tested) ‹*method*› no probado **(b)** (Law) ‹*case*› no sometido a juicio

untroubled /'ʌn'trʌbəld/ *adj* tranquilo

untrue /'ʌn'truː/ *adj* falso; **it is ~ (to say) that ...** es falso *or* no es cierto que ...

untrustworthy /'ʌn'trʌstˌwɜːrði, BrE ʌn'trʌstˌwɜːði/ *adj* ‹*person*› de poca confianza; ‹*source*› no fidedigno

untruthful /'ʌn'truːθfəl/ *adj* ‹*account/answer*› falso; ‹*person*› falso, mentiroso

✓ **unusual** /'ʌn'juːʒuəl/ *adj* poco corriente *or* común, fuera de lo corriente *or* común, inusual; **with ~ frankness** con inusitada *or* insólita franqueza; **did you notice anything ~ about him?** ¿le notaste algo raro *or* fuera de lo normal?

unusually /'ʌn'juːʒuəli/ *adv* excepcionalmente, inusitadamente; **she was ~ talkative** estaba más conversadora que de costumbre

unveil /'ʌn'veɪl/ *vt* descubrir*, develar (AmL)

unwanted /'ʌn'wɔːntəd, BrE ʌn'wɒntɪd/ *adj* ‹*pregnancy/child*› no deseado; ‹*object*› superfluo

unwarranted /'ʌn'wɔːrəntəd, BrE ʌn'wɒrəntɪd/ *adj* injustificado

unwavering /'ʌn'weɪvərɪŋ/ *adj* ‹*loyalty/belief*› inquebrantable; ‹*determination*› férreo

unwelcome /'ʌn'welkəm/ *adj* ‹*visit*› inoportuno; ‹*guest*› inoportuno, poco grato; ‹*news*› poco grato

unwell /'ʌn'wel/ *adj* mal

unwholesome /'ʌn'həʊlsəm/ *adj* ‹*diet/climate*› poco sano *or* saludable; ‹*smell/person*› desagradable

unwieldy /ʌn'wiːldi/ *adj* **-dier, -diest** pesado y difícil de manejar

unwilling /'ʌn'wɪlɪŋ/ *adj* mal dispuesto; **to be ~ to** + INF no querer* + INF, no estar* dispuesto a + INF

unwillingly /'ʌn'wɪlɪŋli/ *adv* de mala gana, a regañadientes

unwind /'ʌn'waɪnd/ (*past & past p* **unwound** /'ʌn'waʊnd/) *vt* desenrollar
■ *vi* (infml) relajarse

unwise /'ʌn'waɪz/ *adj* poco prudente *or* sensato; **it would be ~ of you to do that** hacer eso no sería sensato

unwitting /'ʌn'wɪtɪŋ/ *adj* involuntario

unwittingly /'ʌn'wɪtɪŋli/ *adv* sin ser consciente (de ello), sin darse* cuenta

unworthy /'ʌn'wɜːrði, BrE ʌn'wɜːði/ *adj* **-thier, -thiest** indigno; **to be ~ to** + INF no ser* digno DE + INF

unwound /'ʌn'waʊnd/ *past & past p of* **unwind**

unwrap /'ʌn'ræp/ *vt* **-pp-** desenvolver*

unwritten /'ʌn'rɪtn/ *adj* ‹*rule*› no escrito; ‹*agreement*› verbal, de palabra

unyielding /'ʌn'jiːldɪŋ/ *adj* ‹*person*› inflexible; ‹*opposition*› implacable

✓ **up¹** /ʌp/ *adv* I **1** (in upward direction): **~ a bit ... left a bit** un poco más arriba ... un poco a la izquierda; **we saw them on the way ~** los vimos cuando subíamos; **from the waist ~** desde la cintura para arriba **2 (a)** (of position) arriba; **~ here/there** aquí/allí arriba; **300 ft ~** a una altura de 300 pies **(b)** (upstairs, on upper floor): **I'll be ~ in a minute** subiré en un minuto **(c)** (raised): **with the blinds ~** con las persianas levantadas *or* subidas; **face ~** boca arriba **3 (a)** (upright): **the nurse helped him ~** la enfermera lo ayudó a sentarse **(b)** (out of bed): **they're not ~ yet** todavía no se han levantado **4** (of numbers, intensity): **she had the volume ~ high** tenía el volumen muy alto; **from $25/the age of 11 ~** a partir de 25 dólares/de los 11 años **5** (at or to another place): **the path ~ to the house** el sendero hasta la casa **6** (in position, erected): **is the tent ~?** ¿ya han armado la tienda *or* (AmL) la carpa?; **the shelves are ~** los estantes están colocados *or* puestos **7** (going on) (infml): **what's ~ with you?** ¿a ti qué te pasa?; **what's ~?** (what's the matter?) ¿qué pasa?; (as greeting) (AmE) ¿qué hay? (infml) **8** (finished): **your time is ~** se te ha acabado el tiempo **9** (Sport) (ahead in competition): **they're two goals ~** van ganando por dos goles; ***to be one ~ on sb*** tener* una ventaja sobre algn

II (*in phrases*) **1** **up against (a)** (next to) contra **(b)** (confronted by): **you don't know what you're ~ against** no sabes a lo que te enfrentas **2** **up and down (a)** (vertically): **to jump ~ and down** dar* saltos; **to look sb ~ and down** mirar a algn de arriba abajo **(b)** (back and forth) de arriba abajo **3** **up till** o **until** hasta

III **up to** **1** (as far as, as much as) hasta; **~ to here/now** hasta aquí/ahora **2 (a)** (equal to): **it isn't ~ to the usual standard** no es del alto nivel al que estamos acostumbrados; ▶ **come up to b (b)** (capable of): **she's not ~ to the job** no tiene las condiciones necesarias para el trabajo; **I'm not ~ to going out** no me siente con fuerzas (como) para salir **3** (depending on): **that's ~ to you** eso depende de ti; **it's not ~ to me to decide** no me corresponde a mí decidir **4** **to be ~ to sth** (infml): **they're ~ to something** (planning) están tramando algo, se traen algo entre manos; (doing) están haciendo algo; **what have you been ~ to lately?** ¿en qué has andado últimamente?

🔑 **up²** *prep* **1** **(a)** (in upward direction): **to go ~ the stairs/hill** subir la escalera/colina **(b)** (at higher level): **80 ft ~ the cliff** a 80 pies del pie del acantilado **2** **(a)** (along): **to go ~ the river** ir* por el río; **she walked ~ and down the room** iba de un lado a otro de la habitación **(b)** (further along): **it's just ~ the road** está un poco más allá *or* adelante

up³ *n*: **~s and downs** (of life) vicisitudes *fpl*; (of marriage) altibajos *mpl*

up: **~-and-coming** /ˌʌpən'kʌmɪŋ/ *adj (before n)*: **an ~-and-coming actor** un actor que promete; **~beat** *adj* (infml) optimista; **~braid** /ʌp'breɪd/ *vt* (fml) reprender, reconvenir* (fml); **~bringing** /'ʌpˌbrɪŋɪŋ/ *n (no pl)* educación *f*; **~coming** /'ʌp'kʌmɪŋ/ *adj (before n)* próximo, que se acerca

update¹ /ʌp'deɪt/ *vt* poner* al día

update² /'ʌpdeɪt/ *n*: **to give sb an ~ on sth** poner* a algn al corriente *or* al tanto de algo

up: **~end** /ʌp'end/ *vt* poner* vertical, parar (AmL); **~front** /'ʌp'frʌnt/ *adv* por adelantado; **~grade** *vt* **(a)** ‹*employee*› elevar de categoría; ‹*job*› elevar la categoría de **(b)** (improve) ‹*facilities*› mejorar

upheaval /ʌp'hiːvəl/ *n* trastorno *m*; (social, political) agitación *f*

up: **~held** /ʌp'held/ *past & past p of* **uphold**; **~hill** /'ʌp'hɪl/ *adv* cuesta arriba, en subida; **~hold** /ʌp'həʊld/ *vt (past & past p* **~held**) **(a)** ‹*tradition*› conservar; ‹*principle*› mantener* **(b)** (Law) ‹*decision/verdict*› confirmar

upholster /ʌp'həʊlstər, BrE ʌp'həʊlstə(r)/ *vt* tapizar*

upholstery /ʌp'həʊlstəri/ *n* **(a)** (stuffing, springs) relleno *m*; (covers) tapizado *m* **(b)** (craft, trade) tapicería *f*

up: **~keep** *n* (running, maintenance) mantenimiento *m*; (costs) gastos *mpl* de mantenimiento; **~lift** /ʌp'lɪft/ *vt* elevar; **~lifting** /ʌp'lɪftɪŋ/ *adj* (spiritually) que eleva el espíritu; (emotionally) que levanta el ánimo; **~load** /ʌp'ləʊd/ *vt* (Comput) cargar*, subir

upmarket¹ /'ʌp'mɑːrkət, BrE ˌʌp'mɑːkɪt/ *adj* de categoría, para gente pudiente

upmarket² *adv*: **to go ~** subir de categoría

🔑 **upon** /ə'pɑːn, BrE ə'pɒn/ *prep* (fml) **(a)** (on) sobre; **~ -ING** al + INF **(b)** (indicating large numbers): **thousands ~ thousands** miles y miles

🔑 **upper** /'ʌpər, BrE 'ʌpə(r)/ *adj (before n)* **1** **(a)** (spatially, numerically) superior; ‹*lip*› superior, de arriba **(b)** (in rank, importance) superior, más elevado **2** (Geog) alto; **the U~ Danube** el alto Danubio

upper: **~ class** *n* clase *f* alta; **~-class** /'ʌpər'klæs, BrE ˌʌpə'klɑːs/ *adj* de clase alta; **~most** *adj* más alto

upright /'ʌpraɪt/ *adj* **(a)** ‹*post/position*› vertical; **to place/stand sth ~** colocar*/poner* algo de pie *or* vertical **(b)** ‹*citizen*› recto

up: **~rising** *n* levantamiento *m*, alzamiento *m*; **~river** /'ʌp'rɪvər, BrE ˌʌp'rɪvə(r)/ *adv* río arriba; **~roar** *n* (noise, chaos) tumulto *m*, alboroto *m*; (outcry) protesta *f* airada; **~root** /ʌp'ruːt/ *vt* ‹*plant*› arrancar* de raíz, desarraigar* (téc); ‹*person*› desarraigar*

upset¹ /'ʌp'set/ *adj* **1** (unhappy, hurt) disgustado; (distressed) alterado; (offended) ofendido; (disappointed) desilusionado **2** (Med): **I have an ~ stomach** estoy *or* ando mal del estómago, estoy descompuesto (del estómago) (esp AmL)

upset² /'ʌp'set/ *vt (pres p* **upsetting**; *past & past p* **upset**) **1** (hurt) disgustar; (distress) alterar, afectar; (offend) ofender **2** (make ill): **it ~s my stomach** me cae mal, me sienta mal (al estómago) **3** ‹*plans/calculations*› desbaratar, trastornar

upset³ /'ʌpset/ *n* **1** **(a)** (upheaval) trastorno *m* **(b)** (emotional trouble) disgusto *m* **2** (Med): **to have a stomach ~** estar* mal *or* (esp AmL) descompuesto del estómago

upshot /'ʌpʃɑːt, BrE 'ʌpʃɒt/ *n*: **the ~ of it all is that ...** lo que resulta de todo esto es que ...

upside down /'ʌpsaɪd/ *adj* al revés (*con la parte de arriba abajo*); **to turn sth ~** poner* algo boca abajo; ‹*theory/world*› revolucionar algo

upstage /'ʌp'steɪdʒ/ *vt* eclipsar

upstairs /'ʌp'sterz, BrE ˌʌp'steəz/ *adv* arriba; **to go ~** subir

up: **~start** *n* advenedizo, -za *m,f*; **~state** /'ʌp'steɪt/ *adv* (AmE): **he lives ~state** vive en el norte del estado (*fuera de la capital*); **~stream** /'ʌp'striːm/ *adv* río *or* corriente arriba; **~surge** *n* (of/in violence) recrudecimiento *m*; (in demand) aumento *m*; **~take** *n*: ***to be quick on the ~take*** agarrar *or* (esp Esp) coger* las cosas al vuelo; **~tight** /'ʌp'taɪt/ *adj* (infml) nervioso, tenso; **~-to-date** /'ʌptə'deɪt/ *adj (pred* **~ to date**) al día, actualizado

uptown¹ /'ʌp'taʊn/ *adj* (AmE) que va hacia el norte/hacia el distrito residencial (de la ciudad)

uptown² *adv* (AmE): **they live/went ~** viven en/fueron hacia el norte/hacia el distrito residencial de la ciudad

up: **~turn** *n* (in demand, production) repunte *m*, mejora *f*; **~turned** /'ʌp'tɜːrnd, BrE 'ʌptɜːnd/ *adj* ‹*nose*› respingón, respingado (AmL); ‹*table*› boca abajo, patas arriba; ‹*car/crate*› volcado

upward¹ /'ʌpwərd, BrE 'ʌpwəd/ *adj (before n)* ‹*direction*› hacia arriba; ‹*movement*› ascendente; ‹*tendency*› al alza

upward², (esp BrE) **upwards** /-z/ *adv* ‹*climb/look*› hacia arriba; **face ~** boca arriba

upwardly mobile /'ʌpwərdli, BrE 'ʌpwədli/ *adj* de movilidad social ascendente

uranium /jʊ'reɪniəm/ *n* uranio *m*

Uranus /'jʊərənəs, jʊə'reɪnəs/ *n* Urano *m*

🔑 **urban** /'ɜːrbən, BrE 'ɜːbən/ *adj* urbano

urbane /ɜːr'beɪn, BrE ɜː'beɪn/ *adj* (fml) fino y cortés, urbano (fml)

🔑 palabra clave

urchin /'ɜ:rtʃən, BrE 'ɜ:tʃɪn/ *n* golfillo, -lla *m,f*, pilluelo, -la *m,f*

Urdu /'ʊrdu:, BrE 'ʊədu:/ *n* urdu *m*

urge¹ /ɜ:rdʒ, BrE ɜ:dʒ/ *n* (wish, whim) ganas *fpl*; (creative, sexual) impulso *m*

urge² *vt* instar (fml); (entreat) pedir* con insistencia; **to ~ sb to + INF** instar a algn A QUE (+ *subj*) (fml); pedirle* A algn con insistencia QUE (+ *subj*)

● **urge on** [*v + o + adv*] animar, alentar*; ‹*horse*› espolear

urgency /'ɜ:rdʒənsi, BrE 'ɜ:dʒənsi/ *n* urgencia *f*

urgent /'ɜ:rdʒənt, BrE 'ɜ:dʒənt/ *adj* ‹*matter/case*› urgente; ‹*tone*› apremiante

urgently /'ɜ:rdʒəntli, BrE 'ɜ:dʒəntli/ *adv* urgentemente, con urgencia

urinal /'jʊrənl, BrE jʊə'raɪnl/ *n* (place) urinario *m*; (receptacle) orinal *m*

urinate /'jʊrəneɪt, BrE 'jʊərɪneɪt/ *vi* (fml) orinar

urine /'jʊrən, BrE 'juərɪn/ *n* orina *f*

urn /ɜ:rn, BrE ɜ:n/ *n* **(a)** (vase) urna *f* **(b)** (for ashes) urna *f* funeraria **(c)** (for tea, coffee) *recipiente grande para hacer o mantener caliente té, café etc*

Uruguay /'jʊrəgwaɪ, BrE 'jʊərəgwaɪ/ *n* Uruguay *m*

Uruguayan¹ /'jʊrə'gwaɪən, BrE ˌjʊərə'gwaɪən/ *adj* uruguayo

Uruguayan² *n* uruguayo, -ya *m,f*

us /ʌs, *weak form* əs/ *pron* **1** **(a)** (as direct object) nos; **they helped ~** nos ayudaron **(b)** (as indirect object) nos; **he gave ~ the book** nos dio el libro; **he gave it to ~** nos lo dio **(c)** (after preposition) nosotros, -tras; **there were four of ~** éramos cuatro **2** (emphatic use) nosotros, -tras; **it was ~** fuimos nosotros

US *n* (+ *sing vb*) EEUU, EE UU, EE.UU.

USA *n* **(a)** (= **United States of America**) EEUU, EE UU, EE.UU. **(b)** (= **United States Army**) ejército *m* estadounidense *or* de los EEUU

usable, **useable** /'ju:zəbəl/ *adj* utilizable

USAF *n* (= **United States Air Force**) la Fuerza Aérea de los EEUU

usage /'ju:sɪdʒ/ *n* (Ling) uso *m*

USB *n* (= **universal serial bus**) USB *m*; (*before n*) **~ key** *o* **flash drive** llave *f* de memoria; **~ port** puerto *m* USB

use¹ /ju:s/ *n* **1** (of machine, substance, method, word) uso *m*, empleo *m*, utilización *f*; **to be in ~** «*machine*» estar* funcionando *or* en funcionamiento; «*word*» emplearse, usarse; **to make ~ of sth** usar algo, hacer* uso de algo; **to put sth to good ~** hacer* buen uso de algo **2** (application, function) uso *m* **3** (usefulness): **to be of ~ to sb** serle* útil *or* de utilidad a algn, servirle* a algn; **these scissors aren't much ~** estas tijeras no sirven para nada; **it's no ~** es inútil, no hay manera, no hay caso (AmL); **what's the ~ (of -ING)?** ¿de qué sirve (+ INF)?, ¿qué sentido tiene (+ INF)? **4** (right to use): **to have the ~ of sb's car** poder* usar el coche de algn

use² /ju:z/ *vt* **1** **(a)** (for task, purpose) usar; **to ~ sth AS sth** usar algo DE *or* COMO algo **(b)** (avail oneself of) ‹*service/facilities*› utilizar*, usar, hacer* uso de; **may I ~ your phone?** ¿puedo hacer una llamada *or* llamar por teléfono?; **may I ~ your toilet?** ¿puedo pasar *or* ir al baño? **2** (do with) (infml): **I could ~ a drink** no me vendría mal un trago **3** (consume) ‹*food/fuel*› consumir, usar **4** (manipulate, exploit) (derog) utilizar*, usar (esp AmL)

■ *v mod* /ju:s/; (*in neg, interrog sentences*): **I didn't ~ to visit them very often** no solía visitarlos muy a menudo; **where did you ~ to live?** ¿dónde vivías?; *see also* **used²**

● **use up** [*v + o + adv, v + adv + o*] ‹*supplies/strength*› agotar, consumir; ‹*leftovers*› usar

useable *adj* ▶ **usable**

used¹ *adj* **1** /ju:zd/ ‹*needle/stamp/car*› usado **2** /ju:st/ (accustomed) (*pred*) **to be ~ TO sth/-ING** estar* acostumbrado A algo/+ INF; **to get ~ TO sth/-ING** acostumbrarse A algo/+ INF

used² /ju:st/ *v mod* (indicating former state, habit) (*only in past*) **~ to (+ INF)**: **there ~ to be** (antes) había; **I ~ to work in that shop** (antes) trabajaba en esa tienda; *see also* **use²**

useful /'ju:sfəl/ *adj* útil; **to come in ~** (BrE) ser* útil, venir* bien

useless /'ju:sləs, BrE 'ju:slɪs/ *adj* **(a)** (ineffective) inútil; **these scissors are ~** estas tijeras no sirven para nada **(b)** (not capable) (infml) ‹*person*› inútil, negado (fam)

user /'ju:zər, BrE 'ju:zə(r)/ *n* usuario, -ria *m,f*; **drug ~** consumidor, -dora *m,f* de drogas

user: **~-friendly** /'ju:zər'frendli, BrE ju:zə'frendli/ *adj* fácil de usar *or* de utilizar; **~name** /'ju:zərneɪm, BrE 'ju:zəneɪm/ *n* nombre *m* de usuario

usher¹ /'ʌʃər, BrE 'ʌʃə(r)/ *n* **(a)** (Cin, Theat) acomodador, -dora *m,f* **(b)** (at wedding) *persona allegada a los novios que se encarga de recibir y sentar a los invitados en la iglesia*

usher² *vt*: **to ~ sb to her/his seat** conducir* a algn hasta su asiento; **he ~ed her into the room** la hizo pasar a la habitación

● **usher in** [*v + o + adv, v + adv + o*] ‹*person*› hacer* pasar; ‹*new era*› marcar* el comienzo de

usherette /'ʌʃə'ret/ *n* acomodadora *f*

USN *n* = **United States Navy**

USS = **United States ship**

USSR *n* (= **Union of Soviet Socialist Republics**) URSS *f*

usual /'ju:ʒuəl/ *adj* ‹*method/response*› acostumbrado, habitual, usual; ‹*time/place*› de siempre, de costumbre; ‹*clothes*› de costumbre; **as ~** como de costumbre

usually /'ju:ʒuəli/ *adv* normalmente, usualmente; **what do you ~ do in the evenings?** ¿qué sueles hacer por las noches?

usurp /jʊ'sɜ:rp, BrE ju:'zɜ:p/ *vt* (fml) usurpar

UT = **Utah**

utensil /ju:'tensəl, BrE ju:'tensɪl/ *n* utensilio *m*

uterus /'ju:tərəs/ *n* (*pl* **-teri** /-təraɪ/ *or* **-teruses**) útero *m*, matriz *f*

utility /ju:'tɪləti/ *n* (*pl* **-ties**) (public service ~) empresa *f* de servicio público

utility room *n*: *cuarto para lavar y planchar*

utilize /'ju:tlaɪz, BrE 'ju:tɪlaɪz/ *vt* (fml) utilizar*

utmost¹ /'ʌtməʊst/ *adj* (*before n*) mayor, sumo; **with the ~ care** con el mayor cuidado, con sumo cuidado; **of the ~ importance** de suma importancia

utmost² *n* **to do one's ~ (to + INF)** esforzarse* al máximo *or* hacer* todo lo posible (PARA + INF)
Utopia, **utopia** /juː'təʊpiə/ *n* (*pl* **-as**) utopía *f*
utter¹ /'ʌtər, BrE 'ʌtə(r)/ *adj* (*as intensifier*) completo, total
utter² *vt* ‹*word*› decir*, pronunciar; ‹*cry*› dar*
utterly /'ʌtərli, BrE 'ʌtəli/ *adv* (*as intensifier*) completamente, totalmente
U-turn /'juː'tɜːrn, BrE 'juːtɜːn/ *n* cambio *m* de sentido; **to make** (AmE) o (BrE) **do a ~** cambiar de sentido
Uzbekistan /ʊzbekɪ'stɑːn/ *n* Uzbekistán *m*

Vv

V, v /viː/ *n* V, v *f*
v **1** ▸ **vs** **2** (*pl* **vv**) (Bib, Lit) = **verse** **3** (infml) (= **very**) muy
V (Elec) (= **volt(s)**) V (read as: voltio(s))
VA *n* = **Virginia**
vacancy /'veɪkənsi/ *n* (*pl* **-cies**) **(a)** (job) vacante *f*; **S** **vacancies** ofertas de trabajo **(b)** (in hotel) habitación *f* libre
vacant /'veɪkənt/ *adj* **1** **(a)** ‹*building/premises*› desocupado **(b)** ‹*post*› vacante **(c)** ‹*room*› disponible, libre; ‹*seat/space*› libre **2** (blank) ‹*look/expression*› ausente
vacate /'veɪkeɪt, BrE veɪ'keɪt, və-/ *vt* (fml) ‹*building*› desocupar, desalojar; ‹*seat/room*› dejar libre; ‹*job/post*› abandonar, dejar
vacation¹ /veɪ'keɪʃən/ *n* (esp AmE) (from work) vacaciones *fpl*, licencia *f* (Col, Méx, RPl); (from studies) vacaciones *fpl*; **to go/be on ~** irse*/estar* de vacaciones
vacation² *vi* (AmE) pasar las vacaciones, vacacionar (Méx)
vacationer /veɪ'keɪʃn̩ər, BrE və'keɪʃənə(r)/, **vacationist** /-ʃn̩əst, BrE -ʃənɪst/ *n* (AmE) turista *mf*; (in summer) veraneante *mf*
vaccinate /'væksəneɪt, BrE 'væksɪneɪt/ *vt* vacunar
vaccination /'væksə'neɪʃən, BrE ˌvæksɪ'neɪʃən/ *n* vacunación *f*
vaccine /væk'siːn, BrE 'væksiːn/ *n* vacuna *f*
vacillate /'væsəleɪt/ *vi* (hesitate) vacilar; (sway) oscilar
vacuum¹ /'vækjuəm, -juːm/ *n* vacío *m*; (*before n*) **~ pump** bomba *f* neumática
vacuum² *vi* pasar la aspiradora, aspirar (AmL)
vacuum: **~ bottle** *n* (AmE) termo *m*; **~ cleaner** *n* aspiradora *f*; **~ flask** *n* termo *m*
vagabond /'vægəbɑːnd, BrE 'vægəbɒnd/ *n* vagabundo, -da *m,f*
vagina /və'dʒaɪnə/ *n* vagina *f*
vagrant /'veɪgrənt/ *n* vagabundo, -da *m,f*
vague /veɪg/ *adj* **vaguer**, **vaguest** **(a)** (imprecise, unclear) ‹*term/wording/concept*› impreciso, vago **(b)** (indistinct) ‹*outline*› borroso **(c)** (absentminded) ‹*expression*› distraído; ‹*person*› distraído, despistado

vaguely /'veɪgli/ *adv* **(a)** (in imprecise, unclear way) ‹*explain/remember*› vagamente; ‹*answer/define*› con vaguedad *or* imprecisión; ‹*suspicious/ridiculous*› ligeramente; **he looks ~ like his father** tiene un ligero parecido con *or* a su padre **(b)** (absentmindedly) distraídamente
vain /veɪn/ *adj* **-er**, **-est** **1** (self-admiring) vanidoso **2** (*before n, no comp*) **(a)** ‹*attempt*› vano; ‹*hope/belief*› vano **(b)** ‹*promise/words*› vano **(c)** **in vain** en vano, vanamente
vainly /'veɪnli/ *adv* (uselessly) en vano, vanamente
valentine /'væləntaɪn/ *n* **(a)** (card) *tarjeta de tono humorístico y/o amoroso que se envía anónimamente el día de San Valentín* **(b)** *also* **Valentine** (person) enamorado, -da *m,f*
Valentine's Day /'væləntaɪnz/ *n* el día de San Valentín, el día de los enamorados
valet /'vælət, 'væleɪ, BrE 'væleɪ, 'vælɪt/ *n* **(a)** (servant) ayuda *m* de cámara **(b)** (in hotel) mozo *m* de hotel **(c)** (AmE) (parking cars) estacionador, -dora *m,f* de coches (AmL), aparcacoches *mf* (Esp)
valiant /'væljənt/ *adj* ‹*hero/deed*› valiente, valeroso; ‹*attempt*› valeroso
valid /'væləd, BrE 'vælɪd/ *adj* válido
validate /'vælədeɪt, BrE 'vælɪdeɪt/ *vt* **(a)** (fml) ‹*theory*› dar* validez a, validar (fml) **(b)** (Law) ‹*contract/document*› validar
valley /'væli/ *n* (*pl* **-leys**) valle *m*
valor, (BrE) **valour** /'vælər, BrE 'vælə(r)/ *n* (fml *o* liter) valor *m*, valentía *f*
valuable /'væljuəbəl/ *adj* valioso; ‹*time*› precioso
valuables /'væljuəbəlz/ *pl n* objetos *mpl* de valor
valuation /'vælju'eɪʃən/ *n* valoración *f*, tasación *f*, avalúo *m* (AmL)
⚷ **value¹** /'væljuː/ *n* **1** (worth) valor *m* **2** **values** (standards) valores *mpl*
value² *vt* **(a)** (Fin) ‹*assets/property*› tasar, valorar, avaluar* (AmL) **(b)** (regard highly) ‹*friendship/advice*› valorar, apreciar; ‹*freedom/privacy*› valorar
value-added tax /'væljuː'ædəd, BrE ˌvæljuː'ædɪd/ *n* impuesto *m* al valor agregado *or* (Esp) sobre el valor añadido

⚷ palabra clave

valve /vælv/ *n* válvula *f*; (on musical instrument) pistón *m*
vampire /'væmpaɪr, BrE 'væmpaɪə(r)/ *n* vampiro *m*
van /væn/ *n* **(a)** (Auto) furgoneta *f*, camioneta *f* **(b)** (BrE) (Rail) furgón *m*
vandal /'vændl/ *n* vándalo *m*
vandalism /'vændlɪzəm/ *n* vandalismo *m*
vandalize /'vændlaɪz/ *vt* destrozar*
vanguard /'væŋgɑːrd, BrE 'væŋgɑːd/ *n* vanguardia *f*
vanilla /və'nɪlə/ *n* vainilla *f*
vanish /'vænɪʃ/ *vi* desaparecer*
vanity /'vænəti/ *n* (*pl* **-ties**) **(a)** (about appearance) vanidad *f* **(b)** (pride) orgullo *m*, vanidad *f*
vanity case *n* neceser *m*
vanquish /'væŋkwɪʃ/ *vt* (liter) vencer*
vantage point /'væntɪdʒ, BrE 'vɑːntɪdʒ/ *n* posición *f* ventajosa; (for view) mirador *m*
vapor, (BrE) **vapour** /'veɪpər, BrE 'veɪpə(r)/ *n* (on glass) vaho *m*; (steam) vapor *m*
vaporize /'veɪpəraɪz/ *vi* evaporarse, vaporizarse*
vapour *n* (BrE) ▶ **vapor**
variable /'veriəbəl, BrE 'veəriəbəl/ *adj* variable
variance /'veriəns, BrE 'veəriəns/ *n*: **to be at ~ with sth** no estar* de acuerdo con algo, discrepar de algo
variant /'veriənt, BrE 'veəriənt/ *n* variante *f*
variation /'veri'eɪʃən, BrE ˌveəri'eɪʃən/ *n* variación *f*
varicose veins /'værəkəʊs, BrE 'værɪkəʊs/ *pl n* varices *fpl*, várices *fpl* (esp AmL)
varied /'verid, BrE 'veərid/ *adj* variado
variegated /'verɪgeɪtəd, BrE 'veərɪgeɪtɪd/ *adj* abigarrado, multicolor
variety /və'raɪəti/ *n* (*pl* **-ties**) **(a)** (diversity) variedad *f*, diversidad *f* **(b)** (assortment) ~ OF sth: **it comes in a ~ of shades** viene en varios colores **(c)** (sort) clase *f*
variety show *n* espectáculo *m* de variedades
various /'veriəs, BrE 'veəriəs/ *adj* **(a)** (several) (*before n, no comp*) varios **(b)** (different, diverse) diferentes, diversos
varnish¹ /'vɑːrnɪʃ, BrE 'vɑːnɪʃ/ *n* barniz *m*; (for nails) (BrE) esmalte *m*
varnish² *vt* barnizar*; **to ~ one's nails** (BrE) pintarse las uñas
vary /'veri, BrE 'veəri/ **varies, varying, varied** *vi* **(a)** (change, fluctuate) variar*; **the temperature varies between ...** la temperatura oscila entre ... **(b)** (differ) «*standards/prices*» variar* ■ *vt* variar*; ‹*diet*› dar* variedad a
vase /veɪs, veɪz, BrE vɑːz/ *n* (for flowers) florero *m*; (ornament) jarrón *m*
vasectomy /və'sektəmi/ *n* (*pl* **-mies**) vasectomía *f*
Vaseline® /'væsəliːn/ *n* vaselina *f*
vast /væst, BrE vɑːst/ *adj* ‹*size/wealth*› inmenso, enorme; ‹*area*› vasto, extenso; ‹*knowledge*› vasto
vastly /'væstli, BrE 'vɑːstli/ *adv* infinitamente
vat /væt/ *n* cuba *f*, tanque *m*
VAT *n* (= **value-added tax**) IVA *m*
Vatican /'vætɪkən/ *n*: **the ~** el Vaticano
Vatican City *n* Ciudad *f* del Vaticano
vault¹ /vɔːlt/ *n* **1** **(a)** (strongroom) cámara *f* acorazada, bóveda *f* de seguridad (AmL) **(b)** (crypt) cripta *f* **2** (Archit) bóveda *f*
vault² *vi/t* saltar (*apoyándose en algo*)
vblog /'viːblɑːg 'viːblɒg/ *n* vblog *m*, videoblog *m*
VCR *n* = **videocassette recorder**
VD *n* = **venereal disease**
VDT *n* (esp AmE) = **visual display terminal**
VDU *n* = **visual display unit**
've /əv/ = **have**
veal /viːl/ *n* ternera *f* (*de animal muy joven y de carne pálida*)
VE-Day /'viː'iːdeɪ/ *n*: *día de la victoria aliada en Europa en la segunda guerra mundial*
veer /vɪr, BrE vɪə(r)/ *vi* «*vehicle/horse*» dar* un viraje, virar; «*wind*» cambiar de dirección; **the road ~s to the left** el camino tuerce *or* se desvía hacia la izquierda
vegan /'viːgən/ *n* vegetariano estricto, vegetariana estricta *m,f*
vegetable /'vedʒtəbəl/ *n* **(a)** (Culin) verdura *f*; **fresh/frozen/canned ~s** verdura fresca/congelada/enlatada **(b)** (plant) vegetal *m*; (*before n*) ‹*oil/fats*› vegetal
vegetarian¹ /'vedʒə'teriən, BrE ˌvedʒɪ'teəriən/ *n* vegetariano, -na *m,f*
vegetarian² *adj* vegetariano
vegetate /'vedʒəteɪt, BrE 'vedʒɪteɪt/ *vi* vegetar
vegetation /'vedʒə'teɪʃən, BrE ˌvedʒɪ'teɪʃən/ *n* vegetación *f*
vehement /'viːəmənt/ *adj* vehemente
vehemently /'viːəməntli/ *adv* con vehemencia, vehementemente
vehicle /'viːəkəl/ *n* vehículo *m*
veil¹ /veɪl/ *n* velo *m*
veil² *vt* (cover with a veil): **to ~ one's face** taparse *or* cubrirse* con un velo, velarse (liter)
veiled /veɪld/ *adj* ‹*threat/insult*› velado
vein /veɪn/ *n* **1** (Anat, Bot, Zool) vena *f* **2** **(a)** (of ore, mineral) veta *f*, filón *m*, vena *f* **(b)** (in marble) veta *f* **3** (*no pl*) (mood, style) vena *f*
velocity /və'lɑːsəti, BrE və'lɒsəti/ *n* (*pl* **-ties**) velocidad *f*
velvet /'velvət, BrE 'velvɪt/ *n* terciopelo *m*
vendetta /ven'detə/ *n* vendetta *f*
vending machine /'vendɪŋ/ *n* máquina *f* expendedora
vendor /'vendər, BrE 'vendə(r)/ *n* (Busn, Law) vendedor, -dora *m,f*
veneer /və'nɪr, BrE vɪ'nɪə(r)/ *n* (of wood, gold) enchapado *m*, chapa *f*
venerate /'venəreɪt/ *vt* venerar, reverenciar
venereal disease /və'nɪriəl, BrE və'nɪəriəl/ *n* enfermedad *f* venérea
Venetian blind /və'niːʃən/ *n* persiana *f* veneciana *or* de lamas
Venezuela /'venə'zweɪlə, BrE ˌvenɪ'zweɪlə/ *n* Venezuela *f*
Venezuelan¹ /'venə'zweɪlən, BrE ˌvenɪ'zweɪlən/ *adj* venezolano
Venezuelan² *n* venezolano, -na *m,f*
vengeance /'vendʒəns/ *n* venganza *f*; **with a ~** (infml) de verdad *or* con ganas
vengeful /'vendʒfəl/ *adj* vengativo

venison /ˈvenəsən, BrE ˈvenɪsən/ *n* (carne *f* de) venado *m*

venom /ˈvenəm/ *n* **(a)** (Zool) veneno *m* **(b)** (malice) ponzoña *f*, veneno *m*

venomous /ˈvenəməs/ *adj* ‹*snake/spider*› venenoso; ‹*look/words*› ponzoñoso

vent[1] /vent/ *n* **(a)** (in building, tunnel) (conducto *m* de) ventilación *f*; (in chimney, furnace) tiro *m* **(b)** (air ∼) (shaft) respiradero *m*; (grille) rejilla *f* de ventilación

vent[2] *vt* descargar*; **she ∼ed her anger on the children** descargó su ira sobre los niños

ventilate /ˈventleɪt, BrE ˈventɪleɪt/ *vt* ventilar

ventilation /ˌventlˈeɪʃən, BrE ˌventɪˈleɪʃən/ *n* ventilación *f*; (system) sistema *m* de ventilación

ventilator /ˈventleɪtər, BrE ˈventɪleɪtə(r)/ *n* (Med) respirador *m* (artificial)

ventriloquist /venˈtrɪləkwəst, BrE venˈtrɪləkwɪst/ *n* ventrílocuo, -cua *m,f*

venture[1] /ˈventʃər, BrE ˈventʃə(r)/ *n* (Busn) empresa *f*

venture[2] *vi* atreverse; **to ∼ out** (atreverse a) salir*

■ *vt* ‹*opinion/guess*› aventurar

venue /ˈvenjuː/ *n* (for concert) lugar *m* de actuación; (for conference, Olympics) sede *f*

Venus /ˈviːnəs/ *n* Venus *m*

veranda, **verandah** /vəˈrændə/ *n* galería *f*

verb /vɜːrb, BrE vɜːb/ *n* verbo *m*

verbal /ˈvɜːrbəl, BrE ˈvɜːbəl/ *adj* verbal

verbatim /vərˈbeɪtəm, BrE vɜːˈbeɪtɪm/ *adv* al pie de la letra

verbose /vərˈbəʊs, BrE vɜːˈbəʊs/ *adj* ampuloso, verboso

verdict /ˈvɜːrdɪkt, BrE ˈvɜːdɪkt/ *n* **(a)** (Law) veredicto *m* **(b)** (opinion) opinión *f*

verge /vɜːrdʒ, BrE vɜːdʒ/ *n* **1** **(a)** (border) (BrE) borde *m* **(b) to be on the ∼ of tears** estar* al borde de las lágrimas; **to be on the ∼ of** -ING estar* a punto de + INF **2** (of road) (BrE) arcén *m*

● **verge on** [*v* + *prep* + *o*] rayar en

verification /ˌverəfəˈkeɪʃən, BrE ˌverɪfɪˈkeɪʃən/ *n* **(a)** (confirmation) confirmación *f* **(b)** (checking) verificación *f*

verify /ˈverəfaɪ, BrE ˈverɪfaɪ/ *vt* **-fies**, **-fying**, **-fied** **(a)** (confirm) confirmar **(b)** (check) ‹*fact/statement*› verificar*

veritable /ˈverətəbəl, BrE ˈverɪtəbəl/ *adj* (fml *or* hum) auténtico, verdadero

vermin /ˈvɜːrmən, BrE ˈvɜːmɪn/ *n* (*pl* ∼) (animals) alimañas *fpl*; (insects) bichos *mpl*

vernacular /vərˈnækjələr, BrE vəˈnækjʊlə(r)/ *n* (native language) lengua *f* vernácula; (local speech) habla *f*‡ local

verruca /vəˈruːkə/ *n* verruga *f*

versatile /ˈvɜːrsətl, BrE ˈvɜːsətaɪl/ *adj* ‹*person*› polifacético, versátil; ‹*tool*› versátil; ‹*mind*› flexible

versatility /ˌvɜːrsəˈtɪləti, BrE ˌvɜːsəˈtɪləti/ *n* versatilidad *f*

verse /vɜːrs, BrE vɜːs/ *n* **1** (poetry) verso *m* **2** **(a)** (short poem) verso *m*, rima *f* **(b)** (stanza) estrofa *f* **(c)** (in Bible) versículo *m*

versed /vɜːrst, BrE vɜːst/ *adj* (*pred*): **to be well ∼ in sth** ser* muy versado en algo

⚷ **version** /ˈvɜːrʒən, BrE ˈvɜːʃən/ *n* versión *f*

versus /ˈvɜːrsəs, BrE ˈvɜːsəs/ *prep* (Law) contra; (Sport) contra, versus

vertebra /ˈvɜːrtəbrə, BrE ˈvɜːtəbrə/ *n* (*pl* **-bras** *or* **-brae** /-breɪ/) vértebra *f*

vertebrate /ˈvɜːrtəbrət, BrE ˈvɜːtɪbrət/ *n* vertebrado *m*

vertical /ˈvɜːrtɪkəl, BrE ˈvɜːtɪkəl/ *adj* vertical

vertigo /ˈvɜːrtɪɡəʊ, BrE ˈvɜːtɪɡəʊ/ *n* vértigo *m*

verve /vɜːrv, BrE vɜːv/ *n* brío *m*

⚷ **very**[1] /ˈveri/ *adv* **(a)** (extremely) muy; **she's ∼ tall** es muy alta; (more emphatic) es altísima; **it was ∼ hot** hacía mucho calor **(b)** (*in phrases*) **very much** ‹*like/enjoy*› mucho; **thank you ∼ much** muchas gracias **(c)** (emphatic): **the ∼ next day** precisamente al día siguiente; **at the ∼ least** como mínimo

⚷ **very**[2] *adj* (*before n*) **(a)** (exact, precise) mismo; **for that ∼ reason** por esa misma razón, por eso mismo **(b)** (actual) mismo; **its ∼ existence is threatened** su misma existencia se halla amenazada **(c)** (mere, sheer) solo, mero; **the ∼ mention of her name** la sola *or* mera mención de su nombre

vespers /ˈvespərz, BrE ˈvespəz/ *pl n* vísperas *fpl*

vessel /ˈvesəl/ *n* **1** (Naut) (fml) navío *m* (fml), nave *f* (liter) **2** (receptacle) (fml) recipiente *m*; (drinking ∼) vasija *f* **3** (Anat, Bot) vaso *m*

vest /vest/ *n* **(a)** (waistcoat) (AmE) chaleco *m* **(b)** (undergarment) (BrE) camiseta *f*

vested interest /ˈvestəd, BrE ˈvestɪd/ *n* **to have a ∼ in** -ING**/sth** tener* gran interés en + INF/algo

vestige /ˈvestɪdʒ/ *n* vestigio *m*

vestry /ˈvestri/ *n* (*pl* **-tries**) sacristía *f*

vet[1] /vet/ *n* **1** (veterinarian) veterinario, -ria *m,f* **2** (veteran) (AmE infml) veterano, -na *m,f*

vet[2] *vt* **-tt-** ‹*applicant*› someter a investigación; ‹*application*› examinar

veteran /ˈvetərən/ *n* **(a)** (of war) veterano, -na *m,f* de guerra **(b)** (experienced person) veterano, -na *m,f*

veteran: **∼ car** *n* (BrE) coche *m* antiguo (*fabricado antes de 1919*); **V∼s Day** /ˈvetərənz/ *n* (in US) día *m* del Armisticio

veterinarian /ˌvetərəˈneriən, BrE ˌvetərɪˈneəriən/ *n* (AmE) médico veterinario, médica veterinaria *m,f*

veterinary /ˈvetərəneri, BrE ˈvetrɪnəri/ *adj* veterinario; **∼ surgeon** (BrE fml) médico veterinario, médica veterinaria *m,f*

veto[1] /ˈviːtəʊ/ *n* (*pl* **vetoes**) veto *m*

veto[2] *vt* **vetoes**, **vetoing**, **vetoed** vetar

vex /veks/ *vt* **(a)** (annoy) irritar, sacar* de quicio **(b)** (worry, puzzle) desconcertar*

vexed /vekst/ *adj* **(a)** (annoyed) ‹*expression/tone*› irritado; **to be ∼** estar* enojado (esp AmL), estar* enfadado (esp Esp) **(b)** (worried, puzzled) desconcertado

VHF (= **very high frequency**) VHF

⚷ **via** /ˈvaɪə, ˈviːə, BrE ˈvaɪə/ *prep* **(a)** (by way of) vía **(b)** (by means of) a través de

viable /ˈvaɪəbəl/ *adj* viable

⚷ palabra clave

V

viaduct /ˈvaɪədʌkt/ *n* viaducto *m*

vibrant /ˈvaɪbrənt/ *adj* **(a)** ‹*color*› vibrante; ‹*atmosphere*› efervescente **(b)** (resonant) ‹*voice*› vibrante

vibrate /ˈvaɪbreɪt, BrE vaɪˈbreɪt/ *vi* vibrar

vibration /vaɪˈbreɪʃən/ *n* vibración *f*

vicar /ˈvɪkər, BrE ˈvɪkə(r)/ *n* párroco *m*

vicarage /ˈvɪkərɪdʒ/ *n* vicaría *f*, casa *f* del párroco

vicarious /vɪˈkeriəs, BrE vɪˈkeəriəs/ *adj* indirecto

vice /vaɪs/ *n* **1** (wickedness) vicio *m* **2** (BrE) ▶ **vise**

vice- /vaɪs/ *pref* vice-

vice: ~ **president** *n* vicepresidente, -ta *m,f*; ~ **versa** /ˈvaɪsiˈvɜːrsə, ˈvaɪsˈvɜːrsə, BrE ˌvaɪsiˈvɜːsə, ˌvaɪsˈvɜːsə/ *adv* viceversa

vicinity /vɪˈsɪnəti/ *n* (fml) inmediaciones *fpl*

vicious /ˈvɪʃəs/ *adj* **(a)** (savage, violent) ‹*dog*› fiero; ‹*criminal*› despiadado; ‹*attack*› feroz, salvaje; ‹*crime*› atroz **(b)** (malicious) ‹*rumor*› malicioso

vicious circle *n* círculo *m* vicioso

viciously /ˈvɪʃəsli/ *adv* brutalmente, ferozmente

victim /ˈvɪktəm, BrE ˈvɪktɪm/ *n* víctima *f*; **the flood ~s** los damnificados por las inundaciones

victimize /ˈvɪktəmaɪz, BrE ˈvɪktɪmaɪz/ *vt* victimizar*

victor /ˈvɪktər, BrE ˈvɪktə(r)/ *n* vencedor, -dora *m,f*

Victorian /vɪkˈtɔːriən/ *adj* victoriano

victorious /vɪkˈtɔːriəs/ *adj* ‹*army*› victorioso; ‹*team*› vencedor

victory /ˈvɪktəri/ *n* (*pl* **-ries**) victoria *f*, triunfo *m*; (Mil) victoria *f*

video[1] /ˈvɪdiəʊ/ *n* (*pl* **videos**) video *m or* (Esp) vídeo *m*; (*before n*) ~ **camera** videocámara *f*; ~ **recorder** aparato *m* de video *or* (Esp) vídeo

video[2] *vt* **videos, videoing, videoed** grabar

video: **~cassette** /ˈvɪdiəʊkəˈset/ *n* videocasete *m*; (*before n*) **~cassette recorder** magnetoscopio *m*, video *m or* (Esp) vídeo *m*; ~ **game** *n* videojuego *m*; ~ **on demand** *n* video *m or* (Esp) vídeo *m* a la carta, video *m or* (Esp) vídeo *m* a pedido

Vienna /viˈenə/ *n* Viena *f*

Vietnam /viːetˈnɑːm, -ˈnæm, BrE vjetˈnæm/ *n* Vietnam *m*

Vietnamese[1] /viˈetnəˈmiːz, BrE ˌvɪetnəˈmiːz/ *adj* vietnamita

Vietnamese[2] *n* (*pl* ~) **(a)** (person) vietnamita *mf* **(b)** (language) vietnamita *m*

view[1] /vjuː/ *n* **1** **(a)** (sight) vista *f*; **in full ~ of sb** a la vista de algn **(b)** (range of vision): **we had a good ~ of the stage** veíamos muy bien el escenario **2** (scene, vista) vista *f* **3** (opinion, attitude) opinión *f*, parecer *m*; **in my ~** en mi opinión, a mi modo de ver **4** (plan, intention) **with a ~ to -ING** con vistas A + INF **5** (*in phrases*) **in view of** en vista de; **on view: to be on ~ (to the public)** exponerse* (al público)

view[2] *vt* **(a)** ‹*sights/scene*› ver*, mirar **(b)** (inspect) ‹*property*› ver* **(c)** (regard) ver*, considerar

viewer /ˈvjuːər, BrE ˈvjuːə(r)/ *n* **(a)** (person) telespectador, -dora *m,f*, televidente *mf* **(b)** (for slides) visionadora *f*

view: **~finder** /ˈvjuːˈfaɪndər, BrE ˈvjuˌfaɪndə(r)/ *n* visor *m*; **~point** *n* punto *m* de vista

vigil /ˈvɪdʒəl, BrE ˈvɪdʒɪl/ *n* **(a)** (watch) (liter *or* journ) vela *f*; **to keep a ~ over sth** velar sobre algo **(b)** (Relig) vigilia *f*

vigilance /ˈvɪdʒələns, BrE ˈvɪdʒɪləns/ *n* vigilancia *f*

vigilant /ˈvɪdʒələnt, BrE ˈvɪdʒɪlənt/ *adj* alerta, vigilante

vigilante /ˈvɪdʒəˈlænti, BrE ˌvɪdʒɪˈlænti/ *n* vigilante, -ta *m,f*

vigor, (BrE) **vigour** /ˈvɪgər, BrE ˈvɪgə(r)/ *n* vigor *m*

vigorous /ˈvɪgərəs/ *adj* enérgico; ‹*growth*› vigoroso

vigorously /ˈvɪgərəsli/ *adv* enérgicamente; ‹*deny*› rotundamente

vigour *n* (BrE) ▶ **vigor**

Viking /ˈvaɪkɪŋ/ *n* vikingo, -ga *m,f*

vile /vaɪl/ *adj* **viler, vilest** **(a)** (despicable) (liter) vil (liter) **(b)** (infml) ‹*taste/food*› vomitivo (fam), asqueroso; ‹*color/weather*› horrible

villa /ˈvɪlə/ *n* **(a)** (Hist) villa *f* **(b)** (holiday house) chalet *m*

village /ˈvɪlɪdʒ/ *n* (large) pueblo *m*; (small) aldea *f*

villager /ˈvɪlədʒər, BrE ˈvɪlɪdʒə(r)/ *n* (of large village) vecino, -na *m,f or* habitante *mf* del pueblo; (of small village) aldeano, -na *m,f*

villain /ˈvɪlən/ *n* **(a)** (in fiction) villano, -na *m,f* **(b)** (criminal) (BrE sl) maleante *mf*

vinaigrette /ˈvɪnɪˈgret/ *n* vinagreta *f*

vindicate /ˈvɪndəkeɪt, BrE ˈvɪndɪkeɪt/ *vt* (fml) (justify) ‹*action*› justificar*; ‹*assertion*› confirmar; ‹*right*› reivindicar*

vindictive /vɪnˈdɪktɪv/ *adj* vengativo

vine /vaɪn/ *n* (grape~) (on ground) vid *f*; (climbing) parra *f*

vinegar /ˈvɪnɪgər, BrE ˈvɪnɪgə(r)/ *n* vinagre *m*

vineyard /ˈvɪnjərd, -jɑːrd, BrE ˈvɪnjəd, -jɑːd/ *n* viñedo *m*, viña *f*

vintage[1] /ˈvɪntɪdʒ/ *n* **(a)** (wine, year) cosecha *f* **(b)** (harvest, season) vendimia *f*

vintage[2] *adj* (*before n, no comp*) **(a)** ‹*wine*› añejo **(b)** (outstanding) ‹*year/performance*› excelente

vintage car *n* (esp BrE) coche *m* antiguo (*fabricado entre 1919 y 1930*)

vinyl /ˈvaɪnl/ *n* vinilo *m*

viola /viˈəʊlə/ *n* (Mus) viola *f*

violate /ˈvaɪəleɪt/ *vt* **1** ‹*agreement/rights*› violar; ‹*ban*› desobedecer* **2** ‹*shrine/grave*› profanar

violation /ˈvaɪəˈleɪʃən/ *n* violación *f*

violence /ˈvaɪələns/ *n* violencia *f*

violent /ˈvaɪələnt/ *adj* **(a)** ‹*person/behavior*› violento **(b)** (strong, forceful) ‹*storm/explosion*› violento, fuerte; **he has a ~ temper** tiene muy mal genio

violently /ˈvaɪələntli/ *adv* violentamente

violet /ˈvaɪələt/ *n* **(a)** (Bot) violeta *f* **(b)** (color) violeta *m*; (*before n*) violeta *adj inv*

violin /ˈvaɪəˈlɪn/ *n* violín *m*

violinist /ˈvaɪəˈlɪnəst, BrE ˌvaɪəˈlɪnɪst/ *n* violinista *mf*

VIP *n* (infml) (= **very important person**) VIP *mf*

viper /ˈvaɪpər, BrE ˈvaɪpə(r)/ *n* víbora *f*

V

viral /'vaɪrəl/ *adj* **1** (Med) ‹*disease/illness/infection*› viral, vírico **2** (on Internet) viral; **~ marketing** márketing (*m*) viral; **to go ~** viralizarse*

virgin¹ /'vɜːrdʒən, BrE 'vɜːdʒɪn/ *n* virgen *f*

virgin² *adj* ‹*forest*› virgen; ‹*snow*› intacto

virginity /vər'dʒɪnəti, BrE və'dʒɪnɪti/ *n* virginidad *f*; **to lose one's ~** perder* la virginidad

Virgo /'vɜːrgəʊ, BrE 'vɜːgəʊ/ *n* (*pl* **-gos**) **(a)** (sign) (*no art*) Virgo **(b)** (person) Virgo *or* virgo *mf*

virile /'vɪrəl, BrE 'vɪraɪl/ *adj* viril

virtual /'vɜːrtʃuəl, BrE 'vɜːtjʊəl, 'vɜːtʃʊəl/ *adj* (*before n*) **1** (near total): **traffic is at a ~ standstill** el tráfico está prácticamente paralizado **2** (Comput, Opt) virtual

virtually /'vɜːrtʃuəli, BrE 'vɜːtjʊəli, 'vɜːtʃʊəli/ *adv* prácticamente, casi

virtue /'vɜːrtʃuː, BrE 'vɜːtjuː, 'vɜːtʃuː/ *n* **(a)** (moral excellence) virtud *f* **(b)** (advantage) ventaja *f* **(c) by virtue of** (*as prep*) en virtud de

virtuoso /'vɜːrtʃu'əʊsəʊ, BrE ˌvɜːtjʊ'əʊsəʊ, ˌvɜːtʃʊ'əʊsəʊ/ *n* (*pl* **-sos** *or* **-si** /-si/) virtuoso, -sa *m,f*

virtuous /'vɜːrtʃuəs, BrE 'vɜːtjʊəs, 'vɜːtʃʊəs/ *adj* virtuoso

virulent /'vɪrələnt, 'vɪrjə-, BrE 'vɪrʊlənt, 'vɪrjʊ-/ *adj* virulento

virus /'vaɪrəs, BrE 'vaɪərəs/ *n* (*pl* **~es**) (Med, Comput) virus *m*

virus checker *n* (Comput) programa *m* antivirus

visa /'viːzə/ *n* (*pl* **-s**) visado *m*, visa *f* (AmL)

vis-à-vis /'viːzə'viː, BrE ˌviːzɑː'viː/ *prep* con respecto a, respecto de

viscose /'vɪskəʊs/ *n* viscosilla *f*

viscount /'vaɪkaʊnt/ *n* vizconde *m*

viscous /'vɪskəs/ *adj* viscoso

vise, (BrE) **vice** /vaɪs/ *n* torno *m or* tornillo *m* de banco

visibility /'vɪzə'bɪləti/ *n* visibilidad *f*

visible /'vɪzəbəl/ *adj* visible; ‹*sign/improvement*› evidente

visibly /'vɪzəbli/ *adv* visiblemente

vision /'vɪʒən/ *n* **1 (a)** (faculty of sight) visión *f*, vista *f* **(b)** (visibility) visibilidad *f* **2** (imagination, foresight) visión *f* (de futuro) **3** (dreamlike revelation) visión *f*

visionary /'vɪʒəneri, BrE 'vɪʒənri/ *n* (*pl* **-ries**) visionario, -ria *m,f*

visit¹ /'vɪzət, BrE 'vɪzɪt/ *n* visita *f*; **to pay a ~ to sb** hacerle* una visita a algn

visit² *vt* visitar; ‹*friend*› visitar
■ *vi* hacer* una visita; (stay) estar* de visita

visitor /'vɪzətər, BrE 'vɪzɪtə(r)/ *n* (to museum, town etc) visitante *mf*; (to person's home) visita *f*

visitor center *n* (AmE) centro *m* de informaciones

visor /'vaɪzər, BrE 'vaɪzə(r)/ *n* visera *f*

vista /'vɪstə/ *n* vista *f*

visual /'vɪʒuəl/ *adj* visual; **~ display unit** pantalla *f*, monitor *m*

visualize /'vɪʒuəlaɪz/ *vt* **(a)** (picture mentally) imaginarse, visualizar* **(b)** (expect) prever*

palabra clave

vital /'vaɪtl/ *adj* **(a)** (essential) esencial, fundamental **(b)** ‹*factor/issue*› decisivo, de vital importancia **(c)** ‹*organ/function*› vital

vitality /vaɪ'tæləti/ *n* vitalidad *f*

vitamin /'vaɪtəmən, BrE 'vɪtəmɪn, 'vaɪt-/ *n* vitamina *f*; (*before n*) **~ pill** o **tablet** vitamina *f*

vivacious /və'veɪʃəs, BrE vɪ'veɪʃəs/ *adj* vivaz

vivid /'vɪvəd, BrE 'vɪvɪd/ *adj* **(a)** ‹*color*› vivo **(b)** ‹*account/dream*› vívido **(c)** ‹*imagination*› rico

vividly /'vɪvədli, BrE 'vɪvɪdli/ *adv* **(a)** ‹*colored*› vistosamente **(b)** ‹*describe*› vívidamente, gráficamente

vivisection /'vɪvə'sekʃən, BrE ˌvɪvɪ'sekʃən/ *n* vivisección *f*

vixen /'vɪksən/ *n* (Zool) zorra *f*, raposa *f*

viz /vɪz/ *adv* a saber

VJ-Day /'viː'dʒeɪdeɪ/ *n*: *día de la victoria aliada sobre el Japón*

V-neck /'viːnek/, (BrE also) **V-necked** /'viːnekt/ *adj* de escote *or* cuello en pico, de escote en V

vocabulary /vəʊ'kæbjəleri, BrE vəʊ'kæbjʊləri/ *n* (*pl* **-ries**) vocabulario *m*

vocal /'vəʊkəl/ *adj* vocal

vocal cords *pl n* cuerdas *fpl* vocales

vocalist /'vəʊkələst, BrE 'vəʊkəlɪst/ *n* cantante *mf*

vocation /vəʊ'keɪʃən/ *n* vocación *f*

vodka /'vɑːdkə, BrE 'vɒdkə/ *n* vodka *m*

vogue /vəʊg/ *n* moda *f*

voice¹ /vɔɪs/ *n* voz *f*

voice² *vt* expresar

voice: **~ mail** *n* correo *m* de voz, mensajería *f* de voz; **~ message** *n* mensaje *m* de voz

void¹ /vɔɪd/ *n* vacío *m*

void² *adj* **1** (liter) (*pred*) **to be ~ OF sth** estar* desprovisto de algo **2** (Law) nulo, inválido

vol (*pl* **vols**) (= **volume**) vol., t.

volatile /'vɑːlətl, BrE 'vɒlətaɪl/ *adj* **(a)** (Chem) volátil **(b)** ‹*person/personality*› imprevisible **(c)** ‹*situation*› volátil

volcanic /vɑːl'kænɪk, BrE vɒl'kænɪk/ *adj* volcánico

volcano /vɑːl'keɪnəʊ, BrE vɒl'keɪnəʊ/ *n* (*pl* **-noes** *or* **-nos**) volcán *m*

volition /vəʊ'lɪʃən, BrE və'lɪʃən/ *n* (fml) volición *f* (fml); **of one's own ~** por voluntad propia, (de) motu proprio

volley¹ /'vɑːli, BrE 'vɒli/ *n* **1** (of shots) descarga *f* (cerrada) **2** (Sport) volea *f*

volley² *vt/i* volear

volleyball /'vɑːlibɔːl, BrE 'vɒlibɔːl/ *n* vóleibol *m*, balonvolea *m*

volt /vəʊlt/ *n* voltio *m*

voltage /'vəʊltɪdʒ/ *n* voltaje *m*

volume /'vɑːljuːm, BrE 'vɒljuːm/ *n* **1** (Phys) (of a body) volumen *m*; (of container) capacidad *f* **2** (amount) cantidad *f*, volumen *m*; (of business, trade) volumen *m* **3** (of sound) volumen *m* **4** (book) tomo *m*, volumen *m*

voluminous /və'luːmənəs, BrE və'luːmɪnəs/ *adj* **(a)** ‹*blouse/skirt*› amplísimo **(b)** ‹*correspondence*› voluminoso

voluntarily /vɑːlən'terəli, BrE 'vɒləntrɪli/ *adv* voluntariamente, por voluntad propia

voluntary /'vɑːlənteri, BrE 'vɒləntri/ *adj* **1** (unforced) voluntario; ~ **redundancy** (BrE) baja *f* incentivada **2** (unpaid) ‹*work*› voluntario; ‹*organization*› de beneficencia

volunteer¹ /'vɑːlən'tɪr, BrE ˌvɒlən'tɪər/ *n* voluntario, -ria *m,f*

volunteer² *vt* ofrecer*
■ *vi* ofrecerse*; **to ~ to** + INF ofrecerse* A + INF

voluptuous /və'lʌptʃuəs/ *adj* voluptuoso

vomit¹ /'vɑːmət, BrE 'vɒmɪt/ *vi/t* vomitar

vomit² *n* vómito *m*

voodoo /'vuːduː/ *n* vudú *m*

voracious /vɔː'reɪʃəs, BrE və'reɪʃəs/ *adj* voraz

vote¹ /vəʊt/ *n* **1** **(a)** (ballot cast) voto *m* **(b)** (right to vote): **the ~** el sufragio, el derecho de *or* al voto **2** (act) votación *f*; **to take a ~ on sth** someter algo a votación

vote² *vi* votar; **to ~** FOR **sb** votar POR *or* A algn; **to ~** ON **sth** someter algo a votación; **to ~** FOR/AGAINST **sth** votar A FAVOR DE/EN CONTRA DE algo
■ *vt* **1** **(a)** (support, choose) votar por, votar **(b)** (elect) elegir* por votación **2** (decide) **to ~ to** + INF votar POR + INF
● **vote in** [*v* + *o* + *adv*, *v* + *adv* + *o*] elegir* (*por votación*)

voter /'vəʊtər, BrE 'vəʊtə(r)/ *n* votante *mf*

voting /'vəʊtɪŋ/ *n* votación *f*

vouch /vaʊtʃ/ *vi* **to ~** FOR **sb** responder POR algn

voucher /'vaʊtʃər, BrE 'vaʊtʃə(r)/ *n* (cash substitute) vale *m*

vow¹ /vaʊ/ *n* voto *m*, promesa *f*

vow² *vt* jurar, hacer* voto de (fml)

vowel /'vaʊəl/ *n* vocal *f*

voyage /'vɔɪɪdʒ/ *n* viaje *m*; (overseas) travesía *f*

voyager /'vɔɪədʒər, BrE 'vɔɪɪdʒə(r)/ *n* (liter) viajero, -ra *m,f*; (by sea) navegante *mf*

voyeur /vwɑː'jɜːr, 'vɔɪ-, BrE vwɑː'jɜː(r), 'vɔɪ-/ *n* voyeur *mf*

vs = **versus**

VT, Vt = **Vermont**

vulgar /'vʌlgər, BrE 'vʌlgə(r)/ *adj* **(a)** (coarse) ‹*person/remark*› grosero, ordinario, vulgar **(b)** (tasteless) de mal gusto, ordinario

vulgarity /vʌl'gærəti/ *n* **(a)** (coarseness) ordinariez *f*, grosería *f*, vulgaridad *f* **(b)** (tastelessness) mal gusto *m*, chabacanería *f*

vulnerable /'vʌlnərəbəl/ *adj* vulnerable

vulture /'vʌltʃər, BrE 'vʌltʃə(r)/ *n* buitre *m*; (turkey ~) gallinazo *m*, zopilote *m* (AmC, Méx)

vv = **verses**

Ww

W, w /'dʌbəljuː/ *n* W, w *f*

W **(a)** (Elec) (= **watt(s)**) W **(b)** (Geog) (= **west**) O

WA = **Washington**

wad /wɑːd, BrE wɒd/ *n* (roll, bundle — of bills, notes) fajo *m*; (— of papers) montón *m*, tambache *m* (Méx); (— tied together) lío *m*

waddle /'wɑːdl, BrE 'wɒdl/ *vi* «*person*» caminar *or* andar* como un pato; «*duck*» caminar balanceándose

wade /weɪd/ *vi* caminar (*por el agua, barro etc*)
● **wade through** [*v* + *prep* + *o*] (infml) leerse* (*algo difícil, largo, aburrido etc*)

wader /'weɪdər, BrE 'weɪdə(r)/ *n* **(a)** (Zool) ave *f*‡ zancuda **(b)** **waders** *pl* (Clothing) botas *fpl* de pescador

wading pool /'weɪdɪŋ/ *n* (AmE) piscina *f or* (Méx) alberca *f* inflable (*para niños*)

wafer /'weɪfər, BrE 'weɪfə(r)/ *n* **(a)** (Culin) galleta *f* de barquillo, oblea *f* **(b)** (Relig) hostia *f*

wafer-thin /'weɪfər'θɪn, BrE ˌweɪfə'θɪn/ *adj* finísimo

waffle¹ /'wɑːfəl, BrE 'wɒfəl/ *n* **1** (Culin) wafle *m* (AmL), gofre *m* (Esp) **2** (nonsense) (BrE derog) palabrería *f*; (in essay, exam) paja *f* (fam)

waffle² *vi* (esp BrE) hablar sin decir nada; (in essay, exam) meter paja (fam), payar (RPl)

waft /wɑːft, BrE wɒft/ *vi* (+ *adv compl*): **the smell of coffee that ~ed from the kitchen** el olor a café que venía de la cocina

wag /wæg/ **-gg-** *vt* ‹*tail*› menear
■ *vi* «*tail*» menearse, moverse*

wage¹ /weɪdʒ/ *n* (rate of pay) sueldo *m* **wages** (actual money) sueldo *m*, paga *f*

wage² *vt*: **to ~ war** hacer* la guerra

wager¹ /'weɪdʒər, BrE 'weɪdʒə(r)/ *n* apuesta *f*

wager² *vt* apostar*

waggon *n* (BrE) ▶ **wagon**

wagon /'wægən/ *n* **1** (drawn by animals) carro *m*; (covered) carromato *m* **2** **(a)** (delivery truck) (AmE) furgoneta *f or* camioneta *f* de reparto **(b)** (BrE) (Rail) vagón *m* de mercancías

waif /weɪf/ *n* (liter) *persona o animal sin hogar*

wail¹ /weɪl/ *vi* «*person*» llorar; «*siren/bagpipes*» gemir*; «*wind*» aullar*

wail² *n* gemido *m*

waist /weɪst/ *n* (of body) cintura *f*; (of garment) talle *m*

waist: **~band** *n* pretina *f*, cinturilla *f*; **~coat** *n* (esp BrE) chaleco *m*; **~line** *n* (of garment) talle *m*; (of body) cintura *f*

wait¹ /weɪt/ *vi* **1** esperar; **we'll have to ~ and see** habrá que esperar a ver qué pasa; **I can't ~ to see his face** me muero de ganas de ver la

cara que pone; **to ~** FOR **sth/sb** esperar algo/a algn; **to ~** FOR **sb/sth to** + INF esperar (A) QUE algn/algo (+ *subj*) **2** (serve) **to ~** ON **sb** atender* a algn
■ *vt* **1** (await) esperar; **you have to ~ your turn** tienes que esperar (a) que te toque **2** (serve): **to ~ table** (AmE) servir* a la mesa
● **wait up** [*v* + *adv*] (not go to bed) **to ~ up (**FOR **sb)** esperar (A algn) levantado

wait² *n* (*no pl*) espera *f*; ***to lie in ~ for sb/sth*** estar* al acecho de algn/algo

waiter /'weɪtər, BrE 'weɪtə(r)/ *n* camarero *m*, mesero *m* (AmL), mozo *m* (Col, CS), mesonero *m* (Ven)

waiting /'weɪtɪŋ/: **~ list** *n* lista *f* de espera; **~ room** *n* sala *f* de espera

waitress /'weɪtrəs, BrE 'weɪtrɪs/ *n* camarera *f*, mesera *f* (AmL), moza *f* (Col, CS), mesonera *f* (Ven)

waive /weɪv/ *vt* (fml) **(a)** (not apply) ‹*rule*› no aplicar*; ‹*condition*› no exigir* **(b)** (renounce) ‹*right/privilege*› renunciar a

wake¹ /weɪk/ (*past* **woke**; *past p* **woken**) *vt* despertar*; *see also* **wake up 1**
■ *vi* despertar*, despertarse*
● **wake up** **1** [*v* + *o* + *adv*, *v* + *adv* + *o*] despertar* **2** [*v* + *adv*] (become awake) despertarse*; **~ up!** ¡despiértate!; (pay attention) ¡espabílate!, ¡despabílate!; **to ~ up** TO **sth** (to danger/fact) darse* cuenta DE algo

wake² *n* **1** (of ship) estela *f*; **the hurricane left a trail of destruction in its ~** el huracán dejó una estela de destrucción a su paso **2** (for dead person) velatorio *m*

Wales /weɪlz/ *n* (el país de) Gales

walk¹ /wɔːk/ *vi* **1** (go by foot) caminar, andar* (esp Esp); (in a leisurely way) pasear; **he ~ed down/up the steps** bajó/subió los peldaños; **to ~ in/out** entrar/salir*; **to ~ up to sb** acercarse* a algn **2** (not use bus, car, etc) ir* a pie
■ *vt* **1** (go along) ‹*hills/path*› recorrer **2** **(a)** (take for walk) ‹*dog*› pasear, sacar* a pasear **(b)** (accompany) acompañar
● **walk away** [*v* + *adv*] alejarse
● **walk into** [*v* + *prep* + *o*] **(a)** (enter) ‹*room/building*› entrar en, entrar a (AmL) **(b)** (fall into) ‹*trap*› caer* en **(c)** (collide with) darse* contra
● **walk off** **1** [*v* + *adv*] (go away) irse*, marcharse (esp Esp) **2** [*v* + *o* + *adv*, *v* + *adv* + *o*]: **we went out to ~ off our lunch** salimos a dar un paseo para bajar la comida
● **walk out** [*v* + *adv*] (Lab Rel) abandonar el trabajo (*como media reivindicatoria*)
● **walk out on** [*v* + *adv* + *prep* + *o*] ‹*lover/family*› dejar, abandonar
● **walk over**: [*v* + *prep* + *o*] (infml): **don't let him ~ all over you** no te dejes pisotear (por él)

walk² *n* **1** (leisurely) paseo *m*; (long) caminata *f*; **to go for a ~** ir* a pasear *or* a dar un paseo, ir* a caminar (esp AmL); **it's five minutes'** O **a five-minute ~ from here** está a cinco minutos de aquí a pie **2** (path) (esp AmE) camino *m* **3** (gait) manera *f* de caminar *or* andar; *see also* **walk of life**

walker /'wɔːkər, BrE 'wɔːkə(r)/ *n* **(a)** (sb that walks): **to be a fast/slow ~** caminar *or* andar* rápido/despacio **(b)** (hiker) excursionista *mf*

walkie-talkie /'wɔːki'tɔːki/ *n* walkie-talkie *m*

walk-in /'wɔːkɪn/ *adj*: **~ closet** vestidor *m*

walking¹ /'wɔːkɪŋ/ *n*: **I do a lot of ~** yo camino *or* ando mucho; (*before n*) ‹*tour*› a pie; **is it within ~ distance?** ¿se puede ir a pie?

walking² *adj*: **she's a ~ encyclopedia** (hum) es una enciclopedia ambulante (hum); **he's a ~ miracle** vive de milagro

walking stick *n* bastón *m*

Walkman® /'wɔːkmən/ *n* (*pl* **-mans** /-mənz/) walkman® *m*

walk: **~ of life** *n*: **people from all ~s of life** gente de todas las profesiones y condiciones sociales; **~-on** *n* (*before n*): **~-on part** (Theat) papel *m* de figurante; (Cin) papel *m* de extra; **~out** *n* (from talks, meeting) *retirada en señal de protesta*; (strike) *abandono del trabajo como medida reivindicatoria*; **~over** *n* (victory by default) walkover *m* (*victoria por la no comparecencia del contrincante*); (easy victory) (infml) paseo *m* (fam); **~way** *n* (bridge) puente *m*, pasarela *f*; (passageway) pasillo *m*; (path) sendero *m*

wall /wɔːl/ *n* **1** **(a)** (freestanding) muro *m*; (of castle, city) muralla *f*; **garden ~** tapia *f*, muro *m* **(b)** (barrier) barrera *f*; **a ~ of fire** una barrera de fuego **2** (of building, room) pared *f*, muralla *f* (Chi); (*before n*) **~ chart** gráfico *m* mural; **~ painting** mural *m* **3** (of stomach, artery) pared *f*
● **wall off** [*v* + *o* + *adv*, *v* + *adv* + *o*] separar con un muro *or* una pared *or* una tapia
● **wall up** [*v* + *o* + *adv*, *v* + *adv* + *o*] ‹*doorway/window*› tapiar; ‹*person/body*› emparedar

walled /wɔːld/ *adj* ‹*city*› amurallado; ‹*garden*› tapiado

wallet /'wɑːlət, BrE 'wɒlɪt/ *n* **(a)** (for money) cartera *f*, billetera *f* **(b)** (folder) carpeta *f*

wallflower /'wɔːlflaʊr, BrE 'wɔːlflaʊə(r)/ *n* **1** (Bot) alhelí *m* **2** (person) (infml): **she was always a ~** nunca la sacaban a bailar, siempre planchaba (Bol, CS fam), siempre comía pavo (Col fam)

wallop /'wɑːləp, BrE 'wɒləp/ *vt* (infml) darle* una paliza a

wallow /'wɑːləʊ, BrE 'wɒləʊ/ *vi* **(a)** (bathe) «*animal*» revolcarse* **(b)** (delight): **to ~ in self-pity** regodearse en la autocompasión

wall: **~paper** *n* (for walls) papel *m* pintado, tapiz *m* de empapelar (Méx, Ven); (Comput) fondo *m* de pantalla *or* de escritorio; **W~ Street** *n* Wall Street (*centro financiero de EUU*); **~-to-~ carpet** *n* alfombra *f* de pared a pared, moqueta *f* (Esp), moquette *f* (RPl)

walnut /'wɔːlnʌt/ *n* **(a)** (nut) nuez *f*, nuez *f* de Castilla (Méx) **(b)** **~ (tree)** nogal *m* **(c)** (wood) nogal *m*

walrus /'wɔːlrəs/ *n* (*pl* **~es** *or* **~**) morsa *f*

waltz¹ /wɔːls, wɔːlts/ *n* vals *m*

waltz² *vi* valsar, valsear

wan /wɑːn, BrE wɒn/ *adj* **(a)** (pallid) ‹*face/complexion*› pálido **(b)** ‹*smile*› lánguido

wand /wɑːnd, BrE wɒnd/ *n* (of sorcerer, conjurer) varita *f* mágica

wander¹ /'wɑːndər, BrE 'wɒndə(r)/ *vi* **(a)** (+ *adv compl*) (walk — in a leisurely way) pasear; (— aimlessly) deambular, vagar* **(b)** (stray): **don't let the children ~ away from the car** no dejes

palabra clave

que los niños se alejen del coche; **don't let your mind ~!** ¡no te distraigas!

wander[2] *n* (esp BrE) (*no pl*) vuelta *f*, paseo *m*

wanderer /'wɑːndərər, BrE 'wɒndərə(r)/ *n* trotamundos *mf*

wanderings /'wɑːndərɪŋz, BrE 'wɒndərɪŋz/ *pl n* correrías *fpl*

wanderlust /'wɑːndərlʌst, BrE 'wɒndəlʌst/ *n* ansias *fpl* de conocer mundo

wane[1] /weɪn/ *vi* **(a)** «*moon*» menguar* **(b)** «*interest/popularity*» decaer*, disminuir* **(c) waning** *pres p* ‹*moon*› menguante; ‹*interest/popularity/influence*› decreciente

wane[2] *n*: **to be on the ~** «*moon*» estar* menguando; «*popularity*» estar* decayendo *or* disminuyendo

wangle /'wæŋgəl/ *vt* (infml) agenciarse (fam)

want[1] /wɔːnt, BrE wɒnt/ *vt* **1** **(a)** (require, desire) querer*; **to ~ to** + INF querer* + INF; **to ~ sb/sth to** + INF querer* QUE algn/algo (+ *subj*) **(b)** «*police*» buscar*; ⓢ **wanted** se busca **(c)** (as price for sth) pedir* **(d)** ‹*person*› (sexually) desear **2** (need) necesitar; ⓢ **gardener wanted** se necesita *or* se precisa jardinero; **you ~ to see a doctor** tienes que ver a un médico
■ *vi* (lack) (fml) (*usu with neg*) **you/they will ~ for nothing** no te/les faltará nada

want[2] *n* **1** (requirement, need) necesidad *f* **2** (lack, absence) falta *f*, carencia *f* (fml); **for ~ of sth** a falta de algo; **for ~ of a better word** por así decirlo **3** (destitution, penury) miseria *f*

wanted /'wɔːntəd, BrE 'wɒntɪd/ *adj* ‹*criminal/terrorist*› buscado (por la policía); *see also* **want**[1] **1 b**

wanton /'wɔːntn̩, BrE 'wɒntən/ *adj* **(a)** (willful) sin sentido, gratuito **(b)** (licentious) licencioso

war /wɔːr, BrE wɔː(r)/ *n* guerra *f*; **to be at ~ with sb/sth** estar* en guerra con algn/algo; **the ~ on crime** la lucha contra la delincuencia; (*before n*) **~ memorial** monumento *m* a los caídos

warble /'wɔːrbəl, BrE 'wɔːbəl/ *vi* trinar, gorjear

ward /wɔːrd, BrE wɔːd/ *n* **1** (in hospital) sala *f* **2** (person) pupilo, -la *m,f*

● **ward off** [*v* + *adv* + *o*] ‹*attack*› rechazar*; ‹*blow*› desviar*; ‹*danger*› conjurar; ‹*illness*› protegerse* contra

warden /'wɔːrdn̩, BrE 'wɔːdn̩/ *n* (of castle, museum) guardián, -diana *m,f*; (of hostel, home) encargado, -da *m,f*; (of university, college) rector, -tora *m,f*; (church~) coadjutor *m*; (fire ~) (AmE) encargado, -da *m,f* de la lucha contra incendios; (game ~) guardabosque(s) *mf*; (of prison) (AmE) director, -tora *m,f* (*de una cárcel*)

warder /'wɔːrdər, BrE 'wɔːdə(r)/ *n* (BrE) celador, -dora *m,f* (*de una cárcel*)

wardrobe /'wɔːrdrəʊb, BrE 'wɔːdrəʊb/ *n* **(a)** (clothes cupboard) armario *m*, ropero *m* (esp AmL) **(b)** (set of clothes) guardarropa *m*, vestuario *m*

warehouse /'werhaʊs, BrE 'weəhaʊs/ *n* depósito *m*, almacén *m*, bodega *f* (Chi, Col, Méx)

wares /werz, BrE weəz/ *pl n* mercancía(s) *f(pl)*, mercadería(s) *f(pl)* (AmS)

war: **~fare** *n* guerra *f*; **~head** *n* cabeza *f*, ojiva *f*

warily /'werəli, BrE 'weərɪli/ *adv* con cautela, cautelosamente

warlike /'wɔːrlaɪk, BrE 'wɔːlaɪk/ *adj* guerrero

warm[1] /wɔːrm, BrE wɔːm/ *adj* **-er, -est** **1** ‹*water/day*› tibio, templado; ‹*climate/wind*› cálido; **the ~est room in the house** la habitación más caliente de la casa; **I'm lovely and ~ now** estoy muy calentito ahora; **~ clothes** ropa *f* de abrigo *or* (RPl, Ven tb) abrigada *or* (Andes, Méx tb) abrigadora; **to get ~** «*person*» entrar en calor, calentarse*; «*room*» calentarse* **2** **(a)** (affectionate, cordial) ‹*person*› cariñoso; ‹*welcome*› caluroso **(b)** ‹*color/atmosphere*› cálido **3** (fresh) ‹*scent/trail*› reciente, fresco

warm[2] *vt* calentar*
■ *vi* **(a)** (become hotter) calentarse* **(b)** (become affectionate) **to ~** TO *o* TOWARD **sb: we soon ~ed to o toward her** pronto se ganó nuestra simpatía

● **warm over** [*v* + *o* + *adv*, *v* + *adv* + *o*] (AmE) (Culin) calentar*

● **warm up** **1** [*v* + *adv*] **(a)** (become warmer) «*place/food*» calentarse*; «*person*» entrar en calor **(b)** «*engine/apparatus*» calentarse* **(c)** (become lively) «*party/match*» animarse **(d)** (for action) «*athlete*» hacer* ejercicios de calentamiento **2** [*v* + *o* + *adv*, *v* + *adv* + *o*] **(a)** (heat) ‹*food/place*› calentar* **(b)** ‹*engine/apparatus*› calentar* **(c)** (make lively) animar

warm: **~-blooded** /'wɔːrm'blʌdəd, BrE ˌwɔːm'blʌdɪd/ *adj* (Zool) de sangre caliente; **~-hearted** /'wɔːrm'hɑːrtəd, BrE ˌwɔːm'hɑːtɪd/ *adj* afectuoso

warmly /'wɔːrmli, BrE 'wɔːmli/ *adv* ‹*congratulate/welcome*› calurosamente; ‹*smile*› afectuosamente

warmth /wɔːrmθ, BrE wɔːmθ/ *n* **(a)** (heat) calor *m* **(b)** (of welcome) lo caluroso **(c)** (of color, atmosphere) calidez *f*

warm-up /'wɔːrmʌp, BrE 'wɔːmʌp/ *n* (exercise) ejercicio *m* de calentamiento; (practice) (pre)calentamiento *m*

warn /wɔːrn, BrE wɔːn/ *vt* **(a)** (admonish) advertir*; **we had been ~ed not to go** nos habían advertido que no fuéramos **(b)** (inform, advise) avisar, advertir*; **we were ~ed against swimming in the river** nos advirtieron que era peligroso nadar en el río

warning /'wɔːrnɪŋ, BrE 'wɔːnɪŋ/ *n* **(a)** (advice, threat) advertencia *f* **(b)** (prior notice) aviso *m*; **they arrived without ~** llegaron sin avisar *or* sin previo aviso

warp /wɔːrp, BrE wɔːp/ *vt* ‹*wood/metal*› alabear

warped /wɔːrpt, BrE wɔːpt/ *adj* ‹*timber/metal*› alabeado; ‹*record*› combado; ‹*mind/sense of humor*› retorcido

warplane /'wɔːrpleɪn, BrE 'wɔːpleɪn/ *n* avión *m* de combate

warrant[1] /'wɔːrənt, BrE 'wɒrənt/ *n* (written authorization) (Law) orden *f* judicial; (search ~) orden *f* de registro *or* (AmL tb) de allanamiento; **to have a ~ for sb's arrest** tener* una orden de arresto contra algn

warrant[2] *vt* **1** (justify) justificar* **2** (guarantee) (*often pass*) garantizar*

warranty /'wɔːrənti, BrE 'wɒrənti/ *n* (*pl* **-ties**) garantía *f*

warren /'wɔːrən, BrE 'wɒrən/ *n* (Zool) madriguera *f* (*de conejos*), conejera *f*

warring /ˈwɔːrɪŋ/ *adj* (*before n*) ‹*countries/tribes*› en guerra; ‹*factions*› enfrentado
warrior /ˈwɔːrjər, BrE ˈwɒriə(r)/ *n* guerrero, -ra *m,f*
Warsaw /ˈwɔːrsɔː, BrE ˈwɔːsɔː/ *n* Varsovia *f*
warship /ˈwɔːrʃɪp, BrE ˈwɔːʃɪp/ *n* buque *m* de guerra
wart /wɔːrt, BrE wɔːt/ *n* verruga *f*
war: **~time** *n*: **in ~time** en tiempo de guerra; **~torn** *adj* devastado por la guerra
wary /ˈweri, BrE ˈweəri/ *adj* **warier**, **wariest** cauteloso; **to be ~ OF sb/sth** no fiarse* DE algn/algo
was /wɑːz, *weak form* wəz, BrE wɒz, *weak form* wəz/ *past of* **be**
wash[1] /wɔːʃ, BrE wɒʃ/ *n* **1** **(a)** (act): **to have a ~** lavarse; **I'll give the car a ~** voy a lavar el coche, voy a darle una lavada al coche (AmL) **(b)** (in washing machine) lavado *m*; **your shirt is in the ~** tu camisa está lavándose **2** (left by boat, plane) estela *f*
wash[2] *vt* **1** (clean) ‹*shirt/car/fruit*› lavar; ‹*floor*› fregar*, lavar (esp AmL); **to ~ one's face/hair** lavarse la cara/la cabeza *or* el pelo; **to ~ the dishes** fregar* *or* lavar los platos **2** (carry away) (+ *adv compl*): **the body had been ~ed ashore by the tide** la corriente había arrastrado el cuerpo hasta la orilla; *see also* **wash away**, **wash up**
■ *vi* **(a)** (clean oneself) lavarse **(b)** (do dishes) lavar, fregar* **(c)** (do laundry) «*washing machine/person*» lavar (la ropa), hacer* la colada (Esp)
● **wash away** [*v* + *o* + *adv*, *v* + *adv* + *o*] **(a)** (carry away) llevarse **(b)** (cleanse) ‹*dirt*› quitar (*lavando*)
● **wash down** [*v* + *o* + *adv*, *v* + *adv* + *o*] **(a)** (clean) ‹*paintwork/wall*› lavar **(b)** (accompany) (infml): **a plate of pasta ~ed down with the local wine** un plato de pasta acompañado del vino de la región
● **wash out** **1** [*v* + *o* + *adv*, *v* + *adv* + *o*] ‹*sink/cloth*› (clean) lavar; (rinse) enjuagar* **2** [*v* + *adv*] (disappear): **the stain will ~ out** la mancha saldrá *or* se quitará al lavarlo
● **wash up** **1** [*v* + *adv*] **(a)** (wash oneself) (AmE) lavarse **(b)** (wash dishes) (BrE) lavar los platos, fregar* (los platos) **2** [*v* + *o* + *adv*, *v* + *adv* + *o*] **(a)** (deposit) (*usu pass*): **to be ~ed up** «*body/wreckage*» ser* traído por la corriente **(b)** ‹*dishes*› (BrE) lavar, fregar*
Wash = **Washington**
washable /ˈwɔːʃəbəl, BrE ˈwɒʃəbəl/ *adj* lavable
wash: **~basin** (BrE), **~bowl** (AmE) *n* **(a)** (in modern bathroom) lavabo *m*, lavamanos *m*, lavatorio *m* (CS), pileta *f* (RPl) **(b)** (bowl) palangana *f*, jofaina *f*, lavatorio *m* (Chi, Per); **~cloth** *n* (AmE) toallita *f* (*para lavarse*), ≈ manopla *f*
W
washed-out /ˈwɔːʃtˈaʊt, BrE ˌwɒʃtˈaʊt/ *adj* (*pred* **washed out**) **(a)** ‹*fabric*› descolorido; ‹*color*› pálido, lavado (RPl fam) **(b)** (exhausted) rendido
washer /ˈwɔːʃər, BrE ˈwɒʃə(r)/ *n* **1** (Tech) (ring) arandela *f*; (on faucet) arandela *f*, junta *f*, suela *f* universal, cuerito *m* (CS fam), empaque *m* (Col, Ven) **2** ▸ **washing machine**

washing /ˈwɔːʃɪŋ, BrE ˈwɒʃɪŋ/ *n* **(a)** (laundry — dirty) ropa *f* para lavar; (— clean) ropa *f* lavada; **to do the ~** lavar la ropa, hacer* la colada (Esp) **(b)** (act) lavado *m*
washing: **~ line** *n* (BrE) cuerda *f* para tender la ropa; **~ machine** *n* máquina *f* de lavar, lavadora *f*, lavarropas *m* (RPl); **~ powder** *n* (esp BrE) jabón *m* en polvo, detergente *m*; **~-up** /ˈwɔːʃɪŋˈʌp, BrE ˌwɒʃɪŋˈʌp/ *n* (BrE): **to do the ~-up** lavar los platos, fregar* (los platos); (*before n*) **~-up liquid** lavavajillas *m*
wash: **~out** *n* (failure) (infml) desastre *m* (fam); **~room** *n* baño(s) *m(pl)*, servicios *mpl* (esp Esp)
wasn't /ˈwɑːzn̩t, BrE ˈwɒzn̩t/ = **was not**
wasp /wɑːsp, BrE wɒsp/ *n* avispa *f*
WASP /wɑːsp, BrE wɒsp/ *n* (esp AmE) (= **white Anglo-Saxon Protestant**) *persona de la clase privilegiada de los EEUU, blanca, anglosajona y protestante*
waspish /ˈwɑːspɪʃ, BrE ˈwɒspɪʃ/ *adj* sardónico
wastage /ˈweɪstɪdʒ/ *n*: **there is too much ~ of raw material** se desperdicia demasiada materia prima; **natural ~** (of workforce) bajas *fpl* vegetativas
⚷ **waste**[1] /weɪst/ *n* **1** (of fuel, materials) desperdicio *m*; **a ~ of time** una pérdida de tiempo; **it's a ~ of money** es tirar el dinero; **to go to ~** «*talent*» desperdiciarse; «*food*» echarse a perder **2** **(a)** (refuse) residuos *mpl* **(b)** (surplus matter) material *m* sobrante **3** **wastes** (*pl*) **the deserted ~s of Antarctica** las desiertas inmensidades de la Antártica
waste[2] *vt* **1** ‹*talents/efforts*› desperdiciar; ‹*money/electricity*› despilfarrar; ‹*food*› tirar; ‹*time*› perder*; ‹*space*› desaprovechar **2** **wasted** *past p* **(a)** (misused, futile) ‹*time/money*› perdido; ‹*opportunity/space*› desperdiciado; ‹*effort*› inútil **(b)** (shrunken) ‹*body*› debilitado; ‹*limb*› atrofiado
● **waste away** [*v* + *adv*] «*person/body*» consumirse; «*muscle*» atrofiarse
waste[3] *adj* **1** ‹*ground*› (barren) yermo; (not cultivated) baldío; ***to lay ~ (to) sth*** arrasar algo **2** ‹*material/matter*› de desecho
waste: **~basket** *n* (esp AmE) ▸ **waste-paper basket**; **~ disposal unit** *n* triturador *m or* trituradora *f* de desperdicios
wasteful /ˈweɪstfəl/ *adj* ‹*person*› despilfarrador; ‹*method*› poco económico
waste: **~land** *n* (*often pl*) (barren land) páramo *m*, tierra *f* yerma *or* baldía; (uncultivated land) erial *m*; **~ paper** *n* papel *m* sobrante; **~-paper basket**, **~-paper bin** /ˈweɪstˈpeɪpər, BrE ˌweɪstˈpeɪpə(r)/ *n* papelera *f*, papelero *m* (CS); **~ pipe** *n* tubo *m* de desagüe
watch[1] /wɑːtʃ, BrE wɒtʃ/ *n* **1** (timepiece) reloj *m* (*de pulsera/de bolsillo*); (*before n*) **~ band** o (BrE) **strap** correa *f* de reloj **2** (observation) vigilancia *f*; **to keep ~** hacer* guardia **3** **(a)** (period of time) guardia *f* **(b)** (individual) guardia *mf*; (group) guardia *f*
⚷ **watch**[2] *vt* **1** ‹*person/expression*› observar; ‹*movie/game*› mirar; **to ~ television** ver* televisión; **we ~ed the sun go down** miramos la puesta de sol **2** **(a)** (keep under observation) ‹*suspect/house*› vigilar **(b)** (look after) ‹*luggage/children*› cuidar **(c)** (pay attention to) mirar (con

⚷ palabra clave

atención) **3** (be careful of) ‹*diet/weight*› vigilar, tener* cuidado con; ~ ***it!*** (infml) ¡cuidado!
■ *vi* (look on) mirar

● **watch out** [*v* + *adv*] **(a)** (be careful) tener* cuidado; ~ **out!** ¡(ten) cuidado!, ¡ojo! (fam), ¡abusado! (Méx fam) **(b)** (look carefully) estarse* atento; ~ **out for spelling mistakes** estáte atento por si hay faltas de ortografía

● **watch over** [*v* + *prep* + *o*] ‹*patient/child*› cuidar (de); ‹*safety/interests*› velar por

watchdog /'wɑːtʃdɔːg, BrE 'wɒtʃdɒg/ *n* (dog) perro *m* guardián; (in industry) regulador *m*

watchful /'wɑːtʃfəl, BrE 'wɒtʃfəl/ *adj* vigilante

watch: ~**maker** *n* relojero, -ra *m,f*; ~**man** /'wɑːtʃmən, BrE 'wɒtʃmən/ *n* (*pl* **-men** /mən/) vigilante *m*; ~**tower** *n* atalaya *f*, torre *f* de vigilancia

water¹ /'wɔːtər, BrE 'wɔːtə(r)/ *n* **1** agua *f*‡; **to be/lie under** ~ estar*/quedar inundado; **high/low** ~ marea *f* alta/baja; **to pass** ~ (fml & euph) orinar, hacer* aguas menores (euph); ***to hold*** ~ tenerse* en pie; (*before n*) ‹*bird/plant*› acuático; ~ **level** nivel *m* del agua; ~ **main** cañería *f* principal *or* de distribución; ~ **sports** deportes *mpl* acuáticos **2** **waters** *pl* (of sea, river) aguas *fpl*

water² *vi*: **her eyes began to** ~ empezaron a llorarle los ojos; **his mouth** ~**ed** se le hizo agua la boca (AmL), se le hizo la boca agua (Esp)
■ *vt* ‹*plant/garden/land*› regar*; ‹*livestock*› dar* de beber a

● **water down** [*v* + *o* + *adv*, *v* + *adv* + *o*] ‹*liquid/mixture*› diluir*; ‹*wine/beer*› aguar

water: ~ **bed** *n* cama *f* de agua; ~ **bottle** *n* cantimplora *f*; ~**color**, (BrE) ~**colour** *n* acuarela *f*; ~**cress** *n* berro *m*; ~**fall** *n* cascada *f*, salto *m* de agua; (large) catarata *f*; ~**front** *n* (beside lake, river) *zona de una ciudad que bordea un lago o río*; (docks) (esp AmE) muelles *mpl*

watering can /'wɔːtərɪŋ/ *n* regadera *f*

water: ~ **lily** *n* nenúfar *m*; ~**logged** /'wɔːtərlɔːgd, BrE 'wɔːtəlɒgd/ *adj* ‹*land/soil*› anegado, inundado; ‹*shoes*› empapado; ~**mark** *n* filigrana *f*; ~**melon** *n* sandía *f*; ~ **mill** *n* molino *m* de agua; ~ **parting** *n* (AmE) ▶ **watershed**

waterproof¹ /'wɔːtərpruːf, BrE 'wɔːtəpruːf/ *adj* ‹*fabric*› impermeable; ‹*mascara*› a prueba de agua; ‹*watch*› sumergible

waterproof² *n* (esp BrE) prenda *f* impermeable

waterproof³ *vt* impermeabilizar*

water: ~**-resistant** *adj* impermeabilizado, hidrófugo; ~**shed** *n* (Geog) **(a)** (divide) (línea *f*) divisoria *f* de aguas **(b)** (drainage basin) (AmE) cuenca *f*; ~**-ski** *vi* **-skis**, **-skiing**, **-skied** hacer* esquí acuático; ~**-skiing** *n* esquí *m* acuático; ~ **table** *n* nivel *m* freático; ~**tight** *adj* ‹*seal/container*› hermético; ‹*boat*› estanco; ‹*argument*› irrebatible, sin fisuras; ‹*alibi*› a toda prueba; ~**way** *n* (river) vía *f* fluvial; (canal) vía *f* or canal *m* navegable; ~ **wheel** *n* (for driving machinery) rueda *f* hidráulica; (for raising water) noria *f*; ~ **wings** *pl n* flotadores *mpl* (*que se colocan en los brazos*)

watery /'wɔːtəri/ *adj* **(a)** (of, like water) acuoso **(b)** ‹*beer/gravy*› aguado **(c)** ‹*eyes*› lloroso

watt /wɑːt, BrE wɒt/ *n* vatio *m*

wave¹ /weɪv/ *n* **1** **(a)** (of water) ola *f* **(b)** (in hair) onda *f* **(c)** (Phys) onda *f* **2** (surge, movement) oleada *f* **3** (gesture): **she gave them a** ~ les hizo adiós/los saludó con la mano

wave² *vt* **1** **(a)** (shake, swing) ‹*handkerchief/flag*› agitar; **to** ~ **sth around** agitar algo; **she** ~**d goodbye to him** le hizo adiós con la mano **(b)** (direct) (+ *adv compl*) **the policeman** ~**d us on** el policía nos hizo señas para *or* de que siguiéramos adelante **2** (curl) ‹*hair*› marcar*, ondular
■ *vi* **1** (signal): **he** ~**d when he saw us** nos saludó con la mano al vernos; **to** ~ AT *o* TO **sb** (to say goodbye) hacerle* adiós A algn con la mano; (in greeting) saludar a algn con la mano **2** (sway, flutter) «*corn/trees*» agitarse; «*flag*» ondear

● **wave aside** [*v* + *o* + *adv*, *v* + *adv* + *o*] **(a)** (with hand): **he** ~**d me aside** me hizo señas para que me hiciera a un lado **(b)** ‹*arguments/attempts*› rechazar*

wave: ~**band** *n* banda *f* de frecuencia; ~**length** *n* longitud *f* de onda

waver /'weɪvər, BrE 'weɪvə(r)/ *vi* **1** (falter) «*person*» flaquear; «*faith*» tambalearse **2** (be indecisive) titubear

wavy /'weɪvi/ *adj* **wavier**, **waviest** ondulado

wax¹ /wæks/ *n* cera *f*; (ear~) cera *f* (de los oídos), cerumen *m*; (sealing ~) lacre *m*

wax² *vt* **(a)** (treat with wax) ‹*floor/table/skis*› encerar **(b)** (to remove hair) depilar con cera
■ *vi* «*moon*» crecer*; **his popularity** ~**ed and waned** su popularidad sufrió muchos altibajos

waxworks /'wækswɜːrks, BrE 'wækswɜːks/ *n* (*pl* ~**works**); (+ *sing or pl vb*) museo *m* de cera

way¹ /weɪ/ *n* **I** **1** **(a)** (route) camino *m*; **the** ~ **back** el camino de vuelta; **the** ~ **in/out** la entrada/salida; **it's difficult to find one's** ~ **around this town** es difícil orientarse en esta ciudad; **can you find your** ~ **there by yourself?** ¿sabes ir solo?; **I can drop the package off on my** ~ de paso puedo dejar el paquete; **which** ~ **did you come?** ¿por dónde viniste?; **which** ~ **did he go?** ¿por dónde fue?; (following sb) ¿por dónde se fue?; **could you tell me the** ~ **to the city center?** ¿me podría decir por dónde se va al centro (de la ciudad)?; **on my** ~ **to work** de camino al trabajo; **the doctor is on her** ~ la doctora ya va para allí/viene para aquí; **I'll tell you on the** ~ te lo cuento por el camino; **I don't know the** ~ **up/down** no sé por dónde se sube/se baja; **to lead the** ~ ir* delante; **to lose one's** ~ perderse*; **there is no** ~ **around it** no hay otra solución; ***to go out of one's*** ~ (make a detour) desviarse* del camino; (make special effort): **they went out of their** ~ **to be helpful** se desvivieron por ayudar **(b)** (road, path) camino *m*, senda *f* **2** (passage, space): **to be/get in the** ~ estorbar; **to stand in the** ~: **they stood in our** ~ nos impidieron el paso; **I couldn't see it, she was standing in my** ~ no podía verlo, ella me tapaba (la vista); **I won't stand in your** ~ no seré yo quien te lo impida; **(get) out of the** ~! ¡hazte a un lado!; **to move sth out of the** ~ quitar algo de en medio; **to keep out of sb's** ~ rehuir* a algn **3** (direction): **it's that** ~ es en esa dirección, es por ahí; **this** ~! ¡por aquí!; **we didn't know which** ~ **to go** no sabíamos

W

por dónde ir; **this ~ and that** de un lado a otro; **we're both going the same ~** vamos para el mismo lado; **look the other ~!** ¡mira para otro lado!; **whichever ~ you look at it, it's a disaster** es un desastre, lo mires por donde lo mires; **the other ~ around** al revés; **which ~ up should it be?** ¿cuál es la parte de arriba?; **to split sth three ~s** dividir algo en tres partes; **every which ~** (AmE) para todos lados; ***to go sb's ~***: **are you going my ~?** ¿vas en mi misma dirección?; **the decision went our ~** se decidió en nuestro favor; ***~ to go!*** (AmE infml) ¡así se hace! **4** (distance) (*no pl*): **there's only a short ~ to go now** ya falta poco para llegar; **it's a long ~ from here to Rio** Río queda muy lejos de aquí; **he's come a long ~** ha venido de muy lejos; **we've come a long ~ since those days** hemos evolucionado mucho desde entonces; **a little goes a long ~** un poco cunde *or* (AmL tb) rinde mucho; **we had to walk all the ~ up** tuvimos que subir a pie hasta arriba

II **1** (method, means) forma *f*, manera *f*, modo *m*; **there's no ~ of crossing the border without a passport** es imposible cruzar la frontera sin pasaporte; **it doesn't matter to me one ~ or the other** me da igual una cosa u otra; **all right, we'll do it your ~** muy bien, lo haremos a tu manera; **to do sth the hard/easy ~** hacer* algo de manera difícil/fácil; ***to have it both ~s*** quererlo* todo, querer* la chancha y los cinco reales *or* los veinte (RPl fam); ***you can't have it both ~s*** tienes que elegir entre una cosa u otra **2** (manner) manera *f*, modo *m*, forma *f*; **in a subtle ~** de manera *or* modo *or* forma sutil; **he's in a bad ~** está muy mal; **that's the ~ it goes** así son las cosas, así es la vida; **it looks that ~** así *or* eso parece; **this ~ it's better for everyone** así es mejor para todos; **the ~ I see it** tal y como yo lo veo; ***to have a ~ with ...***: **to have a ~ with children/animals** saber* cómo tratar a los niños/tener* mano con los animales; **to have a ~ with words** tener* mucha facilidad de palabra **3** **(a)** (custom, characteristic): **the ~s of our people** las costumbres de nuestro pueblo; **he has a ~ of making people feel at ease** sabe hacer que la gente se sienta cómoda; ***to be set in one's ~s*** estar* muy acostumbrado a hacer las cosas de cierta manera **(b)** (wish, will): **to get/have one's (own) ~** salirse* con la suya (*or* mía *etc*) **4** (feature, respect) sentido *m*, aspecto *m*; **in a ~, it's like losing an old friend** de alguna manera *or* en cierta forma es como perder a un viejo amigo; **our product is in no ~ inferior to theirs** nuestro producto no es de ninguna manera inferior al suyo

III (*in phrases*) **1** **by the way** (*indep*) a propósito, por cierto **2** **by way of** (*as prep*) **(a)** (via) vía, pasando por **(b)** (to serve as) a modo *or* manera de **3** **in the way of** (as regards) (*as prep*) **don't expect too much in the ~ of help** en cuanto a ayuda, no esperes mucho **4** **no way** (infml): **no ~ is he going to do it** de ninguna manera lo va a hacer (fam); **no ~!** ¡ni hablar! (fam) **5** **to give way** **(a)** (break, collapse) «*ice/rope/cable*» romperse*; «*floor*» hundirse **(b)** (succumb, give in) **to give ~** TO **sth** (to threats/blackmail) ceder A *or* ANTE algo **(c)** (BrE) (Transp) **to give ~** (TO **sb/sth**) ceder el paso (A algn/algo) **(d)** (be replaced, superseded by) **to give ~** TO sth dejar *or* dar* paso A algo **6** **under way: to get under ~** ponerse* en marcha; **an investigation is under ~** se está llevando a cabo una investigación

way² *adv* (infml): **~ back in February** allá por febrero; **~ behind** muy por detrás; **they were ~ out in their calculations** se equivocaron en mucho en los cálculos; **~ past midnight** mucho después de la medianoche; **~ and away** (*as intensifier*) (AmE) con mucho, lejos (AmL fam)

way: **~lay** /ˈweɪˈleɪ/ *vt* (*past & past p* **~laid**) abordar; **~-out** /ˈweɪˈaʊt/ *adj* (*pred* **~ out**) (infml) ultramoderno, estrambótico (fam); **~s and means** *pl n* **~s and means** (OF -ING) métodos *mpl* (DE + INF)

⚷ **we** /wiː, *weak form* wi/ *pron*

> ■ **Note** Although *nosotros* and *nosotras* are given as translations of *we*, in practice they are used only for emphasis: *we went to the theater* fuimos al teatro; *we did it* nosotros *or* nosotras lo hicimos.

nosotros, -tras; **~ English** nosotros los ingleses

⚷ **weak** /wiːk/ *adj* **-er**, **-est** **1** **(a)** ‹*person/muscles/economy*› débil; ‹*structure*› poco sólido, endeble; ‹*handshake*› flojo; **to have a ~ heart** sufrir del corazón; **to grow ~** debilitarse **(b)** (ineffectual) ‹*character/leader*› débil **2** **(a)** (not competent) ‹*student/performance*› flojo **(b)** (not convincing) ‹*argument/excuse*› poco convincente **3** (diluted) ‹*coffee/tea*› poco cargado; ‹*beer*› suave; ‹*solution*› diluido

weaken /ˈwiːkən/ *vt* debilitar
■ *vi* «*person/animal*» (physically) debilitarse; «*resolve*» flaquear; «*power*» debilitarse; (relent) ceder

weakling /ˈwiːklɪŋ/ *n* alfeñique *m*

weakly /ˈwiːkli/ *adv* ‹*say*› con voz débil; **he struggled ~ and then gave in** se rindió sin apenas oponer resistencia

weakness /ˈwiːknəs, BrE ˈwiːknɪs/ *n* **1** **(a)** (of body, defenses) debilidad *f*; (of structure, material) falta *f* de solidez, endeblez *f*; (of argument) pobreza *f* **(b)** (ineffectualness) falta *f* de carácter **2** **(a)** (weak point — in structure, policy) punto *m* débil; (— in character) flaqueza *f*, punto *m* débil **(b)** (liking) debilidad *f*; **to have a ~ for sth** tener* debilidad por algo

weak-willed /ˈwiːkˈwɪld/ *adj* ‹*person*› de poca (fuerza de) voluntad; **to be ~** tener* poca fuerza de voluntad

weal /wiːl/ *n* verdugón *m* (*de un golpe dado con una cuerda, correa etc*)

wealth /welθ/ *n* **1** riqueza *f* **2** (large quantity): **a ~ of sth** abundancia *f* de algo

wealthy /ˈwelθi/ *adj* **-thier**, **-thiest** ‹*person/family*› adinerado, rico; ‹*nation/area*› rico

wean /wiːn/ *vt* ‹*baby/young*› destetar; **to ~ sb** OFF **sth: we ~ed him off drugs** conseguimos que dejara las drogas, conseguimos desengancharle de las drogas (Esp)

⚷ **weapon** /ˈwepən/ *n* arma *f*‡; **~s of mass destruction** armas de destrucción masiva

weaponry /ˈwepənri/ *n* armamento *m*

wear¹ /wer, BrE weə(r)/ *n* **1** **(a)** (use): **I've had a lot of ~ out of these shoes** les he dado mucho uso a estos zapatos; **carpets that stand hard ~** alfombras que resisten el uso constante **(b)** (damage) desgaste *m*; **~ and tear** uso *m* *or* desgaste natural **2** **(a)** (wearing of clothes): **clothes for evening ~** ropa para la noche **(b)** (clothing) ropa *f*; **children's ~** ropa de niños

wear² (*past* **wore**; *past p* **worn**) *vt* **1** **(a)** (at specific moment) ‹*clothes/jewelry/watch/makeup*› llevar; ‹*glasses*› llevar (puesto), usar; ‹*green/black*› vestir* de; **what perfume are you ~ing?** ¿qué perfume llevas? **(b)** (usually) ‹*clothes*› usar, ponerse*; ‹*glasses*› llevar, usar; ‹*makeup/perfume/earrings*› usar; **he ~s size 44 shoes** calza (el) 44; **she ~s her hair in a ponytail** se peina con cola de caballo **2** (through use): **the step had been worn smooth** el peldaño se había alisado con el uso; **she's worn holes in the soles** se le han agujereado las suelas

■ *vi* **1** (through use) «*collar/carpet/brakes*» gastarse; ***to ~ thin*** (lit: through use) «*cloth/metal*» gastarse; «*joke*» perder* la gracia **2** (last) (+ *adv compl*) durar; **to ~ well** «*cloth/clothes*» durar mucho; «*person*» conservarse bien

● **wear away** **1** [*v + o + adv, v + adv + o*] (erode) ‹*rock*› desgastar; ‹*pattern/inscription*› borrar **2** [*v + adv*] (become eroded) «*rock*» desgastarse; «*inscription*» borrarse

● **wear down** **1** [*v + o + adv, v + adv + o*] **(a)** (by friction) ‹*heel/pencil*› gastar **(b)** (weaken) ‹*resistance*› menoscabar; ‹*person*› agotar **2** [*v + adv*] «*heel/tread*» gastarse

● **wear off** [*v + adv*] **(a)** (be removed) «*paint*» quitarse **(b)** (disappear) «*distress/numbness*» pasarse

● **wear on** [*v + adv*] «*winter/years*» pasar (*lentamente*); «*meeting/drought*» continuar*

● **wear out** **1** [*v + o + adv, v + adv + o*] **(a)** (through use) ‹*shoes/carpet/batteries*› gastar **(b)** (exhaust) ‹*person*› agotar **2** [*v + adv*] (through use) «*shoes/towel/batteries*» gastarse

● **wear through** [*v + adv*] (get hole in) «*soles/cloth*» agujerearse

wearily /ˈwɪrəli, BrE ˈwɪərɪli/ *adv* ‹*walk/move*› cansinamente; **he sighed ~** suspiró cansado

weary¹ /ˈwɪri, BrE ˈwɪəri/ *adj* **-rier, -riest** ‹*person/legs*› cansado; ‹*sigh*› de cansancio; **to be ~ OF sth/-ING** estar* cansado *or* harto DE algo/+ INF

weary² *vt* **-ries, -rying, -ried** **(a)** (tire) cansar **(b)** (annoy) hartar, cansar

weasel /ˈwiːzəl/ *n* (Zool) comadreja *f*

weather¹ /ˈweðər, BrE ˈweðə(r)/ *n* tiempo *m*; **what's the ~ like?** ¿cómo está el tiempo?, ¿qué tiempo hace?; **you can't go out in this ~** no puedes salir con este tiempo; (*before n*) ‹*map/chart*› meteorológico; **~ forecast** pronóstico *m* del tiempo

weather² *vt* **(a)** (wear) ‹*rocks*› erosionar; ‹*surface*› desgastar; ‹*skin/face*› curtir **(b)** ‹*wood*› secar*

■ *vi* «*rock*» erosionarse; «*surface*» desgastarse

weather: **~beaten** *adj* ‹*face/sailor*› curtido; ‹*walls/rocks*› azotado por los elementos; **~cock** *n* veleta *f*

weathered /ˈweðərd, BrE ˈweðəd/ *adj* ‹*rocks/brick/stone*› erosionado (*por la acción de los elementos*); ‹*wood*› curado

weather: **~man** /ˈweðərmæn, BrE ˈweðəmæn/ *n* (*pl* **-men** /-men/) *hombre que transmite el pronóstico del tiempo por radio o televisión*; **~proof** *adj* impermeable; **~ vane** /veɪn/ *n* veleta *f*

weave /wiːv/ *vt* (*past* **wove**; *past p* **woven**) **(a)** ‹*cloth/mat*› tejer (*en telar*); ‹*basket/web*› tejer; ‹*story/plot*› tejer **(b)** (thread together) ‹*threads/branches/straw*› entretejer

■ *vi* **1** (*past* **wove**; *past p* **woven**) (make cloth, baskets) tejer **2** (*past* **wove** *or* **weaved**; *past p* **woven** *or* **weaved**) «*road*» serpentear; «*person*» zigzaguear

weaver /ˈwiːvər, BrE ˈwiːvə(r)/ *n* tejedor, -dora *m,f*

weaving /ˈwiːvɪŋ/ *n* (of cloth) tejido *m*

web /web/ *n* **(a)** (spider's ~) telaraña *f*; **a ~ of intrigue** una red de intriga **(b)** (Comput): **World Wide ~** telaraña *f* mundial

webbed /webd/ *adj* palmeado

webcam /ˈwebkæm/ *n* webcam *f*, cámara *f* web

web: **~log** *n* weblog *m*, bitácora *f*; **~ page** *n* (Comput) página *f* web; **~ site** *n* (Comput) sitio *m* web

wed /wed/ *vt* (*past & past p* **wedded** *or* **wed**) (marry) (dated *or* journ) ‹*man/woman*› casarse con

we'd /wiːd/ **(a)** = **we had** **(b)** = **we would**

wedding /ˈwedɪŋ/ *n* **(a)** (ceremony) boda *f*, casamiento *m*, matrimonio *m* (AmS exc RPl); **to have a church/civil** (AmE) o (BrE) **registry-office ~** casarse por la iglesia *or* (RPl) por iglesia/por lo civil *or* (Per, RPl, Ven) por civil *or* (Chi, Méx) por el civil; (*before n*) **~ dress** vestido *m* *or* traje *m* de novia; **~ ring** alianza *f*, anillo *m* de boda, argolla *f* (de matrimonio) (Chi) **(b)** (anniversary): **silver/golden ~** bodas *fpl* de plata/oro

wedge¹ /wedʒ/ *n* **(a)** (for securing) cuña *f* **(b)** (for splitting) cuña *f* **(c)** (shape): **a ~ of cake** un trozo grande de pastel

wedge² *vt* **(a)** (secure): **to ~ a door open** ponerle* una cuña a una puerta para que no se cierre **(b)** (squeeze) meter (*a presión*)

Wednesday /ˈwenzdeɪ, -di/ *n* miércoles *m*; *see also* **Monday**

wee¹ /wiː/ *adj* (small) (esp Scot, IrE) pequeño, chico (esp AmL); **in the ~ small hours** o (AmE also) **the ~ hours** a las altas horas de la madrugada

wee² *n* (BrE infml) (*no pl*): **to have** o **do a ~** hacer* pis *or* pipí (fam), hacer* del uno (Méx, Per fam)

weed¹ /wiːd/ *n* **(a)** (Hort) hierbajo *m*, mala hierba *f*, yuyo *m* (RPl), maleza *f* (AmL) **(b)** (aquatic growth) algas *fpl*

weed² *vt* deshierbar, desherbar*, desmalezar* (AmL), sacar* los yuyos de (RPl)

● **weed out** [*v + o + adv, v + adv + o*] **(a)** (Hort) quitar **(b)** ‹*errors/items*› eliminar; ‹*applicants*› eliminar

weedkiller /ˈwiːd,kɪlər, BrE ˈwiːd,kɪlə(r)/ *n* herbicida *m*

weedy /ˈwiːdi/ *adj* **-dier, -diest** **(a)** (lanky) (AmE) larguirucho (fam) **(b)** (feeble, puny) (BrE infml) enclenque

week /wiːk/ *n* **(a)** (7 days) semana *f*; **once a ~** una vez por semana *or* a la semana; **we get**

W

paid by the ~ nos pagan semanalmente; **(on) Tuesday ~** o (BrE also) **a ~ on Tuesday** el martes que viene no, el otro; **she arrived a ~ (ago) yesterday** ayer hizo una semana que llegó **(b)** (working days): **I never go out in** o **during the ~** nunca salgo los días de semana

week: **~day** *n* día *m* de semana; **~end** /'wi:kend, BrE wi:k'end/ *n* fin *m* de semana; **what are you doing on** o (BrE) **at the ~?** ¿qué vas a hacer el fin de semana?

weekly¹ /'wi:kli/ *adj* semanal

weekly² *adv* semanalmente; **we get paid ~** nos pagan por semana

weekly³ *n* (*pl* **weeklies**) semanario *m*

weep /wi:p/ *vi* (*past & past p* **wept**) **1** (cry) llorar **2** (exude liquid) «*wound/eye*» supurar

weeping willow /'wi:pɪŋ/ *n* sauce *m* llorón

weepy /'wi:pi/ *adj* **-pier**, **-piest** (infml) **1 (a)** ‹*person*› **to feel ~** tener* ganas de llorar **(b)** ‹*film/play*› que hace llorar, cebollento (Chi fam) **2** ‹*eye*› lloroso

🔑 **weigh** /weɪ/ *vt* **1** ‹*person/load/food*› pesar; **to ~ oneself** pesarse **2** (consider) ‹*factors/arguments/evidence*› sopesar; **to ~ one's words** medir* sus (*or* mis *etc*) palabras

■ *vi* (measure in weight) «*person/load/food*» pesar; **how much** *o* **what do you ~?** ¿cuánto pésas?; **your inexperience will ~ against you** tu falta de experiencia será un factor en tu contra

● **weigh down** [*v + o + adv, v + adv + o*] **(a)** (impose weight on): **the bag was ~ing me down** la bolsa me pesaba mucho; **trees ~ed down with fruit** árboles cargados de fruta **(b)** (depress) abrumar **(c)** ▶ **weight down**

● **weigh on**: [*v + prep + o*]: **it still ~ed heavily on her conscience** todavía sentía un gran cargo de conciencia; **it's been ~ing heavily on my mind** me ha estado preocupando

● **weigh out** [*v + o + adv, v + adv + o*] pesar

● **weigh up** [*v + o + adv, v + adv + o*] ‹*situation*› considerar; ‹*pros and cons*› sopesar; ‹*person*› evaluar*

🔑 **weight¹** /weɪt/ *n* **1** (mass, heaviness) peso *m*; **the bag is 5kg in ~** la bolsa pesa 5kg; **you mustn't lift heavy ~s** no debe levantar cosas pesadas; **that has taken a ~ off my mind** eso me ha sacado un peso de encima; ***to pull one's ~***: **John isn't pulling his ~** John no trabaja como debería **2** (importance, value) peso *m* **3 (a)** (unit) peso *m*; **~s and measures** pesos y medidas **(b)** (for scales, clocks) pesa *f* **(c)** (Sport) pesa *f*; (*before n*) **~ training** entrenamiento *m* con pesas

weight² *vt* (make heavier) darle* peso a; ‹*fishing net*› lastrar

● **weight down** [*v + o + adv, v + adv + o*] **(a)** ‹*tarpaulin/papers*› sujetar con algo pesado **(b)** ‹*body*› (to make it sink) ponerle* un lastre a

weightless /'weɪtləs, BrE 'weɪtlɪs/ *adj* ingrávido

weight: **~lifter** /'weɪt,lɪftər, BrE 'weɪt,lɪftə(r)/ *n* levantador, -dora *m,f* de pesas, pesista *mf* (Andes), halterófilo, -la *m,f*; **~lifting** /'weɪt,lɪftɪŋ/ *n* levantamiento *m* de pesas, halterofilia *f*

weighty /'weɪti/ *adj* **-tier**, **-tiest** ‹*argument*› de peso; ‹*matter*› importante

weir /wɪr, BrE wɪə(r)/ *n* presa *f*

weird /wɪrd, BrE wɪəd/ *adj* **-er**, **-est (a)** (strange) (infml) raro, extraño **(b)** (unearthly) ‹*apparition/figure*› misterioso

welcome¹ /'welkəm/ *interj* bienvenido

🔑 **welcome²** *adj* **(a)** (gladly received) ‹*guest*› bienvenido; ‹*change/news*› grato **(b)** (freely permitted): **you're ~ to use the phone** el teléfono está a tu disposición; **you're ~ to these books** puedes llevarte estos libros, si quieres **(c)** (responding to thanks): **you're ~!** ¡de nada!, ¡no hay de qué!

🔑 **welcome³** *vt* (greet) darle* la bienvenida a; (receive): **we would ~ any advice you can give us** le agradeceríamos cualquier consejo que pudiera darnos

welcome⁴ *n* bienvenida *f*

welcoming /'welkəmɪŋ/ *adj* **(a)** ‹*ceremony/delegation*› de bienvenida **(b)** ‹*smile/hug*› acogedor; **the little bar looked very ~** el barcito parecía muy acogedor

weld /weld/ *vt/i* soldar*

welfare /'welfer, BrE 'welfeə(r)/ *n* **1** (well-being) bienestar *m* **2** (Soc Adm) **(a)** (assistance) asistencia *f* social **(b)** (payment) (AmE) prestaciones *fpl* sociales

welfare state *n* estado *m* de bienestar

🔑 **well¹** /wel/ *adv* (*comp* **better**; *superl* **best**) **1** (to high standard, satisfactorily) ‹*sing/write/work*› bien; **he's doing very ~** le van muy bien las cosas; **~ done!** ¡así se hace!, ¡muy bien!; **to go ~** «*performance/operation*» salir* bien **2** (thoroughly) ‹*wash/dry/know*› bien; **it was ~ worth the effort** realmente valió la pena; **~ and truly** (infml): **he was ~ and truly drunk** estaba pero bien borracho **3 (a)** (considerably) (*no comp*) bastante; **until ~ into the next century** hasta bien entrado el siglo que viene **(b)** (with justification): **you may ~ ask!** ¡muy buena pregunta!; **she couldn't very ~ deny it** ¿cómo iba a negarlo? **4** (advantageously) ‹*marry*› bien; **to do ~ to + INF** hacer* bien en + INF, deber + INF; **to do ~ out of sth** salir* bien parado de algo **5** (*in phrases*) **(a) as well** (in addition) también **(b) as well as** (in addition to) además de **(c) may/might as well: now you've told him, you may** o **might as ~ give it to him!** ahora que se lo has dicho dáselo ¿total?

🔑 **well²** *adj* (*comp* **better**; *superl* **best**) **1** (healthy) bien; **how are you? — I'm very ~, thank you** ¿cómo estás? — muy bien, gracias; **get ~ soon!** ¡que te mejores! **2** (pleasing, satisfactory) bien; **it's all very ~ for him to talk, but ...** él podrá decir todo lo que quiera pero ... **3 as well: it would be as ~ to keep this quiet** mejor no decir nada de esto; **it's just as ~ I've got some money with me** menos mal que llevo dinero encima

well³ *interj* **1 (a)** (introducing/continuing topic, sentence) bueno, bien **(b)** (expressing hesitation): **do you like it? — well ...** ¿te gusta? — pues *or* (esp AmL) este ... **2 (a)** (expressing surprise): **~, ~, ~! look who's here!** ¡vaya, vaya! ¡mira quién está aquí! **(b)** (expressing indignation) bueno **(c)** (dismissively) ¡bah! **(d)** (expressing resignation) bueno **3** (expressing expectation): **~? who won?**

W

🔑 palabra clave

bueno ¿y quién ganó?

well⁴ *n* (for water, oil, gas) pozo *m*

● **well up** [*v* + *adv*] «*water*» brotar, manar; **tears ~ed up in his eyes** los ojos se le llenaron de lágrimas

we'll /wiːl/ = **we will**

well- /'wel/ *pref* bien

well: **~-balanced** /'wel'bælənst/ *adj* (*pred* **~ balanced**) ‹*person*› equilibrado; ‹*diet*› equilibrado, balanceado; **~-behaved** /'welbɪ'heɪvd/ *adj* (*pred* **~ behaved**) ‹*child*› que se porta bien, bueno; ‹*dog*› obediente; **~-being** /'wel'biːɪŋ/ *n* bienestar *m*; **~-disposed** /'weldɪ'spəʊzd/ *adj* (*pred* **~ disposed**) dispuesto a colaborar (*or* ayudar *etc*); **~-done** /'wel'dʌn/ *adj* (*pred* **~ done**) (Culin) bien cocido *or* (Esp) muy hecho; **~-dressed** /'wel'drest/ *adj* (*pred* **~ dressed**) bien vestido; **~-educated** /'wel'edʒəkeɪtəd, BrE ˌwel'edjʊkeɪtɪd/ *adj* (*pred* **~ educated**) culto; **~-founded** /'wel'faʊndəd, BrE ˌwel'faʊndɪd/ *adj* (*pred* **~ founded**) bien fundado; **~-groomed** /'wel'gruːmd/ *adj* (*pred* **~ groomed**) ‹*person*› bien arreglado; ‹*hair*› bien peinado; ‹*horse/garden*› bien cuidado; **~-informed** /'welɪn'fɔːrmd, BrE ˌwelɪn'fɔːmd/ *adj* bien informado

wellington (boot) /'welɪŋtən/ *n* **(a)** (short boot) (AmE) botín *m*, bota *f* (*corta*) **(b)** (gumboot) (BrE) bota *f* de goma *or* de agua *or* de lluvia, catiusca *f* (Esp)

well: **~-kept** /'wel'kept/ *adj* (*pred* **~ kept**) **(a)** ‹*house/lawns*› bien cuidado **(b)** ‹*secret*› bien guardado; **~-known** /'wel'nəʊn/ *adj* (*pred* **~ known**) ‹*person*› conocido, famoso; **it is ~ known that ...** es bien sabido que ...; **~-mannered** /'wel'mænərd, BrE ˌwel'mænəd/ *adj* (*pred* **~ mannered**) de buenos modales, educado; **~-meaning** /'wel'miːnɪŋ/ *adj* (*pred* **~ meaning**) ‹*person*› bienintencionado; **he's ~ meaning, but ...** lo hace con la mejor intención, pero ...; **~-off** /'wel'ɔːf, BrE ˌwel'ɒf/ *adj* (*pred* **~ off**) adinerado; **~-read** /'wel'red/ *adj* (*pred* **~ read**) culto; **~-to-do** /'weltə'duː/ *adj* ‹*businessman/family*› adinerado; **~-wisher** /'welˌwɪʃər, BrE 'welˌwɪʃə(r)/ *n*: **she received lots of cards from ~-wishers** recibió muchas tarjetas en que le deseaban una pronta recuperación (*or* mucha felicidad *etc*); **~-worn** /'wel'wɔːrn, BrE ˌwel'wɔːn/ *adj* (*pred* **~ worn**) ‹*coat/carpet*› muy gastado; ‹*phrase*› muy trillado

Welsh¹ /welʃ/ *adj* galés

Welsh² *n* **(a)** (language) galés *m* **(b)** (people) (+ *pl vb*) **the ~** los galeses

Welshman /'welʃmən/ *n* (*pl* **-men** /-mən/) galés *m*

welt /welt/ *n* (weal) verdugón *m*

went /went/ *past of* **go¹**

wept /wept/ *past & past p of* **weep**

were /wɜːr, BrE wɜː(r), *weak form* wər, BrE wə(r)/ **(a)** *2nd pers sing past ind of* **be (b)** *1st, 2nd & 3rd pers pl past ind of* **be (c)** *subjunctive of* **be**

we're /wɪr, BrE wɪə(r)/ = **we are**

weren't /wɜːrnt, BrE wɜːnt/ = **were not**

west¹ /west/ *n* **1** (point of the compass, direction) oeste *m*; **the ~, the W~** (region) el oeste **2** **the W~** (the Occident) (el) Occidente *m*; (Pol, Hist) el Oeste

west² *adj* (*before n*) oeste *adj inv*, occidental; ‹*wind*› del oeste

west³ *adv* al oeste

westbound /'westbaʊnd/ *adj* que va (*or* iba *etc*) hacia el *or* en dirección oeste

westerly /'westərli, BrE 'westəli/ *adj* ‹*wind*› del oeste; **in a ~ direction** hacia el oeste, en dirección oeste

western¹ /'westərn, BrE 'westən/ *adj* **(a)** (Geog) oeste *adj inv*, del oeste, occidental; **the ~ areas of the country** las zonas oeste *or* occidentales del país **(b)** (occidental) (Geog, Pol) occidental

western² *n* western *m*, película *f* (*or* novela *f etc*) del Oeste *or* de vaqueros

Westerner, **westerner** /'westərnər, BrE 'westənə(r)/ *n* occidental *mf*

westernized /'westərnaɪzd, BrE 'westənaɪzd/ *adj* occidentalizado

west: **W~ Indian** *adj* antillano; (in UK) afroantillano; **W~ Indies** /'ɪndiz/ *pl n*: **the W~ Indies** las Antillas

westward¹ /'westwərd, BrE 'westwəd/ *adj* (*before n*): **in a ~ direction** hacia el oeste, en dirección oeste

westward², (BrE) **westwards** /-z/ *adv* hacia el oeste

wet¹ /wet/ *adj* **wetter**, **wettest** **(a)** (moist) ‹*floor/grass/clothes*› mojado; (damp) húmedo; ‹*concrete/plaster*› blando; **wet paint** pintura fresca *or* (Esp tb) ojo, pinta; **to get ~** mojarse **(b)** (rainy) ‹*weather/day*› lluvioso

wet² *vt* (*pres p* **wetting**; *past & past p* **wet** *or* **wetted**) mojar; (dampen) humedecer*; **to ~ the bed** mojar la cama; **to ~ oneself** orinarse, hacerse* pipí (encima) (fam)

wet: **~ blanket** *n* (infml) aguafiestas *mf* (fam); **~ suit** *n* traje *m* de neoprene *or* de neopreno

we've /wiːv/ = **we have**

whack¹ /hwæk, BrE wæk/ *n* (blow) golpe *m*; (sound) ¡zas!

whack² *vt* golpear, aporrear; ‹*person*› pegarle* a

whale /hweɪl, BrE weɪl/ *n* **1** (*pl* **~s** *or* **~**) (Zool) ballena *f* **2** (infml) (*as intensifier*) **we had a ~ of a time** lo pasamos bomba *or* genial (fam)

wharf /hwɔːrf, BrE wɔːf/ *n* (*pl* **wharves** /hwɔːrvz, BrE wɔːvz/) muelle *m*, embarcadero *m*

what¹ /hwɑːt, BrE wɒt/ *pron* **1** (in questions) qué; **~'s that?** ¿qué es eso?; **~'s the problem?** ¿cuál es el problema?; **~'s 'I don't understand' in Russian?** ¿cómo se dice 'no entiendo' en ruso? **2** (*in phrases*) **or what?** (infml) ¿o qué?; **so what?** ¿y qué?; **what about: but ~ about the children?** y los niños ¿qué?; **you know Julie's boyfriend? — yes, ~ about him?** ¿conoces al novio de Julie? — sí ¿por qué?; **what ... for: ~'s this button for?** ¿para qué es este botón?; **~ are you complaining for?** ¿por qué te quejas?; **what if: ~ if she finds out?** ¿y si se entera?; **what's-her/-his-name** (infml): **go and ask ~'s-her-name next door** ve y pregúntale a la de al lado ¿cómo se llama? **3** **(a)** (in indirect speech) qué; **she knows ~ to do** ella sabe qué hacer; **I still don't know ~'s ~ in the office** aún no sé cómo funcionan las cosas en la oficina; **(I'll) tell you ~, ...** mira, ... **(b)** (relative use) lo que; **they did ~**

W

they could hicieron lo que pudieron

what² *adj* **1** **(a)** (in questions) qué; **~ color are the walls?** ¿de qué color son las paredes? **(b)** (in indirect speech) qué; **she didn't know ~ color to choose** no sabía qué color elegir **2** (in exclamations) qué; **~ a surprise!** ¡qué sorpresa!; **~ a lot of people!** ¡cuánta gente!

whatever¹ /hwɑːt'evər, BrE wɒt'evə(r)/ *pron* **1** (in questions, exclamations) qué; **~ is she doing?** ¿qué (es lo que) está haciendo? **2** **(a)** (no matter what): **~ you do, don't laugh!** hagas lo que hagas ¡no te vayas a reír!; **he talked about percentiles, ~ they are** habló de percentiles, que no tengo ni idea de qué son **(b)** (all that): **they let him do ~ he likes** lo dejan hacer todo lo que quiere; **~ you say** lo que tú digas, como quieras

whatever² *adj* **(a)** (no matter what): **don't give up, ~ doubts you may have** no renuncies, tengas las dudas que tengas; **all people, of ~ race or creed** todos, cualquiera sea su raza o credo **(b)** (any): **~ changes are necessary** los cambios que sean necesarios

whatever³ *adv* (*as intensifier*): **none/nothing ~** ninguno/nada en absoluto

wheat /hwiːt, BrE wiːt/ *n* trigo *m*

wheatgerm /'hwiːtdʒɜːrm, BrE 'wiːtdʒɜːm/ *n* germen *m* de trigo

wheedle /'hwiːdl, BrE 'wiːdl/ *vt* **to ~ sth** OUT OF **sb** sonsacarle* algo a algn

wheel¹ /hwiːl, BrE wiːl/ *n* **1** **(a)** (of vehicle) rueda *f* **(b)** (potter's ~) torno *m* **2** (steering ~ — of car) volante *m*; (— of ship) timón *m*; **at the ~** (of car) al volante; (of ship) al timón

wheel² *vt* ‹*bicycle/wheelchair*› empujar; ‹*person*› llevar (*en silla de ruedas etc*) ■ *vi* **(a)** (turn suddenly) **~ (around** *o* **(BrE) round)** «*person*» girar sobre sus (*or* mis *etc*) talones **(b)** (circle) dar* vueltas; «*birds*» revolotear

wheel: **~barrow** *n* carretilla *f*; **~chair** *n* silla *f* de ruedas; **~ clamp** *n* cepo *m*

wheeling and dealing /'hwiːlɪŋən'diːlɪŋ, BrE ˌwiːlɪŋən'diːlɪŋ/ *n* (infml) tejemanejes *mpl* (fam)

wheeze /hwiːz, BrE wiːz/ *vi* «*person*» respirar con dificultad (*produciendo un sonido sibilante como los asmáticos*); «*machine*» resollar*

when¹ /hwen, BrE wen/ *adv*

> ■ **Note** When used as a conjunction in sentences expressing the future, *when* is translated by *cuando + subjunctive*: *we'll speak to Carol when she gets back* hablaremos con Carol cuando vuelva.

1 (in questions, indirect questions) cuándo; **that was ~ I realized that ...** fue entonces cuando *or* (esp AmL tb) que me di cuenta de que ...; **say ~!** di cuándo **2** (as relative): **the year ~ we got married** el año en que nos casamos; **in December, ~ we were on holiday** en diciembre, cuando estábamos de vacaciones

when² *conj* **1** **(a)** (temporal sense) cuando; **I'll ask him ~ I see him** se lo preguntaré cuando lo vea **(b)** (if) si, cuando **2** **(a)** (since, considering that) si, cuando **(b)** (although) cuando; **he said he was 18 ~ in fact he's only 15** dijo que tenía 18 años cuando en realidad solo tiene 15

when³ *pron* cuándo; **~ do you have to be in London by?** ¿para cuándo tienes que estar en Londres?

whenever /hwen'evər, BrE wen'evə(r)/ *conj* **(a)** (every time that) siempre que; **~ I hear that song I think of Spain** siempre que *or* cada vez que escucho esa canción, me acuerdo de España **(b)** (at whatever time): **we'll go ~ you're ready** saldremos cuando estés listo

where¹ /hwer, BrE weə(r)/ *adv* dónde; (indicating direction) adónde, dónde; **~'s Lewes?** ¿dónde está Lewes?; **~ are you taking me?** ¿(a)dónde me llevan?; **~ are you from?** ¿de dónde eres?

where² *conj* **(a)** donde; (indicating direction) adonde, donde **(b)** (in cases where) cuando; **~ appropriate** cuando *or* allí donde sea apropiado

whereabouts¹ /'hwerə'baʊts, BrE ˌweərə'baʊts/ *adv*: **~ in Austria do you live?** ¿en qué parte de Austria vives?

whereabouts² /'hwerəbaʊts, BrE 'weərəbaʊts/ *n* (+ *sing or pl vb*) paradero *m*

whereas /hwer'æz, BrE ˌweər'æz/ *conj* mientras que

whereby /hwer'baɪ, BrE weə'baɪ/ *pron* (fml): **a system ~ payments are made automatically** un sistema por *or* según el cual los pagos se efectúan automáticamente

wherever¹ /hwer'evər, BrE weər'evə(r)/ *adv* **(a)** (in questions) dónde **(b)** (no matter where) (infml) en cualquier parte *or* lado

wherever² *conj*: **you can use your card ~ you see this sign** puede usar su tarjeta (en cualquier establecimiento) donde vea este símbolo; **~ he goes, I'll go too** vaya donde vaya, yo iré tambien; **you can sit ~ you like** puedes sentarte donde quieras

wherewithal /'hwerwɪðɔːl, BrE 'weəwɪðɔːl/ *n*: **the ~** los medios; **we don't have the ~ to do this** no tenemos los recursos para hacer esto

whet /hwet, BrE wet/ *vt* **-tt-** ‹*interest/curiosity*› estimular; **the walk ~ted our appetites** la caminata nos abrió el apetito

whether /'hweðər, BrE 'weðə(r)/ *conj*: **tell me ~ you need us or not** o **~ or not you need us** dime si nos necesitas o no; **I doubt ~ he knew** dudo que lo supiera; **~ you like it or not** te guste o no te guste

whey /hweɪ, BrE weɪ/ *n* suero *m* (*de la leche*)

which¹ /hwɪtʃ, BrE wɪtʃ/ *pron* **1** **(a)** (*in questions*), (*sing*) cuál; (*pl*) cuáles **(b)** (in indirect use) cuál; **I can never remember ~ is ~** nunca recuerdo cuál es cuál **2** (as relative): **the parcel ~ arrived this morning** el paquete que llegó esta mañana; **the newspaper in ~ the article appeared** el diario en el que *or* en el cual apareció el artículo

which² *adj* **1** (in questions) (*sing*) qué, cuál; (*pl*) qué, cuáles **2** (as relative): **we arrived at two, by ~ time they had gone** llegamos a las dos y para entonces ya se habían ido; **in ~ case** en cuyo caso

whichever¹ /hwɪtʃ'evər, BrE wɪtʃ'evə(r)/ *pron* **(a)** (no matter which): **there are several options, but ~ you choose ...** hay varias opciones, pero elijas la que elijas *or* cualquiera que elijas ... **(b)** (the one, ones that): **buy ~ is cheaper** compra

W

el que sea más barato

whichever² *adj* **(a)** (no matter which): **~ party is in power** sea cual sea *or* cualquiera que sea el partido que esté en el poder **(b)** (any that): **you can write about ~ subject you know best** puedes escribir sobre el tema que mejor conozcas, sea cual sea *or* fuere

while¹ /hwaɪl, BrE waɪl/ *conj* **1** (in time) mientras; **they don't drink ~ on duty** no beben cuando están de guardia **2** (though) aunque **3** (whereas) mientras que

● **while away**: [*v* + *adv* + *o*, *v* + *o* + *adv*]: **we had a game of chess to ~ away the time** jugamos una partida de ajedrez para pasar el rato

while² *n*: **wait a ~** (a few days, weeks) espera un tiempo; (a few minutes, hours) espera un rato; (a very short period) espera un ratito *or* un momentito; **it's been a good ~ since we had any rain** hace bastante (tiempo) que no llueve; **he was here a little ~ ago** hace un ratito estaba aquí; **(every) once in a ~** de vez en cuando

whilst /hwaɪlst, BrE waɪlst/ *conj* (BrE) ▶ **while¹**

whim /hwɪm, BrE wɪm/ *n* capricho *m*

whimper¹ /ˈhwɪmpər, BrE ˈwɪmpə(r)/ *vi* gimotear

whimper² *n* quejido *m*

whimsical /ˈhwɪmzɪkəl, BrE ˈwɪmzɪkəl/ *adj* ‹*person*› caprichoso; ‹*mood*› voluble

whine¹ /hwaɪn, BrE waɪn/ *vi* **(a)** «*dog*» aullar*; «*person*» gemir*; «*child*» lloriquear **(b)** (complain) (derog) quejarse

whine² *n* (of dog) aullido *m*; (of person) quejido *m*; (of engine) chirrido *m*; (of bullet) silbido *m*

whinny /ˈhwɪni, BrE ˈwɪni/ *vi* (*3rd pers sing pres* **whinnies**; *pres p* **whinnying**; *past & past p* **whinnied**) «*horse*» relinchar

whip¹ /hwɪp, BrE wɪp/ *n* (in horse riding) fusta *f*, fuete *m* (AmL exc CS); (of tamer) látigo *m*; (for punishment) azote *m*

whip² **-pp-** *vt* **1** **(a)** (lash) ‹*horse*› pegarle* a (*con la fusta*), fustigar*; ‹*person*› azotar; ‹*child*› darle* una paliza a **(b)** (beat) ‹*egg whites*› batir; ‹*cream*› batir *or* (Esp) montar; **~ped cream** crema *f* batida *or* (Esp) nata *f* montada **2** (take quickly) (+ *adv compl*) **she ~ped out her notebook** sacó rápidamente la libreta

● **whip up** [*v* + *o* + *adv*, *v* + *adv* + *o*] **1** **(a)** (arouse) ‹*trouble/unrest*› provocar*; ‹*hatred*› fomentar; ‹*support*› conseguir* **(b)** (incite) ‹*crowd*› incitar **(c)** «*wind*» ‹*sea/waves*› agitar; ‹*dust*› levantar **2** **(a)** (beat, whisk) ‹*egg whites*› batir; ‹*cream*› batir, montar (Esp) **(b)** (prepare hurriedly) (infml) ‹*meal*› improvisar

whip: **~lash injury** *n* (Med) traumatismo *m* cervical; **~-round** *n* (BrE infml) colecta *f*, vaca *f* (AmL fam)

whir, (BrE) **whirr** /hwɜːr, BrE wɜː(r)/ *vi* **-rr-** «*machine/propellers*» runrunear, zumbar

whirl¹ /hwɜːrl, BrE wɜːl/ *vi* **(a)** (spin) «*person*» girar, dar* vueltas; «*leaves/dust*» arremolinarse **(b)** (move fast) (+ *adv compl*): **he ~ed around** se dio media vuelta rápidamente

■ *vt* (+ *adv compl*) hacer* girar

whirl² *n* (turn) giro *m*, vuelta *f*; (of dust) remolino *m*; **my head was in a ~** la cabeza me daba vueltas

whirl: **~pool** *n* vorágine *f*, remolino *m*; **~wind** *n* torbellino *m*; (*before n*) **a ~wind romance** un idilio arrollador

whirr /hwɜːr, BrE wɜː(r)/ *vi* (BrE) ▶ **whir**

whisk¹ /hwɪsk, BrE wɪsk/ *vt* **1** (Culin) batir **2** (convey quickly) (+ *adv compl*): **she was ~ed off to a meeting** se la llevaron a una reunión a toda prisa; **he ~ed away the plates** retiró los platos rápidamente

whisk² *n* (Culin) batidor *m*

whisker /ˈhwɪskər, BrE ˈwɪskə(r)/ *n* **1** **(a)** (single hair) pelo *m* (*de la barba*) **(b)** (narrow margin) (*no pl*) pelo *m* **2** **whiskers** *pl* (of animal) bigotes *mpl*

whiskey /ˈhwɪski, BrE ˈwɪski/ *n* (*pl* **-keys**) whisky *m*, güisqui *m* (*esp americano o irlandés*)

whisky /ˈhwɪski, BrE ˈwɪski/ *n* (*pl* **-kies**) whisky *m*, güisqui *m* (*esp escocés*)

whisper¹ /ˈhwɪspər, BrE ˈwɪspə(r)/ *vi* **(a)** «*person*» cuchichear **(b)** (liter) «*wind/leaves*» susurrar (liter)

■ *vt* ‹*remark/words*› susurrar

whisper² *n* **(a)** (soft voice) susurro *m*; **yes, he said in a ~** — sí — susurró **(b)** (rumor) rumor *m*

whistle¹ /ˈhwɪsəl, BrE ˈwɪsəl/ *vi* «*person/kettle/wind*» silbar; (loudly) chiflar; «*referee*» pitar; «*train*» pitar

■ *vt* ‹*tune*› silbar

whistle² *n* **(a)** (instrument) silbato *m*, pito *m* **(b)** (sound — made with mouth) silbido *m*; (loud) chiflido *m*; (— made by referee's whistle) silbato *m*, pitido *m*; (— of kettle, wind, bullet) silbido *m*

white¹ /hwaɪt, BrE waɪt/ *adj* **whiter**, **whitest** **(a)** ‹*paint/cat/bread/wine/chocolate*› blanco; ‹*coffee/tea*› con leche; **she had a ~ wedding** se casó de blanco; **he went ~** se puso blanco **(b)** (Caucasian) blanco

white² *n* **1** (color) blanco *m* **2** *also* **White** (person) blanco, -ca *m,f* **3** **(a)** (of egg) clara *f* **(b)** (of eye) blanco *m*

white: **~bait** *n* morralla *f*, chanquetes *mpl* (Esp), cornalitos *mpl* (Arg), majuga *f* (Ur); **~-collar** /ˈhwaɪtˈkɑːlər, BrE ˌwaɪtˈkɒlə(r)/ *adj* ‹*worker/job*› no manual; (clerical) de oficina; **~ elephant** *n* (building, project) elefante *m* blanco; (object) *objeto superfluo*; **~ gasoline**, **~ gas** *n* (AmE) gasolina *f or* (Andes) bencina *f or* (RPl) nafta *f* sin plomo; **~-hot** /ˈhwaɪtˈhɑːt, BrE ˌwaɪtˈhɒt/ *adj* ‹*metal*› al rojo blanco; **W~ House** *n*: **the W~ House** la Casa Blanca; **~ lie** *n* mentira *f* piadosa

whiten /ˈhwaɪtn̩, BrE ˈwaɪtn̩/ *vt* blanquear

white: **~ sauce** *n* salsa *f* blanca *or* bechamel; **~ spirit** *n* (BrE) espíritu *m* de petróleo (*usado como sustituto del aguarrás*)

whitewash¹ /ˈhwaɪtwɔːʃ, BrE ˈwaɪtwɒʃ/ *n* **1** (Const) cal *f* **2** (defeat) (infml) paliza *f* (fam)

whitewash² *vt* ‹*wall/building*› blanquear, encalar, enjalbegar*

whiting /ˈhwaɪtɪŋ, BrE ˈwaɪtɪŋ/ *n* (*pl* **~s** *or* **~**) pescadilla *f*

Whitsun /ˈhwɪtsən, BrE ˈwɪtsən/ *n* (esp BrE) Pentecostés *f*

whittle /ˈhwɪtl, BrE ˈwɪtl/ *vt* tallar

● **whittle away** [*v* + *o* + *adv*, *v* + *adv* + *o*] ‹*funds/resources*› ir* mermando; ‹*influence*› ir* reduciendo; ‹*rights*› ir* menoscabando

● **whittle down** [*v + o + adv, v + adv + o*] ‹*expenses*› recortar; ‹*applicants*› reducir* el numero de

whiz, whizz /hwɪz, BrE wɪz/ *vi* **-zz-**; (+ *adv compl*): **to ~ by** «*bullet/arrow/car*» pasar zumbando; **I ~zed through my homework** hice los deberes zumbando *or* a toda velocidad

whiz kid, whizz kid *n* (infml) lince *m* (fam)

who /huː/ *pron* **1** **(a)** (in questions) (*sing*) quién; (*pl*) quiénes; **~ are you writing to?** ¿a quién le estás escribiendo? **(b)** (in indirect questions) quién; **I don't know ~ you're talking about** no sé de quién estás hablando **2** (as relative): **the boy ~ won the prize** el chico que ganó el premio; **there are blankets for those ~ want them** hay mantas para quienes quieran

WHO *n* (= **World Health Organization**) OMS *f*

who'd /huːd/ **(a)** = **who had (b)** = **who would**

whodunit, whodunnit /ˈhuːˈdʌnət, BrE ˌhuːˈdʌnɪt/ *n* (infml) novela *f* policíaca

whoever /huːˈevər, BrE huːˈevə(r)/ *pron* **(a)** (no matter who): **she's not coming in here, ~ she is** aquí no entra, quien quiera que sea; **~ you ask** se lo preguntes a quien se lo preguntes **(b)** (the one, ones who): **~ did this must be insane** quienquiera que haya hecho esto debe (de) estar loco; **I'll invite ~ I like** voy a invitar a quien (se) me dé la gana **(c)** (in questions) quién

whole[1] /həʊl/ *adj* **1** (entire) (*before n, no comp*) **there's a ~ bottle left** queda una botella entera; **the ~ truth** toda la verdad; **I'm fed up with the ~ affair** estoy harto del asunto **2** (*pred*) (in one piece) entero

whole[2] *n* **(a)** (integral unit) todo *m*; **the ~ of sth: a threat to the ~ of mankind** una amenaza para toda la humanidad **(b)** (*in phrases*) **as a whole: this will affect Europe as a ~** esto va a afectar a Europa en su totalidad; **on the whole** (*indep*) en general

wholehearted /ˈhəʊlˈhɑːrtəd, BrE ˌhəʊlˈhɑːtɪd/ *adj* ‹*approval*› sin reservas; ‹*support*› incondicional

wholeheartedly /ˈhəʊlˈhɑːrtədli, BrE ˌhəʊlˈhɑːtɪdli/ *adv* ‹*approve/support*› sin reservas

whole: **~meal** *adj* (BrE) integral; **~ note** *n* (AmE) semibreve *f*, redonda *f*

wholesale[1] /ˈhəʊlseɪl/ *adj* **(a)** (Busn) (*before n*) al por mayor **(b)** ‹*destruction/slaughter*› sistemático

wholesale[2] *adv* **(a)** (Busn) ‹*buy/sell*› al por mayor **(b)** (on a large scale) de modo general

wholesaler /ˈhəʊlseɪlər, BrE ˈhəʊlseɪlə(r)/ *n* mayorista *mf*

wholesome /ˈhəʊlsəm/ *adj* **(a)** (healthy) ‹*food/climate*› sano **(b)** (morally good) ‹*image*› de persona sana

wholewheat /ˈhəʊlhwiːt, BrE ˈhəʊlwiːt/ *adj* integral

who'll /huːl/ = **who will**

wholly /ˈhəʊlli/ *adv* totalmente

whom /huːm/ *pron* (fml) **(a)** (in questions): **~ did you visit?** ¿a quién visitaste? **(b)** (as relative): **the cousin ~ I mentioned earlier** el primo que *or* a quien mencioné antes; **the girls, both of ~ could dance** las chicas, que ambas sabían bailar

whooping cough /ˈhuːpɪŋ/ *n* tos *f* convulsa *or* convulsiva

whoops /hwʊps, BrE wʊps/ *interj* ¡ay!, ¡epa! (AmS fam), ¡híjole! (Méx fam)

whore /hɔːr, BrE hɔː(r)/ *n* (derog) puta *f* (vulg & pey)

who's /huːz/ **(a)** = **who is (b)** = **who has**

whose[1] /huːz/ *pron* (*sing*) de quién; (*pl*) de quiénes

whose[2] *adj* **(a)** (in questions) (*sing*) de quién; (*pl*) de quiénes **(b)** (as relative) (*sing*) cuyo; (*pl*) cuyos

who've /huːv/ = **who have**

why[1] /hwaɪ, BrE waɪ/ *adv* por qué; **~ not?** ¿por qué no?; **~ don't you apply for the post?** ¿por qué no solicitas el puesto?; **this is ~ the attempt failed** fue por esto que el intento fracasó; **the reason ~ he couldn't attend** la razón por la cual no pudo asistir

why[2] *interj* ¡vaya!

why[3] *n* porqué *m*

WI = **Wisconsin**

wick /wɪk/ *n* mecha *f*

wicked /ˈwɪkəd, BrE ˈwɪkɪd/ *adj* **-er, -est** **(a)** (evil) ‹*person*› malvado, malo; ‹*thought*› malo; ‹*lie*› infame **(b)** (vicious) ‹*blow*› malintencionado **(c)** (mischievous) ‹*grin/laugh*› travieso

wicker /ˈwɪkər, BrE ˈwɪkə(r)/ *n* mimbre *m*

wickerwork /ˈwɪkərwɜːrk, BrE ˈwɪkəwɜːk/ *n* **(a)** (articles) artículos *mpl* de mimbre **(b)** ▶ **wicker**

wicket /ˈwɪkət, BrE ˈwɪkɪt/ *n* **1** (in cricket) (stumps and bails) palos *mpl* **2** (window) (AmE) ventanilla *f*

wide[1] /waɪd/ *adj* **wider, widest** **1** (in dimension) ‹*river/feet/trousers*› ancho; ‹*gap*› grande; ‹*desert/ocean*› vasto; **it's two meters ~** tiene *or* mide dos metros de ancho **2** (in extent, range) ‹*experience/powers/area*› amplio; **a ~ variety of things** una gran variedad de cosas **3** (off target) ‹*ball/shot*› desviado; **~ OF sth** lejos DE algo; ▶ **mark[1] 4**

wide[2] *adv* **wider, widest**: **~ apart: with your feet ~ apart** con los pies bien separados; **~ awake: to be ~ awake** estar* completamente espabilado *or* despierto; **open ~!** abra bien la boca; **~ open: you left the door ~ open** dejaste la puerta abierta de par en par

wide-angle lens /ˈwaɪdˈæŋgəl/ *n* granangular *m*

widely /ˈwaɪdli/ *adv* **(a)** (extensively): **she is very ~ traveled** ha viajado mucho; **it was ~ publicized** se le dio mucha publicidad **(b)** (commonly): **a ~ held view** una opinión muy extendida **(c)** (to a large degree) ‹*vary*› mucho

widen /ˈwaɪdn̩/ *vt* ‹*road/entrance*› ensanchar; ‹*range/debate/scope*› ampliar*
■ *vi* «*road/tunnel*» ensancharse

wide: **~-ranging** /ˈwaɪdˈreɪndʒɪŋ/ *adj* ‹*powers/curriculum*› amplio; ‹*interests*› variado; ‹*effects*› de gran alcance; **~-screen** *adj* para pantalla ancha; **~spread** *adj* ‹*custom/belief*› extendido

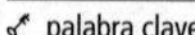
palabra clave

widget /ˈwidʒət, BrE ˈwɪdʒɪt/ *n* **1** (gadget) (infml) aparato *m*, artilugio *m*, chisme *m* (Esp fam) **2** (Comput) widget *m*

widow¹ /ˈwɪdəʊ/ *n* viuda *f*

widow² *vt*: **to be ~ed** enviudar, quedar viudo

widower /ˈwɪdəʊər, BrE ˈwɪdəʊə(r)/ *n* viudo *m*

width /wɪdθ/ *n* **(a)** (measurement) ancho *m*, anchura *f*; **what ~ is the cloth?** ¿qué ancho tiene la tela? **(b)** (in swimming pool) ancho *m*

wield /wiːld/ *vt* ‹*sword*› blandir*; ‹*power/authority*› ejercer*

wife /waɪf/ *n* (*pl* **wives**) esposa *f*, mujer *f*

wig /wɪg/ *n* peluca *f*

wiggle /ˈwɪgəl/ *vt* ‹*toes*› mover*; ‹*hips*› contonear

wild¹ /waɪld/ *adj* **-er**, **-est** **1** **(a)** ‹*animal*› salvaje; ‹*plant/flower*› silvestre; ‹*vegetation*› agreste **(b)** (uncivilized) ‹*tribe*› salvaje **(c)** (desolate) ‹*country*› agreste **2** **(a)** (unruly) ‹*party/lifestyle*› desenfrenado **(b)** (random, uncontrolled) ‹*attempt*› desesperado; **a ~ guess** una conjetura hecha totalmente al azar **(c)** ‹*allegation/exaggeration*› absurdo **3** **(a)** (violent) (liter) ‹*sea/waters*› embravecido, proceloso (liter); ‹*wind*› fuertísimo, furioso (liter) **(b)** (frantic) ‹*excitement/dancing*› desenfrenado; ‹*shouting*› desaforado; ‹*appearance/stare*› de loco; **her perfume was driving him ~** su perfume lo estaba enloqueciendo **(c)** (enthusiastic) (infml) (*pred*) **to be ~** ABOUT **sth: I'm not ~ about the idea** la idea no me enloquece **(d)** (angry) (infml) (*pred*) **it makes me ~** me saca de quicio

wild² *adv*: **these flowers grow ~** estas flores son silvestres; ***to run ~***: **these kids have been allowed to run ~** a estos niños los han criado como salvajes; **the garden has run ~** la maleza ha invadido el jardín

wild³ *n*: **the ~: an opportunity to observe these animals in the ~** una oportunidad de observar estos animales en libertad

wild: **~ boar** *n* jabalí *m*; **~ card** *n* (Comput) comodín *m*; **~cat** /ˈwaɪldkæt/ *n* (*pl* **~cats** *or* **~cat**) (European) gato *m* montés; (bobcat) (esp AmE) lince *m*

wilderness /ˈwɪldərnəs, BrE ˈwɪldənɪs/ *n* **(a)** (wasteland) páramo *m*; (jungle) jungla *f* **(b)** (undeveloped land) (AmE) parque *m* natural

wild: **~fire** *n* (AmE) fuego *m* arrasador; ***to spread like ~fire*** (also BrE) extenderse* como un reguero de pólvora; **~-goose chase** /ˈwaɪldˈguːs/ *n*: **I'm not going into town again on another ~-goose chase** no pienso ir otra vez al centro a perder el tiempo para nada; **~life** *n* fauna *f* y flora *f*

wildly /ˈwaɪldli/ *adv* **1** **(a)** (frantically) ‹*kick/struggle/rush*› como (un) loco **(b)** (violently) ‹*rage/blow*› con furia **2** **(a)** (in undisciplined fashion) ‹*live*› desordenadamente **(b)** (haphazardly, randomly) ‹*shoot/guess*› a lo loco **3** (extremely): **~ funny** comiquísimo; **~ inaccurate estimates** cálculos absolutamente errados

Wild West *n*: **the ~** el Lejano Oeste; (*before n*) ‹*adventure/story*› del oeste

wiles /waɪlz/ *pl n* artimañas *fpl*

wilful *adj* (BrE) ▶ **willful**

will¹ /wɪl/ *v mod*

> ■ **Note** When translating *will* into Spanish, the future tense is not always the first option. *Ir + a + infinitive* is common in Latin American countries. For examples, see the entry below.

(*past* **would**) [**'ll** *es la contracción de* ***will***, **won't** *de* ***will not***] **1** (talking about the future): **he'll come on Friday** vendrá el viernes, va a venir el viernes; **he said he would come on Friday** dijo que vendría *or* iba a venir el viernes; **at the end of this month, he'll have been working here for a year** este fin de mes hará un año que trabaja aquí; **I won't let you down** no te fallaré **2** **(a)** (expressing willingness): **~** o **would you do me a favor?** ¿quieres hacerme un favor?; **she won't tell us what happened** no nos quiere decir qué pasó **(b)** (in orders, invitations): **be quiet, ~ you!** cállate, ¿quieres?; **~ you have a drink?** ¿quieres tomar algo? **3** (expressing conjecture): **won't they be having lunch now?** ¿no estarán comiendo ahora?; **that would have been in 1947** eso debe (de) haber sido en 1947 **4** **(a)** (indicating habit, characteristic): **I'll watch anything on television** yo soy capaz de mirar cualquier cosa en la televisión; **he'd get drunk every Saturday** se emborrachaba todos los sábados **(b)** (indicating capability): **this door won't shut** esta puerta no cierra *or* no quiere cerrar

■ *vt* (*past & past p* **willed**) **1** **(a)** (urge, try to cause): **I was ~ing her to get the answer right** estaba deseando con todas mis fuerzas que diera la respuesta correcta **(b)** (desire, ordain) (fml) «*God*» disponer*, querer* **2** (bequeath) legar*

will² *n* **1** **(a)** (faculty) voluntad *f* **(b)** (willpower) voluntad *f*; **to lose the ~ to live** perder* las ansias de vivir **(c)** (desire, intention) voluntad *f*; **patients may come and go at ~** los pacientes pueden entrar y salir a voluntad; ▶ **free will** **2** (testament) testamento *m*

willful, (BrE) **wilful** /ˈwɪlfəl/ *adj* **1** (deliberate) ‹*misconduct/neglect*› intencionado; ‹*damage*› causado con premeditación **2** (obstinate) ‹*person*› terco

willing /ˈwɪlɪŋ/ *adj* **(a)** (eager, compliant) (*before n*) ‹*servant/worker*› servicial **(b)** (inclined) (*pred*) **to be ~ to** + INF estar* dispuesto A + INF

willingly /ˈwɪlɪŋli/ *adv* (gladly) con gusto; (readily, freely) por voluntad propia

willingness /ˈwɪlɪŋnəs, BrE ˈwɪlɪŋnɪs/ *n* buena voluntad *f*, buena disposición *f*

willow /ˈwɪləʊ/ *n* sauce *m*

willpower /ˈwɪlpaʊər, BrE ˈwɪlpaʊə(r)/ *n* (fuerza *f* de) voluntad *f*

willy-nilly /ˈwɪliˈnɪli/ *adv* **(a)** (haphazardly) de cualquier manera **(b)** (like it or not) sea como sea

wilt /wɪlt/ *vi* «*plant/flower*» ponerse* mustio, marchitarse

wily /ˈwaɪli/ *adj* **wilier**, **wiliest** astuto

win¹ /wɪn/ (*pres p* **winning**; *past & past p* **won**) *vt* **1** (gain) ‹*prize/title*› ganar; ‹*support*› conseguir*; ‹*fame/recognition/affection*› ganarse; ‹*scholarship/promotion/contract*› conseguir* **2** (be victorious in) ‹*war/race/bet/election*› ganar

■ *vi* ganar

● **win over** BrE also **win round** [*v + o + adv*,

W

v + adv + o] conquistarse a

🔑 **win²** *n* victoria *f*, triunfo *m*

wince /wɪns/ *vi* hacer* un gesto de dolor; (shudder) estremecerse*

winch¹ /wɪntʃ/ *n* cabrestante *m*, torno *m*

winch² *vt*: *levantar con un torno o cabrestante*

🔑 **wind¹** /wɪnd/ *n* **1** (Meteo) viento *m*; ***to get ~ of sth*** enterarse de algo; (*before n*) **~ power** energía *f* eólica **2** (in bowels) gases *mpl* **3** (breath) aliento *m* **4** (Mus): **the ~** los instrumentos de viento; (*before n*) **~ instrument** instrumento *m* de viento

wind² *vt* I /wɪnd/ **1** «*exertion*» dejar sin aliento; «*blow*» cortarle la respiración a **2** ‹*baby*› sacarle* el aire a (fam)
II /waɪnd/ (*past & past p* **wound** /waʊnd/) **1** (coil) ‹*yarn/wool*› ovillar; **to ~ sth** AROUND *o* (esp BrE) ROUND **sth** enroscar* algo ALREDEDOR DE algo; **to ~ sth into a ball** hacer* un ovillo con algo; **to ~ the film on** (hacer*) correr la película **2** **(a)** (turn) ‹*handle*› hacer* girar, darle* vueltas a; ‹*clock/watch*› darle* cuerda a **(b)** (hoist, pull) levantar
■ *vi* /waɪnd/ (*past & past p* **wound** /waʊnd/) **(a)** «*river/road*» serpentear **(b)** **winding** *pres p* ‹*river/road*› sinuoso, serpenteante

● **wind down** **1** [*v + o + adv, v + adv + o*] ‹*window*› (Auto) bajar; ‹*production/trade*› reducir* paulatinamente **2** [*v + adv*] (infml) relajarse

● **wind up** **1** [*v + o + adv, v + adv + o*] **(a)** (tighten spring) ‹*watch/toy*› darle* cuerda a **(b)** (bring to conclusion) ‹*meeting/speech*› cerrar* **(c)** (close down) ‹*company*› cerrar*, liquidar **2** [*v + o + adv*] (infml) (make angry) torear, darle* manija a (RPl fam); (tease) tomarle el pelo a (fam) **3** [*v + adv*] **(a)** (end up, find oneself) (infml) terminar, acabar **(b)** (conclude) «*speaker*» concluir*, terminar

wind /wɪnd/: **~fall** *n* **(a)** (fruit) *fruta caída del árbol* **(b)** (unexpected benefit): **the $100 prize was a nice little ~fall** el premio de 100 dólares le (*or* me *etc*) cayó como llovido del cielo; **~ farm** *n* granja *f* eólica; **~mill** *n* molino *m* de viento

🔑 **window** /'wɪndəʊ/ *n* **1** **(a)** (of building) ventana *f*; (of car) ventanilla *f*; (of shop) vitrina *f* (AmL), vidriera *f* (AmL), escaparate *m* (esp Esp); ***to fly/go out (of) the ~*** «*plans*» venirse* abajo, desbaratarse; «*hopes*» desvanecerse* **(b)** (sales counter) ventanilla *f* **2** (Comput) ventana *f*, recuadro *m*

window: **~ box** *n* jardinera *f*; **~ cleaner** *n* (product) limpiacristales *m*, limpiavidrios *m* (esp AmL); (person) limpiacristales *mf*, limpiavidrios *mf* (esp AmL); **~ dressing** *n* (in shop) vitrinismo *m* (AmL), vidrierismo *m* (AmL), escaparatismo *m* (esp Esp); **~ ledge** *n* alféizar *m or* repisa *f* de la ventana; **~pane** *n* vidrio *m or* (Esp) cristal *m* (*de una ventana*); **~ seat** *n* (in train, plane) asiento *m* junto a la ventanilla; **~-shop** *vi* **-pp-**: **to go ~-shopping** ir* a mirar vitrinas *or* vidrieras *or* (esp Esp) escaparates; **~sill** *n* alféizar *m or* repisa *f* de la ventana

wind /wɪnd/: **~pipe** *n* tráquea *f*; **~shield** (AmE), **~screen** (BrE) *n* parabrisas *m*; (*before n*) **~shield wiper** limpiaparabrisas *m*, limpiador *m* (Méx); **~surfer** *n* (person) tablista *mf*, surfista *mf*; (board) tabla *f* de windsurf; **~surfing** *n* windsurf *m*, windsurfing *m*, surf *m* a vela; **~swept** *adj* ‹*beach/plain*› azotado por el viento; ‹*person*› despeinado; ‹*hair*› alborotado

windy /'wɪndi/ *adj* **-dier**, **-diest** ‹*day/weather*› ventoso, de viento; **it's ~** hace viento

🔑 **wine** /waɪn/ *n* **(a)** (beverage) vino *m*; (*before n*) **~ cellar** bodega *f*; **~ list** carta *f* de vinos; **~ rack** botellero *m*; **~ waiter** sommelier *m*, sumiller *m* **(b)** (color) rojo *m* granate; (*before n*) rojo granate *adj inv*

wine: **~ and dine** *vt* agasajar (*con una comida*); **~ bar** *n* bar *m* (*especializado en vinos*); **~ glass** *n* copa *f* de vino; **~growing** *n* viticultura *f*; (*before n*) ‹*area/region*› vinícola; ‹*country*› productor de vino; **~tasting** /'waɪnˌteɪstɪŋ/ *n* **(a)** (act, skill) cata *f or* catadura *f* de vinos **(b)** (event) degustación *f* de vinos

🔑 **wing** /wɪŋ/ *n* **1** (Zool) ala *f*‡ **2** (Aviat) ala *f*‡ **3** (BrE) (Auto) guardabarros *m or* (Méx) salpicadera *f or* (Chi, Per) tapabarros *m* **4** (Pol) ala *f*‡ **5** (of building) ala *f*‡ **6** **wings** *pl* (Theat): **the ~s** los bastidores

wingspan /'wɪŋspæn/ *n* envergadura *f*

wink¹ /wɪŋk/ *n* guiño *m*, guiñada *f*; **to give sb a ~** guiñarle el ojo a algn; ***not to get a ~ of sleep*** no pegar* (el *or* un) ojo

wink² *vi* **(a)** «*person*» guiñar el ojo **(b)** (flash) «*light*» parpadear

🔑 **winner** /'wɪnər, BrE 'wɪnə(r)/ *n* ganador, -dora *m,f*

winning /'wɪnɪŋ/ *adj* **(a)** (victorious) (*before n*) ‹*candidate/team*› ganador; ‹*goal/shot*› de la victoria **(b)** (appealing) ‹*smile/personality*› encantador

winning post *n* (poste *m* de) llegada *f*

winnings /'wɪnɪŋz/ *pl n* ganancias *fpl* (*obtenidas en el juego*)

🔑 **winter** /'wɪntər, BrE 'wɪntə(r)/ *n* invierno *m*; **in (the) ~** en invierno; (*before n*) ‹*weather*› invernal; **~ sports** deportes *mpl* de invierno

wintertime /'wɪntərtaɪm, BrE 'wɪntətaɪm/ *n* invierno *m*

wintry /'wɪntri/ *adj* **-trier**, **-triest** invernal

wipe¹ /waɪp/ *n* **(a)** (action): **give the table a ~ with a damp cloth** pásale un trapo húmedo a la mesa **(b)** (cloth) toallita *f*

wipe² *vt* ‹*floor/table*› limpiar, pasarle un trapo a; ‹*dishes*› secar*; **~ your nose** límpiate la nariz
■ *vi* (dry dishes) secar*

● **wipe away** [*v + o + adv, v + adv + o*] ‹*tears*› secar*; ‹*memory*› borrar

● **wipe off** [*v + o + adv, v + adv + o*] **(a)** (remove) ‹*mud/oil*› limpiar **(b)** (erase) ‹*recording*› borrar

● **wipe out** [*v + o + adv, v + adv + o*] **(a)** (clean) limpiar, pasarle un trapo a **(b)** (destroy, eradicate) ‹*species/population*› exterminar; ‹*resistance*› acabar con; ‹*disease*› erradicar*; ‹*army*› aniquilar **(c)** (erase) ‹*writing/memory*› borrar

● **wipe up** [*v + o + adv, v + adv + o*] limpiar

wire¹ /waɪr, BrE 'waɪə(r)/ *n* **1** **(a)** (metal strand) alambre *m*; (*before n*) **~ fence** alambrada *f*, alambrado *m* (AmL) **(b)** (fencing, mesh) alambrada *f*, alambrado *m* (AmL) **(c)** (finishing line) (AmE): **the ~** la línea de llegada, la meta **2** **(a)** (Elec, Telec) cable *m* **(b)** (telegram) (infml) telegrama *m*

wire² *vt* (Elec): **to be ~d to sth** estar* conectado a algo

🔑 palabra clave

W

wire: ~ **cutters** /ˈkʌtərz, BrE ˈkʌtəz/ *pl n* cortaalambres *m*, pinzas *fpl* de corte (Méx); (large) cizalla(s) *f(pl)*; **~less** *adj* ‹*technology/telephony*› inalámbrico; **~walker** *n* (AmE) equilibrista *mf*, funámbulo, -la *m,f*; ~ **wool** *n* ▶ **steel wool**

wiring /ˈwaɪrɪŋ, BrE ˈwaɪərɪŋ/ *n* (Elec) cableado *m*, instalación *f* eléctrica

wiry /ˈwaɪri, BrE ˈwaɪəri/ *adj* **wirier**, **wiriest** **(a)** ‹*person*› enjuto y nervudo **(b)** ‹*hair*› áspero

Wis = **Wisconsin**

wisdom /ˈwɪzdəm/ *n* sabiduría *f*

wisdom tooth *n* muela *f* del juicio

wise /waɪz/ *adj* **wiser**, **wisest** **(a)** (prudent) ‹*person*› prudente; ‹*choice/decision*› acertado **(b)** (learned, experienced) sabio; ***to be none the ~r***: **I'm none the ~r** sigo sin entender **(c)** (aware) (infml) **to be ~** TO **sth/sb**: **I'm ~ to him/his tricks** lo conozco muy bien/le conozco las mañas

● **wise up** (infml) [*v* + *adv*] (d)espabilarse, avivarse (AmL fam), apiolarse (RPl fam)

-wise /waɪz/ *suff* **(a)** (with reference to): **price~/weather~** en lo que respecta al precio/tiempo **(b)** (in particular way): **length~** a lo largo

wisecrack *n* broma *f*, chiste *m*

wisely /ˈwaɪzli/ *adv* sabiamente

wish¹ /wɪʃ/ *n* **(a)** (desire) deseo *m*; **to make a ~** pedir* un deseo; **they got married against my ~es** se casaron en contra de mi voluntad **(b) wishes** *pl* (greetings): **give your mother my best ~es** dale a tu madre muchos recuerdos de mi parte, cariños a tu madre (AmL); **best ~es, Jack** saludos *or* un abrazo de Jack

wish² *vt* **(a)** (desire fervently) desear; **to ~ sth** ON **sb** desearle algo A algn; **I ~ I were rich** ¡ojalá fuera rico!; **she ~ed she hadn't told him** lamentó habérselo dicho; **I ~ you wouldn't say things like that** me disgusta mucho que digas esas cosas **(b)** (want) (fml) desear (fml) **(c)** (want for sb) desear; **~ me luck!** ¡deséame suerte!; **to ~ sb good night** darle* las buenas noches a algn

■ *vi* **(a)** (make magic wish) pedir* un deseo **(b)** (want, desire): **if you ~** como quieras

wishful thinking /ˈwɪʃfəl/ *n*: **do you know for sure that they're leaving or is it just ~?** ¿sabes a ciencia cierta que se van o es simplemente lo que tú querrías?

wisp /wɪsp/ *n* (of smoke) voluta *f*; (of hair) mechón *m*

wispy /ˈwɪspi/ *adj* **-pier**, **-piest** ‹*cloud*› tenue; ‹*hair*› ralo

wistful /ˈwɪstfəl/ *adj* ‹*smile/thought*› nostálgico

wit /wɪt/ *n* **1** (*often pl*) (intelligence) inteligencia *f*; (ingenuity) ingenio *m*; ***to be at one's ~s' end*** estar* desesperado **2** (humor) ingenio *m*

witch /wɪtʃ/ *n* bruja *f*

witch: **~craft** *n* brujería *f*, hechicería *f*; **~ doctor** *n* hechicero *m*, brujo *m*

with /wɪð, wɪθ/ *prep*

> ■ **Note** When the translation *con* is followed by the pronouns *mí*, *ti*, and *sí*, it combines with them to form *conmigo*, *contigo*, and *consigo*: *come with me* ven conmigo; *take it with you* llévalo contigo; *he had his dog with him* tenía el perro consigo.

1 (a) (in the company of) con; **she went ~ him/them/me/you** fue con él/con ellos/conmigo/contigo **(b)** (member, employee, client etc of) en; **I've been banking ~ them for years** hace años que tengo cuenta en ese banco **2** (in descriptions): **the shirt is black ~ white stripes** la camisa es negra a *or* con rayas blancas; **the man ~ the beard** el hombre de barba; **a tall woman ~ long hair** una mujer alta con el pelo largo *or* de pelo largo; **he is married, ~ three children** está casado y tiene tres hijos **3 (a)** (indicating manner) con; **the proposal was greeted ~ derision** la propuesta fue recibida con burlas **(b)** (by means of, using) con; **she ate it ~ her fingers** lo comió con la mano **(c)** (as a result of): **trembling ~ fright** temblando de miedo

withdraw /wɪðˈdrɔː/ (*past* **-drew**; *past p* **-drawn**) *vt* **1 (a)** (recall, remove) ‹*troops/representative*› retirar; ‹*hand/arm*› retirar; ‹*coin/note*› retirar de la circulación; ‹*product*› retirar de la venta **(b)** ‹*money/cash*› retirar, sacar* **2 (a)** (cancel, discontinue) ‹*support/funding*› retirar; ‹*permission*› cancelar; **they threatened to ~ their labor** amenazaron con ir a la huelga **(b)** (rescind) ‹*application/charges*› retirar; ‹*demand*› renunciar a **(c)** (retract) ‹*statement/allegation*› retirar

■ *vi* **(a)** «*troops/competitor/candidate*» retirarse **(b)** (socially) recluirse*; (psychologically) retraerse*

withdrawal /wɪðˈdrɔːəl/ *n* **1** (of troops, team, representative) retirada *f*; (of coinage) retirada *f* de la circulación; (of product) retirada *f* de la venta **2** (of support, funding) retirada *f*, retiro *m* (AmL); (of application, nomination, competitor) retirada *f* **3** (Psych) retraimiento *m* **4** (of cash) retirada *f*, retiro *m* (AmL) **5** (from drugs) abandono *m*; (*before n*) **~ symptoms** síndrome *m* de abstinencia

withdrawn¹ /wɪðˈdrɔːn/ *past p of* **withdraw**

withdrawn² *adj* retraído

withdrew /wɪðˈdruː/ *past of* **withdraw**

wither /ˈwɪðər, BrE ˈwɪðə(r)/ *vi* «*plant/flower*» marchitarse; «*limb*» atrofiarse

withered /ˈwɪðərd, BrE ˈwɪðəd/ *adj* ‹*plant/flower*› marchito, mustio; ‹*limb*› atrofiado

withering /ˈwɪðərɪŋ/ *adj* **(a)** ‹*heat*› abrasador **(b)** ‹*look*› fulminante

withhold /wɪθˈhəʊld, BrE wɪðˈhəʊld/ *vt* (*past & past p* **-held**) ‹*payment/funds*› retener*; ‹*truth*› ocultar; ‹*consent*› negar*; ‹*information*› no revelar

within¹ /wɪðˈɪn/ *prep* **1** (inside) dentro de; **~ a radius of 20 miles** en un radio de 20 millas **2** (indicating nearness) a; **we were ~ 150m of the summit** estábamos a 150m de la cumbre **3** (in less than): **~ the time allotted** dentro del tiempo establecido; **they'll be here ~ an hour** estarán aquí en menos de una hora

within² *adv* (arch *or* liter) dentro

without /wɪðˈaʊt/ *prep* sin; **do it ~ cheating** hazlo sin hacer trampas

withstand /wɪðˈstænd/ *vt* (*past & past p* **-stood**) ‹*attack*› resistir; ‹*heat/pain*› soportar

witness¹ /ˈwɪtnəs, BrE ˈwɪtnɪs/ *n* **1** (person) testigo *mf*; (*before n*) **~ stand** o (BrE) **box** estrado *m* **2** (testimony, evidence) **to be ~** TO **sth**

ser* testimonio DE algo

witness² *vt* **(a)** (observe) ‹*change/event*› ser* testigo de; ‹*crime/accident*› presenciar **(b)** (authenticate) (Law) ‹*signature*› atestiguar*; ‹*will*› atestiguar* la firma de

witticism /'wɪtəsɪzəm, BrE 'wɪtɪsɪzəm/ *n* agudeza *f*; (in conversation) salida *f*

witty /'wɪti/ *adj* **-tier**, **-tiest** ‹*person*› ingenioso; (funny) gracioso; ‹*answer/remark*› ingenioso

wives /waɪvz/ *pl of* **wife**

wizard /'wɪzərd, BrE 'wɪzəd/ *n* mago *m*, brujo *m*

wizened /'wɪzn̩d/ *adj* (wrinkled) arrugado; (withered) marchito

wk = **week**

WMD *n* (= **weapons of mass destruction**) ADM

wobble /'wɑːbəl, BrE 'wɒbəl/ *vi* **(a)** (tremble) «*jelly*» temblar* **(b)** (sway, waver) «*cyclist*» bambolearse; «*wheel*» bailar; «*chair*» tambalearse

wobbly /'wɑːbli, BrE 'wɒbli/ *adj* **-blier**, **-bliest** **(a)** ‹*voice*› tembloroso **(b)** ‹*wheel/tooth*› flojo; ‹*table/chair*› poco firme, que se tambalea; **my legs are ~** me tiemblan las piernas

woe /wəʊ/ *n* **(a)** (sorrow) congoja *f* (liter), aflicción *f*; **~ betide you if you lose it!** ¡pobre de ti *or* ay de ti si lo pierdes! **(b)** **woes** *pl* (afflictions) males *mpl*

woeful /'wəʊfəl/ *adj* **(a)** (deplorable) ‹*neglect/ignorance*› lamentable **(b)** (sorrowful) (liter) ‹*person*› acongojado (liter); ‹*expression*› desconsolado

woke /wəʊk/ *past of* **wake¹**

woken /wəʊkən/ *past p of* **wake¹**

wolf¹ /wʊlf/ *n* (*pl* **wolves**) (Zool) lobo *m*

wolf² *vt*: **~ (down)** devorar(se)

wolves /wʊlvz/ *pl of* **wolf¹**

woman /'wʊmən/ *n* (*pl* **women**) mujer *f*; (*before n*) **a ~ lawyer** una abogada; **a ~ friend of mine** una amiga mía

womanizer /'wʊmənaɪzər, BrE 'wʊmənaɪzə(r)/ *n* mujeriego *m*

womanly /'wʊmənli/ *adj* femenino

womb /wuːm/ *n* útero *m*, matriz *f*

women /'wɪmɪn/ *pl of* **woman**

women's room *n* (AmE) baño *m or* (Esp) servicios *mpl* de damas *or* señoras

won¹ /wʌn/ *past & past p of* **win¹**

won² /wɒn/ *n* (Fin) won *m*

wonder¹ /'wʌndər, BrE 'wʌndə(r)/ *n* **1** (awe, curiosity) asombro *m* **2** (marvel, miracle) maravilla *f*; **no ~ you feel tired!** ¡no me extraña que estés cansado!

wonder² *vi* **(a)** (ponder, speculate): **why do you ask? — oh, I was just ~ing** ¿por qué preguntas? — por nada **(b)** (marvel, be surprised) maravillarse; **I ~ at your patience** me maravilla la paciencia que tienes

■ *vt* **(a)** (ask oneself) preguntarse; **I ~ if o whether he'll be there** me pregunto si estará **(b)** (be amazed): **I ~ (that) she didn't fire you on the spot** me sorprende que no te haya echado inmediatamente

wonder³ *adj* (*before n*) ‹*drug/cure*› milagroso

wonderful /'wʌndərfəl, BrE 'wʌndəfəl/ *adj* maravilloso

wonderfully /'wʌndərfli, BrE 'wʌndəfəli/ *adv* maravillosamente, de maravilla

wont /wɑːnt, BrE wəʊnt/ *n* (liter *or* hum) costumbre *f*; **as is her ~** como tiene por costumbre

won't /wəʊnt/ = **will not**

woo /wuː/ *vt* ‹*woman*› cortejar; ‹*customers/investors*› atraer*; ‹*voters*› buscar* el apoyo de

wood /wʊd/ *n* **1** (material) madera *f*; (firewood) leña *f* **2** (wooded area) (*often pl*) bosque *m* **3** (in golf) palo *m* de madera

wooded /'wʊdəd, BrE 'wʊdɪd/ *adj* boscoso

wooden /'wʊdn̩/ *adj* **(a)** (made of wood) de madera; **~ leg** pata *f* de palo (fam) **(b)** (stiff) ‹*expression*› rígido; ‹*performance*› acartonado

wood: **~land** /'wʊdlənd/ *n* (*often pl*) bosque *m*; **~louse** *n* (*pl* **-lice**) cochinilla *f*, chanchito *m* (Andes, CS fam); **~pecker** /'wʊdˌpekər, BrE 'wʊdˌpekə(r)/ *n* pájaro *m* carpintero, pico *m* (barreno *or* carpintero); **~ pigeon** *n* paloma *f* torcaz; **~pile** *n* (AmE) montón *m* de leña; **~shed** *n* leñera *f*; **~wind** /'wʊdwɪnd/ *n* (*pl* **~wind** *or* **~winds**): **the ~wind(s)** los instrumentos de viento de madera; **~work** *n* **(a)** (wooden fittings) carpintería *f* **(b)** (BrE) ▶ **~working**; **~working** *n* (AmE) (carpentry) carpintería *f*; (cabinet making) ebanistería *f*; (craftwork) artesanía *f* en madera; **~worm** *n* (*pl* **~worm**) **(a)** (larva) carcoma *f* **(b)** (infestation): **the table's full of ~worm** la mesa está llena de carcoma *or* está toda carcomida

woody /'wʊdi/ *adj* **-dier**, **-diest** leñoso

woof *n* /wʊf/ (infml) ladrido *m*; **~ woof!** ¡guau guau!

wool /wʊl/ *n* lana *f*

woolen, (BrE) **woollen** /'wʊlən/ *adj* de lana

woolens, (BrE) **woollens** /'wʊlənz/ *pl n* (Clothes) prendas *fpl* de lana

wooly, (BrE) **woolly** /'wʊli/ *adj* **-lier**, **-liest** **(a)** ‹*hat/sweater*› de lana **(b)** (unclear) ‹*thinking/argument*› vago, impreciso

word¹ /wɜːrd, BrE wɜːd/ *n* **1** (term, expression) palabra *f*; **what's the German ~ for `dog'?** ¿cómo se dice `perro' en alemán?; **in other ~s** (introducing a reformulation) es decir; ***to be lost for ~s*** no encontrar* palabras **2** (thing said) palabra *f*; **a ~ of advice** un consejo; **I can't hear a ~ you're saying** no te oigo nada; **I don't believe a ~ of it** no me lo creo; ***by ~ of mouth***: **the news spread by ~ of mouth** la noticia se fue transmitiendo de boca en boca; ***the last ~***: **to have the last ~** tener* la última palabra; **the last ~ in computers** la última palabra en computadoras; ***to eat one's ~s***: **I was forced to eat my ~s** me tuve que tragar lo que había dicho; ***to have a ~ with sb about sth*** hablar con algn de *or* sobre algo; ***to have ~s with sb*** tener* unas palabras con algn; ▶ **mince¹** **3** (assurance) (*no pl*) palabra *f*; **to keep/give one's ~** cumplir/dar* su (*or* mi *etc*) palabra; **you can take my ~ for it** te lo aseguro; ***to take sb at her/his ~*** tomarle la palabra a algn **4** **(a)** (news, message): **there is**

W

palabra clave

still no ~ of survivors todavía no se sabe si hay supervivientes; **~ has it that ...** corre la noticia *or* el rumor de que ... **(b)** (instruction): **if you need a hand just say the ~** si quieres que te ayude no tienes más que pedirlo; **to give the ~ (to + INF)** dar* la orden (de + INF) **5** **words** *pl* **(a)** (lyrics) letra *f* **(b)** (Theat): **he forgot his ~s** se le olvidó lo que tenía que decir

word² *vt* ‹*document/letter*› redactar; ‹*question*› formular

word for word *adv* ‹*repeat/copy*› palabra por palabra; ‹*translate*› literalmente

wording /'wɜːrdɪŋ, BrE 'wɜːdɪŋ/ *n* (of paragraph, letter) redacción *f*; (of question) formulación *f*

word: **~ processing** *n* tratamiento *m or* procesamiento *m* de textos; **~ processor** /'prɑːsesər, 'prəʊ-, BrE 'prəʊsesə(r)/ *n* procesador *m* de textos

wordy /'wɜːrdi, BrE 'wɜːdi/ *adj* **-dier**, **-diest** verboso

wore /wɔːr, BrE wɔː(r)/ *past of* **wear²**

work¹ /wɜːrk, BrE wɜːk/ *n* **1** (labor, tasks) trabajo *m*; **she put a lot of ~ into it** puso mucho esfuerzo en ello; **it's hard ~ digging** cavar es muy duro **2** (employment) trabajo *m*; **to go to ~** ir* a trabajar *or* al trabajo **3** (*in phrases*) **at work: he's at ~** está en el trabajo, está en la oficina (*or* la fábrica *etc*); **they were hard at ~** estaban muy ocupados trabajando; **off work: she was off ~ for a month after the accident** después del accidente estuvo un mes sin trabajar; **he took a day off ~** se tomó un día libre; **out of work: to be out of ~** estar* sin trabajo *or* desocupado *or* desempleado *or* (Chi tb) cesante, estar* parado (Esp); (*before n*) **out-of-work** desocupado, desempleado, parado (Esp), cesante (Chi) **4** **(a)** (product, single item) obra *f*; **a ~ of art** una obra de arte **(b)** (output) trabajo *m*; **a piece of ~** un trabajo; **it was the ~ of a professional** era obra de un profesional; *see also* **works**

work² *vi* **1** «*person*» trabajar; **I ~ as a receptionist** trabajo de recepcionista; **to ~ hard** trabajar mucho *or* duro; **to ~ FOR sb** trabajar PARA algn; **to ~ in oils** pintar al óleo, trabajar con óleos; **he's ~ing on his car** está arreglando el coche; **scientists are ~ing on a cure** los científicos están intentando encontrar una cura; **to ~ UNDER sb** trabajar bajo la dirección de algn **2** **(a)** (operate, function) «*machine/system*» funcionar; «*drug/person*» actuar*; ***it ~s both ways***: **you have to make an effort too, you know—it ~s both ways** tú también tienes que hacer el esfuerzo, ¿sabes? funciona igual *or* (esp AmL) parejo para los dos **(b)** (have required effect) «*drug/plan/method*» surtir efecto; **try it, it might ~** pruébalo, quizás resulte

■ *vt* **1** **(a)** (force to work) hacer* trabajar; **to ~ oneself to death** matarse trabajando **(b)** (exploit) ‹*land/soil*› trabajar; ‹*mine*› explotar **(c)** ‹*nightclubs/casinos*› trabajar en **(d)** (pay for by working): **he ~ed his passage to Australia** se costeó el pasaje a Australia trabajando en el barco **2** (cause to operate): **do you know how to ~ the machine?** ¿sabes manejar la máquina?; **this lever ~s the sprinkler system** esta palanca acciona el sistema de riego **3** **(a)** (move gradually, manipulate) (+ *adv compl*): **~ the brush into the corners** mete bien el cepillo en los rincones; ***to ~ one's way***: **we ~ed our way toward the exit** nos abrimos camino hacia la salida; **she ~ed her way to the top of her profession** trabajó hasta llegar a la cima de su profesión **(b)** (shape, fashion) ‹*clay/metal*› trabajar; ‹*dough*› sobar **4** **(a)** (*past & past p* **worked** *or* **wrought**) (bring about) ‹*miracle*› hacer*; *see also* **wrought** **(b)** (arrange) (infml) arreglar

• **work off** [*v + o + adv, v + adv + o*] **(a)** (get rid of): **you can ~ off a few kilos in the gym** puede rebajar algunos kilos en el gimnasio **(b)** ‹*debt*› amortizar*, pagar* (*trabajando*)

• **work out** I [*v + adv*] **1** **(a)** (turn out) salir*, resultar; **it ~s out at $75 a head** sale (a) 75 dólares por cabeza **(b)** (be successful) «*plan*» salir* bien **2** (train, exercise) (Sport) hacer* ejercicio
II [*v + o + adv, v + adv + o*] **1** **(a)** (solve) ‹*sum*› hacer*; ‹*riddle/puzzle*› resolver* **(b)** (find, calculate) ‹*percentage/probability*› calcular; **have you ~ed out the answer?** ¿lo has resuelto? **(c)** (understand) entender* **2** (devise, determine) ‹*solution/procedure*› idear; ‹*plan*› elaborar

• **work up** [*v + o + adv, v + adv + o*] **(a)** (stimulate): **they had ~ed up an appetite** se les había abierto el apetito; **I couldn't ~ up much enthusiasm** no me entusiasmaba demasiado **(b)** (excite, arouse): **she gets very ~ed up about it** se pone como loca; **they had been ~ed up into a frenzy** los habían puesto frenéticos, los habían exaltado

workable /'wɜːrkəbəl, BrE 'wɜːkəbəl/ *adj* ‹*arrangement/solution*› factible

work: **~bench** *n* banco *m* de trabajo; **~day** *n* **(a)** (part of day) jornada *f* laboral **(b)** (weekday) día *m* hábil *or* laborable *or* laboral *or* de trabajo

worker /'wɜːrkər, BrE 'wɜːkə(r)/ *n* **(a)** trabajador, -dora *m,f*; **he's a good/slow ~** trabaja bien/lentamente **(b)** (ant, bee) obrera *f*

work: **~ experience** *n* experiencia *f* laboral; **~ force** *n* (of nation) población *f* activa; (of company) personal *m*, plantilla *f* (Esp)

working /'wɜːrkɪŋ, BrE 'wɜːkɪŋ/ *adj* (*before n*) **1** **(a)** ‹*mother/parent*› que trabaja; **~ population** población *f* activa **(b)** ‹*hours/conditions*› de trabajo; **we have a good ~ relationship** trabajamos muy bien juntos **2** **(a)** (capable of operating): **it's in perfect ~ order** funciona perfectamente **(b)** (suitable for working with) ‹*hypothesis*› de trabajo; **I have a ~ knowledge of Russian** tengo conocimientos básicos de ruso

working: **~ class** *n* (*sometimes pl*): **the ~ class(es)** la clase obrera *or* trabajadora; **~-class** /'wɜːrkɪŋ'klæs, BrE ˌwɜːkɪŋ'klɑːs/ *adj* ‹*person*› de clase obrera *or* trabajadora; ‹*area*› obrero; **~ day** *n* **(a)** (weekday) día *m* hábil *or* laborable *or* laboral *or* de trabajo **(b)** ▸ **workday**; **~ party** *n* equipo *m* de trabajo

workings /'wɜːrkɪŋz, BrE 'wɜːkɪŋz/ *pl n* (of machine) funcionamiento *m*

work: **~load** *n* (volumen *m* de) trabajo *m*; **~man** /'wɜːrkmən, BrE 'wɜːkmən/ *n* (*pl* **-men** /-mən/) obrero *m*

workmanlike /'wɜːrkmənlaɪk, BrE 'wɜːkmənlaɪk/ *adj* eficiente, profesional

workmanship /'wɜːrkmənʃɪp, BrE 'wɜːkmənʃɪp/ *n* (of craftsman) trabajo *m*; (of object) factura *f*

work: **~out** *n* sesión *f* de ejercicios *or*

gimnasia; **~place** *n* lugar *m* de trabajo

works /wɜːrks, BrE wɜːks/ *n* **1** (actions) (liter) (+ *pl vb*) obras *fpl* **2** (engineering operations) (+ *pl vb*) obras *fpl*; **road ~** obras viales **3** (factory) (+ *sing or pl vb*) fábrica *f* **4** (mechanism) (+ *pl vb*) mecanismo *m*

work: **~shop** *n* taller *m*; **~station** *n* (Comput) terminal *m* de trabajo; **~surface** *n* **(a)** (area) superficie *f* de trabajo **(b)** ▶ **~top**; **~top** *n* encimera *f*, mesada *f* (RPl)

🔑 **world** /wɜːrld, BrE wɜːld/ *n* **1** (earth) mundo *m*; **the longest bridge in the ~** el puente más largo del mundo; **to see the ~** ver* mundo; ***(it's a) small ~!*** el mundo es un pañuelo, ¡qué pequeño *or* (AmL) chico es el mundo!; ***to be out of this ~*** «*food/music*» ser* increíble; ***to have the best of both ~s*** tener* todas las ventajas; (*before n*) ‹*economy/peace*› mundial; ‹*politics/trade*› internacional **2** **(a)** (people generally) mundo *m*; **what is the ~ coming to?** ¿adónde vamos a ir a parar? **(b)** (society): **they've gone up in the ~** han prosperado mucho (*or* hecho fortuna *etc*); **a woman/man of the ~** una mujer/un hombre de mundo **3** (specific period, group) mundo *m*; **the art ~** el mundo del arte **4** (*as intensifier*): **we are ~s apart** no tenemos nada que ver; **it did her a ~ of good** le hizo la mar de bien; **he thinks the ~ of her** tiene un altísimo concepto de ella; **to have all the time in the ~** tener* todo el tiempo del mundo; **without a care in the ~** sin ninguna preocupación **5** (Relig): **this/the other ~** este/el otro mundo

world: **W~ Bank** *n*: **the W~ Bank** el Banco Mundial; **~ champion** *n* campeón, -peona *m,f* mundial; **W~ Cup** *n*: **the W~ Cup** el Mundial, la Copa del Mundo; **~-famous** /ˈwɜːrldˈfeɪməs, BrE ˌwɜːldˈfeɪməs/ *adj* mundialmente famoso

worldly /ˈwɜːrldli, BrE ˈwɜːldli/ *adj* **(a)** ‹*goods*› material; ‹*desires*› mundano **(b)** ‹*person*› de mucho mundo; ‹*manner/charm*› sofisticado

worldly-wise /ˈwɜːrldliˈwaɪz, BrE ˌwɜːldliˈwaɪz/ *adj* de mucho mundo

world: **~ record** *n* récord *m or* marca *f* mundial; **W~ Series** *n* (in US baseball): **the W~ Series** la Serie Mundial, el campeonato mundial de béisbol; **W~ War** *n* guerra *f* mundial; **the First/Second W~ War, W~ War I/II** la primera/segunda Guerra Mundial

worldwide[1] /ˈwɜːrldˈwaɪd, BrE ˌwɜːldˈwaɪd/ *adj* mundial

worldwide[2] *adv* ‹*travel*› por todo el mundo

World Wide Web *n* telaraña *f* mundial

worm[1] /wɜːrm, BrE wɜːm/ *n* **(a)** (earth~) gusano *m*, lombriz *f* (de tierra) **(b)** (maggot) gusano *m* **(c) worms** *pl* (Med) lombrices *fpl*

worm[2] *vt* (Vet Sci) ‹*dog/cat*› desparasitar

worn[1] /wɔːrn, BrE wɔːn/ *past p of* **wear**[2]

worn[2] *adj* ‹*tire/clothes*› gastado; ‹*carpet*› raído; ‹*flagstones/steps*› desgastado

worn-out /ˈwɔːrnˈaʊt, BrE ˌwɔːnˈaʊt/ *adj* (*pred* **worn out**) **(a)** ‹*shoes/clothes*› muy gastado **(b)** (exhausted) rendido

worried /ˈwɜːrid, BrE ˈwʌrid/ *adj* ‹*look/voice*› de preocupación; ‹*person*› preocupado; **to get ~** preocuparse, inquietarse; **to be ~** ABOUT **sb/sth** estar* preocupado POR algn/algo

worrier /ˈwɜːriər, BrE ˈwʌriə(r)/ *n*: **she's such a ~** se preocupa *or* se angustia tanto por todo

worry[1] /ˈwɜːri, BrE ˈwʌri/ *n* (*pl* **-ries**) preocupación *f*

🔑 **worry**[2] **-ries, -rying, -ried** *vt* **1** (trouble) preocupar, inquietar **2** «*dog*» ‹*sheep*› acosar ■ *vi* preocuparse, inquietarse; **to ~** ABOUT **sth/sb** preocuparse POR algo/algn

worrying /ˈwɜːriɪŋ, BrE ˈwʌriɪŋ/ *adj* inquietante, preocupante

worse[1] /wɜːrs, BrE wɜːs/ *adj* (*comp of* **bad**[1]) peor; **to get ~** empeorar; (sicker) ponerse* peor; **things are getting ~ and ~** las cosas van de mal en peor; **to make things ~, it started snowing** por si fuera poco, empezó a nevar

worse[2] *adv* (*comp of* **badly**) peor

worse[3] *n*: **the ~** el (*or* la *etc*) peor; **a change for the ~** un cambio para mal

worsen /ˈwɜːrsn̩, BrE ˈwɜːsn̩/ *vi/t* empeorar

worse-off /ˈwɜːrsɔːf, BrE ˌwɜːsˈɒf/ *adj* (*pred* **worse off**) **(a)** (financially) en peor posición económica **(b)** (emotionally, physically) (*pred*) peor

worship[1] /ˈwɜːrʃəp, BrE ˈwɜːʃɪp/ *n* **1** (Relig) culto *m*, adoración *f* **2** **Worship** (as title): **Your/His W~** (of magistrate) Su Señoría; (of mayor) el señor alcalde

worship[2] *vt*, (BrE **-pp-**) ‹*God*› adorar; ‹*success/wealth*› rendir* culto a; ‹*hero*› idolatrar

worshipper /ˈwɜːrʃəpər, BrE ˈwɜːʃɪpə(r)/ *n* (Relig) fiel *m*

worst[1] /wɜːrst, BrE wɜːst/ *adj* (*superl of* **bad**[1]) peor; **he's the ~ student in the class** es el peor alumno de la clase; **~ of all** lo peor de todo

worst[2] *adv* (*superl of* **badly**) **she did (the) ~ (of all) in both exams** le fue peor que a nadie en los dos exámenes

worst[3] *n* **1** **the ~** **(a)** (+ *sing vb*) lo peor; **his sister brings out the ~ in him** cuando está con su hermana está peor que nunca; ***if (the) ~ comes to (the) ~*** en el peor de los casos **(b)** (+ *pl vb*) los peores **2** (in phrases) **at worst** en el peor de los casos; **at her/his/its worst: I'm at my ~ in the morning** la mañana es mi peor momento del día; **this is racism at its ~** esto es racismo de la peor especie

🔑 **worth**[1] /wɜːrθ, BrE wɜːθ/ *adj* (*pred*) **(a)** (equal in value to): **to be ~** valer*; **it cost 300 dollars, but it was ~ the money** costó $300, pero valió la pena; **goods ~ £5,000 were stolen** robaron mercancías por valor de 5.000 libras; **this is my opinion, for what it's ~** esta es mi opinión, si es que a alguien le interesa **(b)** (worthy of): **it's ~ a try** vale la pena intentarlo; **that's ~ knowing** es bueno saberlo; **don't argue with them, it isn't ~ it** no discutas con ellos, no vale *or* no merece la pena

🔑 **worth**[2] *n* **(a)** (equivalent): **$2,000 dollars' ~ of furniture** muebles por valor de 2.000 dólares; **I've had my money's ~ out of this car** le he sacado mucho jugo a este coche (fam) **(b)** (of thing) valor *m*; (of person) valía *f*

worthless /ˈwɜːrθləs, BrE ˈwɜːθlɪs/ *adj* ‹*object*› sin ningún valor; ‹*person*› despreciable; **to be ~** no tener* ningún valor, no valer* nada

🔑 palabra clave

worthwhile /ˈwɜːrθˈhwaɪl, BrE wɜːθˈwaɪl/ *adj* ‹*enterprise/project*› que vale la pena

worthy /ˈwɜːrði, BrE ˈwɜːði/ *adj* **-thier, -thiest** **1** (appropriate, equal) ‹*opponent/successor*› digno; **to be ~ OF sth/sb** ser* digno DE algo/algn **2** (good, estimable) ‹*person*› respetable; **a ~ cause** una buena causa

🔑 **would** /wʊd/ *v mod*

> ■ **Note** When *would* + a verb in English is used to form the conditional tense, it is translated by the conditional tense in Spanish.
> When *would* + a verb in English is used to express habitual activity in the past, it is translated by the imperfect tense in Spanish.
> For examples of both, see the entry below.

[▶ **'d** *es la contracción de* **would**, **wouldn't** *de* **would not**] **1** *past of* **will**[1] **2** (in conditional sentences): **I ~ if I could** lo haría si pudiera; **if I had known, I ~n't have come** si lo hubiera sabido no habría *or* no hubiera venido **3** (expressing wishes): **I wish you'd stop pestering me!** ¡deja de fastidiarme por Dios! **4** (in requests, invitations): **~ you type this for me please?** ¿me haría el favor de pasar esto a máquina?; **~ you like to come with us? — I'd love to** ¿quieres venir con nosotros? — me encantaría

would-be /ˈwʊdbiː/ *adj* (*before n*): **a ~ star/poet** un aspirante a estrella/poeta

wouldn't /ˈwʊdn̩t/ = **would not**

would've /ˈwʊdəv/ = **would have**

wound[1] /wuːnd/ *n* herida *f*

wound[2] /wuːnd/ *vt/i* herir*

wound[3] /waʊnd/ *past and past p of* **wind**[2] *vt* **II**, *vi*

wounded /ˈwuːndəd, BrE ˈwuːndɪd/ *adj* ‹*soldier/animal/pride*› herido; ‹*look/tone*› dolido

wove /wəʊv/ *past of* **weave**

woven /ˈwəʊvən/ *past p of* **weave**

WP *n* **(a)** = **word processor (b)** = **word processing**

wpm (= **words per minute**) palabras por minuto

wrangle[1] /ˈræŋgəl/ *vi* discutir, reñir*

wrangle[2] *n* altercado *m*, riña *f*

wrap[1] /ræp/ **-pp-** *vt* **1** (cover) ‹*parcel/gift*› envolver* **2** (wind, entwine): **she ~ped a shawl about her** se envolvió en un chal

● **wrap up** **1** [*v + o + adv, v + adv + o*] **(a)** ▶ **wrap**[1] *vt* **1 (b)** (complete) (infml) ‹*order/sale*› conseguir*; ‹*deal*› cerrar* **(c)** (conclude) (infml) ‹*meeting*› dar* fin a **(d)** (engross) (infml) **to be ~ped up IN sth: she's totally ~ped up in her work** no piensa más que en su trabajo, vive para su trabajo **2** [*v + adv*] (dress warmly) abrigarse*

wrap[2] *n* **(a)** (shawl) chal *m*, pañoleta *f* **(b)** (robe) (AmE) bata *f*, salto *m* de cama (CS)

wraparound /ˈræpəˌraʊnd/ *adj* ‹*skirt/dress*› cruzado

wrapper /ˈræpər, BrE ˈræpə(r)/ *n* envoltorio *m*, envoltura *f*

wrapping /ˈræpɪŋ/ *n* envoltorio *m*, envoltura *f*

wrapping paper *n* (plain) papel *m* de envolver; (decorative) papel *m* de regalo

wrath /ræθ, BrE rɒθ/ *n* (liter) cólera *f*, ira *f*

wreak /riːk/ *vt* (liter) ‹*destruction/chaos*› sembrar* (liter); **to ~ havoc** causar estragos

wreath /riːθ/ *n* corona *f*

wreck[1] /rek/ *n* **1** (ship) restos *mpl* del naufragio; (vehicle) restos *mpl* del avión (*or* tren *etc*) siniestrado **2** (sth, sb ruined): **the attack left him a physical ~** el ataque lo dejó hecho una ruina; **he's a nervous ~** tiene los nervios destrozados

wreck[2] *vt* **(a)** ‹*ship*› provocar* el naufragio de; ‹*train*› hacer* descarrilar; ‹*car*› destrozar* **(b)** (damage) destrozar* **(c)** (demolish) (AmE) ‹*house/building*› demoler* **(d)** (spoil, ruin) ‹*plans/chances*› echar por tierra; ‹*marriage/happiness*› destrozar*

wreckage /ˈrekɪdʒ/ *n* (of plane, car, ship) restos *mpl*; (of house) ruinas *fpl*

wrecker /ˈrekər, BrE ˈrekə(r)/ *n* (AmE) **(a)** (demolition worker) obrero *m* de demolición *or* derribo **(b)** (car dismantler) desguazador *m or* (Méx) deshuesador *m*

wren /ren/ *n* (Zool) carrizo *m*

wrench[1] /rentʃ/ *vt* **(a)** (pull) arrancar*; **to ~ oneself away** soltarse* de un tirón *or* (AmL exc CS) de un jalón **(b)** (sprain) ‹*muscle*› desgarrarse; ‹*joint*› dislocarse*

wrench[2] *n* **1** **(a)** (twist, pull) tirón *m*, jalón *m* (AmL exc CS) **(b)** (emotional pain) dolor *m* (*causado por una separación*) **2** (adjustable ~) llave *f* inglesa; *see also* **monkey wrench**

wrest /rest/ *vt* **to ~ sth FROM sb** arrancarle* algo A algn

wrestle /ˈresəl/ *vi* **(a)** (Sport) luchar **(b)** (grapple) **to ~ WITH sb** forcejear CON algn; **to ~ WITH sth** batallar CON algo

wrestler /ˈreslər, BrE ˈreslə(r)/ *n* luchador, -dora *m,f*

wrestling /ˈreslɪŋ/ *n* lucha *f*

wretch /retʃ/ *n* (liter) **(a)** (unfortunate person) desdichado, -da *m,f*, infeliz *mf* **(b)** (despicable person) desgraciado, -da *m,f*

wretched /ˈretʃəd, BrE ˈretʃɪd/ *adj* **(a)** (abject, pitiable) ‹*existence/creature*› desdichado **(b)** (very bad) (infml) ‹*weather*› horrible; **to feel ~** sentirse* muy mal

wriggle /ˈrɪgəl/ *vi* (move) retorcerse*; **the children ~d in their seats** los niños se movían inquietos en sus asientos

● **wriggle out of** [*v + adv + prep + o*] ‹*dress/jeans*› quitarse (*con dificultad*); **don't try to ~ out of it!** ¡no trates de escabullirte!

wring /rɪŋ/ (*past & past p* **wrung**) *vt* **1** **(a)** ‹*cloth/garment*› escurrir, retorcer* **(b)** **to ~ sth FROM/OUT OF sb** ‹*confession/information*› arrancarle* algo A algn **2** ‹*neck*› retorcer*

● **wring out** [*v + o + adv, v + adv + o*] **1** ‹*cloth/swimsuit*› retorcer*, escurrir **2** ‹*water*› escurrir; ‹*truth/money*› sacar*

wrinkle[1] /ˈrɪŋkəl/ *n* arruga *f*

wrinkle[2] *vi* «*skin/garment*» arrugarse*

wrinkled /ˈrɪŋkəld/ *adj* arrugado

wrinkly /ˈrɪŋkli/ *adj* **-klier, -kliest** (infml) arrugado

wrist /rɪst/ *n* (Anat) muñeca *f*

wrist: **~band** *n* (bracelet) pulsera *f*; (strap) correa *f*;

(sweatband) muñequera *f*; **~watch** *n* reloj *m* (de) pulsera

writ /rɪt/ *n* (Law) orden *f or* mandato *m* judicial

✐ **write** /raɪt/ (*past* **wrote**; *past p* **written**) *vt* **(a)** (put in writing) escribir*; **I wrote him a letter** le escribí una carta; **to ~ sb a check** o (BrE) **cheque** extenderle* *or* hacerle* un cheque a algn **(b)** (write letter to) (AmE) escribirle* a ■ *vi* escribir*; **to ~** TO **sb** escribirle* A algn

● **write back**: [*v* + *adv*] **to ~ back** (TO **sb)** contestar(le A algn)

● **write down** [*v* + *o* + *adv*, *v* + *adv* + *o*] anotar

● **write off** **1** [*v* + *adv*] **to ~ off** FOR **sth**: **she wrote off for a form** escribió pidiendo que le mandaran un formulario **2** [*v* + *o* + *adv*, *v* + *adv* + *o*] **(a)** (consider beyond repair) ‹*vehicle*› declarar siniestro total **(b)** (damage beyond repair) (BrE) destrozar* **(c)** (consider a failure, disregard) ‹*marriage/project*› dar* por perdido **(d)** ‹*debt*› cancelar

● **write out** [*v* + *o* + *adv*, *v* + *adv* + *o*] **(a)** (write fully, copy) escribir* **(b)** (complete, fill out) ‹*prescription*› escribir*; ‹*check/receipt*› hacer*, extender* (fml)

● **write up** [*v* + *o* + *adv*, *v* + *adv* + *o*] ‹*report/notes*› pasar en *or* (Esp) a limpio; ‹*experiment*› redactar un informe sobre

write-off /ˈraɪtɔːf, BrE ˈraɪtɒf/ *n*: **the car was a ~** el coche fue declarado un siniestro total

write-protected /ˈraɪtprəˈtektəd/ *adj* (Comput) protegido contra escritura

✐ **writer** /ˈraɪtər, BrE ˈraɪtə(r)/ *n* (author) escritor, -tora *m,f*; **the ~ of the letter** el autor de la carta; **~'s cramp** calambre *m* (*que da por escribir mucho*)

write-up /ˈraɪtʌp/ *n* (infml) (review) crítica *f*, reseña *f*; (report) artículo *m*

writhe /raɪð/ *vi* «*snake*» retorcerse*; **to ~ in agony** retorcerse* de dolor

✐ **writing** /ˈraɪtɪŋ/ *n* **(a)** (script) escritura *f* **(b)** (written material): **the ~'s rather blurred** la letra está algo borrosa; **in ~** por escrito; (*before n*) **~ desk** escritorio *m*; **~ pad** bloc *m*; **~ paper** papel *m* de carta **(c)** (BrE) (handwriting) letra *f* **(d)** (act of composing): **~ takes up a lot of my time** paso mucho tiempo escribiendo **(e)** (written composition) literatura *f* **(f)** **writings** *pl* **the ~s of Swift** la obra de Swift

written¹ /ˈrɪtn̩/ *past p of* **write**

written² *adj* ‹*examination/language*› escrito; **~ permission** permiso *m* por escrito

✐ **wrong¹** /rɔːŋ, BrE rɒŋ/ *adj* **1** **(a)** (incorrect, inappropriate) ‹*answer*› equivocado, incorrecto; **you've given me the ~ change** se ha equivocado al darme el cambio; **we've taken the ~ bus** nos hemos equivocado de autobús; **he went in the ~ direction** tomó *or* (esp Esp) cogió para dónde no debía; **I did it the ~ way** lo hice mal; **this is the ~ time to mention the subject** este no es (el) momento oportuno para mencionar el tema; **she always says the ~ thing** siempre dice lo que no debe; **the picture is the ~ way up** el cuadro está al revés; **you've got your T-shirt on the ~ way round** llevas la camiseta al *or* del revés; **I'm the ~ person to ask** no soy la persona indicada para contestar esa pregunta **(b)** (mistaken) (*pred*) **to be ~** estar* equivocado; **I was ~ about her** la había juzgado mal **2** (morally): **stealing is ~** robar está mal; **you were ~ to shout at her like that** no debiste haberle gritado así, estuviste mal en gritarle así; **I haven't done anything ~** no he hecho nada malo; **what's ~ with that?** ¿qué hay de malo en eso? **3** (amiss) (*pred*): **what's ~?** ¿qué pasa?; **there's something ~ with her/with the lock** algo le pasa/algo le pasa a la cerradura; **there's nothing ~ with your heart** su corazón está perfectamente bien

wrong² *adv* ‹*answer*› mal, incorrectamente; **I did it all ~** lo hice todo mal; **to go ~** «*machinery*» estropearse, descomponerse* (AmL); «*plans*» salir* mal, fallar

wrong³ *n* **(a)** (immoral action) mal *m*; (injustice) injusticia *f*; **in her eyes he can do no ~** para ella, es incapaz de hacer nada malo; **to be in the ~** estar* equivocado **(b)** (Law) agravio *m*

wrong⁴ *vt* (fml): **she had been ~ed by her family** su familia había sido muy injusta con ella

wrong: **~doer** /ˈrɔːŋˌduːər, BrE ˈrɒŋˌduːə(r)/ *n* malhechor, -chora *m,f*; **~doing** *n*: **she was punished for her ~** la castigaron por sus fechorías

wrongful /ˈrɔːŋfəl, BrE ˈrɒŋfəl/ *adj* ‹*accusation/punishment*› injusto

wrongly /ˈrɔːŋli, BrE ˈrɒŋli/ *adv* ‹*spell/pronounce*› mal, incorrectamente; ‹*believe/assume*› equivocadamente; ‹*accuse*› injustamente

wrote /rəʊt/ *past of* **write**

wrought /rɔːt/ (*past & past p of* **work² 4**) (fml *or* liter): **the devastation ~ by the war** los estragos causados por la guerra

wrought iron *n* hierro *m* forjado

wrung /rʌŋ/ *past & past p of* **wring**

wry /raɪ/ *adj* **wrier**, **wriest** ‹*smile/laugh/joke*› irónico; **to make a ~ face** torcer* el gesto

WV, **W Va** = **West Virginia**

WWW *n* (= **World Wide Web**) WWW

WY, **Wyo** = **Wyoming**

✐ palabra clave

Xx

X, **x** /eks/ *n* **(a)** (letter) X, x *f* **(b)** (Cin) (in US) prohibida para menores de 18 años

xenophobia /ˈzenəˈfəʊbiə/ *n* xenofobia *f*

xenophobic /ˌzenəˈfəʊbɪk/ *adj* xenófobo

xerox /ˈzɪrɑːks, ˈze-, BrE ˈzɪərɒks/ *vt* fotocopiar, xerografiar*

XL = **extra large**

Xmas /ˈkrɪsməs, ˈeksməs/ *n* Navidad *f*

X-rated /ˈeksˈreɪtəd, BrE ˌeksˈreɪtɪd/ *adj* (BrE) ‹*film*› solo para adultos, clasificado X (Esp)

X-ray¹, **x-ray** /ˈeksreɪ/ *n* **(a)** (ray) rayo *m* X **(b)** (photograph) radiografía *f*; **I had a chest ~** me hicieron *or* me sacaron una radiografía de tórax

X-ray², **x-ray** *vt* hacer* *or* sacar* una radiografía de

xylophone /ˈzaɪləfəʊn/ *n* xilofón *m*, xilófono *m*

Y, **y** /waɪ/ *n* Y, y *f*

yacht /jɑːt, BrE jɒt/ *n* **(a)** (sailing boat — large) velero *m*, yate *m*; (— small) balandro *m*; (*before n*) **~ club** club *m* náutico; **~ race** regata *f* **(b)** (pleasure cruiser) yate *m*

yachting /ˈjɑːtɪŋ, BrE ˈjɒtɪŋ/ *n* navegación *f* a vela

yak /jæk/ *n* yac *m*, yak *m*

yam /jæm/ *n* **(a)** (plant, vegetable) ñame *m* **(b)** (AmE) ▶ **sweet potato**

yank /jæŋk/ *vt* tirar de, jalar de (AmL exc CS)

Yank /jæŋk/ *n* (BrE infml & often derog) ▶ **Yankee c**

Yankee /ˈjæŋki/ *n* **(a)** (Hist) yanqui *mf* **(b)** (sb from Northern US) (AmE infml) norteño, -ña *m,f* **(c)** (US citizen) (infml: in BrE often derog) yanqui *mf* (fam & pey), gringo, -ga *m,f* (fam & pey)

yap¹ /jæp/ *vi* **-pp-** ladrar (*con ladridos agudos*)

yap² *n* ladrido *m* (*agudo*)

⚷ **yard** /jɑːrd, BrE jɑːd/ *n* **1** **(a)** (of school, prison) patio *m* **(b)** (of house) (BrE) patio *m*; (garden) (AmE) jardín *m* **(c)** (stock~) corral *m* **2** (boat~, ship~) astillero *m* **3** (measure) yarda *f* (*0,91m*)

yardstick /ˈjɑːrdstɪk, BrE ˈjɑːdstɪk/ *n* criterio *m*

yarn /jɑːrn, BrE jɑːn/ *n* **1** (Tex) hilo *m* **2** (tale) (infml) historia *f*

yawn¹ /jɔːn/ *vi* bostezar*

yawn² *n* bostezo *m*

yawning /ˈjɔːnɪŋ/ *adj* (*before n*) enorme

yd (*pl* **yd** *or* **yds**) = **yard**

yeah /jeə/ *interj* (infml) sí

⚷ **year** /jɪr, BrE jɪə(r)/ *n* **1** (period of time) año *m*; **all (the) ~ round** todo el año; **by the ~ 2000** para el año 2000; **over the ~s I've grown accustomed to it** con el tiempo *or* con los años me he ido acostumbrando; **~ after ~/~ in, ~ out** año tras año; **I'm 12 ~s old** tengo doce años **2** **years** *pl* (a long time): **I haven't seen him for ~s** hace años que no lo veo; **~s ago, there was a church here** años atrás, aquí había una iglesia **3** (Educ) curso *m*, año *m*

-year /jɪr, BrE jɪe(r)/ *suff*: **a third~ student** un estudiante de tercer año *or* de tercero

yearly¹ /ˈjɪrli, BrE ˈjɪəli/ *adj* anual; **on a ~ basis** cada año

yearly² *adv* cada año; **twice ~** dos veces al *or* por año

yearn /jɜːrn, BrE jɜːn/ *vi* **to ~ to** + INF anhelar + INF; **to ~ FOR sth** añorar algo

yearning /ˈjɜːrnɪŋ, BrE ˈjɜːnɪŋ/ *n* **~ FOR sth/to** + INF anhelo *m* *or* ansia *f*‡ DE algo/+ INF

-year-old /jərˈəʊld, BrE ˌjɪərˈəʊld/ *suff*: **a thirty-two~ woman** una mujer de treinta y dos años; **a six~** un niño/una niña de seis años

yeast /jiːst/ *n* levadura *f*

yell¹ /jel/ *vi/t* gritar

yell² *n* grito *m*

yellow¹ /ˈjeləʊ/ *adj* amarillo; ‹*hair*› muy rubio *or* (Méx) güero *or* (Col) mono *or* (Ven) catire; ‹*traffic light*› (AmE) amarillo, ámbar *adj inv*

yellow² *n* **(a)** (color) amarillo *m* **(b)** (signal) (AmE) luz *f* amarilla

yellow³ *vi* ponerse* amarillo

yellow: **~ fever** *n* fiebre *f* amarilla; **~ pages**, (BrE) **~ Pages®** *pl n* páginas *fpl* amarillas

yelp¹ /jelp/ *vi* dar* un gañido *or* aullido

yelp² *n* gañido *m*, aullido *m*

Yemen /ˈjemən/ *n* Yemen *m*

yen /jen/ *n* **1** (longing) (infml) (*no pl*) **to have a ~ to** + INF morirse* de ganas DE + INF (fam) **2** (*pl* ~) (Fin) yen *m*

yes¹ /jes/ *interj* sí; **are you ready? — ~, I am** ¿estás listo? — sí; **you didn't tell me — ~, I did!** no me lo dijiste — ¡sí que te lo dije!

yes² *n* (*pl* **~es**) sí *m*

yes-man /ˈjesmæn/ *n* (*pl* **-men** /-men/) (derog): **he's a ~** es de los que dicen amén a todo

yesterday¹ /ˈjestərdeɪ, -di, BrE ˈjestədeɪ, -di/ *adv* ayer; **~ morning** ayer por la mañana, ayer en la mañana (AmL), ayer a la mañana *or* de mañana (RPl)

yesterday² *n*: **~ was a busy day** ayer fue un día de mucha actividad; **the day before ~** anteayer

yet¹ /jet/ *adv* **1** **(a)** (up to this or that time, till now) (*with neg*) todavía, aún; **I haven't eaten** o (AmE also) **I didn't eat ~** todavía *or* aún no he comido, todavía no comí (RPl); **as ~** aún, todavía **(b)** (now, so soon) (*with neg*) todavía **(c)** (thus far) (*after superl*) **it's his best book ~** es el mejor libro que ha escrito hasta ahora **2** (by now, already) (*with interrog*) ya; **has she decided** o (AmE also) **did she decide ~?** ¿ya se ha decidido?, ¿ya se decidió? (AmL) **3** (still) todavía, aún **4** (eventually, in spite of everything): **we may win ~** todavía podemos ganar **5** (*as intensifier*) **(a)** (even) (*with comp*) aún, todavía; **the story becomes ~ more complicated** el cuento se complica aún *or* todavía más **(b)** (in addition, besides): **~ more problems** más problemas aún; **we had to go back ~ again** tuvimos que volver otra vez más (aún) **6** (but, nevertheless) (*as linker*) sin embargo

yet² *conj* pero

yew /juː/ *n* tejo *m*

Yiddish /ˈjɪdɪʃ/ *n* yídish *m*, yiddish *m*

yield¹ /jiːld/ *vt* **1** (surrender) ‹*position/territory*› ceder; **to ~ one's right of way** (AmE) (Transp) ceder el paso **2** ‹*crop/fruit/mineral/oil*› producir*; ‹*results*› dar*

■ *vi* **1** **(a)** (give way) ceder **(b)** (give priority): **yield** (AmE) ceda el paso **2** «*ground/ice*» ceder

yield² *n* rendimiento *m*

YMCA *n* (= **Young Men's Christian Association**) YMCA *f*, Asociación *f* Cristiana de Jóvenes

yodel /ˈjəʊdl/ *vi*, (BrE **-ll-**) cantar al estilo tirolés

yoga /ˈjəʊgə/ *n* yoga *m*

yoghurt, **yoghourt**, **yogurt** /ˈjəʊgərt, BrE ˈjɒgət/ *n* yogur *m*, yoghourt *m*

yoke¹ /jəʊk/ *n* **(a)** (for oxen, horses) yugo *m* **(b)** (burden, bondage) yugo *m*

yoke² *vt* ‹*oxen*› uncir*

yokel /ˈjəʊkəl/ *n* (derog *or* hum) pueblerino -na *m,f or* (Méx) indio -dia *m,f or* (Col) montañero -ra *m,f or* (RPl) pajuerano -na *m,f or* (Chi) huaso-sa *m,f* (pey *o* hum)

yolk /jəʊk/ *n* yema *f* (de huevo)

yonder /ˈjɑːndər, BrE ˈjɒndə(r)/ *adv* (poet *or* dial) allá

you /juː/ *pron* **1** (sing) **(a)** (as subject — familiar) tú, vos (AmC, RPl); (— formal) usted; **~ liar!** ¡mentiroso! **(b)** (as direct object — familiar) te; (— formal, masculine) lo, le (Esp); (— formal, feminine) la **(c)** (as indirect object — familiar) te; (— formal) le; (— with direct object pronoun present) se; **I told ~** te dije/le dije; **I gave it to ~** te lo di/se lo di **(d)** (after prep — familiar) ti, vos (AmC, RPl); (— formal) usted **2** (pl) **(a)** (as subject, after preposition — familiar) ustedes (AmL), vosotros, -tras (Esp); (— formal) ustedes; **be quiet, ~ two** ustedes dos: ¡cállense!, vosotros dos: ¡callaos! (Esp) **(b)** (as direct object — familiar) los las (AmL), os (Esp); (— formal, masculine) los, les (Esp); (— formal, feminine) las **(c)** (as indirect object — familiar) les (AmL), os (Esp); (— formal) les; (— with direct object pronoun present) se; **I gave ~ the book** les *or* (Esp tb) os di el libro; **I gave it to ~** se *or* (Esp tb) os lo di **3** (one) **(a)** (as subject): **~ can't do that here** aquí no se puede hacer eso, aquí uno no puede hacer eso, no puedes hacer eso aquí (Esp) **(b)** (as direct object): **people stop ~ in the street and ask for money** la gente lo para a uno en la calle y le pide dinero, la gente te para en la calle y te pide dinero (Esp) **(c)** (as indirect object): **they can cause ~ a lot of trouble** le pueden a uno crear muchos problemas, te puden crear muchos problemas (Esp)

you'd /juːd/ **(a)** = **you had** **(b)** = **you would**

you'll /juːl/ = **you will**

young¹ /jʌŋ/ *adj* **younger** /ˈjʌŋgər, BrE ˈjʌŋgə(r)/, **youngest** /ˈjʌŋgəst, BrE ˈjʌŋgɪst/ **(a)** ‹*animal/person*› joven; **I have a ~er brother** tengo un hermano menor; **she is four years ~er than me** tiene cuatro años menos que yo; **a ~ man/woman** un/una joven; **a ~ lady** una señorita, una chica joven; **~ people** la gente joven, los jóvenes, la juventud; **to marry ~** casarse joven **(b)** ‹*appearance/manner/complexion*› juvenil

young² *pl n* (animals) crías *fpl*

youngster /ˈjʌŋstər, BrE ˈjʌŋstə(r)/ *n* chico, -ca *m,f*

your /jʊr, *weak form* jər, BrE jɔː(r), *weak form* jʊə(r)/ *adj*

> ■ **Note** The translations *tu* and *su* agree in number with the noun which they modify; they appear as *tu, tus, su, sus,* depending on what follows: *your father/mother* tu padre/madre *or* su padre/madre; *your books/magazines* tus libros/revistas *or* sus libros/revistas.
>
> The translation *vuestro* agrees in number and gender with the noun which it modifies; it appears as *vuestro, vuestra, vuestros, vuestras,* depending on what follows: *your father/mother* vuestro padre/vuestra madre; *your books/magazines* vuestros libros/vuestras revistas.

1 (belonging to one person) (*sing, familiar*) tu; (*pl, familiar*) tus; (*sing, formal*) su; (*pl, formal*) sus; **wash ~ hands** lávate/lávese las manos **2** (belonging to more than one person) (*sing, familiar*) su (AmL), vuestro, -tra (Esp); (*pl, familiar*) sus (AmL), vuestros, -tras (Esp); (*sing, formal*) su; (*pl, formal*) sus; **put ~ shoes on** pónganse *or* (Esp) pone(r)os los zapatos **3** (one's): **if ~ name begins with A ...** si tu/su nombre empieza con A ...; **you have to take ~ shoes off in a mosque** hay que quitarse

palabra clave

los zapatos en una mezquita

you're /jʊər, BrE jʊə(r), jɔ:(r)/ = **you are**

yours /jʊrz, BrE jɔ:z/ *pron*

> ■ **Note** The three translations of *yours* reflects the gender and number of the noun they are standing for; *yours* is translated by *tuyo, tuya, tuyos, tuyas, suyo, suya, suyos, suyas, vuestro, vuestra, vuestros, vuestras*, depending on the meaning being translated, and what is being referred to.

(a) (belonging to one person) (*sing, familiar*) tuyo, -ya; (*pl, familiar*) tuyos, -yas; (*sing, formal*) suyo, -ya; (*pl, formal*) suyos, -yas; **~ is here** el tuyo/la tuya/el suyo/la suya está aquí; **a friend of ~** un amigo tuyo/suyo **(b)** (belonging to more than one person) (*sing, formal*) suyo, -ya; (*pl, formal*) suyos, -yas; (*sing, familiar*) suyo -ya (AmL), vuestro, -tra (Esp); (*pl, familiar*) suyos -yas (AmL), vuestros, -tras (Esp); **~ are here, children** los suyos *or* los de ustedes están aquí, niños (AmL), los vuestros están aquí, niños (Esp); **is he a friend of ~?** ¿es amigo de ustedes *or* suyo *or* (Esp) vuestro? **(c)** (Corresp): **~, Daniel** un abrazo, Daniel

yourself /jər'self, BrE jɔ:'self/ *pron* **(a)** (reflexive): **describe ~** (formal) descríbase; (familiar) descríbete; **stop thinking about ~** (formal) deje de pensar en sí mismo; (familiar) deja de pensar en ti mismo; **by ~** solo/sola **(b)** (emphatic use) (formal) usted mismo, usted misma; (familiar) tú mismo, tú misma; **you're a musician ~, I hear** usted también es *or* (*familiar*) tú también eres músico, tengo entendido **(c)** (normal self): **just be ~** compórtate con naturalidad; **you're not ~ today** hoy no eres el/la de siempre **(d)** (oneself) uno mismo, una misma

yourselves /jər'selvz, BrE jɔ:'selvz/ *pron* **(a)** (reflexive): **behave ~!** ¡pórtense bien! (AmL), ¡porta(r)os bien! (Esp); **by ~** solos/solas **(b)** (emphatic use) (formal) ustedes mismos/mismas; (familiar) ustedes mismos/mismas *or* (Esp) vosotros mismos/vosotras mismas **(c)** (normal selves): **just be ~** compórtense *or* (Esp) comporta(r)os con naturalidad

youth /ju:θ/ *n* (*pl* **youths** /ju:ðz/) **1** (early life) juventud *f* **2** (young people) (+ *sing or pl vb*) juventud *f*; (*before n*) ‹*movement/orchestra*› juvenil; **~ club** club *m* de jóvenes **3** (young man) (fml) joven *m*

youthful /'ju:θfəl/ *adj* ‹*enthusiasm/manner*› juvenil; ‹*folly/ignorance*› de juventud

youth hostel *n* albergue *m* juvenil *or* de la juventud

you've /ju:v/ = **you have**

yowl /jaʊl/ *vi* «*person*» dar* alaridos; «*dog*» aullar*; «*cat*» maullar*

yo-yo /'jəʊjəʊ/ *n* yo-yo *m*

yr (*pl* **yrs**) = **year**

Yugoslav /'ju:gəʊ'slɑ:v, BrE 'ju:gəslɑ:v/ *adj/n* ▶ **Yugoslavian**[1,2]

Yugoslavia /'ju:gəʊ'slɑ:viə, BrE 'jʊgə'slɑ:viə/ *n* (Hist) Yugoslavia *f*

Yugoslavian[1] /'ju:gəʊ'slɑ:viən, BrE 'jʊgə'slɑ:viən/ *adj* (Hist) yugoslavo

Yugoslavian[2] *n* (Hist) yugoslavo, -va *m,f*

yuppie, **yuppy** /'jʌpi/ *n* (*pl* **-pies**) (infml) yuppy *mf* (fam)

YWCA *n* (= **Young Women's Christian Association**) YWCA *f*, Asociación *f* de Jóvenes Cristianas

Zz

Z, z /zi:, BrE zed/ *n* Z, z *f*

Zaire /zɑ:ir, BrE zɑ:'iə(r)/ *n* (Hist) Zaire *m*

Zairean /zɑ:'iriən, BrE zɑ:'iəriən/ *adj* (Hist) zaireño

Zambia /'zæmbiə/ *n* Zambia *f*

Zambian /'zæmbiən, BrE 'zæmbiən/ *adj* zambiano

zany /'zeɪni/ *adj* **zanier**, **zaniest** (infml) ‹*person*› chiflado (fam); ‹*adventure*› loco

zap /zæp/ *vt* **-pp-** **(a)** (defeat, blast) (infml) liquidar (fam) **(b)** (Comput) eliminar, borrar

zeal /zi:l/ *n* (Pol, Relig) fervor *m*, celo *m*

zealot /'zelət/ *n* (fanatic) fanático, -ca *m,f*

zealous /'zeləs/ *adj* ‹*follower*› ferviente; ‹*worker*› que pone gran celo en su trabajo

zebra /'zi:brə, BrE 'zebrə, zi:-/ *n* (*pl* **-bras** *or* **-bra**) cebra *f*

zebra crossing *n* (BrE) paso *m* de cebra

zee /zi:/, (BrE) **zed** /zed/ *n* zeta *f*

zenith /'zi:nəθ, BrE 'zenɪθ/ *n* (Astron) cenit *m*, zenit *m*; **at the ~ of her popularity** en el cenit *or* el apogeo de su popularidad

zero[1] /'zɪrəʊ, 'zi:-, BrE 'zɪərəʊ/ *n* (*pl* **zeros** *or* **zeroes**) cero *m*; **the temperature fell below ~** la temperatura bajó de los cero grados; (*before n*) **~ hour** hora *f* cero

zero[2] *adj* cero *adj inv*; **~ degrees centigrade** cero grados centígrados

zero: **~-carbon** /ˌzɪrəʊ'kɑ:rbən, BrE ˌzɪərəʊ'kɑ:bən/ *adj* ‹*fuels/housing*› carbón cero; **~-emission** /ˌzɪrəʊi:'mɪʃən, BrE ˌzɪərəʊɪ'mɪʃən/ *adj* (*before n*) de emisión cero, de cero emisión; **~-emission vehicle** vehículo *m* de emisión cero *or* de cero emisión

zest /zest/ *n* entusiasmo *m*

zigzag[1] /'zɪgzæg/ *n* zigzag *m*

zigzag[2] *vi* **-gg-** zigzaguear

zilch /zɪltʃ/ *n* (sl) nada de nada

Zimbabwe /zɪm'bɑːbwi, -weɪ/ *n* Zimbabwe *m*, Zimbabue *m*

Zimbabwean /zɪm'bɑːbwiən/ *adj* zimbabuense, de Zimbabwe

zinc /zɪŋk/ *n* cinc *m*, zinc *m*

Zionism /'zaɪənɪzəm/ *n* sionismo *m*

Zionist /'zaɪənəst, BrE 'zaɪənɪst/ *adj* sionista

zip[1] /zɪp/ *n* **1** (vigor) (infml) garra *f* (fam) **2** (fastener) (BrE) ▸ **zipper**[1]

zip[2] **-pp-** *vt* ‹*pocket/bag*› cerrar* la cremallera (*or* el cierre *etc*) de
■ *vi* **1** (with zipper): **the suitcase ~s open/shut** la maleta se abre/cierra con cremallera (*or* cierre *etc*) **2** (move fast) (infml): **we ~ped through the work** (nos) despachamos el trabajo en un santiamén (fam)

● **zip up** [*v + o + adv, v + adv + o*] ‹*bag*› cerrar*

zip: **~ code** *n* (AmE) código *m* postal; **~ fastener** *n* (BrE) ▸ **zipper**[1]; **~-on** *adj* (*before n*) ‹*hood/lining*› que se puede quitar, desmontable

zipper[1] /'zɪpər, BrE 'zɪpə(r)/ *n* (AmE) cremallera *f*, cierre *m* (AmL), zíper *m* (AmC, Méx, Ven), cierre *m* relámpago (RPl) *or* (Chi) eclair

zipper[2] *vt* (AmE) ▸ **zip**[2] *vt*

zodiac /'zəʊdiæk/ *n*: **the ~** el zodíaco *or* zodiaco

zombie /'zɑːmbi, BrE 'zɒmbi/ *n* zombie *mf*

⚷ **zone** /zəʊn/ *n* **(a)** (area) zona *f*; **time ~** huso *m* horario **(b)** (AmE) distrito *m*

zoo /zuː/ *n* (*pl* **zoos**) zoológico *m*, zoo *m* (esp Esp)

zoological /ˌzəʊə'lɑːdʒɪkəl, BrE ˌzuːə'lɒdʒɪkəl/ *adj* (*before n*) zoológico

zoologist /zəʊ'ɑːlədʒəst, BrE zuː'ɒlədʒɪst, zəʊ-/ *n* zoólogo, -ga *m,f*

zoology /zəʊ'ɑːlədʒi, BrE zuː'ɒlədʒi, zəʊ-/ *n* zoología *f*

zoom[1] /zuːm/ *n* **1** (sound) (*no pl*) zumbido *m* **2** **~ (lens)** (Cin, Phot, TV) teleobjetivo *m*, zoom *m*

zoom[2] *vi* (move fast) (infml) (+ *adv compl*) **to ~ along/past** ir*/pasar zumbando (fam)

● **zoom in**: [*v + adv*] **to ~ in (ON sth/sb)** hacer* un zoom in (SOBRE algo/algn) (*acercar rápidamente una imagen usando un teleobjetivo*)

zucchini /zʊ'kiːni/ *n* (*pl* **~** *or* **~s**) (AmE) calabacín *m*, calabacita *f* (Méx), zapallito *m* (largo *or* italiano) (CS)

Zulu[1] /'zuːluː/ *adj* zulú

Zulu[2] *n* **(a)** (person) zulú *mf* **(b)** (language) zulú *m*

Z

⚷ palabra clave

Appendices • Apéndices

Contents

Glossary of grammatical terms

Abbreviation A shortened form of a word or phrase: **Mr** = **Sr.**

Absolute use The use of a transitive verb without an expressed object, as in: **I didn't *realize*** = **No me di cuenta**

Active In the active form the subject of the verb performs the action: **Pedro *kisses* Ana** = **Pedro *besa* a Ana**

Adjective A word describing a noun: **a *red* pencil** = **un lápiz *rojo*; *my* house** = ***mi* casa**

Adverb A word that describes or changes the meaning of a verb, an adjective, or another adverb: **he ran *quickly*** = **corrió *rápidamente*; *very* pretty** = ***muy* bonito; she sings *very* badly** = **canta *muy* mal**

Apocope The omission of the final sound of a word, as in Spanish **algún** (alguno), **tan** (tanto)

Article The definite article, **the** = **el/la/los/las**, and indefinite article, **a/an** = **un/una**

Attributive An adjective or noun is attributive when it is used directly before a noun: **a *good* wine** = **un *buen* vino; *business* hours** = **horas *de oficina***

Auxiliary verb A verb used with another verb to form compound tenses, as English **be, do,** and **have: I *have* eaten** = ***he* comido; he *was* sleeping** = ***estaba* durmiendo; I *don't* work** = **no trabajo**

Cardinal number A whole number representing a quantity: **one/two/three** = **uno/dos/tres**

Clause A self-contained section of a sentence that contains a subject and a verb

Collective noun A noun that is singular in form but refers to a group of individual persons or things, e.g. **royalty, government**

Collocate A word that regularly occurs with another; in Spanish, **libro** is a typical collocate of the verb **leer**.

Comparative The form of an adjective or adverb that makes it "more": **smaller** = **más pequeño; better** = **mejor**

Compound An adjective, noun, or verb formed from two or more separate words: **self-confident (self + confident)** = **seguro de sí mismo; airmail (air + mail)** = **correo aéreo; outdo (out + do)** = **superar**

Conditional tense A tense of a verb that expresses what might happen if something else occurred: **he would go** = **iría**

Conjugation Variation of the form of a verb to show tense, person, mood, etc

Conjunction A word used to join clauses together: **and** = **y; because** = **porque**

Countable noun A noun that can form a plural and, in the singular, can be used with the indefinite article, e.g. **a book, two books**

Consonant All the letters of the alphabet other than **a, e, i, o, u**

Definite article: **the** = **el/la/los/las**

Demonstrative adjective An adjective indicating the person or thing referred to: ***this* table** = ***esta* mesa**

Demonstrative pronoun A pronoun indicating the person or thing referred to: ***this* is my sister** = ***esta* es mi hermana**

Direct object The noun or pronoun directly affected by the verb: **I bought *a book*** = **compré *un libro***

Direct speech A speaker's actual words or the use of these in writing: **he said: *be quiet!*** = **dijo: *¡cállense!***

Elliptical Having a word or words omitted, especially where the sense can be guessed from the context

Ending Letters added to the stem of a word to show a change in function

Feminine One of the genders in Spanish, applied to nouns, pronouns, adjectives, and articles: **la casa blanca** = **the white house; ella** = **she**

Future tense The tense of a verb that refers to something that will happen in the future: **he *will arrive* late** = ***llegará* tarde**

Gender Spanish nouns, pronouns, adjectives, and articles almost all fall into two genders, masculine and feminine; in addition, Spanish uses the neuter pronouns **esto, eso,** and **aquello**, and the neuter article **lo**

Gerund The part of a verb used in Spanish to form continuous tenses: **muriendo** = **dying; cantando** = **singing**

Imperative A form of a verb that expresses a command: **come here!** = **¡ven aquí!**

Imperfect tense The tense of a verb that refers to an uncompleted or a habitual action in the past: **the children *were playing* = los niños *jugaban*; I *went/used to go* there every Monday = *iba* allí todos los lunes**

Impersonal verb A verb in English used only with it: **it is raining = está lloviendo**

Indefinite article: **a/an = un/una**

Indefinite pronoun A pronoun that does not identify a specific person or object: **one, something**

Indicative form The form of a verb used when making a statement of fact or asking questions of fact in various tenses: **I'm not hungry = no tengo hambre**

Indirect object The noun or pronoun indirectly affected by the verb, at which the direct object is aimed: **I wrote a letter *to my mother* = *le* escribí una carta *a mi madre***

Indirect speech A report of what someone has said which does not reproduce the exact words: **she said that they had gone out = dijo que habían salido; he told me to be quiet = me dijo que me callara**

Infinitive The basic form of a verb: **to sing = cantar**

Inflect To change the ending or form of a word to show its tense or its grammatical relation to other words: **gone** and **went** are inflected forms of **to go**

Interjection A sound, word, or remark expressing a strong feeling such as anger, fear, or joy, or attracting attention: **¡ouch! = ¡ay!; good heavens! = ¡Dios mío!**

Interrogative An adjective, adverb, or pronoun that asks a question: **what? = ¿qué?; how much? = ¿cuánto?; who? = ¿quién?**

Intransitive verb A verb that does not have a direct object: **he died suddenly = murió repentinamente**

Invariable noun A noun that has the same form in the plural as the singular: **sheep, species**

Irregular verb A verb that does not follow one of the set patterns and has its own individual forms, e.g. English **to be**, Spanish **ser**

Masculine One of the genders in Spanish applied to nouns, pronouns, adjectives, and articles: **el perro negro = the black dog; él= he**

Modal verb A verb that is used with another verb to express necessity or possibility, e.g. **might, should, will**

Mood A category of verb use, expressing fact (indicative), command (imperative), or wish or conditionality (subjunctive)

Negative expressing refusal or denial

Neuter One of the genders in Spanish, used only in the pronouns **esto, eso,** and **aquello,** and the article **lo**

Noun A word that names a person or a thing

Number The state of being either singular or plural

Object The word or words naming the person or thing acted upon by a verb or preposition: **John studies *geography* = John estudia *geografía***

Ordinal number A number that shows a person's or thing's position in a series: **first = primero**

Part of speech A grammatical term for the function of a word; noun, verb, adjective, etc, are parts of speech.

Passive In the passive form the subject of the verb experiences the action rather than performs it – common in English, but not in Spanish: **Ana *is kissed by* Pedro = Ana *es besada por* Pedro**

Past participle The part of a verb used to form past tenses: **she had *gone* = había *ido***

Perfect tense The tense of the verb that refers to an event that has taken place in a period of time that includes the present: **I have eaten = he comido**

Person Any of the three groups of personal pronouns and forms taken by verbs; the **first person** (e.g. **I/yo**) refers to the person(s) speaking, the **second person** (e.g. **you/tú**) refers to the person(s) spoken to; the **third person** (e.g. **he/él**) refers to the persons spoken about

Personal pronoun A pronoun that refers to a person or thing: **I/he/she = yo/él/ella**

Phrasal verb A verb in English combined with a preposition or an adverb to have a particular meaning: **run away = huir; go past = pasar**

Phrase A self-contained section of a sentence that does not contain a full verb

Pluperfect tense The tense of a verb that refers to something that happened before a particular point in the past: **he had left = había salido**

Plural Of nouns etc, referring to more than one: **the houses = las casas**

Possessive adjective An adjective that shows possession, belonging to someone or something: **my/your = mi/tu**

Possessive pronoun A pronoun that shows possession, belonging to someone or something: **mine/yours = mío/tuyo**

Postpositive Placed after the word to which it relates, such as "**in stock**" in the phrase **items in stock**

Predicative An adjective is predicative when it comes after a verb such as **be** or **become**: **she is beautiful = es hermosa**

Prefix A letter or group of letters added to the beginning of a word to change its meaning: ***im*****possible** = ***im*****posible**, ***un*****lucky** = ***des*****afortunado**

Preposition A word that stands in front of a noun or pronoun, relating it to the rest of the sentence: **with** = **con**; **without** = **sin**

Present participle The part of a verb that in English ends in **-ing**, and is used in forming continuous tenses: **doing** = **haciendo**

Present tense The tense of a verb that refers to something happening now: **I *open* the door** = ***abro* la puerta**

Preterite tense A simple tense referring to a completed action in the past: **I *did* it yesterday** = **lo *hice* ayer**

Pronominal verb A Spanish verb conjugated using the pronouns **me**, **te**, **se**, **nos**, and **os**, in which the pronoun refers to the subject of the verb: **(yo) me equivoqué** = **I was wrong**. A subgroup of these verbs are **Reflexive verbs**

Pronoun A word that stands instead of a noun: **he/she** = **él/ella**; **someone** = **alguien**; **mine** = **el mío/la mía**

Proper noun A name of a person, place, institution, etc, written with an initial capital letter. **Spain**, **the Atlantic**, **London**, **Juan**, **Madrid** are all proper nouns.

Reflexive pronoun A pronoun that refers back to the subject of the clause in which it is used: **myself** = **me**; **themselves** = **se**

Reflexive verb A verb whose object is the same as its subject; in Spanish, it is used with a reflexive pronoun: **he washed himself** = **se lavó**

Regular verb A verb that follows a set pattern in its different forms

Relative pronoun A pronoun that introduces a subordinate clause, relating to a person or thing mentioned in the main clause: **the man *who* visited us** = **el hombre *que* nos visitó**

Reported speech Another name for **Indirect speech**

Sentence A sequence of words, with a subject and a verb, that can stand on its own to make a statement, ask a question, or give a command

Singular Of nouns etc, referring to just one: **the house** = **la casa**

Stem The part of a word to which endings are added: **care** is the stem of **careful** and **careless**; in Spanish **cuidado** is the stem of **cuidadoso**.

Subject In a clause or sentence, the noun or pronoun that causes the action of the verb: ***John* studies geography** = ***John* estudia geografía**

Subjunctive A verb form that is used to express wishes or conditionality: **long *live* the King!** = **¡*viva* el Rey!**; **if it *was* or *were* possible** = **si *fuera* posible**

Subordinate clause A clause which adds information to the main clause of a sentence but cannot be used as a sentence by itself, e.g. **she answered the phone *when it rang***

Suffix A letter or group of letters joined to the end of a word to make another word, e.g. **quick*ly*** = **rápida*mente***

Superlative The form of an adjective or adverb that makes it "most": **the smallest** = **la más pequeña**; **the best** = **el mejor**

Syllable A division of a word that contains a vowel sound that is pronounced as a single unit: **bala** has two syllables, ***ba-la***

Tense The form of a verb that tells when the action takes place: present, future, imperfect, perfect, pluperfect are all tenses.

Transitive verb A verb that is used with a direct object: **she *read* the book** = ***leyó* el libro**

Uncountable noun A noun that cannot form a plural in ordinary usage and is not used with the indefinite article: **china**, **luggage**

Verb A word or group of words that describes an action: **the children *are playing*** = **los niños *están jugando***

Vowel One of the following letters: **a**, **e**, **i**, **o**, **u**

Spanish verb tables

1 Guide to Verb Tables

Every Spanish verb entry in the dictionary is cross-referred to one of the conjugation models shown in the following tables. The reference is given in square brackets immediately after the headword.

All the simple tenses are shown for **hablar** [A1], **meter** [E1], and **partir** [I1], the conjugation models for regular **-ar**, **-er**, and **-ir** verbs. For other verbs only the irregular tenses are given.

Compound tenses are not listed in the tables. The perfect tenses are formed with the relevant tense of the auxiliary **haber** and the past participle:

- Le *he hablado* de ti
- Lamento que *se haya ofendido*
- El profesor nos *había visto*
- Cuando *hubo terminado* de hablar, ...
- Para entonces ya *habremos terminado*
- Si lo *hubiera sabido, habría llamado*

The continuous tenses are formed with the relevant tense of the auxiliary **estar** and the present participle:

- *Estoy estudiando* el problema
- Cuando llegó, *estábamos cerrando*
- *Estuvieron esperando* mucho tiempo
- *¿Han estado hablando* de mí?

Other verbs such as **andar**, **ir**, and **venir** can also be used as auxiliaries to express different nuances of meaning:

- *Andaba diciendo* que ...
- A medida que lo *fui conociendo*...
- ¿Por qué no *te vas vistiendo*?
- Hace mucho tiempo que te lo *vengo diciendo*

2 Verbs ending in -ar

A1 hablar

gerundio (gerund)	participio pasado (past participle)	indicativo (indicative)			
		presente (present)	*imperfecto (imperfect)*	*pretérito indefinido (past simple)*	*futuro (future)*
habl**ando**	habl**ado**	habl**o**	habl**aba**	habl**é**	habl**aré**
		habl**as**	habl**abas**	habl**aste**	habl**arás**
		habl**a**	habl**aba**	habl**ó**	habl**ará**
		habl**amos**	habl**ábamos**	habl**amos**	habl**aremos**
		habl**áis**	habl**abais**	habl**asteis**	habl**aréis**
		habl**an**	habl**aban**	habl**aron**	habl**arán**

condicional (conditional)	subjuntivo (subjunctive)			imperativo (imperative)
	presente (present)	*imperfecto (imperfect)*	*futuro (future)*	
habl**aría**	habl**e**	habl**ara***	habl**are**	
habl**arías**	habl**es**	habl**aras**	habl**ares**	habl**a**
habl**aría**	habl**e**	habl**ara**	habl**are**	habl**e**
habl**aríamos**	habl**emos**	habl**áramos**	habl**áremos**	habl**emos**
habl**aríais**	habl**éis**	habl**arais**	habl**areis**	habl**ad**
habl**arían**	habl**en**	habl**aran**	habl**aren**	habl**en**

* all **-ar** verbs have an alternative form in which **-ara** is replaced by **-ase**, e.g. habl**ase**, habl**ases**, habl**ase**, habl**ásemos**, habl**aseis**, habl**asen**

2 Verbs ending in -ar continued

A2 sacar

indicativo *pretérito indefinido*	subjuntivo *presente*	imperativo
saqué	saque	
sacaste	saques	saca
sacó	saque	saque
sacamos	saquemos	saquemos
sacasteis	saquéis	sacad
sacaron	saquen	saquen

A3 pagar

indicativo *pretérito indefinido*	subjuntivo *presente*	imperativo
pagué	pague	
pagaste	pagues	paga
pagó	pague	pague
pagamos	paguemos	paguemos
pagasteis	paguéis	pagad
pagaron	paguen	paguen

A4 cazar

indicativo *pretérito indefinido*	subjuntivo *presente*	imperativo
cacé	cace	
cazaste	caces	caza
cazó	cace	cace
cazamos	cacemos	cacemos
cazasteis	cacéis	cazad
cazaron	cacen	cacen

A5 pensar

indicativo *presente*	*pretérito indefinido*	subjuntivo *presente*	imperativo
pienso	pensé, etc	piense	
piensas		pienses	piensa
piensa		piense	piense
pensamos		pensemos	pensemos
pensáis		penséis	pensad
piensan		piensen	piensen

A6 empezar

indicativo *presente*	*pretérito indefinido*	subjuntivo *presente*	imperativo
empiezo	empecé	empiece	
empiezas	empezaste	empieces	empieza
empieza	empezó	empiece	empiece
empezamos	empezamos	empecemos	empecemos
empezáis	empezasteis	empecéis	empezad
empiezan	empezaron	empiecen	empiecen

A7 regar

indicativo *presente*	*pretérito indefinido*	subjuntivo *presente*	imperativo
riego	regué	riegue	
riegas	regaste	riegues	riega
riega	regó	riegue	riegue
regamos	regamos	reguemos	reguemos
regáis	regasteis	reguéis	regad
riegan	regaron	rieguen	rieguen

A8 rogar

indicativo *presente*	*pretérito indefinido*	subjuntivo *presente*	imperativo
ruego	rogué	ruegue	
ruegas	rogaste	ruegues	ruega
ruega	rogó	ruegue	ruegue
rogamos	rogamos	roguemos	roguemos
rogáis	rogasteis	roguéis	rogad
ruegan	rogaron	rueguen	rueguen

A9 volcar

indicativo *presente*	*pretérito indefinido*	subjuntivo *presente*	imperativo
vuelco	volqué	vuelque	
vuelcas	volcaste	vuelques	vuelca
vuelca	volcó	vuelque	vuelque
volcamos	volcamos	volquemos	volquemos
volcáis	volcasteis	volquéis	volcad
vuelcan	volcaron	vuelquen	vuelquen

A10 contar

indicativo *presente*	*pretérito indefinido*	subjuntivo *presente*	imperativo
cuento	conté, etc	cuente	
cuentas		cuentes	cuenta
cuenta		cuente	cuente
contamos		contemos	contemos
contáis		contéis	contad
cuentan		cuenten	cuenten

A11 forzar

indicativo *presente*	*pretérito indefinido*	subjuntivo *presente*	imperativo
fuerzo	forcé	fuerce	
fuerzas	forzaste	fuerces	fuerza
fuerza	forzó	fuerce	fuerce
forzamos	forzamos	forcemos	forcemos
forzáis	forzasteis	forcéis	forzad
fuerzan	forzaron	fuercen	fuercen

2 Verbs ending in -ar continued

A12 degollar

indicativo *presente*	*pretérito indefinido*	subjuntivo *presente*	imperativo
degüello	degollé, etc	degüelle	
degüellas		degüelles	degüella
degüella		degüelle	degüelle
degollamos		degollemos	degollemos
degolláis		degolléis	degollad
degüellan		degüellen	degüellen

A13 avergonzar

indicativo *presente*	*pretérito indefinido*	subjuntivo *presente*	imperativo
avergüenzo	avergoncé	avergüence	
avergüenzas	avergonzaste	avergüences	avergüenza
avergüenza	avergonzó	avergüence	avergüence
avergonzamos	avergonzamos	avergoncemos	avergoncemos
avergonzáis	avergonzasteis	avergoncéis	avergonzad
avergüenzan	avergonzaron	avergüencen	avergüencen

A14 desosar

indicativo *presente*	*pretérito indefinido*	subjuntivo *presente*	imperativo
deshueso	desosé, etc	deshuese	
deshuesas		deshueses	deshuesa
deshuesa		deshuese	deshuese
desosamos		desosemos	desosemos
desosáis		desoséis	desosad
deshuesan		deshuesen	deshuesen

A15 jugar

indicativo *presente*	*pretérito indefinido*	subjuntivo *presente*	imperativo
juego	jugué	juegue	
juegas	jugaste	juegues	juega
juega	jugó	juegue	juegue
jugamos	jugamos	juguemos	juguemos
jugáis	jugasteis	juguéis	jugad
juegan	jugaron	jueguen	jueguen

A16 averiguar

indicativo *pretérito indefinido*	subjuntivo *presente*	imperativo
averigüé	averigüe	
averiguaste	averigües	averigua
averiguó	averigüe	averigüe
averiguamos	averigüemos	averigüemos
averiguasteis	averigüéis	averiguad
averiguaron	averigüen	averigüen

A17 vaciar

indicativo *presente*	*pretérito indefinido*	subjuntivo *presente*	imperativo
vacío	vacié, etc	vacíe	
vacías		vacíes	vacía
vacía		vacíe	vacíe
vaciamos		vaciemos	vaciemos
vaciáis		vaciéis	vaciad
vacían		vacíen	vacíen

A18 actuar

indicativo *presente*	*pretérito indefinido*	subjuntivo *presente*	imperativo
actúo	actué, etc	actúe	
actúas		actúes	actúa
actúa		actúe	actúe
actuamos		actuemos	actuemos
actuáis		actuéis	actuad
actúan		actúen	actúen

A19 aislar

indicativo *presente*	*pretérito indefinido*	subjuntivo *presente*	imperativo
aíslo	aislé, etc	aísle	
aíslas		aísles	aísla
aísla		aísle	aísle
aislamos		aislemos	aislemos
aisláis		aisléis	aislad
aíslan		aíslen	aíslen

A20 ahincar

indicativo *presente*	*pretérito indefinido*	subjuntivo *presente*	imperativo
ahínco	ahinqué	ahínque	
ahíncas	ahincaste	ahínques	ahínca
ahínca	ahincó	ahínque	ahínque
ahincamos	ahincamos	ahinquemos	ahinquemos
ahincáis	ahincasteis	ahinquéis	ahincad
ahíncan	ahincaron	ahínquen	ahínquen

A21 arcaizar

indicativo *presente*	*pretérito indefinido*	subjuntivo *presente*	imperativo
arcaízo	arcaicé	arcaíce	
arcaízas	arcaizaste	arcaíces	arcaíza
arcaíza	arcaizó	arcaíce	arcaíce
arcaizamos	arcaizamos	arcaicemos	arcaicemos
arcaizáis	arcaizasteis	arcaicéis	arcaizad
arcaízan	arcaizaron	arcaícen	arcaícen

2 Verbs ending in -ar continued

A22 cabrahigar

indicativo		subjuntivo	imperativo
presente	*pretérito indefinido*	*presente*	
cabrahígo	cabrahigué	cabrahígue	
cabrahígas	cabrahigaste	cabrahígues	cabrahíga
cabrahíga	cabrahigó	cabrahígue	cabrahígue
cabrahigamos	cabrahigamos	cabrahiguemos	cabrahiguemos
cabrahigáis	cabrahigasteis	cabrahiguéis	cabrahigad
cabrahígan	cabrahigaron	cabrahíguen	cabrahíguen

A23 aunar

indicativo		subjuntivo	imperativo
presente	*pretérito indefinido*	*presente*	
aúno	auné, etc	aúne	
aúnas		aúnes	aúna
aúna		aúne	aúne
aunamos		aunemos	aunemos
aunáis		aunéis	aunad
aúnan		aúnen	aúnen

A24 andar

indicativo	subjuntivo
pretérito indefinido	*imperfecto*
anduve	anduviera
anduviste	anduvieras
anduvo	anduviera
anduvimos	anduviéramos
anduvisteis	anduvierais
anduvieron	anduvieran

A25 dar

indicativo		subjuntivo	
presente	*pretérito indefinido*	*presente*	*imperfecto*
doy	di	dé	diera
das	diste	des	dieras
da	dio	dé	diera
damos	dimos	demos	diéramos
dais	disteis	deis	dierais
dan	dieron	den	dieran

A26 errar

indicativo	subjuntivo	imperativo
presente	*presente*	
yerro	yerre	
yerras	yerres	yerra
yerra	yerre	yerre
erramos	erremos	erremos
erráis	erréis	errad
yerran	yerren	yerren

A27 estar

gerundio	participio pasado	indicativo			
		presente	*imperfecto*	*pretérito indefinido*	*futuro*
estando	estado	estoy	estaba	estuve	estaré
		estás	estabas	estuviste	estarás
		está	estaba	estuvo	estará
		estamos	estábamos	estuvimos	estaremos
		estáis	estabais	estuvisteis	estaréis
		están	estaban	estuvieron	estarán

condicional	subjuntivo		imperativo
	presente	*imperfecto*	
estaría	esté	estuviera	
estarías	estés	estuvieras	está
estaría	esté	estuviera	esté
estaríamos	estemos	estuviéramos	estemos
estaríais	estéis	estuvierais	estad
estarían	estén	estuvieran	estén

3 Verbs ending in -er

E1 meter

gerundio (gerund)	**participio pasado (past participle)**	**indicativo (indicative)** *presente (present)*	*imperfecto (imperfect)*	*pretérito indefinido (past simple)*	*futuro (future)*
met**iendo**	met**ido**	met**o**	met**ía**	met**í**	met**eré**
		met**es**	met**ías**	met**iste**	met**erás**
		met**e**	met**ía**	met**ió**	met**erá**
		met**emos**	met**íamos**	met**imos**	met**eremos**
		met**éis**	met**íais**	met**isteis**	met**eréis**
		met**en**	met**ían**	met**ieron**	met**erán**

condicional (conditional)	**subjuntivo (subjunctive)** *presente (present)*	*imperfecto (imperfect)*	*futuro (future)*	**imperativo (imperative)**
met**ería**	met**a**	met**iera***	met**iere**	
met**erías**	met**as**	met**ieras**	met**ieres**	met**e**
met**ería**	met**a**	met**iera**	met**iere**	met**a**
met**eríamos**	met**amos**	met**iéramos**	met**iéremos**	met**amos**
met**eríais**	met**áis**	met**ierais**	met**iereis**	met**ed**
met**erían**	met**an**	met**ieran**	met**ieren**	met**an**

* all **-er** verbs have an alternative form in which **-era** is replaced by **-ese**, e.g. met**iese**, met**ieses**, met**iese**, met**iésemos**, met**ieseis**, met**iesen**

E2 vencer

indicativo *presente*	*pretérito indefinido*	**subjuntivo** *presente*	**imperativo**
venzo	vencí, etc	venza	
vences		venzas	vence
vence		venza	venza
vencemos		venzamos	venzamos
vencéis		venzáis	venced
vencen		venzan	venzan

E3 conocer

indicativo *presente*	*pretérito indefinido*	**subjuntivo** *presente*	**imperativo**
conozco	conocí, etc	conozca	
conoces		conozcas	conoce
conoce		conozca	conozca
conocemos		conozcamos	conozcamos
conocéis		conozcáis	conoced
conocen		conozcan	conozcan

3 Verbs ending in -er continued

E4 placer

indicativo		subjuntivo			imperativo
presente	*pretérito indefinido*	*presente*	*imperfecto*	*futuro*	
plazco	plací	plazca	placiera	placiere	
places	placiste	plazcas	placieras	placieres	place
place	plació[1]	plazca[3]	placiera[4]	placiere[5]	plazca
placemos	placimos	plazcamos	placiéramos	placiéremos	plazcamos
placéis	placisteis	plazcáis	placierais	placiereis	placed
placen	placieron[2]	plazcan	placieran	placieren	plazcan

alternative forms, applicable only to the verb 'placer':
[1]plugo; [2]pluguieron; [3]plega or plegue; [4]pluguiera or pluguiese; [5]pluguiere.

E5 yacer

indicativo		subjuntivo	imperativo
presente	*pretérito indefinido*	*presente*	
yazco[1]	yací, etc	yazca[2]	
yaces		yazcas	yace[3]
yace		yazca	yazca
yacemos		yazcamos	yazcamos
yacéis		yazcáis	yaced
yacen		yazcan	yazcan

[1]alternative forms: yazgo or yago; [2]alternative conjugations: yazga, yazgas, etc or yaga, yagas, etc.
[3]alternative conjugations: yaz, yazga or yaga, yazgamos or yagamos, yaced, yazgan or yagan.

E6 coger

indicativo		subjuntivo	imperativo
presente	*pretérito indefinido*	*presente*	
cojo	cogí, etc	coja	
coges		cojas	coge
coge		coja	coja
cogemos		cojamos	cojamos
cogéis		cojáis	coged
cogen		cojan	cojan

E7 atañer

gerundio	indicativo	subjuntivo
	pretérito indefinido	*imperfecto*
atañendo	atañí	atañera
	atañiste	atañeras
	atañó	atañera
	atañimos	atañéramos
	atañisteis	atañerais
	atañeron	atañeran

E8 entender

indicativo		subjuntivo	imperativo
presente	*pretérito indefinido*	*presente*	
entiendo	entendí	entienda	
entiendes	entendiste	entiendas	entiende
entiende	entendió	entienda	entienda
entendemos	entendimos	entendamos	entendamos
entendéis	entendisteis	entendáis	entended
entienden	entendieron	entiendan	entiendan

E9 mover

indicativo		subjuntivo	imperativo
presente	*pretérito indefinido*	*presente*	
muevo	moví, etc	mueva	
mueves		muevas	mueve
mueve		mueva	mueva
movemos		movamos	movamos
movéis		mováis	moved
mueven		muevan	muevan

3 Verbs ending in -er continued

E10 torcer

indicativo		**subjuntivo**	**imperativo**
presente	*pretérito indefinido*	*presente*	
tuerzo	torcí, etc	tuerza	
tuerces		tuerzas	tuerce
tuerce		tuerza	tuerza
torcemos		torzamos	torzamos
torcéis		torzáis	torced
tuercen		tuerzan	tuerzan

E11 volver

participio pasado	**indicativo**		**subjuntivo**	**imperativo**
	presente	*pretérito indefinido*	*presente*	
vuelto	vuelvo	volví, etc	vuelva	
	vuelves		vuelvas	vuelve
	vuelve		vuelva	vuelva
	volvemos		volvamos	volvamos
	volvéis		volváis	volved
	vuelven		vuelvan	vuelvan

E12 oler

indicativo		**subjuntivo**	**imperativo**
presente	*pretérito indefinido*	*presente*	
huelo	olí, etc	huela	
hueles		huelas	huele
huele		huela	huela
olemos		olamos	olamos
oléis		oláis	oled
huelen		huelan	huelan

E13 leer

gerundio	**indicativo**	**subjuntivo**
	pretérito indefinido	*imperfecto*
leyendo	leí	leyera
	leíste	leyeras
	leyó	leyera
	leímos	leyéramos
	leísteis	leyerais
	leyeron	leyeran

E14 proveer

participio pasado	**indicativo**	**subjuntivo**
	pretérito indefinido	*imperfecto*
provisto	proveí	proveyera
	proveíste	proveyeras
	proveyó	proveyera
	proveímos	proveyéramos
	proveísteis	proveyerais
	proveyeron	proveyeran

3 Verbs ending in -er continued

E15 caber

indicativo				condicional	subjuntivo		imperativo
presente	*imperfecto*	*pretérito indefinido*	*futuro*		*presente*	*imperfecto*	
quepo	cabía	cupe	cabré	cabría	quepa	cupiera	
cabes	cabías	cupiste	cabrás	cabrías	quepas	cupieras	cabe
cabe	cabía	cupo	cabrá	cabría	quepa	cupiera	quepa
cabemos	cabíamos	cupimos	cabremos	cabríamos	quepamos	cupiéramos	quepamos
cabéis	cabíais	cupisteis	cabréis	cabríais	quepáis	cupierais	cabed
caben	cabían	cupieron	cabrán	cabrían	quepan	cupieran	quepan

E16 caer

gerundio	participio pasado	indicativo			subjuntivo		imperativo
		presente	*imperfecto*	*pretérito indefinido*	*presente*	*imperfecto*	
cayendo	caído	caigo	caía	caí	caiga	cayera	
		caes	caías	caíste	caigas	cayeras	cae
		cae	caía	cayó	caiga	cayera	caiga
		caemos	caíamos	caímos	caigamos	cayéramos	caigamos
		caéis	caíais	caísteis	caigáis	cayerais	caed
		caen	caían	cayeron	caigan	cayeran	caigan

E17 haber

indicativo				condicional	subjuntivo		imperativo
presente	*imperfecto*	*pretérito indefinido*	*futuro*		*presente*	*imperfecto*	
he	había	hube	habré	habría	haya	hubiera	
has	habías	hubiste	habrás	habrías	hayas	hubieras	he
ha	había	hubo	habrá	habría	haya	hubiera	haya
hemos	habíamos	hubimos	habremos	habríamos	hayamos	hubiéramos	hayamos
habéis	habíais	hubisteis	habréis	habríais	hayáis	hubierais	habed
han	habían	hubieron	habrán	habrían	hayan	hubieran	hayan

E18 hacer

participio pasado	indicativo			condicional	subjuntivo		imperativo
	presente	*pretérito indefinido*	*futuro*		*presente*	*imperfecto*	
hecho	hago	hice	haré	haría	haga	hiciera	
	haces	hiciste	harás	harías	hagas	hicieras	haz
	hace	hizo	hará	haría	haga	hiciera	haga
	hacemos	hicimos	haremos	haríamos	hagamos	hiciéramos	hagamos
	hacéis	hicisteis	haréis	haríais	hagáis	hicierais	haced
	hacen	hicieron	harán	harían	hagan	hicieran	hagan

3 Verbs ending in -er continued

E19 rehacer

participio pasado	indicativo			condicional	subjuntivo		imperativo
	presente	*pretérito indefinido*	*futuro*		*presente*	*imperfecto*	
rehecho	rehago	rehíce	reharé	reharía	rehaga	rehiciera	
	rehaces	rehiciste	reharás	reharías	rehagas	rehicieras	rehaz
	rehace	rehízo	rehará	reharía	rehaga	rehiciera	rehaga
	rehacemos	rehicimos	reharemos	reharíamos	rehagamos	rehiciéramos	rehagamos
	rehacéis	rehicisteis	reharéis	reharíais	rehagáis	rehicierais	rehaced
	rehacen	rehicieron	reharán	reharían	rehagan	rehicieran	rehagan

E20 satisfacer

participio pasado	indicativo			condicional	subjuntivo		imperativo
	presente	*pretérito indefinido*	*futuro*		*presente*	*imperfecto*	
satisfecho	satisfago	satisfice	satisfaré	satisfaría	satisfaga	satisficiera	
	satisfaces	satisficiste	satisfarás	satisfarías	satisfagas	satisficieras	satisfaz[1]
	satisface	satisfizo	satisfará	satisfaría	satisfaga	satisficiera	satisfaga
	satisfacemos	satisficimos	satisfaremos	satisfaríamos	satisfagamos	satisficiéramos	satisfagamos
	satisfacéis	satisficisteis	satisfaréis	satisfaríais	satisfagáis	satisficierais	satisfaced
	satisfacen	satisficieron	satisfarán	satisfarían	satisfagan	satisficieran	satisfagan

[1]alternative form: satisface

E21 poder

gerundio	participio pasado
pudiendo	podido

indicativo			condicional	subjuntivo		imperativo
presente	*pretérito indefinido*	*futuro*		*presente*	*imperfecto*	
puedo	pude	podré	podría	pueda	pudiera	
puedes	pudiste	podrás	podrías	puedas	pudieras	puede
puede	pudo	podrá	podría	pueda	pudiera	pueda
podemos	pudimos	podremos	podríamos	podamos	pudiéramos	podamos
podéis	pudisteis	podréis	podríais	podáis	pudierais	poded
pueden	pudieron	podrán	podrían	puedan	pudieran	puedan

E22 poner

participio pasado	indicativo			condicional	subjuntivo		imperativo
	presente	*pretérito indefinido*	*futuro*		*presente*	*imperfecto*	
puesto	pongo	puse	pondré	pondría	ponga	pusiera	
	pones	pusiste	pondrás	pondrías	pongas	pusieras	pon
	pone	puso	pondrá	pondría	ponga	pusiera	ponga
	ponemos	pusimos	pondremos	pondríamos	pongamos	pusiéramos	pongamos
	ponéis	pusisteis	pondréis	pondríais	pongáis	pusierais	poned
	ponen	pusieron	pondrán	pondrían	pongan	pusieran	pongan

3 Verbs ending in -er continued

E23 traer

gerundio	participio pasado	indicativo		subjuntivo		imperativo
		presente	*pretérito indefinido*	*presente*	*imperfecto*	
trayendo	traído	traigo	traje	traiga	trajera	
		traes	trajiste	traigas	trajeras	trae
		trae	trajo	traiga	trajera	traiga
		traemos	trajimos	traigamos	trajéramos	traigamos
		traéis	trajisteis	traigáis	trajerais	traed
		traen	trajeron	traigan	trajeran	traigan

E24 querer

indicativo				condicional	subjuntivo		imperativo
presente	*imperfecto*	*pretérito indefinido*	*futuro*		*presente*	*imperfecto*	
quiero	quería	quise	querré	querría	quiera	quisiera	
quieres	querías	quisiste	querrás	querrías	quieras	quisieras	quiere
quiere	quería	quiso	querrá	querría	quiera	quisiera	quiera
queremos	queríamos	quisimos	querremos	querríamos	queramos	quisiéramos	queramos
queréis	queríais	quisisteis	querréis	querríais	queráis	quisierais	quered
quieren	querían	quisieron	querrán	querrían	quieran	quisieran	quieran

E25 saber

indicativo			condicional	subjuntivo		imperativo
presente	*pretérito indefinido*	*futuro*		*presente*	*imperfecto*	
sé	supe	sabré	sabría	sepa	supiera	
sabes	supiste	sabrás	sabrías	sepas	supieras	sabe
sabe	supo	sabrá	sabría	sepa	supiera	sepa
sabemos	supimos	sabremos	sabríamos	sepamos	supiéramos	sepamos
sabéis	supisteis	sabréis	sabríais	sepáis	supierais	sabed
saben	supieron	sabrán	sabrían	sepan	supieran	sepan

E26 ser

gerundio	participio pasado	indicativo			
		presente	*imperfecto*	*pretérito indefinido*	*futuro*
siendo	sido	soy	era	fui	seré
		eres	eras	fuiste	serás
		es	era	fue	será
		somos	éramos	fuimos	seremos
		sois	erais	fuisteis	seréis
		son	eran	fueron	serán

condicional		subjuntivo			imperativo
		presente	*imperfecto*	*futuro*	
sería		sea	fuera	fuere	
serías		seas	fueras	fueres	sé
sería		sea	fuera	fuere	sea
seríamos		seamos	fuéramos	fuéremos	seamos
seríais		seáis	fuerais	fuereis	sed
serían		sean	fueran	fueren	sean

3 Verbs ending in -er continued

E27 tener

indicativo *presente*	*pretérito indefinido*	*futuro*	**condicional**	**subjuntivo** *presente*	*imperfecto*	**imperativo**
tengo	tuve	tendré	tendría	tenga	tuviera	
tienes	tuviste	tendrás	tendrías	tengas	tuvieras	ten
tiene	tuvo	tendrá	tendría	tenga	tuviera	tenga
tenemos	tuvimos	tendremos	tendríamos	tengamos	tuviéramos	tengamos
tenéis	tuvisteis	tendréis	tendríais	tengáis	tuvierais	tened
tienen	tuvieron	tendrán	tendrían	tengan	tuvieran	tengan

E28 valer

indicativo *presente*	*pretérito indefinido*	*futuro*	**condicional**	**subjuntivo** *presente*	*imperfecto*	**imperativo**
valgo	valí	valdré	valdría	valga	valiera	
vales	valiste	valdrás	valdrías	valgas	valieras	vale
vale	valió	valdrá	valdría	valga	valiera	valga
valemos	valimos	valdremos	valdríamos	valgamos	valiéramos	valgamos
valéis	valisteis	valdréis	valdríais	valgáis	valierais	valed
valen	valieron	valdrán	valdrían	valgan	valieran	valgan

E29 ver

participio pasado	**indicativo** *presente*	*imperfecto*	*pretérito indefinido*	**subjuntivo** *presente*	**imperativo**
visto	veo	veía	vi	vea	
	ves	veías	viste	veas	ve
	ve	veía	vio	vea	vea
	vemos	veíamos	vimos	veamos	veamos
	veis	veíais	visteis	veáis	ved
	ven	veían	vieron	vean	vean

E30 romper

participio pasado
roto

E31 verter

gerundio	**indicativo** *presente*	*pretérito indefinido*	**subjuntivo** *imperfecto*	**imperativo**
vertiendo[1]	vierto	vertí	vertiera[4]	
	viertes	vertiste	vertieras	vierte
	vierte	vertió[2]	vertiera	vierta
	vertemos	vertimos	vertiéramos	vertamos
	vertéis	vertisteis	vertierais	verted
	vierten	vertieron[3]	vertieran	viertan

alternative forms: [1]virtiendo; [2]virtió; [3]virtieron; [4]virtiera, virtieras, etc.

4 Verbs ending in -ir

I1 partir

gerundio (gerund)	participio pasado (past participle)	indicativo (indicative) *presente (present)*	*imperfecto (imperfect)*	*pretérito indefinido (past simple)*	*futuro (future)*
part**iendo**	part**ido**	parto	part**ía**	part**í**	partir**é**
		partes	part**ías**	part**iste**	partir**ás**
		parte	part**ía**	part**ió**	partir**á**
		part**imos**	part**íamos**	part**imos**	partir**emos**
		part**ís**	part**íais**	part**isteis**	partir**éis**
		parten	part**ían**	part**ieron**	partir**án**

condicional (conditional)	subjuntivo (subjunctive) *presente (present)*	*imperfecto (imperfect)*	*futuro (future)*	imperativo (imperative)
partir**ía**	parta	part**iera***	part**iere**	
partir**ías**	partas	part**ieras**	part**ieres**	parte
partir**ía**	parta	part**iera**	part**iere**	parta
partir**íamos**	part**amos**	part**iéramos**	part**iéremos**	part**amos**
partir**íais**	part**áis**	part**ierais**	part**iereis**	part**id**
partir**ían**	partan	part**ieran**	part**ieren**	partan

* all **-ir** verbs have an alternative form in which **-era** is replaced by **-ese**, e.g. part**iese**, part**ieses**, part**iese**, part**iésemos**, part**ieseis**, part**iesen**

I2 distinguir

indicativo *presente*	*pretérito indefinido*	subjuntivo *presente*	imperativo
distingo	distinguí,	distinga	
distingues	etc	distingas	distingue
distingue		distinga	distinga
distinguimos		distingamos	distingamos
distinguís		distingáis	distinguid
distinguen		distingan	distingan

I3 delinquir

indicativo *presente*	*pretérito indefinido*	subjuntivo *presente*	imperativo
delinco	delinquí,	delinca	
delinques	etc	delincas	delinque
delinque		delinca	delinca
delinquimos		delincamos	delincamos
delinquís		delincáis	delinquid
delinquen		delincan	delincan

I4 zurcir

indicativo *presente*	*pretérito indefinido*	subjuntivo *presente*	imperativo
zurzo	zurcí, etc	zurza	
zurces		zurzas	zurce
zurce		zurza	zurza
zurcimos		zurzamos	zurzamos
zurcís		zurzáis	zurcid
zurcen		zurzan	zurzan

I5 lucir

indicativo *presente*	*pretérito indefinido*	subjuntivo *presente*	imperativo
luzco	lucí, etc	luzca	
luces		luzcas	luce
luce		luzca	luzca
lucimos		luzcamos	luzcamos
lucís		luzcáis	lucid
lucen		luzcan	luzcan

4 Verbs ending in -ir continued

I6 reducir

indicativo *presente*	indicativo *pretérito indefinido*	subjuntivo *presente*	subjuntivo *imperfecto*	imperativo
reduzco	reduje	reduzca	redujera	
reduces	redujiste	reduzcas	redujeras	reduce
reduce	redujo	reduzca	redujera	reduzca
reducimos	redujimos	reduzcamos	redujéramos	reduzcamos
reducís	redujisteis	reduzcáis	redujerais	reducid
reducen	redujeron	reduzcan	redujeran	reduzcan

I7 dirigir

indicativo *presente*	indicativo *pretérito indefinido*	subjuntivo *presente*	imperativo
dirijo	dirigí, etc	dirija	
diriges		dirijas	dirige
dirige		dirija	dirija
dirigimos		dirijamos	dirijamos
dirigís		dirijáis	dirigid
dirigen		dirijan	dirijan

I8 regir

indicativo *presente*	indicativo *pretérito indefinido*	subjuntivo *presente*	imperativo
rijo	regí, etc	rija	
riges		rijas	rige
rige		rija	rija
regimos		rijamos	rijamos
regís		rijáis	regid
rigen		rijan	rijan

I9 gruñir

gerundio	indicativo *pretérito indefinido*	subjuntivo *imperfecto*
gruñendo	gruñí	gruñera
	gruñiste	gruñeras
	gruñó	gruñera
	gruñimos	gruñéramos
	gruñisteis	gruñerais
	gruñeron	gruñeran

I10 asir

indicativo *presente*	indicativo *pretérito indefinido*	subjuntivo *presente*	imperativo
asgo	así, etc	asga	
ases		asgas	ase
ase		asga	asga
asimos		asgamos	asgamos
asís		asgáis	asid
asen		asgan	asgan

I11 sentir

gerundio	participio pasado	indicativo *presente*	indicativo *pretérito indefinido*	subjuntivo *presente*	subjuntivo *imperfecto*	imperativo
sintiendo	sentido	siento	sentí	sienta	sintiera	
		sientes	sentiste	sientas	sintieras	siente
		siente	sintió	sienta	sintiera	sienta
		sentimos	sentimos	sintamos	sintiéramos	sintamos
		sentís	sentisteis	sintáis	sintierais	sentid
		sienten	sintieron	sientan	sintieran	sientan

I12 concernir

indicativo *presente*	indicativo *pretérito indefinido*	subjuntivo *presente*	imperativo
concierno	concerní,	concierna	
conciernes	etc	conciernas	concierne
concierne		concierna	concierna
concernimos		concernamos	concernamos
concernís		concernáis	concernid
conciernen		conciernan	conciernan

I13 adquirir

indicativo *presente*	indicativo *pretérito indefinido*	subjuntivo *presente*	imperativo
adquiero	adquirí, etc	adquiera	
adquieres		adquieras	adquiere
adquiere		adquiera	adquiera
adquirimos		adquiramos	adquiramos
adquirís		adquiráis	adquirid
adquieren		adquieran	adquieran

4 Verbs ending in -ir continued

I14 pedir

gerundio	participio pasado	indicativo		subjuntivo		imperativo
		presente	*pretérito indefinido*	*presente*	*imperfecto*	
pidiendo	pedido	pido	pedí	pida	pidiera	
		pides	pediste	pidas	pidieras	pide
		pide	pidió	pida	pidiera	pida
		pedimos	pedimos	pidamos	pidiéramos	pidamos
		pedís	pedisteis	pidáis	pidierais	pedid
		piden	pidieron	pida	pidieran	pidan

I15 ceñir

gerundio	participio pasado	indicativo			subjuntivo		imperativo
		presente	*imperfecto*	*pretérito indefinido*	*presente*	*imperfecto*	
ciñendo	ceñido	ciño	ceñía	ceñí	ciña	ciñera	
		ciñes	ceñías	ceñiste	ciñas	ciñeras	ciñe
		ciñe	ceñía	ciñó	ciña	ciñera	ciña
		ceñimos	ceñíamos	ceñimos	ciñamos	ciñéramos	ciñamos
		ceñís	ceñíais	ceñisteis	ciñáis	ciñerais	ceñid
		ciñen	ceñían	ciñeron	ciñan	ciñeran	ciñan

I16 dormir

gerundio	participio pasado	indicativo		subjuntivo		imperativo
		presente	*pretérito indefinido*	*presente*	*imperfecto*	
durmiendo	dormido	duermo	dormí	duerma	durmiera	
		duermes	dormiste	duermas	durmieras	duerme
		duerme	durmió	duerma	durmiera	duerma
		dormimos	dormimos	durmamos	durmiéramos	durmamos
		dormís	dormisteis	durmáis	durmierais	dormid
		duermen	durmieron	duerman	durmieran	duerman

I17 embaír

gerundio	indicativo	subjuntivo
	pretérito indefinido	*imperfecto*
embayendo	embaí	embayera
	embaíste	embayeras
	embayó	embayera
	embaímos	embayéramos
	embaísteis	embayerais
	embayeron	embayeran

4 Verbs ending in -ir continued

I18 reír

gerundio	participio pasado
riendo	reído

indicativo *presente*	*imperfecto*	*pretérito indefinido*	*futuro*	condicional	subjuntivo *presente*	*imperfecto*	imperativo
río	reía	reí	reiré	reiría	ría	riera	
ríes	reías	reíste	reirás	reirías	rías	rieras	ríe
ríe	reía	rio	reirá	reiría	ría	riera	ría
reímos	reíamos	reímos	reiremos	reiríamos	riamos	riéramos	riamos
reís	reíais	reísteis	reiréis	reiríais	riáis	rierais	reíd
ríen	reían	rieron	reirán	reirían	rían	rieran	rían

I19 argüir

gerundio	participio pasado	indicativo *presente*	*imperfecto*	*pretérito indefinido*	subjuntivo *presente*	*imperfecto*	imperativo
arguyendo	argüido	arguyo	argüía, etc	argüí	arguya	arguyera	
		arguyes		argüiste	arguyas	arguyeras	arguye
		arguye		arguyó	arguya	arguyera	arguya
		argüimos		argüimos	arguyamos	arguyéramos	arguyamos
		argüís		argüisteis	arguyáis	arguyerais	argüid
		arguyen		arguyeron	arguyan	arguyeran	arguyan

I20 huir

gerundio	participio pasado	indicativo *presente*	*imperfecto*	*pretérito indefinido*	subjuntivo *presente*	*imperfecto*	imperativo
huyendo	huido	huyo	huía, etc	huí	huya	huyera	
		huyes		huiste	huyas	huyeras	huye
		huye		huyó	huya	huyera	huya
		huimos		huimos	huyamos	huyéramos	huyamos
		huís		huisteis	huyáis	huyerais	huid
		huyen		huyeron	huyan	huyeran	huyan

I21 rehuir

indicativo *presente*	*pretérito indefinido*	subjuntivo *presente*	imperativo
rehúyo	rehuí, etc	rehúya	
rehúyes		rehúyas	rehúye
rehúye		rehúya	rehúya
rehuimos		rehuyamos	rehuyamos
rehuís		rehuyáis	rehuid
rehúyen		rehúyan	rehúyan

I22 prohibir

indicativo *presente*	*pretérito indefinido*	subjuntivo *presente*	imperativo
prohíbo	prohibí, etc	prohíba	
prohíbes		prohíbas	prohíbe
prohíbe		prohíba	prohíba
prohibimos		prohibamos	prohibamos
prohibís		prohibáis	prohibid
prohíben		prohíban	prohíban

4 Verbs ending in -ir continued

I23 reunir

indicativo		subjuntivo	imperativo
presente	*pretérito indefinido*	*presente*	
reúno	reuní, etc	reúna	
reúnes		reúnas	reúne
reúne		reúna	reúna
reunimos		reunamos	reunamos
reunís		reunáis	reunid
reúnen		reúnan	reúnan

I24 decir

gerundio	participio pasado
diciendo	dicho

indicativo				condicional	subjuntivo		imperativo
presente	*imperfecto*	*pretérito indefinido*	*futuro*		*presente*	*imperfecto*	
digo	decía	dije	diré	diría	diga	dijera	
dices	decías	dijiste	dirás	dirías	digas	dijeras	di
dice	decía	dijo	dirá	diría	diga	dijera	diga
decimos	decíamos	dijimos	diremos	diríamos	digamos	dijéramos	digamos
decís	decíais	dijisteis	diréis	diríais	digáis	dijerais	decid
dicen	decían	dijeron	dirán	dirían	digan	dijeran	digan

I25 bendecir

gerundio	participio pasado
bendiciendo	bendecido

indicativo			condicional	subjuntivo		imperativo
presente	*pretérito indefinido*	*futuro*		*presente*	*imperfecto*	
bendigo	bendije	bendeciré	bendeciría	bendiga	bendijera	
bendices	bendijiste	bendecirás	bendecirías	bendigas	bendijeras	bendice
bendice	bendijo	bendecirá	bendeciría	bendiga	bendijera	bendiga
bendecimos	bendijimos	bendeciremos	bendeciríamos	bendigamos	bendijéramos	bendigamos
bendecís	bendijisteis	bendeciréis	bendeciríais	bendigáis	bendijerais	bendecid
bendicen	bendijeron	bendecirán	bendecirían	bendigan	bendijeran	bendigan

I26 erguir

gerundio	indicativo		subjuntivo		imperativo
	presente	*pretérito indefinido*	*presente*	*imperfecto*	
irguiendo	yergo[1]	erguí	yerga[2]	irguiera	
	yergues	erguiste	yergas	irguieras	yergue[3]
	yergue	irguió	yerga	irguiera	yerga
	erguimos	erguimos	yergamos	irguiéramos	yergamos
	erguís	erguisteis	yergáis	irguierais	erguid
	yerguen	irguieron	yergan	irguieran	yergan

[1]alternative conjugation: irgo, irgues, irgue, erguimos, erguís, irguen; [2]alternative conjugation: irga, irgas, irga, irgamos, irgáis, irgan; [3]alternative conjugation: irgue, irga, irgamos, erguid, irgan.

4 Verbs ending in -ir continued

127 ir

gerundio	participio pasado	indicativo			
		presente	*imperfecto*	*pretérito indefinido*	*futuro*
yendo	ido	voy	iba	fui	iré
		vas	ibas	fuiste	irás
		va	iba	fue	irá
		vamos	íbamos	fuimos	iremos
		vais	ibais	fuisteis	iréis
		van	iban	fueron	irán

condicional	subjuntivo			imperativo
	presente	*imperfecto*	*futuro*	
iría	vaya	fuera	fuere	
irías	vayas	fueras	fueres	ve
iría	vaya	fuera	fuere	vaya
iríamos	vayamos	fuéramos	fuéremos	vayamos
iríais	vayáis	fuerais	fuereis	id
irían	vayan	fueran	fueren	vayan

128 oír

gerundio	participio pasado
oyendo	oído

indicativo				condicional	subjuntivo		imperativo
presente	*imperfecto*	*pretérito*	*futuro*		*presente*	*imperfecto*	*indefinido*
oigo	oía	oí	oiré	oiría	oiga	oyera	
oyes	oías	oíste	oirás	oirías	oigas	oyeras	oye
oye	oía	oyó	oirá	oiría	oiga	oyera	oiga
oímos	oíamos	oímos	oiremos	oiríamos	oigamos	oyéramos	oigamos
oís	oíais	oísteis	oiréis	oiríais	oigáis	oyerais	oíd
oyen	oían	oyeron	oirán	oirían	oigan	oyeran	oigan

129 salir

indicativo			condicional	subjuntivo		imperativo
presente	*pretérito indefinido*	*futuro*		*presente*	*imperfecto*	
salgo	salí, etc	saldré	saldría	salga	saliera	
sales		saldrás	saldrías	salgas	salieras	sal
sale		saldrá	saldría	salga	saliera	salga
salimos		saldremos	saldríamos	salgamos	saliéramos	salgamos
salís		saldréis	saldríais	salgáis	salierais	salid
salen		saldrán	saldrían	salgan	salieran	salgan

130 seguir

indicativo		subjuntivo		imperativo
presente	*pretérito indefinido*	*presente*	*imperfecto*	
sigo	seguí	siga	siguiera	
sigues	seguiste	sigas	siguieras	sigue
sigue	siguió	siga	siguiera	siga
seguimos	seguimos	sigamos	siguiéramos	sigamos
seguís	seguisteis	sigáis	siguierais	seguid
siguen	siguieron	sigan	siguieran	sigan

4 Verbs ending in -ir continued

I31 venir

gerundio	indicativo			condicional	subjuntivo		imperativo
	presente	*pretérito indefinido*	*futuro*		*presente*	*imperfecto*	
viniendo	vengo	vine	vendré	vendría	venga	viniera	
	vienes	viniste	vendrás	vendrías	vengas	vinieras	ven
	viene	vino	vendrá	vendría	venga	viniera	venga
	venimos	vinimos	vendremos	vendríamos	vengamos	viniéramos	vengamos
	venís	vinisteis	vendréis	vendríais	vengáis	vinierais	venid
	vienen	vinieron	vendrán	vendrían	vengan	vinieran	vengan

I32 abolir

This is a regular verb but in the present indicative it is only used in the first and second person plural.

I33 abrir

participio pasado
abierto

I34 escribir

participio pasado
escrito

I35 freír

gerundio	participio pasado	indicativo		subjuntivo		imperativo
		presente	*pretérito indefinido*	*presente*	*imperfecto*	
friendo	frito	frío	freí	fría	friera	
		fríes	freíste	frías	frieras	fríe
		fríe	frió	fría	friera	fría
		freímos	freímos	friamos	friéramos	friamos
		freís	freísteis	friáis	frierais	freíd
		fríen	frieron	fríen	frieran	fríen

I36 imprimir

participio pasado
impreso

I37 morir

gerundio	participio pasado	indicativo		subjuntivo	
		presente	*pretérito indefinido*	*presente*	*imperfecto*
muriendo	muerto	muero	morí	muera	muriera
		mueres	moriste	mueras	murieras
		muere	murió	muera	muriera
		morimos	morimos	muramos	muriéramos
		morís	moristeis	muráis	murierais
		mueren	murieron	mueran	murieran

I38 pudrir

infinitivo	participio pasado
pudrir, podrir	podrido

All other forms are regular and are derived from the infinitive pudrir e.g. pudro, pudres, etc.

Summary of Spanish grammar

1 Nouns

All Spanish nouns are either masculine or feminine in gender, including nouns referring to objects or ideas. For this reason every Spanish noun mentioned in both sides of the dictionary is accompanied by gender information, shown in italics, *m* for masculine and *f* for feminine. Some nouns can be both masculine and feminine and this is indicated by the abbreviation *mf*, e.g. **belga** *mf* Belgian. Some nouns vary in gender according to region, e.g. **radio** (= radio) is masculine in most of Latin America and feminine in Spain. This information is also given in both sides of the dictionary. The following general rules will help to determine the gender of many nouns:

The following nouns are masculine:

- Male humans and male animals: **el hombre** *man*, **el muchacho** *boy*, **el toro** *bull*, **el león** *lion*, **el gallo** *cockerel*
- Nouns ending in **-o**: **el libro** *book*, **el rollo** *roll*, **el bolígrafo** *ballpoint pen*. Exceptions: **la mano** *hand*, **la foto** *photo*, **la moto** *motorbike*
- Nouns ending in **-aje**: **el viaje** *journey*, **el equipaje** *luggage*
- Nouns ending in a stressed vowel (i.e. an accented vowel): **el tisú** *tissue*, **el menú** *menu*, **el sofá** *sofa*
- Days of the week and months: **el lunes** *Monday*, **los domingos** *Sundays*, **un diciembre frío** *a cold December*

The following nouns are feminine:

- Female humans and female animals: **la mujer** *woman*, **la actriz** *actress*, **la vaca** *cow*, **la gallina** *chicken*
- Nouns ending in **-a** (but see 'Gender problems' below for words ending in **-ma**): **la casa** *house*, **la comida** *meal*, **la camiseta** *tee-shirt*. Exceptions: **el día** *day*, **el mapa** *map*, **el planeta** *planet*, **el tranvía** *tramway*
- Nouns ending in **-ción**: **la nación** *nation*, **la calefacción** *heating*, **la elección** *election*
- Nouns ending in **-dad**, **-tad**, **-tud**, or **-is**; **la ciudad** *city*, **la libertad** *liberty*, **la actitud** *attitude*, **la crisis** *crisis*, **la apendicitis** *appendicitis*. Exceptions: **el análisis** *analysis*, **el tenis** *tennis*

Gender problems

- Some common nouns ending in -**ma** are masculine, e.g. **el programa** *programme*, **el diagrama** *diagram*, **el clima** *climate*, **el problema** *problem*
- Some nouns change their meaning according to their gender: **el corte** *cut*, but **la corte** *court* (i.e. the royal court), **el margen** *margin*, but **la margen** *river-bank*, **el orden** *order*, *sequence*, but **la orden** *order*, *command*

Plurals of nouns

The plural indicates more than one of a thing, and, as in English, it usually ends in -s in Spanish. The two most important ways of making Spanish plurals are:

- If a noun ends in a vowel (**a**, **e**, **i**, **o**, or **u**), add -**s**: **la casa-las casas** *house-houses*, **el hombre-los hombres** *man-men*, **el taxi-los taxis** *taxi-taxis*, **el tisú-los tisús** *tissue-tissues*.
- If a noun ends in a consonant (any letter except a vowel), add -**es**: **el corredor-los corredores** *runner-runners*, **el español-los españoles** *Spaniard-Spaniards*, **el inglés-los ingleses** *English person-English people*. Note: If the last consonant of a singular noun is **z**, the plural ends in -**ces**; **la voz-las voces** *voice-voices*.

  Exception: If the singular already ends in -s and the last vowel in the word does not have an accent, the plural is the same as the singular: **el martes-los martes** *Tuesday-Tuesdays*, **la crisis-las crisis** *crisis-crises*.

2 Adjectives

2.1 Simple adjectives

Spanish adjectives are different from English ones in two ways:

- They usually come after the noun: **un libro interesante** *an interesting book*, **el pan blanco** *white bread*, **las camisas azules** *blue shirts*. But some, like **grande** *big* or **pequeño** *small*, often come before the noun: **un gran escritor** *a great writer*, **un pequeño problema** *a small problem*.
- They agree with the noun or pronoun they describe. This means that if the noun is plural the adjective in Spanish must also be plural, and if the noun is feminine the adjective must also be feminine, if it has a variant feminine form

un hombre delgado	**una mujer delgada**	**un coche nuevo**	**una camisa nueva**
a thin man	*a thin woman*	*a new car*	*a new shirt*
hombres delgados	**mujeres delgadas**	**tres coches nuevos**	**camisas nuevas**
thin men	*thin women*	*three new cars*	*new shirts*

The following adjectives agree in both number and gender:

- Adjectives that end in -**o**. Add -**s** for the plural, change the -**o** to -**a** for the feminine: **el pañuelo blanco-los pañuelos blancos** *white handkerchief-white handkerchiefs*, **la bandera blanca-las banderas blancas** *white flag-white flags*.
- Adjectives that end in -**és**. Add -**a** for the feminine, and -**es** for the masculine plural. Note that the accent is no longer required, because the ending changes the stress pattern. **El vino francés-los vinos franceses** *French wine-French wines*, **la bebida francesa-las bebidas francesas** *French drink-French drinks*. Exceptions: **cortés** *polite* and **descortés** *impolite*. These have no separate feminine form, and the plural is **corteses/descorteses**.
- Most adjectives ending in -**n**. Add -**a** for the feminine, and -**es** for the masculine plural: **alemán-alemana-alemanes-alemanas** *German*. Exception: **marrón** (masculine and feminine) *brown*, plural **marrones** (masculine and feminine.)
- **Español-española-españoles-españolas** *Spanish*, **andaluz-andaluza-andaluces-andaluzas** *Andalusian*.

All adjectives ending in -**dor** add -**a** to show the feminine: **tranquilizador-tranquilizadora-tranquilizadores-tranquilizadoras** *soothing*.

The rest do not have a separate feminine form. Those ending in a vowel (usually -**e**) simply add -**s** for the plural; those ending in anything else add -**es**. If the singular ends in -**z**, the plural ends in -**ces**:

Singular masculine & fem.	Plural masculine & fem.	Meaning
grande	**grandes**	*big*
difícil	**difíciles**	*difficult*
superior	**superiores**	*superior/higher*
feroz	**feroces**	*ferocious*

2.2 Shortened adjectives

A few adjectives have a short form used immediately before a noun. The most important are:

		Short form	When used
grande	*big*	**gran**	before all singular nouns
cualquiera	*any*	**cualquier**	before all singular nouns
bueno	*good*	**buen**	before singular masculine nouns
malo	*bad*	**mal**	before singular masculine nouns
primero	*first*	**primer**	before singular masculine nouns
tercero	*third*	**tercer**	before singular masculine nouns

Compare **un buen libro** *a good book* and **una buena respuesta** *a good answer*.

2.3 Comparison of adjectives

The comparative form of the adjective (the -er form in English as in: *large, larger*) is expressed in Spanish by putting **más** *more*, or **menos** *less* in front of the adjective: **Luis es más/menos alto que ella** *Luis is taller/less tall than her*.

To indicate the superlative form of the adjective (in English: *most*... or *least*... of three or more things), put **el más/el menos** (or **la más/la menos, los más/los menos, las más/las menos**, according to gender) before the adjective:

> **pero ella es la más alta de todos** *but she is the tallest of all.*

Note: the following two very common exceptions:

		singular	plural	
bueno/buen	*good*	**mejor**	**mejores**	*better/best*
malo/mal	bad	**peor**	**peores**	*worse/worst*

Example:

> **San Miguel es una de las mejores cervezas españolas**
> *San Miguel is one of the best Spanish beers.*

3 The definite and indefinite articles: el & la, un & una

These words vary in Spanish according to whether their noun is masculine or feminine, singular or plural:

	Singular	Plural	English equivalent
MASCULINE	**el**	**los**	the
FEMININE	**la**	**las**	

	Singular	Plural	
MASCULINE	**un**	**unos**	a *or* an
FEMININE	**una**	**unas**	

They are used in more or less the same way as their English equivalents:

> **el hombre compró una camisa y la mujer compró unos zapatos y un sombrero**
> *the man bought a shirt, and the woman bought a pair of shoes and a hat.*

Unos/unas means *some*, a *few* before plural nouns: **unos euros** *a few euros*, **unas muchachas** *some girls*. They mean *a pair of* before things that come in pairs like shoes or gloves (**unos guantes** = *a pair of gloves*).

But note the following points

- Always use **el** and **un** before nouns that begin with **a**- or **ha**- when the **a** is stressed, even though these words may be feminine: **el agua** *water*, **el/un arma** *weapon*, **el hambre** *hunger*. These are all feminine nouns and their adjectives take feminine endings; their plurals are **las aguas**, **las armas**, etc.

- **De** + **el** (*of the*) is shortened to **del**: **el coche del profesor** *the teacher's car*. **A** + **el** (*to the*) is shortened to **al**: **doy el libro al profesor** *I give the book to the teacher*.
- Spanish uses the definite article for nouns that refer to things in general: *doctors say apples are good for children* means doctors, apples, and children in general. In Spanish this is: **los médicos dicen que las manzanas son buenas para los niños**. In the same way ***el* amor** = *love*, ***la* libertad** = *freedom*, ***la* justicia** = *justice*.
- The indefinite article **un/una** is not used in Spanish before professions or occupations: **es profesora** = *she is* a *teacher*, **soy estudiante** = *I am* a *student*.

4 Demonstratives

Demonstrative adjectives and pronouns are used to point out people and things. In Spanish the words for *this* and *that*, *this one* and *that one* must agree in number and gender with the following noun. Note that in Spanish there are two words for *that*, **ese/esa, aquel/aquella. aquel/aquella** refers to something distant or relatively distant from the speaker:

	Singular	Plural	
MASCULINE	**este**	**estos**	*this/these* **or** *this one/these ones*
FEMININE	**esta**	**estas**	
MASCULINE	**ese**	**esos**	*that/those* **or** *that one/those ones*
FEMININE	**esa**	**esas**	
MASCULINE	**aquel**	**aquellos**	*that/those over there* **or** *that one/*
FEMININE	**aquella**	**aquellas**	*those ones over there*

- When these words are used as pronouns, i.e. to mean *this one* or *that one* (previously **éste**, **ése**), according to the Spanish *Real Academia de la Lengua* (Royal Academy of the (Spanish) Language) they no longer need an accent. **¿ves estos dos coches? este es amarillo y ese es rojo** *do you see these two cars? this one is yellow and that one is red*.
- When these words do not refer to any noun in particular, a genderless form must be used, **esto**, **eso**, or **aquello**: **esto es terrible** *this is terrible*, **no quiero hablar de eso** *I don't want to talk about that*. (**este es terrible** means *this one is terrible* and would refer to something masculine. **no quiero hablar de esa** means *I don't want to talk about that girl/woman* or some other feminine noun.)

5 Possessives

5.1 Possessive Adjectives

In Spanish the possessive adjectives (= my, your, his, her, our, their) agree in number with the thing possessed, not with the person that possesses it.

Examples: **mi mano** *my hand* and **mis manos** *my hands*, **tu libro** *your book* and **tus libros** *your books*. Only **nuestro** and **vuestro** have special feminine forms: **nuestra casa** *our house*, **vuestras amigas** *your female friends*. Note: Spanish has no separate words for *his*, *her*, or *their*: **su/sus** cover all these meanings:

Singular	Plural	
mi	**mis**	*my*
tu	**tus**	*your* (when speaking to a friend or relative)
su	**sus**	*his/her/their/your* (use **su** for *your* when using the **usted** form)
nuestro	**nuestros**	*our* (before masculine nouns)
nuestra	**nuestras**	*our* (before feminine nouns)
vuestro	**vuestros**	*your* (before masculine nouns)
vuestra	**vuestras**	*your* (before feminine nouns)

- **Vuestro** is used in Spain when speaking to more than one friend or relative. Latin Americans never use **vuestro** and always use **su** for *your* when speaking to more than one person.
- Spanish does not use these words with parts of the body or clothes.
  levanta la mano *put up your hand* **ponte la camisa** *put on your shirt.*

5.2 Possessive Pronouns

In Spanish the possessive pronouns (= mine, your, his, hers, ours, theirs) agree in gender and number with the noun that they refer to:

MASC.	**mío**	**míos**	*mine*
FEM.	**mía**	**mías**	
MASC.	**tuyo**	**tuyos**	*yours* (familiar form)
FEM.	**tuya**	**tuyas**	
MASC.	**suyo**	**suyos**	*his/hers/theirs/yours* (polite form)
FEM.	**suya**	**suyas**	
MASC.	**nuestro**	**nuestros**	*ours*
FEM.	**nuestra**	**nuestras**	
MASC.	**vuestro**	**vuestros**	*yours*
FEM.	**vuestra**	**vuestras**	

- **Vuestro** is used in Spain when speaking informally to more than one person. Latin Americans never use **vuestro** and always use **su** for *your* when speaking to more than one person.
- Examples: **este abrigo es mío/tuyo** *this coat is mine/yours*, **estas llaves son suyas** *these keys are his/hers/yours/theirs*, **esta dirección es nuestra** *this address is ours*. After a preposition (see page 947) the article **el** or **la** must be used: **no vamos en tu coche, vamos en *el* mío** *we're not going in your car, we're going in mine.*

6 Personal pronouns

6.1 Me, you, it, us etc

Personal pronouns replace nouns, as in *'John saw Jill and John spoke to Jill'*. We normally say: *John saw Jill and he spoke to her*. *He* and *her* are the personal pronouns. The most important Spanish personal pronouns are the ones used to translate *me, him, her, us, them* in sentences like *John saw me, Anne bought it, Jenny met them*. These are the 'direct object pronouns' and they stand for the person or thing to whom something is done or happens:

me *me*	**nos** *us*
te *you* (familiar form)	**os** *you* (familiar form)
lo *him, you* (male polite form), or *it*	**los** *them* (masculine), or *you* (male polite form)
la *her, you* (female polite form), or *it*	**las** *them* (feminine), or *you* (female polite form)

- Note: in Spain, **le** is used for *him/you* (male) instead of **lo**, but **lo** must be used for *it* when it refers to a masculine thing like a book (**el libro**). Latin Americans use only **lo**. Both forms are considered correct, so follow your teacher or course book on this point.
- **Os** is not used in Latin America. Latin Americans say **los** for males, **las** for females.
- Personal pronouns come directly before verbs: **me ve** *he/she sees me*, **los veo** *I see them*. However, they are joined to the end of infinitives, gerunds, and imperatives (see below): **quiero verla** *I want to see her*, **estoy haciéndolo** *I'm doing it*, **cómpralo** *buy it*.

6.2 To me, to you, to him, etc

The same forms as above are used: **me da cien euros** *he gives 100 euros to me*, **te manda una carta** *he sends a letter to you*, **nos dicen todo** *they tell everything to us*. These forms are the 'indirect object pronouns'.

Note: There are two indirect object forms, **le** and **les**. **Le** means *to him*, *to her*, or *to you* (speaking formally). **Les** means *to them* and also *to you* when speaking formally: **le dije** *I said to him* or *to her* or *to you* (one person), **les dije** *I said to them* or *to you* (two or more people).

6.3 Order of pronouns

These pronouns can be combined, but the order is indirect object first, then direct object, i.e.

me or **te** or **nos** or **os** first then **lo, la, los,** or **las**

Examples: **me lo dan** *they give it to me*, **te lo dicen** *they say it to you*, **nos los mandan** *they send them to us*.

- The rule of two L's. It is an important rule of Spanish that when **le** or **les** is followed by **lo, la, los,** or **las**, the **le** or **les** becomes **se**. In other words, two pronouns beginning with L can never stand side-by-side: **se lo doy** *I give it to him/to her/to you*, not 'le lo doy'.

6.4 Subject pronouns

The equivalents of *I, you, he, she, we, they* exist in Spanish, but are not often used, because they are explicit in verb endings: **hablo** already means *I speak*, **vas** means *you go*, **compramos** means *we buy*. In nearly all situations the use of the personal pronouns as in, **yo hablo, tú vas, nosotros compramos**, is to be avoided, because they are unnecessary. But they are needed sometimes, and their forms are as follows:

yo *I*	**nosotros** (males) *we*, **nosotras** (females) *we*
tú *you* (familiar form)	**vosotros** (to two or more males) *you*, **vosotras** (two or more females) *you*
usted *you* (formal form)	**ustedes** *you* (formal form)
él *he*	**ellos** *they* (males)
ella *she*	**ellas** *they* (females)

- These words are used: (a) to contrast one person with another: **yo trabajo en casa y ella va a la oficina** *I work at home and she goes to the office*. (b) when there is no following verb: —**¿quién lo hizo?** —*Yo 'Who did it?' 'I did.'*
- **Vosotros** and **vosotras** are not used in Latin America, where they always say **ustedes** to two or more persons.
- **Tú** (note the accent) and **vosotros** or **vosotras** are the familiar forms used for people you know well (and anyone of your own age group if you are young), relatives, animals, and children. Nowadays Spaniards use them more and more even to complete strangers as a way of being friendly, but you must use **usted, ustedes** to people you do not know well, strangers, officials, policemen, etc.
- **Usted** and **ustedes** are followed by third-person verb forms (i.e. the forms used for *he* and *they*): **usted habla** = *you speak*, **ustedes hablan** *you* (more than one) *speak*.

6.5 *mí* and *ti*

These are forms meaning *me* and *you* (familiar form) that are used after certain prepositions, e.g. after **de** *of/about*, **contra** *against*, **para** *for*, **por** *because of/on behalf of*, **sin** *without*: **hablamos de ti** *we're talking about you*, **esto es para mí** *this is for me*.

Note: When **con** + **mí** or **con** + **ti** are used together, the words **conmigo** *with me*, and **contigo** *with you* (familiar form) must be used: **Miguel va conmigo** *Miguel is going with me*.

7 Hay: There is; there are

There is and *there are* are both **hay** in Spanish: **hay lobos en España** *there are wolves in Spain*, **no hay pan** *there is no bread*.

There was and *there were* are **había** (never habían): **había lobos en Inglaterra** *there were* (or *there used to be*) *wolves in England*. For completed events in the past Spanish uses **hubo**: **hubo una explosión/un accidente** *there was an explosion/accident*. *There will be* is **habrá**.

8 Ser & estar: to be

Spanish has two important verbs for the English *to be*: **ser** and **estar**. Both are irregular and their forms are given on pages 928 and 922 respectively.

8.1 Ser

Generally **ser** is used to convey the idea of inherent qualities and is used in the following situations: When stating the origin of someone or something:

Es de California.	*He's* or *She's* or *It's from California.*
Es americano.	*He's American.*

When stating the material from which something is made:

Es de plata.	*It's made of silver.*

When stating ownership:

Son de Alfonso.	*They belong to Alfonso.*

When describing someone's characteristics:

Es un señor muy simpático.	*He's a very nice man.*
Es muy aburrido.	*He's very boring.*

When stating one's occupation:

Es abogada.	*She's a lawyer.*
Es aduanero.	*He's a customs officer.*

When expressing identity:

Soy Juan Muñoz.	*I'm Juan Muñoz.*
¿Es usted la Señora Sánchez?	*Are you Mrs Sánchez?*

8.2 Estar

As a general rule **estar** is used in the following circumstances: To indicate location:

Está en la esquina.	*It's on the corner.*
Están en el jardín.	*They're in the garden.*
Está de viaje.	*She's away on a trip.*

To indicate the condition or state something or someone is in:

Las sábanas estaban sucias.	*The sheets were dirty.*
Estaba enferma.	*She was ill.*
Estoy aburrido.	*I'm bored.*
Está enamorado de ella.	*He's in love with her.*
Estaba furiosa.	*She was furious.*
Estoy de muy buen humor.	*I'm in a very good mood.*

8.3 Exceptions and anomalies

Ser is used with the following adjectives: **rico** *rich, wealthy*; **pobre** *poor*; **feliz** *happy*; **desgraciado** *unfortunate*.

Son muy ricos.	*They are very wealthy.*
Somos felices.	*We are happy.*

Marital status. Both verbs can be used in this context. **Ser** is used in formal contexts regarding marital status:

¿Es usted casado o soltero?	*Are you married or single?*
Está casado con mi prima.	*He's married to my cousin.*
Mis padres están divorciados.	*My parents are divorced.*

Ser is used when specifying where an event takes place:

¿Dónde es la fiesta?	*Where is the party?*
La reunión es a las diez.	*The meeting is at ten.*

Ser is used when telling the time:

Es la una.	*It's one o'clock.*
Son las tres.	*It's three o'clock.*

Estar is used with **muerto** *dead* and **vivo** *alive*:

Ya estaba muerta.	*She was already dead.*
Aún está vivo.	*He's still alive.*

9 Question words: how, what, which, when etc

These are written with an accent:

¿cómo? *how?*	**¿cuánto?** *how much?, how many?*	**¿qué?** *what?*
¿cuál? *which?*	**¿de quién?** *whose?*	**¿quién?** *who?*
¿cuándo? *when?*	**¿por qué?** *why?*	

¿Cuál? and **¿quién?** become **¿cuáles?** and **¿quiénes?** when they refer to more than one thing or person: **¿quiénes son?** *who are they?*, **¿cuáles quieres?** *which ones do you want?* **¿Cuánto?** agrees in number and gender with what it refers to: **¿cuánto dinero?** *how much money?*, **¿cuántos clavos?** *how many nails?*, **¿cuántas chicas?** *how many girls?*

- Note: the accented form is used in indirect questions, i.e. when there is no question mark in the sentence: **no sé cuál prefiero** *I don't know which I prefer*.
- Note: the meaning of these words changes when no accent is used: **como** = *as* or *like* (**habla como un niño** = *he talks like a little boy*), **porque** (one word) = *because*, **que** = *that* as in **dice que está enfermo** *he says that he is ill*.

10 Prepositions

These are words placed before nouns and pronouns to link them to the meaning of the rest of the sentence. In general they are used in more or less the same way as their English equivalents except that:

- **a** basically means *to*, not *at*, which is usually **en** in Spanish: **en la estación** = *in the station* or *at the station*. *At the bus stop* is **en la parada de autobús**, *at the traffic lights* is **en el semáforo. A** means *at* only when movement is involved, as in **tiró una flecha *al* blanco** *he fired an arrow at the target*.
- **personal a**: The use of **a** before personal objects of verbs is very important in Spanish. Note carefully the difference between these two sentences: **vi tu casa** *I saw your house*, and **vi *a* tu madre** *I saw your mother*. The **a** is necessary in the second example because the thing seen was a human being. So: **no conozco *a* María** *I don't know María* and **admiro *al* profesor** *I admire the teacher*, but **no conozco la ciudad** *I don't know the city*.
- **para** and **por**: **para** means *for*, as in **este dinero es para ti** *this money is for you*. **Por** means, among other things, *because of*: **lo hago por amor, no por dinero** *I do it for love not for money* (it really means *because of love, because of money*), **lo hice para ti** = *I made it for you*, **lo hice por ti** = *I did it because of you*. **Para** and **por** have many shades of meaning, which are exemplified at their entries in the Spanish-English section of the dictionary.

11 Verbs

Transitive and intransitive verbs

Verbs may be transitive, i.e. they take a direct object, or they may be intransitive, i.e. they do not take a direct object. In the sentence: *he kicks the ball*, *kicks* is the transitive verb, and the direct object is *ball*. In the sentence: *he is sleeping*, the verb *is sleeping* is intransitive as there is no object. Spanish verbs are also transitive and intransitive and this is information is shown by the abbreviations *vt* for 'verb transitive' and *vi* for 'verb intransitive'. It is important not to use transitive verbs intransitively and vice versa.

Reflexive verbs

These are verbs which have a personal pronoun object which is the same as the subject of the verb, e.g. *I shave myself*. Reflexive verbs are very common in Spanish and are listed in the dictionary with the infinitive followed by **se**, e.g. **lavarse** = *to wash oneself*. Note that in the third person, singular and plural, all genders, the reflexive pronoun is **se**. The following are the most important uses of reflexive verbs in Spanish

- If more than one human or animal is performing the action, it often shows that they are doing the action to one another: **se escriben mucho** *they write to one another a lot.*
- Sometimes the reflexive form is the only form used, as in **me atrevo** *I dare*, or **te arrepientes** *you regret* (having done something).
- If no human agent is involved, then the verb often has to be understood as a 'passive', as the translation shows: **este libro se publicó en Argentina** *this book was published in Argentina*, **se dijeron muchas cosas en la reunión** *many things were said in the meeting.*
- The reflexive form of many verbs alters or intensifies the meaning of the basic verb: **ir** = *to go*, **irse** = *to go away*; **caer** = *to fall*, **caerse** = *to fall over.*

12 Tenses of verbs

12.1 The present tense

English has two ways of describing present actions: compare *I smoke*, which describes a habit, and *I'm smoking*, which shows that you are smoking right now. Spanish is very similar in this respect: **fumo** = *I smoke*, **estoy fumando** = *I am smoking* (right now). However, the second of these forms is used less than in English and the simple form, **fumo**, can be used for both meanings:

—¿Qué haces? —Fumo	*'What are you doing?' 'I'm smoking'*
Hablan mucho	*They talk a lot* or *They are talking a lot*
Vamos al cine	*We go to the movies* or *We're going to the movies*

See 12.6 for the use of the present tense with a future meaning.

12.2 The past tenses

In English there are several different verb forms that can be used to describe events that happened in the past. Compare *I did it*, *I have done it*, *I was doing it*, and *I had done it*. Spanish also has several ways of describing past events:

(a) The past simple tense (also referred to as the 'pretérito indefinido' in the verb tables): **hablé** *I spoke*, **llegaron** *they arrived*, **compraste** *you bought.*

(b) The imperfect tense (also referred to as the 'imperfecto' in the verb tables): **hablaba** *I was speaking* or *I used to speak*, **llegaban** *they were arriving* or *they used to arrive*, **comprabas** *you were buying* or *you used to buy.*

(c) The perfect tense: **he hablado** *I have spoken*, **han llegado** *they have arrived*, **has comprado** *you have bought.*

(d) The pluperfect tense: **había hablado** *I had spoken*, **habían llegado** *they had arrived*, **habías comprado** *you had bought.*

The two commonest past tenses in Spanish are the past simple and the imperfect.

12.3 The past simple and the imperfect tenses compared

The past simple is used to describe actions that took place *once* or a *specific number* of times in the past:

Ayer compré una nueva impresora	*Yesterday I bought a new printer*
Ganó la lotería	*He/She won the lottery*
Fue presidente durante tres años	*He was President for three years*
Estuve enfermo hace tres meses	*I was ill three months ago*

The imperfect is used to describe actions, events or processes that were not yet finished at the time we are talking about:

Miguel fumaba demasiado	*Miguel was smoking too much/ Miguel used to smoke too much*
Mi hermana iba mucho a la disco	*My sister used to go/was going to the disco a lot*
Roberto era alto y moreno	*Roberto was tall and dark*

If an event happened once or a specific number of times the past simple tense is used, regardless of how long it went on for: **los dinosaurios reinaron sobre la tierra durante millones de años** *dinosaurs reigned on earth for millions of years* (it only happened once), **ocurrió más de mil veces** *it happened more than a thousand times* (but it happened a specific number of times). The imperfect must be used when an event is described that was interrupted by another event: **yo dormía cuando empezó la tormenta** *I was sleeping when the storm started.*

12.4 The perfect tense

This tense is formed in Spanish with the present tense of **haber**, and the past participle of the verb, which in Spanish usually ends with -**ado**, -**ido**, or -**isto**, see verb tables pages 919–936. As a rule, whenever you say '*I* ***have*** *been*', '*she* ***has*** *done*', '*we* ***have*** *seen*', etc. in English, you use the parallel tense in Spanish: **he sido, ha hecho, hemos visto**.

Nunca he bebido vodka	*I have never drunk vodka*
He visitado tres veces Chicago	*I've been to Chicago three times*
¿Has visto *La guerra de las galaxias*?	*Have you seen Star Wars?*

Many Latin Americans replace this tense by the past simple tense described earlier: **nunca bebí vodka, estuve tres veces en Chicago, ¿viste *La guerra de las galaxias*?** If your teacher is Latin American, imitate him or her on this point.

Note: If you study Peninsular Spanish you will notice a big difference between English and Spanish: the latter often uses the perfect tense for any event that has happened since midnight: **esta mañana me he duchado, he desayunado, he cogido el metro y he llegado aquí a las nueve** *this morning I had a shower, I had breakfast, I took the metro, and I got here at nine o'clock.*

12.5 The pluperfect tense

This is almost exactly equivalent to the English tense formed with *had*: *I had seen, they had eaten*, **había visto, habían comido**. It is used in both languages to show that an event finished before another past event happened: **mamá ya se había ido cuando llegué a casa** *mother had already gone when I got home*, **yo iba a mandarles una tarjeta, pero mi hermano ya lo había hecho** *I was going to send them a card, but my brother had already done it*.

12.6 The future

There are several ways in English and Spanish of talking about future events:

(a) *We're going to arrive tomorrow*	**Vamos a llegar mañana** (ir + infinitive)
(b) *We are arriving tomorrow*	**Llegamos mañana** (present tense)
(c) *We will arrive tomorrow*	**Llegaremos mañana** (future tense)

The first two are more or less the same in both languages. Model (c) involves learning the forms of the future tense, see **hablar** [A1], **meter** [E1] and **partir** [I1] in the verb tables, and is normally used where English uses *will*. It is used above all in promises and forecasts as in **te pagaré el dinero mañana** *I will pay you the money tomorrow*, and **el viernes hará buen tiempo** *the weather will be fine on Friday*.

12.7 The conditional tense

This tense, whose forms are given in the Spanish verb tables at **hablar** [A1], **meter** [E1] and **partir** [I1], is used to talk of an event that *would* happen: **estarías más guapa con el pelo recogido** *you would be more attractive with your hair up*, **en ese caso te costaría menos** *in that case it would cost you less*.

12.8 The imperative

The imperative is used to give orders or to ask someone to do something. The forms of the verb used vary:

- When addressing one person using the familiar form of *you*, the imperative is formed by dropping the -**s** from the **tú** form of the present tense: **das** = *you give*, so *give* is **da**; similarly **hablas** > **habla** *speak*, **comes** > **come** *eat*. There are eight important exceptions:

decir *to say* **di**	**poner** *to put* **pon**	**tener** *to have* **ten**
hacer *to make* **haz**	**salir** *to go out* **sal**	**venir** *to come* **ven**
ir *to go* **ve**	**ser** *to be* **sé**	

- When addressing one person formally the **usted** form is used, which is the same as the *present subjunctive* form for *he/she*. To speak formally to more than one person the **ustedes** form is used, which is the *they* form of the present subjunctive. These forms are given in the Spanish verb tables, beginning on page 919. Examples: **¡venga!** *come!*, **¡conteste!** *answer!*, **¡vengan!** (plural) *come!*, **¡contesten!** *answer!* (plural)

- In Spain, when talking informally to more than one person, the **vosotros** form of the imperative is used. This is formed by replacing the -**r** of the infinitive form (the form by which verbs are listed in dictionaries) by -**d**. There are no important exceptions: **¡venid!** *come!*, **¡contestad!** *answer!*, **¡dad!** *give!* This form is never used in Latin America, where the formal **ustedes** form is used instead.
- To tell someone not to do something, the present subjunctive of the verb is used: **¡no vengas! (tú)**, **¡no venga! (usted)**, **¡no vengan! (ustedes)**, **¡no vengáis! (vosotros)**. These all mean *don't come!*, but the form varies in Spanish according to whether you are speaking to one or more people and whether you are using the informal or formal options.
- If we need to add pronouns, for example to translate *give it to her*, *sell me them*, these are added to the end of the imperative. In these examples **lo** and **los** refer to a masculine noun like **libro, libros** *book(s)*. Note the accents:

familiar to 1 person	formal to to 1 person	to 2 + people	to 2+ people: (familiar Spain)	
dámelo	**démelo**	**dénmelo**	**dádmelo**	= *give it to me*
mándanoslos	**mándenoslos**	**mándennoslos**	**mandádnoslos**	= *send them to us*

But if the order is negative (i.e. it has **no** in front of it), the pronouns come before the present subjunctive of the verb:

no me lo des	**no me lo dé**	**no me lo den**	**no me lo deis**	= *don't give it to me*

13 The gerund (-ando, -iendo forms of verbs)

This form of the Spanish verb always ends in -**ando** or -**iendo** and it never changes. It is used:

- With the verb **estar** to stress the fact that an action is actually going on right now, or was in the middle of happening: **estoy comiendo** *I'm eating* (right now), **estabas durmiendo** *you were* (in the middle of) *sleeping*. It is never used for actions in the future: **voy a Madrid mañana** *I'm going to Madrid tomorrow*.
- To show that another action happens at the same time as the main action: **entré silbando** *I went in whistling*, **María salió llorando de la clase** *María came out of the classroom crying*.

14 The subjunctive

The subjunctive is very important in Spanish. The forms of the present subjunctive are given in the Spanish verb tables, beginning on page 919. The present subjunctive is used:

- To give negative orders, i.e. to tell someone *not* to do something: see section 12.8 on the imperative.
- In a sentence consisting of a present-tense *negative verb* + **que** + *another verb*, the second verb is in the subjunctive: compare **creo que está enferma** *I think that she is ill* and **no creo que esté enferma** *I don't think that she is ill.*
- After the present tense of verbs **querer** *want* or **esperar** *hope* + **que**: **quiero que vengas a mi casa** *I want you to come to my house*, **espero que ganes** *I hope you win*. But if the person doing the wanting is the same person that is going to perform the action of the second verb, the infinitive (-**r** form) must be used for the second verb: **quiero *ir* a mi casa** *I want to go to my house*, **espero ganar** *I hope I'll win/I hope to win.*
- After emotional reactions followed by **que: es una pena que no trabajes más** *it's a shame that you don't work more*, **estoy muy contento de que no haya llovido** *I'm very pleased that it hasn't rained* (**haya** is the present subjunctive of **haber**).
- After certain words, when the action following them still has not happened. The most important of these are **cuando** *when*, **en cuanto** or **apenas** *as soon as*: **te daré el dinero cuando llegues** *I'll give you the money when you arrive*, **te llamaré apenas encuentre mi agenda** *I'll ring you as soon as I find my diary.*
- Always after these words: **antes de que** *before*, **para que** *in order to*, **sin que** *without*, **con tal de que** *provided that*: **llegaremos antes de que salga el tren** *we'll arrive before the train leaves*, **te doy el dinero con tal de que me lo devuelvas** *I'll give you the money provided that you give it back to me.*

Índice

Resumen de la gramática inglesa

Glosario de términos gramaticales

Abreviatura Representación de una palabra de una manera más corta por una o varias de sus letras: **Sr. = Mr**

Acento Mayor énfasis al pronunciar una determinada sílaba dentro de una palabra y representación gráfica (tilde) de dicho énfasis: *casa; café*

Adjetivo Palabra que califica o determina a un sustantivo: **un lápiz *rojo* = a *red* pencil, *mi* casa = *my* house**

Adverbio Palabra que modifica a un verbo, a un adjetivo o a otro adverbio: **corrió *rápidamente* = he ran *quickly*; *muy* bonito = *very* pretty; canta *muy* mal = she sings *very* badly**

Agente El que ejecuta la acción del verbo: ***el perro* ladra = *the dog* barks; fue descubierta por *Colón* = it was discovered by *Columbus***

Aguda Tratándose de palabras, que llevan el acento en la última sílaba: **infor*mar*, re*vés***

Apócope Pérdida o supresión de uno o más sonidos al final de una palabra: **algún** (alguno), **tan** (tanto)

Artículo Palabra que va antepuesta al sustantivo e indica su género y su número

Artículo definido Es el que se antepone a un sustantivo que ya nos es conocido: **el/la/los/las = the**

Artículo indefinido Es el que se antepone a un sustantivo que no conocemos de antemano: **un/una = a/an**

Aumentativo Palabra formada con un sufijo que indica aumento: **grand*ote*; cabez*azo*; simpl*ón***

Cardinal Tratándose de números, que expresan la cantidad entera de elementos de un conjunto: **ocho/nueve/diez = eight/nine/ten**

Comparativo Adjetivo, adverbio o conjunción que expresa una comparación. De superioridad: **más ... (que) = more ... (than)**. De inferioridad: **menos ... (que) = less ... (than)**. De igualdad: **tan/tanto ... como = as ... as**

Complemento directo Ver **Objeto directo**

Complemento indirecto Ver **Objeto indirecto**

Complemento circunstancial Completa el significado de un verbo, expresando una circunstancia de la acción: **compré un libro *ayer* = I bought a book *yesterday***

Condicional Tiempo verbal que expresa una acción como posible si algo ocurre: **iría = he/she/it would go; comeríamos = we would eat**

Concordancia Correspondencia del género y el número de un adjetivo con los de un sustantivo y del número y la persona del verbo con el sujeto de una oracíon: **gat*o* negr*o*; l*os* niñ*os* español*es*; mi marido y yo habl*amos* inglés; Pedro y Juan gan*aron***

Conjugación Serie ordenada de las formas que toma un verbo para expresar modo, tiempo, número y persona y cada uno de los tres tipos de verbos en que se dividen, según la terminación del infinitivo: **-ar, -er, -ir**

Conjunción Palabra que une dos oraciones o dos elementos de una oración: **y = and; porque = because**

Contracción Unión de dos palabras en una sola: **al** (a + el); **del** (de + el)

Demostrativo Tratándose de adjetivos y pronombres, que muestran o señalan algo o a alguien: ***esta* mesa = *this* table; *esta* es mi hermana = *this* is my sister**

Diéresis Signo que indica que debe pronunciarse la vocal 'u' de las sílabas 'güe' y 'güi': **cigüeña; pingüino**

Diminutivo Palabra que se forma con un sufijo que indica menor tamaño, poca importancia o valor afectivo: **perr*ito*; doctor*cillo*; abuel*ita***

Esdrújula Palabra que lleva el acento (tilde) en la antepenúltima sílaba: ***trá*fico**

Estilo directo El que consiste en narrar lo que se ha dicho citando textualmente las palabras del hablante: **me dijo: ¡cállate! = he said: be quiet!**

Estilo indirecto El que consiste en narrar lo que se ha dicho sin citar textualmente las palabras del hablante: **me dijo que me callara = he told me to be quiet**

Femenino Género que se aplica a los seres del sexo femenino y el que se atribuye a las cosas por la terminación (-a) o por el uso: **la mujer; la perra; la página; la cruz**

Frase Unidad dentro de una oración, que tiene sentido y que no tiene verbo

Futuro Tiempo verbal que sitúa la acción en un momento futuro: ***llegará* tarde = *he will arrive* late**

Género Una de las tres categorías gramaticales de los sustantivos, adjetivos, artículos y pronombres: masculino, femenino y neutro

Gentilicio Expresa el lugar de origen o la nacionalidad: **londinense = Londoner; español = Spanish**

Gerundio Forma verbal que presenta la acción en proceso de ejecución. En español acaba en **-ando** o **-iendo: habl*ando*; com*iendo*** y en inglés en **-ing: speak*ing***

Grave Tratándose de palabras, que llevan el acento en la penúltima sílaba: ***ex*****amen; *dé*****bil**

Imperativo Modo verbal que expresa una orden, un mandato o una petición: **¡ven aquí! = come here!**

Imperfecto Tiempo verbal que indica una acción pasada sin que se dé idea de su comienzo o final o una acción pasada habitual: **los niños *jugaban* = the children *were playing*; iba allí todos los lunes = I *used to go*/I *went* there every Monday**

Indicativo Modo verbal en el que la acción del verbo se considera como un hecho sin aportar otro tipo de matices: **no tengo hambre = I'm not hungry**

Infinitivo Forma no personal del verbo que se construye añadiendo la terminación -ar, -er, -ir, a la raíz: **cant*ar* = to sing**

Interjección Palabra o expresión exclamativa que expresa una impresión repentina de sorpresa, dolor, alegría, ira etc. o que sirve para llamar la atención: **¡caramba! = good heavens!; ¡ay! = ouch!**

Interrogativo Adjetivo, adverbio o pronombre que pregunta algo o acerca de alguien: **¿qué? = what?; ¿cuánto? = how much?; ¿quién? = who?**

Locución Combinación fija de dos o más palabras cuyo sentido no es el resultado de la suma de los significados de sus miembros. Equivale con frecuencia a un adjetivo, un adverbio o una preposición: **de balde = for free**

Masculino Género que se aplica a los seres del sexo masculino y el que se atribuye a las cosas por su terminación (-o) o por el uso: **el hombre; el perro; el pelo; el árbol**

Modo Conjunto de determinadas formas de un verbo que manifiesta la actitud del hablante respecto de lo que está diciendo, diferente según se trate del modo indicativo, modo subjuntivo o modo imperativo.

Negativo Que contiene un adverbio de negación

Neutro El género del español, que no es ni masculino ni femenino: ***eso* es *lo* bueno de *esto* = that's the good thing about this**

Nombre Ver **Sustantivo**

Nombre propio Es el que se aplica a una persona, lugar, institución, etc., y se escribe con mayúscula: **Juan, España, London**

No numerable Se aplica a los sustantivos que no se pueden contar y que por lo tanto no se usan en plural: **tristeza = sadness; solidaridad = solidarity**

Numerable Se aplica a los sustantivos que se pueden contar, o sea, que se pueden usar en singular o en plural: **una, dos, tres casas etc. = one, two, three houses etc**

Número Indica si un elemento es singular o plural

Objeto Palabra o conjunto de palabras que designa a la persona, el animal o la cosa sobre la que recae la acción del verbo

Objeto directo Es aquel sobre el que recae directamente la acción del verbo: **compré *un libro* = I bought *a book***

Objeto indirecto Es aquel sobre el que recae indirectamente la acción del verbo: ***le* escribí una carta *a mi madre* = I wrote a letter *to my mother***

Oración Conjunto de palabras que tiene un sentido gramatical completo, con sujeto y predicado y que se puede comprender sin necesidad de otras explicaciones o referencias.

Oración subordinada es la que depende de la principal, a la que completa o determina: **quiero *que estudies* = I want you to study**

Ordinal Tratándose de números, que indican el orden o la colocación en una serie, como **primero = first; quinto = fifth; undécimo = eleventh**

Parte de la oración Cada uno de los términos gramaticales con los que se designa la función que una palabra desempeña en una oración: sustantivo, verbo, adjetivo, etc., son todos partes de la oración

Participio pasado Parte del verbo que se utiliza para formar tiempos compuestos, expresando una acción acabada, Se utiliza también como adjetivo: **he *terminado* = I have *finished*; un producto *terminado* = a *finished* product**

Pasiva Ver **Voz pasiva**

Pasiva refleja Oración con significado pasivo que se forma con el pronombre 'se' y el verbo en tercera persona en voz activa y sin agente expreso: **se construyeron muchas casas = many houses were built**

Persona Cualquiera de los tres grupos de pronombres personales y de las formas verbales que designan al individuo que habla o primera persona (p.ej. **yo/I**); al individuo al que se habla o segunda persona (p.ej. **tú** o **Ud/you**); al individuo del cual se habla o tercera persona (p.ej. **él** o **ella/he** o **she**)

Plural Número de los sustantivos, adjetivos etc., cuando se refieren a más de una cosa o persona: **las casas = the houses**

Posesivo Tratándose de pronombres (p.ej. **mío/tuyo = mine/yours**) o de adjetivos (p.ej.

mi/tu = my/your), que indican pertenencia o posesión

Predicado Parte de la oración que dice algo del sujeto y cuyo núcleo es el verbo: **Ana *estudia mucho* = Ana *studies a lot***

Prefijo Letra o grupo de letras que se antepone a una palabra y que modifica su sentido: ***i*legible; *ante*sala**

Preposición Palabra invariable que establece una relación entre otras dos palabras en una oración: **con = with; sin = without**

Presente Tiempo verbal que indica que algo sucede en el momento en que se habla

Pretérito Tiempo verbal que indica que la acción ya ha ocurrido o pertenece al pasado.

Pretérito imperfecto ver **Imperfecto**

Pretérito indefinido Tiempo simple que indica una acción pasada completa y acabada: **se despertó = he woke up**

Pretérito perfecto Tiempo compuesto que indica que una acción, comenzada en el pasado, dura hasta el presente o tiene efectos todavía o bien que sucedió inmediatamente antes del momento presente: **he aprendido mucho/ha salido = I have learnt a lot/he has gone out**

Pretérito pluscuamperfecto Tiempo compuesto que indica una acción pasada y terminada, anterior a otra también pasada: **se había marchado = he had left**

Pronombre Palabra que sustituye o determina a un sustantivo o nombre: p.ej. **él/ella = he/she; alguien = someone; el mío/la mía = mine**

Pronombre personal Es el que se refiere a una persona o a una cosa: p.ej. **yo/tú/usted** etc.= **I/you** etc; **me/te = me/you** etc.

Pronombre reflexivo Es el que representa al sujeto y es parte de un verbo pronominal: **me/te/se/nos/os/se**

Pronombre relativo Es el que representa en una oración subordinada a una persona o a una cosa mencionada en la principal: **el hombre *que* nos visitó = the man *who* visited us**

Raíz Parte de una palabra que es común a todas las de la misma familia: ***com-*** es la raíz de ***com*eré** y ***com*ida**

Singular Número de los sustantivos, adjetivos etc., al referirse a una sola persona o cosa

Sintagma Sección, dentro de una oración, que constituye una unidad aislable

Sobresdrújula Tratándose de palabras, que llevan el acento en la sílaba anterior a la antepenúltima: ***tí*ramelo**

Subjuntivo Modo verbal que expresa idea de duda, posibilidad, deseo etc., y que se usa especialmente en oraciones subordinadas: **espero que *venga* = I hope he will come; si *fuera* posible = if it *was* o *were* possible**

Sufijo Letra o grupo de letras que se añade a una palabra o a su raíz para formar otra palabra: **cafe*tera*; fruter*ía*; cas*ita***

Sujeto Palabra o conjunto de palabras que designa a la persona, el animal o la cosa que realiza la acción del verbo: ***Inés* estudia geografía = *Inés* studies geography; *el mío* corre más rápido = *mine* runs faster**

Superlativo Grado máximo de significación de un adjetivo o de un adverbio: ***la* casa *más pequeña* de la calle = *the smallest* house in the street; much*ísimo* = *very* much**

Sustantivo Palabra que nombra a las personas o a las cosas: **silla = chair**

Sustantivo colectivo Es el que en singular se refiere a un conjunto, p.ej: **ejército, rebaño**

Sustantivo compuesto Es el que está formado de dos palabras, p.ej: **aeropuerto (aero + puerto) = airport**

Terminación Letra o letras que siguen a la raíz de un vocablo para formar tiempos verbales, el plural de los sustantivos, etc.

Verbo Palabra o conjunto de palabras que describe una acción o un estado: **Los niños *están jugando* = the children *are playing***

Verbo auxiliar Es el que se une a otro para formar los tiempos compuestos o para expresar distintos matices, p.ej.: **haber, estar, poder: *he* comido = I *have* eaten**

Verbo impersonal Es el que no admite sujeto, p.ej.: **llover: está lloviendo = it is raining**

Verbo intransitivo Es el que no tiene complemento u objeto directo: ***murió* repentinamente = he *died* suddenly**

Verbo irregular Es el que no sigue un modelo sistemático, sino que tiene sus propias formas individuales de conjugación

Verbo pronominal Es el que se conjuga en todas sus formas con los pronombres **me/te/se/nos/os/se**, p.ej. **equivocarse**

Verbo reflexivo Es el verbo pronominal que expresa una acción que es realizada y recibida por su propio sujeto: **se lavó = he washed himself**

Verbo recíproco Es el verbo pronominal cuya acción se intercambia entre dos o más sujetos y recae sobre todos ellos, p.ej. **besarse: Pedro y Ana *se besaron* = Pedro and Ana *kissed each other***

Verbo regular Es aquél cuya conjugación se ajusta a la de los verbos que se toman como modelo

Voz activa Indica que el sujeto del verbo es el agente de la acción: **Pedro *besa* a Ana = Pedro *kisses* Ana**

Voz pasiva Indica que el sujeto recibe la acción del verbo y el agente se introduce por la preposición "por", no es muy usual en español: **Ana *es besada* por Pedro = Ana is *kissed* by Pedro**

Los verbos irregulares ingleses

Las formas irregulares que solo se usan en algunas acepciones se indican con un asterisco (e.g. **abode*).

La información completa acerca del uso, la pronunciación, etc., de cada verbo se encontrará en el artículo correspondiente.

infinitive/ *infinitivo*	**past tense/** *pretérito*	**past participle/** *participio pasado*
abide	abided, *abode	abided, *abode
arise	arose	arisen
awake	awoke	awoken
be	was/were	been
bear	bore	borne
beat	beat	beaten
become	became	become
befall	befell	befallen
beget	begot, (arch) begat	begotten
begin	began	begun
behold	beheld	beheld
bend	bent	bent
beseech	beseeched, besought	beseeched, besought
beset	beset	beset
bet	bet	bet
bid	*bade, bid	*bidden, bid
bind	bound	bound
bite	bit	bitten
bleed	bled	bled
bless	blessed	blessed, (arch) blest
blow	blew	blown, *blowed
break	broke	broken
breed	bred	bred
bring	brought	brought
broadcast	broadcast	broadcast
browbeat	browbeat	browbeaten
build	built	built
burn	burned, burnt	burned, burnt
bust	busted, (BrE also) bust	busted, (BrE also) bust
buy	bought	bought
cast	cast	cast
catch	caught	caught
choose	chose	chosen
cling	clung	clung
come	came	come
cost	*cost, *costed	*cost, *costed
creep	crept	crept
crow	crowed	crowed
cut	cut	cut
deal	dealt	dealt
dig	dug	dug
dive	dived, (AmE also) dove	dived
do	did	done
draw	drew	drawn
dream	dreamed, (BrE also) dreamt	dreamed, (BrE also) dreamt
drink	drank	drunk
drive	drove	driven
dwell	dwelt, dwelled	dwelt, dwelled
eat	ate	eaten
fall	fell	fallen
feed	fed	fed
feel	felt	felt
fight	fought	fought
find	found	found
flee	fled	fled
fling	flung	flung
floodlight	floodlit	floodlit
fly	flew	flown
forbid	forbade, forbad	forbidden
forecast	forecast, forecasted	forecast, forecasted
foresee	foresaw	foreseen
foretell	foretold	foretold
forget	forgot	forgotten
forgive	forgave	forgiven
forsake	forsook	forsaken
freeze	froze	frozen
get	got	got, (AmE also) gotten
give	gave	given
go	went	gone
grind	ground	ground
grow	grew	grown
hang	*hung, *hanged	*hung, *hanged
have	had	had
hear	heard	heard
hew	hewed	hewn, hewed
hide	hid	hidden, (arch) hid

infinitive/ *infinitivo*	**past tense/** *pretérito*	**past participle/** *participio pasado*
hit	hit	hit
hold	held	held
hurt	hurt	hurt
inlay	inlaid	inlaid
input	input, inputted	input, inputted
interweave	interwove, interweaved	interwoven, interweaved
keep	kept	kept
kneel	kneeled, knelt	kneeled, knelt
knit	knitted, *knit	knitted, *knit
know	knew	known
lay	laid	laid
lead	led	led
lean	leaned, (BrE also) leant	leaned, (BrE also) leant
leap	leaped, (BrE also) leapt	leaped, (BrE also) leapt
learn	learned, (BrE also) learnt	learned, (BrE also) learnt
leave	left	left
lend	lent	lent
let	let	let
lie (yacer etc)	lay	lain
light	lighted, lit	lighted, lit
lose	lost	lost
make	made	made
mean	meant	meant
meet	met	met
miscast	miscast	miscast
misdeal	misdealt	misdealt
mishear	misheard	misheard
mishit	mishit	mishit
mislay	mislaid	mislaid
mislead	misled	misled
misread /'mɪs'ri:d/	misread /'mɪs'red/	misread /'mɪs'red/
misspell	misspelled, (BrE also) misspelt	misspelled, (BrE also) misspelt
misspend	misspent	misspent
mistake	mistook	mistaken
misunderstand	misunderstood	misunderstood
mow	mowed	mown, mowed
outbid	outbid	outbid, (AmE also) outbidden
outdo	outdid	outdone
outfight	outfought	outfought
outgrow	outgrew	outgrown
output	output, outputted	output, outputted
outrun	outran	outrun
outsell	outsold	outsold

infinitive/ *infinitivo*	**past tense/** *pretérito*	**past participle/** *participio pasado*
outshine	outshone	outshone
overbid	overbid	overbid
overcome	overcame	overcome
overdo	overdid	overdone
overdraw	overdrew	overdrawn
overeat	overate	overeaten
overfly	overflew	overflown
overhang	overhung	overhung
overhear	overheard	overheard
overlay	overlaid	overlaid
overlie	overlay	overlain
overpay	overpaid	overpaid
override	overrode	overridden
overrun	overran	overrun
oversee	oversaw	overseen
overshoot	overshot	overshot
oversleep	overslept	overslept
overtake	overtook	overtaken
overthrow	overthrew	overthrown
partake	partook	partaken
pay	paid	paid
plead	pleaded, (AmE also) pled	pleaded, (AmE also) pled
prove	proved	proved, proven
put	put	put
quit	quit, quitted	quit, quitted
read /ri:d/	read /red/	read /red/
rend	rent	rent
rid	rid	rid
ride	rode	ridden
ring	rang	rung
rise	rose	risen
run	ran	run
saw	sawed	sawed, (esp BrE) sawn
say	said	said
see	saw	seen
seek	sought	sought
sell	sold	sold
send	sent	sent
set	set	set
sew	sewed	sewn, sewed
shake	shook	shaken
shear	sheared	*shorn, *sheared
shed	shed	shed
shine	*shone, *shined	*shone, *shined
shit	shit, shat	shit, shat
shoe	shod	shod
shoot	shot	shot
show	showed	shown, showed
shrink	shrank, shrunk	shrunk, shrunken
shut	shut	shut
sing	sang	sung
sink	sank	sunk

infinitive/ *infinitivo*	**past tense/** *pretérito*	**past participle/** *participio pasado*
sit	sat	sat
slay	slew	slain
sleep	slept	slept
slide	slid	slid
sling	slung	slung
slink	slunk	slunk
slit	slit	slit
smell	smelled, (BrE also) smelt	smelled, (BrE also) smelt
sow	sowed	sowed, sown
speak	spoke	spoken
speed	*sped, *speeded	*sped, *speeded
spell	spelled, (BrE also) spelt	spelled, (BrE also) spelt
spend	spent	spent
spill	spilled, spilt	spilled, spilt
spin	spun, (arch) span	spun
spit	spat, (esp AmE) spit	spat, (esp AmE) spit
split	split	split
spoil	spoiled, (BrE also) spoilt	spoiled, (BrE also) spoilt
spread	spread	spread
spring	sprang, (AmE also) sprung	sprung
stand	stood	stood
steal	stole	stolen
stick	stuck	stuck
sting	stung	stung
stink	stank, stunk	stunk
strew	strewed	strewn, strewed
stride	strode	stridden
strike	struck	struck
string	strung	strung
strive	strove	striven
sublet	sublet	sublet
swear	swore	sworn
sweat	sweated, (AmE also) sweat	sweated, (AmE also) sweat
sweep	swept	swept
swell	swelled	swollen, (esp AmE) swelled
swim	swam	swum
swing	swung	swung
take	took	taken
teach	taught	taught
tear	tore	torn
tell	told	told
think	thought	thought
thrive	thrived, (liter) throve	thrived, (arch) thriven
throw	threw	thrown
thrust	thrust	thrust
tread	trod	trodden, trod
typecast	typecast	typecast
typeset	typeset	typeset
typewrite	typewrote	typewritten
undercut	undercut	undercut
undergo	underwent	undergone
underlie	underlay	underlain
undersell	undersold	undersold
understand	understood	understood
undertake	undertook	undertaken
undo	undid	undone
unstick	unstuck	unstuck
unwind	unwound	unwound
uphold	upheld	upheld
upset	upset	upset
wake	woke	woken
waylay	waylaid	waylaid
wear	wore	worn
weave	wove, *weaved	woven, *weaved
wed	wedded, wed	wedded, wed
weep	wept	wept
wet	wet, wetted	wet, wetted
win	won	won
wind (dar cuerda, etc.)	wound	wound
withdraw	withdrew	withdrawn
withhold	withheld	withheld
withstand	withstood	withstood
work	worked, *wrought	worked, *wrought
wring	wrung	wrung
write	wrote	written

Resumen de la gramática inglesa

1 El artículo

1.1 El artículo indeterminado

El artículo indeterminado es **a** si la palabra que sigue empieza con una consonante. Nótese que el sonido de la *u* inicial de *union* no es vocálico (/ju:/).

a ball una pelota **a girl** una niña **a union** una unión

Es *an* delante de una vocal o de *h* muda:

an apple una manzana **an hour** una hora

Nótese el uso del artículo en los siguientes casos:

con profesiones

She is a doctor. Es médico. **He is an engineer.** Es ingeniero.

después de una preposición:

He dressed up as an Arab.
Se disfrazó de árabe.

Ana has gone out without an umbrella.
Ana ha salido sin paraguas.

con sentido genérico:

A hare is larger than a rabbit.
La liebre es más grande que el conejo.

1.2 El artículo determinado

El artículo determinado es *the*, tanto para el singular como para el plural:

the cat	**the cats**	**the frog**	**the frogs**
el gato	los gatos	la rana	las ranas

El artículo determinado no se usa por lo general en los siguientes casos:

con instituciones:

I don't go to church.
No voy a la iglesia.

He's starting school next week.
Empieza el colegio la próxima semana.

Cuando se hace referencia al edificio, el sustantivo va acompañado del artículo: **Turn right at the school** (= Al llegar al colegio, gire a la derecha).

con los nombres de las comidas:

Breakfast is at 8.30.
El desayuno es a las 8.30.

Dinner is ready!
¡La cena está lista!

para referirse a cosas abstractas:

Hatred is a destructive force.
El odio es una fuerza destructora.

The book is on English grammar.
Es un libro de gramática inglesa.

delante de las estaciones del año:

Spring is here!
¡Ha llegado la primavera!

It's like winter today.
Hoy parece de invierno.

con los nombres de calles, parques, etc.:

a concert in Central Park un concierto en el Central Park

I work in Bath Street Trabajo en la calle Bath

Los nombres de ríos y océanos y nombres geográficos plurales van acompañados por regla general del artículo determinado:

the Thames	**the Pacific**	**the Alps**
el Támesis	el Pacífico	los Alpes

2 El plural

El plural de los sustantivos se indica por lo general añadiendo una *-s* al final de la palabra:

dog, dogs (= perros) **tape, tapes** (= cintas)

-es se añade a las palabras que terminan en *-s*, *-x*, *-ch* o *-sh*:

dress, dresses (= vestidos) **box, boxes** (= cajas)
hatch, hatches (= cubiertas) **splash, splashes** (= salpicaduras)

Los nombres que terminan en consonante + y: **baby**, **babies** (= bebés)
Los nombres que terminan en vocal + y: **volley**, **volleys** (= voleas)
Los nombres que terminan en *-o* a veces añaden *-s*, a veces *-es*:

potato, potatoes (= patatas) **hero, heroes** (= héroes)
tomato, tomatoes (= tomates) **zero, zeros** (= ceros)

El plural de los nombres que terminan en *-f(e)* es de dos tipos:

life, lives (= vidas) **dwarf, dwarfs/dwarves** (= enanos) **roof, roofs/rooves** (= tejados)

Plurales irregulares frecuentes:

child, children (= niños) **foot, feet** (= pies) **man, men** (= hombres)
mouse, mice (= ratones) **tooth, teeth** (= dientes) **woman, women** (= mujeres)

3 El femenino

El inglés tiene un número relativamente bajo de palabras con forma femenina. Algunos ejemplos de sustantivos femeninos son: **actress** (= actriz); **widow** (= viuda); **heiress** (= heredera). Pero normalmente el sustantivo no especifica el género: **cousin** (= primo o prima); **friend** (= amigo o amiga); **doctor** (= médico o médica). Si es necesario especificar el sexo de la persona a la que nos estamos refiriendo, hay que decir por ejemplo, **a male student** (= un estudiante), **a woman doctor** (= una médica).

4 El genitivo sajón

Las reglas de uso del genitivo son las siguientes:

-'s se añade a los nombres que están en singular:

the boy's book (= el libro del niño)

el apóstrofo solo (') se añade a los nombres que están en plural y terminan en *-s*:

the boys' room (= la habitación de los niños)
the boys' books (= los libros de los niños)

Si el plural de un nombre no termina en *-s*, el genitivo se forma añadiendo *-'s*:

the children's toys (= los juguetes de los niños)

Los nombres propios que terminan en -s, pueden formar el genitivo de las dos maneras *-'s* y *s'*:

Keats's poetry o **Keats' poetry** (= la poesía de Keats).

El genitivo se usa sobre todo con nombres de personas, animales (especialmente domésticos) y países: **Andrew's house** (= la casa de Andrew), **the lion's den** (= la guarida del león), **America's foreign policy** (= la política exterior de Estados Unidos).

Debe tenerse en cuenta los siguientes usos del genitivo:

We're going to Anne's. Vamos a casa de Anne.
I got it at the baker's/the chemist's. Lo compré en la panadería/farmacia.

En inglés coloquial es frecuente el uso del "genitivo doble":

He's a friend of my brother's. Es un amigo de mi hermano.

5 El adjetivo

Los adjetivos ingleses tienen sólo una forma, no concuerdan ni en género ni en número con el sustantivo al que modifican:

an old man	**three old women**
un anciano	tres ancianas

5.1 Posición del adjetivo

El adjetivo generalmente va delante del sustantivo: **a long story** (= una historia larga) o después del verbo: **this story is long** (= esta historia es larga).

Algunos adjetivos sólo pueden preceder al sustantivo que modifican y no constituir el predicado de una oración. Estos adjetivos van precedidos por el indicador (*before n*), véanse **adoptive, laico -ca.**

5.2 Grados del adjetivo

Hay tres grados de intensidad: el grado positivo, el comparativo y el superlativo.

Los adjetivos de una sílaba forman el comparativo añadiendo -(*e*)*r* y el superlativo añadiendo -(*e*)*st*:

dull aburrido	**duller** más aburrido	**dullest** el más aburrido
big grande	**bigger** más grande	**biggest** el más grande
nice amable	**nicer** más amable	**nicest** el más amable

Nótese que si el adjetivo termina en consonante sencilla, se dobla la consonante final.

Los adjetivos de tres sílabas forman el comparativo usando **more** y el superlativo usando **most**:

generous generoso	**more generous**	**most generous**

Lo dicho se aplica también a algunos adjetivos de dos sílabas, p. ej. **useful**:

useful útil	**more useful**	**most useful**

Sin embargo, no existe una regla para los adjetivos de dos sílabas, aunque se suele añadir *-er*, *-est* para formar el comparativo y superlativo respectivamente de los adjetivos que terminan en *-y*, *-le*, *-ow*, *-er*.

Ejemplos:

pretty bonito	**prettier**	**prettiest**

(Nótese que la *-y* se sustituye por *-ie-*)

narrow estrecho	**narrower**	**narrowest**
curious curioso	**more curious**	**most curious**

Para el gerundio y el participio pasado, se usa **more/most**:

boring aburrido	**more boring**	**most boring**
bored aburrido	**more bored**	**most bored**

Most se puede usar también como sinónimo de "very" (= muy): **That was a most interesting story** (= Esa fue una historia muy interesante).

Algunos adjetivos de uso frecuente tienen comparativos y superlativos irregulares:

bad malo	**worse** peor	**worst** pésimo, el peor
good bueno	**better** mejor	**best** óptimo, el mejor
little poco	**less** menos	**least** el menos
many/much mucho	**more** más	**most** el más
far lejos	**farther/further**	**farthest/furthest**
old[1] viejo	**elder**	**eldest** (se usa sólo para personas)

[1]La forma regular (*old*, *older*, *oldest* = viejo, más viejo, el más viejo) se usa tanto para personas como para cosas.

Las comparaciones de inferioridad se forman usando **less/least**:

expensive caro	**less expensive** menos caro	**least expensive** el menos caro

5.3 Los adjetivos posesivos

Los adjetivos posesivos son:

my mi, mis, mío, mía, míos, mías	**our** nuestro, nuestra, nuestros, nuestras
your tu, tus, tuyo, tuya, tuyos, tuyas	**your** vuestro, vuestra, vuestros, vuestras
his, her, its su, sus, suyo, suya, suyos, suyas	**their** su, sus, suyo, suya, suyos, suyas

Concuerdan con el poseedor y no con la cosa poseída:

his mother su madre (= la madre del niño)
her mother su madre (= la madre de la niña)
their mother su madre (= la madre de los niños, o de las niñas, o de los niños y de las niñas)

Tienen la misma forma para los nombres en singular y en plural:

my cat mi gato **my boots** mis botas

6 El adverbio

Muchos adverbios se forman añadiendo el sufijo *-ly* al adjetivo: **sad**, **sadly** triste, tristemente; **brave**, **bravely** valiente, valientemente; **careful**, **carefully** cuidadoso, cuidadosamente

Los adverbios pueden modificar los adjetivos:

The job was extremely dangerous. El trabajo era sumamente peligroso.

los verbos:

He finished quickly. Terminó enseguida.

u otros adverbios:

very quickly muy rápido

Nótese que se producen algunos cambios ortográficos y fonéticos: **ready**, **readily** listo, fácilmente; **true**, **truly** verdadero, verdaderamente; **due**, **duly** debido, debidamente; **whole**, **wholly** entero, enteramente.

Algunos adverbios comunes tienen la misma forma que el adjetivo correspondiente; por ejemplo **back** atrás, **early** pronto, **far** lejos, **fast** rápidamente, **left** a la izquierda, **little** poco, **more** más, **much** mucho, **only** solamente, **right** correctamente, a la derecha, **still** todavía, **straight** en línea recta, directamente, **well** bien, **wrong** incorrectamente, mal. Ejemplos:

a wrong answer (adjetivo) una respuesta incorrecta	**He did it wrong.** (adverbio) Lo hizo mal.
an early summer un verano temprano	**Summer has arrived early.** El verano se ha adelantado.
a straight road una carretera recta	**He came straight to the point.** Fue directamente al grano.

7 Los pronombres

7.1 Los pronombres personales

Sujeto	Complemento
I yo	**me** me
you tú, usted	**you** te
he él	**him** le
she ella	**her** la, le
one uno, una	**one** uno, una
it ello	**it** lo
we nosotros, nosotras	**us** nos
you vosotros, vosotras, ustedes	**you** os
they ellos, ellas	**them** los, las, les

Nótese que el pronombre personal sujeto **I** siempre se escribe con mayúscula.

El pronombre nunca se puede omitir en inglés cuando tiene función de sujeto, por consiguiente, la traducción del español de *voy* es **I go**, de *vamos* **we go**.

Los pronombres complemento se usan como complemento directo:

Mary loves him. Mary lo quiere.

como complemento indirecto:

John gave it to me. John me lo dio (a mí).

y después de una preposición:

The book is from her. El libro es de su parte.

7.1.1 Otros usos de los pronombres personales

he y **she**

Estos pronombres se usan para referirse a animales, sobre todo a los domésticos:

Poor Whiskers, we had to take him to the vet's.
Pobrecito Whiskers, tuvimos que llevarlo al veterinario.

it

Se usa en construcciones impersonales:

It's sunny.	**It's hard to know what to do.**	**It looks as though they were right.**
Hace sol.	Es difícil saber qué hacer.	Parece que tenían razón.

En expresiones de tiempo y de distancia en el espacio:

It's five o'clock.	**It's January the sixth.**	**How far is it to Edinburgh?**
Son las cinco.	Es el seis de enero.	¿A qué distancia está Edimburgo?

Nótese que *it's* es la contracción de *it is*, y por consiguiente sigue el modelo de otras contracciones como: *he's*, *she's*, *isn't*, *wasn't* etc. No debe confundirse con el pronombre posesivo *its*, que sigue el modelo de los otros posesivos: *his*, *hers*, *ours*, *yours*, *theirs*.

you

Para referirse a una persona, el inglés no distingue entre el pronombre *tú* y el pronombre de cortesía *usted*, ambos se traducen por *you*.

You se usa a menudo en sentido genérico, para referirse a la gente en general:

You never know.	**You can't buy cars like that any more.**
Nunca se sabe.	Ya no se pueden comprar coches así.

they

Se usa para referirse a una persona o a un grupo de personas desconocidas, especialmente dotados de cierto poder, autoridad o habilidad:

They don't make cars like that any more.	**You'll have to get them to repair it.**
Ya no fabrican coches así.	Tendrás que decirles que lo arreglen.

They will have to find the murderer first.
Primero tendrán que encontrar al asesino.

En lugar de *he* o *she* (él o ella):

The person appointed will be answerable to the director. They (= he/she) **will be responsible for ...**
La persona que nombren tendrá que rendir cuentas al director. Será responsable de ...

Para referirse a los pronombres indefinidos *somebody*, *someone* alguien; *anybody*, *anyone* alguien; *everybody*, *everyone* todos; *nobody*, *no one* nadie:

If anyone has seen my pen, will they please tell me.
Si alguien ha visto mi pluma, por favor que me lo diga.

one

One equivale al pronombre genérico *you*, pero es más formal:

One needs to get a clearer picture of what one wants.
Uno necesita tener una idea más clara de lo que quiere.

7.2 Pronombres reflexivos

myself me
yourself te
himself, herself, itself, oneself se
ourselves nos
yourselves os
themselves se

Los pronombres reflexivos tienen varias funciones, ejemplos:

He burned himself badly. (complemento directo)
Se quemó gravemente.

I always buy myself a Christmas present. (complemento indirecto)
Siempre me compro un regalo de Navidad.

She talks to herself. (después de preposición)
Habla sola, habla consigo misma.

Do it yourself. (enfático)
Hazlo tú mismo.

7.3 Pronombres posesivos

mine el mío, la mía, los míos, las mías
yours el tuyo, la tuya, los tuyos, las tuyas
his, hers, its el suyo, la suya, los suyos, las suyas
ours el nuestro, la nuestra, los nuestros, las nuestras
yours el vuestro, la vuestra, los vuestros, las vuestras
theirs el suyo, la suya, los suyos, las suyas

Los pronombres posesivos concuerdan con el poseedor y no con la cosa poseída:

Whose book is this? – It's hers. ¿De quién es este libro? – Es suyo/Es de ella.

Whose shoes are these? – They are hers. ¿De quién son estos zapatos? – Son suyos/Son de ella.

Whose car is that? – It's theirs. ¿De quién es ese coche? – Es suyo/Es de ellos.

8 Los adjetivos y los pronombres interrogativos

who quién, quiénes
whom a quién, a quiénes
what qué
which cuál, cuáles, qué
whose de quién, de quiénes

who se usa para personas como sujeto: **Who is it?** ¿Quién es?

whom se usa para personas como complemento:

To whom did you send the letter?
¿A quién enviaste la carta?

Whom did you see?
¿A quién viste?

Whom se considera muy formal y se suele sustituir por **who**:

Who did you send the letter to?
¿A quién enviaste la carta?

Who did you see?
¿A quién viste?

whose es la forma genitiva de *who*:

Whose are these?
¿De quién/quiénes son estos?

Whose socks are these?
¿De quién son estos calcetines?

which puede referirse a personas o a cosas. Se usa como sujeto:

Which of you are going?
¿Cuál *or* quién de ustedes va a ir?

Which is bigger?
¿Cuál es más grande?

y como complemento:

Which of the singers/pictures do you prefer?
De los cuadros/cantantes ¿cuál prefieres?/¿Qué cantante/cuadro prefieres?

Which dress should I wear?
¿Qué vestido me pongo?

what se usa solo para cosas. Puede desempeñar la función de sujeto:

What is this?
¿Qué es esto?

What type of bird is that?
¿Qué clase de pájaro es ese?

y de complemento:

What are you going to do?
¿Qué vas a hacer?

What sort of books do you like?
¿Qué tipo de libros te gustan?

9 Los pronombres relativos

Los pronombres relativos hacen referencia normalmente a un antecedente. En **She phoned the man who had contacted her** (= Llamó por teléfono al señor que se había puesto en contacto con ello), el pronombre relativo *who* (= que) se refiere a *the man* (= al señor).

antecedente	sujeto	complemento
PERSONA	**who/that** que, quien	**whom/who/that** que, quien
COSA	**which/that** que	**which/that** que

9.1 Who, that

9.1.1 Para personas: con función de sujeto

who es el pronombre relativo que se usa generalmente en este caso; también se puede usar *that*:

There is a prize for the student who/that gets the highest marks.
Hay un premio para el estudiante que saque las mejores notas.

9.1.2 Para personas: con función de complemento

The man who/that/whom she met that night was a spy.
El hombre que conoció aquella noche era un espía.

Whom se considera muy formal y se suele sustituir por **who** o **that**.

El pronombre relativo se suele omitir cuando tiene función de complemento:

The man (who/that) **she met last night was a spy.**
El hombre que conoció ayer por la noche era un espía.

9.2 Which, that

9.2.1 Para cosas: con función de sujeto

The book, which is on the table, was a present.
El libro, que está encima de la mesa, fue un regalo.

John gave me the book which/that is on the table.
John me regaló el libro que está encima de la mesa.

9.2.2 Para cosas: con función de complemento

His latest film, which we went to see last week, is excellent.
Su última película, que fuimos a ver la semana pasada, es fenomenal.

The film which/that we went to see last week is excellent.
La película que fuimos a ver la semana pasada es fenomenal.

Nótese que en el último ejemplo también se puede omitir el pronombre relativo:

The film (which/that) **we went to see last week was excellent.**

9.3 Whose

Whose es la forma genitiva:

This is the boy whose dog has been killed.
Este es el niño al que le mataron el perro.

Nótese que *who's* es la contracción de *who is*, y no debe confundirse con el pronombre relativo *whose*.

10 Los adjetivos y los pronombres indefinidos

10.1 Some, any

Como adjetivos, se usan con sustantivos plurales o no contables:

Take some boxes.
Coge unas cajas.

Do you have any nails?
¿Tienes clavos?

Have some butter.
Toma mantequilla.

Have you any jam?
¿Tienes mermelada?

Como pronombres, sustituyen a los sustantivos plurales o no contables:

We haven't got any. No tenemos.

10.2 Some

Some (adjetivo y pronombre) se usa en: Frases afirmativas:

He bought some.
Compró algunos/algunas.

He bought some jam.
Compró mermelada.

He bought some screws.
Compró tornillos.

Preguntas cuando se espera una respuesta afirmativa:

Can you lend me some money? ¿Puedes prestarme dinero?

Para ofrecer o solicitar algo:

Would you like some?
¿Quieres?

Could you buy some onions for me?
¿Podrías comprarme cebollas?

10.3 Any

Any (adjetivo y pronombre) se usa en: Frases negativas:

I haven't got any brothers or sisters. No tengo hermanos.

Preguntas:

Do you have any bananas?
¿Tiene plátanos?

Do you have any sugar?
¿Tienes azúcar?

Los compuestos con *any* y *some* se usan de forma similar. Ejemplos:

I saw something very strange today. Hoy he visto algo muy extraño.	**I met someone who knows you.** Me encontré con alguien que te conoce.
We didn't see anything interesting. No vimos nada interesante.	**Did you meet anyone you knew?** ¿Te encontraste con alguien conocido?

11 El verbo

11.1 El infinitivo constituye la raíz o forma básica del verbo. La forma completa del infinitivo incluye también to: to live vivir, to die morir, etc. Los verbos irregulares más comunes se dan en la página 957–959. Los verbos regulares se conjugan de la forma siguiente:

Infinitivo	want	love[1]	stop[2]	prefer[3]
GERUNDIO/ PARTICIPIO PRESENTE	wanting	loving	stopping	preferring
PRETÉRITO/ PARTICIPIO PASADO	wanted	loved	stopped	preferred

1 Infinitivos que terminan en *-e*
2 Infinitivos de una sílaba que terminan en vocal + consonante sencilla
3 Infinitivos que terminan en vocal con acento tónico + consonante sencilla

El gerundio se usa con función nominal:

I don't like swimming. No me gusta la natación.	**Dancing is fun.** Bailar es divertido.

11.2 Los tiempos verbales

11.2.1 Presente

Los verbos *to be* y *to have*:

to be ser *o* estar	**to have** tener
I am soy *o* estoy	**I have** tengo
you are eres *o* estás	**you have** tienes
he/she/it is es *o* está	**he/she/it has** tiene
we are somos *o* estamos	**we have** tenemos
you are sois *o* estáis	**you have** tenéis
they are son *o* están	**they have** tienen

Para formar el presente de los demás verbos se utiliza el infinitivo sin *to* para todas las personas excepto para la tercera persona del singular que se forma añadiendo al infinitivo sin *to* la desinencia *-s*:

to want (= querer): **I want, you want, he/she/it wants, we want, you want, they want**
to love (= amar): **I love, you love, he/she/it loves, we love, you love, they love**

La tercera persona del singular del presente de los verbos terminados en *-ch*, *-sh*, *-x* o *-ss* se forma añadiendo al infinitivo sin *to* la desinencia *-es*:

to watch mirar: **he/she/it watches**	**to kiss** besar: **he/she/it kisses**
to wish desear: **he/she/it wishes**	**to fix** arreglar: **he/she/it fixes**
to witness ser testigo de: **he/she/it witnesses**	

El presente se usa para expresar algo que es siempre cierto o que sucede regularmente y para enunciar hechos:

He takes the 8 o'clock train to work. Coge el tren de las 8 para ir al trabajo.	**I work in publishing.** Trabajo en una casa editorial.

11.2.2 Pretérito

Tiene la misma forma para todas las personas, tanto para el singular como para el plural:

I/you/he/she/it/we/you/they wanted

Se usa para referirse a hechos que tuvieron lugar en el pasado, a menudo va acompañado de expresiones adverbiales que especifican un momento o una fecha concretos:

He flew to America last week. La semana pasada se fue a América en avión.

11.2.3 Pretérito perfecto

Se forma con el presente del verbo *to have* (= haber) y el participio pasado del verbo que se conjuga:

I/you have loved, he/she/it has loved, we/you/they have loved

Se usa para referirse a acciones pasadas o acontecimientos que tienen alguna relación con el momento presente. Se puede ver la diferencia entre el pretérito perfecto y el pretérito comparando las frases siguientes:

Have you seen Peter this morning?
¿Has visto a Peter esta mañana? (es aún por la mañana)

Did you see Peter this morning?
¿Viste a Peter por la mañana? (es por la tarde o noche)

Obsérvese el uso siguiente del pretérito perfecto y del pretérito:

I have lived in Glasgow for three years.
Vivo en Glasgow desde hace tres años.

I lived in Glasgow for three years.
Viví en Glasgow durante tres años. (y ahora no)

11.2.4 Pretérito pluscuamperfecto

Se forma con el pasado del verbo *to have* (= haber) y el participio pasado del verbo que se conjuga:

I/you/he/she/it/we/you/they had wanted

Se usa para referirse a acciones o acontecimientos pasados cuya terminación es anterior a la de otra acción también pasada y completa:

She had already left home when I arrived. Cuando llegué, ya había salido de casa.

11.2.5 Las formas perifrásticas

Las formas perifrásticas se forman con el verbo *to be* (= ser), en el tiempo y la persona requeridos, y el gerundio del verbo que se conjuga.

Presente continuo

I am singing estoy cantando, **you are singing,** etc.

Se usa para referirse a algo que está sucediendo en el momento de hablar o a algo que está en proceso, aunque no esté sucediendo precisamente cuando se habla:

What are you doing? – I'm trying to fix the television.
¿Qué estás haciendo? – Estoy tratando de arreglar la televisión.

He always interrupts when I'm reading to the children.
Siempre me interrumpe cuando les estoy leyendo a los niños.

Pasado continuo

I was singing estaba cantando, **you were singing**, etc.

Se usa para referirse a acciones que se desarrollaban en un determinado momento en el pasado:

He rushed into my office while I was talking to the manager.
Entró a toda prisa en mi despacho mientras yo estaba hablando con el director.

Los otros tiempos verbales también tienen formas continuas: *I have been living*; *I had been living*; *I will be living*

Obsérvese el uso siguiente del pretérito perfecto en la forma continua:

I have been living in Glasgow for three years. Llevo tres años viviendo en Glasgow.

11.2.6 El futuro

En inglés hay varias formas de expresar el futuro.

11.2.6.1 Will/shall

Will se puede utilizar con todas las personas; *shall* sólo se utiliza con la primera persona del singular y del plural:

I will/shall go iré — **we will/shall go** iremos
you will go irás — **you will go** iréis
he/she/it will go irá — **they will go** irán

Will y las formas negativas *will not* y *shall not* se pueden contraer:

You'll be angry. Te enfadarás.
We won't/shan't stay long. No estaremos mucho tiempo.

11.2.6.2 Going to

Esta forma se suele usar para expresar una intención o para predecir algo que va a ocurrir:

I'm going to go to Richmond tomorrow. Mañana voy a Richmond.
It is going to rain. Va a llover.

Going to es intercambiable con *will* cuando la acción está condicionado al complimiento de otra acción:

The boss is going to be/will be furious when he hears.
El jefe se va a poner furioso cuando se entere.

11.2.6.3 El Presente

Se puede usar para expresar algo que ocurrirá en un momento determinado:

When does term end? ¿Cuándo termina el trimestre?

Se usa de forma parecida a *going to* para expresar una intención:

I'm spending Christmas in Paris. Pasaré las Navidades en París.

11.3 El imperativo

Se forma con el infinitivo sin *to*. El imperativo se usa para dar órdenes:

Be quiet! ¡Cállate! **Shut the door!** ¡Cierra la puerta!

La forma negativa se hace con *don't*:

Don't forget to phone Alan! ¡No os olvidéis de llamar a Alan!

Let's se usa con la primera persona del plural para formular propuestas:

Let's go. Vamos. **Don't let's go.** No vamos. **Let's not go.** No vamos.

12 La forma interrogativa

12.1 La forma interrogativa de las oraciones en presente y en pasado simple necesitan utilizar el verbo to do, y tiene que concordar con el sujeto de la oración:

Do you live here?
¿Vives aquí?

Did you live here?
¿Viviste aquí?

Si la oración tiene un verbo auxiliar (*have*, *be*) o modal, la forma interrogativa se hace invirtiendo el verbo y el sujeto:

Are they going to get married?
¿Se van a casar?

Have they seen us?
¿Nos han visto?

Can John come at eight?
¿John puede venir a las ocho?

Con los pronombres interrogativos, las formas son las siguientes:

Who came?
¿Quién vino?

Who fed the cat?
¿Quién le dio de comer al gato?

What have they done to you?
¿Qué te han hecho?

What shall we write about?
¿Sobre qué vamos a escribir?

12.2 Las coletillas interrrogativas

Se trata de preguntas cortas, que se añaden al final de una oración para solicitar confirmación de lo que se ha dicho. Si la oración es afirmativa, va seguida de una coletilla interrogativa negativa:

You smoke, don't you?
Fumas ¿no?

Nótese el auxiliar *don't* que sustituye en la coletilla interrogativa al verbo **smoke**.

Si la oración es negativa, va seguida de una coletilla interrogativa afirmativa:

You don't smoke, do you?
No fumas ¿verdad?

She doesn't mind, does she?
No le importa ¿verdad?

Si la oración tiene un verbo auxiliar o modal, es éste el que se repite en la coletilla:

You aren't going, are you?
No vas a ir ¿verdad?

You will come, won't you?
Vendrás/Vas a venir ¿no?

You shouldn't say that, should you?
No deberías decir eso ¿verdad?

12.3 Las respuestas cortas

En las respuestas cortas, no es necesario repetir la forma completa del verbo principal; se puede simplemente repetir el verbo auxiliar (*be*, *have*, *do*) o modal que aparece en la pregunta:

Do you like fish? – Yes, I do./No, I don't.
¿Te gusta el pescado? – Sí./No.

Can you drive? – Yes, I can./No, I can't.
¿Sabes conducir? – Sí./No.

13 Las oraciones negativas

Las oraciones negativas se forman con el verbo auxiliar *do* concordando con el sujeto + *not*. Las contracciones son *don't* y *doesn't* para el presente y *didn't* para el pasado:

They do not/don't understand English.
No entienden el inglés.

We did not/didn't go anywhere yesterday.
Ayer no fuimos a ninguna parte.

14 Los verbos auxiliares modales

can, could; may, might; shall, should; will, would; must; ought

Los verbos modales son invariables: **I can, you can, he can**, etc.

Los verbos modales forman las interrogaciones invirtiendo el orden del sujeto y del verbo: **Can I go now?** (= ¿Puedo ir ahora?).

La contracción de *will* y *shall* es *'ll*:

I'll be going (= Iré).

La contracción de *would* es *'d*: **I'd like a cup of tea** (= Me gustaría tomar un té.)

Los verbos modales en la forma negativa utilizan *not* (*would not, might not*, etc.). Es especial la forma negativa de **can: cannot**.

Las contracciones negativas son: **can't, couldn't; mightn't; shan't, shouldn't; won't, wouldn't; mustn't; oughtn't**. (*Mayn't* no es muy frecuente).

14.1 can

Sus significados incluyen: autorización:

Can I leave the table?
¿Puedo levantarme de la mesa?

I can have another sweet, daddy said so.
Puedo tomar otro caramelo, lo dijo papá.

aptitud:

He can count to a hundred.
Sabe contar hasta cien.

Can he drive?
¿Sabe conducir?

posibilidad:

Anything can happen.
Puede pasar cualquier cosa.

peticiones:

Can you open the door for me please?
¿Me puedes abrir la puerta, por favor?

14.1.1 could

Could es el pasado de *can*. Sus significados incluyen: autorizaciones, aptitudes, posibilidades, peticiones, expresadas en el pasado:

Daddy said I could have another sweet.
Papá dijo que podía tomar otro caramelo.

By the time he was three, he could count to a hundred.
A los tres años ya sabía contar hasta cien.

She asked if he could open the door for her.
Preguntó si le podía abrir la puerta.

peticiones formales en el presente:

Could I leave a message please? ¿Podría dejar un recado, por favor?

posibilidad expresada en el presente:

I don't know where John is; I suppose he could be at Anne's.
No se dónde está John; supongo que estará en casa de Anne.

indignación/reproche:

You could have warned me!
¡Podías haberme avisado!

14.2 may

Sus significados incluyen: autorizaciones y peticiones formales:

May I use your telephone please?
¿Puedo usar su teléfono, por favor?

You may not leave the examination hall until I give the sign.
No pueden salir del aula de examen hasta que les haga la seña.

posibilidad:

We may get an extra day's holiday.
Puede que tengamos un día más de vacaciones.

They may have left.
Puede que se hayan ido.

14.2.1 might

Sus significados incluyen: posibilidad:

We might get a pay rise.
A lo mejor nos suben el sueldo. (es poco probable)

Se usa también en pasado:

He was afraid he might have missed the train.
Temía que quizá había perdido el tren.

(*Might* se diferencia de *may* en que a menudo la posibilidad que expresa es más remota que la que expresa *may*.)

autorizaciones y peticiones formales:

Do you think I might have another whisky?
¿Crees que podría tomar otro whisky?

indignación/reproche:

You might have phoned!
¡Podías haber llamado!

14.3 shall

Para ver cómo se expresa el futuro con *shall*, véase 11.2.6.1. *Shall* se puede usar para expresar: peticiones o consejos:

Where shall we put the shopping?
¿Dónde ponemos la compra?

propuestas o sugerencias:

Shall we meet outside the station?
¿Qué te parece si nos vemos en la entrada de la estación?

14.3.1 should

Should es el pasado de *shall*. También se utiliza para expresar:

obligación:

You shouldn't tell lies.
No deberías decir mentiras.

What do you think we should do?
¿Qué crees que deberíamos hacer?

probabilidad:

Once this job is finished, we should have more spare time.
Una vez que terminemos este trabajo, deberíamos tener más tiempo libre.

They should be there by now.
Ya deberían estar allí.

14.4 will

Para ver cómo se expresa el futuro con *will*, véase 11.2.6.1. **Will** también se puede utilizar para expresar: un comportamiento típico o una característica innata:

Hot air will rise.
El aire caliente asciende.

The stadium will seat 4,000 people.
El estadio tiene un aforo de 4.000 personas.

voluntad, deseo, consentimiento:

Will you see to the post for me?
¿Quieres ocuparte tú de la correspondencia?

I'll do what I can to help him.
Haré lo que pueda para ayudarle.

para ofrecer algo:

Will you have another slice of cake?
¿Quieres tomar otro trozo de tarta?

algo muy probable o una deducción:

There's someone at the door, that will be Ken.
Llaman a la puerta, debe ser Ken.

14.4.1 would

Would es el pasado de *will*. También se puede utilizar para expresar:

el «futuro en el pasado», o una intención pasada:

He told me he would do it immediately.
Me dijo que lo haría inmediatamente.

They said they wouldn't wait for me.
Dijeron que no me esperarían.

una costumbre/rutina en el pasado:

He would always get up at 6 a.m.
Solía levantarse siempre a la seis de la mañana.

14.5 must

Sus significados incluyen: obligación:

You must make sure you lock up.
Tienes que asegurarte de cerrar con llave.

I must check whether my neighbour is all right.
Tengo que ver si mi vecino está bien.

probabilidad:

They must be there by now.
Ya deben de estar allí.

You must have been annoyed by the decision.
La decisión te debió de sentar fatal.

14.6 ought

Sus significados incluyen: obligación:

You ought to be leaving.
Deberías marcharte.

They ought to send him away.
Deberían decirle que se fuera.

probabilidad, expectativa:

They ought to be there by now.
Ya tendrían que estar allí.

Two kilos of potatoes. That ought to be enough.
Dos kilos de patatas. Con eso debería ser suficiente.

15 Los verbos con partículas

Muchos verbos se pueden combinar con preposiciones y adverbios para formar los llamados verbos con partículas (Phrasal verbs). La partícula cambia, en la mayoría de los casos, el significado del verbo. Además las partículas pueden colocarse en posiciones distintas dentro de la frase. En este diccionario todos los verbos con partículas están precedidos del símbolo ■, p. ej. ■ **take off**.

La posición que dichas partículas ocupan en la frase aparece en la información entre corchetes [...]. Véase el verbo, **take**[1] /teik/ *vt*:

■ **take after** [*v* + *prep* + *o*] salir a, parecerse a; **he ~s after his father** se parece a su padre.

En este caso la información entre corchetes [...] nos indica que la única posición posible de la partícula es *verb* + *preposition* + *object* como aparece en el ejemplo: **he ~s after his father**.

Sin embargo, en la entrada siguiente sacada del diccionario, la partícula puede colocarse en dos posiciones distintas sin alterar el significado:

■ **take off** [*v* + *o* + *adv*, *v* + *adv* + *o*] quitar, sacar; ...

He took his boots off./ He took off his boots. Se quitó las botas.

No obstante, cuando el complemento directo es un pronombre, la única posición posible del pronombre es entre el verbo y la partícula:

He took them off. Se las quitó. (**them = his boots**; las = las botas)

Nótese, como claramente indica el diccionario, que en **take off** = despegar la colocación es [*v* + *adv*] y en este caso la única posición posible de *off*, es a continuación del verbo:

The plane took off. El avión despegó.

16 La voz pasiva

El uso de la voz pasiva en inglés es mucho más frecuente que en español. Se forma con el verbo *to be* y el participio pasado del verbo que se conjuga.

The walls were built in the seventeenth century.
Se construyeron las murallas en el siglo diecisiete.

My car is being repaired.
Me están arreglando el coche.

Numbers / Números

zero	0	cero
one (first)	1	uno (primero)
two (second)	2	dos (segundo)
three (third)	3	tres (tercero)
four (fourth)	4	cuatro (cuarto)
five (fifth)	5	cinco (quinto)
six (sixth)	6	seis (sexto)
seven (seventh)	7	siete (séptimo)
eight (eighth)	8	ocho (octavo)
nine (ninth)	9	nueve (noveno)
ten (tenth)	10	diez (décimo)
eleven (eleventh)	11	once (undécimo)
twelve (twelfth)	12	doce (duodécimo)
thirteen (thirteenth)	13	trece (decimotercero)
fourteen (fourteenth)	14	catorce (decimocuarto)
fifteen (fifteenth)	15	quince (decimoquinto)
sixteen (sixteenth)	16	dieciséis (decimosexto)
seventeen (seventeenth)	17	diecisiete (decimoséptimo)
eighteen (eighteenth)	18	dieciocho (decimoctavo)
nineteen (nineteenth)	19	diecinueve (decimonoveno)
twenty (twentieth)	20	veinte (vigésimo)
twenty-one (twenty-first)	21	veintiuno (vigésimo primero)
twenty-two (twenty-second)	22	veintidós (vigésimo segundo)
twenty-three (twenty-third)	23	veintitrés (vigésimo tercero)
twenty-four (twenty-fourth)	24	veinticuatro (vigésimo cuarto)
twenty-five (twenty-fifth)	25	veinticinco (vigésimo quinto)
thirty (thirtieth)	30	treinta (trigésimo)
thirty-one (thirty-first)	31	treinta y uno (trigésimo primero)
forty (fortieth)	40	cuarenta (cuadragésimo)
fifty (fiftieth)	50	cincuenta (quincuagésimo)
sixty (sixtieth)	60	sesenta (sexagésimo)
seventy (seventieth)	70	setenta (septuagésimo)
eighty (eightieth)	80	ochenta (octogésimo)
ninety (ninetieth)	90	noventa (nonagésimo)
a/one hundred (hundredth)	100	cien (centésimo)
two hundred (two hundredth)	200	doscientos (ducentésimo)
three hundred (three hundredth)	300	trescientos (tricentésimo)
five hundred (five hundredth)	500	quinientos (quingentésimo)
seven hundred (seven hundredth)	700	setecientos (septingentésimo)
nine hundred (nine hundredth)	900	novecientos (noningentésimo)
a/one thousand (thousandth)	1000	mil (milésimo)
a/one million (millionth)	1,000,000	un millón (millonésimo)